# THE ASTRONOMICAL ALMANAC

FOR THE YEAR

## 2016

and its companion

## *The Astronomical Almanac Online*

Data for Astronomy, Space Sciences, Geodesy,
Surveying, Navigation and other applications

<table>
<tr><td>WASHINGTON</td><td>TAUNTON</td></tr>
<tr><td>Issued by the</td><td>Issued</td></tr>
<tr><td>Nautical Almanac Office</td><td>by</td></tr>
<tr><td>United States</td><td>Her Majesty's</td></tr>
<tr><td>Naval Observatory</td><td>Nautical Almanac Office</td></tr>
<tr><td>by direction of the</td><td>on behalf</td></tr>
<tr><td>Secretary of the Navy</td><td>of</td></tr>
<tr><td>and under the</td><td>The United Kingdom</td></tr>
<tr><td>authority of Congress</td><td>Hydrographic Office</td></tr>
</table>

WASHINGTON: U.S. GOVERNMENT PRINTING OFFICE
TAUNTON: THE U.K. HYDROGRAPHIC OFFICE

ISBN 978–0–7077–41581

ISSN 0737-6421

UNITED STATES

For sale by the
U.S. Government Printing Office
Superintendent of Documents
P.O. Box 979050
St. Louis, MO 63197-9000

http://bookstore.gpo.gov/

UNITED KINGDOM

Published by the United Kingdom Hydrographic Office

http://www.ukho.gov.uk/

Telephone:+44 (0)1823 723 366
Fax:       +44 (0)1823 330 561

E-mail: customerservices@ukho.gov.uk

NOTE
Every care is taken to prevent errors in the production of this publication. As a final precaution it is recommended that the sequence of pages in this copy be examined on receipt. If faulty it should be returned for replacement.

Printed in the United States of America
by the U.S. Government Printing Office

Beginning with the edition for 1981, the title *The Astronomical Almanac* replaced both the title *The American Ephemeris and Nautical Almanac* and the title *The Astronomical Ephemeris*. The changes in title symbolise the unification of the two series, which until 1980 were published separately in the United States of America since 1855 and in the United Kingdom since 1767. *The Astronomical Almanac* is prepared jointly by the Nautical Almanac Office, United States Naval Observatory, and H.M. Nautical Almanac Office, United Kingdom Hydrographic Office, and is published jointly by the United States Government Printing Office and the United Kingdom Hydrographic Office; it is printed only in the United States of America using reproducible material from both offices.

By international agreement the tasks of computation and publication of astronomical ephemerides are shared among the ephemeris offices of several countries. The contributors of the basic data for this Almanac are listed on page vii. This volume was designed in consultation with other astronomers of many countries, and is intended to provide current, accurate astronomical data for use in the making and reduction of observations and for general purposes. (The other publications listed on pages viii-ix give astronomical data for particular applications, such as navigation and surveying.)

Beginning with the 1984 edition, most of the data tabulated in *The Astronomical Almanac* have been based on the fundamental ephemerides of the planets and the Moon prepared at the Jet Propulsion Laboratory (JPL). In particular, the 2003 through 2014 editions utilized the JPL Planetary and Lunar Ephemerides DE405/LE405. Beginning with the 2015 edition, JPL's DE430/LE430 are the basis of the tabulations.

The 2009 edition implemented the relevant International Astronomical Union (IAU) resolutions passed at the 2003 and 2006 IAU General Assemblies. This includes the adoption of the report by the IAU Working Group on Precession and the Ecliptic which affects a significant fraction of the tabulated data (see Section L for more details). *U.S. Naval Observatory Circular No. 179* (see page ix) gives a detailed explanation of the relevant IAU resolutions. Beginning with the 2014 edition, all sections reflect the IAU 2006 resolution that formally defined planets, dwarf planets, and small solar system bodies. Beginning with the 2015 edition, the 2012 IAU resolution re-defining the astronomical unit has been implemented.

*The Astronomical Almanac Online* is a companion to this volume. It is designed to broaden the scope of this publication. In addition to ancillary information, the data provided will appeal to specialist groups as well as those needing more precise information. Much of the material may also be downloaded.

Suggestions for further improvement of this Almanac would be welcomed; they should be sent to the Chief, Nautical Almanac Office, United States Naval Observatory or to the Head, H.M. Nautical Almanac Office, United Kingdom Hydrographic Office.

BRIAN D. CONNON                                                    IAN MONCRIEFF CBE
*Captain, U.S. Navy,*                                                    *Chief Executive*
*Superintendent, U.S. Naval Observatory*                          *UK Hydrographic Office*
*3450 Massachusetts Avenue, NW*                                  *Admiralty Way, Taunton*
*Washington, D.C. 20392–5420*                                        *Somerset, TA1 2DN*
*U.S.A.*                                                              *United Kingdom*

October 2014

*Corrections to The Astronomical Almanac, 2015*

Page A84, Circumstances of the Eclipse:

In the table, several Latitude values are missing. Beginning with "Eclipse begins" and ending with "End of northern limit of umbra", the values are: $+20°$ $13\rlap{.}'8$; $+51°$ $49\rlap{.}'6$; $+53°$ $37\rlap{.}'5$; $+55°$ $36\rlap{.}'5$; and $+88°$ $35\rlap{.}'8$. Alternatively, the corrected page may be downloaded from The Astronomical Almanac Online.

Page A84, Besselian Elements:

Under Direction of the axis of shadow, the last factor for $\mu$ should read:

... $-0{\cdot}004178078T$

Page A88, Besselian Elements:

Under Direction of the axis of shadow, the last factor for $\mu$ should read:

... $-0{\cdot}004178078T$

*Corrections to The Astronomical Almanac, 2012-2015*

Page B10, Relationships between origins:

Replace the formula for the Equation of the Equinoxes, after GAST − GMST by

$$E_e(T) = \Delta\psi \, \cos\epsilon_A + \sum_k S_k \sin A_k - 0\rlap{.}''87 \times 10^{-6}\, T\, \sin\Omega$$

*Corrections to The Astronomical Almanac, 2013-2015*

Page G3, Physical Properties of Dwarf Planets:

In the table header for Maximum Angular Diameter:

*replace  '  with  "*

*Changes introduced for 2016*

Section A: Eclipses now use DE/LE430 as their bases.

Section E: The heliocentric positions on E10-E17 are now calculated with respect to the mean equinox and ecliptic of J2000.0.

Section G: The ephemerides of the minor plants and the dwarf planet Ceres are updated from USNO/AE98 and USNO/AE2001 to those based on data from JPL Horizons converted into Chebychev polynomials following the same methods used to calculate coordinates with the USNO/AE98 ephemerides.

Section H: Updates to the data have been made for the lists of bright stars, double stars, *UBVRI* photometric standards, spectrophotometric standards, variable stars, bright galaxies, open clusters, ICRF2 radio sources, X-ray sources, pulsars, and gamma ray sources. The *uvby* & H$\beta$ standards have been removed, but can be found on the AsA Online.

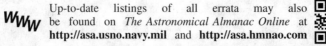

# CONTENTS, 2016

## Section A    PHENOMENA

Seasons; Moon's phases; principal occultations; planetary phenomena; elongations and magnitudes of planets; visibility of planets; diary of phenomena; times of sunrise, sunset, twilight, moonrise and moonset; eclipses, transits, use of Besselian elements.

## Section B    TIME-SCALES AND COORDINATE SYSTEMS

Calendar; chronological cycles and eras; religious calendars; relationships between time scales; universal and sidereal times, Earth rotation angle; reduction of celestial coordinates; proper motion, annual parallax, aberration, light-deflection, precession and nutation; coordinates of the CIP & CIO, matrix elements for both frame bias, precession-nutation, and GCRS to the Celestial Intermediate Reference System, formulae for apparent and intermediate place reduction; position and velocity of the Earth; polar motion; diurnal parallax and aberration; altitude, azimuth; refraction; pole star formulae and table.

## Section C    SUN

Mean orbital elements, elements of rotation; low-precision formulae for coordinates of the Sun and the equation of time; ecliptic and equatorial coordinates; heliographic coordinates, horizontal parallax, semi-diameter and time of transit; geocentric rectangular coordinates.

## Section D    MOON

Phases; perigee and apogee; mean elements of orbit and rotation; lengths of mean months; geocentric, topocentric and selenographic coordinates; formulae for libration; ecliptic and equatorial coordinates, distance, horizontal parallax and time of transit; physical ephemeris, semi-diameter and fraction illuminated; low-precision formulae for geocentric and topocentric coordinates.

## Section E    PLANETS

Rotation elements for Mercury, Venus, Mars, Jupiter, Saturn, Uranus, and Neptune; physical ephemerides; osculating orbital elements (including the Earth-Moon barycentre); heliocentric ecliptic coordinates; geocentric equatorial coordinates; times of transit.

## Section F    NATURAL SATELLITES

Ephemerides and phenomena of the satellites of Mars, Jupiter, Saturn (including the rings), Uranus, Neptune and Pluto.

## Section G    DWARF PLANETS AND SMALL SOLAR SYSTEM BODIES

Osculating elements; opposition dates and finding charts; physical ephemerides; geocentric equatorial coordinates, visual magnitudes, and time of transit for those bodies at opposition. Osculating elements for periodic comets.

## Section H    STARS AND STELLAR SYSTEMS

Lists of bright stars, double stars, *UBVRI* standards, spectrophotometric standards, radial velocity standards, variable stars, exoplanet/host stars, bright galaxies, open clusters, globular clusters, ICRF radio source positions, radio telescope flux & polarization calibrators, X-ray sources, quasars, pulsars, and gamma ray sources.

## Section J    OBSERVATORIES

Index of observatory name and place; lists of optical and radio observatories.

## Section K    TABLES AND DATA

Julian dates of Gregorian calendar dates; selected astronomical constants; reduction of time scales; reduction of terrestrial coordinates; interpolation methods; vectors and matrices.

## Section L    NOTES AND REFERENCES        Section M GLOSSARY        Section N INDEX

## THE ASTRONOMICAL ALMANAC ONLINE

$^{WW}W$  —  **http://asa.usno.navy.mil**  &  **http://asa.hmnao.com**

Eclipse Portal; occultation maps; lunar polynomial coefficients; planetary heliocentric osculating elements; satellite offsets, apparent distances, position angles, orbital, physical, and photometric data; minor planet diameters; various star data sets; observatory search; astronomical constants; glossary, errata.

**The pagination within each section is given in full on the first page of each section.**

# U.S. NAVAL OBSERVATORY

Captain Brian D. Connon, *U.S.N., Superintendent*
Commander Amy L. Bleidorn, *U.S.N., Deputy Superintendent*
Brian Luzum, *Scientific Director*

## ASTRONOMICAL APPLICATIONS DEPARTMENT

Nancy A. Oliversen, *Head*
Sean E. Urban, *Chief, Nautical Almanac Office*
Jennifer L. Bartlett, *Chief, Software Products Division*
Nancy A. Oliversen, *Acting Chief, Science Support Division*

| | |
|---|---|
| George H. Kaplan | James L. Hilton |
| William T. Harris | Wendy K. Puatua |
| Susan G. Stewart | Mark T. Stollberg |
| Michael Efroimsky | Eric G. Barron |
| Michael V. Lesniak III | QMC (SW/AW) Tim Sheedy, U.S.N |
| Yvette Washington | |

# THE UNITED KINGDOM HYDROGRAPHIC OFFICE

Ian Moncrieff CBE, *Chief Executive*
Captain Jamie McMichael-Phillips RN, *Deputy National Hydrographer*

## HER MAJESTY'S NAUTICAL ALMANAC OFFICE

Steven A. Bell, *Head*

| | |
|---|---|
| Catherine Y. Hohenkerk | Donald B. Taylor |
| Paresh S. Prema | Susan G. Nelmes |
| James A. Whittaker | |

The data in this volume have been prepared as follows:

### By H.M. Nautical Almanac Office, United Kingdom Hydrographic Office:

Section A—phenomena, rising, setting of Sun and Moon, lunar eclipses; B—ephemerides and tables relating to time-scales and coordinate reference frames; D—physical ephemerides and geocentric coordinates of the Moon; F—ephemerides for sixteen of the major planetary satellites; G—opposition dates, finding charts, geocentric coordinates, transit times, and osculating orbital elements, of selected dwarf planets and small solar system bodies; K—tables and data.

### By the Nautical Almanac Office, United States Naval Observatory:

Section A—eclipses of the Sun; C—physical ephemerides, geocentric and rectangular coordinates of the Sun; E—physical ephemerides, orbital elements, heliocentric and geocentric coordinates, and transit times of the planets; F—phenomena and ephemerides of satellites, except Jupiter I–IV; H—data for lists of bright stars, photometric standard stars, radial velocity standard stars, exoplanets and host stars, bright galaxies, open clusters, globular clusters, radio source positions, radio flux calibrators, X-ray sources, quasars, pulsars, variable stars, double stars and gamma ray sources; J—information on observatories; L—notes and references; M—glossary; N—index.

### By the Jet Propulsion Laboratory, California Institute of Technology:

The planetary and lunar ephemerides DE430/LE430. The ephemerides of the dwarf planets and the largest and/or brightest 92 minor planets.

### By the IAU Standards Of Fundamental Astronomy (SOFA) initiative:

Software implementation of fundamental quantities used in sections A, B, D and G.

### By the Institut de Mécanique Céleste et de Calcul des Éphémérides, Paris Observatory:

Section F—ephemerides and phenomena of satellites I–IV of Jupiter.

### By the Minor Planet Center, Cambridge, Massachusetts:

Section G—orbital elements of periodic comets.

Section H—Stars and stellar systems: many individuals have provided expertise in compiling the tables; they are listed in Section L and on *The Astronomical Almanac Online*.

In general the Office responsible for the preparation of the data has drafted the related explanatory notes and auxiliary material, but both have contributed to the final form of the material. The preliminaries, Section A, except the solar eclipses, and Sections B, D, G and K have been composed in the United Kingdom, while the rest of the material has been composed in the United States. The work of proofreading has been shared, but no attempt has been made to eliminate the differences in spelling and style between the contributions of the two Offices.

**Joint publications of HM Nautical Almanac Office (UKHO) and the United States Naval Observatory**

These publications are available from UKHO distributors and the Superintendent of Documents, U.S. Government Printing Office (USGPO) except where noted.

*Astronomical Phenomena* contains extracts from *The Astronomical Almanac* and is published annually in advance of the main volume. Included are dates and times of planetary and lunar phenomena and other astronomical data of general interest. (UKHO GP200)

*The Nautical Almanac* contains ephemerides at an interval of one hour and auxiliary astronomical data for marine navigation. (UKHO NP314)

*The Air Almanac* contains ephemerides at an interval of ten minutes and auxiliary astronomical data for air navigation. This publication is now distributed solely on CD-ROM and is only available from USGPO.

*Rapid Sight Reduction Tables for Navigation* (AP 3270 / NP 303), 3 volumes, formerly entitled *Sight Reduction Tables for Air Navigation*. Volume 1, selected stars for epoch 2015·0, containing the altitude to $1'$ and true azimuth to $1°$ for the seven stars most suitable for navigation, for all latitudes and hour angles of Aries.

**Other publications of HM Nautical Almanac Office (UKHO)**

*The Star Almanac for Land Surveyors* (NP 321) contains the Greenwich hour angle of Aries and the position of the Sun, tabulated for every six hours, and represented by monthly polynomial coefficients. Positions of all stars brighter than magnitude 4·0 are tabulated monthly to a precision of $0\overset{s}{\cdot}1$ in right ascension and $1''$ in declination. A CD-ROM is included which contains the electronic edition plus coefficients, in ASCII format, representing the data.

*NavPac and Compact Data for 2011–2015* (DP 330) contains software, algorithms and data, which are mainly in the form of polynomial coefficients, for calculating the positions of the Sun, Moon, navigational planets and bright stars. It enables navigators to compute their position at sea from sextant observations using Windows OS XP/Vista/7/8 for the period 1986–2015. The tabular data are also supplied as ASCII files on the CD-ROM. The website http://astro.ukho.gov.uk/nao/navpac/ provides a home for issues related to NavPac including the upcoming edition for 2016-2020.

*Planetary and Lunar Coordinates, 2001–2020* provides low-precision astronomical data and phenomena for use well in advance of the annual ephemerides. It contains heliocentric, geocentric, spherical and rectangular coordinates of the Sun, Moon and planets, eclipse maps and auxiliary data. All the tabular ephemerides are supplied solely on CD-ROM as ASCII and Adobe's portable document format files. The full printed edition is published in the United States by Willmann-Bell Inc, PO Box 35025, Richmond VA 23235, USA.

*Rapid Sight Reduction Tables for Navigation* (AP 3270 / NP 303), 3 volumes, formerly entitled *Sight Reduction Tables for Air Navigation*. Volumes 2 and 3 contain altitudes to $1'$ and azimuths to $1°$ for integral degrees of declination from N 29° to S 29°, for relevant latitudes and all hour angles at which the zenith distance is less than 95° providing for sights of the Sun, Moon and planets.

*The UK Air Almanac* (AP1602) contains data useful in the planning of activities where the level of illumination is important, particularly aircraft movements, and is produced to the general requirements of the Royal Air Force. It may be downloaded from the website http://astro.ukho.gov.uk/nao/publicat/ukaa.html.

*NAO Technical Notes* are issued irregularly to disseminate astronomical data concerning ephemerides or astronomical phenomena.

## Other publications of the United States Naval Observatory

*Astronomical Papers of the American Ephemeris*[†] are issued irregularly and contain reports of research in celestial mechanics with particular relevance to ephemerides.

*U.S. Naval Observatory Circulars*[†] are issued irregularly to disseminate astronomical data concerning ephemerides or astronomical phenomena.

*U.S. Naval Observatory Circular No. 179*, The IAU Resolutions on Astronomical Reference Systems, Time Scales, and Earth Rotation Models explains resolutions and their effects on the data (see Web Links).

*Explanatory Supplement to The Astronomical Almanac* edited by Sean E. Urban, U.S. Naval Observatory and P. Kenneth Seidelmann, University of Virginia. This third edition is completely updated and offers an authoritative source on the basis and derivation of information contained in *The Astronomical Almanac*, and contains material that is relevant to positional and dynamical astronomy and to chronology. The publication is a collaborative work with authors from the U.S. Naval Observatory, H.M. Nautical Almanac Office, the Jet Propulsion Laboratory and others. It is published by, and available from University Science Books, Mill Valley, California, whose UK distributor is Macmillan Distribution.

*MICA* is an interactive astronomical almanac for professional applications. Software for both PC systems with Intel processors and Apple Macintosh computers is provided on a single CD-ROM. *MICA* allows a user to compute, to full precision, much of the tabular data contained in *The Astronomical Almanac*, as well as data for specific times and locations. All calculations are made in real time and data are not interpolated from tables. MICA is a product of the U.S. Naval Observatory; it is published by and available from Willmann-Bell Inc. The latest version covers the interval 1800-2050.

† Many of these publications are available from the Nautical Almanac Office, U.S. Naval Observatory, Washington, DC 20392-5420, see Web Links on the next page for availability.

## Publications of other countries

*Apparent Places of Fundamental Stars* is prepared by the Astronomisches Rechen-Institut, Heidelberg (www.ari.uni-heidelberg.de). The printed version of APFS gives the data for a few fundamental stars only, together with the explanation and examples. The apparent places of stars using the FK6 or Hipparcos catalogues are provided by the on-line database ARIAPFS (http://www.ari.uni-heidelberg.de/ariapfs). The printed booklet also contains the so-called '10-Day-Stars' and the 'Circumpolar Stars' and is available from Der Kleine Buch Verlag, Leopoldstrasse 7b, 76133 Karlsruhe, Germany.

*Ephemerides of Minor Planets* is prepared annually by the Institute of Applied Astronomy of the Russian Academy of Sciences (www.ipa.nw.ru). Included in this volume are elements, opposition dates and opposition ephemerides of all numbered minor planets. This volume (www.ipa.nw.ru/PAGE/DEPFUND/LSBSS/engephem.htm) is available from the Institute of Applied Astronomy, Naberezhnaya Kutuzova 10, St. Petersburg, 191187 Russia.

## Electronic Publications

*The Astronomical Almanac Online*: The companion publication of *The Astronomical Almanac*, providing data best presented in machine-readable form. It typically does not duplicate data from the book. It does, in some cases, provide additional information or greater precision than the printed data. Examples of data found on *The Astronomical Almanac Online* are searchable databases, eclipse and occultation maps, errata found in the printed publication, and a searchable glossary. See next page for web links to *The Astronomical Almanac Online*.

Please refer to the relevant World Wide Web address for further details about the publications and services provided by the following organisations.

**H.M. Nautical Almanac Office and U.S. Naval Observatory**
- *The Astronomical Almanac Online* at

**http://asa.usno.navy.mil** —  — **http://asa.hmnao.com**

**U.S. Naval Observatory**
- U.S. Naval Observatory at http://www.usno.navy.mil/USNO
- USNO Astronomical Applications Department at http://aa.usno.navy.mil/
- USNO Data Services at http://aa.usno.navy.mil/data/
- NOVAS astrometry software at http://aa.usno.navy.mil/software/novas/
- *USNO Circular 179* at http://aa.usno.navy.mil/publications/docs/Circular_179.php

**H.M. Nautical Almanac Office**
- General information at http://www.ukho.gov.uk/HMNAO/
- Eclipses Online at http://astro.ukho.gov.uk/eclipse/
- Online data services at http://astro.ukho.gov.uk/websurf/
- Crescent MoonWatch at http://astro.ukho.gov.uk/moonwatch/

**International Astronomical Organizations**
- IAU: International Astronomical Union at http://www.iau.org
- IERS: International Earth Rotation and Reference Systems Service at http://www.iers.org
- SOFA: IAU Standards of Fundamental Astronomy at http://www.iausofa.org
- NSFA: IAU Working Group on Numerical Standards at http://maia.usno.navy.mil/NSFA
- MPC: Minor Planet Centre at http://www.minorplanetcenter.org
- CDS: Centre de Données astronomiques de Strasbourg at http://cdsweb.u-strasbg.fr

**Products provided by International Astronomical Organizations**
- IERS Products http://www.iers.org/ : then
    Orientation data, time, follow, Data / Products → Earth Orientation Data
    Bulletins A, B, C, D and descriptions follow, Publications → IERS Bulletins
    Technical Notes follow, Publications → IERS Technical Notes
- IERS Conventions Centre, updates at http://tai.bipm.org/iers/convupdt/convupdt.html

**Publishers and Suppliers**
- The UK Hydrographic Office (UKHO) at http://www.ukho.gov.uk
- U.S. Government Printing Office (USGPO) at http://bookstore.gpo.gov
- University Science Books at http://www.uscibooks.com
- Willmann-Bell at http://www.willbell.com
- Macmillan Distribution at http://www.palgrave.com

## CONTENTS OF SECTION A

This symbol indicates that these data or auxiliary material may also be found on *The Astronomical Almanac Online* at **http://asa.usno.navy.mil** and **http://asa.hmnao.com**

NOTE: All the times in this section are expressed in Universal Time (UT).

## THE SUN

|  |  | d h |  |  | d h m |  |  | d h m |
|---|---|---|---|---|---|---|---|---|
| Perigee | … | Jan. 2 23 | Equinoxes | … | Mar. 20 04 30 … | … | Sept. | 22 14 21 |
| Apogee | … | July 4 16 | Solstices | … | June 20 22 34 … | … | Dec. | 21 10 44 |

## PHASES OF THE MOON

| Lunation | New Moon | First Quarter | Full Moon | Last Quarter |
|---|---|---|---|---|
|  | d h m | d h m | d h m | d h m |
| 1150 |  |  |  | Jan. 2 05 30 |
| 1151 | Jan. 10 01 31 | Jan. 16 23 26 | Jan. 24 01 46 | Feb. 1 03 28 |
| 1152 | Feb. 8 14 39 | Feb. 15 07 46 | Feb. 22 18 20 | Mar. 1 23 11 |
| 1153 | Mar. 9 01 54 | Mar. 15 17 03 | Mar. 23 12 01 | Mar. 31 15 17 |
| 1154 | Apr. 7 11 24 | Apr. 14 03 59 | Apr. 22 05 24 | Apr. 30 03 29 |
| 1155 | May 6 19 30 | May 13 17 02 | May 21 21 14 | May 29 12 12 |
| 1156 | June 5 03 00 | June 12 08 10 | June 20 11 02 | June 27 18 19 |
| 1157 | July 4 11 01 | July 12 00 52 | July 19 22 57 | July 26 23 00 |
| 1158 | Aug. 2 20 45 | Aug. 10 18 21 | Aug. 18 09 27 | Aug. 25 03 41 |
| 1159 | Sept. 1 09 03 | Sept. 9 11 49 | Sept. 16 19 05 | Sept. 23 09 56 |
| 1160 | Oct. 1 00 11 | Oct. 9 04 33 | Oct. 16 04 23 | Oct. 22 19 14 |
| 1161 | Oct. 30 17 38 | Nov. 7 19 51 | Nov. 14 13 52 | Nov. 21 08 33 |
| 1162 | Nov. 29 12 18 | Dec. 7 09 03 | Dec. 14 00 06 | Dec. 21 01 56 |
| 1163 | Dec. 29 06 53 |  |  |  |

## ECLIPSES AND TRANSIT OF MERCURY

| | | |
|---|---|---|
| A total eclipse of the Sun | Mar. 8-9 | E. Asia, N. and W. Australia and N. Oceania. |
| A penumbral eclipse of the Moon | Mar. 23 | The Americas, Oceania, Australasia and Asia. |
| A transit of Mercury | May 9 | Asia (except S.E. and Japan), Europe, Africa, Greenland, the Americas and Pacific Is. |
| A penumbral eclipse of the Moon | Aug. 18 | S. America except eastern part, N. America, Oceania, Australasia and easternmost Asia. |
| An annular eclipse of the Sun | Sept. 1 | Africa, Madagascar and parts of Antartica. |
| A penumbral eclipse of the Moon | Sept. 16 | Australasia, Asia, Africa, Europe and easternmost South America. |

## MOON AT PERIGEE

| | d | h | | | d | h | | | d | h |
|---|---|---|---|---|---|---|---|---|---|---|
| Jan. | 15 | 02 | June | 3 | 11 | | Oct. | 17 | 00 | |
| Feb. | 11 | 03 | July | 1 | 07 | | Nov. | 14 | 11 | |
| Mar. | 10 | 07 | July | 27 | 12 | | Dec. | 12 | 23 | |
| Apr. | 7 | 18 | Aug. | 22 | 01 | | | | | |
| May | 6 | 04 | Sept. | 18 | 17 | | | | | |

## MOON AT APOGEE

| | d | h | | | d | h | | | d | h |
|---|---|---|---|---|---|---|---|---|---|---|
| Jan. | 2 | 12 | May | 18 | 22 | | Oct. | 4 | 11 | |
| Jan. | 30 | 09 | June | 15 | 12 | | Oct. | 31 | 19 | |
| Feb. | 27 | 03 | July | 13 | 05 | | Nov. | 27 | 20 | |
| Mar. | 25 | 14 | Aug. | 10 | 00 | | Dec. | 25 | 06 | |
| Apr. | 21 | 16 | Sept. | 6 | 19 | | | | | |

## OCCULTATIONS OF PLANETS AND BRIGHT STARS BY THE MOON

| Date | | Body | Areas of Visibility |
|---|---|---|---|
| Jan. 20 03 | | *Aldebaran* | Hawaii, N. Mexico, USA, Canada, S. Greenland, W. Europe |
| Feb. 16 08 | | *Aldebaran* | S.E. Asia, S. China, Japan, Hawaii, westernmost USA |
| Mar. 14 14 | | *Aldebaran* | N. Africa, S.E. Europe, Middle East, India, China, most of S.E. Asia |
| Apr. 6 08 | | Venus | N. Africa, Europe, N. Middle East, N.W. Asia |
| Apr. 9 04 | | Vesta | Indonesia, Malaysia, extreme northwestern Australia, most of the Philippines, Micronesia, Hawaii |
| Apr. 10 22 | | *Aldebaran* | Hawaii, N. Mexico, USA, S. Canada, N. Caribbean, the Azores |
| May 8 09 | | *Aldebaran* | N. and N.E. Africa, S. Europe, Middle East, Russia, China, Japan |
| June 3 10 | | Mercury | Parts of Antarctica, southern Africa, Madagascar |
| June 26 01 | | Neptune | Central and northern Europe, westernmost Russia |
| July 2 04 | | *Aldebaran* | N.E. Africa, S.E. Europe, Middle East, southern Russia, China, Japan |
| July 9 10 | | Jupiter | S. Madagascar, southern tip of Africa, East Antarctica |
| July 23 06 | | Neptune | Central and eastern North America, Greenland, Iceland, northern Scandinavia |
| July 29 11 | | *Aldebaran* | Central America, Caribbean, E. USA, S. Europe, N. Africa |
| Aug. 4 22 | | Mercury | N. New Zealand, Pacific islands, S. tip of South America |

| Date | | Body | Areas of Visibility |
|---|---|---|---|
| Aug. 6 04 | | Jupiter | Eastern S.E. Asia, Papua New Guinea, northernmost Australia, Pacific islands |
| Aug. 19 12 | | Neptune | Eastern Asia, Alaska, N.W. Canada |
| Aug. 25 17 | | *Aldebaran* | Papua New Guinea, Hawaii, southern USA, Mexico, northern Central America |
| Sep. 2 22 | | Jupiter | Easternmost part of Russia, southwestern USA, Central America, N. South America, Caribbean |
| Sep. 3 11 | | Venus | Central Russia, N. Mongolia |
| Sep. 15 20 | | Neptune | Europe, western Russia |
| Sep. 21 23 | | *Aldebaran* | Eastern Africa, Middle East, central and parts of South Asia |
| Sep. 29 11 | | Mercury | E. South America, S. tip of South Africa, parts of Antarctica |
| Oct. 13 06 | | Neptune | Easternmost part of Russia, Alaska, northwestern Canada |
| Oct. 19 07 | | *Aldebaran* | Mexico, Central America, S.E. Canada, eastern USA, southern Europe, northwestern Africa |
| Nov. 9 15 | | Neptune | Northernmost Africa, eastern Europe, western Asia |
| Nov. 15 17 | | *Aldebaran* | Middle East, central Asia, Japan |
| Dec. 6 22 | | Neptune | Central America, USA, S. and E. Canada, Greenland, Iceland, westernmost Europe |
| Dec. 13 05 | | *Aldebaran* | N. Mexico, USA, S. and E. Canada, southern tip of Greenland, westernmost Europe, N.W. Africa |
| Dec. 18 19 | | *Regulus* | Parts of Antarctica, southernmost Australia |

Maps showing the areas of visibility may be found on AsA-Online.

## OCCULTATIONS OF X-RAY SOURCES BY THE MOON

This table can be found on *The Astronomical Almanac Online* at http://asa.usno.navy.mil and http://asa.hmnao.com.

## AVAILABILITY OF PREDICTIONS OF LUNAR OCCULTATIONS

IOTA, the International Occultation Timing Association is responsible for the predictions and reductions of timings of occultations of stars by the Moon. Their web address is http://lunar-occultations.com/iota.

## GEOCENTRIC PHENOMENA

### MERCURY

|  | d h | d h | d h | d h |
|---|---|---|---|---|
| Stationary ... ... ... | Jan. 5 05 | Apr. 29 04 | Aug. 30 01 | Dec. 19 07 |
| Inferior conjunction ... | Jan. 14 14 | May 9 15 | Sept. 13 00 | Dec. 28 19 |
| Stationary ... ... ... | Jan. 25 19 | May 21 22 | Sept. 21 10 | — |
| Greatest elongation West | Feb. 7 01 (26°) | June 5 09 (24°) | Sept. 28 20 (18°) | — |
| Superior conjunction ... | Mar. 23 20 | July 7 03 | Oct. 27 16 | — |
| Greatest elongation East | Apr. 18 14 (20°) | Aug. 16 21 (27°) | Dec. 11 05 (21°) | — |

### VENUS

d h

Superior conjunction ...     June 6 22

### SUPERIOR PLANETS

|  | Stationary | Opposition | Stationary | Conjunction |
|---|---|---|---|---|
|  | d h | d h | d h | d h |
| Mars ... ... ... ... ... | Apr. 17 02 | May 22 11 | June 30 08 | — |
| Jupiter ... ... ... ... ... | Jan. 8 20 | Mar. 8 11 | May 9 23 | Sept. 26 07 |
| Saturn ... ... ... ... ... | Mar. 25 13 | June 3 07 | Aug. 13 18 | Dec. 10 12 |
| Uranus ... ... ... ... ... | July 30 02 | Oct. 15 11 | Dec. 29 16 | Apr. 9 21 |
| Neptune ... ... ... ... ... | June 14 08 | Sept. 2 17 | Nov. 20 10 | Feb. 28 16 |

The vertical bars indicate where the dates for the planet are not in chronological order.

### OCCULTATIONS BY PLANETS AND SATELLITES

Details of predictions of occultations of stars by planets, minor planets and satellites are given in *The Handbook of the British Astronomical Association*.

### HELIOCENTRIC PHENOMENA

|  | Perihelion | Aphelion | Ascending Node | Greatest Lat. North | Descending Node | Greatest Lat. South |
|---|---|---|---|---|---|---|
| Mercury | Jan. 8 | Feb. 21 | Jan. 4 | Jan. 18 | Feb. 11 | Mar. 12 |
|  | Apr. 5 | May 19 | Apr. 1 | Apr. 15 | May 9 | June 8 |
|  | July 2 | Aug. 15 | June 28 | July 12 | Aug. 5 | Sept. 4 |
|  | Sept. 28 | Nov. 11 | Sept. 23 | Oct. 8 | Nov. 1 | Dec. 1 |
|  | Dec. 25 | — | Dec. 20 | — | — | — |
| Venus | — | Mar. 20 | — | Aug. 1 | Feb. 14 | Apr. 11 |
|  | July 11 | Oct. 31 | June 7 | — | Sept. 26 | Nov. 22 |
| Mars | Oct. 29 | — | — | — | Apr. 28 | Oct. 3 |

Jupiter: Greatest Lat. North, Dec. 28
Saturn, Uranus, Neptune: None in 2016

# PHENOMENA, 2016

## ELONGATIONS AND MAGNITUDES OF PLANETS AT 0ʰ UT

| Date | Mercury Elong. | Mag. | Venus Elong. | Mag. | Date | Mercury Elong. | Mag. | Venus Elong. | Mag. |
|---|---|---|---|---|---|---|---|---|---|
| Jan. −2 | E. 20 | −0·6 | W. 39 | −4·1 | July 1 | W. 7 | −1·6 | E. 7 | −3·9 |
| 3 | E. 18 | −0·2 | W. 38 | −4·0 | 6 | W. 2 | −2·2 | E. 8 | −3·9 |
| 8 | E. 13 | +1·3 | W. 37 | −4·0 | 11 | E. 5 | −1·7 | E. 9 | −3·9 |
| 13 | E. 5 | +4·6 | W. 36 | −4·0 | 16 | E. 10 | −1·1 | E. 11 | −3·9 |
| 18 | W. 9 | +3·3 | W. 35 | −4·0 | 21 | E. 15 | −0·7 | E. 12 | −3·9 |
| 23 | W. 17 | +1·1 | W. 33 | −4·0 | 26 | E. 19 | −0·4 | E. 14 | −3·9 |
| 28 | W. 22 | +0·2 | W. 32 | −3·9 | 31 | E. 22 | −0·2 | E. 15 | −3·9 |
| Feb. 2 | W. 25 | 0·0 | W. 31 | −3·9 | Aug. 5 | E. 25 | 0·0 | E. 16 | −3·8 |
| 7 | W. 26 | −0·1 | W. 30 | −3·9 | 10 | E. 26 | +0·1 | E. 18 | −3·8 |
| 12 | W. 25 | −0·1 | W. 29 | −3·9 | 15 | E. 27 | +0·2 | E. 19 | −3·8 |
| 17 | W. 24 | −0·1 | W. 28 | −3·9 | 20 | E. 27 | +0·3 | E. 20 | −3·8 |
| 22 | W. 22 | −0·1 | W. 27 | −3·9 | 25 | E. 26 | +0·5 | E. 22 | −3·8 |
| 27 | W. 20 | −0·2 | W. 26 | −3·9 | 30 | E. 22 | +1·0 | E. 23 | −3·8 |
| Mar. 3 | W. 17 | −0·4 | W. 25 | −3·8 | Sept. 4 | E. 17 | +1·9 | E. 24 | −3·8 |
| 8 | W. 14 | −0·6 | W. 23 | −3·8 | 9 | E. 9 | +3·8 | E. 25 | −3·8 |
| 13 | W. 10 | −0·9 | W. 22 | −3·8 | 14 | W. 4 | · | E. 27 | −3·9 |
| 18 | W. 6 | −1·3 | W. 21 | −3·8 | 19 | W. 11 | +2·5 | E. 28 | −3·9 |
| 23 | W. 2 | −2·0 | W. 20 | −3·8 | 24 | W. 16 | +0·4 | E. 29 | −3·9 |
| 28 | E. 4 | −1·8 | W. 19 | −3·8 | 29 | W. 18 | −0·6 | E. 30 | −3·9 |
| Apr. 2 | E. 10 | −1·5 | W. 17 | −3·8 | Oct. 4 | W. 16 | −0·9 | E. 31 | −3·9 |
| 7 | E. 14 | −1·1 | W. 16 | −3·8 | 9 | W. 13 | −1·0 | E. 33 | −3·9 |
| 12 | E. 18 | −0·7 | W. 15 | −3·8 | 14 | W. 10 | −1·1 | E. 34 | −3·9 |
| 17 | E. 20 | −0·2 | W. 14 | −3·8 | 19 | W. 6 | −1·3 | E. 35 | −3·9 |
| 22 | E. 19 | +0·6 | W. 12 | −3·8 | 24 | W. 3 | −1·4 | E. 36 | −4·0 |
| 27 | E. 17 | +1·8 | W. 11 | −3·9 | 29 | E. 1 | · | E. 37 | −4·0 |
| May 2 | E. 11 | +3·4 | W. 10 | −3·9 | Nov. 3 | E. 4 | −1·1 | E. 38 | −4·0 |
| 7 | E. 4 | · | W. 8 | −3·9 | 8 | E. 7 | −0·8 | E. 39 | −4·0 |
| 12 | W. 4 | · | W. 7 | −3·9 | 13 | E. 10 | −0·7 | E. 40 | −4·1 |
| 17 | W. 11 | +3·7 | W. 6 | −3·9 | 18 | E. 12 | −0·5 | E. 41 | −4·1 |
| 22 | W. 17 | +2·4 | W. 4 | −3·9 | 23 | E. 15 | −0·5 | E. 42 | −4·1 |
| 27 | W. 21 | +1·4 | W. 3 | −3·9 | 28 | E. 17 | −0·5 | E. 43 | −4·2 |
| June 1 | W. 24 | +0·8 | W. 2 | −4·0 | Dec. 3 | E. 19 | −0·5 | E. 43 | −4·2 |
| 6 | W. 24 | +0·4 | 0 | · | 8 | E. 20 | −0·5 | E. 44 | −4·2 |
| 11 | W. 23 | 0·0 | E. 1 | · | 13 | E. 21 | −0·5 | E. 45 | −4·3 |
| 16 | W. 21 | −0·3 | E. 3 | −4·0 | 18 | E. 18 | 0·0 | E. 45 | −4·3 |
| 21 | W. 18 | −0·7 | E. 4 | −3·9 | 23 | E. 12 | +1·6 | E. 46 | −4·4 |
| 26 | W. 13 | −1·1 | E. 5 | −3·9 | 28 | E. 3 | · | E. 46 | −4·4 |
| July 1 | W. 7 | −1·6 | E. 7 | −3·9 | 33 | W. 10 | +2·6 | E. 47 | −4·4 |

## SELECTED DWARF AND MINOR PLANETS

| | Conjunction | Stationary | Opposition | Stationary |
|---|---|---|---|---|
| Ceres ... ... | Mar. 3 | Sept. 2 | Oct. 21 | Dec. 15 |
| Pallas ... ... | Jan. 19 | June 18 | Aug. 20 | Oct. 8 |
| Juno ... ... | Nov. 29 | Mar. 6 | Apr. 27 | June 25 |
| Vesta ... ... | May 23 | Dec. 3 | — | — |
| Pluto ... ... | Jan. 6 | Apr. 18 | July 7 | Sept. 26 |

## ELONGATIONS AND MAGNITUDES OF PLANETS AT 0ʰ UT

| Date | Mars Elong. | Mag. | Jupiter Elong. | Mag. | Saturn Elong. | Mag. | Uranus Elong. | Mag. | Neptune Elong. | Mag. |
|---|---|---|---|---|---|---|---|---|---|---|
| **Jan.** −7 | W. 68 | +1·3 | W. 99 | −2·1 | W. 22 | +0·5 | E. 105 | +5·8 | E. 66 | +7·9 |
| 3 | W. 72 | +1·2 | W. 109 | −2·2 | W. 31 | +0·5 | E. 95 | +5·8 | E. 56 | +7·9 |
| 13 | W. 77 | +1·1 | W. 119 | −2·2 | W. 40 | +0·5 | E. 84 | +5·8 | E. 46 | +7·9 |
| 23 | W. 82 | +1·0 | W. 129 | −2·3 | W. 49 | +0·5 | E. 74 | +5·8 | E. 36 | +8·0 |
| **Feb.** 2 | W. 87 | +0·8 | W. 140 | −2·4 | W. 58 | +0·5 | E. 65 | +5·9 | E. 26 | +8·0 |
| 12 | W. 92 | +0·6 | W. 151 | −2·4 | W. 68 | +0·5 | E. 55 | +5·9 | E. 16 | +8·0 |
| 22 | W. 98 | +0·4 | W. 162 | −2·5 | W. 77 | +0·5 | E. 45 | +5·9 | E. 6 | +8·0 |
| **Mar.** 3 | W. 104 | +0·2 | W. 174 | −2·5 | W. 87 | +0·5 | E. 36 | +5·9 | W. 3 | +8·0 |
| 13 | W. 110 | 0·0 | E. 175 | −2·5 | W. 97 | +0·4 | E. 26 | +5·9 | W. 13 | +8·0 |
| 23 | W. 117 | −0·3 | E. 164 | −2·5 | W. 106 | +0·4 | E. 17 | +5·9 | W. 22 | +8·0 |
| **Apr.** 2 | W. 125 | −0·6 | E. 153 | −2·4 | W. 116 | +0·3 | E. 7 | +5·9 | W. 32 | +8·0 |
| 12 | W. 134 | −0·9 | E. 142 | −2·4 | W. 126 | +0·3 | W. 2 | +5·9 | W. 42 | +7·9 |
| 22 | W. 144 | −1·2 | E. 131 | −2·3 | W. 136 | +0·2 | W. 11 | +5·9 | W. 51 | +7·9 |
| **May** 2 | W. 154 | −1·5 | E. 121 | −2·3 | W. 147 | +0·2 | W. 20 | +5·9 | W. 60 | +7·9 |
| 12 | W. 166 | −1·8 | E. 112 | −2·2 | W. 157 | +0·1 | W. 29 | +5·9 | W. 70 | +7·9 |
| 22 | W. 179 | −2·1 | E. 102 | −2·1 | W. 167 | +0·1 | W. 39 | +5·9 | W. 79 | +7·9 |
| **June** 1 | E. 167 | −2·0 | E. 93 | −2·1 | W. 177 | 0·0 | W. 48 | +5·9 | W. 89 | +7·9 |
| 11 | E. 155 | −1·8 | E. 84 | −2·0 | E. 172 | 0·0 | W. 57 | +5·9 | W. 98 | +7·9 |
| 21 | E. 143 | −1·6 | E. 76 | −1·9 | E. 162 | +0·1 | W. 66 | +5·9 | W. 108 | +7·9 |
| **July** 1 | E. 133 | −1·4 | E. 67 | −1·9 | E. 152 | +0·2 | W. 75 | +5·8 | W. 118 | +7·9 |
| 11 | E. 125 | −1·2 | E. 59 | −1·8 | E. 141 | +0·2 | W. 85 | +5·8 | W. 127 | +7·8 |
| 21 | E. 117 | −1·0 | E. 51 | −1·8 | E. 132 | +0·3 | W. 94 | +5·8 | W. 137 | +7·8 |
| 31 | E. 111 | −0·8 | E. 44 | −1·7 | E. 122 | +0·3 | W. 104 | +5·8 | W. 147 | +7·8 |
| **Aug.** 10 | E. 105 | −0·6 | E. 36 | −1·7 | E. 112 | +0·4 | W. 113 | +5·8 | W. 157 | +7·8 |
| 20 | E. 100 | −0·5 | E. 28 | −1·7 | E. 102 | +0·4 | W. 123 | +5·8 | W. 166 | +7·8 |
| 30 | E. 96 | −0·3 | E. 21 | −1·7 | E. 93 | +0·5 | W. 133 | +5·7 | W. 176 | +7·8 |
| **Sept.** 9 | E. 92 | −0·2 | E. 13 | −1·7 | E. 84 | +0·5 | W. 143 | +5·7 | E. 174 | +7·8 |
| 19 | E. 88 | −0·1 | E. 6 | −1·7 | E. 74 | +0·5 | W. 153 | +5·7 | E. 164 | +7·8 |
| 29 | E. 85 | 0·0 | W. 2 | −1·7 | E. 65 | +0·5 | W. 163 | +5·7 | E. 154 | +7·8 |
| **Oct.** 9 | E. 82 | +0·1 | W. 10 | −1·7 | E. 56 | +0·5 | W. 173 | +5·7 | E. 144 | +7·8 |
| 19 | E. 79 | +0·2 | W. 18 | −1·7 | E. 47 | +0·5 | E. 176 | +5·7 | E. 133 | +7·8 |
| 29 | E. 76 | +0·3 | W. 25 | −1·7 | E. 38 | +0·5 | E. 166 | +5·7 | E. 123 | +7·9 |
| **Nov.** 8 | E. 73 | +0·4 | W. 33 | −1·7 | E. 29 | +0·5 | E. 156 | +5·7 | E. 113 | +7·9 |
| 18 | E. 70 | +0·5 | W. 42 | −1·7 | E. 20 | +0·5 | E. 145 | +5·7 | E. 103 | +7·9 |
| 28 | E. 68 | +0·6 | W. 50 | −1·8 | E. 11 | +0·5 | E. 135 | +5·7 | E. 93 | +7·9 |
| **Dec.** 8 | E. 65 | +0·7 | W. 58 | −1·8 | E. 3 | +0·4 | E. 124 | +5·7 | E. 83 | +7·9 |
| 18 | E. 62 | +0·8 | W. 67 | −1·9 | W. 7 | +0·5 | E. 114 | +5·8 | E. 73 | +7·9 |
| 28 | E. 60 | +0·9 | W. 76 | −1·9 | W. 16 | +0·5 | E. 104 | +5·8 | E. 63 | +7·9 |
| 38 | E. 57 | +0·9 | W. 85 | −2·0 | W. 25 | +0·5 | E. 94 | +5·8 | E. 53 | +7·9 |

## VISUAL MAGNITUDES OF SELECTED DWARF & MINOR PLANETS

| | Jan. 3 | Feb. 12 | Mar. 23 | May 2 | June 11 | July 21 | Aug. 30 | Oct. 9 | Nov. 18 | Dec. 28 |
|---|---|---|---|---|---|---|---|---|---|---|
| Ceres | 9·3 | 9·1 | 9·1 | 9·3 | 9·2 | 8·9 | 8·4 | 7·6 | 7·9 | 8·5 |
| Pallas | 10·5 | 10·5 | 10·6 | 10·5 | 10·1 | 9·6 | 9·2 | 9·7 | 10·2 | 10·3 |
| Juno | 11·2 | 10·9 | 10·4 | 10·0 | 10·6 | 11·2 | 11·5 | 11·5 | 11·4 | 11·4 |
| Vesta | 8·0 | 8·3 | 8·4 | 8·3 | 8·3 | 8·5 | 8·4 | 8·1 | 7·6 | 6·7 |
| Pluto | 14·2 | 14·2 | 14·2 | 14·2 | 14·1 | 14·1 | 14·2 | 14·2 | 14·2 | 14·3 |

## VISIBILITY OF PLANETS

The planet diagram on page A7 shows, in graphical form for any date during the year, the local mean times of meridian passage of the Sun, of the five planets, Mercury, Venus, Mars, Jupiter and Saturn, and of every $2^h$ of right ascension. Intermediate lines, corresponding to particular stars, may be drawn in by the user if desired. The diagram is intended to provide a general picture of the availability of planets and stars for observation during the year.

On each side of the line marking the time of meridian passage of the Sun, a band $45^m$ wide is shaded to indicate that planets and most stars crossing the meridian within $45^m$ of the Sun are generally too close to the Sun for observation.

For any date the diagram provides immediately the local mean time of meridian passage of the Sun, planets and stars, and thus the following information:
   a) whether a planet or star is too close to the Sun for observation;
   b) visibility of a planet or star in the morning or evening;
   c) location of a planet or star during twilight;
   d) proximity of planets to stars or other planets.

When the meridian passage of a body occurs at midnight, it is close to opposition to the Sun and is visible all night, and may be observed in both morning and evening twilights. As the time of meridian passage decreases, the body ceases to be observable in the morning, but its altitude above the eastern horizon during evening twilight gradually increases until it is on the meridian at evening twilight. From then onwards the body is observable above the western horizon, its altitude at evening twilight gradually decreasing, until it becomes too close to the Sun for observation. When it again becomes visible, it is seen in the morning twilight, low in the east. Its altitude at morning twilight gradually increases until meridian passage occurs at the time of morning twilight, then as the time of meridian passage decreases to $0^h$, the body is observable in the west in the morning twilight with a gradually decreasing altitude, until it once again reaches opposition.

Notes on the visibility of the planets are given on page A8. Further information on the visibility of planets may be obtained from the diagram below which shows, in graphical form for any date during the year, the declinations of the bodies plotted on the planet diagram on page A7.

### DECLINATION OF SUN AND PLANETS, 2016

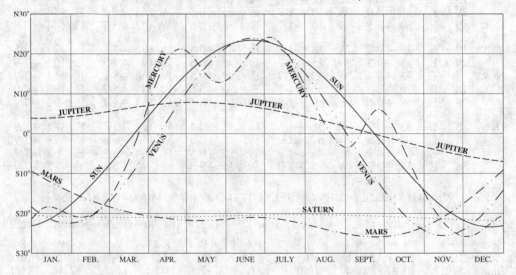

## LOCAL MEAN TIME OF MERIDIAN PASSAGE

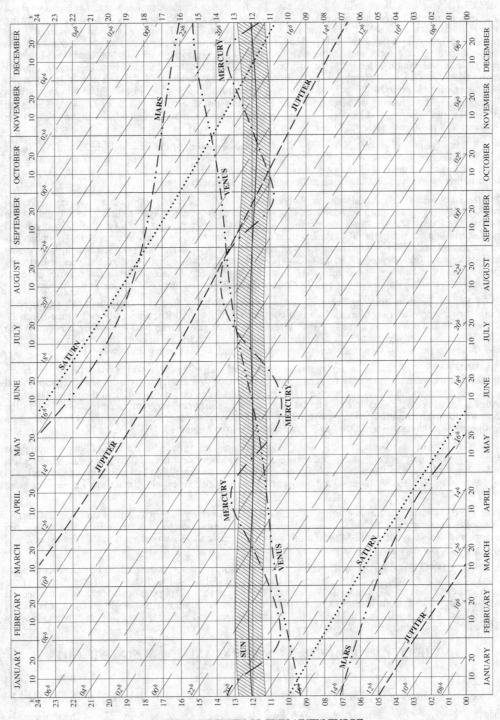

LOCAL MEAN TIME OF MERIDIAN PASSAGE

# PHENOMENA, 2016

## VISIBILITY OF PLANETS

MERCURY can only be seen low in the east before sunrise, or low in the west after sunset (about the time of beginning or end of civil twilight). It is visible in the mornings between the following approximate dates: January 20 to March 14, May 19 to June 30 and September 20 to October 15. The planet is brighter at the end of each period, (the best conditions in northern latitudes occur from late September to early October and in southern latitudes in mid-February and late May until mid-June). It is visible in the evenings between the following approximate dates: January 1 to January 9, April 1 to April 30, July 15 to September 6 and November 13 to December 23. The planet is brighter at the beginning of each period, (the best conditions in northern latitudes occur in mid-April and in southern latitudes in mid-August). Mercury transits the Sun's disk on May 9 at $11^h 12^m$ to $18^h 42^m$. The event is visible from most of Asia (except S.E. and Japan), Europe, Africa, Greenland, South America, North America and most of the Pacific Ocean.

VENUS is a brilliant object in the morning sky from the beginning of the year until the end of April after which it becomes too close to the Sun for observation. From mid-July it reappears in the evening sky where it stays until the end of the year. Venus is in conjunction with Mercury on July 16 and August 27, with Jupiter on August 27 and with Saturn on January 9 and October 30.

MARS rises shortly after midnight at the beginning of the year in Virgo. It moves into Libra in mid-January, Scorpius from mid-March and into Ophiuchus from early April returning to Scorpius at the beginning of May. The westward elongation gradually increases until opposition on May 22, when it can be seen throughout the night. The planet enters Libra in late May, Scorpius in early August, Ophiuchus in the second half of August (passing $1°8$ N of *Antares* on August 24), back into Scorpius in late August and once again into Ophiuchus in early Sept. From early Sept. until the end of the year it can only be seen in the evening sky, moving into Sagittarius in the second half of Sept., Capricornus in early November and into Aquarius from mid-December. Mars is in conjunction with Saturn on August 25.

JUPITER can be seen from the beginning of the year until early March for more than half the night in Leo. It is at opposition on March 8 when it can be seen throughout the night. By early June it can be seen only in the evening sky, passing into Virgo in early August. From mid-September it becomes too close to the Sun for observation until in the second week of October when it reappears in the morning sky. Jupiter is in conjunction with Venus on August 27 and with Mercury on October 11.

SATURN rises before sunrise at the beginning of the year in Ophiuchus, in which constellation it remains throughout the year, and can only be seen in the morning sky until early March. Its westward elongation gradually increases until it is at oppsition on June 3, when it can be seen throughout the night. From late August until late November it can only be seen in the evening sky and then becomes too close to the Sun for observation until late December, when it reappears in the morning sky. Saturn is in conjunction with Venus on January 9 and October 30 and with Mars on August 25.

URANUS is visible at the beginning of the year in Pisces and remains in this constellation throughout the year. From early January it can only be seen in the evening sky until shortly after mid-March when it becomes too close to the Sun for observation. It reappears in early May in the morning sky and is at opposition on October 15. Its eastward elongation gradually decreases and Uranus can be seen for more than half the night.

NEPTUNE is visible at the beginning of the year in the evening sky in Aquarius and remains in this constellation throughout the year. In early February it becomes too close to the Sun for observation and reappears a few days after mid-March in the morning sky. Neptune is at opposition on September 2 and from early December can only be seen in the evening sky.

DO NOT CONFUSE (1) Venus with Saturn in the first half of January and again in late October to early November, with Mercury in mid-February and again in mid-July and with Jupiter in late August to the start of September; on all occasions Venus is the brighter object. (2) Jupiter with Mercury in the second half of August and again in mid-October; on both occasions Jupiter is the brighter object. (3) Saturn with Mars in late August when Mars is the brighter object, and with Mercury in mid-November when Mercury is the brighter object.

## VISIBILITY OF PLANETS IN MORNING AND EVENING TWILIGHT

| | Morning | | Evening | |
|---|---|---|---|---|
| Venus | January 1 | – April 30 | July 14 | – December 31 |
| Mars | January 1 | – May 22 | May 22 | – December 31 |
| Jupiter | January 1 | – March 8 | March 8 | – September 13 |
| | October 10 | – December 31 | | |
| Saturn | January 1 | – June 3 | June 3 | – November 23 |
| | December 28 | – December 31 | | |

## CONFIGURATIONS OF SUN, MOON AND PLANETS

| | d h | | | d h | |
|---|---|---|---|---|---|
| Jan. | 2 06 | LAST QUARTER | Mar. | 14 14 | *Aldebaran* 0°.3 S. of Moon  Occn. |
| | 2 12 | Moon at apogee | | 15 17 | FIRST QUARTER |
| | 2 23 | Earth at perihelion | | 20 05 | Equinox |
| | 3 19 | Mars 1°.5 S. of Moon | | 20 14 | Venus 0°.5 S. of Neptune |
| | 5 05 | Mercury stationary | | 22 04 | Jupiter 2° N. of Moon |
| | 6 03 | Pluto in conjunction with Sun | | 23 12 | FULL MOON   Penumbral Eclipse |
| | 6 17 | Venus 6° N. of *Antares* | | 23 20 | Mercury in superior conjunction |
| | 7 00 | Venus 3° S. of Moon | | 25 13 | Saturn stationary |
| | 7 05 | Saturn 3° S. of Moon | | 25 14 | Moon at apogee |
| | 8 20 | Jupiter stationary | | 28 19 | Mars 4° S. of Moon |
| | 9 04 | Venus 0°.09 N. of Saturn | | 29 15 | Saturn 3° S. of Moon |
| | 10 02 | NEW MOON | | 31 15 | LAST QUARTER |
| | 13 15 | Neptune 2° S. of Moon | Apr. | 5 01 | Neptune 1°.9 S. of Moon |
| | 14 14 | Mercury in inferior conjunction | | 6 08 | Venus 0°.7 S. of Moon   Occn. |
| | 15 02 | Moon at perigee | | 7 11 | NEW MOON |
| | 16 06 | Uranus 1°.5 N. of Moon | | 7 18 | Moon at perigee |
| | 16 23 | FIRST QUARTER | | 8 11 | Mercury 5° N. of Moon |
| | 19 10 | Pallas in conjunction with Sun | | 9 04 | Vesta 0°.02 S. of Moon   Occn. |
| | 20 03 | *Aldebaran* 0°.5 S. of Moon  Occn. | | 9 21 | Uranus in conjunction with Sun |
| | 24 02 | FULL MOON | | 10 22 | *Aldebaran* 0°.3 S. of Moon  Occn. |
| | 25 19 | Mercury stationary | | 14 04 | FIRST QUARTER |
| | 28 01 | Jupiter 1°.4 N. of Moon | | 17 02 | Mars stationary |
| | 30 09 | Moon at apogee | | 18 05 | Jupiter 2° N. of Moon |
| Feb. | 1 03 | LAST QUARTER | | 18 13 | Pluto stationary |
| | 1 09 | Mars 3° S. of Moon | | 18 14 | Mercury greatest elong. E. (20°) |
| | 3 19 | Saturn 3° S. of Moon | | 21 16 | Moon at apogee |
| | 6 08 | Venus 4° S. of Moon | | 22 05 | FULL MOON |
| | 6 17 | Mercury 4° S. of Moon | | 25 04 | Mars 5° S. of Moon |
| | 7 01 | Mercury greatest elong. W. (26°) | | 25 19 | Saturn 3° S. of Moon |
| | 8 15 | NEW MOON | | 27 03 | Juno at opposition |
| | 10 00 | Neptune 2° S. of Moon | | 29 04 | Mercury stationary |
| | 11 03 | Moon at perigee | | 30 03 | LAST QUARTER |
| | 12 14 | Uranus 1°.7 N. of Moon | May | 2 11 | Neptune 1°.7 S. of Moon |
| | 15 08 | FIRST QUARTER | | 5 03 | Uranus 2° N. of Moon |
| | 16 08 | *Aldebaran* 0°.3 S. of Moon  Occn. | | 6 04 | Moon at perigee |
| | 22 18 | FULL MOON | | 6 19 | NEW MOON |
| | 24 04 | Jupiter 1°.7 N. of Moon | | 8 09 | *Aldebaran* 0°.5 S. of Moon  Occn. |
| | 27 03 | Moon at apogee | | 9 15 | Mercury in inferior conjunction, transit over Sun |
| | 28 16 | Neptune in conjunction with Sun | | 9 23 | Jupiter stationary |
| | 29 18 | Mars 4° S. of Moon | | 13 17 | FIRST QUARTER |
| Mar. | 1 23 | LAST QUARTER | | 15 10 | Jupiter 2° N. of Moon |
| | 2 07 | Saturn 4° S. of Moon | | 18 22 | Moon at apogee |
| | 3 22 | Ceres in conjunction with Sun | | 21 20 | Mars 6° S. of Moon |
| | 6 16 | Juno stationary | | 21 21 | FULL MOON |
| | 7 11 | Venus 4° S. of Moon | | 21 22 | Mercury stationary |
| | 8 11 | Jupiter at opposition | | 22 11 | Mars at opposition |
| | 9 02 | NEW MOON   Eclipse | | 22 22 | Saturn 3° S. of Moon |
| | 10 07 | Moon at perigee | | | |
| | 11 01 | Uranus 1°.9 N. of Moon | | | |

## CONFIGURATIONS OF SUN, MOON AND PLANETS

|        | d  | h  |                                          |       |
|--------|----|----|------------------------------------------|-------|
| May    | 23 | 19 | Vesta in conjunction with Sun            |       |
|        | 29 | 12 | LAST QUARTER                             |       |
|        | 29 | 19 | Neptune 1°4 S. of Moon                   |       |
|        | 30 | 22 | Mars closest approach                    |       |
| June   | 1  | 14 | Uranus 2° N. of Moon                     |       |
|        | 3  | 07 | Saturn at opposition                     |       |
|        | 3  | 10 | Mercury 0°7 N. of Moon                   | Occn. |
|        | 3  | 11 | Moon at perigee                          |       |
|        | 5  | 03 | NEW MOON                                 |       |
|        | 5  | 09 | Mercury greatest elong. W. (24°)         |       |
|        | 6  | 22 | Venus in superior conjunction            |       |
|        | 11 | 20 | Jupiter 1°5 N. of Moon                   |       |
|        | 12 | 08 | FIRST QUARTER                            |       |
|        | 14 | 08 | Neptune stationary                       |       |
|        | 15 | 12 | Moon at apogee                           |       |
|        | 17 | 10 | Mars 7° S. of Moon                       |       |
|        | 18 | 15 | Pallas stationary                        |       |
|        | 19 | 00 | Saturn 3° S. of Moon                     |       |
|        | 19 | 21 | Mercury 4° N. of *Aldebaran*             |       |
|        | 20 | 11 | FULL MOON                               |       |
|        | 20 | 23 | Solstice                                 |       |
|        | 25 | 17 | Juno stationary                          |       |
|        | 26 | 01 | Neptune 1°2 S. of Moon                   | Occn. |
|        | 27 | 18 | LAST QUARTER                             |       |
|        | 28 | 23 | Uranus 3° N. of Moon                     |       |
|        | 30 | 08 | Mars stationary                          |       |
| July   | 1  | 07 | Moon at perigee                          |       |
|        | 2  | 04 | *Aldebaran* 0°4 S. of Moon               | Occn. |
|        | 4  | 11 | NEW MOON                                 |       |
|        | 4  | 16 | Earth at aphelion                        |       |
|        | 7  | 03 | Mercury in superior conjunction          |       |
|        | 7  | 22 | Pluto at opposition                      |       |
|        | 9  | 10 | Jupiter 0°9 N. of Moon                   | Occn. |
|        | 12 | 01 | FIRST QUARTER                            |       |
|        | 13 | 05 | Moon at apogee                           |       |
|        | 14 | 18 | Mars 8° S. of Moon                       |       |
|        | 16 | 05 | Saturn 3° S. of Moon                     |       |
|        | 16 | 18 | Mercury 0°5 N. of Venus                  |       |
|        | 19 | 23 | FULL MOON                               |       |
|        | 23 | 06 | Neptune 1°1 S. of Moon                   | Occn. |
|        | 26 | 04 | Uranus 3° N. of Moon                     |       |
|        | 26 | 23 | LAST QUARTER                             |       |
|        | 27 | 12 | Moon at perigee                          |       |
|        | 29 | 11 | *Aldebaran* 0°3 S. of Moon               | Occn. |
|        | 30 | 02 | Uranus stationary                        |       |
|        | 30 | 17 | Mercury 0°3 N. of *Regulus*              |       |
| Aug.   | 2  | 21 | NEW MOON                                 |       |
|        | 4  | 06 | Venus 3° N. of Moon                      |       |

|        | d  | h  |                                          |       |
|--------|----|----|------------------------------------------|-------|
| Aug.   | 4  | 22 | Mercury 0°6 N. of Moon                   | Occn. |
|        | 5  | 09 | Venus 1°1 N. of *Regulus*                |       |
|        | 6  | 04 | Jupiter 0°2 N. of Moon                   | Occn. |
|        | 10 | 00 | Moon at apogee                           |       |
|        | 10 | 18 | FIRST QUARTER                            |       |
|        | 11 | 22 | Mars 8° S. of Moon                       |       |
|        | 12 | 12 | Saturn 4° S. of Moon                     |       |
|        | 13 | 18 | Saturn stationary                        |       |
|        | 16 | 21 | Mercury greatest elong. E. (27°)         |       |
|        | 18 | 09 | FULL MOON        Penumbral Eclipse      |       |
|        | 19 | 12 | Neptune 1°1 S. of Moon                   | Occn. |
|        | 20 | 12 | Pallas at opposition                     |       |
|        | 22 | 01 | Moon at perigee                          |       |
|        | 22 | 10 | Uranus 3° N. of Moon                     |       |
|        | 24 | 04 | Mars 1°8 N. of *Antares*                 |       |
|        | 25 | 04 | LAST QUARTER                             |       |
|        | 25 | 17 | *Aldebaran* 0°2 S. of Moon  Occn.        |       |
|        | 25 | 18 | Mars 4° S. of Saturn                     |       |
|        | 27 | 05 | Mercury 5° S. of Venus                   |       |
|        | 27 | 22 | Venus 0°07 N. of Jupiter                 |       |
|        | 30 | 01 | Mercury stationary                       |       |
| Sept.  | 1  | 09 | NEW MOON              Eclipse           |       |
|        | 2  | 13 | Ceres stationary                         |       |
|        | 2  | 17 | Mercury 6° S. of Moon                    |       |
|        | 2  | 17 | Neptune at opposition                    |       |
|        | 2  | 22 | Jupiter 0°4 S. of Moon                   | Occn. |
|        | 3  | 11 | Venus 1°1 S. of Moon                     | Occn. |
|        | 6  | 19 | Moon at apogee                           |       |
|        | 8  | 21 | Saturn 4° S. of Moon                     |       |
|        | 9  | 12 | FIRST QUARTER                            |       |
|        | 9  | 14 | Mars 8° S. of Moon                       |       |
|        | 13 | 00 | Mercury in inferior conjunction          |       |
|        | 15 | 20 | Neptune 1°2 S. of Moon                   | Occn. |
|        | 16 | 19 | FULL MOON        Penumbral Eclipse      |       |
|        | 17 | 23 | Venus 3° N. of *Spica*                   |       |
|        | 18 | 17 | Moon at perigee                          |       |
|        | 18 | 17 | Uranus 3° N. of Moon                     |       |
|        | 21 | 10 | Mercury stationary                       |       |
|        | 21 | 23 | *Aldebaran* 0°2 S. of Moon  Occn.        |       |
|        | 22 | 14 | Equinox                                  |       |
|        | 23 | 10 | LAST QUARTER                             |       |
|        | 26 | 03 | Pluto stationary                         |       |
|        | 26 | 07 | Jupiter in conjunction with Sun          |       |
|        | 28 | 20 | Mercury greatest elong. W. (18°)         |       |
|        | 29 | 11 | Mercury 0°7 N. of Moon                   | Occn. |
| Oct.   | 1  | 00 | NEW MOON                                 |       |
|        | 3  | 17 | Venus 5° S. of Moon                      |       |
|        | 4  | 11 | Moon at apogee                           |       |
|        | 6  | 08 | Saturn 4° S. of Moon                     |       |
|        | 8  | 02 | Pallas stationary                        |       |
|        | 8  | 12 | Mars 7° S. of Moon                       |       |

## CONFIGURATIONS OF SUN, MOON AND PLANETS

| d h | |
|---|---|
| Oct. 9 05 | FIRST QUARTER |
| 11 04 | Mercury 0°.9 N. of Jupiter |
| 13 06 | Neptune 1°.2 S. of Moon     Occn. |
| 15 11 | Uranus at opposition |
| 16 02 | Uranus 3° N. of Moon |
| 16 04 | FULL MOON |
| 17 00 | Moon at perigee |
| 19 07 | *Aldebaran* 0°.3 S. of Moon  Occn. |
| 21 05 | Ceres at opposition |
| 22 19 | LAST QUARTER |
| 26 04 | Venus 3° N. of *Antares* |
| 27 16 | Mercury in superior conjunction |
| 28 10 | Jupiter 1°.4 S. of Moon |
| 30 08 | Venus 3° S. of Saturn |
| 30 18 | NEW MOON |
| 31 19 | Moon at apogee |
| Nov. 2 19 | Saturn 4° S. of Moon |
| 3 04 | Venus 7° S. of Moon |
| 6 12 | Mars 5° S. of Moon |
| 7 20 | FIRST QUARTER |
| 9 15 | Neptune 1°.0 S. of Moon    Occn. |
| 12 11 | Uranus 3° N. of Moon |
| 14 11 | Moon at perigee |
| 14 14 | FULL MOON |
| 15 17 | *Aldebaran* 0°.4 S. of Moon  Occn. |
| 18 21 | Mercury 3° N. of *Antares* |
| 20 10 | Neptune stationary |

| d h | |
|---|---|
| Nov. 21 09 | LAST QUARTER |
| 25 02 | Jupiter 1°.9 S. of Moon |
| 27 20 | Moon at apogee |
| 29 12 | NEW MOON |
| 29 20 | Juno in conjunction with Sun |
| Dec. 1 04 | Mercury 7° S. of Moon |
| 3 04 | Vesta stationary |
| 3 13 | Venus 6° S. of Moon |
| 5 11 | Mars 3° S. of Moon |
| 6 22 | Neptune 0°.7 S. of Moon    Occn. |
| 7 09 | FIRST QUARTER |
| 9 20 | Uranus 3° N. of Moon |
| 10 12 | Saturn in conjunction with Sun |
| 11 05 | Mercury greatest elong. E. (21°) |
| 12 23 | Moon at perigee |
| 13 05 | *Aldebaran* 0°.5 S. of Moon  Occn. |
| 14 00 | FULL MOON |
| 15 07 | Ceres stationary |
| 18 19 | *Regulus* 1°.0 N. of Moon    Occn. |
| 19 07 | Mercury stationary |
| 21 02 | LAST QUARTER |
| 21 11 | Solstice |
| 22 17 | Jupiter 2° S. of Moon |
| 25 06 | Moon at apogee |
| 27 21 | Saturn 4° S. of Moon |
| 28 19 | Mercury in inferior conjunction |
| 29 07 | NEW MOON |
| 29 16 | Uranus stationary |

**Arrangement and basis of the tabulations**

The tabulations of risings, settings and twilights on pages A14–A77 refer to the instants when the true geocentric zenith distance of the central point of the disk of the Sun or Moon takes the value indicated in the following table. The tabular times are in universal time (UT) for selected latitudes on the meridian of Greenwich; the times for other latitudes and longitudes may be obtained by interpolation as described below and as exemplified on page A13.

| | Phenomena | Zenith distance | Pages |
|---|---|---|---|
| SUN (interval 4 days): | sunrise and sunset | 90° 50′ | A14–A21 |
| | civil twilight | 96° | A22–A29 |
| | nautical twilight | 102° | A30–A37 |
| | astronomical twilight | 108° | A38–A45 |
| MOON (interval 1 day): | moonrise and moonset | 90° 34′ + $s$ − $\pi$ | A46–A77 |

($s$ = semidiameter, $\pi$ = horizontal parallax)

The zenith distance at the times for rising and setting is such that under normal conditions the upper limb of the Sun and Moon appears to be on the horizon of an observer at sea-level. The parallax of the Sun is ignored. The observed time may differ from the tabular time because of a variation of the atmospheric refraction from the adopted value (34′) and because of a difference in height of the observer and the actual horizon.

**Use of tabulations**

The following procedure may be used to obtain times of the phenomena for a non-tabular place and date.

Step 1: Interpolate linearly for latitude. The differences between adjacent values are usually small and so the required interpolates can often be obtained by inspection.

Step 2: Interpolate linearly for date and longitude in order to obtain the local mean times of the phenomena at the longitude concerned. For the Sun the variations with longitude of the local mean times of the phenomena are small, but to obtain better precision the interpolation factor for date should be increased by

$$\text{west longitude in degrees } / 1440$$

since the interval of tabulation is 4 days. For the Moon, the interpolating factor to be used is simply

$$\text{west longitude in degrees } / 360$$

since the interval of tabulation is 1 day; backward interpolation should be carried out for east longitudes.

Step 3: Convert the times so obtained (which are on the scale of local mean time for the local meridian) to universal time (UT) or to the appropriate clock time, which may differ from the time of the nearest standard meridian according to the customs of the country concerned. The UT of the phenomenon is obtained from the local mean time by applying the longitude expressed in time measure (1 hour for each 15° of longitude), adding for west longitudes and subtracting for east longitudes. The times so obtained may require adjustment by 24$^h$; if so, the corresponding date must be changed accordingly.

**Approximate formulae for direct calculation**

The approximate UT of rising or setting of a body with right ascension $\alpha$ and declination $\delta$ at latitude $\phi$ and *east* longitude $\lambda$ may be calculated from

$$\text{UT} = 0.997\,27\,\{\alpha - \lambda \pm \cos^{-1}(-\tan\phi\tan\delta) - (\text{GMST at } 0^h \text{ UT})\}$$

where each term is expressed in time measure and the GMST at 0$^h$ UT is given in the tabulations on pages B13–B20. The negative sign corresponds to rising and the positive sign to setting. The formula ignores refraction, semi-diameter and any changes in $\alpha$ and $\delta$ during the day. If $\tan\phi\tan\delta$ is numerically greater than 1, there is no phenomenon.

**Examples**

The following examples of the calculations of the times of rising and setting phenomena use the procedure described on page A12.

1. To find the times of sunrise and sunset for Paris on 2016 July 18. Paris is at latitude N 48° 52′ (= +48°87), longitude E 2° 20′ (= E 2°33 = E 0$^h$ 09$^m$), and in the summer the clocks are kept two hours in advance of UT. The relevant portions of the tabulation on page A19 and the results of the interpolation for latitude are as follows, where the interpolation factor is $(48{\cdot}87 - 48)/2 = 0{\cdot}43$:

|         | Sunrise |        |         | Sunset  |        |         |
|---------|---------|--------|---------|---------|--------|---------|
|         | +48°    | +50°   | +48°87  | +48°    | +50°   | +48°87  |
|         | h m     | h m    | h m     | h m     | h m    | h m     |
| July 17 | 04 19   | 04 10  | 04 15   | 19 53   | 20 01  | 19 56   |
| July 21 | 04 23   | 04 15  | 04 20   | 19 49   | 19 57  | 19 52   |

The interpolation factor for date and longitude is $(18 - 17)/4 - 2{\cdot}33/1440 = 0{\cdot}25$

|                                                   | Sunrise   | Sunset    |
|---------------------------------------------------|-----------|-----------|
|                                                   | d h m     | d h m     |
| Interpolate to obtain local mean time:            | 18 04 16  | 18 19 55  |
| Subtract 0$^h$ 09$^m$ to obtain universal time:   | 18 04 07  | 18 19 46  |
| Add 2$^h$ to obtain clock time:                   | 18 06 07  | 18 21 46  |

2. To find the times of beginning and end of astronomical twilight for Canberra, Australia on 2016 November 4. Canberra is at latitude S 35° 18′ (= −35°30), longitude E 149° 08′(= E 149°13 = E 9$^h$ 57$^m$), and in the summer the clocks are kept eleven hours in advance of UT. The relevant portions of the tabulation on page A44 and the results of the interpolation for latitude are as follows, where the interpolation factor is $(-35{\cdot}30 - (-40))/5 = 0{\cdot}94$:

|         | Astronomical Twilight |        |         |        |       |         |
|---------|-----------------------|--------|---------|--------|-------|---------|
|         | beginning             |        |         | end    |       |         |
|         | −40°                  | −35°   | −35°30  | −40°   | −35°  | −35°30  |
|         | h m                   | h m    | h m     | h m    | h m   | h m     |
| Nov. 2  | 03 04                 | 03 23  | 03 22   | 20 24  | 20 05 | 20 06   |
| Nov. 6  | 02 58                 | 03 18  | 03 17   | 20 31  | 20 10 | 20 11   |

The interpolation factor for date and longitude is $(4 - 2)/4 - 149{\cdot}13/1440 = 0{\cdot}40$

|                                                   | Astronomical Twilight |          |
|---------------------------------------------------|-----------------------|----------|
|                                                   | beginning             | end      |
|                                                   | d h m                 | d h m    |
| Interpolation to obtain local mean time:          | 4 03 20               | 4 20 08  |
| Subtract 9$^h$ 57$^m$ to obtain universal time:   | 3 17 23               | 4 10 11  |
| Add 11$^h$ to obtain clock time:                  | 4 04 23               | 4 21 11  |

3. To find the times of moonrise and moonset for Washington, D.C. on 2016 January 24. Washington is at latitude N 38° 55′ (= +38°92), longitude W 77° 00′ (= W 77°00 = W 5$^h$ 08$^m$), and in the winter the clocks are kept five hours behind UT. The relevant portions of the tabulation on page A48 and the results of the interpolation for latitude are as follows, where the interpolation factor is $(38{\cdot}92 - 35)/5 = 0{\cdot}78$:

|         | Moonrise |        |         | Moonset |        |         |
|---------|----------|--------|---------|---------|--------|---------|
|         | +35°     | +40°   | +38°92  | +35°    | +40°   | +38°92  |
|         | h m      | h m    | h m     | h m     | h m    | h m     |
| Jan. 24 | 18 02    | 17 53  | 17 55   | 07 02   | 07 11  | 07 09   |
| Jan. 25 | 18 59    | 18 53  | 18 54   | 07 42   | 07 50  | 07 48   |

The interpolation factor for longitude is $77{\cdot}0/360 = 0{\cdot}21$

|                                                   | Moonrise  | Moonset   |
|---------------------------------------------------|-----------|-----------|
|                                                   | d h m     | d h m     |
| Interpolate to obtain local mean time:            | 24 18 07  | 24 07 17  |
| Add 5$^h$ 08$^m$ to obtain universal time:        | 24 23 15  | 24 12 25  |
| Subtract 5$^h$ to obtain clock time:              | 24 18 15  | 24 07 25  |

# SUNRISE AND SUNSET, 2016

## UNIVERSAL TIME FOR MERIDIAN OF GREENWICH

### SUNRISE

| Lat. | −55° | −50° | −45° | −40° | −35° | −30° | −20° | −10° | 0° | +10° | +20° | +30° | +35° | +40° |
|---|---|---|---|---|---|---|---|---|---|---|---|---|---|---|
| | h m | h m | h m | h m | h m | h m | h m | h m | h m | h m | h m | h m | h m | h m |
| Jan. −1 | 3 23 | 3 53 | 4 15 | 4 33 | 4 48 | 5 01 | 5 22 | 5 41 | 5 59 | 6 16 | 6 34 | 6 55 | 7 07 | 7 21 |
| 3 | 3 28 | 3 57 | 4 19 | 4 36 | 4 51 | 5 03 | 5 25 | 5 43 | 6 01 | 6 18 | 6 36 | 6 56 | 7 08 | 7 22 |
| 7 | 3 33 | 4 01 | 4 23 | 4 40 | 4 54 | 5 06 | 5 27 | 5 46 | 6 02 | 6 19 | 6 37 | 6 57 | 7 09 | 7 22 |
| 11 | 3 40 | 4 07 | 4 27 | 4 44 | 4 58 | 5 10 | 5 30 | 5 48 | 6 04 | 6 20 | 6 37 | 6 57 | 7 08 | 7 21 |
| 15 | 3 47 | 4 12 | 4 32 | 4 48 | 5 01 | 5 13 | 5 33 | 5 50 | 6 06 | 6 21 | 6 38 | 6 57 | 7 08 | 7 20 |
| 19 | 3 54 | 4 19 | 4 37 | 4 53 | 5 05 | 5 17 | 5 35 | 5 52 | 6 07 | 6 22 | 6 38 | 6 56 | 7 06 | 7 18 |
| 23 | 4 02 | 4 25 | 4 43 | 4 57 | 5 09 | 5 20 | 5 38 | 5 54 | 6 08 | 6 22 | 6 38 | 6 55 | 7 05 | 7 16 |
| 27 | 4 11 | 4 32 | 4 49 | 5 02 | 5 14 | 5 24 | 5 41 | 5 55 | 6 09 | 6 23 | 6 37 | 6 53 | 7 03 | 7 13 |
| 31 | 4 19 | 4 39 | 4 54 | 5 07 | 5 18 | 5 27 | 5 43 | 5 57 | 6 10 | 6 23 | 6 36 | 6 51 | 7 00 | 7 10 |
| Feb. 4 | 4 28 | 4 46 | 5 00 | 5 12 | 5 22 | 5 31 | 5 46 | 5 58 | 6 10 | 6 22 | 6 35 | 6 49 | 6 57 | 7 06 |
| 8 | 4 36 | 4 53 | 5 06 | 5 17 | 5 26 | 5 34 | 5 48 | 6 00 | 6 11 | 6 22 | 6 33 | 6 46 | 6 54 | 7 02 |
| 12 | 4 45 | 5 00 | 5 12 | 5 22 | 5 30 | 5 37 | 5 50 | 6 01 | 6 11 | 6 21 | 6 31 | 6 43 | 6 50 | 6 57 |
| 16 | 4 54 | 5 07 | 5 18 | 5 27 | 5 34 | 5 41 | 5 52 | 6 02 | 6 11 | 6 20 | 6 29 | 6 40 | 6 46 | 6 52 |
| 20 | 5 02 | 5 14 | 5 24 | 5 31 | 5 38 | 5 44 | 5 54 | 6 02 | 6 10 | 6 18 | 6 27 | 6 36 | 6 41 | 6 47 |
| 24 | 5 11 | 5 21 | 5 29 | 5 36 | 5 42 | 5 47 | 5 55 | 6 03 | 6 10 | 6 17 | 6 24 | 6 32 | 6 36 | 6 42 |
| 28 | 5 19 | 5 28 | 5 35 | 5 41 | 5 45 | 5 50 | 5 57 | 6 03 | 6 09 | 6 15 | 6 21 | 6 28 | 6 32 | 6 36 |
| Mar. 3 | 5 28 | 5 35 | 5 40 | 5 45 | 5 49 | 5 53 | 5 59 | 6 04 | 6 09 | 6 13 | 6 18 | 6 23 | 6 26 | 6 30 |
| 7 | 5 36 | 5 41 | 5 46 | 5 49 | 5 53 | 5 55 | 6 00 | 6 04 | 6 08 | 6 11 | 6 15 | 6 19 | 6 21 | 6 24 |
| 11 | 5 44 | 5 48 | 5 51 | 5 54 | 5 56 | 5 58 | 6 01 | 6 04 | 6 07 | 6 09 | 6 12 | 6 14 | 6 16 | 6 17 |
| 15 | 5 52 | 5 54 | 5 56 | 5 58 | 5 59 | 6 01 | 6 02 | 6 04 | 6 06 | 6 07 | 6 08 | 6 10 | 6 10 | 6 11 |
| 19 | 6 00 | 6 01 | 6 02 | 6 02 | 6 03 | 6 03 | 6 04 | 6 04 | 6 04 | 6 05 | 6 05 | 6 05 | 6 05 | 6 05 |
| 23 | 6 08 | 6 07 | 6 07 | 6 06 | 6 06 | 6 05 | 6 05 | 6 04 | 6 03 | 6 02 | 6 01 | 6 00 | 5 59 | 5 58 |
| 27 | 6 15 | 6 13 | 6 12 | 6 10 | 6 09 | 6 08 | 6 06 | 6 04 | 6 02 | 6 00 | 5 58 | 5 55 | 5 53 | 5 52 |
| 31 | 6 23 | 6 20 | 6 17 | 6 14 | 6 12 | 6 10 | 6 07 | 6 04 | 6 01 | 5 58 | 5 54 | 5 50 | 5 48 | 5 45 |
| Apr. 4 | 6 31 | 6 26 | 6 22 | 6 18 | 6 15 | 6 13 | 6 08 | 6 04 | 6 00 | 5 55 | 5 51 | 5 45 | 5 42 | 5 39 |

### SUNSET

| Lat. | −55° | −50° | −45° | −40° | −35° | −30° | −20° | −10° | 0° | +10° | +20° | +30° | +35° | +40° |
|---|---|---|---|---|---|---|---|---|---|---|---|---|---|---|
| | h m | h m | h m | h m | h m | h m | h m | h m | h m | h m | h m | h m | h m | h m |
| Jan. −1 | 20 41 | 20 12 | 19 49 | 19 32 | 19 17 | 19 04 | 18 42 | 18 23 | 18 06 | 17 49 | 17 31 | 17 10 | 16 57 | 16 43 |
| 3 | 20 40 | 20 11 | 19 50 | 19 32 | 19 18 | 19 05 | 18 44 | 18 25 | 18 08 | 17 51 | 17 33 | 17 12 | 17 00 | 16 47 |
| 7 | 20 38 | 20 10 | 19 49 | 19 32 | 19 18 | 19 05 | 18 45 | 18 26 | 18 10 | 17 53 | 17 36 | 17 15 | 17 04 | 16 50 |
| 11 | 20 35 | 20 08 | 19 48 | 19 31 | 19 17 | 19 06 | 18 45 | 18 28 | 18 11 | 17 55 | 17 38 | 17 19 | 17 07 | 16 54 |
| 15 | 20 31 | 20 05 | 19 46 | 19 30 | 19 17 | 19 05 | 18 46 | 18 29 | 18 13 | 17 57 | 17 41 | 17 22 | 17 11 | 16 59 |
| 19 | 20 26 | 20 02 | 19 43 | 19 28 | 19 15 | 19 04 | 18 45 | 18 29 | 18 14 | 17 59 | 17 43 | 17 25 | 17 15 | 17 03 |
| 23 | 20 20 | 19 57 | 19 40 | 19 26 | 19 13 | 19 03 | 18 45 | 18 30 | 18 15 | 18 01 | 17 46 | 17 29 | 17 19 | 17 08 |
| 27 | 20 13 | 19 52 | 19 36 | 19 22 | 19 11 | 19 01 | 18 44 | 18 30 | 18 16 | 18 03 | 17 49 | 17 32 | 17 23 | 17 12 |
| 31 | 20 06 | 19 47 | 19 32 | 19 19 | 19 08 | 18 59 | 18 43 | 18 30 | 18 17 | 18 04 | 17 51 | 17 36 | 17 27 | 17 17 |
| Feb. 4 | 19 59 | 19 41 | 19 27 | 19 15 | 19 05 | 18 57 | 18 42 | 18 29 | 18 17 | 18 06 | 17 53 | 17 39 | 17 31 | 17 22 |
| 8 | 19 51 | 19 34 | 19 21 | 19 11 | 19 02 | 18 54 | 18 40 | 18 28 | 18 18 | 18 07 | 17 55 | 17 43 | 17 35 | 17 27 |
| 12 | 19 42 | 19 27 | 19 16 | 19 06 | 18 58 | 18 51 | 18 38 | 18 28 | 18 18 | 18 08 | 17 58 | 17 46 | 17 39 | 17 32 |
| 16 | 19 33 | 19 20 | 19 10 | 19 01 | 18 54 | 18 47 | 18 36 | 18 26 | 18 17 | 18 09 | 17 59 | 17 49 | 17 43 | 17 36 |
| 20 | 19 24 | 19 12 | 19 03 | 18 55 | 18 49 | 18 43 | 18 33 | 18 25 | 18 17 | 18 09 | 18 01 | 17 52 | 17 47 | 17 41 |
| 24 | 19 14 | 19 04 | 18 56 | 18 50 | 18 44 | 18 39 | 18 31 | 18 23 | 18 17 | 18 10 | 18 03 | 17 55 | 17 51 | 17 45 |
| 28 | 19 05 | 18 56 | 18 50 | 18 44 | 18 39 | 18 35 | 18 28 | 18 22 | 18 16 | 18 10 | 18 04 | 17 58 | 17 54 | 17 50 |
| Mar. 3 | 18 55 | 18 48 | 18 42 | 18 38 | 18 34 | 18 31 | 18 25 | 18 20 | 18 15 | 18 11 | 18 06 | 18 01 | 17 58 | 17 54 |
| 7 | 18 45 | 18 39 | 18 35 | 18 32 | 18 29 | 18 26 | 18 22 | 18 18 | 18 14 | 18 11 | 18 07 | 18 03 | 18 01 | 17 59 |
| 11 | 18 35 | 18 31 | 18 28 | 18 25 | 18 23 | 18 21 | 18 18 | 18 16 | 18 13 | 18 11 | 18 09 | 18 06 | 18 05 | 18 03 |
| 15 | 18 25 | 18 22 | 18 20 | 18 19 | 18 18 | 18 17 | 18 15 | 18 13 | 18 12 | 18 11 | 18 10 | 18 09 | 18 08 | 18 07 |
| 19 | 18 14 | 18 14 | 18 13 | 18 12 | 18 12 | 18 12 | 18 11 | 18 11 | 18 11 | 18 11 | 18 11 | 18 11 | 18 11 | 18 11 |
| 23 | 18 04 | 18 05 | 18 05 | 18 06 | 18 06 | 18 07 | 18 08 | 18 09 | 18 10 | 18 11 | 18 12 | 18 13 | 18 14 | 18 15 |
| 27 | 17 54 | 17 56 | 17 58 | 18 00 | 18 01 | 18 02 | 18 04 | 18 06 | 18 08 | 18 11 | 18 13 | 18 16 | 18 18 | 18 20 |
| 31 | 17 44 | 17 48 | 17 51 | 17 53 | 17 55 | 17 57 | 18 01 | 18 04 | 18 07 | 18 11 | 18 14 | 18 18 | 18 21 | 18 24 |
| Apr. 4 | 17 34 | 17 39 | 17 43 | 17 47 | 17 50 | 17 53 | 17 57 | 18 02 | 18 06 | 18 10 | 18 15 | 18 21 | 18 24 | 18 28 |

## UNIVERSAL TIME FOR MERIDIAN OF GREENWICH

### SUNRISE

| Lat. | +40° | +42° | +44° | +46° | +48° | +50° | +52° | +54° | +56° | +58° | +60° | +62° | +64° | +66° |
|---|---|---|---|---|---|---|---|---|---|---|---|---|---|---|
| | h m | h m | h m | h m | h m | h m | h m | h m | h m | h m | h m | h m | h m | h m |
| Jan. −1 | 7 21 | 7 28 | 7 34 | 7 42 | 7 50 | 7 58 | 8 08 | 8 19 | 8 32 | 8 46 | 9 03 | 9 24 | 9 51 | 10 31 |
| 3 | 7 22 | 7 28 | 7 35 | 7 42 | 7 50 | 7 58 | 8 08 | 8 19 | 8 31 | 8 45 | 9 01 | 9 22 | 9 48 | 10 25 |
| 7 | 7 22 | 7 28 | 7 34 | 7 41 | 7 49 | 7 57 | 8 07 | 8 17 | 8 29 | 8 42 | 8 58 | 9 18 | 9 42 | 10 16 |
| 11 | 7 21 | 7 27 | 7 33 | 7 40 | 7 48 | 7 56 | 8 05 | 8 15 | 8 26 | 8 39 | 8 54 | 9 12 | 9 35 | 10 06 |
| 15 | 7 20 | 7 26 | 7 32 | 7 38 | 7 45 | 7 53 | 8 02 | 8 11 | 8 22 | 8 34 | 8 48 | 9 06 | 9 27 | 9 54 |
| 19 | 7 18 | 7 24 | 7 30 | 7 36 | 7 42 | 7 50 | 7 58 | 8 07 | 8 17 | 8 29 | 8 42 | 8 58 | 9 17 | 9 42 |
| 23 | 7 16 | 7 21 | 7 27 | 7 32 | 7 39 | 7 46 | 7 53 | 8 02 | 8 11 | 8 22 | 8 35 | 8 49 | 9 07 | 9 29 |
| 27 | 7 13 | 7 18 | 7 23 | 7 29 | 7 35 | 7 41 | 7 48 | 7 56 | 8 05 | 8 15 | 8 26 | 8 40 | 8 56 | 9 16 |
| 31 | 7 10 | 7 14 | 7 19 | 7 24 | 7 30 | 7 36 | 7 42 | 7 50 | 7 58 | 8 07 | 8 17 | 8 30 | 8 44 | 9 02 |
| Feb. 4 | 7 06 | 7 10 | 7 15 | 7 19 | 7 24 | 7 30 | 7 36 | 7 43 | 7 50 | 7 59 | 8 08 | 8 19 | 8 32 | 8 48 |
| 8 | 7 02 | 7 06 | 7 10 | 7 14 | 7 19 | 7 24 | 7 29 | 7 35 | 7 42 | 7 50 | 7 58 | 8 08 | 8 19 | 8 33 |
| 12 | 6 57 | 7 01 | 7 04 | 7 08 | 7 12 | 7 17 | 7 22 | 7 27 | 7 33 | 7 40 | 7 48 | 7 56 | 8 07 | 8 19 |
| 16 | 6 52 | 6 55 | 6 59 | 7 02 | 7 06 | 7 10 | 7 14 | 7 19 | 7 24 | 7 30 | 7 37 | 7 45 | 7 53 | 8 04 |
| 20 | 6 47 | 6 50 | 6 53 | 6 56 | 6 59 | 7 02 | 7 06 | 7 10 | 7 15 | 7 20 | 7 26 | 7 33 | 7 40 | 7 49 |
| 24 | 6 42 | 6 44 | 6 46 | 6 49 | 6 52 | 6 55 | 6 58 | 7 01 | 7 05 | 7 10 | 7 15 | 7 20 | 7 27 | 7 34 |
| 28 | 6 36 | 6 38 | 6 40 | 6 42 | 6 44 | 6 47 | 6 49 | 6 52 | 6 56 | 6 59 | 7 03 | 7 08 | 7 13 | 7 19 |
| Mar. 3 | 6 30 | 6 31 | 6 33 | 6 35 | 6 36 | 6 38 | 6 41 | 6 43 | 6 45 | 6 48 | 6 51 | 6 55 | 6 59 | 7 04 |
| 7 | 6 24 | 6 25 | 6 26 | 6 27 | 6 29 | 6 30 | 6 32 | 6 33 | 6 35 | 6 37 | 6 40 | 6 42 | 6 45 | 6 49 |
| 11 | 6 17 | 6 18 | 6 19 | 6 20 | 6 21 | 6 22 | 6 23 | 6 24 | 6 25 | 6 26 | 6 28 | 6 29 | 6 31 | 6 33 |
| 15 | 6 11 | 6 11 | 6 12 | 6 12 | 6 13 | 6 13 | 6 13 | 6 14 | 6 14 | 6 15 | 6 16 | 6 16 | 6 17 | 6 18 |
| 19 | 6 05 | 6 05 | 6 05 | 6 04 | 6 04 | 6 04 | 6 04 | 6 04 | 6 04 | 6 04 | 6 04 | 6 03 | 6 03 | 6 03 |
| 23 | 5 58 | 5 58 | 5 57 | 5 57 | 5 56 | 5 56 | 5 55 | 5 54 | 5 53 | 5 52 | 5 51 | 5 50 | 5 49 | 5 47 |
| 27 | 5 52 | 5 51 | 5 50 | 5 49 | 5 48 | 5 47 | 5 46 | 5 44 | 5 43 | 5 41 | 5 39 | 5 37 | 5 35 | 5 32 |
| 31 | 5 45 | 5 44 | 5 43 | 5 41 | 5 40 | 5 38 | 5 36 | 5 34 | 5 32 | 5 30 | 5 27 | 5 24 | 5 21 | 5 17 |
| Apr. 4 | 5 39 | 5 37 | 5 35 | 5 34 | 5 32 | 5 30 | 5 27 | 5 25 | 5 22 | 5 19 | 5 15 | 5 11 | 5 07 | 5 01 |

### SUNSET

| Lat. | +40° | +42° | +44° | +46° | +48° | +50° | +52° | +54° | +56° | +58° | +60° | +62° | +64° | +66° |
|---|---|---|---|---|---|---|---|---|---|---|---|---|---|---|
| | h m | h m | h m | h m | h m | h m | h m | h m | h m | h m | h m | h m | h m | h m |
| Jan. −1 | 16 43 | 16 37 | 16 30 | 16 23 | 16 15 | 16 06 | 15 57 | 15 46 | 15 33 | 15 19 | 15 02 | 14 41 | 14 13 | 13 34 |
| 3 | 16 47 | 16 40 | 16 34 | 16 27 | 16 19 | 16 10 | 16 01 | 15 50 | 15 38 | 15 24 | 15 07 | 14 47 | 14 21 | 13 44 |
| 7 | 16 50 | 16 44 | 16 38 | 16 31 | 16 23 | 16 15 | 16 06 | 15 55 | 15 44 | 15 30 | 15 14 | 14 55 | 14 30 | 13 56 |
| 11 | 16 54 | 16 48 | 16 42 | 16 36 | 16 28 | 16 20 | 16 11 | 16 01 | 15 50 | 15 37 | 15 22 | 15 04 | 14 41 | 14 10 |
| 15 | 16 59 | 16 53 | 16 47 | 16 41 | 16 33 | 16 26 | 16 17 | 16 08 | 15 57 | 15 45 | 15 31 | 15 13 | 14 52 | 14 25 |
| 19 | 17 03 | 16 58 | 16 52 | 16 46 | 16 39 | 16 32 | 16 24 | 16 15 | 16 05 | 15 53 | 15 40 | 15 24 | 15 05 | 14 40 |
| 23 | 17 08 | 17 03 | 16 57 | 16 51 | 16 45 | 16 38 | 16 31 | 16 22 | 16 13 | 16 02 | 15 50 | 15 35 | 15 17 | 14 55 |
| 27 | 17 12 | 17 08 | 17 03 | 16 57 | 16 51 | 16 45 | 16 38 | 16 30 | 16 21 | 16 11 | 16 00 | 15 46 | 15 30 | 15 11 |
| 31 | 17 17 | 17 13 | 17 08 | 17 03 | 16 57 | 16 51 | 16 45 | 16 38 | 16 30 | 16 20 | 16 10 | 15 58 | 15 43 | 15 26 |
| Feb. 4 | 17 22 | 17 18 | 17 14 | 17 09 | 17 04 | 16 58 | 16 52 | 16 46 | 16 38 | 16 30 | 16 21 | 16 10 | 15 57 | 15 41 |
| 8 | 17 27 | 17 23 | 17 19 | 17 15 | 17 10 | 17 05 | 17 00 | 16 54 | 16 47 | 16 40 | 16 31 | 16 21 | 16 10 | 15 56 |
| 12 | 17 32 | 17 28 | 17 25 | 17 21 | 17 17 | 17 12 | 17 07 | 17 02 | 16 56 | 16 49 | 16 42 | 16 33 | 16 23 | 16 11 |
| 16 | 17 36 | 17 33 | 17 30 | 17 27 | 17 23 | 17 19 | 17 15 | 17 10 | 17 05 | 16 59 | 16 52 | 16 45 | 16 36 | 16 26 |
| 20 | 17 41 | 17 38 | 17 36 | 17 33 | 17 29 | 17 26 | 17 22 | 17 18 | 17 13 | 17 08 | 17 03 | 16 56 | 16 49 | 16 40 |
| 24 | 17 45 | 17 43 | 17 41 | 17 38 | 17 36 | 17 33 | 17 29 | 17 26 | 17 22 | 17 18 | 17 13 | 17 08 | 17 01 | 16 54 |
| 28 | 17 50 | 17 48 | 17 46 | 17 44 | 17 42 | 17 39 | 17 37 | 17 34 | 17 31 | 17 27 | 17 23 | 17 19 | 17 14 | 17 08 |
| Mar. 3 | 17 54 | 17 53 | 17 51 | 17 50 | 17 48 | 17 46 | 17 44 | 17 42 | 17 39 | 17 36 | 17 33 | 17 30 | 17 26 | 17 21 |
| 7 | 17 59 | 17 58 | 17 57 | 17 55 | 17 54 | 17 53 | 17 51 | 17 49 | 17 48 | 17 46 | 17 43 | 17 41 | 17 38 | 17 35 |
| 11 | 18 03 | 18 02 | 18 02 | 18 01 | 18 00 | 17 59 | 17 58 | 17 57 | 17 56 | 17 55 | 17 53 | 17 52 | 17 50 | 17 48 |
| 15 | 18 07 | 18 07 | 18 07 | 18 06 | 18 06 | 18 06 | 18 05 | 18 05 | 18 04 | 18 04 | 18 03 | 18 03 | 18 02 | 18 01 |
| 19 | 18 11 | 18 11 | 18 12 | 18 12 | 18 12 | 18 12 | 18 12 | 18 12 | 18 13 | 18 13 | 18 13 | 18 13 | 18 14 | 18 14 |
| 23 | 18 15 | 18 16 | 18 16 | 18 17 | 18 18 | 18 18 | 18 19 | 18 20 | 18 21 | 18 22 | 18 23 | 18 24 | 18 26 | 18 27 |
| 27 | 18 20 | 18 20 | 18 21 | 18 22 | 18 23 | 18 25 | 18 26 | 18 27 | 18 29 | 18 31 | 18 33 | 18 35 | 18 37 | 18 40 |
| 31 | 18 24 | 18 25 | 18 26 | 18 28 | 18 29 | 18 31 | 18 33 | 18 35 | 18 37 | 18 40 | 18 42 | 18 46 | 18 49 | 18 53 |
| Apr. 4 | 18 28 | 18 29 | 18 31 | 18 33 | 18 35 | 18 37 | 18 40 | 18 42 | 18 45 | 18 48 | 18 52 | 18 56 | 19 01 | 19 07 |

# SUNRISE AND SUNSET, 2016

## UNIVERSAL TIME FOR MERIDIAN OF GREENWICH

### SUNRISE

| Lat. | −55° | −50° | −45° | −40° | −35° | −30° | −20° | −10° | 0° | +10° | +20° | +30° | +35° | +40° |
|---|---|---|---|---|---|---|---|---|---|---|---|---|---|---|
| | h m | h m | h m | h m | h m | h m | h m | h m | h m | h m | h m | h m | h m | h m |
| Mar. 31 | 6 23 | 6 20 | 6 17 | 6 14 | 6 12 | 6 10 | 6 07 | 6 04 | 6 01 | 5 58 | 5 54 | 5 50 | 5 48 | 5 45 |
| Apr. 4 | 6 31 | 6 26 | 6 22 | 6 18 | 6 15 | 6 13 | 6 08 | 6 04 | 6 00 | 5 55 | 5 51 | 5 45 | 5 42 | 5 39 |
| 8 | 6 39 | 6 32 | 6 27 | 6 22 | 6 18 | 6 15 | 6 09 | 6 04 | 5 58 | 5 53 | 5 47 | 5 41 | 5 37 | 5 32 |
| 12 | 6 46 | 6 38 | 6 32 | 6 26 | 6 22 | 6 17 | 6 10 | 6 04 | 5 57 | 5 51 | 5 44 | 5 36 | 5 32 | 5 26 |
| 16 | 6 54 | 6 44 | 6 37 | 6 30 | 6 25 | 6 20 | 6 11 | 6 04 | 5 56 | 5 49 | 5 41 | 5 32 | 5 26 | 5 20 |
| 20 | 7 01 | 6 51 | 6 42 | 6 34 | 6 28 | 6 22 | 6 12 | 6 04 | 5 55 | 5 47 | 5 38 | 5 28 | 5 21 | 5 14 |
| 24 | 7 09 | 6 57 | 6 47 | 6 38 | 6 31 | 6 25 | 6 14 | 6 04 | 5 55 | 5 45 | 5 35 | 5 23 | 5 17 | 5 09 |
| 28 | 7 17 | 7 03 | 6 52 | 6 42 | 6 34 | 6 27 | 6 15 | 6 04 | 5 54 | 5 44 | 5 32 | 5 20 | 5 12 | 5 04 |
| May 2 | 7 24 | 7 09 | 6 56 | 6 46 | 6 38 | 6 30 | 6 16 | 6 05 | 5 53 | 5 42 | 5 30 | 5 16 | 5 08 | 4 58 |
| 6 | 7 31 | 7 15 | 7 01 | 6 50 | 6 41 | 6 32 | 6 18 | 6 05 | 5 53 | 5 41 | 5 28 | 5 13 | 5 04 | 4 54 |
| 10 | 7 38 | 7 20 | 7 06 | 6 54 | 6 44 | 6 35 | 6 19 | 6 06 | 5 53 | 5 40 | 5 26 | 5 10 | 5 00 | 4 49 |
| 14 | 7 45 | 7 26 | 7 10 | 6 58 | 6 47 | 6 37 | 6 21 | 6 06 | 5 53 | 5 39 | 5 24 | 5 07 | 4 57 | 4 45 |
| 18 | 7 52 | 7 31 | 7 15 | 7 01 | 6 50 | 6 40 | 6 23 | 6 07 | 5 53 | 5 38 | 5 23 | 5 05 | 4 54 | 4 42 |
| 22 | 7 58 | 7 36 | 7 19 | 7 05 | 6 53 | 6 42 | 6 24 | 6 08 | 5 53 | 5 38 | 5 22 | 5 03 | 4 52 | 4 39 |
| 26 | 8 04 | 7 41 | 7 23 | 7 08 | 6 56 | 6 45 | 6 26 | 6 09 | 5 53 | 5 38 | 5 21 | 5 01 | 4 49 | 4 36 |
| 30 | 8 10 | 7 45 | 7 27 | 7 11 | 6 58 | 6 47 | 6 27 | 6 10 | 5 54 | 5 38 | 5 20 | 5 00 | 4 48 | 4 34 |
| June 3 | 8 15 | 7 49 | 7 30 | 7 14 | 7 01 | 6 49 | 6 29 | 6 11 | 5 55 | 5 38 | 5 20 | 4 59 | 4 47 | 4 32 |
| 7 | 8 19 | 7 53 | 7 33 | 7 16 | 7 03 | 6 51 | 6 30 | 6 12 | 5 55 | 5 38 | 5 20 | 4 58 | 4 46 | 4 31 |
| 11 | 8 22 | 7 56 | 7 35 | 7 19 | 7 05 | 6 52 | 6 32 | 6 13 | 5 56 | 5 39 | 5 20 | 4 58 | 4 45 | 4 31 |
| 15 | 8 25 | 7 58 | 7 37 | 7 20 | 7 06 | 6 54 | 6 33 | 6 14 | 5 57 | 5 39 | 5 20 | 4 59 | 4 46 | 4 31 |
| 19 | 8 26 | 7 59 | 7 38 | 7 22 | 7 07 | 6 55 | 6 34 | 6 15 | 5 58 | 5 40 | 5 21 | 4 59 | 4 46 | 4 31 |
| 23 | 8 27 | 8 00 | 7 39 | 7 22 | 7 08 | 6 56 | 6 35 | 6 16 | 5 59 | 5 41 | 5 22 | 5 00 | 4 47 | 4 32 |
| 27 | 8 27 | 8 00 | 7 39 | 7 23 | 7 09 | 6 56 | 6 35 | 6 17 | 5 59 | 5 42 | 5 23 | 5 01 | 4 48 | 4 33 |
| July 1 | 8 26 | 7 59 | 7 39 | 7 23 | 7 09 | 6 57 | 6 36 | 6 17 | 6 00 | 5 43 | 5 24 | 5 03 | 4 50 | 4 35 |
| 5 | 8 24 | 7 58 | 7 38 | 7 22 | 7 08 | 6 56 | 6 36 | 6 18 | 6 01 | 5 44 | 5 26 | 5 04 | 4 52 | 4 37 |

### SUNSET

| Lat. | −55° | −50° | −45° | −40° | −35° | −30° | −20° | −10° | 0° | +10° | +20° | +30° | +35° | +40° |
|---|---|---|---|---|---|---|---|---|---|---|---|---|---|---|
| | h m | h m | h m | h m | h m | h m | h m | h m | h m | h m | h m | h m | h m | h m |
| Mar. 31 | 17 44 | 17 48 | 17 51 | 17 53 | 17 55 | 17 57 | 18 01 | 18 04 | 18 07 | 18 11 | 18 14 | 18 18 | 18 21 | 18 24 |
| Apr. 4 | 17 34 | 17 39 | 17 43 | 17 47 | 17 50 | 17 53 | 17 57 | 18 02 | 18 06 | 18 10 | 18 15 | 18 21 | 18 24 | 18 28 |
| 8 | 17 24 | 17 31 | 17 36 | 17 41 | 17 44 | 17 48 | 17 54 | 18 00 | 18 05 | 18 10 | 18 16 | 18 23 | 18 27 | 18 32 |
| 12 | 17 14 | 17 22 | 17 29 | 17 34 | 17 39 | 17 43 | 17 51 | 17 58 | 18 04 | 18 10 | 18 17 | 18 26 | 18 30 | 18 36 |
| 16 | 17 05 | 17 14 | 17 22 | 17 28 | 17 34 | 17 39 | 17 48 | 17 56 | 18 03 | 18 11 | 18 19 | 18 28 | 18 34 | 18 40 |
| 20 | 16 55 | 17 06 | 17 15 | 17 23 | 17 29 | 17 35 | 17 45 | 17 54 | 18 02 | 18 11 | 18 20 | 18 31 | 18 37 | 18 44 |
| 24 | 16 46 | 16 59 | 17 09 | 17 17 | 17 25 | 17 31 | 17 42 | 17 52 | 18 01 | 18 11 | 18 21 | 18 33 | 18 40 | 18 48 |
| 28 | 16 38 | 16 52 | 17 03 | 17 12 | 17 20 | 17 27 | 17 40 | 17 50 | 18 01 | 18 11 | 18 23 | 18 36 | 18 43 | 18 52 |
| May 2 | 16 29 | 16 45 | 16 57 | 17 07 | 17 16 | 17 24 | 17 37 | 17 49 | 18 00 | 18 12 | 18 24 | 18 38 | 18 47 | 18 56 |
| 6 | 16 21 | 16 38 | 16 51 | 17 03 | 17 12 | 17 20 | 17 35 | 17 48 | 18 00 | 18 12 | 18 26 | 18 41 | 18 50 | 19 00 |
| 10 | 16 14 | 16 32 | 16 46 | 16 58 | 17 09 | 17 18 | 17 33 | 17 47 | 18 00 | 18 13 | 18 27 | 18 43 | 18 53 | 19 04 |
| 14 | 16 07 | 16 26 | 16 42 | 16 55 | 17 05 | 17 15 | 17 32 | 17 46 | 18 00 | 18 14 | 18 29 | 18 46 | 18 56 | 19 08 |
| 18 | 16 00 | 16 21 | 16 38 | 16 51 | 17 03 | 17 13 | 17 30 | 17 46 | 18 00 | 18 15 | 18 30 | 18 49 | 18 59 | 19 12 |
| 22 | 15 54 | 16 17 | 16 34 | 16 48 | 17 00 | 17 11 | 17 29 | 17 45 | 18 00 | 18 16 | 18 32 | 18 51 | 19 02 | 19 15 |
| 26 | 15 49 | 16 13 | 16 31 | 16 46 | 16 58 | 17 09 | 17 28 | 17 45 | 18 01 | 18 17 | 18 34 | 18 53 | 19 05 | 19 18 |
| 30 | 15 45 | 16 09 | 16 28 | 16 44 | 16 57 | 17 08 | 17 28 | 17 45 | 18 01 | 18 18 | 18 35 | 18 56 | 19 08 | 19 22 |
| June 3 | 15 42 | 16 07 | 16 26 | 16 42 | 16 56 | 17 07 | 17 28 | 17 45 | 18 02 | 18 19 | 18 37 | 18 58 | 19 10 | 19 24 |
| 7 | 15 39 | 16 05 | 16 25 | 16 41 | 16 55 | 17 07 | 17 28 | 17 46 | 18 03 | 18 20 | 18 38 | 19 00 | 19 12 | 19 27 |
| 11 | 15 37 | 16 04 | 16 24 | 16 41 | 16 55 | 17 07 | 17 28 | 17 46 | 18 03 | 18 21 | 18 40 | 19 01 | 19 14 | 19 29 |
| 15 | 15 36 | 16 03 | 16 24 | 16 41 | 16 55 | 17 07 | 17 28 | 17 47 | 18 04 | 18 22 | 18 41 | 19 03 | 19 16 | 19 31 |
| 19 | 15 36 | 16 04 | 16 24 | 16 41 | 16 55 | 17 08 | 17 29 | 17 48 | 18 05 | 18 23 | 18 42 | 19 04 | 19 17 | 19 32 |
| 23 | 15 38 | 16 05 | 16 25 | 16 42 | 16 56 | 17 09 | 17 30 | 17 49 | 18 06 | 18 24 | 18 43 | 19 05 | 19 18 | 19 33 |
| 27 | 15 39 | 16 06 | 16 27 | 16 44 | 16 58 | 17 10 | 17 31 | 17 49 | 18 07 | 18 24 | 18 43 | 19 05 | 19 18 | 19 33 |
| July 1 | 15 42 | 16 09 | 16 29 | 16 45 | 16 59 | 17 11 | 17 32 | 17 50 | 18 08 | 18 25 | 18 44 | 19 05 | 19 18 | 19 33 |
| 5 | 15 46 | 16 12 | 16 31 | 16 48 | 17 01 | 17 13 | 17 34 | 17 51 | 18 08 | 18 25 | 18 44 | 19 05 | 19 17 | 19 32 |

UNIVERSAL TIME FOR MERIDIAN OF GREENWICH

## SUNRISE

| Lat. | +40° | +42° | +44° | +46° | +48° | +50° | +52° | +54° | +56° | +58° | +60° | +62° | +64° | +66° |
|---|---|---|---|---|---|---|---|---|---|---|---|---|---|---|
| | h m | h m | h m | h m | h m | h m | h m | h m | h m | h m | h m | h m | h m | h m |
| Mar. 31 | 5 45 | 5 44 | 5 43 | 5 41 | 5 40 | 5 38 | 5 36 | 5 34 | 5 32 | 5 30 | 5 27 | 5 24 | 5 21 | 5 17 |
| Apr. 4 | 5 39 | 5 37 | 5 35 | 5 34 | 5 32 | 5 30 | 5 27 | 5 25 | 5 22 | 5 19 | 5 15 | 5 11 | 5 07 | 5 01 |
| 8 | 5 32 | 5 30 | 5 28 | 5 26 | 5 24 | 5 21 | 5 18 | 5 15 | 5 11 | 5 08 | 5 03 | 4 58 | 4 52 | 4 46 |
| 12 | 5 26 | 5 24 | 5 21 | 5 19 | 5 16 | 5 13 | 5 09 | 5 05 | 5 01 | 4 57 | 4 51 | 4 45 | 4 38 | 4 30 |
| 16 | 5 20 | 5 18 | 5 15 | 5 12 | 5 08 | 5 04 | 5 00 | 4 56 | 4 51 | 4 46 | 4 39 | 4 32 | 4 24 | 4 15 |
| 20 | 5 14 | 5 11 | 5 08 | 5 04 | 5 01 | 4 56 | 4 52 | 4 47 | 4 41 | 4 35 | 4 28 | 4 20 | 4 10 | 3 59 |
| 24 | 5 09 | 5 05 | 5 02 | 4 58 | 4 53 | 4 49 | 4 44 | 4 38 | 4 32 | 4 24 | 4 16 | 4 07 | 3 56 | 3 43 |
| 28 | 5 04 | 5 00 | 4 56 | 4 51 | 4 46 | 4 41 | 4 35 | 4 29 | 4 22 | 4 14 | 4 05 | 3 55 | 3 42 | 3 28 |
| May 2 | 4 58 | 4 54 | 4 50 | 4 45 | 4 40 | 4 34 | 4 28 | 4 21 | 4 13 | 4 04 | 3 54 | 3 43 | 3 29 | 3 12 |
| 6 | 4 54 | 4 49 | 4 44 | 4 39 | 4 33 | 4 27 | 4 20 | 4 13 | 4 04 | 3 55 | 3 44 | 3 31 | 3 15 | 2 56 |
| 10 | 4 49 | 4 45 | 4 39 | 4 34 | 4 28 | 4 21 | 4 14 | 4 05 | 3 56 | 3 46 | 3 34 | 3 19 | 3 02 | 2 40 |
| 14 | 4 45 | 4 40 | 4 35 | 4 29 | 4 22 | 4 15 | 4 07 | 3 58 | 3 48 | 3 37 | 3 24 | 3 08 | 2 49 | 2 25 |
| 18 | 4 42 | 4 36 | 4 31 | 4 24 | 4 17 | 4 10 | 4 01 | 3 52 | 3 41 | 3 29 | 3 15 | 2 58 | 2 36 | 2 09 |
| 22 | 4 39 | 4 33 | 4 27 | 4 20 | 4 13 | 4 05 | 3 56 | 3 46 | 3 35 | 3 22 | 3 06 | 2 48 | 2 24 | 1 52 |
| 26 | 4 36 | 4 30 | 4 24 | 4 17 | 4 09 | 4 01 | 3 51 | 3 41 | 3 29 | 3 15 | 2 59 | 2 39 | 2 13 | 1 36 |
| 30 | 4 34 | 4 28 | 4 21 | 4 14 | 4 06 | 3 57 | 3 47 | 3 36 | 3 24 | 3 09 | 2 52 | 2 30 | 2 02 | 1 19 |
| June 3 | 4 32 | 4 26 | 4 19 | 4 12 | 4 03 | 3 54 | 3 44 | 3 33 | 3 20 | 3 04 | 2 46 | 2 23 | 1 52 | 1 02 |
| 7 | 4 31 | 4 25 | 4 18 | 4 10 | 4 01 | 3 52 | 3 42 | 3 30 | 3 16 | 3 01 | 2 41 | 2 17 | 1 44 | 0 43 |
| 11 | 4 31 | 4 24 | 4 17 | 4 09 | 4 00 | 3 51 | 3 40 | 3 28 | 3 14 | 2 58 | 2 38 | 2 13 | 1 37 | 0 18 |
| 15 | 4 31 | 4 24 | 4 17 | 4 09 | 4 00 | 3 50 | 3 39 | 3 27 | 3 13 | 2 56 | 2 36 | 2 10 | 1 33 | □ |
| 19 | 4 31 | 4 24 | 4 17 | 4 09 | 4 00 | 3 50 | 3 39 | 3 27 | 3 13 | 2 56 | 2 36 | 2 09 | 1 31 | □ |
| 23 | 4 32 | 4 25 | 4 18 | 4 10 | 4 01 | 3 51 | 3 40 | 3 28 | 3 14 | 2 57 | 2 36 | 2 10 | 1 32 | □ |
| 27 | 4 33 | 4 26 | 4 19 | 4 11 | 4 03 | 3 53 | 3 42 | 3 30 | 3 16 | 2 59 | 2 39 | 2 13 | 1 36 | □ |
| July 1 | 4 35 | 4 28 | 4 21 | 4 13 | 4 05 | 3 55 | 3 45 | 3 33 | 3 19 | 3 02 | 2 43 | 2 17 | 1 42 | 0 24 |
| 5 | 4 37 | 4 31 | 4 24 | 4 16 | 4 07 | 3 58 | 3 48 | 3 36 | 3 23 | 3 07 | 2 48 | 2 23 | 1 50 | 0 49 |

## SUNSET

| Lat. | +40° | +42° | +44° | +46° | +48° | +50° | +52° | +54° | +56° | +58° | +60° | +62° | +64° | +66° |
|---|---|---|---|---|---|---|---|---|---|---|---|---|---|---|
| | h m | h m | h m | h m | h m | h m | h m | h m | h m | h m | h m | h m | h m | h m |
| Mar. 31 | 18 24 | 18 25 | 18 26 | 18 28 | 18 29 | 18 31 | 18 33 | 18 35 | 18 37 | 18 40 | 18 42 | 18 46 | 18 49 | 18 53 |
| Apr. 4 | 18 28 | 18 29 | 18 31 | 18 33 | 18 35 | 18 37 | 18 40 | 18 42 | 18 45 | 18 48 | 18 52 | 18 56 | 19 01 | 19 07 |
| 8 | 18 32 | 18 34 | 18 36 | 18 38 | 18 41 | 18 43 | 18 46 | 18 50 | 18 53 | 18 57 | 19 02 | 19 07 | 19 13 | 19 20 |
| 12 | 18 36 | 18 38 | 18 41 | 18 43 | 18 46 | 18 50 | 18 53 | 18 57 | 19 01 | 19 06 | 19 12 | 19 18 | 19 25 | 19 33 |
| 16 | 18 40 | 18 43 | 18 46 | 18 49 | 18 52 | 18 56 | 19 00 | 19 05 | 19 10 | 19 15 | 19 22 | 19 29 | 19 37 | 19 47 |
| 20 | 18 44 | 18 47 | 18 50 | 18 54 | 18 58 | 19 02 | 19 07 | 19 12 | 19 18 | 19 24 | 19 32 | 19 40 | 19 50 | 20 01 |
| 24 | 18 48 | 18 51 | 18 55 | 18 59 | 19 04 | 19 08 | 19 14 | 19 19 | 19 26 | 19 33 | 19 41 | 19 51 | 20 02 | 20 15 |
| 28 | 18 52 | 18 56 | 19 00 | 19 05 | 19 09 | 19 15 | 19 20 | 19 27 | 19 34 | 19 42 | 19 51 | 20 02 | 20 15 | 20 30 |
| May 2 | 18 56 | 19 00 | 19 05 | 19 10 | 19 15 | 19 21 | 19 27 | 19 34 | 19 42 | 19 51 | 20 01 | 20 13 | 20 27 | 20 45 |
| 6 | 19 00 | 19 05 | 19 10 | 19 15 | 19 21 | 19 27 | 19 34 | 19 41 | 19 50 | 20 00 | 20 11 | 20 24 | 20 40 | 21 00 |
| 10 | 19 04 | 19 09 | 19 14 | 19 20 | 19 26 | 19 33 | 19 40 | 19 49 | 19 58 | 20 09 | 20 21 | 20 36 | 20 53 | 21 15 |
| 14 | 19 08 | 19 13 | 19 19 | 19 25 | 19 31 | 19 39 | 19 47 | 19 55 | 20 06 | 20 17 | 20 31 | 20 46 | 21 06 | 21 31 |
| 18 | 19 12 | 19 17 | 19 23 | 19 29 | 19 36 | 19 44 | 19 53 | 20 02 | 20 13 | 20 25 | 20 40 | 20 57 | 21 19 | 21 48 |
| 22 | 19 15 | 19 21 | 19 27 | 19 34 | 19 41 | 19 49 | 19 58 | 20 08 | 20 20 | 20 33 | 20 49 | 21 08 | 21 32 | 22 05 |
| 26 | 19 18 | 19 24 | 19 31 | 19 38 | 19 46 | 19 54 | 20 04 | 20 14 | 20 26 | 20 40 | 20 57 | 21 17 | 21 44 | 22 22 |
| 30 | 19 22 | 19 28 | 19 35 | 19 42 | 19 50 | 19 59 | 20 09 | 20 20 | 20 32 | 20 47 | 21 05 | 21 27 | 21 55 | 22 40 |
| June 3 | 19 24 | 19 31 | 19 38 | 19 45 | 19 54 | 20 03 | 20 13 | 20 24 | 20 38 | 20 53 | 21 12 | 21 35 | 22 06 | 22 59 |
| 7 | 19 27 | 19 33 | 19 41 | 19 48 | 19 57 | 20 06 | 20 17 | 20 28 | 20 42 | 20 58 | 21 17 | 21 42 | 22 16 | 23 20 |
| 11 | 19 29 | 19 36 | 19 43 | 19 51 | 19 59 | 20 09 | 20 20 | 20 32 | 20 46 | 21 02 | 21 22 | 21 48 | 22 24 | 23 54 |
| 15 | 19 31 | 19 37 | 19 45 | 19 53 | 20 01 | 20 11 | 20 22 | 20 34 | 20 48 | 21 05 | 21 25 | 21 52 | 22 29 | □ |
| 19 | 19 32 | 19 39 | 19 46 | 19 54 | 20 03 | 20 13 | 20 23 | 20 36 | 20 50 | 21 07 | 21 27 | 21 54 | 22 32 | □ |
| 23 | 19 33 | 19 39 | 19 47 | 19 55 | 20 04 | 20 13 | 20 24 | 20 36 | 20 51 | 21 07 | 21 28 | 21 54 | 22 32 | □ |
| 27 | 19 33 | 19 40 | 19 47 | 19 55 | 20 04 | 20 13 | 20 24 | 20 36 | 20 50 | 21 07 | 21 27 | 21 53 | 22 30 | □ |
| July 1 | 19 33 | 19 39 | 19 46 | 19 54 | 20 03 | 20 12 | 20 23 | 20 35 | 20 49 | 21 05 | 21 25 | 21 50 | 22 25 | 23 37 |
| 5 | 19 32 | 19 38 | 19 45 | 19 53 | 20 01 | 20 11 | 20 21 | 20 33 | 20 46 | 21 02 | 21 21 | 21 45 | 22 17 | 23 15 |

□ indicates Sun continuously above horizon.

# SUNRISE AND SUNSET, 2016

## UNIVERSAL TIME FOR MERIDIAN OF GREENWICH

### SUNRISE

| Lat. | −55° | −50° | −45° | −40° | −35° | −30° | −20° | −10° | 0° | +10° | +20° | +30° | +35° | +40° |
|---|---|---|---|---|---|---|---|---|---|---|---|---|---|---|
| | h m | h m | h m | h m | h m | h m | h m | h m | h m | h m | h m | h m | h m | h m |
| July 1 | 8 26 | 7 59 | 7 39 | 7 23 | 7 09 | 6 57 | 6 36 | 6 17 | 6 00 | 5 43 | 5 24 | 5 03 | 4 50 | 4 35 |
| 5 | 8 24 | 7 58 | 7 38 | 7 22 | 7 08 | 6 56 | 6 36 | 6 18 | 6 01 | 5 44 | 5 26 | 5 04 | 4 52 | 4 37 |
| 9 | 8 21 | 7 56 | 7 36 | 7 21 | 7 07 | 6 56 | 6 36 | 6 18 | 6 02 | 5 45 | 5 27 | 5 06 | 4 54 | 4 40 |
| 13 | 8 17 | 7 53 | 7 34 | 7 19 | 7 06 | 6 55 | 6 35 | 6 18 | 6 02 | 5 46 | 5 29 | 5 08 | 4 56 | 4 43 |
| 17 | 8 13 | 7 49 | 7 32 | 7 17 | 7 04 | 6 53 | 6 35 | 6 18 | 6 03 | 5 47 | 5 30 | 5 10 | 4 59 | 4 46 |
| 21 | 8 07 | 7 45 | 7 28 | 7 14 | 7 02 | 6 52 | 6 34 | 6 18 | 6 03 | 5 48 | 5 32 | 5 13 | 5 02 | 4 49 |
| 25 | 8 01 | 7 41 | 7 24 | 7 11 | 7 00 | 6 50 | 6 32 | 6 17 | 6 03 | 5 49 | 5 33 | 5 15 | 5 04 | 4 52 |
| 29 | 7 55 | 7 35 | 7 20 | 7 07 | 6 57 | 6 47 | 6 31 | 6 17 | 6 03 | 5 49 | 5 34 | 5 17 | 5 07 | 4 56 |
| Aug. 2 | 7 47 | 7 29 | 7 15 | 7 03 | 6 53 | 6 44 | 6 29 | 6 16 | 6 03 | 5 50 | 5 36 | 5 20 | 5 10 | 5 00 |
| 6 | 7 40 | 7 23 | 7 10 | 6 59 | 6 50 | 6 41 | 6 27 | 6 14 | 6 02 | 5 50 | 5 37 | 5 22 | 5 13 | 5 03 |
| 10 | 7 31 | 7 16 | 7 04 | 6 54 | 6 46 | 6 38 | 6 25 | 6 13 | 6 02 | 5 51 | 5 39 | 5 25 | 5 16 | 5 07 |
| 14 | 7 23 | 7 09 | 6 58 | 6 49 | 6 41 | 6 34 | 6 22 | 6 11 | 6 01 | 5 51 | 5 40 | 5 27 | 5 19 | 5 11 |
| 18 | 7 14 | 7 02 | 6 52 | 6 44 | 6 37 | 6 30 | 6 19 | 6 10 | 6 00 | 5 51 | 5 41 | 5 29 | 5 22 | 5 15 |
| 22 | 7 05 | 6 54 | 6 45 | 6 38 | 6 32 | 6 26 | 6 16 | 6 08 | 5 59 | 5 51 | 5 42 | 5 32 | 5 25 | 5 19 |
| 26 | 6 55 | 6 46 | 6 38 | 6 32 | 6 27 | 6 22 | 6 13 | 6 06 | 5 58 | 5 51 | 5 43 | 5 34 | 5 28 | 5 22 |
| 30 | 6 46 | 6 38 | 6 31 | 6 26 | 6 21 | 6 17 | 6 10 | 6 03 | 5 57 | 5 51 | 5 44 | 5 36 | 5 31 | 5 26 |
| Sept. 3 | 6 36 | 6 29 | 6 24 | 6 20 | 6 16 | 6 13 | 6 06 | 6 01 | 5 56 | 5 51 | 5 45 | 5 38 | 5 34 | 5 30 |
| 7 | 6 26 | 6 21 | 6 17 | 6 13 | 6 10 | 6 08 | 6 03 | 5 59 | 5 55 | 5 50 | 5 46 | 5 40 | 5 37 | 5 34 |
| 11 | 6 16 | 6 12 | 6 09 | 6 07 | 6 05 | 6 03 | 5 59 | 5 56 | 5 53 | 5 50 | 5 47 | 5 43 | 5 40 | 5 37 |
| 15 | 6 06 | 6 04 | 6 02 | 6 00 | 5 59 | 5 58 | 5 56 | 5 54 | 5 52 | 5 50 | 5 47 | 5 45 | 5 43 | 5 41 |
| 19 | 5 55 | 5 55 | 5 54 | 5 54 | 5 53 | 5 53 | 5 52 | 5 51 | 5 50 | 5 49 | 5 48 | 5 47 | 5 46 | 5 45 |
| 23 | 5 45 | 5 46 | 5 47 | 5 47 | 5 48 | 5 48 | 5 48 | 5 49 | 5 49 | 5 49 | 5 49 | 5 49 | 5 49 | 5 49 |
| 27 | 5 35 | 5 37 | 5 39 | 5 40 | 5 42 | 5 43 | 5 45 | 5 46 | 5 48 | 5 49 | 5 50 | 5 51 | 5 52 | 5 53 |
| Oct. 1 | 5 25 | 5 28 | 5 31 | 5 34 | 5 36 | 5 38 | 5 41 | 5 44 | 5 46 | 5 49 | 5 51 | 5 54 | 5 55 | 5 57 |
| 5 | 5 14 | 5 20 | 5 24 | 5 27 | 5 30 | 5 33 | 5 38 | 5 41 | 5 45 | 5 48 | 5 52 | 5 56 | 5 58 | 6 01 |

### SUNSET

| Lat. | −55° | −50° | −45° | −40° | −35° | −30° | −20° | −10° | 0° | +10° | +20° | +30° | +35° | +40° |
|---|---|---|---|---|---|---|---|---|---|---|---|---|---|---|
| | h m | h m | h m | h m | h m | h m | h m | h m | h m | h m | h m | h m | h m | h m |
| July 1 | 15 42 | 16 09 | 16 29 | 16 45 | 16 59 | 17 11 | 17 32 | 17 50 | 18 08 | 18 25 | 18 44 | 19 05 | 19 18 | 19 33 |
| 5 | 15 46 | 16 12 | 16 31 | 16 48 | 17 01 | 17 13 | 17 34 | 17 51 | 18 08 | 18 25 | 18 44 | 19 05 | 19 17 | 19 32 |
| 9 | 15 50 | 16 15 | 16 34 | 16 50 | 17 03 | 17 15 | 17 35 | 17 52 | 18 09 | 18 26 | 18 43 | 19 04 | 19 16 | 19 31 |
| 13 | 15 55 | 16 19 | 16 38 | 16 53 | 17 06 | 17 17 | 17 36 | 17 53 | 18 09 | 18 26 | 18 43 | 19 03 | 19 15 | 19 29 |
| 17 | 16 00 | 16 23 | 16 41 | 16 56 | 17 08 | 17 19 | 17 38 | 17 54 | 18 10 | 18 25 | 18 42 | 19 02 | 19 13 | 19 26 |
| 21 | 16 06 | 16 28 | 16 45 | 16 59 | 17 11 | 17 21 | 17 39 | 17 55 | 18 10 | 18 25 | 18 41 | 19 00 | 19 11 | 19 24 |
| 25 | 16 12 | 16 33 | 16 49 | 17 02 | 17 14 | 17 24 | 17 41 | 17 56 | 18 10 | 18 24 | 18 40 | 18 58 | 19 08 | 19 20 |
| 29 | 16 19 | 16 38 | 16 53 | 17 06 | 17 17 | 17 26 | 17 42 | 17 56 | 18 10 | 18 24 | 18 38 | 18 55 | 19 05 | 19 16 |
| Aug. 2 | 16 26 | 16 44 | 16 58 | 17 09 | 17 19 | 17 28 | 17 44 | 17 57 | 18 10 | 18 22 | 18 36 | 18 52 | 19 02 | 19 12 |
| 6 | 16 33 | 16 49 | 17 02 | 17 13 | 17 22 | 17 31 | 17 45 | 17 57 | 18 09 | 18 21 | 18 34 | 18 49 | 18 58 | 19 08 |
| 10 | 16 40 | 16 55 | 17 07 | 17 17 | 17 25 | 17 33 | 17 46 | 17 58 | 18 09 | 18 20 | 18 32 | 18 46 | 18 54 | 19 03 |
| 14 | 16 47 | 17 01 | 17 11 | 17 21 | 17 28 | 17 35 | 17 47 | 17 58 | 18 08 | 18 18 | 18 29 | 18 42 | 18 49 | 18 58 |
| 18 | 16 54 | 17 06 | 17 16 | 17 24 | 17 31 | 17 38 | 17 48 | 17 58 | 18 07 | 18 16 | 18 26 | 18 38 | 18 44 | 18 52 |
| 22 | 17 02 | 17 12 | 17 21 | 17 28 | 17 34 | 17 40 | 17 49 | 17 58 | 18 06 | 18 14 | 18 23 | 18 33 | 18 39 | 18 46 |
| 26 | 17 09 | 17 18 | 17 25 | 17 32 | 17 37 | 17 42 | 17 50 | 17 58 | 18 05 | 18 12 | 18 20 | 18 29 | 18 34 | 18 40 |
| 30 | 17 16 | 17 24 | 17 30 | 17 35 | 17 40 | 17 44 | 17 51 | 17 58 | 18 04 | 18 10 | 18 17 | 18 24 | 18 29 | 18 34 |
| Sept. 3 | 17 23 | 17 30 | 17 35 | 17 39 | 17 43 | 17 46 | 17 52 | 17 57 | 18 02 | 18 08 | 18 13 | 18 20 | 18 23 | 18 28 |
| 7 | 17 31 | 17 36 | 17 40 | 17 43 | 17 46 | 17 48 | 17 53 | 17 57 | 18 01 | 18 05 | 18 10 | 18 15 | 18 18 | 18 21 |
| 11 | 17 38 | 17 42 | 17 44 | 17 47 | 17 49 | 17 51 | 17 54 | 17 57 | 18 00 | 18 03 | 18 06 | 18 10 | 18 12 | 18 15 |
| 15 | 17 46 | 17 47 | 17 49 | 17 50 | 17 52 | 17 53 | 17 55 | 17 56 | 17 58 | 18 00 | 18 02 | 18 05 | 18 06 | 18 08 |
| 19 | 17 53 | 17 53 | 17 54 | 17 54 | 17 54 | 17 55 | 17 55 | 17 56 | 17 57 | 17 58 | 17 59 | 18 00 | 18 01 | 18 02 |
| 23 | 18 00 | 17 59 | 17 59 | 17 58 | 17 57 | 17 57 | 17 56 | 17 56 | 17 55 | 17 55 | 17 55 | 17 55 | 17 55 | 17 55 |
| 27 | 18 08 | 18 05 | 18 03 | 18 02 | 18 00 | 17 59 | 17 57 | 17 56 | 17 54 | 17 53 | 17 51 | 17 50 | 17 49 | 17 48 |
| Oct. 1 | 18 16 | 18 12 | 18 08 | 18 06 | 18 03 | 18 02 | 17 58 | 17 55 | 17 53 | 17 50 | 17 48 | 17 45 | 17 44 | 17 42 |
| 5 | 18 23 | 18 18 | 18 13 | 18 10 | 18 07 | 18 04 | 17 59 | 17 55 | 17 52 | 17 48 | 17 44 | 17 40 | 17 38 | 17 35 |

UNIVERSAL TIME FOR MERIDIAN OF GREENWICH

## SUNRISE

| Lat. | +40° | +42° | +44° | +46° | +48° | +50° | +52° | +54° | +56° | +58° | +60° | +62° | +64° | +66° |
|---|---|---|---|---|---|---|---|---|---|---|---|---|---|---|
| | h m | h m | h m | h m | h m | h m | h m | h m | h m | h m | h m | h m | h m | h m |
| July 1 | 4 35 | 4 28 | 4 21 | 4 13 | 4 05 | 3 55 | 3 45 | 3 33 | 3 19 | 3 02 | 2 43 | 2 17 | 1 42 | 0 24 |
| 5 | 4 37 | 4 31 | 4 24 | 4 16 | 4 07 | 3 58 | 3 48 | 3 36 | 3 23 | 3 07 | 2 48 | 2 23 | 1 50 | 0 49 |
| 9 | 4 40 | 4 33 | 4 26 | 4 19 | 4 11 | 4 02 | 3 52 | 3 40 | 3 27 | 3 12 | 2 54 | 2 31 | 2 00 | 1 10 |
| 13 | 4 43 | 4 36 | 4 30 | 4 22 | 4 14 | 4 06 | 3 56 | 3 45 | 3 32 | 3 18 | 3 01 | 2 39 | 2 11 | 1 28 |
| 17 | 4 46 | 4 40 | 4 33 | 4 26 | 4 19 | 4 10 | 4 01 | 3 50 | 3 38 | 3 25 | 3 08 | 2 48 | 2 22 | 1 46 |
| 21 | 4 49 | 4 43 | 4 37 | 4 30 | 4 23 | 4 15 | 4 06 | 3 56 | 3 45 | 3 32 | 3 17 | 2 58 | 2 35 | 2 03 |
| 25 | 4 52 | 4 47 | 4 41 | 4 35 | 4 28 | 4 20 | 4 12 | 4 02 | 3 52 | 3 40 | 3 25 | 3 08 | 2 47 | 2 19 |
| 29 | 4 56 | 4 51 | 4 45 | 4 39 | 4 33 | 4 26 | 4 18 | 4 09 | 3 59 | 3 48 | 3 34 | 3 19 | 3 00 | 2 35 |
| Aug. 2 | 5 00 | 4 55 | 4 50 | 4 44 | 4 38 | 4 31 | 4 24 | 4 16 | 4 06 | 3 56 | 3 44 | 3 30 | 3 12 | 2 51 |
| 6 | 5 03 | 4 59 | 4 54 | 4 49 | 4 43 | 4 37 | 4 30 | 4 23 | 4 14 | 4 04 | 3 53 | 3 40 | 3 25 | 3 06 |
| 10 | 5 07 | 5 03 | 4 58 | 4 54 | 4 48 | 4 43 | 4 36 | 4 30 | 4 22 | 4 13 | 4 03 | 3 51 | 3 38 | 3 21 |
| 14 | 5 11 | 5 07 | 5 03 | 4 59 | 4 54 | 4 49 | 4 43 | 4 37 | 4 30 | 4 22 | 4 13 | 4 02 | 3 50 | 3 35 |
| 18 | 5 15 | 5 11 | 5 08 | 5 04 | 4 59 | 4 55 | 4 49 | 4 44 | 4 37 | 4 30 | 4 22 | 4 13 | 4 02 | 3 49 |
| 22 | 5 19 | 5 15 | 5 12 | 5 09 | 5 05 | 5 01 | 4 56 | 4 51 | 4 45 | 4 39 | 4 32 | 4 24 | 4 14 | 4 03 |
| 26 | 5 22 | 5 20 | 5 17 | 5 14 | 5 10 | 5 06 | 5 02 | 4 58 | 4 53 | 4 48 | 4 41 | 4 34 | 4 26 | 4 16 |
| 30 | 5 26 | 5 24 | 5 21 | 5 19 | 5 16 | 5 12 | 5 09 | 5 05 | 5 01 | 4 56 | 4 51 | 4 45 | 4 38 | 4 30 |
| Sept. 3 | 5 30 | 5 28 | 5 26 | 5 24 | 5 21 | 5 18 | 5 16 | 5 12 | 5 09 | 5 05 | 5 00 | 4 55 | 4 50 | 4 43 |
| 7 | 5 34 | 5 32 | 5 30 | 5 29 | 5 27 | 5 24 | 5 22 | 5 19 | 5 17 | 5 13 | 5 10 | 5 06 | 5 01 | 4 56 |
| 11 | 5 37 | 5 36 | 5 35 | 5 33 | 5 32 | 5 30 | 5 29 | 5 27 | 5 24 | 5 22 | 5 19 | 5 16 | 5 13 | 5 08 |
| 15 | 5 41 | 5 40 | 5 39 | 5 38 | 5 37 | 5 36 | 5 35 | 5 34 | 5 32 | 5 30 | 5 29 | 5 26 | 5 24 | 5 21 |
| 19 | 5 45 | 5 44 | 5 44 | 5 43 | 5 43 | 5 42 | 5 42 | 5 41 | 5 40 | 5 39 | 5 38 | 5 37 | 5 35 | 5 34 |
| 23 | 5 49 | 5 49 | 5 49 | 5 49 | 5 48 | 5 48 | 5 48 | 5 48 | 5 48 | 5 48 | 5 47 | 5 47 | 5 47 | 5 46 |
| 27 | 5 53 | 5 53 | 5 53 | 5 54 | 5 54 | 5 54 | 5 55 | 5 55 | 5 56 | 5 56 | 5 57 | 5 57 | 5 58 | 5 59 |
| Oct. 1 | 5 57 | 5 57 | 5 58 | 5 59 | 6 00 | 6 00 | 6 01 | 6 02 | 6 04 | 6 05 | 6 06 | 6 08 | 6 10 | 6 12 |
| 5 | 6 01 | 6 02 | 6 03 | 6 04 | 6 05 | 6 07 | 6 08 | 6 10 | 6 12 | 6 14 | 6 16 | 6 18 | 6 21 | 6 25 |

## SUNSET

| Lat. | +40° | +42° | +44° | +46° | +48° | +50° | +52° | +54° | +56° | +58° | +60° | +62° | +64° | +66° |
|---|---|---|---|---|---|---|---|---|---|---|---|---|---|---|
| | h m | h m | h m | h m | h m | h m | h m | h m | h m | h m | h m | h m | h m | h m |
| July 1 | 19 33 | 19 39 | 19 46 | 19 54 | 20 03 | 20 12 | 20 23 | 20 35 | 20 49 | 21 05 | 21 25 | 21 50 | 22 25 | 23 37 |
| 5 | 19 32 | 19 38 | 19 45 | 19 53 | 20 01 | 20 11 | 20 21 | 20 33 | 20 46 | 21 02 | 21 21 | 21 45 | 22 17 | 23 15 |
| 9 | 19 31 | 19 37 | 19 44 | 19 51 | 19 59 | 20 08 | 20 18 | 20 30 | 20 43 | 20 58 | 21 16 | 21 38 | 22 09 | 22 57 |
| 13 | 19 29 | 19 35 | 19 42 | 19 49 | 19 57 | 20 05 | 20 15 | 20 26 | 20 38 | 20 53 | 21 10 | 21 31 | 21 59 | 22 40 |
| 17 | 19 26 | 19 32 | 19 39 | 19 46 | 19 53 | 20 01 | 20 11 | 20 21 | 20 33 | 20 47 | 21 03 | 21 22 | 21 48 | 22 23 |
| 21 | 19 24 | 19 29 | 19 35 | 19 42 | 19 49 | 19 57 | 20 06 | 20 16 | 20 27 | 20 40 | 20 55 | 21 13 | 21 36 | 22 07 |
| 25 | 19 20 | 19 26 | 19 31 | 19 38 | 19 44 | 19 52 | 20 00 | 20 10 | 20 20 | 20 32 | 20 46 | 21 03 | 21 23 | 21 50 |
| 29 | 19 16 | 19 22 | 19 27 | 19 33 | 19 39 | 19 46 | 19 54 | 20 03 | 20 13 | 20 24 | 20 37 | 20 52 | 21 11 | 21 34 |
| Aug. 2 | 19 12 | 19 17 | 19 22 | 19 28 | 19 34 | 19 40 | 19 48 | 19 56 | 20 05 | 20 15 | 20 27 | 20 41 | 20 58 | 21 19 |
| 6 | 19 08 | 19 12 | 19 17 | 19 22 | 19 28 | 19 34 | 19 40 | 19 48 | 19 56 | 20 06 | 20 17 | 20 29 | 20 44 | 21 03 |
| 10 | 19 03 | 19 07 | 19 11 | 19 16 | 19 21 | 19 27 | 19 33 | 19 40 | 19 47 | 19 56 | 20 06 | 20 17 | 20 31 | 20 47 |
| 14 | 18 58 | 19 01 | 19 05 | 19 10 | 19 14 | 19 19 | 19 25 | 19 31 | 19 38 | 19 46 | 19 55 | 20 05 | 20 17 | 20 31 |
| 18 | 18 52 | 18 55 | 18 59 | 19 03 | 19 07 | 19 12 | 19 17 | 19 22 | 19 29 | 19 36 | 19 43 | 19 53 | 20 03 | 20 16 |
| 22 | 18 46 | 18 49 | 18 53 | 18 56 | 19 00 | 19 04 | 19 08 | 19 13 | 19 19 | 19 25 | 19 32 | 19 40 | 19 49 | 20 00 |
| 26 | 18 40 | 18 43 | 18 46 | 18 49 | 18 52 | 18 56 | 19 00 | 19 04 | 19 09 | 19 14 | 19 20 | 19 27 | 19 35 | 19 45 |
| 30 | 18 34 | 18 36 | 18 39 | 18 42 | 18 44 | 18 47 | 18 51 | 18 55 | 18 59 | 19 03 | 19 08 | 19 14 | 19 21 | 19 29 |
| Sept. 3 | 18 28 | 18 30 | 18 32 | 18 34 | 18 36 | 18 39 | 18 42 | 18 45 | 18 48 | 18 52 | 18 56 | 19 01 | 19 07 | 19 13 |
| 7 | 18 21 | 18 23 | 18 25 | 18 26 | 18 28 | 18 30 | 18 33 | 18 35 | 18 38 | 18 41 | 18 44 | 18 48 | 18 53 | 18 58 |
| 11 | 18 15 | 18 16 | 18 17 | 18 19 | 18 20 | 18 22 | 18 23 | 18 25 | 18 27 | 18 30 | 18 32 | 18 35 | 18 39 | 18 42 |
| 15 | 18 08 | 18 09 | 18 10 | 18 11 | 18 12 | 18 13 | 18 14 | 18 15 | 18 17 | 18 18 | 18 20 | 18 22 | 18 24 | 18 27 |
| 19 | 18 02 | 18 02 | 18 02 | 18 03 | 18 03 | 18 04 | 18 05 | 18 05 | 18 06 | 18 07 | 18 08 | 18 09 | 18 10 | 18 12 |
| 23 | 17 55 | 17 55 | 17 55 | 17 55 | 17 55 | 17 55 | 17 55 | 17 55 | 17 55 | 17 56 | 17 56 | 17 56 | 17 56 | 17 56 |
| 27 | 17 48 | 17 48 | 17 48 | 17 47 | 17 47 | 17 46 | 17 46 | 17 45 | 17 45 | 17 44 | 17 44 | 17 43 | 17 42 | 17 41 |
| Oct. 1 | 17 42 | 17 41 | 17 40 | 17 39 | 17 39 | 17 38 | 17 37 | 17 36 | 17 34 | 17 33 | 17 31 | 17 30 | 17 28 | 17 26 |
| 5 | 17 35 | 17 34 | 17 33 | 17 32 | 17 30 | 17 29 | 17 27 | 17 26 | 17 24 | 17 22 | 17 19 | 17 17 | 17 14 | 17 10 |

# SUNRISE AND SUNSET, 2016

## UNIVERSAL TIME FOR MERIDIAN OF GREENWICH

### SUNRISE

| Lat. | −55° | −50° | −45° | −40° | −35° | −30° | −20° | −10° | 0° | +10° | +20° | +30° | +35° | +40° |
|---|---|---|---|---|---|---|---|---|---|---|---|---|---|---|
|  | h m | h m | h m | h m | h m | h m | h m | h m | h m | h m | h m | h m | h m | h m |
| Oct. 1 | 5 25 | 5 28 | 5 31 | 5 34 | 5 36 | 5 38 | 5 41 | 5 44 | 5 46 | 5 49 | 5 51 | 5 54 | 5 55 | 5 57 |
| 5 | 5 14 | 5 20 | 5 24 | 5 27 | 5 30 | 5 33 | 5 38 | 5 41 | 5 45 | 5 48 | 5 52 | 5 56 | 5 58 | 6 01 |
| 9 | 5 04 | 5 11 | 5 17 | 5 21 | 5 25 | 5 28 | 5 34 | 5 39 | 5 44 | 5 48 | 5 53 | 5 58 | 6 01 | 6 05 |
| 13 | 4 54 | 5 03 | 5 09 | 5 15 | 5 20 | 5 24 | 5 31 | 5 37 | 5 43 | 5 48 | 5 54 | 6 01 | 6 04 | 6 09 |
| 17 | 4 45 | 4 54 | 5 02 | 5 09 | 5 15 | 5 19 | 5 28 | 5 35 | 5 42 | 5 49 | 5 56 | 6 03 | 6 08 | 6 13 |
| 21 | 4 35 | 4 46 | 4 56 | 5 03 | 5 10 | 5 15 | 5 25 | 5 33 | 5 41 | 5 49 | 5 57 | 6 06 | 6 11 | 6 17 |
| 25 | 4 26 | 4 39 | 4 49 | 4 58 | 5 05 | 5 11 | 5 22 | 5 32 | 5 41 | 5 49 | 5 59 | 6 09 | 6 15 | 6 22 |
| 29 | 4 17 | 4 31 | 4 43 | 4 52 | 5 00 | 5 08 | 5 20 | 5 30 | 5 40 | 5 50 | 6 00 | 6 12 | 6 18 | 6 26 |
| Nov. 2 | 4 08 | 4 24 | 4 37 | 4 47 | 4 56 | 5 04 | 5 18 | 5 29 | 5 40 | 5 51 | 6 02 | 6 15 | 6 22 | 6 31 |
| 6 | 4 00 | 4 17 | 4 31 | 4 43 | 4 53 | 5 01 | 5 16 | 5 28 | 5 40 | 5 52 | 6 04 | 6 18 | 6 26 | 6 35 |
| 10 | 3 52 | 4 11 | 4 26 | 4 39 | 4 49 | 4 59 | 5 14 | 5 28 | 5 40 | 5 53 | 6 06 | 6 21 | 6 30 | 6 40 |
| 14 | 3 45 | 4 06 | 4 22 | 4 35 | 4 46 | 4 56 | 5 13 | 5 27 | 5 41 | 5 54 | 6 08 | 6 24 | 6 34 | 6 44 |
| 18 | 3 38 | 4 00 | 4 18 | 4 32 | 4 44 | 4 54 | 5 12 | 5 27 | 5 42 | 5 56 | 6 11 | 6 28 | 6 38 | 6 49 |
| 22 | 3 32 | 3 56 | 4 14 | 4 29 | 4 42 | 4 53 | 5 12 | 5 28 | 5 43 | 5 57 | 6 13 | 6 31 | 6 42 | 6 53 |
| 26 | 3 27 | 3 52 | 4 12 | 4 27 | 4 40 | 4 52 | 5 11 | 5 28 | 5 44 | 5 59 | 6 16 | 6 34 | 6 45 | 6 58 |
| 30 | 3 23 | 3 49 | 4 09 | 4 26 | 4 39 | 4 51 | 5 12 | 5 29 | 5 45 | 6 01 | 6 18 | 6 38 | 6 49 | 7 02 |
| Dec. 4 | 3 19 | 3 47 | 4 08 | 4 25 | 4 39 | 4 51 | 5 12 | 5 30 | 5 47 | 6 03 | 6 21 | 6 41 | 6 52 | 7 06 |
| 8 | 3 17 | 3 45 | 4 07 | 4 24 | 4 39 | 4 52 | 5 13 | 5 31 | 5 48 | 6 05 | 6 23 | 6 44 | 6 56 | 7 09 |
| 12 | 3 16 | 3 45 | 4 07 | 4 25 | 4 40 | 4 52 | 5 14 | 5 33 | 5 50 | 6 07 | 6 26 | 6 47 | 6 59 | 7 13 |
| 16 | 3 15 | 3 45 | 4 08 | 4 26 | 4 41 | 4 54 | 5 16 | 5 35 | 5 52 | 6 09 | 6 28 | 6 49 | 7 01 | 7 16 |
| 20 | 3 17 | 3 47 | 4 09 | 4 27 | 4 42 | 4 55 | 5 17 | 5 36 | 5 54 | 6 12 | 6 30 | 6 51 | 7 04 | 7 18 |
| 24 | 3 19 | 3 49 | 4 11 | 4 29 | 4 44 | 4 57 | 5 19 | 5 38 | 5 56 | 6 13 | 6 32 | 6 53 | 7 06 | 7 20 |
| 28 | 3 22 | 3 52 | 4 14 | 4 32 | 4 47 | 5 00 | 5 22 | 5 41 | 5 58 | 6 15 | 6 34 | 6 55 | 7 07 | 7 21 |
| 32 | 3 26 | 3 55 | 4 17 | 4 35 | 4 50 | 5 03 | 5 24 | 5 43 | 6 00 | 6 17 | 6 35 | 6 56 | 7 08 | 7 22 |
| 36 | 3 32 | 4 00 | 4 21 | 4 39 | 4 53 | 5 05 | 5 27 | 5 45 | 6 02 | 6 19 | 6 36 | 6 57 | 7 09 | 7 22 |

### SUNSET

| Lat. | −55° | −50° | −45° | −40° | −35° | −30° | −20° | −10° | 0° | +10° | +20° | +30° | +35° | +40° |
|---|---|---|---|---|---|---|---|---|---|---|---|---|---|---|
|  | h m | h m | h m | h m | h m | h m | h m | h m | h m | h m | h m | h m | h m | h m |
| Oct. 1 | 18 16 | 18 12 | 18 08 | 18 06 | 18 03 | 18 02 | 17 58 | 17 55 | 17 53 | 17 50 | 17 48 | 17 45 | 17 44 | 17 42 |
| 5 | 18 23 | 18 18 | 18 13 | 18 10 | 18 07 | 18 04 | 17 59 | 17 55 | 17 52 | 17 48 | 17 44 | 17 40 | 17 38 | 17 35 |
| 9 | 18 31 | 18 24 | 18 19 | 18 14 | 18 10 | 18 06 | 18 00 | 17 55 | 17 50 | 17 46 | 17 41 | 17 36 | 17 33 | 17 29 |
| 13 | 18 39 | 18 31 | 18 24 | 18 18 | 18 13 | 18 09 | 18 02 | 17 55 | 17 49 | 17 44 | 17 38 | 17 31 | 17 27 | 17 23 |
| 17 | 18 47 | 18 37 | 18 29 | 18 22 | 18 17 | 18 12 | 18 03 | 17 55 | 17 49 | 17 42 | 17 35 | 17 27 | 17 22 | 17 17 |
| 21 | 18 55 | 18 44 | 18 34 | 18 27 | 18 20 | 18 14 | 18 04 | 17 56 | 17 48 | 17 40 | 17 32 | 17 23 | 17 17 | 17 11 |
| 25 | 19 04 | 18 50 | 18 40 | 18 31 | 18 24 | 18 17 | 18 06 | 17 56 | 17 47 | 17 39 | 17 29 | 17 19 | 17 13 | 17 06 |
| 29 | 19 12 | 18 57 | 18 45 | 18 36 | 18 27 | 18 20 | 18 08 | 17 57 | 17 47 | 17 37 | 17 27 | 17 15 | 17 08 | 17 01 |
| Nov. 2 | 19 21 | 19 04 | 18 51 | 18 40 | 18 31 | 18 23 | 18 10 | 17 58 | 17 47 | 17 36 | 17 25 | 17 12 | 17 04 | 16 56 |
| 6 | 19 29 | 19 11 | 18 57 | 18 45 | 18 35 | 18 27 | 18 12 | 17 59 | 17 47 | 17 35 | 17 23 | 17 09 | 17 01 | 16 52 |
| 10 | 19 37 | 19 18 | 19 02 | 18 50 | 18 39 | 18 30 | 18 14 | 18 00 | 17 47 | 17 35 | 17 22 | 17 06 | 16 58 | 16 48 |
| 14 | 19 46 | 19 24 | 19 08 | 18 54 | 18 43 | 18 33 | 18 16 | 18 02 | 17 48 | 17 35 | 17 20 | 17 04 | 16 55 | 16 44 |
| 18 | 19 54 | 19 31 | 19 13 | 18 59 | 18 47 | 18 37 | 18 19 | 18 03 | 17 49 | 17 35 | 17 20 | 17 02 | 16 53 | 16 41 |
| 22 | 20 02 | 19 37 | 19 19 | 19 04 | 18 51 | 18 40 | 18 21 | 18 05 | 17 50 | 17 35 | 17 19 | 17 01 | 16 51 | 16 39 |
| 26 | 20 09 | 19 44 | 19 24 | 19 08 | 18 55 | 18 43 | 18 24 | 18 07 | 17 51 | 17 36 | 17 19 | 17 00 | 16 49 | 16 37 |
| 30 | 20 16 | 19 49 | 19 29 | 19 12 | 18 59 | 18 47 | 18 26 | 18 09 | 17 52 | 17 36 | 17 19 | 17 00 | 16 48 | 16 35 |
| Dec. 4 | 20 22 | 19 54 | 19 33 | 19 16 | 19 02 | 18 50 | 18 29 | 18 11 | 17 54 | 17 38 | 17 20 | 17 00 | 16 48 | 16 35 |
| 8 | 20 28 | 19 59 | 19 37 | 19 20 | 19 05 | 18 53 | 18 31 | 18 13 | 17 56 | 17 39 | 17 21 | 17 00 | 16 48 | 16 35 |
| 12 | 20 33 | 20 03 | 19 41 | 19 23 | 19 08 | 18 56 | 18 34 | 18 15 | 17 58 | 17 40 | 17 22 | 17 01 | 16 49 | 16 35 |
| 16 | 20 36 | 20 06 | 19 44 | 19 26 | 19 11 | 18 58 | 18 36 | 18 17 | 18 00 | 17 42 | 17 24 | 17 03 | 16 50 | 16 36 |
| 20 | 20 39 | 20 09 | 19 46 | 19 28 | 19 13 | 19 00 | 18 38 | 18 19 | 18 02 | 17 44 | 17 26 | 17 04 | 16 52 | 16 38 |
| 24 | 20 41 | 20 11 | 19 48 | 19 30 | 19 15 | 19 02 | 18 40 | 18 21 | 18 04 | 17 46 | 17 28 | 17 06 | 16 54 | 16 40 |
| 28 | 20 41 | 20 12 | 19 49 | 19 31 | 19 16 | 19 04 | 18 42 | 18 23 | 18 06 | 17 48 | 17 30 | 17 09 | 16 57 | 16 42 |
| 32 | 20 41 | 20 11 | 19 50 | 19 32 | 19 17 | 19 05 | 18 43 | 18 25 | 18 07 | 17 50 | 17 32 | 17 12 | 16 59 | 16 46 |
| 36 | 20 39 | 20 11 | 19 49 | 19 32 | 19 18 | 19 05 | 18 44 | 18 26 | 18 09 | 17 53 | 17 35 | 17 14 | 17 03 | 16 49 |

## UNIVERSAL TIME FOR MERIDIAN OF GREENWICH

### SUNRISE

| Lat. | +40° | +42° | +44° | +46° | +48° | +50° | +52° | +54° | +56° | +58° | +60° | +62° | +64° | +66° |
|---|---|---|---|---|---|---|---|---|---|---|---|---|---|---|
| | h m | h m | h m | h m | h m | h m | h m | h m | h m | h m | h m | h m | h m | h m |
| Oct. 1 | 5 57 | 5 57 | 5 58 | 5 59 | 6 00 | 6 00 | 6 01 | 6 02 | 6 04 | 6 05 | 6 06 | 6 08 | 6 10 | 6 12 |
| 5 | 6 01 | 6 02 | 6 03 | 6 04 | 6 05 | 6 07 | 6 08 | 6 10 | 6 12 | 6 14 | 6 16 | 6 18 | 6 21 | 6 25 |
| 9 | 6 05 | 6 06 | 6 08 | 6 09 | 6 11 | 6 13 | 6 15 | 6 17 | 6 20 | 6 22 | 6 26 | 6 29 | 6 33 | 6 38 |
| 13 | 6 09 | 6 11 | 6 12 | 6 15 | 6 17 | 6 19 | 6 22 | 6 25 | 6 28 | 6 31 | 6 35 | 6 40 | 6 45 | 6 51 |
| 17 | 6 13 | 6 15 | 6 17 | 6 20 | 6 23 | 6 26 | 6 29 | 6 32 | 6 36 | 6 40 | 6 45 | 6 51 | 6 57 | 7 04 |
| 21 | 6 17 | 6 20 | 6 23 | 6 25 | 6 29 | 6 32 | 6 36 | 6 40 | 6 44 | 6 49 | 6 55 | 7 02 | 7 09 | 7 18 |
| 25 | 6 22 | 6 24 | 6 28 | 6 31 | 6 35 | 6 39 | 6 43 | 6 48 | 6 53 | 6 59 | 7 05 | 7 13 | 7 21 | 7 32 |
| 29 | 6 26 | 6 29 | 6 33 | 6 37 | 6 41 | 6 45 | 6 50 | 6 55 | 7 01 | 7 08 | 7 15 | 7 24 | 7 34 | 7 46 |
| Nov. 2 | 6 31 | 6 34 | 6 38 | 6 42 | 6 47 | 6 52 | 6 57 | 7 03 | 7 10 | 7 17 | 7 26 | 7 35 | 7 47 | 8 00 |
| 6 | 6 35 | 6 39 | 6 43 | 6 48 | 6 53 | 6 59 | 7 04 | 7 11 | 7 18 | 7 27 | 7 36 | 7 47 | 8 00 | 8 15 |
| 10 | 6 40 | 6 44 | 6 49 | 6 54 | 6 59 | 7 05 | 7 12 | 7 19 | 7 27 | 7 36 | 7 46 | 7 58 | 8 12 | 8 30 |
| 14 | 6 44 | 6 49 | 6 54 | 6 59 | 7 05 | 7 12 | 7 19 | 7 26 | 7 35 | 7 45 | 7 56 | 8 10 | 8 25 | 8 45 |
| 18 | 6 49 | 6 54 | 6 59 | 7 05 | 7 11 | 7 18 | 7 26 | 7 34 | 7 43 | 7 54 | 8 06 | 8 21 | 8 38 | 9 00 |
| 22 | 6 53 | 6 59 | 7 04 | 7 10 | 7 17 | 7 24 | 7 32 | 7 41 | 7 51 | 8 03 | 8 16 | 8 32 | 8 51 | 9 15 |
| 26 | 6 58 | 7 03 | 7 09 | 7 16 | 7 23 | 7 30 | 7 39 | 7 48 | 7 59 | 8 11 | 8 25 | 8 42 | 9 03 | 9 30 |
| 30 | 7 02 | 7 08 | 7 14 | 7 21 | 7 28 | 7 36 | 7 45 | 7 55 | 8 06 | 8 19 | 8 34 | 8 52 | 9 14 | 9 45 |
| Dec. 4 | 7 06 | 7 12 | 7 18 | 7 25 | 7 33 | 7 41 | 7 50 | 8 00 | 8 12 | 8 26 | 8 41 | 9 01 | 9 25 | 9 58 |
| 8 | 7 09 | 7 16 | 7 22 | 7 29 | 7 37 | 7 46 | 7 55 | 8 06 | 8 18 | 8 32 | 8 48 | 9 08 | 9 34 | 10 11 |
| 12 | 7 13 | 7 19 | 7 26 | 7 33 | 7 41 | 7 50 | 7 59 | 8 10 | 8 23 | 8 37 | 8 54 | 9 15 | 9 42 | 10 22 |
| 16 | 7 16 | 7 22 | 7 29 | 7 36 | 7 44 | 7 53 | 8 03 | 8 14 | 8 26 | 8 41 | 8 58 | 9 20 | 9 48 | 10 30 |
| 20 | 7 18 | 7 24 | 7 31 | 7 39 | 7 47 | 7 56 | 8 05 | 8 17 | 8 29 | 8 44 | 9 02 | 9 23 | 9 52 | 10 34 |
| 24 | 7 20 | 7 26 | 7 33 | 7 40 | 7 48 | 7 57 | 8 07 | 8 18 | 8 31 | 8 46 | 9 03 | 9 25 | 9 53 | 10 35 |
| 28 | 7 21 | 7 27 | 7 34 | 7 42 | 7 50 | 7 58 | 8 08 | 8 19 | 8 32 | 8 46 | 9 03 | 9 25 | 9 52 | 10 33 |
| 32 | 7 22 | 7 28 | 7 35 | 7 42 | 7 50 | 7 58 | 8 08 | 8 19 | 8 31 | 8 45 | 9 02 | 9 23 | 9 49 | 10 27 |
| 36 | 7 22 | 7 28 | 7 35 | 7 42 | 7 49 | 7 58 | 8 07 | 8 18 | 8 30 | 8 43 | 8 59 | 9 19 | 9 44 | 10 19 |

### SUNSET

| Lat. | +40° | +42° | +44° | +46° | +48° | +50° | +52° | +54° | +56° | +58° | +60° | +62° | +64° | +66° |
|---|---|---|---|---|---|---|---|---|---|---|---|---|---|---|
| | h m | h m | h m | h m | h m | h m | h m | h m | h m | h m | h m | h m | h m | h m |
| Oct. 1 | 17 42 | 17 41 | 17 40 | 17 39 | 17 39 | 17 38 | 17 37 | 17 36 | 17 34 | 17 33 | 17 31 | 17 30 | 17 28 | 17 26 |
| 5 | 17 35 | 17 34 | 17 33 | 17 32 | 17 30 | 17 29 | 17 27 | 17 26 | 17 24 | 17 22 | 17 19 | 17 17 | 17 14 | 17 10 |
| 9 | 17 29 | 17 28 | 17 26 | 17 24 | 17 23 | 17 21 | 17 18 | 17 16 | 17 14 | 17 11 | 17 08 | 17 04 | 17 00 | 16 55 |
| 13 | 17 23 | 17 21 | 17 19 | 17 17 | 17 15 | 17 12 | 17 10 | 17 07 | 17 03 | 17 00 | 16 56 | 16 51 | 16 46 | 16 40 |
| 17 | 17 17 | 17 15 | 17 12 | 17 10 | 17 07 | 17 04 | 17 01 | 16 57 | 16 53 | 16 49 | 16 44 | 16 39 | 16 32 | 16 25 |
| 21 | 17 11 | 17 09 | 17 06 | 17 03 | 17 00 | 16 56 | 16 52 | 16 48 | 16 44 | 16 39 | 16 33 | 16 26 | 16 19 | 16 10 |
| 25 | 17 06 | 17 03 | 17 00 | 16 56 | 16 53 | 16 49 | 16 44 | 16 40 | 16 34 | 16 28 | 16 22 | 16 14 | 16 05 | 15 55 |
| 29 | 17 01 | 16 57 | 16 54 | 16 50 | 16 46 | 16 41 | 16 37 | 16 31 | 16 25 | 16 19 | 16 11 | 16 02 | 15 52 | 15 40 |
| Nov. 2 | 16 56 | 16 52 | 16 48 | 16 44 | 16 40 | 16 35 | 16 29 | 16 23 | 16 16 | 16 09 | 16 01 | 15 51 | 15 39 | 15 26 |
| 6 | 16 52 | 16 48 | 16 43 | 16 39 | 16 34 | 16 28 | 16 22 | 16 16 | 16 08 | 16 00 | 15 50 | 15 40 | 15 27 | 15 11 |
| 10 | 16 48 | 16 43 | 16 39 | 16 34 | 16 28 | 16 22 | 16 16 | 16 08 | 16 00 | 15 51 | 15 41 | 15 29 | 15 15 | 14 57 |
| 14 | 16 44 | 16 40 | 16 34 | 16 29 | 16 23 | 16 17 | 16 10 | 16 02 | 15 53 | 15 43 | 15 32 | 15 19 | 15 03 | 14 43 |
| 18 | 16 41 | 16 36 | 16 31 | 16 25 | 16 19 | 16 12 | 16 04 | 15 56 | 15 47 | 15 36 | 15 24 | 15 09 | 14 52 | 14 30 |
| 22 | 16 39 | 16 33 | 16 28 | 16 22 | 16 15 | 16 08 | 16 00 | 15 51 | 15 41 | 15 29 | 15 16 | 15 00 | 14 41 | 14 17 |
| 26 | 16 37 | 16 31 | 16 25 | 16 19 | 16 12 | 16 04 | 15 56 | 15 46 | 15 36 | 15 23 | 15 09 | 14 52 | 14 31 | 14 04 |
| 30 | 16 35 | 16 30 | 16 23 | 16 17 | 16 09 | 16 01 | 15 53 | 15 43 | 15 31 | 15 19 | 15 04 | 14 45 | 14 23 | 13 52 |
| Dec. 4 | 16 35 | 16 29 | 16 22 | 16 15 | 16 08 | 15 59 | 15 50 | 15 40 | 15 28 | 15 15 | 14 59 | 14 40 | 14 15 | 13 42 |
| 8 | 16 35 | 16 28 | 16 22 | 16 15 | 16 07 | 15 58 | 15 49 | 15 38 | 15 26 | 15 12 | 14 56 | 14 35 | 14 10 | 13 33 |
| 12 | 16 35 | 16 29 | 16 22 | 16 15 | 16 07 | 15 58 | 15 48 | 15 37 | 15 25 | 15 11 | 14 54 | 14 33 | 14 06 | 13 26 |
| 16 | 16 36 | 16 30 | 16 23 | 16 16 | 16 07 | 15 59 | 15 49 | 15 38 | 15 25 | 15 10 | 14 53 | 14 32 | 14 04 | 13 22 |
| 20 | 16 38 | 16 31 | 16 24 | 16 17 | 16 09 | 16 00 | 15 50 | 15 39 | 15 26 | 15 12 | 14 54 | 14 32 | 14 04 | 13 21 |
| 24 | 16 40 | 16 33 | 16 27 | 16 19 | 16 11 | 16 02 | 15 52 | 15 41 | 15 29 | 15 14 | 14 56 | 14 35 | 14 07 | 13 24 |
| 28 | 16 42 | 16 36 | 16 29 | 16 22 | 16 14 | 16 05 | 15 56 | 15 45 | 15 32 | 15 18 | 15 00 | 14 39 | 14 11 | 13 31 |
| 32 | 16 46 | 16 39 | 16 33 | 16 26 | 16 18 | 16 09 | 15 59 | 15 49 | 15 36 | 15 22 | 15 05 | 14 45 | 14 18 | 13 40 |
| 36 | 16 49 | 16 43 | 16 37 | 16 30 | 16 22 | 16 13 | 16 04 | 15 54 | 15 42 | 15 28 | 15 12 | 14 52 | 14 27 | 13 52 |

# CIVIL TWILIGHT, 2016

## UNIVERSAL TIME FOR MERIDIAN OF GREENWICH
## BEGINNING OF MORNING CIVIL TWILIGHT

| Lat. | −55° | −50° | −45° | −40° | −35° | −30° | −20° | −10° | 0° | +10° | +20° | +30° | +35° | +40° |
|---|---|---|---|---|---|---|---|---|---|---|---|---|---|---|
|  | h m | h m | h m | h m | h m | h m | h m | h m | h m | h m | h m | h m | h m | h m |
| Jan. −1 | 2 26 | 3 08 | 3 38 | 4 00 | 4 18 | 4 33 | 4 58 | 5 18 | 5 36 | 5 53 | 6 10 | 6 29 | 6 39 | 6 51 |
| 3 | 2 31 | 3 13 | 3 42 | 4 04 | 4 21 | 4 36 | 5 00 | 5 20 | 5 38 | 5 55 | 6 12 | 6 30 | 6 40 | 6 52 |
| 7 | 2 38 | 3 18 | 3 46 | 4 07 | 4 25 | 4 39 | 5 03 | 5 23 | 5 40 | 5 56 | 6 13 | 6 31 | 6 41 | 6 52 |
| 11 | 2 46 | 3 24 | 3 51 | 4 12 | 4 29 | 4 43 | 5 06 | 5 25 | 5 42 | 5 58 | 6 14 | 6 31 | 6 41 | 6 51 |
| 15 | 2 55 | 3 31 | 3 56 | 4 16 | 4 33 | 4 46 | 5 09 | 5 27 | 5 43 | 5 59 | 6 14 | 6 31 | 6 40 | 6 50 |
| 19 | 3 04 | 3 38 | 4 02 | 4 21 | 4 37 | 4 50 | 5 12 | 5 29 | 5 45 | 6 00 | 6 14 | 6 30 | 6 39 | 6 49 |
| 23 | 3 13 | 3 45 | 4 08 | 4 26 | 4 41 | 4 54 | 5 14 | 5 31 | 5 46 | 6 00 | 6 14 | 6 29 | 6 38 | 6 47 |
| 27 | 3 23 | 3 53 | 4 14 | 4 32 | 4 46 | 4 58 | 5 17 | 5 33 | 5 47 | 6 00 | 6 14 | 6 28 | 6 36 | 6 44 |
| 31 | 3 33 | 4 01 | 4 21 | 4 37 | 4 50 | 5 01 | 5 20 | 5 35 | 5 48 | 6 01 | 6 13 | 6 26 | 6 33 | 6 41 |
| Feb. 4 | 3 43 | 4 08 | 4 27 | 4 42 | 4 55 | 5 05 | 5 22 | 5 36 | 5 49 | 6 00 | 6 12 | 6 24 | 6 31 | 6 38 |
| 8 | 3 53 | 4 16 | 4 34 | 4 48 | 4 59 | 5 09 | 5 25 | 5 38 | 5 49 | 6 00 | 6 10 | 6 21 | 6 27 | 6 34 |
| 12 | 4 03 | 4 24 | 4 40 | 4 53 | 5 03 | 5 12 | 5 27 | 5 39 | 5 49 | 5 59 | 6 09 | 6 18 | 6 24 | 6 29 |
| 16 | 4 13 | 4 32 | 4 46 | 4 58 | 5 08 | 5 16 | 5 29 | 5 40 | 5 50 | 5 58 | 6 06 | 6 15 | 6 20 | 6 25 |
| 20 | 4 23 | 4 39 | 4 53 | 5 03 | 5 12 | 5 19 | 5 31 | 5 41 | 5 49 | 5 57 | 6 04 | 6 12 | 6 15 | 6 20 |
| 24 | 4 32 | 4 47 | 4 59 | 5 08 | 5 16 | 5 22 | 5 33 | 5 42 | 5 49 | 5 55 | 6 02 | 6 08 | 6 11 | 6 14 |
| 28 | 4 41 | 4 54 | 5 04 | 5 13 | 5 20 | 5 25 | 5 35 | 5 42 | 5 48 | 5 54 | 5 59 | 6 04 | 6 06 | 6 09 |
| Mar. 3 | 4 50 | 5 01 | 5 10 | 5 17 | 5 23 | 5 28 | 5 36 | 5 43 | 5 48 | 5 52 | 5 56 | 5 59 | 6 01 | 6 03 |
| 7 | 4 59 | 5 08 | 5 16 | 5 22 | 5 27 | 5 31 | 5 38 | 5 43 | 5 47 | 5 50 | 5 53 | 5 55 | 5 56 | 5 57 |
| 11 | 5 07 | 5 15 | 5 21 | 5 26 | 5 31 | 5 34 | 5 39 | 5 43 | 5 46 | 5 48 | 5 50 | 5 50 | 5 51 | 5 50 |
| 15 | 5 15 | 5 22 | 5 27 | 5 31 | 5 34 | 5 37 | 5 40 | 5 43 | 5 45 | 5 46 | 5 46 | 5 46 | 5 45 | 5 44 |
| 19 | 5 24 | 5 28 | 5 32 | 5 35 | 5 37 | 5 39 | 5 42 | 5 43 | 5 44 | 5 44 | 5 43 | 5 41 | 5 39 | 5 38 |
| 23 | 5 31 | 5 35 | 5 37 | 5 39 | 5 41 | 5 42 | 5 43 | 5 43 | 5 43 | 5 43 | 5 41 | 5 39 | 5 36 | 5 34 |
| 27 | 5 39 | 5 41 | 5 42 | 5 43 | 5 44 | 5 44 | 5 44 | 5 43 | 5 41 | 5 39 | 5 36 | 5 31 | 5 28 | 5 24 |
| 31 | 5 47 | 5 47 | 5 47 | 5 47 | 5 47 | 5 46 | 5 45 | 5 43 | 5 40 | 5 37 | 5 32 | 5 26 | 5 22 | 5 18 |
| Apr. 4 | 5 55 | 5 54 | 5 52 | 5 51 | 5 50 | 5 49 | 5 46 | 5 43 | 5 39 | 5 34 | 5 29 | 5 21 | 5 17 | 5 11 |

## END OF EVENING CIVIL TWILIGHT

| Lat. | −55° | −50° | −45° | −40° | −35° | −30° | −20° | −10° | 0° | +10° | +20° | +30° | +35° | +40° |
|---|---|---|---|---|---|---|---|---|---|---|---|---|---|---|
|  | h m | h m | h m | h m | h m | h m | h m | h m | h m | h m | h m | h m | h m | h m |
| Jan. −1 | 21 38 | 20 56 | 20 27 | 20 04 | 19 46 | 19 31 | 19 07 | 18 46 | 18 29 | 18 12 | 17 55 | 17 36 | 17 25 | 17 14 |
| 3 | 21 36 | 20 55 | 20 26 | 20 05 | 19 47 | 19 32 | 19 08 | 18 48 | 18 30 | 18 14 | 17 57 | 17 39 | 17 28 | 17 17 |
| 7 | 21 33 | 20 53 | 20 26 | 20 04 | 19 47 | 19 33 | 19 09 | 18 49 | 18 32 | 18 16 | 17 59 | 17 42 | 17 32 | 17 20 |
| 11 | 21 28 | 20 50 | 20 24 | 20 03 | 19 47 | 19 32 | 19 09 | 18 50 | 18 34 | 18 18 | 18 02 | 17 45 | 17 35 | 17 24 |
| 15 | 21 22 | 20 47 | 20 21 | 20 02 | 19 45 | 19 32 | 19 10 | 18 51 | 18 35 | 18 20 | 18 04 | 17 48 | 17 39 | 17 28 |
| 19 | 21 16 | 20 42 | 20 18 | 19 59 | 19 44 | 19 31 | 19 09 | 18 52 | 18 36 | 18 22 | 18 07 | 17 51 | 17 42 | 17 33 |
| 23 | 21 08 | 20 37 | 20 14 | 19 56 | 19 42 | 19 29 | 19 09 | 18 52 | 18 37 | 18 23 | 18 09 | 17 54 | 17 46 | 17 37 |
| 27 | 21 00 | 20 31 | 20 10 | 19 53 | 19 39 | 19 27 | 19 08 | 18 52 | 18 38 | 18 25 | 18 12 | 17 58 | 17 50 | 17 41 |
| 31 | 20 52 | 20 25 | 20 05 | 19 49 | 19 36 | 19 25 | 19 07 | 18 52 | 18 39 | 18 26 | 18 14 | 18 01 | 17 54 | 17 46 |
| Feb. 4 | 20 43 | 20 18 | 19 59 | 19 45 | 19 33 | 19 22 | 19 05 | 18 51 | 18 39 | 18 27 | 18 16 | 18 04 | 17 58 | 17 50 |
| 8 | 20 33 | 20 11 | 19 54 | 19 40 | 19 29 | 19 19 | 19 03 | 18 50 | 18 39 | 18 29 | 18 18 | 18 07 | 18 01 | 17 55 |
| 12 | 20 24 | 20 03 | 19 47 | 19 35 | 19 24 | 19 16 | 19 01 | 18 49 | 18 39 | 18 29 | 18 20 | 18 10 | 18 05 | 18 00 |
| 16 | 20 14 | 19 55 | 19 41 | 19 29 | 19 20 | 19 12 | 18 59 | 18 48 | 18 39 | 18 30 | 18 22 | 18 13 | 18 09 | 18 04 |
| 20 | 20 03 | 19 47 | 19 34 | 19 24 | 19 15 | 19 08 | 18 56 | 18 46 | 18 38 | 18 31 | 18 24 | 18 16 | 18 13 | 18 08 |
| 24 | 19 53 | 19 38 | 19 27 | 19 18 | 19 10 | 19 04 | 18 53 | 18 45 | 18 38 | 18 31 | 18 25 | 18 19 | 18 16 | 18 13 |
| 28 | 19 43 | 19 30 | 19 20 | 19 12 | 19 05 | 18 59 | 18 50 | 18 43 | 18 37 | 18 31 | 18 27 | 18 22 | 18 20 | 18 17 |
| Mar. 3 | 19 32 | 19 21 | 19 12 | 19 05 | 19 00 | 18 55 | 18 47 | 18 41 | 18 36 | 18 32 | 18 28 | 18 25 | 18 23 | 18 22 |
| 7 | 19 22 | 19 12 | 19 05 | 18 59 | 18 54 | 18 50 | 18 44 | 18 39 | 18 35 | 18 32 | 18 29 | 18 27 | 18 26 | 18 26 |
| 11 | 19 11 | 19 03 | 18 57 | 18 53 | 18 49 | 18 45 | 18 40 | 18 37 | 18 34 | 18 32 | 18 31 | 18 30 | 18 30 | 18 30 |
| 15 | 19 01 | 18 55 | 18 50 | 18 46 | 18 43 | 18 41 | 18 37 | 18 34 | 18 33 | 18 32 | 18 32 | 18 32 | 18 33 | 18 34 |
| 19 | 18 50 | 18 46 | 18 42 | 18 39 | 18 37 | 18 36 | 18 33 | 18 32 | 18 32 | 18 32 | 18 33 | 18 35 | 18 36 | 18 38 |
| 23 | 18 40 | 18 37 | 18 35 | 18 33 | 18 32 | 18 31 | 18 30 | 18 30 | 18 30 | 18 32 | 18 34 | 18 37 | 18 40 | 18 43 |
| 27 | 18 30 | 18 28 | 18 27 | 18 26 | 18 26 | 18 26 | 18 26 | 18 27 | 18 29 | 18 32 | 18 35 | 18 40 | 18 43 | 18 47 |
| 31 | 18 20 | 18 20 | 18 20 | 18 20 | 18 21 | 18 21 | 18 23 | 18 25 | 18 28 | 18 32 | 18 36 | 18 42 | 18 46 | 18 51 |
| Apr. 4 | 18 10 | 18 11 | 18 13 | 18 14 | 18 15 | 18 17 | 18 20 | 18 23 | 18 27 | 18 32 | 18 37 | 18 45 | 18 50 | 18 55 |

## UNIVERSAL TIME FOR MERIDIAN OF GREENWICH
### BEGINNING OF MORNING CIVIL TWILIGHT

| Lat. | +40° | +42° | +44° | +46° | +48° | +50° | +52° | +54° | +56° | +58° | +60° | +62° | +64° | +66° |
|---|---|---|---|---|---|---|---|---|---|---|---|---|---|---|
| | h m | h m | h m | h m | h m | h m | h m | h m | h m | h m | h m | h m | h m | h m |
| Jan. −1 | 6 51 | 6 56 | 7 01 | 7 07 | 7 13 | 7 20 | 7 27 | 7 36 | 7 44 | 7 55 | 8 06 | 8 19 | 8 35 | 8 54 |
| 3 | 6 52 | 6 57 | 7 02 | 7 08 | 7 14 | 7 20 | 7 27 | 7 35 | 7 44 | 7 54 | 8 05 | 8 18 | 8 33 | 8 52 |
| 7 | 6 52 | 6 57 | 7 02 | 7 07 | 7 13 | 7 20 | 7 27 | 7 34 | 7 43 | 7 52 | 8 03 | 8 15 | 8 30 | 8 48 |
| 11 | 6 51 | 6 56 | 7 01 | 7 06 | 7 12 | 7 18 | 7 25 | 7 32 | 7 40 | 7 49 | 8 00 | 8 12 | 8 26 | 8 42 |
| 15 | 6 50 | 6 55 | 7 00 | 7 05 | 7 10 | 7 16 | 7 22 | 7 29 | 7 37 | 7 46 | 7 56 | 8 07 | 8 20 | 8 35 |
| 19 | 6 49 | 6 53 | 6 58 | 7 03 | 7 08 | 7 13 | 7 19 | 7 26 | 7 33 | 7 41 | 7 50 | 8 01 | 8 13 | 8 27 |
| 23 | 6 47 | 6 51 | 6 55 | 7 00 | 7 05 | 7 10 | 7 15 | 7 21 | 7 28 | 7 36 | 7 44 | 7 54 | 8 05 | 8 18 |
| 27 | 6 44 | 6 48 | 6 52 | 6 56 | 7 01 | 7 06 | 7 11 | 7 16 | 7 23 | 7 30 | 7 37 | 7 46 | 7 56 | 8 08 |
| 31 | 6 41 | 6 45 | 6 48 | 6 52 | 6 56 | 7 01 | 7 06 | 7 11 | 7 16 | 7 23 | 7 30 | 7 38 | 7 47 | 7 57 |
| Feb. 4 | 6 38 | 6 41 | 6 44 | 6 48 | 6 51 | 6 55 | 7 00 | 7 04 | 7 09 | 7 15 | 7 21 | 7 29 | 7 37 | 7 46 |
| 8 | 6 34 | 6 37 | 6 40 | 6 43 | 6 46 | 6 50 | 6 53 | 6 58 | 7 02 | 7 07 | 7 13 | 7 19 | 7 26 | 7 34 |
| 12 | 6 29 | 6 32 | 6 35 | 6 37 | 6 40 | 6 43 | 6 47 | 6 50 | 6 54 | 6 58 | 7 03 | 7 08 | 7 14 | 7 21 |
| 16 | 6 25 | 6 27 | 6 29 | 6 31 | 6 34 | 6 37 | 6 39 | 6 42 | 6 46 | 6 49 | 6 53 | 6 58 | 7 03 | 7 08 |
| 20 | 6 20 | 6 21 | 6 23 | 6 25 | 6 27 | 6 29 | 6 32 | 6 34 | 6 37 | 6 40 | 6 43 | 6 46 | 6 50 | 6 55 |
| 24 | 6 14 | 6 16 | 6 17 | 6 19 | 6 20 | 6 22 | 6 24 | 6 26 | 6 28 | 6 30 | 6 32 | 6 35 | 6 38 | 6 41 |
| 28 | 6 09 | 6 10 | 6 11 | 6 12 | 6 13 | 6 14 | 6 15 | 6 17 | 6 18 | 6 20 | 6 21 | 6 23 | 6 25 | 6 27 |
| Mar. 3 | 6 03 | 6 03 | 6 04 | 6 05 | 6 05 | 6 06 | 6 07 | 6 08 | 6 08 | 6 09 | 6 10 | 6 11 | 6 12 | 6 12 |
| 7 | 5 57 | 5 57 | 5 57 | 5 57 | 5 58 | 5 58 | 5 58 | 5 58 | 5 58 | 5 58 | 5 58 | 5 58 | 5 58 | 5 58 |
| 11 | 5 50 | 5 50 | 5 50 | 5 50 | 5 50 | 5 49 | 5 49 | 5 49 | 5 48 | 5 47 | 5 46 | 5 45 | 5 44 | 5 43 |
| 15 | 5 44 | 5 44 | 5 43 | 5 42 | 5 42 | 5 41 | 5 40 | 5 39 | 5 38 | 5 36 | 5 34 | 5 32 | 5 30 | 5 27 |
| 19 | 5 38 | 5 37 | 5 36 | 5 35 | 5 33 | 5 32 | 5 31 | 5 29 | 5 27 | 5 25 | 5 22 | 5 19 | 5 16 | 5 12 |
| 23 | 5 31 | 5 30 | 5 28 | 5 27 | 5 25 | 5 23 | 5 21 | 5 19 | 5 16 | 5 13 | 5 10 | 5 06 | 5 01 | 4 56 |
| 27 | 5 24 | 5 23 | 5 21 | 5 19 | 5 17 | 5 14 | 5 12 | 5 09 | 5 05 | 5 02 | 4 57 | 4 52 | 4 46 | 4 40 |
| 31 | 5 18 | 5 16 | 5 14 | 5 11 | 5 08 | 5 05 | 5 02 | 4 59 | 4 54 | 4 50 | 4 45 | 4 38 | 4 31 | 4 23 |
| Apr. 4 | 5 11 | 5 09 | 5 06 | 5 03 | 5 00 | 4 57 | 4 53 | 4 48 | 4 43 | 4 38 | 4 32 | 4 25 | 4 16 | 4 06 |

### END OF EVENING CIVIL TWILIGHT

| Lat. | +40° | +42° | +44° | +46° | +48° | +50° | +52° | +54° | +56° | +58° | +60° | +62° | +64° | +66° |
|---|---|---|---|---|---|---|---|---|---|---|---|---|---|---|
| | h m | h m | h m | h m | h m | h m | h m | h m | h m | h m | h m | h m | h m | h m |
| Jan. −1 | 17 14 | 17 09 | 17 03 | 16 58 | 16 51 | 16 45 | 16 37 | 16 29 | 16 20 | 16 10 | 15 59 | 15 46 | 15 30 | 15 11 |
| 3 | 17 17 | 17 12 | 17 07 | 17 01 | 16 55 | 16 48 | 16 41 | 16 33 | 16 25 | 16 15 | 16 04 | 15 51 | 15 36 | 15 17 |
| 7 | 17 20 | 17 16 | 17 10 | 17 05 | 16 59 | 16 53 | 16 46 | 16 38 | 16 30 | 16 20 | 16 10 | 15 57 | 15 42 | 15 25 |
| 11 | 17 24 | 17 20 | 17 15 | 17 09 | 17 04 | 16 58 | 16 51 | 16 44 | 16 35 | 16 26 | 16 16 | 16 04 | 15 50 | 15 34 |
| 15 | 17 28 | 17 24 | 17 19 | 17 14 | 17 09 | 17 03 | 16 56 | 16 49 | 16 42 | 16 33 | 16 23 | 16 12 | 15 59 | 15 44 |
| 19 | 17 33 | 17 28 | 17 24 | 17 19 | 17 14 | 17 08 | 17 02 | 16 56 | 16 49 | 16 41 | 16 31 | 16 21 | 16 09 | 15 55 |
| 23 | 17 37 | 17 33 | 17 29 | 17 24 | 17 19 | 17 14 | 17 09 | 17 02 | 16 56 | 16 48 | 16 40 | 16 30 | 16 19 | 16 06 |
| 27 | 17 41 | 17 38 | 17 34 | 17 30 | 17 25 | 17 20 | 17 15 | 17 09 | 17 03 | 16 56 | 16 49 | 16 40 | 16 30 | 16 18 |
| 31 | 17 46 | 17 42 | 17 39 | 17 35 | 17 31 | 17 27 | 17 22 | 17 17 | 17 11 | 17 05 | 16 58 | 16 50 | 16 41 | 16 30 |
| Feb. 4 | 17 50 | 17 47 | 17 44 | 17 41 | 17 37 | 17 33 | 17 29 | 17 24 | 17 19 | 17 13 | 17 07 | 17 00 | 16 52 | 16 43 |
| 8 | 17 55 | 17 52 | 17 49 | 17 46 | 17 43 | 17 39 | 17 36 | 17 32 | 17 27 | 17 22 | 17 17 | 17 11 | 17 04 | 16 56 |
| 12 | 18 00 | 17 57 | 17 55 | 17 52 | 17 49 | 17 46 | 17 43 | 17 39 | 17 35 | 17 31 | 17 26 | 17 21 | 17 15 | 17 08 |
| 16 | 18 04 | 18 02 | 18 00 | 17 57 | 17 55 | 17 52 | 17 50 | 17 47 | 17 43 | 17 40 | 17 36 | 17 32 | 17 27 | 17 21 |
| 20 | 18 08 | 18 07 | 18 05 | 18 03 | 18 01 | 17 59 | 17 57 | 17 54 | 17 52 | 17 49 | 17 46 | 17 42 | 17 38 | 17 34 |
| 24 | 18 13 | 18 11 | 18 10 | 18 09 | 18 07 | 18 05 | 18 04 | 18 02 | 18 00 | 17 58 | 17 56 | 17 53 | 17 50 | 17 47 |
| 28 | 18 17 | 18 16 | 18 15 | 18 14 | 18 13 | 18 12 | 18 11 | 18 10 | 18 08 | 18 07 | 18 05 | 18 04 | 18 02 | 18 00 |
| Mar. 3 | 18 22 | 18 21 | 18 20 | 18 20 | 18 19 | 18 18 | 18 18 | 18 17 | 18 16 | 18 16 | 18 15 | 18 14 | 18 14 | 18 13 |
| 7 | 18 26 | 18 26 | 18 25 | 18 25 | 18 25 | 18 25 | 18 25 | 18 25 | 18 25 | 18 25 | 18 25 | 18 25 | 18 25 | 18 26 |
| 11 | 18 30 | 18 30 | 18 30 | 18 31 | 18 31 | 18 31 | 18 32 | 18 32 | 18 33 | 18 34 | 18 35 | 18 36 | 18 37 | 18 39 |
| 15 | 18 34 | 18 35 | 18 35 | 18 36 | 18 37 | 18 38 | 18 39 | 18 40 | 18 41 | 18 43 | 18 45 | 18 47 | 18 49 | 18 52 |
| 19 | 18 38 | 18 39 | 18 40 | 18 41 | 18 43 | 18 44 | 18 46 | 18 48 | 18 50 | 18 52 | 18 55 | 18 58 | 19 01 | 19 06 |
| 23 | 18 43 | 18 44 | 18 45 | 18 47 | 18 49 | 18 51 | 18 53 | 18 55 | 18 58 | 19 01 | 19 05 | 19 09 | 19 14 | 19 19 |
| 27 | 18 47 | 18 48 | 18 50 | 18 52 | 18 55 | 18 57 | 19 00 | 19 03 | 19 07 | 19 10 | 19 15 | 19 20 | 19 26 | 19 33 |
| 31 | 18 51 | 18 53 | 18 55 | 18 58 | 19 01 | 19 04 | 19 07 | 19 11 | 19 15 | 19 20 | 19 25 | 19 32 | 19 39 | 19 48 |
| Apr. 4 | 18 55 | 18 58 | 19 00 | 19 03 | 19 07 | 19 10 | 19 14 | 19 19 | 19 24 | 19 29 | 19 36 | 19 43 | 19 52 | 20 02 |

# CIVIL TWILIGHT, 2016

## UNIVERSAL TIME FOR MERIDIAN OF GREENWICH
### BEGINNING OF MORNING CIVIL TWILIGHT

| Lat. | −55° | −50° | −45° | −40° | −35° | −30° | −20° | −10° | 0° | +10° | +20° | +30° | +35° | +40° |
|---|---|---|---|---|---|---|---|---|---|---|---|---|---|---|
| | h m | h m | h m | h m | h m | h m | h m | h m | h m | h m | h m | h m | h m | h m |
| Mar. 31 | 5 47 | 5 47 | 5 47 | 5 47 | 5 47 | 5 46 | 5 45 | 5 43 | 5 40 | 5 37 | 5 32 | 5 26 | 5 22 | 5 18 |
| Apr. 4 | 5 55 | 5 54 | 5 52 | 5 51 | 5 50 | 5 49 | 5 46 | 5 43 | 5 39 | 5 34 | 5 29 | 5 21 | 5 17 | 5 11 |
| 8 | 6 02 | 6 00 | 5 57 | 5 55 | 5 53 | 5 51 | 5 47 | 5 42 | 5 38 | 5 32 | 5 25 | 5 17 | 5 11 | 5 05 |
| 12 | 6 09 | 6 06 | 6 02 | 5 59 | 5 56 | 5 53 | 5 48 | 5 42 | 5 36 | 5 30 | 5 22 | 5 12 | 5 06 | 4 58 |
| 16 | 6 17 | 6 11 | 6 07 | 6 03 | 5 59 | 5 56 | 5 49 | 5 42 | 5 35 | 5 28 | 5 19 | 5 07 | 5 00 | 4 52 |
| 20 | 6 24 | 6 17 | 6 12 | 6 07 | 6 02 | 5 58 | 5 50 | 5 42 | 5 34 | 5 26 | 5 15 | 5 03 | 4 55 | 4 46 |
| 24 | 6 31 | 6 23 | 6 16 | 6 10 | 6 05 | 6 00 | 5 51 | 5 42 | 5 33 | 5 24 | 5 12 | 4 58 | 4 50 | 4 40 |
| 28 | 6 38 | 6 29 | 6 21 | 6 14 | 6 08 | 6 03 | 5 52 | 5 43 | 5 33 | 5 22 | 5 10 | 4 54 | 4 45 | 4 34 |
| May 2 | 6 45 | 6 34 | 6 26 | 6 18 | 6 11 | 6 05 | 5 54 | 5 43 | 5 32 | 5 20 | 5 07 | 4 51 | 4 41 | 4 29 |
| 6 | 6 52 | 6 40 | 6 30 | 6 22 | 6 14 | 6 07 | 5 55 | 5 43 | 5 32 | 5 19 | 5 05 | 4 47 | 4 36 | 4 24 |
| 10 | 6 58 | 6 45 | 6 34 | 6 25 | 6 17 | 6 10 | 5 56 | 5 44 | 5 31 | 5 18 | 5 02 | 4 44 | 4 33 | 4 19 |
| 14 | 7 04 | 6 50 | 6 39 | 6 29 | 6 20 | 6 12 | 5 58 | 5 44 | 5 31 | 5 17 | 5 01 | 4 41 | 4 29 | 4 15 |
| 18 | 7 10 | 6 55 | 6 43 | 6 32 | 6 23 | 6 14 | 5 59 | 5 45 | 5 31 | 5 16 | 4 59 | 4 38 | 4 26 | 4 11 |
| 22 | 7 16 | 7 00 | 6 46 | 6 35 | 6 25 | 6 17 | 6 01 | 5 46 | 5 31 | 5 15 | 4 58 | 4 36 | 4 23 | 4 07 |
| 26 | 7 21 | 7 04 | 6 50 | 6 38 | 6 28 | 6 19 | 6 02 | 5 47 | 5 31 | 5 15 | 4 57 | 4 34 | 4 21 | 4 04 |
| 30 | 7 26 | 7 08 | 6 53 | 6 41 | 6 30 | 6 21 | 6 04 | 5 48 | 5 32 | 5 15 | 4 56 | 4 33 | 4 19 | 4 02 |
| June 3 | 7 30 | 7 12 | 6 56 | 6 44 | 6 33 | 6 23 | 6 05 | 5 48 | 5 32 | 5 15 | 4 56 | 4 32 | 4 17 | 4 00 |
| 7 | 7 34 | 7 15 | 6 59 | 6 46 | 6 35 | 6 25 | 6 06 | 5 49 | 5 33 | 5 15 | 4 55 | 4 31 | 4 16 | 3 59 |
| 11 | 7 37 | 7 17 | 7 01 | 6 48 | 6 37 | 6 26 | 6 08 | 5 50 | 5 34 | 5 16 | 4 56 | 4 31 | 4 16 | 3 58 |
| 15 | 7 39 | 7 19 | 7 03 | 6 50 | 6 38 | 6 28 | 6 09 | 5 51 | 5 34 | 5 16 | 4 56 | 4 31 | 4 16 | 3 58 |
| 19 | 7 41 | 7 21 | 7 05 | 6 51 | 6 39 | 6 29 | 6 10 | 5 52 | 5 35 | 5 17 | 4 57 | 4 32 | 4 16 | 3 58 |
| 23 | 7 42 | 7 21 | 7 05 | 6 52 | 6 40 | 6 29 | 6 11 | 5 53 | 5 36 | 5 18 | 4 57 | 4 33 | 4 17 | 3 59 |
| 27 | 7 42 | 7 22 | 7 06 | 6 52 | 6 41 | 6 30 | 6 11 | 5 54 | 5 37 | 5 19 | 4 59 | 4 34 | 4 19 | 4 00 |
| July 1 | 7 41 | 7 21 | 7 05 | 6 52 | 6 41 | 6 30 | 6 12 | 5 55 | 5 38 | 5 20 | 5 00 | 4 35 | 4 20 | 4 02 |
| 5 | 7 39 | 7 20 | 7 05 | 6 52 | 6 40 | 6 30 | 6 12 | 5 55 | 5 39 | 5 21 | 5 01 | 4 37 | 4 22 | 4 05 |

### END OF EVENING CIVIL TWILIGHT

| Lat. | −55° | −50° | −45° | −40° | −35° | −30° | −20° | −10° | 0° | +10° | +20° | +30° | +35° | +40° |
|---|---|---|---|---|---|---|---|---|---|---|---|---|---|---|
| | h m | h m | h m | h m | h m | h m | h m | h m | h m | h m | h m | h m | h m | h m |
| Mar. 31 | 18 20 | 18 20 | 18 20 | 18 20 | 18 21 | 18 21 | 18 23 | 18 25 | 18 28 | 18 32 | 18 36 | 18 42 | 18 46 | 18 51 |
| Apr. 4 | 18 10 | 18 11 | 18 13 | 18 14 | 18 15 | 18 17 | 18 20 | 18 23 | 18 27 | 18 32 | 18 37 | 18 45 | 18 50 | 18 55 |
| 8 | 18 00 | 18 03 | 18 05 | 18 08 | 18 10 | 18 12 | 18 16 | 18 21 | 18 26 | 18 32 | 18 39 | 18 47 | 18 53 | 18 59 |
| 12 | 17 51 | 17 55 | 17 58 | 18 02 | 18 05 | 18 08 | 18 13 | 18 19 | 18 25 | 18 32 | 18 40 | 18 50 | 18 56 | 19 04 |
| 16 | 17 42 | 17 47 | 17 52 | 17 56 | 18 00 | 18 03 | 18 10 | 18 17 | 18 24 | 18 32 | 18 41 | 18 53 | 19 00 | 19 08 |
| 20 | 17 33 | 17 40 | 17 45 | 17 50 | 17 55 | 17 59 | 18 07 | 18 15 | 18 23 | 18 32 | 18 43 | 18 55 | 19 03 | 19 12 |
| 24 | 17 24 | 17 32 | 17 39 | 17 45 | 17 50 | 17 55 | 18 05 | 18 14 | 18 23 | 18 33 | 18 44 | 18 58 | 19 07 | 19 17 |
| 28 | 17 16 | 17 25 | 17 33 | 17 40 | 17 46 | 17 52 | 18 02 | 18 12 | 18 22 | 18 33 | 18 46 | 19 01 | 19 10 | 19 21 |
| May 2 | 17 08 | 17 19 | 17 28 | 17 35 | 17 42 | 17 49 | 18 00 | 18 11 | 18 22 | 18 34 | 18 47 | 19 04 | 19 14 | 19 26 |
| 6 | 17 01 | 17 13 | 17 23 | 17 31 | 17 39 | 17 46 | 17 58 | 18 10 | 18 22 | 18 34 | 18 49 | 19 07 | 19 17 | 19 30 |
| 10 | 16 54 | 17 07 | 17 18 | 17 27 | 17 35 | 17 43 | 17 56 | 18 09 | 18 22 | 18 35 | 18 51 | 19 09 | 19 21 | 19 34 |
| 14 | 16 48 | 17 02 | 17 14 | 17 24 | 17 32 | 17 40 | 17 55 | 18 08 | 18 22 | 18 36 | 18 52 | 19 12 | 19 24 | 19 38 |
| 18 | 16 42 | 16 57 | 17 10 | 17 20 | 17 30 | 17 38 | 17 54 | 18 08 | 18 22 | 18 37 | 18 54 | 19 15 | 19 28 | 19 43 |
| 22 | 16 37 | 16 53 | 17 07 | 17 18 | 17 28 | 17 37 | 17 53 | 18 08 | 18 22 | 18 38 | 18 56 | 19 18 | 19 31 | 19 46 |
| 26 | 16 33 | 16 50 | 17 04 | 17 16 | 17 26 | 17 35 | 17 52 | 18 07 | 18 23 | 18 39 | 18 58 | 19 20 | 19 34 | 19 50 |
| 30 | 16 29 | 16 47 | 17 01 | 17 14 | 17 25 | 17 34 | 17 52 | 18 08 | 18 24 | 18 40 | 18 59 | 19 23 | 19 37 | 19 54 |
| June 3 | 16 26 | 16 45 | 17 00 | 17 12 | 17 24 | 17 34 | 17 51 | 18 08 | 18 24 | 18 42 | 19 01 | 19 25 | 19 39 | 19 57 |
| 7 | 16 24 | 16 43 | 16 59 | 17 12 | 17 23 | 17 33 | 17 52 | 18 08 | 18 25 | 18 43 | 19 03 | 19 27 | 19 42 | 19 59 |
| 11 | 16 22 | 16 42 | 16 58 | 17 11 | 17 23 | 17 33 | 17 52 | 18 09 | 18 26 | 18 44 | 19 04 | 19 29 | 19 44 | 20 02 |
| 15 | 16 22 | 16 42 | 16 58 | 17 11 | 17 23 | 17 34 | 17 52 | 18 10 | 18 27 | 18 45 | 19 05 | 19 30 | 19 45 | 20 04 |
| 19 | 16 22 | 16 42 | 16 58 | 17 12 | 17 24 | 17 34 | 17 53 | 18 10 | 18 28 | 18 46 | 19 06 | 19 31 | 19 47 | 20 05 |
| 23 | 16 23 | 16 43 | 16 59 | 17 13 | 17 25 | 17 35 | 17 54 | 18 11 | 18 29 | 18 47 | 19 07 | 19 32 | 19 47 | 20 06 |
| 27 | 16 25 | 16 45 | 17 01 | 17 14 | 17 26 | 17 36 | 17 55 | 18 12 | 18 29 | 18 47 | 19 08 | 19 32 | 19 48 | 20 06 |
| July 1 | 16 27 | 16 47 | 17 03 | 17 16 | 17 27 | 17 38 | 17 56 | 18 13 | 18 30 | 18 48 | 19 08 | 19 32 | 19 47 | 20 05 |
| 5 | 16 30 | 16 50 | 17 05 | 17 18 | 17 29 | 17 39 | 17 57 | 18 14 | 18 31 | 18 48 | 19 08 | 19 32 | 19 47 | 20 04 |

## UNIVERSAL TIME FOR MERIDIAN OF GREENWICH
### BEGINNING OF MORNING CIVIL TWILIGHT

| Lat. | +40° | +42° | +44° | +46° | +48° | +50° | +52° | +54° | +56° | +58° | +60° | +62° | +64° | +66° |
|---|---|---|---|---|---|---|---|---|---|---|---|---|---|---|
| | h m | h m | h m | h m | h m | h m | h m | h m | h m | h m | h m | h m | h m | h m |
| Mar. 31 | 5 18 | 5 16 | 5 14 | 5 11 | 5 08 | 5 05 | 5 02 | 4 59 | 4 54 | 4 50 | 4 45 | 4 38 | 4 31 | 4 23 |
| Apr. 4 | 5 11 | 5 09 | 5 06 | 5 03 | 5 00 | 4 57 | 4 53 | 4 48 | 4 43 | 4 38 | 4 32 | 4 25 | 4 16 | 4 06 |
| 8 | 5 05 | 5 02 | 4 59 | 4 55 | 4 52 | 4 48 | 4 43 | 4 38 | 4 33 | 4 26 | 4 19 | 4 10 | 4 01 | 3 49 |
| 12 | 4 58 | 4 55 | 4 52 | 4 48 | 4 44 | 4 39 | 4 34 | 4 28 | 4 22 | 4 14 | 4 06 | 3 56 | 3 45 | 3 31 |
| 16 | 4 52 | 4 48 | 4 44 | 4 40 | 4 35 | 4 30 | 4 24 | 4 18 | 4 11 | 4 02 | 3 53 | 3 42 | 3 29 | 3 12 |
| 20 | 4 46 | 4 42 | 4 38 | 4 33 | 4 27 | 4 22 | 4 15 | 4 08 | 4 00 | 3 51 | 3 40 | 3 27 | 3 12 | 2 53 |
| 24 | 4 40 | 4 36 | 4 31 | 4 25 | 4 20 | 4 13 | 4 06 | 3 58 | 3 49 | 3 39 | 3 27 | 3 12 | 2 55 | 2 33 |
| 28 | 4 34 | 4 30 | 4 24 | 4 18 | 4 12 | 4 05 | 3 57 | 3 49 | 3 39 | 3 27 | 3 14 | 2 57 | 2 37 | 2 11 |
| May 2 | 4 29 | 4 24 | 4 18 | 4 12 | 4 05 | 3 57 | 3 49 | 3 39 | 3 28 | 3 15 | 3 00 | 2 42 | 2 19 | 1 47 |
| 6 | 4 24 | 4 18 | 4 12 | 4 05 | 3 58 | 3 50 | 3 40 | 3 30 | 3 18 | 3 04 | 2 47 | 2 26 | 1 59 | 1 18 |
| 10 | 4 19 | 4 13 | 4 07 | 3 59 | 3 51 | 3 43 | 3 33 | 3 21 | 3 08 | 2 53 | 2 34 | 2 10 | 1 37 | 0 35 |
| 14 | 4 15 | 4 08 | 4 01 | 3 54 | 3 45 | 3 36 | 3 25 | 3 13 | 2 59 | 2 42 | 2 21 | 1 54 | 1 12 | // // |
| 18 | 4 11 | 4 04 | 3 57 | 3 49 | 3 40 | 3 30 | 3 18 | 3 05 | 2 50 | 2 31 | 2 08 | 1 36 | 0 38 | // // |
| 22 | 4 07 | 4 00 | 3 53 | 3 44 | 3 35 | 3 24 | 3 12 | 2 58 | 2 42 | 2 21 | 1 55 | 1 18 | // // | // // |
| 26 | 4 04 | 3 57 | 3 49 | 3 40 | 3 30 | 3 19 | 3 06 | 2 51 | 2 34 | 2 12 | 1 43 | 0 56 | // // | // // |
| 30 | 4 02 | 3 54 | 3 46 | 3 37 | 3 26 | 3 15 | 3 01 | 2 46 | 2 27 | 2 03 | 1 31 | 0 26 | // // | // // |
| June 3 | 4 00 | 3 52 | 3 44 | 3 34 | 3 23 | 3 11 | 2 57 | 2 41 | 2 21 | 1 56 | 1 19 | // // | // // | // // |
| 7 | 3 59 | 3 51 | 3 42 | 3 32 | 3 21 | 3 08 | 2 54 | 2 37 | 2 16 | 1 49 | 1 09 | // // | // // | // // |
| 11 | 3 58 | 3 50 | 3 41 | 3 31 | 3 19 | 3 07 | 2 52 | 2 34 | 2 13 | 1 45 | 1 00 | // // | // // | // // |
| 15 | 3 58 | 3 49 | 3 40 | 3 30 | 3 19 | 3 06 | 2 51 | 2 33 | 2 11 | 1 41 | 0 53 | // // | // // | □ |
| 19 | 3 58 | 3 50 | 3 40 | 3 30 | 3 19 | 3 06 | 2 51 | 2 33 | 2 10 | 1 40 | 0 49 | // // | // // | □ |
| 23 | 3 59 | 3 51 | 3 41 | 3 31 | 3 20 | 3 07 | 2 52 | 2 33 | 2 11 | 1 41 | 0 50 | // // | // // | □ |
| 27 | 4 00 | 3 52 | 3 43 | 3 33 | 3 21 | 3 08 | 2 53 | 2 36 | 2 14 | 1 44 | 0 56 | // // | // // | □ |
| July 1 | 4 02 | 3 54 | 3 45 | 3 35 | 3 24 | 3 11 | 2 56 | 2 39 | 2 17 | 1 49 | 1 04 | // // | // // | // // |
| 5 | 4 05 | 3 57 | 3 48 | 3 38 | 3 27 | 3 14 | 3 00 | 2 43 | 2 22 | 1 56 | 1 15 | // // | // // | // // |

### END OF EVENING CIVIL TWILIGHT

| Lat. | +40° | +42° | +44° | +46° | +48° | +50° | +52° | +54° | +56° | +58° | +60° | +62° | +64° | +66° |
|---|---|---|---|---|---|---|---|---|---|---|---|---|---|---|
| | h m | h m | h m | h m | h m | h m | h m | h m | h m | h m | h m | h m | h m | h m |
| Mar. 31 | 18 51 | 18 53 | 18 55 | 18 58 | 19 01 | 19 04 | 19 07 | 19 11 | 19 15 | 19 20 | 19 25 | 19 32 | 19 39 | 19 48 |
| Apr. 4 | 18 55 | 18 58 | 19 00 | 19 03 | 19 07 | 19 10 | 19 14 | 19 19 | 19 24 | 19 29 | 19 36 | 19 43 | 19 52 | 20 02 |
| 8 | 18 59 | 19 02 | 19 06 | 19 09 | 19 13 | 19 17 | 19 22 | 19 27 | 19 32 | 19 39 | 19 47 | 19 55 | 20 05 | 20 18 |
| 12 | 19 04 | 19 07 | 19 11 | 19 15 | 19 19 | 19 24 | 19 29 | 19 35 | 19 41 | 19 49 | 19 57 | 20 07 | 20 19 | 20 34 |
| 16 | 19 08 | 19 12 | 19 16 | 19 20 | 19 25 | 19 30 | 19 36 | 19 43 | 19 50 | 19 59 | 20 09 | 20 20 | 20 34 | 20 50 |
| 20 | 19 12 | 19 17 | 19 21 | 19 26 | 19 31 | 19 37 | 19 44 | 19 51 | 19 59 | 20 09 | 20 20 | 20 33 | 20 49 | 21 08 |
| 24 | 19 17 | 19 21 | 19 26 | 19 32 | 19 38 | 19 44 | 19 51 | 19 59 | 20 09 | 20 19 | 20 32 | 20 46 | 21 04 | 21 27 |
| 28 | 19 21 | 19 26 | 19 32 | 19 37 | 19 44 | 19 51 | 19 59 | 20 08 | 20 18 | 20 30 | 20 44 | 21 00 | 21 21 | 21 49 |
| May 2 | 19 26 | 19 31 | 19 37 | 19 43 | 19 50 | 19 58 | 20 06 | 20 16 | 20 27 | 20 40 | 20 56 | 21 15 | 21 39 | 22 13 |
| 6 | 19 30 | 19 36 | 19 42 | 19 49 | 19 56 | 20 05 | 20 14 | 20 25 | 20 37 | 20 51 | 21 08 | 21 30 | 21 58 | 22 43 |
| 10 | 19 34 | 19 40 | 19 47 | 19 54 | 20 02 | 20 11 | 20 21 | 20 33 | 20 46 | 21 02 | 21 21 | 21 46 | 22 20 | 23 38 |
| 14 | 19 38 | 19 45 | 19 52 | 20 00 | 20 08 | 20 18 | 20 29 | 20 41 | 20 56 | 21 13 | 21 34 | 22 02 | 22 47 | // // |
| 18 | 19 43 | 19 49 | 19 57 | 20 05 | 20 14 | 20 24 | 20 36 | 20 49 | 21 05 | 21 23 | 21 47 | 22 21 | 23 27 | // // |
| 22 | 19 46 | 19 54 | 20 01 | 20 10 | 20 20 | 20 30 | 20 43 | 20 57 | 21 13 | 21 34 | 22 01 | 22 40 | // // | // // |
| 26 | 19 50 | 19 58 | 20 06 | 20 15 | 20 25 | 20 36 | 20 49 | 21 04 | 21 22 | 21 44 | 22 14 | 23 04 | // // | // // |
| 30 | 19 54 | 20 01 | 20 10 | 20 19 | 20 30 | 20 41 | 20 55 | 21 11 | 21 30 | 21 54 | 22 27 | 23 42 | // // | // // |
| June 3 | 19 57 | 20 05 | 20 13 | 20 23 | 20 34 | 20 46 | 21 00 | 21 16 | 21 36 | 22 02 | 22 40 | // // | // // | // // |
| 7 | 19 59 | 20 08 | 20 16 | 20 26 | 20 37 | 20 50 | 21 04 | 21 22 | 21 42 | 22 10 | 22 52 | // // | // // | // // |
| 11 | 20 02 | 20 10 | 20 19 | 20 29 | 20 40 | 20 53 | 21 08 | 21 26 | 21 47 | 22 16 | 23 02 | // // | // // | // // |
| 15 | 20 04 | 20 12 | 20 21 | 20 31 | 20 43 | 20 56 | 21 11 | 21 29 | 21 51 | 22 20 | 23 10 | // // | // // | □ |
| 19 | 20 05 | 20 13 | 20 22 | 20 33 | 20 44 | 20 57 | 21 12 | 21 30 | 21 53 | 22 23 | 23 14 | // // | // // | □ |
| 23 | 20 06 | 20 14 | 20 23 | 20 33 | 20 45 | 20 58 | 21 13 | 21 31 | 21 53 | 22 23 | 23 14 | // // | // // | □ |
| 27 | 20 06 | 20 14 | 20 23 | 20 33 | 20 45 | 20 58 | 21 13 | 21 30 | 21 52 | 22 21 | 23 09 | // // | // // | □ |
| July 1 | 20 05 | 20 14 | 20 23 | 20 33 | 20 44 | 20 56 | 21 11 | 21 28 | 21 50 | 22 18 | 23 01 | // // | // // | // // |
| 5 | 20 04 | 20 12 | 20 21 | 20 31 | 20 42 | 20 54 | 21 09 | 21 25 | 21 46 | 22 12 | 22 52 | // // | // // | // // |

□ indicates Sun continuously above horizon.
// // indicates continuous twilight.

# CIVIL TWILIGHT, 2016
## UNIVERSAL TIME FOR MERIDIAN OF GREENWICH
### BEGINNING OF MORNING CIVIL TWILIGHT

| Lat. | −55° | −50° | −45° | −40° | −35° | −30° | −20° | −10° | 0° | +10° | +20° | +30° | +35° | +40° |
|---|---|---|---|---|---|---|---|---|---|---|---|---|---|---|
|  | h m | h m | h m | h m | h m | h m | h m | h m | h m | h m | h m | h m | h m | h m |
| July 1 | 7 41 | 7 21 | 7 05 | 6 52 | 6 41 | 6 30 | 6 12 | 5 55 | 5 38 | 5 20 | 5 00 | 4 35 | 4 20 | 4 02 |
| 5 | 7 39 | 7 20 | 7 05 | 6 52 | 6 40 | 6 30 | 6 12 | 5 55 | 5 39 | 5 21 | 5 01 | 4 37 | 4 22 | 4 05 |
| 9 | 7 37 | 7 18 | 7 03 | 6 51 | 6 40 | 6 30 | 6 12 | 5 56 | 5 39 | 5 22 | 5 03 | 4 39 | 4 25 | 4 07 |
| 13 | 7 33 | 7 16 | 7 01 | 6 49 | 6 38 | 6 29 | 6 12 | 5 56 | 5 40 | 5 23 | 5 04 | 4 41 | 4 27 | 4 11 |
| 17 | 7 30 | 7 13 | 6 59 | 6 47 | 6 37 | 6 28 | 6 11 | 5 56 | 5 40 | 5 24 | 5 06 | 4 44 | 4 30 | 4 14 |
| 21 | 7 25 | 7 09 | 6 56 | 6 45 | 6 35 | 6 26 | 6 10 | 5 55 | 5 41 | 5 25 | 5 08 | 4 46 | 4 33 | 4 18 |
| 25 | 7 20 | 7 04 | 6 52 | 6 42 | 6 32 | 6 24 | 6 09 | 5 55 | 5 41 | 5 26 | 5 09 | 4 49 | 4 36 | 4 21 |
| 29 | 7 14 | 7 00 | 6 48 | 6 38 | 6 30 | 6 22 | 6 08 | 5 54 | 5 41 | 5 27 | 5 11 | 4 51 | 4 39 | 4 25 |
| Aug. 2 | 7 07 | 6 54 | 6 44 | 6 35 | 6 27 | 6 19 | 6 06 | 5 54 | 5 41 | 5 28 | 5 12 | 4 54 | 4 43 | 4 29 |
| 6 | 7 00 | 6 48 | 6 39 | 6 30 | 6 23 | 6 16 | 6 04 | 5 52 | 5 41 | 5 28 | 5 14 | 4 57 | 4 46 | 4 33 |
| 10 | 6 53 | 6 42 | 6 33 | 6 26 | 6 19 | 6 13 | 6 02 | 5 51 | 5 40 | 5 29 | 5 15 | 4 59 | 4 49 | 4 38 |
| 14 | 6 45 | 6 35 | 6 28 | 6 21 | 6 15 | 6 10 | 5 59 | 5 50 | 5 40 | 5 29 | 5 17 | 5 02 | 4 53 | 4 42 |
| 18 | 6 36 | 6 28 | 6 22 | 6 16 | 6 11 | 6 06 | 5 57 | 5 48 | 5 39 | 5 29 | 5 18 | 5 04 | 4 56 | 4 46 |
| 22 | 6 27 | 6 21 | 6 15 | 6 10 | 6 06 | 6 02 | 5 54 | 5 46 | 5 38 | 5 30 | 5 19 | 5 07 | 4 59 | 4 50 |
| 26 | 6 18 | 6 13 | 6 09 | 6 05 | 6 01 | 5 58 | 5 51 | 5 44 | 5 37 | 5 30 | 5 21 | 5 09 | 5 02 | 4 54 |
| 30 | 6 09 | 6 05 | 6 02 | 5 59 | 5 56 | 5 53 | 5 48 | 5 42 | 5 36 | 5 30 | 5 22 | 5 12 | 5 05 | 4 58 |
| Sept. 3 | 6 00 | 5 57 | 5 55 | 5 53 | 5 51 | 5 49 | 5 44 | 5 40 | 5 35 | 5 29 | 5 23 | 5 14 | 5 09 | 5 02 |
| 7 | 5 50 | 5 49 | 5 48 | 5 46 | 5 45 | 5 44 | 5 41 | 5 38 | 5 34 | 5 29 | 5 24 | 5 16 | 5 12 | 5 06 |
| 11 | 5 40 | 5 40 | 5 40 | 5 40 | 5 40 | 5 39 | 5 37 | 5 35 | 5 32 | 5 29 | 5 24 | 5 18 | 5 15 | 5 10 |
| 15 | 5 30 | 5 31 | 5 33 | 5 33 | 5 34 | 5 34 | 5 34 | 5 33 | 5 31 | 5 29 | 5 25 | 5 21 | 5 18 | 5 14 |
| 19 | 5 19 | 5 23 | 5 25 | 5 27 | 5 28 | 5 29 | 5 30 | 5 30 | 5 30 | 5 28 | 5 26 | 5 23 | 5 21 | 5 18 |
| 23 | 5 09 | 5 14 | 5 17 | 5 20 | 5 22 | 5 24 | 5 26 | 5 28 | 5 28 | 5 28 | 5 27 | 5 25 | 5 24 | 5 22 |
| 27 | 4 58 | 5 05 | 5 10 | 5 13 | 5 16 | 5 19 | 5 23 | 5 25 | 5 27 | 5 28 | 5 28 | 5 27 | 5 27 | 5 26 |
| Oct. 1 | 4 48 | 4 56 | 5 02 | 5 07 | 5 11 | 5 14 | 5 19 | 5 23 | 5 26 | 5 28 | 5 29 | 5 30 | 5 30 | 5 30 |
| 5 | 4 37 | 4 47 | 4 54 | 5 00 | 5 05 | 5 09 | 5 16 | 5 20 | 5 24 | 5 27 | 5 30 | 5 32 | 5 33 | 5 33 |

### END OF EVENING CIVIL TWILIGHT

| Lat. | −55° | −50° | −45° | −40° | −35° | −30° | −20° | −10° | 0° | +10° | +20° | +30° | +35° | +40° |
|---|---|---|---|---|---|---|---|---|---|---|---|---|---|---|
|  | h m | h m | h m | h m | h m | h m | h m | h m | h m | h m | h m | h m | h m | h m |
| July 1 | 16 27 | 16 47 | 17 03 | 17 16 | 17 27 | 17 38 | 17 56 | 18 13 | 18 30 | 18 48 | 19 08 | 19 32 | 19 47 | 20 05 |
| 5 | 16 30 | 16 50 | 17 05 | 17 18 | 17 29 | 17 39 | 17 57 | 18 14 | 18 31 | 18 48 | 19 08 | 19 32 | 19 47 | 20 04 |
| 9 | 16 34 | 16 53 | 17 08 | 17 20 | 17 31 | 17 41 | 17 59 | 18 15 | 18 31 | 18 48 | 19 08 | 19 31 | 19 46 | 20 03 |
| 13 | 16 39 | 16 56 | 17 11 | 17 23 | 17 33 | 17 43 | 18 00 | 18 16 | 18 32 | 18 48 | 19 07 | 19 30 | 19 44 | 20 01 |
| 17 | 16 43 | 17 00 | 17 14 | 17 26 | 17 36 | 17 45 | 18 01 | 18 17 | 18 32 | 18 48 | 19 06 | 19 28 | 19 42 | 19 58 |
| 21 | 16 48 | 17 04 | 17 17 | 17 29 | 17 38 | 17 47 | 18 03 | 18 17 | 18 32 | 18 48 | 19 05 | 19 26 | 19 39 | 19 55 |
| 25 | 16 54 | 17 09 | 17 21 | 17 32 | 17 41 | 17 49 | 18 04 | 18 18 | 18 32 | 18 47 | 19 04 | 19 24 | 19 36 | 19 51 |
| 29 | 17 00 | 17 14 | 17 25 | 17 35 | 17 43 | 17 51 | 18 05 | 18 19 | 18 32 | 18 46 | 19 02 | 19 21 | 19 33 | 19 47 |
| Aug. 2 | 17 06 | 17 19 | 17 29 | 17 38 | 17 46 | 17 53 | 18 07 | 18 19 | 18 31 | 18 45 | 19 00 | 19 18 | 19 29 | 19 42 |
| 6 | 17 12 | 17 24 | 17 33 | 17 42 | 17 49 | 17 56 | 18 08 | 18 19 | 18 31 | 18 43 | 18 57 | 19 15 | 19 25 | 19 37 |
| 10 | 17 19 | 17 29 | 17 38 | 17 45 | 17 52 | 17 58 | 18 09 | 18 19 | 18 30 | 18 42 | 18 55 | 19 11 | 19 21 | 19 32 |
| 14 | 17 25 | 17 34 | 17 42 | 17 49 | 17 54 | 18 00 | 18 10 | 18 19 | 18 29 | 18 40 | 18 52 | 19 07 | 19 16 | 19 27 |
| 18 | 17 32 | 17 40 | 17 46 | 17 52 | 17 57 | 18 02 | 18 11 | 18 19 | 18 28 | 18 38 | 18 49 | 19 03 | 19 11 | 19 21 |
| 22 | 17 39 | 17 45 | 17 51 | 17 56 | 18 00 | 18 04 | 18 12 | 18 19 | 18 27 | 18 36 | 18 46 | 18 58 | 19 06 | 19 15 |
| 26 | 17 46 | 17 51 | 17 55 | 17 59 | 18 03 | 18 06 | 18 13 | 18 19 | 18 26 | 18 34 | 18 42 | 18 54 | 19 00 | 19 08 |
| 30 | 17 53 | 17 57 | 18 00 | 18 03 | 18 06 | 18 08 | 18 13 | 18 19 | 18 25 | 18 31 | 18 39 | 18 49 | 18 55 | 19 02 |
| Sept. 3 | 18 00 | 18 02 | 18 04 | 18 06 | 18 08 | 18 10 | 18 14 | 18 19 | 18 23 | 18 29 | 18 35 | 18 44 | 18 49 | 18 55 |
| 7 | 18 07 | 18 08 | 18 09 | 18 10 | 18 11 | 18 12 | 18 15 | 18 18 | 18 22 | 18 26 | 18 32 | 18 39 | 18 43 | 18 49 |
| 11 | 18 14 | 18 14 | 18 14 | 18 14 | 18 14 | 18 14 | 18 16 | 18 18 | 18 20 | 18 24 | 18 28 | 18 34 | 18 38 | 18 42 |
| 15 | 18 22 | 18 20 | 18 18 | 18 17 | 18 17 | 18 17 | 18 17 | 18 17 | 18 17 | 18 21 | 18 24 | 18 29 | 18 32 | 18 35 |
| 19 | 18 29 | 18 26 | 18 23 | 18 21 | 18 20 | 18 19 | 18 17 | 18 17 | 18 18 | 18 19 | 18 21 | 18 24 | 18 26 | 18 29 |
| 23 | 18 37 | 18 32 | 18 28 | 18 25 | 18 23 | 18 21 | 18 18 | 18 17 | 18 16 | 18 16 | 18 17 | 18 19 | 18 20 | 18 22 |
| 27 | 18 45 | 18 38 | 18 33 | 18 29 | 18 26 | 18 23 | 18 19 | 18 17 | 18 15 | 18 14 | 18 13 | 18 14 | 18 14 | 18 15 |
| Oct. 1 | 18 52 | 18 44 | 18 38 | 18 33 | 18 29 | 18 26 | 18 20 | 18 16 | 18 13 | 18 11 | 18 10 | 18 09 | 18 09 | 18 09 |
| 5 | 19 01 | 18 51 | 18 43 | 18 37 | 18 32 | 18 28 | 18 21 | 18 16 | 18 12 | 18 09 | 18 06 | 18 04 | 18 03 | 18 02 |

## UNIVERSAL TIME FOR MERIDIAN OF GREENWICH
### BEGINNING OF MORNING CIVIL TWILIGHT

| Lat. | +40° | +42° | +44° | +46° | +48° | +50° | +52° | +54° | +56° | +58° | +60° | +62° | +64° | +66° |
|---|---|---|---|---|---|---|---|---|---|---|---|---|---|---|
| | h m | h m | h m | h m | h m | h m | h m | h m | h m | h m | h m | h m | h m | h m |
| July 1 | 4 02 | 3 54 | 3 45 | 3 35 | 3 24 | 3 11 | 2 56 | 2 39 | 2 17 | 1 49 | 1 04 | // // | // // | // // |
| 5 | 4 05 | 3 57 | 3 48 | 3 38 | 3 27 | 3 14 | 3 00 | 2 43 | 2 22 | 1 56 | 1 15 | // // | // // | // // |
| 9 | 4 07 | 4 00 | 3 51 | 3 41 | 3 31 | 3 19 | 3 05 | 2 48 | 2 29 | 2 03 | 1 27 | // // | // // | // // |
| 13 | 4 11 | 4 03 | 3 54 | 3 45 | 3 35 | 3 23 | 3 10 | 2 54 | 2 36 | 2 12 | 1 40 | 0 36 | // // | // // |
| 17 | 4 14 | 4 07 | 3 58 | 3 50 | 3 40 | 3 29 | 3 16 | 3 01 | 2 43 | 2 22 | 1 53 | 1 06 | // // | // // |
| 21 | 4 18 | 4 10 | 4 03 | 3 54 | 3 45 | 3 34 | 3 22 | 3 08 | 2 52 | 2 32 | 2 06 | 1 28 | // // | // // |
| 25 | 4 21 | 4 15 | 4 07 | 3 59 | 3 50 | 3 40 | 3 29 | 3 16 | 3 00 | 2 42 | 2 19 | 1 47 | 0 49 | // // |
| 29 | 4 25 | 4 19 | 4 12 | 4 04 | 3 56 | 3 46 | 3 36 | 3 24 | 3 09 | 2 53 | 2 32 | 2 04 | 1 23 | // // |
| Aug. 2 | 4 29 | 4 23 | 4 17 | 4 10 | 4 02 | 3 53 | 3 43 | 3 32 | 3 18 | 3 03 | 2 44 | 2 21 | 1 48 | 0 44 |
| 6 | 4 33 | 4 28 | 4 22 | 4 15 | 4 08 | 3 59 | 3 50 | 3 40 | 3 28 | 3 14 | 2 57 | 2 36 | 2 08 | 1 27 |
| 10 | 4 38 | 4 32 | 4 27 | 4 20 | 4 13 | 4 06 | 3 57 | 3 48 | 3 37 | 3 24 | 3 09 | 2 51 | 2 27 | 1 55 |
| 14 | 4 42 | 4 37 | 4 32 | 4 26 | 4 19 | 4 12 | 4 05 | 3 56 | 3 46 | 3 34 | 3 21 | 3 05 | 2 44 | 2 18 |
| 18 | 4 46 | 4 41 | 4 37 | 4 31 | 4 25 | 4 19 | 4 12 | 4 04 | 3 55 | 3 44 | 3 32 | 3 18 | 3 00 | 2 38 |
| 22 | 4 50 | 4 46 | 4 42 | 4 37 | 4 31 | 4 26 | 4 19 | 4 12 | 4 04 | 3 54 | 3 44 | 3 31 | 3 16 | 2 57 |
| 26 | 4 54 | 4 50 | 4 46 | 4 42 | 4 37 | 4 32 | 4 26 | 4 20 | 4 13 | 4 04 | 3 55 | 3 43 | 3 30 | 3 14 |
| 30 | 4 58 | 4 55 | 4 51 | 4 47 | 4 43 | 4 39 | 4 33 | 4 28 | 4 21 | 4 14 | 4 05 | 3 56 | 3 44 | 3 30 |
| Sept. 3 | 5 02 | 4 59 | 4 56 | 4 53 | 4 49 | 4 45 | 4 40 | 4 35 | 4 30 | 4 23 | 4 16 | 4 07 | 3 57 | 3 45 |
| 7 | 5 06 | 5 04 | 5 01 | 4 58 | 4 55 | 4 51 | 4 47 | 4 43 | 4 38 | 4 33 | 4 26 | 4 19 | 4 10 | 4 00 |
| 11 | 5 10 | 5 08 | 5 06 | 5 03 | 5 01 | 4 58 | 4 54 | 4 51 | 4 46 | 4 42 | 4 36 | 4 30 | 4 23 | 4 14 |
| 15 | 5 14 | 5 12 | 5 10 | 5 08 | 5 06 | 5 04 | 5 01 | 4 58 | 4 55 | 4 51 | 4 46 | 4 41 | 4 35 | 4 28 |
| 19 | 5 18 | 5 17 | 5 15 | 5 14 | 5 12 | 5 10 | 5 08 | 5 05 | 5 03 | 5 00 | 4 56 | 4 52 | 4 47 | 4 42 |
| 23 | 5 22 | 5 21 | 5 20 | 5 19 | 5 17 | 5 16 | 5 14 | 5 13 | 5 11 | 5 08 | 5 06 | 5 03 | 4 59 | 4 55 |
| 27 | 5 26 | 5 25 | 5 24 | 5 24 | 5 23 | 5 22 | 5 21 | 5 20 | 5 19 | 5 17 | 5 15 | 5 13 | 5 11 | 5 08 |
| Oct. 1 | 5 30 | 5 29 | 5 29 | 5 29 | 5 29 | 5 28 | 5 28 | 5 27 | 5 27 | 5 26 | 5 25 | 5 24 | 5 22 | 5 21 |
| 5 | 5 33 | 5 34 | 5 34 | 5 34 | 5 34 | 5 34 | 5 34 | 5 34 | 5 34 | 5 34 | 5 34 | 5 34 | 5 34 | 5 33 |

### END OF EVENING CIVIL TWILIGHT

| Lat. | +40° | +42° | +44° | +46° | +48° | +50° | +52° | +54° | +56° | +58° | +60° | +62° | +64° | +66° |
|---|---|---|---|---|---|---|---|---|---|---|---|---|---|---|
| | h m | h m | h m | h m | h m | h m | h m | h m | h m | h m | h m | h m | h m | h m |
| July 1 | 20 05 | 20 14 | 20 23 | 20 33 | 20 44 | 20 56 | 21 11 | 21 28 | 21 50 | 22 18 | 23 01 | // // | // // | // // |
| 5 | 20 04 | 20 12 | 20 21 | 20 31 | 20 42 | 20 54 | 21 09 | 21 25 | 21 46 | 22 12 | 22 52 | // // | // // | // // |
| 9 | 20 03 | 20 11 | 20 19 | 20 29 | 20 39 | 20 51 | 21 05 | 21 21 | 21 41 | 22 06 | 22 41 | // // | // // | // // |
| 13 | 20 01 | 20 08 | 20 17 | 20 26 | 20 36 | 20 47 | 21 01 | 21 16 | 21 35 | 21 58 | 22 29 | 23 27 | // // | // // |
| 17 | 19 58 | 20 05 | 20 13 | 20 22 | 20 32 | 20 43 | 20 55 | 21 10 | 21 27 | 21 49 | 22 17 | 23 01 | // // | // // |
| 21 | 19 55 | 20 02 | 20 09 | 20 18 | 20 27 | 20 38 | 20 50 | 21 03 | 21 19 | 21 39 | 22 04 | 22 41 | // // | // // |
| 25 | 19 51 | 19 58 | 20 05 | 20 13 | 20 22 | 20 32 | 20 43 | 20 56 | 21 11 | 21 29 | 21 52 | 22 22 | 23 14 | // // |
| 29 | 19 47 | 19 53 | 20 00 | 20 08 | 20 16 | 20 25 | 20 36 | 20 48 | 21 02 | 21 18 | 21 39 | 22 05 | 22 44 | // // |
| Aug. 2 | 19 42 | 19 48 | 19 55 | 20 02 | 20 10 | 20 19 | 20 28 | 20 39 | 20 52 | 21 07 | 21 26 | 21 49 | 22 20 | 23 15 |
| 6 | 19 37 | 19 43 | 19 49 | 19 56 | 20 03 | 20 11 | 20 20 | 20 31 | 20 42 | 20 56 | 21 12 | 21 33 | 21 59 | 22 38 |
| 10 | 19 32 | 19 37 | 19 43 | 19 49 | 19 56 | 20 03 | 20 12 | 20 21 | 20 32 | 20 45 | 20 59 | 21 17 | 21 40 | 22 11 |
| 14 | 19 27 | 19 31 | 19 37 | 19 42 | 19 49 | 19 55 | 20 03 | 20 12 | 20 22 | 20 33 | 20 46 | 21 02 | 21 21 | 21 47 |
| 18 | 19 21 | 19 25 | 19 30 | 19 35 | 19 41 | 19 47 | 19 54 | 20 02 | 20 11 | 20 21 | 20 33 | 20 47 | 21 04 | 21 25 |
| 22 | 19 15 | 19 19 | 19 23 | 19 28 | 19 33 | 19 39 | 19 45 | 19 52 | 20 00 | 20 09 | 20 20 | 20 32 | 20 47 | 21 05 |
| 26 | 19 08 | 19 12 | 19 16 | 19 20 | 19 25 | 19 30 | 19 36 | 19 42 | 19 49 | 19 57 | 20 07 | 20 18 | 20 30 | 20 46 |
| 30 | 19 02 | 19 05 | 19 09 | 19 12 | 19 17 | 19 21 | 19 26 | 19 32 | 19 38 | 19 45 | 19 54 | 20 03 | 20 14 | 20 28 |
| Sept. 3 | 18 55 | 18 58 | 19 01 | 19 05 | 19 08 | 19 12 | 19 17 | 19 22 | 19 27 | 19 33 | 19 41 | 19 49 | 19 59 | 20 10 |
| 7 | 18 49 | 18 51 | 18 54 | 18 57 | 19 00 | 19 03 | 19 07 | 19 11 | 19 16 | 19 22 | 19 28 | 19 35 | 19 43 | 19 53 |
| 11 | 18 42 | 18 44 | 18 46 | 18 49 | 18 51 | 18 54 | 18 57 | 19 01 | 19 05 | 19 10 | 19 15 | 19 21 | 19 28 | 19 36 |
| 15 | 18 35 | 18 37 | 18 39 | 18 41 | 18 43 | 18 45 | 18 48 | 18 51 | 18 54 | 18 58 | 19 02 | 19 07 | 19 13 | 19 19 |
| 19 | 18 29 | 18 30 | 18 31 | 18 33 | 18 34 | 18 36 | 18 38 | 18 41 | 18 43 | 18 46 | 18 50 | 18 53 | 18 58 | 19 03 |
| 23 | 18 22 | 18 23 | 18 24 | 18 25 | 18 26 | 18 27 | 18 29 | 18 31 | 18 32 | 18 35 | 18 37 | 18 40 | 18 43 | 18 47 |
| 27 | 18 15 | 18 16 | 18 16 | 18 17 | 18 18 | 18 18 | 18 19 | 18 21 | 18 22 | 18 23 | 18 25 | 18 27 | 18 29 | 18 32 |
| Oct. 1 | 18 09 | 18 09 | 18 09 | 18 09 | 18 09 | 18 10 | 18 10 | 18 11 | 18 11 | 18 12 | 18 13 | 18 14 | 18 15 | 18 16 |
| 5 | 18 02 | 18 02 | 18 02 | 18 02 | 18 01 | 18 01 | 18 01 | 18 01 | 18 01 | 18 01 | 18 01 | 18 01 | 18 01 | 18 01 |

// // indicates continuous twilight.

# CIVIL TWILIGHT, 2016

## UNIVERSAL TIME FOR MERIDIAN OF GREENWICH
### BEGINNING OF MORNING CIVIL TWILIGHT

| Lat. | −55° | −50° | −45° | −40° | −35° | −30° | −20° | −10° | 0° | +10° | +20° | +30° | +35° | +40° |
|---|---|---|---|---|---|---|---|---|---|---|---|---|---|---|
| | h m | h m | h m | h m | h m | h m | h m | h m | h m | h m | h m | h m | h m | h m |
| Oct. 1 | 4 48 | 4 56 | 5 02 | 5 07 | 5 11 | 5 14 | 5 19 | 5 23 | 5 26 | 5 28 | 5 29 | 5 30 | 5 30 | 5 30 |
| 5 | 4 37 | 4 47 | 4 54 | 5 00 | 5 05 | 5 09 | 5 16 | 5 20 | 5 24 | 5 27 | 5 30 | 5 32 | 5 33 | 5 33 |
| 9 | 4 27 | 4 38 | 4 47 | 4 54 | 4 59 | 5 04 | 5 12 | 5 18 | 5 23 | 5 27 | 5 31 | 5 34 | 5 36 | 5 37 |
| 13 | 4 16 | 4 29 | 4 39 | 4 47 | 4 54 | 5 00 | 5 09 | 5 16 | 5 22 | 5 27 | 5 32 | 5 37 | 5 39 | 5 41 |
| 17 | 4 06 | 4 20 | 4 32 | 4 41 | 4 49 | 4 55 | 5 05 | 5 14 | 5 21 | 5 27 | 5 33 | 5 39 | 5 42 | 5 45 |
| 21 | 3 55 | 4 12 | 4 25 | 4 35 | 4 43 | 4 51 | 5 02 | 5 12 | 5 20 | 5 28 | 5 35 | 5 42 | 5 46 | 5 50 |
| 25 | 3 45 | 4 04 | 4 18 | 4 29 | 4 38 | 4 46 | 5 00 | 5 10 | 5 19 | 5 28 | 5 36 | 5 44 | 5 49 | 5 54 |
| 29 | 3 35 | 3 55 | 4 11 | 4 23 | 4 34 | 4 43 | 4 57 | 5 09 | 5 19 | 5 28 | 5 38 | 5 47 | 5 52 | 5 58 |
| Nov. 2 | 3 25 | 3 48 | 4 05 | 4 18 | 4 29 | 4 39 | 4 55 | 5 08 | 5 19 | 5 29 | 5 39 | 5 50 | 5 56 | 6 02 |
| 6 | 3 16 | 3 40 | 3 59 | 4 13 | 4 25 | 4 36 | 4 53 | 5 06 | 5 19 | 5 30 | 5 41 | 5 53 | 6 00 | 6 07 |
| 10 | 3 07 | 3 33 | 3 53 | 4 09 | 4 22 | 4 33 | 4 51 | 5 06 | 5 19 | 5 31 | 5 43 | 5 56 | 6 03 | 6 11 |
| 14 | 2 58 | 3 27 | 3 48 | 4 05 | 4 18 | 4 30 | 4 49 | 5 05 | 5 19 | 5 32 | 5 45 | 5 59 | 6 07 | 6 15 |
| 18 | 2 50 | 3 21 | 3 43 | 4 01 | 4 16 | 4 28 | 4 48 | 5 05 | 5 20 | 5 34 | 5 47 | 6 02 | 6 11 | 6 20 |
| 22 | 2 42 | 3 15 | 3 39 | 3 58 | 4 13 | 4 26 | 4 48 | 5 05 | 5 21 | 5 35 | 5 50 | 6 05 | 6 14 | 6 24 |
| 26 | 2 35 | 3 11 | 3 36 | 3 56 | 4 12 | 4 25 | 4 47 | 5 06 | 5 22 | 5 37 | 5 52 | 6 09 | 6 18 | 6 28 |
| 30 | 2 29 | 3 07 | 3 33 | 3 54 | 4 10 | 4 24 | 4 47 | 5 06 | 5 23 | 5 39 | 5 54 | 6 12 | 6 21 | 6 32 |
| Dec. 4 | 2 24 | 3 04 | 3 31 | 3 53 | 4 10 | 4 24 | 4 48 | 5 07 | 5 24 | 5 41 | 5 57 | 6 15 | 6 25 | 6 36 |
| 8 | 2 21 | 3 02 | 3 30 | 3 52 | 4 10 | 4 24 | 4 49 | 5 08 | 5 26 | 5 43 | 5 59 | 6 18 | 6 28 | 6 39 |
| 12 | 2 18 | 3 01 | 3 30 | 3 52 | 4 10 | 4 25 | 4 50 | 5 10 | 5 28 | 5 45 | 6 02 | 6 20 | 6 31 | 6 42 |
| 16 | 2 18 | 3 01 | 3 30 | 3 53 | 4 11 | 4 26 | 4 51 | 5 11 | 5 30 | 5 47 | 6 04 | 6 23 | 6 33 | 6 45 |
| 20 | 2 18 | 3 02 | 3 32 | 3 54 | 4 13 | 4 28 | 4 53 | 5 13 | 5 31 | 5 49 | 6 06 | 6 25 | 6 36 | 6 47 |
| 24 | 2 21 | 3 04 | 3 34 | 3 56 | 4 15 | 4 30 | 4 55 | 5 15 | 5 33 | 5 51 | 6 08 | 6 27 | 6 37 | 6 49 |
| 28 | 2 24 | 3 07 | 3 37 | 3 59 | 4 17 | 4 32 | 4 57 | 5 18 | 5 35 | 5 53 | 6 10 | 6 28 | 6 39 | 6 51 |
| 32 | 2 29 | 3 11 | 3 40 | 4 02 | 4 20 | 4 35 | 5 00 | 5 20 | 5 37 | 5 54 | 6 11 | 6 30 | 6 40 | 6 51 |
| 36 | 2 36 | 3 16 | 3 45 | 4 06 | 4 24 | 4 38 | 5 02 | 5 22 | 5 39 | 5 56 | 6 12 | 6 31 | 6 41 | 6 52 |

### END OF EVENING CIVIL TWILIGHT

| Lat. | −55° | −50° | −45° | −40° | −35° | −30° | −20° | −10° | 0° | +10° | +20° | +30° | +35° | +40° |
|---|---|---|---|---|---|---|---|---|---|---|---|---|---|---|
| | h m | h m | h m | h m | h m | h m | h m | h m | h m | h m | h m | h m | h m | h m |
| Oct. 1 | 18 52 | 18 44 | 18 38 | 18 33 | 18 29 | 18 26 | 18 20 | 18 16 | 18 13 | 18 11 | 18 10 | 18 09 | 18 09 | 18 09 |
| 5 | 19 01 | 18 51 | 18 43 | 18 37 | 18 32 | 18 28 | 18 21 | 18 16 | 18 12 | 18 09 | 18 06 | 18 04 | 18 03 | 18 02 |
| 9 | 19 09 | 18 57 | 18 49 | 18 41 | 18 36 | 18 31 | 18 23 | 18 16 | 18 11 | 18 07 | 18 03 | 18 00 | 17 58 | 17 56 |
| 13 | 19 18 | 19 04 | 18 54 | 18 46 | 18 39 | 18 33 | 18 24 | 18 17 | 18 10 | 18 05 | 18 00 | 17 55 | 17 53 | 17 50 |
| 17 | 19 26 | 19 11 | 19 00 | 18 50 | 18 43 | 18 36 | 18 25 | 18 17 | 18 10 | 18 03 | 17 57 | 17 51 | 17 48 | 17 44 |
| 21 | 19 35 | 19 18 | 19 05 | 18 55 | 18 46 | 18 39 | 18 27 | 18 17 | 18 09 | 18 01 | 17 54 | 17 47 | 17 43 | 17 39 |
| 25 | 19 44 | 19 26 | 19 11 | 19 00 | 18 50 | 18 42 | 18 29 | 18 18 | 18 09 | 18 00 | 17 52 | 17 43 | 17 39 | 17 34 |
| 29 | 19 54 | 19 33 | 19 17 | 19 05 | 18 54 | 18 45 | 18 31 | 18 19 | 18 08 | 17 59 | 17 49 | 17 40 | 17 34 | 17 29 |
| Nov. 2 | 20 03 | 19 41 | 19 23 | 19 10 | 18 58 | 18 49 | 18 33 | 18 20 | 18 08 | 17 58 | 17 48 | 17 37 | 17 31 | 17 24 |
| 6 | 20 13 | 19 48 | 19 30 | 19 15 | 19 03 | 18 52 | 18 35 | 18 21 | 18 09 | 17 57 | 17 46 | 17 34 | 17 27 | 17 20 |
| 10 | 20 23 | 19 56 | 19 36 | 19 20 | 19 07 | 18 56 | 18 37 | 18 22 | 18 09 | 17 57 | 17 45 | 17 32 | 17 24 | 17 16 |
| 14 | 20 33 | 20 04 | 19 42 | 19 25 | 19 11 | 18 59 | 18 40 | 18 24 | 18 10 | 17 57 | 17 44 | 17 30 | 17 22 | 17 13 |
| 18 | 20 42 | 20 11 | 19 48 | 19 30 | 19 15 | 19 03 | 18 42 | 18 26 | 18 11 | 17 57 | 17 43 | 17 28 | 17 20 | 17 10 |
| 22 | 20 52 | 20 18 | 19 54 | 19 35 | 19 20 | 19 06 | 18 45 | 18 27 | 18 12 | 17 57 | 17 43 | 17 27 | 17 18 | 17 08 |
| 26 | 21 01 | 20 25 | 20 00 | 19 40 | 19 24 | 19 10 | 18 48 | 18 29 | 18 13 | 17 58 | 17 43 | 17 26 | 17 17 | 17 07 |
| 30 | 21 10 | 20 32 | 20 05 | 19 44 | 19 28 | 19 14 | 18 50 | 18 32 | 18 15 | 17 59 | 17 43 | 17 26 | 17 16 | 17 05 |
| Dec. 4 | 21 17 | 20 38 | 20 10 | 19 49 | 19 31 | 19 17 | 18 53 | 18 34 | 18 16 | 18 00 | 17 44 | 17 26 | 17 16 | 17 05 |
| 8 | 21 24 | 20 43 | 20 14 | 19 53 | 19 35 | 19 20 | 18 56 | 18 36 | 18 18 | 18 02 | 17 45 | 17 27 | 17 16 | 17 05 |
| 12 | 21 30 | 20 47 | 20 18 | 19 56 | 19 38 | 19 23 | 18 58 | 18 38 | 18 20 | 18 03 | 17 46 | 17 27 | 17 17 | 17 05 |
| 16 | 21 34 | 20 51 | 20 21 | 19 59 | 19 41 | 19 25 | 19 01 | 18 40 | 18 22 | 18 05 | 17 48 | 17 29 | 17 18 | 17 07 |
| 20 | 21 37 | 20 54 | 20 24 | 20 01 | 19 43 | 19 28 | 19 03 | 18 42 | 18 24 | 18 07 | 17 50 | 17 31 | 17 20 | 17 08 |
| 24 | 21 39 | 20 55 | 20 26 | 20 03 | 19 45 | 19 30 | 19 05 | 18 44 | 18 26 | 18 09 | 17 52 | 17 33 | 17 22 | 17 10 |
| 28 | 21 39 | 20 56 | 20 27 | 20 04 | 19 46 | 19 31 | 19 06 | 18 46 | 18 28 | 18 11 | 17 54 | 17 35 | 17 25 | 17 13 |
| 32 | 21 37 | 20 55 | 20 27 | 20 05 | 19 47 | 19 32 | 19 08 | 18 48 | 18 30 | 18 13 | 17 56 | 17 38 | 17 27 | 17 16 |
| 36 | 21 34 | 20 54 | 20 26 | 20 04 | 19 47 | 19 33 | 19 09 | 18 49 | 18 32 | 18 15 | 17 59 | 17 41 | 17 31 | 17 19 |

## UNIVERSAL TIME FOR MERIDIAN OF GREENWICH
### BEGINNING OF MORNING CIVIL TWILIGHT

| Lat. | +40° | +42° | +44° | +46° | +48° | +50° | +52° | +54° | +56° | +58° | +60° | +62° | +64° | +66° |
|---|---|---|---|---|---|---|---|---|---|---|---|---|---|---|
| | h m | h m | h m | h m | h m | h m | h m | h m | h m | h m | h m | h m | h m | h m |
| Oct. 1 | 5 30 | 5 29 | 5 29 | 5 29 | 5 29 | 5 28 | 5 28 | 5 27 | 5 27 | 5 26 | 5 25 | 5 24 | 5 22 | 5 21 |
| 5 | 5 33 | 5 34 | 5 34 | 5 34 | 5 34 | 5 34 | 5 34 | 5 34 | 5 34 | 5 34 | 5 34 | 5 34 | 5 34 | 5 33 |
| 9 | 5 37 | 5 38 | 5 39 | 5 39 | 5 40 | 5 40 | 5 41 | 5 42 | 5 42 | 5 43 | 5 44 | 5 44 | 5 45 | 5 46 |
| 13 | 5 41 | 5 42 | 5 43 | 5 44 | 5 46 | 5 47 | 5 48 | 5 49 | 5 50 | 5 52 | 5 53 | 5 55 | 5 57 | 5 59 |
| 17 | 5 45 | 5 47 | 5 48 | 5 50 | 5 51 | 5 53 | 5 55 | 5 56 | 5 58 | 6 00 | 6 03 | 6 05 | 6 08 | 6 11 |
| 21 | 5 50 | 5 51 | 5 53 | 5 55 | 5 57 | 5 59 | 6 01 | 6 04 | 6 06 | 6 09 | 6 12 | 6 15 | 6 19 | 6 24 |
| 25 | 5 54 | 5 56 | 5 58 | 6 00 | 6 03 | 6 05 | 6 08 | 6 11 | 6 14 | 6 18 | 6 21 | 6 26 | 6 31 | 6 36 |
| 29 | 5 58 | 6 00 | 6 03 | 6 06 | 6 08 | 6 12 | 6 15 | 6 18 | 6 22 | 6 26 | 6 31 | 6 36 | 6 42 | 6 49 |
| Nov. 2 | 6 02 | 6 05 | 6 08 | 6 11 | 6 14 | 6 18 | 6 21 | 6 26 | 6 30 | 6 35 | 6 40 | 6 46 | 6 53 | 7 01 |
| 6 | 6 07 | 6 10 | 6 13 | 6 16 | 6 20 | 6 24 | 6 28 | 6 33 | 6 38 | 6 43 | 6 49 | 6 56 | 7 04 | 7 13 |
| 10 | 6 11 | 6 14 | 6 18 | 6 22 | 6 26 | 6 30 | 6 35 | 6 40 | 6 45 | 6 52 | 6 59 | 7 06 | 7 15 | 7 26 |
| 14 | 6 15 | 6 19 | 6 23 | 6 27 | 6 31 | 6 36 | 6 41 | 6 47 | 6 53 | 7 00 | 7 07 | 7 16 | 7 26 | 7 38 |
| 18 | 6 20 | 6 24 | 6 28 | 6 32 | 6 37 | 6 42 | 6 48 | 6 54 | 7 00 | 7 08 | 7 16 | 7 26 | 7 37 | 7 50 |
| 22 | 6 24 | 6 28 | 6 33 | 6 37 | 6 42 | 6 48 | 6 54 | 7 00 | 7 07 | 7 15 | 7 24 | 7 35 | 7 47 | 8 01 |
| 26 | 6 28 | 6 32 | 6 37 | 6 42 | 6 48 | 6 53 | 7 00 | 7 07 | 7 14 | 7 23 | 7 32 | 7 43 | 7 56 | 8 12 |
| 30 | 6 32 | 6 37 | 6 41 | 6 47 | 6 52 | 6 58 | 7 05 | 7 12 | 7 20 | 7 29 | 7 40 | 7 51 | 8 05 | 8 22 |
| Dec. 4 | 6 36 | 6 40 | 6 46 | 6 51 | 6 57 | 7 03 | 7 10 | 7 18 | 7 26 | 7 36 | 7 46 | 7 59 | 8 13 | 8 31 |
| 8 | 6 39 | 6 44 | 6 49 | 6 55 | 7 01 | 7 08 | 7 15 | 7 23 | 7 31 | 7 41 | 7 52 | 8 05 | 8 20 | 8 38 |
| 12 | 6 42 | 6 47 | 6 53 | 6 58 | 7 05 | 7 11 | 7 19 | 7 27 | 7 36 | 7 46 | 7 57 | 8 10 | 8 26 | 8 45 |
| 16 | 6 45 | 6 50 | 6 56 | 7 01 | 7 08 | 7 14 | 7 22 | 7 30 | 7 39 | 7 49 | 8 01 | 8 14 | 8 30 | 8 50 |
| 20 | 6 47 | 6 52 | 6 58 | 7 04 | 7 10 | 7 17 | 7 24 | 7 33 | 7 42 | 7 52 | 8 04 | 8 17 | 8 34 | 8 53 |
| 24 | 6 49 | 6 54 | 7 00 | 7 06 | 7 12 | 7 19 | 7 26 | 7 34 | 7 44 | 7 54 | 8 06 | 8 19 | 8 35 | 8 55 |
| 28 | 6 51 | 6 56 | 7 01 | 7 07 | 7 13 | 7 20 | 7 27 | 7 35 | 7 44 | 7 55 | 8 06 | 8 19 | 8 35 | 8 55 |
| 32 | 6 51 | 6 57 | 7 02 | 7 08 | 7 14 | 7 20 | 7 28 | 7 35 | 7 44 | 7 54 | 8 05 | 8 19 | 8 34 | 8 53 |
| 36 | 6 52 | 6 57 | 7 02 | 7 07 | 7 13 | 7 20 | 7 27 | 7 35 | 7 43 | 7 53 | 8 04 | 8 16 | 8 31 | 8 49 |

### END OF EVENING CIVIL TWILIGHT

| Lat. | +40° | +42° | +44° | +46° | +48° | +50° | +52° | +54° | +56° | +58° | +60° | +62° | +64° | +66° |
|---|---|---|---|---|---|---|---|---|---|---|---|---|---|---|
| | h m | h m | h m | h m | h m | h m | h m | h m | h m | h m | h m | h m | h m | h m |
| Oct. 1 | 18 09 | 18 09 | 18 09 | 18 09 | 18 09 | 18 10 | 18 10 | 18 11 | 18 11 | 18 12 | 18 13 | 18 14 | 18 15 | 18 16 |
| 5 | 18 02 | 18 02 | 18 02 | 18 02 | 18 01 | 18 01 | 18 01 | 18 01 | 18 01 | 18 01 | 18 01 | 18 01 | 18 01 | 18 01 |
| 9 | 17 56 | 17 56 | 17 55 | 17 54 | 17 54 | 17 53 | 17 52 | 17 51 | 17 51 | 17 50 | 17 49 | 17 48 | 17 48 | 17 47 |
| 13 | 17 50 | 17 49 | 17 48 | 17 47 | 17 46 | 17 45 | 17 43 | 17 42 | 17 41 | 17 39 | 17 38 | 17 36 | 17 34 | 17 32 |
| 17 | 17 44 | 17 43 | 17 42 | 17 40 | 17 38 | 17 37 | 17 35 | 17 33 | 17 31 | 17 29 | 17 27 | 17 24 | 17 21 | 17 18 |
| 21 | 17 39 | 17 37 | 17 35 | 17 33 | 17 31 | 17 29 | 17 27 | 17 25 | 17 22 | 17 19 | 17 16 | 17 12 | 17 09 | 17 04 |
| 25 | 17 34 | 17 32 | 17 29 | 17 27 | 17 25 | 17 22 | 17 19 | 17 16 | 17 13 | 17 09 | 17 06 | 17 01 | 16 56 | 16 51 |
| 29 | 17 29 | 17 26 | 17 24 | 17 21 | 17 18 | 17 15 | 17 12 | 17 08 | 17 04 | 17 00 | 16 56 | 16 50 | 16 44 | 16 37 |
| Nov. 2 | 17 24 | 17 21 | 17 19 | 17 15 | 17 12 | 17 09 | 17 05 | 17 01 | 16 56 | 16 51 | 16 46 | 16 40 | 16 33 | 16 25 |
| 6 | 17 20 | 17 17 | 17 14 | 17 10 | 17 07 | 17 03 | 16 58 | 16 54 | 16 49 | 16 43 | 16 37 | 16 30 | 16 22 | 16 13 |
| 10 | 17 16 | 17 13 | 17 09 | 17 06 | 17 02 | 16 57 | 16 52 | 16 47 | 16 42 | 16 35 | 16 29 | 16 21 | 16 12 | 16 01 |
| 14 | 17 13 | 17 09 | 17 06 | 17 01 | 16 57 | 16 52 | 16 47 | 16 41 | 16 35 | 16 28 | 16 21 | 16 12 | 16 02 | 15 50 |
| 18 | 17 10 | 17 06 | 17 02 | 16 58 | 16 53 | 16 48 | 16 42 | 16 36 | 16 29 | 16 22 | 16 14 | 16 04 | 15 53 | 15 40 |
| 22 | 17 08 | 17 04 | 17 00 | 16 55 | 16 50 | 16 44 | 16 38 | 16 32 | 16 24 | 16 16 | 16 07 | 15 57 | 15 45 | 15 31 |
| 26 | 17 07 | 17 02 | 16 57 | 16 52 | 16 47 | 16 41 | 16 35 | 16 28 | 16 20 | 16 12 | 16 02 | 15 51 | 15 38 | 15 23 |
| 30 | 17 05 | 17 01 | 16 56 | 16 51 | 16 45 | 16 39 | 16 32 | 16 25 | 16 17 | 16 08 | 15 58 | 15 46 | 15 32 | 15 16 |
| Dec. 4 | 17 05 | 17 00 | 16 55 | 16 49 | 16 44 | 16 37 | 16 30 | 16 23 | 16 14 | 16 05 | 15 54 | 15 42 | 15 27 | 15 10 |
| 8 | 17 05 | 17 00 | 16 55 | 16 49 | 16 43 | 16 36 | 16 29 | 16 21 | 16 13 | 16 03 | 15 52 | 15 39 | 15 24 | 15 05 |
| 12 | 17 05 | 17 00 | 16 55 | 16 49 | 16 43 | 16 36 | 16 29 | 16 21 | 16 12 | 16 02 | 15 51 | 15 37 | 15 22 | 15 03 |
| 16 | 17 07 | 17 01 | 16 56 | 16 50 | 16 44 | 16 37 | 16 30 | 16 22 | 16 12 | 16 02 | 15 51 | 15 37 | 15 21 | 15 02 |
| 20 | 17 08 | 17 03 | 16 58 | 16 52 | 16 45 | 16 39 | 16 31 | 16 23 | 16 14 | 16 03 | 15 52 | 15 38 | 15 22 | 15 02 |
| 24 | 17 10 | 17 05 | 17 00 | 16 54 | 16 48 | 16 41 | 16 33 | 16 25 | 16 16 | 16 06 | 15 54 | 15 41 | 15 24 | 15 05 |
| 28 | 17 13 | 17 08 | 17 02 | 16 57 | 16 50 | 16 44 | 16 36 | 16 28 | 16 19 | 16 09 | 15 58 | 15 44 | 15 28 | 15 09 |
| 32 | 17 16 | 17 11 | 17 06 | 17 00 | 16 54 | 16 47 | 16 40 | 16 32 | 16 23 | 16 13 | 16 02 | 15 49 | 15 34 | 15 15 |
| 36 | 17 19 | 17 14 | 17 09 | 17 04 | 16 58 | 16 51 | 16 44 | 16 37 | 16 28 | 16 19 | 16 08 | 15 55 | 15 40 | 15 22 |

# NAUTICAL TWILIGHT, 2016

## UNIVERSAL TIME FOR MERIDIAN OF GREENWICH
### BEGINNING OF MORNING NAUTICAL TWILIGHT

| Lat. | −55° | −50° | −45° | −40° | −35° | −30° | −20° | −10° | 0° | +10° | +20° | +30° | +35° | +40° |
|---|---|---|---|---|---|---|---|---|---|---|---|---|---|---|
|  | h m | h m | h m | h m | h m | h m | h m | h m | h m | h m | h m | h m | h m | h m |
| Jan. −1 | // // | 2 04 | 2 48 | 3 19 | 3 41 | 4 00 | 4 29 | 4 51 | 5 10 | 5 27 | 5 43 | 5 59 | 6 08 | 6 17 |
| 3 | 0 23 | 2 09 | 2 53 | 3 22 | 3 45 | 4 03 | 4 31 | 4 53 | 5 12 | 5 29 | 5 44 | 6 00 | 6 09 | 6 18 |
| 7 | 0 49 | 2 16 | 2 58 | 3 27 | 3 49 | 4 06 | 4 34 | 4 56 | 5 14 | 5 30 | 5 45 | 6 01 | 6 09 | 6 18 |
| 11 | 1 08 | 2 24 | 3 04 | 3 31 | 3 53 | 4 10 | 4 37 | 4 58 | 5 16 | 5 32 | 5 46 | 6 01 | 6 09 | 6 18 |
| 15 | 1 26 | 2 33 | 3 10 | 3 37 | 3 57 | 4 14 | 4 40 | 5 01 | 5 18 | 5 33 | 5 47 | 6 01 | 6 09 | 6 17 |
| 19 | 1 43 | 2 42 | 3 17 | 3 42 | 4 02 | 4 18 | 4 43 | 5 03 | 5 19 | 5 34 | 5 47 | 6 01 | 6 08 | 6 16 |
| 23 | 1 58 | 2 51 | 3 24 | 3 48 | 4 07 | 4 22 | 4 46 | 5 05 | 5 21 | 5 34 | 5 47 | 6 00 | 6 07 | 6 14 |
| 27 | 2 13 | 3 01 | 3 31 | 3 54 | 4 12 | 4 26 | 4 49 | 5 07 | 5 22 | 5 35 | 5 47 | 5 59 | 6 05 | 6 12 |
| 31 | 2 28 | 3 10 | 3 39 | 4 00 | 4 17 | 4 30 | 4 52 | 5 09 | 5 23 | 5 35 | 5 46 | 5 57 | 6 03 | 6 09 |
| Feb. 4 | 2 42 | 3 20 | 3 46 | 4 06 | 4 22 | 4 34 | 4 55 | 5 11 | 5 24 | 5 35 | 5 45 | 5 55 | 6 00 | 6 06 |
| 8 | 2 55 | 3 29 | 3 53 | 4 12 | 4 26 | 4 38 | 4 58 | 5 12 | 5 24 | 5 35 | 5 44 | 5 53 | 5 57 | 6 02 |
| 12 | 3 08 | 3 39 | 4 01 | 4 18 | 4 31 | 4 42 | 5 00 | 5 14 | 5 25 | 5 34 | 5 42 | 5 50 | 5 54 | 5 58 |
| 16 | 3 20 | 3 48 | 4 08 | 4 23 | 4 36 | 4 46 | 5 02 | 5 15 | 5 25 | 5 33 | 5 41 | 5 47 | 5 50 | 5 53 |
| 20 | 3 31 | 3 56 | 4 15 | 4 29 | 4 40 | 4 50 | 5 05 | 5 16 | 5 25 | 5 32 | 5 38 | 5 44 | 5 46 | 5 48 |
| 24 | 3 42 | 4 05 | 4 21 | 4 34 | 4 45 | 4 53 | 5 07 | 5 17 | 5 25 | 5 31 | 5 36 | 5 40 | 5 42 | 5 43 |
| 28 | 3 53 | 4 13 | 4 28 | 4 40 | 4 49 | 4 57 | 5 09 | 5 17 | 5 24 | 5 29 | 5 33 | 5 36 | 5 37 | 5 37 |
| Mar. 3 | 4 03 | 4 21 | 4 34 | 4 45 | 4 53 | 5 00 | 5 10 | 5 18 | 5 24 | 5 28 | 5 30 | 5 32 | 5 32 | 5 31 |
| 7 | 4 13 | 4 29 | 4 40 | 4 50 | 4 57 | 5 03 | 5 12 | 5 18 | 5 23 | 5 26 | 5 27 | 5 27 | 5 27 | 5 25 |
| 11 | 4 23 | 4 36 | 4 46 | 4 54 | 5 01 | 5 06 | 5 13 | 5 19 | 5 22 | 5 24 | 5 24 | 5 23 | 5 21 | 5 19 |
| 15 | 4 32 | 4 43 | 4 52 | 4 59 | 5 04 | 5 09 | 5 15 | 5 19 | 5 21 | 5 22 | 5 21 | 5 18 | 5 16 | 5 13 |
| 19 | 4 40 | 4 50 | 4 58 | 5 03 | 5 08 | 5 11 | 5 16 | 5 19 | 5 20 | 5 19 | 5 17 | 5 13 | 5 10 | 5 06 |
| 23 | 4 49 | 4 57 | 5 03 | 5 08 | 5 11 | 5 14 | 5 17 | 5 19 | 5 19 | 5 17 | 5 14 | 5 08 | 5 04 | 4 59 |
| 27 | 4 57 | 5 04 | 5 08 | 5 12 | 5 14 | 5 16 | 5 18 | 5 18 | 5 17 | 5 15 | 5 10 | 5 03 | 4 58 | 4 53 |
| 31 | 5 05 | 5 10 | 5 13 | 5 16 | 5 18 | 5 19 | 5 19 | 5 18 | 5 16 | 5 12 | 5 06 | 4 58 | 4 53 | 4 46 |
| Apr. 4 | 5 13 | 5 16 | 5 18 | 5 20 | 5 21 | 5 21 | 5 20 | 5 18 | 5 15 | 5 10 | 5 03 | 4 53 | 4 47 | 4 39 |

### END OF EVENING NAUTICAL TWILIGHT

| Lat. | −55° | −50° | −45° | −40° | −35° | −30° | −20° | −10° | 0° | +10° | +20° | +30° | +35° | +40° |
|---|---|---|---|---|---|---|---|---|---|---|---|---|---|---|
|  | h m | h m | h m | h m | h m | h m | h m | h m | h m | h m | h m | h m | h m | h m |
| Jan. −1 | // // | 22 00 | 21 16 | 20 46 | 20 23 | 20 05 | 19 36 | 19 14 | 18 55 | 18 38 | 18 22 | 18 06 | 17 57 | 17 48 |
| 3 | 23 38 | 21 58 | 21 15 | 20 46 | 20 23 | 20 05 | 19 37 | 19 15 | 18 57 | 18 40 | 18 24 | 18 08 | 18 00 | 17 51 |
| 7 | 23 19 | 21 55 | 21 13 | 20 45 | 20 23 | 20 05 | 19 38 | 19 16 | 18 58 | 18 42 | 18 27 | 18 11 | 18 03 | 17 54 |
| 11 | 23 03 | 21 50 | 21 11 | 20 43 | 20 22 | 20 05 | 19 38 | 19 17 | 19 00 | 18 44 | 18 29 | 18 14 | 18 06 | 17 58 |
| 15 | 22 49 | 21 44 | 21 07 | 20 41 | 20 21 | 20 04 | 19 38 | 19 18 | 19 01 | 18 46 | 18 32 | 18 17 | 18 10 | 18 02 |
| 19 | 22 35 | 21 38 | 21 03 | 20 38 | 20 19 | 20 03 | 19 38 | 19 18 | 19 02 | 18 47 | 18 34 | 18 20 | 18 13 | 18 06 |
| 23 | 22 22 | 21 31 | 20 58 | 20 35 | 20 16 | 20 01 | 19 37 | 19 18 | 19 03 | 18 49 | 18 36 | 18 23 | 18 17 | 18 10 |
| 27 | 22 09 | 21 23 | 20 53 | 20 31 | 20 13 | 19 59 | 19 36 | 19 18 | 19 03 | 18 50 | 18 38 | 18 27 | 18 20 | 18 14 |
| 31 | 21 56 | 21 15 | 20 47 | 20 26 | 20 09 | 19 56 | 19 34 | 19 18 | 19 04 | 18 52 | 18 40 | 18 30 | 18 24 | 18 18 |
| Feb. 4 | 21 43 | 21 06 | 20 40 | 20 21 | 20 05 | 19 53 | 19 32 | 19 17 | 19 04 | 18 53 | 18 42 | 18 33 | 18 28 | 18 23 |
| 8 | 21 31 | 20 57 | 20 34 | 20 16 | 20 01 | 19 49 | 19 30 | 19 16 | 19 04 | 18 54 | 18 44 | 18 36 | 18 31 | 18 27 |
| 12 | 21 18 | 20 48 | 20 27 | 20 10 | 19 56 | 19 45 | 19 28 | 19 15 | 19 04 | 18 54 | 18 46 | 18 39 | 18 35 | 18 31 |
| 16 | 21 06 | 20 39 | 20 19 | 20 04 | 19 52 | 19 41 | 19 25 | 19 13 | 19 03 | 18 55 | 18 48 | 18 42 | 18 39 | 18 36 |
| 20 | 20 54 | 20 30 | 20 12 | 19 58 | 19 46 | 19 37 | 19 22 | 19 11 | 19 03 | 18 55 | 18 49 | 18 44 | 18 42 | 18 40 |
| 24 | 20 42 | 20 20 | 20 04 | 19 51 | 19 41 | 19 33 | 19 19 | 19 10 | 19 02 | 18 56 | 18 51 | 18 47 | 18 46 | 18 44 |
| 28 | 20 30 | 20 11 | 19 56 | 19 45 | 19 36 | 19 28 | 19 16 | 19 08 | 19 01 | 18 56 | 18 52 | 18 50 | 18 49 | 18 49 |
| Mar. 3 | 20 18 | 20 01 | 19 48 | 19 38 | 19 30 | 19 23 | 19 13 | 19 05 | 19 00 | 18 56 | 18 54 | 18 52 | 18 52 | 18 53 |
| 7 | 20 07 | 19 52 | 19 40 | 19 31 | 19 24 | 19 18 | 19 09 | 19 03 | 18 59 | 18 56 | 18 55 | 18 55 | 18 56 | 18 57 |
| 11 | 19 56 | 19 42 | 19 32 | 19 25 | 19 18 | 19 13 | 19 06 | 19 01 | 18 58 | 18 56 | 18 56 | 18 58 | 18 59 | 19 01 |
| 15 | 19 44 | 19 33 | 19 24 | 19 18 | 19 13 | 19 08 | 19 02 | 18 59 | 18 57 | 18 56 | 18 57 | 19 00 | 19 03 | 19 06 |
| 19 | 19 33 | 19 24 | 19 17 | 19 11 | 19 07 | 19 03 | 18 59 | 18 56 | 18 56 | 18 56 | 18 58 | 19 03 | 19 06 | 19 10 |
| 23 | 19 23 | 19 15 | 19 09 | 19 04 | 19 01 | 18 59 | 18 55 | 18 54 | 18 54 | 18 56 | 19 00 | 19 05 | 19 09 | 19 14 |
| 27 | 19 12 | 19 06 | 19 01 | 18 58 | 18 55 | 18 54 | 18 52 | 18 52 | 18 53 | 18 56 | 19 01 | 19 08 | 19 13 | 19 19 |
| 31 | 19 02 | 18 57 | 18 54 | 18 51 | 18 50 | 18 49 | 18 48 | 18 50 | 18 52 | 18 56 | 19 02 | 19 11 | 19 16 | 19 23 |
| Apr. 4 | 18 52 | 18 49 | 18 46 | 18 45 | 18 44 | 18 44 | 18 45 | 18 47 | 18 51 | 18 56 | 19 03 | 19 13 | 19 20 | 19 28 |

// // indicates continuous twilight.

## UNIVERSAL TIME FOR MERIDIAN OF GREENWICH
### BEGINNING OF MORNING NAUTICAL TWILIGHT

| Lat. | +40° | +42° | +44° | +46° | +48° | +50° | +52° | +54° | +56° | +58° | +60° | +62° | +64° | +66° |
|---|---|---|---|---|---|---|---|---|---|---|---|---|---|---|
| | h m | h m | h m | h m | h m | h m | h m | h m | h m | h m | h m | h m | h m | h m |
| Jan. −1 | 6 17 | 6 21 | 6 25 | 6 29 | 6 34 | 6 39 | 6 44 | 6 49 | 6 56 | 7 02 | 7 10 | 7 18 | 7 27 | 7 38 |
| 3 | 6 18 | 6 22 | 6 26 | 6 30 | 6 34 | 6 39 | 6 44 | 6 49 | 6 55 | 7 02 | 7 09 | 7 17 | 7 26 | 7 37 |
| 7 | 6 18 | 6 22 | 6 26 | 6 30 | 6 34 | 6 39 | 6 43 | 6 49 | 6 54 | 7 01 | 7 07 | 7 15 | 7 24 | 7 34 |
| 11 | 6 18 | 6 21 | 6 25 | 6 29 | 6 33 | 6 37 | 6 42 | 6 47 | 6 53 | 6 58 | 7 05 | 7 12 | 7 20 | 7 30 |
| 15 | 6 17 | 6 20 | 6 24 | 6 28 | 6 32 | 6 36 | 6 40 | 6 45 | 6 50 | 6 55 | 7 01 | 7 08 | 7 16 | 7 25 |
| 19 | 6 16 | 6 19 | 6 22 | 6 26 | 6 29 | 6 33 | 6 37 | 6 42 | 6 46 | 6 51 | 6 57 | 7 03 | 7 10 | 7 18 |
| 23 | 6 14 | 6 17 | 6 20 | 6 23 | 6 27 | 6 30 | 6 34 | 6 38 | 6 42 | 6 47 | 6 52 | 6 57 | 7 04 | 7 11 |
| 27 | 6 12 | 6 14 | 6 17 | 6 20 | 6 23 | 6 26 | 6 30 | 6 33 | 6 37 | 6 41 | 6 46 | 6 51 | 6 56 | 7 02 |
| 31 | 6 09 | 6 11 | 6 14 | 6 16 | 6 19 | 6 22 | 6 25 | 6 28 | 6 31 | 6 35 | 6 39 | 6 43 | 6 48 | 6 53 |
| Feb. 4 | 6 06 | 6 08 | 6 10 | 6 12 | 6 14 | 6 17 | 6 19 | 6 22 | 6 25 | 6 28 | 6 31 | 6 35 | 6 39 | 6 43 |
| 8 | 6 02 | 6 04 | 6 05 | 6 07 | 6 09 | 6 11 | 6 13 | 6 16 | 6 18 | 6 20 | 6 23 | 6 26 | 6 29 | 6 32 |
| 12 | 5 58 | 5 59 | 6 01 | 6 02 | 6 04 | 6 05 | 6 07 | 6 09 | 6 10 | 6 12 | 6 14 | 6 16 | 6 18 | 6 21 |
| 16 | 5 53 | 5 54 | 5 55 | 5 56 | 5 58 | 5 59 | 6 00 | 6 01 | 6 02 | 6 03 | 6 05 | 6 06 | 6 07 | 6 08 |
| 20 | 5 48 | 5 49 | 5 50 | 5 50 | 5 51 | 5 52 | 5 52 | 5 53 | 5 54 | 5 54 | 5 55 | 5 55 | 5 55 | 5 55 |
| 24 | 5 43 | 5 43 | 5 44 | 5 44 | 5 44 | 5 45 | 5 45 | 5 45 | 5 45 | 5 44 | 5 44 | 5 44 | 5 43 | 5 42 |
| 28 | 5 37 | 5 37 | 5 37 | 5 37 | 5 37 | 5 37 | 5 36 | 5 36 | 5 35 | 5 34 | 5 33 | 5 32 | 5 30 | 5 28 |
| Mar. 3 | 5 31 | 5 31 | 5 31 | 5 30 | 5 30 | 5 29 | 5 28 | 5 27 | 5 25 | 5 24 | 5 22 | 5 20 | 5 17 | 5 13 |
| 7 | 5 25 | 5 25 | 5 24 | 5 23 | 5 22 | 5 21 | 5 19 | 5 17 | 5 15 | 5 13 | 5 10 | 5 07 | 5 03 | 4 58 |
| 11 | 5 19 | 5 18 | 5 17 | 5 15 | 5 14 | 5 12 | 5 10 | 5 08 | 5 05 | 5 02 | 4 58 | 4 54 | 4 48 | 4 42 |
| 15 | 5 13 | 5 11 | 5 10 | 5 08 | 5 06 | 5 03 | 5 01 | 4 57 | 4 54 | 4 50 | 4 45 | 4 40 | 4 34 | 4 26 |
| 19 | 5 06 | 5 04 | 5 02 | 5 00 | 4 57 | 4 54 | 4 51 | 4 47 | 4 43 | 4 38 | 4 32 | 4 26 | 4 18 | 4 09 |
| 23 | 4 59 | 4 57 | 4 54 | 4 52 | 4 49 | 4 45 | 4 41 | 4 37 | 4 32 | 4 26 | 4 19 | 4 11 | 4 02 | 3 51 |
| 27 | 4 53 | 4 50 | 4 47 | 4 43 | 4 40 | 4 36 | 4 31 | 4 26 | 4 20 | 4 13 | 4 05 | 3 56 | 3 45 | 3 32 |
| 31 | 4 46 | 4 43 | 4 39 | 4 35 | 4 31 | 4 26 | 4 21 | 4 15 | 4 08 | 4 00 | 3 51 | 3 41 | 3 28 | 3 12 |
| Apr. 4 | 4 39 | 4 35 | 4 31 | 4 27 | 4 22 | 4 17 | 4 11 | 4 04 | 3 56 | 3 47 | 3 37 | 3 25 | 3 10 | 2 51 |

## END OF EVENING NAUTICAL TWILIGHT

| Lat. | +40° | +42° | +44° | +46° | +48° | +50° | +52° | +54° | +56° | +58° | +60° | +62° | +64° | +66° |
|---|---|---|---|---|---|---|---|---|---|---|---|---|---|---|
| | h m | h m | h m | h m | h m | h m | h m | h m | h m | h m | h m | h m | h m | h m |
| Jan. −1 | 17 48 | 17 44 | 17 40 | 17 36 | 17 31 | 17 26 | 17 21 | 17 15 | 17 09 | 17 03 | 16 55 | 16 47 | 16 38 | 16 27 |
| 3 | 17 51 | 17 47 | 17 43 | 17 39 | 17 34 | 17 30 | 17 25 | 17 19 | 17 13 | 17 07 | 17 00 | 16 52 | 16 43 | 16 32 |
| 7 | 17 54 | 17 51 | 17 47 | 17 43 | 17 38 | 17 34 | 17 29 | 17 24 | 17 18 | 17 12 | 17 05 | 16 57 | 16 49 | 16 39 |
| 11 | 17 58 | 17 54 | 17 51 | 17 47 | 17 43 | 17 38 | 17 34 | 17 29 | 17 23 | 17 17 | 17 11 | 17 04 | 16 56 | 16 46 |
| 15 | 18 02 | 17 58 | 17 55 | 17 51 | 17 47 | 17 43 | 17 39 | 17 34 | 17 29 | 17 24 | 17 18 | 17 11 | 17 03 | 16 55 |
| 19 | 18 06 | 18 03 | 17 59 | 17 56 | 17 52 | 17 48 | 17 44 | 17 40 | 17 35 | 17 30 | 17 25 | 17 19 | 17 12 | 17 04 |
| 23 | 18 10 | 18 07 | 18 04 | 18 01 | 17 57 | 17 54 | 17 50 | 17 46 | 17 42 | 17 37 | 17 32 | 17 27 | 17 21 | 17 14 |
| 27 | 18 14 | 18 11 | 18 09 | 18 06 | 18 03 | 18 00 | 17 56 | 17 53 | 17 49 | 17 45 | 17 40 | 17 36 | 17 30 | 17 24 |
| 31 | 18 18 | 18 16 | 18 14 | 18 11 | 18 08 | 18 06 | 18 03 | 18 00 | 17 56 | 17 53 | 17 49 | 17 45 | 17 40 | 17 35 |
| Feb. 4 | 18 23 | 18 21 | 18 18 | 18 16 | 18 14 | 18 12 | 18 09 | 18 06 | 18 04 | 18 01 | 17 58 | 17 54 | 17 50 | 17 46 |
| 8 | 18 27 | 18 25 | 18 23 | 18 22 | 18 20 | 18 18 | 18 16 | 18 14 | 18 11 | 18 09 | 18 06 | 18 04 | 18 01 | 17 57 |
| 12 | 18 31 | 18 30 | 18 28 | 18 27 | 18 25 | 18 24 | 18 22 | 18 21 | 18 19 | 18 17 | 18 16 | 18 14 | 18 12 | 18 09 |
| 16 | 18 36 | 18 35 | 18 34 | 18 32 | 18 31 | 18 30 | 18 29 | 18 28 | 18 27 | 18 26 | 18 25 | 18 24 | 18 23 | 18 21 |
| 20 | 18 40 | 18 39 | 18 39 | 18 38 | 18 37 | 18 37 | 18 36 | 18 35 | 18 35 | 18 35 | 18 34 | 18 34 | 18 34 | 18 34 |
| 24 | 18 44 | 18 44 | 18 44 | 18 43 | 18 43 | 18 43 | 18 43 | 18 43 | 18 43 | 18 43 | 18 44 | 18 44 | 18 45 | 18 46 |
| 28 | 18 49 | 18 49 | 18 49 | 18 49 | 18 49 | 18 49 | 18 50 | 18 50 | 18 51 | 18 52 | 18 53 | 18 55 | 18 57 | 18 59 |
| Mar. 3 | 18 53 | 18 53 | 18 54 | 18 54 | 18 55 | 18 56 | 18 57 | 18 58 | 19 00 | 19 01 | 19 03 | 19 06 | 19 09 | 19 12 |
| 7 | 18 57 | 18 58 | 18 59 | 19 00 | 19 01 | 19 02 | 19 04 | 19 06 | 19 08 | 19 10 | 19 13 | 19 17 | 19 21 | 19 26 |
| 11 | 19 01 | 19 03 | 19 04 | 19 05 | 19 07 | 19 09 | 19 11 | 19 14 | 19 16 | 19 20 | 19 24 | 19 28 | 19 33 | 19 40 |
| 15 | 19 06 | 19 07 | 19 09 | 19 11 | 19 13 | 19 16 | 19 18 | 19 21 | 19 25 | 19 29 | 19 34 | 19 40 | 19 46 | 19 54 |
| 19 | 19 10 | 19 12 | 19 14 | 19 17 | 19 19 | 19 22 | 19 26 | 19 30 | 19 34 | 19 39 | 19 45 | 19 51 | 19 59 | 20 09 |
| 23 | 19 14 | 19 17 | 19 19 | 19 22 | 19 25 | 19 29 | 19 33 | 19 38 | 19 43 | 19 49 | 19 56 | 20 04 | 20 13 | 20 25 |
| 27 | 19 19 | 19 22 | 19 25 | 19 28 | 19 32 | 19 36 | 19 41 | 19 46 | 19 52 | 19 59 | 20 07 | 20 17 | 20 28 | 20 41 |
| 31 | 19 23 | 19 26 | 19 30 | 19 34 | 19 38 | 19 43 | 19 49 | 19 55 | 20 02 | 20 10 | 20 20 | 20 30 | 20 43 | 20 59 |
| Apr. 4 | 19 28 | 19 31 | 19 35 | 19 40 | 19 45 | 19 50 | 19 57 | 20 03 | 20 11 | 20 21 | 20 31 | 20 44 | 20 59 | 21 19 |

# NAUTICAL TWILIGHT, 2016

## UNIVERSAL TIME FOR MERIDIAN OF GREENWICH
### BEGINNING OF MORNING NAUTICAL TWILIGHT

| Lat. | −55° | −50° | −45° | −40° | −35° | −30° | −20° | −10° | 0° | +10° | +20° | +30° | +35° | +40° |
|---|---|---|---|---|---|---|---|---|---|---|---|---|---|---|
| | h m | h m | h m | h m | h m | h m | h m | h m | h m | h m | h m | h m | h m | h m |
| Mar. 31 | 5 05 | 5 10 | 5 13 | 5 16 | 5 18 | 5 19 | 5 19 | 5 18 | 5 16 | 5 12 | 5 06 | 4 58 | 4 53 | 4 46 |
| Apr. 4 | 5 13 | 5 16 | 5 18 | 5 20 | 5 21 | 5 21 | 5 20 | 5 18 | 5 15 | 5 10 | 5 03 | 4 53 | 4 47 | 4 39 |
| 8 | 5 20 | 5 22 | 5 23 | 5 24 | 5 24 | 5 23 | 5 21 | 5 18 | 5 13 | 5 07 | 4 59 | 4 48 | 4 41 | 4 32 |
| 12 | 5 27 | 5 28 | 5 28 | 5 28 | 5 27 | 5 26 | 5 22 | 5 18 | 5 12 | 5 05 | 4 56 | 4 43 | 4 35 | 4 25 |
| 16 | 5 35 | 5 34 | 5 33 | 5 31 | 5 30 | 5 28 | 5 23 | 5 18 | 5 11 | 5 03 | 4 52 | 4 38 | 4 29 | 4 18 |
| 20 | 5 42 | 5 40 | 5 37 | 5 35 | 5 33 | 5 30 | 5 24 | 5 18 | 5 10 | 5 01 | 4 49 | 4 33 | 4 24 | 4 12 |
| 24 | 5 48 | 5 45 | 5 42 | 5 39 | 5 35 | 5 32 | 5 25 | 5 18 | 5 09 | 4 58 | 4 46 | 4 29 | 4 18 | 4 05 |
| 28 | 5 55 | 5 51 | 5 46 | 5 42 | 5 38 | 5 34 | 5 26 | 5 18 | 5 08 | 4 57 | 4 43 | 4 24 | 4 13 | 3 59 |
| May 2 | 6 02 | 5 56 | 5 51 | 5 46 | 5 41 | 5 37 | 5 27 | 5 18 | 5 07 | 4 55 | 4 40 | 4 20 | 4 08 | 3 53 |
| 6 | 6 08 | 6 01 | 5 55 | 5 49 | 5 44 | 5 39 | 5 29 | 5 18 | 5 06 | 4 53 | 4 37 | 4 16 | 4 03 | 3 47 |
| 10 | 6 14 | 6 06 | 5 59 | 5 53 | 5 47 | 5 41 | 5 30 | 5 18 | 5 06 | 4 52 | 4 35 | 4 13 | 3 59 | 3 42 |
| 14 | 6 20 | 6 11 | 6 03 | 5 56 | 5 49 | 5 43 | 5 31 | 5 19 | 5 06 | 4 51 | 4 33 | 4 10 | 3 55 | 3 37 |
| 18 | 6 25 | 6 15 | 6 07 | 5 59 | 5 52 | 5 45 | 5 32 | 5 19 | 5 05 | 4 50 | 4 31 | 4 07 | 3 51 | 3 33 |
| 22 | 6 30 | 6 20 | 6 10 | 6 02 | 5 54 | 5 47 | 5 34 | 5 20 | 5 05 | 4 49 | 4 29 | 4 04 | 3 48 | 3 28 |
| 26 | 6 35 | 6 24 | 6 14 | 6 05 | 5 57 | 5 49 | 5 35 | 5 21 | 5 06 | 4 48 | 4 28 | 4 02 | 3 45 | 3 25 |
| 30 | 6 39 | 6 27 | 6 17 | 6 08 | 5 59 | 5 51 | 5 36 | 5 21 | 5 06 | 4 48 | 4 27 | 4 00 | 3 43 | 3 22 |
| June 3 | 6 43 | 6 31 | 6 20 | 6 10 | 6 01 | 5 53 | 5 38 | 5 22 | 5 06 | 4 48 | 4 27 | 3 59 | 3 41 | 3 19 |
| 7 | 6 47 | 6 33 | 6 22 | 6 12 | 6 03 | 5 55 | 5 39 | 5 23 | 5 07 | 4 48 | 4 26 | 3 58 | 3 40 | 3 18 |
| 11 | 6 49 | 6 36 | 6 24 | 6 14 | 6 05 | 5 56 | 5 40 | 5 24 | 5 07 | 4 49 | 4 26 | 3 58 | 3 39 | 3 17 |
| 15 | 6 52 | 6 38 | 6 26 | 6 16 | 6 06 | 5 58 | 5 41 | 5 25 | 5 08 | 4 49 | 4 27 | 3 58 | 3 39 | 3 16 |
| 19 | 6 53 | 6 39 | 6 27 | 6 17 | 6 08 | 5 59 | 5 42 | 5 26 | 5 09 | 4 50 | 4 27 | 3 58 | 3 40 | 3 16 |
| 23 | 6 54 | 6 40 | 6 28 | 6 18 | 6 08 | 6 00 | 5 43 | 5 27 | 5 10 | 4 51 | 4 28 | 3 59 | 3 40 | 3 17 |
| 27 | 6 54 | 6 40 | 6 28 | 6 18 | 6 09 | 6 00 | 5 44 | 5 28 | 5 11 | 4 52 | 4 29 | 4 00 | 3 42 | 3 19 |
| July 1 | 6 53 | 6 40 | 6 28 | 6 18 | 6 09 | 6 00 | 5 44 | 5 28 | 5 12 | 4 53 | 4 31 | 4 02 | 3 44 | 3 21 |
| 5 | 6 52 | 6 39 | 6 28 | 6 18 | 6 09 | 6 00 | 5 45 | 5 29 | 5 12 | 4 54 | 4 32 | 4 04 | 3 46 | 3 24 |

### END OF EVENING NAUTICAL TWILIGHT

| Lat. | −55° | −50° | −45° | −40° | −35° | −30° | −20° | −10° | 0° | +10° | +20° | +30° | +35° | +40° |
|---|---|---|---|---|---|---|---|---|---|---|---|---|---|---|
| | h m | h m | h m | h m | h m | h m | h m | h m | h m | h m | h m | h m | h m | h m |
| Mar. 31 | 19 02 | 18 57 | 18 54 | 18 51 | 18 50 | 18 49 | 18 48 | 18 50 | 18 52 | 18 56 | 19 02 | 19 11 | 19 16 | 19 23 |
| Apr. 4 | 18 52 | 18 49 | 18 46 | 18 45 | 18 44 | 18 44 | 18 45 | 18 47 | 18 51 | 18 56 | 19 03 | 19 13 | 19 20 | 19 28 |
| 8 | 18 42 | 18 40 | 18 39 | 18 39 | 18 39 | 18 40 | 18 42 | 18 45 | 18 50 | 18 56 | 19 05 | 19 16 | 19 23 | 19 32 |
| 12 | 18 33 | 18 32 | 18 32 | 18 33 | 18 34 | 18 35 | 18 39 | 18 43 | 18 49 | 18 57 | 19 06 | 19 19 | 19 27 | 19 37 |
| 16 | 18 24 | 18 25 | 18 26 | 18 27 | 18 29 | 18 31 | 18 36 | 18 42 | 18 48 | 18 57 | 19 08 | 19 22 | 19 31 | 19 42 |
| 20 | 18 15 | 18 17 | 18 20 | 18 22 | 18 25 | 18 27 | 18 33 | 18 40 | 18 48 | 18 57 | 19 09 | 19 25 | 19 35 | 19 47 |
| 24 | 18 07 | 18 10 | 18 14 | 18 17 | 18 20 | 18 24 | 18 31 | 18 38 | 18 47 | 18 58 | 19 11 | 19 28 | 19 39 | 19 52 |
| 28 | 17 59 | 18 04 | 18 08 | 18 12 | 18 16 | 18 20 | 18 28 | 18 37 | 18 47 | 18 58 | 19 13 | 19 31 | 19 43 | 19 57 |
| May 2 | 17 51 | 17 57 | 18 03 | 18 08 | 18 12 | 18 17 | 18 26 | 18 36 | 18 47 | 18 59 | 19 14 | 19 34 | 19 46 | 20 02 |
| 6 | 17 45 | 17 52 | 17 58 | 18 03 | 18 09 | 18 14 | 18 24 | 18 35 | 18 47 | 19 00 | 19 16 | 19 37 | 19 50 | 20 07 |
| 10 | 17 38 | 17 46 | 17 53 | 18 00 | 18 06 | 18 12 | 18 23 | 18 34 | 18 47 | 19 01 | 19 18 | 19 40 | 19 54 | 20 12 |
| 14 | 17 32 | 17 41 | 17 49 | 17 56 | 18 03 | 18 09 | 18 21 | 18 34 | 18 47 | 19 02 | 19 20 | 19 44 | 19 58 | 20 16 |
| 18 | 17 27 | 17 37 | 17 46 | 17 53 | 18 01 | 18 07 | 18 20 | 18 34 | 18 48 | 19 03 | 19 22 | 19 47 | 20 02 | 20 21 |
| 22 | 17 23 | 17 33 | 17 43 | 17 51 | 17 59 | 18 06 | 18 20 | 18 33 | 18 48 | 19 05 | 19 24 | 19 50 | 20 06 | 20 26 |
| 26 | 17 19 | 17 30 | 17 40 | 17 49 | 17 57 | 18 05 | 18 19 | 18 33 | 18 49 | 19 06 | 19 26 | 19 53 | 20 09 | 20 30 |
| 30 | 17 15 | 17 28 | 17 38 | 17 47 | 17 56 | 18 04 | 18 19 | 18 34 | 18 49 | 19 07 | 19 28 | 19 55 | 20 13 | 20 34 |
| June 3 | 17 13 | 17 26 | 17 37 | 17 46 | 17 55 | 18 03 | 18 19 | 18 34 | 18 50 | 19 08 | 19 30 | 19 58 | 20 16 | 20 37 |
| 7 | 17 11 | 17 24 | 17 36 | 17 45 | 17 55 | 18 03 | 18 19 | 18 35 | 18 51 | 19 10 | 19 32 | 20 00 | 20 18 | 20 41 |
| 11 | 17 10 | 17 24 | 17 35 | 17 45 | 17 54 | 18 03 | 18 19 | 18 35 | 18 52 | 19 11 | 19 33 | 20 02 | 20 20 | 20 43 |
| 15 | 17 09 | 17 23 | 17 35 | 17 45 | 17 55 | 18 03 | 18 20 | 18 36 | 18 53 | 19 12 | 19 34 | 20 03 | 20 22 | 20 45 |
| 19 | 17 10 | 17 24 | 17 36 | 17 46 | 17 55 | 18 04 | 18 21 | 18 37 | 18 54 | 19 13 | 19 36 | 20 05 | 20 23 | 20 47 |
| 23 | 17 11 | 17 25 | 17 37 | 17 47 | 17 56 | 18 05 | 18 22 | 18 38 | 18 55 | 19 14 | 19 36 | 20 05 | 20 24 | 20 47 |
| 27 | 17 12 | 17 26 | 17 38 | 17 48 | 17 57 | 18 06 | 18 23 | 18 39 | 18 56 | 19 14 | 19 37 | 20 06 | 20 24 | 20 47 |
| July 1 | 17 15 | 17 28 | 17 40 | 17 50 | 17 59 | 18 08 | 18 24 | 18 40 | 18 56 | 19 15 | 19 37 | 20 06 | 20 24 | 20 47 |
| 5 | 17 18 | 17 31 | 17 42 | 17 52 | 18 01 | 18 09 | 18 25 | 18 40 | 18 57 | 19 15 | 19 37 | 20 05 | 20 23 | 20 45 |

## UNIVERSAL TIME FOR MERIDIAN OF GREENWICH
### BEGINNING OF MORNING NAUTICAL TWILIGHT

| Lat. | +40° | +42° | +44° | +46° | +48° | +50° | +52° | +54° | +56° | +58° | +60° | +62° | +64° | +66° |
|---|---|---|---|---|---|---|---|---|---|---|---|---|---|---|
| | h m | h m | h m | h m | h m | h m | h m | h m | h m | h m | h m | h m | h m | h m |
| Mar. 31 | 4 46 | 4 43 | 4 39 | 4 35 | 4 31 | 4 26 | 4 21 | 4 15 | 4 08 | 4 00 | 3 51 | 3 41 | 3 28 | 3 12 |
| Apr. 4 | 4 39 | 4 35 | 4 31 | 4 27 | 4 22 | 4 17 | 4 11 | 4 04 | 3 56 | 3 47 | 3 37 | 3 25 | 3 10 | 2 51 |
| 8 | 4 32 | 4 28 | 4 23 | 4 19 | 4 13 | 4 07 | 4 00 | 3 53 | 3 44 | 3 34 | 3 22 | 3 08 | 2 50 | 2 28 |
| 12 | 4 25 | 4 21 | 4 16 | 4 10 | 4 04 | 3 58 | 3 50 | 3 41 | 3 32 | 3 20 | 3 07 | 2 50 | 2 29 | 2 01 |
| 16 | 4 18 | 4 13 | 4 08 | 4 02 | 3 55 | 3 48 | 3 39 | 3 30 | 3 19 | 3 06 | 2 50 | 2 31 | 2 06 | 1 30 |
| 20 | 4 12 | 4 06 | 4 00 | 3 54 | 3 46 | 3 38 | 3 29 | 3 18 | 3 06 | 2 51 | 2 34 | 2 11 | 1 39 | 0 41 |
| 24 | 4 05 | 3 59 | 3 53 | 3 46 | 3 38 | 3 29 | 3 18 | 3 07 | 2 53 | 2 36 | 2 16 | 1 48 | 1 05 | // // |
| 28 | 3 59 | 3 53 | 3 46 | 3 38 | 3 29 | 3 19 | 3 08 | 2 55 | 2 40 | 2 21 | 1 56 | 1 21 | // // | // // |
| May 2 | 3 53 | 3 46 | 3 39 | 3 30 | 3 21 | 3 10 | 2 58 | 2 43 | 2 26 | 2 04 | 1 35 | 0 44 | // // | // // |
| 6 | 3 47 | 3 40 | 3 32 | 3 23 | 3 13 | 3 01 | 2 47 | 2 32 | 2 12 | 1 47 | 1 09 | // // | // // | // // |
| 10 | 3 42 | 3 34 | 3 26 | 3 16 | 3 05 | 2 52 | 2 37 | 2 20 | 1 58 | 1 27 | 0 31 | // // | // // | // // |
| 14 | 3 37 | 3 29 | 3 19 | 3 09 | 2 57 | 2 44 | 2 28 | 2 08 | 1 43 | 1 05 | // // | // // | // // | // // |
| 18 | 3 33 | 3 24 | 3 14 | 3 03 | 2 50 | 2 36 | 2 18 | 1 56 | 1 27 | 0 34 | // // | // // | // // | // // |
| 22 | 3 28 | 3 19 | 3 09 | 2 57 | 2 44 | 2 28 | 2 09 | 1 45 | 1 10 | // // | // // | // // | // // | // // |
| 26 | 3 25 | 3 15 | 3 04 | 2 52 | 2 38 | 2 21 | 2 01 | 1 34 | 0 51 | // // | // // | // // | // // | // // |
| 30 | 3 22 | 3 12 | 3 01 | 2 48 | 2 33 | 2 15 | 1 53 | 1 23 | 0 24 | // // | // // | // // | // // | // // |
| June 3 | 3 19 | 3 09 | 2 57 | 2 44 | 2 28 | 2 10 | 1 46 | 1 12 | // // | // // | // // | // // | // // | // // |
| 7 | 3 18 | 3 07 | 2 55 | 2 41 | 2 25 | 2 05 | 1 40 | 1 03 | // // | // // | // // | // // | // // | // // |
| 11 | 3 17 | 3 06 | 2 53 | 2 39 | 2 23 | 2 02 | 1 36 | 0 54 | // // | // // | // // | // // | // // | // // |
| 15 | 3 16 | 3 05 | 2 53 | 2 38 | 2 21 | 2 01 | 1 33 | 0 48 | // // | // // | // // | // // | // // | ☐ |
| 19 | 3 16 | 3 05 | 2 53 | 2 38 | 2 21 | 2 00 | 1 32 | 0 45 | // // | // // | // // | // // | // // | ☐ |
| 23 | 3 17 | 3 06 | 2 54 | 2 39 | 2 22 | 2 01 | 1 33 | 0 46 | // // | // // | // // | // // | // // | ☐ |
| 27 | 3 19 | 3 08 | 2 55 | 2 41 | 2 24 | 2 03 | 1 36 | 0 51 | // // | // // | // // | // // | // // | ☐ |
| July 1 | 3 21 | 3 10 | 2 58 | 2 44 | 2 27 | 2 07 | 1 40 | 0 59 | // // | // // | // // | // // | // // | // // |
| 5 | 3 24 | 3 13 | 3 01 | 2 47 | 2 31 | 2 12 | 1 46 | 1 09 | // // | // // | // // | // // | // // | // // |

### END OF EVENING NAUTICAL TWILIGHT

| Lat. | +40° | +42° | +44° | +46° | +48° | +50° | +52° | +54° | +56° | +58° | +60° | +62° | +64° | +66° |
|---|---|---|---|---|---|---|---|---|---|---|---|---|---|---|
| | h m | h m | h m | h m | h m | h m | h m | h m | h m | h m | h m | h m | h m | h m |
| Mar. 31 | 19 23 | 19 26 | 19 30 | 19 34 | 19 38 | 19 43 | 19 49 | 19 55 | 20 02 | 20 10 | 20 19 | 20 30 | 20 43 | 20 59 |
| Apr. 4 | 19 28 | 19 31 | 19 35 | 19 40 | 19 45 | 19 50 | 19 57 | 20 03 | 20 11 | 20 21 | 20 31 | 20 44 | 20 59 | 21 19 |
| 8 | 19 32 | 19 37 | 19 41 | 19 46 | 19 52 | 19 58 | 20 05 | 20 12 | 20 21 | 20 32 | 20 44 | 20 59 | 21 17 | 21 40 |
| 12 | 19 37 | 19 42 | 19 47 | 19 52 | 19 58 | 20 05 | 20 13 | 20 22 | 20 32 | 20 44 | 20 58 | 21 15 | 21 36 | 22 06 |
| 16 | 19 42 | 19 47 | 19 52 | 19 59 | 20 05 | 20 13 | 20 22 | 20 31 | 20 43 | 20 56 | 21 12 | 21 32 | 21 58 | 22 38 |
| 20 | 19 47 | 19 52 | 19 58 | 20 05 | 20 13 | 20 21 | 20 30 | 20 41 | 20 54 | 21 09 | 21 27 | 21 51 | 22 25 | 23 41 |
| 24 | 19 52 | 19 58 | 20 04 | 20 12 | 20 20 | 20 29 | 20 39 | 20 51 | 21 06 | 21 23 | 21 44 | 22 13 | 23 02 | // // |
| 28 | 19 57 | 20 03 | 20 10 | 20 18 | 20 27 | 20 37 | 20 49 | 21 02 | 21 18 | 21 37 | 22 03 | 22 40 | // // | // // |
| May 2 | 20 02 | 20 09 | 20 16 | 20 25 | 20 35 | 20 45 | 20 58 | 21 13 | 21 31 | 21 53 | 22 24 | 23 24 | // // | // // |
| 6 | 20 07 | 20 14 | 20 22 | 20 32 | 20 42 | 20 54 | 21 08 | 21 24 | 21 44 | 22 10 | 22 51 | // // | // // | // // |
| 10 | 20 12 | 20 20 | 20 28 | 20 38 | 20 49 | 21 02 | 21 17 | 21 35 | 21 58 | 22 30 | 23 40 | // // | // // | // // |
| 14 | 20 16 | 20 25 | 20 34 | 20 45 | 20 57 | 21 11 | 21 27 | 21 47 | 22 13 | 22 54 | // // | // // | // // | // // |
| 18 | 20 21 | 20 30 | 20 40 | 20 51 | 21 04 | 21 19 | 21 37 | 21 59 | 22 29 | 23 30 | // // | // // | // // | // // |
| 22 | 20 26 | 20 35 | 20 45 | 20 57 | 21 11 | 21 27 | 21 46 | 22 11 | 22 47 | // // | // // | // // | // // | // // |
| 26 | 20 30 | 20 40 | 20 51 | 21 03 | 21 17 | 21 34 | 21 55 | 22 23 | 23 09 | // // | // // | // // | // // | // // |
| 30 | 20 34 | 20 44 | 20 55 | 21 08 | 21 23 | 21 41 | 22 04 | 22 35 | 23 43 | // // | // // | // // | // // | // // |
| June 3 | 20 37 | 20 48 | 21 00 | 21 13 | 21 29 | 21 48 | 22 12 | 22 47 | // // | // // | // // | // // | // // | // // |
| 7 | 20 41 | 20 51 | 21 03 | 21 17 | 21 34 | 21 53 | 22 19 | 22 57 | // // | // // | // // | // // | // // | // // |
| 11 | 20 43 | 20 54 | 21 06 | 21 21 | 21 37 | 21 58 | 22 24 | 23 07 | // // | // // | // // | // // | // // | // // |
| 15 | 20 45 | 20 56 | 21 09 | 21 23 | 21 40 | 22 01 | 22 29 | 23 14 | // // | // // | // // | // // | // // | ☐ |
| 19 | 20 47 | 20 58 | 21 10 | 21 25 | 21 42 | 22 03 | 22 31 | 23 18 | // // | // // | // // | // // | // // | ☐ |
| 23 | 20 47 | 20 58 | 21 11 | 21 25 | 21 42 | 22 03 | 22 31 | 23 18 | // // | // // | // // | // // | // // | ☐ |
| 27 | 20 47 | 20 58 | 21 11 | 21 25 | 21 42 | 22 03 | 22 30 | 23 14 | // // | // // | // // | // // | // // | ☐ |
| July 1 | 20 47 | 20 57 | 21 10 | 21 24 | 21 40 | 22 00 | 22 26 | 23 07 | // // | // // | // // | // // | // // | // // |
| 5 | 20 45 | 20 56 | 21 08 | 21 22 | 21 37 | 21 57 | 22 22 | 22 58 | // // | // // | // // | // // | // // | // // |

☐ indicates Sun continuously above horizon.
// // indicates continuous twilight.

# NAUTICAL TWILIGHT, 2016

## UNIVERSAL TIME FOR MERIDIAN OF GREENWICH
### BEGINNING OF MORNING NAUTICAL TWILIGHT

| Lat. | −55° | −50° | −45° | −40° | −35° | −30° | −20° | −10° | 0° | +10° | +20° | +30° | +35° | +40° |
|---|---|---|---|---|---|---|---|---|---|---|---|---|---|---|
| | h m | h m | h m | h m | h m | h m | h m | h m | h m | h m | h m | h m | h m | h m |
| July 1 | 6 53 | 6 40 | 6 28 | 6 18 | 6 09 | 6 00 | 5 44 | 5 28 | 5 12 | 4 53 | 4 31 | 4 02 | 3 44 | 3 21 |
| 5 | 6 52 | 6 39 | 6 28 | 6 18 | 6 09 | 6 00 | 5 45 | 5 29 | 5 12 | 4 54 | 4 32 | 4 04 | 3 46 | 3 24 |
| 9 | 6 50 | 6 37 | 6 26 | 6 17 | 6 08 | 6 00 | 5 45 | 5 29 | 5 13 | 4 55 | 4 34 | 4 06 | 3 49 | 3 27 |
| 13 | 6 47 | 6 35 | 6 25 | 6 16 | 6 07 | 5 59 | 5 44 | 5 30 | 5 14 | 4 56 | 4 36 | 4 09 | 3 52 | 3 30 |
| 17 | 6 44 | 6 32 | 6 22 | 6 14 | 6 06 | 5 58 | 5 44 | 5 30 | 5 15 | 4 58 | 4 37 | 4 11 | 3 55 | 3 34 |
| 21 | 6 39 | 6 29 | 6 20 | 6 11 | 6 04 | 5 57 | 5 43 | 5 30 | 5 15 | 4 59 | 4 39 | 4 14 | 3 58 | 3 38 |
| 25 | 6 35 | 6 25 | 6 16 | 6 09 | 6 02 | 5 55 | 5 42 | 5 29 | 5 16 | 5 00 | 4 41 | 4 17 | 4 02 | 3 43 |
| 29 | 6 29 | 6 20 | 6 13 | 6 06 | 5 59 | 5 53 | 5 41 | 5 29 | 5 16 | 5 01 | 4 43 | 4 20 | 4 05 | 3 48 |
| Aug. 2 | 6 23 | 6 15 | 6 08 | 6 02 | 5 56 | 5 51 | 5 39 | 5 28 | 5 16 | 5 02 | 4 45 | 4 23 | 4 09 | 3 52 |
| 6 | 6 17 | 6 10 | 6 04 | 5 58 | 5 53 | 5 48 | 5 38 | 5 27 | 5 16 | 5 03 | 4 47 | 4 26 | 4 13 | 3 57 |
| 10 | 6 09 | 6 04 | 5 59 | 5 54 | 5 49 | 5 45 | 5 36 | 5 26 | 5 15 | 5 03 | 4 48 | 4 29 | 4 17 | 4 02 |
| 14 | 6 02 | 5 57 | 5 53 | 5 49 | 5 45 | 5 41 | 5 33 | 5 25 | 5 15 | 5 04 | 4 50 | 4 32 | 4 20 | 4 07 |
| 18 | 5 54 | 5 50 | 5 47 | 5 44 | 5 41 | 5 38 | 5 31 | 5 23 | 5 15 | 5 04 | 4 51 | 4 35 | 4 24 | 4 11 |
| 22 | 5 45 | 5 43 | 5 41 | 5 39 | 5 36 | 5 34 | 5 28 | 5 22 | 5 14 | 5 04 | 4 53 | 4 37 | 4 28 | 4 16 |
| 26 | 5 36 | 5 36 | 5 35 | 5 33 | 5 32 | 5 30 | 5 25 | 5 20 | 5 13 | 5 05 | 4 54 | 4 40 | 4 31 | 4 20 |
| 30 | 5 27 | 5 28 | 5 28 | 5 27 | 5 27 | 5 25 | 5 22 | 5 18 | 5 12 | 5 05 | 4 55 | 4 43 | 4 35 | 4 25 |
| Sept. 3 | 5 18 | 5 20 | 5 21 | 5 21 | 5 21 | 5 21 | 5 19 | 5 15 | 5 11 | 5 05 | 4 57 | 4 45 | 4 38 | 4 29 |
| 7 | 5 08 | 5 11 | 5 14 | 5 15 | 5 16 | 5 16 | 5 15 | 5 13 | 5 10 | 5 05 | 4 58 | 4 48 | 4 41 | 4 34 |
| 11 | 4 58 | 5 03 | 5 06 | 5 09 | 5 10 | 5 11 | 5 12 | 5 11 | 5 08 | 5 04 | 4 59 | 4 50 | 4 45 | 4 38 |
| 15 | 4 47 | 4 54 | 4 59 | 5 02 | 5 05 | 5 06 | 5 08 | 5 08 | 5 07 | 5 04 | 5 00 | 4 53 | 4 48 | 4 42 |
| 19 | 4 37 | 4 45 | 4 51 | 4 55 | 4 59 | 5 01 | 5 05 | 5 06 | 5 06 | 5 04 | 5 01 | 4 55 | 4 51 | 4 46 |
| 23 | 4 26 | 4 36 | 4 43 | 4 48 | 4 53 | 4 56 | 5 01 | 5 03 | 5 04 | 5 04 | 5 02 | 4 57 | 4 54 | 4 50 |
| 27 | 4 15 | 4 26 | 4 35 | 4 42 | 4 47 | 4 51 | 4 57 | 5 01 | 5 03 | 5 03 | 5 02 | 5 00 | 4 57 | 4 54 |
| Oct. 1 | 4 04 | 4 17 | 4 27 | 4 35 | 4 41 | 4 46 | 4 53 | 4 58 | 5 02 | 5 03 | 5 03 | 5 02 | 5 00 | 4 58 |
| 5 | 3 52 | 4 07 | 4 19 | 4 28 | 4 35 | 4 41 | 4 50 | 4 56 | 5 00 | 5 03 | 5 04 | 5 04 | 5 03 | 5 02 |

### END OF EVENING NAUTICAL TWILIGHT

| Lat. | −55° | −50° | −45° | −40° | −35° | −30° | −20° | −10° | 0° | +10° | +20° | +30° | +35° | +40° |
|---|---|---|---|---|---|---|---|---|---|---|---|---|---|---|
| | h m | h m | h m | h m | h m | h m | h m | h m | h m | h m | h m | h m | h m | h m |
| July 1 | 17 15 | 17 28 | 17 40 | 17 50 | 17 59 | 18 08 | 18 24 | 18 40 | 18 56 | 19 15 | 19 37 | 20 06 | 20 24 | 20 47 |
| 5 | 17 18 | 17 31 | 17 42 | 17 52 | 18 01 | 18 09 | 18 25 | 18 40 | 18 57 | 19 15 | 19 37 | 20 05 | 20 23 | 20 45 |
| 9 | 17 21 | 17 34 | 17 44 | 17 54 | 18 03 | 18 11 | 18 26 | 18 41 | 18 57 | 19 15 | 19 37 | 20 04 | 20 22 | 20 43 |
| 13 | 17 25 | 17 37 | 17 47 | 17 56 | 18 05 | 18 12 | 18 27 | 18 42 | 18 58 | 19 15 | 19 36 | 20 03 | 20 20 | 20 41 |
| 17 | 17 29 | 17 41 | 17 50 | 17 59 | 18 07 | 18 14 | 18 29 | 18 43 | 18 58 | 19 15 | 19 35 | 20 01 | 20 17 | 20 37 |
| 21 | 17 34 | 17 45 | 17 54 | 18 02 | 18 09 | 18 16 | 18 30 | 18 43 | 18 58 | 19 14 | 19 33 | 19 58 | 20 14 | 20 34 |
| 25 | 17 39 | 17 49 | 17 57 | 18 05 | 18 12 | 18 18 | 18 31 | 18 44 | 18 57 | 19 13 | 19 32 | 19 56 | 20 11 | 20 29 |
| 29 | 17 44 | 17 53 | 18 01 | 18 08 | 18 14 | 18 20 | 18 32 | 18 44 | 18 57 | 19 12 | 19 30 | 19 52 | 20 07 | 20 25 |
| Aug. 2 | 17 50 | 17 58 | 18 05 | 18 11 | 18 17 | 18 22 | 18 33 | 18 44 | 18 57 | 19 10 | 19 27 | 19 49 | 20 03 | 20 19 |
| 6 | 17 56 | 18 03 | 18 08 | 18 14 | 18 19 | 18 24 | 18 34 | 18 45 | 18 56 | 19 09 | 19 25 | 19 45 | 19 58 | 20 14 |
| 10 | 18 02 | 18 08 | 18 13 | 18 17 | 18 22 | 18 26 | 18 35 | 18 45 | 18 55 | 19 07 | 19 22 | 19 41 | 19 53 | 20 08 |
| 14 | 18 08 | 18 13 | 18 17 | 18 21 | 18 24 | 18 28 | 18 36 | 18 44 | 18 54 | 19 05 | 19 19 | 19 37 | 19 48 | 20 02 |
| 18 | 18 15 | 18 18 | 18 21 | 18 24 | 18 27 | 18 30 | 18 37 | 18 44 | 18 53 | 19 03 | 19 16 | 19 32 | 19 43 | 19 55 |
| 22 | 18 21 | 18 23 | 18 25 | 18 27 | 18 30 | 18 32 | 18 38 | 18 44 | 18 52 | 19 01 | 19 12 | 19 27 | 19 37 | 19 49 |
| 26 | 18 28 | 18 28 | 18 29 | 18 31 | 18 32 | 18 34 | 18 38 | 18 44 | 18 50 | 18 58 | 19 09 | 19 23 | 19 31 | 19 42 |
| 30 | 18 35 | 18 34 | 18 34 | 18 34 | 18 35 | 18 36 | 18 39 | 18 43 | 18 49 | 18 56 | 19 05 | 19 18 | 19 26 | 19 35 |
| Sept. 3 | 18 42 | 18 40 | 18 38 | 18 38 | 18 38 | 18 38 | 18 40 | 18 43 | 18 47 | 18 53 | 19 01 | 19 12 | 19 20 | 19 28 |
| 7 | 18 49 | 18 45 | 18 43 | 18 41 | 18 40 | 18 40 | 18 41 | 18 43 | 18 46 | 18 51 | 18 58 | 19 07 | 19 14 | 19 21 |
| 11 | 18 56 | 18 51 | 18 48 | 18 45 | 18 43 | 18 42 | 18 41 | 18 42 | 18 44 | 18 48 | 18 54 | 19 02 | 19 08 | 19 14 |
| 15 | 19 04 | 18 57 | 18 52 | 18 49 | 18 46 | 18 44 | 18 42 | 18 42 | 18 43 | 18 46 | 18 50 | 18 57 | 19 01 | 19 07 |
| 19 | 19 12 | 19 04 | 18 57 | 18 53 | 18 49 | 18 46 | 18 43 | 18 41 | 18 42 | 18 43 | 18 46 | 18 52 | 18 55 | 19 00 |
| 23 | 19 20 | 19 10 | 19 02 | 18 57 | 18 52 | 18 49 | 18 44 | 18 41 | 18 40 | 18 41 | 18 43 | 18 47 | 18 50 | 18 53 |
| 27 | 19 28 | 19 17 | 19 08 | 19 01 | 18 55 | 18 51 | 18 45 | 18 41 | 18 39 | 18 38 | 18 39 | 18 42 | 18 44 | 18 47 |
| Oct. 1 | 19 37 | 19 23 | 19 13 | 19 05 | 18 59 | 18 54 | 18 46 | 18 41 | 18 38 | 18 36 | 18 35 | 18 37 | 18 38 | 18 40 |
| 5 | 19 46 | 19 30 | 19 19 | 19 10 | 19 02 | 18 56 | 18 47 | 18 41 | 18 36 | 18 33 | 18 32 | 18 32 | 18 33 | 18 34 |

## UNIVERSAL TIME FOR MERIDIAN OF GREENWICH
### BEGINNING OF MORNING NAUTICAL TWILIGHT

| Lat. | +40° | +42° | +44° | +46° | +48° | +50° | +52° | +54° | +56° | +58° | +60° | +62° | +64° | +66° |
|---|---|---|---|---|---|---|---|---|---|---|---|---|---|---|
| | h m | h m | h m | h m | h m | h m | h m | h m | h m | h m | h m | h m | h m | h m |
| July 1 | 3 21 | 3 10 | 2 58 | 2 44 | 2 27 | 2 07 | 1 40 | 0 59 | // // | // // | // // | // // | // // | // // |
| 5 | 3 24 | 3 13 | 3 01 | 2 47 | 2 31 | 2 12 | 1 46 | 1 09 | // // | // // | // // | // // | // // | // // |
| 9 | 3 27 | 3 16 | 3 05 | 2 51 | 2 36 | 2 17 | 1 54 | 1 20 | // // | // // | // // | // // | // // | // // |
| 13 | 3 30 | 3 20 | 3 09 | 2 56 | 2 41 | 2 24 | 2 02 | 1 31 | 0 33 | // // | // // | // // | // // | // // |
| 17 | 3 34 | 3 25 | 3 14 | 3 02 | 2 47 | 2 31 | 2 10 | 1 43 | 1 00 | // // | // // | // // | // // | // // |
| 21 | 3 38 | 3 29 | 3 19 | 3 07 | 2 54 | 2 38 | 2 19 | 1 55 | 1 20 | // // | // // | // // | // // | // // |
| 25 | 3 43 | 3 34 | 3 24 | 3 13 | 3 01 | 2 46 | 2 29 | 2 07 | 1 38 | 0 45 | // // | // // | // // | // // |
| 29 | 3 48 | 3 39 | 3 30 | 3 20 | 3 08 | 2 54 | 2 38 | 2 19 | 1 53 | 1 15 | // // | // // | // // | // // |
| Aug. 2 | 3 52 | 3 44 | 3 36 | 3 26 | 3 15 | 3 02 | 2 48 | 2 30 | 2 08 | 1 37 | 0 40 | // // | // // | // // |
| 6 | 3 57 | 3 50 | 3 41 | 3 32 | 3 22 | 3 10 | 2 57 | 2 41 | 2 21 | 1 56 | 1 18 | // // | // // | // // |
| 10 | 4 02 | 3 55 | 3 47 | 3 39 | 3 29 | 3 19 | 3 06 | 2 52 | 2 34 | 2 13 | 1 43 | 0 51 | // // | // // |
| 14 | 4 07 | 4 00 | 3 53 | 3 45 | 3 36 | 3 27 | 3 15 | 3 02 | 2 47 | 2 28 | 2 03 | 1 28 | // // | // // |
| 18 | 4 11 | 4 05 | 3 59 | 3 52 | 3 43 | 3 34 | 3 24 | 3 12 | 2 58 | 2 42 | 2 21 | 1 53 | 1 08 | // // |
| 22 | 4 16 | 4 10 | 4 04 | 3 58 | 3 50 | 3 42 | 3 33 | 3 22 | 3 10 | 2 55 | 2 37 | 2 14 | 1 42 | 0 40 |
| 26 | 4 20 | 4 15 | 4 10 | 4 04 | 3 57 | 3 50 | 3 41 | 3 32 | 3 21 | 3 07 | 2 52 | 2 32 | 2 07 | 1 29 |
| 30 | 4 25 | 4 20 | 4 15 | 4 10 | 4 04 | 3 57 | 3 49 | 3 41 | 3 31 | 3 19 | 3 06 | 2 49 | 2 28 | 1 59 |
| Sept. 3 | 4 29 | 4 25 | 4 21 | 4 16 | 4 10 | 4 04 | 3 57 | 3 50 | 3 41 | 3 31 | 3 19 | 3 04 | 2 46 | 2 24 |
| 7 | 4 34 | 4 30 | 4 26 | 4 22 | 4 17 | 4 11 | 4 05 | 3 58 | 3 51 | 3 42 | 3 31 | 3 19 | 3 03 | 2 44 |
| 11 | 4 38 | 4 35 | 4 31 | 4 27 | 4 23 | 4 18 | 4 13 | 4 07 | 4 00 | 3 52 | 3 43 | 3 32 | 3 19 | 3 03 |
| 15 | 4 42 | 4 39 | 4 36 | 4 33 | 4 29 | 4 25 | 4 20 | 4 15 | 4 09 | 4 02 | 3 54 | 3 45 | 3 34 | 3 20 |
| 19 | 4 46 | 4 44 | 4 41 | 4 38 | 4 35 | 4 31 | 4 27 | 4 23 | 4 18 | 4 12 | 4 05 | 3 57 | 3 48 | 3 36 |
| 23 | 4 50 | 4 48 | 4 46 | 4 44 | 4 41 | 4 38 | 4 35 | 4 31 | 4 26 | 4 21 | 4 16 | 4 09 | 4 01 | 3 52 |
| 27 | 4 54 | 4 53 | 4 51 | 4 49 | 4 47 | 4 44 | 4 42 | 4 38 | 4 35 | 4 31 | 4 26 | 4 20 | 4 14 | 4 06 |
| Oct. 1 | 4 58 | 4 57 | 4 56 | 4 54 | 4 53 | 4 51 | 4 48 | 4 46 | 4 43 | 4 40 | 4 36 | 4 32 | 4 26 | 4 20 |
| 5 | 5 02 | 5 01 | 5 00 | 4 59 | 4 58 | 4 57 | 4 55 | 4 53 | 4 51 | 4 49 | 4 46 | 4 42 | 4 38 | 4 33 |

### END OF EVENING NAUTICAL TWILIGHT

| Lat. | +40° | +42° | +44° | +46° | +48° | +50° | +52° | +54° | +56° | +58° | +60° | +62° | +64° | +66° |
|---|---|---|---|---|---|---|---|---|---|---|---|---|---|---|
| | h m | h m | h m | h m | h m | h m | h m | h m | h m | h m | h m | h m | h m | h m |
| July 1 | 20 47 | 20 57 | 21 10 | 21 24 | 21 40 | 22 00 | 22 26 | 23 07 | // // | // // | // // | // // | // // | // // |
| 5 | 20 45 | 20 56 | 21 08 | 21 22 | 21 37 | 21 57 | 22 22 | 22 58 | // // | // // | // // | // // | // // | // // |
| 9 | 20 43 | 20 54 | 21 05 | 21 18 | 21 34 | 21 52 | 22 16 | 22 48 | // // | // // | // // | // // | // // | // // |
| 13 | 20 41 | 20 51 | 21 02 | 21 14 | 21 29 | 21 47 | 22 08 | 22 38 | 23 31 | // // | // // | // // | // // | // // |
| 17 | 20 37 | 20 47 | 20 58 | 21 10 | 21 24 | 21 40 | 22 00 | 22 27 | 23 07 | // // | // // | // // | // // | // // |
| 21 | 20 34 | 20 43 | 20 53 | 21 04 | 21 18 | 21 33 | 21 52 | 22 15 | 22 49 | // // | // // | // // | // // | // // |
| 25 | 20 29 | 20 38 | 20 48 | 20 59 | 21 11 | 21 25 | 21 42 | 22 04 | 22 32 | 23 20 | // // | // // | // // | // // |
| 29 | 20 25 | 20 33 | 20 42 | 20 52 | 21 04 | 21 17 | 21 33 | 21 52 | 22 17 | 22 52 | // // | // // | // // | // // |
| Aug. 2 | 20 19 | 20 27 | 20 36 | 20 45 | 20 56 | 21 09 | 21 23 | 21 40 | 22 02 | 22 31 | 23 21 | // // | // // | // // |
| 6 | 20 14 | 20 21 | 20 29 | 20 38 | 20 48 | 21 00 | 21 13 | 21 28 | 21 47 | 22 12 | 22 47 | // // | // // | // // |
| 10 | 20 08 | 20 15 | 20 22 | 20 31 | 20 40 | 20 50 | 21 02 | 21 17 | 21 34 | 21 55 | 22 23 | 23 09 | // // | // // |
| 14 | 20 02 | 20 08 | 20 15 | 20 23 | 20 31 | 20 41 | 20 52 | 21 05 | 21 20 | 21 38 | 22 02 | 22 35 | 23 55 | // // |
| 18 | 19 55 | 20 01 | 20 08 | 20 15 | 20 23 | 20 31 | 20 42 | 20 53 | 21 07 | 21 23 | 21 43 | 22 10 | 22 50 | // // |
| 22 | 19 49 | 19 54 | 20 00 | 20 07 | 20 14 | 20 22 | 20 31 | 20 41 | 20 54 | 21 08 | 21 25 | 21 47 | 22 18 | 23 10 |
| 26 | 19 42 | 19 47 | 19 52 | 19 58 | 20 05 | 20 12 | 20 20 | 20 30 | 20 41 | 20 53 | 21 09 | 21 27 | 21 52 | 22 27 |
| 30 | 19 35 | 19 40 | 19 44 | 19 50 | 19 56 | 20 02 | 20 10 | 20 18 | 20 28 | 20 39 | 20 53 | 21 09 | 21 29 | 21 56 |
| Sept. 3 | 19 28 | 19 32 | 19 37 | 19 41 | 19 47 | 19 53 | 19 59 | 20 07 | 20 16 | 20 25 | 20 37 | 20 51 | 21 08 | 21 30 |
| 7 | 19 21 | 19 25 | 19 29 | 19 33 | 19 38 | 19 43 | 19 49 | 19 56 | 20 03 | 20 12 | 20 22 | 20 34 | 20 49 | 21 07 |
| 11 | 19 14 | 19 17 | 19 21 | 19 25 | 19 29 | 19 33 | 19 39 | 19 45 | 19 51 | 19 59 | 20 08 | 20 18 | 20 31 | 20 46 |
| 15 | 19 07 | 19 10 | 19 13 | 19 16 | 19 20 | 19 24 | 19 28 | 19 34 | 19 39 | 19 46 | 19 54 | 20 03 | 20 14 | 20 27 |
| 19 | 19 00 | 19 03 | 19 05 | 19 08 | 19 11 | 19 14 | 19 18 | 19 23 | 19 28 | 19 33 | 19 40 | 19 48 | 19 57 | 20 08 |
| 23 | 18 53 | 18 55 | 18 57 | 19 00 | 19 02 | 19 05 | 19 08 | 19 12 | 19 16 | 19 21 | 19 27 | 19 33 | 19 41 | 19 50 |
| 27 | 18 47 | 18 48 | 18 50 | 18 52 | 18 54 | 18 56 | 18 59 | 19 02 | 19 05 | 19 09 | 19 14 | 19 19 | 19 26 | 19 33 |
| Oct. 1 | 18 40 | 18 41 | 18 42 | 18 44 | 18 45 | 18 47 | 18 49 | 18 52 | 18 54 | 18 58 | 19 01 | 19 06 | 19 11 | 19 17 |
| 5 | 18 34 | 18 34 | 18 35 | 18 36 | 18 37 | 18 39 | 18 40 | 18 42 | 18 44 | 18 46 | 18 49 | 18 52 | 18 56 | 19 01 |

// // indicates continuous twilight.

# NAUTICAL TWILIGHT, 2016

## UNIVERSAL TIME FOR MERIDIAN OF GREENWICH
## BEGINNING OF MORNING NAUTICAL TWILIGHT

| Lat. | −55° | −50° | −45° | −40° | −35° | −30° | −20° | −10° | 0° | +10° | +20° | +30° | +35° | +40° |
|---|---|---|---|---|---|---|---|---|---|---|---|---|---|---|
| | h m | h m | h m | h m | h m | h m | h m | h m | h m | h m | h m | h m | h m | h m |
| Oct. 1 | 4 04 | 4 17 | 4 27 | 4 35 | 4 41 | 4 46 | 4 53 | 4 58 | 5 02 | 5 03 | 5 03 | 5 02 | 5 00 | 4 58 |
| 5 | 3 52 | 4 07 | 4 19 | 4 28 | 4 35 | 4 41 | 4 50 | 4 56 | 5 00 | 5 03 | 5 04 | 5 04 | 5 03 | 5 02 |
| 9 | 3 41 | 3 58 | 4 11 | 4 21 | 4 29 | 4 36 | 4 46 | 4 53 | 4 59 | 5 03 | 5 05 | 5 07 | 5 07 | 5 06 |
| 13 | 3 29 | 3 48 | 4 03 | 4 14 | 4 23 | 4 31 | 4 43 | 4 51 | 4 58 | 5 03 | 5 06 | 5 09 | 5 10 | 5 10 |
| 17 | 3 17 | 3 39 | 3 55 | 4 08 | 4 18 | 4 26 | 4 39 | 4 49 | 4 57 | 5 03 | 5 08 | 5 11 | 5 13 | 5 14 |
| 21 | 3 05 | 3 29 | 3 47 | 4 01 | 4 12 | 4 21 | 4 36 | 4 47 | 4 56 | 5 03 | 5 09 | 5 14 | 5 16 | 5 18 |
| 25 | 2 53 | 3 20 | 3 39 | 3 55 | 4 07 | 4 17 | 4 33 | 4 45 | 4 55 | 5 03 | 5 10 | 5 16 | 5 19 | 5 22 |
| 29 | 2 40 | 3 10 | 3 32 | 3 49 | 4 02 | 4 13 | 4 30 | 4 43 | 4 54 | 5 03 | 5 12 | 5 19 | 5 23 | 5 26 |
| Nov. 2 | 2 28 | 3 01 | 3 25 | 3 43 | 3 57 | 4 09 | 4 28 | 4 42 | 4 54 | 5 04 | 5 13 | 5 22 | 5 26 | 5 30 |
| 6 | 2 15 | 2 52 | 3 18 | 3 37 | 3 53 | 4 05 | 4 25 | 4 41 | 4 54 | 5 05 | 5 15 | 5 25 | 5 29 | 5 34 |
| 10 | 2 03 | 2 44 | 3 11 | 3 32 | 3 48 | 4 02 | 4 23 | 4 40 | 4 54 | 5 06 | 5 17 | 5 27 | 5 33 | 5 39 |
| 14 | 1 50 | 2 35 | 3 05 | 3 27 | 3 45 | 3 59 | 4 22 | 4 39 | 4 54 | 5 07 | 5 19 | 5 30 | 5 36 | 5 43 |
| 18 | 1 37 | 2 27 | 2 59 | 3 23 | 3 41 | 3 56 | 4 20 | 4 39 | 4 54 | 5 08 | 5 21 | 5 33 | 5 40 | 5 47 |
| 22 | 1 23 | 2 20 | 2 54 | 3 19 | 3 39 | 3 54 | 4 19 | 4 39 | 4 55 | 5 09 | 5 23 | 5 36 | 5 43 | 5 51 |
| 26 | 1 10 | 2 13 | 2 50 | 3 16 | 3 36 | 3 53 | 4 19 | 4 39 | 4 56 | 5 11 | 5 25 | 5 39 | 5 47 | 5 55 |
| 30 | 0 56 | 2 08 | 2 46 | 3 14 | 3 35 | 3 52 | 4 19 | 4 39 | 4 57 | 5 13 | 5 27 | 5 42 | 5 50 | 5 58 |
| Dec. 4 | 0 40 | 2 03 | 2 44 | 3 12 | 3 34 | 3 51 | 4 19 | 4 40 | 4 58 | 5 14 | 5 30 | 5 45 | 5 53 | 6 02 |
| 8 | 0 22 | 1 59 | 2 42 | 3 11 | 3 33 | 3 51 | 4 19 | 4 41 | 5 00 | 5 16 | 5 32 | 5 48 | 5 56 | 6 05 |
| 12 | // // | 1 57 | 2 41 | 3 11 | 3 33 | 3 52 | 4 21 | 4 43 | 5 02 | 5 18 | 5 34 | 5 50 | 5 59 | 6 08 |
| 16 | // // | 1 56 | 2 41 | 3 11 | 3 34 | 3 53 | 4 22 | 4 44 | 5 03 | 5 20 | 5 36 | 5 53 | 6 02 | 6 11 |
| 20 | // // | 1 56 | 2 42 | 3 13 | 3 36 | 3 54 | 4 24 | 4 46 | 5 05 | 5 22 | 5 39 | 5 55 | 6 04 | 6 13 |
| 24 | // // | 1 58 | 2 44 | 3 15 | 3 38 | 3 57 | 4 26 | 4 48 | 5 07 | 5 24 | 5 40 | 5 57 | 6 06 | 6 15 |
| 28 | // // | 2 02 | 2 47 | 3 18 | 3 41 | 3 59 | 4 28 | 4 50 | 5 09 | 5 26 | 5 42 | 5 59 | 6 07 | 6 17 |
| 32 | 0 06 | 2 08 | 2 51 | 3 21 | 3 44 | 4 02 | 4 31 | 4 53 | 5 11 | 5 28 | 5 44 | 6 00 | 6 08 | 6 18 |
| 36 | 0 42 | 2 14 | 2 56 | 3 25 | 3 47 | 4 05 | 4 33 | 4 55 | 5 13 | 5 30 | 5 45 | 6 01 | 6 09 | 6 18 |

## END OF EVENING NAUTICAL TWILIGHT

| Lat. | −55° | −50° | −45° | −40° | −35° | −30° | −20° | −10° | 0° | +10° | +20° | +30° | +35° | +40° |
|---|---|---|---|---|---|---|---|---|---|---|---|---|---|---|
| | h m | h m | h m | h m | h m | h m | h m | h m | h m | h m | h m | h m | h m | h m |
| Oct. 1 | 19 37 | 19 23 | 19 13 | 19 05 | 18 59 | 18 54 | 18 46 | 18 41 | 18 38 | 18 36 | 18 35 | 18 37 | 18 38 | 18 40 |
| 5 | 19 46 | 19 30 | 19 19 | 19 10 | 19 02 | 18 56 | 18 47 | 18 41 | 18 36 | 18 33 | 18 32 | 18 32 | 18 33 | 18 34 |
| 9 | 19 56 | 19 38 | 19 25 | 19 14 | 19 06 | 18 59 | 18 49 | 18 41 | 18 35 | 18 31 | 18 29 | 18 27 | 18 27 | 18 28 |
| 13 | 20 05 | 19 45 | 19 31 | 19 19 | 19 10 | 19 02 | 18 50 | 18 41 | 18 35 | 18 29 | 18 26 | 18 23 | 18 22 | 18 22 |
| 17 | 20 16 | 19 53 | 19 37 | 19 24 | 19 14 | 19 05 | 18 52 | 18 42 | 18 34 | 18 28 | 18 23 | 18 19 | 18 17 | 18 16 |
| 21 | 20 26 | 20 01 | 19 43 | 19 29 | 19 18 | 19 08 | 18 53 | 18 42 | 18 33 | 18 26 | 18 20 | 18 15 | 18 13 | 18 10 |
| 25 | 20 37 | 20 10 | 19 50 | 19 34 | 19 22 | 19 12 | 18 55 | 18 43 | 18 33 | 18 25 | 18 18 | 18 11 | 18 08 | 18 05 |
| 29 | 20 49 | 20 19 | 19 57 | 19 40 | 19 26 | 19 15 | 18 58 | 18 44 | 18 33 | 18 24 | 18 16 | 18 08 | 18 04 | 18 01 |
| Nov. 2 | 21 02 | 20 28 | 20 04 | 19 45 | 19 31 | 19 19 | 19 00 | 18 45 | 18 33 | 18 23 | 18 14 | 18 05 | 18 01 | 17 56 |
| 6 | 21 14 | 20 37 | 20 11 | 19 51 | 19 36 | 19 23 | 19 02 | 18 47 | 18 34 | 18 22 | 18 12 | 18 02 | 17 57 | 17 52 |
| 10 | 21 28 | 20 46 | 20 18 | 19 57 | 19 40 | 19 27 | 19 05 | 18 48 | 18 34 | 18 22 | 18 11 | 18 00 | 17 55 | 17 49 |
| 14 | 21 42 | 20 55 | 20 25 | 20 03 | 19 45 | 19 31 | 19 08 | 18 50 | 18 35 | 18 22 | 18 10 | 17 58 | 17 52 | 17 46 |
| 18 | 21 57 | 21 05 | 20 32 | 20 08 | 19 50 | 19 35 | 19 11 | 18 52 | 18 36 | 18 23 | 18 10 | 17 57 | 17 50 | 17 43 |
| 22 | 22 12 | 21 14 | 20 39 | 20 14 | 19 54 | 19 38 | 19 13 | 18 54 | 18 38 | 18 23 | 18 10 | 17 56 | 17 49 | 17 41 |
| 26 | 22 28 | 21 23 | 20 46 | 20 19 | 19 59 | 19 42 | 19 16 | 18 56 | 18 39 | 18 24 | 18 10 | 17 55 | 17 48 | 17 40 |
| 30 | 22 46 | 21 31 | 20 52 | 20 25 | 20 03 | 19 46 | 19 19 | 18 58 | 18 41 | 18 25 | 18 10 | 17 55 | 17 47 | 17 39 |
| Dec. 4 | 23 05 | 21 39 | 20 58 | 20 29 | 20 07 | 19 50 | 19 22 | 19 01 | 18 42 | 18 26 | 18 11 | 17 56 | 17 47 | 17 39 |
| 8 | 23 28 | 21 46 | 21 03 | 20 34 | 20 11 | 19 53 | 19 25 | 19 03 | 18 44 | 18 28 | 18 12 | 17 56 | 17 48 | 17 39 |
| 12 | // // | 21 52 | 21 08 | 20 37 | 20 15 | 19 56 | 19 27 | 19 05 | 18 46 | 18 30 | 18 14 | 17 57 | 17 49 | 17 39 |
| 16 | // // | 21 56 | 21 11 | 20 41 | 20 17 | 19 59 | 19 30 | 19 07 | 18 48 | 18 31 | 18 15 | 17 59 | 17 50 | 17 41 |
| 20 | // // | 21 59 | 21 14 | 20 43 | 20 20 | 20 01 | 19 32 | 19 09 | 18 50 | 18 33 | 18 17 | 18 01 | 17 52 | 17 42 |
| 24 | // // | 22 01 | 21 15 | 20 45 | 20 22 | 20 03 | 19 34 | 19 11 | 18 52 | 18 35 | 18 19 | 18 03 | 17 54 | 17 44 |
| 28 | // // | 22 01 | 21 16 | 20 46 | 20 23 | 20 04 | 19 35 | 19 13 | 18 54 | 18 37 | 18 21 | 18 05 | 17 56 | 17 47 |
| 32 | {00 02 / 23 47} | 21 59 | 21 16 | 20 46 | 20 23 | 20 05 | 19 37 | 19 15 | 18 56 | 18 39 | 18 24 | 18 08 | 17 59 | 17 50 |
| 36 | 23 24 | 21 56 | 21 14 | 20 45 | 20 23 | 20 05 | 19 38 | 19 16 | 18 58 | 18 41 | 18 26 | 18 10 | 18 02 | 17 53 |

// // indicates continuous twilight.

## UNIVERSAL TIME FOR MERIDIAN OF GREENWICH
### BEGINNING OF MORNING NAUTICAL TWILIGHT

| Lat. | +40° | +42° | +44° | +46° | +48° | +50° | +52° | +54° | +56° | +58° | +60° | +62° | +64° | +66° |
|---|---|---|---|---|---|---|---|---|---|---|---|---|---|---|
| | h m | h m | h m | h m | h m | h m | h m | h m | h m | h m | h m | h m | h m | h m |
| Oct. 1 | 4 58 | 4 57 | 4 56 | 4 54 | 4 53 | 4 51 | 4 48 | 4 46 | 4 43 | 4 40 | 4 36 | 4 32 | 4 26 | 4 20 |
| 5 | 5 02 | 5 01 | 5 00 | 4 59 | 4 58 | 4 57 | 4 55 | 4 53 | 4 51 | 4 49 | 4 46 | 4 42 | 4 38 | 4 33 |
| 9 | 5 06 | 5 06 | 5 05 | 5 05 | 5 04 | 5 03 | 5 02 | 5 01 | 4 59 | 4 58 | 4 56 | 4 53 | 4 50 | 4 47 |
| 13 | 5 10 | 5 10 | 5 10 | 5 10 | 5 10 | 5 09 | 5 09 | 5 08 | 5 07 | 5 06 | 5 05 | 5 03 | 5 02 | 4 59 |
| 17 | 5 14 | 5 14 | 5 15 | 5 15 | 5 15 | 5 15 | 5 15 | 5 15 | 5 15 | 5 15 | 5 14 | 5 14 | 5 13 | 5 12 |
| 21 | 5 18 | 5 19 | 5 19 | 5 20 | 5 21 | 5 21 | 5 22 | 5 22 | 5 23 | 5 23 | 5 24 | 5 24 | 5 24 | 5 24 |
| 25 | 5 22 | 5 23 | 5 24 | 5 25 | 5 26 | 5 27 | 5 28 | 5 30 | 5 31 | 5 32 | 5 33 | 5 34 | 5 35 | 5 36 |
| 29 | 5 26 | 5 28 | 5 29 | 5 31 | 5 32 | 5 33 | 5 35 | 5 37 | 5 38 | 5 40 | 5 42 | 5 44 | 5 46 | 5 48 |
| Nov. 2 | 5 30 | 5 32 | 5 34 | 5 36 | 5 38 | 5 39 | 5 41 | 5 44 | 5 46 | 5 48 | 5 50 | 5 53 | 5 56 | 5 59 |
| 6 | 5 34 | 5 36 | 5 39 | 5 41 | 5 43 | 5 45 | 5 48 | 5 50 | 5 53 | 5 56 | 5 59 | 6 03 | 6 06 | 6 10 |
| 10 | 5 39 | 5 41 | 5 43 | 5 46 | 5 48 | 5 51 | 5 54 | 5 57 | 6 00 | 6 04 | 6 08 | 6 12 | 6 16 | 6 21 |
| 14 | 5 43 | 5 45 | 5 48 | 5 51 | 5 54 | 5 57 | 6 00 | 6 04 | 6 07 | 6 11 | 6 16 | 6 21 | 6 26 | 6 32 |
| 18 | 5 47 | 5 50 | 5 53 | 5 56 | 5 59 | 6 02 | 6 06 | 6 10 | 6 14 | 6 19 | 6 24 | 6 29 | 6 35 | 6 42 |
| 22 | 5 51 | 5 54 | 5 57 | 6 01 | 6 04 | 6 08 | 6 12 | 6 16 | 6 21 | 6 26 | 6 31 | 6 37 | 6 44 | 6 52 |
| 26 | 5 55 | 5 58 | 6 01 | 6 05 | 6 09 | 6 13 | 6 17 | 6 22 | 6 27 | 6 32 | 6 38 | 6 45 | 6 52 | 7 01 |
| 30 | 5 58 | 6 02 | 6 06 | 6 09 | 6 13 | 6 18 | 6 22 | 6 27 | 6 33 | 6 38 | 6 45 | 6 52 | 7 00 | 7 09 |
| Dec. 4 | 6 02 | 6 06 | 6 09 | 6 13 | 6 18 | 6 22 | 6 27 | 6 32 | 6 38 | 6 44 | 6 51 | 6 58 | 7 07 | 7 17 |
| 8 | 6 05 | 6 09 | 6 13 | 6 17 | 6 22 | 6 26 | 6 31 | 6 37 | 6 43 | 6 49 | 6 56 | 7 04 | 7 13 | 7 23 |
| 12 | 6 08 | 6 12 | 6 16 | 6 21 | 6 25 | 6 30 | 6 35 | 6 41 | 6 47 | 6 53 | 7 01 | 7 09 | 7 18 | 7 29 |
| 16 | 6 11 | 6 15 | 6 19 | 6 23 | 6 28 | 6 33 | 6 38 | 6 44 | 6 50 | 6 57 | 7 04 | 7 13 | 7 22 | 7 33 |
| 20 | 6 13 | 6 17 | 6 21 | 6 26 | 6 30 | 6 35 | 6 41 | 6 46 | 6 53 | 6 59 | 7 07 | 7 15 | 7 25 | 7 36 |
| 24 | 6 15 | 6 19 | 6 23 | 6 28 | 6 32 | 6 37 | 6 43 | 6 48 | 6 54 | 7 01 | 7 09 | 7 17 | 7 27 | 7 38 |
| 28 | 6 17 | 6 21 | 6 25 | 6 29 | 6 34 | 6 38 | 6 44 | 6 49 | 6 55 | 7 02 | 7 09 | 7 18 | 7 27 | 7 38 |
| 32 | 6 18 | 6 21 | 6 25 | 6 30 | 6 34 | 6 39 | 6 44 | 6 50 | 6 56 | 7 02 | 7 09 | 7 17 | 7 27 | 7 37 |
| 36 | 6 18 | 6 22 | 6 26 | 6 30 | 6 34 | 6 39 | 6 44 | 6 49 | 6 55 | 7 01 | 7 08 | 7 16 | 7 25 | 7 35 |

### END OF EVENING NAUTICAL TWILIGHT

| Lat. | +40° | +42° | +44° | +46° | +48° | +50° | +52° | +54° | +56° | +58° | +60° | +62° | +64° | +66° |
|---|---|---|---|---|---|---|---|---|---|---|---|---|---|---|
| | h m | h m | h m | h m | h m | h m | h m | h m | h m | h m | h m | h m | h m | h m |
| Oct. 1 | 18 40 | 18 41 | 18 42 | 18 44 | 18 45 | 18 47 | 18 49 | 18 52 | 18 54 | 18 58 | 19 01 | 19 06 | 19 11 | 19 17 |
| 5 | 18 34 | 18 34 | 18 35 | 18 36 | 18 37 | 18 39 | 18 40 | 18 42 | 18 44 | 18 46 | 18 49 | 18 52 | 18 56 | 19 01 |
| 9 | 18 28 | 18 28 | 18 28 | 18 29 | 18 29 | 18 30 | 18 31 | 18 32 | 18 34 | 18 35 | 18 37 | 18 40 | 18 42 | 18 46 |
| 13 | 18 22 | 18 21 | 18 21 | 18 22 | 18 22 | 18 22 | 18 22 | 18 23 | 18 24 | 18 25 | 18 26 | 18 27 | 18 29 | 18 31 |
| 17 | 18 16 | 18 15 | 18 15 | 18 15 | 18 14 | 18 14 | 18 14 | 18 14 | 18 14 | 18 14 | 18 14 | 18 15 | 18 15 | 18 16 | 18 17 |
| 21 | 18 10 | 18 10 | 18 09 | 18 08 | 18 07 | 18 07 | 18 06 | 18 06 | 18 05 | 18 05 | 18 04 | 18 04 | 18 04 | 18 03 |
| 25 | 18 05 | 18 04 | 18 03 | 18 02 | 18 01 | 18 00 | 17 59 | 17 58 | 17 56 | 17 55 | 17 54 | 17 53 | 17 52 | 17 51 |
| 29 | 18 01 | 17 59 | 17 58 | 17 56 | 17 55 | 17 53 | 17 52 | 17 50 | 17 48 | 17 46 | 17 45 | 17 43 | 17 41 | 17 38 |
| Nov. 2 | 17 56 | 17 54 | 17 53 | 17 51 | 17 49 | 17 47 | 17 45 | 17 43 | 17 40 | 17 38 | 17 36 | 17 33 | 17 30 | 17 27 |
| 6 | 17 52 | 17 50 | 17 48 | 17 46 | 17 44 | 17 41 | 17 39 | 17 36 | 17 33 | 17 30 | 17 27 | 17 24 | 17 20 | 17 16 |
| 10 | 17 49 | 17 47 | 17 44 | 17 41 | 17 39 | 17 36 | 17 33 | 17 30 | 17 27 | 17 23 | 17 19 | 17 15 | 17 11 | 17 05 |
| 14 | 17 46 | 17 43 | 17 40 | 17 38 | 17 35 | 17 31 | 17 28 | 17 25 | 17 21 | 17 17 | 17 12 | 17 07 | 17 02 | 16 56 |
| 18 | 17 43 | 17 40 | 17 37 | 17 34 | 17 31 | 17 28 | 17 24 | 17 20 | 17 16 | 17 11 | 17 06 | 17 01 | 16 54 | 16 47 |
| 22 | 17 41 | 17 38 | 17 35 | 17 32 | 17 28 | 17 24 | 17 20 | 17 16 | 17 11 | 17 06 | 17 01 | 16 54 | 16 48 | 16 40 |
| 26 | 17 40 | 17 37 | 17 33 | 17 29 | 17 26 | 17 21 | 17 17 | 17 13 | 17 07 | 17 02 | 16 56 | 16 49 | 16 42 | 16 33 |
| 30 | 17 39 | 17 35 | 17 32 | 17 28 | 17 24 | 17 19 | 17 15 | 17 10 | 17 05 | 16 59 | 16 52 | 16 45 | 16 37 | 16 28 |
| Dec. 4 | 17 39 | 17 35 | 17 31 | 17 27 | 17 23 | 17 18 | 17 13 | 17 08 | 17 03 | 16 56 | 16 50 | 16 42 | 16 33 | 16 23 |
| 8 | 17 39 | 17 35 | 17 31 | 17 27 | 17 22 | 17 18 | 17 13 | 17 07 | 17 01 | 16 55 | 16 48 | 16 40 | 16 31 | 16 20 |
| 12 | 17 39 | 17 36 | 17 31 | 17 27 | 17 23 | 17 18 | 17 13 | 17 07 | 17 01 | 16 54 | 16 47 | 16 39 | 16 30 | 16 19 |
| 16 | 17 41 | 17 37 | 17 33 | 17 28 | 17 24 | 17 19 | 17 13 | 17 08 | 17 02 | 16 55 | 16 47 | 16 39 | 16 29 | 16 18 |
| 20 | 17 42 | 17 38 | 17 34 | 17 30 | 17 25 | 17 20 | 17 15 | 17 09 | 17 03 | 16 56 | 16 49 | 16 40 | 16 31 | 16 19 |
| 24 | 17 44 | 17 40 | 17 36 | 17 32 | 17 27 | 17 22 | 17 17 | 17 11 | 17 05 | 16 58 | 16 51 | 16 43 | 16 33 | 16 22 |
| 28 | 17 47 | 17 43 | 17 39 | 17 35 | 17 30 | 17 25 | 17 20 | 17 14 | 17 08 | 17 02 | 16 54 | 16 46 | 16 36 | 16 26 |
| 32 | 17 50 | 17 46 | 17 42 | 17 38 | 17 33 | 17 29 | 17 23 | 17 18 | 17 12 | 17 06 | 16 58 | 16 50 | 16 41 | 16 31 |
| 36 | 17 53 | 17 49 | 17 46 | 17 41 | 17 37 | 17 32 | 17 28 | 17 22 | 17 17 | 17 10 | 17 03 | 16 56 | 16 47 | 16 37 |

# ASTRONOMICAL TWILIGHT, 2016

## UNIVERSAL TIME FOR MERIDIAN OF GREENWICH
## BEGINNING OF MORNING ASTRONOMICAL TWILIGHT

| Lat. | −55° | −50° | −45° | −40° | −35° | −30° | −20° | −10° | 0° | +10° | +20° | +30° | +35° | +40° |
|---|---|---|---|---|---|---|---|---|---|---|---|---|---|---|
| | h m | h m | h m | h m | h m | h m | h m | h m | h m | h m | h m | h m | h m | h m |
| Jan. −1 | // // | // // | 1 43 | 2 30 | 3 01 | 3 24 | 3 59 | 4 24 | 4 44 | 5 01 | 5 16 | 5 30 | 5 37 | 5 44 |
| 3 | // // | // // | 1 49 | 2 35 | 3 05 | 3 28 | 4 01 | 4 26 | 4 46 | 5 02 | 5 17 | 5 31 | 5 38 | 5 45 |
| 7 | // // | // // | 1 56 | 2 40 | 3 09 | 3 31 | 4 04 | 4 29 | 4 48 | 5 04 | 5 18 | 5 32 | 5 39 | 5 45 |
| 11 | // // | 0 23 | 2 04 | 2 45 | 3 14 | 3 35 | 4 07 | 4 31 | 4 50 | 5 06 | 5 20 | 5 32 | 5 39 | 5 45 |
| 15 | // // | 0 56 | 2 13 | 2 52 | 3 19 | 3 40 | 4 11 | 4 34 | 4 52 | 5 07 | 5 20 | 5 33 | 5 39 | 5 45 |
| 19 | // // | 1 17 | 2 22 | 2 58 | 3 24 | 3 44 | 4 14 | 4 36 | 4 53 | 5 08 | 5 21 | 5 32 | 5 38 | 5 43 |
| 23 | // // | 1 35 | 2 31 | 3 05 | 3 30 | 3 49 | 4 17 | 4 38 | 4 55 | 5 09 | 5 21 | 5 32 | 5 37 | 5 42 |
| 27 | // // | 1 51 | 2 41 | 3 12 | 3 35 | 3 53 | 4 21 | 4 41 | 4 56 | 5 09 | 5 21 | 5 31 | 5 35 | 5 40 |
| 31 | // // | 2 06 | 2 50 | 3 19 | 3 41 | 3 58 | 4 24 | 4 43 | 4 58 | 5 10 | 5 20 | 5 29 | 5 33 | 5 37 |
| Feb. 4 | 0 56 | 2 20 | 2 59 | 3 26 | 3 46 | 4 03 | 4 27 | 4 45 | 4 59 | 5 10 | 5 19 | 5 27 | 5 31 | 5 34 |
| 8 | 1 29 | 2 33 | 3 08 | 3 33 | 3 52 | 4 07 | 4 30 | 4 47 | 4 59 | 5 10 | 5 18 | 5 25 | 5 28 | 5 30 |
| 12 | 1 53 | 2 45 | 3 17 | 3 40 | 3 57 | 4 11 | 4 33 | 4 48 | 5 00 | 5 09 | 5 17 | 5 22 | 5 24 | 5 26 |
| 16 | 2 12 | 2 57 | 3 26 | 3 47 | 4 03 | 4 16 | 4 35 | 4 50 | 5 00 | 5 09 | 5 15 | 5 19 | 5 21 | 5 22 |
| 20 | 2 29 | 3 08 | 3 34 | 3 53 | 4 08 | 4 20 | 4 38 | 4 51 | 5 00 | 5 08 | 5 13 | 5 16 | 5 17 | 5 17 |
| 24 | 2 44 | 3 18 | 3 42 | 3 59 | 4 13 | 4 24 | 4 40 | 4 52 | 5 00 | 5 06 | 5 10 | 5 12 | 5 12 | 5 12 |
| 28 | 2 58 | 3 28 | 3 49 | 4 05 | 4 17 | 4 27 | 4 42 | 4 53 | 5 00 | 5 05 | 5 08 | 5 08 | 5 08 | 5 06 |
| Mar. 3 | 3 11 | 3 38 | 3 56 | 4 11 | 4 22 | 4 31 | 4 44 | 4 53 | 4 59 | 5 03 | 5 05 | 5 04 | 5 03 | 5 00 |
| 7 | 3 23 | 3 46 | 4 03 | 4 16 | 4 26 | 4 34 | 4 46 | 4 54 | 4 59 | 5 01 | 5 02 | 5 00 | 4 57 | 4 54 |
| 11 | 3 34 | 3 55 | 4 10 | 4 21 | 4 30 | 4 37 | 4 48 | 4 54 | 4 58 | 4 59 | 4 58 | 4 55 | 4 52 | 4 47 |
| 15 | 3 45 | 4 03 | 4 16 | 4 26 | 4 34 | 4 40 | 4 49 | 4 54 | 4 57 | 4 57 | 4 55 | 4 50 | 4 46 | 4 41 |
| 19 | 3 55 | 4 11 | 4 22 | 4 31 | 4 38 | 4 43 | 4 50 | 4 54 | 4 56 | 4 55 | 4 52 | 4 45 | 4 40 | 4 34 |
| 23 | 4 04 | 4 18 | 4 28 | 4 36 | 4 41 | 4 46 | 4 52 | 4 54 | 4 55 | 4 52 | 4 48 | 4 40 | 4 34 | 4 27 |
| 27 | 4 13 | 4 25 | 4 34 | 4 40 | 4 45 | 4 48 | 4 53 | 4 54 | 4 53 | 4 50 | 4 44 | 4 35 | 4 28 | 4 20 |
| 31 | 4 22 | 4 32 | 4 39 | 4 44 | 4 48 | 4 51 | 4 54 | 4 54 | 4 52 | 4 48 | 4 40 | 4 29 | 4 22 | 4 13 |
| Apr. 4 | 4 30 | 4 38 | 4 44 | 4 48 | 4 51 | 4 53 | 4 55 | 4 54 | 4 51 | 4 45 | 4 37 | 4 24 | 4 16 | 4 05 |

## END OF EVENING ASTRONOMICAL TWILIGHT

| Lat. | −55° | −50° | −45° | −40° | −35° | −30° | −20° | −10° | 0° | +10° | +20° | +30° | +35° | +40° |
|---|---|---|---|---|---|---|---|---|---|---|---|---|---|---|
| | h m | h m | h m | h m | h m | h m | h m | h m | h m | h m | h m | h m | h m | h m |
| Jan. −1 | // // | // // | 22 21 | 21 34 | 21 03 | 20 40 | 20 06 | 19 41 | 19 21 | 19 04 | 18 49 | 18 35 | 18 28 | 18 21 |
| 3 | // // | // // | 22 18 | 21 33 | 21 03 | 20 41 | 20 07 | 19 42 | 19 23 | 19 06 | 18 51 | 18 38 | 18 31 | 18 24 |
| 7 | // // | // // | 22 15 | 21 32 | 21 03 | 20 40 | 20 08 | 19 43 | 19 24 | 19 08 | 18 54 | 18 40 | 18 34 | 18 27 |
| 11 | // // | 23 42 | 22 10 | 21 29 | 21 01 | 20 40 | 20 08 | 19 44 | 19 26 | 19 10 | 18 56 | 18 43 | 18 37 | 18 31 |
| 15 | // // | 23 18 | 22 04 | 21 26 | 20 59 | 20 38 | 20 08 | 19 45 | 19 27 | 19 12 | 18 58 | 18 46 | 18 40 | 18 34 |
| 19 | // // | 23 00 | 21 58 | 21 22 | 20 56 | 20 37 | 20 07 | 19 45 | 19 28 | 19 13 | 19 01 | 18 49 | 18 44 | 18 38 |
| 23 | // // | 22 45 | 21 50 | 21 17 | 20 53 | 20 34 | 20 06 | 19 45 | 19 28 | 19 15 | 19 03 | 18 52 | 18 47 | 18 42 |
| 27 | // // | 22 31 | 21 43 | 21 12 | 20 49 | 20 31 | 20 04 | 19 44 | 19 29 | 19 16 | 19 05 | 18 55 | 18 50 | 18 46 |
| 31 | // // | 22 18 | 21 35 | 21 06 | 20 45 | 20 28 | 20 03 | 19 44 | 19 29 | 19 17 | 19 07 | 18 58 | 18 54 | 18 50 |
| Feb. 4 | 23 22 | 22 05 | 21 27 | 21 00 | 20 40 | 20 24 | 20 00 | 19 43 | 19 29 | 19 18 | 19 09 | 19 01 | 18 57 | 18 54 |
| 8 | 22 53 | 21 53 | 21 18 | 20 54 | 20 35 | 20 20 | 19 58 | 19 42 | 19 29 | 19 19 | 19 10 | 19 04 | 19 01 | 18 59 |
| 12 | 22 31 | 21 41 | 21 10 | 20 47 | 20 30 | 20 16 | 19 55 | 19 40 | 19 28 | 19 19 | 19 12 | 19 07 | 19 05 | 19 03 |
| 16 | 22 12 | 21 29 | 21 01 | 20 40 | 20 24 | 20 12 | 19 52 | 19 38 | 19 28 | 19 20 | 19 14 | 19 09 | 19 08 | 19 07 |
| 20 | 21 55 | 21 17 | 20 52 | 20 33 | 20 19 | 20 07 | 19 49 | 19 37 | 19 27 | 19 20 | 19 15 | 19 12 | 19 11 | 19 11 |
| 24 | 21 39 | 21 06 | 20 43 | 20 26 | 20 13 | 20 02 | 19 46 | 19 35 | 19 26 | 19 20 | 19 17 | 19 15 | 19 15 | 19 16 |
| 28 | 21 24 | 20 55 | 20 35 | 20 19 | 20 07 | 19 57 | 19 43 | 19 32 | 19 25 | 19 21 | 19 18 | 19 17 | 19 18 | 19 20 |
| Mar. 3 | 21 10 | 20 44 | 20 26 | 20 12 | 20 01 | 19 52 | 19 39 | 19 30 | 19 24 | 19 21 | 19 19 | 19 20 | 19 22 | 19 24 |
| 7 | 20 57 | 20 34 | 20 17 | 20 05 | 19 55 | 19 47 | 19 35 | 19 28 | 19 23 | 19 21 | 19 20 | 19 23 | 19 25 | 19 29 |
| 11 | 20 44 | 20 23 | 20 09 | 19 57 | 19 49 | 19 42 | 19 32 | 19 26 | 19 22 | 19 21 | 19 22 | 19 25 | 19 29 | 19 33 |
| 15 | 20 31 | 20 13 | 20 00 | 19 50 | 19 43 | 19 37 | 19 28 | 19 23 | 19 21 | 19 21 | 19 23 | 19 28 | 19 32 | 19 38 |
| 19 | 20 19 | 20 03 | 19 52 | 19 43 | 19 37 | 19 32 | 19 25 | 19 21 | 19 20 | 19 21 | 19 24 | 19 31 | 19 36 | 19 42 |
| 23 | 20 07 | 19 54 | 19 44 | 19 36 | 19 31 | 19 26 | 19 21 | 19 18 | 19 18 | 19 21 | 19 25 | 19 34 | 19 39 | 19 47 |
| 27 | 19 56 | 19 44 | 19 36 | 19 30 | 19 25 | 19 22 | 19 17 | 19 16 | 19 17 | 19 21 | 19 27 | 19 36 | 19 43 | 19 52 |
| 31 | 19 45 | 19 35 | 19 28 | 19 23 | 19 19 | 19 17 | 19 14 | 19 14 | 19 16 | 19 21 | 19 28 | 19 39 | 19 47 | 19 56 |
| Apr. 4 | 19 34 | 19 26 | 19 21 | 19 17 | 19 14 | 19 12 | 19 11 | 19 12 | 19 15 | 19 21 | 19 30 | 19 42 | 19 51 | 20 01 |

// // indicates continuous twilight.

## UNIVERSAL TIME FOR MERIDIAN OF GREENWICH
### BEGINNING OF MORNING ASTRONOMICAL TWILIGHT

| Lat. | +40° | +42° | +44° | +46° | +48° | +50° | +52° | +54° | +56° | +58° | +60° | +62° | +64° | +66° |
|---|---|---|---|---|---|---|---|---|---|---|---|---|---|---|
| | h m | h m | h m | h m | h m | h m | h m | h m | h m | h m | h m | h m | h m | h m |
| Jan. −1 | 5 44 | 5 47 | 5 50 | 5 53 | 5 56 | 5 59 | 6 03 | 6 06 | 6 10 | 6 14 | 6 18 | 6 23 | 6 28 | 6 33 |
| 3 | 5 45 | 5 48 | 5 51 | 5 54 | 5 57 | 6 00 | 6 03 | 6 06 | 6 10 | 6 14 | 6 18 | 6 22 | 6 27 | 6 32 |
| 7 | 5 45 | 5 48 | 5 51 | 5 54 | 5 57 | 5 59 | 6 03 | 6 06 | 6 09 | 6 13 | 6 17 | 6 21 | 6 25 | 6 30 |
| 11 | 5 45 | 5 48 | 5 50 | 5 53 | 5 56 | 5 59 | 6 01 | 6 04 | 6 08 | 6 11 | 6 14 | 6 18 | 6 22 | 6 27 |
| 15 | 5 45 | 5 47 | 5 49 | 5 52 | 5 54 | 5 57 | 6 00 | 6 02 | 6 05 | 6 08 | 6 11 | 6 15 | 6 18 | 6 22 |
| 19 | 5 43 | 5 46 | 5 48 | 5 50 | 5 52 | 5 55 | 5 57 | 5 59 | 6 02 | 6 05 | 6 07 | 6 10 | 6 13 | 6 17 |
| 23 | 5 42 | 5 44 | 5 46 | 5 48 | 5 50 | 5 52 | 5 54 | 5 56 | 5 58 | 6 00 | 6 02 | 6 05 | 6 07 | 6 10 |
| 27 | 5 40 | 5 41 | 5 43 | 5 45 | 5 46 | 5 48 | 5 50 | 5 52 | 5 53 | 5 55 | 5 57 | 5 58 | 6 00 | 6 02 |
| 31 | 5 37 | 5 38 | 5 40 | 5 41 | 5 43 | 5 44 | 5 45 | 5 47 | 5 48 | 5 49 | 5 50 | 5 51 | 5 52 | 5 53 |
| Feb. 4 | 5 34 | 5 35 | 5 36 | 5 37 | 5 38 | 5 39 | 5 40 | 5 41 | 5 42 | 5 42 | 5 43 | 5 43 | 5 43 | 5 44 |
| 8 | 5 30 | 5 31 | 5 32 | 5 33 | 5 33 | 5 34 | 5 34 | 5 35 | 5 35 | 5 35 | 5 35 | 5 34 | 5 34 | 5 33 |
| 12 | 5 26 | 5 27 | 5 27 | 5 27 | 5 28 | 5 28 | 5 28 | 5 28 | 5 27 | 5 27 | 5 26 | 5 25 | 5 23 | 5 22 |
| 16 | 5 22 | 5 22 | 5 22 | 5 22 | 5 22 | 5 21 | 5 21 | 5 20 | 5 19 | 5 18 | 5 17 | 5 15 | 5 12 | 5 09 |
| 20 | 5 17 | 5 17 | 5 16 | 5 16 | 5 15 | 5 15 | 5 14 | 5 12 | 5 11 | 5 09 | 5 07 | 5 04 | 5 00 | 4 56 |
| 24 | 5 12 | 5 11 | 5 10 | 5 10 | 5 08 | 5 07 | 5 06 | 5 04 | 5 02 | 4 59 | 4 56 | 4 52 | 4 48 | 4 42 |
| 28 | 5 06 | 5 05 | 5 04 | 5 03 | 5 01 | 4 59 | 4 57 | 4 55 | 4 52 | 4 49 | 4 45 | 4 40 | 4 34 | 4 27 |
| Mar. 3 | 5 00 | 4 59 | 4 57 | 4 56 | 4 54 | 4 51 | 4 48 | 4 45 | 4 42 | 4 38 | 4 33 | 4 27 | 4 20 | 4 11 |
| 7 | 4 54 | 4 52 | 4 50 | 4 48 | 4 46 | 4 43 | 4 39 | 4 36 | 4 31 | 4 26 | 4 20 | 4 13 | 4 05 | 3 54 |
| 11 | 4 47 | 4 45 | 4 43 | 4 40 | 4 37 | 4 34 | 4 30 | 4 25 | 4 20 | 4 14 | 4 07 | 3 59 | 3 49 | 3 36 |
| 15 | 4 41 | 4 38 | 4 35 | 4 32 | 4 29 | 4 25 | 4 20 | 4 15 | 4 08 | 4 01 | 3 53 | 3 43 | 3 32 | 3 17 |
| 19 | 4 34 | 4 31 | 4 28 | 4 24 | 4 20 | 4 15 | 4 10 | 4 03 | 3 56 | 3 48 | 3 39 | 3 27 | 3 13 | 2 56 |
| 23 | 4 27 | 4 24 | 4 20 | 4 15 | 4 11 | 4 05 | 3 59 | 3 52 | 3 44 | 3 34 | 3 23 | 3 10 | 2 53 | 2 32 |
| 27 | 4 20 | 4 16 | 4 12 | 4 07 | 4 01 | 3 55 | 3 48 | 3 40 | 3 31 | 3 20 | 3 07 | 2 51 | 2 32 | 2 05 |
| 31 | 4 13 | 4 08 | 4 03 | 3 58 | 3 52 | 3 45 | 3 37 | 3 28 | 3 17 | 3 05 | 2 50 | 2 31 | 2 07 | 1 31 |
| Apr. 4 | 4 05 | 4 00 | 3 55 | 3 49 | 3 42 | 3 34 | 3 25 | 3 15 | 3 03 | 2 49 | 2 31 | 2 09 | 1 37 | 0 34 |

### END OF EVENING ASTRONOMICAL TWILIGHT

| Lat. | +40° | +42° | +44° | +46° | +48° | +50° | +52° | +54° | +56° | +58° | +60° | +62° | +64° | +66° |
|---|---|---|---|---|---|---|---|---|---|---|---|---|---|---|
| | h m | h m | h m | h m | h m | h m | h m | h m | h m | h m | h m | h m | h m | h m |
| Jan. −1 | 18 21 | 18 18 | 18 15 | 18 12 | 18 09 | 18 06 | 18 02 | 17 59 | 17 55 | 17 51 | 17 47 | 17 42 | 17 37 | 17 32 |
| 3 | 18 24 | 18 21 | 18 18 | 18 15 | 18 12 | 18 09 | 18 06 | 18 02 | 17 59 | 17 55 | 17 51 | 17 47 | 17 42 | 17 37 |
| 7 | 18 27 | 18 24 | 18 22 | 18 19 | 18 16 | 18 13 | 18 10 | 18 07 | 18 03 | 18 00 | 17 56 | 17 52 | 17 47 | 17 43 |
| 11 | 18 31 | 18 28 | 18 25 | 18 23 | 18 20 | 18 17 | 18 14 | 18 11 | 18 08 | 18 05 | 18 02 | 17 58 | 17 54 | 17 49 |
| 15 | 18 34 | 18 32 | 18 29 | 18 27 | 18 24 | 18 22 | 18 19 | 18 17 | 18 14 | 18 11 | 18 08 | 18 05 | 18 01 | 17 57 |
| 19 | 18 38 | 18 36 | 18 34 | 18 31 | 18 29 | 18 27 | 18 25 | 18 22 | 18 20 | 18 17 | 18 15 | 18 12 | 18 09 | 18 06 |
| 23 | 18 42 | 18 40 | 18 38 | 18 36 | 18 34 | 18 32 | 18 30 | 18 28 | 18 26 | 18 24 | 18 22 | 18 20 | 18 17 | 18 15 |
| 27 | 18 46 | 18 44 | 18 43 | 18 41 | 18 39 | 18 38 | 18 36 | 18 34 | 18 33 | 18 31 | 18 30 | 18 28 | 18 26 | 18 24 |
| 31 | 18 50 | 18 49 | 18 47 | 18 46 | 18 45 | 18 43 | 18 42 | 18 41 | 18 40 | 18 39 | 18 38 | 18 37 | 18 36 | 18 35 |
| Feb. 4 | 18 54 | 18 53 | 18 52 | 18 51 | 18 50 | 18 49 | 18 48 | 18 48 | 18 47 | 18 46 | 18 46 | 18 46 | 18 46 | 18 46 |
| 8 | 18 59 | 18 58 | 18 57 | 18 56 | 18 56 | 18 55 | 18 55 | 18 55 | 18 55 | 18 55 | 18 55 | 18 55 | 18 56 | 18 57 |
| 12 | 19 03 | 19 02 | 19 02 | 19 02 | 19 02 | 19 01 | 19 02 | 19 02 | 19 02 | 19 03 | 19 04 | 19 05 | 19 07 | 19 09 |
| 16 | 19 07 | 19 07 | 19 07 | 19 07 | 19 07 | 19 08 | 19 08 | 19 09 | 19 10 | 19 11 | 19 13 | 19 15 | 19 18 | 19 21 |
| 20 | 19 11 | 19 12 | 19 12 | 19 12 | 19 12 | 19 13 | 19 14 | 19 15 | 19 16 | 19 18 | 19 20 | 19 23 | 19 25 | 19 29 | 19 33 |
| 24 | 19 16 | 19 16 | 19 17 | 19 18 | 19 19 | 19 20 | 19 22 | 19 24 | 19 26 | 19 29 | 19 32 | 19 36 | 19 41 | 19 47 |
| 28 | 19 20 | 19 21 | 19 22 | 19 23 | 19 25 | 19 27 | 19 29 | 19 32 | 19 35 | 19 38 | 19 42 | 19 47 | 19 53 | 20 00 |
| Mar. 3 | 19 24 | 19 26 | 19 27 | 19 29 | 19 31 | 19 34 | 19 36 | 19 40 | 19 43 | 19 48 | 19 53 | 19 59 | 20 06 | 20 15 |
| 7 | 19 29 | 19 30 | 19 32 | 19 35 | 19 37 | 19 40 | 19 44 | 19 48 | 19 52 | 19 58 | 20 04 | 20 11 | 20 20 | 20 30 |
| 11 | 19 33 | 19 35 | 19 38 | 19 41 | 19 44 | 19 47 | 19 51 | 19 56 | 20 01 | 20 08 | 20 15 | 20 24 | 20 34 | 20 47 |
| 15 | 19 38 | 19 40 | 19 43 | 19 46 | 19 50 | 19 54 | 19 59 | 20 05 | 20 11 | 20 18 | 20 27 | 20 37 | 20 49 | 21 04 |
| 19 | 19 42 | 19 45 | 19 49 | 19 53 | 19 57 | 20 02 | 20 07 | 20 14 | 20 21 | 20 29 | 20 39 | 20 51 | 21 05 | 21 24 |
| 23 | 19 47 | 19 50 | 19 54 | 19 59 | 20 04 | 20 09 | 20 16 | 20 23 | 20 31 | 20 41 | 20 52 | 21 06 | 21 23 | 21 46 |
| 27 | 19 52 | 19 56 | 20 00 | 20 05 | 20 11 | 20 17 | 20 24 | 20 32 | 20 42 | 20 53 | 21 06 | 21 22 | 21 43 | 22 12 |
| 31 | 19 56 | 20 01 | 20 06 | 20 12 | 20 18 | 20 25 | 20 33 | 20 42 | 20 53 | 21 06 | 21 21 | 21 41 | 22 07 | 22 46 |
| Apr. 4 | 20 01 | 20 07 | 20 12 | 20 18 | 20 25 | 20 33 | 20 42 | 20 53 | 21 05 | 21 20 | 21 38 | 22 02 | 22 36 | // // |

// // indicates continuous twilight.

# ASTRONOMICAL TWILIGHT, 2016

## UNIVERSAL TIME FOR MERIDIAN OF GREENWICH
### BEGINNING OF MORNING ASTRONOMICAL TWILIGHT

| Lat. | −55° | −50° | −45° | −40° | −35° | −30° | −20° | −10° | 0° | +10° | +20° | +30° | +35° | +40° |
|---|---|---|---|---|---|---|---|---|---|---|---|---|---|---|
| | h m | h m | h m | h m | h m | h m | h m | h m | h m | h m | h m | h m | h m | h m |
| Mar. 31 | 4 22 | 4 32 | 4 39 | 4 44 | 4 48 | 4 51 | 4 54 | 4 54 | 4 52 | 4 48 | 4 40 | 4 29 | 4 22 | 4 13 |
| Apr.  4 | 4 30 | 4 38 | 4 44 | 4 48 | 4 51 | 4 53 | 4 55 | 4 54 | 4 51 | 4 45 | 4 37 | 4 24 | 4 16 | 4 05 |
| 8 | 4 38 | 4 45 | 4 49 | 4 52 | 4 54 | 4 56 | 4 56 | 4 54 | 4 49 | 4 43 | 4 33 | 4 19 | 4 10 | 3 58 |
| 12 | 4 45 | 4 51 | 4 54 | 4 56 | 4 57 | 4 58 | 4 57 | 4 53 | 4 48 | 4 40 | 4 29 | 4 14 | 4 03 | 3 50 |
| 16 | 4 53 | 4 56 | 4 59 | 5 00 | 5 00 | 5 00 | 4 58 | 4 53 | 4 47 | 4 38 | 4 25 | 4 08 | 3 57 | 3 43 |
| 20 | 5 00 | 5 02 | 5 03 | 5 04 | 5 03 | 5 02 | 4 58 | 4 53 | 4 45 | 4 35 | 4 22 | 4 03 | 3 51 | 3 36 |
| 24 | 5 07 | 5 08 | 5 08 | 5 07 | 5 06 | 5 04 | 4 59 | 4 53 | 4 44 | 4 33 | 4 18 | 3 58 | 3 45 | 3 29 |
| 28 | 5 13 | 5 13 | 5 12 | 5 11 | 5 09 | 5 06 | 5 00 | 4 53 | 4 43 | 4 31 | 4 15 | 3 53 | 3 39 | 3 21 |
| May  2 | 5 19 | 5 18 | 5 16 | 5 14 | 5 11 | 5 08 | 5 01 | 4 53 | 4 42 | 4 29 | 4 12 | 3 49 | 3 34 | 3 15 |
| 6 | 5 26 | 5 23 | 5 20 | 5 17 | 5 14 | 5 11 | 5 02 | 4 53 | 4 41 | 4 27 | 4 09 | 3 45 | 3 28 | 3 08 |
| 10 | 5 31 | 5 28 | 5 24 | 5 21 | 5 17 | 5 13 | 5 03 | 4 53 | 4 41 | 4 26 | 4 06 | 3 40 | 3 23 | 3 01 |
| 14 | 5 37 | 5 33 | 5 28 | 5 24 | 5 19 | 5 15 | 5 05 | 4 53 | 4 40 | 4 24 | 4 04 | 3 37 | 3 19 | 2 55 |
| 18 | 5 42 | 5 37 | 5 32 | 5 27 | 5 22 | 5 17 | 5 06 | 4 54 | 4 40 | 4 23 | 4 02 | 3 33 | 3 14 | 2 50 |
| 22 | 5 47 | 5 41 | 5 35 | 5 30 | 5 24 | 5 19 | 5 07 | 4 54 | 4 40 | 4 22 | 4 00 | 3 30 | 3 10 | 2 45 |
| 26 | 5 52 | 5 45 | 5 38 | 5 32 | 5 26 | 5 20 | 5 08 | 4 55 | 4 40 | 4 21 | 3 59 | 3 28 | 3 07 | 2 40 |
| 30 | 5 56 | 5 48 | 5 41 | 5 35 | 5 29 | 5 22 | 5 09 | 4 56 | 4 40 | 4 21 | 3 58 | 3 26 | 3 04 | 2 36 |
| June  3 | 5 59 | 5 51 | 5 44 | 5 37 | 5 31 | 5 24 | 5 11 | 4 56 | 4 40 | 4 21 | 3 57 | 3 24 | 3 02 | 2 33 |
| 7 | 6 02 | 5 54 | 5 47 | 5 39 | 5 32 | 5 26 | 5 12 | 4 57 | 4 41 | 4 21 | 3 56 | 3 23 | 3 00 | 2 30 |
| 11 | 6 05 | 5 56 | 5 49 | 5 41 | 5 34 | 5 27 | 5 13 | 4 58 | 4 41 | 4 21 | 3 56 | 3 22 | 2 59 | 2 28 |
| 15 | 6 07 | 5 58 | 5 50 | 5 43 | 5 36 | 5 28 | 5 14 | 4 59 | 4 42 | 4 22 | 3 57 | 3 22 | 2 59 | 2 28 |
| 19 | 6 09 | 6 00 | 5 52 | 5 44 | 5 37 | 5 29 | 5 15 | 5 00 | 4 43 | 4 22 | 3 57 | 3 22 | 2 59 | 2 28 |
| 23 | 6 09 | 6 00 | 5 52 | 5 45 | 5 37 | 5 30 | 5 16 | 5 01 | 4 44 | 4 23 | 3 58 | 3 23 | 3 00 | 2 29 |
| 27 | 6 10 | 6 01 | 5 53 | 5 45 | 5 38 | 5 31 | 5 17 | 5 01 | 4 44 | 4 24 | 3 59 | 3 25 | 3 01 | 2 30 |
| July  1 | 6 09 | 6 00 | 5 53 | 5 45 | 5 38 | 5 31 | 5 17 | 5 02 | 4 45 | 4 25 | 4 01 | 3 27 | 3 03 | 2 33 |
| 5 | 6 08 | 6 00 | 5 52 | 5 45 | 5 38 | 5 31 | 5 18 | 5 03 | 4 46 | 4 27 | 4 02 | 3 29 | 3 06 | 2 36 |

### END OF EVENING ASTRONOMICAL TWILIGHT

| | h m | h m | h m | h m | h m | h m | h m | h m | h m | h m | h m | h m | h m | h m |
|---|---|---|---|---|---|---|---|---|---|---|---|---|---|---|
| Mar. 31 | 19 45 | 19 35 | 19 28 | 19 23 | 19 19 | 19 17 | 19 14 | 19 14 | 19 16 | 19 21 | 19 28 | 19 39 | 19 47 | 19 56 |
| Apr.  4 | 19 34 | 19 26 | 19 21 | 19 17 | 19 14 | 19 12 | 19 11 | 19 12 | 19 15 | 19 21 | 19 30 | 19 42 | 19 51 | 20 01 |
| 8 | 19 24 | 19 18 | 19 13 | 19 10 | 19 08 | 19 07 | 19 07 | 19 10 | 19 14 | 19 21 | 19 31 | 19 45 | 19 55 | 20 07 |
| 12 | 19 15 | 19 10 | 19 06 | 19 04 | 19 03 | 19 03 | 19 04 | 19 08 | 19 14 | 19 22 | 19 33 | 19 48 | 19 59 | 20 12 |
| 16 | 19 06 | 19 02 | 19 00 | 18 59 | 18 59 | 18 59 | 19 02 | 19 06 | 19 13 | 19 22 | 19 34 | 19 52 | 20 03 | 20 17 |
| 20 | 18 57 | 18 55 | 18 53 | 18 53 | 18 54 | 18 55 | 18 59 | 19 05 | 19 12 | 19 23 | 19 36 | 19 55 | 20 08 | 20 23 |
| 24 | 18 49 | 18 48 | 18 48 | 18 48 | 18 50 | 18 51 | 18 56 | 19 03 | 19 12 | 19 23 | 19 38 | 19 59 | 20 12 | 20 29 |
| 28 | 18 41 | 18 41 | 18 42 | 18 44 | 18 46 | 18 48 | 18 54 | 19 02 | 19 12 | 19 24 | 19 40 | 20 02 | 20 16 | 20 35 |
| May  2 | 18 33 | 18 35 | 18 37 | 18 39 | 18 42 | 18 45 | 18 52 | 19 01 | 19 12 | 19 25 | 19 42 | 20 06 | 20 21 | 20 41 |
| 6 | 18 27 | 18 29 | 18 32 | 18 35 | 18 39 | 18 42 | 18 51 | 19 00 | 19 12 | 19 26 | 19 44 | 20 09 | 20 26 | 20 46 |
| 10 | 18 21 | 18 24 | 18 28 | 18 32 | 18 36 | 18 40 | 18 49 | 19 00 | 19 12 | 19 27 | 19 47 | 20 13 | 20 30 | 20 52 |
| 14 | 18 15 | 18 20 | 18 24 | 18 28 | 18 33 | 18 38 | 18 48 | 18 59 | 19 13 | 19 29 | 19 49 | 20 17 | 20 35 | 20 58 |
| 18 | 18 10 | 18 15 | 18 21 | 18 26 | 18 31 | 18 36 | 18 47 | 18 59 | 19 13 | 19 30 | 19 51 | 20 20 | 20 39 | 21 04 |
| 22 | 18 06 | 18 12 | 18 18 | 18 23 | 18 29 | 18 35 | 18 46 | 18 59 | 19 14 | 19 31 | 19 54 | 20 24 | 20 44 | 21 10 |
| 26 | 18 02 | 18 09 | 18 15 | 18 21 | 18 27 | 18 33 | 18 46 | 18 59 | 19 15 | 19 33 | 19 56 | 20 27 | 20 48 | 21 15 |
| 30 | 17 59 | 18 07 | 18 13 | 18 20 | 18 26 | 18 33 | 18 46 | 19 00 | 19 15 | 19 34 | 19 58 | 20 30 | 20 52 | 21 20 |
| June  3 | 17 57 | 18 05 | 18 12 | 18 19 | 18 26 | 18 32 | 18 46 | 19 00 | 19 16 | 19 36 | 20 00 | 20 33 | 20 55 | 21 24 |
| 7 | 17 55 | 18 04 | 18 11 | 18 18 | 18 25 | 18 32 | 18 46 | 19 01 | 19 17 | 19 37 | 20 02 | 20 35 | 20 58 | 21 28 |
| 11 | 17 54 | 18 03 | 18 11 | 18 18 | 18 25 | 18 32 | 18 46 | 19 01 | 19 18 | 19 38 | 20 03 | 20 37 | 21 01 | 21 31 |
| 15 | 17 54 | 18 03 | 18 11 | 18 18 | 18 26 | 18 33 | 18 47 | 19 02 | 19 19 | 19 39 | 20 05 | 20 39 | 21 03 | 21 34 |
| 19 | 17 54 | 18 03 | 18 11 | 18 19 | 18 26 | 18 33 | 18 48 | 19 03 | 19 20 | 19 40 | 20 06 | 20 40 | 21 04 | 21 35 |
| 23 | 17 55 | 18 04 | 18 12 | 18 20 | 18 27 | 18 34 | 18 49 | 19 04 | 19 21 | 19 41 | 20 07 | 20 41 | 21 05 | 21 36 |
| 27 | 17 57 | 18 06 | 18 14 | 18 21 | 18 28 | 18 35 | 18 50 | 19 05 | 19 22 | 19 42 | 20 07 | 20 41 | 21 05 | 21 36 |
| July  1 | 17 59 | 18 08 | 18 15 | 18 23 | 18 30 | 18 37 | 18 51 | 19 06 | 19 22 | 19 42 | 20 07 | 20 41 | 21 04 | 21 35 |
| 5 | 18 02 | 18 10 | 18 17 | 18 25 | 18 31 | 18 38 | 18 52 | 19 07 | 19 23 | 19 42 | 20 07 | 20 40 | 21 03 | 21 33 |

## UNIVERSAL TIME FOR MERIDIAN OF GREENWICH
### BEGINNING OF MORNING ASTRONOMICAL TWILIGHT

| Lat. | +40° | +42° | +44° | +46° | +48° | +50° | +52° | +54° | +56° | +58° | +60° | +62° | +64° | +66° |
|---|---|---|---|---|---|---|---|---|---|---|---|---|---|---|
| | h m | h m | h m | h m | h m | h m | h m | h m | h m | h m | h m | h m | h m | h m |
| Mar. 31 | 4 13 | 4 08 | 4 03 | 3 58 | 3 52 | 3 45 | 3 37 | 3 28 | 3 17 | 3 05 | 2 50 | 2 31 | 2 07 | 1 31 |
| Apr. 4 | 4 05 | 4 00 | 3 55 | 3 49 | 3 42 | 3 34 | 3 25 | 3 15 | 3 03 | 2 49 | 2 31 | 2 09 | 1 37 | 0 34 |
| 8 | 3 58 | 3 52 | 3 46 | 3 39 | 3 32 | 3 23 | 3 13 | 3 02 | 2 48 | 2 32 | 2 11 | 1 43 | 0 55 | // // |
| 12 | 3 50 | 3 44 | 3 38 | 3 30 | 3 22 | 3 12 | 3 01 | 2 48 | 2 33 | 2 13 | 1 48 | 1 09 | // // | // // |
| 16 | 3 43 | 3 36 | 3 29 | 3 21 | 3 12 | 3 01 | 2 48 | 2 34 | 2 16 | 1 53 | 1 19 | // // | // // | // // |
| 20 | 3 36 | 3 29 | 3 20 | 3 11 | 3 01 | 2 49 | 2 35 | 2 19 | 1 58 | 1 29 | 0 37 | // // | // // | // // |
| 24 | 3 29 | 3 21 | 3 12 | 3 02 | 2 51 | 2 38 | 2 22 | 2 03 | 1 37 | 0 58 | // // | // // | // // | // // |
| 28 | 3 21 | 3 13 | 3 03 | 2 53 | 2 40 | 2 25 | 2 08 | 1 45 | 1 13 | // // | // // | // // | // // | // // |
| May 2 | 3 15 | 3 05 | 2 55 | 2 43 | 2 30 | 2 13 | 1 53 | 1 26 | 0 39 | // // | // // | // // | // // | // // |
| 6 | 3 08 | 2 58 | 2 47 | 2 34 | 2 19 | 2 01 | 1 37 | 1 02 | // // | // // | // // | // // | // // | // // |
| 10 | 3 01 | 2 51 | 2 39 | 2 25 | 2 08 | 1 47 | 1 19 | 0 28 | // // | // // | // // | // // | // // | // // |
| 14 | 2 55 | 2 44 | 2 31 | 2 16 | 1 58 | 1 34 | 0 59 | // // | // // | // // | // // | // // | // // | // // |
| 18 | 2 50 | 2 38 | 2 24 | 2 07 | 1 47 | 1 20 | 0 31 | // // | // // | // // | // // | // // | // // | // // |
| 22 | 2 45 | 2 32 | 2 17 | 1 59 | 1 36 | 1 04 | // // | // // | // // | // // | // // | // // | // // | // // |
| 26 | 2 40 | 2 26 | 2 11 | 1 51 | 1 26 | 0 46 | // // | // // | // // | // // | // // | // // | // // | // // |
| 30 | 2 36 | 2 22 | 2 05 | 1 44 | 1 16 | 0 22 | // // | // // | // // | // // | // // | // // | // // | // // |
| June 3 | 2 33 | 2 18 | 2 00 | 1 38 | 1 07 | // // | // // | // // | // // | // // | // // | // // | // // | // // |
| 7 | 2 30 | 2 15 | 1 56 | 1 33 | 0 58 | // // | // // | // // | // // | // // | // // | // // | // // | // // |
| 11 | 2 28 | 2 13 | 1 54 | 1 29 | 0 50 | // // | // // | // // | // // | // // | // // | // // | // // | // // |
| 15 | 2 28 | 2 12 | 1 52 | 1 26 | 0 45 | // // | // // | // // | // // | // // | // // | // // | // // | □ |
| 19 | 2 28 | 2 11 | 1 52 | 1 25 | 0 42 | // // | // // | // // | // // | // // | // // | // // | // // | □ |
| 23 | 2 29 | 2 12 | 1 53 | 1 26 | 0 43 | // // | // // | // // | // // | // // | // // | // // | // // | □ |
| 27 | 2 30 | 2 14 | 1 55 | 1 29 | 0 47 | // // | // // | // // | // // | // // | // // | // // | // // | □ |
| July 1 | 2 33 | 2 17 | 1 58 | 1 33 | 0 55 | // // | // // | // // | // // | // // | // // | // // | // // | // // |
| 5 | 2 36 | 2 21 | 2 02 | 1 39 | 1 04 | // // | // // | // // | // // | // // | // // | // // | // // | // // |

### END OF EVENING ASTRONOMICAL TWILIGHT

| Lat. | +40° | +42° | +44° | +46° | +48° | +50° | +52° | +54° | +56° | +58° | +60° | +62° | +64° | +66° |
|---|---|---|---|---|---|---|---|---|---|---|---|---|---|---|
| | h m | h m | h m | h m | h m | h m | h m | h m | h m | h m | h m | h m | h m | h m |
| Mar. 31 | 19 56 | 20 01 | 20 06 | 20 12 | 20 18 | 20 25 | 20 33 | 20 42 | 20 53 | 21 06 | 21 21 | 21 41 | 22 07 | 22 46 |
| Apr. 4 | 20 01 | 20 07 | 20 12 | 20 18 | 20 25 | 20 33 | 20 42 | 20 53 | 21 05 | 21 20 | 21 38 | 22 02 | 22 36 | // // |
| 8 | 20 07 | 20 12 | 20 18 | 20 25 | 20 33 | 20 42 | 20 52 | 21 04 | 21 18 | 21 35 | 21 57 | 22 27 | 23 24 | // // |
| 12 | 20 12 | 20 18 | 20 25 | 20 33 | 20 41 | 20 51 | 21 02 | 21 16 | 21 32 | 21 52 | 22 19 | 23 03 | // // | // // |
| 16 | 20 17 | 20 24 | 20 32 | 20 40 | 20 50 | 21 01 | 21 13 | 21 28 | 21 47 | 22 11 | 22 47 | // // | // // | // // |
| 20 | 20 23 | 20 30 | 20 39 | 20 48 | 20 58 | 21 10 | 21 25 | 21 42 | 22 04 | 22 35 | 23 43 | // // | // // | // // |
| 24 | 20 29 | 20 37 | 20 46 | 20 56 | 21 07 | 21 21 | 21 37 | 21 57 | 22 24 | 23 07 | // // | // // | // // | // // |
| 28 | 20 35 | 20 43 | 20 53 | 21 04 | 21 17 | 21 32 | 21 50 | 22 14 | 22 48 | // // | // // | // // | // // | // // |
| May 2 | 20 41 | 20 50 | 21 00 | 21 12 | 21 26 | 21 43 | 22 04 | 22 33 | 23 27 | // // | // // | // // | // // | // // |
| 6 | 20 46 | 20 56 | 21 08 | 21 21 | 21 36 | 21 55 | 22 20 | 22 57 | // // | // // | // // | // // | // // | // // |
| 10 | 20 52 | 21 03 | 21 15 | 21 30 | 21 47 | 22 08 | 22 38 | 23 42 | // // | // // | // // | // // | // // | // // |
| 14 | 20 58 | 21 10 | 21 23 | 21 39 | 21 57 | 22 22 | 22 59 | // // | // // | // // | // // | // // | // // | // // |
| 18 | 21 04 | 21 16 | 21 31 | 21 47 | 22 08 | 22 37 | 23 32 | // // | // // | // // | // // | // // | // // | // // |
| 22 | 21 10 | 21 23 | 21 38 | 21 56 | 22 19 | 22 53 | // // | // // | // // | // // | // // | // // | // // | // // |
| 26 | 21 15 | 21 29 | 21 45 | 22 04 | 22 30 | 23 13 | // // | // // | // // | // // | // // | // // | // // | // // |
| 30 | 21 20 | 21 34 | 21 51 | 22 12 | 22 41 | 23 44 | // // | // // | // // | // // | // // | // // | // // | // // |
| June 3 | 21 24 | 21 39 | 21 57 | 22 20 | 22 52 | // // | // // | // // | // // | // // | // // | // // | // // | // // |
| 7 | 21 28 | 21 44 | 22 02 | 22 26 | 23 02 | // // | // // | // // | // // | // // | // // | // // | // // | // // |
| 11 | 21 31 | 21 47 | 22 06 | 22 32 | 23 11 | // // | // // | // // | // // | // // | // // | // // | // // | // // |
| 15 | 21 34 | 21 50 | 22 10 | 22 35 | 23 18 | // // | // // | // // | // // | // // | // // | // // | // // | □ |
| 19 | 21 35 | 21 52 | 22 11 | 22 38 | 23 21 | // // | // // | // // | // // | // // | // // | // // | // // | □ |
| 23 | 21 36 | 21 52 | 22 12 | 22 38 | 23 21 | // // | // // | // // | // // | // // | // // | // // | // // | □ |
| 27 | 21 36 | 21 52 | 22 11 | 22 37 | 23 18 | // // | // // | // // | // // | // // | // // | // // | // // | □ |
| July 1 | 21 35 | 21 50 | 22 09 | 22 34 | 23 11 | // // | // // | // // | // // | // // | // // | // // | // // | // // |
| 5 | 21 33 | 21 48 | 22 06 | 22 29 | 23 03 | // // | // // | // // | // // | // // | // // | // // | // // | // // |

□ indicates Sun continuously above horizon.
// // indicates continuous twilight.

# ASTRONOMICAL TWILIGHT, 2016

## UNIVERSAL TIME FOR MERIDIAN OF GREENWICH
### BEGINNING OF MORNING ASTRONOMICAL TWILIGHT

| Lat. | −55° | −50° | −45° | −40° | −35° | −30° | −20° | −10° | 0° | +10° | +20° | +30° | +35° | +40° |
|---|---|---|---|---|---|---|---|---|---|---|---|---|---|---|
| | h m | h m | h m | h m | h m | h m | h m | h m | h m | h m | h m | h m | h m | h m |
| July 1 | 6 09 | 6 00 | 5 53 | 5 45 | 5 38 | 5 31 | 5 17 | 5 02 | 4 45 | 4 25 | 4 01 | 3 27 | 3 03 | 2 33 |
| 5 | 6 08 | 6 00 | 5 52 | 5 45 | 5 38 | 5 31 | 5 18 | 5 03 | 4 46 | 4 27 | 4 02 | 3 29 | 3 06 | 2 36 |
| 9 | 6 06 | 5 58 | 5 51 | 5 44 | 5 38 | 5 31 | 5 18 | 5 03 | 4 47 | 4 28 | 4 04 | 3 31 | 3 09 | 2 40 |
| 13 | 6 03 | 5 56 | 5 49 | 5 43 | 5 37 | 5 30 | 5 18 | 5 04 | 4 48 | 4 29 | 4 06 | 3 34 | 3 13 | 2 45 |
| 17 | 6 00 | 5 54 | 5 47 | 5 41 | 5 35 | 5 29 | 5 17 | 5 04 | 4 49 | 4 31 | 4 08 | 3 37 | 3 16 | 2 49 |
| 21 | 5 56 | 5 50 | 5 45 | 5 39 | 5 34 | 5 28 | 5 17 | 5 04 | 4 49 | 4 32 | 4 10 | 3 40 | 3 20 | 2 55 |
| 25 | 5 52 | 5 47 | 5 42 | 5 37 | 5 32 | 5 27 | 5 16 | 5 04 | 4 50 | 4 33 | 4 12 | 3 44 | 3 25 | 3 00 |
| 29 | 5 46 | 5 42 | 5 38 | 5 34 | 5 29 | 5 25 | 5 15 | 5 03 | 4 50 | 4 34 | 4 14 | 3 47 | 3 29 | 3 06 |
| Aug. 2 | 5 41 | 5 37 | 5 34 | 5 30 | 5 26 | 5 22 | 5 13 | 5 03 | 4 51 | 4 36 | 4 16 | 3 50 | 3 33 | 3 12 |
| 6 | 5 34 | 5 32 | 5 29 | 5 26 | 5 23 | 5 20 | 5 12 | 5 02 | 4 51 | 4 37 | 4 18 | 3 54 | 3 38 | 3 17 |
| 10 | 5 27 | 5 26 | 5 24 | 5 22 | 5 20 | 5 17 | 5 10 | 5 01 | 4 51 | 4 37 | 4 20 | 3 57 | 3 42 | 3 23 |
| 14 | 5 20 | 5 20 | 5 19 | 5 18 | 5 16 | 5 13 | 5 07 | 5 00 | 4 50 | 4 38 | 4 22 | 4 01 | 3 47 | 3 29 |
| 18 | 5 12 | 5 13 | 5 13 | 5 13 | 5 12 | 5 10 | 5 05 | 4 58 | 4 50 | 4 39 | 4 24 | 4 04 | 3 51 | 3 34 |
| 22 | 5 03 | 5 06 | 5 07 | 5 07 | 5 07 | 5 06 | 5 02 | 4 57 | 4 49 | 4 39 | 4 26 | 4 07 | 3 55 | 3 40 |
| 26 | 4 55 | 4 58 | 5 01 | 5 02 | 5 02 | 5 02 | 4 59 | 4 55 | 4 49 | 4 40 | 4 27 | 4 10 | 3 59 | 3 45 |
| 30 | 4 45 | 4 50 | 4 54 | 4 56 | 4 57 | 4 58 | 4 56 | 4 53 | 4 48 | 4 40 | 4 29 | 4 13 | 4 03 | 3 50 |
| Sept. 3 | 4 35 | 4 42 | 4 47 | 4 50 | 4 52 | 4 53 | 4 53 | 4 51 | 4 47 | 4 40 | 4 30 | 4 16 | 4 07 | 3 55 |
| 7 | 4 25 | 4 34 | 4 39 | 4 44 | 4 46 | 4 48 | 4 50 | 4 49 | 4 46 | 4 40 | 4 32 | 4 19 | 4 11 | 4 00 |
| 11 | 4 15 | 4 25 | 4 32 | 4 37 | 4 41 | 4 43 | 4 46 | 4 46 | 4 44 | 4 40 | 4 33 | 4 22 | 4 14 | 4 05 |
| 15 | 4 04 | 4 15 | 4 24 | 4 30 | 4 35 | 4 38 | 4 43 | 4 44 | 4 43 | 4 40 | 4 34 | 4 24 | 4 18 | 4 09 |
| 19 | 3 52 | 4 06 | 4 16 | 4 23 | 4 29 | 4 33 | 4 39 | 4 42 | 4 42 | 4 40 | 4 35 | 4 27 | 4 21 | 4 14 |
| 23 | 3 40 | 3 56 | 4 08 | 4 16 | 4 23 | 4 28 | 4 35 | 4 39 | 4 40 | 4 39 | 4 36 | 4 29 | 4 24 | 4 18 |
| 27 | 3 28 | 3 46 | 3 59 | 4 09 | 4 17 | 4 23 | 4 31 | 4 36 | 4 39 | 4 39 | 4 37 | 4 32 | 4 28 | 4 22 |
| Oct. 1 | 3 16 | 3 36 | 3 51 | 4 02 | 4 11 | 4 18 | 4 27 | 4 34 | 4 37 | 4 39 | 4 38 | 4 34 | 4 31 | 4 26 |
| 5 | 3 03 | 3 25 | 3 42 | 3 55 | 4 04 | 4 12 | 4 24 | 4 31 | 4 36 | 4 39 | 4 39 | 4 36 | 4 34 | 4 31 |

### END OF EVENING ASTRONOMICAL TWILIGHT

| | −55° | −50° | −45° | −40° | −35° | −30° | −20° | −10° | 0° | +10° | +20° | +30° | +35° | +40° |
|---|---|---|---|---|---|---|---|---|---|---|---|---|---|---|
| | h m | h m | h m | h m | h m | h m | h m | h m | h m | h m | h m | h m | h m | h m |
| July 1 | 17 59 | 18 08 | 18 15 | 18 23 | 18 30 | 18 37 | 18 51 | 19 06 | 19 22 | 19 42 | 20 07 | 20 41 | 21 04 | 21 35 |
| 5 | 18 02 | 18 10 | 18 17 | 18 25 | 18 31 | 18 38 | 18 52 | 19 07 | 19 23 | 19 42 | 20 07 | 20 40 | 21 03 | 21 33 |
| 9 | 18 05 | 18 13 | 18 20 | 18 27 | 18 33 | 18 40 | 18 53 | 19 07 | 19 23 | 19 42 | 20 06 | 20 39 | 21 01 | 21 30 |
| 13 | 18 09 | 18 16 | 18 23 | 18 29 | 18 35 | 18 41 | 18 54 | 19 08 | 19 24 | 19 42 | 20 05 | 20 37 | 20 58 | 21 26 |
| 17 | 18 13 | 18 19 | 18 25 | 18 31 | 18 37 | 18 43 | 18 55 | 19 08 | 19 24 | 19 41 | 20 04 | 20 35 | 20 55 | 21 22 |
| 21 | 18 17 | 18 23 | 18 29 | 18 34 | 18 39 | 18 45 | 18 56 | 19 09 | 19 23 | 19 41 | 20 02 | 20 32 | 20 52 | 21 17 |
| 25 | 18 22 | 18 27 | 18 32 | 18 37 | 18 42 | 18 47 | 18 57 | 19 09 | 19 23 | 19 40 | 20 00 | 20 29 | 20 48 | 21 12 |
| 29 | 18 27 | 18 31 | 18 35 | 18 40 | 18 44 | 18 49 | 18 58 | 19 10 | 19 22 | 19 38 | 19 58 | 20 25 | 20 43 | 21 06 |
| Aug. 2 | 18 33 | 18 36 | 18 39 | 18 43 | 18 46 | 18 50 | 18 59 | 19 10 | 19 22 | 19 37 | 19 56 | 20 21 | 20 38 | 21 00 |
| 6 | 18 38 | 18 40 | 18 43 | 18 46 | 18 49 | 18 52 | 19 00 | 19 10 | 19 21 | 19 35 | 19 53 | 20 17 | 20 33 | 20 53 |
| 10 | 18 44 | 18 45 | 18 47 | 18 49 | 18 51 | 18 54 | 19 01 | 19 10 | 19 20 | 19 33 | 19 50 | 20 12 | 20 28 | 20 46 |
| 14 | 18 50 | 18 50 | 18 51 | 18 52 | 18 54 | 18 56 | 19 02 | 19 09 | 19 19 | 19 31 | 19 46 | 20 08 | 20 22 | 20 39 |
| 18 | 18 57 | 18 55 | 18 55 | 18 55 | 18 56 | 18 58 | 19 03 | 19 09 | 19 18 | 19 28 | 19 43 | 20 03 | 20 16 | 20 32 |
| 22 | 19 03 | 19 00 | 18 59 | 18 59 | 18 59 | 19 00 | 19 03 | 19 09 | 19 16 | 19 26 | 19 39 | 19 58 | 20 10 | 20 25 |
| 26 | 19 10 | 19 06 | 19 03 | 19 02 | 19 02 | 19 02 | 19 04 | 19 08 | 19 15 | 19 23 | 19 35 | 19 52 | 20 03 | 20 17 |
| 30 | 19 17 | 19 11 | 19 08 | 19 06 | 19 04 | 19 04 | 19 05 | 19 08 | 19 13 | 19 21 | 19 32 | 19 47 | 19 57 | 20 10 |
| Sept. 3 | 19 24 | 19 17 | 19 12 | 19 09 | 19 07 | 19 06 | 19 05 | 19 07 | 19 12 | 19 18 | 19 28 | 19 42 | 19 51 | 20 02 |
| 7 | 19 32 | 19 23 | 19 17 | 19 13 | 19 10 | 19 08 | 19 06 | 19 07 | 19 10 | 19 16 | 19 24 | 19 36 | 19 44 | 19 55 |
| 11 | 19 40 | 19 29 | 19 22 | 19 17 | 19 13 | 19 10 | 19 07 | 19 07 | 19 09 | 19 13 | 19 20 | 19 31 | 19 38 | 19 47 |
| 15 | 19 48 | 19 36 | 19 27 | 19 21 | 19 16 | 19 12 | 19 08 | 19 06 | 19 07 | 19 10 | 19 16 | 19 25 | 19 32 | 19 40 |
| 19 | 19 57 | 19 43 | 19 32 | 19 25 | 19 19 | 19 14 | 19 09 | 19 06 | 19 06 | 19 07 | 19 12 | 19 20 | 19 25 | 19 33 |
| 23 | 20 06 | 19 50 | 19 38 | 19 29 | 19 22 | 19 17 | 19 10 | 19 06 | 19 04 | 19 05 | 19 08 | 19 15 | 19 19 | 19 26 |
| 27 | 20 15 | 19 57 | 19 44 | 19 33 | 19 26 | 19 19 | 19 11 | 19 05 | 19 03 | 19 02 | 19 04 | 19 09 | 19 13 | 19 19 |
| Oct. 1 | 20 25 | 20 05 | 19 50 | 19 38 | 19 29 | 19 22 | 19 12 | 19 05 | 19 02 | 19 00 | 19 01 | 19 04 | 19 08 | 19 12 |
| 5 | 20 36 | 20 13 | 19 56 | 19 43 | 19 33 | 19 25 | 19 13 | 19 05 | 19 00 | 18 58 | 18 57 | 19 00 | 19 02 | 19 05 |

## UNIVERSAL TIME FOR MERIDIAN OF GREENWICH
### BEGINNING OF MORNING ASTRONOMICAL TWILIGHT

| Lat. | +40° | +42° | +44° | +46° | +48° | +50° | +52° | +54° | +56° | +58° | +60° | +62° | +64° | +66° |
|---|---|---|---|---|---|---|---|---|---|---|---|---|---|---|
| | h m | h m | h m | h m | h m | h m | h m | h m | h m | h m | h m | h m | h m | h m |
| July 1 | 2 33 | 2 17 | 1 58 | 1 33 | 0 55 | // // | // // | // // | // // | // // | // // | // // | // // | // // |
| 5 | 2 36 | 2 21 | 2 02 | 1 39 | 1 04 | // // | // // | // // | // // | // // | // // | // // | // // | // // |
| 9 | 2 40 | 2 25 | 2 08 | 1 45 | 1 14 | // // | // // | // // | // // | // // | // // | // // | // // | // // |
| 13 | 2 45 | 2 30 | 2 14 | 1 53 | 1 25 | 0 31 | // // | // // | // // | // // | // // | // // | // // | // // |
| 17 | 2 49 | 2 36 | 2 20 | 2 01 | 1 36 | 0 56 | // // | // // | // // | // // | // // | // // | // // | // // |
| 21 | 2 55 | 2 42 | 2 27 | 2 09 | 1 47 | 1 14 | // // | // // | // // | // // | // // | // // | // // | // // |
| 25 | 3 00 | 2 48 | 2 34 | 2 18 | 1 57 | 1 30 | 0 41 | // // | // // | // // | // // | // // | // // | // // |
| 29 | 3 06 | 2 54 | 2 42 | 2 26 | 2 08 | 1 44 | 1 09 | // // | // // | // // | // // | // // | // // | // // |
| Aug. 2 | 3 12 | 3 01 | 2 49 | 2 35 | 2 18 | 1 58 | 1 29 | 0 37 | // // | // // | // // | // // | // // | // // |
| 6 | 3 17 | 3 07 | 2 56 | 2 43 | 2 28 | 2 10 | 1 46 | 1 11 | // // | // // | // // | // // | // // | // // |
| 10 | 3 23 | 3 14 | 3 04 | 2 52 | 2 38 | 2 22 | 2 01 | 1 34 | 0 46 | // // | // // | // // | // // | // // |
| 14 | 3 29 | 3 20 | 3 11 | 3 00 | 2 47 | 2 33 | 2 15 | 1 52 | 1 19 | // // | // // | // // | // // | // // |
| 18 | 3 34 | 3 26 | 3 18 | 3 08 | 2 56 | 2 43 | 2 27 | 2 08 | 1 42 | 1 02 | // // | // // | // // | // // |
| 22 | 3 40 | 3 32 | 3 24 | 3 15 | 3 05 | 2 53 | 2 39 | 2 22 | 2 01 | 1 31 | 0 36 | // // | // // | // // |
| 26 | 3 45 | 3 38 | 3 31 | 3 23 | 3 13 | 3 02 | 2 50 | 2 35 | 2 17 | 1 53 | 1 19 | // // | // // | // // |
| 30 | 3 50 | 3 44 | 3 37 | 3 30 | 3 21 | 3 12 | 3 00 | 2 47 | 2 31 | 2 12 | 1 46 | 1 05 | // // | // // |
| Sept. 3 | 3 55 | 3 50 | 3 43 | 3 37 | 3 29 | 3 20 | 3 10 | 2 59 | 2 45 | 2 28 | 2 07 | 1 38 | 0 46 | // // |
| 7 | 4 00 | 3 55 | 3 49 | 3 43 | 3 36 | 3 28 | 3 20 | 3 09 | 2 57 | 2 43 | 2 25 | 2 02 | 1 29 | 0 07 |
| 11 | 4 05 | 4 00 | 3 55 | 3 50 | 3 43 | 3 36 | 3 28 | 3 19 | 3 09 | 2 56 | 2 41 | 2 22 | 1 56 | 1 18 |
| 15 | 4 09 | 4 05 | 4 01 | 3 56 | 3 50 | 3 44 | 3 37 | 3 29 | 3 20 | 3 09 | 2 55 | 2 39 | 2 19 | 1 51 |
| 19 | 4 14 | 4 10 | 4 06 | 4 02 | 3 57 | 3 51 | 3 45 | 3 38 | 3 30 | 3 20 | 3 09 | 2 55 | 2 38 | 2 16 |
| 23 | 4 18 | 4 15 | 4 11 | 4 08 | 4 03 | 3 59 | 3 53 | 3 47 | 3 40 | 3 31 | 3 21 | 3 10 | 2 55 | 2 37 |
| 27 | 4 22 | 4 20 | 4 17 | 4 13 | 4 10 | 4 06 | 4 01 | 3 55 | 3 49 | 3 42 | 3 33 | 3 23 | 3 11 | 2 56 |
| Oct. 1 | 4 26 | 4 24 | 4 22 | 4 19 | 4 16 | 4 12 | 4 08 | 4 04 | 3 58 | 3 52 | 3 45 | 3 36 | 3 26 | 3 13 |
| 5 | 4 31 | 4 29 | 4 27 | 4 24 | 4 22 | 4 19 | 4 15 | 4 12 | 4 07 | 4 02 | 3 56 | 3 48 | 3 40 | 3 29 |

### END OF EVENING ASTRONOMICAL TWILIGHT

| Lat. | +40° | +42° | +44° | +46° | +48° | +50° | +52° | +54° | +56° | +58° | +60° | +62° | +64° | +66° |
|---|---|---|---|---|---|---|---|---|---|---|---|---|---|---|
| | h m | h m | h m | h m | h m | h m | h m | h m | h m | h m | h m | h m | h m | h m |
| July 1 | 21 35 | 21 50 | 22 09 | 22 34 | 23 11 | // // | // // | // // | // // | // // | // // | // // | // // | // // |
| 5 | 21 33 | 21 48 | 22 06 | 22 29 | 23 03 | // // | // // | // // | // // | // // | // // | // // | // // | // // |
| 9 | 21 30 | 21 44 | 22 02 | 22 24 | 22 54 | // // | // // | // // | // // | // // | // // | // // | // // | // // |
| 13 | 21 26 | 21 40 | 21 57 | 22 17 | 22 45 | 23 34 | // // | // // | // // | // // | // // | // // | // // | // // |
| 17 | 21 22 | 21 35 | 21 51 | 22 10 | 22 34 | 23 12 | // // | // // | // // | // // | // // | // // | // // | // // |
| 21 | 21 17 | 21 30 | 21 44 | 22 02 | 22 24 | 22 55 | // // | // // | // // | // // | // // | // // | // // | // // |
| 25 | 21 12 | 21 24 | 21 37 | 21 54 | 22 13 | 22 40 | 23 24 | // // | // // | // // | // // | // // | // // | // // |
| 29 | 21 06 | 21 17 | 21 30 | 21 45 | 22 03 | 22 26 | 22 59 | // // | // // | // // | // // | // // | // // | // // |
| Aug. 2 | 21 00 | 21 10 | 21 22 | 21 36 | 21 52 | 22 12 | 22 39 | 23 25 | // // | // // | // // | // // | // // | // // |
| 6 | 20 53 | 21 03 | 21 14 | 21 27 | 21 41 | 21 59 | 22 22 | 22 55 | // // | // // | // // | // // | // // | // // |
| 10 | 20 46 | 20 55 | 21 06 | 21 17 | 21 31 | 21 47 | 22 06 | 22 32 | 23 15 | // // | // // | // // | // // | // // |
| 14 | 20 39 | 20 48 | 20 57 | 21 08 | 21 20 | 21 34 | 21 52 | 22 14 | 22 44 | 23 56 | // // | // // | // // | // // |
| 18 | 20 32 | 20 40 | 20 48 | 20 58 | 21 09 | 21 22 | 21 38 | 21 56 | 22 21 | 22 58 | // // | // // | // // | // // |
| 22 | 20 25 | 20 32 | 20 40 | 20 49 | 20 59 | 21 10 | 21 24 | 21 41 | 22 01 | 22 29 | 23 15 | // // | // // | // // |
| 26 | 20 17 | 20 24 | 20 31 | 20 39 | 20 48 | 20 59 | 21 11 | 21 26 | 21 43 | 22 06 | 22 37 | 23 54 | // // | // // |
| 30 | 20 10 | 20 16 | 20 22 | 20 30 | 20 38 | 20 48 | 20 58 | 21 11 | 21 27 | 21 45 | 22 10 | 22 47 | // // | // // |
| Sept. 3 | 20 02 | 20 08 | 20 14 | 20 20 | 20 28 | 20 36 | 20 46 | 20 58 | 21 11 | 21 27 | 21 47 | 22 15 | 22 59 | // // |
| 7 | 19 55 | 20 00 | 20 05 | 20 11 | 20 18 | 20 26 | 20 34 | 20 44 | 20 56 | 21 10 | 21 27 | 21 49 | 22 20 | 23 17 |
| 11 | 19 47 | 19 52 | 19 57 | 20 02 | 20 08 | 20 15 | 20 23 | 20 32 | 20 42 | 20 54 | 21 09 | 21 27 | 21 51 | 22 26 |
| 15 | 19 40 | 19 44 | 19 48 | 19 53 | 19 58 | 20 05 | 20 11 | 20 19 | 20 28 | 20 39 | 20 52 | 21 07 | 21 27 | 21 53 |
| 19 | 19 33 | 19 36 | 19 40 | 19 44 | 19 49 | 19 54 | 20 00 | 20 07 | 20 15 | 20 25 | 20 36 | 20 49 | 21 05 | 21 26 |
| 23 | 19 26 | 19 28 | 19 32 | 19 36 | 19 40 | 19 44 | 19 50 | 19 56 | 20 03 | 20 11 | 20 21 | 20 32 | 20 46 | 21 03 |
| 27 | 19 19 | 19 21 | 19 24 | 19 27 | 19 31 | 19 35 | 19 39 | 19 45 | 19 51 | 19 58 | 20 06 | 20 16 | 20 28 | 20 42 |
| Oct. 1 | 19 12 | 19 14 | 19 16 | 19 19 | 19 22 | 19 25 | 19 29 | 19 34 | 19 39 | 19 45 | 19 52 | 20 01 | 20 10 | 20 23 |
| 5 | 19 05 | 19 07 | 19 09 | 19 11 | 19 14 | 19 16 | 19 20 | 19 24 | 19 28 | 19 33 | 19 39 | 19 46 | 19 54 | 20 05 |

// // indicates continuous twilight.

# ASTRONOMICAL TWILIGHT, 2016

## UNIVERSAL TIME FOR MERIDIAN OF GREENWICH
### BEGINNING OF MORNING ASTRONOMICAL TWILIGHT

| Lat. | −55° | −50° | −45° | −40° | −35° | −30° | −20° | −10° | 0° | +10° | +20° | +30° | +35° | +40° |
|---|---|---|---|---|---|---|---|---|---|---|---|---|---|---|
| | h m | h m | h m | h m | h m | h m | h m | h m | h m | h m | h m | h m | h m | h m |
| Oct. 1 | 3 16 | 3 36 | 3 51 | 4 02 | 4 11 | 4 18 | 4 27 | 4 34 | 4 37 | 4 39 | 4 38 | 4 34 | 4 31 | 4 26 |
| 5 | 3 03 | 3 25 | 3 42 | 3 55 | 4 04 | 4 12 | 4 24 | 4 31 | 4 36 | 4 39 | 4 39 | 4 36 | 4 34 | 4 31 |
| 9 | 2 49 | 3 15 | 3 33 | 3 47 | 3 58 | 4 07 | 4 20 | 4 29 | 4 35 | 4 38 | 4 40 | 4 39 | 4 37 | 4 35 |
| 13 | 2 35 | 3 04 | 3 24 | 3 40 | 3 52 | 4 02 | 4 16 | 4 26 | 4 33 | 4 38 | 4 41 | 4 41 | 4 40 | 4 39 |
| 17 | 2 20 | 2 53 | 3 16 | 3 33 | 3 46 | 3 57 | 4 13 | 4 24 | 4 32 | 4 38 | 4 42 | 4 44 | 4 43 | 4 43 |
| 21 | 2 04 | 2 41 | 3 07 | 3 25 | 3 40 | 3 51 | 4 09 | 4 22 | 4 31 | 4 38 | 4 43 | 4 46 | 4 47 | 4 47 |
| 25 | 1 47 | 2 30 | 2 58 | 3 18 | 3 34 | 3 47 | 4 06 | 4 20 | 4 30 | 4 38 | 4 44 | 4 49 | 4 50 | 4 51 |
| 29 | 1 28 | 2 18 | 2 49 | 3 11 | 3 28 | 3 42 | 4 03 | 4 18 | 4 30 | 4 39 | 4 46 | 4 51 | 4 53 | 4 55 |
| Nov. 2 | 1 06 | 2 06 | 2 40 | 3 04 | 3 23 | 3 38 | 4 00 | 4 16 | 4 29 | 4 39 | 4 47 | 4 54 | 4 56 | 4 59 |
| 6 | 0 39 | 1 54 | 2 32 | 2 58 | 3 18 | 3 33 | 3 57 | 4 15 | 4 29 | 4 40 | 4 49 | 4 56 | 5 00 | 5 03 |
| 10 | // // | 1 41 | 2 23 | 2 52 | 3 13 | 3 30 | 3 55 | 4 14 | 4 28 | 4 40 | 4 50 | 4 59 | 5 03 | 5 07 |
| 14 | // // | 1 28 | 2 15 | 2 46 | 3 09 | 3 26 | 3 53 | 4 13 | 4 28 | 4 41 | 4 52 | 5 02 | 5 06 | 5 11 |
| 18 | // // | 1 14 | 2 08 | 2 41 | 3 05 | 3 23 | 3 51 | 4 12 | 4 29 | 4 42 | 4 54 | 5 05 | 5 10 | 5 15 |
| 22 | // // | 0 59 | 2 00 | 2 36 | 3 01 | 3 21 | 3 50 | 4 12 | 4 29 | 4 44 | 4 56 | 5 08 | 5 13 | 5 18 |
| 26 | // // | 0 42 | 1 54 | 2 32 | 2 58 | 3 19 | 3 49 | 4 12 | 4 30 | 4 45 | 4 58 | 5 10 | 5 16 | 5 22 |
| 30 | // // | 0 20 | 1 48 | 2 28 | 2 56 | 3 17 | 3 49 | 4 12 | 4 31 | 4 47 | 5 00 | 5 13 | 5 19 | 5 26 |
| Dec. 4 | // // | // // | 1 43 | 2 25 | 2 54 | 3 16 | 3 49 | 4 13 | 4 32 | 4 48 | 5 03 | 5 16 | 5 23 | 5 29 |
| 8 | // // | // // | 1 39 | 2 23 | 2 53 | 3 16 | 3 49 | 4 14 | 4 34 | 4 50 | 5 05 | 5 19 | 5 25 | 5 32 |
| 12 | // // | // // | 1 36 | 2 23 | 2 53 | 3 16 | 3 50 | 4 15 | 4 35 | 4 52 | 5 07 | 5 21 | 5 28 | 5 35 |
| 16 | // // | // // | 1 35 | 2 23 | 2 54 | 3 17 | 3 52 | 4 17 | 4 37 | 4 54 | 5 09 | 5 24 | 5 31 | 5 38 |
| 20 | // // | // // | 1 36 | 2 24 | 2 55 | 3 19 | 3 53 | 4 19 | 4 39 | 4 56 | 5 11 | 5 26 | 5 33 | 5 40 |
| 24 | // // | // // | 1 38 | 2 26 | 2 57 | 3 21 | 3 55 | 4 21 | 4 41 | 4 58 | 5 13 | 5 28 | 5 35 | 5 42 |
| 28 | // // | // // | 1 42 | 2 29 | 3 00 | 3 23 | 3 58 | 4 23 | 4 43 | 5 00 | 5 15 | 5 29 | 5 36 | 5 44 |
| 32 | // // | // // | 1 47 | 2 33 | 3 04 | 3 27 | 4 00 | 4 25 | 4 45 | 5 02 | 5 17 | 5 31 | 5 38 | 5 45 |
| 36 | // // | // // | 1 54 | 2 38 | 3 08 | 3 30 | 4 03 | 4 28 | 4 47 | 5 04 | 5 18 | 5 32 | 5 38 | 5 45 |

### END OF EVENING ASTRONOMICAL TWILIGHT

| Lat. | −55° | −50° | −45° | −40° | −35° | −30° | −20° | −10° | 0° | +10° | +20° | +30° | +35° | +40° |
|---|---|---|---|---|---|---|---|---|---|---|---|---|---|---|
| | h m | h m | h m | h m | h m | h m | h m | h m | h m | h m | h m | h m | h m | h m |
| Oct. 1 | 20 25 | 20 05 | 19 50 | 19 38 | 19 29 | 19 22 | 19 12 | 19 05 | 19 02 | 19 00 | 19 01 | 19 04 | 19 08 | 19 12 |
| 5 | 20 36 | 20 13 | 19 56 | 19 43 | 19 33 | 19 25 | 19 13 | 19 05 | 19 00 | 18 58 | 18 57 | 19 00 | 19 02 | 19 05 |
| 9 | 20 48 | 20 21 | 20 02 | 19 48 | 19 37 | 19 28 | 19 15 | 19 06 | 19 00 | 18 56 | 18 54 | 18 55 | 18 56 | 18 59 |
| 13 | 21 00 | 20 30 | 20 09 | 19 53 | 19 41 | 19 31 | 19 16 | 19 06 | 18 59 | 18 54 | 18 51 | 18 51 | 18 51 | 18 53 |
| 17 | 21 14 | 20 40 | 20 16 | 19 59 | 19 46 | 19 35 | 19 18 | 19 07 | 18 58 | 18 52 | 18 48 | 18 46 | 18 46 | 18 47 |
| 21 | 21 28 | 20 50 | 20 24 | 20 05 | 19 50 | 19 38 | 19 20 | 19 07 | 18 58 | 18 51 | 18 46 | 18 43 | 18 42 | 18 42 |
| 25 | 21 45 | 21 00 | 20 32 | 20 11 | 19 55 | 19 42 | 19 23 | 19 08 | 18 58 | 18 50 | 18 43 | 18 39 | 18 38 | 18 37 |
| 29 | 22 04 | 21 12 | 20 40 | 20 17 | 20 00 | 19 46 | 19 25 | 19 10 | 18 58 | 18 49 | 18 41 | 18 36 | 18 34 | 18 32 |
| Nov. 2 | 22 26 | 21 24 | 20 48 | 20 24 | 20 05 | 19 50 | 19 28 | 19 11 | 18 58 | 18 48 | 18 40 | 18 33 | 18 30 | 18 28 |
| 6 | 22 57 | 21 36 | 20 57 | 20 31 | 20 10 | 19 55 | 19 30 | 19 13 | 18 59 | 18 48 | 18 38 | 18 31 | 18 27 | 18 24 |
| 10 | // // | 21 50 | 21 06 | 20 37 | 20 16 | 19 59 | 19 33 | 19 14 | 19 00 | 18 47 | 18 37 | 18 28 | 18 24 | 18 21 |
| 14 | // // | 22 04 | 21 15 | 20 44 | 20 21 | 20 03 | 19 36 | 19 16 | 19 01 | 18 48 | 18 37 | 18 27 | 18 22 | 18 18 |
| 18 | // // | 22 20 | 21 25 | 20 51 | 20 27 | 20 08 | 19 39 | 19 18 | 19 02 | 18 48 | 18 36 | 18 26 | 18 20 | 18 16 |
| 22 | // // | 22 38 | 21 34 | 20 58 | 20 32 | 20 12 | 19 43 | 19 21 | 19 03 | 18 49 | 18 36 | 18 25 | 18 19 | 18 14 |
| 26 | // // | 22 58 | 21 43 | 21 04 | 20 37 | 20 17 | 19 46 | 19 23 | 19 05 | 18 50 | 18 36 | 18 24 | 18 18 | 18 12 |
| 30 | // // | 23 26 | 21 51 | 21 10 | 20 42 | 20 21 | 19 49 | 19 25 | 19 07 | 18 51 | 18 37 | 18 24 | 18 18 | 18 12 |
| Dec. 4 | // // | // // | 21 59 | 21 16 | 20 47 | 20 25 | 19 52 | 19 28 | 19 09 | 18 52 | 18 38 | 18 25 | 18 18 | 18 11 |
| 8 | // // | // // | 22 06 | 21 21 | 20 51 | 20 28 | 19 55 | 19 30 | 19 11 | 18 54 | 18 39 | 18 25 | 18 19 | 18 12 |
| 12 | // // | // // | 22 12 | 21 26 | 20 55 | 20 32 | 19 58 | 19 33 | 19 13 | 18 56 | 18 41 | 18 27 | 18 20 | 18 12 |
| 16 | // // | // // | 22 17 | 21 29 | 20 58 | 20 35 | 20 00 | 19 35 | 19 15 | 18 58 | 18 42 | 18 28 | 18 21 | 18 14 |
| 20 | // // | // // | 22 20 | 21 32 | 21 00 | 20 37 | 20 02 | 19 37 | 19 17 | 19 00 | 18 44 | 18 30 | 18 23 | 18 15 |
| 24 | // // | // // | 22 21 | 21 33 | 21 02 | 20 39 | 20 04 | 19 39 | 19 19 | 19 02 | 18 46 | 18 32 | 18 25 | 18 17 |
| 28 | // // | // // | 22 21 | 21 34 | 21 03 | 20 40 | 20 06 | 19 41 | 19 21 | 19 04 | 18 48 | 18 34 | 18 27 | 18 20 |
| 32 | // // | // // | 22 19 | 21 34 | 21 03 | 20 41 | 20 07 | 19 42 | 19 22 | 19 06 | 18 51 | 18 37 | 18 30 | 18 23 |
| 36 | // // | // // | 22 16 | 21 32 | 21 03 | 20 41 | 20 07 | 19 43 | 19 24 | 19 07 | 18 53 | 18 39 | 18 33 | 18 26 |

// // indicates continuous twilight.

## UNIVERSAL TIME FOR MERIDIAN OF GREENWICH
### BEGINNING OF MORNING ASTRONOMICAL TWILIGHT

| Lat. | +40° | +42° | +44° | +46° | +48° | +50° | +52° | +54° | +56° | +58° | +60° | +62° | +64° | +66° |
|---|---|---|---|---|---|---|---|---|---|---|---|---|---|---|
| | h m | h m | h m | h m | h m | h m | h m | h m | h m | h m | h m | h m | h m | h m |
| Oct. 1 | 4 26 | 4 24 | 4 22 | 4 19 | 4 16 | 4 12 | 4 08 | 4 04 | 3 58 | 3 52 | 3 45 | 3 36 | 3 26 | 3 13 |
| 5 | 4 31 | 4 29 | 4 27 | 4 24 | 4 22 | 4 19 | 4 15 | 4 12 | 4 07 | 4 02 | 3 56 | 3 48 | 3 40 | 3 29 |
| 9 | 4 35 | 4 33 | 4 32 | 4 30 | 4 28 | 4 25 | 4 23 | 4 19 | 4 16 | 4 11 | 4 06 | 4 00 | 3 53 | 3 44 |
| 13 | 4 39 | 4 38 | 4 37 | 4 35 | 4 34 | 4 32 | 4 29 | 4 27 | 4 24 | 4 20 | 4 16 | 4 11 | 4 05 | 3 58 |
| 17 | 4 43 | 4 42 | 4 41 | 4 40 | 4 39 | 4 38 | 4 36 | 4 34 | 4 32 | 4 29 | 4 26 | 4 22 | 4 17 | 4 11 |
| 21 | 4 47 | 4 46 | 4 46 | 4 46 | 4 45 | 4 44 | 4 43 | 4 42 | 4 40 | 4 38 | 4 35 | 4 32 | 4 29 | 4 24 |
| 25 | 4 51 | 4 51 | 4 51 | 4 51 | 4 50 | 4 50 | 4 49 | 4 49 | 4 48 | 4 46 | 4 45 | 4 42 | 4 40 | 4 37 |
| 29 | 4 55 | 4 55 | 4 56 | 4 56 | 4 56 | 4 56 | 4 56 | 4 56 | 4 55 | 4 54 | 4 53 | 4 52 | 4 51 | 4 48 |
| Nov. 2 | 4 59 | 5 00 | 5 00 | 5 01 | 5 01 | 5 02 | 5 02 | 5 02 | 5 03 | 5 02 | 5 02 | 5 02 | 5 01 | 5 00 |
| 6 | 5 03 | 5 04 | 5 05 | 5 06 | 5 07 | 5 08 | 5 08 | 5 09 | 5 10 | 5 10 | 5 11 | 5 11 | 5 11 | 5 11 |
| 10 | 5 07 | 5 08 | 5 09 | 5 11 | 5 12 | 5 13 | 5 15 | 5 16 | 5 17 | 5 18 | 5 19 | 5 20 | 5 21 | 5 21 |
| 14 | 5 11 | 5 12 | 5 14 | 5 16 | 5 17 | 5 19 | 5 20 | 5 22 | 5 24 | 5 25 | 5 27 | 5 28 | 5 30 | 5 32 |
| 18 | 5 15 | 5 16 | 5 18 | 5 20 | 5 22 | 5 24 | 5 26 | 5 28 | 5 30 | 5 32 | 5 34 | 5 36 | 5 39 | 5 41 |
| 22 | 5 18 | 5 21 | 5 23 | 5 25 | 5 27 | 5 29 | 5 32 | 5 34 | 5 36 | 5 39 | 5 41 | 5 44 | 5 47 | 5 50 |
| 26 | 5 22 | 5 24 | 5 27 | 5 29 | 5 32 | 5 34 | 5 37 | 5 39 | 5 42 | 5 45 | 5 48 | 5 51 | 5 55 | 5 59 |
| 30 | 5 26 | 5 28 | 5 31 | 5 33 | 5 36 | 5 39 | 5 42 | 5 45 | 5 48 | 5 51 | 5 54 | 5 58 | 6 02 | 6 06 |
| Dec. 4 | 5 29 | 5 32 | 5 35 | 5 37 | 5 40 | 5 43 | 5 46 | 5 49 | 5 53 | 5 56 | 6 00 | 6 04 | 6 08 | 6 13 |
| 8 | 5 32 | 5 35 | 5 38 | 5 41 | 5 44 | 5 47 | 5 50 | 5 54 | 5 57 | 6 01 | 6 05 | 6 09 | 6 14 | 6 19 |
| 12 | 5 35 | 5 38 | 5 41 | 5 44 | 5 47 | 5 51 | 5 54 | 5 57 | 6 01 | 6 05 | 6 09 | 6 14 | 6 19 | 6 24 |
| 16 | 5 38 | 5 41 | 5 44 | 5 47 | 5 50 | 5 54 | 5 57 | 6 01 | 6 04 | 6 08 | 6 13 | 6 17 | 6 22 | 6 28 |
| 20 | 5 40 | 5 43 | 5 46 | 5 49 | 5 53 | 5 56 | 5 59 | 6 03 | 6 07 | 6 11 | 6 15 | 6 20 | 6 25 | 6 31 |
| 24 | 5 42 | 5 45 | 5 48 | 5 51 | 5 54 | 5 58 | 6 01 | 6 05 | 6 09 | 6 13 | 6 17 | 6 22 | 6 27 | 6 33 |
| 28 | 5 44 | 5 47 | 5 50 | 5 53 | 5 56 | 5 59 | 6 02 | 6 06 | 6 10 | 6 14 | 6 18 | 6 23 | 6 28 | 6 33 |
| 32 | 5 45 | 5 48 | 5 50 | 5 53 | 5 57 | 6 00 | 6 03 | 6 06 | 6 10 | 6 14 | 6 18 | 6 22 | 6 27 | 6 33 |
| 36 | 5 45 | 5 48 | 5 51 | 5 54 | 5 57 | 6 00 | 6 03 | 6 06 | 6 10 | 6 13 | 6 17 | 6 21 | 6 26 | 6 31 |

### END OF EVENING ASTRONOMICAL TWILIGHT

| Lat. | +40° | +42° | +44° | +46° | +48° | +50° | +52° | +54° | +56° | +58° | +60° | +62° | +64° | +66° |
|---|---|---|---|---|---|---|---|---|---|---|---|---|---|---|
| | h m | h m | h m | h m | h m | h m | h m | h m | h m | h m | h m | h m | h m | h m |
| Oct. 1 | 19 12 | 19 14 | 19 16 | 19 19 | 19 22 | 19 25 | 19 29 | 19 34 | 19 39 | 19 45 | 19 52 | 20 01 | 20 10 | 20 23 |
| 5 | 19 05 | 19 07 | 19 09 | 19 11 | 19 14 | 19 16 | 19 20 | 19 24 | 19 28 | 19 33 | 19 39 | 19 46 | 19 54 | 20 05 |
| 9 | 18 59 | 19 00 | 19 02 | 19 03 | 19 05 | 19 08 | 19 11 | 19 14 | 19 17 | 19 22 | 19 26 | 19 32 | 19 39 | 19 48 |
| 13 | 18 53 | 18 54 | 18 55 | 18 56 | 18 58 | 19 00 | 19 02 | 19 04 | 19 07 | 19 10 | 19 14 | 19 19 | 19 25 | 19 32 |
| 17 | 18 47 | 18 48 | 18 48 | 18 49 | 18 50 | 18 52 | 18 53 | 18 55 | 18 57 | 19 00 | 19 03 | 19 07 | 19 11 | 19 17 |
| 21 | 18 42 | 18 42 | 18 42 | 18 43 | 18 43 | 18 44 | 18 45 | 18 46 | 18 48 | 18 50 | 18 52 | 18 55 | 18 59 | 19 03 |
| 25 | 18 37 | 18 37 | 18 36 | 18 37 | 18 37 | 18 37 | 18 38 | 18 38 | 18 39 | 18 41 | 18 42 | 18 44 | 18 47 | 18 50 |
| 29 | 18 32 | 18 32 | 18 32 | 18 31 | 18 31 | 18 30 | 18 31 | 18 31 | 18 31 | 18 32 | 18 33 | 18 34 | 18 35 | 18 37 |
| Nov. 2 | 18 28 | 18 27 | 18 26 | 18 26 | 18 25 | 18 24 | 18 24 | 18 24 | 18 24 | 18 24 | 18 24 | 18 24 | 18 25 | 18 26 |
| 6 | 18 24 | 18 23 | 18 22 | 18 21 | 18 20 | 18 19 | 18 18 | 18 17 | 18 17 | 18 16 | 18 16 | 18 15 | 18 15 | 18 15 |
| 10 | 18 21 | 18 19 | 18 18 | 18 17 | 18 15 | 18 14 | 18 13 | 18 11 | 18 10 | 18 09 | 18 08 | 18 07 | 18 06 | 18 05 |
| 14 | 18 18 | 18 16 | 18 14 | 18 13 | 18 11 | 18 10 | 18 08 | 18 06 | 18 05 | 18 03 | 18 01 | 18 00 | 17 58 | 17 56 |
| 18 | 18 16 | 18 14 | 18 12 | 18 10 | 18 08 | 18 06 | 18 04 | 18 02 | 18 00 | 17 58 | 17 55 | 17 53 | 17 51 | 17 48 |
| 22 | 18 14 | 18 12 | 18 09 | 18 07 | 18 05 | 18 03 | 18 00 | 17 58 | 17 55 | 17 53 | 17 50 | 17 48 | 17 45 | 17 41 |
| 26 | 18 12 | 18 10 | 18 08 | 18 05 | 18 03 | 18 00 | 17 58 | 17 55 | 17 52 | 17 49 | 17 46 | 17 43 | 17 39 | 17 35 |
| 30 | 18 12 | 18 09 | 18 06 | 18 04 | 18 01 | 17 58 | 17 56 | 17 53 | 17 49 | 17 46 | 17 43 | 17 39 | 17 35 | 17 31 |
| Dec. 4 | 18 11 | 18 09 | 18 06 | 18 03 | 18 00 | 17 57 | 17 54 | 17 51 | 17 48 | 17 44 | 17 40 | 17 36 | 17 32 | 17 27 |
| 8 | 18 12 | 18 09 | 18 06 | 18 03 | 18 00 | 17 57 | 17 54 | 17 50 | 17 47 | 17 43 | 17 39 | 17 35 | 17 30 | 17 25 |
| 12 | 18 12 | 18 09 | 18 07 | 18 03 | 18 00 | 17 57 | 17 54 | 17 50 | 17 47 | 17 43 | 17 38 | 17 34 | 17 29 | 17 23 |
| 16 | 18 14 | 18 11 | 18 08 | 18 05 | 18 01 | 17 58 | 17 55 | 17 51 | 17 47 | 17 43 | 17 39 | 17 34 | 17 29 | 17 23 |
| 20 | 18 15 | 18 12 | 18 09 | 18 06 | 18 03 | 18 00 | 17 56 | 17 53 | 17 49 | 17 45 | 17 40 | 17 35 | 17 30 | 17 24 |
| 24 | 18 17 | 18 14 | 18 11 | 18 08 | 18 05 | 18 02 | 17 58 | 17 55 | 17 51 | 17 47 | 17 42 | 17 38 | 17 33 | 17 27 |
| 28 | 18 20 | 18 17 | 18 14 | 18 11 | 18 08 | 18 05 | 18 01 | 17 58 | 17 54 | 17 50 | 17 46 | 17 41 | 17 36 | 17 30 |
| 32 | 18 23 | 18 20 | 18 17 | 18 14 | 18 11 | 18 08 | 18 05 | 18 01 | 17 58 | 17 54 | 17 50 | 17 45 | 17 40 | 17 35 |
| 36 | 18 26 | 18 23 | 18 20 | 18 18 | 18 15 | 18 12 | 18 09 | 18 05 | 18 02 | 17 58 | 17 54 | 17 50 | 17 46 | 17 41 |

# MOONRISE AND MOONSET, 2016
## UNIVERSAL TIME FOR MERIDIAN OF GREENWICH
### MOONRISE

| Lat. | −55° | −50° | −45° | −40° | −35° | −30° | −20° | −10° | 0° | +10° | +20° | +30° | +35° | +40° |
|---|---|---|---|---|---|---|---|---|---|---|---|---|---|---|
| | h m | h m | h m | h m | h m | h m | h m | h m | h m | h m | h m | h m | h m | h m |
| Jan. 0 | 23 16 | 23 15 | 23 13 | 23 12 | 23 11 | 23 10 | 23 09 | 23 08 | 23 07 | 23 05 | 23 04 | 23 03 | 23 02 | 23 01 |
| 1 | 23 36 | 23 38 | 23 40 | 23 41 | 23 43 | 23 44 | 23 46 | 23 47 | 23 49 | 23 51 | 23 52 | 23 54 | 23 56 | 23 57 |
| 2 | 23 57 | .. .. | .. .. | .. .. | .. .. | .. .. | .. .. | .. .. | .. .. | .. .. | .. .. | .. .. | .. .. | .. .. |
| 3 | .. .. | 0 02 | 0 07 | 0 11 | 0 14 | 0 17 | 0 22 | 0 27 | 0 31 | 0 36 | 0 40 | 0 46 | 0 49 | 0 53 |
| 4 | 0 19 | 0 28 | 0 36 | 0 42 | 0 47 | 0 52 | 1 00 | 1 08 | 1 15 | 1 22 | 1 29 | 1 38 | 1 43 | 1 48 |
| 5 | 0 44 | 0 56 | 1 07 | 1 15 | 1 23 | 1 29 | 1 40 | 1 50 | 2 00 | 2 09 | 2 19 | 2 30 | 2 37 | 2 45 |
| 6 | 1 13 | 1 29 | 1 42 | 1 52 | 2 01 | 2 09 | 2 23 | 2 35 | 2 46 | 2 58 | 3 10 | 3 24 | 3 32 | 3 42 |
| 7 | 1 48 | 2 07 | 2 22 | 2 34 | 2 44 | 2 53 | 3 09 | 3 23 | 3 36 | 3 49 | 4 03 | 4 19 | 4 28 | 4 39 |
| 8 | 2 32 | 2 52 | 3 08 | 3 21 | 3 32 | 3 42 | 3 59 | 4 14 | 4 27 | 4 41 | 4 56 | 5 13 | 5 23 | 5 34 |
| 9 | 3 24 | 3 45 | 4 01 | 4 14 | 4 25 | 4 35 | 4 52 | 5 07 | 5 21 | 5 35 | 5 50 | 6 07 | 6 17 | 6 28 |
| 10 | 4 26 | 4 45 | 5 00 | 5 13 | 5 23 | 5 33 | 5 49 | 6 02 | 6 15 | 6 28 | 6 42 | 6 58 | 7 08 | 7 18 |
| 11 | 5 36 | 5 52 | 6 05 | 6 16 | 6 25 | 6 33 | 6 47 | 6 59 | 7 10 | 7 22 | 7 34 | 7 47 | 7 55 | 8 04 |
| 12 | 6 51 | 7 03 | 7 13 | 7 22 | 7 29 | 7 35 | 7 46 | 7 56 | 8 04 | 8 13 | 8 23 | 8 34 | 8 40 | 8 47 |
| 13 | 8 09 | 8 17 | 8 24 | 8 29 | 8 34 | 8 38 | 8 45 | 8 52 | 8 58 | 9 04 | 9 10 | 9 17 | 9 21 | 9 26 |
| 14 | 9 28 | 9 32 | 9 35 | 9 37 | 9 39 | 9 41 | 9 45 | 9 47 | 9 50 | 9 53 | 9 56 | 9 59 | 10 01 | 10 03 |
| 15 | 10 48 | 10 47 | 10 46 | 10 45 | 10 45 | 10 44 | 10 43 | 10 43 | 10 42 | 10 41 | 10 41 | 10 40 | 10 39 | 10 39 |
| 16 | 12 08 | 12 02 | 11 57 | 11 53 | 11 50 | 11 47 | 11 42 | 11 38 | 11 34 | 11 30 | 11 26 | 11 21 | 11 18 | 11 15 |
| 17 | 13 26 | 13 16 | 13 08 | 13 01 | 12 55 | 12 50 | 12 41 | 12 33 | 12 26 | 12 19 | 12 12 | 12 03 | 11 58 | 11 53 |
| 18 | 14 43 | 14 29 | 14 17 | 14 08 | 14 00 | 13 52 | 13 40 | 13 30 | 13 20 | 13 10 | 12 59 | 12 47 | 12 41 | 12 33 |
| 19 | 15 57 | 15 39 | 15 24 | 15 13 | 15 03 | 14 54 | 14 39 | 14 26 | 14 14 | 14 02 | 13 49 | 13 35 | 13 26 | 13 17 |
| 20 | 17 04 | 16 44 | 16 28 | 16 15 | 16 04 | 15 54 | 15 37 | 15 23 | 15 10 | 14 56 | 14 42 | 14 25 | 14 16 | 14 05 |
| 21 | 18 03 | 17 42 | 17 26 | 17 12 | 17 01 | 16 51 | 16 34 | 16 19 | 16 05 | 15 51 | 15 36 | 15 19 | 15 09 | 14 58 |
| 22 | 18 53 | 18 33 | 18 17 | 18 05 | 17 54 | 17 44 | 17 27 | 17 13 | 16 59 | 16 46 | 16 32 | 16 15 | 16 05 | 15 54 |
| 23 | 19 34 | 19 16 | 19 02 | 18 51 | 18 41 | 18 32 | 18 18 | 18 05 | 17 52 | 17 40 | 17 27 | 17 12 | 17 03 | 16 53 |
| 24 | 20 07 | 19 53 | 19 42 | 19 32 | 19 24 | 19 17 | 19 04 | 18 53 | 18 43 | 18 33 | 18 21 | 18 09 | 18 02 | 17 53 |

### MOONSET

| | h m | h m | h m | h m | h m | h m | h m | h m | h m | h m | h m | h m | h m | h m |
|---|---|---|---|---|---|---|---|---|---|---|---|---|---|---|
| Jan. 0 | 10 23 | 10 27 | 10 30 | 10 32 | 10 34 | 10 36 | 10 39 | 10 42 | 10 44 | 10 47 | 10 50 | 10 53 | 10 54 | 10 56 |
| 1 | 11 29 | 11 29 | 11 28 | 11 28 | 11 28 | 11 28 | 11 28 | 11 27 | 11 27 | 11 27 | 11 27 | 11 26 | 11 26 | 11 26 |
| 2 | 12 34 | 12 30 | 12 27 | 12 24 | 12 21 | 12 19 | 12 16 | 12 12 | 12 09 | 12 06 | 12 03 | 12 00 | 11 57 | 11 55 |
| 3 | 13 39 | 13 31 | 13 25 | 13 19 | 13 15 | 13 11 | 13 04 | 12 58 | 12 52 | 12 46 | 12 40 | 12 34 | 12 30 | 12 25 |
| 4 | 14 44 | 14 32 | 14 23 | 14 15 | 14 09 | 14 03 | 13 53 | 13 44 | 13 36 | 13 28 | 13 19 | 13 09 | 13 04 | 12 57 |
| 5 | 15 49 | 15 34 | 15 22 | 15 12 | 15 04 | 14 56 | 14 43 | 14 32 | 14 22 | 14 11 | 14 00 | 13 48 | 13 40 | 13 32 |
| 6 | 16 53 | 16 35 | 16 21 | 16 09 | 15 59 | 15 50 | 15 35 | 15 22 | 15 10 | 14 58 | 14 45 | 14 30 | 14 21 | 14 11 |
| 7 | 17 54 | 17 34 | 17 18 | 17 05 | 16 54 | 16 45 | 16 28 | 16 14 | 16 00 | 15 47 | 15 32 | 15 16 | 15 06 | 14 55 |
| 8 | 18 50 | 18 29 | 18 13 | 18 00 | 17 49 | 17 39 | 17 22 | 17 07 | 16 53 | 16 39 | 16 24 | 16 07 | 15 57 | 15 45 |
| 9 | 19 40 | 19 20 | 19 05 | 18 52 | 18 41 | 18 31 | 18 15 | 18 00 | 17 47 | 17 33 | 17 19 | 17 02 | 16 52 | 16 41 |
| 10 | 20 23 | 20 05 | 19 51 | 19 40 | 19 30 | 19 22 | 19 07 | 18 54 | 18 42 | 18 29 | 18 16 | 18 01 | 17 52 | 17 42 |
| 11 | 20 59 | 20 45 | 20 34 | 20 24 | 20 16 | 20 09 | 19 57 | 19 46 | 19 36 | 19 26 | 19 15 | 19 02 | 18 55 | 18 47 |
| 12 | 21 30 | 21 20 | 21 12 | 21 05 | 20 59 | 20 54 | 20 45 | 20 37 | 20 30 | 20 22 | 20 14 | 20 05 | 20 00 | 19 54 |
| 13 | 21 57 | 21 51 | 21 47 | 21 43 | 21 40 | 21 37 | 21 32 | 21 27 | 21 23 | 21 18 | 21 14 | 21 08 | 21 05 | 21 02 |
| 14 | 22 22 | 22 21 | 22 20 | 22 19 | 22 19 | 22 18 | 22 17 | 22 16 | 22 15 | 22 14 | 22 13 | 22 11 | 22 11 | 22 10 |
| 15 | 22 47 | 22 50 | 22 53 | 22 55 | 22 57 | 22 59 | 23 02 | 23 04 | 23 07 | 23 09 | 23 11 | 23 14 | 23 16 | 23 18 |
| 16 | 23 13 | 23 21 | 23 27 | 23 32 | 23 36 | 23 40 | 23 47 | 23 53 | 23 59 | .. .. | .. .. | .. .. | .. .. | .. .. |
| 17 | 23 42 | 23 53 | .. .. | .. .. | .. .. | .. .. | .. .. | .. .. | .. .. | 0 04 | 0 10 | 0 17 | 0 21 | 0 26 |
| 18 | .. .. | .. .. | 0 03 | 0 11 | 0 17 | 0 23 | 0 34 | 0 43 | 0 52 | 1 00 | 1 09 | 1 20 | 1 26 | 1 33 |
| 19 | 0 14 | 0 30 | 0 42 | 0 53 | 1 02 | 1 09 | 1 23 | 1 35 | 1 46 | 1 57 | 2 08 | 2 22 | 2 30 | 2 39 |
| 20 | 0 53 | 1 12 | 1 27 | 1 39 | 1 49 | 1 58 | 2 14 | 2 28 | 2 41 | 2 53 | 3 07 | 3 23 | 3 32 | 3 43 |
| 21 | 1 39 | 2 00 | 2 16 | 2 29 | 2 41 | 2 51 | 3 07 | 3 22 | 3 36 | 3 50 | 4 05 | 4 22 | 4 31 | 4 43 |
| 22 | 2 34 | 2 55 | 3 11 | 3 24 | 3 36 | 3 46 | 4 03 | 4 17 | 4 31 | 4 45 | 5 00 | 5 17 | 5 26 | 5 38 |
| 23 | 3 35 | 3 54 | 4 10 | 4 22 | 4 33 | 4 42 | 4 58 | 5 12 | 5 25 | 5 38 | 5 52 | 6 07 | 6 17 | 6 27 |
| 24 | 4 41 | 4 58 | 5 11 | 5 22 | 5 31 | 5 39 | 5 53 | 6 05 | 6 17 | 6 28 | 6 40 | 6 54 | 7 02 | 7 11 |

.. .. indicates phenomenon will occur the next day.

## UNIVERSAL TIME FOR MERIDIAN OF GREENWICH

### MOONRISE

| Lat. | +40° | +42° | +44° | +46° | +48° | +50° | +52° | +54° | +56° | +58° | +60° | +62° | +64° | +66° |
|---|---|---|---|---|---|---|---|---|---|---|---|---|---|---|
| | h m | h m | h m | h m | h m | h m | h m | h m | h m | h m | h m | h m | h m | h m |
| Jan. 0 | 23 01 | 23 01 | 23 00 | 23 00 | 22 59 | 22 59 | 22 58 | 22 58 | 22 57 | 22 56 | 22 55 | 22 54 | 22 53 | 22 52 |
| 1 | 23 57 | 23 58 | 23 58 | 23 59 | .. .. | .. .. | .. .. | .. .. | .. .. | .. .. | .. .. | .. .. | .. .. | .. .. |
| 2 | .. .. | .. .. | .. .. | .. .. | 0 00 | 0 00 | 0 01 | 0 02 | 0 03 | 0 04 | 0 06 | 0 07 | 0 09 | 0 11 |
| 3 | 0 53 | 0 54 | 0 56 | 0 58 | 1 00 | 1 02 | 1 04 | 1 06 | 1 09 | 1 12 | 1 16 | 1 20 | 1 24 | 1 30 |
| 4 | 1 48 | 1 51 | 1 54 | 1 56 | 2 00 | 2 03 | 2 07 | 2 11 | 2 15 | 2 20 | 2 26 | 2 32 | 2 40 | 2 49 |
| 5 | 2 45 | 2 48 | 2 52 | 2 56 | 3 00 | 3 05 | 3 10 | 3 15 | 3 21 | 3 28 | 3 36 | 3 45 | 3 56 | 4 08 |
| 6 | 3 42 | 3 46 | 3 50 | 3 55 | 4 00 | 4 06 | 4 12 | 4 19 | 4 27 | 4 35 | 4 45 | 4 57 | 5 10 | 5 27 |
| 7 | 4 39 | 4 43 | 4 48 | 4 54 | 5 00 | 5 06 | 5 13 | 5 21 | 5 30 | 5 40 | 5 52 | 6 06 | 6 22 | 6 42 |
| 8 | 5 34 | 5 39 | 5 45 | 5 51 | 5 57 | 6 04 | 6 12 | 6 20 | 6 30 | 6 41 | 6 53 | 7 08 | 7 26 | 7 48 |
| 9 | 6 28 | 6 33 | 6 38 | 6 44 | 6 50 | 6 57 | 7 05 | 7 14 | 7 23 | 7 34 | 7 46 | 8 01 | 8 18 | 8 40 |
| 10 | 7 18 | 7 23 | 7 28 | 7 33 | 7 39 | 7 45 | 7 52 | 8 00 | 8 09 | 8 19 | 8 30 | 8 43 | 8 58 | 9 17 |
| 11 | 8 04 | 8 08 | 8 13 | 8 17 | 8 22 | 8 28 | 8 34 | 8 40 | 8 47 | 8 55 | 9 05 | 9 15 | 9 28 | 9 43 |
| 12 | 8 47 | 8 50 | 8 53 | 8 57 | 9 01 | 9 05 | 9 09 | 9 14 | 9 20 | 9 26 | 9 33 | 9 41 | 9 50 | 10 00 |
| 13 | 9 26 | 9 28 | 9 30 | 9 33 | 9 35 | 9 38 | 9 41 | 9 44 | 9 48 | 9 52 | 9 56 | 10 01 | 10 07 | 10 14 |
| 14 | 10 03 | 10 04 | 10 05 | 10 06 | 10 07 | 10 08 | 10 10 | 10 11 | 10 13 | 10 15 | 10 17 | 10 19 | 10 21 | 10 24 |
| 15 | 10 39 | 10 39 | 10 38 | 10 38 | 10 38 | 10 38 | 10 37 | 10 37 | 10 37 | 10 36 | 10 36 | 10 35 | 10 35 | 10 34 |
| 16 | 11 15 | 11 14 | 11 12 | 11 11 | 11 09 | 11 07 | 11 05 | 11 03 | 11 01 | 10 58 | 10 56 | 10 52 | 10 49 | 10 45 |
| 17 | 11 53 | 11 50 | 11 48 | 11 45 | 11 42 | 11 39 | 11 35 | 11 31 | 11 27 | 11 22 | 11 17 | 11 11 | 11 04 | 10 56 |
| 18 | 12 33 | 12 29 | 12 26 | 12 22 | 12 18 | 12 13 | 12 08 | 12 03 | 11 56 | 11 50 | 11 42 | 11 33 | 11 23 | 11 11 |
| 19 | 13 17 | 13 13 | 13 08 | 13 03 | 12 58 | 12 52 | 12 46 | 12 39 | 12 31 | 12 23 | 12 13 | 12 01 | 11 48 | 11 32 |
| 20 | 14 05 | 14 00 | 13 55 | 13 50 | 13 44 | 13 37 | 13 30 | 13 22 | 13 13 | 13 03 | 12 51 | 12 38 | 12 22 | 12 02 |
| 21 | 14 58 | 14 53 | 14 48 | 14 42 | 14 35 | 14 28 | 14 21 | 14 12 | 14 03 | 13 52 | 13 40 | 13 25 | 13 08 | 12 46 |
| 22 | 15 54 | 15 50 | 15 44 | 15 39 | 15 33 | 15 26 | 15 18 | 15 10 | 15 01 | 14 51 | 14 39 | 14 25 | 14 08 | 13 47 |
| 23 | 16 53 | 16 49 | 16 44 | 16 39 | 16 34 | 16 28 | 16 21 | 16 14 | 16 05 | 15 56 | 15 46 | 15 33 | 15 18 | 15 01 |
| 24 | 17 53 | 17 50 | 17 46 | 17 41 | 17 37 | 17 32 | 17 26 | 17 20 | 17 13 | 17 06 | 16 57 | 16 47 | 16 36 | 16 22 |

### MOONSET

| Lat. | +40° | +42° | +44° | +46° | +48° | +50° | +52° | +54° | +56° | +58° | +60° | +62° | +64° | +66° |
|---|---|---|---|---|---|---|---|---|---|---|---|---|---|---|
| | h m | h m | h m | h m | h m | h m | h m | h m | h m | h m | h m | h m | h m | h m |
| Jan. 0 | 10 56 | 10 57 | 10 58 | 10 59 | 11 00 | 11 01 | 11 03 | 11 04 | 11 05 | 11 07 | 11 09 | 11 11 | 11 13 | 11 16 |
| 1 | 11 26 | 11 26 | 11 26 | 11 26 | 11 25 | 11 25 | 11 25 | 11 25 | 11 25 | 11 25 | 11 24 | 11 24 | 11 24 | 11 24 |
| 2 | 11 55 | 11 54 | 11 53 | 11 52 | 11 50 | 11 49 | 11 48 | 11 46 | 11 44 | 11 42 | 11 40 | 11 37 | 11 34 | 11 31 |
| 3 | 12 25 | 12 23 | 12 21 | 12 19 | 12 16 | 12 14 | 12 11 | 12 08 | 12 04 | 12 01 | 11 56 | 11 51 | 11 46 | 11 40 |
| 4 | 12 57 | 12 54 | 12 51 | 12 48 | 12 44 | 12 41 | 12 36 | 12 32 | 12 27 | 12 21 | 12 15 | 12 08 | 11 59 | 11 50 |
| 5 | 13 32 | 13 28 | 13 24 | 13 20 | 13 16 | 13 11 | 13 05 | 12 59 | 12 53 | 12 45 | 12 37 | 12 27 | 12 16 | 12 03 |
| 6 | 14 11 | 14 07 | 14 02 | 13 57 | 13 52 | 13 46 | 13 39 | 13 32 | 13 24 | 13 15 | 13 05 | 12 53 | 12 39 | 12 21 |
| 7 | 14 55 | 14 50 | 14 45 | 14 40 | 14 33 | 14 27 | 14 19 | 14 11 | 14 02 | 13 52 | 13 40 | 13 26 | 13 10 | 12 49 |
| 8 | 15 45 | 15 40 | 15 35 | 15 29 | 15 22 | 15 15 | 15 08 | 14 59 | 14 50 | 14 39 | 14 26 | 14 11 | 13 53 | 13 31 |
| 9 | 16 41 | 16 36 | 16 31 | 16 25 | 16 19 | 16 12 | 16 05 | 15 56 | 15 47 | 15 36 | 15 24 | 15 09 | 14 52 | 14 30 |
| 10 | 17 42 | 17 38 | 17 33 | 17 28 | 17 22 | 17 16 | 17 09 | 17 02 | 16 53 | 16 44 | 16 33 | 16 20 | 16 05 | 15 46 |
| 11 | 18 47 | 18 43 | 18 39 | 18 35 | 18 30 | 18 25 | 18 20 | 18 14 | 18 07 | 17 59 | 17 50 | 17 40 | 17 29 | 17 14 |
| 12 | 19 54 | 19 51 | 19 48 | 19 45 | 19 42 | 19 38 | 19 34 | 19 30 | 19 25 | 19 19 | 19 13 | 19 06 | 18 58 | 18 48 |
| 13 | 21 02 | 21 00 | 20 58 | 20 57 | 20 55 | 20 52 | 20 50 | 20 48 | 20 45 | 20 42 | 20 38 | 20 34 | 20 30 | 20 24 |
| 14 | 22 10 | 22 09 | 22 09 | 22 08 | 22 08 | 22 07 | 22 07 | 22 06 | 22 06 | 22 05 | 22 04 | 22 03 | 22 02 | 22 01 |
| 15 | 23 18 | 23 19 | 23 19 | 23 20 | 23 21 | 23 22 | 23 24 | 23 25 | 23 26 | 23 28 | 23 30 | 23 32 | 23 34 | 23 37 |
| 16 | .. .. | .. .. | .. .. | .. .. | .. .. | .. .. | .. .. | .. .. | .. .. | .. .. | .. .. | .. .. | .. .. | .. .. |
| 17 | 0 26 | 0 28 | 0 30 | 0 32 | 0 34 | 0 37 | 0 40 | 0 43 | 0 47 | 0 51 | 0 55 | 1 00 | 1 06 | 1 12 |
| 18 | 1 33 | 1 36 | 1 39 | 1 43 | 1 46 | 1 51 | 1 55 | 2 00 | 2 06 | 2 12 | 2 19 | 2 27 | 2 36 | 2 47 |
| 19 | 2 39 | 2 43 | 2 47 | 2 52 | 2 57 | 3 02 | 3 08 | 3 15 | 3 22 | 3 30 | 3 39 | 3 50 | 4 03 | 4 19 |
| 20 | 3 43 | 3 47 | 3 52 | 3 58 | 4 03 | 4 10 | 4 17 | 4 25 | 4 33 | 4 43 | 4 54 | 5 08 | 5 23 | 5 43 |
| 21 | 4 43 | 4 48 | 4 53 | 4 59 | 5 05 | 5 12 | 5 19 | 5 28 | 5 37 | 5 48 | 6 00 | 6 15 | 6 32 | 6 54 |
| 22 | 5 38 | 5 43 | 5 48 | 5 54 | 6 00 | 6 07 | 6 14 | 6 22 | 6 32 | 6 42 | 6 54 | 7 09 | 7 26 | 7 47 |
| 23 | 6 27 | 6 32 | 6 37 | 6 42 | 6 48 | 6 54 | 7 01 | 7 08 | 7 17 | 7 26 | 7 37 | 7 50 | 8 05 | 8 23 |
| 24 | 7 11 | 7 15 | 7 19 | 7 24 | 7 28 | 7 34 | 7 40 | 7 46 | 7 53 | 8 01 | 8 10 | 8 21 | 8 33 | 8 48 |

.. .. indicates phenomenon will occur the next day.

# MOONRISE AND MOONSET, 2016

## UNIVERSAL TIME FOR MERIDIAN OF GREENWICH

### MOONRISE

| Lat. | −55° | −50° | −45° | −40° | −35° | −30° | −20° | −10° | 0° | +10° | +20° | +30° | +35° | +40° |
|---|---|---|---|---|---|---|---|---|---|---|---|---|---|---|
| | h m | h m | h m | h m | h m | h m | h m | h m | h m | h m | h m | h m | h m | h m |
| Jan. 23 | 19 34 | 19 16 | 19 02 | 18 51 | 18 41 | 18 32 | 18 18 | 18 05 | 17 52 | 17 40 | 17 27 | 17 12 | 17 03 | 16 53 |
| 24 | 20 07 | 19 53 | 19 42 | 19 32 | 19 24 | 19 17 | 19 04 | 18 53 | 18 43 | 18 33 | 18 21 | 18 09 | 18 02 | 17 53 |
| 25 | 20 35 | 20 25 | 20 16 | 20 09 | 20 02 | 19 57 | 19 47 | 19 39 | 19 31 | 19 23 | 19 15 | 19 05 | 18 59 | 18 53 |
| 26 | 20 59 | 20 52 | 20 47 | 20 42 | 20 38 | 20 34 | 20 28 | 20 22 | 20 17 | 20 12 | 20 06 | 19 59 | 19 56 | 19 52 |
| 27 | 21 21 | 21 18 | 21 15 | 21 13 | 21 11 | 21 09 | 21 06 | 21 03 | 21 01 | 20 58 | 20 56 | 20 53 | 20 51 | 20 49 |
| 28 | 21 42 | 21 42 | 21 42 | 21 42 | 21 43 | 21 43 | 21 43 | 21 44 | 21 44 | 21 44 | 21 44 | 21 45 | 21 45 | 21 45 |
| 29 | 22 02 | 22 06 | 22 09 | 22 12 | 22 14 | 22 16 | 22 20 | 22 23 | 22 26 | 22 29 | 22 33 | 22 37 | 22 39 | 22 41 |
| 30 | 22 23 | 22 31 | 22 37 | 22 42 | 22 46 | 22 50 | 22 57 | 23 03 | 23 09 | 23 15 | 23 21 | 23 28 | 23 32 | 23 37 |
| 31 | 22 47 | 22 58 | 23 06 | 23 14 | 23 20 | 23 26 | 23 36 | 23 45 | 23 53 | .. .. | .. .. | .. .. | .. .. | .. .. |
| Feb. 1 | 23 13 | 23 28 | 23 39 | 23 49 | 23 57 | .. .. | .. .. | .. .. | .. .. | 0 01 | 0 10 | 0 20 | 0 26 | 0 32 |
| 2 | 23 45 | .. .. | .. .. | .. .. | .. .. | 0 04 | 0 17 | 0 28 | 0 38 | 0 48 | 1 00 | 1 12 | 1 20 | 1 28 |
| 3 | .. .. | 0 02 | 0 16 | 0 27 | 0 37 | 0 46 | 1 00 | 1 13 | 1 25 | 1 38 | 1 51 | 2 06 | 2 14 | 2 24 |
| 4 | 0 24 | 0 43 | 0 58 | 1 11 | 1 22 | 1 31 | 1 47 | 2 02 | 2 15 | 2 29 | 2 43 | 2 59 | 3 09 | 3 20 |
| 5 | 1 11 | 1 31 | 1 47 | 2 01 | 2 12 | 2 22 | 2 38 | 2 53 | 3 07 | 3 21 | 3 36 | 3 53 | 4 03 | 4 14 |
| 6 | 2 08 | 2 28 | 2 43 | 2 56 | 3 07 | 3 17 | 3 33 | 3 48 | 4 01 | 4 15 | 4 29 | 4 45 | 4 55 | 5 06 |
| 7 | 3 14 | 3 32 | 3 46 | 3 57 | 4 07 | 4 16 | 4 31 | 4 44 | 4 56 | 5 08 | 5 21 | 5 36 | 5 45 | 5 55 |
| 8 | 4 27 | 4 42 | 4 54 | 5 03 | 5 11 | 5 18 | 5 31 | 5 42 | 5 52 | 6 02 | 6 12 | 6 25 | 6 32 | 6 40 |
| 9 | 5 46 | 5 57 | 6 05 | 6 12 | 6 18 | 6 23 | 6 32 | 6 40 | 6 47 | 6 54 | 7 02 | 7 11 | 7 16 | 7 22 |
| 10 | 7 08 | 7 13 | 7 18 | 7 22 | 7 25 | 7 28 | 7 33 | 7 37 | 7 41 | 7 46 | 7 50 | 7 55 | 7 58 | 8 01 |
| 11 | 8 30 | 8 31 | 8 32 | 8 32 | 8 33 | 8 33 | 8 34 | 8 35 | 8 35 | 8 36 | 8 37 | 8 38 | 8 38 | 8 39 |
| 12 | 9 52 | 9 48 | 9 45 | 9 42 | 9 40 | 9 38 | 9 35 | 9 32 | 9 29 | 9 26 | 9 23 | 9 20 | 9 18 | 9 16 |
| 13 | 11 13 | 11 05 | 10 58 | 10 52 | 10 47 | 10 43 | 10 35 | 10 29 | 10 22 | 10 16 | 10 10 | 10 03 | 9 59 | 9 54 |
| 14 | 12 32 | 12 19 | 12 09 | 12 00 | 11 53 | 11 46 | 11 35 | 11 25 | 11 16 | 11 07 | 10 58 | 10 47 | 10 41 | 10 34 |
| 15 | 13 47 | 13 30 | 13 17 | 13 06 | 12 56 | 12 48 | 12 34 | 12 22 | 12 11 | 11 59 | 11 47 | 11 34 | 11 26 | 11 17 |
| 16 | 14 56 | 14 36 | 14 21 | 14 08 | 13 58 | 13 48 | 13 32 | 13 18 | 13 05 | 12 52 | 12 39 | 12 23 | 12 14 | 12 03 |

### MOONSET

| Lat. | −55° | −50° | −45° | −40° | −35° | −30° | −20° | −10° | 0° | +10° | +20° | +30° | +35° | +40° |
|---|---|---|---|---|---|---|---|---|---|---|---|---|---|---|
| | h m | h m | h m | h m | h m | h m | h m | h m | h m | h m | h m | h m | h m | h m |
| Jan. 23 | 3 35 | 3 54 | 4 10 | 4 22 | 4 33 | 4 42 | 4 58 | 5 12 | 5 25 | 5 38 | 5 52 | 6 07 | 6 17 | 6 27 |
| 24 | 4 41 | 4 58 | 5 11 | 5 22 | 5 31 | 5 39 | 5 53 | 6 05 | 6 17 | 6 28 | 6 40 | 6 54 | 7 02 | 7 11 |
| 25 | 5 49 | 6 03 | 6 13 | 6 22 | 6 29 | 6 36 | 6 47 | 6 57 | 7 06 | 7 15 | 7 25 | 7 36 | 7 42 | 7 50 |
| 26 | 6 58 | 7 07 | 7 15 | 7 21 | 7 27 | 7 31 | 7 39 | 7 47 | 7 53 | 8 00 | 8 07 | 8 15 | 8 19 | 8 24 |
| 27 | 8 06 | 8 11 | 8 16 | 8 19 | 8 22 | 8 25 | 8 30 | 8 34 | 8 38 | 8 42 | 8 46 | 8 51 | 8 53 | 8 56 |
| 28 | 9 12 | 9 14 | 9 15 | 9 16 | 9 17 | 9 18 | 9 19 | 9 21 | 9 22 | 9 23 | 9 24 | 9 25 | 9 26 | 9 27 |
| 29 | 10 18 | 10 16 | 10 14 | 10 12 | 10 11 | 10 10 | 10 08 | 10 06 | 10 04 | 10 03 | 10 01 | 9 59 | 9 57 | 9 56 |
| 30 | 11 23 | 11 17 | 11 12 | 11 08 | 11 04 | 11 01 | 10 56 | 10 51 | 10 47 | 10 42 | 10 38 | 10 32 | 10 29 | 10 26 |
| 31 | 12 28 | 12 18 | 12 10 | 12 04 | 11 58 | 11 53 | 11 44 | 11 37 | 11 30 | 11 23 | 11 16 | 11 07 | 11 02 | 10 57 |
| Feb. 1 | 13 32 | 13 19 | 13 08 | 12 59 | 12 52 | 12 45 | 12 34 | 12 24 | 12 14 | 12 05 | 11 55 | 11 44 | 11 37 | 11 30 |
| 2 | 14 36 | 14 19 | 14 06 | 13 55 | 13 46 | 13 38 | 13 24 | 13 12 | 13 01 | 12 49 | 12 37 | 12 23 | 12 15 | 12 06 |
| 3 | 15 37 | 15 18 | 15 03 | 14 51 | 14 40 | 14 31 | 14 16 | 14 02 | 13 49 | 13 36 | 13 22 | 13 07 | 12 58 | 12 47 |
| 4 | 16 35 | 16 15 | 15 59 | 15 46 | 15 35 | 15 25 | 15 08 | 14 54 | 14 40 | 14 26 | 14 11 | 13 55 | 13 45 | 13 34 |
| 5 | 17 28 | 17 08 | 16 52 | 16 39 | 16 28 | 16 18 | 16 01 | 15 47 | 15 33 | 15 19 | 15 04 | 14 47 | 14 37 | 14 26 |
| 6 | 18 15 | 17 56 | 17 41 | 17 29 | 17 19 | 17 10 | 16 54 | 16 40 | 16 27 | 16 14 | 16 00 | 15 44 | 15 35 | 15 24 |
| 7 | 18 54 | 18 39 | 18 26 | 18 16 | 18 07 | 17 59 | 17 46 | 17 34 | 17 23 | 17 11 | 16 59 | 16 45 | 16 37 | 16 28 |
| 8 | 19 29 | 19 17 | 19 07 | 18 59 | 18 53 | 18 47 | 18 36 | 18 27 | 18 18 | 18 09 | 18 00 | 17 49 | 17 43 | 17 35 |
| 9 | 19 59 | 19 51 | 19 45 | 19 40 | 19 35 | 19 32 | 19 25 | 19 19 | 19 13 | 19 07 | 19 01 | 18 54 | 18 50 | 18 45 |
| 10 | 20 26 | 20 23 | 20 20 | 20 18 | 20 16 | 20 15 | 20 12 | 20 09 | 20 07 | 20 05 | 20 02 | 19 59 | 19 57 | 19 55 |
| 11 | 20 52 | 20 53 | 20 55 | 20 56 | 20 56 | 20 57 | 20 59 | 21 00 | 21 01 | 21 02 | 21 03 | 21 04 | 21 05 | 21 06 |
| 12 | 21 18 | 21 24 | 21 29 | 21 33 | 21 37 | 21 40 | 21 45 | 21 50 | 21 54 | 21 59 | 22 04 | 22 09 | 22 12 | 22 16 |
| 13 | 21 46 | 21 57 | 22 05 | 22 12 | 22 18 | 22 23 | 22 32 | 22 40 | 22 48 | 22 56 | 23 04 | 23 13 | 23 18 | 23 24 |
| 14 | 22 18 | 22 32 | 22 44 | 22 53 | 23 01 | 23 09 | 23 21 | 23 32 | 23 42 | 23 52 | .. .. | .. .. | .. .. | .. .. |
| 15 | 22 55 | 23 12 | 23 26 | 23 38 | 23 48 | 23 56 | .. .. | .. .. | .. .. | .. .. | 0 03 | 0 16 | 0 23 | 0 32 |
| 16 | 23 38 | 23 58 | .. .. | .. .. | .. .. | .. .. | 0 11 | 0 25 | 0 37 | 0 49 | 1 02 | 1 17 | 1 26 | 1 36 |

.. .. indicates phenomenon will occur the next day.

UNIVERSAL TIME FOR MERIDIAN OF GREENWICH

## MOONRISE

| Lat. | +40° | +42° | +44° | +46° | +48° | +50° | +52° | +54° | +56° | +58° | +60° | +62° | +64° | +66° |
|------|------|------|------|------|------|------|------|------|------|------|------|------|------|------|
|       | h m | h m | h m | h m | h m | h m | h m | h m | h m | h m | h m | h m | h m | h m |
| Jan. 23 | 16 53 | 16 49 | 16 44 | 16 39 | 16 34 | 16 28 | 16 21 | 16 14 | 16 05 | 15 56 | 15 46 | 15 33 | 15 18 | 15 01 |
| 24 | 17 53 | 17 50 | 17 46 | 17 41 | 17 37 | 17 32 | 17 26 | 17 20 | 17 13 | 17 06 | 16 57 | 16 47 | 16 36 | 16 22 |
| 25 | 18 53 | 18 50 | 18 47 | 18 44 | 18 40 | 18 37 | 18 32 | 18 28 | 18 23 | 18 17 | 18 11 | 18 03 | 17 55 | 17 45 |
| 26 | 19 52 | 19 50 | 19 48 | 19 46 | 19 43 | 19 41 | 19 38 | 19 35 | 19 32 | 19 28 | 19 24 | 19 19 | 19 14 | 19 08 |
| 27 | 20 49 | 20 48 | 20 47 | 20 46 | 20 45 | 20 44 | 20 43 | 20 41 | 20 40 | 20 38 | 20 36 | 20 34 | 20 32 | 20 29 |
| 28 | 21 45 | 21 46 | 21 46 | 21 46 | 21 46 | 21 46 | 21 46 | 21 47 | 21 47 | 21 47 | 21 47 | 21 48 | 21 48 | 21 49 |
| 29 | 22 41 | 22 42 | 22 44 | 22 45 | 22 46 | 22 48 | 22 49 | 22 51 | 22 53 | 22 55 | 22 58 | 23 00 | 23 04 | 23 07 |
| 30 | 23 37 | 23 39 | 23 41 | 23 43 | 23 46 | 23 49 | 23 52 | 23 55 | 23 59 | .. .. | .. .. | .. .. | .. .. | .. .. |
| 31 | .. .. | .. .. | .. .. | .. .. | .. .. | .. .. | .. .. | .. .. | .. .. | 0 03 | 0 07 | 0 13 | 0 19 | 0 26 |
| Feb. 1 | 0 32 | 0 35 | 0 39 | 0 42 | 0 46 | 0 50 | 0 54 | 0 59 | 1 04 | 1 10 | 1 17 | 1 25 | 1 34 | 1 44 |
| 2 | 1 28 | 1 32 | 1 36 | 1 40 | 1 45 | 1 50 | 1 56 | 2 02 | 2 09 | 2 17 | 2 26 | 2 36 | 2 48 | 3 02 |
| 3 | 2 24 | 2 29 | 2 34 | 2 39 | 2 44 | 2 50 | 2 57 | 3 04 | 3 13 | 3 22 | 3 33 | 3 45 | 4 00 | 4 18 |
| 4 | 3 20 | 3 25 | 3 30 | 3 36 | 3 42 | 3 49 | 3 56 | 4 04 | 4 13 | 4 24 | 4 36 | 4 50 | 5 07 | 5 28 |
| 5 | 4 14 | 4 19 | 4 25 | 4 31 | 4 37 | 4 44 | 4 51 | 5 00 | 5 10 | 5 20 | 5 33 | 5 48 | 6 05 | 6 28 |
| 6 | 5 06 | 5 11 | 5 16 | 5 22 | 5 28 | 5 35 | 5 42 | 5 50 | 5 59 | 6 09 | 6 21 | 6 35 | 6 52 | 7 12 |
| 7 | 5 55 | 5 59 | 6 04 | 6 09 | 6 14 | 6 20 | 6 27 | 6 34 | 6 42 | 6 51 | 7 01 | 7 13 | 7 27 | 7 44 |
| 8 | 6 40 | 6 43 | 6 47 | 6 51 | 6 56 | 7 00 | 7 06 | 7 11 | 7 18 | 7 25 | 7 33 | 7 42 | 7 53 | 8 05 |
| 9 | 7 22 | 7 24 | 7 27 | 7 30 | 7 33 | 7 36 | 7 40 | 7 44 | 7 49 | 7 54 | 7 59 | 8 06 | 8 13 | 8 21 |
| 10 | 8 01 | 8 02 | 8 04 | 8 06 | 8 07 | 8 09 | 8 11 | 8 14 | 8 16 | 8 19 | 8 22 | 8 25 | 8 29 | 8 34 |
| 11 | 8 39 | 8 39 | 8 39 | 8 40 | 8 40 | 8 40 | 8 41 | 8 41 | 8 41 | 8 42 | 8 42 | 8 43 | 8 44 | 8 45 |
| 12 | 9 16 | 9 15 | 9 14 | 9 13 | 9 12 | 9 11 | 9 09 | 9 08 | 9 06 | 9 05 | 9 03 | 9 01 | 8 58 | 8 55 |
| 13 | 9 54 | 9 52 | 9 50 | 9 47 | 9 45 | 9 42 | 9 39 | 9 36 | 9 32 | 9 29 | 9 24 | 9 19 | 9 13 | 9 07 |
| 14 | 10 34 | 10 31 | 10 28 | 10 24 | 10 20 | 10 16 | 10 12 | 10 07 | 10 01 | 9 55 | 9 48 | 9 40 | 9 32 | 9 21 |
| 15 | 11 17 | 11 13 | 11 09 | 11 04 | 10 59 | 10 54 | 10 48 | 10 41 | 10 34 | 10 26 | 10 17 | 10 07 | 9 54 | 9 40 |
| 16 | 12 03 | 11 59 | 11 54 | 11 48 | 11 43 | 11 36 | 11 30 | 11 22 | 11 13 | 11 04 | 10 53 | 10 40 | 10 25 | 10 07 |

## MOONSET

| Lat. | +40° | +42° | +44° | +46° | +48° | +50° | +52° | +54° | +56° | +58° | +60° | +62° | +64° | +66° |
|------|------|------|------|------|------|------|------|------|------|------|------|------|------|------|
|       | h m | h m | h m | h m | h m | h m | h m | h m | h m | h m | h m | h m | h m | h m |
| Jan. 23 | 6 27 | 6 32 | 6 37 | 6 42 | 6 48 | 6 54 | 7 01 | 7 08 | 7 17 | 7 26 | 7 37 | 7 50 | 8 05 | 8 23 |
| 24 | 7 11 | 7 15 | 7 19 | 7 24 | 7 28 | 7 34 | 7 40 | 7 46 | 7 53 | 8 01 | 8 10 | 8 21 | 8 33 | 8 48 |
| 25 | 7 50 | 7 53 | 7 56 | 8 00 | 8 04 | 8 08 | 8 12 | 8 18 | 8 23 | 8 29 | 8 36 | 8 44 | 8 54 | 9 05 |
| 26 | 8 24 | 8 27 | 8 29 | 8 32 | 8 34 | 8 37 | 8 41 | 8 44 | 8 48 | 8 53 | 8 58 | 9 03 | 9 09 | 9 17 |
| 27 | 8 56 | 8 58 | 8 59 | 9 01 | 9 02 | 9 04 | 9 06 | 9 08 | 9 10 | 9 13 | 9 16 | 9 19 | 9 22 | 9 26 |
| 28 | 9 27 | 9 27 | 9 27 | 9 28 | 9 28 | 9 29 | 9 29 | 9 30 | 9 30 | 9 31 | 9 32 | 9 33 | 9 34 | 9 35 |
| 29 | 9 56 | 9 56 | 9 55 | 9 54 | 9 53 | 9 53 | 9 52 | 9 51 | 9 50 | 9 49 | 9 47 | 9 46 | 9 44 | 9 42 |
| 30 | 10 26 | 10 24 | 10 23 | 10 21 | 10 19 | 10 17 | 10 15 | 10 12 | 10 10 | 10 07 | 10 03 | 10 00 | 9 55 | 9 51 |
| 31 | 10 57 | 10 54 | 10 52 | 10 49 | 10 46 | 10 43 | 10 39 | 10 35 | 10 31 | 10 26 | 10 21 | 10 15 | 10 08 | 10 00 |
| Feb. 1 | 11 30 | 11 26 | 11 23 | 11 19 | 11 15 | 11 11 | 11 06 | 11 01 | 10 55 | 10 48 | 10 41 | 10 33 | 10 23 | 10 11 |
| 2 | 12 06 | 12 02 | 11 58 | 11 53 | 11 48 | 11 43 | 11 37 | 11 30 | 11 23 | 11 15 | 11 06 | 10 55 | 10 42 | 10 27 |
| 3 | 12 47 | 12 43 | 12 38 | 12 32 | 12 27 | 12 20 | 12 13 | 12 06 | 11 57 | 11 48 | 11 36 | 11 24 | 11 08 | 10 50 |
| 4 | 13 34 | 13 29 | 13 23 | 13 18 | 13 11 | 13 04 | 12 57 | 12 49 | 12 39 | 12 29 | 12 16 | 12 02 | 11 45 | 11 23 |
| 5 | 14 26 | 14 21 | 14 16 | 14 10 | 14 03 | 13 56 | 13 49 | 13 40 | 13 31 | 13 20 | 13 08 | 12 53 | 12 35 | 12 13 |
| 6 | 15 24 | 15 20 | 15 15 | 15 09 | 15 03 | 14 57 | 14 49 | 14 42 | 14 33 | 14 22 | 14 11 | 13 57 | 13 41 | 13 21 |
| 7 | 16 28 | 16 24 | 16 19 | 16 15 | 16 10 | 16 04 | 15 58 | 15 51 | 15 43 | 15 35 | 15 25 | 15 14 | 15 00 | 14 44 |
| 8 | 17 35 | 17 32 | 17 29 | 17 25 | 17 21 | 17 17 | 17 12 | 17 07 | 17 01 | 16 54 | 16 47 | 16 39 | 16 29 | 16 17 |
| 9 | 18 45 | 18 43 | 18 41 | 18 38 | 18 36 | 18 33 | 18 30 | 18 26 | 18 23 | 18 18 | 18 14 | 18 08 | 18 02 | 17 55 |
| 10 | 19 55 | 19 54 | 19 53 | 19 52 | 19 51 | 19 50 | 19 49 | 19 47 | 19 46 | 19 44 | 19 42 | 19 40 | 19 37 | 19 34 |
| 11 | 21 06 | 21 06 | 21 06 | 21 07 | 21 07 | 21 08 | 21 08 | 21 09 | 21 09 | 21 10 | 21 11 | 21 12 | 21 13 | 21 14 |
| 12 | 22 16 | 22 17 | 22 19 | 22 21 | 22 23 | 22 25 | 22 27 | 22 29 | 22 32 | 22 35 | 22 39 | 22 43 | 22 47 | 22 52 |
| 13 | 23 24 | 23 27 | 23 30 | 23 33 | 23 36 | 23 40 | 23 44 | 23 48 | 23 53 | 23 59 | .. .. | .. .. | .. .. | .. .. |
| 14 | .. .. | .. .. | .. .. | .. .. | .. .. | .. .. | .. .. | .. .. | .. .. | .. .. | 0 05 | 0 12 | 0 20 | 0 29 |
| 15 | 0 32 | 0 35 | 0 39 | 0 43 | 0 48 | 0 53 | 0 58 | 1 04 | 1 11 | 1 19 | 1 27 | 1 37 | 1 49 | 2 03 |
| 16 | 1 36 | 1 40 | 1 45 | 1 50 | 1 56 | 2 02 | 2 08 | 2 16 | 2 24 | 2 33 | 2 44 | 2 56 | 3 11 | 3 29 |

.. .. indicates phenomenon will occur the next day.

# MOONRISE AND MOONSET, 2016

## UNIVERSAL TIME FOR MERIDIAN OF GREENWICH

### MOONRISE

| Lat. | −55° | −50° | −45° | −40° | −35° | −30° | −20° | −10° | 0° | +10° | +20° | +30° | +35° | +40° |
|---|---|---|---|---|---|---|---|---|---|---|---|---|---|---|
| | h m | h m | h m | h m | h m | h m | h m | h m | h m | h m | h m | h m | h m | h m |
| Feb. 15 | 13 47 | 13 30 | 13 17 | 13 06 | 12 56 | 12 48 | 12 34 | 12 22 | 12 11 | 11 59 | 11 47 | 11 34 | 11 26 | 11 17 |
| 16 | 14 56 | 14 36 | 14 21 | 14 08 | 13 58 | 13 48 | 13 32 | 13 18 | 13 05 | 12 52 | 12 39 | 12 23 | 12 14 | 12 03 |
| 17 | 15 57 | 15 36 | 15 20 | 15 07 | 14 55 | 14 45 | 14 28 | 14 14 | 14 00 | 13 46 | 13 32 | 13 15 | 13 05 | 12 54 |
| 18 | 16 49 | 16 29 | 16 13 | 16 00 | 15 48 | 15 39 | 15 22 | 15 07 | 14 54 | 14 40 | 14 25 | 14 09 | 13 59 | 13 48 |
| 19 | 17 32 | 17 14 | 16 59 | 16 47 | 16 37 | 16 28 | 16 12 | 15 59 | 15 46 | 15 33 | 15 20 | 15 04 | 14 55 | 14 45 |
| 20 | 18 08 | 17 52 | 17 40 | 17 29 | 17 21 | 17 13 | 16 59 | 16 48 | 16 37 | 16 25 | 16 14 | 16 00 | 15 52 | 15 43 |
| 21 | 18 37 | 18 25 | 18 15 | 18 07 | 18 00 | 17 54 | 17 43 | 17 34 | 17 25 | 17 16 | 17 07 | 16 56 | 16 49 | 16 42 |
| 22 | 19 03 | 18 54 | 18 47 | 18 42 | 18 36 | 18 32 | 18 24 | 18 18 | 18 11 | 18 05 | 17 58 | 17 50 | 17 46 | 17 41 |
| 23 | 19 25 | 19 21 | 19 17 | 19 13 | 19 10 | 19 08 | 19 03 | 19 00 | 18 56 | 18 52 | 18 48 | 18 44 | 18 41 | 18 38 |
| 24 | 19 46 | 19 45 | 19 44 | 19 43 | 19 43 | 19 42 | 19 41 | 19 40 | 19 39 | 19 38 | 19 38 | 19 37 | 19 36 | 19 35 |
| 25 | 20 07 | 20 09 | 20 11 | 20 13 | 20 14 | 20 16 | 20 18 | 20 20 | 20 22 | 20 24 | 20 26 | 20 29 | 20 30 | 20 31 |
| 26 | 20 28 | 20 34 | 20 39 | 20 43 | 20 46 | 20 50 | 20 55 | 21 00 | 21 05 | 21 09 | 21 14 | 21 20 | 21 23 | 21 27 |
| 27 | 20 50 | 21 00 | 21 07 | 21 14 | 21 20 | 21 25 | 21 33 | 21 41 | 21 48 | 21 55 | 22 03 | 22 12 | 22 17 | 22 23 |
| 28 | 21 15 | 21 28 | 21 39 | 21 47 | 21 55 | 22 01 | 22 13 | 22 23 | 22 32 | 22 42 | 22 52 | 23 03 | 23 10 | 23 18 |
| 29 | 21 44 | 22 00 | 22 13 | 22 24 | 22 33 | 22 41 | 22 54 | 23 07 | 23 18 | 23 29 | 23 42 | 23 56 | .. .. | .. .. |
| Mar. 1 | 22 19 | 22 38 | 22 52 | 23 04 | 23 14 | 23 23 | 23 39 | 23 53 | .. .. | .. .. | .. .. | .. .. | 0 04 | 0 13 |
| 2 | 23 01 | 23 21 | 23 37 | 23 50 | .. .. | .. .. | .. .. | .. .. | 0 06 | 0 18 | 0 32 | 0 48 | 0 57 | 1 08 |
| 3 | 23 52 | .. .. | .. .. | .. .. | 0 01 | 0 10 | 0 27 | 0 42 | 0 55 | 1 09 | 1 24 | 1 40 | 1 50 | 2 01 |
| 4 | .. .. | 0 12 | 0 28 | 0 41 | 0 52 | 1 02 | 1 19 | 1 33 | 1 47 | 2 01 | 2 15 | 2 32 | 2 42 | 2 53 |
| 5 | 0 52 | 1 11 | 1 26 | 1 38 | 1 49 | 1 58 | 2 14 | 2 28 | 2 40 | 2 53 | 3 07 | 3 23 | 3 32 | 3 42 |
| 6 | 2 01 | 2 17 | 2 30 | 2 41 | 2 50 | 2 58 | 3 12 | 3 24 | 3 35 | 3 46 | 3 58 | 4 12 | 4 20 | 4 29 |
| 7 | 3 17 | 3 29 | 3 39 | 3 48 | 3 55 | 4 01 | 4 12 | 4 21 | 4 30 | 4 39 | 4 48 | 4 59 | 5 05 | 5 12 |
| 8 | 4 38 | 4 46 | 4 52 | 4 58 | 5 02 | 5 06 | 5 13 | 5 19 | 5 25 | 5 31 | 5 37 | 5 44 | 5 48 | 5 53 |
| 9 | 6 01 | 6 04 | 6 07 | 6 09 | 6 11 | 6 13 | 6 16 | 6 18 | 6 21 | 6 23 | 6 26 | 6 29 | 6 30 | 6 32 |
| 10 | 7 26 | 7 24 | 7 23 | 7 22 | 7 21 | 7 20 | 7 18 | 7 17 | 7 16 | 7 15 | 7 14 | 7 12 | 7 12 | 7 11 |

### MOONSET

| Lat. | −55° | −50° | −45° | −40° | −35° | −30° | −20° | −10° | 0° | +10° | +20° | +30° | +35° | +40° |
|---|---|---|---|---|---|---|---|---|---|---|---|---|---|---|
| | h m | h m | h m | h m | h m | h m | h m | h m | h m | h m | h m | h m | h m | h m |
| Feb. 15 | 22 55 | 23 12 | 23 26 | 23 38 | 23 48 | 23 56 | .. .. | .. .. | .. .. | .. .. | 0 03 | 0 16 | 0 23 | 0 32 |
| 16 | 23 38 | 23 58 | .. .. | .. .. | .. .. | .. .. | 0 11 | 0 25 | 0 37 | 0 49 | 1 02 | 1 17 | 1 26 | 1 36 |
| 17 | .. .. | .. .. | 0 14 | 0 27 | 0 37 | 0 47 | 1 04 | 1 18 | 1 32 | 1 45 | 1 59 | 2 16 | 2 26 | 2 37 |
| 18 | 0 29 | 0 49 | 1 06 | 1 19 | 1 30 | 1 40 | 1 57 | 2 12 | 2 26 | 2 40 | 2 54 | 3 11 | 3 21 | 3 32 |
| 19 | 1 26 | 1 46 | 2 02 | 2 15 | 2 26 | 2 35 | 2 52 | 3 06 | 3 19 | 3 32 | 3 46 | 4 03 | 4 12 | 4 23 |
| 20 | 2 29 | 2 47 | 3 01 | 3 13 | 3 22 | 3 31 | 3 46 | 3 59 | 4 11 | 4 23 | 4 35 | 4 50 | 4 58 | 5 08 |
| 21 | 3 36 | 3 50 | 4 02 | 4 12 | 4 20 | 4 27 | 4 39 | 4 50 | 5 00 | 5 10 | 5 21 | 5 33 | 5 40 | 5 48 |
| 22 | 4 43 | 4 54 | 5 03 | 5 10 | 5 17 | 5 22 | 5 32 | 5 40 | 5 47 | 5 55 | 6 03 | 6 12 | 6 18 | 6 24 |
| 23 | 5 51 | 5 58 | 6 04 | 6 09 | 6 13 | 6 16 | 6 22 | 6 28 | 6 33 | 6 38 | 6 43 | 6 49 | 6 53 | 6 57 |
| 24 | 6 58 | 7 01 | 7 04 | 7 06 | 7 08 | 7 09 | 7 12 | 7 15 | 7 17 | 7 19 | 7 22 | 7 24 | 7 26 | 7 27 |
| 25 | 8 04 | 8 04 | 8 03 | 8 02 | 8 02 | 8 02 | 8 01 | 8 01 | 8 00 | 7 59 | 7 59 | 7 58 | 7 58 | 7 57 |
| 26 | 9 10 | 9 05 | 9 01 | 8 58 | 8 56 | 8 53 | 8 49 | 8 46 | 8 43 | 8 39 | 8 36 | 8 32 | 8 29 | 8 27 |
| 27 | 10 14 | 10 06 | 9 59 | 9 54 | 9 49 | 9 45 | 9 38 | 9 31 | 9 25 | 9 20 | 9 13 | 9 06 | 9 02 | 8 57 |
| 28 | 11 18 | 11 07 | 10 57 | 10 49 | 10 43 | 10 37 | 10 26 | 10 17 | 10 09 | 10 01 | 9 52 | 9 42 | 9 36 | 9 29 |
| 29 | 12 22 | 12 06 | 11 54 | 11 44 | 11 36 | 11 29 | 11 16 | 11 04 | 10 54 | 10 43 | 10 32 | 10 20 | 10 12 | 10 04 |
| Mar. 1 | 13 23 | 13 05 | 12 51 | 12 39 | 12 29 | 12 21 | 12 06 | 11 53 | 11 41 | 11 28 | 11 15 | 11 01 | 10 52 | 10 42 |
| 2 | 14 21 | 14 02 | 13 46 | 13 33 | 13 23 | 13 13 | 12 57 | 12 43 | 12 29 | 12 16 | 12 02 | 11 45 | 11 36 | 11 25 |
| 3 | 15 16 | 14 55 | 14 39 | 14 26 | 14 15 | 14 05 | 13 48 | 13 34 | 13 20 | 13 06 | 12 51 | 12 34 | 12 25 | 12 13 |
| 4 | 16 04 | 15 45 | 15 29 | 15 17 | 15 06 | 14 56 | 14 40 | 14 26 | 14 12 | 13 59 | 13 45 | 13 28 | 13 18 | 13 07 |
| 5 | 16 46 | 16 29 | 16 16 | 16 04 | 15 55 | 15 46 | 15 31 | 15 18 | 15 06 | 14 54 | 14 41 | 14 26 | 14 17 | 14 07 |
| 6 | 17 23 | 17 09 | 16 58 | 16 49 | 16 41 | 16 34 | 16 22 | 16 11 | 16 01 | 15 51 | 15 40 | 15 28 | 15 20 | 15 12 |
| 7 | 17 55 | 17 45 | 17 38 | 17 31 | 17 25 | 17 20 | 17 11 | 17 04 | 16 56 | 16 49 | 16 41 | 16 32 | 16 26 | 16 20 |
| 8 | 18 24 | 18 19 | 18 15 | 18 11 | 18 08 | 18 05 | 18 00 | 17 56 | 17 52 | 17 47 | 17 43 | 17 38 | 17 35 | 17 31 |
| 9 | 18 51 | 18 51 | 18 50 | 18 50 | 18 49 | 18 49 | 18 48 | 18 47 | 18 47 | 18 46 | 18 45 | 18 45 | 18 44 | 18 44 |
| 10 | 19 19 | 19 22 | 19 26 | 19 28 | 19 31 | 19 33 | 19 36 | 19 39 | 19 42 | 19 45 | 19 48 | 19 52 | 19 54 | 19 56 |

.. .. indicates phenomenon will occur the next day.

## UNIVERSAL TIME FOR MERIDIAN OF GREENWICH
### MOONRISE

| Lat. | +40° | +42° | +44° | +46° | +48° | +50° | +52° | +54° | +56° | +58° | +60° | +62° | +64° | +66° |
|---|---|---|---|---|---|---|---|---|---|---|---|---|---|---|
| | h m | h m | h m | h m | h m | h m | h m | h m | h m | h m | h m | h m | h m | h m |
| Feb. 15 | 11 17 | 11 13 | 11 09 | 11 04 | 10 59 | 10 54 | 10 48 | 10 41 | 10 34 | 10 26 | 10 17 | 10 07 | 9 54 | 9 40 |
| 16 | 12 03 | 11 59 | 11 54 | 11 48 | 11 43 | 11 36 | 11 30 | 11 22 | 11 13 | 11 04 | 10 53 | 10 40 | 10 25 | 10 07 |
| 17 | 12 54 | 12 49 | 12 44 | 12 38 | 12 32 | 12 25 | 12 17 | 12 09 | 12 00 | 11 49 | 11 37 | 11 23 | 11 06 | 10 45 |
| 18 | 13 48 | 13 43 | 13 38 | 13 32 | 13 26 | 13 19 | 13 12 | 13 03 | 12 54 | 12 44 | 12 31 | 12 17 | 12 00 | 11 39 |
| 19 | 14 45 | 14 40 | 14 35 | 14 30 | 14 24 | 14 18 | 14 11 | 14 03 | 13 55 | 13 45 | 13 34 | 13 21 | 13 06 | 12 47 |
| 20 | 15 43 | 15 39 | 15 35 | 15 31 | 15 26 | 15 20 | 15 14 | 15 08 | 15 00 | 14 52 | 14 43 | 14 32 | 14 19 | 14 04 |
| 21 | 16 42 | 16 39 | 16 36 | 16 32 | 16 28 | 16 24 | 16 19 | 16 14 | 16 08 | 16 02 | 15 55 | 15 46 | 15 36 | 15 25 |
| 22 | 17 41 | 17 38 | 17 36 | 17 33 | 17 31 | 17 28 | 17 24 | 17 21 | 17 17 | 17 12 | 17 07 | 17 02 | 16 55 | 16 47 |
| 23 | 18 38 | 18 37 | 18 36 | 18 34 | 18 33 | 18 31 | 18 29 | 18 27 | 18 25 | 18 22 | 18 20 | 18 16 | 18 13 | 18 09 |
| 24 | 19 35 | 19 35 | 19 35 | 19 34 | 19 34 | 19 34 | 19 33 | 19 33 | 19 32 | 19 32 | 19 31 | 19 30 | 19 30 | 19 29 |
| 25 | 20 31 | 20 32 | 20 33 | 20 34 | 20 35 | 20 36 | 20 37 | 20 38 | 20 39 | 20 40 | 20 42 | 20 44 | 20 46 | 20 48 |
| 26 | 21 27 | 21 29 | 21 31 | 21 33 | 21 35 | 21 37 | 21 39 | 21 42 | 21 45 | 21 48 | 21 52 | 21 56 | 22 01 | 22 07 |
| 27 | 22 23 | 22 25 | 22 28 | 22 31 | 22 34 | 22 38 | 22 41 | 22 46 | 22 50 | 22 55 | 23 01 | 23 08 | 23 16 | 23 25 |
| 28 | 23 18 | 23 21 | 23 25 | 23 29 | 23 33 | 23 38 | 23 43 | 23 49 | 23 55 | .. .. | .. .. | .. .. | .. .. | .. .. |
| 29 | .. .. | .. .. | .. .. | .. .. | .. .. | .. .. | .. .. | .. .. | .. .. | 0 02 | 0 10 | 0 19 | 0 30 | 0 42 |
| Mar. 1 | 0 13 | 0 17 | 0 22 | 0 26 | 0 32 | 0 37 | 0 44 | 0 50 | 0 58 | 1 07 | 1 17 | 1 28 | 1 42 | 1 58 |
| 2 | 1 08 | 1 12 | 1 17 | 1 23 | 1 29 | 1 35 | 1 42 | 1 50 | 1 59 | 2 09 | 2 20 | 2 34 | 2 50 | 3 10 |
| 3 | 2 01 | 2 06 | 2 12 | 2 17 | 2 24 | 2 31 | 2 38 | 2 47 | 2 56 | 3 07 | 3 19 | 3 33 | 3 51 | 4 13 |
| 4 | 2 53 | 2 58 | 3 03 | 3 09 | 3 15 | 3 22 | 3 30 | 3 38 | 3 47 | 3 58 | 4 10 | 4 25 | 4 42 | 5 03 |
| 5 | 3 42 | 3 47 | 3 52 | 3 57 | 4 03 | 4 09 | 4 16 | 4 24 | 4 33 | 4 42 | 4 53 | 5 06 | 5 22 | 5 40 |
| 6 | 4 29 | 4 33 | 4 37 | 4 42 | 4 46 | 4 52 | 4 58 | 5 04 | 5 11 | 5 20 | 5 29 | 5 39 | 5 52 | 6 06 |
| 7 | 5 12 | 5 15 | 5 18 | 5 22 | 5 26 | 5 30 | 5 34 | 5 39 | 5 45 | 5 51 | 5 58 | 6 06 | 6 15 | 6 25 |
| 8 | 5 53 | 5 55 | 5 57 | 5 59 | 6 02 | 6 05 | 6 07 | 6 11 | 6 14 | 6 18 | 6 22 | 6 27 | 6 33 | 6 40 |
| 9 | 6 32 | 6 33 | 6 34 | 6 35 | 6 36 | 6 37 | 6 38 | 6 40 | 6 41 | 6 43 | 6 44 | 6 47 | 6 49 | 6 52 |
| 10 | 7 11 | 7 10 | 7 10 | 7 10 | 7 09 | 7 09 | 7 08 | 7 08 | 7 07 | 7 06 | 7 06 | 7 05 | 7 04 | 7 03 |

### MOONSET

| Lat. | +40° | +42° | +44° | +46° | +48° | +50° | +52° | +54° | +56° | +58° | +60° | +62° | +64° | +66° |
|---|---|---|---|---|---|---|---|---|---|---|---|---|---|---|
| | h m | h m | h m | h m | h m | h m | h m | h m | h m | h m | h m | h m | h m | h m |
| Feb. 15 | 0 32 | 0 35 | 0 39 | 0 43 | 0 48 | 0 53 | 0 58 | 1 04 | 1 11 | 1 19 | 1 27 | 1 37 | 1 49 | 2 03 |
| 16 | 1 36 | 1 40 | 1 45 | 1 50 | 1 56 | 2 02 | 2 08 | 2 16 | 2 24 | 2 33 | 2 44 | 2 56 | 3 11 | 3 29 |
| 17 | 2 37 | 2 41 | 2 47 | 2 52 | 2 58 | 3 05 | 3 12 | 3 21 | 3 30 | 3 40 | 3 52 | 4 06 | 4 23 | 4 44 |
| 18 | 3 32 | 3 37 | 3 43 | 3 48 | 3 55 | 4 01 | 4 09 | 4 17 | 4 27 | 4 37 | 4 49 | 5 04 | 5 21 | 5 42 |
| 19 | 4 23 | 4 27 | 4 32 | 4 38 | 4 44 | 4 50 | 4 57 | 5 05 | 5 14 | 5 24 | 5 35 | 5 49 | 6 04 | 6 24 |
| 20 | 5 08 | 5 12 | 5 16 | 5 21 | 5 26 | 5 32 | 5 38 | 5 45 | 5 53 | 6 01 | 6 11 | 6 23 | 6 36 | 6 52 |
| 21 | 5 48 | 5 51 | 5 55 | 5 59 | 6 03 | 6 08 | 6 13 | 6 18 | 6 25 | 6 32 | 6 39 | 6 48 | 6 59 | 7 11 |
| 22 | 6 24 | 6 26 | 6 29 | 6 32 | 6 35 | 6 39 | 6 43 | 6 47 | 6 51 | 6 56 | 7 02 | 7 09 | 7 16 | 7 25 |
| 23 | 6 57 | 6 58 | 7 00 | 7 02 | 7 04 | 7 06 | 7 09 | 7 11 | 7 14 | 7 18 | 7 21 | 7 25 | 7 30 | 7 36 |
| 24 | 7 27 | 7 28 | 7 29 | 7 30 | 7 31 | 7 32 | 7 33 | 7 34 | 7 35 | 7 37 | 7 38 | 7 40 | 7 42 | 7 44 |
| 25 | 7 57 | 7 57 | 7 57 | 7 57 | 7 56 | 7 56 | 7 56 | 7 55 | 7 55 | 7 55 | 7 54 | 7 54 | 7 53 | 7 53 |
| 26 | 8 27 | 8 26 | 8 25 | 8 23 | 8 22 | 8 20 | 8 19 | 8 17 | 8 15 | 8 13 | 8 10 | 8 07 | 8 04 | 8 01 |
| 27 | 8 57 | 8 55 | 8 53 | 8 51 | 8 48 | 8 45 | 8 42 | 8 39 | 8 36 | 8 32 | 8 27 | 8 22 | 8 16 | 8 10 |
| 28 | 9 29 | 9 26 | 9 23 | 9 20 | 9 16 | 9 12 | 9 08 | 9 03 | 8 58 | 8 53 | 8 46 | 8 39 | 8 30 | 8 20 |
| 29 | 10 04 | 10 00 | 9 56 | 9 52 | 9 47 | 9 42 | 9 37 | 9 31 | 9 24 | 9 17 | 9 08 | 8 59 | 8 47 | 8 34 |
| Mar. 1 | 10 42 | 10 38 | 10 33 | 10 28 | 10 23 | 10 17 | 10 10 | 10 03 | 9 55 | 9 46 | 9 36 | 9 24 | 9 10 | 8 53 |
| 2 | 11 25 | 11 20 | 11 15 | 11 09 | 11 03 | 10 57 | 10 50 | 10 42 | 10 33 | 10 22 | 10 11 | 9 57 | 9 41 | 9 21 |
| 3 | 12 13 | 12 08 | 12 03 | 11 57 | 11 51 | 11 44 | 11 36 | 11 28 | 11 18 | 11 08 | 10 55 | 10 41 | 10 23 | 10 01 |
| 4 | 13 07 | 13 03 | 12 57 | 12 52 | 12 46 | 12 39 | 12 31 | 12 23 | 12 14 | 12 03 | 11 51 | 11 37 | 11 20 | 10 59 |
| 5 | 14 07 | 14 03 | 13 58 | 13 53 | 13 47 | 13 41 | 13 35 | 13 27 | 13 19 | 13 09 | 12 59 | 12 46 | 12 31 | 12 13 |
| 6 | 15 12 | 15 08 | 15 04 | 15 00 | 14 56 | 14 51 | 14 45 | 14 39 | 14 32 | 14 25 | 14 16 | 14 06 | 13 54 | 13 40 |
| 7 | 16 20 | 16 18 | 16 15 | 16 12 | 16 08 | 16 05 | 16 01 | 15 57 | 15 52 | 15 46 | 15 40 | 15 33 | 15 25 | 15 16 |
| 8 | 17 31 | 17 30 | 17 28 | 17 26 | 17 25 | 17 23 | 17 20 | 17 18 | 17 15 | 17 12 | 17 09 | 17 05 | 17 01 | 16 55 |
| 9 | 18 44 | 18 43 | 18 43 | 18 43 | 18 42 | 18 42 | 18 42 | 18 41 | 18 41 | 18 40 | 18 40 | 18 39 | 18 38 | 18 37 |
| 10 | 19 56 | 19 57 | 19 58 | 19 59 | 20 01 | 20 02 | 20 03 | 20 05 | 20 07 | 20 09 | 20 11 | 20 14 | 20 16 | 20 20 |

.. .. indicates phenomenon will occur the next day.

# MOONRISE AND MOONSET, 2016

## UNIVERSAL TIME FOR MERIDIAN OF GREENWICH

### MOONRISE

| Lat. | −55° | −50° | −45° | −40° | −35° | −30° | −20° | −10° | 0° | +10° | +20° | +30° | +35° | +40° |
|---|---|---|---|---|---|---|---|---|---|---|---|---|---|---|
| | h m | h m | h m | h m | h m | h m | h m | h m | h m | h m | h m | h m | h m | h m |
| Mar. 9 | 6 01 | 6 04 | 6 07 | 6 09 | 6 11 | 6 13 | 6 16 | 6 18 | 6 21 | 6 23 | 6 26 | 6 29 | 6 30 | 6 32 |
| 10 | 7 26 | 7 24 | 7 23 | 7 22 | 7 21 | 7 20 | 7 18 | 7 17 | 7 16 | 7 15 | 7 14 | 7 12 | 7 12 | 7 11 |
| 11 | 8 51 | 8 44 | 8 39 | 8 34 | 8 30 | 8 27 | 8 21 | 8 16 | 8 12 | 8 07 | 8 02 | 7 57 | 7 53 | 7 50 |
| 12 | 10 14 | 10 02 | 9 53 | 9 46 | 9 39 | 9 34 | 9 24 | 9 15 | 9 08 | 9 00 | 8 51 | 8 42 | 8 37 | 8 30 |
| 13 | 11 33 | 11 17 | 11 05 | 10 55 | 10 46 | 10 39 | 10 26 | 10 14 | 10 04 | 9 53 | 9 42 | 9 29 | 9 22 | 9 14 |
| 14 | 12 46 | 12 27 | 12 13 | 12 01 | 11 50 | 11 41 | 11 26 | 11 12 | 11 00 | 10 47 | 10 34 | 10 19 | 10 10 | 10 00 |
| 15 | 13 51 | 13 31 | 13 15 | 13 01 | 12 50 | 12 41 | 12 24 | 12 09 | 11 56 | 11 42 | 11 28 | 11 11 | 11 02 | 10 51 |
| 16 | 14 46 | 14 26 | 14 10 | 13 57 | 13 45 | 13 36 | 13 19 | 13 04 | 12 50 | 12 36 | 12 22 | 12 05 | 11 55 | 11 44 |
| 17 | 15 32 | 15 13 | 14 58 | 14 46 | 14 35 | 14 26 | 14 10 | 13 56 | 13 43 | 13 30 | 13 16 | 13 00 | 12 51 | 12 40 |
| 18 | 16 10 | 15 53 | 15 40 | 15 29 | 15 20 | 15 12 | 14 58 | 14 45 | 14 34 | 14 22 | 14 10 | 13 55 | 13 47 | 13 38 |
| 19 | 16 41 | 16 27 | 16 17 | 16 08 | 16 00 | 15 54 | 15 42 | 15 32 | 15 22 | 15 12 | 15 02 | 14 50 | 14 44 | 14 36 |
| 20 | 17 07 | 16 57 | 16 49 | 16 43 | 16 37 | 16 32 | 16 23 | 16 16 | 16 08 | 16 01 | 15 54 | 15 45 | 15 40 | 15 34 |
| 21 | 17 30 | 17 24 | 17 19 | 17 15 | 17 11 | 17 08 | 17 03 | 16 58 | 16 53 | 16 49 | 16 44 | 16 38 | 16 35 | 16 31 |
| 22 | 17 52 | 17 49 | 17 47 | 17 45 | 17 44 | 17 43 | 17 40 | 17 38 | 17 37 | 17 35 | 17 33 | 17 31 | 17 29 | 17 28 |
| 23 | 18 12 | 18 13 | 18 14 | 18 15 | 18 16 | 18 16 | 18 17 | 18 18 | 18 19 | 18 20 | 18 21 | 18 23 | 18 23 | 18 24 |
| 24 | 18 33 | 18 37 | 18 41 | 18 45 | 18 47 | 18 50 | 18 54 | 18 58 | 19 02 | 19 06 | 19 10 | 19 14 | 19 17 | 19 20 |
| 25 | 18 54 | 19 03 | 19 09 | 19 15 | 19 20 | 19 24 | 19 32 | 19 39 | 19 45 | 19 51 | 19 58 | 20 06 | 20 10 | 20 15 |
| 26 | 19 18 | 19 30 | 19 40 | 19 48 | 19 54 | 20 00 | 20 11 | 20 20 | 20 29 | 20 37 | 20 47 | 20 58 | 21 04 | 21 11 |
| 27 | 19 46 | 20 01 | 20 13 | 20 23 | 20 31 | 20 39 | 20 52 | 21 03 | 21 14 | 21 25 | 21 36 | 21 49 | 21 57 | 22 06 |
| 28 | 20 18 | 20 36 | 20 50 | 21 01 | 21 11 | 21 20 | 21 35 | 21 48 | 22 00 | 22 13 | 22 26 | 22 41 | 22 50 | 23 00 |
| 29 | 20 56 | 21 16 | 21 31 | 21 44 | 21 55 | 22 04 | 22 21 | 22 35 | 22 48 | 23 02 | 23 16 | 23 33 | 23 42 | 23 53 |
| 30 | 21 42 | 22 03 | 22 19 | 22 32 | 22 43 | 22 53 | 23 10 | 23 24 | 23 38 | 23 52 | .. .. | .. .. | .. .. | .. .. |
| 31 | 22 37 | 22 57 | 23 12 | 23 25 | 23 36 | 23 45 | .. .. | .. .. | .. .. | .. .. | 0 07 | 0 24 | 0 34 | 0 45 |
| Apr. 1 | 23 40 | 23 58 | .. .. | .. .. | .. .. | .. .. | 0 02 | 0 16 | 0 29 | 0 43 | 0 57 | 1 13 | 1 23 | 1 34 |
| 2 | .. .. | .. .. | 0 12 | 0 23 | 0 33 | 0 42 | 0 57 | 1 10 | 1 22 | 1 34 | 1 47 | 2 02 | 2 10 | 2 20 |

### MOONSET

| Lat. | −55° | −50° | −45° | −40° | −35° | −30° | −20° | −10° | 0° | +10° | +20° | +30° | +35° | +40° |
|---|---|---|---|---|---|---|---|---|---|---|---|---|---|---|
| | h m | h m | h m | h m | h m | h m | h m | h m | h m | h m | h m | h m | h m | h m |
| Mar. 9 | 18 51 | 18 51 | 18 50 | 18 50 | 18 49 | 18 49 | 18 48 | 18 47 | 18 47 | 18 46 | 18 45 | 18 45 | 18 44 | 18 44 |
| 10 | 19 19 | 19 22 | 19 26 | 19 28 | 19 31 | 19 33 | 19 36 | 19 39 | 19 42 | 19 45 | 19 48 | 19 52 | 19 54 | 19 56 |
| 11 | 19 47 | 19 55 | 20 02 | 20 08 | 20 13 | 20 17 | 20 25 | 20 32 | 20 38 | 20 44 | 20 51 | 20 59 | 21 03 | 21 08 |
| 12 | 20 18 | 20 31 | 20 41 | 20 50 | 20 57 | 21 04 | 21 15 | 21 25 | 21 34 | 21 44 | 21 53 | 22 05 | 22 11 | 22 19 |
| 13 | 20 54 | 21 11 | 21 24 | 21 35 | 21 44 | 21 52 | 22 07 | 22 19 | 22 31 | 22 42 | 22 55 | 23 09 | 23 17 | 23 27 |
| 14 | 21 36 | 21 56 | 22 11 | 22 23 | 22 34 | 22 43 | 22 59 | 23 14 | 23 27 | 23 40 | 23 54 | .. .. | .. .. | .. .. |
| 15 | 22 25 | 22 46 | 23 02 | 23 15 | 23 27 | 23 36 | 23 53 | .. .. | .. .. | .. .. | .. .. | 0 10 | 0 19 | 0 30 |
| 16 | 23 21 | 23 41 | 23 57 | .. .. | .. .. | .. .. | .. .. | 0 08 | 0 22 | 0 36 | 0 50 | 1 07 | 1 17 | 1 28 |
| 17 | .. .. | .. .. | .. .. | 0 10 | 0 21 | 0 31 | 0 48 | 1 02 | 1 16 | 1 29 | 1 44 | 2 00 | 2 10 | 2 20 |
| 18 | 0 23 | 0 41 | 0 56 | 1 07 | 1 18 | 1 27 | 1 42 | 1 55 | 2 08 | 2 20 | 2 33 | 2 48 | 2 57 | 3 07 |
| 19 | 1 27 | 1 43 | 1 55 | 2 06 | 2 14 | 2 22 | 2 35 | 2 47 | 2 57 | 3 08 | 3 19 | 3 32 | 3 39 | 3 48 |
| 20 | 2 34 | 2 46 | 2 56 | 3 04 | 3 11 | 3 17 | 3 27 | 3 36 | 3 45 | 3 53 | 4 02 | 4 12 | 4 18 | 4 25 |
| 21 | 3 41 | 3 49 | 3 56 | 4 01 | 4 06 | 4 11 | 4 18 | 4 24 | 4 30 | 4 36 | 4 42 | 4 49 | 4 53 | 4 58 |
| 22 | 4 47 | 4 52 | 4 56 | 4 59 | 5 01 | 5 04 | 5 07 | 5 11 | 5 14 | 5 17 | 5 21 | 5 25 | 5 27 | 5 29 |
| 23 | 5 53 | 5 54 | 5 55 | 5 55 | 5 55 | 5 56 | 5 56 | 5 57 | 5 57 | 5 58 | 5 58 | 5 59 | 5 59 | 5 59 |
| 24 | 6 59 | 6 56 | 6 53 | 6 51 | 6 49 | 6 48 | 6 45 | 6 42 | 6 40 | 6 38 | 6 35 | 6 32 | 6 31 | 6 29 |
| 25 | 8 04 | 7 57 | 7 51 | 7 47 | 7 43 | 7 39 | 7 33 | 7 28 | 7 23 | 7 18 | 7 12 | 7 06 | 7 03 | 6 59 |
| 26 | 9 08 | 8 58 | 8 49 | 8 42 | 8 36 | 8 31 | 8 22 | 8 14 | 8 06 | 7 58 | 7 50 | 7 41 | 7 36 | 7 30 |
| 27 | 10 12 | 9 58 | 9 47 | 9 37 | 9 29 | 9 23 | 9 11 | 9 00 | 8 50 | 8 41 | 8 30 | 8 18 | 8 11 | 8 04 |
| 28 | 11 14 | 10 57 | 10 43 | 10 32 | 10 23 | 10 14 | 10 00 | 9 48 | 9 36 | 9 24 | 9 12 | 8 58 | 8 50 | 8 40 |
| 29 | 12 13 | 11 53 | 11 38 | 11 26 | 11 15 | 11 06 | 10 50 | 10 36 | 10 23 | 10 10 | 9 56 | 9 41 | 9 31 | 9 21 |
| 30 | 13 07 | 12 47 | 12 31 | 12 18 | 12 07 | 11 57 | 11 41 | 11 26 | 11 12 | 10 59 | 10 44 | 10 27 | 10 17 | 10 06 |
| 31 | 13 57 | 13 37 | 13 21 | 13 08 | 12 57 | 12 48 | 12 31 | 12 16 | 12 03 | 11 49 | 11 34 | 11 18 | 11 08 | 10 57 |
| Apr. 1 | 14 41 | 14 22 | 14 08 | 13 56 | 13 45 | 13 36 | 13 21 | 13 07 | 12 54 | 12 42 | 12 28 | 12 12 | 12 03 | 11 52 |
| 2 | 15 19 | 15 03 | 14 51 | 14 40 | 14 31 | 14 24 | 14 10 | 13 58 | 13 47 | 13 36 | 13 24 | 13 10 | 13 02 | 12 53 |

.. .. indicates phenomenon will occur the next day.

## UNIVERSAL TIME FOR MERIDIAN OF GREENWICH
### MOONRISE

| Lat. | +40° | +42° | +44° | +46° | +48° | +50° | +52° | +54° | +56° | +58° | +60° | +62° | +64° | +66° |
|---|---|---|---|---|---|---|---|---|---|---|---|---|---|---|
| | h m | h m | h m | h m | h m | h m | h m | h m | h m | h m | h m | h m | h m | h m |
| Mar. 9 | 6 32 | 6 33 | 6 34 | 6 35 | 6 36 | 6 37 | 6 38 | 6 40 | 6 41 | 6 43 | 6 44 | 6 47 | 6 49 | 6 52 |
| 10 | 7 11 | 7 10 | 7 10 | 7 10 | 7 09 | 7 09 | 7 08 | 7 08 | 7 07 | 7 06 | 7 06 | 7 05 | 7 04 | 7 03 |
| 11 | 7 50 | 7 48 | 7 47 | 7 45 | 7 43 | 7 41 | 7 39 | 7 36 | 7 34 | 7 31 | 7 27 | 7 24 | 7 19 | 7 14 |
| 12 | 8 30 | 8 28 | 8 25 | 8 22 | 8 19 | 8 15 | 8 11 | 8 07 | 8 02 | 7 57 | 7 51 | 7 45 | 7 37 | 7 28 |
| 13 | 9 14 | 9 10 | 9 06 | 9 02 | 8 57 | 8 53 | 8 47 | 8 41 | 8 35 | 8 27 | 8 19 | 8 10 | 7 59 | 7 46 |
| 14 | 10 00 | 9 56 | 9 51 | 9 46 | 9 41 | 9 35 | 9 28 | 9 21 | 9 13 | 9 04 | 8 53 | 8 41 | 8 27 | 8 10 |
| 15 | 10 51 | 10 46 | 10 40 | 10 35 | 10 29 | 10 22 | 10 15 | 10 07 | 9 58 | 9 47 | 9 36 | 9 22 | 9 05 | 8 45 |
| 16 | 11 44 | 11 39 | 11 34 | 11 28 | 11 22 | 11 15 | 11 08 | 10 59 | 10 50 | 10 39 | 10 27 | 10 13 | 9 56 | 9 34 |
| 17 | 12 40 | 12 35 | 12 30 | 12 25 | 12 19 | 12 13 | 12 06 | 11 58 | 11 49 | 11 39 | 11 27 | 11 14 | 10 58 | 10 38 |
| 18 | 13 38 | 13 34 | 13 29 | 13 24 | 13 19 | 13 13 | 13 07 | 13 00 | 12 53 | 12 44 | 12 34 | 12 22 | 12 09 | 11 52 |
| 19 | 14 36 | 14 32 | 14 29 | 14 25 | 14 21 | 14 16 | 14 11 | 14 05 | 13 59 | 13 52 | 13 44 | 13 35 | 13 24 | 13 11 |
| 20 | 15 34 | 15 31 | 15 29 | 15 26 | 15 22 | 15 19 | 15 15 | 15 11 | 15 06 | 15 01 | 14 56 | 14 49 | 14 41 | 14 32 |
| 21 | 16 31 | 16 30 | 16 28 | 16 26 | 16 24 | 16 22 | 16 19 | 16 17 | 16 14 | 16 11 | 16 07 | 16 03 | 15 59 | 15 53 |
| 22 | 17 28 | 17 27 | 17 27 | 17 26 | 17 25 | 17 24 | 17 23 | 17 22 | 17 21 | 17 20 | 17 19 | 17 17 | 17 15 | 17 13 |
| 23 | 18 24 | 18 24 | 18 25 | 18 25 | 18 26 | 18 26 | 18 27 | 18 27 | 18 28 | 18 29 | 18 29 | 18 30 | 18 31 | 18 32 |
| 24 | 19 20 | 19 21 | 19 23 | 19 24 | 19 26 | 19 28 | 19 29 | 19 32 | 19 34 | 19 37 | 19 40 | 19 43 | 19 47 | 19 51 |
| 25 | 20 15 | 20 18 | 20 20 | 20 23 | 20 26 | 20 29 | 20 32 | 20 36 | 20 40 | 20 44 | 20 49 | 20 55 | 21 02 | 21 10 |
| 26 | 21 11 | 21 14 | 21 17 | 21 21 | 21 25 | 21 29 | 21 34 | 21 39 | 21 45 | 21 51 | 21 58 | 22 06 | 22 16 | 22 27 |
| 27 | 22 06 | 22 10 | 22 14 | 22 18 | 22 23 | 22 29 | 22 35 | 22 41 | 22 48 | 22 56 | 23 05 | 23 16 | 23 29 | 23 44 |
| 28 | 23 00 | 23 05 | 23 10 | 23 15 | 23 21 | 23 27 | 23 34 | 23 41 | 23 49 | 23 59 | .. .. | .. .. | .. .. | .. .. |
| 29 | 23 53 | 23 58 | .. .. | .. .. | .. .. | .. .. | .. .. | .. .. | .. .. | .. .. | 0 10 | 0 23 | 0 38 | 0 57 |
| 30 | .. .. | .. .. | 0 04 | 0 09 | 0 16 | 0 22 | 0 30 | 0 38 | 0 47 | 0 58 | 1 10 | 1 24 | 1 41 | 2 02 |
| 31 | 0 45 | 0 50 | 0 55 | 1 01 | 1 07 | 1 14 | 1 22 | 1 30 | 1 40 | 1 51 | 2 03 | 2 18 | 2 35 | 2 57 |
| Apr. 1 | 1 34 | 1 39 | 1 44 | 1 49 | 1 55 | 2 02 | 2 09 | 2 17 | 2 26 | 2 36 | 2 48 | 3 02 | 3 18 | 3 38 |
| 2 | 2 20 | 2 24 | 2 29 | 2 34 | 2 39 | 2 45 | 2 51 | 2 59 | 3 06 | 3 15 | 3 26 | 3 37 | 3 51 | 4 08 |

### MOONSET

| Lat. | +40° | +42° | +44° | +46° | +48° | +50° | +52° | +54° | +56° | +58° | +60° | +62° | +64° | +66° |
|---|---|---|---|---|---|---|---|---|---|---|---|---|---|---|
| | h m | h m | h m | h m | h m | h m | h m | h m | h m | h m | h m | h m | h m | h m |
| Mar. 9 | 18 44 | 18 43 | 18 43 | 18 43 | 18 42 | 18 42 | 18 42 | 18 41 | 18 41 | 18 40 | 18 40 | 18 39 | 18 38 | 18 37 |
| 10 | 19 56 | 19 57 | 19 58 | 19 59 | 20 01 | 20 02 | 20 03 | 20 05 | 20 07 | 20 09 | 20 11 | 20 14 | 20 16 | 20 20 |
| 11 | 21 08 | 21 11 | 21 13 | 21 15 | 21 18 | 21 21 | 21 24 | 21 28 | 21 32 | 21 36 | 21 41 | 21 47 | 21 54 | 22 01 |
| 12 | 22 19 | 22 22 | 22 26 | 22 29 | 22 34 | 22 38 | 22 43 | 22 48 | 22 54 | 23 01 | 23 09 | 23 18 | 23 28 | 23 40 |
| 13 | 23 27 | 23 31 | 23 35 | 23 40 | 23 45 | 23 51 | 23 57 | .. .. | .. .. | .. .. | .. .. | .. .. | .. .. | .. .. |
| 14 | .. .. | .. .. | .. .. | .. .. | .. .. | .. .. | .. .. | 0 04 | 0 12 | 0 21 | 0 31 | 0 42 | 0 56 | 1 12 |
| 15 | 0 30 | 0 35 | 0 40 | 0 45 | 0 51 | 0 58 | 1 05 | 1 13 | 1 22 | 1 32 | 1 44 | 1 57 | 2 13 | 2 33 |
| 16 | 1 28 | 1 33 | 1 39 | 1 44 | 1 51 | 1 57 | 2 05 | 2 13 | 2 22 | 2 33 | 2 45 | 3 00 | 3 17 | 3 38 |
| 17 | 2 20 | 2 25 | 2 30 | 2 36 | 2 42 | 2 49 | 2 56 | 3 04 | 3 13 | 3 23 | 3 35 | 3 48 | 4 05 | 4 25 |
| 18 | 3 07 | 3 11 | 3 16 | 3 21 | 3 26 | 3 32 | 3 39 | 3 46 | 3 54 | 4 03 | 4 13 | 4 25 | 4 39 | 4 56 |
| 19 | 3 48 | 3 52 | 3 56 | 4 00 | 4 04 | 4 09 | 4 15 | 4 21 | 4 28 | 4 35 | 4 44 | 4 53 | 5 05 | 5 18 |
| 20 | 4 25 | 4 28 | 4 31 | 4 34 | 4 38 | 4 41 | 4 46 | 4 50 | 4 55 | 5 01 | 5 08 | 5 15 | 5 23 | 5 33 |
| 21 | 4 58 | 5 00 | 5 02 | 5 05 | 5 07 | 5 10 | 5 13 | 5 16 | 5 19 | 5 23 | 5 28 | 5 32 | 5 38 | 5 45 |
| 22 | 5 29 | 5 30 | 5 32 | 5 33 | 5 34 | 5 36 | 5 37 | 5 39 | 5 41 | 5 43 | 5 45 | 5 48 | 5 51 | 5 54 |
| 23 | 5 59 | 5 59 | 5 59 | 6 00 | 6 00 | 6 00 | 6 00 | 6 00 | 6 01 | 6 01 | 6 01 | 6 01 | 6 02 | 6 02 |
| 24 | 6 29 | 6 28 | 6 27 | 6 26 | 6 25 | 6 24 | 6 23 | 6 22 | 6 20 | 6 19 | 6 17 | 6 15 | 6 13 | 6 10 |
| 25 | 6 59 | 6 57 | 6 55 | 6 53 | 6 51 | 6 49 | 6 46 | 6 43 | 6 40 | 6 37 | 6 33 | 6 29 | 6 24 | 6 19 |
| 26 | 7 30 | 7 27 | 7 25 | 7 22 | 7 18 | 7 15 | 7 11 | 7 07 | 7 02 | 6 57 | 6 51 | 6 45 | 6 37 | 6 29 |
| 27 | 8 04 | 8 00 | 7 56 | 7 53 | 7 48 | 7 44 | 7 39 | 7 33 | 7 27 | 7 20 | 7 12 | 7 03 | 6 53 | 6 41 |
| 28 | 8 40 | 8 36 | 8 32 | 8 27 | 8 22 | 8 16 | 8 10 | 8 03 | 7 56 | 7 47 | 7 38 | 7 26 | 7 13 | 6 58 |
| 29 | 9 21 | 9 16 | 9 11 | 9 06 | 9 00 | 8 54 | 8 47 | 8 39 | 8 30 | 8 20 | 8 09 | 7 56 | 7 40 | 7 21 |
| 30 | 10 06 | 10 01 | 9 56 | 9 50 | 9 44 | 9 37 | 9 29 | 9 21 | 9 12 | 9 01 | 8 49 | 8 35 | 8 17 | 7 56 |
| 31 | 10 57 | 10 52 | 10 46 | 10 40 | 10 34 | 10 27 | 10 20 | 10 11 | 10 02 | 9 51 | 9 39 | 9 24 | 9 07 | 8 45 |
| Apr. 1 | 11 52 | 11 47 | 11 42 | 11 37 | 11 31 | 11 25 | 11 18 | 11 10 | 11 01 | 10 51 | 10 39 | 10 26 | 10 10 | 9 50 |
| 2 | 12 53 | 12 49 | 12 44 | 12 40 | 12 34 | 12 29 | 12 23 | 12 16 | 12 08 | 12 00 | 11 50 | 11 39 | 11 26 | 11 09 |

.. .. indicates phenomenon will occur the next day.

# MOONRISE AND MOONSET, 2016

## UNIVERSAL TIME FOR MERIDIAN OF GREENWICH

### MOONRISE

| Lat. | −55° | −50° | −45° | −40° | −35° | −30° | −20° | −10° | 0° | +10° | +20° | +30° | +35° | +40° |
|---|---|---|---|---|---|---|---|---|---|---|---|---|---|---|
| | h m | h m | h m | h m | h m | h m | h m | h m | h m | h m | h m | h m | h m | h m |
| Apr. 1 | 23 40 | 23 58 | .. .. | .. .. | .. .. | .. .. | 0 02 | 0 16 | 0 29 | 0 43 | 0 57 | 1 13 | 1 23 | 1 34 |
| 2 | .. .. | .. .. | 0 12 | 0 23 | 0 33 | 0 42 | 0 57 | 1 10 | 1 22 | 1 34 | 1 47 | 2 02 | 2 10 | 2 20 |
| 3 | 0 51 | 1 05 | 1 17 | 1 26 | 1 34 | 1 42 | 1 54 | 2 05 | 2 15 | 2 25 | 2 36 | 2 48 | 2 55 | 3 03 |
| 4 | 2 07 | 2 18 | 2 26 | 2 33 | 2 39 | 2 44 | 2 53 | 3 01 | 3 09 | 3 16 | 3 24 | 3 33 | 3 38 | 3 44 |
| 5 | 3 28 | 3 34 | 3 39 | 3 43 | 3 46 | 3 49 | 3 54 | 3 59 | 4 03 | 4 07 | 4 12 | 4 17 | 4 20 | 4 23 |
| 6 | 4 52 | 4 53 | 4 54 | 4 54 | 4 55 | 4 56 | 4 56 | 4 57 | 4 58 | 4 59 | 5 00 | 5 01 | 5 01 | 5 02 |
| 7 | 6 18 | 6 14 | 6 10 | 6 08 | 6 05 | 6 03 | 6 00 | 5 57 | 5 54 | 5 51 | 5 48 | 5 45 | 5 43 | 5 41 |
| 8 | 7 44 | 7 35 | 7 28 | 7 21 | 7 16 | 7 12 | 7 04 | 6 57 | 6 51 | 6 44 | 6 38 | 6 30 | 6 26 | 6 21 |
| 9 | 9 08 | 8 54 | 8 43 | 8 34 | 8 27 | 8 20 | 8 08 | 7 58 | 7 49 | 7 39 | 7 29 | 7 18 | 7 12 | 7 04 |
| 10 | 10 27 | 10 10 | 9 56 | 9 45 | 9 35 | 9 26 | 9 12 | 8 59 | 8 47 | 8 35 | 8 23 | 8 09 | 8 00 | 7 51 |
| 11 | 11 39 | 11 19 | 11 03 | 10 50 | 10 39 | 10 30 | 10 13 | 9 59 | 9 46 | 9 32 | 9 18 | 9 02 | 8 52 | 8 42 |
| 12 | 12 40 | 12 19 | 12 03 | 11 50 | 11 38 | 11 28 | 11 11 | 10 57 | 10 43 | 10 29 | 10 14 | 9 57 | 9 47 | 9 36 |
| 13 | 13 31 | 13 11 | 12 55 | 12 43 | 12 32 | 12 22 | 12 06 | 11 51 | 11 38 | 11 24 | 11 10 | 10 53 | 10 44 | 10 33 |
| 14 | 14 12 | 13 54 | 13 40 | 13 29 | 13 19 | 13 10 | 12 55 | 12 42 | 12 30 | 12 18 | 12 05 | 11 50 | 11 41 | 11 31 |
| 15 | 14 45 | 14 30 | 14 19 | 14 09 | 14 01 | 13 54 | 13 41 | 13 30 | 13 20 | 13 09 | 12 58 | 12 46 | 12 38 | 12 30 |
| 16 | 15 12 | 15 01 | 14 53 | 14 45 | 14 39 | 14 33 | 14 23 | 14 15 | 14 07 | 13 59 | 13 50 | 13 40 | 13 35 | 13 28 |
| 17 | 15 36 | 15 29 | 15 23 | 15 18 | 15 14 | 15 10 | 15 03 | 14 57 | 14 52 | 14 46 | 14 41 | 14 34 | 14 30 | 14 26 |
| 18 | 15 58 | 15 54 | 15 51 | 15 49 | 15 46 | 15 44 | 15 41 | 15 38 | 15 35 | 15 33 | 15 30 | 15 26 | 15 24 | 15 22 |
| 19 | 16 18 | 16 18 | 16 18 | 16 18 | 16 18 | 16 18 | 16 18 | 16 18 | 16 18 | 16 18 | 16 18 | 16 18 | 16 18 | 16 18 |
| 20 | 16 38 | 16 42 | 16 45 | 16 47 | 16 49 | 16 51 | 16 55 | 16 58 | 17 00 | 17 03 | 17 06 | 17 10 | 17 12 | 17 14 |
| 21 | 16 59 | 17 07 | 17 12 | 17 17 | 17 22 | 17 25 | 17 32 | 17 38 | 17 43 | 17 49 | 17 55 | 18 01 | 18 05 | 18 10 |
| 22 | 17 22 | 17 33 | 17 42 | 17 49 | 17 55 | 18 01 | 18 10 | 18 19 | 18 27 | 18 35 | 18 43 | 18 53 | 18 59 | 19 05 |
| 23 | 17 48 | 18 02 | 18 14 | 18 23 | 18 31 | 18 38 | 18 50 | 19 01 | 19 11 | 19 22 | 19 33 | 19 45 | 19 52 | 20 01 |
| 24 | 18 19 | 18 36 | 18 49 | 19 00 | 19 10 | 19 18 | 19 33 | 19 46 | 19 58 | 20 10 | 20 22 | 20 37 | 20 46 | 20 56 |
| 25 | 18 55 | 19 14 | 19 29 | 19 42 | 19 52 | 20 02 | 20 18 | 20 32 | 20 45 | 20 58 | 21 13 | 21 29 | 21 38 | 21 49 |

### MOONSET

| Lat. | −55° | −50° | −45° | −40° | −35° | −30° | −20° | −10° | 0° | +10° | +20° | +30° | +35° | +40° |
|---|---|---|---|---|---|---|---|---|---|---|---|---|---|---|
| | h m | h m | h m | h m | h m | h m | h m | h m | h m | h m | h m | h m | h m | h m |
| Apr. 1 | 14 41 | 14 22 | 14 08 | 13 56 | 13 45 | 13 36 | 13 21 | 13 07 | 12 54 | 12 42 | 12 28 | 12 12 | 12 03 | 11 52 |
| 2 | 15 19 | 15 03 | 14 51 | 14 40 | 14 31 | 14 24 | 14 10 | 13 58 | 13 47 | 13 36 | 13 24 | 13 10 | 13 02 | 12 53 |
| 3 | 15 52 | 15 40 | 15 30 | 15 22 | 15 15 | 15 09 | 14 59 | 14 49 | 14 40 | 14 32 | 14 22 | 14 11 | 14 05 | 13 58 |
| 4 | 16 21 | 16 14 | 16 07 | 16 02 | 15 58 | 15 53 | 15 46 | 15 40 | 15 34 | 15 28 | 15 22 | 15 15 | 15 11 | 15 06 |
| 5 | 16 49 | 16 46 | 16 43 | 16 41 | 16 39 | 16 37 | 16 34 | 16 31 | 16 29 | 16 26 | 16 24 | 16 20 | 16 19 | 16 16 |
| 6 | 17 16 | 17 17 | 17 18 | 17 19 | 17 20 | 17 21 | 17 22 | 17 23 | 17 24 | 17 25 | 17 26 | 17 28 | 17 28 | 17 29 |
| 7 | 17 43 | 17 50 | 17 55 | 17 59 | 18 02 | 18 06 | 18 11 | 18 16 | 18 21 | 18 25 | 18 30 | 18 36 | 18 39 | 18 43 |
| 8 | 18 14 | 18 25 | 18 33 | 18 40 | 18 47 | 18 52 | 19 02 | 19 10 | 19 18 | 19 26 | 19 35 | 19 44 | 19 50 | 19 56 |
| 9 | 18 48 | 19 03 | 19 15 | 19 25 | 19 34 | 19 41 | 19 54 | 20 06 | 20 16 | 20 27 | 20 39 | 20 52 | 20 59 | 21 08 |
| 10 | 19 29 | 19 48 | 20 02 | 20 14 | 20 24 | 20 33 | 20 49 | 21 02 | 21 15 | 21 28 | 21 41 | 21 57 | 22 06 | 22 16 |
| 11 | 20 17 | 20 37 | 20 54 | 21 07 | 21 18 | 21 28 | 21 45 | 21 59 | 22 13 | 22 27 | 22 41 | 22 58 | 23 08 | 23 19 |
| 12 | 21 12 | 21 33 | 21 49 | 22 03 | 22 14 | 22 24 | 22 41 | 22 55 | 23 09 | 23 23 | 23 38 | 23 55 | .. .. | .. .. |
| 13 | 22 13 | 22 33 | 22 48 | 23 01 | 23 11 | 23 20 | 23 36 | 23 50 | .. .. | .. .. | .. .. | .. .. | 0 04 | 0 15 |
| 14 | 23 18 | 23 35 | 23 48 | 23 59 | .. .. | .. .. | .. .. | .. .. | 0 03 | 0 16 | 0 30 | 0 45 | 0 55 | 1 05 |
| 15 | .. .. | .. .. | .. .. | .. .. | 0 09 | 0 17 | 0 31 | 0 43 | 0 54 | 1 06 | 1 18 | 1 31 | 1 39 | 1 48 |
| 16 | 0 25 | 0 39 | 0 49 | 0 58 | 1 06 | 1 12 | 1 24 | 1 33 | 1 43 | 1 52 | 2 02 | 2 13 | 2 19 | 2 26 |
| 17 | 1 32 | 1 42 | 1 50 | 1 56 | 2 01 | 2 06 | 2 15 | 2 22 | 2 29 | 2 36 | 2 43 | 2 51 | 2 56 | 3 01 |
| 18 | 2 39 | 2 44 | 2 49 | 2 53 | 2 56 | 2 59 | 3 04 | 3 09 | 3 13 | 3 17 | 3 21 | 3 26 | 3 29 | 3 32 |
| 19 | 3 45 | 3 47 | 3 48 | 3 49 | 3 51 | 3 51 | 3 53 | 3 55 | 3 56 | 3 57 | 3 59 | 4 00 | 4 01 | 4 02 |
| 20 | 4 50 | 4 48 | 4 47 | 4 45 | 4 44 | 4 43 | 4 41 | 4 40 | 4 39 | 4 37 | 4 36 | 4 34 | 4 33 | 4 32 |
| 21 | 5 55 | 5 49 | 5 45 | 5 41 | 5 38 | 5 35 | 5 30 | 5 25 | 5 21 | 5 17 | 5 12 | 5 07 | 5 04 | 5 01 |
| 22 | 7 00 | 6 50 | 6 43 | 6 36 | 6 31 | 6 26 | 6 18 | 6 11 | 6 04 | 5 57 | 5 50 | 5 42 | 5 37 | 5 32 |
| 23 | 8 04 | 7 51 | 7 41 | 7 32 | 7 25 | 7 18 | 7 07 | 6 57 | 6 48 | 6 39 | 6 29 | 6 18 | 6 12 | 6 05 |
| 24 | 9 07 | 8 51 | 8 38 | 8 27 | 8 18 | 8 10 | 7 57 | 7 45 | 7 33 | 7 22 | 7 10 | 6 57 | 6 49 | 6 40 |
| 25 | 10 07 | 9 48 | 9 34 | 9 22 | 9 11 | 9 02 | 8 47 | 8 33 | 8 20 | 8 08 | 7 54 | 7 39 | 7 30 | 7 19 |

.. .. indicates phenomenon will occur the next day.

# MOONRISE AND MOONSET, 2016

## UNIVERSAL TIME FOR MERIDIAN OF GREENWICH

### MOONRISE

| Lat. | +40° | +42° | +44° | +46° | +48° | +50° | +52° | +54° | +56° | +58° | +60° | +62° | +64° | +66° |
|---|---|---|---|---|---|---|---|---|---|---|---|---|---|---|
| | h m | h m | h m | h m | h m | h m | h m | h m | h m | h m | h m | h m | h m | h m |
| Apr. 1 | 1 34 | 1 39 | 1 44 | 1 49 | 1 55 | 2 02 | 2 09 | 2 17 | 2 26 | 2 36 | 2 48 | 3 02 | 3 18 | 3 38 |
| 2 | 2 20 | 2 24 | 2 29 | 2 34 | 2 39 | 2 45 | 2 51 | 2 59 | 3 06 | 3 15 | 3 26 | 3 37 | 3 51 | 4 08 |
| 3 | 3 03 | 3 07 | 3 10 | 3 15 | 3 19 | 3 24 | 3 29 | 3 35 | 3 41 | 3 48 | 3 56 | 4 05 | 4 16 | 4 29 |
| 4 | 3 44 | 3 47 | 3 49 | 3 52 | 3 56 | 3 59 | 4 03 | 4 07 | 4 11 | 4 16 | 4 22 | 4 29 | 4 36 | 4 45 |
| 5 | 4 23 | 4 25 | 4 26 | 4 28 | 4 30 | 4 32 | 4 34 | 4 36 | 4 39 | 4 42 | 4 45 | 4 48 | 4 52 | 4 57 |
| 6 | 5 02 | 5 02 | 5 02 | 5 03 | 5 03 | 5 03 | 5 04 | 5 04 | 5 05 | 5 05 | 5 06 | 5 07 | 5 08 | 5 08 |
| 7 | 5 41 | 5 40 | 5 39 | 5 38 | 5 37 | 5 35 | 5 34 | 5 33 | 5 31 | 5 29 | 5 27 | 5 25 | 5 23 | 5 20 |
| 8 | 6 21 | 6 19 | 6 17 | 6 14 | 6 12 | 6 09 | 6 06 | 6 03 | 5 59 | 5 55 | 5 50 | 5 45 | 5 39 | 5 32 |
| 9 | 7 04 | 7 01 | 6 58 | 6 54 | 6 50 | 6 46 | 6 41 | 6 36 | 6 30 | 6 24 | 6 17 | 6 09 | 5 59 | 5 48 |
| 10 | 7 51 | 7 47 | 7 43 | 7 38 | 7 33 | 7 27 | 7 21 | 7 14 | 7 07 | 6 58 | 6 49 | 6 38 | 6 25 | 6 10 |
| 11 | 8 42 | 8 37 | 8 32 | 8 26 | 8 20 | 8 14 | 8 07 | 7 59 | 7 50 | 7 40 | 7 29 | 7 16 | 7 00 | 6 41 |
| 12 | 9 36 | 9 31 | 9 26 | 9 20 | 9 14 | 9 07 | 8 59 | 8 51 | 8 41 | 8 31 | 8 19 | 8 04 | 7 47 | 7 25 |
| 13 | 10 33 | 10 28 | 10 23 | 10 17 | 10 11 | 10 04 | 9 57 | 9 49 | 9 40 | 9 29 | 9 18 | 9 04 | 8 47 | 8 26 |
| 14 | 11 31 | 11 27 | 11 22 | 11 17 | 11 12 | 11 06 | 10 59 | 10 52 | 10 43 | 10 34 | 10 24 | 10 11 | 9 57 | 9 39 |
| 15 | 12 30 | 12 26 | 12 22 | 12 18 | 12 13 | 12 08 | 12 03 | 11 57 | 11 50 | 11 42 | 11 34 | 11 24 | 11 12 | 10 58 |
| 16 | 13 28 | 13 25 | 13 22 | 13 19 | 13 15 | 13 12 | 13 07 | 13 03 | 12 58 | 12 52 | 12 45 | 12 38 | 12 29 | 12 19 |
| 17 | 14 26 | 14 24 | 14 22 | 14 19 | 14 17 | 14 14 | 14 12 | 14 09 | 14 05 | 14 01 | 13 57 | 13 52 | 13 47 | 13 40 |
| 18 | 15 22 | 15 21 | 15 20 | 15 19 | 15 18 | 15 17 | 15 15 | 15 14 | 15 12 | 15 10 | 15 08 | 15 06 | 15 03 | 15 00 |
| 19 | 16 18 | 16 18 | 16 18 | 16 18 | 16 18 | 16 19 | 16 19 | 16 19 | 16 19 | 16 19 | 16 19 | 16 19 | 16 19 | 16 19 |
| 20 | 17 14 | 17 15 | 17 16 | 17 17 | 17 19 | 17 20 | 17 21 | 17 23 | 17 25 | 17 27 | 17 29 | 17 32 | 17 34 | 17 38 |
| 21 | 18 10 | 18 12 | 18 14 | 18 16 | 18 18 | 18 21 | 18 24 | 18 27 | 18 31 | 18 35 | 18 39 | 18 44 | 18 50 | 18 56 |
| 22 | 19 05 | 19 08 | 19 11 | 19 15 | 19 18 | 19 22 | 19 26 | 19 31 | 19 36 | 19 42 | 19 48 | 19 56 | 20 05 | 20 15 |
| 23 | 20 01 | 20 04 | 20 08 | 20 13 | 20 17 | 20 22 | 20 28 | 20 34 | 20 41 | 20 48 | 20 57 | 21 07 | 21 19 | 21 33 |
| 24 | 20 56 | 21 00 | 21 05 | 21 10 | 21 15 | 21 21 | 21 28 | 21 35 | 21 43 | 21 52 | 22 03 | 22 15 | 22 30 | 22 48 |
| 25 | 21 49 | 21 54 | 21 59 | 22 05 | 22 11 | 22 18 | 22 25 | 22 33 | 22 42 | 22 53 | 23 05 | 23 19 | 23 36 | 23 56 |

### MOONSET

| Lat. | +40° | +42° | +44° | +46° | +48° | +50° | +52° | +54° | +56° | +58° | +60° | +62° | +64° | +66° |
|---|---|---|---|---|---|---|---|---|---|---|---|---|---|---|
| | h m | h m | h m | h m | h m | h m | h m | h m | h m | h m | h m | h m | h m | h m |
| Apr. 1 | 11 52 | 11 47 | 11 42 | 11 37 | 11 31 | 11 25 | 11 18 | 11 10 | 11 01 | 10 51 | 10 39 | 10 26 | 10 10 | 9 50 |
| 2 | 12 53 | 12 49 | 12 44 | 12 40 | 12 34 | 12 29 | 12 23 | 12 16 | 12 08 | 12 00 | 11 50 | 11 39 | 11 26 | 11 09 |
| 3 | 13 58 | 13 54 | 13 51 | 13 47 | 13 43 | 13 39 | 13 34 | 13 29 | 13 23 | 13 16 | 13 09 | 13 00 | 12 51 | 12 39 |
| 4 | 15 06 | 15 04 | 15 01 | 14 59 | 14 56 | 14 53 | 14 50 | 14 47 | 14 43 | 14 39 | 14 34 | 14 28 | 14 22 | 14 14 |
| 5 | 16 16 | 16 16 | 16 15 | 16 13 | 16 12 | 16 11 | 16 10 | 16 08 | 16 06 | 16 05 | 16 03 | 16 00 | 15 57 | 15 54 |
| 6 | 17 29 | 17 29 | 17 30 | 17 30 | 17 31 | 17 31 | 17 31 | 17 32 | 17 33 | 17 33 | 17 34 | 17 35 | 17 36 | 17 37 |
| 7 | 18 43 | 18 44 | 18 46 | 18 48 | 18 50 | 18 52 | 18 54 | 18 57 | 19 00 | 19 03 | 19 06 | 19 10 | 19 15 | 19 21 |
| 8 | 19 56 | 19 59 | 20 02 | 20 05 | 20 09 | 20 12 | 20 17 | 20 21 | 20 26 | 20 32 | 20 38 | 20 46 | 20 54 | 21 04 |
| 9 | 21 08 | 21 12 | 21 16 | 21 20 | 21 25 | 21 30 | 21 36 | 21 42 | 21 49 | 21 57 | 22 06 | 22 17 | 22 29 | 22 44 |
| 10 | 22 16 | 22 21 | 22 26 | 22 31 | 22 37 | 22 43 | 22 50 | 22 58 | 23 06 | 23 16 | 23 27 | 23 40 | 23 55 | .. .. |
| 11 | 23 19 | 23 24 | 23 29 | 23 35 | 23 41 | 23 48 | 23 56 | .. .. | .. .. | .. .. | .. .. | .. .. | .. .. | 0 14 |
| 12 | .. .. | .. .. | .. .. | .. .. | .. .. | .. .. | .. .. | 0 04 | 0 13 | 0 24 | 0 36 | 0 50 | 1 08 | 1 29 |
| 13 | 0 15 | 0 20 | 0 26 | 0 31 | 0 38 | 0 44 | 0 52 | 1 00 | 1 09 | 1 20 | 1 32 | 1 46 | 2 03 | 2 24 |
| 14 | 1 05 | 1 10 | 1 14 | 1 20 | 1 25 | 1 32 | 1 39 | 1 46 | 1 55 | 2 04 | 2 15 | 2 28 | 2 43 | 3 01 |
| 15 | 1 48 | 1 52 | 1 56 | 2 01 | 2 06 | 2 11 | 2 17 | 2 24 | 2 31 | 2 39 | 2 48 | 2 59 | 3 11 | 3 26 |
| 16 | 2 26 | 2 30 | 2 33 | 2 37 | 2 41 | 2 45 | 2 50 | 2 55 | 3 00 | 3 07 | 3 14 | 3 22 | 3 31 | 3 42 |
| 17 | 3 01 | 3 03 | 3 06 | 3 08 | 3 11 | 3 14 | 3 18 | 3 21 | 3 25 | 3 30 | 3 35 | 3 40 | 3 47 | 3 55 |
| 18 | 3 32 | 3 34 | 3 35 | 3 37 | 3 39 | 3 40 | 3 42 | 3 45 | 3 47 | 3 50 | 3 53 | 3 56 | 4 00 | 4 04 |
| 19 | 4 02 | 4 03 | 4 03 | 4 04 | 4 04 | 4 05 | 4 06 | 4 06 | 4 07 | 4 08 | 4 09 | 4 10 | 4 11 | 4 12 |
| 20 | 4 32 | 4 31 | 4 31 | 4 30 | 4 29 | 4 29 | 4 28 | 4 27 | 4 26 | 4 25 | 4 24 | 4 23 | 4 22 | 4 20 |
| 21 | 5 01 | 5 00 | 4 58 | 4 57 | 4 55 | 4 53 | 4 51 | 4 49 | 4 46 | 4 43 | 4 40 | 4 37 | 4 33 | 4 28 |
| 22 | 5 32 | 5 30 | 5 27 | 5 24 | 5 21 | 5 18 | 5 15 | 5 11 | 5 07 | 5 03 | 4 57 | 4 52 | 4 45 | 4 37 |
| 23 | 6 05 | 6 01 | 5 58 | 5 54 | 5 50 | 5 46 | 5 41 | 5 36 | 5 31 | 5 24 | 5 17 | 5 09 | 4 59 | 4 48 |
| 24 | 6 40 | 6 36 | 6 32 | 6 27 | 6 22 | 6 17 | 6 11 | 6 05 | 5 58 | 5 50 | 5 41 | 5 30 | 5 18 | 5 03 |
| 25 | 7 19 | 7 15 | 7 10 | 7 05 | 6 59 | 6 53 | 6 46 | 6 38 | 6 30 | 6 20 | 6 10 | 5 57 | 5 42 | 5 24 |

.. .. indicates phenomenon will occur the next day.

# MOONRISE AND MOONSET, 2016

## UNIVERSAL TIME FOR MERIDIAN OF GREENWICH

### MOONRISE

| Lat. | −55° | −50° | −45° | −40° | −35° | −30° | −20° | −10° | 0° | +10° | +20° | +30° | +35° | +40° |
|---|---|---|---|---|---|---|---|---|---|---|---|---|---|---|
| | h m | h m | h m | h m | h m | h m | h m | h m | h m | h m | h m | h m | h m | h m |
| Apr. 24 | 18 19 | 18 36 | 18 49 | 19 00 | 19 10 | 19 18 | 19 33 | 19 46 | 19 58 | 20 10 | 20 22 | 20 37 | 20 46 | 20 56 |
| 25 | 18 55 | 19 14 | 19 29 | 19 42 | 19 52 | 20 02 | 20 18 | 20 32 | 20 45 | 20 58 | 21 13 | 21 29 | 21 38 | 21 49 |
| 26 | 19 38 | 19 58 | 20 14 | 20 28 | 20 39 | 20 49 | 21 05 | 21 20 | 21 34 | 21 48 | 22 03 | 22 20 | 22 30 | 22 41 |
| 27 | 20 29 | 20 49 | 21 05 | 21 18 | 21 29 | 21 39 | 21 56 | 22 11 | 22 24 | 22 38 | 22 53 | 23 09 | 23 19 | 23 30 |
| 28 | 21 28 | 21 47 | 22 01 | 22 14 | 22 24 | 22 33 | 22 49 | 23 02 | 23 15 | 23 28 | 23 42 | 23 57 | .. .. | .. .. |
| | | | | | | | | | | | | | | |
| 29 | 22 34 | 22 50 | 23 03 | 23 13 | 23 22 | 23 30 | 23 44 | 23 55 | .. .. | .. .. | .. .. | .. .. | 0 06 | 0 16 |
| 30 | 23 46 | 23 58 | .. .. | .. .. | .. .. | .. .. | .. .. | .. .. | 0 06 | 0 18 | 0 29 | 0 43 | 0 51 | 0 59 |
| May 1 | .. .. | .. .. | 0 08 | 0 16 | 0 23 | 0 29 | 0 40 | 0 49 | 0 58 | 1 07 | 1 16 | 1 27 | 1 33 | 1 40 |
| 2 | 1 02 | 1 10 | 1 17 | 1 22 | 1 27 | 1 31 | 1 38 | 1 44 | 1 50 | 1 56 | 2 02 | 2 09 | 2 13 | 2 18 |
| 3 | 2 22 | 2 26 | 2 29 | 2 31 | 2 33 | 2 35 | 2 38 | 2 40 | 2 43 | 2 46 | 2 48 | 2 51 | 2 53 | 2 55 |
| | | | | | | | | | | | | | | |
| 4 | 3 45 | 3 44 | 3 43 | 3 42 | 3 41 | 3 40 | 3 39 | 3 38 | 3 37 | 3 36 | 3 35 | 3 34 | 3 33 | 3 33 |
| 5 | 5 10 | 5 04 | 4 58 | 4 54 | 4 50 | 4 47 | 4 42 | 4 37 | 4 32 | 4 28 | 4 23 | 4 18 | 4 15 | 4 11 |
| 6 | 6 35 | 6 24 | 6 15 | 6 07 | 6 01 | 5 55 | 5 46 | 5 37 | 5 29 | 5 22 | 5 13 | 5 04 | 4 59 | 4 53 |
| 7 | 7 59 | 7 43 | 7 31 | 7 20 | 7 11 | 7 04 | 6 51 | 6 39 | 6 28 | 6 18 | 6 06 | 5 53 | 5 46 | 5 38 |
| 8 | 9 17 | 8 58 | 8 43 | 8 30 | 8 20 | 8 10 | 7 55 | 7 41 | 7 28 | 7 15 | 7 02 | 6 46 | 6 37 | 6 27 |
| | | | | | | | | | | | | | | |
| 9 | 10 26 | 10 05 | 9 49 | 9 35 | 9 24 | 9 14 | 8 57 | 8 42 | 8 28 | 8 14 | 7 59 | 7 42 | 7 32 | 7 21 |
| 10 | 11 24 | 11 03 | 10 47 | 10 33 | 10 22 | 10 12 | 9 55 | 9 40 | 9 26 | 9 12 | 8 57 | 8 40 | 8 30 | 8 19 |
| 11 | 12 10 | 11 51 | 11 36 | 11 24 | 11 13 | 11 04 | 10 48 | 10 35 | 10 22 | 10 09 | 9 55 | 9 39 | 9 30 | 9 19 |
| 12 | 12 47 | 12 31 | 12 18 | 12 08 | 11 59 | 11 51 | 11 37 | 11 25 | 11 14 | 11 03 | 10 51 | 10 37 | 10 29 | 10 20 |
| 13 | 13 17 | 13 05 | 12 55 | 12 46 | 12 39 | 12 33 | 12 22 | 12 12 | 12 03 | 11 54 | 11 44 | 11 33 | 11 27 | 11 20 |
| | | | | | | | | | | | | | | |
| 14 | 13 42 | 13 34 | 13 26 | 13 20 | 13 15 | 13 11 | 13 03 | 12 56 | 12 50 | 12 43 | 12 36 | 12 28 | 12 24 | 12 18 |
| 15 | 14 04 | 13 59 | 13 55 | 13 52 | 13 49 | 13 46 | 13 42 | 13 38 | 13 34 | 13 30 | 13 26 | 13 21 | 13 19 | 13 16 |
| 16 | 14 25 | 14 24 | 14 22 | 14 22 | 14 21 | 14 20 | 14 19 | 14 18 | 14 17 | 14 16 | 14 15 | 14 14 | 14 13 | 14 12 |
| 17 | 14 45 | 14 47 | 14 49 | 14 51 | 14 52 | 14 53 | 14 55 | 14 57 | 14 59 | 15 01 | 15 03 | 15 05 | 15 06 | 15 08 |
| 18 | 15 05 | 15 11 | 15 16 | 15 20 | 15 24 | 15 27 | 15 32 | 15 37 | 15 42 | 15 46 | 15 51 | 15 57 | 16 00 | 16 04 |

### MOONSET

| Lat. | −55° | −50° | −45° | −40° | −35° | −30° | −20° | −10° | 0° | +10° | +20° | +30° | +35° | +40° |
|---|---|---|---|---|---|---|---|---|---|---|---|---|---|---|
| | h m | h m | h m | h m | h m | h m | h m | h m | h m | h m | h m | h m | h m | h m |
| Apr. 24 | 9 07 | 8 51 | 8 38 | 8 27 | 8 18 | 8 10 | 7 57 | 7 45 | 7 33 | 7 22 | 7 10 | 6 57 | 6 49 | 6 40 |
| 25 | 10 07 | 9 48 | 9 34 | 9 22 | 9 11 | 9 02 | 8 47 | 8 33 | 8 20 | 8 08 | 7 54 | 7 39 | 7 30 | 7 19 |
| 26 | 11 04 | 10 43 | 10 27 | 10 14 | 10 03 | 9 54 | 9 37 | 9 22 | 9 09 | 8 55 | 8 40 | 8 24 | 8 14 | 8 03 |
| 27 | 11 55 | 11 34 | 11 18 | 11 05 | 10 54 | 10 44 | 10 27 | 10 12 | 9 58 | 9 44 | 9 29 | 9 12 | 9 02 | 8 51 |
| 28 | 12 40 | 12 20 | 12 05 | 11 52 | 11 42 | 11 32 | 11 16 | 11 02 | 10 49 | 10 35 | 10 21 | 10 05 | 9 55 | 9 44 |
| | | | | | | | | | | | | | | |
| 29 | 13 18 | 13 02 | 12 48 | 12 37 | 12 27 | 12 19 | 12 04 | 11 52 | 11 40 | 11 28 | 11 15 | 11 00 | 10 51 | 10 41 |
| 30 | 13 52 | 13 38 | 13 28 | 13 18 | 13 11 | 13 04 | 12 52 | 12 41 | 12 31 | 12 21 | 12 10 | 11 58 | 11 51 | 11 43 |
| May 1 | 14 22 | 14 12 | 14 04 | 13 58 | 13 52 | 13 47 | 13 38 | 13 30 | 13 23 | 13 16 | 13 08 | 12 59 | 12 53 | 12 47 |
| 2 | 14 49 | 14 43 | 14 39 | 14 35 | 14 32 | 14 29 | 14 24 | 14 19 | 14 15 | 14 11 | 14 06 | 14 01 | 13 58 | 13 55 |
| 3 | 15 15 | 15 14 | 15 13 | 15 12 | 15 12 | 15 11 | 15 10 | 15 09 | 15 08 | 15 08 | 15 07 | 15 06 | 15 05 | 15 04 |
| | | | | | | | | | | | | | | |
| 4 | 15 41 | 15 44 | 15 47 | 15 50 | 15 52 | 15 54 | 15 57 | 16 00 | 16 03 | 16 06 | 16 08 | 16 12 | 16 14 | 16 16 |
| 5 | 16 09 | 16 17 | 16 24 | 16 30 | 16 35 | 16 39 | 16 46 | 16 53 | 16 59 | 17 05 | 17 12 | 17 19 | 17 24 | 17 29 |
| 6 | 16 41 | 16 54 | 17 04 | 17 13 | 17 20 | 17 27 | 17 38 | 17 48 | 17 57 | 18 07 | 18 16 | 18 28 | 18 35 | 18 42 |
| 7 | 17 18 | 17 35 | 17 49 | 18 00 | 18 09 | 18 18 | 18 32 | 18 45 | 18 57 | 19 09 | 19 21 | 19 36 | 19 44 | 19 54 |
| 8 | 18 03 | 18 23 | 18 39 | 18 52 | 19 03 | 19 12 | 19 29 | 19 43 | 19 57 | 20 10 | 20 24 | 20 41 | 20 51 | 21 01 |
| | | | | | | | | | | | | | | |
| 9 | 18 57 | 19 18 | 19 34 | 19 48 | 19 59 | 20 09 | 20 27 | 20 42 | 20 56 | 21 10 | 21 25 | 21 42 | 21 52 | 22 03 |
| 10 | 19 58 | 20 18 | 20 34 | 20 47 | 20 58 | 21 08 | 21 25 | 21 39 | 21 53 | 22 06 | 22 21 | 22 37 | 22 47 | 22 58 |
| 11 | 21 04 | 21 22 | 21 36 | 21 48 | 21 58 | 22 07 | 22 22 | 22 35 | 22 47 | 22 59 | 23 12 | 23 27 | 23 35 | 23 45 |
| 12 | 22 12 | 22 27 | 22 39 | 22 48 | 22 57 | 23 04 | 23 17 | 23 28 | 23 38 | 23 48 | 23 59 | .. .. | .. .. | .. .. |
| 13 | 23 20 | 23 32 | 23 40 | 23 48 | 23 54 | .. .. | .. .. | .. .. | .. .. | .. .. | .. .. | 0 11 | 0 18 | 0 26 |
| | | | | | | | | | | | | | | |
| 14 | .. .. | .. .. | .. .. | .. .. | .. .. | 0 00 | 0 09 | 0 18 | 0 26 | 0 34 | 0 42 | 0 51 | 0 57 | 1 03 |
| 15 | 0 28 | 0 35 | 0 41 | 0 46 | 0 50 | 0 54 | 1 00 | 1 06 | 1 11 | 1 16 | 1 22 | 1 28 | 1 31 | 1 35 |
| 16 | 1 35 | 1 38 | 1 41 | 1 43 | 1 45 | 1 47 | 1 50 | 1 52 | 1 55 | 1 57 | 2 00 | 2 02 | 2 04 | 2 06 |
| 17 | 2 40 | 2 40 | 2 39 | 2 39 | 2 39 | 2 39 | 2 38 | 2 38 | 2 37 | 2 37 | 2 36 | 2 36 | 2 35 | 2 35 |
| 18 | 3 46 | 3 41 | 3 38 | 3 35 | 3 32 | 3 30 | 3 26 | 3 23 | 3 20 | 3 16 | 3 13 | 3 09 | 3 07 | 3 04 |

.. .. indicates phenomenon will occur the next day.

## UNIVERSAL TIME FOR MERIDIAN OF GREENWICH

### MOONRISE

| Lat. | +40° | +42° | +44° | +46° | +48° | +50° | +52° | +54° | +56° | +58° | +60° | +62° | +64° | +66° |
|---|---|---|---|---|---|---|---|---|---|---|---|---|---|---|
|  | h m | h m | h m | h m | h m | h m | h m | h m | h m | h m | h m | h m | h m | h m |
| Apr. 24 | 20 56 | 21 00 | 21 05 | 21 10 | 21 15 | 21 21 | 21 28 | 21 35 | 21 43 | 21 52 | 22 03 | 22 15 | 22 30 | 22 48 |
| 25 | 21 49 | 21 54 | 21 59 | 22 05 | 22 11 | 22 18 | 22 25 | 22 33 | 22 42 | 22 53 | 23 05 | 23 19 | 23 36 | 23 56 |
| 26 | 22 41 | 22 46 | 22 52 | 22 58 | 23 04 | 23 11 | 23 19 | 23 27 | 23 37 | 23 47 | .. .. | .. .. | .. .. | .. .. |
| 27 | 23 30 | 23 35 | 23 41 | 23 46 | 23 53 | 23 59 | .. .. | .. .. | .. .. | .. .. | 0 00 | 0 15 | 0 33 | 0 55 |
| 28 | .. .. | .. .. | .. .. | .. .. | .. .. | .. .. | 0 07 | 0 15 | 0 25 | 0 35 | 0 47 | 1 02 | 1 19 | 1 40 |
| 29 | 0 16 | 0 21 | 0 26 | 0 31 | 0 37 | 0 43 | 0 50 | 0 58 | 1 06 | 1 16 | 1 27 | 1 39 | 1 54 | 2 13 |
| 30 | 0 59 | 1 03 | 1 08 | 1 12 | 1 17 | 1 22 | 1 28 | 1 34 | 1 42 | 1 50 | 1 59 | 2 09 | 2 21 | 2 36 |
| May  1 | 1 40 | 1 43 | 1 46 | 1 50 | 1 53 | 1 57 | 2 02 | 2 07 | 2 12 | 2 18 | 2 25 | 2 33 | 2 42 | 2 52 |
| 2 | 2 18 | 2 20 | 2 22 | 2 25 | 2 27 | 2 30 | 2 33 | 2 36 | 2 39 | 2 43 | 2 48 | 2 53 | 2 58 | 3 05 |
| 3 | 2 55 | 2 56 | 2 57 | 2 58 | 2 59 | 3 01 | 3 02 | 3 03 | 3 05 | 3 07 | 3 08 | 3 11 | 3 13 | 3 16 |
| 4 | 3 33 | 3 32 | 3 32 | 3 32 | 3 31 | 3 31 | 3 31 | 3 30 | 3 30 | 3 29 | 3 29 | 3 28 | 3 27 | 3 26 |
| 5 | 4 11 | 4 10 | 4 08 | 4 07 | 4 05 | 4 03 | 4 01 | 3 58 | 3 56 | 3 53 | 3 50 | 3 46 | 3 42 | 3 37 |
| 6 | 4 53 | 4 50 | 4 47 | 4 44 | 4 41 | 4 37 | 4 33 | 4 29 | 4 25 | 4 19 | 4 14 | 4 07 | 3 59 | 3 51 |
| 7 | 5 38 | 5 34 | 5 30 | 5 26 | 5 21 | 5 16 | 5 11 | 5 05 | 4 58 | 4 51 | 4 42 | 4 33 | 4 22 | 4 08 |
| 8 | 6 27 | 6 23 | 6 18 | 6 13 | 6 07 | 6 01 | 5 54 | 5 47 | 5 38 | 5 29 | 5 18 | 5 06 | 4 52 | 4 34 |
| 9 | 7 21 | 7 16 | 7 11 | 7 05 | 6 59 | 6 52 | 6 45 | 6 36 | 6 27 | 6 16 | 6 04 | 5 50 | 5 33 | 5 12 |
| 10 | 8 19 | 8 14 | 8 09 | 8 03 | 7 57 | 7 50 | 7 42 | 7 34 | 7 24 | 7 13 | 7 01 | 6 46 | 6 29 | 6 07 |
| 11 | 9 19 | 9 14 | 9 09 | 9 04 | 8 58 | 8 52 | 8 45 | 8 37 | 8 28 | 8 18 | 8 07 | 7 53 | 7 37 | 7 18 |
| 12 | 10 20 | 10 16 | 10 11 | 10 07 | 10 01 | 9 56 | 9 50 | 9 43 | 9 36 | 9 27 | 9 18 | 9 07 | 8 53 | 8 38 |
| 13 | 11 20 | 11 16 | 11 13 | 11 09 | 11 05 | 11 01 | 10 56 | 10 51 | 10 45 | 10 38 | 10 31 | 10 22 | 10 12 | 10 01 |
| 14 | 12 18 | 12 16 | 12 14 | 12 11 | 12 08 | 12 05 | 12 02 | 11 58 | 11 54 | 11 49 | 11 44 | 11 38 | 11 31 | 11 23 |
| 15 | 13 16 | 13 14 | 13 13 | 13 12 | 13 10 | 13 08 | 13 06 | 13 04 | 13 02 | 12 59 | 12 56 | 12 53 | 12 49 | 12 45 |
| 16 | 14 12 | 14 12 | 14 11 | 14 11 | 14 11 | 14 10 | 14 10 | 14 09 | 14 09 | 14 08 | 14 07 | 14 07 | 14 06 | 14 05 |
| 17 | 15 08 | 15 09 | 15 09 | 15 10 | 15 11 | 15 12 | 15 13 | 15 14 | 15 15 | 15 16 | 15 18 | 15 19 | 15 21 | 15 23 |
| 18 | 16 04 | 16 05 | 16 07 | 16 09 | 16 11 | 16 13 | 16 15 | 16 18 | 16 21 | 16 24 | 16 28 | 16 32 | 16 37 | 16 42 |

### MOONSET

| Lat. | +40° | +42° | +44° | +46° | +48° | +50° | +52° | +54° | +56° | +58° | +60° | +62° | +64° | +66° |
|---|---|---|---|---|---|---|---|---|---|---|---|---|---|---|
|  | h m | h m | h m | h m | h m | h m | h m | h m | h m | h m | h m | h m | h m | h m |
| Apr. 24 | 6 40 | 6 36 | 6 32 | 6 27 | 6 22 | 6 17 | 6 11 | 6 05 | 5 58 | 5 50 | 5 41 | 5 30 | 5 18 | 5 03 |
| 25 | 7 19 | 7 15 | 7 10 | 7 05 | 6 59 | 6 53 | 6 46 | 6 38 | 6 30 | 6 20 | 6 10 | 5 57 | 5 42 | 5 24 |
| 26 | 8 03 | 7 58 | 7 53 | 7 47 | 7 41 | 7 34 | 7 26 | 7 18 | 7 09 | 6 58 | 6 46 | 6 32 | 6 15 | 5 54 |
| 27 | 8 51 | 8 46 | 8 41 | 8 35 | 8 28 | 8 21 | 8 14 | 8 05 | 7 56 | 7 45 | 7 32 | 7 17 | 6 59 | 6 37 |
| 28 | 9 44 | 9 39 | 9 34 | 9 28 | 9 22 | 9 15 | 9 08 | 9 00 | 8 51 | 8 40 | 8 28 | 8 14 | 7 57 | 7 36 |
| 29 | 10 41 | 10 37 | 10 32 | 10 27 | 10 22 | 10 16 | 10 09 | 10 02 | 9 54 | 9 44 | 9 34 | 9 22 | 9 07 | 8 49 |
| 30 | 11 43 | 11 39 | 11 35 | 11 31 | 11 27 | 11 22 | 11 16 | 11 10 | 11 04 | 10 56 | 10 48 | 10 38 | 10 26 | 10 13 |
| May  1 | 12 47 | 12 45 | 12 42 | 12 39 | 12 35 | 12 32 | 12 28 | 12 24 | 12 19 | 12 13 | 12 07 | 12 00 | 11 52 | 11 43 |
| 2 | 13 55 | 13 53 | 13 51 | 13 50 | 13 48 | 13 46 | 13 43 | 13 41 | 13 38 | 13 35 | 13 32 | 13 28 | 13 23 | 13 18 |
| 3 | 15 04 | 15 04 | 15 03 | 15 03 | 15 03 | 15 02 | 15 02 | 15 01 | 15 01 | 15 00 | 14 59 | 14 58 | 14 57 | 14 56 |
| 4 | 16 16 | 16 17 | 16 18 | 16 19 | 16 20 | 16 21 | 16 23 | 16 24 | 16 26 | 16 27 | 16 29 | 16 32 | 16 34 | 16 38 |
| 5 | 17 29 | 17 31 | 17 33 | 17 36 | 17 38 | 17 41 | 17 45 | 17 48 | 17 52 | 17 56 | 18 01 | 18 07 | 18 13 | 18 21 |
| 6 | 18 42 | 18 45 | 18 49 | 18 53 | 18 57 | 19 01 | 19 06 | 19 12 | 19 18 | 19 25 | 19 32 | 19 41 | 19 52 | 20 04 |
| 7 | 19 54 | 19 58 | 20 03 | 20 08 | 20 13 | 20 19 | 20 25 | 20 32 | 20 40 | 20 49 | 20 59 | 21 11 | 21 25 | 21 42 |
| 8 | 21 01 | 21 06 | 21 12 | 21 17 | 21 23 | 21 30 | 21 37 | 21 46 | 21 55 | 22 05 | 22 17 | 22 31 | 22 48 | 23 09 |
| 9 | 22 03 | 22 08 | 22 14 | 22 20 | 22 26 | 22 33 | 22 40 | 22 49 | 22 58 | 23 09 | 23 22 | 23 36 | 23 54 | .. .. |
| 10 | 22 58 | 23 03 | 23 08 | 23 13 | 23 19 | 23 26 | 23 33 | 23 41 | 23 50 | .. .. | .. .. | .. .. | .. .. | 0 16 |
| 11 | 23 45 | 23 49 | 23 54 | 23 59 | .. .. | .. .. | .. .. | .. .. | .. .. | 0 00 | 0 12 | 0 26 | 0 42 | 1 02 |
| 12 | .. .. | .. .. | .. .. | .. .. | 0 04 | 0 10 | 0 17 | 0 24 | 0 31 | 0 40 | 0 50 | 1 02 | 1 16 | 1 32 |
| 13 | 0 26 | 0 30 | 0 34 | 0 38 | 0 42 | 0 47 | 0 52 | 0 58 | 1 04 | 1 11 | 1 19 | 1 28 | 1 39 | 1 52 |
| 14 | 1 03 | 1 05 | 1 08 | 1 11 | 1 15 | 1 18 | 1 22 | 1 26 | 1 31 | 1 36 | 1 42 | 1 49 | 1 56 | 2 05 |
| 15 | 1 35 | 1 37 | 1 39 | 1 41 | 1 43 | 1 45 | 1 48 | 1 51 | 1 54 | 1 57 | 2 01 | 2 05 | 2 10 | 2 16 |
| 16 | 2 06 | 2 07 | 2 07 | 2 08 | 2 09 | 2 10 | 2 12 | 2 13 | 2 14 | 2 16 | 2 17 | 2 19 | 2 21 | 2 24 |
| 17 | 2 35 | 2 35 | 2 35 | 2 35 | 2 34 | 2 34 | 2 34 | 2 34 | 2 33 | 2 33 | 2 33 | 2 32 | 2 32 | 2 31 |
| 18 | 3 04 | 3 03 | 3 02 | 3 01 | 2 59 | 2 58 | 2 56 | 2 55 | 2 53 | 2 51 | 2 48 | 2 45 | 2 42 | 2 39 |

.. .. indicates phenomenon will occur the next day.

# MOONRISE AND MOONSET, 2016

## UNIVERSAL TIME FOR MERIDIAN OF GREENWICH

### MOONRISE

| Lat. | −55° | −50° | −45° | −40° | −35° | −30° | −20° | −10° | 0° | +10° | +20° | +30° | +35° | +40° |
|---|---|---|---|---|---|---|---|---|---|---|---|---|---|---|
| | h m | h m | h m | h m | h m | h m | h m | h m | h m | h m | h m | h m | h m | h m |
| May 17 | 14 45 | 14 47 | 14 49 | 14 51 | 14 52 | 14 53 | 14 55 | 14 57 | 14 59 | 15 01 | 15 03 | 15 05 | 15 06 | 15 08 |
| 18 | 15 05 | 15 11 | 15 16 | 15 20 | 15 24 | 15 27 | 15 32 | 15 37 | 15 42 | 15 46 | 15 51 | 15 57 | 16 00 | 16 04 |
| 19 | 15 27 | 15 37 | 15 44 | 15 51 | 15 56 | 16 01 | 16 10 | 16 18 | 16 25 | 16 32 | 16 40 | 16 48 | 16 53 | 16 59 |
| 20 | 15 52 | 16 05 | 16 15 | 16 24 | 16 31 | 16 38 | 16 49 | 16 59 | 17 09 | 17 19 | 17 29 | 17 40 | 17 47 | 17 55 |
| 21 | 16 20 | 16 36 | 16 49 | 17 00 | 17 09 | 17 17 | 17 31 | 17 43 | 17 55 | 18 06 | 18 19 | 18 33 | 18 41 | 18 51 |
| 22 | 16 54 | 17 13 | 17 28 | 17 40 | 17 51 | 18 00 | 18 15 | 18 29 | 18 42 | 18 55 | 19 09 | 19 25 | 19 35 | 19 45 |
| 23 | 17 35 | 17 56 | 18 12 | 18 25 | 18 36 | 18 46 | 19 03 | 19 17 | 19 31 | 19 45 | 20 00 | 20 17 | 20 27 | 20 38 |
| 24 | 18 24 | 18 44 | 19 01 | 19 14 | 19 25 | 19 35 | 19 52 | 20 07 | 20 21 | 20 35 | 20 50 | 21 07 | 21 17 | 21 29 |
| 25 | 19 20 | 19 40 | 19 55 | 20 08 | 20 19 | 20 28 | 20 45 | 20 59 | 21 12 | 21 25 | 21 40 | 21 56 | 22 05 | 22 16 |
| 26 | 20 24 | 20 41 | 20 55 | 21 06 | 21 16 | 21 24 | 21 39 | 21 51 | 22 03 | 22 15 | 22 28 | 22 42 | 22 50 | 23 00 |
| 27 | 21 33 | 21 47 | 21 58 | 22 07 | 22 15 | 22 22 | 22 34 | 22 44 | 22 54 | 23 04 | 23 14 | 23 26 | 23 33 | 23 40 |
| 28 | 22 46 | 22 56 | 23 04 | 23 11 | 23 17 | 23 21 | 23 30 | 23 38 | 23 45 | 23 52 | 23 59 | .. .. | .. .. | .. .. |
| 29 | .. .. | .. .. | .. .. | .. .. | .. .. | .. .. | .. .. | .. .. | .. .. | .. .. | .. .. | 0 08 | 0 13 | 0 18 |
| 30 | 0 03 | 0 08 | 0 13 | 0 17 | 0 20 | 0 22 | 0 27 | 0 32 | 0 36 | 0 40 | 0 44 | 0 49 | 0 51 | 0 55 |
| 31 | 1 22 | 1 23 | 1 23 | 1 24 | 1 25 | 1 25 | 1 26 | 1 26 | 1 27 | 1 28 | 1 28 | 1 29 | 1 30 | 1 30 |
| June 1 | 2 43 | 2 39 | 2 36 | 2 33 | 2 31 | 2 29 | 2 26 | 2 22 | 2 20 | 2 17 | 2 14 | 2 11 | 2 09 | 2 07 |
| 2 | 4 06 | 3 57 | 3 50 | 3 44 | 3 39 | 3 35 | 3 27 | 3 20 | 3 14 | 3 08 | 3 01 | 2 54 | 2 50 | 2 45 |
| 3 | 5 29 | 5 16 | 5 05 | 4 56 | 4 48 | 4 42 | 4 30 | 4 20 | 4 11 | 4 01 | 3 52 | 3 40 | 3 34 | 3 27 |
| 4 | 6 50 | 6 32 | 6 18 | 6 07 | 5 57 | 5 49 | 5 34 | 5 21 | 5 09 | 4 57 | 4 45 | 4 31 | 4 22 | 4 13 |
| 5 | 8 04 | 7 44 | 7 28 | 7 15 | 7 04 | 6 54 | 6 37 | 6 23 | 6 09 | 5 56 | 5 41 | 5 25 | 5 15 | 5 05 |
| 6 | 9 09 | 8 48 | 8 31 | 8 17 | 8 06 | 7 56 | 7 38 | 7 23 | 7 09 | 6 55 | 6 40 | 6 22 | 6 12 | 6 01 |
| 7 | 10 02 | 9 42 | 9 26 | 9 13 | 9 02 | 8 52 | 8 35 | 8 21 | 8 07 | 7 53 | 7 39 | 7 22 | 7 12 | 7 01 |
| 8 | 10 45 | 10 27 | 10 13 | 10 02 | 9 52 | 9 43 | 9 28 | 9 15 | 9 03 | 8 50 | 8 37 | 8 22 | 8 13 | 8 03 |
| 9 | 11 19 | 11 05 | 10 53 | 10 44 | 10 35 | 10 28 | 10 16 | 10 05 | 9 55 | 9 44 | 9 34 | 9 21 | 9 14 | 9 05 |
| 10 | 11 47 | 11 36 | 11 28 | 11 20 | 11 14 | 11 09 | 11 00 | 10 51 | 10 44 | 10 36 | 10 28 | 10 18 | 10 13 | 10 06 |

### MOONSET

| Lat. | −55° | −50° | −45° | −40° | −35° | −30° | −20° | −10° | 0° | +10° | +20° | +30° | +35° | +40° |
|---|---|---|---|---|---|---|---|---|---|---|---|---|---|---|
| | h m | h m | h m | h m | h m | h m | h m | h m | h m | h m | h m | h m | h m | h m |
| May 17 | 2 40 | 2 40 | 2 39 | 2 39 | 2 39 | 2 39 | 2 38 | 2 38 | 2 37 | 2 37 | 2 36 | 2 36 | 2 35 | 2 35 |
| 18 | 3 46 | 3 41 | 3 38 | 3 35 | 3 32 | 3 30 | 3 26 | 3 23 | 3 20 | 3 16 | 3 13 | 3 09 | 3 07 | 3 04 |
| 19 | 4 51 | 4 42 | 4 36 | 4 30 | 4 26 | 4 22 | 4 14 | 4 08 | 4 02 | 3 56 | 3 50 | 3 43 | 3 39 | 3 34 |
| 20 | 5 55 | 5 43 | 5 34 | 5 26 | 5 19 | 5 13 | 5 03 | 4 54 | 4 46 | 4 38 | 4 29 | 4 18 | 4 13 | 4 06 |
| 21 | 6 59 | 6 44 | 6 32 | 6 22 | 6 13 | 6 06 | 5 53 | 5 41 | 5 31 | 5 20 | 5 09 | 4 56 | 4 49 | 4 40 |
| 22 | 8 01 | 7 43 | 7 29 | 7 17 | 7 07 | 6 58 | 6 43 | 6 30 | 6 18 | 6 05 | 5 52 | 5 37 | 5 28 | 5 18 |
| 23 | 9 00 | 8 40 | 8 24 | 8 11 | 8 00 | 7 50 | 7 34 | 7 19 | 7 06 | 6 52 | 6 38 | 6 21 | 6 12 | 6 01 |
| 24 | 9 53 | 9 32 | 9 16 | 9 03 | 8 51 | 8 41 | 8 24 | 8 09 | 7 55 | 7 41 | 7 26 | 7 09 | 6 59 | 6 48 |
| 25 | 10 41 | 10 21 | 10 05 | 9 52 | 9 41 | 9 31 | 9 14 | 9 00 | 8 46 | 8 32 | 8 17 | 8 00 | 7 51 | 7 39 |
| 26 | 11 21 | 11 03 | 10 49 | 10 37 | 10 27 | 10 18 | 10 03 | 9 49 | 9 37 | 9 24 | 9 10 | 8 55 | 8 46 | 8 35 |
| 27 | 11 56 | 11 41 | 11 29 | 11 19 | 11 11 | 11 03 | 10 50 | 10 38 | 10 28 | 10 17 | 10 05 | 9 52 | 9 44 | 9 35 |
| 28 | 12 26 | 12 15 | 12 06 | 11 58 | 11 52 | 11 46 | 11 36 | 11 27 | 11 18 | 11 10 | 11 01 | 10 50 | 10 44 | 10 37 |
| 29 | 12 53 | 12 46 | 12 40 | 12 35 | 12 31 | 12 27 | 12 20 | 12 15 | 12 09 | 12 03 | 11 57 | 11 50 | 11 46 | 11 42 |
| 30 | 13 18 | 13 15 | 13 13 | 13 11 | 13 09 | 13 08 | 13 05 | 13 02 | 13 00 | 12 58 | 12 55 | 12 52 | 12 50 | 12 48 |
| 31 | 13 43 | 13 44 | 13 46 | 13 47 | 13 48 | 13 48 | 13 50 | 13 51 | 13 52 | 13 53 | 13 54 | 13 55 | 13 56 | 13 57 |
| June 1 | 14 09 | 14 15 | 14 20 | 14 24 | 14 27 | 14 30 | 14 36 | 14 41 | 14 45 | 14 50 | 14 55 | 15 00 | 15 03 | 15 07 |
| 2 | 14 37 | 14 48 | 14 56 | 15 04 | 15 10 | 15 15 | 15 25 | 15 33 | 15 41 | 15 48 | 15 57 | 16 06 | 16 12 | 16 18 |
| 3 | 15 11 | 15 26 | 15 37 | 15 47 | 15 56 | 16 03 | 16 16 | 16 28 | 16 38 | 16 49 | 17 00 | 17 13 | 17 21 | 17 30 |
| 4 | 15 51 | 16 09 | 16 24 | 16 36 | 16 47 | 16 56 | 17 11 | 17 25 | 17 38 | 17 50 | 18 04 | 18 20 | 18 29 | 18 39 |
| 5 | 16 40 | 17 01 | 17 17 | 17 30 | 17 42 | 17 52 | 18 09 | 18 24 | 18 38 | 18 52 | 19 07 | 19 24 | 19 34 | 19 45 |
| 6 | 17 37 | 17 59 | 18 15 | 18 29 | 18 40 | 18 51 | 19 08 | 19 23 | 19 37 | 19 51 | 20 06 | 20 23 | 20 33 | 20 44 |
| 7 | 18 43 | 19 02 | 19 18 | 19 30 | 19 41 | 19 51 | 20 07 | 20 21 | 20 34 | 20 47 | 21 01 | 21 17 | 21 26 | 21 37 |
| 8 | 19 52 | 20 09 | 20 22 | 20 33 | 20 42 | 20 50 | 21 04 | 21 17 | 21 28 | 21 39 | 21 51 | 22 05 | 22 13 | 22 22 |
| 9 | 21 03 | 21 16 | 21 26 | 21 35 | 21 42 | 21 49 | 22 00 | 22 09 | 22 19 | 22 28 | 22 37 | 22 48 | 22 54 | 23 01 |
| 10 | 22 12 | 22 22 | 22 29 | 22 35 | 22 40 | 22 45 | 22 53 | 23 00 | 23 06 | 23 12 | 23 19 | 23 27 | 23 31 | 23 36 |

.. .. indicates phenomenon will occur the next day.

# MOONRISE AND MOONSET, 2016

## UNIVERSAL TIME FOR MERIDIAN OF GREENWICH

### MOONRISE

| Lat. | +40° | +42° | +44° | +46° | +48° | +50° | +52° | +54° | +56° | +58° | +60° | +62° | +64° | +66° |
|---|---|---|---|---|---|---|---|---|---|---|---|---|---|---|
| | h m | h m | h m | h m | h m | h m | h m | h m | h m | h m | h m | h m | h m | h m |
| May 17 | 15 08 | 15 09 | 15 09 | 15 10 | 15 11 | 15 12 | 15 13 | 15 14 | 15 15 | 15 16 | 15 18 | 15 19 | 15 21 | 15 23 |
| 18 | 16 04 | 16 05 | 16 07 | 16 09 | 16 11 | 16 13 | 16 15 | 16 18 | 16 21 | 16 24 | 16 28 | 16 32 | 16 37 | 16 42 |
| 19 | 16 59 | 17 02 | 17 05 | 17 08 | 17 11 | 17 14 | 17 18 | 17 22 | 17 27 | 17 32 | 17 38 | 17 44 | 17 52 | 18 01 |
| 20 | 17 55 | 17 58 | 18 02 | 18 06 | 18 10 | 18 15 | 18 20 | 18 26 | 18 32 | 18 39 | 18 47 | 18 56 | 19 07 | 19 20 |
| 21 | 18 51 | 18 55 | 18 59 | 19 04 | 19 09 | 19 15 | 19 21 | 19 28 | 19 36 | 19 45 | 19 55 | 20 06 | 20 20 | 20 37 |
| 22 | 19 45 | 19 50 | 19 55 | 20 01 | 20 07 | 20 13 | 20 20 | 20 28 | 20 37 | 20 47 | 20 59 | 21 13 | 21 29 | 21 49 |
| 23 | 20 38 | 20 43 | 20 49 | 20 55 | 21 01 | 21 08 | 21 16 | 21 24 | 21 34 | 21 45 | 21 57 | 22 12 | 22 30 | 22 53 |
| 24 | 21 29 | 21 34 | 21 39 | 21 45 | 21 52 | 21 59 | 22 06 | 22 15 | 22 25 | 22 35 | 22 48 | 23 03 | 23 21 | 23 43 |
| 25 | 22 16 | 22 21 | 22 26 | 22 32 | 22 38 | 22 44 | 22 51 | 22 59 | 23 08 | 23 18 | 23 30 | 23 44 | .. .. | .. .. |
| 26 | 23 00 | 23 04 | 23 09 | 23 14 | 23 19 | 23 25 | 23 31 | 23 38 | 23 45 | 23 54 | .. .. | .. .. | 0 00 | 0 19 |
| 27 | 23 40 | 23 44 | 23 48 | 23 51 | 23 56 | .. .. | .. .. | .. .. | .. .. | .. .. | 0 04 | 0 15 | 0 29 | 0 45 |
| 28 | .. .. | .. .. | .. .. | .. .. | .. .. | 0 00 | 0 05 | 0 11 | 0 17 | 0 24 | 0 31 | 0 40 | 0 50 | 1 02 |
| 29 | 0 18 | 0 21 | 0 23 | 0 26 | 0 29 | 0 33 | 0 36 | 0 40 | 0 44 | 0 49 | 0 54 | 1 01 | 1 08 | 1 16 |
| 30 | 0 55 | 0 56 | 0 57 | 0 59 | 1 01 | 1 03 | 1 05 | 1 07 | 1 09 | 1 12 | 1 15 | 1 18 | 1 22 | 1 26 |
| 31 | 1 30 | 1 31 | 1 31 | 1 31 | 1 31 | 1 32 | 1 32 | 1 33 | 1 33 | 1 33 | 1 34 | 1 35 | 1 35 | 1 36 |
| June 1 | 2 07 | 2 06 | 2 05 | 2 04 | 2 03 | 2 01 | 2 00 | 1 59 | 1 57 | 1 55 | 1 53 | 1 51 | 1 49 | 1 46 |
| 2 | 2 45 | 2 43 | 2 41 | 2 38 | 2 36 | 2 33 | 2 30 | 2 27 | 2 23 | 2 19 | 2 15 | 2 10 | 2 04 | 1 57 |
| 3 | 3 27 | 3 24 | 3 20 | 3 17 | 3 13 | 3 08 | 3 04 | 2 59 | 2 53 | 2 47 | 2 40 | 2 32 | 2 22 | 2 11 |
| 4 | 4 13 | 4 09 | 4 04 | 4 00 | 3 55 | 3 49 | 3 43 | 3 36 | 3 29 | 3 20 | 3 11 | 3 00 | 2 47 | 2 31 |
| 5 | 5 05 | 5 00 | 4 55 | 4 49 | 4 43 | 4 36 | 4 29 | 4 21 | 4 12 | 4 02 | 3 51 | 3 37 | 3 21 | 3 02 |
| 6 | 6 01 | 5 56 | 5 50 | 5 45 | 5 38 | 5 31 | 5 23 | 5 15 | 5 05 | 4 54 | 4 42 | 4 27 | 4 09 | 3 47 |
| 7 | 7 01 | 6 56 | 6 51 | 6 45 | 6 39 | 6 32 | 6 25 | 6 16 | 6 07 | 5 56 | 5 44 | 5 30 | 5 13 | 4 51 |
| 8 | 8 03 | 7 59 | 7 54 | 7 49 | 7 43 | 7 37 | 7 31 | 7 23 | 7 15 | 7 06 | 6 55 | 6 42 | 6 28 | 6 10 |
| 9 | 9 05 | 9 02 | 8 58 | 8 54 | 8 49 | 8 44 | 8 39 | 8 33 | 8 26 | 8 18 | 8 10 | 8 00 | 7 48 | 7 34 |
| 10 | 10 06 | 10 04 | 10 01 | 9 57 | 9 54 | 9 50 | 9 46 | 9 42 | 9 37 | 9 31 | 9 25 | 9 18 | 9 10 | 9 00 |

### MOONSET

| Lat. | +40° | +42° | +44° | +46° | +48° | +50° | +52° | +54° | +56° | +58° | +60° | +62° | +64° | +66° |
|---|---|---|---|---|---|---|---|---|---|---|---|---|---|---|
| | h m | h m | h m | h m | h m | h m | h m | h m | h m | h m | h m | h m | h m | h m |
| May 17 | 2 35 | 2 35 | 2 35 | 2 35 | 2 34 | 2 34 | 2 34 | 2 34 | 2 33 | 2 33 | 2 33 | 2 32 | 2 32 | 2 31 |
| 18 | 3 04 | 3 03 | 3 02 | 3 01 | 2 59 | 2 58 | 2 56 | 2 55 | 2 53 | 2 51 | 2 48 | 2 45 | 2 42 | 2 39 |
| 19 | 3 34 | 3 32 | 3 30 | 3 28 | 3 25 | 3 23 | 3 20 | 3 16 | 3 13 | 3 09 | 3 04 | 3 00 | 2 54 | 2 47 |
| 20 | 4 06 | 4 03 | 4 00 | 3 57 | 3 53 | 3 49 | 3 45 | 3 40 | 3 35 | 3 29 | 3 23 | 3 15 | 3 07 | 2 57 |
| 21 | 4 40 | 4 37 | 4 33 | 4 28 | 4 24 | 4 19 | 4 13 | 4 07 | 4 01 | 3 53 | 3 45 | 3 35 | 3 23 | 3 10 |
| 22 | 5 18 | 5 14 | 5 09 | 5 04 | 4 59 | 4 53 | 4 46 | 4 39 | 4 31 | 4 22 | 4 11 | 3 59 | 3 45 | 3 28 |
| 23 | 6 01 | 5 56 | 5 51 | 5 45 | 5 39 | 5 32 | 5 25 | 5 17 | 5 07 | 4 57 | 4 45 | 4 31 | 4 15 | 3 54 |
| 24 | 6 48 | 6 42 | 6 37 | 6 31 | 6 25 | 6 18 | 6 10 | 6 01 | 5 52 | 5 41 | 5 28 | 5 13 | 4 55 | 4 32 |
| 25 | 7 39 | 7 34 | 7 29 | 7 23 | 7 17 | 7 10 | 7 02 | 6 54 | 6 44 | 6 33 | 6 21 | 6 06 | 5 48 | 5 26 |
| 26 | 8 35 | 8 31 | 8 26 | 8 20 | 8 14 | 8 08 | 8 01 | 7 53 | 7 45 | 7 35 | 7 24 | 7 10 | 6 54 | 6 35 |
| 27 | 9 35 | 9 31 | 9 27 | 9 22 | 9 17 | 9 12 | 9 06 | 8 59 | 8 52 | 8 44 | 8 34 | 8 23 | 8 11 | 7 55 |
| 28 | 10 37 | 10 34 | 10 31 | 10 27 | 10 24 | 10 19 | 10 15 | 10 10 | 10 04 | 9 58 | 9 51 | 9 43 | 9 34 | 9 22 |
| 29 | 11 42 | 11 40 | 11 38 | 11 35 | 11 33 | 11 30 | 11 27 | 11 24 | 11 20 | 11 16 | 11 12 | 11 07 | 11 01 | 10 54 |
| 30 | 12 48 | 12 48 | 12 47 | 12 46 | 12 45 | 12 43 | 12 42 | 12 41 | 12 39 | 12 38 | 12 36 | 12 33 | 12 31 | 12 28 |
| 31 | 13 57 | 13 57 | 13 57 | 13 58 | 13 58 | 13 59 | 13 59 | 14 00 | 14 00 | 14 01 | 14 02 | 14 03 | 14 04 | 14 05 |
| June 1 | 15 07 | 15 08 | 15 10 | 15 12 | 15 14 | 15 16 | 15 18 | 15 21 | 15 24 | 15 27 | 15 30 | 15 34 | 15 39 | 15 44 |
| 2 | 16 18 | 16 21 | 16 24 | 16 27 | 16 30 | 16 34 | 16 38 | 16 43 | 16 48 | 16 53 | 17 00 | 17 07 | 17 15 | 17 25 |
| 3 | 17 30 | 17 33 | 17 37 | 17 42 | 17 47 | 17 52 | 17 58 | 18 04 | 18 11 | 18 19 | 18 28 | 18 38 | 18 50 | 19 05 |
| 4 | 18 39 | 18 44 | 18 49 | 18 54 | 19 00 | 19 06 | 19 13 | 19 21 | 19 30 | 19 39 | 19 51 | 20 04 | 20 20 | 20 39 |
| 5 | 19 45 | 19 50 | 19 55 | 20 01 | 20 08 | 20 15 | 20 22 | 20 31 | 20 40 | 20 51 | 21 03 | 21 18 | 21 36 | 21 58 |
| 6 | 20 44 | 20 49 | 20 55 | 21 01 | 21 07 | 21 14 | 21 21 | 21 30 | 21 39 | 21 50 | 22 02 | 22 17 | 22 34 | 22 56 |
| 7 | 21 37 | 21 41 | 21 46 | 21 52 | 21 57 | 22 04 | 22 11 | 22 18 | 22 27 | 22 37 | 22 48 | 23 01 | 23 16 | 23 34 |
| 8 | 22 22 | 22 26 | 22 30 | 22 35 | 22 40 | 22 45 | 22 51 | 22 57 | 23 04 | 23 12 | 23 22 | 23 32 | 23 44 | 23 59 |
| 9 | 23 01 | 23 04 | 23 08 | 23 11 | 23 15 | 23 19 | 23 24 | 23 29 | 23 34 | 23 41 | 23 47 | 23 55 | .. .. | .. .. |
| 10 | 23 36 | 23 38 | 23 41 | 23 43 | 23 46 | 23 49 | 23 52 | 23 55 | 23 59 | .. .. | .. .. | .. .. | 0 04 | 0 15 |

.. .. indicates phenomenon will occur the next day.

# MOONRISE AND MOONSET, 2016

## UNIVERSAL TIME FOR MERIDIAN OF GREENWICH

### MOONRISE

| Lat. | −55° | −50° | −45° | −40° | −35° | −30° | −20° | −10° | 0° | +10° | +20° | +30° | +35° | +40° |
|---|---|---|---|---|---|---|---|---|---|---|---|---|---|---|
| | h m | h m | h m | h m | h m | h m | h m | h m | h m | h m | h m | h m | h m | h m |
| June 8 | 10 45 | 10 27 | 10 13 | 10 02 | 9 52 | 9 43 | 9 28 | 9 15 | 9 03 | 8 50 | 8 37 | 8 22 | 8 13 | 8 03 |
| 9 | 11 19 | 11 05 | 10 53 | 10 44 | 10 35 | 10 28 | 10 16 | 10 05 | 9 55 | 9 44 | 9 34 | 9 21 | 9 14 | 9 05 |
| 10 | 11 47 | 11 36 | 11 28 | 11 20 | 11 14 | 11 09 | 11 00 | 10 51 | 10 44 | 10 36 | 10 28 | 10 18 | 10 13 | 10 06 |
| 11 | 12 10 | 12 04 | 11 58 | 11 54 | 11 50 | 11 46 | 11 40 | 11 35 | 11 30 | 11 25 | 11 19 | 11 13 | 11 10 | 11 06 |
| 12 | 12 32 | 12 29 | 12 26 | 12 24 | 12 22 | 12 21 | 12 18 | 12 16 | 12 14 | 12 12 | 12 09 | 12 07 | 12 05 | 12 03 |
| 13 | 12 52 | 12 52 | 12 53 | 12 54 | 12 54 | 12 54 | 12 55 | 12 56 | 12 57 | 12 57 | 12 58 | 12 59 | 12 59 | 13 00 |
| 14 | 13 12 | 13 16 | 13 20 | 13 23 | 13 25 | 13 28 | 13 32 | 13 36 | 13 39 | 13 42 | 13 46 | 13 50 | 13 53 | 13 56 |
| 15 | 13 33 | 13 41 | 13 47 | 13 53 | 13 58 | 14 02 | 14 09 | 14 16 | 14 22 | 14 28 | 14 34 | 14 42 | 14 46 | 14 51 |
| 16 | 13 56 | 14 08 | 14 17 | 14 25 | 14 32 | 14 37 | 14 48 | 14 57 | 15 06 | 15 14 | 15 23 | 15 34 | 15 40 | 15 47 |
| 17 | 14 23 | 14 38 | 14 50 | 14 59 | 15 08 | 15 16 | 15 29 | 15 40 | 15 51 | 16 02 | 16 13 | 16 26 | 16 34 | 16 43 |
| 18 | 14 54 | 15 12 | 15 26 | 15 38 | 15 48 | 15 57 | 16 12 | 16 25 | 16 38 | 16 50 | 17 04 | 17 19 | 17 28 | 17 38 |
| 19 | 15 32 | 15 52 | 16 08 | 16 21 | 16 32 | 16 42 | 16 58 | 17 13 | 17 27 | 17 40 | 17 55 | 18 12 | 18 22 | 18 33 |
| 20 | 16 18 | 16 39 | 16 56 | 17 09 | 17 21 | 17 31 | 17 48 | 18 03 | 18 17 | 18 31 | 18 46 | 19 03 | 19 14 | 19 25 |
| 21 | 17 13 | 17 33 | 17 49 | 18 02 | 18 13 | 18 23 | 18 40 | 18 55 | 19 08 | 19 22 | 19 37 | 19 53 | 20 03 | 20 14 |
| 22 | 18 15 | 18 33 | 18 48 | 19 00 | 19 10 | 19 19 | 19 34 | 19 47 | 20 00 | 20 13 | 20 26 | 20 41 | 20 50 | 21 00 |
| 23 | 19 23 | 19 38 | 19 50 | 20 01 | 20 09 | 20 17 | 20 30 | 20 41 | 20 52 | 21 02 | 21 13 | 21 26 | 21 34 | 21 42 |
| 24 | 20 36 | 20 47 | 20 56 | 21 04 | 21 10 | 21 16 | 21 26 | 21 34 | 21 43 | 21 51 | 21 59 | 22 09 | 22 15 | 22 21 |
| 25 | 21 51 | 21 58 | 22 04 | 22 09 | 22 13 | 22 16 | 22 22 | 22 28 | 22 33 | 22 38 | 22 44 | 22 50 | 22 53 | 22 58 |
| 26 | 23 08 | 23 11 | 23 13 | 23 15 | 23 16 | 23 17 | 23 20 | 23 22 | 23 24 | 23 25 | 23 28 | 23 30 | 23 31 | 23 33 |
| 27 | .. .. | .. .. | .. .. | .. .. | .. .. | .. .. | .. .. | .. .. | .. .. | .. .. | .. .. | .. .. | .. .. | .. .. |
| 28 | 0 27 | 0 25 | 0 23 | 0 22 | 0 20 | 0 19 | 0 18 | 0 16 | 0 14 | 0 13 | 0 12 | 0 10 | 0 09 | 0 08 |
| 29 | 1 47 | 1 40 | 1 35 | 1 30 | 1 26 | 1 23 | 1 17 | 1 11 | 1 07 | 1 02 | 0 57 | 0 51 | 0 48 | 0 44 |
| 30 | 3 07 | 2 56 | 2 47 | 2 39 | 2 33 | 2 27 | 2 17 | 2 08 | 2 00 | 1 52 | 1 44 | 1 34 | 1 29 | 1 23 |
| July 1 | 4 27 | 4 11 | 3 59 | 3 48 | 3 40 | 3 32 | 3 19 | 3 07 | 2 56 | 2 46 | 2 34 | 2 21 | 2 14 | 2 05 |
| 2 | 5 43 | 5 24 | 5 09 | 4 56 | 4 46 | 4 36 | 4 21 | 4 07 | 3 54 | 3 41 | 3 28 | 3 12 | 3 03 | 2 53 |

### MOONSET

| Lat. | −55° | −50° | −45° | −40° | −35° | −30° | −20° | −10° | 0° | +10° | +20° | +30° | +35° | +40° |
|---|---|---|---|---|---|---|---|---|---|---|---|---|---|---|
| | h m | h m | h m | h m | h m | h m | h m | h m | h m | h m | h m | h m | h m | h m |
| June 8 | 19 52 | 20 09 | 20 22 | 20 33 | 20 42 | 20 50 | 21 04 | 21 17 | 21 28 | 21 39 | 21 51 | 22 05 | 22 13 | 22 22 |
| 9 | 21 03 | 21 16 | 21 26 | 21 35 | 21 42 | 21 49 | 22 00 | 22 09 | 22 19 | 22 28 | 22 37 | 22 48 | 22 54 | 23 01 |
| 10 | 22 12 | 22 22 | 22 29 | 22 35 | 22 40 | 22 45 | 22 53 | 23 00 | 23 06 | 23 12 | 23 19 | 23 27 | 23 31 | 23 36 |
| 11 | 23 21 | 23 26 | 23 30 | 23 34 | 23 36 | 23 39 | 23 44 | 23 47 | 23 51 | 23 55 | 23 58 | .. .. | .. .. | .. .. |
| 12 | .. .. | .. .. | .. .. | .. .. | .. .. | .. .. | .. .. | .. .. | .. .. | .. .. | .. .. | 0 03 | 0 05 | 0 08 |
| 13 | 0 28 | 0 29 | 0 30 | 0 31 | 0 31 | 0 32 | 0 33 | 0 34 | 0 34 | 0 35 | 0 36 | 0 37 | 0 37 | 0 38 |
| 14 | 1 34 | 1 31 | 1 29 | 1 27 | 1 25 | 1 24 | 1 21 | 1 19 | 1 17 | 1 15 | 1 13 | 1 10 | 1 09 | 1 07 |
| 15 | 2 39 | 2 32 | 2 27 | 2 23 | 2 19 | 2 15 | 2 09 | 2 04 | 2 00 | 1 55 | 1 50 | 1 44 | 1 40 | 1 37 |
| 16 | 3 44 | 3 33 | 3 25 | 3 18 | 3 12 | 3 07 | 2 58 | 2 50 | 2 43 | 2 35 | 2 27 | 2 19 | 2 13 | 2 08 |
| 17 | 4 48 | 4 34 | 4 23 | 4 14 | 4 06 | 3 59 | 3 47 | 3 37 | 3 27 | 3 17 | 3 07 | 2 55 | 2 48 | 2 41 |
| 18 | 5 51 | 5 34 | 5 21 | 5 10 | 5 00 | 4 52 | 4 37 | 4 25 | 4 13 | 4 02 | 3 49 | 3 35 | 3 27 | 3 17 |
| 19 | 6 52 | 6 33 | 6 17 | 6 05 | 5 54 | 5 45 | 5 28 | 5 14 | 5 01 | 4 48 | 4 34 | 4 18 | 4 08 | 3 58 |
| 20 | 7 49 | 7 28 | 7 11 | 6 58 | 6 47 | 6 37 | 6 20 | 6 05 | 5 51 | 5 37 | 5 22 | 5 05 | 4 55 | 4 43 |
| 21 | 8 39 | 8 18 | 8 02 | 7 49 | 7 38 | 7 28 | 7 11 | 6 56 | 6 42 | 6 28 | 6 13 | 5 55 | 5 45 | 5 34 |
| 22 | 9 23 | 9 04 | 8 49 | 8 36 | 8 26 | 8 16 | 8 00 | 7 46 | 7 33 | 7 20 | 7 06 | 6 49 | 6 40 | 6 29 |
| 23 | 10 00 | 9 44 | 9 31 | 9 20 | 9 11 | 9 03 | 8 49 | 8 36 | 8 25 | 8 13 | 8 01 | 7 46 | 7 38 | 7 28 |
| 24 | 10 32 | 10 19 | 10 09 | 10 00 | 9 53 | 9 47 | 9 35 | 9 25 | 9 16 | 9 07 | 8 56 | 8 45 | 8 38 | 8 30 |
| 25 | 11 00 | 10 51 | 10 44 | 10 38 | 10 33 | 10 28 | 10 20 | 10 13 | 10 07 | 10 00 | 9 53 | 9 45 | 9 40 | 9 34 |
| 26 | 11 25 | 11 20 | 11 17 | 11 14 | 11 11 | 11 09 | 11 04 | 11 01 | 10 57 | 10 54 | 10 50 | 10 45 | 10 43 | 10 40 |
| 27 | 11 49 | 11 49 | 11 49 | 11 49 | 11 48 | 11 48 | 11 48 | 11 48 | 11 48 | 11 47 | 11 47 | 11 47 | 11 47 | 11 46 |
| 28 | 12 14 | 12 18 | 12 21 | 12 24 | 12 27 | 12 29 | 12 33 | 12 36 | 12 39 | 12 42 | 12 46 | 12 49 | 12 52 | 12 54 |
| 29 | 12 40 | 12 48 | 12 55 | 13 01 | 13 06 | 13 11 | 13 19 | 13 25 | 13 32 | 13 38 | 13 45 | 13 53 | 13 58 | 14 03 |
| 30 | 13 10 | 13 23 | 13 33 | 13 42 | 13 49 | 13 56 | 14 07 | 14 17 | 14 27 | 14 36 | 14 46 | 14 58 | 15 04 | 15 12 |
| July 1 | 13 45 | 14 02 | 14 16 | 14 27 | 14 36 | 14 45 | 14 59 | 15 12 | 15 23 | 15 35 | 15 48 | 16 03 | 16 11 | 16 21 |
| 2 | 14 28 | 14 48 | 15 04 | 15 17 | 15 28 | 15 37 | 15 54 | 16 08 | 16 22 | 16 35 | 16 50 | 17 06 | 17 16 | 17 27 |

.. .. indicates phenomenon will occur the next day.

## UNIVERSAL TIME FOR MERIDIAN OF GREENWICH

### MOONRISE

| Lat. | +40° | +42° | +44° | +46° | +48° | +50° | +52° | +54° | +56° | +58° | +60° | +62° | +64° | +66° |
|---|---|---|---|---|---|---|---|---|---|---|---|---|---|---|
| | h m | h m | h m | h m | h m | h m | h m | h m | h m | h m | h m | h m | h m | h m |
| June 8 | 8 03 | 7 59 | 7 54 | 7 49 | 7 43 | 7 37 | 7 31 | 7 23 | 7 15 | 7 06 | 6 55 | 6 42 | 6 28 | 6 10 |
| 9 | 9 05 | 9 02 | 8 58 | 8 54 | 8 49 | 8 44 | 8 39 | 8 33 | 8 26 | 8 18 | 8 10 | 8 00 | 7 48 | 7 34 |
| 10 | 10 06 | 10 04 | 10 01 | 9 57 | 9 54 | 9 50 | 9 46 | 9 42 | 9 37 | 9 31 | 9 25 | 9 18 | 9 10 | 9 00 |
| 11 | 11 06 | 11 04 | 11 02 | 11 00 | 10 58 | 10 55 | 10 53 | 10 50 | 10 47 | 10 43 | 10 39 | 10 35 | 10 30 | 10 24 |
| 12 | 12 03 | 12 03 | 12 02 | 12 01 | 12 00 | 11 59 | 11 58 | 11 57 | 11 55 | 11 54 | 11 52 | 11 50 | 11 48 | 11 46 |
| 13 | 13 00 | 13 00 | 13 00 | 13 01 | 13 01 | 13 01 | 13 02 | 13 02 | 13 02 | 13 03 | 13 04 | 13 04 | 13 05 | 13 06 |
| 14 | 13 56 | 13 57 | 13 58 | 14 00 | 14 01 | 14 03 | 14 05 | 14 07 | 14 09 | 14 11 | 14 14 | 14 17 | 14 21 | 14 25 |
| 15 | 14 51 | 14 54 | 14 56 | 14 58 | 15 01 | 15 04 | 15 07 | 15 11 | 15 15 | 15 19 | 15 24 | 15 30 | 15 36 | 15 44 |
| 16 | 15 47 | 15 50 | 15 54 | 15 57 | 16 01 | 16 05 | 16 10 | 16 15 | 16 20 | 16 27 | 16 34 | 16 42 | 16 52 | 17 03 |
| 17 | 16 43 | 16 47 | 16 51 | 16 56 | 17 00 | 17 06 | 17 12 | 17 18 | 17 25 | 17 33 | 17 43 | 17 53 | 18 06 | 18 21 |
| 18 | 17 38 | 17 43 | 17 48 | 17 53 | 17 59 | 18 05 | 18 12 | 18 20 | 18 28 | 18 38 | 18 49 | 19 02 | 19 18 | 19 37 |
| 19 | 18 33 | 18 38 | 18 43 | 18 49 | 18 55 | 19 02 | 19 10 | 19 18 | 19 28 | 19 38 | 19 51 | 20 05 | 20 23 | 20 45 |
| 20 | 19 25 | 19 30 | 19 36 | 19 42 | 19 48 | 19 55 | 20 03 | 20 12 | 20 22 | 20 33 | 20 45 | 21 01 | 21 19 | 21 42 |
| 21 | 20 14 | 20 19 | 20 25 | 20 30 | 20 37 | 20 43 | 20 51 | 20 59 | 21 09 | 21 19 | 21 31 | 21 45 | 22 03 | 22 24 |
| 22 | 21 00 | 21 05 | 21 09 | 21 15 | 21 20 | 21 26 | 21 33 | 21 40 | 21 48 | 21 58 | 22 08 | 22 21 | 22 35 | 22 53 |
| 23 | 21 42 | 21 46 | 21 50 | 21 54 | 21 59 | 22 04 | 22 09 | 22 15 | 22 22 | 22 30 | 22 38 | 22 48 | 22 59 | 23 13 |
| 24 | 22 21 | 22 24 | 22 27 | 22 30 | 22 34 | 22 37 | 22 41 | 22 46 | 22 51 | 22 56 | 23 03 | 23 10 | 23 18 | 23 27 |
| 25 | 22 58 | 22 59 | 23 01 | 23 03 | 23 05 | 23 08 | 23 10 | 23 13 | 23 16 | 23 20 | 23 23 | 23 28 | 23 33 | 23 38 |
| 26 | 23 33 | 23 33 | 23 34 | 23 35 | 23 36 | 23 37 | 23 38 | 23 39 | 23 40 | 23 41 | 23 43 | 23 44 | 23 46 | 23 48 |
| 27 | .. .. | .. .. | .. .. | .. .. | .. .. | .. .. | .. .. | .. .. | .. .. | .. .. | .. .. | .. .. | 23 59 | 23 57 |
| 28 | 0 08 | 0 07 | 0 07 | 0 06 | 0 06 | 0 05 | 0 04 | 0 04 | 0 03 | 0 02 | 0 01 | 0 00 | .. .. | .. .. |
| 29 | 0 44 | 0 42 | 0 41 | 0 39 | 0 37 | 0 35 | 0 32 | 0 30 | 0 27 | 0 24 | 0 21 | 0 17 | 0 12 | 0 07 |
| 30 | 1 23 | 1 20 | 1 17 | 1 14 | 1 11 | 1 07 | 1 03 | 0 59 | 0 54 | 0 49 | 0 43 | 0 36 | 0 28 | 0 19 |
| July 1 | 2 05 | 2 02 | 1 58 | 1 53 | 1 49 | 1 44 | 1 38 | 1 32 | 1 26 | 1 18 | 1 10 | 1 00 | 0 49 | 0 36 |
| 2 | 2 53 | 2 48 | 2 44 | 2 38 | 2 33 | 2 27 | 2 20 | 2 12 | 2 04 | 1 55 | 1 44 | 1 32 | 1 17 | 0 59 |

### MOONSET

| Lat. | +40° | +42° | +44° | +46° | +48° | +50° | +52° | +54° | +56° | +58° | +60° | +62° | +64° | +66° |
|---|---|---|---|---|---|---|---|---|---|---|---|---|---|---|
| | h m | h m | h m | h m | h m | h m | h m | h m | h m | h m | h m | h m | h m | h m |
| June 8 | 22 22 | 22 26 | 22 30 | 22 35 | 22 40 | 22 45 | 22 51 | 22 57 | 23 04 | 23 12 | 23 22 | 23 32 | 23 44 | 23 59 |
| 9 | 23 01 | 23 04 | 23 08 | 23 11 | 23 15 | 23 19 | 23 24 | 23 29 | 23 34 | 23 41 | 23 47 | 23 55 | .. .. | .. .. |
| 10 | 23 36 | 23 38 | 23 41 | 23 43 | 23 46 | 23 49 | 23 52 | 23 55 | 23 59 | .. .. | .. .. | .. .. | 0 04 | 0 15 |
| 11 | .. .. | .. .. | .. .. | .. .. | .. .. | .. .. | .. .. | .. .. | .. .. | 0 03 | 0 08 | 0 13 | 0 20 | 0 27 |
| 12 | 0 08 | 0 09 | 0 11 | 0 12 | 0 13 | 0 15 | 0 17 | 0 19 | 0 21 | 0 23 | 0 26 | 0 29 | 0 32 | 0 36 |
| 13 | 0 38 | 0 38 | 0 38 | 0 39 | 0 39 | 0 39 | 0 40 | 0 40 | 0 40 | 0 41 | 0 41 | 0 42 | 0 43 | 0 43 |
| 14 | 1 07 | 1 06 | 1 06 | 1 05 | 1 04 | 1 03 | 1 02 | 1 01 | 1 00 | 0 58 | 0 57 | 0 55 | 0 53 | 0 51 |
| 15 | 1 37 | 1 35 | 1 33 | 1 31 | 1 29 | 1 27 | 1 25 | 1 22 | 1 19 | 1 16 | 1 12 | 1 08 | 1 04 | 0 58 |
| 16 | 2 08 | 2 05 | 2 02 | 1 59 | 1 56 | 1 53 | 1 49 | 1 45 | 1 40 | 1 35 | 1 30 | 1 23 | 1 16 | 1 07 |
| 17 | 2 41 | 2 37 | 2 34 | 2 30 | 2 25 | 2 21 | 2 16 | 2 10 | 2 04 | 1 57 | 1 50 | 1 41 | 1 31 | 1 19 |
| 18 | 3 17 | 3 13 | 3 09 | 3 04 | 2 59 | 2 53 | 2 47 | 2 40 | 2 32 | 2 24 | 2 14 | 2 03 | 1 50 | 1 34 |
| 19 | 3 58 | 3 53 | 3 48 | 3 42 | 3 37 | 3 30 | 3 23 | 3 15 | 3 06 | 2 56 | 2 45 | 2 32 | 2 16 | 1 56 |
| 20 | 4 43 | 4 38 | 4 33 | 4 27 | 4 20 | 4 13 | 4 06 | 3 57 | 3 48 | 3 37 | 3 24 | 3 09 | 2 52 | 2 29 |
| 21 | 5 34 | 5 29 | 5 23 | 5 17 | 5 11 | 5 04 | 4 56 | 4 47 | 4 38 | 4 27 | 4 14 | 3 59 | 3 41 | 3 18 |
| 22 | 6 29 | 6 24 | 6 19 | 6 13 | 6 07 | 6 01 | 5 53 | 5 45 | 5 36 | 5 26 | 5 14 | 5 00 | 4 43 | 4 22 |
| 23 | 7 28 | 7 24 | 7 20 | 7 15 | 7 09 | 7 03 | 6 57 | 6 50 | 6 42 | 6 33 | 6 23 | 6 11 | 5 57 | 5 40 |
| 24 | 8 30 | 8 27 | 8 23 | 8 19 | 8 15 | 8 11 | 8 05 | 8 00 | 7 54 | 7 47 | 7 39 | 7 30 | 7 19 | 7 06 |
| 25 | 9 34 | 9 32 | 9 29 | 9 27 | 9 24 | 9 20 | 9 17 | 9 13 | 9 09 | 9 04 | 8 58 | 8 52 | 8 45 | 8 37 |
| 26 | 10 40 | 10 39 | 10 37 | 10 36 | 10 34 | 10 32 | 10 31 | 10 28 | 10 26 | 10 24 | 10 21 | 10 17 | 10 14 | 10 09 |
| 27 | 11 46 | 11 46 | 11 46 | 11 46 | 11 46 | 11 46 | 11 46 | 11 45 | 11 45 | 11 45 | 11 45 | 11 44 | 11 44 | 11 44 |
| 28 | 12 54 | 12 55 | 12 56 | 12 58 | 12 59 | 13 00 | 13 02 | 13 04 | 13 06 | 13 08 | 13 10 | 13 13 | 13 16 | 13 20 |
| 29 | 14 03 | 14 05 | 14 07 | 14 10 | 14 13 | 14 16 | 14 19 | 14 23 | 14 27 | 14 31 | 14 36 | 14 42 | 14 49 | 14 57 |
| 30 | 15 12 | 15 15 | 15 19 | 15 23 | 15 27 | 15 32 | 15 36 | 15 42 | 15 48 | 15 55 | 16 03 | 16 12 | 16 22 | 16 35 |
| July 1 | 16 21 | 16 25 | 16 30 | 16 34 | 16 40 | 16 46 | 16 52 | 16 59 | 17 07 | 17 16 | 17 26 | 17 38 | 17 52 | 18 09 |
| 2 | 17 27 | 17 32 | 17 37 | 17 43 | 17 49 | 17 56 | 18 03 | 18 11 | 18 20 | 18 31 | 18 43 | 18 57 | 19 14 | 19 35 |

.. .. indicates phenomenon will occur the next day.

# MOONRISE AND MOONSET, 2016

## UNIVERSAL TIME FOR MERIDIAN OF GREENWICH

### MOONRISE

| Lat. | −55° | −50° | −45° | −40° | −35° | −30° | −20° | −10° | 0° | +10° | +20° | +30° | +35° | +40° |
|---|---|---|---|---|---|---|---|---|---|---|---|---|---|---|
| | h m | h m | h m | h m | h m | h m | h m | h m | h m | h m | h m | h m | h m | h m |
| July 1 | 4 27 | 4 11 | 3 59 | 3 48 | 3 40 | 3 32 | 3 19 | 3 07 | 2 56 | 2 46 | 2 34 | 2 21 | 2 14 | 2 05 |
| 2 | 5 43 | 5 24 | 5 09 | 4 56 | 4 46 | 4 36 | 4 21 | 4 07 | 3 54 | 3 41 | 3 28 | 3 12 | 3 03 | 2 53 |
| 3 | 6 52 | 6 31 | 6 14 | 6 00 | 5 49 | 5 39 | 5 22 | 5 07 | 4 53 | 4 39 | 4 24 | 4 07 | 3 57 | 3 46 |
| 4 | 7 50 | 7 29 | 7 13 | 6 59 | 6 48 | 6 38 | 6 20 | 6 05 | 5 51 | 5 37 | 5 22 | 5 05 | 4 55 | 4 44 |
| 5 | 8 38 | 8 19 | 8 04 | 7 52 | 7 41 | 7 32 | 7 16 | 7 02 | 6 48 | 6 35 | 6 21 | 6 05 | 5 56 | 5 45 |
| 6 | 9 17 | 9 01 | 8 48 | 8 37 | 8 28 | 8 20 | 8 06 | 7 54 | 7 43 | 7 31 | 7 19 | 7 05 | 6 57 | 6 48 |
| 7 | 9 48 | 9 36 | 9 26 | 9 17 | 9 10 | 9 04 | 8 53 | 8 43 | 8 34 | 8 25 | 8 15 | 8 04 | 7 58 | 7 50 |
| 8 | 10 14 | 10 05 | 9 58 | 9 53 | 9 48 | 9 43 | 9 35 | 9 29 | 9 22 | 9 16 | 9 09 | 9 01 | 8 57 | 8 52 |
| 9 | 10 37 | 10 32 | 10 28 | 10 25 | 10 22 | 10 20 | 10 15 | 10 11 | 10 08 | 10 04 | 10 01 | 9 56 | 9 54 | 9 51 |
| 10 | 10 57 | 10 57 | 10 56 | 10 55 | 10 55 | 10 54 | 10 53 | 10 53 | 10 52 | 10 51 | 10 51 | 10 50 | 10 49 | 10 49 |
| 11 | 11 18 | 11 20 | 11 23 | 11 25 | 11 26 | 11 28 | 11 30 | 11 33 | 11 35 | 11 37 | 11 39 | 11 42 | 11 44 | 11 46 |
| 12 | 11 38 | 11 45 | 11 50 | 11 54 | 11 58 | 12 02 | 12 07 | 12 13 | 12 18 | 12 23 | 12 28 | 12 34 | 12 38 | 12 42 |
| 13 | 12 00 | 12 10 | 12 19 | 12 25 | 12 31 | 12 36 | 12 45 | 12 53 | 13 01 | 13 08 | 13 16 | 13 26 | 13 31 | 13 37 |
| 14 | 12 25 | 12 39 | 12 50 | 12 59 | 13 06 | 13 13 | 13 25 | 13 35 | 13 45 | 13 55 | 14 06 | 14 18 | 14 25 | 14 33 |
| 15 | 12 55 | 13 11 | 13 24 | 13 35 | 13 45 | 13 53 | 14 07 | 14 20 | 14 31 | 14 43 | 14 56 | 15 10 | 15 19 | 15 28 |
| 16 | 13 30 | 13 49 | 14 04 | 14 16 | 14 27 | 14 36 | 14 52 | 15 06 | 15 19 | 15 33 | 15 47 | 16 03 | 16 13 | 16 23 |
| 17 | 14 12 | 14 33 | 14 49 | 15 02 | 15 14 | 15 23 | 15 40 | 15 55 | 16 09 | 16 23 | 16 38 | 16 55 | 17 05 | 17 17 |
| 18 | 15 03 | 15 24 | 15 40 | 15 54 | 16 05 | 16 15 | 16 32 | 16 47 | 17 01 | 17 15 | 17 30 | 17 47 | 17 57 | 18 08 |
| 19 | 16 03 | 16 22 | 16 38 | 16 50 | 17 01 | 17 10 | 17 26 | 17 40 | 17 53 | 18 06 | 18 20 | 18 36 | 18 45 | 18 56 |
| 20 | 17 10 | 17 27 | 17 40 | 17 51 | 18 00 | 18 08 | 18 22 | 18 34 | 18 46 | 18 57 | 19 09 | 19 23 | 19 31 | 19 40 |
| 21 | 18 23 | 18 36 | 18 46 | 18 54 | 19 02 | 19 08 | 19 19 | 19 29 | 19 38 | 19 47 | 19 57 | 20 08 | 20 14 | 20 21 |
| 22 | 19 39 | 19 47 | 19 54 | 20 00 | 20 05 | 20 09 | 20 17 | 20 24 | 20 30 | 20 36 | 20 43 | 20 50 | 20 55 | 20 59 |
| 23 | 20 56 | 21 01 | 21 04 | 21 07 | 21 09 | 21 11 | 21 15 | 21 18 | 21 21 | 21 24 | 21 27 | 21 31 | 21 33 | 21 36 |
| 24 | 22 15 | 22 15 | 22 14 | 22 14 | 22 14 | 22 13 | 22 13 | 22 13 | 22 12 | 22 12 | 22 12 | 22 11 | 22 11 | 22 11 |
| 25 | 23 35 | 23 29 | 23 25 | 23 22 | 23 19 | 23 16 | 23 11 | 23 07 | 23 04 | 23 00 | 22 56 | 22 52 | 22 49 | 22 47 |

### MOONSET

| Lat. | −55° | −50° | −45° | −40° | −35° | −30° | −20° | −10° | 0° | +10° | +20° | +30° | +35° | +40° |
|---|---|---|---|---|---|---|---|---|---|---|---|---|---|---|
| | h m | h m | h m | h m | h m | h m | h m | h m | h m | h m | h m | h m | h m | h m |
| July 1 | 13 45 | 14 02 | 14 16 | 14 27 | 14 36 | 14 45 | 14 59 | 15 12 | 15 23 | 15 35 | 15 48 | 16 03 | 16 11 | 16 21 |
| 2 | 14 28 | 14 48 | 15 04 | 15 17 | 15 28 | 15 37 | 15 54 | 16 08 | 16 22 | 16 35 | 16 50 | 17 06 | 17 16 | 17 27 |
| 3 | 15 21 | 15 42 | 15 59 | 16 12 | 16 24 | 16 34 | 16 51 | 17 07 | 17 21 | 17 35 | 17 50 | 18 07 | 18 17 | 18 29 |
| 4 | 16 22 | 16 43 | 16 59 | 17 12 | 17 24 | 17 33 | 17 50 | 18 05 | 18 19 | 18 33 | 18 47 | 19 04 | 19 14 | 19 25 |
| 5 | 17 30 | 17 48 | 18 03 | 18 15 | 18 25 | 18 34 | 18 49 | 19 02 | 19 15 | 19 27 | 19 40 | 19 55 | 20 04 | 20 14 |
| 6 | 18 41 | 18 56 | 19 08 | 19 18 | 19 26 | 19 34 | 19 46 | 19 57 | 20 08 | 20 18 | 20 29 | 20 41 | 20 48 | 20 56 |
| 7 | 19 52 | 20 03 | 20 12 | 20 20 | 20 26 | 20 32 | 20 41 | 20 50 | 20 57 | 21 05 | 21 13 | 21 23 | 21 28 | 21 34 |
| 8 | 21 03 | 21 10 | 21 16 | 21 20 | 21 24 | 21 28 | 21 34 | 21 39 | 21 44 | 21 49 | 21 55 | 22 01 | 22 04 | 22 08 |
| 9 | 22 12 | 22 15 | 22 17 | 22 19 | 22 21 | 22 22 | 22 25 | 22 27 | 22 29 | 22 31 | 22 34 | 22 36 | 22 37 | 22 39 |
| 10 | 23 19 | 23 18 | 23 17 | 23 16 | 23 16 | 23 15 | 23 14 | 23 13 | 23 13 | 23 12 | 23 11 | 23 10 | 23 10 | 23 09 |
| 11 | .. .. | .. .. | .. .. | .. .. | .. .. | .. .. | .. .. | 23 59 | 23 55 | 23 52 | 23 48 | 23 44 | 23 41 | 23 38 |
| 12 | 0 25 | 0 20 | 0 16 | 0 13 | 0 10 | 0 07 | 0 03 | .. .. | .. .. | .. .. | .. .. | .. .. | .. .. | .. .. |
| 13 | 1 30 | 1 21 | 1 14 | 1 08 | 1 03 | 0 59 | 0 51 | 0 45 | 0 38 | 0 32 | 0 25 | 0 18 | 0 14 | 0 09 |
| 14 | 2 35 | 2 22 | 2 12 | 2 04 | 1 57 | 1 51 | 1 40 | 1 31 | 1 22 | 1 13 | 1 04 | 0 54 | 0 47 | 0 41 |
| 15 | 3 38 | 3 22 | 3 10 | 3 00 | 2 51 | 2 43 | 2 30 | 2 18 | 2 07 | 1 56 | 1 45 | 1 32 | 1 24 | 1 15 |
| 16 | 4 40 | 4 21 | 4 07 | 3 55 | 3 45 | 3 36 | 3 20 | 3 07 | 2 54 | 2 42 | 2 28 | 2 13 | 2 04 | 1 54 |
| 17 | 5 39 | 5 18 | 5 02 | 4 49 | 4 38 | 4 28 | 4 12 | 3 57 | 3 43 | 3 30 | 3 15 | 2 58 | 2 48 | 2 37 |
| 18 | 6 32 | 6 11 | 5 55 | 5 42 | 5 30 | 5 20 | 5 03 | 4 48 | 4 34 | 4 20 | 4 05 | 3 47 | 3 37 | 3 26 |
| 19 | 7 19 | 7 00 | 6 44 | 6 31 | 6 20 | 6 11 | 5 54 | 5 39 | 5 26 | 5 12 | 4 58 | 4 41 | 4 31 | 4 20 |
| 20 | 8 00 | 7 43 | 7 29 | 7 17 | 7 07 | 6 59 | 6 44 | 6 31 | 6 18 | 6 06 | 5 53 | 5 37 | 5 29 | 5 18 |
| 21 | 8 35 | 8 21 | 8 09 | 8 00 | 7 52 | 7 45 | 7 32 | 7 21 | 7 11 | 7 00 | 6 49 | 6 37 | 6 29 | 6 21 |
| 22 | 9 05 | 8 54 | 8 46 | 8 39 | 8 33 | 8 28 | 8 19 | 8 11 | 8 03 | 7 55 | 7 47 | 7 37 | 7 32 | 7 25 |
| 23 | 9 31 | 9 25 | 9 20 | 9 16 | 9 13 | 9 09 | 9 04 | 8 59 | 8 54 | 8 50 | 8 45 | 8 39 | 8 35 | 8 32 |
| 24 | 9 56 | 9 54 | 9 53 | 9 52 | 9 51 | 9 50 | 9 48 | 9 47 | 9 45 | 9 44 | 9 42 | 9 41 | 9 40 | 9 39 |
| 25 | 10 20 | 10 23 | 10 25 | 10 27 | 10 29 | 10 30 | 10 32 | 10 35 | 10 37 | 10 39 | 10 41 | 10 43 | 10 45 | 10 46 |

.. .. indicates phenomenon will occur the next day.

## UNIVERSAL TIME FOR MERIDIAN OF GREENWICH
### MOONRISE

| Lat. | +40° | +42° | +44° | +46° | +48° | +50° | +52° | +54° | +56° | +58° | +60° | +62° | +64° | +66° |
|---|---|---|---|---|---|---|---|---|---|---|---|---|---|---|
| | h m | h m | h m | h m | h m | h m | h m | h m | h m | h m | h m | h m | h m | h m |
| July 1 | 2 05 | 2 02 | 1 58 | 1 53 | 1 49 | 1 44 | 1 38 | 1 32 | 1 26 | 1 18 | 1 10 | 1 00 | 0 49 | 0 36 |
| 2 | 2 53 | 2 48 | 2 44 | 2 38 | 2 33 | 2 27 | 2 20 | 2 12 | 2 04 | 1 55 | 1 44 | 1 32 | 1 17 | 0 59 |
| 3 | 3 46 | 3 41 | 3 35 | 3 30 | 3 23 | 3 17 | 3 09 | 3 01 | 2 51 | 2 41 | 2 28 | 2 14 | 1 57 | 1 36 |
| 4 | 4 44 | 4 39 | 4 33 | 4 27 | 4 21 | 4 14 | 4 06 | 3 58 | 3 48 | 3 37 | 3 25 | 3 10 | 2 52 | 2 30 |
| 5 | 5 45 | 5 40 | 5 35 | 5 30 | 5 24 | 5 17 | 5 10 | 5 02 | 4 53 | 4 43 | 4 31 | 4 18 | 4 01 | 3 41 |
| 6 | 6 48 | 6 44 | 6 39 | 6 35 | 6 29 | 6 24 | 6 18 | 6 11 | 6 03 | 5 55 | 5 45 | 5 34 | 5 20 | 5 04 |
| 7 | 7 50 | 7 47 | 7 44 | 7 40 | 7 36 | 7 31 | 7 27 | 7 21 | 7 16 | 7 09 | 7 02 | 6 53 | 6 43 | 6 31 |
| 8 | 8 52 | 8 49 | 8 47 | 8 44 | 8 41 | 8 38 | 8 35 | 8 31 | 8 27 | 8 23 | 8 18 | 8 12 | 8 05 | 7 58 |
| 9 | 9 51 | 9 50 | 9 48 | 9 47 | 9 45 | 9 44 | 9 42 | 9 40 | 9 38 | 9 35 | 9 33 | 9 30 | 9 26 | 9 22 |
| 10 | 10 49 | 10 49 | 10 48 | 10 48 | 10 48 | 10 48 | 10 47 | 10 47 | 10 47 | 10 46 | 10 46 | 10 45 | 10 45 | 10 44 |
| 11 | 11 46 | 11 46 | 11 47 | 11 48 | 11 49 | 11 50 | 11 51 | 11 53 | 11 54 | 11 56 | 11 57 | 11 59 | 12 02 | 12 04 |
| 12 | 12 42 | 12 43 | 12 45 | 12 47 | 12 49 | 12 52 | 12 54 | 12 57 | 13 00 | 13 04 | 13 08 | 13 12 | 13 18 | 13 24 |
| 13 | 13 37 | 13 40 | 13 43 | 13 46 | 13 49 | 13 53 | 13 57 | 14 01 | 14 06 | 14 12 | 14 18 | 14 25 | 14 33 | 14 43 |
| 14 | 14 33 | 14 36 | 14 40 | 14 44 | 14 49 | 14 54 | 14 59 | 15 05 | 15 11 | 15 19 | 15 27 | 15 37 | 15 48 | 16 01 |
| 15 | 15 28 | 15 33 | 15 37 | 15 42 | 15 48 | 15 54 | 16 00 | 16 07 | 16 15 | 16 24 | 16 34 | 16 46 | 17 01 | 17 18 |
| 16 | 16 23 | 16 28 | 16 33 | 16 39 | 16 45 | 16 52 | 16 59 | 17 07 | 17 16 | 17 27 | 17 38 | 17 52 | 18 09 | 18 30 |
| 17 | 17 17 | 17 22 | 17 28 | 17 33 | 17 40 | 17 47 | 17 55 | 18 03 | 18 13 | 18 24 | 18 37 | 18 52 | 19 10 | 19 33 |
| 18 | 18 08 | 18 13 | 18 19 | 18 24 | 18 31 | 18 38 | 18 45 | 18 54 | 19 04 | 19 14 | 19 27 | 19 42 | 19 59 | 20 22 |
| 19 | 18 56 | 19 01 | 19 06 | 19 11 | 19 17 | 19 24 | 19 31 | 19 38 | 19 47 | 19 57 | 20 08 | 20 21 | 20 37 | 20 56 |
| 20 | 19 40 | 19 44 | 19 49 | 19 53 | 19 59 | 20 04 | 20 10 | 20 17 | 20 24 | 20 32 | 20 42 | 20 52 | 21 05 | 21 20 |
| 21 | 20 21 | 20 25 | 20 28 | 20 32 | 20 35 | 20 40 | 20 44 | 20 49 | 20 55 | 21 01 | 21 09 | 21 17 | 21 26 | 21 37 |
| 22 | 20 59 | 21 02 | 21 04 | 21 06 | 21 09 | 21 12 | 21 15 | 21 18 | 21 22 | 21 26 | 21 31 | 21 36 | 21 42 | 21 49 |
| 23 | 21 36 | 21 37 | 21 38 | 21 39 | 21 40 | 21 42 | 21 43 | 21 45 | 21 47 | 21 49 | 21 51 | 21 54 | 21 56 | 22 00 |
| 24 | 22 11 | 22 11 | 22 11 | 22 11 | 22 11 | 22 10 | 22 10 | 22 10 | 22 10 | 22 10 | 22 10 | 22 10 | 22 09 | 22 09 |
| 25 | 22 47 | 22 45 | 22 44 | 22 43 | 22 41 | 22 40 | 22 38 | 22 36 | 22 34 | 22 31 | 22 29 | 22 26 | 22 23 | 22 19 |

### MOONSET

| Lat. | +40° | +42° | +44° | +46° | +48° | +50° | +52° | +54° | +56° | +58° | +60° | +62° | +64° | +66° |
|---|---|---|---|---|---|---|---|---|---|---|---|---|---|---|
| | h m | h m | h m | h m | h m | h m | h m | h m | h m | h m | h m | h m | h m | h m |
| July 1 | 16 21 | 16 25 | 16 30 | 16 34 | 16 40 | 16 46 | 16 52 | 16 59 | 17 07 | 17 16 | 17 26 | 17 38 | 17 52 | 18 09 |
| 2 | 17 27 | 17 32 | 17 37 | 17 43 | 17 49 | 17 56 | 18 03 | 18 11 | 18 20 | 18 31 | 18 43 | 18 57 | 19 14 | 19 35 |
| 3 | 18 29 | 18 34 | 18 39 | 18 45 | 18 52 | 18 59 | 19 06 | 19 15 | 19 25 | 19 36 | 19 48 | 20 03 | 20 21 | 20 43 |
| 4 | 19 25 | 19 29 | 19 35 | 19 40 | 19 47 | 19 53 | 20 01 | 20 09 | 20 18 | 20 28 | 20 40 | 20 54 | 21 11 | 21 31 |
| 5 | 20 14 | 20 18 | 20 23 | 20 28 | 20 33 | 20 39 | 20 45 | 20 53 | 21 01 | 21 10 | 21 20 | 21 32 | 21 45 | 22 02 |
| 6 | 20 56 | 21 00 | 21 04 | 21 08 | 21 12 | 21 17 | 21 22 | 21 28 | 21 35 | 21 42 | 21 50 | 21 59 | 22 10 | 22 22 |
| 7 | 21 34 | 21 37 | 21 40 | 21 43 | 21 46 | 21 49 | 21 53 | 21 58 | 22 02 | 22 07 | 22 13 | 22 20 | 22 27 | 22 36 |
| 8 | 22 08 | 22 10 | 22 11 | 22 13 | 22 15 | 22 18 | 22 20 | 22 23 | 22 26 | 22 29 | 22 32 | 22 36 | 22 41 | 22 47 |
| 9 | 22 39 | 22 40 | 22 41 | 22 41 | 22 42 | 22 43 | 22 44 | 22 45 | 22 46 | 22 48 | 22 49 | 22 51 | 22 53 | 22 55 |
| 10 | 23 09 | 23 09 | 23 08 | 23 08 | 23 08 | 23 07 | 23 07 | 23 06 | 23 06 | 23 05 | 23 05 | 23 04 | 23 03 | 23 02 |
| 11 | 23 38 | 23 37 | 23 36 | 23 34 | 23 33 | 23 31 | 23 29 | 23 27 | 23 25 | 23 23 | 23 20 | 23 17 | 23 14 | 23 10 |
| 12 | .. .. | .. .. | .. .. | .. .. | 23 59 | 23 56 | 23 53 | 23 50 | 23 46 | 23 42 | 23 37 | 23 31 | 23 25 | 23 18 |
| 13 | 0 09 | 0 06 | 0 04 | 0 02 | .. .. | .. .. | .. .. | .. .. | .. .. | .. .. | 23 55 | 23 48 | 23 39 | 23 28 |
| 14 | 0 41 | 0 38 | 0 34 | 0 31 | 0 27 | 0 23 | 0 19 | 0 14 | 0 08 | 0 02 | .. .. | .. .. | 23 56 | 23 42 |
| 15 | 1 15 | 1 12 | 1 07 | 1 03 | 0 58 | 0 53 | 0 47 | 0 41 | 0 34 | 0 26 | 0 18 | 0 08 | .. .. | .. .. |
| 16 | 1 54 | 1 49 | 1 45 | 1 39 | 1 34 | 1 28 | 1 21 | 1 14 | 1 05 | 0 56 | 0 45 | 0 33 | 0 18 | 0 00 |
| 17 | 2 37 | 2 32 | 2 27 | 2 21 | 2 15 | 2 08 | 2 01 | 1 53 | 1 43 | 1 33 | 1 21 | 1 06 | 0 49 | 0 28 |
| 18 | 3 26 | 3 21 | 3 15 | 3 09 | 3 03 | 2 56 | 2 48 | 2 39 | 2 30 | 2 19 | 2 06 | 1 51 | 1 33 | 1 10 |
| 19 | 4 20 | 4 15 | 4 09 | 4 04 | 3 57 | 3 51 | 3 43 | 3 35 | 3 25 | 3 14 | 3 02 | 2 47 | 2 30 | 2 08 |
| 20 | 5 18 | 5 14 | 5 09 | 5 04 | 4 58 | 4 52 | 4 45 | 4 38 | 4 29 | 4 20 | 4 09 | 3 56 | 3 41 | 3 22 |
| 21 | 6 21 | 6 17 | 6 13 | 6 09 | 6 04 | 5 59 | 5 53 | 5 47 | 5 40 | 5 32 | 5 23 | 5 13 | 5 01 | 4 47 |
| 22 | 7 25 | 7 23 | 7 20 | 7 16 | 7 13 | 7 09 | 7 05 | 7 01 | 6 56 | 6 50 | 6 44 | 6 36 | 6 28 | 6 18 |
| 23 | 8 32 | 8 30 | 8 28 | 8 26 | 8 24 | 8 22 | 8 19 | 8 17 | 8 14 | 8 10 | 8 07 | 8 02 | 7 57 | 7 52 |
| 24 | 9 39 | 9 38 | 9 38 | 9 37 | 9 36 | 9 36 | 9 35 | 9 34 | 9 33 | 9 32 | 9 31 | 9 30 | 9 28 | 9 26 |
| 25 | 10 46 | 10 47 | 10 47 | 10 48 | 10 49 | 10 50 | 10 51 | 10 52 | 10 53 | 10 55 | 10 56 | 10 58 | 11 00 | 11 02 |

.. ... indicates phenomenon will occur the next day.

# MOONRISE AND MOONSET, 2016
## UNIVERSAL TIME FOR MERIDIAN OF GREENWICH
### MOONRISE

| Lat. | −55° | −50° | −45° | −40° | −35° | −30° | −20° | −10° | 0° | +10° | +20° | +30° | +35° | +40° |
|---|---|---|---|---|---|---|---|---|---|---|---|---|---|---|
| | h m | h m | h m | h m | h m | h m | h m | h m | h m | h m | h m | h m | h m | h m |
| July 24 | 22 15 | 22 15 | 22 14 | 22 14 | 22 14 | 22 13 | 22 13 | 22 13 | 22 12 | 22 12 | 22 12 | 22 11 | 22 11 | 22 11 |
| 25 | 23 35 | 23 29 | 23 25 | 23 22 | 23 19 | 23 16 | 23 11 | 23 07 | 23 04 | 23 00 | 22 56 | 22 52 | 22 49 | 22 47 |
| 26 | .. .. | .. .. | .. .. | .. .. | .. .. | .. .. | .. .. | .. .. | 23 56 | 23 49 | 23 42 | 23 34 | 23 29 | 23 24 |
| 27 | 0 54 | 0 44 | 0 36 | 0 30 | 0 24 | 0 19 | 0 11 | 0 03 | .. .. | .. .. | .. .. | .. .. | .. .. | .. .. |
| 28 | 2 12 | 1 58 | 1 47 | 1 38 | 1 30 | 1 23 | 1 10 | 1 00 | 0 50 | 0 41 | 0 30 | 0 19 | 0 12 | 0 04 |
| 29 | 3 28 | 3 10 | 2 56 | 2 44 | 2 34 | 2 26 | 2 11 | 1 58 | 1 46 | 1 34 | 1 21 | 1 07 | 0 58 | 0 49 |
| 30 | 4 38 | 4 17 | 4 01 | 3 48 | 3 37 | 3 27 | 3 11 | 2 56 | 2 43 | 2 29 | 2 15 | 1 58 | 1 49 | 1 38 |
| 31 | 5 39 | 5 18 | 5 02 | 4 48 | 4 36 | 4 26 | 4 09 | 3 54 | 3 40 | 3 26 | 3 11 | 2 54 | 2 44 | 2 32 |
| Aug. 1 | 6 31 | 6 11 | 5 55 | 5 42 | 5 31 | 5 21 | 5 05 | 4 50 | 4 36 | 4 23 | 4 08 | 3 52 | 3 42 | 3 31 |
| 2 | 7 13 | 6 56 | 6 42 | 6 30 | 6 20 | 6 12 | 5 57 | 5 44 | 5 31 | 5 19 | 5 06 | 4 51 | 4 42 | 4 32 |
| 3 | 7 47 | 7 33 | 7 22 | 7 12 | 7 04 | 6 57 | 6 45 | 6 34 | 6 24 | 6 13 | 6 02 | 5 50 | 5 43 | 5 34 |
| 4 | 8 16 | 8 05 | 7 57 | 7 50 | 7 44 | 7 38 | 7 29 | 7 21 | 7 13 | 7 06 | 6 57 | 6 48 | 6 43 | 6 36 |
| 5 | 8 40 | 8 33 | 8 28 | 8 24 | 8 20 | 8 16 | 8 11 | 8 05 | 8 00 | 7 56 | 7 50 | 7 44 | 7 41 | 7 37 |
| 6 | 9 02 | 8 59 | 8 57 | 8 55 | 8 54 | 8 52 | 8 50 | 8 48 | 8 46 | 8 44 | 8 42 | 8 39 | 8 38 | 8 36 |
| 7 | 9 22 | 9 24 | 9 24 | 9 25 | 9 26 | 9 27 | 9 28 | 9 29 | 9 29 | 9 30 | 9 31 | 9 32 | 9 33 | 9 34 |
| 8 | 9 43 | 9 48 | 9 52 | 9 55 | 9 58 | 10 00 | 10 05 | 10 09 | 10 13 | 10 16 | 10 20 | 10 25 | 10 28 | 10 31 |
| 9 | 10 04 | 10 13 | 10 20 | 10 26 | 10 30 | 10 35 | 10 42 | 10 49 | 10 56 | 11 02 | 11 09 | 11 17 | 11 21 | 11 26 |
| 10 | 10 28 | 10 40 | 10 50 | 10 58 | 11 05 | 11 11 | 11 21 | 11 31 | 11 39 | 11 48 | 11 58 | 12 09 | 12 15 | 12 22 |
| 11 | 10 55 | 11 10 | 11 22 | 11 33 | 11 41 | 11 49 | 12 02 | 12 14 | 12 24 | 12 35 | 12 47 | 13 01 | 13 08 | 13 17 |
| 12 | 11 27 | 11 45 | 11 59 | 12 11 | 12 21 | 12 30 | 12 45 | 12 59 | 13 11 | 13 24 | 13 37 | 13 53 | 14 02 | 14 12 |
| 13 | 12 06 | 12 26 | 12 41 | 12 54 | 13 05 | 13 15 | 13 32 | 13 46 | 14 00 | 14 13 | 14 28 | 14 45 | 14 55 | 15 06 |
| 14 | 12 53 | 13 13 | 13 30 | 13 43 | 13 54 | 14 04 | 14 21 | 14 36 | 14 50 | 15 04 | 15 19 | 15 36 | 15 46 | 15 58 |
| 15 | 13 48 | 14 08 | 14 24 | 14 37 | 14 48 | 14 58 | 15 14 | 15 29 | 15 42 | 15 56 | 16 10 | 16 27 | 16 36 | 16 47 |
| 16 | 14 52 | 15 10 | 15 24 | 15 36 | 15 46 | 15 55 | 16 10 | 16 23 | 16 35 | 16 47 | 17 00 | 17 15 | 17 24 | 17 34 |
| 17 | 16 03 | 16 18 | 16 30 | 16 39 | 16 47 | 16 55 | 17 07 | 17 18 | 17 28 | 17 38 | 17 49 | 18 01 | 18 09 | 18 17 |

### MOONSET

| Lat. | −55° | −50° | −45° | −40° | −35° | −30° | −20° | −10° | 0° | +10° | +20° | +30° | +35° | +40° |
|---|---|---|---|---|---|---|---|---|---|---|---|---|---|---|
| | h m | h m | h m | h m | h m | h m | h m | h m | h m | h m | h m | h m | h m | h m |
| July 24 | 9 56 | 9 54 | 9 53 | 9 52 | 9 51 | 9 50 | 9 48 | 9 47 | 9 45 | 9 44 | 9 42 | 9 41 | 9 40 | 9 39 |
| 25 | 10 20 | 10 23 | 10 25 | 10 27 | 10 29 | 10 30 | 10 32 | 10 35 | 10 37 | 10 39 | 10 41 | 10 43 | 10 45 | 10 46 |
| 26 | 10 46 | 10 53 | 10 58 | 11 03 | 11 08 | 11 11 | 11 18 | 11 23 | 11 29 | 11 34 | 11 40 | 11 46 | 11 50 | 11 54 |
| 27 | 11 14 | 11 25 | 11 34 | 11 42 | 11 49 | 11 54 | 12 05 | 12 13 | 12 22 | 12 30 | 12 39 | 12 49 | 12 55 | 13 02 |
| 28 | 11 46 | 12 02 | 12 14 | 12 24 | 12 33 | 12 41 | 12 54 | 13 06 | 13 17 | 13 28 | 13 39 | 13 53 | 14 00 | 14 09 |
| 29 | 12 25 | 12 44 | 12 59 | 13 11 | 13 21 | 13 30 | 13 46 | 14 00 | 14 13 | 14 26 | 14 39 | 14 55 | 15 04 | 15 15 |
| 30 | 13 12 | 13 33 | 13 49 | 14 03 | 14 14 | 14 24 | 14 41 | 14 56 | 15 10 | 15 24 | 15 39 | 15 56 | 16 06 | 16 17 |
| 31 | 14 08 | 14 29 | 14 46 | 14 59 | 15 11 | 15 21 | 15 38 | 15 53 | 16 07 | 16 21 | 16 36 | 16 53 | 17 03 | 17 14 |
| Aug. 1 | 15 12 | 15 32 | 15 47 | 16 00 | 16 10 | 16 20 | 16 36 | 16 50 | 17 03 | 17 16 | 17 30 | 17 46 | 17 55 | 18 05 |
| 2 | 16 21 | 16 38 | 16 51 | 17 02 | 17 11 | 17 19 | 17 33 | 17 45 | 17 57 | 18 08 | 18 20 | 18 34 | 18 41 | 18 50 |
| 3 | 17 32 | 17 45 | 17 56 | 18 04 | 18 12 | 18 18 | 18 29 | 18 39 | 18 48 | 18 57 | 19 06 | 19 17 | 19 23 | 19 30 |
| 4 | 18 43 | 18 52 | 19 00 | 19 06 | 19 11 | 19 15 | 19 23 | 19 30 | 19 36 | 19 43 | 19 49 | 19 57 | 20 01 | 20 06 |
| 5 | 19 54 | 19 58 | 20 02 | 20 06 | 20 08 | 20 11 | 20 15 | 20 19 | 20 22 | 20 26 | 20 29 | 20 34 | 20 36 | 20 39 |
| 6 | 21 02 | 21 03 | 21 04 | 21 04 | 21 05 | 21 05 | 21 06 | 21 06 | 21 07 | 21 07 | 21 08 | 21 09 | 21 09 | 21 09 |
| 7 | 22 09 | 22 06 | 22 03 | 22 01 | 21 59 | 21 58 | 21 55 | 21 53 | 21 50 | 21 48 | 21 45 | 21 43 | 21 41 | 21 39 |
| 8 | 23 15 | 23 08 | 23 02 | 22 58 | 22 54 | 22 50 | 22 44 | 22 38 | 22 33 | 22 28 | 22 23 | 22 17 | 22 13 | 22 09 |
| 9 | .. .. | .. .. | .. .. | 23 53 | 23 47 | 23 42 | 23 32 | 23 24 | 23 17 | 23 09 | 23 01 | 22 52 | 22 46 | 22 40 |
| 10 | 0 20 | 0 09 | 0 00 | .. .. | .. .. | .. .. | .. .. | .. .. | .. .. | 23 51 | 23 41 | 23 28 | 23 22 | 23 14 |
| 11 | 1 24 | 1 09 | 0 58 | 0 49 | 0 41 | 0 34 | 0 21 | 0 11 | 0 01 | .. .. | .. .. | .. .. | .. .. | 23 50 |
| 12 | 2 26 | 2 09 | 1 55 | 1 44 | 1 34 | 1 26 | 1 11 | 0 59 | 0 47 | 0 35 | 0 22 | 0 08 | 0 00 | .. .. |
| 13 | 3 25 | 3 06 | 2 51 | 2 38 | 2 27 | 2 18 | 2 02 | 1 48 | 1 34 | 1 21 | 1 07 | 0 51 | 0 42 | 0 31 |
| 14 | 4 21 | 4 00 | 3 44 | 3 31 | 3 19 | 3 10 | 2 53 | 2 38 | 2 24 | 2 10 | 1 55 | 1 38 | 1 28 | 1 17 |
| 15 | 5 11 | 4 51 | 4 35 | 4 22 | 4 10 | 4 00 | 3 44 | 3 29 | 3 15 | 3 01 | 2 46 | 2 29 | 2 19 | 2 08 |
| 16 | 5 55 | 5 36 | 5 22 | 5 09 | 4 59 | 4 50 | 4 34 | 4 20 | 4 07 | 3 54 | 3 40 | 3 24 | 3 15 | 3 04 |
| 17 | 6 32 | 6 17 | 6 04 | 5 54 | 5 45 | 5 37 | 5 24 | 5 12 | 5 00 | 4 49 | 4 37 | 4 23 | 4 15 | 4 06 |

.. .. indicates phenomenon will occur the next day.

## UNIVERSAL TIME FOR MERIDIAN OF GREENWICH
### MOONRISE

| Lat. | +40° | +42° | +44° | +46° | +48° | +50° | +52° | +54° | +56° | +58° | +60° | +62° | +64° | +66° |
|---|---|---|---|---|---|---|---|---|---|---|---|---|---|---|
| | h m | h m | h m | h m | h m | h m | h m | h m | h m | h m | h m | h m | h m | h m |
| July 24 | 22 11 | 22 11 | 22 11 | 22 11 | 22 11 | 22 10 | 22 10 | 22 10 | 22 10 | 22 10 | 22 10 | 22 10 | 22 09 | 22 09 |
| 25 | 22 47 | 22 45 | 22 44 | 22 43 | 22 41 | 22 40 | 22 38 | 22 36 | 22 34 | 22 31 | 22 29 | 22 26 | 22 23 | 22 19 |
| 26 | 23 24 | 23 22 | 23 19 | 23 16 | 23 14 | 23 10 | 23 07 | 23 03 | 22 59 | 22 55 | 22 50 | 22 44 | 22 38 | 22 30 |
| 27 | .. .. | .. .. | 23 57 | 23 53 | 23 49 | 23 45 | 23 40 | 23 34 | 23 29 | 23 22 | 23 14 | 23 06 | 22 56 | 22 44 |
| 28 | 0 04 | 0 01 | .. .. | .. .. | .. .. | .. .. | .. .. | .. .. | .. .. | 23 55 | 23 45 | 23 33 | 23 20 | 23 04 |
| 29 | 0 49 | 0 44 | 0 40 | 0 35 | 0 30 | 0 24 | 0 18 | 0 11 | 0 03 | .. .. | .. .. | .. .. | 23 54 | 23 34 |
| 30 | 1 38 | 1 33 | 1 28 | 1 22 | 1 16 | 1 10 | 1 02 | 0 54 | 0 45 | 0 35 | 0 24 | 0 10 | .. .. | .. .. |
| 31 | 2 32 | 2 27 | 2 22 | 2 16 | 2 09 | 2 02 | 1 55 | 1 46 | 1 37 | 1 26 | 1 13 | 0 59 | 0 41 | 0 19 |
| Aug. 1 | 3 31 | 3 26 | 3 21 | 3 15 | 3 09 | 3 02 | 2 54 | 2 46 | 2 37 | 2 26 | 2 14 | 2 00 | 1 43 | 1 21 |
| 2 | 4 32 | 4 28 | 4 23 | 4 18 | 4 12 | 4 06 | 4 00 | 3 52 | 3 44 | 3 35 | 3 24 | 3 12 | 2 57 | 2 39 |
| 3 | 5 34 | 5 31 | 5 27 | 5 23 | 5 18 | 5 13 | 5 08 | 5 02 | 4 55 | 4 48 | 4 39 | 4 29 | 4 18 | 4 04 |
| 4 | 6 36 | 6 34 | 6 31 | 6 28 | 6 24 | 6 21 | 6 17 | 6 12 | 6 07 | 6 02 | 5 56 | 5 49 | 5 40 | 5 31 |
| 5 | 7 37 | 7 35 | 7 34 | 7 32 | 7 29 | 7 27 | 7 25 | 7 22 | 7 19 | 7 15 | 7 12 | 7 07 | 7 02 | 6 56 |
| 6 | 8 36 | 8 36 | 8 35 | 8 34 | 8 33 | 8 32 | 8 31 | 8 30 | 8 29 | 8 28 | 8 26 | 8 24 | 8 22 | 8 20 |
| 7 | 9 34 | 9 34 | 9 35 | 9 35 | 9 35 | 9 36 | 9 36 | 9 37 | 9 37 | 9 38 | 9 39 | 9 40 | 9 41 | 9 42 |
| 8 | 10 31 | 10 32 | 10 33 | 10 35 | 10 36 | 10 38 | 10 40 | 10 42 | 10 45 | 10 47 | 10 50 | 10 54 | 10 58 | 11 02 |
| 9 | 11 26 | 11 29 | 11 31 | 11 34 | 11 37 | 11 40 | 11 43 | 11 47 | 11 51 | 11 56 | 12 01 | 12 07 | 12 13 | 12 21 |
| 10 | 12 22 | 12 25 | 12 29 | 12 32 | 12 36 | 12 41 | 12 45 | 12 50 | 12 56 | 13 03 | 13 10 | 13 18 | 13 28 | 13 40 |
| 11 | 13 17 | 13 21 | 13 26 | 13 30 | 13 35 | 13 40 | 13 46 | 13 53 | 14 00 | 14 08 | 14 18 | 14 29 | 14 42 | 14 57 |
| 12 | 14 12 | 14 17 | 14 22 | 14 27 | 14 33 | 14 39 | 14 46 | 14 54 | 15 02 | 15 12 | 15 23 | 15 36 | 15 52 | 16 11 |
| 13 | 15 06 | 15 11 | 15 16 | 15 22 | 15 28 | 15 35 | 15 43 | 15 51 | 16 00 | 16 11 | 16 24 | 16 38 | 16 56 | 17 18 |
| 14 | 15 58 | 16 03 | 16 08 | 16 14 | 16 21 | 16 28 | 16 35 | 16 44 | 16 54 | 17 05 | 17 17 | 17 32 | 17 50 | 18 13 |
| 15 | 16 47 | 16 52 | 16 57 | 17 03 | 17 09 | 17 16 | 17 23 | 17 31 | 17 40 | 17 51 | 18 03 | 18 17 | 18 33 | 18 54 |
| 16 | 17 34 | 17 38 | 17 43 | 17 48 | 17 53 | 17 59 | 18 05 | 18 13 | 18 21 | 18 30 | 18 40 | 18 52 | 19 06 | 19 23 |
| 17 | 18 17 | 18 20 | 18 24 | 18 28 | 18 33 | 18 37 | 18 43 | 18 48 | 18 55 | 19 02 | 19 10 | 19 19 | 19 30 | 19 43 |

### MOONSET

| Lat. | +40° | +42° | +44° | +46° | +48° | +50° | +52° | +54° | +56° | +58° | +60° | +62° | +64° | +66° |
|---|---|---|---|---|---|---|---|---|---|---|---|---|---|---|
| | h m | h m | h m | h m | h m | h m | h m | h m | h m | h m | h m | h m | h m | h m |
| July 24 | 9 39 | 9 38 | 9 38 | 9 37 | 9 36 | 9 36 | 9 35 | 9 34 | 9 33 | 9 32 | 9 31 | 9 30 | 9 28 | 9 26 |
| 25 | 10 46 | 10 47 | 10 47 | 10 48 | 10 49 | 10 50 | 10 51 | 10 52 | 10 53 | 10 55 | 10 56 | 10 58 | 11 00 | 11 02 |
| 26 | 11 54 | 11 56 | 11 58 | 12 00 | 12 02 | 12 05 | 12 07 | 12 10 | 12 14 | 12 17 | 12 22 | 12 26 | 12 32 | 12 38 |
| 27 | 13 02 | 13 05 | 13 08 | 13 12 | 13 15 | 13 19 | 13 24 | 13 28 | 13 34 | 13 40 | 13 47 | 13 54 | 14 03 | 14 14 |
| 28 | 14 09 | 14 13 | 14 17 | 14 22 | 14 27 | 14 32 | 14 38 | 14 45 | 14 52 | 15 00 | 15 09 | 15 20 | 15 33 | 15 48 |
| 29 | 15 15 | 15 20 | 15 25 | 15 30 | 15 36 | 15 42 | 15 49 | 15 57 | 16 06 | 16 16 | 16 27 | 16 40 | 16 56 | 17 16 |
| 30 | 16 17 | 16 22 | 16 27 | 16 33 | 16 40 | 16 47 | 16 54 | 17 03 | 17 12 | 17 23 | 17 35 | 17 50 | 18 08 | 18 30 |
| 31 | 17 14 | 17 19 | 17 25 | 17 30 | 17 37 | 17 43 | 17 51 | 17 59 | 18 09 | 18 20 | 18 32 | 18 46 | 19 04 | 19 25 |
| Aug. 1 | 18 05 | 18 10 | 18 15 | 18 20 | 18 26 | 18 32 | 18 39 | 18 47 | 18 55 | 19 05 | 19 16 | 19 29 | 19 44 | 20 03 |
| 2 | 18 50 | 18 54 | 18 59 | 19 03 | 19 08 | 19 13 | 19 19 | 19 26 | 19 33 | 19 41 | 19 50 | 20 00 | 20 13 | 20 27 |
| 3 | 19 30 | 19 33 | 19 37 | 19 40 | 19 44 | 19 48 | 19 53 | 19 58 | 20 03 | 20 09 | 20 16 | 20 24 | 20 33 | 20 44 |
| 4 | 20 06 | 20 08 | 20 10 | 20 13 | 20 15 | 20 18 | 20 21 | 20 25 | 20 29 | 20 33 | 20 37 | 20 43 | 20 49 | 20 56 |
| 5 | 20 39 | 20 40 | 20 41 | 20 42 | 20 44 | 20 45 | 20 47 | 20 49 | 20 51 | 20 53 | 20 55 | 20 58 | 21 01 | 21 05 |
| 6 | 21 09 | 21 09 | 21 10 | 21 10 | 21 10 | 21 10 | 21 10 | 21 11 | 21 11 | 21 11 | 21 12 | 21 12 | 21 12 | 21 13 |
| 7 | 21 39 | 21 38 | 21 37 | 21 37 | 21 36 | 21 34 | 21 33 | 21 32 | 21 31 | 21 29 | 21 27 | 21 25 | 21 23 | 21 21 |
| 8 | 22 09 | 22 07 | 22 05 | 22 03 | 22 01 | 21 59 | 21 56 | 21 54 | 21 51 | 21 47 | 21 43 | 21 39 | 21 34 | 21 29 |
| 9 | 22 40 | 22 38 | 22 35 | 22 32 | 22 29 | 22 25 | 22 21 | 22 17 | 22 12 | 22 07 | 22 01 | 21 55 | 21 47 | 21 38 |
| 10 | 23 14 | 23 10 | 23 06 | 23 02 | 22 58 | 22 53 | 22 48 | 22 43 | 22 37 | 22 30 | 22 22 | 22 13 | 22 02 | 21 50 |
| 11 | 23 50 | 23 46 | 23 42 | 23 37 | 23 31 | 23 26 | 23 20 | 23 13 | 23 05 | 22 56 | 22 47 | 22 35 | 22 22 | 22 06 |
| 12 | .. .. | .. .. | .. .. | .. .. | .. .. | .. .. | 23 56 | 23 48 | 23 39 | 23 29 | 23 18 | 23 05 | 22 49 | 22 29 |
| 13 | 0 31 | 0 26 | 0 21 | 0 16 | 0 10 | 0 03 | .. .. | .. .. | .. .. | .. .. | 23 58 | 23 43 | 23 26 | 23 04 |
| 14 | 1 17 | 1 12 | 1 06 | 1 00 | 0 54 | 0 47 | 0 39 | 0 31 | 0 21 | 0 11 | .. .. | .. .. | .. .. | 23 54 |
| 15 | 2 08 | 2 03 | 1 57 | 1 51 | 1 45 | 1 38 | 1 30 | 1 22 | 1 12 | 1 01 | 0 49 | 0 34 | 0 16 | .. .. |
| 16 | 3 04 | 3 00 | 2 55 | 2 49 | 2 43 | 2 37 | 2 29 | 2 21 | 2 13 | 2 02 | 1 51 | 1 37 | 1 21 | 1 00 |
| 17 | 4 06 | 4 02 | 3 57 | 3 52 | 3 47 | 3 42 | 3 35 | 3 29 | 3 21 | 3 12 | 3 03 | 2 51 | 2 38 | 2 21 |

.. .. indicates phenomenon will occur the next day.

# MOONRISE AND MOONSET, 2016

## UNIVERSAL TIME FOR MERIDIAN OF GREENWICH

### MOONRISE

| Lat. | −55° | −50° | −45° | −40° | −35° | −30° | −20° | −10° | 0° | +10° | +20° | +30° | +35° | +40° |
|---|---|---|---|---|---|---|---|---|---|---|---|---|---|---|
| | h m | h m | h m | h m | h m | h m | h m | h m | h m | h m | h m | h m | h m | h m |
| Aug. 16 | 14 52 | 15 10 | 15 24 | 15 36 | 15 46 | 15 55 | 16 10 | 16 23 | 16 35 | 16 47 | 17 00 | 17 15 | 17 24 | 17 34 |
| 17 | 16 03 | 16 18 | 16 30 | 16 39 | 16 47 | 16 55 | 17 07 | 17 18 | 17 28 | 17 38 | 17 49 | 18 01 | 18 09 | 18 17 |
| 18 | 17 20 | 17 30 | 17 38 | 17 45 | 17 51 | 17 57 | 18 06 | 18 14 | 18 21 | 18 29 | 18 37 | 18 46 | 18 51 | 18 57 |
| 19 | 18 39 | 18 45 | 18 49 | 18 53 | 18 57 | 19 00 | 19 05 | 19 10 | 19 14 | 19 18 | 19 23 | 19 28 | 19 31 | 19 35 |
| 20 | 19 59 | 20 00 | 20 01 | 20 02 | 20 03 | 20 04 | 20 05 | 20 06 | 20 07 | 20 08 | 20 09 | 20 10 | 20 10 | 20 11 |
| 21 | 21 21 | 21 17 | 21 14 | 21 12 | 21 10 | 21 08 | 21 05 | 21 02 | 20 59 | 20 57 | 20 54 | 20 51 | 20 50 | 20 48 |
| 22 | 22 42 | 22 33 | 22 26 | 22 21 | 22 16 | 22 12 | 22 05 | 21 58 | 21 53 | 21 47 | 21 41 | 21 34 | 21 30 | 21 25 |
| 23 | .. .. | 23 48 | 23 38 | 23 30 | 23 22 | 23 16 | 23 05 | 22 56 | 22 47 | 22 38 | 22 28 | 22 18 | 22 12 | 22 05 |
| 24 | 0 01 | .. .. | .. .. | .. .. | .. .. | .. .. | .. .. | 23 53 | 23 42 | 23 30 | 23 18 | 23 05 | 22 57 | 22 48 |
| 25 | 1 18 | 1 01 | 0 48 | 0 37 | 0 28 | 0 19 | 0 05 | .. .. | .. .. | .. .. | .. .. | 23 55 | 23 46 | 23 35 |
| 26 | 2 29 | 2 09 | 1 54 | 1 41 | 1 30 | 1 21 | 1 05 | 0 51 | 0 38 | 0 25 | 0 11 | .. .. | .. .. | .. .. |
| 27 | 3 32 | 3 11 | 2 55 | 2 42 | 2 30 | 2 20 | 2 03 | 1 48 | 1 34 | 1 20 | 1 05 | 0 48 | 0 38 | 0 27 |
| 28 | 4 26 | 4 06 | 3 50 | 3 36 | 3 25 | 3 15 | 2 58 | 2 44 | 2 30 | 2 16 | 2 01 | 1 44 | 1 34 | 1 23 |
| 29 | 5 11 | 4 52 | 4 38 | 4 26 | 4 15 | 4 06 | 3 50 | 3 37 | 3 24 | 3 11 | 2 57 | 2 42 | 2 33 | 2 22 |
| 30 | 5 47 | 5 32 | 5 19 | 5 09 | 5 00 | 4 52 | 4 39 | 4 27 | 4 16 | 4 05 | 3 53 | 3 40 | 3 32 | 3 23 |
| 31 | 6 17 | 6 05 | 5 56 | 5 48 | 5 41 | 5 35 | 5 24 | 5 15 | 5 06 | 4 57 | 4 48 | 4 38 | 4 31 | 4 24 |
| Sept. 1 | 6 43 | 6 35 | 6 28 | 6 23 | 6 18 | 6 14 | 6 06 | 6 00 | 5 54 | 5 48 | 5 41 | 5 34 | 5 30 | 5 25 |
| 2 | 7 06 | 7 01 | 6 58 | 6 55 | 6 52 | 6 50 | 6 46 | 6 43 | 6 40 | 6 36 | 6 33 | 6 29 | 6 27 | 6 24 |
| 3 | 7 27 | 7 26 | 7 26 | 7 26 | 7 25 | 7 25 | 7 25 | 7 24 | 7 24 | 7 24 | 7 23 | 7 23 | 7 23 | 7 23 |
| 4 | 7 47 | 7 50 | 7 53 | 7 55 | 7 57 | 7 59 | 8 02 | 8 05 | 8 07 | 8 10 | 8 13 | 8 16 | 8 18 | 8 20 |
| 5 | 8 08 | 8 15 | 8 21 | 8 26 | 8 30 | 8 33 | 8 40 | 8 45 | 8 51 | 8 56 | 9 02 | 9 08 | 9 12 | 9 16 |
| 6 | 8 31 | 8 41 | 8 50 | 8 57 | 9 03 | 9 09 | 9 18 | 9 26 | 9 34 | 9 42 | 9 50 | 10 00 | 10 06 | 10 12 |
| 7 | 8 56 | 9 10 | 9 21 | 9 31 | 9 39 | 9 46 | 9 58 | 10 08 | 10 19 | 10 29 | 10 39 | 10 52 | 10 59 | 11 07 |
| 8 | 9 26 | 9 43 | 9 56 | 10 07 | 10 17 | 10 25 | 10 40 | 10 52 | 11 04 | 11 16 | 11 29 | 11 44 | 11 52 | 12 02 |
| 9 | 10 01 | 10 20 | 10 35 | 10 48 | 10 59 | 11 08 | 11 24 | 11 38 | 11 51 | 12 04 | 12 19 | 12 35 | 12 44 | 12 55 |

### MOONSET

| Lat. | −55° | −50° | −45° | −40° | −35° | −30° | −20° | −10° | 0° | +10° | +20° | +30° | +35° | +40° |
|---|---|---|---|---|---|---|---|---|---|---|---|---|---|---|
| | h m | h m | h m | h m | h m | h m | h m | h m | h m | h m | h m | h m | h m | h m |
| Aug. 16 | 5 55 | 5 36 | 5 22 | 5 09 | 4 59 | 4 50 | 4 34 | 4 20 | 4 07 | 3 54 | 3 40 | 3 24 | 3 15 | 3 04 |
| 17 | 6 32 | 6 17 | 6 04 | 5 54 | 5 45 | 5 37 | 5 24 | 5 12 | 5 00 | 4 49 | 4 37 | 4 23 | 4 15 | 4 06 |
| 18 | 7 05 | 6 53 | 6 43 | 6 35 | 6 28 | 6 22 | 6 12 | 6 02 | 5 53 | 5 45 | 5 35 | 5 24 | 5 18 | 5 10 |
| 19 | 7 34 | 7 26 | 7 20 | 7 14 | 7 10 | 7 06 | 6 59 | 6 52 | 6 46 | 6 40 | 6 34 | 6 27 | 6 22 | 6 18 |
| 20 | 8 00 | 7 56 | 7 54 | 7 51 | 7 49 | 7 48 | 7 44 | 7 42 | 7 39 | 7 36 | 7 33 | 7 30 | 7 28 | 7 26 |
| 21 | 8 25 | 8 26 | 8 27 | 8 28 | 8 28 | 8 29 | 8 30 | 8 31 | 8 32 | 8 32 | 8 33 | 8 34 | 8 35 | 8 35 |
| 22 | 8 51 | 8 56 | 9 01 | 9 05 | 9 08 | 9 11 | 9 16 | 9 20 | 9 25 | 9 29 | 9 33 | 9 38 | 9 41 | 9 45 |
| 23 | 9 18 | 9 28 | 9 36 | 9 43 | 9 49 | 9 54 | 10 03 | 10 11 | 10 18 | 10 26 | 10 33 | 10 42 | 10 48 | 10 54 |
| 24 | 9 49 | 10 03 | 10 15 | 10 24 | 10 32 | 10 39 | 10 52 | 11 03 | 11 13 | 11 23 | 11 34 | 11 46 | 11 53 | 12 02 |
| 25 | 10 26 | 10 44 | 10 58 | 11 09 | 11 19 | 11 28 | 11 43 | 11 56 | 12 08 | 12 21 | 12 34 | 12 49 | 12 58 | 13 08 |
| 26 | 11 10 | 11 30 | 11 46 | 11 59 | 12 10 | 12 20 | 12 36 | 12 51 | 13 05 | 13 18 | 13 33 | 13 49 | 13 59 | 14 10 |
| 27 | 12 02 | 12 23 | 12 39 | 12 53 | 13 04 | 13 14 | 13 32 | 13 47 | 14 01 | 14 15 | 14 30 | 14 47 | 14 57 | 15 08 |
| 28 | 13 02 | 13 22 | 13 38 | 13 51 | 14 02 | 14 11 | 14 28 | 14 42 | 14 56 | 15 09 | 15 24 | 15 40 | 15 49 | 16 00 |
| 29 | 14 08 | 14 25 | 14 39 | 14 51 | 15 01 | 15 10 | 15 24 | 15 37 | 15 49 | 16 01 | 16 14 | 16 29 | 16 37 | 16 46 |
| 30 | 15 17 | 15 31 | 15 43 | 15 52 | 16 00 | 16 08 | 16 20 | 16 31 | 16 41 | 16 50 | 17 01 | 17 13 | 17 20 | 17 28 |
| 31 | 16 27 | 16 38 | 16 46 | 16 53 | 17 00 | 17 05 | 17 14 | 17 22 | 17 29 | 17 37 | 17 45 | 17 54 | 17 59 | 18 04 |
| Sept. 1 | 17 37 | 17 44 | 17 49 | 17 54 | 17 57 | 18 01 | 18 06 | 18 11 | 18 16 | 18 21 | 18 26 | 18 31 | 18 34 | 18 38 |
| 2 | 18 46 | 18 49 | 18 51 | 18 53 | 18 54 | 18 55 | 18 58 | 18 59 | 19 01 | 19 03 | 19 05 | 19 07 | 19 08 | 19 09 |
| 3 | 19 54 | 19 53 | 19 51 | 19 50 | 19 50 | 19 49 | 19 47 | 19 46 | 19 45 | 19 44 | 19 43 | 19 41 | 19 40 | 19 39 |
| 4 | 21 01 | 20 55 | 20 51 | 20 47 | 20 44 | 20 41 | 20 37 | 20 32 | 20 28 | 20 24 | 20 20 | 20 15 | 20 13 | 20 09 |
| 5 | 22 06 | 21 57 | 21 49 | 21 43 | 21 38 | 21 33 | 21 25 | 21 18 | 21 12 | 21 05 | 20 58 | 20 50 | 20 45 | 20 40 |
| 6 | 23 10 | 22 57 | 22 47 | 22 39 | 22 32 | 22 25 | 22 14 | 22 04 | 21 55 | 21 46 | 21 37 | 21 26 | 21 20 | 21 13 |
| 7 | .. .. | 23 57 | 23 44 | 23 34 | 23 25 | 23 17 | 23 03 | 22 51 | 22 40 | 22 29 | 22 18 | 22 04 | 21 56 | 21 47 |
| 8 | 0 13 | .. .. | .. .. | .. .. | .. .. | .. .. | 23 53 | 23 39 | 23 27 | 23 14 | 23 01 | 22 45 | 22 36 | 22 26 |
| 9 | 1 13 | 0 54 | 0 40 | 0 28 | 0 17 | 0 08 | .. .. | .. .. | .. .. | .. .. | 23 46 | 23 30 | 23 20 | 23 09 |

.. .. indicates phenomenon will occur the next day.

## UNIVERSAL TIME FOR MERIDIAN OF GREENWICH

### MOONRISE

| Lat. | +40° | +42° | +44° | +46° | +48° | +50° | +52° | +54° | +56° | +58° | +60° | +62° | +64° | +66° |
|---|---|---|---|---|---|---|---|---|---|---|---|---|---|---|
| | h m | h m | h m | h m | h m | h m | h m | h m | h m | h m | h m | h m | h m | h m |
| Aug. 16 | 17 34 | 17 38 | 17 43 | 17 48 | 17 53 | 17 59 | 18 05 | 18 13 | 18 21 | 18 30 | 18 40 | 18 52 | 19 06 | 19 23 |
| 17 | 18 17 | 18 20 | 18 24 | 18 28 | 18 33 | 18 37 | 18 43 | 18 48 | 18 55 | 19 02 | 19 10 | 19 19 | 19 30 | 19 43 |
| 18 | 18 57 | 18 59 | 19 02 | 19 05 | 19 08 | 19 12 | 19 16 | 19 20 | 19 24 | 19 29 | 19 35 | 19 41 | 19 49 | 19 57 |
| 19 | 19 35 | 19 36 | 19 38 | 19 39 | 19 41 | 19 43 | 19 45 | 19 48 | 19 50 | 19 53 | 19 57 | 20 00 | 20 04 | 20 09 |
| 20 | 20 11 | 20 12 | 20 12 | 20 12 | 20 13 | 20 13 | 20 14 | 20 14 | 20 15 | 20 16 | 20 16 | 20 17 | 20 18 | 20 19 |
| 21 | 20 48 | 20 47 | 20 46 | 20 45 | 20 44 | 20 43 | 20 42 | 20 41 | 20 39 | 20 38 | 20 36 | 20 34 | 20 32 | 20 29 |
| 22 | 21 25 | 21 23 | 21 21 | 21 19 | 21 16 | 21 14 | 21 11 | 21 08 | 21 05 | 21 01 | 20 57 | 20 52 | 20 46 | 20 40 |
| 23 | 22 05 | 22 02 | 21 59 | 21 55 | 21 51 | 21 47 | 21 43 | 21 38 | 21 33 | 21 27 | 21 20 | 21 13 | 21 04 | 20 53 |
| 24 | 22 48 | 22 44 | 22 40 | 22 35 | 22 30 | 22 25 | 22 19 | 22 13 | 22 06 | 21 58 | 21 49 | 21 38 | 21 26 | 21 11 |
| 25 | 23 35 | 23 31 | 23 26 | 23 20 | 23 14 | 23 08 | 23 01 | 22 54 | 22 45 | 22 35 | 22 24 | 22 11 | 21 56 | 21 38 |
| 26 | .. .. | .. .. | .. .. | .. .. | .. .. | 23 58 | 23 50 | 23 42 | 23 32 | 23 22 | 23 09 | 22 55 | 22 38 | 22 16 |
| 27 | 0 27 | 0 22 | 0 17 | 0 11 | 0 05 | .. .. | .. .. | .. .. | .. .. | .. .. | .. .. | 23 51 | 23 33 | 23 12 |
| 28 | 1 23 | 1 18 | 1 13 | 1 07 | 1 01 | 0 54 | 0 46 | 0 38 | 0 28 | 0 18 | 0 05 | .. .. | .. .. | .. .. |
| 29 | 2 22 | 2 18 | 2 13 | 2 07 | 2 01 | 1 55 | 1 48 | 1 40 | 1 32 | 1 22 | 1 11 | 0 58 | 0 42 | 0 23 |
| 30 | 3 23 | 3 19 | 3 15 | 3 10 | 3 05 | 3 00 | 2 54 | 2 48 | 2 40 | 2 32 | 2 23 | 2 12 | 1 59 | 1 44 |
| 31 | 4 24 | 4 21 | 4 18 | 4 14 | 4 10 | 4 06 | 4 02 | 3 57 | 3 51 | 3 45 | 3 38 | 3 29 | 3 20 | 3 09 |
| Sept. 1 | 5 25 | 5 23 | 5 21 | 5 18 | 5 15 | 5 13 | 5 09 | 5 06 | 5 02 | 4 58 | 4 53 | 4 48 | 4 41 | 4 34 |
| 2 | 6 24 | 6 23 | 6 22 | 6 21 | 6 19 | 6 18 | 6 16 | 6 15 | 6 13 | 6 10 | 6 08 | 6 05 | 6 02 | 5 58 |
| 3 | 7 23 | 7 23 | 7 23 | 7 22 | 7 22 | 7 22 | 7 22 | 7 22 | 7 22 | 7 22 | 7 22 | 7 21 | 7 21 | 7 21 |
| 4 | 8 20 | 8 21 | 8 22 | 8 23 | 8 24 | 8 25 | 8 27 | 8 28 | 8 30 | 8 32 | 8 34 | 8 36 | 8 39 | 8 42 |
| 5 | 9 16 | 9 18 | 9 20 | 9 23 | 9 25 | 9 27 | 9 30 | 9 33 | 9 37 | 9 40 | 9 45 | 9 50 | 9 55 | 10 02 |
| 6 | 10 12 | 10 15 | 10 18 | 10 21 | 10 25 | 10 29 | 10 33 | 10 37 | 10 42 | 10 48 | 10 55 | 11 02 | 11 10 | 11 20 |
| 7 | 11 07 | 11 11 | 11 15 | 11 19 | 11 24 | 11 29 | 11 34 | 11 40 | 11 47 | 11 54 | 12 03 | 12 13 | 12 24 | 12 38 |
| 8 | 12 02 | 12 06 | 12 11 | 12 16 | 12 21 | 12 27 | 12 34 | 12 41 | 12 49 | 12 58 | 13 09 | 13 21 | 13 35 | 13 53 |
| 9 | 12 55 | 13 00 | 13 05 | 13 11 | 13 17 | 13 24 | 13 31 | 13 39 | 13 48 | 13 59 | 14 10 | 14 24 | 14 41 | 15 02 |

### MOONSET

| Lat. | +40° | +42° | +44° | +46° | +48° | +50° | +52° | +54° | +56° | +58° | +60° | +62° | +64° | +66° |
|---|---|---|---|---|---|---|---|---|---|---|---|---|---|---|
| | h m | h m | h m | h m | h m | h m | h m | h m | h m | h m | h m | h m | h m | h m |
| Aug. 16 | 3 04 | 3 00 | 2 55 | 2 49 | 2 43 | 2 37 | 2 29 | 2 21 | 2 13 | 2 02 | 1 51 | 1 37 | 1 21 | 1 00 |
| 17 | 4 06 | 4 02 | 3 57 | 3 52 | 3 47 | 3 42 | 3 35 | 3 29 | 3 21 | 3 12 | 3 03 | 2 51 | 2 38 | 2 21 |
| 18 | 5 10 | 5 07 | 5 04 | 5 00 | 4 56 | 4 52 | 4 47 | 4 42 | 4 36 | 4 29 | 4 22 | 4 13 | 4 03 | 3 51 |
| 19 | 6 18 | 6 15 | 6 13 | 6 11 | 6 08 | 6 05 | 6 02 | 5 58 | 5 55 | 5 50 | 5 45 | 5 40 | 5 34 | 5 26 |
| 20 | 7 26 | 7 25 | 7 24 | 7 23 | 7 22 | 7 20 | 7 19 | 7 17 | 7 16 | 7 14 | 7 12 | 7 09 | 7 06 | 7 03 |
| 21 | 8 35 | 8 35 | 8 36 | 8 36 | 8 36 | 8 37 | 8 37 | 8 37 | 8 38 | 8 38 | 8 39 | 8 39 | 8 40 | 8 41 |
| 22 | 9 45 | 9 46 | 9 48 | 9 49 | 9 51 | 9 53 | 9 55 | 9 58 | 10 00 | 10 03 | 10 06 | 10 10 | 10 14 | 10 19 |
| 23 | 10 54 | 10 56 | 10 59 | 11 02 | 11 05 | 11 09 | 11 13 | 11 17 | 11 22 | 11 27 | 11 33 | 11 40 | 11 47 | 11 57 |
| 24 | 12 02 | 12 05 | 12 09 | 12 13 | 12 18 | 12 23 | 12 28 | 12 34 | 12 41 | 12 48 | 12 57 | 13 07 | 13 18 | 13 32 |
| 25 | 13 08 | 13 12 | 13 17 | 13 22 | 13 28 | 13 34 | 13 40 | 13 48 | 13 56 | 14 05 | 14 16 | 14 29 | 14 43 | 15 02 |
| 26 | 14 10 | 14 15 | 14 21 | 14 26 | 14 32 | 14 39 | 14 47 | 14 55 | 15 04 | 15 15 | 15 27 | 15 41 | 15 58 | 16 19 |
| 27 | 15 08 | 15 13 | 15 18 | 15 24 | 15 31 | 15 38 | 15 45 | 15 54 | 16 03 | 16 14 | 16 26 | 16 41 | 16 58 | 17 20 |
| 28 | 16 00 | 16 05 | 16 10 | 16 16 | 16 22 | 16 28 | 16 35 | 16 43 | 16 52 | 17 02 | 17 14 | 17 27 | 17 43 | 18 03 |
| 29 | 16 46 | 16 51 | 16 55 | 17 00 | 17 05 | 17 11 | 17 17 | 17 24 | 17 32 | 17 41 | 17 50 | 18 02 | 18 15 | 18 31 |
| 30 | 17 28 | 17 31 | 17 35 | 17 39 | 17 43 | 17 48 | 17 53 | 17 58 | 18 04 | 18 11 | 18 19 | 18 28 | 18 38 | 18 50 |
| 31 | 18 04 | 18 07 | 18 10 | 18 13 | 18 16 | 18 19 | 18 23 | 18 27 | 18 31 | 18 36 | 18 42 | 18 48 | 18 55 | 19 03 |
| Sept. 1 | 18 38 | 18 39 | 18 41 | 18 43 | 18 45 | 18 47 | 18 49 | 18 52 | 18 54 | 18 57 | 19 01 | 19 04 | 19 09 | 19 14 |
| 2 | 19 09 | 19 10 | 19 10 | 19 11 | 19 12 | 19 13 | 19 13 | 19 14 | 19 15 | 19 16 | 19 18 | 19 19 | 19 21 | 19 22 |
| 3 | 19 39 | 19 39 | 19 39 | 19 38 | 19 38 | 19 37 | 19 37 | 19 36 | 19 35 | 19 34 | 19 34 | 19 33 | 19 31 | 19 30 |
| 4 | 20 09 | 20 08 | 20 07 | 20 05 | 20 03 | 20 02 | 20 00 | 19 57 | 19 55 | 19 52 | 19 50 | 19 46 | 19 42 | 19 38 |
| 5 | 20 40 | 20 38 | 20 35 | 20 33 | 20 30 | 20 27 | 20 24 | 20 20 | 20 16 | 20 12 | 20 07 | 20 01 | 19 54 | 19 47 |
| 6 | 21 13 | 21 09 | 21 06 | 21 02 | 20 59 | 20 54 | 20 50 | 20 45 | 20 39 | 20 33 | 20 26 | 20 18 | 20 08 | 19 58 |
| 7 | 21 47 | 21 44 | 21 39 | 21 35 | 21 30 | 21 25 | 21 19 | 21 13 | 21 06 | 20 58 | 20 49 | 20 38 | 20 26 | 20 12 |
| 8 | 22 26 | 22 21 | 22 17 | 22 11 | 22 06 | 22 00 | 21 53 | 21 45 | 21 37 | 21 27 | 21 17 | 21 04 | 20 49 | 20 31 |
| 9 | 23 09 | 23 04 | 22 59 | 22 53 | 22 47 | 22 40 | 22 32 | 22 24 | 22 15 | 22 04 | 21 52 | 21 38 | 21 21 | 21 00 |

.. .. indicates phenomenon will occur the next day.

# MOONRISE AND MOONSET, 2016
## UNIVERSAL TIME FOR MERIDIAN OF GREENWICH
### MOONRISE

| Lat. | −55° | −50° | −45° | −40° | −35° | −30° | −20° | −10° | 0° | +10° | +20° | +30° | +35° | +40° |
|---|---|---|---|---|---|---|---|---|---|---|---|---|---|---|
| | h m | h m | h m | h m | h m | h m | h m | h m | h m | h m | h m | h m | h m | h m |
| Sept. 8 | 9 26 | 9 43 | 9 56 | 10 07 | 10 17 | 10 25 | 10 40 | 10 52 | 11 04 | 11 16 | 11 29 | 11 44 | 11 52 | 12 02 |
| 9 | 10 01 | 10 20 | 10 35 | 10 48 | 10 59 | 11 08 | 11 24 | 11 38 | 11 51 | 12 04 | 12 19 | 12 35 | 12 44 | 12 55 |
| 10 | 10 43 | 11 04 | 11 20 | 11 33 | 11 44 | 11 54 | 12 11 | 12 26 | 12 40 | 12 54 | 13 09 | 13 26 | 13 36 | 13 47 |
| 11 | 11 34 | 11 55 | 12 11 | 12 24 | 12 35 | 12 45 | 13 02 | 13 16 | 13 30 | 13 44 | 13 59 | 14 16 | 14 26 | 14 37 |
| 12 | 12 33 | 12 52 | 13 07 | 13 20 | 13 30 | 13 39 | 13 55 | 14 09 | 14 22 | 14 35 | 14 49 | 15 04 | 15 14 | 15 24 |
| 13 | 13 40 | 13 57 | 14 10 | 14 20 | 14 29 | 14 37 | 14 51 | 15 03 | 15 14 | 15 26 | 15 38 | 15 51 | 15 59 | 16 08 |
| 14 | 14 54 | 15 07 | 15 17 | 15 25 | 15 32 | 15 38 | 15 49 | 15 59 | 16 07 | 16 16 | 16 26 | 16 36 | 16 42 | 16 49 |
| 15 | 16 12 | 16 21 | 16 27 | 16 33 | 16 37 | 16 41 | 16 49 | 16 55 | 17 01 | 17 07 | 17 13 | 17 20 | 17 24 | 17 29 |
| 16 | 17 34 | 17 37 | 17 40 | 17 42 | 17 44 | 17 46 | 17 49 | 17 52 | 17 54 | 17 57 | 18 00 | 18 03 | 18 04 | 18 06 |
| 17 | 18 57 | 18 56 | 18 54 | 18 53 | 18 53 | 18 52 | 18 51 | 18 49 | 18 48 | 18 47 | 18 46 | 18 45 | 18 45 | 18 44 |
| 18 | 20 21 | 20 15 | 20 09 | 20 05 | 20 01 | 19 58 | 19 53 | 19 48 | 19 43 | 19 39 | 19 34 | 19 29 | 19 25 | 19 22 |
| 19 | 21 44 | 21 33 | 21 24 | 21 17 | 21 10 | 21 05 | 20 55 | 20 47 | 20 39 | 20 31 | 20 23 | 20 14 | 20 08 | 20 02 |
| 20 | 23 05 | 22 49 | 22 37 | 22 27 | 22 18 | 22 10 | 21 57 | 21 46 | 21 35 | 21 25 | 21 14 | 21 01 | 20 54 | 20 45 |
| 21 | .. .. | .. .. | 23 46 | 23 34 | 23 23 | 23 14 | 22 59 | 22 45 | 22 32 | 22 20 | 22 06 | 21 51 | 21 42 | 21 32 |
| 22 | 0 20 | 0 01 | .. .. | .. .. | .. .. | .. .. | 23 58 | 23 43 | 23 30 | 23 16 | 23 01 | 22 44 | 22 35 | 22 23 |
| 23 | 1 27 | 1 06 | 0 50 | 0 36 | 0 25 | 0 15 | .. .. | .. .. | .. .. | .. .. | 23 57 | 23 40 | 23 30 | 23 19 |
| 24 | 2 24 | 2 03 | 1 47 | 1 33 | 1 22 | 1 12 | 0 55 | 0 40 | 0 26 | 0 12 | .. .. | .. .. | .. .. | .. .. |
| 25 | 3 11 | 2 52 | 2 37 | 2 24 | 2 13 | 2 04 | 1 48 | 1 34 | 1 20 | 1 07 | 0 53 | 0 37 | 0 27 | 0 17 |
| 26 | 3 49 | 3 33 | 3 20 | 3 09 | 2 59 | 2 51 | 2 37 | 2 24 | 2 13 | 2 01 | 1 49 | 1 34 | 1 26 | 1 16 |
| 27 | 4 21 | 4 07 | 3 57 | 3 48 | 3 41 | 3 34 | 3 22 | 3 12 | 3 03 | 2 53 | 2 43 | 2 31 | 2 25 | 2 17 |
| 28 | 4 47 | 4 38 | 4 30 | 4 24 | 4 18 | 4 13 | 4 05 | 3 57 | 3 50 | 3 43 | 3 36 | 3 27 | 3 22 | 3 17 |
| 29 | 5 10 | 5 05 | 5 00 | 4 56 | 4 53 | 4 50 | 4 45 | 4 40 | 4 36 | 4 32 | 4 27 | 4 22 | 4 19 | 4 16 |
| 30 | 5 31 | 5 30 | 5 28 | 5 27 | 5 26 | 5 25 | 5 23 | 5 22 | 5 20 | 5 19 | 5 18 | 5 16 | 5 15 | 5 14 |
| Oct. 1 | 5 52 | 5 54 | 5 55 | 5 57 | 5 58 | 5 59 | 6 01 | 6 02 | 6 04 | 6 05 | 6 07 | 6 09 | 6 10 | 6 11 |
| 2 | 6 12 | 6 18 | 6 23 | 6 27 | 6 30 | 6 33 | 6 38 | 6 43 | 6 47 | 6 51 | 6 56 | 7 01 | 7 05 | 7 08 |

### MOONSET

| Lat. | −55° | −50° | −45° | −40° | −35° | −30° | −20° | −10° | 0° | +10° | +20° | +30° | +35° | +40° |
|---|---|---|---|---|---|---|---|---|---|---|---|---|---|---|
| | h m | h m | h m | h m | h m | h m | h m | h m | h m | h m | h m | h m | h m | h m |
| Sept. 8 | 0 13 | .. .. | .. .. | .. .. | .. .. | .. .. | 23 53 | 23 39 | 23 27 | 23 14 | 23 01 | 22 45 | 22 36 | 22 26 |
| 9 | 1 13 | 0 54 | 0 40 | 0 28 | 0 17 | 0 08 | .. .. | .. .. | .. .. | .. .. | 23 46 | 23 30 | 23 20 | 23 09 |
| 10 | 2 10 | 1 49 | 1 33 | 1 20 | 1 09 | 0 59 | 0 43 | 0 28 | 0 15 | 0 01 | .. .. | .. .. | .. .. | 23 57 |
| 11 | 3 01 | 2 41 | 2 24 | 2 11 | 2 00 | 1 50 | 1 33 | 1 18 | 1 04 | 0 50 | 0 35 | 0 18 | 0 08 | .. .. |
| 12 | 3 47 | 3 28 | 3 12 | 2 59 | 2 49 | 2 39 | 2 23 | 2 08 | 1 55 | 1 41 | 1 27 | 1 10 | 1 01 | 0 50 |
| 13 | 4 27 | 4 10 | 3 56 | 3 45 | 3 35 | 3 27 | 3 12 | 2 59 | 2 47 | 2 35 | 2 22 | 2 07 | 1 58 | 1 48 |
| 14 | 5 02 | 4 48 | 4 37 | 4 28 | 4 20 | 4 13 | 4 00 | 3 50 | 3 40 | 3 30 | 3 19 | 3 06 | 2 59 | 2 51 |
| 15 | 5 32 | 5 22 | 5 14 | 5 08 | 5 02 | 4 57 | 4 48 | 4 40 | 4 33 | 4 25 | 4 17 | 4 08 | 4 03 | 3 57 |
| 16 | 6 00 | 5 54 | 5 50 | 5 46 | 5 43 | 5 40 | 5 35 | 5 30 | 5 26 | 5 22 | 5 17 | 5 12 | 5 09 | 5 06 |
| 17 | 6 26 | 6 25 | 6 24 | 6 23 | 6 23 | 6 22 | 6 21 | 6 21 | 6 20 | 6 19 | 6 18 | 6 17 | 6 17 | 6 16 |
| 18 | 6 52 | 6 55 | 6 58 | 7 01 | 7 03 | 7 05 | 7 09 | 7 11 | 7 14 | 7 17 | 7 20 | 7 23 | 7 25 | 7 27 |
| 19 | 7 19 | 7 28 | 7 34 | 7 40 | 7 45 | 7 49 | 7 57 | 8 03 | 8 09 | 8 16 | 8 22 | 8 30 | 8 34 | 8 39 |
| 20 | 7 50 | 8 03 | 8 13 | 8 21 | 8 29 | 8 35 | 8 46 | 8 56 | 9 06 | 9 15 | 9 25 | 9 36 | 9 43 | 9 50 |
| 21 | 8 26 | 8 42 | 8 55 | 9 06 | 9 16 | 9 24 | 9 38 | 9 51 | 10 02 | 10 14 | 10 27 | 10 41 | 10 49 | 10 59 |
| 22 | 9 08 | 9 27 | 9 43 | 9 56 | 10 06 | 10 16 | 10 32 | 10 46 | 11 00 | 11 13 | 11 27 | 11 44 | 11 53 | 12 04 |
| 23 | 9 58 | 10 19 | 10 35 | 10 49 | 11 00 | 11 10 | 11 28 | 11 43 | 11 57 | 12 11 | 12 26 | 12 43 | 12 53 | 13 04 |
| 24 | 10 56 | 11 16 | 11 32 | 11 46 | 11 57 | 12 07 | 12 24 | 12 38 | 12 52 | 13 06 | 13 20 | 13 37 | 13 47 | 13 58 |
| 25 | 11 59 | 12 18 | 12 33 | 12 45 | 12 55 | 13 04 | 13 20 | 13 33 | 13 46 | 13 58 | 14 12 | 14 27 | 14 36 | 14 46 |
| 26 | 13 07 | 13 23 | 13 35 | 13 45 | 13 54 | 14 02 | 14 15 | 14 26 | 14 37 | 14 48 | 14 59 | 15 12 | 15 19 | 15 28 |
| 27 | 14 16 | 14 28 | 14 38 | 14 46 | 14 52 | 14 58 | 15 09 | 15 17 | 15 26 | 15 34 | 15 43 | 15 53 | 15 59 | 16 05 |
| 28 | 15 26 | 15 34 | 15 40 | 15 45 | 15 50 | 15 54 | 16 01 | 16 07 | 16 13 | 16 18 | 16 24 | 16 31 | 16 35 | 16 39 |
| 29 | 16 34 | 16 38 | 16 41 | 16 44 | 16 46 | 16 48 | 16 52 | 16 55 | 16 58 | 17 00 | 17 03 | 17 07 | 17 08 | 17 11 |
| 30 | 17 42 | 17 42 | 17 42 | 17 42 | 17 42 | 17 42 | 17 42 | 17 42 | 17 41 | 17 41 | 17 41 | 17 41 | 17 41 | 17 41 |
| Oct. 1 | 18 49 | 18 45 | 18 42 | 18 39 | 18 36 | 18 34 | 18 31 | 18 28 | 18 25 | 18 22 | 18 19 | 18 15 | 18 13 | 18 11 |
| 2 | 19 55 | 19 47 | 19 40 | 19 35 | 19 31 | 19 27 | 19 20 | 19 14 | 19 08 | 19 02 | 18 56 | 18 49 | 18 45 | 18 41 |

.. .. indicates phenomenon will occur the next day.

# MOONRISE AND MOONSET, 2016

## UNIVERSAL TIME FOR MERIDIAN OF GREENWICH

### MOONRISE

| Lat. | +40° | +42° | +44° | +46° | +48° | +50° | +52° | +54° | +56° | +58° | +60° | +62° | +64° | +66° |
|---|---|---|---|---|---|---|---|---|---|---|---|---|---|---|
| | h m | h m | h m | h m | h m | h m | h m | h m | h m | h m | h m | h m | h m | h m |
| Sept. 8 | 12 02 | 12 06 | 12 11 | 12 16 | 12 21 | 12 27 | 12 34 | 12 41 | 12 49 | 12 58 | 13 09 | 13 21 | 13 35 | 13 53 |
| 9 | 12 55 | 13 00 | 13 05 | 13 11 | 13 17 | 13 24 | 13 31 | 13 39 | 13 48 | 13 59 | 14 10 | 14 24 | 14 41 | 15 02 |
| 10 | 13 47 | 13 52 | 13 58 | 14 04 | 14 10 | 14 17 | 14 25 | 14 33 | 14 43 | 14 54 | 15 06 | 15 21 | 15 39 | 16 02 |
| 11 | 14 37 | 14 42 | 14 47 | 14 53 | 14 59 | 15 06 | 15 14 | 15 22 | 15 32 | 15 42 | 15 55 | 16 09 | 16 27 | 16 48 |
| 12 | 15 24 | 15 29 | 15 34 | 15 39 | 15 45 | 15 51 | 15 58 | 16 06 | 16 14 | 16 24 | 16 35 | 16 48 | 17 03 | 17 22 |
| 13 | 16 08 | 16 12 | 16 16 | 16 21 | 16 26 | 16 31 | 16 37 | 16 44 | 16 51 | 16 59 | 17 08 | 17 19 | 17 31 | 17 46 |
| 14 | 16 49 | 16 53 | 16 56 | 16 59 | 17 03 | 17 07 | 17 12 | 17 17 | 17 22 | 17 28 | 17 35 | 17 43 | 17 52 | 18 03 |
| 15 | 17 29 | 17 31 | 17 33 | 17 35 | 17 38 | 17 40 | 17 43 | 17 47 | 17 50 | 17 54 | 17 58 | 18 03 | 18 09 | 18 16 |
| 16 | 18 06 | 18 07 | 18 08 | 18 09 | 18 10 | 18 12 | 18 13 | 18 14 | 18 16 | 18 17 | 18 19 | 18 21 | 18 24 | 18 27 |
| 17 | 18 44 | 18 44 | 18 43 | 18 43 | 18 43 | 18 42 | 18 42 | 18 41 | 18 41 | 18 40 | 18 39 | 18 39 | 18 38 | 18 37 |
| 18 | 19 22 | 19 21 | 19 19 | 19 17 | 19 15 | 19 13 | 19 11 | 19 09 | 19 06 | 19 03 | 19 00 | 18 57 | 18 52 | 18 48 |
| 19 | 20 02 | 19 59 | 19 57 | 19 54 | 19 50 | 19 47 | 19 43 | 19 39 | 19 34 | 19 29 | 19 23 | 19 17 | 19 09 | 19 00 |
| 20 | 20 45 | 20 42 | 20 38 | 20 33 | 20 29 | 20 24 | 20 19 | 20 13 | 20 06 | 19 59 | 19 51 | 19 41 | 19 30 | 19 17 |
| 21 | 21 32 | 21 28 | 21 23 | 21 18 | 21 12 | 21 06 | 21 00 | 20 52 | 20 44 | 20 35 | 20 24 | 20 12 | 19 58 | 19 41 |
| 22 | 22 23 | 22 18 | 22 13 | 22 07 | 22 01 | 21 54 | 21 47 | 21 39 | 21 30 | 21 19 | 21 07 | 20 53 | 20 36 | 20 15 |
| 23 | 23 19 | 23 13 | 23 08 | 23 02 | 22 56 | 22 49 | 22 41 | 22 33 | 22 23 | 22 12 | 22 00 | 21 45 | 21 28 | 21 06 |
| 24 | .. .. | .. .. | .. .. | .. .. | 23 55 | 23 49 | 23 41 | 23 33 | 23 24 | 23 14 | 23 03 | 22 49 | 22 32 | 22 12 |
| 25 | 0 17 | 0 12 | 0 07 | 0 01 | .. .. | .. .. | .. .. | .. .. | .. .. | .. .. | .. .. | .. .. | 23 47 | 23 30 |
| 26 | 1 16 | 1 12 | 1 08 | 1 03 | 0 58 | 0 52 | 0 46 | 0 39 | 0 31 | 0 22 | 0 12 | 0 00 | .. .. | .. .. |
| 27 | 2 17 | 2 13 | 2 10 | 2 06 | 2 02 | 1 57 | 1 52 | 1 46 | 1 40 | 1 33 | 1 25 | 1 16 | 1 06 | 0 53 |
| 28 | 3 17 | 3 14 | 3 12 | 3 09 | 3 06 | 3 02 | 2 59 | 2 55 | 2 50 | 2 45 | 2 40 | 2 33 | 2 26 | 2 17 |
| 29 | 4 16 | 4 14 | 4 13 | 4 11 | 4 09 | 4 07 | 4 05 | 4 03 | 4 00 | 3 57 | 3 54 | 3 50 | 3 46 | 3 41 |
| 30 | 5 14 | 5 14 | 5 13 | 5 13 | 5 12 | 5 11 | 5 11 | 5 10 | 5 09 | 5 08 | 5 07 | 5 06 | 5 05 | 5 04 |
| Oct. 1 | 6 11 | 6 12 | 6 13 | 6 13 | 6 14 | 6 15 | 6 16 | 6 16 | 6 17 | 6 19 | 6 20 | 6 21 | 6 23 | 6 25 |
| 2 | 7 08 | 7 10 | 7 11 | 7 13 | 7 15 | 7 17 | 7 19 | 7 22 | 7 25 | 7 28 | 7 31 | 7 35 | 7 40 | 7 45 |

### MOONSET

| Lat. | +40° | +42° | +44° | +46° | +48° | +50° | +52° | +54° | +56° | +58° | +60° | +62° | +64° | +66° |
|---|---|---|---|---|---|---|---|---|---|---|---|---|---|---|
| | h m | h m | h m | h m | h m | h m | h m | h m | h m | h m | h m | h m | h m | h m |
| Sept. 8 | 22 26 | 22 21 | 22 17 | 22 11 | 22 06 | 22 00 | 21 53 | 21 45 | 21 37 | 21 27 | 21 17 | 21 04 | 20 49 | 20 31 |
| 9 | 23 09 | 23 04 | 22 59 | 22 53 | 22 47 | 22 40 | 22 32 | 22 24 | 22 15 | 22 04 | 21 52 | 21 38 | 21 21 | 21 00 |
| 10 | 23 57 | 23 51 | 23 46 | 23 40 | 23 34 | 23 27 | 23 19 | 23 10 | 23 01 | 22 50 | 22 37 | 22 22 | 22 04 | 21 42 |
| 11 | .. .. | .. .. | .. .. | .. .. | .. .. | .. .. | .. .. | .. .. | 23 56 | 23 45 | 23 33 | 23 19 | 23 01 | 22 40 |
| 12 | 0 50 | 0 45 | 0 39 | 0 34 | 0 28 | 0 21 | 0 13 | 0 05 | .. .. | .. .. | .. .. | .. .. | .. .. | 23 54 |
| 13 | 1 48 | 1 43 | 1 39 | 1 34 | 1 28 | 1 22 | 1 15 | 1 08 | 1 00 | 0 50 | 0 39 | 0 27 | 0 12 | .. .. |
| 14 | 2 51 | 2 47 | 2 43 | 2 39 | 2 34 | 2 29 | 2 24 | 2 18 | 2 11 | 2 03 | 1 55 | 1 45 | 1 33 | 1 19 |
| 15 | 3 57 | 3 54 | 3 51 | 3 48 | 3 45 | 3 41 | 3 37 | 3 33 | 3 28 | 3 23 | 3 16 | 3 09 | 3 01 | 2 52 |
| 16 | 5 06 | 5 04 | 5 02 | 5 01 | 4 59 | 4 57 | 4 54 | 4 52 | 4 49 | 4 46 | 4 43 | 4 39 | 4 34 | 4 29 |
| 17 | 6 16 | 6 16 | 6 15 | 6 15 | 6 15 | 6 14 | 6 14 | 6 13 | 6 13 | 6 12 | 6 11 | 6 11 | 6 10 | 6 09 |
| 18 | 7 27 | 7 28 | 7 29 | 7 31 | 7 32 | 7 33 | 7 34 | 7 36 | 7 38 | 7 39 | 7 42 | 7 44 | 7 47 | 7 50 |
| 19 | 8 39 | 8 41 | 8 44 | 8 46 | 8 49 | 8 52 | 8 55 | 8 59 | 9 02 | 9 07 | 9 12 | 9 17 | 9 24 | 9 31 |
| 20 | 9 50 | 9 53 | 9 57 | 10 01 | 10 05 | 10 09 | 10 14 | 10 20 | 10 26 | 10 32 | 10 40 | 10 49 | 10 59 | 11 11 |
| 21 | 10 59 | 11 03 | 11 08 | 11 12 | 11 18 | 11 24 | 11 30 | 11 37 | 11 45 | 11 53 | 12 04 | 12 15 | 12 29 | 12 46 |
| 22 | 12 04 | 12 09 | 12 14 | 12 20 | 12 26 | 12 32 | 12 40 | 12 48 | 12 57 | 13 07 | 13 19 | 13 33 | 13 49 | 14 10 |
| 23 | 13 04 | 13 09 | 13 14 | 13 20 | 13 27 | 13 34 | 13 41 | 13 50 | 13 59 | 14 10 | 14 23 | 14 37 | 14 55 | 15 17 |
| 24 | 13 58 | 14 03 | 14 08 | 14 14 | 14 20 | 14 27 | 14 34 | 14 42 | 14 51 | 15 02 | 15 14 | 15 27 | 15 44 | 16 05 |
| 25 | 14 46 | 14 50 | 14 55 | 15 00 | 15 05 | 15 11 | 15 18 | 15 25 | 15 33 | 15 42 | 15 53 | 16 05 | 16 19 | 16 36 |
| 26 | 15 28 | 15 31 | 15 35 | 15 40 | 15 44 | 15 49 | 15 55 | 16 01 | 16 07 | 16 15 | 16 23 | 16 33 | 16 44 | 16 57 |
| 27 | 16 05 | 16 08 | 16 11 | 16 14 | 16 18 | 16 22 | 16 26 | 16 30 | 16 35 | 16 41 | 16 47 | 16 54 | 17 02 | 17 12 |
| 28 | 16 39 | 16 41 | 16 43 | 16 45 | 16 47 | 16 50 | 16 53 | 16 56 | 16 59 | 17 03 | 17 07 | 17 11 | 17 17 | 17 23 |
| 29 | 17 11 | 17 12 | 17 13 | 17 14 | 17 15 | 17 16 | 17 17 | 17 19 | 17 20 | 17 22 | 17 24 | 17 26 | 17 29 | 17 32 |
| 30 | 17 41 | 17 41 | 17 41 | 17 41 | 17 41 | 17 41 | 17 40 | 17 40 | 17 40 | 17 40 | 17 40 | 17 40 | 17 40 | 17 40 |
| Oct. 1 | 18 11 | 18 10 | 18 08 | 18 07 | 18 06 | 18 05 | 18 03 | 18 02 | 18 00 | 17 58 | 17 56 | 17 53 | 17 50 | 17 47 |
| 2 | 18 41 | 18 39 | 18 37 | 18 35 | 18 32 | 18 30 | 18 27 | 18 24 | 18 20 | 18 16 | 18 12 | 18 07 | 18 02 | 17 55 |

.. .. indicates phenomenon will occur the next day.

# MOONRISE AND MOONSET, 2016

## UNIVERSAL TIME FOR MERIDIAN OF GREENWICH

### MOONRISE

| Lat. | −55° | −50° | −45° | −40° | −35° | −30° | −20° | −10° | 0° | +10° | +20° | +30° | +35° | +40° |
|---|---|---|---|---|---|---|---|---|---|---|---|---|---|---|
| | h m | h m | h m | h m | h m | h m | h m | h m | h m | h m | h m | h m | h m | h m |
| Oct. 1 | 5 52 | 5 54 | 5 55 | 5 57 | 5 58 | 5 59 | 6 01 | 6 02 | 6 04 | 6 05 | 6 07 | 6 09 | 6 10 | 6 11 |
| 2 | 6 12 | 6 18 | 6 23 | 6 27 | 6 30 | 6 33 | 6 38 | 6 43 | 6 47 | 6 51 | 6 56 | 7 01 | 7 05 | 7 08 |
| 3 | 6 34 | 6 44 | 6 51 | 6 57 | 7 03 | 7 08 | 7 16 | 7 23 | 7 30 | 7 37 | 7 45 | 7 53 | 7 58 | 8 04 |
| 4 | 6 59 | 7 11 | 7 22 | 7 30 | 7 37 | 7 44 | 7 55 | 8 05 | 8 14 | 8 24 | 8 34 | 8 45 | 8 52 | 9 00 |
| 5 | 7 26 | 7 42 | 7 55 | 8 05 | 8 14 | 8 22 | 8 36 | 8 48 | 8 59 | 9 11 | 9 23 | 9 37 | 9 45 | 9 54 |
| 6 | 7 59 | 8 17 | 8 32 | 8 44 | 8 54 | 9 03 | 9 19 | 9 33 | 9 46 | 9 58 | 10 12 | 10 28 | 10 37 | 10 48 |
| 7 | 8 38 | 8 58 | 9 14 | 9 27 | 9 38 | 9 48 | 10 05 | 10 19 | 10 33 | 10 47 | 11 02 | 11 19 | 11 28 | 11 40 |
| 8 | 9 24 | 9 45 | 10 01 | 10 14 | 10 26 | 10 36 | 10 53 | 11 08 | 11 22 | 11 36 | 11 51 | 12 08 | 12 18 | 12 29 |
| 9 | 10 18 | 10 38 | 10 54 | 11 07 | 11 18 | 11 27 | 11 44 | 11 58 | 12 12 | 12 25 | 12 39 | 12 56 | 13 05 | 13 16 |
| 10 | 11 20 | 11 38 | 11 52 | 12 04 | 12 14 | 12 22 | 12 37 | 12 50 | 13 02 | 13 14 | 13 27 | 13 42 | 13 51 | 14 01 |
| 11 | 12 29 | 12 44 | 12 55 | 13 05 | 13 13 | 13 20 | 13 33 | 13 43 | 13 54 | 14 04 | 14 15 | 14 27 | 14 34 | 14 42 |
| 12 | 13 44 | 13 54 | 14 03 | 14 10 | 14 16 | 14 21 | 14 30 | 14 38 | 14 46 | 14 53 | 15 01 | 15 10 | 15 15 | 15 21 |
| 13 | 15 03 | 15 09 | 15 14 | 15 18 | 15 21 | 15 24 | 15 29 | 15 34 | 15 38 | 15 43 | 15 47 | 15 52 | 15 55 | 15 59 |
| 14 | 16 25 | 16 26 | 16 27 | 16 28 | 16 29 | 16 29 | 16 30 | 16 31 | 16 32 | 16 33 | 16 34 | 16 35 | 16 35 | 16 36 |
| 15 | 17 50 | 17 46 | 17 43 | 17 40 | 17 38 | 17 36 | 17 32 | 17 29 | 17 27 | 17 24 | 17 21 | 17 18 | 17 16 | 17 14 |
| 16 | 19 16 | 19 07 | 19 00 | 18 54 | 18 48 | 18 44 | 18 36 | 18 29 | 18 23 | 18 17 | 18 10 | 18 03 | 17 59 | 17 54 |
| 17 | 20 41 | 20 27 | 20 16 | 20 07 | 19 59 | 19 52 | 19 41 | 19 31 | 19 21 | 19 12 | 19 02 | 18 50 | 18 44 | 18 37 |
| 18 | 22 02 | 21 44 | 21 30 | 21 18 | 21 09 | 21 00 | 20 45 | 20 32 | 20 20 | 20 08 | 19 56 | 19 41 | 19 33 | 19 23 |
| 19 | 23 16 | 22 55 | 22 39 | 22 26 | 22 15 | 22 05 | 21 48 | 21 33 | 21 20 | 21 06 | 20 52 | 20 35 | 20 26 | 20 15 |
| 20 | .. .. | 23 57 | 23 41 | 23 27 | 23 15 | 23 05 | 22 48 | 22 33 | 22 18 | 22 04 | 21 49 | 21 32 | 21 22 | 21 10 |
| 21 | 0 19 | .. .. | .. .. | .. .. | .. .. | .. .. | 23 44 | 23 29 | 23 15 | 23 02 | 22 47 | 22 30 | 22 20 | 22 09 |
| 22 | 1 11 | 0 50 | 0 34 | 0 21 | 0 10 | 0 00 | .. .. | .. .. | .. .. | 23 57 | 23 44 | 23 29 | 23 20 | 23 10 |
| 23 | 1 52 | 1 34 | 1 20 | 1 09 | 0 59 | 0 50 | 0 35 | 0 22 | 0 09 | .. .. | .. .. | .. .. | .. .. | .. .. |
| 24 | 2 25 | 2 11 | 1 59 | 1 50 | 1 42 | 1 34 | 1 22 | 1 11 | 1 00 | 0 50 | 0 39 | 0 26 | 0 19 | 0 11 |
| 25 | 2 53 | 2 42 | 2 34 | 2 26 | 2 20 | 2 15 | 2 05 | 1 57 | 1 49 | 1 41 | 1 32 | 1 23 | 1 17 | 1 11 |

### MOONSET

| Lat. | −55° | −50° | −45° | −40° | −35° | −30° | −20° | −10° | 0° | +10° | +20° | +30° | +35° | +40° |
|---|---|---|---|---|---|---|---|---|---|---|---|---|---|---|
| | h m | h m | h m | h m | h m | h m | h m | h m | h m | h m | h m | h m | h m | h m |
| Oct. 1 | 18 49 | 18 45 | 18 42 | 18 39 | 18 36 | 18 34 | 18 31 | 18 28 | 18 25 | 18 22 | 18 19 | 18 15 | 18 13 | 18 11 |
| 2 | 19 55 | 19 47 | 19 40 | 19 35 | 19 31 | 19 27 | 19 20 | 19 14 | 19 08 | 19 02 | 18 56 | 18 49 | 18 45 | 18 41 |
| 3 | 20 59 | 20 48 | 20 39 | 20 31 | 20 24 | 20 19 | 20 09 | 20 00 | 19 52 | 19 43 | 19 35 | 19 25 | 19 19 | 19 13 |
| 4 | 22 03 | 21 48 | 21 36 | 21 26 | 21 18 | 21 10 | 20 57 | 20 46 | 20 36 | 20 26 | 20 15 | 20 02 | 19 55 | 19 46 |
| 5 | 23 04 | 22 46 | 22 32 | 22 20 | 22 10 | 22 02 | 21 47 | 21 34 | 21 21 | 21 09 | 20 56 | 20 42 | 20 33 | 20 23 |
| 6 | .. .. | 23 41 | 23 26 | 23 13 | 23 02 | 22 52 | 22 36 | 22 22 | 22 08 | 21 55 | 21 41 | 21 24 | 21 15 | 21 04 |
| 7 | 0 01 | .. .. | .. .. | .. .. | 23 52 | 23 42 | 23 25 | 23 10 | 22 56 | 22 42 | 22 27 | 22 10 | 22 00 | 21 49 |
| 8 | 0 54 | 0 33 | 0 17 | 0 04 | .. .. | .. .. | .. .. | 23 59 | 23 46 | 23 32 | 23 17 | 23 00 | 22 50 | 22 39 |
| 9 | 1 41 | 1 21 | 1 05 | 0 52 | 0 41 | 0 31 | 0 14 | .. .. | .. .. | .. .. | .. .. | 23 53 | 23 44 | 23 33 |
| 10 | 2 23 | 2 04 | 1 50 | 1 37 | 1 27 | 1 18 | 1 02 | 0 49 | 0 36 | 0 23 | 0 09 | .. .. | .. .. | .. .. |
| 11 | 2 59 | 2 43 | 2 30 | 2 20 | 2 11 | 2 03 | 1 50 | 1 38 | 1 27 | 1 15 | 1 03 | 0 50 | 0 42 | 0 32 |
| 12 | 3 30 | 3 18 | 3 08 | 3 00 | 2 53 | 2 47 | 2 37 | 2 27 | 2 18 | 2 09 | 2 00 | 1 49 | 1 43 | 1 35 |
| 13 | 3 58 | 3 50 | 3 44 | 3 38 | 3 34 | 3 30 | 3 23 | 3 16 | 3 11 | 3 05 | 2 58 | 2 51 | 2 47 | 2 42 |
| 14 | 4 24 | 4 21 | 4 18 | 4 16 | 4 14 | 4 12 | 4 09 | 4 06 | 4 04 | 4 01 | 3 58 | 3 55 | 3 53 | 3 51 |
| 15 | 4 50 | 4 51 | 4 52 | 4 53 | 4 54 | 4 55 | 4 56 | 4 57 | 4 58 | 4 59 | 5 00 | 5 01 | 5 01 | 5 02 |
| 16 | 5 17 | 5 23 | 5 28 | 5 32 | 5 35 | 5 38 | 5 44 | 5 49 | 5 53 | 5 58 | 6 03 | 6 08 | 6 11 | 6 15 |
| 17 | 5 46 | 5 57 | 6 06 | 6 13 | 6 19 | 6 25 | 6 34 | 6 43 | 6 50 | 6 58 | 7 07 | 7 16 | 7 22 | 7 28 |
| 18 | 6 20 | 6 35 | 6 47 | 6 57 | 7 06 | 7 14 | 7 27 | 7 38 | 7 49 | 8 00 | 8 11 | 8 25 | 8 32 | 8 41 |
| 19 | 7 01 | 7 20 | 7 34 | 7 47 | 7 57 | 8 06 | 8 22 | 8 36 | 8 49 | 9 02 | 9 15 | 9 31 | 9 40 | 9 51 |
| 20 | 7 49 | 8 10 | 8 27 | 8 40 | 8 52 | 9 02 | 9 19 | 9 34 | 9 48 | 10 02 | 10 17 | 10 34 | 10 44 | 10 55 |
| 21 | 8 46 | 9 08 | 9 24 | 9 38 | 9 49 | 9 59 | 10 17 | 10 32 | 10 46 | 11 00 | 11 15 | 11 32 | 11 42 | 11 53 |
| 22 | 9 50 | 10 10 | 10 25 | 10 38 | 10 49 | 10 58 | 11 14 | 11 28 | 11 42 | 11 55 | 12 09 | 12 24 | 12 34 | 12 44 |
| 23 | 10 58 | 11 15 | 11 28 | 11 39 | 11 48 | 11 56 | 12 11 | 12 23 | 12 34 | 12 46 | 12 58 | 13 11 | 13 19 | 13 28 |
| 24 | 12 07 | 12 20 | 12 31 | 12 40 | 12 47 | 12 54 | 13 05 | 13 15 | 13 24 | 13 33 | 13 43 | 13 54 | 14 00 | 14 07 |
| 25 | 13 16 | 13 26 | 13 33 | 13 39 | 13 45 | 13 49 | 13 58 | 14 05 | 14 11 | 14 18 | 14 25 | 14 32 | 14 37 | 14 42 |

.. .. indicates phenomenon will occur the next day.

## UNIVERSAL TIME FOR MERIDIAN OF GREENWICH

### MOONRISE

| Lat. | +40° | +42° | +44° | +46° | +48° | +50° | +52° | +54° | +56° | +58° | +60° | +62° | +64° | +66° |
|---|---|---|---|---|---|---|---|---|---|---|---|---|---|---|
| | h m | h m | h m | h m | h m | h m | h m | h m | h m | h m | h m | h m | h m | h m |
| Oct. 1 | 6 11 | 6 12 | 6 13 | 6 13 | 6 14 | 6 15 | 6 16 | 6 16 | 6 17 | 6 19 | 6 20 | 6 21 | 6 23 | 6 25 |
| 2 | 7 08 | 7 10 | 7 11 | 7 13 | 7 15 | 7 17 | 7 19 | 7 22 | 7 25 | 7 28 | 7 31 | 7 35 | 7 40 | 7 45 |
| 3 | 8 04 | 8 07 | 8 09 | 8 12 | 8 15 | 8 19 | 8 22 | 8 26 | 8 31 | 8 36 | 8 42 | 8 48 | 8 56 | 9 04 |
| 4 | 9 00 | 9 03 | 9 07 | 9 10 | 9 15 | 9 19 | 9 24 | 9 30 | 9 36 | 9 43 | 9 51 | 10 00 | 10 10 | 10 23 |
| 5 | 9 54 | 9 58 | 10 03 | 10 08 | 10 13 | 10 18 | 10 25 | 10 31 | 10 39 | 10 48 | 10 57 | 11 09 | 11 22 | 11 39 |
| 6 | 10 48 | 10 53 | 10 58 | 11 03 | 11 09 | 11 15 | 11 22 | 11 30 | 11 39 | 11 49 | 12 01 | 12 14 | 12 30 | 12 50 |
| 7 | 11 40 | 11 45 | 11 50 | 11 56 | 12 02 | 12 09 | 12 17 | 12 25 | 12 35 | 12 46 | 12 58 | 13 13 | 13 31 | 13 53 |
| 8 | 12 29 | 12 35 | 12 40 | 12 46 | 12 52 | 12 59 | 13 07 | 13 16 | 13 25 | 13 36 | 13 49 | 14 04 | 14 22 | 14 44 |
| 9 | 13 16 | 13 21 | 13 27 | 13 32 | 13 38 | 13 45 | 13 52 | 14 00 | 14 09 | 14 20 | 14 31 | 14 45 | 15 02 | 15 22 |
| 10 | 14 01 | 14 05 | 14 10 | 14 15 | 14 20 | 14 26 | 14 32 | 14 39 | 14 47 | 14 56 | 15 06 | 15 18 | 15 32 | 15 49 |
| 11 | 14 42 | 14 46 | 14 49 | 14 53 | 14 58 | 15 03 | 15 08 | 15 14 | 15 20 | 15 27 | 15 35 | 15 44 | 15 55 | 16 08 |
| 12 | 15 21 | 15 24 | 15 27 | 15 30 | 15 33 | 15 36 | 15 40 | 15 44 | 15 49 | 15 54 | 15 59 | 16 06 | 16 13 | 16 22 |
| 13 | 15 59 | 16 00 | 16 02 | 16 04 | 16 06 | 16 08 | 16 10 | 16 12 | 16 15 | 16 18 | 16 21 | 16 24 | 16 29 | 16 33 |
| 14 | 16 36 | 16 36 | 16 37 | 16 37 | 16 38 | 16 38 | 16 38 | 16 39 | 16 40 | 16 40 | 16 41 | 16 42 | 16 43 | 16 44 |
| 15 | 17 14 | 17 13 | 17 12 | 17 11 | 17 10 | 17 09 | 17 08 | 17 06 | 17 05 | 17 03 | 17 01 | 16 59 | 16 57 | 16 54 |
| 16 | 17 54 | 17 52 | 17 49 | 17 47 | 17 44 | 17 42 | 17 39 | 17 35 | 17 32 | 17 28 | 17 23 | 17 18 | 17 12 | 17 05 |
| 17 | 18 37 | 18 33 | 18 30 | 18 26 | 18 22 | 18 18 | 18 13 | 18 08 | 18 02 | 17 56 | 17 49 | 17 40 | 17 31 | 17 20 |
| 18 | 19 23 | 19 19 | 19 15 | 19 10 | 19 05 | 18 59 | 18 53 | 18 46 | 18 38 | 18 30 | 18 20 | 18 09 | 17 56 | 17 40 |
| 19 | 20 15 | 20 10 | 20 05 | 19 59 | 19 53 | 19 47 | 19 39 | 19 31 | 19 22 | 19 12 | 19 00 | 18 47 | 18 31 | 18 11 |
| 20 | 21 10 | 21 05 | 21 00 | 20 54 | 20 48 | 20 41 | 20 33 | 20 24 | 20 15 | 20 04 | 19 51 | 19 36 | 19 18 | 18 56 |
| 21 | 22 09 | 22 04 | 21 59 | 21 53 | 21 47 | 21 40 | 21 33 | 21 24 | 21 15 | 21 04 | 20 52 | 20 38 | 20 21 | 19 59 |
| 22 | 23 10 | 23 05 | 23 01 | 22 55 | 22 50 | 22 44 | 22 37 | 22 30 | 22 21 | 22 12 | 22 01 | 21 49 | 21 34 | 21 16 |
| 23 | .. .. | .. .. | .. .. | 23 59 | 23 54 | 23 49 | 23 44 | 23 38 | 23 31 | 23 23 | 23 14 | 23 04 | 22 53 | 22 39 |
| 24 | 0 11 | 0 07 | 0 03 | .. .. | .. .. | .. .. | .. .. | .. .. | .. .. | .. .. | .. .. | .. .. | .. .. | .. .. |
| 25 | 1 11 | 1 08 | 1 05 | 1 02 | 0 58 | 0 55 | 0 51 | 0 46 | 0 41 | 0 35 | 0 29 | 0 22 | 0 13 | 0 03 |

### MOONSET

| | +40° | +42° | +44° | +46° | +48° | +50° | +52° | +54° | +56° | +58° | +60° | +62° | +64° | +66° |
|---|---|---|---|---|---|---|---|---|---|---|---|---|---|---|
| | h m | h m | h m | h m | h m | h m | h m | h m | h m | h m | h m | h m | h m | h m |
| Oct. 1 | 18 11 | 18 10 | 18 08 | 18 07 | 18 06 | 18 05 | 18 03 | 18 02 | 18 00 | 17 58 | 17 56 | 17 53 | 17 50 | 17 47 |
| 2 | 18 41 | 18 39 | 18 37 | 18 35 | 18 32 | 18 30 | 18 27 | 18 24 | 18 20 | 18 16 | 18 12 | 18 07 | 18 02 | 17 55 |
| 3 | 19 13 | 19 10 | 19 07 | 19 03 | 19 00 | 18 56 | 18 52 | 18 47 | 18 42 | 18 37 | 18 30 | 18 23 | 18 15 | 18 05 |
| 4 | 19 46 | 19 43 | 19 39 | 19 35 | 19 30 | 19 25 | 19 20 | 19 14 | 19 07 | 19 00 | 18 51 | 18 42 | 18 31 | 18 18 |
| 5 | 20 23 | 20 19 | 20 14 | 20 09 | 20 04 | 19 58 | 19 51 | 19 44 | 19 36 | 19 27 | 19 17 | 19 05 | 18 51 | 18 34 |
| 6 | 21 04 | 20 59 | 20 54 | 20 48 | 20 42 | 20 35 | 20 28 | 20 20 | 20 11 | 20 01 | 19 49 | 19 35 | 19 19 | 18 59 |
| 7 | 21 49 | 21 44 | 21 38 | 21 32 | 21 26 | 21 19 | 21 11 | 21 03 | 20 53 | 20 42 | 20 30 | 20 15 | 19 57 | 19 34 |
| 8 | 22 39 | 22 34 | 22 28 | 22 22 | 22 16 | 22 09 | 22 01 | 21 53 | 21 43 | 21 32 | 21 20 | 21 05 | 20 47 | 20 24 |
| 9 | 23 33 | 23 29 | 23 23 | 23 18 | 23 12 | 23 06 | 22 58 | 22 51 | 22 42 | 22 32 | 22 20 | 22 06 | 21 50 | 21 30 |
| 10 | .. .. | .. .. | .. .. | .. .. | .. .. | .. .. | .. .. | 23 55 | 23 48 | 23 39 | 23 30 | 23 18 | 23 05 | 22 49 |
| 11 | 0 32 | 0 28 | 0 24 | 0 19 | 0 14 | 0 08 | 0 02 | .. .. | .. .. | .. .. | .. .. | .. .. | .. .. | .. .. |
| 12 | 1 35 | 1 32 | 1 29 | 1 25 | 1 21 | 1 17 | 1 12 | 1 07 | 1 01 | 0 54 | 0 47 | 0 38 | 0 28 | 0 16 |
| 13 | 2 42 | 2 39 | 2 37 | 2 35 | 2 32 | 2 29 | 2 26 | 2 22 | 2 19 | 2 14 | 2 09 | 2 04 | 1 58 | 1 50 |
| 14 | 3 51 | 3 50 | 3 49 | 3 48 | 3 46 | 3 45 | 3 44 | 3 42 | 3 40 | 3 39 | 3 36 | 3 34 | 3 31 | 3 28 |
| 15 | 5 02 | 5 02 | 5 03 | 5 03 | 5 03 | 5 04 | 5 04 | 5 05 | 5 05 | 5 06 | 5 06 | 5 07 | 5 08 | 5 09 |
| 16 | 6 15 | 6 16 | 6 18 | 6 20 | 6 22 | 6 24 | 6 26 | 6 29 | 6 32 | 6 35 | 6 38 | 6 42 | 6 47 | 6 52 |
| 17 | 7 28 | 7 31 | 7 34 | 7 37 | 7 41 | 7 45 | 7 49 | 7 53 | 7 59 | 8 04 | 8 11 | 8 18 | 8 26 | 8 36 |
| 18 | 8 41 | 8 45 | 8 49 | 8 54 | 8 58 | 9 04 | 9 09 | 9 16 | 9 23 | 9 31 | 9 40 | 9 51 | 10 03 | 10 18 |
| 19 | 9 51 | 9 55 | 10 00 | 10 06 | 10 12 | 10 18 | 10 25 | 10 33 | 10 42 | 10 52 | 11 03 | 11 16 | 11 32 | 11 52 |
| 20 | 10 55 | 11 00 | 11 06 | 11 12 | 11 18 | 11 25 | 11 33 | 11 41 | 11 51 | 12 02 | 12 14 | 12 29 | 12 47 | 13 09 |
| 21 | 11 53 | 11 58 | 12 04 | 12 10 | 12 16 | 12 23 | 12 31 | 12 39 | 12 48 | 12 59 | 13 12 | 13 26 | 13 44 | 14 05 |
| 22 | 12 44 | 12 49 | 12 54 | 12 59 | 13 05 | 13 11 | 13 18 | 13 26 | 13 35 | 13 44 | 13 55 | 14 08 | 14 24 | 14 42 |
| 23 | 13 28 | 13 32 | 13 37 | 13 41 | 13 46 | 13 52 | 13 58 | 14 04 | 14 11 | 14 19 | 14 29 | 14 39 | 14 51 | 15 06 |
| 24 | 14 07 | 14 10 | 14 14 | 14 17 | 14 21 | 14 26 | 14 30 | 14 35 | 14 41 | 14 47 | 14 54 | 15 02 | 15 11 | 15 22 |
| 25 | 14 42 | 14 44 | 14 47 | 14 49 | 14 52 | 14 55 | 14 58 | 15 02 | 15 05 | 15 10 | 15 15 | 15 20 | 15 26 | 15 34 |

.. .. indicates phenomenon will occur the next day.

# MOONRISE AND MOONSET, 2016

## UNIVERSAL TIME FOR MERIDIAN OF GREENWICH

### MOONRISE

| Lat. | −55° | −50° | −45° | −40° | −35° | −30° | −20° | −10° | 0° | +10° | +20° | +30° | +35° | +40° |
|---|---|---|---|---|---|---|---|---|---|---|---|---|---|---|
| | h m | h m | h m | h m | h m | h m | h m | h m | h m | h m | h m | h m | h m | h m |
| Oct. 24 | 2 25 | 2 11 | 1 59 | 1 50 | 1 42 | 1 34 | 1 22 | 1 11 | 1 00 | 0 50 | 0 39 | 0 26 | 0 19 | 0 11 |
| 25 | 2 53 | 2 42 | 2 34 | 2 26 | 2 20 | 2 15 | 2 05 | 1 57 | 1 49 | 1 41 | 1 32 | 1 23 | 1 17 | 1 11 |
| 26 | 3 16 | 3 10 | 3 04 | 2 59 | 2 55 | 2 52 | 2 45 | 2 40 | 2 35 | 2 30 | 2 24 | 2 18 | 2 14 | 2 10 |
| 27 | 3 38 | 3 35 | 3 32 | 3 30 | 3 28 | 3 27 | 3 24 | 3 21 | 3 19 | 3 17 | 3 14 | 3 11 | 3 10 | 3 08 |
| 28 | 3 58 | 3 59 | 3 59 | 4 00 | 4 00 | 4 00 | 4 01 | 4 02 | 4 02 | 4 03 | 4 04 | 4 04 | 4 05 | 4 05 |
| 29 | 4 18 | 4 22 | 4 26 | 4 29 | 4 32 | 4 34 | 4 38 | 4 42 | 4 45 | 4 49 | 4 52 | 4 56 | 4 59 | 5 02 |
| 30 | 4 39 | 4 47 | 4 54 | 4 59 | 5 04 | 5 08 | 5 16 | 5 22 | 5 28 | 5 34 | 5 41 | 5 48 | 5 53 | 5 58 |
| 31 | 5 02 | 5 14 | 5 23 | 5 31 | 5 38 | 5 44 | 5 54 | 6 03 | 6 12 | 6 20 | 6 30 | 6 40 | 6 47 | 6 54 |
| Nov. 1 | 5 28 | 5 43 | 5 55 | 6 05 | 6 14 | 6 21 | 6 34 | 6 46 | 6 56 | 7 07 | 7 19 | 7 32 | 7 40 | 7 49 |
| 2 | 5 59 | 6 17 | 6 31 | 6 42 | 6 52 | 7 01 | 7 16 | 7 30 | 7 42 | 7 55 | 8 08 | 8 24 | 8 33 | 8 43 |
| 3 | 6 35 | 6 55 | 7 11 | 7 24 | 7 35 | 7 44 | 8 01 | 8 16 | 8 29 | 8 43 | 8 58 | 9 14 | 9 24 | 9 36 |
| 4 | 7 18 | 7 39 | 7 56 | 8 09 | 8 21 | 8 31 | 8 48 | 9 03 | 9 17 | 9 31 | 9 47 | 10 04 | 10 14 | 10 26 |
| 5 | 8 09 | 8 30 | 8 46 | 8 59 | 9 10 | 9 20 | 9 37 | 9 52 | 10 06 | 10 20 | 10 35 | 10 52 | 11 02 | 11 13 |
| 6 | 9 07 | 9 26 | 9 41 | 9 53 | 10 04 | 10 13 | 10 29 | 10 43 | 10 55 | 11 08 | 11 22 | 11 38 | 11 47 | 11 57 |
| 7 | 10 11 | 10 28 | 10 41 | 10 51 | 11 00 | 11 08 | 11 22 | 11 34 | 11 45 | 11 56 | 12 08 | 12 22 | 12 30 | 12 39 |
| 8 | 11 22 | 11 34 | 11 44 | 11 53 | 12 00 | 12 06 | 12 17 | 12 26 | 12 35 | 12 44 | 12 53 | 13 04 | 13 10 | 13 17 |
| 9 | 12 36 | 12 45 | 12 51 | 12 57 | 13 02 | 13 06 | 13 13 | 13 19 | 13 25 | 13 31 | 13 38 | 13 45 | 13 49 | 13 54 |
| 10 | 13 55 | 13 58 | 14 01 | 14 04 | 14 06 | 14 08 | 14 11 | 14 14 | 14 17 | 14 19 | 14 22 | 14 26 | 14 28 | 14 30 |
| 11 | 15 16 | 15 15 | 15 14 | 15 13 | 15 13 | 15 12 | 15 11 | 15 10 | 15 09 | 15 09 | 15 08 | 15 07 | 15 07 | 15 06 |
| 12 | 16 40 | 16 34 | 16 29 | 16 25 | 16 22 | 16 18 | 16 13 | 16 08 | 16 04 | 16 00 | 15 55 | 15 50 | 15 47 | 15 44 |
| 13 | 18 06 | 17 55 | 17 46 | 17 39 | 17 32 | 17 27 | 17 17 | 17 09 | 17 01 | 16 53 | 16 45 | 16 36 | 16 30 | 16 24 |
| 14 | 19 32 | 19 16 | 19 03 | 18 53 | 18 44 | 18 36 | 18 23 | 18 11 | 18 00 | 17 49 | 17 38 | 17 25 | 17 18 | 17 09 |
| 15 | 20 52 | 20 32 | 20 17 | 20 04 | 19 54 | 19 44 | 19 28 | 19 14 | 19 01 | 18 48 | 18 34 | 18 19 | 18 10 | 17 59 |
| 16 | 22 04 | 21 42 | 21 25 | 21 11 | 21 00 | 20 50 | 20 32 | 20 17 | 20 03 | 19 48 | 19 33 | 19 16 | 19 06 | 18 55 |
| 17 | 23 03 | 22 42 | 22 25 | 22 12 | 22 00 | 21 50 | 21 32 | 21 17 | 21 03 | 20 49 | 20 33 | 20 16 | 20 06 | 19 54 |

### MOONSET

| Lat. | −55° | −50° | −45° | −40° | −35° | −30° | −20° | −10° | 0° | +10° | +20° | +30° | +35° | +40° |
|---|---|---|---|---|---|---|---|---|---|---|---|---|---|---|
| | h m | h m | h m | h m | h m | h m | h m | h m | h m | h m | h m | h m | h m | h m |
| Oct. 24 | 12 07 | 12 20 | 12 31 | 12 40 | 12 47 | 12 54 | 13 05 | 13 15 | 13 24 | 13 33 | 13 43 | 13 54 | 14 00 | 14 07 |
| 25 | 13 16 | 13 26 | 13 33 | 13 39 | 13 45 | 13 49 | 13 58 | 14 05 | 14 11 | 14 18 | 14 25 | 14 32 | 14 37 | 14 42 |
| 26 | 14 25 | 14 30 | 14 35 | 14 38 | 14 41 | 14 44 | 14 48 | 14 52 | 14 56 | 15 00 | 15 04 | 15 08 | 15 11 | 15 14 |
| 27 | 15 33 | 15 34 | 15 35 | 15 36 | 15 36 | 15 37 | 15 38 | 15 39 | 15 40 | 15 41 | 15 42 | 15 43 | 15 43 | 15 44 |
| 28 | 16 39 | 16 37 | 16 34 | 16 33 | 16 31 | 16 30 | 16 27 | 16 25 | 16 23 | 16 21 | 16 19 | 16 16 | 16 15 | 16 13 |
| 29 | 17 45 | 17 39 | 17 33 | 17 29 | 17 25 | 17 22 | 17 16 | 17 11 | 17 06 | 17 01 | 16 56 | 16 50 | 16 47 | 16 43 |
| 30 | 18 50 | 18 40 | 18 32 | 18 25 | 18 19 | 18 14 | 18 05 | 17 57 | 17 49 | 17 42 | 17 34 | 17 25 | 17 20 | 17 14 |
| 31 | 19 55 | 19 41 | 19 29 | 19 20 | 19 12 | 19 05 | 18 53 | 18 43 | 18 33 | 18 24 | 18 13 | 18 01 | 17 54 | 17 47 |
| Nov. 1 | 20 57 | 20 40 | 20 26 | 20 15 | 20 05 | 19 57 | 19 43 | 19 30 | 19 18 | 19 07 | 18 54 | 18 40 | 18 32 | 18 22 |
| 2 | 21 56 | 21 36 | 21 21 | 21 08 | 20 58 | 20 48 | 20 32 | 20 18 | 20 05 | 19 52 | 19 38 | 19 22 | 19 12 | 19 02 |
| 3 | 22 51 | 22 30 | 22 13 | 22 00 | 21 48 | 21 38 | 21 21 | 21 06 | 20 52 | 20 38 | 20 23 | 20 06 | 19 56 | 19 45 |
| 4 | 23 40 | 23 19 | 23 02 | 22 49 | 22 37 | 22 27 | 22 10 | 21 55 | 21 41 | 21 27 | 21 12 | 20 54 | 20 44 | 20 32 |
| 5 | .. .. | .. .. | 23 47 | 23 34 | 23 24 | 23 14 | 22 58 | 22 43 | 22 30 | 22 16 | 22 02 | 21 45 | 21 36 | 21 24 |
| 6 | 0 22 | 0 03 | .. .. | .. .. | .. .. | 23 59 | 23 44 | 23 31 | 23 19 | 23 07 | 22 54 | 22 39 | 22 30 | 22 20 |
| 7 | 0 59 | 0 42 | 0 28 | 0 17 | 0 07 | .. .. | .. .. | .. .. | .. .. | 23 59 | 23 48 | 23 36 | 23 28 | 23 20 |
| 8 | 1 31 | 1 17 | 1 06 | 0 57 | 0 49 | 0 42 | 0 30 | 0 19 | 0 09 | .. .. | .. .. | .. .. | .. .. | .. .. |
| 9 | 1 59 | 1 49 | 1 41 | 1 34 | 1 28 | 1 23 | 1 14 | 1 06 | 0 59 | 0 52 | 0 44 | 0 34 | 0 29 | 0 23 |
| 10 | 2 24 | 2 19 | 2 14 | 2 10 | 2 07 | 2 04 | 1 59 | 1 54 | 1 50 | 1 45 | 1 41 | 1 35 | 1 32 | 1 28 |
| 11 | 2 49 | 2 48 | 2 47 | 2 46 | 2 45 | 2 45 | 2 44 | 2 43 | 2 42 | 2 41 | 2 39 | 2 38 | 2 37 | 2 36 |
| 12 | 3 14 | 3 18 | 3 20 | 3 23 | 3 25 | 3 27 | 3 30 | 3 32 | 3 35 | 3 38 | 3 40 | 3 43 | 3 45 | 3 47 |
| 13 | 3 41 | 3 50 | 3 56 | 4 02 | 4 07 | 4 11 | 4 18 | 4 25 | 4 31 | 4 37 | 4 43 | 4 51 | 4 55 | 5 00 |
| 14 | 4 12 | 4 25 | 4 36 | 4 44 | 4 52 | 4 58 | 5 10 | 5 19 | 5 29 | 5 38 | 5 48 | 6 00 | 6 06 | 6 14 |
| 15 | 4 50 | 5 07 | 5 20 | 5 32 | 5 41 | 5 50 | 6 04 | 6 17 | 6 29 | 6 41 | 6 54 | 7 09 | 7 17 | 7 27 |
| 16 | 5 35 | 5 55 | 6 11 | 6 24 | 6 35 | 6 45 | 7 02 | 7 17 | 7 30 | 7 44 | 7 59 | 8 16 | 8 26 | 8 37 |
| 17 | 6 30 | 6 51 | 7 08 | 7 22 | 7 34 | 7 44 | 8 02 | 8 17 | 8 32 | 8 46 | 9 01 | 9 19 | 9 29 | 9 41 |

.. .. indicates phenomenon will occur the next day.

## UNIVERSAL TIME FOR MERIDIAN OF GREENWICH

### MOONRISE

| Lat. | +40° | +42° | +44° | +46° | +48° | +50° | +52° | +54° | +56° | +58° | +60° | +62° | +64° | +66° |
|---|---|---|---|---|---|---|---|---|---|---|---|---|---|---|
|  | h m | h m | h m | h m | h m | h m | h m | h m | h m | h m | h m | h m | h m | h m |
| Oct. 24 | 0 11 | 0 07 | 0 03 | .. .. | .. .. | .. .. | .. .. | .. .. | .. .. | .. .. | .. .. | .. .. | .. .. | .. .. |
| 25 | 1 11 | 1 08 | 1 05 | 1 02 | 0 58 | 0 55 | 0 51 | 0 46 | 0 41 | 0 35 | 0 29 | 0 22 | 0 13 | 0 03 |
| 26 | 2 10 | 2 08 | 2 06 | 2 04 | 2 02 | 2 00 | 1 57 | 1 54 | 1 51 | 1 47 | 1 43 | 1 39 | 1 33 | 1 27 |
| 27 | 3 08 | 3 07 | 3 06 | 3 06 | 3 05 | 3 03 | 3 02 | 3 01 | 3 00 | 2 58 | 2 56 | 2 54 | 2 52 | 2 49 |
| 28 | 4 05 | 4 05 | 4 06 | 4 06 | 4 06 | 4 07 | 4 07 | 4 07 | 4 08 | 4 08 | 4 09 | 4 09 | 4 10 | 4 10 |
| 29 | 5 02 | 5 03 | 5 04 | 5 06 | 5 07 | 5 09 | 5 11 | 5 13 | 5 15 | 5 17 | 5 20 | 5 23 | 5 27 | 5 31 |
| 30 | 5 58 | 6 00 | 6 02 | 6 05 | 6 08 | 6 11 | 6 14 | 6 17 | 6 21 | 6 26 | 6 31 | 6 36 | 6 43 | 6 50 |
| 31 | 6 54 | 6 57 | 7 00 | 7 04 | 7 07 | 7 12 | 7 16 | 7 21 | 7 27 | 7 33 | 7 40 | 7 49 | 7 58 | 8 10 |
| Nov. 1 | 7 49 | 7 53 | 7 57 | 8 01 | 8 06 | 8 12 | 8 17 | 8 24 | 8 31 | 8 39 | 8 49 | 8 59 | 9 12 | 9 27 |
| 2 | 8 43 | 8 48 | 8 52 | 8 58 | 9 03 | 9 10 | 9 17 | 9 24 | 9 33 | 9 42 | 9 54 | 10 07 | 10 22 | 10 41 |
| 3 | 9 36 | 9 41 | 9 46 | 9 52 | 9 58 | 10 05 | 10 12 | 10 21 | 10 30 | 10 41 | 10 54 | 11 08 | 11 26 | 11 48 |
| 4 | 10 26 | 10 31 | 10 37 | 10 43 | 10 49 | 10 56 | 11 04 | 11 13 | 11 23 | 11 34 | 11 47 | 12 02 | 12 20 | 12 44 |
| 5 | 11 13 | 11 18 | 11 24 | 11 30 | 11 36 | 11 43 | 11 50 | 11 59 | 12 08 | 12 19 | 12 32 | 12 46 | 13 04 | 13 26 |
| 6 | 11 57 | 12 02 | 12 07 | 12 12 | 12 18 | 12 24 | 12 31 | 12 39 | 12 48 | 12 57 | 13 08 | 13 21 | 13 36 | 13 55 |
| 7 | 12 39 | 12 43 | 12 47 | 12 51 | 12 56 | 13 02 | 13 07 | 13 14 | 13 21 | 13 29 | 13 38 | 13 49 | 14 01 | 14 16 |
| 8 | 13 17 | 13 20 | 13 24 | 13 27 | 13 31 | 13 35 | 13 40 | 13 45 | 13 50 | 13 56 | 14 03 | 14 11 | 14 20 | 14 30 |
| 9 | 13 54 | 13 56 | 13 58 | 14 01 | 14 03 | 14 06 | 14 09 | 14 12 | 14 16 | 14 20 | 14 24 | 14 29 | 14 35 | 14 42 |
| 10 | 14 30 | 14 31 | 14 32 | 14 33 | 14 34 | 14 35 | 14 37 | 14 38 | 14 40 | 14 42 | 14 44 | 14 46 | 14 49 | 14 52 |
| 11 | 15 06 | 15 06 | 15 06 | 15 05 | 15 05 | 15 05 | 15 04 | 15 04 | 15 04 | 15 03 | 15 03 | 15 02 | 15 02 | 15 01 |
| 12 | 15 44 | 15 42 | 15 41 | 15 39 | 15 37 | 15 35 | 15 33 | 15 31 | 15 29 | 15 26 | 15 23 | 15 19 | 15 16 | 15 11 |
| 13 | 16 24 | 16 22 | 16 19 | 16 16 | 16 13 | 16 09 | 16 05 | 16 01 | 15 57 | 15 51 | 15 46 | 15 39 | 15 32 | 15 23 |
| 14 | 17 09 | 17 06 | 17 02 | 16 57 | 16 53 | 16 48 | 16 42 | 16 36 | 16 30 | 16 22 | 16 14 | 16 04 | 15 53 | 15 39 |
| 15 | 17 59 | 17 55 | 17 50 | 17 44 | 17 39 | 17 33 | 17 26 | 17 18 | 17 10 | 17 00 | 16 49 | 16 37 | 16 22 | 16 04 |
| 16 | 18 55 | 18 50 | 18 44 | 18 38 | 18 32 | 18 25 | 18 17 | 18 09 | 17 59 | 17 48 | 17 36 | 17 21 | 17 03 | 16 42 |
| 17 | 19 54 | 19 49 | 19 44 | 19 38 | 19 31 | 19 24 | 19 16 | 19 08 | 18 58 | 18 47 | 18 34 | 18 19 | 18 01 | 17 38 |

### MOONSET

| Lat. | +40° | +42° | +44° | +46° | +48° | +50° | +52° | +54° | +56° | +58° | +60° | +62° | +64° | +66° |
|---|---|---|---|---|---|---|---|---|---|---|---|---|---|---|
|  | h m | h m | h m | h m | h m | h m | h m | h m | h m | h m | h m | h m | h m | h m |
| Oct. 24 | 14 07 | 14 10 | 14 14 | 14 17 | 14 21 | 14 26 | 14 30 | 14 35 | 14 41 | 14 47 | 14 54 | 15 02 | 15 11 | 15 22 |
| 25 | 14 42 | 14 44 | 14 47 | 14 49 | 14 52 | 14 55 | 14 58 | 15 02 | 15 05 | 15 10 | 15 15 | 15 20 | 15 26 | 15 34 |
| 26 | 15 14 | 15 15 | 15 16 | 15 18 | 15 19 | 15 21 | 15 23 | 15 25 | 15 27 | 15 29 | 15 32 | 15 35 | 15 39 | 15 43 |
| 27 | 15 44 | 15 44 | 15 45 | 15 45 | 15 45 | 15 46 | 15 46 | 15 46 | 15 47 | 15 47 | 15 48 | 15 49 | 15 49 | 15 50 |
| 28 | 16 13 | 16 13 | 16 12 | 16 11 | 16 10 | 16 09 | 16 08 | 16 07 | 16 06 | 16 05 | 16 03 | 16 01 | 16 00 | 15 57 |
| 29 | 16 43 | 16 41 | 16 40 | 16 38 | 16 36 | 16 34 | 16 31 | 16 28 | 16 26 | 16 22 | 16 19 | 16 15 | 16 10 | 16 05 |
| 30 | 17 14 | 17 11 | 17 09 | 17 06 | 17 02 | 16 59 | 16 55 | 16 51 | 16 47 | 16 42 | 16 36 | 16 30 | 16 22 | 16 14 |
| 31 | 17 47 | 17 43 | 17 40 | 17 36 | 17 31 | 17 27 | 17 22 | 17 16 | 17 10 | 17 03 | 16 56 | 16 47 | 16 37 | 16 24 |
| Nov. 1 | 18 22 | 18 18 | 18 14 | 18 09 | 18 04 | 17 58 | 17 52 | 17 45 | 17 38 | 17 29 | 17 19 | 17 08 | 16 55 | 16 39 |
| 2 | 19 02 | 18 57 | 18 52 | 18 46 | 18 40 | 18 34 | 18 27 | 18 19 | 18 10 | 18 00 | 17 49 | 17 35 | 17 19 | 17 00 |
| 3 | 19 45 | 19 40 | 19 34 | 19 28 | 19 22 | 19 15 | 19 07 | 18 59 | 18 49 | 18 38 | 18 26 | 18 11 | 17 53 | 17 31 |
| 4 | 20 32 | 20 27 | 20 22 | 20 16 | 20 09 | 20 02 | 19 54 | 19 46 | 19 36 | 19 25 | 19 12 | 18 56 | 18 38 | 18 15 |
| 5 | 21 24 | 21 19 | 21 14 | 21 08 | 21 02 | 20 55 | 20 48 | 20 40 | 20 30 | 20 20 | 20 07 | 19 53 | 19 36 | 19 14 |
| 6 | 22 20 | 22 16 | 22 11 | 22 06 | 22 01 | 21 55 | 21 48 | 21 41 | 21 32 | 21 23 | 21 12 | 21 00 | 20 45 | 20 27 |
| 7 | 23 20 | 23 16 | 23 12 | 23 08 | 23 04 | 22 59 | 22 53 | 22 47 | 22 41 | 22 33 | 22 24 | 22 14 | 22 03 | 21 49 |
| 8 | .. .. | .. .. | .. .. | .. .. | .. .. | .. .. | .. .. | 23 59 | 23 54 | 23 48 | 23 42 | 23 35 | 23 27 | 23 17 |
| 9 | 0 23 | 0 20 | 0 17 | 0 14 | 0 11 | 0 07 | 0 03 | .. .. | .. .. | .. .. | .. .. | .. .. | .. .. | .. .. |
| 10 | 1 28 | 1 27 | 1 25 | 1 23 | 1 21 | 1 19 | 1 17 | 1 14 | 1 11 | 1 08 | 1 05 | 1 01 | 0 56 | 0 50 |
| 11 | 2 36 | 2 36 | 2 36 | 2 35 | 2 35 | 2 34 | 2 34 | 2 33 | 2 32 | 2 32 | 2 31 | 2 30 | 2 29 | 2 27 |
| 12 | 3 47 | 3 48 | 3 49 | 3 50 | 3 51 | 3 52 | 3 53 | 3 55 | 3 56 | 3 58 | 4 00 | 4 02 | 4 05 | 4 08 |
| 13 | 5 00 | 5 02 | 5 04 | 5 07 | 5 09 | 5 12 | 5 15 | 5 19 | 5 23 | 5 27 | 5 32 | 5 37 | 5 44 | 5 51 |
| 14 | 6 14 | 6 17 | 6 21 | 6 24 | 6 29 | 6 33 | 6 38 | 6 44 | 6 50 | 6 56 | 7 04 | 7 13 | 7 23 | 7 36 |
| 15 | 7 27 | 7 31 | 7 36 | 7 41 | 7 46 | 7 52 | 7 59 | 8 06 | 8 14 | 8 23 | 8 33 | 8 46 | 9 00 | 9 17 |
| 16 | 8 37 | 8 42 | 8 47 | 8 53 | 8 59 | 9 06 | 9 13 | 9 22 | 9 31 | 9 42 | 9 54 | 10 09 | 10 26 | 10 48 |
| 17 | 9 41 | 9 46 | 9 51 | 9 57 | 10 04 | 10 11 | 10 19 | 10 27 | 10 37 | 10 48 | 11 01 | 11 16 | 11 35 | 11 58 |

.. .. indicates phenomenon will occur the next day.

# MOONRISE AND MOONSET, 2016

## UNIVERSAL TIME FOR MERIDIAN OF GREENWICH

### MOONRISE

| Lat. | −55° | −50° | −45° | −40° | −35° | −30° | −20° | −10° | 0° | +10° | +20° | +30° | +35° | +40° |
|---|---|---|---|---|---|---|---|---|---|---|---|---|---|---|
| | h m | h m | h m | h m | h m | h m | h m | h m | h m | h m | h m | h m | h m | h m |
| Nov. 16 | 22 04 | 21 42 | 21 25 | 21 11 | 21 00 | 20 50 | 20 32 | 20 17 | 20 03 | 19 48 | 19 33 | 19 16 | 19 06 | 18 55 |
| 17 | 23 03 | 22 42 | 22 25 | 22 12 | 22 00 | 21 50 | 21 32 | 21 17 | 21 03 | 20 49 | 20 33 | 20 16 | 20 06 | 19 54 |
| 18 | 23 51 | 23 32 | 23 16 | 23 04 | 22 53 | 22 44 | 22 28 | 22 14 | 22 00 | 21 47 | 21 33 | 21 17 | 21 08 | 20 57 |
| 19 | .. .. | .. .. | 23 59 | 23 49 | 23 40 | 23 32 | 23 18 | 23 06 | 22 55 | 22 43 | 22 31 | 22 17 | 22 09 | 22 00 |
| 20 | 0 28 | 0 12 | .. .. | .. .. | .. .. | .. .. | .. .. | 23 54 | 23 45 | 23 36 | 23 27 | 23 16 | 23 09 | 23 02 |
| 21 | 0 58 | 0 46 | 0 36 | 0 28 | 0 21 | 0 15 | 0 04 | .. .. | .. .. | .. .. | .. .. | .. .. | .. .. | .. .. |
| 22 | 1 23 | 1 15 | 1 08 | 1 02 | 0 58 | 0 53 | 0 46 | 0 39 | 0 33 | 0 27 | 0 20 | 0 12 | 0 08 | 0 03 |
| 23 | 1 45 | 1 41 | 1 37 | 1 34 | 1 31 | 1 29 | 1 25 | 1 21 | 1 18 | 1 15 | 1 11 | 1 07 | 1 05 | 1 02 |
| 24 | 2 05 | 2 05 | 2 04 | 2 04 | 2 03 | 2 03 | 2 02 | 2 02 | 2 01 | 2 01 | 2 01 | 2 00 | 2 00 | 1 59 |
| 25 | 2 25 | 2 28 | 2 31 | 2 33 | 2 35 | 2 36 | 2 39 | 2 42 | 2 44 | 2 47 | 2 49 | 2 52 | 2 54 | 2 56 |
| 26 | 2 45 | 2 52 | 2 58 | 3 02 | 3 06 | 3 10 | 3 16 | 3 22 | 3 27 | 3 32 | 3 38 | 3 44 | 3 48 | 3 52 |
| 27 | 3 07 | 3 18 | 3 26 | 3 33 | 3 39 | 3 45 | 3 54 | 4 02 | 4 10 | 4 18 | 4 26 | 4 36 | 4 41 | 4 48 |
| 28 | 3 32 | 3 46 | 3 57 | 4 06 | 4 14 | 4 21 | 4 33 | 4 44 | 4 54 | 5 04 | 5 15 | 5 28 | 5 35 | 5 43 |
| 29 | 4 00 | 4 17 | 4 31 | 4 42 | 4 52 | 5 00 | 5 15 | 5 28 | 5 40 | 5 52 | 6 05 | 6 20 | 6 28 | 6 38 |
| 30 | 4 34 | 4 54 | 5 09 | 5 22 | 5 33 | 5 42 | 5 59 | 6 13 | 6 27 | 6 40 | 6 55 | 7 11 | 7 21 | 7 32 |
| Dec. 1 | 5 15 | 5 36 | 5 53 | 6 06 | 6 18 | 6 28 | 6 45 | 7 00 | 7 15 | 7 29 | 7 44 | 8 02 | 8 12 | 8 23 |
| 2 | 6 03 | 6 25 | 6 41 | 6 55 | 7 06 | 7 17 | 7 34 | 7 49 | 8 03 | 8 18 | 8 33 | 8 50 | 9 01 | 9 12 |
| 3 | 6 59 | 7 19 | 7 35 | 7 48 | 7 59 | 8 08 | 8 25 | 8 39 | 8 53 | 9 06 | 9 21 | 9 37 | 9 47 | 9 58 |
| 4 | 8 01 | 8 19 | 8 33 | 8 44 | 8 54 | 9 02 | 9 17 | 9 30 | 9 42 | 9 54 | 10 07 | 10 21 | 10 30 | 10 39 |
| 5 | 9 08 | 9 23 | 9 34 | 9 43 | 9 51 | 9 58 | 10 10 | 10 21 | 10 31 | 10 41 | 10 51 | 11 03 | 11 10 | 11 18 |
| 6 | 10 20 | 10 30 | 10 38 | 10 45 | 10 51 | 10 56 | 11 05 | 11 13 | 11 20 | 11 27 | 11 35 | 11 44 | 11 49 | 11 54 |
| 7 | 11 34 | 11 40 | 11 45 | 11 49 | 11 52 | 11 55 | 12 00 | 12 05 | 12 09 | 12 13 | 12 18 | 12 23 | 12 26 | 12 29 |
| 8 | 12 51 | 12 53 | 12 54 | 12 54 | 12 55 | 12 56 | 12 57 | 12 58 | 12 59 | 13 00 | 13 01 | 13 02 | 13 03 | 13 03 |
| 9 | 14 11 | 14 08 | 14 05 | 14 02 | 14 00 | 13 59 | 13 55 | 13 53 | 13 50 | 13 48 | 13 45 | 13 42 | 13 40 | 13 39 |
| 10 | 15 34 | 15 25 | 15 18 | 15 13 | 15 08 | 15 04 | 14 56 | 14 50 | 14 44 | 14 38 | 14 32 | 14 25 | 14 21 | 14 16 |

### MOONSET

| Lat. | −55° | −50° | −45° | −40° | −35° | −30° | −20° | −10° | 0° | +10° | +20° | +30° | +35° | +40° |
|---|---|---|---|---|---|---|---|---|---|---|---|---|---|---|
| | h m | h m | h m | h m | h m | h m | h m | h m | h m | h m | h m | h m | h m | h m |
| Nov. 16 | 5 35 | 5 55 | 6 11 | 6 24 | 6 35 | 6 45 | 7 02 | 7 17 | 7 30 | 7 44 | 7 59 | 8 16 | 8 26 | 8 37 |
| 17 | 6 30 | 6 51 | 7 08 | 7 22 | 7 34 | 7 44 | 8 02 | 8 17 | 8 32 | 8 46 | 9 01 | 9 19 | 9 29 | 9 41 |
| 18 | 7 33 | 7 54 | 8 10 | 8 24 | 8 35 | 8 45 | 9 02 | 9 17 | 9 31 | 9 45 | 9 59 | 10 16 | 10 26 | 10 37 |
| 19 | 8 42 | 9 00 | 9 15 | 9 27 | 9 37 | 9 46 | 10 01 | 10 14 | 10 27 | 10 39 | 10 52 | 11 07 | 11 16 | 11 26 |
| 20 | 9 53 | 10 08 | 10 20 | 10 30 | 10 38 | 10 46 | 10 58 | 11 09 | 11 19 | 11 29 | 11 40 | 11 53 | 12 00 | 12 08 |
| 21 | 11 05 | 11 16 | 11 24 | 11 32 | 11 38 | 11 43 | 11 53 | 12 01 | 12 08 | 12 16 | 12 24 | 12 33 | 12 38 | 12 44 |
| 22 | 12 15 | 12 21 | 12 27 | 12 31 | 12 35 | 12 39 | 12 45 | 12 50 | 12 55 | 13 00 | 13 05 | 13 10 | 13 14 | 13 17 |
| 23 | 13 23 | 13 26 | 13 28 | 13 30 | 13 31 | 13 33 | 13 35 | 13 37 | 13 39 | 13 41 | 13 43 | 13 45 | 13 47 | 13 48 |
| 24 | 14 30 | 14 29 | 14 28 | 14 27 | 14 26 | 14 25 | 14 24 | 14 23 | 14 22 | 14 21 | 14 20 | 14 19 | 14 18 | 14 17 |
| 25 | 15 36 | 15 31 | 15 27 | 15 23 | 15 20 | 15 17 | 15 13 | 15 09 | 15 05 | 15 01 | 14 57 | 14 52 | 14 50 | 14 47 |
| 26 | 16 42 | 16 32 | 16 25 | 16 19 | 16 14 | 16 09 | 16 01 | 15 54 | 15 48 | 15 41 | 15 34 | 15 26 | 15 22 | 15 17 |
| 27 | 17 46 | 17 33 | 17 23 | 17 15 | 17 07 | 17 01 | 16 50 | 16 40 | 16 31 | 16 22 | 16 13 | 16 02 | 15 55 | 15 48 |
| 28 | 18 50 | 18 33 | 18 20 | 18 10 | 18 01 | 17 53 | 17 39 | 17 27 | 17 16 | 17 05 | 16 53 | 16 40 | 16 32 | 16 23 |
| 29 | 19 50 | 19 31 | 19 16 | 19 04 | 18 54 | 18 45 | 18 29 | 18 15 | 18 02 | 17 49 | 17 36 | 17 20 | 17 11 | 17 01 |
| 30 | 20 47 | 20 27 | 20 10 | 19 57 | 19 45 | 19 36 | 19 18 | 19 04 | 18 50 | 18 36 | 18 21 | 18 04 | 17 54 | 17 43 |
| Dec. 1 | 21 39 | 21 17 | 21 01 | 20 47 | 20 35 | 20 25 | 20 08 | 19 52 | 19 38 | 19 24 | 19 08 | 18 51 | 18 41 | 18 29 |
| 2 | 22 24 | 22 03 | 21 47 | 21 34 | 21 23 | 21 13 | 20 56 | 20 41 | 20 27 | 20 13 | 19 58 | 19 41 | 19 31 | 19 20 |
| 3 | 23 03 | 22 44 | 22 30 | 22 18 | 22 07 | 21 58 | 21 43 | 21 29 | 21 16 | 21 04 | 20 50 | 20 34 | 20 25 | 20 14 |
| 4 | 23 35 | 23 20 | 23 08 | 22 58 | 22 49 | 22 41 | 22 28 | 22 16 | 22 05 | 21 54 | 21 43 | 21 29 | 21 21 | 21 12 |
| 5 | .. .. | 23 52 | 23 43 | 23 35 | 23 28 | 23 22 | 23 12 | 23 03 | 22 54 | 22 46 | 22 36 | 22 26 | 22 20 | 22 12 |
| 6 | 0 04 | .. .. | .. .. | .. .. | .. .. | .. .. | 23 55 | 23 49 | 23 43 | 23 37 | 23 31 | 23 24 | 23 20 | 23 15 |
| 7 | 0 29 | 0 22 | 0 16 | 0 10 | 0 06 | 0 02 | .. .. | .. .. | .. .. | .. .. | .. .. | .. .. | .. .. | .. .. |
| 8 | 0 53 | 0 50 | 0 47 | 0 45 | 0 43 | 0 41 | 0 38 | 0 35 | 0 33 | 0 30 | 0 27 | 0 24 | 0 22 | 0 20 |
| 9 | 1 16 | 1 18 | 1 18 | 1 19 | 1 20 | 1 20 | 1 21 | 1 22 | 1 23 | 1 24 | 1 25 | 1 25 | 1 26 | 1 27 |
| 10 | 1 41 | 1 47 | 1 51 | 1 55 | 1 59 | 2 01 | 2 07 | 2 11 | 2 15 | 2 20 | 2 24 | 2 29 | 2 32 | 2 36 |

.. .. indicates phenomenon will occur the next day.

## UNIVERSAL TIME FOR MERIDIAN OF GREENWICH

### MOONRISE

| Lat. | +40° | +42° | +44° | +46° | +48° | +50° | +52° | +54° | +56° | +58° | +60° | +62° | +64° | +66° |
|---|---|---|---|---|---|---|---|---|---|---|---|---|---|---|
| | h m | h m | h m | h m | h m | h m | h m | h m | h m | h m | h m | h m | h m | h m |
| Nov. 16 | 18 55 | 18 50 | 18 44 | 18 38 | 18 32 | 18 25 | 18 17 | 18 09 | 17 59 | 17 48 | 17 36 | 17 21 | 17 03 | 16 42 |
| 17 | 19 54 | 19 49 | 19 44 | 19 38 | 19 31 | 19 24 | 19 16 | 19 08 | 18 58 | 18 47 | 18 34 | 18 19 | 18 01 | 17 38 |
| 18 | 20 57 | 20 52 | 20 47 | 20 41 | 20 35 | 20 29 | 20 22 | 20 14 | 20 05 | 19 55 | 19 43 | 19 29 | 19 13 | 18 52 |
| 19 | 22 00 | 21 56 | 21 52 | 21 47 | 21 42 | 21 36 | 21 30 | 21 23 | 21 16 | 21 07 | 20 58 | 20 46 | 20 33 | 20 17 |
| 20 | 23 02 | 22 59 | 22 56 | 22 52 | 22 48 | 22 44 | 22 39 | 22 34 | 22 28 | 22 22 | 22 14 | 22 06 | 21 56 | 21 44 |
| 21 | .. .. | .. .. | 23 58 | 23 56 | 23 53 | 23 50 | 23 47 | 23 43 | 23 39 | 23 35 | 23 30 | 23 24 | 23 18 | 23 10 |
| 22 | 0 03 | 0 01 | .. .. | .. .. | .. .. | .. .. | .. .. | .. .. | .. .. | .. .. | .. .. | .. .. | .. .. | .. .. |
| 23 | 1 02 | 1 01 | 0 59 | 0 58 | 0 57 | 0 55 | 0 53 | 0 51 | 0 49 | 0 47 | 0 44 | 0 42 | 0 38 | 0 34 |
| 24 | 1 59 | 1 59 | 1 59 | 1 59 | 1 59 | 1 59 | 1 58 | 1 58 | 1 58 | 1 58 | 1 57 | 1 57 | 1 57 | 1 56 |
| 25 | 2 56 | 2 57 | 2 58 | 2 59 | 3 00 | 3 01 | 3 02 | 3 04 | 3 05 | 3 07 | 3 09 | 3 11 | 3 14 | 3 17 |
| 26 | 3 52 | 3 54 | 3 56 | 3 58 | 4 00 | 4 03 | 4 06 | 4 09 | 4 12 | 4 16 | 4 20 | 4 25 | 4 30 | 4 36 |
| 27 | 4 48 | 4 51 | 4 54 | 4 57 | 5 00 | 5 04 | 5 08 | 5 13 | 5 18 | 5 24 | 5 30 | 5 37 | 5 46 | 5 56 |
| 28 | 5 43 | 5 47 | 5 51 | 5 55 | 6 00 | 6 05 | 6 10 | 6 16 | 6 23 | 6 31 | 6 39 | 6 49 | 7 01 | 7 15 |
| 29 | 6 38 | 6 43 | 6 47 | 6 52 | 6 58 | 7 04 | 7 11 | 7 18 | 7 26 | 7 35 | 7 46 | 7 58 | 8 13 | 8 31 |
| 30 | 7 32 | 7 37 | 7 42 | 7 48 | 7 54 | 8 01 | 8 08 | 8 17 | 8 26 | 8 36 | 8 49 | 9 03 | 9 20 | 9 42 |
| Dec. 1 | 8 23 | 8 29 | 8 34 | 8 40 | 8 47 | 8 54 | 9 02 | 9 11 | 9 21 | 9 32 | 9 45 | 10 00 | 10 19 | 10 43 |
| 2 | 9 12 | 9 17 | 9 23 | 9 29 | 9 35 | 9 43 | 9 50 | 9 59 | 10 09 | 10 20 | 10 33 | 10 48 | 11 07 | 11 30 |
| 3 | 9 58 | 10 02 | 10 08 | 10 13 | 10 19 | 10 26 | 10 33 | 10 41 | 10 50 | 11 01 | 11 12 | 11 26 | 11 43 | 12 03 |
| 4 | 10 39 | 10 44 | 10 48 | 10 53 | 10 58 | 11 04 | 11 11 | 11 18 | 11 25 | 11 34 | 11 44 | 11 56 | 12 09 | 12 26 |
| 5 | 11 18 | 11 22 | 11 25 | 11 29 | 11 34 | 11 38 | 11 43 | 11 49 | 11 55 | 12 02 | 12 10 | 12 19 | 12 29 | 12 42 |
| 6 | 11 54 | 11 57 | 12 00 | 12 02 | 12 06 | 12 09 | 12 13 | 12 17 | 12 21 | 12 26 | 12 31 | 12 38 | 12 45 | 12 53 |
| 7 | 12 29 | 12 31 | 12 32 | 12 34 | 12 36 | 12 38 | 12 40 | 12 42 | 12 45 | 12 47 | 12 51 | 12 54 | 12 58 | 13 03 |
| 8 | 13 03 | 13 04 | 13 04 | 13 05 | 13 05 | 13 05 | 13 06 | 13 06 | 13 07 | 13 08 | 13 08 | 13 09 | 13 10 | 13 11 |
| 9 | 13 39 | 13 38 | 13 37 | 13 36 | 13 35 | 13 34 | 13 33 | 13 31 | 13 30 | 13 28 | 13 27 | 13 25 | 13 23 | 13 20 |
| 10 | 14 16 | 14 14 | 14 12 | 14 10 | 14 07 | 14 04 | 14 02 | 13 58 | 13 55 | 13 51 | 13 47 | 13 42 | 13 36 | 13 30 |

### MOONSET

| Lat. | +40° | +42° | +44° | +46° | +48° | +50° | +52° | +54° | +56° | +58° | +60° | +62° | +64° | +66° |
|---|---|---|---|---|---|---|---|---|---|---|---|---|---|---|
| | h m | h m | h m | h m | h m | h m | h m | h m | h m | h m | h m | h m | h m | h m |
| Nov. 16 | 8 37 | 8 42 | 8 47 | 8 53 | 8 59 | 9 06 | 9 13 | 9 22 | 9 31 | 9 42 | 9 54 | 10 09 | 10 26 | 10 48 |
| 17 | 9 41 | 9 46 | 9 51 | 9 57 | 10 04 | 10 11 | 10 19 | 10 27 | 10 37 | 10 48 | 11 01 | 11 16 | 11 35 | 11 58 |
| 18 | 10 37 | 10 42 | 10 47 | 10 53 | 10 59 | 11 06 | 11 13 | 11 21 | 11 31 | 11 41 | 11 53 | 12 07 | 12 24 | 12 44 |
| 19 | 11 26 | 11 30 | 11 35 | 11 40 | 11 45 | 11 51 | 11 57 | 12 04 | 12 12 | 12 21 | 12 32 | 12 43 | 12 57 | 13 14 |
| 20 | 12 08 | 12 11 | 12 15 | 12 19 | 12 23 | 12 28 | 12 33 | 12 39 | 12 45 | 12 52 | 13 00 | 13 09 | 13 20 | 13 33 |
| 21 | 12 44 | 12 47 | 12 50 | 12 53 | 12 56 | 12 59 | 13 03 | 13 07 | 13 12 | 13 17 | 13 23 | 13 29 | 13 37 | 13 45 |
| 22 | 13 17 | 13 19 | 13 21 | 13 23 | 13 25 | 13 27 | 13 29 | 13 32 | 13 34 | 13 38 | 13 41 | 13 45 | 13 49 | 13 55 |
| 23 | 13 48 | 13 49 | 13 49 | 13 50 | 13 51 | 13 52 | 13 53 | 13 54 | 13 55 | 13 56 | 13 57 | 13 59 | 14 00 | 14 02 |
| 24 | 14 17 | 14 17 | 14 17 | 14 16 | 14 16 | 14 15 | 14 15 | 14 14 | 14 14 | 14 13 | 14 12 | 14 11 | 14 10 | 14 09 |
| 25 | 14 47 | 14 45 | 14 44 | 14 42 | 14 41 | 14 39 | 14 37 | 14 35 | 14 33 | 14 30 | 14 27 | 14 24 | 14 20 | 14 16 |
| 26 | 15 17 | 15 14 | 15 12 | 15 09 | 15 07 | 15 04 | 15 00 | 14 57 | 14 53 | 14 48 | 14 43 | 14 38 | 14 31 | 14 24 |
| 27 | 15 48 | 15 45 | 15 42 | 15 38 | 15 34 | 15 30 | 15 26 | 15 20 | 15 15 | 15 09 | 15 02 | 14 54 | 14 44 | 14 33 |
| 28 | 16 23 | 16 19 | 16 15 | 16 10 | 16 05 | 16 00 | 15 54 | 15 48 | 15 40 | 15 32 | 15 23 | 15 13 | 15 01 | 14 46 |
| 29 | 17 01 | 16 56 | 16 51 | 16 46 | 16 40 | 16 34 | 16 27 | 16 19 | 16 11 | 16 01 | 15 50 | 15 38 | 15 22 | 15 04 |
| 30 | 17 43 | 17 38 | 17 32 | 17 26 | 17 20 | 17 13 | 17 05 | 16 57 | 16 47 | 16 37 | 16 24 | 16 10 | 15 52 | 15 30 |
| Dec. 1 | 18 29 | 18 24 | 18 18 | 18 12 | 18 05 | 17 58 | 17 50 | 17 41 | 17 32 | 17 20 | 17 07 | 16 52 | 16 33 | 16 09 |
| 2 | 19 20 | 19 14 | 19 09 | 19 03 | 18 57 | 18 50 | 18 42 | 18 33 | 18 23 | 18 12 | 18 00 | 17 45 | 17 26 | 17 03 |
| 3 | 20 14 | 20 09 | 20 04 | 19 59 | 19 53 | 19 47 | 19 40 | 19 32 | 19 23 | 19 13 | 19 01 | 18 48 | 18 32 | 18 12 |
| 4 | 21 12 | 21 08 | 21 04 | 20 59 | 20 54 | 20 49 | 20 43 | 20 36 | 20 29 | 20 20 | 20 11 | 20 00 | 19 47 | 19 31 |
| 5 | 22 12 | 22 09 | 22 06 | 22 02 | 21 59 | 21 54 | 21 50 | 21 45 | 21 39 | 21 33 | 21 25 | 21 17 | 21 07 | 20 56 |
| 6 | 23 15 | 23 13 | 23 11 | 23 08 | 23 06 | 23 03 | 23 00 | 22 57 | 22 53 | 22 49 | 22 44 | 22 39 | 22 32 | 22 25 |
| 7 | .. .. | .. .. | .. .. | .. .. | .. .. | .. .. | .. .. | .. .. | .. .. | .. .. | .. .. | .. .. | .. .. | 23 57 |
| 8 | 0 20 | 0 19 | 0 18 | 0 17 | 0 15 | 0 14 | 0 13 | 0 11 | 0 10 | 0 08 | 0 06 | 0 03 | 0 00 | .. .. |
| 9 | 1 27 | 1 27 | 1 27 | 1 27 | 1 28 | 1 28 | 1 28 | 1 29 | 1 29 | 1 30 | 1 30 | 1 31 | 1 31 | 1 32 |
| 10 | 2 36 | 2 37 | 2 39 | 2 40 | 2 42 | 2 44 | 2 46 | 2 49 | 2 51 | 2 54 | 2 58 | 3 01 | 3 06 | 3 10 |

.. .. indicates phenomenon will occur the next day.

# MOONRISE AND MOONSET, 2016

## UNIVERSAL TIME FOR MERIDIAN OF GREENWICH

### MOONRISE

| Lat. | −55° | −50° | −45° | −40° | −35° | −30° | −20° | −10° | 0° | +10° | +20° | +30° | +35° | +40° |
|---|---|---|---|---|---|---|---|---|---|---|---|---|---|---|
| | h m | h m | h m | h m | h m | h m | h m | h m | h m | h m | h m | h m | h m | h m |
| Dec. 9 | 14 11 | 14 08 | 14 05 | 14 02 | 14 00 | 13 59 | 13 55 | 13 53 | 13 50 | 13 48 | 13 45 | 13 42 | 13 40 | 13 39 |
| 10 | 15 34 | 15 25 | 15 18 | 15 13 | 15 08 | 15 04 | 14 56 | 14 50 | 14 44 | 14 38 | 14 32 | 14 25 | 14 21 | 14 16 |
| 11 | 16 58 | 16 44 | 16 34 | 16 25 | 16 17 | 16 11 | 15 59 | 15 49 | 15 40 | 15 31 | 15 21 | 15 10 | 15 04 | 14 57 |
| 12 | 18 20 | 18 03 | 17 49 | 17 37 | 17 27 | 17 19 | 17 04 | 16 51 | 16 39 | 16 27 | 16 15 | 16 01 | 15 52 | 15 43 |
| 13 | 19 38 | 19 17 | 19 01 | 18 47 | 18 36 | 18 26 | 18 09 | 17 54 | 17 41 | 17 27 | 17 12 | 16 56 | 16 46 | 16 35 |
| 14 | 20 46 | 20 24 | 20 07 | 19 53 | 19 41 | 19 30 | 19 13 | 18 57 | 18 43 | 18 28 | 18 13 | 17 55 | 17 45 | 17 33 |
| 15 | 21 41 | 21 21 | 21 04 | 20 51 | 20 39 | 20 29 | 20 12 | 19 57 | 19 43 | 19 29 | 19 14 | 18 57 | 18 47 | 18 36 |
| 16 | 22 25 | 22 07 | 21 53 | 21 41 | 21 31 | 21 22 | 21 07 | 20 54 | 20 41 | 20 29 | 20 15 | 20 00 | 19 51 | 19 41 |
| 17 | 23 00 | 22 46 | 22 34 | 22 25 | 22 16 | 22 09 | 21 57 | 21 46 | 21 35 | 21 25 | 21 14 | 21 02 | 20 54 | 20 46 |
| 18 | 23 28 | 23 17 | 23 09 | 23 02 | 22 56 | 22 51 | 22 42 | 22 34 | 22 26 | 22 19 | 22 10 | 22 01 | 21 56 | 21 50 |
| 19 | 23 51 | 23 45 | 23 40 | 23 36 | 23 32 | 23 29 | 23 23 | 23 18 | 23 14 | 23 09 | 23 04 | 22 58 | 22 55 | 22 51 |
| 20 | .. .. | .. .. | .. .. | .. .. | .. .. | .. .. | .. .. | .. .. | 23 59 | 23 57 | 23 55 | 23 53 | 23 52 | 23 50 |
| 21 | 0 12 | 0 10 | 0 08 | 0 07 | 0 05 | 0 04 | 0 02 | 0 00 | .. .. | .. .. | .. .. | .. .. | .. .. | .. .. |
| 22 | 0 32 | 0 34 | 0 35 | 0 36 | 0 37 | 0 38 | 0 39 | 0 41 | 0 42 | 0 43 | 0 45 | 0 46 | 0 47 | 0 48 |
| 23 | 0 52 | 0 58 | 1 02 | 1 06 | 1 09 | 1 12 | 1 16 | 1 21 | 1 25 | 1 29 | 1 33 | 1 38 | 1 41 | 1 45 |
| 24 | 1 13 | 1 22 | 1 30 | 1 36 | 1 41 | 1 46 | 1 54 | 2 01 | 2 08 | 2 15 | 2 22 | 2 30 | 2 35 | 2 41 |
| 25 | 1 36 | 1 49 | 1 59 | 2 08 | 2 15 | 2 21 | 2 32 | 2 42 | 2 51 | 3 01 | 3 11 | 3 22 | 3 29 | 3 36 |
| 26 | 2 03 | 2 19 | 2 32 | 2 42 | 2 51 | 2 59 | 3 13 | 3 25 | 3 36 | 3 48 | 4 00 | 4 14 | 4 22 | 4 31 |
| 27 | 2 35 | 2 54 | 3 08 | 3 21 | 3 31 | 3 40 | 3 56 | 4 10 | 4 23 | 4 36 | 4 50 | 5 06 | 5 15 | 5 26 |
| 28 | 3 13 | 3 34 | 3 50 | 4 03 | 4 15 | 4 25 | 4 42 | 4 57 | 5 11 | 5 25 | 5 40 | 5 57 | 6 07 | 6 19 |
| 29 | 3 59 | 4 20 | 4 37 | 4 51 | 5 02 | 5 12 | 5 30 | 5 45 | 6 00 | 6 14 | 6 29 | 6 47 | 6 57 | 7 09 |
| 30 | 4 52 | 5 13 | 5 29 | 5 42 | 5 54 | 6 04 | 6 21 | 6 36 | 6 49 | 7 03 | 7 18 | 7 35 | 7 45 | 7 56 |
| 31 | 5 53 | 6 11 | 6 26 | 6 38 | 6 49 | 6 58 | 7 13 | 7 27 | 7 39 | 7 52 | 8 06 | 8 21 | 8 30 | 8 40 |
| 32 | 6 59 | 7 15 | 7 27 | 7 37 | 7 46 | 7 54 | 8 07 | 8 18 | 8 29 | 8 40 | 8 51 | 9 04 | 9 12 | 9 20 |
| 33 | 8 10 | 8 21 | 8 31 | 8 38 | 8 45 | 8 51 | 9 01 | 9 10 | 9 18 | 9 26 | 9 35 | 9 45 | 9 51 | 9 57 |

### MOONSET

| | h m | h m | h m | h m | h m | h m | h m | h m | h m | h m | h m | h m | h m | h m |
|---|---|---|---|---|---|---|---|---|---|---|---|---|---|---|
| Dec. 9 | 1 16 | 1 18 | 1 18 | 1 19 | 1 20 | 1 20 | 1 21 | 1 22 | 1 23 | 1 24 | 1 25 | 1 25 | 1 26 | 1 27 |
| 10 | 1 41 | 1 47 | 1 51 | 1 55 | 1 59 | 2 01 | 2 07 | 2 11 | 2 15 | 2 20 | 2 24 | 2 29 | 2 32 | 2 36 |
| 11 | 2 08 | 2 19 | 2 27 | 2 34 | 2 40 | 2 45 | 2 55 | 3 03 | 3 10 | 3 18 | 3 26 | 3 35 | 3 41 | 3 47 |
| 12 | 2 41 | 2 56 | 3 07 | 3 17 | 3 26 | 3 33 | 3 46 | 3 57 | 4 08 | 4 19 | 4 30 | 4 43 | 4 50 | 4 59 |
| 13 | 3 20 | 3 39 | 3 54 | 4 06 | 4 17 | 4 26 | 4 42 | 4 55 | 5 08 | 5 21 | 5 35 | 5 51 | 6 00 | 6 11 |
| 14 | 4 10 | 4 31 | 4 48 | 5 01 | 5 13 | 5 23 | 5 41 | 5 56 | 6 10 | 6 24 | 6 40 | 6 57 | 7 07 | 7 19 |
| 15 | 5 09 | 5 31 | 5 48 | 6 02 | 6 14 | 6 24 | 6 42 | 6 57 | 7 12 | 7 26 | 7 41 | 7 59 | 8 09 | 8 21 |
| 16 | 6 17 | 6 38 | 6 53 | 7 06 | 7 17 | 7 27 | 7 44 | 7 58 | 8 11 | 8 25 | 8 39 | 8 55 | 9 04 | 9 15 |
| 17 | 7 30 | 7 47 | 8 01 | 8 12 | 8 21 | 8 30 | 8 44 | 8 56 | 9 08 | 9 19 | 9 31 | 9 45 | 9 53 | 10 02 |
| 18 | 8 45 | 8 58 | 9 08 | 9 17 | 9 24 | 9 30 | 9 41 | 9 51 | 10 00 | 10 09 | 10 19 | 10 29 | 10 36 | 10 43 |
| 19 | 9 58 | 10 06 | 10 13 | 10 19 | 10 24 | 10 29 | 10 36 | 10 43 | 10 49 | 10 55 | 11 02 | 11 09 | 11 13 | 11 18 |
| 20 | 11 09 | 11 13 | 11 17 | 11 20 | 11 22 | 11 25 | 11 29 | 11 32 | 11 35 | 11 39 | 11 42 | 11 46 | 11 48 | 11 50 |
| 21 | 12 17 | 12 18 | 12 18 | 12 18 | 12 19 | 12 19 | 12 19 | 12 19 | 12 20 | 12 20 | 12 20 | 12 20 | 12 20 | 12 20 |
| 22 | 13 25 | 13 21 | 13 18 | 13 15 | 13 13 | 13 11 | 13 08 | 13 05 | 13 03 | 13 00 | 12 57 | 12 54 | 12 52 | 12 50 |
| 23 | 14 31 | 14 23 | 14 17 | 14 12 | 14 07 | 14 04 | 13 57 | 13 51 | 13 45 | 13 40 | 13 34 | 13 28 | 13 24 | 13 19 |
| 24 | 15 36 | 15 24 | 15 15 | 15 07 | 15 01 | 14 55 | 14 45 | 14 37 | 14 29 | 14 21 | 14 12 | 14 02 | 13 57 | 13 50 |
| 25 | 16 40 | 16 25 | 16 13 | 16 03 | 15 54 | 15 47 | 15 34 | 15 23 | 15 13 | 15 03 | 14 52 | 14 39 | 14 32 | 14 24 |
| 26 | 17 42 | 17 24 | 17 09 | 16 58 | 16 48 | 16 39 | 16 24 | 16 11 | 15 59 | 15 46 | 15 33 | 15 18 | 15 10 | 15 00 |
| 27 | 18 41 | 18 20 | 18 04 | 17 51 | 17 40 | 17 31 | 17 14 | 16 59 | 16 46 | 16 32 | 16 18 | 16 01 | 15 51 | 15 40 |
| 28 | 19 35 | 19 14 | 18 57 | 18 43 | 18 31 | 18 21 | 18 04 | 17 48 | 17 34 | 17 20 | 17 05 | 16 47 | 16 37 | 16 25 |
| 29 | 20 23 | 20 02 | 19 46 | 19 32 | 19 20 | 19 10 | 18 53 | 18 38 | 18 24 | 18 09 | 17 54 | 17 37 | 17 26 | 17 15 |
| 30 | 21 05 | 20 45 | 20 30 | 20 17 | 20 07 | 19 57 | 19 41 | 19 27 | 19 13 | 19 00 | 18 46 | 18 29 | 18 20 | 18 09 |
| 31 | 21 40 | 21 23 | 21 10 | 20 59 | 20 50 | 20 42 | 20 28 | 20 15 | 20 03 | 19 51 | 19 39 | 19 24 | 19 16 | 19 06 |
| 32 | 22 10 | 21 57 | 21 47 | 21 38 | 21 30 | 21 24 | 21 12 | 21 02 | 20 53 | 20 43 | 20 33 | 20 21 | 20 14 | 20 06 |
| 33 | 22 36 | 22 27 | 22 20 | 22 14 | 22 08 | 22 04 | 21 56 | 21 48 | 21 41 | 21 35 | 21 27 | 21 19 | 21 14 | 21 08 |

.. .. indicates phenomenon will occur the next day.

### UNIVERSAL TIME FOR MERIDIAN OF GREENWICH

#### MOONRISE

| Lat. | +40° | +42° | +44° | +46° | +48° | +50° | +52° | +54° | +56° | +58° | +60° | +62° | +64° | +66° |
|---|---|---|---|---|---|---|---|---|---|---|---|---|---|---|
|  | h m | h m | h m | h m | h m | h m | h m | h m | h m | h m | h m | h m | h m | h m |
| Dec. 9 | 13 39 | 13 38 | 13 37 | 13 36 | 13 35 | 13 34 | 13 33 | 13 31 | 13 30 | 13 28 | 13 27 | 13 25 | 13 23 | 13 20 |
| 10 | 14 16 | 14 14 | 14 12 | 14 10 | 14 07 | 14 04 | 14 02 | 13 58 | 13 55 | 13 51 | 13 47 | 13 42 | 13 36 | 13 30 |
| 11 | 14 57 | 14 54 | 14 50 | 14 47 | 14 43 | 14 39 | 14 34 | 14 29 | 14 24 | 14 17 | 14 11 | 14 03 | 13 54 | 13 43 |
| 12 | 15 43 | 15 39 | 15 34 | 15 30 | 15 24 | 15 19 | 15 13 | 15 06 | 14 59 | 14 50 | 14 41 | 14 30 | 14 17 | 14 01 |
| 13 | 16 35 | 16 30 | 16 25 | 16 19 | 16 13 | 16 07 | 15 59 | 15 51 | 15 42 | 15 32 | 15 20 | 15 06 | 14 50 | 14 30 |
| 14 | 17 33 | 17 28 | 17 22 | 17 16 | 17 10 | 17 03 | 16 55 | 16 46 | 16 36 | 16 25 | 16 12 | 15 57 | 15 38 | 15 15 |
| 15 | 18 36 | 18 31 | 18 25 | 18 19 | 18 13 | 18 06 | 17 58 | 17 50 | 17 40 | 17 29 | 17 17 | 17 02 | 16 44 | 16 22 |
| 16 | 19 41 | 19 36 | 19 32 | 19 26 | 19 21 | 19 14 | 19 08 | 19 00 | 18 52 | 18 42 | 18 31 | 18 18 | 18 03 | 17 44 |
| 17 | 20 46 | 20 42 | 20 38 | 20 34 | 20 30 | 20 25 | 20 19 | 20 13 | 20 06 | 19 59 | 19 50 | 19 40 | 19 28 | 19 14 |
| 18 | 21 50 | 21 47 | 21 44 | 21 41 | 21 38 | 21 34 | 21 30 | 21 26 | 21 21 | 21 15 | 21 09 | 21 02 | 20 54 | 20 45 |
| 19 | 22 51 | 22 49 | 22 48 | 22 46 | 22 44 | 22 42 | 22 39 | 22 37 | 22 34 | 22 30 | 22 27 | 22 23 | 22 18 | 22 12 |
| 20 | 23 50 | 23 50 | 23 49 | 23 49 | 23 48 | 23 47 | 23 46 | 23 45 | 23 44 | 23 43 | 23 42 | 23 40 | 23 39 | 23 37 |
| 21 | .. .. | .. .. | .. .. | .. .. | .. .. | .. .. | .. .. | .. .. | .. .. | .. .. | .. .. | .. .. | .. .. | .. .. |
| 22 | 0 48 | 0 49 | 0 49 | 0 50 | 0 50 | 0 51 | 0 51 | 0 52 | 0 53 | 0 54 | 0 55 | 0 56 | 0 57 | 0 59 |
| 23 | 1 45 | 1 46 | 1 48 | 1 49 | 1 51 | 1 53 | 1 55 | 1 58 | 2 00 | 2 03 | 2 07 | 2 10 | 2 15 | 2 20 |
| 24 | 2 41 | 2 43 | 2 46 | 2 49 | 2 52 | 2 55 | 2 58 | 3 02 | 3 07 | 3 12 | 3 17 | 3 24 | 3 31 | 3 39 |
| 25 | 3 36 | 3 40 | 3 43 | 3 47 | 3 51 | 3 56 | 4 01 | 4 06 | 4 12 | 4 19 | 4 27 | 4 36 | 4 46 | 4 59 |
| 26 | 4 31 | 4 36 | 4 40 | 4 45 | 4 50 | 4 56 | 5 02 | 5 09 | 5 16 | 5 25 | 5 35 | 5 46 | 6 00 | 6 16 |
| 27 | 5 26 | 5 31 | 5 36 | 5 41 | 5 47 | 5 54 | 6 01 | 6 09 | 6 18 | 6 28 | 6 40 | 6 53 | 7 10 | 7 30 |
| 28 | 6 19 | 6 24 | 6 29 | 6 35 | 6 42 | 6 49 | 6 57 | 7 05 | 7 15 | 7 26 | 7 39 | 7 54 | 8 13 | 8 36 |
| 29 | 7 09 | 7 14 | 7 20 | 7 26 | 7 33 | 7 40 | 7 48 | 7 57 | 8 07 | 8 18 | 8 31 | 8 47 | 9 06 | 9 29 |
| 30 | 7 56 | 8 01 | 8 07 | 8 13 | 8 19 | 8 26 | 8 33 | 8 42 | 8 51 | 9 02 | 9 14 | 9 29 | 9 46 | 10 08 |
| 31 | 8 40 | 8 45 | 8 49 | 8 55 | 9 00 | 9 07 | 9 13 | 9 21 | 9 29 | 9 38 | 9 49 | 10 02 | 10 16 | 10 34 |
| 32 | 9 20 | 9 24 | 9 28 | 9 32 | 9 37 | 9 42 | 9 48 | 9 54 | 10 01 | 10 08 | 10 17 | 10 27 | 10 39 | 10 52 |
| 33 | 9 57 | 10 00 | 10 03 | 10 07 | 10 10 | 10 14 | 10 18 | 10 23 | 10 28 | 10 34 | 10 40 | 10 47 | 10 56 | 11 05 |

#### MOONSET

| Lat. | +40° | +42° | +44° | +46° | +48° | +50° | +52° | +54° | +56° | +58° | +60° | +62° | +64° | +66° |
|---|---|---|---|---|---|---|---|---|---|---|---|---|---|---|
|  | h m | h m | h m | h m | h m | h m | h m | h m | h m | h m | h m | h m | h m | h m |
| Dec. 9 | 1 27 | 1 27 | 1 27 | 1 27 | 1 28 | 1 28 | 1 28 | 1 29 | 1 29 | 1 30 | 1 30 | 1 31 | 1 31 | 1 32 |
| 10 | 2 36 | 2 37 | 2 39 | 2 40 | 2 42 | 2 44 | 2 46 | 2 49 | 2 51 | 2 54 | 2 58 | 3 01 | 3 06 | 3 10 |
| 11 | 3 47 | 3 49 | 3 52 | 3 55 | 3 59 | 4 02 | 4 06 | 4 11 | 4 16 | 4 21 | 4 27 | 4 34 | 4 42 | 4 52 |
| 12 | 4 59 | 5 03 | 5 07 | 5 11 | 5 16 | 5 21 | 5 27 | 5 33 | 5 40 | 5 48 | 5 57 | 6 07 | 6 20 | 6 34 |
| 13 | 6 11 | 6 15 | 6 20 | 6 26 | 6 32 | 6 38 | 6 45 | 6 53 | 7 02 | 7 12 | 7 23 | 7 36 | 7 52 | 8 12 |
| 14 | 7 19 | 7 24 | 7 29 | 7 35 | 7 42 | 7 49 | 7 57 | 8 05 | 8 15 | 8 26 | 8 39 | 8 54 | 9 13 | 9 36 |
| 15 | 8 21 | 8 26 | 8 31 | 8 37 | 8 44 | 8 51 | 8 59 | 9 07 | 9 17 | 9 28 | 9 41 | 9 56 | 10 14 | 10 37 |
| 16 | 9 15 | 9 20 | 9 25 | 9 30 | 9 36 | 9 43 | 9 50 | 9 58 | 10 06 | 10 16 | 10 28 | 10 41 | 10 57 | 11 16 |
| 17 | 10 02 | 10 06 | 10 10 | 10 15 | 10 20 | 10 25 | 10 31 | 10 38 | 10 45 | 10 53 | 11 02 | 11 13 | 11 25 | 11 40 |
| 18 | 10 43 | 10 46 | 10 49 | 10 52 | 10 56 | 11 00 | 11 05 | 11 10 | 11 15 | 11 21 | 11 28 | 11 36 | 11 45 | 11 55 |
| 19 | 11 18 | 11 20 | 11 22 | 11 25 | 11 27 | 11 30 | 11 33 | 11 36 | 11 40 | 11 44 | 11 49 | 11 54 | 12 00 | 12 06 |
| 20 | 11 50 | 11 51 | 11 53 | 11 54 | 11 55 | 11 56 | 11 58 | 12 00 | 12 02 | 12 04 | 12 06 | 12 08 | 12 11 | 12 15 |
| 21 | 12 20 | 12 21 | 12 21 | 12 21 | 12 21 | 12 21 | 12 21 | 12 21 | 12 21 | 12 21 | 12 21 | 12 21 | 12 22 | 12 22 |
| 22 | 12 50 | 12 49 | 12 48 | 12 47 | 12 46 | 12 44 | 12 43 | 12 42 | 12 40 | 12 38 | 12 36 | 12 34 | 12 31 | 12 29 |
| 23 | 13 19 | 13 18 | 13 16 | 13 13 | 13 11 | 13 09 | 13 06 | 13 03 | 13 00 | 12 56 | 12 52 | 12 47 | 12 42 | 12 36 |
| 24 | 13 50 | 13 48 | 13 45 | 13 41 | 13 38 | 13 34 | 13 30 | 13 26 | 13 21 | 13 15 | 13 09 | 13 02 | 12 54 | 12 44 |
| 25 | 14 24 | 14 20 | 14 16 | 14 12 | 14 07 | 14 02 | 13 57 | 13 51 | 13 45 | 13 37 | 13 29 | 13 19 | 13 08 | 12 55 |
| 26 | 15 00 | 14 55 | 14 51 | 14 46 | 14 40 | 14 34 | 14 28 | 14 21 | 14 13 | 14 04 | 13 53 | 13 41 | 13 27 | 13 10 |
| 27 | 15 40 | 15 35 | 15 30 | 15 24 | 15 18 | 15 11 | 15 04 | 14 56 | 14 47 | 14 36 | 14 24 | 14 10 | 13 54 | 13 33 |
| 28 | 16 25 | 16 20 | 16 14 | 16 08 | 16 02 | 15 55 | 15 47 | 15 38 | 15 28 | 15 17 | 15 04 | 14 48 | 14 30 | 14 06 |
| 29 | 17 15 | 17 10 | 17 04 | 16 58 | 16 51 | 16 44 | 16 36 | 16 27 | 16 17 | 16 06 | 15 53 | 15 38 | 15 19 | 14 55 |
| 30 | 18 09 | 18 04 | 17 59 | 17 53 | 17 47 | 17 40 | 17 33 | 17 24 | 17 15 | 17 04 | 16 52 | 16 38 | 16 21 | 16 00 |
| 31 | 19 06 | 19 02 | 18 57 | 18 52 | 18 47 | 18 41 | 18 35 | 18 27 | 18 19 | 18 10 | 18 00 | 17 48 | 17 34 | 17 16 |
| 32 | 20 06 | 20 03 | 19 59 | 19 55 | 19 51 | 19 46 | 19 41 | 19 35 | 19 29 | 19 22 | 19 14 | 19 04 | 18 53 | 18 40 |
| 33 | 21 08 | 21 06 | 21 03 | 21 00 | 20 57 | 20 54 | 20 50 | 20 46 | 20 42 | 20 37 | 20 31 | 20 25 | 20 17 | 20 09 |

.. .. indicates phenomenon will occur the next day.

## CONTENTS OF THE ECLIPSE SECTION

## SUMMARY OF ECLIPSES AND TRANSITS FOR 2016

There are five eclipses, two of the Sun and three of the Moon. All times are expressed in Universal Time using $\Delta T = +68^s.0$. There is a transit of Mercury across the Sun.

I. *A total eclipse of the Sun*, March 8-9. See map on page A85. The eclipse begins at $23^h 19^m$ on March 8 and ends at $04^h 35^m$ on March 9. Maximum duration of totality is $04^m 14^s$. It is visible from southern Asia, Oceania, Australia, extreme northwestern North America, the Indian Ocean, and the northern Pacific Ocean.

II. *A penumbral eclipse of the Moon*, March 23. See map on page A89. The eclipse begins at $09^h 37^m$ and ends at $13^h 57^m$. It is visible from Asia, Australia, Oceania, North America, western South America, Antarctica, the eastern Indian Ocean and the Pacific Ocean.

III. *A penumbral eclipse of the Moon*, August 18. See map on page A90. The eclipse begins at $09^h 24^m$ and ends at $10^h 01^m$. It is visible from northeastern Asia, Australia, Oceania, North America, western South America, Antarctica, and the Pacific Ocean.

IV. *An annular eclipse of the Sun*, September 1. See map on page A92. The eclipse begins at $06^h 13^m$ and ends at $12^h 01^m$. Maximum duration of annularity is $03^m 00^s$. It is visible from Africa, southwestern Middle East, Antarctica, the Atlantic Ocean, and the Indian Ocean.

V. *A penumbral eclipse of the Moon*, September 16. See map on page A96. The eclipse begins at $16^h 53^m$ and ends at $20^h 56^m$. It is visible from extreme eastern South America, Europe, Asia, Africa, Antarctica, Australia, Oceania, the eastern Atlantic Ocean, the Indian Ocean, and the western Pacific Ocean.

Transit of Mercury. A transit of Mercury over the disk of the Sun will occur on May 9. The entire transit will be visible in eastern North America, northern South America, the Arctic, Greenland, extreme northwestern Africa, western Europe, and the Atlantic Ocean.

Local circumstances and animations for upcoming eclipses can be found on *The Astronomical Almanac Online* at http://asa.hmnao.com or http://asa.usno.navy.mil.

These data or auxiliary material may also be found on
*Eclipses Online Portal at*
**http://astro.ukho.gov.uk/eclbin/query_usno.cgi**

Local circumstances and animations for upcoming eclipses can be found on *The Astronomical Almanac Online* at http://asa.hmnao.com or http://asa.usno.navy.mil.

### General Information

The elements and circumstances are computed according to Bessel's method from apparent right ascensions and declinations of the Sun and Moon. Semidiameters of the Sun and Moon used in the calculation of eclipses do not include irradiation. The adopted semidiameter of the Sun at unit distance is $15' \, 59''.64$ from the IAU (1976) Astronomical Constants. The apparent semidiameter of the Moon is equal to arcsin $(k \sin \pi)$, where $\pi$ is the Moon's horizontal parallax and $k$ is an adopted constant. In 1982, the IAU adopted $k = 0.272 \, 5076$, corresponding to the mean radius of Watts' datum as determined by observations of occultations and to the adopted radius of the Earth.

Standard corrections of $+0''.5$ and $-0''.25$ have been applied to the longitude and latitude of the Moon, respectively, to help correct for the difference between the center of figure and the center of mass.

Refraction is neglected in calculating solar and lunar eclipses. Because the circumstances of eclipses are calculated for the surface of the ellipsoid, refraction is not included in Besselian element polynomials. For local predictions, corrections for refraction are unnecessary; they are required only in precise comparisons of theory with observation in which many other refinements are also necessary.

All time arguments are given provisionally in Universal Time, using $\Delta T(A) = +68^s.0$. Once an updated value of $\Delta T$ is known, the data on these pages may be expressed in Universal Time as follows:

Define $\delta T = \Delta T - \Delta T(A)$, in units of seconds of time.

Change the times of circumstances given in preliminary Universal Time by subtracting $\delta T$.

Correct the tabulated longitudes, $\lambda(A)$, using $\lambda = \lambda(A) + 0.00417807 \times \delta T$ (longitudes are in degrees).

Leave all other quantities unchanged.

The correction of $\delta T$ is included in the Besselian elements.

Longitude is positive to the east, and negative to the west.

### Explanation of Solar Eclipse Diagram

The solar eclipse diagrams in *The Astronomical Almanac* show the region over which different phases of each eclipse may be seen and the times at which these phases occur. Each diagram has a series of dashed curves that show the outline of the Moon's penumbra on the Earth's surface at one-hour intervals. Short dashes show the leading edge and long dashes show the trailing edge. Except for certain extreme cases, the shadow outline moves generally from west to east. The Moon's shadow cone first contacts the Earth's surface where "First Contact" is indicated on the diagram. "Last Contact" is where the Moon's shadow cone last contacts the Earth's surface. The path of the central eclipse, whether for a total, annular, or annular-total eclipse, is marked by two closely spaced curves that cut across all of the dashed curves. These two curves mark the extent of the Moon's umbral shadow on the Earth's surface. Viewers within these boundaries will observe a total, annular, or annular-total eclipse and viewers outside these boundaries will see a partial eclipse.

Solid curves labeled "Northern" and "Southern Limit of Eclipse" represent the furthest extent north or south of the Moon's penumbra on the Earth's surface. Viewers outside of these boundaries will not experience any eclipse. When only one of these two curves appears, only part of the Moon's penumbra touches the Earth; the other part is projected into space north or south of the Earth, and the terminator defines the other limit.

Another set of solid curves appears on some diagrams as two teardrop shapes (or lobes) on either end of the eclipse path, and on other diagrams as a distorted figure eight. These lobes represent in time the intersection of the Moon's penumbra with the Earth's terminator as the eclipse progresses. As time elapses, the Earth's terminator moves east-to-west while the Moon's penumbra moves west-to-east. These lobes connect to form an elongated figure eight on a diagram when part of the Moon's penumbra stays in contact with the Earth's terminator throughout the eclipse. The lobes become two separate teardrop shapes when the Moon's penumbra breaks contact with the Earth's terminator during the beginning of the eclipse and reconnects with it near the end. In the east, the outer portion of the lobe is labeled "Eclipse begins at Sunset" and marks the first contact between the Moon's penumbra and Earth's terminator in the east. Observers on this curve just fail to see the eclipse. The inner part of the lobe is labeled "Eclipse ends at Sunset" and marks the last contact between the Moon's penumbra and the Earth's terminator in the east. Observers on this curve just see the whole eclipse. The curve bisecting this lobe is labeled "Maximum Eclipse at Sunset" and is part of the sunset terminator at maximum eclipse. Viewers in the eastern half of the lobe will see the Sun set before maximum eclipse; *i.e.* see less than half of the eclipse. Viewers in the western half of the lobe will see the Sun set after maximum eclipse; *i.e.* see more than half of the eclipse. A similar description holds for the western lobe except everything occurs at sunrise instead of sunset.

### *Computing Local Circumstances for Solar Eclipses*

The solar eclipse maps show the path of the eclipse, beginning and ending times of the eclipse, and the region of visibility, including restrictions due to rising and setting of the Sun. The short-dash and long-dash lines show, respectively, the progress of the leading and trailing edge of the penumbra; thus, at a given location, the times of the first and last contact may be interpolated. If further precision is desired, Besselian elements can be utilized.

Besselian elements characterize the geometric position of the shadow of the Moon relative to the Earth. The exterior tangents to the surfaces of the Sun and Moon form the umbral cone; the interior tangents form the penumbral cone. The common axis of these two cones is the axis of the shadow. To form a system of geocentric rectangular coordinates, the geocentric plane perpendicular to the axis of the shadow is taken as the $xy$-plane. This is called the fundamental plane. The $x$-axis is the intersection of the fundamental plane with the plane of the equator; it is positive toward the east. The $y$-axis is positive toward the north. The $z$-axis is parallel to the axis of the shadow and is positive toward the Moon. The tabular values of $x$ and $y$ are the coordinates, in units of the Earth's equatorial radius, of the intersection of the axis of the shadow with the fundamental plane. The direction of the axis of the shadow is specified by the declination $d$ and hour angle $\mu$ of the point on the celestial sphere toward which the axis is directed.

The radius of the umbral cone is regarded as positive for an annular eclipse and negative for a total eclipse. The angles $f_1$ and $f_2$ are the angles at which the tangents that form the penumbral and umbral cones, respectively, intersect the axis of the shadow.

To predict accurate local circumstances, calculate the geocentric coordinates $\rho \sin \phi'$ and $\rho \cos \phi'$ from the geodetic latitude $\phi$ and longitude $\lambda$, using the relationships given on pages K11–K12 of *The Astronomical Almanac*. Inclusion of the height $h$ in this calculation is all that is necessary to obtain the local circumstances at high altitudes.

Obtain approximate times for the beginning, middle and end of the eclipse from the eclipse map. For each of these three times compute — from the Besselian element polynomials — the values of $x$, $y$, $\sin d$, $\cos d$, $\mu$ and $l_1$ (the radius of the penumbra on the fundamental plane). If the eclipse is central (i.e., total, annular or annular-total), then, at the approximate time of the middle of the eclipse, $l_2$ (the radius of the umbra on the fundamental plane) is required instead of $l_1$. The hourly variations $x'$, $y'$ of $x$ and $y$ are needed, and may be obtained by evaluating the derivative of the polynomial expressions for $x$ and $y$. Values of $\mu'$, $d'$, $\tan f_1$ and $\tan f_2$ are nearly constant throughout the eclipse and are given immediately following the Besselian polynomials.

For each of the three approximate times, calculate the coordinates $\xi$, $\eta$, $\zeta$ for the observer and the hourly variations $\xi'$ and $\eta'$ from

$$\xi = \rho \cos \phi' \sin \theta,$$
$$\eta = \rho \sin \phi' \cos d - \rho \cos \phi' \sin d \cos \theta,$$
$$\zeta = \rho \sin \phi' \sin d + \rho \cos \phi' \cos d \cos \theta,$$
$$\xi' = \mu' \rho \cos \phi' \cos \theta,$$
$$\eta' = \mu' \xi \sin d - \zeta d',$$

where

$$\theta = \mu + \lambda$$

for longitudes measured positive towards the east.

Next, calculate

$$u = x - \xi \qquad\qquad u' = x' - \xi'$$
$$v = y - \eta \qquad\qquad v' = y' - \eta'$$
$$m^2 = u^2 + v^2 \qquad\qquad n^2 = u'^2 + v'^2 \qquad\qquad (m, n > 0)$$
$$L_i = l_i - \zeta \tan f_i$$
$$D = uu' + vv'$$
$$\Delta = \tfrac{1}{n}(uv' - u'v)$$
$$\sin \psi = \tfrac{\Delta}{L_i}$$

where $i = 1, 2$.

At the approximate times of the beginning and end of the eclipse, $L_1$ is required. At the approximate time of the middle of the eclipse, $L_2$ is required if the eclipse is central; $L_1$ is required if the eclipse is partial.

Neglecting the variation of $L$, the correction $\tau$ to be applied to the approximate time of the middle of the eclipse to obtain the *Universal Time of greatest phase* (in hours) is

$$\tau = -\frac{D}{n^2},$$

which may be expressed in minutes by multiplying by 60. The correction $\tau$ to be applied to the approximate times of the beginning and end of the eclipse to obtain the *Universal Times of the penumbral contacts* (in hours) is

$$\tau = \frac{L_1}{n} \cos \psi - \frac{D}{n^2},$$

which may be expressed in minutes by multiplying by 60.

If the eclipse is central, use the approximate time for the middle of the eclipse as a first approximation to the times of umbral contact. The correction $\tau$ to be applied to obtain the *Universal Times of the umbral contacts* is

$$\tau = \frac{L_2}{n} \cos \psi - \frac{D}{n^2},$$

which may be expressed in minutes by multiplying by 60.

In the last two equations, the ambiguity in the quadrant of $\psi$ is removed by noting that $\cos \psi$ must be *negative* for the beginning of the eclipse, for the beginning of the annular phase, or for the end of the total phase; $\cos \psi$ must be *positive* for the end of the eclipse, the end of the annular phase, or the beginning of the total phase.

For greater accuracy, the times resulting from the calculation outlined above should be used in place of the original approximate times, and the entire procedure repeated at least once. The calculations for each of the contact times and the time of greatest phase should be performed separately.

The *magnitude of greatest partial eclipse*, in units of the solar diameter is

$$M_1 = \frac{L_1 - m}{(2L_1 - 0.5459)},$$

where the value of $m$ at the time of greatest phase is used. If the magnitude is negative at the time of greatest phase, no eclipse is visible from the location.

The *magnitude of the central phase*, in the same units is

$$M_2 = \frac{L_1 - L_2}{(L_1 + L_2)}.$$

The *position angle of a point of contact* measured eastward (counterclockwise) from the north point of the solar limb is given by

$$\tan P = \frac{u}{v},$$

where $u$ and $v$ are evaluated at the times of contacts computed in the final approximation. The quadrant of $P$ is determined by noting that $\sin P$ has the algebraic sign of $u$, except for the contacts of the total phase, for which $\sin P$ has the opposite sign to $u$.

The position angle of the point of contact measured eastward from the vertex of the solar limb is given by

$$V = P - C,$$

where $C$, the parallactic angle, is obtained with sufficient accuracy from

$$\tan C = \frac{\xi}{\eta},$$

with $\sin C$ having the same algebraic sign as $\xi$, and the results of the final approximation again being used. The vertex point of the solar limb lies on a great circle arc drawn from the zenith to the center of the solar disk.

### Lunar Eclipses

A calculator to produce local circumstances of recent and upcoming lunar eclipses is provided at http://aa.usno.navy.mil/data/docs/LunarEclipse.php

In calculating lunar eclipses the radius of the geocentric shadow of the Earth is increased by one-fiftieth part to allow for the effect of the atmosphere. Refraction is neglected in calculating solar and lunar eclipses. Standard corrections of $+0''.5$ and $-0''.25$ have been applied to the longitude and latitude of the Moon, respectively, to help correct for the difference between the center of figure and the center of mass.

*Explanation of Lunar Eclipse Diagram*

Information on lunar eclipses is presented in the form of a diagram consisting of two parts. The upper panel shows the path of the Moon relative to the penumbral and umbral shadows of the Earth. The lower panel shows the visibility of the eclipse from the surface of the Earth. The title of the upper panel includes the type of eclipse, its place in the sequence of eclipses for the year and the Greenwich calendar date of the eclipse. The inner darker circle is the umbral shadow of the Earth and the outer lighter circle is that of the penumbra. The axis of the shadow of the Earth is denoted by $(+)$ with the ecliptic shown for reference purposes. A 30-arcminute scale bar is provided on the right hand side of the diagram and the orientation is given by the cardinal points displayed on the small graphic on the left hand side of the diagram. The position angle (PA) is measured from North point of the lunar disk along the limb of the Moon to the point of contact. It is shown on the graphic by the use of an arc extending anti-clockwise (eastwards) from North terminated with an arrow head.

Moon symbols are plotted at the principal phases of the eclipse to show its position relative to the umbral and penumbral shadows. The UT times of the different phases of the eclipse to the nearest tenth of a minute are printed above or below the Moon symbols as appropriate. P1 and P4 are the first and last external contacts of the penumbra respectively and denote the beginning and end of the penumbral eclipse respectively. U1 and U4 are the first and last external contacts of the umbra denoting the beginning and end of the partial phase of the eclipse respectively. U2 and U3 are the first and last internal contacts of the umbra and denote the beginning and end of the total phase respectively. MID is the middle of the eclipse. The position angle is given for P1 and P4 for penumbral eclipses and U1 and U4 for partial and total eclipses. The UT time of the geocentric opposition in right ascension of the Sun and Moon and the magnitude of the eclipse are given above or below the Moon symbols as appropriate.

The lower panel is a cylindrical equidistant map projection showing the Earth centered on the longitude at which the Moon is in the zenith at the middle of the eclipse. The visibility of the eclipse is displayed by plotting the Moon rise/set terminator for the principal phases of the eclipse for which timing information is provided in the upper panel. The terminator for the middle of the eclipse is not plotted for the sake of clarity.

The unshaded area indicates the region of the Earth from which all the eclipse is visible whereas the darkest shading indicates the area from which the eclipse is invisible. The different shades of gray indicate regions where the Moon is either rising or setting during the principal phases of the eclipse. The Moon is rising on the left hand side of the diagram after the eclipse has started and is setting on the right hand side of the diagram before the eclipse ends. Labels are provided to this effect.

Symbols are plotted showing the locations for which the Moon is in the zenith at the principal phases of the eclipse. The points at which the Moon is in the zenith at P1 and P4 are denoted by $(+)$, at U1 and U4 by $(\odot)$ and at U2 and U3 by $(\oplus)$. These symbols are also plotted on the upper panel where appropriate. The value of $\Delta T$ used for the calculation of the eclipse circumstances is given below the diagram. Country boundaries are also provided to assist the user in determining the visibility of the eclipse at a particular location.

## I. –Total Eclipse of the Sun, 2016 March 8-9

### CIRCUMSTANCES OF THE ECLIPSE

Universal Time of geocentric conjunction in right ascension, March $9^d 02^h 05^m 40^s.140$
Julian Date = 2457456.5872701410

| | | UT | | | Longitude | Latitude |
|---|---|---|---|---|---|---|
| | | d | h | m | ° ′ | ° ′ |
| Eclipse begins | March | 8 | 23 | 19.3 | +102 12.8 | − 7 38.1 |
| Beginning of southern limit of umbra | | 9 | 0 | 16.5 | + 88 17.6 | − 2 41.7 |
| Beginning of center line; central eclipse begins | | 9 | 0 | 16.7 | + 88 17.0 | − 2 15.4 |
| Beginning of northern limit of umbra | | 9 | 0 | 16.9 | + 88 16.3 | − 1 49.0 |
| Central eclipse at local apparent noon | | 9 | 2 | 05.7 | +151 12.7 | +11 33.6 |
| | | | | | | |
| End of northern limit of umbra | | 9 | 3 | 37.3 | −144 33.0 | +33 01.5 |
| End of center line; central eclipse ends | | 9 | 3 | 37.5 | −144 33.0 | +32 34.4 |
| End of southern limit of umbra | | 9 | 3 | 37.7 | −144 32.9 | +32 07.3 |
| Eclipse ends | | 9 | 4 | 34.9 | −158 20.7 | +27 12.5 |

### BESSELIAN ELEMENTS

Let $t = (\text{UT}-23^h) + \delta T / 3600$ in units of hours. For times on 9 March, add $24^h$ to the UT before computing $t$.

These equations are valid over the range $0^h.208 \leq t \leq 5^h.750$. Do not use $t$ outside the given range, and do not omit any terms in the series.

Intersection of the axis of shadow with the fundamental plane:

$$x = -1.70254227 + 0.55000801\ t + 0.00008563\ t^2 - 0.00000906\ t^3$$
$$y = -0.25912567 + 0.17194776\ t + 0.00004173\ t^2 - 0.00000275\ t^3$$

Direction of the axis of shadow:

$$\sin\ d = -0.07719020 + 0.00027633\ t + 0.00000002\ t^2$$
$$\cos\ d = +0.99701638 + 0.00002140\ t - 0.00000004\ t^2$$
$$\mu = 162°.35955312 + 15.00396216\ t + 0.00000135\ t^2 - 0.00000002\ t^3 - 0.00417807\ \delta T$$

Radius of the shadow on the fundamental plane:

penumbra $(l_1) = +0.53898657 + 0.00000561\ t - 0.00001273\ t^2$
  umbra $(l_2) = -0.00736240 + 0.00000575\ t - 0.00001272\ t^2$

Other important quantities:

$$\tan f_1 = +0.004709$$
$$\tan f_2 = +0.004685$$
$$\mu' = +0.261869\ \text{radians per hour}$$
$$d' = +0.000277\ \text{radians per hour}$$

All time arguments are given provisionally in Universal Time, using $\Delta T(A) = 68^s.0$.

# TOTAL SOLAR ECLIPSE OF 2016 MARCH 8-9

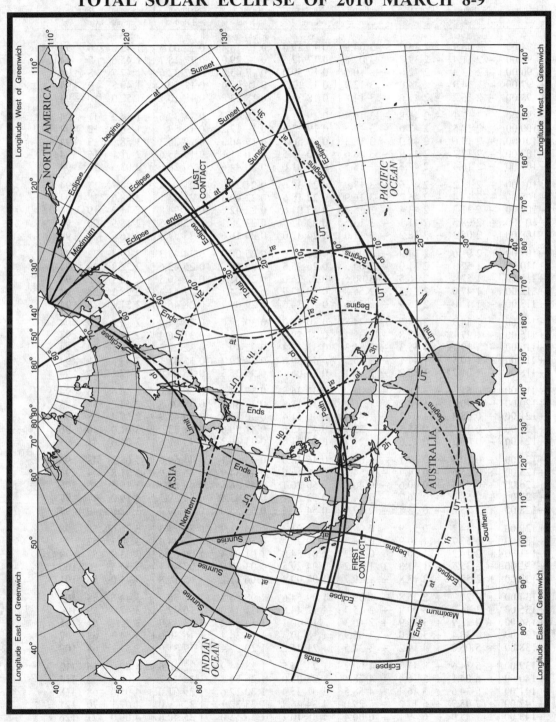

## PATH OF CENTRAL PHASE: TOTAL SOLAR ECLIPSE OF MARCH 8-9

*For limits, see* Circumstances of the Eclipse.

| Longitude | Latitude of: Northern Limit | Central Line | Southern Limit | Universal Time at: Northern Limit | Central Line | Southern Limit | On Central Line Maximum Duration | Sun's Alt. | Az. |
|---|---|---|---|---|---|---|---|---|---|
| ° ′ | ° ′ | ° ′ | ° ′ | h m s | h m s | h m s | m s | ° | ° |
| + 94 00 | − 2 08.9 | − 2 36.7 | − 3 04.9 | 0 17 29.6 | 0 17 18.4 | 0 17 05.3 | 1 43.6 | 6 | 94 |
| + 95 00 | − 2 11.4 | − 2 39.7 | − 3 07.8 | 0 17 42.5 | 0 17 29.9 | 0 17 18.7 | 1 45.6 | 7 | 94 |
| + 96 00 | − 2 13.3 | − 2 42.0 | − 3 10.6 | 0 17 59.0 | 0 17 45.2 | 0 17 32.6 | 1 47.7 | 8 | 94 |
| + 97 00 | − 2 14.9 | − 2 44.0 | − 3 12.9 | 0 18 17.3 | 0 18 03.4 | 0 17 50.1 | 1 49.8 | 9 | 94 |
| + 98 00 | − 2 16.2 | − 2 45.6 | − 3 14.8 | 0 18 38.2 | 0 18 23.8 | 0 18 10.1 | 1 52.0 | 10 | 94 |
| + 99 00 | − 2 17.1 | − 2 46.8 | − 3 16.4 | 0 19 01.6 | 0 18 46.7 | 0 18 32.6 | 1 54.2 | 11 | 94 |
| +100 00 | − 2 17.5 | − 2 47.6 | − 3 17.5 | 0 19 27.5 | 0 19 12.2 | 0 18 57.7 | 1 56.4 | 12 | 94 |
| +101 00 | − 2 17.6 | − 2 48.0 | − 3 18.3 | 0 19 56.1 | 0 19 40.3 | 0 19 25.3 | 1 58.8 | 13 | 94 |
| +102 00 | − 2 17.2 | − 2 48.0 | − 3 18.6 | 0 20 27.5 | 0 20 11.1 | 0 19 55.6 | 2 01.1 | 15 | 94 |
| +103 00 | − 2 16.4 | − 2 47.5 | − 3 18.5 | 0 21 01.6 | 0 20 44.6 | 0 20 28.6 | 2 03.6 | 16 | 94 |
| +104 00 | − 2 15.2 | − 2 46.6 | − 3 17.9 | 0 21 38.6 | 0 21 21.0 | 0 21 04.4 | 2 06.1 | 17 | 94 |
| +105 00 | − 2 13.4 | − 2 45.2 | − 3 16.9 | 0 22 18.6 | 0 22 00.4 | 0 21 43.1 | 2 08.6 | 18 | 94 |
| +106 00 | − 2 11.2 | − 2 43.4 | − 3 15.5 | 0 23 01.6 | 0 22 42.7 | 0 22 24.8 | 2 11.2 | 19 | 94 |
| +107 00 | − 2 08.5 | − 2 41.1 | − 3 13.5 | 0 23 47.7 | 0 23 28.1 | 0 23 09.5 | 2 13.9 | 20 | 94 |
| +108 00 | − 2 05.3 | − 2 38.2 | − 3 11.0 | 0 24 37.0 | 0 24 16.6 | 0 23 57.3 | 2 16.6 | 22 | 94 |
| +109 00 | − 2 01.6 | − 2 34.9 | − 3 08.1 | 0 25 29.6 | 0 25 08.4 | 0 24 48.3 | 2 19.4 | 23 | 94 |
| +110 00 | − 1 57.3 | − 2 31.0 | − 3 04.5 | 0 26 25.5 | 0 26 03.5 | 0 25 42.6 | 2 22.2 | 24 | 94 |
| +111 00 | − 1 52.4 | − 2 26.5 | − 3 00.5 | 0 27 25.0 | 0 27 02.1 | 0 26 40.3 | 2 25.1 | 25 | 94 |
| +112 00 | − 1 47.0 | − 2 21.5 | − 2 55.8 | 0 28 27.9 | 0 28 04.1 | 0 27 41.4 | 2 28.1 | 26 | 94 |
| +113 00 | − 1 41.0 | − 2 15.9 | − 2 50.6 | 0 29 34.6 | 0 29 09.7 | 0 28 46.1 | 2 31.1 | 28 | 94 |
| +114 00 | − 1 34.3 | − 2 09.7 | − 2 44.8 | 0 30 45.0 | 0 30 19.0 | 0 29 54.4 | 2 34.2 | 29 | 94 |
| +115 00 | − 1 27.1 | − 2 02.8 | − 2 38.4 | 0 31 59.2 | 0 31 32.2 | 0 31 06.4 | 2 37.3 | 30 | 94 |
| +116 00 | − 1 19.1 | − 1 55.3 | − 2 31.3 | 0 33 17.4 | 0 32 49.2 | 0 32 22.3 | 2 40.5 | 32 | 94 |
| +117 00 | − 1 10.5 | − 1 47.1 | − 2 23.5 | 0 34 39.6 | 0 34 10.2 | 0 33 42.1 | 2 43.8 | 33 | 94 |
| +118 00 | − 1 01.2 | − 1 38.2 | − 2 15.1 | 0 36 06.1 | 0 35 35.3 | 0 35 06.0 | 2 47.1 | 34 | 94 |
| +119 00 | − 0 51.1 | − 1 28.6 | − 2 05.9 | 0 37 36.8 | 0 37 04.7 | 0 36 34.0 | 2 50.5 | 36 | 94 |
| +120 00 | − 0 40.3 | − 1 18.3 | − 1 56.0 | 0 39 11.8 | 0 38 38.3 | 0 38 06.3 | 2 54.0 | 37 | 95 |
| +121 00 | − 0 28.8 | − 1 07.2 | − 1 45.4 | 0 40 51.4 | 0 40 16.4 | 0 39 42.9 | 2 57.4 | 38 | 95 |
| +122 00 | − 0 16.4 | − 0 55.3 | − 1 33.9 | 0 42 35.6 | 0 41 59.0 | 0 41 23.9 | 3 01.0 | 40 | 95 |
| +123 00 | − 0 03.3 | − 0 42.6 | − 1 21.7 | 0 44 24.4 | 0 43 46.2 | 0 43 09.5 | 3 04.6 | 41 | 95 |
| +124 00 | + 0 10.7 | − 0 29.1 | − 1 08.7 | 0 46 18.0 | 0 45 38.1 | 0 44 59.8 | 3 08.2 | 43 | 96 |
| +125 00 | + 0 25.6 | − 0 14.7 | − 0 54.8 | 0 48 16.6 | 0 47 34.9 | 0 46 54.9 | 3 11.8 | 44 | 96 |
| +126 00 | + 0 41.4 | + 0 00.6 | − 0 40.0 | 0 50 20.1 | 0 49 36.6 | 0 48 54.7 | 3 15.5 | 46 | 96 |
| +127 00 | + 0 58.0 | + 0 16.7 | − 0 24.3 | 0 52 28.7 | 0 51 43.3 | 0 50 59.5 | 3 19.2 | 47 | 97 |
| +128 00 | + 1 15.6 | + 0 33.8 | − 0 07.7 | 0 54 42.4 | 0 53 55.0 | 0 53 09.4 | 3 22.9 | 49 | 97 |
| +129 00 | + 1 34.2 | + 0 51.9 | + 0 09.8 | 0 57 01.3 | 0 56 11.9 | 0 55 24.3 | 3 26.6 | 50 | 98 |
| +130 00 | + 1 53.7 | + 1 10.9 | + 0 28.3 | 0 59 25.4 | 0 58 34.0 | 0 57 44.4 | 3 30.2 | 52 | 99 |
| +131 00 | + 2 14.2 | + 1 30.8 | + 0 47.7 | 1 01 54.8 | 1 01 01.3 | 1 00 09.6 | 3 33.9 | 53 | 99 |
| +132 00 | + 2 35.7 | + 1 51.8 | + 1 08.2 | 1 04 29.5 | 1 03 33.9 | 1 02 40.1 | 3 37.5 | 55 | 100 |
| +133 00 | + 2 58.2 | + 2 13.8 | + 1 29.7 | 1 07 09.4 | 1 06 11.7 | 1 05 15.8 | 3 41.0 | 56 | 101 |
| +134 00 | + 3 21.7 | + 2 36.8 | + 1 52.2 | 1 09 54.6 | 1 08 54.8 | 1 07 56.7 | 3 44.5 | 58 | 103 |
| +135 00 | + 3 46.3 | + 3 00.9 | + 2 15.7 | 1 12 44.8 | 1 11 43.0 | 1 10 42.7 | 3 47.9 | 59 | 104 |
| +136 00 | + 4 11.9 | + 3 25.9 | + 2 40.3 | 1 15 40.1 | 1 14 36.2 | 1 13 33.9 | 3 51.1 | 61 | 105 |
| +137 00 | + 4 38.4 | + 3 52.0 | + 3 05.9 | 1 18 40.3 | 1 17 34.4 | 1 16 30.0 | 3 54.3 | 63 | 107 |
| +138 00 | + 5 06.0 | + 4 19.2 | + 3 32.5 | 1 21 45.2 | 1 20 37.4 | 1 19 31.0 | 3 57.2 | 64 | 109 |
| +139 00 | + 5 34.6 | + 4 47.3 | + 4 00.2 | 1 24 54.5 | 1 23 44.9 | 1 22 36.6 | 4 00.0 | 66 | 112 |
| +140 00 | + 6 04.1 | + 5 16.4 | + 4 28.8 | 1 28 08.0 | 1 26 56.8 | 1 25 46.7 | 4 02.6 | 67 | 114 |
| +141 00 | + 6 34.6 | + 5 46.4 | + 4 58.5 | 1 31 25.4 | 1 30 12.6 | 1 29 01.0 | 4 05.0 | 68 | 118 |
| +142 00 | + 7 05.9 | + 6 17.3 | + 5 29.0 | 1 34 46.2 | 1 33 32.1 | 1 32 19.0 | 4 07.1 | 70 | 121 |
| +143 00 | + 7 38.0 | + 6 49.1 | + 6 00.4 | 1 38 10.1 | 1 36 55.0 | 1 35 40.6 | 4 09.0 | 71 | 126 |

## PATH OF CENTRAL PHASE: TOTAL SOLAR ECLIPSE OF MARCH 8-9

| Longitude | Latitude of: Northern Limit | Central Line | Southern Limit | Universal Time at: Northern Limit | Central Line | Southern Limit | On Central Line Maximum Duration | Sun's Alt. | Sun's Az. |
|---|---|---|---|---|---|---|---|---|---|
| ° ′ | ° ′ | ° ′ | ° ′ | h m s | h m s | h m s | m s | ° | ° |
| +144 00 | + 8 10.9 | + 7 21.7 | + 6 32.7 | 1 41 36.7 | 1 40 20.6 | 1 39 05.2 | 4 10.6 | 72 | 131 |
| +145 00 | + 8 44.5 | + 7 55.0 | + 7 05.7 | 1 45 05.3 | 1 43 48.6 | 1 42 32.4 | 4 12.0 | 73 | 136 |
| +146 00 | + 9 18.7 | + 8 29.0 | + 7 39.5 | 1 48 35.5 | 1 47 18.5 | 1 46 01.8 | 4 13.0 | 74 | 142 |
| +147 00 | + 9 53.4 | + 9 03.6 | + 8 13.9 | 1 52 06.7 | 1 50 49.7 | 1 49 32.7 | 4 13.7 | 74 | 149 |
| +148 00 | +10 28.6 | + 9 38.7 | + 8 48.8 | 1 55 38.3 | 1 54 21.6 | 1 53 04.7 | 4 14.1 | 75 | 157 |
| +149 00 | +11 04.1 | +10 14.1 | + 9 24.2 | 1 59 09.8 | 1 57 53.7 | 1 56 37.1 | 4 14.1 | 75 | 164 |
| +150 00 | +11 39.9 | +10 49.9 | +10 00.0 | 2 02 40.6 | 2 01 25.3 | 2 00 09.5 | 4 13.9 | 75 | 171 |
| +151 00 | +12 15.9 | +11 25.9 | +10 36.0 | 2 06 10.1 | 2 04 56.0 | 2 03 41.1 | 4 13.3 | 74 | 179 |
| +152 00 | +12 51.9 | +12 02.1 | +11 12.2 | 2 09 37.8 | 2 08 25.1 | 2 07 11.4 | 4 12.4 | 74 | 185 |
| +153 00 | +13 28.0 | +12 38.2 | +11 48.5 | 2 13 03.2 | 2 11 52.1 | 2 10 39.9 | 4 11.3 | 73 | 191 |
| +154 00 | +14 03.9 | +13 14.4 | +12 24.8 | 2 16 25.6 | 2 15 16.5 | 2 14 06.1 | 4 09.8 | 72 | 197 |
| +155 00 | +14 39.6 | +13 50.3 | +13 00.9 | 2 19 44.8 | 2 18 37.8 | 2 17 29.4 | 4 08.1 | 70 | 201 |
| +156 00 | +15 15.1 | +14 26.1 | +13 36.9 | 2 23 00.4 | 2 21 55.6 | 2 20 49.4 | 4 06.2 | 69 | 206 |
| +157 00 | +15 50.2 | +15 01.5 | +14 12.7 | 2 26 11.9 | 2 25 09.6 | 2 24 05.7 | 4 04.0 | 68 | 209 |
| +158 00 | +16 24.9 | +15 36.5 | +14 48.0 | 2 29 19.0 | 2 28 19.3 | 2 27 17.9 | 4 01.6 | 67 | 213 |
| +159 00 | +16 59.1 | +16 11.2 | +15 23.0 | 2 32 21.6 | 2 31 24.6 | 2 30 25.8 | 3 59.1 | 65 | 216 |
| +160 00 | +17 32.9 | +16 45.3 | +15 57.5 | 2 35 19.4 | 2 34 25.1 | 2 33 29.0 | 3 56.3 | 64 | 218 |
| +161 00 | +18 06.0 | +17 18.8 | +16 31.5 | 2 38 12.2 | 2 37 20.7 | 2 36 27.4 | 3 53.5 | 62 | 220 |
| +162 00 | +18 38.6 | +17 51.8 | +17 04.9 | 2 41 00.0 | 2 40 11.3 | 2 39 20.8 | 3 50.5 | 61 | 223 |
| +163 00 | +19 10.5 | +18 24.2 | +17 37.7 | 2 43 42.6 | 2 42 56.7 | 2 42 09.0 | 3 47.4 | 59 | 224 |
| +164 00 | +19 41.7 | +18 55.9 | +18 09.9 | 2 46 20.0 | 2 45 36.9 | 2 44 52.0 | 3 44.3 | 58 | 226 |
| +165 00 | +20 12.3 | +19 26.9 | +18 41.4 | 2 48 52.2 | 2 48 11.9 | 2 47 29.8 | 3 41.1 | 56 | 228 |
| +166 00 | +20 42.1 | +19 57.3 | +19 12.2 | 2 51 19.2 | 2 50 41.6 | 2 50 02.2 | 3 37.8 | 55 | 229 |
| +167 00 | +21 11.3 | +20 26.9 | +19 42.4 | 2 53 41.0 | 2 53 06.1 | 2 52 29.4 | 3 34.5 | 53 | 231 |
| +168 00 | +21 39.7 | +20 55.8 | +20 11.8 | 2 55 57.7 | 2 55 25.4 | 2 54 51.4 | 3 31.2 | 52 | 232 |
| +169 00 | +22 07.4 | +21 24.0 | +20 40.5 | 2 58 09.4 | 2 57 39.6 | 2 57 08.1 | 3 27.8 | 50 | 233 |
| +170 00 | +22 34.4 | +21 51.5 | +21 08.4 | 3 00 16.1 | 2 59 48.8 | 2 59 19.7 | 3 24.5 | 49 | 234 |
| +171 00 | +23 00.7 | +22 18.3 | +21 35.6 | 3 02 18.0 | 3 01 53.0 | 3 01 26.4 | 3 21.1 | 48 | 235 |
| +172 00 | +23 26.3 | +22 44.3 | +22 02.2 | 3 04 15.1 | 3 03 52.4 | 3 03 28.0 | 3 17.8 | 46 | 236 |
| +173 00 | +23 51.1 | +23 09.6 | +22 28.0 | 3 06 07.5 | 3 05 47.0 | 3 05 24.9 | 3 14.5 | 45 | 237 |
| +174 00 | +24 15.3 | +23 34.2 | +22 53.0 | 3 07 55.4 | 3 07 37.0 | 3 07 17.0 | 3 11.3 | 43 | 238 |
| +175 00 | +24 38.7 | +23 58.1 | +23 17.4 | 3 09 38.9 | 3 09 22.5 | 3 09 04.5 | 3 08.0 | 42 | 239 |
| +176 00 | +25 01.5 | +24 21.4 | +23 41.1 | 3 11 18.2 | 3 11 03.6 | 3 10 47.6 | 3 04.8 | 41 | 240 |
| +177 00 | +25 23.6 | +24 43.9 | +24 04.1 | 3 12 53.2 | 3 12 40.5 | 3 12 26.3 | 3 01.7 | 39 | 241 |
| +178 00 | +25 45.1 | +25 05.8 | +24 26.4 | 3 14 24.2 | 3 14 13.1 | 3 14 00.7 | 2 58.5 | 38 | 242 |
| +179 00 | +26 05.9 | +25 27.0 | +24 48.1 | 3 15 51.2 | 3 15 41.8 | 3 15 31.0 | 2 55.5 | 37 | 242 |
| 180 00 | +26 26.0 | +25 47.6 | +25 09.1 | 3 17 14.4 | 3 17 06.6 | 3 16 57.4 | 2 52.5 | 36 | 243 |
| −179 00 | +26 45.6 | +26 07.6 | +25 29.5 | 3 18 33.9 | 3 18 27.6 | 3 18 19.9 | 2 49.5 | 34 | 244 |
| −178 00 | +27 04.5 | +26 26.9 | +25 49.3 | 3 19 49.9 | 3 19 44.9 | 3 19 38.6 | 2 46.6 | 33 | 245 |
| −177 00 | +27 22.8 | +26 45.7 | +26 08.4 | 3 21 02.3 | 3 20 58.6 | 3 20 53.7 | 2 43.7 | 32 | 245 |
| −176 00 | +27 40.6 | +27 03.8 | +26 26.9 | 3 22 11.4 | 3 22 08.9 | 3 22 05.2 | 2 40.9 | 31 | 246 |
| −175 00 | +27 57.8 | +27 21.4 | +26 44.9 | 3 23 17.2 | 3 23 15.9 | 3 23 13.4 | 2 38.1 | 30 | 247 |
| −174 00 | +28 14.4 | +27 38.4 | +27 02.3 | 3 24 19.8 | 3 24 19.6 | 3 24 18.2 | 2 35.4 | 29 | 247 |
| −173 00 | +28 30.4 | +27 54.8 | +27 19.1 | 3 25 19.3 | 3 25 20.1 | 3 25 19.8 | 2 32.7 | 27 | 248 |
| −172 00 | +28 46.0 | +28 10.7 | +27 35.4 | 3 26 15.9 | 3 26 17.7 | 3 26 18.4 | 2 30.1 | 26 | 249 |
| −171 00 | +29 01.0 | +28 26.1 | +27 51.1 | 3 27 09.6 | 3 27 12.3 | 3 27 13.9 | 2 27.6 | 25 | 249 |
| −170 00 | +29 15.5 | +28 40.9 | +28 06.3 | 3 28 00.5 | 3 28 04.0 | 3 28 06.5 | 2 25.1 | 24 | 250 |
| −169 00 | +29 29.5 | +28 55.3 | +28 21.0 | 3 28 48.6 | 3 28 52.9 | 3 28 56.2 | 2 22.6 | 23 | 251 |
| −168 00 | +29 43.0 | +29 09.1 | +28 35.2 | 3 29 34.2 | 3 29 39.2 | 3 29 43.3 | 2 20.2 | 22 | 251 |
| −167 00 | +29 56.0 | +29 22.5 | +28 49.0 | 3 30 17.1 | 3 30 22.9 | 3 30 27.6 | 2 17.9 | 21 | 252 |

## PATH OF CENTRAL PHASE: TOTAL SOLAR ECLIPSE OF MARCH 8-9

| Longitude | Latitude of: | | | Universal Time at: | | | On Central Line | | |
|---|---|---|---|---|---|---|---|---|---|
| | Northern Limit | Central Line | Southern Limit | Northern Limit | Central Line | Southern Limit | Maximum Duration | Sun's Alt. | Az. |
| ° ′ | ° ′ | ° ′ | ° ′ | h m s | h m s | h m s | m s | ° | ° |
| −166 00 | +30 08.6 | +29 35.4 | +29 02.2 | 3 30 57.6 | 3 31 04.0 | 3 31 09.4 | 2 15.5 | 20 | 253 |
| −165 00 | +30 20.7 | +29 47.8 | +29 14.9 | 3 31 35.7 | 3 31 42.7 | 3 31 48.7 | 2 13.3 | 19 | 253 |
| −164 00 | +30 32.3 | +29 59.8 | +29 27.2 | 3 32 11.5 | 3 32 18.9 | 3 32 25.5 | 2 11.1 | 18 | 254 |
| −163 00 | +30 43.5 | +30 11.3 | +29 39.1 | 3 32 44.9 | 3 32 52.9 | 3 33 00.0 | 2 08.9 | 17 | 254 |
| −162 00 | +30 54.3 | +30 22.4 | +29 50.5 | 3 33 16.2 | 3 33 24.6 | 3 33 32.2 | 2 06.8 | 16 | 255 |
| −161 00 | +31 04.7 | +30 33.1 | +30 01.5 | 3 33 45.3 | 3 33 54.2 | 3 34 02.2 | 2 04.7 | 15 | 256 |
| −160 00 | +31 14.6 | +30 43.3 | +30 12.0 | 3 34 12.3 | 3 34 21.6 | 3 34 30.0 | 2 02.6 | 14 | 256 |
| −159 00 | +31 24.2 | +30 53.2 | +30 22.2 | 3 34 37.3 | 3 34 46.9 | 3 34 55.7 | 2 00.6 | 13 | 257 |
| −158 00 | +31 33.3 | +31 02.6 | +30 31.9 | 3 35 00.3 | 3 35 10.3 | 3 35 19.4 | 1 58.7 | 12 | 257 |
| −157 00 | +31 42.1 | +31 11.7 | +30 41.3 | 3 35 21.5 | 3 35 31.6 | 3 35 41.1 | 1 56.8 | 11 | 258 |
| −156 00 | +31 50.5 | +31 20.3 | +30 50.2 | 3 35 40.7 | 3 35 51.1 | 3 36 00.8 | 1 54.9 | 10 | 259 |
| −155 00 | +31 58.5 | +31 28.6 | +30 58.8 | 3 35 58.0 | 3 36 08.8 | 3 36 18.7 | 1 53.0 | 9 | 259 |
| −154 00 | +32 06.2 | +31 36.6 | +31 07.0 | 3 36 13.8 | 3 36 24.6 | 3 36 34.8 | 1 51.2 | 8 | 260 |
| −153 00 | +32 13.4 | +31 44.3 | +31 14.9 | 3 36 27.5 | 3 36 39.3 | 3 36 49.2 | 1 49.5 | 7 | 260 |
| −152 00 | +32 20.0 | +31 51.5 | +31 22.2 | 3 36 38.3 | 3 36 51.6 | 3 37 01.1 | 1 47.7 | 6 | 261 |
| −151 00 | +32 26.6 | +31 58.0 | +31 29.0 | 3 36 48.5 | 3 37 01.0 | 3 37 10.2 | 1 46.0 | 6 | 261 |
| −150 00 | +32 33.1 | +32 04.0 | +31 35.8 | 3 36 58.8 | 3 37 07.2 | 3 37 19.2 | 1 44.4 | 5 | 262 |

*For limits, see* Circumstances of the Eclipse.

# II. - Penumbral Eclipse of the Moon

**2016 March 23**

UT of geocentric opposition in RA: March 23$^d$ 11$^h$ 3$^m$ 10$^s$527

Penumbral magnitude of the eclipse: 0.801

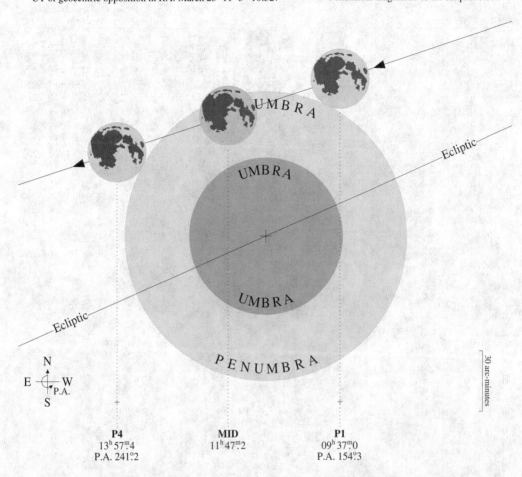

P4
13$^h$ 57$^m$4
P.A. 241°2

MID
11$^h$ 47$^m$2

P1
09$^h$ 37$^m$0
P.A. 154°3

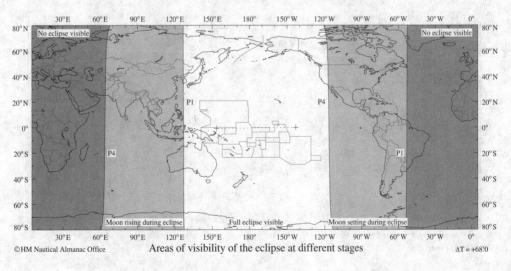

© HM Nautical Almanac Office     Areas of visibility of the eclipse at different stages     ΔT = +68°0

# III. - Penumbral Eclipse of the Moon

**2016 August 18**

UT of geocentric opposition in RA: August 18$^d$ 10$^h$ 25$^m$ 39$\overset{s}{.}$940

Penumbral magnitude of the eclipse: 0.017

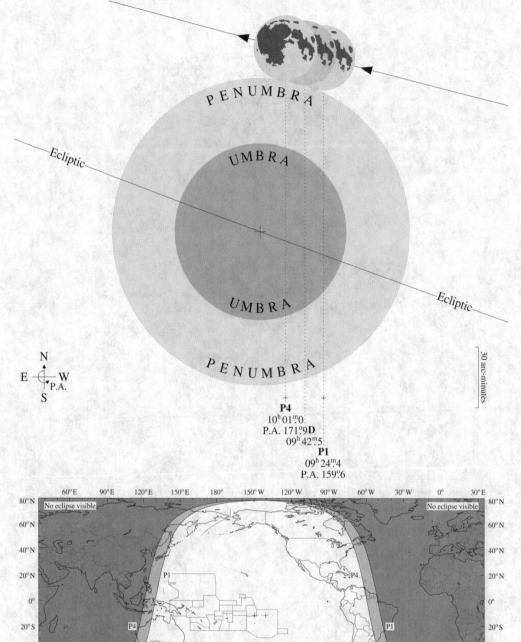

P E N U M B R A

U M B R A

Ecliptic

U M B R A

P E N U M B R A

N
E — W
P.A.
S

30 arc-minutes

**P4**
10$^h$ 01$^m\!.$0
P.A. 171$\overset{\circ}{.}$9**D**
09$^h$ 42$^m\!.$5

**P1**
09$^h$ 24$^m\!.$4
P.A. 159$\overset{\circ}{.}$6

No eclipse visible

No eclipse visible

P1

P4

P4

P1

Moon rising during eclipse      Full eclipse visible      Moon setting during eclipse

©HM Nautical Almanac Office      Areas of visibility of the eclipse at different stages      $\Delta T = +68\overset{s}{.}0$

## IV. –Annular Eclipse of the Sun, 2016 September 1

### CIRCUMSTANCES OF THE ECLIPSE

Universal Time of geocentric conjunction in right ascension, September $1^d\ 09^h\ 18^m\ 3^s.650$
Julian Date = 2457632.8875422470

|  |  | UT | | | Longitude | | Latitude | |
|---|---|---|---|---|---|---|---|---|
|  |  | d | h | m | ° | ′ | ° | ′ |
| Eclipse begins | September | 1 | 6 | 13.1 | – 3 | 52.2 | + 4 | 00.6 |
| Beginning of northern limit of umbra |  | 1 | 7 | 18.8 | – 19 | 23.7 | – 2 | 23.3 |
| Beginning of center line; central eclipse begins |  | 1 | 7 | 19.2 | – 19 | 23.3 | – 3 | 04.2 |
| Beginning of southern limit of umbra |  | 1 | 7 | 19.6 | – 19 | 23.0 | – 3 | 45.2 |
| Central eclipse at local apparent noon |  | 1 | 9 | 18.1 | + 40 | 27.2 | –12 | 20.2 |
| End of southern limit of umbra |  | 1 | 10 | 54.0 | +100 | 29.4 | –36 | 20.1 |
| End of center line; central eclipse ends |  | 1 | 10 | 54.4 | +100 | 32.7 | –35 | 38.0 |
| End of northern limit of umbra |  | 1 | 10 | 54.8 | +100 | 35.9 | –34 | 56.0 |
| Eclipse ends |  | 1 | 12 | 00.7 | + 85 | 23.3 | –28 | 35.3 |

### BESSELIAN ELEMENTS

Let $t = (UT-6^h) + \delta T/3600$ in units of hours.

These equations are valid over the range $0^h.125 \le t \le 6^h.183$. Do not use $t$ outside the given range, and do not omit any terms in the series. If $\mu$ is greater than 360°, then subtract 360° from its computed value.

Intersection of the axis of shadow with the fundamental plane:
$$x = -1.66394275 + 0.50402332\ t + 0.00003501\ t^2 - 0.00000630\ t^3$$
$$y = +0.14164876 - 0.14795037\ t - 0.00004177\ t^2 + 0.00000178\ t^3$$

Direction of the axis of shadow:
$$\sin\ d = +0.14102949 - 0.00025559\ t - 0.00000003\ t^2$$
$$\cos\ d = +0.99000539 + 0.00003641\ t - 0.00000003\ t^2$$
$$\mu = 270°.01724176 + 15.00453746\ t + 0.00000119\ t^2 - 0.00000002\ t^3 - 0.00417807\ \delta T$$

Radius of the shadow on the fundamental plane:
penumbra $(l_1)$ = $+0.55752519 + 0.00017411\ t - 0.00001052\ t^2 + 0.00000001\ t^3$
umbra $(l_2)$ = $+0.01108420 + 0.00017320\ t - 0.00001046\ t^2$

Other important quantities:
$$\tan f_1 = +0.004634$$
$$\tan f_2 = +0.004611$$
$$\mu' = +0.261879 \text{ radians per hour}$$
$$d' = -0.000258 \text{ radians per hour}$$

All time arguments are given provisionally in Universal Time, using $\Delta T(A) = 68^s.0$.

These data or auxiliary material may also be found on
*Eclipses Online Portal at*
**http://astro.ukho.gov.uk/eclbin/query_usno.cgi**

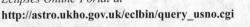

# ANNULAR SOLAR ECLIPSE OF 2016 SEPTEMBER 1

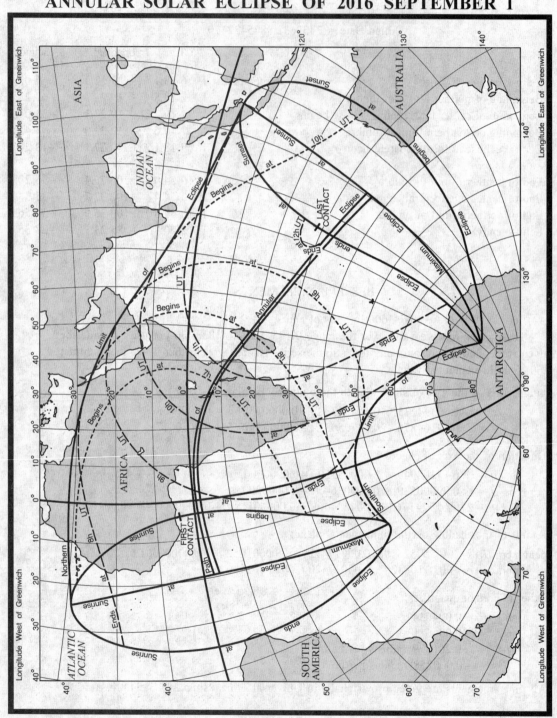

## PATH OF CENTRAL PHASE: ANNULAR SOLAR ECLIPSE OF SEPTEMBER 1

*For limits, see* Circumstances of the Eclipse.

| Longitude | Latitude of: Northern Limit | Central Line | Southern Limit | Universal Time at: Northern Limit | Central Line | Southern Limit | On Central Line Maximum Duration | Sun's Alt. | Az. |
|---|---|---|---|---|---|---|---|---|---|
| ° ′ | ° ′ | ° ′ | ° ′ | h m s | h m s | h m s | m s | ° | ° |
| − 14 00 | − 1 42.5 | − 2 21.9 | − 3 01.3 | 7 19 26.1 | 7 19 48.5 | 7 20 10.6 | 2 39.5 | 6 | 82 |
| − 13 00 | − 1 35.7 | − 2 14.7 | − 2 54.0 | 7 19 38.8 | 7 20 01.0 | 7 20 24.5 | 2 39.8 | 7 | 82 |
| − 12 00 | − 1 29.3 | − 2 08.0 | − 2 46.9 | 7 19 55.9 | 7 20 17.9 | 7 20 40.6 | 2 40.1 | 8 | 82 |
| − 11 00 | − 1 23.3 | − 2 01.7 | − 2 40.3 | 7 20 15.7 | 7 20 37.8 | 7 21 00.6 | 2 40.4 | 9 | 81 |
| − 10 00 | − 1 17.6 | − 1 55.7 | − 2 33.9 | 7 20 38.3 | 7 21 00.5 | 7 21 23.3 | 2 40.7 | 10 | 81 |
| − 9 00 | − 1 12.2 | − 1 50.0 | − 2 28.0 | 7 21 03.6 | 7 21 26.0 | 7 21 49.0 | 2 41.0 | 11 | 81 |
| − 8 00 | − 1 07.2 | − 1 44.7 | − 2 22.4 | 7 21 32.0 | 7 21 54.5 | 7 22 17.6 | 2 41.3 | 12 | 81 |
| − 7 00 | − 1 02.6 | − 1 39.8 | − 2 17.2 | 7 22 03.4 | 7 22 26.1 | 7 22 49.4 | 2 41.6 | 13 | 81 |
| − 6 00 | − 0 58.4 | − 1 35.3 | − 2 12.3 | 7 22 37.9 | 7 23 00.8 | 7 23 24.3 | 2 42.0 | 14 | 81 |
| − 5 00 | − 0 54.6 | − 1 31.2 | − 2 07.9 | 7 23 15.7 | 7 23 38.8 | 7 24 02.5 | 2 42.3 | 16 | 81 |
| − 4 00 | − 0 51.2 | − 1 27.5 | − 2 03.9 | 7 23 56.8 | 7 24 20.2 | 7 24 44.1 | 2 42.7 | 17 | 81 |
| − 3 00 | − 0 48.2 | − 1 24.2 | − 2 00.3 | 7 24 41.3 | 7 25 05.0 | 7 25 29.2 | 2 43.0 | 18 | 81 |
| − 2 00 | − 0 45.7 | − 1 21.4 | − 1 57.3 | 7 25 29.4 | 7 25 53.3 | 7 26 17.8 | 2 43.4 | 19 | 81 |
| − 1 00 | − 0 43.6 | − 1 19.1 | − 1 54.6 | 7 26 21.0 | 7 26 45.3 | 7 27 10.2 | 2 43.8 | 20 | 81 |
| 0 00 | − 0 42.1 | − 1 17.2 | − 1 52.5 | 7 27 16.5 | 7 27 41.1 | 7 28 06.3 | 2 44.2 | 22 | 81 |
| + 1 00 | − 0 41.1 | − 1 15.9 | − 1 50.9 | 7 28 15.7 | 7 28 40.8 | 7 29 06.3 | 2 44.6 | 23 | 81 |
| + 2 00 | − 0 40.6 | − 1 15.2 | − 1 49.9 | 7 29 19.0 | 7 29 44.4 | 7 30 10.4 | 2 45.1 | 24 | 81 |
| + 3 00 | − 0 40.7 | − 1 15.0 | − 1 49.4 | 7 30 26.3 | 7 30 52.2 | 7 31 18.7 | 2 45.5 | 25 | 80 |
| + 4 00 | − 0 41.3 | − 1 15.3 | − 1 49.5 | 7 31 37.9 | 7 32 04.2 | 7 32 31.2 | 2 45.9 | 27 | 80 |
| + 5 00 | − 0 42.6 | − 1 16.3 | − 1 50.2 | 7 32 53.7 | 7 33 20.7 | 7 33 48.1 | 2 46.4 | 28 | 80 |
| + 6 00 | − 0 44.5 | − 1 17.9 | − 1 51.5 | 7 34 14.1 | 7 34 41.6 | 7 35 09.6 | 2 46.9 | 29 | 80 |
| + 7 00 | − 0 47.0 | − 1 20.2 | − 1 53.5 | 7 35 39.1 | 7 36 07.2 | 7 36 35.8 | 2 47.3 | 30 | 80 |
| + 8 00 | − 0 50.2 | − 1 23.2 | − 1 56.2 | 7 37 08.8 | 7 37 37.5 | 7 38 06.8 | 2 47.8 | 32 | 80 |
| + 9 00 | − 0 54.2 | − 1 26.9 | − 1 59.7 | 7 38 43.5 | 7 39 12.9 | 7 39 42.7 | 2 48.3 | 33 | 79 |
| + 10 00 | − 0 58.9 | − 1 31.3 | − 2 03.9 | 7 40 23.2 | 7 40 53.2 | 7 41 23.8 | 2 48.8 | 35 | 79 |
| + 11 00 | − 1 04.3 | − 1 36.5 | − 2 08.9 | 7 42 08.0 | 7 42 38.9 | 7 43 10.2 | 2 49.4 | 36 | 79 |
| + 12 00 | − 1 10.6 | − 1 42.6 | − 2 14.7 | 7 43 58.3 | 7 44 29.9 | 7 45 02.0 | 2 49.9 | 37 | 78 |
| + 13 00 | − 1 17.7 | − 1 49.5 | − 2 21.3 | 7 45 54.0 | 7 46 26.5 | 7 46 59.4 | 2 50.4 | 39 | 78 |
| + 14 00 | − 1 25.7 | − 1 57.2 | − 2 28.9 | 7 47 55.4 | 7 48 28.7 | 7 49 02.5 | 2 50.9 | 40 | 78 |
| + 15 00 | − 1 34.6 | − 2 05.9 | − 2 37.4 | 7 50 02.5 | 7 50 36.8 | 7 51 11.6 | 2 51.5 | 42 | 77 |
| + 16 00 | − 1 44.4 | − 2 15.6 | − 2 46.8 | 7 52 15.7 | 7 52 50.9 | 7 53 26.6 | 2 52.0 | 43 | 77 |
| + 17 00 | − 1 55.3 | − 2 26.2 | − 2 57.3 | 7 54 34.9 | 7 55 11.2 | 7 55 47.9 | 2 52.6 | 45 | 76 |
| + 18 00 | − 2 07.1 | − 2 37.9 | − 3 08.8 | 7 57 00.4 | 7 57 37.7 | 7 58 15.4 | 2 53.1 | 46 | 75 |
| + 19 00 | − 2 20.0 | − 2 50.7 | − 3 21.4 | 7 59 32.3 | 8 00 10.6 | 8 00 49.4 | 2 53.7 | 48 | 75 |
| + 20 00 | − 2 34.1 | − 3 04.5 | − 3 35.2 | 8 02 10.6 | 8 02 50.1 | 8 03 30.0 | 2 54.2 | 49 | 74 |
| + 21 00 | − 2 49.2 | − 3 19.6 | − 3 50.1 | 8 04 55.5 | 8 05 36.1 | 8 06 17.2 | 2 54.7 | 51 | 73 |
| + 22 00 | − 3 05.6 | − 3 35.8 | − 4 06.2 | 8 07 47.1 | 8 08 28.9 | 8 09 11.1 | 2 55.3 | 52 | 72 |
| + 23 00 | − 3 23.1 | − 3 53.2 | − 4 23.5 | 8 10 45.4 | 8 11 28.4 | 8 12 11.8 | 2 55.8 | 54 | 71 |
| + 24 00 | − 3 41.9 | − 4 12.0 | − 4 42.2 | 8 13 50.5 | 8 14 34.6 | 8 15 19.2 | 2 56.3 | 55 | 69 |
| + 25 00 | − 4 01.9 | − 4 32.0 | − 5 02.1 | 8 17 02.3 | 8 17 47.6 | 8 18 33.4 | 2 56.7 | 57 | 68 |
| + 26 00 | − 4 23.3 | − 4 53.3 | − 5 23.4 | 8 20 20.8 | 8 21 07.3 | 8 21 54.2 | 2 57.2 | 59 | 66 |
| + 27 00 | − 4 46.0 | − 5 15.9 | − 5 46.0 | 8 23 45.8 | 8 24 33.5 | 8 25 21.6 | 2 57.6 | 60 | 64 |
| + 28 00 | − 5 10.0 | − 5 39.9 | − 6 10.0 | 8 27 17.3 | 8 28 06.1 | 8 28 55.3 | 2 58.0 | 62 | 61 |
| + 29 00 | − 5 35.3 | − 6 05.3 | − 6 35.4 | 8 30 54.9 | 8 31 44.8 | 8 32 35.1 | 2 58.4 | 63 | 59 |
| + 30 00 | − 6 02.0 | − 6 32.0 | − 7 02.1 | 8 34 38.4 | 8 35 29.4 | 8 36 20.7 | 2 58.7 | 64 | 56 |
| + 31 00 | − 6 30.0 | − 7 00.0 | − 7 30.2 | 8 38 27.4 | 8 39 19.3 | 8 40 11.6 | 2 59.0 | 66 | 52 |
| + 32 00 | − 6 59.3 | − 7 29.3 | − 7 59.6 | 8 42 21.5 | 8 43 14.3 | 8 44 07.3 | 2 59.3 | 67 | 48 |
| + 33 00 | − 7 29.8 | − 7 59.9 | − 8 30.2 | 8 46 20.1 | 8 47 13.6 | 8 48 07.4 | 2 59.5 | 68 | 44 |
| + 34 00 | − 8 01.5 | − 8 31.7 | − 9 02.1 | 8 50 22.6 | 8 51 16.7 | 8 52 11.0 | 2 59.7 | 69 | 39 |
| + 35 00 | − 8 34.4 | − 9 04.7 | − 9 35.2 | 8 54 28.4 | 8 55 22.9 | 8 56 17.6 | 2 59.8 | 70 | 33 |

# ECLIPSES, 2016

## PATH OF CENTRAL PHASE: ANNULAR SOLAR ECLIPSE OF SEPTEMBER 1

| Longitude | Latitude of: | | | Universal Time at: | | | On Central Line | | |
|---|---|---|---|---|---|---|---|---|---|
| | Northern Limit | Central Line | Southern Limit | Northern Limit | Central Line | Southern Limit | Maximum Duration | Sun's Alt. | Az. |
| ° ′ | ° ′ | ° ′ | ° ′ | h m s | h m s | h m s | m s | ° | ° |
| + 36 00 | − 9 08.3 | − 9 38.7 | −10 09.3 | 8 58 36.6 | 8 59 31.4 | 9 00 26.4 | 2 59.9 | 70 | 27 |
| + 37 00 | − 9 43.2 | −10 13.7 | −10 44.4 | 9 02 46.5 | 9 03 41.4 | 9 04 36.4 | 2 59.9 | 70 | 21 |
| + 38 00 | −10 18.9 | −10 49.5 | −11 20.3 | 9 06 57.2 | 9 07 52.0 | 9 08 46.9 | 2 59.9 | 70 | 15 |
| + 39 00 | −10 55.3 | −11 26.0 | −11 57.0 | 9 11 07.8 | 9 12 02.3 | 9 12 56.9 | 2 59.9 | 70 | 9 |
| + 40 00 | −11 32.3 | −12 03.2 | −12 34.3 | 9 15 17.5 | 9 16 11.6 | 9 17 05.6 | 2 59.8 | 70 | 3 |
| + 41 00 | −12 09.8 | −12 40.9 | −13 12.1 | 9 19 25.4 | 9 20 18.8 | 9 21 12.1 | 2 59.7 | 69 | 357 |
| + 42 00 | −12 47.7 | −13 18.9 | −13 50.2 | 9 23 30.7 | 9 24 23.2 | 9 25 15.6 | 2 59.5 | 68 | 352 |
| + 43 00 | −13 25.8 | −13 57.1 | −14 28.6 | 9 27 32.5 | 9 28 23.9 | 9 29 15.3 | 2 59.3 | 67 | 347 |
| + 44 00 | −14 04.0 | −14 35.4 | −15 07.0 | 9 31 30.2 | 9 32 20.4 | 9 33 10.5 | 2 59.1 | 66 | 342 |
| + 45 00 | −14 42.2 | −15 13.7 | −15 45.5 | 9 35 23.0 | 9 36 11.9 | 9 37 00.6 | 2 58.9 | 65 | 338 |
| + 46 00 | −15 20.2 | −15 51.8 | −16 23.7 | 9 39 10.5 | 9 39 57.9 | 9 40 45.0 | 2 58.6 | 64 | 335 |
| + 47 00 | −15 58.0 | −16 29.8 | −17 01.8 | 9 42 52.2 | 9 43 37.9 | 9 44 23.4 | 2 58.4 | 62 | 331 |
| + 48 00 | −16 35.4 | −17 07.3 | −17 39.5 | 9 46 27.6 | 9 47 11.6 | 9 47 55.3 | 2 58.1 | 61 | 329 |
| + 49 00 | −17 12.4 | −17 44.5 | −18 16.8 | 9 49 56.4 | 9 50 38.7 | 9 51 20.6 | 2 57.8 | 59 | 326 |
| + 50 00 | −17 48.9 | −18 21.1 | −18 53.6 | 9 53 18.5 | 9 53 58.9 | 9 54 38.9 | 2 57.5 | 58 | 324 |
| + 51 00 | −18 24.9 | −18 57.3 | −19 29.8 | 9 56 33.6 | 9 57 12.1 | 9 57 50.1 | 2 57.2 | 56 | 322 |
| + 52 00 | −19 00.3 | −19 32.8 | −20 05.5 | 9 59 41.7 | 10 00 18.2 | 10 00 54.3 | 2 56.8 | 55 | 320 |
| + 53 00 | −19 35.0 | −20 07.6 | −20 40.5 | 10 02 42.7 | 10 03 17.2 | 10 03 51.4 | 2 56.5 | 53 | 318 |
| + 54 00 | −20 09.0 | −20 41.8 | −21 14.8 | 10 05 36.7 | 10 06 09.2 | 10 06 41.3 | 2 56.2 | 52 | 316 |
| + 55 00 | −20 42.3 | −21 15.2 | −21 48.4 | 10 08 23.7 | 10 08 54.2 | 10 09 24.3 | 2 55.8 | 50 | 315 |
| + 56 00 | −21 14.9 | −21 48.0 | −22 21.3 | 10 11 03.8 | 10 11 32.4 | 10 12 00.5 | 2 55.5 | 49 | 313 |
| + 57 00 | −21 46.7 | −22 20.0 | −22 53.4 | 10 13 37.1 | 10 14 03.7 | 10 14 29.9 | 2 55.1 | 47 | 312 |
| + 58 00 | −22 17.8 | −22 51.2 | −23 24.8 | 10 16 03.8 | 10 16 28.5 | 10 16 52.7 | 2 54.8 | 46 | 311 |
| + 59 00 | −22 48.1 | −23 21.7 | −23 55.5 | 10 18 24.0 | 10 18 46.8 | 10 19 09.1 | 2 54.5 | 44 | 310 |
| + 60 00 | −23 17.7 | −23 51.4 | −24 25.4 | 10 20 38.0 | 10 20 58.9 | 10 21 19.3 | 2 54.1 | 43 | 308 |
| + 61 00 | −23 46.5 | −24 20.4 | −24 54.6 | 10 22 45.9 | 10 23 05.0 | 10 23 23.5 | 2 53.8 | 42 | 307 |
| + 62 00 | −24 14.6 | −24 48.7 | −25 23.0 | 10 24 47.9 | 10 25 05.1 | 10 25 21.8 | 2 53.4 | 40 | 306 |
| + 63 00 | −24 41.9 | −25 16.2 | −25 50.7 | 10 26 44.1 | 10 26 59.6 | 10 27 14.5 | 2 53.1 | 39 | 305 |
| + 64 00 | −25 08.5 | −25 43.0 | −26 17.7 | 10 28 34.9 | 10 28 48.6 | 10 29 01.8 | 2 52.8 | 38 | 305 |
| + 65 00 | −25 34.4 | −26 09.1 | −26 43.9 | 10 30 20.3 | 10 30 32.4 | 10 30 43.8 | 2 52.5 | 36 | 304 |
| + 66 00 | −25 59.6 | −26 34.4 | −27 09.5 | 10 32 00.6 | 10 32 11.0 | 10 32 20.8 | 2 52.1 | 35 | 303 |
| + 67 00 | −26 24.1 | −26 59.1 | −27 34.4 | 10 33 35.9 | 10 33 44.8 | 10 33 53.0 | 2 51.8 | 34 | 302 |
| + 68 00 | −26 47.9 | −27 23.1 | −27 58.6 | 10 35 06.5 | 10 35 13.8 | 10 35 20.4 | 2 51.5 | 32 | 301 |
| + 69 00 | −27 11.1 | −27 46.5 | −28 22.2 | 10 36 32.5 | 10 36 38.3 | 10 36 43.4 | 2 51.2 | 31 | 300 |
| + 70 00 | −27 33.6 | −28 09.2 | −28 45.1 | 10 37 54.1 | 10 37 58.4 | 10 38 02.0 | 2 50.9 | 30 | 300 |
| + 71 00 | −27 55.5 | −28 31.3 | −29 07.4 | 10 39 11.4 | 10 39 14.3 | 10 39 16.5 | 2 50.6 | 29 | 299 |
| + 72 00 | −28 16.7 | −28 52.8 | −29 29.0 | 10 40 24.7 | 10 40 26.1 | 10 40 26.9 | 2 50.3 | 28 | 298 |
| + 73 00 | −28 37.4 | −29 13.6 | −29 50.1 | 10 41 34.0 | 10 41 34.1 | 10 41 33.5 | 2 50.0 | 27 | 297 |
| + 74 00 | −28 57.4 | −29 33.9 | −30 10.6 | 10 42 39.5 | 10 42 38.3 | 10 42 36.4 | 2 49.7 | 25 | 297 |
| + 75 00 | −29 16.9 | −29 53.6 | −30 30.5 | 10 43 41.3 | 10 43 38.9 | 10 43 35.8 | 2 49.4 | 24 | 296 |
| + 76 00 | −29 35.9 | −30 12.7 | −30 49.9 | 10 44 39.6 | 10 44 36.0 | 10 44 31.7 | 2 49.2 | 23 | 295 |
| + 77 00 | −29 54.2 | −30 31.3 | −31 08.7 | 10 45 34.6 | 10 45 29.8 | 10 45 24.2 | 2 48.9 | 22 | 294 |
| + 78 00 | −30 12.1 | −30 49.4 | −31 26.9 | 10 46 26.3 | 10 46 20.3 | 10 46 13.7 | 2 48.6 | 21 | 294 |
| + 79 00 | −30 29.4 | −31 06.9 | −31 44.7 | 10 47 14.8 | 10 47 07.8 | 10 47 00.0 | 2 48.3 | 20 | 293 |
| + 80 00 | −30 46.2 | −31 23.9 | −32 01.9 | 10 48 00.3 | 10 47 52.2 | 10 47 43.4 | 2 48.1 | 19 | 292 |
| + 81 00 | −31 02.5 | −31 40.5 | −32 18.7 | 10 48 42.9 | 10 48 33.8 | 10 48 23.9 | 2 47.8 | 18 | 292 |
| + 82 00 | −31 18.3 | −31 56.5 | −32 34.9 | 10 49 22.7 | 10 49 12.5 | 10 49 01.7 | 2 47.6 | 17 | 291 |
| + 83 00 | −31 33.7 | −32 12.1 | −32 50.7 | 10 49 59.7 | 10 49 48.6 | 10 49 36.8 | 2 47.3 | 16 | 291 |
| + 84 00 | −31 48.5 | −32 27.2 | −33 06.1 | 10 50 34.1 | 10 50 22.1 | 10 50 09.3 | 2 47.1 | 15 | 290 |
| + 85 00 | −32 03.0 | −32 41.8 | −33 20.9 | 10 51 06.0 | 10 50 53.1 | 10 50 39.4 | 2 46.8 | 14 | 289 |

## PATH OF CENTRAL PHASE: ANNULAR SOLAR ECLIPSE OF SEPTEMBER 1

| Longitude | Latitude of: Northern Limit | Central Line | Southern Limit | Universal Time at: Northern Limit | Central Line | Southern Limit | On Central Line Maximum Duration | Sun's Alt. | Az. |
|---|---|---|---|---|---|---|---|---|---|
| ° ′ | ° ′ | ° ′ | ° ′ | h m s | h m s | h m s | m s | ° | ° |
| + 86 00 | −32 16.9 | −32 56.0 | −33 35.4 | 10 51 35.4 | 10 51 21.6 | 10 51 07.1 | 2 46.6 | 13 | 289 |
| + 87 00 | −32 30.5 | −33 09.8 | −33 49.3 | 10 52 02.4 | 10 51 47.9 | 10 51 32.5 | 2 46.4 | 12 | 288 |
| + 88 00 | −32 43.6 | −33 23.2 | −34 02.9 | 10 52 27.1 | 10 52 11.8 | 10 51 55.7 | 2 46.1 | 11 | 287 |
| + 89 00 | −32 56.3 | −33 36.1 | −34 16.1 | 10 52 49.7 | 10 52 33.6 | 10 52 16.7 | 2 45.9 | 10 | 287 |
| + 90 00 | −33 08.6 | −33 48.6 | −34 28.8 | 10 53 10.0 | 10 52 53.2 | 10 52 35.6 | 2 45.7 | 9 | 286 |
| + 91 00 | −33 20.5 | −34 00.8 | −34 41.2 | 10 53 28.3 | 10 53 10.9 | 10 52 52.5 | 2 45.5 | 8 | 286 |
| + 92 00 | −33 32.1 | −34 12.5 | −34 53.3 | 10 53 44.7 | 10 53 26.4 | 10 53 08.0 | 2 45.3 | 7 | 285 |
| + 93 00 | −33 43.1 | −34 23.6 | −35 04.9 | 10 53 58.8 | 10 53 38.7 | 10 53 21.1 | 2 45.1 | 6 | 284 |
| + 94 00 | −33 53.6 | −34 34.6 | −35 15.8 | 10 54 09.5 | 10 53 50.4 | 10 53 30.9 | 2 44.9 | 6 | 284 |

*For limits, see* Circumstances of the Eclipse.

# V. - Penumbral Eclipse of the Moon                    2016 September 16

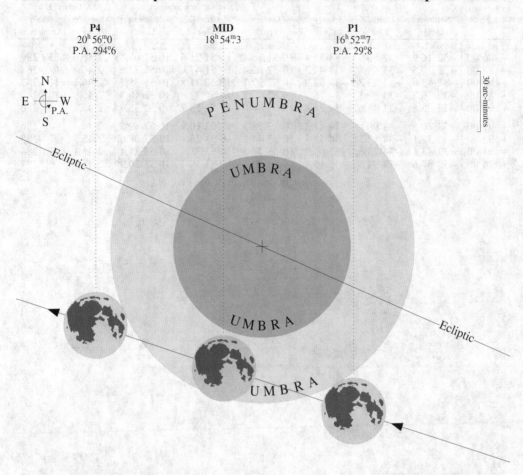

| P4 | MID | P1 |
|---|---|---|
| 20$^h$ 56$^m$.0 | 18$^h$ 54$^m$.3 | 16$^h$ 52$^m$.7 |
| P.A. 294°.6 | | P.A. 29°.8 |

30 arc-minutes

UT of geocentric opposition in RA: September 16$^d$ 18$^h$ 18$^m$ 36$^s$.950          Penumbral magnitude of the eclipse: 0.933

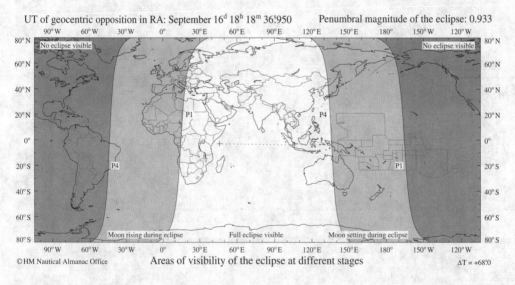

© HM Nautical Almanac Office                    Areas of visibility of the eclipse at different stages                    ΔT = +68$^s$.0

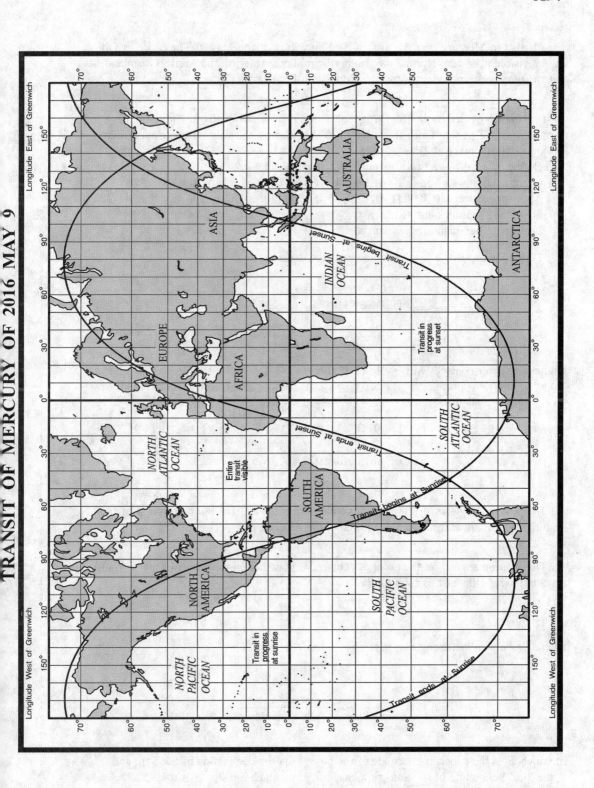

TRANSIT OF MERCURY OF 2016 MAY 9

A transit of Mercury over the disk of the Sun will occur on May 9. The entire transit will be visible in eastern North America, northern South America, the Arctic, Greenland, extreme northwestern Africa, western Europe, and the Atlantic Ocean.

The times provided in the following tables are given provisionally in Universal Time, using $\Delta T(A) = +68\overset{s}{.}0$. Once the value of $\Delta T$ is known, the data on these pages may be expressed in Universal Time as follows:

Define $\delta T = \Delta T - \Delta T(A)$, in units of seconds of time.

Change the times given in provisional Universal Time by subtracting $\delta T$.

Apply the correction $0.00417807\ \delta T$ to the longitudes in such a way that if $\delta T$ is positive, the longitudes shift to the east.

Leave all other quantities unchanged.

Longitude is positive to the east and negative to the west.

### GEOCENTRIC PHASES

| | | UT | Position Angle P | Mercury being in the Zenith in Longitude | Latitude |
|---|---|---|---|---|---|
| | | d  h  m  s | ° | °    ′ | °    ′ |
| Ingress, exterior contact | May | 9  11 12 17.6 | 83.2 | + 11 18.6 | +17 34.1 |
| Ingress, interior contact | | 9  11 15 29.5 | 83.5 | + 10 30.4 | +17 34.0 |
| Least angular distance | | 9  14 57 25.3 | 153.8 | − 45 12.6 | +17 29.9 |
| Egress, interior contact | | 9  18 39 12.8 | 224.1 | −100 53.5 | +17 25.8 |
| Egress, exterior contact | | 9  18 42 24.8 | 224.4 | −101 41.7 | +17 25.7 |

Least angular distance: $5'\ 18''\!.5$

The position angle $P$ of the point of contact is reckoned from the north point of the limb of the Sun towards the east as viewed at the geocenter.

The position angle $V$ of the point of contact, reckoned from the vertex of the limb of the Sun towards the east, is found by:

$$V = P - C$$

where $C$, the parallactic angle, is given by:

$$\tan C = \frac{\cos \phi' \sin h}{\sin \phi' \cos \delta - \cos \phi' \sin \delta \cos h}$$

in which $\phi'$ is the geocentric latitude of the place, $\delta$ is the declination of the Sun, and $h$ is the local hour angle of the Sun; $\sin C$ has the same algebraic sign as $\sin h$.

# TRANSIT OF MERCURY OF 2016 MAY 9

| Location | Position Latitude (° ′) | Position Longitude (° ′) | Ingress Exterior Contact UT (h m s) | P (°) | Ingress Interior Contact UT (h m s) | P (°) | Least Angular Distance UT (h m s) | Separation (′ ″) | Egress Interior Contact UT (h m s) | P (°) | Egress Exterior Contact UT (h m s) | P (°) |
|---|---|---|---|---|---|---|---|---|---|---|---|---|
| **United States** | | | | | | | | | | | | |
| Hartford, CT | +41 46.2 | − 72 40.6 | 11 13 32.7 | 83.6 | 11 16 45.0 | 83.9 | 14 57 51.9 | 5 22.4 | 18 38 10.1 | 224.0 | 18 41 21.4 | 224.3 |
| Boston, MA | +42 20.0 | − 71 05.0 | 11 13 31.7 | 83.6 | 11 16 44.0 | 83.8 | 14 57 49.4 | 5 22.3 | 18 38 08.0 | 224.0 | 18 41 19.3 | 224.3 |
| New York, NY | +40 44.0 | − 74 00.0 | 11 13 34.3 | 83.6 | 11 16 46.7 | 83.9 | 14 57 54.8 | 5 22.4 | 18 38 12.4 | 224.0 | 18 41 23.6 | 224.3 |
| Washington, DC | +38 53.7 | − 77 02.2 | 11 13 37.1 | 83.6 | 11 16 49.4 | 83.9 | 14 58 00.5 | 5 22.2 | 18 38 17.4 | 224.0 | 18 41 28.6 | 224.3 |
| Raleigh, NC | +35 49.1 | − 78 38.7 | 11 13 41.2 | 83.6 | 11 16 53.6 | 83.8 | 14 58 06.7 | 5 22.2 | 18 38 22.2 | 224.0 | 18 41 33.3 | 224.3 |
| Atlanta, GA | +33 45.3 | − 84 23.4 | 11 13 43.1 | 83.5 | 11 16 55.6 | 83.8 | 14 58 15.3 | 5 22.3 | 18 38 31.1 | 224.0 | 18 41 42.2 | 224.3 |
| Miami, FL | +25 45.0 | − 80 15.0 | 11 13 52.8 | 83.6 | 11 17 05.3 | 83.8 | 14 58 22.5 | 5 21.4 | 18 38 35.2 | 224.1 | 18 41 46.1 | 224.4 |
| Montgomery, AL | +32 21.7 | − 86 16.8 | 11 13 44.4 | 83.6 | 11 16 56.9 | 83.9 | 14 58 19.0 | 5 22.3 | 18 38 35.0 | 224.0 | 18 41 46.1 | 224.3 |
| Detroit, MI | +42 19.9 | − 83 02.8 | 11 13 31.7 | 83.6 | 11 16 44.3 | 83.8 | 14 58 00.7 | 5 22.9 | 18 38 20.5 | 224.0 | 18 41 31.8 | 224.2 |
| Indianapolis, IN | +39 47.5 | − 86 08.9 | 11 13 34.7 | 83.6 | 11 16 47.3 | 83.9 | 14 58 07.4 | 5 22.9 | 18 38 26.5 | 224.0 | 18 41 37.7 | 224.3 |
| Chicago, IL | +41 50.0 | − 87 38.0 | 11 13 31.5 | 83.6 | 11 16 44.1 | 83.9 | 14 58 05.2 | 5 23.1 | 18 38 25.9 | 224.0 | 18 41 37.2 | 224.2 |
| Milwaukee, WI | +43 03.0 | − 87 57.0 | 11 13 29.6 | 83.6 | 11 16 42.3 | 83.9 | 14 58 03.4 | 5 23.2 | 18 38 24.9 | 223.9 | 18 41 36.2 | 224.2 |
| Minneapolis, MN | +44 58.8 | − 93 15.1 | 11 13 25.1 | 83.6 | 11 16 37.8 | 83.9 | 14 58 03.6 | 5 23.5 | 18 38 28.2 | 223.9 | 18 41 39.6 | 224.2 |
| St. Louis, MO | +38 40.0 | − 90 15.0 | 11 13 35.1 | 83.6 | 11 16 47.8 | 83.9 | 14 58 12.3 | 5 23.0 | 18 38 32.2 | 224.0 | 18 41 43.5 | 224.3 |
| Louisville, KY | +38 15.3 | − 85 45.6 | 11 13 36.9 | 83.6 | 11 16 49.5 | 83.9 | 14 58 09.5 | 5 22.7 | 18 38 27.7 | 224.0 | 18 41 38.9 | 224.3 |
| Lincoln, NE | +40 48.6 | − 96 40.5 | ... | ... | ... | ... | 14 58 12.8 | 5 23.4 | 18 38 36.6 | 224.0 | 18 41 47.9 | 224.2 |
| Oklahoma City, OK | +35 28.9 | − 97 32.1 | ... | ... | ... | ... | 14 58 22.3 | 5 23.1 | 18 38 44.3 | 224.0 | 18 41 55.5 | 224.3 |
| Denver, CO | +39 44.4 | −104 59.1 | ... | ... | ... | ... | 14 58 18.5 | 5 23.7 | 18 38 46.6 | 223.9 | 18 41 58.0 | 224.2 |
| Salt Lake City, UT | +40 45.0 | −111 55.0 | ... | ... | ... | ... | 14 58 18.6 | 5 24.1 | 18 38 52.0 | 223.9 | 18 42 03.5 | 224.2 |
| Dallas, TX | +32 47.0 | − 96 48.2 | ... | ... | ... | ... | 14 58 26.3 | 5 22.9 | 18 38 47.0 | 224.0 | 18 41 58.1 | 224.3 |
| Houston, TX | +29 45.0 | − 95 25.0 | ... | ... | ... | ... | 14 58 30.1 | 5 22.5 | 18 38 49.3 | 224.0 | 18 42 00.3 | 224.3 |
| Albuquerque, NM | +35 06.6 | −106 36.6 | ... | ... | ... | ... | 14 58 27.1 | 5 23.5 | 18 38 54.8 | 224.0 | 18 42 06.1 | 224.2 |
| Las Vegas, NV | +36 10.6 | −115 08.2 | ... | ... | ... | ... | 14 58 27.3 | 5 23.9 | 18 39 02.0 | 223.9 | 18 42 13.4 | 224.2 |
| Los Angeles, CA | +34 03.0 | −118 15.0 | ... | ... | ... | ... | 14 58 31.2 | 5 23.9 | 18 39 08.3 | 223.9 | 18 42 19.7 | 224.2 |
| San Diego, CA | +32 42.9 | −117 09.7 | ... | ... | ... | ... | 14 58 33.4 | 5 23.8 | 18 39 09.3 | 224.0 | 18 42 20.7 | 224.2 |
| San Francisco, CA | +37 46.8 | −122 25.2 | ... | ... | ... | ... | 14 58 24.5 | 5 24.3 | 18 39 06.3 | 223.9 | 18 42 17.8 | 224.2 |
| Portland, OR | +45 32.0 | −122 40.0 | ... | ... | ... | ... | 14 58 10.2 | 5 24.7 | 18 38 54.0 | 223.9 | 18 42 05.7 | 224.1 |
| Seattle, WA | +47 36.6 | −122 20.0 | ... | ... | ... | ... | 14 58 06.3 | 5 24.8 | 18 38 50.5 | 223.9 | 18 42 02.2 | 224.1 |
| Fairbanks, AK | +64 50.0 | −147 50.0 | ... | ... | ... | ... | 14 58 34.3 | 5 25.5 | 18 38 34.3 | 223.7 | 18 41 46.6 | 224.0 |
| Nome, AK | +64 30.0 | −165 30.0 | ... | ... | ... | ... | 14 57 25.9 | 5 25.9 | 18 38 38.0 | 223.7 | 18 41 50.4 | 224.0 |
| Unalaska, AK | +53 53.3 | −166 31.6 | ... | ... | ... | ... | 14 57 17.6 | 5 25.6 | 18 38 58.4 | 223.7 | 18 42 10.8 | 224.0 |
| Honolulu, HI | +21 18.5 | −157 49.6 | ... | ... | ... | ... | ... | ... | 18 39 58.3 | 223.9 | 18 43 10.2 | 224.1 |
| **Canada** | | | | | | | | | | | | |
| St. John's, Nfld. | +47 34.1 | − 52 42.4 | 11 13 17.5 | 83.6 | 11 16 29.4 | 83.8 | 14 57 22.1 | 5 22.0 | 18 37 47.7 | 224.0 | 18 40 59.2 | 224.2 |
| Moncton, N.B. | +46 07.0 | − 64 48.2 | 11 13 24.7 | 83.6 | 11 16 36.8 | 83.8 | 14 57 37.5 | 5 22.4 | 18 37 59.2 | 224.0 | 18 41 10.6 | 224.2 |
| Halifax, N.S. | +44 38.0 | − 63 35.0 | 11 13 26.5 | 83.6 | 11 16 38.7 | 83.8 | 14 57 38.2 | 5 22.2 | 18 37 58.9 | 224.0 | 18 41 10.3 | 224.3 |
| Charlottetown, P.E.I. | +46 14.4 | − 63 08.4 | 11 13 24.0 | 83.6 | 11 16 36.1 | 83.8 | 14 57 35.6 | 5 22.3 | 18 37 57.6 | 224.0 | 18 41 08.9 | 224.2 |
| Montreal, Que. | +45 30.5 | − 73 33.2 | 11 13 27.2 | 83.6 | 11 16 39.6 | 83.9 | 14 57 47.3 | 5 22.7 | 18 38 08.0 | 224.0 | 18 41 19.4 | 224.2 |
| Toronto, Ont. | +43 43.0 | − 79 20.4 | 11 13 30.0 | 83.6 | 11 16 42.5 | 83.9 | 14 57 55.4 | 5 22.8 | 18 38 15.4 | 224.0 | 18 41 26.7 | 224.2 |
| Thunder Bay, Ont. | +48 22.9 | − 89 14.8 | 11 13 21.2 | 83.6 | 11 16 33.9 | 83.9 | 14 57 55.1 | 5 23.6 | 18 38 20.7 | 223.9 | 18 41 32.1 | 224.2 |
| Winnipeg, Man. | +49 54.0 | − 97 08.0 | 11 13 16.1 | 83.6 | 11 16 28.9 | 83.9 | 14 57 56.7 | 5 24.0 | 18 38 26.3 | 223.9 | 18 41 37.9 | 224.2 |

# A100

## TRANSIT OF MERCURY OF 2016 MAY 9

| Location | Position Latitude | Longitude | Ingress Exterior Contact UT | P | Ingress Interior Contact UT | P | Least Angular Distance UT | Separation | Egress Interior Contact UT | P | Egress Exterior Contact UT | P |
|---|---|---|---|---|---|---|---|---|---|---|---|---|
| | ° ′ | ° ′ | h m s | ° | h m s | ° | h m s | ′ ″ | h m s | ° | h m s | ° |
| **Canada** | | | | | | | | | | | | |
| Edmonton, Alta. | +53 34.6 | −113 31.0 | 11 12 55.8 | 83.6 | 11 16 08.1 | 83.9 | 14 57 54.3 | 5 24.7 | 18 38 35.1 | 223.8 | 18 41 46.8 | 224.1 |
| Iqaluit, Nunavut | +63 44.9 | −68 31.2 | 11 12 48.0 | 83.6 | 11 16 00.9 | 83.9 | 14 57 16.3 | 5 23.7 | 18 37 54.3 | 223.9 | 18 41 06.1 | 224.1 |
| Yellowknife, N.W.T. | +62 26.5 | −114 23.8 | ... | ... | ... | ... | 14 57 36.4 | 5 24.9 | 18 38 23.9 | 223.8 | 18 41 35.8 | 224.1 |
| Vancouver, B.C. | +49 15.0 | −123 06.0 | ... | ... | ... | ... | 14 58 03.0 | 5 24.8 | 18 38 48.5 | 223.8 | 18 42 00.2 | 224.1 |
| Whitehorse, Y.T. | +60 43.0 | −135 03.0 | ... | ... | ... | ... | 14 57 38.1 | 5 25.3 | 18 38 36.9 | 223.8 | 18 41 48.9 | 224.0 |
| **Martinique** Fort-de-France | +14 36.0 | −61 05.0 | 11 13 58.4 | 83.4 | 11 17 10.2 | 83.7 | 14 58 09.7 | 5 19.1 | 18 38 23.1 | 224.2 | 18 41 34.0 | 224.5 |
| **Bermuda** Hamilton | +32 18.0 | −64 48.0 | 11 13 43.4 | 83.5 | 11 16 55.5 | 83.8 | 14 57 55.3 | 5 21.1 | 18 38 09.6 | 224.1 | 18 41 20.6 | 224.3 |
| **Puerto Rico** San Juan | +18 29.0 | −66 08.0 | 11 13 57.7 | 83.5 | 11 17 09.7 | 83.7 | 14 58 13.3 | 5 19.8 | 18 38 25.2 | 224.2 | 18 41 36.0 | 224.5 |
| **Haiti** Port-au-Prince | +18 32.0 | −72 20.0 | 11 13 59.3 | 83.5 | 11 17 11.4 | 83.8 | 14 58 21.8 | 5 20.2 | 18 38 33.3 | 224.2 | 18 41 44.1 | 224.4 |
| **Jamaica** Kingston | +17 58.0 | −76 48.0 | 11 14 00.1 | 83.5 | 11 17 12.4 | 83.8 | 14 58 28.2 | 5 20.4 | 18 38 39.9 | 224.2 | 18 41 50.7 | 224.4 |
| **Bahamas** Nassau | +25 03.6 | −77 20.7 | 11 13 53.7 | 83.5 | 11 17 06.0 | 83.8 | 14 58 20.1 | 5 21.1 | 18 38 32.2 | 224.1 | 18 41 43.2 | 224.4 |
| **Cuba** Havana | +23 08.0 | −82 23.0 | 11 13 55.2 | 83.5 | 11 17 07.6 | 83.8 | 14 58 28.2 | 5 21.2 | 18 38 41.1 | 224.1 | 18 41 52.0 | 224.4 |
| **Mexico** | | | | | | | | | | | | |
| Mexico City | +19 25.0 | −99 10.0 | ... | ... | ... | ... | 14 58 47.3 | 5 21.9 | 18 39 07.9 | 224.1 | 18 42 18.9 | 224.4 |
| Monterrey | +25 40.0 | −100 20.0 | ... | ... | ... | ... | 14 58 39.3 | 5 22.5 | 18 39 00.8 | 224.1 | 18 42 11.8 | 224.3 |
| Guadalajara | +20 40.0 | −103 21.0 | ... | ... | ... | ... | 14 58 48.0 | 5 22.2 | 18 39 11.5 | 224.1 | 18 42 22.5 | 224.3 |
| Veracruz | +19 26.1 | −96 23.0 | ... | ... | ... | ... | 14 58 45.4 | 5 21.7 | 18 39 04.3 | 224.1 | 18 42 15.2 | 224.4 |
| **Guatemala** Guatemala City | +14 38.0 | −90 22.0 | ... | ... | ... | ... | 14 58 46.5 | 5 20.9 | 18 39 02.7 | 224.2 | 18 42 13.5 | 224.4 |
| **El Salvador** San Salvador | +13 40.0 | −89 10.0 | ... | ... | ... | ... | 14 58 46.5 | 5 20.7 | 18 39 02.3 | 224.2 | 18 42 13.1 | 224.4 |
| **Honduras** Tegucigalpa | +14 05.0 | −87 14.0 | ... | ... | ... | ... | 14 58 44.2 | 5 20.7 | 18 38 59.1 | 224.2 | 18 42 09.9 | 224.4 |
| **Belize** Belmopan | +17 13.0 | −88 48.0 | ... | ... | ... | ... | 14 58 42.0 | 5 21.1 | 18 38 57.1 | 224.2 | 18 42 08.0 | 224.4 |
| **Nicaragua** Managua | +12 06.0 | −86 18.0 | ... | ... | ... | ... | 14 58 45.4 | 5 20.4 | 18 39 00.4 | 224.2 | 18 42 11.2 | 224.5 |
| **Venezuela** Caracas | +10 30.0 | −66 55.0 | 11 14 03.4 | 83.4 | 11 17 15.3 | 83.7 | 14 58 22.6 | 5 19.0 | 18 38 35.7 | 224.3 | 18 41 46.4 | 224.5 |
| **Costa Rica** San Jose | +9 59.0 | −84 04.0 | ... | ... | ... | ... | 14 58 45.3 | 5 20.0 | 18 39 00.0 | 224.2 | 18 42 10.8 | 224.5 |
| **Panama** Panama City | +8 57.0 | −79 30.0 | 11 14 05.9 | 83.5 | 11 17 18.2 | 83.7 | 14 58 41.1 | 5 19.7 | 18 38 55.0 | 224.2 | 18 42 05.7 | 224.5 |
| **Argentina** | | | | | | | | | | | | |
| Buenos Aires | −34 40.0 | −58 30.0 | 11 13 51.8 | 83.1 | 11 17 03.2 | 83.4 | 14 58 34.0 | 5 14.2 | 18 39 27.3 | 224.5 | 18 42 38.0 | 224.8 |
| Cordoba | −31 25.0 | −64 11.0 | 11 13 57.0 | 83.1 | 11 17 08.5 | 83.4 | 14 58 41.4 | 5 14.7 | 18 39 29.0 | 224.5 | 18 42 39.6 | 224.8 |
| **Falkland Islands** Stanley | −51 41.5 | −57 51.5 | ... | ... | ... | ... | 14 58 32.3 | 5 13.1 | 18 39 50.4 | 224.6 | 18 43 01.2 | 224.8 |

| Location | Position Latitude | Longitude | Ingress Exterior Contact UT | P | Ingress Interior Contact UT | P | Least Angular Distance UT | Separation | Egress Interior Contact UT | P | Egress Exterior Contact UT | P |
|---|---|---|---|---|---|---|---|---|---|---|---|---|
| | ° ′ | ° ′ | h m s | ° | h m s | ° | h m s | ′ ″ | h m s | ° | h m s | ° |
| **Brazil** | | | | | | | | | | | | |
| Recife | − 8 03.0 | − 34 54.0 | 11 13 41.3 | 83.2 | 11 16 52.2 | 83.5 | 14 57 42.1 | 5 15.3 | 18 38 22.4 | 224.4 | 18 41 33.3 | 224.7 |
| Rio de Janeiro | − 22 54.5 | − 43 11.8 | 11 13 47.8 | 83.1 | 11 16 58.9 | 83.4 | 14 58 06.5 | 5 14.3 | 18 38 53.4 | 224.5 | 18 42 04.1 | 224.7 |
| Belo Horizonte | − 19 55.1 | − 43 56.3 | 11 13 49.7 | 83.2 | 11 17 00.8 | 83.4 | 14 58 06.2 | 5 14.6 | 18 38 49.4 | 224.5 | 18 42 00.2 | 224.7 |
| Sao Paolo | − 23 33.0 | − 46 38.0 | 11 13 50.8 | 83.1 | 11 17 01.9 | 83.4 | 14 58 12.6 | 5 14.5 | 18 38 57.9 | 224.5 | 18 42 08.6 | 224.7 |
| Brasilia | − 15 45.0 | − 47 57.0 | 11 13 54.8 | 83.2 | 11 17 06.0 | 83.5 | 14 58 10.7 | 5 15.2 | 18 38 47.4 | 224.4 | 18 41 58.1 | 224.7 |
| Porto Alegre | − 30 02.0 | − 51 13.8 | 11 13 50.9 | 83.1 | 11 17 02.1 | 83.4 | 14 58 22.5 | 5 14.2 | 18 39 12.7 | 224.5 | 18 42 23.4 | 224.8 |
| **Chile** | | | | | | | | | | | | |
| Santiago | − 33 30.0 | − 70 40.0 | … | … | … | … | 14 58 49.6 | 5 14.9 | 18 39 39.3 | 224.5 | 18 42 49.9 | 224.8 |
| Concepcion | − 36 50.0 | − 73 03.0 | … | … | … | … | 14 58 52.0 | 5 14.7 | 18 39 46.2 | 224.5 | 18 42 56.8 | 224.8 |
| **Colombia** | | | | | | | | | | | | |
| Medellin | + 6 14.2 | − 75 34.5 | 11 14 07.2 | 83.4 | 11 17 19.4 | 83.7 | 14 58 38.7 | 5 19.1 | 18 38 53.0 | 224.3 | 18 42 03.7 | 224.5 |
| Bogota | + 4 38.0 | − 74 05.0 | 11 14 07.7 | 83.4 | 11 17 19.8 | 83.7 | 14 58 38.2 | 5 18.9 | 18 38 53.0 | 224.3 | 18 42 03.6 | 224.5 |
| **Guyana** Georgetown | + 6 46.0 | − 58 10.0 | 11 14 01.0 | 83.4 | 11 17 12.6 | 83.6 | 14 58 12.3 | 5 18.1 | 18 38 28.8 | 224.3 | 18 41 39.5 | 224.5 |
| **Suriname** Paramaribo | + 5 52.0 | − 55 14.0 | 11 13 59.4 | 83.4 | 11 17 10.9 | 83.6 | 14 58 08.2 | 5 17.8 | 18 38 26.2 | 224.3 | 18 41 37.0 | 224.6 |
| **French Guiana** Cayenne | + 4 55.0 | − 52 18.0 | 11 13 57.5 | 83.4 | 11 17 08.9 | 83.6 | 14 58 03.9 | 5 17.6 | 18 38 23.8 | 224.3 | 18 41 34.6 | 224.6 |
| **Bolivia** | | | | | | | | | | | | |
| Santa Cruz | − 17 45.0 | − 63 14.0 | 11 14 04.6 | 83.2 | 11 17 16.2 | 83.5 | 14 58 36.5 | 5 15.9 | 18 39 08.6 | 224.4 | 18 42 19.2 | 224.7 |
| Cochabamba | − 17 23.0 | − 66 10.0 | 11 14 05.9 | 83.2 | 11 17 17.6 | 83.5 | 14 58 40.7 | 5 16.1 | 18 39 11.9 | 224.4 | 18 42 22.5 | 224.7 |
| **Paraguay** Asuncion | − 25 15.0 | − 57 40.0 | 11 13 58.1 | 83.2 | 11 17 09.5 | 83.4 | 14 58 30.8 | 5 14.9 | 18 39 12.7 | 224.5 | 18 42 23.3 | 224.7 |
| **Ecuador** Quito | − 0 15.0 | − 78 35.0 | 11 14 09.2 | 83.4 | 11 17 21.4 | 83.7 | 14 58 48.0 | 5 18.6 | 18 39 05.8 | 224.3 | 18 42 16.4 | 224.6 |
| **Peru** Lima | − 12 06.0 | − 77 03.0 | … | … | … | … | 14 58 53.3 | 5 17.3 | 18 39 19.4 | 224.4 | 18 42 29.9 | 224.6 |
| **Uruguay** Montevideo | − 34 53.0 | − 56 10.0 | 11 13 50.3 | 83.1 | 11 17 01.7 | 83.3 | 14 58 30.9 | 5 14.0 | 18 39 25.2 | 224.5 | 18 42 35.8 | 224.8 |
| **Easter Island** Hanga Roa | − 27 09.0 | − 109 26.0 | … | … | … | … | 14 59 21.2 | 5 17.5 | 18 40 19.1 | 224.4 | 18 43 29.8 | 224.6 |
| **Pitcairn Islands** Adamstown | − 25 04.0 | − 130 06.0 | … | … | … | … | … | … | 18 40 38.8 | 224.3 | 18 43 49.8 | 224.5 |
| **French Polynesia** Papeete, Tahiti | − 17 32.0 | − 149 34.0 | … | … | … | … | … | … | 18 40 47.1 | 224.2 | 18 43 58.6 | 224.4 |
| **Cook Islands** Avarua, Rarotonga | − 21 12.0 | − 159 46.0 | … | … | … | … | … | … | 18 40 54.7 | 224.2 | 18 44 06.4 | 224.4 |
| **American Samoa** Pago Pago, Tutuila | − 14 16.8 | − 170 42.0 | … | … | … | … | … | … | 18 40 51.1 | 224.1 | 18 44 03.1 | 224.3 |
| **Tokelau** Fakaofo | − 9 21.9 | − 171 12.9 | … | … | … | … | … | … | 18 40 46.1 | 224.0 | 18 43 58.2 | 224.3 |
| **Tonga** Nuku'alofa, Tongatapu | − 21 08.0 | − 175 12.0 | … | … | … | … | … | … | 18 40 57.0 | 224.1 | 18 44 09.0 | 224.4 |
| **Tuvalu** Vaiaku, Funafuti | − 8 31.3 | + 179 11.9 | … | … | … | … | … | … | 18 40 44.7 | 224.0 | 18 43 57.0 | 224.3 |

# TRANSIT OF MERCURY OF 2016 MAY 9

| Location | Position Latitude | Longitude | Ingress Exterior Contact UT | P | Ingress Interior Contact UT | P | Least Angular Distance UT | Separation | Egress Interior Contact UT | P | Egress Exterior Contact UT | P |
|---|---|---|---|---|---|---|---|---|---|---|---|---|
| | ° ′ | ° ′ | h m s | ° | h m s | ° | h m s | ′ ″ | h m s | | h m s | ° |
| **Fiji** Suva, Viti Levu | −18 08.0 | +178 25.0 | ... | ... | ... | ... | ... | ... | 18 40 54.0 | 224.1 | 18 44 06.2 | 224.3 |
| **Kiribati Island** South Tarawa | + 1 19.5 | +172 59.0 | ... | ... | ... | ... | ... | ... | 18 40 30.9 | 223.9 | 18 43 43.3 | 224.2 |
| **Marshall Islands** Delap-Uliga-Djarrit | + 7 05.0 | +171 22.9 | ... | ... | ... | ... | ... | ... | 18 40 22.0 | 223.9 | 18 43 34.5 | 224.1 |
| **Thailand** Bangkok | +13 44.0 | +100 30.0 | 11 10 26.5 | 83.1 | 11 13 38.2 | 83.3 | ... | ... | ... | ... | ... | ... |
| **China, People's Republic of** | | | | | | | | | | | | |
| Beijing | +39 55.0 | +116 26.0 | 11 10 46.1 | 83.3 | 11 13 58.4 | 83.6 | ... | ... | ... | ... | ... | ... |
| Shijiazhuang | +38 02.6 | +114 29.9 | 11 10 43.5 | 83.3 | 11 13 55.8 | 83.6 | ... | ... | ... | ... | ... | ... |
| Chongqing | +29 33.0 | +106 30.4 | 11 10 34.4 | 83.2 | 11 13 46.5 | 83.5 | ... | ... | ... | ... | ... | ... |
| Lanzhou | +36 03.0 | +103 48.0 | 11 10 40.0 | 83.3 | 11 13 52.0 | 83.5 | ... | ... | ... | ... | ... | ... |
| **Mongolia** Ulan Bator | +47 55.2 | +106 55.2 | 11 10 53.6 | 83.4 | 11 14 05.8 | 83.6 | ... | ... | ... | ... | ... | ... |
| **Vietnam** Hanoi | +21 02.0 | +105 51.0 | 11 10 29.0 | 83.2 | 11 13 41.0 | 83.4 | ... | ... | ... | ... | ... | ... |
| **Malaysia** Kuala Lumpur | + 3 08.0 | +101 42.0 | 11 10 25.7 | 83.0 | 11 13 37.3 | 83.3 | ... | ... | ... | ... | ... | ... |
| **Myanmar** Yangon (Rangoon) | +16 48.0 | + 96 09.0 | 11 10 28.1 | 83.1 | 11 13 39.8 | 83.4 | ... | ... | ... | ... | ... | ... |
| **Andaman and Nicobar Islands** Port Blair | +11 40.2 | + 92 45.6 | 11 10 27.9 | 83.1 | 11 13 39.4 | 83.3 | ... | ... | ... | ... | ... | ... |
| **Nepal** Kathmandu | +27 43.0 | + 85 22.0 | 11 10 38.0 | 83.2 | 11 13 49.5 | 83.4 | ... | ... | ... | ... | ... | ... |
| **India** | | | | | | | | | | | | |
| Kolkata | +22 34.2 | + 88 22.2 | 11 10 33.5 | 83.1 | 11 13 44.9 | 83.4 | ... | ... | ... | ... | ... | ... |
| Delhi | +28 36.6 | + 77 13.8 | 11 10 43.9 | 83.2 | 11 13 55.2 | 83.4 | ... | ... | ... | ... | ... | ... |
| Mumbai | +18 58.5 | + 72 49.6 | 11 10 43.0 | 83.1 | 11 13 54.1 | 83.4 | ... | ... | ... | ... | ... | ... |
| **Sri Lanka** Colombo | + 6 56.1 | + 79 50.6 | 11 10 34.9 | 83.0 | 11 13 46.0 | 83.3 | ... | ... | ... | ... | ... | ... |
| **Pakistan** | | | | | | | | | | | | |
| Lahore | +31 33.0 | + 74 20.6 | 11 10 48.2 | 83.2 | 11 13 59.4 | 83.5 | ... | ... | ... | ... | ... | ... |
| Karachi | +24 51.6 | + 67 00.6 | 11 10 51.1 | 83.1 | 11 14 02.2 | 83.4 | ... | ... | ... | ... | ... | ... |
| **Kazakhstan** Almaty | +43 16.7 | + 76 53.7 | 11 10 56.4 | 83.3 | 11 14 08.0 | 83.5 | ... | ... | ... | ... | ... | ... |
| **Uzbekistan** Tashkent | +41 16.0 | + 69 13.0 | 11 11 00.1 | 83.3 | 11 14 11.5 | 83.5 | ... | ... | ... | ... | ... | ... |
| **Afghanistan** Kabul | +34 31.5 | + 69 08.0 | 11 10 54.8 | 83.2 | 11 14 06.0 | 83.5 | ... | ... | ... | ... | ... | ... |
| **Turkmenistan** Ashgabat | +37 56.0 | + 58 22.0 | 11 11 07.9 | 83.2 | 11 14 19.1 | 83.5 | 14 55 31.8 | 5 20.2 | ... | ... | ... | ... |
| **United Arab Emirates** Abu Dhabi | +24 28.0 | + 54 22.0 | 11 11 06.1 | 83.1 | 11 14 17.0 | 83.4 | ... | ... | ... | ... | ... | ... |
| **Iran** Tehran | +35 40.0 | + 51 26.0 | 11 11 14.7 | 83.2 | 11 14 25.7 | 83.5 | 14 55 31.8 | 5 19.7 | ... | ... | ... | ... |

| Location | Position Latitude | Position Longitude | Ingress Exterior Contact UT | P | Ingress Interior Contact UT | P | Least Distance UT | Angular Separation | Egress Interior Contact UT | P | Egress Exterior Contact UT | P |
|---|---|---|---|---|---|---|---|---|---|---|---|---|
| | ° ′ | ° ′ | h m s | ° | h m s | ° | h m s | ′ ″ | h m s | ° | h m s | ° |
| **Azerbaijan** Baku | +40 22.8 | + 49 53.5 | 11 11 19.1 | 83.3 | 11 14 30.2 | 83.5 | 14 55 34.8 | 5 20.2 | ... | ... | ... | ... |
| **Saudi Arabia** Riyadh | +24 39.0 | + 46 46.0 | 11 11 16.9 | 83.2 | 11 14 27.6 | 83.4 | 14 55 30.7 | 5 18.3 | ... | ... | ... | ... |
| **Iraq** Baghdad | +33 19.5 | + 44 25.3 | 11 11 22.9 | 83.2 | 11 14 33.8 | 83.5 | 14 55 33.5 | 5 19.2 | ... | ... | ... | ... |
| **Yemen** Sana'a | +15 20.9 | + 44 12.4 | 11 11 19.5 | 83.1 | 11 14 30.0 | 83.4 | 14 55 32.9 | 5 17.1 | ... | ... | ... | ... |
| **Lebanon** Beirut | +33 53.2 | + 35 30.8 | 11 11 35.9 | 83.2 | 11 14 46.7 | 83.5 | 14 55 38.8 | 5 19.1 | ... | ... | ... | ... |
| **Israel** Tel Aviv | +32 04.0 | + 34 47.0 | 11 11 36.6 | 83.2 | 11 14 47.4 | 83.5 | 14 55 38.8 | 5 18.8 | ... | ... | ... | ... |
| **Egypt** Cairo | +30 03.5 | + 31 13.7 | 11 11 41.9 | 83.2 | 11 14 52.6 | 83.5 | 14 55 41.2 | 5 18.5 | ... | ... | ... | ... |
| **Turkey** Istanbul | +41 01.0 | + 28 58.0 | 11 11 46.9 | 83.3 | 11 14 57.9 | 83.6 | 14 55 46.4 | 5 19.8 | ... | ... | ... | ... |
| **Russia** | | | | | | | | | | | | |
| Novosibirsk | +55 01.0 | + 83 00.0 | 11 11 07.5 | 83.4 | 11 14 19.3 | 83.6 | 14 55 48.1 | 5 22.2 | ... | ... | ... | ... |
| Yekaterinburg | +56 50.0 | + 60 35.0 | 11 11 22.5 | 83.4 | 11 14 34.1 | 83.7 | 14 55 50.3 | 5 21.8 | ... | ... | ... | ... |
| Nizhny Novgorod | +56 20.0 | + 44 00.0 | 11 11 35.9 | 83.4 | 11 14 47.3 | 83.7 | ... | ... | ... | ... | ... | ... |
| Magadan | +59 34.0 | +150 48.0 | :: 11 11 34.1 | 83.5 | :: 11 14 46.7 | 83.8 | ... | ... | 18 38 39.9 | 223.7 | 18 41 52.7 | 223.9 |
| Tiksi | +71 38.0 | +128 52.0 | 11 11 41.7 | 83.4 | 11 14 53.0 | 83.7 | ... | ... | 18 38 13.2 | 223.7 | 18 41 26.0 | 223.9 |
| Moscow | +55 45.1 | + 37 37.1 | 11 11 52.6 | 83.5 | 11 15 04.4 | 83.7 | 14 55 52.0 | 5 21.6 | ... | ... | ... | ... |
| Murmansk | +68 58.0 | + 33 05.0 | 11 11 50.7 | 83.4 | 11 15 02.1 | 83.7 | 14 56 09.0 | 5 22.9 | 18 37 34.2 | 223.8 | 18 40 46.8 | 224.0 |
| St. Petersburg | +59 57.0 | + 30 19.0 | ... | ... | ... | ... | 14 55 59.7 | 5 22.0 | ... | ... | ... | ... |
| **Somalia** Mogadishu | + 2 02.0 | + 45 21.0 | 11 11 18.6 | 83.0 | 11 14 28.9 | 83.3 | 14 55 38.9 | 5 15.6 | ... | ... | ... | ... |
| **Tanzania** Dar es Salaam | − 6 48.0 | + 39 17.0 | 11 11 31.1 | 83.0 | 11 14 41.3 | 83.2 | 14 55 50.1 | 5 14.5 | ... | ... | ... | ... |
| **Ethiopia** Addis Ababa | + 9 01.8 | + 38 44.4 | 11 11 28.8 | 83.1 | 11 14 39.2 | 83.3 | 14 55 38.8 | 5 16.2 | ... | ... | ... | ... |
| **Kenya** Nairobi | − 1 17.0 | + 36 49.0 | 11 11 33.9 | 83.0 | 11 14 44.1 | 83.2 | 14 55 47.0 | 5 15.0 | ... | ... | ... | ... |
| **Mozambique** Maputo | −25 58.0 | + 32 35.0 | 11 11 50.4 | 82.9 | 11 15 00.6 | 83.1 | 14 56 18.6 | 5 12.8 | ... | ... | ... | ... |
| **Uganda** Kampala | + 0 18.8 | + 32 34.9 | 11 11 41.1 | 83.0 | 11 14 51.4 | 83.3 | 14 55 49.3 | 5 15.1 | ... | ... | ... | ... |
| **Sudan** Khartoum | +15 38.0 | + 32 32.0 | 11 11 39.2 | 83.1 | 11 14 49.6 | 83.4 | 14 55 41.2 | 5 16.8 | ... | ... | ... | ... |
| **Mauritius** Port Louis | −20 10.0 | + 57 31.0 | 11 11 09.5 | 82.9 | 11 14 20.0 | 83.1 | ... | ... | ... | ... | ... | ... |
| **Rodrigues Island** Port Mathurin | −19 41.0 | + 63 25.0 | 11 11 01.9 | 82.8 | 11 14 12.4 | 83.1 | ... | ... | ... | ... | ... | ... |
| **Seychelles** Victoria, Mahe | + 4 37.0 | + 55 27.0 | 11 11 04.6 | 82.9 | 11 14 15.1 | 83.2 | ... | ... | ... | ... | ... | ... |
| **Madagascar** Antananarivo | −18 56.0 | + 47 31.0 | 11 11 22.9 | 82.9 | 11 14 33.3 | 83.1 | ... | ... | ... | ... | ... | ... |
| **Maldives** Male | + 4 10.5 | + 73 30.5 | 11 10 40.7 | 83.0 | 11 13 51.6 | 83.2 | ... | ... | ... | ... | ... | ... |

# TRANSIT OF MERCURY OF 2016 MAY 9

| Location | Position Latitude | Position Longitude | Ingress Exterior Contact UT | Ingress Exterior Contact P | Ingress Interior Contact UT | Ingress Interior Contact P | Least Angular Distance UT | Least Angular Distance Separation | Egress Interior Contact UT | Egress Interior Contact P | Egress Exterior Contact UT | Egress Exterior Contact P |
|---|---|---|---|---|---|---|---|---|---|---|---|---|
| | ° ′ | ° ′ | h m s | ° | h m s | ° | h m s | ′ ″ | h m s | ° | h m s | ° |
| **Kerguelen Islands** Port-aux-Francais | − 49 21.0 | + 70 13.0 | 11 11 26.7 | 82.8 | 11 14 37.5 | 83.0 | ... | ... | ... | ... | ... | ... |
| **Comoros Islands** Moroni | − 11 45.0 | + 43 12.0 | 11 11 26.3 | 82.9 | 11 14 36.6 | 83.2 | ... | ... | ... | ... | ... | ... |
| **Zimbabwe** Harare | − 17 51.8 | + 31 01.8 | 11 11 49.5 | 82.9 | 11 14 59.7 | 83.2 | 14 56 09.1 | 5 13.4 | ... | ... | ... | ... |
| **Zambia** Lusaka | − 15 25.0 | + 28 17.0 | 11 11 53.5 | 82.9 | 11 15 03.7 | 83.2 | 14 56 08.8 | 5 13.5 | ... | ... | ... | ... |
| **South Africa, Rep. of** Johannesburg | − 26 12.3 | + 28 02.7 | 11 11 58.0 | 82.9 | 11 15 08.2 | 83.1 | 14 56 22.8 | 5 12.7 | ... | ... | ... | ... |
| Cape Town | − 33 55.5 | + 18 25.4 | 11 12 16.6 | 82.9 | 11 15 26.9 | 83.1 | 14 56 43.4 | 5 12.2 | ... | ... | ... | ... |
| **Namibia** Windhoek | − 22 34.2 | + 17 05.0 | 11 12 15.8 | 82.9 | 11 15 26.0 | 83.2 | 14 56 29.8 | 5 12.9 | ... | ... | ... | ... |
| **Angola** Luanda | − 8 50.3 | + 13 14.1 | 11 12 19.8 | 83.0 | 11 15 29.9 | 83.3 | 14 56 19.8 | 5 14.0 | ... | ... | ... | ... |
| **Congo, Democratic Republic of** Kinshasa | − 4 19.5 | + 15 19.3 | 11 12 14.8 | 83.0 | 11 15 25.0 | 83.3 | 14 56 12.8 | 5 14.4 | ... | ... | ... | ... |
| **Libya** Benghazi | + 32 07.0 | + 20 04.0 | 11 12 00.0 | 83.3 | 11 15 10.7 | 83.5 | 14 55 52.0 | 5 18.7 | ... | ... | ... | ... |
| Tripoli | + 32 54.1 | + 13 11.1 | 11 12 11.1 | 83.3 | 11 15 21.9 | 83.6 | 14 55 59.8 | 5 18.7 | ... | ... | ... | ... |
| **Central African Republic** Bangui | + 4 22.0 | + 18 35.0 | 11 12 06.6 | 83.1 | 11 15 16.8 | 83.3 | 14 56 01.8 | 5 15.4 | ... | ... | ... | ... |
| **Chad** N'Djamena | + 12 06.7 | + 15 02.1 | 11 12 11.8 | 83.1 | 11 15 22.2 | 83.4 | 14 56 02.1 | 5 16.2 | ... | ... | ... | ... |
| **Tunisia** Tunis | + 36 48.0 | + 10 11.0 | 11 12 15.1 | 83.3 | 11 15 25.9 | 83.6 | 14 56 03.6 | 5 19.2 | ... | ... | ... | ... |
| **Cameroon** Yaounde | + 3 52.0 | + 11 31.0 | 11 12 20.3 | 83.1 | 11 15 30.6 | 83.4 | 14 56 11.8 | 5 15.3 | ... | ... | ... | ... |
| **Nigeria** Lagos | + 6 27.2 | + 3 23.8 | 11 12 35.2 | 83.1 | 11 15 45.5 | 83.4 | 14 56 22.4 | 5 15.6 | ... | ... | ... | ... |
| **Algeria** Algiers | + 36 42.0 | + 3 13.0 | 11 12 25.9 | 83.3 | 11 15 36.8 | 83.6 | 14 56 12.2 | 5 19.3 | 18 37 21.1 | 224.0 | ... | ... |
| **Niger** Niamey | + 13 31.3 | + 2 06.3 | 11 12 35.7 | 83.2 | 11 15 46.1 | 83.5 | 14 56 20.3 | 5 16.5 | ... | ... | ... | ... |
| **Ghana** Accra | + 5 33.0 | − 0 12.0 | 11 12 42.2 | 83.2 | 11 15 52.6 | 83.4 | 14 56 28.8 | 5 15.6 | ... | ... | ... | ... |
| **Ivory Coast** Abidjan | + 5 20.2 | − 4 01.6 | 11 12 49.3 | 83.2 | 11 15 59.8 | 83.4 | 14 56 35.3 | 5 15.6 | ... | ... | ... | ... |
| **Morocco** Rabat | + 34 02.0 | − 6 50.0 | 11 12 42.4 | 83.4 | 11 15 53.3 | 83.6 | 14 56 26.4 | 5 19.1 | 18 37 23.6 | 224.1 | 18 40 35.5 | 224.3 |
| **Mali** Bamako | + 12 39.0 | − 8 00.0 | 11 12 54.2 | 83.2 | 11 16 04.8 | 83.5 | 14 56 37.5 | 5 16.5 | 18 37 38.5 | 224.2 | 18 40 50.1 | 224.5 |
| **Liberia** Monrovia | + 6 19.0 | − 10 46.8 | 11 13 01.2 | 83.2 | 11 16 11.7 | 83.5 | 14 56 46.5 | 5 15.9 | 18 37 46.5 | 224.3 | 18 40 58.0 | 224.5 |
| **Western Sahara** El Aaiun | + 27 09.2 | − 13 12.2 | 11 12 56.1 | 83.3 | 11 16 07.0 | 83.6 | 14 56 38.6 | 5 18.4 | 18 37 29.1 | 224.1 | 18 40 40.7 | 224.4 |
| **Sierra Leone** Freetown | + 8 29.1 | − 13 14.1 | 11 13 04.8 | 83.2 | 11 16 15.4 | 83.5 | 14 56 49.4 | 5 16.2 | 18 37 45.1 | 224.3 | 18 40 56.6 | 224.5 |
| **Guinea-Bissau** Bissau | + 11 51.0 | − 15 34.0 | 11 13 07.5 | 83.3 | 11 16 18.1 | 83.5 | 14 56 51.3 | 5 16.7 | 18 37 42.7 | 224.2 | 18 40 54.1 | 224.5 |

| Location | Position | | Ingress Exterior Contact | | Ingress Interior Contact | | Least Angular Distance | | Egress Interior Contact | | Egress Exterior Contact | |
|---|---|---|---|---|---|---|---|---|---|---|---|---|
| | Latitude | Longitude | UT | P | UT | P | UT | Separation | UT | P | UT | P |
| | ° ′ | ° ′ | h m s | ° | h m s | ° | h m s | ′ ″ | h m s | ° | h m s | ° |
| **Mauritania** Nouakchott | +18 06.0 | − 15 57.0 | 11 13 05.3 | 83.3 | 11 16 16.1 | 83.6 | 14 56 48.1 | 5 17.4 | 18 37 36.9 | 224.2 | 18 40 48.4 | 224.5 |
| **Senegal** Dakar | +14 41.6 | − 17 26.8 | 11 13 09.3 | 83.3 | 11 16 20.1 | 83.5 | 14 56 52.8 | 5 17.0 | 18 37 40.9 | 224.2 | 18 40 52.3 | 224.5 |
| **Albania** Tirana | +41 19.8 | + 19 49.2 | 11 12 00.0 | 83.3 | 11 15 11.0 | 83.6 | 14 55 54.4 | 5 19.8 | ... | ... | ... | ... |
| **Ukraine** Kiev | +50 27.0 | + 30 31.4 | 11 11 47.2 | 83.4 | 11 14 58.4 | 83.6 | 14 55 51.1 | 5 21.0 | ... | ... | ... | ... |
| **Hungary** Budapest | +47 28.3 | + 19 03.0 | 11 12 01.0 | 83.4 | 11 15 12.1 | 83.6 | 14 55 57.7 | 5 20.5 | ... | ... | ... | ... |
| **Moldova** Chisinau | +47 00.6 | + 28 52.1 | 11 11 48.3 | 83.4 | 11 14 59.4 | 83.6 | 14 55 49.8 | 5 20.5 | ... | ... | ... | ... |
| **Belarus** Minsk | +53 54.0 | + 27 34.0 | 11 11 51.5 | 83.4 | 11 15 02.8 | 83.7 | 14 55 55.7 | 5 21.3 | ... | ... | ... | ... |
| **Romania** Bucharest | +44 25.9 | + 26 06.2 | 11 11 51.4 | 83.3 | 11 15 02.5 | 83.6 | 14 55 50.3 | 5 20.2 | ... | ... | ... | ... |
| **Finland** Helsinki | +60 10.3 | + 24 56.2 | 11 11 55.8 | 83.4 | 11 15 07.3 | 83.7 | 14 56 02.8 | 5 22.0 | ... | ... | ... | ... |
| **Latvia** Riga | +56 56.9 | + 24 06.4 | 11 11 56.0 | 83.4 | 11 15 07.3 | 83.7 | 14 56 00.4 | 5 21.6 | ... | ... | ... | ... |
| **Greece** Athens | +37 58.0 | + 23 43.0 | 11 11 54.2 | 83.3 | 11 15 05.1 | 83.6 | 14 55 49.6 | 5 19.4 | ... | ... | ... | ... |
| **Bulgaria** Sofia | +42 42.0 | + 23 20.0 | 11 11 55.1 | 83.3 | 11 15 06.0 | 83.6 | 14 55 51.7 | 5 20.0 | ... | ... | ... | ... |
| **Poland** Warsaw | +52 13.8 | + 21 00.7 | 11 11 58.8 | 83.4 | 11 15 10.0 | 83.7 | 14 55 58.9 | 5 21.1 | ... | ... | ... | ... |
| **Serbia and Montenegro** Belgrade | +44 49.2 | + 20 27.7 | 11 11 59.1 | 83.4 | 11 15 10.2 | 83.6 | 14 55 55.2 | 5 20.2 | ... | ... | ... | ... |
| **Bosnia-Herzegovina** Sarajevo | +43 50.9 | + 18 21.4 | 11 12 02.1 | 83.4 | 11 15 13.1 | 83.6 | 14 55 56.7 | 5 20.1 | ... | ... | ... | ... |
| **Svalbard** Longyearbyen | +78 13.0 | + 15 33.0 | 11 12 04.8 | 83.5 | 11 15 16.8 | 83.8 | 14 56 26.0 | 5 23.7 | 18 37 40.5 | 223.8 | 18 40 53.0 | 224.0 |
| **Sweden** Stockholm | +59 21.0 | + 18 04.0 | 11 12 02.4 | 83.5 | 11 15 13.8 | 83.7 | 14 56 06.3 | 5 21.9 | 18 37 25.3 | 223.8 | 18 40 37.7 | 224.1 |
| **Austria** Vienna | +48 12.5 | + 16 22.4 | 11 12 04.5 | 83.4 | 11 15 15.6 | 83.6 | 14 56 00.4 | 5 20.6 | ... | ... | ... | ... |
| **Croatia** Zagreb | +45 49.0 | + 15 59.0 | 11 12 05.2 | 83.4 | 11 15 16.3 | 83.6 | 14 55 59.7 | 5 20.3 | ... | ... | ... | ... |
| **Czech Republic** Prague | +50 05.0 | + 14 25.0 | 11 12 06.8 | 83.4 | 11 15 18.0 | 83.7 | 14 56 03.1 | 5 20.8 | ... | ... | ... | ... |
| **Germany** | | | | | | | | | | | | |
| Munich | +48 08.0 | + 11 34.0 | 11 12 10.7 | 83.4 | 11 15 21.9 | 83.7 | 14 56 04.9 | 5 20.6 | ... | ... | ... | ... |
| Stuttgart | +48 46.7 | + 9 10.8 | 11 12 13.7 | 83.4 | 11 15 24.8 | 83.7 | 14 56 07.5 | 5 20.7 | 18 37 20.8 | 223.9 | 18 40 33.0 | 224.2 |
| Dusseldorf | +51 14.2 | + 6 47.0 | 11 12 16.0 | 83.4 | 11 15 27.2 | 83.7 | 14 56 10.7 | 5 21.0 | 18 37 21.3 | 223.9 | 18 40 33.5 | 224.2 |
| **San Marino** San Marino | +43 56.0 | + 12 26.0 | 11 12 10.3 | 83.4 | 11 15 21.3 | 83.6 | 14 56 02.6 | 5 20.1 | ... | ... | ... | ... |
| **Italy** | | | | | | | | | | | | |
| Rome | +41 54.0 | + 12 30.0 | 11 12 10.6 | 83.4 | 11 15 21.5 | 83.6 | 14 56 01.9 | 5 19.8 | ... | ... | ... | ... |
| Milan | +45 27.8 | + 9 11.4 | 11 12 14.5 | 83.4 | 11 15 25.5 | 83.6 | 14 56 06.4 | 5 20.3 | ... | ... | ... | ... |

# TRANSIT OF MERCURY OF 2016 MAY 9

| Location | Position Latitude | Position Longitude | Ingress Exterior Contact UT | P | Ingress Interior Contact UT | P | Least Angular Distance UT | Separation | Egress Interior Contact UT | P | Egress Exterior Contact UT | P |
|---|---|---|---|---|---|---|---|---|---|---|---|---|
| | ° ′ | ° ′ | h m s | ° | h m s | ° | h m s | ′ ″ | h m s | ° | h m s | ° |
| **Denmark** Copenhagen | +55 40.6 | +12 34.1 | 11 12 08.3 | 83.4 | 11 15 19.7 | 83.7 | 14 56 07.8 | 5 21.5 | 18 37 23.0 | 223.9 | 18 40 35.3 | 224.1 |
| **Norway** Oslo | +59 57.0 | +10 45.4 | 11 12 09.5 | 83.5 | 11 15 21.0 | 83.7 | 14 56 11.8 | 5 21.9 | 18 37 25.0 | 223.8 | 18 40 37.3 | 224.1 |
| **Switzerland** Zurich | +47 22.0 | +8 33.0 | 11 12 14.8 | 83.4 | 11 15 26.0 | 83.7 | 14 56 07.6 | 5 20.5 | 18 37 20.5 | 223.9 | 18 40 32.7 | 224.2 |
| **Netherlands** Amsterdam | +52 22.4 | +4 53.5 | 11 12 17.9 | 83.4 | 11 15 29.1 | 83.7 | 14 56 13.0 | 5 21.1 | 18 37 21.6 | 223.9 | 18 40 33.8 | 224.2 |
| **France** | | | | | | | | | | | | |
| Ajaccio, Corsica | +41 55.6 | +8 44.2 | 11 12 16.0 | 83.4 | 11 15 27.0 | 83.6 | 14 56 06.0 | 5 19.9 | 18 ⋮⋮ 20.2 | 224.0 | ⋮⋮ 40 32.4 | 224.2 |
| Marseille | +43 17.8 | +5 22.2 | 11 12 20.4 | 83.4 | 11 15 31.4 | 83.6 | 14 56 10.1 | 5 20.0 | 18 37 20.2 | 223.9 | 18 40 32.4 | 224.2 |
| Paris | +48 51.4 | +2 21.0 | 11 12 22.3 | 83.4 | 11 15 33.5 | 83.7 | 14 56 14.5 | 5 20.7 | 18 37 20.9 | 223.9 | 18 40 33.0 | 224.2 |
| **Spain** | | | | | | | | | | | | |
| Barcelona | +41 23.0 | +2 11.0 | 11 12 25.6 | 83.4 | 11 15 36.6 | 83.6 | 14 56 13.6 | 5 19.8 | 18 37 20.5 | 224.0 | 18 40 32.6 | 224.2 |
| Madrid | +40 24.0 | +3 41.0 | 11 12 34.4 | 83.4 | 11 15 45.4 | 83.7 | 14 56 21.1 | 5 19.8 | 18 37 21.4 | 224.0 | 18 40 33.4 | 224.3 |
| **United Kingdom** | | | | | | | | | | | | |
| London | +51 30.5 | +0 07.5 | 11 12 24.1 | 83.4 | 11 15 35.4 | 83.7 | 14 56 17.8 | 5 21.0 | 18 37 21.7 | 223.9 | 18 40 33.8 | 224.2 |
| Birmingham | +52 29.0 | −1 53.6 | 11 12 25.7 | 83.5 | 11 15 37.0 | 83.7 | 14 56 19.8 | 5 21.2 | 18 37 22.2 | 223.9 | 18 40 34.3 | 224.2 |
| Edinburgh | +55 57.0 | −3 09.6 | 11 12 25.2 | 83.5 | 11 15 36.6 | 83.7 | 14 56 21.9 | 5 21.6 | 18 37 23.6 | 223.9 | 18 40 35.7 | 224.2 |
| Taunton | +51 01.1 | −3 06.0 | 11 12 27.9 | 83.4 | 11 15 39.2 | 83.7 | 14 56 20.8 | 5 21.0 | 18 37 22.0 | 223.9 | 18 40 34.1 | 224.2 |
| **Ireland** Dublin | +53 20.9 | −6 15.6 | 11 12 30.1 | 83.5 | 11 15 41.5 | 83.7 | 14 56 24.5 | 5 21.3 | 18 37 23.2 | 223.9 | 18 40 35.2 | 224.2 |
| **Faroe Islands** Torshavn | +62 00.0 | −6 47.0 | 11 12 24.8 | 83.5 | 11 15 36.4 | 83.8 | 14 56 26.7 | 5 22.3 | 18 37 27.2 | 223.9 | 18 40 39.3 | 224.1 |
| **Portugal** Lisbon | −38 42.8 | −9 08.4 | 11 12 43.1 | 83.4 | 11 15 54.1 | 83.7 | 14 56 28.7 | 5 19.7 | 18 37 23.1 | 224.0 | 18 40 34.9 | 224.3 |
| **Ascension Island** Georgetown | − 7 55.7 | −14 24.7 | 11 13 10.4 | 83.1 | 11 16 20.9 | 83.4 | 14 57 04.0 | 5 14.5 | 18 38 07.4 | 224.4 | 18 41 18.6 | 224.6 |
| **Canary Islands** Las Palmas de Gran Canaria | +28 09.0 | −15 25.0 | 11 12 58.9 | 83.4 | 11 16 09.8 | 83.6 | 14 56 41.8 | 5 18.6 | 18 37 29.5 | 224.1 | 18 40 41.1 | 224.4 |
| **Madeira** Funchal | +32 39.1 | −16 54.6 | 11 12 58.1 | 83.4 | 11 16 09.1 | 83.6 | 14 56 42.1 | 5 19.1 | 18 37 28.0 | 224.1 | 18 40 39.6 | 224.3 |
| **Iceland** Reykjavik | +64 08.0 | −21 56.0 | 11 12 34.8 | 83.5 | 11 15 46.6 | 83.8 | 14 56 39.5 | 5 22.7 | 18 37 31.9 | 223.9 | 18 40 43.9 | 224.1 |
| **Cape Verde Islands** Praia, Santiago | +14 55.2 | −23 30.5 | 11 13 18.7 | 83.3 | 11 16 29.5 | 83.6 | 14 57 03.6 | 5 17.3 | 18 37 44.5 | 224.2 | 18 40 55.7 | 224.5 |
| **Azores** Ponta Delgada | +37 44.0 | −25 40.0 | 11 13 05.5 | 83.4 | 11 16 16.7 | 83.7 | 14 56 53.1 | 5 20.0 | 18 37 30.9 | 224.1 | 18 40 42.5 | 224.3 |
| **South Georgia** Grytviken | −54 16.9 | −36 30.5 | 11 13 17.6 | 82.9 | 11 16 28.6 | 83.2 | 14 58 09.2 | 5 12.3 | 18 39 39.5 | 224.6 | ⋮⋮ ⋮⋮ ⋮⋮ | ⋯ |
| **Greenland** Nuuk | +64 10.0 | −51 44.0 | 11 12 50.9 | 83.6 | 11 16 03.0 | 83.9 | 14 57 03.7 | 5 23.3 | 18 37 44.6 | 223.9 | 18 40 56.5 | 224.1 |

*Dot leaders indicate the phenomenon occurs below the horizon.*

## CONTENTS OF SECTION B

This symbol indicates that these data or auxiliary material may also be found on *The Astronomical Almanac Online* at **http://asa.usno.navy.mil** and **http://asa.hmnao.com**

## Introduction

The tables and formulae in this section are produced in accordance with the recommendations of the International Astronomical Union at its General Assemblies up to and including 2012. They are intended for use with relativistic coordinate time-scales, the International Celestial Reference System (ICRS), the Geocentric Celestial Reference System (GCRS) and the standard epoch of J2000·0 TT.

Because of its consistency with previous reference systems, implementation of the ICRS will be transparent to any applications with accuracy requirements of no better than $0''\!\!.1$ near epoch J2000·0. At this level of accuracy the distinctions between the International Celestial Reference Frame, FK5, and dynamical equator and equinox of J2000·0 are not significant.

Procedures are given to calculate both intermediate and apparent right ascension, declination and hour angle of planetary and stellar objects which are referred to the ICRS, e.g. the JPL DE430/LE430 Planetary and Lunar Ephemerides or the Hipparcos star catalogue. These procedures include the effects of the differences between time-scales, light-time and the relativistic effects of light-deflection, parallax and aberration, and the rotations, i.e. frame bias, precession and nutation, to give the "of date" system.

The rotations from the GCRS to the Terrestrial Intermediate Reference System are illustrated using both equinox-based and CIO-based techniques. Both of these techniques require the position of the Celestial Intermediate Pole and involve the angles for frame bias, precession and nutation, whether applied individually or amalgamated, directly or indirectly. Within this section the CIO-based techniques are indicated by shading of the text.

The equinox-based and CIO-based techniques only differ in the location of the origin for right ascension, and thus whether Greenwich apparent sidereal time or Earth rotation angle, respectively, is used to calculate hour angle. Equinox-based techniques use the equinox as the origin for right ascension and the system is usually labelled the true equator and equinox of date. CIO-based techniques use the celestial intermediate origin (CIO) and the system is labelled the Celestial Intermediate Reference System. It must be emphasized that the equator of date is the celestial intermediate equator and hour angle is independent of the origin of right ascension. However, the hour angle must be calculated consistently within the system used.

## Introduction (continued)

This section includes the long-standing daily tabulations of the nutation angles, $\Delta\psi$ and $\Delta\epsilon$, the true obliquity of the ecliptic, Greenwich mean and apparent sidereal time and the equation of the equinoxes, as well as the parameters that define the Celestial Intermediate Reference System, $\mathcal{X}$, $\mathcal{Y}$, $s$, the Earth rotation angle and equation of the origins. Also tabulated daily are the matrices, both equinox and CIO based, for reduction from the GCRS.

It should be noted that the IAU 2006 precession parameters are to be used with the IAU 2000A nutation series. However, for the highest precision, adjustments are required to the nutation in longitude and obliquity (see page B55). These adjustments are included in the IAU SOFA code which is used throughout this section.

Background information about time-scales and coordinate reference systems recommended by the IAU and adopted in this almanac are given in Section L, *Notes and References* and in Section M, *Glossary*.

Definitions involving the relationship between universal and sidereal time require knowledge of $\Delta T$. However, accurate values of $\Delta T$ (see pages K8–K9) are only available in retrospect via analysis of observations from the IERS (see page x). Therefore the tables adopt the most likely value at the time of production. The value used and the errors are stated in the text.

## Julian date

A Julian date (JD) may be associated with any time scale (see page B6). A tabulation of Julian date (JD) at $0^h$ UT1 against calendar date is given with the ephemeris of universal and sidereal times on pages B13–B20. Similarly, pages B21–B24 tabulate the UT1 Julian date together with the Earth rotation angle. The following relationship holds during 2016:

$$\text{UT1 Julian date} = \text{JD}_{\text{UT1}} = 245\ 7387{\cdot}5 + \text{day of year} + \text{fraction of day from } 0^h \text{ UT1}$$

$$\text{TT Julian date} = \text{JD}_{\text{TT}} = 245\ 7387{\cdot}5 + d + \text{fraction of day from } 0^h \text{ TT}$$

where the day of the year ($d$) for the current year of the Gregorian calendar is given on pages B4–B5. The following table gives the Julian dates at day 0 of each month of 2016:

| $0^h$ | Julian Date | $0^h$ | Julian Date | $0^h$ | Julian Date |
|---|---|---|---|---|---|
| Jan. 0 | 245 7387·5 | May 0 | 245 7508·5 | Sept. 0 | 245 7631·5 |
| Feb. 0 | 245 7418·5 | June 0 | 245 7539·5 | Oct. 0 | 245 7661·5 |
| Mar. 0 | 245 7447·5 | July 0 | 245 7569·5 | Nov. 0 | 245 7692·5 |
| Apr. 0 | 245 7478·5 | Aug. 0 | 245 7600·5 | Dec. 0 | 245 7722·5 |

Tabulations of Julian date against calendar date for other years are given on pages K2–K4.

A date may also be expressed in years as a Julian epoch, or for some purposes as a Besselian epoch, using:

$$\text{Julian epoch} = \text{J}[2000{\cdot}0 + (\text{JD}_{\text{TT}} - 245\ 1545{\cdot}0)/365{\cdot}25]$$

$$\text{Besselian epoch} = \text{B}[1900{\cdot}0 + (\text{JD}_{\text{TT}} - 241\ 5020{\cdot}313\ 52)/365{\cdot}242\ 198\ 781]$$

the prefixes J and B may be omitted only where the context, or precision, make them superfluous.

400-day date, JD 245 7600·5 = 2016 July 31·0

Standard epoch B1900·0 = 1900 Jan.   0·813 52 = JD 241 5020·313 52 TT
B1950·0 = 1950 Jan.   0·923     = JD 243 3282·423 TT
B2016·0 = 2016 Jan. 0·909 TT = JD 245 7388·409 TT

Standard epoch J2000·0 = 2000 Jan.   1·5 TT   = JD 245 1545·0 TT
J2016·5 = 2016 July 2·125 TT = JD 245 7571·625 TT

For epochs B1900·0 and B1950·0 the TT time scale is used proleptically.

The *modified Julian date* (MJD) is the Julian date minus 240 0000·5 and in 2016 is given by: MJD = 57387·0 + day of year + fraction of day from $0^h$ in the time scale being used.

| | JANUARY | | FEBRUARY | | MARCH | | APRIL | | MAY | | JUNE | |
|---|---|---|---|---|---|---|---|---|---|---|---|---|
| Day of Month | Day of Week | Day of Year | Day of Week | Day of Year | Day of Week | Day of Year | Day of Week | Day of Year | Day of Week | Day of Year | Day of Week | Day of Year |
| 1 | Fri. | 1 | Mon. | 32 | Tue. | 61 | Fri. | 92 | Sun. | 122 | Wed. | 153 |
| 2 | Sat. | 2 | Tue. | 33 | Wed. | 62 | Sat. | 93 | Mon. | 123 | Thu. | 154 |
| 3 | Sun. | 3 | Wed. | 34 | Thu. | 63 | Sun. | 94 | Tue. | 124 | Fri. | 155 |
| 4 | Mon. | 4 | Thu. | 35 | Fri. | 64 | Mon. | 95 | Wed. | 125 | Sat. | 156 |
| 5 | Tue. | 5 | Fri. | 36 | Sat. | 65 | Tue. | 96 | Thu. | 126 | Sun. | 157 |
| 6 | Wed. | 6 | Sat. | 37 | Sun. | 66 | Wed. | 97 | Fri. | 127 | Mon. | 158 |
| 7 | Thu. | 7 | Sun. | 38 | Mon. | 67 | Thu. | 98 | Sat. | 128 | Tue. | 159 |
| 8 | Fri. | 8 | Mon. | 39 | Tue. | 68 | Fri. | 99 | Sun. | 129 | Wed. | 160 |
| 9 | Sat. | 9 | Tue. | 40 | Wed. | 69 | Sat. | 100 | Mon. | 130 | Thu. | 161 |
| 10 | Sun. | 10 | Wed. | 41 | Thu. | 70 | Sun. | 101 | Tue. | 131 | Fri. | 162 |
| 11 | Mon. | 11 | Thu. | 42 | Fri. | 71 | Mon. | 102 | Wed. | 132 | Sat. | 163 |
| 12 | Tue. | 12 | Fri. | 43 | Sat. | 72 | Tue. | 103 | Thu. | 133 | Sun. | 164 |
| 13 | Wed. | 13 | Sat. | 44 | Sun. | 73 | Wed. | 104 | Fri. | 134 | Mon. | 165 |
| 14 | Thu. | 14 | Sun. | 45 | Mon. | 74 | Thu. | 105 | Sat. | 135 | Tue. | 166 |
| 15 | Fri. | 15 | Mon. | 46 | Tue. | 75 | Fri. | 106 | Sun. | 136 | Wed. | 167 |
| 16 | Sat. | 16 | Tue. | 47 | Wed. | 76 | Sat. | 107 | Mon. | 137 | Thu. | 168 |
| 17 | Sun. | 17 | Wed. | 48 | Thu. | 77 | Sun. | 108 | Tue. | 138 | Fri. | 169 |
| 18 | Mon. | 18 | Thu. | 49 | Fri. | 78 | Mon. | 109 | Wed. | 139 | Sat. | 170 |
| 19 | Tue. | 19 | Fri. | 50 | Sat. | 79 | Tue. | 110 | Thu. | 140 | Sun. | 171 |
| 20 | Wed. | 20 | Sat. | 51 | Sun. | 80 | Wed. | 111 | Fri. | 141 | Mon. | 172 |
| 21 | Thu. | 21 | Sun. | 52 | Mon. | 81 | Thu. | 112 | Sat. | 142 | Tue. | 173 |
| 22 | Fri. | 22 | Mon. | 53 | Tue. | 82 | Fri. | 113 | Sun. | 143 | Wed. | 174 |
| 23 | Sat. | 23 | Tue. | 54 | Wed. | 83 | Sat. | 114 | Mon. | 144 | Thu. | 175 |
| 24 | Sun. | 24 | Wed. | 55 | Thu. | 84 | Sun. | 115 | Tue. | 145 | Fri. | 176 |
| 25 | Mon. | 25 | Thu. | 56 | Fri. | 85 | Mon. | 116 | Wed. | 146 | Sat. | 177 |
| 26 | Tue. | 26 | Fri. | 57 | Sat. | 86 | Tue. | 117 | Thu. | 147 | Sun. | 178 |
| 27 | Wed. | 27 | Sat. | 58 | Sun. | 87 | Wed. | 118 | Fri. | 148 | Mon. | 179 |
| 28 | Thu. | 28 | Sun. | 59 | Mon. | 88 | Thu. | 119 | Sat. | 149 | Tue. | 180 |
| 29 | Fri. | 29 | Mon. | 60 | Tue. | 89 | Fri. | 120 | Sun. | 150 | Wed. | 181 |
| 30 | Sat. | 30 | | | Wed. | 90 | Sat. | 121 | Mon. | 151 | Thu. | 182 |
| 31 | Sun. | 31 | | | Thu. | 91 | | | Tue. | 152 | | |

## CHRONOLOGICAL CYCLES AND ERAS

| | | | |
|---|---|---|---|
| Dominical Letter ... ... ... ... | CB | Julian Period (year of) ... ... ... | 6729 |
| Epact ... ... ... ... ... ... ... | 21 | Roman Indiction ... ... ... ... | 9 |
| Golden Number (Lunar Cycle) ... | III | Solar Cycle ... ... ... ... ... ... | 9 |

All dates are given in terms of the Gregorian calendar in which
2016 January 14 corresponds to 2016 January 1 of the Julian calendar.

| ERA | YEAR | BEGINS | ERA | YEAR | BEGINS |
|---|---|---|---|---|---|
| Byzantine ... ... ... | 7525 | Sept. 14 | Japanese ... ... ... | 2676 | Jan. 1 |
| Jewish (A.M.)* ... ... | 5777 | Oct. 2 | Seleucidæ (Grecian) ... | 2328 | Sept. 14 |
| Chinese (bǐng shēn) ... | | Feb. 8 | | | (or Oct. 14) |
| Roman (A.U.C.) ... ... | 2769 | Jan. 14 | Saka (Indian) ... ... | 1938 | Mar. 21 |
| Nabonassar ... ... ... | 2765 | Apr. 19 | Diocletian (Coptic) ... | 1733 | Sept. 11 |
| | | | Islamic (Hegira)* ... | 1438 | Oct. 2 |

* Year begins at sunset

| Day of Month | JULY | | AUGUST | | SEPTEMBER | | OCTOBER | | NOVEMBER | | DECEMBER | |
|---|---|---|---|---|---|---|---|---|---|---|---|---|
| | Day of Week | Day of Year | Day of Week | Day of Year | Day of Week | Day of Year | Day of Week | Day of Year | Day of Week | Day of Year | Day of Week | Day of Year |
| 1 | Fri. | 183 | Mon. | 214 | Thu. | 245 | Sat. | 275 | Tue. | 306 | Thu. | 336 |
| 2 | Sat. | 184 | Tue. | 215 | Fri. | 246 | Sun. | 276 | Wed. | 307 | Fri. | 337 |
| 3 | Sun. | 185 | Wed. | 216 | Sat. | 247 | Mon. | 277 | Thu. | 308 | Sat. | 338 |
| 4 | Mon. | 186 | Thu. | 217 | Sun. | 248 | Tue. | 278 | Fri. | 309 | Sun. | 339 |
| 5 | Tue. | 187 | Fri. | 218 | Mon. | 249 | Wed. | 279 | Sat. | 310 | Mon. | 340 |
| 6 | Wed. | 188 | Sat. | 219 | Tue. | 250 | Thu. | 280 | Sun. | 311 | Tue. | 341 |
| 7 | Thu. | 189 | Sun. | 220 | Wed. | 251 | Fri. | 281 | Mon. | 312 | Wed. | 342 |
| 8 | Fri. | 190 | Mon. | 221 | Thu. | 252 | Sat. | 282 | Tue. | 313 | Thu. | 343 |
| 9 | Sat. | 191 | Tue. | 222 | Fri. | 253 | Sun. | 283 | Wed. | 314 | Fri. | 344 |
| 10 | Sun. | 192 | Wed. | 223 | Sat. | 254 | Mon. | 284 | Thu. | 315 | Sat. | 345 |
| 11 | Mon. | 193 | Thu. | 224 | Sun. | 255 | Tue. | 285 | Fri. | 316 | Sun. | 346 |
| 12 | Tue. | 194 | Fri. | 225 | Mon. | 256 | Wed. | 286 | Sat. | 317 | Mon. | 347 |
| 13 | Wed. | 195 | Sat. | 226 | Tue. | 257 | Thu. | 287 | Sun. | 318 | Tue. | 348 |
| 14 | Thu. | 196 | Sun. | 227 | Wed. | 258 | Fri. | 288 | Mon. | 319 | Wed. | 349 |
| 15 | Fri. | 197 | Mon. | 228 | Thu. | 259 | Sat. | 289 | Tue. | 320 | Thu. | 350 |
| 16 | Sat. | 198 | Tue. | 229 | Fri. | 260 | Sun. | 290 | Wed. | 321 | Fri. | 351 |
| 17 | Sun. | 199 | Wed. | 230 | Sat. | 261 | Mon. | 291 | Thu. | 322 | Sat. | 352 |
| 18 | Mon. | 200 | Thu. | 231 | Sun. | 262 | Tue. | 292 | Fri. | 323 | Sun. | 353 |
| 19 | Tue. | 201 | Fri. | 232 | Mon. | 263 | Wed. | 293 | Sat. | 324 | Mon. | 354 |
| 20 | Wed. | 202 | Sat. | 233 | Tue. | 264 | Thu. | 294 | Sun. | 325 | Tue. | 355 |
| 21 | Thu. | 203 | Sun. | 234 | Wed. | 265 | Fri. | 295 | Mon. | 326 | Wed. | 356 |
| 22 | Fri. | 204 | Mon. | 235 | Thu. | 266 | Sat. | 296 | Tue. | 327 | Thu. | 357 |
| 23 | Sat. | 205 | Tue. | 236 | Fri. | 267 | Sun. | 297 | Wed. | 328 | Fri. | 358 |
| 24 | Sun. | 206 | Wed. | 237 | Sat. | 268 | Mon. | 298 | Thu. | 329 | Sat. | 359 |
| 25 | Mon. | 207 | Thu. | 238 | Sun. | 269 | Tue. | 299 | Fri. | 330 | Sun. | 360 |
| 26 | Tue. | 208 | Fri. | 239 | Mon. | 270 | Wed. | 300 | Sat. | 331 | Mon. | 361 |
| 27 | Wed. | 209 | Sat. | 240 | Tue. | 271 | Thu. | 301 | Sun. | 332 | Tue. | 362 |
| 28 | Thu. | 210 | Sun. | 241 | Wed. | 272 | Fri. | 302 | Mon. | 333 | Wed. | 363 |
| 29 | Fri. | 211 | Mon. | 242 | Thu. | 273 | Sat. | 303 | Tue. | 334 | Thu. | 364 |
| 30 | Sat. | 212 | Tue. | 243 | Fri. | 274 | Sun. | 304 | Wed. | 335 | Fri. | 365 |
| 31 | Sun. | 213 | Wed. | 244 | | | Mon. | 305 | | | Sat. | 366 |

## RELIGIOUS CALENDARS

| | | | | |
|---|---|---|---|---|
| Epiphany ... ... ... ... | Jan. | 6 | Ascension Day ... ... ... ... | May 5 |
| Ash Wednesday ... ... ... | Feb. | 10 | Whit Sunday—Pentecost ... | May 15 |
| Palm Sunday ... ... ... ... | Mar. | 20 | Trinity Sunday ... ... ... ... | May 22 |
| Good Friday ... ... ... ... | Mar. | 25 | First Sunday in Advent ... ... | Nov. 27 |
| Easter Day ... ... ... ... | Mar. | 27 | Christmas Day (Sunday) ... ... | Dec. 25 |
| First day of Passover (Pesach) | Apr. | 23 | Day of Atonement (Yom Kippur) | Oct. 12 |
| Feast of Weeks (Shavuot) ... | June | 12 | First day of Tabernacles (Succoth) | Oct. 17 |
| Jewish New Year (Rosh Hashanah) | Oct. | 3 | Festival of Lights (Hanukkah) | Dec. 25 |
| First day of Ramadân ... ... | June | 7 | Islamic New Year ... ... ... | Oct. 3 |
| First day of Shawwal (Eid ul-Fitr) | July | 7 | | |

The Jewish and Islamic dates above are tabular dates, which begin at sunset on the previous evening and end at sunset on the date tabulated. In practice, the dates of Islamic fasts and festivals are determined by an actual sighting of the appropriate new moon.

**Notation for time-scales and related quantities**

A summary of the notation for time-scales and related quantities used in this Almanac is given below. Additional information is given in the *Glossary* (section M and *The Astronomical Almanac Online*) and in the *Notes and References* (section L).

UT1       universal time (also UT); counted from $0^h$ (midnight); unit is second of mean solar time, affected by irregularities in the Earth's rate of rotation.

UT0       local approximation to universal time; not corrected for polar motion (rarely used).

GMST     Greenwich mean sidereal time; GHA of mean equinox of date.

GAST     Greenwich apparent sidereal time; GHA of true equinox of date.

$E_e$        Equation of the equinoxes: GAST − GMST.

$E_o$        Equation of the origins: ERA − GAST = $\theta$ − GAST.

ERA      Earth rotation angle ($\theta$); the angle between the celestial and terrestrial intermediate origins; it is proportional to UT1.

TAI       International Atomic Time; unit is the SI second on the geoid.

UTC      coordinated universal time; differs from TAI by an integral number of seconds, and is the basis of most radio time signals and national and/or legal time systems.

$\Delta$UT     = UT1−UTC; increment to be applied to UTC to give UT1.

DUT     predicted value of $\Delta$UT, rounded to $0^s1$, given in some radio time signals.

TDB      barycentric dynamical time; used as time-scale of ephemerides, referred to the barycentre of the solar system.

TT        terrestrial time; used as time-scale of ephemerides for observations from the Earth's surface (geoid). TT = TAI + $32^s184$.

$\Delta T$       = TT − UT1; increment to be applied to UT1 to give TT.
          = TAI + $32^s184$ − UT1.

$\Delta$AT     = TAI − UTC; increment to be applied to UTC to give TAI; an integral number of seconds.

$\Delta$TT     = TT − UTC = $\Delta$AT+$32^s184$; increment to be applied to UTC to give TT.

$\mathrm{JD_{TT}}$    = Julian date and fraction, where the time fraction is expressed in the terrestrial time scale, e.g. 2000 January 1, $12^h$ TT is JD 245 1545·0 TT.

$\mathrm{JD_{UT1}}$   = Julian date and fraction, where the time fraction is expressed in the universal time scale, e.g. 2000 January 1, $12^h$ UT1 is JD 245 1545·0 UT1.

The following intervals are used in this section.

$$T = (\mathrm{JD_{TT}} - 245\ 1545 \cdot 0)/36\ 525 = \text{Julian centuries of } 365\ 25 \text{ days from J2000·0}$$

$$D = \mathrm{JD} - 245\ 1545 \cdot 0 = \text{days and fraction from J2000·0}$$

$$D_\mathrm{U} = \mathrm{JD_{UT1}} - 245\ 1545 \cdot 0 = \text{days and UT1 fraction from J2000·0}$$

$$d = \text{Day of the year, January } 1 = 1, \text{ etc., see B4–B5}$$

Note that the intervals above are based on different time scales. $T$ implies the TT time scale while $D_\mathrm{U}$ implies the UT1 time scale. This is an important distinction when calculating Greenwich mean sidereal time. $T$ is the number of Julian centuries from J2000·0 to the required epoch (TT), while $D$, $D_\mathrm{U}$ and $d$ are all in days.

The name Greenwich mean time (GMT) is not used in this Almanac since it is ambiguous. It is now used, although not in astronomy, in the sense of UTC, in addition to the earlier sense of UT; prior to 1925 it was reckoned for astronomical purposes from Greenwich mean noon ($12^h$ UT).

## Relationships between time-scales

The unit of UTC is the SI second on the geoid, but step adjustments of 1 second (leap seconds) are occasionally introduced into UTC so that universal time (UT1) may be obtained directly from it with an accuracy of 1 second or better and so that International Atomic Time (TAI) may be obtained by the addition of an integral number of seconds. The step adjustments, when required, are usually inserted after the 60th second of the last minute of December 31 or June 30. Values of the differences $\Delta AT$ for 1972 onwards are given on page K9. Accurate values of the increment $\Delta UT$ to be applied to UTC to give UT1 are derived from observations, but predicted values are transmitted in code in some time signals. Wherever UT is used in this volume it always means UT1.

The difference between the terrestrial time scale (TT) and the barycentric dynamical time scale (TDB) is often ignored, since the two time scales differ by no more than 2 milliseconds.

An approximate expression for the relationship between the barycentric and terrestrial time-scales (due to the variations in gravitational potential around the Earth's orbit) is:

$$TDB = TT + 0\overset{s}{.}001\ 656\ 67 \sin g + 0\overset{s}{.}000\ 022\ 42 \sin(L - L_J)$$

and
$$g = 357\overset{\circ}{.}53 + 0.985\ 600\ 28(JD - 245\ 1545.0)$$
$$L - L_J = 246\overset{\circ}{.}11 + 0.902\ 517\ 92(JD - 245\ 1545.0)$$

where $g$ is the mean anomaly of the Earth in its orbit around the Sun, and $L - L_J$ is the difference in the mean ecliptic longitudes of the Sun and Jupiter. The above formula for $TDB - TT$ is accurate to about $\pm 30\mu s$ over the period 1980 to 2050.

For 2016
$$g = 355\overset{\circ}{.}90 + 0\overset{\circ}{.}985\ 60\ d \qquad \text{and} \qquad L - L_J = 119\overset{\circ}{.}08 + 0\overset{\circ}{.}902\ 52\ d$$

where $d$ is the day of the year and fraction of the day.

The TDB time scale should be used for quantities such as precession angles and the fundamental arguments. However, for these quantities, the difference between TDB and TT is negligible at the microarcsecond ($\mu$as) level.

## Relationships between universal time, ERA, GMST and GAST

The following equations show the relationships between the Earth rotation angle (ERA=$\theta$), Greenwich mean (GMST) and apparent (GAST) sidereal time, in terms of the equation of the origins ($E_o$) and the equation of the equinoxes ($E_e$):

$$GMST(D_U, T) = \theta(D_U) + \text{polynomial part}(T)$$
$$GAST(D_U, T) = \theta(D_U) - \text{equation of the origins}(T)$$
$$= GMST(D_U, T) + \text{equation of the equinoxes}(T)$$

The definition of these quantities follow. Note that ERA is a function of UT1, while GMST and GAST are functions of both UT1 and TT. A diagram showing the relationships between these concepts is given on page B9.

ERA is for use with intermediate right ascensions while GAST must be used with apparent (equinox based) right ascension.

## Relationship between universal time and Earth rotation angle

The Earth rotation angle ($\theta$) is measured in the Celestial Intermediate Reference System along its equator (the true equator of date) between the terrestrial and the celestial intermediate origins. It is proportional to UT1, and its time derivative is the Earth's adopted mean angular velocity; it is defined by the following relationship

$$\theta(D_U) = 2\pi(0.7790\,5727\,32640 + 1.0027\,3781\,1911\,35448\,D_U) \text{ radians}$$
$$= 360°(0.7790\,5727\,32640 + 0.0027\,3781\,1911\,35448\,D_U + D_U \bmod 1)$$

where $D_U$ is the interval, in days, elapsed since the epoch 2000 January $1^d\ 12^h$ UT1 (JD 245 1545.0 UT1), and $D_U \bmod 1$ is the fraction of the UT1 day remaining after removing all the whole days. The Earth rotation angle (ERA) is tabulated daily at $0^h$ UT1 on pages B21–B24.

During 2016, on day $d$, at $t^h$ UT1, the Earth rotation angle, expressed in arc and time, respectively, is given by:

$$\theta = 98°900\,412 + 0°985\,612\,288\,d + 15°041\,0672\,t$$
$$= 6^h593\,3608 + 0^h065\,707\,4859\,d + 1^h002\,737\,81\,t$$

## Relationship between universal and sidereal time

### Greenwich Mean Sidereal Time

Universal time is defined in terms of Greenwich mean sidereal time (i.e. the hour angle of the mean equinox of date) by:

$$\text{GMST}(D_U, T) = \theta(D_U) + \text{GMST}_P(T)$$
$$\text{GMST}_P(T) = 0''014\,506 + 4612''156\,534\,T + 1''391\,5817\,T^2$$
$$- 0''000\,000\,44\,T^3 - 0''000\,029\,956\,T^4 - 3''68\times10^{-8}\,T^5$$

where $\theta$ is the Earth rotation angle. The polynomial part, $\text{GMST}_P(T)$ is due almost entirely to the effect of precession and is given separately as it also forms part of the equation of the origins (see page B10). The time interval $D_U$ is measured in days elapsed since the epoch 2000 January $1^d\ 12^h$ UT1 (JD 245 1545.0 UT1), whereas $T$ is measured in the TT scale, in Julian centuries of 36 525 days, from JD 245 1545.0 TT.

The Earth rotation angle is expressed in degrees while the terms of the polynomial part ($\text{GMST}_P$) are in arcseconds. GMST is tabulated on pages B13–B20 and the equivalent expression in time units is

$$\text{GMST}(D_U, T) = 86400^s(0.7790\,5727\,32640 + 0.0027\,3781\,1911\,35448\,D_U + D_U \bmod 1)$$
$$+ 0^s000\,967\,07 + 307^s477\,102\,27\,T + 0^s092\,772\,113\,T^2$$
$$- 0^s000\,000\,0293\,T^3 - 0^s000\,001\,997\,07\,T^4 - 2^s453\times10^{-9}\,T^5$$

It is necessary, in this formula, to distinguish TT from UT1 only for the most precise work. The table on pages B13–B20 is calculated assuming $\Delta T = 68^s$. An error of $\pm 1^s$ in $\Delta T$ introduces differences of $\mp 1''5 \times 10^{-6}$ or equivalently $\mp 0^s10 \times 10^{-6}$ during 2016.

The following relationship holds during 2016:

on day of year $d$ at $t^h$ UT1, $\text{GMST} = 6^h607\,0238 + 0^h065\,709\,8245\,d + 1^h002\,737\,91\,t$

where the day of year $d$ is tabulated on pages B4–B5. Add or subtract multiples of $24^h$ as necessary.

**Relationship between universal and sidereal time (continued)**

In 2016:        1 mean solar day  =  1·002 737 909 35        mean sidereal days
                                  =  24$^h$ 03$^m$ 56$^s$555 37 of mean sidereal time
                1 mean sidereal day = 0·997 269 566 33        mean solar days
                                  =  23$^h$ 56$^m$ 04$^s$090 53 of mean solar time

*Greenwich Apparent Sidereal Time*

The hour angle of the true equinox of date (GAST) is given by:

$$\mathrm{GAST}(D_U, T) = \theta(D_U) - \text{equation of the origins} = \theta(D_U) - E_o(T)$$
$$= \mathrm{GMST}(D_U, T) + \text{equation of the equinoxes} = \mathrm{GMST}(D_U, T) + E_e(T)$$

where $\theta$ is the Earth rotation angle (ERA) and GMST, the Greenwich mean sidereal time are given above, while the equation of the origins ($E_o$) and the equation of the equinoxes ($E_e$) are given on page B10.

Pages B13–B20 tabulate GAST and the equation of the equinoxes daily at 0$^h$ UT1. These quantities have been calculated using the IAU 2000A nutation model together with the tiny ($\mu$as level) amendments (see B55); they are expressed in time units and are based on a predicted $\Delta T = 68^s$. An error of $\pm 1^s$ in $\Delta T$ introduces a maximum error of $\pm 3.''1 \times 10^{-6}$ or equivalently $\pm 0^s21 \times 10^{-6}$ during 2016.

Interpolation may be used to obtain the equation of the equinoxes for another instant, or if full precision is required.

**Relationships between origins**

The difference between the CIO and true equinox of date is called the equation of the origins

$$E_o(T) = \theta - \mathrm{GAST}$$

while the difference between the true and mean equinox is called the equation of the equinoxes and is given by

$$E_e(T) = \mathrm{GAST} - \mathrm{GMST}$$

The following schematic diagram shows the relationship between the "zero longitude" defined by the terrestrial intermediate origin, the true equinox and the celestial intermediate origin.

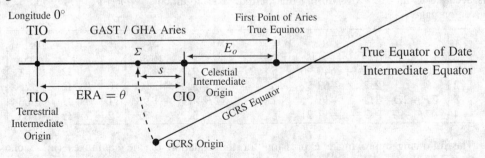

The diagram illustrates that the origin of Greenwich hour angle, the terrestrial intermediate origin (TIO), may be obtained from either Greenwich apparent sidereal time (GAST) or Earth rotation angle (ERA). The quantity $s$, the CIO locator, positions the GCRS origin ($\Sigma$) on the equator (see page B47). Note that the planes of intermediate equator and the true equator of date (the pole of which is the celestial intermediate pole) are identical.

## Relationships between origins (continued)

*Equation of the origins*

The equation of the origins $(E_o)$, the angular difference between the origin of intermediate right ascension (the CIO) and the origin of equinox right ascension (the true equinox) is defined to be

$$E_o(T) = \theta - \text{GAST} = s - \tan^{-1} \frac{\mathbf{M_j} \cdot \mathscr{R}_{\Sigma i}}{\mathbf{M_i} \cdot \mathscr{R}_{\Sigma i}}$$

where $s$ is the CIO locator (see page B47). $\mathbf{M_i}$, and $\mathbf{M_j}$ are vectors formed from the top and middle rows of $\mathbf{M}$ (see page B50) which transforms positions from the GCRS to the equator and equinox of date, while the vector $\mathscr{R}_{\Sigma i}$ which is formed from the top row of $\mathscr{R}_\Sigma$ is given on page B49. The symbol $\cdot$ denotes the scalar or dot product of the two vectors.

Alternatively,

$$E_o(T) = -(\text{GMST}_P(T) + E_e(T))$$

where $\text{GMST}_P$ is the polynomial part of the Greenwich mean sidereal time formulae (see page B8), and $E_e$ is the equation of the equinoxes given below. $E_o$ is tabulated with the Earth rotation angle $(\theta)$ on pages B21–B24, and is calculated in the sense

$$E_o = \theta - \text{GAST} = \alpha_i - \alpha_e$$

and therefore

$$\alpha_i = E_o + \alpha_e$$

Thus, given an apparent right ascension $(\alpha_e)$ and the equation of the origins, the intermediate right ascension $(\alpha_i)$ may be calculated so that it can be used with the Earth rotation angle $(\theta)$ to form an hour angle.

*Equation of the equinoxes*

The equation of the equinoxes $(E_e)$ is the difference between Greenwich apparent (GAST) and mean (GMST) sidereal time.

$$E_e(T) = \text{GAST} - \text{GMST}$$

which can be expressed, less precisely, in series form as

$$= \Delta\psi \, \cos\epsilon_A + \sum_k S_k \sin A_k - 0''\!87 \times 10^{-6} \, T \, \sin\Omega$$

GAST and GMST are given on pages B9 and B8, respectively. $\Delta\psi$ is the total nutation in longitude (in seconds of arc) and $\epsilon_A$ is the mean obliquity of the ecliptic (see pages B55 and B52, respectively). The coefficients $(S_k)$ are in seconds of arc in the above equation; they are given below (in $\mu$as) for all terms exceeding $0.5\mu$as during 1975-2025. This series expression is accurate to $\pm 0''\!3 \times 10^{-5}$ during this period. The arguments $(A_k)$ $l$, $l'$, $F$, $D$, and $\Omega$ are given on page B47.

| $k$ | $A_k$ | $S_k$ | $k$ | $A_k$ | $S_k$ | $k$ | $A_k$ | $S_k$ |
|---|---|---|---|---|---|---|---|---|
| | | $\mu$as | | | $\mu$as | | | $\mu$as |
| 1 | $\Omega$ | $+2640\cdot96$ | 5 | $2F-2D+2\Omega$ | $-4\cdot55$ | 9 | $l'+\Omega$ | $-1\cdot41$ |
| 2 | $2\Omega$ | $+63\cdot52$ | 6 | $2F+3\Omega$ | $+2\cdot02$ | 10 | $l'-\Omega$ | $-1\cdot26$ |
| 3 | $2F-2D+3\Omega$ | $+11\cdot75$ | 7 | $2F+\Omega$ | $+1\cdot98$ | 11 | $l+\Omega$ | $-0\cdot63$ |
| 4 | $2F-2D+\Omega$ | $+11\cdot21$ | 8 | $3\Omega$ | $-1\cdot72$ | 12 | $l-\Omega$ | $-0\cdot63$ |

The following approximate expression for the equation of the equinoxes (in seconds), incorporates the two largest terms, and is accurate to better than $2^s \times 10^{-6}$ assuming $\Delta\psi$ and $\epsilon_A$ are supplied with sufficient accuracy.

$$E_e^s = \tfrac{1}{15} \left( \Delta\psi \, \cos\epsilon_A + 0''\!002\,64 \sin\Omega + 0''\!000\,06 \sin 2\Omega \right)$$

During 2016, $\Omega = 175°\!66 - 0°\!052\,953\,75\,d$, and $d$ is the day of the year and fraction of day (see page D2).

## Relationships between local time and hour angle

The local hour angle of an object is the angle between two planes: the plane containing the geocentre, the CIP, and the observer; and the plane containing the geocentre, the CIP, and the object. Hour angle increases with time and is positive when the object is west of the observer as viewed from the geocentre. The plane defining the astronomical zero ("Greenwich") meridian (from which Greenwich hour angles are measured) contains the geocentre, the CIP, and the TIO; there, the observer's longitude $\lambda$ (not $\lambda_{ITRS}$) = 0. This plane is now called the TIO meridian and it is a fundamental plane of the Terrestrial Intermediate Reference System.

The following general relationships are used to relate the right ascensions of celestial objects to locations on the Earth and universal time (UT1):

   local mean solar time = universal time + east longitude
   local hour angle $(h)$ = Greenwich hour angle $(H)$ + east longitude $(\lambda)$

*Equinox-based*
   local mean sidereal time = Greenwich mean sidereal time + east longitude
   local apparent sidereal time = local mean sidereal time + equation of equinoxes
                               = Greenwich apparent sidereal time + east longitude
   Greenwich hour angle = Greenwich apparent sidereal time − apparent right ascension
   local hour angle = local apparent sidereal time − apparent right ascension

*CIO-based*
   Greenwich hour angle = Earth rotation angle − intermediate right ascension
   local hour angle = Earth rotation angle − intermediate right ascension
                                                                   + east longitude
                    = Earth rotation angle − equation of origins
                                   − apparent right ascension + east longitude

**Note:** ensure that the units of all quantities used are compatible.

Alternatively, use the rotation matrix $\mathbf{R}_3$ (see page K19) to rotate the equator and equinox of date system or the Celestial Intermediate Reference System about the z-axis (CIP) to the terrestrial system, resulting in either the TIO meridian and hour angle, or the local meridian and local hour angle.

| *Equinox-based* | *CIO-based* |
|---|---|
| $\mathbf{r}_e$ = position with respect to the equator and equinox (mean or true) of date | $\mathbf{r}_i$ = position with respect to the Celestial Intermediate Reference System |
| $\mathbf{r} = \mathbf{R}_3(\text{GST})\,\mathbf{r}_e$ or $\mathbf{R}_3(\text{GST} + \lambda)\,\mathbf{r}_e$ | $\mathbf{r} = \mathbf{R}_3(\theta)\,\mathbf{r}_i$ or $\mathbf{R}_3(\theta + \lambda)\,\mathbf{r}_i$ |

depending on whether the Greenwich $(H)$ or local $(h)$ hour angle is required, and then

$$H \text{ or } h = \tan^{-1}(-\mathbf{r}_y/\mathbf{r}_x) \qquad \text{positive to the west,}$$

and $\mathbf{r}_x$, $\mathbf{r}_y$ are components of $\mathbf{r}$ (see page K18). GST is the Greenwich mean (GMST) or apparent (GAST) sidereal time, as appropriate, and $\theta$ is the Earth rotation angle. Greenwich apparent and mean sidereal times, and the equation of the equinoxes are tabulated on pages B13–B20, while Earth rotation angle and equation of the origins are tabulated on pages B21–B24. Both tables are tabulated daily at $0^h$ UT1.

The relationships above, which result in a position with respect to the Terrestrial Intermediate Reference System (see page B26), require corrections for polar motion (see page B84) when the reduction of very precise observations are made with respect to a standard geodetic system such as the International Terrestrial Reference System (ITRS). These small corrections are (i) the alignment of the terrestrial intermediate origin (TIO) onto the longitude origin ($\lambda_{ITRS} = 0$) of the ITRS, and (ii) for positioning the pole (CIP) within the ITRS.

**Examples of the use of the ephemeris of universal and sidereal times**

1. *Conversion of universal time to local sidereal time*

To find the local apparent sidereal time at $09^h$ $44^m$ $30^s$ UT on 2016 July 8 in longitude $80°$ $22'$ $55''.79$ west.

|  | h | m | s |
|---|---|---|---|
| Greenwich mean sidereal time on July 8 at $0^h$ UT | | | |
| (page B17) | 19 | 05 | 30·8058 |
| Add the equivalent mean sidereal time interval from $0^h$ to | | | |
| $09^h$ $44^m$ $30^s$ UT (multiply UT interval by 1·002 737 9094) | 9 | 46 | 06·0185 |
| | | | |
| Greenwich mean sidereal time at required UT: | 4 | 51 | 36·8243 |
| Add equation of equinoxes, interpolated using | | | |
| second-order differences to approximate UT $= 0^d.41$ | | | −0·2129 |
| | | | |
| Greenwich apparent sidereal time: | 4 | 51 | 36·6114 |
| Subtract west longitude (add east longitude) | 5 | 21 | 31·7193 |
| | | | |
| Local apparent sidereal time: | 23 | 30 | 04·8921 |

The calculation for local mean sidereal time is similar, but omit the step which allows for the equation of the equinoxes.

2. *Conversion of local sidereal time to universal time*

To find the universal time at $23^h$ $30^m$ $04^s.8921$ local apparent sidereal time on 2016 July 8 in longitude $80°$ $22'$ $55''.79$ west.

|  | h | m | s |
|---|---|---|---|
| Local apparent sidereal time: | 23 | 30 | 04·8921 |
| Add west longitude (subtract east longitude) | 5 | 21 | 31·7193 |
| | | | |
| Greenwich apparent sidereal time: | 4 | 51 | 36·6114 |
| Subtract equation of equinoxes, interpolated using | | | |
| second-order differences to approximate UT $= 0^d.41$ | | | −0·2129 |
| | | | |
| Greenwich mean sidereal time: | 4 | 51 | 36·8243 |
| Subtract Greenwich mean sidereal time at $0^h$ UT | 19 | 05 | 30·8058 |
| | | | |
| Mean sidereal time interval from $0^h$ UT: | 9 | 46 | 06·0185 |
| Equivalent UT interval (multiply mean sidereal time | | | |
| interval by 0·997 269 5663) | 9 | 44 | 30·0000 |

The conversion of mean sidereal time to universal time is carried out by a similar procedure; omit the step which allows for the equation of the equinoxes.

| Date 0$^h$ UT1 | Julian Date | G. SIDEREAL TIME (GHA of the Equinox) Apparent | Mean | Equation of Equinoxes at 0$^h$ UT1 | GSD at 0$^h$ GMST | UT1 at 0$^h$ GMST (Greenwich Transit of the Mean Equinox) |
|---|---|---|---|---|---|---|
| | 245 | h m s | s | s | 246 | h m s |
| Jan. 0 | 7387·5 | 6 36 25·2369 | 25·2858 | − 0·0489 | 4117·0 | Jan. 0 17 20 43·7489 |
| 1 | 7388·5 | 6 40 21·7893 | 21·8412 | − 0·0519 | 4118·0 | 1 17 16 47·8394 |
| 2 | 7389·5 | 6 44 18·3413 | 18·3966 | − 0·0552 | 4119·0 | 2 17 12 51·9299 |
| 3 | 7390·5 | 6 48 14·8939 | 14·9519 | − 0·0581 | 4120·0 | 3 17 08 56·0204 |
| 4 | 7391·5 | 6 52 11·4475 | 11·5073 | − 0·0598 | 4121·0 | 4 17 05 00·1110 |
| 5 | 7392·5 | 6 56 08·0029 | 08·0627 | − 0·0598 | 4122·0 | 5 17 01 04·2015 |
| 6 | 7393·5 | 7 00 04·5602 | 04·6180 | − 0·0579 | 4123·0 | 6 16 57 08·2920 |
| 7 | 7394·5 | 7 04 01·1195 | 01·1734 | − 0·0539 | 4124·0 | 7 16 53 12·3826 |
| 8 | 7395·5 | 7 07 57·6806 | 57·7288 | − 0·0482 | 4125·0 | 8 16 49 16·4731 |
| 9 | 7396·5 | 7 11 54·2426 | 54·2841 | − 0·0415 | 4126·0 | 9 16 45 20·5636 |
| 10 | 7397·5 | 7 15 50·8046 | 50·8395 | − 0·0349 | 4127·0 | 10 16 41 24·6542 |
| 11 | 7398·5 | 7 19 47·3653 | 47·3949 | − 0·0296 | 4128·0 | 11 16 37 28·7447 |
| 12 | 7399·5 | 7 23 43·9238 | 43·9502 | − 0·0264 | 4129·0 | 12 16 33 32·8352 |
| 13 | 7400·5 | 7 27 40·4795 | 40·5056 | − 0·0261 | 4130·0 | 13 16 29 36·9258 |
| 14 | 7401·5 | 7 31 37·0327 | 37·0610 | − 0·0283 | 4131·0 | 14 16 25 41·0163 |
| 15 | 7402·5 | 7 35 33·5842 | 33·6163 | − 0·0321 | 4132·0 | 15 16 21 45·1068 |
| 16 | 7403·5 | 7 39 30·1354 | 30·1717 | − 0·0363 | 4133·0 | 16 16 17 49·1973 |
| 17 | 7404·5 | 7 43 26·6876 | 26·7271 | − 0·0394 | 4134·0 | 17 16 13 53·2879 |
| 18 | 7405·5 | 7 47 23·2420 | 23·2825 | − 0·0404 | 4135·0 | 18 16 09 57·3784 |
| 19 | 7406·5 | 7 51 19·7991 | 19·8378 | − 0·0387 | 4136·0 | 19 16 06 01·4689 |
| 20 | 7407·5 | 7 55 16·3586 | 16·3932 | − 0·0346 | 4137·0 | 20 16 02 05·5595 |
| 21 | 7408·5 | 7 59 12·9197 | 12·9486 | − 0·0288 | 4138·0 | 21 15 58 09·6500 |
| 22 | 7409·5 | 8 03 09·4813 | 09·5039 | − 0·0226 | 4139·0 | 22 15 54 13·7405 |
| 23 | 7410·5 | 8 07 06·0421 | 06·0593 | − 0·0172 | 4140·0 | 23 15 50 17·8311 |
| 24 | 7411·5 | 8 11 02·6011 | 02·6147 | − 0·0135 | 4141·0 | 24 15 46 21·9216 |
| 25 | 7412·5 | 8 14 59·1577 | 59·1700 | − 0·0123 | 4142·0 | 25 15 42 26·0121 |
| 26 | 7413·5 | 8 18 55·7119 | 55·7254 | − 0·0135 | 4143·0 | 26 15 38 30·1026 |
| 27 | 7414·5 | 8 22 52·2640 | 52·2808 | − 0·0167 | 4144·0 | 27 15 34 34·1932 |
| 28 | 7415·5 | 8 26 48·8147 | 48·8361 | − 0·0214 | 4145·0 | 28 15 30 38·2837 |
| 29 | 7416·5 | 8 30 45·3647 | 45·3915 | − 0·0268 | 4146·0 | 29 15 26 42·3742 |
| 30 | 7417·5 | 8 34 41·9149 | 41·9469 | − 0·0320 | 4147·0 | 30 15 22 46·4648 |
| 31 | 7418·5 | 8 38 38·4659 | 38·5022 | − 0·0364 | 4148·0 | 31 15 18 50·5553 |
| Feb. 1 | 7419·5 | 8 42 35·0183 | 35·0576 | − 0·0393 | 4149·0 | Feb. 1 15 14 54·6458 |
| 2 | 7420·5 | 8 46 31·5724 | 31·6130 | − 0·0405 | 4150·0 | 2 15 10 58·7364 |
| 3 | 7421·5 | 8 50 28·1285 | 28·1683 | − 0·0398 | 4151·0 | 3 15 07 02·8269 |
| 4 | 7422·5 | 8 54 24·6864 | 24·7237 | − 0·0373 | 4152·0 | 4 15 03 06·9174 |
| 5 | 7423·5 | 8 58 21·2456 | 21·2791 | − 0·0335 | 4153·0 | 5 14 59 11·0080 |
| 6 | 7424·5 | 9 02 17·8052 | 17·8344 | − 0·0293 | 4154·0 | 6 14 55 15·0985 |
| 7 | 7425·5 | 9 06 14·3641 | 14·3898 | − 0·0257 | 4155·0 | 7 14 51 19·1890 |
| 8 | 7426·5 | 9 10 10·9212 | 10·9452 | − 0·0240 | 4156·0 | 8 14 47 23·2795 |
| 9 | 7427·5 | 9 14 07·4756 | 07·5006 | − 0·0250 | 4157·0 | 9 14 43 27·3701 |
| 10 | 7428·5 | 9 18 04·0271 | 04·0559 | − 0·0288 | 4158·0 | 10 14 39 31·4606 |
| 11 | 7429·5 | 9 22 00·5764 | 00·6113 | − 0·0349 | 4159·0 | 11 14 35 35·5511 |
| 12 | 7430·5 | 9 25 57·1248 | 57·1667 | − 0·0418 | 4160·0 | 12 14 31 39·6417 |
| 13 | 7431·5 | 9 29 53·6740 | 53·7220 | − 0·0481 | 4161·0 | 13 14 27 43·7322 |
| 14 | 7432·5 | 9 33 50·2251 | 50·2774 | − 0·0523 | 4162·0 | 14 14 23 47·8227 |
| 15 | 7433·5 | 9 37 46·7789 | 46·8328 | − 0·0539 | 4163·0 | 15 14 19 51·9133 |

| Date 0ʰ UT1 | Julian Date | G. SIDEREAL TIME (GHA of the Equinox) | | Equation of Equinoxes at 0ʰ UT1 | GSD at 0ʰ GMST | UT1 at 0ʰ GMST (Greenwich Transit of the Mean Equinox) |
|---|---|---|---|---|---|---|
| | | Apparent | Mean | | | |
| | **245** | h  m  s | s | s | **246** | h  m  s |
| Feb. 15 | **7433·5** | 9  37  46·7789 | 46·8328 | − 0·0539 | **4163·0** | Feb. 15  14  19  51·9133 |
| 16 | **7434·5** | 9  41  43·3351 | 43·3881 | − 0·0530 | **4164·0** | 16  14  15  56·0038 |
| 17 | **7435·5** | 9  45  39·8931 | 39·9435 | − 0·0504 | **4165·0** | 17  14  12  00·0943 |
| 18 | **7436·5** | 9  49  36·4517 | 36·4989 | − 0·0472 | **4166·0** | 18  14  08  04·1848 |
| 19 | **7437·5** | 9  53  33·0098 | 33·0542 | − 0·0444 | **4167·0** | 19  14  04  08·2754 |
| 20 | **7438·5** | 9  57  29·5664 | 29·6096 | − 0·0432 | **4168·0** | 20  14  00  12·3659 |
| 21 | **7439·5** | 10  01  26·1209 | 26·1650 | − 0·0441 | **4169·0** | 21  13  56  16·4564 |
| 22 | **7440·5** | 10  05  22·6731 | 22·7203 | − 0·0473 | **4170·0** | 22  13  52  20·5470 |
| 23 | **7441·5** | 10  09  19·2231 | 19·2757 | − 0·0526 | **4171·0** | 23  13  48  24·6375 |
| 24 | **7442·5** | 10  13  15·7715 | 15·8311 | − 0·0596 | **4172·0** | 24  13  44  28·7280 |
| 25 | **7443·5** | 10  17  12·3190 | 12·3864 | − 0·0675 | **4173·0** | 25  13  40  32·8186 |
| 26 | **7444·5** | 10  21  08·8664 | 08·9418 | − 0·0754 | **4174·0** | 26  13  36  36·9091 |
| 27 | **7445·5** | 10  25  05·4144 | 05·4972 | − 0·0828 | **4175·0** | 27  13  32  40·9996 |
| 28 | **7446·5** | 10  29  01·9637 | 02·0525 | − 0·0888 | **4176·0** | 28  13  28  45·0902 |
| 29 | **7447·5** | 10  32  58·5147 | 58·6079 | − 0·0932 | **4177·0** | 29  13  24  49·1807 |
| Mar. 1 | **7448·5** | 10  36  55·0675 | 55·1633 | − 0·0957 | **4178·0** | Mar. 1  13  20  53·2712 |
| 2 | **7449·5** | 10  40  51·6222 | 51·7187 | − 0·0965 | **4179·0** | 2  13  16  57·3617 |
| 3 | **7450·5** | 10  44  48·1782 | 48·2740 | − 0·0958 | **4180·0** | 3  13  13  01·4523 |
| 4 | **7451·5** | 10  48  44·7351 | 44·8294 | − 0·0943 | **4181·0** | 4  13  09  05·5428 |
| 5 | **7452·5** | 10  52  41·2918 | 41·3848 | − 0·0929 | **4182·0** | 5  13  05  09·6333 |
| 6 | **7453·5** | 10  56  37·8474 | 37·9401 | − 0·0927 | **4183·0** | 6  13  01  13·7239 |
| 7 | **7454·5** | 11  00  34·4008 | 34·4955 | − 0·0947 | **4184·0** | 7  12  57  17·8144 |
| 8 | **7455·5** | 11  04  30·9514 | 31·0509 | − 0·0994 | **4185·0** | 8  12  53  21·9049 |
| 9 | **7456·5** | 11  08  27·4995 | 27·6062 | − 0·1067 | **4186·0** | 9  12  49  25·9955 |
| 10 | **7457·5** | 11  12  24·0461 | 24·1616 | − 0·1155 | **4187·0** | 10  12  45  30·0860 |
| 11 | **7458·5** | 11  16  20·5928 | 20·7170 | − 0·1241 | **4188·0** | 11  12  41  34·1765 |
| 12 | **7459·5** | 11  20  17·1413 | 17·2723 | − 0·1310 | **4189·0** | 12  12  37  38·2671 |
| 13 | **7460·5** | 11  24  13·6927 | 13·8277 | − 0·1350 | **4190·0** | 13  12  33  42·3576 |
| 14 | **7461·5** | 11  28  10·2468 | 10·3831 | − 0·1363 | **4191·0** | 14  12  29  46·4481 |
| 15 | **7462·5** | 11  32  06·8031 | 06·9384 | − 0·1353 | **4192·0** | 15  12  25  50·5386 |
| 16 | **7463·5** | 11  36  03·3603 | 03·4938 | − 0·1335 | **4193·0** | 16  12  21  54·6292 |
| 17 | **7464·5** | 11  39  59·9172 | 60·0492 | − 0·1320 | **4194·0** | 17  12  17  58·7197 |
| 18 | **7465·5** | 11  43  56·4728 | 56·6045 | − 0·1317 | **4195·0** | 18  12  14  02·8102 |
| 19 | **7466·5** | 11  47  53·0264 | 53·1599 | − 0·1335 | **4196·0** | 19  12  10  06·9008 |
| 20 | **7467·5** | 11  51  49·5778 | 49·7153 | − 0·1374 | **4197·0** | 20  12  06  10·9913 |
| 21 | **7468·5** | 11  55  46·1271 | 46·2706 | − 0·1435 | **4198·0** | 21  12  02  15·0818 |
| 22 | **7469·5** | 11  59  42·6748 | 42·8260 | − 0·1512 | **4199·0** | 22  11  58  19·1724 |
| 23 | **7470·5** | 12  03  39·2214 | 39·3814 | − 0·1600 | **4200·0** | 23  11  54  23·2629 |
| 24 | **7471·5** | 12  07  35·7679 | 35·9368 | − 0·1689 | **4201·0** | 24  11  50  27·3534 |
| 25 | **7472·5** | 12  11  32·3148 | 32·4921 | − 0·1773 | **4202·0** | 25  11  46  31·4439 |
| 26 | **7473·5** | 12  15  28·8630 | 29·0475 | − 0·1845 | **4203·0** | 26  11  42  35·5345 |
| 27 | **7474·5** | 12  19  25·4128 | 25·6029 | − 0·1901 | **4204·0** | 27  11  38  39·6250 |
| 28 | **7475·5** | 12  23  21·9644 | 22·1582 | − 0·1938 | **4205·0** | 28  11  34  43·7155 |
| 29 | **7476·5** | 12  27  18·5180 | 18·7136 | − 0·1956 | **4206·0** | 29  11  30  47·8061 |
| 30 | **7477·5** | 12  31  15·0730 | 15·2690 | − 0·1959 | **4207·0** | 30  11  26  51·8966 |
| 31 | **7478·5** | 12  35  11·6291 | 11·8243 | − 0·1952 | **4208·0** | 31  11  22  55·9871 |
| Apr. 1 | **7479·5** | 12  39  08·1854 | 08·3797 | − 0·1943 | **4209·0** | Apr. 1  11  19  00·0777 |

| Date 0h UT1 | Julian Date | G. SIDEREAL TIME (GHA of the Equinox) Apparent | Mean | Equation of Equinoxes at 0h UT1 | GSD at 0h GMST | UT1 at 0h GMST (Greenwich Transit of the Mean Equinox) |
|---|---|---|---|---|---|---|
| | 245 | h m s | s | s | 246 | h m s |
| Apr. 1 | 7479·5 | 12 39 08·1854 | 08·3797 | − 0·1943 | 4209·0 | Apr. 1 11 19 00·0777 |
| 2 | 7480·5 | 12 43 04·7411 | 04·9351 | − 0·1940 | 4210·0 | 2 11 15 04·1682 |
| 3 | 7481·5 | 12 47 01·2951 | 01·4904 | − 0·1953 | 4211·0 | 3 11 11 08·2587 |
| 4 | 7482·5 | 12 50 57·8469 | 58·0458 | − 0·1989 | 4212·0 | 4 11 07 12·3493 |
| 5 | 7483·5 | 12 54 54·3961 | 54·6012 | − 0·2051 | 4213·0 | 5 11 03 16·4398 |
| 6 | 7484·5 | 12 58 50·9434 | 51·1565 | − 0·2131 | 4214·0 | 6 10 59 20·5303 |
| 7 | 7485·5 | 13 02 47·4901 | 47·7119 | − 0·2218 | 4215·0 | 7 10 55 24·6208 |
| 8 | 7486·5 | 13 06 44·0381 | 44·2673 | − 0·2292 | 4216·0 | 8 10 51 28·7114 |
| 9 | 7487·5 | 13 10 40·5887 | 40·8226 | − 0·2339 | 4217·0 | 9 10 47 32·8019 |
| 10 | 7488·5 | 13 14 37·1427 | 37·3780 | − 0·2353 | 4218·0 | 10 10 43 36·8924 |
| 11 | 7489·5 | 13 18 33·6994 | 33·9334 | − 0·2339 | 4219·0 | 11 10 39 40·9830 |
| 12 | 7490·5 | 13 22 30·2578 | 30·4888 | − 0·2310 | 4220·0 | 12 10 35 45·0735 |
| 13 | 7491·5 | 13 26 26·8162 | 27·0441 | − 0·2279 | 4221·0 | 13 10 31 49·1640 |
| 14 | 7492·5 | 13 30 23·3735 | 23·5995 | − 0·2260 | 4222·0 | 14 10 27 53·2546 |
| 15 | 7493·5 | 13 34 19·9289 | 20·1549 | − 0·2260 | 4223·0 | 15 10 23 57·3451 |
| 16 | 7494·5 | 13 38 16·4820 | 16·7102 | − 0·2283 | 4224·0 | 16 10 20 01·4356 |
| 17 | 7495·5 | 13 42 13·0329 | 13·2656 | − 0·2327 | 4225·0 | 17 10 16 05·5261 |
| 18 | 7496·5 | 13 46 09·5821 | 09·8210 | − 0·2389 | 4226·0 | 18 10 12 09·6167 |
| 19 | 7497·5 | 13 50 06·1302 | 06·3763 | − 0·2462 | 4227·0 | 19 10 08 13·7072 |
| 20 | 7498·5 | 13 54 02·6779 | 02·9317 | − 0·2538 | 4228·0 | 20 10 04 17·7977 |
| 21 | 7499·5 | 13 57 59·2261 | 59·4871 | − 0·2610 | 4229·0 | 21 10 00 21·8883 |
| 22 | 7500·5 | 14 01 55·7753 | 56·0424 | − 0·2671 | 4230·0 | 22 9 56 25·9788 |
| 23 | 7501·5 | 14 05 52·3262 | 52·5978 | − 0·2716 | 4231·0 | 23 9 52 30·0693 |
| 24 | 7502·5 | 14 09 48·8790 | 49·1532 | − 0·2742 | 4232·0 | 24 9 48 34·1599 |
| 25 | 7503·5 | 14 13 45·4337 | 45·7085 | − 0·2748 | 4233·0 | 25 9 44 38·2504 |
| 26 | 7504·5 | 14 17 41·9902 | 42·2639 | − 0·2738 | 4234·0 | 26 9 40 42·3409 |
| 27 | 7505·5 | 14 21 38·5477 | 38·8193 | − 0·2716 | 4235·0 | 27 9 36 46·4315 |
| 28 | 7506·5 | 14 25 35·1057 | 35·3746 | − 0·2689 | 4236·0 | 28 9 32 50·5220 |
| 29 | 7507·5 | 14 29 31·6633 | 31·9300 | − 0·2667 | 4237·0 | 29 9 28 54·6125 |
| 30 | 7508·5 | 14 33 28·2196 | 28·4854 | − 0·2658 | 4238·0 | 30 9 24 58·7030 |
| May 1 | 7509·5 | 14 37 24·7739 | 25·0407 | − 0·2668 | 4239·0 | May 1 9 21 02·7936 |
| 2 | 7510·5 | 14 41 21·3259 | 21·5961 | − 0·2702 | 4240·0 | 2 9 17 06·8841 |
| 3 | 7511·5 | 14 45 17·8759 | 18·1515 | − 0·2756 | 4241·0 | 3 9 13 10·9746 |
| 4 | 7512·5 | 14 49 14·4248 | 14·7069 | − 0·2821 | 4242·0 | 4 9 09 15·0652 |
| 5 | 7513·5 | 14 53 10·9741 | 11·2622 | − 0·2881 | 4243·0 | 5 9 05 19·1557 |
| 6 | 7514·5 | 14 57 07·5255 | 07·8176 | − 0·2921 | 4244·0 | 6 9 01 23·2462 |
| 7 | 7515·5 | 15 01 04·0802 | 04·3730 | − 0·2928 | 4245·0 | 7 8 57 27·3368 |
| 8 | 7516·5 | 15 05 00·6383 | 00·9283 | − 0·2900 | 4246·0 | 8 8 53 31·4273 |
| 9 | 7517·5 | 15 08 57·1988 | 57·4837 | − 0·2849 | 4247·0 | 9 8 49 35·5178 |
| 10 | 7518·5 | 15 12 53·7602 | 54·0391 | − 0·2788 | 4248·0 | 10 8 45 39·6084 |
| 11 | 7519·5 | 15 16 50·3209 | 50·5944 | − 0·2735 | 4249·0 | 11 8 41 43·6989 |
| 12 | 7520·5 | 15 20 46·8797 | 47·1498 | − 0·2701 | 4250·0 | 12 8 37 47·7894 |
| 13 | 7521·5 | 15 24 43·4361 | 43·7052 | − 0·2691 | 4251·0 | 13 8 33 51·8799 |
| 14 | 7522·5 | 15 28 39·9901 | 40·2605 | − 0·2704 | 4252·0 | 14 8 29 55·9705 |
| 15 | 7523·5 | 15 32 36·5421 | 36·8159 | − 0·2738 | 4253·0 | 15 8 26 00·0610 |
| 16 | 7524·5 | 15 36 33·0928 | 33·3713 | − 0·2785 | 4254·0 | 16 8 22 04·1515 |
| 17 | 7525·5 | 15 40 29·6429 | 29·9266 | − 0·2838 | 4255·0 | 17 8 18 08·2421 |

| Date 0ʰ UT1 | Julian Date | G. SIDEREAL TIME (GHA of the Equinox) | | Equation of Equinoxes at 0ʰ UT1 | GSD at 0ʰ GMST | UT1 at 0ʰ GMST (Greenwich Transit of the Mean Equinox) |
|---|---|---|---|---|---|---|
| | | Apparent | Mean | | | |
| | **245** | h  m  s | s | s | **246** | h  m  s |
| May 17 | **7525·5** | 15 40 29·6429 | 29·9266 | − 0·2838 | **4255·0** | May 17  8 18 08·2421 |
| 18 | **7526·5** | 15 44 26·1932 | 26·4820 | − 0·2888 | **4256·0** | 18  8 14 12·3326 |
| 19 | **7527·5** | 15 48 22·7444 | 23·0374 | − 0·2929 | **4257·0** | 19  8 10 16·4231 |
| 20 | **7528·5** | 15 52 19·2972 | 19·5927 | − 0·2956 | **4258·0** | 20  8 06 20·5137 |
| 21 | **7529·5** | 15 56 15·8518 | 16·1481 | − 0·2963 | **4259·0** | 21  8 02 24·6042 |
| 22 | **7530·5** | 16 00 12·4084 | 12·7035 | − 0·2950 | **4260·0** | 22  7 58 28·6947 |
| 23 | **7531·5** | 16 04 08·9669 | 09·2588 | − 0·2920 | **4261·0** | 23  7 54 32·7852 |
| 24 | **7532·5** | 16 08 05·5266 | 05·8142 | − 0·2876 | **4262·0** | 24  7 50 36·8758 |
| 25 | **7533·5** | 16 12 02·0869 | 02·3696 | − 0·2827 | **4263·0** | 25  7 46 40·9663 |
| 26 | **7534·5** | 16 15 58·6469 | 58·9250 | − 0·2780 | **4264·0** | 26  7 42 45·0568 |
| 27 | **7535·5** | 16 19 55·2058 | 55·4803 | − 0·2745 | **4265·0** | 27  7 38 49·1474 |
| 28 | **7536·5** | 16 23 51·7628 | 52·0357 | − 0·2729 | **4266·0** | 28  7 34 53·2379 |
| 29 | **7537·5** | 16 27 48·3175 | 48·5911 | − 0·2735 | **4267·0** | 29  7 30 57·3284 |
| 30 | **7538·5** | 16 31 44·8702 | 45·1464 | − 0·2762 | **4268·0** | 30  7 27 01·4190 |
| 31 | **7539·5** | 16 35 41·4214 | 41·7018 | − 0·2804 | **4269·0** | 31  7 23 05·5095 |
| June  1 | **7540·5** | 16 39 37·9725 | 38·2572 | − 0·2847 | **4270·0** | June  1  7 19 09·6000 |
| 2 | **7541·5** | 16 43 34·5249 | 34·8125 | − 0·2876 | **4271·0** | 2  7 15 13·6906 |
| 3 | **7542·5** | 16 47 31·0800 | 31·3679 | − 0·2879 | **4272·0** | 3  7 11 17·7811 |
| 4 | **7543·5** | 16 51 27·6385 | 27·9233 | − 0·2848 | **4273·0** | 4  7 07 21·8716 |
| 5 | **7544·5** | 16 55 24·2000 | 24·4786 | − 0·2787 | **4274·0** | 5  7 03 25·9621 |
| 6 | **7545·5** | 16 59 20·7632 | 21·0340 | − 0·2708 | **4275·0** | 6  6 59 30·0527 |
| 7 | **7546·5** | 17 03 17·3265 | 17·5894 | − 0·2628 | **4276·0** | 7  6 55 34·1432 |
| 8 | **7547·5** | 17 07 13·8884 | 14·1447 | − 0·2564 | **4277·0** | 8  6 51 38·2337 |
| 9 | **7548·5** | 17 11 10·4478 | 10·7001 | − 0·2523 | **4278·0** | 9  6 47 42·3243 |
| 10 | **7549·5** | 17 15 07·0045 | 07·2555 | − 0·2509 | **4279·0** | 10  6 43 46·4148 |
| 11 | **7550·5** | 17 19 03·5589 | 03·8108 | − 0·2520 | **4280·0** | 11  6 39 50·5053 |
| 12 | **7551·5** | 17 23 00·1115 | 00·3662 | − 0·2547 | **4281·0** | 12  6 35 54·5959 |
| 13 | **7552·5** | 17 26 56·6632 | 56·9216 | − 0·2584 | **4282·0** | 13  6 31 58·6864 |
| 14 | **7553·5** | 17 30 53·2148 | 53·4769 | − 0·2621 | **4283·0** | 14  6 28 02·7769 |
| 15 | **7554·5** | 17 34 49·7671 | 50·0323 | − 0·2652 | **4284·0** | 15  6 24 06·8674 |
| 16 | **7555·5** | 17 38 46·3207 | 46·5877 | − 0·2670 | **4285·0** | 16  6 20 10·9580 |
| 17 | **7556·5** | 17 42 42·8761 | 43·1431 | − 0·2670 | **4286·0** | 17  6 16 15·0485 |
| 18 | **7557·5** | 17 46 39·4333 | 39·6984 | − 0·2651 | **4287·0** | 18  6 12 19·1390 |
| 19 | **7558·5** | 17 50 35·9925 | 36·2538 | − 0·2613 | **4288·0** | 19  6 08 23·2296 |
| 20 | **7559·5** | 17 54 32·5531 | 32·8092 | − 0·2561 | **4289·0** | 20  6 04 27·3201 |
| 21 | **7560·5** | 17 58 29·1145 | 29·3645 | − 0·2501 | **4290·0** | 21  6 00 31·4106 |
| 22 | **7561·5** | 18 02 25·6758 | 25·9199 | − 0·2441 | **4291·0** | 22  5 56 35·5012 |
| 23 | **7562·5** | 18 06 22·2360 | 22·4753 | − 0·2393 | **4292·0** | 23  5 52 39·5917 |
| 24 | **7563·5** | 18 10 18·7944 | 19·0306 | − 0·2363 | **4293·0** | 24  5 48 43·6822 |
| 25 | **7564·5** | 18 14 15·3504 | 15·5860 | − 0·2356 | **4294·0** | 25  5 44 47·7728 |
| 26 | **7565·5** | 18 18 11·9041 | 12·1414 | − 0·2372 | **4295·0** | 26  5 40 51·8633 |
| 27 | **7566·5** | 18 22 08·4562 | 08·6967 | − 0·2405 | **4296·0** | 27  5 36 55·9538 |
| 28 | **7567·5** | 18 26 05·0077 | 05·2521 | − 0·2444 | **4297·0** | 28  5 33 00·0443 |
| 29 | **7568·5** | 18 30 01·5599 | 01·8075 | − 0·2475 | **4298·0** | 29  5 29 04·1349 |
| 30 | **7569·5** | 18 33 58·1143 | 58·3628 | − 0·2486 | **4299·0** | 30  5 25 08·2254 |
| July  1 | **7570·5** | 18 37 54·6716 | 54·9182 | − 0·2466 | **4300·0** | July  1  5 21 12·3159 |
| 2 | **7571·5** | 18 41 51·2319 | 51·4736 | − 0·2417 | **4301·0** | 2  5 17 16·4065 |

| Date 0ʰ UT1 | Julian Date | G. SIDEREAL TIME (GHA of the Equinox) Apparent | Mean | Equation of Equinoxes at 0ʰ UT1 | GSD at 0ʰ GMST | UT1 at 0ʰ GMST (Greenwich Transit of the Mean Equinox) |
|---|---|---|---|---|---|---|
| | **245** | h m s | s | s | **246** | h m s |
| July 2 | **7571·5** | 18 41 51·2319 | 51·4736 | − 0·2417 | **4301·0** | July 2  5 17 16·4065 |
| 3 | **7572·5** | 18 45 47·7945 | 48·0289 | − 0·2345 | **4302·0** | 3  5 13 20·4970 |
| 4 | **7573·5** | 18 49 44·3578 | 44·5843 | − 0·2265 | **4303·0** | 4  5 09 24·5875 |
| 5 | **7574·5** | 18 53 40·9203 | 41·1397 | − 0·2193 | **4304·0** | 5  5 05 28·6781 |
| 6 | **7575·5** | 18 57 37·4808 | 37·6951 | − 0·2142 | **4305·0** | 6  5 01 32·7686 |
| 7 | **7576·5** | 19 01 34·0386 | 34·2504 | − 0·2118 | **4306·0** | 7  4 57 36·8591 |
| 8 | **7577·5** | 19 05 30·5937 | 30·8058 | − 0·2121 | **4307·0** | 8  4 53 40·9497 |
| 9 | **7578·5** | 19 09 27·1466 | 27·3612 | − 0·2146 | **4308·0** | 9  4 49 45·0402 |
| 10 | **7579·5** | 19 13 23·6981 | 23·9165 | − 0·2184 | **4309·0** | 10  4 45 49·1307 |
| 11 | **7580·5** | 19 17 20·2492 | 20·4719 | − 0·2227 | **4310·0** | 11  4 41 53·2212 |
| 12 | **7581·5** | 19 21 16·8006 | 17·0273 | − 0·2266 | **4311·0** | 12  4 37 57·3118 |
| 13 | **7582·5** | 19 25 13·3531 | 13·5826 | − 0·2295 | **4312·0** | 13  4 34 01·4023 |
| 14 | **7583·5** | 19 29 09·9071 | 10·1380 | − 0·2309 | **4313·0** | 14  4 30 05·4928 |
| 15 | **7584·5** | 19 33 06·4630 | 06·6934 | − 0·2304 | **4314·0** | 15  4 26 09·5834 |
| 16 | **7585·5** | 19 37 03·0207 | 03·2487 | − 0·2281 | **4315·0** | 16  4 22 13·6739 |
| 17 | **7586·5** | 19 40 59·5799 | 59·8041 | − 0·2242 | **4316·0** | 17  4 18 17·7644 |
| 18 | **7587·5** | 19 44 56·1403 | 56·3595 | − 0·2192 | **4317·0** | 18  4 14 21·8550 |
| 19 | **7588·5** | 19 48 52·7008 | 52·9148 | − 0·2140 | **4318·0** | 19  4 10 25·9455 |
| 20 | **7589·5** | 19 52 49·2605 | 49·4702 | − 0·2097 | **4319·0** | 20  4 06 30·0360 |
| 21 | **7590·5** | 19 56 45·8185 | 46·0256 | − 0·2071 | **4320·0** | 21  4 02 34·1265 |
| 22 | **7591·5** | 20 00 42·3741 | 42·5809 | − 0·2068 | **4321·0** | 22  3 58 38·2171 |
| 23 | **7592·5** | 20 04 38·9272 | 39·1363 | − 0·2091 | **4322·0** | 23  3 54 42·3076 |
| 24 | **7593·5** | 20 08 35·4782 | 35·6917 | − 0·2134 | **4323·0** | 24  3 50 46·3981 |
| 25 | **7594·5** | 20 12 32·0283 | 32·2470 | − 0·2187 | **4324·0** | 25  3 46 50·4887 |
| 26 | **7595·5** | 20 16 28·5788 | 28·8024 | − 0·2236 | **4325·0** | 26  3 42 54·5792 |
| 27 | **7596·5** | 20 20 25·1309 | 25·3578 | − 0·2268 | **4326·0** | 27  3 38 58·6697 |
| 28 | **7597·5** | 20 24 21·6857 | 21·9132 | − 0·2274 | **4327·0** | 28  3 35 02·7603 |
| 29 | **7598·5** | 20 28 18·2433 | 18·4685 | − 0·2252 | **4328·0** | 29  3 31 06·8508 |
| 30 | **7599·5** | 20 32 14·8032 | 15·0239 | − 0·2206 | **4329·0** | 30  3 27 10·9413 |
| 31 | **7600·5** | 20 36 11·3643 | 11·5793 | − 0·2149 | **4330·0** | 31  3 23 15·0319 |
| Aug. 1 | **7601·5** | 20 40 07·9251 | 08·1346 | − 0·2095 | **4331·0** | Aug. 1  3 19 19·1224 |
| 2 | **7602·5** | 20 44 04·4844 | 04·6900 | − 0·2056 | **4332·0** | 2  3 15 23·2129 |
| 3 | **7603·5** | 20 48 01·0412 | 01·2454 | − 0·2041 | **4333·0** | 3  3 11 27·3034 |
| 4 | **7604·5** | 20 51 57·5953 | 57·8007 | − 0·2054 | **4334·0** | 4  3 07 31·3940 |
| 5 | **7605·5** | 20 55 54·1470 | 54·3561 | − 0·2091 | **4335·0** | 5  3 03 35·4845 |
| 6 | **7606·5** | 20 59 50·6969 | 50·9115 | − 0·2145 | **4336·0** | 6  2 59 39·5750 |
| 7 | **7607·5** | 21 03 47·2460 | 47·4668 | − 0·2208 | **4337·0** | 7  2 55 43·6656 |
| 8 | **7608·5** | 21 07 43·7952 | 44·0222 | − 0·2270 | **4338·0** | 8  2 51 47·7561 |
| 9 | **7609·5** | 21 11 40·3451 | 40·5776 | − 0·2325 | **4339·0** | 9  2 47 51·8466 |
| 10 | **7610·5** | 21 15 36·8964 | 37·1329 | − 0·2365 | **4340·0** | 10  2 43 55·9372 |
| 11 | **7611·5** | 21 19 33·4494 | 33·6883 | − 0·2389 | **4341·0** | 11  2 40 00·0277 |
| 12 | **7612·5** | 21 23 30·0042 | 30·2437 | − 0·2394 | **4342·0** | 12  2 36 04·1182 |
| 13 | **7613·5** | 21 27 26·5607 | 26·7990 | − 0·2384 | **4343·0** | 13  2 32 08·2087 |
| 14 | **7614·5** | 21 31 23·1184 | 23·3544 | − 0·2360 | **4344·0** | 14  2 28 12·2993 |
| 15 | **7615·5** | 21 35 19·6766 | 19·9098 | − 0·2331 | **4345·0** | 15  2 24 16·3898 |
| 16 | **7616·5** | 21 39 16·2345 | 16·4651 | − 0·2306 | **4346·0** | 16  2 20 20·4803 |
| 17 | **7617·5** | 21 43 12·7911 | 13·0205 | − 0·2295 | **4347·0** | 17  2 16 24·5709 |

# UNIVERSAL AND SIDEREAL TIMES, 2016

| Date 0ʰ UT1 | Julian Date | G. SIDEREAL TIME (GHA of the Equinox) Apparent | Mean | Equation of Equinoxes at 0ʰ UT1 | GSD at 0ʰ GMST | UT1 at 0ʰ GMST (Greenwich Transit of the Mean Equinox) | |
|---|---|---|---|---|---|---|---|
| | **245** | h m s | s | s | **246** | | h m s |
| Aug. 17 | **7617·5** | 21 43 12·7911 | 13·0205 | − 0·2295 | **4347·0** | Aug. 17 | 2 16 24·5709 |
| 18 | **7618·5** | 21 47 09·3454 | 09·5759 | − 0·2305 | **4348·0** | 18 | 2 12 28·6614 |
| 19 | **7619·5** | 21 51 05·8971 | 06·1313 | − 0·2342 | **4349·0** | 19 | 2 08 32·7519 |
| 20 | **7620·5** | 21 55 02·4464 | 02·6866 | − 0·2402 | **4350·0** | 20 | 2 04 36·8425 |
| 21 | **7621·5** | 21 58 58·9943 | 59·2420 | − 0·2477 | **4351·0** | 21 | 2 00 40·9330 |
| 22 | **7622·5** | 22 02 55·5422 | 55·7974 | − 0·2551 | **4352·0** | 22 | 1 56 45·0235 |
| 23 | **7623·5** | 22 06 52·0916 | 52·3527 | − 0·2611 | **4353·0** | 23 | 1 52 49·1141 |
| 24 | **7624·5** | 22 10 48·6435 | 48·9081 | − 0·2646 | **4354·0** | 24 | 1 48 53·2046 |
| 25 | **7625·5** | 22 14 45·1981 | 45·4635 | − 0·2653 | **4355·0** | 25 | 1 44 57·2951 |
| 26 | **7626·5** | 22 18 41·7552 | 42·0188 | − 0·2636 | **4356·0** | 26 | 1 41 01·3856 |
| 27 | **7627·5** | 22 22 38·3136 | 38·5742 | − 0·2606 | **4357·0** | 27 | 1 37 05·4762 |
| 28 | **7628·5** | 22 26 34·8721 | 35·1296 | − 0·2575 | **4358·0** | 28 | 1 33 09·5667 |
| 29 | **7629·5** | 22 30 31·4294 | 31·6849 | − 0·2556 | **4359·0** | 29 | 1 29 13·6572 |
| 30 | **7630·5** | 22 34 27·9845 | 28·2403 | − 0·2558 | **4360·0** | 30 | 1 25 17·7478 |
| 31 | **7631·5** | 22 38 24·5372 | 24·7957 | − 0·2585 | **4361·0** | 31 | 1 21 21·8383 |
| Sept. 1 | **7632·5** | 22 42 21·0873 | 21·3510 | − 0·2637 | **4362·0** | Sept. 1 | 1 17 25·9288 |
| 2 | **7633·5** | 22 46 17·6356 | 17·9064 | − 0·2708 | **4363·0** | 2 | 1 13 30·0194 |
| 3 | **7634·5** | 22 50 14·1828 | 14·4618 | − 0·2790 | **4364·0** | 3 | 1 09 34·1099 |
| 4 | **7635·5** | 22 54 10·7297 | 11·0171 | − 0·2874 | **4365·0** | 4 | 1 05 38·2004 |
| 5 | **7636·5** | 22 58 07·2773 | 07·5725 | − 0·2953 | **4366·0** | 5 | 1 01 42·2909 |
| 6 | **7637·5** | 23 02 03·8260 | 04·1279 | − 0·3019 | **4367·0** | 6 | 0 57 46·3815 |
| 7 | **7638·5** | 23 06 00·3764 | 00·6832 | − 0·3068 | **4368·0** | 7 | 0 53 50·4720 |
| 8 | **7639·5** | 23 09 56·9287 | 57·2386 | − 0·3100 | **4369·0** | 8 | 0 49 54·5625 |
| 9 | **7640·5** | 23 13 53·4826 | 53·7940 | − 0·3114 | **4370·0** | 9 | 0 45 58·6531 |
| 10 | **7641·5** | 23 17 50·0379 | 50·3494 | − 0·3115 | **4371·0** | 10 | 0 42 02·7436 |
| 11 | **7642·5** | 23 21 46·5940 | 46·9047 | − 0·3107 | **4372·0** | 11 | 0 38 06·8341 |
| 12 | **7643·5** | 23 25 43·1502 | 43·4601 | − 0·3099 | **4373·0** | 12 | 0 34 10·9247 |
| 13 | **7644·5** | 23 29 39·7056 | 40·0155 | − 0·3099 | **4374·0** | 13 | 0 30 15·0152 |
| 14 | **7645·5** | 23 33 36·2592 | 36·5708 | − 0·3116 | **4375·0** | 14 | 0 26 19·1057 |
| 15 | **7646·5** | 23 37 32·8104 | 33·1262 | − 0·3158 | **4376·0** | 15 | 0 22 23·1963 |
| 16 | **7647·5** | 23 41 29·3591 | 29·6816 | − 0·3224 | **4377·0** | 16 | 0 18 27·2868 |
| 17 | **7648·5** | 23 45 25·9060 | 26·2369 | − 0·3310 | **4378·0** | 17 | 0 14 31·3773 |
| 18 | **7649·5** | 23 49 22·4523 | 22·7923 | − 0·3400 | **4379·0** | 18 | 0 10 35·4678 |
| 19 | **7650·5** | 23 53 18·9997 | 19·3477 | − 0·3480 | **4380·0** | 19 | 0 06 39·5584 |
| 20 | **7651·5** | 23 57 15·5495 | 15·9030 | − 0·3535 | **4381·0** | 20 | 0 02 43·6489 |
| | | | | | **4382·0** | 20 | 23 58 47·7394 |
| 21 | **7652·5** | 0 01 12·1025 | 12·4584 | − 0·3559 | **4383·0** | 21 | 23 54 51·8300 |
| 22 | **7653·5** | 0 05 08·6582 | 09·0138 | − 0·3556 | **4384·0** | 22 | 23 50 55·9205 |
| 23 | **7654·5** | 0 09 05·2156 | 05·5691 | − 0·3536 | **4385·0** | 23 | 23 47 00·0110 |
| 24 | **7655·5** | 0 13 01·7733 | 02·1245 | − 0·3512 | **4386·0** | 24 | 23 43 04·1016 |
| 25 | **7656·5** | 0 16 58·3300 | 58·6799 | − 0·3499 | **4387·0** | 25 | 23 39 08·1921 |
| 26 | **7657·5** | 0 20 54·8848 | 55·2352 | − 0·3504 | **4388·0** | 26 | 23 35 12·2826 |
| 27 | **7658·5** | 0 24 51·4372 | 51·7906 | − 0·3534 | **4389·0** | 27 | 23 31 16·3732 |
| 28 | **7659·5** | 0 28 47·9873 | 48·3460 | − 0·3587 | **4390·0** | 28 | 23 27 20·4637 |
| 29 | **7660·5** | 0 32 44·5354 | 44·9014 | − 0·3660 | **4391·0** | 29 | 23 23 24·5542 |
| 30 | **7661·5** | 0 36 41·0822 | 41·4567 | − 0·3745 | **4392·0** | 30 | 23 19 28·6447 |
| Oct. 1 | **7662·5** | 0 40 37·6287 | 38·0121 | − 0·3834 | **4393·0** | Oct. 1 | 23 15 32·7353 |

| Date 0ʰ UT1 | Julian Date | G. SIDEREAL TIME (GHA of the Equinox) Apparent | Mean | Equation of Equinoxes at 0ʰ UT1 | GSD at 0ʰ GMST | UT1 at 0ʰ GMST (Greenwich Transit of the Mean Equinox) |
|---|---|---|---|---|---|---|
| | 245 | h m s | s | s | 246 | h m s |
| Oct. 1 | 7662·5 | 0 40 37·6287 | 38·0121 | −0·3834 | 4393·0 | Oct. 1 23 15 32·7353 |
| 2 | 7663·5 | 0 44 34·1756 | 34·5675 | −0·3919 | 4394·0 | 2 23 11 36·8258 |
| 3 | 7664·5 | 0 48 30·7237 | 31·1228 | −0·3992 | 4395·0 | 3 23 07 40·9163 |
| 4 | 7665·5 | 0 52 27·2734 | 27·6782 | −0·4048 | 4396·0 | 4 23 03 45·0069 |
| 5 | 7666·5 | 0 56 23·8249 | 24·2336 | −0·4087 | 4397·0 | 5 22 59 49·0974 |
| 6 | 7667·5 | 1 00 20·3782 | 20·7889 | −0·4107 | 4398·0 | 6 22 55 53·1879 |
| 7 | 7668·5 | 1 04 16·9331 | 17·3443 | −0·4112 | 4399·0 | 7 22 51 57·2785 |
| 8 | 7669·5 | 1 08 13·4890 | 13·8997 | −0·4107 | 4400·0 | 8 22 48 01·3690 |
| 9 | 7670·5 | 1 12 10·0452 | 10·4550 | −0·4098 | 4401·0 | 9 22 44 05·4595 |
| 10 | 7671·5 | 1 16 06·6010 | 07·0104 | −0·4094 | 4402·0 | 10 22 40 09·5500 |
| 11 | 7672·5 | 1 20 03·1556 | 03·5658 | −0·4102 | 4403·0 | 11 22 36 13·6406 |
| 12 | 7673·5 | 1 23 59·7081 | 60·1211 | −0·4130 | 4404·0 | 12 22 32 17·7311 |
| 13 | 7674·5 | 1 27 56·2584 | 56·6765 | −0·4181 | 4405·0 | 13 22 28 21·8216 |
| 14 | 7675·5 | 1 31 52·8066 | 53·2319 | −0·4253 | 4406·0 | 14 22 24 25·9122 |
| 15 | 7676·5 | 1 35 49·3536 | 49·7872 | −0·4336 | 4407·0 | 15 22 20 30·0027 |
| 16 | 7677·5 | 1 39 45·9011 | 46·3426 | −0·4415 | 4408·0 | 16 22 16 34·0932 |
| 17 | 7678·5 | 1 43 42·4508 | 42·8980 | −0·4472 | 4409·0 | 17 22 12 38·1838 |
| 18 | 7679·5 | 1 47 39·0037 | 39·4533 | −0·4496 | 4410·0 | 18 22 08 42·2743 |
| 19 | 7680·5 | 1 51 35·5600 | 36·0087 | −0·4487 | 4411·0 | 19 22 04 46·3648 |
| 20 | 7681·5 | 1 55 32·1188 | 32·5641 | −0·4453 | 4412·0 | 20 22 00 50·4554 |
| 21 | 7682·5 | 1 59 28·6783 | 29·1195 | −0·4411 | 4413·0 | 21 21 56 54·5459 |
| 22 | 7683·5 | 2 03 25·2372 | 25·6748 | −0·4376 | 4414·0 | 22 21 52 58·6364 |
| 23 | 7684·5 | 2 07 21·7942 | 22·2302 | −0·4360 | 4415·0 | 23 21 49 02·7269 |
| 24 | 7685·5 | 2 11 18·3488 | 18·7856 | −0·4368 | 4416·0 | 24 21 45 06·8175 |
| 25 | 7686·5 | 2 15 14·9009 | 15·3409 | −0·4400 | 4417·0 | 25 21 41 10·9080 |
| 26 | 7687·5 | 2 19 11·4510 | 11·8963 | −0·4453 | 4418·0 | 26 21 37 14·9985 |
| 27 | 7688·5 | 2 23 07·9997 | 08·4517 | −0·4519 | 4419·0 | 27 21 33 19·0891 |
| 28 | 7689·5 | 2 27 04·5479 | 05·0070 | −0·4591 | 4420·0 | 28 21 29 23·1796 |
| 29 | 7690·5 | 2 31 01·0964 | 01·5624 | −0·4660 | 4421·0 | 29 21 25 27·2701 |
| 30 | 7691·5 | 2 34 57·6460 | 58·1178 | −0·4718 | 4422·0 | 30 21 21 31·3607 |
| 31 | 7692·5 | 2 38 54·1971 | 54·6731 | −0·4760 | 4423·0 | 31 21 17 35·4512 |
| Nov. 1 | 7693·5 | 2 42 50·7502 | 51·2285 | −0·4783 | 4424·0 | Nov. 1 21 13 39·5417 |
| 2 | 7694·5 | 2 46 47·3051 | 47·7839 | −0·4787 | 4425·0 | 2 21 09 43·6322 |
| 3 | 7695·5 | 2 50 43·8617 | 44·3392 | −0·4775 | 4426·0 | 3 21 05 47·7228 |
| 4 | 7696·5 | 2 54 40·4195 | 40·8946 | −0·4751 | 4427·0 | 4 21 01 51·8133 |
| 5 | 7697·5 | 2 58 36·9778 | 37·4500 | −0·4721 | 4428·0 | 5 20 57 55·9038 |
| 6 | 7698·5 | 3 02 33·5359 | 34·0053 | −0·4694 | 4429·0 | 6 20 53 59·9944 |
| 7 | 7699·5 | 3 06 30·0930 | 30·5607 | −0·4677 | 4430·0 | 7 20 50 04·0849 |
| 8 | 7700·5 | 3 10 26·6485 | 27·1161 | −0·4676 | 4431·0 | 8 20 46 08·1754 |
| 9 | 7701·5 | 3 14 23·2019 | 23·6715 | −0·4696 | 4432·0 | 9 20 42 12·2660 |
| 10 | 7702·5 | 3 18 19·7532 | 20·2268 | −0·4736 | 4433·0 | 10 20 38 16·3565 |
| 11 | 7703·5 | 3 22 16·3031 | 16·7822 | −0·4791 | 4434·0 | 11 20 34 20·4470 |
| 12 | 7704·5 | 3 26 12·8527 | 13·3376 | −0·4849 | 4435·0 | 12 20 30 24·5376 |
| 13 | 7705·5 | 3 30 09·4037 | 09·8929 | −0·4892 | 4436·0 | 13 20 26 28·6281 |
| 14 | 7706·5 | 3 34 05·9576 | 06·4483 | −0·4907 | 4437·0 | 14 20 22 32·7186 |
| 15 | 7707·5 | 3 38 02·5151 | 03·0037 | −0·4885 | 4438·0 | 15 20 18 36·8091 |
| 16 | 7708·5 | 3 41 59·0760 | 59·5590 | −0·4830 | 4439·0 | 16 20 14 40·8997 |

| Date 0<sup>h</sup> UT1 | Julian Date | G. SIDEREAL TIME (GHA of the Equinox) | | Equation of Equinoxes at 0<sup>h</sup> UT1 | GSD at 0<sup>h</sup> GMST | UT1 at 0<sup>h</sup> GMST (Greenwich Transit of the Mean Equinox) |
|---|---|---|---|---|---|---|
| | | Apparent | Mean | | | |
| | **245** | h  m  s | s | s | **246** | h  m  s |
| Nov. 16 | **7708·5** | 3  41  59·0760 | 59·5590 | − 0·4830 | **4439·0** | Nov. 16  20  14  40·8997 |
| 17 | **7709·5** | 3  45  55·6387 | 56·1144 | − 0·4757 | **4440·0** | 17  20  10  44·9902 |
| 18 | **7710·5** | 3  49  52·2014 | 52·6698 | − 0·4684 | **4441·0** | 18  20  06  49·0807 |
| 19 | **7711·5** | 3  53  48·7624 | 49·2251 | − 0·4628 | **4442·0** | 19  20  02  53·1713 |
| 20 | **7712·5** | 3  57  45·3208 | 45·7805 | − 0·4597 | **4443·0** | 20  19  58  57·2618 |
| 21 | **7713·5** | 4  01  41·8765 | 42·3359 | − 0·4593 | **4444·0** | 21  19  55  01·3523 |
| 22 | **7714·5** | 4  05  38·4299 | 38·8912 | − 0·4613 | **4445·0** | 22  19  51  05·4429 |
| 23 | **7715·5** | 4  09  34·9816 | 35·4466 | − 0·4650 | **4446·0** | 23  19  47  09·5334 |
| 24 | **7716·5** | 4  13  31·5325 | 32·0020 | − 0·4695 | **4447·0** | 24  19  43  13·6239 |
| 25 | **7717·5** | 4  17  28·0835 | 28·5573 | − 0·4738 | **4448·0** | 25  19  39  17·7144 |
| 26 | **7718·5** | 4  21  24·6354 | 25·1127 | − 0·4773 | **4449·0** | 26  19  35  21·8050 |
| 27 | **7719·5** | 4  25  21·1888 | 21·6681 | − 0·4793 | **4450·0** | 27  19  31  25·8955 |
| 28 | **7720·5** | 4  29  17·7439 | 18·2234 | − 0·4795 | **4451·0** | 28  19  27  29·9860 |
| 29 | **7721·5** | 4  33  14·3010 | 14·7788 | − 0·4778 | **4452·0** | 29  19  23  34·0766 |
| 30 | **7722·5** | 4  37  10·8598 | 11·3342 | − 0·4743 | **4453·0** | 30  19  19  38·1671 |
| Dec.  1 | **7723·5** | 4  41  07·4200 | 07·8896 | − 0·4695 | **4454·0** | Dec.  1  19  15  42·2576 |
| 2 | **7724·5** | 4  45  03·9808 | 04·4449 | − 0·4641 | **4455·0** | 2  19  11  46·3482 |
| 3 | **7725·5** | 4  49  00·5416 | 01·0003 | − 0·4587 | **4456·0** | 3  19  07  50·4387 |
| 4 | **7726·5** | 4  52  57·1014 | 57·5557 | − 0·4543 | **4457·0** | 4  19  03  54·5292 |
| 5 | **7727·5** | 4  56  53·6596 | 54·1110 | − 0·4514 | **4458·0** | 5  18  59  58·6198 |
| 6 | **7728·5** | 5  00  50·2159 | 50·6664 | − 0·4505 | **4459·0** | 6  18  56  02·7103 |
| 7 | **7729·5** | 5  04  46·7701 | 47·2218 | − 0·4517 | **4460·0** | 7  18  52  06·8008 |
| 8 | **7730·5** | 5  08  43·3226 | 43·7771 | − 0·4545 | **4461·0** | 8  18  48  10·8913 |
| 9 | **7731·5** | 5  12  39·8744 | 40·3325 | − 0·4581 | **4462·0** | 9  18  44  14·9819 |
| 10 | **7732·5** | 5  16  36·4268 | 36·8879 | − 0·4611 | **4463·0** | 10  18  40  19·0724 |
| 11 | **7733·5** | 5  20  32·9812 | 33·4432 | − 0·4620 | **4464·0** | 11  18  36  23·1629 |
| 12 | **7734·5** | 5  24  29·5389 | 29·9986 | − 0·4597 | **4465·0** | 12  18  32  27·2535 |
| 13 | **7735·5** | 5  28  26·1002 | 26·5540 | − 0·4538 | **4466·0** | 13  18  28  31·3440 |
| 14 | **7736·5** | 5  32  22·6642 | 23·1093 | − 0·4451 | **4467·0** | 14  18  24  35·4345 |
| 15 | **7737·5** | 5  36  19·2293 | 19·6647 | − 0·4354 | **4468·0** | 15  18  20  39·5251 |
| 16 | **7738·5** | 5  40  15·7935 | 16·2201 | − 0·4266 | **4469·0** | 16  18  16  43·6156 |
| 17 | **7739·5** | 5  44  12·3552 | 12·7754 | − 0·4202 | **4470·0** | 17  18  12  47·7061 |
| 18 | **7740·5** | 5  48  08·9140 | 09·3308 | − 0·4168 | **4471·0** | 18  18  08  51·7967 |
| 19 | **7741·5** | 5  52  05·4699 | 05·8862 | − 0·4163 | **4472·0** | 19  18  04  55·8872 |
| 20 | **7742·5** | 5  56  02·0236 | 02·4415 | − 0·4180 | **4473·0** | 20  18  00  59·9777 |
| 21 | **7743·5** | 5  59  58·5760 | 58·9969 | − 0·4209 | **4474·0** | 21  17  57  04·0682 |
| 22 | **7744·5** | 6  03  55·1282 | 55·5523 | − 0·4241 | **4475·0** | 22  17  53  08·1588 |
| 23 | **7745·5** | 6  07  51·6810 | 52·1077 | − 0·4267 | **4476·0** | 23  17  49  12·2493 |
| 24 | **7746·5** | 6  11  48·2350 | 48·6630 | − 0·4281 | **4477·0** | 24  17  45  16·3398 |
| 25 | **7747·5** | 6  15  44·7906 | 45·2184 | − 0·4278 | **4478·0** | 25  17  41  20·4304 |
| 26 | **7748·5** | 6  19  41·3481 | 41·7738 | − 0·4256 | **4479·0** | 26  17  37  24·5209 |
| 27 | **7749·5** | 6  23  37·9074 | 38·3291 | − 0·4217 | **4480·0** | 27  17  33  28·6114 |
| 28 | **7750·5** | 6  27  34·4681 | 34·8845 | − 0·4164 | **4481·0** | 28  17  29  32·7020 |
| 29 | **7751·5** | 6  31  31·0295 | 31·4399 | − 0·4103 | **4482·0** | 29  17  25  36·7925 |
| 30 | **7752·5** | 6  35  27·5911 | 27·9952 | − 0·4042 | **4483·0** | 30  17  21  40·8830 |
| 31 | **7753·5** | 6  39  24·1518 | 24·5506 | − 0·3988 | **4484·0** | 31  17  17  44·9735 |
| 32 | **7754·5** | 6  43  20·7109 | 21·1060 | − 0·3950 | **4485·0** | 32  17  13  49·0641 |

| Date 0ʰ UT1 | Julian Date | Earth Rotation Angle $\theta$ | Equation of Origins $E_o$ | Date 0ʰ UT1 | Julian Date | Earth Rotation Angle $\theta$ | Equation of Origins $E_o$ |
|---|---|---|---|---|---|---|---|
| | | ° ′ ″ | ′ ″ | | | ° ′ ″ | ′ ″ |
| | **245** | | | | **245** | | |
| Jan. 0 | **7387·5** | 98 54 01·4815 | − 12 17·0726 | Feb. 15 | **7433·5** | 144 14 18·8764 | − 12 22·8066 |
| 1 | **7388·5** | 99 53 09·6857 | − 12 17·1534 | 16 | **7434·5** | 145 13 27·0806 | − 12 22·9459 |
| 2 | **7389·5** | 100 52 17·8900 | − 12 17·2300 | 17 | **7435·5** | 146 12 35·2849 | − 12 23·1113 |
| 3 | **7390·5** | 101 51 26·0942 | − 12 17·3137 | 18 | **7436·5** | 147 11 43·4891 | − 12 23·2863 |
| 4 | **7391·5** | 102 50 34·2984 | − 12 17·4144 | 19 | **7437·5** | 148 10 51·6934 | − 12 23·4537 |
| 5 | **7392·5** | 103 49 42·5027 | − 12 17·5401 | 20 | **7438·5** | 149 09 59·8976 | − 12 23·5987 |
| 6 | **7393·5** | 104 48 50·7069 | − 12 17·6957 | 21 | **7439·5** | 150 09 08·1018 | − 12 23·7118 |
| 7 | **7394·5** | 105 47 58·9112 | − 12 17·8816 | 22 | **7440·5** | 151 08 16·3061 | − 12 23·7898 |
| 8 | **7395·5** | 106 47 07·1154 | − 12 18·0931 | 23 | **7441·5** | 152 07 24·5103 | − 12 23·8357 |
| 9 | **7396·5** | 107 46 15·3196 | − 12 18·3194 | 24 | **7442·5** | 153 06 32·7145 | − 12 23·8573 |
| 10 | **7397·5** | 108 45 23·5239 | − 12 18·5449 | 25 | **7443·5** | 154 05 40·9188 | − 12 23·8656 |
| 11 | **7398·5** | 109 44 31·7281 | − 12 18·7517 | 26 | **7444·5** | 155 04 49·1230 | − 12 23·8725 |
| 12 | **7399·5** | 110 43 39·9323 | − 12 18·9248 | 27 | **7445·5** | 156 03 57·3272 | − 12 23·8891 |
| 13 | **7400·5** | 111 42 48·1366 | − 12 19·0565 | 28 | **7446·5** | 157 03 05·5315 | − 12 23·9246 |
| 14 | **7401·5** | 112 41 56·3408 | − 12 19·1498 | 29 | **7447·5** | 158 02 13·7357 | − 12 23·9850 |
| 15 | **7402·5** | 113 41 04·5451 | − 12 19·2181 | Mar. 1 | **7448·5** | 159 01 21·9400 | − 12 24·0732 |
| 16 | **7403·5** | 114 40 12·7493 | − 12 19·2815 | 2 | **7449·5** | 160 00 30·1442 | − 12 24·1882 |
| 17 | **7404·5** | 115 39 20·9535 | − 12 19·3611 | 3 | **7450·5** | 160 59 38·3484 | − 12 24·3248 |
| 18 | **7405·5** | 116 38 29·1578 | − 12 19·4730 | 4 | **7451·5** | 161 58 46·5527 | − 12 24·4734 |
| 19 | **7406·5** | 117 37 37·3620 | − 12 19·6246 | 5 | **7452·5** | 162 57 54·7569 | − 12 24·6204 |
| 20 | **7407·5** | 118 36 45·5662 | − 12 19·8128 | 6 | **7453·5** | 163 57 02·9611 | − 12 24·7498 |
| 21 | **7408·5** | 119 35 53·7705 | − 12 20·0256 | 7 | **7454·5** | 164 56 11·1654 | − 12 24·8466 |
| 22 | **7409·5** | 120 35 01·9747 | − 12 20·2452 | 8 | **7455·5** | 165 55 19·3696 | − 12 24·9021 |
| 23 | **7410·5** | 121 34 10·1790 | − 12 20·4528 | 9 | **7456·5** | 166 54 27·5739 | − 12 24·9189 |
| 24 | **7411·5** | 122 33 18·3832 | − 12 20·6335 | 10 | **7457·5** | 167 53 35·7781 | − 12 24·9133 |
| 25 | **7412·5** | 123 32 26·5874 | − 12 20·7786 | 11 | **7458·5** | 168 52 43·9823 | − 12 24·9100 |
| 26 | **7413·5** | 124 31 34·7917 | − 12 20·8871 | 12 | **7459·5** | 169 51 52·1866 | − 12 24·9337 |
| 27 | **7414·5** | 125 30 42·9959 | − 12 20·9645 | 13 | **7460·5** | 170 51 00·3908 | − 12 24·9991 |
| 28 | **7415·5** | 126 29 51·2001 | − 12 21·0203 | 14 | **7461·5** | 171 50 08·5950 | − 12 25·1073 |
| 29 | **7416·5** | 127 28 59·4044 | − 12 21·0663 | 15 | **7462·5** | 172 49 16·7993 | − 12 25·2471 |
| 30 | **7417·5** | 128 28 07·6086 | − 12 21·1144 | 16 | **7463·5** | 173 48 25·0035 | − 12 25·4010 |
| 31 | **7418·5** | 129 27 15·8128 | − 12 21·1751 | 17 | **7464·5** | 174 47 33·2078 | − 12 25·5504 |
| Feb. 1 | **7419·5** | 130 26 24·0171 | − 12 21·2569 | 18 | **7465·5** | 175 46 41·4120 | − 12 25·6801 |
| 2 | **7420·5** | 131 25 32·2213 | − 12 21·3654 | 19 | **7466·5** | 176 45 49·6162 | − 12 25·7803 |
| 3 | **7421·5** | 132 24 40·4256 | − 12 21·5027 | 20 | **7467·5** | 177 44 57·8205 | − 12 25·8470 |
| 4 | **7422·5** | 133 23 48·6298 | − 12 21·6665 | 21 | **7468·5** | 178 44 06·0247 | − 12 25·8823 |
| 5 | **7423·5** | 134 22 56·8340 | − 12 21·8496 | 22 | **7469·5** | 179 43 14·2289 | − 12 25·8927 |
| 6 | **7424·5** | 135 22 05·0383 | − 12 22·0393 | 23 | **7470·5** | 180 42 22·4332 | − 12 25·8883 |
| 7 | **7425·5** | 136 21 13·2425 | − 12 22·2190 | 24 | **7471·5** | 181 41 30·6374 | − 12 25·8805 |
| 8 | **7426·5** | 137 20 21·4467 | − 12 22·3710 | 25 | **7472·5** | 182 40 38·8417 | − 12 25·8808 |
| 9 | **7427·5** | 138 19 29·6510 | − 12 22·4826 | 26 | **7473·5** | 183 39 47·0459 | − 12 25·8988 |
| 10 | **7428·5** | 139 18 37·8552 | − 12 22·5510 | 27 | **7474·5** | 184 38 55·2501 | − 12 25·9415 |
| 11 | **7429·5** | 140 17 46·0595 | − 12 22·5862 | 28 | **7475·5** | 185 38 03·4544 | − 12 26·0124 |
| 12 | **7430·5** | 141 16 54·2637 | − 12 22·6085 | 29 | **7476·5** | 186 37 11·6586 | − 12 26·1109 |
| 13 | **7431·5** | 142 16 02·4679 | − 12 22·6415 | 30 | **7477·5** | 187 36 19·8628 | − 12 26·2327 |
| 14 | **7432·5** | 143 15 10·6722 | − 12 22·7045 | 31 | **7478·5** | 188 35 28·0671 | − 12 26·3696 |
| 15 | **7433·5** | 144 14 18·8764 | − 12 22·8066 | Apr. 1 | **7479·5** | 189 34 36·2713 | − 12 26·5101 |

$$\text{GHA} = \theta - \alpha_i, \qquad \alpha_i = \alpha_e + E_o$$

$\alpha_i$, $\alpha_e$ are the right ascensions with respect to the CIO and the true equinox of date, respectively.

| Date 0ʰ UT1 | Julian Date | Earth Rotation Angle θ | Equation of Origins $E_o$ | Date 0ʰ UT1 | Julian Date | Earth Rotation Angle θ | Equation of Origins $E_o$ |
|---|---|---|---|---|---|---|---|
| | 245 | ° ′ ″ | ′ ″ | | 245 | ° ′ ″ | ′ ″ |
| Apr. 1 | 7479·5 | 189 34 36·2713 | − 12 26·5101 | May 17 | 7525·5 | 234 54 53·6662 | − 12 30·9767 |
| 2 | 7480·5 | 190 33 44·4755 | − 12 26·6406 | 18 | 7526·5 | 235 54 01·8705 | − 12 31·0272 |
| 3 | 7481·5 | 191 32 52·6798 | − 12 26·7472 | 19 | 7527·5 | 236 53 10·0747 | − 12 31·0917 |
| 4 | 7482·5 | 192 32 00·8840 | − 12 26·8190 | 20 | 7528·5 | 237 52 18·2789 | − 12 31·1789 |
| 5 | 7483·5 | 193 31 09·0883 | − 12 26·8532 | 21 | 7529·5 | 238 51 26·4832 | − 12 31·2942 |
| 6 | 7484·5 | 194 30 17·2925 | − 12 26·8585 | 22 | 7530·5 | 239 50 34·6874 | − 12 31·4393 |
| 7 | 7485·5 | 195 29 25·4967 | − 12 26·8552 | 23 | 7531·5 | 240 49 42·8916 | − 12 31·6113 |
| 8 | 7486·5 | 196 28 33·7010 | − 12 26·8701 | 24 | 7532·5 | 241 48 51·0959 | − 12 31·8030 |
| 9 | 7487·5 | 197 27 41·9052 | − 12 26·9256 | 25 | 7533·5 | 242 47 59·3001 | − 12 32·0034 |
| 10 | 7488·5 | 198 26 50·1094 | − 12 27·0307 | 26 | 7534·5 | 243 47 07·5044 | − 12 32·1996 |
| 11 | 7489·5 | 199 25 58·3137 | − 12 27·1780 | 27 | 7535·5 | 244 46 15·7086 | − 12 32·3783 |
| 12 | 7490·5 | 200 25 06·5179 | − 12 27·3488 | 28 | 7536·5 | 245 45 23·9128 | − 12 32·5290 |
| 13 | 7491·5 | 201 24 14·7222 | − 12 27·5212 | 29 | 7537·5 | 246 44 32·1171 | − 12 32·6461 |
| 14 | 7492·5 | 202 23 22·9264 | − 12 27·6764 | 30 | 7538·5 | 247 43 40·3213 | − 12 32·7314 |
| 15 | 7493·5 | 203 22 31·1306 | − 12 27·8024 | 31 | 7539·5 | 248 42 48·5255 | − 12 32·7956 |
| 16 | 7494·5 | 204 21 39·3349 | − 12 27·8944 | June 1 | 7540·5 | 249 41 56·7298 | − 12 32·8573 |
| 17 | 7495·5 | 205 20 47·5391 | − 12 27·9540 | 2 | 7541·5 | 250 41 04·9340 | − 12 32·9392 |
| 18 | 7496·5 | 206 19 55·7433 | − 12 27·9876 | 3 | 7542·5 | 251 40 13·1382 | − 12 33·0617 |
| 19 | 7497·5 | 207 19 03·9476 | − 12 28·0048 | 4 | 7543·5 | 252 39 21·3425 | − 12 33·2348 |
| 20 | 7498·5 | 208 18 12·1518 | − 12 28·0168 | 5 | 7544·5 | 253 38 29·5467 | − 12 33·4530 |
| 21 | 7499·5 | 209 17 20·3561 | − 12 28·0350 | 6 | 7545·5 | 254 37 37·7510 | − 12 33·6976 |
| 22 | 7500·5 | 210 16 28·5603 | − 12 28·0696 | 7 | 7546·5 | 255 36 45·9552 | − 12 33·9429 |
| 23 | 7501·5 | 211 15 36·7645 | − 12 28·1286 | 8 | 7547·5 | 256 35 54·1594 | − 12 34·1663 |
| 24 | 7502·5 | 212 14 44·9688 | − 12 28·2164 | 9 | 7548·5 | 257 35 02·3637 | − 12 34·3533 |
| 25 | 7503·5 | 213 13 53·1730 | − 12 28·3331 | 10 | 7549·5 | 258 34 10·5679 | − 12 34·5001 |
| 26 | 7504·5 | 214 13 01·3772 | − 12 28·4750 | 11 | 7550·5 | 259 33 18·7721 | − 12 34·6112 |
| 27 | 7505·5 | 215 12 09·5815 | − 12 28·6343 | 12 | 7551·5 | 260 32 26·9764 | − 12 34·6963 |
| 28 | 7506·5 | 216 11 17·7857 | − 12 28·8000 | 13 | 7552·5 | 261 31 35·1806 | − 12 34·7677 |
| 29 | 7507·5 | 217 10 25·9900 | − 12 28·9594 | 14 | 7553·5 | 262 30 43·3849 | − 12 34·8377 |
| 30 | 7508·5 | 218 09 34·1942 | − 12 29·0997 | 15 | 7554·5 | 263 29 51·5891 | − 12 34·9179 |
| May 1 | 7509·5 | 219 08 42·3984 | − 12 29·2103 | 16 | 7555·5 | 264 28 59·7933 | − 12 35·0175 |
| 2 | 7510·5 | 220 07 50·6027 | − 12 29·2865 | 17 | 7556·5 | 265 28 07·9976 | − 12 35·1432 |
| 3 | 7511·5 | 221 06 58·8069 | − 12 29·3319 | 18 | 7557·5 | 266 27 16·2018 | − 12 35·2981 |
| 4 | 7512·5 | 222 06 07·0111 | − 12 29·3609 | 19 | 7558·5 | 267 26 24·4060 | − 12 35·4809 |
| 5 | 7513·5 | 223 05 15·2154 | − 12 29·3962 | 20 | 7559·5 | 268 25 32·6103 | − 12 35·6857 |
| 6 | 7514·5 | 224 04 23·4196 | − 12 29·4632 | 21 | 7560·5 | 269 24 40·8145 | − 12 35·9024 |
| 7 | 7515·5 | 225 03 31·6238 | − 12 29·5791 | 22 | 7561·5 | 270 23 49·0188 | − 12 36·1175 |
| 8 | 7516·5 | 226 02 39·8281 | − 12 29·7461 | 23 | 7562·5 | 271 22 57·2230 | − 12 36·3168 |
| 9 | 7517·5 | 227 01 48·0323 | − 12 29·9498 | 24 | 7563·5 | 272 22 05·4272 | − 12 36·4881 |
| 10 | 7518·5 | 228 00 56·2366 | − 12 30·1667 | 25 | 7564·5 | 273 21 13·6315 | − 12 36·6245 |
| 11 | 7519·5 | 229 00 04·4408 | − 12 30·3727 | 26 | 7565·5 | 274 20 21·8357 | − 12 36·7264 |
| 12 | 7520·5 | 229 59 12·6450 | − 12 30·5505 | 27 | 7566·5 | 275 19 30·0399 | − 12 36·8030 |
| 13 | 7521·5 | 230 58 20·8493 | − 12 30·6922 | 28 | 7567·5 | 276 18 38·2442 | − 12 36·8708 |
| 14 | 7522·5 | 231 57 29·0535 | − 12 30·7978 | 29 | 7568·5 | 277 17 46·4484 | − 12 36·9505 |
| 15 | 7523·5 | 232 56 37·2577 | − 12 30·8736 | 30 | 7569·5 | 278 16 54·6527 | − 12 37·0617 |
| 16 | 7524·5 | 233 55 45·4620 | − 12 30·9293 | July 1 | 7570·5 | 279 16 02·8569 | − 12 37·2171 |
| 17 | 7525·5 | 234 54 53·6662 | − 12 30·9767 | 2 | 7571·5 | 280 15 11·0611 | − 12 37·4178 |

$$GHA = \theta - \alpha_i, \qquad \alpha_i = \alpha_e + E_o$$

$\alpha_i$, $\alpha_e$ are the right ascensions with respect to the CIO and the true equinox of date, respectively.

| Date 0$^h$ UT1 | Julian Date | Earth Rotation Angle $\theta$ | Equation of Origins $E_o$ | Date 0$^h$ UT1 | Julian Date | Earth Rotation Angle $\theta$ | Equation of Origins $E_o$ |
|---|---|---|---|---|---|---|---|
| | | ° ′ ″ | ′ ″ | | | ° ′ ″ | ′ ″ |
| | 245 | | | | 245 | | |
| July 1 | 7570·5 | 279 16 02·8569 | − 12 37·2171 | Aug. 16 | 7616·5 | 324 36 20·2518 | − 12 43·2662 |
| 2 | 7571·5 | 280 15 11·0611 | − 12 37·4178 | 17 | 7617·5 | 325 35 28·4560 | − 12 43·4099 |
| 3 | 7572·5 | 281 14 19·2654 | − 12 37·6517 | 18 | 7618·5 | 326 34 36·6603 | − 12 43·5206 |
| 4 | 7573·5 | 282 13 27·4696 | − 12 37·8975 | 19 | 7619·5 | 327 33 44·8645 | − 12 43·5919 |
| 5 | 7574·5 | 283 12 35·6738 | − 12 38·1314 | 20 | 7620·5 | 328 32 53·0687 | − 12 43·6276 |
| 6 | 7575·5 | 284 11 43·8781 | − 12 38·3342 | 21 | 7621·5 | 329 32 01·2730 | − 12 43·6419 |
| 7 | 7576·5 | 285 10 52·0823 | − 12 38·4964 | 22 | 7622·5 | 330 31 09·4772 | − 12 43·6562 |
| 8 | 7577·5 | 286 10 00·2865 | − 12 38·6182 | 23 | 7623·5 | 331 30 17·6815 | − 12 43·6925 |
| 9 | 7578·5 | 287 09 08·4908 | − 12 38·7075 | 24 | 7624·5 | 332 29 25·8857 | − 12 43·7662 |
| 10 | 7579·5 | 288 08 16·6950 | − 12 38·7765 | 25 | 7625·5 | 333 28 34·0899 | − 12 43·8822 |
| 11 | 7580·5 | 289 07 24·8993 | − 12 38·8384 | 26 | 7626·5 | 334 27 42·2942 | − 12 44·0339 |
| 12 | 7581·5 | 290 06 33·1035 | − 12 38·9057 | 27 | 7627·5 | 335 26 50·4984 | − 12 44·2059 |
| 13 | 7582·5 | 291 05 41·3077 | − 12 38·9886 | 28 | 7628·5 | 336 25 58·7026 | − 12 44·3786 |
| 14 | 7583·5 | 292 04 49·5120 | − 12 39·0947 | 29 | 7629·5 | 337 25 06·9069 | − 12 44·5336 |
| 15 | 7584·5 | 293 03 57·7162 | − 12 39·2281 | 30 | 7630·5 | 338 24 15·1111 | − 12 44·6568 |
| 16 | 7585·5 | 294 03 05·9204 | − 12 39·3894 | 31 | 7631·5 | 339 23 23·3154 | − 12 44·7420 |
| 17 | 7586·5 | 295 02 14·1247 | − 12 39·5745 | Sept. 1 | 7632·5 | 340 22 31·5196 | − 12 44·7905 |
| 18 | 7587·5 | 296 01 22·3289 | − 12 39·7751 | 2 | 7633·5 | 341 21 39·7238 | − 12 44·8104 |
| 19 | 7588·5 | 297 00 30·5332 | − 12 39·9787 | 3 | 7634·5 | 342 20 47·9281 | − 12 44·8136 |
| 20 | 7589·5 | 297 59 38·7374 | − 12 40·1705 | 4 | 7635·5 | 343 19 56·1323 | − 12 44·8134 |
| 21 | 7590·5 | 298 58 46·9416 | − 12 40·3362 | 5 | 7636·5 | 344 19 04·3365 | − 12 44·8223 |
| 22 | 7591·5 | 299 57 55·1459 | − 12 40·4660 | 6 | 7637·5 | 345 18 12·5408 | − 12 44·8496 |
| 23 | 7592·5 | 300 57 03·3501 | − 12 40·5578 | 7 | 7638·5 | 346 17 20·7450 | − 12 44·9016 |
| 24 | 7593·5 | 301 56 11·5543 | − 12 40·6192 | 8 | 7639·5 | 347 16 28·9492 | − 12 44·9806 |
| 25 | 7594·5 | 302 55 19·7586 | − 12 40·6660 | 9 | 7640·5 | 348 15 37·1535 | − 12 45·0853 |
| 26 | 7595·5 | 303 54 27·9628 | − 12 40·7187 | 10 | 7641·5 | 349 14 45·3577 | − 12 45·2108 |
| 27 | 7596·5 | 304 53 36·1671 | − 12 40·7972 | 11 | 7642·5 | 350 13 53·5620 | − 12 45·3486 |
| 28 | 7597·5 | 305 52 44·3713 | − 12 40·9147 | 12 | 7643·5 | 351 13 01·7662 | − 12 45·4872 |
| 29 | 7598·5 | 306 51 52·5755 | − 12 41·0745 | 13 | 7644·5 | 352 12 09·9704 | − 12 45·6132 |
| 30 | 7599·5 | 307 51 00·7798 | − 12 41·2688 | 14 | 7645·5 | 353 11 18·1747 | − 12 45·7131 |
| 31 | 7600·5 | 308 50 08·9840 | − 12 41·4806 | 15 | 7646·5 | 354 10 26·3789 | − 12 45·7772 |
| Aug. 1 | 7601·5 | 309 49 17·1882 | − 12 41·6887 | 16 | 7647·5 | 355 09 34·5831 | − 12 45·8037 |
| 2 | 7602·5 | 310 48 25·3925 | − 12 41·8734 | 17 | 7648·5 | 356 08 42·7874 | − 12 45·8020 |
| 3 | 7603·5 | 311 47 33·5967 | − 12 42·0215 | 18 | 7649·5 | 357 07 50·9916 | − 12 45·7922 |
| 4 | 7604·5 | 312 46 41·8010 | − 12 42·1289 | 19 | 7650·5 | 358 06 59·1959 | − 12 45·7990 |
| 5 | 7605·5 | 313 45 50·0052 | − 12 42·1998 | 20 | 7651·5 | 359 06 07·4001 | − 12 45·8430 |
| 6 | 7606·5 | 314 44 58·2094 | − 12 42·2448 | 21 | 7652·5 | 0 05 15·6043 | − 12 45·9331 |
| 7 | 7607·5 | 315 44 06·4137 | − 12 42·2771 | 22 | 7653·5 | 1 04 23·8086 | − 12 46·0644 |
| 8 | 7608·5 | 316 43 14·6179 | − 12 42·3099 | 23 | 7654·5 | 2 03 32·0128 | − 12 46·2210 |
| 9 | 7609·5 | 317 42 22·8221 | − 12 42·3547 | 24 | 7655·5 | 3 02 40·2170 | − 12 46·3824 |
| 10 | 7610·5 | 318 41 31·0264 | − 12 42·4199 | 25 | 7656·5 | 4 01 48·4213 | − 12 46·5291 |
| 11 | 7611·5 | 319 40 39·2306 | − 12 42·5106 | 26 | 7657·5 | 5 00 56·6255 | − 12 46·6470 |
| 12 | 7612·5 | 320 39 47·4348 | − 12 42·6285 | 27 | 7658·5 | 6 00 04·8298 | − 12 46·7289 |
| 13 | 7613·5 | 321 38 55·6391 | − 12 42·7713 | 28 | 7659·5 | 6 59 13·0340 | − 12 46·7753 |
| 14 | 7614·5 | 322 38 03·8433 | − 12 42·9326 | 29 | 7660·5 | 7 58 21·2382 | − 12 46·7923 |
| 15 | 7615·5 | 323 37 12·0476 | − 12 43·1021 | 30 | 7661·5 | 8 57 29·4425 | − 12 46·7909 |
| 16 | 7616·5 | 324 36 20·2518 | − 12 43·2662 | Oct. 1 | 7662·5 | 9 56 37·6467 | − 12 46·7836 |

$$\text{GHA} = \theta - \alpha_i, \qquad \alpha_i = \alpha_e + E_o$$

$\alpha_i$, $\alpha_e$ are the right ascensions with respect to the CIO and the true equinox of date, respectively.

| Date 0h UT1 | Julian Date | Earth Rotation Angle θ | Equation of Origins $E_o$ | Date 0h UT1 | Julian Date | Earth Rotation Angle θ | Equation of Origins $E_o$ |
|---|---|---|---|---|---|---|---|
| | | ° ′ ″ | ′ ″ | | | ° ′ ″ | ′ ″ |
| | 245 | | | | 245 | | |
| Oct. 1 | 7662·5 | 9 56 37·6467 | − 12 46·7836 | Nov. 16 | 7708·5 | 55 16 55·0416 | − 12 51·0983 |
| 2 | 7663·5 | 10 55 45·8509 | − 12 46·7831 | 17 | 7709·5 | 56 16 03·2458 | − 12 51·3345 |
| 3 | 7664·5 | 11 54 54·0552 | − 12 46·7998 | 18 | 7710·5 | 57 15 11·4501 | − 12 51·5702 |
| 4 | 7665·5 | 12 54 02·2594 | − 12 46·8409 | 19 | 7711·5 | 58 14 19·6543 | − 12 51·7813 |
| 5 | 7666·5 | 13 53 10·4637 | − 12 46·9098 | 20 | 7712·5 | 59 13 27·8586 | − 12 51·9540 |
| 6 | 7667·5 | 14 52 18·6679 | − 12 47·0058 | 21 | 7713·5 | 60 12 36·0628 | − 12 52·0854 |
| 7 | 7668·5 | 15 51 26·8721 | − 12 47·1245 | 22 | 7714·5 | 61 11 44·2670 | − 12 52·1813 |
| 8 | 7669·5 | 16 50 35·0764 | − 12 47·2586 | 23 | 7715·5 | 62 10 52·4713 | − 12 52·2526 |
| 9 | 7670·5 | 17 49 43·2806 | − 12 47·3979 | 24 | 7716·5 | 63 10 00·6755 | − 12 52·3123 |
| 10 | 7671·5 | 18 48 51·4848 | − 12 47·5306 | 25 | 7717·5 | 64 09 08·8797 | − 12 52·3733 |
| 11 | 7672·5 | 19 47 59·6891 | − 12 47·6444 | 26 | 7718·5 | 65 08 17·0840 | − 12 52·4472 |
| 12 | 7673·5 | 20 47 07·8933 | − 12 47·7288 | 27 | 7719·5 | 66 07 25·2882 | − 12 52·5430 |
| 13 | 7674·5 | 21 46 16·0975 | − 12 47·7785 | 28 | 7720·5 | 67 06 33·4925 | − 12 52·6662 |
| 14 | 7675·5 | 22 45 24·3018 | − 12 47·7970 | 29 | 7721·5 | 68 05 41·6967 | − 12 52·8184 |
| 15 | 7676·5 | 23 44 32·5060 | − 12 47·7986 | 30 | 7722·5 | 69 04 49·9009 | − 12 52·9968 |
| 16 | 7677·5 | 24 43 40·7103 | − 12 47·8069 | Dec. 1 | 7723·5 | 70 03 58·1052 | − 12 53·1950 |
| 17 | 7678·5 | 25 42 48·9145 | − 12 47·8475 | 2 | 7724·5 | 71 03 06·3094 | − 12 53·4032 |
| 18 | 7679·5 | 26 41 57·1187 | − 12 47·9374 | 3 | 7725·5 | 72 02 14·5136 | − 12 53·6097 |
| 19 | 7680·5 | 27 41 05·3230 | − 12 48·0778 | 4 | 7726·5 | 73 01 22·7179 | − 12 53·8028 |
| 20 | 7681·5 | 28 40 13·5272 | − 12 48·2542 | 5 | 7727·5 | 74 00 30·9221 | − 12 53·9724 |
| 21 | 7682·5 | 29 39 21·7314 | − 12 48·4435 | 6 | 7728·5 | 74 59 39·1264 | − 12 54·1120 |
| 22 | 7683·5 | 30 38 29·9357 | − 12 48·6222 | 7 | 7729·5 | 75 58 47·3306 | − 12 54·2206 |
| 23 | 7684·5 | 31 37 38·1399 | − 12 48·7730 | 8 | 7730·5 | 76 57 55·5348 | − 12 54·3042 |
| 24 | 7685·5 | 32 36 46·3442 | − 12 48·8874 | 9 | 7731·5 | 77 57 03·7391 | − 12 54·3767 |
| 25 | 7686·5 | 33 35 54·5484 | − 12 48·9650 | 10 | 7732·5 | 78 56 11·9433 | − 12 54·4581 |
| 26 | 7687·5 | 34 35 02·7526 | − 12 49·0121 | 11 | 7733·5 | 79 55 20·1475 | − 12 54·5709 |
| 27 | 7688·5 | 35 34 10·9569 | − 12 49·0388 | 12 | 7734·5 | 80 54 28·3518 | − 12 54·7324 |
| 28 | 7689·5 | 36 33 19·1611 | − 12 49·0577 | 13 | 7735·5 | 81 53 36·5560 | − 12 54·9472 |
| 29 | 7690·5 | 37 32 27·3653 | − 12 49·0812 | 14 | 7736·5 | 82 52 44·7603 | − 12 55·2032 |
| 30 | 7691·5 | 38 31 35·5696 | − 12 49·1203 | 15 | 7737·5 | 83 51 52·9645 | − 12 55·4749 |
| 31 | 7692·5 | 39 30 43·7738 | − 12 49·1833 | 16 | 7738·5 | 84 51 01·1687 | − 12 55·7331 |
| Nov. 1 | 7693·5 | 40 29 51·9781 | − 12 49·2747 | 17 | 7739·5 | 85 50 09·3730 | − 12 55·9557 |
| 2 | 7694·5 | 41 29 00·1823 | − 12 49·3946 | 18 | 7740·5 | 86 49 17·5772 | − 12 56·1327 |
| 3 | 7695·5 | 42 28 08·3865 | − 12 49·5394 | 19 | 7741·5 | 87 48 25·7814 | − 12 56·2666 |
| 4 | 7696·5 | 43 27 16·5908 | − 12 49·7020 | 20 | 7742·5 | 88 47 33·9857 | − 12 56·3678 |
| 5 | 7697·5 | 44 26 24·7950 | − 12 49·8724 | 21 | 7743·5 | 89 46 42·1899 | − 12 56·4504 |
| 6 | 7698·5 | 45 25 32·9992 | − 12 50·0396 | 22 | 7744·5 | 90 45 50·3941 | − 12 56·5290 |
| 7 | 7699·5 | 46 24 41·2035 | − 12 50·1919 | 23 | 7745·5 | 91 44 58·5984 | − 12 56·6162 |
| 8 | 7700·5 | 47 23 49·4077 | − 12 50·3195 | 24 | 7746·5 | 92 44 06·8026 | − 12 56·7219 |
| 9 | 7701·5 | 48 22 57·6120 | − 12 50·4162 | 25 | 7747·5 | 93 43 15·0069 | − 12 56·8525 |
| 10 | 7702·5 | 49 22 05·8162 | − 12 50·4821 | 26 | 7748·5 | 94 42 23·2111 | − 12 57·0108 |
| 11 | 7703·5 | 50 21 14·0204 | − 12 50·5259 | 27 | 7749·5 | 95 41 31·4153 | − 12 57·1955 |
| 12 | 7704·5 | 51 20 22·2247 | − 12 50·5658 | 28 | 7750·5 | 96 40 39·6196 | − 12 57·4013 |
| 13 | 7705·5 | 52 19 30·4289 | − 12 50·6262 | 29 | 7751·5 | 97 39 47·8238 | − 12 57·6194 |
| 14 | 7706·5 | 53 18 38·6331 | − 12 50·7303 | 30 | 7752·5 | 98 38 56·0280 | − 12 57·8380 |
| 15 | 7707·5 | 54 17 46·8374 | − 12 50·8897 | 31 | 7753·5 | 99 38 04·2323 | − 12 58·0445 |
| 16 | 7708·5 | 55 16 55·0416 | − 12 51·0983 | 32 | 7754·5 | 100 37 12·4365 | − 12 58·2275 |

$$\text{GHA} = \theta - \alpha_i, \qquad \alpha_i = \alpha_e + E_o$$

$\alpha_i$, $\alpha_e$ are the right ascensions with respect to the CIO and the true equinox of date, respectively.

## Purpose, explanation and arrangement

The formulae, tables and ephemerides in the remainder of this section are mainly intended to provide for the reduction of celestial coordinates (especially of right ascension, declination and hour angle) from one reference system to another; in particular from a position in the International Celestial Reference System (ICRS) to a geocentric apparent or intermediate position, but some of the data may be used for other purposes.

Formulae and numerical values are given for the separate steps in such reductions, i.e. for proper motion, parallax, light-deflection, aberration on pages B27–B29, and for frame bias, precession and nutation on pages B50–B56. Formulae are given for full-precision reductions using vectors and rotation matrices on pages B48–B50. The examples given use **both** the long-standing equator and equinox of date system, as well as the Celestial Intermediate Reference System (equator and CIO of date) (see pages B66–B75). Finally, formulae and numerical values are given for the reduction from geocentric to topocentric place on pages B84–B86. Background information is given in the *Notes and References* and in the *Glossary*, while vector and matrix algebra, including the rotation matrices, is given on pages K18–K19.

## Notation and units

The following is a list of some frequently used coordinate systems and their designations and include the practical consequences of adoption of the ICRS, IAU 2000 resolutions B1.6, B1.7 and B1.8, and IAU 2006 resolutions 1 and 2.

1. Barycentric Celestial Reference System (BCRS): a system of barycentric space-time coordinates for the solar system within the framework of General Relativity. For all practical applications, the BCRS is assumed to be oriented according to the ICRS axes, the directions of which are realized by the International Celestial Reference Frame. The ICRS is not identical to the system defined by the dynamical mean equator and equinox of J2000·0, although the difference in orientation is only about 0.″02.

2. The Geocentric Celestial Reference System (GCRS): is a system of geocentric space-time coordinates within the framework of General Relativity. The directions of the GCRS axes are obtained from those of the BCRS (ICRS) by a relativistic transformation. Positions of stars obtained from ICRS reference data, corrected for proper motion, parallax, light-bending, and aberration (for a geocentric observer) are with respect to the GCRS. The same is true for planetary positions, although the corrections are somewhat different.

3. The J2000·0 dynamical reference system; mean equator and equinox of J2000·0; a geocentric system where the origin of right ascension is the intersection of the mean ecliptic and equator of J2000·0; the system in which the IAU 2000 precession-nutation is defined. For precise applications a small rotation (frame bias, see page B50) should be made to GCRS positions before precession and nutation are applied. The J2000·0 system may also be barycentric, for example as the reference system for catalogues.

4. The mean system of date (*m*); mean equator and equinox of date.

5. The true system of date (*t*); true equator and equinox of date: a geocentric system of date, the pole of which is the celestial intermediate pole (CIP), with the origin of right ascension at the equinox on the true equator of date (intermediate equator). It is a system "between" the GCRS and the Terrestrial Intermediate Reference System that separates the components labelled precession-nutation and polar motion.

6. The Celestial Intermediate Reference System (*i*): the IAU recommended geocentric system of date, the pole of which is the celestial intermediate pole (CIP), with the origin of right ascension at the celestial intermediate origin (CIO) which is located on the intermediate equator (true equator of date). It is a system "between" (*intermediate*) the GCRS and the Terrestrial Intermediate Reference System that separates the components labelled precession-nutation and polar motion.

## Notation and units (continued)

7. The Terrestrial Intermediate Reference System: a rotating geocentric system of date, the pole of which is the celestial intermediate pole (CIP), with the origin of longitude the terrestrial intermediate origin (TIO), which is located on the intermediate equator (true equator of date). The plane containing the geocentre, the CIP, and TIO is the fundamental plane of this system and is called the TIO meridian and corresponds to the astronomical zero meridian.

8. The International Terrestrial Reference System (ITRS): a geodetic system realized by the International Terrestrial Reference Frame (ITRF2008), see page K11. The CIP and TIO of the Terrestrial Intermediate Reference System differ from the geodetic pole and zero-longitude point on the geodetic equator by the effects of polar motion (page B84).

*Summary*

| No. | System | Equator/Pole | Origin on the Equator | Epoch |
|-----|--------|--------------|-----------------------|-------|
| 1 | BCRS (ICRS) | ICRS equator and pole | ICRS (RA) | — |
| 2 | GCRS | ICRS (see 2 above) | ICRS (RA) | — |
| 3 | J2000·0 | mean equator | mean equinox (RA) | J2000·0 |
| 4 | Mean ($m$) | mean equator | mean equinox (RA) | date |
| 5 | True ($t$) | equator/CIP | true equinox (RA) | date |
| 6 | Intermediate ($i$) | equator/CIP | CIO (RA) | date |
| 7 | Terrestrial | equator/CIP | TIO (GHA) | date |
| 8 | ITRS | geodetic equator/pole | longitude ($\lambda_{ITRS}$) | date |

- The true equator of date, the intermediate equator, the instantaneous equator are all terms for the plane orthogonal to the direction of the CIP, which in this volume will be referred to as the "equator of date". Declinations, apparent or intermediate, derived using either equinox-based or CIO-based methods, respectively, are identical.

- The origin of the right ascension system may be one of five different locations (ICRS origin, J2000·0, mean equinox, true equinox, or the CIO). The notation will make it clear which is being referred to when necessary.

- The celestial intermediate origin (CIO) is the chosen origin of the Celestial Intermediate Reference System. It has no instantaneous motion along the equator as the equator's orientation in space changes, and is therefore referred to as a "non-rotating" origin. The CIO makes the relationship between UT1 and Earth rotation a simple linear function (see page B8). Right ascensions measured from this origin are called intermediate right ascensions or CIO right ascensions.

- The only difference between apparent and intermediate right ascensions is the position of the origin on the equator. When using the equator and equinox of date system, right ascension is measured from the equinox and is called apparent right ascension. When using the Celestial Intermediate Reference System, right ascension is measured from the CIO, and is called intermediate right ascension.

- Apparent right ascension is subtracted from Greenwich apparent sidereal time to give hour angle (GHA).

- Intermediate right ascension is subtracted from Earth rotation angle to give hour angle (GHA).

*Matrices*

$\mathbf{R}_1, \mathbf{R}_2, \mathbf{R}_3$    rotation matrices $\mathbf{R}_n(\phi)$, $n = 1, 2, 3$, where the original system is rotated about its $x$, $y$, or $z$-axis by the angle $\phi$, counterclockwise as viewed from the $+x$, $+y$ or $+z$ direction, respectively (see page K19 for information on matrices).

$\mathscr{R}_\Sigma$    Matrix transformation of the GCRS to the equator and GCRS origin of date. An intermediary matrix which locates and relates origins, see pages B9 and B49.

## Notation and units (continued)

### Matrices for Equinox-Based Techniques

**B**                 Bias matrix: transformation of the GCRS to J2000·0 system, mean equator and equinox of J2000·0, see page B50.

**P**                 Precession matrix: transformation of the J2000·0 system to the mean equator and equinox of date, see page B51.

**N**                 Nutation matrix: transformation of the mean equator and equinox of date to equator and equinox of date, see page B55.

$\mathbf{M} = \mathbf{NPB}$    Celestial to equator and equinox of date matrix: transformation of the GCRS to the true equator and equinox of date, see page B50.

$\mathbf{R}_3(\text{GAST})$    Earth rotation matrix: transformation of the true equator and equinox of date to the Terrestrial Intermediate Reference System (origin is the TIO).

### Matrices for CIO-Based Techniques

**C**                 Celestial to Intermediate matrix: transformation of the GCRS to the Celestial Intermediate Reference System (equator and CIO of date). **C** includes frame bias and precession-nutation, see page B49.

$\mathbf{R}_3(\theta)$    Earth rotation matrix: transformation of the Celestial Intermediate Reference System to the Terrestrial Intermediate Reference System (origin is the TIO).

### Other terms

$t$                   an epoch expressed in terms of the Julian year; (see page B3); the difference between two epochs represents a time-interval expressed in Julian years; subscripts zero and one are used to indicate the epoch of a catalogue place, usually the standard epoch of J2000·0, and the epoch of the middle of a Julian year (here shortened to "epoch of year"), respectively.

$T$                   an interval of time expressed in Julian centuries of 36 525 days; usually measured from J2000·0, i.e. from JD 245 1545·0 TT.

$\mathbf{r}_m, \mathbf{r}_t, \mathbf{r}_i$    column position vectors (see page K18), with respect to mean equinox, true equinox, and celestial intermediate system, respectively.

$\alpha, \delta, \pi$    right ascension, declination and annual parallax; in the formulae for computation, right ascension and related quantities are expressed in time-measure ($1^{\mathrm{h}} = 15°$, etc.), while declination and related quantities, including annual parallax, are expressed in angular measure, unless the contrary is indicated.

$\alpha_e, \alpha_i$    equinox and intermediate right ascensions, respectively; $\alpha_e$ is measured from the equinox, while $\alpha_i$ is measured from the CIO.

$\mu_\alpha, \mu_\delta$    components of proper motion in right ascension and declination. **Check the units**. Modern catalogues usually include the $\cos \delta$ factor in $\mu_\alpha$, translating the rate of change of right ascension to great circle units comparable to those of $\mu_\delta$.

$\lambda, \beta$      ecliptic longitude and latitude.

$\Omega, i, \omega$   orbital elements referred to the ecliptic; longitude of ascending node, inclination, argument of perihelion.

$X, Y, Z$             rectangular coordinates of the Earth with respect to the barycentre of the solar system, referred to the ICRS and expressed in astronomical units (au).

$\dot{X}, \dot{Y}, \dot{Z}$    first derivatives of $X, Y, Z$ with respect to time expressed in TDB days.

## Approximate reduction for proper motion

In its simplest form the reduction for the proper motion is given by:

$$\alpha = \alpha_0 + (t - t_0)\mu_\alpha \quad \text{or} \quad \alpha = \alpha_0 + (t - t_0)\mu_\alpha / \cos \delta$$
$$\delta = \delta_0 + (t - t_0)\mu_\delta$$

where the rate of the proper motions are per year. In some cases it is necessary to allow also for second-order terms, radial velocity and orbital motion, but appropriate formulae are usually given in the catalogue (see page B72).

## Approximate reduction for annual parallax

The reduction for annual parallax from the catalogue place $(\alpha_0, \delta_0)$ to the geocentric place $(\alpha, \delta)$ is given by:

$$\alpha = \alpha_0 + (\pi/15 \cos \delta_0)(X \sin \alpha_0 - Y \cos \alpha_0)$$
$$\delta = \delta_0 + \pi(X \cos \alpha_0 \sin \delta_0 + Y \sin \alpha_0 \sin \delta_0 - Z \cos \delta_0)$$

where $X, Y, Z$ are the coordinates of the Earth tabulated on pages B76-B83. Expressions for $X, Y, Z$ may be obtained from page C5, since $X = -x$, $Y = -y$, $Z = -z$.

The times of reception of periodic phenomena, such as pulsar signals, may be reduced to a common origin at the barycentre by adding the light-time corresponding to the component of the Earth's position vector along the direction to the object; that is by adding to the observed times $(X \cos \alpha \cos \delta + Y \sin \alpha \cos \delta + Z \sin \delta)/c$, where the velocity of light, $c = 173 \cdot 14$ au/d, and the light time for 1 au, $1/c = 0^{\mathrm{d}} 005\ 7755$.

## Approximate reduction for light-deflection

The apparent direction of a star or a body in the solar system may be significantly affected by the deflection of light in the gravitational field of the Sun. The elongation $(E)$ from the centre of the Sun is increased by an amount $(\Delta E)$ that, for a star, depends on the elongation in the following manner:

$$\Delta E = 0\rlap{.}''004\ 07/ \tan (E/2)$$

| $E$ | $0°25$ | $0°5$ | $1°$ | $2°$ | $5°$ | $10°$ | $20°$ | $50°$ | $90°$ |
|---|---|---|---|---|---|---|---|---|---|
| $\Delta E$ | $1\rlap{.}''866$ | $0\rlap{.}''933$ | $0\rlap{.}''466$ | $0\rlap{.}''233$ | $0\rlap{.}''093$ | $0\rlap{.}''047$ | $0\rlap{.}''023$ | $0\rlap{.}''009$ | $0\rlap{.}''004$ |

The body disappears behind the Sun when $E$ is less than the limiting grazing value of about $0°25$. The effects in right ascension and declination may be calculated approximately from:

$$\cos E = \sin \delta \sin \delta_0 + \cos \delta \cos \delta_0 \cos (\alpha - \alpha_0)$$
$$\Delta\alpha = 0\rlap{.}^{\mathrm{s}}000\ 271 \cos \delta_0 \sin (\alpha - \alpha_0)/(1 - \cos E) \cos \delta$$
$$\Delta\delta = 0\rlap{.}''004\ 07[\sin \delta \cos \delta_0 \cos (\alpha - \alpha_0) - \cos \delta \sin \delta_0]/(1 - \cos E)$$

where $\alpha, \delta$ refer to the star, and $\alpha_0, \delta_0$ to the Sun. See also page B67 *Step 3*.

## Approximate reduction for annual aberration

The reduction for annual aberration from a geometric geocentric place $(\alpha_0, \delta_0)$ to an apparent geocentric place $(\alpha, \delta)$ is given by:

$$\alpha = \alpha_0 + (-\dot{X} \sin \alpha_0 + \dot{Y} \cos \alpha_0)/(c \cos \delta_0)$$
$$\delta = \delta_0 + (-\dot{X} \cos \alpha_0 \sin \delta_0 - \dot{Y} \sin \alpha_0 \sin \delta_0 + \dot{Z} \cos \delta_0)/c$$

where $c = 173 \cdot 14$ au/d, and $\dot{X}, \dot{Y}, \dot{Z}$ are the velocity components of the Earth given on pages B76-B83. Alternatively, but to lower precision, it is possible to use the expressions

$$\dot{X} = +0 \cdot 0172 \sin \lambda \qquad \dot{Y} = -0 \cdot 0158 \cos \lambda \qquad \dot{Z} = -0 \cdot 0068 \cos \lambda$$

where the apparent longitude of the Sun, $\lambda$, is given by the expression on page C5. The reduction may also be carried out by using the vector-matrix technique (see page B67 *Step 4*) when full precision is required.

Measurements of radial velocity may be reduced to a common origin at the barycentre by adding the component of the Earth's velocity in the direction of the object; that is by adding

$$\dot{X} \cos \alpha_0 \cos \delta_0 + \dot{Y} \sin \alpha_0 \cos \delta_0 + \dot{Z} \sin \delta_0$$

**Traditional reduction for planetary aberration**

In the case of a body in the solar system, the apparent direction at the instant of observation ($t$) differs from the geometric direction at that instant because of (a) the motion of the body during the light-time and (b) the motion of the Earth relative to the reference system in which light propagation is computed. The reduction may be carried out in two stages: ($i$) by combining the barycentric position of the body at time $t - \Delta t$, where $\Delta t$ is the light-time, with the barycentric position of the Earth at time $t$, and then ($ii$) by applying the correction for annual aberration as described above. Alternatively it is possible to interpolate the geometric (geocentric) ephemeris of the body to the time $t - \Delta t$; it is usually sufficient to subtract the product of the light-time and the first derivative of the coordinate. The light-time $\Delta t$ in days is given by the distance in au between the body and the Earth, multiplied by 0·005 7755; strictly, the light-time corresponds to the distance from the position of the Earth at time $t$ to the position of the body at time $t - \Delta t$ (i.e. some iteration is required), but it is usually sufficient to use the geocentric distance at time $t$.

**Differential aberration**

The corrections for differential annual aberration to be added to the observed differences (in the sense moving object minus star) of right ascension and declination to give the true differences are:

$$\text{in right ascension} \qquad a\,\Delta\alpha + b\,\Delta\delta \qquad \text{in units of } 0^s001$$
$$\text{in declination} \qquad c\,\Delta\alpha + d\,\Delta\delta \qquad \text{in units of } 0''01$$

where $\Delta\alpha$, $\Delta\delta$ are the observed differences in units of $1^m$ and $1'$ respectively, and where $a$, $b$, $c$, $d$ are coefficients defined by:

$$a = -5\cdot701\cos(H + \alpha)\sec\delta \qquad b = -0\cdot380\sin(H + \alpha)\sec\delta\tan\delta$$
$$c = +8\cdot552\sin(H + \alpha)\sin\delta \qquad d = -0\cdot570\cos(H + \alpha)\cos\delta$$
$$H^h = 23\cdot4 - (\text{day of year}/15\cdot2)$$

The day of year is tabulated on pages B4–B5.

**GCRS positions**

For objects with reference data (catalogue coordinates or ephemerides) expressed in the ICRS, the application of corrections for proper motion and parallax (for stars), light-time (for solar system objects), light-deflection, and annual aberration results in a position referred to the GCRS, which is sometimes called the *proper place*.

**Astrometric positions**

An astrometric place is the direction of a solar system body formed by applying the correction for the barycentric motion of this body during the light time to the geometric geocentric position referred to the ICRS. Such a position is then directly comparable with the astrometric position of a star formed by applying the corrections for proper motion and annual parallax to the ICRS (or J2000) catalog direction. The gravitational deflection of light is ignored since it will generally be similar (although not identical) for the solar system body and background stars. For high-accuracy applications, gravitational light-deflection effects need to be considered, and the adopted policy declared.

## MATRIX ELEMENTS FOR CONVERSION FROM
## GCRS TO EQUATOR AND EQUINOX OF DATE
## FOR $0^h$ TERRESTRIAL TIME

| Date $0^h$ TT | $M_{1,1}-1$ | $M_{1,2}$ | $M_{1,3}$ | $M_{2,1}$ | $M_{2,2}-1$ | $M_{2,3}$ | $M_{3,1}$ | $M_{3,2}$ | $M_{3,3}-1$ |
|---|---|---|---|---|---|---|---|---|---|
| **Jan.** 0 | $-75899$ | $-3573\ 4217$ | $-1552\ 5773$ | $+3573\ 4952$ | $-63859$ | $+44\ 5911$ | $+1552\ 4080$ | $-50\ 1389$ | $-12062$ |
| 1 | $-75916$ | $-3573\ 8138$ | $-1552\ 7479$ | $+3573\ 8872$ | $-63873$ | $+44\ 5027$ | $+1552\ 5789$ | $-50\ 0517$ | $-12065$ |
| 2 | $-75932$ | $-3574\ 1851$ | $-1552\ 9094$ | $+3574\ 2585$ | $-63887$ | $+44\ 4730$ | $+1552\ 7406$ | $-50\ 0232$ | $-12068$ |
| 3 | $-75949$ | $-3574\ 5906$ | $-1553\ 0858$ | $+3574\ 6640$ | $-63901$ | $+44\ 4988$ | $+1552\ 9168$ | $-50\ 0502$ | $-12070$ |
| 4 | $-75970$ | $-3575\ 0788$ | $-1553\ 2980$ | $+3575\ 1524$ | $-63919$ | $+44\ 5690$ | $+1553\ 1288$ | $-50\ 1220$ | $-12074$ |
| 5 | $-75996$ | $-3575\ 6883$ | $-1553\ 5628$ | $+3575\ 7620$ | $-63941$ | $+44\ 6660$ | $+1553\ 3932$ | $-50\ 2208$ | $-12078$ |
| 6 | $-76028$ | $-3576\ 4424$ | $-1553\ 8903$ | $+3576\ 5162$ | $-63968$ | $+44\ 7663$ | $+1553\ 7203$ | $-50\ 3234$ | $-12083$ |
| 7 | $-76066$ | $-3577\ 3437$ | $-1554\ 2816$ | $+3577\ 4177$ | $-64000$ | $+44\ 8428$ | $+1554\ 1113$ | $-50\ 4028$ | $-12089$ |
| 8 | $-76110$ | $-3578\ 3688$ | $-1554\ 7266$ | $+3578\ 4429$ | $-64037$ | $+44\ 8683$ | $+1554\ 5561$ | $-50\ 4315$ | $-12096$ |
| 9 | $-76156$ | $-3579\ 4658$ | $-1555\ 2028$ | $+3579\ 5399$ | $-64076$ | $+44\ 8206$ | $+1555\ 0324$ | $-50\ 3872$ | $-12103$ |
| 10 | $-76203$ | $-3580\ 5589$ | $-1555\ 6772$ | $+3580\ 6327$ | $-64115$ | $+44\ 6895$ | $+1555\ 5072$ | $-50\ 2595$ | $-12111$ |
| 11 | $-76246$ | $-3581\ 5619$ | $-1556\ 1126$ | $+3581\ 6354$ | $-64151$ | $+44\ 4826$ | $+1555\ 9433$ | $-50\ 0557$ | $-12117$ |
| 12 | $-76281$ | $-3582\ 4013$ | $-1556\ 4771$ | $+3582\ 4745$ | $-64181$ | $+44\ 2272$ | $+1556\ 3087$ | $-49\ 8029$ | $-12123$ |
| 13 | $-76309$ | $-3583\ 0399$ | $-1556\ 7546$ | $+3583\ 1127$ | $-64203$ | $+43\ 9657$ | $+1556\ 5870$ | $-49\ 5434$ | $-12127$ |
| 14 | $-76328$ | $-3583\ 4923$ | $-1556\ 9513$ | $+3583\ 5647$ | $-64219$ | $+43\ 7442$ | $+1556\ 7845$ | $-49\ 3233$ | $-12130$ |
| 15 | $-76342$ | $-3583\ 8234$ | $-1557\ 0954$ | $+3583\ 8957$ | $-64231$ | $+43\ 5996$ | $+1556\ 9291$ | $-49\ 1798$ | $-12132$ |
| 16 | $-76355$ | $-3584\ 1308$ | $-1557\ 2292$ | $+3584\ 2029$ | $-64242$ | $+43\ 5485$ | $+1557\ 0631$ | $-49\ 1296$ | $-12134$ |
| 17 | $-76372$ | $-3584\ 5163$ | $-1557\ 3969$ | $+3584\ 5885$ | $-64256$ | $+43\ 5825$ | $+1557\ 2307$ | $-49\ 1648$ | $-12137$ |
| 18 | $-76395$ | $-3585\ 0586$ | $-1557\ 6326$ | $+3585\ 1310$ | $-64276$ | $+43\ 6719$ | $+1557\ 4661$ | $-49\ 2558$ | $-12141$ |
| 19 | $-76426$ | $-3585\ 7934$ | $-1557\ 9518$ | $+3585\ 8659$ | $-64302$ | $+43\ 7733$ | $+1557\ 7848$ | $-49\ 3596$ | $-12146$ |
| 20 | $-76465$ | $-3586\ 7060$ | $-1558\ 3480$ | $+3586\ 7787$ | $-64335$ | $+43\ 8422$ | $+1558\ 1807$ | $-49\ 4314$ | $-12152$ |
| 21 | $-76509$ | $-3587\ 7375$ | $-1558\ 7957$ | $+3587\ 8102$ | $-64372$ | $+43\ 8433$ | $+1558\ 6284$ | $-49\ 4357$ | $-12159$ |
| 22 | $-76554$ | $-3588\ 8019$ | $-1559\ 2578$ | $+3588\ 8745$ | $-64410$ | $+43\ 7589$ | $+1559\ 0907$ | $-49\ 3545$ | $-12166$ |
| 23 | $-76597$ | $-3589\ 8087$ | $-1559\ 6948$ | $+3589\ 8811$ | $-64446$ | $+43\ 5914$ | $+1559\ 5283$ | $-49\ 1902$ | $-12173$ |
| 24 | $-76635$ | $-3590\ 6847$ | $-1560\ 0751$ | $+3590\ 7567$ | $-64477$ | $+43\ 3614$ | $+1559\ 9094$ | $-48\ 9629$ | $-12179$ |
| 25 | $-76665$ | $-3591\ 3884$ | $-1560\ 3808$ | $+3591\ 4600$ | $-64502$ | $+43\ 1000$ | $+1560\ 2159$ | $-48\ 7037$ | $-12183$ |
| 26 | $-76687$ | $-3591\ 9147$ | $-1560\ 6095$ | $+3591\ 9859$ | $-64521$ | $+42\ 8409$ | $+1560\ 4456$ | $-48\ 4463$ | $-12187$ |
| 27 | $-76703$ | $-3592\ 2897$ | $-1560\ 7727$ | $+3592\ 3605$ | $-64535$ | $+42\ 6134$ | $+1560\ 6095$ | $-48\ 2199$ | $-12189$ |
| 28 | $-76715$ | $-3592\ 5603$ | $-1560\ 8906$ | $+3592\ 6309$ | $-64544$ | $+42\ 4373$ | $+1560\ 7281$ | $-48\ 0447$ | $-12191$ |
| 29 | $-76724$ | $-3592\ 7835$ | $-1560\ 9880$ | $+3592\ 8540$ | $-64552$ | $+42\ 3223$ | $+1560\ 8258$ | $-47\ 9304$ | $-12192$ |
| 30 | $-76734$ | $-3593\ 0167$ | $-1561\ 0896$ | $+3593\ 0870$ | $-64561$ | $+42\ 2676$ | $+1560\ 9277$ | $-47\ 8764$ | $-12194$ |
| 31 | $-76747$ | $-3593\ 3110$ | $-1561\ 2178$ | $+3593\ 3814$ | $-64571$ | $+42\ 2643$ | $+1561\ 0559$ | $-47\ 8740$ | $-12196$ |
| **Feb.** 1 | $-76764$ | $-3593\ 7075$ | $-1561\ 3903$ | $+3593\ 7779$ | $-64585$ | $+42\ 2965$ | $+1561\ 2282$ | $-47\ 9075$ | $-12199$ |
| 2 | $-76786$ | $-3594\ 2333$ | $-1561\ 6188$ | $+3594\ 3038$ | $-64604$ | $+42\ 3432$ | $+1561\ 4565$ | $-47\ 9558$ | $-12202$ |
| 3 | $-76815$ | $-3594\ 8987$ | $-1561\ 9078$ | $+3594\ 9692$ | $-64628$ | $+42\ 3798$ | $+1561\ 7454$ | $-47\ 9945$ | $-12207$ |
| 4 | $-76848$ | $-3595\ 6929$ | $-1562\ 2527$ | $+3595\ 7635$ | $-64657$ | $+42\ 3804$ | $+1562\ 0902$ | $-47\ 9975$ | $-12212$ |
| 5 | $-76886$ | $-3596\ 5805$ | $-1562\ 6381$ | $+3596\ 6510$ | $-64689$ | $+42\ 3210$ | $+1562\ 4758$ | $-47\ 9409$ | $-12218$ |
| 6 | $-76926$ | $-3597\ 5003$ | $-1563\ 0374$ | $+3597\ 5706$ | $-64722$ | $+42\ 1852$ | $+1562\ 8755$ | $-47\ 8080$ | $-12224$ |
| 7 | $-76963$ | $-3598\ 3711$ | $-1563\ 4155$ | $+3598\ 4412$ | $-64753$ | $+41\ 9704$ | $+1563\ 2544$ | $-47\ 5959$ | $-12230$ |
| 8 | $-76995$ | $-3599\ 1084$ | $-1563\ 7357$ | $+3599\ 1780$ | $-64779$ | $+41\ 6937$ | $+1563\ 5756$ | $-47\ 3216$ | $-12235$ |
| 9 | $-77018$ | $-3599\ 6496$ | $-1563\ 9710$ | $+3599\ 7188$ | $-64799$ | $+41\ 3926$ | $+1563\ 8118$ | $-47\ 0221$ | $-12239$ |
| 10 | $-77032$ | $-3599\ 9814$ | $-1564\ 1154$ | $+3600\ 0501$ | $-64810$ | $+41\ 1170$ | $+1563\ 9572$ | $-46\ 7476$ | $-12241$ |
| 11 | $-77039$ | $-3600\ 1521$ | $-1564\ 1900$ | $+3600\ 2205$ | $-64817$ | $+40\ 9144$ | $+1564\ 0325$ | $-46\ 5455$ | $-12242$ |
| 12 | $-77044$ | $-3600\ 2601$ | $-1564\ 2374$ | $+3600\ 3284$ | $-64820$ | $+40\ 8124$ | $+1564\ 0803$ | $-46\ 4439$ | $-12243$ |
| 13 | $-77051$ | $-3600\ 4203$ | $-1564\ 3074$ | $+3600\ 4885$ | $-64826$ | $+40\ 8097$ | $+1564\ 1503$ | $-46\ 4417$ | $-12244$ |
| 14 | $-77064$ | $-3600\ 7254$ | $-1564\ 4403$ | $+3600\ 7938$ | $-64837$ | $+40\ 8772$ | $+1564\ 2829$ | $-46\ 5101$ | $-12246$ |
| 15 | $-77085$ | $-3601\ 2204$ | $-1564\ 6554$ | $+3601\ 2889$ | $-64855$ | $+40\ 9700$ | $+1564\ 4977$ | $-46\ 6045$ | $-12249$ |

$M = NPB$. Values are in units of $10^{-10}$. Matrix used with GAST (B13–B20). CIP is $\mathcal{X} = M_{3,1}$, $\mathcal{Y} = M_{3,2}$.

## MATRIX ELEMENTS FOR CONVERSION FROM
## GCRS TO EQUATOR & CELESTIAL INTERMEDIATE ORIGIN OF DATE
## FOR $0^h$ TERRESTRIAL TIME

| Julian Date | $C_{1,1}-1$ | $C_{1,2}$ | $C_{1,3}$ | $C_{2,1}$ | $C_{2,2}-1$ | $C_{2,3}$ | $C_{3,1}$ | $C_{3,2}$ | $C_{3,3}-1$ |
|---|---|---|---|---|---|---|---|---|---|
| **245** | | | | | | | | | |
| 7387·5 | − 12050 | − 10 | − 1552 4080 | + 788 | − 13 | + 50 1388 | + 1552 4080 | − 50 1389 | − 12062 |
| 7388·5 | − 12053 | − 10 | − 1552 5789 | + 787 | − 13 | + 50 0516 | + 1552 5789 | − 50 0517 | − 12065 |
| 7389·5 | − 12055 | − 10 | − 1552 7406 | + 786 | − 13 | + 50 0231 | + 1552 7406 | − 50 0232 | − 12068 |
| 7390·5 | − 12058 | − 10 | − 1552 9168 | + 787 | − 13 | + 50 0502 | + 1552 9168 | − 50 0502 | − 12070 |
| 7391·5 | − 12061 | − 10 | − 1553 1288 | + 788 | − 13 | + 50 1219 | + 1553 1288 | − 50 1220 | − 12074 |
| 7392·5 | − 12065 | − 9 | − 1553 3932 | + 790 | − 13 | + 50 2207 | + 1553 3932 | − 50 2208 | − 12078 |
| 7393·5 | − 12070 | − 9 | − 1553 7203 | + 791 | − 13 | + 50 3234 | + 1553 7203 | − 50 3234 | − 12083 |
| 7394·5 | − 12076 | − 9 | − 1554 1113 | + 792 | − 13 | + 50 4027 | + 1554 1113 | − 50 4028 | − 12089 |
| 7395·5 | − 12083 | − 9 | − 1554 5561 | + 793 | − 13 | + 50 4314 | + 1554 5561 | − 50 4315 | − 12096 |
| 7396·5 | − 12091 | − 9 | − 1555 0324 | + 792 | − 13 | + 50 3871 | + 1555 0324 | − 50 3872 | − 12103 |
| 7397·5 | − 12098 | − 8 | − 1555 5072 | + 790 | − 13 | + 50 2594 | + 1555 5072 | − 50 2595 | − 12111 |
| 7398·5 | − 12105 | − 8 | − 1555 9433 | + 787 | − 13 | + 50 0556 | + 1555 9433 | − 50 0557 | − 12117 |
| 7399·5 | − 12110 | − 8 | − 1556 3087 | + 783 | − 12 | + 49 8029 | + 1556 3087 | − 49 8029 | − 12123 |
| 7400·5 | − 12115 | − 8 | − 1556 5870 | + 779 | − 12 | + 49 5433 | + 1556 5870 | − 49 5434 | − 12127 |
| 7401·5 | − 12118 | − 8 | − 1556 7845 | + 776 | − 12 | + 49 3232 | + 1556 7845 | − 49 3233 | − 12130 |
| 7402·5 | − 12120 | − 8 | − 1556 9291 | + 773 | − 12 | + 49 1797 | + 1556 9291 | − 49 1798 | − 12132 |
| 7403·5 | − 12122 | − 8 | − 1557 0631 | + 773 | − 12 | + 49 1295 | + 1557 0631 | − 49 1296 | − 12134 |
| 7404·5 | − 12125 | − 7 | − 1557 2307 | + 773 | − 12 | + 49 1648 | + 1557 2307 | − 49 1648 | − 12137 |
| 7405·5 | − 12129 | − 7 | − 1557 4661 | + 774 | − 12 | + 49 2558 | + 1557 4661 | − 49 2558 | − 12141 |
| 7406·5 | − 12133 | − 7 | − 1557 7848 | + 776 | − 12 | + 49 3595 | + 1557 7848 | − 49 3596 | − 12146 |
| 7407·5 | − 12140 | − 7 | − 1558 1807 | + 777 | − 12 | + 49 4313 | + 1558 1807 | − 49 4314 | − 12152 |
| 7408·5 | − 12147 | − 7 | − 1558 6284 | + 777 | − 12 | + 49 4356 | + 1558 6284 | − 49 4357 | − 12159 |
| 7409·5 | − 12154 | − 7 | − 1559 0907 | + 776 | − 12 | + 49 3544 | + 1559 0907 | − 49 3545 | − 12166 |
| 7410·5 | − 12161 | − 6 | − 1559 5283 | + 773 | − 12 | + 49 1901 | + 1559 5283 | − 49 1902 | − 12173 |
| 7411·5 | − 12167 | − 6 | − 1559 9094 | + 770 | − 12 | + 48 9628 | + 1559 9094 | − 48 9629 | − 12179 |
| 7412·5 | − 12171 | − 6 | − 1560 2159 | + 766 | − 12 | + 48 7036 | + 1560 2159 | − 48 7037 | − 12183 |
| 7413·5 | − 12175 | − 6 | − 1560 4456 | + 762 | − 12 | + 48 4462 | + 1560 4456 | − 48 4463 | − 12187 |
| 7414·5 | − 12178 | − 6 | − 1560 6095 | + 758 | − 12 | + 48 2198 | + 1560 6095 | − 48 2199 | − 12189 |
| 7415·5 | − 12179 | − 6 | − 1560 7281 | + 756 | − 12 | + 48 0447 | + 1560 7281 | − 48 0447 | − 12191 |
| 7416·5 | − 12181 | − 6 | − 1560 8258 | + 754 | − 11 | + 47 9303 | + 1560 8258 | − 47 9304 | − 12192 |
| 7417·5 | − 12182 | − 6 | − 1560 9277 | + 753 | − 11 | + 47 8764 | + 1560 9277 | − 47 8764 | − 12194 |
| 7418·5 | − 12184 | − 6 | − 1561 0559 | + 753 | − 11 | + 47 8740 | + 1561 0559 | − 47 8740 | − 12196 |
| 7419·5 | − 12187 | − 6 | − 1561 2282 | + 753 | − 11 | + 47 9074 | + 1561 2282 | − 47 9075 | − 12199 |
| 7420·5 | − 12191 | − 5 | − 1561 4565 | + 754 | − 11 | + 47 9557 | + 1561 4565 | − 47 9558 | − 12202 |
| 7421·5 | − 12195 | − 5 | − 1561 7454 | + 755 | − 12 | + 47 9944 | + 1561 7454 | − 47 9945 | − 12207 |
| 7422·5 | − 12201 | − 5 | − 1562 0902 | + 755 | − 12 | + 47 9975 | + 1562 0902 | − 47 9975 | − 12212 |
| 7423·5 | − 12207 | − 5 | − 1562 4758 | + 754 | − 11 | + 47 9409 | + 1562 4758 | − 47 9409 | − 12218 |
| 7424·5 | − 12213 | − 5 | − 1562 8755 | + 752 | − 11 | + 47 8079 | + 1562 8755 | − 47 8080 | − 12224 |
| 7425·5 | − 12219 | − 5 | − 1563 2544 | + 749 | − 11 | + 47 5959 | + 1563 2544 | − 47 5959 | − 12230 |
| 7426·5 | − 12224 | − 4 | − 1563 5756 | + 744 | − 11 | + 47 3215 | + 1563 5756 | − 47 3216 | − 12235 |
| 7427·5 | − 12228 | − 4 | − 1563 8118 | + 740 | − 11 | + 47 0221 | + 1563 8118 | − 47 0221 | − 12239 |
| 7428·5 | − 12230 | − 4 | − 1563 9572 | + 735 | − 11 | + 46 7475 | + 1563 9572 | − 46 7476 | − 12241 |
| 7429·5 | − 12231 | − 4 | − 1564 0325 | + 732 | − 11 | + 46 5454 | + 1564 0325 | − 46 5455 | − 12242 |
| 7430·5 | − 12232 | − 4 | − 1564 0803 | + 731 | − 11 | + 46 4438 | + 1564 0803 | − 46 4439 | − 12243 |
| 7431·5 | − 12233 | − 4 | − 1564 1503 | + 731 | − 11 | + 46 4416 | + 1564 1503 | − 46 4417 | − 12244 |
| 7432·5 | − 12235 | − 4 | − 1564 2829 | + 732 | − 11 | + 46 5101 | + 1564 2829 | − 46 5101 | − 12246 |
| 7433·5 | − 12238 | − 4 | − 1564 4978 | + 733 | − 11 | + 46 6044 | + 1564 4977 | − 46 6045 | − 12249 |

Values are in units of $10^{-10}$. Matrix used with ERA (B21–B24). CIP is $\mathcal{X} = C_{3,1}$, $\mathcal{Y} = C_{3,2}$

# FRAME BIAS, PRECESSION AND NUTATION, 2016

## MATRIX ELEMENTS FOR CONVERSION FROM
## GCRS TO EQUATOR AND EQUINOX OF DATE
## FOR $0^h$ TERRESTRIAL TIME

| Date $0^h$ TT | $M_{1,1}-1$ | $M_{1,2}$ | $M_{1,3}$ | $M_{2,1}$ | $M_{2,2}-1$ | $M_{2,3}$ | $M_{3,1}$ | $M_{3,2}$ | $M_{3,3}-1$ |
|---|---|---|---|---|---|---|---|---|---|
| Feb. 15 | −77085 | −3601 2204 | −1564 6554 | +3601 2889 | −64855 | +40 9700 | +1564 4977 | −46 6045 | −12249 |
| 16 | −77114 | −3601 8956 | −1564 9487 | +3601 9642 | −64879 | +41 0413 | +1564 7907 | −46 6779 | −12254 |
| 17 | −77148 | −3602 6971 | −1565 2968 | +3602 7658 | −64908 | +41 0547 | +1565 1387 | −46 6938 | −12259 |
| 18 | −77185 | −3603 5456 | −1565 6652 | +3603 6142 | −64939 | +40 9907 | +1565 5073 | −46 6324 | −12265 |
| 19 | −77219 | −3604 3572 | −1566 0176 | +3604 4256 | −64968 | +40 8483 | +1565 8602 | −46 4926 | −12270 |
| 20 | −77249 | −3605 0604 | −1566 3231 | +3605 1285 | −64993 | +40 6429 | +1566 1664 | −46 2894 | −12275 |
| 21 | −77273 | −3605 6089 | −1566 5614 | +3605 6766 | −65013 | +40 4010 | +1566 4056 | −46 0492 | −12279 |
| 22 | −77289 | −3605 9871 | −1566 7260 | +3606 0545 | −65026 | +40 1540 | +1566 5710 | −45 8034 | −12281 |
| 23 | −77299 | −3606 2095 | −1566 8230 | +3606 2764 | −65034 | +39 9315 | +1566 6688 | −45 5816 | −12283 |
| 24 | −77303 | −3606 3142 | −1566 8690 | +3606 3809 | −65038 | +39 7568 | +1566 7154 | −45 4072 | −12283 |
| 25 | −77305 | −3606 3544 | −1566 8870 | +3606 4210 | −65039 | +39 6434 | +1566 7338 | −45 2939 | −12284 |
| 26 | −77306 | −3606 3879 | −1566 9021 | +3606 4544 | −65041 | +39 5943 | +1566 7491 | −45 2450 | −12284 |
| 27 | −77310 | −3606 4685 | −1566 9376 | +3606 5350 | −65044 | +39 6031 | +1566 7846 | −45 2540 | −12284 |
| 28 | −77317 | −3606 6404 | −1567 0127 | +3606 7069 | −65050 | +39 6554 | +1566 8595 | −45 3068 | −12286 |
| 29 | −77330 | −3606 9333 | −1567 1403 | +3607 0000 | −65060 | +39 7313 | +1566 9868 | −45 3837 | −12288 |
| Mar. 1 | −77348 | −3607 3609 | −1567 3263 | +3607 4277 | −65076 | +39 8079 | +1567 1725 | −45 4616 | −12290 |
| 2 | −77372 | −3607 9182 | −1567 5684 | +3607 9851 | −65096 | +39 8607 | +1567 4144 | −45 5162 | −12294 |
| 3 | −77400 | −3608 5801 | −1567 8560 | +3608 6471 | −65120 | +39 8671 | +1567 7019 | −45 5246 | −12299 |
| 4 | −77431 | −3609 3005 | −1568 1688 | +3609 3673 | −65146 | +39 8089 | +1568 0149 | −45 4686 | −12304 |
| 5 | −77462 | −3610 0134 | −1568 4785 | +3610 0800 | −65171 | +39 6775 | +1568 3250 | −45 3395 | −12309 |
| 6 | −77489 | −3610 6410 | −1568 7511 | +3610 7074 | −65194 | +39 4793 | +1568 5984 | −45 1433 | −12313 |
| 7 | −77509 | −3611 1105 | −1568 9553 | +3611 1765 | −65211 | +39 2397 | +1568 8033 | −44 9052 | −12316 |
| 8 | −77521 | −3611 3794 | −1569 0724 | +3611 4451 | −65220 | +39 0022 | +1568 9214 | −44 6685 | −12318 |
| 9 | −77524 | −3611 4613 | −1569 1085 | +3611 5266 | −65223 | +38 8190 | +1568 9581 | −44 4856 | −12318 |
| 10 | −77523 | −3611 4338 | −1569 0972 | +3611 4990 | −65222 | +38 7332 | +1568 9471 | −44 3997 | −12318 |
| 11 | −77522 | −3611 4179 | −1569 0909 | +3611 4832 | −65222 | +38 7601 | +1568 9407 | −44 4265 | −12318 |
| 12 | −77527 | −3611 5325 | −1569 1412 | +3611 5980 | −65226 | +38 8801 | +1568 9905 | −44 5469 | −12319 |
| 13 | −77541 | −3611 8496 | −1569 2792 | +3611 9153 | −65237 | +39 0468 | +1569 1279 | −44 7146 | −12321 |
| 14 | −77563 | −3612 3737 | −1569 5070 | +3612 4397 | −65257 | +39 2055 | +1569 3552 | −44 8750 | −12324 |
| 15 | −77592 | −3613 0515 | −1569 8014 | +3613 1177 | −65281 | +39 3117 | +1569 6492 | −44 9833 | −12329 |
| 16 | −77624 | −3613 7975 | −1570 1254 | +3613 8637 | −65308 | +39 3409 | +1569 9730 | −45 0148 | −12334 |
| 17 | −77656 | −3614 5221 | −1570 4401 | +3614 5882 | −65334 | +39 2903 | +1570 2878 | −44 9664 | −12339 |
| 18 | −77683 | −3615 1511 | −1570 7134 | +3615 2171 | −65357 | +39 1741 | +1570 5615 | −44 8522 | −12343 |
| 19 | −77703 | −3615 6366 | −1570 9245 | +3615 7024 | −65374 | +39 0177 | +1570 7731 | −44 6974 | −12347 |
| 20 | −77717 | −3615 9603 | −1571 0654 | +3616 0258 | −65386 | +38 8510 | +1570 9146 | −44 5317 | −12349 |
| 21 | −77725 | −3616 1315 | −1571 1402 | +3616 1967 | −65392 | +38 7030 | +1570 9899 | −44 3842 | −12350 |
| 22 | −77727 | −3616 1823 | −1571 1628 | +3616 2474 | −65394 | +38 5976 | +1571 0129 | −44 2790 | −12350 |
| 23 | −77726 | −3616 1609 | −1571 1541 | +3616 2259 | −65393 | +38 5507 | +1571 0044 | −44 2320 | −12350 |
| 24 | −77724 | −3616 1231 | −1571 1383 | +3616 1882 | −65392 | +38 5684 | +1570 9886 | −44 2497 | −12350 |
| 25 | −77724 | −3616 1243 | −1571 1394 | +3616 1894 | −65392 | +38 6472 | +1570 9894 | −44 3284 | −12350 |
| 26 | −77728 | −3616 2115 | −1571 1778 | +3616 2769 | −65395 | +38 7747 | +1571 0273 | −44 4562 | −12351 |
| 27 | −77737 | −3616 4186 | −1571 2682 | +3616 4842 | −65403 | +38 9320 | +1571 1171 | −44 6141 | −12352 |
| 28 | −77752 | −3616 7620 | −1571 4176 | +3616 8279 | −65415 | +39 0964 | +1571 2659 | −44 7796 | −12354 |
| 29 | −77772 | −3617 2395 | −1571 6252 | +3617 3057 | −65432 | +39 2439 | +1571 4730 | −44 9287 | −12358 |
| 30 | −77798 | −3617 8299 | −1571 8817 | +3617 8962 | −65454 | +39 3522 | +1571 7291 | −45 0388 | −12362 |
| 31 | −77826 | −3618 4935 | −1572 1700 | +3618 5599 | −65478 | +39 4035 | +1572 0171 | −45 0922 | −12366 |
| Apr. 1 | −77856 | −3619 1749 | −1572 4660 | +3619 2413 | −65503 | +39 3876 | +1572 3132 | −45 0784 | −12371 |

**M = NPB**. Values are in units of $10^{-10}$. Matrix used with GAST (B13–B20). CIP is $\mathcal{X} = M_{3,1}$, $\mathcal{Y} = M_{3,2}$.

## MATRIX ELEMENTS FOR CONVERSION FROM
## GCRS TO EQUATOR & CELESTIAL INTERMEDIATE ORIGIN OF DATE
### FOR $0^h$ TERRESTRIAL TIME

| Julian Date | $C_{1,1}-1$ | $C_{1,2}$ | | $C_{1,3}$ | $C_{2,1}$ | $C_{2,2}-1$ | $C_{2,3}$ | $C_{3,1}$ | $C_{3,2}$ | $C_{3,3}-1$ |
|---|---|---|---|---|---|---|---|---|---|---|
| **245** | | | | | | | | | | |
| **7433.5** | −12238 | − | 4 | −1564 4978 | +733 | −11 | +46 6044 | +1564 4977 | −46 6045 | −12249 |
| **7434.5** | −12243 | − | 4 | −1564 7908 | +734 | −11 | +46 6779 | +1564 7907 | −46 6779 | −12254 |
| **7435.5** | −12248 | − | 4 | −1565 1387 | +734 | −11 | +46 6938 | +1565 1387 | −46 6938 | −12259 |
| **7436.5** | −12254 | − | 3 | −1565 5073 | +733 | −11 | +46 6324 | +1565 5073 | −46 6324 | −12265 |
| **7437.5** | −12260 | − | 3 | −1565 8602 | +731 | −11 | +46 4925 | +1565 8602 | −46 4926 | −12270 |
| **7438.5** | −12264 | − | 3 | −1566 1664 | +728 | −11 | +46 2893 | +1566 1664 | −46 2894 | −12275 |
| **7439.5** | −12268 | − | 3 | −1566 4056 | +724 | −11 | +46 0492 | +1566 4056 | −46 0492 | −12279 |
| **7440.5** | −12271 | − | 3 | −1566 5710 | +721 | −10 | +45 8033 | +1566 5710 | −45 8034 | −12281 |
| **7441.5** | −12272 | − | 3 | −1566 6688 | +717 | −10 | +45 5815 | +1566 6688 | −45 5816 | −12283 |
| **7442.5** | −12273 | − | 3 | −1566 7154 | +714 | −10 | +45 4072 | +1566 7154 | −45 4072 | −12283 |
| **7443.5** | −12273 | − | 3 | −1566 7338 | +713 | −10 | +45 2939 | +1566 7338 | −45 2939 | −12284 |
| **7444.5** | −12274 | − | 3 | −1566 7491 | +712 | −10 | +45 2449 | +1566 7491 | −45 2450 | −12284 |
| **7445.5** | −12274 | − | 3 | −1566 7846 | +712 | −10 | +45 2540 | +1566 7846 | −45 2540 | −12284 |
| **7446.5** | −12275 | − | 3 | −1566 8595 | +713 | −10 | +45 3068 | +1566 8595 | −45 3068 | −12286 |
| **7447.5** | −12277 | − | 3 | −1566 9868 | +714 | −10 | +45 3837 | +1566 9868 | −45 3837 | −12288 |
| **7448.5** | −12280 | − | 3 | −1567 1725 | +715 | −10 | +45 4615 | +1567 1725 | −45 4616 | −12290 |
| **7449.5** | −12284 | − | 3 | −1567 4144 | +716 | −10 | +45 5161 | +1567 4144 | −45 5162 | −12294 |
| **7450.5** | −12288 | − | 2 | −1567 7019 | +716 | −10 | +45 5245 | +1567 7019 | −45 5246 | −12299 |
| **7451.5** | −12293 | − | 2 | −1568 0149 | +715 | −10 | +45 4686 | +1568 0149 | −45 4686 | −12304 |
| **7452.5** | −12298 | − | 2 | −1568 3250 | +713 | −10 | +45 3395 | +1568 3250 | −45 3395 | −12309 |
| **7453.5** | −12303 | − | 2 | −1568 5984 | +710 | −10 | +45 1433 | +1568 5984 | −45 1433 | −12313 |
| **7454.5** | −12306 | − | 2 | −1568 8033 | +706 | −10 | +44 9051 | +1568 8033 | −44 9052 | −12316 |
| **7455.5** | −12308 | − | 2 | −1568 9214 | +703 | −10 | +44 6685 | +1568 9214 | −44 6685 | −12318 |
| **7456.5** | −12308 | − | 2 | −1568 9581 | +700 | −10 | +44 4856 | +1568 9581 | −44 4856 | −12318 |
| **7457.5** | −12308 | − | 2 | −1568 9471 | +698 | −10 | +44 3996 | +1568 9471 | −44 3997 | −12318 |
| **7458.5** | −12308 | − | 2 | −1568 9407 | +699 | −10 | +44 4265 | +1568 9407 | −44 4265 | −12318 |
| **7459.5** | −12309 | − | 2 | −1568 9905 | +701 | −10 | +44 5469 | +1568 9905 | −44 5469 | −12319 |
| **7460.5** | −12311 | − | 2 | −1569 1279 | +703 | −10 | +44 7146 | +1569 1279 | −44 7146 | −12321 |
| **7461.5** | −12314 | − | 2 | −1569 3552 | +706 | −10 | +44 8749 | +1569 3552 | −44 8750 | −12324 |
| **7462.5** | −12319 | − | 2 | −1569 6492 | +708 | −10 | +44 9832 | +1569 6492 | −44 9833 | −12329 |
| **7463.5** | −12324 | − | 1 | −1569 9730 | +708 | −10 | +45 0148 | +1569 9730 | −45 0148 | −12334 |
| **7464.5** | −12329 | − | 1 | −1570 2878 | +707 | −10 | +44 9664 | +1570 2878 | −44 9664 | −12339 |
| **7465.5** | −12333 | − | 1 | −1570 5615 | +706 | −10 | +44 8522 | +1570 5615 | −44 8522 | −12343 |
| **7466.5** | −12337 | − | 1 | −1570 7731 | +703 | −10 | +44 6973 | +1570 7731 | −44 6974 | −12347 |
| **7467.5** | −12339 | − | 1 | −1570 9146 | +701 | −10 | +44 5316 | +1570 9146 | −44 5317 | −12349 |
| **7468.5** | −12340 | − | 1 | −1570 9899 | +698 | −10 | +44 3841 | +1570 9899 | −44 3842 | −12350 |
| **7469.5** | −12340 | − | 1 | −1571 0129 | +697 | −10 | +44 2789 | +1571 0129 | −44 2790 | −12350 |
| **7470.5** | −12340 | − | 1 | −1571 0044 | +696 | −10 | +44 2320 | +1571 0044 | −44 2320 | −12350 |
| **7471.5** | −12340 | − | 1 | −1570 9886 | +696 | −10 | +44 2496 | +1570 9886 | −44 2497 | −12350 |
| **7472.5** | −12340 | − | 1 | −1570 9894 | +697 | −10 | +44 3284 | +1570 9894 | −44 3284 | −12350 |
| **7473.5** | −12341 | − | 1 | −1571 0273 | +699 | −10 | +44 4561 | +1571 0273 | −44 4562 | −12351 |
| **7474.5** | −12342 | − | 1 | −1571 1171 | +702 | −10 | +44 6141 | +1571 1171 | −44 6141 | −12352 |
| **7475.5** | −12344 | − | 1 | −1571 2659 | +704 | −10 | +44 7796 | +1571 2659 | −44 7796 | −12354 |
| **7476.5** | −12348 | − | 1 | −1571 4730 | +707 | −10 | +44 9286 | +1571 4730 | −44 9287 | −12358 |
| **7477.5** | −12352 | − | 1 | −1571 7291 | +709 | −10 | +45 0388 | +1571 7291 | −45 0388 | −12362 |
| **7478.5** | −12356 | − | 1 | −1572 0172 | +709 | −10 | +45 0921 | +1572 0171 | −45 0922 | −12366 |
| **7479.5** | −12361 | | 0 | −1572 3132 | +709 | −10 | +45 0783 | +1572 3132 | −45 0784 | −12371 |

Values are in units of $10^{-10}$. Matrix used with ERA (B21–B24). CIP is $\mathcal{X} = C_{3,1}$, $\mathcal{Y} = C_{3,2}$

## MATRIX ELEMENTS FOR CONVERSION FROM
## GCRS TO EQUATOR AND EQUINOX OF DATE
## FOR $0^h$ TERRESTRIAL TIME

| Date $0^h$ TT | $M_{1,1}-1$ | $M_{1,2}$ | $M_{1,3}$ | $M_{2,1}$ | $M_{2,2}-1$ | $M_{2,3}$ | $M_{3,1}$ | $M_{3,2}$ | $M_{3,3}-1$ |
|---|---|---|---|---|---|---|---|---|---|
| **Apr.** 1 | −77856 | −3619 1749 | −1572 4660 | +3619 2413 | −65503 | +39 3876 | +1572 3132 | −45 0784 | −12371 |
| 2 | −77883 | −3619 8077 | −1572 7409 | +3619 8740 | −65525 | +39 3055 | +1572 5883 | −44 9984 | −12375 |
| 3 | −77905 | −3620 3242 | −1572 9654 | +3620 3903 | −65544 | +39 1734 | +1572 8133 | −44 8679 | −12379 |
| 4 | −77920 | −3620 6727 | −1573 1171 | +3620 7386 | −65557 | +39 0236 | +1572 9655 | −44 7192 | −12381 |
| 5 | −77927 | −3620 8388 | −1573 1897 | +3620 9044 | −65563 | +38 9017 | +1573 0385 | −44 5978 | −12382 |
| 6 | −77928 | −3620 8641 | −1573 2012 | +3620 9297 | −65563 | +38 8556 | +1573 0502 | −44 5518 | −12382 |
| 7 | −77928 | −3620 8481 | −1573 1949 | +3620 9138 | −65563 | +38 9183 | +1573 0437 | −44 6144 | −12382 |
| 8 | −77931 | −3620 9203 | −1573 2268 | +3620 9863 | −65566 | +39 0906 | +1573 0749 | −44 7870 | −12383 |
| 9 | −77942 | −3621 1894 | −1573 3440 | +3621 2558 | −65575 | +39 3375 | +1573 1913 | −45 0347 | −12385 |
| 10 | −77964 | −3621 6985 | −1573 5653 | +3621 7653 | −65594 | +39 6006 | +1573 4116 | −45 2994 | −12388 |
| 11 | −77995 | −3622 4124 | −1573 8754 | +3622 4795 | −65620 | +39 8222 | +1573 7208 | −45 5232 | −12393 |
| 12 | −78031 | −3623 2407 | −1574 2350 | +3623 3081 | −65650 | +39 9644 | +1574 0799 | −45 6680 | −12399 |
| 13 | −78067 | −3624 0765 | −1574 5980 | +3624 1440 | −65680 | +40 0167 | +1574 4426 | −45 7230 | −12405 |
| 14 | −78099 | −3624 8290 | −1574 9248 | +3624 8965 | −65708 | +39 9920 | +1574 7695 | −45 7006 | −12410 |
| 15 | −78125 | −3625 4398 | −1575 1902 | +3625 5072 | −65730 | +39 9170 | +1575 0351 | −45 6275 | −12414 |
| 16 | −78145 | −3625 8860 | −1575 3842 | +3625 9532 | −65746 | +39 8236 | +1575 2294 | −45 5356 | −12417 |
| 17 | −78157 | −3626 1752 | −1575 5101 | +3626 2423 | −65756 | +39 7425 | +1575 3557 | −45 4553 | −12419 |
| 18 | −78164 | −3626 3383 | −1575 5814 | +3626 4053 | −65762 | +39 6984 | +1575 4271 | −45 4118 | −12420 |
| 19 | −78168 | −3626 4216 | −1575 6181 | +3626 4887 | −65765 | +39 7084 | +1575 4638 | −45 4220 | −12421 |
| 20 | −78170 | −3626 4796 | −1575 6439 | +3626 5468 | −65767 | +39 7805 | +1575 4892 | −45 4944 | −12421 |
| 21 | −78174 | −3626 5677 | −1575 6826 | +3626 6351 | −65771 | +39 9136 | +1575 5275 | −45 6277 | −12422 |
| 22 | −78181 | −3626 7357 | −1575 7561 | +3626 8034 | −65777 | +40 0975 | +1575 6003 | −45 8121 | −12423 |
| 23 | −78194 | −3627 0216 | −1575 8806 | +3627 0897 | −65787 | +40 3150 | +1575 7240 | −46 0305 | −12425 |
| 24 | −78212 | −3627 4468 | −1576 0655 | +3627 5152 | −65803 | +40 5436 | +1575 9081 | −46 2605 | −12428 |
| 25 | −78236 | −3628 0127 | −1576 3115 | +3628 0815 | −65823 | +40 7589 | +1576 1532 | −46 4775 | −12432 |
| 26 | −78266 | −3628 7006 | −1576 6103 | +3628 7697 | −65848 | +40 9375 | +1576 4513 | −46 6584 | −12437 |
| 27 | −78299 | −3629 4727 | −1576 9455 | +3629 5420 | −65877 | +41 0608 | +1576 7861 | −46 7841 | −12442 |
| 28 | −78334 | −3630 2761 | −1577 2944 | +3630 3454 | −65906 | +41 1178 | +1577 1347 | −46 8436 | −12448 |
| 29 | −78367 | −3631 0489 | −1577 6300 | +3631 1183 | −65934 | +41 1078 | +1577 4703 | −46 8360 | −12453 |
| 30 | −78397 | −3631 7290 | −1577 9254 | +3631 7982 | −65958 | +41 0428 | +1577 7660 | −46 7732 | −12458 |
| **May** 1 | −78420 | −3632 2657 | −1578 1587 | +3632 3348 | −65978 | +40 9484 | +1577 9995 | −46 6805 | −12461 |
| 2 | −78436 | −3632 6351 | −1578 3194 | +3632 7041 | −65991 | +40 8620 | +1578 1606 | −46 5953 | −12464 |
| 3 | −78445 | −3632 8554 | −1578 4155 | +3632 9244 | −65999 | +40 8270 | +1578 2568 | −46 5609 | −12465 |
| 4 | −78452 | −3632 9957 | −1578 4769 | +3633 0647 | −66004 | +40 8810 | +1578 3180 | −46 6154 | −12466 |
| 5 | −78459 | −3633 1671 | −1578 5518 | +3633 2364 | −66011 | +41 0417 | +1578 3923 | −46 7767 | −12468 |
| 6 | −78473 | −3633 4915 | −1578 6930 | +3633 5612 | −66023 | +41 2944 | +1578 5326 | −47 0304 | −12470 |
| 7 | −78497 | −3634 0534 | −1578 9372 | +3634 1236 | −66043 | +41 5926 | +1578 7756 | −47 3304 | −12474 |
| 8 | −78532 | −3634 8625 | −1579 2886 | +3634 9332 | −66073 | +41 8740 | +1579 1259 | −47 6143 | −12480 |
| 9 | −78575 | −3635 8501 | −1579 7173 | +3635 9212 | −66109 | +42 0846 | +1579 5538 | −47 8280 | −12486 |
| 10 | −78620 | −3636 9014 | −1580 1736 | +3636 9726 | −66147 | +42 1972 | +1580 0097 | −47 9439 | −12494 |
| 11 | −78663 | −3637 9002 | −1580 6072 | +3637 9715 | −66183 | +42 2149 | +1580 4432 | −47 9648 | −12501 |
| 12 | −78701 | −3638 7627 | −1580 9817 | +3638 8339 | −66215 | +42 1638 | +1580 8178 | −47 9164 | −12506 |
| 13 | −78731 | −3639 4496 | −1581 2800 | +3639 5206 | −66240 | +42 0793 | +1581 1164 | −47 8341 | −12511 |
| 14 | −78753 | −3639 9616 | −1581 5026 | +3640 0326 | −66258 | +41 9968 | +1581 3393 | −47 7531 | −12515 |
| 15 | −78769 | −3640 3291 | −1581 6625 | +3640 4000 | −66272 | +41 9448 | +1581 4993 | −47 7023 | −12517 |
| 16 | −78780 | −3640 5996 | −1581 7803 | +3640 6705 | −66281 | +41 9428 | +1581 6172 | −47 7012 | −12519 |
| 17 | −78790 | −3640 8289 | −1581 8804 | +3640 8999 | −66290 | +42 0005 | +1581 7170 | −47 7597 | −12521 |

**M = NPB**. Values are in units of $10^{-10}$. Matrix used with GAST (B13–B20). CIP is $\mathcal{X} = M_{3,1}$, $\mathcal{Y} = M_{3,2}$.

## MATRIX ELEMENTS FOR CONVERSION FROM
## GCRS TO EQUATOR & CELESTIAL INTERMEDIATE ORIGIN OF DATE
### FOR $0^h$ TERRESTRIAL TIME

| Julian Date | $C_{1,1}-1$ | $C_{1,2}$ | $C_{1,3}$ | $C_{2,1}$ | $C_{2,2}-1$ | $C_{2,3}$ | $C_{3,1}$ | $C_{3,2}$ | $C_{3,3}-1$ |
|---|---|---|---|---|---|---|---|---|---|
| 245 | | | | | | | | | |
| 7479·5 | − 12361 | 0 | − 1572 3132 | + 709 | − 10 | + 45 0783 | + 1572 3132 | − 45 0784 | − 12371 |
| 7480·5 | − 12365 | 0 | − 1572 5883 | + 708 | − 10 | + 44 9983 | + 1572 5883 | − 44 9984 | − 12375 |
| 7481·5 | − 12369 | 0 | − 1572 8133 | + 706 | − 10 | + 44 8678 | + 1572 8133 | − 44 8679 | − 12379 |
| 7482·5 | − 12371 | 0 | − 1572 9655 | + 704 | − 10 | + 44 7191 | + 1572 9655 | − 44 7192 | − 12381 |
| 7483·5 | − 12372 | 0 | − 1573 0385 | + 702 | − 10 | + 44 5977 | + 1573 0385 | − 44 5978 | − 12382 |
| 7484·5 | − 12372 | 0 | − 1573 0502 | + 701 | − 10 | + 44 5517 | + 1573 0502 | − 44 5518 | − 12382 |
| 7485·5 | − 12372 | 0 | − 1573 0437 | + 702 | − 10 | + 44 6143 | + 1573 0437 | − 44 6144 | − 12382 |
| 7486·5 | − 12373 | 0 | − 1573 0749 | + 705 | − 10 | + 44 7869 | + 1573 0749 | − 44 7870 | − 12383 |
| 7487·5 | − 12375 | 0 | − 1573 1913 | + 708 | − 10 | + 45 0346 | + 1573 1913 | − 45 0347 | − 12385 |
| 7488·5 | − 12378 | 0 | − 1573 4116 | + 713 | − 10 | + 45 2994 | + 1573 4116 | − 45 2994 | − 12388 |
| 7489·5 | − 12383 | 0 | − 1573 7208 | + 716 | − 10 | + 45 5231 | + 1573 7208 | − 45 5232 | − 12393 |
| 7490·5 | − 12389 | 0 | − 1574 0799 | + 718 | − 10 | + 45 6679 | + 1574 0799 | − 45 6680 | − 12399 |
| 7491·5 | − 12394 | + 1 | − 1574 4426 | + 719 | − 10 | + 45 7229 | + 1574 4426 | − 45 7230 | − 12405 |
| 7492·5 | − 12400 | + 1 | − 1574 7695 | + 719 | − 10 | + 45 7005 | + 1574 7695 | − 45 7006 | − 12410 |
| 7493·5 | − 12404 | + 1 | − 1575 0351 | + 718 | − 10 | + 45 6275 | + 1575 0351 | − 45 6275 | − 12414 |
| 7494·5 | − 12407 | + 1 | − 1575 2294 | + 716 | − 10 | + 45 5355 | + 1575 2294 | − 45 5356 | − 12417 |
| 7495·5 | − 12409 | + 1 | − 1575 3557 | + 715 | − 10 | + 45 4553 | + 1575 3557 | − 45 4553 | − 12419 |
| 7496·5 | − 12410 | + 1 | − 1575 4271 | + 714 | − 10 | + 45 4117 | + 1575 4271 | − 45 4118 | − 12420 |
| 7497·5 | − 12410 | + 1 | − 1575 4638 | + 715 | − 10 | + 45 4220 | + 1575 4638 | − 45 4220 | − 12421 |
| 7498·5 | − 12411 | + 1 | − 1575 4892 | + 716 | − 10 | + 45 4943 | + 1575 4892 | − 45 4944 | − 12421 |
| 7499·5 | − 12411 | + 1 | − 1575 5275 | + 718 | − 10 | + 45 6276 | + 1575 5275 | − 45 6277 | − 12422 |
| 7500·5 | − 12413 | + 1 | − 1575 6003 | + 721 | − 10 | + 45 8121 | + 1575 6003 | − 45 8121 | − 12423 |
| 7501·5 | − 12415 | + 1 | − 1575 7240 | + 724 | − 11 | + 46 0305 | + 1575 7240 | − 46 0305 | − 12425 |
| 7502·5 | − 12417 | + 1 | − 1575 9081 | + 728 | − 11 | + 46 2604 | + 1575 9081 | − 46 2605 | − 12428 |
| 7503·5 | − 12421 | + 1 | − 1576 1532 | + 731 | − 11 | + 46 4775 | + 1576 1532 | − 46 4775 | − 12432 |
| 7504·5 | − 12426 | + 1 | − 1576 4513 | + 734 | − 11 | + 46 6583 | + 1576 4513 | − 46 6584 | − 12437 |
| 7505·5 | − 12431 | + 2 | − 1576 7861 | + 736 | − 11 | + 46 7841 | + 1576 7861 | − 46 7841 | − 12442 |
| 7506·5 | − 12437 | + 2 | − 1577 1347 | + 737 | − 11 | + 46 8435 | + 1577 1347 | − 46 8436 | − 12448 |
| 7507·5 | − 12442 | + 2 | − 1577 4704 | + 737 | − 11 | + 46 8359 | + 1577 4703 | − 46 8360 | − 12453 |
| 7508·5 | − 12447 | + 2 | − 1577 7660 | + 736 | − 11 | + 46 7731 | + 1577 7660 | − 46 7732 | − 12458 |
| 7509·5 | − 12450 | + 2 | − 1577 9995 | + 734 | − 11 | + 46 6804 | + 1577 9995 | − 46 6805 | − 12461 |
| 7510·5 | − 12453 | + 2 | − 1578 1606 | + 733 | − 11 | + 46 5952 | + 1578 1606 | − 46 5953 | − 12464 |
| 7511·5 | − 12454 | + 2 | − 1578 2568 | + 733 | − 11 | + 46 5609 | + 1578 2568 | − 46 5609 | − 12465 |
| 7512·5 | − 12455 | + 2 | − 1578 3180 | + 733 | − 11 | + 46 6154 | + 1578 3180 | − 46 6154 | − 12466 |
| 7513·5 | − 12457 | + 2 | − 1578 3923 | + 736 | − 11 | + 46 7766 | + 1578 3923 | − 46 7767 | − 12468 |
| 7514·5 | − 12459 | + 2 | − 1578 5326 | + 740 | − 11 | + 47 0303 | + 1578 5326 | − 47 0304 | − 12470 |
| 7515·5 | − 12463 | + 3 | − 1578 7756 | + 745 | − 11 | + 47 3303 | + 1578 7756 | − 47 3304 | − 12474 |
| 7516·5 | − 12468 | + 3 | − 1579 1259 | + 749 | − 11 | + 47 6143 | + 1579 1259 | − 47 6143 | − 12480 |
| 7517·5 | − 12475 | + 3 | − 1579 5538 | + 753 | − 11 | + 47 8280 | + 1579 5538 | − 47 8280 | − 12486 |
| 7518·5 | − 12482 | + 3 | − 1580 0097 | + 754 | − 11 | + 47 9438 | + 1580 0097 | − 47 9439 | − 12494 |
| 7519·5 | − 12489 | + 3 | − 1580 4432 | + 755 | − 12 | + 47 9648 | + 1580 4432 | − 47 9648 | − 12501 |
| 7520·5 | − 12495 | + 4 | − 1580 8178 | + 754 | − 11 | + 47 9163 | + 1580 8178 | − 47 9164 | − 12506 |
| 7521·5 | − 12500 | + 4 | − 1581 1164 | + 753 | − 11 | + 47 8340 | + 1581 1164 | − 47 8341 | − 12511 |
| 7522·5 | − 12503 | + 4 | − 1581 3393 | + 751 | − 11 | + 47 7531 | + 1581 3393 | − 47 7531 | − 12515 |
| 7523·5 | − 12506 | + 4 | − 1581 4993 | + 751 | − 11 | + 47 7023 | + 1581 4993 | − 47 7023 | − 12517 |
| 7524·5 | − 12508 | + 4 | − 1581 6172 | + 750 | − 11 | + 47 7011 | + 1581 6172 | − 47 7012 | − 12519 |
| 7525·5 | − 12509 | + 4 | − 1581 7170 | + 751 | − 11 | + 47 7596 | + 1581 7170 | − 47 7597 | − 12521 |

Values are in units of $10^{-10}$. Matrix used with ERA (B21–B24). CIP is $\mathcal{X} = C_{3,1}$, $\mathcal{Y} = C_{3,2}$

## MATRIX ELEMENTS FOR CONVERSION FROM
## GCRS TO EQUATOR AND EQUINOX OF DATE
## FOR 0$^h$ TERRESTRIAL TIME

| Date 0$^h$ TT | $M_{1,1}-1$ | $M_{1,2}$ | $M_{1,3}$ | $M_{2,1}$ | $M_{2,2}-1$ | $M_{2,3}$ | $M_{3,1}$ | $M_{3,2}$ | $M_{3,3}-1$ |
|---|---|---|---|---|---|---|---|---|---|
| May 17 | $-78790$ | $-3640\ 8289$ | $-1581\ 8804$ | $+3640\ 8999$ | $-66290$ | $+42\ 0005$ | $+1581\ 7170$ | $-47\ 7597$ | $-12521$ |
| 18 | $-78801$ | $-3641\ 0740$ | $-1581\ 9872$ | $+3641\ 1452$ | $-66299$ | $+42\ 1184$ | $+1581\ 8233$ | $-47\ 8783$ | $-12522$ |
| 19 | $-78814$ | $-3641\ 3868$ | $-1582\ 1234$ | $+3641\ 4582$ | $-66310$ | $+42\ 2884$ | $+1581\ 9589$ | $-48\ 0493$ | $-12525$ |
| 20 | $-78833$ | $-3641\ 8091$ | $-1582\ 3070$ | $+3641\ 8809$ | $-66326$ | $+42\ 4948$ | $+1582\ 1418$ | $-48\ 2571$ | $-12528$ |
| 21 | $-78857$ | $-3642\ 3680$ | $-1582\ 5499$ | $+3642\ 4402$ | $-66346$ | $+42\ 7166$ | $+1582\ 3838$ | $-48\ 4806$ | $-12531$ |
| 22 | $-78887$ | $-3643\ 0713$ | $-1582\ 8554$ | $+3643\ 1438$ | $-66372$ | $+42\ 9290$ | $+1582\ 6885$ | $-48\ 6952$ | $-12536$ |
| 23 | $-78923$ | $-3643\ 9051$ | $-1583\ 2175$ | $+3643\ 9779$ | $-66402$ | $+43\ 1073$ | $+1583\ 0499$ | $-48\ 8762$ | $-12542$ |
| 24 | $-78964$ | $-3644\ 8343$ | $-1583\ 6209$ | $+3644\ 9073$ | $-66436$ | $+43\ 2305$ | $+1583\ 4528$ | $-49\ 0024$ | $-12549$ |
| 25 | $-79006$ | $-3645\ 8060$ | $-1584\ 0427$ | $+3645\ 8792$ | $-66472$ | $+43\ 2854$ | $+1583\ 8744$ | $-49\ 0603$ | $-12555$ |
| 26 | $-79047$ | $-3646\ 7570$ | $-1584\ 4556$ | $+3646\ 8302$ | $-66506$ | $+43\ 2693$ | $+1584\ 2872$ | $-49\ 0472$ | $-12562$ |
| 27 | $-79085$ | $-3647\ 6237$ | $-1584\ 8318$ | $+3647\ 6967$ | $-66538$ | $+43\ 1925$ | $+1584\ 6637$ | $-48\ 9731$ | $-12568$ |
| 28 | $-79116$ | $-3648\ 3543$ | $-1585\ 1492$ | $+3648\ 4272$ | $-66565$ | $+43\ 0781$ | $+1584\ 9815$ | $-48\ 8611$ | $-12573$ |
| 29 | $-79141$ | $-3648\ 9221$ | $-1585\ 3959$ | $+3648\ 9948$ | $-66585$ | $+42\ 9599$ | $+1585\ 2286$ | $-48\ 7447$ | $-12577$ |
| 30 | $-79159$ | $-3649\ 3359$ | $-1585\ 5759$ | $+3649\ 4085$ | $-66600$ | $+42\ 8769$ | $+1585\ 4089$ | $-48\ 6630$ | $-12579$ |
| 31 | $-79172$ | $-3649\ 6472$ | $-1585\ 7114$ | $+3649\ 7198$ | $-66612$ | $+42\ 8652$ | $+1585\ 5444$ | $-48\ 6523$ | $-12582$ |
| June 1 | $-79185$ | $-3649\ 9461$ | $-1585\ 8416$ | $+3650\ 0188$ | $-66623$ | $+42\ 9475$ | $+1585\ 6743$ | $-48\ 7355$ | $-12584$ |
| 2 | $-79203$ | $-3650\ 3433$ | $-1586\ 0144$ | $+3650\ 4163$ | $-66637$ | $+43\ 1226$ | $+1585\ 8464$ | $-48\ 9119$ | $-12587$ |
| 3 | $-79228$ | $-3650\ 9371$ | $-1586\ 2724$ | $+3651\ 0105$ | $-66659$ | $+43\ 3608$ | $+1586\ 1035$ | $-49\ 1520$ | $-12591$ |
| 4 | $-79265$ | $-3651\ 7757$ | $-1586\ 6365$ | $+3651\ 8495$ | $-66690$ | $+43\ 6097$ | $+1586\ 4667$ | $-49\ 4035$ | $-12597$ |
| 5 | $-79311$ | $-3652\ 8337$ | $-1587\ 0957$ | $+3652\ 9078$ | $-66728$ | $+43\ 8109$ | $+1586\ 9251$ | $-49\ 6081$ | $-12604$ |
| 6 | $-79362$ | $-3654\ 0192$ | $-1587\ 6102$ | $+3654\ 0935$ | $-66772$ | $+43\ 9214$ | $+1587\ 4391$ | $-49\ 7223$ | $-12612$ |
| 7 | $-79414$ | $-3655\ 2088$ | $-1588\ 1265$ | $+3655\ 2832$ | $-66815$ | $+43\ 9272$ | $+1587\ 9554$ | $-49\ 7319$ | $-12620$ |
| 8 | $-79461$ | $-3656\ 2915$ | $-1588\ 5965$ | $+3656\ 3658$ | $-66855$ | $+43\ 8439$ | $+1588\ 4256$ | $-49\ 6520$ | $-12628$ |
| 9 | $-79500$ | $-3657\ 1984$ | $-1588\ 9902$ | $+3657\ 2725$ | $-66888$ | $+43\ 7062$ | $+1588\ 8198$ | $-49\ 5173$ | $-12634$ |
| 10 | $-79531$ | $-3657\ 9104$ | $-1589\ 2995$ | $+3657\ 9842$ | $-66914$ | $+43\ 5545$ | $+1589\ 1295$ | $-49\ 3678$ | $-12639$ |
| 11 | $-79555$ | $-3658\ 4490$ | $-1589\ 5336$ | $+3658\ 5227$ | $-66934$ | $+43\ 4237$ | $+1589\ 3641$ | $-49\ 2387$ | $-12643$ |
| 12 | $-79573$ | $-3658\ 8619$ | $-1589\ 7131$ | $+3658\ 9354$ | $-66949$ | $+43\ 3387$ | $+1589\ 5439$ | $-49\ 1550$ | $-12645$ |
| 13 | $-79588$ | $-3659\ 2078$ | $-1589\ 8637$ | $+3659\ 2813$ | $-66961$ | $+43\ 3125$ | $+1589\ 6946$ | $-49\ 1299$ | $-12648$ |
| 14 | $-79602$ | $-3659\ 5474$ | $-1590\ 0115$ | $+3659\ 6210$ | $-66974$ | $+43\ 3476$ | $+1589\ 8422$ | $-49\ 1661$ | $-12650$ |
| 15 | $-79619$ | $-3659\ 9359$ | $-1590\ 1805$ | $+3660\ 0096$ | $-66988$ | $+43\ 4375$ | $+1590\ 0109$ | $-49\ 2573$ | $-12653$ |
| 16 | $-79640$ | $-3660\ 4188$ | $-1590\ 3904$ | $+3660\ 4927$ | $-67006$ | $+43\ 5683$ | $+1590\ 2203$ | $-49\ 3896$ | $-12656$ |
| 17 | $-79667$ | $-3661\ 0282$ | $-1590\ 6552$ | $+3661\ 1024$ | $-67028$ | $+43\ 7202$ | $+1590\ 4845$ | $-49\ 5434$ | $-12660$ |
| 18 | $-79700$ | $-3661\ 7789$ | $-1590\ 9812$ | $+3661\ 8533$ | $-67056$ | $+43\ 8693$ | $+1590\ 8099$ | $-49\ 6949$ | $-12666$ |
| 19 | $-79738$ | $-3662\ 6649$ | $-1591\ 3659$ | $+3662\ 7395$ | $-67088$ | $+43\ 9903$ | $+1591\ 1941$ | $-49\ 8187$ | $-12672$ |
| 20 | $-79781$ | $-3663\ 6579$ | $-1591\ 7970$ | $+3663\ 7327$ | $-67125$ | $+44\ 0600$ | $+1591\ 6249$ | $-49\ 8916$ | $-12679$ |
| 21 | $-79827$ | $-3664\ 7083$ | $-1592\ 2529$ | $+3664\ 7831$ | $-67163$ | $+44\ 0614$ | $+1592\ 0807$ | $-49\ 8963$ | $-12686$ |
| 22 | $-79873$ | $-3665\ 7512$ | $-1592\ 7056$ | $+3665\ 8259$ | $-67201$ | $+43\ 9880$ | $+1592\ 5337$ | $-49\ 8262$ | $-12693$ |
| 23 | $-79915$ | $-3666\ 7175$ | $-1593\ 1251$ | $+3666\ 7920$ | $-67237$ | $+43\ 8469$ | $+1592\ 9536$ | $-49\ 6882$ | $-12700$ |
| 24 | $-79951$ | $-3667\ 5482$ | $-1593\ 4858$ | $+3667\ 6224$ | $-67267$ | $+43\ 6598$ | $+1593\ 3150$ | $-49\ 5038$ | $-12706$ |
| 25 | $-79980$ | $-3668\ 2092$ | $-1593\ 7730$ | $+3668\ 2831$ | $-67291$ | $+43\ 4600$ | $+1593\ 6028$ | $-49\ 3061$ | $-12710$ |
| 26 | $-80001$ | $-3668\ 7034$ | $-1593\ 9878$ | $+3668\ 7771$ | $-67309$ | $+43\ 2864$ | $+1593\ 8182$ | $-49\ 1340$ | $-12713$ |
| 27 | $-80017$ | $-3669\ 0748$ | $-1594\ 1494$ | $+3669\ 1483$ | $-67323$ | $+43\ 1750$ | $+1593\ 9802$ | $-49\ 0238$ | $-12716$ |
| 28 | $-80032$ | $-3669\ 4035$ | $-1594\ 2925$ | $+3669\ 4770$ | $-67335$ | $+43\ 1496$ | $+1594\ 1234$ | $-48\ 9995$ | $-12718$ |
| 29 | $-80049$ | $-3669\ 7898$ | $-1594\ 4605$ | $+3669\ 8634$ | $-67349$ | $+43\ 2139$ | $+1594\ 2912$ | $-49\ 0650$ | $-12721$ |
| 30 | $-80072$ | $-3670\ 3289$ | $-1594\ 6948$ | $+3670\ 4027$ | $-67369$ | $+43\ 3475$ | $+1594\ 5250$ | $-49\ 2003$ | $-12725$ |
| July 1 | $-80105$ | $-3671\ 0823$ | $-1595\ 0220$ | $+3671\ 1564$ | $-67397$ | $+43\ 5090$ | $+1594\ 8515$ | $-49\ 3642$ | $-12730$ |
| 2 | $-80147$ | $-3672\ 0548$ | $-1595\ 4442$ | $+3672\ 1291$ | $-67432$ | $+43\ 6462$ | $+1595\ 2732$ | $-49\ 5045$ | $-12737$ |

$\mathbf{M} = \mathbf{NPB}$. Values are in units of $10^{-10}$. Matrix used with GAST (B13–B20). CIP is $\mathcal{X} = M_{3,1}$, $\mathcal{Y} = M_{3,2}$.

## MATRIX ELEMENTS FOR CONVERSION FROM
## GCRS TO EQUATOR & CELESTIAL INTERMEDIATE ORIGIN OF DATE
### FOR $0^h$ TERRESTRIAL TIME

| Julian Date | $C_{1,1}-1$ | $C_{1,2}$ | $C_{1,3}$ | $C_{2,1}$ | $C_{2,2}-1$ | $C_{2,3}$ | $C_{3,1}$ | $C_{3,2}$ | $C_{3,3}-1$ |
|---|---|---|---|---|---|---|---|---|---|
| **245** | | | | | | | | | |
| 7525·5 | − 12509 | + 4 | − 1581 7170 | + 751 | − 11 | + 47 7596 | + 1581 7170 | − 47 7597 | − 12521 |
| 7526·5 | − 12511 | + 4 | − 1581 8233 | + 753 | − 11 | + 47 8783 | + 1581 8233 | − 47 8783 | − 12522 |
| 7527·5 | − 12513 | + 4 | − 1581 9589 | + 756 | − 12 | + 48 0492 | + 1581 9589 | − 48 0493 | − 12525 |
| 7528·5 | − 12516 | + 4 | − 1582 1418 | + 759 | − 12 | + 48 2570 | + 1582 1418 | − 48 2571 | − 12528 |
| 7529·5 | − 12520 | + 4 | − 1582 3838 | + 763 | − 12 | + 48 4805 | + 1582 3838 | − 48 4806 | − 12531 |
| 7530·5 | − 12525 | + 4 | − 1582 6885 | + 766 | − 12 | + 48 6951 | + 1582 6885 | − 48 6952 | − 12536 |
| 7531·5 | − 12530 | + 5 | − 1583 0499 | + 769 | − 12 | + 48 8761 | + 1583 0499 | − 48 8762 | − 12542 |
| 7532·5 | − 12537 | + 5 | − 1583 4528 | + 771 | − 12 | + 49 0023 | + 1583 4528 | − 49 0024 | − 12549 |
| 7533·5 | − 12543 | + 5 | − 1583 8744 | + 772 | − 12 | + 49 0602 | + 1583 8744 | − 49 0603 | − 12555 |
| 7534·5 | − 12550 | + 5 | − 1584 2872 | + 772 | − 12 | + 49 0471 | + 1584 2872 | − 49 0472 | − 12562 |
| 7535·5 | − 12556 | + 5 | − 1584 6637 | + 771 | − 12 | + 48 9730 | + 1584 6637 | − 48 9731 | − 12568 |
| 7536·5 | − 12561 | + 6 | − 1584 9815 | + 769 | − 12 | + 48 8610 | + 1584 9815 | − 48 8611 | − 12573 |
| 7537·5 | − 12565 | + 6 | − 1585 2286 | + 767 | − 12 | + 48 7446 | + 1585 2286 | − 48 7447 | − 12577 |
| 7538·5 | − 12568 | + 6 | − 1585 4089 | + 766 | − 12 | + 48 6629 | + 1585 4089 | − 48 6630 | − 12579 |
| 7539·5 | − 12570 | + 6 | − 1585 5444 | + 766 | − 12 | + 48 6522 | + 1585 5444 | − 48 6523 | − 12582 |
| 7540·5 | − 12572 | + 6 | − 1585 6743 | + 767 | − 12 | + 48 7355 | + 1585 6743 | − 48 7355 | − 12584 |
| 7541·5 | − 12575 | + 6 | − 1585 8464 | + 770 | − 12 | + 48 9118 | + 1585 8464 | − 48 9119 | − 12587 |
| 7542·5 | − 12579 | + 6 | − 1586 1035 | + 773 | − 12 | + 49 1519 | + 1586 1035 | − 49 1520 | − 12591 |
| 7543·5 | − 12584 | + 6 | − 1586 4667 | + 777 | − 12 | + 49 4034 | + 1586 4667 | − 49 4035 | − 12597 |
| 7544·5 | − 12592 | + 7 | − 1586 9251 | + 781 | − 12 | + 49 6080 | + 1586 9251 | − 49 6081 | − 12604 |
| 7545·5 | − 12600 | + 7 | − 1587 4391 | + 783 | − 12 | + 49 7223 | + 1587 4391 | − 49 7223 | − 12612 |
| 7546·5 | − 12608 | + 7 | − 1587 9554 | + 783 | − 12 | + 49 7318 | + 1587 9554 | − 49 7319 | − 12620 |
| 7547·5 | − 12615 | + 7 | − 1588 4256 | + 781 | − 12 | + 49 6520 | + 1588 4256 | − 49 6520 | − 12628 |
| 7548·5 | − 12622 | + 7 | − 1588 8198 | + 779 | − 12 | + 49 5172 | + 1588 8198 | − 49 5173 | − 12634 |
| 7549·5 | − 12627 | + 8 | − 1589 1295 | + 777 | − 12 | + 49 3677 | + 1589 1295 | − 49 3678 | − 12639 |
| 7550·5 | − 12630 | + 8 | − 1589 3641 | + 775 | − 12 | + 49 2387 | + 1589 3641 | − 49 2387 | − 12643 |
| 7551·5 | − 12633 | + 8 | − 1589 5439 | + 774 | − 12 | + 49 1549 | + 1589 5439 | − 49 1550 | − 12645 |
| 7552·5 | − 12636 | + 8 | − 1589 6946 | + 773 | − 12 | + 49 1298 | + 1589 6946 | − 49 1299 | − 12648 |
| 7553·5 | − 12638 | + 8 | − 1589 8422 | + 774 | − 12 | + 49 1661 | + 1589 8422 | − 49 1661 | − 12650 |
| 7554·5 | − 12641 | + 8 | − 1590 0109 | + 775 | − 12 | + 49 2572 | + 1590 0109 | − 49 2573 | − 12653 |
| 7555·5 | − 12644 | + 8 | − 1590 2203 | + 777 | − 12 | + 49 3895 | + 1590 2203 | − 49 3896 | − 12656 |
| 7556·5 | − 12648 | + 8 | − 1590 4845 | + 780 | − 12 | + 49 5433 | + 1590 4845 | − 49 5434 | − 12660 |
| 7557·5 | − 12653 | + 8 | − 1590 8099 | + 782 | − 12 | + 49 6948 | + 1590 8099 | − 49 6949 | − 12666 |
| 7558·5 | − 12660 | + 9 | − 1591 1941 | + 784 | − 12 | + 49 8187 | + 1591 1941 | − 49 8187 | − 12672 |
| 7559·5 | − 12666 | + 9 | − 1591 6249 | + 785 | − 12 | + 49 8915 | + 1591 6249 | − 49 8916 | − 12679 |
| 7560·5 | − 12674 | + 9 | − 1592 0807 | + 785 | − 12 | + 49 8963 | + 1592 0807 | − 49 8963 | − 12686 |
| 7561·5 | − 12681 | + 9 | − 1592 5337 | + 784 | − 12 | + 49 8261 | + 1592 5337 | − 49 8262 | − 12693 |
| 7562·5 | − 12688 | + 10 | − 1592 9536 | + 782 | − 12 | + 49 6882 | + 1592 9536 | − 49 6882 | − 12700 |
| 7563·5 | − 12693 | + 10 | − 1593 3150 | + 779 | − 12 | + 49 5037 | + 1593 3150 | − 49 5038 | − 12706 |
| 7564·5 | − 12698 | + 10 | − 1593 6028 | + 776 | − 12 | + 49 3060 | + 1593 6028 | − 49 3061 | − 12710 |
| 7565·5 | − 12701 | + 10 | − 1593 8182 | + 773 | − 12 | + 49 1340 | + 1593 8182 | − 49 1340 | − 12713 |
| 7566·5 | − 12704 | + 10 | − 1593 9802 | + 771 | − 12 | + 49 0237 | + 1593 9802 | − 49 0238 | − 12716 |
| 7567·5 | − 12706 | + 10 | − 1594 1234 | + 771 | − 12 | + 48 9994 | + 1594 1234 | − 48 9995 | − 12718 |
| 7568·5 | − 12709 | + 10 | − 1594 2912 | + 772 | − 12 | + 49 0649 | + 1594 2912 | − 49 0650 | − 12721 |
| 7569·5 | − 12713 | + 10 | − 1594 5250 | + 774 | − 12 | + 49 2003 | + 1594 5250 | − 49 2003 | − 12725 |
| 7570·5 | − 12718 | + 10 | − 1594 8515 | + 777 | − 12 | + 49 3641 | + 1594 8515 | − 49 3642 | − 12730 |
| 7571·5 | − 12724 | + 11 | − 1595 2732 | + 779 | − 12 | + 49 5044 | + 1595 2732 | − 49 5045 | − 12737 |

Values are in units of $10^{-10}$. Matrix used with ERA (B21–B24). CIP is $\mathcal{X} = C_{3,1}$, $\mathcal{Y} = C_{3,2}$

## MATRIX ELEMENTS FOR CONVERSION FROM
## GCRS TO EQUATOR AND EQUINOX OF DATE
## FOR $0^h$ TERRESTRIAL TIME

| Date $0^h$ TT | $M_{1,1}-1$ | $M_{1,2}$ | $M_{1,3}$ | $M_{2,1}$ | $M_{2,2}-1$ | $M_{2,3}$ | $M_{3,1}$ | $M_{3,2}$ | $M_{3,3}-1$ |
|---|---|---|---|---|---|---|---|---|---|
| July 1 | −80105 | −3671 0823 | −1595 0220 | +3671 1564 | −67397 | +43 5090 | +1594 8515 | −49 3642 | −12730 |
| 2 | −80147 | −3672 0548 | −1595 4442 | +3672 1291 | −67432 | +43 6462 | +1595 2732 | −49 5045 | −12737 |
| 3 | −80197 | −3673 1888 | −1595 9364 | +3673 2632 | −67474 | +43 7120 | +1595 7650 | −49 5739 | −12745 |
| 4 | −80249 | −3674 3805 | −1596 4536 | +3674 4549 | −67518 | +43 6794 | +1596 2823 | −49 5451 | −12753 |
| 5 | −80299 | −3675 5143 | −1596 9457 | +3675 5886 | −67559 | +43 5492 | +1596 7748 | −49 4186 | −12761 |
| 6 | −80342 | −3676 4979 | −1597 3727 | +3676 5718 | −67596 | +43 3468 | +1597 2025 | −49 2193 | −12767 |
| 7 | −80376 | −3677 2843 | −1597 7142 | +3677 3579 | −67624 | +43 1114 | +1597 5448 | −48 9865 | −12773 |
| 8 | −80402 | −3677 8750 | −1597 9708 | +3677 9482 | −67646 | +42 8831 | +1597 8023 | −48 7601 | −12777 |
| 9 | −80421 | −3678 3081 | −1598 1592 | +3678 3811 | −67662 | +42 6937 | +1597 9913 | −48 5720 | −12780 |
| 10 | −80435 | −3678 6426 | −1598 3047 | +3678 7153 | −67674 | +42 5621 | +1598 1373 | −48 4415 | −12782 |
| 11 | −80448 | −3678 9427 | −1598 4354 | +3679 0153 | −67685 | +42 4949 | +1598 2683 | −48 3752 | −12784 |
| 12 | −80463 | −3679 2687 | −1598 5774 | +3679 3414 | −67697 | +42 4877 | +1598 4102 | −48 3691 | −12786 |
| 13 | −80480 | −3679 6706 | −1598 7522 | +3679 7433 | −67712 | +42 5280 | +1598 5849 | −48 4106 | −12789 |
| 14 | −80503 | −3680 1848 | −1598 9757 | +3680 2576 | −67731 | +42 5972 | +1598 8081 | −48 4815 | −12793 |
| 15 | −80531 | −3680 8317 | −1599 2567 | +3680 9046 | −67755 | +42 6728 | +1599 0888 | −48 5591 | −12797 |
| 16 | −80565 | −3681 6133 | −1599 5961 | +3681 6864 | −67783 | +42 7300 | +1599 4280 | −48 6189 | −12803 |
| 17 | −80605 | −3682 5108 | −1599 9858 | +3682 5839 | −67816 | +42 7448 | +1599 8175 | −48 6365 | −12809 |
| 18 | −80647 | −3683 4832 | −1600 4079 | +3683 5562 | −67852 | +42 6969 | +1600 2398 | −48 5918 | −12816 |
| 19 | −80690 | −3684 4702 | −1600 8364 | +3684 5431 | −67889 | +42 5748 | +1600 6687 | −48 4728 | −12822 |
| 20 | −80731 | −3685 4000 | −1601 2401 | +3685 4726 | −67923 | +42 3800 | +1601 0730 | −48 2810 | −12829 |
| 21 | −80766 | −3686 2036 | −1601 5890 | +3686 2758 | −67952 | +42 1297 | +1601 4228 | −48 0332 | −12834 |
| 22 | −80794 | −3686 8330 | −1601 8624 | +3686 9047 | −67975 | +41 8560 | +1601 6972 | −47 7616 | −12839 |
| 23 | −80813 | −3687 2783 | −1602 0561 | +3687 3497 | −67992 | +41 6001 | +1601 8918 | −47 5071 | −12842 |
| 24 | −80826 | −3687 5759 | −1602 1857 | +3687 6470 | −68003 | +41 4019 | +1602 0221 | −47 3098 | −12844 |
| 25 | −80836 | −3687 8028 | −1602 2846 | +3687 8736 | −68011 | +41 2892 | +1602 1214 | −47 1979 | −12845 |
| 26 | −80848 | −3688 0585 | −1602 3961 | +3688 1294 | −68020 | +41 2689 | +1602 2330 | −47 1784 | −12847 |
| 27 | −80864 | −3688 4386 | −1602 5614 | +3688 5096 | −68034 | +41 3241 | +1602 3981 | −47 2349 | −12850 |
| 28 | −80889 | −3689 0081 | −1602 8089 | +3689 0792 | −68055 | +41 4179 | +1602 6452 | −47 3305 | −12854 |
| 29 | −80923 | −3689 7828 | −1603 1453 | +3689 8541 | −68084 | +41 5029 | +1602 9813 | −47 4179 | −12859 |
| 30 | −80965 | −3690 7247 | −1603 5542 | +3690 7960 | −68119 | +41 5339 | +1603 3900 | −47 4519 | −12866 |
| 31 | −81010 | −3691 7516 | −1604 0000 | +3691 8229 | −68157 | +41 4801 | +1603 8359 | −47 4015 | −12873 |
| Aug. 1 | −81054 | −3692 7605 | −1604 4379 | +3692 8315 | −68194 | +41 3332 | +1604 2744 | −47 2578 | −12880 |
| 2 | −81093 | −3693 6559 | −1604 8267 | +3693 7267 | −68227 | +41 1078 | +1604 6639 | −47 0353 | −12886 |
| 3 | −81125 | −3694 3741 | −1605 1387 | +3694 4444 | −68253 | +40 8360 | +1604 9768 | −46 7658 | −12891 |
| 4 | −81148 | −3694 8947 | −1605 3649 | +3694 9646 | −68272 | +40 5571 | +1605 2041 | −46 4885 | −12894 |
| 5 | −81163 | −3695 2388 | −1605 5147 | +3695 3083 | −68285 | +40 3068 | +1605 3548 | −46 2394 | −12897 |
| 6 | −81172 | −3695 4570 | −1605 6099 | +3695 5262 | −68293 | +40 1108 | +1605 4507 | −46 0440 | −12898 |
| 7 | −81179 | −3695 6135 | −1605 6783 | +3695 6824 | −68299 | +39 9812 | +1605 5196 | −45 9149 | −12899 |
| 8 | −81186 | −3695 7726 | −1605 7478 | +3695 8414 | −68304 | +39 9175 | +1605 5893 | −45 8518 | −12900 |
| 9 | −81196 | −3695 9895 | −1605 8424 | +3696 0583 | −68312 | +39 9094 | +1605 6840 | −45 8444 | −12902 |
| 10 | −81210 | −3696 3055 | −1605 9800 | +3696 3744 | −68324 | +39 9394 | +1605 8214 | −45 8754 | −12904 |
| 11 | −81229 | −3696 7455 | −1606 1714 | +3696 8145 | −68340 | +39 9859 | +1606 0126 | −45 9233 | −12907 |
| 12 | −81254 | −3697 3170 | −1606 4197 | +3697 3861 | −68362 | +40 0251 | +1606 2607 | −45 9643 | −12911 |
| 13 | −81284 | −3698 0090 | −1606 7203 | +3698 0781 | −68387 | +40 0332 | +1606 5613 | −45 9747 | −12916 |
| 14 | −81319 | −3698 7909 | −1607 0598 | +3698 8599 | −68416 | +39 9890 | +1606 9009 | −45 9330 | −12921 |
| 15 | −81355 | −3699 6126 | −1607 4166 | +3699 6814 | −68446 | +39 8774 | +1607 2581 | −45 8240 | −12927 |
| 16 | −81390 | −3700 4081 | −1607 7621 | +3700 4766 | −68476 | +39 6933 | +1607 6042 | −45 6425 | −12932 |

$M = NPB$. Values are in units of $10^{-10}$. Matrix used with GAST (B13–B20). CIP is $X = M_{3,1}$, $y = M_{3,2}$.

## MATRIX ELEMENTS FOR CONVERSION FROM
## GCRS TO EQUATOR & CELESTIAL INTERMEDIATE ORIGIN OF DATE
### FOR $0^h$ TERRESTRIAL TIME

| Julian Date | $C_{1,1}-1$ | $C_{1,2}$ | $C_{1,3}$ | $C_{2,1}$ | $C_{2,2}-1$ | $C_{2,3}$ | $C_{3,1}$ | $C_{3,2}$ | $C_{3,3}-1$ |
|---|---|---|---|---|---|---|---|---|---|
| **245** | | | | | | | | | |
| **7570·5** | − 12718 | + 10 | − 1594 8515 | + 777 | − 12 | + 49 3641 | + 1594 8515 | − 49 3642 | − 12730 |
| **7571·5** | − 12724 | + 11 | − 1595 2732 | + 779 | − 12 | + 49 5044 | + 1595 2732 | − 49 5045 | − 12737 |
| **7572·5** | − 12732 | + 11 | − 1595 7650 | + 780 | − 12 | + 49 5738 | + 1595 7650 | − 49 5739 | − 12745 |
| **7573·5** | − 12741 | + 11 | − 1596 2823 | + 780 | − 12 | + 49 5451 | + 1596 2823 | − 49 5451 | − 12753 |
| **7574·5** | − 12748 | + 11 | − 1596 7748 | + 778 | − 12 | + 49 4185 | + 1596 7748 | − 49 4186 | − 12761 |
| **7575·5** | − 12755 | + 12 | − 1597 2025 | + 775 | − 12 | + 49 2193 | + 1597 2025 | − 49 2193 | − 12767 |
| **7576·5** | − 12761 | + 12 | − 1597 5448 | + 771 | − 12 | + 48 9864 | + 1597 5448 | − 48 9865 | − 12773 |
| **7577·5** | − 12765 | + 12 | − 1597 8023 | + 767 | − 12 | + 48 7600 | + 1597 8023 | − 48 7601 | − 12777 |
| **7578·5** | − 12768 | + 12 | − 1597 9913 | + 764 | − 12 | + 48 5719 | + 1597 9913 | − 48 5720 | − 12780 |
| **7579·5** | − 12770 | + 12 | − 1598 1374 | + 762 | − 12 | + 48 4414 | + 1598 1373 | − 48 4415 | − 12782 |
| **7580·5** | − 12772 | + 12 | − 1598 2683 | + 761 | − 12 | + 48 3752 | + 1598 2683 | − 48 3752 | − 12784 |
| **7581·5** | − 12775 | + 12 | − 1598 4102 | + 761 | − 12 | + 48 3690 | + 1598 4102 | − 48 3691 | − 12786 |
| **7582·5** | − 12777 | + 12 | − 1598 5849 | + 762 | − 12 | + 48 4106 | + 1598 5849 | − 48 4106 | − 12789 |
| **7583·5** | − 12781 | + 12 | − 1598 8081 | + 763 | − 12 | + 48 4814 | + 1598 8081 | − 48 4815 | − 12793 |
| **7584·5** | − 12785 | + 13 | − 1599 0888 | + 764 | − 12 | + 48 5591 | + 1599 0888 | − 48 5591 | − 12797 |
| **7585·5** | − 12791 | + 13 | − 1599 4280 | + 765 | − 12 | + 48 6188 | + 1599 4280 | − 48 6189 | − 12803 |
| **7586·5** | − 12797 | + 13 | − 1599 8175 | + 765 | − 12 | + 48 6365 | + 1599 8175 | − 48 6365 | − 12809 |
| **7587·5** | − 12804 | + 13 | − 1600 2398 | + 764 | − 12 | + 48 5917 | + 1600 2398 | − 48 5918 | − 12816 |
| **7588·5** | − 12811 | + 13 | − 1600 6687 | + 763 | − 12 | + 48 4728 | + 1600 6687 | − 48 4728 | − 12822 |
| **7589·5** | − 12817 | + 13 | − 1601 0730 | + 760 | − 12 | + 48 2809 | + 1601 0730 | − 48 2810 | − 12829 |
| **7590·5** | − 12823 | + 14 | − 1601 4228 | + 756 | − 12 | + 48 0332 | + 1601 4228 | − 48 0332 | − 12834 |
| **7591·5** | − 12827 | + 14 | − 1601 6972 | + 751 | − 11 | + 47 7615 | + 1601 6972 | − 47 7616 | − 12839 |
| **7592·5** | − 12830 | + 14 | − 1601 8918 | + 747 | − 11 | + 47 5070 | + 1601 8918 | − 47 5071 | − 12842 |
| **7593·5** | − 12832 | + 14 | − 1602 0221 | + 744 | − 11 | + 47 3098 | + 1602 0221 | − 47 3098 | − 12844 |
| **7594·5** | − 12834 | + 14 | − 1602 1214 | + 742 | − 11 | + 47 1978 | + 1602 1214 | − 47 1979 | − 12845 |
| **7595·5** | − 12836 | + 14 | − 1602 2330 | + 742 | − 11 | + 47 1784 | + 1602 2330 | − 47 1784 | − 12847 |
| **7596·5** | − 12838 | + 14 | − 1602 3981 | + 743 | − 11 | + 47 2348 | + 1602 3981 | − 47 2349 | − 12850 |
| **7597·5** | − 12842 | + 14 | − 1602 6452 | + 744 | − 11 | + 47 3304 | + 1602 6452 | − 47 3305 | − 12854 |
| **7598·5** | − 12848 | + 14 | − 1602 9813 | + 746 | − 11 | + 47 4178 | + 1602 9813 | − 47 4179 | − 12859 |
| **7599·5** | − 12854 | + 15 | − 1603 3900 | + 746 | − 11 | + 47 4519 | + 1603 3900 | − 47 4519 | − 12866 |
| **7600·5** | − 12861 | + 15 | − 1603 8359 | + 745 | − 11 | + 47 4014 | + 1603 8359 | − 47 4015 | − 12873 |
| **7601·5** | − 12868 | + 15 | − 1604 2744 | + 743 | − 11 | + 47 2577 | + 1604 2744 | − 47 2578 | − 12880 |
| **7602·5** | − 12875 | + 15 | − 1604 6639 | + 740 | − 11 | + 47 0352 | + 1604 6639 | − 47 0353 | − 12886 |
| **7603·5** | − 12880 | + 15 | − 1604 9768 | + 735 | − 11 | + 46 7657 | + 1604 9768 | − 46 7658 | − 12891 |
| **7604·5** | − 12883 | + 15 | − 1605 2041 | + 731 | − 11 | + 46 4884 | + 1605 2041 | − 46 4885 | − 12894 |
| **7605·5** | − 12886 | + 16 | − 1605 3548 | + 727 | − 11 | + 46 2393 | + 1605 3548 | − 46 2394 | − 12897 |
| **7606·5** | − 12887 | + 16 | − 1605 4507 | + 724 | − 11 | + 46 0440 | + 1605 4507 | − 46 0440 | − 12898 |
| **7607·5** | − 12888 | + 16 | − 1605 5196 | + 722 | − 11 | + 45 9149 | + 1605 5196 | − 45 9149 | − 12899 |
| **7608·5** | − 12890 | + 16 | − 1605 5893 | + 721 | − 11 | + 45 8517 | + 1605 5893 | − 45 8518 | − 12900 |
| **7609·5** | − 12891 | + 16 | − 1605 6840 | + 720 | − 11 | + 45 8443 | + 1605 6840 | − 45 8444 | − 12902 |
| **7610·5** | − 12893 | + 16 | − 1605 8214 | + 721 | − 11 | + 45 8754 | + 1605 8214 | − 45 8754 | − 12904 |
| **7611·5** | − 12896 | + 16 | − 1606 0126 | + 722 | − 11 | + 45 9233 | + 1606 0126 | − 45 9233 | − 12907 |
| **7612·5** | − 12900 | + 16 | − 1606 2607 | + 722 | − 11 | + 45 9643 | + 1606 2607 | − 45 9643 | − 12911 |
| **7613·5** | − 12905 | + 16 | − 1606 5613 | + 723 | − 11 | + 45 9746 | + 1606 5613 | − 45 9747 | − 12916 |
| **7614·5** | − 12911 | + 16 | − 1606 9009 | + 722 | − 11 | + 45 9329 | + 1606 9009 | − 45 9330 | − 12921 |
| **7615·5** | − 12916 | + 16 | − 1607 2581 | + 720 | − 10 | + 45 8239 | + 1607 2581 | − 45 8240 | − 12927 |
| **7616·5** | − 12922 | + 17 | − 1607 6042 | + 717 | − 10 | + 45 6424 | + 1607 6042 | − 45 6425 | − 12932 |

Values are in units of $10^{-10}$. Matrix used with ERA (B21–B24). CIP is $\mathcal{X} = C_{3,1}$, $\mathcal{Y} = C_{3,2}$

## MATRIX ELEMENTS FOR CONVERSION FROM
## GCRS TO EQUATOR AND EQUINOX OF DATE
## FOR $0^h$ TERRESTRIAL TIME

| Date $0^h$ TT | $M_{1,1}-1$ | $M_{1,2}$ | $M_{1,3}$ | $M_{2,1}$ | $M_{2,2}-1$ | $M_{2,3}$ | $M_{3,1}$ | $M_{3,2}$ | $M_{3,3}-1$ |
|---|---|---|---|---|---|---|---|---|---|
| Aug. 16 | −81390 | −3700 4081 | −1607 7621 | +3700 4766 | −68476 | +39 6933 | +1607 6042 | −45 6425 | −12932 |
| 17 | −81421 | −3701 1051 | −1608 0648 | +3701 1733 | −68501 | +39 4465 | +1607 9078 | −45 3979 | −12937 |
| 18 | −81444 | −3701 6419 | −1608 2981 | +3701 7097 | −68521 | +39 1633 | +1608 1421 | −45 1165 | −12941 |
| 19 | −81459 | −3701 9879 | −1608 4487 | +3702 0552 | −68534 | +38 8841 | +1608 2937 | −44 8384 | −12943 |
| 20 | −81467 | −3702 1609 | −1608 5243 | +3702 2278 | −68540 | +38 6542 | +1608 3702 | −44 6091 | −12944 |
| 21 | −81470 | −3702 2302 | −1608 5549 | +3702 2969 | −68543 | +38 5102 | +1608 4013 | −44 4652 | −12945 |
| 22 | −81473 | −3702 2995 | −1608 5856 | +3702 3662 | −68545 | +38 4668 | +1608 4321 | −44 4221 | −12945 |
| 23 | −81481 | −3702 4752 | −1608 6623 | +3702 5419 | −68552 | +38 5115 | +1608 5087 | −44 4673 | −12946 |
| 24 | −81497 | −3702 8326 | −1608 8178 | +3702 8995 | −68565 | +38 6078 | +1608 6639 | −44 5648 | −12949 |
| 25 | −81521 | −3703 3949 | −1609 0622 | +3703 4620 | −68586 | +38 7073 | +1608 9078 | −44 6660 | −12953 |
| 26 | −81554 | −3704 1301 | −1609 3815 | +3704 1973 | −68613 | +38 7638 | +1609 2269 | −44 7249 | −12958 |
| 27 | −81590 | −3704 9637 | −1609 7435 | +3705 0309 | −68644 | +38 7451 | +1609 5889 | −44 7090 | −12964 |
| 28 | −81627 | −3705 8014 | −1610 1072 | +3705 8684 | −68675 | +38 6396 | +1609 9529 | −44 6062 | −12970 |
| 29 | −81660 | −3706 5524 | −1610 4334 | +3706 6192 | −68703 | +38 4566 | +1610 2798 | −44 4255 | −12975 |
| 30 | −81687 | −3707 1501 | −1610 6931 | +3707 2165 | −68725 | +38 2219 | +1610 5403 | −44 1928 | −12979 |
| 31 | −81705 | −3707 5632 | −1610 8727 | +3707 6292 | −68740 | +37 9708 | +1610 7209 | −43 9430 | −12982 |
| Sept. 1 | −81715 | −3707 7986 | −1610 9754 | +3707 8642 | −68749 | +37 7386 | +1610 8244 | −43 7115 | −12983 |
| 2 | −81720 | −3707 8949 | −1611 0177 | +3707 9602 | −68752 | +37 5541 | +1610 8674 | −43 5274 | −12984 |
| 3 | −81720 | −3707 9105 | −1611 0250 | +3707 9756 | −68753 | +37 4347 | +1610 8752 | −43 4080 | −12984 |
| 4 | −81720 | −3707 9099 | −1611 0254 | +3707 9749 | −68753 | +37 3848 | +1610 8757 | −43 3581 | −12984 |
| 5 | −81722 | −3707 9526 | −1611 0445 | +3708 0176 | −68754 | +37 3973 | +1610 8947 | −43 3708 | −12984 |
| 6 | −81728 | −3708 0851 | −1611 1025 | +3708 1503 | −68759 | +37 4567 | +1610 9525 | −43 4306 | −12985 |
| 7 | −81739 | −3708 3371 | −1611 2123 | +3708 4024 | −68769 | +37 5418 | +1611 0620 | −43 5166 | −12987 |
| 8 | −81756 | −3708 7201 | −1611 3790 | +3708 7855 | −68783 | +37 6293 | +1611 2283 | −43 6052 | −12990 |
| 9 | −81778 | −3709 2276 | −1611 5995 | +3709 2931 | −68802 | +37 6957 | +1611 4486 | −43 6733 | −12993 |
| 10 | −81805 | −3709 8357 | −1611 8637 | +3709 9013 | −68824 | +37 7201 | +1611 7127 | −43 6996 | −12998 |
| 11 | −81835 | −3710 5036 | −1612 1539 | +3710 5692 | −68849 | +37 6859 | +1612 0030 | −43 6676 | −13002 |
| 12 | −81864 | −3711 1759 | −1612 4459 | +3711 2413 | −68874 | +37 5847 | +1612 2953 | −43 5686 | −13007 |
| 13 | −81891 | −3711 7868 | −1612 7114 | +3711 8520 | −68896 | +37 4191 | +1612 5613 | −43 4049 | −13011 |
| 14 | −81913 | −3712 2713 | −1612 9220 | +3712 3362 | −68914 | +37 2064 | +1612 7728 | −43 1938 | −13015 |
| 15 | −81926 | −3712 5821 | −1613 0573 | +3712 6466 | −68926 | +36 9800 | +1612 9089 | −42 9684 | −13017 |
| 16 | −81932 | −3712 7106 | −1613 1136 | +3712 7748 | −68930 | +36 7847 | +1612 9659 | −42 7735 | −13017 |
| 17 | −81932 | −3712 7026 | −1613 1107 | +3712 7665 | −68930 | +36 6653 | +1612 9635 | −42 6541 | −13017 |
| 18 | −81930 | −3712 6549 | −1613 0906 | +3712 7188 | −68928 | +36 6509 | +1612 9434 | −42 6395 | −13017 |
| 19 | −81931 | −3712 6876 | −1613 1054 | +3712 7517 | −68930 | +36 7407 | +1612 9579 | −42 7295 | −13017 |
| 20 | −81941 | −3712 9007 | −1613 1984 | +3712 9651 | −68938 | +36 9028 | +1613 0502 | −42 8923 | −13019 |
| 21 | −81960 | −3713 3376 | −1613 3883 | +3713 4023 | −68954 | +37 0848 | +1613 2395 | −43 0757 | −13022 |
| 22 | −81988 | −3713 9739 | −1613 6648 | +3714 0388 | −68978 | +37 2331 | +1613 5154 | −43 2260 | −13027 |
| 23 | −82021 | −3714 7331 | −1613 9945 | +3714 7982 | −69006 | +37 3091 | +1613 8448 | −43 3045 | −13032 |
| 24 | −82056 | −3715 5154 | −1614 3342 | +3715 5805 | −69035 | +37 2977 | +1614 1845 | −43 2956 | −13037 |
| 25 | −82087 | −3716 2268 | −1614 6432 | +3716 2917 | −69061 | +37 2064 | +1614 4938 | −43 2065 | −13042 |
| 26 | −82113 | −3716 7984 | −1614 8916 | +3716 8631 | −69082 | +37 0594 | +1614 7427 | −43 0614 | −13046 |
| 27 | −82130 | −3717 1960 | −1615 0645 | +3717 2604 | −69097 | +36 8899 | +1614 9163 | −42 8932 | −13049 |
| 28 | −82140 | −3717 4207 | −1615 1625 | +3717 4849 | −69105 | +36 7322 | +1615 0148 | −42 7362 | −13051 |
| 29 | −82144 | −3717 5036 | −1615 1991 | +3717 5676 | −69108 | +36 6154 | +1615 0518 | −42 6197 | −13051 |
| 30 | −82144 | −3717 4965 | −1615 1966 | +3717 5604 | −69108 | +36 5594 | +1615 0495 | −42 5637 | −13051 |
| Oct. 1 | −82142 | −3717 4613 | −1615 1819 | +3717 5252 | −69107 | +36 5723 | +1615 0348 | −42 5765 | −13051 |

$\mathbf{M} = \mathbf{NPB}$. Values are in units of $10^{-10}$. Matrix used with GAST (B13–B20). CIP is $\mathcal{X} = \mathbf{M}_{3,1}$, $\mathcal{Y} = \mathbf{M}_{3,2}$.

## MATRIX ELEMENTS FOR CONVERSION FROM
## GCRS TO EQUATOR & CELESTIAL INTERMEDIATE ORIGIN OF DATE
### FOR $0^h$ TERRESTRIAL TIME

| Julian Date | $C_{1,1}-1$ | $C_{1,2}$ | $C_{1,3}$ | $C_{2,1}$ | $C_{2,2}-1$ | $C_{2,3}$ | $C_{3,1}$ | $C_{3,2}$ | $C_{3,3}-1$ |
|---|---|---|---|---|---|---|---|---|---|
| **245** | | | | | | | | | |
| 7616·5 | − 12922 | + 17 | − 1607 6042 | +717 | − 10 | +45 6424 | + 1607 6042 | − 45 6425 | − 12932 |
| 7617·5 | − 12927 | + 17 | − 1607 9078 | +713 | − 10 | +45 3979 | + 1607 9078 | − 45 3979 | − 12937 |
| 7618·5 | − 12931 | + 17 | − 1608 1422 | +709 | − 10 | +45 1164 | + 1608 1421 | − 45 1165 | − 12941 |
| 7619·5 | − 12933 | + 17 | − 1608 2937 | +704 | − 10 | +44 8383 | + 1608 2937 | − 44 8384 | − 12943 |
| 7620·5 | − 12934 | + 17 | − 1608 3702 | +701 | − 10 | +44 6090 | + 1608 3702 | − 44 6091 | − 12944 |
| 7621·5 | − 12935 | + 17 | − 1608 4013 | +698 | − 10 | +44 4652 | + 1608 4013 | − 44 4652 | − 12945 |
| 7622·5 | − 12935 | + 17 | − 1608 4321 | +698 | − 10 | +44 4220 | + 1608 4321 | − 44 4221 | − 12945 |
| 7623·5 | − 12937 | + 17 | − 1608 5087 | +698 | − 10 | +44 4673 | + 1608 5087 | − 44 4673 | − 12946 |
| 7624·5 | − 12939 | + 17 | − 1608 6639 | +700 | − 10 | +44 5647 | + 1608 6639 | − 44 5648 | − 12949 |
| 7625·5 | − 12943 | + 17 | − 1608 9078 | +701 | − 10 | +44 6660 | + 1608 9078 | − 44 6660 | − 12953 |
| 7626·5 | − 12948 | + 17 | − 1609 2269 | +702 | − 10 | +44 7249 | + 1609 2269 | − 44 7249 | − 12958 |
| 7627·5 | − 12954 | + 17 | − 1609 5889 | +702 | − 10 | +44 7089 | + 1609 5889 | − 44 7090 | − 12964 |
| 7628·5 | − 12960 | + 18 | − 1609 9529 | +700 | − 10 | +44 6061 | + 1609 9529 | − 44 6062 | − 12970 |
| 7629·5 | − 12965 | + 18 | − 1610 2798 | +698 | − 10 | +44 4255 | + 1610 2798 | − 44 4255 | − 12975 |
| 7630·5 | − 12969 | + 18 | − 1610 5403 | +694 | − 10 | +44 1928 | + 1610 5403 | − 44 1928 | − 12979 |
| 7631·5 | − 12972 | + 18 | − 1610 7209 | +690 | − 10 | +43 9429 | + 1610 7209 | − 43 9430 | − 12982 |
| 7632·5 | − 12974 | + 18 | − 1610 8244 | +686 | − 10 | +43 7115 | + 1610 8244 | − 43 7115 | − 12983 |
| 7633·5 | − 12974 | + 18 | − 1610 8674 | +683 | − 9 | +43 5274 | + 1610 8674 | − 43 5274 | − 12984 |
| 7634·5 | − 12975 | + 18 | − 1610 8752 | +681 | − 9 | +43 4080 | + 1610 8752 | − 43 4080 | − 12984 |
| 7635·5 | − 12975 | + 18 | − 1610 8757 | +680 | − 9 | +43 3581 | + 1610 8757 | − 43 3581 | − 12984 |
| 7636·5 | − 12975 | + 18 | − 1610 8947 | +681 | − 9 | +43 3708 | + 1610 8947 | − 43 3708 | − 12984 |
| 7637·5 | − 12976 | + 18 | − 1610 9525 | +682 | − 9 | +43 4306 | + 1610 9525 | − 43 4306 | − 12985 |
| 7638·5 | − 12978 | + 18 | − 1611 0620 | +683 | − 9 | +43 5165 | + 1611 0620 | − 43 5166 | − 12987 |
| 7639·5 | − 12980 | + 18 | − 1611 2283 | +684 | − 10 | +43 6052 | + 1611 2283 | − 43 6052 | − 12990 |
| 7640·5 | − 12984 | + 18 | − 1611 4486 | +686 | − 10 | +43 6733 | + 1611 4486 | − 43 6733 | − 12993 |
| 7641·5 | − 12988 | + 18 | − 1611 7127 | +686 | − 10 | +43 6996 | + 1611 7127 | − 43 6996 | − 12998 |
| 7642·5 | − 12993 | + 19 | − 1612 0030 | +685 | − 10 | +43 6676 | + 1612 0030 | − 43 6676 | − 13002 |
| 7643·5 | − 12997 | + 19 | − 1612 2953 | +684 | − 9 | +43 5685 | + 1612 2953 | − 43 5686 | − 13007 |
| 7644·5 | − 13002 | + 19 | − 1612 5613 | +681 | − 9 | +43 4048 | + 1612 5613 | − 43 4049 | − 13011 |
| 7645·5 | − 13005 | + 19 | − 1612 7728 | +678 | − 9 | +43 1938 | + 1612 7728 | − 43 1938 | − 13015 |
| 7646·5 | − 13007 | + 19 | − 1612 9089 | +674 | − 9 | +42 9684 | + 1612 9089 | − 42 9684 | − 13017 |
| 7647·5 | − 13008 | + 19 | − 1612 9659 | +671 | − 9 | +42 7735 | + 1612 9659 | − 42 7735 | − 13017 |
| 7648·5 | − 13008 | + 19 | − 1612 9635 | +669 | − 9 | +42 6541 | + 1612 9635 | − 42 6541 | − 13017 |
| 7649·5 | − 13008 | + 19 | − 1612 9434 | +669 | − 9 | +42 6395 | + 1612 9434 | − 42 6395 | − 13017 |
| 7650·5 | − 13008 | + 19 | − 1612 9579 | +670 | − 9 | +42 7295 | + 1612 9579 | − 42 7295 | − 13017 |
| 7651·5 | − 13010 | + 19 | − 1613 0502 | +673 | − 9 | +42 8922 | + 1613 0502 | − 42 8923 | − 13019 |
| 7652·5 | − 13013 | + 19 | − 1613 2395 | +676 | − 9 | +43 0756 | + 1613 2395 | − 43 0757 | − 13022 |
| 7653·5 | − 13017 | + 19 | − 1613 5154 | +678 | − 9 | +43 2259 | + 1613 5154 | − 43 2260 | − 13027 |
| 7654·5 | − 13022 | + 19 | − 1613 8448 | +680 | − 9 | +43 3044 | + 1613 8448 | − 43 3045 | − 13032 |
| 7655·5 | − 13028 | + 19 | − 1614 1845 | +679 | − 9 | +43 2955 | + 1614 1845 | − 43 2956 | − 13037 |
| 7656·5 | − 13033 | + 20 | − 1614 4938 | +678 | − 9 | +43 2065 | + 1614 4938 | − 43 2065 | − 13042 |
| 7657·5 | − 13037 | + 20 | − 1614 7427 | +676 | − 9 | +43 0614 | + 1614 7427 | − 43 0614 | − 13046 |
| 7658·5 | − 13040 | + 20 | − 1614 9163 | +673 | − 9 | +42 8932 | + 1614 9163 | − 42 8932 | − 13049 |
| 7659·5 | − 13041 | + 20 | − 1615 0148 | +670 | − 9 | +42 7362 | + 1615 0148 | − 42 7362 | − 13051 |
| 7660·5 | − 13042 | + 20 | − 1615 0518 | +668 | − 9 | +42 6197 | + 1615 0518 | − 42 6197 | − 13051 |
| 7661·5 | − 13042 | + 20 | − 1615 0495 | +668 | − 9 | +42 5636 | + 1615 0495 | − 42 5637 | − 13051 |
| 7662·5 | − 13042 | + 20 | − 1615 0348 | +668 | − 9 | +42 5764 | + 1615 0348 | − 42 5765 | − 13051 |

Values are in units of $10^{-10}$. Matrix used with ERA (B21–B24). CIP is $\mathcal{X} = C_{3,1}$, $\mathcal{Y} = C_{3,2}$

### MATRIX ELEMENTS FOR CONVERSION FROM
### GCRS TO EQUATOR AND EQUINOX OF DATE
### FOR $0^h$ TERRESTRIAL TIME

| Date $0^h$ TT | $M_{1,1}-1$ | $M_{1,2}$ | $M_{1,3}$ | $M_{2,1}$ | $M_{2,2}-1$ | $M_{2,3}$ | $M_{3,1}$ | $M_{3,2}$ | $M_{3,3}-1$ |
|---|---|---|---|---|---|---|---|---|---|
| Oct.  1 | −82142 | −3717 4613 | −1615 1819 | +3717 5252 | −69107 | +36 5723 | +1615 0348 | −42 5765 | −13051 |
| 2 | −82142 | −3717 4586 | −1615 1813 | +3717 5226 | −69107 | +36 6509 | +1615 0339 | −42 6551 | −13051 |
| 3 | −82145 | −3717 5395 | −1615 2170 | +3717 6037 | −69110 | +36 7821 | +1615 0691 | −42 7865 | −13051 |
| 4 | −82154 | −3717 7388 | −1615 3040 | +3717 8033 | −69117 | +36 9459 | +1615 1554 | −42 9510 | −13053 |
| 5 | −82169 | −3718 0727 | −1615 4493 | +3718 1375 | −69130 | +37 1191 | +1615 3001 | −43 1253 | −13055 |
| 6 | −82190 | −3718 5379 | −1615 6516 | +3718 6030 | −69147 | +37 2778 | +1615 5018 | −43 2855 | −13059 |
| 7 | −82215 | −3719 1136 | −1615 9017 | +3719 1789 | −69169 | +37 4007 | +1615 7515 | −43 4102 | −13063 |
| 8 | −82244 | −3719 7636 | −1616 1841 | +3719 8290 | −69193 | +37 4709 | +1616 0335 | −43 4825 | −13067 |
| 9 | −82274 | −3720 4389 | −1616 4774 | +3720 5043 | −69218 | +37 4786 | +1616 3268 | −43 4925 | −13072 |
| 10 | −82302 | −3721 0821 | −1616 7569 | +3721 1475 | −69242 | +37 4231 | +1616 6064 | −43 4390 | −13077 |
| 11 | −82327 | −3721 6339 | −1616 9966 | +3721 6991 | −69262 | +37 3153 | +1616 8466 | −43 3329 | −13080 |
| 12 | −82345 | −3722 0434 | −1617 1748 | +3722 1084 | −69278 | +37 1793 | +1617 0252 | −43 1983 | −13083 |
| 13 | −82355 | −3722 2847 | −1617 2799 | +3722 3494 | −69287 | +37 0525 | +1617 1308 | −43 0722 | −13085 |
| 14 | −82359 | −3722 3741 | −1617 3193 | +3722 4388 | −69290 | +36 9791 | +1617 1704 | −42 9992 | −13085 |
| 15 | −82360 | −3722 3818 | −1617 3232 | +3722 4465 | −69290 | +36 9986 | +1617 1743 | −43 0187 | −13086 |
| 16 | −82361 | −3722 4221 | −1617 3413 | +3722 4871 | −69292 | +37 1287 | +1617 1919 | −43 1489 | −13086 |
| 17 | −82370 | −3722 6188 | −1617 4271 | +3722 6840 | −69299 | +37 3536 | +1617 2769 | −43 3745 | −13087 |
| 18 | −82389 | −3723 0543 | −1617 6165 | +3723 1200 | −69315 | +37 6253 | +1617 4652 | −43 6476 | −13091 |
| 19 | −82420 | −3723 7347 | −1617 9121 | +3723 8008 | −69341 | +37 8811 | +1617 7598 | −43 9056 | −13095 |
| 20 | −82457 | −3724 5901 | −1618 2835 | +3724 6566 | −69373 | +38 0683 | +1618 1305 | −44 0955 | −13101 |
| 21 | −82498 | −3725 5077 | −1618 6819 | +3725 5744 | −69407 | +38 1603 | +1618 5285 | −44 1905 | −13108 |
| 22 | −82536 | −3726 3740 | −1619 0580 | +3726 4406 | −69439 | +38 1602 | +1618 9046 | −44 1932 | −13114 |
| 23 | −82569 | −3727 1053 | −1619 3756 | +3727 1719 | −69467 | +38 0928 | +1619 2224 | −44 1282 | −13119 |
| 24 | −82593 | −3727 6601 | −1619 6167 | +3727 7265 | −69487 | +37 9935 | +1619 4638 | −44 0306 | −13123 |
| 25 | −82610 | −3728 0367 | −1619 7806 | +3728 1030 | −69501 | +37 8984 | +1619 6280 | −43 9368 | −13126 |
| 26 | −82620 | −3728 2648 | −1619 8801 | +3728 3310 | −69510 | +37 8380 | +1619 7277 | −43 8772 | −13127 |
| 27 | −82626 | −3728 3946 | −1619 9369 | +3728 4607 | −69514 | +37 8333 | +1619 7846 | −43 8729 | −13128 |
| 28 | −82630 | −3728 4859 | −1619 9771 | +3728 5522 | −69518 | +37 8945 | +1619 8245 | −43 9343 | −13129 |
| 29 | −82635 | −3728 5997 | −1620 0270 | +3728 6662 | −69522 | +38 0207 | +1619 8740 | −44 0609 | −13130 |
| 30 | −82643 | −3728 7895 | −1620 1098 | +3728 8563 | −69529 | +38 2016 | +1619 9561 | −44 2425 | −13131 |
| 31 | −82657 | −3729 0949 | −1620 2428 | +3729 1620 | −69541 | +38 4192 | +1620 0883 | −44 4610 | −13133 |
| Nov.  1 | −82677 | −3729 5375 | −1620 4353 | +3729 6051 | −69557 | +38 6504 | +1620 2799 | −44 6937 | −13137 |
| 2 | −82702 | −3730 1189 | −1620 6879 | +3730 1868 | −69579 | +38 8710 | +1620 5317 | −44 9161 | −13141 |
| 3 | −82734 | −3730 8210 | −1620 9929 | +3730 8892 | −69606 | +39 0582 | +1620 8359 | −45 1057 | −13146 |
| 4 | −82769 | −3731 6090 | −1621 3351 | +3731 6774 | −69635 | +39 1942 | +1621 1775 | −45 2442 | −13151 |
| 5 | −82805 | −3732 4354 | −1621 6939 | +3732 5039 | −69666 | +39 2679 | +1621 5360 | −45 3205 | −13157 |
| 6 | −82841 | −3733 2455 | −1622 0457 | +3733 3141 | −69696 | +39 2772 | +1621 8878 | −45 3325 | −13163 |
| 7 | −82874 | −3733 9840 | −1622 3664 | +3734 0526 | −69724 | +39 2303 | +1622 2086 | −45 2879 | −13168 |
| 8 | −82901 | −3734 6029 | −1622 6353 | +3734 6713 | −69747 | +39 1463 | +1622 4778 | −45 2060 | −13172 |
| 9 | −82922 | −3735 0719 | −1622 8392 | +3735 1402 | −69764 | +39 0553 | +1622 6820 | −45 1165 | −13176 |
| 10 | −82936 | −3735 3913 | −1622 9783 | +3735 4595 | −69776 | +38 9949 | +1622 8213 | −45 0572 | −13178 |
| 11 | −82946 | −3735 6037 | −1623 0709 | +3735 6719 | −69784 | +39 0042 | +1622 9139 | −45 0671 | −13179 |
| 12 | −82954 | −3735 7970 | −1623 1553 | +3735 8654 | −69791 | +39 1114 | +1622 9979 | −45 1749 | −13181 |
| 13 | −82967 | −3736 0900 | −1623 2829 | +3736 1587 | −69802 | +39 3205 | +1623 1247 | −45 3850 | −13183 |
| 14 | −82990 | −3736 5945 | −1623 5022 | +3736 6637 | −69821 | +39 6024 | +1623 3429 | −45 6685 | −13187 |
| 15 | −83024 | −3737 3670 | −1623 8377 | +3737 4367 | −69850 | +39 8995 | +1623 6772 | −45 9681 | −13192 |
| 16 | −83069 | −3738 3783 | −1624 2767 | +3738 4485 | −69888 | +40 1468 | +1624 1153 | −46 2187 | −13199 |

$\mathbf{M} = \mathbf{NPB}$. Values are in units of $10^{-10}$. Matrix used with GAST (B13–B20). CIP is $\mathcal{X} = \mathbf{M}_{3,1}$, $\mathcal{Y} = \mathbf{M}_{3,2}$.

## MATRIX ELEMENTS FOR CONVERSION FROM
## GCRS TO EQUATOR & CELESTIAL INTERMEDIATE ORIGIN OF DATE
### FOR $0^h$ TERRESTRIAL TIME

| Julian Date | $C_{1,1}-1$ | $C_{1,2}$ | $C_{1,3}$ | $C_{2,1}$ | $C_{2,2}-1$ | $C_{2,3}$ | $C_{3,1}$ | $C_{3,2}$ | $C_{3,3}-1$ |
|---|---|---|---|---|---|---|---|---|---|
| **245** | | | | | | | | | |
| **7662·5** | − 13042 | + 20 | − 1615 0348 | + 668 | − 9 | + 42 5764 | + 1615 0348 | − 42 5765 | − 13051 |
| **7663·5** | − 13042 | + 20 | − 1615 0339 | + 669 | − 9 | + 42 6550 | + 1615 0339 | − 42 6551 | − 13051 |
| **7664·5** | − 13042 | + 20 | − 1615 0691 | + 671 | − 9 | + 42 7864 | + 1615 0691 | − 42 7865 | − 13051 |
| **7665·5** | − 13044 | + 20 | − 1615 1554 | + 674 | − 9 | + 42 9510 | + 1615 1554 | − 42 9510 | − 13053 |
| **7666·5** | − 13046 | + 20 | − 1615 3001 | + 677 | − 9 | + 43 1252 | + 1615 3001 | − 43 1253 | − 13055 |
| **7667·5** | − 13049 | + 20 | − 1615 5018 | + 679 | − 9 | + 43 2854 | + 1615 5018 | − 43 2855 | − 13059 |
| **7668·5** | − 13053 | + 20 | − 1615 7515 | + 681 | − 9 | + 43 4101 | + 1615 7515 | − 43 4102 | − 13063 |
| **7669·5** | − 13058 | + 20 | − 1616 0335 | + 682 | − 9 | + 43 4825 | + 1616 0335 | − 43 4825 | − 13067 |
| **7670·5** | − 13063 | + 20 | − 1616 3268 | + 683 | − 9 | + 43 4924 | + 1616 3268 | − 43 4925 | − 13072 |
| **7671·5** | − 13067 | + 21 | − 1616 6064 | + 682 | − 9 | + 43 4390 | + 1616 6064 | − 43 4390 | − 13077 |
| **7672·5** | − 13071 | + 21 | − 1616 8466 | + 680 | − 9 | + 43 3329 | + 1616 8466 | − 43 3329 | − 13080 |
| **7673·5** | − 13074 | + 21 | − 1617 0252 | + 678 | − 9 | + 43 1982 | + 1617 0252 | − 43 1983 | − 13083 |
| **7674·5** | − 13076 | + 21 | − 1617 1308 | + 676 | − 9 | + 43 0722 | + 1617 1308 | − 43 0722 | − 13085 |
| **7675·5** | − 13076 | + 21 | − 1617 1704 | + 675 | − 9 | + 42 9991 | + 1617 1704 | − 42 9992 | − 13085 |
| **7676·5** | − 13076 | + 21 | − 1617 1743 | + 675 | − 9 | + 43 0186 | + 1617 1743 | − 43 0187 | − 13086 |
| **7677·5** | − 13077 | + 21 | − 1617 1919 | + 677 | − 9 | + 43 1489 | + 1617 1919 | − 43 1489 | − 13086 |
| **7678·5** | − 13078 | + 21 | − 1617 2769 | + 681 | − 9 | + 43 3745 | + 1617 2769 | − 43 3745 | − 13087 |
| **7679·5** | − 13081 | + 21 | − 1617 4652 | + 685 | − 10 | + 43 6475 | + 1617 4652 | − 43 6476 | − 13091 |
| **7680·5** | − 13086 | + 21 | − 1617 7598 | + 689 | − 10 | + 43 9056 | + 1617 7598 | − 43 9056 | − 13095 |
| **7681·5** | − 13092 | + 21 | − 1618 1305 | + 692 | − 10 | + 44 0955 | + 1618 1305 | − 44 0955 | − 13101 |
| **7682·5** | − 13098 | + 21 | − 1618 5285 | + 694 | − 10 | + 44 1905 | + 1618 5285 | − 44 1905 | − 13108 |
| **7683·5** | − 13104 | + 22 | − 1618 9046 | + 694 | − 10 | + 44 1932 | + 1618 9046 | − 44 1932 | − 13114 |
| **7684·5** | − 13109 | + 22 | − 1619 2224 | + 693 | − 10 | + 44 1281 | + 1619 2224 | − 44 1282 | − 13119 |
| **7685·5** | − 13113 | + 22 | − 1619 4638 | + 691 | − 10 | + 44 0306 | + 1619 4638 | − 44 0306 | − 13123 |
| **7686·5** | − 13116 | + 22 | − 1619 6280 | + 690 | − 10 | + 43 9367 | + 1619 6280 | − 43 9368 | − 13126 |
| **7687·5** | − 13118 | + 22 | − 1619 7277 | + 689 | − 10 | + 43 8771 | + 1619 7277 | − 43 8772 | − 13127 |
| **7688·5** | − 13119 | + 22 | − 1619 7846 | + 689 | − 10 | + 43 8728 | + 1619 7846 | − 43 8729 | − 13128 |
| **7689·5** | − 13119 | + 22 | − 1619 8245 | + 690 | − 10 | + 43 9343 | + 1619 8245 | − 43 9343 | − 13129 |
| **7690·5** | − 13120 | + 22 | − 1619 8740 | + 692 | − 10 | + 44 0609 | + 1619 8740 | − 44 0609 | − 13130 |
| **7691·5** | − 13121 | + 22 | − 1619 9561 | + 695 | − 10 | + 44 2424 | + 1619 9561 | − 44 2425 | − 13131 |
| **7692·5** | − 13123 | + 22 | − 1620 0883 | + 698 | − 10 | + 44 4609 | + 1620 0883 | − 44 4610 | − 13133 |
| **7693·5** | − 13127 | + 22 | − 1620 2799 | + 702 | − 10 | + 44 6936 | + 1620 2799 | − 44 6937 | − 13137 |
| **7694·5** | − 13131 | + 22 | − 1620 5317 | + 706 | − 10 | + 44 9161 | + 1620 5317 | − 44 9161 | − 13141 |
| **7695·5** | − 13136 | + 22 | − 1620 8359 | + 709 | − 10 | + 45 1056 | + 1620 8359 | − 45 1057 | − 13146 |
| **7696·5** | − 13141 | + 23 | − 1621 1775 | + 711 | − 10 | + 45 2441 | + 1621 1775 | − 45 2442 | − 13151 |
| **7697·5** | − 13147 | + 23 | − 1621 5360 | + 712 | − 10 | + 45 3205 | + 1621 5360 | − 45 3205 | − 13157 |
| **7698·5** | − 13153 | + 23 | − 1621 8878 | + 712 | − 10 | + 45 3324 | + 1621 8878 | − 45 3325 | − 13163 |
| **7699·5** | − 13158 | + 23 | − 1622 2086 | + 712 | − 10 | + 45 2879 | + 1622 2086 | − 45 2879 | − 13168 |
| **7700·5** | − 13162 | + 23 | − 1622 4778 | + 710 | − 10 | + 45 2060 | + 1622 4778 | − 45 2060 | − 13172 |
| **7701·5** | − 13165 | + 23 | − 1622 6820 | + 709 | − 10 | + 45 1164 | + 1622 6820 | − 45 1165 | − 13176 |
| **7702·5** | − 13168 | + 23 | − 1622 8213 | + 708 | − 10 | + 45 0571 | + 1622 8213 | − 45 0572 | − 13178 |
| **7703·5** | − 13169 | + 23 | − 1622 9139 | + 708 | − 10 | + 45 0670 | + 1622 9139 | − 45 0671 | − 13179 |
| **7704·5** | − 13171 | + 23 | − 1622 9979 | + 710 | − 10 | + 45 1749 | + 1622 9979 | − 45 1749 | − 13181 |
| **7705·5** | − 13173 | + 23 | − 1623 1247 | + 713 | − 10 | + 45 3850 | + 1623 1247 | − 45 3850 | − 13183 |
| **7706·5** | − 13176 | + 24 | − 1623 3429 | + 718 | − 10 | + 45 6685 | + 1623 3429 | − 45 6685 | − 13187 |
| **7707·5** | − 13182 | + 24 | − 1623 6772 | + 723 | − 11 | + 45 9681 | + 1623 6772 | − 45 9681 | − 13192 |
| **7708·5** | − 13189 | + 24 | − 1624 1153 | + 727 | − 11 | + 46 2186 | + 1624 1153 | − 46 2187 | − 13199 |

Values are in units of $10^{-10}$. Matrix used with ERA (B21–B24). CIP is $\mathcal{X} = C_{3,1}$, $\mathcal{Y} = C_{3,2}$

# FRAME BIAS, PRECESSION AND NUTATION, 2016

## MATRIX ELEMENTS FOR CONVERSION FROM
## GCRS TO EQUATOR AND EQUINOX OF DATE
## FOR 0$^h$ TERRESTRIAL TIME

| Date 0$^h$ TT | $M_{1,1}-1$ | $M_{1,2}$ | $M_{1,3}$ | $M_{2,1}$ | $M_{2,2}-1$ | $M_{2,3}$ | $M_{3,1}$ | $M_{3,2}$ | $M_{3,3}-1$ |
|---|---|---|---|---|---|---|---|---|---|
| Nov. 16 | $-83069$ | $-3738\ 3783$ | $-1624\ 2767$ | $+3738\ 4485$ | $-69888$ | $+40\ 1468$ | $+1624\ 1153$ | $-46\ 2187$ | $-13199$ |
| 17 | $-83120$ | $-3739\ 5233$ | $-1624\ 7737$ | $+3739\ 5937$ | $-69931$ | $+40\ 2975$ | $+1624\ 6116$ | $-46\ 3731$ | $-13208$ |
| 18 | $-83171$ | $-3740\ 6659$ | $-1625\ 2696$ | $+3740\ 7364$ | $-69974$ | $+40\ 3388$ | $+1625\ 1073$ | $-46\ 4182$ | $-13216$ |
| 19 | $-83216$ | $-3741\ 6894$ | $-1625\ 7138$ | $+3741\ 7598$ | $-70012$ | $+40\ 2903$ | $+1625\ 5517$ | $-46\ 3730$ | $-13223$ |
| 20 | $-83254$ | $-3742\ 5266$ | $-1626\ 0774$ | $+3742\ 5969$ | $-70043$ | $+40\ 1905$ | $+1625\ 9156$ | $-46\ 2759$ | $-13229$ |
| 21 | $-83282$ | $-3743\ 1640$ | $-1626\ 3543$ | $+3743\ 2341$ | $-70067$ | $+40\ 0819$ | $+1626\ 1928$ | $-46\ 1694$ | $-13233$ |
| 22 | $-83303$ | $-3743\ 6292$ | $-1626\ 5565$ | $+3743\ 6992$ | $-70085$ | $+40\ 0005$ | $+1626\ 3954$ | $-46\ 0895$ | $-13236$ |
| 23 | $-83318$ | $-3743\ 9749$ | $-1626\ 7070$ | $+3744\ 0448$ | $-70098$ | $+39\ 9704$ | $+1626\ 5459$ | $-46\ 0606$ | $-13239$ |
| 24 | $-83331$ | $-3744\ 2641$ | $-1626\ 8329$ | $+3744\ 3341$ | $-70108$ | $+40\ 0039$ | $+1626\ 6718$ | $-46\ 0950$ | $-13241$ |
| 25 | $-83344$ | $-3744\ 5600$ | $-1626\ 9618$ | $+3744\ 6302$ | $-70120$ | $+40\ 1016$ | $+1626\ 8002$ | $-46\ 1936$ | $-13243$ |
| 26 | $-83360$ | $-3744\ 9183$ | $-1627\ 1177$ | $+3744\ 9888$ | $-70133$ | $+40\ 2547$ | $+1626\ 9556$ | $-46\ 3479$ | $-13246$ |
| 27 | $-83381$ | $-3745\ 3826$ | $-1627\ 3196$ | $+3745\ 4534$ | $-70151$ | $+40\ 4468$ | $+1627\ 1567$ | $-46\ 5415$ | $-13249$ |
| 28 | $-83407$ | $-3745\ 9797$ | $-1627\ 5790$ | $+3746\ 0509$ | $-70173$ | $+40\ 6562$ | $+1627\ 4153$ | $-46\ 7529$ | $-13253$ |
| 29 | $-83440$ | $-3746\ 7172$ | $-1627\ 8993$ | $+3746\ 7887$ | $-70201$ | $+40\ 8586$ | $+1627\ 7348$ | $-46\ 9577$ | $-13259$ |
| 30 | $-83479$ | $-3747\ 5822$ | $-1628\ 2749$ | $+3747\ 6540$ | $-70233$ | $+41\ 0301$ | $+1628\ 1097$ | $-47\ 1320$ | $-13265$ |
| Dec. 1 | $-83521$ | $-3748\ 5429$ | $-1628\ 6920$ | $+3748\ 6149$ | $-70269$ | $+41\ 1507$ | $+1628\ 5263$ | $-47\ 2557$ | $-13272$ |
| 2 | $-83566$ | $-3749\ 5521$ | $-1629\ 1300$ | $+3749\ 6242$ | $-70307$ | $+41\ 2070$ | $+1628\ 9641$ | $-47\ 3153$ | $-13279$ |
| 3 | $-83611$ | $-3750\ 5535$ | $-1629\ 5647$ | $+3750\ 6256$ | $-70345$ | $+41\ 1951$ | $+1629\ 3988$ | $-47\ 3066$ | $-13286$ |
| 4 | $-83653$ | $-3751\ 4899$ | $-1629\ 9713$ | $+3751\ 5619$ | $-70380$ | $+41\ 1216$ | $+1629\ 8055$ | $-47\ 2362$ | $-13292$ |
| 5 | $-83689$ | $-3752\ 3122$ | $-1630\ 3283$ | $+3752\ 3840$ | $-70411$ | $+41\ 0041$ | $+1630\ 1630$ | $-47\ 1214$ | $-13298$ |
| 6 | $-83720$ | $-3752\ 9889$ | $-1630\ 6223$ | $+3753\ 0605$ | $-70436$ | $+40\ 8696$ | $+1630\ 4574$ | $-46\ 9891$ | $-13303$ |
| 7 | $-83743$ | $-3753\ 5154$ | $-1630\ 8511$ | $+3753\ 5868$ | $-70456$ | $+40\ 7518$ | $+1630\ 6866$ | $-46\ 8730$ | $-13307$ |
| 8 | $-83761$ | $-3753\ 9209$ | $-1631\ 0275$ | $+3753\ 9923$ | $-70471$ | $+40\ 6854$ | $+1630\ 8633$ | $-46\ 8079$ | $-13310$ |
| 9 | $-83777$ | $-3754\ 2722$ | $-1631\ 1804$ | $+3754\ 3436$ | $-70484$ | $+40\ 6993$ | $+1631\ 0161$ | $-46\ 8230$ | $-13312$ |
| 10 | $-83795$ | $-3754\ 6669$ | $-1631\ 3521$ | $+3754\ 7385$ | $-70499$ | $+40\ 8063$ | $+1631\ 1873$ | $-46\ 9313$ | $-13315$ |
| 11 | $-83819$ | $-3755\ 2134$ | $-1631\ 5896$ | $+3755\ 2853$ | $-70519$ | $+40\ 9946$ | $+1631\ 4241$ | $-47\ 1213$ | $-13319$ |
| 12 | $-83854$ | $-3755\ 9961$ | $-1631\ 9295$ | $+3756\ 0684$ | $-70549$ | $+41\ 2244$ | $+1631\ 7631$ | $-47\ 3537$ | $-13324$ |
| 13 | $-83900$ | $-3757\ 0375$ | $-1632\ 3815$ | $+3757\ 1102$ | $-70588$ | $+41\ 4364$ | $+1632\ 2143$ | $-47\ 5690$ | $-13332$ |
| 14 | $-83956$ | $-3758\ 2786$ | $-1632\ 9201$ | $+3758\ 3514$ | $-70635$ | $+41\ 5720$ | $+1632\ 7523$ | $-47\ 7087$ | $-13341$ |
| 15 | $-84015$ | $-3759\ 5956$ | $-1633\ 4917$ | $+3759\ 6686$ | $-70684$ | $+41\ 5961$ | $+1633\ 3237$ | $-47\ 7371$ | $-13350$ |
| 16 | $-84071$ | $-3760\ 8477$ | $-1634\ 0350$ | $+3760\ 9206$ | $-70731$ | $+41\ 5094$ | $+1633\ 8674$ | $-47\ 6545$ | $-13359$ |
| 17 | $-84119$ | $-3761\ 9268$ | $-1634\ 5034$ | $+3761\ 9994$ | $-70772$ | $+41\ 3440$ | $+1634\ 3363$ | $-47\ 4926$ | $-13367$ |
| 18 | $-84157$ | $-3762\ 7853$ | $-1634\ 8762$ | $+3762\ 8576$ | $-70804$ | $+41\ 1469$ | $+1634\ 7098$ | $-47\ 2984$ | $-13373$ |
| 19 | $-84186$ | $-3763\ 4344$ | $-1635\ 1582$ | $+3763\ 5064$ | $-70829$ | $+40\ 9635$ | $+1634\ 9924$ | $-47\ 1171$ | $-13377$ |
| 20 | $-84208$ | $-3763\ 9250$ | $-1635\ 3714$ | $+3763\ 9968$ | $-70847$ | $+40\ 8267$ | $+1635\ 2061$ | $-46\ 9819$ | $-13381$ |
| 21 | $-84226$ | $-3764\ 3257$ | $-1635\ 5457$ | $+3764\ 3974$ | $-70862$ | $+40\ 7538$ | $+1635\ 3807$ | $-46\ 9103$ | $-13383$ |
| 22 | $-84243$ | $-3764\ 7068$ | $-1635\ 7115$ | $+3764\ 7784$ | $-70876$ | $+40\ 7480$ | $+1635\ 5465$ | $-46\ 9057$ | $-13386$ |
| 23 | $-84262$ | $-3765\ 1295$ | $-1635\ 8953$ | $+3765\ 2013$ | $-70892$ | $+40\ 8014$ | $+1635\ 7301$ | $-46\ 9606$ | $-13389$ |
| 24 | $-84285$ | $-3765\ 6417$ | $-1636\ 1180$ | $+3765\ 7137$ | $-70912$ | $+40\ 8986$ | $+1635\ 9524$ | $-47\ 0594$ | $-13393$ |
| 25 | $-84313$ | $-3766\ 2748$ | $-1636\ 3930$ | $+3766\ 3469$ | $-70936$ | $+41\ 0186$ | $+1636\ 2269$ | $-47\ 1815$ | $-13397$ |
| 26 | $-84348$ | $-3767\ 0420$ | $-1636\ 7262$ | $+3767\ 1143$ | $-70964$ | $+41\ 1377$ | $+1636\ 5596$ | $-47\ 3030$ | $-13403$ |
| 27 | $-84388$ | $-3767\ 9373$ | $-1637\ 1149$ | $+3768\ 0098$ | $-70998$ | $+41\ 2317$ | $+1636\ 9479$ | $-47\ 4000$ | $-13409$ |
| 28 | $-84433$ | $-3768\ 9352$ | $-1637\ 5481$ | $+3769\ 0078$ | $-71036$ | $+41\ 2790$ | $+1637\ 3808$ | $-47\ 4505$ | $-13416$ |
| 29 | $-84480$ | $-3769\ 9923$ | $-1638\ 0069$ | $+3770\ 0649$ | $-71076$ | $+41\ 2632$ | $+1637\ 8397$ | $-47\ 4382$ | $-13424$ |
| 30 | $-84527$ | $-3771\ 0521$ | $-1638\ 4670$ | $+3771\ 1247$ | $-71116$ | $+41\ 1768$ | $+1638\ 3000$ | $-47\ 3554$ | $-13431$ |
| 31 | $-84572$ | $-3772\ 0534$ | $-1638\ 9016$ | $+3772\ 1257$ | $-71153$ | $+41\ 0238$ | $+1638\ 7352$ | $-47\ 2056$ | $-13438$ |
| 32 | $-84612$ | $-3772\ 9406$ | $-1639\ 2868$ | $+3773\ 0126$ | $-71187$ | $+40\ 8198$ | $+1639\ 1211$ | $-47\ 0045$ | $-13445$ |

$\mathbf{M} = \mathbf{NPB}$. Values are in units of $10^{-10}$. Matrix used with GAST (B13–B20). CIP is $\mathcal{X} = \mathbf{M}_{3,1}$, $\mathcal{Y} = \mathbf{M}_{3,2}$.

## MATRIX ELEMENTS FOR CONVERSION FROM
## GCRS TO EQUATOR & CELESTIAL INTERMEDIATE ORIGIN OF DATE
### FOR $0^h$ TERRESTRIAL TIME

| Julian Date | $C_{1,1}-1$ | $C_{1,2}$ | $C_{1,3}$ | $C_{2,1}$ | $C_{2,2}-1$ | $C_{2,3}$ | $C_{3,1}$ | $C_{3,2}$ | $C_{3,3}-1$ |
|---|---|---|---|---|---|---|---|---|---|
| **245** | | | | | | | | | |
| 7708·5 | − 13189 | + 24 | − 1624 1153 | + 727 | − 11 | + 46 2186 | + 1624 1153 | − 46 2187 | − 13199 |
| 7709·5 | − 13197 | + 24 | − 1624 6116 | + 729 | − 11 | + 46 3731 | + 1624 6116 | − 46 3731 | − 13208 |
| 7710·5 | − 13205 | + 24 | − 1625 1073 | + 730 | − 11 | + 46 4181 | + 1625 1073 | − 46 4182 | − 13216 |
| 7711·5 | − 13212 | + 25 | − 1625 5517 | + 729 | − 11 | + 46 3729 | + 1625 5517 | − 46 3730 | − 13223 |
| 7712·5 | − 13218 | + 25 | − 1625 9156 | + 728 | − 11 | + 46 2759 | + 1625 9156 | − 46 2759 | − 13229 |
| 7713·5 | − 13223 | + 25 | − 1626 1928 | + 726 | − 11 | + 46 1694 | + 1626 1928 | − 46 1694 | − 13233 |
| 7714·5 | − 13226 | + 25 | − 1626 3954 | + 725 | − 11 | + 46 0894 | + 1626 3954 | − 46 0895 | − 13236 |
| 7715·5 | − 13228 | + 25 | − 1626 5459 | + 724 | − 11 | + 46 0605 | + 1626 5459 | − 46 0606 | − 13239 |
| 7716·5 | − 13230 | + 25 | − 1626 6718 | + 725 | − 11 | + 46 0949 | + 1626 6718 | − 46 0950 | − 13241 |
| 7717·5 | − 13232 | + 25 | − 1626 8002 | + 726 | − 11 | + 46 1936 | + 1626 8002 | − 46 1936 | − 13243 |
| 7718·5 | − 13235 | + 25 | − 1626 9556 | + 729 | − 11 | + 46 3478 | + 1626 9556 | − 46 3479 | − 13246 |
| 7719·5 | − 13238 | + 25 | − 1627 1567 | + 732 | − 11 | + 46 5415 | + 1627 1567 | − 46 5415 | − 13249 |
| 7720·5 | − 13242 | + 25 | − 1627 4153 | + 735 | − 11 | + 46 7528 | + 1627 4153 | − 46 7529 | − 13253 |
| 7721·5 | − 13248 | + 26 | − 1627 7348 | + 739 | − 11 | + 46 9576 | + 1627 7348 | − 46 9577 | − 13259 |
| 7722·5 | − 13254 | + 26 | − 1628 1097 | + 742 | − 11 | + 47 1320 | + 1628 1097 | − 47 1320 | − 13265 |
| 7723·5 | − 13260 | + 26 | − 1628 5263 | + 744 | − 11 | + 47 2556 | + 1628 5263 | − 47 2557 | − 13272 |
| 7724·5 | − 13268 | + 26 | − 1628 9641 | + 745 | − 11 | + 47 3152 | + 1628 9641 | − 47 3153 | − 13279 |
| 7725·5 | − 13275 | + 26 | − 1629 3988 | + 744 | − 11 | + 47 3065 | + 1629 3988 | − 47 3066 | − 13286 |
| 7726·5 | − 13281 | + 27 | − 1629 8055 | + 743 | − 11 | + 47 2361 | + 1629 8055 | − 47 2362 | − 13292 |
| 7727·5 | − 13287 | + 27 | − 1630 1630 | + 741 | − 11 | + 47 1213 | + 1630 1630 | − 47 1214 | − 13298 |
| 7728·5 | − 13292 | + 27 | − 1630 4574 | + 739 | − 11 | + 46 9891 | + 1630 4574 | − 46 9891 | − 13303 |
| 7729·5 | − 13296 | + 27 | − 1630 6866 | + 737 | − 11 | + 46 8729 | + 1630 6866 | − 46 8730 | − 13307 |
| 7730·5 | − 13299 | + 27 | − 1630 8633 | + 736 | − 11 | + 46 8079 | + 1630 8633 | − 46 8079 | − 13310 |
| 7731·5 | − 13301 | + 27 | − 1631 0161 | + 737 | − 11 | + 46 8229 | + 1631 0161 | − 46 8230 | − 13312 |
| 7732·5 | − 13304 | + 27 | − 1631 1874 | + 738 | − 11 | + 46 9312 | + 1631 1873 | − 46 9313 | − 13315 |
| 7733·5 | − 13308 | + 27 | − 1631 4241 | + 741 | − 11 | + 47 1213 | + 1631 4241 | − 47 1213 | − 13319 |
| 7734·5 | − 13313 | + 27 | − 1631 7631 | + 745 | − 11 | + 47 3536 | + 1631 7631 | − 47 3537 | − 13324 |
| 7735·5 | − 13321 | + 28 | − 1632 2143 | + 749 | − 11 | + 47 5690 | + 1632 2143 | − 47 5690 | − 13332 |
| 7736·5 | − 13329 | + 28 | − 1632 7523 | + 751 | − 11 | + 47 7086 | + 1632 7523 | − 47 7087 | − 13341 |
| 7737·5 | − 13339 | + 28 | − 1633 3237 | + 752 | − 11 | + 47 7370 | + 1633 3237 | − 47 7371 | − 13350 |
| 7738·5 | − 13348 | + 28 | − 1633 8674 | + 750 | − 11 | + 47 6545 | + 1633 8674 | − 47 6545 | − 13359 |
| 7739·5 | − 13355 | + 29 | − 1634 3363 | + 748 | − 11 | + 47 4926 | + 1634 3363 | − 47 4926 | − 13367 |
| 7740·5 | − 13361 | + 29 | − 1634 7098 | + 744 | − 11 | + 47 2983 | + 1634 7098 | − 47 2984 | − 13373 |
| 7741·5 | − 13366 | + 29 | − 1634 9924 | + 741 | − 11 | + 47 1171 | + 1634 9924 | − 47 1171 | − 13377 |
| 7742·5 | − 13370 | + 29 | − 1635 2061 | + 739 | − 11 | + 46 9818 | + 1635 2061 | − 46 9819 | − 13381 |
| 7743·5 | − 13372 | + 29 | − 1635 3807 | + 738 | − 11 | + 46 9102 | + 1635 3807 | − 46 9103 | − 13383 |
| 7744·5 | − 13375 | + 29 | − 1635 5465 | + 738 | − 11 | + 46 9056 | + 1635 5465 | − 46 9057 | − 13386 |
| 7745·5 | − 13378 | + 29 | − 1635 7301 | + 739 | − 11 | + 46 9605 | + 1635 7301 | − 46 9606 | − 13389 |
| 7746·5 | − 13382 | + 29 | − 1635 9524 | + 740 | − 11 | + 47 0594 | + 1635 9524 | − 47 0594 | − 13393 |
| 7747·5 | − 13386 | + 30 | − 1636 2269 | + 742 | − 11 | + 47 1814 | + 1636 2269 | − 47 1815 | − 13397 |
| 7748·5 | − 13392 | + 30 | − 1636 5596 | + 744 | − 11 | + 47 3030 | + 1636 5596 | − 47 3030 | − 13403 |
| 7749·5 | − 13398 | + 30 | − 1636 9479 | + 746 | − 11 | + 47 4000 | + 1636 9479 | − 47 4000 | − 13409 |
| 7750·5 | − 13405 | + 30 | − 1637 3809 | + 747 | − 11 | + 47 4505 | + 1637 3808 | − 47 4505 | − 13416 |
| 7751·5 | − 13413 | + 30 | − 1637 8397 | + 747 | − 11 | + 47 4381 | + 1637 8397 | − 47 4382 | − 13424 |
| 7752·5 | − 13420 | + 31 | − 1638 3000 | + 745 | − 11 | + 47 3553 | + 1638 3000 | − 47 3554 | − 13431 |
| 7753·5 | − 13427 | + 31 | − 1638 7352 | + 743 | − 11 | + 47 2055 | + 1638 7352 | − 47 2056 | − 13438 |
| 7754·5 | − 13434 | + 31 | − 1639 1211 | + 740 | − 11 | + 47 0045 | + 1639 1211 | − 47 0045 | − 13445 |

Values are in units of $10^{-10}$. Matrix used with ERA (B21–B24). CIP is $\mathcal{X} = C_{3,1}$, $\mathcal{Y} = C_{3,2}$

## The Celestial Intermediate Reference System

The IAU 2000 and 2006 resolutions very precisely define the Celestial Intermediate Reference System by the direction of its pole (CIP) and the location of its origin of right ascension (CIO) at any date in the Geocentric Celestial Reference System (GCRS). This system is often denoted as the "equator and CIO of date" which has the same pole and equator as the equator and equinox of date, however, they have different origins for right ascension. This section includes the transformations using both origins and the relationships between them.

## Pole of the Celestial Intermediate Reference System

The direction of the celestial intermediate pole (CIP), which is the pole of the Celestial Intermediate Reference System (the true celestial pole of date), at any instant is defined by the transformation from the GCRS that involves the rotations for frame bias and precession-nutation.

The unit vector components of the CIP (in radians) are given by elements one and two from the third row of the following rotation matrices, namely

$$\mathcal{X} = \mathbf{C}_{3,1} = \mathbf{M}_{3,1} \quad \text{and} \quad \mathcal{Y} = \mathbf{C}_{3,2} = \mathbf{M}_{3,2}$$

and the equations for calculating $\mathbf{C}$ are given on page B49, while those for $\mathbf{M}$ are given on page B50. Alternatively, $\mathcal{X}$ and $\mathcal{Y}$ may be calculated directly using

$$\mathcal{X} = \sin \epsilon \sin \psi \cos \bar{\gamma} - (\sin \epsilon \cos \psi \cos \bar{\phi} - \cos \epsilon \sin \bar{\phi}) \sin \bar{\gamma}$$
$$\mathcal{Y} = \sin \epsilon \sin \psi \sin \bar{\gamma} + (\sin \epsilon \cos \psi \cos \bar{\phi} - \cos \epsilon \sin \bar{\phi}) \cos \bar{\gamma}$$

where $\bar{\gamma}$, $\bar{\phi}$, $\psi$ and $\epsilon$ include the effects of frame bias, precession and nutation (see page B56). $\mathcal{X}$ and $\mathcal{Y}$ are tabulated, in radians, at $0^h$ TT on even pages B30–B44, on odd pages B31–B45, and in arcseconds on pages B58–B65. The equations above may also be used to calculate the coordinates of the mean pole by ignoring nutation, that is by replacing $\psi$ by $\bar{\psi}$ and $\epsilon$ by $\epsilon_A$.

The position ($\mathcal{X}$, $\mathcal{Y}$) of the CIP, expressed in arcseconds, accurate to $0\rlap{.}{''}0001$, may also be calculated from the following series expansions,

$$\mathcal{X} = -0\rlap{.}{''}016\,617 + 2004\rlap{.}{''}191\,898\,T - 0\rlap{.}{''}429\,7829\,T^2$$
$$- 0\rlap{.}{''}198\,618\,34\,T^3 + 7\rlap{.}{''}578 \times 10^{-6}\,T^4 + 5\rlap{.}{''}9285 \times 10^{-6}\,T^5$$
$$+ \sum_{j,i} [(a_{s,j})_i\,T^j\,\sin(\text{ARGUMENT}) + (a_{c,j})_i\,T^j\,\cos(\text{ARGUMENT})] + \cdots$$

$$\mathcal{Y} = -0\rlap{.}{''}006\,951 - 0\rlap{.}{''}025\,896\,T - 22\rlap{.}{''}407\,2747\,T^2$$
$$+ 0\rlap{.}{''}001\,900\,59\,T^3 + 0\rlap{.}{''}001\,112\,526\,T^4 + 0\rlap{.}{''}1358 \times 10^{-6}\,T^5$$
$$+ \sum_{j,i} [(b_{c,j})_i\,T^j\,\cos(\text{ARGUMENT}) + (b_{s,j})_i\,T^j\,\sin(\text{ARGUMENT})] + \cdots$$

where $T$ is measured in TT Julian centuries from J2000·0 and the coefficients and arguments may be downloaded from the CDS (see *The Astronomical Almanac Online* for the web link).

## Approximate formulae for the Celestial Intermediate Pole

The following formulae may be used to compute $\mathcal{X}$ and $\mathcal{Y}$ to a precision of $0\rlap{.}{''}3$ during 2016:

$$\mathcal{X} = 320\rlap{.}{''}55 + 0\rlap{.}{''}0549\,d \qquad\qquad \mathcal{Y} = -0\rlap{.}{''}58$$
$$- 6\rlap{.}{''}8 \sin \Omega - 0\rlap{.}{''}5 \sin 2L \qquad\qquad + 9\rlap{.}{''}2 \cos \Omega + 0\rlap{.}{''}6 \cos 2L$$

where $\Omega = 175\rlap{.}°7 - 0\cdot053\,d$, $L = 279\rlap{.}°1 + 0\cdot986\,d$ and $d$ is the day of the year and fraction of the day in the TT time scale.

**Origin of the Celestial Intermediate Reference System**

The CIO locator $s$, positions the celestial intermediate origin (CIO) on the equator of the Celestial Intermediate Reference System. It is the difference in the right ascension of the node of the equators in the GCRS and the Celestial Intermediate Reference System (see page B9). The CIO locator $s$ is tabulated daily at $0^h$ TT, in arcseconds, on pages B58–B65.

The location of the CIO may be represented by $s + \mathcal{X}\mathcal{Y}/2$, the series of which is downloadable from the CDS (see *The Astronomical Almanac Online* for the web link). However, the definition below includes all terms exceeding $0.5\mu$as during the interval 1975–2025.

$$
\begin{aligned}
s = {} & -\mathcal{X}\mathcal{Y}/2 + 94'' \times 10^{-6} + \sum_k C_k \sin A_k \\
& + (+0.''003\ 808\ 65 + 1.''73 \times 10^{-6} \sin \Omega + 3.''57 \times 10^{-6} \cos 2\Omega)\ T \\
& + (-0.''000\ 122\ 68 + 743.''52 \times 10^{-6} \sin \Omega - 8.''85 \times 10^{-6} \sin 2\Omega \\
& \qquad + 56.''91 \times 10^{-6} \sin 2(F - D + \Omega) + 9.''84 \times 10^{-6} \sin 2(F + \Omega))\ T^2 \\
& - 0.''072\ 574\ 11\ T^3 + 27.''98 \times 10^{-6}\ T^4 + 15.''62 \times 10^{-6}\ T^5
\end{aligned}
$$

| | Terms for $C_k \sin A_k$ | | | | |
|---|---|---|---|---|---|
| $k$ | Argument $A_k$ | Coefficient $C_k$ ('') | $k$ | Argument $A_k$ | Coefficient $C_k$ ('') |
| 1 | $\Omega$ | $-0.002\ 640\ 73$ | 7 | $2F + \Omega$ | $-0.000\ 001\ 98$ |
| 2 | $2\Omega$ | $-0.000\ 063\ 53$ | 8 | $3\Omega$ | $+0.000\ 001\ 72$ |
| 3 | $2F - 2D + 3\Omega$ | $-0.000\ 011\ 75$ | 9 | $l' + \Omega$ | $+0.000\ 001\ 41$ |
| 4 | $2F - 2D + \Omega$ | $-0.000\ 011\ 21$ | 10 | $l' - \Omega$ | $+0.000\ 001\ 26$ |
| 5 | $2F - 2D + 2\Omega$ | $+0.000\ 004\ 57$ | 11 | $l + \Omega$ | $+0.000\ 000\ 63$ |
| 6 | $2F + 3\Omega$ | $-0.000\ 002\ 02$ | 12 | $l - \Omega$ | $+0.000\ 000\ 63$ |

$\mathcal{X}, \mathcal{Y}$ (expressed in radians) is the position of the CIP at the required TT instant. The coefficients and arguments ($C_k, A_k$) are tabulated above and the expressions for the fundamental arguments are

$$
\begin{aligned}
l &= 134°.963\ 402\ 51 + 1\ 717\ 915\ 923.''2178T + 31.''8792T^2 + 0.''051\ 635T^3 - 0.''000\ 244\ 70T^4 \\
l' &= 357°.529\ 109\ 18 + 129\ 596\ 581.''0481T - 0.''5532T^2 + 0.''000\ 136T^3 - 0.''000\ 011\ 49T^4 \\
F &= 93°.272\ 090\ 62 + 1\ 739\ 527\ 262.''8478T - 12.''7512T^2 - 0.''001\ 037T^3 + 0.''000\ 004\ 17T^4 \\
D &= 297°.850\ 195\ 47 + 1\ 602\ 961\ 601.''2090T - 6.''3706T^2 + 0.''006\ 593T^3 - 0.''000\ 031\ 69T^4 \\
\Omega &= 125°.044\ 555\ 01 - 6\ 962\ 890.''5431T + 7.''4722T^2 + 0.''007\ 702T^3 - 0.''000\ 059\ 39T^4
\end{aligned}
$$

where $T$ is the interval in TT Julian centuries from J2000·0 and is used in both the fundamental arguments and the expression for $s$ itself.

These fundamental arguments are also used with the series expression for the complementary terms of the equation of the equinoxes (see page B10).

**Approximate position of the Celestial Intermediate Origin**

The CIO locator $s$ may be ignored (i.e. set $s = 0$) in the interval 1963 to 2031 if accuracies no better than $0.''01$ are acceptable.

During 2016, $s + \mathcal{X}\mathcal{Y}/2$ may be computed to a precision of $6 \times 10^{-5}$ arcseconds from

$$
s + \mathcal{X}\mathcal{Y}/2 = 0.''000\ 40 - 0.''0026 \sin(175°.7 - 0.053\,d) - 0.''0001 \sin(351°.3 - 0.106\,d)
$$

where $\mathcal{X}$ and $\mathcal{Y}$ are expressed in radians (page B46 gives an approximation) and $d$ is the day of the year and fraction of the day in the TT time scale.

## Reduction from the GCRS

The transformation from the GCRS to the terrestrial reference system applies rotations for frame bias, the effects of precession and nutation, and Earth rotation. It is only the origin of right ascension and whether ERA or GAST is used to obtain a position with respect to the terrestrial system, that differ.

The following shows the matrix transformations to both the Celestial Intermediate Reference System (based on the CIP and CIO) and the traditional equator and equinox of date system (based on the CIP and equinox). This is followed by considering frame bias, precession, nutation, and the angles and rotations that represent these effects.

### Summary of the CIP and the relationships between various origins

The CIP is the pole of both the Celestial Intermediate Reference System and the system of the the equator and equinox of date. The transformation from the GCRS to either of these systems and to the Terrestrial Intermediate Reference System may be represented by

$$\mathcal{R}_\beta = \mathbf{R}_3(-\beta)\,\mathcal{R}_\Sigma$$

where the matrix $\mathcal{R}_\Sigma$ transforms position vectors from the GCRS equator and origin (see diagram on page B9) to the "of date" system defined by the CIP and $\beta$ determines the origin to be used and thus the method (see Capitaine, N., and Wallace, P.T., *Astron. Astrophys.*, **450**, 855-872, 2006). Thus listing the matrix relationships by method (i.e. value of $\beta$) gives:

| CIO Method | Equinox Method |
|---|---|
| $\beta = s$ | $\beta = s - E_o$ |
| $\mathcal{R}_\beta = \mathbf{R}_3(-s)\,\mathcal{R}_\Sigma$ | $\mathcal{R}_\beta = \mathbf{R}_3(-s + E_o)\,\mathcal{R}_\Sigma$ |
| $= \mathbf{C}$ | $= \mathbf{M} \equiv \mathbf{NPB}$ |

where $s$ is the CIO locator (see page B47), $E_o$ is the equation of the origins (see page B10), and the matrices $\mathbf{C}$, $\mathcal{R}_\Sigma$ and $\mathbf{M}$ are defined on pages B49 and B50, respectively.

When $\beta$ includes the Earth rotation angle, or Greenwich apparent sidereal time, then coordinates with respect to the terrestrial intermediate origin are the result. Finally, longitude may be included, then the coordinates will be relative to the observers prime meridian.

| CIO Method | Equinox Method |
|---|---|
| $\beta = s - \theta - \lambda$ | $\beta = s - E_o - \text{GAST} - \lambda$ |
| $\mathcal{R}_\beta = \mathbf{R}_3(\lambda + \theta - s)\,\mathcal{R}_\Sigma$ | $\mathcal{R}_\beta = \mathbf{R}_3(\lambda + \text{GAST} - s + E_o)\,\mathcal{R}_\Sigma$ |
| $= \mathbf{R}_3(\lambda + \theta)\,\mathbf{C}$ | $= \mathbf{R}_3(\lambda + \text{GAST})\,\mathbf{M}$ |
| $= \mathbf{Q}$ | $= \mathbf{Q}$ |

where east longitudes are positive. The above ignores the small corrections for polar motion that are required in the reduction of very precise observations; they are (i) alignment of the terrestrial intermediate origin onto the longitude origin ($\lambda_{\text{ITRS}} = 0$) of the International Terrestrial Reference System, and (ii) for the positioning of the CIP within ITRS, (see page B84).

The equation of the origins, the relationship between the two systems may be calculated using

$$\mathbf{M} = \mathbf{R}_3(-s + E_o)\,\mathcal{R}_\Sigma \qquad \text{and thus} \qquad E_o = s - \tan^{-1}\frac{\mathbf{M}_j \cdot \mathcal{R}_{\Sigma_i}}{\mathbf{M}_i \cdot \mathcal{R}_{\Sigma_i}}$$

where $\mathbf{M}_i$ and $\mathbf{M}_j$ are the first two rows of $\mathbf{M}$, $\mathcal{R}_{\Sigma_i}$ is the first row of $\mathcal{R}_\Sigma$ and $\cdot$ denotes the dot or scalar product. See also page B10 for an alternative method.

## CIO method of reduction from the GCRS—rigorous formulae

Given an equatorial geocentric position vector $\mathbf{r}$ of an object with respect to the GCRS, then $\mathbf{r}_i$, its position with respect to the Celestial Intermediate Reference System, is given by

$$\mathbf{r}_i = \mathbf{C}\,\mathbf{r} \qquad \text{and} \qquad \mathbf{r} = \mathbf{C}^{-1}\,\mathbf{r}_i = \mathbf{C}'\,\mathbf{r}_i$$

The matrix $\mathbf{C}$ is tabulated daily at $0^h$ TT on odd numbered pages B31–B45, and is calculated thus

$$\mathbf{C}(\mathcal{X}, \mathcal{Y}, s) = \mathbf{R}_3(-[E+s])\,\mathbf{R}_2(d)\,\mathbf{R}_3(E) = \mathbf{R}_3(-s)\,\mathcal{R}_\Sigma$$

where the quantities $\mathcal{X}$, $\mathcal{Y}$, are the coordinates of the CIP, (expressed in radians), and the relationships between $\mathcal{X}$, $\mathcal{Y}$, $\mathcal{Z}$, $E$ and $d$ are:

$$\mathcal{X} = \sin d \cos E = \mathbf{M}_{3,1} = \mathbf{C}_{3,1} \qquad\qquad E = \tan^{-1}(\mathcal{Y}/\mathcal{X})$$
$$\mathcal{Y} = \sin d \sin E = \mathbf{M}_{3,2} = \mathbf{C}_{3,2}$$
$$\mathcal{Z} = \cos d = \sqrt{(1 - \mathcal{X}^2 - \mathcal{Y}^2)} \qquad d = \tan^{-1}\left(\frac{\mathcal{X}^2 + \mathcal{Y}^2}{1 - \mathcal{X}^2 - \mathcal{Y}^2}\right)^{\frac{1}{2}}$$

$\mathcal{X}$, $\mathcal{Y}$ and $s$ are given on pages B46-B47 and tabulated, in arcseconds, daily at $0^h$ TT on pages B58–B65.

The matrix $\mathbf{C}$ transforms positions to the Celestial Intermediate Reference System, with the CIO being located by the rotation $\mathbf{R}_3(-s)$, and $\mathcal{R}_\Sigma$, the transformation from the GCRS equator to the equator of date being given by

$$\mathcal{R}_\Sigma = \begin{pmatrix} 1 - a\mathcal{X}^2 & -a\mathcal{X}\mathcal{Y} & -\mathcal{X} \\ -a\mathcal{X}\mathcal{Y} & 1 - a\mathcal{Y}^2 & -\mathcal{Y} \\ \mathcal{X} & \mathcal{Y} & 1 - a(\mathcal{X}^2 + \mathcal{Y}^2) \end{pmatrix} = \begin{pmatrix} \mathcal{R}_{\Sigma_i} \\ \mathcal{R}_{\Sigma_k} \times \mathcal{R}_{\Sigma_i} \\ \mathcal{R}_{\Sigma_k} \end{pmatrix}$$

where $a = 1/(1 + \mathcal{Z})$. $\mathcal{R}_{\Sigma_i}$ is the unit vector pointing towards $\Sigma$ (see diagram on page B9) that is obtained from the elements of the first row of $\mathcal{R}_\Sigma$ and similarly $\mathcal{R}_{\Sigma_k}$ is the unit vector pointing towards the CIP. Note that $\mathcal{R}_{\Sigma_k} = \mathbf{M}_k$ (see page B50).

## Approximate reduction from GCRS to the Celestial Intermediate Reference System

The matrix $\mathbf{C}$ given below together with the approximate formulae for $\mathcal{X}$ and $\mathcal{Y}$ on page B46 (expressed in radians) may be used when the resulting position is required to no better than $0\overset{''}{.}3$ during 2016:

$$\mathbf{C} = \begin{pmatrix} 1 - \mathcal{X}^2/2 & 0 & -\mathcal{X} \\ 0 & 1 & -\mathcal{Y} \\ \mathcal{X} & \mathcal{Y} & 1 - \mathcal{X}^2/2 \end{pmatrix}$$

Thus the position vector $\mathbf{r}_i = (x_i, y_i, z_i)$ with respect to the Celestial Intermediate Reference System (equator and CIO of date) may be calculated from the geocentric position vector $\mathbf{r} = (r_x, r_y, r_z)$ with respect to the GCRS using

$$\mathbf{r}_i = \mathbf{C}\,\mathbf{r}$$

therefore using the approximate matrix

$$x_i = (1 - \mathcal{X}^2/2)\,r_x \qquad\qquad\qquad - \mathcal{X}\,r_z$$
$$y_i = \qquad\qquad\qquad r_y \qquad\qquad - \mathcal{Y}\,r_z$$
$$z_i = \qquad\qquad \mathcal{X}\,r_x + \mathcal{Y}\,r_y + (1 - \mathcal{X}^2/2)\,r_z$$

and thus

$$\alpha_i = \tan^{-1}(y_i/x_i) \qquad \delta = \tan^{-1}\left(z_i/\sqrt{(x_i^2 + y_i^2)}\right)$$

where $\alpha_i$, $\delta$, are the intermediate right ascension and declination, and the quadrant of $\alpha_i$ is determined by the signs of $x_i$ and $y_i$.

During 2016, the $\mathcal{X}^2$ term may be dropped without significant loss of accuracy.

**Equinox method of reduction from the GCRS—rigorous formulae**

The reduction from a geocentric position $\mathbf{r}$ with respect to the Geocentric Celestial Reference System (GCRS) to a position $\mathbf{r}_t$ with respect to the equator and equinox of date, and vice versa, is given by:

$$\mathbf{r}_t = \mathbf{M}\,\mathbf{r} \qquad \text{and} \qquad \mathbf{r} = \mathbf{M}^{-1}\,\mathbf{r}_t = \mathbf{M}'\,\mathbf{r}_t$$

Using the 4-rotation Fukushima-Willams (F-W) method, the rotation matrix $\mathbf{M}$ may be written as

$$\mathbf{M} = \mathbf{R}_1(-[\epsilon_A + \Delta\epsilon])\,\mathbf{R}_3(-[\bar{\psi} + \Delta\psi])\,\mathbf{R}_1(\bar{\phi})\,\mathbf{R}_3(\bar{\gamma}) = \begin{pmatrix} \mathbf{M}_i \\ \mathbf{M}_j \\ \mathbf{M}_k \end{pmatrix} = \mathbf{N}\,\mathbf{P}\,\mathbf{B}$$

where the angles $\bar{\gamma}$, $\bar{\phi}$, $\bar{\psi}$ combine the frame bias with the effects of precession (see page B56). Nutation is applied by adding the nutations in longitude ($\Delta\psi$) and obliquity ($\Delta\epsilon$) (see page B55) to $\bar{\psi}$ and $\epsilon_A$, respectively. Pages B50–B56 give the formulae for calculating the matrices $\mathbf{B}$, $\mathbf{P}$ and $\mathbf{N}$ individually using the traditional angles and rotations.

The elements of the rows of $\mathbf{M}$ represent unit vectors pointing in the directions of the $x$, $y$ and $z$ axes of the equator and equinox of date system. Thus the elements of the first row are the components of the unit vector in the direction of the true equinox,

$$\mathbf{M}_i = \begin{pmatrix} \mathbf{M}_{1,1} \\ \mathbf{M}_{1,2} \\ \mathbf{M}_{1,3} \end{pmatrix} = \begin{pmatrix} \cos\psi\cos\bar{\gamma} + \sin\psi\cos\bar{\phi}\sin\bar{\gamma} \\ \cos\psi\sin\bar{\gamma} - \sin\psi\cos\bar{\phi}\cos\bar{\gamma} \\ -\sin\psi\sin\bar{\phi} \end{pmatrix}$$

The second row of elements defines the unit vector in the direction of the $y$-axis, in the plane $90°$ from the $x$-$z$ plane, i.e. the plane of the equator of date, and is given by

$$\mathbf{M}_j = \mathbf{M}_k \times \mathbf{M}_i$$

$$= \begin{pmatrix} \mathbf{M}_{2,1} \\ \mathbf{M}_{2,2} \\ \mathbf{M}_{2,3} \end{pmatrix} = \begin{pmatrix} \cos\epsilon\sin\psi\cos\bar{\gamma} - (\cos\epsilon\cos\psi\cos\bar{\phi} + \sin\epsilon\sin\bar{\phi})\sin\bar{\gamma} \\ \cos\epsilon\sin\psi\sin\bar{\gamma} + (\cos\epsilon\cos\psi\cos\bar{\phi} + \sin\epsilon\sin\bar{\phi})\cos\bar{\gamma} \\ \cos\epsilon\cos\psi\sin\bar{\phi} - \sin\epsilon\cos\bar{\phi} \end{pmatrix}$$

Lastly, the elements of the third row are the components of the unit vector pointing in the direction of the celestial intermediate pole, thus

$$\mathbf{M}_k = \begin{pmatrix} \mathbf{M}_{3,1} \\ \mathbf{M}_{3,2} \\ \mathbf{M}_{3,3} \end{pmatrix} = \begin{pmatrix} x \\ y \\ z \end{pmatrix} = \begin{pmatrix} \sin\epsilon\sin\psi\cos\bar{\gamma} - (\sin\epsilon\cos\psi\cos\bar{\phi} - \cos\epsilon\sin\bar{\phi})\sin\bar{\gamma} \\ \sin\epsilon\sin\psi\sin\bar{\gamma} + (\sin\epsilon\cos\psi\cos\bar{\phi} - \cos\epsilon\sin\bar{\phi})\cos\bar{\gamma} \\ \sin\epsilon\cos\psi\sin\bar{\phi} + \cos\epsilon\cos\bar{\phi} \end{pmatrix}$$

**Reduction from GCRS to J2000—frame bias—rigorous formulae**

Positions of objects with respect to the GCRS must be rotated to the J2000·0 dynamical system before precession and nutation are applied. Objects whose positions are given with respect to another system, e.g. FK5, may first be transformed to the GCRS before using the methods given here. An GCRS position $\mathbf{r}$ may be transformed to a J2000·0 or FK5 position $\mathbf{r}_0$ and vice versa, as follows,

$$\mathbf{r}_0 = \mathbf{B}\,\mathbf{r} \qquad \text{and} \qquad \mathbf{r} = \mathbf{B}^{-1}\,\mathbf{r}_0 = \mathbf{B}'\,\mathbf{r}_0$$

where $\mathbf{B}$ is the frame bias matrix.

**Reduction from GCRS to J2000—frame bias—rigorous formulae (continued)**

There are two sets of parameters that may be used to generate **B**. There are $\eta_0$, $\xi_0$ and $d\alpha_0$ which appeared in the literature first, or those consistent with the Fukushima-Williams precession parameterization, $\gamma_B$, $\phi_B$ and $\psi_B$.

Offsets of the Pole and Origin at J2000·0

| Rotation From | $\eta_0$ mas | $\xi_0$ mas | $d\alpha_0$ mas | $\gamma_B$ mas | $\phi_B$ mas | $\psi_B$ mas |
|---|---|---|---|---|---|---|
| | | | | F-W IAU 2006 | | |
| GCRS to J2000·0 | − 6·8192 | −16·617 | −14·6 | 52·928 | 6·819 | 41·775 |
| GCRS to FK5 | −19·9 | + 9·1 | −22·9 | | | |

where $\eta_0$, $\xi_0$ are the offsets from the pole together with the shift in right ascension origin ($d\alpha_0$). The IAU 2006 offsets, $\gamma_B$, $\phi_B$ and $\psi_B$ are extracted from the IAU WGPE report and are consistent with F-W method of rotations:

$$\mathbf{B} = \mathbf{R}_3(-\psi_B)\,\mathbf{R}_1(\phi_B)\,\mathbf{R}_3(\gamma_B)$$

Alternatively

$$\mathbf{B} = \mathbf{R}_1(-\eta_0)\,\mathbf{R}_2(\xi_0)\,\mathbf{R}_3(d\alpha_0) \qquad \mathbf{B}^{-1} = \mathbf{R}_3(-d\alpha_0)\,\mathbf{R}_2(-\xi_0)\,\mathbf{R}_1(+\eta_0)$$

where in terms of corrections provided by the IAU 2000 precession-nutation theory, $\delta\epsilon_0 = \eta_0$ and $\xi_0 = -41\cdot775\sin(23° 26' 21\cdot''448) = -16\cdot617$ mas.

Evaluating the matrix for GCRS to J2000·0 gives

$$\mathbf{B} = \begin{pmatrix} +0\cdot9999\ 9999\ 9999\ 9942 & -0\cdot0000\ 0007\ 1 & +0\cdot0000\ 0008\ 056 \\ +0\cdot0000\ 0007\ 1 & +0\cdot9999\ 9999\ 9999\ 9969 & +0\cdot0000\ 0003\ 306 \\ -0\cdot0000\ 0008\ 056 & -0\cdot0000\ 0003\ 306 & +0\cdot9999\ 9999\ 9999\ 9962 \end{pmatrix}$$

where the number of digits is determined by the accuracy of the offsets.

**Approximate reduction from GCRS to J2000**

Since the rotations to orient the GCRS to J2000·0 system are small the following approximate matrix, accurate to $2'' \times 10^{-9}$ ($1 \times 10^{-14}$ radians), may be used:

$$\mathbf{B} = \begin{pmatrix} 1 & d\alpha_0 & -\xi_0 \\ -d\alpha_0 & 1 & -\eta_0 \\ \xi_0 & \eta_0 & 1 \end{pmatrix}$$

where $\eta_0$, $\xi_0$ and $d\alpha_0$ are the offsets of the pole and the origin (expressed in radians) from J2000·0 given in the table above.

**Reduction for precession—rigorous formulae**

Rigorous formulae for the reduction of mean equatorial positions from J2000·0 ($t_0$) to epoch of date $t$, and vice versa, are as follows:

For equatorial rectangular coordinates ($x_0$, $y_0$, $z_0$), or direction cosines ($\mathbf{r}_0$),

$$\mathbf{r}_m = \mathbf{P}\,\mathbf{r}_0 \qquad\qquad \mathbf{r}_0 = \mathbf{P}^{-1}\,\mathbf{r}_m = \mathbf{P}'\mathbf{r}_m$$

where

$$\begin{aligned}\mathbf{P} &= \mathbf{R}_1(-\epsilon_A)\,\mathbf{R}_3(-\psi_J)\,\mathbf{R}_1(\phi_J)\,\mathbf{R}_3(\gamma_J) \\ &= \mathbf{R}_3(\chi_A)\,\mathbf{R}_1(-\omega_A)\,\mathbf{R}_3(-\psi_A)\,\mathbf{R}_1(\epsilon_0) \\ &= \mathbf{R}_3(-z_A)\,\mathbf{R}_2(\theta_A)\,\mathbf{R}_3(-\zeta_A)\end{aligned}$$

and $\mathbf{r}_m$ is the position vector precessed from $t_0$ to the mean equinox at $t$.

The angles given in this section precess positions from J2000·0 to date and therefore do not include the frame bias, which is only needed when positions are with respect to the GCRS.

**Reduction for precession—rigorous formulae (continued)**

For all the precession angles given in this section the time argument $T$ is given by

$$T = (t - 2000 \cdot 0)/100 = (\mathrm{JD_{TT}} - 245\ 1545 \cdot 0)/36\ 525$$

which is a function of TT. Strictly speaking precession angles should be a function of TDB, but this makes no significant difference.

The 4-rotation Fukushima-Williams (F-W) method using angles $\gamma_J$, $\phi_J$, $\psi_J$, and $\epsilon_A$, are

$$\gamma_J = 10\rlap{.}{''}556\ 403\ T + 0\rlap{.}{''}493\ 2044\ T^2 - 0\rlap{.}{''}000\ 312\ 38\ T^3$$
$$- 2\rlap{.}{''}788 \times 10^{-6}\ T^4 + 2\rlap{.}{''}60 \times 10^{-8}\ T^5$$

$$\phi_J = \epsilon_0 - 46\rlap{.}{''}811\ 015\ T + 0\rlap{.}{''}051\ 1269\ T^2 + 0\rlap{.}{''}000\ 532\ 89\ T^3$$
$$- 0\rlap{.}{''}440 \times 10^{-6}\ T^4 - 1\rlap{.}{''}76 \times 10^{-8}\ T^5$$

$$\psi_J = 5038\rlap{.}{''}481\ 507\ T + 1\rlap{.}{''}558\ 4176\ T^2 - 0\rlap{.}{''}000\ 185\ 22\ T^3$$
$$- 26\rlap{.}{''}452 \times 10^{-6}\ T^4 - 1\rlap{.}{''}48 \times 10^{-8}\ T^5$$

$$\epsilon_A = \epsilon_0 - 46\rlap{.}{''}836\ 769\ T - 0\rlap{.}{''}000\ 1831\ T^2 + 0\rlap{.}{''}002\ 003\ 40\ T^3$$
$$- 0\rlap{.}{''}576 \times 10^{-6}\ T^4 - 4\rlap{.}{''}34 \times 10^{-8}\ T^5$$

where $\epsilon_0 = 84\ 381\rlap{.}{''}406 = 23° 26' 21\rlap{.}{''}406$ is the obliquity of the ecliptic with respect to the dynamical equinox at J2000 and $\epsilon_A$ is the obliquity of the ecliptic with respect to the mean equator of date; equivalently

$$\epsilon_A = 23\rlap{.}°439\ 279\ 4444 - 0\rlap{.}°013\ 010\ 213\ 61\ T - 5\rlap{.}°0861 \times 10^{-8}\ T^2$$
$$+ 5\rlap{.}°565 \times 10^{-7}\ T^3 - 1\rlap{.}°6 \times 10^{-10}\ T^4 - 1\rlap{.}°2056 \times 10^{-11}\ T^5$$

The precession matrix for the F-W precession angles, which includes how to incorporate the frame bias and nutation, is described on page B56.

The Capitaine *et al.* method, the formulation of which cleanly separates precession of the equator from precession of the ecliptic, is via the precession angles $\chi_A$, $\omega_A$, $\psi_A$, which are

$$\psi_A = 5038\rlap{.}{''}481\ 507\ T - 1\rlap{.}{''}079\ 0069\ T^2 - 0\rlap{.}{''}001\ 140\ 45\ T^3$$
$$+ 0\rlap{.}{''}000\ 132\ 851\ T^4 - 9\rlap{.}{''}51 \times 10^{-8}\ T^5$$

$$\omega_A = \epsilon_0 - 0\rlap{.}{''}025\ 754\ T + 0\rlap{.}{''}051\ 2623\ T^2 - 0\rlap{.}{''}007\ 725\ 03\ T^3$$
$$- 0\rlap{.}{''}000\ 000\ 467\ T^4 + 33\rlap{.}{''}37 \times 10^{-8}\ T^5$$

$$\chi_A = 10\rlap{.}{''}556\ 403\ T - 2\rlap{.}{''}381\ 4292\ T^2 - 0\rlap{.}{''}001\ 211\ 97\ T^3$$
$$+ 0\rlap{.}{''}000\ 170\ 663\ T^4 - 5\rlap{.}{''}60 \times 10^{-8}\ T^5$$

where the precession matrix using $\chi_A$, $\omega_A$, $\psi_A$ and $\epsilon_0$ is

$$\mathbf{P} = \begin{pmatrix} C_4C_2 - S_2S_4C_3 & C_4S_2C_1 + S_4C_3C_2C_1 - S_1S_4S_3 & C_4S_2S_1 + S_4C_3C_2S_1 + C_1S_4S_3 \\ -S_4C_2 - S_2C_4C_3 & -S_4S_2C_1 + C_4C_3C_2C_1 - S_1C_4S_3 & -S_4S_2S_1 + C_4C_3C_2S_1 + C_1C_4S_3 \\ S_2S_3 & -S_3C_2C_1 - S_1C_3 & -S_3C_2S_1 + C_3C_1 \end{pmatrix}$$

where
$$S_1 = \sin \epsilon_0 \quad S_2 = \sin(-\psi_A) \quad S_3 = \sin(-\omega_A) \quad S_4 = \sin \chi_A$$
$$C_1 = \cos \epsilon_0 \quad C_2 = \cos(-\psi_A) \quad C_3 = \cos(-\omega_A) \quad C_4 = \cos \chi_A$$

The traditional equatorial precession angles $\zeta_A$, $z_A$, $\theta_A$ are

$$\zeta_A = +2\rlap{.}{''}650\ 545 + 2306\rlap{.}{''}083\ 227\ T + 0\rlap{.}{''}298\ 8499\ T^2 + 0\rlap{.}{''}018\ 018\ 28\ T^3$$
$$- 5\rlap{.}{''}971 \times 10^{-6}\ T^4 - 3\rlap{.}{''}173 \times 10^{-7}\ T^5$$

$$z_A = -2\rlap{.}{''}650\ 545 + 2306\rlap{.}{''}077\ 181\ T + 1\rlap{.}{''}092\ 7348\ T^2 + 0\rlap{.}{''}018\ 268\ 37\ T^3$$
$$- 28\rlap{.}{''}596 \times 10^{-6}\ T^4 - 2\rlap{.}{''}904 \times 10^{-7}\ T^5$$

$$\theta_A = 2004\rlap{.}{''}191\ 903\ T - 0\rlap{.}{''}429\ 4934\ T^2 - 0\rlap{.}{''}041\ 822\ 64\ T^3$$
$$- 7\rlap{.}{''}089 \times 10^{-6}\ T^4 - 1\rlap{.}{''}274 \times 10^{-7}\ T^5$$

## Reduction for precession—rigorous formulae (continued)

The precession matrix using $\zeta_A$, $z_A$, $\theta_A$ is

$$\mathbf{P} = \begin{pmatrix} \cos\zeta_A \cos\theta_A \cos z_A - \sin\zeta_A \sin z_A & -\sin\zeta_A \cos\theta_A \cos z_A - \cos\zeta_A \sin z_A & -\sin\theta_A \cos z_A \\ \cos\zeta_A \cos\theta_A \sin z_A + \sin\zeta_A \cos z_A & -\sin\zeta_A \cos\theta_A \sin z_A + \cos\zeta_A \cos z_A & -\sin\theta_A \sin z_A \\ \cos\zeta_A \sin\theta_A & -\sin\zeta_A \sin\theta_A & \cos\theta_A \end{pmatrix}$$

For right ascension and declination in terms of $\zeta_A$, $z_A$, $\theta_A$:

$$\sin(\alpha - z_A)\cos\delta = \sin(\alpha_0 + \zeta_A)\cos\delta_0$$
$$\cos(\alpha - z_A)\cos\delta = \cos(\alpha_0 + \zeta_A)\cos\theta_A \cos\delta_0 - \sin\theta_A \sin\delta_0$$
$$\sin\delta = \cos(\alpha_0 + \zeta_A)\sin\theta_A \cos\delta_0 + \cos\theta_A \sin\delta_0$$

$$\sin(\alpha_0 + \zeta_A)\cos\delta_0 = \sin(\alpha - z_A)\cos\delta$$
$$\cos(\alpha_0 + \zeta_A)\cos\delta_0 = \cos(\alpha - z_A)\cos\theta_A \cos\delta + \sin\theta_A \sin\delta$$
$$\sin\delta_0 = -\cos(\alpha - z_A)\sin\theta_A \cos\delta + \cos\theta_A \sin\delta$$

where $\zeta_A$, $z_A$, $\theta_A$, given above, are angles that serve to specify the position of the mean equator and equinox of date with respect to the mean equator and equinox of J2000·0.

Values of all the angles and the elements of $\mathbf{P}$ for reduction from J2000·0 to epoch and mean equinox of the middle of the year (J2016·5) are as follows:

F-W Precession Angles $\gamma_J$, $\phi_J$, $\psi_J$, and $\epsilon_A$

| | | |
|---|---|---|
| $\gamma_J = +1''76 = +0°000\ 488$ | | $\phi_J = +843\ 73''68 = +23°437\ 134$ |
| $\psi_J = +831''39 = +0°230\ 942$ | | $\epsilon_A = 23°\ 26'\ 13''68 = 23°437\ 133$ |

Precession Angles $\zeta_A$, $z_A$, $\theta_A$     Precession Angles $\psi_A$, $\omega_A$, $\chi_A$

$$\zeta_A = +383''16 = +0°106\ 434 \qquad \psi_A = +831''32 = +0°230\ 922$$
$$z_A = +377''88 = +0°104\ 967 \qquad \omega_A = +843\ 81''40 = +23°439\ 279$$
$$\theta_A = +330''68 = +0°091\ 855 \qquad \chi_A = +1''68 = +0°000\ 466$$

The rotation matrix for precession from J2000·0 to J2016·5 is

$$\mathbf{P} = \begin{pmatrix} +0·999\ 991\ 908 & -0·003\ 689\ 637 & -0·001\ 603\ 177 \\ +0·003\ 689\ 637 & +0·999\ 993\ 193 & -0·000\ 002\ 937 \\ +0·001\ 603\ 177 & -0·000\ 002\ 978 & +0·999\ 998\ 715 \end{pmatrix}$$

The precessional motion of the ecliptic is specified by the inclination ($\pi_A$) and longitude of the node ($\Pi_A$) of the ecliptic of date with respect to the ecliptic and equinox of J2000·0; they are given by:

$$\sin\pi_A \sin\Pi_A = +\ 4''199\ 094\ T + 0''193\ 9873\ T^2 - 0''000\ 224\ 66\ T^3$$
$$- 9''12 \times 10^{-7}\ T^4 + 1''20 \times 10^{-8}\ T^5$$
$$\sin\pi_A \cos\Pi_A = -46''811\ 015\ T + 0''051\ 0283\ T^2 + 0''000\ 524\ 13\ T^3$$
$$- 6''46 \times 10^{-7}\ T^4 - 1''72 \times 10^{-8}\ T^5$$

$\pi_A$ is a small angle, and often $\pi_A$ replaces $\sin\pi_A$.

For epoch J2016·5    $\pi_A = +7''754 = 0°002\ 1539$
$$\Pi_A = 174°\ 50'1 = 174°834$$

## Reduction for precession—approximate formulae

Approximate formulae for the reduction of coordinates and orbital elements referred to the mean equinox and equator or ecliptic of date ($t$) are as follows:

For reduction to J2000·0

$$\alpha_0 = \alpha - M - N \sin \alpha_m \tan \delta_m$$
$$\delta_0 = \delta - N \cos \alpha_m$$
$$\lambda_0 = \lambda - a + b \cos (\lambda + c') \tan \beta_0$$
$$\beta_0 = \beta - b \sin (\lambda + c')$$
$$\Omega_0 = \Omega - a + b \sin (\Omega + c') \cot i_0$$
$$i_0 = i - b \cos (\Omega + c')$$
$$\omega_0 = \omega - b \sin (\Omega + c') \operatorname{cosec} i_0$$

For reduction from J2000·0

$$\alpha = \alpha_0 + M + N \sin \alpha_m \tan \delta_m$$
$$\delta = \delta_0 + N \cos \alpha_m$$
$$\lambda = \lambda_0 + a - b \cos (\lambda_0 + c) \tan \beta$$
$$\beta = \beta_0 + b \sin (\lambda_0 + c)$$
$$\Omega = \Omega_0 + a - b \sin (\Omega_0 + c) \cot i$$
$$i = i_0 + b \cos (\Omega_0 + c)$$
$$\omega = \omega_0 + b \sin (\Omega_0 + c) \operatorname{cosec} i$$

where the subscript zero refers to epoch J2000·0 and $\alpha_m$, $\delta_m$ refer to the mean epoch; with sufficient accuracy:

$$\alpha_m = \alpha - \tfrac{1}{2}(M + N \sin \alpha \tan \delta)$$
$$\delta_m = \delta - \tfrac{1}{2} N \cos \alpha_m$$

or

$$\alpha_m = \alpha_0 + \tfrac{1}{2}(M + N \sin \alpha_0 \tan \delta_0)$$
$$\delta_m = \delta_0 + \tfrac{1}{2} N \cos \alpha_m$$

The precessional constants $M$, $N$, etc., are given by:

$$M = 1\overset{\circ}{.}2811\ 5566\ 89\ T + 0\overset{\circ}{.}0003\ 8655\ 131\ T^2 + 0\overset{\circ}{.}0000\ 1007\ 9625\ T^3$$
$$- 9\overset{\circ}{.}60194 \times 10^{-9}\ T^4 - 1\overset{\circ}{.}68806 \times 10^{-10}\ T^5$$

$$N = 0\overset{\circ}{.}5567\ 1997\ 31\ T - 0\overset{\circ}{.}0001\ 1930\ 372\ T^2 - 0\overset{\circ}{.}0000\ 1161\ 7400\ T^3$$
$$- 1\overset{\circ}{.}96917 \times 10^{-9}\ T^4 - 3\overset{\circ}{.}5389 \times 10^{-11}\ T^5$$

$$a = 1\overset{\circ}{.}3968\ 8783\ 19\ T + 0\overset{\circ}{.}0003\ 0706\ 522\ T^2 + 2\overset{\circ}{.}2122 \times 10^{-8}\ T^3$$
$$- 6\overset{\circ}{.}62694 \times 10^{-9}\ T^4 + 1\overset{\circ}{.}0639 \times 10^{-11}\ T^5$$

$$b = 0\overset{\circ}{.}0130\ 5527\ 03\ T - 0\overset{\circ}{.}0000\ 0930\ 350\ T^2 + 3\overset{\circ}{.}4886 \times 10^{-8}\ T^3$$
$$+ 3\overset{\circ}{.}13889 \times 10^{-11}\ T^4 - 6\overset{\circ}{.}11 \times 10^{-13}\ T^5$$

$$c = 5\overset{\circ}{.}1258\ 9067 + 0\overset{\circ}{.}8189\ 93580\ T + 0\overset{\circ}{.}0001\ 4256\ 094\ T^2 + 2\overset{\circ}{.}971\ 04 \times 10^{-8}\ T^3$$
$$- 2\overset{\circ}{.}480\ 66 \times 10^{-9}\ T^4 + 4\overset{\circ}{.}694 \times 10^{-12}\ T^5$$

$$c' = 5\overset{\circ}{.}1258\ 9067 - 0\overset{\circ}{.}5778\ 94252\ T - 0\overset{\circ}{.}0001\ 6450\ 428\ T^2 + 7\overset{\circ}{.}588\ 19 \times 10^{-9}\ T^3$$
$$+ 4\overset{\circ}{.}146\ 28 \times 10^{-9}\ T^4 - 5\overset{\circ}{.}944 \times 10^{-12}\ T^5$$

Formulae for the reduction from the mean equinox and equator or ecliptic of the middle of year ($t_1$) to date ($t$) are as follows:

$$\alpha = \alpha_1 + \tau(m + n \sin \alpha_1 \tan \delta_1) \qquad \delta = \delta_1 + \tau n \cos \alpha_1$$
$$\lambda = \lambda_1 + \tau(p - \pi \cos (\lambda_1 + 6°) \tan \beta) \qquad \beta = \beta_1 + \tau\pi \sin (\lambda_1 + 6°)$$
$$\Omega = \Omega_1 + \tau(p - \pi \sin (\Omega_1 + 6°) \cot i) \qquad i = i_1 + \tau\pi \cos (\Omega_1 + 6°)$$
$$\omega = \omega_1 + \tau\pi \sin (\Omega_1 + 6°) \operatorname{cosec} i$$

where $\tau = t - t_1$ and $\pi$ is the annual rate of rotation of the ecliptic.

**Reduction for precession—approximate formulae (continued)**

The precessional constants $p$, $m$, etc., are as follows:

| Annual | Epoch J2016·5 | | Epoch J2016·5 |
|---|---|---|---|
| general precession $p = +0°\!\!.013\ 9699$ | | Annual rate of rotation | $\pi = +0°\!\!.000\ 1305$ |
| precession in R.A. $m = +0°\!\!.012\ 8128$ | | Longitude of axis | $\Pi = +174°\!\!.8343$ |
| precession in Dec. $n = +0°\!\!.005\ 5668$ | | $\gamma = 180° - \Pi = +5°\!\!.1657$ |

where $\Pi$ is the longitude of the instantaneous rotation axis of the ecliptic, measured from the mean equinox of date.

**Reduction for nutation—rigorous formulae**

Nutations in longitude $(\Delta\psi)$ and obliquity $(\Delta\epsilon)$ have been calculated using the IAU 2000A series definitions (order of $1\mu$as) with the following adjustments which are required for use at the highest precision with the IAU 2006 precession, viz:

$$\Delta\psi = \Delta\psi_{2000A} + (0·4697\times10^{-6} - 2·7774\times10^{-6}\ T)\ \Delta\psi_{2000A}$$

$$\Delta\epsilon = \Delta\epsilon_{2000A} - 2·7774\times10^{-6}\ T\ \Delta\epsilon_{2000A}$$

where $T$ is measured in Julian centuries from 245 1545·0 TT. $\Delta\psi$ and $\Delta\epsilon$ together with the true obliquity of the ecliptic $(\epsilon)$ are tabulated, daily at $0^h$ TT, on pages B58–B65. Web links are given on page x or on *The Astronomical Almanac Online* for series for evaluating $\Delta\psi_{2000A}$, $\Delta\epsilon_{2000A}$, and $\Delta\psi$, $\Delta\epsilon$.

A mean place $(\mathbf{r}_m)$ may be transformed to a true place $(\mathbf{r}_t)$, and vice versa, as follows:

$$\mathbf{r}_t = \mathbf{N}\ \mathbf{r}_m \qquad \mathbf{r}_m = \mathbf{N}^{-1}\ \mathbf{r}_t = \mathbf{N}'\ \mathbf{r}_t$$

$$\text{where} \qquad \mathbf{N} = \mathbf{R}_1(-\epsilon)\ \mathbf{R}_3(-\Delta\psi)\ \mathbf{R}_1(+\epsilon_A)$$

$$\epsilon = \epsilon_A + \Delta\epsilon$$

and $\epsilon_A$ is given on page B52. The matrix for nutation is given by

$$\mathbf{N} = \begin{pmatrix} \cos\Delta\psi & -\sin\Delta\psi\cos\epsilon_A & -\sin\Delta\psi\sin\epsilon_A \\ \sin\Delta\psi\cos\epsilon & \cos\Delta\psi\cos\epsilon_A\cos\epsilon+\sin\epsilon_A\sin\epsilon & \cos\Delta\psi\sin\epsilon_A\cos\epsilon-\cos\epsilon_A\sin\epsilon \\ \sin\Delta\psi\sin\epsilon & \cos\Delta\psi\cos\epsilon_A\sin\epsilon-\sin\epsilon_A\cos\epsilon & \cos\Delta\psi\sin\epsilon_A\sin\epsilon+\cos\epsilon_A\cos\epsilon \end{pmatrix}$$

**Approximate reduction for nutation**

To first order, the contributions of the nutations in longitude $(\Delta\psi)$ and in obliquity $(\Delta\epsilon)$ to the reduction from mean place to true place are given by:

$$\Delta\alpha = (\cos\epsilon + \sin\epsilon\ \sin\alpha\ \tan\delta)\ \Delta\psi - \cos\alpha\ \tan\delta\ \Delta\epsilon \qquad \Delta\lambda = \Delta\psi$$

$$\Delta\delta = \sin\epsilon\ \cos\alpha\ \Delta\psi + \sin\alpha\ \Delta\epsilon \qquad\qquad\qquad \Delta\beta = 0$$

The following formulae may be used to compute $\Delta\psi$ and $\Delta\epsilon$ to a precision of about $0°\!\!.0002$ $(1'')$ during 2016.

$$\Delta\psi = -0°\!\!.0048\ \sin(175°\!\!.7 - 0·053\ d) \qquad \Delta\epsilon = +0°\!\!.0026\ \cos(175°\!\!.7 - 0·053\ d)$$

$$\qquad -0°\!\!.0004\ \sin(198°\!\!.2 + 1·971\ d) \qquad\qquad +0°\!\!.0002\ \cos(198°\!\!.2 + 1·971\ d)$$

where $d = \text{JD}_{\text{TT}} - 245\ 7387·5$ is the day of the year and fraction; for this precision

$$\epsilon = 23°\!\!.44 \qquad \cos\epsilon = 0·917 \qquad \sin\epsilon = 0·398$$

**Approximate reduction for nutation (continued)**

The corrections to be added to the mean rectangular coordinates $(x, y, z)$ to produce the true rectangular coordinates are given by:

$$\Delta x = -(y\cos\epsilon + z\sin\epsilon)\,\Delta\psi \quad \Delta y = +x\,\Delta\psi\,\cos\epsilon - z\,\Delta\epsilon \quad \Delta z = +x\,\Delta\psi\,\sin\epsilon + y\,\Delta\epsilon$$

where $\Delta\psi$ and $\Delta\epsilon$ are expressed in radians. The corresponding rotation matrix is

$$\mathbf{N} = \begin{pmatrix} 1 & -\Delta\psi\,\cos\epsilon & -\Delta\psi\,\sin\epsilon \\ +\Delta\psi\,\cos\epsilon & 1 & -\Delta\epsilon \\ +\Delta\psi\,\sin\epsilon & +\Delta\epsilon & 1 \end{pmatrix}$$

**Combined reduction for frame bias, precession and nutation—rigorous formulae**

The angles $\bar\gamma$, $\bar\phi$, $\bar\psi$ which combine frame bias with the effects of precession are given by

$$\bar\gamma = -0\rlap{.}''052\,928 + 10\rlap{.}''556\,378\,T + 0\rlap{.}''493\,2044\,T^2 - 0\rlap{.}''000\,312\,38\,T^3$$
$$- 2\rlap{.}''788\times10^{-6}\,T^4 + 2\rlap{.}''60\times10^{-8}\,T^5$$
$$\bar\phi = 84381\rlap{.}''412\,819 - 46\rlap{.}''811\,016\,T + 0\rlap{.}''051\,1268\,T^2 + 0\rlap{.}''000\,532\,89\,T^3$$
$$- 0\rlap{.}''440\times10^{-6}\,T^4 - 1\rlap{.}''76\times10^{-8}\,T^5$$
$$\bar\psi = -0\rlap{.}''041\,775 + 5038\rlap{.}''481\,484\,T + 1\rlap{.}''558\,4175\,T^2 - 0\rlap{.}''000\,185\,22\,T^3$$
$$- 26\rlap{.}''452\times10^{-6}\,T^4 - 1\rlap{.}''48\times10^{-8}\,T^5$$

Nutation (see page B55) is applied by adding the nutations in longitude ($\Delta\psi$) and obliquity ($\Delta\epsilon$) thus

$$\psi = \bar\psi + \Delta\psi \qquad \text{and} \qquad \epsilon = \epsilon_A + \Delta\epsilon$$

Values for $\Delta\psi$ and $\Delta\epsilon$ are tabulated daily on pages B58–B65 with $\epsilon$, the true obliquity of the ecliptic, while $\epsilon_A$ is given on page B52.

Thus the reduction from a geocentric position $\mathbf{r}$ with respect to the GCRS to a position $\mathbf{r}_t$ with respect to the (true) equator and equinox of date, and vice versa, is given by:

$$\mathbf{r}_t = \mathbf{M}\,\mathbf{r} = \mathbf{N}\mathbf{P}\mathbf{B}\,\mathbf{r} \qquad \mathbf{r} = \mathbf{B}^{-1}\,\mathbf{P}^{-1}\,\mathbf{N}^{-1}\,\mathbf{r}_t = \mathbf{B}'\,\mathbf{P}'\,\mathbf{N}'\,\mathbf{r}_t$$

or where
$$\mathbf{M} = \mathbf{R}_1(-\epsilon)\,\mathbf{R}_3(-\psi)\,\mathbf{R}_1(\bar\phi)\,\mathbf{R}_3(\bar\gamma)$$

and the matrices $\mathbf{B}$, $\mathbf{P}$ and $\mathbf{N}$ are defined in the preceding sections. The combined matrix $\mathbf{M}$ (see page B50) is tabulated daily at $0^h$ TT on even numbered pages B30–B44. There should be no significant difference between the various methods of calculating $\mathbf{M}$.

Values for the middle of the year, epoch J2016·5 for $\bar\gamma$, $\bar\phi$, $\bar\psi$, $\epsilon_A$, and the combined bias and precession matrices are

F-W Bias and Precession Angles $\bar\gamma$, $\bar\phi$, $\bar\psi$, and $\epsilon_A$

$$\bar\gamma = +1\rlap{.}''70 = +0\rlap{.}°000\,473 \qquad \bar\phi = +843\,73\rlap{.}''69 = +23\rlap{.}°437\,136$$
$$\bar\psi = +831\rlap{.}''35 = +0\rlap{.}°230\,931 \qquad \epsilon_A = 23°\,26'\,13\rlap{.}''68 = 23\rlap{.}°437\,133$$

$$\mathbf{PB} = \begin{pmatrix} +0·999\,991\,908 & -0·003\,689\,708 & -0·001\,603\,097 \\ +0·003\,689\,708 & +0·999\,993\,193 & -0·000\,002\,904 \\ +0·001\,603\,097 & -0·000\,003\,011 & +0·999\,998\,715 \end{pmatrix}$$

where the combined frame bias and precession matrix has been calculated by ignoring the nutation terms $\Delta\psi$ and $\Delta\epsilon$.

## Approximate reduction for precession and nutation

The following formulae and table may be used for the approximate reduction from the equator and equinox of J2000·0 (or from the GCRS if the small frame bias correction is ignored) to the true equator and equinox of date during 2016:

$$\alpha = \alpha_0 + f + g \sin (G + \alpha_0) \tan \delta_0$$
$$\delta = \delta_0 + g \cos (G + \alpha_0)$$

where the units of the correction to $\alpha_0$ and $\delta_0$ are seconds and arcminutes, respectively.

| Date | | $f$ | $g$ | $g$ | $G$ | Date | | $f$ | $g$ | $g$ | $G$ |
|---|---|---|---|---|---|---|---|---|---|---|---|
| | | s | s | ′ | h  m | | | s | s | ′ | h  m |
| Jan. | −7 | +49·0 | 21·3 | 5·33 | 00 08 | July | 1 | +50·5 | 21·9 | 5·49 | 00 07 |
| | 3 | +49·2 | 21·4 | 5·34 | 00 07 | | 11 | +50·6 | 22·0 | 5·50 | 00 07 |
| | 13* | +49·3 | 21·4 | 5·35 | 00 07 | | 21 | +50·7 | 22·0 | 5·51 | 00 07 |
| | 23 | +49·4 | 21·5 | 5·36 | 00 07 | | 31*† | +50·8 | 22·1 | 5·52 | 00 07 |
| Feb. | 2 | +49·4 | 21·5 | 5·37 | 00 07 | Aug. | 10 | +50·8 | 22·1 | 5·52 | 00 07 |
| | 12 | +49·5 | 21·5 | 5·38 | 00 07 | | 20 | +50·9 | 22·1 | 5·53 | 00 06 |
| | 22* | +49·6 | 21·6 | 5·39 | 00 07 | | 30 | +51·0 | 22·2 | 5·54 | 00 06 |
| Mar. | 3 | +49·6 | 21·6 | 5·39 | 00 07 | Sept. | 9* | +51·0 | 22·2 | 5·54 | 00 06 |
| | 13 | +49·7 | 21·6 | 5·40 | 00 07 | | 19 | +51·1 | 22·2 | 5·55 | 00 06 |
| | 23 | +49·7 | 21·6 | 5·40 | 00 06 | | 29 | +51·1 | 22·2 | 5·55 | 00 06 |
| Apr. | 2* | +49·8 | 21·6 | 5·41 | 00 07 | Oct. | 9 | +51·2 | 22·2 | 5·56 | 00 06 |
| | 12 | +49·8 | 21·7 | 5·41 | 00 07 | | 19* | +51·2 | 22·3 | 5·56 | 00 06 |
| | 22 | +49·9 | 21·7 | 5·42 | 00 07 | | 29 | +51·3 | 22·3 | 5·57 | 00 06 |
| May | 2 | +50·0 | 21·7 | 5·43 | 00 07 | Nov. | 8 | +51·4 | 22·3 | 5·58 | 00 06 |
| | 12* | +50·0 | 21·8 | 5·44 | 00 07 | | 18 | +51·4 | 22·4 | 5·59 | 00 07 |
| | 22 | +50·1 | 21·8 | 5·44 | 00 07 | | 28* | +51·5 | 22·4 | 5·60 | 00 07 |
| June | 1 | +50·2 | 21·8 | 5·45 | 00 07 | Dec. | 8 | +51·6 | 22·4 | 5·61 | 00 07 |
| | 11 | +50·3 | 21·9 | 5·47 | 00 07 | | 18 | +51·7 | 22·5 | 5·62 | 00 07 |
| | 21* | +50·4 | 21·9 | 5·48 | 00 07 | | 28 | +51·8 | 22·5 | 5·63 | 00 07 |
| July | 1 | +50·5 | 21·9 | 5·49 | 00 07 | | 38* | +51·9 | 22·6 | 5·64 | 00 06 |

* 40-day date        † 400-day date for osculation epoch

## Differential precession and nutation

The corrections for differential precession and nutation are given below. These are to be added to the observed differences of the right ascension and declination, $\Delta\alpha$ and $\Delta\delta$, of an object relative to a comparison star to obtain the differences in the mean place for a standard epoch (e.g. J2000·0 or the beginning of the year). The differences $\Delta\alpha$ and $\Delta\delta$ are measured in the sense "object − comparison star", and the corrections are in the same units as $\Delta\alpha$ and $\Delta\delta$.

In the correction to right ascension the same units must be used for $\Delta\alpha$ and $\Delta\delta$.

$$\text{correction to right ascension}\qquad e \tan \delta\, \Delta\alpha - f \sec^2 \delta\, \Delta\delta$$
$$\text{correction to declination}\qquad f\, \Delta\alpha$$

where
$$e = -\cos\alpha\,(nt + \sin\epsilon\,\Delta\psi) - \sin\alpha\,\Delta\epsilon$$
$$f = +\sin\alpha\,(nt + \sin\epsilon\,\Delta\psi) - \cos\alpha\,\Delta\epsilon$$
$$\epsilon = 23°44, \sin\epsilon = 0·3977, \text{ and } n = 0·000\,0972 \text{ radians for epoch J2016·5}$$

$t$ is the time in years *from* the standard epoch *to* the time of observation. $\Delta\psi$, $\Delta\epsilon$ are nutations in longitude and obliquity at the time of observation, *expressed in radians*. $(1'' = 0·000\,004\,8481$ rad$)$.

The errors in arc units caused by using these formulae are of order $10^{-8}\,t^2 \sec^2 \delta$ multiplied by the displacement in arc from the comparison star.

## FOR 0ʰ TERRESTRIAL TIME

| Date 0ʰ TT | NUTATION in Long. $\Delta\psi$ $''$ | NUTATION in Obl. $\Delta\epsilon$ $''$ | True Obl. of Ecliptic $\epsilon$ 23° 26′ $''$ | Julian Date 0ʰ TT 245 | CELESTIAL INTERMEDIATE Pole $\mathcal{X}$ $''$ | CELESTIAL INTERMEDIATE Pole $\mathcal{Y}$ $''$ | Origin $s$ $''$ |
|---|---|---|---|---|---|---|---|
| **Jan. 0** | − 0·7994 | − 9·7588 | 04·1552 | **7387·5** | + 320·2071 | − 10·3419 | + 0·0082 |
| **1** | − 0·8489 | − 9·7407 | 04·1721 | **7388·5** | + 320·2424 | − 10·3239 | + 0·0082 |
| **2** | − 0·9031 | − 9·7347 | 04·1768 | **7389·5** | + 320·2757 | − 10·3180 | + 0·0082 |
| **3** | − 0·9495 | − 9·7401 | 04·1701 | **7390·5** | + 320·3121 | − 10·3236 | + 0·0082 |
| **4** | − 0·9774 | − 9·7548 | 04·1541 | **7391·5** | + 320·3558 | − 10·3384 | + 0·0082 |
| **5** | − 0·9780 | − 9·7750 | 04·1327 | **7392·5** | + 320·4103 | − 10·3588 | + 0·0082 |
| **6** | − 0·9462 | − 9·7959 | 04·1105 | **7393·5** | + 320·4778 | − 10·3800 | + 0·0083 |
| **7** | − 0·8812 | − 9·8120 | 04·0931 | **7394·5** | + 320·5585 | − 10·3963 | + 0·0083 |
| **8** | − 0·7884 | − 9·8176 | 04·0862 | **7395·5** | + 320·6502 | − 10·4022 | + 0·0083 |
| **9** | − 0·6794 | − 9·8081 | 04·0944 | **7396·5** | + 320·7485 | − 10·3931 | + 0·0083 |
| **10** | − 0·5713 | − 9·7814 | 04·1198 | **7397·5** | + 320·8464 | − 10·3668 | + 0·0082 |
| **11** | − 0·4834 | − 9·7390 | 04·1609 | **7398·5** | + 320·9363 | − 10·3247 | + 0·0082 |
| **12** | − 0·4324 | − 9·6866 | 04·2120 | **7399·5** | + 321·0117 | − 10·2726 | + 0·0082 |
| **13** | − 0·4264 | − 9·6329 | 04·2645 | **7400·5** | + 321·0691 | − 10·2191 | + 0·0081 |
| **14** | − 0·4624 | − 9·5873 | 04·3088 | **7401·5** | + 321·1099 | − 10·1737 | + 0·0081 |
| **15** | − 0·5256 | − 9·5576 | 04·3372 | **7402·5** | + 321·1397 | − 10·1441 | + 0·0081 |
| **16** | − 0·5941 | − 9·5472 | 04·3464 | **7403·5** | + 321·1673 | − 10·1337 | + 0·0080 |
| **17** | − 0·6451 | − 9·5543 | 04·3379 | **7404·5** | + 321·2019 | − 10·1410 | + 0·0080 |
| **18** | − 0·6608 | − 9·5729 | 04·3180 | **7405·5** | + 321·2504 | − 10·1597 | + 0·0081 |
| **19** | − 0·6333 | − 9·5941 | 04·2956 | **7406·5** | + 321·3162 | − 10·1811 | + 0·0081 |
| **20** | − 0·5657 | − 9·6086 | 04·2798 | **7407·5** | + 321·3978 | − 10·1959 | + 0·0081 |
| **21** | − 0·4715 | − 9·6091 | 04·2780 | **7408·5** | + 321·4902 | − 10·1968 | + 0·0081 |
| **22** | − 0·3698 | − 9·5921 | 04·2938 | **7409·5** | + 321·5855 | − 10·1801 | + 0·0081 |
| **23** | − 0·2811 | − 9·5578 | 04·3267 | **7410·5** | + 321·6758 | − 10·1462 | + 0·0080 |
| **24** | − 0·2219 | − 9·5107 | 04·3726 | **7411·5** | + 321·7544 | − 10·0993 | + 0·0080 |
| **25** | − 0·2013 | − 9·4570 | 04·4250 | **7412·5** | + 321·8176 | − 10·0459 | + 0·0080 |
| **26** | − 0·2206 | − 9·4037 | 04·4770 | **7413·5** | + 321·8650 | − 9·9928 | + 0·0079 |
| **27** | − 0·2740 | − 9·3569 | 04·5225 | **7414·5** | + 321·8988 | − 9·9461 | + 0·0079 |
| **28** | − 0·3507 | − 9·3207 | 04·5575 | **7415·5** | + 321·9233 | − 9·9099 | + 0·0079 |
| **29** | − 0·4382 | − 9·2970 | 04·5798 | **7416·5** | + 321·9434 | − 9·8863 | + 0·0078 |
| **30** | − 0·5234 | − 9·2858 | 04·5897 | **7417·5** | + 321·9644 | − 9·8752 | + 0·0078 |
| **31** | − 0·5949 | − 9·2852 | 04·5891 | **7418·5** | + 321·9909 | − 9·8747 | + 0·0078 |
| **Feb. 1** | − 0·6434 | − 9·2920 | 04·5810 | **7419·5** | + 322·0264 | − 9·8816 | + 0·0078 |
| **2** | − 0·6629 | − 9·3018 | 04·5699 | **7420·5** | + 322·0735 | − 9·8916 | + 0·0078 |
| **3** | − 0·6509 | − 9·3096 | 04·5609 | **7421·5** | + 322·1331 | − 9·8996 | + 0·0078 |
| **4** | − 0·6100 | − 9·3099 | 04·5592 | **7422·5** | + 322·2042 | − 9·9002 | + 0·0078 |
| **5** | − 0·5481 | − 9·2980 | 04·5699 | **7423·5** | + 322·2838 | − 9·8885 | + 0·0078 |
| **6** | − 0·4790 | − 9·2703 | 04·5963 | **7424·5** | + 322·3662 | − 9·8611 | + 0·0078 |
| **7** | − 0·4208 | − 9·2262 | 04·6391 | **7425·5** | + 322·4444 | − 9·8174 | + 0·0078 |
| **8** | − 0·3927 | − 9·1694 | 04·6946 | **7426·5** | + 322·5106 | − 9·7608 | + 0·0077 |
| **9** | − 0·4087 | − 9·1075 | 04·7553 | **7427·5** | + 322·5593 | − 9·6990 | + 0·0077 |
| **10** | − 0·4717 | − 9·0507 | 04·8107 | **7428·5** | + 322·5893 | − 9·6424 | + 0·0076 |
| **11** | − 0·5710 | − 9·0090 | 04·8512 | **7429·5** | + 322·6049 | − 9·6007 | + 0·0076 |
| **12** | − 0·6843 | − 8·9880 | 04·8709 | **7430·5** | + 322·6147 | − 9·5797 | + 0·0076 |
| **13** | − 0·7860 | − 8·9875 | 04·8701 | **7431·5** | + 322·6292 | − 9·5793 | + 0·0076 |
| **14** | − 0·8550 | − 9·0015 | 04·8548 | **7432·5** | + 322·6565 | − 9·5934 | + 0·0076 |
| **15** | − 0·8814 | − 9·0208 | 04·8343 | **7433·5** | + 322·7008 | − 9·6129 | + 0·0076 |

## FOR 0$^h$ TERRESTRIAL TIME

| Date 0$^h$ TT | NUTATION in Long. $\Delta\psi$ | in Obl. $\Delta\epsilon$ | True Obl. of Ecliptic $\epsilon$ 23° 26′ | Julian Date 0$^h$ TT 245 | CELESTIAL INTERMEDIATE Pole $x$ | $y$ | Origin $s$ |
|---|---|---|---|---|---|---|---|
| | ″ | ″ | ″ | | ″ | ″ | ″ |
| Feb. 15 | − 0·8814 | − 9·0208 | 04·8343 | 7433·5 | + 322·7008 | − 9·6129 | + 0·0076 |
| 16 | − 0·8672 | − 9·0357 | 04·8180 | 7434·5 | + 322·7613 | − 9·6280 | + 0·0076 |
| 17 | − 0·8247 | − 9·0388 | 04·8137 | 7435·5 | + 322·8330 | − 9·6313 | + 0·0076 |
| 18 | − 0·7716 | − 9·0258 | 04·8254 | 7436·5 | + 322·9091 | − 9·6186 | + 0·0076 |
| 19 | − 0·7268 | − 8·9967 | 04·8532 | 7437·5 | + 322·9819 | − 9·5898 | + 0·0076 |
| 20 | − 0·7063 | − 8·9546 | 04·8941 | 7438·5 | + 323·0450 | − 9·5479 | + 0·0075 |
| 21 | − 0·7207 | − 8·9049 | 04·9425 | 7439·5 | + 323·0943 | − 9·4983 | + 0·0075 |
| 22 | − 0·7733 | − 8·8540 | 04·9921 | 7440·5 | + 323·1285 | − 9·4476 | + 0·0075 |
| 23 | − 0·8609 | − 8·8082 | 05·0366 | 7441·5 | + 323·1486 | − 9·4019 | + 0·0074 |
| 24 | − 0·9750 | − 8·7722 | 05·0713 | 7442·5 | + 323·1582 | − 9·3659 | + 0·0074 |
| 25 | − 1·1036 | − 8·7488 | 05·0934 | 7443·5 | + 323·1621 | − 9·3425 | + 0·0074 |
| 26 | − 1·2337 | − 8·7387 | 05·1022 | 7444·5 | + 323·1652 | − 9·3325 | + 0·0074 |
| 27 | − 1·3532 | − 8·7405 | 05·0991 | 7445·5 | + 323·1725 | − 9·3343 | + 0·0074 |
| 28 | − 1·4523 | − 8·7514 | 05·0870 | 7446·5 | + 323·1880 | − 9·3452 | + 0·0074 |
| 29 | − 1·5240 | − 8·7671 | 05·0700 | 7447·5 | + 323·2142 | − 9·3611 | + 0·0074 |
| Mar. 1 | − 1·5656 | − 8·7831 | 05·0528 | 7448·5 | + 323·2525 | − 9·3771 | + 0·0074 |
| 2 | − 1·5779 | − 8·7941 | 05·0404 | 7449·5 | + 323·3024 | − 9·3884 | + 0·0074 |
| 3 | − 1·5667 | − 8·7957 | 05·0376 | 7450·5 | + 323·3617 | − 9·3901 | + 0·0074 |
| 4 | − 1·5424 | − 8·7839 | 05·0481 | 7451·5 | + 323·4263 | − 9·3786 | + 0·0074 |
| 5 | − 1·5198 | − 8·7570 | 05·0737 | 7452·5 | + 323·4903 | − 9·3519 | + 0·0074 |
| 6 | − 1·5164 | − 8·7164 | 05·1131 | 7453·5 | + 323·5466 | − 9·3115 | + 0·0073 |
| 7 | − 1·5485 | − 8·6671 | 05·1610 | 7454·5 | + 323·5889 | − 9·2624 | + 0·0073 |
| 8 | − 1·6256 | − 8·6182 | 05·2087 | 7455·5 | + 323·6133 | − 9·2135 | + 0·0073 |
| 9 | − 1·7449 | − 8·5804 | 05·2451 | 7456·5 | + 323·6208 | − 9·1758 | + 0·0072 |
| 10 | − 1·8887 | − 8·5627 | 05·2616 | 7457·5 | + 323·6186 | − 9·1581 | + 0·0072 |
| 11 | − 2·0299 | − 8·5683 | 05·2547 | 7458·5 | + 323·6172 | − 9·1636 | + 0·0072 |
| 12 | − 2·1418 | − 8·5931 | 05·2287 | 7459·5 | + 323·6275 | − 9·1885 | + 0·0072 |
| 13 | − 2·2081 | − 8·6275 | 05·1929 | 7460·5 | + 323·6559 | − 9·2231 | + 0·0073 |
| 14 | − 2·2280 | − 8·6604 | 05·1587 | 7461·5 | + 323·7027 | − 9·2561 | + 0·0073 |
| 15 | − 2·2132 | − 8·6826 | 05·1353 | 7462·5 | + 323·7634 | − 9·2785 | + 0·0073 |
| 16 | − 2·1832 | − 8·6888 | 05·1278 | 7463·5 | + 323·8302 | − 9·2850 | + 0·0073 |
| 17 | − 2·1579 | − 8·6786 | 05·1367 | 7464·5 | + 323·8951 | − 9·2750 | + 0·0073 |
| 18 | − 2·1541 | − 8·6548 | 05·1592 | 7465·5 | + 323·9516 | − 9·2514 | + 0·0073 |
| 19 | − 2·1826 | − 8·6227 | 05·1900 | 7466·5 | + 323·9952 | − 9·2195 | + 0·0073 |
| 20 | − 2·2475 | − 8·5885 | 05·2230 | 7467·5 | + 324·0244 | − 9·1853 | + 0·0072 |
| 21 | − 2·3467 | − 8·5580 | 05·2522 | 7468·5 | + 324·0399 | − 9·1549 | + 0·0072 |
| 22 | − 2·4729 | − 8·5363 | 05·2726 | 7469·5 | + 324·0447 | − 9·1332 | + 0·0072 |
| 23 | − 2·6153 | − 8·5266 | 05·2810 | 7470·5 | + 324·0429 | − 9·1235 | + 0·0072 |
| 24 | − 2·7615 | − 8·5302 | 05·2761 | 7471·5 | + 324·0397 | − 9·1271 | + 0·0072 |
| 25 | − 2·8988 | − 8·5465 | 05·2586 | 7472·5 | + 324·0398 | − 9·1434 | + 0·0072 |
| 26 | − 3·0169 | − 8·5728 | 05·2310 | 7473·5 | + 324·0476 | − 9·1697 | + 0·0072 |
| 27 | − 3·1080 | − 8·6053 | 05·1972 | 7474·5 | + 324·0662 | − 9·2023 | + 0·0072 |
| 28 | − 3·1684 | − 8·6393 | 05·1619 | 7475·5 | + 324·0969 | − 9·2365 | + 0·0073 |
| 29 | − 3·1987 | − 8·6699 | 05·1300 | 7476·5 | + 324·1396 | − 9·2672 | + 0·0073 |
| 30 | − 3·2036 | − 8·6925 | 05·1062 | 7477·5 | + 324·1924 | − 9·2899 | + 0·0073 |
| 31 | − 3·1921 | − 8·7032 | 05·0941 | 7478·5 | + 324·2518 | − 9·3009 | + 0·0073 |
| Apr. 1 | − 3·1765 | − 8·7002 | 05·0959 | 7479·5 | + 324·3129 | − 9·2981 | + 0·0073 |

## FOR 0$^h$ TERRESTRIAL TIME

| Date | NUTATION | | True Obl. | Julian | CELESTIAL INTERMEDIATE | | |
| | in Long. | in Obl. | of Ecliptic | Date | Pole | | Origin |
| 0$^h$ TT | $\Delta\psi$ | $\Delta\epsilon$ | $\epsilon$ 23° 26′ | 0$^h$ TT 245 | $x$ | $y$ | $s$ |
|---|---|---|---|---|---|---|---|
| | ″ | ″ | ″ | | ″ | ″ | ″ |
| Apr.  1 | − 3·1765 | − 8·7002 | 05·0959 | 7479·5 | + 324·3129 | − 9·2981 | + 0·0073 |
| 2 | − 3·1719 | − 8·6835 | 05·1113 | 7480·5 | + 324·3696 | − 9·2816 | + 0·0073 |
| 3 | − 3·1934 | − 8·6564 | 05·1371 | 7481·5 | + 324·4160 | − 9·2547 | + 0·0073 |
| 4 | − 3·2527 | − 8·6256 | 05·1666 | 7482·5 | + 324·4474 | − 9·2240 | + 0·0073 |
| 5 | − 3·3530 | − 8·6005 | 05·1904 | 7483·5 | + 324·4625 | − 9·1989 | + 0·0072 |
| 6 | − 3·4850 | − 8·5910 | 05·1987 | 7484·5 | + 324·4649 | − 9·1895 | + 0·0072 |
| 7 | − 3·6262 | − 8·6039 | 05·1845 | 7485·5 | + 324·4635 | − 9·2024 | + 0·0072 |
| 8 | − 3·7476 | − 8·6395 | 05·1476 | 7486·5 | + 324·4700 | − 9·2380 | + 0·0073 |
| 9 | − 3·8248 | − 8·6905 | 05·0953 | 7487·5 | + 324·4940 | − 9·2891 | + 0·0073 |
| 10 | − 3·8480 | − 8·7449 | 05·0396 | 7488·5 | + 324·5394 | − 9·3437 | + 0·0073 |
| 11 | − 3·8251 | − 8·7909 | 04·9924 | 7489·5 | + 324·6032 | − 9·3898 | + 0·0074 |
| 12 | − 3·7765 | − 8·8205 | 04·9615 | 7490·5 | + 324·6773 | − 9·4197 | + 0·0074 |
| 13 | − 3·7263 | − 8·8315 | 04·9492 | 7491·5 | + 324·7521 | − 9·4310 | + 0·0074 |
| 14 | − 3·6948 | − 8·8267 | 04·9527 | 7492·5 | + 324·8195 | − 9·4264 | + 0·0074 |
| 15 | − 3·6951 | − 8·8114 | 04·9667 | 7493·5 | + 324·8743 | − 9·4114 | + 0·0074 |
| 16 | − 3·7324 | − 8·7923 | 04·9845 | 7494·5 | + 324·9144 | − 9·3924 | + 0·0074 |
| 17 | − 3·8050 | − 8·7756 | 04·9999 | 7495·5 | + 324·9404 | − 9·3758 | + 0·0074 |
| 18 | − 3·9060 | − 8·7666 | 05·0077 | 7496·5 | + 324·9552 | − 9·3668 | + 0·0074 |
| 19 | − 4·0249 | − 8·7687 | 05·0043 | 7497·5 | + 324·9627 | − 9·3690 | + 0·0074 |
| 20 | − 4·1495 | − 8·7836 | 04·9881 | 7498·5 | + 324·9680 | − 9·3839 | + 0·0074 |
| 21 | − 4·2674 | − 8·8111 | 04·9594 | 7499·5 | + 324·9759 | − 9·4114 | + 0·0074 |
| 22 | − 4·3672 | − 8·8491 | 04·9201 | 7500·5 | + 324·9909 | − 9·4494 | + 0·0074 |
| 23 | − 4·4406 | − 8·8940 | 04·8739 | 7501·5 | + 325·0164 | − 9·4945 | + 0·0075 |
| 24 | − 4·4827 | − 8·9413 | 04·8253 | 7502·5 | + 325·0544 | − 9·5419 | + 0·0075 |
| 25 | − 4·4931 | − 8·9859 | 04·7794 | 7503·5 | + 325·1049 | − 9·5867 | + 0·0075 |
| 26 | − 4·4761 | − 9·0230 | 04·7411 | 7504·5 | + 325·1664 | − 9·6240 | + 0·0076 |
| 27 | − 4·4401 | − 9·0486 | 04·7141 | 7505·5 | + 325·2355 | − 9·6499 | + 0·0076 |
| 28 | − 4·3972 | − 9·0606 | 04·7008 | 7506·5 | + 325·3074 | − 9·6622 | + 0·0076 |
| 29 | − 4·3611 | − 9·0588 | 04·7013 | 7507·5 | + 325·3766 | − 9·6606 | + 0·0076 |
| 30 | − 4·3458 | − 9·0456 | 04·7132 | 7508·5 | + 325·4376 | − 9·6477 | + 0·0076 |
| May  1 | − 4·3628 | − 9·0264 | 04·7312 | 7509·5 | + 325·4858 | − 9·6285 | + 0·0076 |
| 2 | − 4·4174 | − 9·0087 | 04·7477 | 7510·5 | + 325·5190 | − 9·6110 | + 0·0075 |
| 3 | − 4·5055 | − 9·0015 | 04·7535 | 7511·5 | + 325·5388 | − 9·6039 | + 0·0075 |
| 4 | − 4·6116 | − 9·0127 | 04·7411 | 7512·5 | + 325·5514 | − 9·6151 | + 0·0075 |
| 5 | − 4·7107 | − 9·0459 | 04·7066 | 7513·5 | + 325·5668 | − 9·6484 | + 0·0076 |
| 6 | − 4·7754 | − 9·0981 | 04·6531 | 7514·5 | + 325·5957 | − 9·7007 | + 0·0076 |
| 7 | − 4·7867 | − 9·1598 | 04·5901 | 7515·5 | + 325·6459 | − 9·7626 | + 0·0077 |
| 8 | − 4·7425 | − 9·2181 | 04·5305 | 7516·5 | + 325·7181 | − 9·8212 | + 0·0077 |
| 9 | − 4·6581 | − 9·2619 | 04·4855 | 7517·5 | + 325·8064 | − 9·8652 | + 0·0077 |
| 10 | − 4·5594 | − 9·2854 | 04·4606 | 7518·5 | + 325·9004 | − 9·8891 | + 0·0077 |
| 11 | − 4·4725 | − 9·2894 | 04·4554 | 7519·5 | + 325·9898 | − 9·8935 | + 0·0077 |
| 12 | − 4·4162 | − 9·2791 | 04·4643 | 7520·5 | + 326·0671 | − 9·8835 | + 0·0077 |
| 13 | − 4·3995 | − 9·2619 | 04·4803 | 7521·5 | + 326·1287 | − 9·8665 | + 0·0077 |
| 14 | − 4·4220 | − 9·2451 | 04·4958 | 7522·5 | + 326·1746 | − 9·8498 | + 0·0077 |
| 15 | − 4·4770 | − 9·2345 | 04·5052 | 7523·5 | + 326·2077 | − 9·8393 | + 0·0077 |
| 16 | − 4·5539 | − 9·2342 | 04·5042 | 7524·5 | + 326·2320 | − 9·8391 | + 0·0077 |
| 17 | − 4·6399 | − 9·2462 | 04·4909 | 7525·5 | + 326·2525 | − 9·8511 | + 0·0077 |

## FOR 0$^h$ TERRESTRIAL TIME

| Date | NUTATION | | True Obl. | Julian | CELESTIAL INTERMEDIATE | | |
|------|----------|--|-----------|--------|------------------------|--|--|
| | in Long. | in Obl. | of Ecliptic | Date | Pole | | Origin |
| 0$^h$ TT | $\Delta\psi$ | $\Delta\epsilon$ | $\epsilon$ | 0$^h$ TT | $\mathcal{X}$ | $\mathcal{Y}$ | $s$ |
| | | | 23° 26′ | 245 | | | |
| | ″ | ″ | ″ | | ″ | ″ | ″ |
| May 17 | − 4·6399 | − 9·2462 | 04·4909 | 7525·5 | + 326·2525 | − 9·8511 | + 0·0077 |
| 18 | − 4·7225 | − 9·2705 | 04·4653 | 7526·5 | + 326·2745 | − 9·8756 | + 0·0077 |
| 19 | − 4·7898 | − 9·3057 | 04·4288 | 7527·5 | + 326·3024 | − 9·9109 | + 0·0078 |
| 20 | − 4·8325 | − 9·3484 | 04·3848 | 7528·5 | + 326·3402 | − 9·9537 | + 0·0078 |
| 21 | − 4·8445 | − 9·3944 | 04·3376 | 7529·5 | + 326·3901 | − 9·9998 | + 0·0078 |
| 22 | − 4·8240 | − 9·4384 | 04·2923 | 7530·5 | + 326·4529 | − 10·0441 | + 0·0079 |
| 23 | − 4·7742 | − 9·4754 | 04·2540 | 7531·5 | + 326·5275 | − 10·0814 | + 0·0079 |
| 24 | − 4·7030 | − 9·5012 | 04·2269 | 7532·5 | + 326·6106 | − 10·1075 | + 0·0079 |
| 25 | − 4·6221 | − 9·5128 | 04·2140 | 7533·5 | + 326·6975 | − 10·1194 | + 0·0079 |
| 26 | − 4·5460 | − 9·5098 | 04·2158 | 7534·5 | + 326·7827 | − 10·1167 | + 0·0079 |
| 27 | − 4·4888 | − 9·4942 | 04·2300 | 7535·5 | + 326·8604 | − 10·1014 | + 0·0079 |
| 28 | − 4·4622 | − 9·4709 | 04·2521 | 7536·5 | + 326·9259 | − 10·0783 | + 0·0079 |
| 29 | − 4·4722 | − 9·4467 | 04·2750 | 7537·5 | + 326·9769 | − 10·0543 | + 0·0079 |
| 30 | − 4·5168 | − 9·4297 | 04·2907 | 7538·5 | + 327·0141 | − 10·0375 | + 0·0078 |
| 31 | − 4·5844 | − 9·4274 | 04·2918 | 7539·5 | + 327·0420 | − 10·0353 | + 0·0078 |
| June 1 | − 4·6549 | − 9·4445 | 04·2734 | 7540·5 | + 327·0688 | − 10·0524 | + 0·0078 |
| 2 | − 4·7032 | − 9·4807 | 04·2359 | 7541·5 | + 327·1043 | − 10·0888 | + 0·0079 |
| 3 | − 4·7074 | − 9·5300 | 04·1853 | 7542·5 | + 327·1573 | − 10·1383 | + 0·0079 |
| 4 | − 4·6565 | − 9·5816 | 04·1324 | 7543·5 | + 327·2322 | − 10·1902 | + 0·0080 |
| 5 | − 4·5563 | − 9·6235 | 04·0892 | 7544·5 | + 327·3268 | − 10·2324 | + 0·0080 |
| 6 | − 4·4274 | − 9·6467 | 04·0648 | 7545·5 | + 327·4328 | − 10·2560 | + 0·0080 |
| 7 | − 4·2976 | − 9·6482 | 04·0619 | 7546·5 | + 327·5393 | − 10·2579 | + 0·0080 |
| 8 | − 4·1919 | − 9·6314 | 04·0775 | 7547·5 | + 327·6363 | − 10·2415 | + 0·0080 |
| 9 | − 4·1256 | − 9·6033 | 04·1043 | 7548·5 | + 327·7176 | − 10·2137 | + 0·0080 |
| 10 | − 4·1032 | − 9·5722 | 04·1341 | 7549·5 | + 327·7815 | − 10·1828 | + 0·0079 |
| 11 | − 4·1197 | − 9·5455 | 04·1596 | 7550·5 | + 327·8299 | − 10·1562 | + 0·0079 |
| 12 | − 4·1646 | − 9·5280 | 04·1757 | 7551·5 | + 327·8670 | − 10·1389 | + 0·0079 |
| 13 | − 4·2244 | − 9·5228 | 04·1797 | 7552·5 | + 327·8980 | − 10·1338 | + 0·0079 |
| 14 | − 4·2857 | − 9·5301 | 04·1711 | 7553·5 | + 327·9285 | − 10·1412 | + 0·0079 |
| 15 | − 4·3360 | − 9·5488 | 04·1511 | 7554·5 | + 327·9633 | − 10·1600 | + 0·0079 |
| 16 | − 4·3651 | − 9·5759 | 04·1227 | 7555·5 | + 328·0065 | − 10·1873 | + 0·0079 |
| 17 | − 4·3658 | − 9·6074 | 04·0899 | 7556·5 | + 328·0610 | − 10·2191 | + 0·0080 |
| 18 | − 4·3346 | − 9·6384 | 04·0576 | 7557·5 | + 328·1281 | − 10·2503 | + 0·0080 |
| 19 | − 4·2731 | − 9·6637 | 04·0311 | 7558·5 | + 328·2073 | − 10·2759 | + 0·0080 |
| 20 | − 4·1875 | − 9·6784 | 04·0151 | 7559·5 | + 328·2962 | − 10·2909 | + 0·0080 |
| 21 | − 4·0890 | − 9·6790 | 04·0132 | 7560·5 | + 328·3902 | − 10·2919 | + 0·0080 |
| 22 | − 3·9922 | − 9·6642 | 04·0267 | 7561·5 | + 328·4836 | − 10·2774 | + 0·0080 |
| 23 | − 3·9126 | − 9·6354 | 04·0542 | 7562·5 | + 328·5703 | − 10·2489 | + 0·0080 |
| 24 | − 3·8635 | − 9·5971 | 04·0912 | 7563·5 | + 328·6448 | − 10·2109 | + 0·0079 |
| 25 | − 3·8525 | − 9·5561 | 04·1309 | 7564·5 | + 328·7042 | − 10·1701 | + 0·0079 |
| 26 | − 3·8791 | − 9·5205 | 04·1653 | 7565·5 | + 328·7486 | − 10·1346 | + 0·0079 |
| 27 | − 3·9332 | − 9·4976 | 04·1869 | 7566·5 | + 328·7820 | − 10·1119 | + 0·0079 |
| 28 | − 3·9969 | − 9·4925 | 04·1907 | 7567·5 | + 328·8116 | − 10·1069 | + 0·0078 |
| 29 | − 4·0477 | − 9·5059 | 04·1761 | 7568·5 | + 328·8462 | − 10·1204 | + 0·0079 |
| 30 | − 4·0642 | − 9·5336 | 04·1470 | 7569·5 | + 328·8944 | − 10·1483 | + 0·0079 |
| July 1 | − 4·0325 | − 9·5672 | 04·1122 | 7570·5 | + 328·9617 | − 10·1821 | + 0·0079 |
| 2 | − 3·9515 | − 9·5958 | 04·0823 | 7571·5 | + 329·0487 | − 10·2110 | + 0·0079 |

## FOR 0ʰ TERRESTRIAL TIME

| Date 0ʰ TT | NUTATION in Long. $\Delta\psi$ | NUTATION in Obl. $\Delta\epsilon$ | True Obl. of Ecliptic $\epsilon$ 23° 26′ | Julian Date 0ʰ TT 245 | CELESTIAL INTERMEDIATE Pole $x$ | CELESTIAL INTERMEDIATE Pole $y$ | Origin $s$ |
|---|---|---|---|---|---|---|---|
| | ″ | ″ | ″ | | ″ | ″ | ″ |
| July 1 | − 4.0325 | − 9.5672 | 04.1122 | 7570.5 | + 328.9617 | − 10.1821 | + 0.0079 |
| 2 | − 3.9515 | − 9.5958 | 04.0823 | 7571.5 | + 329.0487 | − 10.2110 | + 0.0079 |
| 3 | − 3.8342 | − 9.6097 | 04.0671 | 7572.5 | + 329.1502 | − 10.2254 | + 0.0079 |
| 4 | − 3.7039 | − 9.6034 | 04.0721 | 7573.5 | + 329.2569 | − 10.2194 | + 0.0079 |
| 5 | − 3.5866 | − 9.5769 | 04.0973 | 7574.5 | + 329.3584 | − 10.1933 | + 0.0079 |
| 6 | − 3.5032 | − 9.5355 | 04.1375 | 7575.5 | + 329.4467 | − 10.1522 | + 0.0079 |
| 7 | − 3.4640 | − 9.4872 | 04.1845 | 7576.5 | + 329.5173 | − 10.1042 | + 0.0078 |
| 8 | − 3.4689 | − 9.4403 | 04.2301 | 7577.5 | + 329.5704 | − 10.0575 | + 0.0078 |
| 9 | − 3.5091 | − 9.4014 | 04.2677 | 7578.5 | + 329.6094 | − 10.0187 | + 0.0078 |
| 10 | − 3.5716 | − 9.3744 | 04.2935 | 7579.5 | + 329.6395 | − 9.9918 | + 0.0077 |
| 11 | − 3.6417 | − 9.3606 | 04.3060 | 7580.5 | + 329.6665 | − 9.9781 | + 0.0077 |
| 12 | − 3.7061 | − 9.3592 | 04.3061 | 7581.5 | + 329.6958 | − 9.9768 | + 0.0077 |
| 13 | − 3.7534 | − 9.3676 | 04.2963 | 7582.5 | + 329.7318 | − 9.9854 | + 0.0077 |
| 14 | − 3.7754 | − 9.3821 | 04.2806 | 7583.5 | + 329.7778 | − 10.0000 | + 0.0077 |
| 15 | − 3.7677 | − 9.3979 | 04.2635 | 7584.5 | + 329.8357 | − 10.0160 | + 0.0077 |
| 16 | − 3.7296 | − 9.4100 | 04.2502 | 7585.5 | + 329.9057 | − 10.0284 | + 0.0078 |
| 17 | − 3.6654 | − 9.4133 | 04.2456 | 7586.5 | + 329.9860 | − 10.0320 | + 0.0078 |
| 18 | − 3.5845 | − 9.4037 | 04.2538 | 7587.5 | + 330.0731 | − 10.0228 | + 0.0077 |
| 19 | − 3.5002 | − 9.3789 | 04.2774 | 7588.5 | + 330.1616 | − 9.9982 | + 0.0077 |
| 20 | − 3.4288 | − 9.3390 | 04.3160 | 7589.5 | + 330.2450 | − 9.9587 | + 0.0077 |
| 21 | − 3.3858 | − 9.2876 | 04.3661 | 7590.5 | + 330.3172 | − 9.9076 | + 0.0077 |
| 22 | − 3.3820 | − 9.2314 | 04.4210 | 7591.5 | + 330.3738 | − 9.8515 | + 0.0076 |
| 23 | − 3.4195 | − 9.1788 | 04.4724 | 7592.5 | + 330.4139 | − 9.7990 | + 0.0076 |
| 24 | − 3.4902 | − 9.1380 | 04.5119 | 7593.5 | + 330.4408 | − 9.7584 | + 0.0075 |
| 25 | − 3.5769 | − 9.1148 | 04.5338 | 7594.5 | + 330.4613 | − 9.7353 | + 0.0075 |
| 26 | − 3.6570 | − 9.1107 | 04.5366 | 7595.5 | + 330.4843 | − 9.7313 | + 0.0075 |
| 27 | − 3.7092 | − 9.1222 | 04.5238 | 7596.5 | + 330.5183 | − 9.7429 | + 0.0075 |
| 28 | − 3.7188 | − 9.1418 | 04.5030 | 7597.5 | + 330.5693 | − 9.7626 | + 0.0075 |
| 29 | − 3.6823 | − 9.1595 | 04.4839 | 7598.5 | + 330.6386 | − 9.7806 | + 0.0075 |
| 30 | − 3.6082 | − 9.1662 | 04.4760 | 7599.5 | + 330.7229 | − 9.7877 | + 0.0075 |
| 31 | − 3.5150 | − 9.1555 | 04.4854 | 7600.5 | + 330.8149 | − 9.7773 | + 0.0075 |
| Aug. 1 | − 3.4258 | − 9.1255 | 04.5141 | 7601.5 | + 330.9053 | − 9.7476 | + 0.0075 |
| 2 | − 3.3621 | − 9.0793 | 04.5590 | 7602.5 | + 330.9857 | − 9.7017 | + 0.0075 |
| 3 | − 3.3383 | − 9.0235 | 04.6136 | 7603.5 | + 331.0502 | − 9.6461 | + 0.0074 |
| 4 | − 3.3589 | − 8.9661 | 04.6696 | 7604.5 | + 331.0971 | − 9.5889 | + 0.0074 |
| 5 | − 3.4192 | − 8.9146 | 04.7199 | 7605.5 | + 331.1282 | − 9.5376 | + 0.0073 |
| 6 | − 3.5078 | − 8.8743 | 04.7589 | 7606.5 | + 331.1480 | − 9.4973 | + 0.0073 |
| 7 | − 3.6103 | − 8.8476 | 04.7844 | 7607.5 | + 331.1622 | − 9.4706 | + 0.0073 |
| 8 | − 3.7122 | − 8.8345 | 04.7962 | 7608.5 | + 331.1766 | − 9.4576 | + 0.0073 |
| 9 | − 3.8010 | − 8.8329 | 04.7965 | 7609.5 | + 331.1961 | − 9.4561 | + 0.0073 |
| 10 | − 3.8676 | − 8.8392 | 04.7889 | 7610.5 | + 331.2244 | − 9.4625 | + 0.0073 |
| 11 | − 3.9064 | − 8.8489 | 04.7779 | 7611.5 | + 331.2639 | − 9.4724 | + 0.0073 |
| 12 | − 3.9155 | − 8.8572 | 04.7683 | 7612.5 | + 331.3151 | − 9.4808 | + 0.0073 |
| 13 | − 3.8976 | − 8.8591 | 04.7651 | 7613.5 | + 331.3770 | − 9.4830 | + 0.0073 |
| 14 | − 3.8594 | − 8.8502 | 04.7727 | 7614.5 | + 331.4471 | − 9.4744 | + 0.0073 |
| 15 | − 3.8124 | − 8.8275 | 04.7942 | 7615.5 | + 331.5208 | − 9.4519 | + 0.0073 |
| 16 | − 3.7712 | − 8.7898 | 04.8306 | 7616.5 | + 331.5922 | − 9.4144 | + 0.0072 |

## FOR 0$^h$ TERRESTRIAL TIME

| Date | NUTATION | | True Obl. | Julian | CELESTIAL INTERMEDIATE | | |
| | in Long. | in Obl. | of Ecliptic | Date | Pole | | Origin |
| 0$^h$ TT | $\Delta\psi$ | $\Delta\epsilon$ | $\epsilon$<br>23° 26′ | 0$^h$ TT<br>245 | $x$ | $y$ | $s$ |
| --- | --- | --- | --- | --- | --- | --- | --- |
| | ″ | ″ | ″ | | ″ | ″ | ″ |
| Aug. 16 | − 3·7712 | − 8·7898 | 04·8306 | 7616·5 | + 331·5922 | − 9·4144 | + 0·0072 |
| 17 | − 3·7521 | − 8·7391 | 04·8800 | 7617·5 | + 331·6548 | − 9·3640 | + 0·0072 |
| 18 | − 3·7691 | − 8·6809 | 04·9369 | 7618·5 | + 331·7031 | − 9·3059 | + 0·0071 |
| 19 | − 3·8289 | − 8·6234 | 04·9931 | 7619·5 | + 331·7344 | − 9·2486 | + 0·0071 |
| 20 | − 3·9277 | − 8·5760 | 05·0392 | 7620·5 | + 331·7502 | − 9·2013 | + 0·0071 |
| 21 | − 4·0497 | − 8·5464 | 05·0676 | 7621·5 | + 331·7566 | − 9·1716 | + 0·0070 |
| 22 | − 4·1718 | − 8·5374 | 05·0753 | 7622·5 | + 331·7629 | − 9·1627 | + 0·0070 |
| 23 | − 4·2699 | − 8·5467 | 05·0647 | 7623·5 | + 331·7787 | − 9·1720 | + 0·0070 |
| 24 | − 4·3272 | − 8·5667 | 05·0435 | 7624·5 | + 331·8107 | − 9·1921 | + 0·0070 |
| 25 | − 4·3385 | − 8·5874 | 05·0215 | 7625·5 | + 331·8611 | − 9·2130 | + 0·0071 |
| 26 | − 4·3108 | − 8·5993 | 05·0083 | 7626·5 | + 331·9269 | − 9·2252 | + 0·0071 |
| 27 | − 4·2610 | − 8·5957 | 05·0106 | 7627·5 | + 332·0015 | − 9·2219 | + 0·0071 |
| 28 | − 4·2104 | − 8·5742 | 05·0308 | 7628·5 | + 332·0766 | − 9·2007 | + 0·0070 |
| 29 | − 4·1792 | − 8·5367 | 05·0670 | 7629·5 | + 332·1440 | − 9·1634 | + 0·0070 |
| 30 | − 4·1825 | − 8·4885 | 05·1139 | 7630·5 | + 332·1978 | − 9·1154 | + 0·0070 |
| 31 | − 4·2272 | − 8·4368 | 05·1643 | 7631·5 | + 332·2350 | − 9·0639 | + 0·0069 |
| Sept. 1 | − 4·3119 | − 8·3890 | 05·2108 | 7632·5 | + 332·2564 | − 9·0162 | + 0·0069 |
| 2 | − 4·4279 | − 8·3510 | 05·2476 | 7633·5 | + 332·2653 | − 8·9782 | + 0·0069 |
| 3 | − 4·5621 | − 8·3264 | 05·2709 | 7634·5 | + 332·2669 | − 8·9536 | + 0·0068 |
| 4 | − 4·6999 | − 8·3161 | 05·2799 | 7635·5 | + 332·2670 | − 8·9433 | + 0·0068 |
| 5 | − 4·8279 | − 8·3187 | 05·2760 | 7636·5 | + 332·2709 | − 8·9459 | + 0·0068 |
| 6 | − 4·9357 | − 8·3310 | 05·2625 | 7637·5 | + 332·2828 | − 8·9582 | + 0·0068 |
| 7 | − 5·0167 | − 8·3486 | 05·2436 | 7638·5 | + 332·3054 | − 8·9759 | + 0·0069 |
| 8 | − 5·0683 | − 8·3668 | 05·2241 | 7639·5 | + 332·3397 | − 8·9942 | + 0·0069 |
| 9 | − 5·0918 | − 8·3807 | 05·2090 | 7640·5 | + 332·3851 | − 9·0083 | + 0·0069 |
| 10 | − 5·0928 | − 8·3859 | 05·2024 | 7641·5 | + 332·4396 | − 9·0137 | + 0·0069 |
| 11 | − 5·0802 | − 8·3791 | 05·2080 | 7642·5 | + 332·4995 | − 9·0071 | + 0·0069 |
| 12 | − 5·0668 | − 8·3584 | 05·2274 | 7643·5 | + 332·5598 | − 8·9867 | + 0·0069 |
| 13 | − 5·0671 | − 8·3245 | 05·2600 | 7644·5 | + 332·6147 | − 8·9529 | + 0·0068 |
| 14 | − 5·0958 | − 8·2807 | 05·3025 | 7645·5 | + 332·6583 | − 8·9094 | + 0·0068 |
| 15 | − 5·1635 | − 8·2342 | 05·3478 | 7646·5 | + 332·6863 | − 8·8629 | + 0·0068 |
| 16 | − 5·2723 | − 8·1939 | 05·3867 | 7647·5 | + 332·6981 | − 8·8227 | + 0·0067 |
| 17 | − 5·4117 | − 8·1693 | 05·4101 | 7648·5 | + 332·6976 | − 8·7980 | + 0·0067 |
| 18 | − 5·5601 | − 8·1663 | 05·4118 | 7649·5 | + 332·6935 | − 8·7950 | + 0·0067 |
| 19 | − 5·6904 | − 8·1848 | 05·3920 | 7650·5 | + 332·6964 | − 8·8136 | + 0·0067 |
| 20 | − 5·7801 | − 8·2183 | 05·3572 | 7651·5 | + 332·7155 | − 8·8472 | + 0·0067 |
| 21 | − 5·8196 | − 8·2560 | 05·3182 | 7652·5 | + 332·7545 | − 8·8850 | + 0·0068 |
| 22 | − 5·8141 | − 8·2868 | 05·2861 | 7653·5 | + 332·8114 | − 8·9160 | + 0·0068 |
| 23 | − 5·7811 | − 8·3027 | 05·2689 | 7654·5 | + 332·8794 | − 8·9322 | + 0·0068 |
| 24 | − 5·7429 | − 8·3007 | 05·2697 | 7655·5 | + 332·9495 | − 8·9304 | + 0·0068 |
| 25 | − 5·7206 | − 8·2820 | 05·2871 | 7656·5 | + 333·0132 | − 8·9120 | + 0·0068 |
| 26 | − 5·7297 | − 8·2519 | 05·3159 | 7657·5 | + 333·0646 | − 8·8821 | + 0·0068 |
| 27 | − 5·7780 | − 8·2171 | 05·3494 | 7658·5 | + 333·1004 | − 8·8474 | + 0·0067 |
| 28 | − 5·8651 | − 8·1846 | 05·3806 | 7659·5 | + 333·1207 | − 8·8150 | + 0·0067 |
| 29 | − 5·9841 | − 8·1606 | 05·4034 | 7660·5 | + 333·1283 | − 8·7910 | + 0·0067 |
| 30 | − 6·1233 | − 8·1490 | 05·4137 | 7661·5 | + 333·1279 | − 8·7794 | + 0·0067 |
| Oct. 1 | − 6·2689 | − 8·1517 | 05·4097 | 7662·5 | + 333·1248 | − 8·7820 | + 0·0067 |

## FOR 0$^h$ TERRESTRIAL TIME

| Date 0$^h$ TT | NUTATION in Long. $\Delta\psi$ | in Obl. $\Delta\epsilon$ | True Obl. of Ecliptic $\epsilon$ 23° 26′ | Julian Date 0$^h$ TT 245 | CELESTIAL INTERMEDIATE Pole $x$ | $y$ | Origin $s$ |
|---|---|---|---|---|---|---|---|
| | ″ | ″ | ″ | | ″ | ″ | ″ |
| Oct.  1 | − 6·2689 | − 8·1517 | 05·4097 | 7662·5 | + 333·1248 | − 8·7820 | + 0·0067 |
| 2 | − 6·4072 | − 8·1679 | 05·3922 | 7663·5 | + 333·1247 | − 8·7982 | + 0·0067 |
| 3 | − 6·5266 | − 8·1950 | 05·3639 | 7664·5 | + 333·1319 | − 8·8253 | + 0·0067 |
| 4 | − 6·6195 | − 8·2288 | 05·3287 | 7665·5 | + 333·1497 | − 8·8593 | + 0·0067 |
| 5 | − 6·6820 | − 8·2647 | 05·2916 | 7666·5 | + 333·1796 | − 8·8952 | + 0·0068 |
| 6 | − 6·7151 | − 8·2975 | 05·2574 | 7667·5 | + 333·2212 | − 8·9283 | + 0·0068 |
| 7 | − 6·7233 | − 8·3231 | 05·2306 | 7668·5 | + 333·2727 | − 8·9540 | + 0·0068 |
| 8 | − 6·7148 | − 8·3378 | 05·2146 | 7669·5 | + 333·3308 | − 8·9689 | + 0·0068 |
| 9 | − 6·7007 | − 8·3396 | 05·2115 | 7670·5 | + 333·3913 | − 8·9710 | + 0·0068 |
| 10 | − 6·6937 | − 8·3284 | 05·2215 | 7671·5 | + 333·4490 | − 8·9599 | + 0·0068 |
| 11 | − 6·7073 | − 8·3063 | 05·2423 | 7672·5 | + 333·4985 | − 8·9381 | + 0·0068 |
| 12 | − 6·7529 | − 8·2784 | 05·2689 | 7673·5 | + 333·5354 | − 8·9103 | + 0·0068 |
| 13 | − 6·8363 | − 8·2523 | 05·2937 | 7674·5 | + 333·5572 | − 8·8843 | + 0·0068 |
| 14 | − 6·9538 | − 8·2372 | 05·3075 | 7675·5 | + 333·5653 | − 8·8692 | + 0·0067 |
| 15 | − 7·0897 | − 8·2412 | 05·3022 | 7676·5 | + 333·5661 | − 8·8732 | + 0·0067 |
| 16 | − 7·2183 | − 8·2681 | 05·2741 | 7677·5 | + 333·5698 | − 8·9001 | + 0·0068 |
| 17 | − 7·3117 | − 8·3145 | 05·2263 | 7678·5 | + 333·5873 | − 8·9466 | + 0·0068 |
| 18 | − 7·3515 | − 8·3707 | 05·1689 | 7679·5 | + 333·6261 | − 9·0030 | + 0·0069 |
| 19 | − 7·3361 | − 8·4237 | 05·1146 | 7680·5 | + 333·6869 | − 9·0562 | + 0·0069 |
| 20 | − 7·2815 | − 8·4626 | 05·0744 | 7681·5 | + 333·7634 | − 9·0954 | + 0·0069 |
| 21 | − 7·2128 | − 8·4819 | 05·0539 | 7682·5 | + 333·8455 | − 9·1150 | + 0·0069 |
| 22 | − 7·1557 | − 8·4822 | 05·0523 | 7683·5 | + 333·9230 | − 9·1155 | + 0·0069 |
| 23 | − 7·1289 | − 8·4685 | 05·0647 | 7684·5 | + 333·9886 | − 9·1021 | + 0·0069 |
| 24 | − 7·1419 | − 8·4482 | 05·0837 | 7685·5 | + 334·0384 | − 9·0820 | + 0·0069 |
| 25 | − 7·1948 | − 8·4287 | 05·1019 | 7686·5 | + 334·0723 | − 9·0626 | + 0·0069 |
| 26 | − 7·2812 | − 8·4163 | 05·1130 | 7687·5 | + 334·0928 | − 9·0503 | + 0·0069 |
| 27 | − 7·3897 | − 8·4154 | 05·1127 | 7688·5 | + 334·1045 | − 9·0494 | + 0·0069 |
| 28 | − 7·5068 | − 8·4280 | 05·0987 | 7689·5 | + 334·1128 | − 9·0621 | + 0·0069 |
| 29 | − 7·6188 | − 8·4541 | 05·0714 | 7690·5 | + 334·1230 | − 9·0882 | + 0·0069 |
| 30 | − 7·7138 | − 8·4915 | 05·0327 | 7691·5 | + 334·1399 | − 9·1257 | + 0·0069 |
| 31 | − 7·7828 | − 8·5365 | 04·9865 | 7692·5 | + 334·1672 | − 9·1707 | + 0·0070 |
| Nov.  1 | − 7·8209 | − 8·5843 | 04·9373 | 7693·5 | + 334·2067 | − 9·2187 | + 0·0070 |
| 2 | − 7·8279 | − 8·6300 | 04·8904 | 7694·5 | + 334·2587 | − 9·2646 | + 0·0070 |
| 3 | − 7·8077 | − 8·6689 | 04·8502 | 7695·5 | + 334·3214 | − 9·3037 | + 0·0071 |
| 4 | − 7·7682 | − 8·6972 | 04·8206 | 7696·5 | + 334·3919 | − 9·3323 | + 0·0071 |
| 5 | − 7·7200 | − 8·7126 | 04·8039 | 7697·5 | + 334·4658 | − 9·3480 | + 0·0071 |
| 6 | − 7·6755 | − 8·7148 | 04·8004 | 7698·5 | + 334·5384 | − 9·3505 | + 0·0071 |
| 7 | − 7·6471 | − 8·7054 | 04·8086 | 7699·5 | + 334·6046 | − 9·3413 | + 0·0071 |
| 8 | − 7·6457 | − 8·6883 | 04·8244 | 7700·5 | + 334·6601 | − 9·3244 | + 0·0071 |
| 9 | − 7·6779 | − 8·6697 | 04·8417 | 7701·5 | + 334·7022 | − 9·3059 | + 0·0071 |
| 10 | − 7·7437 | − 8·6573 | 04·8528 | 7702·5 | + 334·7309 | − 9·2937 | + 0·0071 |
| 11 | − 7·8336 | − 8·6593 | 04·8495 | 7703·5 | + 334·7500 | − 9·2958 | + 0·0071 |
| 12 | − 7·9278 | − 8·6815 | 04·8261 | 7704·5 | + 334·7673 | − 9·3180 | + 0·0071 |
| 13 | − 7·9996 | − 8·7247 | 04·7815 | 7705·5 | + 334·7935 | − 9·3613 | + 0·0071 |
| 14 | − 8·0238 | − 8·7830 | 04·7220 | 7706·5 | + 334·8385 | − 9·4198 | + 0·0072 |
| 15 | − 7·9878 | − 8·8446 | 04·6591 | 7707·5 | + 334·9075 | − 9·4816 | + 0·0072 |
| 16 | − 7·8980 | − 8·8959 | 04·6065 | 7708·5 | + 334·9978 | − 9·5333 | + 0·0072 |

## FOR 0$^h$ TERRESTRIAL TIME

| Date 0$^h$ TT | NUTATION in Long. $\Delta\psi$ | NUTATION in Obl. $\Delta\epsilon$ | True Obl. of Ecliptic $\epsilon$ 23° 26′ | Julian Date 0$^h$ TT 245 | CELESTIAL INTERMEDIATE Pole $x$ | CELESTIAL INTERMEDIATE Pole $y$ | Origin $s$ |
|---|---|---|---|---|---|---|---|
| | ″ | ″ | ″ | | ″ | ″ | ″ |
| Nov. 16 | − 7·8980 | − 8·8959 | 04·6065 | 7708·5 | + 334·9978 | − 9·5333 | + 0·0072 |
| 17 | − 7·7783 | − 8·9274 | 04·5738 | 7709·5 | + 335·1002 | − 9·5651 | + 0·0073 |
| 18 | − 7·6590 | − 8·9363 | 04·5636 | 7710·5 | + 335·2024 | − 9·5744 | + 0·0073 |
| 19 | − 7·5666 | − 8·9266 | 04·5720 | 7711·5 | + 335·2941 | − 9·5651 | + 0·0073 |
| 20 | − 7·5160 | − 8·9063 | 04·5910 | 7712·5 | + 335·3692 | − 9·5451 | + 0·0073 |
| 21 | − 7·5104 | − 8·8841 | 04·6119 | 7713·5 | + 335·4263 | − 9·5231 | + 0·0072 |
| 22 | − 7·5434 | − 8·8675 | 04·6272 | 7714·5 | + 335·4681 | − 9·5066 | + 0·0072 |
| 23 | − 7·6033 | − 8·8614 | 04·6320 | 7715·5 | + 335·4992 | − 9·5007 | + 0·0072 |
| 24 | − 7·6760 | − 8·8684 | 04·6238 | 7716·5 | + 335·5251 | − 9·5078 | + 0·0072 |
| 25 | − 7·7471 | − 8·8887 | 04·6022 | 7717·5 | + 335·5516 | − 9·5281 | + 0·0072 |
| 26 | − 7·8042 | − 8·9204 | 04·5692 | 7718·5 | + 335·5837 | − 9·5599 | + 0·0073 |
| 27 | − 7·8374 | − 8·9601 | 04·5282 | 7719·5 | + 335·6252 | − 9·5999 | + 0·0073 |
| 28 | − 7·8408 | − 9·0035 | 04·4835 | 7720·5 | + 335·6785 | − 9·6435 | + 0·0073 |
| 29 | − 7·8127 | − 9·0455 | 04·4402 | 7721·5 | + 335·7444 | − 9·6857 | + 0·0074 |
| 30 | − 7·7559 | − 9·0812 | 04·4033 | 7722·5 | + 335·8217 | − 9·7217 | + 0·0074 |
| Dec. 1 | − 7·6775 | − 9·1064 | 04·3768 | 7723·5 | + 335·9077 | − 9·7472 | + 0·0074 |
| 2 | − 7·5883 | − 9·1183 | 04·3636 | 7724·5 | + 335·9980 | − 9·7595 | + 0·0074 |
| 3 | − 7·5008 | − 9·1162 | 04·3644 | 7725·5 | + 336·0876 | − 9·7577 | + 0·0074 |
| 4 | − 7·4279 | − 9·1014 | 04·3780 | 7726·5 | + 336·1715 | − 9·7432 | + 0·0074 |
| 5 | − 7·3807 | − 9·0774 | 04·4006 | 7727·5 | + 336·2453 | − 9·7195 | + 0·0074 |
| 6 | − 7·3662 | − 9·0499 | 04·4269 | 7728·5 | + 336·3060 | − 9·6922 | + 0·0073 |
| 7 | − 7·3855 | − 9·0258 | 04·4497 | 7729·5 | + 336·3533 | − 9·6682 | + 0·0073 |
| 8 | − 7·4320 | − 9·0122 | 04·4620 | 7730·5 | + 336·3897 | − 9·6548 | + 0·0073 |
| 9 | − 7·4906 | − 9·0152 | 04·4577 | 7731·5 | + 336·4212 | − 9·6579 | + 0·0073 |
| 10 | − 7·5396 | − 9·0374 | 04·4342 | 7732·5 | + 336·4565 | − 9·6803 | + 0·0073 |
| 11 | − 7·5543 | − 9·0764 | 04·3939 | 7733·5 | + 336·5054 | − 9·7195 | + 0·0074 |
| 12 | − 7·5160 | − 9·1241 | 04·3450 | 7734·5 | + 336·5753 | − 9·7674 | + 0·0074 |
| 13 | − 7·4195 | − 9·1682 | 04·2996 | 7735·5 | + 336·6684 | − 9·8118 | + 0·0074 |
| 14 | − 7·2782 | − 9·1965 | 04·2700 | 7736·5 | + 336·7793 | − 9·8406 | + 0·0075 |
| 15 | − 7·1197 | − 9·2020 | 04·2633 | 7737·5 | + 336·8972 | − 9·8465 | + 0·0075 |
| 16 | − 6·9759 | − 9·1845 | 04·2794 | 7738·5 | + 337·0093 | − 9·8294 | + 0·0074 |
| 17 | − 6·8709 | − 9·1507 | 04·3119 | 7739·5 | + 337·1061 | − 9·7961 | + 0·0074 |
| 18 | − 6·8156 | − 9·1104 | 04·3510 | 7740·5 | + 337·1831 | − 9·7560 | + 0·0074 |
| 19 | − 6·8073 | − 9·0728 | 04·3873 | 7741·5 | + 337·2414 | − 9·7186 | + 0·0073 |
| 20 | − 6·8346 | − 9·0447 | 04·4141 | 7742·5 | + 337·2855 | − 9·6907 | + 0·0073 |
| 21 | − 6·8822 | − 9·0298 | 04·4277 | 7743·5 | + 337·3215 | − 9·6759 | + 0·0073 |
| 22 | − 6·9342 | − 9·0287 | 04·4275 | 7744·5 | + 337·3557 | − 9·6750 | + 0·0073 |
| 23 | − 6·9768 | − 9·0399 | 04·4151 | 7745·5 | + 337·3936 | − 9·6863 | + 0·0073 |
| 24 | − 6·9993 | − 9·0601 | 04·3936 | 7746·5 | + 337·4394 | − 9·7067 | + 0·0073 |
| 25 | − 6·9946 | − 9·0851 | 04·3673 | 7747·5 | + 337·4960 | − 9·7319 | + 0·0074 |
| 26 | − 6·9598 | − 9·1099 | 04·3412 | 7748·5 | + 337·5646 | − 9·7570 | + 0·0074 |
| 27 | − 6·8961 | − 9·1296 | 04·3202 | 7749·5 | + 337·6447 | − 9·7770 | + 0·0074 |
| 28 | − 6·8094 | − 9·1397 | 04·3089 | 7750·5 | + 337·7340 | − 9·7874 | + 0·0074 |
| 29 | − 6·7094 | − 9·1368 | 04·3105 | 7751·5 | + 337·8287 | − 9·7848 | + 0·0074 |
| 30 | − 6·6088 | − 9·1193 | 04·3267 | 7752·5 | + 337·9236 | − 9·7677 | + 0·0074 |
| 31 | − 6·5213 | − 9·0881 | 04·3566 | 7753·5 | + 338·0134 | − 9·7368 | + 0·0073 |
| 32 | − 6·4595 | − 9·0463 | 04·3971 | 7754·5 | + 338·0930 | − 9·6954 | + 0·0073 |

## Planetary reduction overview

Data and formulae are provided for the precise computation of the geocentric apparent right ascension, intermediate right ascension, declination, and hour angle, at an instant of time, for an object within the solar system, ignoring polar motion (see page B84), from a barycentric ephemeris in rectangular coordinates and relativistic coordinate time referred to the International Celestial Reference System (ICRS).

1. Given an instant for which the position of the planet is required, obtain the dynamical time (TDB) to use with the ephemeris. If the position is required at a given Universal Time (UT1), or the hour angle is required, then obtain a value for $\Delta T$, which may have to be predicted.

2. Calculate the geocentric rectangular coordinates of the planet from barycentric ephemerides of the planet and the Earth at coordinate time argument TDB, allowing for light time calculated from heliocentric coordinates.

3. Calculate the geocentric direction of the planet by allowing for light-deflection due to solar gravitation.

4. Calculate the proper direction of the planet by applying the correction for the Earth's orbital velocity about the barycentre (i.e. annual aberration). The resulting vector (from steps 2-4) is in the Geocentric Celestial Reference System (GCRS), and is sometimes called the proper or virtual place.

*Equinox Method*

5. Apply frame bias, precession and nutation to convert from the GCRS to the system defined by the true equator and equinox of date.

6. Convert to spherical coordinates, giving the geocentric apparent right ascension and declination with respect to the true equator and equinox of date.

7. Calculate Greenwich apparent sidereal time and form the Greenwich hour angle for the given UT1.

*CIO Method*

5. Rotate from the GCRS to the intermediate system using $\mathcal{X}, \mathcal{Y}$ and $s$ to apply frame bias and precession-nutation.

6. Convert to spherical coordinates, giving the geocentric intermediate right ascension and declination with respect to the CIO and equator of date.

7. Calculate the Earth rotation angle and form the Greenwich hour angle for the given UT1.

*Alternatively, if right ascension is not required, combine Steps 5 and 7*

*5. Apply frame bias, precession, nutation, and Greenwich apparent sidereal time to convert from the GCRS to the Terrestrial Intermediate Reference System; with origin of longitude at the TIO, and the equator of date.

*5. Rotate, using $\mathcal{X}, \mathcal{Y}, s$ and $\theta$ to apply frame bias, precession-nutation and Earth rotation, from the GCRS to the Terrestrial Intermediate Reference System; with origin of longitude at the TIO, and equator of date.

*6. Convert to spherical coordinates, giving the Greenwich hour angle ($H$) and declination ($\delta$) with respect Terrestrial Intermediate Reference System (TIO and equator of date).

Note: In *Steps 7* and *Steps *5* the effects of polar motion (see page B84) have been ignored; they are the very small difference between the International Terrestrial Reference Frame (ITRF) zero meridian and the TIO, and the position of the CIP within the ITRS.

**Formulae and method for planetary reduction**

*Step* 1.   Depending on the instant at which the planetary position is required, obtain the terrestrial or proper time (TT) and the barycentric dynamical time (TDB). Terrestrial time is related to UT1, whereas TDB is used as the time argument for the barycentric ephemeris. For calculating an apparent place the following approximate formulae are sufficient for converting from UT1 to TT and TDB:

$$\text{TT} = \text{UT1} + \Delta T, \qquad \text{TDB} = \text{TT} + 0^{s}\!\cdot\!001\,656\,67 \sin g + 0\cdot000\,022\,42 \sin(L - L_J)$$
$$g = 357^{\circ}\!\cdot\!53 + 0\cdot985\,600\,28\,D \quad \text{and} \quad L - L_J = 246^{\circ}\!\cdot\!11 + 0\cdot902\,517\,92\,D$$

where $D = \text{JD} - 245\,1545\cdot0$ and $\Delta T$ may be obtained from page K9 and JD is the Julian date to two decimals of a day. The difference between TT and TDB may be ignored.

*Step* 2.   Obtain the Earth's barycentric position $\mathbf{E}_B(t)$ in au and velocity $\dot{\mathbf{E}}_B(t)$ in au/d, at coordinate time $t = \text{TDB}$, referred to the ICRS.

Using an ephemeris, obtain the barycentric ICRS position of the planet $\mathbf{Q}_B$ in au at time $(t - \tau)$ where $\tau$ is the light time, so that light emitted by the planet at the event $\mathbf{Q}_B(t - \tau)$ arrives at the Earth at the event $\mathbf{E}_B(t)$.

The light time equation is solved iteratively using the heliocentric position of the Earth $(\mathbf{E})$ and the planet $(\mathbf{Q})$, starting with the approximation $\tau = 0$, as follows:

Form $\mathbf{P}$, the vector from the Earth to the planet from the equation:

$$\mathbf{P} = \mathbf{Q}_B(t - \tau) - \mathbf{E}_B(t)$$

Form $\mathbf{E}$ and $\mathbf{Q}$ from the equations:       $\mathbf{E} = \mathbf{E}_B(t) - \mathbf{S}_B(t)$
$$\mathbf{Q} = \mathbf{Q}_B(t - \tau) - \mathbf{S}_B(t - \tau)$$

where $\mathbf{S}_B$ is the barycentric position of the Sun.

Calculate $\tau$ from:   $c\tau = P + (2\mu/c^2)\ln[(E + P + Q)/(E - P + Q)]$

where the light time $(\tau)$ includes the effect of gravitational retardation due to the Sun, and

$$\mu = \text{solar mass parameter} = GM_S \qquad c = \text{velocity of light} = 173\cdot1446\,\text{au/d}$$
$$\mu/c^2 = 9\cdot87 \times 10^{-9}\,\text{au} \qquad\qquad P = |\mathbf{P}|,\; Q = |\mathbf{Q}|,\; E = |\mathbf{E}|$$

where $|\;|$ means calculate the square root of the sum of the squares of the components.

After convergence, form unit vectors $\mathbf{p}, \mathbf{q}, \mathbf{e}$ by dividing $\mathbf{P}, \mathbf{Q}, \mathbf{E}$ by $P, Q, E$ respectively.

*Step* 3.   Calculate the geocentric direction $(\mathbf{p}_1)$ of the planet, corrected for light-deflection due to solar gravitation, from:

$$\mathbf{p}_1 = \mathbf{p} + (2\mu/c^2 E)((\mathbf{p} \cdot \mathbf{q})\,\mathbf{e} - (\mathbf{e} \cdot \mathbf{p})\,\mathbf{q})/(1 + \mathbf{q} \cdot \mathbf{e})$$

where the dot indicates a scalar product.

The vector $\mathbf{p}_1$ is a unit vector to order $\mu/c^2$.

*Step* 4.   Calculate the proper direction of the planet $(\mathbf{p}_2)$ in the GCRS that is moving with the instantaneous velocity $(\mathbf{V})$ of the Earth, from:

$$\mathbf{p}_2 = (\beta^{-1}\mathbf{p}_1 + (1 + (\mathbf{p}_1 \cdot \mathbf{V})/(1 + \beta^{-1}))\,\mathbf{V})/(1 + \mathbf{p}_1 \cdot \mathbf{V})$$

where $\mathbf{V} = \dot{\mathbf{E}}_B/c = 0\cdot005\,7755\,\dot{\mathbf{E}}_B$ and $\beta = (1 - V^2)^{-1/2}$; the velocity $(\mathbf{V})$ is expressed in units of the velocity of light.

## Formulae and method for planetary reduction (continued)

| *Equinox method* | *CIO method* |
|---|---|

*Step* 5. Apply frame bias, precession and nutation to the proper direction ($\mathbf{p}_2$) by multiplying by the rotation matrix $\mathbf{M} = \mathbf{NPB}$ given on the even pages B30–B44 to obtain the apparent direction $\mathbf{p}_3$ from:

*Step* 5. Apply the rotation from the GCRS to the Celestial Intermediate System by multiplying the proper direction ($\mathbf{p}_2$) by the matrix $\mathbf{C}(\mathcal{X}, \mathcal{Y}, s)$ given on the odd pages B31–B45 to obtain the intermediate direction $\mathbf{p}_3$ from:

$$\mathbf{p}_3 = \mathbf{M}\,\mathbf{p}_2 \qquad\qquad \mathbf{p}_3 = \mathbf{C}\,\mathbf{p}_2$$

*Step* 6. Convert to spherical coordinates $\alpha_e$, $\delta$ using:

*Step* 6. Convert to spherical coordinates $\alpha_i$, $\delta$ using:

$$\alpha_e = \tan^{-1}(\eta/\xi) \quad \delta = \tan^{-1}(\zeta/\beta) \qquad \alpha_i = \tan^{-1}(\eta/\xi) \quad \delta = \tan^{-1}(\zeta/\beta)$$

where $\mathbf{p}_3 = (\xi, \eta, \zeta)$, $\beta = \sqrt{(\xi^2 + \eta^2)}$ and the quadrant of $\alpha_e$ or $\alpha_i$ is determined by the signs of $\xi$ and $\eta$.

*Step* 7. Calculate Greenwich apparent sidereal time (GAST) for the required UT1 (B13–B20), and then form

*Step* 7. Calculate the Earth rotation angle ($\theta$) for the required UT1 (B21–B24), and then form

$$H = \text{GAST} - \alpha_e \qquad\qquad H = \theta - \alpha_i$$

Note: $H$ is usually given in arc measure, while GAST and right ascension are given in units of time.

Note: $H$ and $\theta$ are usually given in arc measure, while right ascension is given in units of time.

*Alternatively combining steps 5 and 7 before forming spherical coordinates*

*Step* \*5. Apply frame bias, precession, nutation, and sidereal time, to the proper direction ($\mathbf{p}_2$) by multiplying by the rotation matrix $\mathbf{R}_3(\text{GAST})\mathbf{M}$ to obtain the position ($\mathbf{p}_4$) measured relative to the Terrestrial Intermediate Reference System:

*Step* \*5. Apply the rotation from the GCRS to the terrestrial system by multiplying the proper direction ($\mathbf{p}_2$) by the matrix $\mathbf{R}_3(\theta)\mathbf{C}(\mathcal{X}, \mathcal{Y}, s)$ to obtain the position ($\mathbf{p}_4$) measured with respect to the Terrestrial Intermediate Reference System:

$$\mathbf{p}_4 = \mathbf{R}_3(\text{GAST})\mathbf{M}\,\mathbf{p}_2 \qquad\qquad \mathbf{p}_4 = \mathbf{R}_3(\theta)\,\mathbf{C}\,\mathbf{p}_2$$

*Step* \*6. Convert to spherical coordinates Greenwich hour angle ($H$) and declination $\delta$ using:

$$H = \tan^{-1}(-\eta/\xi), \quad \delta = \tan^{-1}(\zeta/\beta)$$

where $\mathbf{p}_4 = (\xi, \eta, \zeta)$, $\beta = \sqrt{(\xi^2 + \eta^2)}$, and $H$ is measured from the TIO meridian positive to the west, and the quadrant is determined by the signs of $\xi$ and $-\eta$.

## Example of planetary reduction: Equinox method

   Calculate the apparent place, the apparent right ascension (right ascension with respect to the equinox) and declination and the Greenwich hour angle, of Venus on 2016 April 17 at $12^\text{h}$ $00^\text{m}$ $00^\text{s}$ UT1. Assume that $\Delta T = 68^\text{s}.0$.

**Example of planetary reduction: Equinox method (continued)**

*Step* 1.    From page B15, on 2016 April 17 the tabular JD = 245 7495·5 UT1.

$$\Delta T = \text{TT} - \text{UT1} = 68\overset{s}{\cdot}0 = 7\cdot870\ 370 \times 10^{-4} \text{ days.}$$

At $12^h\ 00^m\ 00^s$ UT1 the required TT instant is therefore

$$\text{TT} = 245\ 7496\cdot000\ 787 = 245\ 7495\cdot5 + 0\cdot500\ 00 + 7\cdot870\ 370 \times 10^{-4}$$

and the equivalent TDB instant is

$$\text{TDB} = 245\ 7496\cdot000\ 787\ 056 = 18\cdot54 \times 10^{-9} + \text{TT}$$

where $g = 102\overset{\circ}{\cdot}84$, and $L - L_J = 216\overset{\circ}{\cdot}99$. Thus the difference between TDB and TT is small and may be neglected.

*Step* 2.    Tabular values, taken from the JPL DE430/LE430 barycentric ephemeris, referred to the ICRS at J2000·0, which are required for the calculation, are as follows:

| Vector | Julian date ($0^h$ TDB) | *x* | *y* | *z* |
|---|---|---|---|---|
| $\mathbf{Q_B}$ | 245 7493·5 | +0·722 068 303 | −0·076 312 715 | −0·079 995 100 |
| | 245 7494·5 | +0·724 593 227 | −0·058 041 030 | −0·071 933 847 |
| | 245 7495·5 | +0·726 562 967 | −0·039 723 081 | −0·063 816 649 |
| | 245 7496·5 | +0·727 975 792 | −0·021 372 957 | −0·055 649 738 |
| | 245 7497·5 | +0·728 830 397 | −0·003 004 787 | −0·047 439 388 |
| | 245 7498·5 | +0·729 125 898 | +0·015 367 279 | −0·039 191 909 |
| $\mathbf{S_B}$ | 245 7494·5 | +0·003 768 676 | +0·002 028 972 | +0·000 702 219 |
| | 245 7495·5 | +0·003 768 438 | +0·002 035 385 | +0·000 704 995 |
| | 245 7496·5 | +0·003 768 190 | +0·002 041 798 | +0·000 707 770 |
| | 245 7497·5 | +0·003 767 933 | +0·002 048 211 | +0·000 710 546 |

Interpolating to the instant JD 245 7496·000 787 056 TDB gives:

$$\mathbf{S_B} = (+0\cdot003\ 768\ 315,\quad +0\cdot002\ 038\ 596,\quad +0\cdot000\ 706\ 384)$$
$$\mathbf{E_B} = (-0\cdot885\ 280\ 602,\quad -0\cdot425\ 914\ 773,\quad -0\cdot184\ 810\ 000)$$
$$\mathbf{\dot{E}_B} = (+0\cdot007\ 714\ 874,\quad -0\cdot014\ 025\ 085,\quad -0\cdot006\ 080\ 699)$$

where Bessel's interpolation formula (see page K14) has been used up to $\delta^2$ for $\mathbf{S_B}$ and $\delta^4$ for $\mathbf{E_B}$ and $\mathbf{\dot{E}_B}$, the tabular values of which may be found on page B78.

$$\mathbf{E} = (-0\cdot889\ 048\ 917,\quad -0\cdot427\ 953\ 370,\quad -0\cdot185\ 516\ 385) \qquad E = 1\cdot003\ 976\ 291$$

The first iteration, with $\tau = 0$, gives:

$$\mathbf{P} = (+1\cdot612\ 620\ 799,\quad +0\cdot395\ 378\ 058,\quad +0\cdot125\ 077\ 412) \qquad P = 1\cdot665\ 086\ 788$$
$$\mathbf{Q} = (+0\cdot723\ 571\ 882,\quad -0\cdot032\ 575\ 312,\quad -0\cdot060\ 438\ 973) \qquad Q = 0\cdot726\ 822\ 048$$
$$\tau = 0\overset{d}{\cdot}009\ 616\ 7397$$

The second iteration, with $\tau = 0\overset{d}{\cdot}009\ 616\ 7397$ using Bessel's interpolation formula up to $\delta^4$ to interpolate $\mathbf{Q_B}$, and up to $\delta^2$ to interpolate $\mathbf{S_B}$, gives:

$$\mathbf{P} = (+1\cdot612\ 607\ 191,\quad +0\cdot395\ 201\ 585,\quad +0\cdot124\ 998\ 872) \qquad P = 1\cdot665\ 025\ 814$$
$$\mathbf{Q} = (+0\cdot723\ 558\ 271,\quad -0\cdot032\ 751\ 723,\quad -0\cdot060\ 517\ 486) \qquad Q = 0\cdot726\ 822\ 958$$
$$\tau = 0\overset{d}{\cdot}009\ 616\ 3876$$

Iterate until $P$ changes by less than $10^{-9}$. Hence the unit vectors are:

$$\mathbf{p} = (+0\cdot968\ 517\ 830,\quad +0\cdot237\ 354\ 633,\quad +0\cdot075\ 073\ 235)$$
$$\mathbf{q} = (+0\cdot995\ 508\ 278,\quad -0\cdot045\ 061\ 478,\quad -0\cdot083\ 263\ 032)$$
$$\mathbf{e} = (-0\cdot885\ 527\ 801,\quad -0\cdot426\ 258\ 442,\quad -0\cdot184\ 781\ 639)$$

**Example of planetary reduction: Equinox method (continued)**

*Step* 3.   Calculate the scalar products:

$\mathbf{p} \cdot \mathbf{q} = +0.947\ 221\ 141$   $\mathbf{e} \cdot \mathbf{p} = -0.972\ 696\ 036$   $\mathbf{q} \cdot \mathbf{e} = -0.846\ 956\ 941$         then

$$\frac{(2\mu/c^2 E)}{1 + \mathbf{q} \cdot \mathbf{e}} ((\mathbf{p} \cdot \mathbf{q})\mathbf{e} - (\mathbf{e} \cdot \mathbf{p})\mathbf{q}) = (+0.000\ 000\ 017, -0.000\ 000\ 058, -0.000\ 000\ 033)$$

and   $\mathbf{p}_1 = (+0.968\ 517\ 847, +0.237\ 354\ 575, +0.075\ 073\ 202)$

*Step* 4.   Take $\dot{\mathbf{E}}_B$, interpolated to JD 245 7496·000 787 TT from *Step* 2 and calculate:

$\mathbf{V} = 0.005\ 775\ 518\ \dot{\mathbf{E}}_B = (+0.000\ 044\ 557,\quad -0.000\ 081\ 002,\quad -0.000\ 035\ 119)$

Then $V = 0.000\ 098\ 894$, $\beta = 1.000\ 000\ 005$ and $\beta^{-1} = 0.999\ 999\ 995$

Calculate the scalar product $\mathbf{p}_1 \cdot \mathbf{V} = +0.000\ 021\ 292$

Then $1 + (\mathbf{p}_1 \cdot \mathbf{V})/(1 + \beta^{-1}) = 1.000\ 010\ 646$

Hence   $\mathbf{p}_2 = (+0.968\ 541\ 778,\quad +0.237\ 268\ 519,\quad +0.075\ 036\ 485)$

*Step* 5.   From page B34, the bias, precession and nutation matrix $\mathbf{M}$, interpolated to the required instant JD 245 7496·000 787 TT, is given by:

$$\mathbf{M} = \mathbf{NPB} = \begin{bmatrix} +0.999\ 992\ 184 & -0.003\ 626\ 270 & -0.001\ 575\ 552 \\ +0.003\ 626\ 337 & +0.999\ 993\ 424 & +0.000\ 039\ 714 \\ +0.001\ 575\ 397 & -0.000\ 045\ 428 & +0.999\ 998\ 758 \end{bmatrix}$$

Hence        $\mathbf{p}_3 = \mathbf{M}\,\mathbf{p}_2 = (+0.967\ 555\ 584, +0.240\ 782\ 198, +0.076\ 551\ 451)$

*Step* 6.   Converting to spherical coordinates $\alpha_e = 0^h\ 55^m\ 53^s\!.8912$, $\delta = +4°\ 23'\ 25''\!.333$.

*Step* 7.   From page B15, interpolating in the daily values to the required UT1 instant gives

$\text{GAST} - \text{UT1} = 13^h\ 44^m\ 11^s\!.3077,$        and thus

$H = (\text{GAST} - \text{UT1}) - \alpha_e + \text{UT1}$

$= 13^h\ 44^m\ 11^s\!.3077 - 0^h\ 55^m\ 53^s\!.8912 + 12^h\ 00^m\ 00^s$

$= 12°\ 04'\ 21''\!.247$

where $H$, the Greenwich hour angle of Venus, is expressed in angular measure.

**Example of planetary reduction:  CIO method**

*Step* 1-4.   Repeat Steps 1-4 of the planetary reduction given on page B66, calculating the proper direction of the planet ($\mathbf{p}_2$) in the GCRS, hence

$\mathbf{p}_2 = (+0.968\ 541\ 778,\quad +0.237\ 268\ 519,\quad +0.075\ 036\ 485)$

*Step* 5. From pages B35 extract $\mathbf{C}$, interpolated to the required TT time, that rotates the GCRS to the Celestial Intermediate Reference System, viz:

$$\mathbf{C} = \begin{bmatrix} +0.999\ 998\ 759 & 0.000\ 000\ 000 & -0.001\ 575\ 397 \\ +0.000\ 000\ 071 & +0.999\ 999\ 999 & +0.000\ 045\ 428 \\ +0.001\ 575\ 397 & -0.000\ 045\ 428 & +0.999\ 998\ 758 \end{bmatrix}$$

Hence        $\mathbf{p}_3 = \mathbf{C}\,\mathbf{p}_2 = (+0.968\ 422\ 364, +0.237\ 271\ 997, +0.076\ 551\ 451)$

**Example of planetary reduction:  CIO method  (continued)**

*Step* 6. Converting to spherical coordinates $\alpha_i = 0^h\ 55^m\ 04\overset{s}{.}0263$,    $\delta = +4° \ 23'\ 25''\!.333$.

*Step* 7. From page B22, interpolating to the required UT1, gives

$$\theta - \text{UT1} = 205° \ 50'\ 21''\!.641$$

and thus the Greenwich hour angle ($H$) of Venus is

$$
\begin{aligned}
H &= (\theta - \text{UT1}) - \alpha_i + \text{UT1}\\
&= 205° \ 50'\ 21''\!.641 - (0^h\ 55^m\ 04\overset{s}{.}0263 + 12^h\ 00^m\ 00^s) \times 15\\
&= 12° \ 04'\ 21''\!.247
\end{aligned}
$$

**Summary of planetary reduction examples**

Thus on 2016 April 17 at $12^h\ 00^m\ 00^s$ UT1, the position of Venus is

$H = 12° \ 04'\ 21''\!.247$ is the Greenwich hour angle ignoring polar motion,

$\delta = +4° \ 23'\ 25''\!.333$ is the apparent and intermediate declination,

$\alpha_e = 0^h\ 55^m\ 53\overset{s}{.}8912$ is the apparent (equinox) right ascension, and

$\alpha_i = 0^h\ 55^m\ 04\overset{s}{.}0263$ is the intermediate right ascension

The geometric distance between the Earth and Venus at time $t = $ JD 245 7496·000 787 TT is the value of $P = 1·665\ 086\ 788$ au in the first iteration in *Step* 2, where $\tau = 0$. The distance between the Earth at time $t$ and Venus at time $(t - \tau)$ is the value of $P = 1·665\ 025\ 816$ au in the final iteration in *Step* 2, where $\tau = 0\overset{d}{.}009\ 616\ 3876$.

**Solar reduction**

The method for solar reduction is identical to the method for planetary reduction, except for the following differences:

In *Step* 2 set $\mathbf{Q}_B = \mathbf{S}_B$ and hence $\mathbf{P} = \mathbf{S}_B(t - \tau) - \mathbf{E}_B(t)$. Calculate the light time ($\tau$) by iteration from $\tau = P/c$ and form the unit vector $\mathbf{p}$ only.

In *Step* 3 set $\mathbf{p}_1 = \mathbf{p}$ since there is no light-deflection from the centre of the Sun's disk.

**Stellar reduction overview**

The method for planetary reduction may be applied with some modification to the calculation of the apparent places of stars.

The barycentric direction of a star at a particular epoch is calculated from its right ascension, declination and space motion at the catalogue epoch with respect to the ICRS. If the position of the star is not on the ICRS, and the accuracy of the data warrants it, convert it to the ICRS. See page B50 for FK5 to ICRS conversion.

The main modifications to the planetary reduction in the stellar case are: in *Step* 1, the distinction between TDB and TT is not significant; in *Step* 2, the space motion of the star is included but light time is ignored; in *Step* 3, the relativity term for light-deflection is modified to the asymptotic case where the star is assumed to be at infinity.

## Formulae and method for stellar reduction

The steps in the stellar reduction are as follows:

*Step* 1.  Set TDB = TT.

*Step* 2.  Obtain the Earth's barycentric position $\mathbf{E_B}$ in au and velocity $\dot{\mathbf{E}}_B$ in au/d, at coordinate time $t = $ TDB, referred to the ICRS.

The barycentric direction ($\mathbf{q}$) of a star at epoch J2000·0, referred to the ICRS, is given by:
$$\mathbf{q} = (\cos \alpha_0 \cos \delta_0, \ \sin \alpha_0 \cos \delta_0, \ \sin \delta_0)$$
where $\alpha_0$ and $\delta_0$ are the ICRS right ascension and declination at epoch J2000·0.

The space motion vector $\mathbf{m} = (m_x, m_y, m_z)$ of the star, expressed in radians per century, is given by:
$$
\begin{aligned}
m_x &= -\mu_\alpha \sin \alpha_0 \ - \ \mu_\delta \sin \delta_0 \cos \alpha_0 \ + v\, \pi \cos \delta_0 \cos \alpha_0 \\
m_y &= \ \ \ \mu_\alpha \cos \alpha_0 \ - \ \mu_\delta \sin \delta_0 \sin \alpha_0 \ + v\, \pi \cos \delta_0 \sin \alpha_0 \\
m_z &= \qquad\qquad\qquad \mu_\delta \cos \delta_0 \qquad\quad\ + v\, \pi \sin \delta_0
\end{aligned}
$$
where $(\mu_\alpha, \mu_\delta)$, the proper motion in right ascension and declination, are in radians/century; $\mu_\alpha$ is the measurement in units of a great circle, and so **includes** the $\cos \delta_0$ factor. Note: catalogues give proper motions in various units, e.g., arcseconds per century ("/cy), milliarcseconds per year (mas/yr). Use the factor $1/10$ to convert from mas/yr to "/cy. The radial velocity ($v$) is in au/century (1 km/s = 21·095 au/century), measured positively away from the Earth.

Calculate $\mathbf{P}$, the geocentric vector of the star at the required epoch, from:
$$\mathbf{P} = \mathbf{q} + T\, \mathbf{m} - \pi \, \mathbf{E_B}$$
where $T = (\text{JD}_{TT} - 245\ 1545\cdot0)/36\ 525$, which is the interval in Julian centuries from J2000·0, and $\text{JD}_{TT}$ is the Julian date to one decimal of a day.

Form the heliocentric position of the Earth ($\mathbf{E}$) from:
$$\mathbf{E} = \mathbf{E_B} - \mathbf{S_B}$$
where $\mathbf{S_B}$ is the barycentric position of the Sun at time $t$.

Form the geocentric direction ($\mathbf{p}$) of the star and the unit vector ($\mathbf{e}$) from $\mathbf{p} = \mathbf{P}/|\mathbf{P}|$ and $\mathbf{e} = \mathbf{E}/|\mathbf{E}|$.

*Step* 3.  Calculate the geocentric direction ($\mathbf{p_1}$) of the star, corrected for light-deflection, from:
$$\mathbf{p_1} = \mathbf{p} + (2\mu/c^2 E)(\mathbf{e} - (\mathbf{p} \cdot \mathbf{e})\mathbf{p})/(1 + \mathbf{p} \cdot \mathbf{e})$$
where the dot indicates a scalar product, $\mu/c^2 = 9\cdot87 \times 10^{-9}$ au and $E = |\mathbf{E}|$. Note that the expression is derived from the planetary case by substituting $\mathbf{q} = \mathbf{p}$ in the equation for light-deflection (*Step* 3) given on page B67.

The vector $\mathbf{p_1}$ is a unit vector to order $\mu/c^2$.

*Step* 4.  Calculate the proper direction ($\mathbf{p_2}$) in the GCRS that is moving with the instantaneous velocity ($\mathbf{V}$) of the Earth, from:
$$\mathbf{p_2} = (\beta^{-1}\mathbf{p_1} + (1 + (\mathbf{p_1} \cdot \mathbf{V})/(1 + \beta^{-1}))\mathbf{V})/(1 + \mathbf{p_1} \cdot \mathbf{V})$$
where $\mathbf{V} = \dot{\mathbf{E}}_B/c = 0\cdot005\ 7755\, \dot{\mathbf{E}}_B$ and $\beta = (1 - V^2)^{-1/2}$; the velocity ($\mathbf{V}$) is expressed in units of velocity of light.

|                       *Equinox method*                       |                        *CIO method*                        |
|---|---|

*Step* 5.  Follow the left-hand *Steps 5–7* or *Steps \*5–\*6* on page B68.  *Step* 5. Follow the right-hand *Steps 5–7* or *Steps \*5–\*6* on page B68.

**Example of stellar reduction: Equinox method**

Calculate the apparent position of a fictitious star on 2016 January 1 at $0^h$ $00^m$ $00^s$ TT. The ICRS right ascension ($\alpha_0$), declination ($\delta_0$), proper motions ($\mu_\alpha$, $\mu_\delta$), parallax ($\pi$) and radial velocity ($v$) of the star at J2000·0 are given by:

$\alpha_0 = 14^h$ $39^m$ $36^s\!\!\cdot\!4958$          $\delta_0 = -60° 50' 02''\!\!\cdot\!309$          $\pi = 0''\!\!\cdot\!742 = 3\cdot5973 \times 10^{-6}$ rad

$\mu_\alpha = -3678\cdot06$ mas/yr          $\mu_\delta = +482\cdot87$ mas/yr          $v = -21\cdot6$ km/s

$= -0\cdot001$ 783 174 rad/cy,          $= +0\cdot000$ 234 102 rad/cy,          $v\pi = -0\cdot001$ 639 121 rad/cy

Note: $\mu_\alpha = -3678\cdot06$ mas/yr is the arc proper motion in right ascension on a great circle in milliarcseconds per year; it includes the $\cos \delta_0$ factor.

*Step* 1.   TDB = TT = JD 245 7388·5 TT.

*Step* 2.   Tabular values of $\mathbf{E}_B$, $\dot{\mathbf{E}}_B$ and $\mathbf{S}_B$, taken from the JPL DE430/LE430 barycentric ephemeris, referred to the ICRS, which are required for the calculation, are as follows:

| Vector | Julian date ($0^h$ TDB) | $x$ | $y$ | $z$ |
|---|---|---|---|---|
| $\mathbf{E}_B$ | 245 7388·5 | $-0\cdot163$ 022 900 | $+0\cdot890$ 468 739 | $+0\cdot385$ 852 324 |
| $\dot{\mathbf{E}}_B$ | 245 7388·5 | $-0\cdot017$ 233 834 | $-0\cdot002$ 723 951 | $-0\cdot001$ 181 461 |
| $\mathbf{S}_B$ | 245 7388·5 | $+0\cdot003$ 737 882 | $+0\cdot001$ 350 824 | $+0\cdot000$ 409 879 |

From the positional data, calculate:

$$\mathbf{q} = (-0\cdot373\ 860\ 494,\ -0\cdot312\ 618\ 798,\ -0\cdot873\ 211\ 210)$$

$$\mathbf{m} = (-0\cdot000\ 687\ 882,\ +0\cdot001\ 749\ 237,\ +0\cdot001\ 545\ 387)$$

Form          $\mathbf{P} = \mathbf{q} + T\,\mathbf{m} - \pi\,\mathbf{E}_B = (-0\cdot373\ 969\ 960,\ -0\cdot312\ 342\ 148,\ -0\cdot872\ 965\ 358)$

where          $T = (245\ 7388\cdot5 - 245\ 1545\cdot0)/36\ 525 = +0\cdot159\ 986\ 311,$

and form     $\mathbf{E} = \mathbf{E}_B - \mathbf{S}_B = (-0\cdot166\ 760\ 782,\ +0\cdot889\ 117\ 914,\ +0\cdot385\ 442\ 444),$

$E = 0\cdot983\ 313\ 634$

Hence the unit vectors are:

$$\mathbf{p} = (-0\cdot374\ 067\ 293,\ -0\cdot312\ 423\ 441,\ -0\cdot873\ 192\ 564)$$

$$\mathbf{e} = (-0\cdot169\ 590\ 633,\ +0\cdot904\ 205\ 824,\ +0\cdot391\ 983\ 220)$$

*Step* 3.   Calculate the scalar product $\mathbf{p} \cdot \mathbf{e} = -0\cdot561\ 333\ 619$, then

$$\frac{(2\mu/c^2 E)}{(1 + \mathbf{p} \cdot \mathbf{e})}(\mathbf{e} - (\mathbf{p} \cdot \mathbf{e})\mathbf{p}) = (-0\cdot000\ 000\ 017,\ +0\cdot000\ 000\ 033,\ -0\cdot000\ 000\ 004)$$

and   $\mathbf{p}_1 = (-0\cdot374\ 067\ 310,\ -0\cdot312\ 423\ 407,\ -0\cdot873\ 192\ 569)$

*Step* 4.   Using $\dot{\mathbf{E}}_B$ given in the table in *Step* 2, calculate

$\mathbf{V} = 0\cdot005\ 775\ 518\ \dot{\mathbf{E}}_B = (-0\cdot000\ 099\ 534,\ -0\cdot000\ 015\ 732,\ -0\cdot000\ 006\ 824)$

Then $V = 0\cdot000\ 101\ 001$, $\beta = 1\cdot000\ 000\ 005$ and $\beta^{-1} = 0\cdot999\ 999\ 995$

Calculate the scalar product $\mathbf{p}_1 \cdot \mathbf{V} = +0\cdot000\ 048\ 106$

Then $1 + (\mathbf{p}_1 \cdot \mathbf{V})/(1 + \beta^{-1}) = 1\cdot000\ 024\ 053$

Hence   $\mathbf{p}_2 = (-0\cdot374\ 148\ 846,\ -0\cdot312\ 424\ 109,\ -0\cdot873\ 157\ 384)$

**Example of stellar reduction: Equinox method (continued)**

*Step* 5.   From page B30, the bias, precession and nutation matrix **M** is given by:

$$\mathbf{M} = \mathbf{NPB} = \begin{bmatrix} +0{\cdot}999\ 992\ 408 & -0{\cdot}003\ 573\ 814 & -0{\cdot}001\ 552\ 748 \\ +0{\cdot}003\ 573\ 887 & +0{\cdot}999\ 993\ 613 & +0{\cdot}000\ 044\ 503 \\ +0{\cdot}001\ 552\ 579 & -0{\cdot}000\ 050\ 052 & +0{\cdot}999\ 998\ 793 \end{bmatrix}$$

hence   $\mathbf{p}_3 = \mathbf{M}\,\mathbf{p}_2 = (-0{\cdot}371\ 673\ 667,\ -0{\cdot}313\ 798\ 137,\ -0{\cdot}873\ 721\ 589)$

*Step* 6.   Converting to spherical coordinates: $\alpha_e = 14^h\ 40^m\ 41{\overset{s}{\cdot}}7283,\ \delta = -60°\ 53'\ 38{\overset{''}{\cdot}}527$

**Example of stellar reduction:   CIO method**

*Steps* 1-4.   Repeat Steps 1-4 above, calculating the proper direction of the star ($\mathbf{p}_2$) in the GCRS. Hence

$$\mathbf{p}_2 = (-0{\cdot}374\ 148\ 846,\quad -0{\cdot}312\ 424\ 109,\quad -0{\cdot}873\ 157\ 384)$$

*Step* 5. From page B31 extract **C** that rotates the GCRS to the CIO and equator of date,

$$\mathbf{C} = \begin{bmatrix} +0{\cdot}999\ 998\ 795 & -0{\cdot}000\ 000\ 001 & -0{\cdot}001\ 552\ 579 \\ +0{\cdot}000\ 000\ 079 & +0{\cdot}999\ 999\ 999 & +0{\cdot}000\ 050\ 052 \\ +0{\cdot}001\ 552\ 579 & -0{\cdot}000\ 050\ 052 & +0{\cdot}999\ 998\ 793 \end{bmatrix}$$

hence     $\mathbf{p}_3 = \mathbf{C}\,\mathbf{p}_2 = (-0{\cdot}372\ 792\ 749,\ -0{\cdot}312\ 467\ 841,\ -0{\cdot}873\ 721\ 589)$

*Step* 6. Converting to spherical coordinates $\alpha_i = 14^h\ 39^m\ 52{\overset{s}{\cdot}}5847,\ \delta = -60°\ 53'\ 38{\overset{''}{\cdot}}527.$

**Note**: the intermediate right ascension ($\alpha_i$) may also be calculated thus

$$\alpha_i = \alpha_e + E_o = 14^h\ 40^m\ 41{\overset{s}{\cdot}}7283 - 49{\overset{s}{\cdot}}1436$$

where $\alpha_e$ is the apparent (equinox) right ascension and $E_o$ is the equation of the origins, which is tabulated daily at $0^h$ UT1 on pages B21–B24.

**Approximate reduction to apparent geocentric altitude and azimuth**

The following example illustrates an approximate procedure based on the CIO method for calculating the altitude and azimuth of a star for a specified UT1 instant. The procedure given is accurate to about $\pm1''$. It is valid for 2016 as it uses the relevant annual equations given earlier in this section. Strictly, all the parameters, except the Earth rotation angle ($\theta$), should be evaluated for the equivalent TT (UT1+$\Delta T$) instant.

*Example* On 2016 January 1 at $0^h\ 00^m\ 00^s$ UT1 calculate the local hour angle ($h$), declination ($\delta$), and altitude and azimuth of the fictitious star given in the example on page B73, for an observer at W 60°0, S 30°0.

*Step A* The day of the year is 1; the time is $0^h{\cdot}000\ 00$ UT1; the ICRS barycentric direction (**q**) and space motion (**m**) of the star at epoch J2000·0 (see page B73) are

$$\mathbf{q} = (-0{\cdot}373\ 860\ 494,\ -0{\cdot}312\ 618\ 798,\ -0{\cdot}873\ 211\ 210),$$

$$\mathbf{m} = (-0{\cdot}000\ 687\ 882,\ +0{\cdot}001\ 749\ 237,\ +0{\cdot}001\ 545\ 387){\cdot}$$

Apply space motion and ignore parallax to give the approximate geocentric position of the star at the epoch of date with respect to the GCRS

$$\mathbf{p} = \mathbf{q} + T\mathbf{m} = (-0{\cdot}373\ 970\ 546,\ -0{\cdot}312\ 338\ 944,\ -0{\cdot}872\ 963\ 970)$$

where $T = +0{\cdot}159\ 986\ 311$ centuries from 245 1545·0 TT and $\mathbf{p} = (p_x, p_y, p_z)$ is a column vector.

**Approximate reduction to apparent geocentric altitude and azimuth (continued)**

*Step B* Apply aberration and precession-nutation to form

$$x_i = v_x + (1 - \mathcal{X}^2/2)\,p_x \qquad - \qquad\qquad \mathcal{X}\,p_z = -0.372\,712$$
$$y_i = v_y + \qquad\qquad\qquad p_y - \qquad\quad \mathcal{Y}\,p_z = -0.312\,399$$
$$z_i = v_z + \qquad\quad \mathcal{X}\,p_x + \mathcal{Y}\,p_y + (1 - \mathcal{X}^2/2)\,p_z = -0.873\,535$$

where

$$\mathbf{v} = \frac{1}{c}(0.0172\sin L,\ -0.0158\cos L,\ -0.0068\cos L)$$

$$= \frac{1}{173.14}(-0.016\,93,\ -0.002\,77,\ -0.001\,19)$$

where $\mathbf{v}$ in au/day is the approximate barycentric velocity of the Earth, $L = 280°1$ is the ecliptic longitude of the Sun, and the speed of light is given by $c = 173.14$ au/d.

$\mathcal{X}, \mathcal{Y}$ are the approximate coordinates of the CIP, given in radians, and are evaluated using the approximate formulae on page B46, with arguments $\Omega = 175°6$ and $2L = 200°2$, thus giving

$$\mathcal{X} = +0.001\,553 \qquad \text{and} \qquad \mathcal{Y} = -0.000\,050$$

Therefore $(x_i, y_i, z_i)$ is the position vector of the star with respect to the equator and CIO of date, i.e., the position of the star in the Celestial Intermediate Reference System.

Converting to spherical coordinates gives $\alpha_i = 14^\text{h}\ 39^\text{m}\ 52^\text{s}5$ and $\delta = -60°\ 53'\ 39''$ (see page B68 *Step* 6).

*Step C* Transform from the celestial intermediate origin and equator of date to the observer's meridian at longitude $\lambda = -60°0$ (west longitudes are negative)

$$x_g = +x_i\,\cos(\theta + \lambda) + y_i\,\sin(\theta + \lambda) = -0.486\,320$$
$$y_g = -x_i\,\sin(\theta + \lambda) + y_i\,\cos(\theta + \lambda) = -0.000\,704$$
$$z_g = +z_i \qquad\qquad\qquad\qquad\qquad\qquad = -0.873\,535$$

where the Earth rotation angle (see page B8) is

$$\theta = 98°900\,412 + 0°985\,6123 \times \text{day of year} + 15°041\,067 \times \text{UT1}$$

$$= 99°886\,024$$

Thus the local hour angle ($h$) and declination ($\delta$) are calculated using

$$h = \tan^{-1}(-y_g/x_g)$$

$$= 179°\ 55'\ 02''$$

$$\delta = -60°\ 53'\ 39''$$

$h$ is measured positive to the west of the local meridian and the declination is unchanged (from Step B) by the rotation.

*Step D* Transform to altitude and azimuth (also see page B86), for the observer at latitude $\phi = -30°0$:

$$x_t = -x_g\,\sin\phi + z_g\,\cos\phi = -0.999\,663$$
$$y_t = +y_g \qquad\qquad\qquad = -0.000\,704$$
$$z_t = +x_g\,\cos\phi + z_g\,\sin\phi = +0.015\,602$$

Thus

$$\text{Altitude} = \tan^{-1}\left(\frac{z_t}{\sqrt{x_t^2 + y_t^2}}\right) = +0°\ 53'\ 39''$$

$$\text{Azimuth} = \tan^{-1}\left(\frac{y_t}{x_t}\right) = 180°\ 02'\ 25''$$

where azimuth is measured from north through east in the plane of the horizon.

# POSITION AND VELOCITY OF THE EARTH, 2016

## ICRS, ORIGIN AT SOLAR SYSTEM BARYCENTRE
## FOR 0ʰ BARYCENTRIC DYNAMICAL TIME

| Date 0$^h$ TDB | | $X$ | $Y$ | $Z$ | $\dot{X}$ | $\dot{Y}$ | $\dot{Z}$ |
|---|---|---|---|---|---|---|---|
| Jan. | 0 | −0·145 764 766 | +0·893 054 283 | +0·386 973 781 | −1728 1545 | − 244 7056 | − 106 1413 |
| | 1 | −0·163 022 900 | +0·890 468 739 | +0·385 852 324 | −1723 3834 | − 272 3951 | − 118 1461 |
| | 2 | −0·180 230 646 | +0·887 606 562 | +0·384 610 948 | −1718 0761 | − 300 0303 | − 130 1242 |
| | 3 | −0·197 382 624 | +0·884 468 346 | +0·383 249 941 | −1712 2291 | − 327 6013 | − 142 0717 |
| | 4 | −0·214 473 419 | +0·881 054 784 | +0·381 769 631 | −1705 8390 | − 355 0978 | − 153 9841 |
| | 5 | −0·231 497 583 | +0·877 366 675 | +0·380 170 391 | −1698 9026 | − 382 5090 | − 165 8570 |
| | 6 | −0·248 449 638 | +0·873 404 927 | +0·378 452 637 | −1691 4168 | − 409 8235 | − 177 6859 |
| | 7 | −0·265 324 078 | +0·869 170 569 | +0·376 616 837 | −1683 3788 | − 437 0289 | − 189 4657 |
| | 8 | −0·282 115 366 | +0·864 664 759 | +0·374 663 505 | −1674 7862 | − 464 1115 | − 201 1910 |
| | 9 | −0·298 817 948 | +0·859 888 799 | +0·372 593 217 | −1665 6374 | − 491 0561 | − 212 8560 |
| | 10 | −0·315 426 261 | +0·854 844 153 | +0·370 406 607 | −1655 9326 | − 517 8460 | − 224 4543 |
| | 11 | −0·331 934 756 | +0·849 532 455 | +0·368 104 375 | −1645 6745 | − 544 4634 | − 235 9792 |
| | 12 | −0·348 337 924 | +0·843 955 521 | +0·365 687 292 | −1634 8686 | − 570 8900 | − 247 4235 |
| | 13 | −0·364 630 332 | +0·838 115 350 | +0·363 156 195 | −1623 5240 | − 597 1082 | − 258 7807 |
| | 14 | −0·380 806 648 | +0·832 014 105 | +0·360 511 989 | −1611 6527 | − 623 1022 | − 270 0445 |
| | 15 | −0·396 861 677 | +0·825 654 098 | +0·357 755 635 | −1599 2689 | − 648 8587 | − 281 2095 |
| | 16 | −0·412 790 370 | +0·819 037 757 | +0·354 888 142 | −1586 3882 | − 674 3675 | − 292 2715 |
| | 17 | −0·428 587 836 | +0·812 167 596 | +0·351 910 559 | −1573 0262 | − 699 6217 | − 303 2272 |
| | 18 | −0·444 249 340 | +0·805 046 185 | +0·348 823 962 | −1559 1980 | − 724 6172 | − 314 0741 |
| | 19 | −0·459 770 286 | +0·797 676 120 | +0·345 629 444 | −1544 9168 | − 749 3523 | − 324 8110 |
| | 20 | −0·475 146 204 | +0·790 060 007 | +0·342 328 111 | −1530 1940 | − 773 8271 | − 335 4369 |
| | 21 | −0·490 372 725 | +0·782 200 441 | +0·338 921 077 | −1515 0387 | − 798 0431 | − 345 9515 |
| | 22 | −0·505 445 558 | +0·774 100 001 | +0·335 409 454 | −1499 4572 | − 822 0021 | − 356 3545 |
| | 23 | −0·520 360 461 | +0·765 761 249 | +0·331 794 360 | −1483 4532 | − 845 7058 | − 366 6456 |
| | 24 | −0·535 113 220 | +0·757 186 735 | +0·328 076 916 | −1467 0286 | − 869 1545 | − 376 8244 |
| | 25 | −0·549 699 631 | +0·748 379 011 | +0·324 258 250 | −1450 1834 | − 892 3475 | − 386 8898 |
| | 26 | −0·564 115 483 | +0·739 340 647 | +0·320 339 503 | −1432 9166 | − 915 2820 | − 396 8402 |
| | 27 | −0·578 356 555 | +0·730 074 247 | +0·316 321 837 | −1415 2272 | − 937 9536 | − 406 6734 |
| | 28 | −0·592 418 616 | +0·720 582 471 | +0·312 206 434 | −1397 1145 | − 960 3564 | − 416 3869 |
| | 29 | −0·606 297 431 | +0·710 868 039 | +0·307 994 508 | −1378 5780 | − 982 4834 | − 425 9777 |
| | 30 | −0·619 988 765 | +0·700 933 749 | +0·303 687 301 | −1359 6183 | −1004 3266 | − 435 4424 |
| | 31 | −0·633 488 390 | +0·690 782 479 | +0·299 286 090 | −1340 2365 | −1025 8780 | − 444 7779 |
| Feb. | 1 | −0·646 792 092 | +0·680 417 192 | +0·294 792 186 | −1320 4341 | −1047 1287 | − 453 9805 |
| | 2 | −0·659 895 676 | +0·669 840 938 | +0·290 206 936 | −1300 2130 | −1068 0697 | − 463 0466 |
| | 3 | −0·672 794 963 | +0·659 056 862 | +0·285 531 722 | −1279 5752 | −1088 6915 | − 471 9725 |
| | 4 | −0·685 485 797 | +0·648 068 206 | +0·280 767 966 | −1258 5228 | −1108 9838 | − 480 7543 |
| | 5 | −0·697 964 046 | +0·636 878 322 | +0·275 917 131 | −1237 0584 | −1128 9353 | − 489 3875 |
| | 6 | −0·710 225 603 | +0·625 490 680 | +0·270 980 727 | −1215 1853 | −1148 5329 | − 497 8674 |
| | 7 | −0·722 266 406 | +0·613 908 891 | +0·265 960 313 | −1192 9085 | −1167 7623 | − 506 1885 |
| | 8 | −0·734 082 452 | +0·602 136 712 | +0·260 857 504 | −1170 2355 | −1186 6080 | − 514 3453 |
| | 9 | −0·745 669 831 | +0·590 178 064 | +0·255 673 975 | −1147 1774 | −1205 0538 | − 522 3318 |
| | 10 | −0·757 024 765 | +0·578 037 019 | +0·250 411 456 | −1123 7491 | −1223 0849 | − 530 1423 |
| | 11 | −0·768 143 640 | +0·565 717 789 | +0·245 071 731 | −1099 9690 | −1240 6890 | − 537 7722 |
| | 12 | −0·779 023 040 | +0·553 224 692 | +0·239 656 625 | −1075 8576 | −1257 8573 | − 545 2179 |
| | 13 | −0·789 659 757 | +0·540 562 109 | +0·234 167 993 | −1051 4359 | −1274 5858 | − 552 4774 |
| | 14 | −0·800 050 791 | +0·527 734 445 | +0·228 607 702 | −1026 7240 | −1290 8738 | − 559 5496 |
| | 15 | −0·810 193 327 | +0·514 746 094 | +0·222 977 623 | −1001 7392 | −1306 7238 | − 566 4350 |

$\dot{X}$, $\dot{Y}$, $\dot{Z}$ are in units of $10^{-9}$ au / d.

## ICRS, ORIGIN AT SOLAR SYSTEM BARYCENTRE
### FOR 0$^h$ BARYCENTRIC DYNAMICAL TIME

| Date 0$^h$ TDB | $X$ | $Y$ | $Z$ | $\dot{X}$ | $\dot{Y}$ | $\dot{Z}$ |
|---|---|---|---|---|---|---|
| Feb. 15 | −0·810 193 327 | +0·514 746 094 | +0·222 977 623 | −1001 7392 | −1306 7238 | − 566 4350 |
| 16 | −0·820 084 715 | +0·501 601 416 | +0·217 279 622 | − 976 4963 | −1322 1401 | − 573 1343 |
| 17 | −0·829 722 434 | +0·488 304 721 | +0·211 515 554 | − 951 0073 | −1337 1277 | − 579 6486 |
| 18 | −0·839 104 072 | +0·474 860 273 | +0·205 687 263 | − 925 2815 | −1351 6917 | − 585 9792 |
| 19 | −0·848 227 299 | +0·461 272 284 | +0·199 796 580 | − 899 3260 | −1365 8367 | − 592 1271 |
| 20 | −0·857 089 845 | +0·447 544 924 | +0·193 845 327 | − 873 1463 | −1379 5663 | − 598 0932 |
| 21 | −0·865 689 490 | +0·433 682 333 | +0·187 835 320 | − 846 7462 | −1392 8833 | − 603 8780 |
| 22 | −0·874 024 044 | +0·419 688 629 | +0·181 768 371 | − 820 1288 | −1405 7889 | − 609 4817 |
| 23 | −0·882 091 348 | +0·405 567 926 | +0·175 646 292 | − 793 2964 | −1418 2833 | − 614 9039 |
| 24 | −0·889 889 262 | +0·391 324 340 | +0·169 470 900 | − 766 2511 | −1430 3650 | − 620 1440 |
| 25 | −0·897 415 668 | +0·376 962 009 | +0·163 244 021 | − 738 9952 | −1442 0317 | − 625 2010 |
| 26 | −0·904 668 473 | +0·362 485 102 | +0·156 967 495 | − 711 5314 | −1453 2797 | − 630 0733 |
| 27 | −0·911 645 614 | +0·347 897 825 | +0·150 643 175 | − 683 8629 | −1464 1048 | − 634 7595 |
| 28 | −0·918 345 061 | +0·333 204 431 | +0·144 272 933 | − 655 9934 | −1474 5023 | − 639 2576 |
| 29 | −0·924 764 826 | +0·318 409 222 | +0·137 858 657 | − 627 9272 | −1484 4668 | − 643 5658 |
| Mar. 1 | −0·930 902 963 | +0·303 516 555 | +0·131 402 257 | − 599 6687 | −1493 9930 | − 647 6820 |
| 2 | −0·936 757 576 | +0·288 530 844 | +0·124 905 663 | − 571 2229 | −1503 0746 | − 651 6042 |
| 3 | −0·942 326 814 | +0·273 456 566 | +0·118 370 828 | − 542 5947 | −1511 7052 | − 655 3299 |
| 4 | −0·947 608 880 | +0·258 298 269 | +0·111 799 729 | − 513 7896 | −1519 8771 | − 658 8565 |
| 5 | −0·952 602 035 | +0·243 060 583 | +0·105 194 372 | − 484 8136 | −1527 5816 | − 662 1810 |
| 6 | −0·957 304 608 | +0·227 748 230 | +0·098 556 794 | − 455 6745 | −1534 8084 | − 665 2999 |
| 7 | −0·961 715 014 | +0·212 366 045 | +0·091 889 071 | − 426 3823 | −1541 5462 | − 668 2093 |
| 8 | −0·965 831 789 | +0·196 918 976 | +0·085 193 319 | − 396 9507 | −1547 7833 | − 670 9052 |
| 9 | −0·969 653 623 | +0·181 412 083 | +0·078 471 692 | − 367 3973 | −1553 5093 | − 673 3838 |
| 10 | −0·973 179 400 | +0·165 850 519 | +0·071 726 376 | − 337 7434 | −1558 7165 | − 675 6425 |
| 11 | −0·976 408 234 | +0·150 239 492 | +0·064 959 580 | − 308 0125 | −1563 4020 | − 677 6798 |
| 12 | −0·979 339 472 | +0·134 584 212 | +0·058 173 515 | − 278 2281 | −1567 5678 | − 679 4963 |
| 13 | −0·981 972 689 | +0·118 889 845 | +0·051 370 383 | − 248 4115 | −1571 2207 | − 681 0939 |
| 14 | −0·984 307 654 | +0·103 161 477 | +0·044 552 357 | − 218 5802 | −1574 3700 | − 682 4756 |
| 15 | −0·986 344 290 | +0·087 404 088 | +0·037 721 580 | − 188 7478 | −1577 0266 | − 683 6447 |
| 16 | −0·988 082 639 | +0·071 622 552 | +0·030 880 159 | − 158 9241 | −1579 2009 | − 684 6048 |
| 17 | −0·989 522 826 | +0·055 821 645 | +0·024 030 170 | − 129 1165 | −1580 9024 | − 685 3590 |
| 18 | −0·990 665 040 | +0·040 006 053 | +0·017 173 657 | − 99 3303 | −1582 1392 | − 685 9099 |
| 19 | −0·991 509 518 | +0·024 180 388 | +0·010 312 642 | − 69 5699 | −1582 9178 | − 686 2599 |
| 20 | −0·992 056 535 | +0·008 349 205 | +0·003 449 122 | − 39 8386 | −1583 2438 | − 686 4109 |
| 21 | −0·992 306 397 | −0·007 482 993 | −0·003 414 919 | − 10 1394 | −1583 1213 | − 686 3645 |
| 22 | −0·992 259 440 | −0·023 311 737 | −0·010 277 513 | + 19 5248 | −1582 5535 | − 686 1218 |
| 23 | −0·991 916 026 | −0·039 132 585 | −0·017 136 703 | + 49 1514 | −1581 5424 | − 685 6837 |
| 24 | −0·991 276 545 | −0·054 941 111 | −0·023 990 538 | + 78 7378 | −1580 0892 | − 685 0509 |
| 25 | −0·990 341 415 | −0·070 732 896 | −0·030 837 072 | + 108 2808 | −1578 1943 | − 684 2235 |
| 26 | −0·989 111 085 | −0·086 503 522 | −0·037 674 361 | + 137 7772 | −1575 8572 | − 683 2019 |
| 27 | −0·987 586 039 | −0·102 248 563 | −0·044 500 461 | + 167 2233 | −1573 0769 | − 681 9857 |
| 28 | −0·985 766 801 | −0·117 963 577 | −0·051 313 427 | + 196 6148 | −1569 8518 | − 680 5749 |
| 29 | −0·983 653 940 | −0·133 644 110 | −0·058 111 308 | + 225 9472 | −1566 1800 | − 678 9688 |
| 30 | −0·981 248 071 | −0·149 285 679 | −0·064 892 151 | + 255 2155 | −1562 0588 | − 677 1671 |
| 31 | −0·978 549 863 | −0·164 883 778 | −0·071 653 996 | + 284 4142 | −1557 4853 | − 675 1689 |
| Apr. 1 | −0·975 560 038 | −0·180 433 865 | −0·078 394 871 | + 313 5376 | −1552 4556 | − 672 9733 |

$\dot{X}$, $\dot{Y}$, $\dot{Z}$ are in units of $10^{-9}$ au / d.

POSITION AND VELOCITY OF THE EARTH, 2016

ICRS, ORIGIN AT SOLAR SYSTEM BARYCENTRE
FOR 0$^h$ BARYCENTRIC DYNAMICAL TIME

| Date 0$^h$ TDB | $X$ | $Y$ | $Z$ | $\dot{X}$ | $\dot{Y}$ | $\dot{Z}$ |
|---|---|---|---|---|---|---|
| Apr. 1 | −0·975 560 038 | −0·180 433 865 | −0·078 394 871 | + 313 5376 | −1552 4556 | − 672 9733 |
| 2 | −0·972 279 385 | −0·195 931 354 | −0·085 112 798 | + 342 5787 | −1546 9649 | − 670 5788 |
| 3 | −0·968 708 766 | −0·211 371 607 | −0·091 805 780 | + 371 5294 | −1541 0073 | − 667 9839 |
| 4 | −0·964 849 134 | −0·226 749 922 | −0·098 471 802 | + 400 3792 | −1534 5761 | − 665 1867 |
| 5 | −0·960 701 564 | −0·242 061 528 | −0·105 108 832 | + 429 1144 | −1527 6646 | − 662 1849 |
| 6 | −0·956 267 285 | −0·257 301 593 | −0·111 714 814 | + 457 7178 | −1520 2670 | − 658 9770 |
| 7 | −0·951 547 717 | −0·272 465 239 | −0·118 287 683 | + 486 1684 | −1512 3809 | − 655 5623 |
| 8 | −0·946 544 502 | −0·287 547 588 | −0·124 825 372 | + 514 4435 | −1504 0082 | − 651 9414 |
| 9 | −0·941 259 509 | −0·302 543 806 | −0·131 325 831 | + 542 5203 | −1495 1565 | − 648 1169 |
| 10 | −0·935 694 823 | −0·317 449 162 | −0·137 787 046 | + 570 3791 | −1485 8381 | − 644 0932 |
| 11 | −0·929 852 704 | −0·332 259 062 | −0·144 207 049 | + 598 0048 | −1476 0682 | − 639 8754 |
| 12 | −0·923 735 539 | −0·346 969 073 | −0·150 583 927 | + 625 3870 | −1465 8627 | − 635 4692 |
| 13 | −0·917 345 797 | −0·361 574 915 | −0·156 915 822 | + 652 5196 | −1455 2368 | − 630 8798 |
| 14 | −0·910 685 990 | −0·376 072 451 | −0·163 200 929 | + 679 3993 | −1444 2033 | − 626 1121 |
| 15 | −0·903 758 659 | −0·390 457 660 | −0·169 437 484 | + 706 0244 | −1432 7733 | − 621 1701 |
| 16 | −0·896 566 354 | −0·404 726 624 | −0·175 623 762 | + 732 3939 | −1420 9556 | − 616 0573 |
| 17 | −0·889 111 636 | −0·418 875 505 | −0·181 758 070 | + 758 5069 | −1408 7578 | − 610 7766 |
| 18 | −0·881 397 073 | −0·432 900 535 | −0·187 838 744 | + 784 3627 | −1396 1862 | − 605 3308 |
| 19 | −0·873 425 242 | −0·446 798 002 | −0·193 864 143 | + 809 9604 | −1383 2461 | − 599 7220 |
| 20 | −0·865 198 730 | −0·460 564 245 | −0·199 832 649 | + 835 2988 | −1369 9422 | − 593 9524 |
| 21 | −0·856 720 133 | −0·474 195 645 | −0·205 742 662 | + 860 3770 | −1356 2782 | − 588 0239 |
| 22 | −0·847 992 061 | −0·487 688 619 | −0·211 592 601 | + 885 1937 | −1342 2573 | − 581 9379 |
| 23 | −0·839 017 135 | −0·501 039 610 | −0·217 380 899 | + 909 7475 | −1327 8820 | − 575 6958 |
| 24 | −0·829 797 994 | −0·514 245 082 | −0·223 106 002 | + 934 0364 | −1313 1538 | − 569 2989 |
| 25 | −0·820 337 296 | −0·527 301 514 | −0·228 766 364 | + 958 0584 | −1298 0739 | − 562 7480 |
| 26 | −0·810 637 724 | −0·540 205 389 | −0·234 360 450 | + 981 8108 | −1282 6427 | − 556 0438 |
| 27 | −0·800 701 991 | −0·552 953 195 | −0·239 886 730 | +1005 2901 | −1266 8599 | − 549 1868 |
| 28 | −0·790 532 846 | −0·565 541 413 | −0·245 343 678 | +1028 4924 | −1250 7248 | − 542 1774 |
| 29 | −0·780 133 083 | −0·577 966 513 | −0·250 729 770 | +1051 4128 | −1234 2361 | − 535 0156 |
| 30 | −0·769 505 548 | −0·590 224 950 | −0·256 043 482 | +1074 0454 | −1217 3917 | − 527 7013 |
| May 1 | −0·758 653 158 | −0·602 313 153 | −0·261 283 288 | +1096 3827 | −1200 1891 | − 520 2342 |
| 2 | −0·747 578 911 | −0·614 227 528 | −0·266 447 656 | +1118 4149 | −1182 6253 | − 512 6139 |
| 3 | −0·736 285 916 | −0·625 964 448 | −0·271 535 052 | +1140 1299 | −1164 6980 | − 504 8398 |
| 4 | −0·724 777 421 | −0·637 520 271 | −0·276 543 940 | +1161 5123 | −1146 4059 | − 496 9121 |
| 5 | −0·713 056 840 | −0·648 891 356 | −0·281 472 786 | +1182 5439 | −1127 7510 | − 488 8318 |
| 6 | −0·701 127 778 | −0·660 074 102 | −0·286 320 075 | +1203 2051 | −1108 7396 | − 480 6012 |
| 7 | −0·688 994 035 | −0·671 064 995 | −0·291 084 323 | +1223 4770 | −1089 3828 | − 472 2245 |
| 8 | −0·676 659 590 | −0·681 860 658 | −0·295 764 095 | +1243 3434 | −1069 6964 | − 463 7072 |
| 9 | −0·664 128 558 | −0·692 457 887 | −0·300 358 020 | +1262 7930 | −1049 6990 | − 455 0560 |
| 10 | −0·651 405 140 | −0·702 853 666 | −0·304 864 792 | +1281 8199 | −1029 4097 | − 446 2778 |
| 11 | −0·638 493 575 | −0·713 045 165 | −0·309 283 175 | +1300 4224 | −1008 8458 | − 437 3792 |
| 12 | −0·625 398 103 | −0·723 029 718 | −0·313 611 993 | +1318 6017 | − 988 0226 | − 428 3657 |
| 13 | −0·612 122 942 | −0·732 804 795 | −0·317 850 123 | +1336 3607 | − 966 9525 | − 419 2423 |
| 14 | −0·598 672 281 | −0·742 367 978 | −0·321 996 487 | +1353 7023 | − 945 6454 | − 410 0131 |
| 15 | −0·585 050 278 | −0·751 716 942 | −0·326 050 045 | +1370 6294 | − 924 1099 | − 400 6817 |
| 16 | −0·571 261 066 | −0·760 849 437 | −0·330 009 790 | +1387 1446 | − 902 3529 | − 391 2510 |
| 17 | −0·557 308 753 | −0·769 763 283 | −0·333 874 744 | +1403 2498 | − 880 3809 | − 381 7241 |

$\dot{X}$, $\dot{Y}$, $\dot{Z}$ are in units of $10^{-9}$ au / d.

## ICRS, ORIGIN AT SOLAR SYSTEM BARYCENTRE
### FOR 0$^h$ BARYCENTRIC DYNAMICAL TIME

| Date 0$^h$ TDB | $X$ | $Y$ | $Z$ | $\dot{X}$ | $\dot{Y}$ | $\dot{Z}$ |
|---|---|---|---|---|---|---|
| May 17 | −0·557 308 753 | −0·769 763 283 | −0·333 874 744 | +1403 2498 | − 880 3809 | − 381 7241 |
| 18 | −0·543 197 431 | −0·778 456 357 | −0·337 643 959 | +1418 9468 | − 858 1995 | − 372 1034 |
| 19 | −0·528 931 173 | −0·786 926 592 | −0·341 316 509 | +1434 2372 | − 835 8138 | − 362 3916 |
| 20 | −0·514 514 037 | −0·795 171 967 | −0·344 891 494 | +1449 1226 | − 813 2282 | − 352 5907 |
| 21 | −0·499 950 067 | −0·803 190 503 | −0·348 368 034 | +1463 6041 | − 790 4466 | − 342 7029 |
| 22 | −0·485 243 296 | −0·810 980 255 | −0·351 745 268 | +1477 6830 | − 767 4719 | − 332 7299 |
| 23 | −0·470 397 747 | −0·818 539 305 | −0·355 022 353 | +1491 3599 | − 744 3064 | − 322 6732 |
| 24 | −0·455 417 439 | −0·825 865 751 | −0·358 198 457 | +1504 6347 | − 720 9514 | − 312 5339 |
| 25 | −0·440 306 395 | −0·832 957 703 | −0·361 272 759 | +1517 5067 | − 697 4076 | − 302 3130 |
| 26 | −0·425 068 653 | −0·839 813 273 | −0·364 244 447 | +1529 9740 | − 673 6750 | − 292 0112 |
| 27 | −0·409 708 275 | −0·846 430 572 | −0·367 112 716 | +1542 0334 | − 649 7532 | − 281 6291 |
| 28 | −0·394 229 361 | −0·852 807 706 | −0·369 876 764 | +1553 6801 | − 625 6417 | − 271 1671 |
| 29 | −0·378 636 068 | −0·858 942 772 | −0·372 535 794 | +1564 9079 | − 601 3398 | − 260 6257 |
| 30 | −0·362 932 627 | −0·864 833 867 | −0·375 089 013 | +1575 7082 | − 576 8473 | − 250 0052 |
| 31 | −0·347 123 363 | −0·870 479 086 | −0·377 535 637 | +1586 0706 | − 552 1652 | − 239 3065 |
| June 1 | −0·331 212 717 | −0·875 876 546 | −0·379 874 888 | +1595 9823 | − 527 2961 | − 228 5311 |
| 2 | −0·315 205 268 | −0·881 024 403 | −0·382 106 010 | +1605 4288 | − 502 2457 | − 217 6812 |
| 3 | −0·299 105 742 | −0·885 920 888 | −0·384 228 276 | +1614 3952 | − 477 0236 | − 206 7605 |
| 4 | −0·282 919 011 | −0·890 564 348 | −0·386 241 000 | +1622 8677 | − 451 6434 | − 195 7739 |
| 5 | −0·266 650 071 | −0·894 953 286 | −0·388 143 555 | +1630 8354 | − 426 1223 | − 184 7277 |
| 6 | −0·250 304 008 | −0·899 086 391 | −0·389 935 379 | +1638 2919 | − 400 4800 | − 173 6290 |
| 7 | −0·233 885 943 | −0·902 962 547 | −0·391 615 985 | +1645 2357 | − 374 7359 | − 162 4851 |
| 8 | −0·217 400 993 | −0·906 580 829 | −0·393 184 954 | +1651 6696 | − 348 9082 | − 151 3028 |
| 9 | −0·200 854 232 | −0·909 940 483 | −0·394 641 933 | +1657 5991 | − 323 0122 | − 140 0881 |
| 10 | −0·184 250 671 | −0·913 040 889 | −0·395 986 624 | +1663 0310 | − 297 0607 | − 128 8459 |
| 11 | −0·167 595 248 | −0·915 881 544 | −0·397 218 774 | +1667 9724 | − 271 0634 | − 117 5806 |
| 12 | −0·150 892 836 | −0·918 462 033 | −0·398 338 171 | +1672 4299 | − 245 0287 | − 106 2957 |
| 13 | −0·134 148 244 | −0·920 782 016 | −0·399 344 635 | +1676 4094 | − 218 9634 | − 94 9944 |
| 14 | −0·117 366 225 | −0·922 841 219 | −0·400 238 014 | +1679 9162 | − 192 8735 | − 83 6795 |
| 15 | −0·100 551 481 | −0·924 639 423 | −0·401 018 188 | +1682 9551 | − 166 7646 | − 72 3537 |
| 16 | −0·083 708 668 | −0·926 176 465 | −0·401 685 060 | +1685 5306 | − 140 6418 | − 61 0194 |
| 17 | −0·066 842 398 | −0·927 452 227 | −0·402 238 557 | +1687 6473 | − 114 5094 | − 49 6791 |
| 18 | −0·049 957 238 | −0·928 466 634 | −0·402 678 629 | +1689 3093 | − 88 3715 | − 38 3348 |
| 19 | −0·033 057 713 | −0·929 219 648 | −0·403 005 245 | +1690 5208 | − 62 2310 | − 26 9883 |
| 20 | −0·016 148 310 | −0·929 711 252 | −0·403 218 393 | +1691 2855 | − 36 0900 | − 15 6412 |
| 21 | +0·000 766 518 | −0·929 941 449 | −0·403 318 071 | +1691 6063 | − 9 9496 | − 4 2945 |
| 22 | +0·017 682 342 | −0·929 910 247 | −0·403 304 288 | +1691 4850 | + 16 1898 | + 7 0508 |
| 23 | +0·034 594 744 | −0·929 617 654 | −0·403 177 061 | +1690 9218 | + 42 3288 | + 18 3942 |
| 24 | +0·051 499 300 | −0·929 063 670 | −0·402 936 411 | +1689 9153 | + 68 4681 | + 29 7354 |
| 25 | +0·068 391 561 | −0·928 248 290 | −0·402 582 364 | +1688 4620 | + 94 6079 | + 41 0737 |
| 26 | +0·085 267 033 | −0·927 171 510 | −0·402 114 949 | +1686 5565 | + 120 7481 | + 52 4086 |
| 27 | +0·102 121 159 | −0·925 833 332 | −0·401 534 206 | +1684 1916 | + 146 8871 | + 63 7390 |
| 28 | +0·118 949 303 | −0·924 233 783 | −0·400 840 189 | +1681 3584 | + 173 0214 | + 75 0633 |
| 29 | +0·135 746 732 | −0·922 372 937 | −0·400 032 968 | +1678 0469 | + 199 1453 | + 86 3792 |
| 30 | +0·152 508 612 | −0·920 250 941 | −0·399 112 644 | +1674 2468 | + 225 2499 | + 97 6832 |
| July 1 | +0·169 230 008 | −0·917 868 043 | −0·398 079 357 | +1669 9484 | + 251 3234 | + 108 9711 |
| 2 | +0·185 905 893 | −0·915 224 625 | −0·396 933 294 | +1665 1437 | + 277 3509 | + 120 2373 |

$\dot{X}, \dot{Y}, \dot{Z}$ are in units of $10^{-9}$ au / d.

# POSITION AND VELOCITY OF THE EARTH, 2016

## ICRS, ORIGIN AT SOLAR SYSTEM BARYCENTRE
## FOR $0^h$ BARYCENTRIC DYNAMICAL TIME

| Date $0^h$ TDB | $X$ | $Y$ | $Z$ | $\dot{X}$ | $\dot{Y}$ | $\dot{Z}$ |
|---|---|---|---|---|---|---|
| **July** 1 | +0·169 230 008 | −0·917 868 043 | −0·398 079 357 | +1669 9484 | + 251 3234 | + 108 9711 |
| 2 | +0·185 905 893 | −0·915 224 625 | −0·396 933 294 | +1665 1437 | + 277 3509 | + 120 2373 |
| 3 | +0·202 531 178 | −0·912 321 235 | −0·395 674 704 | +1659 8279 | + 303 3150 | + 131 4755 |
| 4 | +0·219 100 743 | −0·909 158 599 | −0·394 303 900 | +1653 9998 | + 329 1971 | + 142 6789 |
| 5 | +0·235 609 478 | −0·905 737 628 | −0·392 821 265 | +1647 6628 | + 354 9788 | + 153 8406 |
| 6 | +0·252 052 324 | −0·902 059 414 | −0·391 227 248 | +1640 8234 | + 380 6434 | + 164 9542 |
| 7 | +0·268 424 301 | −0·898 125 199 | −0·389 522 359 | +1633 4908 | + 406 1767 | + 176 0142 |
| 8 | +0·284 720 529 | −0·893 936 357 | −0·387 707 159 | +1625 6752 | + 431 5672 | + 187 0158 |
| 9 | +0·300 936 231 | −0·889 494 362 | −0·385 782 251 | +1617 3872 | + 456 8059 | + 197 9551 |
| 10 | +0·317 066 731 | −0·884 800 768 | −0·383 748 275 | +1608 6366 | + 481 8858 | + 208 8290 |
| 11 | +0·333 107 450 | −0·879 857 194 | −0·381 605 900 | +1599 4324 | + 506 8012 | + 219 6346 |
| 12 | +0·349 053 896 | −0·874 665 310 | −0·379 355 820 | +1589 7831 | + 531 5470 | + 230 3695 |
| 13 | +0·364 901 655 | −0·869 226 834 | −0·376 998 754 | +1579 6964 | + 556 1189 | + 241 0314 |
| 14 | +0·380 646 390 | −0·863 543 526 | −0·374 535 442 | +1569 1796 | + 580 5128 | + 251 6182 |
| 15 | +0·396 283 837 | −0·857 617 182 | −0·371 966 647 | +1558 2399 | + 604 7254 | + 262 1280 |
| 16 | +0·411 809 802 | −0·851 449 633 | −0·369 293 145 | +1546 8844 | + 628 7536 | + 272 5590 |
| 17 | +0·427 220 161 | −0·845 042 732 | −0·366 515 734 | +1535 1199 | + 652 5954 | + 282 9098 |
| 18 | +0·442 510 859 | −0·838 398 350 | −0·363 635 221 | +1522 9531 | + 676 2497 | + 293 1792 |
| 19 | +0·457 677 900 | −0·831 518 362 | −0·360 652 424 | +1510 3894 | + 699 7167 | + 303 3666 |
| 20 | +0·472 717 339 | −0·824 404 637 | −0·357 568 164 | +1497 4332 | + 722 9975 | + 313 4717 |
| 21 | +0·487 625 264 | −0·817 059 027 | −0·354 383 264 | +1484 0869 | + 746 0940 | + 323 4946 |
| 22 | +0·502 397 776 | −0·809 483 366 | −0·351 098 547 | +1470 3504 | + 769 0080 | + 333 4352 |
| 23 | +0·517 030 964 | −0·801 679 470 | −0·347 714 834 | +1456 2213 | + 791 7410 | + 343 2936 |
| 24 | +0·531 520 878 | −0·793 649 151 | −0·344 232 951 | +1441 6949 | + 814 2925 | + 353 0692 |
| 25 | +0·545 863 517 | −0·785 394 233 | −0·340 653 729 | +1426 7650 | + 836 6600 | + 362 7609 |
| 26 | +0·560 054 809 | −0·776 916 580 | −0·336 978 019 | +1411 4244 | + 858 8383 | + 372 3666 |
| 27 | +0·574 090 612 | −0·768 218 124 | −0·333 206 694 | +1395 6659 | + 880 8193 | + 381 8832 |
| 28 | +0·587 966 713 | −0·759 300 889 | −0·329 340 664 | +1379 4834 | + 902 5920 | + 391 3069 |
| 29 | +0·601 678 851 | −0·750 167 022 | −0·325 380 882 | +1362 8726 | + 924 1432 | + 400 6328 |
| 30 | +0·615 222 731 | −0·740 818 813 | −0·321 328 352 | +1345 8316 | + 945 4578 | + 409 8554 |
| 31 | +0·628 594 053 | −0·731 258 709 | −0·317 184 137 | +1328 3617 | + 966 5195 | + 418 9689 |
| **Aug.** 1 | +0·641 788 549 | −0·721 489 320 | −0·312 949 358 | +1310 4673 | + 987 3120 | + 427 9672 |
| 2 | +0·654 802 010 | −0·711 513 418 | −0·308 625 197 | +1292 1562 | +1007 8196 | + 436 8444 |
| 3 | +0·667 630 317 | −0·701 333 923 | −0·304 212 892 | +1273 4385 | +1028 0285 | + 445 5952 |
| 4 | +0·680 269 465 | −0·690 953 882 | −0·299 713 731 | +1254 3264 | +1047 9271 | + 454 2149 |
| 5 | +0·692 715 575 | −0·680 376 447 | −0·295 129 044 | +1234 8330 | +1067 5061 | + 462 6997 |
| 6 | +0·704 964 898 | −0·669 604 849 | −0·290 460 196 | +1214 9713 | +1086 7585 | + 471 0465 |
| 7 | +0·717 013 816 | −0·658 642 382 | −0·285 708 581 | +1194 7539 | +1105 6792 | + 479 2529 |
| 8 | +0·728 858 831 | −0·647 492 383 | −0·280 875 614 | +1174 1927 | +1124 2644 | + 487 3167 |
| 9 | +0·740 496 559 | −0·636 158 224 | −0·275 962 728 | +1153 2984 | +1142 5109 | + 495 2363 |
| 10 | +0·751 923 724 | −0·624 643 302 | −0·270 971 374 | +1132 0816 | +1160 4165 | + 503 0102 |
| 11 | +0·763 137 150 | −0·612 951 038 | −0·265 903 014 | +1110 5521 | +1177 9790 | + 510 6372 |
| 12 | +0·774 133 755 | −0·601 084 870 | −0·260 759 124 | +1088 7193 | +1195 1970 | + 518 1160 |
| 13 | +0·784 910 557 | −0·589 048 250 | −0·255 541 190 | +1066 5928 | +1212 0694 | + 525 4457 |
| 14 | +0·795 464 664 | −0·576 844 635 | −0·250 250 709 | +1044 1818 | +1228 5960 | + 532 6256 |
| 15 | +0·805 793 274 | −0·564 477 480 | −0·244 889 178 | +1021 4950 | +1244 7777 | + 539 6555 |
| 16 | +0·815 893 672 | −0·551 950 224 | −0·239 458 098 | + 998 5405 | +1260 6166 | + 546 5355 |

$\dot{X}$, $\dot{Y}$, $\dot{Z}$ are in units of $10^{-9}$ au / d.

## ICRS, ORIGIN AT SOLAR SYSTEM BARYCENTRE
## FOR 0ʰ BARYCENTRIC DYNAMICAL TIME

| Date 0ʰ TDB | $X$ | $Y$ | $Z$ | $\dot{X}$ | $\dot{Y}$ | $\dot{Z}$ |
|---|---|---|---|---|---|---|
| Aug. 16 | +0·815 893 672 | −0·551 950 224 | −0·239 458 098 | + 998 5405 | +1260 6166 | + 546 5355 |
| 17 | +0·825 763 213 | −0·539 266 279 | −0·233 958 965 | + 975 3246 | +1276 1161 | + 553 2662 |
| 18 | +0·835 399 306 | −0·526 429 020 | −0·228 393 269 | + 951 8515 | +1291 2802 | + 559 8485 |
| 19 | +0·844 799 389 | −0·513 441 779 | −0·222 762 487 | + 928 1225 | +1306 1131 | + 566 2835 |
| 20 | +0·853 960 898 | −0·500 307 851 | −0·217 068 088 | + 904 1361 | +1320 6177 | + 572 5719 |
| 21 | +0·862 881 239 | −0·487 030 516 | −0·211 311 537 | + 879 8881 | +1334 7947 | + 578 7138 |
| 22 | +0·871 557 769 | −0·473 613 057 | −0·205 494 303 | + 855 3728 | +1348 6416 | + 584 7083 |
| 23 | +0·879 987 785 | −0·460 058 804 | −0·199 617 869 | + 830 5846 | +1362 1522 | + 590 5533 |
| 24 | +0·888 168 536 | −0·446 371 165 | −0·193 683 746 | + 805 5191 | +1375 3171 | + 596 2455 |
| 25 | +0·896 097 237 | −0·432 553 654 | −0·187 693 482 | + 780 1744 | +1388 1244 | + 601 7808 |
| 26 | +0·903 771 095 | −0·418 609 912 | −0·181 648 669 | + 754 5512 | +1400 5608 | + 607 1544 |
| 27 | +0·911 187 346 | −0·404 543 722 | −0·175 550 948 | + 728 6537 | +1412 6120 | + 612 3615 |
| 28 | +0·918 343 277 | −0·390 359 001 | −0·169 402 010 | + 702 4887 | +1424 2644 | + 617 3971 |
| 29 | +0·925 236 260 | −0·376 059 806 | −0·163 203 595 | + 676 0657 | +1435 5050 | + 622 2563 |
| 30 | +0·931 863 771 | −0·361 650 312 | −0·156 957 487 | + 649 3966 | +1446 3222 | + 626 9348 |
| 31 | +0·938 223 415 | −0·347 134 805 | −0·150 665 513 | + 622 4946 | +1456 7063 | + 631 4289 |
| Sept. 1 | +0·944 312 935 | −0·332 517 656 | −0·144 329 534 | + 595 3743 | +1466 6494 | + 635 7354 |
| 2 | +0·950 130 223 | −0·317 803 306 | −0·137 951 438 | + 568 0507 | +1476 1458 | + 639 8518 |
| 3 | +0·955 673 321 | −0·302 996 243 | −0·131 533 137 | + 540 5387 | +1485 1916 | + 643 7763 |
| 4 | +0·960 940 418 | −0·288 100 985 | −0·125 076 556 | + 512 8529 | +1493 7844 | + 647 5076 |
| 5 | +0·965 929 845 | −0·273 122 067 | −0·118 583 632 | + 485 0068 | +1501 9234 | + 651 0448 |
| 6 | +0·970 640 064 | −0·258 064 031 | −0·112 056 309 | + 457 0136 | +1509 6083 | + 654 3875 |
| 7 | +0·975 069 668 | −0·242 931 414 | −0·105 496 531 | + 428 8855 | +1516 8396 | + 657 5354 |
| 8 | +0·979 217 364 | −0·227 728 748 | −0·098 906 250 | + 400 6342 | +1523 6183 | + 660 4885 |
| 9 | +0·983 081 978 | −0·212 460 551 | −0·092 287 412 | + 372 2708 | +1529 9459 | + 663 2467 |
| 10 | +0·986 662 444 | −0·197 131 328 | −0·085 641 964 | + 343 8066 | +1535 8242 | + 665 8105 |
| 11 | +0·989 957 808 | −0·181 745 556 | −0·078 971 848 | + 315 2520 | +1541 2560 | + 668 1804 |
| 12 | +0·992 967 218 | −0·166 307 683 | −0·072 278 998 | + 286 6175 | +1546 2451 | + 670 3574 |
| 13 | +0·995 689 922 | −0·150 822 114 | −0·065 565 338 | + 257 9122 | +1550 7962 | + 672 3428 |
| 14 | +0·998 125 252 | −0·135 293 198 | −0·058 832 774 | + 229 1439 | +1554 9157 | + 674 1385 |
| 15 | +1·000 272 608 | −0·119 725 216 | −0·052 083 192 | + 200 3181 | +1558 6105 | + 675 7467 |
| 16 | +1·002 131 429 | −0·104 122 380 | −0·045 318 456 | + 171 4369 | +1561 8875 | + 677 1698 |
| 17 | +1·003 701 159 | −0·088 488 839 | −0·038 540 407 | + 142 4994 | +1564 7525 | + 678 4096 |
| 18 | +1·004 981 215 | −0·072 828 695 | −0·031 750 872 | + 113 5014 | +1567 2081 | + 679 4673 |
| 19 | +1·005 970 968 | −0·057 146 044 | −0·024 951 669 | + 84 4377 | +1569 2532 | + 680 3428 |
| 20 | +1·006 669 734 | −0·041 445 018 | −0·018 144 629 | + 55 3034 | +1570 8820 | + 681 0344 |
| 21 | +1·007 076 793 | −0·025 729 822 | −0·011 331 603 | + 26 0963 | +1572 0853 | + 681 5392 |
| 22 | +1·007 191 421 | −0·010 004 770 | −0·004 514 479 | − 3 1823 | +1572 8514 | + 681 8536 |
| 23 | +1·007 012 926 | +0·005 725 707 | +0·002 304 819 | − 32 5270 | +1573 1681 | + 681 9733 |
| 24 | +1·006 540 689 | +0·021 457 056 | +0·009 124 325 | − 61 9291 | +1573 0240 | + 681 8945 |
| 25 | +1·005 774 191 | +0·037 184 616 | +0·015 942 035 | − 91 3770 | +1572 4088 | + 681 6136 |
| 26 | +1·004 713 041 | +0·052 903 633 | +0·022 755 913 | − 120 8573 | +1571 3142 | + 681 1277 |
| 27 | +1·003 356 987 | +0·068 609 281 | +0·029 563 898 | − 150 3552 | +1569 7339 | + 680 4344 |
| 28 | +1·001 705 930 | +0·084 296 676 | +0·036 363 905 | − 179 8552 | +1567 6632 | + 679 5320 |
| 29 | +0·999 759 928 | +0·099 960 900 | +0·043 153 837 | − 209 3417 | +1565 0993 | + 678 4193 |
| 30 | +0·997 519 195 | +0·115 597 013 | +0·049 931 587 | − 238 7987 | +1562 0410 | + 677 0956 |
| Oct. 1 | +0·994 984 104 | +0·131 200 073 | +0·056 695 044 | − 268 2106 | +1558 4887 | + 675 5609 |

$\dot{X}, \dot{Y}, \dot{Z}$ are in units of $10^{-9}$ au / d.

## ICRS, ORIGIN AT SOLAR SYSTEM BARYCENTRE
### FOR 0$^h$ BARYCENTRIC DYNAMICAL TIME

| Date 0$^h$ TDB | X | Y | Z | $\dot{X}$ | $\dot{Y}$ | $\dot{Z}$ |
|---|---|---|---|---|---|---|
| Oct.  1 | +0·994 984 104 | +0·131 200 073 | +0·056 695 044 | − 268 2106 | +1558 4887 | + 675 5609 |
| 2 | +0·992 155 183 | +0·146 765 146 | +0·063 442 102 | − 297 5624 | +1554 4440 | + 673 8155 |
| 3 | +0·989 033 105 | +0·162 287 321 | +0·070 170 655 | − 326 8396 | +1549 9097 | + 671 8603 |
| 4 | +0·985 618 686 | +0·177 761 720 | +0·076 878 612 | − 356 0284 | +1544 8895 | + 669 6964 |
| 5 | +0·981 912 874 | +0·193 183 505 | +0·083 563 891 | − 385 1160 | +1539 3877 | + 667 3251 |
| 6 | +0·977 916 744 | +0·208 547 886 | +0·090 224 429 | − 414 0900 | +1533 4094 | + 664 7482 |
| 7 | +0·973 631 491 | +0·223 850 122 | +0·096 858 175 | − 442 9388 | +1526 9599 | + 661 9673 |
| 8 | +0·969 058 423 | +0·239 085 532 | +0·103 463 101 | − 471 6512 | +1520 0451 | + 658 9845 |
| 9 | +0·964 198 958 | +0·254 249 495 | +0·110 037 200 | − 500 2166 | +1512 6718 | + 655 8022 |
| 10 | +0·959 054 616 | +0·269 337 463 | +0·116 578 488 | − 528 6249 | +1504 8473 | + 652 4228 |
| 11 | +0·953 627 013 | +0·284 344 966 | +0·123 085 008 | − 556 8672 | +1496 5802 | + 648 8493 |
| 12 | +0·947 917 850 | +0·299 267 623 | +0·129 554 839 | − 584 9361 | +1487 8799 | + 645 0852 |
| 13 | +0·941 928 888 | +0·314 101 154 | +0·135 986 090 | − 612 8264 | +1478 7567 | + 641 1342 |
| 14 | +0·935 661 925 | +0·328 841 381 | +0·142 376 912 | − 640 5361 | +1469 2207 | + 637 0000 |
| 15 | +0·929 118 762 | +0·343 484 222 | +0·148 725 491 | − 668 0668 | +1459 2807 | + 632 6861 |
| 16 | +0·922 301 171 | +0·358 025 669 | +0·155 030 044 | − 695 4228 | +1448 9425 | + 628 1950 |
| 17 | +0·915 210 869 | +0·372 461 750 | +0·161 288 805 | − 722 6100 | +1438 2073 | + 623 5279 |
| 18 | +0·907 849 516 | +0·386 788 480 | +0·167 500 013 | − 749 6336 | +1427 0714 | + 618 6841 |
| 19 | +0·900 218 737 | +0·401 001 816 | +0·173 661 892 | − 776 4952 | +1415 5270 | + 613 6617 |
| 20 | +0·892 320 162 | +0·415 097 625 | +0·179 772 642 | − 803 1919 | +1403 5643 | + 608 4578 |
| 21 | +0·884 155 474 | +0·429 071 675 | +0·185 830 434 | − 829 7161 | +1391 1736 | + 603 0695 |
| 22 | +0·875 726 454 | +0·442 919 643 | +0·191 833 409 | − 856 0561 | +1378 3468 | + 597 4943 |
| 23 | +0·867 035 013 | +0·456 637 138 | +0·197 779 690 | − 882 1978 | +1365 0783 | + 591 7304 |
| 24 | +0·858 083 210 | +0·470 219 726 | +0·203 667 385 | − 908 1258 | +1351 3651 | + 585 7770 |
| 25 | +0·848 873 261 | +0·483 662 956 | +0·209 494 597 | − 933 8245 | +1337 2067 | + 579 6340 |
| 26 | +0·839 407 537 | +0·496 962 380 | +0·215 259 434 | − 959 2781 | +1322 6043 | + 573 3019 |
| 27 | +0·829 688 566 | +0·510 113 570 | +0·220 960 009 | − 984 4715 | +1307 5605 | + 566 7818 |
| 28 | +0·819 719 025 | +0·523 112 134 | +0·226 594 449 | −1009 3896 | +1292 0797 | + 560 0754 |
| 29 | +0·809 501 738 | +0·535 953 724 | +0·232 160 901 | −1034 0184 | +1276 1669 | + 553 1844 |
| 30 | +0·799 039 668 | +0·548 634 052 | +0·237 657 531 | −1058 3439 | +1259 8284 | + 546 1113 |
| 31 | +0·788 335 915 | +0·561 148 896 | +0·243 082 529 | −1082 3531 | +1243 0713 | + 538 8588 |
| Nov.  1 | +0·777 393 703 | +0·573 494 111 | +0·248 434 117 | −1106 0335 | +1225 9038 | + 531 4297 |
| 2 | +0·766 216 380 | +0·585 665 634 | +0·253 710 546 | −1129 3735 | +1208 3345 | + 523 8274 |
| 3 | +0·754 807 403 | +0·597 659 493 | +0·258 910 099 | −1152 3624 | +1190 3729 | + 516 0553 |
| 4 | +0·743 170 337 | +0·609 471 816 | +0·264 031 099 | −1174 9900 | +1172 0288 | + 508 1173 |
| 5 | +0·731 308 838 | +0·621 098 829 | +0·269 071 906 | −1197 2473 | +1153 3126 | + 500 0173 |
| 6 | +0·719 226 653 | +0·632 536 865 | +0·274 030 919 | −1219 1259 | +1134 2354 | + 491 7593 |
| 7 | +0·706 927 607 | +0·643 782 372 | +0·278 906 581 | −1240 6185 | +1114 8088 | + 483 3479 |
| 8 | +0·694 415 591 | +0·654 831 916 | +0·283 697 381 | −1261 7189 | +1095 0447 | + 474 7877 |
| 9 | +0·681 694 552 | +0·665 682 186 | +0·288 401 856 | −1282 4226 | +1074 9562 | + 466 0837 |
| 10 | +0·668 768 470 | +0·676 330 002 | +0·293 018 592 | −1302 7272 | +1054 5563 | + 457 2409 |
| 11 | +0·655 641 336 | +0·686 772 315 | +0·297 546 228 | −1322 6333 | +1033 8577 | + 448 2645 |
| 12 | +0·642 317 121 | +0·697 006 198 | +0·301 983 453 | −1342 1442 | +1012 8717 | + 439 1592 |
| 13 | +0·628 799 748 | +0·707 028 820 | +0·306 328 996 | −1361 2663 | + 991 6068 | + 429 9290 |
| 14 | +0·615 093 066 | +0·716 837 417 | +0·310 581 623 | −1380 0072 | + 970 0668 | + 420 5761 |
| 15 | +0·601 200 852 | +0·726 429 237 | +0·314 740 112 | −1398 3735 | + 948 2509 | + 411 1014 |
| 16 | +0·587 126 833 | +0·735 801 498 | +0·318 803 242 | −1416 3685 | + 926 1539 | + 401 5040 |

$\dot{X}, \dot{Y}, \dot{Z}$ are in units of $10^{-9}$ au / d.

ICRS, ORIGIN AT SOLAR SYSTEM BARYCENTRE
FOR 0$^h$ BARYCENTRIC DYNAMICAL TIME

| Date 0$^h$ TDB | $X$ | $Y$ | $Z$ | $\dot{X}$ | $\dot{Y}$ | $\dot{Z}$ |
|---|---|---|---|---|---|---|
| Nov. 16 | +0·587 126 833 | +0·735 801 498 | +0·318 803 242 | −1416 3685 | + 926 1539 | + 401 5040 |
| 17 | +0·572 874 726 | +0·744 951 355 | +0·322 769 778 | −1433 9904 | + 903 7688 | + 391 7824 |
| 18 | +0·558 448 293 | +0·753 875 890 | +0·326 638 470 | −1451 2320 | + 881 0885 | + 381 9348 |
| 19 | +0·543 851 390 | +0·762 572 126 | +0·330 408 051 | −1468 0822 | + 858 1087 | + 371 9602 |
| 20 | +0·529 088 000 | +0·771 037 060 | +0·334 077 251 | −1484 5271 | + 834 8280 | + 361 8586 |
| 21 | +0·514 162 248 | +0·779 267 690 | +0·337 644 804 | −1500 5522 | + 811 2485 | + 351 6311 |
| 22 | +0·499 078 402 | +0·787 261 048 | +0·341 109 459 | −1516 1434 | + 787 3747 | + 341 2796 |
| 23 | +0·483 840 870 | +0·795 014 224 | +0·344 469 991 | −1531 2874 | + 763 2132 | + 330 8067 |
| 24 | +0·468 454 185 | +0·802 524 379 | +0·347 725 200 | −1545 9719 | + 738 7719 | + 320 2157 |
| 25 | +0·452 923 003 | +0·809 788 759 | +0·350 873 922 | −1560 1852 | + 714 0597 | + 309 5099 |
| 26 | +0·437 252 086 | +0·816 804 702 | +0·353 915 029 | −1573 9169 | + 689 0862 | + 298 6933 |
| 27 | +0·421 446 303 | +0·823 569 647 | +0·356 847 431 | −1587 1570 | + 663 8618 | + 287 7697 |
| 28 | +0·405 510 617 | +0·830 081 139 | +0·359 670 081 | −1599 8960 | + 638 3974 | + 276 7436 |
| 29 | +0·389 450 082 | +0·836 336 835 | +0·362 381 976 | −1612 1254 | + 612 7048 | + 265 6195 |
| 30 | +0·373 269 835 | +0·842 334 514 | +0·364 982 160 | −1623 8373 | + 586 7962 | + 254 4021 |
| Dec. 1 | +0·356 975 085 | +0·848 072 083 | +0·367 469 725 | −1635 0247 | + 560 6849 | + 243 0967 |
| 2 | +0·340 571 108 | +0·853 547 582 | +0·369 843 818 | −1645 6819 | + 534 3845 | + 231 7085 |
| 3 | +0·324 063 232 | +0·858 759 190 | +0·372 103 637 | −1655 8039 | + 507 9090 | + 220 2430 |
| 4 | +0·307 456 825 | +0·863 705 227 | +0·374 248 440 | −1665 3874 | + 481 2729 | + 208 7060 |
| 5 | +0·290 757 286 | +0·868 384 162 | +0·376 277 538 | −1674 4302 | + 454 4911 | + 197 1032 |
| 6 | +0·273 970 026 | +0·872 794 611 | +0·378 190 304 | −1682 9317 | + 427 5782 | + 185 4406 |
| 7 | +0·257 100 453 | +0·876 935 339 | +0·379 986 171 | −1690 8930 | + 400 5491 | + 173 7242 |
| 8 | +0·240 153 957 | +0·880 805 255 | +0·381 664 629 | −1698 3172 | + 373 4184 | + 161 9599 |
| 9 | +0·223 135 882 | +0·884 403 413 | +0·383 225 228 | −1705 2097 | + 346 1994 | + 150 1535 |
| 10 | +0·206 051 510 | +0·887 728 989 | +0·384 667 575 | −1711 5782 | + 318 9040 | + 138 3100 |
| 11 | +0·188 906 033 | +0·890 781 269 | +0·385 991 320 | −1717 4323 | + 291 5412 | + 126 4340 |
| 12 | +0·171 704 543 | +0·893 559 605 | +0·387 196 155 | −1722 7825 | + 264 1159 | + 114 5283 |
| 13 | +0·154 452 030 | +0·896 063 382 | +0·388 281 793 | −1727 6382 | + 236 6291 | + 102 5946 |
| 14 | +0·137 153 406 | +0·898 291 972 | +0·389 247 954 | −1732 0056 | + 209 0779 | + 90 6330 |
| 15 | +0·119 813 541 | +0·900 244 708 | +0·390 094 356 | −1735 8861 | + 181 4574 | + 78 6428 |
| 16 | +0·102 437 319 | +0·901 920 874 | +0·390 820 712 | −1739 2760 | + 153 7631 | + 66 6233 |
| 17 | +0·085 029 682 | +0·903 319 718 | +0·391 426 725 | −1742 1675 | + 125 9931 | + 54 5744 |
| 18 | +0·067 595 665 | +0·904 440 486 | +0·391 912 105 | −1744 5503 | + 98 1485 | + 42 4971 |
| 19 | +0·050 140 408 | +0·905 282 455 | +0·392 276 579 | −1746 4135 | + 70 2342 | + 30 3935 |
| 20 | +0·032 669 161 | +0·905 844 964 | +0·392 519 897 | −1747 7469 | + 42 2581 | + 18 2667 |
| 21 | +0·015 187 267 | +0·906 127 443 | +0·392 641 847 | −1748 5415 | + 14 2298 | + 6 1205 |
| 22 | −0·002 299 849 | +0·906 129 422 | +0·392 642 257 | −1748 7901 | − 13 8399 | − 6 0407 |
| 23 | −0·019 786 693 | +0·905 850 546 | +0·392 520 999 | −1748 4863 | − 41 9392 | − 18 2123 |
| 24 | −0·037 267 716 | +0·905 290 579 | +0·392 277 992 | −1747 6250 | − 70 0561 | − 30 3896 |
| 25 | −0·054 737 321 | +0·904 449 406 | +0·391 913 203 | −1746 2020 | − 98 1783 | − 42 5678 |
| 26 | −0·072 189 871 | +0·903 327 038 | +0·391 426 650 | −1744 2135 | − 126 2930 | − 54 7417 |
| 27 | −0·089 619 696 | +0·901 923 616 | +0·390 818 400 | −1741 6565 | − 154 3868 | − 66 9063 |
| 28 | −0·107 021 098 | +0·900 239 417 | +0·390 088 574 | −1738 5286 | − 182 4460 | − 79 0559 |
| 29 | −0·124 388 360 | +0·898 274 860 | +0·389 237 350 | −1734 8285 | − 210 4560 | − 91 1850 |
| 30 | −0·141 715 760 | +0·896 030 510 | +0·388 264 962 | −1730 5560 | − 238 4018 | − 103 2877 |
| 31 | −0·158 997 575 | +0·893 507 089 | +0·387 171 705 | −1725 7121 | − 266 2679 | − 115 3578 |
| 32 | −0·176 228 108 | +0·890 705 471 | +0·385 957 936 | −1720 2999 | − 294 0384 | − 127 3890 |

$\dot{X}$, $\dot{Y}$, $\dot{Z}$ are in units of $10^{-9}$ au / d.

## Reduction for polar motion

The rotation of the Earth can be represented by a diurnal rotation about a reference axis whose motion with respect to a space-fixed system is given by the theories of precession and nutation plus very small ($<$ 1 mas) corrections from observations. The pole of the reference axis is the celestial intermediate pole (CIP) and the system within which it moves is the GCRS (see page B25). The equator of date is orthogonal to the axis of the CIP. The axis of the CIP also moves with respect to the standard geodetic coordinate system, the ITRS (see below), which is fixed (in a specifically defined sense) with respect to the crust of the Earth. The motion of the CIP within the ITRS is known as polar motion; the path of the pole is quasi-circular with a maximum radius of about 10 m ($0''3$) and principal periods of 365 and 428 days. The longer period component is the Chandler wobble, which corresponds in rigid-body rotational dynamics to the motion of the axis of figure with respect to the axis of rotation. The annual component is driven by seasonal effects. Polar motion as a whole is affected by unpredictable geophysical forces and must be determined continuously from various kinds of observations.

The origin of the International Terrestrial Reference System (ITRS) is the geocentre and the directions of its axes are defined implicitly by the adoption of a set of coordinates of stations (instruments) used to determine UT1 and polar motion from observations. The ITRS is systematically within a few centimetres of WGS 84, the geodetic system provided by GPS. The orientation of the Terrestrial Intermediate Reference System (see page B26) with respect to the ITRS is given by successive rotations through the three small angles $y$, $x$, and $-s'$. The celestial reference system is then obtained by a rotation about the $z$-axis, either by Greenwich apparent sidereal time (GAST) if the celestial coordinates are with respect to the true equator and equinox of date; or by the Earth rotation angle ($\theta$) if the celestial coordinates are with respect to the Celestial Intermediate Reference System.

The small angle $s'$, called the TIO locator, is a measure of the secular drift of the terrestrial intermediate origin (TIO), with respect to geodetic zero longitude, that is, the very slow systematic rotation of the Terrestrial Intermediate Reference System with respect to the ITRS (due to polar motion). The value of $s'$ (see below) is minuscule and may be set to zero unless very precise results are needed.

The quantities $x$, $y$ correspond to the coordinates of the CIP with respect to the ITRS, measured along the meridians at longitudes $0°$ and $270°$ ($90°$ west). Current values of the coordinates, $x$, $y$, of the pole for use in the reduction of observations are published by the Central Bureau of the IERS (see *The Astronomical Almanac Online* for web links). Previous values, from 1970 January 1 onwards, are given on page K10 at 3-monthly intervals. For precise work the values at 5-day intervals from the IERS should be used. The coordinates $x$ and $y$ are usually measured in arcseconds.

The longitude and latitude of a terrestrial observer, $\lambda$ and $\phi$, used in astronomical formulae (e.g., for hour angle or the determination of astronomical time), should be expressed in the Terrestrial Intermediate Reference System, that is, corrected for polar motion:

$$\lambda = \lambda_{\text{ITRS}} + \left( x \sin \lambda_{\text{ITRS}} + y \cos \lambda_{\text{ITRS}} \right) \tan \phi_{\text{ITRS}}$$

$$\phi = \phi_{\text{ITRS}} + \left( x \cos \lambda_{\text{ITRS}} - y \sin \lambda_{\text{ITRS}} \right)$$

where $\lambda_{\text{ITRS}}$ and $\phi_{\text{ITRS}}$ are the ITRS (geodetic) longitude and latitude of the observer, and $x$ and $y$ are the ITRS coordinates of the CIP, in the same units as $\lambda$ and $\phi$. These formulae are approximate and should not be used for places at polar latitudes.

**Reduction for polar motion (continued)**

The rigorous transformation of a vector $\mathbf{p}_3$ with respect to the celestial system to the corresponding vector $\mathbf{p}_4$ with respect to the ITRS is given by the formula:

$$\mathbf{p}_4 = \mathbf{R}_1(-y)\,\mathbf{R}_2(-x)\,\mathbf{R}_3(s')\,\mathbf{R}_3(\beta)\,\mathbf{p}_3$$

and conversely,

$$\mathbf{p}_3 = \mathbf{R}_3(-\beta)\,\mathbf{R}_3(-s')\,\mathbf{R}_2(x)\,\mathbf{R}_1(y)\,\mathbf{p}_4$$

where the TIO locator

$$s' = -0\rlap{.}''000\ 047\ T$$

and $T$ is measured in Julian centuries of 365 25 days from 245 1545·0 TT. Some previous values of $x$ and $y$ are tabulated on page K10. Note, the standard rotation matrices $\mathbf{R}_1$, $\mathbf{R}_2$, $\mathbf{R}_3$ are given on page K19 and correspond to rotations about the $x$, $y$ and $z$ axes, respectively.

The method to form the vector $\mathbf{p}_3$ for celestial objects is given on page B68. However, the vectors given above could represent, for example, the coordinates of a point on the Earth's surface or of a satellite in orbit around the Earth. The quantity $\beta$ depends on whether the true equinox or the celestial intermediate origin (CIO) is used, viz:

| *Equinox method* | *CIO method* |
|---|---|
| where $\beta = $ GAST, Greenwich apparent sidereal time, tabulated daily at $0^{\mathrm{h}}$ UT1 on pages B13–B20. GAST must be used if $\mathbf{p}_3$ is an equinox based position, | or $\beta = \theta$, the Earth rotation angle, tabulated daily at $0^{\mathrm{h}}$ UT1 on pages B21–B24. ERA must be used when $\mathbf{p}_3$ is a CIO based position. |

**Reduction for diurnal parallax and diurnal aberration**

The computation of diurnal parallax and aberration due to the displacement of the observer from the centre of the Earth requires a knowledge of the geocentric coordinates ($\rho$, geocentric distance in units of the Earth's equatorial radius, and $\phi'$, geocentric latitude, see the explanation beginning on page K11) of the place of observation, and the local hour angle ($h$).

For bodies whose equatorial horizontal parallax ($\pi$) normally amounts to only a few arcseconds the corrections for diurnal parallax in right ascension and declination (in the sense geocentric place *minus* topocentric place) are given by:

$$\Delta\alpha = \pi(\rho\cos\phi'\sin h\,\sec\delta)$$
$$\Delta\delta = \pi(\rho\sin\phi'\cos\delta - \rho\cos\phi'\cos h\,\sin\delta)$$

and

$$h = \text{GAST} - \alpha_e + \lambda$$
$$= \theta - \alpha_i + \lambda$$

where $\lambda$ is the longitude. $\text{GAST} - \alpha_e$ is the hour angle calculated from the Greenwich apparent sidereal time and the equinox right ascension, whereas $\theta - \alpha_i$ is the hour angle formed from the Earth rotation angle and the CIO right ascension. $\pi$ may be calculated from $8\rlap{.}''794$ divided by the geocentric distance of the body (in au). For the Moon (and other very close bodies) more precise formulae are required (see page D3).

The corrections for diurnal aberration in right ascension and declination (in the sense apparent place *minus* mean place) are given by:

$$\Delta\alpha = 0\rlap{.}^{\mathrm{s}}0213\,\rho\,\cos\phi'\,\cos h\,\sec\delta$$
$$\Delta\delta = 0\rlap{.}''319\,\rho\,\cos\phi'\,\sin h\,\sin\delta$$

## Reduction for diurnal parallax and diurnal aberration (continued)

For a body at transit the local hour angle ($h$) is zero and so $\Delta\delta$ is zero, but

$$\Delta\alpha = \pm 0\overset{s}{.}0213\, \rho \cos\phi' \sec\delta$$

where the plus and minus signs are used for the upper and lower transits, respectively; this may be regarded as a correction to the time of transit.

Alternatively, the effects may be computed in rectangular coordinates using the following expressions for the geocentric coordinates and velocity components of the observer with respect to the celestial equatorial reference system:

$$\text{position:} \quad (\;\; a_e\rho\cos\phi'\cos(\beta+\lambda),\;\; a_e\rho\cos\phi'\sin(\beta+\lambda),\;\; a_e\rho\sin\phi')$$
$$\text{velocity:} \quad (-a_e\omega\rho\cos\phi'\sin(\beta+\lambda),\;\; a_e\omega\rho\cos\phi'\cos(\beta+\lambda),\;\; 0)$$

where $\beta$ is the Greenwich sidereal time (mean or apparent) or the Earth rotation angle (as appropriate), $\lambda$ is the longitude of the observer (east longitudes are positive), $a_e$ is the equatorial radius of the Earth and $\omega$ the angular velocity of the Earth.

$$a_e\omega = 0{\cdot}465\,\text{km/s} = 0{\cdot}269 \times 10^{-3}\,\text{au/d} \qquad c = 2{\cdot}998 \times 10^5\,\text{km/s} = 173{\cdot}14\,\text{au/d}$$
$$a_e\omega/c = 1{\cdot}55 \times 10^{-6}\,\text{rad} = 0\overset{''}{.}320 = 0\overset{s}{.}0213$$

These geocentric position and velocity vectors of the observer are added to the barycentric position and velocity of the Earth's centre, respectively, to obtain the corresponding barycentric vectors of the observer. Then, the procedures on pages B66–B75 may be followed using the barycentric position and velocity of the observer rather than $\mathbf{E}_{\text{B}}$ and $\dot{\mathbf{E}}_{\text{B}}$.

## Conversion to altitude and azimuth

It is convenient to use the local hour angle ($h$) as an intermediary in the conversion from the right ascension ($\alpha_e$ or $\alpha_i$) and declination ($\delta$) to the azimuth ($A_z$) and altitude ($a$).

In order to determine the local hour angle (see page B11) corresponding to the UT1 of the observation, first obtain either Greenwich apparent sidereal time (GAST), see pages B13–B20, or the Earth rotation angle ($\theta$) tabulated on pages B21–B24. This choice depends on whether the right ascension is with respect to the equinox or the CIO, respectively. The formulae are:

$$h = \text{GAST} + \lambda - \alpha_e = \theta + \lambda - \alpha_i$$

Then

$$\cos a \sin A_z = -\cos\delta \sin h$$
$$\cos a \cos A_z = \phantom{-}\sin\delta \cos\phi - \cos\delta \cos h \sin\phi$$
$$\sin a = \phantom{-}\sin\delta \sin\phi + \cos\delta \cos h \cos\phi$$

where azimuth ($A_z$) is measured from the north through east in the plane of the horizon, altitude ($a$) is measured perpendicular to the horizon, and $\lambda$, $\phi$ are the astronomical values (see page K13) of the east longitude and latitude of the place of observation. The plane of the horizon is defined to be perpendicular to the apparent direction of gravity. Zenith distance is given by $z = 90° - a$.

For most purposes the values of the geodetic longitude and latitude may be used but in some cases the effects of local gravity anomalies and polar motion (see page B84) must be included. For full precision, the values of $\alpha$, $\delta$ must be corrected for diurnal parallax and diurnal aberration. The inverse formulae are:

$$\cos\delta \sin h = -\cos a \sin A_z$$
$$\cos\delta \cos h = \phantom{-}\sin a \cos\phi - \cos a \cos A_z \sin\phi$$
$$\sin\delta = \phantom{-}\sin a \sin\phi + \cos a \cos A_z \cos\phi$$

## Correction for refraction

For most astronomical purposes the effect of refraction in the Earth's atmosphere is to decrease the zenith distance (computed by the formulae of the previous section) by an amount $R$ that depends on the zenith distance and on the meteorological conditions at the site. A simple expression for $R$ for zenith distances less than 75° (altitudes greater than 15°) is:

$$R = 0\overset{\circ}{.}004\ 52\ P \tan z / (273 + T)$$
$$= 0\overset{\circ}{.}004\ 52\ P / ((273 + T) \tan a)$$

where $T$ is the temperature (°C) and $P$ is the barometric pressure (millibars). This formula is usually accurate to about $0\overset{\prime}{.}1$ for altitudes above 15°, but the error increases rapidly at lower altitudes, especially in abnormal meteorological conditions. For observed apparent altitudes below 15° use the approximate formula:

$$R = P(0\cdot1594 + 0\cdot0196a + 0\cdot000\ 02a^2) / [(273 + T)(1 + 0\cdot505a + 0\cdot0845a^2)]$$

where the altitude $a$ is in degrees.

### DETERMINATION OF LATITUDE AND AZIMUTH

## Use of the Polaris table

The table on pages B88-B91 gives data for obtaining latitude from an observed altitude of Polaris (suitably corrected for instrumental errors and refraction) and the azimuth of this star (measured from north, positive to the east and negative to the west), for all hour angles and northern latitudes. The six tabulated quantities, each given to a precision of $0\overset{\prime}{.}1$, are $a_0$, $a_1$, $a_2$, referring to the correction to altitude, and $b_0$, $b_1$, $b_2$, to the azimuth.

$$\text{latitude} = \text{corrected observed altitude} + a_0 + a_1 + a_2$$
$$\text{azimuth} = (b_0 + b_1 + b_2) / \cos(\text{latitude})$$

The table is to be entered with the local apparent sidereal time of observation (LAST), and gives the values of $a_0$, $b_0$ directly; interpolation, with maximum differences of $0\overset{\prime}{.}7$, can be done mentally. To the precision of these tables local mean sidereal time may be used instead of LAST. In the same vertical column, the values of $a_1$, $b_1$ are found with the latitude, and those of $a_2$, $b_2$ with the date, as argument. Thus all six quantities can, if desired, be extracted together. The errors due to the adoption of a mean value of the local sidereal time for each of the subsidiary tables have been reduced to a minimum, and the total error is not likely to exceed $0\overset{\prime}{.}2$. Interpolation between columns should not be attempted.

The observed altitude must be corrected for refraction before being used to determine the astronomical latitude of the place of observation. Both the latitude and the azimuth so obtained are affected by local gravity anomalies if the altitude is measured with respect to a plane orthogonal to the local gravity vector, e.g., a liquid surface.

# POLARIS TABLE, 2016

| LST | 0$^h$ $a_0$ | $b_0$ | 1$^h$ $a_0$ | $b_0$ | 2$^h$ $a_0$ | $b_0$ | 3$^h$ $a_0$ | $b_0$ | 4$^h$ $a_0$ | $b_0$ | 5$^h$ $a_0$ | $b_0$ |
|---|---|---|---|---|---|---|---|---|---|---|---|---|
| m | ′ | ′ | ′ | ′ | ′ | ′ | ′ | ′ | ′ | ′ | ′ | ′ |
| 0 | −29·0 | +27·7 | −35·2 | +19·1 | −38·9 | +9·3 | −40·0 | − 1·3 | −38·3 | −11·7 | −33·9 | −21·3 |
| 3 | −29·4 | +27·3 | −35·4 | +18·7 | −39·0 | +8·8 | −40·0 | − 1·8 | −38·1 | −12·2 | −33·6 | −21·8 |
| 6 | −29·7 | +26·9 | −35·7 | +18·2 | −39·2 | +8·2 | −39·9 | − 2·3 | −38·0 | −12·7 | −33·4 | −22·2 |
| 9 | −30·1 | +26·5 | −35·9 | +17·7 | −39·3 | +7·7 | −39·9 | − 2·9 | −37·8 | −13·2 | −33·1 | −22·6 |
| 12 | −30·4 | +26·1 | −36·1 | +17·3 | −39·4 | +7·2 | −39·9 | − 3·4 | −37·6 | −13·7 | −32·8 | −23·1 |
| 15 | −30·8 | +25·7 | −36·4 | +16·8 | −39·4 | +6·7 | −39·8 | − 3·9 | −37·4 | −14·2 | −32·5 | −23·5 |
| 18 | −31·1 | +25·3 | −36·6 | +16·3 | −39·5 | +6·1 | −39·8 | − 4·4 | −37·2 | −14·7 | −32·1 | −23·9 |
| 21 | −31·4 | +24·9 | −36·8 | +15·8 | −39·6 | +5·6 | −39·7 | − 5·0 | −37·0 | −15·2 | −31·8 | −24·4 |
| 24 | −31·8 | +24·5 | −37·0 | +15·3 | −39·7 | +5·1 | −39·6 | − 5·5 | −36·8 | −15·7 | −31·5 | −24·8 |
| 27 | −32·1 | +24·0 | −37·2 | +14·8 | −39·7 | +4·6 | −39·6 | − 6·0 | −36·6 | −16·2 | −31·2 | −25·2 |
| 30 | −32·4 | +23·6 | −37·4 | +14·3 | −39·8 | +4·0 | −39·5 | − 6·5 | −36·4 | −16·7 | −30·8 | −25·6 |
| 33 | −32·7 | +23·2 | −37·6 | +13·8 | −39·8 | +3·5 | −39·4 | − 7·1 | −36·2 | −17·1 | −30·5 | −26·0 |
| 36 | −33·0 | +22·7 | −37·7 | +13·3 | −39·9 | +3·0 | −39·3 | − 7·6 | −36·0 | −17·6 | −30·2 | −26·4 |
| 39 | −33·3 | +22·3 | −37·9 | +12·8 | −39·9 | +2·5 | −39·2 | − 8·1 | −35·7 | −18·1 | −29·8 | −26·8 |
| 42 | −33·6 | +21·9 | −38·1 | +12·3 | −40·0 | +1·9 | −39·1 | − 8·6 | −35·5 | −18·6 | −29·5 | −27·2 |
| 45 | −33·9 | +21·4 | −38·2 | +11·8 | −40·0 | +1·4 | −39·0 | − 9·1 | −35·2 | −19·0 | −29·1 | −27·6 |
| 48 | −34·1 | +21·0 | −38·4 | +11·3 | −40·0 | +0·9 | −38·8 | − 9·7 | −35·0 | −19·5 | −28·7 | −28·0 |
| 51 | −34·4 | +20·5 | −38·5 | +10·8 | −40·0 | +0·3 | −38·7 | −10·2 | −34·7 | −20·0 | −28·4 | −28·3 |
| 54 | −34·7 | +20·1 | −38·7 | +10·3 | −40·0 | −0·2 | −38·6 | −10·7 | −34·5 | −20·4 | −28·0 | −28·7 |
| 57 | −34·9 | +19·6 | −38·8 | + 9·8 | −40·0 | −0·7 | −38·4 | −11·2 | −34·2 | −20·9 | −27·6 | −29·1 |
| 60 | −35·2 | +19·1 | −38·9 | + 9·3 | −40·0 | −1·3 | −38·3 | −11·7 | −33·9 | −21·3 | −27·2 | −29·4 |

| Lat. | $a_1$ | $b_1$ | $a_1$ | $b_1$ | $a_1$ | $b_1$ | $a_1$ | $b_1$ | $a_1$ | $b_1$ | $a_1$ | $b_1$ |
|---|---|---|---|---|---|---|---|---|---|---|---|---|
| ° | | | | | | | | | | | | |
| 0 | − 0·1 | − 0·3 | 0·0 | − 0·2 | 0·0 | −0·1 | 0·0 | + 0·1 | 0·0 | + 0·2 | − 0·1 | + 0·3 |
| 10 | − 0·1 | − 0·2 | 0·0 | − 0·2 | 0·0 | 0·0 | 0·0 | + 0·1 | 0·0 | + 0·2 | − 0·1 | + 0·2 |
| 20 | − 0·1 | − 0·2 | 0·0 | − 0·1 | 0·0 | 0·0 | 0·0 | + 0·1 | 0·0 | + 0·1 | − 0·1 | + 0·2 |
| 30 | 0·0 | − 0·1 | 0·0 | − 0·1 | 0·0 | 0·0 | 0·0 | 0·0 | 0·0 | + 0·1 | − 0·1 | + 0·1 |
| 40 | 0·0 | − 0·1 | 0·0 | − 0·1 | 0·0 | 0·0 | 0·0 | 0·0 | 0·0 | + 0·1 | 0·0 | + 0·1 |
| 45 | 0·0 | 0·0 | 0·0 | 0·0 | 0·0 | 0·0 | 0·0 | 0·0 | 0·0 | 0·0 | 0·0 | 0·0 |
| 50 | 0·0 | 0·0 | 0·0 | 0·0 | 0·0 | 0·0 | 0·0 | 0·0 | 0·0 | 0·0 | 0·0 | 0·0 |
| 55 | 0·0 | + 0·1 | 0·0 | 0·0 | 0·0 | 0·0 | 0·0 | 0·0 | 0·0 | 0·0 | 0·0 | − 0·1 |
| 60 | 0·0 | + 0·1 | 0·0 | + 0·1 | 0·0 | 0·0 | 0·0 | 0·0 | 0·0 | − 0·1 | + 0·1 | − 0·1 |
| 62 | + 0·1 | + 0·2 | 0·0 | + 0·1 | 0·0 | 0·0 | 0·0 | − 0·1 | 0·0 | − 0·1 | + 0·1 | − 0·2 |
| 64 | + 0·1 | + 0·2 | 0·0 | + 0·1 | 0·0 | 0·0 | 0·0 | − 0·1 | 0·0 | − 0·1 | + 0·1 | − 0·2 |
| 66 | + 0·1 | + 0·2 | 0·0 | + 0·2 | 0·0 | 0·0 | 0·0 | − 0·1 | 0·0 | − 0·2 | + 0·1 | − 0·2 |

| Month | $a_2$ | $b_2$ | $a_2$ | $b_2$ | $a_2$ | $b_2$ | $a_2$ | $b_2$ | $a_2$ | $b_2$ | $a_2$ | $b_2$ |
|---|---|---|---|---|---|---|---|---|---|---|---|---|
| Jan. | + 0·1 | − 0·1 | + 0·1 | 0·0 | + 0·1 | 0·0 | + 0·1 | 0·0 | + 0·1 | + 0·1 | + 0·1 | + 0·1 |
| Feb. | 0·0 | − 0·2 | + 0·1 | − 0·2 | + 0·1 | −0·2 | + 0·2 | − 0·1 | + 0·2 | − 0·1 | + 0·2 | 0·0 |
| Mar. | − 0·1 | − 0·3 | 0·0 | − 0·3 | 0·0 | −0·3 | + 0·1 | − 0·3 | + 0·2 | − 0·2 | + 0·2 | − 0·2 |
| Apr. | − 0·3 | − 0·3 | − 0·2 | − 0·3 | − 0·1 | −0·4 | 0·0 | − 0·4 | + 0·1 | − 0·4 | + 0·2 | − 0·3 |
| May | − 0·4 | − 0·2 | − 0·3 | − 0·3 | − 0·2 | −0·3 | − 0·1 | − 0·4 | 0·0 | − 0·4 | + 0·1 | − 0·4 |
| June | − 0·4 | 0·0 | − 0·4 | − 0·1 | − 0·3 | −0·2 | − 0·3 | − 0·3 | − 0·2 | − 0·4 | − 0·1 | − 0·4 |
| July | − 0·4 | + 0·1 | − 0·4 | 0·0 | − 0·4 | −0·1 | − 0·4 | − 0·2 | − 0·3 | − 0·3 | − 0·2 | − 0·3 |
| Aug. | − 0·3 | + 0·3 | − 0·3 | + 0·2 | − 0·3 | +0·1 | − 0·4 | 0·0 | − 0·3 | − 0·1 | − 0·3 | − 0·2 |
| Sept. | − 0·1 | + 0·3 | − 0·2 | + 0·3 | − 0·2 | +0·2 | − 0·3 | + 0·2 | − 0·3 | + 0·1 | − 0·3 | 0·0 |
| Oct. | + 0·1 | + 0·3 | 0·0 | + 0·3 | − 0·1 | +0·3 | − 0·2 | + 0·3 | − 0·2 | + 0·3 | − 0·3 | + 0·2 |
| Nov. | + 0·3 | + 0·3 | + 0·2 | + 0·3 | + 0·1 | +0·4 | 0·0 | + 0·4 | − 0·1 | + 0·4 | − 0·2 | + 0·3 |
| Dec. | + 0·4 | + 0·1 | + 0·3 | + 0·2 | + 0·3 | +0·3 | + 0·2 | + 0·4 | + 0·1 | + 0·4 | 0·0 | + 0·4 |

Latitude = Corrected observed altitude of *Polaris* + $a_0$ + $a_1$ + $a_2$

Azimuth of *Polaris* = ($b_0$ + $b_1$ + $b_2$ ) / cos (latitude)

# POLARIS TABLE, 2016 B89

| LST | **6ʰ** | | **7ʰ** | | **8ʰ** | | **9ʰ** | | **10ʰ** | | **11ʰ** | |
|---|---|---|---|---|---|---|---|---|---|---|---|---|
| | $a_0$ | $b_0$ | $a_0$ | $b_0$ | $a_0$ | $b_0$ | $a_0$ | $b_0$ | $a_0$ | $b_0$ | $a_0$ | $b_0$ |
| m | ′ | ′ | ′ | ′ | ′ | ′ | ′ | ′ | ′ | ′ | ′ | ′ |
| 0 | −27·2 | −29·4 | −18·7 | −35·5 | −8·9 | −39·1 | +1·5 | −40·0 | +11·8 | −38·1 | +21·3 | −33·8 |
| 3 | −26·9 | −29·8 | −18·2 | −35·7 | −8·4 | −39·2 | +2·0 | −39·9 | +12·3 | −38·0 | +21·7 | −33·5 |
| 6 | −26·5 | −30·1 | −17·8 | −36·0 | −7·9 | −39·3 | +2·6 | −39·9 | +12·8 | −37·8 | +22·1 | −33·2 |
| 9 | −26·1 | −30·5 | −17·3 | −36·2 | −7·3 | −39·4 | +3·1 | −39·9 | +13·3 | −37·6 | +22·6 | −32·9 |
| 12 | −25·7 | −30·8 | −16·8 | −36·4 | −6·8 | −39·5 | +3·6 | −39·8 | +13·8 | −37·5 | +23·0 | −32·6 |
| 15 | −25·3 | −31·2 | −16·3 | −36·6 | −6·3 | −39·5 | +4·1 | −39·8 | +14·3 | −37·3 | +23·4 | −32·3 |
| 18 | −24·8 | −31·5 | −15·9 | −36·8 | −5·8 | −39·6 | +4·7 | −39·7 | +14·8 | −37·1 | +23·9 | −32·0 |
| 21 | −24·4 | −31·8 | −15·4 | −37·0 | −5·3 | −39·7 | +5·2 | −39·6 | +15·2 | −36·9 | +24·3 | −31·7 |
| 24 | −24·0 | −32·1 | −14·9 | −37·2 | −4·8 | −39·8 | +5·7 | −39·6 | +15·7 | −36·7 | +24·7 | −31·3 |
| 27 | −23·6 | −32·4 | −14·4 | −37·4 | −4·2 | −39·8 | +6·2 | −39·5 | +16·2 | −36·5 | +25·1 | −31·0 |
| 30 | −23·2 | −32·7 | −13·9 | −37·6 | −3·7 | −39·9 | +6·7 | −39·4 | +16·7 | −36·3 | +25·5 | −30·7 |
| 33 | −22·7 | −33·0 | −13·4 | −37·8 | −3·2 | −39·9 | +7·2 | −39·3 | +17·2 | −36·0 | +25·9 | −30·4 |
| 36 | −22·3 | −33·3 | −12·9 | −37·9 | −2·7 | −39·9 | +7·8 | −39·2 | +17·6 | −35·8 | +26·3 | −30·0 |
| 39 | −21·9 | −33·6 | −12·4 | −38·1 | −2·1 | −40·0 | +8·3 | −39·1 | +18·1 | −35·6 | +26·7 | −29·7 |
| 42 | −21·4 | −33·9 | −11·9 | −38·3 | −1·6 | −40·0 | +8·8 | −39·0 | +18·6 | −35·3 | +27·1 | −29·3 |
| 45 | −21·0 | −34·2 | −11·4 | −38·4 | −1·1 | −40·0 | +9·3 | −38·8 | +19·0 | −35·1 | +27·4 | −29·0 |
| 48 | −20·5 | −34·5 | −10·9 | −38·6 | −0·6 | −40·0 | +9·8 | −38·7 | +19·5 | −34·8 | +27·8 | −28·6 |
| 51 | −20·1 | −34·7 | −10·4 | −38·7 | 0·0 | −40·0 | +10·3 | −38·6 | +19·9 | −34·6 | +28·2 | −28·2 |
| 54 | −19·6 | −35·0 | −9·9 | −38·8 | +0·5 | −40·0 | +10·8 | −38·4 | +20·4 | −34·3 | +28·6 | −27·9 |
| 57 | −19·2 | −35·2 | −9·4 | −38·9 | +1·0 | −40·0 | +11·3 | −38·3 | +20·8 | −34·0 | +28·9 | −27·5 |
| 60 | −18·7 | −35·5 | −8·9 | −39·1 | +1·5 | −40·0 | +11·8 | −38·1 | +21·3 | −33·8 | +29·3 | −27·1 |

| Lat. | $a_1$ | $b_1$ | $a_1$ | $b_1$ | $a_1$ | $b_1$ | $a_1$ | $b_1$ | $a_1$ | $b_1$ | $a_1$ | $b_1$ |
|---|---|---|---|---|---|---|---|---|---|---|---|---|
| ° | | | | | | | | | | | | |
| 0 | −0·2 | +0·3 | −0·2 | +0·2 | −0·3 | +0·1 | −0·3 | −0·1 | −0·2 | −0·2 | −0·2 | −0·3 |
| 10 | −0·2 | +0·2 | −0·2 | +0·2 | −0·2 | 0·0 | −0·2 | −0·1 | −0·2 | −0·2 | −0·1 | −0·2 |
| 20 | −0·1 | +0·2 | −0·2 | +0·1 | −0·2 | 0·0 | −0·2 | −0·1 | −0·2 | −0·1 | −0·1 | −0·2 |
| 30 | −0·1 | +0·1 | −0·1 | +0·1 | −0·1 | 0·0 | −0·1 | 0·0 | −0·1 | −0·1 | −0·1 | −0·1 |
| 40 | −0·1 | +0·1 | −0·1 | +0·1 | −0·1 | 0·0 | −0·1 | 0·0 | −0·1 | −0·1 | 0·0 | −0·1 |
| 45 | 0·0 | 0·0 | 0·0 | 0·0 | 0·0 | 0·0 | 0·0 | 0·0 | 0·0 | 0·0 | 0·0 | 0·0 |
| 50 | 0·0 | 0·0 | 0·0 | 0·0 | 0·0 | 0·0 | 0·0 | 0·0 | 0·0 | 0·0 | 0·0 | 0·0 |
| 55 | 0·0 | −0·1 | 0·0 | 0·0 | +0·1 | 0·0 | +0·1 | 0·0 | 0·0 | 0·0 | 0·0 | +0·1 |
| 60 | +0·1 | −0·1 | +0·1 | −0·1 | +0·1 | 0·0 | +0·1 | 0·0 | +0·1 | +0·1 | +0·1 | +0·1 |
| 62 | +0·1 | −0·2 | +0·1 | −0·1 | +0·2 | 0·0 | +0·2 | +0·1 | +0·1 | +0·1 | +0·1 | +0·2 |
| 64 | +0·1 | −0·2 | +0·2 | −0·1 | +0·2 | 0·0 | +0·2 | +0·1 | +0·2 | +0·1 | +0·1 | +0·2 |
| 66 | +0·2 | −0·2 | +0·2 | −0·2 | +0·2 | 0·0 | +0·2 | +0·1 | +0·2 | +0·2 | +0·1 | +0·2 |

| Month | $a_2$ | $b_2$ | $a_2$ | $b_2$ | $a_2$ | $b_2$ | $a_2$ | $b_2$ | $a_2$ | $b_2$ | $a_2$ | $b_2$ |
|---|---|---|---|---|---|---|---|---|---|---|---|---|
| Jan. | +0·1 | +0·1 | 0·0 | +0·1 | 0·0 | +0·1 | 0·0 | +0·1 | −0·1 | +0·1 | −0·1 | +0·1 |
| Feb. | +0·2 | 0·0 | +0·2 | +0·1 | +0·2 | +0·1 | +0·1 | +0·2 | +0·1 | +0·2 | 0·0 | +0·2 |
| Mar. | +0·3 | −0·1 | +0·3 | 0·0 | +0·3 | 0·0 | +0·3 | +0·1 | +0·2 | +0·2 | +0·2 | +0·2 |
| Apr. | +0·3 | −0·3 | +0·3 | −0·2 | +0·4 | −0·1 | +0·4 | 0·0 | +0·4 | +0·1 | +0·3 | +0·2 |
| May | +0·2 | −0·4 | +0·3 | −0·3 | +0·3 | −0·2 | +0·4 | −0·1 | +0·4 | 0·0 | +0·4 | +0·1 |
| June | 0·0 | −0·4 | +0·1 | −0·4 | +0·2 | −0·3 | +0·3 | −0·3 | +0·4 | −0·2 | +0·4 | −0·1 |
| July | −0·1 | −0·4 | 0·0 | −0·4 | +0·1 | −0·4 | +0·2 | −0·4 | +0·3 | −0·3 | +0·3 | −0·2 |
| Aug. | −0·3 | −0·3 | −0·2 | −0·3 | −0·1 | −0·3 | 0·0 | −0·4 | +0·1 | −0·3 | +0·2 | −0·3 |
| Sept. | −0·3 | −0·1 | −0·3 | −0·2 | −0·2 | −0·2 | −0·2 | −0·3 | −0·1 | −0·3 | 0·0 | −0·3 |
| Oct. | −0·3 | +0·1 | −0·3 | 0·0 | −0·3 | −0·1 | −0·3 | −0·2 | −0·3 | −0·2 | −0·2 | −0·3 |
| Nov. | −0·3 | +0·3 | −0·3 | +0·2 | −0·4 | +0·1 | −0·4 | 0·0 | −0·4 | −0·1 | −0·3 | −0·2 |
| Dec. | −0·1 | +0·4 | −0·2 | +0·3 | −0·3 | +0·3 | −0·4 | +0·2 | −0·4 | +0·1 | −0·4 | 0·0 |

Latitude = Corrected observed altitude of *Polaris* + $a_0 + a_1 + a_2$

Azimuth of *Polaris* = $(b_0 + b_1 + b_2)$ / cos (latitude)

# POLARIS TABLE, 2016

| LST | $12^h$ $a_0$ | $b_0$ | $13^h$ $a_0$ | $b_0$ | $14^h$ $a_0$ | $b_0$ | $15^h$ $a_0$ | $b_0$ | $16^h$ $a_0$ | $b_0$ | $17^h$ $a_0$ | $b_0$ |
|---|---|---|---|---|---|---|---|---|---|---|---|---|
| m | ′ | ′ | ′ | ′ | ′ | ′ | ′ | ′ | ′ | ′ | ′ | ′ |
| 0 | +29·3 | −27·1 | +35·3 | −18·7 | +39·0 | −9·0 | +40·0 | + 1·2 | +38·3 | +11·4 | +34·1 | +20·8 |
| 3 | +29·6 | −26·7 | +35·6 | −18·2 | +39·1 | −8·5 | +40·0 | + 1·7 | +38·2 | +11·9 | +33·8 | +21·3 |
| 6 | +30·0 | −26·3 | +35·8 | −17·8 | +39·2 | −8·0 | +39·9 | + 2·3 | +38·0 | +12·4 | +33·5 | +21·7 |
| 9 | +30·3 | −25·9 | +36·0 | −17·3 | +39·3 | −7·5 | +39·9 | + 2·8 | +37·8 | +12·9 | +33·2 | +22·1 |
| 12 | +30·7 | −25·6 | +36·2 | −16·8 | +39·4 | −7·0 | +39·9 | + 3·3 | +37·7 | +13·4 | +32·9 | +22·6 |
| 15 | +31·0 | −25·2 | +36·5 | −16·4 | +39·5 | −6·5 | +39·8 | + 3·8 | +37·5 | +13·8 | +32·6 | +23·0 |
| 18 | +31·3 | −24·7 | +36·7 | −15·9 | +39·5 | −6·0 | +39·8 | + 4·3 | +37·3 | +14·3 | +32·3 | +23·4 |
| 21 | +31·6 | −24·3 | +36·9 | −15·4 | +39·6 | −5·5 | +39·7 | + 4·8 | +37·1 | +14·8 | +32·0 | +23·8 |
| 24 | +32·0 | −23·9 | +37·1 | −14·9 | +39·7 | −5·0 | +39·6 | + 5·3 | +36·9 | +15·3 | +31·7 | +24·2 |
| 27 | +32·3 | −23·5 | +37·3 | −14·4 | +39·7 | −4·4 | +39·6 | + 5·9 | +36·7 | +15·8 | +31·4 | +24·6 |
| 30 | +32·6 | −23·1 | +37·4 | −14·0 | +39·8 | −3·9 | +39·5 | + 6·4 | +36·5 | +16·2 | +31·1 | +25·1 |
| 33 | +32·9 | −22·7 | +37·6 | −13·5 | +39·9 | −3·4 | +39·4 | + 6·9 | +36·3 | +16·7 | +30·7 | +25·5 |
| 36 | +33·2 | −22·2 | +37·8 | −13·0 | +39·9 | −2·9 | +39·3 | + 7·4 | +36·1 | +17·2 | +30·4 | +25·9 |
| 39 | +33·5 | −21·8 | +38·0 | −12·5 | +39·9 | −2·4 | +39·2 | + 7·9 | +35·8 | +17·6 | +30·1 | +26·2 |
| 42 | +33·7 | −21·4 | +38·1 | −12·0 | +40·0 | −1·9 | +39·1 | + 8·4 | +35·6 | +18·1 | +29·7 | +26·6 |
| 45 | +34·0 | −20·9 | +38·3 | −11·5 | +40·0 | −1·4 | +39·0 | + 8·9 | +35·4 | +18·6 | +29·4 | +27·0 |
| 48 | +34·3 | −20·5 | +38·4 | −11·0 | +40·0 | −0·8 | +38·9 | + 9·4 | +35·1 | +19·0 | +29·0 | +27·4 |
| 51 | +34·5 | −20·0 | +38·6 | −10·5 | +40·0 | −0·3 | +38·7 | + 9·9 | +34·9 | +19·5 | +28·6 | +27·8 |
| 54 | +34·8 | −19·6 | +38·7 | −10·0 | +40·0 | +0·2 | +38·6 | +10·4 | +34·6 | +19·9 | +28·3 | +28·1 |
| 57 | +35·1 | −19·1 | +38·8 | − 9·5 | +40·0 | +0·7 | +38·5 | +10·9 | +34·3 | +20·4 | +27·9 | +28·5 |
| 60 | +35·3 | −18·7 | +39·0 | − 9·0 | +40·0 | +1·2 | +38·3 | +11·4 | +34·1 | +20·8 | +27·5 | +28·9 |

| Lat. ° | $a_1$ | $b_1$ | $a_1$ | $b_1$ | $a_1$ | $b_1$ | $a_1$ | $b_1$ | $a_1$ | $b_1$ | $a_1$ | $b_1$ |
|---|---|---|---|---|---|---|---|---|---|---|---|---|
| 0 | − 0·1 | − 0·3 | 0·0 | − 0·2 | 0·0 | −0·1 | 0·0 | + 0·1 | 0·0 | + 0·2 | − 0·1 | + 0·3 |
| 10 | − 0·1 | − 0·2 | 0·0 | − 0·2 | 0·0 | 0·0 | 0·0 | + 0·1 | 0·0 | + 0·2 | − 0·1 | + 0·2 |
| 20 | − 0·1 | − 0·2 | 0·0 | − 0·1 | 0·0 | 0·0 | 0·0 | + 0·1 | 0·0 | + 0·1 | − 0·1 | + 0·2 |
| 30 | 0·0 | − 0·1 | 0·0 | − 0·1 | 0·0 | 0·0 | 0·0 | 0·0 | 0·0 | + 0·1 | − 0·1 | + 0·1 |
| 40 | 0·0 | − 0·1 | 0·0 | − 0·1 | 0·0 | 0·0 | 0·0 | 0·0 | 0·0 | + 0·1 | 0·0 | + 0·1 |
| 45 | 0·0 | 0·0 | 0·0 | 0·0 | 0·0 | 0·0 | 0·0 | 0·0 | 0·0 | 0·0 | 0·0 | 0·0 |
| 50 | 0·0 | 0·0 | 0·0 | 0·0 | 0·0 | 0·0 | 0·0 | 0·0 | 0·0 | 0·0 | 0·0 | 0·0 |
| 55 | 0·0 | + 0·1 | 0·0 | 0·0 | 0·0 | 0·0 | 0·0 | 0·0 | 0·0 | 0·0 | 0·0 | − 0·1 |
| 60 | 0·0 | + 0·1 | 0·0 | + 0·1 | 0·0 | 0·0 | 0·0 | 0·0 | 0·0 | − 0·1 | + 0·1 | − 0·1 |
| 62 | + 0·1 | + 0·2 | 0·0 | + 0·1 | 0·0 | 0·0 | 0·0 | − 0·1 | 0·0 | − 0·1 | + 0·1 | − 0·2 |
| 64 | + 0·1 | + 0·2 | 0·0 | + 0·1 | 0·0 | 0·0 | 0·0 | − 0·1 | 0·0 | − 0·1 | + 0·1 | − 0·2 |
| 66 | + 0·1 | + 0·2 | 0·0 | + 0·2 | 0·0 | 0·0 | 0·0 | − 0·1 | 0·0 | − 0·2 | + 0·1 | − 0·2 |

| Month | $a_2$ | $b_2$ | $a_2$ | $b_2$ | $a_2$ | $b_2$ | $a_2$ | $b_2$ | $a_2$ | $b_2$ | $a_2$ | $b_2$ |
|---|---|---|---|---|---|---|---|---|---|---|---|---|
| Jan. | − 0·1 | + 0·1 | − 0·1 | 0·0 | − 0·1 | 0·0 | − 0·1 | 0·0 | − 0·1 | − 0·1 | − 0·1 | − 0·1 |
| Feb. | 0·0 | + 0·2 | − 0·1 | + 0·2 | − 0·1 | +0·2 | − 0·2 | + 0·1 | − 0·2 | + 0·1 | − 0·2 | 0·0 |
| Mar. | + 0·1 | + 0·3 | 0·0 | + 0·3 | 0·0 | +0·3 | − 0·1 | + 0·3 | − 0·2 | + 0·2 | − 0·2 | + 0·2 |
| Apr. | + 0·3 | + 0·3 | + 0·2 | + 0·3 | + 0·1 | +0·4 | 0·0 | + 0·4 | − 0·1 | + 0·4 | − 0·2 | + 0·3 |
| May | + 0·4 | + 0·2 | + 0·3 | + 0·3 | + 0·2 | +0·3 | + 0·1 | + 0·4 | 0·0 | + 0·4 | − 0·1 | + 0·4 |
| June | + 0·4 | 0·0 | + 0·4 | + 0·1 | + 0·3 | +0·2 | + 0·3 | + 0·3 | + 0·2 | + 0·4 | + 0·1 | + 0·4 |
| July | + 0·4 | − 0·1 | + 0·4 | 0·0 | + 0·4 | +0·1 | + 0·4 | + 0·2 | + 0·3 | + 0·3 | + 0·2 | + 0·3 |
| Aug. | + 0·3 | − 0·3 | + 0·3 | − 0·2 | + 0·3 | −0·1 | + 0·4 | 0·0 | + 0·3 | + 0·1 | + 0·3 | + 0·2 |
| Sept. | + 0·1 | − 0·3 | + 0·2 | − 0·3 | + 0·2 | −0·2 | + 0·3 | − 0·2 | + 0·3 | − 0·1 | + 0·3 | 0·0 |
| Oct. | − 0·1 | − 0·3 | 0·0 | − 0·3 | + 0·1 | −0·3 | + 0·2 | − 0·3 | + 0·2 | − 0·3 | + 0·3 | − 0·2 |
| Nov. | − 0·3 | − 0·3 | − 0·2 | − 0·3 | − 0·1 | −0·4 | 0·0 | − 0·4 | + 0·1 | − 0·4 | + 0·2 | − 0·3 |
| Dec. | − 0·4 | − 0·1 | − 0·3 | − 0·2 | − 0·3 | −0·3 | − 0·2 | − 0·4 | − 0·1 | − 0·4 | 0·0 | − 0·4 |

Latitude = Corrected observed altitude of *Polaris* + $a_0 + a_1 + a_2$

Azimuth of *Polaris* = $(b_0 + b_1 + b_2) / \cos(\text{latitude})$

| LST | $18^h$ | | $19^h$ | | $20^h$ | | $21^h$ | | $22^h$ | | $23^h$ | |
|---|---|---|---|---|---|---|---|---|---|---|---|---|
| | $a_0$ | $b_0$ | $a_0$ | $b_0$ | $a_0$ | $b_0$ | $a_0$ | $b_0$ | $a_0$ | $b_0$ | $a_0$ | $b_0$ |
| m | ′ | ′ | ′ | ′ | ′ | ′ | ′ | ′ | ′ | ′ | ′ | ′ |
| 0 | +27.5 | +28.9 | +19.1 | +35.0 | +9.4 | +38.8 | − 1.0 | +40.0 | −11.3 | +38.4 | −20.9 | +34.2 |
| 3 | +27.2 | +29.2 | +18.7 | +35.3 | +8.9 | +38.9 | − 1.5 | +40.0 | −11.8 | +38.3 | −21.3 | +34.0 |
| 6 | +26.8 | +29.6 | +18.2 | +35.5 | +8.4 | +39.1 | − 2.0 | +40.0 | −12.3 | +38.1 | −21.8 | +33.7 |
| 9 | +26.4 | +29.9 | +17.7 | +35.7 | +7.9 | +39.2 | − 2.5 | +39.9 | −12.8 | +38.0 | −22.2 | +33.4 |
| 12 | +26.0 | +30.3 | +17.3 | +36.0 | +7.4 | +39.3 | − 3.1 | +39.9 | −13.3 | +37.8 | −22.6 | +33.1 |
| 15 | +25.6 | +30.6 | +16.8 | +36.2 | +6.8 | +39.4 | − 3.6 | +39.9 | −13.8 | +37.6 | −23.1 | +32.8 |
| 18 | +25.2 | +30.9 | +16.3 | +36.4 | +6.3 | +39.5 | − 4.1 | +39.8 | −14.3 | +37.5 | −23.5 | +32.5 |
| 21 | +24.8 | +31.3 | +15.8 | +36.6 | +5.8 | +39.5 | − 4.6 | +39.8 | −14.8 | +37.3 | −23.9 | +32.2 |
| 24 | +24.4 | +31.6 | +15.4 | +36.8 | +5.3 | +39.6 | − 5.1 | +39.7 | −15.3 | +37.1 | −24.3 | +31.9 |
| 27 | +24.0 | +31.9 | +14.9 | +37.0 | +4.8 | +39.7 | − 5.7 | +39.6 | −15.7 | +36.9 | −24.8 | +31.6 |
| 30 | +23.5 | +32.2 | +14.4 | +37.2 | +4.3 | +39.7 | − 6.2 | +39.6 | −16.2 | +36.7 | −25.2 | +31.2 |
| 33 | +23.1 | +32.5 | +13.9 | +37.4 | +3.7 | +39.8 | − 6.7 | +39.5 | −16.7 | +36.5 | −25.6 | +30.9 |
| 36 | +22.7 | +32.8 | +13.4 | +37.6 | +3.2 | +39.9 | − 7.2 | +39.4 | −17.2 | +36.2 | −26.0 | +30.6 |
| 39 | +22.2 | +33.1 | +12.9 | +37.8 | +2.7 | +39.9 | − 7.7 | +39.3 | −17.6 | +36.0 | −26.4 | +30.2 |
| 42 | +21.8 | +33.4 | +12.4 | +37.9 | +2.2 | +39.9 | − 8.2 | +39.2 | −18.1 | +35.8 | −26.8 | +29.9 |
| 45 | +21.4 | +33.7 | +11.9 | +38.1 | +1.6 | +40.0 | − 8.8 | +39.1 | −18.6 | +35.5 | −27.1 | +29.5 |
| 48 | +20.9 | +34.0 | +11.4 | +38.3 | +1.1 | +40.0 | − 9.3 | +39.0 | −19.0 | +35.3 | −27.5 | +29.2 |
| 51 | +20.5 | +34.2 | +10.9 | +38.4 | +0.6 | +40.0 | − 9.8 | +38.9 | −19.5 | +35.0 | −27.9 | +28.8 |
| 54 | +20.0 | +34.5 | +10.4 | +38.6 | +0.1 | +40.0 | −10.3 | +38.7 | −20.0 | +34.8 | −28.3 | +28.4 |
| 57 | +19.6 | +34.8 | + 9.9 | +38.7 | −0.4 | +40.0 | −10.8 | +38.6 | −20.4 | +34.5 | −28.7 | +28.0 |
| 60 | +19.1 | +35.0 | + 9.4 | +38.8 | −1.0 | +40.0 | −11.3 | +38.4 | −20.9 | +34.2 | −29.0 | +27.7 |

| Lat. | $a_1$ | $b_1$ | $a_1$ | $b_1$ | $a_1$ | $b_1$ | $a_1$ | $b_1$ | $a_1$ | $b_1$ | $a_1$ | $b_1$ |
|---|---|---|---|---|---|---|---|---|---|---|---|---|
| ° | | | | | | | | | | | | |
| 0 | − 0.2 | + 0.3 | − 0.2 | + 0.2 | −0.3 | + 0.1 | − 0.3 | − 0.1 | − 0.2 | − 0.2 | − 0.2 | − 0.3 |
| 10 | − 0.2 | + 0.2 | − 0.2 | + 0.2 | −0.2 | 0.0 | − 0.2 | − 0.1 | − 0.2 | − 0.2 | − 0.1 | − 0.2 |
| 20 | − 0.1 | + 0.2 | − 0.2 | + 0.1 | −0.2 | 0.0 | − 0.2 | − 0.1 | − 0.2 | − 0.1 | − 0.1 | − 0.2 |
| 30 | − 0.1 | + 0.1 | − 0.1 | + 0.1 | −0.1 | 0.0 | − 0.1 | 0.0 | − 0.1 | − 0.1 | − 0.1 | − 0.1 |
| 40 | − 0.1 | + 0.1 | − 0.1 | + 0.1 | −0.1 | 0.0 | − 0.1 | 0.0 | − 0.1 | − 0.1 | 0.0 | − 0.1 |
| 45 | 0.0 | 0.0 | 0.0 | 0.0 | 0.0 | 0.0 | 0.0 | 0.0 | 0.0 | 0.0 | 0.0 | 0.0 |
| 50 | 0.0 | 0.0 | 0.0 | 0.0 | 0.0 | 0.0 | 0.0 | 0.0 | 0.0 | 0.0 | 0.0 | 0.0 |
| 55 | 0.0 | − 0.1 | 0.0 | 0.0 | +0.1 | 0.0 | + 0.1 | 0.0 | 0.0 | 0.0 | 0.0 | + 0.1 |
| 60 | + 0.1 | − 0.1 | + 0.1 | − 0.1 | +0.1 | 0.0 | + 0.1 | 0.0 | + 0.1 | + 0.1 | + 0.1 | + 0.1 |
| 62 | + 0.1 | − 0.2 | + 0.1 | − 0.1 | +0.2 | 0.0 | + 0.2 | + 0.1 | + 0.1 | + 0.1 | + 0.1 | + 0.2 |
| 64 | + 0.1 | − 0.2 | + 0.2 | − 0.1 | +0.2 | 0.0 | + 0.2 | + 0.1 | + 0.2 | + 0.1 | + 0.1 | + 0.2 |
| 66 | + 0.2 | − 0.2 | + 0.2 | − 0.2 | +0.2 | 0.0 | + 0.2 | + 0.1 | + 0.2 | + 0.2 | + 0.1 | + 0.2 |

| Month | $a_2$ | $b_2$ | $a_2$ | $b_2$ | $a_2$ | $b_2$ | $a_2$ | $b_2$ | $a_2$ | $b_2$ | $a_2$ | $b_2$ |
|---|---|---|---|---|---|---|---|---|---|---|---|---|
| Jan. | − 0.1 | − 0.1 | 0.0 | − 0.1 | 0.0 | − 0.1 | 0.0 | − 0.1 | + 0.1 | − 0.1 | + 0.1 | − 0.1 |
| Feb. | − 0.2 | 0.0 | − 0.2 | − 0.1 | −0.2 | − 0.1 | − 0.1 | − 0.2 | − 0.1 | − 0.2 | 0.0 | − 0.2 |
| Mar. | − 0.3 | + 0.1 | − 0.3 | 0.0 | −0.3 | 0.0 | − 0.3 | − 0.1 | − 0.2 | − 0.2 | − 0.2 | − 0.2 |
| Apr. | − 0.3 | + 0.3 | − 0.3 | + 0.2 | −0.4 | + 0.1 | − 0.4 | 0.0 | − 0.4 | − 0.1 | − 0.3 | − 0.2 |
| May | − 0.2 | + 0.4 | − 0.3 | + 0.3 | −0.3 | + 0.2 | − 0.4 | + 0.1 | − 0.4 | 0.0 | − 0.4 | − 0.1 |
| June | 0.0 | + 0.4 | − 0.1 | + 0.4 | −0.2 | + 0.3 | − 0.3 | + 0.3 | − 0.4 | + 0.2 | − 0.4 | + 0.1 |
| July | + 0.1 | + 0.4 | 0.0 | + 0.4 | −0.1 | + 0.4 | − 0.2 | + 0.4 | − 0.3 | + 0.3 | − 0.3 | + 0.2 |
| Aug. | + 0.3 | + 0.3 | + 0.2 | + 0.3 | +0.1 | + 0.3 | 0.0 | + 0.4 | − 0.1 | + 0.3 | − 0.2 | + 0.3 |
| Sept. | + 0.3 | + 0.1 | + 0.3 | + 0.2 | +0.2 | + 0.2 | + 0.2 | + 0.3 | + 0.1 | + 0.3 | 0.0 | + 0.3 |
| Oct. | + 0.3 | − 0.1 | + 0.3 | 0.0 | +0.3 | + 0.1 | + 0.3 | + 0.2 | + 0.3 | + 0.2 | + 0.2 | + 0.3 |
| Nov. | + 0.3 | − 0.3 | + 0.3 | − 0.2 | +0.4 | − 0.1 | + 0.4 | 0.0 | + 0.4 | + 0.1 | + 0.3 | + 0.2 |
| Dec. | + 0.1 | − 0.4 | + 0.2 | − 0.3 | +0.3 | − 0.3 | + 0.4 | − 0.2 | + 0.4 | − 0.1 | + 0.4 | 0.0 |

Latitude = Corrected observed altitude of *Polaris* + $a_0 + a_1 + a_2$

Azimuth of *Polaris* = $(b_0 + b_1 + b_2) / \cos(\text{latitude})$

## Pole star formulae

The formulae below provide a method for obtaining latitude from the observed altitude of one of the pole stars, *Polaris* or $\sigma$ Octantis, and an assumed *east* longitude of the observer $\lambda$. In addition, the azimuth of a pole star may be calculated from an assumed *east* longitude $\lambda$ and the observed altitude $a$, or from $\lambda$ and an assumed latitude $\phi$. An error of $0°002$ in $a$ or $0°1$ in $\lambda$ will produce an error of about $0°002$ in the calculated latitude. Likewise an error of $0°03$ in $\lambda$, $a$ or $\phi$ will produce an error of about $0°002$ in the calculated azimuth for latitudes below $70°$.

*Step* 1. Calculate the hour angle HA and polar distance $p$, in degrees, from expressions of the form:

$$HA = a_0 + a_1 L + a_2 \sin L + a_3 \cos L + 15\,t$$
$$p = a_0 + a_1 L + a_2 \sin L + a_3 \cos L$$

where
$$L = 0°985\,65\,d$$
$$d = \text{day of year (from pages B4–B5)} + t/24$$

and where the coefficients $a_0$, $a_1$, $a_2$, $a_3$ are given in the table below, $t$ is the universal time in hours, $d$ is the interval in days from 2016 January 0 at $0^h$ UT1 to the time of observation, and the quantity $L$ is in degrees. In the above formulae $d$ is required to two decimals of a day, $L$ to two decimals of a degree and $t$ to three decimals of an hour.

*Step* 2. Calculate the local hour angle *LHA* from:

$$LHA = HA + \lambda \quad \text{(add or subtract multiples of } 360°)$$

where $\lambda$ is the assumed longitude measured east from the Greenwich meridian.

Form the quantities: $\quad S = p \sin(LHA) \quad\quad C = p \cos(LHA)$

*Step* 3. The latitude of the place of observation, in degrees, is given by:

$$\text{latitude} = a - C + 0·0087\,S^2 \tan a$$

where $a$ is the observed altitude of the pole star after correction for instrument error and atmospheric refraction.

*Step* 4. The azimuth of the pole star, in degrees, is given by:

$$\text{azimuth of } Polaris = -S/\cos a$$
$$\text{azimuth of } \sigma \text{ Octantis} = 180° + S/\cos a$$

where azimuth is measured eastwards around the horizon from north.

In *Step 4*, if $a$ has not been observed, use the quantity:

$$a = \phi + C - 0·0087\,S^2 \tan \phi$$

where $\phi$ is an assumed latitude, taken to be positive in either hemisphere.

### POLE STAR COEFFICIENTS FOR 2016

| | *Polaris* | | $\sigma$ Octantis | |
| --- | --- | --- | --- | --- |
| | GHA | $p$ | GHA | $p$ |
| | ° | ° | ° | ° |
| $a_0$ | 56·07 | 0·6697 | 138·69 | 1·1123 |
| $a_1$ | 0·999 17 | −0·0000 090 | 0·999 51 | 0·0000 092 |
| $a_2$ | 0·37 | −0·0027 | 0·18 | 0·0038 |
| $a_3$ | −0·28 | −0·0047 | 0·22 | −0·0038 |

## CONTENTS OF SECTION C

## NOTES AND FORMULAS

### Mean orbital elements of the Sun

Mean elements of the orbit of the Sun, referred to the mean equinox and ecliptic of date, are given by the following expressions. The time argument $d$ is the interval in days from 2016 January 0, $0^h$ TT. These expressions are intended for use only during the year of this volume.

$d$ = JD − 245 7387.5 = day of year (from B4–B5) + fraction of day from $0^h$ TT.

| | |
|---|---|
| Geometric mean longitude: | $279°111\ 147 + 0.985\ 647\ 36\ d$ |
| Mean longitude of perigee: | $283°212\ 395 + 0.000\ 047\ 08\ d$ |
| Mean anomaly: | $355°898\ 751 + 0.985\ 600\ 28\ d$ |
| Eccentricity: | $0.016\ 701\ 91 − 0.000\ 000\ 0012\ d$ |
| Mean obliquity of the ecliptic (w.r.t. mean equator of date): | $23°437\ 198 − 0.000\ 000\ 36\ d$ |

The position of the ecliptic of date with respect to the ecliptic of the standard epoch is given by formulas on page B53. Osculating elements of the Earth/Moon barycenter are on page E8.

## NOTES AND FORMULAS

### Lengths of principal years

The lengths of the principal years at 2016.0 as derived from the Sun's mean motion are:

|  |  | d | d h m s |
|---|---|---|---|
| tropical year | (equinox to equinox) | 365.242 189 | 365 05 48 45.2 |
| sidereal year | (fixed star to fixed star) | 365.256 363 | 365 06 09 09.8 |
| anomalistic year | (perigee to perigee) | 365.259 636 | 365 06 13 52.6 |
| eclipse year | (node to node) | 346.620 081 | 346 14 52 55.0 |

### Apparent ecliptic coordinates of the Sun

The apparent ecliptic longitude may be computed from the geometric ecliptic longitude tabulated on pages C6–C20 using:

apparent longitude = tabulated longitude + nutation in longitude $(\Delta\psi) - 20''.496/R$

where $\Delta\psi$ is tabulated on pages B58–B65 and $R$ is the true geocentric distance tabulated on pages C6–C20. The apparent ecliptic latitude is equal to the geometric ecliptic latitude found on pages C6–C20 to the precision of tabulation.

### Time of transit of the Sun

The quantity tabulated as "Ephemeris Transit" on pages C7–C21 is the TT of transit of the Sun over the ephemeris meridian, which is at the longitude 1.002 738 $\Delta T$ east of the prime (Greenwich) meridian; in this expression $\Delta T$ is the difference TT – UT. The TT of transit of the Sun over a local meridian is obtained by interpolation where the first differences are about 24 hours. The interpolation factor $p$ is given by:

$$p = -\lambda + 1.002\,738\,\Delta T$$

where $\lambda$ is the east longitude and the right-hand side of the equation is expressed in days. (Divide longitude in degrees by 360 and $\Delta T$ in seconds by 86 400). During 2016 it is expected that $\Delta T$ will be about 68 seconds, so that the second term is about +0.000 79 days.

The UT of transit is obtained by subtracting $\Delta T$ from the TT of transit obtained by interpolation.

### Equation of Time

Apparent solar time is the timescale based on the diurnal motion of the true Sun. The rate of solar diurnal motion has seasonal variations caused by the obliquity of the ecliptic and by the eccentricity of the Earth's orbit. Additional small variations arise from irregularities in the rotation of the Earth on its axis. Mean solar time is the timescale based on the diurnal motion of the fictitious mean Sun, a point with uniform motion along the celestial equator. The difference between apparent solar time and mean solar time is the Equation of Time.

Equation of Time = apparent solar time – mean solar time

To obtain the Equation of Time to a precision of about 1 second it is sufficient to use:

Equation of Time at $12^h$ UT = $12^h$ – tabulated value of ephem. transit found on C7–C21.

## NOTES AND FORMULAS

### Equation of Time (continued)

Alternatively, Equation of Time may be calculated for any instant during 2016 in seconds of time to a precision of about 3 seconds directly from the expression:

$$\text{Equation of Time} = -109.5 \sin L + 596.0 \sin 2L + 4.5 \sin 3L - 12.7 \sin 4L$$
$$- 427.9 \cos L - 2.1 \cos 2L + 19.2 \cos 3L$$

where $L$ is the mean longitude of the Sun, corrected for aberration, given by:

$$L = 279°.105 + 0.985\ 647\ d$$

and where $d$ is the interval in days from 2016 January 0 at $0^h$ UT, given by:

$$d = \text{day of year (from B4–B5)} + \text{fraction of day from } 0^h \text{ UT.}$$

### ICRS geocentric rectangular coordinates of the Sun

The geocentric equatorial rectangular coordinates of the Sun in au, referred to the ICRS axes, are given on pages C22–C25. The direction of these axes have been defined by the International Astronomical Union and are realized in practice by the coordinates of several hundred extragalactic radio sources. A rigorous method of determining the apparent place of a solar system object is described beginning on page B66.

### Elements of the rotation of the Sun

The mean elements of the rotation of the Sun for 2016.0 are given below. With the exception of the position of the ascending node of the solar equator on the ecliptic whose rate is $0°.014$ per year, the values change less than $0°.01$ per year and can be used for the entire year for most applications. Linear interpolation using values found in recent editions can be made if needed.

Position of the ascending node of the solar equator:
  on the ecliptic (longitude) = 75°98
  on the mean equator of 2016.0 (right ascension) = 16°16
Inclination of the solar equator:
  with respect to the "Carrington" ecliptic (1850) = 7°25
  with respect to the mean equator of 2016.0 = 26°10
Position of the pole of the solar equator, w.r.t. the mean equinox and equator of 2016.0:
  Right ascension = 286°16
  Declination = 63°90
Sidereal rotation rate of the prime meridian = 14°1844 per day.
Mean synodic period of rotation of the prime meridian = 27.2753 days.

These data are derived from elements originally given by R. C. Carrington, 1863, *Observations of the Spots on the Sun*, p. 244. They have been updated using values from Urban and Seidelmann, 2012, *Explanatory Supplement to the Astronomical Almanac*, p. 426, and Archinal et al., Celestial Mech Dyn Astr, 2011, **110** 401.

# SUN, 2016

## NOTES AND FORMULAS

### Heliographic coordinates

Except for Ephemeris Transit, the quantities on the right-hand pages of C7–C21 are tabulated for $0^h$ TT. Except for $L_0$, the values are, to the accuracy given, essentially the same for $0^h$ UT. The value of $L_0$ at $0^h$ TT is approximately $0°01$ greater than its value at $0^h$ UT.

If $\rho_1$, $\theta$ are the observed angular distance and position angle of a sunspot from the center of the disk of the Sun as seen from the Earth, and $\rho$ is the heliocentric angular distance of the spot on the solar surface from the center of the Sun's disk, then

$$\sin(\rho + \rho_1) = \rho_1/S$$

where $S$ is the semidiameter of the Sun. The position angle is measured from the north point of the disk towards the east.

The formulas for the computation of the heliographic coordinates $(L, B)$ of a sunspot (or other feature on the surface of the Sun) from $(\rho, \theta)$ are as follows:

$$\sin B = \sin B_0 \cos \rho + \cos B_0 \sin \rho \cos(P - \theta)$$
$$\cos B \sin(L - L_0) = \sin \rho \sin(P - \theta)$$
$$\cos B \cos(L - L_0) = \cos \rho \cos B_0 - \sin B_0 \sin \rho \cos(P - \theta)$$

where $B$ is measured positive to the north of the solar equator and $L$ is measured from $0°$ to $360°$ in the direction of rotation of the Sun, i.e., westwards on the apparent disk as seen from the Earth. Daily values for $B_0$ and $L_0$ are tabulated on pages C7–C21.

### SYNODIC ROTATION NUMBERS, 2016

| Number | Date of Commencement | | | Number | Date of Commencement | | |
|---|---|---|---|---|---|---|---|
| 2172 | 2015 | Dec. | 25.49 | 2180 | 2016 | July | 30.65 |
| 2173 | 2016 | Jan. | 21.83 | 2181 | | Aug. | 26.88 |
| 2174 | | Feb. | 18.17 | 2182 | | Sept | 23.15 |
| 2175 | | Mar. | 16.50 | 2183 | | Oct. | 20.43 |
| 2176 | | Apr. | 12.79 | 2184 | | Nov. | 16.73 |
| 2177 | | May | 10.03 | 2185 | 2016 | Dec. | 14.05 |
| 2178 | | June | 6.25 | 2186 | 2017 | Jan. | 10.38 |
| 2179 | | July | 3.44 | 2187 | | Feb. | 6.72 |

At the date of commencement of each synodic rotation period the value of $L_0$ is zero; that is, the prime meridian passes through the central point of the disk.

NOTES AND FORMULAS

## Low precision formulas for the Sun

The following are low precision formulas for the Sun. On this page, the time argument $n$ is the number of days of TT from J2000.0. UT can be used with negligible error.

The low precision formulas for the apparent right ascension and declination of the Sun yield a precision better than $1''\!.0$ between the years 1950 and 2050.

$n = \text{JD} - 2451545.0 = 5842.5 + \text{day of year (from B4–B5)} + \text{fraction of day from } 0^{\text{h}} \text{ TT}$
Mean longitude of Sun, corrected for aberration: $L = 280°\!.460 + 0°\!.985\,6474\,n$
Mean anomaly: $g = 357°\!.528 + 0°\!.985\,6003\,n$

Put $L$ and $g$ in the range $0°$ to $360°$ by adding multiples of $360°$.

Ecliptic longitude: $\lambda = L + 1°\!.915 \sin g + 0°\!.020 \sin 2g$
Ecliptic latitude: $\beta = 0°$
Obliquity of ecliptic: $\epsilon = 23°\!.439 - 0°\!.000\,0004\,n$
Right ascension: $\alpha = \tan^{-1}(\cos \epsilon \tan \lambda)$; ($\alpha$ in same quadrant as $\lambda$)

Alternatively, right ascension, $\alpha$, may be calculated directly from:

Right ascension: $\alpha = \lambda - ft \sin 2\lambda + (f/2)t^2 \sin 4\lambda$
    where $f = 180/\pi$   and   $t = \tan^2(\epsilon/2)$
Declination: $\delta = \sin^{-1}(\sin \epsilon \sin \lambda)$

The low precision formula for the distance of the Sun from Earth, $R$, in au, yields a precision better than 0.0003 au between the years 1950 and 2050.

$R = 1.000\,14 - 0.016\,71 \cos g - 0.000\,14 \cos 2g$

The low precision formulas for the equatorial rectangular coordinates of the Sun, in au, yield a precision better than 0.015 au between the years 1950 and 2050.

$x = R \cos \lambda$
$y = R \cos \epsilon \sin \lambda$
$z = R \sin \epsilon \sin \lambda$

The low precision formula for the Equation of Time, $E$, in minutes, yields a precision better than $3^{\text{s}}\!.5$ between 1950 and 2050.

$E = (L - \alpha)$, in degrees, multiplied by 4

Other useful quantities:

Horizontal parallax: $0°\!.0024$
Semidiameter: $0°\!.2666/R$
Light-time: $0^{\text{d}}\!.0058$

# SUN, 2016

## FOR 0ʰ TERRESTRIAL TIME

| Date | Julian Date | Geometric Ecliptic Coords. Mn Equinox & Ecliptic of Date | | Apparent R. A. | Apparent Declination | True Geocentric Distance |
|------|------|------|------|------|------|------|
| | | Longitude | Latitude | | | |
| | 245 | ° ′ ″ | ″ | h m s | ° ′ ″ | au |
| Jan. 0 | 7387.5 | 278 58 06.36 | −0.23 | 18 39 00.79 | −23 07 54.0 | 0.983 3264 |
| 1 | 7388.5 | 279 59 15.04 | −0.11 | 18 43 26.00 | −23 03 32.9 | 0.983 3136 |
| 2 | 7389.5 | 281 00 24.10 | 0.00 | 18 47 50.94 | −22 58 44.1 | 0.983 3062 |
| 3 | 7390.5 | 282 01 33.51 | +0.12 | 18 52 15.57 | −22 53 27.8 | 0.983 3039 |
| 4 | 7391.5 | 283 02 43.23 | +0.22 | 18 56 39.88 | −22 47 44.2 | 0.983 3066 |
| 5 | 7392.5 | 284 03 53.21 | +0.30 | 19 01 03.81 | −22 41 33.3 | 0.983 3140 |
| 6 | 7393.5 | 285 05 03.40 | +0.36 | 19 05 27.35 | −22 34 55.4 | 0.983 3258 |
| 7 | 7394.5 | 286 06 13.72 | +0.40 | 19 09 50.47 | −22 27 50.7 | 0.983 3420 |
| 8 | 7395.5 | 287 07 24.11 | +0.41 | 19 14 13.14 | −22 20 19.4 | 0.983 3622 |
| 9 | 7396.5 | 288 08 34.48 | +0.38 | 19 18 35.32 | −22 12 21.8 | 0.983 3862 |
| 10 | 7397.5 | 289 09 44.73 | +0.33 | 19 22 56.98 | −22 03 58.0 | 0.983 4140 |
| 11 | 7398.5 | 290 10 54.76 | +0.25 | 19 27 18.09 | −21 55 08.4 | 0.983 4455 |
| 12 | 7399.5 | 291 12 04.48 | +0.15 | 19 31 38.63 | −21 45 53.1 | 0.983 4807 |
| 13 | 7400.5 | 292 13 13.76 | +0.02 | 19 35 58.56 | −21 36 12.5 | 0.983 5195 |
| 14 | 7401.5 | 293 14 22.51 | −0.12 | 19 40 17.87 | −21 26 06.9 | 0.983 5622 |
| 15 | 7402.5 | 294 15 30.64 | −0.26 | 19 44 36.51 | −21 15 36.4 | 0.983 6090 |
| 16 | 7403.5 | 295 16 38.07 | −0.40 | 19 48 54.48 | −21 04 41.5 | 0.983 6602 |
| 17 | 7404.5 | 296 17 44.74 | −0.53 | 19 53 11.75 | −20 53 22.3 | 0.983 7160 |
| 18 | 7405.5 | 297 18 50.60 | −0.64 | 19 57 28.32 | −20 41 39.3 | 0.983 7768 |
| 19 | 7406.5 | 298 19 55.63 | −0.73 | 20 01 44.15 | −20 29 32.8 | 0.983 8429 |
| 20 | 7407.5 | 299 20 59.82 | −0.79 | 20 05 59.25 | −20 17 03.0 | 0.983 9146 |
| 21 | 7408.5 | 300 22 03.17 | −0.81 | 20 10 13.60 | −20 04 10.4 | 0.983 9921 |
| 22 | 7409.5 | 301 23 05.71 | −0.81 | 20 14 27.18 | −19 50 55.3 | 0.984 0756 |
| 23 | 7410.5 | 302 24 07.45 | −0.77 | 20 18 40.00 | −19 37 18.0 | 0.984 1652 |
| 24 | 7411.5 | 303 25 08.42 | −0.71 | 20 22 52.03 | −19 23 18.8 | 0.984 2611 |
| 25 | 7412.5 | 304 26 08.65 | −0.62 | 20 27 03.28 | −19 08 58.2 | 0.984 3630 |
| 26 | 7413.5 | 305 27 08.17 | −0.51 | 20 31 13.75 | −18 54 16.5 | 0.984 4710 |
| 27 | 7414.5 | 306 28 06.98 | −0.39 | 20 35 23.42 | −18 39 14.1 | 0.984 5850 |
| 28 | 7415.5 | 307 29 05.11 | −0.27 | 20 39 32.30 | −18 23 51.2 | 0.984 7047 |
| 29 | 7416.5 | 308 30 02.55 | −0.14 | 20 43 40.38 | −18 08 08.4 | 0.984 8299 |
| 30 | 7417.5 | 309 30 59.31 | −0.02 | 20 47 47.67 | −17 52 05.9 | 0.984 9605 |
| 31 | 7418.5 | 310 31 55.36 | +0.08 | 20 51 54.17 | −17 35 44.2 | 0.985 0961 |
| Feb. 1 | 7419.5 | 311 32 50.69 | +0.18 | 20 55 59.86 | −17 19 03.7 | 0.985 2365 |
| 2 | 7420.5 | 312 33 45.28 | +0.25 | 21 00 04.76 | −17 02 04.7 | 0.985 3814 |
| 3 | 7421.5 | 313 34 39.09 | +0.29 | 21 04 08.86 | −16 44 47.7 | 0.985 5305 |
| 4 | 7422.5 | 314 35 32.08 | +0.31 | 21 08 12.17 | −16 27 13.1 | 0.985 6837 |
| 5 | 7423.5 | 315 36 24.21 | +0.30 | 21 12 14.68 | −16 09 21.3 | 0.985 8404 |
| 6 | 7424.5 | 316 37 15.41 | +0.25 | 21 16 16.40 | −15 51 12.7 | 0.986 0006 |
| 7 | 7425.5 | 317 38 05.60 | +0.18 | 21 20 17.32 | −15 32 47.8 | 0.986 1638 |
| 8 | 7426.5 | 318 38 54.71 | +0.08 | 21 24 17.45 | −15 14 06.9 | 0.986 3298 |
| 9 | 7427.5 | 319 39 42.63 | −0.04 | 21 28 16.78 | −14 55 10.6 | 0.986 4985 |
| 10 | 7428.5 | 320 40 29.26 | −0.18 | 21 32 15.32 | −14 35 59.2 | 0.986 6698 |
| 11 | 7429.5 | 321 41 14.49 | −0.33 | 21 36 13.07 | −14 16 33.1 | 0.986 8437 |
| 12 | 7430.5 | 322 41 58.22 | −0.47 | 21 40 10.03 | −13 56 52.8 | 0.987 0202 |
| 13 | 7431.5 | 323 42 40.37 | −0.61 | 21 44 06.22 | −13 36 58.8 | 0.987 1995 |
| 14 | 7432.5 | 324 43 20.85 | −0.72 | 21 48 01.63 | −13 16 51.4 | 0.987 3820 |
| 15 | 7433.5 | 325 43 59.63 | −0.81 | 21 51 56.28 | −12 56 31.0 | 0.987 5677 |

## FOR 0$^ह$ TERRESTRIAL TIME

| Date | | Pos. Angle of Axis $P$ | Heliographic | | Horiz. Parallax | Semi-Diameter | Ephemeris Transit |
|---|---|---|---|---|---|---|---|
| | | | Latitude $B_0$ | Longitude $L_0$ | | | |
| | | ° | ° | ° | '' | ′ '' | h m s |
| Jan. | 0 | + 2.82 | − 2.83 | 287.46 | 8.94 | 16 15.92 | 12 02 49.97 |
| | 1 | + 2.33 | − 2.94 | 274.29 | 8.94 | 16 15.93 | 12 03 18.51 |
| | 2 | + 1.85 | − 3.06 | 261.11 | 8.94 | 16 15.94 | 12 03 46.75 |
| | 3 | + 1.36 | − 3.18 | 247.94 | 8.94 | 16 15.94 | 12 04 14.68 |
| | 4 | + 0.88 | − 3.29 | 234.77 | 8.94 | 16 15.94 | 12 04 42.26 |
| | 5 | + 0.39 | − 3.41 | 221.60 | 8.94 | 16 15.93 | 12 05 09.45 |
| | 6 | − 0.09 | − 3.52 | 208.44 | 8.94 | 16 15.92 | 12 05 36.23 |
| | 7 | − 0.57 | − 3.63 | 195.27 | 8.94 | 16 15.90 | 12 06 02.57 |
| | 8 | − 1.05 | − 3.74 | 182.10 | 8.94 | 16 15.88 | 12 06 28.44 |
| | 9 | − 1.54 | − 3.85 | 168.93 | 8.94 | 16 15.86 | 12 06 53.81 |
| | 10 | − 2.02 | − 3.96 | 155.76 | 8.94 | 16 15.83 | 12 07 18.65 |
| | 11 | − 2.49 | − 4.07 | 142.59 | 8.94 | 16 15.80 | 12 07 42.92 |
| | 12 | − 2.97 | − 4.18 | 129.42 | 8.94 | 16 15.76 | 12 08 06.61 |
| | 13 | − 3.45 | − 4.28 | 116.26 | 8.94 | 16 15.73 | 12 08 29.67 |
| | 14 | − 3.92 | − 4.38 | 103.09 | 8.94 | 16 15.68 | 12 08 52.10 |
| | 15 | − 4.39 | − 4.49 | 89.92 | 8.94 | 16 15.64 | 12 09 13.86 |
| | 16 | − 4.86 | − 4.59 | 76.75 | 8.94 | 16 15.59 | 12 09 34.93 |
| | 17 | − 5.33 | − 4.68 | 63.59 | 8.94 | 16 15.53 | 12 09 55.30 |
| | 18 | − 5.79 | − 4.78 | 50.42 | 8.94 | 16 15.47 | 12 10 14.94 |
| | 19 | − 6.25 | − 4.88 | 37.25 | 8.94 | 16 15.40 | 12 10 33.85 |
| | 20 | − 6.71 | − 4.97 | 24.08 | 8.94 | 16 15.33 | 12 10 52.01 |
| | 21 | − 7.16 | − 5.07 | 10.92 | 8.94 | 16 15.26 | 12 11 09.42 |
| | 22 | − 7.61 | − 5.16 | 357.75 | 8.94 | 16 15.17 | 12 11 26.05 |
| | 23 | − 8.06 | − 5.25 | 344.58 | 8.94 | 16 15.09 | 12 11 41.92 |
| | 24 | − 8.51 | − 5.33 | 331.42 | 8.93 | 16 14.99 | 12 11 57.00 |
| | 25 | − 8.95 | − 5.42 | 318.25 | 8.93 | 16 14.89 | 12 12 11.30 |
| | 26 | − 9.38 | − 5.51 | 305.08 | 8.93 | 16 14.78 | 12 12 24.81 |
| | 27 | − 9.82 | − 5.59 | 291.92 | 8.93 | 16 14.67 | 12 12 37.53 |
| | 28 | − 10.25 | − 5.67 | 278.75 | 8.93 | 16 14.55 | 12 12 49.46 |
| | 29 | − 10.67 | − 5.75 | 265.58 | 8.93 | 16 14.43 | 12 13 00.59 |
| | 30 | − 11.09 | − 5.83 | 252.42 | 8.93 | 16 14.30 | 12 13 10.92 |
| | 31 | − 11.51 | − 5.90 | 239.25 | 8.93 | 16 14.16 | 12 13 20.46 |
| Feb. | 1 | − 11.92 | − 5.98 | 226.08 | 8.93 | 16 14.02 | 12 13 29.19 |
| | 2 | − 12.33 | − 6.05 | 212.92 | 8.92 | 16 13.88 | 12 13 37.13 |
| | 3 | − 12.73 | − 6.12 | 199.75 | 8.92 | 16 13.73 | 12 13 44.27 |
| | 4 | − 13.13 | − 6.19 | 186.59 | 8.92 | 16 13.58 | 12 13 50.62 |
| | 5 | − 13.53 | − 6.25 | 173.42 | 8.92 | 16 13.43 | 12 13 56.17 |
| | 6 | − 13.92 | − 6.32 | 160.25 | 8.92 | 16 13.27 | 12 14 00.92 |
| | 7 | − 14.30 | − 6.38 | 147.09 | 8.92 | 16 13.11 | 12 14 04.88 |
| | 8 | − 14.68 | − 6.44 | 133.92 | 8.92 | 16 12.95 | 12 14 08.05 |
| | 9 | − 15.05 | − 6.50 | 120.75 | 8.91 | 16 12.78 | 12 14 10.42 |
| | 10 | − 15.42 | − 6.55 | 107.59 | 8.91 | 16 12.61 | 12 14 12.01 |
| | 11 | − 15.79 | − 6.61 | 94.42 | 8.91 | 16 12.44 | 12 14 12.80 |
| | 12 | − 16.14 | − 6.66 | 81.25 | 8.91 | 16 12.26 | 12 14 12.82 |
| | 13 | − 16.50 | − 6.71 | 68.09 | 8.91 | 16 12.09 | 12 14 12.06 |
| | 14 | − 16.84 | − 6.76 | 54.92 | 8.91 | 16 11.91 | 12 14 10.53 |
| | 15 | − 17.19 | − 6.80 | 41.75 | 8.90 | 16 11.73 | 12 14 08.24 |

# SUN, 2016

## FOR 0ʰ TERRESTRIAL TIME

| Date | | Julian Date | Geometric Ecliptic Coords. Mn Equinox & Ecliptic of Date | | Apparent R. A. | Apparent Declination | True Geocentric Distance |
|---|---|---|---|---|---|---|---|
| | | | Longitude | Latitude | | | |
| | | 245 | o ′ ″ | ″ | h m s | o ′ ″ | au |
| Feb. | 15 | 7433.5 | 325 43 59.63 | −0.81 | 21 51 56.28 | − 12 56 31.0 | 0.987 5677 |
| | 16 | 7434.5 | 326 44 36.66 | −0.87 | 21 55 50.18 | − 12 35 58.1 | 0.987 7572 |
| | 17 | 7435.5 | 327 45 11.92 | −0.91 | 21 59 43.35 | − 12 15 13.1 | 0.987 9505 |
| | 18 | 7436.5 | 328 45 45.42 | −0.90 | 22 03 35.78 | − 11 54 16.5 | 0.988 1480 |
| | 19 | 7437.5 | 329 46 17.16 | −0.87 | 22 07 27.51 | − 11 33 08.6 | 0.988 3498 |
| | 20 | 7438.5 | 330 46 47.16 | −0.81 | 22 11 18.53 | − 11 11 49.8 | 0.988 5561 |
| | 21 | 7439.5 | 331 47 15.46 | −0.72 | 22 15 08.88 | − 10 50 20.5 | 0.988 7669 |
| | 22 | 7440.5 | 332 47 42.08 | −0.61 | 22 18 58.56 | − 10 28 41.2 | 0.988 9824 |
| | 23 | 7441.5 | 333 48 07.05 | −0.49 | 22 22 47.61 | − 10 06 52.2 | 0.989 2024 |
| | 24 | 7442.5 | 334 48 30.41 | −0.36 | 22 26 36.02 | − 9 44 54.0 | 0.989 4269 |
| | 25 | 7443.5 | 335 48 52.19 | −0.23 | 22 30 23.84 | − 9 22 46.8 | 0.989 6557 |
| | 26 | 7444.5 | 336 49 12.40 | −0.10 | 22 34 11.07 | − 9 00 31.1 | 0.989 8888 |
| | 27 | 7445.5 | 337 49 31.08 | +0.01 | 22 37 57.74 | − 8 38 07.3 | 0.990 1259 |
| | 28 | 7446.5 | 338 49 48.23 | +0.11 | 22 41 43.86 | − 8 15 35.8 | 0.990 3668 |
| | 29 | 7447.5 | 339 50 03.88 | +0.19 | 22 45 29.47 | − 7 52 56.9 | 0.990 6112 |
| Mar. | 1 | 7448.5 | 340 50 18.01 | +0.25 | 22 49 14.56 | − 7 30 11.1 | 0.990 8588 |
| | 2 | 7449.5 | 341 50 30.64 | +0.28 | 22 52 59.18 | − 7 07 18.8 | 0.991 1094 |
| | 3 | 7450.5 | 342 50 41.76 | +0.28 | 22 56 43.33 | − 6 44 20.3 | 0.991 3626 |
| | 4 | 7451.5 | 343 50 51.34 | +0.25 | 23 00 27.03 | − 6 21 16.0 | 0.991 6181 |
| | 5 | 7452.5 | 344 50 59.37 | +0.19 | 23 04 10.30 | − 5 58 06.3 | 0.991 8755 |
| | 6 | 7453.5 | 345 51 05.80 | +0.10 | 23 07 53.16 | − 5 34 51.7 | 0.992 1345 |
| | 7 | 7454.5 | 346 51 10.58 | −0.01 | 23 11 35.61 | − 5 11 32.6 | 0.992 3947 |
| | 8 | 7455.5 | 347 51 13.64 | −0.14 | 23 15 17.69 | − 4 48 09.3 | 0.992 6559 |
| | 9 | 7456.5 | 348 51 14.91 | −0.29 | 23 18 59.40 | − 4 24 42.2 | 0.992 9176 |
| | 10 | 7457.5 | 349 51 14.28 | −0.43 | 23 22 40.76 | − 4 01 11.8 | 0.993 1799 |
| | 11 | 7458.5 | 350 51 11.66 | −0.57 | 23 26 21.78 | − 3 37 38.4 | 0.993 4426 |
| | 12 | 7459.5 | 351 51 06.96 | −0.69 | 23 30 02.48 | − 3 14 02.4 | 0.993 7057 |
| | 13 | 7460.5 | 352 51 00.10 | −0.79 | 23 33 42.88 | − 2 50 24.3 | 0.993 9695 |
| | 14 | 7461.5 | 353 50 51.03 | −0.86 | 23 37 23.00 | − 2 26 44.3 | 0.994 2342 |
| | 15 | 7462.5 | 354 50 39.70 | −0.90 | 23 41 02.85 | − 2 03 03.0 | 0.994 4999 |
| | 16 | 7463.5 | 355 50 26.10 | −0.91 | 23 44 42.46 | − 1 39 20.7 | 0.994 7670 |
| | 17 | 7464.5 | 356 50 10.21 | −0.88 | 23 48 21.83 | − 1 15 37.7 | 0.995 0357 |
| | 18 | 7465.5 | 357 49 52.06 | −0.82 | 23 52 01.00 | − 0 51 54.4 | 0.995 3062 |
| | 19 | 7466.5 | 358 49 31.65 | −0.74 | 23 55 39.98 | − 0 28 11.3 | 0.995 5787 |
| | 20 | 7467.5 | 359 49 09.03 | −0.63 | 23 59 18.80 | − 0 04 28.5 | 0.995 8533 |
| | 21 | 7468.5 | 0 48 44.23 | −0.51 | 0 02 57.48 | + 0 19 13.4 | 0.996 1301 |
| | 22 | 7469.5 | 1 48 17.29 | −0.38 | 0 06 36.05 | + 0 42 54.1 | 0.996 4090 |
| | 23 | 7470.5 | 2 47 48.24 | −0.25 | 0 10 14.52 | + 1 06 33.4 | 0.996 6902 |
| | 24 | 7471.5 | 3 47 17.15 | −0.12 | 0 13 52.92 | + 1 30 10.9 | 0.996 9735 |
| | 25 | 7472.5 | 4 46 44.05 | 0.00 | 0 17 31.28 | + 1 53 46.2 | 0.997 2589 |
| | 26 | 7473.5 | 5 46 08.99 | +0.11 | 0 21 09.62 | + 2 17 19.0 | 0.997 5462 |
| | 27 | 7474.5 | 6 45 32.00 | +0.20 | 0 24 47.97 | + 2 40 48.9 | 0.997 8352 |
| | 28 | 7475.5 | 7 44 53.14 | +0.26 | 0 28 26.34 | + 3 04 15.7 | 0.998 1258 |
| | 29 | 7476.5 | 8 44 12.43 | +0.31 | 0 32 04.76 | + 3 27 38.9 | 0.998 4176 |
| | 30 | 7477.5 | 9 43 29.90 | +0.32 | 0 35 43.25 | + 3 50 58.3 | 0.998 7105 |
| | 31 | 7478.5 | 10 42 45.59 | +0.30 | 0 39 21.83 | + 4 14 13.4 | 0.999 0042 |
| Apr. | 1 | 7479.5 | 11 41 59.50 | +0.25 | 0 43 00.52 | + 4 37 24.0 | 0.999 2982 |

## FOR 0ʰ TERRESTRIAL TIME

| Date | Pos. Angle of Axis $P$ | Heliographic | | Horiz. Parallax | Semi-Diameter | Ephemeris Transit |
|------|------------------------|--------------|--|-----------------|---------------|-------------------|
| | | Latitude $B_0$ | Longitude $L_0$ | | | |
| | ° | ° | ° | ″ | ′ ″ | h m s |
| Feb. 15 | − 17.19 | − 6.80 | 41.75 | 8.90 | 16 11.73 | 12 14 08.24 |
| 16 | − 17.52 | − 6.84 | 28.58 | 8.90 | 16 11.54 | 12 14 05.21 |
| 17 | − 17.85 | − 6.89 | 15.42 | 8.90 | 16 11.35 | 12 14 01.44 |
| 18 | − 18.18 | − 6.93 | 2.25 | 8.90 | 16 11.16 | 12 13 56.95 |
| 19 | − 18.50 | − 6.96 | 349.08 | 8.90 | 16 10.96 | 12 13 51.76 |
| 20 | − 18.81 | − 7.00 | 335.91 | 8.90 | 16 10.75 | 12 13 45.89 |
| 21 | − 19.12 | − 7.03 | 322.74 | 8.89 | 16 10.55 | 12 13 39.34 |
| 22 | − 19.42 | − 7.06 | 309.57 | 8.89 | 16 10.34 | 12 13 32.14 |
| 23 | − 19.71 | − 7.09 | 296.40 | 8.89 | 16 10.12 | 12 13 24.32 |
| 24 | − 20.00 | − 7.11 | 283.23 | 8.89 | 16 09.90 | 12 13 15.88 |
| 25 | − 20.29 | − 7.14 | 270.06 | 8.89 | 16 09.68 | 12 13 06.85 |
| 26 | − 20.56 | − 7.16 | 256.89 | 8.88 | 16 09.45 | 12 12 57.24 |
| 27 | − 20.84 | − 7.18 | 243.72 | 8.88 | 16 09.22 | 12 12 47.09 |
| 28 | − 21.10 | − 7.20 | 230.54 | 8.88 | 16 08.98 | 12 12 36.39 |
| 29 | − 21.36 | − 7.21 | 217.37 | 8.88 | 16 08.74 | 12 12 25.19 |
| Mar. 1 | − 21.61 | − 7.22 | 204.20 | 8.88 | 16 08.50 | 12 12 13.48 |
| 2 | − 21.86 | − 7.23 | 191.03 | 8.87 | 16 08.25 | 12 12 01.31 |
| 3 | − 22.10 | − 7.24 | 177.85 | 8.87 | 16 08.01 | 12 11 48.67 |
| 4 | − 22.33 | − 7.25 | 164.68 | 8.87 | 16 07.76 | 12 11 35.60 |
| 5 | − 22.56 | − 7.25 | 151.51 | 8.87 | 16 07.51 | 12 11 22.10 |
| 6 | − 22.78 | − 7.25 | 138.33 | 8.86 | 16 07.25 | 12 11 08.20 |
| 7 | − 22.99 | − 7.25 | 125.16 | 8.86 | 16 07.00 | 12 10 53.91 |
| 8 | − 23.20 | − 7.25 | 111.98 | 8.86 | 16 06.74 | 12 10 39.25 |
| 9 | − 23.40 | − 7.24 | 98.80 | 8.86 | 16 06.49 | 12 10 24.24 |
| 10 | − 23.60 | − 7.24 | 85.63 | 8.85 | 16 06.23 | 12 10 08.88 |
| 11 | − 23.79 | − 7.23 | 72.45 | 8.85 | 16 05.98 | 12 09 53.19 |
| 12 | − 23.97 | − 7.21 | 59.27 | 8.85 | 16 05.72 | 12 09 37.19 |
| 13 | − 24.14 | − 7.20 | 46.09 | 8.85 | 16 05.47 | 12 09 20.90 |
| 14 | − 24.31 | − 7.18 | 32.92 | 8.85 | 16 05.21 | 12 09 04.33 |
| 15 | − 24.47 | − 7.16 | 19.74 | 8.84 | 16 04.95 | 12 08 47.50 |
| 16 | − 24.63 | − 7.14 | 6.56 | 8.84 | 16 04.69 | 12 08 30.43 |
| 17 | − 24.78 | − 7.12 | 353.37 | 8.84 | 16 04.43 | 12 08 13.15 |
| 18 | − 24.92 | − 7.10 | 340.19 | 8.84 | 16 04.17 | 12 07 55.67 |
| 19 | − 25.05 | − 7.07 | 327.01 | 8.83 | 16 03.91 | 12 07 38.02 |
| 20 | − 25.18 | − 7.04 | 313.83 | 8.83 | 16 03.64 | 12 07 20.21 |
| 21 | − 25.30 | − 7.01 | 300.64 | 8.83 | 16 03.37 | 12 07 02.29 |
| 22 | − 25.41 | − 6.98 | 287.46 | 8.83 | 16 03.10 | 12 06 44.26 |
| 23 | − 25.52 | − 6.94 | 274.27 | 8.82 | 16 02.83 | 12 06 26.15 |
| 24 | − 25.62 | − 6.90 | 261.08 | 8.82 | 16 02.56 | 12 06 07.99 |
| 25 | − 25.71 | − 6.86 | 247.90 | 8.82 | 16 02.28 | 12 05 49.79 |
| 26 | − 25.80 | − 6.82 | 234.71 | 8.82 | 16 02.01 | 12 05 31.58 |
| 27 | − 25.87 | − 6.78 | 221.52 | 8.81 | 16 01.73 | 12 05 13.39 |
| 28 | − 25.95 | − 6.73 | 208.33 | 8.81 | 16 01.45 | 12 04 55.24 |
| 29 | − 26.01 | − 6.69 | 195.14 | 8.81 | 16 01.17 | 12 04 37.14 |
| 30 | − 26.07 | − 6.64 | 181.95 | 8.81 | 16 00.88 | 12 04 19.12 |
| 31 | − 26.12 | − 6.58 | 168.76 | 8.80 | 16 00.60 | 12 04 01.20 |
| Apr. 1 | − 26.16 | − 6.53 | 155.57 | 8.80 | 16 00.32 | 12 03 43.41 |

# SUN, 2016

## FOR 0ʰ TERRESTRIAL TIME

| Date | | Julian Date | Geometric Ecliptic Coords. Mn Equinox & Ecliptic of Date | | Apparent R. A. | Apparent Declination | True Geocentric Distance |
|------|---|------|-----------|----------|---------|-------------|----------|
| | | | Longitude | Latitude | | | |
| | | 245 | ° ′ ″ | ″ | h m s | ° ′ ″ | au |
| Apr. | 1 | 7479.5 | 11 41 59.50 | +0.25 | 0 43 00.52 | + 4 37 24.0 | 0.999 2982 |
| | 2 | 7480.5 | 12 41 11.66 | +0.18 | 0 46 39.34 | + 5 00 29.7 | 0.999 5923 |
| | 3 | 7481.5 | 13 40 22.06 | +0.08 | 0 50 18.31 | + 5 23 30.1 | 0.999 8860 |
| | 4 | 7482.5 | 14 39 30.68 | −0.04 | 0 53 57.45 | + 5 46 24.9 | 1.000 1790 |
| | 5 | 7483.5 | 15 38 37.51 | −0.17 | 0 57 36.77 | + 6 09 13.8 | 1.000 4709 |
| | 6 | 7484.5 | 16 37 42.48 | −0.31 | 1 01 16.28 | + 6 31 56.3 | 1.000 7612 |
| | 7 | 7485.5 | 17 36 45.54 | −0.45 | 1 04 56.01 | + 6 54 32.1 | 1.001 0498 |
| | 8 | 7486.5 | 18 35 46.61 | −0.58 | 1 08 35.96 | + 7 17 00.9 | 1.001 3364 |
| | 9 | 7487.5 | 19 34 45.61 | −0.68 | 1 12 16.15 | + 7 39 22.3 | 1.001 6209 |
| | 10 | 7488.5 | 20 33 42.47 | −0.76 | 1 15 56.60 | + 8 01 35.9 | 1.001 9034 |
| | 11 | 7489.5 | 21 32 37.11 | −0.81 | 1 19 37.31 | + 8 23 41.4 | 1.002 1839 |
| | 12 | 7490.5 | 22 31 29.50 | −0.82 | 1 23 18.30 | + 8 45 38.4 | 1.002 4627 |
| | 13 | 7491.5 | 23 30 19.61 | −0.80 | 1 26 59.58 | + 9 07 26.6 | 1.002 7401 |
| | 14 | 7492.5 | 24 29 07.44 | −0.75 | 1 30 41.16 | + 9 29 05.5 | 1.003 0162 |
| | 15 | 7493.5 | 25 27 52.98 | −0.67 | 1 34 23.06 | + 9 50 35.0 | 1.003 2914 |
| | 16 | 7494.5 | 26 26 36.27 | −0.57 | 1 38 05.30 | +10 11 54.6 | 1.003 5657 |
| | 17 | 7495.5 | 27 25 17.34 | −0.46 | 1 41 47.89 | +10 33 03.9 | 1.003 8394 |
| | 18 | 7496.5 | 28 23 56.22 | −0.33 | 1 45 30.84 | +10 54 02.8 | 1.004 1126 |
| | 19 | 7497.5 | 29 22 32.97 | −0.20 | 1 49 14.19 | +11 14 50.7 | 1.004 3854 |
| | 20 | 7498.5 | 30 21 07.63 | −0.07 | 1 52 57.93 | +11 35 27.5 | 1.004 6579 |
| | 21 | 7499.5 | 31 19 40.26 | +0.05 | 1 56 42.10 | +11 55 52.9 | 1.004 9301 |
| | 22 | 7500.5 | 32 18 10.92 | +0.16 | 2 00 26.70 | +12 16 06.4 | 1.005 2019 |
| | 23 | 7501.5 | 33 16 39.67 | +0.26 | 2 04 11.75 | +12 36 07.8 | 1.005 4734 |
| | 24 | 7502.5 | 34 15 06.56 | +0.33 | 2 07 57.27 | +12 55 56.7 | 1.005 7444 |
| | 25 | 7503.5 | 35 13 31.68 | +0.37 | 2 11 43.27 | +13 15 32.9 | 1.006 0148 |
| | 26 | 7504.5 | 36 11 55.06 | +0.40 | 2 15 29.77 | +13 34 56.1 | 1.006 2844 |
| | 27 | 7505.5 | 37 10 16.78 | +0.39 | 2 19 16.78 | +13 54 05.9 | 1.006 5532 |
| | 28 | 7506.5 | 38 08 36.88 | +0.35 | 2 23 04.30 | +14 13 02.0 | 1.006 8207 |
| | 29 | 7507.5 | 39 06 55.42 | +0.29 | 2 26 52.36 | +14 31 44.1 | 1.007 0867 |
| | 30 | 7508.5 | 40 05 12.44 | +0.20 | 2 30 40.95 | +14 50 11.9 | 1.007 3510 |
| May | 1 | 7509.5 | 41 03 27.97 | +0.09 | 2 34 30.09 | +15 08 25.1 | 1.007 6130 |
| | 2 | 7510.5 | 42 01 42.04 | −0.03 | 2 38 19.79 | +15 26 23.3 | 1.007 8726 |
| | 3 | 7511.5 | 42 59 54.65 | −0.16 | 2 42 10.05 | +15 44 06.2 | 1.008 1292 |
| | 4 | 7512.5 | 43 58 05.78 | −0.29 | 2 46 00.87 | +16 01 33.5 | 1.008 3824 |
| | 5 | 7513.5 | 44 56 15.42 | −0.41 | 2 49 52.27 | +16 18 45.0 | 1.008 6320 |
| | 6 | 7514.5 | 45 54 23.52 | −0.52 | 2 53 44.24 | +16 35 40.2 | 1.008 8775 |
| | 7 | 7515.5 | 46 52 30.00 | −0.60 | 2 57 36.78 | +16 52 18.8 | 1.009 1188 |
| | 8 | 7516.5 | 47 50 34.82 | −0.66 | 3 01 29.89 | +17 08 40.6 | 1.009 3558 |
| | 9 | 7517.5 | 48 48 37.90 | −0.68 | 3 05 23.56 | +17 24 45.2 | 1.009 5885 |
| | 10 | 7518.5 | 49 46 39.21 | −0.66 | 3 09 17.80 | +17 40 32.4 | 1.009 8170 |
| | 11 | 7519.5 | 50 44 38.70 | −0.62 | 3 13 12.59 | +17 56 01.7 | 1.010 0416 |
| | 12 | 7520.5 | 51 42 36.37 | −0.54 | 3 17 07.93 | +18 11 13.0 | 1.010 2624 |
| | 13 | 7521.5 | 52 40 32.20 | −0.45 | 3 21 03.83 | +18 26 05.8 | 1.010 4797 |
| | 14 | 7522.5 | 53 38 26.23 | −0.34 | 3 25 00.27 | +18 40 39.9 | 1.010 6937 |
| | 15 | 7523.5 | 54 36 18.48 | −0.21 | 3 28 57.26 | +18 54 55.0 | 1.010 9047 |
| | 16 | 7524.5 | 55 34 08.98 | −0.09 | 3 32 54.80 | +19 08 50.9 | 1.011 1128 |
| | 17 | 7525.5 | 56 31 57.79 | +0.04 | 3 36 52.88 | +19 22 27.2 | 1.011 3182 |

## FOR 0$^h$ TERRESTRIAL TIME

| Date | Pos. Angle of Axis $P$ | Heliographic | | Horiz. Parallax | Semi-Diameter | Ephemeris Transit |
|---|---|---|---|---|---|---|
| | | Latitude $B_0$ | Longitude $L_0$ | | | |
| | ° | ° | ° | ″ | ′ ″ | h m s |
| Apr. 1 | − 26.16 | − 6.53 | 155.57 | 8.80 | 16 00.32 | 12 03 43.41 |
| 2 | − 26.20 | − 6.48 | 142.37 | 8.80 | 16 00.04 | 12 03 25.75 |
| 3 | − 26.22 | − 6.42 | 129.18 | 8.80 | 15 59.75 | 12 03 08.25 |
| 4 | − 26.25 | − 6.36 | 115.99 | 8.79 | 15 59.47 | 12 02 50.93 |
| 5 | − 26.26 | − 6.30 | 102.79 | 8.79 | 15 59.19 | 12 02 33.80 |
| 6 | − 26.27 | − 6.23 | 89.59 | 8.79 | 15 58.91 | 12 02 16.87 |
| 7 | − 26.27 | − 6.17 | 76.40 | 8.78 | 15 58.64 | 12 02 00.17 |
| 8 | − 26.26 | − 6.10 | 63.20 | 8.78 | 15 58.36 | 12 01 43.69 |
| 9 | − 26.24 | − 6.04 | 50.00 | 8.78 | 15 58.09 | 12 01 27.46 |
| 10 | − 26.22 | − 5.97 | 36.80 | 8.78 | 15 57.82 | 12 01 11.49 |
| 11 | − 26.19 | − 5.89 | 23.60 | 8.77 | 15 57.55 | 12 00 55.78 |
| 12 | − 26.15 | − 5.82 | 10.40 | 8.77 | 15 57.29 | 12 00 40.36 |
| 13 | − 26.11 | − 5.75 | 357.20 | 8.77 | 15 57.02 | 12 00 25.23 |
| 14 | − 26.06 | − 5.67 | 344.00 | 8.77 | 15 56.76 | 12 00 10.42 |
| 15 | − 26.00 | − 5.59 | 330.79 | 8.77 | 15 56.50 | 11 59 55.93 |
| 16 | − 25.93 | − 5.51 | 317.59 | 8.76 | 15 56.24 | 11 59 41.79 |
| 17 | − 25.86 | − 5.43 | 304.39 | 8.76 | 15 55.97 | 11 59 28.02 |
| 18 | − 25.78 | − 5.35 | 291.18 | 8.76 | 15 55.71 | 11 59 14.62 |
| 19 | − 25.69 | − 5.26 | 277.97 | 8.76 | 15 55.45 | 11 59 01.61 |
| 20 | − 25.59 | − 5.18 | 264.76 | 8.75 | 15 55.20 | 11 58 49.02 |
| 21 | − 25.49 | − 5.09 | 251.56 | 8.75 | 15 54.94 | 11 58 36.85 |
| 22 | − 25.38 | − 5.00 | 238.35 | 8.75 | 15 54.68 | 11 58 25.13 |
| 23 | − 25.26 | − 4.91 | 225.14 | 8.75 | 15 54.42 | 11 58 13.86 |
| 24 | − 25.14 | − 4.82 | 211.92 | 8.74 | 15 54.16 | 11 58 03.07 |
| 25 | − 25.01 | − 4.73 | 198.71 | 8.74 | 15 53.91 | 11 57 52.76 |
| 26 | − 24.87 | − 4.63 | 185.50 | 8.74 | 15 53.65 | 11 57 42.95 |
| 27 | − 24.72 | − 4.54 | 172.29 | 8.74 | 15 53.40 | 11 57 33.66 |
| 28 | − 24.56 | − 4.44 | 159.07 | 8.73 | 15 53.14 | 11 57 24.89 |
| 29 | − 24.40 | − 4.34 | 145.86 | 8.73 | 15 52.89 | 11 57 16.66 |
| 30 | − 24.23 | − 4.24 | 132.64 | 8.73 | 15 52.64 | 11 57 08.97 |
| May 1 | − 24.06 | − 4.14 | 119.43 | 8.73 | 15 52.39 | 11 57 01.84 |
| 2 | − 23.87 | − 4.04 | 106.21 | 8.73 | 15 52.15 | 11 56 55.26 |
| 3 | − 23.68 | − 3.94 | 92.99 | 8.72 | 15 51.91 | 11 56 49.25 |
| 4 | − 23.49 | − 3.84 | 79.78 | 8.72 | 15 51.67 | 11 56 43.81 |
| 5 | − 23.28 | − 3.73 | 66.56 | 8.72 | 15 51.43 | 11 56 38.94 |
| 6 | − 23.07 | − 3.63 | 53.34 | 8.72 | 15 51.20 | 11 56 34.64 |
| 7 | − 22.85 | − 3.52 | 40.12 | 8.71 | 15 50.97 | 11 56 30.91 |
| 8 | − 22.63 | − 3.41 | 26.90 | 8.71 | 15 50.75 | 11 56 27.74 |
| 9 | − 22.39 | − 3.30 | 13.68 | 8.71 | 15 50.53 | 11 56 25.14 |
| 10 | − 22.15 | − 3.20 | 0.45 | 8.71 | 15 50.32 | 11 56 23.09 |
| 11 | − 21.91 | − 3.09 | 347.23 | 8.71 | 15 50.10 | 11 56 21.59 |
| 12 | − 21.65 | − 2.97 | 334.01 | 8.70 | 15 49.90 | 11 56 20.66 |
| 13 | − 21.39 | − 2.86 | 320.78 | 8.70 | 15 49.69 | 11 56 20.27 |
| 14 | − 21.13 | − 2.75 | 307.56 | 8.70 | 15 49.49 | 11 56 20.43 |
| 15 | − 20.85 | − 2.64 | 294.33 | 8.70 | 15 49.29 | 11 56 21.14 |
| 16 | − 20.57 | − 2.52 | 281.11 | 8.70 | 15 49.10 | 11 56 22.40 |
| 17 | − 20.29 | − 2.41 | 267.88 | 8.70 | 15 48.90 | 11 56 24.20 |

# SUN, 2016

## FOR 0ʰ TERRESTRIAL TIME

| Date | | Julian Date | Geometric Ecliptic Coords. Mn Equinox & Ecliptic of Date | | Apparent R. A. | Apparent Declination | True Geocentric Distance |
|---|---|---|---|---|---|---|---|
| | | | Longitude | Latitude | | | |
| | | 245 | ° ′ ″ | ″ | h m s | ° ′ ″ | au |
| May | 17 | 7525.5 | 56 31 57.79 | +0.04 | 3 36 52.88 | +19 22 27.2 | 1.011 3182 |
| | 18 | 7526.5 | 57 29 44.96 | +0.16 | 3 40 51.50 | +19 35 43.8 | 1.011 5210 |
| | 19 | 7527.5 | 58 27 30.53 | +0.27 | 3 44 50.66 | +19 48 40.3 | 1.011 7213 |
| | 20 | 7528.5 | 59 25 14.59 | +0.37 | 3 48 50.36 | +20 01 16.4 | 1.011 9193 |
| | 21 | 7529.5 | 60 22 57.19 | +0.44 | 3 52 50.60 | +20 13 32.1 | 1.012 1149 |
| | 22 | 7530.5 | 61 20 38.41 | +0.49 | 3 56 51.36 | +20 25 27.0 | 1.012 3082 |
| | 23 | 7531.5 | 62 18 18.32 | +0.51 | 4 00 52.65 | +20 37 00.9 | 1.012 4992 |
| | 24 | 7532.5 | 63 15 57.00 | +0.51 | 4 04 54.46 | +20 48 13.5 | 1.012 6878 |
| | 25 | 7533.5 | 64 13 34.52 | +0.48 | 4 08 56.78 | +20 59 04.7 | 1.012 8738 |
| | 26 | 7534.5 | 65 11 10.98 | +0.42 | 4 12 59.60 | +21 09 34.3 | 1.013 0572 |
| | 27 | 7535.5 | 66 08 46.42 | +0.34 | 4 17 02.91 | +21 19 41.9 | 1.013 2376 |
| | 28 | 7536.5 | 67 06 20.94 | +0.24 | 4 21 06.70 | +21 29 27.4 | 1.013 4150 |
| | 29 | 7537.5 | 68 03 54.57 | +0.12 | 4 25 10.97 | +21 38 50.7 | 1.013 5889 |
| | 30 | 7538.5 | 69 01 27.38 | 0.00 | 4 29 15.69 | +21 47 51.4 | 1.013 7591 |
| | 31 | 7539.5 | 69 58 59.39 | −0.13 | 4 33 20.86 | +21 56 29.4 | 1.013 9251 |
| June | 1 | 7540.5 | 70 56 30.64 | −0.25 | 4 37 26.46 | +22 04 44.5 | 1.014 0865 |
| | 2 | 7541.5 | 71 54 01.11 | −0.35 | 4 41 32.47 | +22 12 36.6 | 1.014 2431 |
| | 3 | 7542.5 | 72 51 30.79 | −0.43 | 4 45 38.88 | +22 20 05.4 | 1.014 3944 |
| | 4 | 7543.5 | 73 48 59.65 | −0.49 | 4 49 45.66 | +22 27 10.8 | 1.014 5401 |
| | 5 | 7544.5 | 74 46 27.64 | −0.52 | 4 53 52.80 | +22 33 52.7 | 1.014 6801 |
| | 6 | 7545.5 | 75 43 54.71 | −0.51 | 4 58 00.25 | +22 40 10.9 | 1.014 8143 |
| | 7 | 7546.5 | 76 41 20.82 | −0.47 | 5 02 08.01 | +22 46 05.3 | 1.014 9427 |
| | 8 | 7547.5 | 77 38 45.91 | −0.40 | 5 06 16.03 | +22 51 35.6 | 1.015 0655 |
| | 9 | 7548.5 | 78 36 09.98 | −0.31 | 5 10 24.30 | +22 56 41.9 | 1.015 1828 |
| | 10 | 7549.5 | 79 33 33.00 | −0.20 | 5 14 32.80 | +23 01 24.0 | 1.015 2948 |
| | 11 | 7550.5 | 80 30 54.99 | −0.08 | 5 18 41.49 | +23 05 41.7 | 1.015 4018 |
| | 12 | 7551.5 | 81 28 15.96 | +0.05 | 5 22 50.36 | +23 09 35.0 | 1.015 5040 |
| | 13 | 7552.5 | 82 25 35.95 | +0.18 | 5 26 59.38 | +23 13 03.7 | 1.015 6017 |
| | 14 | 7553.5 | 83 22 54.97 | +0.30 | 5 31 08.54 | +23 16 07.9 | 1.015 6951 |
| | 15 | 7554.5 | 84 20 13.10 | +0.41 | 5 35 17.81 | +23 18 47.4 | 1.015 7844 |
| | 16 | 7555.5 | 85 17 30.37 | +0.51 | 5 39 27.18 | +23 21 02.2 | 1.015 8697 |
| | 17 | 7556.5 | 86 14 46.84 | +0.58 | 5 43 36.62 | +23 22 52.2 | 1.015 9512 |
| | 18 | 7557.5 | 87 12 02.58 | +0.63 | 5 47 46.10 | +23 24 17.5 | 1.016 0291 |
| | 19 | 7558.5 | 88 09 17.66 | +0.66 | 5 51 55.62 | +23 25 18.0 | 1.016 1036 |
| | 20 | 7559.5 | 89 06 32.17 | +0.65 | 5 56 05.15 | +23 25 53.7 | 1.016 1746 |
| | 21 | 7560.5 | 90 03 46.17 | +0.62 | 6 00 14.67 | +23 26 04.6 | 1.016 2423 |
| | 22 | 7561.5 | 91 00 59.77 | +0.57 | 6 04 24.16 | +23 25 50.7 | 1.016 3066 |
| | 23 | 7562.5 | 91 58 13.04 | +0.49 | 6 08 33.59 | +23 25 12.0 | 1.016 3675 |
| | 24 | 7563.5 | 92 55 26.08 | +0.39 | 6 12 42.96 | +23 24 08.6 | 1.016 4249 |
| | 25 | 7564.5 | 93 52 38.98 | +0.27 | 6 16 52.23 | +23 22 40.5 | 1.016 4787 |
| | 26 | 7565.5 | 94 49 51.80 | +0.15 | 6 21 01.38 | +23 20 47.7 | 1.016 5285 |
| | 27 | 7566.5 | 95 47 04.62 | +0.02 | 6 25 10.41 | +23 18 30.2 | 1.016 5742 |
| | 28 | 7567.5 | 96 44 17.50 | −0.10 | 6 29 19.28 | +23 15 48.2 | 1.016 6154 |
| | 29 | 7568.5 | 97 41 30.47 | −0.20 | 6 33 27.98 | +23 12 41.6 | 1.016 6518 |
| | 30 | 7569.5 | 98 38 43.57 | −0.29 | 6 37 36.48 | +23 09 10.6 | 1.016 6829 |
| July | 1 | 7570.5 | 99 35 56.79 | −0.35 | 6 41 44.77 | +23 05 15.3 | 1.016 7085 |
| | 2 | 7571.5 | 100 33 10.12 | −0.38 | 6 45 52.82 | +23 00 55.8 | 1.016 7283 |

## FOR 0ʰ TERRESTRIAL TIME

| Date | Pos. Angle of Axis P | Heliographic Latitude $B_0$ | Heliographic Longitude $L_0$ | Horiz. Parallax | Semi-Diameter | Ephemeris Transit |
|---|---|---|---|---|---|---|
| | ° | ° | ° | ″ | ′ ″ | h m s |
| May 17 | − 20.29 | − 2.41 | 267.88 | 8.70 | 15 48.90 | 11 56 24.20 |
| 18 | − 20.00 | − 2.29 | 254.65 | 8.69 | 15 48.71 | 11 56 26.54 |
| 19 | − 19.70 | − 2.18 | 241.42 | 8.69 | 15 48.53 | 11 56 29.42 |
| 20 | − 19.39 | − 2.06 | 228.20 | 8.69 | 15 48.34 | 11 56 32.83 |
| 21 | − 19.08 | − 1.95 | 214.97 | 8.69 | 15 48.16 | 11 56 36.78 |
| 22 | − 18.76 | − 1.83 | 201.74 | 8.69 | 15 47.98 | 11 56 41.24 |
| 23 | − 18.44 | − 1.71 | 188.51 | 8.69 | 15 47.80 | 11 56 46.23 |
| 24 | − 18.11 | − 1.59 | 175.28 | 8.68 | 15 47.62 | 11 56 51.74 |
| 25 | − 17.78 | − 1.47 | 162.05 | 8.68 | 15 47.45 | 11 56 57.74 |
| 26 | − 17.44 | − 1.36 | 148.81 | 8.68 | 15 47.28 | 11 57 04.25 |
| 27 | − 17.09 | − 1.24 | 135.58 | 8.68 | 15 47.11 | 11 57 11.25 |
| 28 | − 16.74 | − 1.12 | 122.35 | 8.68 | 15 46.94 | 11 57 18.72 |
| 29 | − 16.38 | − 1.00 | 109.12 | 8.68 | 15 46.78 | 11 57 26.66 |
| 30 | − 16.02 | − 0.88 | 95.88 | 8.67 | 15 46.62 | 11 57 35.06 |
| 31 | − 15.65 | − 0.76 | 82.65 | 8.67 | 15 46.47 | 11 57 43.89 |
| June 1 | − 15.28 | − 0.64 | 69.42 | 8.67 | 15 46.31 | 11 57 53.15 |
| 2 | − 14.91 | − 0.51 | 56.19 | 8.67 | 15 46.17 | 11 58 02.81 |
| 3 | − 14.52 | − 0.39 | 42.95 | 8.67 | 15 46.03 | 11 58 12.85 |
| 4 | − 14.14 | − 0.27 | 29.72 | 8.67 | 15 45.89 | 11 58 23.26 |
| 5 | − 13.75 | − 0.15 | 16.48 | 8.67 | 15 45.76 | 11 58 33.99 |
| 6 | − 13.35 | − 0.03 | 3.25 | 8.67 | 15 45.64 | 11 58 45.04 |
| 7 | − 12.95 | + 0.09 | 350.01 | 8.66 | 15 45.52 | 11 58 56.37 |
| 8 | − 12.55 | + 0.21 | 336.78 | 8.66 | 15 45.40 | 11 59 07.96 |
| 9 | − 12.14 | + 0.33 | 323.54 | 8.66 | 15 45.29 | 11 59 19.79 |
| 10 | − 11.73 | + 0.45 | 310.31 | 8.66 | 15 45.19 | 11 59 31.83 |
| 11 | − 11.32 | + 0.57 | 297.07 | 8.66 | 15 45.09 | 11 59 44.07 |
| 12 | − 10.90 | + 0.69 | 283.84 | 8.66 | 15 44.99 | 11 59 56.46 |
| 13 | − 10.48 | + 0.81 | 270.60 | 8.66 | 15 44.90 | 12 00 09.01 |
| 14 | − 10.06 | + 0.93 | 257.36 | 8.66 | 15 44.82 | 12 00 21.68 |
| 15 | − 9.63 | + 1.05 | 244.13 | 8.66 | 15 44.73 | 12 00 34.45 |
| 16 | − 9.20 | + 1.17 | 230.89 | 8.66 | 15 44.65 | 12 00 47.30 |
| 17 | − 8.77 | + 1.29 | 217.65 | 8.66 | 15 44.58 | 12 01 00.21 |
| 18 | − 8.33 | + 1.41 | 204.41 | 8.66 | 15 44.51 | 12 01 13.16 |
| 19 | − 7.89 | + 1.52 | 191.18 | 8.65 | 15 44.44 | 12 01 26.13 |
| 20 | − 7.45 | + 1.64 | 177.94 | 8.65 | 15 44.37 | 12 01 39.10 |
| 21 | − 7.01 | + 1.76 | 164.70 | 8.65 | 15 44.31 | 12 01 52.04 |
| 22 | − 6.57 | + 1.88 | 151.47 | 8.65 | 15 44.25 | 12 02 04.95 |
| 23 | − 6.12 | + 1.99 | 138.23 | 8.65 | 15 44.19 | 12 02 17.79 |
| 24 | − 5.68 | + 2.11 | 124.99 | 8.65 | 15 44.14 | 12 02 30.55 |
| 25 | − 5.23 | + 2.22 | 111.75 | 8.65 | 15 44.09 | 12 02 43.22 |
| 26 | − 4.78 | + 2.34 | 98.52 | 8.65 | 15 44.04 | 12 02 55.76 |
| 27 | − 4.33 | + 2.45 | 85.28 | 8.65 | 15 44.00 | 12 03 08.16 |
| 28 | − 3.88 | + 2.56 | 72.04 | 8.65 | 15 43.96 | 12 03 20.40 |
| 29 | − 3.43 | + 2.68 | 58.81 | 8.65 | 15 43.93 | 12 03 32.45 |
| 30 | − 2.97 | + 2.79 | 45.57 | 8.65 | 15 43.90 | 12 03 44.29 |
| July 1 | − 2.52 | + 2.90 | 32.33 | 8.65 | 15 43.87 | 12 03 55.90 |
| 2 | − 2.07 | + 3.01 | 19.10 | 8.65 | 15 43.86 | 12 04 07.26 |

# SUN, 2016

## FOR 0ʰ TERRESTRIAL TIME

| Date | | Julian Date | Geometric Ecliptic Coords. Mn Equinox & Ecliptic of Date | | Apparent R. A. | Apparent Declination | True Geocentric Distance |
|------|---|-------------|-----------|----------|----------------|---------------------|--------------------------|
| | | | Longitude | Latitude | | | |
| | | 245 | ° ′ ″ | ″ | h m s | ° ′ ″ | au |
| July | 1 | 7570.5 | 99 35 56.79 | −0.35 | 6 41 44.77 | +23 05 15.3 | 1.016 7085 |
| | 2 | 7571.5 | 100 33 10.12 | −0.38 | 6 45 52.82 | +23 00 55.8 | 1.016 7283 |
| | 3 | 7572.5 | 101 30 23.54 | −0.38 | 6 50 00.59 | +22 56 12.2 | 1.016 7420 |
| | 4 | 7573.5 | 102 27 37.02 | −0.34 | 6 54 08.08 | +22 51 04.7 | 1.016 7495 |
| | 5 | 7574.5 | 103 24 50.50 | −0.28 | 6 58 15.24 | +22 45 33.3 | 1.016 7506 |
| | 6 | 7575.5 | 104 22 03.95 | −0.19 | 7 02 22.05 | +22 39 38.2 | 1.016 7455 |
| | 7 | 7576.5 | 105 19 17.35 | −0.08 | 7 06 28.48 | +22 33 19.6 | 1.016 7343 |
| | 8 | 7577.5 | 106 16 30.66 | +0.04 | 7 10 34.52 | +22 26 37.5 | 1.016 7171 |
| | 9 | 7578.5 | 107 13 43.87 | +0.17 | 7 14 40.15 | +22 19 32.3 | 1.016 6941 |
| | 10 | 7579.5 | 108 10 57.00 | +0.30 | 7 18 45.34 | +22 12 03.9 | 1.016 6656 |
| | 11 | 7580.5 | 109 08 10.05 | +0.43 | 7 22 50.08 | +22 04 12.6 | 1.016 6319 |
| | 12 | 7581.5 | 110 05 23.04 | +0.54 | 7 26 54.35 | +21 55 58.6 | 1.016 5931 |
| | 13 | 7582.5 | 111 02 36.01 | +0.64 | 7 30 58.13 | +21 47 22.1 | 1.016 5496 |
| | 14 | 7583.5 | 111 59 48.99 | +0.72 | 7 35 01.43 | +21 38 23.2 | 1.016 5016 |
| | 15 | 7584.5 | 112 57 02.02 | +0.77 | 7 39 04.21 | +21 29 02.3 | 1.016 4493 |
| | 16 | 7585.5 | 113 54 15.17 | +0.80 | 7 43 06.47 | +21 19 19.4 | 1.016 3929 |
| | 17 | 7586.5 | 114 51 28.49 | +0.80 | 7 47 08.21 | +21 09 14.8 | 1.016 3327 |
| | 18 | 7587.5 | 115 48 42.05 | +0.77 | 7 51 09.40 | +20 58 48.8 | 1.016 2689 |
| | 19 | 7588.5 | 116 45 55.92 | +0.72 | 7 55 10.05 | +20 48 01.5 | 1.016 2016 |
| | 20 | 7589.5 | 117 43 10.20 | +0.64 | 7 59 10.14 | +20 36 53.2 | 1.016 1310 |
| | 21 | 7590.5 | 118 40 24.97 | +0.53 | 8 03 09.67 | +20 25 24.1 | 1.016 0572 |
| | 22 | 7591.5 | 119 37 40.32 | +0.42 | 8 07 08.63 | +20 13 34.5 | 1.015 9801 |
| | 23 | 7592.5 | 120 34 56.36 | +0.29 | 8 11 07.02 | +20 01 24.6 | 1.015 8998 |
| | 24 | 7593.5 | 121 32 13.17 | +0.16 | 8 15 04.85 | +19 48 54.6 | 1.015 8160 |
| | 25 | 7594.5 | 122 29 30.83 | +0.03 | 8 19 02.10 | +19 36 04.8 | 1.015 7287 |
| | 26 | 7595.5 | 123 26 49.43 | −0.08 | 8 22 58.77 | +19 22 55.4 | 1.015 6375 |
| | 27 | 7596.5 | 124 24 09.01 | −0.17 | 8 26 54.87 | +19 09 26.7 | 1.015 5421 |
| | 28 | 7597.5 | 125 21 29.61 | −0.24 | 8 30 50.40 | +18 55 39.0 | 1.015 4422 |
| | 29 | 7598.5 | 126 18 51.25 | −0.28 | 8 34 45.34 | +18 41 32.5 | 1.015 3375 |
| | 30 | 7599.5 | 127 16 13.95 | −0.28 | 8 38 39.70 | +18 27 07.5 | 1.015 2278 |
| | 31 | 7600.5 | 128 13 37.67 | −0.25 | 8 42 33.48 | +18 12 24.4 | 1.015 1126 |
| Aug. | 1 | 7601.5 | 129 11 02.41 | −0.20 | 8 46 26.65 | +17 57 23.4 | 1.014 9920 |
| | 2 | 7602.5 | 130 08 28.13 | −0.11 | 8 50 19.23 | +17 42 04.9 | 1.014 8656 |
| | 3 | 7603.5 | 131 05 54.79 | 0.00 | 8 54 11.20 | +17 26 29.1 | 1.014 7336 |
| | 4 | 7604.5 | 132 03 22.36 | +0.12 | 8 58 02.56 | +17 10 36.3 | 1.014 5959 |
| | 5 | 7605.5 | 133 00 50.81 | +0.25 | 9 01 53.32 | +16 54 26.8 | 1.014 4527 |
| | 6 | 7606.5 | 133 58 20.11 | +0.38 | 9 05 43.46 | +16 38 01.1 | 1.014 3040 |
| | 7 | 7607.5 | 134 55 50.24 | +0.51 | 9 09 33.00 | +16 21 19.2 | 1.014 1503 |
| | 8 | 7608.5 | 135 53 21.21 | +0.63 | 9 13 21.93 | +16 04 21.6 | 1.013 9915 |
| | 9 | 7609.5 | 136 50 53.00 | +0.73 | 9 17 10.27 | +15 47 08.6 | 1.013 8281 |
| | 10 | 7610.5 | 137 48 25.64 | +0.81 | 9 20 58.01 | +15 29 40.4 | 1.013 6603 |
| | 11 | 7611.5 | 138 45 59.14 | +0.87 | 9 24 45.16 | +15 11 57.4 | 1.013 4883 |
| | 12 | 7612.5 | 139 43 33.52 | +0.91 | 9 28 31.73 | +14 53 59.9 | 1.013 3125 |
| | 13 | 7613.5 | 140 41 08.81 | +0.91 | 9 32 17.73 | +14 35 48.2 | 1.013 1331 |
| | 14 | 7614.5 | 141 38 45.06 | +0.89 | 9 36 03.17 | +14 17 22.6 | 1.012 9504 |
| | 15 | 7615.5 | 142 36 22.31 | +0.84 | 9 39 48.06 | +13 58 43.4 | 1.012 7647 |
| | 16 | 7616.5 | 143 34 00.62 | +0.76 | 9 43 32.40 | +13 39 51.0 | 1.012 5763 |

## FOR 0ʰ TERRESTRIAL TIME

| Date | | Pos. Angle of Axis $P$ | Heliographic | | Horiz. Parallax | Semi-Diameter | Ephemeris Transit |
|---|---|---|---|---|---|---|---|
| | | | Latitude $B_0$ | Longitude $L_0$ | | | |
| | | ° | ° | ° | ″ | ′ ″ | h m s |
| July | 1 | − 2.52 | + 2.90 | 32.33 | 8.65 | 15 43.87 | 12 03 55.90 |
| | 2 | − 2.07 | + 3.01 | 19.10 | 8.65 | 15 43.86 | 12 04 07.26 |
| | 3 | − 1.61 | + 3.12 | 5.86 | 8.65 | 15 43.84 | 12 04 18.33 |
| | 4 | − 1.16 | + 3.23 | 352.63 | 8.65 | 15 43.84 | 12 04 29.09 |
| | 5 | − 0.70 | + 3.33 | 339.39 | 8.65 | 15 43.83 | 12 04 39.52 |
| | 6 | − 0.25 | + 3.44 | 326.16 | 8.65 | 15 43.84 | 12 04 49.59 |
| | 7 | + 0.20 | + 3.55 | 312.92 | 8.65 | 15 43.85 | 12 04 59.27 |
| | 8 | + 0.65 | + 3.65 | 299.69 | 8.65 | 15 43.87 | 12 05 08.55 |
| | 9 | + 1.10 | + 3.75 | 286.45 | 8.65 | 15 43.89 | 12 05 17.41 |
| | 10 | + 1.55 | + 3.86 | 273.22 | 8.65 | 15 43.91 | 12 05 25.82 |
| | 11 | + 2.00 | + 3.96 | 259.99 | 8.65 | 15 43.95 | 12 05 33.78 |
| | 12 | + 2.45 | + 4.06 | 246.75 | 8.65 | 15 43.98 | 12 05 41.25 |
| | 13 | + 2.90 | + 4.16 | 233.52 | 8.65 | 15 44.02 | 12 05 48.24 |
| | 14 | + 3.34 | + 4.26 | 220.28 | 8.65 | 15 44.07 | 12 05 54.72 |
| | 15 | + 3.79 | + 4.35 | 207.05 | 8.65 | 15 44.11 | 12 06 00.69 |
| | 16 | + 4.23 | + 4.45 | 193.82 | 8.65 | 15 44.17 | 12 06 06.13 |
| | 17 | + 4.67 | + 4.54 | 180.59 | 8.65 | 15 44.22 | 12 06 11.03 |
| | 18 | + 5.10 | + 4.64 | 167.35 | 8.65 | 15 44.28 | 12 06 15.39 |
| | 19 | + 5.54 | + 4.73 | 154.12 | 8.65 | 15 44.34 | 12 06 19.20 |
| | 20 | + 5.97 | + 4.82 | 140.89 | 8.65 | 15 44.41 | 12 06 22.45 |
| | 21 | + 6.40 | + 4.91 | 127.66 | 8.66 | 15 44.48 | 12 06 25.13 |
| | 22 | + 6.83 | + 5.00 | 114.43 | 8.66 | 15 44.55 | 12 06 27.26 |
| | 23 | + 7.26 | + 5.08 | 101.20 | 8.66 | 15 44.63 | 12 06 28.81 |
| | 24 | + 7.68 | + 5.17 | 87.97 | 8.66 | 15 44.70 | 12 06 29.79 |
| | 25 | + 8.10 | + 5.25 | 74.74 | 8.66 | 15 44.78 | 12 06 30.20 |
| | 26 | + 8.52 | + 5.34 | 61.51 | 8.66 | 15 44.87 | 12 06 30.04 |
| | 27 | + 8.93 | + 5.42 | 48.28 | 8.66 | 15 44.96 | 12 06 29.30 |
| | 28 | + 9.34 | + 5.50 | 35.05 | 8.66 | 15 45.05 | 12 06 27.97 |
| | 29 | + 9.75 | + 5.58 | 21.83 | 8.66 | 15 45.15 | 12 06 26.06 |
| | 30 | + 10.16 | + 5.65 | 8.60 | 8.66 | 15 45.25 | 12 06 23.57 |
| | 31 | + 10.56 | + 5.73 | 355.37 | 8.66 | 15 45.36 | 12 06 20.48 |
| Aug. | 1 | + 10.95 | + 5.80 | 342.15 | 8.66 | 15 45.47 | 12 06 16.79 |
| | 2 | + 11.35 | + 5.87 | 328.92 | 8.67 | 15 45.59 | 12 06 12.51 |
| | 3 | + 11.74 | + 5.94 | 315.70 | 8.67 | 15 45.71 | 12 06 07.62 |
| | 4 | + 12.13 | + 6.01 | 302.48 | 8.67 | 15 45.84 | 12 06 02.12 |
| | 5 | + 12.51 | + 6.08 | 289.25 | 8.67 | 15 45.97 | 12 05 56.02 |
| | 6 | + 12.89 | + 6.14 | 276.03 | 8.67 | 15 46.11 | 12 05 49.31 |
| | 7 | + 13.26 | + 6.21 | 262.81 | 8.67 | 15 46.25 | 12 05 41.99 |
| | 8 | + 13.63 | + 6.27 | 249.58 | 8.67 | 15 46.40 | 12 05 34.07 |
| | 9 | + 14.00 | + 6.33 | 236.36 | 8.67 | 15 46.56 | 12 05 25.56 |
| | 10 | + 14.36 | + 6.39 | 223.14 | 8.68 | 15 46.71 | 12 05 16.45 |
| | 11 | + 14.72 | + 6.45 | 209.92 | 8.68 | 15 46.87 | 12 05 06.76 |
| | 12 | + 15.08 | + 6.50 | 196.70 | 8.68 | 15 47.04 | 12 04 56.49 |
| | 13 | + 15.42 | + 6.55 | 183.48 | 8.68 | 15 47.20 | 12 04 45.65 |
| | 14 | + 15.77 | + 6.60 | 170.26 | 8.68 | 15 47.38 | 12 04 34.25 |
| | 15 | + 16.11 | + 6.65 | 157.04 | 8.68 | 15 47.55 | 12 04 22.30 |
| | 16 | + 16.45 | + 6.70 | 143.82 | 8.68 | 15 47.73 | 12 04 09.82 |

# SUN, 2016

## FOR 0ʰ TERRESTRIAL TIME

| Date | | Julian Date | Geometric Ecliptic Coords. Mn Equinox & Ecliptic of Date | | Apparent R. A. | Apparent Declination | True Geocentric Distance |
|------|---|------|------|------|------|------|------|
| | | | Longitude | Latitude | | | |
| | | 245 | ° ′ ″ | ″ | h m s | ° ′ ″ | au |
| Aug. | 16 | 7616.5 | 143 34 00.62 | +0.76 | 9 43 32.40 | +13 39 51.0 | 1.012 5763 |
| | 17 | 7617.5 | 144 31 40.05 | +0.66 | 9 47 16.21 | +13 20 45.6 | 1.012 3854 |
| | 18 | 7618.5 | 145 29 20.70 | +0.54 | 9 50 59.51 | +13 01 27.6 | 1.012 1923 |
| | 19 | 7619.5 | 146 27 02.65 | +0.41 | 9 54 42.30 | +12 41 57.2 | 1.011 9971 |
| | 20 | 7620.5 | 147 24 45.98 | +0.27 | 9 58 24.61 | +12 22 14.8 | 1.011 7998 |
| | 21 | 7621.5 | 148 22 30.81 | +0.14 | 10 02 06.45 | +12 02 20.6 | 1.011 6005 |
| | 22 | 7622.5 | 149 20 17.22 | +0.01 | 10 05 47.84 | +11 42 14.9 | 1.011 3991 |
| | 23 | 7623.5 | 150 18 05.29 | −0.09 | 10 09 28.80 | +11 21 58.1 | 1.011 1954 |
| | 24 | 7624.5 | 151 15 55.08 | −0.17 | 10 13 09.35 | +11 01 30.3 | 1.010 9891 |
| | 25 | 7625.5 | 152 13 46.66 | −0.22 | 10 16 49.50 | +10 40 52.1 | 1.010 7800 |
| | 26 | 7626.5 | 153 11 40.04 | −0.23 | 10 20 29.27 | +10 20 03.5 | 1.010 5678 |
| | 27 | 7627.5 | 154 09 35.25 | −0.22 | 10 24 08.67 | + 9 59 05.1 | 1.010 3522 |
| | 28 | 7628.5 | 155 07 32.27 | −0.17 | 10 27 47.71 | + 9 37 57.1 | 1.010 1329 |
| | 29 | 7629.5 | 156 05 31.10 | −0.09 | 10 31 26.41 | + 9 16 39.8 | 1.009 9098 |
| | 30 | 7630.5 | 157 03 31.69 | +0.01 | 10 35 04.78 | + 8 55 13.7 | 1.009 6827 |
| | 31 | 7631.5 | 158 01 34.03 | +0.13 | 10 38 42.82 | + 8 33 38.9 | 1.009 4515 |
| Sept. | 1 | 7632.5 | 158 59 38.08 | +0.25 | 10 42 20.55 | + 8 11 56.0 | 1.009 2161 |
| | 2 | 7633.5 | 159 57 43.78 | +0.39 | 10 45 57.99 | + 7 50 05.1 | 1.008 9768 |
| | 3 | 7634.5 | 160 55 51.12 | +0.52 | 10 49 35.15 | + 7 28 06.7 | 1.008 7334 |
| | 4 | 7635.5 | 161 54 00.05 | +0.64 | 10 53 12.04 | + 7 06 01.0 | 1.008 4863 |
| | 5 | 7636.5 | 162 52 10.55 | +0.75 | 10 56 48.68 | + 6 43 48.4 | 1.008 2355 |
| | 6 | 7637.5 | 163 50 22.60 | +0.84 | 11 00 25.09 | + 6 21 29.3 | 1.007 9814 |
| | 7 | 7638.5 | 164 48 36.19 | +0.90 | 11 04 01.28 | + 5 59 03.9 | 1.007 7241 |
| | 8 | 7639.5 | 165 46 51.30 | +0.94 | 11 07 37.27 | + 5 36 32.6 | 1.007 4639 |
| | 9 | 7640.5 | 166 45 07.93 | +0.96 | 11 11 13.07 | + 5 13 55.7 | 1.007 2011 |
| | 10 | 7641.5 | 167 43 26.09 | +0.94 | 11 14 48.71 | + 4 51 13.6 | 1.006 9360 |
| | 11 | 7642.5 | 168 41 45.79 | +0.89 | 11 18 24.21 | + 4 28 26.6 | 1.006 6690 |
| | 12 | 7643.5 | 169 40 07.04 | +0.82 | 11 21 59.57 | + 4 05 35.0 | 1.006 4003 |
| | 13 | 7644.5 | 170 38 29.89 | +0.73 | 11 25 34.83 | + 3 42 39.2 | 1.006 1304 |
| | 14 | 7645.5 | 171 36 54.36 | +0.61 | 11 29 09.99 | + 3 19 39.5 | 1.005 8594 |
| | 15 | 7646.5 | 172 35 20.51 | +0.47 | 11 32 45.09 | + 2 56 36.2 | 1.005 5879 |
| | 16 | 7647.5 | 173 33 48.41 | +0.33 | 11 36 20.15 | + 2 33 29.6 | 1.005 3160 |
| | 17 | 7648.5 | 174 32 18.14 | +0.19 | 11 39 55.18 | + 2 10 20.1 | 1.005 0439 |
| | 18 | 7649.5 | 175 30 49.79 | +0.06 | 11 43 30.23 | + 1 47 07.9 | 1.004 7719 |
| | 19 | 7650.5 | 176 29 23.45 | −0.06 | 11 47 05.30 | + 1 23 53.3 | 1.004 4999 |
| | 20 | 7651.5 | 177 27 59.21 | −0.15 | 11 50 40.44 | + 1 00 36.7 | 1.004 2279 |
| | 21 | 7652.5 | 178 26 37.13 | −0.21 | 11 54 15.66 | + 0 37 18.3 | 1.003 9557 |
| | 22 | 7653.5 | 179 25 17.28 | −0.24 | 11 57 50.99 | + 0 13 58.5 | 1.003 6831 |
| | 23 | 7654.5 | 180 23 59.70 | −0.24 | 12 01 26.45 | − 0 09 22.4 | 1.003 4098 |
| | 24 | 7655.5 | 181 22 44.39 | −0.20 | 12 05 02.06 | − 0 32 44.0 | 1.003 1355 |
| | 25 | 7656.5 | 182 21 31.37 | −0.14 | 12 08 37.84 | − 0 56 06.0 | 1.002 8601 |
| | 26 | 7657.5 | 183 20 20.61 | −0.05 | 12 12 13.80 | − 1 19 28.0 | 1.002 5832 |
| | 27 | 7658.5 | 184 19 12.09 | +0.06 | 12 15 49.96 | − 1 42 49.8 | 1.002 3048 |
| | 28 | 7659.5 | 185 18 05.78 | +0.19 | 12 19 26.35 | − 2 06 10.8 | 1.002 0247 |
| | 29 | 7660.5 | 186 17 01.64 | +0.31 | 12 23 02.97 | − 2 29 30.8 | 1.001 7427 |
| | 30 | 7661.5 | 187 15 59.61 | +0.44 | 12 26 39.85 | − 2 52 49.4 | 1.001 4590 |
| Oct. | 1 | 7662.5 | 188 14 59.66 | +0.56 | 12 30 17.01 | − 3 16 06.3 | 1.001 1736 |

## FOR 0$^h$ TERRESTRIAL TIME

| Date | Pos. Angle of Axis $P$ | Heliographic | | Horiz. Parallax | Semi- Diameter | Ephemeris Transit |
|------|------|------|------|------|------|------|
| | | Latitude $B_0$ | Longitude $L_0$ | | | |
| | ° | ° | ° | ″ | ′ ″ | h m s |
| Aug. 16 | + 16.45 | + 6.70 | 143.82 | 8.68 | 15 47.73 | 12 04 09.82 |
| 17 | + 16.78 | + 6.75 | 130.61 | 8.69 | 15 47.90 | 12 03 56.82 |
| 18 | + 17.10 | + 6.79 | 117.39 | 8.69 | 15 48.09 | 12 03 43.31 |
| 19 | + 17.42 | + 6.83 | 104.17 | 8.69 | 15 48.27 | 12 03 29.31 |
| 20 | + 17.74 | + 6.87 | 90.95 | 8.69 | 15 48.45 | 12 03 14.83 |
| 21 | + 18.05 | + 6.91 | 77.74 | 8.69 | 15 48.64 | 12 02 59.90 |
| 22 | + 18.36 | + 6.95 | 64.52 | 8.70 | 15 48.83 | 12 02 44.53 |
| 23 | + 18.66 | + 6.98 | 51.31 | 8.70 | 15 49.02 | 12 02 28.73 |
| 24 | + 18.96 | + 7.01 | 38.10 | 8.70 | 15 49.21 | 12 02 12.53 |
| 25 | + 19.25 | + 7.04 | 24.88 | 8.70 | 15 49.41 | 12 01 55.93 |
| 26 | + 19.54 | + 7.07 | 11.67 | 8.70 | 15 49.61 | 12 01 38.96 |
| 27 | + 19.82 | + 7.10 | 358.46 | 8.70 | 15 49.81 | 12 01 21.63 |
| 28 | + 20.09 | + 7.12 | 345.25 | 8.71 | 15 50.02 | 12 01 03.94 |
| 29 | + 20.36 | + 7.14 | 332.03 | 8.71 | 15 50.23 | 12 00 45.92 |
| 30 | + 20.63 | + 7.16 | 318.82 | 8.71 | 15 50.44 | 12 00 27.57 |
| 31 | + 20.89 | + 7.18 | 305.62 | 8.71 | 15 50.66 | 12 00 08.91 |
| Sept. 1 | + 21.14 | + 7.20 | 292.41 | 8.71 | 15 50.88 | 11 59 49.95 |
| 2 | + 21.39 | + 7.21 | 279.20 | 8.72 | 15 51.11 | 11 59 30.70 |
| 3 | + 21.63 | + 7.22 | 265.99 | 8.72 | 15 51.34 | 11 59 11.18 |
| 4 | + 21.87 | + 7.23 | 252.78 | 8.72 | 15 51.57 | 11 58 51.40 |
| 5 | + 22.10 | + 7.24 | 239.57 | 8.72 | 15 51.81 | 11 58 31.38 |
| 6 | + 22.33 | + 7.25 | 226.37 | 8.72 | 15 52.05 | 11 58 11.13 |
| 7 | + 22.55 | + 7.25 | 213.16 | 8.73 | 15 52.29 | 11 57 50.67 |
| 8 | + 22.76 | + 7.25 | 199.96 | 8.73 | 15 52.54 | 11 57 30.02 |
| 9 | + 22.97 | + 7.25 | 186.75 | 8.73 | 15 52.78 | 11 57 09.19 |
| 10 | + 23.18 | + 7.25 | 173.55 | 8.73 | 15 53.03 | 11 56 48.21 |
| 11 | + 23.37 | + 7.24 | 160.34 | 8.74 | 15 53.29 | 11 56 27.08 |
| 12 | + 23.56 | + 7.24 | 147.14 | 8.74 | 15 53.54 | 11 56 05.84 |
| 13 | + 23.75 | + 7.23 | 133.93 | 8.74 | 15 53.80 | 11 55 44.50 |
| 14 | + 23.93 | + 7.22 | 120.73 | 8.74 | 15 54.05 | 11 55 23.08 |
| 15 | + 24.10 | + 7.20 | 107.53 | 8.75 | 15 54.31 | 11 55 01.61 |
| 16 | + 24.26 | + 7.19 | 94.32 | 8.75 | 15 54.57 | 11 54 40.11 |
| 17 | + 24.42 | + 7.17 | 81.12 | 8.75 | 15 54.83 | 11 54 18.61 |
| 18 | + 24.58 | + 7.15 | 67.92 | 8.75 | 15 55.09 | 11 53 57.12 |
| 19 | + 24.72 | + 7.13 | 54.72 | 8.75 | 15 55.35 | 11 53 35.68 |
| 20 | + 24.86 | + 7.11 | 41.52 | 8.76 | 15 55.60 | 11 53 14.31 |
| 21 | + 25.00 | + 7.08 | 28.32 | 8.76 | 15 55.86 | 11 52 53.04 |
| 22 | + 25.13 | + 7.05 | 15.12 | 8.76 | 15 56.12 | 11 52 31.88 |
| 23 | + 25.25 | + 7.02 | 1.92 | 8.76 | 15 56.38 | 11 52 10.86 |
| 24 | + 25.36 | + 6.99 | 348.72 | 8.77 | 15 56.65 | 11 51 49.99 |
| 25 | + 25.47 | + 6.96 | 335.52 | 8.77 | 15 56.91 | 11 51 29.31 |
| 26 | + 25.57 | + 6.92 | 322.33 | 8.77 | 15 57.17 | 11 51 08.82 |
| 27 | + 25.67 | + 6.88 | 309.13 | 8.77 | 15 57.44 | 11 50 48.54 |
| 28 | + 25.76 | + 6.84 | 295.93 | 8.78 | 15 57.71 | 11 50 28.50 |
| 29 | + 25.84 | + 6.80 | 282.74 | 8.78 | 15 57.98 | 11 50 08.71 |
| 30 | + 25.91 | + 6.76 | 269.54 | 8.78 | 15 58.25 | 11 49 49.18 |
| Oct. 1 | + 25.98 | + 6.71 | 256.35 | 8.78 | 15 58.52 | 11 49 29.93 |

# SUN, 2016

## FOR 0<sup>h</sup> TERRESTRIAL TIME

| Date | | Julian Date | Geometric Ecliptic Coords. Mn Equinox & Ecliptic of Date | | Apparent R. A. | Apparent Declination | True Geocentric Distance |
|---|---|---|---|---|---|---|---|
| | | | Longitude | Latitude | | | |
| | | 245 | ° ′ ″ | ″ | h m s | ° ′ ″ | au |
| Oct. | 1 | 7662.5 | 188 14 59.66 | +0.56 | 12 30 17.01 | − 3 16 06.3 | 1.001 1736 |
| | 2 | 7663.5 | 189 14 01.73 | +0.67 | 12 33 54.46 | − 3 39 21.0 | 1.000 8864 |
| | 3 | 7664.5 | 190 13 05.79 | +0.76 | 12 37 32.22 | − 4 02 33.3 | 1.000 5977 |
| | 4 | 7665.5 | 191 12 11.78 | +0.83 | 12 41 10.30 | − 4 25 42.7 | 1.000 3076 |
| | 5 | 7666.5 | 192 11 19.67 | +0.87 | 12 44 48.73 | − 4 48 48.9 | 1.000 0163 |
| | 6 | 7667.5 | 193 10 29.41 | +0.89 | 12 48 27.53 | − 5 11 51.4 | 0.999 7241 |
| | 7 | 7668.5 | 194 09 40.99 | +0.88 | 12 52 06.70 | − 5 34 50.0 | 0.999 4311 |
| | 8 | 7669.5 | 195 08 54.37 | +0.85 | 12 55 46.28 | − 5 57 44.3 | 0.999 1377 |
| | 9 | 7670.5 | 196 08 09.54 | +0.78 | 12 59 26.26 | − 6 20 33.8 | 0.998 8442 |
| | 10 | 7671.5 | 197 07 26.47 | +0.69 | 13 03 06.68 | − 6 43 18.2 | 0.998 5508 |
| | 11 | 7672.5 | 198 06 45.17 | +0.58 | 13 06 47.55 | − 7 05 57.2 | 0.998 2581 |
| | 12 | 7673.5 | 199 06 05.63 | +0.45 | 13 10 28.89 | − 7 28 30.3 | 0.997 9662 |
| | 13 | 7674.5 | 200 05 27.87 | +0.31 | 13 14 10.72 | − 7 50 57.1 | 0.997 6757 |
| | 14 | 7675.5 | 201 04 51.94 | +0.16 | 13 17 53.06 | − 8 13 17.3 | 0.997 3869 |
| | 15 | 7676.5 | 202 04 17.87 | +0.03 | 13 21 35.94 | − 8 35 30.6 | 0.997 1001 |
| | 16 | 7677.5 | 203 03 45.74 | −0.10 | 13 25 19.36 | − 8 57 36.6 | 0.996 8156 |
| | 17 | 7678.5 | 204 03 15.61 | −0.20 | 13 29 03.37 | − 9 19 34.8 | 0.996 5335 |
| | 18 | 7679.5 | 205 02 47.58 | −0.28 | 13 32 47.99 | − 9 41 25.1 | 0.996 2540 |
| | 19 | 7680.5 | 206 02 21.72 | −0.32 | 13 36 33.23 | −10 03 07.0 | 0.995 9770 |
| | 20 | 7681.5 | 207 01 58.08 | −0.33 | 13 40 19.12 | −10 24 40.1 | 0.995 7023 |
| | 21 | 7682.5 | 208 01 36.71 | −0.30 | 13 44 05.67 | −10 46 04.1 | 0.995 4298 |
| | 22 | 7683.5 | 209 01 17.62 | −0.24 | 13 47 52.90 | −11 07 18.6 | 0.995 1590 |
| | 23 | 7684.5 | 210 01 00.84 | −0.16 | 13 51 40.83 | −11 28 23.2 | 0.994 8899 |
| | 24 | 7685.5 | 211 00 46.33 | −0.06 | 13 55 29.47 | −11 49 17.5 | 0.994 6222 |
| | 25 | 7686.5 | 212 00 34.07 | +0.05 | 13 59 18.83 | −12 10 01.1 | 0.994 3557 |
| | 26 | 7687.5 | 213 00 24.04 | +0.18 | 14 03 08.92 | −12 30 33.5 | 0.994 0902 |
| | 27 | 7688.5 | 214 00 16.17 | +0.30 | 14 06 59.76 | −12 50 54.5 | 0.993 8256 |
| | 28 | 7689.5 | 215 00 10.42 | +0.42 | 14 10 51.36 | −13 11 03.5 | 0.993 5618 |
| | 29 | 7690.5 | 216 00 06.73 | +0.52 | 14 14 43.72 | −13 31 00.1 | 0.993 2987 |
| | 30 | 7691.5 | 217 00 05.05 | +0.61 | 14 18 36.86 | −13 50 44.0 | 0.993 0365 |
| | 31 | 7692.5 | 218 00 05.31 | +0.68 | 14 22 30.79 | −14 10 14.8 | 0.992 7750 |
| Nov. | 1 | 7693.5 | 219 00 07.44 | +0.73 | 14 26 25.50 | −14 29 31.9 | 0.992 5145 |
| | 2 | 7694.5 | 220 00 11.39 | +0.75 | 14 30 21.02 | −14 48 35.1 | 0.992 2550 |
| | 3 | 7695.5 | 221 00 17.10 | +0.74 | 14 34 17.33 | −15 07 23.9 | 0.991 9966 |
| | 4 | 7696.5 | 222 00 24.49 | +0.70 | 14 38 14.46 | −15 25 57.8 | 0.991 7395 |
| | 5 | 7697.5 | 223 00 33.53 | +0.64 | 14 42 12.39 | −15 44 16.5 | 0.991 4841 |
| | 6 | 7698.5 | 224 00 44.16 | +0.56 | 14 46 11.14 | −16 02 19.5 | 0.991 2304 |
| | 7 | 7699.5 | 225 00 56.32 | +0.45 | 14 50 10.71 | −16 20 06.4 | 0.990 9789 |
| | 8 | 7700.5 | 226 01 09.98 | +0.33 | 14 54 11.09 | −16 37 36.8 | 0.990 7297 |
| | 9 | 7701.5 | 227 01 25.11 | +0.19 | 14 58 12.30 | −16 54 50.3 | 0.990 4834 |
| | 10 | 7702.5 | 228 01 41.68 | +0.05 | 15 02 14.33 | −17 11 46.5 | 0.990 2402 |
| | 11 | 7703.5 | 229 01 59.70 | −0.09 | 15 06 17.19 | −17 28 24.9 | 0.990 0005 |
| | 12 | 7704.5 | 230 02 19.16 | −0.22 | 15 10 20.88 | −17 44 45.3 | 0.989 7648 |
| | 13 | 7705.5 | 231 02 40.10 | −0.33 | 15 14 25.41 | −18 00 47.1 | 0.989 5334 |
| | 14 | 7706.5 | 232 03 02.57 | −0.41 | 15 18 30.78 | −18 16 30.1 | 0.989 3066 |
| | 15 | 7707.5 | 233 03 26.63 | −0.46 | 15 22 37.00 | −18 31 53.8 | 0.989 0845 |
| | 16 | 7708.5 | 234 03 52.33 | −0.48 | 15 26 44.07 | −18 46 57.9 | 0.988 8673 |

## FOR 0$^h$ TERRESTRIAL TIME

| Date | | Pos. Angle of Axis $P$ | Heliographic Latitude $B_0$ | Heliographic Longitude $L_0$ | Horiz. Parallax | Semi-Diameter | Ephemeris Transit |
|---|---|---|---|---|---|---|---|
| | | ° | ° | ° | ″ | ′ ″ | h m s |
| Oct. | 1 | + 25.98 | + 6.71 | 256.35 | 8.78 | 15 58.52 | 11 49 29.93 |
| | 2 | + 26.04 | + 6.66 | 243.15 | 8.79 | 15 58.79 | 11 49 10.99 |
| | 3 | + 26.09 | + 6.61 | 229.96 | 8.79 | 15 59.07 | 11 48 52.36 |
| | 4 | + 26.14 | + 6.56 | 216.76 | 8.79 | 15 59.35 | 11 48 34.07 |
| | 5 | + 26.18 | + 6.50 | 203.57 | 8.79 | 15 59.63 | 11 48 16.13 |
| | 6 | + 26.21 | + 6.45 | 190.37 | 8.80 | 15 59.91 | 11 47 58.56 |
| | 7 | + 26.24 | + 6.39 | 177.18 | 8.80 | 16 00.19 | 11 47 41.37 |
| | 8 | + 26.25 | + 6.33 | 163.99 | 8.80 | 16 00.47 | 11 47 24.59 |
| | 9 | + 26.26 | + 6.27 | 150.79 | 8.80 | 16 00.76 | 11 47 08.24 |
| | 10 | + 26.27 | + 6.20 | 137.60 | 8.81 | 16 01.04 | 11 46 52.33 |
| | 11 | + 26.26 | + 6.14 | 124.41 | 8.81 | 16 01.32 | 11 46 36.87 |
| | 12 | + 26.25 | + 6.07 | 111.22 | 8.81 | 16 01.60 | 11 46 21.90 |
| | 13 | + 26.23 | + 6.00 | 98.03 | 8.81 | 16 01.88 | 11 46 07.43 |
| | 14 | + 26.21 | + 5.93 | 84.83 | 8.82 | 16 02.16 | 11 45 53.49 |
| | 15 | + 26.17 | + 5.86 | 71.64 | 8.82 | 16 02.44 | 11 45 40.08 |
| | 16 | + 26.13 | + 5.78 | 58.45 | 8.82 | 16 02.71 | 11 45 27.25 |
| | 17 | + 26.08 | + 5.70 | 45.26 | 8.82 | 16 02.98 | 11 45 15.00 |
| | 18 | + 26.03 | + 5.63 | 32.07 | 8.83 | 16 03.25 | 11 45 03.37 |
| | 19 | + 25.96 | + 5.55 | 18.88 | 8.83 | 16 03.52 | 11 44 52.37 |
| | 20 | + 25.89 | + 5.46 | 5.69 | 8.83 | 16 03.79 | 11 44 42.02 |
| | 21 | + 25.81 | + 5.38 | 352.50 | 8.83 | 16 04.05 | 11 44 32.34 |
| | 22 | + 25.72 | + 5.29 | 339.31 | 8.84 | 16 04.31 | 11 44 23.36 |
| | 23 | + 25.63 | + 5.21 | 326.12 | 8.84 | 16 04.57 | 11 44 15.08 |
| | 24 | + 25.53 | + 5.12 | 312.93 | 8.84 | 16 04.83 | 11 44 07.51 |
| | 25 | + 25.41 | + 5.03 | 299.75 | 8.84 | 16 05.09 | 11 44 00.68 |
| | 26 | + 25.30 | + 4.94 | 286.56 | 8.85 | 16 05.35 | 11 43 54.59 |
| | 27 | + 25.17 | + 4.84 | 273.37 | 8.85 | 16 05.61 | 11 43 49.25 |
| | 28 | + 25.04 | + 4.75 | 260.18 | 8.85 | 16 05.86 | 11 43 44.67 |
| | 29 | + 24.89 | + 4.65 | 247.00 | 8.85 | 16 06.12 | 11 43 40.86 |
| | 30 | + 24.74 | + 4.56 | 233.81 | 8.86 | 16 06.37 | 11 43 37.83 |
| | 31 | + 24.59 | + 4.46 | 220.62 | 8.86 | 16 06.63 | 11 43 35.59 |
| Nov. | 1 | + 24.42 | + 4.36 | 207.44 | 8.86 | 16 06.88 | 11 43 34.14 |
| | 2 | + 24.25 | + 4.25 | 194.25 | 8.86 | 16 07.14 | 11 43 33.49 |
| | 3 | + 24.07 | + 4.15 | 181.07 | 8.87 | 16 07.39 | 11 43 33.65 |
| | 4 | + 23.88 | + 4.05 | 167.88 | 8.87 | 16 07.64 | 11 43 34.61 |
| | 5 | + 23.68 | + 3.94 | 154.70 | 8.87 | 16 07.89 | 11 43 36.38 |
| | 6 | + 23.48 | + 3.83 | 141.51 | 8.87 | 16 08.14 | 11 43 38.97 |
| | 7 | + 23.26 | + 3.72 | 128.33 | 8.87 | 16 08.38 | 11 43 42.38 |
| | 8 | + 23.04 | + 3.62 | 115.14 | 8.88 | 16 08.62 | 11 43 46.61 |
| | 9 | + 22.82 | + 3.50 | 101.96 | 8.88 | 16 08.87 | 11 43 51.67 |
| | 10 | + 22.58 | + 3.39 | 88.77 | 8.88 | 16 09.10 | 11 43 57.56 |
| | 11 | + 22.34 | + 3.28 | 75.59 | 8.88 | 16 09.34 | 11 44 04.27 |
| | 12 | + 22.09 | + 3.17 | 62.41 | 8.89 | 16 09.57 | 11 44 11.82 |
| | 13 | + 21.83 | + 3.05 | 49.22 | 8.89 | 16 09.80 | 11 44 20.21 |
| | 14 | + 21.56 | + 2.94 | 36.04 | 8.89 | 16 10.02 | 11 44 29.44 |
| | 15 | + 21.29 | + 2.82 | 22.86 | 8.89 | 16 10.24 | 11 44 39.52 |
| | 16 | + 21.01 | + 2.70 | 9.67 | 8.89 | 16 10.45 | 11 44 50.44 |

# SUN, 2016

## FOR 0ʰ TERRESTRIAL TIME

| Date | | Julian Date | Geometric Ecliptic Coords. Mn Equinox & Ecliptic of Date | | Apparent R. A. | Apparent Declination | True Geocentric Distance |
|------|---|---|---|---|---|---|---|
| | | | Longitude | Latitude | | | |
| | | 245 | ° ′ ″ | ″ | h m s | ° ′ ″ | au |
| Nov. | 16 | 7708.5 | 234 03 52.33 | −0.48 | 15 26 44.07 | −18 46 57.9 | 0.988 8673 |
| | 17 | 7709.5 | 235 04 19.75 | −0.46 | 15 30 51.98 | −19 01 42.1 | 0.988 6549 |
| | 18 | 7710.5 | 236 04 48.93 | −0.41 | 15 35 00.75 | −19 16 05.9 | 0.988 4472 |
| | 19 | 7711.5 | 237 05 19.89 | −0.33 | 15 39 10.35 | −19 30 09.1 | 0.988 2440 |
| | 20 | 7712.5 | 238 05 52.65 | −0.24 | 15 43 20.79 | −19 43 51.2 | 0.988 0450 |
| | 21 | 7713.5 | 239 06 27.19 | −0.12 | 15 47 32.06 | −19 57 11.8 | 0.987 8499 |
| | 22 | 7714.5 | 240 07 03.49 | 0.00 | 15 51 44.15 | −20 10 10.7 | 0.987 6586 |
| | 23 | 7715.5 | 241 07 41.53 | +0.12 | 15 55 57.04 | −20 22 47.4 | 0.987 4708 |
| | 24 | 7716.5 | 242 08 21.23 | +0.23 | 16 00 10.74 | −20 35 01.5 | 0.987 2863 |
| | 25 | 7717.5 | 243 09 02.57 | +0.34 | 16 04 25.21 | −20 46 52.9 | 0.987 1050 |
| | 26 | 7718.5 | 244 09 45.46 | +0.42 | 16 08 40.45 | −20 58 21.0 | 0.986 9268 |
| | 27 | 7719.5 | 245 10 29.85 | +0.49 | 16 12 56.44 | −21 09 25.6 | 0.986 7516 |
| | 28 | 7720.5 | 246 11 15.67 | +0.54 | 16 17 13.16 | −21 20 06.3 | 0.986 5793 |
| | 29 | 7721.5 | 247 12 02.83 | +0.56 | 16 21 30.59 | −21 30 22.9 | 0.986 4098 |
| | 30 | 7722.5 | 248 12 51.27 | +0.55 | 16 25 48.71 | −21 40 15.0 | 0.986 2433 |
| Dec. | 1 | 7723.5 | 249 13 40.90 | +0.51 | 16 30 07.49 | −21 49 42.4 | 0.986 0797 |
| | 2 | 7724.5 | 250 14 31.64 | +0.45 | 16 34 26.90 | −21 58 44.6 | 0.985 9191 |
| | 3 | 7725.5 | 251 15 23.42 | +0.37 | 16 38 46.93 | −22 07 21.6 | 0.985 7617 |
| | 4 | 7726.5 | 252 16 16.15 | +0.26 | 16 43 07.54 | −22 15 32.8 | 0.985 6076 |
| | 5 | 7727.5 | 253 17 09.75 | +0.14 | 16 47 28.71 | −22 23 18.2 | 0.985 4570 |
| | 6 | 7728.5 | 254 18 04.17 | +0.01 | 16 51 50.40 | −22 30 37.5 | 0.985 3102 |
| | 7 | 7729.5 | 255 18 59.33 | −0.13 | 16 56 12.60 | −22 37 30.4 | 0.985 1675 |
| | 8 | 7730.5 | 256 19 55.18 | −0.27 | 17 00 35.26 | −22 43 56.6 | 0.985 0291 |
| | 9 | 7731.5 | 257 20 51.69 | −0.40 | 17 04 58.37 | −22 49 56.0 | 0.984 8954 |
| | 10 | 7732.5 | 258 21 48.82 | −0.51 | 17 09 21.90 | −22 55 28.4 | 0.984 7669 |
| | 11 | 7733.5 | 259 22 46.57 | −0.59 | 17 13 45.82 | −23 00 33.6 | 0.984 6438 |
| | 12 | 7734.5 | 260 23 44.96 | −0.65 | 17 18 10.11 | −23 05 11.5 | 0.984 5266 |
| | 13 | 7735.5 | 261 24 44.00 | −0.67 | 17 22 34.74 | −23 09 21.8 | 0.984 4154 |
| | 14 | 7736.5 | 262 25 43.75 | −0.66 | 17 26 59.68 | −23 13 04.5 | 0.984 3106 |
| | 15 | 7737.5 | 263 26 44.26 | −0.62 | 17 31 24.91 | −23 16 19.5 | 0.984 2121 |
| | 16 | 7738.5 | 264 27 45.57 | −0.54 | 17 35 50.39 | −23 19 06.6 | 0.984 1199 |
| | 17 | 7739.5 | 265 28 47.71 | −0.45 | 17 40 16.10 | −23 21 25.8 | 0.984 0339 |
| | 18 | 7740.5 | 266 29 50.72 | −0.33 | 17 44 42.02 | −23 23 17.0 | 0.983 9540 |
| | 19 | 7741.5 | 267 30 54.58 | −0.21 | 17 49 08.09 | −23 24 40.0 | 0.983 8797 |
| | 20 | 7742.5 | 268 31 59.29 | −0.08 | 17 53 34.31 | −23 25 34.9 | 0.983 8109 |
| | 21 | 7743.5 | 269 33 04.82 | +0.03 | 17 58 00.63 | −23 26 01.6 | 0.983 7473 |
| | 22 | 7744.5 | 270 34 11.13 | +0.14 | 18 02 27.02 | −23 26 00.0 | 0.983 6887 |
| | 23 | 7745.5 | 271 35 18.18 | +0.23 | 18 06 53.44 | −23 25 30.2 | 0.983 6348 |
| | 24 | 7746.5 | 272 36 25.90 | +0.31 | 18 11 19.87 | −23 24 32.1 | 0.983 5855 |
| | 25 | 7747.5 | 273 37 34.24 | +0.35 | 18 15 46.26 | −23 23 05.8 | 0.983 5406 |
| | 26 | 7748.5 | 274 38 43.13 | +0.38 | 18 20 12.59 | −23 21 11.3 | 0.983 4998 |
| | 27 | 7749.5 | 275 39 52.49 | +0.37 | 18 24 38.80 | −23 18 48.7 | 0.983 4631 |
| | 28 | 7750.5 | 276 41 02.24 | +0.34 | 18 29 04.87 | −23 15 58.1 | 0.983 4304 |
| | 29 | 7751.5 | 277 42 12.29 | +0.28 | 18 33 30.76 | −23 12 39.4 | 0.983 4015 |
| | 30 | 7752.5 | 278 43 22.57 | +0.19 | 18 37 56.44 | −23 08 52.9 | 0.983 3765 |
| | 31 | 7753.5 | 279 44 32.97 | +0.09 | 18 42 21.85 | −23 04 38.6 | 0.983 3553 |
| | 32 | 7754.5 | 280 45 43.41 | −0.03 | 18 46 46.97 | −22 59 56.6 | 0.983 3379 |

## FOR 0$^h$ TERRESTRIAL TIME

| Date | | Pos. Angle of Axis P | Heliographic | | Horiz. Parallax | Semi-Diameter | Ephemeris Transit |
|------|---|---|---|---|---|---|---|
| | | | Latitude $B_0$ | Longitude $L_0$ | | | |
| | | ° | ° | ° | '' | ' '' | h m s |
| Nov. | 16 | + 21.01 | + 2.70 | 9.67 | 8.89 | 16 10.45 | 11 44 50.44 |
| | 17 | + 20.72 | + 2.58 | 356.49 | 8.90 | 16 10.66 | 11 45 02.21 |
| | 18 | + 20.42 | + 2.46 | 343.31 | 8.90 | 16 10.86 | 11 45 14.83 |
| | 19 | + 20.12 | + 2.34 | 330.12 | 8.90 | 16 11.06 | 11 45 28.29 |
| | 20 | + 19.81 | + 2.22 | 316.94 | 8.90 | 16 11.26 | 11 45 42.58 |
| | 21 | + 19.49 | + 2.10 | 303.76 | 8.90 | 16 11.45 | 11 45 57.70 |
| | 22 | + 19.17 | + 1.98 | 290.58 | 8.90 | 16 11.64 | 11 46 13.63 |
| | 23 | + 18.84 | + 1.86 | 277.40 | 8.91 | 16 11.82 | 11 46 30.37 |
| | 24 | + 18.50 | + 1.73 | 264.22 | 8.91 | 16 12.00 | 11 46 47.91 |
| | 25 | + 18.15 | + 1.61 | 251.04 | 8.91 | 16 12.18 | 11 47 06.21 |
| | 26 | + 17.80 | + 1.48 | 237.86 | 8.91 | 16 12.36 | 11 47 25.27 |
| | 27 | + 17.44 | + 1.36 | 224.68 | 8.91 | 16 12.53 | 11 47 45.07 |
| | 28 | + 17.08 | + 1.23 | 211.50 | 8.91 | 16 12.70 | 11 48 05.59 |
| | 29 | + 16.71 | + 1.11 | 198.32 | 8.92 | 16 12.87 | 11 48 26.81 |
| | 30 | + 16.33 | + 0.98 | 185.14 | 8.92 | 16 13.03 | 11 48 48.70 |
| Dec. | 1 | + 15.94 | + 0.85 | 171.96 | 8.92 | 16 13.19 | 11 49 11.24 |
| | 2 | + 15.56 | + 0.72 | 158.79 | 8.92 | 16 13.35 | 11 49 34.41 |
| | 3 | + 15.16 | + 0.60 | 145.61 | 8.92 | 16 13.51 | 11 49 58.17 |
| | 4 | + 14.76 | + 0.47 | 132.43 | 8.92 | 16 13.66 | 11 50 22.51 |
| | 5 | + 14.35 | + 0.34 | 119.25 | 8.92 | 16 13.81 | 11 50 47.39 |
| | 6 | + 13.94 | + 0.21 | 106.07 | 8.93 | 16 13.95 | 11 51 12.79 |
| | 7 | + 13.52 | + 0.09 | 92.90 | 8.93 | 16 14.09 | 11 51 38.67 |
| | 8 | + 13.10 | − 0.04 | 79.72 | 8.93 | 16 14.23 | 11 52 05.02 |
| | 9 | + 12.68 | − 0.17 | 66.54 | 8.93 | 16 14.36 | 11 52 31.80 |
| | 10 | + 12.25 | − 0.30 | 53.37 | 8.93 | 16 14.49 | 11 52 58.98 |
| | 11 | + 11.81 | − 0.43 | 40.19 | 8.93 | 16 14.61 | 11 53 26.53 |
| | 12 | + 11.37 | − 0.56 | 27.01 | 8.93 | 16 14.73 | 11 53 54.44 |
| | 13 | + 10.93 | − 0.68 | 13.84 | 8.93 | 16 14.84 | 11 54 22.68 |
| | 14 | + 10.48 | − 0.81 | 0.66 | 8.93 | 16 14.94 | 11 54 51.21 |
| | 15 | + 10.03 | − 0.94 | 347.49 | 8.94 | 16 15.04 | 11 55 20.01 |
| | 16 | + 9.57 | − 1.07 | 334.31 | 8.94 | 16 15.13 | 11 55 49.06 |
| | 17 | + 9.11 | − 1.19 | 321.14 | 8.94 | 16 15.22 | 11 56 18.33 |
| | 18 | + 8.65 | − 1.32 | 307.96 | 8.94 | 16 15.29 | 11 56 47.78 |
| | 19 | + 8.19 | − 1.45 | 294.79 | 8.94 | 16 15.37 | 11 57 17.38 |
| | 20 | + 7.72 | − 1.57 | 281.61 | 8.94 | 16 15.44 | 11 57 47.11 |
| | 21 | + 7.25 | − 1.70 | 268.44 | 8.94 | 16 15.50 | 11 58 16.93 |
| | 22 | + 6.78 | − 1.82 | 255.27 | 8.94 | 16 15.56 | 11 58 46.80 |
| | 23 | + 6.30 | − 1.95 | 242.09 | 8.94 | 16 15.61 | 11 59 16.69 |
| | 24 | + 5.83 | − 2.07 | 228.92 | 8.94 | 16 15.66 | 11 59 46.56 |
| | 25 | + 5.35 | − 2.19 | 215.75 | 8.94 | 16 15.70 | 12 00 16.37 |
| | 26 | + 4.87 | − 2.31 | 202.58 | 8.94 | 16 15.74 | 12 00 46.10 |
| | 27 | + 4.39 | − 2.44 | 189.41 | 8.94 | 16 15.78 | 12 01 15.70 |
| | 28 | + 3.90 | − 2.56 | 176.23 | 8.94 | 16 15.81 | 12 01 45.13 |
| | 29 | + 3.42 | − 2.68 | 163.06 | 8.94 | 16 15.84 | 12 02 14.36 |
| | 30 | + 2.94 | − 2.80 | 149.89 | 8.94 | 16 15.87 | 12 02 43.36 |
| | 31 | + 2.45 | − 2.91 | 136.72 | 8.94 | 16 15.89 | 12 03 12.08 |
| | 32 | + 1.97 | − 3.03 | 123.55 | 8.94 | 16 15.91 | 12 03 40.50 |

# SUN, 2016

## ICRS GEOCENTRIC RECTANGULAR COORDINATES
## FOR 0$^h$ TERRESTRIAL TIME

| Date | | $x$ | $y$ | $z$ | Date | | $x$ | $y$ | $z$ |
|---|---|---|---|---|---|---|---|---|---|
| | | au | au | au | | | au | au | au |
| Jan. | 0 | +0.149 5018 | −0.891 7098 | −0.386 5666 | Feb. | 15 | +0.813 9587 | −0.513 1080 | −0.222 4442 |
| | 1 | +0.166 7608 | −0.889 1179 | −0.385 4424 | | 16 | +0.823 8504 | −0.499 9569 | −0.216 7435 |
| | 2 | +0.183 9694 | −0.886 2494 | −0.384 1984 | | 17 | +0.833 4885 | −0.486 6538 | −0.210 9766 |
| | 3 | +0.201 1222 | −0.883 1048 | −0.382 8346 | | 18 | +0.842 8705 | −0.473 2030 | −0.205 1456 |
| | 4 | +0.218 2138 | −0.879 6849 | −0.381 3516 | | 19 | +0.851 9940 | −0.459 6086 | −0.199 2521 |
| | 5 | +0.235 2388 | −0.875 9905 | −0.379 7496 | | 20 | +0.860 8569 | −0.445 8748 | −0.193 2981 |
| | 6 | +0.252 1917 | −0.872 0224 | −0.378 0292 | | 21 | +0.869 4568 | −0.432 0058 | −0.187 2854 |
| | 7 | +0.269 0669 | −0.867 7817 | −0.376 1906 | | 22 | +0.877 7917 | −0.418 0057 | −0.181 2156 |
| | 8 | +0.285 8590 | −0.863 2695 | −0.374 2346 | | 23 | +0.885 8593 | −0.403 8786 | −0.175 0908 |
| | 9 | +0.302 5624 | −0.858 4872 | −0.372 1616 | | 24 | +0.893 6574 | −0.389 6286 | −0.168 9126 |
| | 10 | +0.319 1715 | −0.853 4362 | −0.369 9722 | | 25 | +0.901 1841 | −0.375 2599 | −0.162 6830 |
| | 11 | +0.335 6807 | −0.848 1181 | −0.367 6672 | | 26 | +0.908 4372 | −0.360 7765 | −0.156 4037 |
| | 12 | +0.352 0846 | −0.842 5348 | −0.365 2474 | | 27 | +0.915 4145 | −0.346 1829 | −0.150 0766 |
| | 13 | +0.368 3778 | −0.836 6883 | −0.362 7136 | | 28 | +0.922 1142 | −0.331 4831 | −0.143 7036 |
| | 14 | +0.384 5548 | −0.830 5807 | −0.360 0667 | | 29 | +0.928 5342 | −0.316 6814 | −0.137 2866 |
| | 15 | +0.400 6106 | −0.824 2143 | −0.357 3076 | Mar. | 1 | +0.934 6725 | −0.301 7824 | −0.130 8274 |
| | 16 | +0.416 5400 | −0.817 5916 | −0.354 4373 | | 2 | +0.940 5273 | −0.286 7902 | −0.124 3281 |
| | 17 | +0.432 3381 | −0.810 7150 | −0.351 4570 | | 3 | +0.946 0968 | −0.271 7096 | −0.117 7905 |
| | 18 | +0.448 0003 | −0.803 5872 | −0.348 3677 | | 4 | +0.951 3790 | −0.256 5448 | −0.111 2166 |
| | 19 | +0.463 5219 | −0.796 2108 | −0.345 1704 | | 5 | +0.956 3723 | −0.241 3007 | −0.104 6085 |
| | 20 | +0.478 8985 | −0.788 5883 | −0.341 8663 | | 6 | +0.961 0751 | −0.225 9820 | −0.097 9681 |
| | 21 | +0.494 1257 | −0.780 7224 | −0.338 4566 | | 7 | +0.965 4856 | −0.210 5934 | −0.091 2976 |
| | 22 | +0.509 1991 | −0.772 6155 | −0.334 9422 | | 8 | +0.969 6025 | −0.195 1399 | −0.084 5991 |
| | 23 | +0.524 1146 | −0.764 2704 | −0.331 3244 | | 9 | +0.973 4245 | −0.179 6266 | −0.077 8747 |
| | 24 | +0.538 8680 | −0.755 6895 | −0.327 6042 | | 10 | +0.976 9504 | −0.164 0586 | −0.071 1266 |
| | 25 | +0.553 4550 | −0.746 8754 | −0.323 7827 | | 11 | +0.980 1793 | −0.148 4412 | −0.064 3571 |
| | 26 | +0.567 8715 | −0.737 8306 | −0.319 8613 | | 12 | +0.983 1106 | −0.132 7795 | −0.057 5682 |
| | 27 | +0.582 1131 | −0.728 5578 | −0.315 8408 | | 13 | +0.985 7440 | −0.117 0787 | −0.050 7623 |
| | 28 | +0.596 1757 | −0.719 0597 | −0.311 7227 | | 14 | +0.988 0790 | −0.101 3440 | −0.043 9415 |
| | 29 | +0.610 0551 | −0.709 3388 | −0.307 5080 | | 15 | +0.990 1157 | −0.085 5802 | −0.037 1080 |
| | 30 | +0.623 7470 | −0.699 3981 | −0.303 1980 | | 16 | +0.991 8541 | −0.069 7922 | −0.030 2638 |
| | 31 | +0.637 2471 | −0.689 2405 | −0.298 7941 | | 17 | +0.993 2943 | −0.053 9849 | −0.023 4111 |
| Feb. | 1 | +0.650 5514 | −0.678 8688 | −0.294 2974 | | 18 | +0.994 4366 | −0.038 1629 | −0.016 5518 |
| | 2 | +0.663 6555 | −0.668 2861 | −0.289 7094 | | 19 | +0.995 2811 | −0.022 3308 | −0.009 6880 |
| | 3 | +0.676 5552 | −0.657 4957 | −0.285 0314 | | 20 | +0.995 8281 | −0.006 4933 | −0.002 8217 |
| | 4 | +0.689 2466 | −0.646 5006 | −0.280 2649 | | 21 | +0.996 0780 | +0.009 3453 | +0.004 0451 |
| | 5 | +0.701 7253 | −0.635 3043 | −0.275 4113 | | 22 | +0.996 0311 | +0.025 1805 | +0.010 9105 |
| | 6 | +0.713 9873 | −0.623 9103 | −0.270 4722 | | 23 | +0.995 6876 | +0.041 0078 | +0.017 7724 |
| | 7 | +0.726 0286 | −0.612 3221 | −0.265 4490 | | 24 | +0.995 0481 | +0.056 8227 | +0.024 6290 |
| | 8 | +0.737 8450 | −0.600 5435 | −0.260 3434 | | 25 | +0.994 1130 | +0.072 6209 | +0.031 4783 |
| | 9 | +0.749 4329 | −0.588 5784 | −0.255 1572 | | 26 | +0.992 8826 | +0.088 3979 | +0.038 3184 |
| | 10 | +0.760 7882 | −0.576 4310 | −0.249 8919 | | 27 | +0.991 3575 | +0.104 1494 | +0.045 1473 |
| | 11 | +0.771 9075 | −0.564 1054 | −0.244 5494 | | 28 | +0.989 5382 | +0.119 8708 | +0.051 9630 |
| | 12 | +0.782 7873 | −0.551 6059 | −0.239 1315 | | 29 | +0.987 4253 | +0.135 5577 | +0.058 7636 |
| | 13 | +0.793 4244 | −0.538 9369 | −0.233 6401 | | 30 | +0.985 0194 | +0.151 2057 | +0.065 5472 |
| | 14 | +0.803 8158 | −0.526 1028 | −0.228 0771 | | 31 | +0.982 3211 | +0.166 8102 | +0.072 3119 |
| | 15 | +0.813 9587 | −0.513 1080 | −0.222 4442 | Apr. | 1 | +0.979 3312 | +0.182 3667 | +0.079 0555 |

## ICRS GEOCENTRIC RECTANGULAR COORDINATES
## FOR 0ʰ TERRESTRIAL TIME

| Date | | $x$ | $y$ | $z$ | Date | | $x$ | $y$ | $z$ |
|---|---|---|---|---|---|---|---|---|---|
| | | au | au | au | | | au | au | au |
| Apr. | 1 | +0.979 3312 | +0.182 3667 | +0.079 0555 | May | 17 | +0.561 0657 | +0.771 9911 | +0.334 6631 |
| | 2 | +0.976 0504 | +0.197 8706 | +0.085 7762 | | 18 | +0.546 9538 | +0.780 6906 | +0.338 4351 |
| | 3 | +0.972 4797 | +0.213 3172 | +0.092 4720 | | 19 | +0.532 6870 | +0.789 1673 | +0.342 1105 |
| | 4 | +0.968 6199 | +0.228 7020 | +0.099 1407 | | 20 | +0.518 2694 | +0.797 4191 | +0.345 6882 |
| | 5 | +0.964 4722 | +0.244 0200 | +0.105 7805 | | 21 | +0.503 7048 | +0.805 4440 | +0.349 1675 |
| | 6 | +0.960 0378 | +0.259 2665 | +0.112 3893 | | 22 | +0.488 9975 | +0.813 2402 | +0.352 5476 |
| | 7 | +0.955 3181 | +0.274 4365 | +0.118 9649 | | 23 | +0.474 1514 | +0.820 8057 | +0.355 8274 |
| | 8 | +0.950 3147 | +0.289 5253 | +0.125 5054 | | 24 | +0.459 1705 | +0.828 1385 | +0.359 0063 |
| | 9 | +0.945 0296 | +0.304 5279 | +0.132 0086 | | 25 | +0.444 0588 | +0.835 2369 | +0.362 0834 |
| | 10 | +0.939 4647 | +0.319 4397 | +0.138 4726 | | 26 | +0.428 8205 | +0.842 0989 | +0.365 0579 |
| | 11 | +0.933 6224 | +0.334 2560 | +0.144 8954 | | 27 | +0.413 4595 | +0.848 7226 | +0.367 9289 |
| | 12 | +0.927 5051 | +0.348 9724 | +0.151 2750 | | 28 | +0.397 9800 | +0.855 1062 | +0.370 6958 |
| | 13 | +0.921 1151 | +0.363 5847 | +0.157 6097 | | 29 | +0.382 3861 | +0.861 2476 | +0.373 3576 |
| | 14 | +0.914 4551 | +0.378 0886 | +0.163 8976 | | 30 | +0.366 6820 | +0.867 1452 | +0.375 9136 |
| | 15 | +0.907 5276 | +0.392 4802 | +0.170 1369 | | 31 | +0.350 8721 | +0.872 7968 | +0.378 3630 |
| | 16 | +0.900 3350 | +0.406 7556 | +0.176 3260 | June | 1 | +0.334 9608 | +0.878 2007 | +0.380 7050 |
| | 17 | +0.892 8801 | +0.420 9109 | +0.182 4631 | | 2 | +0.318 9526 | +0.883 3550 | +0.382 9390 |
| | 18 | +0.885 1653 | +0.434 9423 | +0.188 5465 | | 3 | +0.302 8524 | +0.888 2579 | +0.385 0640 |
| | 19 | +0.877 1932 | +0.448 8462 | +0.194 5747 | | 4 | +0.286 6650 | +0.892 9077 | +0.387 0795 |
| | 20 | +0.868 9664 | +0.462 6189 | +0.200 5460 | | 5 | +0.270 3954 | +0.897 3031 | +0.388 9849 |
| | 21 | +0.860 4875 | +0.476 2567 | +0.206 4588 | | 6 | +0.254 0486 | +0.901 4426 | +0.390 7795 |
| | 22 | +0.851 7592 | +0.489 7561 | +0.212 3115 | | 7 | +0.237 6298 | +0.905 3252 | +0.392 4629 |
| | 23 | +0.842 7839 | +0.503 1135 | +0.218 1026 | | 8 | +0.221 1442 | +0.908 9499 | +0.394 0346 |
| | 24 | +0.833 5645 | +0.516 3254 | +0.223 8304 | | 9 | +0.204 5967 | +0.912 3160 | +0.395 4944 |
| | 25 | +0.824 1035 | +0.529 3882 | +0.229 4936 | | 10 | +0.187 9924 | +0.915 4228 | +0.396 8419 |
| | 26 | +0.814 4036 | +0.542 2985 | +0.235 0904 | | 11 | +0.171 3362 | +0.918 2699 | +0.398 0768 |
| | 27 | +0.804 4675 | +0.555 0527 | +0.240 6195 | | 12 | +0.154 6330 | +0.920 8568 | +0.399 1990 |
| | 28 | +0.794 2980 | +0.567 6474 | +0.246 0792 | | 13 | +0.137 8877 | +0.923 1832 | +0.400 2083 |
| | 29 | +0.783 8979 | +0.580 0789 | +0.251 4681 | | 14 | +0.121 1049 | +0.925 2488 | +0.401 1044 |
| | 30 | +0.773 2700 | +0.592 3437 | +0.256 7846 | | 15 | +0.104 2893 | +0.927 0535 | +0.401 8874 |
| May | 1 | +0.762 4173 | +0.604 4383 | +0.262 0272 | | 16 | +0.087 4457 | +0.928 5969 | +0.402 5571 |
| | 2 | +0.751 3426 | +0.616 3591 | +0.267 1943 | | 17 | +0.070 5786 | +0.929 8791 | +0.403 1134 |
| | 3 | +0.740 0493 | +0.628 1025 | +0.272 2845 | | 18 | +0.053 6926 | +0.930 8999 | +0.403 5562 |
| | 4 | +0.728 5404 | +0.639 6647 | +0.277 2962 | | 19 | +0.036 7923 | +0.931 6594 | +0.403 8856 |
| | 5 | +0.716 8194 | +0.651 0422 | +0.282 2278 | | 20 | +0.019 8821 | +0.932 1574 | +0.404 1016 |
| | 6 | +0.704 8899 | +0.662 2314 | +0.287 0779 | | 21 | +0.002 9664 | +0.932 3940 | +0.404 2040 |
| | 7 | +0.692 7557 | +0.673 2287 | +0.291 8449 | | 22 | −0.013 9503 | +0.932 3693 | +0.404 1931 |
| | 8 | +0.680 4209 | +0.684 0308 | +0.296 5274 | | 23 | −0.030 8636 | +0.932 0831 | +0.404 0686 |
| | 9 | +0.667 8894 | +0.694 6344 | +0.301 1241 | | 24 | −0.047 7690 | +0.931 5355 | +0.403 8308 |
| | 10 | +0.655 1655 | +0.705 0366 | +0.305 6337 | | 25 | −0.064 6621 | +0.930 7266 | +0.403 4795 |
| | 11 | +0.642 2535 | +0.715 2345 | +0.310 0549 | | 26 | −0.081 5385 | +0.929 6562 | +0.403 0149 |
| | 12 | +0.629 1575 | +0.725 2255 | +0.314 3865 | | 27 | −0.098 3935 | +0.928 3245 | +0.402 4369 |
| | 13 | +0.615 8819 | +0.735 0070 | +0.318 6274 | | 28 | −0.115 2226 | +0.926 7313 | +0.401 7457 |
| | 14 | +0.602 4307 | +0.744 5766 | +0.322 7765 | | 29 | −0.132 0210 | +0.924 8769 | +0.400 9413 |
| | 15 | +0.588 8082 | +0.753 9320 | +0.326 8329 | | 30 | −0.148 7838 | +0.922 7614 | +0.400 0238 |
| | 16 | +0.575 0185 | +0.763 0709 | +0.330 7954 | July | 1 | −0.165 5061 | +0.920 3849 | +0.398 9933 |
| | 17 | +0.561 0657 | +0.771 9911 | +0.334 6631 | | 2 | −0.182 1829 | +0.917 7479 | +0.397 8500 |

# SUN, 2016

## ICRS GEOCENTRIC RECTANGULAR COORDINATES
## FOR 0ʰ TERRESTRIAL TIME

| Date | | $x$ | $y$ | $z$ | Date | | $x$ | $y$ | $z$ |
|---|---|---|---|---|---|---|---|---|---|
| | | au | au | au | | | au | au | au |
| July | 1 | −0.165 5061 | +0.920 3849 | +0.398 9933 | Aug. | 16 | −0.812 2246 | +0.554 7624 | +0.240 5010 |
| | 2 | −0.182 1829 | +0.917 7479 | +0.397 8500 | | 17 | −0.822 0956 | +0.542 0848 | +0.235 0046 |
| | 3 | −0.198 8092 | +0.914 8509 | +0.396 5942 | | 18 | −0.831 7331 | +0.529 2540 | +0.229 4417 |
| | 4 | −0.215 3797 | +0.911 6947 | +0.395 2262 | | 19 | −0.841 1347 | +0.516 2731 | +0.223 8138 |
| | 5 | −0.231 8895 | +0.908 2802 | +0.393 7464 | | 20 | −0.850 2976 | +0.503 1456 | +0.218 1222 |
| | 6 | −0.248 3333 | +0.904 6084 | +0.392 1552 | | 21 | −0.859 2195 | +0.489 8746 | +0.212 3684 |
| | 7 | −0.264 7063 | +0.900 6806 | +0.390 4531 | | 22 | −0.867 8975 | +0.476 4636 | +0.206 5540 |
| | 8 | −0.281 0035 | +0.896 4982 | +0.388 6407 | | 23 | −0.876 3290 | +0.462 9157 | +0.200 6803 |
| | 9 | −0.297 2202 | +0.892 0626 | +0.386 7186 | | 24 | −0.884 5113 | +0.449 2344 | +0.194 7490 |
| | 10 | −0.313 3518 | +0.887 3755 | +0.384 6874 | | 25 | −0.892 4415 | +0.435 4233 | +0.188 7615 |
| | 11 | −0.329 3935 | +0.882 4383 | +0.382 5478 | | 26 | −0.900 1169 | +0.421 4859 | +0.182 7195 |
| | 12 | −0.345 3410 | +0.877 2529 | +0.380 3006 | | 27 | −0.907 5347 | +0.407 4261 | +0.176 6246 |
| | 13 | −0.361 1899 | +0.871 8208 | +0.377 9463 | | 28 | −0.914 6922 | +0.393 2478 | +0.170 4784 |
| | 14 | −0.376 9357 | +0.866 1440 | +0.375 4858 | | 29 | −0.921 5867 | +0.378 9549 | +0.164 2828 |
| | 15 | −0.392 5742 | +0.860 2240 | +0.372 9198 | | 30 | −0.928 2158 | +0.364 5518 | +0.158 0395 |
| | 16 | −0.408 1013 | +0.854 0629 | +0.370 2491 | | 31 | −0.934 5770 | +0.350 0427 | +0.151 7503 |
| | 17 | −0.423 5128 | +0.847 6625 | +0.367 4745 | Sept. | 1 | −0.940 6681 | +0.335 4319 | +0.145 4171 |
| | 18 | −0.438 8046 | +0.841 0245 | +0.364 5968 | | 2 | −0.946 4870 | +0.320 7239 | +0.139 0418 |
| | 19 | −0.453 9728 | +0.834 1509 | +0.361 6168 | | 3 | −0.952 0317 | +0.305 9232 | +0.132 6263 |
| | 20 | −0.469 0133 | +0.827 0436 | +0.358 5353 | | 4 | −0.957 3005 | +0.291 0343 | +0.126 1725 |
| | 21 | −0.483 9224 | +0.819 7045 | +0.355 3532 | | 5 | −0.962 2915 | +0.276 0617 | +0.119 6824 |
| | 22 | −0.498 6961 | +0.812 1352 | +0.352 0713 | | 6 | −0.967 0034 | +0.261 0100 | +0.113 1579 |
| | 23 | −0.513 3305 | +0.804 3378 | +0.348 6904 | | 7 | −0.971 4346 | +0.245 8837 | +0.106 6009 |
| | 24 | −0.527 8216 | +0.796 3139 | +0.345 2113 | | 8 | −0.975 5840 | +0.230 6874 | +0.100 0134 |
| | 25 | −0.542 1654 | +0.788 0654 | +0.341 6349 | | 9 | −0.979 4503 | +0.215 4256 | +0.093 3973 |
| | 26 | −0.556 3579 | +0.779 5941 | +0.337 9620 | | 10 | −0.983 0324 | +0.200 1027 | +0.086 7546 |
| | 27 | −0.570 3949 | +0.770 9021 | +0.334 1935 | | 11 | −0.986 3295 | +0.184 7233 | +0.080 0873 |
| | 28 | −0.584 2722 | +0.761 9913 | +0.330 3303 | | 12 | −0.989 3406 | +0.169 2917 | +0.073 3972 |
| | 29 | −0.597 9856 | +0.752 8639 | +0.326 3733 | | 13 | −0.992 0650 | +0.153 8125 | +0.066 6864 |
| | 30 | −0.611 5308 | +0.743 5221 | +0.322 3236 | | 14 | −0.994 5020 | +0.138 2899 | +0.059 9566 |
| | 31 | −0.624 9033 | +0.733 9684 | +0.318 1822 | | 15 | −0.996 6511 | +0.122 7282 | +0.053 2098 |
| Aug. | 1 | −0.638 0991 | +0.724 2054 | +0.313 9502 | | 16 | −0.998 5117 | +0.107 1317 | +0.046 4478 |
| | 2 | −0.651 1138 | +0.714 2359 | +0.309 6288 | | 17 | −1.000 0832 | +0.091 5045 | +0.039 6726 |
| | 3 | −0.663 9435 | +0.704 0628 | +0.305 2193 | | 18 | −1.001 3650 | +0.075 8507 | +0.032 8858 |
| | 4 | −0.676 5839 | +0.693 6892 | +0.300 7230 | | 19 | −1.002 3565 | +0.060 1743 | +0.026 0894 |
| | 5 | −0.689 0313 | +0.683 1182 | +0.296 1411 | | 20 | −1.003 0570 | +0.044 4796 | +0.019 2851 |
| | 6 | −0.701 2820 | +0.672 3530 | +0.291 4751 | | 21 | −1.003 4659 | +0.028 7708 | +0.012 4748 |
| | 7 | −0.713 3322 | +0.661 3969 | +0.286 7262 | | 22 | −1.003 5823 | +0.013 0520 | +0.005 6605 |
| | 8 | −0.725 1786 | +0.650 2534 | +0.281 8961 | | 23 | −1.003 4056 | −0.002 6722 | −0.001 1560 |
| | 9 | −0.736 8177 | +0.638 9256 | +0.276 9860 | | 24 | −1.002 9351 | −0.018 3972 | −0.007 9728 |
| | 10 | −0.748 2462 | +0.627 4171 | +0.271 9974 | | 25 | −1.002 1705 | −0.034 1185 | −0.014 7877 |
| | 11 | −0.759 4610 | +0.615 7312 | +0.266 9319 | | 26 | −1.001 1111 | −0.049 8312 | −0.021 5988 |
| | 12 | −0.770 4590 | +0.603 8715 | +0.261 7908 | | 27 | −0.999 7569 | −0.065 5305 | −0.028 4040 |
| | 13 | −0.781 2372 | +0.591 8412 | +0.256 5757 | | 28 | −0.998 1077 | −0.081 2116 | −0.035 2013 |
| | 14 | −0.791 7927 | +0.579 6440 | +0.251 2880 | | 29 | −0.996 1635 | −0.096 8695 | −0.041 9884 |
| | 15 | −0.802 1228 | +0.567 2833 | +0.245 9293 | | 30 | −0.993 9247 | −0.112 4994 | −0.048 7634 |
| | 16 | −0.812 2246 | +0.554 7624 | +0.240 5010 | Oct. | 1 | −0.991 3914 | −0.128 0961 | −0.055 5241 |

## ICRS GEOCENTRIC RECTANGULAR COORDINATES
### FOR 0$^h$ TERRESTRIAL TIME

| Date | | $x$ | $y$ | $z$ | Date | | $x$ | $y$ | $z$ |
|------|---|-----|-----|-----|------|---|-----|-----|-----|
| | | au | au | au | | | au | au | au |
| Oct. | 1 | −0.991 3914 | −0.128 0961 | −0.055 5241 | Nov. | 16 | −0.583 6294 | −0.732 4107 | −0.317 5058 |
| | 2 | −0.988 5644 | −0.143 6549 | −0.062 2684 | | 17 | −0.569 3795 | −0.741 5543 | −0.321 4696 |
| | 3 | −0.985 4442 | −0.159 1708 | −0.068 9942 | | 18 | −0.554 9554 | −0.750 4727 | −0.325 3355 |
| | 4 | −0.982 0317 | −0.174 6389 | −0.075 6994 | | 19 | −0.540 3608 | −0.759 1628 | −0.329 1024 |
| | 5 | −0.978 3278 | −0.190 0544 | −0.082 3819 | | 20 | −0.525 5996 | −0.767 6215 | −0.332 7689 |
| | 6 | −0.974 3336 | −0.205 4125 | −0.089 0396 | | 21 | −0.510 6762 | −0.775 8460 | −0.336 3337 |
| | 7 | −0.970 0502 | −0.220 7085 | −0.095 6706 | | 22 | −0.495 5946 | −0.783 8331 | −0.339 7956 |
| | 8 | −0.965 4791 | −0.235 9376 | −0.102 2728 | | 23 | −0.480 3594 | −0.791 5801 | −0.343 1534 |
| | 9 | −0.960 6216 | −0.251 0953 | −0.108 8441 | | 24 | −0.464 9750 | −0.799 0841 | −0.346 4059 |
| | 10 | −0.955 4792 | −0.266 1770 | −0.115 3827 | | 25 | −0.449 4462 | −0.806 3423 | −0.349 5519 |
| | 11 | −0.950 0535 | −0.281 1782 | −0.121 8864 | | 26 | −0.433 7776 | −0.813 3521 | −0.352 5903 |
| | 12 | −0.944 3463 | −0.296 0946 | −0.128 3535 | | 27 | −0.417 9741 | −0.820 1109 | −0.355 5200 |
| | 13 | −0.938 3593 | −0.310 9219 | −0.134 7820 | | 28 | −0.402 0408 | −0.826 6162 | −0.358 3399 |
| | 14 | −0.932 0944 | −0.325 6559 | −0.141 1700 | | 29 | −0.385 9826 | −0.832 8658 | −0.361 0491 |
| | 15 | −0.925 5532 | −0.340 2924 | −0.147 5159 | | 30 | −0.369 8047 | −0.838 8573 | −0.363 6465 |
| | 16 | −0.918 7376 | −0.354 8276 | −0.153 8177 | Dec. | 1 | −0.353 5124 | −0.844 5887 | −0.366 1314 |
| | 17 | −0.911 6493 | −0.369 2575 | −0.160 0737 | | 2 | −0.337 1107 | −0.850 0580 | −0.368 5027 |
| | 18 | −0.904 2900 | −0.383 5779 | −0.166 2821 | | 3 | −0.320 6053 | −0.855 2635 | −0.370 7598 |
| | 19 | −0.896 6612 | −0.397 7850 | −0.172 4412 | | 4 | −0.304 0012 | −0.860 2034 | −0.372 9019 |
| | 20 | −0.888 7647 | −0.411 8746 | −0.178 5492 | | 5 | −0.287 3041 | −0.864 8761 | −0.374 9283 |
| | 21 | −0.880 6020 | −0.425 8424 | −0.184 6043 | | 6 | −0.270 5192 | −0.869 2804 | −0.376 8383 |
| | 22 | −0.872 1751 | −0.439 6841 | −0.190 6045 | | 7 | −0.253 6521 | −0.873 4150 | −0.378 6315 |
| | 23 | −0.863 4857 | −0.453 3954 | −0.196 5480 | | 8 | −0.236 7080 | −0.877 2788 | −0.380 3072 |
| | 24 | −0.854 5359 | −0.466 9717 | −0.202 4330 | | 9 | −0.219 6924 | −0.880 8708 | −0.381 8651 |
| | 25 | −0.845 3281 | −0.480 4087 | −0.208 2574 | | 10 | −0.202 6104 | −0.884 1902 | −0.383 3047 |
| | 26 | −0.835 8644 | −0.493 7019 | −0.214 0195 | | 11 | −0.185 4674 | −0.887 2363 | −0.384 6257 |
| | 27 | −0.826 1476 | −0.506 8469 | −0.219 7173 | | 12 | −0.168 2683 | −0.890 0085 | −0.385 8279 |
| | 28 | −0.816 1801 | −0.519 8392 | −0.225 3490 | | 13 | −0.151 0183 | −0.892 5062 | −0.386 9108 |
| | 29 | −0.805 9649 | −0.532 6746 | −0.230 9127 | | 14 | −0.133 7221 | −0.894 7286 | −0.387 8742 |
| | 30 | −0.795 5050 | −0.545 3487 | −0.236 4066 | | 15 | −0.116 3847 | −0.896 6752 | −0.388 7179 |
| | 31 | −0.784 8034 | −0.557 8573 | −0.241 8289 | | 16 | −0.099 0110 | −0.898 3452 | −0.389 4415 |
| Nov. | 1 | −0.773 8633 | −0.570 1963 | −0.247 1777 | | 17 | −0.081 6059 | −0.899 7379 | −0.390 0448 |
| | 2 | −0.762 6881 | −0.582 3616 | −0.252 4514 | | 18 | −0.064 1743 | −0.900 8525 | −0.390 5275 |
| | 3 | −0.751 2813 | −0.594 3492 | −0.257 6482 | | 19 | −0.046 7216 | −0.901 6884 | −0.390 8893 |
| | 4 | −0.739 6464 | −0.606 1554 | −0.262 7665 | | 20 | −0.029 2528 | −0.902 2447 | −0.391 1299 |
| | 5 | −0.727 7870 | −0.617 7762 | −0.267 8045 | | 21 | −0.011 7735 | −0.902 5211 | −0.391 2491 |
| | 6 | −0.715 7070 | −0.629 2080 | −0.272 7608 | | 22 | +0.005 7111 | −0.902 5169 | −0.391 2468 |
| | 7 | −0.703 4102 | −0.640 4473 | −0.277 6337 | | 23 | +0.023 1954 | −0.902 2319 | −0.391 1228 |
| | 8 | −0.690 9003 | −0.651 4906 | −0.282 4218 | | 24 | +0.040 6739 | −0.901 6658 | −0.390 8771 |
| | 9 | −0.678 1815 | −0.662 3347 | −0.287 1235 | | 25 | +0.058 1410 | −0.900 8185 | −0.390 5096 |
| | 10 | −0.665 2576 | −0.672 9763 | −0.291 7375 | | 26 | +0.075 5910 | −0.899 6900 | −0.390 0203 |
| | 11 | −0.652 1327 | −0.683 4124 | −0.296 2624 | | 27 | +0.093 0182 | −0.898 2804 | −0.389 4093 |
| | 12 | −0.638 8107 | −0.693 6401 | −0.300 6969 | | 28 | +0.110 4170 | −0.896 5901 | −0.388 6768 |
| | 13 | −0.625 2956 | −0.703 6566 | −0.305 0397 | | 29 | +0.127 7817 | −0.894 6194 | −0.387 8228 |
| | 14 | −0.611 5911 | −0.713 4590 | −0.309 2896 | | 30 | +0.145 1065 | −0.892 3689 | −0.386 8477 |
| | 15 | −0.597 7012 | −0.723 0446 | −0.313 4454 | | 31 | +0.162 3857 | −0.889 8393 | −0.385 7518 |
| | 16 | −0.583 6294 | −0.732 4107 | −0.317 5058 | | 32 | +0.179 6137 | −0.887 0316 | −0.384 5353 |

## CONTENTS OF SECTION D

WWW    This symbol indicates that these data or auxiliary material may also be found on *The Astronomical Almanac Online* at **http://asa.usno.navy.mil** and **http://asa.hmnao.com**

NOTE: All the times on this page are expressed in Universal Time (UT1).

## PHASES OF THE MOON

| Lunation | New Moon | | | First Quarter | | | Full Moon | | | Last Quarter | | |
|---|---|---|---|---|---|---|---|---|---|---|---|---|
| | | d | h m | | d | h m | | d | h m | | d | h m |
| 1150 | | | | | | | | | | Jan. | 2 | 05 30 |
| 1151 | Jan. | 10 | 01 31 | Jan. | 16 | 23 26 | Jan. | 24 | 01 46 | Feb. | 1 | 03 28 |
| 1152 | Feb. | 8 | 14 39 | Feb. | 15 | 07 46 | Feb. | 22 | 18 20 | Mar. | 1 | 23 11 |
| 1153 | Mar. | 9 | 01 54 | Mar. | 15 | 17 03 | Mar. | 23 | 12 01 | Mar. | 31 | 15 17 |
| 1154 | Apr. | 7 | 11 24 | Apr. | 14 | 03 59 | Apr. | 22 | 05 24 | Apr. | 30 | 03 29 |
| 1155 | May | 6 | 19 30 | May | 13 | 17 02 | May | 21 | 21 14 | May | 29 | 12 12 |
| 1156 | June | 5 | 03 00 | June | 12 | 08 10 | June | 20 | 11 02 | June | 27 | 18 19 |
| 1157 | July | 4 | 11 01 | July | 12 | 00 52 | July | 19 | 22 57 | July | 26 | 23 00 |
| 1158 | Aug. | 2 | 20 45 | Aug. | 10 | 18 21 | Aug. | 18 | 09 27 | Aug. | 25 | 03 41 |
| 1159 | Sept. | 1 | 09 03 | Sept. | 9 | 11 49 | Sept. | 16 | 19 05 | Sept. | 23 | 09 56 |
| 1160 | Oct. | 1 | 00 11 | Oct. | 9 | 04 33 | Oct. | 16 | 04 23 | Oct. | 22 | 19 14 |
| 1161 | Oct. | 30 | 17 38 | Nov. | 7 | 19 51 | Nov. | 14 | 13 52 | Nov. | 21 | 08 33 |
| 1162 | Nov. | 29 | 12 18 | Dec. | 7 | 09 03 | Dec. | 14 | 00 06 | Dec. | 21 | 01 56 |
| 1163 | Dec. | 29 | 06 53 | | | | | | | | | |

### MOON AT PERIGEE

| | d | h | | d | h | | d | h |
|---|---|---|---|---|---|---|---|---|
| Jan. | 15 | 02 | June | 3 | 11 | Oct. | 17 | 00 |
| Feb. | 11 | 03 | July | 1 | 07 | Nov. | 14 | 11 |
| Mar. | 10 | 07 | July | 27 | 12 | Dec. | 12 | 23 |
| Apr. | 7 | 18 | Aug. | 22 | 01 | | | |
| May | 6 | 04 | Sept. | 18 | 17 | | | |

### MOON AT APOGEE

| | d | h | | d | h | | d | h |
|---|---|---|---|---|---|---|---|---|
| Jan. | 2 | 12 | May | 18 | 22 | Oct. | 4 | 11 |
| Jan. | 30 | 09 | June | 15 | 12 | Oct. | 31 | 19 |
| Feb. | 27 | 03 | July | 13 | 05 | Nov. | 27 | 20 |
| Mar. | 25 | 14 | Aug. | 10 | 00 | Dec. | 25 | 06 |
| Apr. | 21 | 16 | Sept. | 6 | 19 | | | |

## NOTES AND FORMULAE

### Mean elements of the orbit of the Moon

The following expressions for the mean elements of the Moon are based on the fundamental arguments developed by Simon *et al.* (*Astron. & Astrophys.*, **282**, 663, 1994). The angular elements are referred to the mean equinox and ecliptic of date. The time argument ($d$) is the interval in days from 2016 January 0 at $0^h$ TT. These expressions are intended for use during 2016 only.

$$d = \text{JD} - 245\ 7387{\cdot}5 = \text{day of year (from B4–B5)} + \text{fraction of day from } 0^h \text{ TT}$$

Mean longitude of the Moon, measured in the ecliptic to the mean ascending node and then along the mean orbit:
$$L' = 161{\cdot}^{\circ}413\ 005 + 13{\cdot}176\ 396\ 46\,d$$

Mean longitude of the lunar perigee, measured as for $L'$:
$$\Gamma' = 14{\cdot}^{\circ}228\ 055 + 0{\cdot}111\ 403\ 43\,d$$

Mean longitude of the mean ascending node of the lunar orbit on the ecliptic:
$$\Omega = 175{\cdot}^{\circ}662\ 237 - 0{\cdot}052\ 953\ 75\,d$$

Mean elongation of the Moon from the Sun:
$$D = L' - L = 242{\cdot}^{\circ}301\ 858 + 12{\cdot}190\ 749\ 10\,d$$

Mean inclination of the lunar orbit to the ecliptic: $5{\cdot}^{\circ}156\ 6898$.

### Mean elements of the rotation of the Moon

The following expressions give the mean elements of the mean equator of the Moon, referred to the true equator of the Earth, during 2016 to a precision of about $0{\cdot}^{\circ}001$; the time-argument $d$ is as defined above for the orbital elements.

Inclination of the mean equator of the Moon to the true equator of the Earth:
$$i = 24{\cdot}^{\circ}9732 - 0{\cdot}000\ 104\,d - 0{\cdot}000\ 000\ 605\,d^2$$

Arc of the mean equator of the Moon from its ascending node on the true equator of the Earth to its ascending node on the ecliptic of date:
$$\Delta = 355{\cdot}^{\circ}9133 - 0{\cdot}049\ 859\,d - 0{\cdot}000\ 000\ 280\,d^2$$

Arc of the true equator of the Earth from the true equinox of date to the ascending node of the mean equator of the Moon:
$$\Omega' = -0{\cdot}^{\circ}2754 - 0{\cdot}003\ 400\,d + 0{\cdot}000\ 000\ 316\,d^2$$

The inclination ($I$) of the mean lunar equator to the ecliptic: $1° \ 32' \ 33{\cdot}''6$

The ascending node of the mean lunar equator on the ecliptic is at the descending node of the mean lunar orbit on the ecliptic, that is at longitude $\Omega + 180°$.

### Lengths of mean months

The lengths of the mean months at 2016·0, as derived from the mean orbital elements are:

| | | d | d h m s |
|---|---|---|---|
| synodic month | (new moon to new moon) | 29·530 589 | 29 12 44 02·9 |
| tropical month | (equinox to equinox) | 27·321 582 | 27 07 43 04·7 |
| sidereal month | (fixed star to fixed star) | 27·321 662 | 27 07 43 11·6 |
| anomalistic month | (perigee to perigee) | 27·554 550 | 27 13 18 33·1 |
| draconic month | (node to node) | 27·212 221 | 27 05 05 35·9 |

NOTES AND FORMULAE

### Geocentric coordinates

The apparent longitude ($\lambda$) and latitude ($\beta$) of the Moon given on pages D6–D20 are referred to the true ecliptic and equinox of date: the apparent right ascension ($\alpha$) and declination ($\delta$) are referred to the true equator and equinox of date. These coordinates are primarily intended for planning purposes. The true distance $r$ in kilometres and the horizonal parallax ($\pi$) are also tabulated. The semidiameter $s$ may be formed from

$$\sin s = \frac{R_M}{r} = \frac{R_M}{a_E} \sin \pi = 0 \cdot 272\ 399 \sin \pi$$

where $\pi$ is the horizontal parallax, $R_M = 1737 \cdot 4\,\text{km}$ is the mean radius of the Moon, and $a_E = 6378 \cdot 1366\,\text{km}$ is the equatorial radius of the Earth. The semidiameter is tabulated on pages D7–D21. The distance $r_e$ in Earth radii may be obtained from

$$r_e = \frac{r}{a_E} = r/6378 \cdot 1366$$

More precise values of right ascension, declination and horizontal parallax for any time may be obtained by using the polynomial coefficients given on *The Astronomical Almanac Online*.

The tabulated values are all referred to the centre of the Earth, and may differ from the topocentric values by up to about 1 degree in angle and 2 per cent in distance.

### Time of transit of the Moon

The TT of upper (or lower) transit of the Moon over a local meridian may be obtained by interpolation in the tabulation of the time of upper (or lower) transit over the ephemeris meridian given on pages D6–D20, where the first differences are about 25 hours. The interpolation factor $p$ is given by:

$$p = -\lambda + 1 \cdot 002\ 738\ \Delta T$$

where $\lambda$ is the *east* longitude and the right-hand side is expressed in days. (Divide longitude in degrees by 360 and $\Delta T$ in seconds by 86 400). During 2016 it is expected that $\Delta T$ will be about 68 seconds, so that the second term is about $+0 \cdot 000\ 79$ days. In general, second-order differences are sufficient to give times to a few seconds, but higher-order differences must be taken into account if a precision of better than 1 second is required. The UT1 of transit is obtained by subtracting $\Delta T$ from the TT of transit, which is obtained by interpolation.

### Topocentric coordinates

The topocentric equatorial rectangular coordinates of the Moon ($x'$, $y'$, $z'$), referred to the true equinox of date, are equal to the geocentric equatorial rectangular coordinates of the Moon *minus* the geocentric equatorial rectangular coordinates of the observer. Hence, the topocentric right ascension ($\alpha'$), declination ($\delta'$) and distance ($r'$) of the Moon may be calculated from the formulae:

$$\begin{aligned} x' &= r' \cos \delta' \cos \alpha' = r \cos \delta \cos \alpha - \rho \cos \phi' \cos \theta_0 \\ y' &= r' \cos \delta' \sin \alpha' = r \cos \delta \sin \alpha - \rho \cos \phi' \sin \theta_0 \\ z' &= r' \sin \delta' \qquad\quad = r \sin \delta \qquad - \rho \sin \phi' \end{aligned}$$

where $\theta_0$ is the local apparent sidereal time (see B11) and $\rho$ and $\phi'$ are the geocentric distance and latitude of the observer.

Then $$r'^2 = x'^2 + y'^2 + z'^2, \quad \alpha' = \tan^{-1}(y'/x'), \quad \delta' = \sin^{-1}(z'/r')$$

The topocentric hour angle ($h'$) may be calculated from $h' = \theta_0 - \alpha'$.

### Physical ephemeris

See page D4 for notes on the physical ephemeris of the Moon on pages D7–D21.

## NOTES AND FORMULAE

### Appearance of the Moon

The quantities tabulated in the ephemeris for physical observations of the Moon on odd pages D7–D21 represent the geocentric aspect and illumination of the Moon's disk. The semidiameter of the Moon is also included on these pages. For most purposes it is sufficient to regard the instant of tabulation as $0^h$ UT1. The fraction illuminated (or phase) is the ratio of the illuminated area to the total area of the lunar disk; it is also the fraction of the diameter illuminated perpendicular to the line of cusps. This quantity indicates the general aspect of the Moon, while the precise times of the four principal phases are given on pages A1 and D1; they are the times when the apparent longitudes of the Moon and Sun differ by $0°$, $90°$, $180°$ and $270°$.

The position angle of the bright limb is measured anticlockwise around the disk from the north point (of the hour circle through the centre of the apparent disk) to the midpoint of the bright limb. Before full moon the morning terminator is visible and the position angle of the northern cusp is $90°$ greater than the position angle of the bright limb; after full moon the evening terminator is visible and the position angle of the northern cusp is $90°$ less than the position angle of the bright limb.

The brightness of the Moon is determined largely by the fraction illuminated, but it also depends on the distance of the Moon, on the nature of the part of the lunar surface that is illuminated, and on other factors. The integrated visual magnitude of the full Moon at mean distance is about $-12 \cdot 7$. The crescent Moon is not normally visible to the naked eye when the phase is less than $0 \cdot 01$, but much depends on the conditions of observation.

### Selenographic coordinates

The positions of points on the Moon's surface are specified by a system of selenographic coordinates, in which latitude is measured positively to the north from the equator of the pole of rotation, and longitude is measured positively to the east on the selenocentric celestial sphere from the lunar meridian through the mean centre of the apparent disk. Selenographic longitudes are measured positive to the west (towards Mare Crisium) on the apparent disk; this sign convention implies that the longitudes of the Sun and of the terminators are decreasing functions of time, and so for some purposes it is convenient to use colongitude which is $90°$ (or $450°$) minus longitude.

The tabulated values of the Earth's selenographic longitude and latitude specify the sub-terrestrial point on the Moon's surface (that is, the centre of the apparent disk). The position angle of the axis of rotation is measured anticlockwise from the north point, and specifies the orientation of the lunar meridian through the sub-terrestrial point, which is the pole of the great circle that corresponds to the limb of the Moon.

The tabulated values of the Sun's selenographic colongitude and latitude specify the sub-solar point of the Moon's surface (that is at the pole of the great circle that bounds the illuminated hemisphere). The following relations hold approximately:

longitude of morning terminator = $360°$ − colongitude of Sun
longitude of evening terminator = $180°$ (or $540°$) − colongitude of Sun

The altitude ($a$) of the Sun above the lunar horizon at a point at selenographic longitude and latitude ($l, b$) may be calculated from:

$$\sin a = \sin b_0 \sin b + \cos b_0 \cos b \sin (c_0 + l)$$

where ($c_0, b_0$) are the Sun's colongitude and latitude at the time.

NOTES AND FORMULAE

## Librations of the Moon

On average the same hemisphere of the Moon is always turned to the Earth but there is a periodic oscillation or libration of the apparent position of the lunar surface that allows about 59 per cent of the surface to be seen from the Earth. The libration is due partly to a physical libration, which is an oscillation of the actual rotational motion about its mean rotation, but mainly to the much larger geocentric optical libration, which results from the non-uniformity of the revolution of the Moon around the centre of the Earth. Both of these effects are taken into account in the computation of the Earth's selenographic longitude ($l$) and latitude ($b$) and of the position angle ($C$) of the axis of rotation. There is a further contribution to the optical libration due to the difference between the viewpoints of the observer on the surface of the Earth and of the hypothetical observer at the centre of the Earth. These topocentric optical librations may be as much as $1°$ and have important effects on the apparent contour of the limb.

When the libration in longitude, that is the selenographic longitude of the Earth, is positive the mean centre of the disk is displaced eastwards on the celestial sphere, exposing to view a region on the west limb. When the libration in latitude, or selenographic latitude of the Earth, is positive the mean centre of the disk is displaced towards the south, and a region on the north limb is exposed to view. In a similar way the selenographic coordinates of the Sun show which regions of the lunar surface are illuminated.

Differential corrections to be applied to the tabular geocentric librations to form the topocentric librations may be computed from the following formulae:

$$\Delta l = -\pi' \sin(Q - C) \sec b$$
$$\Delta b = +\pi' \cos(Q - C)$$
$$\Delta C = +\sin(b + \Delta b)\, \Delta l - \pi' \sin Q \, \tan \delta$$

where $Q$ is the geocentric parallactic angle of the Moon and $\pi'$ is the topocentric horizontal parallax. The latter is obtained from the geocentric horizontal parallax ($\pi$), which is tabulated on even pages D6–D20 by using:

$$\pi' = \pi\,(\sin z + 0{\cdot}0084 \sin 2z)$$

where $z$ is the geocentric zenith distance of the Moon. The values of $z$ and $Q$ may be calculated from the geocentric right ascension ($\alpha$) and declination ($\delta$) of the Moon by using:

$$\sin z \sin Q = \cos \phi \, \sin h$$
$$\sin z \cos Q = \cos \delta \, \sin \phi - \sin \delta \, \cos \phi \, \cos h$$
$$\cos z = \sin \delta \, \sin \phi + \cos \delta \, \cos \phi \, \cos h$$

where $\phi$ is the geocentric latitude of the observer and $h$ is the local hour angle of the Moon, given by:

$$h = \text{local apparent sidereal time} - \alpha$$

Second differences must be taken into account in the interpolation of the tabular geocentric librations to the time of observation.

# MOON, 2016

## FOR 0ʰ TERRESTRIAL TIME

| Date 0ʰ TT | Apparent Longitude | Apparent Latitude | R.A. | Dec. | True Distance | Horiz. Parallax | Ephemeris Transit for date Upper | Lower |
|---|---|---|---|---|---|---|---|---|
| | ° ′ ″ | ° ′ ″ | h m s | ° ′ ″ | km | ′ ″ | h | h |
| **Jan. 0** | 164 44 18 | −0 53 39 | 11 02 23·72 | + 5 11 02·7 | 400 283·148 | 54 46·78 | 04·5667 | 16·9255 |
| 1 | 176 41 29 | +0 09 39 | 11 48 06·61 | + 1 27 45·8 | 402 808·863 | 54 26·16 | 05·2805 | 17·6333 |
| 2 | 188 31 11 | +1 11 55 | 12 33 11·69 | − 2 16 33·3 | 404 113·969 | 54 15·62 | 05·9856 | 18·3390 |
| 3 | 200 18 58 | +2 10 58 | 13 18 21·24 | − 5 54 50·4 | 404 109·207 | 54 15·65 | 06·6952 | 19·0556 |
| 4 | 212 10 24 | +3 04 38 | 14 04 16·09 | − 9 20 06·6 | 402 809·006 | 54 26·16 | 07·4218 | 19·7950 |
| 5 | 224 10 42 | +3 50 47 | 14 51 33·02 | −12 24 52·2 | 400 329·236 | 54 46·40 | 08·1764 | 20·5670 |
| 6 | 236 24 24 | +4 27 14 | 15 40 41·28 | −15 00 44·5 | 396 877·789 | 55 14·98 | 08·9673 | 21·3778 |
| 7 | 248 55 00 | +4 51 48 | 16 31 57·78 | −16 58 30·6 | 392 737·452 | 55 49·93 | 09·7982 | 22·2282 |
| 8 | 261 44 38 | +5 02 25 | 17 25 22·17 | −18 08 46·8 | 388 240·606 | 56 28·73 | 10·6666 | 23·1123 |
| 9 | 274 53 47 | +4 57 30 | 18 20 33·92 | −18 23 20·1 | 383 736·279 | 57 08·52 | 11·5636 | ... |
| 10 | 288 21 19 | +4 36 07 | 19 16 54·82 | −17 36 57·3 | 379 552·202 | 57 46·31 | 12·4751 | 00·0185 |
| 11 | 302 04 33 | +3 58 30 | 20 13 38·16 | −15 49 03·9 | 375 957·354 | 58 19·46 | 13·3863 | 00·9315 |
| 12 | 315 59 50 | +3 06 08 | 21 10 01·87 | −13 04 28·9 | 373 132·633 | 58 45·96 | 14·2862 | 01·8381 |
| 13 | 330 03 12 | +2 01 52 | 22 05 39·73 | − 9 32 54·9 | 371 157·310 | 59 04·72 | 15·1702 | 02·7302 |
| 14 | 344 10 56 | +0 49 39 | 23 00 26·20 | − 5 27 34·3 | 370 015·608 | 59 15·66 | 16·0402 | 03·6066 |
| 15 | 358 20 05 | −0 25 54 | 23 54 34·45 | − 1 03 30·2 | 369 621·953 | 59 19·45 | 16·9035 | 04·4722 |
| 16 | 12 28 34 | −1 39 55 | 0 48 30·14 | + 3 23 41·8 | 369 857·609 | 59 17·18 | 17·7695 | 05·3356 |
| 17 | 26 35 05 | −2 47 41 | 1 42 43·50 | + 7 38 41·2 | 370 608·151 | 59 09·98 | 18·6473 | 06·2065 |
| 18 | 40 38 41 | −3 45 05 | 2 37 41·00 | +11 26 49·9 | 371 791·706 | 58 58·67 | 19·5426 | 07·0926 |
| 19 | 54 38 21 | −4 28 42 | 3 33 37·26 | +14 34 41·5 | 373 371·402 | 58 43·70 | 20·4557 | 07·9972 |
| 20 | 68 32 38 | −4 56 10 | 4 30 28·37 | +16 50 50·0 | 375 350·219 | 58 25·12 | 21·3795 | 08·9170 |
| 21 | 82 19 32 | −5 06 10 | 5 27 49·19 | +18 07 03·7 | 377 751·095 | 58 02·84 | 22·3010 | 09·8415 |
| 22 | 95 56 38 | −4 58 39 | 6 24 57·39 | +18 19 42·1 | 380 588·601 | 57 36·87 | 23·2044 | 10·7559 |
| 23 | 109 21 19 | −4 34 42 | 7 21 04·31 | +17 30 17·5 | 383 840·249 | 57 07·59 | ... | 11·6450 |
| 24 | 122 31 19 | −3 56 25 | 8 15 28·36 | +15 45 11·7 | 387 425·081 | 56 35·87 | 00·0764 | 12·4979 |
| 25 | 135 25 05 | −3 06 36 | 9 07 44·99 | +13 14 11·1 | 391 194·825 | 56 03·14 | 00·9092 | 13·3103 |
| 26 | 148 02 11 | −2 08 26 | 9 57 49·88 | +10 08 37·0 | 394 939·233 | 55 31·25 | 01·7016 | 14·0839 |
| 27 | 160 23 26 | −1 05 13 | 10 45 56·33 | + 6 39 49·9 | 398 403·675 | 55 02·28 | 02·4583 | 14·8258 |
| 28 | 172 30 51 | +0 00 01 | 11 32 30·15 | + 2 58 12·4 | 401 314·768 | 54 38·33 | 03·1877 | 15·5455 |
| 29 | 184 27 37 | +1 04 26 | 12 18 04·70 | − 0 47 11·7 | 403 409·232 | 54 21·30 | 03·9006 | 16·2545 |
| 30 | 196 17 45 | +2 05 35 | 13 03 17·10 | − 4 28 27·4 | 404 461·995 | 54 12·81 | 04·6087 | 16·9646 |
| 31 | 208 06 01 | +3 01 16 | 13 48 45·55 | − 7 58 23·1 | 404 310·929 | 54 14·03 | 05·3238 | 17·6877 |
| **Feb. 1** | 219 57 30 | +3 49 27 | 14 35 07·08 | −11 09 58·0 | 402 876·845 | 54 25·61 | 06·0575 | 18·4345 |
| 2 | 231 57 29 | +4 28 12 | 15 22 55·05 | −13 55 51·4 | 400 178·014 | 54 47·64 | 06·8197 | 19·2140 |
| 3 | 244 10 59 | +4 55 35 | 16 12 35·64 | −16 08 04·0 | 396 338·422 | 55 19·49 | 07·6180 | 20·0320 |
| 4 | 256 42 29 | +5 09 43 | 17 04 23·44 | −17 38 01·2 | 391 588·354 | 55 59·76 | 08·4558 | 20·8891 |
| 5 | 269 35 27 | +5 08 51 | 17 58 16·96 | −18 17 11·6 | 386 255·086 | 56 46·16 | 09·3309 | 21·7800 |
| 6 | 282 51 47 | +4 51 40 | 18 53 56·57 | −17 58 24·9 | 380 741·005 | 57 35·49 | 10·2350 | 22·6942 |
| 7 | 296 31 35 | +4 17 37 | 19 50 47·20 | −16 37 38·7 | 375 487·286 | 58 23·84 | 11·1557 | 23·6181 |
| 8 | 310 32 46 | +3 27 22 | 20 48 07·02 | −14 15 41·3 | 370 924·168 | 59 06·95 | 12·0798 | ... |
| 9 | 324 51 17 | +2 23 08 | 21 45 18·99 | −10 59 05·7 | 367 414·001 | 59 40·84 | 12·9972 | 00·5397 |
| 10 | 339 21 37 | +1 08 42 | 22 42 00·33 | − 6 59 50·2 | 365 198·990 | 60 02·56 | 13·9036 | 01·4518 |
| 11 | 353 57 30 | −0 10 48 | 23 38 05·94 | − 2 33 52·1 | 364 368·376 | 60 10·78 | 14·8003 | 02·3529 |
| 12 | 8 32 52 | −1 29 41 | 0 33 45·85 | + 2 00 53·0 | 364 856·184 | 60 05·95 | 15·6924 | 03·2465 |
| 13 | 23 02 32 | −2 42 22 | 1 29 18·57 | + 6 26 26·5 | 366 470·861 | 59 50·06 | 16·5863 | 04·1388 |
| 14 | 37 22 40 | −3 44 03 | 2 25 03·26 | +10 26 15·8 | 368 946·899 | 59 25·96 | 17·4868 | 05·0356 |
| 15 | 51 30 46 | −4 31 11 | 3 21 12·06 | +13 46 12·8 | 372 002·099 | 58 56·67 | 18·3951 | 05·9401 |

## EPHEMERIS FOR PHYSICAL OBSERVATIONS
## FOR 0ʰ TERRESTRIAL TIME

| Date 0ʰ TT | The Earth's Selenographic Long. | Lat. | The Sun's Selenographic Colong. | Lat. | Position Angle Axis | Bright Limb | Semi-diameter | Fraction Illum. |
|---|---|---|---|---|---|---|---|---|
| | ° | ° | ° | ° | ° | ° | ′ ″ | |
| **Jan.** 0 | +3·353 | +1·172 | 152·30 | +1·51 | 24·188 | 113·06 | 14 55·28 | 0·706 |
| 1 | +2·096 | −0·204 | 164·45 | +1·50 | 24·957 | 113·36 | 14 49·67 | 0·616 |
| 2 | +0·716 | −1·559 | 176·60 | +1·50 | 24·697 | 113·13 | 14 46·79 | 0·523 |
| 3 | −0·691 | −2·844 | 188·76 | +1·49 | 23·437 | 112·34 | 14 46·80 | 0·429 |
| 4 | −2·027 | −4·013 | 200·93 | +1·48 | 21·200 | 111·01 | 14 49·67 | 0·338 |
| 5 | −3·202 | −5·019 | 213·10 | +1·47 | 18·016 | 109·21 | 14 55·18 | 0·251 |
| 6 | −4·139 | −5·816 | 225·28 | +1·46 | 13·935 | 107·08 | 15 02·96 | 0·172 |
| 7 | −4·782 | −6·356 | 237·46 | +1·45 | 9·057 | 104·98 | 15 12·48 | 0·104 |
| 8 | −5·099 | −6·592 | 249·64 | +1·44 | 3·558 | 103·94 | 15 23·05 | 0·050 |
| 9 | −5·088 | −6·490 | 261·83 | +1·42 | 357·707 | 108·12 | 15 33·89 | 0·015 |
| 10 | −4·776 | −6·031 | 274·02 | +1·41 | 351·858 | 162·56 | 15 44·18 | 0·002 |
| 11 | −4·213 | −5·217 | 286·21 | +1·39 | 346·409 | 239·11 | 15 53·21 | 0·012 |
| 12 | −3·467 | −4·084 | 298·40 | +1·38 | 341·742 | 246·24 | 16 00·42 | 0·047 |
| 13 | −2·604 | −2·691 | 310·58 | +1·36 | 338·168 | 246·93 | 16 05·54 | 0·106 |
| 14 | −1·683 | −1·125 | 322·76 | +1·35 | 335·901 | 246·72 | 16 08·52 | 0·186 |
| 15 | −0·744 | +0·514 | 334·93 | +1·33 | 335·055 | 246·78 | 16 09·55 | 0·282 |
| 16 | +0·186 | +2·122 | 347·10 | +1·32 | 335·660 | 247·49 | 16 08·93 | 0·391 |
| 17 | +1·095 | +3·597 | 359·26 | +1·30 | 337·680 | 248·96 | 16 06·97 | 0·504 |
| 18 | +1·972 | +4·848 | 11·42 | +1·29 | 341·014 | 251·18 | 16 03·89 | 0·616 |
| 19 | +2·801 | +5·802 | 23·56 | +1·27 | 345·488 | 254·03 | 15 59·81 | 0·722 |
| 20 | +3·557 | +6·406 | 35·71 | +1·26 | 350·849 | 257·24 | 15 54·75 | 0·816 |
| 21 | +4·199 | +6·631 | 47·84 | +1·24 | 356·756 | 260·31 | 15 48·68 | 0·893 |
| 22 | +4·677 | +6·476 | 59·97 | +1·23 | 2·813 | 262·15 | 15 41·61 | 0·950 |
| 23 | +4·941 | +5·963 | 72·10 | +1·21 | 8·614 | 258·93 | 15 33·63 | 0·986 |
| 24 | +4·946 | +5·138 | 84·23 | +1·19 | 13·808 | 205·59 | 15 24·99 | 0·999 |
| 25 | +4·664 | +4·063 | 96·36 | +1·18 | 18·135 | 122·53 | 15 16·08 | 0·990 |
| 26 | +4·090 | +2·806 | 108·49 | +1·16 | 21·444 | 115·18 | 15 07·39 | 0·962 |
| 27 | +3·240 | +1·439 | 120·62 | +1·14 | 23·670 | 113·77 | 14 59·50 | 0·915 |
| 28 | +2·153 | +0·029 | 132·76 | +1·12 | 24·810 | 113·26 | 14 52·98 | 0·854 |
| 29 | +0·888 | −1·366 | 144·90 | +1·10 | 24·892 | 112·64 | 14 48·34 | 0·781 |
| 30 | −0·481 | −2·691 | 157·05 | +1·08 | 23·955 | 111·62 | 14 46·03 | 0·698 |
| 31 | −1·872 | −3·900 | 169·20 | +1·06 | 22·041 | 110·08 | 14 46·36 | 0·609 |
| **Feb.** 1 | −3·197 | −4·948 | 181·36 | +1·04 | 19·193 | 108·00 | 14 49·52 | 0·515 |
| 2 | −4·366 | −5·792 | 193·53 | +1·02 | 15·462 | 105·37 | 14 55·52 | 0·420 |
| 3 | −5·297 | −6·392 | 205·70 | +1·00 | 10·926 | 102·24 | 15 04·19 | 0·326 |
| 4 | −5·917 | −6·706 | 217·88 | +0·98 | 5·716 | 98·74 | 15 15·16 | 0·236 |
| 5 | −6·175 | −6·695 | 230·06 | +0·96 | 0·033 | 95·12 | 15 27·80 | 0·155 |
| 6 | −6·046 | −6·331 | 242·25 | +0·94 | 354·170 | 91·89 | 15 41·23 | 0·086 |
| 7 | −5·537 | −5·601 | 254·44 | +0·91 | 348·498 | 90·30 | 15 54·40 | 0·035 |
| 8 | −4·687 | −4·521 | 266·64 | +0·89 | 343·421 | 97·49 | 16 06·14 | 0·006 |
| 9 | −3·567 | −3·138 | 278·83 | +0·86 | 339·322 | 226·07 | 16 15·37 | 0·003 |
| 10 | −2·267 | −1·534 | 291·03 | +0·84 | 336·504 | 244·60 | 16 21·29 | 0·027 |
| 11 | −0·884 | +0·181 | 303·22 | +0·81 | 335·159 | 246·96 | 16 23·53 | 0·078 |
| 12 | +0·491 | +1·885 | 315·41 | +0·79 | 335·359 | 248·28 | 16 22·21 | 0·153 |
| 13 | +1·783 | +3·456 | 327·60 | +0·76 | 337·070 | 249·99 | 16 17·88 | 0·246 |
| 14 | +2·933 | +4·793 | 339·78 | +0·73 | 340·166 | 252·42 | 16 11·32 | 0·352 |
| 15 | +3·901 | +5·817 | 351·95 | +0·71 | 344·443 | 255·57 | 16 03·34 | 0·465 |

# MOON, 2016

## FOR 0ʰ TERRESTRIAL TIME

| Date 0ʰ TT | Apparent Longitude | Apparent Latitude | R.A. | Dec. | True Distance | Horiz. Parallax | Ephemeris Transit for date Upper | Lower |
|---|---|---|---|---|---|---|---|---|
| | ° ′ ″ | ° ′ ″ | h m s | ° ′ ″ | km | ′ ″ | h | h |
| Feb. 15 | 51 30 46 | − 4 31 11 | 3 21 12·06 | +13 46 12·8 | 372 002·099 | 58 56·67 | 18·3951 | 05·9401 |
| 16 | 65 25 28 | − 5 01 34 | 4 17 44·30 | +16 15 15·5 | 375 385·147 | 58 24·80 | 19·3073 | 06·8512 |
| 17 | 79 06 16 | − 5 14 15 | 5 14 24·03 | +17 46 01·8 | 378 904·242 | 57 52·24 | 20·2148 | 07·7623 |
| 18 | 92 33 07 | − 5 09 23 | 6 10 42·36 | +18 15 16·8 | 382 434·754 | 57 20·18 | 21·1066 | 08·6633 |
| 19 | 105 46 12 | − 4 48 04 | 7 06 04·55 | +17 44 02·2 | 385 909·204 | 56 49·21 | 21·9723 | 09·5432 |
| 20 | 118 45 44 | − 4 12 11 | 7 59 59·15 | +16 17 13·6 | 389 295·701 | 56 19·55 | 22·8051 | 10·3931 |
| 21 | 131 32 04 | − 3 24 12 | 8 52 05·69 | +14 02 47·5 | 392 571·775 | 55 51·34 | 23·6029 | 11·2083 |
| 22 | 144 05 36 | − 2 27 00 | 9 42 18·15 | +11 10 30·2 | 395 700·004 | 55 24·85 | . . . | 11·9893 |
| 23 | 156 27 03 | − 1 23 39 | 10 30 44·34 | + 7 50 49·1 | 398 610·374 | 55 00·57 | 00·3681 | 12·7403 |
| 24 | 168 37 30 | − 0 17 17 | 11 17 42·88 | + 4 14 01·2 | 401 192·369 | 54 39·33 | 01·1068 | 13·4687 |
| 25 | 180 38 33 | + 0 49 05 | 12 03 39·57 | + 0 29 42·3 | 403 297·540 | 54 22·21 | 01·8271 | 14·1832 |
| 26 | 192 32 25 | + 1 52 43 | 12 49 04·32 | − 3 13 23·5 | 404 751·441 | 54 10·49 | 02·5383 | 14·8937 |
| 27 | 204 21 56 | + 2 51 11 | 13 34 28·70 | − 6 47 18·8 | 405 372·571 | 54 05·51 | 03·2505 | 15·6100 |
| 28 | 216 10 33 | + 3 42 17 | 14 20 24·13 | −10 04 38·5 | 404 995·467 | 54 08·53 | 03·9734 | 16·3417 |
| 29 | 228 02 16 | + 4 24 06 | 15 07 20·02 | −12 58 10·9 | 403 495·328 | 54 20·61 | 04·7160 | 17·0972 |
| Mar. 1 | 240 01 29 | + 4 54 55 | 15 55 41·48 | −15 20 40·6 | 400 811·965 | 54 42·44 | 05·4860 | 17·8830 |
| 2 | 252 12 51 | + 5 13 06 | 16 45 46·61 | −17 04 41·3 | 396 971·194 | 55 14·20 | 06·2886 | 18·7027 |
| 3 | 264 40 58 | + 5 17 10 | 17 37 43·37 | −18 02 45·2 | 392 101·683 | 55 55·36 | 07·1254 | 19·5561 |
| 4 | 277 30 03 | + 5 05 50 | 18 31 27·30 | −18 07 59·2 | 386 444·562 | 56 44·49 | 07·9941 | 20·4385 |
| 5 | 290 43 23 | + 4 38 13 | 19 26 41·50 | −17 15 08·9 | 380 351·940 | 57 39·02 | 08·8883 | 21·3422 |
| 6 | 304 22 49 | + 3 54 13 | 20 23 00·18 | −15 22 01·9 | 374 269·533 | 58 35·24 | 09·7992 | 22·2582 |
| 7 | 318 28 11 | + 2 54 54 | 21 19 55·44 | −12 30 51·8 | 368 698·958 | 59 28·36 | 10·7184 | 23·1791 |
| 8 | 332 56 54 | + 1 42 53 | 22 17 04·85 | − 8 49 13·5 | 364 138·768 | 60 13·05 | 11·6399 | . . . |
| 9 | 347 43 53 | + 0 22 32 | 23 14 16·65 | − 4 30 07·2 | 361 010·739 | 60 44·36 | 12·5617 | 00·1007 |
| 10 | 2 41 58 | − 1 00 21 | 0 11 30·40 | + 0 09 00·5 | 359 587·567 | 60 58·79 | 13·4851 | 01·0230 |
| 11 | 17 42 46 | − 2 19 19 | 1 08 53·23 | + 4 48 10·2 | 359 944·174 | 60 55·16 | 14·4128 | 01·9482 |
| 12 | 32 37 54 | − 3 28 16 | 2 06 33·27 | + 9 07 14·0 | 361 950·654 | 60 34·90 | 15·3466 | 02·8789 |
| 13 | 47 20 08 | − 4 22 24 | 3 04 32·35 | +12 48 16·9 | 365 310·028 | 60 01·47 | 16·2848 | 03·8154 |
| 14 | 61 44 09 | − 4 58 45 | 4 02 40·63 | +15 37 28·0 | 369 626·623 | 59 19·40 | 17·2214 | 04·7538 |
| 15 | 75 46 57 | − 5 16 11 | 5 00 35·24 | +17 26 06·1 | 374 481·812 | 58 33·25 | 18·1467 | 05·6862 |
| 16 | 89 27 35 | − 5 15 05 | 5 57 44·09 | +18 10 56·3 | 379 496·627 | 57 46·82 | 19·0499 | 06·6017 |
| 17 | 102 46 48 | − 4 56 55 | 6 53 33·70 | +17 53 39·0 | 384 370·553 | 57 02·86 | 19·9218 | 07·4902 |
| 18 | 115 46 26 | − 4 23 50 | 7 47 37·71 | +16 39 46·0 | 388 895·515 | 56 23·03 | 20·7573 | 08·3442 |
| 19 | 128 28 57 | − 3 38 24 | 8 39 42·43 | +14 37 20·2 | 392 949·958 | 55 48·12 | 21·5561 | 09·1611 |
| 20 | 140 56 58 | − 2 43 22 | 9 29 48·29 | +11 55 42·4 | 396 479·908 | 55 18·31 | 22·3218 | 09·9427 |
| 21 | 153 13 04 | − 1 41 37 | 10 18 07·74 | + 8 44 36·4 | 399 473·683 | 54 53·44 | 23·0610 | 10·6942 |
| 22 | 165 19 37 | − 0 36 05 | 11 05 01·81 | + 5 13 37·4 | 401 935·810 | 54 33·26 | 23·7818 | 11·4232 |
| 23 | 177 18 48 | + 0 30 21 | 11 50 56·58 | + 1 31 56·5 | 403 864·482 | 54 17·63 | . . . | 12·1382 |
| 24 | 189 12 38 | + 1 34 55 | 12 36 20·42 | − 2 11 42·7 | 405 235·658 | 54 06·60 | 00·4932 | 12·8482 |
| 25 | 201 03 08 | + 2 35 01 | 13 21 41·96 | − 5 49 02·4 | 405 995·657 | 54 00·53 | 01·2041 | 13·5620 |
| 26 | 212 52 23 | + 3 28 18 | 14 07 28·45 | − 9 12 05·6 | 406 062·826 | 53 59·99 | 01·9229 | 14·2877 |
| 27 | 224 42 45 | + 4 12 42 | 14 54 04·33 | −12 13 12·2 | 405 337·687 | 54 05·79 | 02·6573 | 15·0323 |
| 28 | 236 36 55 | + 4 46 24 | 15 41 49·57 | −14 44 55·2 | 403 720·092 | 54 18·79 | 03·4133 | 15·8009 |
| 29 | 248 38 01 | + 5 07 54 | 16 30 57·98 | −16 40 03·4 | 401 131·342 | 54 39·82 | 04·1952 | 16·5964 |
| 30 | 260 49 34 | + 5 15 56 | 17 21 35·53 | −17 51 50·2 | 397 538·977 | 55 09·47 | 05·0043 | 17·4189 |
| 31 | 273 15 23 | + 5 09 30 | 18 13 39·61 | −18 14 15·7 | 392 981·733 | 55 47·85 | 05·8396 | 18·2659 |
| Apr. 1 | 285 59 28 | + 4 47 56 | 19 06 59·79 | −17 42 39·6 | 387 591·746 | 56 34·41 | 06·6973 | 19·1329 |

## EPHEMERIS FOR PHYSICAL OBSERVATIONS
### FOR 0$^h$ TERRESTRIAL TIME

| Date 0$^h$ TT | The Earth's Selenographic Long. | Lat. | The Sun's Selenographic Colong. | Lat. | Position Angle Axis | Bright Limb | Semi-diameter | Fraction Illum. |
|---|---|---|---|---|---|---|---|---|
| | ° | ° | ° | ° | ° | ° | ′ ″ | |
| **Feb.** 15 | +3·901 | +5·817 | 351·95 | +0·71 | 344·443 | 255·57 | 16 03·34 | 0·465 |
| 16 | +4·663 | +6·480 | 4·11 | +0·68 | 349·627 | 259·31 | 15 54·66 | 0·576 |
| 17 | +5·203 | +6·760 | 16·27 | +0·65 | 355·383 | 263·43 | 15 45·79 | 0·682 |
| 18 | +5·511 | +6·661 | 28·43 | +0·63 | 1·342 | 267·63 | 15 37·06 | 0·778 |
| 19 | +5·583 | +6·206 | 40·58 | +0·60 | 7·132 | 271·56 | 15 28·63 | 0·859 |
| 20 | +5·417 | +5·436 | 52·72 | +0·57 | 12·421 | 274·81 | 15 20·55 | 0·923 |
| 21 | +5·015 | +4·404 | 64·86 | +0·54 | 16·948 | 276·63 | 15 12·87 | 0·968 |
| 22 | +4·384 | +3·173 | 77·00 | +0·52 | 20·536 | 273·55 | 15 05·65 | 0·994 |
| 23 | +3·539 | +1·809 | 89·14 | +0·49 | 23·087 | 139·28 | 14 59·04 | 0·999 |
| 24 | +2·503 | +0·380 | 101·29 | +0·46 | 24·564 | 114·19 | 14 53·25 | 0·986 |
| 25 | +1·308 | −1·050 | 113·43 | +0·43 | 24·973 | 111·67 | 14 48·59 | 0·954 |
| 26 | −0·001 | −2·421 | 125·58 | +0·41 | 24·345 | 110·27 | 14 45·40 | 0·906 |
| 27 | −1·374 | −3·682 | 137·73 | +0·38 | 22·724 | 108·70 | 14 44·04 | 0·844 |
| 28 | −2·750 | −4·786 | 149·88 | +0·35 | 20·163 | 106·66 | 14 44·86 | 0·770 |
| 29 | −4·060 | −5·690 | 162·04 | +0·33 | 16·727 | 104·08 | 14 48·15 | 0·686 |
| **Mar.** 1 | −5·232 | −6·357 | 174·21 | +0·31 | 12·498 | 100·95 | 14 54·10 | 0·595 |
| 2 | −6·190 | −6·752 | 186·38 | +0·28 | 7·592 | 97·34 | 15 02·75 | 0·498 |
| 3 | −6·863 | −6·842 | 198·56 | +0·26 | 2·176 | 93·33 | 15 13·96 | 0·399 |
| 4 | −7·188 | −6·600 | 210·75 | +0·23 | 356·481 | 89·10 | 15 27·34 | 0·301 |
| 5 | −7·115 | −6·006 | 222·94 | +0·21 | 350·807 | 84·87 | 15 42·20 | 0·209 |
| 6 | −6·621 | −5·059 | 235·14 | +0·18 | 345·514 | 80·94 | 15 57·51 | 0·127 |
| 7 | −5·713 | −3·783 | 247·34 | +0·16 | 340·980 | 77·62 | 16 11·97 | 0·061 |
| 8 | −4·435 | −2·233 | 259·55 | +0·13 | 337·561 | 75·41 | 16 24·15 | 0·017 |
| 9 | −2·865 | −0·505 | 271·76 | +0·10 | 335·542 | 85·65 | 16 32·67 | 0·000 |
| 10 | −1·113 | +1·278 | 283·97 | +0·07 | 335·101 | 250·99 | 16 36·60 | 0·013 |
| 11 | +0·691 | +2·977 | 296·17 | +0·04 | 336·288 | 252·23 | 16 35·62 | 0·055 |
| 12 | +2·418 | +4·462 | 308·38 | +0·01 | 339·022 | 254·18 | 16 30·10 | 0·123 |
| 13 | +3·952 | +5·628 | 320·58 | −0·02 | 343·099 | 257·07 | 16 20·99 | 0·211 |
| 14 | +5·201 | +6·410 | 332·78 | −0·05 | 348·213 | 260·74 | 16 09·53 | 0·314 |
| 15 | +6·107 | +6·785 | 344·97 | −0·08 | 353·983 | 264·96 | 15 56·96 | 0·423 |
| 16 | +6·647 | +6·759 | 357·15 | −0·11 | 0·003 | 269·44 | 15 44·32 | 0·533 |
| 17 | +6·824 | +6·366 | 9·33 | −0·15 | 5·882 | 273·89 | 15 32·34 | 0·638 |
| 18 | +6·662 | +5·650 | 21·50 | −0·18 | 11·286 | 278·07 | 15 21·50 | 0·735 |
| 19 | +6·199 | +4·669 | 33·67 | −0·21 | 15·964 | 281·81 | 15 11·99 | 0·819 |
| 20 | +5·479 | +3·482 | 45·83 | −0·24 | 19·745 | 285·03 | 15 03·87 | 0·889 |
| 21 | +4·547 | +2·151 | 57·99 | −0·27 | 22·530 | 287·81 | 14 57·09 | 0·943 |
| 22 | +3·447 | +0·740 | 70·15 | −0·30 | 24·272 | 290·69 | 14 51·60 | 0·980 |
| 23 | +2·222 | −0·691 | 82·30 | −0·33 | 24·960 | 298·68 | 14 47·34 | 0·998 |
| 24 | +0·910 | −2·080 | 94·46 | −0·36 | 24·611 | 96·94 | 14 44·34 | 0·998 |
| 25 | −0·449 | −3·373 | 106·62 | −0·39 | 23·256 | 103·13 | 14 42·68 | 0·980 |
| 26 | −1·816 | −4·519 | 118·78 | −0·41 | 20·943 | 103·03 | 14 42·54 | 0·945 |
| 27 | −3·152 | −5·474 | 130·94 | −0·44 | 17·740 | 101·43 | 14 44·12 | 0·894 |
| 28 | −4·411 | −6·197 | 143·11 | −0·46 | 13·733 | 98·92 | 14 47·66 | 0·828 |
| 29 | −5·543 | −6·657 | 155·28 | −0·48 | 9·046 | 95·73 | 14 53·39 | 0·751 |
| 30 | −6·494 | −6·826 | 167·46 | −0·51 | 3·839 | 92·02 | 15 01·46 | 0·662 |
| 31 | −7·206 | −6·682 | 179·65 | −0·53 | 358·322 | 87·96 | 15 11·91 | 0·566 |
| **Apr.** 1 | −7·619 | −6·211 | 191·84 | −0·55 | 352·755 | 83·76 | 15 24·60 | 0·464 |

# MOON, 2016

## FOR 0$^h$ TERRESTRIAL TIME

| Date 0$^h$ TT | Apparent Longitude | Apparent Latitude | R.A. | Dec. | True Distance | Horiz. Parallax | Ephemeris Transit for date Upper | Lower |
|---|---|---|---|---|---|---|---|---|
| | ° ′ ″ | ° ′ ″ | h m s | ° ′ ″ | km | ′ ″ | h | h |
| Apr. 1 | 285 59 28 | +4 47 56 | 19 06 59·79 | −17 42 39·6 | 387 591·746 | 56 34·41 | 06·6973 | 19·1329 |
| 2 | 299 05 31 | +4 11 01 | 20 01 20·69 | −16 14 25·8 | 381 610·169 | 57 27·62 | 07·5723 | 20·0147 |
| 3 | 312 36 35 | +3 19 14 | 20 56 26·59 | −13 49 53·3 | 375 391·049 | 58 24·74 | 08·4599 | 20·9075 |
| 4 | 326 34 20 | +2 14 10 | 21 52 06·28 | −10 33 06·2 | 369 387·095 | 59 21·71 | 09·3574 | 21·8096 |
| 5 | 340 58 24 | +0 58 46 | 22 48 16·48 | − 6 32 35·3 | 364 111·377 | 60 13·32 | 10·2646 | 22·7227 |
| 6 | 355 45 46 | −0 22 25 | 23 45 02·29 | − 2 01 36·9 | 360 073·182 | 60 53·85 | 11·1842 | 23·6498 |
| 7 | 10 50 29 | −1 43 30 | 0 42 34·14 | + 2 42 09·2 | 357 695·442 | 61 18·14 | 12·1198 | ... |
| 8 | 26 04 03 | −2 57 54 | 1 41 01·60 | + 7 18 00·7 | 357 233·189 | 61 22·90 | 13·0732 | 00·5942 |
| 9 | 41 16 26 | −3 59 31 | 2 40 25·31 | +11 24 38·3 | 358 719·703 | 61 07·64 | 14·0422 | 01·5561 |
| 10 | 56 17 39 | −4 43 44 | 3 40 29·74 | +14 43 08·9 | 361 961·267 | 60 34·79 | 15·0184 | 02·5302 |
| 11 | 70 59 24 | −5 08 11 | 4 40 40·57 | +16 59 58·2 | 366 582·783 | 59 48·96 | 15·9874 | 03·5048 |
| 12 | 85 16 06 | −5 12 37 | 5 40 09·78 | +18 08 34·9 | 372 106·208 | 58 55·68 | 16·9329 | 04·4641 |
| 13 | 99 05 15 | −4 58 33 | 6 38 07·62 | +18 09 31·7 | 378 034·751 | 58 00·23 | 17·8410 | 05·3923 |
| 14 | 112 27 09 | −4 28 30 | 7 33 55·74 | +17 08 54·2 | 383 920·920 | 57 06·87 | 18·7040 | 06·2784 |
| 15 | 125 24 08 | −3 45 29 | 8 27 15·29 | +15 16 05·0 | 389 408·410 | 56 18·57 | 19·5212 | 07·1181 |
| 16 | 137 59 49 | −2 52 36 | 9 18 07·70 | +12 41 39·5 | 394 248·287 | 55 37·09 | 20·2973 | 07·9139 |
| 17 | 150 18 25 | −1 52 50 | 10 06 50·35 | + 9 36 03·7 | 398 295·337 | 55 03·18 | 21·0408 | 08·6725 |
| 18 | 162 24 11 | −0 49 04 | 10 53 50·66 | + 6 08 58·7 | 401 491·527 | 54 36·88 | 21·7618 | 09·4035 |
| 19 | 174 21 05 | +0 16 00 | 11 39 40·91 | + 2 29 17·6 | 403 842·639 | 54 17·80 | 22·4707 | 10·1171 |
| 20 | 186 12 37 | +1 19 45 | 12 24 54·62 | − 1 14 42·0 | 405 392·676 | 54 05·35 | 23·1778 | 10·8239 |
| 21 | 198 01 43 | +2 19 42 | 13 10 04·15 | − 4 55 00·7 | 406 199·593 | 53 58·90 | 23·8922 | 11·5335 |
| 22 | 209 50 50 | +3 13 29 | 13 55 38·89 | − 8 23 43·9 | 406 315·087 | 53 57·98 | ... | 12·2546 |
| 23 | 221 41 59 | +3 58 57 | 14 42 03·71 | −11 32 55·2 | 405 770·644 | 54 02·32 | 00·6217 | 12·9941 |
| 24 | 233 36 55 | +4 34 10 | 15 29 37·21 | −14 14 39·3 | 404 571·364 | 54 11·93 | 01·3723 | 13·7566 |
| 25 | 245 37 21 | +4 57 33 | 16 18 29·99 | −16 21 15·1 | 402 698·322 | 54 27·06 | 02·1472 | 14·5439 |
| 26 | 257 45 06 | +5 07 50 | 17 08 43·42 | −17 45 38·9 | 400 119·258 | 54 48·12 | 02·9466 | 15·3547 |
| 27 | 270 02 19 | +5 04 10 | 18 00 09·71 | −18 21 54·8 | 396 806·485 | 55 15·58 | 03·7679 | 16·1852 |
| 28 | 282 31 29 | +4 46 07 | 18 52 33·99 | −18 05 47·7 | 392 759·992 | 55 49·74 | 04·6061 | 17·0299 |
| 29 | 295 15 33 | +4 13 43 | 19 45 38·62 | −16 55 13·3 | 388 032·946 | 56 30·55 | 05·4559 | 17·8835 |
| 30 | 308 17 37 | +3 27 35 | 20 39 08·61 | −14 50 39·9 | 382 755·875 | 57 17·30 | 06·3126 | 18·7431 |
| May 1 | 321 40 47 | +2 29 02 | 21 32 56·58 | −11 55 24·3 | 377 154·735 | 58 08·35 | 07·1749 | 19·6086 |
| 2 | 335 27 32 | +1 20 16 | 22 27 05·70 | − 8 15 46·9 | 371 556·776 | 59 00·91 | 08·0447 | 20·4840 |
| 3 | 349 39 02 | +0 04 41 | 23 21 49·71 | − 4 01 31·0 | 366 377·328 | 59 50·97 | 08·9274 | 21·3757 |
| 4 | 4 14 22 | −1 13 08 | 0 17 29·92 | + 0 33 57·0 | 362 081·781 | 60 33·58 | 09·8301 | 22·2913 |
| 5 | 19 09 53 | −2 27 36 | 1 14 29·30 | + 5 13 27·6 | 359 122·118 | 61 03·53 | 10·7599 | 23·2362 |
| 6 | 34 18 48 | −3 32 41 | 2 13 03·80 | + 9 36 55·8 | 357 857·082 | 61 16·48 | 11·7200 | ... |
| 7 | 49 31 50 | −4 22 52 | 3 13 12·04 | +13 23 24·0 | 358 476·306 | 61 10·13 | 12·7064 | 00·2105 |
| 8 | 64 38 29 | −4 54 15 | 4 14 26·91 | +16 14 16·4 | 360 953·941 | 60 44·93 | 13·7055 | 01·2055 |
| 9 | 79 28 46 | −5 05 08 | 5 15 54·94 | +17 56 50·7 | 365 049·603 | 60 04·04 | 14·6968 | 02·2036 |
| 10 | 93 55 03 | −4 56 06 | 6 16 27·51 | +18 26 37·1 | 370 356·050 | 59 12·39 | 15·6578 | 03·1823 |
| 11 | 107 52 52 | −4 29 28 | 7 15 00·43 | +17 47 14·2 | 376 375·133 | 58 15·58 | 16·5720 | 04·1214 |
| 12 | 121 21 10 | −3 48 32 | 8 10 51·41 | +16 08 12·1 | 382 597·162 | 57 18·72 | 17·4323 | 05·0090 |
| 13 | 134 21 38 | −2 56 55 | 9 03 46·92 | +13 41 44·1 | 388 564·683 | 56 25·91 | 18·2406 | 05·8426 |
| 14 | 146 57 55 | −1 58 07 | 9 53 58·64 | +10 40 13·6 | 393 912·564 | 55 39·94 | 19·0051 | 06·6277 |
| 15 | 159 14 47 | −0 55 16 | 10 41 55·11 | + 7 14 51·7 | 398 385·258 | 55 02·43 | 19·7373 | 07·3745 |
| 16 | 171 17 22 | +0 08 49 | 11 28 13·52 | + 3 35 17·2 | 401 836·369 | 54 34·07 | 20·4497 | 08·0952 |
| 17 | 183 10 44 | +1 11 37 | 12 13 33·89 | − 0 10 05·8 | 404 216·392 | 54 14·79 | 21·1547 | 08·8024 |

## EPHEMERIS FOR PHYSICAL OBSERVATIONS
### FOR 0$^h$ TERRESTRIAL TIME

| Date<br>0$^h$ TT | The Earth's<br>Selenographic<br>Long. | Lat. | The Sun's<br>Selenographic<br>Colong. | Lat. | Position Angle<br><br>Axis | Bright<br>Limb | Semi-<br>diameter | Frac-<br>tion<br>Illum. |
|---|---|---|---|---|---|---|---|---|
| **Apr.** 1 | −7·619 | −6·211 | 191·84 | −0·55 | 352·755 | 83·76 | 15 24·60 | 0·464 |
| 2 | −7·677 | −5·409 | 204·04 | −0·57 | 347·441 | 79·61 | 15 39·09 | 0·360 |
| 3 | −7·335 | −4·287 | 216·24 | −0·59 | 342·706 | 75·74 | 15 54·65 | 0·259 |
| 4 | −6·566 | −2·880 | 228·45 | −0·61 | 338·880 | 72·27 | 16 10·16 | 0·167 |
| 5 | −5·373 | −1·252 | 240·67 | −0·63 | 336·265 | 69·18 | 16 24·22 | 0·089 |
| 6 | −3·799 | +0·498 | 252·89 | −0·66 | 335·105 | 65·64 | 16 35·26 | 0·033 |
| 7 | −1·934 | +2·245 | 265·11 | −0·68 | 335·557 | 52·74 | 16 41·87 | 0·004 |
| 8 | +0·093 | +3·846 | 277·34 | −0·71 | 337·656 | 270·40 | 16 43·17 | 0·005 |
| 9 | +2·122 | +5·170 | 289·56 | −0·73 | 341·291 | 262·17 | 16 39·01 | 0·037 |
| 10 | +3·986 | +6·118 | 301·79 | −0·76 | 346·199 | 263·35 | 16 30·07 | 0·096 |
| 11 | +5·540 | +6·638 | 314·00 | −0·79 | 351·984 | 266·59 | 16 17·58 | 0·177 |
| 12 | +6·683 | +6·725 | 326·22 | −0·81 | 358·176 | 270·70 | 16 03·07 | 0·273 |
| 13 | +7·361 | +6·411 | 338·43 | −0·84 | 4·310 | 275·07 | 15 47·97 | 0·377 |
| 14 | +7·574 | +5·753 | 350·63 | −0·87 | 9·990 | 279·30 | 15 33·44 | 0·484 |
| 15 | +7·355 | +4·816 | 2·83 | −0·90 | 14·931 | 283·16 | 15 20·28 | 0·587 |
| 16 | +6·766 | +3·668 | 15·02 | −0·93 | 18·957 | 286·50 | 15 08·98 | 0·685 |
| 17 | +5·878 | +2·372 | 27·21 | −0·95 | 21·976 | 289·30 | 14 59·75 | 0·772 |
| 18 | +4·767 | +0·992 | 39·39 | −0·98 | 23·953 | 291·62 | 14 52·59 | 0·848 |
| 19 | +3·504 | −0·414 | 51·57 | −1·01 | 24·884 | 293·72 | 14 47·39 | 0·910 |
| 20 | +2·155 | −1·791 | 63·74 | −1·03 | 24·784 | 296·26 | 14 44·00 | 0·956 |
| 21 | +0·771 | −3·084 | 75·92 | −1·06 | 23·677 | 302·06 | 14 42·24 | 0·986 |
| 22 | −0·600 | −4·244 | 88·09 | −1·08 | 21·599 | 343·16 | 14 41·99 | 0·999 |
| 23 | −1·925 | −5·223 | 100·27 | −1·10 | 18·605 | 82·53 | 14 43·17 | 0·993 |
| 24 | −3·173 | −5·980 | 112·44 | −1·12 | 14·778 | 91·32 | 14 45·79 | 0·970 |
| 25 | −4·318 | −6·479 | 124·62 | −1·13 | 10·236 | 91·47 | 14 49·91 | 0·930 |
| 26 | −5·334 | −6·694 | 136·80 | −1·14 | 5·144 | 89·32 | 14 55·65 | 0·873 |
| 27 | −6·190 | −6·606 | 148·98 | −1·16 | 359·714 | 86·16 | 15 03·12 | 0·801 |
| 28 | −6·852 | −6·207 | 161·17 | −1·17 | 354·202 | 82·51 | 15 12·43 | 0·716 |
| 29 | −7·275 | −5·496 | 173·37 | −1·18 | 348·892 | 78·74 | 15 23·54 | 0·621 |
| 30 | −7·413 | −4·489 | 185·57 | −1·19 | 344·081 | 75·12 | 15 36·28 | 0·517 |
| **May** 1 | −7·215 | −3·214 | 197·78 | −1·20 | 340·055 | 71·87 | 15 50·18 | 0·409 |
| 2 | −6·639 | −1·720 | 210·00 | −1·21 | 337·080 | 69·14 | 16 04·50 | 0·302 |
| 3 | −5·660 | −0·081 | 222·22 | −1·22 | 335·388 | 66·97 | 16 18·13 | 0·202 |
| 4 | −4·285 | +1·605 | 234·45 | −1·23 | 335·165 | 65·17 | 16 29·74 | 0·116 |
| 5 | −2·564 | +3·216 | 246·68 | −1·25 | 336·524 | 62·76 | 16 37·89 | 0·050 |
| 6 | −0·601 | +4·623 | 258·92 | −1·26 | 339·473 | 53·76 | 16 41·42 | 0·011 |
| 7 | +1·453 | +5·705 | 271·16 | −1·28 | 343·873 | 313·28 | 16 39·69 | 0·002 |
| 8 | +3·418 | +6·378 | 283·40 | −1·29 | 349·419 | 275·59 | 16 32·83 | 0·023 |
| 9 | +5·120 | +6·605 | 295·64 | −1·31 | 355·658 | 274·12 | 16 21·69 | 0·072 |
| 10 | +6·421 | +6·399 | 307·87 | −1·33 | 2·063 | 276·71 | 16 07·63 | 0·143 |
| 11 | +7·237 | +5·812 | 320·10 | −1·35 | 8·138 | 280·26 | 15 52·15 | 0·230 |
| 12 | +7·544 | +4·915 | 332·33 | −1·37 | 13·502 | 283·85 | 15 36·67 | 0·328 |
| 13 | +7·371 | +3·788 | 344·55 | −1·38 | 17·919 | 287·06 | 15 22·28 | 0·429 |
| 14 | +6·780 | +2·507 | 356·76 | −1·40 | 21·278 | 289·72 | 15 09·76 | 0·530 |
| 15 | +5·855 | +1·139 | 8·97 | −1·42 | 23·549 | 291·78 | 14 59·55 | 0·628 |
| 16 | +4·689 | −0·253 | 21·18 | −1·44 | 24·745 | 293·27 | 14 51·82 | 0·718 |
| 17 | +3·370 | −1·616 | 33·38 | −1·46 | 24·896 | 294·28 | 14 46·57 | 0·799 |

# MOON, 2016

## FOR 0$^h$ TERRESTRIAL TIME

| Date 0$^h$ TT | Apparent Longitude | Apparent Latitude | Apparent R.A. | Apparent Dec. | True Distance | Horiz. Parallax | Ephemeris Transit for date Upper | Lower |
|---|---|---|---|---|---|---|---|---|
| | ° ′ ″ | ° ′ ″ | h m s | ° ′ ″ | km | ′ ″ | h | h |
| **May 17** | 183 10 44 | +1 11 37 | 12 13 33·89 | − 0 10 05·8 | 404 216·392 | 54 14·79 | 21·1547 | 08·8024 |
| 18 | 194 59 29 | +2 10 47 | 12 58 35·44 | − 3 53 37·2 | 405 553·409 | 54 04·06 | 21·8636 | 09·5080 |
| 19 | 206 47 35 | +3 04 07 | 13 43 54·27 | − 7 27 49·6 | 405 930·292 | 54 01·05 | 22·5865 | 10·2228 |
| 20 | 218 38 17 | +3 49 33 | 14 30 01·38 | −10 45 05·2 | 405 461·043 | 54 04·80 | 23·3308 | 10·9556 |
| 21 | 230 34 00 | +4 25 10 | 15 17 20·54 | −13 37 27·5 | 404 268·536 | 54 14·37 | ... | 11·7127 |
| 22 | 242 36 32 | +4 49 16 | 16 06 05·88 | −15 56 49·7 | 402 465·823 | 54 28·95 | 00·1014 | 12·4969 |
| 23 | 254 47 06 | +5 00 30 | 16 56 19·67 | −17 35 22·6 | 400 143·135 | 54 47·93 | 00·8990 | 13·3071 |
| 24 | 267 06 37 | +4 57 55 | 17 47 51·66 | −18 26 19·8 | 397 362·420 | 55 10·94 | 01·7204 | 14·1380 |
| 25 | 279 35 56 | +4 41 08 | 18 40 21·10 | −18 24 48·6 | 394 160·533 | 55 37·83 | 02·5589 | 14·9819 |
| 26 | 292 16 04 | +4 10 21 | 19 33 22·08 | −17 28 33·7 | 390 561·117 | 56 08·60 | 03·4062 | 15·8309 |
| 27 | 305 08 25 | +3 26 25 | 20 26 30·95 | −15 38 19·9 | 386 593·780 | 56 43·17 | 04·2552 | 16·6789 |
| 28 | 318 14 49 | +2 30 51 | 21 19 33·31 | −12 57 49·6 | 382 317·706 | 57 21·24 | 05·1018 | 17·5243 |
| 29 | 331 37 20 | +1 25 54 | 22 12 28·32 | − 9 33 27·0 | 377 845·389 | 58 01·97 | 05·9467 | 18·3700 |
| 30 | 345 18 04 | +0 14 35 | 23 05 29·45 | − 5 34 02·7 | 373 360·887 | 58 43·80 | 06·7952 | 19·2234 |
| 31 | 359 18 29 | −0 59 14 | 23 59 01·85 | − 1 10 51·8 | 369 126·145 | 59 24·23 | 07·6559 | 20·0942 |
| **June 1** | 13 38 42 | −2 10 59 | 0 53 37·30 | + 3 22 15·7 | 365 469·069 | 59 59·90 | 08·5394 | 20·9927 |
| 2 | 28 16 49 | −3 15 33 | 1 49 46·74 | + 7 48 50·6 | 362 749·360 | 60 26·89 | 09·4548 | 21·9261 |
| 3 | 43 08 21 | −4 07 50 | 2 47 50·34 | +11 50 16·5 | 361 303·608 | 60 41·41 | 10·4064 | 22·8949 |
| 4 | 58 06 13 | −4 43 29 | 3 47 46·09 | +15 07 30·6 | 361 379·537 | 60 40·64 | 11·3899 | 23·8892 |
| 5 | 73 01 32 | −4 59 42 | 4 49 01·19 | +17 24 00·9 | 363 077·063 | 60 23·62 | 12·3899 | ... |
| 6 | 87 45 05 | −4 55 43 | 5 50 33·08 | +18 29 14·4 | 366 315·634 | 59 51·58 | 13·3827 | 00·8888 |
| 7 | 102 08 51 | −4 32 53 | 6 51 04·31 | +18 20 58·8 | 370 839·566 | 59 07·76 | 14·3437 | 01·8685 |
| 8 | 116 07 19 | −3 54 06 | 7 49 25·89 | +17 05 11·8 | 376 259·009 | 58 16·66 | 15·2554 | 02·8064 |
| 9 | 129 38 04 | −3 03 10 | 8 44 55·81 | +14 53 28·0 | 382 112·033 | 57 23·09 | 16·1110 | 03·6902 |
| 10 | 142 41 32 | −2 04 03 | 9 37 24·44 | +11 59 33·9 | 387 929·498 | 56 31·45 | 16·9136 | 04·5185 |
| 11 | 155 20 31 | −1 00 26 | 10 27 08·61 | + 8 36 48·6 | 393 288·766 | 55 45·23 | 17·6729 | 05·2979 |
| 12 | 167 39 16 | +0 04 26 | 11 14 41·76 | + 4 56 45·3 | 397 849·921 | 55 06·88 | 18·4013 | 06·0401 |
| 13 | 179 42 55 | +1 07 49 | 12 00 45·22 | + 1 09 00·6 | 401 374·509 | 54 37·84 | 19·1127 | 06·7583 |
| 14 | 191 36 53 | +2 07 21 | 12 46 02·37 | − 2 38 18·6 | 403 729·990 | 54 18·71 | 19·8202 | 07·4661 |
| 15 | 203 26 23 | +3 00 57 | 13 31 15·19 | − 6 17 54·4 | 404 883·811 | 54 09·42 | 20·5361 | 08·1764 |
| 16 | 215 16 09 | +3 46 42 | 14 17 01·79 | − 9 42 39·6 | 404 890·288 | 54 09·37 | 21·2706 | 08·9004 |
| 17 | 227 10 17 | +4 22 49 | 15 03 54·13 | −12 45 09·1 | 403 872·594 | 54 17·56 | 22·0315 | 09·6474 |
| 18 | 239 11 59 | +4 47 39 | 15 52 15·14 | −15 17 29·6 | 402 001·499 | 54 32·72 | 22·8227 | 10·4233 |
| 19 | 251 23 32 | +4 59 44 | 16 42 15·49 | −17 11 32·8 | 399 472·404 | 54 53·45 | 23·6431 | 11·2295 |
| 20 | 263 46 19 | +4 58 00 | 17 33 50·99 | −18 19 35·3 | 396 482·507 | 55 18·28 | ... | 12·0627 |
| 21 | 276 20 54 | +4 41 53 | 18 26 42·44 | −18 35 21·8 | 393 210·566 | 55 45·90 | 00·4871 | 12·9149 |
| 22 | 289 07 19 | +4 11 28 | 19 20 19·65 | −17 55 13·9 | 389 802·081 | 56 15·16 | 01·3449 | 13·7757 |
| 23 | 302 05 16 | +3 27 37 | 20 14 09·35 | −16 19 01·6 | 386 362·649 | 56 45·21 | 02·2061 | 14·6351 |
| 24 | 315 14 31 | +2 32 03 | 21 07 44·77 | −13 50 17·9 | 382 961·205 | 57 15·45 | 03·0623 | 15·4872 |
| 25 | 328 35 05 | +1 27 18 | 22 00 52·97 | −10 35 55·6 | 379 643·081 | 57 45·48 | 03·9100 | 16·3311 |
| 26 | 342 07 22 | +0 16 36 | 22 53 37·84 | − 6 45 24·1 | 376 450·449 | 58 14·88 | 04·7512 | 17·1714 |
| 27 | 355 51 57 | −0 56 12 | 23 46 18·69 | − 2 30 09·7 | 373 445·508 | 58 43·00 | 05·5928 | 18·0169 |
| 28 | 9 49 24 | −2 06 49 | 0 39 25·78 | + 1 56 47·2 | 370 730·162 | 59 08·81 | 06·4450 | 18·8786 |
| 29 | 23 59 37 | −3 10 44 | 1 33 33·92 | + 6 20 57·7 | 368 455·566 | 59 30·72 | 07·3189 | 19·7669 |
| 30 | 38 21 22 | −4 03 30 | 2 29 14·27 | +10 26 30·8 | 366 816·039 | 59 46·68 | 08·2235 | 20·6888 |
| **July 1** | 52 51 47 | −4 41 12 | 3 26 44·44 | +13 56 48·0 | 366 025·000 | 59 54·43 | 09·1626 | 21·6437 |
| 2 | 67 26 08 | −5 00 53 | 4 25 58·16 | +16 35 51·5 | 366 275·541 | 59 51·97 | 10·1307 | 22·6211 |

## EPHEMERIS FOR PHYSICAL OBSERVATIONS
## FOR 0ʰ TERRESTRIAL TIME

| Date 0ʰ TT | The Earth's Selenographic Long. | Lat. | The Sun's Selenographic Colong. | Lat. | Position Angle Axis | Bright Limb | Semi-diameter | Fraction Illum. |
|---|---|---|---|---|---|---|---|---|
| | ° | ° | ° | ° | ° | ° | ′ ″ | |
| May 17 | +3·370 | −1·616 | 33·38 | −1·46 | 24·896 | 294·28 | 14 46·57 | 0·799 |
| 18 | +1·981 | −2·900 | 45·57 | −1·47 | 24·035 | 295·02 | 14 43·65 | 0·869 |
| 19 | +0·591 | −4·057 | 57·76 | −1·49 | 22·198 | 295·94 | 14 42·83 | 0·925 |
| 20 | −0·743 | −5·042 | 69·95 | −1·50 | 19·429 | 298·41 | 14 43·85 | 0·967 |
| 21 | −1·979 | −5·813 | 82·14 | −1·51 | 15·794 | 309·09 | 14 46·45 | 0·991 |
| 22 | −3·091 | −6·334 | 94·32 | −1·52 | 11·396 | 25·77 | 14 50·42 | 0·998 |
| 23 | −4·060 | −6·574 | 106·51 | −1·52 | 6·387 | 74·77 | 14 55·59 | 0·986 |
| 24 | −4·879 | −6·513 | 118·70 | −1·52 | 0·979 | 80·13 | 15 01·86 | 0·956 |
| 25 | −5·537 | −6·143 | 130·89 | −1·52 | 355·435 | 79·43 | 15 09·19 | 0·907 |
| 26 | −6·025 | −5·468 | 143·08 | −1·52 | 350·051 | 77·04 | 15 17·57 | 0·840 |
| 27 | −6·324 | −4·508 | 155·28 | −1·52 | 345·130 | 74·18 | 15 26·98 | 0·758 |
| 28 | −6·404 | −3·295 | 167·49 | −1·51 | 340·950 | 71·42 | 15 37·35 | 0·663 |
| 29 | −6·229 | −1·880 | 179·70 | −1·51 | 337·754 | 69·06 | 15 48·45 | 0·557 |
| 30 | −5·760 | −0·327 | 191·91 | −1·50 | 335·742 | 67·29 | 15 59·84 | 0·446 |
| 31 | −4·966 | +1·279 | 204·14 | −1·50 | 335·071 | 66·22 | 16 10·85 | 0·336 |
| June 1 | −3·834 | +2·840 | 216·37 | −1·50 | 335·856 | 65·82 | 16 20·56 | 0·231 |
| 2 | −2·389 | +4·245 | 228·61 | −1·50 | 338·146 | 65·88 | 16 27·92 | 0·139 |
| 3 | −0·701 | +5·383 | 240·85 | −1·50 | 341·897 | 65·56 | 16 31·87 | 0·067 |
| 4 | +1·113 | +6·158 | 253·10 | −1·50 | 346·932 | 61·10 | 16 31·66 | 0·020 |
| 5 | +2·897 | +6·510 | 265·35 | −1·51 | 352·910 | 12·26 | 16 27·02 | 0·002 |
| 6 | +4·487 | +6·421 | 277·60 | −1·51 | 359·353 | 291·02 | 16 18·30 | 0·013 |
| 7 | +5·739 | +5·921 | 289·85 | −1·51 | 5·724 | 284·51 | 16 06·36 | 0·050 |
| 8 | +6·555 | +5·074 | 302·09 | −1·52 | 11·539 | 285·45 | 15 52·44 | 0·110 |
| 9 | +6·890 | +3·963 | 314·34 | −1·52 | 16·455 | 287·68 | 15 37·86 | 0·187 |
| 10 | +6·755 | +2·675 | 326·57 | −1·53 | 20·282 | 289·91 | 15 23·79 | 0·275 |
| 11 | +6·200 | +1·290 | 338·81 | −1·54 | 22·960 | 291·71 | 15 11·20 | 0·370 |
| 12 | +5·303 | −0·122 | 351·03 | −1·54 | 24·501 | 292·95 | 15 00·76 | 0·468 |
| 13 | +4·156 | −1·501 | 3·25 | −1·55 | 24·951 | 293·58 | 14 52·85 | 0·565 |
| 14 | +2·852 | −2·797 | 15·47 | −1·55 | 24·362 | 293·65 | 14 47·64 | 0·658 |
| 15 | +1·485 | −3·964 | 27·68 | −1·56 | 22·785 | 293·21 | 14 45·11 | 0·744 |
| 16 | +0·135 | −4·962 | 39·88 | −1·56 | 20·268 | 292·40 | 14 45·09 | 0·821 |
| 17 | −1·129 | −5·750 | 52·08 | −1·56 | 16·867 | 291·47 | 14 47·32 | 0·888 |
| 18 | −2·256 | −6·293 | 64·28 | −1·56 | 12·664 | 291·12 | 14 51·45 | 0·940 |
| 19 | −3·209 | −6·559 | 76·48 | −1·55 | 7·787 | 293·77 | 14 57·10 | 0·977 |
| 20 | −3·973 | −6·524 | 88·67 | −1·55 | 2·423 | 315·47 | 15 03·86 | 0·996 |
| 21 | −4·543 | −6·175 | 100·86 | −1·54 | 356·829 | 50·74 | 15 11·38 | 0·995 |
| 22 | −4·925 | −5·514 | 113·06 | −1·52 | 351·310 | 69·53 | 15 19·35 | 0·974 |
| 23 | −5·128 | −4·562 | 125·25 | −1·51 | 346·193 | 71·34 | 15 27·54 | 0·932 |
| 24 | −5·159 | −3·354 | 137·45 | −1·49 | 341·786 | 70·31 | 15 35·78 | 0·870 |
| 25 | −5·016 | −1·947 | 149·65 | −1·47 | 338·348 | 68·77 | 15 43·95 | 0·790 |
| 26 | −4·688 | −0·410 | 161·86 | −1·45 | 336·075 | 67·48 | 15 51·96 | 0·694 |
| 27 | −4·157 | +1·173 | 174·07 | −1·44 | 335·104 | 66·77 | 15 59·62 | 0·587 |
| 28 | −3·406 | +2·710 | 186·29 | −1·42 | 335·519 | 66·80 | 16 06·65 | 0·474 |
| 29 | −2·428 | +4·103 | 198·52 | −1·40 | 337·355 | 67·63 | 16 12·62 | 0·361 |
| 30 | −1·239 | +5·256 | 210·75 | −1·39 | 340·582 | 69·20 | 16 16·96 | 0·254 |
| July 1 | +0·112 | +6·081 | 223·00 | −1·37 | 345·084 | 71·28 | 16 19·07 | 0·159 |
| 2 | +1·544 | +6·516 | 235·24 | −1·36 | 350·623 | 73·20 | 16 18·40 | 0·083 |

# MOON, 2016

## FOR 0ʰ TERRESTRIAL TIME

| Date 0ʰ TT | Apparent Longitude | Apparent Latitude | R.A. | Dec. | True Distance | Horiz. Parallax | Ephemeris Transit for date Upper | Lower |
|---|---|---|---|---|---|---|---|---|
| | ° ′ ″ | ° ′ ″ | h m s | ° ′ ″ | km | ′ ″ | h | h |
| **July 1** | 52 51 47 | − 4 41 12 | 3 26 44·44 | +13 56 48·0 | 366 025·000 | 59 54·43 | 09·1626 | 21·6437 |
| **2** | 67 26 08 | − 5 00 53 | 4 25 58·16 | +16 35 51·5 | 366 275·541 | 59 51·97 | 10·1307 | 22·6211 |
| **3** | 81 58 18 | − 5 01 08 | 5 26 19·07 | +18 10 52·6 | 367 694·133 | 59 38·11 | 11·1123 | 23·6012 |
| **4** | 96 21 27 | − 4 42 16 | 6 26 44·68 | +18 34 57·1 | 370 300·176 | 59 12·93 | 12·0849 | … |
| **5** | 110 29 13 | − 4 06 19 | 7 26 02·57 | +17 48 45·2 | 373 984·007 | 58 37·93 | 13·0259 | 00·5605 |
| **6** | 124 16 40 | − 3 16 36 | 8 23 11·82 | +16 00 02·1 | 378 510·396 | 57 55·86 | 13·9201 | 01·4794 |
| **7** | 137 40 59 | − 2 17 05 | 9 17 38·20 | +13 21 11·4 | 383 546·093 | 57 10·22 | 14·7622 | 02·3476 |
| **8** | 150 41 41 | − 1 11 53 | 10 09 17·12 | +10 06 14·0 | 388 702·802 | 56 24·70 | 15·5557 | 03·1645 |
| **9** | 163 20 18 | − 0 04 45 | 10 58 27·48 | + 6 28 28·0 | 393 584·402 | 55 42·72 | 16·3101 | 03·9371 |
| **10** | 175 40 03 | + 1 01 05 | 11 45 42·73 | + 2 39 21·7 | 397 829·177 | 55 07·05 | 17·0378 | 04·6765 |
| **11** | 187 45 16 | + 2 02 57 | 12 31 43·29 | − 1 11 34·9 | 401 141·940 | 54 39·74 | 17·7519 | 05·3957 |
| **12** | 199 40 53 | + 2 58 38 | 13 17 11·47 | − 4 56 22·7 | 403 314·751 | 54 22·07 | 18·4654 | 06·1079 |
| **13** | 211 32 06 | + 3 46 17 | 14 02 48·28 | − 8 27 54·1 | 404 237·252 | 54 14·62 | 19·1904 | 06·8258 |
| **14** | 223 23 58 | + 4 24 14 | 14 49 10·96 | −11 39 13·2 | 403 898·371 | 54 17·35 | 19·9371 | 07·5605 |
| **15** | 235 21 11 | + 4 50 58 | 15 36 50·33 | −14 23 07·4 | 402 380·928 | 54 29·64 | 20·7127 | 08·3209 |
| **16** | 247 27 44 | + 5 05 06 | 16 26 07·52 | −16 31 56·8 | 399 850·036 | 54 50·34 | 21·5206 | 09·1126 |
| **17** | 259 46 48 | + 5 05 29 | 17 17 10·33 | −17 57 50·5 | 396 535·712 | 55 17·84 | 22·3589 | 09·9362 |
| **18** | 272 20 29 | + 4 51 19 | 18 09 50·62 | −18 33 33·3 | 392 710·114 | 55 50·16 | 23·2205 | 10·7874 |
| **19** | 285 09 46 | + 4 22 20 | 19 03 44·84 | −18 13 38·6 | 388 660·421 | 56 25·07 | … | 11·6569 |
| **20** | 298 14 33 | + 3 39 08 | 19 58 19·20 | −16 55 47·4 | 384 659·700 | 57 00·28 | 00·0950 | 12·5335 |
| **21** | 311 33 51 | + 2 43 12 | 20 52 58·87 | −14 41 45·7 | 380 939·657 | 57 33·69 | 00·9711 | 13·4070 |
| **22** | 325 06 00 | + 1 37 07 | 21 47 17·85 | −11 37 36·2 | 377 670·253 | 58 03·59 | 01·8406 | 14·2716 |
| **23** | 338 49 06 | + 0 24 26 | 22 41 05·61 | − 7 53 03·9 | 374 950·945 | 58 28·86 | 02·7004 | 15·1273 |
| **24** | 352 41 16 | − 0 50 37 | 23 34 28·59 | − 3 40 34·8 | 372 816·096 | 58 48·95 | 03·5531 | 15·9789 |
| **25** | 6 40 51 | − 2 03 24 | 0 27 47·37 | + 0 45 46·1 | 371 253·506 | 59 03·80 | 04·4058 | 16·8350 |
| **26** | 20 46 23 | − 3 09 16 | 1 21 30·93 | + 5 11 01·7 | 370 231·031 | 59 13·59 | 05·2679 | 17·7055 |
| **27** | 34 56 24 | − 4 03 56 | 2 16 09·41 | + 9 19 53·9 | 369 723·686 | 59 18·47 | 06·1488 | 18·5985 |
| **28** | 49 09 15 | − 4 43 50 | 3 12 05·82 | +12 57 12·4 | 369 733·259 | 59 18·38 | 07·0549 | 19·5179 |
| **29** | 63 22 44 | − 5 06 21 | 4 09 27·26 | +15 48 41·8 | 370 294·504 | 59 12·98 | 07·9868 | 20·4604 |
| **30** | 77 34 00 | − 5 10 07 | 5 07 58·03 | +17 42 23·0 | 371 465·661 | 59 01·78 | 08·9369 | 21·4143 |
| **31** | 91 39 35 | − 4 55 07 | 6 06 58·48 | +18 30 21·0 | 373 305·558 | 58 44·32 | 09·8901 | 22·3620 |
| **Aug. 1** | 105 35 41 | − 4 22 45 | 7 05 32·81 | +18 10 21·8 | 375 843·540 | 58 20·52 | 10·8276 | 23·2851 |
| **2** | 119 18 42 | − 3 35 38 | 8 02 44·26 | +16 46 24·3 | 379 050·891 | 57 50·90 | 11·7327 | … |
| **3** | 132 45 38 | − 2 37 16 | 8 57 50·55 | +14 27 40·9 | 382 822·091 | 57 16·70 | 12·5953 | 00·1696 |
| **4** | 145 54 36 | − 1 31 36 | 9 50 32·34 | +11 26 33·0 | 386 971·227 | 56 39·85 | 13·4131 | 01·0096 |
| **5** | 158 45 01 | − 0 22 38 | 10 40 53·08 | + 7 56 16·0 | 391 244·264 | 56 02·72 | 14·1908 | 01·8065 |
| **6** | 171 17 42 | + 0 46 01 | 11 29 13·49 | + 4 09 20·3 | 395 343·641 | 55 27·84 | 14·9371 | 02·5672 |
| **7** | 183 34 44 | + 1 51 11 | 12 16 04·79 | + 0 16 42·2 | 398 959·400 | 54 57·68 | 15·6631 | 03·3019 |
| **8** | 195 39 15 | + 2 50 20 | 13 02 03·37 | − 3 32 22·6 | 401 801·043 | 54 34·36 | 16·3806 | 04·0222 |
| **9** | 207 35 12 | + 3 41 22 | 13 47 46·89 | − 7 09 58·9 | 403 625·910 | 54 19·55 | 17·1011 | 04·7397 |
| **10** | 219 27 05 | + 4 22 37 | 14 33 51·71 | −10 29 00·4 | 404 261·825 | 54 14·42 | 17·8353 | 05·4659 |
| **11** | 231 19 40 | + 4 52 40 | 15 20 50·58 | −13 22 37·7 | 403 623·256 | 54 19·57 | 18·5922 | 06·2104 |
| **12** | 243 17 45 | + 5 10 18 | 16 09 09·98 | −15 43 54·1 | 401 720·991 | 54 35·01 | 19·3780 | 06·9812 |
| **13** | 255 25 54 | + 5 14 27 | 16 59 07·06 | −17 25 39·4 | 398 665·247 | 55 00·12 | 20·1953 | 07·7827 |
| **14** | 267 48 08 | + 5 04 15 | 17 50 46·47 | −18 20 46·9 | 394 661·688 | 55 33·60 | 21·0417 | 08·6152 |
| **15** | 280 27 41 | + 4 39 11 | 18 43 58·58 | −18 22 59·7 | 389 999·210 | 56 13·45 | 21·9109 | 09·4740 |
| **16** | 293 26 38 | + 3 59 21 | 19 38 20·85 | −17 28 01·8 | 385 028·220 | 56 57·01 | 22·7933 | 10·3511 |

## EPHEMERIS FOR PHYSICAL OBSERVATIONS
## FOR 0$^h$ TERRESTRIAL TIME

| Date 0$^h$ TT | The Earth's Selenographic Long. | Lat. | The Sun's Selenographic Colong. | Lat. | Position Angle Axis | Bright Limb | Semi-diameter | Fraction Illum. |
|---|---|---|---|---|---|---|---|---|
| | ° | ° | ° | ° | ° | ° | ′ ″ | |
| July 1 | +0·112 | +6·081 | 223·00 | −1·37 | 345·084 | 71·28 | 16 19·07 | 0·159 |
| 2 | +1·544 | +6·516 | 235·24 | −1·36 | 350·623 | 73·20 | 16 18·40 | 0·083 |
| 3 | +2·945 | +6·527 | 247·49 | −1·35 | 356·826 | 72·79 | 16 14·63 | 0·031 |
| 4 | +4·190 | +6·122 | 259·74 | −1·34 | 3·219 | 55·14 | 16 07·77 | 0·005 |
| 5 | +5·165 | +5·345 | 272·00 | −1·33 | 9·299 | 308·37 | 15 58·24 | 0·005 |
| 6 | +5·784 | +4·268 | 284·25 | −1·32 | 14·642 | 292·44 | 15 46·78 | 0·031 |
| 7 | +5·999 | +2·979 | 296·50 | −1·31 | 18·963 | 291·19 | 15 34·35 | 0·078 |
| 8 | +5·808 | +1·565 | 308·75 | −1·31 | 22·123 | 291·85 | 15 21·95 | 0·144 |
| 9 | +5·242 | +0·109 | 320·99 | −1·30 | 24·094 | 292·60 | 15 10·52 | 0·222 |
| 10 | +4·361 | −1·320 | 333·23 | −1·30 | 24·914 | 292·97 | 15 00·80 | 0·310 |
| 11 | +3·244 | −2·664 | 345·46 | −1·29 | 24·647 | 292·80 | 14 53·36 | 0·403 |
| 12 | +1·976 | −3·875 | 357·69 | −1·28 | 23·361 | 292·06 | 14 48·55 | 0·498 |
| 13 | +0·648 | −4·913 | 9·91 | −1·28 | 21·120 | 290·74 | 14 46·52 | 0·592 |
| 14 | −0·655 | −5·742 | 22·12 | −1·27 | 17·987 | 288·88 | 14 47·27 | 0·683 |
| 15 | −1·858 | −6·328 | 34·33 | −1·26 | 14·036 | 286·57 | 14 50·61 | 0·768 |
| 16 | −2·895 | −6·642 | 46·54 | −1·25 | 9·369 | 283·97 | 14 56·25 | 0·844 |
| 17 | −3·720 | −6·656 | 58·74 | −1·23 | 4·141 | 281·46 | 15 03·74 | 0·908 |
| 18 | −4·304 | −6·355 | 70·93 | −1·21 | 358·571 | 280·05 | 15 12·54 | 0·957 |
| 19 | −4·635 | −5·732 | 83·12 | −1·19 | 352·949 | 284·09 | 15 22·05 | 0·988 |
| 20 | −4·721 | −4·800 | 95·32 | −1·17 | 347·610 | 356·91 | 15 31·64 | 0·999 |
| 21 | −4·583 | −3·593 | 107·51 | −1·14 | 342·896 | 62·46 | 15 40·74 | 0·987 |
| 22 | −4·245 | −2·165 | 119·70 | −1·11 | 339·113 | 67·16 | 15 48·89 | 0·951 |
| 23 | −3·737 | −0·593 | 131·89 | −1·08 | 336·498 | 67·50 | 15 55·77 | 0·893 |
| 24 | −3·080 | +1·031 | 144·09 | −1·05 | 335·206 | 67·40 | 16 01·24 | 0·814 |
| 25 | −2·295 | +2·608 | 156·30 | −1·02 | 335·317 | 67·73 | 16 05·29 | 0·718 |
| 26 | −1·398 | +4·038 | 168·51 | −0·99 | 336·844 | 68·78 | 16 07·95 | 0·611 |
| 27 | −0·408 | +5·227 | 180·72 | −0·97 | 339·735 | 70·67 | 16 09·28 | 0·496 |
| 28 | +0·649 | +6·098 | 192·95 | −0·94 | 343·870 | 73·36 | 16 09·25 | 0·382 |
| 29 | +1·731 | +6·593 | 205·18 | −0·91 | 349·041 | 76·72 | 16 07·79 | 0·274 |
| 30 | +2·782 | +6·682 | 217·41 | −0·89 | 354·940 | 80·47 | 16 04·73 | 0·179 |
| 31 | +3·736 | +6·364 | 229·66 | −0·87 | 1·167 | 84·10 | 15 59·98 | 0·100 |
| Aug. 1 | +4·521 | +5·669 | 241·90 | −0·85 | 7·274 | 86·54 | 15 53·50 | 0·043 |
| 2 | +5·070 | +4·654 | 254·15 | −0·83 | 12·835 | 83·58 | 15 45·43 | 0·010 |
| 3 | +5·333 | +3·395 | 266·40 | −0·81 | 17·515 | 343·69 | 15 36·12 | 0·001 |
| 4 | +5·282 | +1·979 | 278·65 | −0·79 | 21·106 | 295·80 | 15 26·08 | 0·015 |
| 5 | +4·913 | +0·491 | 290·90 | −0·77 | 23·517 | 292·76 | 15 15·96 | 0·050 |
| 6 | +4·246 | −0·992 | 303·14 | −0·75 | 24·747 | 292·21 | 15 06·47 | 0·103 |
| 7 | +3·323 | −2·400 | 315·38 | −0·74 | 24·845 | 291·76 | 14 58·25 | 0·171 |
| 8 | +2·200 | −3·679 | 327·62 | −0·72 | 23·881 | 290·91 | 14 51·90 | 0·250 |
| 9 | +0·948 | −4·784 | 339·85 | −0·71 | 21·934 | 289·52 | 14 47·87 | 0·337 |
| 10 | −0·358 | −5·679 | 352·07 | −0·69 | 19·080 | 287·56 | 14 46·47 | 0·429 |
| 11 | −1·640 | −6·332 | 4·29 | −0·68 | 15·401 | 285·02 | 14 47·87 | 0·524 |
| 12 | −2·820 | −6·717 | 16·51 | −0·66 | 10·992 | 281·95 | 14 52·08 | 0·618 |
| 13 | −3·827 | −6·811 | 28·71 | −0·64 | 5·983 | 278·43 | 14 58·91 | 0·710 |
| 14 | −4·600 | −6·594 | 40·91 | −0·62 | 0·554 | 274·62 | 15 08·03 | 0·795 |
| 15 | −5·090 | −6·056 | 53·11 | −0·60 | 354·949 | 270·76 | 15 18·89 | 0·870 |
| 16 | −5·270 | −5·198 | 65·30 | −0·57 | 349·474 | 267·29 | 15 30·75 | 0·932 |

# MOON, 2016

## FOR 0ʰ TERRESTRIAL TIME

| Date 0ʰ TT | Apparent Longitude | Apparent Latitude | R.A. | Dec. | True Distance | Horiz. Parallax | Ephemeris Transit for date Upper | Lower |
|---|---|---|---|---|---|---|---|---|
| | ° ′ ″ | ° ′ ″ | h m s | ° ′ ″ | km | ′ ″ | h | h |
| Aug. 16 | 293 26 38 | +3 59 21 | 19 38 20·85 | −17 28 01·8 | 385 028·220 | 56 57·01 | 22·7933 | 10·3511 |
| 17 | 306 45 43 | +3 05 40 | 20 33 23·23 | −15 34 55·4 | 380 128·860 | 57 41·05 | 23·6795 | 11·2364 |
| 18 | 320 24 09 | +2 00 11 | 21 28 36·50 | −12 47 00·4 | 375 670·804 | 58 22·13 | ... | 12·1218 |
| 19 | 334 19 44 | +0 46 12 | 22 23 40·47 | − 9 12 12·5 | 371 969·618 | 58 56·98 | 00·5629 | 13·0027 |
| 20 | 348 29 01 | −0 31 52 | 23 18 28·74 | − 5 02 34·8 | 369 248·135 | 59 23·05 | 01·4414 | 13·8796 |
| 21 | 2 47 47 | −1 48 52 | 0 13 08·88 | − 0 33 12·1 | 367 612·698 | 59 38·91 | 02·3178 | 14·7569 |
| 22 | 17 11 29 | −2 59 27 | 1 07 58·58 | + 3 59 10·4 | 367 051·589 | 59 44·38 | 03·1977 | 15·6412 |
| 23 | 31 35 45 | −3 58 43 | 2 03 19·31 | + 8 17 27·8 | 367 456·542 | 59 40·43 | 04·0881 | 16·5390 |
| 24 | 45 56 43 | −4 42 50 | 2 59 28·75 | +12 05 25·5 | 368 660·746 | 59 28·73 | 04·9942 | 17·4537 |
| 25 | 60 11 18 | −5 09 11 | 3 56 33·31 | +15 08 43·5 | 370 481·816 | 59 11·19 | 05·9172 | 18·3838 |
| 26 | 74 17 03 | −5 16 39 | 4 54 22·48 | +17 16 00·6 | 372 757·960 | 58 49·50 | 06·8523 | 19·3213 |
| 27 | 88 12 13 | −5 05 24 | 5 52 27·58 | +18 19 59·1 | 375 369·271 | 58 24·94 | 07·7889 | 20·2535 |
| 28 | 101 55 29 | −4 36 47 | 6 50 06·93 | +18 18 16·3 | 378 241·418 | 57 58·33 | 08·7130 | 21·1660 |
| 29 | 115 25 53 | −3 53 11 | 7 46 36·39 | +17 13 36·6 | 381 333·903 | 57 30·12 | 09·6110 | 22·0470 |
| 30 | 128 42 43 | −2 57 37 | 8 41 20·75 | +15 13 12·8 | 384 618·372 | 57 00·65 | 10·4735 | 22·8901 |
| 31 | 141 45 33 | −1 53 40 | 9 34 01·28 | +12 27 24·2 | 388 053·951 | 56 30·36 | 11·2970 | 23·6948 |
| Sept. 1 | 154 34 16 | −0 45 01 | 10 24 37·10 | + 9 08 01·6 | 391 566·330 | 55 59·95 | 12·0839 | ... |
| 2 | 167 09 11 | +0 24 38 | 11 13 22·15 | + 5 27 05·3 | 395 035·594 | 55 30·44 | 12·8404 | 00·4655 |
| 3 | 179 31 08 | +1 31 58 | 12 00 40·38 | + 1 35 51·5 | 398 295·190 | 55 03·18 | 13·5751 | 01·2099 |
| 4 | 191 41 33 | +2 34 02 | 12 47 01·25 | − 2 15 33·2 | 401 141·679 | 54 39·74 | 14·2978 | 01·9373 |
| 5 | 203 42 35 | +3 28 27 | 13 32 56·31 | − 5 58 15·2 | 403 352·854 | 54 21·76 | 15·0183 | 02·6577 |
| 6 | 215 36 58 | +4 13 18 | 14 18 56·80 | − 9 24 22·3 | 404 710·844 | 54 10·81 | 15·7461 | 03·3807 |
| 7 | 227 28 07 | +4 47 06 | 15 05 31·67 | −12 26 44·9 | 405 026·875 | 54 08·28 | 16·4894 | 04·1154 |
| 8 | 239 19 57 | +5 08 40 | 15 53 05·68 | −14 58 37·5 | 404 165·094 | 54 15·20 | 17·2549 | 04·8691 |
| 9 | 251 16 47 | +5 17 08 | 16 41 57·31 | −16 53 25·9 | 402 063·628 | 54 32·22 | 18·0467 | 05·6474 |
| 10 | 263 23 09 | +5 11 46 | 17 32 16·65 | −18 04 47·4 | 398 751·586 | 54 59·40 | 18·8656 | 06·4528 |
| 11 | 275 43 34 | +4 52 05 | 18 24 03·74 | −18 26 49·8 | 394 360·604 | 55 36·14 | 19·7093 | 07·2846 |
| 12 | 288 22 14 | +4 17 59 | 19 17 08·66 | −17 54 49·7 | 389 128·994 | 56 21·00 | 20·5727 | 08·1389 |
| 13 | 301 22 35 | +3 29 51 | 20 11 13·97 | −16 26 08·6 | 383 395·642 | 57 11·56 | 21·4494 | 09·0098 |
| 14 | 314 46 54 | +2 28 58 | 21 05 59·66 | −14 01 15·8 | 377 580·204 | 58 04·42 | 22·3340 | 09·8910 |
| 15 | 328 35 47 | +1 17 42 | 22 01 09·13 | −10 44 42·7 | 372 146·810 | 58 55·30 | 23·2235 | 10·7782 |
| 16 | 342 47 43 | −0 00 13 | 22 56 34·00 | − 6 45 32·5 | 367 551·549 | 59 39·50 | ... | 11·6700 |
| 17 | 357 19 00 | −1 19 48 | 23 52 15·97 | − 2 17 14·6 | 364 179·886 | 60 12·64 | 00·1182 | 12·5684 |
| 18 | 12 03 47 | −2 35 15 | 0 48 24·98 | + 2 23 05·2 | 362 287·229 | 60 31·52 | 01·0213 | 13·4773 |
| 19 | 26 54 49 | −3 40 42 | 1 45 14·19 | + 6 56 14·8 | 361 959·865 | 60 34·80 | 01·9370 | 14·4007 |
| 20 | 41 44 24 | −4 31 12 | 2 42 52·92 | +11 02 54·8 | 363 109·899 | 60 23·29 | 02·8683 | 15·3396 |
| 21 | 56 25 25 | −5 03 23 | 3 41 19·33 | +14 25 47·2 | 365 506·560 | 59 59·53 | 03·8140 | 16·2904 |
| 22 | 70 52 17 | −5 15 44 | 4 40 15·50 | +16 51 31·7 | 368 832·934 | 59 27·06 | 04·7675 | 17·2438 |
| 23 | 85 01 25 | −5 08 33 | 5 39 07·66 | +18 12 08·1 | 372 749·661 | 58 49·58 | 05·7173 | 18·1863 |
| 24 | 98 51 11 | −4 43 30 | 6 37 12·85 | +18 25 27·9 | 376 948·418 | 58 10·26 | 06·6492 | 19·1043 |
| 25 | 112 21 37 | −4 03 11 | 7 33 49·83 | +17 34 47·1 | 381 185·228 | 57 31·46 | 07·5507 | 19·9874 |
| 26 | 125 33 55 | −3 10 44 | 8 28 29·23 | +15 47 29·9 | 385 291·667 | 56 54·67 | 08·4140 | 20·8306 |
| 27 | 138 29 50 | −2 09 32 | 9 20 58·77 | +13 13 33·5 | 389 167·635 | 56 20·66 | 09·2373 | 21·6348 |
| 28 | 151 11 25 | −1 03 03 | 10 11 22·84 | +10 04 00·7 | 392 761·908 | 55 49·72 | 10·0238 | 22·4053 |
| 29 | 163 40 37 | +0 05 20 | 10 59 58·60 | + 6 29 59·8 | 396 047·182 | 55 21·93 | 10·7802 | 23·1498 |
| 30 | 175 59 11 | +1 12 25 | 11 47 11·07 | + 2 42 10·4 | 398 995·582 | 54 57·38 | 11·5151 | 23·8774 |
| Oct. 1 | 188 08 45 | +2 15 16 | 12 33 29·02 | − 1 09 30·6 | 401 559·336 | 54 36·33 | 12·2377 | ... |

## EPHEMERIS FOR PHYSICAL OBSERVATIONS
### FOR 0$^h$ TERRESTRIAL TIME

| Date 0$^h$ TT | The Earth's Selenographic Long. | Lat. | The Sun's Selenographic Colong. | Lat. | Position Angle Axis | Bright Limb | Semi-diameter | Fraction Illum. |
|---|---|---|---|---|---|---|---|---|
| | ° | ° | ° | ° | ° | ° | ′ ″ | |
| Aug. 16 | −5·270 | −5·198 | 65·30 | −0·57 | 349·474 | 267·29 | 15 30·75 | 0·932 |
| 17 | −5·130 | −4·042 | 77·48 | −0·54 | 344·471 | 265·26 | 15 42·75 | 0·976 |
| 18 | −4·684 | −2·632 | 89·67 | −0·51 | 340·281 | 273·15 | 15 53·94 | 0·998 |
| 19 | −3·967 | −1·038 | 101·85 | −0·47 | 337·202 | 63·16 | 16 03·43 | 0·995 |
| 20 | −3·026 | +0·644 | 114·03 | −0·44 | 335·451 | 68·35 | 16 10·53 | 0·967 |
| 21 | −1·925 | +2·303 | 126·22 | −0·40 | 335·156 | 69·24 | 16 14·85 | 0·913 |
| 22 | −0·729 | +3·826 | 138·41 | −0·37 | 336·348 | 70·32 | 16 16·34 | 0·836 |
| 23 | +0·496 | +5·105 | 150·60 | −0·33 | 338·969 | 72·16 | 16 15·26 | 0·740 |
| 24 | +1·685 | +6·058 | 162·80 | −0·30 | 342·878 | 74·86 | 16 12·07 | 0·633 |
| 25 | +2·784 | +6·629 | 175·00 | −0·26 | 347·847 | 78·36 | 16 07·30 | 0·519 |
| 26 | +3·743 | +6·791 | 187·22 | −0·23 | 353·569 | 82·49 | 16 01·39 | 0·405 |
| 27 | +4·525 | +6·548 | 199·44 | −0·20 | 359·665 | 86·98 | 15 54·70 | 0·298 |
| 28 | +5·097 | +5·931 | 211·66 | −0·17 | 5·725 | 91·52 | 15 47·45 | 0·202 |
| 29 | +5·440 | +4·990 | 223·89 | −0·14 | 11·354 | 95·79 | 15 39·77 | 0·122 |
| 30 | +5·539 | +3·792 | 236·13 | −0·11 | 16·222 | 99·47 | 15 31·74 | 0·061 |
| 31 | +5·388 | +2·413 | 248·36 | −0·09 | 20·101 | 102·19 | 15 23·49 | 0·020 |
| Sept. 1 | +4·992 | +0·935 | 260·60 | −0·06 | 22·863 | 101·71 | 15 15·21 | 0·002 |
| 2 | +4·362 | −0·565 | 272·84 | −0·04 | 24·464 | 289·68 | 15 07·17 | 0·004 |
| 3 | +3·518 | −2·014 | 285·08 | −0·02 | 24·922 | 288·90 | 14 59·75 | 0·026 |
| 4 | +2·491 | −3·351 | 297·31 | 0·00 | 24·291 | 288·47 | 14 53·36 | 0·067 |
| 5 | +1·319 | −4·523 | 309·55 | +0·02 | 22·643 | 287·47 | 14 48·47 | 0·123 |
| 6 | +0·051 | −5·488 | 321·77 | +0·04 | 20·063 | 285·81 | 14 45·49 | 0·192 |
| 7 | −1·258 | −6·215 | 334·00 | +0·06 | 16·640 | 283·51 | 14 44·79 | 0·272 |
| 8 | −2·545 | −6·678 | 346·21 | +0·08 | 12·478 | 280·61 | 14 46·68 | 0·360 |
| 9 | −3·742 | −6·858 | 358·43 | +0·10 | 7·702 | 277·16 | 14 51·32 | 0·454 |
| 10 | −4·778 | −6·738 | 10·63 | +0·12 | 2·472 | 273·28 | 14 58·72 | 0·550 |
| 11 | −5·586 | −6·310 | 22·83 | +0·14 | 356·995 | 269·09 | 15 08·73 | 0·647 |
| 12 | −6·100 | −5·571 | 35·02 | +0·16 | 351·528 | 264·78 | 15 20·94 | 0·740 |
| 13 | −6·267 | −4·530 | 47·20 | +0·19 | 346·374 | 260·54 | 15 34·72 | 0·826 |
| 14 | −6·051 | −3·214 | 59·38 | +0·22 | 341·860 | 256·53 | 15 49·11 | 0·900 |
| 15 | −5·441 | −1·677 | 71·55 | +0·25 | 338·303 | 252·70 | 16 02·97 | 0·957 |
| 16 | −4·456 | +0·001 | 83·72 | +0·28 | 335·982 | 247·49 | 16 15·01 | 0·991 |
| 17 | −3·149 | +1·714 | 95·89 | +0·32 | 335·102 | 92·08 | 16 24·04 | 0·999 |
| 18 | −1·607 | +3·337 | 108·06 | +0·35 | 335·773 | 75·73 | 16 29·18 | 0·979 |
| 19 | +0·057 | +4·744 | 120·23 | +0·39 | 337·993 | 75·30 | 16 30·07 | 0·931 |
| 20 | +1·719 | +5·828 | 132·40 | +0·42 | 341·641 | 77·02 | 16 26·93 | 0·857 |
| 21 | +3·256 | +6·515 | 144·58 | +0·46 | 346·478 | 80·03 | 16 20·46 | 0·765 |
| 22 | +4·568 | +6·774 | 156·76 | +0·49 | 352·165 | 83·94 | 16 11·62 | 0·659 |
| 23 | +5·583 | +6·611 | 168·95 | +0·52 | 358·290 | 88·40 | 16 01·41 | 0·548 |
| 24 | +6·267 | +6·062 | 181·15 | +0·55 | 4·419 | 93·08 | 15 50·70 | 0·436 |
| 25 | +6·612 | +5·184 | 193·35 | +0·58 | 10·152 | 97·66 | 15 40·14 | 0·330 |
| 26 | +6·638 | +4·046 | 205·56 | +0·61 | 15·167 | 101·91 | 15 30·12 | 0·235 |
| 27 | +6·375 | +2·721 | 217·77 | +0·64 | 19·242 | 105·72 | 15 20·85 | 0·152 |
| 28 | +5·862 | +1·285 | 229·99 | +0·66 | 22·248 | 109·18 | 15 12·42 | 0·086 |
| 29 | +5·136 | −0·191 | 242·21 | +0·69 | 24·132 | 112·80 | 15 04·86 | 0·039 |
| 30 | +4·236 | −1·637 | 254·43 | +0·71 | 24·894 | 119·43 | 14 58·17 | 0·010 |
| Oct. 1 | +3·192 | −2·991 | 266·66 | +0·73 | 24·566 | 200·74 | 14 52·43 | 0·000 |

# MOON, 2016

## FOR 0ʰ TERRESTRIAL TIME

| Date 0ʰ TT | Apparent Longitude | Apparent Latitude | R.A. | Dec. | True Distance | Horiz. Parallax | Ephemeris Transit for date Upper | Lower |
|---|---|---|---|---|---|---|---|---|
| | ° ′ ″ | ° ′ ″ | h m s | ° ′ ″ | km | ′ ″ | h | h |
| Oct. 1 | 188 08 45 | +2 15 16 | 12 33 29·02 | − 1 09 30·6 | 401 559·336 | 54 36·33 | 12·2377 | ... |
| 2 | 200 10 51 | +3 11 18 | 13 19 21·87 | − 4 55 52·2 | 403 659·682 | 54 19·28 | 12·9571 | 00·5973 |
| 3 | 212 07 04 | +3 58 24 | 14 05 17·58 | − 8 28 26·5 | 405 185·341 | 54 07·01 | 13·6816 | 01·3183 |
| 4 | 223 59 16 | +4 34 51 | 14 51 41·02 | −11 39 24·4 | 406 000·190 | 54 00·49 | 14·4183 | 02·0481 |
| 5 | 235 49 41 | +4 59 24 | 15 38 52·47 | −14 21 31·1 | 405 958·589 | 54 00·82 | 15·1724 | 02·7929 |
| 6 | 247 41 06 | +5 11 09 | 16 27 06·31 | −16 28 05·3 | 404 926·063 | 54 09·09 | 15·9472 | 03·5571 |
| 7 | 259 36 49 | +5 09 35 | 17 16 29·91 | −17 53 02·2 | 402 802·943 | 54 26·21 | 16·7436 | 04·3428 |
| 8 | 271 40 42 | +4 54 23 | 18 07 03·21 | −18 31 04·7 | 399 548·667 | 54 52·82 | 17·5602 | 05·1495 |
| 9 | 283 57 02 | +4 25 37 | 18 58 39·61 | −18 18 02·4 | 395 204·565 | 55 29·02 | 18·3937 | 05·9750 |
| 10 | 296 30 19 | +3 43 37 | 19 51 08·40 | −17 11 18·0 | 389 912·700 | 56 14·20 | 19·2408 | 06·8158 |
| 11 | 309 24 56 | +2 49 15 | 20 44 18·48 | −15 10 20·6 | 383 927·533 | 57 06·81 | 20·0986 | 07·6684 |
| 12 | 322 44 36 | +1 44 11 | 21 38 02·57 | −12 17 22·8 | 377 615·932 | 58 04·09 | 20·9667 | 08·5313 |
| 13 | 336 31 45 | +0 31 01 | 22 32 20·41 | − 8 38 00·4 | 371 439·942 | 59 02·03 | 21·8473 | 09·4052 |
| 14 | 350 46 46 | −0 46 20 | 23 27 19·97 | − 4 21 48·9 | 365 917·225 | 59 55·49 | 22·7449 | 10·2937 |
| 15 | 5 27 13 | −2 02 46 | 0 23 15·98 | + 0 17 14·6 | 361 558·014 | 60 38·84 | 23·6651 | 11·2019 |
| 16 | 20 27 30 | −3 12 19 | 1 20 25·29 | + 5 01 08·6 | 358 785·955 | 61 06·96 | ... | 12·1349 |
| 17 | 35 39 08 | −4 09 06 | 2 18 59·50 | + 9 29 02·8 | 357 861·118 | 61 16·44 | 00·6116 | 13·0947 |
| 18 | 50 51 53 | −4 48 17 | 3 18 55·97 | +13 19 45·2 | 358 829·843 | 61 06·51 | 01·5836 | 14·0770 |
| 19 | 65 55 21 | −5 07 04 | 4 19 50·41 | +16 14 55·7 | 361 520·673 | 60 39·22 | 02·5730 | 15·0695 |
| 20 | 80 40 52 | −5 04 58 | 5 20 56·11 | +18 02 11·8 | 365 588·357 | 59 58·72 | 03·5640 | 16·0540 |
| 21 | 95 02 34 | −4 43 34 | 6 21 12·92 | +18 36 56·6 | 370 589·027 | 59 10·16 | 04·5369 | 17·0107 |
| 22 | 108 57 51 | −4 05 51 | 7 19 43·51 | +18 02 05·4 | 376 060·999 | 58 18·50 | 05·4738 | 17·9249 |
| 23 | 122 26 54 | −3 15 27 | 8 15 48·40 | +16 26 07·3 | 381 590·027 | 57 27·80 | 06·3637 | 18·7899 |
| 24 | 135 32 01 | −2 16 09 | 9 09 12·81 | +14 00 25·8 | 386 848·999 | 56 40·93 | 07·2041 | 19·6069 |
| 25 | 148 16 37 | −1 11 32 | 10 00 04·55 | +10 57 06·4 | 391 612·119 | 55 59·56 | 07·9994 | 20·3828 |
| 26 | 160 44 36 | −0 04 56 | 10 48 47·14 | + 7 27 38·1 | 395 749·129 | 55 24·43 | 08·7583 | 21·1274 |
| 27 | 172 59 47 | +1 00 38 | 11 35 52·64 | + 3 42 27·7 | 399 206·607 | 54 55·64 | 09·4915 | 21·8519 |
| 28 | 185 05 34 | +2 02 28 | 12 21 56·03 | − 0 08 56·9 | 401 982·704 | 54 32·88 | 10·2100 | 22·5671 |
| 29 | 197 04 45 | +2 58 07 | 13 07 31·61 | − 3 57 50·1 | 404 100·534 | 54 15·72 | 10·9243 | 23·2827 |
| 30 | 208 59 36 | +3 45 28 | 13 53 10·56 | − 7 35 52·9 | 405 584·230 | 54 03·81 | 11·6434 | ... |
| 31 | 220 51 54 | +4 22 44 | 14 39 19·25 | −10 55 03·5 | 406 440·753 | 53 56·98 | 12·3747 | 00·0072 |
| Nov. 1 | 232 43 09 | +4 48 29 | 15 26 17·59 | −13 47 37·2 | 406 649·576 | 53 55·31 | 13·1234 | 00·7467 |
| 2 | 244 34 51 | +5 01 45 | 16 14 17·63 | −16 06 15·5 | 406 161·292 | 53 59·20 | 13·8917 | 01·5051 |
| 3 | 256 28 39 | +5 01 58 | 17 03 22·68 | −17 44 24·1 | 404 905·133 | 54 09·25 | 14·6793 | 02·2833 |
| 4 | 268 26 41 | +4 48 58 | 17 53 27·49 | −18 36 35·4 | 402 804·379 | 54 26·20 | 15·4831 | 03·0795 |
| 5 | 280 31 37 | +4 22 58 | 18 44 20·26 | −18 38 52·3 | 399 797·833 | 54 50·77 | 16·2988 | 03·8898 |
| 6 | 292 46 47 | +3 44 35 | 19 35 46·40 | −17 49 06·9 | 395 865·074 | 55 23·46 | 17·1220 | 04·7097 |
| 7 | 305 16 08 | +2 54 48 | 20 27 33·41 | −16 07 12·4 | 391 052·715 | 56 04·36 | 17·9500 | 05·5354 |
| 8 | 318 03 56 | +1 55 08 | 21 19 35·47 | −13 35 10·0 | 385 498·330 | 56 52·84 | 18·7833 | 06·3658 |
| 9 | 331 14 28 | +0 47 41 | 22 11 56·54 | −10 17 17·8 | 379 447·727 | 57 47·27 | 19·6257 | 07·2030 |
| 10 | 344 51 23 | −0 24 35 | 23 04 51·30 | − 6 20 29·7 | 373 259·799 | 58 44·75 | 20·4844 | 08·0525 |
| 11 | 358 56 48 | −1 37 44 | 23 58 43·57 | − 1 54 48·0 | 367 392·021 | 59 41·06 | 21·3685 | 08·9226 |
| 12 | 13 30 26 | −2 46 50 | 0 54 02·41 | + 2 46 00·3 | 362 360·277 | 60 30·79 | 22·2870 | 09·8230 |
| 13 | 28 28 37 | −3 46 23 | 1 51 15·09 | + 7 24 09·5 | 358 671·437 | 61 08·13 | 23·2457 | 10·7613 |
| 14 | 43 44 00 | −4 30 55 | 2 50 36·96 | +11 38 42·1 | 356 737·231 | 61 28·02 | ... | 11·7398 |
| 15 | 59 06 11 | −4 56 15 | 3 51 59·28 | +15 07 52·2 | 356 790·684 | 61 27·47 | 00·2422 | 12·7510 |
| 16 | 74 23 16 | −5 00 15 | 4 54 40·53 | +17 32 59·3 | 358 833·283 | 61 06·48 | 01·2633 | 13·7759 |

## EPHEMERIS FOR PHYSICAL OBSERVATIONS
### FOR 0ʰ TERRESTRIAL TIME

| Date 0ʰ TT | | The Earth's Selenographic | | The Sun's Selenographic | | Position Angle | | Semi-diameter | Frac-tion Illum. |
|---|---|---|---|---|---|---|---|---|---|
| | | Long. | Lat. | Colong. | Lat. | Axis | Bright Limb | | |
| Oct. | 1 | +3·192 | −2·991 | 266·66 | +0·73 | 24·566 | 200·74 | 14 52·43 | 0·000 |
| | 2 | +2·035 | −4·196 | 278·88 | +0·75 | 23·205 | 275·97 | 14 47·79 | 0·010 |
| | 3 | +0·794 | −5·208 | 291·10 | +0·77 | 20·885 | 280·14 | 14 44·45 | 0·037 |
| | 4 | −0·501 | −5·989 | 303·32 | +0·79 | 17·694 | 279·92 | 14 42·67 | 0·081 |
| | 5 | −1·814 | −6·513 | 315·54 | +0·81 | 13·740 | 278·12 | 14 42·76 | 0·140 |
| | 6 | −3·103 | −6·759 | 327·75 | +0·82 | 9·152 | 275·37 | 14 45·01 | 0·212 |
| | 7 | −4·319 | −6·716 | 339·95 | +0·84 | 4·091 | 271·97 | 14 49·68 | 0·294 |
| | 8 | −5·401 | −6·378 | 352·15 | +0·85 | 358·752 | 268·12 | 14 56·93 | 0·385 |
| | 9 | −6·285 | −5·746 | 4·34 | +0·87 | 353·366 | 264·04 | 15 06·79 | 0·482 |
| | 10 | −6·900 | −4·829 | 16·53 | +0·89 | 348·196 | 259·91 | 15 19·09 | 0·583 |
| | 11 | −7·174 | −3·647 | 28·71 | +0·91 | 343·525 | 255·93 | 15 33·42 | 0·683 |
| | 12 | −7·046 | −2·235 | 40·88 | +0·93 | 339·643 | 252·25 | 15 49·02 | 0·778 |
| | 13 | −6·471 | −0·650 | 53·04 | +0·95 | 336·824 | 248·89 | 16 04·80 | 0·863 |
| | 14 | −5·435 | +1·022 | 65·20 | +0·97 | 335·313 | 245·49 | 16 19·36 | 0·932 |
| | 15 | −3·970 | +2·672 | 77·35 | +1·00 | 335·294 | 239·85 | 16 31·17 | 0·979 |
| | 16 | −2·159 | +4·171 | 89·50 | +1·03 | 336·867 | 197·08 | 16 38·83 | 0·999 |
| | 17 | −0·137 | +5·392 | 101·65 | +1·05 | 340·008 | 90·29 | 16 41·41 | 0·989 |
| | 18 | +1·924 | +6·230 | 113·80 | +1·08 | 344·549 | 84·87 | 16 38·71 | 0·949 |
| | 19 | +3·844 | +6·625 | 125·96 | +1·10 | 350·166 | 86·36 | 16 31·27 | 0·883 |
| | 20 | +5·467 | +6·567 | 138·12 | +1·13 | 356·410 | 89·85 | 16 20·24 | 0·796 |
| | 21 | +6·686 | +6·091 | 150·28 | +1·15 | 2·776 | 94·11 | 16 07·02 | 0·696 |
| | 22 | +7·449 | +5·262 | 162·45 | +1·18 | 8·790 | 98·54 | 15 52·95 | 0·588 |
| | 23 | +7·757 | +4·160 | 174·63 | +1·20 | 14·084 | 102·72 | 15 39·14 | 0·480 |
| | 24 | +7·649 | +2·868 | 186·81 | +1·22 | 18·417 | 106·42 | 15 26·37 | 0·376 |
| | 25 | +7·187 | +1·464 | 199·00 | +1·24 | 21·667 | 109·57 | 15 15·10 | 0·280 |
| | 26 | +6·443 | +0·019 | 211·19 | +1·26 | 23·792 | 112·19 | 15 05·54 | 0·195 |
| | 27 | +5·486 | −1·402 | 223·39 | +1·28 | 24·802 | 114·46 | 14 57·69 | 0·123 |
| | 28 | +4·378 | −2·740 | 235·59 | +1·30 | 24·730 | 116·88 | 14 51·50 | 0·067 |
| | 29 | +3·171 | −3·944 | 247·80 | +1·31 | 23·627 | 120·99 | 14 46·82 | 0·028 |
| | 30 | +1·905 | −4·966 | 260·01 | +1·33 | 21·552 | 135·54 | 14 43·58 | 0·006 |
| | 31 | +0·610 | −5·769 | 272·21 | +1·34 | 18·581 | 231·14 | 14 41·72 | 0·002 |
| Nov. | 1 | −0·692 | −6·321 | 284·42 | +1·35 | 14·812 | 265·42 | 14 41·26 | 0·016 |
| | 2 | −1·978 | −6·602 | 296·62 | +1·36 | 10·370 | 269·39 | 14 42·32 | 0·047 |
| | 3 | −3·227 | −6·598 | 308·83 | +1·37 | 5·417 | 268·59 | 14 45·06 | 0·095 |
| | 4 | −4·408 | −6·307 | 321·02 | +1·37 | 0·152 | 266·09 | 14 49·68 | 0·157 |
| | 5 | −5·481 | −5·733 | 333·22 | +1·38 | 354·807 | 262·82 | 14 56·37 | 0·233 |
| | 6 | −6·396 | −4·891 | 345·40 | +1·39 | 349·636 | 259·24 | 15 05·27 | 0·321 |
| | 7 | −7·090 | −3·803 | 357·58 | +1·39 | 344·899 | 255·67 | 15 16·41 | 0·417 |
| | 8 | −7·489 | −2·502 | 9·75 | +1·40 | 340·852 | 252·35 | 15 29·62 | 0·519 |
| | 9 | −7·521 | −1·033 | 21·92 | +1·41 | 337·732 | 249·45 | 15 44·44 | 0·624 |
| | 10 | −7·119 | +0·538 | 34·08 | +1·41 | 335·758 | 247·07 | 16 00·10 | 0·727 |
| | 11 | −6·239 | +2·127 | 46·23 | +1·42 | 335·120 | 245·19 | 16 15·43 | 0·821 |
| | 12 | −4·877 | +3·627 | 58·37 | +1·43 | 335·964 | 243·47 | 16 28·98 | 0·902 |
| | 13 | −3·088 | +4·919 | 70·51 | +1·45 | 338·369 | 240·36 | 16 39·15 | 0·961 |
| | 14 | −0·990 | +5·883 | 82·65 | +1·46 | 342·293 | 224·61 | 16 44·57 | 0·993 |
| | 15 | +1·238 | +6·427 | 94·78 | +1·47 | 347·537 | 116·85 | 16 44·41 | 0·995 |
| | 16 | +3·388 | +6·507 | 106·92 | +1·48 | 353·717 | 96·80 | 16 38·70 | 0·967 |

# MOON, 2016

## FOR 0ʰ TERRESTRIAL TIME

| Date 0ʰ TT | Apparent Longitude | Latitude | R.A. | Dec. | True Distance | Horiz. Parallax | Ephemeris Transit for date Upper | Lower |
|---|---|---|---|---|---|---|---|---|
| | ° ′ ″ | ° ′ ″ | h m s | ° ′ ″ | km | ′ ″ | h | h |
| Nov. 16 | 74 23 16 | − 5 00 15 | 4 54 40·53 | + 17 32 59·3 | 358 833·283 | 61 06·48 | 01·2633 | 13·7759 |
| 17 | 89 24 08 | − 4 43 21 | 5 57 29·04 | + 18 42 38·4 | 362 633·745 | 60 28·05 | 02·2853 | 14·7880 |
| 18 | 104 00 23 | − 4 08 11 | 6 59 01·10 | + 18 35 02·0 | 367 778·862 | 59 37·29 | 03·2809 | 15·7615 |
| 19 | 118 07 20 | − 3 18 42 | 7 58 06·40 | + 17 17 14·0 | 373 756·239 | 58 40·07 | 04·2283 | 16·6802 |
| 20 | 131 43 59 | − 2 19 24 | 8 54 06·11 | + 15 01 53·3 | 380 040·861 | 57 41·86 | 05·1171 | 17·5395 |
| 21 | 144 52 15 | − 1 14 32 | 9 46 55·66 | + 12 03 29·0 | 386 163·893 | 56 46·96 | 05·9482 | 18·3445 |
| 22 | 157 36 00 | − 0 07 51 | 10 36 56·51 | + 8 35 43·7 | 391 754·695 | 55 58·33 | 06·7299 | 19·1061 |
| 23 | 169 59 59 | + 0 57 28 | 11 24 44·95 | + 4 50 27·5 | 396 557·264 | 55 17·66 | 07·4748 | 19·8376 |
| 24 | 182 09 13 | + 1 58 47 | 12 11 03·15 | + 0 57 37·5 | 400 427·181 | 54 45·59 | 08·1963 | 20·5524 |
| 25 | 194 08 25 | + 2 53 52 | 12 56 33·41 | − 2 54 11·8 | 403 315·822 | 54 22·06 | 08·9074 | 21·2628 |
| 26 | 206 01 41 | + 3 40 45 | 13 41 54·89 | − 6 37 10·9 | 405 247·411 | 54 06·51 | 09·6199 | 21·9798 |
| 27 | 217 52 23 | + 4 17 49 | 14 27 41·33 | − 10 03 45·6 | 406 293·079 | 53 58·15 | 10·3435 | 22·7117 |
| 28 | 229 43 06 | + 4 43 38 | 15 14 19·09 | − 13 06 20·7 | 406 545·141 | 53 56·15 | 11·0852 | 23·4642 |
| 29 | 241 35 42 | + 4 57 10 | 16 02 05·05 | − 15 37 21·3 | 406 094·248 | 53 59·74 | 11·8490 | . . . |
| 30 | 253 31 35 | + 4 57 45 | 16 51 04·82 | − 17 29 32·5 | 405 011·872 | 54 08·40 | 12·6347 | 00·2392 |
| Dec. 1 | 265 31 52 | + 4 45 08 | 17 41 12·04 | − 18 36 34·4 | 403 340·171 | 54 21·86 | 13·4388 | 01·0348 |
| 2 | 277 37 39 | + 4 19 34 | 18 32 10·00 | − 18 53 44·5 | 401 090·677 | 54 40·16 | 14·2546 | 01·8457 |
| 3 | 289 50 24 | + 3 41 50 | 19 23 36·14 | − 18 18 34·4 | 398 252·288 | 55 03·54 | 15·0750 | 02·6646 |
| 4 | 302 12 03 | + 2 53 10 | 20 15 08·64 | − 16 51 08·0 | 394 807·864 | 55 32·36 | 15·8941 | 03·4849 |
| 5 | 314 45 11 | + 1 55 18 | 21 06 33·05 | − 14 33 58·9 | 390 757·488 | 56 06·91 | 16·7099 | 04·3024 |
| 6 | 327 33 00 | + 0 50 26 | 21 57 47·09 | − 11 31 53·4 | 386 145·369 | 56 47·12 | 17·5246 | 05·1170 |
| 7 | 340 39 02 | − 0 18 38 | 22 49 02·39 | − 7 51 33·7 | 381 086·192 | 57 32·36 | 18·3448 | 05·9334 |
| 8 | 354 06 46 | − 1 28 35 | 23 40 43·45 | − 3 41 36·9 | 375 785·612 | 58 21·06 | 19·1807 | 06·7600 |
| 9 | 7 58 52 | − 2 35 25 | 0 33 24·42 | + 0 47 05·5 | 370 548·385 | 59 10·55 | 20·0447 | 07·6084 |
| 10 | 22 16 23 | − 3 34 34 | 1 27 43·81 | + 5 20 54·6 | 365 767·025 | 59 56·97 | 20·9483 | 08·4909 |
| 11 | 36 57 46 | − 4 21 17 | 2 24 16·43 | + 9 43 00·3 | 361 885·255 | 60 35·55 | 21·8990 | 09·4176 |
| 12 | 51 58 11 | − 4 51 09 | 3 23 21·73 | + 13 33 49·2 | 359 335·714 | 61 01·35 | 22·8951 | 10·3920 |
| 13 | 67 09 31 | − 5 01 00 | 4 24 50·02 | + 16 33 05·7 | 358 461·048 | 61 10·29 | 23·9218 | 11·4061 |
| 14 | 82 21 19 | − 4 49 39 | 5 27 52·78 | + 18 23 39·6 | 359 438·535 | 61 00·30 | . . . | 12·4385 |
| 15 | 97 22 38 | − 4 18 19 | 6 31 07·10 | + 18 55 49·4 | 362 233·369 | 60 32·06 | 00·9522 | 13·4590 |
| 16 | 112 03 58 | − 3 30 19 | 7 32 58·52 | + 18 09 59·9 | 366 598·251 | 59 48·81 | 01·9555 | 14·4389 |
| 17 | 126 18 47 | − 2 30 18 | 8 32 11·03 | + 16 15 48·6 | 372 119·028 | 58 55·56 | 02·9076 | 15·3606 |
| 18 | 140 04 08 | − 1 23 16 | 9 28 06·07 | + 13 28 20·6 | 378 288·789 | 57 57·89 | 03·7978 | 16·2198 |
| 19 | 153 20 17 | − 0 13 48 | 10 20 43·26 | + 10 03 55·7 | 384 586·435 | 57 00·94 | 04·6278 | 17·0232 |
| 20 | 166 10 02 | + 0 54 13 | 11 10 29·32 | + 6 17 20·2 | 390 541·117 | 56 08·77 | 05·4076 | 17·7828 |
| 21 | 178 37 43 | + 1 57 44 | 11 58 05·37 | + 2 20 44·7 | 395 774·344 | 55 24·22 | 06·1508 | 18·5132 |
| 22 | 190 48 25 | + 2 54 25 | 12 44 17·50 | − 1 36 04·6 | 400 020·144 | 54 48·94 | 06·8721 | 19·2289 |
| 23 | 202 47 25 | + 3 42 25 | 13 29 51·10 | − 5 25 02·3 | 403 127·866 | 54 23·58 | 07·5854 | 19·9431 |
| 24 | 214 39 42 | + 4 20 18 | 14 15 27·63 | − 8 58 56·4 | 405 052·904 | 54 08·07 | 08·3032 | 20·6671 |
| 25 | 226 29 39 | + 4 46 50 | 15 01 42·22 | − 12 10 48·4 | 405 839·628 | 54 01·77 | 09·0357 | 21·4099 |
| 26 | 238 20 59 | + 5 01 04 | 15 49 01·39 | − 14 53 32·3 | 405 599·528 | 54 03·69 | 09·7901 | 22·1766 |
| 27 | 250 16 33 | + 5 02 17 | 16 37 40·32 | − 16 59 54·9 | 404 486·788 | 54 12·61 | 10·5694 | 22·9683 |
| 28 | 262 18 24 | + 4 50 08 | 17 27 40·62 | − 18 23 00·8 | 402 673·263 | 54 27·26 | 11·3725 | 23·7813 |
| 29 | 274 27 54 | + 4 24 43 | 18 18 49·78 | − 18 56 59·0 | 400 325·121 | 54 46·43 | 12·1936 | . . . |
| 30 | 286 45 55 | + 3 46 41 | 19 10 43·87 | − 18 38 00·1 | 397 583·759 | 55 09·09 | 13·0240 | 00·6082 |
| 31 | 299 13 04 | + 2 57 19 | 20 02 53·84 | − 17 25 03·6 | 394 553·810 | 55 34·51 | 13·8547 | 01·4398 |
| 32 | 311 50 00 | + 1 58 31 | 20 54 53·86 | − 15 20 18·4 | 391 300·521 | 56 02·23 | 14·6791 | 02·2679 |

## EPHEMERIS FOR PHYSICAL OBSERVATIONS
## FOR 0ʰ TERRESTRIAL TIME

| Date 0ʰ TT | The Earth's Selenographic Long. | Lat. | The Sun's Selenographic Colong. | Lat. | Position Angle Axis | Bright Limb | Semi-diameter | Frac-tion Illum. |
|---|---|---|---|---|---|---|---|---|
| Nov. 16 | +3·388 | +6·507 | 106·92 | +1·48 | 353·717 | 96·80 | 16 38·70 | 0·967 |
| 17 | +5·264 | +6·131 | 119·05 | +1·49 | 0·305 | 96·62 | 16 28·23 | 0·912 |
| 18 | +6·714 | +5·358 | 131·19 | +1·50 | 6·730 | 99·55 | 16 14·41 | 0·835 |
| 19 | +7·657 | +4·275 | 143·34 | +1·50 | 12·502 | 103·15 | 15 58·82 | 0·743 |
| 20 | +8·077 | +2·980 | 155·49 | +1·51 | 17·288 | 106·59 | 15 42·97 | 0·642 |
| 21 | +8·012 | +1·565 | 167·65 | +1·52 | 20·925 | 109·52 | 15 28·01 | 0·538 |
| 22 | +7·530 | +0·113 | 179·81 | +1·53 | 23·371 | 111·81 | 15 14·77 | 0·436 |
| 23 | +6·720 | −1·309 | 191·99 | +1·54 | 24·653 | 113·47 | 15 03·69 | 0·339 |
| 24 | +5·669 | −2·643 | 204·16 | +1·55 | 24·829 | 114·56 | 14 54·96 | 0·251 |
| 25 | +4·462 | −3·841 | 216·35 | +1·55 | 23·964 | 115·23 | 14 48·55 | 0·173 |
| 26 | +3·168 | −4·861 | 228·53 | +1·56 | 22·122 | 115·76 | 14 44·31 | 0·108 |
| 27 | +1·845 | −5·668 | 240·72 | +1·56 | 19·372 | 116·85 | 14 42·04 | 0·057 |
| 28 | +0·533 | −6·229 | 252·91 | +1·57 | 15·796 | 120·89 | 14 41·49 | 0·022 |
| 29 | −0·739 | −6·523 | 265·11 | +1·57 | 11·504 | 142·70 | 14 42·47 | 0·004 |
| 30 | −1·954 | −6·534 | 277·30 | +1·56 | 6·643 | 233·90 | 14 44·83 | 0·004 |
| Dec. 1 | −3·097 | −6·257 | 289·50 | +1·56 | 1·408 | 256·07 | 14 48·49 | 0·022 |
| 2 | −4·157 | −5·699 | 301·69 | +1·56 | 356·038 | 258·52 | 14 53·48 | 0·058 |
| 3 | −5·112 | −4·876 | 313·88 | +1·55 | 350·797 | 257·21 | 14 59·85 | 0·111 |
| 4 | −5·932 | −3·815 | 326·06 | +1·54 | 345·958 | 254·78 | 15 07·70 | 0·179 |
| 5 | −6·575 | −2·554 | 338·24 | +1·54 | 341·772 | 252·14 | 15 17·11 | 0·262 |
| 6 | −6·984 | −1·141 | 350·41 | +1·53 | 338·462 | 249·72 | 15 28·06 | 0·357 |
| 7 | −7·095 | +0·363 | 2·57 | +1·52 | 336·213 | 247·77 | 15 40·38 | 0·461 |
| 8 | −6·844 | +1·886 | 14·73 | +1·51 | 335·178 | 246·44 | 15 53·64 | 0·569 |
| 9 | −6·177 | +3·343 | 26·88 | +1·50 | 335·484 | 245·83 | 16 07·12 | 0·677 |
| 10 | −5·070 | +4·634 | 39·02 | +1·50 | 337·221 | 245·90 | 16 19·77 | 0·779 |
| 11 | −3·546 | +5·654 | 51·16 | +1·49 | 340·418 | 246·44 | 16 30·27 | 0·869 |
| 12 | −1·686 | +6·309 | 63·29 | +1·48 | 345·000 | 246·52 | 16 37·30 | 0·938 |
| 13 | +0·367 | +6·527 | 75·42 | +1·48 | 350·736 | 241·73 | 16 39·73 | 0·983 |
| 14 | +2·427 | +6·283 | 87·54 | +1·47 | 357·214 | 177·58 | 16 37·02 | 0·998 |
| 15 | +4·301 | +5·603 | 99·67 | +1·46 | 3·877 | 109·92 | 16 29·32 | 0·984 |
| 16 | +5·824 | +4·561 | 111·79 | +1·45 | 10·141 | 105·71 | 16 17·54 | 0·942 |
| 17 | +6·884 | +3·256 | 123·92 | +1·44 | 15·528 | 107·10 | 16 03·04 | 0·878 |
| 18 | +7·438 | +1·799 | 136·06 | +1·43 | 19·749 | 109·30 | 15 47·33 | 0·798 |
| 19 | +7·497 | +0·289 | 148·20 | +1·42 | 22·695 | 111·26 | 15 31·82 | 0·706 |
| 20 | +7·114 | −1·190 | 160·34 | +1·42 | 24·379 | 112·66 | 15 17·61 | 0·608 |
| 21 | +6·370 | −2·573 | 172·50 | +1·41 | 24·876 | 113·42 | 15 05·48 | 0·509 |
| 22 | +5·352 | −3·808 | 184·66 | +1·40 | 24·280 | 113·53 | 14 55·87 | 0·413 |
| 23 | +4·153 | −4·856 | 196·82 | +1·40 | 22·680 | 113·05 | 14 48·96 | 0·321 |
| 24 | +2·855 | −5·684 | 208·99 | +1·39 | 20·159 | 112·05 | 14 44·74 | 0·236 |
| 25 | +1·530 | −6·266 | 221·17 | +1·38 | 16·798 | 110·69 | 14 43·02 | 0·162 |
| 26 | +0·236 | −6·582 | 233·35 | +1·38 | 12·692 | 109·26 | 14 43·55 | 0·099 |
| 27 | −0·983 | −6·614 | 245·54 | +1·37 | 7·968 | 108·55 | 14 45·98 | 0·050 |
| 28 | −2·099 | −6·355 | 257·72 | +1·35 | 2·795 | 111·43 | 14 49·97 | 0·017 |
| 29 | −3·095 | −5·808 | 269·91 | +1·34 | 357·399 | 141·85 | 14 55·19 | 0·002 |
| 30 | −3·961 | −4·986 | 282·10 | +1·33 | 352·049 | 238·07 | 15 01·36 | 0·006 |
| 31 | −4·689 | −3·918 | 294·29 | +1·31 | 347·035 | 249·97 | 15 08·28 | 0·029 |
| 32 | −5·268 | −2·645 | 306·47 | +1·29 | 342·638 | 250·76 | 15 15·83 | 0·072 |

## NOTES AND FORMULAE

### Low-precision formulae for geocentric coordinates of the Moon

The following formulae give approximate geocentric coordinates of the Moon. During the period 1900 to 2100 the errors will rarely exceed $0°3$ in ecliptic longitude $(\lambda)$, $0°2$ in ecliptic latitude $(\beta)$, $0°003$ in horizontal parallax $(\pi)$, $0°001$ in semidiameter (SD), $0\cdot2$ Earth radii in distance $(r)$, $0°3$ in right ascension $(\alpha)$ and $0°2$ in declination $(\delta)$.

On this page the time argument $T$ is the number of Julian centuries from J2000·0.

$$T = (\text{JD} - 245\ 1545\cdot0)/36\ 525 = (5842\cdot5 + \text{day of year} + (\text{UT1} + \Delta T)/24)/36\ 525$$

where day of year is given on pages B4–B5. The Universal Time (UT1) and $\Delta T = \text{TT} - \text{UT1}$ (see pages K8–K9), are expressed in hours. To the precision quoted $\Delta T$ may be ignored.

$$\begin{aligned}
\lambda = {}& 218°32 + 481\ 267°881\ T \\
& + 6°29 \sin(135°0 + 477\ 198°87\ T) - 1°27 \sin(259°3 - 413\ 335°36\ T) \\
& + 0°66 \sin(235°7 + 890\ 534°22\ T) + 0°21 \sin(269°9 + 954\ 397°74\ T) \\
& - 0°19 \sin(357°5 + 35\ 999°05\ T) - 0°11 \sin(186°5 + 966\ 404°03\ T) \\
\beta = {}& + 5°13 \sin(93°3 + 483\ 202°02\ T) + 0°28 \sin(228°2 + 960\ 400°89\ T) \\
& - 0°28 \sin(318°3 + 6\ 003°15\ T) - 0°17 \sin(217°6 - 407\ 332°21\ T) \\
\pi = {}& + 0°9508 + 0°0518 \cos(135°0 + 477\ 198°87\ T) + 0°0095 \cos(259°3 - 413\ 335°36\ T) \\
& + 0°0078 \cos(235°7 + 890\ 534°22\ T) + 0°0028 \cos(269°9 + 954\ 397°74\ T)
\end{aligned}$$

$$SD = 0\cdot2724\,\pi \qquad \text{and} \qquad r = 1/\sin\pi$$

Form the geocentric direction cosines $(l, m, n)$ from:

$$\begin{aligned}
l &= \cos\beta \cos\lambda & &= \cos\delta \cos\alpha \\
m &= +0\cdot9175 \cos\beta \sin\lambda - 0\cdot3978 \sin\beta &&= \cos\delta \sin\alpha \\
n &= +0\cdot3978 \cos\beta \sin\lambda + 0\cdot9175 \sin\beta &&= \sin\delta
\end{aligned}$$

Then

$$\alpha = \tan^{-1}(m/l) \qquad \text{and} \qquad \delta = \sin^{-1}(n)$$

where the quadrant of $\alpha$ is determined by the signs of $l$ and $m$, and where $\alpha$, $\delta$ are referred to the mean equator and equinox of date.

### Low-precision formulae for topocentric coordinates of the Moon

The following formulae give approximate topocentric values of right ascension $(\alpha')$, declination $(\delta')$, distance $(r')$, parallax $(\pi')$ and semidiameter $(SD')$.

Form the geocentric rectangular coordinates $(x, y, z)$ from:

$$\begin{aligned}
x &= rl = r \cos\delta \cos\alpha \\
y &= rm = r \cos\delta \sin\alpha \\
z &= rn = r \sin\delta
\end{aligned}$$

Form the topocentric rectangular coordinates $(x', y', z')$ from:

$$\begin{aligned}
x' &= x - \cos\phi' \cos\theta_0 \\
y' &= y - \cos\phi' \sin\theta_0 \\
z' &= z - \sin\phi'
\end{aligned}$$

where $(\phi', \lambda')$ are the observer's geocentric latitude and longitude (east positive). The local sidereal time (see page B8) may be approximated by

$$\theta_0 = 100°46 + 36\ 000°77\ T_U + \lambda' + 15\ \text{UT1}$$

where      $T_U = (\text{JD} - 245\ 1545\cdot0)/36\ 525 = (5842\cdot5 + \text{day of year} + \text{UT1}/24)/36\ 525$

Then
$$r' = (x'^2 + y'^2 + z'^2)^{1/2} \qquad \alpha' = \tan^{-1}(y'/x') \quad \delta' = \sin^{-1}(z'/r')$$
$$\pi' = \sin^{-1}(1/r') \qquad\qquad SD' = 0\cdot2724\pi'$$

## CONTENTS OF SECTION E

This symbol indicates that these data or auxiliary material may also be found on *The Astronomical Almanac Online* at **http://asa.usno.navy.mil** and **http://asa.hmnao.com**

# PLANETS
## NOTES AND FORMULAS

**Orbital elements**

The heliocentric osculating orbital elements for the Earth given on page E8 and the heliocentric coordinates and velocity of the Earth on page E7 actually refer to the Earth/Moon barycenter. The heliocentric coordinates and velocity of the Earth itself are given by:

$$(\text{Earth's center}) = (\text{Earth/Moon barycenter}) - (0.000\,0312 \cos L, 0.000\,0286 \sin L,$$
$$0.000\,0124 \sin L, -0.000\,00718 \sin L, 0.000\,00657 \cos L, 0.000\,00285 \cos L)$$

where $L = 218° + 481\,268° T$, with $T$ in Julian centuries from JD 245 1545.0. This estimate is accurate to the fifth decimal place in position and the sixth decimal place in velocity. The units of position are in au and the units of velocity are in au/day. The position and velocity are in the mean equator and equinox coordinate system.

Linear interpolation of the heliocentric osculating orbital elements usually leads to errors of about $1''$ or $2''$ in the resulting geocentric positions of the Sun and planets; the errors may, however, reach about $7''$ for Venus at inferior conjunction and about $3''$ for Mars at opposition.

**Heliocentric coordinates**

The heliocentric ecliptic coordinates of the Earth may be obtained from the geocentric ecliptic coordinates of the Sun given on pages C6–C20 by adding $\pm 180°$ to the longitude, and reversing the sign of the latitude.

**Invariable plane of the solar system**

Approximate coordinates of the north pole of the invariable plane are:

$$\alpha_0 = 273°\!.8527 \quad \delta_0 = 66°\!.9911$$

This is the direction of the total angular momentum vector of the solar system (Sun and major planets) with respect to the ICRS coordinate axes.

**Semidiameter and horizontal parallax**

The apparent angular semidiameter, $s$, of a planet is given by:

$$s = \text{semidiameter at 1 au} / \text{distance in au}$$

where the distance in au is given in the daily geocentric ephemeris on pages E18–E45. Unless otherwise specified, the semidiameters at unit distance (1 au) are for equatorial radii. They are:

| | $''$ | | $''$ | | $''$ |
|---|---|---|---|---|---|
| Mercury | 3.36 | Jupiter: equatorial | 98.57 | Uranus: equatorial | 35.24 |
| Venus | 8.34 | polar | 92.18 | polar | 34.43 |
| Mars | 4.68 | Saturn: equatorial | 83.10 | Neptune: equatorial | 34.14 |
| | | polar | 74.96 | polar | 33.56 |

The difference in transit times of the limb and center of a planet in seconds of time is given approximately by:

$$\text{difference in transit time} = (s \text{ in seconds of arc}) / 15 \cos \delta$$

where the sidereal motion of the planet is ignored.

The equatorial horizontal parallax of a planet is given by $8''\!.794\,143$ divided by its distance in au; formulas for the corrections for diurnal parallax are given on page B85.

## NOTES AND FORMULAS

### Time of transit of a planet

The transit times that are tabulated on pages E46–E53 are expressed in terrestrial time (TT) and refer to the transits over the ephemeris meridian; for most purposes this may be regarded as giving the universal time (UT) of transit over the Greenwich meridian.

The UT of transit over a local meridian is given by:

$$\text{time of ephemeris transit} - (\lambda/24) \times \text{first difference}$$

with an error that is usually less than 1 second, where $\lambda$ is the *east* longitude in hours and the first difference is about 24 hours.

### Times of rising and setting

Approximate times of the rising and setting of a planet at a place with latitude $\varphi$ may be obtained from the time of transit by applying the value of the hour angle $h$ of the point on the horizon at the same declination $\delta$ as the planet; $h$ is given by:

$$\cos h \ = \ -\tan \varphi \tan \delta$$

This ignores the sidereal motion of the planet during the interval between transit and rising or setting and the effects of refraction ($\sim 2.25$ minutes). Similarly, the time at which a planet reaches a zenith distance $z$ may be obtained by determining the corresponding hour angle $h$:

$$\cos h \ = \ -\tan \varphi \tan \delta + \sec \varphi \sec \delta \cos z$$

and applying $h$ to the time of transit.

### Ephemeris for physical observations

Explanatory information for data presented in the ephemeris for physical observations (E54–E79) of the planets and the planetary central meridians (E80–E87) is given here. Additional information is given in the Notes and References section, on page L11.

The tabulated surface brightness is the average visual magnitude of an area of one square arcsecond of the illuminated portion of the apparent disk. For a few days around inferior and superior conjunctions, the tabulated surface brightness and magnitude of Mercury and Venus are unknown; surface brightness values are given for phase angles $2°\!.1 < \phi < 169°\!.5$ for Mercury and $2°\!.2 < \phi < 170°\!.2$ for Venus. For Saturn the magnitude includes the contribution due to the rings, but the surface brightness applies only to the disk of the planet.

The diagram illustrates many of the quantities tabulated. The primary reference points are the sub-Earth point, $e$ (center of disk); the sub-solar point, $s$; and the north pole, $n$. Points $e$ and $s$ are on the lines of sight (taking into account light-time and aberration) between the center of a planet and the centers of the Earth and Sun, respectively. (For an oblate planet, the Earth and Sun would not appear exactly at the zeniths of these two points). For points $e$ and $s$, planetographic longitudes, $\lambda_e$ and $\lambda_s$, and planetographic latitudes, $\beta_e$ and $\beta_s$, are given. For points $s$ and $n$, apparent distances from the center of the disk, $d_s$ and $d_n$, and apparent position angles, $p_s$ and $p_n$, are given.

The phase is the ratio of the apparent illuminated area of the disk to the total area of the disk, as seen from the Earth. The phase angle is the planetocentric elongation of the Earth from the Sun. The defect of illumination, $q$, is the length of the unilluminated section of the diameter passing through $e$ and $s$. The position angle of $q$ can be computed by adding $180°$ to $p_s$. Phase and $q$ are based on the geometric terminator, defined by the plane crossing through the planet's center of mass, orthogonal to the direction of the Sun. Both the phase and length of $q$ assume that the change in their values caused by the flattening of the planet is insignificant.

The angle $W$ of the prime meridian is measured counterclockwise (when viewed from above the planet's north pole) along the planet's equator from the ascending node of the planet's equator

# PLANETS
## NOTES AND FORMULAS

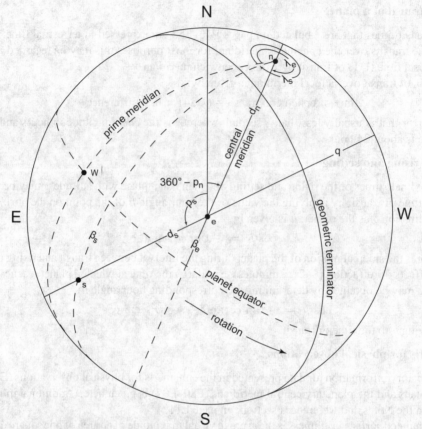

**Diagram illustrating the Planetocentric Coordinate System**

on the ICRS equator. For a planet with direct rotation (counterclockwise viewed from the planet's north pole), $W$ increases with time. Values of $W$ and its rate of change are given on page E5.

Position angles are measured east from north on the celestial sphere, with north defined by the great circle on the celestial sphere passing through the center of the planet's apparent disk and the true celestial pole of date. Planetographic longitude is reckoned from the prime meridian and increases from $0°$ to $360°$ in the direction opposite rotation. Planetographic latitude is the angle between the planet's equator and the normal to the reference spheroid at the point. Latitudes north of the equator are positive. For points near the limb, sign of the distance may change abruptly as distances are positive in the visible hemisphere and negative on the far side of the planet. Distance and position angle vary rapidly at points close to $e$ and may appear to be discontinuous.

The planetocentric orbital longitude of the Sun, $L_s$, is measured eastward in the planet's orbital plane from the planet's vernal equinox. Instantaneous orbital and equatorial planes are used in computing $L_s$. Values of $L_s$ of $0°,$ $90°,$ $180°,$ and $270°$ correspond to the beginning of spring, summer, autumn and winter, for the planet's northern hemisphere.

Planetary central meridians are sub-Earth planetocentric longitudes; none are given for Uranus and Neptune since their rotational periods are not well known. Jupiter has three longitude systems, corresponding to different apparent rates of rotation: System I applies to the visible cloud layer in the equatorial region; System II applies to the visible cloud layer at higher latitudes; System III, used in the physical ephemeris, applies to the origin of the radio emissions. For Saturn, data from the Cassini mission calls into question its rotation rate.

## ROTATION ELEMENTS REFERRED TO THE ICRS
### at 2016 JANUARY 0, 0$^h$ TDB

| Planet | North Pole | | Argument of Prime Meridian | | Longitude of Central Meridian | Inclination of Equator to Orbit |
|---|---|---|---|---|---|---|
| | Right Ascension $\alpha_1$ | Declin- ation $\delta_1$ | at epoch $W_0$ | var./day $\dot{W}$ | $\lambda_e$ | |
| | ° | ° | ° | | ° | ° |
| Mercury | 281.00 | + 61.41 | 193.74 | + 6.1385025 | 85.44 | + 0.04 |
| Venus | 272.76 | + 67.16 | 145.30 | − 1.4813688 | 272.75 | + 2.64 |
| Mars | 317.66 | + 52.88 | 63.04 | +350.8919823 | 71.21 | + 25.19 |
| Jupiter  I | 268.06 | + 64.50 | 277.85 | +877.9000000 | 257.55 | + 3.12 |
| II | 268.06 | + 64.50 | 315.78 | +870.2700000 | 295.70 | + 3.12 |
| III | 268.06 | + 64.50 | 311.53 | +870.5360000 | 291.45 | + 3.12 |
| Saturn | 40.58 | + 83.54 | 222.27 | +810.7939024 | 231.12 | + 26.73 |
| Uranus | 257.31 | − 15.18 | 55.97 | −501.1600928 | 65.09 | + 82.23 |
| Neptune | 299.44 | + 42.95 | 220.95 | +536.3128492 | 351.84 | + 28.34 |

These data were derived from the "Report of the IAU/IAG Working Group on Cartographic Coordinates and Rotational Elements: 2009" (Archinal *et al.*, *Celest. Mech.*, **109**, 101, 2011) and its erratum (Archinal *et al.*, *Celest. Mech.*, **110**, 401, 2011). There is evidence that the variation in the radio emissions of Saturn are not anchored in the bulk of Saturn, and show variation in its period on the order of 1% over a time span of several years.

### DEFINITIONS AND FORMULAS

$\alpha_1, \delta_1$ right ascension and declination of the north pole of the planet; variations during one year are negligible.
$W_0$  the angle measured from the planet's equator in the positive sense with respect to the planet's north pole from the ascending node of the planet's equator on the Earth's mean equator of date to the prime meridian of the planet.
$\dot{W}$  the daily rate of change of $W_0$. Sidereal periods of rotation are given on page E6.

Given:

$\alpha, \delta$: apparent right ascension and declination of planet (pages E18–E45).
$s$: apparent equatorial diameter (pages E54–E79).
$p_n$: position angle of north pole (or central meridian or axis) (pages E54–E79).
$\lambda_e$: planetographic longitude of sub-Earth point (or central meridian) (pages E54–E77 or E80–E87).
$\beta_e$: planetographic latitude of sub-Earth point (pages E54–E77).
$\dot{W}$: from the above table and the flattening $f$ from the table on page E6.

To compute the displacements $\Delta\alpha$, $\Delta\delta$ in right ascension and declination, measured from the center of the disk, of a feature at planetographic longitude $\lambda$ and planetographic latitude $\phi$, first compute the planetocentric quantities $\phi'$, $\beta'_e$, $\lambda'$, and $\lambda'_e$, and the quantity $s'$. The formulas on the right may be used for planets where the flattening $f$ is small and can be ignored [1]:

$$\tan\phi' = (1-f)^2 \tan\phi \qquad\qquad \phi' = \phi$$
$$\tan\beta'_e = (1-f)^2 \tan\beta_e \qquad\qquad \beta'_e = \beta_e$$
$$\lambda' = 360° - \lambda \text{ if } \dot{W} \text{ is positive; } \lambda' = \lambda \text{ if } \dot{W} \text{ is negative} \qquad \lambda' \text{ as at left}$$
$$\lambda'_e = 360° - \lambda_e \text{ if } \dot{W} \text{ is positive; } \lambda'_e = \lambda_e \text{ if } \dot{W} \text{ is negative} \qquad \lambda'_e \text{ as at left}$$
$$s' = \tfrac{1}{2} s (1 - f \sin^2\phi') \qquad\qquad s' = \tfrac{1}{2} s$$

Then compute the quantities $X, Y$, and $Z$:
$$X = s' \cos\phi' \sin(\lambda' - \lambda'_e)$$
$$Y = s' (\sin\phi' \cos\beta'_e - \cos\phi' \sin\beta'_e \cos(\lambda' - \lambda'_e))$$
$$Z = s' (\sin\phi' \sin\beta'_e + \cos\phi' \cos\beta'_e \cos(\lambda' - \lambda'_e))$$

Finally,
$$\Delta\alpha \cos\delta = -X \cos p_n + Y \sin p_n$$
$$\Delta\delta = X \sin p_n + Y \cos p_n$$

If $Z$ is positive, the feature is on the near (visible) side of the planet; if $Z$ is negative, it is on the far side. If $|Z| < 0.1 s'$, the feature is on or very near the limb.

[1]The flattening is negligible if only one apparent diameter is given, or if the difference between the apparent equatorial and polar diameters is not significant to the precision required.

# PLANETS

## PHYSICAL AND PHOTOMETRIC DATA

| Planet | Mass[1] | Mean Equatorial Radius | Minimum Geocentric Distance[2] | Flattening[3,4] (geometric) | Coefficients of the Potential | | |
|---|---|---|---|---|---|---|---|
| | | | | | $J_2$ | $J_3$ | $J_4$ |
| | kg | km | au | | $10^{-3}$ | $10^{-6}$ | $10^{-6}$ |
| Mercury | $3.3010 \times 10^{23}$ | 2439.7 | 0.549 | 0 | — | — | — |
| Venus | $4.8673 \times 10^{24}$ | 6051.8 | 0.265 | 0 | 0.027 | — | — |
| Earth | $5.9721 \times 10^{24}$ | 6378.14 | — | 0.003 352 81 | 1.082 64 | − 2.54 | − 1.61 |
| (Moon) | $7.3458 \times 10^{22}$ | 1737.4 | 0.002 38 | 0 | 0.202 7 | — | — |
| Mars | $6.4169 \times 10^{23}$ | 3396.19 | 0.373 | 0.005 886 | 1.964 | 36 | — |
| Jupiter | $1.8981 \times 10^{27}$ | 71492 | 3.945 | 0.064 874 | 14.75 | — | − 580 |
| Saturn | $5.6831 \times 10^{26}$ | 60268 | 8.032 | 0.097 962 | 16.45 | — | − 1000 |
| Uranus | $8.6809 \times 10^{25}$ | 25559 | 17.292 | 0.022 927 | 12 | — | — |
| Neptune | $1.0241 \times 10^{26}$ | 24764 | 28.814 | 0.017 081 | 4 | — | — |

| Planet | Period of Rotation[5] | Mean Density | Maximum Angular Diameter[6] | Geometric Albedo[7] | Visual Magnitude[8] | | Color Indices | |
|---|---|---|---|---|---|---|---|---|
| | | | | | $V(1,0)$ | $V_0$ | $B-V$ | $U-B$ |
| | d | g/cm³ | ″ | | | | | |
| Mercury | + 58.646 225 2 | 5.43 | 12.3 | 0.106 | − 0.60 | — | 0.93 | 0.41 |
| Venus | − 243.018 5 | 5.24 | 63.0 | 0.65 | − 4.47 | — | 0.82 | 0.50 |
| Earth | + 0.997 269 566 | 5.513 | — | 0.367 | − 3.86 | — | — | — |
| (Moon) | + 27.321 66 | 3.34 | 2010.7 | 0.12 | + 0.21 | − 12.74 | 0.92 | 0.46 |
| Mars | + 1.025 956 76 | 3.93 | 25.1 | 0.150 | − 1.52 | − 2.01 | 1.36 | 0.58 |
| Jupiter | + 0.413 54 (System III) | 1.33 | 49.9 | 0.52 | − 9.40 | − 2.70 | 0.83 | 0.49 |
| Saturn | + 0.444 01 | 0.69 | 20.7 | 0.47 | − 8.88 | + 0.67 | 1.04 | 0.58 |
| Uranus | − 0.718 33 | 1.27 | 4.1 | 0.51 | − 7.19 | + 5.52 | 0.56 | 0.28 |
| Neptune | + 0.671 25 | 1.64 | 2.4 | 0.41 | − 6.87 | + 7.84 | 0.41 | 0.21 |

### NOTES TO TABLE

[1] Values for the masses include the atmospheres but exclude satellites.

[2] The tabulated minimum geocentric distance applies to the interval 1950 to 2050.

[3] The flattening is the ratio of the difference of the mean equatorial and polar radii to the equatorial radius.

[4] The flattening for Mars is calculated by using the average of its north and south polar radii.

[5] Except for the Earth, the period of rotation is the time required for a point on the equator of the planet to twice cross the XY-plane of the ICRS. The length of the sidereal day is given for the Earth because its equator is nearly coincident with the XY-plane (see B9). A negative sign indicates that the rotation is retrograde with respect to the pole that lies north of the invariable plane of the solar system. The period is measured in days of 86 400 SI seconds. Rotation elements are tabulated on page E5. The rotation rates of Uranus and Neptune were determined from the Voyager mission in 1986 and 1989. The uncertainty of those rotation rates are such that the uncertainty in the rotation angle is more than a complete rotation in each case.

[6] The tabulated maximum angular diameter is based on the equatorial diameter when the planet is at the tabulated minimum geocentric distance.

[7] The geometric albedo is the ratio of the illumination of the planet at zero phase angle to the illumination produced by a plane, absolutely white Lambert surface of the same radius and position as the planet.

[8] $V(1,0)$ is the visual magnitude of the planet reduced to a distance of 1 au from both the Sun and Earth and with phase angle zero. $V_0$ is the mean opposition magnitude. For Saturn the photometric quantities refer to the disk only. Mercury and Venus values are valid over a range in phase angles (see page E3).

Data for the mean equatorial radius, flattening and sidereal period of rotation are based on the "Report of the IAU/IAG Working Group on Cartographic Coordinates and Rotational Elements: 2009" (Archinal *et al.*, *Celest. Mech.*, **109**, 101, 2011) and its erratum (Archinal *et al.*, *Celest. Mech.*, **110**, 401, 2011).

## HELIOCENTRIC COORDINATES AND VELOCITY COMPONENTS
## REFERRED TO THE MEAN EQUATOR AND EQUINOX OF J2000.0

| Julian Date (TDB) 245 | $x$ | $y$ | $z$ | $\dot{x}$ | $\dot{y}$ | $\dot{z}$ |
|---|---|---|---|---|---|---|
| **MERCURY** | au | au | au | au/day | au/day | au/day |
| 7360.5 | + 0.081 5448 | − 0.3932 774 | − 0.2185 374 | + 0.022 036 94 | + 0.006 541 60 | + 0.001 209 90 |
| 7440.5 | − 0.096 2636 | − 0.4068 561 | − 0.2073 579 | + 0.021 881 66 | − 0.003 089 48 | − 0.003 918 78 |
| 7520.5 | − 0.256 4095 | − 0.3456 588 | − 0.1580 659 | + 0.017 636 31 | − 0.012 105 41 | − 0.008 294 85 |
| 7600.5 | − 0.366 3363 | − 0.2178 038 | − 0.0783 718 | + 0.009 227 37 | − 0.019 627 61 | − 0.011 441 41 |
| 7680.5 | − 0.391 4974 | − 0.0413 141 | + 0.0185 153 | − 0.003 664 38 | − 0.023 886 37 | − 0.012 379 98 |
| 7760.5 | − 0.298 1560 | + 0.1445 084 | + 0.1081 034 | − 0.020 044 45 | − 0.021 141 52 | − 0.009 215 66 |
| 7840.5 | − 0.080 5820 | + 0.2637 922 | + 0.1492 687 | − 0.032 825 15 | − 0.006 714 24 | − 0.000 183 84 |
| **VENUS** | | | | | | |
| 7360.5 | − 0.543 3714 | + 0.4148 623 | + 0.2210 428 | − 0.013 283 77 | − 0.014 370 43 | − 0.005 625 30 |
| 7440.5 | − 0.027 1554 | − 0.6630 082 | − 0.2965 946 | + 0.020 077 15 | − 0.000 297 72 | − 0.001 404 29 |
| 7520.5 | + 0.593 9994 | + 0.3900 764 | + 0.1379 267 | − 0.011 603 31 | + 0.014 803 48 | + 0.007 394 83 |
| 7600.5 | − 0.690 4379 | − 0.1636 531 | + 0.1173 196 | − 0.005 643 47 | − 0.017 953 66 | − 0.007 720 98 |
| 7680.5 | + 0.273 2934 | − 0.6086 208 | − 0.2911 345 | + 0.018 608 93 | + 0.007 294 73 | + 0.002 104 75 |
| 7760.5 | + 0.368 2615 | + 0.5745 319 | + 0.2352 039 | − 0.017 458 92 | + 0.008 930 33 | + 0.005 122 78 |
| 7840.5 | − 0.710 9623 | − 0.1176 234 | − 0.0079 403 | + 0.002 994 53 | − 0.018 239 14 | − 0.008 396 05 |
| **EARTH\*** | | | | | | |
| 7360.5 | + 0.316 3645 | + 0.8565 402 | + 0.3713 173 | − 0.016 574 38 | + 0.005 007 08 | + 0.002 170 71 |
| 7440.5 | − 0.877 8176 | + 0.4180 236 | + 0.1812 220 | − 0.008 205 91 | − 0.014 069 55 | − 0.006 099 25 |
| 7520.5 | − 0.629 1735 | − 0.7252 004 | − 0.3143 777 | + 0.013 180 09 | − 0.009 889 78 | − 0.004 287 38 |
| 7600.5 | + 0.624 9026 | − 0.7339 396 | − 0.3181 726 | + 0.013 277 49 | + 0.009 658 71 | + 0.004 187 07 |
| 7680.5 | + 0.896 6732 | + 0.3978 106 | + 0.1724 493 | − 0.007 769 75 | + 0.014 152 16 | + 0.006 135 12 |
| 7760.5 | − 0.281 5665 | + 0.8644 265 | + 0.3747 375 | − 0.016 764 28 | − 0.004 578 74 | − 0.001 984 83 |
| 7840.5 | − 0.990 0623 | − 0.1158 369 | − 0.0502 102 | + 0.001 896 35 | − 0.015 717 30 | − 0.006 813 55 |
| **MARS** | | | | | | |
| 7360.5 | − 1.581 476 | + 0.4564 38 | + 0.2520 49 | − 0.003 840 012 | − 0.011 039 261 | − 0.004 959 768 |
| 7440.5 | − 1.549 512 | − 0.4578 04 | − 0.1681 54 | + 0.004 716 788 | − 0.011 004 255 | − 0.005 174 718 |
| 7520.5 | − 0.855 443 | − 1.1674 68 | − 0.5123 97 | + 0.012 146 457 | − 0.005 879 137 | − 0.003 024 518 |
| 7600.5 | + 0.253 616 | − 1.2814 87 | − 0.5946 33 | + 0.014 301 084 | + 0.003 482 861 | + 0.001 211 449 |
| 7680.5 | + 1.190 100 | − 0.6259 49 | − 0.3192 34 | + 0.007 636 696 | + 0.012 125 159 | + 0.005 355 367 |
| 7760.5 | + 1.332 304 | + 0.4439 46 | + 0.1676 62 | − 0.004 155 240 | + 0.013 034 314 | + 0.006 090 695 |
| 7840.5 | + 0.633 145 | + 1.2503 65 | + 0.5564 21 | − 0.012 169 794 | + 0.006 307 076 | + 0.003 221 424 |
| **JUPITER** | | | | | | |
| 7360.5 | − 5.107 618 | + 1.5916 40 | + 0.8065 68 | − 0.002 577 104 | − 0.006 250 520 | − 0.002 616 413 |
| 7440.5 | − 5.282 921 | + 1.0831 00 | + 0.5928 61 | − 0.001 802 188 | − 0.006 450 038 | − 0.002 720 800 |
| 7520.5 | − 5.395 559 | + 0.5617 09 | + 0.3721 20 | − 0.001 011 877 | − 0.006 571 757 | − 0.002 792 207 |
| 7600.5 | − 5.444 628 | + 0.0336 95 | + 0.1469 93 | − 0.000 214 304 | − 0.006 615 612 | − 0.002 830 424 |
| 7680.5 | − 5.429 872 | − 0.4947 15 | − 0.0798 59 | + 0.000 582 366 | − 0.006 581 783 | − 0.002 835 321 |
| 7760.5 | − 5.351 689 | − 1.0173 47 | − 0.3057 77 | + 0.001 370 075 | − 0.006 471 364 | − 0.002 807 166 |
| 7840.5 | − 5.211 097 | − 1.5281 25 | − 0.5281 34 | + 0.002 141 343 | − 0.006 285 639 | − 0.002 746 337 |
| **SATURN** | | | | | | |
| 7360.5 | − 3.850 422 | − 8.5943 46 | − 3.3841 45 | + 0.004 842 964 | − 0.001 928 861 | − 0.001 005 366 |
| 7440.5 | − 3.459 439 | − 8.7404 97 | − 3.4613 57 | + 0.004 930 033 | − 0.001 724 379 | − 0.000 924 643 |
| 7520.5 | − 3.061 875 | − 8.8701 72 | − 3.5320 46 | + 0.005 007 455 | − 0.001 517 089 | − 0.000 842 338 |
| 7600.5 | − 2.658 502 | − 8.9831 69 | − 3.5960 95 | + 0.005 075 297 | − 0.001 307 480 | − 0.000 758 669 |
| 7680.5 | − 2.250 086 | − 9.0793 10 | − 3.6533 97 | + 0.005 133 441 | − 0.001 095 732 | − 0.000 673 697 |
| 7760.5 | − 1.837 414 | − 9.1584 44 | − 3.7038 57 | + 0.005 181 737 | − 0.000 882 415 | − 0.000 587 652 |
| 7840.5 | − 1.421 262 | − 9.2204 61 | − 3.7473 96 | + 0.005 220 474 | − 0.000 667 789 | − 0.000 500 655 |
| **URANUS** | | | | | | |
| 7360.5 | +18.905 02 | + 6.0098 5 | + 2.3648 9 | − 0.001 300 710 | + 0.003 228 611 | + 0.001 432 492 |
| 7440.5 | +18.798 75 | + 6.2674 0 | + 2.4792 0 | − 0.001 355 886 | + 0.003 210 203 | + 0.001 425 199 |
| 7520.5 | +18.688 08 | + 6.5234 6 | + 2.5929 2 | − 0.001 410 909 | + 0.003 191 160 | + 0.001 417 633 |
| 7600.5 | +18.573 01 | + 6.7779 7 | + 2.7060 2 | − 0.001 465 629 | + 0.003 171 340 | + 0.001 409 714 |
| 7680.5 | +18.453 58 | + 7.0308 6 | + 2.8184 7 | − 0.001 520 089 | + 0.003 150 911 | + 0.001 401 524 |
| 7760.5 | +18.329 80 | + 7.2820 9 | + 2.9302 5 | − 0.001 574 375 | + 0.003 129 648 | + 0.001 392 973 |
| 7840.5 | +18.201 70 | + 7.5315 9 | + 3.0413 3 | − 0.001 628 144 | + 0.003 107 635 | + 0.001 384 079 |
| **NEPTUNE** | | | | | | |
| 7360.5 | +27.919 73 | − 9.7966 3 | − 4.7048 7 | + 0.001 115 674 | + 0.002 729 492 | + 0.001 089 278 |
| 7440.5 | +28.008 03 | − 9.5779 4 | − 4.6175 6 | + 0.001 091 901 | + 0.002 737 871 | + 0.001 093 293 |
| 7520.5 | +28.094 42 | − 9.3585 7 | − 4.5299 4 | + 0.001 067 937 | + 0.002 746 208 | + 0.001 097 307 |
| 7600.5 | +28.178 90 | − 9.1385 5 | − 4.4420 0 | + 0.001 043 923 | + 0.002 754 359 | + 0.001 101 238 |
| 7680.5 | +28.261 45 | − 8.9178 7 | − 4.3537 4 | + 0.001 019 803 | + 0.002 762 488 | + 0.001 105 166 |
| 7760.5 | +28.342 06 | − 8.6965 6 | − 4.2651 7 | + 0.000 995 482 | + 0.002 770 367 | + 0.001 109 000 |
| 7840.5 | +28.420 73 | − 8.4746 2 | − 4.1763 0 | + 0.000 971 293 | + 0.002 778 075 | + 0.001 112 758 |

\* Values labelled for the Earth are actually for the Earth/Moon barycenter (see note on page E2).

# PLANETS, 2016

## HELIOCENTRIC OSCULATING ORBITAL ELEMENTS
## REFERRED TO THE MEAN EQUINOX AND ECLIPTIC OF J2000.0

| Julian Date (TDB) 245 | Inclination $i$ | Longitude Asc. Node $\Omega$ | Longitude Perihelion $\varpi$ | Semimajor Axis $a$ | Daily Motion $n$ | Eccentricity $e$ | Mean Longitude $L$ |
|---|---|---|---|---|---|---|---|
| **MERCURY** | ° | ° | ° | au | ° | | ° |
| 7360.5 | 7.004 04 | 48.3108 | 77.4793 | 0.387 0983 | 4.092 345 | 0.205 6300 | 291.249 90 |
| 7400.5 | 7.004 04 | 48.3107 | 77.4794 | 0.387 0981 | 4.092 349 | 0.205 6275 | 94.943 47 |
| 7440.5 | 7.004 02 | 48.3105 | 77.4804 | 0.387 0999 | 4.092 319 | 0.205 6248 | 258.636 78 |
| 7480.5 | 7.003 98 | 48.3099 | 77.4822 | 0.387 0987 | 4.092 339 | 0.205 6199 | 62.328 96 |
| 7520.5 | 7.003 99 | 48.3098 | 77.4828 | 0.387 0994 | 4.092 327 | 0.205 6231 | 226.021 91 |
| 7560.5 | 7.003 98 | 48.3098 | 77.4832 | 0.387 0985 | 4.092 342 | 0.205 6250 | 29.715 21 |
| 7600.5 | 7.003 99 | 48.3096 | 77.4824 | 0.387 0982 | 4.092 346 | 0.205 6288 | 193.408 46 |
| 7640.5 | 7.003 99 | 48.3095 | 77.4812 | 0.387 0985 | 4.092 341 | 0.205 6285 | 357.102 66 |
| 7680.5 | 7.004 00 | 48.3094 | 77.4811 | 0.387 0986 | 4.092 341 | 0.205 6278 | 160.796 14 |
| 7720.5 | 7.004 01 | 48.3093 | 77.4805 | 0.387 0980 | 4.092 349 | 0.205 6301 | 324.490 07 |
| 7760.5 | 7.004 00 | 48.3093 | 77.4795 | 0.387 0983 | 4.092 344 | 0.205 6272 | 128.183 46 |
| 7800.5 | 7.004 00 | 48.3092 | 77.4799 | 0.387 0988 | 4.092 337 | 0.205 6278 | 291.876 86 |
| **VENUS** | | | | | | | |
| 7360.5 | 3.394 40 | 76.6349 | 131.750 | 0.723 3270 | 1.602 148 | 0.006 7490 | 139.168 87 |
| 7400.5 | 3.394 40 | 76.6345 | 131.707 | 0.723 3263 | 1.602 150 | 0.006 7518 | 203.254 19 |
| 7440.5 | 3.394 40 | 76.6345 | 131.688 | 0.723 3255 | 1.602 153 | 0.006 7493 | 267.340 57 |
| 7480.5 | 3.394 40 | 76.6343 | 131.706 | 0.723 3306 | 1.602 136 | 0.006 7421 | 331.426 29 |
| 7520.5 | 3.394 40 | 76.6341 | 131.743 | 0.723 3298 | 1.602 139 | 0.006 7384 | 35.511 14 |
| 7560.5 | 3.394 41 | 76.6341 | 131.767 | 0.723 3278 | 1.602 145 | 0.006 7371 | 99.596 80 |
| 7600.5 | 3.394 40 | 76.6339 | 131.757 | 0.723 3321 | 1.602 131 | 0.006 7434 | 163.682 18 |
| 7640.5 | 3.394 41 | 76.6336 | 131.684 | 0.723 3275 | 1.602 146 | 0.006 7462 | 227.767 03 |
| 7680.5 | 3.394 41 | 76.6336 | 131.642 | 0.723 3244 | 1.602 157 | 0.006 7470 | 291.853 34 |
| 7720.5 | 3.394 41 | 76.6334 | 131.638 | 0.723 3280 | 1.602 145 | 0.006 7418 | 355.939 28 |
| 7760.5 | 3.394 42 | 76.6333 | 131.659 | 0.723 3267 | 1.602 149 | 0.006 7404 | 60.024 96 |
| 7800.5 | 3.394 40 | 76.6331 | 131.653 | 0.723 3305 | 1.602 136 | 0.006 7463 | 124.110 99 |
| **EARTH\*** | | | | | | | |
| 7360.5 | 0.002 07 | 172.5 | 102.9644 | 0.999 9971 | 0.985 614 7 | 0.016 7005 | 72.274 12 |
| 7400.5 | 0.002 07 | 172.6 | 102.9751 | 0.999 9995 | 0.985 611 2 | 0.016 7036 | 111.699 04 |
| 7440.5 | 0.002 08 | 172.5 | 102.9697 | 1.000 0068 | 0.985 600 4 | 0.016 7133 | 151.122 57 |
| 7480.5 | 0.002 11 | 172.5 | 102.9313 | 1.000 0004 | 0.985 609 8 | 0.016 7245 | 190.545 13 |
| 7520.5 | 0.002 13 | 172.8 | 102.8900 | 0.999 9860 | 0.985 631 2 | 0.016 7355 | 229.969 17 |
| 7560.5 | 0.002 13 | 173.0 | 102.8820 | 0.999 9809 | 0.985 638 7 | 0.016 7401 | 269.394 48 |
| 7600.5 | 0.002 14 | 172.6 | 102.8887 | 0.999 9898 | 0.985 625 6 | 0.016 7308 | 308.819 40 |
| 7640.5 | 0.002 15 | 172.4 | 102.8745 | 1.000 0021 | 0.985 607 3 | 0.016 7173 | 348.243 29 |
| 7680.5 | 0.002 17 | 172.5 | 102.8662 | 1.000 0053 | 0.985 602 7 | 0.016 7091 | 27.666 58 |
| 7720.5 | 0.002 17 | 172.5 | 102.8698 | 1.000 0015 | 0.985 608 2 | 0.016 7035 | 67.090 33 |
| 7760.5 | 0.002 17 | 172.6 | 102.8873 | 0.999 9985 | 0.985 612 6 | 0.016 7015 | 106.515 24 |
| 7800.5 | 0.002 18 | 172.4 | 102.9137 | 1.000 0010 | 0.985 608 9 | 0.016 7009 | 145.940 51 |

\*Values labelled for the Earth are actually for the Earth/Moon barycenter (see note on page E2).

## FORMULAS

Mean anomaly, $M = L - \varpi$

Argument of perihelion, measured from node, $\omega = \varpi - \Omega$

True anomaly, $\quad v = M + (2e - e^3/4) \sin M + (5e^2/4) \sin 2M + (13e^3/12) \sin 3M + \ldots \quad$ in radians.

Planet-Sun distance, $\quad r = a(1 - e^2)/(1 + e \cos v)$

Heliocentric rectangular coordinates, referred to the ecliptic, may be computed from these elements by:

$$x = r\{\cos(v + \omega) \cos \Omega - \sin(v + \omega) \cos i \sin \Omega\}$$
$$y = r\{\cos(v + \omega) \sin \Omega + \sin(v + \omega) \cos i \cos \Omega\}$$
$$z = r \sin(v + \omega) \sin i$$

## HELIOCENTRIC OSCULATING ORBITAL ELEMENTS
### REFERRED TO THE MEAN EQUINOX AND ECLIPTIC OF J2000.0

| Julian Date (TDB) 245 | Inclin- ation $i$ | Longitude Asc. Node $\Omega$ | Longitude Perihelion $\varpi$ | Semimajor Axis $a$ | Daily Motion $n$ | Eccen- tricity $e$ | Mean Longitude $L$ |
|---|---|---|---|---|---|---|---|
| **MARS** | ° | ° | ° | au | ° | | ° |
| 7360.5 | 1.848 38 | 49.5089 | 336.1245 | 1.523 7848 | 0.523 986 3 | 0.093 3687 | 162.960 67 |
| 7400.5 | 1.848 40 | 49.5081 | 336.1398 | 1.523 7693 | 0.523 994 3 | 0.093 3727 | 183.917 47 |
| 7440.5 | 1.848 42 | 49.5076 | 336.1580 | 1.523 7199 | 0.524 019 7 | 0.093 3937 | 204.876 23 |
| 7480.5 | 1.848 42 | 49.5075 | 336.1797 | 1.523 6589 | 0.524 051 2 | 0.093 4165 | 225.837 34 |
| 7520.5 | 1.848 42 | 49.5075 | 336.1956 | 1.523 6168 | 0.524 072 9 | 0.093 4325 | 246.800 76 |
| 7560.5 | 1.848 40 | 49.5073 | 336.1997 | 1.523 6104 | 0.524 076 3 | 0.093 4461 | 267.765 34 |
| 7600.5 | 1.848 40 | 49.5071 | 336.1926 | 1.523 6390 | 0.524 061 5 | 0.093 4612 | 288.729 03 |
| 7640.5 | 1.848 39 | 49.5070 | 336.1853 | 1.523 6781 | 0.524 041 3 | 0.093 4819 | 309.691 60 |
| 7680.5 | 1.848 39 | 49.5071 | 336.1821 | 1.523 7082 | 0.524 025 8 | 0.093 4991 | 330.652 99 |
| 7720.5 | 1.848 39 | 49.5071 | 336.1821 | 1.523 7240 | 0.524 017 6 | 0.093 5085 | 351.613 77 |
| 7760.5 | 1.848 39 | 49.5071 | 336.1791 | 1.523 7182 | 0.524 020 6 | 0.093 5073 | 12.574 16 |
| 7800.5 | 1.848 39 | 49.5071 | 336.1677 | 1.523 6922 | 0.524 034 0 | 0.093 5041 | 33.534 27 |
| **JUPITER** | | | | | | | |
| 7360.5 | 1.303 73 | 100.5129 | 14.3048 | 5.202 184 | 0.083 106 31 | 0.048 9060 | 157.589 66 |
| 7400.5 | 1.303 73 | 100.5123 | 14.2991 | 5.202 211 | 0.083 105 67 | 0.048 8960 | 160.915 03 |
| 7440.5 | 1.303 72 | 100.5121 | 14.2831 | 5.202 156 | 0.083 106 99 | 0.048 9005 | 164.240 42 |
| 7480.5 | 1.303 73 | 100.5132 | 14.2748 | 5.202 089 | 0.083 108 59 | 0.048 9118 | 167.564 87 |
| 7520.5 | 1.303 74 | 100.5137 | 14.2730 | 5.202 071 | 0.083 109 03 | 0.048 9151 | 170.889 24 |
| 7560.5 | 1.303 74 | 100.5141 | 14.2730 | 5.202 079 | 0.083 108 85 | 0.048 9135 | 174.213 66 |
| 7600.5 | 1.303 74 | 100.5130 | 14.2674 | 5.202 093 | 0.083 108 50 | 0.048 9089 | 177.538 71 |
| 7640.5 | 1.303 73 | 100.5126 | 14.2584 | 5.202 035 | 0.083 109 89 | 0.048 9188 | 180.863 68 |
| 7680.5 | 1.303 73 | 100.5123 | 14.2574 | 5.201 982 | 0.083 111 16 | 0.048 9296 | 184.187 96 |
| 7720.5 | 1.303 73 | 100.5129 | 14.2636 | 5.201 960 | 0.083 111 70 | 0.048 9349 | 187.511 70 |
| 7760.5 | 1.303 73 | 100.5133 | 14.2727 | 5.202 041 | 0.083 109 75 | 0.048 9192 | 190.835 35 |
| 7800.5 | 1.303 73 | 100.5130 | 14.2689 | 5.202 158 | 0.083 106 94 | 0.048 8955 | 194.160 16 |
| **SATURN** | | | | | | | |
| 7360.5 | 2.487 77 | 113.5758 | 93.4755 | 9.548 544 | 0.033 424 81 | 0.054 1574 | 244.494 42 |
| 7400.5 | 2.487 75 | 113.5763 | 93.5472 | 9.549 845 | 0.033 417 98 | 0.054 0317 | 245.830 78 |
| 7440.5 | 2.487 71 | 113.5772 | 93.6010 | 9.551 108 | 0.033 411 35 | 0.053 9020 | 247.168 54 |
| 7480.5 | 2.487 64 | 113.5787 | 93.6378 | 9.552 137 | 0.033 405 95 | 0.053 7932 | 248.506 44 |
| 7520.5 | 2.487 59 | 113.5798 | 93.6748 | 9.553 139 | 0.033 400 69 | 0.053 6881 | 249.843 65 |
| 7560.5 | 2.487 54 | 113.5808 | 93.7102 | 9.554 145 | 0.033 395 42 | 0.053 5822 | 251.180 58 |
| 7600.5 | 2.487 51 | 113.5812 | 93.7446 | 9.555 265 | 0.033 389 55 | 0.053 4624 | 252.517 70 |
| 7640.5 | 2.487 47 | 113.5820 | 93.7605 | 9.556 292 | 0.033 384 16 | 0.053 3475 | 253.856 03 |
| 7680.5 | 2.487 43 | 113.5828 | 93.7677 | 9.557 146 | 0.033 379 69 | 0.053 2504 | 255.194 13 |
| 7720.5 | 2.487 37 | 113.5838 | 93.7724 | 9.557 888 | 0.033 375 80 | 0.053 1661 | 256.531 65 |
| 7760.5 | 2.487 32 | 113.5845 | 93.7882 | 9.558 687 | 0.033 371 62 | 0.053 0788 | 257.867 71 |
| 7800.5 | 2.487 28 | 113.5851 | 93.8056 | 9.559 738 | 0.033 366 11 | 0.052 9634 | 259.204 00 |
| **URANUS** | | | | | | | |
| 7360.5 | 0.772 30 | 73.9428 | 172.0746 | 19.122 42 | 0.011 794 23 | 0.050 7128 | 21.557 96 |
| 7440.5 | 0.772 21 | 73.9520 | 172.3990 | 19.117 98 | 0.011 798 35 | 0.050 8277 | 22.477 99 |
| 7520.5 | 0.772 18 | 73.9549 | 172.6620 | 19.115 24 | 0.011 800 88 | 0.050 8642 | 23.399 76 |
| 7600.5 | 0.772 09 | 73.9641 | 172.9366 | 19.112 31 | 0.011 803 59 | 0.050 9036 | 24.321 00 |
| 7680.5 | 0.771 98 | 73.9745 | 173.1735 | 19.110 96 | 0.011 804 84 | 0.050 8600 | 25.241 14 |
| 7760.5 | 0.771 93 | 73.9792 | 173.3807 | 19.109 48 | 0.011 806 22 | 0.050 8390 | 26.165 56 |
| 7840.5 | 0.771 82 | 73.9893 | 173.6571 | 19.107 27 | 0.011 808 26 | 0.050 8227 | 27.084 29 |
| **NEPTUNE** | | | | | | | |
| 7360.5 | 1.772 32 | 131.8203 | 75.776 | 29.934 08 | 0.006 022 079 | 0.007 6467 | 339.627 20 |
| 7440.5 | 1.772 41 | 131.8218 | 75.334 | 29.936 66 | 0.006 021 300 | 0.007 3571 | 340.076 63 |
| 7520.5 | 1.772 34 | 131.8207 | 74.235 | 29.941 37 | 0.006 019 878 | 0.007 1128 | 340.531 77 |
| 7600.5 | 1.772 39 | 131.8214 | 73.007 | 29.946 22 | 0.006 018 417 | 0.006 8634 | 340.985 77 |
| 7680.5 | 1.772 38 | 131.8214 | 70.788 | 29.954 13 | 0.006 016 032 | 0.006 6449 | 341.442 72 |
| 7760.5 | 1.772 32 | 131.8203 | 68.990 | 29.960 13 | 0.006 014 226 | 0.006 4668 | 341.903 00 |
| 7840.5 | 1.772 32 | 131.8202 | 66.559 | 29.967 67 | 0.006 011 956 | 0.006 2414 | 342.356 18 |

# MERCURY, 2016

## HELIOCENTRIC POSITIONS FOR 0ʰ BARYCENTRIC DYNAMICAL TIME
### MEAN EQUINOX AND ECLIPTIC OF J2000.0

| Date | | Longitude | Latitude | True Heliocentric Distance | Date | | Longitude | Latitude | True Heliocentric Distance |
|---|---|---|---|---|---|---|---|---|---|
| | | ° ′ ″ | ° ′ ″ | au | | | ° ′ ″ | ° ′ ″ | au |
| Jan. | 0 | 24 49 14.9 | − 2 48 12.5 | 0.329 7502 | Feb. | 15 | 238 43 38.1 | − 1 16 21.0 | 0.460 4214 |
| | 1 | 30 23 06.6 | − 2 09 55.7 | 0.325 2997 | | 16 | 241 31 40.9 | − 1 36 32.6 | 0.462 1454 |
| | 2 | 36 05 31.8 | − 1 29 22.0 | 0.321 2396 | | 17 | 244 18 38.0 | − 1 56 22.2 | 0.463 5953 |
| | 3 | 41 56 01.2 | − 0 46 54.5 | 0.317 6211 | | 18 | 247 04 42.3 | − 2 15 48.8 | 0.464 7695 |
| | 4 | 47 53 55.0 | − 0 03 02.3 | 0.314 4927 | | 19 | 249 50 06.8 | − 2 34 51.3 | 0.465 6665 |
| | 5 | 53 58 22.9 | + 0 41 40.2 | 0.311 8989 | | 20 | 252 35 03.8 | − 2 53 28.7 | 0.466 2853 |
| | 6 | 60 08 23.9 | + 1 26 33.7 | 0.309 8782 | | 21 | 255 19 45.9 | − 3 11 40.0 | 0.466 6253 |
| | 7 | 66 22 47.4 | + 2 10 56.0 | 0.308 4619 | | 22 | 258 04 25.2 | − 3 29 24.0 | 0.466 6861 |
| | 8 | 72 40 14.0 | + 2 54 03.3 | 0.307 6726 | | 23 | 260 49 14.0 | − 3 46 39.6 | 0.466 4675 |
| | 9 | 78 59 18.1 | + 3 35 12.2 | 0.307 5231 | | 24 | 263 34 24.5 | − 4 03 25.5 | 0.465 9698 |
| | 10 | 85 18 29.7 | + 4 13 42.0 | 0.308 0159 | | 25 | 266 20 08.9 | − 4 19 40.5 | 0.465 1936 |
| | 11 | 91 36 17.8 | + 4 48 56.5 | 0.309 1428 | | 26 | 269 06 39.6 | − 4 35 22.9 | 0.464 1399 |
| | 12 | 97 51 13.0 | + 5 20 25.8 | 0.310 8859 | | 27 | 271 54 08.9 | − 4 50 31.3 | 0.462 8097 |
| | 13 | 104 01 50.6 | + 5 47 47.6 | 0.313 2176 | | 28 | 274 42 49.6 | − 5 05 03.9 | 0.461 2047 |
| | 14 | 110 06 53.1 | + 6 10 47.2 | 0.316 1027 | | 29 | 277 32 54.6 | − 5 18 58.7 | 0.459 3268 |
| | 15 | 116 05 12.5 | + 6 29 18.0 | 0.319 4991 | Mar. | 1 | 280 24 37.0 | − 5 32 13.6 | 0.457 1785 |
| | 16 | 121 55 51.3 | + 6 43 20.7 | 0.323 3601 | | 2 | 283 18 10.3 | − 5 44 46.4 | 0.454 7625 |
| | 17 | 127 38 03.7 | + 6 53 02.3 | 0.327 6355 | | 3 | 286 13 48.6 | − 5 56 34.3 | 0.452 0822 |
| | 18 | 133 11 15.4 | + 6 58 34.8 | 0.332 2735 | | 4 | 289 11 46.2 | − 6 07 34.5 | 0.449 1414 |
| | 19 | 138 35 03.1 | + 7 00 14.3 | 0.337 2217 | | 5 | 292 12 17.8 | − 6 17 43.9 | 0.445 9446 |
| | 20 | 143 49 14.0 | + 6 58 19.2 | 0.342 4287 | | 6 | 295 15 39.0 | − 6 26 59.1 | 0.442 4969 |
| | 21 | 148 53 44.2 | + 6 53 09.6 | 0.347 8444 | | 7 | 298 22 05.7 | − 6 35 16.1 | 0.438 8042 |
| | 22 | 153 48 37.4 | + 6 45 06.2 | 0.353 4213 | | 8 | 301 31 54.4 | − 6 42 30.9 | 0.434 8731 |
| | 23 | 158 34 04.0 | + 6 34 29.1 | 0.359 1145 | | 9 | 304 45 22.5 | − 6 48 38.8 | 0.430 7114 |
| | 24 | 163 10 19.2 | + 6 21 38.0 | 0.364 8821 | | 10 | 308 02 47.8 | − 6 53 34.8 | 0.426 3277 |
| | 25 | 167 37 42.4 | + 6 06 51.2 | 0.370 6857 | | 11 | 311 24 29.1 | − 6 57 13.4 | 0.421 7317 |
| | 26 | 171 56 35.6 | + 5 50 25.9 | 0.376 4897 | | 12 | 314 50 45.6 | − 6 59 28.7 | 0.416 9347 |
| | 27 | 176 07 22.9 | + 5 32 37.4 | 0.382 2621 | | 13 | 318 21 57.4 | − 7 00 14.3 | 0.411 9492 |
| | 28 | 180 10 29.4 | + 5 13 39.7 | 0.387 9737 | | 14 | 321 58 25.3 | − 6 59 23.3 | 0.406 7894 |
| | 29 | 184 06 21.1 | + 4 53 45.3 | 0.393 5981 | | 15 | 325 40 30.6 | − 6 56 48.3 | 0.401 4713 |
| | 30 | 187 55 23.8 | + 4 33 05.1 | 0.399 1117 | | 16 | 329 28 35.2 | − 6 52 21.6 | 0.396 0128 |
| | 31 | 191 38 03.2 | + 4 11 48.9 | 0.404 4935 | | 17 | 333 23 01.5 | − 6 45 54.9 | 0.390 4340 |
| Feb. | 1 | 195 14 44.6 | + 3 50 05.1 | 0.409 7244 | | 18 | 337 24 11.8 | − 6 37 19.9 | 0.384 7575 |
| | 2 | 198 45 52.4 | + 3 28 00.9 | 0.414 7877 | | 19 | 341 32 28.8 | − 6 26 27.8 | 0.379 0084 |
| | 3 | 202 11 50.3 | + 3 05 42.9 | 0.419 6685 | | 20 | 345 48 14.6 | − 6 13 10.3 | 0.373 2145 |
| | 4 | 205 33 01.1 | + 2 43 16.4 | 0.424 3535 | | 21 | 350 11 50.6 | − 5 57 18.9 | 0.367 4068 |
| | 5 | 208 49 46.6 | + 2 20 46.3 | 0.428 8310 | | 22 | 354 43 37.0 | − 5 38 46.0 | 0.361 6192 |
| | 6 | 212 02 27.7 | + 1 58 16.6 | 0.433 0905 | | 23 | 359 23 52.1 | − 5 17 25.0 | 0.355 8889 |
| | 7 | 215 11 24.4 | + 1 35 50.9 | 0.437 1230 | | 24 | 4 12 51.9 | − 4 53 10.7 | 0.350 2563 |
| | 8 | 218 16 55.6 | + 1 13 32.1 | 0.440 9203 | | 25 | 9 10 48.8 | − 4 26 00.0 | 0.344 7649 |
| | 9 | 221 19 19.7 | + 0 51 23.0 | 0.444 4754 | | 26 | 14 17 50.8 | − 3 55 52.6 | 0.339 4613 |
| | 10 | 224 18 54.0 | + 0 29 25.7 | 0.447 7821 | | 27 | 19 34 00.7 | − 3 22 51.7 | 0.334 3944 |
| | 11 | 227 15 55.2 | + 0 07 42.3 | 0.450 8349 | | 28 | 24 59 14.9 | − 2 47 04.6 | 0.329 6152 |
| | 12 | 230 10 39.1 | − 0 13 45.6 | 0.453 6291 | | 29 | 30 33 21.9 | − 2 08 43.5 | 0.325 1758 |
| | 13 | 233 03 21.2 | − 0 34 56.3 | 0.456 1605 | | 30 | 36 16 01.7 | − 1 28 06.0 | 0.321 1283 |
| | 14 | 235 54 16.1 | − 0 55 48.5 | 0.458 4256 | | 31 | 42 06 44.6 | − 0 45 35.5 | 0.317 5238 |
| | 15 | 238 43 38.1 | − 1 16 21.0 | 0.460 4214 | Apr. | 1 | 48 04 50.5 | − 0 01 41.4 | 0.314 4109 |

# MERCURY, 2016

## HELICENTRIC POSITIONS FOR 0ʰ BARYCENTRIC DYNAMICAL TIME
### MEAN EQUINOX AND ECLIPTIC OF J2000.0

| Date | Longitude | Latitude | True Heliocentric Distance | Date | Longitude | Latitude | True Heliocentric Distance |
|---|---|---|---|---|---|---|---|
| | ° ′ ″ | ° ′ ″ | au | | ° ′ ″ | ° ′ ″ | au |
| Apr. 1 | 48 04 50.5 | − 0 01 41.4 | 0.314 4109 | May 17 | 249 55 09.0 | − 2 35 26.0 | 0.465 6877 |
| 2 | 54 09 28.8 | + 0 43 01.9 | 0.311 8336 | 18 | 252 40 05.5 | − 2 54 02.6 | 0.466 2983 |
| 3 | 60 19 38.3 | + 1 27 55.0 | 0.309 8306 | 19 | 255 24 47.3 | − 3 12 13.1 | 0.466 6300 |
| 4 | 66 34 07.9 | + 2 12 15.6 | 0.308 4327 | 20 | 258 09 26.8 | − 3 29 56.3 | 0.466 6825 |
| 5 | 72 51 38.3 | + 2 55 19.9 | 0.307 6623 | 21 | 260 54 16.2 | − 3 47 11.0 | 0.466 4556 |
| 6 | 79 10 43.5 | + 3 36 24.5 | 0.307 5319 | 22 | 263 39 27.5 | − 4 03 56.0 | 0.465 9497 |
| 7 | 85 29 53.5 | + 4 14 48.8 | 0.308 0436 | 23 | 266 25 13.2 | − 4 20 09.9 | 0.465 1653 |
| 8 | 91 47 37.3 | + 4 49 56.8 | 0.309 1891 | 24 | 269 11 45.4 | − 4 35 51.3 | 0.464 1032 |
| 9 | 98 02 25.7 | + 5 21 18.9 | 0.310 9499 | 25 | 271 59 16.7 | − 4 50 58.6 | 0.462 7648 |
| 10 | 104 12 54.0 | + 5 48 32.9 | 0.313 2985 | 26 | 274 47 59.7 | − 5 05 30.1 | 0.461 1517 |
| 11 | 110 17 45.1 | + 6 11 24.5 | 0.316 1992 | 27 | 277 38 07.4 | − 5 19 23.7 | 0.459 2657 |
| 12 | 116 15 51.3 | + 6 29 47.2 | 0.319 6099 | 28 | 280 29 53.0 | − 5 32 37.4 | 0.457 1094 |
| 13 | 122 06 15.4 | + 6 43 41.8 | 0.323 4837 | 29 | 283 23 29.9 | − 5 45 08.7 | 0.454 6854 |
| 14 | 127 48 12.0 | + 6 53 15.7 | 0.327 7704 | 30 | 286 19 12.1 | − 5 56 55.2 | 0.451 9972 |
| 15 | 133 21 07.0 | + 6 58 40.9 | 0.332 4181 | 31 | 289 17 14.1 | − 6 07 54.0 | 0.449 0487 |
| 16 | 138 44 37.6 | + 7 00 13.6 | 0.337 3745 | June 1 | 292 17 50.6 | − 6 18 01.8 | 0.445 8443 |
| 17 | 143 58 31.1 | + 6 58 12.4 | 0.342 5881 | 2 | 295 21 17.1 | − 6 27 15.2 | 0.442 3891 |
| 18 | 149 02 44.0 | + 6 52 57.3 | 0.348 0091 | 3 | 298 27 49.6 | − 6 35 30.4 | 0.438 6891 |
| 19 | 153 57 20.1 | + 6 44 48.9 | 0.353 5898 | 4 | 301 37 44.7 | − 6 42 43.2 | 0.434 7510 |
| 20 | 158 42 30.0 | + 6 34 07.4 | 0.359 2855 | 5 | 304 51 19.6 | − 6 48 48.9 | 0.430 5824 |
| 21 | 163 18 29.2 | + 6 21 12.6 | 0.365 0546 | 6 | 308 08 52.4 | − 6 53 42.6 | 0.426 1921 |
| 22 | 167 45 36.9 | + 6 06 22.6 | 0.370 8584 | 7 | 311 30 41.6 | − 6 57 18.8 | 0.421 5899 |
| 23 | 172 04 15.4 | + 5 49 54.5 | 0.376 6618 | 8 | 314 57 06.7 | − 6 59 31.5 | 0.416 7869 |
| 24 | 176 14 48.6 | + 5 32 03.7 | 0.382 4326 | 9 | 318 28 27.7 | − 7 00 14.2 | 0.411 7959 |
| 25 | 180 17 42.0 | + 5 13 04.1 | 0.388 1417 | 10 | 322 05 05.4 | − 6 59 20.2 | 0.406 6310 |
| 26 | 184 13 21.2 | + 4 53 08.1 | 0.393 7630 | 11 | 325 47 21.3 | − 6 56 41.9 | 0.401 3082 |
| 27 | 188 02 12.2 | + 4 32 26.7 | 0.399 2729 | 12 | 329 35 37.1 | − 6 52 11.6 | 0.395 8457 |
| 28 | 191 44 40.7 | + 4 11 09.5 | 0.404 6502 | 13 | 333 30 15.2 | − 6 45 41.2 | 0.390 2635 |
| 29 | 195 21 11.9 | + 3 49 24.9 | 0.409 8763 | 14 | 337 31 38.1 | − 6 37 02.1 | 0.384 5843 |
| 30 | 198 52 10.3 | + 3 27 20.3 | 0.414 9343 | 15 | 341 40 08.3 | − 6 26 05.8 | 0.378 8333 |
| May 1 | 202 17 59.4 | + 3 05 01.9 | 0.419 8094 | 16 | 345 56 08.0 | − 6 12 43.7 | 0.373 0384 |
| 2 | 205 39 02.1 | + 2 42 35.2 | 0.424 4883 | 17 | 350 19 58.6 | − 5 56 47.5 | 0.367 2307 |
| 3 | 208 55 40.2 | + 2 20 05.0 | 0.428 9593 | 18 | 354 52 00.1 | − 5 38 09.6 | 0.361 4441 |
| 4 | 212 08 14.4 | + 1 57 35.4 | 0.433 2122 | 19 | 359 32 31.0 | − 5 16 43.4 | 0.355 7160 |
| 5 | 215 17 04.8 | + 1 35 09.8 | 0.437 2378 | 20 | 4 21 46.9 | − 4 52 23.7 | 0.350 0869 |
| 6 | 218 22 30.4 | + 1 12 51.3 | 0.441 0280 | 21 | 9 20 00.2 | − 4 25 07.7 | 0.344 6004 |
| 7 | 221 24 49.3 | + 0 50 42.4 | 0.444 5758 | 22 | 14 27 18.9 | − 3 54 55.0 | 0.339 3030 |
| 8 | 224 24 18.9 | + 0 28 45.5 | 0.447 8750 | 23 | 19 43 45.5 | − 3 21 48.9 | 0.334 2440 |
| 9 | 227 21 15.8 | + 0 07 02.6 | 0.450 9202 | 24 | 25 09 16.1 | − 2 45 56.8 | 0.329 4741 |
| 10 | 230 15 56.0 | − 0 14 24.8 | 0.453 7066 | 25 | 30 43 39.1 | − 2 07 31.3 | 0.325 0456 |
| 11 | 233 08 34.8 | − 0 35 35.0 | 0.456 2302 | 26 | 36 26 34.2 | − 1 26 49.9 | 0.321 0107 |
| 12 | 235 59 26.8 | − 0 56 26.6 | 0.458 4874 | 27 | 42 17 31.4 | − 0 44 16.5 | 0.317 4203 |
| 13 | 238 48 46.3 | − 1 16 58.5 | 0.460 4752 | 28 | 48 15 50.2 | − 0 00 20.3 | 0.314 3228 |
| 14 | 241 36 47.1 | − 1 37 09.5 | 0.462 1911 | 29 | 54 20 39.7 | + 0 44 23.9 | 0.311 7624 |
| 15 | 244 23 42.4 | − 1 56 58.4 | 0.463 6329 | 30 | 60 30 58.4 | + 1 29 16.7 | 0.309 7771 |
| 16 | 247 09 45.5 | − 2 16 24.2 | 0.464 7989 | July 1 | 66 45 35.0 | + 2 13 35.7 | 0.308 3979 |
| 17 | 249 55 09.0 | − 2 35 26.0 | 0.465 6877 | 2 | 73 03 09.9 | + 2 56 37.0 | 0.307 6468 |

# MERCURY, 2016

## HELIOCENTRIC POSITIONS FOR 0ʰ BARYCENTRIC DYNAMICAL TIME
### MEAN EQUINOX AND ECLIPTIC OF J2000.0

| Date | | Longitude | Latitude | True Heliocentric Distance | Date | | Longitude | Latitude | True Heliocentric Distance |
|---|---|---|---|---|---|---|---|---|---|
| | | ° ′ ″ | ° ′ ″ | au | | | ° ′ ″ | ° ′ ″ | au |
| July | 1 | 66 45 35.0 | + 2 13 35.7 | 0.308 3979 | Aug. | 16 | 258 14 29.3 | − 3 30 28.5 | 0.466 6801 |
| | 2 | 73 03 09.9 | + 2 56 37.0 | 0.307 6468 | | 17 | 260 59 19.1 | − 3 47 42.3 | 0.466 4446 |
| | 3 | 79 22 16.8 | + 3 37 37.3 | 0.307 5358 | | 18 | 263 44 31.3 | − 4 04 26.3 | 0.465 9300 |
| | 4 | 85 41 25.9 | + 4 15 56.1 | 0.308 0669 | | 19 | 266 30 18.1 | − 4 20 39.3 | 0.465 1369 |
| | 5 | 91 59 06.0 | + 4 50 57.7 | 0.309 2314 | | 20 | 269 16 51.9 | − 4 36 19.7 | 0.464 0663 |
| | 6 | 98 13 47.9 | + 5 22 12.6 | 0.311 0106 | | 21 | 272 04 25.2 | − 4 51 25.9 | 0.462 7193 |
| | 7 | 104 24 07.4 | + 5 49 18.8 | 0.313 3766 | | 22 | 274 53 10.7 | − 5 05 56.2 | 0.461 0976 |
| | 8 | 110 28 47.4 | + 6 12 02.2 | 0.316 2935 | | 23 | 277 43 21.1 | − 5 19 48.7 | 0.459 2032 |
| | 9 | 116 26 40.6 | + 6 30 16.6 | 0.319 7191 | | 24 | 280 35 09.9 | − 5 33 01.1 | 0.457 0384 |
| | 10 | 122 16 50.1 | + 6 44 03.2 | 0.323 6063 | | 25 | 283 28 50.4 | − 5 45 31.1 | 0.454 6062 |
| | 11 | 127 58 30.8 | + 6 53 29.2 | 0.327 9049 | | 26 | 286 24 36.8 | − 5 57 16.2 | 0.451 9098 |
| | 12 | 133 31 09.2 | + 6 58 47.1 | 0.332 5629 | | 27 | 289 22 43.3 | − 6 08 13.4 | 0.448 9532 |
| | 13 | 138 54 22.5 | + 7 00 13.0 | 0.337 5280 | | 28 | 292 23 24.8 | − 6 18 19.6 | 0.445 7408 |
| | 14 | 144 07 58.6 | + 6 58 05.5 | 0.342 7488 | | 29 | 295 26 56.8 | − 6 27 31.3 | 0.442 2779 |
| | 15 | 149 11 53.9 | + 6 52 44.8 | 0.348 1755 | | 30 | 298 33 35.3 | − 6 35 44.7 | 0.438 5703 |
| | 16 | 154 06 12.7 | + 6 44 31.3 | 0.353 7605 | | 31 | 301 43 36.9 | − 6 42 55.5 | 0.434 6248 |
| | 17 | 158 51 05.7 | + 6 33 45.5 | 0.359 4593 | Sept. | 1 | 304 57 19.0 | − 6 48 59.1 | 0.430 4491 |
| | 18 | 163 26 48.4 | + 6 20 46.9 | 0.365 2301 | | 2 | 308 14 59.4 | − 6 53 50.5 | 0.426 0519 |
| | 19 | 167 53 40.3 | + 6 05 53.6 | 0.371 0346 | | 3 | 311 36 56.9 | − 6 57 24.2 | 0.421 4432 |
| | 20 | 172 12 03.7 | + 5 49 22.7 | 0.376 8377 | | 4 | 315 03 30.9 | − 6 59 34.2 | 0.416 6341 |
| | 21 | 176 22 22.5 | + 5 31 29.6 | 0.382 6072 | | 5 | 318 35 01.5 | − 7 00 14.1 | 0.411 6373 |
| | 22 | 180 25 02.2 | + 5 12 28.1 | 0.388 3142 | | 6 | 322 11 49.4 | − 6 59 16.9 | 0.406 4671 |
| | 23 | 184 20 28.6 | + 4 52 30.6 | 0.393 9326 | | 7 | 325 54 16.1 | − 6 56 35.3 | 0.401 1397 |
| | 24 | 188 09 07.5 | + 4 31 47.9 | 0.399 4389 | | 8 | 329 42 43.5 | − 6 52 01.5 | 0.395 6730 |
| | 25 | 191 51 24.8 | + 4 10 29.7 | 0.404 8121 | | 9 | 333 37 33.9 | − 6 45 27.2 | 0.390 0873 |
| | 26 | 195 27 45.4 | + 3 48 44.4 | 0.410 0334 | | 10 | 337 39 09.9 | − 6 36 44.0 | 0.384 4054 |
| | 27 | 198 58 33.9 | + 3 26 39.3 | 0.415 0862 | | 11 | 341 47 53.8 | − 6 25 43.3 | 0.378 6525 |
| | 28 | 202 24 14.0 | + 3 04 20.5 | 0.419 9556 | | 12 | 346 04 07.9 | − 6 12 16.6 | 0.372 8567 |
| | 29 | 205 45 08.2 | + 2 41 53.7 | 0.424 6284 | | 13 | 350 28 13.5 | − 5 56 15.5 | 0.367 0489 |
| | 30 | 209 01 38.4 | + 2 19 23.5 | 0.429 0931 | | 14 | 355 00 30.8 | − 5 37 32.5 | 0.361 2635 |
| | 31 | 212 14 05.5 | + 1 56 53.9 | 0.433 3392 | | 15 | 359 41 17.9 | − 5 16 01.0 | 0.355 5378 |
| Aug. | 1 | 215 22 49.3 | + 1 34 28.5 | 0.437 3578 | | 16 | 4 30 50.5 | − 4 51 35.9 | 0.349 9124 |
| | 2 | 218 28 08.8 | + 1 12 10.2 | 0.441 1408 | | 17 | 9 29 20.8 | − 4 24 14.3 | 0.344 4310 |
| | 3 | 221 30 22.2 | + 0 50 01.7 | 0.444 6812 | | 18 | 14 36 56.7 | − 3 53 56.1 | 0.339 1403 |
| | 4 | 224 29 46.8 | + 0 28 05.2 | 0.447 9727 | | 19 | 19 53 40.5 | − 3 20 44.7 | 0.334 0894 |
| | 5 | 227 26 39.3 | + 0 06 22.7 | 0.451 0101 | | 20 | 25 19 28.1 | − 2 44 47.7 | 0.329 3294 |
| | 6 | 230 21 15.4 | − 0 15 04.1 | 0.453 7885 | | 21 | 30 54 07.6 | − 2 06 17.6 | 0.324 9124 |
| | 7 | 233 13 50.6 | − 0 36 13.8 | 0.456 3040 | | 22 | 36 37 18.3 | − 1 25 32.4 | 0.320 8905 |
| | 8 | 236 04 39.5 | − 0 57 04.8 | 0.458 5530 | | 23 | 42 28 30.0 | − 0 42 55.8 | 0.317 3148 |
| | 9 | 238 53 56.4 | − 1 17 36.1 | 0.460 5326 | | 24 | 48 27 02.1 | + 0 01 02.4 | 0.314 2335 |
| | 10 | 241 41 54.9 | − 1 37 46.4 | 0.462 2401 | | 25 | 54 32 03.0 | + 0 45 47.5 | 0.311 6904 |
| | 11 | 244 28 48.4 | − 1 57 34.6 | 0.463 6734 | | 26 | 60 42 31.0 | + 1 30 39.9 | 0.309 7237 |
| | 12 | 247 14 50.0 | − 2 16 59.7 | 0.464 8309 | | 27 | 66 57 14.5 | + 2 14 57.2 | 0.308 3639 |
| | 13 | 250 00 12.4 | − 2 36 00.7 | 0.465 7111 | | 28 | 73 14 53.7 | + 2 57 55.4 | 0.307 6327 |
| | 14 | 252 45 08.2 | − 2 54 36.6 | 0.466 3131 | | 29 | 79 34 02.2 | + 3 38 51.3 | 0.307 5419 |
| | 15 | 255 29 49.7 | − 3 12 46.2 | 0.466 6362 | | 30 | 85 53 10.0 | + 4 17 04.5 | 0.308 0930 |
| | 16 | 258 14 29.3 | − 3 30 28.5 | 0.466 6801 | Oct. | 1 | 92 10 45.9 | + 4 51 59.5 | 0.309 2771 |

# MERCURY, 2016

## HELIOCENTRIC POSITIONS FOR 0ʰ BARYCENTRIC DYNAMICAL TIME
### MEAN EQUINOX AND ECLIPTIC OF J2000.0

| Date | | Longitude | Latitude | True Heliocentric Distance | Date | | Longitude | Latitude | True Heliocentric Distance |
|---|---|---|---|---|---|---|---|---|---|
| | | ° ′ ″ | ° ′ ″ | au | | | ° ′ ″ | ° ′ ″ | au |
| Oct. | 1 | 92 10 45.9 | + 4 51 59.5 | 0.309 2771 | Nov. | 16 | 269 21 59.6 | − 4 36 48.1 | 0.464 0289 |
| | 2 | 98 25 20.9 | + 5 23 06.9 | 0.311 0752 | | 17 | 272 09 34.9 | − 4 51 53.3 | 0.462 6733 |
| | 3 | 104 35 31.0 | + 5 50 05.1 | 0.313 4590 | | 18 | 274 58 22.8 | − 5 06 22.5 | 0.461 0431 |
| | 4 | 110 39 59.3 | + 6 12 40.2 | 0.316 3925 | | 19 | 277 48 36.1 | − 5 20 13.7 | 0.459 1403 |
| | 5 | 116 37 38.8 | + 6 30 46.3 | 0.319 8334 | | 20 | 280 40 28.1 | − 5 33 24.9 | 0.456 9671 |
| | 6 | 122 27 33.1 | + 6 44 24.7 | 0.323 7343 | | 21 | 283 34 12.3 | − 5 45 53.6 | 0.454 5266 |
| | 7 | 128 08 57.4 | + 6 53 42.8 | 0.328 0450 | | 22 | 286 30 02.8 | − 5 57 37.2 | 0.451 8221 |
| | 8 | 133 41 18.4 | + 6 58 53.2 | 0.332 7134 | | 23 | 289 28 13.8 | − 6 08 32.9 | 0.448 8574 |
| | 9 | 139 04 13.8 | + 7 00 12.2 | 0.337 6874 | | 24 | 292 29 00.4 | − 6 18 37.5 | 0.445 6372 |
| | 10 | 144 17 31.7 | + 6 57 58.4 | 0.342 9154 | | 25 | 295 32 38.0 | − 6 27 47.4 | 0.442 1666 |
| | 11 | 149 21 08.9 | + 6 52 32.0 | 0.348 3478 | | 26 | 298 39 22.5 | − 6 35 58.9 | 0.438 4515 |
| | 12 | 154 15 09.9 | + 6 44 13.6 | 0.353 9371 | | 27 | 301 49 30.7 | − 6 43 07.7 | 0.434 4987 |
| | 13 | 158 59 45.4 | + 6 33 23.4 | 0.359 6387 | | 28 | 305 03 19.9 | − 6 49 09.2 | 0.430 3160 |
| | 14 | 163 35 11.2 | + 6 20 20.9 | 0.365 4112 | | 29 | 308 21 08.0 | − 6 53 58.3 | 0.425 9121 |
| | 15 | 168 01 46.9 | + 6 05 24.4 | 0.371 2162 | | 30 | 311 43 13.8 | − 6 57 29.5 | 0.421 2969 |
| | 16 | 172 19 54.7 | + 5 48 50.7 | 0.377 0186 | Dec. | 1 | 315 09 56.6 | − 6 59 36.9 | 0.416 4818 |
| | 17 | 176 29 58.8 | + 5 30 55.3 | 0.382 7866 | | 2 | 318 41 36.7 | − 7 00 13.9 | 0.411 4794 |
| | 18 | 180 32 24.6 | + 5 11 51.9 | 0.388 4912 | | 3 | 322 18 34.9 | − 6 59 13.6 | 0.406 3040 |
| | 19 | 184 27 37.8 | + 4 51 52.8 | 0.394 1065 | | 4 | 326 01 12.4 | − 6 56 28.7 | 0.400 9719 |
| | 20 | 188 16 04.4 | + 4 31 08.9 | 0.399 6089 | | 5 | 329 49 51.4 | − 6 51 51.2 | 0.395 5012 |
| | 21 | 191 58 10.1 | + 4 09 49.8 | 0.404 9776 | | 6 | 333 44 54.1 | − 6 45 13.1 | 0.389 9122 |
| | 22 | 195 34 20.1 | + 3 48 03.8 | 0.410 1939 | | 7 | 337 46 43.0 | − 6 36 25.8 | 0.384 2276 |
| | 23 | 199 04 58.6 | + 3 25 58.1 | 0.415 2411 | | 8 | 341 55 40.6 | − 6 25 20.7 | 0.378 4729 |
| | 24 | 202 30 29.4 | + 3 03 39.1 | 0.420 1046 | | 9 | 346 12 09.0 | − 6 11 49.3 | 0.372 6762 |
| | 25 | 205 51 15.0 | + 2 41 12.1 | 0.424 7711 | | 10 | 350 36 29.6 | − 5 55 43.3 | 0.366 8686 |
| | 26 | 209 07 37.4 | + 2 18 41.8 | 0.429 2291 | | 11 | 355 09 02.4 | − 5 36 55.2 | 0.361 0844 |
| | 27 | 212 19 57.1 | + 1 56 12.3 | 0.433 4683 | | 12 | 359 50 05.6 | − 5 15 18.4 | 0.355 3611 |
| | 28 | 215 28 34.3 | + 1 33 47.1 | 0.437 4796 | | 13 | 4 39 54.8 | − 4 50 47.9 | 0.349 7395 |
| | 29 | 218 33 47.7 | + 1 11 29.1 | 0.441 2551 | | 14 | 9 38 42.0 | − 4 23 20.8 | 0.344 2633 |
| | 30 | 221 35 55.6 | + 0 49 21.0 | 0.444 7878 | | 15 | 14 46 35.0 | − 3 52 57.2 | 0.338 9792 |
| | 31 | 224 35 15.2 | + 0 27 24.9 | 0.448 0715 | | 16 | 20 03 35.8 | − 3 19 40.5 | 0.333 9366 |
| Nov. | 1 | 227 32 03.2 | + 0 05 42.8 | 0.451 1009 | | 17 | 25 29 40.2 | − 2 43 38.6 | 0.329 1864 |
| | 2 | 230 26 35.4 | − 0 15 43.5 | 0.453 8712 | | 18 | 31 04 36.0 | − 2 05 04.0 | 0.324 7809 |
| | 3 | 233 19 07.0 | − 0 36 52.6 | 0.456 3784 | | 19 | 36 48 02.2 | − 1 24 14.9 | 0.320 7722 |
| | 4 | 236 09 52.8 | − 0 57 43.0 | 0.458 6191 | | 20 | 42 39 28.3 | − 0 41 35.3 | 0.317 2111 |
| | 5 | 238 59 07.0 | − 1 18 13.7 | 0.460 5902 | | 21 | 48 38 13.3 | + 0 02 24.9 | 0.314 1459 |
| | 6 | 241 47 03.2 | − 1 38 23.3 | 0.462 2891 | | 22 | 54 43 25.4 | + 0 47 10.9 | 0.311 6203 |
| | 7 | 244 33 55.0 | − 1 58 10.8 | 0.463 7139 | | 23 | 60 54 02.5 | + 1 32 02.9 | 0.309 6720 |
| | 8 | 247 19 55.1 | − 2 17 35.2 | 0.464 8628 | | 24 | 67 08 52.8 | + 2 16 18.4 | 0.308 3315 |
| | 9 | 250 05 16.5 | − 2 36 35.4 | 0.465 7344 | | 25 | 73 26 36.1 | + 2 59 13.4 | 0.307 6201 |
| | 10 | 252 50 11.7 | − 2 55 10.5 | 0.466 3277 | | 26 | 79 45 45.9 | + 3 40 04.9 | 0.307 5493 |
| | 11 | 255 34 53.0 | − 3 13 19.3 | 0.466 6421 | | 27 | 86 04 52.2 | + 4 18 12.5 | 0.308 1203 |
| | 12 | 258 19 32.7 | − 3 31 00.7 | 0.466 6773 | | 28 | 92 22 23.8 | + 4 53 00.8 | 0.309 3239 |
| | 13 | 261 04 22.9 | − 3 48 13.6 | 0.466 4331 | | 29 | 98 36 51.9 | + 5 24 00.9 | 0.311 1407 |
| | 14 | 263 49 36.0 | − 4 04 56.8 | 0.465 9098 | | 30 | 104 46 52.4 | + 5 50 51.1 | 0.313 5422 |
| | 15 | 266 35 24.1 | − 4 21 08.8 | 0.465 1081 | | 31 | 110 51 09.0 | + 6 13 17.9 | 0.316 4922 |
| | 16 | 269 21 59.6 | − 4 36 48.1 | 0.464 0289 | | 32 | 116 48 34.8 | + 6 31 15.7 | 0.319 9481 |

# VENUS, 2016

## HELIOCENTRIC POSITIONS FOR 0ʰ BARYCENTRIC DYNAMICAL TIME
### MEAN EQUINOX AND ECLIPTIC OF J2000.0

| Date | Longitude | Latitude | True Heliocentric Distance | Date | Longitude | Latitude | True Heliocentric Distance |
|---|---|---|---|---|---|---|---|
| | ° ′ ″ | ° ′ ″ | au | | ° ′ ″ | ° ′ ″ | au |
| Jan. −1 | 181 26 13.6 | + 3 16 55.2 | 0.720 1490 | Apr. 2 | 331 08 30.4 | − 3 16 16.8 | 0.727 9250 |
| 1 | 184 40 24.6 | + 3 13 40.5 | 0.720 3622 | 4 | 334 18 39.6 | − 3 18 58.9 | 0.727 8271 |
| 3 | 187 54 27.1 | + 3 09 49.0 | 0.720 5846 | 6 | 337 28 52.9 | − 3 21 04.6 | 0.727 7153 |
| 5 | 191 08 20.9 | + 3 05 21.4 | 0.720 8156 | 8 | 340 39 10.7 | − 3 22 33.5 | 0.727 5899 |
| 7 | 194 22 05.2 | + 3 00 18.8 | 0.721 0545 | 10 | 343 49 33.1 | − 3 23 25.2 | 0.727 4514 |
| 9 | 197 35 39.9 | + 2 54 42.1 | 0.721 3004 | 12 | 347 00 00.3 | − 3 23 39.6 | 0.727 3001 |
| 11 | 200 49 04.6 | + 2 48 32.5 | 0.721 5526 | 14 | 350 10 32.4 | − 3 23 16.5 | 0.727 1365 |
| 13 | 204 02 18.9 | + 2 41 51.3 | 0.721 8103 | 16 | 353 21 09.5 | − 3 22 16.1 | 0.726 9611 |
| 15 | 207 15 22.7 | + 2 34 39.8 | 0.722 0727 | 18 | 356 31 51.8 | − 3 20 38.4 | 0.726 7744 |
| 17 | 210 28 15.7 | + 2 26 59.4 | 0.722 3389 | 20 | 359 42 39.5 | − 3 18 23.7 | 0.726 5771 |
| 19 | 213 40 57.9 | + 2 18 51.6 | 0.722 6081 | 22 | 2 53 32.5 | − 3 15 32.2 | 0.726 3696 |
| 21 | 216 53 29.1 | + 2 10 18.1 | 0.722 8795 | 24 | 6 04 31.0 | − 3 12 04.6 | 0.726 1526 |
| 23 | 220 05 49.5 | + 2 01 20.6 | 0.723 1521 | 26 | 9 15 35.1 | − 3 08 01.3 | 0.725 9269 |
| 25 | 223 17 58.9 | + 1 52 00.7 | 0.723 4252 | 28 | 12 26 44.9 | − 3 03 23.1 | 0.725 6930 |
| 27 | 226 29 57.6 | + 1 42 20.2 | 0.723 6979 | 30 | 15 38 00.4 | − 2 58 10.7 | 0.725 4517 |
| 29 | 229 41 45.7 | + 1 32 21.2 | 0.723 9693 | May 2 | 18 49 21.8 | − 2 52 25.1 | 0.725 2038 |
| 31 | 232 53 23.3 | + 1 22 05.3 | 0.724 2385 | 4 | 22 00 49.1 | − 2 46 07.2 | 0.724 9499 |
| Feb. 2 | 236 04 50.8 | + 1 11 34.6 | 0.724 5049 | 6 | 25 12 22.5 | − 2 39 18.1 | 0.724 6909 |
| 4 | 239 16 08.5 | + 1 00 51.1 | 0.724 7674 | 8 | 28 24 01.9 | − 2 31 59.1 | 0.724 4276 |
| 6 | 242 27 16.6 | + 0 49 56.8 | 0.725 0254 | 10 | 31 35 47.5 | − 2 24 11.5 | 0.724 1608 |
| 8 | 245 38 15.6 | + 0 38 53.6 | 0.725 2780 | 12 | 34 47 39.4 | − 2 15 56.6 | 0.723 8913 |
| 10 | 248 49 05.8 | + 0 27 43.8 | 0.725 5244 | 14 | 37 59 37.6 | − 2 07 15.9 | 0.723 6200 |
| 12 | 251 59 47.8 | + 0 16 29.2 | 0.725 7638 | 16 | 41 11 42.3 | − 1 58 11.0 | 0.723 3476 |
| 14 | 255 10 22.0 | + 0 05 12.1 | 0.725 9957 | 18 | 44 23 53.5 | − 1 48 43.6 | 0.723 0751 |
| 16 | 258 20 49.0 | − 0 06 05.6 | 0.726 2191 | 20 | 47 36 11.4 | − 1 38 55.4 | 0.722 8033 |
| 18 | 261 31 09.1 | − 0 17 21.7 | 0.726 4335 | 22 | 50 48 36.0 | − 1 28 48.1 | 0.722 5331 |
| 20 | 264 41 23.1 | − 0 28 34.3 | 0.726 6382 | 24 | 54 01 07.4 | − 1 18 23.7 | 0.722 2652 |
| 22 | 267 51 31.4 | − 0 39 41.3 | 0.726 8326 | 26 | 57 13 45.8 | − 1 07 44.1 | 0.722 0006 |
| 24 | 271 01 34.6 | − 0 50 40.6 | 0.727 0161 | 28 | 60 26 31.1 | − 0 56 51.3 | 0.721 7401 |
| 26 | 274 11 33.3 | − 1 01 30.3 | 0.727 1880 | 30 | 63 39 23.5 | − 0 45 47.3 | 0.721 4844 |
| 28 | 277 21 28.1 | − 1 12 08.5 | 0.727 3480 | June 1 | 66 52 22.9 | − 0 34 34.1 | 0.721 2345 |
| Mar. 1 | 280 31 19.5 | − 1 22 33.2 | 0.727 4956 | 3 | 70 05 29.6 | − 0 23 14.0 | 0.720 9911 |
| 3 | 283 41 08.2 | − 1 32 42.6 | 0.727 6302 | 5 | 73 18 43.4 | − 0 11 48.9 | 0.720 7549 |
| 5 | 286 50 54.6 | − 1 42 34.8 | 0.727 7514 | 7 | 76 32 04.5 | − 0 00 21.3 | 0.720 5268 |
| 7 | 290 00 39.4 | − 1 52 08.1 | 0.727 8590 | 9 | 79 45 32.7 | + 0 11 06.9 | 0.720 3074 |
| 9 | 293 10 23.0 | − 2 01 20.8 | 0.727 9526 | 11 | 82 59 08.1 | + 0 22 33.4 | 0.720 0975 |
| 11 | 296 20 06.1 | − 2 10 11.1 | 0.728 0319 | 13 | 86 12 50.7 | + 0 33 56.0 | 0.719 8977 |
| 13 | 299 29 49.1 | − 2 18 37.7 | 0.728 0967 | 15 | 89 26 40.2 | + 0 45 12.5 | 0.719 7087 |
| 15 | 302 39 32.5 | − 2 26 38.8 | 0.728 1467 | 17 | 92 40 36.7 | + 0 56 20.7 | 0.719 5311 |
| 17 | 305 49 16.7 | − 2 34 13.1 | 0.728 1819 | 19 | 95 54 40.0 | + 1 07 18.4 | 0.719 3654 |
| 19 | 308 59 02.3 | − 2 41 19.3 | 0.728 2021 | 21 | 99 08 49.9 | + 1 18 03.6 | 0.719 2122 |
| 21 | 312 08 49.6 | − 2 47 56.0 | 0.728 2073 | 23 | 102 23 06.2 | + 1 28 34.1 | 0.719 0720 |
| 23 | 315 18 39.1 | − 2 54 02.0 | 0.728 1974 | 25 | 105 37 28.6 | + 1 38 47.8 | 0.718 9452 |
| 25 | 318 28 31.0 | − 2 59 36.3 | 0.728 1725 | 27 | 108 51 56.9 | + 1 48 42.9 | 0.718 8323 |
| 27 | 321 38 25.8 | − 3 04 37.8 | 0.728 1327 | 29 | 112 06 30.7 | + 1 58 17.2 | 0.718 7336 |
| 29 | 324 48 23.8 | − 3 09 05.6 | 0.728 0780 | July 1 | 115 21 09.6 | + 2 07 28.9 | 0.718 6495 |
| 31 | 327 58 25.2 | − 3 12 58.8 | 0.728 0088 | 3 | 118 35 53.4 | + 2 16 16.3 | 0.718 5801 |

## HELIOCENTRIC POSITIONS FOR 0$^h$ BARYCENTRIC DYNAMICAL TIME
### MEAN EQUINOX AND ECLIPTIC OF J2000.0

| Date | | Longitude | Latitude | True Heliocentric Distance | Date | | Longitude | Latitude | True Heliocentric Distance |
|---|---|---|---|---|---|---|---|---|---|
| | | ° ′ ″ | ° ′ ″ | au | | | ° ′ ″ | ° ′ ″ | au |
| July | 1 | 115 21 09.6 | + 2 07 28.9 | 0.718 6495 | Oct. | 1 | 263 34 45.8 | − 0 24 39.5 | 0.726 5683 |
| | 3 | 118 35 53.4 | + 2 16 16.3 | 0.718 5801 | | 3 | 266 44 56.0 | − 0 35 48.6 | 0.726 7661 |
| | 5 | 121 50 41.4 | + 2 24 37.5 | 0.718 5258 | | 5 | 269 55 00.9 | − 0 46 50.8 | 0.726 9533 |
| | 7 | 125 05 33.3 | + 2 32 31.0 | 0.718 4867 | | 7 | 273 05 01.1 | − 0 57 44.2 | 0.727 1292 |
| | 9 | 128 20 28.6 | + 2 39 55.1 | 0.718 4630 | | 9 | 276 14 57.2 | − 1 08 26.6 | 0.727 2932 |
| | 11 | 131 35 26.6 | + 2 46 48.5 | 0.718 4547 | | 11 | 279 24 49.8 | − 1 18 56.2 | 0.727 4450 |
| | 13 | 134 50 26.8 | + 2 53 09.7 | 0.718 4618 | | 13 | 282 34 39.3 | − 1 29 11.2 | 0.727 5839 |
| | 15 | 138 05 28.6 | + 2 58 57.5 | 0.718 4843 | | 15 | 285 44 26.5 | − 1 39 09.6 | 0.727 7097 |
| | 17 | 141 20 31.5 | + 3 04 10.8 | 0.718 5223 | | 17 | 288 54 11.8 | − 1 48 49.7 | 0.727 8219 |
| | 19 | 144 35 34.6 | + 3 08 48.6 | 0.718 5754 | | 19 | 292 03 55.8 | − 1 58 09.8 | 0.727 9202 |
| | 21 | 147 50 37.3 | + 3 12 50.0 | 0.718 6437 | | 21 | 295 13 39.0 | − 2 07 08.2 | 0.728 0043 |
| | 23 | 151 05 39.0 | + 3 16 14.1 | 0.718 7267 | | 23 | 298 23 22.0 | − 2 15 43.2 | 0.728 0739 |
| | 25 | 154 20 39.0 | + 3 19 00.4 | 0.718 8244 | | 25 | 301 33 05.2 | − 2 23 53.4 | 0.728 1289 |
| | 27 | 157 35 36.6 | + 3 21 08.4 | 0.718 9363 | | 27 | 304 42 49.1 | − 2 31 37.3 | 0.728 1690 |
| | 29 | 160 50 30.9 | + 3 22 37.6 | 0.719 0621 | | 29 | 307 52 34.2 | − 2 38 53.5 | 0.728 1942 |
| | 31 | 164 05 21.5 | + 3 23 27.8 | 0.719 2014 | | 31 | 311 02 20.9 | − 2 45 40.6 | 0.728 2044 |
| Aug. | 2 | 167 20 07.5 | + 3 23 38.9 | 0.719 3538 | Nov. | 2 | 314 12 09.7 | − 2 51 57.5 | 0.728 1995 |
| | 4 | 170 34 48.3 | + 3 23 10.9 | 0.719 5187 | | 4 | 317 22 00.8 | − 2 57 43.0 | 0.728 1796 |
| | 6 | 173 49 23.2 | + 3 22 04.0 | 0.719 6957 | | 6 | 320 31 54.6 | − 3 02 56.1 | 0.728 1447 |
| | 8 | 177 03 51.6 | + 3 20 18.4 | 0.719 8841 | | 8 | 323 41 51.5 | − 3 07 35.8 | 0.728 0949 |
| | 10 | 180 18 13.0 | + 3 17 54.5 | 0.720 0833 | | 10 | 326 51 51.8 | − 3 11 41.2 | 0.728 0304 |
| | 12 | 183 32 26.6 | + 3 14 52.8 | 0.720 2927 | | 12 | 330 01 55.8 | − 3 15 11.6 | 0.727 9514 |
| | 14 | 186 46 32.0 | + 3 11 14.1 | 0.720 5117 | | 14 | 333 12 03.6 | − 3 18 06.3 | 0.727 8581 |
| | 16 | 190 00 28.8 | + 3 06 59.1 | 0.720 7395 | | 16 | 336 22 15.6 | − 3 20 24.8 | 0.727 7508 |
| | 18 | 193 14 16.3 | + 3 02 08.6 | 0.720 9754 | | 18 | 339 32 32.0 | − 3 22 06.6 | 0.727 6298 |
| | 20 | 196 27 54.3 | + 2 56 43.7 | 0.721 2187 | | 20 | 342 42 52.9 | − 3 23 11.4 | 0.727 4955 |
| | 22 | 199 41 22.4 | + 2 50 45.5 | 0.721 4685 | | 22 | 345 53 18.5 | − 3 23 38.8 | 0.727 3483 |
| | 24 | 202 54 40.2 | + 2 44 15.2 | 0.721 7241 | | 24 | 349 03 49.0 | − 3 23 28.9 | 0.727 1887 |
| | 26 | 206 07 47.6 | + 2 37 14.1 | 0.721 9847 | | 26 | 352 14 24.6 | − 3 22 41.6 | 0.727 0170 |
| | 28 | 209 20 44.3 | + 2 29 43.6 | 0.722 2494 | | 28 | 355 25 05.3 | − 3 21 16.9 | 0.726 8339 |
| | 30 | 212 33 30.2 | + 2 21 45.3 | 0.722 5174 | | 30 | 358 35 51.2 | − 3 19 15.0 | 0.726 6399 |
| Sept. | 1 | 215 46 05.2 | + 2 13 20.6 | 0.722 7878 | Dec. | 2 | 1 46 42.6 | − 3 16 36.4 | 0.726 4356 |
| | 3 | 218 58 29.2 | + 2 04 31.3 | 0.723 0599 | | 4 | 4 57 39.4 | − 3 13 21.4 | 0.726 2216 |
| | 5 | 222 10 42.4 | + 1 55 19.0 | 0.723 3327 | | 6 | 8 08 41.8 | − 3 09 30.5 | 0.725 9986 |
| | 7 | 225 22 44.8 | + 1 45 45.6 | 0.723 6054 | | 8 | 11 19 49.8 | − 3 05 04.4 | 0.725 7672 |
| | 9 | 228 34 36.5 | + 1 35 52.8 | 0.723 8771 | | 10 | 14 31 03.6 | − 3 00 03.8 | 0.725 5282 |
| | 11 | 231 46 17.7 | + 1 25 42.6 | 0.724 1470 | | 12 | 17 42 23.2 | − 2 54 29.7 | 0.725 2822 |
| | 13 | 234 57 48.7 | + 1 15 16.9 | 0.724 4143 | | 14 | 20 53 48.7 | − 2 48 23.0 | 0.725 0301 |
| | 15 | 238 09 09.7 | + 1 04 37.6 | 0.724 6781 | | 16 | 24 05 20.1 | − 2 41 44.7 | 0.724 7726 |
| | 17 | 241 20 21.0 | + 0 53 46.9 | 0.724 9375 | | 18 | 27 16 57.7 | − 2 34 36.0 | 0.724 5105 |
| | 19 | 244 31 23.1 | + 0 42 46.6 | 0.725 1919 | | 20 | 30 28 41.4 | − 2 26 58.2 | 0.724 2447 |
| | 21 | 247 42 16.4 | + 0 31 38.8 | 0.725 4403 | | 22 | 33 40 31.4 | − 2 18 52.6 | 0.723 9759 |
| | 23 | 250 53 01.1 | + 0 20 25.7 | 0.725 6821 | | 24 | 36 52 27.7 | − 2 10 20.8 | 0.723 7049 |
| | 25 | 254 03 38.0 | + 0 09 09.2 | 0.725 9165 | | 26 | 40 04 30.4 | − 2 01 24.1 | 0.723 4327 |
| | 27 | 257 14 07.4 | − 0 02 08.5 | 0.726 1428 | | 28 | 43 16 39.7 | − 1 52 04.4 | 0.723 1600 |
| | 29 | 260 24 29.8 | − 0 13 25.4 | 0.726 3603 | | 30 | 46 28 55.5 | − 1 42 23.2 | 0.722 8878 |
| Oct. | 1 | 263 34 45.8 | − 0 24 39.5 | 0.726 5683 | | 32 | 49 41 18.1 | − 1 32 22.4 | 0.722 6169 |

# MARS, 2016

## HELIOCENTRIC POSITIONS FOR 0ʰ BARYCENTRIC DYNAMICAL TIME
## MEAN EQUINOX AND ECLIPTIC OF J2000.0

| Date | | Longitude | Latitude | True Heliocentric Distance | Date | | Longitude | Latitude | True Heliocentric Distance |
|---|---|---|---|---|---|---|---|---|---|
| | | ° ′ ″ | ° ′ ″ | au | | | ° ′ ″ | ° ′ ″ | au |
| Jan. | −3 | 172 20 57.8 | + 1 33 11.3 | 1.659 2667 | July | 3 | 264 04 42.4 | − 1 02 56.7 | 1.468 1551 |
| | 1 | 174 06 40.5 | + 1 31 17.7 | 1.657 7313 | | 7 | 266 20 00.5 | − 1 06 29.4 | 1.463 2088 |
| | 5 | 175 52 35.4 | + 1 29 18.8 | 1.656 0429 | | 11 | 268 36 13.6 | − 1 09 57.2 | 1.458 3337 |
| | 9 | 177 38 43.6 | + 1 27 14.5 | 1.654 2030 | | 15 | 270 53 21.5 | − 1 13 19.8 | 1.453 5379 |
| | 13 | 179 25 06.5 | + 1 25 04.9 | 1.652 2129 | | 19 | 273 11 23.6 | − 1 16 36.7 | 1.448 8295 |
| | 17 | 181 11 45.0 | + 1 22 50.0 | 1.650 0740 | | 23 | 275 30 19.6 | − 1 19 47.3 | 1.444 2169 |
| | 21 | 182 58 40.6 | + 1 20 30.0 | 1.647 7882 | | 27 | 277 50 08.8 | − 1 22 51.3 | 1.439 7081 |
| | 25 | 184 45 54.3 | + 1 18 04.9 | 1.645 3572 | | 31 | 280 10 50.4 | − 1 25 48.1 | 1.435 3113 |
| | 29 | 186 33 27.4 | + 1 15 34.8 | 1.642 7829 | Aug. | 4 | 282 32 23.5 | − 1 28 37.3 | 1.431 0346 |
| Feb. | 2 | 188 21 21.1 | + 1 12 59.8 | 1.640 0673 | | 8 | 284 54 47.1 | − 1 31 18.3 | 1.426 8860 |
| | 6 | 190 09 36.5 | + 1 10 19.8 | 1.637 2128 | | 12 | 287 18 00.2 | − 1 33 50.9 | 1.422 8733 |
| | 10 | 191 58 15.1 | + 1 07 35.1 | 1.634 2215 | | 16 | 289 42 01.3 | − 1 36 14.4 | 1.419 0043 |
| | 14 | 193 47 17.8 | + 1 04 45.8 | 1.631 0961 | | 20 | 292 06 49.0 | − 1 38 28.5 | 1.415 2866 |
| | 18 | 195 36 45.9 | + 1 01 51.8 | 1.627 8391 | | 24 | 294 32 21.9 | − 1 40 32.7 | 1.411 7277 |
| | 22 | 197 26 40.8 | + 0 58 53.3 | 1.624 4533 | | 28 | 296 58 38.2 | − 1 42 26.7 | 1.408 3347 |
| | 26 | 199 17 03.4 | + 0 55 50.5 | 1.620 9416 | Sept. | 1 | 299 25 36.1 | − 1 44 10.0 | 1.405 1145 |
| Mar. | 1 | 201 07 55.1 | + 0 52 43.3 | 1.617 3071 | | 5 | 301 53 13.7 | − 1 45 42.2 | 1.402 0739 |
| | 5 | 202 59 17.1 | + 0 49 32.0 | 1.613 5530 | | 9 | 304 21 28.8 | − 1 47 03.1 | 1.399 2193 |
| | 9 | 204 51 10.5 | + 0 46 16.6 | 1.609 6827 | | 13 | 306 50 19.2 | − 1 48 12.3 | 1.396 5567 |
| | 13 | 206 43 36.6 | + 0 42 57.3 | 1.605 6998 | | 17 | 309 19 42.7 | − 1 49 09.6 | 1.394 0919 |
| | 17 | 208 36 36.5 | + 0 39 34.3 | 1.601 6078 | | 21 | 311 49 36.8 | − 1 49 54.6 | 1.391 8302 |
| | 21 | 210 30 11.4 | + 0 36 07.6 | 1.597 4108 | | 25 | 314 19 59.0 | − 1 50 27.1 | 1.389 7767 |
| | 25 | 212 24 22.5 | + 0 32 37.4 | 1.593 1127 | | 29 | 316 50 46.5 | − 1 50 47.0 | 1.387 9358 |
| | 29 | 214 19 11.0 | + 0 29 03.9 | 1.588 7178 | Oct. | 3 | 319 21 56.8 | − 1 50 54.2 | 1.386 3117 |
| Apr. | 2 | 216 14 37.9 | + 0 25 27.2 | 1.584 2304 | | 7 | 321 53 26.8 | − 1 50 48.5 | 1.384 9080 |
| | 6 | 218 10 44.5 | + 0 21 47.6 | 1.579 6550 | | 11 | 324 25 13.8 | − 1 50 29.8 | 1.383 7280 |
| | 10 | 220 07 31.8 | + 0 18 05.1 | 1.574 9963 | | 15 | 326 57 14.8 | − 1 49 58.1 | 1.382 7742 |
| | 14 | 222 05 00.9 | + 0 14 20.1 | 1.570 2594 | | 19 | 329 29 26.8 | − 1 49 13.5 | 1.382 0490 |
| | 18 | 224 03 13.0 | + 0 10 32.7 | 1.565 4491 | | 23 | 332 01 46.7 | − 1 48 16.0 | 1.381 5539 |
| | 22 | 226 02 09.0 | + 0 06 43.1 | 1.560 5709 | | 27 | 334 34 11.5 | − 1 47 05.7 | 1.381 2900 |
| | 26 | 228 01 50.0 | + 0 02 51.6 | 1.555 6300 | | 31 | 337 06 38.0 | − 1 45 42.8 | 1.381 2581 |
| | 30 | 230 02 17.0 | − 0 01 01.6 | 1.550 6321 | Nov. | 4 | 339 39 03.1 | − 1 44 07.4 | 1.381 4581 |
| May | 4 | 232 03 31.1 | − 0 04 56.3 | 1.545 5830 | | 8 | 342 11 23.8 | − 1 42 19.9 | 1.381 8896 |
| | 8 | 234 05 33.0 | − 0 08 52.1 | 1.540 4886 | | 12 | 344 43 37.0 | − 1 40 20.3 | 1.382 5517 |
| | 12 | 236 08 23.7 | − 0 12 48.8 | 1.535 3551 | | 16 | 347 15 39.6 | − 1 38 09.1 | 1.383 4427 |
| | 16 | 238 12 04.1 | − 0 16 46.2 | 1.530 1888 | | 20 | 349 47 28.7 | − 1 35 46.7 | 1.384 5608 |
| | 20 | 240 16 35.0 | − 0 20 43.8 | 1.524 9962 | | 24 | 352 19 01.1 | − 1 33 13.3 | 1.385 9033 |
| | 24 | 242 21 57.2 | − 0 24 41.4 | 1.519 7839 | | 28 | 354 50 14.2 | − 1 30 29.4 | 1.387 4671 |
| | 28 | 244 28 11.3 | − 0 28 38.6 | 1.514 5588 | Dec. | 2 | 357 21 05.0 | − 1 27 35.4 | 1.389 2489 |
| June | 1 | 246 35 18.1 | − 0 32 35.1 | 1.509 3278 | | 6 | 359 51 30.9 | − 1 24 31.8 | 1.391 2445 |
| | 5 | 248 43 18.0 | − 0 36 30.6 | 1.504 0981 | | 10 | 2 21 29.1 | − 1 21 19.2 | 1.393 4496 |
| | 9 | 250 52 11.7 | − 0 40 24.7 | 1.498 8769 | | 14 | 4 50 57.2 | − 1 17 57.9 | 1.395 8594 |
| | 13 | 253 01 59.6 | − 0 44 16.9 | 1.493 6718 | | 18 | 7 19 52.6 | − 1 14 28.5 | 1.398 4685 |
| | 17 | 255 12 42.1 | − 0 48 07.0 | 1.488 4902 | | 22 | 9 48 13.2 | − 1 10 51.7 | 1.401 2714 |
| | 21 | 257 24 19.4 | − 0 51 54.4 | 1.483 3399 | | 26 | 12 15 56.6 | − 1 07 07.8 | 1.404 2621 |
| | 25 | 259 36 51.9 | − 0 55 38.8 | 1.478 2287 | | 30 | 14 43 00.9 | − 1 03 17.6 | 1.407 4342 |
| | 29 | 261 50 19.5 | − 0 59 19.7 | 1.473 1644 | | 34 | 17 09 23.9 | − 0 59 21.5 | 1.410 7812 |

## HELIOCENTRIC POSITIONS FOR 0ʰ BARYCENTRIC DYNAMICAL TIME
### MEAN EQUINOX AND ECLIPTIC OF J2000.0

| Date | Longitude | Latitude | True Heliocentric Distance | Date | Longitude | Latitude | True Heliocentric Distance |
|---|---|---|---|---|---|---|---|
| | ° ′ ″ | ° ′ ″ | au | | ° ′ ″ | ° ′ ″ | au |
| **JUPITER** | | | | **SATURN** | | | |
| Jan. 3 | 163 04 31.1 | + 1 09 25.6 | 5.416 260 | Jan. 3 | 248 16 12.1 | + 1 46 08.5 | 10.010 975 |
| 13 | 163 50 27.3 | + 1 09 54.2 | 5.418 153 | 13 | 248 34 25.2 | + 1 45 35.1 | 10.012 256 |
| 23 | 164 36 21.6 | + 1 10 21.9 | 5.420 004 | 23 | 248 52 37.9 | + 1 45 01.4 | 10.013 523 |
| Feb. 2 | 165 22 14.0 | + 1 10 48.9 | 5.421 812 | Feb. 2 | 249 10 50.4 | + 1 44 27.6 | 10.014 775 |
| 12 | 166 08 04.6 | + 1 11 15.1 | 5.423 576 | 12 | 249 29 02.6 | + 1 43 53.7 | 10.016 012 |
| 22 | 166 53 53.5 | + 1 11 40.5 | 5.425 297 | 22 | 249 47 14.6 | + 1 43 19.5 | 10.017 235 |
| Mar. 3 | 167 39 40.6 | + 1 12 05.2 | 5.426 974 | Mar. 3 | 250 05 26.3 | + 1 42 45.2 | 10.018 443 |
| 13 | 168 25 26.1 | + 1 12 29.0 | 5.428 607 | 13 | 250 23 37.8 | + 1 42 10.8 | 10.019 636 |
| 23 | 169 11 09.9 | + 1 12 52.1 | 5.430 196 | 23 | 250 41 49.0 | + 1 41 36.2 | 10.020 814 |
| Apr. 2 | 169 56 52.2 | + 1 13 14.4 | 5.431 740 | Apr. 2 | 250 59 59.9 | + 1 41 01.4 | 10.021 977 |
| 12 | 170 42 33.0 | + 1 13 35.9 | 5.433 239 | 12 | 251 18 10.6 | + 1 40 26.4 | 10.023 126 |
| 22 | 171 28 12.3 | + 1 13 56.7 | 5.434 694 | 22 | 251 36 21.1 | + 1 39 51.3 | 10.024 260 |
| May 2 | 172 13 50.1 | + 1 14 16.6 | 5.436 103 | May 2 | 251 54 31.3 | + 1 39 16.1 | 10.025 379 |
| 12 | 172 59 26.6 | + 1 14 35.7 | 5.437 467 | 12 | 252 12 41.3 | + 1 38 40.6 | 10.026 484 |
| 22 | 173 45 01.7 | + 1 14 54.1 | 5.438 785 | 22 | 252 30 51.1 | + 1 38 05.1 | 10.027 573 |
| June 1 | 174 30 35.5 | + 1 15 11.6 | 5.440 058 | June 1 | 252 49 00.6 | + 1 37 29.3 | 10.028 648 |
| 11 | 175 16 08.1 | + 1 15 28.4 | 5.441 284 | 11 | 253 07 09.9 | + 1 36 53.4 | 10.029 707 |
| 21 | 176 01 39.5 | + 1 15 44.3 | 5.442 464 | 21 | 253 25 19.0 | + 1 36 17.4 | 10.030 752 |
| July 1 | 176 47 09.7 | + 1 15 59.4 | 5.443 597 | July 1 | 253 43 27.8 | + 1 35 41.2 | 10.031 782 |
| 11 | 177 32 38.9 | + 1 16 13.8 | 5.444 684 | 11 | 254 01 36.5 | + 1 35 04.8 | 10.032 797 |
| 21 | 178 18 07.0 | + 1 16 27.3 | 5.445 724 | 21 | 254 19 44.9 | + 1 34 28.3 | 10.033 797 |
| 31 | 179 03 34.0 | + 1 16 40.0 | 5.446 716 | 31 | 254 37 53.1 | + 1 33 51.6 | 10.034 783 |
| Aug. 10 | 179 49 00.1 | + 1 16 51.9 | 5.447 662 | Aug. 10 | 254 56 01.1 | + 1 33 14.8 | 10.035 752 |
| 20 | 180 34 25.3 | + 1 17 03.0 | 5.448 560 | 20 | 255 14 08.9 | + 1 32 37.9 | 10.036 707 |
| 30 | 181 19 49.6 | + 1 17 13.3 | 5.449 410 | 30 | 255 32 16.5 | + 1 32 00.8 | 10.037 647 |
| Sept. 9 | 182 05 13.1 | + 1 17 22.8 | 5.450 213 | Sept. 9 | 255 50 24.0 | + 1 31 23.5 | 10.038 571 |
| 19 | 182 50 35.8 | + 1 17 31.5 | 5.450 969 | 19 | 256 08 31.2 | + 1 30 46.1 | 10.039 480 |
| 29 | 183 35 57.8 | + 1 17 39.3 | 5.451 676 | 29 | 256 26 38.2 | + 1 30 08.6 | 10.040 373 |
| Oct. 9 | 184 21 19.1 | + 1 17 46.4 | 5.452 335 | Oct. 9 | 256 44 45.0 | + 1 29 30.9 | 10.041 252 |
| 19 | 185 06 39.8 | + 1 17 52.6 | 5.452 947 | 19 | 257 02 51.7 | + 1 28 53.1 | 10.042 115 |
| 29 | 185 51 59.8 | + 1 17 58.0 | 5.453 510 | 29 | 257 20 58.2 | + 1 28 15.1 | 10.042 963 |
| Nov. 8 | 186 37 19.4 | + 1 18 02.6 | 5.454 026 | Nov. 8 | 257 39 04.5 | + 1 27 37.0 | 10.043 795 |
| 18 | 187 22 38.4 | + 1 18 06.4 | 5.454 493 | 18 | 257 57 10.6 | + 1 26 58.7 | 10.044 613 |
| 28 | 188 07 57.1 | + 1 18 09.4 | 5.454 912 | 28 | 258 15 16.5 | + 1 26 20.3 | 10.045 415 |
| Dec. 8 | 188 53 15.3 | + 1 18 11.6 | 5.455 283 | Dec. 8 | 258 33 22.3 | + 1 25 41.8 | 10.046 201 |
| 18 | 189 38 33.2 | + 1 18 12.9 | 5.455 605 | 18 | 258 51 27.9 | + 1 25 03.1 | 10.046 973 |
| 28 | 190 23 50.7 | + 1 18 13.4 | 5.455 879 | 28 | 259 09 33.3 | + 1 24 24.3 | 10.047 729 |
| 38 | 191 09 08.1 | + 1 18 13.1 | 5.456 104 | 38 | 259 27 38.6 | + 1 23 45.4 | 10.048 470 |
| **URANUS** | | | | **NEPTUNE** | | | |
| | ° ′ ″ | ° ′ ″ | au | | ° ′ ″ | ° ′ ″ | au |
| Jan. −27 | 18 51 04.1 | − 0 38 00.1 | 19.977 75 | Jan. −27 | 338 44 45.0 | − 0 48 10.0 | 29.960 32 |
| Jan. 13 | 19 16 58.4 | − 0 37 48.0 | 19.974 13 | Jan. 13 | 338 59 10.5 | − 0 48 33.8 | 29.959 37 |
| Feb. 22 | 19 42 53.2 | − 0 37 35.8 | 19.970 47 | Feb. 22 | 339 13 36.0 | − 0 48 57.6 | 29.958 45 |
| Apr. 2 | 20 08 48.5 | − 0 37 23.5 | 19.966 78 | Apr. 2 | 339 28 01.5 | − 0 49 21.4 | 29.957 53 |
| May 12 | 20 34 44.3 | − 0 37 11.1 | 19.963 04 | May 12 | 339 42 27.2 | − 0 49 45.0 | 29.956 63 |
| June 21 | 21 00 40.7 | − 0 36 58.5 | 19.959 27 | June 21 | 339 56 53.0 | − 0 50 08.7 | 29.955 75 |
| July 31 | 21 26 37.6 | − 0 36 45.8 | 19.955 46 | July 31 | 340 11 18.9 | − 0 50 32.3 | 29.954 88 |
| Sept. 9 | 21 52 35.0 | − 0 36 33.0 | 19.951 61 | Sept. 9 | 340 25 44.8 | − 0 50 55.8 | 29.954 02 |
| Oct. 19 | 22 18 33.0 | − 0 36 20.0 | 19.947 72 | Oct. 19 | 340 40 10.9 | − 0 51 19.3 | 29.953 18 |
| Nov. 28 | 22 44 31.6 | − 0 36 06.9 | 19.943 80 | Nov. 28 | 340 54 37.1 | − 0 51 42.8 | 29.952 35 |
| Dec. 38 | 23 10 30.7 | − 0 35 53.7 | 19.939 83 | Dec. 38 | 341 09 03.3 | − 0 52 06.2 | 29.951 53 |

# MERCURY, 2016

## GEOCENTRIC COORDINATES FOR 0$^h$ TERRESTRIAL TIME

| Date | Apparent Right Ascension | Apparent Declination | True Geocentric Distance | Date | Apparent Right Ascension | Apparent Declination | True Geocentric Distance |
|------|--------------------------|----------------------|--------------------------|------|--------------------------|----------------------|--------------------------|
| | h m s | o ′ ″ | au | | h m s | o ′ ″ | au |
| Jan. 0 | 20 03 17.625 | −21 24 52.40 | 0.946 7328 | Feb. 15 | 20 14 44.771 | −20 22 22.36 | 1.112 8044 |
| 1 | 20 06 24.630 | −21 02 44.82 | 0.920 6391 | 16 | 20 20 14.064 | −20 12 48.55 | 1.126 4710 |
| 2 | 20 08 58.023 | −20 40 54.73 | 0.894 4841 | 17 | 20 25 48.345 | −20 02 00.06 | 1.139 7751 |
| 3 | 20 10 54.295 | −20 19 40.04 | 0.868 4711 | 18 | 20 31 27.200 | −19 49 56.37 | 1.152 7179 |
| 4 | 20 12 10.009 | −19 59 19.56 | 0.842 8342 | 19 | 20 37 10.256 | −19 36 37.04 | 1.165 3009 |
| 5 | 20 12 41.985 | −19 40 12.47 | 0.817 8369 | 20 | 20 42 57.178 | −19 22 01.72 | 1.177 5254 |
| 6 | 20 12 27.540 | −19 22 37.47 | 0.793 7690 | 21 | 20 48 47.668 | −19 06 10.10 | 1.189 3930 |
| 7 | 20 11 24.783 | −19 06 51.95 | 0.770 9400 | 22 | 20 54 41.456 | −18 49 01.94 | 1.200 9049 |
| 8 | 20 09 32.935 | −18 53 10.86 | 0.749 6705 | 23 | 21 00 38.306 | −18 30 37.04 | 1.212 0621 |
| 9 | 20 06 52.658 | −18 41 45.75 | 0.730 2799 | 24 | 21 06 38.006 | −18 10 55.24 | 1.222 8653 |
| 10 | 20 03 26.352 | −18 32 43.89 | 0.713 0723 | 25 | 21 12 40.372 | −17 49 56.45 | 1.233 3145 |
| 11 | 19 59 18.336 | −18 26 07.71 | 0.698 3209 | 26 | 21 18 45.241 | −17 27 40.58 | 1.243 4092 |
| 12 | 19 54 34.884 | −18 21 54.76 | 0.686 2521 | 27 | 21 24 52.474 | −17 04 07.60 | 1.253 1485 |
| 13 | 19 49 24.050 | −18 19 58.08 | 0.677 0314 | 28 | 21 31 01.951 | −16 39 17.51 | 1.262 5304 |
| 14 | 19 43 55.271 | −18 20 07.12 | 0.670 7532 | 29 | 21 37 13.574 | −16 13 10.33 | 1.271 5522 |
| 15 | 19 38 18.785 | −18 22 08.93 | 0.667 4358 | Mar. 1 | 21 43 27.259 | −15 45 46.13 | 1.280 2101 |
| 16 | 19 32 44.949 | −18 25 49.36 | 0.667 0220 | 2 | 21 49 42.944 | −15 17 04.99 | 1.288 4995 |
| 17 | 19 27 23.547 | −18 30 54.14 | 0.669 3863 | 3 | 21 56 00.580 | −14 47 07.02 | 1.296 4144 |
| 18 | 19 22 23.208 | −18 37 09.65 | 0.674 3465 | 4 | 22 02 20.137 | −14 15 52.38 | 1.303 9476 |
| 19 | 19 17 51.002 | −18 44 23.24 | 0.681 6777 | 5 | 22 08 41.597 | −13 43 21.23 | 1.311 0905 |
| 20 | 19 13 52.250 | −18 52 23.37 | 0.691 1287 | 6 | 22 15 04.957 | −13 09 33.79 | 1.317 8329 |
| 21 | 19 10 30.523 | −19 00 59.50 | 0.702 4353 | 7 | 22 21 30.228 | −12 34 30.31 | 1.324 1631 |
| 22 | 19 07 47.796 | −19 10 01.92 | 0.715 3337 | 8 | 22 27 57.435 | −11 58 11.08 | 1.330 0674 |
| 23 | 19 05 44.683 | −19 19 21.57 | 0.729 5696 | 9 | 22 34 26.614 | −11 20 36.46 | 1.335 5303 |
| 24 | 19 04 20.726 | −19 28 49.94 | 0.744 9049 | 10 | 22 40 57.814 | −10 41 46.83 | 1.340 5344 |
| 25 | 19 03 34.667 | −19 38 18.97 | 0.761 1222 | 11 | 22 47 31.097 | −10 01 42.67 | 1.345 0599 |
| 26 | 19 03 24.696 | −19 47 41.09 | 0.778 0265 | 12 | 22 54 06.532 | − 9 20 24.55 | 1.349 0846 |
| 27 | 19 03 48.664 | −19 56 49.13 | 0.795 4455 | 13 | 23 00 44.198 | − 8 37 53.14 | 1.352 5838 |
| 28 | 19 04 44.239 | −20 05 36.42 | 0.813 2294 | 14 | 23 07 24.180 | − 7 54 09.25 | 1.355 5299 |
| 29 | 19 06 09.033 | −20 13 56.76 | 0.831 2489 | 15 | 23 14 06.567 | − 7 09 13.82 | 1.357 8926 |
| 30 | 19 08 00.687 | −20 21 44.46 | 0.849 3938 | 16 | 23 20 51.449 | − 6 23 08.01 | 1.359 6381 |
| 31 | 19 10 16.929 | −20 28 54.31 | 0.867 5707 | 17 | 23 27 38.916 | − 5 35 53.17 | 1.360 7295 |
| Feb. 1 | 19 12 55.608 | −20 35 21.56 | 0.885 7012 | 18 | 23 34 29.055 | − 4 47 30.94 | 1.361 1267 |
| 2 | 19 15 54.719 | −20 41 01.94 | 0.903 7197 | 19 | 23 41 21.944 | − 3 58 03.25 | 1.360 7860 |
| 3 | 19 19 12.409 | −20 45 51.63 | 0.921 5722 | 20 | 23 48 17.648 | − 3 07 32.41 | 1.359 6604 |
| 4 | 19 22 46.976 | −20 49 47.20 | 0.939 2140 | 21 | 23 55 16.213 | − 2 16 01.15 | 1.357 7000 |
| 5 | 19 26 36.866 | −20 52 45.60 | 0.956 6088 | 22 | 0 02 17.661 | − 1 23 32.72 | 1.354 8520 |
| 6 | 19 30 40.665 | −20 54 44.13 | 0.973 7272 | 23 | 0 09 21.979 | − 0 30 10.92 | 1.351 0611 |
| 7 | 19 34 57.090 | −20 55 40.39 | 0.990 5458 | 24 | 0 16 29.113 | + 0 23 59.80 | 1.346 2708 |
| 8 | 19 39 24.981 | −20 55 32.27 | 1.007 0460 | 25 | 0 23 38.950 | + 1 18 54.27 | 1.340 4236 |
| 9 | 19 44 03.286 | −20 54 17.92 | 1.023 2135 | 26 | 0 30 51.318 | + 2 14 26.38 | 1.333 4628 |
| 10 | 19 48 51.058 | −20 51 55.70 | 1.039 0375 | 27 | 0 38 05.972 | + 3 10 29.20 | 1.325 3337 |
| 11 | 19 53 47.441 | −20 48 24.18 | 1.054 5103 | 28 | 0 45 22.581 | + 4 06 54.87 | 1.315 9855 |
| 12 | 19 58 51.664 | −20 43 42.10 | 1.069 6261 | 29 | 0 52 40.715 | + 5 03 34.52 | 1.305 3737 |
| 13 | 20 04 03.034 | −20 37 48.38 | 1.084 3816 | 30 | 0 59 59.838 | + 6 00 18.27 | 1.293 4621 |
| 14 | 20 09 20.924 | −20 30 42.07 | 1.098 7746 | 31 | 1 07 19.299 | + 6 56 55.25 | 1.280 2255 |
| 15 | 20 14 44.771 | −20 22 22.36 | 1.112 8044 | Apr. 1 | 1 14 38.330 | + 7 53 13.73 | 1.265 6519 |

## GEOCENTRIC COORDINATES FOR 0ʰ TERRESTRIAL TIME

| Date | Apparent Right Ascension | Apparent Declination | True Geocentric Distance | Date | Apparent Right Ascension | Apparent Declination | True Geocentric Distance |
|---|---|---|---|---|---|---|---|
| | h m s | ° ′ ″ | au | | h m s | ° ′ ″ | au |
| Apr. 1 | 1 14 38.330 | + 7 53 13.73 | 1.265 6519 | May 17 | 2 54 29.574 | +14 26 20.75 | 0.570 1918 |
| 2 | 1 21 56.044 | + 8 49 01.16 | 1.249 7454 | 18 | 2 53 21.716 | +14 06 56.43 | 0.576 4632 |
| 3 | 1 29 11.439 | + 9 44 04.44 | 1.232 5275 | 19 | 2 52 28.112 | +13 49 32.46 | 0.583 6794 |
| 4 | 1 36 23.409 | +10 38 10.10 | 1.214 0384 | 20 | 2 51 49.550 | +13 34 16.94 | 0.591 7961 |
| 5 | 1 43 30.759 | +11 31 04.55 | 1.194 3381 | 21 | 2 51 26.619 | +13 21 15.87 | 0.600 7698 |
| 6 | 1 50 32.222 | +12 22 34.44 | 1.173 5052 | 22 | 2 51 19.730 | +13 10 33.27 | 0.610 5575 |
| 7 | 1 57 26.485 | +13 12 26.90 | 1.151 6364 | 23 | 2 51 29.139 | +13 02 11.41 | 0.621 1174 |
| 8 | 2 04 12.209 | +14 00 29.83 | 1.128 8435 | 24 | 2 51 54.969 | +12 56 10.94 | 0.632 4094 |
| 9 | 2 10 48.053 | +14 46 32.13 | 1.105 2511 | 25 | 2 52 37.233 | +12 52 31.11 | 0.644 3951 |
| 10 | 2 17 12.697 | +15 30 23.88 | 1.080 9926 | 26 | 2 53 35.851 | +12 51 09.97 | 0.657 0380 |
| 11 | 2 23 24.860 | +16 11 56.42 | 1.056 2074 | 27 | 2 54 50.678 | +12 52 04.60 | 0.670 3037 |
| 12 | 2 29 23.317 | +16 51 02.43 | 1.031 0365 | 28 | 2 56 21.516 | +12 55 11.22 | 0.684 1597 |
| 13 | 2 35 06.906 | +17 27 35.91 | 1.005 6199 | 29 | 2 58 08.130 | +13 00 25.41 | 0.698 5756 |
| 14 | 2 40 34.540 | +18 01 32.05 | 0.980 0937 | 30 | 3 00 10.266 | +13 07 42.25 | 0.713 5228 |
| 15 | 2 45 45.210 | +18 32 47.19 | 0.954 5879 | 31 | 3 02 27.661 | +13 16 56.38 | 0.728 9742 |
| 16 | 2 50 37.982 | +19 01 18.61 | 0.929 2250 | June 1 | 3 05 00.052 | +13 28 02.17 | 0.744 9046 |
| 17 | 2 55 11.998 | +19 27 04.42 | 0.904 1190 | 2 | 3 07 47.186 | +13 40 53.77 | 0.761 2899 |
| 18 | 2 59 26.478 | +19 50 03.40 | 0.879 3753 | 3 | 3 10 48.826 | +13 55 25.17 | 0.778 1071 |
| 19 | 3 03 20.714 | +20 10 14.82 | 0.855 0902 | 4 | 3 14 04.755 | +14 11 30.24 | 0.795 3341 |
| 20 | 3 06 54.077 | +20 27 38.36 | 0.831 3518 | 5 | 3 17 34.784 | +14 29 02.78 | 0.812 9493 |
| 21 | 3 10 06.018 | +20 42 13.97 | 0.808 2400 | 6 | 3 21 18.754 | +14 47 56.51 | 0.830 9312 |
| 22 | 3 12 56.071 | +20 54 01.85 | 0.785 8279 | 7 | 3 25 16.536 | +15 08 05.09 | 0.849 2583 |
| 23 | 3 15 23.869 | +21 03 02.38 | 0.764 1817 | 8 | 3 29 28.040 | +15 29 22.14 | 0.867 9084 |
| 24 | 3 17 29.149 | +21 09 16.10 | 0.743 3621 | 9 | 3 33 53.210 | +15 51 41.19 | 0.886 8582 |
| 25 | 3 19 11.771 | +21 12 43.82 | 0.723 4246 | 10 | 3 38 32.024 | +16 14 55.68 | 0.906 0829 |
| 26 | 3 20 31.735 | +21 13 26.60 | 0.704 4205 | 11 | 3 43 24.496 | +16 38 58.95 | 0.925 5558 |
| 27 | 3 21 29.193 | +21 11 25.95 | 0.686 3967 | 12 | 3 48 30.671 | +17 03 44.17 | 0.945 2475 |
| 28 | 3 22 04.479 | +21 06 43.94 | 0.669 3969 | 13 | 3 53 50.621 | +17 29 04.35 | 0.965 1257 |
| 29 | 3 22 18.118 | +20 59 23.37 | 0.653 4612 | 14 | 3 59 24.440 | +17 54 52.24 | 0.985 1542 |
| 30 | 3 22 10.851 | +20 49 28.01 | 0.638 6263 | 15 | 4 05 12.241 | +18 21 00.31 | 1.005 2928 |
| May 1 | 3 21 43.643 | +20 37 02.80 | 0.624 9257 | 16 | 4 11 14.148 | +18 47 20.74 | 1.025 4965 |
| 2 | 3 20 57.697 | +20 22 14.05 | 0.612 3893 | 17 | 4 17 30.288 | +19 13 45.30 | 1.045 7147 |
| 3 | 3 19 54.451 | +20 05 09.69 | 0.601 0431 | 18 | 4 24 00.779 | +19 40 05.36 | 1.065 8911 |
| 4 | 3 18 35.577 | +19 45 59.42 | 0.590 9092 | 19 | 4 30 45.722 | +20 06 11.82 | 1.085 9627 |
| 5 | 3 17 02.965 | +19 24 54.80 | 0.582 0049 | 20 | 4 37 45.181 | +20 31 55.12 | 1.105 8597 |
| 6 | 3 15 18.696 | +19 02 09.30 | 0.574 3430 | 21 | 4 44 59.176 | +20 57 05.17 | 1.125 5053 |
| 7 | 3 13 25.016 | +18 37 58.24 | 0.567 9307 | 22 | 4 52 27.654 | +21 21 31.39 | 1.144 8153 |
| 8 | 3 11 24.286 | +18 12 38.63 | 0.562 7700 | 23 | 5 00 10.479 | +21 45 02.71 | 1.163 6988 |
| 9 | 3 09 18.948 | +17 46 28.87 | 0.558 8570 | 24 | 5 08 07.408 | +22 07 27.67 | 1.182 0585 |
| 10 | 3 07 11.466 | +17 19 48.47 | 0.556 1822 | 25 | 5 16 18.069 | +22 28 34.46 | 1.199 7919 |
| 11 | 3 05 04.282 | +16 52 57.56 | 0.554 7301 | 26 | 5 24 41.943 | +22 48 11.12 | 1.216 7927 |
| 12 | 3 02 59.762 | +16 26 16.45 | 0.554 4800 | 27 | 5 33 18.349 | +23 06 05.67 | 1.232 9528 |
| 13 | 3 01 00.155 | +16 00 05.12 | 0.555 4055 | 28 | 5 42 06.431 | +23 22 06.36 | 1.248 1647 |
| 14 | 2 59 07.545 | +15 34 42.78 | 0.557 4760 | 29 | 5 51 05.152 | +23 36 01.94 | 1.262 3249 |
| 15 | 2 57 23.828 | +15 10 27.35 | 0.560 6565 | 30 | 6 00 13.295 | +23 47 41.94 | 1.275 3362 |
| 16 | 2 55 50.686 | +14 47 35.19 | 0.564 9087 | July 1 | 6 09 29.478 | +23 56 56.96 | 1.287 1117 |
| 17 | 2 54 29.574 | +14 26 20.75 | 0.570 1918 | 2 | 6 18 52.176 | +24 03 38.94 | 1.297 5774 |

# MERCURY, 2016

## GEOCENTRIC COORDINATES FOR 0ʰ TERRESTRIAL TIME

| Date | Apparent Right Ascension | Apparent Declination | True Geocentric Distance | Date | Apparent Right Ascension | Apparent Declination | True Geocentric Distance |
|---|---|---|---|---|---|---|---|
| | h m s | o ′ ″ | au | | h m s | o ′ ″ | au |
| July 1 | 6 09 29.478 | +23 56 56.96 | 1.287 1117 | Aug. 16 | 11 23 50.183 | + 1 57 42.96 | 0.919 6875 |
| 2 | 6 18 52.176 | +24 03 38.94 | 1.297 5774 | 17 | 11 27 07.065 | + 1 25 12.02 | 0.905 0810 |
| 3 | 6 28 19.748 | +24 07 41.42 | 1.306 6752 | 18 | 11 30 13.406 | + 0 53 45.00 | 0.890 4545 |
| 4 | 6 37 50.484 | +24 08 59.75 | 1.314 3644 | 19 | 11 33 08.749 | + 0 23 27.59 | 0.875 8230 |
| 5 | 6 47 22.641 | +24 07 31.14 | 1.320 6233 | 20 | 11 35 52.587 | − 0 05 34.13 | 0.861 2034 |
| 6 | 6 56 54.494 | +24 03 14.77 | 1.325 4489 | 21 | 11 38 24.359 | − 0 33 13.61 | 0.846 6155 |
| 7 | 7 06 24.382 | +23 56 11.66 | 1.328 8566 | 22 | 11 40 43.456 | − 0 59 23.84 | 0.832 0818 |
| 8 | 7 15 50.736 | +23 46 24.53 | 1.330 8783 | 23 | 11 42 49.212 | − 1 23 57.24 | 0.817 6284 |
| 9 | 7 25 12.116 | +23 33 57.83 | 1.331 5605 | 24 | 11 44 40.915 | − 1 46 45.67 | 0.803 2850 |
| 10 | 7 34 27.242 | +23 18 57.25 | 1.330 9613 | 25 | 11 46 17.804 | − 2 07 40.36 | 0.789 0860 |
| 11 | 7 43 34.993 | +23 01 29.60 | 1.329 1481 | 26 | 11 47 39.077 | − 2 26 31.91 | 0.775 0707 |
| 12 | 7 52 34.421 | +22 41 42.47 | 1.326 1944 | 27 | 11 48 43.906 | − 2 43 10.31 | 0.761 2840 |
| 13 | 8 01 24.743 | +22 19 44.07 | 1.322 1776 | 28 | 11 49 31.446 | − 2 57 24.94 | 0.747 7772 |
| 14 | 8 10 05.337 | +21 55 42.98 | 1.317 1763 | 29 | 11 50 00.859 | − 3 09 04.65 | 0.734 6086 |
| 15 | 8 18 35.726 | +21 29 47.92 | 1.311 2689 | 30 | 11 50 11.339 | − 3 17 57.91 | 0.721 8441 |
| 16 | 8 26 55.569 | +21 02 07.64 | 1.304 5319 | 31 | 11 50 02.146 | − 3 23 52.96 | 0.709 5578 |
| 17 | 8 35 04.640 | +20 32 50.76 | 1.297 0382 | Sept. 1 | 11 49 32.648 | − 3 26 38.11 | 0.697 8327 |
| 18 | 8 43 02.811 | +20 02 05.67 | 1.288 8574 | 2 | 11 48 42.370 | − 3 26 02.08 | 0.686 7611 |
| 19 | 8 50 50.042 | +19 30 00.48 | 1.280 0539 | 3 | 11 47 31.052 | − 3 21 54.49 | 0.676 4445 |
| 20 | 8 58 26.359 | +18 56 42.98 | 1.270 6879 | 4 | 11 45 58.718 | − 3 14 06.50 | 0.666 9938 |
| 21 | 9 05 51.846 | +18 22 20.57 | 1.260 8143 | 5 | 11 44 05.743 | − 3 02 31.49 | 0.658 5287 |
| 22 | 9 13 06.629 | +17 47 00.27 | 1.250 4832 | 6 | 11 41 52.928 | − 2 47 05.90 | 0.651 1766 |
| 23 | 9 20 10.868 | +17 10 48.73 | 1.239 7398 | 7 | 11 39 21.571 | − 2 27 50.19 | 0.645 0711 |
| 24 | 9 27 04.747 | +16 33 52.22 | 1.228 6250 | 8 | 11 36 33.526 | − 2 04 49.68 | 0.640 3498 |
| 25 | 9 33 48.466 | +15 56 16.68 | 1.217 1751 | 9 | 11 33 31.241 | − 1 38 15.43 | 0.637 1513 |
| 26 | 9 40 22.231 | +15 18 07.70 | 1.205 4227 | 10 | 11 30 17.774 | − 1 08 24.90 | 0.635 6116 |
| 27 | 9 46 46.251 | +14 39 30.55 | 1.193 3965 | 11 | 11 26 56.768 | − 0 35 42.20 | 0.635 8597 |
| 28 | 9 53 00.731 | +14 00 30.26 | 1.181 1219 | 12 | 11 23 32.394 | − 0 00 38.11 | 0.638 0135 |
| 29 | 9 59 05.868 | +13 21 11.59 | 1.168 6213 | 13 | 11 20 09.239 | + 0 36 10.56 | 0.642 1744 |
| 30 | 10 05 01.846 | +12 41 39.06 | 1.155 9143 | 14 | 11 16 52.170 | + 1 14 02.03 | 0.648 4233 |
| 31 | 10 10 48.835 | +12 01 57.01 | 1.143 0183 | 15 | 11 13 46.157 | + 1 52 11.03 | 0.656 8159 |
| Aug. 1 | 10 16 26.987 | +11 22 09.61 | 1.129 9484 | 16 | 11 10 56.091 | + 2 29 50.62 | 0.667 3799 |
| 2 | 10 21 56.435 | +10 42 20.85 | 1.116 7180 | 17 | 11 08 26.591 | + 3 06 14.12 | 0.680 1121 |
| 3 | 10 27 17.292 | +10 02 34.63 | 1.103 3388 | 18 | 11 06 21.838 | + 3 40 36.94 | 0.694 9775 |
| 4 | 10 32 29.647 | + 9 22 54.73 | 1.089 8213 | 19 | 11 04 45.426 | + 4 12 18.24 | 0.711 9086 |
| 5 | 10 37 33.568 | + 8 43 24.86 | 1.076 1748 | 20 | 11 03 40.260 | + 4 40 42.15 | 0.730 8070 |
| 6 | 10 42 29.096 | + 8 04 08.66 | 1.062 4077 | 21 | 11 03 08.496 | + 5 05 18.62 | 0.751 5444 |
| 7 | 10 47 16.246 | + 7 25 09.79 | 1.048 5277 | 22 | 11 03 11.513 | + 5 25 43.79 | 0.773 9654 |
| 8 | 10 51 55.002 | + 6 46 31.87 | 1.034 5420 | 23 | 11 03 49.935 | + 5 41 40.13 | 0.797 8909 |
| 9 | 10 56 25.321 | + 6 08 18.58 | 1.020 4574 | 24 | 11 05 03.673 | + 5 52 56.18 | 0.823 1215 |
| 10 | 11 00 47.123 | + 5 30 33.65 | 1.006 2806 | 25 | 11 06 51.996 | + 5 59 26.20 | 0.849 4421 |
| 11 | 11 05 00.298 | + 4 53 20.89 | 0.992 0183 | 26 | 11 09 13.614 | + 6 01 09.62 | 0.876 6266 |
| 12 | 11 09 04.697 | + 4 16 44.22 | 0.977 6775 | 27 | 11 12 06.775 | + 5 58 10.50 | 0.904 4429 |
| 13 | 11 13 00.134 | + 3 40 47.73 | 0.963 2656 | 28 | 11 15 29.362 | + 5 50 36.91 | 0.932 6581 |
| 14 | 11 16 46.380 | + 3 05 35.68 | 0.948 7905 | 29 | 11 19 18.993 | + 5 38 40.31 | 0.961 0446 |
| 15 | 11 20 23.168 | + 2 31 12.51 | 0.934 2611 | 30 | 11 23 33.120 | + 5 22 34.93 | 0.989 3843 |
| 16 | 11 23 50.183 | + 1 57 42.96 | 0.919 6875 | Oct. 1 | 11 28 09.114 | + 5 02 37.16 | 1.017 4742 |

## GEOCENTRIC COORDINATES FOR 0ʰ TERRESTRIAL TIME

| Date | Apparent Right Ascension | Apparent Declination | True Geocentric Distance | Date | Apparent Right Ascension | Apparent Declination | True Geocentric Distance |
|---|---|---|---|---|---|---|---|
| | h m s | ° ′ ″ | au | | h m s | ° ′ ″ | au |
| Oct. 1 | 11 28 09.114 | + 5 02 37.16 | 1.017 4742 | Nov. 16 | 16 11 50.751 | −22 40 22.37 | 1.391 9567 |
| 2 | 11 33 04.351 | + 4 39 04.92 | 1.045 1294 | 17 | 16 18 16.617 | −23 01 36.11 | 1.384 3389 |
| 3 | 11 38 16.280 | + 4 12 17.13 | 1.072 1868 | 18 | 16 24 43.311 | −23 21 40.97 | 1.376 1572 |
| 4 | 11 43 42.475 | + 3 42 33.13 | 1.098 5061 | 19 | 16 31 10.740 | −23 40 35.57 | 1.367 4050 |
| 5 | 11 49 20.679 | + 3 10 12.26 | 1.123 9710 | 20 | 16 37 38.785 | −23 58 18.53 | 1.358 0748 |
| 6 | 11 55 08.835 | + 2 35 33.42 | 1.148 4885 | 21 | 16 44 07.299 | −24 14 48.45 | 1.348 1585 |
| 7 | 12 01 05.096 | + 1 58 54.81 | 1.171 9878 | 22 | 16 50 36.109 | −24 30 03.96 | 1.337 6470 |
| 8 | 12 07 07.835 | + 1 20 33.63 | 1.194 4188 | 23 | 16 57 05.007 | −24 44 03.70 | 1.326 5309 |
| 9 | 12 13 15.638 | + 0 40 45.95 | 1.215 7490 | 24 | 17 03 33.748 | −24 56 46.31 | 1.314 7999 |
| 10 | 12 19 27.298 | − 0 00 13.38 | 1.235 9620 | 25 | 17 10 02.049 | −25 08 10.51 | 1.302 4434 |
| 11 | 12 25 41.795 | − 0 42 10.79 | 1.255 0541 | 26 | 17 16 29.579 | −25 18 15.03 | 1.289 4506 |
| 12 | 12 31 58.285 | − 1 24 53.98 | 1.273 0326 | 27 | 17 22 55.961 | −25 26 58.68 | 1.275 8101 |
| 13 | 12 38 16.076 | − 2 08 11.87 | 1.289 9130 | 28 | 17 29 20.757 | −25 34 20.36 | 1.261 5108 |
| 14 | 12 44 34.617 | − 2 51 54.53 | 1.305 7173 | 29 | 17 35 43.469 | −25 40 19.06 | 1.246 5417 |
| 15 | 12 50 53.471 | − 3 35 53.12 | 1.320 4723 | 30 | 17 42 03.529 | −25 44 53.90 | 1.230 8922 |
| 16 | 12 57 12.307 | − 4 19 59.78 | 1.334 2077 | Dec. 1 | 17 48 20.288 | −25 48 04.16 | 1.214 5526 |
| 17 | 13 03 30.880 | − 5 04 07.56 | 1.346 9553 | 2 | 17 54 33.008 | −25 49 49.33 | 1.197 5143 |
| 18 | 13 09 49.014 | − 5 48 10.28 | 1.358 7479 | 3 | 18 00 40.852 | −25 50 09.09 | 1.179 7705 |
| 19 | 13 16 06.594 | − 6 32 02.50 | 1.369 6182 | 4 | 18 06 42.868 | −25 49 03.44 | 1.161 3169 |
| 20 | 13 22 23.554 | − 7 15 39.37 | 1.379 5987 | 5 | 18 12 37.977 | −25 46 32.65 | 1.142 1522 |
| 21 | 13 28 39.866 | − 7 58 56.58 | 1.388 7209 | 6 | 18 18 24.957 | −25 42 37.44 | 1.122 2793 |
| 22 | 13 34 55.536 | − 8 41 50.32 | 1.397 0153 | 7 | 18 24 02.425 | −25 37 18.92 | 1.101 7061 |
| 23 | 13 41 10.595 | − 9 24 17.16 | 1.404 5107 | 8 | 18 29 28.817 | −25 30 38.75 | 1.080 4473 |
| 24 | 13 47 25.098 | −10 06 14.05 | 1.411 2347 | 9 | 18 34 42.370 | −25 22 39.18 | 1.058 5255 |
| 25 | 13 53 39.114 | −10 47 38.26 | 1.417 2129 | 10 | 18 39 41.101 | −25 13 23.13 | 1.035 9734 |
| 26 | 13 59 52.727 | −11 28 27.30 | 1.422 4695 | 11 | 18 44 22.784 | −25 02 54.30 | 1.012 8358 |
| 27 | 14 06 06.032 | −12 08 38.87 | 1.427 0268 | 12 | 18 48 44.939 | −24 51 17.19 | 0.989 1720 |
| 28 | 14 12 19.141 | −12 48 11.07 | 1.430 9054 | 13 | 18 52 44.817 | −24 38 37.22 | 0.965 0585 |
| 29 | 14 18 32.125 | −13 27 02.14 | 1.434 1242 | 14 | 18 56 19.397 | −24 25 00.74 | 0.940 5922 |
| 30 | 14 24 45.104 | −14 05 09.95 | 1.436 7004 | 15 | 18 59 25.406 | −24 10 35.04 | 0.915 8928 |
| 31 | 14 30 58.190 | −14 42 33.00 | 1.438 6499 | 16 | 19 01 59.349 | −23 55 28.28 | 0.891 1068 |
| Nov. 1 | 14 37 11.484 | −15 19 09.77 | 1.439 9866 | 17 | 19 03 57.582 | −23 39 49.42 | 0.866 4092 |
| 2 | 14 43 25.089 | −15 54 58.77 | 1.440 7231 | 18 | 19 05 16.427 | −23 23 48.04 | 0.842 0066 |
| 3 | 14 49 39.102 | −16 29 58.61 | 1.440 8705 | 19 | 19 05 52.327 | −23 07 34.04 | 0.818 1376 |
| 4 | 14 55 53.616 | −17 04 07.89 | 1.440 4388 | 20 | 19 05 42.087 | −22 51 17.39 | 0.795 0724 |
| 5 | 15 02 08.718 | −17 37 25.30 | 1.439 4362 | 21 | 19 04 43.157 | −22 35 07.67 | 0.773 1097 |
| 6 | 15 08 24.490 | −18 09 49.52 | 1.437 8699 | 22 | 19 02 54.001 | −22 19 13.80 | 0.752 5703 |
| 7 | 15 14 41.004 | −18 41 19.26 | 1.435 7459 | 23 | 19 00 14.482 | −22 03 43.79 | 0.733 7879 |
| 8 | 15 20 58.328 | −19 11 53.22 | 1.433 0689 | 24 | 18 56 46.254 | −21 48 44.67 | 0.717 0954 |
| 9 | 15 27 16.518 | −19 41 30.12 | 1.429 8426 | 25 | 18 52 33.076 | −21 34 22.74 | 0.702 8081 |
| 10 | 15 33 35.622 | −20 10 08.68 | 1.426 0694 | 26 | 18 47 40.964 | −21 20 44.03 | 0.691 2053 |
| 11 | 15 39 55.678 | −20 37 47.62 | 1.421 7509 | 27 | 18 42 18.114 | −21 07 55.00 | 0.682 5107 |
| 12 | 15 46 16.714 | −21 04 25.63 | 1.416 8874 | 28 | 18 36 34.541 | −20 56 03.10 | 0.676 8763 |
| 13 | 15 52 38.746 | −21 30 01.42 | 1.411 4784 | 29 | 18 30 41.455 | −20 45 17.10 | 0.674 3704 |
| 14 | 15 59 01.774 | −21 54 33.68 | 1.405 5222 | 30 | 18 24 50.443 | −20 35 46.87 | 0.674 9731 |
| 15 | 16 05 25.787 | −22 18 01.11 | 1.399 0162 | 31 | 18 19 12.612 | −20 27 42.64 | 0.678 5801 |
| 16 | 16 11 50.751 | −22 40 22.37 | 1.391 9567 | 32 | 18 13 57.826 | −20 21 13.89 | 0.685 0126 |

# VENUS, 2016

## GEOCENTRIC COORDINATES FOR 0ʰ TERRESTRIAL TIME

| Date | Apparent Right Ascension | Apparent Declination | True Geocentric Distance | Date | Apparent Right Ascension | Apparent Declination | True Geocentric Distance |
|---|---|---|---|---|---|---|---|
| | h m s | ° ′ ″ | au | | h m s | ° ′ ″ | au |
| Jan. 0 | 15 56 33.352 | −18 20 41.05 | 1.159 9577 | Feb. 15 | 19 57 28.291 | −20 41 56.20 | 1.422 0996 |
| 1 | 16 01 32.481 | −18 36 55.25 | 1.166 3308 | 16 | 20 02 41.213 | −20 30 00.06 | 1.427 0631 |
| 2 | 16 06 32.808 | −18 52 41.72 | 1.172 6754 | 17 | 20 07 53.312 | −20 17 27.67 | 1.431 9952 |
| 3 | 16 11 34.317 | −19 07 59.72 | 1.178 9911 | 18 | 20 13 04.556 | −20 04 19.48 | 1.436 8959 |
| 4 | 16 16 36.988 | −19 22 48.55 | 1.185 2776 | 19 | 20 18 14.917 | −19 50 35.98 | 1.441 7653 |
| 5 | 16 21 40.801 | −19 37 07.53 | 1.191 5346 | 20 | 20 23 24.367 | −19 36 17.66 | 1.446 6034 |
| 6 | 16 26 45.732 | −19 50 55.96 | 1.197 7619 | 21 | 20 28 32.882 | −19 21 25.02 | 1.451 4101 |
| 7 | 16 31 51.754 | −20 04 13.20 | 1.203 9592 | 22 | 20 33 40.442 | −19 05 58.59 | 1.456 1853 |
| 8 | 16 36 58.838 | −20 16 58.60 | 1.210 1264 | 23 | 20 38 47.027 | −18 49 58.92 | 1.460 9288 |
| 9 | 16 42 06.953 | −20 29 11.52 | 1.216 2633 | 24 | 20 43 52.620 | −18 33 26.56 | 1.465 6404 |
| 10 | 16 47 16.062 | −20 40 51.37 | 1.222 3699 | 25 | 20 48 57.209 | −18 16 22.08 | 1.470 3198 |
| 11 | 16 52 26.131 | −20 51 57.53 | 1.228 4461 | 26 | 20 54 00.779 | −17 58 46.07 | 1.474 9668 |
| 12 | 16 57 37.120 | −21 02 29.43 | 1.234 4920 | 27 | 20 59 03.322 | −17 40 39.13 | 1.479 5809 |
| 13 | 17 02 48.990 | −21 12 26.52 | 1.240 5077 | 28 | 21 04 04.828 | −17 22 01.90 | 1.484 1620 |
| 14 | 17 08 01.702 | −21 21 48.26 | 1.246 4935 | 29 | 21 09 05.292 | −17 02 54.99 | 1.488 7096 |
| 15 | 17 13 15.217 | −21 30 34.15 | 1.252 4495 | Mar. 1 | 21 14 04.708 | −16 43 19.05 | 1.493 2235 |
| 16 | 17 18 29.493 | −21 38 43.70 | 1.258 3759 | 2 | 21 19 03.072 | −16 23 14.74 | 1.497 7033 |
| 17 | 17 23 44.491 | −21 46 16.48 | 1.264 2731 | 3 | 21 24 00.384 | −16 02 42.72 | 1.502 1486 |
| 18 | 17 29 00.167 | −21 53 12.07 | 1.270 1412 | 4 | 21 28 56.642 | −15 41 43.68 | 1.506 5591 |
| 19 | 17 34 16.480 | −21 59 30.07 | 1.275 9802 | 5 | 21 33 51.847 | −15 20 18.29 | 1.510 9343 |
| 20 | 17 39 33.382 | −22 05 10.12 | 1.281 7904 | 6 | 21 38 46.003 | −14 58 27.25 | 1.515 2740 |
| 21 | 17 44 50.827 | −22 10 11.88 | 1.287 5717 | 7 | 21 43 39.112 | −14 36 11.27 | 1.519 5778 |
| 22 | 17 50 08.767 | −22 14 35.04 | 1.293 3240 | 8 | 21 48 31.180 | −14 13 31.04 | 1.523 8455 |
| 23 | 17 55 27.150 | −22 18 19.32 | 1.299 0473 | 9 | 21 53 22.216 | −13 50 27.27 | 1.528 0769 |
| 24 | 18 00 45.926 | −22 21 24.46 | 1.304 7414 | 10 | 21 58 12.230 | −13 27 00.66 | 1.532 2718 |
| 25 | 18 06 05.042 | −22 23 50.21 | 1.310 4060 | 11 | 22 03 01.235 | −13 03 11.92 | 1.536 4303 |
| 26 | 18 11 24.447 | −22 25 36.37 | 1.316 0408 | 12 | 22 07 49.248 | −12 39 01.76 | 1.540 5524 |
| 27 | 18 16 44.085 | −22 26 42.77 | 1.321 6456 | 13 | 22 12 36.285 | −12 14 30.89 | 1.544 6384 |
| 28 | 18 22 03.904 | −22 27 09.28 | 1.327 2201 | 14 | 22 17 22.365 | −11 49 40.05 | 1.548 6883 |
| 29 | 18 27 23.848 | −22 26 55.77 | 1.332 7639 | 15 | 22 22 07.510 | −11 24 29.93 | 1.552 7023 |
| 30 | 18 32 43.862 | −22 26 02.19 | 1.338 2768 | 16 | 22 26 51.741 | −10 59 01.28 | 1.556 6806 |
| 31 | 18 38 03.890 | −22 24 28.48 | 1.343 7584 | 17 | 22 31 35.082 | −10 33 14.79 | 1.560 6233 |
| Feb. 1 | 18 43 23.877 | −22 22 14.63 | 1.349 2086 | 18 | 22 36 17.558 | −10 07 11.19 | 1.564 5302 |
| 2 | 18 48 43.765 | −22 19 20.68 | 1.354 6270 | 19 | 22 40 59.197 | − 9 40 51.19 | 1.568 4015 |
| 3 | 18 54 03.499 | −22 15 46.67 | 1.360 0133 | 20 | 22 45 40.028 | − 9 14 15.49 | 1.572 2370 |
| 4 | 18 59 23.021 | −22 11 32.70 | 1.365 3673 | 21 | 22 50 20.082 | − 8 47 24.80 | 1.576 0366 |
| 5 | 19 04 42.275 | −22 06 38.89 | 1.370 6888 | 22 | 22 54 59.392 | − 8 20 19.82 | 1.579 8001 |
| 6 | 19 10 01.205 | −22 01 05.39 | 1.375 9776 | 23 | 22 59 37.989 | − 7 53 01.26 | 1.583 5273 |
| 7 | 19 15 19.755 | −21 54 52.37 | 1.381 2334 | 24 | 23 04 15.909 | − 7 25 29.81 | 1.587 2179 |
| 8 | 19 20 37.869 | −21 48 00.06 | 1.386 4563 | 25 | 23 08 53.187 | − 6 57 46.18 | 1.590 8715 |
| 9 | 19 25 55.493 | −21 40 28.67 | 1.391 6461 | 26 | 23 13 29.858 | − 6 29 51.07 | 1.594 4878 |
| 10 | 19 31 12.576 | −21 32 18.47 | 1.396 8030 | 27 | 23 18 05.958 | − 6 01 45.18 | 1.598 0665 |
| 11 | 19 36 29.070 | −21 23 29.74 | 1.401 9270 | 28 | 23 22 41.523 | − 5 33 29.23 | 1.601 6071 |
| 12 | 19 41 44.930 | −21 14 02.80 | 1.407 0185 | 29 | 23 27 16.589 | − 5 05 03.91 | 1.605 1092 |
| 13 | 19 47 00.113 | −21 03 57.97 | 1.412 0775 | 30 | 23 31 51.194 | − 4 36 29.93 | 1.608 5723 |
| 14 | 19 52 14.579 | −20 53 15.64 | 1.417 1045 | 31 | 23 36 25.374 | − 4 07 48.01 | 1.611 9959 |
| 15 | 19 57 28.291 | −20 41 56.20 | 1.422 0996 | Apr. 1 | 23 40 59.164 | − 3 38 58.85 | 1.615 3795 |

## GEOCENTRIC COORDINATES FOR 0ʰ TERRESTRIAL TIME

| Date | Apparent Right Ascension | Apparent Declination | True Geocentric Distance | Date | Apparent Right Ascension | Apparent Declination | True Geocentric Distance |
|---|---|---|---|---|---|---|---|
| | h m s | ° ′ ″ | au | | h m s | ° ′ ″ | au |
| Apr. 1 | 23 40 59.164 | − 3 38 58.85 | 1.615 3795 | May 17 | 3 14 43.347 | +17 12 34.82 | 1.722 6017 |
| 2 | 23 45 32.602 | − 3 10 03.16 | 1.618 7227 | 18 | 3 19 39.769 | +17 33 41.37 | 1.723 7661 |
| 3 | 23 50 05.724 | − 2 41 01.67 | 1.622 0248 | 19 | 3 24 37.300 | +17 54 20.77 | 1.724 8772 |
| 4 | 23 54 38.566 | − 2 11 55.08 | 1.625 2854 | 20 | 3 29 35.946 | +18 14 32.31 | 1.725 9347 |
| 5 | 23 59 11.166 | − 1 42 44.10 | 1.628 5039 | 21 | 3 34 35.712 | +18 34 15.29 | 1.726 9385 |
| 6 | 0 03 43.560 | − 1 13 29.45 | 1.631 6798 | 22 | 3 39 36.598 | +18 53 29.04 | 1.727 8884 |
| 7 | 0 08 15.786 | − 0 44 11.84 | 1.634 8127 | 23 | 3 44 38.603 | +19 12 12.88 | 1.728 7842 |
| 8 | 0 12 47.884 | − 0 14 51.96 | 1.637 9024 | 24 | 3 49 41.725 | +19 30 26.13 | 1.729 6256 |
| 9 | 0 17 19.891 | + 0 14 29.46 | 1.640 9487 | 25 | 3 54 45.955 | +19 48 08.13 | 1.730 4123 |
| 10 | 0 21 51.845 | + 0 43 51.74 | 1.643 9514 | 26 | 3 59 51.286 | +20 05 18.21 | 1.731 1439 |
| 11 | 0 26 23.783 | + 1 13 14.14 | 1.646 9106 | 27 | 4 04 57.705 | +20 21 55.74 | 1.731 8200 |
| 12 | 0 30 55.744 | + 1 42 35.96 | 1.649 8263 | 28 | 4 10 05.200 | +20 38 00.07 | 1.732 4404 |
| 13 | 0 35 27.766 | + 2 11 56.49 | 1.652 6985 | 29 | 4 15 13.753 | +20 53 30.57 | 1.733 0044 |
| 14 | 0 39 59.887 | + 2 41 15.02 | 1.655 5273 | 30 | 4 20 23.346 | +21 08 26.63 | 1.733 5116 |
| 15 | 0 44 32.148 | + 3 10 30.84 | 1.658 3125 | 31 | 4 25 33.957 | +21 22 47.64 | 1.733 9615 |
| 16 | 0 49 04.588 | + 3 39 43.25 | 1.661 0541 | June 1 | 4 30 45.564 | +21 36 33.03 | 1.734 3537 |
| 17 | 0 53 37.250 | + 4 08 51.56 | 1.663 7521 | 2 | 4 35 58.139 | +21 49 42.22 | 1.734 6875 |
| 18 | 0 58 10.174 | + 4 37 55.07 | 1.666 4063 | 3 | 4 41 11.652 | +22 02 14.68 | 1.734 9626 |
| 19 | 1 02 43.402 | + 5 06 53.08 | 1.669 0164 | 4 | 4 46 26.068 | +22 14 09.88 | 1.735 1785 |
| 20 | 1 07 16.976 | + 5 35 44.90 | 1.671 5823 | 5 | 4 51 41.348 | +22 25 27.31 | 1.735 3350 |
| 21 | 1 11 50.937 | + 6 04 29.83 | 1.674 1036 | 6 | 4 56 57.434 | +22 36 06.42 | 1.735 4319 |
| 22 | 1 16 25.326 | + 6 33 07.18 | 1.676 5801 | 7 | 5 02 14.947 | +22 46 07.30 | 1.735 4692 |
| 23 | 1 21 00.182 | + 7 01 36.23 | 1.679 0115 | 8 | 5 07 32.062 | +22 55 28.61 | 1.735 4467 |
| 24 | 1 25 35.545 | + 7 29 56.30 | 1.681 3972 | 9 | 5 12 50.364 | +23 04 10.29 | 1.735 3647 |
| 25 | 1 30 11.454 | + 7 58 06.67 | 1.683 7371 | 10 | 5 18 09.322 | +23 12 12.02 | 1.735 2232 |
| 26 | 1 34 47.947 | + 8 26 06.64 | 1.686 0305 | 11 | 5 23 28.880 | +23 19 33.38 | 1.735 0224 |
| 27 | 1 39 25.059 | + 8 53 55.49 | 1.688 2771 | 12 | 5 28 48.985 | +23 26 14.02 | 1.734 7624 |
| 28 | 1 44 02.826 | + 9 21 32.50 | 1.690 4762 | 13 | 5 34 09.588 | +23 32 13.62 | 1.734 4435 |
| 29 | 1 48 41.282 | + 9 48 56.96 | 1.692 6274 | 14 | 5 39 30.638 | +23 37 31.89 | 1.734 0657 |
| 30 | 1 53 20.462 | +10 16 08.13 | 1.694 7302 | 15 | 5 44 52.081 | +23 42 08.59 | 1.733 6292 |
| May 1 | 1 58 00.396 | +10 43 05.29 | 1.696 7838 | 16 | 5 50 13.864 | +23 46 03.46 | 1.733 1341 |
| 2 | 2 02 41.117 | +11 09 47.71 | 1.698 7877 | 17 | 5 55 35.933 | +23 49 16.32 | 1.732 5806 |
| 3 | 2 07 22.654 | +11 36 14.64 | 1.700 7413 | 18 | 6 00 58.232 | +23 51 47.01 | 1.731 9689 |
| 4 | 2 12 05.037 | +12 02 25.37 | 1.702 6440 | 19 | 6 06 20.705 | +23 53 35.38 | 1.731 2989 |
| 5 | 2 16 48.294 | +12 28 19.16 | 1.704 4952 | 20 | 6 11 43.296 | +23 54 41.32 | 1.730 5709 |
| 6 | 2 21 32.452 | +12 53 55.26 | 1.706 2943 | 21 | 6 17 05.945 | +23 55 04.77 | 1.729 7848 |
| 7 | 2 26 17.535 | +13 19 12.97 | 1.708 0411 | 22 | 6 22 28.595 | +23 54 45.66 | 1.728 9408 |
| 8 | 2 31 03.564 | +13 44 11.52 | 1.709 7353 | 23 | 6 27 51.189 | +23 53 43.99 | 1.728 0388 |
| 9 | 2 35 50.560 | +14 08 50.20 | 1.711 3766 | 24 | 6 33 13.668 | +23 51 59.76 | 1.727 0787 |
| 10 | 2 40 38.541 | +14 33 08.24 | 1.712 9651 | 25 | 6 38 35.975 | +23 49 33.01 | 1.726 0606 |
| 11 | 2 45 27.523 | +14 57 04.91 | 1.714 5006 | 26 | 6 43 58.054 | +23 46 23.81 | 1.724 9842 |
| 12 | 2 50 17.523 | +15 20 39.45 | 1.715 9832 | 27 | 6 49 19.848 | +23 42 32.25 | 1.723 8494 |
| 13 | 2 55 08.559 | +15 43 51.15 | 1.717 4129 | 28 | 6 54 41.303 | +23 37 58.47 | 1.722 6559 |
| 14 | 3 00 00.644 | +16 06 39.25 | 1.718 7896 | 29 | 7 00 02.366 | +23 32 42.63 | 1.721 4036 |
| 15 | 3 04 53.796 | +16 29 03.05 | 1.720 1134 | 30 | 7 05 22.981 | +23 26 44.93 | 1.720 0922 |
| 16 | 3 09 48.026 | +16 51 01.81 | 1.721 3841 | July 1 | 7 10 43.096 | +23 20 05.61 | 1.718 7213 |
| 17 | 3 14 43.347 | +17 12 34.82 | 1.722 6017 | 2 | 7 16 02.657 | +23 12 44.92 | 1.717 2909 |

# VENUS, 2016

## GEOCENTRIC COORDINATES FOR 0ʰ TERRESTRIAL TIME

| Date | Apparent Right Ascension | Apparent Declination | True Geocentric Distance | Date | Apparent Right Ascension | Apparent Declination | True Geocentric Distance |
|---|---|---|---|---|---|---|---|
| | h m s | ° ′ ″ | au | | h m s | ° ′ ″ | au |
| July 1 | 7 10 43.096 | +23 20 05.61 | 1.718 7213 | Aug. 16 | 10 58 27.041 | + 8 05 06.01 | 1.595 2471 |
| 2 | 7 16 02.657 | +23 12 44.92 | 1.717 2909 | 17 | 11 03 00.145 | + 7 36 00.36 | 1.591 3619 |
| 3 | 7 21 21.609 | +23 04 43.17 | 1.715 8008 | 18 | 11 07 32.553 | + 7 06 42.62 | 1.587 4326 |
| 4 | 7 26 39.899 | +22 56 00.68 | 1.714 2509 | 19 | 11 12 04.303 | + 6 37 13.50 | 1.583 4596 |
| 5 | 7 31 57.474 | +22 46 37.80 | 1.712 6413 | 20 | 11 16 35.434 | + 6 07 33.69 | 1.579 4437 |
| 6 | 7 37 14.283 | +22 36 34.88 | 1.710 9720 | 21 | 11 21 05.988 | + 5 37 43.91 | 1.575 3851 |
| 7 | 7 42 30.280 | +22 25 52.32 | 1.709 2434 | 22 | 11 25 36.008 | + 5 07 44.83 | 1.571 2844 |
| 8 | 7 47 45.420 | +22 14 30.53 | 1.707 4556 | 23 | 11 30 05.537 | + 4 37 37.16 | 1.567 1417 |
| 9 | 7 52 59.663 | +22 02 29.94 | 1.705 6091 | 24 | 11 34 34.619 | + 4 07 21.59 | 1.562 9573 |
| 10 | 7 58 12.969 | +21 49 51.01 | 1.703 7041 | 25 | 11 39 03.296 | + 3 36 58.82 | 1.558 7313 |
| 11 | 8 03 25.304 | +21 36 34.22 | 1.701 7412 | 26 | 11 43 31.609 | + 3 06 29.57 | 1.554 4638 |
| 12 | 8 08 36.635 | +21 22 40.08 | 1.699 7206 | 27 | 11 47 59.599 | + 2 35 54.54 | 1.550 1550 |
| 13 | 8 13 46.933 | +21 08 09.10 | 1.697 6429 | 28 | 11 52 27.305 | + 2 05 14.46 | 1.545 8049 |
| 14 | 8 18 56.170 | +20 53 01.83 | 1.695 5084 | 29 | 11 56 54.768 | + 1 34 30.04 | 1.541 4135 |
| 15 | 8 24 04.321 | +20 37 18.83 | 1.693 3177 | 30 | 12 01 22.027 | + 1 03 42.00 | 1.536 9811 |
| 16 | 8 29 11.363 | +20 21 00.67 | 1.691 0710 | 31 | 12 05 49.122 | + 0 32 51.05 | 1.532 5077 |
| 17 | 8 34 17.276 | +20 04 07.95 | 1.688 7690 | Sept. 1 | 12 10 16.093 | + 0 01 57.92 | 1.527 9936 |
| 18 | 8 39 22.044 | +19 46 41.29 | 1.686 4119 | 2 | 12 14 42.982 | − 0 28 56.69 | 1.523 4392 |
| 19 | 8 44 25.652 | +19 28 41.28 | 1.684 0004 | 3 | 12 19 09.829 | − 0 59 52.05 | 1.518 8445 |
| 20 | 8 49 28.086 | +19 10 08.57 | 1.681 5347 | 4 | 12 23 36.675 | − 1 30 47.45 | 1.514 2102 |
| 21 | 8 54 29.337 | +18 51 03.80 | 1.679 0152 | 5 | 12 28 03.562 | − 2 01 42.18 | 1.509 5364 |
| 22 | 8 59 29.400 | +18 31 27.61 | 1.676 4424 | 6 | 12 32 30.531 | − 2 32 35.53 | 1.504 8238 |
| 23 | 9 04 28.270 | +18 11 20.64 | 1.673 8165 | 7 | 12 36 57.623 | − 3 03 26.76 | 1.500 0727 |
| 24 | 9 09 25.947 | +17 50 43.57 | 1.671 1377 | 8 | 12 41 24.878 | − 3 34 15.17 | 1.495 2837 |
| 25 | 9 14 22.433 | +17 29 37.05 | 1.668 4061 | 9 | 12 45 52.336 | − 4 05 00.04 | 1.490 4572 |
| 26 | 9 19 17.734 | +17 08 01.76 | 1.665 6219 | 10 | 12 50 20.039 | − 4 35 40.63 | 1.485 5938 |
| 27 | 9 24 11.856 | +16 45 58.39 | 1.662 7850 | 11 | 12 54 48.025 | − 5 06 16.22 | 1.480 6941 |
| 28 | 9 29 04.806 | +16 23 27.64 | 1.659 8955 | 12 | 12 59 16.335 | − 5 36 46.09 | 1.475 7586 |
| 29 | 9 33 56.593 | +16 00 30.20 | 1.656 9534 | 13 | 13 03 45.008 | − 6 07 09.51 | 1.470 7881 |
| 30 | 9 38 47.225 | +15 37 06.82 | 1.653 9587 | 14 | 13 08 14.083 | − 6 37 25.73 | 1.465 7830 |
| 31 | 9 43 36.712 | +15 13 18.20 | 1.650 9115 | 15 | 13 12 43.601 | − 7 07 34.04 | 1.460 7440 |
| Aug. 1 | 9 48 25.065 | +14 49 05.09 | 1.647 8117 | 16 | 13 17 13.603 | − 7 37 33.70 | 1.455 6719 |
| 2 | 9 53 12.295 | +14 24 28.21 | 1.644 6595 | 17 | 13 21 44.130 | − 8 07 24.00 | 1.450 5672 |
| 3 | 9 57 58.417 | +13 59 28.29 | 1.641 4552 | 18 | 13 26 15.225 | − 8 37 04.21 | 1.445 4304 |
| 4 | 10 02 43.446 | +13 34 06.08 | 1.638 1989 | 19 | 13 30 46.931 | − 9 06 33.62 | 1.440 2621 |
| 5 | 10 07 27.401 | +13 08 22.30 | 1.634 8912 | 20 | 13 35 19.290 | − 9 35 51.52 | 1.435 0625 |
| 6 | 10 12 10.303 | +12 42 17.67 | 1.631 5323 | 21 | 13 39 52.343 | −10 04 57.19 | 1.429 8320 |
| 7 | 10 16 52.173 | +12 15 52.93 | 1.628 1228 | 22 | 13 44 26.129 | −10 33 49.89 | 1.424 5708 |
| 8 | 10 21 33.036 | +11 49 08.82 | 1.624 6631 | 23 | 13 49 00.683 | −11 02 28.90 | 1.419 2788 |
| 9 | 10 26 12.918 | +11 22 06.06 | 1.621 1537 | 24 | 13 53 36.041 | −11 30 53.48 | 1.413 9562 |
| 10 | 10 30 51.846 | +10 54 45.38 | 1.617 5953 | 25 | 13 58 12.235 | −11 59 02.85 | 1.408 6030 |
| 11 | 10 35 29.848 | +10 27 07.52 | 1.613 9884 | 26 | 14 02 49.298 | −12 26 56.28 | 1.403 2192 |
| 12 | 10 40 06.954 | + 9 59 13.20 | 1.610 3335 | 27 | 14 07 27.260 | −12 54 33.01 | 1.397 8049 |
| 13 | 10 44 43.194 | + 9 31 03.16 | 1.606 6313 | 28 | 14 12 06.150 | −13 21 52.26 | 1.392 3600 |
| 14 | 10 49 18.600 | + 9 02 38.13 | 1.602 8825 | 29 | 14 16 45.996 | −13 48 53.27 | 1.386 8846 |
| 15 | 10 53 53.204 | + 8 33 58.84 | 1.599 0875 | 30 | 14 21 26.825 | −14 15 35.29 | 1.381 3789 |
| 16 | 10 58 27.041 | + 8 05 06.01 | 1.595 2471 | Oct. 1 | 14 26 08.662 | −14 41 57.54 | 1.375 8428 |

## GEOCENTRIC COORDINATES FOR 0ʰ TERRESTRIAL TIME

| Date | Apparent Right Ascension | Apparent Declination | True Geocentric Distance | Date | Apparent Right Ascension | Apparent Declination | True Geocentric Distance |
|---|---|---|---|---|---|---|---|
| | h m s | ° ′ ″ | au | | h m s | ° ′ ″ | au |
| Oct. 1 | 14 26 08.662 | −14 41 57.54 | 1.375 8428 | Nov. 16 | 18 20 04.443 | −25 34 43.56 | 1.093 3674 |
| 2 | 14 30 51.530 | −15 07 59.26 | 1.370 2767 | 17 | 18 25 21.093 | −25 33 20.22 | 1.086 7007 |
| 3 | 14 35 35.450 | −15 33 39.69 | 1.364 6807 | 18 | 18 30 37.298 | −25 31 12.98 | 1.080 0159 |
| 4 | 14 40 20.443 | −15 58 58.05 | 1.359 0550 | 19 | 18 35 52.987 | −25 28 21.94 | 1.073 3131 |
| 5 | 14 45 06.525 | −16 23 53.57 | 1.353 3999 | 20 | 18 41 08.090 | −25 24 47.27 | 1.066 5923 |
| 6 | 14 49 53.710 | −16 48 25.49 | 1.347 7156 | 21 | 18 46 22.540 | −25 20 29.15 | 1.059 8536 |
| 7 | 14 54 42.013 | −17 12 33.04 | 1.342 0026 | 22 | 18 51 36.268 | −25 15 27.80 | 1.053 0968 |
| 8 | 14 59 31.444 | −17 36 15.44 | 1.336 2611 | 23 | 18 56 49.207 | −25 09 43.47 | 1.046 3220 |
| 9 | 15 04 22.011 | −17 59 31.92 | 1.330 4914 | 24 | 19 02 01.290 | −25 03 16.47 | 1.039 5291 |
| 10 | 15 09 13.721 | −18 22 21.73 | 1.324 6941 | 25 | 19 07 12.452 | −24 56 07.11 | 1.032 7179 |
| 11 | 15 14 06.577 | −18 44 44.10 | 1.318 8696 | 26 | 19 12 22.628 | −24 48 15.74 | 1.025 8885 |
| 12 | 15 19 00.583 | −19 06 38.26 | 1.313 0183 | 27 | 19 17 31.753 | −24 39 42.77 | 1.019 0407 |
| 13 | 15 23 55.740 | −19 28 03.46 | 1.307 1407 | 28 | 19 22 39.764 | −24 30 28.61 | 1.012 1746 |
| 14 | 15 28 52.046 | −19 48 58.96 | 1.301 2375 | 29 | 19 27 46.599 | −24 20 33.71 | 1.005 2900 |
| 15 | 15 33 49.502 | −20 09 24.01 | 1.295 3092 | 30 | 19 32 52.198 | −24 09 58.55 | 0.998 3871 |
| 16 | 15 38 48.104 | −20 29 17.90 | 1.289 3562 | Dec. 1 | 19 37 56.501 | −23 58 43.64 | 0.991 4658 |
| 17 | 15 43 47.850 | −20 48 39.92 | 1.283 3792 | 2 | 19 42 59.449 | −23 46 49.52 | 0.984 5262 |
| 18 | 15 48 48.734 | −21 07 29.39 | 1.277 3786 | 3 | 19 48 00.985 | −23 34 16.73 | 0.977 5684 |
| 19 | 15 53 50.746 | −21 25 45.64 | 1.271 3546 | 4 | 19 53 01.055 | −23 21 05.87 | 0.970 5925 |
| 20 | 15 58 53.873 | −21 43 27.98 | 1.265 3075 | 5 | 19 57 59.607 | −23 07 17.54 | 0.963 5985 |
| 21 | 16 03 58.098 | −22 00 35.77 | 1.259 2373 | 6 | 20 02 56.588 | −22 52 52.35 | 0.956 5869 |
| 22 | 16 09 03.401 | −22 17 08.35 | 1.253 1441 | 7 | 20 07 51.952 | −22 37 50.95 | 0.949 5578 |
| 23 | 16 14 09.757 | −22 33 05.07 | 1.247 0278 | 8 | 20 12 45.654 | −22 22 13.99 | 0.942 5116 |
| 24 | 16 19 17.142 | −22 48 25.30 | 1.240 8884 | 9 | 20 17 37.650 | −22 06 02.16 | 0.935 4486 |
| 25 | 16 24 25.524 | −23 03 08.43 | 1.234 7258 | 10 | 20 22 27.903 | −21 49 16.14 | 0.928 3694 |
| 26 | 16 29 34.873 | −23 17 13.88 | 1.228 5400 | 11 | 20 27 16.378 | −21 31 56.64 | 0.921 2745 |
| 27 | 16 34 45.151 | −23 30 41.05 | 1.222 3308 | 12 | 20 32 03.041 | −21 14 04.39 | 0.914 1644 |
| 28 | 16 39 56.320 | −23 43 29.41 | 1.216 0983 | 13 | 20 36 47.863 | −20 55 40.13 | 0.907 0399 |
| 29 | 16 45 08.338 | −23 55 38.41 | 1.209 8424 | 14 | 20 41 30.818 | −20 36 44.61 | 0.899 9014 |
| 30 | 16 50 21.159 | −24 07 07.56 | 1.203 5630 | 15 | 20 46 11.880 | −20 17 18.59 | 0.892 7496 |
| 31 | 16 55 34.735 | −24 17 56.37 | 1.197 2602 | 16 | 20 50 51.030 | −19 57 22.85 | 0.885 5849 |
| Nov. 1 | 17 00 49.012 | −24 28 04.38 | 1.190 9341 | 17 | 20 55 28.247 | −19 36 58.13 | 0.878 4078 |
| 2 | 17 06 03.937 | −24 37 31.16 | 1.184 5847 | 18 | 21 00 03.516 | −19 16 05.23 | 0.871 2184 |
| 3 | 17 11 19.451 | −24 46 16.30 | 1.178 2121 | 19 | 21 04 36.824 | −18 54 44.90 | 0.864 0171 |
| 4 | 17 16 35.492 | −24 54 19.44 | 1.171 8164 | 20 | 21 09 08.159 | −18 32 57.94 | 0.856 8040 |
| 5 | 17 21 51.998 | −25 01 40.21 | 1.165 3977 | 21 | 21 13 37.509 | −18 10 45.14 | 0.849 5792 |
| 6 | 17 27 08.901 | −25 08 18.30 | 1.158 9564 | 22 | 21 18 04.864 | −17 48 07.30 | 0.842 3429 |
| 7 | 17 32 26.135 | −25 14 13.41 | 1.152 4926 | 23 | 21 22 30.214 | −17 25 05.22 | 0.835 0952 |
| 8 | 17 37 43.630 | −25 19 25.29 | 1.146 0065 | 24 | 21 26 53.551 | −17 01 39.73 | 0.827 8362 |
| 9 | 17 43 01.314 | −25 23 53.71 | 1.139 4986 | 25 | 21 31 14.864 | −16 37 51.64 | 0.820 5660 |
| 10 | 17 48 19.117 | −25 27 38.47 | 1.132 9692 | 26 | 21 35 34.145 | −16 13 41.78 | 0.813 2847 |
| 11 | 17 53 36.967 | −25 30 39.40 | 1.126 4187 | 27 | 21 39 51.383 | −15 49 10.99 | 0.805 9926 |
| 12 | 17 58 54.791 | −25 32 56.37 | 1.119 8476 | 28 | 21 44 06.569 | −15 24 20.11 | 0.798 6897 |
| 13 | 18 04 12.521 | −25 34 29.30 | 1.113 2564 | 29 | 21 48 19.693 | −14 59 09.97 | 0.791 3762 |
| 14 | 18 09 30.086 | −25 35 18.14 | 1.106 6457 | 30 | 21 52 30.744 | −14 33 41.43 | 0.784 0523 |
| 15 | 18 14 47.417 | −25 35 22.89 | 1.100 0159 | 31 | 21 56 39.710 | −14 07 55.33 | 0.776 7183 |
| 16 | 18 20 04.443 | −25 34 43.56 | 1.093 3674 | 32 | 22 00 46.578 | −13 41 52.52 | 0.769 3743 |

# MARS, 2016

## GEOCENTRIC COORDINATES FOR 0$^h$ TERRESTRIAL TIME

| Date | Apparent Right Ascension | Apparent Declination | True Geocentric Distance | Date | Apparent Right Ascension | Apparent Declination | True Geocentric Distance |
|------|--------------------------|----------------------|--------------------------|------|--------------------------|----------------------|--------------------------|
| | h m s | o ′ ″ | au | | h m s | o ′ ″ | au |
| Jan. 0 | 13 46 11.387 | − 9 21 41.62 | 1.693 6749 | Feb. 15 | 15 18 26.088 | −16 48 18.86 | 1.228 7337 |
| 1 | 13 48 17.950 | − 9 33 31.37 | 1.683 9489 | 16 | 15 20 15.666 | −16 55 35.10 | 1.218 5450 |
| 2 | 13 50 24.356 | − 9 45 16.28 | 1.674 1935 | 17 | 15 22 04.534 | −17 02 44.88 | 1.208 3694 |
| 3 | 13 52 30.600 | − 9 56 56.27 | 1.664 4093 | 18 | 15 23 52.672 | −17 09 48.23 | 1.198 2078 |
| 4 | 13 54 36.676 | −10 08 31.29 | 1.654 5969 | 19 | 15 25 40.061 | −17 16 45.16 | 1.188 0610 |
| 5 | 13 56 42.577 | −10 20 01.26 | 1.644 7570 | 20 | 15 27 26.677 | −17 23 35.70 | 1.177 9298 |
| 6 | 13 58 48.296 | −10 31 26.10 | 1.634 8904 | 21 | 15 29 12.500 | −17 30 19.86 | 1.167 8150 |
| 7 | 14 00 53.824 | −10 42 45.76 | 1.624 9979 | 22 | 15 30 57.505 | −17 36 57.65 | 1.157 7174 |
| 8 | 14 02 59.153 | −10 54 00.16 | 1.615 0803 | 23 | 15 32 41.668 | −17 43 29.10 | 1.147 6377 |
| 9 | 14 05 04.274 | −11 05 09.24 | 1.605 1388 | 24 | 15 34 24.965 | −17 49 54.24 | 1.137 5768 |
| 10 | 14 07 09.177 | −11 16 12.91 | 1.595 1741 | 25 | 15 36 07.367 | −17 56 13.09 | 1.127 5354 |
| 11 | 14 09 13.853 | −11 27 11.11 | 1.585 1875 | 26 | 15 37 48.849 | −18 02 25.67 | 1.117 5145 |
| 12 | 14 11 18.292 | −11 38 03.77 | 1.575 1800 | 27 | 15 39 29.380 | −18 08 32.02 | 1.107 5150 |
| 13 | 14 13 22.487 | −11 48 50.82 | 1.565 1529 | 28 | 15 41 08.932 | −18 14 32.17 | 1.097 5379 |
| 14 | 14 15 26.431 | −11 59 32.21 | 1.555 1072 | 29 | 15 42 47.471 | −18 20 26.15 | 1.087 5842 |
| 15 | 14 17 30.118 | −12 10 07.89 | 1.545 0441 | Mar. 1 | 15 44 24.966 | −18 26 14.00 | 1.077 6550 |
| 16 | 14 19 33.545 | −12 20 37.82 | 1.534 9648 | 2 | 15 46 01.382 | −18 31 55.76 | 1.067 7515 |
| 17 | 14 21 36.706 | −12 31 01.97 | 1.524 8701 | 3 | 15 47 36.683 | −18 37 31.45 | 1.057 8749 |
| 18 | 14 23 39.597 | −12 41 20.31 | 1.514 7611 | 4 | 15 49 10.834 | −18 43 01.12 | 1.048 0264 |
| 19 | 14 25 42.212 | −12 51 32.81 | 1.504 6385 | 5 | 15 50 43.795 | −18 48 24.80 | 1.038 2075 |
| 20 | 14 27 44.546 | −13 01 39.45 | 1.494 5031 | 6 | 15 52 15.528 | −18 53 42.52 | 1.028 4196 |
| 21 | 14 29 46.591 | −13 11 40.19 | 1.484 3556 | 7 | 15 53 45.993 | −18 58 54.31 | 1.018 6643 |
| 22 | 14 31 48.338 | −13 21 34.99 | 1.474 1966 | 8 | 15 55 15.154 | −19 04 00.20 | 1.008 9432 |
| 23 | 14 33 49.777 | −13 31 23.82 | 1.464 0266 | 9 | 15 56 42.971 | −19 09 00.25 | 0.999 2581 |
| 24 | 14 35 50.897 | −13 41 06.63 | 1.453 8461 | 10 | 15 58 09.411 | −19 13 54.48 | 0.989 6107 |
| 25 | 14 37 51.689 | −13 50 43.39 | 1.443 6558 | 11 | 15 59 34.439 | −19 18 42.98 | 0.980 0028 |
| 26 | 14 39 52.141 | −14 00 14.05 | 1.433 4561 | 12 | 16 00 58.024 | −19 23 25.81 | 0.970 4361 |
| 27 | 14 41 52.239 | −14 09 38.58 | 1.423 2476 | 13 | 16 02 20.132 | −19 28 03.05 | 0.960 9124 |
| 28 | 14 43 51.973 | −14 18 56.93 | 1.413 0309 | 14 | 16 03 40.730 | −19 32 34.79 | 0.951 4330 |
| 29 | 14 45 51.329 | −14 28 09.08 | 1.402 8067 | 15 | 16 04 59.782 | −19 37 01.11 | 0.941 9995 |
| 30 | 14 47 50.293 | −14 37 14.99 | 1.392 5756 | 16 | 16 06 17.253 | −19 41 22.10 | 0.932 6133 |
| 31 | 14 49 48.849 | −14 46 14.64 | 1.382 3385 | 17 | 16 07 33.105 | −19 45 37.83 | 0.923 2757 |
| Feb. 1 | 14 51 46.983 | −14 55 07.98 | 1.372 0961 | 18 | 16 08 47.298 | −19 49 48.38 | 0.913 9879 |
| 2 | 14 53 44.677 | −15 03 55.00 | 1.361 8493 | 19 | 16 09 59.792 | −19 53 53.83 | 0.904 7512 |
| 3 | 14 55 41.914 | −15 12 35.67 | 1.351 5989 | 20 | 16 11 10.546 | −19 57 54.25 | 0.895 5669 |
| 4 | 14 57 38.676 | −15 21 09.96 | 1.341 3460 | 21 | 16 12 19.518 | −20 01 49.71 | 0.886 4362 |
| 5 | 14 59 34.943 | −15 29 37.83 | 1.331 0916 | 22 | 16 13 26.663 | −20 05 40.29 | 0.877 3605 |
| 6 | 15 01 30.696 | −15 37 59.27 | 1.320 8367 | 23 | 16 14 31.936 | −20 09 26.07 | 0.868 3411 |
| 7 | 15 03 25.913 | −15 46 14.24 | 1.310 5825 | 24 | 16 15 35.289 | −20 13 07.11 | 0.859 3794 |
| 8 | 15 05 20.574 | −15 54 22.71 | 1.300 3304 | 25 | 16 16 36.676 | −20 16 43.50 | 0.850 4767 |
| 9 | 15 07 14.658 | −16 02 24.66 | 1.290 0815 | 26 | 16 17 36.044 | −20 20 15.30 | 0.841 6347 |
| 10 | 15 09 08.147 | −16 10 20.06 | 1.279 8373 | 27 | 16 18 33.344 | −20 23 42.59 | 0.832 8549 |
| 11 | 15 11 01.023 | −16 18 08.90 | 1.269 5992 | 28 | 16 19 28.521 | −20 27 05.43 | 0.824 1390 |
| 12 | 15 12 53.270 | −16 25 51.19 | 1.259 3685 | 29 | 16 20 21.522 | −20 30 23.90 | 0.815 4886 |
| 13 | 15 14 44.873 | −16 33 26.93 | 1.249 1466 | 30 | 16 21 12.291 | −20 33 38.05 | 0.806 9056 |
| 14 | 15 16 35.818 | −16 40 56.15 | 1.238 9346 | 31 | 16 22 00.770 | −20 36 47.93 | 0.798 3919 |
| 15 | 15 18 26.088 | −16 48 18.86 | 1.228 7337 | Apr. 1 | 16 22 46.902 | −20 39 53.61 | 0.789 9494 |

## GEOCENTRIC COORDINATES FOR 0ʰ TERRESTRIAL TIME

| Date | Apparent Right Ascension | Apparent Declination | True Geocentric Distance | Date | Apparent Right Ascension | Apparent Declination | True Geocentric Distance |
|---|---|---|---|---|---|---|---|
| | h m s | ° ′ ″ | au | | h m s | ° ′ ″ | au |
| Apr. 1 | 16 22 46.902 | −20 39 53.61 | 0.789 9494 | May 17 | 16 05 49.130 | −21 44 11.76 | 0.520 2606 |
| 2 | 16 23 30.629 | −20 42 55.12 | 0.781 5804 | 18 | 16 04 23.024 | −21 43 28.44 | 0.517 8858 |
| 3 | 16 24 11.892 | −20 45 52.50 | 0.773 2870 | 19 | 16 02 55.633 | −21 42 39.11 | 0.515 6891 |
| 4 | 16 24 50.635 | −20 48 45.77 | 0.765 0715 | 20 | 16 01 27.131 | −21 41 43.94 | 0.513 6706 |
| 5 | 16 25 26.800 | −20 51 34.97 | 0.756 9364 | 21 | 15 59 57.694 | −21 40 43.10 | 0.511 8308 |
| 6 | 16 26 00.335 | −20 54 20.11 | 0.748 8842 | 22 | 15 58 27.504 | −21 39 36.83 | 0.510 1696 |
| 7 | 16 26 31.191 | −20 57 01.23 | 0.740 9176 | 23 | 15 56 56.742 | −21 38 25.36 | 0.508 6871 |
| 8 | 16 26 59.322 | −20 59 38.36 | 0.733 0392 | 24 | 15 55 25.593 | −21 37 08.98 | 0.507 3831 |
| 9 | 16 27 24.685 | −21 02 11.54 | 0.725 2515 | 25 | 15 53 54.245 | −21 35 47.98 | 0.506 2574 |
| 10 | 16 27 47.239 | −21 04 40.81 | 0.717 5571 | 26 | 15 52 22.885 | −21 34 22.70 | 0.505 3095 |
| 11 | 16 28 06.945 | −21 07 06.20 | 0.709 9585 | 27 | 15 50 51.703 | −21 32 53.49 | 0.504 5389 |
| 12 | 16 28 23.762 | −21 09 27.76 | 0.702 4580 | 28 | 15 49 20.891 | −21 31 20.73 | 0.503 9450 |
| 13 | 16 28 37.653 | −21 11 45.49 | 0.695 0578 | 29 | 15 47 50.641 | −21 29 44.83 | 0.503 5269 |
| 14 | 16 28 48.579 | −21 13 59.40 | 0.687 7601 | 30 | 15 46 21.146 | −21 28 06.25 | 0.503 2838 |
| 15 | 16 28 56.503 | −21 16 09.49 | 0.680 5672 | 31 | 15 44 52.602 | −21 26 25.46 | 0.503 2146 |
| 16 | 16 29 01.391 | −21 18 15.75 | 0.673 4812 | June 1 | 15 43 25.201 | −21 24 42.96 | 0.503 3180 |
| 17 | 16 29 03.207 | −21 20 18.15 | 0.666 5042 | 2 | 15 41 59.139 | −21 22 59.31 | 0.503 5926 |
| 18 | 16 29 01.919 | −21 22 16.66 | 0.659 6385 | 3 | 15 40 34.606 | −21 21 15.07 | 0.504 0365 |
| 19 | 16 28 57.495 | −21 24 11.25 | 0.652 8864 | 4 | 15 39 11.789 | −21 19 30.86 | 0.504 6478 |
| 20 | 16 28 49.906 | −21 26 01.87 | 0.646 2501 | 5 | 15 37 50.869 | −21 17 47.29 | 0.505 4242 |
| 21 | 16 28 39.125 | −21 27 48.46 | 0.639 7319 | 6 | 15 36 32.018 | −21 16 04.98 | 0.506 3631 |
| 22 | 16 28 25.127 | −21 29 30.94 | 0.633 3342 | 7 | 15 35 15.398 | −21 14 24.55 | 0.507 4617 |
| 23 | 16 28 07.889 | −21 31 09.25 | 0.627 0595 | 8 | 15 34 01.159 | −21 12 46.61 | 0.508 7169 |
| 24 | 16 27 47.393 | −21 32 43.29 | 0.620 9103 | 9 | 15 32 49.444 | −21 11 11.74 | 0.510 1254 |
| 25 | 16 27 23.622 | −21 34 12.97 | 0.614 8890 | 10 | 15 31 40.381 | −21 09 40.54 | 0.511 6840 |
| 26 | 16 26 56.566 | −21 35 38.16 | 0.608 9983 | 11 | 15 30 34.090 | −21 08 13.55 | 0.513 3891 |
| 27 | 16 26 26.217 | −21 36 58.74 | 0.603 2409 | 12 | 15 29 30.678 | −21 06 51.31 | 0.515 2373 |
| 28 | 16 25 52.573 | −21 38 14.59 | 0.597 6195 | 13 | 15 28 30.244 | −21 05 34.33 | 0.517 2251 |
| 29 | 16 25 15.639 | −21 39 25.54 | 0.592 1368 | 14 | 15 27 32.873 | −21 04 23.11 | 0.519 3490 |
| 30 | 16 24 35.425 | −21 40 31.45 | 0.586 7958 | 15 | 15 26 38.645 | −21 03 18.10 | 0.521 6054 |
| May 1 | 16 23 51.952 | −21 41 32.15 | 0.581 5993 | 16 | 15 25 47.627 | −21 02 19.73 | 0.523 9908 |
| 2 | 16 23 05.247 | −21 42 27.47 | 0.576 5502 | 17 | 15 24 59.879 | −21 01 28.39 | 0.526 5018 |
| 3 | 16 22 15.348 | −21 43 17.24 | 0.571 6516 | 18 | 15 24 15.450 | −21 00 44.46 | 0.529 1348 |
| 4 | 16 21 22.307 | −21 44 01.30 | 0.566 9063 | 19 | 15 23 34.383 | −21 00 08.27 | 0.531 8866 |
| 5 | 16 20 26.185 | −21 44 39.51 | 0.562 3173 | 20 | 15 22 56.712 | −20 59 40.12 | 0.534 7538 |
| 6 | 16 19 27.057 | −21 45 11.73 | 0.557 8874 | 21 | 15 22 22.464 | −20 59 20.26 | 0.537 7331 |
| 7 | 16 18 25.009 | −21 45 37.85 | 0.553 6193 | 22 | 15 21 51.660 | −20 59 08.94 | 0.540 8213 |
| 8 | 16 17 20.139 | −21 45 57.80 | 0.549 5154 | 23 | 15 21 24.316 | −20 59 06.35 | 0.544 0154 |
| 9 | 16 16 12.551 | −21 46 11.49 | 0.545 5779 | 24 | 15 21 00.443 | −20 59 12.67 | 0.547 3124 |
| 10 | 16 15 02.359 | −21 46 18.86 | 0.541 8087 | 25 | 15 20 40.049 | −20 59 28.03 | 0.550 7094 |
| 11 | 16 13 49.684 | −21 46 19.87 | 0.538 2096 | 26 | 15 20 23.140 | −20 59 52.56 | 0.554 2034 |
| 12 | 16 12 34.655 | −21 46 14.48 | 0.534 7821 | 27 | 15 20 09.719 | −21 00 26.37 | 0.557 7918 |
| 13 | 16 11 17.405 | −21 46 02.67 | 0.531 5276 | 28 | 15 19 59.787 | −21 01 09.55 | 0.561 4717 |
| 14 | 16 09 58.078 | −21 45 44.46 | 0.528 4472 | 29 | 15 19 53.344 | −21 02 02.17 | 0.565 2404 |
| 15 | 16 08 36.819 | −21 45 19.86 | 0.525 5420 | 30 | 15 19 50.389 | −21 03 04.31 | 0.569 0951 |
| 16 | 16 07 13.784 | −21 44 48.94 | 0.522 8129 | July 1 | 15 19 50.914 | −21 04 16.00 | 0.573 0329 |
| 17 | 16 05 49.130 | −21 44 11.76 | 0.520 2606 | 2 | 15 19 54.910 | −21 05 37.30 | 0.577 0511 |

# MARS, 2016

## GEOCENTRIC COORDINATES FOR 0ʰ TERRESTRIAL TIME

| Date | Apparent Right Ascension | Apparent Declination | True Geocentric Distance | Date | Apparent Right Ascension | Apparent Declination | True Geocentric Distance |
|---|---|---|---|---|---|---|---|
| | h m s | ° ′ ″ | au | | h m s | ° ′ ″ | au |
| July 1 | 15 19 50.914 | −21 04 16.00 | 0.573 0329 | Aug. 16 | 16 12 50.961 | −24 02 00.07 | 0.804 4927 |
| 2 | 15 19 54.910 | −21 05 37.30 | 0.577 0511 | 17 | 16 14 54.061 | −24 06 48.04 | 0.810 0610 |
| 3 | 15 20 02.364 | −21 07 08.19 | 0.581 1466 | 18 | 16 16 58.879 | −24 11 33.41 | 0.815 6377 |
| 4 | 15 20 13.257 | −21 08 48.67 | 0.585 3165 | 19 | 16 19 05.384 | −24 16 15.83 | 0.821 2227 |
| 5 | 15 20 27.565 | −21 10 38.69 | 0.589 5579 | 20 | 16 21 13.546 | −24 20 55.00 | 0.826 8161 |
| 6 | 15 20 45.260 | −21 12 38.16 | 0.593 8676 | 21 | 16 23 23.342 | −24 25 30.60 | 0.832 4178 |
| 7 | 15 21 06.310 | −21 14 47.00 | 0.598 2426 | 22 | 16 25 34.746 | −24 30 02.32 | 0.838 0278 |
| 8 | 15 21 30.679 | −21 17 05.07 | 0.602 6802 | 23 | 16 27 47.738 | −24 34 29.87 | 0.843 6463 |
| 9 | 15 21 58.329 | −21 19 32.22 | 0.607 1775 | 24 | 16 30 02.298 | −24 38 52.99 | 0.849 2731 |
| 10 | 15 22 29.219 | −21 22 08.29 | 0.611 7317 | 25 | 16 32 18.407 | −24 43 11.39 | 0.854 9081 |
| 11 | 15 23 03.305 | −21 24 53.10 | 0.616 3404 | 26 | 16 34 36.043 | −24 47 24.81 | 0.860 5512 |
| 12 | 15 23 40.542 | −21 27 46.43 | 0.621 0009 | 27 | 16 36 55.187 | −24 51 32.98 | 0.866 2022 |
| 13 | 15 24 20.883 | −21 30 48.06 | 0.625 7110 | 28 | 16 39 15.816 | −24 55 35.63 | 0.871 8606 |
| 14 | 15 25 04.281 | −21 33 57.78 | 0.630 4685 | 29 | 16 41 37.910 | −24 59 32.50 | 0.877 5262 |
| 15 | 15 25 50.686 | −21 37 15.32 | 0.635 2712 | 30 | 16 44 01.446 | −25 03 23.32 | 0.883 1985 |
| 16 | 15 26 40.050 | −21 40 40.42 | 0.640 1171 | 31 | 16 46 26.401 | −25 07 07.81 | 0.888 8770 |
| 17 | 15 27 32.323 | −21 44 12.82 | 0.645 0043 | Sept. 1 | 16 48 52.751 | −25 10 45.72 | 0.894 5614 |
| 18 | 15 28 27.454 | −21 47 52.22 | 0.649 9311 | 2 | 16 51 20.473 | −25 14 16.79 | 0.900 2510 |
| 19 | 15 29 25.394 | −21 51 38.34 | 0.654 8959 | 3 | 16 53 49.543 | −25 17 40.74 | 0.905 9457 |
| 20 | 15 30 26.093 | −21 55 30.87 | 0.659 8972 | 4 | 16 56 19.934 | −25 20 57.33 | 0.911 6448 |
| 21 | 15 31 29.504 | −21 59 29.49 | 0.664 9335 | 5 | 16 58 51.622 | −25 24 06.31 | 0.917 3481 |
| 22 | 15 32 35.581 | −22 03 33.89 | 0.670 0036 | 6 | 17 01 24.579 | −25 27 07.42 | 0.923 0552 |
| 23 | 15 33 44.282 | −22 07 43.75 | 0.675 1064 | 7 | 17 03 58.777 | −25 30 00.43 | 0.928 7660 |
| 24 | 15 34 55.566 | −22 11 58.76 | 0.680 2408 | 8 | 17 06 34.190 | −25 32 45.08 | 0.934 4801 |
| 25 | 15 36 09.396 | −22 16 18.62 | 0.685 4057 | 9 | 17 09 10.787 | −25 35 21.14 | 0.940 1975 |
| 26 | 15 37 25.740 | −22 20 43.02 | 0.690 6000 | 10 | 17 11 48.541 | −25 37 48.37 | 0.945 9180 |
| 27 | 15 38 44.563 | −22 25 11.68 | 0.695 8229 | 11 | 17 14 27.423 | −25 40 06.53 | 0.951 6416 |
| 28 | 15 40 05.836 | −22 29 44.31 | 0.701 0732 | 12 | 17 17 07.401 | −25 42 15.40 | 0.957 3683 |
| 29 | 15 41 29.527 | −22 34 20.63 | 0.706 3497 | 13 | 17 19 48.447 | −25 44 14.73 | 0.963 0981 |
| 30 | 15 42 55.605 | −22 39 00.35 | 0.711 6515 | 14 | 17 22 30.531 | −25 46 04.30 | 0.968 8312 |
| 31 | 15 44 24.037 | −22 43 43.20 | 0.716 9772 | 15 | 17 25 13.624 | −25 47 43.89 | 0.974 5679 |
| Aug. 1 | 15 45 54.792 | −22 48 28.86 | 0.722 3256 | 16 | 17 27 57.699 | −25 49 13.25 | 0.980 3083 |
| 2 | 15 47 27.836 | −22 53 17.04 | 0.727 6954 | 17 | 17 30 42.730 | −25 50 32.17 | 0.986 0530 |
| 3 | 15 49 03.134 | −22 58 07.44 | 0.733 0853 | 18 | 17 33 28.694 | −25 51 40.44 | 0.991 8024 |
| 4 | 15 50 40.652 | −23 02 59.75 | 0.738 4941 | 19 | 17 36 15.571 | −25 52 37.85 | 0.997 5569 |
| 5 | 15 52 20.356 | −23 07 53.64 | 0.743 9205 | 20 | 17 39 03.340 | −25 53 24.23 | 1.003 3170 |
| 6 | 15 54 02.208 | −23 12 48.80 | 0.749 3634 | 21 | 17 41 51.982 | −25 53 59.39 | 1.009 0830 |
| 7 | 15 55 46.174 | −23 17 44.92 | 0.754 8216 | 22 | 17 44 41.479 | −25 54 23.17 | 1.014 8552 |
| 8 | 15 57 32.217 | −23 22 41.68 | 0.760 2941 | 23 | 17 47 31.810 | −25 54 35.40 | 1.020 6339 |
| 9 | 15 59 20.301 | −23 27 38.75 | 0.765 7800 | 24 | 17 50 22.955 | −25 54 35.92 | 1.026 4191 |
| 10 | 16 01 10.389 | −23 32 35.82 | 0.771 2784 | 25 | 17 53 14.893 | −25 54 24.58 | 1.032 2109 |
| 11 | 16 03 02.444 | −23 37 32.57 | 0.776 7886 | 26 | 17 56 07.604 | −25 54 01.21 | 1.038 0091 |
| 12 | 16 04 56.431 | −23 42 28.66 | 0.782 3097 | 27 | 17 59 01.066 | −25 53 25.67 | 1.043 8138 |
| 13 | 16 06 52.312 | −23 47 23.79 | 0.787 8412 | 28 | 18 01 55.258 | −25 52 37.80 | 1.049 6248 |
| 14 | 16 08 50.051 | −23 52 17.61 | 0.793 3825 | 29 | 18 04 50.157 | −25 51 37.48 | 1.055 4419 |
| 15 | 16 10 49.613 | −23 57 09.82 | 0.798 9332 | 30 | 18 07 45.743 | −25 50 24.55 | 1.061 2649 |
| 16 | 16 12 50.961 | −24 02 00.07 | 0.804 4927 | Oct. 1 | 18 10 41.991 | −25 48 58.91 | 1.067 0938 |

# MARS, 2016

## GEOCENTRIC COORDINATES FOR 0ʰ TERRESTRIAL TIME

| Date | Apparent Right Ascension | Apparent Declination | True Geocentric Distance | Date | Apparent Right Ascension | Apparent Declination | True Geocentric Distance |
|---|---|---|---|---|---|---|---|
| | h m s | ° ′ ″ | au | | h m s | ° ′ ″ | au |
| Oct. 1 | 18 10 41.991 | −25 48 58.91 | 1.067 0938 | Nov. 16 | 20 31 01.617 | −20 39 15.28 | 1.343 1951 |
| 2 | 18 13 38.878 | −25 47 20.43 | 1.072 9283 | 17 | 20 34 04.243 | −20 27 20.72 | 1.349 4159 |
| 3 | 18 16 36.379 | −25 45 29.00 | 1.078 7682 | 18 | 20 37 06.615 | −20 15 14.35 | 1.355 6490 |
| 4 | 18 19 34.470 | −25 43 24.52 | 1.084 6136 | 19 | 20 40 08.725 | −20 02 56.29 | 1.361 8943 |
| 5 | 18 22 33.124 | −25 41 06.88 | 1.090 4642 | 20 | 20 43 10.568 | −19 50 26.68 | 1.368 1521 |
| 6 | 18 25 32.315 | −25 38 36.01 | 1.096 3201 | 21 | 20 46 12.139 | −19 37 45.66 | 1.374 4223 |
| 7 | 18 28 32.015 | −25 35 51.80 | 1.102 1812 | 22 | 20 49 13.434 | −19 24 53.36 | 1.380 7049 |
| 8 | 18 31 32.198 | −25 32 54.19 | 1.108 0475 | 23 | 20 52 14.449 | −19 11 49.92 | 1.386 9996 |
| 9 | 18 34 32.836 | −25 29 43.09 | 1.113 9191 | 24 | 20 55 15.180 | −18 58 35.48 | 1.393 3063 |
| 10 | 18 37 33.900 | −25 26 18.43 | 1.119 7961 | 25 | 20 58 15.623 | −18 45 10.20 | 1.399 6248 |
| 11 | 18 40 35.363 | −25 22 40.16 | 1.125 6787 | 26 | 21 01 15.774 | −18 31 34.23 | 1.405 9549 |
| 12 | 18 43 37.197 | −25 18 48.20 | 1.131 5670 | 27 | 21 04 15.629 | −18 17 47.74 | 1.412 2963 |
| 13 | 18 46 39.375 | −25 14 42.49 | 1.137 4613 | 28 | 21 07 15.184 | −18 03 50.88 | 1.418 6487 |
| 14 | 18 49 41.871 | −25 10 22.98 | 1.143 3621 | 29 | 21 10 14.434 | −17 49 43.83 | 1.425 0119 |
| 15 | 18 52 44.662 | −25 05 49.62 | 1.149 2697 | 30 | 21 13 13.373 | −17 35 26.77 | 1.431 3857 |
| 16 | 18 55 47.724 | −25 01 02.36 | 1.155 1847 | Dec. 1 | 21 16 11.997 | −17 20 59.88 | 1.437 7696 |
| 17 | 18 58 51.040 | −24 56 01.16 | 1.161 1077 | 2 | 21 19 10.300 | −17 06 23.32 | 1.444 1635 |
| 18 | 19 01 54.589 | −24 50 46.01 | 1.167 0391 | 3 | 21 22 08.276 | −16 51 37.30 | 1.450 5672 |
| 19 | 19 04 58.354 | −24 45 16.90 | 1.172 9796 | 4 | 21 25 05.919 | −16 36 42.00 | 1.456 9803 |
| 20 | 19 08 02.318 | −24 39 33.82 | 1.178 9295 | 5 | 21 28 03.225 | −16 21 37.59 | 1.463 4028 |
| 21 | 19 11 06.461 | −24 33 36.78 | 1.184 8891 | 6 | 21 31 00.188 | −16 06 24.27 | 1.469 8344 |
| 22 | 19 14 10.766 | −24 27 25.78 | 1.190 8587 | 7 | 21 33 56.803 | −15 51 02.23 | 1.476 2751 |
| 23 | 19 17 15.217 | −24 21 00.81 | 1.196 8384 | 8 | 21 36 53.068 | −15 35 31.64 | 1.482 7249 |
| 24 | 19 20 19.797 | −24 14 21.89 | 1.202 8281 | 9 | 21 39 48.978 | −15 19 52.70 | 1.489 1837 |
| 25 | 19 23 24.488 | −24 07 29.03 | 1.208 8279 | 10 | 21 42 44.532 | −15 04 05.58 | 1.495 6517 |
| 26 | 19 26 29.276 | −24 00 22.25 | 1.214 8377 | 11 | 21 45 39.730 | −14 48 10.48 | 1.502 1290 |
| 27 | 19 29 34.144 | −23 53 01.58 | 1.220 8574 | 12 | 21 48 34.572 | −14 32 07.58 | 1.508 6159 |
| 28 | 19 32 39.075 | −23 45 27.05 | 1.226 8868 | 13 | 21 51 29.057 | −14 15 57.07 | 1.515 1128 |
| 29 | 19 35 44.053 | −23 37 38.72 | 1.232 9259 | 14 | 21 54 23.187 | −13 59 39.15 | 1.521 6198 |
| 30 | 19 38 49.061 | −23 29 36.62 | 1.238 9745 | 15 | 21 57 16.963 | −13 43 14.02 | 1.528 1374 |
| 31 | 19 41 54.081 | −23 21 20.83 | 1.245 0324 | 16 | 22 00 10.386 | −13 26 41.85 | 1.534 6657 |
| Nov. 1 | 19 44 59.097 | −23 12 51.41 | 1.251 0994 | 17 | 22 03 03.459 | −13 10 02.84 | 1.541 2049 |
| 2 | 19 48 04.090 | −23 04 08.43 | 1.257 1756 | 18 | 22 05 56.188 | −12 53 17.15 | 1.547 7549 |
| 3 | 19 51 09.042 | −22 55 11.97 | 1.263 2606 | 19 | 22 08 48.577 | −12 36 24.97 | 1.554 3157 |
| 4 | 19 54 13.934 | −22 46 02.11 | 1.269 3546 | 20 | 22 11 40.632 | −12 19 26.46 | 1.560 8871 |
| 5 | 19 57 18.747 | −22 36 38.95 | 1.275 4573 | 21 | 22 14 32.360 | −12 02 21.79 | 1.567 4688 |
| 6 | 20 00 23.464 | −22 27 02.59 | 1.281 5688 | 22 | 22 17 23.767 | −11 45 11.15 | 1.574 0606 |
| 7 | 20 03 28.065 | −22 17 13.11 | 1.287 6891 | 23 | 22 20 14.858 | −11 27 54.70 | 1.580 6621 |
| 8 | 20 06 32.533 | −22 07 10.62 | 1.293 8182 | 24 | 22 23 05.640 | −11 10 32.64 | 1.587 2729 |
| 9 | 20 09 36.850 | −21 56 55.23 | 1.299 9562 | 25 | 22 25 56.117 | −10 53 05.14 | 1.593 8927 |
| 10 | 20 12 40.998 | −21 46 27.03 | 1.306 1033 | 26 | 22 28 46.294 | −10 35 32.39 | 1.600 5211 |
| 11 | 20 15 44.964 | −21 35 46.14 | 1.312 2597 | 27 | 22 31 36.176 | −10 17 54.58 | 1.607 1576 |
| 12 | 20 18 48.733 | −21 24 52.67 | 1.318 4258 | 28 | 22 34 25.766 | −10 00 11.91 | 1.613 8018 |
| 13 | 20 21 52.293 | −21 13 46.72 | 1.324 6019 | 29 | 22 37 15.069 | − 9 42 24.57 | 1.620 4532 |
| 14 | 20 24 55.633 | −21 02 28.42 | 1.330 7885 | 30 | 22 40 04.086 | − 9 24 32.75 | 1.627 1114 |
| 15 | 20 27 58.744 | −20 50 57.89 | 1.336 9860 | 31 | 22 42 52.821 | − 9 06 36.65 | 1.633 7760 |
| 16 | 20 31 01.617 | −20 39 15.28 | 1.343 1951 | 32 | 22 45 41.277 | − 8 48 36.46 | 1.640 4465 |

# JUPITER, 2016

### GEOCENTRIC COORDINATES FOR 0ʰ TERRESTRIAL TIME

| Date | Apparent Right Ascension | Apparent Declination | True Geocentric Distance | Date | Apparent Right Ascension | Apparent Declination | True Geocentric Distance |
|---|---|---|---|---|---|---|---|
| | h m s | ° ′ ″ | au | | h m s | ° ′ ″ | au |
| Jan. 0 | 11 36 43.499 | + 3 51 40.20 | 5.064 1217 | Feb. 15 | 11 29 24.152 | + 4 51 27.22 | 4.515 1845 |
| 1 | 11 36 49.386 | + 3 51 20.52 | 5.048 7974 | 16 | 11 29 00.453 | + 4 54 11.05 | 4.508 4440 |
| 2 | 11 36 54.574 | + 3 51 05.37 | 5.033 5511 | 17 | 11 28 36.330 | + 4 56 57.21 | 4.501 9869 |
| 3 | 11 36 59.060 | + 3 50 54.77 | 5.018 3877 | 18 | 11 28 11.800 | + 4 59 45.61 | 4.495 8157 |
| 4 | 11 37 02.842 | + 3 50 48.72 | 5.003 3123 | 19 | 11 27 46.877 | + 5 02 36.12 | 4.489 9324 |
| 5 | 11 37 05.917 | + 3 50 47.24 | 4.988 3298 | 20 | 11 27 21.578 | + 5 05 28.65 | 4.484 3395 |
| 6 | 11 37 08.283 | + 3 50 50.32 | 4.973 4456 | 21 | 11 26 55.918 | + 5 08 23.08 | 4.479 0389 |
| 7 | 11 37 09.938 | + 3 50 57.99 | 4.958 6646 | 22 | 11 26 29.915 | + 5 11 19.29 | 4.474 0328 |
| 8 | 11 37 10.879 | + 3 51 10.24 | 4.943 9923 | 23 | 11 26 03.585 | + 5 14 17.15 | 4.469 3231 |
| 9 | 11 37 11.106 | + 3 51 27.09 | 4.929 4339 | 24 | 11 25 36.947 | + 5 17 16.54 | 4.464 9118 |
| 10 | 11 37 10.616 | + 3 51 48.53 | 4.914 9947 | 25 | 11 25 10.019 | + 5 20 17.33 | 4.460 8007 |
| 11 | 11 37 09.408 | + 3 52 14.57 | 4.900 6801 | 26 | 11 24 42.820 | + 5 23 19.39 | 4.456 9916 |
| 12 | 11 37 07.480 | + 3 52 45.21 | 4.886 4955 | 27 | 11 24 15.369 | + 5 26 22.59 | 4.453 4862 |
| 13 | 11 37 04.835 | + 3 53 20.43 | 4.872 4461 | 28 | 11 23 47.686 | + 5 29 26.79 | 4.450 2862 |
| 14 | 11 37 01.473 | + 3 54 00.22 | 4.858 5371 | 29 | 11 23 19.791 | + 5 32 31.87 | 4.447 3930 |
| 15 | 11 36 57.397 | + 3 54 44.55 | 4.844 7736 | Mar. 1 | 11 22 51.702 | + 5 35 37.69 | 4.444 8081 |
| 16 | 11 36 52.612 | + 3 55 33.38 | 4.831 1606 | 2 | 11 22 23.439 | + 5 38 44.12 | 4.442 5328 |
| 17 | 11 36 47.121 | + 3 56 26.69 | 4.817 7030 | 3 | 11 21 55.023 | + 5 41 51.02 | 4.440 5683 |
| 18 | 11 36 40.929 | + 3 57 24.44 | 4.804 4054 | 4 | 11 21 26.473 | + 5 44 58.28 | 4.438 9157 |
| 19 | 11 36 34.040 | + 3 58 26.59 | 4.791 2724 | 5 | 11 20 57.809 | + 5 48 05.75 | 4.437 5759 |
| 20 | 11 36 26.458 | + 3 59 33.12 | 4.778 3087 | 6 | 11 20 29.051 | + 5 51 13.30 | 4.436 5497 |
| 21 | 11 36 18.186 | + 4 00 44.01 | 4.765 5186 | 7 | 11 20 00.219 | + 5 54 20.81 | 4.435 8378 |
| 22 | 11 36 09.226 | + 4 01 59.21 | 4.752 9066 | 8 | 11 19 31.334 | + 5 57 28.13 | 4.435 4406 |
| 23 | 11 35 59.581 | + 4 03 18.72 | 4.740 4770 | 9 | 11 19 02.420 | + 6 00 35.12 | 4.435 3584 |
| 24 | 11 35 49.255 | + 4 04 42.49 | 4.728 2343 | 10 | 11 18 33.498 | + 6 03 41.63 | 4.435 5911 |
| 25 | 11 35 38.252 | + 4 06 10.49 | 4.716 1830 | 11 | 11 18 04.593 | + 6 06 47.50 | 4.436 1382 |
| 26 | 11 35 26.576 | + 4 07 42.67 | 4.704 3274 | 12 | 11 17 35.730 | + 6 09 52.59 | 4.436 9992 |
| 27 | 11 35 14.233 | + 4 09 18.99 | 4.692 6720 | 13 | 11 17 06.931 | + 6 12 56.75 | 4.438 1731 |
| 28 | 11 35 01.229 | + 4 10 59.40 | 4.681 2214 | 14 | 11 16 38.218 | + 6 15 59.86 | 4.439 6589 |
| 29 | 11 34 47.570 | + 4 12 43.83 | 4.669 9801 | 15 | 11 16 09.610 | + 6 19 01.78 | 4.441 4550 |
| 30 | 11 34 33.265 | + 4 14 32.24 | 4.658 9526 | 16 | 11 15 41.129 | + 6 22 02.41 | 4.443 5601 |
| 31 | 11 34 18.322 | + 4 16 24.55 | 4.648 1434 | 17 | 11 15 12.792 | + 6 25 01.62 | 4.445 9726 |
| Feb. 1 | 11 34 02.747 | + 4 18 20.70 | 4.637 5572 | 18 | 11 14 44.619 | + 6 27 59.29 | 4.448 6907 |
| 2 | 11 33 46.551 | + 4 20 20.63 | 4.627 1984 | 19 | 11 14 16.627 | + 6 30 55.32 | 4.451 7127 |
| 3 | 11 33 29.742 | + 4 22 24.26 | 4.617 0714 | 20 | 11 13 48.836 | + 6 33 49.59 | 4.455 0368 |
| 4 | 11 33 12.328 | + 4 24 31.52 | 4.607 1808 | 21 | 11 13 21.263 | + 6 36 41.98 | 4.458 6611 |
| 5 | 11 32 54.321 | + 4 26 42.35 | 4.597 5310 | 22 | 11 12 53.929 | + 6 39 32.37 | 4.462 5835 |
| 6 | 11 32 35.729 | + 4 28 56.66 | 4.588 1263 | 23 | 11 12 26.851 | + 6 42 20.66 | 4.466 8021 |
| 7 | 11 32 16.563 | + 4 31 14.37 | 4.578 9711 | 24 | 11 12 00.048 | + 6 45 06.72 | 4.471 3148 |
| 8 | 11 31 56.834 | + 4 33 35.41 | 4.570 0696 | 25 | 11 11 33.539 | + 6 47 50.46 | 4.476 1194 |
| 9 | 11 31 36.555 | + 4 35 59.69 | 4.561 4260 | 26 | 11 11 07.341 | + 6 50 31.76 | 4.481 2137 |
| 10 | 11 31 15.738 | + 4 38 27.10 | 4.553 0441 | 27 | 11 10 41.471 | + 6 53 10.52 | 4.486 5954 |
| 11 | 11 30 54.398 | + 4 40 57.54 | 4.544 9278 | 28 | 11 10 15.947 | + 6 55 46.64 | 4.492 2621 |
| 12 | 11 30 32.553 | + 4 43 30.89 | 4.537 0804 | 29 | 11 09 50.786 | + 6 58 20.03 | 4.498 2113 |
| 13 | 11 30 10.219 | + 4 46 07.03 | 4.529 5055 | 30 | 11 09 26.003 | + 7 00 50.60 | 4.504 4406 |
| 14 | 11 29 47.413 | + 4 48 45.85 | 4.522 2059 | 31 | 11 09 01.614 | + 7 03 18.26 | 4.510 9474 |
| 15 | 11 29 24.152 | + 4 51 27.22 | 4.515 1845 | Apr. 1 | 11 08 37.635 | + 7 05 42.92 | 4.517 7288 |

## GEOCENTRIC COORDINATES FOR 0ʰ TERRESTRIAL TIME

| Date | Apparent Right Ascension | Apparent Declination | True Geocentric Distance | Date | Apparent Right Ascension | Apparent Declination | True Geocentric Distance |
|---|---|---|---|---|---|---|---|
| | h m s | ° ′ ″ | au | | h m s | ° ′ ″ | au |
| Apr. 1 | 11 08 37.635 | + 7 05 42.92 | 4.517 7288 | May 17 | 11 00 39.726 | + 7 47 00.64 | 5.058 8748 |
| 2 | 11 08 14.079 | + 7 08 04.50 | 4.524 7821 | 18 | 11 00 44.802 | + 7 46 15.93 | 5.073 9700 |
| 3 | 11 07 50.962 | + 7 10 22.92 | 4.532 1044 | 19 | 11 00 50.540 | + 7 45 27.10 | 5.089 1342 |
| 4 | 11 07 28.299 | + 7 12 38.10 | 4.539 6926 | 20 | 11 00 56.937 | + 7 44 34.19 | 5.104 3633 |
| 5 | 11 07 06.103 | + 7 14 49.95 | 4.547 5436 | 21 | 11 01 03.989 | + 7 43 37.21 | 5.119 6531 |
| 6 | 11 06 44.391 | + 7 16 58.40 | 4.555 6539 | 22 | 11 01 11.693 | + 7 42 36.20 | 5.134 9997 |
| 7 | 11 06 23.178 | + 7 19 03.34 | 4.564 0200 | 23 | 11 01 20.044 | + 7 41 31.17 | 5.150 3991 |
| 8 | 11 06 02.481 | + 7 21 04.71 | 4.572 6380 | 24 | 11 01 29.038 | + 7 40 22.17 | 5.165 8475 |
| 9 | 11 05 42.315 | + 7 23 02.41 | 4.581 5038 | 25 | 11 01 38.670 | + 7 39 09.22 | 5.181 3409 |
| 10 | 11 05 22.692 | + 7 24 56.38 | 4.590 6134 | 26 | 11 01 48.935 | + 7 37 52.35 | 5.196 8756 |
| 11 | 11 05 03.624 | + 7 26 46.58 | 4.599 9622 | 27 | 11 01 59.829 | + 7 36 31.59 | 5.212 4478 |
| 12 | 11 04 45.122 | + 7 28 32.94 | 4.609 5459 | 28 | 11 02 11.346 | + 7 35 06.98 | 5.228 0535 |
| 13 | 11 04 27.193 | + 7 30 15.44 | 4.619 3599 | 29 | 11 02 23.483 | + 7 33 38.54 | 5.243 6891 |
| 14 | 11 04 09.847 | + 7 31 54.04 | 4.629 3999 | 30 | 11 02 36.235 | + 7 32 06.30 | 5.259 3507 |
| 15 | 11 03 53.089 | + 7 33 28.69 | 4.639 6613 | 31 | 11 02 49.599 | + 7 30 30.26 | 5.275 0343 |
| 16 | 11 03 36.930 | + 7 34 59.36 | 4.650 1397 | June 1 | 11 03 03.573 | + 7 28 50.45 | 5.290 7360 |
| 17 | 11 03 21.375 | + 7 36 26.01 | 4.660 8308 | 2 | 11 03 18.153 | + 7 27 06.89 | 5.306 4518 |
| 18 | 11 03 06.433 | + 7 37 48.61 | 4.671 7301 | 3 | 11 03 33.338 | + 7 25 19.60 | 5.322 1775 |
| 19 | 11 02 52.110 | + 7 39 07.12 | 4.682 8334 | 4 | 11 03 49.122 | + 7 23 28.60 | 5.337 9089 |
| 20 | 11 02 38.414 | + 7 40 21.50 | 4.694 1362 | 5 | 11 04 05.501 | + 7 21 33.93 | 5.353 6417 |
| 21 | 11 02 25.351 | + 7 41 31.72 | 4.705 6344 | 6 | 11 04 22.469 | + 7 19 35.64 | 5.369 3719 |
| 22 | 11 02 12.927 | + 7 42 37.77 | 4.717 3235 | 7 | 11 04 40.018 | + 7 17 33.76 | 5.385 0951 |
| 23 | 11 02 01.147 | + 7 43 39.62 | 4.729 1995 | 8 | 11 04 58.139 | + 7 15 28.35 | 5.400 8073 |
| 24 | 11 01 50.018 | + 7 44 37.24 | 4.741 2579 | 9 | 11 05 16.827 | + 7 13 19.44 | 5.416 5045 |
| 25 | 11 01 39.542 | + 7 45 30.62 | 4.753 4946 | 10 | 11 05 36.073 | + 7 11 07.07 | 5.432 1830 |
| 26 | 11 01 29.725 | + 7 46 19.74 | 4.765 9054 | 11 | 11 05 55.872 | + 7 08 51.28 | 5.447 8388 |
| 27 | 11 01 20.570 | + 7 47 04.61 | 4.778 4861 | 12 | 11 06 16.217 | + 7 06 32.10 | 5.463 4686 |
| 28 | 11 01 12.079 | + 7 47 45.21 | 4.791 2323 | 13 | 11 06 37.103 | + 7 04 09.56 | 5.479 0688 |
| 29 | 11 01 04.255 | + 7 48 21.53 | 4.804 1399 | 14 | 11 06 58.523 | + 7 01 43.69 | 5.494 6360 |
| 30 | 11 00 57.101 | + 7 48 53.57 | 4.817 2047 | 15 | 11 07 20.473 | + 6 59 14.53 | 5.510 1669 |
| May 1 | 11 00 50.618 | + 7 49 21.32 | 4.830 4222 | 16 | 11 07 42.945 | + 6 56 42.11 | 5.525 6584 |
| 2 | 11 00 44.810 | + 7 49 44.78 | 4.843 7881 | 17 | 11 08 05.935 | + 6 54 06.47 | 5.541 1071 |
| 3 | 11 00 39.679 | + 7 50 03.94 | 4.857 2981 | 18 | 11 08 29.435 | + 6 51 27.63 | 5.556 5102 |
| 4 | 11 00 35.228 | + 7 50 18.78 | 4.870 9475 | 19 | 11 08 53.440 | + 6 48 45.65 | 5.571 8647 |
| 5 | 11 00 31.461 | + 7 50 29.30 | 4.884 7318 | 20 | 11 09 17.943 | + 6 46 00.55 | 5.587 1675 |
| 6 | 11 00 28.382 | + 7 50 35.47 | 4.898 6460 | 21 | 11 09 42.937 | + 6 43 12.39 | 5.602 4158 |
| 7 | 11 00 25.993 | + 7 50 37.29 | 4.912 6854 | 22 | 11 10 08.416 | + 6 40 21.19 | 5.617 6068 |
| 8 | 11 00 24.295 | + 7 50 34.79 | 4.926 8449 | 23 | 11 10 34.372 | + 6 37 26.99 | 5.632 7376 |
| 9 | 11 00 23.287 | + 7 50 27.96 | 4.941 1194 | 24 | 11 11 00.800 | + 6 34 29.84 | 5.647 8056 |
| 10 | 11 00 22.967 | + 7 50 16.84 | 4.955 5041 | 25 | 11 11 27.693 | + 6 31 29.77 | 5.662 8079 |
| 11 | 11 00 23.331 | + 7 50 01.45 | 4.969 9938 | 26 | 11 11 55.047 | + 6 28 26.80 | 5.677 7417 |
| 12 | 11 00 24.377 | + 7 49 41.82 | 4.984 5838 | 27 | 11 12 22.855 | + 6 25 20.96 | 5.692 6040 |
| 13 | 11 00 26.101 | + 7 49 17.96 | 4.999 2693 | 28 | 11 12 51.116 | + 6 22 12.27 | 5.707 3920 |
| 14 | 11 00 28.500 | + 7 48 49.90 | 5.014 0456 | 29 | 11 13 19.824 | + 6 19 00.76 | 5.722 1027 |
| 15 | 11 00 31.573 | + 7 48 17.64 | 5.028 9083 | 30 | 11 13 48.976 | + 6 15 46.45 | 5.736 7331 |
| 16 | 11 00 35.316 | + 7 47 41.22 | 5.043 8528 | July 1 | 11 14 18.567 | + 6 12 29.37 | 5.751 2799 |
| 17 | 11 00 39.726 | + 7 47 00.64 | 5.058 8748 | 2 | 11 14 48.593 | + 6 09 09.54 | 5.765 7401 |

# JUPITER, 2016

## GEOCENTRIC COORDINATES FOR 0ʰ TERRESTRIAL TIME

| Date | Apparent Right Ascension | Apparent Declination | True Geocentric Distance | Date | Apparent Right Ascension | Apparent Declination | True Geocentric Distance |
|------|------|------|------|------|------|------|------|
| | h m s | ° ′ ″ | au | | h m s | ° ′ ″ | au |
| July 1 | 11 14 18.567 | + 6 12 29.37 | 5.751 2799 | Aug. 16 | 11 43 11.164 | + 3 01 50.95 | 6.286 9015 |
| 2 | 11 14 48.593 | + 6 09 09.54 | 5.765 7401 | 17 | 11 43 54.907 | + 2 57 03.29 | 6.294 8816 |
| 3 | 11 15 19.047 | + 6 05 47.02 | 5.780 1104 | 18 | 11 44 38.827 | + 2 52 14.50 | 6.302 6805 |
| 4 | 11 15 49.922 | + 6 02 21.84 | 5.794 3877 | 19 | 11 45 22.918 | + 2 47 24.64 | 6.310 2973 |
| 5 | 11 16 21.209 | + 5 58 54.06 | 5.808 5688 | 20 | 11 46 07.179 | + 2 42 33.72 | 6.317 7309 |
| 6 | 11 16 52.901 | + 5 55 23.71 | 5.822 6509 | 21 | 11 46 51.606 | + 2 37 41.76 | 6.324 9801 |
| 7 | 11 17 24.992 | + 5 51 50.84 | 5.836 6309 | 22 | 11 47 36.197 | + 2 32 48.79 | 6.332 0438 |
| 8 | 11 17 57.473 | + 5 48 15.48 | 5.850 5060 | 23 | 11 48 20.949 | + 2 27 54.81 | 6.338 9206 |
| 9 | 11 18 30.340 | + 5 44 37.67 | 5.864 2737 | 24 | 11 49 05.861 | + 2 22 59.87 | 6.345 6093 |
| 10 | 11 19 03.586 | + 5 40 57.44 | 5.877 9314 | 25 | 11 49 50.928 | + 2 18 03.97 | 6.352 1082 |
| 11 | 11 19 37.206 | + 5 37 14.82 | 5.891 4766 | 26 | 11 50 36.148 | + 2 13 07.15 | 6.358 4161 |
| 12 | 11 20 11.194 | + 5 33 29.84 | 5.904 9069 | 27 | 11 51 21.513 | + 2 08 09.46 | 6.364 5313 |
| 13 | 11 20 45.545 | + 5 29 42.54 | 5.918 2202 | 28 | 11 52 07.020 | + 2 03 10.93 | 6.370 4525 |
| 14 | 11 21 20.253 | + 5 25 52.95 | 5.931 4142 | 29 | 11 52 52.662 | + 1 58 11.60 | 6.376 1783 |
| 15 | 11 21 55.313 | + 5 22 01.10 | 5.944 4868 | 30 | 11 53 38.433 | + 1 53 11.52 | 6.381 7072 |
| 16 | 11 22 30.718 | + 5 18 07.04 | 5.957 4359 | 31 | 11 54 24.328 | + 1 48 10.71 | 6.387 0381 |
| 17 | 11 23 06.463 | + 5 14 10.79 | 5.970 2595 | Sept. 1 | 11 55 10.344 | + 1 43 09.22 | 6.392 1697 |
| 18 | 11 23 42.541 | + 5 10 12.39 | 5.982 9556 | 2 | 11 55 56.474 | + 1 38 07.06 | 6.397 1010 |
| 19 | 11 24 18.946 | + 5 06 11.90 | 5.995 5225 | 3 | 11 56 42.715 | + 1 33 04.29 | 6.401 8311 |
| 20 | 11 24 55.672 | + 5 02 09.33 | 6.007 9582 | 4 | 11 57 29.064 | + 1 28 00.92 | 6.406 3591 |
| 21 | 11 25 32.713 | + 4 58 04.74 | 6.020 2609 | 5 | 11 58 15.515 | + 1 22 56.98 | 6.410 6842 |
| 22 | 11 26 10.064 | + 4 53 58.15 | 6.032 4288 | 6 | 11 59 02.066 | + 1 17 52.50 | 6.414 8056 |
| 23 | 11 26 47.718 | + 4 49 49.59 | 6.044 4599 | 7 | 11 59 48.710 | + 1 12 47.53 | 6.418 7229 |
| 24 | 11 27 25.674 | + 4 45 39.09 | 6.056 3525 | 8 | 12 00 35.446 | + 1 07 42.08 | 6.422 4354 |
| 25 | 11 28 03.926 | + 4 41 26.68 | 6.068 1045 | 9 | 12 01 22.266 | + 1 02 36.20 | 6.425 9426 |
| 26 | 11 28 42.473 | + 4 37 12.36 | 6.079 7138 | 10 | 12 02 09.167 | + 0 57 29.92 | 6.429 2442 |
| 27 | 11 29 21.310 | + 4 32 56.17 | 6.091 1784 | 11 | 12 02 56.144 | + 0 52 23.28 | 6.432 3397 |
| 28 | 11 30 00.436 | + 4 28 38.12 | 6.102 4960 | 12 | 12 03 43.192 | + 0 47 16.31 | 6.435 2288 |
| 29 | 11 30 39.844 | + 4 24 18.25 | 6.113 6645 | 13 | 12 04 30.305 | + 0 42 09.06 | 6.437 9112 |
| 30 | 11 31 19.531 | + 4 19 56.59 | 6.124 6815 | 14 | 12 05 17.480 | + 0 37 01.55 | 6.440 3868 |
| 31 | 11 31 59.489 | + 4 15 33.19 | 6.135 5448 | 15 | 12 06 04.710 | + 0 31 53.84 | 6.442 6552 |
| Aug. 1 | 11 32 39.714 | + 4 11 08.08 | 6.146 2522 | 16 | 12 06 51.993 | + 0 26 45.93 | 6.444 7163 |
| 2 | 11 33 20.197 | + 4 06 41.31 | 6.156 8015 | 17 | 12 07 39.326 | + 0 21 37.87 | 6.446 5698 |
| 3 | 11 34 00.932 | + 4 02 12.91 | 6.167 1905 | 18 | 12 08 26.707 | + 0 16 29.68 | 6.448 2154 |
| 4 | 11 34 41.914 | + 3 57 42.93 | 6.177 4174 | 19 | 12 09 14.134 | + 0 11 21.36 | 6.449 6526 |
| 5 | 11 35 23.138 | + 3 53 11.40 | 6.187 4803 | 20 | 12 10 01.605 | + 0 06 12.94 | 6.450 8809 |
| 6 | 11 36 04.598 | + 3 48 38.34 | 6.197 3773 | 21 | 12 10 49.118 | + 0 01 04.44 | 6.451 8996 |
| 7 | 11 36 46.290 | + 3 44 03.79 | 6.207 1068 | 22 | 12 11 36.668 | − 0 04 04.10 | 6.452 7082 |
| 8 | 11 37 28.209 | + 3 39 27.78 | 6.216 6673 | 23 | 12 12 24.252 | − 0 09 12.64 | 6.453 3059 |
| 9 | 11 38 10.350 | + 3 34 50.34 | 6.226 0573 | 24 | 12 13 11.863 | − 0 14 21.13 | 6.453 6920 |
| 10 | 11 38 52.710 | + 3 30 11.50 | 6.235 2753 | 25 | 12 13 59.497 | − 0 19 29.49 | 6.453 8659 |
| 11 | 11 39 35.282 | + 3 25 31.29 | 6.244 3200 | 26 | 12 14 47.140 | − 0 24 37.65 | 6.453 8270 |
| 12 | 11 40 18.063 | + 3 20 49.74 | 6.253 1901 | 27 | 12 15 34.782 | − 0 29 45.80 | 6.453 5749 |
| 13 | 11 41 01.047 | + 3 16 06.90 | 6.261 8845 | 28 | 12 16 22.438 | − 0 34 53.90 | 6.453 1090 |
| 14 | 11 41 44.229 | + 3 11 22.80 | 6.270 4019 | 29 | 12 17 10.102 | − 0 40 01.75 | 6.452 4292 |
| 15 | 11 42 27.603 | + 3 06 37.47 | 6.278 7412 | 30 | 12 17 57.765 | − 0 45 09.31 | 6.451 5352 |
| 16 | 11 43 11.164 | + 3 01 50.95 | 6.286 9015 | Oct. 1 | 12 18 45.421 | − 0 50 16.57 | 6.450 4269 |

## GEOCENTRIC COORDINATES FOR 0ʰ TERRESTRIAL TIME

| Date | Apparent Right Ascension | Apparent Declination | True Geocentric Distance | Date | Apparent Right Ascension | Apparent Declination | True Geocentric Distance |
|---|---|---|---|---|---|---|---|
| | h m s | ° ′ ″ | au | | h m s | ° ′ ″ | au |
| Oct. 1 | 12 18 45.421 | − 0 50 16.57 | 6.450 4269 | Nov. 16 | 12 53 49.875 | − 4 30 51.65 | 6.175 5962 |
| 2 | 12 19 33.065 | − 0 55 23.50 | 6.449 1043 | 17 | 12 54 31.845 | − 4 35 06.78 | 6.165 0716 |
| 3 | 12 20 20.695 | − 1 00 30.08 | 6.447 5674 | 18 | 12 55 13.569 | − 4 39 19.98 | 6.154 3743 |
| 4 | 12 21 08.305 | − 1 05 36.28 | 6.445 8165 | 19 | 12 55 55.041 | − 4 43 31.20 | 6.143 5055 |
| 5 | 12 21 55.890 | − 1 10 42.06 | 6.443 8517 | 20 | 12 56 36.252 | − 4 47 40.39 | 6.132 4669 |
| 6 | 12 22 43.447 | − 1 15 47.40 | 6.441 6733 | 21 | 12 57 17.197 | − 4 51 47.52 | 6.121 2599 |
| 7 | 12 23 30.969 | − 1 20 52.24 | 6.439 2818 | 22 | 12 57 57.870 | − 4 55 52.54 | 6.109 8862 |
| 8 | 12 24 18.452 | − 1 25 56.56 | 6.436 6776 | 23 | 12 58 38.263 | − 4 59 55.43 | 6.098 3477 |
| 9 | 12 25 05.890 | − 1 31 00.31 | 6.433 8611 | 24 | 12 59 18.372 | − 5 03 56.14 | 6.086 6460 |
| 10 | 12 25 53.278 | − 1 36 03.47 | 6.430 8329 | 25 | 12 59 58.190 | − 5 07 54.64 | 6.074 7834 |
| 11 | 12 26 40.610 | − 1 41 05.98 | 6.427 5937 | 26 | 13 00 37.711 | − 5 11 50.90 | 6.062 7619 |
| 12 | 12 27 27.882 | − 1 46 07.81 | 6.424 1441 | 27 | 13 01 16.928 | − 5 15 44.88 | 6.050 5837 |
| 13 | 12 28 15.089 | − 1 51 08.92 | 6.420 4846 | 28 | 13 01 55.836 | − 5 19 36.55 | 6.038 2511 |
| 14 | 12 29 02.228 | − 1 56 09.29 | 6.416 6161 | 29 | 13 02 34.426 | − 5 23 25.87 | 6.025 7665 |
| 15 | 12 29 49.294 | − 2 01 08.88 | 6.412 5391 | 30 | 13 03 12.692 | − 5 27 12.79 | 6.013 1324 |
| 16 | 12 30 36.287 | − 2 06 07.68 | 6.408 2542 | Dec. 1 | 13 03 50.627 | − 5 30 57.29 | 6.000 3515 |
| 17 | 12 31 23.204 | − 2 11 05.67 | 6.403 7619 | 2 | 13 04 28.223 | − 5 34 39.32 | 5.987 4262 |
| 18 | 12 32 10.042 | − 2 16 02.83 | 6.399 0625 | 3 | 13 05 05.471 | − 5 38 18.84 | 5.974 3595 |
| 19 | 12 32 56.798 | − 2 20 59.12 | 6.394 1563 | 4 | 13 05 42.366 | − 5 41 55.80 | 5.961 1540 |
| 20 | 12 33 43.466 | − 2 25 54.52 | 6.389 0435 | 5 | 13 06 18.898 | − 5 45 30.16 | 5.947 8127 |
| 21 | 12 34 30.041 | − 2 30 48.98 | 6.383 7244 | 6 | 13 06 55.062 | − 5 49 01.88 | 5.934 3384 |
| 22 | 12 35 16.515 | − 2 35 42.46 | 6.378 1992 | 7 | 13 07 30.851 | − 5 52 30.93 | 5.920 7341 |
| 23 | 12 36 02.883 | − 2 40 34.92 | 6.372 4682 | 8 | 13 08 06.259 | − 5 55 57.28 | 5.907 0028 |
| 24 | 12 36 49.140 | − 2 45 26.31 | 6.366 5318 | 9 | 13 08 41.281 | − 5 59 20.88 | 5.893 1474 |
| 25 | 12 37 35.278 | − 2 50 16.59 | 6.360 3904 | 10 | 13 09 15.912 | − 6 02 41.73 | 5.879 1708 |
| 26 | 12 38 21.295 | − 2 55 05.73 | 6.354 0448 | 11 | 13 09 50.148 | − 6 05 59.79 | 5.865 0760 |
| 27 | 12 39 07.184 | − 2 59 53.70 | 6.347 4955 | 12 | 13 10 23.984 | − 6 09 15.05 | 5.850 8657 |
| 28 | 12 39 52.940 | − 3 04 40.47 | 6.340 7435 | 13 | 13 10 57.414 | − 6 12 27.48 | 5.836 5427 |
| 29 | 12 40 38.560 | − 3 09 25.99 | 6.333 7895 | 14 | 13 11 30.432 | − 6 15 37.06 | 5.822 1097 |
| 30 | 12 41 24.037 | − 3 14 10.24 | 6.326 6346 | 15 | 13 12 03.030 | − 6 18 43.73 | 5.807 5692 |
| 31 | 12 42 09.367 | − 3 18 53.18 | 6.319 2799 | 16 | 13 12 35.197 | − 6 21 47.45 | 5.792 9238 |
| Nov. 1 | 12 42 54.544 | − 3 23 34.78 | 6.311 7266 | 17 | 13 13 06.928 | − 6 24 48.18 | 5.778 1763 |
| 2 | 12 43 39.563 | − 3 28 15.00 | 6.303 9758 | 18 | 13 13 38.212 | − 6 27 45.88 | 5.763 3292 |
| 3 | 12 44 24.417 | − 3 32 53.80 | 6.296 0291 | 19 | 13 14 09.044 | − 6 30 40.51 | 5.748 3855 |
| 4 | 12 45 09.100 | − 3 37 31.14 | 6.287 8877 | 20 | 13 14 39.416 | − 6 33 32.03 | 5.733 3482 |
| 5 | 12 45 53.606 | − 3 42 06.98 | 6.279 5532 | 21 | 13 15 09.321 | − 6 36 20.42 | 5.718 2203 |
| 6 | 12 46 37.928 | − 3 46 41.29 | 6.271 0271 | 22 | 13 15 38.753 | − 6 39 05.63 | 5.703 0052 |
| 7 | 12 47 22.061 | − 3 51 14.01 | 6.262 3110 | 23 | 13 16 07.706 | − 6 41 47.63 | 5.687 7060 |
| 8 | 12 48 05.997 | − 3 55 45.11 | 6.253 4067 | 24 | 13 16 36.171 | − 6 44 26.40 | 5.672 3263 |
| 9 | 12 48 49.733 | − 4 00 14.55 | 6.244 3157 | 25 | 13 17 04.141 | − 6 47 01.91 | 5.656 8695 |
| 10 | 12 49 33.261 | − 4 04 42.29 | 6.235 0399 | 26 | 13 17 31.610 | − 6 49 34.11 | 5.641 3394 |
| 11 | 12 50 16.579 | − 4 09 08.31 | 6.225 5810 | 27 | 13 17 58.569 | − 6 52 02.97 | 5.625 7396 |
| 12 | 12 50 59.682 | − 4 13 32.57 | 6.215 9405 | 28 | 13 18 25.011 | − 6 54 28.46 | 5.610 0740 |
| 13 | 12 51 42.566 | − 4 17 55.06 | 6.206 1204 | 29 | 13 18 50.927 | − 6 56 50.53 | 5.594 3465 |
| 14 | 12 52 25.230 | − 4 22 15.75 | 6.196 1219 | 30 | 13 19 16.309 | − 6 59 09.16 | 5.578 5610 |
| 15 | 12 53 07.668 | − 4 26 34.62 | 6.185 9468 | 31 | 13 19 41.150 | − 7 01 24.30 | 5.562 7216 |
| 16 | 12 53 49.875 | − 4 30 51.65 | 6.175 5962 | 32 | 13 20 05.442 | − 7 03 35.91 | 5.546 8325 |

# SATURN, 2016

## GEOCENTRIC COORDINATES FOR 0$^h$ TERRESTRIAL TIME

| Date | Apparent Right Ascension | Apparent Declination | True Geocentric Distance | Date | Apparent Right Ascension | Apparent Declination | True Geocentric Distance |
|---|---|---|---|---|---|---|---|
| | h m s | ° ′ ″ | au | | h m s | ° ′ ″ | au |
| Jan. 0 | 16 38 49.976 | −20 28 42.78 | 10.868 4127 | Feb. 15 | 16 56 15.304 | −20 56 14.41 | 10.300 9496 |
| 1 | 16 39 17.670 | −20 29 35.55 | 10.860 4684 | 16 | 16 56 31.160 | −20 56 32.70 | 10.285 1621 |
| 2 | 16 39 45.216 | −20 30 27.58 | 10.852 2919 | 17 | 16 56 46.658 | −20 56 50.28 | 10.269 2891 |
| 3 | 16 40 12.611 | −20 31 18.89 | 10.843 8848 | 18 | 16 57 01.794 | −20 57 07.17 | 10.253 3348 |
| 4 | 16 40 39.848 | −20 32 09.46 | 10.835 2488 | 19 | 16 57 16.563 | −20 57 23.35 | 10.237 3034 |
| 5 | 16 41 06.925 | −20 32 59.29 | 10.826 3857 | 20 | 16 57 30.963 | −20 57 38.84 | 10.221 1991 |
| 6 | 16 41 33.835 | −20 33 48.40 | 10.817 2973 | 21 | 16 57 44.988 | −20 57 53.63 | 10.205 0260 |
| 7 | 16 42 00.573 | −20 34 36.78 | 10.807 9858 | 22 | 16 57 58.636 | −20 58 07.72 | 10.188 7882 |
| 8 | 16 42 27.134 | −20 35 24.43 | 10.798 4532 | 23 | 16 58 11.903 | −20 58 21.10 | 10.172 4898 |
| 9 | 16 42 53.511 | −20 36 11.35 | 10.788 7017 | 24 | 16 58 24.789 | −20 58 33.78 | 10.156 1350 |
| 10 | 16 43 19.698 | −20 36 57.54 | 10.778 7337 | 25 | 16 58 37.290 | −20 58 45.76 | 10.139 7279 |
| 11 | 16 43 45.688 | −20 37 42.98 | 10.768 5518 | 26 | 16 58 49.404 | −20 58 57.05 | 10.123 2728 |
| 12 | 16 44 11.474 | −20 38 27.68 | 10.758 1586 | 27 | 16 59 01.129 | −20 59 07.64 | 10.106 7740 |
| 13 | 16 44 37.050 | −20 39 11.62 | 10.747 5570 | 28 | 16 59 12.463 | −20 59 17.56 | 10.090 2356 |
| 14 | 16 45 02.412 | −20 39 54.78 | 10.736 7499 | 29 | 16 59 23.403 | −20 59 26.80 | 10.073 6622 |
| 15 | 16 45 27.556 | −20 40 37.16 | 10.725 7404 | Mar. 1 | 16 59 33.946 | −20 59 35.38 | 10.057 0582 |
| 16 | 16 45 52.479 | −20 41 18.76 | 10.714 5314 | 2 | 16 59 44.090 | −20 59 43.30 | 10.040 4281 |
| 17 | 16 46 17.176 | −20 41 59.58 | 10.703 1262 | 3 | 16 59 53.831 | −20 59 50.58 | 10.023 7765 |
| 18 | 16 46 41.646 | −20 42 39.63 | 10.691 5278 | 4 | 17 00 03.166 | −20 59 57.21 | 10.007 1081 |
| 19 | 16 47 05.885 | −20 43 18.92 | 10.679 7393 | 5 | 17 00 12.090 | −21 00 03.20 | 9.990 4276 |
| 20 | 16 47 29.886 | −20 43 57.45 | 10.667 7638 | 6 | 17 00 20.600 | −21 00 08.56 | 9.973 7400 |
| 21 | 16 47 53.647 | −20 44 35.23 | 10.655 6043 | 7 | 17 00 28.692 | −21 00 13.27 | 9.957 0501 |
| 22 | 16 48 17.160 | −20 45 12.26 | 10.643 2637 | 8 | 17 00 36.364 | −21 00 17.34 | 9.940 3631 |
| 23 | 16 48 40.420 | −20 45 48.54 | 10.630 7450 | 9 | 17 00 43.613 | −21 00 20.75 | 9.923 6842 |
| 24 | 16 49 03.422 | −20 46 24.07 | 10.618 0511 | 10 | 17 00 50.439 | −21 00 23.50 | 9.907 0186 |
| 25 | 16 49 26.161 | −20 46 58.84 | 10.605 1848 | 11 | 17 00 56.842 | −21 00 25.60 | 9.890 3717 |
| 26 | 16 49 48.632 | −20 47 32.84 | 10.592 1491 | 12 | 17 01 02.824 | −21 00 27.05 | 9.873 7487 |
| 27 | 16 50 10.831 | −20 48 06.07 | 10.578 9468 | 13 | 17 01 08.384 | −21 00 27.87 | 9.857 1548 |
| 28 | 16 50 32.755 | −20 48 38.53 | 10.565 5811 | 14 | 17 01 13.521 | −21 00 28.08 | 9.840 5951 |
| 29 | 16 50 54.400 | −20 49 10.22 | 10.552 0549 | 15 | 17 01 18.236 | −21 00 27.69 | 9.824 0746 |
| 30 | 16 51 15.762 | −20 49 41.14 | 10.538 3714 | 16 | 17 01 22.525 | −21 00 26.70 | 9.807 5982 |
| 31 | 16 51 36.838 | −20 50 11.30 | 10.524 5337 | 17 | 17 01 26.387 | −21 00 25.13 | 9.791 1706 |
| Feb. 1 | 16 51 57.622 | −20 50 40.70 | 10.510 5453 | 18 | 17 01 29.821 | −21 00 22.97 | 9.774 7964 |
| 2 | 16 52 18.111 | −20 51 09.35 | 10.496 4094 | 19 | 17 01 32.825 | −21 00 20.22 | 9.758 4805 |
| 3 | 16 52 38.301 | −20 51 37.26 | 10.482 1294 | 20 | 17 01 35.401 | −21 00 16.87 | 9.742 2272 |
| 4 | 16 52 58.186 | −20 52 04.42 | 10.467 7091 | 21 | 17 01 37.548 | −21 00 12.94 | 9.726 0412 |
| 5 | 16 53 17.760 | −20 52 30.85 | 10.453 1519 | 22 | 17 01 39.266 | −21 00 08.41 | 9.709 9271 |
| 6 | 16 53 37.019 | −20 52 56.55 | 10.438 4617 | 23 | 17 01 40.556 | −21 00 03.30 | 9.693 8893 |
| 7 | 16 53 55.956 | −20 53 21.52 | 10.423 6424 | 24 | 17 01 41.420 | −20 59 57.61 | 9.677 9324 |
| 8 | 16 54 14.565 | −20 53 45.76 | 10.408 6980 | 25 | 17 01 41.859 | −20 59 51.33 | 9.662 0609 |
| 9 | 16 54 32.841 | −20 54 09.25 | 10.393 6328 | 26 | 17 01 41.873 | −20 59 44.49 | 9.646 2793 |
| 10 | 16 54 50.779 | −20 54 31.99 | 10.378 4510 | 27 | 17 01 41.463 | −20 59 37.09 | 9.630 5924 |
| 11 | 16 55 08.375 | −20 54 53.98 | 10.363 1570 | 28 | 17 01 40.631 | −20 59 29.14 | 9.615 0046 |
| 12 | 16 55 25.628 | −20 55 15.20 | 10.347 7554 | 29 | 17 01 39.376 | −20 59 20.65 | 9.599 5205 |
| 13 | 16 55 42.535 | −20 55 35.68 | 10.332 2507 | 30 | 17 01 37.699 | −20 59 11.63 | 9.584 1450 |
| 14 | 16 55 59.095 | −20 55 55.41 | 10.316 6473 | 31 | 17 01 35.601 | −20 59 02.08 | 9.568 8826 |
| 15 | 16 56 15.304 | −20 56 14.41 | 10.300 9496 | Apr. 1 | 17 01 33.080 | −20 58 52.00 | 9.553 7382 |

## GEOCENTRIC COORDINATES FOR 0ʰ TERRESTRIAL TIME

| Date | Apparent Right Ascension | Apparent Declination | True Geocentric Distance | Date | Apparent Right Ascension | Apparent Declination | True Geocentric Distance |
|---|---|---|---|---|---|---|---|
| | h m s | ° ′ ″ | au | | h m s | ° ′ ″ | au |
| Apr. 1 | 17 01 33.080 | −20 58 52.00 | 9.553 7382 | May 17 | 16 53 02.655 | −20 43 05.91 | 9.059 9355 |
| 2 | 17 01 30.138 | −20 58 41.41 | 9.538 7165 | 18 | 16 52 45.122 | −20 42 37.70 | 9.054 9525 |
| 3 | 17 01 26.774 | −20 58 30.30 | 9.523 8223 | 19 | 16 52 27.438 | −20 42 09.33 | 9.050 2557 |
| 4 | 17 01 22.989 | −20 58 18.66 | 9.509 0607 | 20 | 16 52 09.613 | −20 41 40.80 | 9.045 8464 |
| 5 | 17 01 18.784 | −20 58 06.50 | 9.494 4366 | 21 | 16 51 51.656 | −20 41 12.14 | 9.041 7260 |
| 6 | 17 01 14.163 | −20 57 53.79 | 9.479 9551 | 22 | 16 51 33.575 | −20 40 43.37 | 9.037 8954 |
| 7 | 17 01 09.130 | −20 57 40.56 | 9.465 6211 | 23 | 16 51 15.380 | −20 40 14.50 | 9.034 3561 |
| 8 | 17 01 03.689 | −20 57 26.80 | 9.451 4397 | 24 | 16 50 57.079 | −20 39 45.55 | 9.031 1089 |
| 9 | 17 00 57.846 | −20 57 12.52 | 9.437 4159 | 25 | 16 50 38.679 | −20 39 16.53 | 9.028 1551 |
| 10 | 17 00 51.604 | −20 56 57.75 | 9.423 5544 | 26 | 16 50 20.188 | −20 38 47.46 | 9.025 4957 |
| 11 | 17 00 44.966 | −20 56 42.50 | 9.409 8598 | 27 | 16 50 01.615 | −20 38 18.34 | 9.023 1316 |
| 12 | 17 00 37.936 | −20 56 26.79 | 9.396 3366 | 28 | 16 49 42.967 | −20 37 49.19 | 9.021 0638 |
| 13 | 17 00 30.516 | −20 56 10.61 | 9.382 9892 | 29 | 16 49 24.254 | −20 37 20.01 | 9.019 2933 |
| 14 | 17 00 22.708 | −20 55 53.98 | 9.369 8215 | 30 | 16 49 05.484 | −20 36 50.80 | 9.017 8210 |
| 15 | 17 00 14.517 | −20 55 36.89 | 9.356 8376 | 31 | 16 48 46.669 | −20 36 21.58 | 9.016 6476 |
| 16 | 17 00 05.945 | −20 55 19.34 | 9.344 0415 | June 1 | 16 48 27.818 | −20 35 52.36 | 9.015 7740 |
| 17 | 16 59 56.999 | −20 55 01.33 | 9.331 4370 | 2 | 16 48 08.945 | −20 35 23.16 | 9.015 2008 |
| 18 | 16 59 47.683 | −20 54 42.86 | 9.319 0279 | 3 | 16 47 50.060 | −20 34 54.01 | 9.014 9285 |
| 19 | 16 59 38.002 | −20 54 23.95 | 9.306 8179 | 4 | 16 47 31.175 | −20 34 24.92 | 9.014 9574 |
| 20 | 16 59 27.963 | −20 54 04.59 | 9.294 8107 | 5 | 16 47 12.299 | −20 33 55.94 | 9.015 2875 |
| 21 | 16 59 17.570 | −20 53 44.80 | 9.283 0099 | 6 | 16 46 53.440 | −20 33 27.08 | 9.015 9188 |
| 22 | 16 59 06.830 | −20 53 24.57 | 9.271 4191 | 7 | 16 46 34.609 | −20 32 58.36 | 9.016 8507 |
| 23 | 16 58 55.747 | −20 53 03.94 | 9.260 0419 | 8 | 16 46 15.812 | −20 32 29.79 | 9.018 0827 |
| 24 | 16 58 44.328 | −20 52 42.90 | 9.248 8818 | 9 | 16 45 57.059 | −20 32 01.38 | 9.019 6139 |
| 25 | 16 58 32.578 | −20 52 21.46 | 9.237 9425 | 10 | 16 45 38.359 | −20 31 33.15 | 9.021 4435 |
| 26 | 16 58 20.502 | −20 51 59.65 | 9.227 2273 | 11 | 16 45 19.723 | −20 31 05.10 | 9.023 5702 |
| 27 | 16 58 08.104 | −20 51 37.47 | 9.216 7399 | 12 | 16 45 01.161 | −20 30 37.25 | 9.025 9929 |
| 28 | 16 57 55.390 | −20 51 14.92 | 9.206 4836 | 13 | 16 44 42.682 | −20 30 09.62 | 9.028 7103 |
| 29 | 16 57 42.363 | −20 50 52.01 | 9.196 4621 | 14 | 16 44 24.298 | −20 29 42.21 | 9.031 7211 |
| 30 | 16 57 29.030 | −20 50 28.75 | 9.186 6789 | 15 | 16 44 06.018 | −20 29 15.07 | 9.035 0238 |
| May 1 | 16 57 15.395 | −20 50 05.14 | 9.177 1373 | 16 | 16 43 47.851 | −20 28 48.19 | 9.038 6170 |
| 2 | 16 57 01.465 | −20 49 41.17 | 9.167 8410 | 17 | 16 43 29.806 | −20 28 21.62 | 9.042 4990 |
| 3 | 16 56 47.246 | −20 49 16.85 | 9.158 7934 | 18 | 16 43 11.893 | −20 27 55.36 | 9.046 6684 |
| 4 | 16 56 32.747 | −20 48 52.17 | 9.149 9980 | 19 | 16 42 54.119 | −20 27 29.44 | 9.051 1234 |
| 5 | 16 56 17.977 | −20 48 27.16 | 9.141 4582 | 20 | 16 42 36.493 | −20 27 03.89 | 9.055 8624 |
| 6 | 16 56 02.945 | −20 48 01.81 | 9.133 1773 | 21 | 16 42 19.021 | −20 26 38.71 | 9.060 8836 |
| 7 | 16 55 47.662 | −20 47 36.15 | 9.125 1586 | 22 | 16 42 01.711 | −20 26 13.92 | 9.066 1853 |
| 8 | 16 55 32.134 | −20 47 10.21 | 9.117 4049 | 23 | 16 41 44.569 | −20 25 49.54 | 9.071 7658 |
| 9 | 16 55 16.370 | −20 46 44.01 | 9.109 9190 | 24 | 16 41 27.603 | −20 25 25.58 | 9.077 6233 |
| 10 | 16 55 00.377 | −20 46 17.56 | 9.102 7034 | 25 | 16 41 10.820 | −20 25 02.04 | 9.083 7560 |
| 11 | 16 54 44.161 | −20 45 50.86 | 9.095 7604 | 26 | 16 40 54.228 | −20 24 38.93 | 9.090 1620 |
| 12 | 16 54 27.730 | −20 45 23.93 | 9.089 0922 | 27 | 16 40 37.835 | −20 24 16.27 | 9.096 8396 |
| 13 | 16 54 11.092 | −20 44 56.76 | 9.082 7005 | 28 | 16 40 21.651 | −20 23 54.06 | 9.103 7867 |
| 14 | 16 53 54.257 | −20 44 29.37 | 9.076 5874 | 29 | 16 40 05.685 | −20 23 32.33 | 9.111 0013 |
| 15 | 16 53 37.232 | −20 44 01.75 | 9.070 7544 | 30 | 16 39 49.947 | −20 23 11.09 | 9.118 4813 |
| 16 | 16 53 20.029 | −20 43 33.93 | 9.065 2033 | July 1 | 16 39 34.446 | −20 22 50.38 | 9.126 2243 |
| 17 | 16 53 02.655 | −20 43 05.91 | 9.059 9355 | 2 | 16 39 19.189 | −20 22 30.21 | 9.134 2279 |

# SATURN, 2016

## GEOCENTRIC COORDINATES FOR 0$^h$ TERRESTRIAL TIME

| Date | Apparent Right Ascension | Apparent Declination | True Geocentric Distance | Date | Apparent Right Ascension | Apparent Declination | True Geocentric Distance |
|---|---|---|---|---|---|---|---|
| | h m s | ° ′ ″ | au | | h m s | ° ′ ″ | au |
| July 1 | 16 39 34.446 | −20 22 50.38 | 9.126 2243 | Aug. 16 | 16 33 32.397 | −20 19 56.04 | 9.706 4056 |
| 2 | 16 39 19.189 | −20 22 30.21 | 9.134 2279 | 17 | 16 33 33.520 | −20 20 11.80 | 9.722 3754 |
| 3 | 16 39 04.184 | −20 22 10.62 | 9.142 4894 | 18 | 16 33 35.049 | −20 20 28.41 | 9.738 4174 |
| 4 | 16 38 49.437 | −20 21 51.63 | 9.151 0059 | 19 | 16 33 36.982 | −20 20 45.87 | 9.754 5275 |
| 5 | 16 38 34.954 | −20 21 33.24 | 9.159 7743 | 20 | 16 33 39.321 | −20 21 04.15 | 9.770 7016 |
| 6 | 16 38 20.740 | −20 21 15.46 | 9.168 7914 | 21 | 16 33 42.066 | −20 21 23.25 | 9.786 9353 |
| 7 | 16 38 06.801 | −20 20 58.31 | 9.178 0538 | 22 | 16 33 45.218 | −20 21 43.16 | 9.803 2248 |
| 8 | 16 37 53.146 | −20 20 41.78 | 9.187 5579 | 23 | 16 33 48.778 | −20 22 03.89 | 9.819 5657 |
| 9 | 16 37 39.779 | −20 20 25.89 | 9.197 3001 | 24 | 16 33 52.749 | −20 22 25.43 | 9.835 9539 |
| 10 | 16 37 26.710 | −20 20 10.64 | 9.207 2770 | 25 | 16 33 57.130 | −20 22 47.80 | 9.852 3851 |
| 11 | 16 37 13.944 | −20 19 56.06 | 9.217 4847 | 26 | 16 34 01.920 | −20 23 10.99 | 9.868 8547 |
| 12 | 16 37 01.488 | −20 19 42.16 | 9.227 9196 | 27 | 16 34 07.118 | −20 23 35.00 | 9.885 3583 |
| 13 | 16 36 49.349 | −20 19 28.95 | 9.238 5780 | 28 | 16 34 12.723 | −20 23 59.83 | 9.901 8912 |
| 14 | 16 36 37.531 | −20 19 16.46 | 9.249 4561 | 29 | 16 34 18.730 | −20 24 25.46 | 9.918 4487 |
| 15 | 16 36 26.041 | −20 19 04.69 | 9.260 5503 | 30 | 16 34 25.140 | −20 24 51.89 | 9.935 0261 |
| 16 | 16 36 14.882 | −20 18 53.66 | 9.271 8566 | 31 | 16 34 31.951 | −20 25 19.09 | 9.951 6185 |
| 17 | 16 36 04.059 | −20 18 43.39 | 9.283 3715 | Sept. 1 | 16 34 39.161 | −20 25 47.05 | 9.968 2211 |
| 18 | 16 35 53.576 | −20 18 33.88 | 9.295 0910 | 2 | 16 34 46.771 | −20 26 15.76 | 9.984 8291 |
| 19 | 16 35 43.435 | −20 18 25.16 | 9.307 0116 | 3 | 16 34 54.778 | −20 26 45.21 | 10.001 4376 |
| 20 | 16 35 33.641 | −20 18 17.21 | 9.319 1294 | 4 | 16 35 03.183 | −20 27 15.39 | 10.018 0420 |
| 21 | 16 35 24.194 | −20 18 10.05 | 9.331 4409 | 5 | 16 35 11.984 | −20 27 46.30 | 10.034 6375 |
| 22 | 16 35 15.099 | −20 18 03.68 | 9.343 9423 | 6 | 16 35 21.180 | −20 28 17.92 | 10.051 2194 |
| 23 | 16 35 06.360 | −20 17 58.09 | 9.356 6301 | 7 | 16 35 30.769 | −20 28 50.26 | 10.067 7833 |
| 24 | 16 34 57.980 | −20 17 53.29 | 9.369 5007 | 8 | 16 35 40.748 | −20 29 23.30 | 10.084 3245 |
| 25 | 16 34 49.964 | −20 17 49.28 | 9.382 5503 | 9 | 16 35 51.116 | −20 29 57.04 | 10.100 8387 |
| 26 | 16 34 42.318 | −20 17 46.06 | 9.395 7753 | 10 | 16 36 01.869 | −20 30 31.46 | 10.117 3214 |
| 27 | 16 34 35.048 | −20 17 43.65 | 9.409 1720 | 11 | 16 36 13.003 | −20 31 06.57 | 10.133 7684 |
| 28 | 16 34 28.156 | −20 17 42.07 | 9.422 7364 | 12 | 16 36 24.515 | −20 31 42.34 | 10.150 1755 |
| 29 | 16 34 21.649 | −20 17 41.34 | 9.436 4645 | 13 | 16 36 36.402 | −20 32 18.77 | 10.166 5385 |
| 30 | 16 34 15.528 | −20 17 41.46 | 9.450 3522 | 14 | 16 36 48.659 | −20 32 55.82 | 10.182 8534 |
| 31 | 16 34 09.795 | −20 17 42.44 | 9.464 3952 | 15 | 16 37 01.282 | −20 33 33.49 | 10.199 1164 |
| Aug. 1 | 16 34 04.452 | −20 17 44.30 | 9.478 5890 | 16 | 16 37 14.270 | −20 34 11.74 | 10.215 3236 |
| 2 | 16 33 59.500 | −20 17 47.02 | 9.492 9292 | 17 | 16 37 27.619 | −20 34 50.56 | 10.231 4713 |
| 3 | 16 33 54.942 | −20 17 50.62 | 9.507 4110 | 18 | 16 37 41.329 | −20 35 29.94 | 10.247 5557 |
| 4 | 16 33 50.778 | −20 17 55.07 | 9.522 0297 | 19 | 16 37 55.399 | −20 36 09.85 | 10.263 5733 |
| 5 | 16 33 47.013 | −20 18 00.38 | 9.536 7805 | 20 | 16 38 09.828 | −20 36 50.30 | 10.279 5204 |
| 6 | 16 33 43.648 | −20 18 06.54 | 9.551 6587 | 21 | 16 38 24.614 | −20 37 31.30 | 10.295 3930 |
| 7 | 16 33 40.685 | −20 18 13.57 | 9.566 6595 | 22 | 16 38 39.756 | −20 38 12.82 | 10.311 1875 |
| 8 | 16 33 38.128 | −20 18 21.46 | 9.581 7781 | 23 | 16 38 55.248 | −20 38 54.87 | 10.326 8997 |
| 9 | 16 33 35.978 | −20 18 30.21 | 9.597 0097 | 24 | 16 39 11.086 | −20 39 37.44 | 10.342 5258 |
| 10 | 16 33 34.237 | −20 18 39.84 | 9.612 3497 | 25 | 16 39 27.268 | −20 40 20.50 | 10.358 0614 |
| 11 | 16 33 32.905 | −20 18 50.34 | 9.627 7934 | 26 | 16 39 43.788 | −20 41 04.04 | 10.373 5026 |
| 12 | 16 33 31.984 | −20 19 01.72 | 9.643 3360 | 27 | 16 40 00.644 | −20 41 48.03 | 10.388 8452 |
| 13 | 16 33 31.473 | −20 19 13.98 | 9.658 9731 | 28 | 16 40 17.832 | −20 42 32.46 | 10.404 0849 |
| 14 | 16 33 31.372 | −20 19 27.12 | 9.674 7001 | 29 | 16 40 35.350 | −20 43 17.31 | 10.419 2177 |
| 15 | 16 33 31.680 | −20 19 41.14 | 9.690 5124 | 30 | 16 40 53.195 | −20 44 02.56 | 10.434 2394 |
| 16 | 16 33 32.397 | −20 19 56.04 | 9.706 4056 | Oct. 1 | 16 41 11.365 | −20 44 48.19 | 10.449 1461 |

## GEOCENTRIC COORDINATES FOR 0ʰ TERRESTRIAL TIME

| Date | Apparent Right Ascension | Apparent Declination | True Geocentric Distance | Date | Apparent Right Ascension | Apparent Declination | True Geocentric Distance |
|---|---|---|---|---|---|---|---|
| | h m s | ° ′ ″ | au | | h m s | ° ′ ″ | au |
| Oct. 1 | 16 41 11.365 | −20 44 48.19 | 10.449 1461 | Nov. 16 | 16 59 49.419 | −21 22 40.13 | 10.954 5353 |
| 2 | 16 41 29.857 | −20 45 34.20 | 10.463 9336 | 17 | 17 00 18.263 | −21 23 27.91 | 10.960 6012 |
| 3 | 16 41 48.667 | −20 46 20.57 | 10.478 5982 | 18 | 17 00 47.227 | −21 24 15.44 | 10.966 4260 |
| 4 | 16 42 07.794 | −20 47 07.30 | 10.493 1359 | 19 | 17 01 16.306 | −21 25 02.70 | 10.972 0082 |
| 5 | 16 42 27.232 | −20 47 54.37 | 10.507 5431 | 20 | 17 01 45.495 | −21 25 49.67 | 10.977 3460 |
| 6 | 16 42 46.977 | −20 48 41.77 | 10.521 8161 | 21 | 17 02 14.790 | −21 26 36.34 | 10.982 4379 |
| 7 | 16 43 07.026 | −20 49 29.49 | 10.535 9512 | 22 | 17 02 44.185 | −21 27 22.68 | 10.987 2821 |
| 8 | 16 43 27.374 | −20 50 17.51 | 10.549 9452 | 23 | 17 03 13.677 | −21 28 08.69 | 10.991 8772 |
| 9 | 16 43 48.015 | −20 51 05.83 | 10.563 7944 | 24 | 17 03 43.263 | −21 28 54.35 | 10.996 2217 |
| 10 | 16 44 08.944 | −20 51 54.42 | 10.577 4958 | 25 | 17 04 12.938 | −21 29 39.65 | 11.000 3141 |
| 11 | 16 44 30.157 | −20 52 43.26 | 10.591 0460 | 26 | 17 04 42.698 | −21 30 24.59 | 11.004 1532 |
| 12 | 16 44 51.648 | −20 53 32.33 | 10.604 4421 | 27 | 17 05 12.540 | −21 31 09.17 | 11.007 7378 |
| 13 | 16 45 13.412 | −20 54 21.61 | 10.617 6811 | 28 | 17 05 42.457 | −21 31 53.37 | 11.011 0666 |
| 14 | 16 45 35.447 | −20 55 11.08 | 10.630 7602 | 29 | 17 06 12.445 | −21 32 37.20 | 11.014 1388 |
| 15 | 16 45 57.748 | −20 56 00.70 | 10.643 6765 | 30 | 17 06 42.499 | −21 33 20.65 | 11.016 9534 |
| 16 | 16 46 20.315 | −20 56 50.47 | 10.656 4275 | Dec. 1 | 17 07 12.612 | −21 34 03.71 | 11.019 5096 |
| 17 | 16 46 43.145 | −20 57 40.38 | 10.669 0105 | 2 | 17 07 42.779 | −21 34 46.37 | 11.021 8067 |
| 18 | 16 47 06.236 | −20 58 30.42 | 10.681 4227 | 3 | 17 08 12.993 | −21 35 28.64 | 11.023 8442 |
| 19 | 16 47 29.584 | −20 59 20.60 | 10.693 6615 | 4 | 17 08 43.249 | −21 36 10.49 | 11.025 6215 |
| 20 | 16 47 53.185 | −21 00 10.90 | 10.705 7238 | 5 | 17 09 13.539 | −21 36 51.91 | 11.027 1385 |
| 21 | 16 48 17.033 | −21 01 01.32 | 10.717 6069 | 6 | 17 09 43.859 | −21 37 32.89 | 11.028 3949 |
| 22 | 16 48 41.123 | −21 01 51.84 | 10.729 3075 | 7 | 17 10 14.204 | −21 38 13.41 | 11.029 3905 |
| 23 | 16 49 05.450 | −21 02 42.43 | 10.740 8228 | 8 | 17 10 44.568 | −21 38 53.44 | 11.030 1255 |
| 24 | 16 49 30.010 | −21 03 33.08 | 10.752 1496 | 9 | 17 11 14.948 | −21 39 32.95 | 11.030 5999 |
| 25 | 16 49 54.797 | −21 04 23.77 | 10.763 2849 | 10 | 17 11 45.334 | −21 40 11.91 | 11.030 8139 |
| 26 | 16 50 19.810 | −21 05 14.47 | 10.774 2256 | 11 | 17 12 15.717 | −21 40 50.50 | 11.030 7679 |
| 27 | 16 50 45.044 | −21 06 05.17 | 10.784 9687 | 12 | 17 12 46.116 | −21 41 28.76 | 11.030 4622 |
| 28 | 16 51 10.496 | −21 06 55.86 | 10.795 5114 | 13 | 17 13 16.522 | −21 42 06.49 | 11.029 8969 |
| 29 | 16 51 36.162 | −21 07 46.52 | 10.805 8508 | 14 | 17 13 46.925 | −21 42 43.70 | 11.029 0724 |
| 30 | 16 52 02.039 | −21 08 37.14 | 10.815 9842 | 15 | 17 14 17.317 | −21 43 20.43 | 11.027 9887 |
| 31 | 16 52 28.123 | −21 09 27.72 | 10.825 9089 | 16 | 17 14 47.692 | −21 43 56.67 | 11.026 6459 |
| Nov. 1 | 16 52 54.408 | −21 10 18.24 | 10.835 6223 | 17 | 17 15 18.043 | −21 44 32.42 | 11.025 0441 |
| 2 | 16 53 20.891 | −21 11 08.69 | 10.845 1219 | 18 | 17 15 48.365 | −21 45 07.66 | 11.023 1832 |
| 3 | 16 53 47.567 | −21 11 59.07 | 10.854 4054 | 19 | 17 16 18.653 | −21 45 42.38 | 11.021 0632 |
| 4 | 16 54 14.428 | −21 12 49.35 | 10.863 4705 | 20 | 17 16 48.904 | −21 46 16.58 | 11.018 6842 |
| 5 | 16 54 41.471 | −21 13 39.54 | 10.872 3150 | 21 | 17 17 19.114 | −21 46 50.25 | 11.016 0463 |
| 6 | 16 55 08.689 | −21 14 29.61 | 10.880 9368 | 22 | 17 17 49.279 | −21 47 23.39 | 11.013 1497 |
| 7 | 16 55 36.077 | −21 15 19.55 | 10.889 3341 | 23 | 17 18 19.393 | −21 47 56.00 | 11.009 9948 |
| 8 | 16 56 03.628 | −21 16 09.34 | 10.897 5049 | 24 | 17 18 49.454 | −21 48 28.07 | 11.006 5819 |
| 9 | 16 56 31.338 | −21 16 58.96 | 10.905 4476 | 25 | 17 19 19.456 | −21 48 59.62 | 11.002 9115 |
| 10 | 16 56 59.201 | −21 17 48.38 | 10.913 1606 | 26 | 17 19 49.394 | −21 49 30.63 | 10.998 9844 |
| 11 | 16 57 27.214 | −21 18 37.60 | 10.920 6424 | 27 | 17 20 19.262 | −21 50 01.13 | 10.994 8011 |
| 12 | 16 57 55.373 | −21 19 26.58 | 10.927 8915 | 28 | 17 20 49.055 | −21 50 31.10 | 10.990 3626 |
| 13 | 16 58 23.677 | −21 20 15.33 | 10.934 9067 | 29 | 17 21 18.765 | −21 51 00.55 | 10.985 6697 |
| 14 | 16 58 52.121 | −21 21 03.83 | 10.941 6866 | 30 | 17 21 48.388 | −21 51 29.47 | 10.980 7235 |
| 15 | 16 59 20.704 | −21 21 52.10 | 10.948 2299 | 31 | 17 22 17.916 | −21 51 57.87 | 10.975 5253 |
| 16 | 16 59 49.419 | −21 22 40.13 | 10.954 5353 | 32 | 17 22 47.343 | −21 52 25.74 | 10.970 0764 |

# URANUS, 2016

## GEOCENTRIC COORDINATES FOR 0ʰ TERRESTRIAL TIME

| Date | Apparent Right Ascension | Apparent Declination | True Geocentric Distance | Date | Apparent Right Ascension | Apparent Declination | True Geocentric Distance |
|---|---|---|---|---|---|---|---|
| | h m s | ° ′ ″ | au | | h m s | ° ′ ″ | au |
| Jan. 0 | 1 02 03.151 | + 5 55 30.50 | 19.821 467 | Feb. 15 | 1 05 57.256 | + 6 21 20.07 | 20.565 308 |
| 1 | 1 02 04.110 | + 5 55 38.92 | 19.838 548 | 16 | 1 06 06.201 | + 6 22 16.96 | 20.578 801 |
| 2 | 1 02 05.262 | + 5 55 48.54 | 19.855 665 | 17 | 1 06 15.283 | + 6 23 14.65 | 20.592 111 |
| 3 | 1 02 06.609 | + 5 55 59.35 | 19.872 812 | 18 | 1 06 24.498 | + 6 24 13.14 | 20.605 235 |
| 4 | 1 02 08.150 | + 5 56 11.36 | 19.889 985 | 19 | 1 06 33.843 | + 6 25 12.39 | 20.618 170 |
| 5 | 1 02 09.886 | + 5 56 24.58 | 19.907 178 | 20 | 1 06 43.314 | + 6 26 12.38 | 20.630 913 |
| 6 | 1 02 11.818 | + 5 56 39.00 | 19.924 386 | 21 | 1 06 52.910 | + 6 27 13.10 | 20.643 461 |
| 7 | 1 02 13.944 | + 5 56 54.62 | 19.941 602 | 22 | 1 07 02.628 | + 6 28 14.53 | 20.655 811 |
| 8 | 1 02 16.266 | + 5 57 11.45 | 19.958 823 | 23 | 1 07 12.465 | + 6 29 16.65 | 20.667 960 |
| 9 | 1 02 18.781 | + 5 57 29.47 | 19.976 041 | 24 | 1 07 22.420 | + 6 30 19.45 | 20.679 905 |
| 10 | 1 02 21.487 | + 5 57 48.67 | 19.993 252 | 25 | 1 07 32.493 | + 6 31 22.92 | 20.691 643 |
| 11 | 1 02 24.385 | + 5 58 09.05 | 20.010 450 | 26 | 1 07 42.680 | + 6 32 27.05 | 20.703 172 |
| 12 | 1 02 27.470 | + 5 58 30.60 | 20.027 629 | 27 | 1 07 52.982 | + 6 33 31.83 | 20.714 487 |
| 13 | 1 02 30.743 | + 5 58 53.29 | 20.044 783 | 28 | 1 08 03.397 | + 6 34 37.25 | 20.725 587 |
| 14 | 1 02 34.203 | + 5 59 17.12 | 20.061 908 | 29 | 1 08 13.922 | + 6 35 43.29 | 20.736 468 |
| 15 | 1 02 37.850 | + 5 59 42.09 | 20.078 997 | Mar. 1 | 1 08 24.556 | + 6 36 49.96 | 20.747 128 |
| 16 | 1 02 41.683 | + 6 00 08.20 | 20.096 046 | 2 | 1 08 35.296 | + 6 37 57.23 | 20.757 564 |
| 17 | 1 02 45.704 | + 6 00 35.46 | 20.113 048 | 3 | 1 08 46.140 | + 6 39 05.09 | 20.767 772 |
| 18 | 1 02 49.912 | + 6 01 03.85 | 20.130 000 | 4 | 1 08 57.085 | + 6 40 13.52 | 20.777 751 |
| 19 | 1 02 54.305 | + 6 01 33.38 | 20.146 896 | 5 | 1 09 08.127 | + 6 41 22.51 | 20.787 497 |
| 20 | 1 02 58.884 | + 6 02 04.04 | 20.163 731 | 6 | 1 09 19.264 | + 6 42 32.01 | 20.797 007 |
| 21 | 1 03 03.644 | + 6 02 35.81 | 20.180 501 | 7 | 1 09 30.490 | + 6 43 42.03 | 20.806 279 |
| 22 | 1 03 08.584 | + 6 03 08.69 | 20.197 201 | 8 | 1 09 41.805 | + 6 44 52.52 | 20.815 311 |
| 23 | 1 03 13.702 | + 6 03 42.66 | 20.213 827 | 9 | 1 09 53.204 | + 6 46 03.48 | 20.824 098 |
| 24 | 1 03 18.995 | + 6 04 17.69 | 20.230 374 | 10 | 1 10 04.687 | + 6 47 14.89 | 20.832 640 |
| 25 | 1 03 24.461 | + 6 04 53.78 | 20.246 837 | 11 | 1 10 16.252 | + 6 48 26.74 | 20.840 934 |
| 26 | 1 03 30.099 | + 6 05 30.91 | 20.263 213 | 12 | 1 10 27.899 | + 6 49 39.03 | 20.848 977 |
| 27 | 1 03 35.908 | + 6 06 09.08 | 20.279 496 | 13 | 1 10 39.625 | + 6 50 51.74 | 20.856 769 |
| 28 | 1 03 41.887 | + 6 06 48.27 | 20.295 682 | 14 | 1 10 51.428 | + 6 52 04.87 | 20.864 306 |
| 29 | 1 03 48.037 | + 6 07 28.49 | 20.311 767 | 15 | 1 11 03.303 | + 6 53 18.40 | 20.871 589 |
| 30 | 1 03 54.356 | + 6 08 09.73 | 20.327 746 | 16 | 1 11 15.248 | + 6 54 32.29 | 20.878 615 |
| 31 | 1 04 00.843 | + 6 08 51.99 | 20.343 615 | 17 | 1 11 27.257 | + 6 55 46.54 | 20.885 383 |
| Feb. 1 | 1 04 07.499 | + 6 09 35.25 | 20.359 369 | 18 | 1 11 39.329 | + 6 57 01.10 | 20.891 892 |
| 2 | 1 04 14.322 | + 6 10 19.52 | 20.375 003 | 19 | 1 11 51.458 | + 6 58 15.97 | 20.898 141 |
| 3 | 1 04 21.310 | + 6 11 04.78 | 20.390 513 | 20 | 1 12 03.644 | + 6 59 31.13 | 20.904 129 |
| 4 | 1 04 28.462 | + 6 11 51.02 | 20.405 894 | 21 | 1 12 15.882 | + 7 00 46.55 | 20.909 855 |
| 5 | 1 04 35.775 | + 6 12 38.23 | 20.421 143 | 22 | 1 12 28.172 | + 7 02 02.22 | 20.915 317 |
| 6 | 1 04 43.247 | + 6 13 26.40 | 20.436 253 | 23 | 1 12 40.512 | + 7 03 18.13 | 20.920 515 |
| 7 | 1 04 50.876 | + 6 14 15.50 | 20.451 221 | 24 | 1 12 52.899 | + 7 04 34.27 | 20.925 449 |
| 8 | 1 04 58.657 | + 6 15 05.53 | 20.466 042 | 25 | 1 13 05.334 | + 7 05 50.62 | 20.930 116 |
| 9 | 1 05 06.589 | + 6 15 56.44 | 20.480 711 | 26 | 1 13 17.812 | + 7 07 07.19 | 20.934 515 |
| 10 | 1 05 14.670 | + 6 16 48.24 | 20.495 225 | 27 | 1 13 30.334 | + 7 08 23.95 | 20.938 647 |
| 11 | 1 05 22.897 | + 6 17 40.90 | 20.509 578 | 28 | 1 13 42.896 | + 7 09 40.89 | 20.942 510 |
| 12 | 1 05 31.270 | + 6 18 34.42 | 20.523 767 | 29 | 1 13 55.496 | + 7 10 58.00 | 20.946 103 |
| 13 | 1 05 39.788 | + 6 19 28.79 | 20.537 787 | 30 | 1 14 08.131 | + 7 12 15.27 | 20.949 425 |
| 14 | 1 05 48.451 | + 6 20 24.01 | 20.551 636 | 31 | 1 14 20.798 | + 7 13 32.67 | 20.952 475 |
| 15 | 1 05 57.256 | + 6 21 20.07 | 20.565 308 | Apr. 1 | 1 14 33.495 | + 7 14 50.19 | 20.955 253 |

## GEOCENTRIC COORDINATES FOR 0$^h$ TERRESTRIAL TIME

| Date | Apparent Right Ascension | Apparent Declination | True Geocentric Distance | Date | Apparent Right Ascension | Apparent Declination | True Geocentric Distance |
|---|---|---|---|---|---|---|---|
| | h m s | ° ′ ″ | au | | h m s | ° ′ ″ | au |
| Apr. 1 | 1 14 33.495 | + 7 14 50.19 | 20.955 253 | May 17 | 1 24 03.184 | + 8 11 43.56 | 20.792 466 |
| 2 | 1 14 46.216 | + 7 16 07.80 | 20.957 758 | 18 | 1 24 14.318 | + 8 12 48.94 | 20.783 018 |
| 3 | 1 14 58.960 | + 7 17 25.49 | 20.959 988 | 19 | 1 24 25.363 | + 8 13 53.72 | 20.773 349 |
| 4 | 1 15 11.723 | + 7 18 43.23 | 20.961 944 | 20 | 1 24 36.316 | + 8 14 57.91 | 20.763 461 |
| 5 | 1 15 24.501 | + 7 20 01.00 | 20.963 624 | 21 | 1 24 47.176 | + 8 16 01.50 | 20.753 358 |
| 6 | 1 15 37.294 | + 7 21 18.78 | 20.965 029 | 22 | 1 24 57.941 | + 8 17 04.47 | 20.743 041 |
| 7 | 1 15 50.100 | + 7 22 36.57 | 20.966 156 | 23 | 1 25 08.609 | + 8 18 06.82 | 20.732 513 |
| 8 | 1 16 02.920 | + 7 23 54.33 | 20.967 007 | 24 | 1 25 19.178 | + 8 19 08.53 | 20.721 776 |
| 9 | 1 16 15.757 | + 7 25 11.99 | 20.967 582 | 25 | 1 25 29.643 | + 8 20 09.59 | 20.710 834 |
| 10 | 1 16 28.572 | + 7 26 29.12 | 20.967 880 | 26 | 1 25 40.004 | + 8 21 09.98 | 20.699 688 |
| 11 | 1 16 41.381 | + 7 27 47.27 | 20.967 902 | 27 | 1 25 50.256 | + 8 22 09.69 | 20.688 341 |
| 12 | 1 16 54.221 | + 7 29 05.09 | 20.967 648 | 28 | 1 26 00.396 | + 8 23 08.70 | 20.676 795 |
| 13 | 1 17 07.056 | + 7 30 22.72 | 20.967 119 | 29 | 1 26 10.424 | + 8 24 06.99 | 20.665 054 |
| 14 | 1 17 19.881 | + 7 31 40.23 | 20.966 317 | 30 | 1 26 20.335 | + 8 25 04.55 | 20.653 120 |
| 15 | 1 17 32.694 | + 7 32 57.59 | 20.965 241 | 31 | 1 26 30.130 | + 8 26 01.37 | 20.640 995 |
| 16 | 1 17 45.492 | + 7 34 14.80 | 20.963 892 | June 1 | 1 26 39.807 | + 8 26 57.45 | 20.628 682 |
| 17 | 1 17 58.273 | + 7 35 31.85 | 20.962 272 | 2 | 1 26 49.365 | + 8 27 52.77 | 20.616 185 |
| 18 | 1 18 11.036 | + 7 36 48.72 | 20.960 381 | 3 | 1 26 58.804 | + 8 28 47.34 | 20.603 506 |
| 19 | 1 18 23.778 | + 7 38 05.40 | 20.958 220 | 4 | 1 27 08.121 | + 8 29 41.16 | 20.590 649 |
| 20 | 1 18 36.499 | + 7 39 21.88 | 20.955 790 | 5 | 1 27 17.315 | + 8 30 34.21 | 20.577 618 |
| 21 | 1 18 49.196 | + 7 40 38.15 | 20.953 092 | 6 | 1 27 26.381 | + 8 31 26.48 | 20.564 416 |
| 22 | 1 19 01.867 | + 7 41 54.20 | 20.950 127 | 7 | 1 27 35.316 | + 8 32 17.95 | 20.551 046 |
| 23 | 1 19 14.512 | + 7 43 10.02 | 20.946 895 | 8 | 1 27 44.117 | + 8 33 08.60 | 20.537 513 |
| 24 | 1 19 27.128 | + 7 44 25.61 | 20.943 398 | 9 | 1 27 52.780 | + 8 33 58.41 | 20.523 821 |
| 25 | 1 19 39.713 | + 7 45 40.95 | 20.939 636 | 10 | 1 28 01.303 | + 8 34 47.37 | 20.509 973 |
| 26 | 1 19 52.264 | + 7 46 56.02 | 20.935 611 | 11 | 1 28 09.686 | + 8 35 35.46 | 20.495 973 |
| 27 | 1 20 04.777 | + 7 48 10.82 | 20.931 323 | 12 | 1 28 17.928 | + 8 36 22.69 | 20.481 826 |
| 28 | 1 20 17.251 | + 7 49 25.32 | 20.926 774 | 13 | 1 28 26.027 | + 8 37 09.03 | 20.467 534 |
| 29 | 1 20 29.682 | + 7 50 39.50 | 20.921 964 | 14 | 1 28 33.983 | + 8 37 54.50 | 20.453 102 |
| 30 | 1 20 42.066 | + 7 51 53.34 | 20.916 895 | 15 | 1 28 41.795 | + 8 38 39.09 | 20.438 534 |
| May 1 | 1 20 54.400 | + 7 53 06.84 | 20.911 567 | 16 | 1 28 49.463 | + 8 39 22.79 | 20.423 833 |
| 2 | 1 21 06.682 | + 7 54 19.95 | 20.905 981 | 17 | 1 28 56.985 | + 8 40 05.61 | 20.409 003 |
| 3 | 1 21 18.910 | + 7 55 32.68 | 20.900 139 | 18 | 1 29 04.360 | + 8 40 47.53 | 20.394 048 |
| 4 | 1 21 31.081 | + 7 56 45.00 | 20.894 043 | 19 | 1 29 11.587 | + 8 41 28.56 | 20.378 971 |
| 5 | 1 21 43.195 | + 7 57 56.91 | 20.887 693 | 20 | 1 29 18.664 | + 8 42 08.68 | 20.363 776 |
| 6 | 1 21 55.251 | + 7 59 08.41 | 20.881 090 | 21 | 1 29 25.588 | + 8 42 47.88 | 20.348 467 |
| 7 | 1 22 07.247 | + 8 00 19.50 | 20.874 238 | 22 | 1 29 32.357 | + 8 43 26.16 | 20.333 048 |
| 8 | 1 22 19.180 | + 8 01 30.15 | 20.867 138 | 23 | 1 29 38.969 | + 8 44 03.49 | 20.317 522 |
| 9 | 1 22 31.047 | + 8 02 40.36 | 20.859 792 | 24 | 1 29 45.422 | + 8 44 39.87 | 20.301 893 |
| 10 | 1 22 42.844 | + 8 03 50.10 | 20.852 203 | 25 | 1 29 51.714 | + 8 45 15.29 | 20.286 164 |
| 11 | 1 22 54.566 | + 8 04 59.35 | 20.844 372 | 26 | 1 29 57.844 | + 8 45 49.72 | 20.270 339 |
| 12 | 1 23 06.210 | + 8 06 08.09 | 20.836 303 | 27 | 1 30 03.810 | + 8 46 23.17 | 20.254 423 |
| 13 | 1 23 17.774 | + 8 07 16.30 | 20.827 997 | 28 | 1 30 09.612 | + 8 46 55.64 | 20.238 418 |
| 14 | 1 23 29.255 | + 8 08 23.97 | 20.819 459 | 29 | 1 30 15.250 | + 8 47 27.12 | 20.222 330 |
| 15 | 1 23 40.651 | + 8 09 31.07 | 20.810 689 | 30 | 1 30 20.725 | + 8 47 57.62 | 20.206 161 |
| 16 | 1 23 51.961 | + 8 10 37.60 | 20.801 690 | July 1 | 1 30 26.035 | + 8 48 27.13 | 20.189 917 |
| 17 | 1 24 03.184 | + 8 11 43.56 | 20.792 466 | 2 | 1 30 31.178 | + 8 48 55.66 | 20.173 602 |

# URANUS, 2016

## GEOCENTRIC COORDINATES FOR 0$^h$ TERRESTRIAL TIME

| Date | Apparent Right Ascension | Apparent Declination | True Geocentric Distance | Date | Apparent Right Ascension | Apparent Declination | True Geocentric Distance |
|---|---|---|---|---|---|---|---|
| | h m s | ° ′ ″ | au | | h m s | ° ′ ″ | au |
| July 1 | 1 30 26.035 | + 8 48 27.13 | 20.189 917 | Aug. 16 | 1 31 16.728 | + 8 52 10.04 | 19.440 694 |
| 2 | 1 30 31.178 | + 8 48 55.66 | 20.173 602 | 17 | 1 31 13.589 | + 8 51 50.27 | 19.426 105 |
| 3 | 1 30 36.153 | + 8 49 23.19 | 20.157 220 | 18 | 1 31 10.278 | + 8 51 29.51 | 19.411 661 |
| 4 | 1 30 40.957 | + 8 49 49.72 | 20.140 776 | 19 | 1 31 06.794 | + 8 51 07.75 | 19.397 366 |
| 5 | 1 30 45.587 | + 8 50 15.23 | 20.124 275 | 20 | 1 31 03.140 | + 8 50 45.01 | 19.383 224 |
| 6 | 1 30 50.040 | + 8 50 39.70 | 20.107 722 | 21 | 1 30 59.318 | + 8 50 21.29 | 19.369 240 |
| 7 | 1 30 54.315 | + 8 51 03.12 | 20.091 122 | 22 | 1 30 55.330 | + 8 49 56.61 | 19.355 417 |
| 8 | 1 30 58.412 | + 8 51 25.48 | 20.074 478 | 23 | 1 30 51.179 | + 8 49 30.99 | 19.341 759 |
| 9 | 1 31 02.330 | + 8 51 46.79 | 20.057 797 | 24 | 1 30 46.868 | + 8 49 04.44 | 19.328 271 |
| 10 | 1 31 06.069 | + 8 52 07.03 | 20.041 082 | 25 | 1 30 42.398 | + 8 48 36.98 | 19.314 958 |
| 11 | 1 31 09.629 | + 8 52 26.22 | 20.024 339 | 26 | 1 30 37.769 | + 8 48 08.61 | 19.301 823 |
| 12 | 1 31 13.012 | + 8 52 44.35 | 20.007 572 | 27 | 1 30 32.983 | + 8 47 39.35 | 19.288 871 |
| 13 | 1 31 16.216 | + 8 53 01.43 | 19.990 785 | 28 | 1 30 28.040 | + 8 47 09.19 | 19.276 106 |
| 14 | 1 31 19.242 | + 8 53 17.47 | 19.973 984 | 29 | 1 30 22.940 | + 8 46 38.15 | 19.263 534 |
| 15 | 1 31 22.091 | + 8 53 32.45 | 19.957 172 | 30 | 1 30 17.684 | + 8 46 06.21 | 19.251 157 |
| 16 | 1 31 24.760 | + 8 53 46.38 | 19.940 354 | 31 | 1 30 12.274 | + 8 45 33.39 | 19.238 982 |
| 17 | 1 31 27.250 | + 8 53 59.27 | 19.923 535 | Sept. 1 | 1 30 06.713 | + 8 44 59.70 | 19.227 011 |
| 18 | 1 31 29.560 | + 8 54 11.10 | 19.906 718 | 2 | 1 30 01.003 | + 8 44 25.16 | 19.215 250 |
| 19 | 1 31 31.688 | + 8 54 21.88 | 19.889 909 | 3 | 1 29 55.147 | + 8 43 49.77 | 19.203 701 |
| 20 | 1 31 33.633 | + 8 54 31.59 | 19.873 111 | 4 | 1 29 49.150 | + 8 43 13.57 | 19.192 370 |
| 21 | 1 31 35.394 | + 8 54 40.23 | 19.856 329 | 5 | 1 29 43.013 | + 8 42 36.56 | 19.181 260 |
| 22 | 1 31 36.970 | + 8 54 47.78 | 19.839 568 | 6 | 1 29 36.742 | + 8 41 58.77 | 19.170 374 |
| 23 | 1 31 38.361 | + 8 54 54.26 | 19.822 830 | 7 | 1 29 30.338 | + 8 41 20.23 | 19.159 717 |
| 24 | 1 31 39.566 | + 8 54 59.64 | 19.806 121 | 8 | 1 29 23.804 | + 8 40 40.94 | 19.149 291 |
| 25 | 1 31 40.586 | + 8 55 03.95 | 19.789 445 | 9 | 1 29 17.144 | + 8 40 00.92 | 19.139 100 |
| 26 | 1 31 41.423 | + 8 55 07.17 | 19.772 807 | 10 | 1 29 10.359 | + 8 39 20.20 | 19.129 147 |
| 27 | 1 31 42.078 | + 8 55 09.33 | 19.756 211 | 11 | 1 29 03.452 | + 8 38 38.78 | 19.119 435 |
| 28 | 1 31 42.550 | + 8 55 10.43 | 19.739 661 | 12 | 1 28 56.425 | + 8 37 56.68 | 19.109 968 |
| 29 | 1 31 42.841 | + 8 55 10.47 | 19.723 164 | 13 | 1 28 49.279 | + 8 37 13.91 | 19.100 747 |
| 30 | 1 31 42.948 | + 8 55 09.45 | 19.706 723 | 14 | 1 28 42.017 | + 8 36 30.48 | 19.091 777 |
| 31 | 1 31 42.871 | + 8 55 07.38 | 19.690 343 | 15 | 1 28 34.642 | + 8 35 46.40 | 19.083 059 |
| Aug. 1 | 1 31 42.609 | + 8 55 04.24 | 19.674 031 | 16 | 1 28 27.155 | + 8 35 01.68 | 19.074 597 |
| 2 | 1 31 42.160 | + 8 55 00.02 | 19.657 790 | 17 | 1 28 19.560 | + 8 34 16.35 | 19.066 392 |
| 3 | 1 31 41.524 | + 8 54 54.72 | 19.641 626 | 18 | 1 28 11.863 | + 8 33 30.42 | 19.058 447 |
| 4 | 1 31 40.700 | + 8 54 48.34 | 19.625 544 | 19 | 1 28 04.066 | + 8 32 43.91 | 19.050 766 |
| 5 | 1 31 39.691 | + 8 54 40.88 | 19.609 549 | 20 | 1 27 56.175 | + 8 31 56.87 | 19.043 350 |
| 6 | 1 31 38.497 | + 8 54 32.35 | 19.593 645 | 21 | 1 27 48.192 | + 8 31 09.31 | 19.036 203 |
| 7 | 1 31 37.120 | + 8 54 22.75 | 19.577 839 | 22 | 1 27 40.121 | + 8 30 21.25 | 19.029 327 |
| 8 | 1 31 35.562 | + 8 54 12.10 | 19.562 134 | 23 | 1 27 31.963 | + 8 29 32.71 | 19.022 725 |
| 9 | 1 31 33.824 | + 8 54 00.40 | 19.546 535 | 24 | 1 27 23.720 | + 8 28 43.70 | 19.016 399 |
| 10 | 1 31 31.908 | + 8 53 47.67 | 19.531 047 | 25 | 1 27 15.394 | + 8 27 54.23 | 19.010 353 |
| 11 | 1 31 29.815 | + 8 53 33.92 | 19.515 674 | 26 | 1 27 06.988 | + 8 27 04.31 | 19.004 589 |
| 12 | 1 31 27.546 | + 8 53 19.15 | 19.500 421 | 27 | 1 26 58.504 | + 8 26 13.95 | 18.999 109 |
| 13 | 1 31 25.102 | + 8 53 03.37 | 19.485 292 | 28 | 1 26 49.946 | + 8 25 23.19 | 18.993 917 |
| 14 | 1 31 22.484 | + 8 52 46.59 | 19.470 292 | 29 | 1 26 41.319 | + 8 24 32.03 | 18.989 013 |
| 15 | 1 31 19.693 | + 8 52 28.81 | 19.455 425 | 30 | 1 26 32.626 | + 8 23 40.50 | 18.984 401 |
| 16 | 1 31 16.728 | + 8 52 10.04 | 19.440 694 | Oct. 1 | 1 26 23.874 | + 8 22 48.63 | 18.980 081 |

## GEOCENTRIC COORDINATES FOR 0$^h$ TERRESTRIAL TIME

| Date | Apparent Right Ascension | Apparent Declination | True Geocentric Distance | Date | Apparent Right Ascension | Apparent Declination | True Geocentric Distance |
|---|---|---|---|---|---|---|---|
| | h m s | ° ′ ″ | au | | h m s | ° ′ ″ | au |
| Oct. 1 | 1 26 23.874 | + 8 22 48.63 | 18.980 081 | Nov. 16 | 1 19 43.726 | + 7 43 41.06 | 19.106 208 |
| 2 | 1 26 15.065 | + 8 21 56.45 | 18.976 057 | 17 | 1 19 36.515 | + 7 42 59.43 | 19.115 724 |
| 3 | 1 26 06.206 | + 8 21 03.98 | 18.972 329 | 18 | 1 19 29.423 | + 7 42 18.54 | 19.125 496 |
| 4 | 1 25 57.300 | + 8 20 11.25 | 18.968 899 | 19 | 1 19 22.452 | + 7 41 38.40 | 19.135 521 |
| 5 | 1 25 48.352 | + 8 19 18.30 | 18.965 768 | 20 | 1 19 15.602 | + 7 40 59.02 | 19.145 796 |
| 6 | 1 25 39.365 | + 8 18 25.13 | 18.962 937 | 21 | 1 19 08.877 | + 7 40 20.41 | 19.156 319 |
| 7 | 1 25 30.344 | + 8 17 31.78 | 18.960 408 | 22 | 1 19 02.281 | + 7 39 42.59 | 19.167 086 |
| 8 | 1 25 21.290 | + 8 16 38.27 | 18.958 181 | 23 | 1 18 55.817 | + 7 39 05.59 | 19.178 094 |
| 9 | 1 25 12.209 | + 8 15 44.62 | 18.956 257 | 24 | 1 18 49.490 | + 7 38 29.41 | 19.189 340 |
| 10 | 1 25 03.102 | + 8 14 50.85 | 18.954 637 | 25 | 1 18 43.303 | + 7 37 54.09 | 19.200 820 |
| 11 | 1 24 53.974 | + 8 13 56.96 | 18.953 320 | 26 | 1 18 37.260 | + 7 37 19.65 | 19.212 530 |
| 12 | 1 24 44.826 | + 8 13 02.99 | 18.952 308 | 27 | 1 18 31.364 | + 7 36 46.11 | 19.224 467 |
| 13 | 1 24 35.664 | + 8 12 08.96 | 18.951 600 | 28 | 1 18 25.619 | + 7 36 13.49 | 19.236 626 |
| 14 | 1 24 26.490 | + 8 11 14.87 | 18.951 197 | 29 | 1 18 20.027 | + 7 35 41.80 | 19.249 003 |
| 15 | 1 24 17.309 | + 8 10 20.75 | 18.951 099 | 30 | 1 18 14.590 | + 7 35 11.08 | 19.261 595 |
| 16 | 1 24 08.128 | + 8 09 26.64 | 18.951 305 | Dec. 1 | 1 18 09.312 | + 7 34 41.32 | 19.274 396 |
| 17 | 1 23 58.951 | + 8 08 32.58 | 18.951 816 | 2 | 1 18 04.192 | + 7 34 12.54 | 19.287 402 |
| 18 | 1 23 49.783 | + 8 07 38.58 | 18.952 632 | 3 | 1 17 59.234 | + 7 33 44.75 | 19.300 610 |
| 19 | 1 23 40.627 | + 8 06 44.68 | 18.953 752 | 4 | 1 17 54.438 | + 7 33 17.96 | 19.314 013 |
| 20 | 1 23 31.486 | + 8 05 50.91 | 18.955 178 | 5 | 1 17 49.806 | + 7 32 52.17 | 19.327 608 |
| 21 | 1 23 22.362 | + 8 04 57.26 | 18.956 909 | 6 | 1 17 45.340 | + 7 32 27.39 | 19.341 389 |
| 22 | 1 23 13.258 | + 8 04 03.76 | 18.958 945 | 7 | 1 17 41.041 | + 7 32 03.64 | 19.355 352 |
| 23 | 1 23 04.176 | + 8 03 10.43 | 18.961 287 | 8 | 1 17 36.911 | + 7 31 40.92 | 19.369 492 |
| 24 | 1 22 55.120 | + 8 02 17.27 | 18.963 934 | 9 | 1 17 32.954 | + 7 31 19.24 | 19.383 804 |
| 25 | 1 22 46.094 | + 8 01 24.31 | 18.966 885 | 10 | 1 17 29.172 | + 7 30 58.63 | 19.398 282 |
| 26 | 1 22 37.101 | + 8 00 31.58 | 18.970 141 | 11 | 1 17 25.568 | + 7 30 39.09 | 19.412 924 |
| 27 | 1 22 28.148 | + 7 59 39.10 | 18.973 700 | 12 | 1 17 22.144 | + 7 30 20.66 | 19.427 722 |
| 28 | 1 22 19.239 | + 7 58 46.89 | 18.977 562 | 13 | 1 17 18.902 | + 7 30 03.33 | 19.442 674 |
| 29 | 1 22 10.379 | + 7 57 55.00 | 18.981 725 | 14 | 1 17 15.842 | + 7 29 47.13 | 19.457 774 |
| 30 | 1 22 01.573 | + 7 57 03.44 | 18.986 190 | 15 | 1 17 12.964 | + 7 29 32.04 | 19.473 017 |
| 31 | 1 21 52.826 | + 7 56 12.25 | 18.990 953 | 16 | 1 17 10.267 | + 7 29 18.06 | 19.488 401 |
| Nov. 1 | 1 21 44.140 | + 7 55 21.45 | 18.996 014 | 17 | 1 17 07.750 | + 7 29 05.19 | 19.503 918 |
| 2 | 1 21 35.522 | + 7 54 31.07 | 19.001 371 | 18 | 1 17 05.415 | + 7 28 53.43 | 19.519 567 |
| 3 | 1 21 26.974 | + 7 53 41.13 | 19.007 023 | 19 | 1 17 03.262 | + 7 28 42.78 | 19.535 340 |
| 4 | 1 21 18.499 | + 7 52 51.66 | 19.012 966 | 20 | 1 17 01.295 | + 7 28 33.25 | 19.551 235 |
| 5 | 1 21 10.101 | + 7 52 02.67 | 19.019 200 | 21 | 1 16 59.514 | + 7 28 24.85 | 19.567 245 |
| 6 | 1 21 01.783 | + 7 51 14.18 | 19.025 722 | 22 | 1 16 57.923 | + 7 28 17.60 | 19.583 366 |
| 7 | 1 20 53.547 | + 7 50 26.21 | 19.032 529 | 23 | 1 16 56.523 | + 7 28 11.50 | 19.599 593 |
| 8 | 1 20 45.397 | + 7 49 38.78 | 19.039 619 | 24 | 1 16 55.316 | + 7 28 06.56 | 19.615 920 |
| 9 | 1 20 37.336 | + 7 48 51.89 | 19.046 990 | 25 | 1 16 54.303 | + 7 28 02.80 | 19.632 342 |
| 10 | 1 20 29.367 | + 7 48 05.58 | 19.054 639 | 26 | 1 16 53.484 | + 7 28 00.22 | 19.648 854 |
| 11 | 1 20 21.494 | + 7 47 19.86 | 19.062 562 | 27 | 1 16 52.862 | + 7 27 58.83 | 19.665 450 |
| 12 | 1 20 13.721 | + 7 46 34.76 | 19.070 758 | 28 | 1 16 52.435 | + 7 27 58.62 | 19.682 126 |
| 13 | 1 20 06.054 | + 7 45 50.29 | 19.079 223 | 29 | 1 16 52.204 | + 7 27 59.60 | 19.698 875 |
| 14 | 1 19 58.497 | + 7 45 06.51 | 19.087 955 | 30 | 1 16 52.169 | + 7 28 01.77 | 19.715 691 |
| 15 | 1 19 51.053 | + 7 44 23.42 | 19.096 951 | 31 | 1 16 52.328 | + 7 28 05.12 | 19.732 570 |
| 16 | 1 19 43.726 | + 7 43 41.06 | 19.106 208 | 32 | 1 16 52.682 | + 7 28 09.65 | 19.749 505 |

# NEPTUNE, 2016

## GEOCENTRIC COORDINATES FOR 0ʰ TERRESTRIAL TIME

| Date | Apparent Right Ascension | Apparent Declination | True Geocentric Distance | Date | Apparent Right Ascension | Apparent Declination | True Geocentric Distance |
|---|---|---|---|---|---|---|---|
| | h m s | ° ′ ″ | au | | h m s | ° ′ ″ | au |
| Jan. 0 | 22 38 02.758 | − 9 28 59.39 | 30.460 814 | Feb. 15 | 22 43 28.740 | − 8 56 14.65 | 30.918 961 |
| 1 | 22 38 07.991 | − 9 28 27.44 | 30.475 536 | 16 | 22 43 37.129 | − 8 55 24.45 | 30.922 945 |
| 2 | 22 38 13.329 | − 9 27 54.87 | 30.490 100 | 17 | 22 43 45.544 | − 8 54 34.11 | 30.926 645 |
| 3 | 22 38 18.771 | − 9 27 21.70 | 30.504 501 | 18 | 22 43 53.983 | − 8 53 43.65 | 30.930 061 |
| 4 | 22 38 24.317 | − 9 26 47.91 | 30.518 736 | 19 | 22 44 02.442 | − 8 52 53.09 | 30.933 193 |
| 5 | 22 38 29.966 | − 9 26 13.52 | 30.532 800 | 20 | 22 44 10.918 | − 8 52 02.44 | 30.936 039 |
| 6 | 22 38 35.716 | − 9 25 38.54 | 30.546 689 | 21 | 22 44 19.410 | − 8 51 11.72 | 30.938 600 |
| 7 | 22 38 41.568 | − 9 25 02.97 | 30.560 397 | 22 | 22 44 27.914 | − 8 50 20.93 | 30.940 876 |
| 8 | 22 38 47.519 | − 9 24 26.83 | 30.573 922 | 23 | 22 44 36.429 | − 8 49 30.09 | 30.942 866 |
| 9 | 22 38 53.566 | − 9 23 50.13 | 30.587 259 | 24 | 22 44 44.954 | − 8 48 39.20 | 30.944 569 |
| 10 | 22 38 59.708 | − 9 23 12.88 | 30.600 403 | 25 | 22 44 53.488 | − 8 47 48.27 | 30.945 986 |
| 11 | 22 39 05.942 | − 9 22 35.12 | 30.613 350 | 26 | 22 45 02.031 | − 8 46 57.31 | 30.947 116 |
| 12 | 22 39 12.264 | − 9 21 56.84 | 30.626 097 | 27 | 22 45 10.583 | − 8 46 06.35 | 30.947 959 |
| 13 | 22 39 18.673 | − 9 21 18.06 | 30.638 639 | 28 | 22 45 19.144 | − 8 45 15.53 | 30.948 514 |
| 14 | 22 39 25.167 | − 9 20 38.78 | 30.650 973 | 29 | 22 45 27.672 | − 8 44 24.82 | 30.948 782 |
| 15 | 22 39 31.745 | − 9 19 59.01 | 30.663 095 | Mar. 1 | 22 45 36.218 | − 8 43 33.50 | 30.948 762 |
| 16 | 22 39 38.406 | − 9 19 18.74 | 30.675 002 | 2 | 22 45 44.777 | − 8 42 42.38 | 30.948 454 |
| 17 | 22 39 45.150 | − 9 18 37.99 | 30.686 691 | 3 | 22 45 53.335 | − 8 41 51.36 | 30.947 859 |
| 18 | 22 39 51.977 | − 9 17 56.75 | 30.698 158 | 4 | 22 46 01.887 | − 8 41 00.41 | 30.946 975 |
| 19 | 22 39 58.885 | − 9 17 15.04 | 30.709 402 | 5 | 22 46 10.432 | − 8 40 09.53 | 30.945 805 |
| 20 | 22 40 05.872 | − 9 16 32.87 | 30.720 418 | 6 | 22 46 18.965 | − 8 39 18.75 | 30.944 346 |
| 21 | 22 40 12.937 | − 9 15 50.26 | 30.731 205 | 7 | 22 46 27.485 | − 8 38 28.06 | 30.942 601 |
| 22 | 22 40 20.075 | − 9 15 07.23 | 30.741 759 | 8 | 22 46 35.988 | − 8 37 37.50 | 30.940 569 |
| 23 | 22 40 27.284 | − 9 14 23.78 | 30.752 079 | 9 | 22 46 44.472 | − 8 36 47.05 | 30.938 250 |
| 24 | 22 40 34.562 | − 9 13 39.95 | 30.762 161 | 10 | 22 46 52.937 | − 8 35 56.74 | 30.935 647 |
| 25 | 22 40 41.906 | − 9 12 55.74 | 30.772 003 | 11 | 22 47 01.382 | − 8 35 06.55 | 30.932 759 |
| 26 | 22 40 49.314 | − 9 12 11.16 | 30.781 603 | 12 | 22 47 09.806 | − 8 34 16.49 | 30.929 589 |
| 27 | 22 40 56.785 | − 9 11 26.21 | 30.790 958 | 13 | 22 47 18.209 | − 8 33 26.57 | 30.926 136 |
| 28 | 22 41 04.317 | − 9 10 40.90 | 30.800 065 | 14 | 22 47 26.588 | − 8 32 36.80 | 30.922 404 |
| 29 | 22 41 11.911 | − 9 09 55.23 | 30.808 921 | 15 | 22 47 34.942 | − 8 31 47.21 | 30.918 394 |
| 30 | 22 41 19.565 | − 9 09 09.21 | 30.817 525 | 16 | 22 47 43.268 | − 8 30 57.81 | 30.914 107 |
| 31 | 22 41 27.278 | − 9 08 22.85 | 30.825 874 | 17 | 22 47 51.561 | − 8 30 08.63 | 30.909 545 |
| Feb. 1 | 22 41 35.048 | − 9 07 36.15 | 30.833 965 | 18 | 22 47 59.820 | − 8 29 19.67 | 30.904 710 |
| 2 | 22 41 42.876 | − 9 06 49.13 | 30.841 796 | 19 | 22 48 08.042 | − 8 28 30.95 | 30.899 604 |
| 3 | 22 41 50.758 | − 9 06 01.79 | 30.849 365 | 20 | 22 48 16.224 | − 8 27 42.49 | 30.894 229 |
| 4 | 22 41 58.693 | − 9 05 14.15 | 30.856 668 | 21 | 22 48 24.366 | − 8 26 54.28 | 30.888 585 |
| 5 | 22 42 06.679 | − 9 04 26.23 | 30.863 705 | 22 | 22 48 32.466 | − 8 26 06.34 | 30.882 676 |
| 6 | 22 42 14.712 | − 9 03 38.05 | 30.870 473 | 23 | 22 48 40.523 | − 8 25 18.67 | 30.876 503 |
| 7 | 22 42 22.791 | − 9 02 49.61 | 30.876 969 | 24 | 22 48 48.536 | − 8 24 31.28 | 30.870 068 |
| 8 | 22 42 30.911 | − 9 02 00.95 | 30.883 191 | 25 | 22 48 56.504 | − 8 23 44.17 | 30.863 372 |
| 9 | 22 42 39.069 | − 9 01 12.07 | 30.889 139 | 26 | 22 49 04.427 | − 8 22 57.35 | 30.856 418 |
| 10 | 22 42 47.264 | − 9 00 22.99 | 30.894 809 | 27 | 22 49 12.303 | − 8 22 10.82 | 30.849 207 |
| 11 | 22 42 55.493 | − 8 59 33.70 | 30.900 201 | 28 | 22 49 20.130 | − 8 21 24.61 | 30.841 741 |
| 12 | 22 43 03.756 | − 8 58 44.22 | 30.905 313 | 29 | 22 49 27.908 | − 8 20 38.71 | 30.834 022 |
| 13 | 22 43 12.052 | − 8 57 54.55 | 30.910 145 | 30 | 22 49 35.634 | − 8 19 53.14 | 30.826 052 |
| 14 | 22 43 20.381 | − 8 57 04.69 | 30.914 694 | 31 | 22 49 43.306 | − 8 19 07.93 | 30.817 834 |
| 15 | 22 43 28.740 | − 8 56 14.65 | 30.918 961 | Apr. 1 | 22 49 50.922 | − 8 18 23.08 | 30.809 369 |

## GEOCENTRIC COORDINATES FOR 0$^h$ TERRESTRIAL TIME

| Date | Apparent Right Ascension | Apparent Declination | True Geocentric Distance | Date | Apparent Right Ascension | Apparent Declination | True Geocentric Distance |
|---|---|---|---|---|---|---|---|
| | h m s | ° ′ ″ | au | | h m s | ° ′ ″ | au |
| Apr. 1 | 22 49 50.922 | − 8 18 23.08 | 30.809 369 | May 17 | 22 54 13.620 | − 7 53 09.36 | 30.207 466 |
| 2 | 22 49 58.478 | − 8 17 38.60 | 30.800 659 | 18 | 22 54 16.966 | − 7 52 51.18 | 30.191 165 |
| 3 | 22 50 05.973 | − 8 16 54.53 | 30.791 707 | 19 | 22 54 20.198 | − 7 52 33.72 | 30.174 796 |
| 4 | 22 50 13.403 | − 8 16 10.86 | 30.782 515 | 20 | 22 54 23.317 | − 7 52 16.96 | 30.158 362 |
| 5 | 22 50 20.767 | − 8 15 27.61 | 30.773 085 | 21 | 22 54 26.321 | − 7 52 00.91 | 30.141 868 |
| 6 | 22 50 28.064 | − 8 14 44.78 | 30.763 420 | 22 | 22 54 29.210 | − 7 51 45.56 | 30.125 318 |
| 7 | 22 50 35.292 | − 8 14 02.37 | 30.753 524 | 23 | 22 54 31.984 | − 7 51 30.94 | 30.108 717 |
| 8 | 22 50 42.452 | − 8 13 20.38 | 30.743 398 | 24 | 22 54 34.643 | − 7 51 17.04 | 30.092 068 |
| 9 | 22 50 49.544 | − 8 12 38.82 | 30.733 046 | 25 | 22 54 37.184 | − 7 51 03.86 | 30.075 376 |
| 10 | 22 50 56.567 | − 8 11 57.69 | 30.722 472 | 26 | 22 54 39.606 | − 7 50 51.43 | 30.058 645 |
| 11 | 22 51 03.519 | − 8 11 17.01 | 30.711 679 | 27 | 22 54 41.909 | − 7 50 39.75 | 30.041 881 |
| 12 | 22 51 10.397 | − 8 10 36.80 | 30.700 671 | 28 | 22 54 44.090 | − 7 50 28.82 | 30.025 086 |
| 13 | 22 51 17.198 | − 8 09 57.08 | 30.689 450 | 29 | 22 54 46.149 | − 7 50 18.64 | 30.008 265 |
| 14 | 22 51 23.919 | − 8 09 17.86 | 30.678 022 | 30 | 22 54 48.085 | − 7 50 09.22 | 29.991 424 |
| 15 | 22 51 30.559 | − 8 08 39.16 | 30.666 388 | 31 | 22 54 49.899 | − 7 50 00.55 | 29.974 567 |
| 16 | 22 51 37.116 | − 8 08 00.98 | 30.654 554 | June 1 | 22 54 51.591 | − 7 49 52.62 | 29.957 697 |
| 17 | 22 51 43.588 | − 8 07 23.33 | 30.642 521 | 2 | 22 54 53.162 | − 7 49 45.43 | 29.940 822 |
| 18 | 22 51 49.974 | − 8 06 46.21 | 30.630 294 | 3 | 22 54 54.614 | − 7 49 38.98 | 29.923 944 |
| 19 | 22 51 56.275 | − 8 06 09.63 | 30.617 877 | 4 | 22 54 55.947 | − 7 49 33.25 | 29.907 070 |
| 20 | 22 52 02.489 | − 8 05 33.58 | 30.605 271 | 5 | 22 54 57.161 | − 7 49 28.26 | 29.890 204 |
| 21 | 22 52 08.616 | − 8 04 58.08 | 30.592 482 | 6 | 22 54 58.254 | − 7 49 24.02 | 29.873 352 |
| 22 | 22 52 14.655 | − 8 04 23.12 | 30.579 513 | 7 | 22 54 59.224 | − 7 49 20.53 | 29.856 519 |
| 23 | 22 52 20.607 | − 8 03 48.71 | 30.566 366 | 8 | 22 55 00.070 | − 7 49 17.82 | 29.839 710 |
| 24 | 22 52 26.469 | − 8 03 14.85 | 30.553 045 | 9 | 22 55 00.790 | − 7 49 15.87 | 29.822 929 |
| 25 | 22 52 32.242 | − 8 02 41.56 | 30.539 554 | 10 | 22 55 01.386 | − 7 49 14.70 | 29.806 183 |
| 26 | 22 52 37.923 | − 8 02 08.85 | 30.525 897 | 11 | 22 55 01.857 | − 7 49 14.28 | 29.789 476 |
| 27 | 22 52 43.511 | − 8 01 36.72 | 30.512 076 | 12 | 22 55 02.204 | − 7 49 14.63 | 29.772 812 |
| 28 | 22 52 49.004 | − 8 01 05.20 | 30.498 096 | 13 | 22 55 02.428 | − 7 49 15.71 | 29.756 197 |
| 29 | 22 52 54.400 | − 8 00 34.28 | 30.483 959 | 14 | 22 55 02.530 | − 7 49 17.54 | 29.739 634 |
| 30 | 22 52 59.697 | − 8 00 03.99 | 30.469 670 | 15 | 22 55 02.512 | − 7 49 20.11 | 29.723 129 |
| May 1 | 22 53 04.893 | − 7 59 34.33 | 30.455 232 | 16 | 22 55 02.374 | − 7 49 23.40 | 29.706 686 |
| 2 | 22 53 09.986 | − 7 59 05.32 | 30.440 650 | 17 | 22 55 02.117 | − 7 49 27.41 | 29.690 309 |
| 3 | 22 53 14.976 | − 7 58 36.95 | 30.425 926 | 18 | 22 55 01.742 | − 7 49 32.15 | 29.674 002 |
| 4 | 22 53 19.861 | − 7 58 09.22 | 30.411 065 | 19 | 22 55 01.250 | − 7 49 37.61 | 29.657 771 |
| 5 | 22 53 24.642 | − 7 57 42.13 | 30.396 071 | 20 | 22 55 00.639 | − 7 49 43.79 | 29.641 619 |
| 6 | 22 53 29.320 | − 7 57 15.68 | 30.380 949 | 21 | 22 54 59.911 | − 7 49 50.69 | 29.625 551 |
| 7 | 22 53 33.895 | − 7 56 49.87 | 30.365 704 | 22 | 22 54 59.064 | − 7 49 58.32 | 29.609 570 |
| 8 | 22 53 38.366 | − 7 56 24.70 | 30.350 339 | 23 | 22 54 58.098 | − 7 50 06.68 | 29.593 682 |
| 9 | 22 53 42.731 | − 7 56 00.20 | 30.334 859 | 24 | 22 54 57.013 | − 7 50 15.76 | 29.577 890 |
| 10 | 22 53 46.988 | − 7 55 36.38 | 30.319 270 | 25 | 22 54 55.807 | − 7 50 25.58 | 29.562 199 |
| 11 | 22 53 51.135 | − 7 55 13.25 | 30.303 576 | 26 | 22 54 54.483 | − 7 50 36.11 | 29.546 612 |
| 12 | 22 53 55.168 | − 7 54 50.83 | 30.287 781 | 27 | 22 54 53.040 | − 7 50 47.36 | 29.531 136 |
| 13 | 22 53 59.088 | − 7 54 29.11 | 30.271 891 | 28 | 22 54 51.480 | − 7 50 59.31 | 29.515 773 |
| 14 | 22 54 02.893 | − 7 54 08.11 | 30.255 910 | 29 | 22 54 49.806 | − 7 51 11.95 | 29.500 528 |
| 15 | 22 54 06.583 | − 7 53 47.82 | 30.239 843 | 30 | 22 54 48.018 | − 7 51 25.26 | 29.485 407 |
| 16 | 22 54 10.159 | − 7 53 28.23 | 30.223 693 | July 1 | 22 54 46.119 | − 7 51 39.24 | 29.470 414 |
| 17 | 22 54 13.620 | − 7 53 09.36 | 30.207 466 | 2 | 22 54 44.110 | − 7 51 53.88 | 29.455 553 |

# NEPTUNE, 2016

## GEOCENTRIC COORDINATES FOR 0$^h$ TERRESTRIAL TIME

| Date | Apparent Right Ascension | Apparent Declination | True Geocentric Distance | Date | Apparent Right Ascension | Apparent Declination | True Geocentric Distance |
|---|---|---|---|---|---|---|---|
|  | h m s | o ′ ″ | au |  | h m s | o ′ ″ | au |
| July 1 | 22 54 46.119 | − 7 51 39.24 | 29.470 414 | Aug. 16 | 22 51 35.803 | − 8 12 29.74 | 28.987 557 |
| 2 | 22 54 44.110 | − 7 51 53.88 | 29.455 553 | 17 | 22 51 30.019 | − 8 13 06.27 | 28.982 774 |
| 3 | 22 54 41.990 | − 7 52 09.20 | 29.440 830 | 18 | 22 51 24.195 | − 8 13 43.02 | 28.978 272 |
| 4 | 22 54 39.759 | − 7 52 25.19 | 29.426 248 | 19 | 22 51 18.330 | − 8 14 19.97 | 28.974 052 |
| 5 | 22 54 37.416 | − 7 52 41.85 | 29.411 814 | 20 | 22 51 12.428 | − 8 14 57.11 | 28.970 116 |
| 6 | 22 54 34.960 | − 7 52 59.19 | 29.397 531 | 21 | 22 51 06.491 | − 8 15 34.42 | 28.966 465 |
| 7 | 22 54 32.394 | − 7 53 17.20 | 29.383 404 | 22 | 22 51 00.523 | − 8 16 11.86 | 28.963 101 |
| 8 | 22 54 29.716 | − 7 53 35.87 | 29.369 437 | 23 | 22 50 54.526 | − 8 16 49.43 | 28.960 024 |
| 9 | 22 54 26.930 | − 7 53 55.19 | 29.355 634 | 24 | 22 50 48.506 | − 8 17 27.11 | 28.957 237 |
| 10 | 22 54 24.036 | − 7 54 15.14 | 29.341 999 | 25 | 22 50 42.463 | − 8 18 04.87 | 28.954 740 |
| 11 | 22 54 21.038 | − 7 54 35.71 | 29.328 537 | 26 | 22 50 36.400 | − 8 18 42.72 | 28.952 536 |
| 12 | 22 54 17.937 | − 7 54 56.89 | 29.315 252 | 27 | 22 50 30.319 | − 8 19 20.65 | 28.950 625 |
| 13 | 22 54 14.736 | − 7 55 18.66 | 29.302 146 | 28 | 22 50 24.220 | − 8 19 58.65 | 28.949 008 |
| 14 | 22 54 11.435 | − 7 55 41.02 | 29.289 224 | 29 | 22 50 18.104 | − 8 20 36.71 | 28.947 688 |
| 15 | 22 54 08.038 | − 7 56 03.95 | 29.276 489 | 30 | 22 50 11.973 | − 8 21 14.82 | 28.946 664 |
| 16 | 22 54 04.544 | − 7 56 27.44 | 29.263 945 | 31 | 22 50 05.829 | − 8 21 52.97 | 28.945 937 |
| 17 | 22 54 00.956 | − 7 56 51.50 | 29.251 595 | Sept. 1 | 22 49 59.675 | − 8 22 31.14 | 28.945 508 |
| 18 | 22 53 57.274 | − 7 57 16.12 | 29.239 443 | 2 | 22 49 53.512 | − 8 23 09.32 | 28.945 378 |
| 19 | 22 53 53.499 | − 7 57 41.29 | 29.227 491 | 3 | 22 49 47.346 | − 8 23 47.47 | 28.945 546 |
| 20 | 22 53 49.631 | − 7 58 07.01 | 29.215 745 | 4 | 22 49 41.179 | − 8 24 25.58 | 28.946 012 |
| 21 | 22 53 45.670 | − 7 58 33.28 | 29.204 205 | 5 | 22 49 35.014 | − 8 25 03.62 | 28.946 777 |
| 22 | 22 53 41.617 | − 7 59 00.09 | 29.192 876 | 6 | 22 49 28.855 | − 8 25 41.59 | 28.947 841 |
| 23 | 22 53 37.473 | − 7 59 27.43 | 29.181 762 | 7 | 22 49 22.705 | − 8 26 19.46 | 28.949 202 |
| 24 | 22 53 33.240 | − 7 59 55.29 | 29.170 864 | 8 | 22 49 16.565 | − 8 26 57.22 | 28.950 861 |
| 25 | 22 53 28.920 | − 8 00 23.64 | 29.160 187 | 9 | 22 49 10.440 | − 8 27 34.86 | 28.952 816 |
| 26 | 22 53 24.516 | − 8 00 52.47 | 29.149 735 | 10 | 22 49 04.330 | − 8 28 12.36 | 28.955 068 |
| 27 | 22 53 20.031 | − 8 01 21.77 | 29.139 509 | 11 | 22 48 58.238 | − 8 28 49.72 | 28.957 615 |
| 28 | 22 53 15.467 | − 8 01 51.51 | 29.129 515 | 12 | 22 48 52.165 | − 8 29 26.93 | 28.960 457 |
| 29 | 22 53 10.827 | − 8 02 21.69 | 29.119 755 | 13 | 22 48 46.113 | − 8 30 03.98 | 28.963 591 |
| 30 | 22 53 06.111 | − 8 02 52.31 | 29.110 233 | 14 | 22 48 40.082 | − 8 30 40.86 | 28.967 019 |
| 31 | 22 53 01.320 | − 8 03 23.36 | 29.100 953 | 15 | 22 48 34.075 | − 8 31 17.55 | 28.970 737 |
| Aug. 1 | 22 52 56.454 | − 8 03 54.84 | 29.091 916 | 16 | 22 48 28.094 | − 8 31 54.05 | 28.974 746 |
| 2 | 22 52 51.515 | − 8 04 26.75 | 29.083 128 | 17 | 22 48 22.140 | − 8 32 30.33 | 28.979 043 |
| 3 | 22 52 46.502 | − 8 04 59.07 | 29.074 591 | 18 | 22 48 16.218 | − 8 33 06.37 | 28.983 629 |
| 4 | 22 52 41.418 | − 8 05 31.79 | 29.066 307 | 19 | 22 48 10.331 | − 8 33 42.15 | 28.988 501 |
| 5 | 22 52 36.265 | − 8 06 04.91 | 29.058 280 | 20 | 22 48 04.484 | − 8 34 17.64 | 28.993 659 |
| 6 | 22 52 31.046 | − 8 06 38.39 | 29.050 512 | 21 | 22 47 58.678 | − 8 34 52.84 | 28.999 102 |
| 7 | 22 52 25.763 | − 8 07 12.21 | 29.043 005 | 22 | 22 47 52.915 | − 8 35 27.73 | 29.004 829 |
| 8 | 22 52 20.420 | − 8 07 46.37 | 29.035 763 | 23 | 22 47 47.198 | − 8 36 02.32 | 29.010 839 |
| 9 | 22 52 15.019 | − 8 08 20.84 | 29.028 786 | 24 | 22 47 41.527 | − 8 36 36.59 | 29.017 130 |
| 10 | 22 52 09.563 | − 8 08 55.60 | 29.022 078 | 25 | 22 47 35.903 | − 8 37 10.54 | 29.023 700 |
| 11 | 22 52 04.056 | − 8 09 30.65 | 29.015 639 | 26 | 22 47 30.327 | − 8 37 44.17 | 29.030 550 |
| 12 | 22 51 58.498 | − 8 10 05.97 | 29.009 472 | 27 | 22 47 24.801 | − 8 38 17.45 | 29.037 675 |
| 13 | 22 51 52.892 | − 8 10 41.55 | 29.003 579 | 28 | 22 47 19.328 | − 8 38 50.38 | 29.045 076 |
| 14 | 22 51 47.240 | − 8 11 17.37 | 28.997 961 | 29 | 22 47 13.910 | − 8 39 22.93 | 29.052 750 |
| 15 | 22 51 41.543 | − 8 11 53.44 | 28.992 620 | 30 | 22 47 08.550 | − 8 39 55.09 | 29.060 693 |
| 16 | 22 51 35.803 | − 8 12 29.74 | 28.987 557 | Oct. 1 | 22 47 03.251 | − 8 40 26.83 | 29.068 905 |

## GEOCENTRIC COORDINATES FOR 0ʰ TERRESTRIAL TIME

| Date | Apparent Right Ascension | Apparent Declination | True Geocentric Distance | Date | Apparent Right Ascension | Apparent Declination | True Geocentric Distance |
|---|---|---|---|---|---|---|---|
| | h m s | o ′ ″ | au | | h m s | o ′ ″ | au |
| Oct. 1 | 22 47 03.251 | − 8 40 26.83 | 29.068 905 | Nov. 16 | 22 44 37.978 | − 8 54 22.67 | 29.678 428 |
| 2 | 22 46 58.017 | − 8 40 58.15 | 29.077 383 | 17 | 22 44 37.482 | − 8 54 24.38 | 29.695 179 |
| 3 | 22 46 52.851 | − 8 41 29.01 | 29.086 124 | 18 | 22 44 37.114 | − 8 54 25.32 | 29.712 005 |
| 4 | 22 46 47.754 | − 8 41 59.41 | 29.095 124 | 19 | 22 44 36.871 | − 8 54 25.50 | 29.728 900 |
| 5 | 22 46 42.730 | − 8 42 29.35 | 29.104 382 | 20 | 22 44 36.754 | − 8 54 24.92 | 29.745 860 |
| 6 | 22 46 37.781 | − 8 42 58.79 | 29.113 894 | 21 | 22 44 36.762 | − 8 54 23.58 | 29.762 880 |
| 7 | 22 46 32.908 | − 8 43 27.75 | 29.123 657 | 22 | 22 44 36.896 | − 8 54 21.47 | 29.779 954 |
| 8 | 22 46 28.113 | − 8 43 56.20 | 29.133 668 | 23 | 22 44 37.158 | − 8 54 18.59 | 29.797 078 |
| 9 | 22 46 23.397 | − 8 44 24.15 | 29.143 923 | 24 | 22 44 37.549 | − 8 54 14.93 | 29.814 245 |
| 10 | 22 46 18.762 | − 8 44 51.59 | 29.154 420 | 25 | 22 44 38.069 | − 8 54 10.47 | 29.831 452 |
| 11 | 22 46 14.208 | − 8 45 18.51 | 29.165 155 | 26 | 22 44 38.721 | − 8 54 05.23 | 29.848 691 |
| 12 | 22 46 09.736 | − 8 45 44.90 | 29.176 123 | 27 | 22 44 39.504 | − 8 53 59.18 | 29.865 959 |
| 13 | 22 46 05.347 | − 8 46 10.76 | 29.187 323 | 28 | 22 44 40.419 | − 8 53 52.34 | 29.883 248 |
| 14 | 22 46 01.044 | − 8 46 36.07 | 29.198 750 | 29 | 22 44 41.466 | − 8 53 44.70 | 29.900 555 |
| 15 | 22 45 56.829 | − 8 47 00.82 | 29.210 401 | 30 | 22 44 42.646 | − 8 53 36.27 | 29.917 872 |
| 16 | 22 45 52.704 | − 8 47 24.98 | 29.222 273 | Dec. 1 | 22 44 43.957 | − 8 53 27.05 | 29.935 195 |
| 17 | 22 45 48.674 | − 8 47 48.53 | 29.234 361 | 2 | 22 44 45.399 | − 8 53 17.05 | 29.952 518 |
| 18 | 22 45 44.740 | − 8 48 11.47 | 29.246 664 | 3 | 22 44 46.971 | − 8 53 06.27 | 29.969 835 |
| 19 | 22 45 40.905 | − 8 48 33.78 | 29.259 177 | 4 | 22 44 48.672 | − 8 52 54.73 | 29.987 140 |
| 20 | 22 45 37.170 | − 8 48 55.47 | 29.271 897 | 5 | 22 44 50.501 | − 8 52 42.42 | 30.004 429 |
| 21 | 22 45 33.534 | − 8 49 16.54 | 29.284 821 | 6 | 22 44 52.456 | − 8 52 29.36 | 30.021 696 |
| 22 | 22 45 29.998 | − 8 49 37.00 | 29.297 946 | 7 | 22 44 54.538 | − 8 52 15.54 | 30.038 935 |
| 23 | 22 45 26.561 | − 8 49 56.83 | 29.311 267 | 8 | 22 44 56.745 | − 8 52 00.95 | 30.056 141 |
| 24 | 22 45 23.225 | − 8 50 16.03 | 29.324 782 | 9 | 22 44 59.079 | − 8 51 45.61 | 30.073 309 |
| 25 | 22 45 19.992 | − 8 50 34.59 | 29.338 485 | 10 | 22 45 01.540 | − 8 51 29.50 | 30.090 434 |
| 26 | 22 45 16.863 | − 8 50 52.49 | 29.352 373 | 11 | 22 45 04.128 | − 8 51 12.61 | 30.107 511 |
| 27 | 22 45 13.840 | − 8 51 09.73 | 29.366 441 | 12 | 22 45 06.845 | − 8 50 54.96 | 30.124 534 |
| 28 | 22 45 10.926 | − 8 51 26.28 | 29.380 686 | 13 | 22 45 09.690 | − 8 50 36.54 | 30.141 500 |
| 29 | 22 45 08.123 | − 8 51 42.14 | 29.395 103 | 14 | 22 45 12.662 | − 8 50 17.36 | 30.158 404 |
| 30 | 22 45 05.433 | − 8 51 57.30 | 29.409 686 | 15 | 22 45 15.758 | − 8 49 57.45 | 30.175 240 |
| 31 | 22 45 02.858 | − 8 52 11.74 | 29.424 432 | 16 | 22 45 18.976 | − 8 49 36.82 | 30.192 005 |
| Nov. 1 | 22 45 00.400 | − 8 52 25.46 | 29.439 336 | 17 | 22 45 22.314 | − 8 49 15.48 | 30.208 693 |
| 2 | 22 44 58.060 | − 8 52 38.45 | 29.454 392 | 18 | 22 45 25.770 | − 8 48 53.44 | 30.225 300 |
| 3 | 22 44 55.839 | − 8 52 50.71 | 29.469 597 | 19 | 22 45 29.344 | − 8 48 30.69 | 30.241 822 |
| 4 | 22 44 53.737 | − 8 53 02.24 | 29.484 944 | 20 | 22 45 33.035 | − 8 48 07.24 | 30.258 252 |
| 5 | 22 44 51.754 | − 8 53 13.04 | 29.500 429 | 21 | 22 45 36.845 | − 8 47 43.08 | 30.274 587 |
| 6 | 22 44 49.892 | − 8 53 23.11 | 29.516 047 | 22 | 22 45 40.772 | − 8 47 18.21 | 30.290 821 |
| 7 | 22 44 48.149 | − 8 53 32.45 | 29.531 793 | 23 | 22 45 44.818 | − 8 46 52.64 | 30.306 949 |
| 8 | 22 44 46.527 | − 8 53 41.06 | 29.547 662 | 24 | 22 45 48.982 | − 8 46 26.35 | 30.322 967 |
| 9 | 22 44 45.025 | − 8 53 48.93 | 29.563 648 | 25 | 22 45 53.264 | − 8 45 59.37 | 30.338 868 |
| 10 | 22 44 43.643 | − 8 53 56.05 | 29.579 747 | 26 | 22 45 57.662 | − 8 45 31.70 | 30.354 649 |
| 11 | 22 44 42.384 | − 8 54 02.43 | 29.595 953 | 27 | 22 46 02.176 | − 8 45 03.33 | 30.370 304 |
| 12 | 22 44 41.248 | − 8 54 08.04 | 29.612 262 | 28 | 22 46 06.805 | − 8 44 34.30 | 30.385 828 |
| 13 | 22 44 40.237 | − 8 54 12.88 | 29.628 669 | 29 | 22 46 11.546 | − 8 44 04.60 | 30.401 217 |
| 14 | 22 44 39.355 | − 8 54 16.93 | 29.645 169 | 30 | 22 46 16.399 | − 8 43 34.25 | 30.416 465 |
| 15 | 22 44 38.602 | − 8 54 20.19 | 29.661 757 | 31 | 22 46 21.359 | − 8 43 03.25 | 30.431 568 |
| 16 | 22 44 37.978 | − 8 54 22.67 | 29.678 428 | 32 | 22 46 26.427 | − 8 42 31.64 | 30.446 521 |

| Date | Mercury | Venus | Mars | Jupiter | Saturn | Uranus | Neptune |
|---|---|---|---|---|---|---|---|
| | h m s | h m s | h m s | h m s | h m s | h m s | h m s |
| Jan. 0 | 13 26 29 | 9 20 32 | 7 09 13 | 4 59 30 | 10 00 58 | 18 22 38 | 15 59 03 |
| 1 | 13 25 21 | 9 21 35 | 7 07 23 | 4 55 40 | 9 57 29 | 18 18 43 | 15 55 13 |
| 2 | 13 23 37 | 9 22 40 | 7 05 33 | 4 51 49 | 9 54 01 | 18 14 48 | 15 51 22 |
| 3 | 13 21 15 | 9 23 45 | 7 03 43 | 4 47 58 | 9 50 32 | 18 10 54 | 15 47 32 |
| 4 | 13 18 11 | 9 24 52 | 7 01 53 | 4 44 05 | 9 47 03 | 18 06 59 | 15 43 42 |
| 5 | 13 14 21 | 9 26 00 | 7 00 02 | 4 40 12 | 9 43 34 | 18 03 05 | 15 39 51 |
| 6 | 13 09 45 | 9 27 08 | 6 58 12 | 4 36 19 | 9 40 05 | 17 59 12 | 15 36 01 |
| 7 | 13 04 20 | 9 28 18 | 6 56 21 | 4 32 24 | 9 36 35 | 17 55 18 | 15 32 11 |
| 8 | 12 58 07 | 9 29 29 | 6 54 29 | 4 28 29 | 9 33 06 | 17 51 24 | 15 28 21 |
| 9 | 12 51 07 | 9 30 41 | 6 52 38 | 4 24 33 | 9 29 36 | 17 47 31 | 15 24 31 |
| 10 | 12 43 23 | 9 31 54 | 6 50 46 | 4 20 37 | 9 26 06 | 17 43 38 | 15 20 42 |
| 11 | 12 35 02 | 9 33 08 | 6 48 55 | 4 16 40 | 9 22 36 | 17 39 45 | 15 16 52 |
| 12 | 12 26 10 | 9 34 23 | 6 47 03 | 4 12 42 | 9 19 06 | 17 35 52 | 15 13 02 |
| 13 | 12 16 56 | 9 35 39 | 6 45 10 | 4 08 43 | 9 15 35 | 17 32 00 | 15 09 13 |
| 14 | 12 07 29 | 9 36 55 | 6 43 18 | 4 04 44 | 9 12 04 | 17 28 08 | 15 05 24 |
| 15 | 11 58 00 | 9 38 13 | 6 41 25 | 4 00 44 | 9 08 33 | 17 24 15 | 15 01 34 |
| 16 | 11 48 38 | 9 39 31 | 6 39 32 | 3 56 43 | 9 05 02 | 17 20 24 | 14 57 45 |
| 17 | 11 39 33 | 9 40 50 | 6 37 39 | 3 52 41 | 9 01 31 | 17 16 32 | 14 53 56 |
| 18 | 11 30 52 | 9 42 09 | 6 35 45 | 3 48 39 | 8 57 59 | 17 12 40 | 14 50 07 |
| 19 | 11 22 41 | 9 43 29 | 6 33 51 | 3 44 36 | 8 54 27 | 17 08 49 | 14 46 18 |
| 20 | 11 15 06 | 9 44 50 | 6 31 57 | 3 40 33 | 8 50 55 | 17 04 58 | 14 42 29 |
| 21 | 11 08 07 | 9 46 11 | 6 30 03 | 3 36 28 | 8 47 23 | 17 01 06 | 14 38 40 |
| 22 | 11 01 48 | 9 47 33 | 6 28 08 | 3 32 23 | 8 43 50 | 16 57 16 | 14 34 51 |
| 23 | 10 56 08 | 9 48 55 | 6 26 13 | 3 28 18 | 8 40 17 | 16 53 25 | 14 31 03 |
| 24 | 10 51 06 | 9 50 17 | 6 24 17 | 3 24 12 | 8 36 44 | 16 49 34 | 14 27 14 |
| 25 | 10 46 40 | 9 51 40 | 6 22 22 | 3 20 05 | 8 33 11 | 16 45 44 | 14 23 25 |
| 26 | 10 42 50 | 9 53 03 | 6 20 26 | 3 15 57 | 8 29 37 | 16 41 54 | 14 19 37 |
| 27 | 10 39 32 | 9 54 26 | 6 18 29 | 3 11 49 | 8 26 03 | 16 38 04 | 14 15 48 |
| 28 | 10 36 45 | 9 55 50 | 6 16 33 | 3 07 40 | 8 22 29 | 16 34 14 | 14 12 00 |
| 29 | 10 34 25 | 9 57 13 | 6 14 35 | 3 03 30 | 8 18 55 | 16 30 24 | 14 08 12 |
| 30 | 10 32 32 | 9 58 37 | 6 12 38 | 2 59 20 | 8 15 20 | 16 26 35 | 14 04 23 |
| 31 | 10 31 02 | 10 00 00 | 6 10 40 | 2 55 09 | 8 11 45 | 16 22 45 | 14 00 35 |
| Feb. 1 | 10 29 53 | 10 01 24 | 6 08 42 | 2 50 58 | 8 08 09 | 16 18 56 | 13 56 47 |
| 2 | 10 29 04 | 10 02 47 | 6 06 43 | 2 46 46 | 8 04 34 | 16 15 07 | 13 52 59 |
| 3 | 10 28 33 | 10 04 10 | 6 04 43 | 2 42 33 | 8 00 58 | 16 11 18 | 13 49 11 |
| 4 | 10 28 18 | 10 05 33 | 6 02 44 | 2 38 20 | 7 57 22 | 16 07 30 | 13 45 23 |
| 5 | 10 28 17 | 10 06 56 | 6 00 43 | 2 34 06 | 7 53 45 | 16 03 41 | 13 41 35 |
| 6 | 10 28 30 | 10 08 18 | 5 58 43 | 2 29 51 | 7 50 08 | 15 59 53 | 13 37 47 |
| 7 | 10 28 55 | 10 09 40 | 5 56 41 | 2 25 36 | 7 46 31 | 15 56 05 | 13 33 59 |
| 8 | 10 29 31 | 10 11 01 | 5 54 40 | 2 21 21 | 7 42 54 | 15 52 17 | 13 30 11 |
| 9 | 10 30 17 | 10 12 22 | 5 52 37 | 2 17 05 | 7 39 16 | 15 48 29 | 13 26 24 |
| 10 | 10 31 12 | 10 13 43 | 5 50 34 | 2 12 48 | 7 35 38 | 15 44 41 | 13 22 36 |
| 11 | 10 32 16 | 10 15 02 | 5 48 30 | 2 08 31 | 7 31 59 | 15 40 53 | 13 18 48 |
| 12 | 10 33 27 | 10 16 22 | 5 46 26 | 2 04 13 | 7 28 20 | 15 37 06 | 13 15 01 |
| 13 | 10 34 44 | 10 17 40 | 5 44 21 | 1 59 55 | 7 24 41 | 15 33 18 | 13 11 13 |
| 14 | 10 36 09 | 10 18 58 | 5 42 16 | 1 55 36 | 7 21 01 | 15 29 31 | 13 07 25 |
| 15 | 10 37 38 | 10 20 15 | 5 40 09 | 1 51 17 | 7 17 22 | 15 25 44 | 13 03 38 |

| Date | Mercury | Venus | Mars | Jupiter | Saturn | Uranus | Neptune |
|---|---|---|---|---|---|---|---|
| | h m s | h m s | h m s | h m s | h m s | h m s | h m s |
| Feb. 15 | 10 37 38 | 10 20 15 | 5 40 09 | 1 51 17 | 7 17 22 | 15 25 44 | 13 03 38 |
| 16 | 10 39 14 | 10 21 31 | 5 38 02 | 1 46 58 | 7 13 41 | 15 21 57 | 12 59 50 |
| 17 | 10 40 53 | 10 22 46 | 5 35 55 | 1 42 38 | 7 10 01 | 15 18 10 | 12 56 03 |
| 18 | 10 42 38 | 10 24 00 | 5 33 46 | 1 38 18 | 7 06 20 | 15 14 24 | 12 52 15 |
| 19 | 10 44 26 | 10 25 14 | 5 31 37 | 1 33 57 | 7 02 38 | 15 10 37 | 12 48 28 |
| 20 | 10 46 18 | 10 26 26 | 5 29 27 | 1 29 36 | 6 58 57 | 15 06 51 | 12 44 40 |
| 21 | 10 48 14 | 10 27 38 | 5 27 17 | 1 25 14 | 6 55 15 | 15 03 05 | 12 40 53 |
| 22 | 10 50 13 | 10 28 48 | 5 25 05 | 1 20 52 | 6 51 32 | 14 59 18 | 12 37 05 |
| 23 | 10 52 15 | 10 29 58 | 5 22 53 | 1 16 30 | 6 47 49 | 14 55 32 | 12 33 18 |
| 24 | 10 54 19 | 10 31 07 | 5 20 39 | 1 12 08 | 6 44 06 | 14 51 46 | 12 29 31 |
| 25 | 10 56 26 | 10 32 14 | 5 18 25 | 1 07 45 | 6 40 23 | 14 48 01 | 12 25 43 |
| 26 | 10 58 36 | 10 33 21 | 5 16 10 | 1 03 22 | 6 36 39 | 14 44 15 | 12 21 56 |
| 27 | 11 00 48 | 10 34 27 | 5 13 54 | 0 58 59 | 6 32 54 | 14 40 29 | 12 18 08 |
| 28 | 11 03 02 | 10 35 31 | 5 11 37 | 0 54 36 | 6 29 10 | 14 36 44 | 12 14 21 |
| 29 | 11 05 18 | 10 36 35 | 5 09 19 | 0 50 12 | 6 25 24 | 14 32 58 | 12 10 33 |
| Mar. 1 | 11 07 36 | 10 37 37 | 5 07 00 | 0 45 48 | 6 21 39 | 14 29 13 | 12 06 46 |
| 2 | 11 09 57 | 10 38 39 | 5 04 40 | 0 41 24 | 6 17 53 | 14 25 28 | 12 02 59 |
| 3 | 11 12 19 | 10 39 39 | 5 02 19 | 0 37 00 | 6 14 07 | 14 21 43 | 11 59 11 |
| 4 | 11 14 43 | 10 40 38 | 4 59 56 | 0 32 36 | 6 10 20 | 14 17 58 | 11 55 24 |
| 5 | 11 17 09 | 10 41 36 | 4 57 33 | 0 28 11 | 6 06 33 | 14 14 13 | 11 51 36 |
| 6 | 11 19 37 | 10 42 34 | 4 55 08 | 0 23 47 | 6 02 45 | 14 10 28 | 11 47 49 |
| 7 | 11 22 07 | 10 43 30 | 4 52 42 | 0 19 22 | 5 58 57 | 14 06 44 | 11 44 02 |
| 8 | 11 24 39 | 10 44 25 | 4 50 14 | 0 14 58 | 5 55 09 | 14 02 59 | 11 40 14 |
| 9 | 11 27 13 | 10 45 19 | 4 47 46 | 0 10 33 | 5 51 20 | 13 59 15 | 11 36 27 |
| 10 | 11 29 49 | 10 46 12 | 4 45 15 | 0 06 08 | 5 47 31 | 13 55 30 | 11 32 39 |
| 11 | 11 32 27 | 10 47 04 | 4 42 44 | 0 01 44 | 5 43 41 | 13 51 46 | 11 28 52 |
| 12 | 11 35 07 | 10 47 55 | 4 40 11 | 23 52 55 | 5 39 51 | 13 48 01 | 11 25 04 |
| 13 | 11 37 49 | 10 48 45 | 4 37 36 | 23 48 30 | 5 36 01 | 13 44 17 | 11 21 17 |
| 14 | 11 40 34 | 10 49 34 | 4 35 01 | 23 44 06 | 5 32 10 | 13 40 33 | 11 17 29 |
| 15 | 11 43 22 | 10 50 22 | 4 32 23 | 23 39 42 | 5 28 19 | 13 36 49 | 11 13 41 |
| 16 | 11 46 12 | 10 51 10 | 4 29 44 | 23 35 17 | 5 24 27 | 13 33 05 | 11 09 54 |
| 17 | 11 49 04 | 10 51 56 | 4 27 03 | 23 30 53 | 5 20 35 | 13 29 21 | 11 06 06 |
| 18 | 11 51 59 | 10 52 42 | 4 24 21 | 23 26 30 | 5 16 42 | 13 25 37 | 11 02 18 |
| 19 | 11 54 58 | 10 53 26 | 4 21 37 | 23 22 06 | 5 12 49 | 13 21 53 | 10 58 31 |
| 20 | 11 57 58 | 10 54 10 | 4 18 51 | 23 17 43 | 5 08 56 | 13 18 10 | 10 54 43 |
| 21 | 12 01 02 | 10 54 53 | 4 16 03 | 23 13 20 | 5 05 02 | 13 14 26 | 10 50 55 |
| 22 | 12 04 09 | 10 55 36 | 4 13 14 | 23 08 57 | 5 01 07 | 13 10 42 | 10 47 07 |
| 23 | 12 07 19 | 10 56 18 | 4 10 23 | 23 04 34 | 4 57 13 | 13 06 59 | 10 43 19 |
| 24 | 12 10 31 | 10 56 59 | 4 07 30 | 23 00 12 | 4 53 18 | 13 03 15 | 10 39 31 |
| 25 | 12 13 46 | 10 57 39 | 4 04 34 | 22 55 50 | 4 49 22 | 12 59 32 | 10 35 43 |
| 26 | 12 17 04 | 10 58 19 | 4 01 37 | 22 51 29 | 4 45 26 | 12 55 48 | 10 31 55 |
| 27 | 12 20 23 | 10 58 58 | 3 58 38 | 22 47 07 | 4 41 30 | 12 52 05 | 10 28 07 |
| 28 | 12 23 45 | 10 59 37 | 3 55 37 | 22 42 46 | 4 37 33 | 12 48 21 | 10 24 19 |
| 29 | 12 27 07 | 11 00 16 | 3 52 33 | 22 38 26 | 4 33 36 | 12 44 38 | 10 20 31 |
| 30 | 12 30 31 | 11 00 53 | 3 49 27 | 22 34 06 | 4 29 38 | 12 40 55 | 10 16 43 |
| 31 | 12 33 54 | 11 01 31 | 3 46 19 | 22 29 46 | 4 25 40 | 12 37 11 | 10 12 54 |
| Apr. 1 | 12 37 16 | 11 02 08 | 3 43 09 | 22 25 26 | 4 21 41 | 12 33 28 | 10 09 06 |

Second transit: Jupiter, Mar. $11^d 23^h 57^m 19^s$.

| Date | Mercury | Venus | Mars | Jupiter | Saturn | Uranus | Neptune |
|---|---|---|---|---|---|---|---|
| | h m s | h m s | h m s | h m s | h m s | h m s | h m s |
| Apr. 1 | 12 37 16 | 11 02 08 | 3 43 09 | 22 25 26 | 4 21 41 | 12 33 28 | 10 09 06 |
| 2 | 12 40 37 | 11 02 45 | 3 39 56 | 22 21 07 | 4 17 42 | 12 29 45 | 10 05 17 |
| 3 | 12 43 54 | 11 03 21 | 3 36 41 | 22 16 49 | 4 13 43 | 12 26 02 | 10 01 29 |
| 4 | 12 47 08 | 11 03 57 | 3 33 23 | 22 12 31 | 4 09 43 | 12 22 19 | 9 57 40 |
| 5 | 12 50 16 | 11 04 33 | 3 30 03 | 22 08 13 | 4 05 43 | 12 18 35 | 9 53 52 |
| 6 | 12 53 18 | 11 05 09 | 3 26 40 | 22 03 56 | 4 01 43 | 12 14 52 | 9 50 03 |
| 7 | 12 56 11 | 11 05 45 | 3 23 14 | 21 59 40 | 3 57 42 | 12 11 09 | 9 46 14 |
| 8 | 12 58 56 | 11 06 20 | 3 19 46 | 21 55 24 | 3 53 40 | 12 07 26 | 9 42 26 |
| 9 | 13 01 29 | 11 06 56 | 3 16 15 | 21 51 08 | 3 49 39 | 12 03 43 | 9 38 37 |
| 10 | 13 03 51 | 11 07 31 | 3 12 41 | 21 46 54 | 3 45 36 | 12 00 00 | 9 34 48 |
| 11 | 13 05 59 | 11 08 07 | 3 09 05 | 21 42 39 | 3 41 34 | 11 56 16 | 9 30 59 |
| 12 | 13 07 54 | 11 08 42 | 3 05 25 | 21 38 25 | 3 37 31 | 11 52 33 | 9 27 10 |
| 13 | 13 09 32 | 11 09 17 | 3 01 43 | 21 34 12 | 3 33 28 | 11 48 50 | 9 23 20 |
| 14 | 13 10 54 | 11 09 53 | 2 57 57 | 21 30 00 | 3 29 24 | 11 45 07 | 9 19 31 |
| 15 | 13 11 58 | 11 10 29 | 2 54 09 | 21 25 47 | 3 25 20 | 11 41 24 | 9 15 42 |
| 16 | 13 12 44 | 11 11 05 | 2 50 17 | 21 21 36 | 3 21 15 | 11 37 41 | 9 11 52 |
| 17 | 13 13 11 | 11 11 41 | 2 46 23 | 21 17 25 | 3 17 10 | 11 33 57 | 9 08 03 |
| 18 | 13 13 18 | 11 12 18 | 2 42 25 | 21 13 15 | 3 13 05 | 11 30 14 | 9 04 13 |
| 19 | 13 13 04 | 11 12 55 | 2 38 25 | 21 09 05 | 3 09 00 | 11 26 31 | 9 00 24 |
| 20 | 13 12 30 | 11 13 32 | 2 34 21 | 21 04 56 | 3 04 54 | 11 22 48 | 8 56 34 |
| 21 | 13 11 33 | 11 14 09 | 2 30 14 | 21 00 48 | 3 00 47 | 11 19 04 | 8 52 44 |
| 22 | 13 10 14 | 11 14 47 | 2 26 04 | 20 56 40 | 2 56 41 | 11 15 21 | 8 48 54 |
| 23 | 13 08 33 | 11 15 26 | 2 21 50 | 20 52 33 | 2 52 34 | 11 11 38 | 8 45 04 |
| 24 | 13 06 30 | 11 16 05 | 2 17 34 | 20 48 27 | 2 48 26 | 11 07 54 | 8 41 14 |
| 25 | 13 04 04 | 11 16 45 | 2 13 14 | 20 44 21 | 2 44 19 | 11 04 11 | 8 37 24 |
| 26 | 13 01 15 | 11 17 25 | 2 08 51 | 20 40 16 | 2 40 11 | 11 00 28 | 8 33 34 |
| 27 | 12 58 05 | 11 18 06 | 2 04 24 | 20 36 12 | 2 36 03 | 10 56 44 | 8 29 43 |
| 28 | 12 54 32 | 11 18 47 | 1 59 55 | 20 32 08 | 2 31 54 | 10 53 01 | 8 25 53 |
| 29 | 12 50 39 | 11 19 30 | 1 55 22 | 20 28 05 | 2 27 45 | 10 49 17 | 8 22 02 |
| 30 | 12 46 25 | 11 20 13 | 1 50 46 | 20 24 02 | 2 23 36 | 10 45 33 | 8 18 11 |
| May 1 | 12 41 52 | 11 20 56 | 1 46 06 | 20 20 00 | 2 19 26 | 10 41 50 | 8 14 21 |
| 2 | 12 37 01 | 11 21 41 | 1 41 24 | 20 15 59 | 2 15 17 | 10 38 06 | 8 10 30 |
| 3 | 12 31 54 | 11 22 26 | 1 36 38 | 20 11 59 | 2 11 07 | 10 34 22 | 8 06 39 |
| 4 | 12 26 32 | 11 23 13 | 1 31 49 | 20 07 59 | 2 06 56 | 10 30 38 | 8 02 48 |
| 5 | 12 20 58 | 11 24 00 | 1 26 57 | 20 04 00 | 2 02 46 | 10 26 54 | 7 58 57 |
| 6 | 12 15 13 | 11 24 48 | 1 22 03 | 20 00 02 | 1 58 35 | 10 23 11 | 7 55 05 |
| 7 | 12 09 21 | 11 25 37 | 1 17 05 | 19 56 04 | 1 54 24 | 10 19 27 | 7 51 14 |
| 8 | 12 03 22 | 11 26 27 | 1 12 04 | 19 52 07 | 1 50 12 | 10 15 42 | 7 47 22 |
| 9 | 11 57 21 | 11 27 18 | 1 07 01 | 19 48 11 | 1 46 01 | 10 11 58 | 7 43 31 |
| 10 | 11 51 18 | 11 28 10 | 1 01 55 | 19 44 15 | 1 41 49 | 10 08 14 | 7 39 39 |
| 11 | 11 45 17 | 11 29 03 | 0 56 47 | 19 40 20 | 1 37 37 | 10 04 30 | 7 35 47 |
| 12 | 11 39 19 | 11 29 57 | 0 51 37 | 19 36 26 | 1 33 24 | 10 00 45 | 7 31 55 |
| 13 | 11 33 28 | 11 30 52 | 0 46 24 | 19 32 32 | 1 29 12 | 9 57 01 | 7 28 03 |
| 14 | 11 27 44 | 11 31 48 | 0 41 09 | 19 28 39 | 1 24 59 | 9 53 17 | 7 24 11 |
| 15 | 11 22 10 | 11 32 45 | 0 35 52 | 19 24 47 | 1 20 46 | 9 49 32 | 7 20 19 |
| 16 | 11 16 47 | 11 33 43 | 0 30 34 | 19 20 55 | 1 16 33 | 9 45 47 | 7 16 26 |
| 17 | 11 11 36 | 11 34 42 | 0 25 14 | 19 17 04 | 1 12 20 | 9 42 02 | 7 12 34 |

| Date | Mercury | Venus | Mars | Jupiter | Saturn | Uranus | Neptune |
|------|---------|-------|------|---------|--------|--------|---------|
| | h m s | h m s | h m s | h m s | h m s | h m s | h m s |
| May 17 | 11 11 36 | 11 34 42 | 0 25 14 | 19 17 04 | 1 12 20 | 9 42 02 | 7 12 34 |
| 18 | 11 06 39 | 11 35 43 | 0 19 52 | 19 13 14 | 1 08 07 | 9 38 18 | 7 08 41 |
| 19 | 11 01 57 | 11 36 44 | 0 14 30 | 19 09 24 | 1 03 53 | 9 34 33 | 7 04 49 |
| 20 | 10 57 30 | 11 37 47 | 0 09 06 | 19 05 35 | 0 59 40 | 9 30 48 | 7 00 56 |
| 21 | 10 53 18 | 11 38 51 | 0 03 41 | 19 01 47 | 0 55 26 | 9 27 02 | 6 57 03 |
| 22 | 10 49 23 | 11 39 56 | 23 52 49 | 18 57 59 | 0 51 12 | 9 23 17 | 6 53 10 |
| 23 | 10 45 44 | 11 41 02 | 23 47 23 | 18 54 12 | 0 46 58 | 9 19 32 | 6 49 17 |
| 24 | 10 42 21 | 11 42 09 | 23 41 56 | 18 50 25 | 0 42 44 | 9 15 46 | 6 45 23 |
| 25 | 10 39 14 | 11 43 17 | 23 36 30 | 18 46 39 | 0 38 30 | 9 12 01 | 6 41 30 |
| 26 | 10 36 24 | 11 44 27 | 23 31 03 | 18 42 54 | 0 34 15 | 9 08 15 | 6 37 36 |
| 27 | 10 33 49 | 11 45 37 | 23 25 37 | 18 39 10 | 0 30 01 | 9 04 29 | 6 33 43 |
| 28 | 10 31 31 | 11 46 49 | 23 20 11 | 18 35 26 | 0 25 47 | 9 00 44 | 6 29 49 |
| 29 | 10 29 28 | 11 48 01 | 23 14 47 | 18 31 42 | 0 21 32 | 8 56 58 | 6 25 55 |
| 30 | 10 27 40 | 11 49 15 | 23 09 23 | 18 28 00 | 0 17 18 | 8 53 12 | 6 22 01 |
| 31 | 10 26 08 | 11 50 29 | 23 04 00 | 18 24 17 | 0 13 03 | 8 49 25 | 6 18 07 |
| June 1 | 10 24 50 | 11 51 45 | 22 58 38 | 18 20 36 | 0 08 48 | 8 45 39 | 6 14 13 |
| 2 | 10 23 47 | 11 53 02 | 22 53 18 | 18 16 55 | 0 04 34 | 8 41 53 | 6 10 18 |
| 3 | 10 22 58 | 11 54 19 | 22 48 00 | 18 13 15 | 0 00 19 | 8 38 06 | 6 06 24 |
| 4 | 10 22 24 | 11 55 37 | 22 42 44 | 18 09 35 | 23 51 50 | 8 34 19 | 6 02 29 |
| 5 | 10 22 03 | 11 56 57 | 22 37 29 | 18 05 56 | 23 47 35 | 8 30 32 | 5 58 34 |
| 6 | 10 21 57 | 11 58 17 | 22 32 17 | 18 02 17 | 23 43 20 | 8 26 46 | 5 54 39 |
| 7 | 10 22 04 | 11 59 38 | 22 27 07 | 17 58 39 | 23 39 06 | 8 22 58 | 5 50 44 |
| 8 | 10 22 25 | 12 00 59 | 22 22 00 | 17 55 02 | 23 34 51 | 8 19 11 | 5 46 49 |
| 9 | 10 22 59 | 12 02 21 | 22 16 55 | 17 51 25 | 23 30 37 | 8 15 24 | 5 42 54 |
| 10 | 10 23 48 | 12 03 44 | 22 11 53 | 17 47 48 | 23 26 22 | 8 11 36 | 5 38 59 |
| 11 | 10 24 49 | 12 05 07 | 22 06 54 | 17 44 12 | 23 22 08 | 8 07 49 | 5 35 03 |
| 12 | 10 26 05 | 12 06 31 | 22 01 58 | 17 40 37 | 23 17 53 | 8 04 01 | 5 31 08 |
| 13 | 10 27 35 | 12 07 56 | 21 57 05 | 17 37 02 | 23 13 39 | 8 00 13 | 5 27 12 |
| 14 | 10 29 18 | 12 09 20 | 21 52 15 | 17 33 28 | 23 09 25 | 7 56 25 | 5 23 16 |
| 15 | 10 31 16 | 12 10 46 | 21 47 28 | 17 29 55 | 23 05 11 | 7 52 37 | 5 19 20 |
| 16 | 10 33 27 | 12 12 11 | 21 42 44 | 17 26 21 | 23 00 57 | 7 48 49 | 5 15 24 |
| 17 | 10 35 54 | 12 13 37 | 21 38 04 | 17 22 49 | 22 56 44 | 7 45 00 | 5 11 28 |
| 18 | 10 38 34 | 12 15 03 | 21 33 26 | 17 19 17 | 22 52 30 | 7 41 11 | 5 07 32 |
| 19 | 10 41 29 | 12 16 29 | 21 28 53 | 17 15 45 | 22 48 17 | 7 37 23 | 5 03 35 |
| 20 | 10 44 39 | 12 17 55 | 21 24 22 | 17 12 14 | 22 44 03 | 7 33 34 | 4 59 39 |
| 21 | 10 48 04 | 12 19 21 | 21 19 56 | 17 08 43 | 22 39 50 | 7 29 45 | 4 55 42 |
| 22 | 10 51 43 | 12 20 47 | 21 15 32 | 17 05 13 | 22 35 37 | 7 25 55 | 4 51 45 |
| 23 | 10 55 36 | 12 22 13 | 21 11 12 | 17 01 43 | 22 31 24 | 7 22 06 | 4 47 48 |
| 24 | 10 59 43 | 12 23 39 | 21 06 55 | 16 58 14 | 22 27 12 | 7 18 17 | 4 43 51 |
| 25 | 11 04 04 | 12 25 05 | 21 02 42 | 16 54 45 | 22 22 59 | 7 14 27 | 4 39 54 |
| 26 | 11 08 38 | 12 26 30 | 20 58 33 | 16 51 16 | 22 18 47 | 7 10 37 | 4 35 57 |
| 27 | 11 13 25 | 12 27 56 | 20 54 26 | 16 47 49 | 22 14 35 | 7 06 47 | 4 32 00 |
| 28 | 11 18 23 | 12 29 20 | 20 50 24 | 16 44 21 | 22 10 23 | 7 02 57 | 4 28 02 |
| 29 | 11 23 30 | 12 30 45 | 20 46 24 | 16 40 54 | 22 06 12 | 6 59 06 | 4 24 05 |
| 30 | 11 28 47 | 12 32 09 | 20 42 28 | 16 37 27 | 22 02 00 | 6 55 16 | 4 20 07 |
| July 1 | 11 34 11 | 12 33 32 | 20 38 36 | 16 34 01 | 21 57 49 | 6 51 25 | 4 16 09 |
| 2 | 11 39 41 | 12 34 55 | 20 34 47 | 16 30 36 | 21 53 38 | 6 47 34 | 4 12 11 |

Second transits: Mars, May 21$^d$23$^h$58$^m$15$^s$; Saturn, June 3$^d$23$^h$56$^m$04$^s$.

| Date | Mercury | Venus | Mars | Jupiter | Saturn | Uranus | Neptune |
|---|---|---|---|---|---|---|---|
| | h m s | h m s | h m s | h m s | h m s | h m s | h m s |
| July 1 | 11 34 11 | 12 33 32 | 20 38 36 | 16 34 01 | 21 57 49 | 6 51 25 | 4 16 09 |
| 2 | 11 39 41 | 12 34 55 | 20 34 47 | 16 30 36 | 21 53 38 | 6 47 34 | 4 12 11 |
| 3 | 11 45 15 | 12 36 17 | 20 31 01 | 16 27 10 | 21 49 28 | 6 43 43 | 4 08 13 |
| 4 | 11 50 52 | 12 37 38 | 20 27 19 | 16 23 45 | 21 45 18 | 6 39 52 | 4 04 15 |
| 5 | 11 56 29 | 12 38 59 | 20 23 40 | 16 20 21 | 21 41 07 | 6 36 01 | 4 00 17 |
| 6 | 12 02 05 | 12 40 19 | 20 20 05 | 16 16 57 | 21 36 58 | 6 32 09 | 3 56 18 |
| 7 | 12 07 38 | 12 41 38 | 20 16 33 | 16 13 33 | 21 32 48 | 6 28 18 | 3 52 20 |
| 8 | 12 13 06 | 12 42 56 | 20 13 04 | 16 10 10 | 21 28 39 | 6 24 26 | 3 48 21 |
| 9 | 12 18 29 | 12 44 13 | 20 09 38 | 16 06 47 | 21 24 30 | 6 20 34 | 3 44 22 |
| 10 | 12 23 45 | 12 45 30 | 20 06 16 | 16 03 24 | 21 20 21 | 6 16 41 | 3 40 24 |
| 11 | 12 28 53 | 12 46 45 | 20 02 56 | 16 00 02 | 21 16 13 | 6 12 49 | 3 36 25 |
| 12 | 12 33 53 | 12 47 59 | 19 59 40 | 15 56 40 | 21 12 05 | 6 08 56 | 3 32 26 |
| 13 | 12 38 42 | 12 49 13 | 19 56 27 | 15 53 19 | 21 07 57 | 6 05 04 | 3 28 27 |
| 14 | 12 43 22 | 12 50 25 | 19 53 17 | 15 49 57 | 21 03 50 | 6 01 11 | 3 24 27 |
| 15 | 12 47 51 | 12 51 36 | 19 50 09 | 15 46 37 | 20 59 43 | 5 57 18 | 3 20 28 |
| 16 | 12 52 09 | 12 52 46 | 19 47 05 | 15 43 16 | 20 55 36 | 5 53 24 | 3 16 29 |
| 17 | 12 56 17 | 12 53 54 | 19 44 03 | 15 39 56 | 20 51 30 | 5 49 31 | 3 12 29 |
| 18 | 13 00 13 | 12 55 02 | 19 41 05 | 15 36 36 | 20 47 24 | 5 45 37 | 3 08 30 |
| 19 | 13 03 58 | 12 56 09 | 19 38 09 | 15 33 17 | 20 43 18 | 5 41 43 | 3 04 30 |
| 20 | 13 07 33 | 12 57 14 | 19 35 15 | 15 29 58 | 20 39 13 | 5 37 49 | 3 00 30 |
| 21 | 13 10 56 | 12 58 18 | 19 32 25 | 15 26 39 | 20 35 08 | 5 33 55 | 2 56 30 |
| 22 | 13 14 09 | 12 59 21 | 19 29 37 | 15 23 20 | 20 31 03 | 5 30 01 | 2 52 30 |
| 23 | 13 17 11 | 13 00 23 | 19 26 51 | 15 20 02 | 20 26 59 | 5 26 06 | 2 48 30 |
| 24 | 13 20 03 | 13 01 23 | 19 24 08 | 15 16 44 | 20 22 55 | 5 22 11 | 2 44 30 |
| 25 | 13 22 45 | 13 02 22 | 19 21 28 | 15 13 26 | 20 18 51 | 5 18 16 | 2 40 30 |
| 26 | 13 25 17 | 13 03 21 | 19 18 50 | 15 10 09 | 20 14 48 | 5 14 21 | 2 36 30 |
| 27 | 13 27 40 | 13 04 18 | 19 16 15 | 15 06 52 | 20 10 45 | 5 10 26 | 2 32 29 |
| 28 | 13 29 52 | 13 05 13 | 19 13 41 | 15 03 35 | 20 06 43 | 5 06 31 | 2 28 29 |
| 29 | 13 31 56 | 13 06 08 | 19 11 11 | 15 00 18 | 20 02 41 | 5 02 35 | 2 24 28 |
| 30 | 13 33 51 | 13 07 01 | 19 08 42 | 14 57 02 | 19 58 39 | 4 58 39 | 2 20 28 |
| 31 | 13 35 36 | 13 07 54 | 19 06 16 | 14 53 46 | 19 54 38 | 4 54 43 | 2 16 27 |
| Aug. 1 | 13 37 13 | 13 08 45 | 19 03 53 | 14 50 31 | 19 50 37 | 4 50 47 | 2 12 26 |
| 2 | 13 38 41 | 13 09 35 | 19 01 31 | 14 47 15 | 19 46 36 | 4 46 50 | 2 08 25 |
| 3 | 13 40 00 | 13 10 24 | 18 59 12 | 14 44 00 | 19 42 36 | 4 42 54 | 2 04 25 |
| 4 | 13 41 12 | 13 11 12 | 18 56 55 | 14 40 45 | 19 38 36 | 4 38 57 | 2 00 24 |
| 5 | 13 42 14 | 13 11 59 | 18 54 40 | 14 37 30 | 19 34 37 | 4 35 00 | 1 56 23 |
| 6 | 13 43 08 | 13 12 45 | 18 52 27 | 14 34 16 | 19 30 38 | 4 31 03 | 1 52 21 |
| 7 | 13 43 54 | 13 13 29 | 18 50 16 | 14 31 01 | 19 26 40 | 4 27 06 | 1 48 20 |
| 8 | 13 44 32 | 13 14 13 | 18 48 08 | 14 27 47 | 19 22 42 | 4 23 08 | 1 44 19 |
| 9 | 13 45 00 | 13 14 56 | 18 46 01 | 14 24 33 | 19 18 44 | 4 19 11 | 1 40 18 |
| 10 | 13 45 21 | 13 15 38 | 18 43 56 | 14 21 20 | 19 14 47 | 4 15 13 | 1 36 16 |
| 11 | 13 45 32 | 13 16 19 | 18 41 53 | 14 18 06 | 19 10 50 | 4 11 15 | 1 32 15 |
| 12 | 13 45 35 | 13 16 59 | 18 39 52 | 14 14 53 | 19 06 53 | 4 07 17 | 1 28 14 |
| 13 | 13 45 29 | 13 17 38 | 18 37 53 | 14 11 40 | 19 02 57 | 4 03 18 | 1 24 12 |
| 14 | 13 45 13 | 13 18 17 | 18 35 56 | 14 08 27 | 18 59 01 | 3 59 20 | 1 20 11 |
| 15 | 13 44 48 | 13 18 54 | 18 34 01 | 14 05 15 | 18 55 06 | 3 55 21 | 1 16 09 |
| 16 | 13 44 13 | 13 19 31 | 18 32 07 | 14 02 02 | 18 51 11 | 3 51 22 | 1 12 07 |

| Date | Mercury | Venus | Mars | Jupiter | Saturn | Uranus | Neptune |
|------|---------|-------|------|---------|--------|--------|---------|
| | h m s | h m s | h m s | h m s | h m s | h m s | h m s |
| Aug. 16 | 13 44 13 | 13 19 31 | 18 32 07 | 14 02 02 | 18 51 11 | 3 51 22 | 1 12 07 |
| 17 | 13 43 27 | 13 20 07 | 18 30 15 | 13 58 50 | 18 47 17 | 3 47 23 | 1 08 06 |
| 18 | 13 42 30 | 13 20 43 | 18 28 25 | 13 55 38 | 18 43 23 | 3 43 24 | 1 04 04 |
| 19 | 13 41 23 | 13 21 18 | 18 26 36 | 13 52 26 | 18 39 29 | 3 39 24 | 1 00 02 |
| 20 | 13 40 03 | 13 21 52 | 18 24 49 | 13 49 14 | 18 35 36 | 3 35 25 | 0 56 01 |
| 21 | 13 38 32 | 13 22 26 | 18 23 04 | 13 46 02 | 18 31 43 | 3 31 25 | 0 51 59 |
| 22 | 13 36 47 | 13 22 59 | 18 21 20 | 13 42 51 | 18 27 50 | 3 27 25 | 0 47 57 |
| 23 | 13 34 48 | 13 23 32 | 18 19 38 | 13 39 40 | 18 23 58 | 3 23 25 | 0 43 55 |
| 24 | 13 32 35 | 13 24 04 | 18 17 57 | 13 36 29 | 18 20 07 | 3 19 25 | 0 39 53 |
| 25 | 13 30 07 | 13 24 36 | 18 16 18 | 13 33 18 | 18 16 15 | 3 15 24 | 0 35 51 |
| 26 | 13 27 23 | 13 25 07 | 18 14 40 | 13 30 07 | 18 12 25 | 3 11 24 | 0 31 49 |
| 27 | 13 24 22 | 13 25 39 | 18 13 04 | 13 26 56 | 18 08 34 | 3 07 23 | 0 27 47 |
| 28 | 13 21 04 | 13 26 10 | 18 11 29 | 13 23 46 | 18 04 44 | 3 03 22 | 0 23 45 |
| 29 | 13 17 27 | 13 26 41 | 18 09 56 | 13 20 35 | 18 00 55 | 2 59 21 | 0 19 43 |
| 30 | 13 13 30 | 13 27 11 | 18 08 24 | 13 17 25 | 17 57 05 | 2 55 20 | 0 15 41 |
| 31 | 13 09 14 | 13 27 42 | 18 06 54 | 13 14 15 | 17 53 16 | 2 51 19 | 0 11 39 |
| Sept. 1 | 13 04 38 | 13 28 12 | 18 05 25 | 13 11 05 | 17 49 28 | 2 47 17 | 0 07 37 |
| 2 | 12 59 41 | 13 28 42 | 18 03 57 | 13 07 55 | 17 45 40 | 2 43 16 | 0 03 35 |
| 3 | 12 54 23 | 13 29 13 | 18 02 30 | 13 04 45 | 17 41 52 | 2 39 14 | 23 55 31 |
| 4 | 12 48 44 | 13 29 43 | 18 01 05 | 13 01 35 | 17 38 05 | 2 35 12 | 23 51 29 |
| 5 | 12 42 45 | 13 30 13 | 17 59 42 | 12 58 26 | 17 34 18 | 2 31 10 | 23 47 27 |
| 6 | 12 36 28 | 13 30 44 | 17 58 19 | 12 55 16 | 17 30 32 | 2 27 08 | 23 43 25 |
| 7 | 12 29 52 | 13 31 15 | 17 56 58 | 12 52 07 | 17 26 46 | 2 23 06 | 23 39 23 |
| 8 | 12 23 02 | 13 31 45 | 17 55 37 | 12 48 57 | 17 23 00 | 2 19 03 | 23 35 21 |
| 9 | 12 15 59 | 13 32 16 | 17 54 18 | 12 45 48 | 17 19 15 | 2 15 01 | 23 31 19 |
| 10 | 12 08 47 | 13 32 48 | 17 53 01 | 12 42 39 | 17 15 30 | 2 10 58 | 23 27 17 |
| 11 | 12 01 29 | 13 33 19 | 17 51 44 | 12 39 30 | 17 11 45 | 2 06 55 | 23 23 15 |
| 12 | 11 54 11 | 13 33 51 | 17 50 28 | 12 36 21 | 17 08 01 | 2 02 52 | 23 19 13 |
| 13 | 11 46 56 | 13 34 24 | 17 49 13 | 12 33 12 | 17 04 17 | 1 58 49 | 23 15 11 |
| 14 | 11 39 49 | 13 34 56 | 17 48 00 | 12 30 03 | 17 00 34 | 1 54 46 | 23 11 09 |
| 15 | 11 32 55 | 13 35 30 | 17 46 47 | 12 26 54 | 16 56 51 | 1 50 43 | 23 07 08 |
| 16 | 11 26 20 | 13 36 03 | 17 45 35 | 12 23 45 | 16 53 08 | 1 46 40 | 23 03 06 |
| 17 | 11 20 07 | 13 36 38 | 17 44 25 | 12 20 36 | 16 49 25 | 1 42 36 | 22 59 04 |
| 18 | 11 14 20 | 13 37 13 | 17 43 15 | 12 17 27 | 16 45 43 | 1 38 33 | 22 55 02 |
| 19 | 11 09 02 | 13 37 48 | 17 42 06 | 12 14 19 | 16 42 02 | 1 34 29 | 22 51 01 |
| 20 | 11 04 17 | 13 38 24 | 17 40 58 | 12 11 10 | 16 38 20 | 1 30 25 | 22 46 59 |
| 21 | 11 00 05 | 13 39 01 | 17 39 50 | 12 08 01 | 16 34 40 | 1 26 21 | 22 42 57 |
| 22 | 10 56 28 | 13 39 39 | 17 38 44 | 12 04 53 | 16 30 59 | 1 22 17 | 22 38 56 |
| 23 | 10 53 26 | 13 40 17 | 17 37 38 | 12 01 44 | 16 27 19 | 1 18 13 | 22 34 54 |
| 24 | 10 51 00 | 13 40 57 | 17 36 34 | 11 58 36 | 16 23 39 | 1 14 09 | 22 30 53 |
| 25 | 10 49 07 | 13 41 37 | 17 35 30 | 11 55 27 | 16 19 59 | 1 10 05 | 22 26 51 |
| 26 | 10 47 46 | 13 42 18 | 17 34 26 | 11 52 19 | 16 16 20 | 1 06 01 | 22 22 50 |
| 27 | 10 46 57 | 13 43 00 | 17 33 24 | 11 49 10 | 16 12 41 | 1 01 57 | 22 18 48 |
| 28 | 10 46 35 | 13 43 43 | 17 32 22 | 11 46 02 | 16 09 02 | 0 57 52 | 22 14 47 |
| 29 | 10 46 39 | 13 44 27 | 17 31 21 | 11 42 53 | 16 05 24 | 0 53 48 | 22 10 46 |
| 30 | 10 47 07 | 13 45 12 | 17 30 21 | 11 39 45 | 16 01 46 | 0 49 43 | 22 06 45 |
| Oct. 1 | 10 47 56 | 13 45 57 | 17 29 21 | 11 36 36 | 15 58 09 | 0 45 38 | 22 02 44 |

Second transit: Neptune, Sept. $2^d23^h59^m33^s$.

| Date | Mercury | Venus | Mars | Jupiter | Saturn | Uranus | Neptune |
|------|---------|-------|------|---------|--------|--------|---------|
|        | h m s | h m s | h m s | h m s | h m s | h m s | h m s |
| Oct.  1 | 10 47 56 | 13 45 57 | 17 29 21 | 11 36 36 | 15 58 09 | 0 45 38 | 22 02 44 |
|      2 | 10 49 02 | 13 46 44 | 17 28 22 | 11 33 28 | 15 54 31 | 0 41 34 | 21 58 42 |
|      3 | 10 50 24 | 13 47 32 | 17 27 23 | 11 30 19 | 15 50 54 | 0 37 29 | 21 54 42 |
|      4 | 10 52 00 | 13 48 22 | 17 26 25 | 11 27 11 | 15 47 18 | 0 33 24 | 21 50 41 |
|      5 | 10 53 46 | 13 49 12 | 17 25 28 | 11 24 02 | 15 43 41 | 0 29 20 | 21 46 40 |
|      6 | 10 55 42 | 13 50 03 | 17 24 31 | 11 20 54 | 15 40 05 | 0 25 15 | 21 42 39 |
|      7 | 10 57 45 | 13 50 55 | 17 23 34 | 11 17 45 | 15 36 29 | 0 21 10 | 21 38 38 |
|      8 | 10 59 54 | 13 51 49 | 17 22 38 | 11 14 36 | 15 32 54 | 0 17 05 | 21 34 38 |
|      9 | 11 02 07 | 13 52 44 | 17 21 43 | 11 11 28 | 15 29 19 | 0 13 00 | 21 30 37 |
|     10 | 11 04 24 | 13 53 40 | 17 20 47 | 11 08 19 | 15 25 44 | 0 08 55 | 21 26 37 |
|     11 | 11 06 43 | 13 54 37 | 17 19 53 | 11 05 10 | 15 22 09 | 0 04 50 | 21 22 36 |
|     12 | 11 09 04 | 13 55 35 | 17 18 58 | 11 02 01 | 15 18 35 | 0 00 45 | 21 18 36 |
|     13 | 11 11 26 | 13 56 34 | 17 18 04 | 10 58 52 | 15 15 01 | 23 52 35 | 21 14 36 |
|     14 | 11 13 48 | 13 57 35 | 17 17 10 | 10 55 43 | 15 11 27 | 23 48 30 | 21 10 36 |
|     15 | 11 16 11 | 13 58 36 | 17 16 17 | 10 52 34 | 15 07 53 | 23 44 25 | 21 06 36 |
|     16 | 11 18 33 | 13 59 39 | 17 15 24 | 10 49 25 | 15 04 20 | 23 40 20 | 21 02 36 |
|     17 | 11 20 55 | 14 00 43 | 17 14 30 | 10 46 16 | 15 00 47 | 23 36 15 | 20 58 36 |
|     18 | 11 23 17 | 14 01 48 | 17 13 38 | 10 43 06 | 14 57 14 | 23 32 10 | 20 54 36 |
|     19 | 11 25 38 | 14 02 54 | 17 12 45 | 10 39 57 | 14 53 42 | 23 28 05 | 20 50 37 |
|     20 | 11 27 58 | 14 04 01 | 17 11 53 | 10 36 47 | 14 50 10 | 23 24 00 | 20 46 37 |
|     21 | 11 30 18 | 14 05 10 | 17 11 00 | 10 33 38 | 14 46 38 | 23 19 55 | 20 42 38 |
|     22 | 11 32 37 | 14 06 19 | 17 10 08 | 10 30 28 | 14 43 06 | 23 15 50 | 20 38 38 |
|     23 | 11 34 55 | 14 07 30 | 17 09 16 | 10 27 18 | 14 39 34 | 23 11 45 | 20 34 39 |
|     24 | 11 37 13 | 14 08 41 | 17 08 24 | 10 24 08 | 14 36 03 | 23 07 40 | 20 30 40 |
|     25 | 11 39 31 | 14 09 53 | 17 07 33 | 10 20 58 | 14 32 32 | 23 03 35 | 20 26 41 |
|     26 | 11 41 48 | 14 11 07 | 17 06 41 | 10 17 48 | 14 29 01 | 22 59 30 | 20 22 42 |
|     27 | 11 44 05 | 14 12 21 | 17 05 49 | 10 14 38 | 14 25 30 | 22 55 26 | 20 18 43 |
|     28 | 11 46 22 | 14 13 36 | 17 04 58 | 10 11 27 | 14 22 00 | 22 51 21 | 20 14 44 |
|     29 | 11 48 38 | 14 14 52 | 17 04 06 | 10 08 17 | 14 18 29 | 22 47 16 | 20 10 46 |
|     30 | 11 50 55 | 14 16 09 | 17 03 15 | 10 05 06 | 14 14 59 | 22 43 12 | 20 06 47 |
|     31 | 11 53 12 | 14 17 27 | 17 02 23 | 10 01 55 | 14 11 30 | 22 39 07 | 20 02 49 |
| Nov.  1 | 11 55 29 | 14 18 45 | 17 01 32 | 9 58 44 | 14 08 00 | 22 35 03 | 19 58 51 |
|      2 | 11 57 46 | 14 20 04 | 17 00 40 | 9 55 33 | 14 04 30 | 22 30 58 | 19 54 53 |
|      3 | 12 00 04 | 14 21 23 | 16 59 49 | 9 52 22 | 14 01 01 | 22 26 54 | 19 50 55 |
|      4 | 12 02 23 | 14 22 43 | 16 58 57 | 9 49 10 | 13 57 32 | 22 22 50 | 19 46 57 |
|      5 | 12 04 42 | 14 24 03 | 16 58 05 | 9 45 58 | 13 54 03 | 22 18 45 | 19 42 59 |
|      6 | 12 07 02 | 14 25 24 | 16 57 13 | 9 42 47 | 13 50 34 | 22 14 41 | 19 39 01 |
|      7 | 12 09 22 | 14 26 45 | 16 56 21 | 9 39 34 | 13 47 06 | 22 10 37 | 19 35 04 |
|      8 | 12 11 44 | 14 28 06 | 16 55 29 | 9 36 22 | 13 43 38 | 22 06 33 | 19 31 06 |
|      9 | 12 14 06 | 14 29 27 | 16 54 37 | 9 33 10 | 13 40 09 | 22 02 30 | 19 27 09 |
|     10 | 12 16 29 | 14 30 49 | 16 53 44 | 9 29 57 | 13 36 41 | 21 58 26 | 19 23 12 |
|     11 | 12 18 53 | 14 32 10 | 16 52 52 | 9 26 44 | 13 33 13 | 21 54 22 | 19 19 15 |
|     12 | 12 21 19 | 14 33 31 | 16 51 59 | 9 23 31 | 13 29 45 | 21 50 19 | 19 15 18 |
|     13 | 12 23 45 | 14 34 52 | 16 51 06 | 9 20 18 | 13 26 18 | 21 46 15 | 19 11 21 |
|     14 | 12 26 12 | 14 36 13 | 16 50 12 | 9 17 04 | 13 22 50 | 21 42 12 | 19 07 24 |
|     15 | 12 28 40 | 14 37 34 | 16 49 19 | 9 13 50 | 13 19 23 | 21 38 09 | 19 03 28 |
|     16 | 12 31 09 | 14 38 54 | 16 48 25 | 9 10 36 | 13 15 56 | 21 34 06 | 18 59 31 |

Second transit: Uranus, Oct. $12^d23^h56^m40^s$.

| Date | Mercury | Venus | Mars | Jupiter | Saturn | Uranus | Neptune |
|---|---|---|---|---|---|---|---|
|  | h m s | h m s | h m s | h m s | h m s | h m s | h m s |
| Nov. 16 | 12 31 09 | 14 38 54 | 16 48 25 | 9 10 36 | 13 15 56 | 21 34 06 | 18 59 31 |
| 17 | 12 33 39 | 14 40 14 | 16 47 31 | 9 07 22 | 13 12 28 | 21 30 03 | 18 55 35 |
| 18 | 12 36 10 | 14 41 34 | 16 46 36 | 9 04 08 | 13 09 01 | 21 26 00 | 18 51 39 |
| 19 | 12 38 42 | 14 42 52 | 16 45 42 | 9 00 53 | 13 05 34 | 21 21 57 | 18 47 43 |
| 20 | 12 41 14 | 14 44 11 | 16 44 47 | 8 57 38 | 13 02 08 | 21 17 54 | 18 43 47 |
| 21 | 12 43 46 | 14 45 28 | 16 43 52 | 8 54 23 | 12 58 41 | 21 13 52 | 18 39 51 |
| 22 | 12 46 19 | 14 46 45 | 16 42 56 | 8 51 07 | 12 55 14 | 21 09 50 | 18 35 55 |
| 23 | 12 48 51 | 14 48 01 | 16 42 01 | 8 47 51 | 12 51 48 | 21 05 47 | 18 32 00 |
| 24 | 12 51 24 | 14 49 16 | 16 41 05 | 8 44 35 | 12 48 21 | 21 01 45 | 18 28 04 |
| 25 | 12 53 55 | 14 50 30 | 16 40 08 | 8 41 19 | 12 44 55 | 20 57 43 | 18 24 09 |
| 26 | 12 56 26 | 14 51 43 | 16 39 12 | 8 38 02 | 12 41 29 | 20 53 42 | 18 20 14 |
| 27 | 12 58 55 | 14 52 55 | 16 38 15 | 8 34 45 | 12 38 03 | 20 49 40 | 18 16 19 |
| 28 | 13 01 23 | 14 54 06 | 16 37 18 | 8 31 28 | 12 34 36 | 20 45 38 | 18 12 24 |
| 29 | 13 03 48 | 14 55 15 | 16 36 20 | 8 28 10 | 12 31 10 | 20 41 37 | 18 08 29 |
| 30 | 13 06 10 | 14 56 24 | 16 35 22 | 8 24 52 | 12 27 44 | 20 37 36 | 18 04 35 |
| Dec. 1 | 13 08 28 | 14 57 31 | 16 34 24 | 8 21 34 | 12 24 19 | 20 33 35 | 18 00 40 |
| 2 | 13 10 42 | 14 58 36 | 16 33 26 | 8 18 15 | 12 20 53 | 20 29 34 | 17 56 46 |
| 3 | 13 12 50 | 14 59 40 | 16 32 27 | 8 14 56 | 12 17 27 | 20 25 33 | 17 52 51 |
| 4 | 13 14 52 | 15 00 43 | 16 31 28 | 8 11 37 | 12 14 01 | 20 21 33 | 17 48 57 |
| 5 | 13 16 47 | 15 01 44 | 16 30 29 | 8 08 17 | 12 10 35 | 20 17 32 | 17 45 03 |
| 6 | 13 18 32 | 15 02 43 | 16 29 29 | 8 04 57 | 12 07 10 | 20 13 32 | 17 41 09 |
| 7 | 13 20 07 | 15 03 41 | 16 28 29 | 8 01 37 | 12 03 44 | 20 09 32 | 17 37 16 |
| 8 | 13 21 30 | 15 04 37 | 16 27 28 | 7 58 16 | 12 00 18 | 20 05 32 | 17 33 22 |
| 9 | 13 22 39 | 15 05 32 | 16 26 27 | 7 54 55 | 11 56 52 | 20 01 33 | 17 29 29 |
| 10 | 13 23 32 | 15 06 24 | 16 25 26 | 7 51 33 | 11 53 27 | 19 57 33 | 17 25 35 |
| 11 | 13 24 07 | 15 07 15 | 16 24 25 | 7 48 11 | 11 50 01 | 19 53 34 | 17 21 42 |
| 12 | 13 24 20 | 15 08 04 | 16 23 23 | 7 44 49 | 11 46 35 | 19 49 34 | 17 17 49 |
| 13 | 13 24 10 | 15 08 51 | 16 22 20 | 7 41 26 | 11 43 10 | 19 45 35 | 17 13 56 |
| 14 | 13 23 32 | 15 09 36 | 16 21 18 | 7 38 03 | 11 39 44 | 19 41 37 | 17 10 03 |
| 15 | 13 22 24 | 15 10 20 | 16 20 15 | 7 34 39 | 11 36 18 | 19 37 38 | 17 06 10 |
| 16 | 13 20 42 | 15 11 01 | 16 19 11 | 7 31 15 | 11 32 53 | 19 33 40 | 17 02 18 |
| 17 | 13 18 23 | 15 11 41 | 16 18 08 | 7 27 51 | 11 29 27 | 19 29 41 | 16 58 25 |
| 18 | 13 15 22 | 15 12 18 | 16 17 04 | 7 24 26 | 11 26 01 | 19 25 43 | 16 54 33 |
| 19 | 13 11 37 | 15 12 54 | 16 15 59 | 7 21 00 | 11 22 35 | 19 21 45 | 16 50 40 |
| 20 | 13 07 05 | 15 13 27 | 16 14 55 | 7 17 35 | 11 19 10 | 19 17 48 | 16 46 48 |
| 21 | 13 01 43 | 15 13 59 | 16 13 50 | 7 14 08 | 11 15 44 | 19 13 50 | 16 42 56 |
| 22 | 12 55 32 | 15 14 28 | 16 12 44 | 7 10 42 | 11 12 18 | 19 09 53 | 16 39 04 |
| 23 | 12 48 31 | 15 14 56 | 16 11 39 | 7 07 14 | 11 08 52 | 19 05 56 | 16 35 13 |
| 24 | 12 40 45 | 15 15 21 | 16 10 33 | 7 03 47 | 11 05 26 | 19 01 59 | 16 31 21 |
| 25 | 12 32 16 | 15 15 45 | 16 09 27 | 7 00 18 | 11 02 00 | 18 58 02 | 16 27 29 |
| 26 | 12 23 14 | 15 16 06 | 16 08 20 | 6 56 50 | 10 58 34 | 18 54 05 | 16 23 38 |
| 27 | 12 13 46 | 15 16 26 | 16 07 13 | 6 53 20 | 10 55 07 | 18 50 09 | 16 19 46 |
| 28 | 12 04 04 | 15 16 43 | 16 06 06 | 6 49 51 | 10 51 41 | 18 46 13 | 16 15 55 |
| 29 | 11 54 18 | 15 16 58 | 16 04 59 | 6 46 20 | 10 48 15 | 18 42 17 | 16 12 04 |
| 30 | 11 44 39 | 15 17 11 | 16 03 51 | 6 42 50 | 10 44 48 | 18 38 21 | 16 08 13 |
| 31 | 11 35 19 | 15 17 22 | 16 02 43 | 6 39 18 | 10 41 22 | 18 34 25 | 16 04 22 |
| 32 | 11 26 25 | 15 17 31 | 16 01 35 | 6 35 46 | 10 37 55 | 18 30 30 | 16 00 31 |

# MERCURY, 2016
## EPHEMERIS FOR PHYSICAL OBSERVATIONS
### FOR 0ʰ TERRESTRIAL TIME

| Date | | Light-time | Magnitude | Surface Brightness | Diameter | Phase | Phase Angle | Defect of Illumination |
|---|---|---|---|---|---|---|---|---|
| | | m | | mag./arcsec$^2$ | $''$ | | $\circ$ | $''$ |
| Jan. | −1 | 8.09 | − 0.6 | + 2.8 | 6.92 | 0.570 | 81.9 | 2.97 |
| | 1 | 7.66 | − 0.4 | + 2.8 | 7.31 | 0.489 | 91.3 | 3.73 |
| | 3 | 7.22 | − 0.2 | + 3.0 | 7.75 | 0.399 | 101.6 | 4.65 |
| | 5 | 6.80 | + 0.2 | + 3.2 | 8.22 | 0.304 | 113.1 | 5.73 |
| | 7 | 6.41 | + 0.8 | + 3.6 | 8.73 | 0.209 | 125.6 | 6.91 |
| | 9 | 6.07 | + 1.8 | + 4.0 | 9.21 | 0.123 | 139.0 | 8.08 |
| | 11 | 5.81 | + 3.1 | + 4.6 | 9.63 | 0.056 | 152.7 | 9.10 |
| | 13 | 5.63 | + 4.6 | + 4.8 | 9.94 | 0.016 | 165.6 | 9.78 |
| | 15 | 5.55 | — | — | 10.08 | 0.008 | 170.0 | 10.00 |
| | 17 | 5.57 | + 4.0 | + 4.9 | 10.05 | 0.030 | 160.1 | 9.75 |
| | 19 | 5.67 | + 2.7 | + 4.6 | 9.87 | 0.076 | 148.0 | 9.12 |
| | 21 | 5.84 | + 1.7 | + 4.2 | 9.58 | 0.138 | 136.4 | 8.26 |
| | 23 | 6.07 | + 1.1 | + 3.9 | 9.22 | 0.207 | 125.9 | 7.32 |
| | 25 | 6.33 | + 0.6 | + 3.7 | 8.84 | 0.276 | 116.6 | 6.40 |
| | 27 | 6.61 | + 0.3 | + 3.5 | 8.46 | 0.343 | 108.3 | 5.56 |
| | 29 | 6.91 | + 0.1 | + 3.4 | 8.09 | 0.405 | 100.9 | 4.82 |
| | 31 | 7.21 | 0.0 | + 3.4 | 7.76 | 0.461 | 94.4 | 4.18 |
| Feb. | 2 | 7.51 | 0.0 | + 3.3 | 7.45 | 0.512 | 88.7 | 3.64 |
| | 4 | 7.81 | − 0.1 | + 3.3 | 7.16 | 0.557 | 83.5 | 3.18 |
| | 6 | 8.10 | − 0.1 | + 3.3 | 6.91 | 0.597 | 78.8 | 2.79 |
| | 8 | 8.37 | − 0.1 | + 3.3 | 6.68 | 0.633 | 74.6 | 2.46 |
| | 10 | 8.64 | − 0.1 | + 3.2 | 6.48 | 0.665 | 70.8 | 2.17 |
| | 12 | 8.89 | − 0.1 | + 3.2 | 6.29 | 0.693 | 67.2 | 1.93 |
| | 14 | 9.14 | − 0.1 | + 3.2 | 6.12 | 0.720 | 64.0 | 1.72 |
| | 16 | 9.37 | − 0.1 | + 3.2 | 5.97 | 0.743 | 60.9 | 1.53 |
| | 18 | 9.59 | − 0.1 | + 3.2 | 5.84 | 0.765 | 58.0 | 1.37 |
| | 20 | 9.79 | − 0.1 | + 3.1 | 5.71 | 0.785 | 55.2 | 1.23 |
| | 22 | 9.99 | − 0.1 | + 3.1 | 5.60 | 0.804 | 52.5 | 1.10 |
| | 24 | 10.17 | − 0.2 | + 3.1 | 5.50 | 0.822 | 49.9 | 0.98 |
| | 26 | 10.34 | − 0.2 | + 3.0 | 5.41 | 0.838 | 47.4 | 0.87 |
| | 28 | 10.50 | − 0.3 | + 3.0 | 5.33 | 0.854 | 44.9 | 0.78 |
| Mar. | 1 | 10.65 | − 0.3 | + 2.9 | 5.26 | 0.870 | 42.3 | 0.68 |
| | 3 | 10.78 | − 0.4 | + 2.8 | 5.19 | 0.885 | 39.7 | 0.60 |
| | 5 | 10.90 | − 0.4 | + 2.7 | 5.13 | 0.899 | 37.0 | 0.52 |
| | 7 | 11.01 | − 0.5 | + 2.6 | 5.08 | 0.913 | 34.2 | 0.44 |
| | 9 | 11.11 | − 0.6 | + 2.5 | 5.04 | 0.927 | 31.3 | 0.37 |
| | 11 | 11.19 | − 0.7 | + 2.4 | 5.00 | 0.941 | 28.2 | 0.30 |
| | 13 | 11.25 | − 0.9 | + 2.3 | 4.97 | 0.954 | 24.9 | 0.23 |
| | 15 | 11.29 | − 1.0 | + 2.1 | 4.95 | 0.966 | 21.3 | 0.17 |
| | 17 | 11.32 | − 1.2 | + 1.9 | 4.94 | 0.977 | 17.4 | 0.11 |
| | 19 | 11.32 | − 1.5 | + 1.7 | 4.94 | 0.987 | 13.2 | 0.07 |
| | 21 | 11.29 | − 1.7 | + 1.5 | 4.96 | 0.994 | 8.8 | 0.03 |
| | 23 | 11.24 | − 2.0 | + 1.2 | 4.98 | 0.998 | 4.6 | 0.01 |
| | 25 | 11.15 | − 2.1 | + 1.2 | 5.02 | 0.998 | 4.7 | 0.01 |
| | 27 | 11.02 | − 1.9 | + 1.3 | 5.08 | 0.992 | 10.1 | 0.04 |
| | 29 | 10.86 | − 1.8 | + 1.5 | 5.15 | 0.979 | 16.7 | 0.11 |
| | 31 | 10.65 | − 1.6 | + 1.7 | 5.25 | 0.956 | 24.1 | 0.23 |

## EPHEMERIS FOR PHYSICAL OBSERVATIONS
### FOR 0ʰ TERRESTRIAL TIME

| Date | | Sub-Earth Point | | Sub-Solar Point | | | North Pole | |
|------|---|------|------|------|------|------|------|------|
| | | Long. | Lat. | Long. | Dist. | P.A. | Dist. | P.A. |
| | | ° | ° | ° | ″ | ° | ″ | ° |
| Jan. | −1 | 80.19 | −5.41 | 358.29 | +3.42 | 261.83 | −3.44 | 351.06 |
| | 1 | 90.80 | −5.88 | 359.54 | −3.65 | 260.16 | −3.63 | 350.28 |
| | 3 | 101.91 | −6.41 | 0.19 | −3.79 | 258.44 | −3.85 | 349.76 |
| | 5 | 113.66 | −6.98 | 0.34 | −3.78 | 256.57 | −4.08 | 349.55 |
| | 7 | 126.14 | −7.58 | 0.13 | −3.55 | 254.23 | −4.32 | 349.68 |
| | 9 | 139.41 | −8.18 | 359.74 | −3.02 | 250.71 | −4.56 | 350.18 |
| | 11 | 153.43 | −8.73 | 359.37 | −2.21 | 243.78 | −4.76 | 351.04 |
| | 13 | 168.05 | −9.17 | 359.24 | −1.24 | 223.42 | −4.90 | 352.19 |
| | 15 | 182.98 | −9.47 | 359.51 | −0.88 | 153.17 | −4.97 | 353.49 |
| | 17 | 197.89 | −9.58 | 0.31 | −1.71 | 112.43 | −4.96 | 354.79 |
| | 19 | 212.47 | −9.54 | 1.72 | −2.62 | 101.45 | −4.87 | 355.93 |
| | 21 | 226.52 | −9.38 | 3.76 | −3.30 | 96.77 | −4.73 | 356.82 |
| | 23 | 239.95 | −9.13 | 6.42 | −3.73 | 94.05 | −4.55 | 357.39 |
| | 25 | 252.76 | −8.83 | 9.68 | −3.95 | 92.09 | −4.37 | 357.66 |
| | 27 | 264.99 | −8.52 | 13.49 | −4.02 | 90.45 | −4.18 | 357.63 |
| | 29 | 276.73 | −8.22 | 17.79 | −3.97 | 88.94 | −4.01 | 357.35 |
| | 31 | 288.04 | −7.92 | 22.53 | −3.87 | 87.47 | −3.84 | 356.86 |
| Feb. | 2 | 299.00 | −7.64 | 27.65 | +3.72 | 86.00 | −3.69 | 356.18 |
| | 4 | 309.67 | −7.37 | 33.11 | +3.56 | 84.52 | −3.55 | 355.37 |
| | 6 | 320.10 | −7.13 | 38.85 | +3.39 | 83.02 | −3.43 | 354.43 |
| | 8 | 330.33 | −6.90 | 44.85 | +3.22 | 81.50 | −3.32 | 353.40 |
| | 10 | 340.40 | −6.68 | 51.04 | +3.06 | 79.97 | −3.22 | 352.30 |
| | 12 | 350.32 | −6.48 | 57.41 | +2.90 | 78.42 | −3.13 | 351.14 |
| | 14 | 0.13 | −6.29 | 63.92 | +2.75 | 76.87 | −3.04 | 349.94 |
| | 16 | 9.82 | −6.11 | 70.53 | +2.61 | 75.32 | −2.97 | 348.72 |
| | 18 | 19.43 | −5.94 | 77.22 | +2.47 | 73.77 | −2.90 | 347.48 |
| | 20 | 28.94 | −5.78 | 83.96 | +2.35 | 72.23 | −2.84 | 346.23 |
| | 22 | 38.38 | −5.62 | 90.72 | +2.22 | 70.70 | −2.79 | 344.99 |
| | 24 | 47.74 | −5.47 | 97.48 | +2.11 | 69.18 | −2.74 | 343.76 |
| | 26 | 57.04 | −5.32 | 104.21 | +1.99 | 67.68 | −2.69 | 342.55 |
| | 28 | 66.26 | −5.18 | 110.88 | +1.88 | 66.19 | −2.65 | 341.37 |
| Mar. | 1 | 75.41 | −5.04 | 117.46 | +1.77 | 64.71 | −2.62 | 340.22 |
| | 3 | 84.50 | −4.91 | 123.93 | +1.66 | 63.24 | −2.59 | 339.12 |
| | 5 | 93.51 | −4.77 | 130.26 | +1.54 | 61.76 | −2.56 | 338.06 |
| | 7 | 102.45 | −4.64 | 136.40 | +1.43 | 60.27 | −2.53 | 337.06 |
| | 9 | 111.33 | −4.52 | 142.33 | +1.31 | 58.72 | −2.51 | 336.12 |
| | 11 | 120.12 | −4.39 | 148.01 | +1.18 | 57.08 | −2.49 | 335.24 |
| | 13 | 128.85 | −4.27 | 153.38 | +1.05 | 55.25 | −2.48 | 334.44 |
| | 15 | 137.49 | −4.15 | 158.40 | +0.90 | 53.07 | −2.47 | 333.71 |
| | 17 | 146.05 | −4.03 | 163.02 | +0.74 | 50.18 | −2.47 | 333.07 |
| | 19 | 154.54 | −3.92 | 167.19 | +0.57 | 45.69 | −2.47 | 332.52 |
| | 21 | 162.94 | −3.81 | 170.86 | +0.38 | 36.63 | −2.47 | 332.07 |
| | 23 | 171.27 | −3.71 | 173.96 | +0.20 | 7.77 | −2.48 | 331.73 |
| | 25 | 179.54 | −3.61 | 176.45 | +0.21 | 290.84 | −2.50 | 331.50 |
| | 27 | 187.75 | −3.52 | 178.32 | +0.44 | 261.63 | −2.53 | 331.39 |
| | 29 | 195.93 | −3.43 | 179.55 | +0.74 | 252.92 | −2.57 | 331.40 |
| | 31 | 204.10 | −3.35 | 180.20 | +1.07 | 249.07 | −2.62 | 331.54 |

# MERCURY, 2016

### EPHEMERIS FOR PHYSICAL OBSERVATIONS
### FOR 0ʰ TERRESTRIAL TIME

| Date | | Light-time | Magnitude | Surface Brightness | Diameter | Phase | Phase Angle | Defect of Illumination |
|---|---|---|---|---|---|---|---|---|
| | | m | | mag./arcsec$^2$ | $''$ | | ° | $''$ |
| Apr. | 2 | 10.39 | − 1.5 | + 1.9 | 5.38 | 0.924 | 32.1 | 0.41 |
| | 4 | 10.10 | − 1.3 | + 2.0 | 5.54 | 0.880 | 40.6 | 0.67 |
| | 6 | 9.76 | − 1.2 | + 2.1 | 5.73 | 0.826 | 49.3 | 1.00 |
| | 8 | 9.39 | − 1.0 | + 2.3 | 5.96 | 0.763 | 58.2 | 1.41 |
| | 10 | 8.99 | − 0.9 | + 2.4 | 6.22 | 0.694 | 67.1 | 1.90 |
| | 12 | 8.58 | − 0.7 | + 2.6 | 6.52 | 0.622 | 75.9 | 2.47 |
| | 14 | 8.15 | − 0.5 | + 2.7 | 6.86 | 0.549 | 84.4 | 3.10 |
| | 16 | 7.73 | − 0.3 | + 2.9 | 7.24 | 0.476 | 92.7 | 3.79 |
| | 18 | 7.31 | 0.0 | + 3.2 | 7.65 | 0.407 | 100.7 | 4.53 |
| | 20 | 6.92 | + 0.3 | + 3.4 | 8.09 | 0.342 | 108.4 | 5.32 |
| | 22 | 6.54 | + 0.6 | + 3.7 | 8.56 | 0.281 | 116.0 | 6.15 |
| | 24 | 6.18 | + 1.1 | + 4.0 | 9.05 | 0.225 | 123.3 | 7.01 |
| | 26 | 5.86 | + 1.5 | + 4.3 | 9.55 | 0.174 | 130.6 | 7.88 |
| | 28 | 5.57 | + 2.1 | + 4.6 | 10.05 | 0.129 | 137.9 | 8.75 |
| | 30 | 5.31 | + 2.7 | + 4.9 | 10.53 | 0.090 | 145.1 | 9.59 |
| May | 2 | 5.09 | + 3.4 | + 5.2 | 10.98 | 0.057 | 152.3 | 10.36 |
| | 4 | 4.91 | + 4.2 | + 5.5 | 11.38 | 0.031 | 159.6 | 11.03 |
| | 6 | 4.78 | + 5.2 | + 5.5 | 11.71 | 0.013 | 166.9 | 11.56 |
| | 8 | 4.68 | — | — | 11.95 | 0.003 | 174.2 | 11.92 |
| | 10 | 4.63 | — | — | 12.10 | 0.000 | 178.6 | 12.09 |
| | 12 | 4.61 | — | — | 12.13 | 0.005 | 171.6 | 12.07 |
| | 14 | 4.64 | + 4.9 | + 5.7 | 12.07 | 0.018 | 164.7 | 11.86 |
| | 16 | 4.70 | + 4.1 | + 5.6 | 11.91 | 0.036 | 158.1 | 11.48 |
| | 18 | 4.79 | + 3.4 | + 5.4 | 11.67 | 0.060 | 151.7 | 10.98 |
| | 20 | 4.92 | + 2.8 | + 5.2 | 11.37 | 0.087 | 145.7 | 10.38 |
| | 22 | 5.08 | + 2.4 | + 5.0 | 11.02 | 0.118 | 139.9 | 9.72 |
| | 24 | 5.26 | + 1.9 | + 4.8 | 10.64 | 0.150 | 134.3 | 9.04 |
| | 26 | 5.46 | + 1.6 | + 4.6 | 10.24 | 0.185 | 129.1 | 8.35 |
| | 28 | 5.69 | + 1.3 | + 4.4 | 9.83 | 0.220 | 124.0 | 7.67 |
| | 30 | 5.93 | + 1.1 | + 4.2 | 9.43 | 0.256 | 119.2 | 7.01 |
| June | 1 | 6.19 | + 0.8 | + 4.0 | 9.03 | 0.293 | 114.4 | 6.39 |
| | 3 | 6.47 | + 0.6 | + 3.9 | 8.65 | 0.331 | 109.8 | 5.79 |
| | 5 | 6.76 | + 0.5 | + 3.7 | 8.28 | 0.369 | 105.2 | 5.22 |
| | 7 | 7.06 | + 0.3 | + 3.6 | 7.92 | 0.408 | 100.6 | 4.69 |
| | 9 | 7.37 | + 0.2 | + 3.4 | 7.59 | 0.449 | 95.9 | 4.18 |
| | 11 | 7.70 | 0.0 | + 3.3 | 7.27 | 0.491 | 91.1 | 3.70 |
| | 13 | 8.03 | − 0.1 | + 3.1 | 6.97 | 0.535 | 86.0 | 3.25 |
| | 15 | 8.36 | − 0.3 | + 3.0 | 6.69 | 0.580 | 80.8 | 2.81 |
| | 17 | 8.70 | − 0.4 | + 2.9 | 6.43 | 0.628 | 75.2 | 2.40 |
| | 19 | 9.03 | − 0.6 | + 2.7 | 6.20 | 0.677 | 69.3 | 2.00 |
| | 21 | 9.36 | − 0.7 | + 2.6 | 5.98 | 0.727 | 63.0 | 1.63 |
| | 23 | 9.68 | − 0.9 | + 2.4 | 5.78 | 0.778 | 56.2 | 1.28 |
| | 25 | 9.98 | − 1.0 | + 2.3 | 5.61 | 0.828 | 49.0 | 0.96 |
| | 27 | 10.25 | − 1.2 | + 2.1 | 5.46 | 0.875 | 41.4 | 0.68 |
| | 29 | 10.50 | − 1.4 | + 1.9 | 5.33 | 0.917 | 33.4 | 0.44 |
| July | 1 | 10.70 | − 1.6 | + 1.7 | 5.23 | 0.952 | 25.3 | 0.25 |
| | 3 | 10.87 | − 1.9 | + 1.4 | 5.15 | 0.978 | 17.1 | 0.11 |

## EPHEMERIS FOR PHYSICAL OBSERVATIONS
### FOR 0ʰ TERRESTRIAL TIME

| Date | | Sub-Earth Point | | Sub-Solar Point | | | North Pole | |
|---|---|---|---|---|---|---|---|---|
| | | Long. | Lat. | Long. | Dist. | P.A. | Dist. | P.A. |
| | | ° | ° | ° | ″ | ° | ″ | ° |
| Apr. | 2 | 212.30 | −3.28 | 180.34 | +1.43 | 247.07 | −2.69 | 331.80 |
| | 4 | 220.57 | −3.21 | 180.13 | +1.80 | 245.98 | −2.77 | 332.19 |
| | 6 | 228.97 | −3.15 | 179.73 | +2.17 | 245.43 | −2.86 | 332.68 |
| | 8 | 237.54 | −3.09 | 179.37 | +2.53 | 245.21 | −2.98 | 333.26 |
| | 10 | 246.33 | −3.03 | 179.24 | +2.87 | 245.22 | −3.11 | 333.90 |
| | 12 | 255.39 | −2.97 | 179.52 | +3.16 | 245.36 | −3.26 | 334.58 |
| | 14 | 264.75 | −2.90 | 180.33 | +3.42 | 245.59 | −3.43 | 335.27 |
| | 16 | 274.44 | −2.83 | 181.74 | −3.62 | 245.84 | −3.61 | 335.94 |
| | 18 | 284.49 | −2.73 | 183.79 | −3.76 | 246.08 | −3.82 | 336.56 |
| | 20 | 294.91 | −2.62 | 186.47 | −3.84 | 246.27 | −4.04 | 337.12 |
| | 22 | 305.72 | −2.48 | 189.74 | −3.85 | 246.40 | −4.28 | 337.58 |
| | 24 | 316.92 | −2.32 | 193.55 | −3.78 | 246.44 | −4.52 | 337.95 |
| | 26 | 328.51 | −2.12 | 197.86 | −3.62 | 246.40 | −4.77 | 338.20 |
| | 28 | 340.50 | −1.88 | 202.61 | −3.37 | 246.26 | −5.02 | 338.32 |
| | 30 | 352.86 | −1.60 | 207.74 | −3.01 | 246.05 | −5.26 | 338.34 |
| May | 2 | 5.57 | −1.29 | 213.20 | −2.55 | 245.79 | −5.49 | 338.24 |
| | 4 | 18.59 | −0.93 | 218.95 | −1.98 | 245.53 | −5.69 | 338.05 |
| | 6 | 31.86 | −0.55 | 224.95 | −1.33 | 245.41 | −5.86 | 337.79 |
| | 8 | 45.31 | −0.14 | 231.15 | −0.61 | 246.06 | −5.98 | 337.49 |
| | 10 | 58.85 | +0.29 | 237.52 | −0.14 | 55.39 | +6.05 | 337.16 |
| | 12 | 72.40 | +0.72 | 244.03 | −0.89 | 62.08 | +6.07 | 336.85 |
| | 14 | 85.87 | +1.14 | 250.64 | −1.59 | 62.45 | +6.03 | 336.56 |
| | 16 | 99.18 | +1.54 | 257.33 | −2.22 | 62.54 | +5.95 | 336.32 |
| | 18 | 112.28 | +1.92 | 264.07 | −2.76 | 62.62 | +5.83 | 336.14 |
| | 20 | 125.12 | +2.27 | 270.84 | −3.21 | 62.76 | +5.68 | 336.03 |
| | 22 | 137.66 | +2.58 | 277.59 | −3.55 | 62.97 | +5.50 | 335.99 |
| | 24 | 149.90 | +2.86 | 284.32 | −3.80 | 63.27 | +5.31 | 336.02 |
| | 26 | 161.84 | +3.10 | 290.99 | −3.97 | 63.66 | +5.11 | 336.14 |
| | 28 | 173.47 | +3.31 | 297.57 | −4.07 | 64.13 | +4.91 | 336.33 |
| | 30 | 184.81 | +3.49 | 304.04 | −4.12 | 64.68 | +4.71 | 336.60 |
| June | 1 | 195.87 | +3.64 | 310.36 | −4.11 | 65.33 | +4.51 | 336.95 |
| | 3 | 206.66 | +3.77 | 316.51 | −4.07 | 66.07 | +4.31 | 337.39 |
| | 5 | 217.20 | +3.87 | 322.43 | −3.99 | 66.90 | +4.13 | 337.92 |
| | 7 | 227.50 | +3.96 | 328.10 | −3.89 | 67.84 | +3.95 | 338.55 |
| | 9 | 237.58 | +4.03 | 333.46 | −3.77 | 68.89 | +3.78 | 339.28 |
| | 11 | 247.43 | +4.08 | 338.48 | −3.63 | 70.07 | +3.63 | 340.11 |
| | 13 | 257.07 | +4.12 | 343.10 | +3.48 | 71.38 | +3.48 | 341.07 |
| | 15 | 266.50 | +4.15 | 347.26 | +3.30 | 72.85 | +3.34 | 342.15 |
| | 17 | 275.73 | +4.18 | 350.91 | +3.11 | 74.49 | +3.21 | 343.36 |
| | 19 | 284.76 | +4.20 | 354.00 | +2.90 | 76.32 | +3.09 | 344.71 |
| | 21 | 293.59 | +4.21 | 356.49 | +2.66 | 78.38 | +2.98 | 346.21 |
| | 23 | 302.23 | +4.23 | 358.34 | +2.40 | 80.70 | +2.88 | 347.86 |
| | 25 | 310.69 | +4.24 | 359.57 | +2.12 | 83.36 | +2.80 | 349.66 |
| | 27 | 318.99 | +4.26 | 0.21 | +1.80 | 86.44 | +2.72 | 351.61 |
| | 29 | 327.14 | +4.29 | 0.34 | +1.47 | 90.17 | +2.66 | 353.68 |
| July | 1 | 335.18 | +4.33 | 0.12 | +1.12 | 95.02 | +2.61 | 355.85 |
| | 3 | 343.14 | +4.38 | 359.73 | +0.76 | 102.38 | +2.57 | 358.10 |

# MERCURY, 2016

## EPHEMERIS FOR PHYSICAL OBSERVATIONS
### FOR 0ʰ TERRESTRIAL TIME

| Date | | Light-time | Magnitude | Surface Brightness | Diameter | Phase | Phase Angle | Defect of Illumination |
|---|---|---|---|---|---|---|---|---|
| | | m | | mag./arcsec² | ″ | | ° | ″ |
| July | 1 | 10.70 | − 1.6 | + 1.7 | 5.23 | 0.952 | 25.3 | 0.25 |
| | 3 | 10.87 | − 1.9 | + 1.4 | 5.15 | 0.978 | 17.1 | 0.11 |
| | 5 | 10.98 | − 2.1 | + 1.1 | 5.09 | 0.993 | 9.4 | 0.03 |
| | 7 | 11.05 | − 2.3 | + 1.0 | 5.06 | 0.998 | 4.5 | 0.01 |
| | 9 | 11.07 | − 2.1 | + 1.2 | 5.05 | 0.994 | 8.7 | 0.03 |
| | 11 | 11.05 | − 1.7 | + 1.5 | 5.06 | 0.982 | 15.3 | 0.09 |
| | 13 | 11.00 | − 1.5 | + 1.8 | 5.09 | 0.964 | 21.8 | 0.18 |
| | 15 | 10.91 | − 1.2 | + 2.0 | 5.13 | 0.942 | 27.8 | 0.30 |
| | 17 | 10.79 | − 1.0 | + 2.2 | 5.19 | 0.918 | 33.4 | 0.43 |
| | 19 | 10.65 | − 0.9 | + 2.4 | 5.26 | 0.892 | 38.5 | 0.57 |
| | 21 | 10.49 | − 0.7 | + 2.5 | 5.34 | 0.865 | 43.1 | 0.72 |
| | 23 | 10.31 | − 0.6 | + 2.6 | 5.43 | 0.838 | 47.5 | 0.88 |
| | 25 | 10.12 | − 0.5 | + 2.8 | 5.53 | 0.812 | 51.5 | 1.04 |
| | 27 | 9.93 | − 0.4 | + 2.9 | 5.64 | 0.785 | 55.2 | 1.21 |
| | 29 | 9.72 | − 0.3 | + 3.0 | 5.76 | 0.760 | 58.7 | 1.38 |
| | 31 | 9.51 | − 0.2 | + 3.1 | 5.89 | 0.734 | 62.1 | 1.56 |
| Aug. | 2 | 9.29 | − 0.1 | + 3.1 | 6.02 | 0.709 | 65.3 | 1.75 |
| | 4 | 9.06 | − 0.1 | + 3.2 | 6.17 | 0.684 | 68.4 | 1.95 |
| | 6 | 8.84 | 0.0 | + 3.3 | 6.33 | 0.659 | 71.5 | 2.16 |
| | 8 | 8.61 | 0.0 | + 3.3 | 6.50 | 0.633 | 74.6 | 2.39 |
| | 10 | 8.37 | + 0.1 | + 3.4 | 6.68 | 0.607 | 77.6 | 2.63 |
| | 12 | 8.13 | + 0.1 | + 3.5 | 6.88 | 0.580 | 80.8 | 2.89 |
| | 14 | 7.89 | + 0.2 | + 3.5 | 7.09 | 0.552 | 84.0 | 3.18 |
| | 16 | 7.65 | + 0.2 | + 3.6 | 7.31 | 0.522 | 87.4 | 3.49 |
| | 18 | 7.41 | + 0.3 | + 3.6 | 7.55 | 0.491 | 91.0 | 3.84 |
| | 20 | 7.16 | + 0.3 | + 3.7 | 7.81 | 0.458 | 94.8 | 4.23 |
| | 22 | 6.92 | + 0.4 | + 3.7 | 8.08 | 0.423 | 98.8 | 4.66 |
| | 24 | 6.68 | + 0.5 | + 3.8 | 8.37 | 0.386 | 103.2 | 5.14 |
| | 26 | 6.45 | + 0.6 | + 3.9 | 8.68 | 0.346 | 108.0 | 5.68 |
| | 28 | 6.22 | + 0.8 | + 4.0 | 9.00 | 0.303 | 113.2 | 6.27 |
| | 30 | 6.00 | + 1.0 | + 4.1 | 9.32 | 0.258 | 118.9 | 6.91 |
| Sept. | 1 | 5.80 | + 1.3 | + 4.3 | 9.64 | 0.212 | 125.2 | 7.60 |
| | 3 | 5.63 | + 1.7 | + 4.5 | 9.94 | 0.165 | 132.1 | 8.31 |
| | 5 | 5.48 | + 2.2 | + 4.7 | 10.22 | 0.119 | 139.7 | 9.00 |
| | 7 | 5.37 | + 2.9 | + 5.0 | 10.43 | 0.076 | 147.9 | 9.63 |
| | 9 | 5.30 | + 3.8 | + 5.2 | 10.56 | 0.041 | 156.6 | 10.12 |
| | 11 | 5.29 | + 4.8 | + 5.2 | 10.58 | 0.017 | 165.2 | 10.41 |
| | 13 | 5.34 | — | — | 10.48 | 0.007 | 170.7 | 10.41 |
| | 15 | 5.46 | + 4.9 | + 5.1 | 10.24 | 0.015 | 166.1 | 10.09 |
| | 17 | 5.66 | + 3.6 | + 4.9 | 9.89 | 0.042 | 156.3 | 9.48 |
| | 19 | 5.92 | + 2.5 | + 4.5 | 9.45 | 0.089 | 145.2 | 8.61 |
| | 21 | 6.25 | + 1.5 | + 4.0 | 8.95 | 0.154 | 133.8 | 7.57 |
| | 23 | 6.63 | + 0.7 | + 3.5 | 8.43 | 0.234 | 122.2 | 6.46 |
| | 25 | 7.06 | + 0.1 | + 3.1 | 7.92 | 0.323 | 110.7 | 5.36 |
| | 27 | 7.52 | − 0.3 | + 2.9 | 7.44 | 0.418 | 99.5 | 4.33 |
| | 29 | 7.99 | − 0.6 | + 2.7 | 7.00 | 0.512 | 88.6 | 3.42 |
| Oct. | 1 | 8.46 | − 0.8 | + 2.5 | 6.61 | 0.602 | 78.3 | 2.63 |

## EPHEMERIS FOR PHYSICAL OBSERVATIONS
### FOR 0ʰ TERRESTRIAL TIME

| Date | | Sub-Earth Point | | Sub-Solar Point | | | North Pole | |
|---|---|---|---|---|---|---|---|---|
| | | Long. | Lat. | Long. | Dist. | P.A. | Dist. | P.A. |
| | | ° | ° | ° | ″ | ° | ″ | ° |
| July | 1 | 335.18 | +4.33 | 0.12 | +1.12 | 95.02 | +2.61 | 355.85 |
| | 3 | 343.14 | +4.38 | 359.73 | +0.76 | 102.38 | +2.57 | 358.10 |
| | 5 | 351.06 | +4.44 | 359.37 | +0.42 | 118.14 | +2.54 | 0.38 |
| | 7 | 358.98 | +4.51 | 359.24 | +0.20 | 179.27 | +2.52 | 2.66 |
| | 9 | 6.93 | +4.60 | 359.53 | +0.38 | 243.41 | +2.52 | 4.90 |
| | 11 | 14.94 | +4.70 | 0.34 | +0.67 | 259.73 | +2.52 | 7.06 |
| | 13 | 23.03 | +4.81 | 1.77 | +0.94 | 267.06 | +2.54 | 9.13 |
| | 15 | 31.23 | +4.93 | 3.83 | +1.20 | 271.73 | +2.56 | 11.08 |
| | 17 | 39.53 | +5.06 | 6.51 | +1.43 | 275.23 | +2.58 | 12.90 |
| | 19 | 47.95 | +5.19 | 9.79 | +1.63 | 278.06 | +2.62 | 14.60 |
| | 21 | 56.49 | +5.34 | 13.61 | +1.82 | 280.47 | +2.66 | 16.16 |
| | 23 | 65.14 | +5.49 | 17.92 | +2.00 | 282.56 | +2.70 | 17.59 |
| | 25 | 73.91 | +5.65 | 22.67 | +2.16 | 284.40 | +2.75 | 18.91 |
| | 27 | 82.80 | +5.81 | 27.81 | +2.31 | 286.05 | +2.80 | 20.10 |
| | 29 | 91.80 | +5.97 | 33.28 | +2.46 | 287.54 | +2.86 | 21.18 |
| | 31 | 100.92 | +6.15 | 39.03 | +2.60 | 288.88 | +2.93 | 22.16 |
| Aug. | 2 | 110.15 | +6.32 | 45.03 | +2.74 | 290.11 | +2.99 | 23.04 |
| | 4 | 119.50 | +6.50 | 51.24 | +2.87 | 291.23 | +3.07 | 23.83 |
| | 6 | 128.97 | +6.69 | 57.61 | +3.00 | 292.26 | +3.14 | 24.53 |
| | 8 | 138.56 | +6.88 | 64.12 | +3.13 | 293.22 | +3.23 | 25.15 |
| | 10 | 148.29 | +7.08 | 70.74 | +3.27 | 294.12 | +3.32 | 25.70 |
| | 12 | 158.15 | +7.28 | 77.43 | +3.40 | 294.97 | +3.41 | 26.18 |
| | 14 | 168.16 | +7.49 | 84.17 | +3.53 | 295.78 | +3.51 | 26.59 |
| | 16 | 178.33 | +7.71 | 90.93 | +3.65 | 296.57 | +3.62 | 26.95 |
| | 18 | 188.68 | +7.93 | 97.69 | −3.78 | 297.36 | +3.74 | 27.25 |
| | 20 | 199.23 | +8.16 | 104.42 | −3.89 | 298.15 | +3.87 | 27.50 |
| | 22 | 210.00 | +8.39 | 111.09 | −3.99 | 298.98 | +4.00 | 27.71 |
| | 24 | 221.02 | +8.63 | 117.67 | −4.08 | 299.87 | +4.14 | 27.87 |
| | 26 | 232.32 | +8.87 | 124.14 | −4.13 | 300.85 | +4.29 | 27.99 |
| | 28 | 243.94 | +9.10 | 130.46 | −4.14 | 301.96 | +4.44 | 28.07 |
| | 30 | 255.90 | +9.32 | 136.60 | −4.08 | 303.27 | +4.60 | 28.11 |
| Sept. | 1 | 268.26 | +9.53 | 142.52 | −3.94 | 304.86 | +4.75 | 28.11 |
| | 3 | 281.02 | +9.70 | 148.19 | −3.69 | 306.89 | +4.90 | 28.06 |
| | 5 | 294.22 | +9.81 | 153.55 | −3.31 | 309.65 | +5.03 | 27.95 |
| | 7 | 307.83 | +9.85 | 158.56 | −2.77 | 313.79 | +5.14 | 27.78 |
| | 9 | 321.81 | +9.80 | 163.17 | −2.10 | 321.00 | +5.20 | 27.54 |
| | 11 | 336.06 | +9.63 | 167.32 | −1.35 | 337.18 | +5.22 | 27.24 |
| | 13 | 350.42 | +9.34 | 170.97 | −0.85 | 23.52 | +5.17 | 26.90 |
| | 15 | 4.72 | +8.92 | 174.05 | −1.23 | 77.14 | +5.06 | 26.54 |
| | 17 | 18.76 | +8.41 | 176.52 | −1.99 | 96.56 | +4.89 | 26.22 |
| | 19 | 32.36 | +7.82 | 178.37 | −2.69 | 104.57 | +4.68 | 25.97 |
| | 21 | 45.39 | +7.20 | 179.58 | −3.23 | 108.89 | +4.44 | 25.84 |
| | 23 | 57.77 | +6.58 | 180.21 | −3.57 | 111.67 | +4.19 | 25.84 |
| | 25 | 69.50 | +5.99 | 180.34 | −3.70 | 113.69 | +3.94 | 25.98 |
| | 27 | 80.59 | +5.43 | 180.11 | −3.67 | 115.30 | +3.70 | 26.24 |
| | 29 | 91.11 | +4.93 | 179.72 | +3.50 | 116.67 | +3.49 | 26.58 |
| Oct. | 1 | 101.14 | +4.47 | 179.36 | +3.24 | 117.87 | +3.30 | 26.97 |

# MERCURY, 2016

## EPHEMERIS FOR PHYSICAL OBSERVATIONS
### FOR 0ʰ TERRESTRIAL TIME

| Date | | Light-time | Magnitude | Surface Brightness | Diameter | Phase | Phase Angle | Defect of Illumination |
|---|---|---|---|---|---|---|---|---|
| | | m | | mag./arcsec² | ″ | | ° | ″ |
| Oct. | 1 | 8.46 | − 0.8 | + 2.5 | 6.61 | 0.602 | 78.3 | 2.63 |
| | 3 | 8.92 | − 0.9 | + 2.4 | 6.28 | 0.683 | 68.5 | 1.99 |
| | 5 | 9.35 | − 1.0 | + 2.4 | 5.99 | 0.754 | 59.5 | 1.47 |
| | 7 | 9.75 | − 1.0 | + 2.3 | 5.74 | 0.813 | 51.2 | 1.07 |
| | 9 | 10.11 | − 1.0 | + 2.3 | 5.53 | 0.862 | 43.7 | 0.77 |
| | 11 | 10.44 | − 1.1 | + 2.2 | 5.36 | 0.900 | 36.9 | 0.54 |
| | 13 | 10.73 | − 1.1 | + 2.1 | 5.22 | 0.930 | 30.7 | 0.37 |
| | 15 | 10.98 | − 1.2 | + 2.1 | 5.10 | 0.952 | 25.2 | 0.24 |
| | 17 | 11.20 | − 1.2 | + 2.0 | 5.00 | 0.969 | 20.2 | 0.15 |
| | 19 | 11.39 | − 1.3 | + 1.9 | 4.91 | 0.981 | 15.7 | 0.09 |
| | 21 | 11.55 | − 1.3 | + 1.8 | 4.84 | 0.990 | 11.7 | 0.05 |
| | 23 | 11.68 | − 1.4 | + 1.7 | 4.79 | 0.995 | 8.0 | 0.02 |
| | 25 | 11.79 | − 1.5 | + 1.6 | 4.75 | 0.998 | 4.6 | 0.01 |
| | 27 | 11.87 | — | — | 4.71 | 1.000 | 1.7 | 0.00 |
| | 29 | 11.93 | — | — | 4.69 | 1.000 | 2.1 | 0.00 |
| | 31 | 11.96 | − 1.3 | + 1.8 | 4.68 | 0.998 | 4.7 | 0.01 |
| Nov. | 2 | 11.98 | − 1.2 | + 1.9 | 4.67 | 0.996 | 7.3 | 0.02 |
| | 4 | 11.98 | − 1.1 | + 2.0 | 4.67 | 0.993 | 9.9 | 0.03 |
| | 6 | 11.96 | − 0.9 | + 2.1 | 4.68 | 0.988 | 12.3 | 0.05 |
| | 8 | 11.92 | − 0.8 | + 2.2 | 4.69 | 0.983 | 14.8 | 0.08 |
| | 10 | 11.86 | − 0.8 | + 2.3 | 4.72 | 0.978 | 17.2 | 0.11 |
| | 12 | 11.78 | − 0.7 | + 2.4 | 4.75 | 0.971 | 19.6 | 0.14 |
| | 14 | 11.69 | − 0.6 | + 2.5 | 4.79 | 0.963 | 22.0 | 0.17 |
| | 16 | 11.58 | − 0.6 | + 2.5 | 4.83 | 0.955 | 24.5 | 0.22 |
| | 18 | 11.45 | − 0.5 | + 2.6 | 4.89 | 0.945 | 27.1 | 0.27 |
| | 20 | 11.30 | − 0.5 | + 2.6 | 4.95 | 0.934 | 29.8 | 0.33 |
| | 22 | 11.13 | − 0.5 | + 2.7 | 5.03 | 0.921 | 32.6 | 0.40 |
| | 24 | 10.94 | − 0.5 | + 2.7 | 5.12 | 0.907 | 35.6 | 0.48 |
| | 26 | 10.73 | − 0.5 | + 2.7 | 5.22 | 0.890 | 38.8 | 0.58 |
| | 28 | 10.49 | − 0.5 | + 2.8 | 5.33 | 0.870 | 42.3 | 0.69 |
| | 30 | 10.24 | − 0.5 | + 2.8 | 5.47 | 0.847 | 46.0 | 0.84 |
| Dec. | 2 | 9.96 | − 0.5 | + 2.8 | 5.62 | 0.820 | 50.1 | 1.01 |
| | 4 | 9.66 | − 0.5 | + 2.8 | 5.79 | 0.789 | 54.7 | 1.22 |
| | 6 | 9.34 | − 0.5 | + 2.8 | 5.99 | 0.752 | 59.7 | 1.49 |
| | 8 | 8.99 | − 0.5 | + 2.8 | 6.23 | 0.708 | 65.4 | 1.82 |
| | 10 | 8.62 | − 0.5 | + 2.8 | 6.49 | 0.657 | 71.7 | 2.23 |
| | 12 | 8.23 | − 0.5 | + 2.8 | 6.80 | 0.597 | 78.9 | 2.74 |
| | 14 | 7.82 | − 0.4 | + 2.9 | 7.15 | 0.527 | 86.9 | 3.38 |
| | 16 | 7.41 | − 0.3 | + 3.0 | 7.55 | 0.447 | 96.0 | 4.17 |
| | 18 | 7.00 | 0.0 | + 3.1 | 7.99 | 0.360 | 106.3 | 5.11 |
| | 20 | 6.61 | + 0.4 | + 3.4 | 8.46 | 0.267 | 117.7 | 6.20 |
| | 22 | 6.26 | + 1.1 | + 3.8 | 8.94 | 0.176 | 130.4 | 7.37 |
| | 24 | 5.96 | + 2.2 | + 4.2 | 9.38 | 0.095 | 144.0 | 8.49 |
| | 26 | 5.75 | + 3.7 | + 4.7 | 9.73 | 0.036 | 158.2 | 9.39 |
| | 28 | 5.63 | — | — | 9.94 | 0.007 | 170.7 | 9.87 |
| | 30 | 5.61 | + 4.9 | + 4.8 | 9.97 | 0.012 | 167.5 | 9.85 |
| | 32 | 5.70 | + 3.3 | + 4.7 | 9.82 | 0.049 | 154.4 | 9.34 |

# MERCURY, 2016

## EPHEMERIS FOR PHYSICAL OBSERVATIONS
### FOR 0ʰ TERRESTRIAL TIME

| Date | | Sub-Earth Point | | Sub-Solar Point | | | North Pole | |
|---|---|---|---|---|---|---|---|---|
| | | Long. | Lat. | Long. | Dist. | P.A. | Dist. | P.A. |
| | | ° | ° | ° | ″ | ° | ″ | ° |
| Oct. | 1 | 101.14 | +4.47 | 179.36 | +3.24 | 117.87 | +3.30 | 26.97 |
| | 3 | 110.78 | +4.07 | 179.24 | +2.92 | 118.93 | +3.13 | 27.37 |
| | 5 | 120.13 | +3.71 | 179.53 | +2.58 | 119.89 | +2.99 | 27.74 |
| | 7 | 129.25 | +3.38 | 180.36 | +2.24 | 120.75 | +2.87 | 28.07 |
| | 9 | 138.22 | +3.09 | 181.79 | +1.91 | 121.53 | +2.76 | 28.33 |
| | 11 | 147.10 | +2.83 | 183.86 | +1.61 | 122.23 | +2.68 | 28.50 |
| | 13 | 155.93 | +2.59 | 186.56 | +1.33 | 122.90 | +2.61 | 28.59 |
| | 15 | 164.74 | +2.36 | 189.84 | +1.08 | 123.55 | +2.55 | 28.58 |
| | 17 | 173.54 | +2.15 | 193.67 | +0.86 | 124.27 | +2.50 | 28.48 |
| | 19 | 182.37 | +1.95 | 197.99 | +0.67 | 125.17 | +2.45 | 28.28 |
| | 21 | 191.21 | +1.76 | 202.75 | +0.49 | 126.50 | +2.42 | 28.00 |
| | 23 | 200.09 | +1.57 | 207.89 | +0.33 | 128.92 | +2.39 | 27.62 |
| | 25 | 209.00 | +1.39 | 213.36 | +0.19 | 134.84 | +2.37 | 27.16 |
| | 27 | 217.94 | +1.22 | 219.12 | +0.07 | 162.74 | +2.36 | 26.62 |
| | 29 | 226.92 | +1.04 | 225.12 | +0.09 | 265.76 | +2.35 | 26.00 |
| | 31 | 235.94 | +0.87 | 231.33 | +0.19 | 284.45 | +2.34 | 25.29 |
| Nov. | 2 | 244.98 | +0.70 | 237.70 | +0.30 | 288.91 | +2.33 | 24.52 |
| | 4 | 254.06 | +0.54 | 244.21 | +0.40 | 290.48 | +2.34 | 23.67 |
| | 6 | 263.16 | +0.37 | 250.83 | +0.50 | 290.97 | +2.34 | 22.74 |
| | 8 | 272.29 | +0.20 | 257.52 | +0.60 | 290.92 | +2.35 | 21.75 |
| | 10 | 281.45 | +0.03 | 264.26 | +0.70 | 290.53 | +2.36 | 20.70 |
| | 12 | 290.62 | −0.15 | 271.03 | +0.80 | 289.90 | −2.37 | 19.58 |
| | 14 | 299.82 | −0.32 | 277.78 | +0.90 | 289.11 | −2.39 | 18.39 |
| | 16 | 309.04 | −0.50 | 284.51 | +1.00 | 288.18 | −2.42 | 17.16 |
| | 18 | 318.28 | −0.68 | 291.18 | +1.11 | 287.13 | −2.44 | 15.87 |
| | 20 | 327.54 | −0.87 | 297.76 | +1.23 | 285.98 | −2.48 | 14.53 |
| | 22 | 336.82 | −1.06 | 304.23 | +1.36 | 284.74 | −2.51 | 13.15 |
| | 24 | 346.13 | −1.26 | 310.55 | +1.49 | 283.43 | −2.56 | 11.73 |
| | 26 | 355.47 | −1.47 | 316.68 | +1.63 | 282.06 | −2.61 | 10.29 |
| | 28 | 4.84 | −1.69 | 322.60 | +1.79 | 280.63 | −2.67 | 8.83 |
| | 30 | 14.25 | −1.92 | 328.26 | +1.97 | 279.17 | −2.73 | 7.36 |
| Dec. | 2 | 23.73 | −2.16 | 333.62 | +2.16 | 277.67 | −2.81 | 5.90 |
| | 4 | 33.28 | −2.42 | 338.63 | +2.36 | 276.15 | −2.89 | 4.47 |
| | 6 | 42.93 | −2.70 | 343.23 | +2.59 | 274.63 | −2.99 | 3.08 |
| | 8 | 52.72 | −3.00 | 347.38 | +2.83 | 273.11 | −3.11 | 1.76 |
| | 10 | 62.70 | −3.34 | 351.01 | +3.08 | 271.62 | −3.24 | 0.54 |
| | 12 | 72.92 | −3.71 | 354.09 | +3.34 | 270.17 | −3.39 | 359.46 |
| | 14 | 83.47 | −4.11 | 356.55 | +3.57 | 268.76 | −3.57 | 358.55 |
| | 16 | 94.44 | −4.57 | 358.39 | −3.75 | 267.38 | −3.76 | 357.87 |
| | 18 | 105.94 | −5.06 | 359.59 | −3.83 | 265.99 | −3.98 | 357.47 |
| | 20 | 118.10 | −5.60 | 0.21 | −3.74 | 264.48 | −4.21 | 357.42 |
| | 22 | 131.01 | −6.16 | 0.34 | −3.40 | 262.51 | −4.44 | 357.75 |
| | 24 | 144.70 | −6.72 | 0.11 | −2.75 | 259.18 | −4.66 | 358.49 |
| | 26 | 159.10 | −7.22 | 359.71 | −1.81 | 251.18 | −4.83 | 359.58 |
| | 28 | 173.99 | −7.62 | 359.36 | −0.80 | 216.35 | −4.93 | 0.92 |
| | 30 | 189.05 | −7.88 | 359.24 | −1.08 | 130.63 | −4.94 | 2.34 |
| | 32 | 203.91 | −7.99 | 359.54 | −2.12 | 110.62 | −4.86 | 3.64 |

# VENUS, 2016

## EPHEMERIS FOR PHYSICAL OBSERVATIONS
### FOR 0ʰ TERRESTRIAL TIME

| Date | | Light-time | Magnitude | Surface Brightness | Diameter | Phase | Phase Angle | Defect of Illumination |
|---|---|---|---|---|---|---|---|---|
| | | m | | mag./arcsec$^2$ | ″ | | ° | ″ |
| Jan. | −3 | 9.49 | −4.1 | +1.2 | 14.63 | 0.759 | 58.7 | 3.52 |
| | 1 | 9.70 | −4.0 | +1.2 | 14.31 | 0.771 | 57.1 | 3.27 |
| | 5 | 9.91 | −4.0 | +1.2 | 14.01 | 0.783 | 55.5 | 3.04 |
| | 9 | 10.11 | −4.0 | +1.2 | 13.72 | 0.794 | 54.0 | 2.82 |
| | 13 | 10.32 | −4.0 | +1.2 | 13.45 | 0.805 | 52.4 | 2.62 |
| | 17 | 10.51 | −4.0 | +1.1 | 13.20 | 0.815 | 50.9 | 2.44 |
| | 21 | 10.71 | −4.0 | +1.1 | 12.96 | 0.826 | 49.4 | 2.26 |
| | 25 | 10.90 | −3.9 | +1.1 | 12.74 | 0.835 | 47.9 | 2.10 |
| | 29 | 11.08 | −3.9 | +1.1 | 12.52 | 0.845 | 46.4 | 1.95 |
| Feb. | 2 | 11.27 | −3.9 | +1.1 | 12.32 | 0.854 | 45.0 | 1.80 |
| | 6 | 11.44 | −3.9 | +1.1 | 12.13 | 0.863 | 43.5 | 1.67 |
| | 10 | 11.62 | −3.9 | +1.1 | 11.95 | 0.871 | 42.1 | 1.54 |
| | 14 | 11.78 | −3.9 | +1.1 | 11.78 | 0.879 | 40.7 | 1.42 |
| | 18 | 11.95 | −3.9 | +1.1 | 11.62 | 0.887 | 39.3 | 1.31 |
| | 22 | 12.11 | −3.9 | +1.0 | 11.46 | 0.895 | 37.9 | 1.21 |
| | 26 | 12.27 | −3.9 | +1.0 | 11.32 | 0.902 | 36.5 | 1.11 |
| Mar. | 1 | 12.42 | −3.9 | +1.0 | 11.18 | 0.909 | 35.1 | 1.02 |
| | 5 | 12.57 | −3.8 | +1.0 | 11.05 | 0.916 | 33.8 | 0.93 |
| | 9 | 12.71 | −3.8 | +1.0 | 10.92 | 0.922 | 32.4 | 0.85 |
| | 13 | 12.85 | −3.8 | +1.0 | 10.80 | 0.929 | 31.0 | 0.77 |
| | 17 | 12.98 | −3.8 | +1.0 | 10.69 | 0.935 | 29.6 | 0.70 |
| | 21 | 13.11 | −3.8 | +1.0 | 10.59 | 0.940 | 28.3 | 0.63 |
| | 25 | 13.23 | −3.8 | +1.0 | 10.49 | 0.946 | 26.9 | 0.57 |
| | 29 | 13.35 | −3.8 | +0.9 | 10.40 | 0.951 | 25.5 | 0.51 |
| Apr. | 2 | 13.46 | −3.8 | +0.9 | 10.31 | 0.956 | 24.1 | 0.45 |
| | 6 | 13.57 | −3.8 | +0.9 | 10.23 | 0.961 | 22.7 | 0.40 |
| | 10 | 13.67 | −3.8 | +0.9 | 10.15 | 0.966 | 21.3 | 0.35 |
| | 14 | 13.77 | −3.8 | +0.9 | 10.08 | 0.970 | 19.9 | 0.30 |
| | 18 | 13.86 | −3.8 | +0.9 | 10.01 | 0.974 | 18.5 | 0.26 |
| | 22 | 13.94 | −3.8 | +0.9 | 9.95 | 0.978 | 17.1 | 0.22 |
| | 26 | 14.02 | −3.9 | +0.8 | 9.90 | 0.981 | 15.7 | 0.18 |
| | 30 | 14.09 | −3.9 | +0.8 | 9.85 | 0.985 | 14.2 | 0.15 |
| May | 4 | 14.16 | −3.9 | +0.8 | 9.80 | 0.988 | 12.8 | 0.12 |
| | 8 | 14.22 | −3.9 | +0.8 | 9.76 | 0.990 | 11.3 | 0.09 |
| | 12 | 14.27 | −3.9 | +0.8 | 9.73 | 0.993 | 9.8 | 0.07 |
| | 16 | 14.32 | −3.9 | +0.8 | 9.69 | 0.995 | 8.3 | 0.05 |
| | 20 | 14.35 | −3.9 | +0.7 | 9.67 | 0.996 | 6.8 | 0.03 |
| | 24 | 14.38 | −3.9 | +0.7 | 9.65 | 0.998 | 5.3 | 0.02 |
| | 28 | 14.41 | −3.9 | +0.7 | 9.63 | 0.999 | 3.8 | 0.01 |
| June | 1 | 14.42 | −4.0 | +0.7 | 9.62 | 1.000 | 2.3 | 0.00 |
| | 5 | 14.43 | — | — | 9.62 | 1.000 | 0.7 | 0.00 |
| | 9 | 14.43 | — | — | 9.62 | 1.000 | 0.8 | 0.00 |
| | 13 | 14.43 | −4.0 | +0.7 | 9.62 | 1.000 | 2.4 | 0.00 |
| | 17 | 14.41 | −3.9 | +0.7 | 9.63 | 0.999 | 3.9 | 0.01 |
| | 21 | 14.39 | −3.9 | +0.7 | 9.65 | 0.998 | 5.5 | 0.02 |
| | 25 | 14.36 | −3.9 | +0.7 | 9.67 | 0.996 | 7.1 | 0.04 |
| | 29 | 14.32 | −3.9 | +0.7 | 9.69 | 0.994 | 8.7 | 0.06 |

# EPHEMERIS FOR PHYSICAL OBSERVATIONS
## FOR 0ʰ TERRESTRIAL TIME

| Date | | $L_s$ | Sub-Earth Point | | Sub-Solar Point | | | | North Pole | |
|---|---|---|---|---|---|---|---|---|---|---|
| | | | Long. | Lat. | Long. | Lat. | Dist. | P.A. | Dist. | P.A. |
| | | ° | ° | ° | ° | ° | ″ | ° | ″ | ° |
| Jan. | −3 | 300.42 | 264.68 | − 0.99 | 205.92 | − 2.27 | + 6.25 | 105.67 | − 7.31 | 13.61 |
| | 1 | 306.88 | 275.45 | − 0.94 | 218.31 | − 2.11 | + 6.01 | 103.90 | − 7.15 | 11.99 |
| | 5 | 313.34 | 286.23 | − 0.87 | 230.69 | − 1.92 | + 5.77 | 101.99 | − 7.00 | 10.27 |
| | 9 | 319.79 | 297.04 | − 0.80 | 243.07 | − 1.70 | + 5.55 | 99.97 | − 6.86 | 8.44 |
| | 13 | 326.23 | 307.85 | − 0.71 | 255.43 | − 1.47 | + 5.33 | 97.83 | − 6.73 | 6.53 |
| | 17 | 332.66 | 318.67 | − 0.62 | 267.78 | − 1.21 | + 5.12 | 95.61 | − 6.60 | 4.56 |
| | 21 | 339.08 | 329.51 | − 0.53 | 280.13 | − 0.94 | + 4.92 | 93.32 | − 6.48 | 2.53 |
| | 25 | 345.49 | 340.35 | − 0.43 | 292.46 | − 0.66 | + 4.72 | 90.98 | − 6.37 | 0.48 |
| | 29 | 351.89 | 351.20 | − 0.33 | 304.78 | − 0.37 | + 4.54 | 88.61 | − 6.26 | 358.41 |
| Feb. | 2 | 358.29 | 2.06 | − 0.23 | 317.09 | − 0.08 | + 4.35 | 86.23 | − 6.16 | 356.36 |
| | 6 | 4.67 | 12.92 | − 0.14 | 329.39 | + 0.21 | + 4.18 | 83.88 | − 6.06 | 354.33 |
| | 10 | 11.04 | 23.79 | − 0.04 | 341.68 | + 0.50 | + 4.01 | 81.56 | − 5.97 | 352.36 |
| | 14 | 17.41 | 34.66 | + 0.05 | 353.97 | + 0.79 | + 3.84 | 79.30 | + 5.89 | 350.45 |
| | 18 | 23.77 | 45.53 | + 0.13 | 6.24 | + 1.06 | + 3.68 | 77.12 | + 5.81 | 348.64 |
| | 22 | 30.12 | 56.40 | + 0.21 | 18.52 | + 1.32 | + 3.52 | 75.04 | + 5.73 | 346.92 |
| | 26 | 36.46 | 67.27 | + 0.28 | 30.78 | + 1.57 | + 3.37 | 73.07 | + 5.66 | 345.33 |
| Mar. | 1 | 42.80 | 78.15 | + 0.34 | 43.04 | + 1.79 | + 3.22 | 71.22 | + 5.59 | 343.86 |
| | 5 | 49.13 | 89.02 | + 0.39 | 55.30 | + 1.99 | + 3.07 | 69.52 | + 5.52 | 342.52 |
| | 9 | 55.46 | 99.90 | + 0.43 | 67.56 | + 2.17 | + 2.92 | 67.95 | + 5.46 | 341.33 |
| | 13 | 61.78 | 110.77 | + 0.46 | 79.81 | + 2.32 | + 2.78 | 66.54 | + 5.40 | 340.28 |
| | 17 | 68.11 | 121.65 | + 0.48 | 92.07 | + 2.45 | + 2.64 | 65.28 | + 5.35 | 339.38 |
| | 21 | 74.43 | 132.52 | + 0.49 | 104.32 | + 2.54 | + 2.51 | 64.19 | + 5.29 | 338.64 |
| | 25 | 80.75 | 143.39 | + 0.49 | 116.57 | + 2.60 | + 2.37 | 63.25 | + 5.25 | 338.04 |
| | 29 | 87.08 | 154.26 | + 0.48 | 128.83 | + 2.63 | + 2.24 | 62.48 | + 5.20 | 337.60 |
| Apr. | 2 | 93.40 | 165.12 | + 0.46 | 141.09 | + 2.63 | + 2.11 | 61.88 | + 5.15 | 337.31 |
| | 6 | 99.73 | 175.99 | + 0.42 | 153.35 | + 2.60 | + 1.98 | 61.45 | + 5.11 | 337.18 |
| | 10 | 106.07 | 186.85 | + 0.38 | 165.61 | + 2.54 | + 1.85 | 61.19 | + 5.08 | 337.19 |
| | 14 | 112.41 | 197.71 | + 0.33 | 177.88 | + 2.44 | + 1.72 | 61.09 | + 5.04 | 337.36 |
| | 18 | 118.75 | 208.57 | + 0.26 | 190.16 | + 2.31 | + 1.59 | 61.17 | + 5.01 | 337.67 |
| | 22 | 125.10 | 219.43 | + 0.19 | 202.44 | + 2.16 | + 1.46 | 61.41 | + 4.98 | 338.14 |
| | 26 | 131.46 | 230.28 | + 0.12 | 214.72 | + 1.98 | + 1.34 | 61.83 | + 4.95 | 338.75 |
| | 30 | 137.83 | 241.13 | + 0.03 | 227.01 | + 1.77 | + 1.21 | 62.42 | + 4.92 | 339.51 |
| May | 4 | 144.20 | 251.98 | − 0.06 | 239.31 | + 1.54 | + 1.08 | 63.17 | − 4.90 | 340.42 |
| | 8 | 150.59 | 262.83 | − 0.15 | 251.62 | + 1.30 | + 0.96 | 64.10 | − 4.88 | 341.47 |
| | 12 | 156.98 | 273.68 | − 0.24 | 263.94 | + 1.03 | + 0.83 | 65.19 | − 4.86 | 342.66 |
| | 16 | 163.38 | 284.53 | − 0.34 | 276.26 | + 0.75 | + 0.70 | 66.44 | − 4.85 | 343.99 |
| | 20 | 169.80 | 295.37 | − 0.44 | 288.59 | + 0.47 | + 0.58 | 67.84 | − 4.83 | 345.45 |
| | 24 | 176.22 | 306.22 | − 0.54 | 300.93 | + 0.17 | + 0.45 | 69.39 | − 4.82 | 347.03 |
| | 28 | 182.65 | 317.06 | − 0.63 | 313.28 | − 0.12 | + 0.32 | 71.07 | − 4.82 | 348.73 |
| June | 1 | 189.09 | 327.90 | − 0.72 | 325.64 | − 0.42 | + 0.19 | 72.83 | − 4.81 | 350.54 |
| | 5 | 195.54 | 338.75 | − 0.81 | 338.01 | − 0.71 | + 0.06 | 74.37 | − 4.81 | 352.43 |
| | 9 | 202.00 | 349.59 | − 0.89 | 350.39 | − 0.99 | + 0.07 | 257.60 | − 4.81 | 354.41 |
| | 13 | 208.47 | 0.43 | − 0.97 | 2.78 | − 1.26 | + 0.20 | 259.38 | − 4.81 | 356.44 |
| | 17 | 214.94 | 11.27 | − 1.03 | 15.17 | − 1.51 | + 0.33 | 261.50 | − 4.82 | 358.51 |
| | 21 | 221.42 | 22.12 | − 1.09 | 27.58 | − 1.74 | + 0.46 | 263.71 | − 4.82 | 0.59 |
| | 25 | 227.90 | 32.96 | − 1.14 | 39.99 | − 1.96 | + 0.60 | 265.95 | − 4.83 | 2.67 |
| | 29 | 234.39 | 43.80 | − 1.18 | 52.40 | − 2.14 | + 0.73 | 268.19 | − 4.85 | 4.73 |

# VENUS, 2016

## EPHEMERIS FOR PHYSICAL OBSERVATIONS
### FOR 0ʰ TERRESTRIAL TIME

| Date | | Light-time | Magnitude | Surface Brightness | Diameter | Phase | Phase Angle | Defect of Illumination |
|---|---|---|---|---|---|---|---|---|
| | | m | | mag./arcsec$^2$ | ″ | | ° | ″ |
| July | 3 | 14.27 | −3.9 | +0.8 | 9.73 | 0.992 | 10.2 | 0.08 |
| | 7 | 14.22 | −3.9 | +0.8 | 9.76 | 0.989 | 11.8 | 0.10 |
| | 11 | 14.15 | −3.9 | +0.8 | 9.81 | 0.986 | 13.4 | 0.13 |
| | 15 | 14.08 | −3.9 | +0.8 | 9.86 | 0.983 | 15.0 | 0.17 |
| | 19 | 14.01 | −3.9 | +0.8 | 9.91 | 0.979 | 16.6 | 0.21 |
| | 23 | 13.92 | −3.9 | +0.8 | 9.97 | 0.975 | 18.2 | 0.25 |
| | 27 | 13.83 | −3.9 | +0.9 | 10.04 | 0.971 | 19.7 | 0.29 |
| | 31 | 13.73 | −3.9 | +0.9 | 10.11 | 0.966 | 21.3 | 0.35 |
| Aug. | 4 | 13.63 | −3.8 | +0.9 | 10.19 | 0.961 | 22.9 | 0.40 |
| | 8 | 13.51 | −3.8 | +0.9 | 10.27 | 0.955 | 24.4 | 0.46 |
| | 12 | 13.39 | −3.8 | +0.9 | 10.36 | 0.949 | 26.0 | 0.52 |
| | 16 | 13.27 | −3.8 | +0.9 | 10.46 | 0.943 | 27.5 | 0.59 |
| | 20 | 13.14 | −3.8 | +1.0 | 10.57 | 0.937 | 29.1 | 0.67 |
| | 24 | 13.00 | −3.8 | +1.0 | 10.68 | 0.930 | 30.6 | 0.74 |
| | 28 | 12.86 | −3.8 | +1.0 | 10.80 | 0.923 | 32.1 | 0.83 |
| Sept. | 1 | 12.71 | −3.8 | +1.0 | 10.92 | 0.916 | 33.6 | 0.91 |
| | 5 | 12.56 | −3.8 | +1.0 | 11.05 | 0.909 | 35.1 | 1.01 |
| | 9 | 12.40 | −3.8 | +1.0 | 11.20 | 0.901 | 36.6 | 1.11 |
| | 13 | 12.23 | −3.8 | +1.0 | 11.35 | 0.893 | 38.1 | 1.21 |
| | 17 | 12.06 | −3.9 | +1.1 | 11.50 | 0.885 | 39.6 | 1.32 |
| | 21 | 11.89 | −3.9 | +1.1 | 11.67 | 0.877 | 41.1 | 1.44 |
| | 25 | 11.72 | −3.9 | +1.1 | 11.85 | 0.868 | 42.6 | 1.56 |
| | 29 | 11.54 | −3.9 | +1.1 | 12.03 | 0.859 | 44.1 | 1.69 |
| Oct. | 3 | 11.35 | −3.9 | +1.1 | 12.23 | 0.850 | 45.5 | 1.83 |
| | 7 | 11.16 | −3.9 | +1.1 | 12.43 | 0.841 | 47.0 | 1.98 |
| | 11 | 10.97 | −3.9 | +1.1 | 12.65 | 0.832 | 48.5 | 2.13 |
| | 15 | 10.77 | −3.9 | +1.1 | 12.88 | 0.822 | 49.9 | 2.30 |
| | 19 | 10.57 | −3.9 | +1.2 | 13.13 | 0.812 | 51.4 | 2.47 |
| | 23 | 10.37 | −4.0 | +1.2 | 13.38 | 0.802 | 52.9 | 2.65 |
| | 27 | 10.17 | −4.0 | +1.2 | 13.65 | 0.791 | 54.4 | 2.85 |
| | 31 | 9.96 | −4.0 | +1.2 | 13.94 | 0.781 | 55.9 | 3.06 |
| Nov. | 4 | 9.75 | −4.0 | +1.2 | 14.24 | 0.770 | 57.4 | 3.28 |
| | 8 | 9.53 | −4.0 | +1.2 | 14.56 | 0.758 | 58.9 | 3.52 |
| | 12 | 9.31 | −4.1 | +1.2 | 14.90 | 0.747 | 60.4 | 3.77 |
| | 16 | 9.09 | −4.1 | +1.2 | 15.26 | 0.735 | 62.0 | 4.05 |
| | 20 | 8.87 | −4.1 | +1.3 | 15.64 | 0.723 | 63.6 | 4.34 |
| | 24 | 8.65 | −4.1 | +1.3 | 16.05 | 0.710 | 65.2 | 4.66 |
| | 28 | 8.42 | −4.2 | +1.3 | 16.49 | 0.697 | 66.8 | 5.00 |
| Dec. | 2 | 8.19 | −4.2 | +1.3 | 16.95 | 0.684 | 68.5 | 5.36 |
| | 6 | 7.96 | −4.2 | +1.3 | 17.44 | 0.670 | 70.2 | 5.76 |
| | 10 | 7.72 | −4.2 | +1.3 | 17.97 | 0.655 | 71.9 | 6.19 |
| | 14 | 7.49 | −4.3 | +1.3 | 18.54 | 0.641 | 73.7 | 6.67 |
| | 18 | 7.25 | −4.3 | +1.3 | 19.15 | 0.625 | 75.5 | 7.18 |
| | 22 | 7.01 | −4.3 | +1.3 | 19.81 | 0.609 | 77.4 | 7.74 |
| | 26 | 6.76 | −4.4 | +1.3 | 20.52 | 0.593 | 79.3 | 8.36 |
| | 30 | 6.52 | −4.4 | +1.4 | 21.28 | 0.575 | 81.4 | 9.04 |
| | 34 | 6.28 | −4.5 | +1.4 | 22.11 | 0.557 | 83.4 | 9.79 |

## EPHEMERIS FOR PHYSICAL OBSERVATIONS
### FOR 0ʰ TERRESTRIAL TIME

| Date | | $L_s$ | Sub-Earth Point | | Sub-Solar Point | | | | North Pole | |
|---|---|---|---|---|---|---|---|---|---|---|
| | | | Long. | Lat. | Long. | Lat. | Dist. | P.A. | Dist. | P.A. |
| | | ° | ° | ° | ° | ° | ″ | ° | ″ | ° |
| July | 3 | 240.88 | 54.64 | − 1.20 | 64.82 | − 2.30 | + 0.86 | 270.41 | − 4.86 | 6.73 |
| | 7 | 247.38 | 65.49 | − 1.21 | 77.25 | − 2.43 | + 1.00 | 272.58 | − 4.88 | 8.68 |
| | 11 | 253.87 | 76.33 | − 1.21 | 89.67 | − 2.53 | + 1.14 | 274.68 | − 4.90 | 10.53 |
| | 15 | 260.37 | 87.17 | − 1.20 | 102.10 | − 2.60 | + 1.27 | 276.71 | − 4.93 | 12.29 |
| | 19 | 266.86 | 98.01 | − 1.17 | 114.53 | − 2.63 | + 1.41 | 278.63 | − 4.95 | 13.94 |
| | 23 | 273.36 | 108.85 | − 1.13 | 126.95 | − 2.63 | + 1.55 | 280.44 | − 4.98 | 15.46 |
| | 27 | 279.85 | 119.69 | − 1.07 | 139.37 | − 2.60 | + 1.69 | 282.12 | − 5.02 | 16.84 |
| | 31 | 286.33 | 130.53 | − 1.00 | 151.79 | − 2.53 | + 1.84 | 283.68 | − 5.05 | 18.09 |
| Aug. | 4 | 292.81 | 141.37 | − 0.91 | 164.20 | − 2.43 | + 1.98 | 285.10 | − 5.09 | 19.20 |
| | 8 | 299.28 | 152.21 | − 0.81 | 176.60 | − 2.30 | + 2.12 | 286.38 | − 5.14 | 20.16 |
| | 12 | 305.75 | 163.05 | − 0.70 | 189.00 | − 2.14 | + 2.27 | 287.52 | − 5.18 | 20.97 |
| | 16 | 312.21 | 173.88 | − 0.57 | 201.38 | − 1.95 | + 2.42 | 288.51 | − 5.23 | 21.64 |
| | 20 | 318.66 | 184.71 | − 0.43 | 213.76 | − 1.74 | + 2.57 | 289.35 | − 5.28 | 22.16 |
| | 24 | 325.10 | 195.54 | − 0.29 | 226.13 | − 1.51 | + 2.72 | 290.05 | − 5.34 | 22.53 |
| | 28 | 331.53 | 206.37 | − 0.13 | 238.48 | − 1.26 | + 2.87 | 290.59 | − 5.40 | 22.75 |
| Sept. | 1 | 337.96 | 217.20 | + 0.04 | 250.83 | − 0.99 | + 3.03 | 290.98 | + 5.46 | 22.83 |
| | 5 | 344.37 | 228.02 | + 0.22 | 263.16 | − 0.71 | + 3.18 | 291.22 | + 5.53 | 22.77 |
| | 9 | 350.77 | 238.84 | + 0.40 | 275.48 | − 0.42 | + 3.34 | 291.31 | + 5.60 | 22.56 |
| | 13 | 357.17 | 249.66 | + 0.59 | 287.80 | − 0.13 | + 3.50 | 291.24 | + 5.67 | 22.20 |
| | 17 | 3.55 | 260.47 | + 0.78 | 300.10 | + 0.16 | + 3.67 | 291.02 | + 5.75 | 21.70 |
| | 21 | 9.93 | 271.28 | + 0.97 | 312.39 | + 0.45 | + 3.84 | 290.64 | + 5.83 | 21.06 |
| | 25 | 16.30 | 282.09 | + 1.16 | 324.68 | + 0.74 | + 4.01 | 290.10 | + 5.92 | 20.27 |
| | 29 | 22.65 | 292.89 | + 1.35 | 336.96 | + 1.02 | + 4.18 | 289.41 | + 6.01 | 19.34 |
| Oct. | 3 | 29.01 | 303.69 | + 1.53 | 349.23 | + 1.28 | + 4.36 | 288.56 | + 6.11 | 18.27 |
| | 7 | 35.35 | 314.48 | + 1.71 | 1.50 | + 1.53 | + 4.55 | 287.55 | + 6.21 | 17.06 |
| | 11 | 41.69 | 325.27 | + 1.88 | 13.76 | + 1.75 | + 4.74 | 286.39 | + 6.32 | 15.71 |
| | 15 | 48.02 | 336.06 | + 2.04 | 26.02 | + 1.96 | + 4.93 | 285.08 | + 6.44 | 14.24 |
| | 19 | 54.35 | 346.83 | + 2.19 | 38.28 | + 2.14 | + 5.13 | 283.63 | + 6.56 | 12.64 |
| | 23 | 60.68 | 357.60 | + 2.33 | 50.54 | + 2.30 | + 5.34 | 282.05 | + 6.69 | 10.93 |
| | 27 | 67.00 | 8.36 | + 2.45 | 62.79 | + 2.43 | + 5.55 | 280.35 | + 6.82 | 9.11 |
| | 31 | 73.33 | 19.11 | + 2.55 | 75.04 | + 2.53 | + 5.77 | 278.54 | + 6.96 | 7.21 |
| Nov. | 4 | 79.65 | 29.86 | + 2.64 | 87.30 | + 2.60 | + 6.00 | 276.64 | + 7.11 | 5.24 |
| | 8 | 85.98 | 40.59 | + 2.70 | 99.56 | + 2.63 | + 6.23 | 274.67 | + 7.27 | 3.22 |
| | 12 | 92.30 | 51.31 | + 2.74 | 111.81 | + 2.64 | + 6.48 | 272.65 | + 7.44 | 1.17 |
| | 16 | 98.63 | 62.01 | + 2.76 | 124.08 | + 2.61 | + 6.74 | 270.61 | + 7.62 | 359.12 |
| | 20 | 104.96 | 72.70 | + 2.75 | 136.34 | + 2.55 | + 7.00 | 268.56 | + 7.81 | 357.08 |
| | 24 | 111.30 | 83.37 | + 2.72 | 148.61 | + 2.46 | + 7.28 | 266.53 | + 8.02 | 355.08 |
| | 28 | 117.65 | 94.01 | + 2.66 | 160.88 | + 2.34 | + 7.58 | 264.54 | + 8.23 | 353.14 |
| Dec. | 2 | 124.00 | 104.64 | + 2.56 | 173.16 | + 2.19 | + 7.88 | 262.61 | + 8.47 | 351.27 |
| | 6 | 130.35 | 115.23 | + 2.44 | 185.45 | + 2.01 | + 8.20 | 260.76 | + 8.71 | 349.50 |
| | 10 | 136.72 | 125.80 | + 2.29 | 197.74 | + 1.81 | + 8.54 | 258.99 | + 8.98 | 347.83 |
| | 14 | 143.09 | 136.32 | + 2.11 | 210.04 | + 1.58 | + 8.90 | 257.32 | + 9.27 | 346.29 |
| | 18 | 149.48 | 146.81 | + 1.89 | 222.35 | + 1.34 | + 9.27 | 255.76 | + 9.57 | 344.86 |
| | 22 | 155.87 | 157.24 | + 1.64 | 234.66 | + 1.08 | + 9.67 | 254.31 | + 9.90 | 343.57 |
| | 26 | 162.27 | 167.63 | + 1.36 | 246.98 | + 0.80 | + 10.08 | 252.97 | + 10.26 | 342.41 |
| | 30 | 168.68 | 177.95 | + 1.05 | 259.31 | + 0.52 | + 10.52 | 251.74 | + 10.64 | 341.38 |
| | 34 | 175.10 | 188.21 | + 0.70 | 271.65 | + 0.23 | + 10.98 | 250.62 | + 11.05 | 340.47 |

# MARS, 2016

## EPHEMERIS FOR PHYSICAL OBSERVATIONS
## FOR 0ʰ TERRESTRIAL TIME

| Date | | Light-time | Magnitude | Surface Brightness | Diameter | | Phase | Phase Angle | Defect of Illumination |
|---|---|---|---|---|---|---|---|---|---|
| | | | | | Eq. | Polar | | | |
| | | m | | mag./arcsec$^2$ | " | " | | ° | " |
| Jan. | −3 | 14.33 | + 1.3 | + 4.6 | 5.44 | 5.41 | 0.916 | 33.7 | 0.46 |
| | 1 | 14.00 | + 1.3 | + 4.6 | 5.56 | 5.53 | 0.913 | 34.2 | 0.48 |
| | 5 | 13.68 | + 1.2 | + 4.6 | 5.69 | 5.66 | 0.911 | 34.7 | 0.51 |
| | 9 | 13.35 | + 1.2 | + 4.6 | 5.83 | 5.80 | 0.909 | 35.1 | 0.53 |
| | 13 | 13.02 | + 1.1 | + 4.6 | 5.98 | 5.95 | 0.907 | 35.5 | 0.56 |
| | 17 | 12.68 | + 1.1 | + 4.6 | 6.14 | 6.11 | 0.905 | 35.8 | 0.58 |
| | 21 | 12.34 | + 1.0 | + 4.6 | 6.31 | 6.28 | 0.904 | 36.1 | 0.61 |
| | 25 | 12.01 | + 0.9 | + 4.6 | 6.49 | 6.45 | 0.902 | 36.4 | 0.63 |
| | 29 | 11.67 | + 0.9 | + 4.6 | 6.68 | 6.64 | 0.901 | 36.7 | 0.66 |
| Feb. | 2 | 11.33 | + 0.8 | + 4.6 | 6.88 | 6.84 | 0.900 | 36.9 | 0.69 |
| | 6 | 10.98 | + 0.7 | + 4.6 | 7.09 | 7.05 | 0.899 | 37.0 | 0.71 |
| | 10 | 10.64 | + 0.7 | + 4.6 | 7.32 | 7.28 | 0.899 | 37.1 | 0.74 |
| | 14 | 10.30 | + 0.6 | + 4.6 | 7.56 | 7.52 | 0.898 | 37.2 | 0.77 |
| | 18 | 9.96 | + 0.5 | + 4.6 | 7.82 | 7.77 | 0.898 | 37.2 | 0.79 |
| | 22 | 9.63 | + 0.4 | + 4.6 | 8.09 | 8.04 | 0.899 | 37.1 | 0.82 |
| | 26 | 9.29 | + 0.4 | + 4.6 | 8.38 | 8.33 | 0.900 | 36.9 | 0.84 |
| Mar. | 1 | 8.96 | + 0.3 | + 4.6 | 8.69 | 8.64 | 0.901 | 36.7 | 0.86 |
| | 5 | 8.63 | + 0.2 | + 4.6 | 9.02 | 8.97 | 0.903 | 36.4 | 0.88 |
| | 9 | 8.31 | + 0.1 | + 4.6 | 9.37 | 9.32 | 0.905 | 36.0 | 0.89 |
| | 13 | 7.99 | 0.0 | + 4.6 | 9.75 | 9.69 | 0.907 | 35.5 | 0.90 |
| | 17 | 7.68 | − 0.1 | + 4.5 | 10.14 | 10.09 | 0.910 | 34.8 | 0.91 |
| | 21 | 7.37 | − 0.2 | + 4.5 | 10.57 | 10.50 | 0.914 | 34.1 | 0.91 |
| | 25 | 7.07 | − 0.3 | + 4.5 | 11.01 | 10.95 | 0.918 | 33.2 | 0.90 |
| | 29 | 6.78 | − 0.4 | + 4.5 | 11.48 | 11.42 | 0.923 | 32.2 | 0.88 |
| Apr. | 2 | 6.50 | − 0.6 | + 4.5 | 11.98 | 11.91 | 0.928 | 31.1 | 0.86 |
| | 6 | 6.23 | − 0.7 | + 4.5 | 12.51 | 12.43 | 0.934 | 29.7 | 0.82 |
| | 10 | 5.97 | − 0.8 | + 4.4 | 13.05 | 12.98 | 0.941 | 28.2 | 0.77 |
| | 14 | 5.72 | − 0.9 | + 4.4 | 13.62 | 13.54 | 0.947 | 26.5 | 0.72 |
| | 18 | 5.49 | − 1.1 | + 4.4 | 14.20 | 14.12 | 0.955 | 24.6 | 0.64 |
| | 22 | 5.27 | − 1.2 | + 4.4 | 14.79 | 14.70 | 0.962 | 22.5 | 0.56 |
| | 26 | 5.06 | − 1.3 | + 4.3 | 15.38 | 15.29 | 0.969 | 20.2 | 0.47 |
| | 30 | 4.88 | − 1.4 | + 4.3 | 15.96 | 15.87 | 0.976 | 17.7 | 0.38 |
| May | 4 | 4.71 | − 1.6 | + 4.2 | 16.52 | 16.42 | 0.983 | 14.9 | 0.28 |
| | 8 | 4.57 | − 1.7 | + 4.2 | 17.04 | 16.94 | 0.989 | 12.0 | 0.19 |
| | 12 | 4.45 | − 1.8 | + 4.1 | 17.51 | 17.41 | 0.994 | 8.8 | 0.10 |
| | 16 | 4.35 | − 1.9 | + 4.1 | 17.91 | 17.81 | 0.998 | 5.6 | 0.04 |
| | 20 | 4.27 | − 2.0 | + 4.0 | 18.23 | 18.13 | 1.000 | 2.3 | 0.01 |
| | 24 | 4.22 | − 2.1 | + 4.0 | 18.46 | 18.35 | 1.000 | 1.6 | 0.00 |
| | 28 | 4.19 | − 2.0 | + 4.0 | 18.58 | 18.48 | 0.998 | 4.9 | 0.03 |
| June | 1 | 4.19 | − 2.0 | + 4.1 | 18.61 | 18.50 | 0.995 | 8.4 | 0.10 |
| | 5 | 4.20 | − 1.9 | + 4.1 | 18.53 | 18.43 | 0.989 | 11.8 | 0.20 |
| | 9 | 4.24 | − 1.9 | + 4.2 | 18.36 | 18.26 | 0.983 | 15.1 | 0.32 |
| | 13 | 4.30 | − 1.8 | + 4.2 | 18.11 | 18.01 | 0.975 | 18.3 | 0.46 |
| | 17 | 4.38 | − 1.7 | + 4.2 | 17.79 | 17.69 | 0.966 | 21.3 | 0.60 |
| | 21 | 4.47 | − 1.6 | + 4.3 | 17.42 | 17.32 | 0.957 | 24.1 | 0.76 |
| | 25 | 4.58 | − 1.5 | + 4.3 | 17.01 | 16.91 | 0.947 | 26.6 | 0.90 |
| | 29 | 4.70 | − 1.5 | + 4.3 | 16.57 | 16.48 | 0.937 | 29.0 | 1.04 |

# MARS, 2016

## EPHEMERIS FOR PHYSICAL OBSERVATIONS
### FOR 0ʰ TERRESTRIAL TIME

| Date | | $L_s$ | Sub-Earth Point | | Sub-Solar Point | | | | North Pole | |
|---|---|---|---|---|---|---|---|---|---|---|
| | | | Long. | Lat. | Long. | Lat. | Dist. | P.A. | Dist. | P.A. |
| | | ° | ° | ° | ° | ° | ″ | ° | ″ | ° |
| Jan. | −3 | 87.31 | 100.20 | +20.87 | 136.62 | +25.43 | +1.51 | 111.70 | +2.53 | 36.41 |
| | 1 | 89.07 | 61.56 | +20.26 | 98.32 | +25.45 | +1.56 | 111.25 | +2.60 | 36.87 |
| | 5 | 90.83 | 22.95 | +19.63 | 60.01 | +25.45 | +1.62 | 110.78 | +2.67 | 37.26 |
| | 9 | 92.60 | 344.39 | +18.97 | 21.71 | +25.43 | +1.68 | 110.28 | +2.75 | 37.60 |
| | 13 | 94.38 | 305.87 | +18.29 | 343.40 | +25.38 | +1.73 | 109.75 | +2.83 | 37.87 |
| | 17 | 96.15 | 267.40 | +17.60 | 305.09 | +25.30 | +1.80 | 109.21 | +2.91 | 38.08 |
| | 21 | 97.94 | 228.98 | +16.90 | 266.78 | +25.20 | +1.86 | 108.65 | +3.00 | 38.24 |
| | 25 | 99.72 | 190.60 | +16.18 | 228.46 | +25.07 | +1.92 | 108.07 | +3.10 | 38.34 |
| | 29 | 101.52 | 152.27 | +15.46 | 190.15 | +24.91 | +1.99 | 107.47 | +3.20 | 38.38 |
| Feb. | 2 | 103.31 | 113.99 | +14.74 | 151.83 | +24.73 | +2.06 | 106.87 | +3.31 | 38.38 |
| | 6 | 105.12 | 75.77 | +14.02 | 113.51 | +24.52 | +2.13 | 106.25 | +3.42 | 38.32 |
| | 10 | 106.93 | 37.59 | +13.30 | 75.19 | +24.28 | +2.21 | 105.62 | +3.54 | 38.23 |
| | 14 | 108.75 | 359.48 | +12.58 | 36.88 | +24.02 | +2.28 | 105.00 | +3.67 | 38.09 |
| | 18 | 110.57 | 321.42 | +11.88 | 358.56 | +23.74 | +2.36 | 104.37 | +3.80 | 37.92 |
| | 22 | 112.40 | 283.43 | +11.20 | 320.24 | +23.42 | +2.44 | 103.74 | +3.95 | 37.71 |
| | 26 | 114.24 | 245.50 | +10.53 | 281.93 | +23.08 | +2.52 | 103.13 | +4.10 | 37.48 |
| Mar. | 1 | 116.09 | 207.64 | + 9.89 | 243.61 | +22.72 | +2.59 | 102.52 | +4.26 | 37.23 |
| | 5 | 117.95 | 169.85 | + 9.27 | 205.30 | +22.33 | +2.67 | 101.93 | +4.43 | 36.96 |
| | 9 | 119.82 | 132.14 | + 8.69 | 166.98 | +21.91 | +2.75 | 101.36 | +4.61 | 36.69 |
| | 13 | 121.69 | 94.52 | + 8.15 | 128.67 | +21.47 | +2.83 | 100.82 | +4.80 | 36.41 |
| | 17 | 123.57 | 56.99 | + 7.66 | 90.36 | +21.00 | +2.90 | 100.32 | +5.00 | 36.13 |
| | 21 | 125.47 | 19.56 | + 7.21 | 52.05 | +20.51 | +2.96 | 99.85 | +5.21 | 35.86 |
| | 25 | 127.37 | 342.23 | + 6.82 | 13.74 | +19.99 | +3.02 | 99.43 | +5.44 | 35.61 |
| | 29 | 129.29 | 305.01 | + 6.49 | 335.43 | +19.45 | +3.06 | 99.06 | +5.67 | 35.38 |
| Apr. | 2 | 131.21 | 267.92 | + 6.23 | 297.12 | +18.88 | +3.09 | 98.75 | +5.92 | 35.18 |
| | 6 | 133.15 | 230.97 | + 6.05 | 258.80 | +18.30 | +3.10 | 98.52 | +6.18 | 35.02 |
| | 10 | 135.10 | 194.16 | + 5.95 | 220.49 | +17.68 | +3.08 | 98.37 | +6.45 | 34.91 |
| | 14 | 137.05 | 157.50 | + 5.95 | 182.18 | +17.05 | +3.04 | 98.31 | +6.73 | 34.84 |
| | 18 | 139.03 | 121.00 | + 6.03 | 143.86 | +16.39 | +2.96 | 98.36 | +7.02 | 34.84 |
| | 22 | 141.01 | 84.67 | + 6.21 | 105.54 | +15.71 | +2.83 | 98.53 | +7.31 | 34.89 |
| | 26 | 143.00 | 48.52 | + 6.50 | 67.22 | +15.01 | +2.65 | 98.85 | +7.60 | 35.00 |
| | 30 | 145.01 | 12.53 | + 6.88 | 28.90 | +14.29 | +2.42 | 99.35 | +7.88 | 35.17 |
| May | 4 | 147.03 | 336.72 | + 7.37 | 350.56 | +13.55 | +2.13 | 100.09 | +8.15 | 35.39 |
| | 8 | 149.07 | 301.07 | + 7.94 | 312.23 | +12.79 | +1.77 | 101.18 | +8.39 | 35.67 |
| | 12 | 151.12 | 265.57 | + 8.60 | 273.88 | +12.00 | +1.35 | 102.93 | +8.61 | 35.98 |
| | 16 | 153.18 | 230.20 | + 9.32 | 235.53 | +11.20 | +0.87 | 106.38 | +8.79 | 36.32 |
| | 20 | 155.26 | 194.91 | +10.09 | 197.17 | +10.38 | +0.36 | 119.02 | +8.93 | 36.67 |
| | 24 | 157.35 | 159.67 | +10.88 | 158.81 | + 9.55 | +0.25 | 250.12 | +9.01 | 37.01 |
| | 28 | 159.45 | 124.46 | +11.66 | 120.43 | + 8.70 | +0.80 | 271.21 | +9.05 | 37.33 |
| June | 1 | 161.57 | 89.21 | +12.42 | 82.04 | + 7.83 | +1.36 | 275.54 | +9.04 | 37.63 |
| | 5 | 163.71 | 53.90 | +13.13 | 43.64 | + 6.94 | +1.90 | 277.65 | +8.97 | 37.89 |
| | 9 | 165.86 | 18.48 | +13.77 | 5.23 | + 6.04 | +2.39 | 279.02 | +8.87 | 38.11 |
| | 13 | 168.02 | 342.90 | +14.33 | 326.81 | + 5.13 | +2.84 | 280.02 | +8.73 | 38.29 |
| | 17 | 170.20 | 307.16 | +14.79 | 288.37 | + 4.21 | +3.22 | 280.80 | +8.55 | 38.43 |
| | 21 | 172.39 | 271.22 | +15.14 | 249.92 | + 3.27 | +3.55 | 281.40 | +8.36 | 38.54 |
| | 25 | 174.60 | 235.09 | +15.40 | 211.46 | + 2.32 | +3.81 | 281.87 | +8.16 | 38.61 |
| | 29 | 176.83 | 198.75 | +15.55 | 172.98 | + 1.37 | +4.02 | 282.22 | +7.94 | 38.64 |

# MARS, 2016

## EPHEMERIS FOR PHYSICAL OBSERVATIONS
## FOR 0ʰ TERRESTRIAL TIME

| Date | | Light-time | Magnitude | Surface Brightness | Diameter | | Phase | Phase Angle | Defect of Illumination |
|---|---|---|---|---|---|---|---|---|---|
| | | | | | Eq. | Polar | | | |
| | | m | | mag./arcsec$^2$ | " | " | | ° | " |
| July | 3 | 4.83 | − 1.4 | + 4.3 | 16.11 | 16.03 | 0.928 | 31.2 | 1.16 |
| | 7 | 4.98 | − 1.3 | + 4.3 | 15.65 | 15.57 | 0.918 | 33.2 | 1.27 |
| | 11 | 5.13 | − 1.2 | + 4.3 | 15.19 | 15.11 | 0.910 | 35.0 | 1.37 |
| | 15 | 5.28 | − 1.1 | + 4.4 | 14.74 | 14.66 | 0.902 | 36.6 | 1.45 |
| | 19 | 5.45 | − 1.0 | + 4.4 | 14.30 | 14.22 | 0.894 | 38.0 | 1.51 |
| | 23 | 5.62 | − 0.9 | + 4.4 | 13.87 | 13.79 | 0.887 | 39.3 | 1.56 |
| | 27 | 5.79 | − 0.9 | + 4.4 | 13.46 | 13.38 | 0.881 | 40.4 | 1.60 |
| | 31 | 5.96 | − 0.8 | + 4.4 | 13.06 | 12.99 | 0.875 | 41.4 | 1.63 |
| Aug. | 4 | 6.14 | − 0.7 | + 4.4 | 12.68 | 12.61 | 0.870 | 42.3 | 1.65 |
| | 8 | 6.32 | − 0.7 | + 4.4 | 12.32 | 12.25 | 0.865 | 43.0 | 1.65 |
| | 12 | 6.51 | − 0.6 | + 4.4 | 11.97 | 11.90 | 0.862 | 43.7 | 1.66 |
| | 16 | 6.69 | − 0.5 | + 4.4 | 11.64 | 11.57 | 0.858 | 44.2 | 1.65 |
| | 20 | 6.88 | − 0.5 | + 4.4 | 11.33 | 11.26 | 0.855 | 44.7 | 1.64 |
| | 24 | 7.06 | − 0.4 | + 4.4 | 11.03 | 10.96 | 0.853 | 45.1 | 1.62 |
| | 28 | 7.25 | − 0.3 | + 4.4 | 10.74 | 10.68 | 0.851 | 45.4 | 1.60 |
| Sept. | 1 | 7.44 | − 0.3 | + 4.4 | 10.47 | 10.41 | 0.849 | 45.7 | 1.58 |
| | 5 | 7.63 | − 0.2 | + 4.4 | 10.21 | 10.15 | 0.848 | 45.9 | 1.55 |
| | 9 | 7.82 | − 0.2 | + 4.4 | 9.96 | 9.90 | 0.847 | 46.0 | 1.52 |
| | 13 | 8.01 | − 0.1 | + 4.4 | 9.72 | 9.67 | 0.847 | 46.1 | 1.49 |
| | 17 | 8.20 | − 0.1 | + 4.3 | 9.50 | 9.44 | 0.847 | 46.1 | 1.46 |
| | 21 | 8.39 | 0.0 | + 4.3 | 9.28 | 9.23 | 0.847 | 46.1 | 1.42 |
| | 25 | 8.59 | 0.0 | + 4.3 | 9.07 | 9.02 | 0.847 | 46.0 | 1.39 |
| | 29 | 8.78 | 0.0 | + 4.3 | 8.87 | 8.82 | 0.848 | 46.0 | 1.35 |
| Oct. | 3 | 8.97 | + 0.1 | + 4.3 | 8.68 | 8.63 | 0.848 | 45.8 | 1.31 |
| | 7 | 9.17 | + 0.1 | + 4.3 | 8.50 | 8.45 | 0.850 | 45.6 | 1.28 |
| | 11 | 9.36 | + 0.2 | + 4.3 | 8.32 | 8.27 | 0.851 | 45.4 | 1.24 |
| | 15 | 9.56 | + 0.2 | + 4.3 | 8.15 | 8.10 | 0.852 | 45.2 | 1.20 |
| | 19 | 9.76 | + 0.2 | + 4.3 | 7.98 | 7.94 | 0.854 | 45.0 | 1.17 |
| | 23 | 9.95 | + 0.3 | + 4.3 | 7.82 | 7.78 | 0.856 | 44.7 | 1.13 |
| | 27 | 10.15 | + 0.3 | + 4.3 | 7.67 | 7.63 | 0.857 | 44.4 | 1.09 |
| | 31 | 10.36 | + 0.4 | + 4.3 | 7.52 | 7.48 | 0.859 | 44.0 | 1.06 |
| Nov. | 4 | 10.56 | + 0.4 | + 4.3 | 7.38 | 7.34 | 0.862 | 43.7 | 1.02 |
| | 8 | 10.76 | + 0.4 | + 4.3 | 7.24 | 7.20 | 0.864 | 43.3 | 0.98 |
| | 12 | 10.97 | + 0.5 | + 4.3 | 7.10 | 7.06 | 0.866 | 42.9 | 0.95 |
| | 16 | 11.17 | + 0.5 | + 4.3 | 6.97 | 6.93 | 0.869 | 42.5 | 0.91 |
| | 20 | 11.38 | + 0.5 | + 4.3 | 6.84 | 6.81 | 0.871 | 42.1 | 0.88 |
| | 24 | 11.59 | + 0.6 | + 4.3 | 6.72 | 6.69 | 0.874 | 41.6 | 0.85 |
| | 28 | 11.80 | + 0.6 | + 4.3 | 6.60 | 6.57 | 0.877 | 41.1 | 0.81 |
| Dec. | 2 | 12.01 | + 0.6 | + 4.3 | 6.48 | 6.45 | 0.879 | 40.7 | 0.78 |
| | 6 | 12.22 | + 0.7 | + 4.3 | 6.37 | 6.34 | 0.882 | 40.2 | 0.75 |
| | 10 | 12.44 | + 0.7 | + 4.3 | 6.26 | 6.23 | 0.885 | 39.7 | 0.72 |
| | 14 | 12.66 | + 0.7 | + 4.3 | 6.15 | 6.12 | 0.888 | 39.1 | 0.69 |
| | 18 | 12.87 | + 0.8 | + 4.3 | 6.05 | 6.02 | 0.891 | 38.6 | 0.66 |
| | 22 | 13.09 | + 0.8 | + 4.3 | 5.95 | 5.92 | 0.894 | 38.1 | 0.63 |
| | 26 | 13.31 | + 0.8 | + 4.3 | 5.85 | 5.82 | 0.897 | 37.5 | 0.60 |
| | 30 | 13.53 | + 0.9 | + 4.3 | 5.76 | 5.73 | 0.900 | 36.9 | 0.58 |
| | 34 | 13.75 | + 0.9 | + 4.3 | 5.66 | 5.64 | 0.903 | 36.3 | 0.55 |

# MARS, 2016

## EPHEMERIS FOR PHYSICAL OBSERVATIONS
### FOR 0ʰ TERRESTRIAL TIME

| Date | | $L_s$ | Sub-Earth Point | | Sub-Solar Point | | | | North Pole | |
|---|---|---|---|---|---|---|---|---|---|---|
| | | | Long. | Lat. | Long. | Lat. | Dist. | P.A. | Dist. | P.A. |
| | | ° | ° | ° | ° | ° | ″ | ° | ″ | ° |
| July | 3 | 179.07 | 162.20 | + 15.59 | 134.49 | + 0.40 | + 4.17 | 282.47 | +7.72 | 38.65 |
| | 7 | 181.32 | 125.45 | + 15.53 | 95.98 | − 0.57 | + 4.28 | 282.61 | +7.50 | 38.63 |
| | 11 | 183.59 | 88.50 | + 15.38 | 57.46 | − 1.54 | + 4.35 | 282.67 | +7.29 | 38.58 |
| | 15 | 185.88 | 51.37 | + 15.14 | 18.92 | − 2.53 | + 4.39 | 282.64 | +7.08 | 38.50 |
| | 19 | 188.18 | 14.07 | + 14.80 | 340.36 | − 3.51 | + 4.40 | 282.53 | +6.88 | 38.38 |
| | 23 | 190.50 | 336.62 | + 14.39 | 301.78 | − 4.50 | + 4.39 | 282.34 | +6.68 | 38.22 |
| | 27 | 192.83 | 299.02 | + 13.90 | 263.18 | − 5.48 | + 4.36 | 282.08 | +6.50 | 38.01 |
| | 31 | 195.17 | 261.29 | + 13.34 | 224.56 | − 6.47 | + 4.32 | 281.74 | +6.32 | 37.76 |
| Aug. | 4 | 197.53 | 223.44 | + 12.70 | 185.92 | − 7.45 | + 4.26 | 281.34 | +6.15 | 37.46 |
| | 8 | 199.90 | 185.48 | + 12.00 | 147.26 | − 8.43 | + 4.20 | 280.87 | +5.99 | 37.10 |
| | 12 | 202.29 | 147.41 | + 11.24 | 108.57 | − 9.40 | + 4.13 | 280.33 | +5.84 | 36.67 |
| | 16 | 204.69 | 109.26 | + 10.42 | 69.86 | − 10.36 | + 4.06 | 279.73 | +5.69 | 36.18 |
| | 20 | 207.10 | 71.02 | + 9.54 | 31.12 | − 11.31 | + 3.98 | 279.07 | +5.55 | 35.63 |
| | 24 | 209.53 | 32.72 | + 8.62 | 352.35 | − 12.25 | + 3.91 | 278.35 | +5.42 | 35.00 |
| | 28 | 211.96 | 354.34 | + 7.64 | 313.56 | − 13.17 | + 3.82 | 277.58 | +5.29 | 34.30 |
| Sept. | 1 | 214.41 | 315.90 | + 6.63 | 274.74 | − 14.08 | + 3.74 | 276.75 | +5.17 | 33.52 |
| | 5 | 216.87 | 277.40 | + 5.57 | 235.89 | − 14.96 | + 3.66 | 275.87 | +5.05 | 32.67 |
| | 9 | 219.34 | 238.84 | + 4.47 | 197.01 | − 15.83 | + 3.58 | 274.94 | +4.94 | 31.74 |
| | 13 | 221.82 | 200.23 | + 3.35 | 158.10 | − 16.67 | + 3.50 | 273.97 | +4.83 | 30.73 |
| | 17 | 224.31 | 161.58 | + 2.19 | 119.17 | − 17.49 | + 3.42 | 272.96 | +4.72 | 29.65 |
| | 21 | 226.80 | 122.88 | + 1.01 | 80.20 | − 18.28 | + 3.34 | 271.91 | +4.61 | 28.49 |
| | 25 | 229.31 | 84.13 | − 0.20 | 41.20 | − 19.04 | + 3.26 | 270.84 | −4.51 | 27.26 |
| | 29 | 231.82 | 45.34 | − 1.42 | 2.17 | − 19.76 | + 3.19 | 269.74 | −4.41 | 25.97 |
| Oct. | 3 | 234.34 | 6.51 | − 2.66 | 323.12 | − 20.45 | + 3.11 | 268.62 | −4.31 | 24.60 |
| | 7 | 236.86 | 327.64 | − 3.91 | 284.03 | − 21.11 | + 3.04 | 267.48 | −4.21 | 23.17 |
| | 11 | 239.39 | 288.72 | − 5.17 | 244.92 | − 21.72 | + 2.96 | 266.34 | −4.12 | 21.69 |
| | 15 | 241.92 | 249.76 | − 6.42 | 205.78 | − 22.30 | + 2.89 | 265.19 | −4.03 | 20.14 |
| | 19 | 244.46 | 210.76 | − 7.68 | 166.62 | − 22.83 | + 2.82 | 264.04 | −3.93 | 18.55 |
| | 23 | 247.00 | 171.71 | − 8.93 | 127.44 | − 23.31 | + 2.75 | 262.90 | −3.84 | 16.91 |
| | 27 | 249.54 | 132.63 | − 10.17 | 88.23 | − 23.75 | + 2.68 | 261.77 | −3.75 | 15.22 |
| | 31 | 252.07 | 93.49 | − 11.40 | 49.01 | − 24.14 | + 2.61 | 260.66 | −3.67 | 13.49 |
| Nov. | 4 | 254.61 | 54.32 | − 12.60 | 9.78 | − 24.49 | + 2.55 | 259.57 | −3.58 | 11.73 |
| | 8 | 257.15 | 15.09 | − 13.79 | 330.53 | − 24.78 | + 2.48 | 258.51 | −3.50 | 9.94 |
| | 12 | 259.69 | 335.82 | − 14.94 | 291.27 | − 25.02 | + 2.42 | 257.48 | −3.41 | 8.12 |
| | 16 | 262.22 | 296.51 | − 16.06 | 252.00 | − 25.21 | + 2.35 | 256.48 | −3.33 | 6.27 |
| | 20 | 264.75 | 257.15 | − 17.15 | 212.73 | − 25.34 | + 2.29 | 255.53 | −3.25 | 4.41 |
| | 24 | 267.28 | 217.74 | − 18.19 | 173.46 | − 25.42 | + 2.23 | 254.61 | −3.18 | 2.52 |
| | 28 | 269.80 | 178.28 | − 19.19 | 134.19 | − 25.46 | + 2.17 | 253.74 | −3.10 | 0.63 |
| Dec. | 2 | 272.31 | 138.78 | − 20.14 | 94.93 | − 25.43 | + 2.11 | 252.92 | −3.03 | 358.72 |
| | 6 | 274.82 | 99.23 | − 21.04 | 55.68 | − 25.36 | + 2.05 | 252.14 | −2.96 | 356.81 |
| | 10 | 277.32 | 59.64 | − 21.88 | 16.44 | − 25.23 | + 2.00 | 251.42 | −2.89 | 354.90 |
| | 14 | 279.81 | 20.01 | − 22.65 | 337.21 | − 25.06 | + 1.94 | 250.75 | −2.83 | 352.99 |
| | 18 | 282.29 | 340.35 | − 23.37 | 298.01 | − 24.84 | + 1.89 | 250.13 | −2.77 | 351.08 |
| | 22 | 284.76 | 300.64 | − 24.01 | 258.82 | − 24.56 | + 1.83 | 249.56 | −2.71 | 349.19 |
| | 26 | 287.22 | 260.91 | − 24.58 | 219.66 | − 24.24 | + 1.78 | 249.05 | −2.65 | 347.32 |
| | 30 | 289.68 | 221.14 | − 25.08 | 180.52 | − 23.88 | + 1.73 | 248.59 | −2.60 | 345.46 |
| | 34 | 292.12 | 181.36 | − 25.51 | 141.42 | − 23.47 | + 1.68 | 248.19 | −2.55 | 343.63 |

# JUPITER, 2016

## EPHEMERIS FOR PHYSICAL OBSERVATIONS
### FOR 0ʰ TERRESTRIAL TIME

| Date | | Light-time | Magnitude | Surface Brightness | Diameter | | Phase Angle | Defect of Illumination |
|------|---|------------|-----------|--------------------|----------|---|-------------|------------------------|
| | | | | | Eq. | Polar | | |
| | | m | | mag./arcsec$^2$ | " | " | ° | " |
| Jan. | −3 | 42.50 | −2.1 | +5.4 | 38.58 | 36.08 | 10.2 | 0.30 |
| | 1 | 41.99 | −2.2 | +5.4 | 39.05 | 36.52 | 10.0 | 0.30 |
| | 5 | 41.49 | −2.2 | +5.4 | 39.52 | 36.96 | 9.8 | 0.29 |
| | 9 | 41.00 | −2.2 | +5.4 | 39.99 | 37.40 | 9.5 | 0.27 |
| | 13 | 40.52 | −2.2 | +5.4 | 40.46 | 37.84 | 9.1 | 0.26 |
| | 17 | 40.07 | −2.3 | +5.4 | 40.92 | 38.27 | 8.7 | 0.24 |
| | 21 | 39.63 | −2.3 | +5.4 | 41.37 | 38.69 | 8.3 | 0.22 |
| | 25 | 39.22 | −2.3 | +5.4 | 41.80 | 39.09 | 7.8 | 0.19 |
| | 29 | 38.84 | −2.3 | +5.4 | 42.22 | 39.48 | 7.3 | 0.17 |
| Feb. | 2 | 38.48 | −2.4 | +5.4 | 42.61 | 39.85 | 6.7 | 0.14 |
| | 6 | 38.16 | −2.4 | +5.4 | 42.97 | 40.18 | 6.0 | 0.12 |
| | 10 | 37.87 | −2.4 | +5.4 | 43.30 | 40.49 | 5.4 | 0.10 |
| | 14 | 37.61 | −2.4 | +5.4 | 43.60 | 40.77 | 4.7 | 0.07 |
| | 18 | 37.39 | −2.4 | +5.4 | 43.85 | 41.01 | 3.9 | 0.05 |
| | 22 | 37.21 | −2.5 | +5.4 | 44.06 | 41.21 | 3.2 | 0.03 |
| | 26 | 37.07 | −2.5 | +5.4 | 44.23 | 41.37 | 2.4 | 0.02 |
| Mar. | 1 | 36.97 | −2.5 | +5.4 | 44.35 | 41.48 | 1.6 | 0.01 |
| | 5 | 36.91 | −2.5 | +5.4 | 44.43 | 41.55 | 0.8 | 0.00 |
| | 9 | 36.89 | −2.5 | +5.4 | 44.45 | 41.57 | 0.3 | 0.00 |
| | 13 | 36.91 | −2.5 | +5.4 | 44.42 | 41.54 | 1.0 | 0.00 |
| | 17 | 36.98 | −2.5 | +5.4 | 44.34 | 41.47 | 1.8 | 0.01 |
| | 21 | 37.08 | −2.5 | +5.4 | 44.22 | 41.35 | 2.6 | 0.02 |
| | 25 | 37.23 | −2.5 | +5.4 | 44.04 | 41.19 | 3.4 | 0.04 |
| | 29 | 37.41 | −2.4 | +5.4 | 43.83 | 40.99 | 4.1 | 0.06 |
| Apr. | 2 | 37.63 | −2.4 | +5.4 | 43.57 | 40.75 | 4.9 | 0.08 |
| | 6 | 37.89 | −2.4 | +5.4 | 43.27 | 40.47 | 5.6 | 0.10 |
| | 10 | 38.18 | −2.4 | +5.4 | 42.95 | 40.16 | 6.2 | 0.13 |
| | 14 | 38.50 | −2.4 | +5.4 | 42.59 | 39.83 | 6.8 | 0.15 |
| | 18 | 38.85 | −2.3 | +5.4 | 42.20 | 39.46 | 7.4 | 0.18 |
| | 22 | 39.23 | −2.3 | +5.4 | 41.79 | 39.08 | 8.0 | 0.20 |
| | 26 | 39.64 | −2.3 | +5.5 | 41.37 | 38.68 | 8.5 | 0.23 |
| | 30 | 40.06 | −2.3 | +5.5 | 40.93 | 38.27 | 8.9 | 0.25 |
| May | 4 | 40.51 | −2.2 | +5.5 | 40.47 | 37.85 | 9.3 | 0.27 |
| | 8 | 40.98 | −2.2 | +5.5 | 40.01 | 37.42 | 9.6 | 0.28 |
| | 12 | 41.46 | −2.2 | +5.5 | 39.55 | 36.99 | 9.9 | 0.30 |
| | 16 | 41.95 | −2.2 | +5.5 | 39.09 | 36.55 | 10.2 | 0.31 |
| | 20 | 42.45 | −2.1 | +5.5 | 38.62 | 36.12 | 10.4 | 0.32 |
| | 24 | 42.96 | −2.1 | +5.5 | 38.16 | 35.69 | 10.6 | 0.32 |
| | 28 | 43.48 | −2.1 | +5.5 | 37.71 | 35.26 | 10.7 | 0.33 |
| June | 1 | 44.00 | −2.1 | +5.5 | 37.26 | 34.85 | 10.7 | 0.33 |
| | 5 | 44.53 | −2.0 | +5.5 | 36.82 | 34.44 | 10.7 | 0.32 |
| | 9 | 45.05 | −2.0 | +5.5 | 36.40 | 34.04 | 10.7 | 0.32 |
| | 13 | 45.57 | −2.0 | +5.5 | 35.98 | 33.65 | 10.7 | 0.31 |
| | 17 | 46.08 | −2.0 | +5.5 | 35.58 | 33.27 | 10.6 | 0.30 |
| | 21 | 46.59 | −1.9 | +5.5 | 35.19 | 32.91 | 10.4 | 0.29 |
| | 25 | 47.10 | −1.9 | +5.5 | 34.81 | 32.56 | 10.3 | 0.28 |
| | 29 | 47.59 | −1.9 | +5.5 | 34.45 | 32.22 | 10.0 | 0.26 |

# JUPITER, 2016

## EPHEMERIS FOR PHYSICAL OBSERVATIONS
## FOR 0ʰ TERRESTRIAL TIME

| Date | | $L_s$ | Sub-Earth Point | | Sub-Solar Point | | | | North Pole | |
|---|---|---|---|---|---|---|---|---|---|---|
| | | | Long. | Lat. | Long. | Lat. | Dist. | P.A. | Dist. | P.A. |
| | | ° | ° | ° | ° | ° | ″ | ° | ″ | ° |
| Jan. | −3 | 205.40 | 199.70 | −2.05 | 209.90 | −1.53 | +3.42 | 113.03 | −18.03 | 25.45 |
| | 1 | 205.70 | 82.04 | −2.08 | 92.04 | −1.55 | +3.39 | 112.94 | −18.25 | 25.45 |
| | 5 | 206.01 | 324.42 | −2.10 | 334.19 | −1.56 | +3.35 | 112.84 | −18.47 | 25.46 |
| | 9 | 206.32 | 206.85 | −2.12 | 216.32 | −1.58 | +3.29 | 112.73 | −18.69 | 25.46 |
| | 13 | 206.62 | 89.31 | −2.14 | 98.44 | −1.60 | +3.21 | 112.60 | −18.91 | 25.46 |
| | 17 | 206.93 | 331.82 | −2.16 | 340.56 | −1.61 | +3.11 | 112.46 | −19.12 | 25.46 |
| | 21 | 207.23 | 214.37 | −2.18 | 222.66 | −1.63 | +2.99 | 112.29 | −19.33 | 25.45 |
| | 25 | 207.54 | 96.95 | −2.19 | 104.75 | −1.65 | +2.84 | 112.10 | −19.53 | 25.45 |
| | 29 | 207.85 | 339.56 | −2.20 | 346.82 | −1.66 | +2.67 | 111.88 | −19.73 | 25.44 |
| Feb. | 2 | 208.15 | 222.21 | −2.20 | 228.87 | −1.68 | +2.48 | 111.62 | −19.91 | 25.43 |
| | 6 | 208.46 | 104.87 | −2.21 | 110.90 | −1.70 | +2.26 | 111.29 | −20.08 | 25.42 |
| | 10 | 208.76 | 347.56 | −2.21 | 352.92 | −1.72 | +2.03 | 110.89 | −20.23 | 25.40 |
| | 14 | 209.07 | 230.27 | −2.20 | 234.91 | −1.73 | +1.77 | 110.37 | −20.37 | 25.39 |
| | 18 | 209.37 | 112.98 | −2.20 | 116.88 | −1.75 | +1.50 | 109.65 | −20.49 | 25.37 |
| | 22 | 209.68 | 355.70 | −2.19 | 358.83 | −1.76 | +1.21 | 108.60 | −20.59 | 25.35 |
| | 26 | 209.98 | 238.42 | −2.18 | 240.76 | −1.78 | +0.91 | 106.86 | −20.67 | 25.32 |
| Mar. | 1 | 210.29 | 121.13 | −2.17 | 122.66 | −1.80 | +0.61 | 103.37 | −20.73 | 25.29 |
| | 5 | 210.59 | 3.82 | −2.15 | 4.53 | −1.81 | +0.30 | 92.66 | −20.76 | 25.26 |
| | 9 | 210.90 | 246.50 | −2.13 | 246.38 | −1.83 | +0.11 | 1.55 | −20.77 | 25.23 |
| | 13 | 211.20 | 129.15 | −2.11 | 128.21 | −1.85 | +0.38 | 309.13 | −20.76 | 25.20 |
| | 17 | 211.51 | 11.77 | −2.09 | 10.01 | −1.86 | +0.69 | 301.65 | −20.72 | 25.16 |
| | 21 | 211.81 | 254.35 | −2.07 | 251.78 | −1.88 | +0.99 | 298.80 | −20.66 | 25.12 |
| | 25 | 212.12 | 136.89 | −2.05 | 133.54 | −1.90 | +1.29 | 297.29 | −20.58 | 25.09 |
| | 29 | 212.42 | 19.38 | −2.02 | 15.27 | −1.91 | +1.57 | 296.32 | −20.48 | 25.05 |
| Apr. | 2 | 212.73 | 261.82 | −2.00 | 256.97 | −1.93 | +1.84 | 295.65 | −20.36 | 25.01 |
| | 6 | 213.03 | 144.21 | −1.97 | 138.66 | −1.94 | +2.09 | 295.14 | −20.22 | 24.98 |
| | 10 | 213.34 | 26.54 | −1.94 | 20.32 | −1.96 | +2.33 | 294.74 | −20.07 | 24.95 |
| | 14 | 213.64 | 268.81 | −1.92 | 261.96 | −1.97 | +2.54 | 294.42 | −19.90 | 24.92 |
| | 18 | 213.95 | 151.02 | −1.90 | 143.59 | −1.99 | +2.73 | 294.14 | −19.72 | 24.89 |
| | 22 | 214.25 | 33.17 | −1.87 | 25.20 | −2.01 | +2.90 | 293.91 | −19.53 | 24.87 |
| | 26 | 214.55 | 275.26 | −1.85 | 266.80 | −2.02 | +3.04 | 293.72 | −19.33 | 24.85 |
| | 30 | 214.86 | 157.29 | −1.83 | 148.38 | −2.04 | +3.17 | 293.54 | −19.13 | 24.83 |
| May | 4 | 215.16 | 39.25 | −1.81 | 29.95 | −2.05 | +3.27 | 293.39 | −18.92 | 24.82 |
| | 8 | 215.47 | 281.16 | −1.80 | 271.51 | −2.07 | +3.35 | 293.26 | −18.70 | 24.82 |
| | 12 | 215.77 | 163.01 | −1.78 | 153.06 | −2.08 | +3.42 | 293.15 | −18.49 | 24.82 |
| | 16 | 216.07 | 44.80 | −1.77 | 34.60 | −2.10 | +3.46 | 293.04 | −18.27 | 24.82 |
| | 20 | 216.38 | 286.53 | −1.76 | 276.14 | −2.11 | +3.49 | 292.96 | −18.05 | 24.83 |
| | 24 | 216.68 | 168.22 | −1.75 | 157.67 | −2.13 | +3.49 | 292.88 | −17.84 | 24.85 |
| | 28 | 216.98 | 49.86 | −1.74 | 39.20 | −2.14 | +3.49 | 292.81 | −17.63 | 24.86 |
| June | 1 | 217.29 | 291.45 | −1.74 | 280.72 | −2.16 | +3.47 | 292.75 | −17.42 | 24.89 |
| | 5 | 217.59 | 172.99 | −1.73 | 162.25 | −2.17 | +3.43 | 292.70 | −17.21 | 24.91 |
| | 9 | 217.90 | 54.49 | −1.73 | 43.77 | −2.19 | +3.39 | 292.65 | −17.01 | 24.94 |
| | 13 | 218.20 | 295.96 | −1.73 | 285.30 | −2.20 | +3.33 | 292.61 | −16.82 | 24.97 |
| | 17 | 218.50 | 177.38 | −1.74 | 166.83 | −2.22 | +3.26 | 292.57 | −16.63 | 25.01 |
| | 21 | 218.81 | 58.78 | −1.74 | 48.36 | −2.23 | +3.18 | 292.54 | −16.45 | 25.04 |
| | 25 | 219.11 | 300.15 | −1.75 | 289.89 | −2.25 | +3.10 | 292.50 | −16.27 | 25.08 |
| | 29 | 219.41 | 181.48 | −1.76 | 171.44 | −2.26 | +3.01 | 292.47 | −16.10 | 25.12 |

# JUPITER, 2016

## EPHEMERIS FOR PHYSICAL OBSERVATIONS
## FOR 0ʰ TERRESTRIAL TIME

| Date | | Light-time | Magnitude | Surface Brightness | Diameter | | Phase Angle | Defect of Illumination |
|------|---|------------|-----------|--------------------|----------|--|-------------|------------------------|
| | | | | | Eq. | Polar | | |
| | | m | | mag./arcsec$^2$ | ″ | ″ | ° | ″ |
| July | 3 | 48.07 | − 1.9 | + 5.5 | 34.11 | 31.90 | 9.8 | 0.25 |
| | 7 | 48.54 | − 1.8 | + 5.5 | 33.78 | 31.59 | 9.5 | 0.23 |
| | 11 | 49.00 | − 1.8 | + 5.5 | 33.46 | 31.29 | 9.2 | 0.22 |
| | 15 | 49.44 | − 1.8 | + 5.5 | 33.16 | 31.01 | 8.9 | 0.20 |
| | 19 | 49.86 | − 1.8 | + 5.5 | 32.88 | 30.75 | 8.6 | 0.18 |
| | 23 | 50.27 | − 1.8 | + 5.5 | 32.62 | 30.50 | 8.2 | 0.17 |
| | 27 | 50.66 | − 1.8 | + 5.5 | 32.37 | 30.27 | 7.8 | 0.15 |
| | 31 | 51.03 | − 1.7 | + 5.5 | 32.13 | 30.05 | 7.4 | 0.13 |
| Aug. | 4 | 51.38 | − 1.7 | + 5.5 | 31.91 | 29.85 | 7.0 | 0.12 |
| | 8 | 51.70 | − 1.7 | + 5.4 | 31.71 | 29.66 | 6.5 | 0.10 |
| | 12 | 52.01 | − 1.7 | + 5.4 | 31.53 | 29.48 | 6.0 | 0.09 |
| | 16 | 52.29 | − 1.7 | + 5.4 | 31.36 | 29.33 | 5.6 | 0.07 |
| | 20 | 52.54 | − 1.7 | + 5.4 | 31.21 | 29.18 | 5.1 | 0.06 |
| | 24 | 52.77 | − 1.7 | + 5.4 | 31.07 | 29.05 | 4.6 | 0.05 |
| | 28 | 52.98 | − 1.7 | + 5.4 | 30.95 | 28.94 | 4.0 | 0.04 |
| Sept. | 1 | 53.16 | − 1.7 | + 5.4 | 30.84 | 28.84 | 3.5 | 0.03 |
| | 5 | 53.32 | − 1.7 | + 5.4 | 30.75 | 28.76 | 3.0 | 0.02 |
| | 9 | 53.44 | − 1.7 | + 5.4 | 30.68 | 28.69 | 2.4 | 0.01 |
| | 13 | 53.54 | − 1.7 | + 5.4 | 30.62 | 28.64 | 1.9 | 0.01 |
| | 17 | 53.61 | − 1.7 | + 5.4 | 30.58 | 28.60 | 1.3 | 0.00 |
| | 21 | 53.66 | − 1.7 | + 5.4 | 30.56 | 28.58 | 0.8 | 0.00 |
| | 25 | 53.68 | − 1.7 | + 5.4 | 30.55 | 28.57 | 0.3 | 0.00 |
| | 29 | 53.66 | − 1.7 | + 5.4 | 30.55 | 28.57 | 0.4 | 0.00 |
| Oct. | 3 | 53.62 | − 1.7 | + 5.4 | 30.58 | 28.60 | 1.0 | 0.00 |
| | 7 | 53.55 | − 1.7 | + 5.4 | 30.62 | 28.63 | 1.5 | 0.01 |
| | 11 | 53.46 | − 1.7 | + 5.4 | 30.67 | 28.68 | 2.1 | 0.01 |
| | 15 | 53.33 | − 1.7 | + 5.4 | 30.74 | 28.75 | 2.6 | 0.02 |
| | 19 | 53.18 | − 1.7 | + 5.4 | 30.83 | 28.84 | 3.2 | 0.02 |
| | 23 | 53.00 | − 1.7 | + 5.4 | 30.94 | 28.93 | 3.7 | 0.03 |
| | 27 | 52.79 | − 1.7 | + 5.4 | 31.06 | 29.05 | 4.2 | 0.04 |
| | 31 | 52.56 | − 1.7 | + 5.4 | 31.20 | 29.18 | 4.7 | 0.05 |
| Nov. | 4 | 52.29 | − 1.7 | + 5.4 | 31.35 | 29.32 | 5.2 | 0.07 |
| | 8 | 52.01 | − 1.7 | + 5.4 | 31.53 | 29.48 | 5.7 | 0.08 |
| | 12 | 51.70 | − 1.7 | + 5.5 | 31.72 | 29.66 | 6.2 | 0.09 |
| | 16 | 51.36 | − 1.7 | + 5.5 | 31.92 | 29.86 | 6.7 | 0.11 |
| | 20 | 51.00 | − 1.7 | + 5.5 | 32.15 | 30.07 | 7.1 | 0.12 |
| | 24 | 50.62 | − 1.8 | + 5.5 | 32.39 | 30.29 | 7.5 | 0.14 |
| | 28 | 50.22 | − 1.8 | + 5.5 | 32.65 | 30.54 | 7.9 | 0.16 |
| Dec. | 2 | 49.80 | − 1.8 | + 5.5 | 32.93 | 30.80 | 8.3 | 0.17 |
| | 6 | 49.35 | − 1.8 | + 5.5 | 33.22 | 31.07 | 8.7 | 0.19 |
| | 10 | 48.90 | − 1.8 | + 5.5 | 33.53 | 31.36 | 9.0 | 0.21 |
| | 14 | 48.42 | − 1.8 | + 5.5 | 33.86 | 31.67 | 9.3 | 0.22 |
| | 18 | 47.93 | − 1.9 | + 5.5 | 34.21 | 31.99 | 9.6 | 0.24 |
| | 22 | 47.43 | − 1.9 | + 5.5 | 34.57 | 32.33 | 9.8 | 0.25 |
| | 26 | 46.92 | − 1.9 | + 5.5 | 34.95 | 32.69 | 10.0 | 0.26 |
| | 30 | 46.40 | − 1.9 | + 5.5 | 35.34 | 33.05 | 10.1 | 0.28 |
| | 34 | 45.87 | − 2.0 | + 5.5 | 35.75 | 33.43 | 10.3 | 0.29 |

# JUPITER, 2016

## EPHEMERIS FOR PHYSICAL OBSERVATIONS
### FOR 0ʰ TERRESTRIAL TIME

| Date | | $L_s$ | Sub-Earth Point | | Sub-Solar Point | | | | North Pole | |
|---|---|---|---|---|---|---|---|---|---|---|
| | | | Long. | Lat. | Long. | Lat. | Dist. | P.A. | Dist. | P.A. |
| | | ° | ° | ° | ° | ° | ″ | ° | ″ | ° |
| July | 3 | 219.71 | 62.79 | −1.77 | 52.99 | −2.28 | +2.91 | 292.44 | −15.94 | 25.16 |
| | 7 | 220.02 | 304.08 | −1.79 | 294.54 | −2.29 | +2.80 | 292.40 | −15.79 | 25.20 |
| | 11 | 220.32 | 185.35 | −1.80 | 176.11 | −2.31 | +2.69 | 292.36 | −15.64 | 25.24 |
| | 15 | 220.62 | 66.60 | −1.82 | 57.68 | −2.32 | +2.57 | 292.32 | −15.50 | 25.27 |
| | 19 | 220.93 | 307.84 | −1.84 | 299.27 | −2.34 | +2.45 | 292.27 | −15.37 | 25.31 |
| | 23 | 221.23 | 189.06 | −1.86 | 180.86 | −2.35 | +2.33 | 292.21 | −15.24 | 25.35 |
| | 27 | 221.53 | 70.27 | −1.88 | 62.47 | −2.36 | +2.20 | 292.15 | −15.13 | 25.38 |
| | 31 | 221.84 | 311.48 | −1.90 | 304.09 | −2.38 | +2.07 | 292.07 | −15.02 | 25.41 |
| Aug. | 4 | 222.14 | 192.67 | −1.93 | 185.72 | −2.39 | +1.93 | 291.97 | −14.92 | 25.43 |
| | 8 | 222.44 | 73.86 | −1.95 | 67.36 | −2.41 | +1.80 | 291.86 | −14.82 | 25.46 |
| | 12 | 222.74 | 315.05 | −1.98 | 309.02 | −2.42 | +1.66 | 291.72 | −14.73 | 25.48 |
| | 16 | 223.05 | 196.24 | −2.01 | 190.69 | −2.43 | +1.52 | 291.55 | −14.65 | 25.49 |
| | 20 | 223.35 | 77.43 | −2.04 | 72.38 | −2.45 | +1.38 | 291.34 | −14.58 | 25.51 |
| | 24 | 223.65 | 318.62 | −2.06 | 314.08 | −2.46 | +1.23 | 291.08 | −14.52 | 25.51 |
| | 28 | 223.96 | 199.82 | −2.10 | 195.80 | −2.47 | +1.09 | 290.74 | −14.46 | 25.52 |
| Sept. | 1 | 224.26 | 81.02 | −2.13 | 77.53 | −2.49 | +0.94 | 290.29 | −14.41 | 25.52 |
| | 5 | 224.56 | 322.23 | −2.16 | 319.28 | −2.50 | +0.80 | 289.68 | −14.37 | 25.51 |
| | 9 | 224.86 | 203.45 | −2.19 | 201.04 | −2.51 | +0.65 | 288.78 | −14.34 | 25.50 |
| | 13 | 225.17 | 84.68 | −2.23 | 82.82 | −2.53 | +0.50 | 287.35 | −14.31 | 25.48 |
| | 17 | 225.47 | 325.92 | −2.26 | 324.62 | −2.54 | +0.35 | 284.73 | −14.29 | 25.46 |
| | 21 | 225.77 | 207.17 | −2.30 | 206.43 | −2.55 | +0.21 | 278.37 | −14.28 | 25.43 |
| | 25 | 226.07 | 88.44 | −2.33 | 88.27 | −2.57 | +0.07 | 246.03 | −14.27 | 25.40 |
| | 29 | 226.38 | 329.73 | −2.37 | 330.12 | −2.58 | +0.11 | 141.37 | −14.28 | 25.36 |
| Oct. | 3 | 226.68 | 211.04 | −2.40 | 211.98 | −2.59 | +0.26 | 125.37 | −14.29 | 25.32 |
| | 7 | 226.98 | 92.36 | −2.44 | 93.87 | −2.61 | +0.40 | 120.87 | −14.31 | 25.27 |
| | 11 | 227.28 | 333.70 | −2.47 | 335.77 | −2.62 | +0.55 | 118.76 | −14.33 | 25.22 |
| | 15 | 227.58 | 215.07 | −2.51 | 217.68 | −2.63 | +0.70 | 117.52 | −14.36 | 25.16 |
| | 19 | 227.89 | 96.46 | −2.55 | 99.62 | −2.64 | +0.85 | 116.68 | −14.41 | 25.10 |
| | 23 | 228.19 | 337.87 | −2.59 | 341.57 | −2.66 | +1.00 | 116.08 | −14.45 | 25.03 |
| | 27 | 228.49 | 219.31 | −2.62 | 223.54 | −2.67 | +1.14 | 115.61 | −14.51 | 24.96 |
| | 31 | 228.79 | 100.77 | −2.66 | 105.52 | −2.68 | +1.29 | 115.22 | −14.57 | 24.88 |
| Nov. | 4 | 229.09 | 342.26 | −2.70 | 347.52 | −2.69 | +1.43 | 114.90 | −14.65 | 24.80 |
| | 8 | 229.40 | 223.79 | −2.73 | 229.53 | −2.71 | +1.58 | 114.61 | −14.73 | 24.72 |
| | 12 | 229.70 | 105.34 | −2.77 | 111.56 | −2.72 | +1.72 | 114.36 | −14.82 | 24.64 |
| | 16 | 230.00 | 346.92 | −2.81 | 353.61 | −2.73 | +1.86 | 114.13 | −14.91 | 24.55 |
| | 20 | 230.30 | 228.54 | −2.84 | 235.67 | −2.74 | +1.99 | 113.92 | −15.02 | 24.46 |
| | 24 | 230.61 | 110.19 | −2.88 | 117.74 | −2.75 | +2.13 | 113.72 | −15.13 | 24.37 |
| | 28 | 230.91 | 351.87 | −2.91 | 359.83 | −2.77 | +2.26 | 113.53 | −15.25 | 24.28 |
| Dec. | 2 | 231.21 | 233.59 | −2.95 | 241.92 | −2.78 | +2.38 | 113.35 | −15.38 | 24.19 |
| | 6 | 231.51 | 115.35 | −2.98 | 124.03 | −2.79 | +2.51 | 113.18 | −15.52 | 24.10 |
| | 10 | 231.81 | 357.14 | −3.02 | 6.15 | −2.80 | +2.62 | 113.02 | −15.66 | 24.01 |
| | 14 | 232.11 | 238.98 | −3.05 | 248.28 | −2.81 | +2.74 | 112.85 | −15.82 | 23.93 |
| | 18 | 232.42 | 120.85 | −3.08 | 130.42 | −2.82 | +2.84 | 112.70 | −15.98 | 23.84 |
| | 22 | 232.72 | 2.76 | −3.12 | 12.56 | −2.84 | +2.94 | 112.55 | −16.14 | 23.76 |
| | 26 | 233.02 | 244.72 | −3.15 | 254.71 | −2.85 | +3.03 | 112.40 | −16.32 | 23.68 |
| | 30 | 233.32 | 126.72 | −3.18 | 136.87 | −2.86 | +3.11 | 112.25 | −16.50 | 23.60 |
| | 34 | 233.62 | 8.76 | −3.21 | 19.03 | −2.87 | +3.19 | 112.11 | −16.69 | 23.53 |

# SATURN, 2016

## EPHEMERIS FOR PHYSICAL OBSERVATIONS
### FOR 0ʰ TERRESTRIAL TIME

| Date | | Light-time | Magnitude | Surface Brightness | Diameter | | Phase Angle | Defect of Illumination |
|------|------|------------|-----------|--------------------|----------|----------|-------------|------------------------|
| | | | | | Eq. | Polar | | |
| | | m | | mag./arcsec$^2$ | ″ | ″ | ° | ″ |
| Jan. | −3 | 90.58 | +0.5 | +6.9 | 15.26 | 14.07 | 2.4 | 0.01 |
| | 1 | 90.32 | +0.5 | +6.9 | 15.30 | 14.11 | 2.7 | 0.01 |
| | 5 | 90.04 | +0.5 | +6.9 | 15.35 | 14.15 | 3.0 | 0.01 |
| | 9 | 89.73 | +0.5 | +6.9 | 15.40 | 14.20 | 3.3 | 0.01 |
| | 13 | 89.38 | +0.5 | +6.9 | 15.46 | 14.26 | 3.6 | 0.02 |
| | 17 | 89.01 | +0.5 | +6.9 | 15.53 | 14.32 | 3.9 | 0.02 |
| | 21 | 88.62 | +0.5 | +6.9 | 15.60 | 14.38 | 4.1 | 0.02 |
| | 25 | 88.20 | +0.5 | +6.9 | 15.67 | 14.45 | 4.4 | 0.02 |
| | 29 | 87.76 | +0.5 | +6.9 | 15.75 | 14.52 | 4.6 | 0.03 |
| Feb. | 2 | 87.30 | +0.5 | +6.9 | 15.83 | 14.60 | 4.8 | 0.03 |
| | 6 | 86.81 | +0.5 | +6.9 | 15.92 | 14.68 | 5.0 | 0.03 |
| | 10 | 86.31 | +0.5 | +6.9 | 16.01 | 14.77 | 5.2 | 0.03 |
| | 14 | 85.80 | +0.5 | +6.9 | 16.11 | 14.85 | 5.3 | 0.03 |
| | 18 | 85.27 | +0.5 | +6.9 | 16.21 | 14.95 | 5.4 | 0.04 |
| | 22 | 84.74 | +0.5 | +6.9 | 16.31 | 15.04 | 5.5 | 0.04 |
| | 26 | 84.19 | +0.5 | +6.9 | 16.42 | 15.14 | 5.6 | 0.04 |
| Mar. | 1 | 83.64 | +0.5 | +6.9 | 16.53 | 15.24 | 5.7 | 0.04 |
| | 5 | 83.09 | +0.5 | +6.9 | 16.64 | 15.34 | 5.7 | 0.04 |
| | 9 | 82.53 | +0.5 | +6.9 | 16.75 | 15.44 | 5.7 | 0.04 |
| | 13 | 81.98 | +0.4 | +6.9 | 16.86 | 15.55 | 5.7 | 0.04 |
| | 17 | 81.43 | +0.4 | +6.9 | 16.97 | 15.65 | 5.6 | 0.04 |
| | 21 | 80.89 | +0.4 | +6.9 | 17.09 | 15.76 | 5.5 | 0.04 |
| | 25 | 80.36 | +0.4 | +6.9 | 17.20 | 15.86 | 5.4 | 0.04 |
| | 29 | 79.84 | +0.4 | +6.9 | 17.31 | 15.96 | 5.3 | 0.04 |
| Apr. | 2 | 79.33 | +0.3 | +6.9 | 17.42 | 16.06 | 5.1 | 0.03 |
| | 6 | 78.84 | +0.3 | +6.9 | 17.53 | 16.16 | 4.9 | 0.03 |
| | 10 | 78.37 | +0.3 | +6.9 | 17.64 | 16.26 | 4.7 | 0.03 |
| | 14 | 77.93 | +0.3 | +6.9 | 17.74 | 16.35 | 4.5 | 0.03 |
| | 18 | 77.50 | +0.3 | +6.9 | 17.83 | 16.44 | 4.2 | 0.02 |
| | 22 | 77.11 | +0.2 | +6.9 | 17.93 | 16.53 | 4.0 | 0.02 |
| | 26 | 76.74 | +0.2 | +6.9 | 18.01 | 16.60 | 3.7 | 0.02 |
| | 30 | 76.40 | +0.2 | +6.9 | 18.09 | 16.68 | 3.3 | 0.02 |
| May | 4 | 76.10 | +0.2 | +6.9 | 18.16 | 16.74 | 3.0 | 0.01 |
| | 8 | 75.83 | +0.1 | +6.9 | 18.23 | 16.80 | 2.6 | 0.01 |
| | 12 | 75.59 | +0.1 | +6.9 | 18.29 | 16.86 | 2.3 | 0.01 |
| | 16 | 75.39 | +0.1 | +6.9 | 18.33 | 16.90 | 1.9 | 0.00 |
| | 20 | 75.23 | +0.1 | +6.9 | 18.37 | 16.94 | 1.5 | 0.00 |
| | 24 | 75.11 | +0.1 | +6.9 | 18.40 | 16.96 | 1.1 | 0.00 |
| | 28 | 75.03 | 0.0 | +6.9 | 18.42 | 16.98 | 0.7 | 0.00 |
| June | 1 | 74.98 | 0.0 | +6.9 | 18.43 | 16.99 | 0.3 | 0.00 |
| | 5 | 74.98 | 0.0 | +6.9 | 18.43 | 16.99 | 0.3 | 0.00 |
| | 9 | 75.01 | 0.0 | +6.9 | 18.43 | 16.98 | 0.6 | 0.00 |
| | 13 | 75.09 | 0.0 | +6.9 | 18.41 | 16.97 | 1.0 | 0.00 |
| | 17 | 75.20 | +0.1 | +6.9 | 18.38 | 16.94 | 1.4 | 0.00 |
| | 21 | 75.36 | +0.1 | +6.9 | 18.34 | 16.91 | 1.8 | 0.00 |
| | 25 | 75.55 | +0.1 | +6.9 | 18.30 | 16.86 | 2.2 | 0.01 |
| | 29 | 75.77 | +0.1 | +6.9 | 18.24 | 16.81 | 2.6 | 0.01 |

# EPHEMERIS FOR PHYSICAL OBSERVATIONS
## FOR 0ʰ TERRESTRIAL TIME

| Date | | $L_s$ | Sub-Earth Point | | Sub-Solar Point | | | | North Pole | |
|---|---|---|---|---|---|---|---|---|---|---|
| | | | Long. | Lat. | Long. | Lat. | Dist. | P.A. | Dist. | P.A. |
| | | ° | ° | ° | ° | ° | " | ° | " | ° |
| Jan. | −3 | 74.46 | 319.00 | +30.99 | 321.63 | +30.58 | +0.31 | 101.53 | +6.18 | 3.34 |
| | 1 | 74.58 | 321.83 | +31.03 | 324.82 | +30.60 | +0.36 | 100.85 | +6.20 | 3.39 |
| | 5 | 74.70 | 324.69 | +31.07 | 328.02 | +30.62 | +0.40 | 100.28 | +6.22 | 3.44 |
| | 9 | 74.83 | 327.57 | +31.10 | 331.24 | +30.64 | +0.44 | 99.79 | +6.24 | 3.49 |
| | 13 | 74.95 | 330.49 | +31.13 | 334.47 | +30.66 | +0.48 | 99.35 | +6.26 | 3.54 |
| | 17 | 75.07 | 333.44 | +31.15 | 337.72 | +30.67 | +0.51 | 98.96 | +6.28 | 3.59 |
| | 21 | 75.19 | 336.41 | +31.17 | 340.99 | +30.69 | +0.55 | 98.60 | +6.31 | 3.63 |
| | 25 | 75.31 | 339.42 | +31.19 | 344.27 | +30.71 | +0.59 | 98.27 | +6.34 | 3.67 |
| | 29 | 75.43 | 342.46 | +31.21 | 347.56 | +30.72 | +0.62 | 97.96 | +6.37 | 3.71 |
| Feb. | 2 | 75.55 | 345.53 | +31.22 | 350.86 | +30.74 | +0.65 | 97.68 | +6.40 | 3.75 |
| | 6 | 75.68 | 348.64 | +31.23 | 354.17 | +30.76 | +0.68 | 97.41 | +6.44 | 3.78 |
| | 10 | 75.80 | 351.77 | +31.24 | 357.49 | +30.78 | +0.70 | 97.16 | +6.48 | 3.82 |
| | 14 | 75.92 | 354.94 | +31.24 | 0.83 | +30.79 | +0.73 | 96.92 | +6.52 | 3.85 |
| | 18 | 76.04 | 358.14 | +31.25 | 4.16 | +30.81 | +0.75 | 96.70 | +6.56 | 3.87 |
| | 22 | 76.16 | 1.37 | +31.25 | 7.51 | +30.82 | +0.77 | 96.49 | +6.60 | 3.90 |
| | 26 | 76.28 | 4.63 | +31.25 | 10.86 | +30.84 | +0.78 | 96.29 | +6.64 | 3.92 |
| Mar. | 1 | 76.40 | 7.92 | +31.25 | 14.21 | +30.86 | +0.80 | 96.11 | +6.68 | 3.94 |
| | 5 | 76.52 | 11.24 | +31.25 | 17.56 | +30.87 | +0.81 | 95.93 | +6.73 | 3.96 |
| | 9 | 76.65 | 14.60 | +31.24 | 20.92 | +30.89 | +0.81 | 95.76 | +6.77 | 3.97 |
| | 13 | 76.77 | 17.98 | +31.24 | 24.27 | +30.90 | +0.81 | 95.60 | +6.82 | 3.98 |
| | 17 | 76.89 | 21.38 | +31.23 | 27.62 | +30.92 | +0.81 | 95.45 | +6.87 | 3.99 |
| | 21 | 77.01 | 24.81 | +31.22 | 30.97 | +30.94 | +0.81 | 95.31 | +6.91 | 3.99 |
| | 25 | 77.13 | 28.27 | +31.22 | 34.31 | +30.95 | +0.80 | 95.17 | +6.96 | 3.99 |
| | 29 | 77.25 | 31.75 | +31.21 | 37.64 | +30.97 | +0.78 | 95.03 | +7.00 | 3.99 |
| Apr. | 2 | 77.37 | 35.25 | +31.20 | 40.97 | +30.98 | +0.76 | 94.89 | +7.05 | 3.99 |
| | 6 | 77.50 | 38.77 | +31.19 | 44.28 | +30.99 | +0.74 | 94.76 | +7.09 | 3.98 |
| | 10 | 77.62 | 42.31 | +31.18 | 47.59 | +31.01 | +0.71 | 94.62 | +7.14 | 3.97 |
| | 14 | 77.74 | 45.87 | +31.17 | 50.88 | +31.02 | +0.68 | 94.46 | +7.18 | 3.96 |
| | 18 | 77.86 | 49.43 | +31.15 | 54.16 | +31.04 | +0.65 | 94.30 | +7.22 | 3.94 |
| | 22 | 77.98 | 53.01 | +31.14 | 57.43 | +31.05 | +0.61 | 94.11 | +7.26 | 3.92 |
| | 26 | 78.10 | 56.60 | +31.13 | 60.67 | +31.07 | +0.56 | 93.89 | +7.29 | 3.90 |
| | 30 | 78.22 | 60.19 | +31.12 | 63.91 | +31.08 | +0.52 | 93.62 | +7.32 | 3.88 |
| May | 4 | 78.34 | 63.78 | +31.10 | 67.12 | +31.09 | +0.46 | 93.27 | +7.35 | 3.86 |
| | 8 | 78.46 | 67.37 | +31.09 | 70.31 | +31.11 | +0.41 | 92.82 | +7.38 | 3.83 |
| | 12 | 78.59 | 70.96 | +31.08 | 73.49 | +31.12 | +0.35 | 92.20 | +7.40 | 3.80 |
| | 16 | 78.71 | 74.54 | +31.06 | 76.64 | +31.13 | +0.29 | 91.29 | +7.43 | 3.77 |
| | 20 | 78.83 | 78.12 | +31.05 | 79.77 | +31.15 | +0.23 | 89.84 | +7.44 | 3.74 |
| | 24 | 78.95 | 81.68 | +31.03 | 82.88 | +31.16 | +0.17 | 87.27 | +7.45 | 3.71 |
| | 28 | 79.07 | 85.22 | +31.02 | 85.97 | +31.17 | +0.11 | 81.52 | +7.46 | 3.67 |
| June | 1 | 79.19 | 88.75 | +31.00 | 89.04 | +31.19 | +0.05 | 60.24 | +7.47 | 3.64 |
| | 5 | 79.31 | 92.26 | +30.98 | 92.08 | +31.20 | +0.04 | 323.48 | +7.47 | 3.60 |
| | 9 | 79.43 | 95.74 | +30.97 | 95.10 | +31.21 | +0.10 | 294.28 | +7.47 | 3.57 |
| | 13 | 79.55 | 99.20 | +30.96 | 98.10 | +31.22 | +0.16 | 287.46 | +7.46 | 3.54 |
| | 17 | 79.68 | 102.63 | +30.94 | 101.08 | +31.24 | +0.22 | 284.57 | +7.45 | 3.50 |
| | 21 | 79.80 | 106.03 | +30.93 | 104.03 | +31.25 | +0.28 | 282.99 | +7.44 | 3.47 |
| | 25 | 79.92 | 109.40 | +30.92 | 106.97 | +31.26 | +0.34 | 282.02 | +7.42 | 3.44 |
| | 29 | 80.04 | 112.73 | +30.91 | 109.88 | +31.27 | +0.40 | 281.36 | +7.40 | 3.41 |

# SATURN, 2016

## EPHEMERIS FOR PHYSICAL OBSERVATIONS
## FOR 0ʰ TERRESTRIAL TIME

| Date | | Light-time | Magnitude | Surface Brightness | Diameter | | Phase Angle | Defect of Illumination |
|------|----|-----------|-----------|--------------------|----------|--------|-------------|------------------------|
| | | | | | Eq. | Polar | | |
| | | m | | mag./arcsec$^2$ | $''$ | $''$ | $°$ | $''$ |
| July | 3 | 76.04 | +0.2 | + 6.9 | 18.18 | 16.75 | 2.9 | 0.01 |
| | 7 | 76.33 | +0.2 | + 6.9 | 18.11 | 16.69 | 3.3 | 0.01 |
| | 11 | 76.66 | +0.2 | + 6.9 | 18.03 | 16.62 | 3.6 | 0.02 |
| | 15 | 77.02 | +0.2 | + 6.9 | 17.95 | 16.54 | 3.9 | 0.02 |
| | 19 | 77.40 | +0.3 | + 6.9 | 17.86 | 16.46 | 4.2 | 0.02 |
| | 23 | 77.82 | +0.3 | + 6.9 | 17.76 | 16.37 | 4.5 | 0.03 |
| | 27 | 78.25 | +0.3 | + 6.9 | 17.66 | 16.28 | 4.7 | 0.03 |
| | 31 | 78.71 | +0.3 | + 6.9 | 17.56 | 16.18 | 4.9 | 0.03 |
| Aug. | 4 | 79.19 | +0.3 | + 6.9 | 17.45 | 16.09 | 5.1 | 0.03 |
| | 8 | 79.69 | +0.4 | + 6.9 | 17.34 | 15.99 | 5.3 | 0.04 |
| | 12 | 80.20 | +0.4 | + 6.9 | 17.23 | 15.88 | 5.4 | 0.04 |
| | 16 | 80.73 | +0.4 | + 6.9 | 17.12 | 15.78 | 5.6 | 0.04 |
| | 20 | 81.26 | +0.4 | + 6.9 | 17.01 | 15.68 | 5.6 | 0.04 |
| | 24 | 81.80 | +0.4 | + 6.9 | 16.90 | 15.57 | 5.7 | 0.04 |
| | 28 | 82.35 | +0.5 | + 6.9 | 16.78 | 15.47 | 5.8 | 0.04 |
| Sept. | 1 | 82.90 | +0.5 | + 6.9 | 16.67 | 15.37 | 5.8 | 0.04 |
| | 5 | 83.46 | +0.5 | + 6.9 | 16.56 | 15.27 | 5.8 | 0.04 |
| | 9 | 84.01 | +0.5 | + 6.9 | 16.45 | 15.17 | 5.7 | 0.04 |
| | 13 | 84.55 | +0.5 | + 6.9 | 16.35 | 15.07 | 5.7 | 0.04 |
| | 17 | 85.09 | +0.5 | + 6.9 | 16.24 | 14.98 | 5.6 | 0.04 |
| | 21 | 85.62 | +0.5 | + 6.9 | 16.14 | 14.88 | 5.5 | 0.04 |
| | 25 | 86.15 | +0.5 | + 6.9 | 16.04 | 14.79 | 5.3 | 0.03 |
| | 29 | 86.65 | +0.5 | + 6.9 | 15.95 | 14.71 | 5.2 | 0.03 |
| Oct. | 3 | 87.15 | +0.5 | + 6.9 | 15.86 | 14.63 | 5.0 | 0.03 |
| | 7 | 87.63 | +0.5 | + 6.9 | 15.77 | 14.55 | 4.8 | 0.03 |
| | 11 | 88.08 | +0.5 | + 6.9 | 15.69 | 14.47 | 4.6 | 0.03 |
| | 15 | 88.52 | +0.5 | + 6.9 | 15.61 | 14.40 | 4.4 | 0.02 |
| | 19 | 88.94 | +0.5 | + 6.9 | 15.54 | 14.33 | 4.2 | 0.02 |
| | 23 | 89.33 | +0.5 | + 6.9 | 15.47 | 14.27 | 3.9 | 0.02 |
| | 27 | 89.70 | +0.5 | + 6.9 | 15.41 | 14.21 | 3.6 | 0.02 |
| | 31 | 90.04 | +0.5 | + 6.9 | 15.35 | 14.16 | 3.4 | 0.01 |
| Nov. | 4 | 90.35 | +0.5 | + 6.9 | 15.30 | 14.11 | 3.1 | 0.01 |
| | 8 | 90.63 | +0.5 | + 6.9 | 15.25 | 14.07 | 2.8 | 0.01 |
| | 12 | 90.88 | +0.5 | + 6.9 | 15.21 | 14.03 | 2.4 | 0.01 |
| | 16 | 91.11 | +0.5 | + 6.9 | 15.17 | 14.00 | 2.1 | 0.01 |
| | 20 | 91.30 | +0.5 | + 6.9 | 15.14 | 13.97 | 1.8 | 0.00 |
| | 24 | 91.45 | +0.5 | + 6.9 | 15.11 | 13.94 | 1.4 | 0.00 |
| | 28 | 91.58 | +0.5 | + 6.9 | 15.09 | 13.93 | 1.1 | 0.00 |
| Dec. | 2 | 91.67 | +0.5 | + 6.9 | 15.08 | 13.91 | 0.8 | 0.00 |
| | 6 | 91.72 | +0.4 | + 6.9 | 15.07 | 13.90 | 0.4 | 0.00 |
| | 10 | 91.74 | +0.4 | + 6.9 | 15.07 | 13.90 | 0.1 | 0.00 |
| | 14 | 91.73 | +0.4 | + 6.9 | 15.07 | 13.90 | 0.3 | 0.00 |
| | 18 | 91.68 | +0.5 | + 6.9 | 15.08 | 13.91 | 0.7 | 0.00 |
| | 22 | 91.59 | +0.5 | + 6.9 | 15.09 | 13.92 | 1.0 | 0.00 |
| | 26 | 91.48 | +0.5 | + 6.9 | 15.11 | 13.94 | 1.4 | 0.00 |
| | 30 | 91.32 | +0.5 | + 6.9 | 15.14 | 13.97 | 1.7 | 0.00 |
| | 34 | 91.14 | +0.5 | + 6.9 | 15.17 | 13.99 | 2.0 | 0.00 |

## EPHEMERIS FOR PHYSICAL OBSERVATIONS
## FOR 0ʰ TERRESTRIAL TIME

| Date | | $L_s$ | Sub-Earth Point | | Sub-Solar Point | | | | North Pole | |
|---|---|---|---|---|---|---|---|---|---|---|
| | | | Long. | Lat. | Long. | Lat. | Dist. | P.A. | Dist. | P.A. |
| | | ° | ° | ° | ° | ° | ″ | ° | ″ | ° |
| July | 3 | 80.16 | 116.03 | + 30.90 | 112.77 | + 31.28 | + 0.46 | 280.88 | + 7.37 | 3.38 |
| | 7 | 80.28 | 119.28 | + 30.89 | 115.65 | + 31.30 | + 0.51 | 280.53 | + 7.34 | 3.35 |
| | 11 | 80.40 | 122.51 | + 30.88 | 118.50 | + 31.31 | + 0.56 | 280.25 | + 7.31 | 3.33 |
| | 15 | 80.52 | 125.69 | + 30.88 | 121.34 | + 31.32 | + 0.60 | 280.03 | + 7.28 | 3.31 |
| | 19 | 80.64 | 128.83 | + 30.88 | 124.17 | + 31.33 | + 0.64 | 279.84 | + 7.24 | 3.29 |
| | 23 | 80.76 | 131.94 | + 30.88 | 126.98 | + 31.34 | + 0.68 | 279.67 | + 7.20 | 3.27 |
| | 27 | 80.89 | 135.00 | + 30.88 | 129.77 | + 31.35 | + 0.71 | 279.53 | + 7.16 | 3.26 |
| | 31 | 81.01 | 138.03 | + 30.89 | 132.55 | + 31.36 | + 0.74 | 279.39 | + 7.12 | 3.25 |
| Aug. | 4 | 81.13 | 141.02 | + 30.90 | 135.32 | + 31.37 | + 0.76 | 279.27 | + 7.08 | 3.24 |
| | 8 | 81.25 | 143.97 | + 30.91 | 138.09 | + 31.38 | + 0.78 | 279.14 | + 7.03 | 3.23 |
| | 12 | 81.37 | 146.88 | + 30.92 | 140.84 | + 31.39 | + 0.80 | 279.02 | + 6.99 | 3.23 |
| | 16 | 81.49 | 149.76 | + 30.94 | 143.58 | + 31.40 | + 0.81 | 278.89 | + 6.94 | 3.23 |
| | 20 | 81.61 | 152.60 | + 30.96 | 146.32 | + 31.41 | + 0.82 | 278.77 | + 6.89 | 3.23 |
| | 24 | 81.73 | 155.41 | + 30.98 | 149.06 | + 31.42 | + 0.82 | 278.63 | + 6.85 | 3.24 |
| | 28 | 81.85 | 158.19 | + 31.00 | 151.79 | + 31.43 | + 0.82 | 278.50 | + 6.80 | 3.25 |
| Sept. | 1 | 81.97 | 160.94 | + 31.03 | 154.52 | + 31.44 | + 0.82 | 278.35 | + 6.75 | 3.26 |
| | 5 | 82.09 | 163.66 | + 31.06 | 157.25 | + 31.45 | + 0.81 | 278.20 | + 6.71 | 3.28 |
| | 9 | 82.22 | 166.35 | + 31.09 | 159.98 | + 31.46 | + 0.80 | 278.04 | + 6.66 | 3.30 |
| | 13 | 82.34 | 169.02 | + 31.12 | 162.72 | + 31.47 | + 0.79 | 277.87 | + 6.62 | 3.32 |
| | 17 | 82.46 | 171.67 | + 31.16 | 165.45 | + 31.48 | + 0.77 | 277.70 | + 6.57 | 3.34 |
| | 21 | 82.58 | 174.30 | + 31.19 | 168.19 | + 31.49 | + 0.75 | 277.51 | + 6.53 | 3.37 |
| | 25 | 82.70 | 176.90 | + 31.23 | 170.94 | + 31.50 | + 0.73 | 277.31 | + 6.49 | 3.40 |
| | 29 | 82.82 | 179.49 | + 31.26 | 173.70 | + 31.50 | + 0.71 | 277.10 | + 6.45 | 3.43 |
| Oct. | 3 | 82.94 | 182.07 | + 31.30 | 176.46 | + 31.51 | + 0.68 | 276.87 | + 6.41 | 3.47 |
| | 7 | 83.06 | 184.63 | + 31.34 | 179.23 | + 31.52 | + 0.65 | 276.64 | + 6.37 | 3.50 |
| | 11 | 83.18 | 187.19 | + 31.38 | 182.01 | + 31.53 | + 0.62 | 276.38 | + 6.34 | 3.54 |
| | 15 | 83.30 | 189.73 | + 31.41 | 184.81 | + 31.54 | + 0.59 | 276.11 | + 6.31 | 3.58 |
| | 19 | 83.42 | 192.27 | + 31.45 | 187.62 | + 31.55 | + 0.55 | 275.82 | + 6.28 | 3.62 |
| | 23 | 83.54 | 194.81 | + 31.49 | 190.44 | + 31.55 | + 0.52 | 275.50 | + 6.25 | 3.67 |
| | 27 | 83.66 | 197.34 | + 31.52 | 193.27 | + 31.56 | + 0.48 | 275.16 | + 6.22 | 3.71 |
| | 31 | 83.79 | 199.87 | + 31.56 | 196.12 | + 31.57 | + 0.44 | 274.78 | + 6.19 | 3.76 |
| Nov. | 4 | 83.91 | 202.41 | + 31.59 | 198.98 | + 31.58 | + 0.40 | 274.36 | + 6.17 | 3.81 |
| | 8 | 84.03 | 204.95 | + 31.62 | 201.87 | + 31.58 | + 0.36 | 273.88 | + 6.15 | 3.85 |
| | 12 | 84.15 | 207.49 | + 31.65 | 204.76 | + 31.59 | + 0.32 | 273.32 | + 6.13 | 3.90 |
| | 16 | 84.27 | 210.05 | + 31.67 | 207.68 | + 31.60 | + 0.27 | 272.64 | + 6.12 | 3.95 |
| | 20 | 84.39 | 212.61 | + 31.70 | 210.61 | + 31.60 | + 0.23 | 271.77 | + 6.10 | 4.01 |
| | 24 | 84.51 | 215.18 | + 31.72 | 213.57 | + 31.61 | + 0.19 | 270.59 | + 6.09 | 4.06 |
| | 28 | 84.63 | 217.77 | + 31.74 | 216.54 | + 31.62 | + 0.14 | 268.79 | + 6.08 | 4.11 |
| Dec. | 2 | 84.75 | 220.37 | + 31.75 | 219.53 | + 31.62 | + 0.10 | 265.55 | + 6.07 | 4.16 |
| | 6 | 84.87 | 222.99 | + 31.77 | 222.54 | + 31.63 | + 0.05 | 257.28 | + 6.07 | 4.21 |
| | 10 | 84.99 | 225.62 | + 31.78 | 225.57 | + 31.63 | + 0.02 | 205.27 | + 6.07 | 4.26 |
| | 14 | 85.11 | 228.28 | + 31.78 | 228.62 | + 31.64 | + 0.04 | 117.16 | + 6.07 | 4.31 |
| | 18 | 85.23 | 230.95 | + 31.79 | 231.68 | + 31.65 | + 0.09 | 105.22 | + 6.07 | 4.36 |
| | 22 | 85.35 | 233.65 | + 31.79 | 234.77 | + 31.65 | + 0.13 | 101.22 | + 6.08 | 4.41 |
| | 26 | 85.48 | 236.37 | + 31.79 | 237.88 | + 31.66 | + 0.17 | 99.15 | + 6.09 | 4.46 |
| | 30 | 85.60 | 239.11 | + 31.79 | 241.01 | + 31.66 | + 0.22 | 97.84 | + 6.10 | 4.51 |
| | 34 | 85.72 | 241.88 | + 31.78 | 244.15 | + 31.67 | + 0.26 | 96.90 | + 6.11 | 4.56 |

# URANUS, 2016

## EPHEMERIS FOR PHYSICAL OBSERVATIONS
### FOR 0ʰ TERRESTRIAL TIME

| Date | | Light-time | Magnitude | Equatorial Diameter | Phase Angle | $L_s$ | Sub-Earth Lat. | North Pole | |
|------|---|-----------|-----------|---------------------|-------------|-------|----------------|-------|---|
| | | | | | | | | Dist. | P.A. |
| | | m | | ″ | ° | ° | ° | ″ | ° |
| Jan. | −7 | 163.87 | + 5.8 | 3.58 | 2.7 | 31.52 | + 29.63 | + 1.54 | 255.91 |
| | 3 | 165.28 | + 5.8 | 3.55 | 2.8 | 31.63 | + 29.65 | + 1.52 | 255.91 |
| | 13 | 166.71 | + 5.8 | 3.52 | 2.8 | 31.74 | + 29.77 | + 1.51 | 255.94 |
| | 23 | 168.11 | + 5.8 | 3.49 | 2.7 | 31.85 | + 29.96 | + 1.49 | 255.97 |
| Feb. | 2 | 169.45 | + 5.9 | 3.46 | 2.6 | 31.95 | + 30.24 | + 1.48 | 256.03 |
| | 12 | 170.69 | + 5.9 | 3.43 | 2.3 | 32.06 | + 30.59 | + 1.46 | 256.09 |
| | 22 | 171.79 | + 5.9 | 3.41 | 2.0 | 32.17 | + 31.00 | + 1.45 | 256.17 |
| Mar. | 3 | 172.72 | + 5.9 | 3.39 | 1.7 | 32.28 | + 31.47 | + 1.43 | 256.26 |
| | 13 | 173.46 | + 5.9 | 3.38 | 1.3 | 32.39 | + 31.99 | + 1.42 | 256.37 |
| | 23 | 173.99 | + 5.9 | 3.37 | 0.8 | 32.49 | + 32.53 | + 1.41 | 256.48 |
| Apr. | 2 | 174.30 | + 5.9 | 3.36 | 0.4 | 32.60 | + 33.10 | + 1.39 | 256.60 |
| | 12 | 174.38 | + 5.9 | 3.36 | 0.1 | 32.71 | + 33.67 | + 1.39 | 256.72 |
| | 22 | 174.24 | + 5.9 | 3.36 | 0.6 | 32.82 | + 34.25 | + 1.38 | 256.85 |
| May | 2 | 173.87 | + 5.9 | 3.37 | 1.0 | 32.93 | + 34.80 | + 1.37 | 256.97 |
| | 12 | 173.29 | + 5.9 | 3.38 | 1.4 | 33.03 | + 35.34 | + 1.37 | 257.10 |
| | 22 | 172.51 | + 5.9 | 3.40 | 1.8 | 33.14 | + 35.83 | + 1.37 | 257.22 |
| June | 1 | 171.56 | + 5.9 | 3.42 | 2.2 | 33.25 | + 36.29 | + 1.37 | 257.33 |
| | 11 | 170.46 | + 5.9 | 3.44 | 2.4 | 33.36 | + 36.68 | + 1.37 | 257.42 |
| | 21 | 169.23 | + 5.9 | 3.46 | 2.7 | 33.47 | + 37.02 | + 1.37 | 257.51 |
| July | 1 | 167.91 | + 5.8 | 3.49 | 2.8 | 33.57 | + 37.29 | + 1.38 | 257.57 |
| | 11 | 166.54 | + 5.8 | 3.52 | 2.9 | 33.68 | + 37.48 | + 1.39 | 257.62 |
| | 21 | 165.14 | + 5.8 | 3.55 | 2.9 | 33.79 | + 37.59 | + 1.40 | 257.65 |
| | 31 | 163.76 | + 5.8 | 3.58 | 2.8 | 33.90 | + 37.62 | + 1.41 | 257.65 |
| Aug. | 10 | 162.43 | + 5.8 | 3.61 | 2.7 | 34.01 | + 37.57 | + 1.42 | 257.63 |
| | 20 | 161.21 | + 5.8 | 3.64 | 2.4 | 34.11 | + 37.44 | + 1.43 | 257.60 |
| | 30 | 160.11 | + 5.7 | 3.66 | 2.1 | 34.22 | + 37.24 | + 1.45 | 257.54 |
| Sept. | 9 | 159.18 | + 5.7 | 3.68 | 1.8 | 34.33 | + 36.97 | + 1.46 | 257.47 |
| | 19 | 158.44 | + 5.7 | 3.70 | 1.3 | 34.44 | + 36.65 | + 1.47 | 257.39 |
| | 29 | 157.93 | + 5.7 | 3.71 | 0.8 | 34.55 | + 36.28 | + 1.48 | 257.30 |
| Oct. | 9 | 157.65 | + 5.7 | 3.72 | 0.3 | 34.66 | + 35.88 | + 1.49 | 257.20 |
| | 19 | 157.63 | + 5.7 | 3.72 | 0.2 | 34.76 | + 35.47 | + 1.50 | 257.10 |
| | 29 | 157.87 | + 5.7 | 3.71 | 0.7 | 34.87 | + 35.07 | + 1.51 | 257.01 |
| Nov. | 8 | 158.35 | + 5.7 | 3.70 | 1.2 | 34.98 | + 34.69 | + 1.51 | 256.92 |
| | 18 | 159.06 | + 5.7 | 3.69 | 1.6 | 35.09 | + 34.35 | + 1.51 | 256.85 |
| | 28 | 159.99 | + 5.7 | 3.66 | 2.0 | 35.20 | + 34.07 | + 1.50 | 256.79 |
| Dec. | 8 | 161.09 | + 5.7 | 3.64 | 2.3 | 35.30 | + 33.85 | + 1.50 | 256.75 |
| | 18 | 162.34 | + 5.8 | 3.61 | 2.6 | 35.41 | + 33.71 | + 1.49 | 256.72 |
| | 28 | 163.69 | + 5.8 | 3.58 | 2.7 | 35.52 | + 33.65 | + 1.48 | 256.71 |
| | 38 | 165.10 | + 5.8 | 3.55 | 2.8 | 35.63 | + 33.68 | + 1.46 | 256.72 |

## EPHEMERIS FOR PHYSICAL OBSERVATIONS
### FOR 0ʰ TERRESTRIAL TIME

| Date | | Light-time | Magnitude | Equatorial Diameter | Phase Angle | $L_s$ | Sub-Earth Lat. | North Pole | |
|---|---|---|---|---|---|---|---|---|---|
| | | | | | | | | Dist. | P.A. |
| | | m | | " | ° | ° | ° | " | ° |
| Jan. | −7 | 252.44 | +7.9 | 2.25 | 1.7 | 293.24 | −26.96 | −0.99 | 328.56 |
| | 3 | 253.70 | +7.9 | 2.24 | 1.6 | 293.30 | −26.93 | −0.99 | 328.42 |
| | 13 | 254.81 | +7.9 | 2.23 | 1.3 | 293.36 | −26.88 | −0.98 | 328.25 |
| | 23 | 255.76 | +8.0 | 2.22 | 1.1 | 293.42 | −26.83 | −0.98 | 328.05 |
| Feb. | 2 | 256.50 | +8.0 | 2.21 | 0.8 | 293.48 | −26.77 | −0.98 | 327.84 |
| | 12 | 257.03 | +8.0 | 2.21 | 0.5 | 293.54 | −26.71 | −0.98 | 327.62 |
| | 22 | 257.33 | +8.0 | 2.21 | 0.2 | 293.60 | −26.64 | −0.98 | 327.39 |
| Mar. | 3 | 257.39 | +8.0 | 2.21 | 0.1 | 293.66 | −26.56 | −0.98 | 327.15 |
| | 13 | 257.20 | +8.0 | 2.21 | 0.4 | 293.72 | −26.49 | −0.98 | 326.92 |
| | 23 | 256.79 | +8.0 | 2.21 | 0.7 | 293.78 | −26.42 | −0.98 | 326.70 |
| Apr. | 2 | 256.16 | +8.0 | 2.22 | 1.0 | 293.84 | −26.35 | −0.98 | 326.49 |
| | 12 | 255.33 | +7.9 | 2.22 | 1.3 | 293.89 | −26.28 | −0.99 | 326.30 |
| | 22 | 254.32 | +7.9 | 2.23 | 1.5 | 293.95 | −26.22 | −0.99 | 326.13 |
| May | 2 | 253.17 | +7.9 | 2.24 | 1.7 | 294.01 | −26.16 | −1.00 | 325.98 |
| | 12 | 251.90 | +7.9 | 2.25 | 1.8 | 294.07 | −26.11 | −1.00 | 325.86 |
| | 22 | 250.54 | +7.9 | 2.27 | 1.9 | 294.13 | −26.08 | −1.01 | 325.78 |
| June | 1 | 249.15 | +7.9 | 2.28 | 1.9 | 294.19 | −26.05 | −1.01 | 325.72 |
| | 11 | 247.75 | +7.9 | 2.29 | 1.9 | 294.25 | −26.03 | −1.02 | 325.69 |
| | 21 | 246.39 | +7.9 | 2.31 | 1.9 | 294.31 | −26.03 | −1.02 | 325.70 |
| July | 1 | 245.10 | +7.9 | 2.32 | 1.7 | 294.37 | −26.04 | −1.03 | 325.74 |
| | 11 | 243.92 | +7.8 | 2.33 | 1.6 | 294.43 | −26.06 | −1.03 | 325.81 |
| | 21 | 242.88 | +7.8 | 2.34 | 1.3 | 294.49 | −26.08 | −1.04 | 325.90 |
| | 31 | 242.03 | +7.8 | 2.35 | 1.1 | 294.55 | −26.12 | −1.04 | 326.02 |
| Aug. | 10 | 241.37 | +7.8 | 2.35 | 0.8 | 294.61 | −26.16 | −1.04 | 326.16 |
| | 20 | 240.94 | +7.8 | 2.36 | 0.5 | 294.67 | −26.21 | −1.05 | 326.31 |
| | 30 | 240.74 | +7.8 | 2.36 | 0.1 | 294.73 | −26.27 | −1.05 | 326.48 |
| Sept. | 9 | 240.79 | +7.8 | 2.36 | 0.2 | 294.79 | −26.32 | −1.05 | 326.64 |
| | 19 | 241.09 | +7.8 | 2.36 | 0.5 | 294.85 | −26.37 | −1.04 | 326.81 |
| | 29 | 241.62 | +7.8 | 2.35 | 0.8 | 294.91 | −26.42 | −1.04 | 326.96 |
| Oct. | 9 | 242.38 | +7.8 | 2.34 | 1.1 | 294.97 | −26.46 | −1.04 | 327.10 |
| | 19 | 243.34 | +7.8 | 2.33 | 1.4 | 295.03 | −26.50 | −1.03 | 327.21 |
| | 29 | 244.47 | +7.9 | 2.32 | 1.6 | 295.09 | −26.53 | −1.03 | 327.30 |
| Nov. | 8 | 245.74 | +7.9 | 2.31 | 1.7 | 295.15 | −26.55 | −1.02 | 327.36 |
| | 18 | 247.11 | +7.9 | 2.30 | 1.8 | 295.21 | −26.56 | −1.02 | 327.39 |
| | 28 | 248.53 | +7.9 | 2.29 | 1.9 | 295.27 | −26.56 | −1.01 | 327.38 |
| Dec. | 8 | 249.97 | +7.9 | 2.27 | 1.9 | 295.33 | −26.55 | −1.01 | 327.33 |
| | 18 | 251.38 | +7.9 | 2.26 | 1.8 | 295.39 | −26.53 | −1.00 | 327.25 |
| | 28 | 252.71 | +7.9 | 2.25 | 1.7 | 295.45 | −26.50 | −1.00 | 327.14 |
| | 38 | 253.93 | +7.9 | 2.24 | 1.5 | 295.51 | −26.46 | −0.99 | 327.00 |

# PLANETARY CENTRAL MERIDIANS, 2016
## FOR 0ʰ TERRESTRIAL TIME

| Date | | Mars | Jupiter | | | Saturn |
|------|---|------|---------|---|---|--------|
| | | | System I | System II | System III | |
| | | ° | ° | ° | ° | ° |
| Jan. | 0 | 71.21 | 257.55 | 295.70 | 291.45 | 231.12 |
| | 1 | 61.56 | 55.51 | 86.03 | 82.04 | 321.83 |
| | 2 | 51.90 | 213.46 | 236.35 | 232.63 | 52.54 |
| | 3 | 42.25 | 11.42 | 26.68 | 23.22 | 143.25 |
| | 4 | 32.60 | 169.38 | 177.01 | 173.82 | 233.97 |
| | 5 | 22.95 | 327.35 | 327.34 | 324.42 | 324.69 |
| | 6 | 13.31 | 125.32 | 117.68 | 115.02 | 55.41 |
| | 7 | 3.66 | 283.29 | 268.02 | 265.63 | 146.13 |
| | 8 | 354.03 | 81.26 | 58.36 | 56.24 | 236.85 |
| | 9 | 344.39 | 239.23 | 208.71 | 206.85 | 327.57 |
| | 10 | 334.76 | 37.21 | 359.05 | 357.46 | 58.30 |
| | 11 | 325.13 | 195.19 | 149.40 | 148.08 | 149.03 |
| | 12 | 315.50 | 353.17 | 299.75 | 298.69 | 239.76 |
| | 13 | 305.87 | 151.16 | 90.11 | 89.31 | 330.49 |
| | 14 | 296.25 | 309.15 | 240.47 | 239.94 | 61.22 |
| | 15 | 286.63 | 107.14 | 30.83 | 30.56 | 151.96 |
| | 16 | 277.02 | 265.13 | 181.19 | 181.19 | 242.70 |
| | 17 | 267.40 | 63.13 | 331.55 | 331.82 | 333.44 |
| | 18 | 257.79 | 221.12 | 121.92 | 122.46 | 64.18 |
| | 19 | 248.18 | 19.12 | 272.29 | 273.09 | 154.92 |
| | 20 | 238.58 | 177.13 | 62.66 | 63.73 | 245.67 |
| | 21 | 228.98 | 335.13 | 213.03 | 214.37 | 336.41 |
| | 22 | 219.38 | 133.14 | 3.41 | 5.01 | 67.16 |
| | 23 | 209.78 | 291.15 | 153.79 | 155.65 | 157.91 |
| | 24 | 200.19 | 89.16 | 304.17 | 306.30 | 248.67 |
| | 25 | 190.60 | 247.17 | 94.55 | 96.95 | 339.42 |
| | 26 | 181.01 | 45.18 | 244.94 | 247.60 | 70.18 |
| | 27 | 171.43 | 203.20 | 35.32 | 38.25 | 160.94 |
| | 28 | 161.85 | 1.22 | 185.71 | 188.91 | 251.70 |
| | 29 | 152.27 | 159.24 | 336.10 | 339.56 | 342.46 |
| | 30 | 142.70 | 317.26 | 126.49 | 130.22 | 73.23 |
| | 31 | 133.13 | 115.29 | 276.89 | 280.88 | 163.99 |
| Feb. | 1 | 123.56 | 273.31 | 67.28 | 71.54 | 254.76 |
| | 2 | 113.99 | 71.34 | 217.68 | 222.21 | 345.53 |
| | 3 | 104.43 | 229.37 | 8.08 | 12.87 | 76.30 |
| | 4 | 94.87 | 27.40 | 158.48 | 163.54 | 167.08 |
| | 5 | 85.32 | 185.43 | 308.88 | 314.21 | 257.86 |
| | 6 | 75.77 | 343.47 | 99.28 | 104.87 | 348.64 |
| | 7 | 66.22 | 141.50 | 249.69 | 255.54 | 79.42 |
| | 8 | 56.67 | 299.54 | 40.09 | 46.22 | 170.20 |
| | 9 | 47.13 | 97.58 | 190.50 | 196.89 | 260.98 |
| | 10 | 37.59 | 255.61 | 340.91 | 347.56 | 351.77 |
| | 11 | 28.06 | 53.65 | 131.32 | 138.24 | 82.56 |
| | 12 | 18.53 | 211.69 | 281.73 | 288.91 | 173.35 |
| | 13 | 9.00 | 9.73 | 72.14 | 79.59 | 264.14 |
| | 14 | 359.48 | 167.78 | 222.55 | 230.27 | 354.94 |
| | 15 | 349.96 | 325.82 | 12.96 | 20.95 | 85.73 |

FOR 0ʰ TERRESTRIAL TIME

| Date | | Mars | Jupiter | | | Saturn |
|------|---|------|---------|---|---|--------|
| | | | System I | System II | System III | |
| | | ° | ° | ° | ° | ° |
| Feb. | 15 | 349.96 | 325.82 | 12.96 | 20.95 | 85.73 |
| | 16 | 340.44 | 123.86 | 163.37 | 171.62 | 176.53 |
| | 17 | 330.93 | 281.90 | 313.79 | 322.30 | 267.33 |
| | 18 | 321.42 | 79.95 | 104.20 | 112.98 | 358.14 |
| | 19 | 311.92 | 237.99 | 254.61 | 263.66 | 88.94 |
| | 20 | 302.42 | 36.03 | 45.03 | 54.34 | 179.75 |
| | 21 | 292.92 | 194.08 | 195.44 | 205.02 | 270.56 |
| | 22 | 283.43 | 352.12 | 345.85 | 355.70 | 1.37 |
| | 23 | 273.94 | 150.17 | 136.27 | 146.38 | 92.18 |
| | 24 | 264.46 | 308.21 | 286.68 | 297.06 | 182.99 |
| | 25 | 254.97 | 106.25 | 77.09 | 87.74 | 273.81 |
| | 26 | 245.50 | 264.30 | 227.51 | 238.42 | 4.63 |
| | 27 | 236.03 | 62.34 | 17.92 | 29.10 | 95.45 |
| | 28 | 226.56 | 220.38 | 168.33 | 179.77 | 186.27 |
| | 29 | 217.10 | 18.42 | 318.74 | 330.45 | 277.10 |
| Mar. | 1 | 207.64 | 176.46 | 109.15 | 121.13 | 7.92 |
| | 2 | 198.18 | 334.50 | 259.56 | 271.80 | 98.75 |
| | 3 | 188.73 | 132.54 | 49.97 | 62.48 | 189.58 |
| | 4 | 179.29 | 290.58 | 200.38 | 213.15 | 280.41 |
| | 5 | 169.85 | 88.62 | 350.79 | 3.82 | 11.24 |
| | 6 | 160.41 | 246.65 | 141.19 | 154.50 | 102.08 |
| | 7 | 150.99 | 44.68 | 291.59 | 305.17 | 192.92 |
| | 8 | 141.56 | 202.72 | 82.00 | 95.83 | 283.75 |
| | 9 | 132.14 | 0.75 | 232.40 | 246.50 | 14.60 |
| | 10 | 122.73 | 158.78 | 22.80 | 37.17 | 105.44 |
| | 11 | 113.32 | 316.81 | 173.20 | 187.83 | 196.28 |
| | 12 | 103.92 | 114.83 | 323.59 | 338.49 | 287.13 |
| | 13 | 94.52 | 272.85 | 113.99 | 129.15 | 17.98 |
| | 14 | 85.13 | 70.88 | 264.38 | 279.81 | 108.82 |
| | 15 | 75.74 | 228.90 | 54.77 | 70.47 | 199.68 |
| | 16 | 66.36 | 26.91 | 205.15 | 221.12 | 290.53 |
| | 17 | 56.99 | 184.93 | 355.54 | 11.77 | 21.38 |
| | 18 | 47.62 | 342.94 | 145.92 | 162.42 | 112.24 |
| | 19 | 38.26 | 140.95 | 296.30 | 313.07 | 203.10 |
| | 20 | 28.91 | 298.96 | 86.68 | 103.71 | 293.95 |
| | 21 | 19.56 | 96.97 | 237.06 | 254.35 | 24.81 |
| | 22 | 10.21 | 254.97 | 27.43 | 44.99 | 115.68 |
| | 23 | 0.88 | 52.97 | 177.80 | 195.63 | 206.54 |
| | 24 | 351.55 | 210.97 | 328.17 | 346.26 | 297.41 |
| | 25 | 342.23 | 8.96 | 118.53 | 136.89 | 28.27 |
| | 26 | 332.91 | 166.95 | 268.89 | 287.52 | 119.14 |
| | 27 | 323.61 | 324.94 | 59.25 | 78.14 | 210.01 |
| | 28 | 314.31 | 122.92 | 209.61 | 228.76 | 300.88 |
| | 29 | 305.01 | 280.91 | 359.96 | 19.38 | 31.75 |
| | 30 | 295.73 | 78.89 | 150.31 | 170.00 | 122.63 |
| | 31 | 286.45 | 236.86 | 300.66 | 320.61 | 213.50 |
| Apr. | 1 | 277.19 | 34.83 | 91.00 | 111.22 | 304.38 |

# PLANETARY CENTRAL MERIDIANS, 2016

## FOR 0ʰ TERRESTRIAL TIME

| Date | | Mars | Jupiter | | | Saturn |
|------|---|------|----------|----------|-----------|--------|
| | | | System I | System II | System III | |
| | | ° | ° | ° | ° | ° |
| Apr. | 1 | 277.19 | 34.83 | 91.00 | 111.22 | 304.38 |
| | 2 | 267.92 | 192.80 | 241.34 | 261.82 | 35.25 |
| | 3 | 258.67 | 350.77 | 31.67 | 52.43 | 126.13 |
| | 4 | 249.43 | 148.73 | 182.01 | 203.03 | 217.01 |
| | 5 | 240.19 | 306.69 | 332.34 | 353.62 | 307.89 |
| | 6 | 230.97 | 104.65 | 122.66 | 144.21 | 38.77 |
| | 7 | 221.75 | 262.60 | 272.98 | 294.80 | 129.66 |
| | 8 | 212.55 | 60.55 | 63.30 | 85.38 | 220.54 |
| | 9 | 203.35 | 218.49 | 213.62 | 235.97 | 311.43 |
| | 10 | 194.16 | 16.43 | 3.93 | 26.54 | 42.31 |
| | 11 | 184.98 | 174.37 | 154.24 | 177.12 | 133.20 |
| | 12 | 175.81 | 332.30 | 304.54 | 327.69 | 224.09 |
| | 13 | 166.65 | 130.23 | 94.84 | 118.25 | 314.98 |
| | 14 | 157.50 | 288.16 | 245.14 | 268.81 | 45.87 |
| | 15 | 148.36 | 86.08 | 35.43 | 59.37 | 136.76 |
| | 16 | 139.23 | 244.00 | 185.72 | 209.93 | 227.65 |
| | 17 | 130.11 | 41.91 | 336.00 | 0.48 | 318.54 |
| | 18 | 121.00 | 199.82 | 126.28 | 151.02 | 49.43 |
| | 19 | 111.91 | 357.73 | 276.56 | 301.57 | 140.33 |
| | 20 | 102.82 | 155.63 | 66.83 | 92.11 | 231.22 |
| | 21 | 93.74 | 313.53 | 217.10 | 242.64 | 322.12 |
| | 22 | 84.67 | 111.42 | 7.37 | 33.17 | 53.01 |
| | 23 | 75.62 | 269.32 | 157.63 | 183.70 | 143.91 |
| | 24 | 66.57 | 67.20 | 307.89 | 334.22 | 234.80 |
| | 25 | 57.54 | 225.09 | 98.14 | 124.74 | 325.70 |
| | 26 | 48.52 | 22.97 | 248.39 | 275.26 | 56.60 |
| | 27 | 39.50 | 180.84 | 38.64 | 65.77 | 147.49 |
| | 28 | 30.50 | 338.71 | 188.88 | 216.28 | 238.39 |
| | 29 | 21.51 | 136.58 | 339.12 | 6.79 | 329.29 |
| | 30 | 12.53 | 294.45 | 129.35 | 157.29 | 60.19 |
| May | 1 | 3.56 | 92.31 | 279.58 | 307.78 | 151.08 |
| | 2 | 354.61 | 250.16 | 69.81 | 98.28 | 241.98 |
| | 3 | 345.66 | 48.02 | 220.04 | 248.77 | 332.88 |
| | 4 | 336.72 | 205.87 | 10.26 | 39.25 | 63.78 |
| | 5 | 327.79 | 3.71 | 160.47 | 189.74 | 154.68 |
| | 6 | 318.88 | 161.55 | 310.68 | 340.21 | 245.58 |
| | 7 | 309.97 | 319.39 | 100.89 | 130.69 | 336.47 |
| | 8 | 301.07 | 117.23 | 251.10 | 281.16 | 67.37 |
| | 9 | 292.19 | 275.06 | 41.30 | 71.63 | 158.27 |
| | 10 | 283.31 | 72.88 | 191.50 | 222.09 | 249.17 |
| | 11 | 274.44 | 230.71 | 341.69 | 12.55 | 340.06 |
| | 12 | 265.57 | 28.53 | 131.88 | 163.01 | 70.96 |
| | 13 | 256.72 | 186.34 | 282.07 | 313.46 | 161.86 |
| | 14 | 247.87 | 344.16 | 72.25 | 103.91 | 252.75 |
| | 15 | 239.03 | 141.97 | 222.43 | 254.35 | 343.65 |
| | 16 | 230.20 | 299.77 | 12.61 | 44.80 | 74.54 |
| | 17 | 221.37 | 97.57 | 162.78 | 195.24 | 165.44 |

FOR 0[h] TERRESTRIAL TIME

| Date | | Mars | Jupiter | | | Saturn |
|------|----|-------|----------|-----------|------------|--------|
| | | | System I | System II | System III | |
| | | ° | ° | ° | ° | ° |
| May | 17 | 221.37 | 97.57 | 162.78 | 195.24 | 165.44 |
| | 18 | 212.54 | 255.37 | 312.95 | 345.67 | 256.33 |
| | 19 | 203.72 | 53.17 | 103.12 | 136.11 | 347.23 |
| | 20 | 194.91 | 210.96 | 253.28 | 286.53 | 78.12 |
| | 21 | 186.10 | 8.75 | 43.44 | 76.96 | 169.01 |
| | 22 | 177.29 | 166.54 | 193.60 | 227.38 | 259.90 |
| | 23 | 168.48 | 324.32 | 343.75 | 17.80 | 350.79 |
| | 24 | 159.67 | 122.10 | 133.90 | 168.22 | 81.68 |
| | 25 | 150.87 | 279.88 | 284.05 | 318.63 | 172.57 |
| | 26 | 142.07 | 77.65 | 74.19 | 109.04 | 263.45 |
| | 27 | 133.26 | 235.42 | 224.34 | 259.45 | 354.34 |
| | 28 | 124.46 | 33.19 | 14.47 | 49.86 | 85.22 |
| | 29 | 115.65 | 190.95 | 164.61 | 200.26 | 176.11 |
| | 30 | 106.84 | 348.72 | 314.74 | 350.66 | 266.99 |
| | 31 | 98.03 | 146.48 | 104.87 | 141.05 | 357.87 |
| June | 1 | 89.21 | 304.23 | 255.00 | 291.45 | 88.75 |
| | 2 | 80.39 | 101.99 | 45.12 | 81.84 | 179.63 |
| | 3 | 71.57 | 259.74 | 195.25 | 232.22 | 270.51 |
| | 4 | 62.74 | 57.48 | 345.36 | 22.61 | 1.39 |
| | 5 | 53.90 | 215.23 | 135.48 | 172.99 | 92.26 |
| | 6 | 45.06 | 12.97 | 285.59 | 323.37 | 183.13 |
| | 7 | 36.20 | 170.71 | 75.71 | 113.75 | 274.01 |
| | 8 | 27.34 | 328.45 | 225.81 | 264.12 | 4.88 |
| | 9 | 18.48 | 126.19 | 15.92 | 54.49 | 95.74 |
| | 10 | 9.60 | 283.92 | 166.02 | 204.86 | 186.61 |
| | 11 | 0.71 | 81.65 | 316.12 | 355.23 | 277.48 |
| | 12 | 351.81 | 239.38 | 106.22 | 145.59 | 8.34 |
| | 13 | 342.90 | 37.10 | 256.32 | 295.96 | 99.20 |
| | 14 | 333.99 | 194.83 | 46.41 | 86.32 | 190.06 |
| | 15 | 325.06 | 352.55 | 196.51 | 236.68 | 280.92 |
| | 16 | 316.11 | 150.27 | 346.60 | 27.03 | 11.78 |
| | 17 | 307.16 | 307.99 | 136.68 | 177.38 | 102.63 |
| | 18 | 298.19 | 105.70 | 286.77 | 327.74 | 193.48 |
| | 19 | 289.22 | 263.41 | 76.85 | 118.09 | 284.33 |
| | 20 | 280.23 | 61.12 | 226.94 | 268.43 | 15.18 |
| | 21 | 271.22 | 218.83 | 17.02 | 58.78 | 106.03 |
| | 22 | 262.21 | 16.54 | 167.09 | 209.12 | 196.87 |
| | 23 | 253.18 | 174.25 | 317.17 | 359.47 | 287.72 |
| | 24 | 244.14 | 331.95 | 107.24 | 149.81 | 18.56 |
| | 25 | 235.09 | 129.65 | 257.32 | 300.15 | 109.40 |
| | 26 | 226.02 | 287.35 | 47.39 | 90.48 | 200.23 |
| | 27 | 216.94 | 85.05 | 197.46 | 240.82 | 291.07 |
| | 28 | 207.85 | 242.75 | 347.52 | 31.15 | 21.90 |
| | 29 | 198.75 | 40.44 | 137.59 | 181.48 | 112.73 |
| | 30 | 189.63 | 198.14 | 287.65 | 331.81 | 203.56 |
| July | 1 | 180.50 | 355.83 | 77.72 | 122.14 | 294.38 |
| | 2 | 171.35 | 153.52 | 227.78 | 272.47 | 25.20 |

FOR 0$^h$ TERRESTRIAL TIME

| Date | | Mars | Jupiter | | | Saturn |
|------|---|------|---------|---|---|--------|
| | | | System I | System II | System III | |
| | | ° | ° | ° | ° | ° |
| July | 1 | 180.50 | 355.83 | 77.72 | 122.14 | 294.38 |
| | 2 | 171.35 | 153.52 | 227.78 | 272.47 | 25.20 |
| | 3 | 162.20 | 311.21 | 17.84 | 62.79 | 116.03 |
| | 4 | 153.03 | 108.90 | 167.90 | 213.12 | 206.84 |
| | 5 | 143.85 | 266.58 | 317.95 | 3.44 | 297.66 |
| | 6 | 134.65 | 64.27 | 108.01 | 153.76 | 28.47 |
| | 7 | 125.45 | 221.95 | 258.06 | 304.08 | 119.28 |
| | 8 | 116.23 | 19.63 | 48.12 | 94.40 | 210.09 |
| | 9 | 107.00 | 177.31 | 198.17 | 244.72 | 300.90 |
| | 10 | 97.76 | 334.99 | 348.22 | 35.04 | 31.70 |
| | 11 | 88.50 | 132.67 | 138.27 | 185.35 | 122.51 |
| | 12 | 79.24 | 290.35 | 288.32 | 335.67 | 213.31 |
| | 13 | 69.96 | 88.03 | 78.36 | 125.98 | 304.10 |
| | 14 | 60.67 | 245.70 | 228.41 | 276.29 | 34.90 |
| | 15 | 51.37 | 43.38 | 18.45 | 66.60 | 125.69 |
| | 16 | 42.06 | 201.05 | 168.50 | 216.91 | 216.48 |
| | 17 | 32.74 | 358.72 | 318.54 | 7.22 | 307.27 |
| | 18 | 23.41 | 156.40 | 108.58 | 157.53 | 38.05 |
| | 19 | 14.07 | 314.07 | 258.63 | 307.84 | 128.83 |
| | 20 | 4.72 | 111.74 | 48.67 | 98.15 | 219.61 |
| | 21 | 355.36 | 269.41 | 198.71 | 248.45 | 310.39 |
| | 22 | 346.00 | 67.08 | 348.75 | 38.76 | 41.17 |
| | 23 | 336.62 | 224.74 | 138.79 | 189.06 | 131.94 |
| | 24 | 327.23 | 22.41 | 288.82 | 339.37 | 222.71 |
| | 25 | 317.84 | 180.08 | 78.86 | 129.67 | 313.48 |
| | 26 | 308.43 | 337.74 | 228.90 | 279.97 | 44.24 |
| | 27 | 299.02 | 135.41 | 18.93 | 70.27 | 135.00 |
| | 28 | 289.60 | 293.08 | 168.97 | 220.57 | 225.76 |
| | 29 | 280.17 | 90.74 | 319.00 | 10.88 | 316.52 |
| | 30 | 270.74 | 248.40 | 109.04 | 161.18 | 47.28 |
| | 31 | 261.29 | 46.07 | 259.07 | 311.48 | 138.03 |
| Aug. | 1 | 251.84 | 203.73 | 49.11 | 101.78 | 228.78 |
| | 2 | 242.38 | 1.39 | 199.14 | 252.07 | 319.53 |
| | 3 | 232.91 | 159.06 | 349.17 | 42.37 | 50.27 |
| | 4 | 223.44 | 316.72 | 139.20 | 192.67 | 141.02 |
| | 5 | 213.96 | 114.38 | 289.24 | 342.97 | 231.76 |
| | 6 | 204.47 | 272.04 | 79.27 | 133.27 | 322.50 |
| | 7 | 194.98 | 69.70 | 229.30 | 283.57 | 53.23 |
| | 8 | 185.48 | 227.36 | 19.33 | 73.86 | 143.97 |
| | 9 | 175.97 | 25.02 | 169.36 | 224.16 | 234.70 |
| | 10 | 166.46 | 182.68 | 319.39 | 14.46 | 325.43 |
| | 11 | 156.94 | 340.35 | 109.43 | 164.76 | 56.16 |
| | 12 | 147.41 | 138.01 | 259.46 | 315.05 | 146.88 |
| | 13 | 137.88 | 295.67 | 49.49 | 105.35 | 237.60 |
| | 14 | 128.35 | 93.33 | 199.52 | 255.65 | 328.33 |
| | 15 | 118.81 | 250.99 | 349.55 | 45.94 | 59.04 |
| | 16 | 109.26 | 48.65 | 139.58 | 196.24 | 149.76 |

## FOR 0$^h$ TERRESTRIAL TIME

| Date | | Mars | Jupiter | | | Saturn |
|---|---|---|---|---|---|---|
| | | | System I | System II | System III | |
| | | ° | ° | ° | ° | ° |
| Aug. | 16 | 109.26 | 48.65 | 139.58 | 196.24 | 149.76 |
| | 17 | 99.71 | 206.31 | 289.61 | 346.54 | 240.47 |
| | 18 | 90.15 | 3.97 | 79.64 | 136.83 | 331.19 |
| | 19 | 80.59 | 161.63 | 229.67 | 287.13 | 61.90 |
| | 20 | 71.02 | 319.29 | 19.71 | 77.43 | 152.60 |
| | 21 | 61.45 | 116.95 | 169.74 | 227.73 | 243.31 |
| | 22 | 51.88 | 274.62 | 319.77 | 18.03 | 334.01 |
| | 23 | 42.30 | 72.28 | 109.80 | 168.32 | 64.71 |
| | 24 | 32.72 | 229.94 | 259.83 | 318.62 | 155.41 |
| | 25 | 23.13 | 27.60 | 49.87 | 108.92 | 246.11 |
| | 26 | 13.54 | 185.26 | 199.90 | 259.22 | 336.81 |
| | 27 | 3.94 | 342.93 | 349.93 | 49.52 | 67.50 |
| | 28 | 354.34 | 140.59 | 139.97 | 199.82 | 158.19 |
| | 29 | 344.73 | 298.25 | 290.00 | 350.12 | 248.88 |
| | 30 | 335.13 | 95.92 | 80.03 | 140.42 | 339.57 |
| | 31 | 325.51 | 253.58 | 230.07 | 290.72 | 70.26 |
| Sept. | 1 | 315.90 | 51.25 | 20.10 | 81.02 | 160.94 |
| | 2 | 306.28 | 208.91 | 170.14 | 231.32 | 251.62 |
| | 3 | 296.65 | 6.58 | 320.18 | 21.62 | 342.30 |
| | 4 | 287.03 | 164.24 | 110.21 | 171.93 | 72.98 |
| | 5 | 277.40 | 321.91 | 260.25 | 322.23 | 163.66 |
| | 6 | 267.76 | 119.58 | 50.29 | 112.53 | 254.34 |
| | 7 | 258.12 | 277.25 | 200.33 | 262.84 | 345.01 |
| | 8 | 248.48 | 74.92 | 350.36 | 53.14 | 75.68 |
| | 9 | 238.84 | 232.59 | 140.40 | 203.45 | 166.35 |
| | 10 | 229.19 | 30.26 | 290.44 | 353.75 | 257.02 |
| | 11 | 219.54 | 187.93 | 80.49 | 144.06 | 347.69 |
| | 12 | 209.89 | 345.60 | 230.53 | 294.37 | 78.36 |
| | 13 | 200.23 | 143.27 | 20.57 | 84.68 | 169.02 |
| | 14 | 190.57 | 300.94 | 170.61 | 234.99 | 259.69 |
| | 15 | 180.91 | 98.62 | 320.66 | 25.30 | 350.35 |
| | 16 | 171.25 | 256.29 | 110.70 | 175.61 | 81.01 |
| | 17 | 161.58 | 53.97 | 260.75 | 325.92 | 171.67 |
| | 18 | 151.91 | 211.65 | 50.79 | 116.23 | 262.33 |
| | 19 | 142.23 | 9.32 | 200.84 | 266.54 | 352.99 |
| | 20 | 132.56 | 167.00 | 350.89 | 56.86 | 83.64 |
| | 21 | 122.88 | 324.68 | 140.94 | 207.17 | 174.30 |
| | 22 | 113.19 | 122.36 | 290.99 | 357.49 | 264.95 |
| | 23 | 103.51 | 280.04 | 81.04 | 147.81 | 355.60 |
| | 24 | 93.82 | 77.72 | 231.09 | 298.13 | 86.25 |
| | 25 | 84.13 | 235.41 | 21.15 | 88.44 | 176.90 |
| | 26 | 74.44 | 33.09 | 171.20 | 238.76 | 267.55 |
| | 27 | 64.74 | 190.78 | 321.25 | 29.09 | 358.20 |
| | 28 | 55.04 | 348.46 | 111.31 | 179.41 | 88.85 |
| | 29 | 45.34 | 146.15 | 261.37 | 329.73 | 179.49 |
| | 30 | 35.64 | 303.84 | 51.43 | 120.06 | 270.14 |
| Oct. | 1 | 25.93 | 101.53 | 201.49 | 270.38 | 0.78 |

FOR 0ʰ TERRESTRIAL TIME

| Date | | Mars | Jupiter | | | Saturn |
|------|---|------|---------|---|---|--------|
| | | | System I | System II | System III | |
| | | ° | ° | ° | ° | ° |
| Oct. | 1 | 25.93 | 101.53 | 201.49 | 270.38 | 0.78 |
| | 2 | 16.22 | 259.22 | 351.55 | 60.71 | 91.43 |
| | 3 | 6.51 | 56.91 | 141.61 | 211.04 | 182.07 |
| | 4 | 356.80 | 214.60 | 291.67 | 1.36 | 272.71 |
| | 5 | 347.08 | 12.30 | 81.74 | 151.69 | 3.35 |
| | 6 | 337.36 | 169.99 | 231.80 | 302.03 | 93.99 |
| | 7 | 327.64 | 327.69 | 21.87 | 92.36 | 184.63 |
| | 8 | 317.91 | 125.39 | 171.94 | 242.69 | 275.27 |
| | 9 | 308.18 | 283.09 | 322.01 | 33.03 | 5.91 |
| | 10 | 298.45 | 80.79 | 112.08 | 183.36 | 96.55 |
| | 11 | 288.72 | 238.49 | 262.15 | 333.70 | 187.19 |
| | 12 | 278.98 | 36.19 | 52.22 | 124.04 | 277.82 |
| | 13 | 269.24 | 193.90 | 202.30 | 274.38 | 8.46 |
| | 14 | 259.50 | 351.60 | 352.37 | 64.73 | 99.10 |
| | 15 | 249.76 | 149.31 | 142.45 | 215.07 | 189.73 |
| | 16 | 240.01 | 307.02 | 292.53 | 5.41 | 280.37 |
| | 17 | 230.26 | 104.73 | 82.61 | 155.76 | 11.00 |
| | 18 | 220.51 | 262.44 | 232.69 | 306.11 | 101.64 |
| | 19 | 210.76 | 60.16 | 22.77 | 96.46 | 192.27 |
| | 20 | 201.00 | 217.87 | 172.86 | 246.81 | 282.91 |
| | 21 | 191.24 | 15.59 | 322.95 | 37.16 | 13.54 |
| | 22 | 181.48 | 173.31 | 113.03 | 187.51 | 104.17 |
| | 23 | 171.71 | 331.03 | 263.12 | 337.87 | 194.81 |
| | 24 | 161.95 | 128.75 | 53.21 | 128.23 | 285.44 |
| | 25 | 152.18 | 286.47 | 203.31 | 278.59 | 16.07 |
| | 26 | 142.40 | 84.20 | 353.40 | 68.95 | 106.71 |
| | 27 | 132.63 | 241.92 | 143.50 | 219.31 | 197.34 |
| | 28 | 122.85 | 39.65 | 293.59 | 9.67 | 287.97 |
| | 29 | 113.07 | 197.38 | 83.69 | 160.04 | 18.61 |
| | 30 | 103.28 | 355.11 | 233.79 | 310.40 | 109.24 |
| | 31 | 93.49 | 152.84 | 23.90 | 100.77 | 199.87 |
| Nov. | 1 | 83.70 | 310.58 | 174.00 | 251.14 | 290.51 |
| | 2 | 73.91 | 108.31 | 324.11 | 41.52 | 21.14 |
| | 3 | 64.12 | 266.05 | 114.22 | 191.89 | 111.77 |
| | 4 | 54.32 | 63.79 | 264.33 | 342.26 | 202.41 |
| | 5 | 44.51 | 221.54 | 54.44 | 132.64 | 293.04 |
| | 6 | 34.71 | 19.28 | 204.55 | 283.02 | 23.68 |
| | 7 | 24.90 | 177.03 | 354.67 | 73.40 | 114.31 |
| | 8 | 15.09 | 334.77 | 144.78 | 223.79 | 204.95 |
| | 9 | 5.28 | 132.52 | 294.90 | 14.17 | 295.58 |
| | 10 | 355.46 | 290.27 | 85.02 | 164.56 | 26.22 |
| | 11 | 345.64 | 88.03 | 235.15 | 314.95 | 116.86 |
| | 12 | 335.82 | 245.78 | 25.27 | 105.34 | 207.49 |
| | 13 | 326.00 | 43.54 | 175.40 | 255.73 | 298.13 |
| | 14 | 316.17 | 201.30 | 325.53 | 46.13 | 28.77 |
| | 15 | 306.34 | 359.06 | 115.66 | 196.52 | 119.41 |
| | 16 | 296.51 | 156.82 | 265.79 | 346.92 | 210.05 |

FOR 0ʰ TERRESTRIAL TIME

| Date | | Mars | Jupiter | | | Saturn |
|------|------|------|------|------|------|------|
| | | | System I | System II | System III | |
| | | ° | ° | ° | ° | ° |
| Nov. | 16 | 296.51 | 156.82 | 265.79 | 346.92 | 210.05 |
| | 17 | 286.67 | 314.59 | 55.93 | 137.32 | 300.69 |
| | 18 | 276.83 | 112.36 | 206.06 | 287.73 | 31.33 |
| | 19 | 266.99 | 270.13 | 356.20 | 78.13 | 121.97 |
| | 20 | 257.15 | 67.90 | 146.34 | 228.54 | 212.61 |
| | 21 | 247.30 | 225.67 | 296.48 | 18.95 | 303.25 |
| | 22 | 237.45 | 23.45 | 86.63 | 169.36 | 33.89 |
| | 23 | 227.59 | 181.22 | 236.78 | 319.77 | 124.54 |
| | 24 | 217.74 | 339.00 | 26.93 | 110.19 | 215.18 |
| | 25 | 207.88 | 136.79 | 177.08 | 260.60 | 305.83 |
| | 26 | 198.02 | 294.57 | 327.23 | 51.02 | 36.47 |
| | 27 | 188.15 | 92.36 | 117.39 | 201.45 | 127.12 |
| | 28 | 178.28 | 250.15 | 267.55 | 351.87 | 217.77 |
| | 29 | 168.41 | 47.94 | 57.71 | 142.30 | 308.42 |
| | 30 | 158.54 | 205.73 | 207.87 | 292.73 | 39.07 |
| Dec. | 1 | 148.66 | 3.53 | 358.03 | 83.16 | 129.72 |
| | 2 | 138.78 | 161.32 | 148.20 | 233.59 | 220.37 |
| | 3 | 128.90 | 319.12 | 298.37 | 24.03 | 311.02 |
| | 4 | 119.01 | 116.93 | 88.54 | 174.46 | 41.68 |
| | 5 | 109.12 | 274.73 | 238.72 | 324.90 | 132.33 |
| | 6 | 99.23 | 72.54 | 28.90 | 115.35 | 222.99 |
| | 7 | 89.34 | 230.35 | 179.07 | 265.79 | 313.64 |
| | 8 | 79.44 | 28.16 | 329.26 | 56.24 | 44.30 |
| | 9 | 69.55 | 185.97 | 119.44 | 206.69 | 134.96 |
| | 10 | 59.64 | 343.79 | 269.63 | 357.14 | 225.62 |
| | 11 | 49.74 | 141.61 | 59.81 | 147.60 | 316.28 |
| | 12 | 39.83 | 299.43 | 210.01 | 298.05 | 46.95 |
| | 13 | 29.93 | 97.26 | 0.20 | 88.51 | 137.61 |
| | 14 | 20.01 | 255.08 | 150.40 | 238.98 | 228.28 |
| | 15 | 10.10 | 52.91 | 300.59 | 29.44 | 318.94 |
| | 16 | 0.19 | 210.74 | 90.80 | 179.91 | 49.61 |
| | 17 | 350.27 | 8.58 | 241.00 | 330.38 | 140.28 |
| | 18 | 340.35 | 166.42 | 31.20 | 120.85 | 230.95 |
| | 19 | 330.42 | 324.26 | 181.41 | 271.32 | 321.62 |
| | 20 | 320.50 | 122.10 | 331.62 | 61.80 | 52.30 |
| | 21 | 310.57 | 279.94 | 121.84 | 212.28 | 142.97 |
| | 22 | 300.64 | 77.79 | 272.05 | 2.76 | 233.65 |
| | 23 | 290.71 | 235.64 | 62.27 | 153.25 | 324.33 |
| | 24 | 280.78 | 33.49 | 212.50 | 303.74 | 55.01 |
| | 25 | 270.85 | 191.35 | 2.72 | 94.23 | 145.69 |
| | 26 | 260.91 | 349.20 | 152.95 | 244.72 | 236.37 |
| | 27 | 250.97 | 147.06 | 303.18 | 35.21 | 327.05 |
| | 28 | 241.03 | 304.93 | 93.41 | 185.71 | 57.74 |
| | 29 | 231.09 | 102.79 | 243.64 | 336.21 | 148.43 |
| | 30 | 221.14 | 260.66 | 33.88 | 126.72 | 239.11 |
| | 31 | 211.20 | 58.53 | 184.12 | 277.22 | 329.80 |
| | 32 | 201.25 | 216.41 | 334.36 | 67.73 | 60.50 |

## CONTENTS OF SECTION F

The satellite ephemerides were calculated using $\Delta T = 68.0$ seconds.

| Satellite | | Orbital Period (R = Retrograde) | Max. Elong. at Mean Opposition | Semimajor Axis | Orbital Eccentricity | Inclination of Orbit to Planet's Equator | Motion of Node on Fixed Plane[2] |
|---|---|---|---|---|---|---|---|
| | | d | ° ′ ″ | ×10³ km | | ° | °/yr |
| **Earth** | | | | | | | |
| | Moon | 27.321 661 | | 384.400 | 0.054 900 489 | 18.2–28.58 | 19.34[7] |
| **Mars** | | | | | | | |
| I | Phobos[1] | 0.318 910 11 | 25 | 9.376 | 0.015 1 | 1.075 | 158.8 |
| II | Deimos[1] | 1.262 440 8 | 1 02 | 23.458 | 0.000 2 | 1.788 | 6.260 |
| **Jupiter** | | | | | | | |
| I | Io[1] | 1.769 137 761 | 2 18 | 421.80 | 0.004 1 | 0.036 | 48.6 |
| II | Europa[1] | 3.551 181 055 | 3 40 | 671.10 | 0.009 4 | 0.466 | 12.0 |
| III | Ganymede[1] | 7.154 553 25 | 5 51 | 1 070.40 | 0.001 3 | 0.177 | 2.63 |
| IV | Callisto[1] | 16.689 017 0 | 10 18 | 1 882.70 | 0.007 4 | 0.192 | 0.643 |
| V | Amalthea[1] | 0.498 179 08 | 59 | 181.40 | 0.003 2 | 0.380 | 914.6 |
| VI | Himalia | 250.56 | 1 02 34 | 11 460.00 | 0.158 6 | 28.612 | 524.4 |
| VII | Elara | 259.64 | 1 04 03 | 11 740.00 | 0.210 8 | 27.945 | 506.1 |
| VIII | Pasiphae | 743.61 R | 2 09 18 | 23 629.00 | 0.406 2 | 151.413 | 185.6 |
| IX | Sinope | 758.89 R | 2 10 20 | 23 942.00 | 0.255 2 | 158.189 | 181.4 |
| X | Lysithea | 259.20 | 1 03 58 | 11 717.00 | 0.116 1 | 27.663 | 506.9 |
| XI | Carme | 734.17 R | 2 07 14 | 23 401.00 | 0.254 6 | 164.994 | 187.1 |
| XII | Ananke | 629.80 R | 1 55 03 | 21 254.00 | 0.233 2 | 148.693 | 215.2 |
| XIII | Leda | 240.93 | 1 00 58 | 11 164.00 | 0.162 4 | 27.882 | 545.4 |
| XIV | Thebe[1] | 0.675 | 1 13 | 221.90 | 0.017 6 | 1.080 | |
| XV | Adrastea[1] | 0.298 | 42 | 129.00 | 0.001 8 | 0.054 | |
| XVI | Metis[1] | 0.295 | 42 | 128.00 | 0.001 2 | 0.019 | |
| XVII | Callirrhoe | 736 R | 2 14 25 | 24 596.24 | 0.206 | 143[9] | |
| XVIII | Themisto | 130 | 40 44 | 7 450.00 | 0.20 | 46[9] | |
| XIX | Megaclite | 734.1 R | 2 08 06 | 23 439.08 | 0.527 7 | 151.700[9] | |
| XX | Taygete | 650.1 R | 1 58 27 | 21 671.85 | 0.246 0 | 163.545[9] | |
| XXI | Chaldene | 591.7 R | 1 50 57 | 20 299.46 | 0.155 3 | 165.620[9] | |
| XXII | Harpalyke | 617.3 R | 1 54 20 | 20 917.72 | 0.200 3 | 149.288[9] | |
| XXIII | Kalyke | 767 R | 2 11 54 | 24 135.61 | 0.317 7 | 165.792[9] | |
| XXIV | Iocaste | 606.3 R | 1 52 50 | 20 642.86 | 0.268 6 | 149.906[9] | |
| XXV | Erinome | 661.1 R | 1 59 31 | 21 867.75 | 0.346 5 | 160.909[9] | |
| XXVI | Isonoe | 704.9 R | 2 04 38 | 22 804.70 | 0.280 9 | 165.039[9] | |
| XXVII | Praxidike | 624.6 R | 1 55 19 | 21 098.10 | 0.145 8 | 146.353[9] | |
| XXVIII | Autonoe | 778.0 R | 2 13 25 | 24 413.09 | 0.458 6 | 152.056[9] | |
| XXIX | Thyone | 610.0 R | 1 53 31 | 20 769.90 | 0.283 3 | 148.286[9] | |
| XXX | Hermippe | 624.6 R | 1 55 03 | 21 047.99 | 0.247 9 | 149.785[9] | |
| XXXI | Aitne | 679.3 R | 2 01 44 | 22 274.41 | 0.311 2 | 164.343[9] | |
| XXXII | Eurydome | 752.4 R | 2 10 14 | 23 830.94 | 0.325 5 | 150.430[9] | |
| XXXIII | Euanthe | 620.9 R | 1 54 41 | 20 983.14 | 0.142 7 | 146.030[9] | |
| XXXVI | Sponde | 690.3 R | 2 03 14 | 22 548.24 | 0.518 9 | 155.220[9] | |
| XXXVII | Kale | 679.4 R | 2 01 53 | 22 300.64 | 0.325 0 | 164.794[9] | |
| XXXIX | Hegemone | 715 R | 2 05 44 | 23 006.33 | 0.249 4 | 152.330[9] | |
| XLI | Aoede | 747 R | 2 09 46 | 23 743.83 | 0.405 1 | 159.408[9] | |
| XLIII | Arche | 748.7 R | 2 09 53 | 23 765.12 | 0.223 7 | 163.254[9] | |
| XLV | Helike | 601.40 R | 1 52 16 | 20 540.27 | 0.137 5 | 154.587[9] | |
| XLVI | Carpo | 455.07 | 1 33 14 | 17 056.04 | 0.294 9 | 55.147[9] | |
| XLVII | Eukelade | 735.27 R | 2 08 21 | 23 485.28 | 0.282 8 | 163.998[9] | |
| **Saturn** | | | | | | | |
| I | Mimas[1] | 0.942 421 959 | 30 | 185.539 | 0.019 6 | 1.574 | 365.0 |
| II | Enceladus[1] | 1.370 218 093 | 38 | 238.042 | 0.000 0 | 0.003 | 156.2[8] |
| III | Tethys[1] | 1.887 802 537 | 48 | 294.672 | 0.000 1 | 1.091 | 72.25 |
| IV | Dione[1] | 2.736 915 571 | 1 01 | 377.415 | 0.002 2 | 0.028 | 30.85[8] |
| V | Rhea[1] | 4.517 502 73 | 1 25 | 527.068 | 0.000 2 | 0.333 | 10.16 |
| VI | Titan[1] | 15.945 448 4 | 3 17 | 1 221.865 | 0.028 8 | 0.306 | 0.521 3[8] |
| VII | Hyperion[1] | 21.276 658 2 | 4 02 | 1 500.933 | 0.023 2 | 0.615 | |
| VIII | Iapetus[1] | 79.331 122 | 9 35 | 3 560.854 | 0.029 3 | 8.298 | |
| IX | Phoebe[1] | 546.414 R | 34 42 | 12 893.24 | 0.175 6 | 173.73[9] | |

[1] Mean orbital data given with respect to the local Laplace plane.
[2] Rate of decrease (or increase) in the longitude of the ascending node.
[3] S = Synchronous, rotation period same as orbital period. C = Chaotic.
[4] $V$(Sun) = −26.75
[5] $V$(1, 0) is the visual magnitude of the satellite reduced to a distance of 1 au from both the Sun and Earth and with phase angle of zero.
[6] $V_0$ is the mean opposition magnitude of the satellite.

| Satellite | | Mass Ratio (sat./planet) | Radius | Sid. Rot. Per.[3] | Geom. Alb. (V)[4] | $V(1,0)$[5] | $V_0$[6] | $B - V$ | $U - B$ |
|---|---|---|---|---|---|---|---|---|---|
| | | | km | d | | | | | |
| **Earth** | | | | | | | | | |
| | Moon | 0.012 300 0371 | 1737.4 | S | 0.12 | + 0.21 | −12.74 | 0.92 | 0.46 |
| | | | | | | | | | |
| **Mars** | | | | | | | | | |
| I | Phobos | $1.672 \times 10^{-8}$ | $13.0 \times 11.4 \times 9.1$ | S | 0.07 | +11.8 | +11.4 | 0.6 | |
| II | Deimos | $2.43 \times 10^{-9}$ | $7.8 \times 6.0 \times 5.1$ | S | 0.07 | +12.89 | +12.5 | 0.65 | 0.18 |
| | | | | | | | | | |
| **Jupiter** | | | | | | | | | |
| I | Io | $4.704 \times 10^{-5}$ | $1829 \times 1819 \times 1816$ | S | 0.63 | − 1.68 | + 5.0 | 1.17 | 1.30 |
| II | Europa | $2.528 \times 10^{-5}$ | $1563 \times 1560 \times 1560$ | S | 0.68 | − 1.41 | + 5.3 | 0.87 | 0.52 |
| III | Ganymede | $7.805 \times 10^{-5}$ | 2631.2 | S | 0.44 | − 2.09 | + 4.6 | 0.83 | 0.50 |
| IV | Callisto | $5.667 \times 10^{-5}$ | 2410.3 | S | 0.19 | − 1.05 | + 5.7 | 0.86 | 0.55 |
| V | Amalthea | $1.10 \times 10^{-9}$ | $125 \times 73 \times 64$ | S | 0.09 | + 6.3 | +14.1 | 1.50 | |
| VI | Himalia | $2.2 \times 10^{-9}$ | 85 | 0.40 | 0.04 | + 8.1 | +14.6 | 0.67 | 0.30 |
| VII | Elara | $4.58 \times 10^{-10}$ | 40 | | 0.04 : | +10.0 | +16.3 | 0.69 | 0.28 |
| VIII | Pasiphae | $1.58 \times 10^{-10}$ | 18 : | | 0.04 : | + 9.9 | +17.0 | 0.74 | 0.34 |
| IX | Sinope | $3.95 \times 10^{-11}$ | 14 : | 0.548 | 0.04 : | +11.6 | +18.1 | 0.84 | |
| X | Lysithea | $3.31 \times 10^{-11}$ | 12 : | 0.533 | 0.04 : | +11.1 | +18.3 | 0.72 | |
| XI | Carme | $6.94 \times 10^{-11}$ | 15 : | 0.433 | 0.04 : | +10.9 | +17.6 | 0.76 | |
| XII | Ananke | $1.58 \times 10^{-11}$ | 10 : | 0.35 | 0.04 : | +11.9 | +18.8 | 0.90 | |
| XIII | Leda | $5.76 \times 10^{-12}$ | 5 : | | 0.04 : | +13.5 | +19.0 | 0.7 | |
| XIV | Thebe | $7.89 \times 10^{-10}$ | $58 \times 49 \times 42$ | S | 0.05 | + 9.0 | +16.0 | 1.3 | |
| XV | Adrastea | $3.95 \times 10^{-12}$ | $10 \times 8 \times 7$ | S | 0.1 : | +12.4 | +18.7 | | |
| XVI | Metis | $6.31 \times 10^{-11}$ | $30 \times 20 \times 17$ | S | 0.06 | +10.8 | +17.5 | | |
| XVII | Callirrhoe | | 4.3 : | | 0.04 : | +13.9 | +20.7 | 0.72 | |
| XVIII | Themisto | | 4.0 : | | 0.04 : | +12.9 | +20.3 | 0.83 | |
| XIX | Megaclite | | 2.7 : | | 0.04 : | +15.1 | +22.1 | 0.94 | |
| XX | Taygete | | 2.5 : | | 0.04 : | +15.6 | +22.9 | 0.56 | |
| XXI | Chaldene | | 1.9 : | | 0.04 : | +15.7 | +22.5 | | |
| XXII | Harpalyke | | 2.2 : | | 0.04 : | +15.2 | +22.2 | | |
| XXIII | Kalyke | | 2.6 : | | 0.04 : | +15.3 | +21.8 | 0.94 | |
| XXIV | Iocaste | | 2.6 : | | 0.04 : | +15.3 | +22.5 | 0.63 | |
| XXV | Erinome | | 1.6 : | | 0.04 : | +16.0 | +22.8 | | |
| XXVI | Isonoe | | 1.9 : | | 0.04 : | +15.9 | +22.5 | | |
| XXVII | Praxidike | | 3.4 : | | 0.04 : | +15.2 | +22.5 | 0.77 | |
| XXVIII | Autonoe | | 2.0 : | | 0.04 : | +15.4 | +22.0 | | |
| XXIX | Thyone | | 2.0 : | | 0.04 : | +15.7 | +22.3 | | |
| XXX | Hermippe | | 2.0 : | | 0.04 : | +15.5 | +22.1 | | |
| XXXI | Aitne | | 1.5 : | | 0.04 : | +16.1 | +22.7 | | |
| XXXII | Eurydome | | 1.5 : | | 0.04 : | +16.1 | +22.7 | | |
| XXXIII | Euanthe | | 1.5 : | | 0.04 : | +16.2 | +22.8 | | |
| XXXVI | Sponde | | 1.0 : | | 0.04 : | +16.4 | +23.0 | | |
| XXXVII | Kale | | 1.0 : | | 0.04 : | +16.4 | +23.0 | | |
| XXXIX | Hegemone | | 1.5 : | | 0.04 : | +15.9 | +22.8 | | |
| XLI | Aoede | | 2.0 : | | 0.04 : | +15.8 | +22.5 | | |
| XLIII | Arche | | 1.5 : | | 0.04 : | +16.4 | +22.8 | | |
| XLV | Helike | | 2.0 : | | 0.04 : | +16.0 | +22.6 | | |
| XLVI | Carpo | | 1.5 : | | 0.04 : | +15.6 | +23.0 | | |
| XLVII | Eukelade | | 2.0 : | | 0.04 : | +15.0 | +22.6 | | |
| | | | | | | | | | |
| **Saturn** | | | | | | | | | |
| I | Mimas | $6.61 \times 10^{-8}$ | $207.8 \times 196.7 \times 190.6$ | S | 0.6 | + 3.3 | +12.8 | | |
| II | Enceladus | $1.90 \times 10^{-7}$ | $256.6 \times 251.4 \times 248.3$ | S | 1.0 | + 2.2 | +11.8 | 0.70 | 0.28 |
| III | Tethys | $1.09 \times 10^{-6}$ | $538.4 \times 528.3 \times 526.3$ | S | 0.8 | + 0.7 | +10.3 | 0.73 | 0.30 |
| IV | Dione | $1.93 \times 10^{-6}$ | $563.4 \times 561.3 \times 559.6$ | S | 0.6 | + 0.88 | +10.4 | 0.71 | 0.31 |
| V | Rhea | $4.06 \times 10^{-6}$ | $765.0 \times 763.1 \times 762.4$ | S | 0.6 | + 0.16 | + 9.7 | 0.78 | 0.38 |
| VI | Titan | $2.366 \times 10^{-4}$ | 2574.73 | S | 0.2 | − 1.20 | + 8.4 | 1.28 | 0.75 |
| VII | Hyperion | $1.00 \times 10^{-8}$ | $180.1 \times 133.0 \times 102.7$ | C | 0.25 | + 4.6 | +14.4 | 0.78 | 0.33 |
| VIII | Iapetus | $3.177 \times 10^{-6}$ | $745.7 \times 745.7 \times 712.1$ | S | 0.2[10] | + 1.6 | +11.0 | 0.72 | 0.30 |
| IX | Phoebe | $1.454 \times 10^{-8}$ | $109.4 \times 108.5 \times 101.8$ | 0.4 | 0.081 | + 6.63 | +16.7 | 0.63 | 0.34 |

[7] Motion on the ecliptic plane.

[8] Rate of increase in the longitude of the apse.

[9] Measured from the ecliptic plane.

[10] Bright side, 0.5; faint side, 0.05.

[11] Measured relative to Earth's J2000.0 equator.

: Quantity is uncertain.

| Satellite | | Orbital Period (R = Retrograde) | Max. Elong. at Mean Opposition | | | Semimajor Axis | Orbital Eccentricity | Inclination of Orbit to Planet's Equator | Motion of Node on Fixed Plane[2] |
|---|---|---|---|---|---|---|---|---|---|
| | | d | ° | ′ | ″ | ×10³ km | | ° | °/yr |
| **Saturn** | | | | | | | | | |
| X | Janus | 0.695 | | 24 | | 151.46 | 0.006 8 | 0.163 | |
| XI | Epimetheus | 0.694 | | 24 | | 151.41 | 0.009 8 | 0.351 | |
| XII | Helene | 2.74 | 1 | 01 | | 377.40 | 0.000 | 0.212 | |
| XIII | Telesto | 1.888 | | 48 | | 294.66 | 0.001 | 1.158 | |
| XIV | Calypso | 1.888 | | 48 | | 294.66 | 0.001 | 1.473 | |
| XV | Atlas | 0.602 | | 22 | | 137.67 | 0.001 2 | 0.003 | |
| XVI | Prometheus | 0.613 | | 23 | | 139.38 | 0.002 2 | 0.008 | |
| XVII | Pandora | 0.629 | | 23 | | 141.72 | 0.004 2 | 0.050 | |
| XVIII | Pan[1] | 0.575 | | 22 | | 133.585 | 0.000 0 | 0.000 | |
| XIX | Ymir | 1315.13 R | 1 | 02 | 14 | 23 128 | 0.333 8 | 173.497 | |
| XX | Paaliaq | 686.95 | | 40 | 55 | 15 204 | 0.332 5 | 46.228 | |
| XXI | Tarvos | 926.35 | | 49 | 06 | 18 243 | 0.538 2 | 33.725 | |
| XXII | Ijiraq | 451.42 | | 30 | 42 | 11 408 | 0.271 7 | 47.485 | |
| XXIV | Kiviuq | 449.22 | | 30 | 38 | 11 384 | 0.332 5 | 46.764 | |
| XXVI | Albiorix | 783.46 | | 44 | 07 | 16 393 | 0.479 7 | 34.060 | |
| XXIX | Siarnaq | 895.51 | | 48 | 56 | 18 182 | 0.280 2 | 45.809 | |
| | | | | | | | | | |
| **Uranus** | | | | | | | | | |
| I | Ariel | 2.520 379 052 | | 14 | | 190.9 | 0.001 2 | 0.041 | 6.8 |
| II | Umbriel | 4.144 176 46 | | 20 | | 266.0 | 0.003 9 | 0.128 | 3.6 |
| III | Titania | 8.705 866 93 | | 33 | | 436.3 | 0.001 1 | 0.079 | 2.0 |
| IV | Oberon | 13.463 234 2 | | 44 | | 583.5 | 0.001 4 | 0.068 | 1.4 |
| V | Miranda | 1.413 479 408 | | 10 | | 129.9 | 0.001 3 | 4.338 | 19.8 |
| VII | Ophelia | 0.376 400 393 | | 4 | | 53.8 | 0.009 9 | 0.104 | 417.9 |
| VIII | Bianca | 0.434 578 986 | | 4 | | 59.2 | 0.000 9 | 0.193 | 298.7 |
| IX | Cressida | 0.463 569 601 | | 5 | | 61.8 | 0.000 4 | 0.006 | 256.9 |
| X | Desdemona | 0.473 649 597 | | 5 | | 62.7 | 0.000 1 | 0.113 | 244.3 |
| XI | Juliet | 0.493 065 489 | | 5 | | 64.4 | 0.000 7 | 0.065 | 222.5 |
| XII | Portia | 0.513 195 920 | | 5 | | 66.1 | 0.000 1 | 0.059 | 202.6 |
| XIII | Rosalind | 0.558 459 529 | | 5 | | 69.9 | 0.000 1 | 0.279 | 166.4 |
| XIV | Belinda | 0.623 527 470 | | 6 | | 75.3 | 0.000 1 | 0.031 | 128.8 |
| XV | Puck | 0.761 832 871 | | 7 | | 86.0 | 0.000 1 | 0.319 | 80.91 |
| XVI | Caliban | 579.73 R | 9 | 08 | | 7 231.000 | 0.18 | 141.53[9] | |
| XVII | Sycorax | 1288.38 R | 15 | 24 | | 12 179.000 | 0.52 | 159.42[9] | |
| | | | | | | | | | |
| **Neptune** | | | | | | | | | |
| I | Triton[1] | 5.876 854 07 R | | 17 | | 354.759 | 0.000 0 | 156.865 | 0.523 2 |
| II | Nereid[1] | 360.13 | 4 | 22 | | 5 513.818 | 0.750 7 | 7.090 | 0.039 |
| V | Despina[1] | 0.334 66 | | 2 | | 52.526 | 0.000 14 | 0.07 | 466.0 |
| VI | Galatea[1] | 0.428 75 | | 3 | | 61.953 | 0.000 12 | 0.05 | 261.3 |
| VII | Larissa[1] | 0.554 65 | | 3 | | 73.548 | 0.001 39 | 0.20 | 143.5 |
| VIII | Proteus[1] | 1.122 | | 6 | | 117.646 | 0.000 5 | 0.075 | 28.80 |
| | | | | | | | | | |
| **Pluto** | | | | | | | | | |
| I | Charon | 6.387 23 | | 1 | | 19.571 | 0.000 0 | 96.145[11] | |

[1] Mean orbital data given with respect to the local Laplace plane.
[2] Rate of decrease (or increase) in the longitude of the ascending node.
[3] S = Synchronous, rotation period same as orbital period. C = Chaotic.
[4] V(Sun) = −26.75
[5] V(1, 0) is the visual magnitude of the satellite reduced to a distance
of 1 au from both the Sun and Earth and with phase angle of zero.
[6] $V_0$ is the mean opposition magnitude of the satellite.

## A Note on the Satellite Diagrams

The satellite orbit diagrams have been designed to assist observers in locating many of the shorter period (< 21 days) satellites of the planets. Each diagram depicts a planet and the apparent orbits of its satellites at 0 hours UT on that planet's opposition date, unless no opposition date occurs during the year. In that case, the diagram depicts the planet and orbits at 0 hours UT on January 1 or December 31 depending on which date provides the better view. The diagrams are inverted to reproduce what an observer would normally see through a telescope. Two arrows or text in the diagram indicate the apparent motion of the satellite(s); for most satellites in the solar system, the orbital motion is counterclockwise when viewed from the northern side of the orbital plane. In the case of Jupiter, Saturn, and Uranus, the diagram may have an expanded scale in one direction to better clarify the relative positions of the orbits.

| Satellite | | Mass Ratio (sat./planet) | Radius | Sid. Rot. Per. [3] | Geom. Alb. (V) [4] | $V(1,0)$ [5] | $V_0$ [6] | $B - V$ | $U - B$ |
|---|---|---|---|---|---|---|---|---|---|
| | | | km | d | | | | | |
| **Saturn** | | | | | | | | | |
| X | Janus | $3.338\times 10^{-9}$ | $101.5 \times 92.5 \times 76.3$ | S | 0.71 | + 4 : | +14.4 | | |
| XI | Epimetheus | $9.263\times 10^{-10}$ | $64.9 \times 57.0 \times 53.1$ | S | 0.73 | + 5.4 : | +15.6 | | |
| XII | Helene | $4.480\times 10^{-11}$ | $21.7 \times 19.1 \times 13.0$ | | 1.67 | + 8.4 : | +18.4 | | |
| XIII | Telesto | $1.265\times 10^{-11}$ | $16.3 \times 11.8 \times 10.0$ | | 1.0 | + 8.9 : | +18.5 | | |
| XIV | Calypso | $6.325\times 10^{-12}$ | $15.1 \times 11.5 \times 7.0$ | | 0.7 | + 9.1 : | +18.7 | | |
| XV | Atlas | $1.161\times 10^{-11}$ | $20.4 \times 17.7 \times 9.4$ | | 0.4 | + 8.4 : | +19.0 | | |
| XVI | Prometheus | $2.806\times 10^{-10}$ | $67.8 \times 39.7 \times 29.7$ | S | 0.6 | + 6.4 : | +15.8 | | |
| XVII | Pandora | $2.412\times 10^{-10}$ | $52.0 \times 40.5 \times 32.0$ | S | 0.5 | + 6.4 : | +16.4 | | |
| XVIII | Pan | $8.707\times 10^{-12}$ | $17.2 \times 15.7 \times 10.4$ | | 0.5 : | | +19.4 | | |
| XIX | Ymir | | 10 : | | 0.08 : | +12.4 | +21.9 | 0.80 | |
| XX | Paaliaq | | 13 : | | 0.08 : | +11.8 | +21.2 | 0.86 | |
| XXI | Tarvos | | 7 : | | 0.08 : | +12.6 | +23.0 | 0.78 | |
| XXII | Ijiraq | | 6 : | | 0.08 : | +13.6 | +22.6 | 1.05 | |
| XXIV | Kiviuq | | 8 : | | 0.08 : | +12.7 | +22.6 | 0.92 | |
| XXVI | Albiorix | | 16 : | | 0.08 : | | +20.5 | 0.80 | |
| XXIX | Siarnaq | | 21 : | | 0.08 : | +10.7 | +20.1 | 0.87 | |
| **Uranus** | | | | | | | | | |
| I | Ariel | $1.56 \times 10^{-5}$ | $581.1 \times 577.9 \times 577.7$ | S | 0.39 | + 1.7 | +13.2 | 0.65 | |
| II | Umbriel | $1.35 \times 10^{-5}$ | 584.7 | S | 0.21 | + 2.6 | +14.0 | 0.68 | |
| III | Titania | $4.06 \times 10^{-5}$ | 788.9 | S | 0.27 | + 1.3 | +13.0 | 0.70 | 0.28 |
| IV | Oberon | $3.47 \times 10^{-5}$ | 761.4 | S | 0.23 | + 1.5 | +13.2 | 0.68 | 0.20 |
| V | Miranda | $0.08 \times 10^{-5}$ | $240.4 \times 234.2 \times 232.9$ | S | 0.32 | + 3.8 | +15.3 | | |
| VII | Ophelia | $6.21 \times 10^{-10}$ | 21.4 : | | 0.07 : | +11.1 | +22.8 | | |
| VIII | Bianca | $1.07 \times 10^{-9}$ | 27 : | | 0.065 : | +10.3 | +22.0 | | |
| IX | Cressida | $3.95 \times 10^{-9}$ | 41 : | | 0.069 : | + 9.5 | +21.1 | | |
| X | Desdemona | $2.05 \times 10^{-9}$ | 35 : | | 0.084 : | + 9.8 | +21.5 | | |
| XI | Juliet | $6.42 \times 10^{-9}$ | 53 : | | 0.075 : | + 8.8 | +20.6 | | |
| XII | Portia | $1.92 \times 10^{-8}$ | 70 : | | 0.069 : | + 8.3 | +19.9 | | |
| XIII | Rosalind | $2.93 \times 10^{-9}$ | 36 : | | 0.072 : | + 9.8 | +21.3 | | |
| XIV | Belinda | $4.11 \times 10^{-9}$ | 45 : | | 0.067 : | + 9.4 | +21.0 | | |
| XV | Puck | $3.33 \times 10^{-8}$ | 81 : | | 0.104 : | + 7.5 | +19.2 | | |
| XVI | Caliban | $8.45 \times 10^{-9}$ | 36 : | | 0.04 : | + 9.7 | +22.4 | | |
| XVII | Sycorax | $6.19 \times 10^{-8}$ | 75 : | | 0.04 : | + 8.2 | +20.8 | | |
| **Neptune** | | | | | | | | | |
| I | Triton | $2.089\times 10^{-4}$ | 1353 | S | 0.719 | − 1.2 | +13.0 | 0.72 | 0.29 |
| II | Nereid | $3.01 \times 10^{-7}$ | 170 | | 0.155 | + 4.0 | +19.7 | 0.65 | |
| V | Despina | $2.05 \times 10^{-8}$ | 74 | | 0.090 | + 7.9 | +22.0 | | |
| VI | Galatea | $3.66 \times 10^{-8}$ | 79 | | 0.079 | + 7.6 : | +21.9 | | |
| VII | Larissa | $4.83 \times 10^{-8}$ | 96 | | 0.091 | + 7.3 | +21.5 | | |
| VIII | Proteus | $4.914\times 10^{-7}$ | $218 \times 208 \times 201$ | S | 0.096 | + 5.6 | +19.8 | | |
| **Pluto** | | | | | | | | | |
| I | Charon | 0.1165 | 606 | S | 0.372 | + 0.9 | +18.0 | 0.71 | |

[7] Motion on the ecliptic plane.
[8] Rate of increase in the longitude of the apse.
[9] Measured from the ecliptic plane.
[10] Bright side, 0.5; faint side, 0.05.
[11] Measured relative to Earth's J2000.0 equator.
: Quantity is uncertain.

## A Note on Selection Criteria for the Satellite Data Tables

Due to the recent proliferation of known satellites associated with the gas giant planets, a set of selection criteria has been established under which satellites will be included in the data tables presented on pages F2-F5. These criteria are the following: The value of the visual magnitude of the satellite must not be greater than 23.0 and the satellite must be sanctioned by the IAU with a roman numeral and a name designation. Satellites that have yet to receive IAU approval shall be designated as "works in progress" and shall be included at a later time should such approval be granted, provided their visual magnitudes are not dimmer than 23.0. A more complete version of this table, including satellites with visual magnitude values larger than 23.0, is to be found at *The Astronomical Almanac Online* (**http://asa.usno.navy.mil** and **http://asa.hmnao.com**).

# SATELLITES OF MARS, 2016

## APPARENT ORBITS OF THE SATELLITES AT 0ʰ UNIVERSAL TIME
## ON THE DATE OF OPPOSITION MAY 22

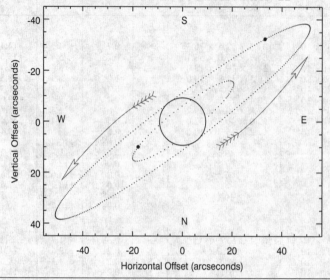

| NAME | MEAN SIDEREAL PERIOD |
|---|---|
| | d |
| I  Phobos | 0.318 910 11 |
| II  Deimos | 1.262 440 8 |

## II Deimos

### UNIVERSAL TIME OF GREATEST EASTERN ELONGATION

| Jan. | Feb. | Mar. | Apr. | May | June | July | Aug. | Sept. | Oct. | Nov. | Dec. |
|---|---|---|---|---|---|---|---|---|---|---|---|
| d h | d h | d h | d h | d h | d h | d h | d h | d h | d h | d h | d h |
| −2 19.7 | 1 23.2 | 2 01.0 | 1 08.9 | 1 16.1 | 2 04.8 | 1 05.3 | 1 19.3 | 1 03.6 | 1 12.2 | 2 03.4 | 1 06.1 |
| 0 02.0 | 3 05.5 | 3 07.4 | 2 15.2 | 2 22.3 | 3 11.1 | 2 11.6 | 3 01.7 | 2 10.0 | 2 18.6 | 3 09.8 | 2 12.5 |
| 1 08.4 | 4 11.9 | 4 13.7 | 3 21.5 | 4 04.6 | 4 17.4 | 3 17.9 | 4 08.0 | 3 16.3 | 4 01.0 | 4 16.2 | 3 18.9 |
| 2 14.7 | 5 18.2 | 5 20.0 | 5 03.8 | 5 10.9 | 5 23.6 | 5 00.2 | 5 14.4 | 4 22.7 | 5 07.3 | 5 22.6 | 5 01.3 |
| 3 21.1 | 7 00.6 | 7 02.4 | 6 10.1 | 6 17.2 | 7 05.9 | 6 06.6 | 6 20.7 | 6 05.0 | 6 13.7 | 7 04.9 | 6 07.6 |
| | | | | | | | | | | | |
| 5 03.5 | 8 06.9 | 8 08.7 | 7 16.4 | 7 23.5 | 8 12.2 | 7 12.9 | 8 03.0 | 7 11.4 | 7 20.1 | 8 11.3 | 7 14.0 |
| 6 09.8 | 9 13.3 | 9 15.0 | 8 22.7 | 9 05.7 | 9 18.4 | 8 19.2 | 9 09.4 | 8 17.8 | 9 02.4 | 9 17.7 | 8 20.4 |
| 7 16.2 | 10 19.6 | 10 21.4 | 10 05.0 | 10 12.0 | 11 00.7 | 10 01.5 | 10 15.7 | 10 00.1 | 10 08.8 | 11 00.1 | 10 02.8 |
| 8 22.5 | 12 01.9 | 12 03.7 | 11 11.4 | 11 18.3 | 12 07.0 | 11 07.8 | 11 22.1 | 11 06.5 | 11 15.2 | 12 06.4 | 11 09.2 |
| 10 04.9 | 13 08.3 | 13 10.0 | 12 17.7 | 13 00.5 | 13 13.3 | 12 14.1 | 13 04.4 | 12 12.8 | 12 21.5 | 13 12.8 | 12 15.6 |
| | | | | | | | | | | | |
| 11 11.2 | 14 14.6 | 14 16.4 | 14 00.0 | 14 06.8 | 14 19.6 | 13 20.4 | 14 10.7 | 13 19.2 | 14 03.9 | 14 19.2 | 13 21.9 |
| 12 17.6 | 15 21.0 | 15 22.7 | 15 06.3 | 15 13.1 | 16 01.8 | 15 02.7 | 15 17.1 | 15 01.5 | 15 10.3 | 16 01.6 | 15 04.3 |
| 13 23.9 | 17 03.3 | 17 05.0 | 16 12.6 | 16 19.4 | 17 08.1 | 16 09.1 | 16 23.4 | 16 07.9 | 16 16.6 | 17 07.9 | 16 10.7 |
| 15 06.3 | 18 09.7 | 18 11.3 | 17 18.9 | 18 01.6 | 18 14.4 | 17 15.4 | 18 05.8 | 17 14.3 | 17 23.0 | 18 14.3 | 17 17.1 |
| 16 12.6 | 19 16.0 | 19 17.7 | 19 01.2 | 19 07.9 | 19 20.7 | 18 21.7 | 19 12.1 | 18 20.6 | 19 05.4 | 19 20.7 | 18 23.5 |
| | | | | | | | | | | | |
| 17 19.0 | 20 22.3 | 21 00.0 | 20 07.5 | 20 14.2 | 21 03.0 | 20 04.0 | 20 18.5 | 20 03.0 | 20 11.7 | 21 03.1 | 20 05.9 |
| 19 01.3 | 22 04.7 | 22 06.3 | 21 13.8 | 21 20.4 | 22 09.3 | 21 10.4 | 22 00.8 | 21 09.3 | 21 18.1 | 22 09.5 | 21 12.3 |
| 20 07.7 | 23 11.0 | 23 12.6 | 22 20.0 | 23 02.7 | 23 15.6 | 22 16.7 | 23 07.2 | 22 15.7 | 23 00.5 | 23 15.8 | 22 18.6 |
| 21 14.0 | 24 17.4 | 24 19.0 | 24 02.3 | 24 09.0 | 24 21.8 | 23 23.0 | 24 13.5 | 23 22.1 | 24 06.8 | 24 22.2 | 24 01.0 |
| 22 20.4 | 25 23.7 | 26 1.3 | 25 08.6 | 25 15.2 | 26 04.1 | 25 05.3 | 25 19.9 | 25 04.4 | 25 13.2 | 26 04.6 | 25 07.4 |
| | | | | | | | | | | | |
| 24 02.7 | 27 06.0 | 27 07.6 | 26 14.9 | 26 21.5 | 27 10.4 | 26 11.7 | 27 02.2 | 26 10.8 | 26 19.6 | 27 11.0 | 26 13.8 |
| 25 09.1 | 28 12.4 | 28 13.9 | 27 21.2 | 28 03.8 | 28 16.7 | 27 18.0 | 28 08.6 | 27 17.1 | 28 01.9 | 28 17.3 | 27 20.2 |
| 26 15.4 | 29 18.7 | 29 20.2 | 29 03.5 | 29 10.0 | 29 23.0 | 29 00.3 | 29 14.9 | 28 23.5 | 29 08.3 | 29 23.7 | 29 02.6 |
| 27 21.8 | | 31 02.6 | 30 09.8 | 30 16.3 | | 30 06.7 | 30 21.3 | 30 05.9 | 30 14.7 | | 30 09.0 |
| 29 04.1 | | | | 31 22.6 | | 31 13.0 | | | 31 21.1 | | 31 15.4 |
| | | | | | | | | | | | |
| 30 10.5 | | | | | | | | | | | |
| 31 16.8 | | | | | | | | | | | 32 21.7 |

# SATELLITES OF MARS, 2016

## I Phobos

UNIVERSAL TIME OF EVERY THIRD GREATEST EASTERN ELONGATION

| Jan. | Feb. | Mar. | Apr. | May | June | July | Aug. | Sept. | Oct. | Nov. | Dec. |
|---|---|---|---|---|---|---|---|---|---|---|---|
| d h | d h | d h | d h | d h | d h | d h | d h | d h | d h | d h | d h |
| −1 23.5 | 1 12.5 | 1 05.6 | 1 19.5 | 1 11.3 | 1 01.9 | 1 16.5 | 1 07.5 | 1 21.5 | 1 13.7 | 1 04.9 | 1 20.1 |
| 0 22.5 | 2 11.5 | 2 04.6 | 2 18.4 | 2 10.2 | 2 00.8 | 2 15.5 | 2 06.4 | 2 20.5 | 2 12.6 | 2 03.8 | 2 19.1 |
| 1 21.5 | 3 10.5 | 3 03.5 | 3 17.4 | 3 09.2 | 2 23.8 | 3 14.5 | 3 05.4 | 3 19.4 | 3 11.6 | 3 02.8 | 3 18.1 |
| 2 20.4 | 4 09.4 | 4 02.5 | 4 16.4 | 4 08.1 | 3 22.7 | 4 13.4 | 4 04.4 | 4 18.4 | 4 10.6 | 4 01.8 | 4 17.1 |
| 3 19.4 | 5 08.4 | 5 01.5 | 5 15.3 | 5 07.1 | 4 21.7 | 5 12.4 | 5 03.3 | 5 17.4 | 5 09.6 | 5 00.8 | 5 16.1 |
| 4 18.4 | 6 07.4 | 6 00.4 | 6 14.3 | 6 06.1 | 5 20.6 | 6 11.4 | 6 02.3 | 6 16.4 | 6 08.5 | 5 23.8 | 6 15.0 |
| 5 17.4 | 7 06.4 | 6 23.4 | 7 13.3 | 7 05.0 | 6 19.6 | 7 10.3 | 7 01.3 | 7 15.3 | 7 07.5 | 6 22.7 | 7 14.0 |
| 6 16.3 | 8 05.3 | 7 22.4 | 8 12.2 | 8 04.0 | 7 18.5 | 8 09.3 | 8 00.2 | 8 14.3 | 8 06.5 | 7 21.7 | 8 13.0 |
| 7 15.3 | 9 04.3 | 8 21.3 | 9 11.2 | 9 02.9 | 8 17.5 | 9 08.2 | 8 23.2 | 9 13.3 | 9 05.5 | 8 20.7 | 9 12.0 |
| 8 14.3 | 10 03.3 | 9 20.3 | 10 10.2 | 10 01.9 | 9 16.5 | 10 07.2 | 9 22.2 | 10 12.2 | 10 04.4 | 9 19.7 | 10 10.9 |
| 9 13.2 | 11 02.2 | 10 19.3 | 11 09.1 | 11 00.8 | 10 15.4 | 11 06.2 | 10 21.1 | 11 11.2 | 11 03.4 | 10 18.6 | 11 09.9 |
| 10 12.2 | 12 01.2 | 11 18.2 | 12 08.1 | 11 23.8 | 11 14.4 | 12 05.1 | 11 20.1 | 12 10.2 | 12 02.4 | 11 17.6 | 12 08.9 |
| 11 11.2 | 13 00.2 | 12 17.2 | 13 07.0 | 12 22.8 | 12 13.3 | 13 04.1 | 12 19.1 | 13 09.2 | 13 01.4 | 12 16.6 | 13 07.9 |
| 12 10.2 | 13 23.1 | 13 16.2 | 14 06.0 | 13 21.7 | 13 12.3 | 14 03.1 | 13 18.1 | 14 08.1 | 14 00.3 | 13 15.6 | 14 06.9 |
| 13 09.1 | 14 22.1 | 14 15.1 | 15 05.0 | 14 20.7 | 14 11.2 | 15 02.0 | 14 17.0 | 15 07.1 | 14 23.3 | 14 14.5 | 15 05.8 |
| 14 08.1 | 15 21.1 | 15 14.1 | 16 03.9 | 15 19.6 | 15 10.2 | 16 01.0 | 16 16.0 | 16 06.1 | 15 22.3 | 15 13.5 | 16 04.8 |
| 15 07.1 | 16 20.0 | 16 13.1 | 17 02.9 | 16 18.6 | 16 09.2 | 16 24.0 | 16 15.0 | 17 05.1 | 16 21.3 | 16 12.5 | 17 03.8 |
| 16 06.0 | 17 19.0 | 17 12.0 | 18 01.8 | 17 17.5 | 17 08.1 | 17 22.9 | 17 13.9 | 18 04.0 | 17 20.2 | 17 11.5 | 18 02.8 |
| 17 05.0 | 18 18.0 | 18 11.0 | 19 00.8 | 18 16.5 | 18 07.1 | 18 21.9 | 18 12.9 | 19 03.0 | 18 19.2 | 18 10.5 | 19 01.8 |
| 18 04.0 | 19 17.0 | 19 10.0 | 19 23.8 | 19 15.4 | 19 06.0 | 19 20.9 | 19 11.9 | 20 02.0 | 19 18.2 | 19 09.4 | 20 00.7 |
| 19 03.0 | 20 15.9 | 20 08.9 | 20 22.7 | 20 14.4 | 20 05.0 | 20 19.8 | 20 10.9 | 21 01.0 | 20 17.2 | 20 08.4 | 20 23.7 |
| 20 01.9 | 21 14.9 | 21 07.9 | 21 21.7 | 21 13.4 | 21 04.0 | 21 18.8 | 21 09.8 | 21 23.9 | 21 16.1 | 21 07.4 | 21 22.7 |
| 21 00.9 | 22 13.9 | 22 06.9 | 22 20.6 | 22 12.3 | 22 02.9 | 22 17.8 | 22 08.8 | 22 22.9 | 22 15.1 | 22 06.4 | 22 21.7 |
| 21 23.9 | 23 12.8 | 23 05.8 | 23 19.6 | 23 11.3 | 23 01.9 | 23 16.7 | 23 07.8 | 23 21.9 | 23 14.1 | 23 05.3 | 23 20.7 |
| 22 22.8 | 24 11.8 | 24 04.8 | 24 18.6 | 24 10.2 | 24 00.8 | 24 15.7 | 24 06.7 | 24 20.9 | 24 13.1 | 24 04.3 | 24 19.6 |
| 23 21.8 | 25 10.8 | 25 03.8 | 25 17.5 | 25 09.2 | 24 23.8 | 25 14.7 | 25 05.7 | 25 19.8 | 25 12.0 | 25 03.3 | 25 18.6 |
| 24 20.8 | 26 09.7 | 26 02.7 | 26 16.5 | 26 08.1 | 25 22.8 | 26 13.6 | 26 04.7 | 26 18.8 | 26 11.0 | 26 02.3 | 26 17.6 |
| 25 19.7 | 27 08.7 | 27 01.7 | 27 15.4 | 27 07.1 | 26 21.7 | 27 12.6 | 27 03.7 | 27 17.8 | 27 10.0 | 27 01.3 | 27 16.6 |
| 26 18.7 | 28 07.7 | 28 00.7 | 28 14.4 | 28 06.0 | 27 20.7 | 28 11.6 | 28 02.6 | 28 16.7 | 28 09.0 | 28 00.2 | 28 15.5 |
| 27 17.7 | 29 06.6 | 28 23.6 | 29 13.4 | 29 05.0 | 28 19.6 | 29 10.5 | 29 01.6 | 29 15.7 | 29 07.9 | 28 23.2 | 29 14.5 |
| 28 16.7 |  | 29 22.6 | 30 12.3 | 30 03.9 | 29 18.6 | 30 09.5 | 30 00.6 | 30 14.7 | 30 06.9 | 29 22.2 | 30 13.5 |
| 29 15.6 |  | 30 21.6 |  | 31 02.9 | 30 17.6 | 31 08.5 | 30 23.5 |  | 31 05.9 | 30 21.2 | 31 12.5 |
| 30 14.6 |  | 31 20.5 |  |  |  |  | 31 22.5 |  |  |  | 32 11.5 |
| 31 13.6 |  |  |  |  |  |  |  |  |  |  |  |

# SATELLITES OF JUPITER, 2016

## APPARENT ORBITS OF SATELLITES I–IV AT 0ʰ UNIVERSAL TIME ON THE DATE OF OPPOSITION, MARCH 8

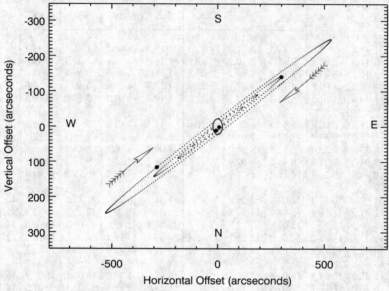

Orbits elongated in ratio of 1.6 to 1 in the North-South direction.

| NAME | MEAN SIDEREAL PERIOD | | | | | NAME | MEAN SIDEREAL PERIOD |
|---|---|---|---|---|---|---|---|
| | d | h | m | s | d | | d |
| V Amalthea | 0 | 11 | 57 | 22.673 = | 0.498 179 08 | XIII Leda | 240.92 |
| I Io | 1 | 18 | 27 | 33.503 = | 1.769 137 761 | X Lysithea | 259.20 |
| II Europa | 3 | 13 | 13 | 42.043 = | 3.551 181 055 | XII Ananke | 629.77 R |
| III Ganymede | 7 | 03 | 42 | 33.401 = | 7.154 553 25 | XI Carme | 734.17 R |
| IV Callisto | 16 | 16 | 32 | 11.069 = | 16.689 017 0 | VIII Pasiphae | 743.63 R |
| VI Himalia | | | | 250.56 | | IX Sinope | 758.90 R |
| VII Elara | | | | 259.64 | | | |

## V  Amalthea

### UNIVERSAL TIME OF EVERY TWENTIETH GREATEST EASTERN ELONGATION

| | d h | | d h | | d h | | d h | | d h |
|---|---|---|---|---|---|---|---|---|---|
| Jan. | −3 23.2 | Mar. | 17 15.9 | June | 5 09.0 | Aug. | 24 02.5 | Nov. | 11 20.1 |
| | 7 22.3 | | 27 15.0 | | 15 08.2 | Sept. | 3 01.7 | | 21 19.3 |
| | 17 21.4 | Apr. | 6 14.1 | | 25 07.3 | | 13 00.9 | Dec. | 1 18.4 |
| | 27 20.5 | | 16 13.3 | July | 5 06.5 | | 23 00.1 | | 11 17.6 |
| Feb. | 6 19.6 | | 26 12.4 | | 15 05.7 | Oct. | 2 23.3 | | 21 16.7 |
| | 16 18.7 | May | 6 11.5 | | 25 04.9 | | 12 22.5 | | 31 15.9 |
| | 26 17.8 | | 16 10.7 | Aug. | 4 04.1 | | 22 21.7 | | 41 15.0 |
| Mar. | 7 16.9 | | 26 09.8 | | 14 03.3 | Nov. | 1 20.9 | | |

### MULTIPLES OF THE MEAN SYNODIC PERIOD

| | d | h | | d | h | | d | h | | d | h |
|---|---|---|---|---|---|---|---|---|---|---|---|
| 1 | 0 | 12.0 | 6 | 2 | 23.7 | 11 | 5 | 11.5 | 16 | 7 | 23.3 |
| 2 | 0 | 23.9 | 7 | 3 | 11.7 | 12 | 5 | 23.5 | 17 | 8 | 11.3 |
| 3 | 1 | 11.9 | 8 | 3 | 23.7 | 13 | 6 | 11.4 | 18 | 8 | 23.2 |
| 4 | 1 | 23.8 | 9 | 4 | 11.6 | 14 | 6 | 23.4 | 19 | 9 | 11.2 |
| 5 | 2 | 11.8 | 10 | 4 | 23.6 | 15 | 7 | 11.4 | 20 | 9 | 23.2 |

## DIFFERENTIAL COORDINATES FOR 0ʰ UNIVERSAL TIME

| Date | | VI Himalia | | VII Elara | | Date | | VI Himalia | | VII Elara | |
|---|---|---|---|---|---|---|---|---|---|---|---|
| | | $\Delta\alpha$ | $\Delta\delta$ | $\Delta\alpha$ | $\Delta\delta$ | | | $\Delta\alpha$ | $\Delta\delta$ | $\Delta\alpha$ | $\Delta\delta$ |
| | | m s | , | m s | , | | | m s | , | m s | , |
| Jan. | −3 | + 2 37 | − 13.7 | − 3 41 | + 6.6 | July | 3 | − 0 36 | + 26.3 | + 1 07 | − 19.7 |
| | 1 | + 2 46 | − 17.0 | − 3 49 | + 9.1 | | 7 | − 0 23 | + 24.7 | + 0 49 | − 19.8 |
| | 5 | + 2 54 | − 20.3 | − 3 56 | + 11.6 | | 11 | − 0 09 | + 22.9 | + 0 31 | − 19.6 |
| | 9 | + 3 01 | − 23.5 | − 4 01 | + 14.1 | | 15 | + 0 04 | + 20.9 | + 0 13 | − 19.2 |
| | 13 | + 3 07 | − 26.6 | − 4 05 | + 16.5 | | 19 | + 0 16 | + 18.8 | − 0 05 | − 18.6 |
| | 17 | + 3 12 | − 29.6 | − 4 07 | + 18.9 | | 23 | + 0 28 | + 16.5 | − 0 23 | − 17.6 |
| | 21 | + 3 15 | − 32.5 | − 4 07 | + 21.1 | | 27 | + 0 39 | + 14.2 | − 0 40 | − 16.6 |
| | 25 | + 3 17 | − 35.1 | − 4 05 | + 23.3 | | 31 | + 0 50 | + 11.7 | − 0 56 | − 15.3 |
| | 29 | + 3 18 | − 37.5 | − 4 02 | + 25.3 | Aug. | 4 | + 1 00 | + 9.2 | − 1 11 | − 13.8 |
| Feb. | 2 | + 3 17 | − 39.7 | − 3 57 | + 27.1 | | 8 | + 1 09 | + 6.7 | − 1 25 | − 12.2 |
| | 6 | + 3 14 | − 41.6 | − 3 50 | + 28.8 | | 12 | + 1 18 | + 4.1 | − 1 38 | − 10.6 |
| | 10 | + 3 09 | − 43.1 | − 3 41 | + 30.2 | | 16 | + 1 26 | + 1.6 | − 1 50 | − 8.8 |
| | 14 | + 3 02 | − 44.2 | − 3 30 | + 31.5 | | 20 | + 1 33 | − 1.0 | − 2 01 | − 6.9 |
| | 18 | + 2 53 | − 45.0 | − 3 18 | + 32.5 | | 24 | + 1 39 | − 3.5 | − 2 11 | − 5.0 |
| | 22 | + 2 43 | − 45.3 | − 3 03 | + 33.3 | | 28 | + 1 45 | − 6.0 | − 2 20 | − 3.0 |
| | 26 | + 2 30 | − 45.2 | − 2 48 | + 33.8 | Sept. | 1 | + 1 50 | − 8.5 | − 2 28 | − 1.0 |
| Mar. | 1 | + 2 16 | − 44.6 | − 2 30 | + 34.0 | | 5 | + 1 55 | − 10.9 | − 2 35 | + 1.0 |
| | 5 | + 2 00 | − 43.6 | − 2 11 | + 34.0 | | 9 | + 1 59 | − 13.2 | − 2 41 | + 3.0 |
| | 9 | + 1 42 | − 42.1 | − 1 52 | + 33.8 | | 13 | + 2 02 | − 15.5 | − 2 46 | + 5.0 |
| | 13 | + 1 23 | − 40.1 | − 1 31 | + 33.3 | | 17 | + 2 05 | − 17.7 | − 2 50 | + 7.0 |
| | 17 | + 1 03 | − 37.7 | − 1 09 | + 32.5 | | 21 | + 2 07 | − 19.8 | − 2 54 | + 8.9 |
| | 21 | + 0 42 | − 34.9 | − 0 47 | + 31.5 | | 25 | + 2 09 | − 21.8 | − 2 57 | + 10.8 |
| | 25 | + 0 20 | − 31.7 | − 0 25 | + 30.3 | | 29 | + 2 10 | − 23.6 | − 2 58 | + 12.7 |
| | 29 | − 0 02 | − 28.2 | − 0 03 | + 28.9 | Oct. | 3 | + 2 11 | − 25.4 | − 3 00 | + 14.6 |
| Apr. | 2 | − 0 23 | − 24.4 | + 0 19 | + 27.3 | | 7 | + 2 11 | − 27.0 | − 3 00 | + 16.4 |
| | 6 | − 0 44 | − 20.4 | + 0 41 | + 25.5 | | 11 | + 2 11 | − 28.5 | − 3 00 | + 18.1 |
| | 10 | − 1 03 | − 16.2 | + 1 01 | + 23.5 | | 15 | + 2 10 | − 29.9 | − 2 59 | + 19.7 |
| | 14 | − 1 22 | − 11.8 | + 1 21 | + 21.4 | | 19 | + 2 08 | − 31.1 | − 2 57 | + 21.3 |
| | 18 | − 1 39 | − 7.5 | + 1 39 | + 19.2 | | 23 | + 2 06 | − 32.1 | − 2 55 | + 22.8 |
| | 22 | − 1 54 | − 3.1 | + 1 56 | + 16.8 | | 27 | + 2 04 | − 32.9 | − 2 52 | + 24.2 |
| | 26 | − 2 07 | + 1.2 | + 2 11 | + 14.3 | | 31 | + 2 01 | − 33.5 | − 2 48 | + 25.5 |
| | 30 | − 2 18 | + 5.4 | + 2 24 | + 11.8 | Nov. | 4 | + 1 57 | − 34.0 | − 2 43 | + 26.7 |
| May | 4 | − 2 26 | + 9.4 | + 2 36 | + 9.2 | | 8 | + 1 53 | − 34.2 | − 2 38 | + 27.8 |
| | 8 | − 2 31 | + 13.1 | + 2 45 | + 6.5 | | 12 | + 1 48 | − 34.1 | − 2 33 | + 28.8 |
| | 12 | − 2 34 | + 16.6 | + 2 52 | + 3.9 | | 16 | + 1 43 | − 33.9 | − 2 26 | + 29.6 |
| | 16 | − 2 35 | + 19.7 | + 2 57 | + 1.2 | | 20 | + 1 36 | − 33.3 | − 2 19 | + 30.4 |
| | 20 | − 2 33 | + 22.4 | + 3 00 | − 1.4 | | 24 | + 1 30 | − 32.5 | − 2 12 | + 30.9 |
| | 24 | − 2 29 | + 24.7 | + 3 00 | − 4.0 | | 28 | + 1 22 | − 31.4 | − 2 03 | + 31.4 |
| | 28 | − 2 23 | + 26.6 | + 2 58 | − 6.4 | Dec. | 2 | + 1 14 | − 30.0 | − 1 54 | + 31.6 |
| June | 1 | − 2 15 | + 28.1 | + 2 53 | − 8.8 | | 6 | + 1 05 | − 28.3 | − 1 44 | + 31.7 |
| | 5 | − 2 06 | + 29.2 | + 2 46 | − 10.9 | | 10 | + 0 55 | − 26.2 | − 1 33 | + 31.5 |
| | 9 | − 1 55 | + 29.8 | + 2 37 | − 12.9 | | 14 | + 0 45 | − 23.8 | − 1 22 | + 31.2 |
| | 13 | − 1 43 | + 30.1 | + 2 26 | − 14.7 | | 18 | + 0 33 | − 21.1 | − 1 10 | + 30.6 |
| | 17 | − 1 31 | + 30.0 | + 2 13 | − 16.2 | | 22 | + 0 22 | − 18.1 | − 0 57 | + 29.9 |
| | 21 | − 1 17 | + 29.5 | + 1 58 | − 17.5 | | 26 | + 0 09 | − 14.8 | − 0 43 | + 28.9 |
| | 25 | − 1 04 | + 28.7 | + 1 42 | − 18.5 | | 30 | − 0 04 | − 11.2 | − 0 29 | + 27.6 |
| | 29 | − 0 50 | + 27.6 | + 1 25 | − 19.2 | | 34 | − 0 17 | − 7.4 | − 0 14 | + 26.0 |

Differential coordinates are given in the sense "satellite minus planet."

# SATELLITES OF JUPITER, 2016

## DIFFERENTIAL COORDINATES FOR 0ʰ UNIVERSAL TIME

| Date | | VIII Pasiphae | | IX Sinope | | X Lysithea | |
|------|---|---------------|----------|-----------|----------|------------|----------|
| | | $\Delta\alpha$ | $\Delta\delta$ | $\Delta\alpha$ | $\Delta\delta$ | $\Delta\alpha$ | $\Delta\delta$ |
| | | m s | ′ | m s | ′ | m s | ′ |
| Jan. | −7 | + 8 30 | + 20.1 | + 5 32 | − 7.4 | + 1 40 | − 33.8 |
| | 3 | + 8 57 | + 19.4 | + 5 29 | − 8.5 | + 2 03 | − 40.4 |
| | 13 | + 9 22 | + 18.9 | + 5 22 | − 9.6 | + 2 23 | − 45.6 |
| | 23 | + 9 44 | + 18.4 | + 5 13 | − 10.8 | + 2 38 | − 49.0 |
| Feb. | 2 | + 10 02 | + 17.9 | + 5 00 | − 12.1 | + 2 46 | − 50.2 |
| | 12 | + 10 16 | + 17.3 | + 4 46 | − 13.5 | + 2 46 | − 48.9 |
| | 22 | + 10 24 | + 16.6 | + 4 29 | − 14.9 | + 2 35 | − 44.8 |
| Mar. | 3 | + 10 27 | + 15.8 | + 4 10 | − 16.4 | + 2 14 | − 38.1 |
| | 13 | + 10 23 | + 14.7 | + 3 48 | − 17.8 | + 1 43 | − 29.1 |
| | 23 | + 10 15 | + 13.4 | + 3 25 | − 18.9 | + 1 06 | − 18.3 |
| Apr. | 2 | + 10 01 | + 11.9 | + 2 59 | − 19.9 | + 0 24 | − 6.7 |
| | 12 | + 9 44 | + 10.1 | + 2 31 | − 20.4 | − 0 17 | + 4.8 |
| | 22 | + 9 23 | + 8.1 | + 2 01 | − 20.7 | − 0 55 | + 15.3 |
| May | 2 | + 9 00 | + 6.0 | + 1 30 | − 20.6 | − 1 25 | + 24.1 |
| | 12 | + 8 34 | + 3.8 | + 0 58 | − 20.1 | − 1 46 | + 30.4 |
| | 22 | + 8 07 | + 1.6 | + 0 24 | − 19.2 | − 1 56 | + 33.9 |
| June | 1 | + 7 38 | − 0.4 | − 0 09 | − 18.1 | − 1 57 | + 34.5 |
| | 11 | + 7 08 | − 2.4 | − 0 43 | − 16.8 | − 1 49 | + 32.4 |
| | 21 | + 6 37 | − 4.1 | − 1 17 | − 15.2 | − 1 35 | + 28.0 |
| July | 1 | + 6 03 | − 5.5 | − 1 49 | − 13.5 | − 1 16 | + 21.9 |
| | 11 | + 5 28 | − 6.8 | − 2 22 | − 11.7 | − 0 54 | + 14.8 |
| | 21 | + 4 51 | − 7.7 | − 2 53 | − 9.7 | − 0 32 | + 7.0 |
| | 31 | + 4 13 | − 8.3 | − 3 23 | − 7.8 | − 0 09 | − 0.7 |
| Aug. | 10 | + 3 32 | − 8.7 | − 3 52 | − 5.9 | + 0 12 | − 8.1 |
| | 20 | + 2 49 | − 8.7 | − 4 20 | − 4.0 | + 0 32 | − 14.9 |
| | 30 | + 2 04 | − 8.5 | − 4 47 | − 2.3 | + 0 50 | − 20.9 |
| Sept. | 9 | + 1 18 | − 8.1 | − 5 12 | − 0.7 | + 1 07 | − 26.0 |
| | 19 | + 0 31 | − 7.5 | − 5 37 | + 0.8 | + 1 22 | − 30.1 |
| | 29 | − 0 17 | − 6.8 | − 5 59 | + 2.1 | + 1 35 | − 33.1 |
| Oct. | 9 | − 1 03 | − 5.9 | − 6 21 | + 3.1 | + 1 47 | − 35.1 |
| | 19 | − 1 45 | − 5.1 | − 6 41 | + 4.0 | + 1 57 | − 35.9 |
| | 29 | − 2 22 | − 4.3 | − 7 00 | + 4.6 | + 2 05 | − 35.6 |
| Nov. | 8 | − 2 50 | − 3.7 | − 7 17 | + 5.0 | + 2 10 | − 34.0 |
| | 18 | − 3 07 | − 3.2 | − 7 33 | + 5.1 | + 2 12 | − 31.2 |
| | 28 | − 3 13 | − 2.9 | − 7 47 | + 5.0 | + 2 11 | − 27.1 |
| Dec. | 8 | − 3 09 | − 2.7 | − 8 00 | + 4.7 | + 2 04 | − 21.5 |
| | 18 | − 2 55 | − 2.6 | − 8 12 | + 4.2 | + 1 51 | − 14.7 |
| | 28 | − 2 34 | − 2.5 | − 8 21 | + 3.7 | + 1 31 | − 6.7 |
| | 38 | − 2 07 | − 2.4 | − 8 30 | + 3.0 | + 1 04 | + 2.2 |

Differential coordinates are given in the sense "satellite minus planet."

## DIFFERENTIAL COORDINATES FOR 0ʰ UNIVERSAL TIME

| Date | | XI Carme $\Delta\alpha$ | XI Carme $\Delta\delta$ | XII Ananke $\Delta\alpha$ | XII Ananke $\Delta\delta$ | XIII Leda $\Delta\alpha$ | XIII Leda $\Delta\delta$ |
|------|---|------|------|------|------|------|------|
| | | m s | , | m s | , | m s | , |
| Jan. | −7 | + 6 55 | − 73.5 | + 4 42 | − 8.0 | − 2 51 | + 2.0 |
| | 3 | + 6 57 | − 73.5 | + 4 58 | − 15.5 | − 3 04 | − 0.8 |
| | 13 | + 6 58 | − 73.1 | + 5 08 | − 23.1 | − 3 01 | − 3.7 |
| | 23 | + 6 58 | − 72.4 | + 5 12 | − 30.6 | − 2 37 | − 6.4 |
| Feb. | 2 | + 6 56 | − 71.2 | + 5 10 | − 37.8 | − 1 53 | − 8.7 |
| | 12 | + 6 52 | − 69.5 | + 5 03 | − 44.5 | − 0 51 | − 10.0 |
| | 22 | + 6 46 | − 67.2 | + 4 50 | − 50.6 | + 0 21 | − 10.2 |
| Mar. | 3 | + 6 36 | − 64.2 | + 4 32 | − 55.9 | + 1 33 | − 9.2 |
| | 13 | + 6 23 | − 60.5 | + 4 11 | − 60.2 | + 2 35 | − 7.0 |
| | 23 | + 6 06 | − 56.3 | + 3 45 | − 63.4 | + 3 21 | − 3.9 |
| Apr. | 2 | + 5 46 | − 51.4 | + 3 17 | − 65.5 | + 3 48 | − 0.3 |
| | 12 | + 5 21 | − 46.1 | + 2 47 | − 66.4 | + 3 56 | + 3.5 |
| | 22 | + 4 53 | − 40.5 | + 2 15 | − 66.3 | + 3 48 | + 7.1 |
| May | 2 | + 4 21 | − 34.7 | + 1 42 | − 65.2 | + 3 27 | + 10.1 |
| | 12 | + 3 48 | − 28.8 | + 1 08 | − 63.4 | + 2 58 | + 12.4 |
| | 22 | + 3 12 | − 22.8 | + 0 33 | − 60.8 | + 2 22 | + 13.9 |
| June | 1 | + 2 35 | − 16.8 | − 0 01 | − 57.6 | + 1 43 | + 14.6 |
| | 11 | + 1 58 | − 10.9 | − 0 35 | − 54.1 | + 1 03 | + 14.5 |
| | 21 | + 1 20 | − 5.0 | − 1 08 | − 50.1 | + 0 24 | + 13.7 |
| July | 1 | + 0 43 | + 0.7 | − 1 41 | − 45.9 | − 0 13 | + 12.4 |
| | 11 | + 0 07 | + 6.3 | − 2 12 | − 41.6 | − 0 47 | + 10.6 |
| | 21 | − 0 29 | + 11.6 | − 2 42 | − 37.1 | − 1 17 | + 8.4 |
| | 31 | − 1 02 | + 16.6 | − 3 11 | − 32.5 | − 1 43 | + 6.1 |
| Aug. | 10 | − 1 32 | + 21.2 | − 3 38 | − 28.0 | − 2 04 | + 3.6 |
| | 20 | − 2 00 | + 25.4 | − 4 03 | − 23.5 | − 2 18 | + 1.3 |
| | 30 | − 2 23 | + 28.9 | − 4 27 | − 19.1 | − 2 24 | − 0.9 |
| Sept. | 9 | − 2 42 | + 31.7 | − 4 49 | − 14.8 | − 2 21 | − 2.6 |
| | 19 | − 2 56 | + 33.8 | − 5 09 | − 10.7 | − 2 08 | − 3.8 |
| | 29 | − 3 05 | + 34.9 | − 5 28 | − 6.7 | − 1 45 | − 4.2 |
| Oct. | 9 | − 3 07 | + 35.1 | − 5 44 | − 2.9 | − 1 12 | − 4.0 |
| | 19 | − 3 03 | + 34.3 | − 5 58 | + 0.8 | − 0 33 | − 3.1 |
| | 29 | − 2 53 | + 32.5 | − 6 10 | + 4.3 | + 0 10 | − 1.7 |
| Nov. | 8 | − 2 36 | + 29.8 | − 6 20 | + 7.6 | + 0 53 | − 0.1 |
| | 18 | − 2 14 | + 26.2 | − 6 28 | + 10.8 | + 1 33 | + 1.6 |
| | 28 | − 1 47 | + 21.8 | − 6 33 | + 14.0 | + 2 09 | + 3.0 |
| Dec. | 8 | − 1 15 | + 16.8 | − 6 36 | + 17.1 | + 2 40 | + 4.3 |
| | 18 | − 0 40 | + 11.3 | − 6 36 | + 20.1 | + 3 05 | + 5.2 |
| | 28 | − 0 02 | + 5.4 | − 6 34 | + 23.2 | + 3 23 | + 5.6 |
| | 38 | + 0 38 | − 0.8 | − 6 28 | + 26.4 | + 3 34 | + 5.7 |

Differential coordinates are given in the sense "satellite minus planet."

# SATELLITES OF JUPITER, 2016

## TERRESTRIAL TIME OF SUPERIOR GEOCENTRIC CONJUNCTION

### I Io

| | d | h m | | d | h m | | d | h m | | d | h m |
|------|----|-------|------|----|-------|------|----|-------|------|----|-------|
| Jan. | 1 | 18 00 | Mar. | 21 | 07 52 | June | 8 | 22 28 | Aug. | 27 | 14 46 |
| | 3 | 12 27 | | 23 | 02 18 | | 10 | 16 57 | | 29 | 09 16 |
| | 5 | 06 55 | | 24 | 20 44 | | 12 | 11 26 | | .. | .. .. |
| | 7 | 01 22 | | 26 | 15 10 | | 14 | 05 55 | Oct. | 23 | 06 50 |
| | 8 | 19 50 | | 28 | 09 36 | | 16 | 00 24 | | 25 | 01 20 |
| | 10 | 14 17 | | 30 | 04 03 | | 17 | 18 53 | | 26 | 19 50 |
| | 12 | 08 44 | | 31 | 22 29 | | 19 | 13 23 | | 28 | 14 20 |
| | 14 | 03 11 | Apr. | 2 | 16 56 | | 21 | 07 52 | | 30 | 08 50 |
| | 15 | 21 39 | | 4 | 11 22 | | 23 | 02 21 | Nov. | 1 | 03 20 |
| | 17 | 16 06 | | 6 | 05 49 | | 24 | 20 50 | | 2 | 21 50 |
| | 19 | 10 33 | | 8 | 00 15 | | 26 | 15 20 | | 4 | 16 20 |
| | 21 | 05 00 | | 9 | 18 42 | | 28 | 09 49 | | 6 | 10 50 |
| | 22 | 23 27 | | 11 | 13 08 | | 30 | 04 19 | | 8 | 05 20 |
| | 24 | 17 53 | | 13 | 07 35 | July | 1 | 22 48 | | 9 | 23 49 |
| | 26 | 12 20 | | 15 | 02 02 | | 3 | 17 18 | | 11 | 18 19 |
| | 28 | 06 47 | | 16 | 20 29 | | 5 | 11 47 | | 13 | 12 49 |
| | 30 | 01 13 | | 18 | 14 56 | | 7 | 06 17 | | 15 | 07 19 |
| | 31 | 19 40 | | 20 | 09 23 | | 9 | 00 46 | | 17 | 01 48 |
| Feb. | 2 | 14 07 | | 22 | 03 50 | | 10 | 19 16 | | 18 | 20 18 |
| | 4 | 08 33 | | 23 | 22 17 | | 12 | 13 46 | | 20 | 14 47 |
| | 6 | 02 59 | | 25 | 16 45 | | 14 | 08 16 | | 22 | 09 17 |
| | 7 | 21 26 | | 27 | 11 12 | | 16 | 02 45 | | 24 | 03 47 |
| | 9 | 15 52 | | 29 | 05 39 | | 17 | 21 15 | | 25 | 22 16 |
| | 11 | 10 18 | May | 1 | 00 07 | | 19 | 15 45 | | 27 | 16 46 |
| | 13 | 04 45 | | 2 | 18 34 | | 21 | 10 15 | | 29 | 11 15 |
| | 14 | 23 11 | | 4 | 13 02 | | 23 | 04 45 | Dec. | 1 | 05 45 |
| | 16 | 17 37 | | 6 | 07 30 | | 24 | 23 15 | | 3 | 00 14 |
| | 18 | 12 03 | | 8 | 01 57 | | 26 | 17 44 | | 4 | 18 43 |
| | 20 | 06 29 | | 9 | 20 25 | | 28 | 12 14 | | 6 | 13 13 |
| | 22 | 00 55 | | 11 | 14 53 | | 30 | 06 44 | | 8 | 07 42 |
| | 23 | 19 21 | | 13 | 09 21 | Aug. | 1 | 01 14 | | 10 | 02 11 |
| | 25 | 13 47 | | 15 | 03 49 | | 2 | 19 44 | | 11 | 20 40 |
| | 27 | 08 13 | | 16 | 22 17 | | 4 | 14 14 | | 13 | 15 09 |
| | 29 | 02 39 | | 18 | 16 45 | | 6 | 08 44 | | 15 | 09 38 |
| Mar. | 1 | 21 05 | | 20 | 11 13 | | 8 | 03 14 | | 17 | 04 07 |
| | 3 | 15 31 | | 22 | 05 42 | | 9 | 21 44 | | 18 | 22 37 |
| | 5 | 09 57 | | 24 | 00 10 | | 11 | 16 15 | | 20 | 17 05 |
| | 7 | 04 23 | | 25 | 18 39 | | 13 | 10 45 | | 22 | 11 34 |
| | 8 | 22 49 | | 27 | 13 07 | | 15 | 05 15 | | 24 | 06 03 |
| | 10 | 17 15 | | 29 | 07 36 | | 16 | 23 45 | | 26 | 00 32 |
| | 12 | 11 41 | | 31 | 02 04 | | 18 | 18 15 | | 27 | 19 01 |
| | 14 | 06 07 | June | 1 | 20 33 | | 20 | 12 45 | | 29 | 13 30 |
| | 16 | 00 33 | | 3 | 15 02 | | 22 | 07 15 | | 31 | 07 58 |
| | 17 | 18 59 | | 5 | 09 30 | | 24 | 01 45 | | | |
| | 19 | 13 25 | | 7 | 03 59 | | 25 | 20 16 | | | |

".. .. .." indicates Jupiter too close to the Sun for observations between August 31 and October 22.

## TERRESTRIAL TIME OF SUPERIOR GEOCENTRIC CONJUNCTION

### II Europa

| | d | h m | | d | h m | | d | h m | | d | h m |
|---|---|---|---|---|---|---|---|---|---|---|---|
| Jan. | 2 | 09 20 | Mar. | 23 | 23 41 | June | 13 | 15 32 | | .. | .. .. |
| | 5 | 22 34 | | 27 | 12 48 | | 17 | 04 51 | Oct. | 23 | 07 06 |
| | 9 | 11 47 | | 31 | 01 56 | | 20 | 18 10 | | 26 | 20 31 |
| | 13 | 00 59 | Apr. | 3 | 15 04 | | 24 | 07 30 | | 30 | 09 55 |
| | 16 | 14 11 | | 7 | 04 12 | | 27 | 20 50 | Nov. | 2 | 23 20 |
| | 20 | 03 22 | | 10 | 17 21 | July | 1 | 10 11 | | 6 | 12 45 |
| | 23 | 16 32 | | 14 | 06 30 | | 4 | 23 32 | | 10 | 02 09 |
| | 27 | 05 42 | | 17 | 19 40 | | 8 | 12 53 | | 13 | 15 33 |
| | 30 | 18 52 | | 21 | 08 51 | | 12 | 02 15 | | 17 | 04 57 |
| Feb. | 3 | 08 01 | | 24 | 22 01 | | 15 | 15 37 | | 20 | 18 20 |
| | 6 | 21 10 | | 28 | 11 13 | | 19 | 04 59 | | 24 | 07 44 |
| | 10 | 10 18 | May | 2 | 00 25 | | 22 | 18 22 | | 27 | 21 06 |
| | 13 | 23 25 | | 5 | 13 38 | | 26 | 07 45 | Dec. | 1 | 10 29 |
| | 17 | 12 33 | | 9 | 02 51 | | 29 | 21 08 | | 4 | 23 51 |
| | 21 | 01 40 | | 12 | 16 04 | Aug. | 2 | 10 31 | | 8 | 13 14 |
| | 24 | 14 47 | | 16 | 05 19 | | 5 | 23 55 | | 12 | 02 35 |
| | 28 | 03 54 | | 19 | 18 34 | | 9 | 13 19 | | 15 | 15 57 |
| Mar. | 2 | 17 00 | | 23 | 07 49 | | 13 | 02 43 | | 19 | 05 17 |
| | 6 | 06 07 | | 26 | 21 05 | | 16 | 16 07 | | 22 | 18 38 |
| | 9 | 19 13 | | 30 | 10 21 | | 20 | 05 32 | | 26 | 07 57 |
| | 13 | 08 20 | June | 2 | 23 38 | | 23 | 18 57 | | 29 | 21 17 |
| | 16 | 21 27 | | 6 | 12 56 | | 27 | 08 21 | | | |
| | 20 | 10 33 | | 10 | 02 14 | | 30 | 21 46 | | | |

### III Ganymede

| | d | h m | | d | h m | | d | h m | | d | h m |
|---|---|---|---|---|---|---|---|---|---|---|---|
| Jan. | 1 | 20 43 | Mar. | 20 | 10 25 | June | 7 | 02 15 | Aug. | 25 | 01 06 |
| | 9 | 00 26 | | 27 | 13 43 | | 14 | 06 18 | | .. | .. .. |
| | 16 | 04 06 | Apr. | 3 | 17 04 | | 21 | 10 24 | Oct. | 28 | 17 00 |
| | 23 | 07 40 | | 10 | 20 28 | | 28 | 14 33 | Nov. | 4 | 21 24 |
| | 30 | 11 10 | | 17 | 23 56 | July | 5 | 18 45 | | 12 | 01 47 |
| Feb. | 6 | 14 36 | | 25 | 03 28 | | 12 | 22 59 | | 19 | 06 07 |
| | 13 | 17 58 | May | 2 | 07 05 | | 20 | 03 15 | | 26 | 10 26 |
| | 20 | 21 17 | | 9 | 10 47 | | 27 | 07 34 | Dec. | 3 | 14 43 |
| | 28 | 00 34 | | 16 | 14 33 | Aug. | 3 | 11 55 | | 10 | 18 56 |
| Mar. | 6 | 03 51 | | 23 | 18 23 | | 10 | 16 17 | | 17 | 23 07 |
| | 13 | 07 07 | | 30 | 22 17 | | 17 | 20 41 | | 25 | 03 15 |

### IV Callisto

| | d | h m | | d | h m | | d | h m | | d | h m |
|---|---|---|---|---|---|---|---|---|---|---|---|
| Jan. | 3 | 00 35 | Mar. | 26 | 03 08 | June | 17 | 13 15 | | .. | .. .. |
| | 19 | 16 53 | Apr. | 11 | 17 49 | July | 4 | 08 11 | Oct. | 30 | 06 18 |
| Feb. | 5 | 08 13 | | 28 | 09 17 | | 21 | 03 43 | Nov. | 16 | 02 34 |
| | 21 | 22 48 | May | 15 | 01 41 | Aug. | 6 | 23 41 | Dec. | 2 | 22 26 |
| Mar. | 9 | 12 57 | | 31 | 19 03 | | 23 | 20 00 | | 19 | 17 48 |

".. .. .." indicates Jupiter too close to the Sun for observations between August 31 and October 22.

# SATELLITES OF JUPITER, 2016

## UNIVERSAL TIME OF GEOCENTRIC PHENOMENA

### JANUARY

| d | h m | | | | d | h m | | | | d | h m | | | | d | h m | | | |
|---|-----|--|--|--|---|-----|--|--|--|---|-----|--|--|--|---|-----|--|--|--|
| 0 | 00 38 | I | Oc | R | 7 | 22 40 | I | Sh | E | 16 | 01 34 | III | Ec | R | 23 | 20 55 | I | Sh | E |
|  | 10 30 | II | Sh | I |  | 23 46 | I | Tr | E |  | 02 29 | III | Oc | D |  | 21 49 | I | Tr | E |
|  | 12 54 | II | Tr | I |  |  |  |  |  |  | 05 40 | III | Oc | R | 24 | 15 48 | I | Ec | D |
|  | 13 19 | II | Sh | E | 8 | 17 32 | I | Ec | D |  | 10 42 | II | Ec | D |  | 19 00 | I | Oc | R |
|  | 15 39 | II | Tr | E |  | 18 10 | III | Ec | D |  | 15 31 | II | Oc | R | 25 | 07 33 | II | Sh | I |
|  | 18 32 | I | Sh | I |  | 20 56 | I | Oc | R |  | 16 46 | I | Sh | I |  | 09 26 | II | Tr | I |
|  | 19 42 | I | Tr | I |  | 21 36 | III | Ec | R |  | 17 48 | I | Tr | I |  | 10 22 | II | Sh | E |
|  | 20 47 | I | Sh | E |  | 22 49 | III | Oc | D |  | 19 02 | I | Sh | E |  | 12 10 | II | Tr | E |
|  | 21 56 | I | Tr | E | 9 | 02 01 | III | Oc | R |  | 20 02 | I | Tr | E |  | 13 08 | I | Sh | I |
| 1 | 14 12 | III | Ec | D |  | 08 08 | II | Ec | D | 17 | 13 54 | I | Ec | D |  | 14 02 | I | Tr | I |
|  | 15 39 | I | Ec | D |  | 13 07 | II | Oc | R |  | 17 12 | I | Oc | R |  | 15 23 | I | Sh | E |
|  | 17 39 | III | Ec | R |  | 14 53 | I | Sh | I | 18 | 04 58 | II | Sh | I |  | 16 16 | I | Tr | E |
|  | 19 06 | III | Oc | D |  | 15 59 | I | Tr | I |  | 07 03 | II | Tr | I | 26 | 10 16 | I | Ec | D |
|  | 19 06 | I | Oc | R |  | 17 09 | I | Sh | E |  | 07 47 | II | Sh | E |  | 13 26 | I | Oc | R |
|  | 22 19 | III | Oc | R |  | 18 13 | I | Tr | E |  | 09 47 | II | Tr | E |  | 16 04 | III | Sh | I |
| 2 | 05 35 | II | Ec | D | 10 | 12 01 | I | Ec | D |  | 11 15 | I | Sh | I |  | 19 26 | III | Sh | E |
|  | 10 41 | II | Oc | R |  | 15 23 | I | Oc | R |  | 12 15 | I | Tr | I |  | 19 45 | III | Tr | I |
|  | 11 32 | IV | Ec | D |  | 21 12 | IV | Sh | I |  | 13 30 | I | Sh | E |  | 22 53 | III | Tr | E |
|  | 13 00 | I | Sh | I | 11 | 00 43 | IV | Sh | E |  | 14 29 | I | Tr | E | 27 | 02 32 | II | Ec | D |
|  | 14 10 | I | Tr | I |  | 02 23 | II | Sh | I | 19 | 05 32 | IV | Ec | D |  | 07 02 | II | Oc | R |
|  | 15 10 | IV | Ec | R |  | 04 37 | II | Tr | I |  | 08 23 | I | Ec | D |  | 07 36 | I | Sh | I |
|  | 15 16 | I | Sh | E |  | 05 11 | II | Sh | E |  | 09 02 | IV | Ec | R |  | 08 28 | I | Tr | I |
|  | 16 24 | I | Tr | E |  | 07 21 | II | Tr | E |  | 11 39 | I | Oc | R |  | 09 51 | I | Sh | E |
|  | 23 24 | IV | Oc | D |  | 08 04 | IV | Tr | I |  | 12 07 | III | Sh | I |  | 10 42 | I | Tr | E |
| 3 | 01 41 | IV | Oc | R |  | 09 22 | I | Sh | I |  | 15 30 | III | Sh | E |  | 15 10 | IV | Sh | I |
|  | 10 07 | I | Ec | D |  | 10 12 | IV | Tr | E |  | 15 52 | IV | Oc | D |  | 18 34 | IV | Sh | E |
|  | 13 34 | I | Oc | R |  | 10 27 | I | Tr | I |  | 16 14 | III | Tr | I | 28 | 00 03 | IV | Tr | I |
|  | 23 48 | II | Sh | I |  | 11 37 | I | Sh | E |  | 17 49 | IV | Oc | R |  | 01 55 | IV | Tr | E |
| 4 | 02 09 | II | Tr | I |  | 12 40 | I | Tr | E |  | 19 22 | III | Tr | E |  | 04 45 | I | Ec | D |
|  | 02 36 | II | Sh | E | 12 | 06 29 | I | Ec | D |  | 23 59 | II | Ec | D |  | 07 53 | I | Oc | R |
|  | 04 54 | II | Tr | E |  | 08 10 | III | Sh | I | 20 | 04 42 | II | Oc | R |  | 20 50 | II | Sh | I |
|  | 07 29 | I | Sh | I |  | 09 51 | I | Oc | R |  | 05 43 | I | Sh | I |  | 22 37 | II | Tr | I |
|  | 08 37 | I | Tr | I |  | 11 33 | III | Sh | E |  | 06 42 | I | Tr | I |  | 23 39 | II | Sh | E |
|  | 09 44 | I | Sh | E |  | 12 37 | III | Tr | I |  | 07 58 | I | Sh | E | 29 | 01 20 | II | Tr | E |
|  | 10 51 | I | Tr | E |  | 15 46 | III | Tr | E |  | 08 55 | I | Tr | E |  | 02 04 | I | Sh | I |
| 5 | 04 13 | III | Sh | I |  | 21 25 | II | Ec | D | 21 | 02 51 | I | Ec | D |  | 02 55 | I | Tr | I |
|  | 04 36 | I | Ec | D | 13 | 02 19 | II | Oc | R |  | 06 06 | I | Oc | R |  | 04 19 | I | Sh | E |
|  | 07 36 | III | Sh | E |  | 03 50 | I | Sh | I |  | 18 15 | II | Sh | I |  | 05 09 | I | Tr | E |
|  | 08 01 | I | Oc | R |  | 04 54 | I | Tr | I |  | 20 14 | II | Tr | I |  | 23 13 | I | Ec | D |
|  | 08 56 | III | Tr | I |  | 06 05 | I | Sh | E |  | 21 04 | II | Sh | E | 30 | 02 20 | I | Oc | R |
|  | 12 06 | III | Tr | E |  | 07 08 | I | Tr | E |  | 22 58 | II | Tr | E |  | 06 05 | III | Ec | D |
|  | 18 52 | II | Ec | D | 14 | 00 57 | I | Ec | D | 22 | 00 11 | I | Sh | I |  | 09 29 | III | Ec | R |
|  | 23 54 | II | Oc | R |  | 04 18 | I | Oc | R |  | 01 08 | I | Tr | I |  | 09 35 | III | Oc | D |
| 6 | 01 57 | I | Sh | I |  | 15 40 | II | Sh | I |  | 02 26 | I | Sh | E |  | 12 44 | III | Oc | R |
|  | 03 05 | I | Tr | I |  | 17 50 | II | Tr | I |  | 03 22 | I | Tr | E |  | 15 49 | II | Ec | D |
|  | 04 12 | I | Sh | E |  | 18 29 | II | Sh | E |  | 21 19 | I | Ec | D |  | 20 12 | II | Oc | R |
|  | 05 19 | I | Tr | E |  | 20 34 | II | Tr | E | 23 | 00 33 | I | Oc | R |  | 20 32 | I | Sh | I |
|  | 23 04 | I | Ec | D |  | 22 18 | I | Sh | I |  | 02 06 | III | Ec | D |  | 21 22 | I | Tr | I |
| 7 | 02 29 | I | Oc | R |  | 23 21 | I | Tr | I |  | 05 31 | III | Ec | R |  | 22 48 | I | Sh | E |
|  | 13 05 | II | Sh | I | 15 | 00 33 | I | Sh | E |  | 06 04 | III | Oc | D |  | 23 35 | I | Tr | E |
|  | 15 23 | II | Tr | I |  | 01 35 | I | Tr | E |  | 09 14 | III | Oc | R | 31 | 17 41 | I | Ec | D |
|  | 15 54 | II | Sh | E |  | 19 26 | II | Ec | D |  | 13 15 | II | Ec | D |  | 20 46 | I | Oc | R |
|  | 18 07 | II | Tr | E |  | 22 08 | III | Ec | D |  | 17 52 | II | Oc | R |  |  |  |  |  |
|  | 20 25 | I | Sh | I |  | 22 45 | I | Oc | R |  | 18 39 | I | Sh | I |  |  |  |  |  |
|  | 21 32 | I | Tr | I |  |  |  |  |  |  | 19 35 | I | Tr | I |  |  |  |  |  |

| I. Jan. 15 | II. Jan. 16 | III. Jan. 15, 16 | IV. Jan. 19 |
|---|---|---|---|
| $x_1 = -1.9,\ y_1 = -0.2$ | $x_1 = -2.4,\ y_1 = -0.3$ | $x_1 = -3.2,\ y_1 = -0.5$ <br> $x_2 = -1.4,\ y_2 = -0.5$ | $x_1 = -4.6,\ y_1 = -0.9$ <br> $x_2 = -3.2,\ y_2 = -0.9$ |

NOTE.—I denotes ingress; E, egress; D, disappearance; R, reappearance; Ec, eclipse; Oc, occultation; Tr, transit of the satellite; Sh, transit of the shadow.

## CONFIGURATIONS OF SATELLITES I-IV FOR JANUARY

UNIVERSAL TIME

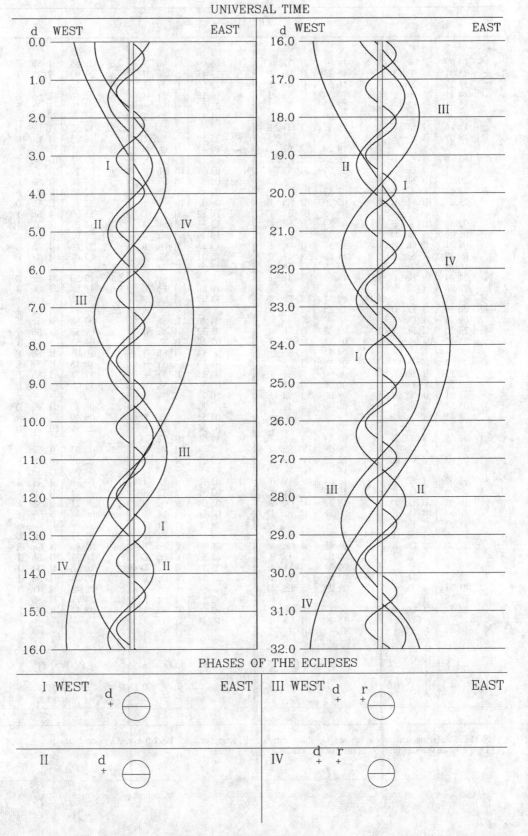

PHASES OF THE ECLIPSES

# SATELLITES OF JUPITER, 2016

## UNIVERSAL TIME OF GEOCENTRIC PHENOMENA

### FEBRUARY

| d | h m | | | | d | h m | | | | d | h m | | | | d | h m | | | |
|---|---|---|---|---|---|---|---|---|---|---|---|---|---|---|---|---|---|---|---|
| 1 | 10 09 | II | Sh | I | 8 | 14 07 | II | Tr | I | 15 | 18 09 | II | Sh | E | 22 | 20 45 | II | Sh | E |
|  | 11 47 | II | Tr | I |  | 15 33 | II | Sh | E |  | 18 47 | I | Sh | I |  | 21 02 | I | Tr | I |
|  | 12 57 | II | Sh | E |  | 16 51 | II | Tr | E |  | 19 09 | II | Tr | E |  | 21 26 | II | Tr | E |
|  | 14 31 | II | Tr | E |  | 16 54 | I | Sh | I |  | 19 18 | I | Tr | I |  | 22 56 | I | Sh | E |
|  | 15 01 | I | Sh | I |  | 17 33 | I | Tr | I |  | 21 02 | I | Sh | E |  | 23 16 | I | Tr | E |
|  | 15 48 | I | Tr | I |  | 19 09 | I | Sh | E |  | 21 32 | I | Tr | E |  |  |  |  |  |
|  | 17 16 | I | Sh | E |  | 19 47 | I | Tr | E |  |  |  |  |  | 23 | 17 52 | I | Ec | D |
|  | 18 02 | I | Tr | E |  |  |  |  |  | 16 | 15 58 | I | Ec | D |  | 20 28 | I | Oc | R |
|  |  |  |  |  | 9 | 14 04 | I | Ec | D |  | 18 43 | I | Oc | R |  |  |  |  |  |
| 2 | 12 10 | I | Ec | D |  | 16 58 | I | Oc | R |  |  |  |  |  | 24 | 07 55 | III | Sh | I |
|  | 15 13 | I | Oc | R |  | 23 59 | III | Sh | I | 17 | 03 57 | III | Sh | I |  | 09 17 | III | Tr | I |
|  | 20 01 | III | Sh | I |  |  |  |  |  |  | 05 58 | III | Tr | I |  | 11 16 | III | Sh | E |
|  | 23 13 | III | Tr | I | 10 | 02 37 | III | Tr | I |  | 07 18 | III | Sh | E |  | 12 25 | III | Tr | E |
|  | 23 23 | III | Sh | E |  | 03 20 | III | Sh | E |  | 09 06 | III | Tr | E |  | 12 46 | II | Ec | D |
| 3 | 02 20 | III | Tr | E |  | 05 45 | III | Tr | E |  | 10 12 | II | Ec | D |  | 15 09 | I | Sh | I |
|  | 05 06 | II | Ec | D |  | 07 39 | II | Ec | D |  | 13 15 | I | Sh | I |  | 15 27 | I | Tr | I |
|  | 09 21 | II | Oc | R |  | 11 22 | I | Sh | I |  | 13 44 | I | Tr | I |  | 16 07 | II | Oc | R |
|  | 09 29 | I | Sh | I |  | 11 38 | II | Oc | R |  | 13 53 | II | Oc | R |  | 17 24 | I | Sh | E |
|  | 10 14 | I | Tr | I |  | 11 59 | I | Tr | I |  | 15 31 | I | Sh | E |  | 17 42 | I | Tr | E |
|  | 11 44 | I | Sh | E |  | 13 38 | I | Sh | E |  | 15 58 | I | Tr | E |  |  |  |  |  |
|  | 12 28 | I | Tr | E |  | 14 13 | I | Tr | E |  |  |  |  |  | 25 | 12 20 | I | Ec | D |
|  |  |  |  |  |  |  |  |  |  | 18 | 10 26 | I | Ec | D |  | 14 54 | I | Oc | R |
| 4 | 06 38 | I | Ec | D | 11 | 08 32 | I | Ec | D |  | 13 09 | I | Oc | R |  |  |  |  |  |
|  | 09 39 | I | Oc | R |  | 11 25 | I | Oc | R |  |  |  |  |  | 26 | 07 14 | II | Sh | I |
|  | 23 26 | II | Sh | I |  |  |  |  |  | 19 | 04 38 | II | Sh | I |  | 07 48 | II | Tr | I |
|  | 23 33 | IV | Ec | D | 12 | 02 02 | II | Sh | I |  | 05 32 | II | Tr | I |  | 09 37 | I | Sh | I |
| 5 | 00 57 | II | Tr | I |  | 03 15 | II | Tr | I |  | 07 27 | II | Sh | E |  | 09 53 | I | Tr | I |
|  | 02 15 | II | Sh | E |  | 04 51 | II | Sh | E |  | 07 44 | I | Sh | I |  | 10 03 | II | Sh | E |
|  | 02 55 | IV | Ec | R |  | 05 50 | I | Sh | I |  | 08 10 | I | Tr | I |  | 10 33 | II | Tr | E |
|  | 03 41 | II | Tr | E |  | 06 00 | II | Tr | E |  | 08 17 | II | Tr | E |  | 11 53 | I | Sh | E |
|  | 03 57 | I | Sh | I |  | 06 25 | I | Tr | I |  | 09 59 | I | Sh | E |  | 12 08 | I | Tr | E |
|  | 04 41 | I | Tr | I |  | 08 06 | I | Sh | E |  | 10 24 | I | Tr | E |  |  |  |  |  |
|  | 06 13 | I | Sh | E |  | 08 40 | I | Tr | E |  |  |  |  |  | 27 | 06 49 | I | Ec | D |
|  | 06 55 | I | Tr | E | 13 | 03 01 | I | Ec | D | 20 | 04 55 | I | Ec | D |  | 09 20 | I | Oc | R |
|  | 07 19 | IV | Oc | D |  | 05 51 | I | Oc | R |  | 07 36 | I | Oc | R |  | 21 57 | III | Ec | D |
|  | 09 03 | IV | Oc | R |  | 09 09 | IV | Sh | I |  | 17 59 | III | Ec | D |  |  |  |  |  |
|  |  |  |  |  |  | 12 25 | IV | Sh | E |  | 22 51 | III | Oc | R | 28 | 02 03 | II | Ec | D |
| 6 | 01 07 | I | Ec | D |  | 14 01 | III | Ec | D |  | 23 29 | II | Ec | D |  | 02 08 | III | Oc | R |
|  | 04 06 | I | Oc | R |  | 15 04 | IV | Tr | I | 21 | 02 12 | I | Sh | I |  | 04 06 | I | Sh | I |
|  | 10 03 | III | Ec | D |  | 16 50 | IV | Tr | E |  | 02 36 | I | Tr | I |  | 04 19 | I | Tr | I |
|  | 16 10 | III | Oc | R |  | 19 32 | III | Oc | R |  | 03 00 | II | Oc | R |  | 05 14 | II | Oc | R |
|  | 18 22 | II | Ec | D |  | 20 56 | II | Ec | D |  | 04 28 | I | Sh | E |  | 06 21 | I | Sh | E |
|  | 22 26 | I | Sh | I | 14 | 00 19 | I | Sh | I |  | 04 50 | I | Tr | E |  | 06 34 | I | Tr | E |
|  | 22 30 | II | Oc | R |  | 00 45 | II | Oc | R |  | 17 36 | IV | Ec | D |  |  |  |  |  |
|  | 23 07 | I | Tr | I |  | 00 52 | I | Tr | I |  | 20 49 | IV | Ec | R | 29 | 01 17 | I | Ec | D |
|  |  |  |  |  |  | 02 34 | I | Sh | E |  | 21 53 | IV | Oc | D |  | 03 46 | I | Oc | R |
| 7 | 00 41 | I | Sh | E |  | 03 06 | I | Tr | E |  | 23 23 | I | Ec | D |  | 20 33 | II | Sh | I |
|  | 01 21 | I | Tr | E |  | 21 29 | I | Ec | D |  | 23 38 | IV | Oc | R |  | 20 56 | II | Tr | I |
|  | 19 35 | I | Ec | D | 15 | 00 17 | I | Oc | R | 22 | 02 02 | I | Oc | R |  | 22 34 | I | Sh | I |
|  | 22 32 | I | Oc | R |  | 15 20 | II | Sh | I |  | 17 56 | II | Sh | I |  | 22 45 | I | Tr | I |
| 8 | 12 44 | II | Sh | I |  | 16 24 | II | Tr | I |  | 18 41 | II | Tr | I |  | 23 21 | II | Sh | E |
|  |  |  |  |  |  |  |  |  |  |  | 20 40 | I | Sh | I |  | 23 42 | II | Tr | E |

| I. Feb. 14 | II. Feb. 13 | III. Feb. 13 | IV. Feb. 21 |
|---|---|---|---|
| $x_1 = -1.4, y_1 = -0.2$ | $x_1 = -1.7, y_1 = -0.3$ | $x_1 = -2.2, y_1 = -0.5$ | $x_1 = -2.1, y_1 = -0.9$ |
|  |  |  | $x_2 = -0.8, y_2 = -0.9$ |

NOTE.—I denotes ingress; E, egress; D, disappearance; R, reappearance; Ec, eclipse; Oc, occultation; Tr, transit of the satellite; Sh, transit of the shadow.

## CONFIGURATIONS OF SATELLITES I-IV FOR FEBRUARY

UNIVERSAL TIME

PHASES OF THE ECLIPSES

# SATELLITES OF JUPITER, 2016

## UNIVERSAL TIME OF GEOCENTRIC PHENOMENA

### MARCH

| d | h m | event |
|---|-----|-------|
| 1 | 00 49 | I Sh E |
|   | 00 59 | I Tr E |
|   | 03 08 | IV Sh I |
|   | 05 21 | IV Tr I |
|   | 06 16 | IV Sh E |
|   | 07 16 | IV Tr E |
|   | 19 46 | I Ec D |
|   | 22 12 | I Oc R |
| 2 | 11 53 | III Sh I |
|   | 12 33 | III Tr I |
|   | 15 13 | III Sh E |
|   | 15 19 | II Ec D |
|   | 15 42 | III Tr E |
|   | 17 02 | I Sh I |
|   | 17 11 | I Tr I |
|   | 18 21 | II Oc R |
|   | 19 18 | I Sh E |
|   | 19 25 | I Tr E |
| 3 | 14 14 | I Ec D |
|   | 16 38 | I Oc R |
| 4 | 09 50 | II Sh I |
|   | 10 04 | II Tr I |
|   | 11 31 | I Sh I |
|   | 11 37 | I Tr I |
|   | 12 39 | II Sh E |
|   | 12 49 | II Tr E |
|   | 13 46 | I Sh E |
|   | 13 51 | I Tr E |
| 5 | 08 43 | I Ec D |
|   | 11 04 | I Oc R |
| 6 | 01 56 | III Ec D |
|   | 04 36 | II Ec D |
|   | 05 26 | III Oc R |
|   | 05 59 | I Sh I |
|   | 06 03 | I Tr I |
|   | 07 27 | II Oc R |
|   | 08 15 | I Sh E |
|   | 08 17 | I Tr E |
| 7 | 03 12 | I Ec D |
|   | 05 30 | I Oc R |
|   | 23 09 | II Sh I |
|   | 23 12 | II Tr I |
| 8 | 00 28 | I Sh I |
|   | 00 28 | I Tr I |
|   | 01 57 | II Tr E |
|   | 01 58 | II Sh E |
|   | 02 43 | I Tr E |
|   | 02 43 | I Sh E |
|   | 21 40 | I Oc D |
|   | 23 57 | I Ec R |

| d | h m | event |
|---|-----|-------|
| 9 | 11 38 | IV Ec D |
|   | 14 42 | IV Ec R |
|   | 15 48 | III Tr I |
|   | 15 51 | III Sh I |
|   | 17 50 | II Oc D |
|   | 18 54 | I Tr I |
|   | 18 56 | I Sh I |
|   | 18 58 | III Tr E |
|   | 19 10 | III Sh E |
|   | 20 39 | II Ec R |
|   | 21 09 | I Tr E |
|   | 21 11 | I Sh E |
| 10 | 16 06 | I Oc D |
|    | 18 26 | I Ec R |
| 11 | 12 19 | II Tr I |
|    | 12 27 | II Sh I |
|    | 13 20 | I Tr I |
|    | 13 24 | I Sh I |
|    | 15 05 | II Tr E |
|    | 15 15 | II Sh E |
|    | 15 35 | I Tr E |
|    | 15 40 | I Sh E |
| 12 | 10 32 | I Oc D |
|    | 12 54 | I Ec R |
| 13 | 05 30 | III Oc D |
|    | 06 57 | II Oc D |
|    | 07 46 | I Tr I |
|    | 07 53 | I Sh I |
|    | 09 15 | III Ec R |
|    | 09 56 | II Ec R |
|    | 10 01 | I Tr E |
|    | 10 08 | I Sh E |
| 14 | 04 58 | I Oc D |
|    | 07 23 | I Ec R |
| 15 | 01 27 | II Tr I |
|    | 01 46 | II Sh I |
|    | 02 12 | I Tr I |
|    | 02 21 | I Sh I |
|    | 04 13 | II Tr E |
|    | 04 27 | I Tr E |
|    | 04 34 | II Sh E |
|    | 04 37 | I Sh E |
|    | 23 24 | I Oc D |
| 16 | 01 51 | I Ec R |
|    | 19 03 | III Tr I |
|    | 19 49 | III Sh I |
|    | 20 03 | II Oc D |
|    | 20 38 | I Tr I |
|    | 20 50 | I Sh I |
|    | 22 14 | III Tr E |

| d | h m | event |
|---|-----|-------|
| 16 | 22 52 | I Tr E |
|    | 23 05 | I Sh E |
|    | 23 07 | III Sh E |
|    | 23 13 | II Ec R |
| 17 | 17 50 | I Oc D |
|    | 19 24 | IV Tr I |
|    | 20 20 | I Ec R |
|    | 21 09 | IV Sh I |
|    | 21 36 | IV Tr E |
| 18 | 00 07 | IV Sh E |
|    | 14 34 | II Tr I |
|    | 15 04 | II Sh I |
|    | 15 04 | I Tr I |
|    | 15 18 | I Sh I |
|    | 17 18 | I Tr E |
|    | 17 20 | II Tr E |
|    | 17 34 | I Sh E |
|    | 17 52 | II Sh E |
| 19 | 12 16 | I Oc D |
|    | 14 49 | I Ec R |
| 20 | 08 47 | III Oc D |
|    | 09 10 | II Oc D |
|    | 09 30 | I Tr I |
|    | 09 47 | I Sh I |
|    | 11 44 | I Tr E |
|    | 12 02 | I Sh E |
|    | 12 29 | II Ec R |
|    | 13 14 | III Ec R |
| 21 | 06 42 | I Oc D |
|    | 09 17 | I Ec R |
| 22 | 03 43 | II Tr I |
|    | 03 56 | I Tr I |
|    | 04 15 | I Sh I |
|    | 04 23 | II Sh I |
|    | 06 11 | I Tr E |
|    | 06 29 | II Tr E |
|    | 06 31 | I Sh E |
|    | 07 11 | II Sh E |
| 23 | 01 08 | I Oc D |
|    | 03 46 | I Ec R |
|    | 22 17 | II Oc D |
|    | 22 19 | III Tr I |
|    | 22 22 | I Tr I |
|    | 22 44 | I Sh I |
|    | 23 47 | III Sh I |
| 24 | 00 37 | I Tr E |
|    | 00 59 | I Sh E |
|    | 01 32 | III Tr E |
|    | 01 46 | II Ec R |

| d | h m | event |
|---|-----|-------|
| 24 | 03 05 | III Sh E |
|    | 19 35 | I Oc D |
|    | 22 15 | I Ec R |
| 25 | 16 48 | I Tr I |
|    | 16 51 | II Tr I |
|    | 17 12 | I Sh I |
|    | 17 41 | II Sh I |
|    | 19 03 | I Tr E |
|    | 19 27 | I Sh E |
|    | 19 37 | II Tr E |
|    | 20 28 | II Sh E |
| 26 | 01 55 | IV Oc D |
|    | 04 17 | IV Oc R |
|    | 05 42 | IV Ec D |
|    | 08 36 | IV Ec R |
|    | 14 01 | I Oc D |
|    | 16 43 | I Ec R |
| 27 | 11 14 | I Tr I |
|    | 11 24 | II Oc D |
|    | 11 41 | I Sh I |
|    | 12 05 | III Oc D |
|    | 13 29 | I Tr E |
|    | 13 56 | I Sh E |
|    | 15 03 | II Ec R |
|    | 17 12 | III Ec R |
| 28 | 08 27 | I Oc D |
|    | 11 12 | I Ec R |
| 29 | 05 40 | I Tr I |
|    | 06 00 | II Tr I |
|    | 06 09 | I Sh I |
|    | 07 00 | II Sh I |
|    | 07 55 | I Tr E |
|    | 08 24 | I Sh E |
|    | 08 46 | II Tr E |
|    | 09 47 | II Sh E |
| 30 | 02 53 | I Oc D |
|    | 05 41 | I Ec R |
| 31 | 00 07 | I Tr I |
|    | 00 32 | II Oc D |
|    | 00 38 | I Sh I |
|    | 01 39 | III Tr I |
|    | 02 21 | I Tr E |
|    | 02 53 | I Sh E |
|    | 03 46 | III Sh I |
|    | 04 20 | II Ec R |
|    | 04 53 | III Tr E |
|    | 07 03 | III Sh E |
|    | 21 20 | I Oc D |

| I. Mar. 14 | II. Mar. 13 | III. Mar. 13 | IV. Mar. 9 |
|------------|-------------|--------------|------------|
| | | | $x_1 = -0.5,\ y_1 = -0.9$ |
| $x_2 = +1.1,\ y_2 = -0.2$ | $x_2 = +1.1,\ y_2 = -0.3$ | $x_2 = +1.2,\ y_2 = -0.5$ | $x_2 = +0.7,\ y_2 = -0.9$ |

NOTE.—I denotes ingress; E, egress; D, disappearance; R, reappearance; Ec, eclipse; Oc, occultation; Tr, transit of the satellite; Sh, transit of the shadow.

## CONFIGURATIONS OF SATELLITES I-IV FOR MARCH

### UNIVERSAL TIME

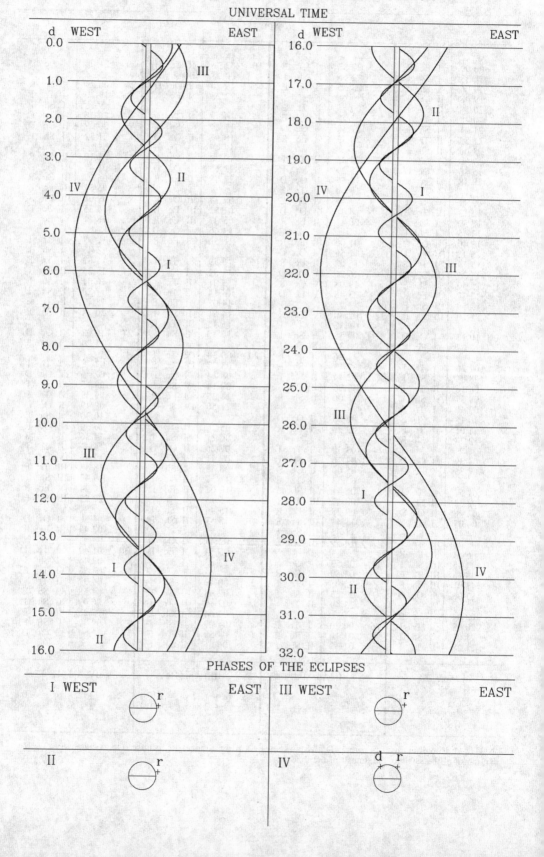

PHASES OF THE ECLIPSES

# SATELLITES OF JUPITER, 2016

## UNIVERSAL TIME OF GEOCENTRIC PHENOMENA

### APRIL

| d | h m | | | | d | h m | | | | d | h m | | | | d | h m | | | |
|---|---|---|---|---|---|---|---|---|---|---|---|---|---|---|---|---|---|---|---|
| 1 | 00 09 | I | Ec | R | 8 | 22 33 | I | Tr | E | 16 | 02 36 | II | Tr | E | 23 | 21 08 | I | Oc | D |
|   | 18 33 | I | Tr | I |   | 22 55 | II | Sh | I |   | 04 18 | II | Sh | E | 24 | 00 23 | I | Ec | R |
|   | 19 06 | I | Sh | I |   | 23 15 | I | Sh | E |   | 19 20 | I | Oc | D |   | 18 20 | I | Tr | I |
|   | 19 08 | II | Tr | I | 9 | 00 15 | II | Tr | E |   | 22 28 | I | Ec | R |   | 19 18 | I | Sh | I |
|   | 20 18 | II | Sh | I |   | 01 42 | II | Sh | E | 17 | 16 32 | I | Tr | I |   | 20 35 | I | Tr | E |
|   | 20 48 | I | Tr | E |   | 17 32 | I | Oc | D |   | 17 24 | I | Sh | I |   | 20 37 | II | Oc | D |
|   | 21 21 | I | Sh | E |   | 20 33 | I | Ec | R |   | 18 16 | II | Oc | D |   | 21 32 | I | Sh | E |
|   | 21 55 | II | Tr | E | 10 | 14 45 | I | Tr | I |   | 18 47 | I | Tr | E | 25 | 01 19 | II | Ec | R |
|   | 23 05 | II | Sh | E |   | 15 29 | I | Sh | I |   | 19 38 | I | Sh | E |   | 01 48 | III | Oc | D |
| 2 | 15 46 | I | Oc | D |   | 15 57 | II | Oc | D |   | 22 15 | III | Oc | D |   | 05 07 | III | Oc | R |
|   | 18 38 | I | Ec | R |   | 17 00 | I | Tr | E |   | 22 45 | II | Ec | R |   | 05 51 | III | Ec | D |
| 3 | 09 41 | IV | Tr | I |   | 17 44 | I | Sh | E | 18 | 01 34 | III | Oc | R |   | 09 06 | III | Ec | R |
|   | 12 13 | IV | Tr | E |   | 18 48 | III | Oc | D |   | 01 51 | III | Ec | D |   | 15 35 | I | Oc | D |
|   | 12 59 | I | Tr | I |   | 20 11 | II | Ec | R |   | 05 07 | III | Ec | R |   | 18 51 | I | Ec | R |
|   | 13 35 | I | Sh | I | 11 | 01 08 | III | Ec | R |   | 13 46 | I | Oc | D | 26 | 12 47 | I | Tr | I |
|   | 13 40 | II | Oc | D |   | 11 59 | I | Oc | D |   | 16 56 | I | Ec | R |   | 13 47 | I | Sh | I |
|   | 15 11 | IV | Sh | I |   | 15 02 | I | Ec | R | 19 | 10 59 | I | Tr | I |   | 15 02 | I | Tr | E |
|   | 15 14 | I | Tr | E |   | 16 26 | IV | Oc | D |   | 11 52 | I | Sh | I |   | 15 25 | II | Tr | I |
|   | 15 25 | III | Oc | D |   | 19 08 | IV | Oc | R |   | 13 01 | II | Tr | I |   | 16 01 | I | Sh | E |
|   | 15 50 | I | Sh | E |   | 23 48 | IV | Ec | D |   | 13 14 | I | Tr | E |   | 17 28 | II | Sh | I |
|   | 17 37 | II | Ec | R | 12 | 02 30 | IV | Ec | R |   | 14 07 | I | Sh | E |   | 18 12 | II | Tr | E |
|   | 17 59 | IV | Sh | E |   | 09 12 | I | Tr | I |   | 14 51 | II | Sh | I |   | 20 14 | II | Sh | E |
|   | 21 10 | III | Ec | R |   | 09 58 | I | Sh | I |   | 15 48 | II | Tr | E | 27 | 10 02 | I | Oc | D |
| 4 | 10 13 | I | Oc | D |   | 10 38 | II | Tr | I |   | 17 37 | II | Sh | E |   | 13 20 | I | Ec | R |
|   | 13 07 | I | Ec | R |   | 11 26 | I | Tr | E | 20 | 00 38 | IV | Tr | I | 28 | 07 15 | I | Tr | I |
| 5 | 07 26 | I | Tr | I |   | 12 13 | I | Sh | E |   | 03 27 | IV | Tr | E |   | 07 46 | IV | Oc | D |
|   | 08 04 | I | Sh | I |   | 12 14 | II | Sh | I |   | 08 14 | I | Oc | D |   | 08 15 | I | Sh | I |
|   | 08 18 | II | Tr | I |   | 13 25 | II | Tr | E |   | 09 14 | IV | Sh | I |   | 09 29 | I | Tr | E |
|   | 09 37 | II | Sh | I |   | 15 00 | II | Sh | E |   | 11 25 | I | Ec | R |   | 09 49 | II | Oc | D |
|   | 09 40 | I | Tr | E | 13 | 06 26 | I | Oc | D |   | 11 50 | IV | Sh | E |   | 10 30 | I | Sh | E |
|   | 10 18 | I | Sh | E |   | 09 30 | I | Ec | R | 21 | 05 26 | I | Tr | I |   | 10 44 | IV | Oc | R |
|   | 11 05 | II | Tr | E | 14 | 03 39 | I | Tr | I |   | 06 21 | I | Sh | I |   | 14 36 | II | Ec | R |
|   | 12 24 | II | Sh | E |   | 04 26 | I | Sh | I |   | 07 26 | II | Oc | D |   | 15 31 | III | Tr | I |
| 6 | 04 39 | I | Oc | D |   | 05 06 | II | Oc | D |   | 07 41 | I | Tr | E |   | 17 53 | IV | Ec | D |
|   | 07 35 | I | Ec | R |   | 05 53 | I | Tr | E |   | 08 35 | I | Sh | E |   | 18 48 | III | Tr | E |
| 7 | 01 52 | I | Tr | I |   | 06 41 | I | Sh | E |   | 11 57 | III | Tr | I |   | 19 42 | III | Sh | I |
|   | 02 32 | I | Sh | I |   | 08 27 | III | Tr | I |   | 12 02 | II | Ec | R |   | 20 24 | IV | Ec | R |
|   | 02 48 | II | Oc | D |   | 09 28 | II | Ec | R |   | 15 13 | III | Tr | E |   | 22 55 | III | Sh | E |
|   | 04 07 | I | Tr | E |   | 11 43 | III | Tr | E |   | 15 44 | III | Sh | I | 29 | 04 30 | I | Oc | D |
|   | 04 47 | I | Sh | E |   | 11 45 | III | Sh | I |   | 18 57 | III | Sh | E |   | 07 49 | I | Ec | R |
|   | 05 01 | III | Tr | I |   | 14 59 | III | Sh | E | 22 | 02 41 | I | Oc | D | 30 | 01 42 | I | Tr | I |
|   | 06 54 | II | Ec | R | 15 | 00 53 | I | Oc | D |   | 05 54 | I | Ec | R |   | 02 44 | I | Sh | I |
|   | 07 45 | III | Sh | I |   | 03 59 | I | Ec | R |   | 23 53 | I | Tr | I |   | 03 56 | I | Tr | E |
|   | 08 16 | III | Tr | E |   | 22 05 | I | Tr | I | 23 | 00 49 | I | Sh | I |   | 04 37 | II | Tr | I |
|   | 11 01 | III | Sh | E |   | 22 55 | I | Sh | I |   | 02 08 | I | Tr | E |   | 04 58 | I | Sh | E |
|   | 23 06 | I | Oc | D |   | 23 49 | II | Tr | I |   | 02 12 | II | Tr | I |   | 06 47 | II | Sh | I |
| 8 | 02 04 | I | Ec | R | 16 | 00 20 | I | Tr | E |   | 03 04 | I | Sh | E |   | 07 25 | II | Tr | E |
|   | 20 19 | I | Tr | I |   | 01 10 | I | Sh | E |   | 04 09 | II | Sh | I |   | 09 32 | II | Sh | E |
|   | 21 01 | I | Sh | I |   | 01 32 | II | Sh | I |   | 04 59 | II | Tr | E |   | 22 57 | I | Oc | D |
|   | 21 28 | II | Tr | I |   |   |   |   |   |   | 06 55 | II | Sh | E |   |   |   |   |   |

| I. Apr. 15 | II. Apr. 14 | III. Apr. 18 | IV. Apr. 11, 12 |
|---|---|---|---|
| $x_2 = +1.7,\ y_2 = -0.2$ | $x_2 = +2.1,\ y_2 = -0.3$ | $x_1 = +1.1,\ y_1 = -0.4$ <br> $x_2 = +2.8,\ y_2 = -0.4$ | $x_1 = +2.5,\ y_1 = -0.8$ <br> $x_2 = +3.6,\ y_2 = -0.8$ |

NOTE.—I denotes ingress; E, egress; D, disappearance; R, reappearance; Ec, eclipse; Oc, occultation; Tr, transit of the satellite; Sh, transit of the shadow.

## CONFIGURATIONS OF SATELLITES I-IV FOR APRIL

UNIVERSAL TIME

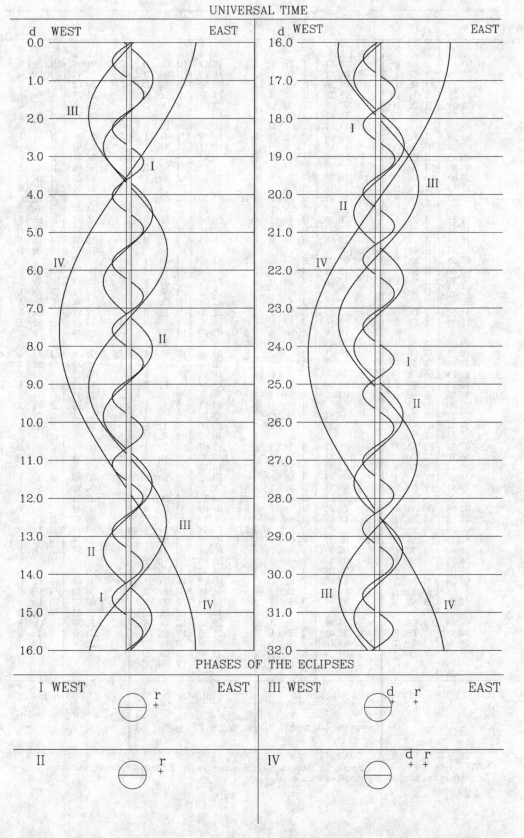

PHASES OF THE ECLIPSES

# SATELLITES OF JUPITER, 2016

## UNIVERSAL TIME OF GEOCENTRIC PHENOMENA

### MAY

| d | h m | | | | d | h m | | | | d | h m | | | | d | h m | | | |
|---|-----|--|--|--|---|-----|--|--|--|---|-----|--|--|--|---|-----|--|--|--|
| 1 | 02 18 | I | Ec | R | 9 | 00 14 | I | Tr | E | 16 | 12 51 | III | Oc | D | 24 | 01 01 | III | Ec | R |
| | 20 09 | I | Tr | I | | 01 21 | I | Sh | E | | 16 13 | III | Oc | R | | 02 32 | I | Ec | R |
| | 21 13 | I | Sh | I | | 01 26 | II | Oc | D | | 17 50 | III | Ec | R | | 20 12 | I | Tr | I |
| | 22 24 | I | Tr | E | | 06 28 | II | Ec | R | | 21 03 | III | Ec | R | | 21 25 | I | Sh | I |
| | 23 01 | II | Oc | D | | 09 06 | III | Oc | D | | 21 07 | I | Oc | D | | 22 26 | I | Tr | E |
| | 23 27 | I | Sh | E | | 12 27 | III | Oc | R | | | | | | | | 23 39 | I | Sh | E |
| | | | | | | 13 51 | III | Ec | D | 17 | 00 37 | I | Ec | R | | | | | |
| 2 | 03 53 | II | Ec | R | | 17 04 | III | Ec | R | | 18 19 | I | Tr | I | 25 | 01 24 | II | Tr | I |
| | 05 24 | III | Oc | D | | 19 15 | I | Oc | D | | 19 31 | I | Sh | I | | 03 57 | II | Sh | I |
| | 08 45 | III | Oc | R | | 22 42 | I | Ec | R | | 20 33 | I | Tr | E | | 04 11 | II | Tr | E |
| | 09 50 | III | Ec | D | | | | | | | 21 45 | I | Sh | E | | 06 40 | II | Sh | E |
| | 13 05 | III | Ec | R | 10 | 16 27 | I | Tr | I | | 22 51 | II | Tr | I | | 17 29 | I | Oc | D |
| | 17 25 | I | Oc | D | | 17 36 | I | Sh | I | | | | | | | 21 01 | I | Ec | R |
| | 20 47 | I | Ec | R | | 18 42 | I | Tr | E | 18 | 01 20 | II | Sh | I | | | | | |
| | | | | | | 19 50 | I | Sh | E | | 01 38 | II | Tr | E | 26 | 14 40 | I | Tr | I |
| 3 | 14 37 | I | Tr | I | | 20 20 | II | Tr | I | | 04 04 | II | Sh | E | | 15 54 | I | Sh | I |
| | 15 41 | I | Sh | I | | 22 43 | II | Sh | I | | 15 36 | I | Oc | D | | 16 54 | I | Tr | E |
| | 16 51 | I | Tr | E | | 23 08 | II | Tr | E | | 19 05 | I | Ec | R | | 18 08 | I | Sh | E |
| | 17 51 | II | Tr | I | | | | | | | | | | | | 19 40 | II | Oc | D |
| | 17 55 | I | Sh | E | 11 | 01 27 | II | Sh | E | 19 | 12 47 | I | Tr | I | | | | | |
| | 20 06 | III | Sh | I | | 13 43 | I | Oc | D | | 13 59 | I | Sh | I | 27 | 00 55 | II | Ec | R |
| | 20 39 | II | Tr | E | | 17 10 | I | Ec | R | | 15 02 | I | Tr | E | | 06 31 | III | Tr | I |
| | 22 50 | II | Sh | E | | | | | | | 16 13 | I | Sh | E | | 09 51 | III | Tr | E |
| | | | | | 12 | 10 55 | I | Tr | I | | 17 09 | II | Oc | D | | 11 39 | III | Sh | I |
| 4 | 11 52 | I | Oc | D | | 12 05 | I | Sh | I | | 22 20 | II | Ec | R | | 11 57 | I | Oc | D |
| | 15 15 | I | Ec | R | | 13 10 | I | Tr | E | | | | | | | 14 48 | III | Sh | E |
| | | | | | | 14 19 | I | Sh | E | 20 | 02 39 | III | Tr | I | | 15 29 | I | Ec | R |
| 5 | 09 04 | I | Tr | I | | 14 40 | II | Oc | D | | 05 59 | III | Tr | E | | | | | |
| | 10 10 | I | Sh | I | | 19 45 | II | Ec | R | | 07 40 | III | Sh | I | 28 | 09 08 | I | Tr | I |
| | 11 19 | I | Tr | E | | 22 51 | III | Tr | I | | 10 04 | I | Oc | D | | 10 23 | I | Sh | I |
| | 12 13 | II | Oc | D | | | | | | | 10 50 | III | Sh | E | | 11 23 | I | Tr | E |
| | 12 24 | I | Sh | E | 13 | 02 10 | III | Tr | E | | 13 34 | I | Ec | R | | 12 37 | I | Sh | E |
| | 17 11 | II | Ec | R | | 03 40 | III | Sh | I | | | | | | | 14 41 | II | Tr | I |
| | 19 09 | III | Tr | I | | 06 51 | III | Sh | E | 21 | 07 15 | I | Tr | I | | 17 15 | II | Sh | I |
| | 22 27 | III | Tr | E | | 08 11 | I | Oc | D | | 08 28 | I | Sh | I | | 17 28 | II | Tr | E |
| | 23 41 | III | Sh | I | | 11 39 | I | Ec | R | | 09 30 | I | Tr | E | | 19 58 | II | Sh | E |
| | | | | | | | | | | | 10 42 | I | Sh | E | | | | | |
| 6 | 02 53 | III | Sh | E | 14 | 05 23 | I | Tr | I | | 12 07 | II | Tr | I | 29 | 06 26 | I | Oc | D |
| | 06 20 | I | Oc | D | | 06 33 | I | Sh | I | | 14 38 | II | Sh | I | | 09 58 | I | Ec | R |
| | 09 44 | I | Ec | R | | 07 37 | I | Tr | E | | 14 54 | II | Tr | E | | | | | |
| | 16 29 | IV | Tr | I | | 08 47 | I | Sh | E | | 17 22 | II | Sh | E | 30 | 03 37 | I | Tr | I |
| | 19 31 | IV | Tr | E | | 09 35 | II | Tr | I | | | | | | | 04 51 | I | Sh | I |
| | | | | | | 12 01 | II | Sh | I | 22 | 04 32 | I | Oc | D | | 05 51 | I | Tr | E |
| 7 | 03 18 | IV | Sh | I | | 12 22 | II | Tr | E | | 08 03 | I | Ec | R | | 07 05 | I | Sh | E |
| | 03 32 | I | Tr | I | | 14 45 | II | Sh | E | | | | | | | 08 57 | II | Oc | D |
| | 04 39 | I | Sh | I | | | | | | 23 | 01 43 | I | Tr | I | | 14 13 | II | Ec | R |
| | 05 42 | IV | Sh | E | 15 | 00 05 | IV | Oc | D | | 02 57 | I | Sh | I | | 20 34 | III | Oc | D |
| | 05 46 | I | Tr | E | | 02 39 | I | Oc | D | | 03 58 | I | Tr | E | | 23 57 | III | Oc | R |
| | 06 53 | I | Sh | E | | 03 14 | IV | Oc | R | | 05 10 | I | Sh | E | | | | | |
| | 07 05 | II | Tr | I | | 06 08 | I | Ec | R | | 06 24 | II | Oc | D | 31 | 00 55 | I | Oc | D |
| | 09 24 | II | Sh | I | | 12 00 | IV | Ec | D | | 09 18 | IV | Tr | I | | 01 48 | III | Ec | D |
| | 09 53 | II | Tr | E | | 14 17 | IV | Ec | R | | 11 38 | II | Ec | R | | 04 27 | I | Ec | R |
| | 12 08 | II | Sh | E | | 23 51 | I | Tr | I | | 12 28 | IV | Tr | E | | 04 59 | III | Ec | R |
| | | | | | | | | | | | 16 41 | III | Oc | D | | 17 23 | IV | Oc | D |
| 8 | 00 48 | I | Oc | D | 16 | 01 02 | I | Sh | I | | 20 03 | III | Oc | R | | 20 38 | IV | Oc | R |
| | 04 13 | I | Ec | R | | 02 05 | I | Tr | E | | 21 22 | IV | Sh | I | | 22 05 | I | Tr | I |
| | 21 59 | I | Tr | I | | 03 16 | I | Sh | E | | 21 49 | III | Ec | D | | 23 20 | I | Sh | I |
| | 23 07 | I | Sh | I | | 03 54 | II | Oc | D | | 23 00 | I | Oc | D | | | | | |
| | | | | | | 09 03 | II | Ec | R | | 23 33 | IV | Sh | E | | | | | |

| I. May 15 | II. May 16 | III. May 16 | IV. May 15 |
|-----------|------------|-------------|------------|
| | | $x_1 = +1.8,\ y_1 = -0.4$ | $x_1 = +4.2,\ y_1 = -0.7$ |
| $x_2 = +2.0,\ y_2 = -0.2$ | $x_2 = +2.6,\ y_2 = -0.3$ | $x_2 = +3.5,\ y_2 = -0.4$ | $x_2 = +5.2,\ y_2 = -0.7$ |

NOTE.—I denotes ingress; E, egress; D, disappearance; R, reappearance; Ec, eclipse; Oc, occultation; Tr, transit of the satellite; Sh, transit of the shadow.

## CONFIGURATIONS OF SATELLITES I-IV FOR MAY
### UNIVERSAL TIME

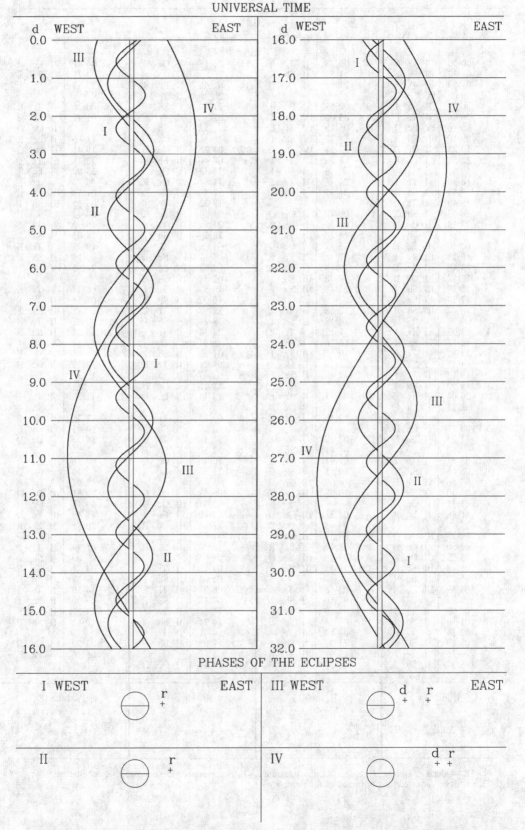

PHASES OF THE ECLIPSES

# SATELLITES OF JUPITER, 2016

## UNIVERSAL TIME OF GEOCENTRIC PHENOMENA

### JUNE

| d | h m | | | | d | h m | | | | d | h m | | | | d | h m | | | |
|---|-----|---|---|---|---|-----|---|---|---|---|-----|---|---|---|---|-----|---|---|---|
| 1 | 00 20 | I | Tr | E | 8 | 09 23 | II | Tr | E | 15 | 23 15 | I | Oc | D | 23 | 04 41 | I | Ec | R |
| | 01 34 | I | Sh | E | | 11 53 | II | Sh | E | 16 | 02 46 | I | Ec | R | | 22 21 | I | Tr | I |
| | 03 59 | II | Tr | I | | 21 18 | I | Oc | D | | 20 25 | I | Tr | I | | 23 33 | I | Sh | I |
| | 06 08 | IV | Ec | D | 9 | 00 51 | I | Ec | R | | 21 39 | I | Sh | I | 24 | 00 36 | I | Tr | E |
| | 06 34 | II | Sh | I | | 03 02 | IV | Tr | I | | 22 39 | I | Tr | E | | 01 47 | I | Sh | E |
| | 06 46 | II | Tr | E | | 06 15 | IV | Tr | E | | 23 52 | I | Sh | E | | 06 05 | II | Oc | D |
| | 08 10 | IV | Ec | R | | 15 27 | IV | Sh | I | 17 | 03 26 | II | Oc | D | | 11 16 | II | Ec | R |
| | 09 17 | II | Sh | E | | 17 24 | IV | Sh | E | | 08 40 | II | Ec | R | | 19 41 | I | Oc | D |
| | 19 23 | I | Oc | D | | 18 29 | I | Tr | I | | 11 35 | IV | Oc | D | | 22 38 | III | Tr | I |
| | 22 56 | I | Ec | R | | 19 44 | I | Sh | I | | 14 51 | IV | Oc | R | | 23 09 | I | Ec | R |
| 2 | 16 34 | I | Tr | I | | 20 43 | I | Tr | E | | 17 44 | I | Oc | D | 25 | 01 58 | III | Tr | E |
| | 17 49 | I | Sh | I | | 21 57 | I | Sh | E | | 18 32 | III | Tr | I | | 03 36 | III | Sh | I |
| | 18 49 | I | Tr | E | 10 | 00 49 | II | Oc | D | | 21 14 | I | Ec | R | | 06 42 | III | Sh | E |
| | 20 03 | I | Sh | E | | 06 05 | II | Ec | R | | 21 51 | III | Tr | E | | 16 50 | I | Tr | I |
| | 22 13 | II | Oc | D | | 14 28 | III | Tr | I | | 23 37 | III | Sh | I | | 18 02 | I | Sh | I |
| 3 | 03 30 | II | Ec | R | | 15 47 | I | Oc | D | 18 | 00 17 | IV | Ec | D | | 19 05 | I | Tr | E |
| | 10 28 | III | Tr | I | | 17 48 | III | Tr | E | | 02 02 | IV | Ec | R | | 20 16 | I | Sh | E |
| | 13 48 | III | Tr | E | | 19 19 | I | Ec | R | | 02 44 | III | Sh | E | | 21 35 | IV | Tr | I |
| | 13 52 | I | Oc | D | | 19 38 | III | Sh | I | | 14 54 | I | Tr | I | 26 | 00 47 | IV | Tr | E |
| | 15 39 | III | Sh | I | | 22 45 | III | Sh | E | | 16 07 | I | Sh | I | | 01 15 | II | Tr | I |
| | 17 24 | I | Ec | R | 11 | 12 58 | I | Tr | I | | 17 08 | I | Tr | E | | 03 42 | II | Sh | I |
| | 18 47 | III | Sh | E | | 14 12 | I | Sh | I | | 18 21 | I | Sh | E | | 04 02 | II | Tr | E |
| 4 | 11 03 | I | Tr | I | | 15 12 | I | Tr | E | | 22 34 | II | Tr | I | | 06 23 | II | Sh | E |
| | 12 18 | I | Sh | I | | 16 26 | I | Sh | E | 19 | 01 05 | II | Sh | I | | 09 34 | IV | Sh | I |
| | 13 17 | I | Tr | E | | 19 55 | II | Tr | I | | 01 21 | II | Tr | E | | 11 14 | IV | Sh | E |
| | 14 31 | I | Sh | E | | 22 29 | II | Sh | I | | 03 47 | II | Sh | E | | 14 10 | I | Oc | D |
| | 17 17 | II | Tr | I | | 22 42 | II | Tr | E | | 12 13 | I | Oc | D | | 17 38 | I | Ec | R |
| | 19 52 | II | Sh | I | 12 | 01 11 | II | Sh | E | | 15 43 | I | Ec | R | 27 | 11 20 | I | Tr | I |
| | 20 04 | II | Tr | E | | 10 16 | I | Oc | D | 20 | 09 23 | I | Tr | I | | 12 31 | I | Sh | I |
| | 22 35 | II | Sh | E | | 13 48 | I | Ec | R | | 10 36 | I | Sh | I | | 13 35 | I | Tr | E |
| 5 | 08 21 | I | Oc | D | 13 | 07 27 | I | Tr | I | | 11 38 | I | Tr | E | | 14 45 | I | Sh | E |
| | 11 53 | I | Ec | R | | 08 41 | I | Sh | I | | 12 50 | I | Sh | E | | 19 26 | II | Oc | D |
| 6 | 05 31 | I | Tr | I | | 09 41 | I | Tr | E | | 16 46 | II | Oc | D | 28 | 00 34 | II | Ec | R |
| | 06 46 | I | Sh | I | | 10 55 | I | Sh | E | | 21 58 | II | Ec | R | | 08 40 | I | Oc | D |
| | 07 46 | I | Tr | E | | 14 07 | II | Oc | D | 21 | 06 42 | I | Oc | D | | 12 07 | I | Ec | R |
| | 09 00 | I | Sh | E | | 19 23 | II | Ec | R | | 08 41 | III | Oc | D | | 12 51 | III | Oc | D |
| | 11 31 | II | Oc | D | 14 | 04 35 | III | Oc | D | | 10 12 | I | Ec | R | | 16 13 | III | Oc | R |
| | 16 48 | II | Ec | R | | 04 45 | I | Oc | D | | 12 04 | III | Oc | R | | 17 48 | III | Ec | D |
| 7 | 00 33 | III | Oc | D | | 07 58 | III | Oc | R | | 13 48 | III | Ec | D | | 20 55 | III | Ec | R |
| | 02 50 | I | Oc | D | | 08 17 | I | Ec | R | | 16 56 | III | Ec | R | 29 | 05 49 | I | Tr | I |
| | 03 55 | III | Oc | R | | 09 48 | III | Ec | D | 22 | 03 52 | I | Tr | I | | 07 00 | I | Sh | I |
| | 05 48 | III | Ec | D | | 12 57 | III | Ec | R | | 05 05 | I | Sh | I | | 08 04 | I | Tr | E |
| | 06 22 | I | Ec | R | 15 | 01 56 | I | Tr | I | | 06 07 | I | Tr | E | | 09 13 | I | Sh | E |
| | 08 58 | III | Ec | R | | 03 10 | I | Sh | I | | 07 18 | I | Sh | E | | 14 36 | II | Tr | I |
| 8 | 00 00 | I | Tr | I | | 04 10 | I | Tr | E | | 11 54 | II | Tr | I | | 17 00 | II | Sh | I |
| | 01 15 | I | Sh | I | | 05 24 | I | Sh | E | | 14 24 | II | Sh | I | | 17 22 | II | Tr | E |
| | 02 15 | I | Tr | E | | 09 14 | II | Tr | I | | 14 41 | II | Tr | E | | 19 41 | II | Sh | E |
| | 03 29 | I | Sh | E | | 11 47 | II | Sh | I | | 17 05 | II | Sh | E | 30 | 03 09 | I | Oc | D |
| | 06 36 | II | Tr | I | | 12 01 | II | Tr | E | 23 | 01 11 | I | Oc | D | | 06 36 | I | Ec | R |
| | 09 11 | II | Sh | I | | 14 29 | II | Sh | E | | | | | | | | | | | |

| I. June 14 | II. June 13 | III. June 14 | IV. June 18 |
|---|---|---|---|
| | | $x_1 = + 1.9, \; y_1 = - 0.4$ | $x_1 = + 4.5, \; y_1 = - 0.7$ |
| $x_2 = + 2.0, \; y_2 = - 0.2$ | $x_2 = + 2.6, \; y_2 = - 0.3$ | $x_2 = + 3.6, \; y_2 = - 0.4$ | $x_2 = + 5.2, \; y_2 = - 0.7$ |

NOTE.—I denotes ingress; E, egress; D, disappearance; R, reappearance; Ec, eclipse; Oc, occultation; Tr, transit of the satellite; Sh, transit of the shadow.

## CONFIGURATIONS OF SATELLITES I-IV FOR JUNE

UNIVERSAL TIME

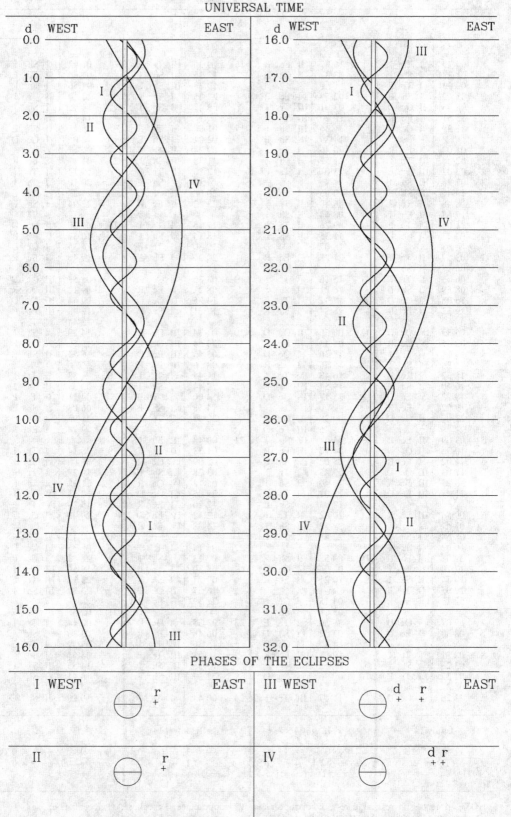

PHASES OF THE ECLIPSES

# SATELLITES OF JUPITER, 2016

## UNIVERSAL TIME OF GEOCENTRIC PHENOMENA

### JULY

| d | h m | Phenomenon | d | h m | Phenomenon | d | h m | Phenomenon | d | h m | Phenomenon |
|---|-----|-----------|---|-----|-----------|---|-----|-----------|---|-----|-----------|
| 1 | 00 19 | I Tr I | 8 | 16 27 | II Ec R | 16 | 14 36 | III Tr E | 24 | 01 42 | I Sh I |
|   | 01 28 | I Sh I |   | 23 37 | I Oc D |   | 15 35 | III Sh I |   | 03 00 | I Tr E |
|   | 02 33 | I Tr E | 9 | 02 59 | I Ec R |   | 18 38 | III Sh E |   | 03 56 | I Sh E |
|   | 03 42 | I Sh E |   | 07 01 | III Tr I |   | 22 45 | I Tr I |   | 12 10 | II Tr I |
|   | 08 46 | II Oc D |   | 10 20 | III Tr E |   | 23 47 | I Sh I |   | 14 05 | II Sh I |
|   | 13 51 | II Ec R |   | 11 36 | III Sh I | 17 | 01 00 | I Tr E |   | 14 55 | II Tr E |
|   | 21 39 | I Oc D |   | 14 39 | III Sh E |   | 02 01 | I Sh E |   | 16 45 | II Sh E |
| 2 | 01 04 | I Ec R |   | 20 46 | I Tr I |   | 09 24 | II Tr I |   | 22 05 | I Oc D |
|   | 02 48 | III Tr I |   | 21 52 | I Sh I |   | 11 30 | II Sh I | 25 | 01 17 | I Ec R |
|   | 06 07 | III Tr E |   | 23 01 | I Tr E |   | 12 10 | II Tr E |   | 19 14 | I Tr I |
|   | 07 36 | III Sh I | 10 | 00 06 | I Sh E |   | 14 10 | II Sh E |   | 20 10 | I Sh I |
|   | 10 40 | III Sh E |   | 06 40 | II Tr I |   | 20 06 | I Oc D |   | 21 29 | I Tr E |
|   | 18 48 | I Tr I |   | 08 54 | II Sh I |   | 23 22 | I Ec R |   | 22 24 | I Sh E |
|   | 19 57 | I Sh I |   | 09 26 | II Tr E | 18 | 17 15 | I Tr I | 26 | 06 20 | II Oc D |
|   | 21 03 | I Tr E |   | 11 35 | II Sh E |   | 18 15 | I Sh I |   | 10 57 | II Ec R |
|   | 22 11 | I Sh E |   | 18 07 | I Oc D |   | 19 30 | I Tr E |   | 16 35 | I Oc D |
| 3 | 03 57 | II Tr I |   | 21 28 | I Ec R |   | 20 29 | I Sh E |   | 19 46 | I Ec R |
|   | 06 18 | II Sh I | 11 | 15 16 | I Tr I | 19 | 03 35 | II Oc D | 27 | 05 53 | III Oc D |
|   | 06 43 | II Tr E |   | 16 21 | I Sh I |   | 08 21 | II Ec R |   | 09 12 | III Oc R |
|   | 08 59 | II Sh E |   | 17 31 | I Tr E |   | 14 35 | I Oc D |   | 09 44 | III Ec D |
|   | 16 08 | I Oc D |   | 18 34 | I Sh E |   | 17 51 | I Ec R |   | 12 48 | III Ec R |
|   | 19 33 | I Ec R | 12 | 00 50 | II Oc D | 20 | 01 34 | III Oc D |   | 13 44 | I Tr I |
| 4 | 06 33 | IV Oc D |   | 05 45 | II Ec R |   | 04 54 | III Oc R |   | 14 39 | I Sh I |
|   | 09 45 | IV Oc R |   | 12 36 | I Oc D |   | 05 45 | III Ec D |   | 15 59 | I Tr E |
|   | 13 17 | I Tr I |   | 15 56 | I Ec R |   | 08 50 | III Ec R |   | 16 53 | I Sh E |
|   | 14 26 | I Sh I |   | 16 48 | IV Tr I |   | 11 44 | I Tr I | 28 | 01 33 | II Tr I |
|   | 15 32 | I Tr E |   | 19 54 | IV Tr E |   | 12 44 | I Sh I |   | 03 23 | II Sh I |
|   | 16 40 | I Sh E |   | 21 17 | III Oc D |   | 14 00 | I Tr E |   | 04 18 | II Tr E |
|   | 18 27 | IV Ec D | 13 | 00 38 | III Oc R |   | 14 58 | I Sh E |   | 06 03 | II Sh E |
|   | 19 52 | IV Ec R |   | 01 46 | III Ec D |   | 22 47 | II Tr I |   | 11 05 | I Oc D |
|   | 22 07 | II Oc D |   | 03 41 | IV Sh I | 21 | 00 48 | II Sh I |   | 14 14 | I Ec R |
| 5 | 03 09 | II Ec R |   | 04 52 | III Ec R |   | 01 33 | III Tr E | 29 | 08 14 | I Tr I |
|   | 10 38 | I Oc D |   | 05 02 | IV Sh E |   | 02 09 | IV Oc D |   | 09 08 | I Sh I |
|   | 14 02 | I Ec R |   | 09 45 | I Tr I |   | 03 28 | II Sh E |   | 10 29 | I Tr E |
|   | 17 03 | III Oc D |   | 10 49 | I Sh I |   | 05 12 | IV Oc R |   | 11 22 | I Sh E |
|   | 20 25 | III Oc R |   | 12 01 | I Tr E |   | 09 05 | I Oc D |   | 12 33 | IV Tr I |
|   | 21 47 | III Ec D |   | 13 03 | I Sh E |   | 12 20 | I Ec R |   | 15 29 | IV Tr E |
| 6 | 00 54 | III Ec R |   | 20 02 | II Tr I |   | 12 42 | IV Ec D |   | 19 43 | II Oc D |
|   | 07 47 | I Tr I |   | 22 12 | II Sh I |   | 13 38 | IV Ec R | 30 | 00 15 | II Ec R |
|   | 08 54 | I Sh I |   | 22 48 | II Tr E | 22 | 06 14 | I Tr I |   | 05 35 | I Oc D |
|   | 10 02 | I Tr E | 14 | 00 52 | II Sh E |   | 07 13 | I Sh I |   | 08 43 | I Ec R |
|   | 11 08 | I Sh E |   | 07 06 | I Oc D |   | 08 30 | I Tr E |   | 19 56 | III Tr I |
|   | 17 19 | II Tr I |   | 10 25 | I Ec R |   | 09 27 | I Sh E |   | 23 12 | III Tr E |
|   | 19 36 | II Sh I | 15 | 04 15 | I Tr I |   | 16 57 | II Oc D |   | 23 34 | III Sh I |
|   | 20 05 | II Tr E |   | 05 18 | I Sh I |   | 21 39 | II Ec R | 31 | 02 35 | III Sh E |
|   | 22 17 | II Sh E |   | 06 30 | I Tr E | 23 | 03 35 | I Oc D |   | 02 44 | I Tr I |
| 7 | 05 07 | I Oc D |   | 07 32 | I Sh E |   | 06 48 | I Ec R |   | 03 36 | I Sh I |
|   | 08 30 | I Ec R |   | 14 12 | II Oc D |   | 15 36 | III Tr I |   | 04 59 | I Tr E |
| 8 | 02 17 | I Tr I |   | 19 03 | II Ec R |   | 18 53 | III Tr E |   | 05 51 | I Sh E |
|   | 03 23 | I Sh I | 16 | 01 36 | I Oc D |   | 19 35 | III Sh I |   | 14 55 | II Tr I |
|   | 04 32 | I Tr E |   | 04 54 | I Ec R |   | 22 37 | III Sh E |   | 16 41 | II Sh I |
|   | 05 37 | I Sh E |   | 11 17 | III Tr I | 24 | 00 44 | I Tr I |   | 17 40 | II Tr E |
|   | 11 28 | II Oc D |   |       |        |   |       |        |   | 19 20 | II Sh E |

| I. July 14 | II. July 15 | III. July 13 | IV. July 21 |
|------------|-------------|--------------|-------------|
|  |  | $x_1 = +1.5$, $y_1 = -0.4$ | $x_1 = +3.7$, $y_1 = -0.7$ |
| $x_2 = +1.9$, $y_2 = -0.2$ | $x_2 = +2.4$, $y_2 = -0.3$ | $x_2 = +3.2$, $y_2 = -0.4$ | $x_2 = +4.0$, $y_2 = -0.7$ |

NOTE.—I denotes ingress; E, egress; D, disappearance; R, reappearance; Ec, eclipse; Oc, occultation; Tr, transit of the satellite; Sh, transit of the shadow.

## CONFIGURATIONS OF SATELLITES I-IV FOR JULY

UNIVERSAL TIME

PHASES OF THE ECLIPSES

# SATELLITES OF JUPITER, 2016

## UNIVERSAL TIME OF GEOCENTRIC PHENOMENA

### AUGUST

| d | h m | | | d | h m | | | d | h m | | | d | h m | | |
|---|---|---|---|---|---|---|---|---|---|---|---|---|---|---|---|
| 1 | 00 05 | I | Oc D | 8 | 23 14 | I Tr | I | 16 | 04 09 | I Sh | E | 24 | 00 36 | I Oc | D |
| | 03 12 | I | Ec R | 9 | 00 00 | I Sh | I | | 14 43 | II Oc | D | | 03 23 | I Ec | R |
| | 21 14 | I | Tr I | | 01 30 | I Tr | E | | 18 45 | II Ec | R | | 21 46 | I Tr | I |
| | 22 05 | I | Sh I | | 02 14 | I Sh | E | | 22 36 | I Oc | D | | 22 18 | I Sh | I |
| | 23 29 | I | Tr E | | 11 55 | II Oc | D | 17 | 01 29 | I Ec | R | | 23 28 | III Oc | D |
| 2 | 00 19 | I | Sh E | | 16 09 | II Ec | R | | 19 03 | III Oc | D | 25 | 00 02 | I Tr | E |
| | 09 07 | II | Oc D | | 20 35 | I Oc | D | | 19 45 | I Tr | I | | 00 32 | I Sh | E |
| | 13 33 | II | Ec R | | 23 35 | I Ec | R | | 20 23 | I Sh | I | | 04 41 | III Ec | R |
| | 18 35 | I | Oc D | 10 | 14 38 | III Oc | D | | 22 01 | I Tr | E | | 12 40 | II Tr | I |
| | 21 40 | I | Ec R | | 17 44 | I Tr | I | | 22 38 | I Sh | E | | 13 43 | II Sh | I |
| 3 | 10 15 | III | Oc D | | 18 29 | I Sh | I | 18 | 00 44 | III Ec | R | | 15 23 | II Tr | E |
| | 13 33 | III | Oc R | | 20 00 | I Tr | E | | 09 53 | II Tr | I | | 16 22 | II Sh | E |
| | 13 44 | III | Ec D | | 20 43 | I Sh | E | | 11 09 | II Sh | I | | 19 07 | I Oc | D |
| | 15 44 | I | Tr I | | 20 45 | III Ec | R | | 12 36 | II Tr | E | | 21 52 | I Ec | R |
| | 16 34 | I | Sh I | 11 | 07 05 | II Tr | I | | 13 47 | II Sh | E | 26 | 16 16 | I Tr | I |
| | 16 47 | III | Ec R | | 08 34 | II Sh | I | | 17 06 | I Oc | D | | 16 46 | I Sh | I |
| | 17 59 | I | Tr E | | 09 50 | II Tr | E | | 19 57 | I Ec | R | | 18 32 | I Tr | E |
| | 18 48 | I | Sh E | | 11 13 | II Sh | E | 19 | 14 15 | I Tr | I | | 19 01 | I Sh | E |
| 4 | 04 19 | II | Tr I | | 15 05 | I Oc | D | | 14 52 | I Sh | I | 27 | 06 57 | II Oc | D |
| | 05 59 | II | Sh I | | 18 03 | I Ec | R | | 16 31 | I Tr | E | | 10 39 | II Ec | R |
| | 07 03 | II | Tr E | 12 | 12 14 | I Tr | I | | 17 06 | I Sh | E | | 13 37 | I Oc | D |
| | 08 38 | II | Sh E | | 12 57 | I Sh | I | 20 | 04 08 | II Oc | D | | 16 20 | I Ec | R |
| | 13 05 | I | Oc D | | 14 30 | I Tr | E | | 08 03 | II Ec | R | 28 | 10 47 | I Tr | I |
| | 16 09 | I | Ec R | | 15 11 | I Sh | E | | 11 36 | I Oc | D | | 11 15 | I Sh | I |
| 5 | 10 14 | I | Tr I | 13 | 01 19 | II Oc | D | | 14 26 | I Ec | R | | 13 02 | I Tr | E |
| | 11 02 | I | Sh I | | 05 27 | II Ec | R | 21 | 08 45 | I Tr | I | | 13 30 | I Sh | E |
| | 12 30 | I | Tr E | | 09 35 | I Oc | D | | 09 04 | III Tr | I | | 13 31 | III Tr | I |
| | 13 17 | I | Sh E | | 12 32 | I Ec | R | | 09 21 | I Sh | I | | 15 30 | III Sh | I |
| | 22 30 | II | Oc D | 14 | 04 40 | III Tr | I | | 11 01 | I Tr | E | | 16 42 | III Tr | E |
| 6 | 02 51 | II | Ec R | | 06 45 | I Tr | I | | 11 30 | III Sh | I | | 18 28 | III Sh | E |
| | 07 35 | I | Oc D | | 07 26 | I Sh | I | | 11 35 | I Sh | E | 29 | 02 04 | II Tr | I |
| | 10 37 | I | Ec R | | 07 31 | III Sh | I | | 12 17 | III Tr | E | | 03 01 | II Sh | I |
| | 22 14 | IV | Oc D | | 07 54 | III Tr | E | | 14 29 | III Sh | E | | 04 47 | II Tr | E |
| 7 | 00 17 | III | Tr I | | 09 00 | I Tr | E | | 23 16 | II Tr | I | | 05 39 | II Sh | E |
| | 01 04 | IV | Oc R | | 09 40 | I Sh | E | 22 | 00 26 | II Sh | I | | 08 07 | I Oc | D |
| | 03 33 | III | Sh I | | 10 31 | III Sh | E | | 02 00 | II Tr | E | | 10 49 | I Ec | R |
| | 03 33 | III | Tr E | | 20 29 | II Tr | I | | 03 05 | II Sh | E | 30 | 05 17 | I Tr | I |
| | 04 44 | I | Tr I | | 21 51 | II Sh | I | | 06 06 | I Oc | D | | 05 44 | I Sh | I |
| | 05 31 | I | Sh I | | 23 13 | II Tr | E | | 08 55 | I Ec | R | | 07 32 | I Tr | E |
| | 06 33 | III | Sh E | 15 | 00 30 | II Sh | E | 23 | 03 16 | I Tr | I | | 07 58 | I Sh | E |
| | 07 00 | I | Tr E | | 04 06 | I Oc | D | | 03 49 | I Sh | I | | 20 23 | II Oc | D |
| | 07 45 | I | Sh E | | 07 00 | I Ec | R | | 05 31 | I Tr | E | | 23 58 | II Ec | R |
| | 17 42 | II | Tr I | | 08 45 | IV Tr | I | | 06 04 | I Sh | E | 31 | 02 37 | I Oc | D |
| | 19 16 | II | Sh I | | 11 25 | IV Tr | E | | 17 33 | II Oc | D | | 05 17 | I Ec | R |
| | 20 27 | II | Tr E | 16 | 01 15 | I Tr | I | | 18 43 | IV Oc | D | | 23 47 | I Tr | I |
| | 21 55 | II | Sh E | | 01 54 | I Sh | I | | 21 12 | IV Oc | R | | | | |
| 8 | 02 05 | I | Oc D | | 03 30 | I Tr | E | | 21 21 | II Ec | R | | | | |
| | 05 06 | I | Ec R | | | | | | | | | | | | |

| I. Aug. 15 | II. Aug. 16 | III. Aug. 18 | IV. Aug. |
|---|---|---|---|
| $x_2 = +1.5, y_2 = -0.2$ | $x_2 = +1.8, y_2 = -0.3$ | $x_2 = +2.2, y_2 = -0.5$ | no eclipse |

NOTE.—I denotes ingress; E, egress; D, disappearance; R, reappearance; Ec, eclipse; Oc, occultation; Tr, transit of the satellite; Sh, transit of the shadow.

## CONFIGURATIONS OF SATELLITES I-IV FOR AUGUST

UNIVERSAL TIME

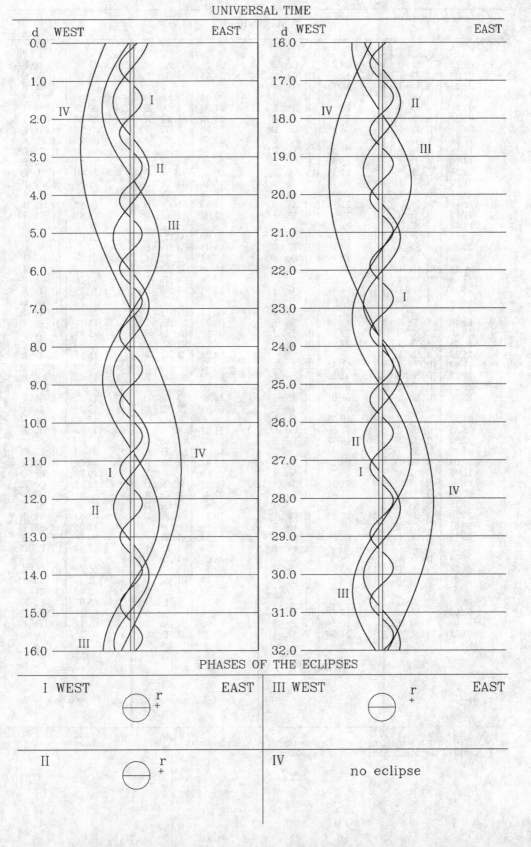

PHASES OF THE ECLIPSES

# SATELLITES OF JUPITER, 2016

## UNIVERSAL TIME OF GEOCENTRIC PHENOMENA

### SEPTEMBER

| d | h m | | | | d | h m | | | | d | h m | | | | d | h m | | | |
|---|-----|---|---|---|---|-----|---|---|---|---|-----|---|---|---|---|-----|---|---|---|
| 1 | 00 12 | I | Sh | I | 8 | 08 21 | III | Oc | D | 15 | 21 26 | II | Sh | I | 23 | 02 37 | II | Sh | E |
| | 02 03 | I | Tr | E | | 12 36 | III | Ec | R | | 23 45 | II | Tr | E | | 03 10 | I | Oc | D |
| | 02 27 | I | Sh | E | | 18 16 | II | Tr | I | 16 | 00 04 | II | Sh | E | | 05 27 | I | Ec | R |
| | 03 54 | III | Oc | D | | 18 52 | II | Sh | I | | 01 09 | I | Oc | D | 24 | 00 22 | I | Tr | I |
| | 05 15 | IV | Tr | I | | 20 58 | II | Tr | E | | 03 33 | I | Ec | R | | 00 24 | I | Sh | I |
| | 07 33 | IV | Tr | E | | 21 30 | II | Sh | E | | 22 20 | I | Tr | I | | 02 37 | I | Tr | E |
| | 08 39 | III | Ec | R | | 23 08 | I | Oc | D | | 22 30 | I | Sh | I | | 02 39 | I | Sh | E |
| | 15 28 | II | Tr | I | 9 | 01 40 | I | Ec | R | 17 | 00 36 | I | Tr | E | | 18 20 | II | Oc | D |
| | 16 18 | II | Sh | I | | 15 30 | IV | Oc | D | | 00 45 | I | Sh | E | | 21 04 | II | Ec | R |
| | 18 10 | II | Tr | E | | 17 30 | IV | Oc | R | | 15 29 | II | Oc | D | | 21 40 | I | Oc | D |
| | 18 56 | II | Sh | E | | 20 19 | I | Tr | I | | 18 28 | II | Ec | R | | 23 56 | I | Ec | R |
| | 21 07 | I | Oc | D | | 20 36 | I | Sh | I | | 19 39 | I | Oc | D | 25 | 18 52 | I | Tr | I |
| | 23 46 | I | Ec | R | | 22 34 | I | Tr | E | | 22 02 | I | Ec | R | | 18 53 | I | Sh | I |
| 2 | 18 17 | I | Tr | I | | 22 50 | I | Sh | E | 18 | 02 00 | IV | Tr | I | | 21 07 | I | Tr | E |
| | 18 41 | I | Sh | I | 10 | 12 38 | II | Oc | D | | 03 45 | IV | Tr | E | | 21 07 | I | Sh | E |
| | 20 33 | I | Tr | E | | 15 52 | II | Ec | R | | 16 51 | I | Tr | I | 26 | 07 21 | III | Tr | I |
| | 20 56 | I | Sh | E | | 17 39 | I | Oc | D | | 16 59 | I | Sh | I | | 07 25 | III | Sh | I |
| 3 | 09 48 | II | Oc | D | | 20 08 | I | Ec | R | | 19 06 | I | Tr | E | | 10 20 | III | Sh | E |
| | 13 15 | II | Ec | R | 11 | 14 49 | I | Tr | I | | 19 13 | I | Sh | E | | 10 25 | III | Tr | E |
| | 15 38 | I | Oc | D | | 15 04 | I | Sh | I | 19 | 02 53 | III | Tr | I | | 12 32 | IV | Oc | D |
| | 18 14 | I | Ec | R | | 17 05 | I | Tr | E | | 03 27 | III | Sh | I | | 13 16 | II | Tr | I |
| 4 | 12 48 | I | Tr | I | | 17 19 | I | Sh | E | | 05 59 | III | Tr | E | | 13 17 | II | Sh | I |
| | 13 10 | I | Sh | I | | 22 26 | III | Tr | I | | 06 22 | III | Sh | E | | 13 43 | IV | Oc | R |
| | 15 03 | I | Tr | E | | 23 28 | III | Sh | I | | 10 28 | II | Tr | I | | 15 54 | II | Sh | E |
| | 15 24 | I | Sh | E | 12 | 01 34 | III | Tr | E | | 10 43 | II | Sh | I | | 15 56 | II | Tr | E |
| | 17 57 | III | Tr | I | | 02 25 | III | Sh | E | | 13 09 | II | Tr | E | | 16 10 | I | Ec | D |
| | 19 29 | III | Sh | I | | 07 40 | II | Tr | I | | 13 20 | II | Sh | E | | 18 25 | I | Oc | R |
| | 21 07 | III | Tr | E | | 08 09 | II | Sh | I | | 14 10 | I | Oc | D | 27 | 13 22 | I | Sh | I |
| | 22 26 | III | Sh | E | | 10 21 | II | Tr | E | | 16 30 | I | Ec | R | | 13 23 | I | Tr | I |
| 5 | 04 52 | II | Tr | I | | 10 47 | II | Sh | E | 20 | 11 21 | I | Tr | I | | 15 36 | I | Sh | E |
| | 05 35 | II | Sh | I | | 12 09 | I | Oc | D | | 11 27 | I | Sh | I | | 15 38 | I | Tr | E |
| | 07 34 | II | Tr | E | | 14 37 | I | Ec | R | | 13 36 | I | Tr | E | 28 | 07 44 | II | Ec | D |
| | 08 13 | II | Sh | E | 13 | 09 20 | I | Tr | I | | 13 42 | I | Sh | E | | 10 29 | II | Oc | R |
| | 10 08 | I | Oc | D | | 09 33 | I | Sh | I | 21 | 04 55 | II | Oc | D | | 10 39 | I | Ec | D |
| | 12 43 | I | Ec | R | | 11 35 | I | Tr | E | | 07 47 | II | Ec | R | | 12 55 | I | Oc | R |
| 6 | 07 18 | I | Tr | I | | 11 47 | I | Sh | E | | 08 40 | I | Oc | D | 29 | 07 50 | I | Sh | I |
| | 07 38 | I | Sh | I | 14 | 02 04 | II | Oc | D | | 10 59 | I | Ec | R | | 07 53 | I | Tr | I |
| | 09 34 | I | Tr | E | | 05 10 | II | Ec | R | 22 | 05 51 | I | Tr | I | | 10 05 | I | Sh | E |
| | 09 53 | I | Sh | E | | 06 39 | I | Oc | D | | 05 56 | I | Sh | I | | 10 08 | I | Tr | E |
| | 23 13 | II | Oc | D | | 09 05 | I | Ec | R | | 08 07 | I | Tr | E | | 21 34 | III | Ec | D |
| 7 | 02 34 | II | Ec | R | 15 | 03 50 | I | Tr | I | | 08 10 | I | Sh | E | 30 | 00 48 | III | Oc | R |
| | 04 38 | I | Oc | D | | 04 01 | I | Sh | I | | 17 17 | III | Oc | D | | 02 34 | II | Sh | I |
| | 07 11 | I | Ec | R | | 06 05 | I | Tr | E | | 20 32 | III | Ec | R | | 02 40 | II | Tr | I |
| 8 | 01 49 | I | Tr | I | | 06 16 | I | Sh | E | | 23 52 | II | Tr | I | | 05 07 | I | Ec | D |
| | 02 07 | I | Sh | I | | 12 48 | III | Oc | D | 23 | 00 00 | II | Sh | I | | 05 11 | II | Sh | E |
| | 04 04 | I | Tr | E | | 16 34 | III | Ec | R | | 02 32 | II | Tr | E | | 05 19 | II | Tr | E |
| | 04 21 | I | Sh | E | | 21 04 | II | Tr | I | | | | | | | | 07 25 | I | Oc | R |

| I. Sept. 14 | II. Sept. 14 | III. Sept. 15 | IV. Sept. |
|---|---|---|---|
| $x_2 = +1.1, \ y_2 = -0.2$ | $x_2 = +1.2, \ y_2 = -0.4$ | $x_2 = +1.2, \ y_2 = -0.5$ | no eclipse |

NOTE.—I denotes ingress; E, egress; D, disappearance; R, reappearance; Ec, eclipse; Oc, occultation; Tr, transit of the satellite; Sh, transit of the shadow.

## CONFIGURATIONS OF SATELLITES I-IV FOR SEPTEMBER

UNIVERSAL TIME

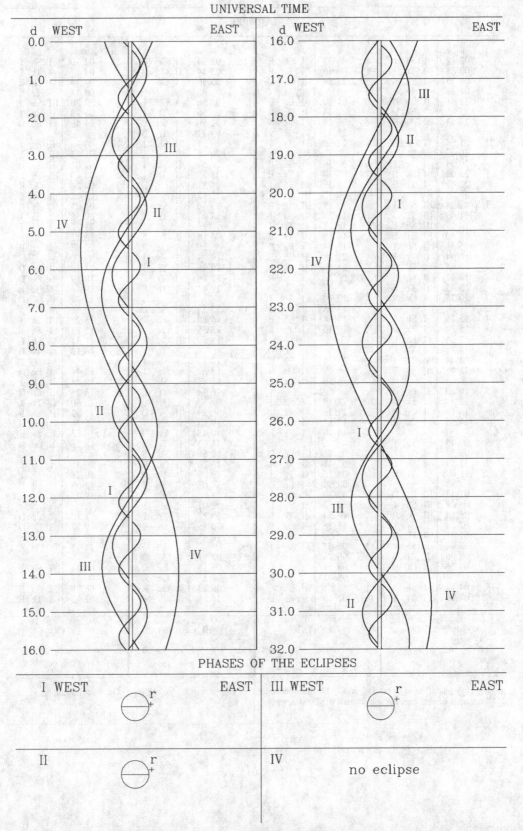

PHASES OF THE ECLIPSES

# SATELLITES OF JUPITER, 2016

## UNIVERSAL TIME OF GEOCENTRIC PHENOMENA

### OCTOBER

| d | h m | | | | d | h m | | | | d | h m | | | | d | h m | | |
|---|-----|--|--|--|---|-----|--|--|--|---|-----|--|--|--|---|-----|--|--|--|
| 1 | 02 19 | I | Sh | I | 8 | 06 27 | I | Sh | E | 16 | 03 23 | I | Ec | D | 24 | 02 30 | I | Sh | I |
|   | 02 23 | I | Tr | I |   | 06 40 | I | Tr | E |    | 05 34 | II | Oc | R |    | 02 57 | I | Tr | I |
|   | 04 33 | I | Sh | E |   | 23 38 | II | Ec | D |   | 05 56 | I | Oc | R |    | 04 44 | I | Sh | E |
|   | 04 38 | I | Tr | E | 9 | 01 29 | I | Ec | D | 17 | 00 36 | I | Sh | I |    | 05 11 | I | Tr | E |
|   | 21 01 | II | Ec | D |   | 02 44 | II | Oc | R |   | 00 56 | I | Tr | I |    | 23 20 | III | Sh | I |
|   | 23 36 | I | Ec | D |   | 03 56 | I | Oc | R |    | 02 50 | I | Sh | E |    | 23 32 | II | Sh | I |
|   | 23 53 | II | Oc | R |   | 22 42 | I | Sh | I |    | 03 11 | I | Tr | E |    | 23 45 | I | Ec | D |
| 2 | 01 55 | I | Oc | R |   | 22 55 | I | Tr | I |    | 19 21 | III | Sh | I | 25 | 00 26 | II | Tr | I |
|   | 20 47 | I | Sh | I | 10 | 00 56 | I | Sh | E |   | 20 45 | III | Tr | I |    | 01 12 | III | Tr | I |
|   | 20 54 | I | Tr | I |    | 01 10 | I | Tr | E |    | 20 58 | II | Sh | I |    | 02 07 | II | Sh | E |
|   | 23 02 | I | Sh | E |    | 15 22 | III | Sh | I |   | 21 39 | II | Tr | I |    | 02 10 | III | Sh | E |
|   | 23 09 | I | Tr | E |    | 16 17 | III | Tr | I |   | 21 51 | I | Ec | D |    | 02 26 | I | Oc | R |
| 3 | 11 24 | III | Sh | I |   | 18 14 | III | Sh | E |  | 22 13 | III | Sh | E |   | 03 02 | II | Tr | E |
|   | 11 49 | III | Tr | I |    | 18 25 | II | Sh | I |   | 23 34 | II | Sh | E |    | 04 05 | III | Tr | E |
|   | 14 17 | III | Sh | E |    | 18 52 | II | Tr | I |   | 23 41 | III | Tr | E |    | 20 58 | I | Sh | I |
|   | 14 50 | III | Tr | E |    | 19 15 | III | Tr | E | 18 | 00 16 | II | Tr | E |   | 21 27 | I | Tr | I |
|   | 15 51 | II | Sh | I |    | 19 58 | I | Ec | D |    | 00 26 | I | Oc | R |    | 23 12 | I | Sh | E |
|   | 16 04 | II | Tr | I |    | 21 00 | II | Sh | E |   | 19 04 | I | Sh | I |    | 23 42 | I | Tr | E |
|   | 18 04 | I | Ec | D |    | 21 30 | II | Tr | E |   | 19 26 | I | Tr | I | 26 | 18 10 | II | Ec | D |
|   | 18 27 | II | Sh | E |    | 22 26 | I | Oc | R |    | 21 18 | I | Sh | E |    | 18 13 | I | Ec | D |
|   | 18 43 | II | Tr | E | 11 | 17 10 | I | Sh | I |   | 21 41 | I | Tr | E |    | 20 56 | I | Oc | R |
|   | 20 25 | I | Oc | R |    | 17 25 | I | Tr | I | 19 | 15 33 | II | Ec | D |   | 21 49 | II | Oc | R |
| 4 | 15 16 | I | Sh | I |    | 19 24 | I | Sh | E |    | 16 20 | I | Ec | D | 27 | 15 27 | I | Sh | I |
|   | 15 24 | I | Tr | I |    | 19 40 | I | Tr | E |    | 18 56 | I | Oc | R |    | 15 58 | I | Tr | I |
|   | 17 30 | I | Sh | E | 12 | 12 57 | II | Ec | D |   | 18 59 | II | Oc | R |    | 17 41 | I | Sh | E |
|   | 17 39 | I | Tr | E |    | 14 26 | I | Ec | D | 20 | 13 33 | I | Sh | I |    | 18 12 | I | Tr | E |
|   | 23 04 | IV | Tr | I |    | 16 09 | II | Oc | R |    | 13 57 | I | Tr | I | 28 | 12 41 | I | Ec | D |
|   | 23 45 | IV | Tr | E |    | 16 56 | I | Oc | R |    | 15 47 | I | Sh | E |    | 12 48 | II | Sh | I |
| 5 | 10 20 | II | Ec | D | 13 | 11 39 | I | Sh | I |    | 16 11 | I | Tr | E |    | 13 26 | III | Ec | D |
|   | 12 33 | I | Ec | D |    | 11 56 | I | Tr | I | 21 | 09 29 | III | Ec | D |    | 13 50 | II | Tr | I |
|   | 13 19 | II | Oc | R |    | 13 53 | I | Sh | E |    | 10 15 | II | Sh | I |    | 15 23 | II | Sh | E |
|   | 14 56 | I | Oc | R |    | 14 10 | I | Tr | E |    | 10 48 | I | Ec | D |    | 15 26 | I | Oc | R |
| 6 | 09 45 | I | Sh | I | 14 | 05 31 | III | Ec | D |   | 11 03 | II | Tr | I |    | 16 25 | II | Tr | E |
|   | 09 54 | I | Tr | I |    | 07 41 | II | Sh | I |    | 12 50 | II | Sh | E |    | 18 26 | III | Oc | R |
|   | 11 59 | I | Sh | E |    | 08 16 | II | Tr | I |    | 13 26 | I | Oc | R | 29 | 09 55 | I | Sh | I |
|   | 12 09 | I | Tr | E |    | 08 54 | I | Ec | D |    | 13 39 | II | Tr | E |    | 10 28 | I | Tr | I |
| 7 | 01 33 | III | Ec | D |   | 09 39 | III | Oc | R |   | 14 03 | III | Oc | R |   | 12 09 | I | Sh | E |
|   | 05 08 | II | Sh | I |    | 10 17 | II | Sh | E | 22 | 08 01 | I | Sh | I |    | 12 42 | I | Tr | E |
|   | 05 14 | III | Oc | R |   | 10 53 | II | Tr | E |    | 08 27 | I | Tr | I | 30 | 07 10 | I | Ec | D |
|   | 05 28 | II | Tr | I |    | 11 26 | I | Oc | R |    | 10 15 | I | Sh | E |    | 07 27 | II | Ec | D |
|   | 07 01 | I | Ec | D | 15 | 06 07 | I | Sh | I |    | 10 41 | I | Tr | E |    | 09 56 | I | Oc | R |
|   | 07 44 | II | Sh | E |    | 06 26 | I | Tr | I | 23 | 04 51 | II | Ec | D |    | 11 13 | II | Oc | R |
|   | 08 06 | II | Tr | E |    | 08 21 | I | Sh | E |    | 05 16 | I | Ec | D | 31 | 04 24 | I | Sh | I |
|   | 09 26 | I | Oc | R |    | 08 41 | I | Tr | E |    | 07 56 | I | Oc | R |    | 04 58 | I | Tr | I |
| 8 | 04 13 | I | Sh | I | 16 | 02 15 | II | Ec | D |   | 08 24 | II | Oc | R |    | 06 38 | I | Sh | E |
|   | 04 25 | I | Tr | I |   |       |  |  |  |    |       |  |  |  |    | 07 12 | I | Tr | E |

| I. Oct. 16 | II. Oct. 16 | III. Oct. 14 | IV. Oct. |
|------------|-------------|--------------|----------|
| $x_1 = -1.3,\ y_1 = -0.2$ | $x_1 = -1.4,\ y_1 = -0.4$ | $x_1 = -1.4,\ y_1 = -0.6$ | no eclipse |

NOTE.—I denotes ingress; E, egress; D, disappearance; R, reappearance; Ec, eclipse; Oc, occultation; Tr, transit of the satellite; Sh, transit of the shadow.

## CONFIGURATIONS OF SATELLITES I-IV FOR OCTOBER

UNIVERSAL TIME

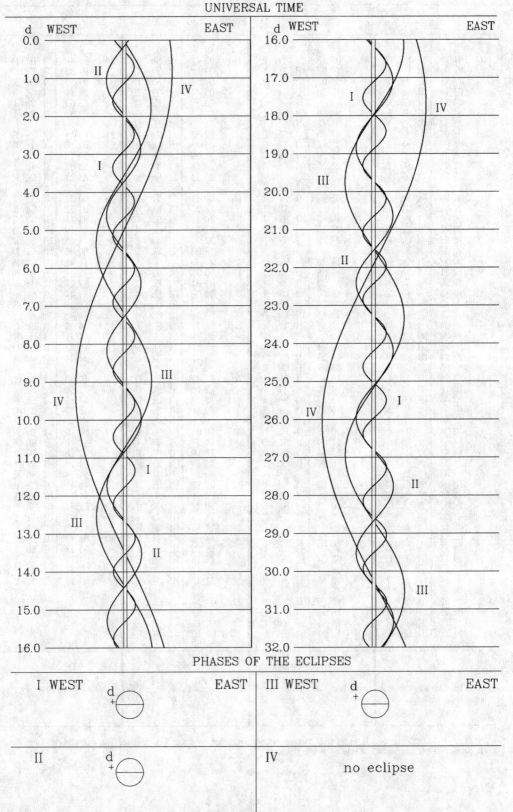

PHASES OF THE ECLIPSES

I WEST — d + — EAST

III WEST — d + — EAST

II — d + —

IV — no eclipse

# SATELLITES OF JUPITER, 2016

## UNIVERSAL TIME OF GEOCENTRIC PHENOMENA

### NOVEMBER

| d | h m | | | | d | h m | | | | d | h m | | | | d | h m | | | |
|---|---|---|---|---|---|---|---|---|---|---|---|---|---|---|---|---|---|---|---|
| 1 | 01 38 | I | Ec | D | 8 | 08 32 | II | Tr | E | 16 | 02 40 | I | Sh | I | 24 | 01 46 | I | Ec | D |
| | 02 05 | II | Sh | I | | 10 03 | III | Tr | I | | 03 28 | I | Tr | I | | 04 35 | II | Ec | D |
| | 03 13 | II | Tr | I | | 10 05 | III | Sh | E | | 04 54 | I | Sh | E | | 04 52 | I | Oc | R |
| | 03 19 | III | Sh | I | | 12 50 | III | Tr | E | | 05 41 | I | Tr | E | | 08 59 | II | Oc | R |
| | 04 25 | I | Oc | R | 9 | 00 46 | I | Sh | I | | 23 52 | I | Ec | D | | 23 03 | I | Sh | I |
| | 04 40 | II | Sh | E | | 01 28 | I | Tr | I | 17 | 01 59 | II | Ec | D | | 23 57 | I | Tr | I |
| | 05 39 | III | Tr | I | | 03 00 | I | Sh | E | | 02 53 | I | Oc | R | 25 | 01 16 | I | Sh | E |
| | 05 47 | II | Tr | E | | 03 42 | I | Tr | E | | 06 13 | II | Oc | R | | 02 10 | I | Tr | E |
| | 06 08 | III | Sh | E | | 21 59 | I | Ec | D | | 21 09 | I | Sh | I | | 20 14 | I | Ec | D |
| | 08 28 | III | Tr | E | | 23 22 | II | Ec | D | | 21 58 | I | Tr | I | | 23 02 | II | Sh | I |
| | 22 52 | I | Sh | I | 10 | 00 55 | I | Oc | R | | 23 22 | I | Sh | E | | 23 21 | I | Oc | R |
| | 23 28 | I | Tr | I | | 03 26 | II | Oc | R | 18 | 00 11 | I | Tr | E | 26 | 00 51 | II | Tr | I |
| 2 | 01 06 | I | Sh | E | | 19 15 | I | Sh | I | | 18 21 | I | Ec | D | | 01 35 | II | Sh | E |
| | 01 42 | I | Tr | E | | 19 58 | I | Tr | I | | 20 28 | II | Sh | I | | 03 21 | II | Tr | E |
| | 20 06 | I | Ec | D | | 21 29 | I | Sh | E | | 21 23 | I | Oc | R | | 05 19 | III | Ec | D |
| | 20 46 | II | Ec | D | | 22 12 | I | Tr | E | | 22 07 | II | Tr | I | | 08 05 | III | Ec | R |
| | 22 55 | I | Oc | R | 11 | 16 28 | I | Ec | D | | 23 02 | II | Sh | E | | 09 06 | III | Oc | D |
| 3 | 00 38 | II | Oc | R | | 17 55 | II | Sh | I | 19 | 00 38 | II | Tr | E | | 11 45 | III | Oc | R |
| | 17 21 | I | Sh | I | | 19 22 | II | Tr | I | | 01 21 | III | Ec | D | | 17 31 | I | Sh | I |
| | 17 58 | I | Tr | I | | 19 24 | I | Oc | R | | 04 08 | III | Ec | R | | 18 27 | I | Tr | I |
| | 19 35 | I | Sh | E | | 20 29 | II | Sh | E | | 04 45 | III | Oc | D | | 19 44 | I | Sh | E |
| | 20 12 | I | Tr | E | | 21 23 | III | Ec | D | | 07 28 | III | Oc | R | | 20 39 | I | Tr | E |
| 4 | 14 34 | I | Ec | D | | 21 54 | II | Tr | E | | 15 37 | I | Sh | I | 27 | 14 42 | I | Ec | D |
| | 15 22 | II | Sh | I | 12 | 00 11 | III | Ec | R | | 16 28 | I | Tr | I | | 17 51 | I | Oc | R |
| | 16 36 | II | Tr | I | | 00 23 | III | Oc | D | | 17 51 | I | Sh | E | | 17 52 | II | Ec | D |
| | 17 24 | III | Ec | D | | 03 09 | III | Oc | R | | 18 41 | I | Tr | E | | 22 21 | II | Oc | R |
| | 17 25 | I | Oc | R | | 13 43 | I | Sh | I | 20 | 12 49 | I | Ec | D | 28 | 12 00 | I | Sh | I |
| | 17 56 | II | Sh | E | | 14 28 | I | Tr | I | | 15 16 | II | Ec | D | | 12 56 | I | Tr | I |
| | 19 10 | II | Tr | E | | 15 57 | I | Sh | E | | 15 52 | I | Oc | R | | 14 13 | I | Sh | E |
| | 22 48 | III | Oc | R | | 16 41 | I | Tr | E | | 19 36 | II | Oc | R | | 15 09 | I | Tr | E |
| 5 | 11 50 | I | Sh | I | 13 | 10 56 | I | Ec | D | 21 | 10 06 | I | Sh | I | 29 | 09 10 | I | Ec | D |
| | 12 28 | I | Tr | I | | 12 40 | II | Ec | D | | 10 57 | I | Tr | I | | 12 18 | II | Sh | I |
| | 14 03 | I | Sh | E | | 13 54 | I | Oc | R | | 12 19 | I | Sh | E | | 12 20 | I | Oc | R |
| | 14 42 | I | Tr | E | | 16 49 | II | Oc | R | | 13 10 | I | Tr | E | | 14 12 | II | Tr | I |
| 6 | 09 03 | I | Ec | D | 14 | 08 12 | I | Sh | I | 22 | 07 17 | I | Ec | D | | 14 51 | II | Sh | E |
| | 10 04 | II | Ec | D | | 08 58 | I | Tr | I | | 09 45 | II | Sh | I | | 16 42 | II | Tr | E |
| | 11 55 | I | Oc | R | | 10 25 | I | Sh | E | | 10 22 | I | Oc | R | | 19 10 | III | Sh | I |
| | 14 01 | II | Oc | R | | 11 11 | I | Tr | E | | 11 29 | II | Tr | I | | 21 55 | III | Sh | E |
| 7 | 06 18 | I | Sh | I | 15 | 05 24 | I | Ec | D | | 12 18 | II | Sh | E | | 23 07 | III | Tr | I |
| | 06 58 | I | Tr | I | | 07 12 | II | Sh | I | | 14 00 | II | Tr | E | 30 | 01 43 | III | Tr | E |
| | 08 32 | I | Sh | E | | 08 24 | I | Oc | R | | 15 13 | III | Sh | I | | 06 28 | I | Sh | I |
| | 09 12 | I | Tr | E | | 08 44 | II | Tr | I | | 17 58 | III | Sh | E | | 07 26 | I | Tr | I |
| 8 | 03 31 | I | Ec | D | | 09 45 | II | Sh | E | | 18 47 | III | Tr | I | | 08 41 | I | Sh | E |
| | 04 38 | II | Sh | I | | 11 15 | III | Sh | I | | 21 27 | III | Tr | E | | 09 38 | I | Tr | E |
| | 05 59 | II | Tr | I | | 11 16 | II | Tr | E | 23 | 04 34 | I | Sh | I | | | | | |
| | 06 25 | I | Oc | R | | 14 01 | III | Sh | E | | 05 27 | I | Tr | I | | | | | |
| | 07 12 | II | Sh | E | | 14 26 | III | Tr | I | | 06 47 | I | Sh | E | | | | | |
| | 07 17 | III | Sh | I | | 17 09 | III | Tr | E | | 07 40 | I | Tr | E | | | | | |

| I. Nov. 15 | II. Nov. 13 | III. Nov. 19 | IV. Nov. |
|---|---|---|---|
| $x_1 = -1.6, y_1 = -0.2$ | $x_1 = -1.9, y_1 = -0.4$ | $x_1 = -2.6, y_1 = -0.6$ <br> $x_2 = -1.1, y_2 = -0.6$ | no eclipse |

NOTE.—I denotes ingress; E, egress; D, disappearance; R, reappearance; Ec, eclipse; Oc, occultation; Tr, transit of the satellite; Sh, transit of the shadow.

## CONFIGURATIONS OF SATELLITES I-IV FOR NOVEMBER
### UNIVERSAL TIME

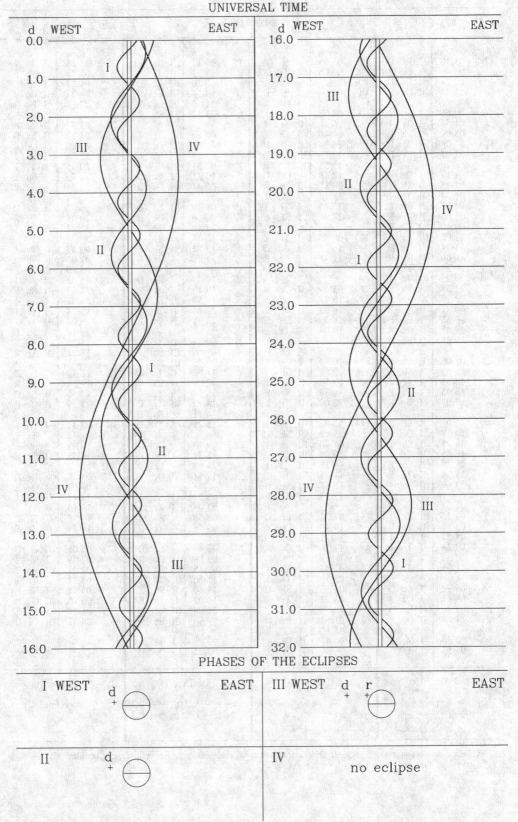

PHASES OF THE ECLIPSES

# SATELLITES OF JUPITER, 2016

## UNIVERSAL TIME OF GEOCENTRIC PHENOMENA

### DECEMBER

| d | h m | | | | d | h m | | | | d | h m | | | | d | h m | | |
|---|-----|--|--|--|---|-----|--|--|--|---|-----|--|--|--|---|-----|--|--|--|
| 1 | 03 39 | I | Ec | D | 9 | 05 03 | I | Sh | E | 17 | 09 13 | II | Sh | E | 25 | 02 16 | I | Tr | I |
|   | 06 49 | I | Oc | R |   | 06 05 | I | Tr | E |    | 11 23 | II | Tr | E |    | 03 18 | I | Sh | E |
|   | 07 11 | II | Ec | D | 10 | 00 00 | I | Ec | D |    | 17 10 | III | Ec | D |    | 04 27 | I | Tr | E |
|   | 11 44 | II | Oc | R |   | 03 16 | I | Oc | R |    | 19 54 | III | Ec | R |    | 04 27 | III | Oc | R |
| 2 | 00 56 | I | Sh | I |   | 04 08 | II | Sh | I |    | 21 52 | III | Oc | D |    | 22 14 | I | Ec | D |
|   | 01 55 | I | Tr | I |   | 06 16 | II | Tr | I |    | 23 12 | I | Sh | I | 26 | 01 37 | I | Oc | R |
|   | 03 09 | I | Sh | E |   | 06 40 | II | Sh | E | 18 | 00 20 | I | Tr | I |    | 04 15 | II | Ec | D |
|   | 04 08 | I | Tr | E |   | 08 44 | II | Tr | E |    | 00 21 | III | Oc | R |    | 09 10 | II | Oc | R |
|   | 22 07 | I | Ec | D |   | 13 13 | III | Ec | D |    | 01 24 | I | Sh | E |    | 19 34 | I | Sh | I |
| 3 | 01 19 | I | Oc | R |   | 15 58 | III | Ec | R |    | 02 31 | I | Tr | E |    | 20 45 | I | Tr | I |
|   | 01 35 | II | Sh | I |   | 17 40 | III | Oc | D |    | 20 21 | I | Ec | D |    | 21 46 | I | Sh | E |
|   | 03 34 | II | Tr | I |   | 20 12 | III | Oc | R |    | 23 41 | I | Oc | R |    | 22 56 | I | Tr | E |
|   | 04 07 | II | Sh | E |   | 21 18 | I | Sh | I | 19 | 01 39 | II | Ec | D | 27 | 16 42 | I | Ec | D |
|   | 06 03 | II | Tr | E |   | 22 23 | I | Tr | I |    | 06 30 | II | Oc | R |    | 20 05 | I | Oc | R |
|   | 09 16 | III | Ec | D |   | 23 31 | I | Sh | E |    | 17 40 | I | Sh | I |    | 22 32 | II | Sh | I |
|   | 12 02 | III | Ec | R | 11 | 00 35 | I | Tr | E |    | 18 49 | I | Tr | I | 28 | 00 55 | II | Tr | I |
|   | 13 24 | III | Oc | D |   | 18 28 | I | Ec | D |    | 19 53 | I | Sh | E |    | 01 03 | II | Sh | E |
|   | 16 00 | III | Oc | R |   | 21 45 | I | Oc | R |    | 21 00 | I | Tr | E |    | 03 20 | II | Tr | E |
|   | 19 25 | I | Sh | I |   | 23 04 | II | Ec | D | 20 | 14 49 | I | Ec | D |    | 11 03 | III | Sh | I |
|   | 20 25 | I | Tr | I | 12 | 03 49 | II | Oc | R |    | 18 10 | I | Oc | R |    | 13 43 | III | Sh | E |
|   | 21 38 | I | Sh | E |   | 15 47 | I | Sh | I |    | 19 58 | II | Sh | I |    | 14 02 | I | Sh | I |
|   | 22 37 | I | Tr | E |   | 16 52 | I | Tr | I |    | 22 16 | II | Tr | I |    | 15 14 | I | Tr | I |
| 4 | 16 35 | I | Ec | D |   | 18 00 | I | Sh | E |    | 22 30 | II | Sh | E |    | 16 00 | III | Tr | I |
|   | 19 48 | I | Oc | R |   | 19 04 | I | Tr | E | 21 | 00 43 | II | Tr | E |    | 16 14 | I | Sh | E |
|   | 20 28 | II | Ec | D | 13 | 12 56 | I | Ec | D |    | 07 06 | III | Sh | I |    | 17 25 | I | Tr | E |
| 5 | 01 06 | II | Oc | R |   | 16 14 | I | Oc | R |    | 09 46 | III | Sh | E |    | 18 21 | III | Tr | E |
|   | 13 53 | I | Sh | I |   | 17 25 | II | Sh | I |    | 11 52 | III | Tr | I | 29 | 11 10 | I | Ec | D |
|   | 14 54 | I | Tr | I |   | 19 36 | II | Tr | I |    | 12 09 | I | Sh | I |    | 14 34 | I | Oc | R |
|   | 16 06 | I | Sh | E |   | 19 57 | II | Sh | E |    | 13 18 | I | Tr | I |    | 17 33 | II | Ec | D |
|   | 17 07 | I | Tr | E |   | 22 04 | II | Tr | E |    | 14 17 | III | Tr | E |    | 22 29 | II | Oc | R |
| 6 | 11 03 | I | Ec | D | 14 | 03 07 | III | Sh | I |    | 14 21 | I | Sh | E | 30 | 08 31 | I | Sh | I |
|   | 14 17 | I | Oc | R |   | 05 49 | III | Sh | E |    | 15 29 | I | Tr | E |    | 09 42 | I | Tr | I |
|   | 14 51 | II | Sh | I |   | 07 40 | III | Tr | I | 22 | 09 17 | I | Ec | D |    | 10 43 | I | Sh | E |
|   | 16 55 | II | Tr | I |   | 10 08 | III | Tr | E |    | 12 39 | I | Oc | R |    | 11 53 | I | Tr | E |
|   | 17 24 | II | Sh | E |   | 10 15 | I | Sh | I |    | 14 58 | II | Ec | D | 31 | 05 38 | I | Ec | D |
|   | 19 24 | II | Tr | E |   | 11 21 | I | Tr | I |    | 19 51 | II | Oc | R |    | 09 03 | I | Oc | R |
|   | 23 09 | III | Sh | I |   | 12 28 | I | Sh | E | 23 | 06 37 | I | Sh | I |    | 11 48 | II | Sh | I |
| 7 | 01 52 | III | Sh | E |   | 13 33 | I | Tr | E |    | 07 47 | I | Tr | I |    | 14 14 | II | Tr | I |
|   | 03 25 | III | Tr | I | 15 | 07 24 | I | Ec | D |    | 08 50 | I | Sh | E |    | 14 19 | II | Sh | E |
|   | 05 57 | III | Tr | E |   | 10 43 | I | Oc | R |    | 09 58 | I | Tr | E |    | 16 39 | II | Tr | E |
|   | 08 22 | I | Sh | I |   | 12 22 | II | Ec | D | 24 | 03 46 | I | Ec | D | 32 | 01 06 | III | Ec | D |
|   | 09 24 | I | Tr | I |   | 17 10 | II | Oc | R |    | 07 08 | I | Oc | R |    | 02 59 | I | Sh | I |
|   | 10 34 | I | Sh | E | 16 | 04 44 | I | Sh | I |    | 09 15 | II | Sh | I |    | 03 47 | III | Ec | R |
|   | 11 36 | I | Tr | E |   | 05 50 | I | Tr | I |    | 11 36 | II | Tr | I |    | 04 11 | I | Tr | I |
| 8 | 05 32 | I | Ec | D |   | 06 56 | I | Sh | E |    | 11 46 | II | Sh | E |    | 05 11 | I | Sh | E |
|   | 08 47 | I | Oc | R |   | 08 02 | I | Tr | E |    | 14 02 | II | Tr | E |    | 06 10 | III | Oc | D |
|   | 09 46 | II | Ec | D | 17 | 01 53 | I | Ec | D |    | 21 08 | III | Ec | D |    | 06 22 | I | Tr | E |
|   | 14 28 | II | Oc | R |   | 05 12 | I | Oc | R |    | 23 50 | III | Ec | R |    | 08 31 | III | Oc | R |
| 9 | 02 50 | I | Sh | I |   | 06 41 | II | Sh | I | 25 | 01 05 | I | Sh | I |    |       |   |    |   |
|   | 03 53 | I | Tr | I |   | 08 56 | II | Tr | I |    | 02 02 | III | Oc | D |    |       |   |    |   |

| I. Dec. 15 | II. Dec. 15 | III. Dec. 17 | IV. Dec. |
|------------|-------------|--------------|----------|
| $x_1 = -1.9,\ y_1 = -0.3$ | $x_1 = -2.4,\ y_1 = -0.5$ | $x_1 = -3.2,\ y_1 = -0.7$ <br> $x_2 = -1.8,\ y_2 = -0.7$ | no eclipse |

NOTE.—I denotes ingress; E, egress; D, disappearance; R, reappearance; Ec, eclipse; Oc, occultation; Tr, transit of the satellite; Sh, transit of the shadow.

## CONFIGURATIONS OF SATELLITES I-IV FOR DECEMBER
### UNIVERSAL TIME

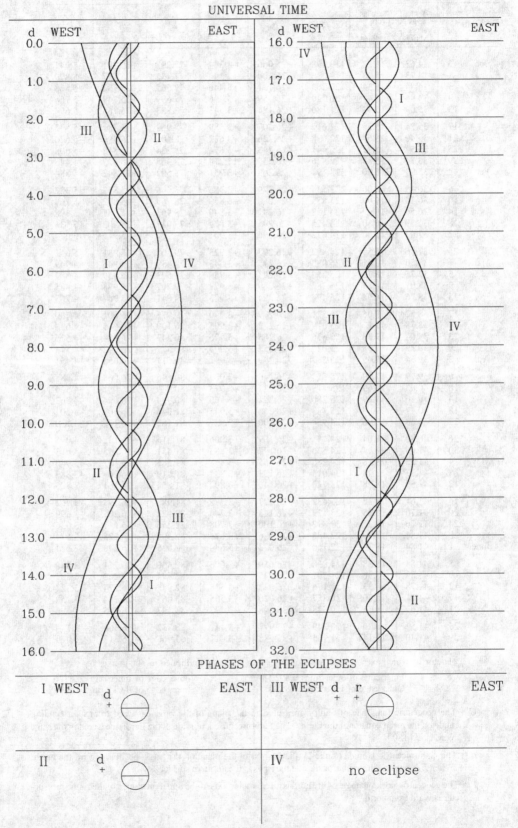

PHASES OF THE ECLIPSES

# RINGS OF SATURN, 2016

## FOR 0$^h$ UNIVERSAL TIME

| Date | | Axes of outer edge of outer ring | | U | B | P | U' | B' | P' |
|------|----|--------|--------|---|---|---|----|----|----|
| | | Major | Minor | | | | | | |
| | | '' | '' | ° | ° | ° | ° | ° | ° |
| Jan. | −3 | 34.63 | 15.22 | 119.298 | +26.066 | +3.344 | 77.298 | +25.701 | −5.941 |
| | 1 | 34.73 | 15.28 | 119.786 | +26.100 | +3.396 | 77.432 | +25.717 | −5.879 |
| | 5 | 34.84 | 15.34 | 120.263 | +26.131 | +3.446 | 77.565 | +25.733 | −5.818 |
| | 9 | 34.96 | 15.41 | 120.729 | +26.159 | +3.496 | 77.699 | +25.749 | −5.756 |
| | 13 | 35.09 | 15.49 | 121.180 | +26.184 | +3.543 | 77.833 | +25.765 | −5.694 |
| | 17 | 35.24 | 15.56 | 121.617 | +26.207 | +3.589 | 77.967 | +25.781 | −5.632 |
| | 21 | 35.40 | 15.64 | 122.038 | +26.226 | +3.632 | 78.100 | +25.796 | −5.570 |
| | 25 | 35.57 | 15.73 | 122.441 | +26.243 | +3.674 | 78.234 | +25.812 | −5.508 |
| | 29 | 35.74 | 15.81 | 122.826 | +26.257 | +3.714 | 78.368 | +25.827 | −5.446 |
| Feb. | 2 | 35.93 | 15.90 | 123.191 | +26.269 | +3.751 | 78.502 | +25.842 | −5.384 |
| | 6 | 36.13 | 16.00 | 123.534 | +26.279 | +3.786 | 78.636 | +25.857 | −5.322 |
| | 10 | 36.34 | 16.09 | 123.855 | +26.286 | +3.819 | 78.769 | +25.872 | −5.260 |
| | 14 | 36.56 | 16.19 | 124.152 | +26.291 | +3.849 | 78.903 | +25.887 | −5.198 |
| | 18 | 36.79 | 16.30 | 124.425 | +26.295 | +3.877 | 79.037 | +25.902 | −5.136 |
| | 22 | 37.02 | 16.40 | 124.672 | +26.296 | +3.901 | 79.171 | +25.916 | −5.074 |
| | 26 | 37.26 | 16.51 | 124.892 | +26.297 | +3.923 | 79.305 | +25.931 | −5.012 |
| Mar. | 1 | 37.50 | 16.61 | 125.085 | +26.295 | +3.943 | 79.439 | +25.945 | −4.949 |
| | 5 | 37.75 | 16.72 | 125.250 | +26.293 | +3.959 | 79.573 | +25.959 | −4.887 |
| | 9 | 38.01 | 16.83 | 125.387 | +26.289 | +3.972 | 79.707 | +25.973 | −4.825 |
| | 13 | 38.26 | 16.94 | 125.494 | +26.284 | +3.983 | 79.841 | +25.987 | −4.763 |
| | 17 | 38.52 | 17.06 | 125.571 | +26.279 | +3.990 | 79.975 | +26.001 | −4.700 |
| | 21 | 38.78 | 17.17 | 125.619 | +26.272 | +3.995 | 80.109 | +26.015 | −4.638 |
| | 25 | 39.04 | 17.28 | 125.636 | +26.265 | +3.996 | 80.243 | +26.028 | −4.576 |
| | 29 | 39.29 | 17.38 | 125.625 | +26.257 | +3.995 | 80.377 | +26.042 | −4.513 |
| Apr. | 2 | 39.54 | 17.49 | 125.583 | +26.249 | +3.991 | 80.511 | +26.055 | −4.451 |
| | 6 | 39.79 | 17.59 | 125.513 | +26.240 | +3.983 | 80.646 | +26.068 | −4.388 |
| | 10 | 40.03 | 17.69 | 125.413 | +26.231 | +3.973 | 80.780 | +26.081 | −4.326 |
| | 14 | 40.26 | 17.79 | 125.286 | +26.221 | +3.960 | 80.914 | +26.094 | −4.263 |
| | 18 | 40.47 | 17.88 | 125.133 | +26.210 | +3.945 | 81.048 | +26.107 | −4.201 |
| | 22 | 40.68 | 17.96 | 124.954 | +26.200 | +3.927 | 81.182 | +26.120 | −4.138 |
| | 26 | 40.88 | 18.04 | 124.751 | +26.189 | +3.906 | 81.316 | +26.132 | −4.075 |
| | 30 | 41.06 | 18.11 | 124.526 | +26.177 | +3.883 | 81.451 | +26.145 | −4.013 |
| May | 4 | 41.22 | 18.18 | 124.280 | +26.165 | +3.858 | 81.585 | +26.157 | −3.950 |
| | 8 | 41.37 | 18.23 | 124.015 | +26.153 | +3.831 | 81.719 | +26.169 | −3.887 |
| | 12 | 41.50 | 18.28 | 123.733 | +26.140 | +3.802 | 81.854 | +26.181 | −3.825 |
| | 16 | 41.61 | 18.32 | 123.437 | +26.127 | +3.772 | 81.988 | +26.193 | −3.762 |
| | 20 | 41.70 | 18.35 | 123.129 | +26.113 | +3.740 | 82.122 | +26.205 | −3.699 |
| | 24 | 41.76 | 18.37 | 122.812 | +26.100 | +3.708 | 82.256 | +26.217 | −3.636 |
| | 28 | 41.81 | 18.39 | 122.488 | +26.086 | +3.674 | 82.391 | +26.228 | −3.574 |
| June | 1 | 41.84 | 18.39 | 122.160 | +26.072 | +3.640 | 82.525 | +26.240 | −3.511 |
| | 5 | 41.84 | 18.38 | 121.830 | +26.059 | +3.606 | 82.660 | +26.251 | −3.448 |
| | 9 | 41.82 | 18.36 | 121.501 | +26.045 | +3.572 | 82.794 | +26.262 | −3.385 |
| | 13 | 41.78 | 18.33 | 121.176 | +26.032 | +3.538 | 82.928 | +26.274 | −3.322 |
| | 17 | 41.71 | 18.30 | 120.857 | +26.020 | +3.505 | 83.063 | +26.284 | −3.259 |
| | 21 | 41.63 | 18.25 | 120.548 | +26.008 | +3.472 | 83.197 | +26.295 | −3.196 |
| | 25 | 41.52 | 18.20 | 120.249 | +25.997 | +3.441 | 83.332 | +26.306 | −3.133 |
| | 29 | 41.40 | 18.14 | 119.965 | +25.988 | +3.411 | 83.466 | +26.317 | −3.070 |

Factor by which axes of outer edge of outer ring are to be multiplied to obtain axes of:

Inner edge of outer ring  0.8932      Inner edge of inner ring  0.6726
Outer edge of inner ring  0.8596      Inner edge of dusky ring  0.5447

$U$ = The geocentric longitude of Saturn, measured in the plane of the rings eastward from its ascending node on the mean equator of the Earth. The Saturnicentric longitude of the Earth, measured in the same way, is $U+180°$.

$B$ = The Saturnicentric latitude of the Earth, referred to the plane of the rings, positive toward the north. When $B$ is positive the visible surface of the rings is the northern surface.

$P$ = The geocentric position angle of the northern semiminor axis of the apparent ellipse of the rings, measured eastward from north.

## FOR 0<sup>h</sup> UNIVERSAL TIME

| Date | | Axes of outer edge of outer ring | | $U$ | $B$ | $P$ | $U'$ | $B'$ | $P'$ |
|---|---|---|---|---|---|---|---|---|---|
| | | Major | Minor | | | | | | |
| | | $''$ | $''$ | ° | ° | ° | ° | ° | ° |
| July | 3 | 41.26 | 18.07 | 119.696 | +25.979 | +3.383 | 83.601 | +26.327 | −3.007 |
| | 7 | 41.10 | 18.00 | 119.445 | +25.972 | +3.356 | 83.735 | +26.337 | −2.944 |
| | 11 | 40.92 | 17.92 | 119.214 | +25.967 | +3.332 | 83.870 | +26.347 | −2.881 |
| | 15 | 40.73 | 17.83 | 119.005 | +25.964 | +3.310 | 84.004 | +26.357 | −2.818 |
| | 19 | 40.53 | 17.74 | 118.819 | +25.962 | +3.290 | 84.139 | +26.367 | −2.755 |
| | 23 | 40.31 | 17.65 | 118.657 | +25.963 | +3.273 | 84.273 | +26.377 | −2.692 |
| | 27 | 40.09 | 17.55 | 118.520 | +25.966 | +3.258 | 84.408 | +26.387 | −2.629 |
| | 31 | 39.85 | 17.45 | 118.410 | +25.971 | +3.247 | 84.542 | +26.396 | −2.566 |
| Aug. | 4 | 39.61 | 17.35 | 118.327 | +25.979 | +3.238 | 84.677 | +26.406 | −2.503 |
| | 8 | 39.36 | 17.25 | 118.272 | +25.989 | +3.233 | 84.812 | +26.415 | −2.440 |
| | 12 | 39.11 | 17.15 | 118.246 | +26.001 | +3.230 | 84.946 | +26.424 | −2.376 |
| | 16 | 38.86 | 17.04 | 118.248 | +26.016 | +3.230 | 85.081 | +26.433 | −2.313 |
| | 20 | 38.60 | 16.94 | 118.279 | +26.034 | +3.234 | 85.215 | +26.442 | −2.250 |
| | 24 | 38.35 | 16.84 | 118.338 | +26.053 | +3.241 | 85.350 | +26.451 | −2.187 |
| | 28 | 38.09 | 16.74 | 118.426 | +26.075 | +3.251 | 85.485 | +26.460 | −2.124 |
| Sept. | 1 | 37.84 | 16.65 | 118.542 | +26.099 | +3.263 | 85.619 | +26.468 | −2.060 |
| | 5 | 37.59 | 16.55 | 118.686 | +26.125 | +3.279 | 85.754 | +26.477 | −1.997 |
| | 9 | 37.34 | 16.46 | 118.858 | +26.152 | +3.298 | 85.889 | +26.485 | −1.934 |
| | 13 | 37.10 | 16.37 | 119.057 | +26.181 | +3.319 | 86.023 | +26.493 | −1.871 |
| | 17 | 36.86 | 16.28 | 119.281 | +26.212 | +3.344 | 86.158 | +26.501 | −1.807 |
| | 21 | 36.64 | 16.20 | 119.531 | +26.243 | +3.371 | 86.293 | +26.509 | −1.744 |
| | 25 | 36.41 | 16.12 | 119.806 | +26.276 | +3.400 | 86.427 | +26.517 | −1.681 |
| | 29 | 36.20 | 16.04 | 120.104 | +26.309 | +3.432 | 86.562 | +26.525 | −1.617 |
| Oct. | 3 | 36.00 | 15.97 | 120.425 | +26.342 | +3.467 | 86.697 | +26.532 | −1.554 |
| | 7 | 35.80 | 15.90 | 120.768 | +26.376 | +3.503 | 86.832 | +26.539 | −1.491 |
| | 11 | 35.61 | 15.84 | 121.132 | +26.410 | +3.542 | 86.966 | +26.547 | −1.427 |
| | 15 | 35.44 | 15.78 | 121.515 | +26.444 | +3.582 | 87.101 | +26.554 | −1.364 |
| | 19 | 35.27 | 15.73 | 121.917 | +26.477 | +3.624 | 87.236 | +26.561 | −1.301 |
| | 23 | 35.12 | 15.67 | 122.336 | +26.509 | +3.668 | 87.371 | +26.568 | −1.237 |
| | 27 | 34.97 | 15.63 | 122.772 | +26.540 | +3.714 | 87.506 | +26.575 | −1.174 |
| | 31 | 34.84 | 15.58 | 123.222 | +26.570 | +3.760 | 87.640 | +26.581 | −1.110 |
| Nov. | 4 | 34.72 | 15.55 | 123.687 | +26.599 | +3.808 | 87.775 | +26.588 | −1.047 |
| | 8 | 34.61 | 15.51 | 124.164 | +26.626 | +3.857 | 87.910 | +26.594 | −0.984 |
| | 12 | 34.52 | 15.48 | 124.652 | +26.651 | +3.907 | 88.045 | +26.600 | −0.920 |
| | 16 | 34.43 | 15.46 | 125.149 | +26.675 | +3.957 | 88.180 | +26.606 | −0.857 |
| | 20 | 34.36 | 15.44 | 125.655 | +26.696 | +4.008 | 88.314 | +26.612 | −0.793 |
| | 24 | 34.30 | 15.42 | 126.169 | +26.715 | +4.060 | 88.449 | +26.618 | −0.730 |
| | 28 | 34.25 | 15.41 | 126.688 | +26.732 | +4.111 | 88.584 | +26.624 | −0.666 |
| Dec. | 2 | 34.22 | 15.40 | 127.212 | +26.746 | +4.163 | 88.719 | +26.630 | −0.603 |
| | 6 | 34.20 | 15.40 | 127.739 | +26.758 | +4.215 | 88.854 | +26.635 | −0.539 |
| | 10 | 34.19 | 15.40 | 128.268 | +26.767 | +4.266 | 88.989 | +26.640 | −0.476 |
| | 14 | 34.20 | 15.41 | 128.797 | +26.774 | +4.317 | 89.124 | +26.646 | −0.412 |
| | 18 | 34.22 | 15.42 | 129.325 | +26.778 | +4.368 | 89.259 | +26.651 | −0.349 |
| | 22 | 34.25 | 15.43 | 129.850 | +26.780 | +4.418 | 89.393 | +26.656 | −0.286 |
| | 26 | 34.29 | 15.45 | 130.371 | +26.779 | +4.467 | 89.528 | +26.661 | −0.222 |
| | 30 | 34.35 | 15.47 | 130.887 | +26.776 | +4.515 | 89.663 | +26.665 | −0.159 |
| | 34 | 34.42 | 15.50 | 131.397 | +26.771 | +4.562 | 89.798 | +26.670 | −0.095 |

Factor by which axes of outer edge of outer ring are to be multiplied to obtain axes of:

| | | |
|---|---|---|
| Inner edge of outer ring | 0.8932 | Inner edge of inner ring   0.6726 |
| Outer edge of inner ring | 0.8596 | Inner edge of dusky ring   0.5447 |

$U'$ = The heliocentric longitude of Saturn, measured in the plane of the rings eastward from its ascending node on the ecliptic. The Saturnicentric longitude of the Sun, measured in the same way is $U' + 180°$.

$B'$ = The Saturnicentric latitude of the Sun, referred to the plane of the rings, positive toward the north. When B' is positive the northern surface of the rings is illuminated.

$P'$ = The heliocentric position angle of the northern semiminor axis of the rings on the heliocentric celestial sphere, measured eastward from the great circle that passes through Saturn and the poles of the ecliptic.

APPARENT ORBITS OF SATELLITES I–VII AT 0ʰ UNIVERSAL TIME ON THE DATE OF OPPOSITION, JUNE 3

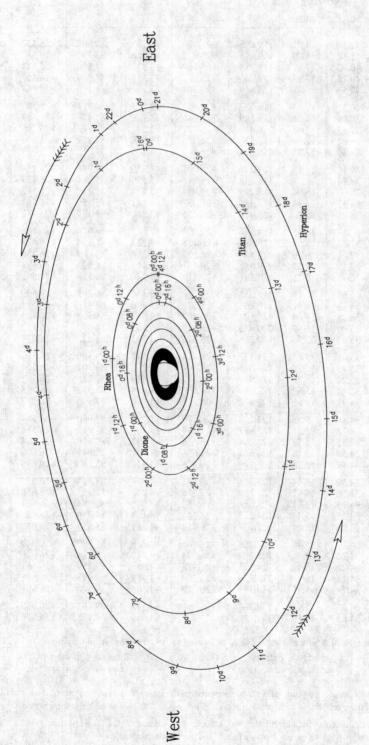

Orbits elongated in ratio of 1.2 to 1 in the North-South direction.

| Name | Mean Sidereal Period | Name | Mean Sidereal Period |
|---|---|---|---|
| | d | | d |
| I Mimas............ | 0.9424 | VI Titan............ | 15.9454 |
| II Enceladus......... | 1.3702 | VII Hyperion......... | 21.2767 |
| III Tethys............ | 1.8878 | VIII Iapetus........... | 79.3311 |

## UNIVERSAL TIME OF GREATEST EASTERN ELONGATION

### I Mimas

| Jan. | Feb. | Mar. | Apr. | May | June | July | Aug. | Sept. | Oct. | Nov. | Dec. |
|---|---|---|---|---|---|---|---|---|---|---|---|
| d h | d h | d h | d h | d h | d h | d h | d h | d h | d h | d h | d h |
| −1 20.2 | 1 20.1 | 1 02.7 | 1 05.2 | 1 08.8 | 1 11.0 | 1 14.7 | 1 17.0 | 1 19.5 | 1 00.8 | 1 03.4 | 1 07.5 |
| 0 18.9 | 2 18.7 | 2 01.4 | 2 03.8 | 2 07.4 | 2 09.7 | 2 13.3 | 2 15.6 | 2 18.1 | 1 23.4 | 2 02.1 | 2 06.1 |
| 1 17.5 | 3 17.3 | 3 00.0 | 3 02.4 | 3 06.0 | 3 08.3 | 3 11.9 | 3 14.2 | 3 16.7 | 2 22.0 | 3 00.7 | 3 04.8 |
| 2 16.1 | 4 16.0 | 3 22.6 | 4 01.0 | 4 04.7 | 4 06.9 | 4 10.5 | 4 12.8 | 4 15.3 | 3 20.7 | 3 23.3 | 4 03.4 |
| 3 14.7 | 5 14.6 | 4 21.2 | 4 23.6 | 5 03.3 | 5 05.5 | 5 09.1 | 5 11.5 | 5 13.9 | 4 19.3 | 4 21.9 | 5 02.0 |
| | | | | | | | | | | | |
| 4 13.4 | 6 13.2 | 5 19.8 | 5 22.2 | 6 01.9 | 6 04.1 | 6 07.7 | 6 10.1 | 6 12.6 | 5 17.9 | 5 20.6 | 6 00.6 |
| 5 12.0 | 7 11.8 | 6 18.5 | 6 20.8 | 7 00.5 | 7 02.7 | 7 06.4 | 7 08.7 | 7 11.2 | 6 16.5 | 6 19.2 | 6 23.3 |
| 6 10.6 | 8 10.5 | 7 17.1 | 7 19.5 | 7 23.1 | 8 01.3 | 8 05.0 | 8 07.3 | 8 09.8 | 7 15.2 | 7 17.8 | 7 21.9 |
| 7 09.2 | 9 09.1 | 8 15.7 | 8 18.1 | 8 21.7 | 8 23.9 | 9 03.6 | 9 05.9 | 9 08.4 | 8 13.8 | 8 16.5 | 8 20.5 |
| 8 07.9 | 10 07.7 | 9 14.3 | 9 16.7 | 9 20.3 | 9 22.6 | 10 02.2 | 10 04.6 | 10 07.1 | 9 12.4 | 9 15.1 | 9 19.2 |
| | | | | | | | | | | | |
| 9 06.5 | 11 06.3 | 10 12.9 | 10 15.3 | 10 19.0 | 10 21.2 | 11 00.8 | 11 03.2 | 11 05.7 | 10 11.0 | 10 13.7 | 10 17.8 |
| 10 05.1 | 12 04.9 | 11 11.6 | 11 13.9 | 11 17.6 | 11 19.8 | 11 23.4 | 12 01.8 | 12 04.3 | 11 09.7 | 11 12.3 | 11 16.4 |
| 11 03.7 | 13 03.6 | 12 10.2 | 12 12.5 | 12 16.2 | 12 18.4 | 12 22.0 | 13 00.4 | 13 02.9 | 12 08.3 | 12 11.0 | 12 15.0 |
| 12 02.4 | 14 02.2 | 13 08.8 | 13 11.2 | 13 14.8 | 13 17.0 | 13 20.7 | 13 23.0 | 14 01.5 | 13 06.9 | 13 09.6 | 13 13.7 |
| 13 01.0 | 15 00.8 | 14 07.4 | 14 09.8 | 14 13.4 | 14 15.6 | 14 19.3 | 14 21.7 | 15 00.2 | 14 05.5 | 14 08.2 | 14 12.3 |
| | | | | | | | | | | | |
| 13 23.6 | 15 23.4 | 15 06.0 | 15 08.4 | 15 12.0 | 15 14.2 | 15 17.9 | 15 20.3 | 15 22.8 | 15 04.2 | 15 06.8 | 15 10.9 |
| 14 22.2 | 16 22.1 | 16 04.7 | 16 07.0 | 16 10.6 | 16 12.8 | 16 16.5 | 16 18.9 | 16 21.4 | 16 02.8 | 16 05.5 | 16 09.6 |
| 15 20.9 | 17 20.7 | 17 03.3 | 17 05.6 | 17 09.2 | 17 11.5 | 17 15.1 | 17 17.5 | 17 20.0 | 17 01.4 | 17 04.1 | 17 08.2 |
| 16 19.5 | 18 19.3 | 18 01.9 | 18 04.2 | 18 07.9 | 18 10.1 | 18 13.7 | 18 16.1 | 18 18.7 | 18 00.0 | 18 02.7 | 18 06.8 |
| 17 18.1 | 19 17.9 | 19 00.5 | 19 02.8 | 19 06.5 | 19 08.7 | 19 12.4 | 19 14.8 | 19 17.3 | 18 22.7 | 19 01.4 | 19 05.4 |
| | | | | | | | | | | | |
| 18 16.7 | 20 16.5 | 19 23.1 | 20 01.5 | 20 05.1 | 20 07.3 | 20 11.0 | 20 13.4 | 20 15.9 | 19 21.3 | 20 00.0 | 20 04.1 |
| 19 15.4 | 21 15.2 | 20 21.7 | 21 00.1 | 21 03.7 | 21 05.9 | 21 09.6 | 21 12.0 | 21 14.5 | 20 19.9 | 20 22.6 | 21 02.7 |
| 20 14.0 | 22 13.8 | 21 20.4 | 21 22.7 | 22 02.3 | 22 04.5 | 22 08.2 | 22 10.6 | 22 13.2 | 21 18.5 | 21 21.2 | 22 01.3 |
| 21 12.6 | 23 12.4 | 22 19.0 | 22 21.3 | 23 00.9 | 23 03.1 | 23 06.8 | 23 09.2 | 23 11.8 | 22 17.2 | 22 19.9 | 22 23.9 |
| 22 11.2 | 24 11.0 | 23 17.6 | 23 19.9 | 23 23.5 | 24 01.8 | 24 05.4 | 24 07.9 | 24 10.4 | 23 15.8 | 23 18.5 | 23 22.6 |
| | | | | | | | | | | | |
| 23 09.9 | 25 09.6 | 24 16.2 | 24 18.5 | 24 22.1 | 25 00.4 | 25 04.1 | 25 06.5 | 25 09.0 | 24 14.4 | 24 17.1 | 24 21.2 |
| 24 08.5 | 26 08.3 | 25 14.8 | 25 17.1 | 25 20.8 | 25 23.0 | 26 02.7 | 26 05.1 | 26 07.7 | 25 13.1 | 25 15.8 | 25 19.8 |
| 25 07.1 | 27 06.9 | 26 13.5 | 26 15.8 | 26 19.4 | 26 21.6 | 27 01.3 | 27 03.7 | 27 06.3 | 26 11.7 | 26 14.4 | 26 18.4 |
| 26 05.7 | 28 05.5 | 27 12.1 | 27 14.4 | 27 18.0 | 27 20.2 | 27 23.9 | 28 02.3 | 28 04.9 | 27 10.3 | 27 13.0 | 27 17.1 |
| 27 04.4 | 29 04.1 | 28 10.7 | 28 13.0 | 28 16.6 | 28 18.8 | 28 22.5 | 29 01.0 | 29 03.5 | 28 08.9 | 28 11.6 | 28 15.7 |
| | | | | | | | | | | | |
| 28 03.0 | | 29 09.3 | 29 11.6 | 29 15.2 | 29 17.4 | 29 21.1 | 29 23.6 | 30 02.2 | 29 07.6 | 29 10.3 | 29 14.3 |
| 29 01.6 | | 30 07.9 | 30 10.2 | 30 13.8 | 30 16.0 | 30 19.8 | 30 22.2 | | 30 06.2 | 30 08.9 | 30 13.0 |
| 30 00.2 | | 31 06.5 | | 31 12.4 | | 31 18.4 | 31 20.8 | | 31 04.8 | | 31 11.6 |
| 30 22.8 | | | | | | | | | | | 32 10.2 |
| 31 21.5 | | | | | | | | | | | |

### II Enceladus

| Jan. | Feb. | Mar. | Apr. | May | June | July | Aug. | Sept. | Oct. | Nov. | Dec. |
|---|---|---|---|---|---|---|---|---|---|---|---|
| d h | d h | d h | d h | d h | d h | d h | d h | d h | d h | d h | d h |
| −2 21.8 | 2 04.2 | 1 22.9 | 1 02.4 | 1 05.7 | 1 17.8 | 1 21.1 | 1 00.5 | 1 12.9 | 1 16.6 | 2 05.3 | 1 00.2 |
| 0 06.7 | 3 13.1 | 3 07.8 | 2 11.2 | 2 14.6 | 3 02.7 | 3 05.9 | 2 09.3 | 2 21.8 | 3 01.5 | 3 14.2 | 2 09.2 |
| 1 15.6 | 4 22.0 | 4 16.7 | 3 20.1 | 3 23.4 | 4 11.5 | 4 14.8 | 3 18.2 | 4 06.7 | 4 10.4 | 4 23.1 | 3 18.1 |
| 3 00.5 | 6 06.9 | 6 01.6 | 5 05.0 | 5 08.3 | 5 20.4 | 5 23.7 | 5 03.1 | 5 15.6 | 5 19.3 | 6 08.0 | 5 03.0 |
| 4 09.4 | 7 15.8 | 7 10.5 | 6 13.9 | 6 17.2 | 7 05.3 | 7 08.6 | 6 12.0 | 7 00.5 | 7 04.2 | 7 16.9 | 6 11.9 |
| | | | | | | | | | | | |
| 5 18.3 | 9 00.7 | 8 19.4 | 7 22.8 | 8 02.1 | 8 14.2 | 8 17.5 | 7 20.9 | 8 09.4 | 8 13.1 | 9 01.8 | 7 20.8 |
| 7 03.2 | 10 09.6 | 10 04.2 | 9 07.6 | 9 10.9 | 9 23.0 | 10 02.3 | 9 05.8 | 9 18.3 | 9 22.0 | 10 10.7 | 9 05.7 |
| 8 12.1 | 11 18.5 | 11 13.1 | 10 16.5 | 10 19.8 | 11 07.9 | 11 11.2 | 10 14.7 | 11 03.2 | 11 06.9 | 11 19.6 | 10 14.6 |
| 9 21.0 | 13 03.4 | 12 22.0 | 12 01.4 | 12 04.7 | 12 16.8 | 12 20.1 | 11 23.6 | 12 12.1 | 12 15.8 | 13 04.5 | 11 23.5 |
| 11 05.9 | 14 12.3 | 14 06.9 | 13 10.3 | 13 13.6 | 14 01.7 | 14 05.0 | 13 08.4 | 13 20.9 | 14 00.7 | 14 13.4 | 13 08.4 |
| | | | | | | | | | | | |
| 12 14.8 | 15 21.1 | 15 15.8 | 14 19.2 | 14 22.4 | 15 10.5 | 15 13.9 | 14 17.3 | 15 05.8 | 15 09.6 | 15 22.3 | 14 17.3 |
| 13 23.7 | 17 06.0 | 17 00.7 | 16 04.0 | 16 07.3 | 16 19.4 | 16 22.7 | 16 02.2 | 16 14.7 | 16 18.5 | 17 07.2 | 16 02.2 |
| 15 08.6 | 18 14.9 | 18 09.5 | 17 12.9 | 17 16.2 | 18 04.3 | 18 07.6 | 17 11.1 | 17 23.6 | 18 03.4 | 18 16.1 | 17 11.1 |
| 16 17.5 | 19 23.8 | 19 18.4 | 18 21.8 | 19 01.1 | 19 13.2 | 19 16.5 | 18 20.0 | 19 08.5 | 19 12.3 | 20 01.0 | 18 20.0 |
| 18 02.4 | 21 08.7 | 21 03.3 | 20 06.7 | 20 09.9 | 20 22.1 | 21 01.4 | 20 04.9 | 20 17.4 | 20 21.2 | 21 09.9 | 20 04.9 |
| | | | | | | | | | | | |
| 19 11.3 | 22 17.6 | 22 12.2 | 21 15.5 | 21 18.8 | 22 06.9 | 22 10.3 | 21 13.8 | 22 02.3 | 22 06.1 | 22 18.8 | 21 13.8 |
| 20 20.2 | 24 02.5 | 23 21.1 | 23 00.4 | 23 03.7 | 23 15.8 | 23 19.2 | 22 22.7 | 23 11.2 | 23 15.0 | 24 03.7 | 22 22.7 |
| 22 05.1 | 25 11.4 | 25 06.0 | 24 09.3 | 24 12.6 | 25 00.7 | 25 04.0 | 24 07.6 | 24 20.1 | 24 23.9 | 25 12.6 | 24 07.6 |
| 23 14.0 | 26 20.3 | 26 14.8 | 25 18.2 | 25 21.4 | 26 09.6 | 26 12.9 | 25 16.4 | 26 05.0 | 26 08.8 | 26 21.5 | 25 16.5 |
| 24 22.9 | 28 05.1 | 27 23.7 | 27 03.1 | 27 06.3 | 27 18.4 | 27 21.8 | 27 01.3 | 27 13.9 | 27 17.7 | 28 06.4 | 27 01.4 |
| | | | | | | | | | | | |
| 26 07.8 | 29 14.0 | 29 08.6 | 28 11.9 | 28 15.2 | 29 03.3 | 29 06.7 | 28 10.2 | 28 22.8 | 29 02.6 | 29 15.3 | 28 10.3 |
| 27 16.6 | | 30 17.5 | 29 20.8 | 30 00.0 | 30 12.2 | 30 15.6 | 29 19.1 | 30 07.7 | 30 11.5 | | 29 19.2 |
| 29 01.5 | | | | 31 08.9 | | | 31 04.0 | | 31 20.4 | | 31 04.1 |
| 30 10.4 | | | | | | | | | | | 32 13.0 |
| 31 19.3 | | | | | | | | | | | |

## UNIVERSAL TIME OF GREATEST EASTERN ELONGATION

| Jan. | Feb. | Mar. | Apr. | May | June | July | Aug. | Sept. | Oct. | Nov. | Dec. |
|---|---|---|---|---|---|---|---|---|---|---|---|

### III Tethys

| d h | d h | d h | d h | d h | d h | d h | d h | d h | d h | d h | d h |
|---|---|---|---|---|---|---|---|---|---|---|---|
| −2 12.7 | 1 12.6 | 2 17.7 | 1 22.6 | 2 03.3 | 1 07.9 | 1 12.5 | 2 14.6 | 1 19.6 | 2 00.8 | 1 06.2 | 1 11.6 |
| 0 10.0 | 3 09.9 | 4 15.0 | 3 19.9 | 4 00.6 | 3 05.2 | 3 09.8 | 4 11.9 | 3 17.0 | 3 22.2 | 3 03.5 | 3 08.9 |
| 2 07.3 | 5 07.3 | 6 12.3 | 5 17.2 | 5 21.9 | 5 02.5 | 5 07.1 | 6 09.3 | 5 14.3 | 5 19.5 | 5 00.9 | 5 06.3 |
| 4 04.7 | 7 04.6 | 8 09.6 | 7 14.5 | 7 19.2 | 6 23.8 | 7 04.4 | 8 06.6 | 7 11.6 | 7 16.8 | 6 22.2 | 7 03.6 |
| 6 02.0 | 9 01.9 | 10 06.9 | 9 11.8 | 9 16.5 | 8 21.1 | 9 01.7 | 10 03.9 | 9 08.9 | 9 14.2 | 8 19.5 | 9 01.0 |
| 7 23.3 | 10 23.2 | 12 04.3 | 11 09.1 | 11 13.8 | 10 18.4 | 10 23.0 | 12 01.2 | 11 06.2 | 11 11.5 | 10 16.9 | 10 22.3 |
| 9 20.7 | 12 20.5 | 14 01.6 | 13 06.4 | 13 11.0 | 12 15.6 | 12 20.3 | 13 22.5 | 13 03.6 | 13 08.8 | 12 14.2 | 12 19.6 |
| 11 18.0 | 14 17.9 | 15 22.9 | 15 03.7 | 15 08.3 | 14 12.9 | 14 17.6 | 15 19.8 | 15 00.9 | 15 06.2 | 14 11.6 | 14 17.0 |
| 13 15.3 | 16 15.2 | 17 20.2 | 17 01.0 | 17 05.6 | 16 10.2 | 16 14.9 | 17 17.1 | 16 22.2 | 17 03.5 | 16 08.9 | 16 14.3 |
| 15 12.7 | 18 12.5 | 19 17.5 | 18 22.3 | 19 02.9 | 18 07.5 | 18 12.2 | 19 14.4 | 18 19.5 | 19 00.8 | 18 06.2 | 18 11.7 |
| 17 10.0 | 20 09.8 | 21 14.8 | 20 19.6 | 21 00.2 | 20 04.8 | 20 09.5 | 21 11.7 | 20 16.9 | 20 22.2 | 20 03.6 | 20 09.0 |
| 19 07.3 | 22 07.1 | 23 12.1 | 22 16.9 | 22 21.5 | 22 02.1 | 22 06.8 | 23 09.1 | 22 14.2 | 22 19.5 | 22 00.9 | 22 06.3 |
| 21 04.7 | 24 04.5 | 25 09.4 | 24 14.1 | 24 18.8 | 23 23.4 | 24 04.1 | 25 06.4 | 24 11.5 | 24 16.8 | 23 22.3 | 24 03.7 |
| 23 02.0 | 26 01.8 | 27 06.7 | 26 11.4 | 26 16.1 | 25 20.7 | 26 01.4 | 27 03.7 | 26 08.9 | 26 14.2 | 25 19.6 | 26 01.0 |
| 24 23.3 | 27 23.1 | 29 04.0 | 28 08.7 | 28 13.3 | 27 18.0 | 27 22.7 | 29 01.0 | 28 06.2 | 28 11.5 | 27 16.9 | 27 22.3 |
| 26 20.6 | 29 20.4 | 31 01.3 | 30 06.0 | 30 10.6 | 29 15.3 | 29 20.0 | 30 22.3 | 30 03.5 | 30 08.9 | 29 14.3 | 29 19.7 |
| 28 18.0 | | | | | | 31 17.3 | | | | | 31 17.0 |
| 30 15.3 | | | | | | | | | | | 33 14.4 |

### IV Dione

| d h | d h | d h | d h | d h | d h | d h | d h | d h | d h | d h | d h |
|---|---|---|---|---|---|---|---|---|---|---|---|
| −2 09.4 | 3 00.0 | 1 09.1 | 3 05.4 | 3 07.6 | 2 09.7 | 2 11.9 | 1 14.2 | 3 10.5 | 3 13.5 | 2 16.7 | 2 19.9 |
| 1 03.2 | 5 17.7 | 4 02.8 | 5 23.0 | 6 01.3 | 5 03.4 | 5 05.5 | 4 07.9 | 6 04.3 | 6 07.2 | 5 10.4 | 5 13.7 |
| 3 20.9 | 8 11.4 | 6 20.5 | 8 16.7 | 8 18.9 | 7 21.0 | 7 23.2 | 7 01.6 | 8 22.0 | 9 01.0 | 8 04.2 | 8 07.4 |
| 6 14.6 | 11 05.1 | 9 14.2 | 11 10.4 | 11 12.6 | 10 14.7 | 10 16.8 | 9 19.3 | 11 15.7 | 11 18.7 | 10 21.9 | 11 01.2 |
| 9 08.4 | 13 22.9 | 12 07.9 | 14 04.0 | 14 06.2 | 13 08.3 | 13 10.5 | 12 12.9 | 14 09.4 | 14 12.4 | 13 15.7 | 13 18.9 |
| 12 02.1 | 16 16.6 | 15 01.6 | 16 21.7 | 16 23.9 | 16 01.9 | 16 04.2 | 15 06.6 | 17 03.1 | 17 06.2 | 16 09.4 | 16 12.7 |
| 14 19.9 | 19 10.3 | 17 19.3 | 19 15.3 | 19 17.5 | 18 19.6 | 18 21.8 | 18 00.3 | 19 20.9 | 19 23.9 | 19 03.2 | 19 06.4 |
| 17 13.6 | 22 04.0 | 20 13.0 | 22 09.0 | 22 11.1 | 21 13.2 | 21 15.5 | 20 18.0 | 22 14.6 | 22 17.7 | 21 20.9 | 22 00.2 |
| 20 07.3 | 24 21.7 | 23 06.6 | 25 02.7 | 25 04.8 | 24 06.9 | 24 09.2 | 23 11.7 | 25 08.3 | 25 11.4 | 24 14.7 | 24 17.9 |
| 23 01.1 | 27 15.4 | 26 00.3 | 27 20.3 | 27 22.4 | 27 00.5 | 27 02.8 | 26 05.4 | 28 02.0 | 28 05.2 | 27 08.4 | 27 11.7 |
| 25 18.8 | | 28 18.0 | 30 14.0 | 30 16.1 | 29 18.2 | 29 20.5 | 28 23.1 | 30 19.8 | 30 22.9 | 30 02.2 | 30 05.4 |
| 28 12.5 | | 31 11.7 | | | | | 31 16.8 | | | | 32 23.2 |
| 31 06.3 | | | | | | | | | | | |

### V Rhea

| d h | d h | d h | d h | d h | d h | d h | d h | d h | d h | d h | d h |
|---|---|---|---|---|---|---|---|---|---|---|---|
| −4 03.7 | 1 08.2 | 3 23.7 | 4 14.6 | 1 16.8 | 2 07.0 | 3 21.2 | 4 11.8 | 5 02.9 | 2 06.0 | 2 21.9 | 4 14.1 |
| 0 16.3 | 5 20.7 | 8 12.1 | 9 03.0 | 6 05.1 | 6 19.3 | 8 09.5 | 9 00.2 | 9 15.4 | 6 18.5 | 7 10.5 | 9 02.7 |
| 5 04.8 | 10 09.2 | 13 00.6 | 13 15.4 | 10 17.4 | 11 07.6 | 12 21.9 | 13 12.6 | 14 03.9 | 11 07.1 | 11 23.1 | 13 15.3 |
| 9 17.4 | 14 21.7 | 17 13.0 | 18 03.8 | 15 05.7 | 15 19.9 | 17 10.2 | 18 01.0 | 18 16.4 | 15 19.6 | 16 11.7 | 18 03.9 |
| 14 06.0 | 19 10.2 | 22 01.4 | 22 16.1 | 19 18.0 | 20 08.2 | 21 22.6 | 22 13.5 | 23 04.9 | 20 08.2 | 21 00.3 | 22 16.5 |
| 18 18.5 | 23 22.7 | 26 13.9 | 27 04.4 | 24 06.4 | 24 20.5 | 26 11.0 | 27 02.0 | 27 17.4 | 24 20.8 | 25 12.9 | 27 05.1 |
| 23 07.1 | 28 11.2 | 31 02.3 | | 28 18.7 | 29 08.9 | 30 23.4 | 31 14.4 | | 29 09.4 | 30 01.5 | 31 17.7 |
| 27 19.6 | | | | | | | | | | | 36 06.3 |

## UNIVERSAL TIME OF CONJUNCTIONS AND ELONGATIONS

### VI Titan

| Eastern Elongation | | Inferior Conjunction | | Western Elongation | | Superior Conjunction | |
|---|---|---|---|---|---|---|---|
|  | d  h |  | d  h |  | d  h |  | d  h |
| Jan. | −14 13.6 | Jan. | −10 09.7 | Jan. | −6 13.8 | Jan. | −2 17.9 |
|  | 2 14.4 |  | 6 10.4 |  | 10 14.7 |  | 14 18.5 |
| Feb. | 18 15.1 |  | 22 11.0 |  | 26 15.2 |  | 30 18.9 |
|  | 3 15.3 | Feb. | 7 11.2 | Feb. | 11 15.4 | Feb. | 15 18.9 |
| Mar. | 19 15.3 |  | 23 11.0 |  | 27 15.2 | Mar. | 2 18.5 |
|  | 6 14.8 | Mar. | 10 10.3 | Mar. | 14 14.4 |  | 18 17.6 |
| Apr. | 22 13.7 |  | 26 09.2 |  | 30 13.2 | Apr. | 3 16.2 |
|  | 7 12.2 | Apr. | 11 07.6 | Apr. | 15 11.4 |  | 19 14.4 |
| May | 23 10.2 |  | 27 05.6 | May | 1 09.1 | May | 5 12.1 |
|  | 9 07.8 | May | 13 03.2 |  | 17 06.5 |  | 21 09.6 |
| June | 25 05.2 |  | 29 00.5 | June | 2 03.7 | June | 6 06.9 |
|  | 10 02.4 | June | 13 21.9 |  | 18 00.9 |  | 22 04.3 |
| July | 25 23.7 |  | 29 19.3 | July | 3 22.3 | July | 8 01.9 |
|  | 11 21.3 | July | 15 17.1 |  | 19 20.0 |  | 23 23.8 |
| Aug. | 27 19.3 |  | 31 15.2 | Aug. | 4 18.1 | Aug. | 8 22.2 |
|  | 12 17.7 | Aug. | 16 13.8 |  | 20 16.8 |  | 24 21.0 |
| Sept. | 28 16.7 | Sept. | 1 12.8 | Sept. | 5 16.0 | Sept. | 9 20.3 |
|  | 13 16.1 |  | 17 12.3 |  | 21 15.7 |  | 25 20.0 |
| Oct. | 29 16.0 | Oct. | 3 12.3 | Oct. | 7 15.8 | Oct. | 11 20.2 |
|  | 15 16.2 |  | 19 12.6 |  | 23 16.3 |  | 27 20.7 |
| Nov. | 31 16.7 | Nov. | 4 13.2 | Nov. | 8 17.1 | Nov. | 12 21.4 |
| Dec. | 16 17.5 |  | 20 13.9 |  | 24 18.0 |  | 28 22.2 |
|  | 2 18.4 | Dec. | 6 14.9 | Dec. | 10 19.1 | Dec. | 14 23.1 |
|  | 18 19.4 |  | 22 15.8 |  | 26 20.2 |  | 30 24.0 |
|  | 34 20.3 |  | 38 16.6 |  | 42 21.1 |  | 47 00.7 |

### VII Hyperion

| Eastern Elongation | | Inferior Conjunction | | Western Elongation | | Superior Conjunction | |
|---|---|---|---|---|---|---|---|
|  | d  h |  | d  h |  | d  h |  | d  h |
| Jan. | −18 13.0 | Jan. | −13 10.4 | Jan. | −8 17.8 | Jan. | −2 15.8 |
|  | 4 01.2 |  | 8 20.7 |  | 14 06.3 |  | 20 06.0 |
|  | 25 14.3 |  | 30 08.8 | Feb. | 4 18.8 | Feb. | 10 18.5 |
| Feb. | 16 02.0 | Feb. | 20 20.1 |  | 26 06.8 | Mar. | 3 06.6 |
| Mar. | 8 12.3 | Mar. | 13 05.0 | Mar. | 18 16.6 |  | 24 17.2 |
|  | 29 22.2 | Apr. | 3 14.4 | Apr. | 9 01.4 | Apr. | 15 01.5 |
| Apr. | 20 06.5 |  | 24 23.0 |  | 30 09.4 | May | 6 09.1 |
| May | 11 12.9 | May | 16 04.8 | May | 21 15.1 |  | 27 15.1 |
| June | 1 19.0 | June | 6 11.1 | June | 11 20.3 | June | 17 20.1 |
|  | 23 00.7 |  | 27 17.9 | July | 3 02.4 | July | 9 02.0 |
| July | 14 05.6 | July | 18 22.5 |  | 24 07.3 |  | 30 07.7 |
| Aug. | 4 11.4 | Aug. | 9 04.4 | Aug. | 14 13.2 | Aug. | 20 13.9 |
|  | 25 18.0 |  | 30 11.7 | Sept. | 4 20.9 | Sept. | 10 21.9 |
| Sept. | 16 00.4 | Sept. | 20 17.1 |  | 26 03.9 | Oct. | 2 05.9 |
| Oct. | 7 07.9 | Oct. | 11 23.9 | Oct. | 17 11.7 |  | 23 14.2 |
|  | 28 15.9 | Nov. | 2 07.9 | Nov. | 7 20.9 | Nov. | 13 23.7 |
| Nov. | 18 23.4 |  | 23 13.9 |  | 29 05.0 | Dec. | 5 08.9 |
| Dec. | 10 07.6 | Dec. | 14 21.1 | Dec. | 20 13.3 |  | 26 17.4 |
|  | 31 15.4 |  | 36 04.7 |  | 41 22.1 |  |  |

### VIII Iapetus

| Eastern Elongation | | Inferior Conjunction | | Western Elongation | | Superior Conjunction | |
|---|---|---|---|---|---|---|---|
|  | d  h |  | d  h |  | d  h |  | d  h |
|  |  |  |  |  |  | Jan. | −45 17.1 |
| Jan. | −25 16.2 | Jan. | −5 03.9 | Jan. | 16 03.2 | Feb. | 6 00.6 |
| Feb. | 25 21.2 | Mar. | 15 17.9 | Apr. | 5 08.4 | Apr. | 25 14.1 |
| May | 14 18.8 | June | 2 09.2 | June | 22 05.7 | July | 12 18.5 |
| July | 31 18.5 | Aug. | 20 00.2 | Sept. | 9 01.8 | Sept. | 30 08.8 |
| Oct. | 19 21.3 | Nov. | 8 12.7 | Nov. | 29 08.0 | Dec. | 20 15.4 |
| Dec. | 40 12.2 |  |  |  |  |  |  |

# SATELLITES OF SATURN, 2016

## DIFFERENTIAL COORDINATES OF VII HYPERION FOR 0ʰ UNIVERSAL TIME

| Date | | $\Delta\alpha$ (s) | $\Delta\delta$ (') | Date | | $\Delta\alpha$ (s) | $\Delta\delta$ (') | Date | | $\Delta\alpha$ (s) | $\Delta\delta$ (') |
|---|---|---|---|---|---|---|---|---|---|---|---|
| Jan. | −1 | + 2 | + 1.4 | Apr. | 30 | − 17 | + 0.4 | Sept. | 1 | − 8 | − 1.0 |
| | 1 | + 8 | + 1.0 | May | 2 | − 15 | + 1.2 | | 3 | − 14 | − 0.3 |
| | 3 | + 12 | + 0.4 | | 4 | − 9 | + 1.7 | | 5 | − 15 | + 0.5 |
| | 5 | + 12 | − 0.4 | | 6 | − 1 | + 1.8 | | 7 | − 12 | + 1.2 |
| | 7 | + 7 | − 1.1 | | 8 | + 8 | + 1.4 | | 9 | − 6 | + 1.5 |
| | 9 | − 1 | − 1.2 | | 10 | + 14 | + 0.6 | | 11 | + 1 | + 1.5 |
| | 11 | − 9 | − 0.8 | | 12 | + 15 | − 0.3 | | 13 | + 8 | + 1.1 |
| | 13 | − 13 | − 0.1 | | 14 | + 10 | − 1.2 | | 15 | + 13 | + 0.4 |
| | 15 | − 13 | + 0.7 | | 16 | 0 | − 1.4 | | 17 | + 13 | − 0.5 |
| | 17 | − 10 | + 1.3 | | 18 | − 9 | − 1.1 | | 19 | + 7 | − 1.1 |
| | 19 | − 4 | + 1.5 | | 20 | − 16 | − 0.2 | | 21 | − 2 | − 1.2 |
| | 21 | + 4 | + 1.4 | | 22 | − 17 | + 0.7 | | 23 | − 10 | − 0.8 |
| | 23 | + 10 | + 0.9 | | 24 | − 13 | + 1.4 | | 25 | − 14 | 0.0 |
| | 25 | + 13 | + 0.2 | | 26 | − 6 | + 1.8 | | 27 | − 14 | + 0.7 |
| | 27 | + 12 | − 0.6 | | 28 | + 3 | + 1.7 | | 29 | − 10 | + 1.3 |
| | 29 | + 5 | − 1.2 | | 30 | + 10 | + 1.2 | Oct. | 1 | − 4 | + 1.5 |
| | 31 | − 4 | − 1.2 | June | 1 | + 15 | + 0.3 | | 3 | + 4 | + 1.4 |
| Feb. | 2 | − 11 | − 0.6 | | 3 | + 14 | − 0.7 | | 5 | + 10 | + 0.9 |
| | 4 | − 14 | + 0.2 | | 5 | + 7 | − 1.3 | | 7 | + 13 | + 0.1 |
| | 6 | − 13 | + 0.9 | | 7 | − 3 | − 1.4 | | 9 | + 11 | − 0.7 |
| | 8 | − 9 | + 1.4 | | 9 | − 12 | − 0.8 | | 11 | + 4 | − 1.2 |
| | 10 | − 2 | + 1.6 | | 11 | − 17 | + 0.1 | | 13 | − 5 | − 1.1 |
| | 12 | + 5 | + 1.4 | | 13 | − 16 | + 1.0 | | 15 | − 12 | − 0.5 |
| | 14 | + 11 | + 0.8 | | 15 | − 10 | + 1.6 | | 17 | − 14 | + 0.2 |
| | 16 | + 13 | − 0.1 | | 17 | − 3 | + 1.8 | | 19 | − 13 | + 0.9 |
| | 18 | + 11 | − 0.9 | | 19 | + 6 | + 1.5 | | 21 | − 8 | + 1.4 |
| | 20 | + 3 | − 1.3 | | 21 | + 13 | + 0.9 | | 23 | − 1 | + 1.5 |
| | 22 | − 6 | − 1.1 | | 23 | + 15 | − 0.1 | | 25 | + 6 | + 1.2 |
| | 24 | − 13 | − 0.4 | | 25 | + 12 | − 1.0 | | 27 | + 11 | + 0.6 |
| | 26 | − 15 | + 0.4 | | 27 | + 3 | − 1.4 | | 29 | + 12 | − 0.2 |
| | 28 | − 13 | + 1.1 | | 29 | − 7 | − 1.2 | | 31 | + 9 | − 1.0 |
| Mar. | 1 | − 7 | + 1.5 | July | 1 | − 14 | − 0.5 | Nov. | 2 | + 1 | − 1.2 |
| | 3 | 0 | + 1.6 | | 3 | − 17 | + 0.4 | | 4 | − 7 | − 0.9 |
| | 5 | + 7 | + 1.3 | | 5 | − 14 | + 1.2 | | 6 | − 13 | − 0.3 |
| | 7 | + 13 | + 0.6 | | 7 | − 7 | + 1.7 | | 8 | − 14 | + 0.5 |
| | 9 | + 14 | − 0.3 | | 9 | + 1 | + 1.7 | | 10 | − 11 | + 1.1 |
| | 11 | + 9 | − 1.1 | | 11 | + 9 | + 1.3 | | 12 | − 6 | + 1.5 |
| | 13 | 0 | − 1.3 | | 13 | + 14 | + 0.5 | | 14 | + 1 | + 1.4 |
| | 15 | − 9 | − 1.0 | | 15 | + 14 | − 0.4 | | 16 | + 8 | + 1.0 |
| | 17 | − 14 | − 0.2 | | 17 | + 9 | − 1.2 | | 18 | + 12 | + 0.3 |
| | 19 | − 15 | + 0.6 | | 19 | − 1 | − 1.4 | | 20 | + 12 | − 0.5 |
| | 21 | − 12 | + 1.3 | | 21 | − 10 | − 0.9 | | 22 | + 6 | − 1.1 |
| | 23 | − 6 | + 1.7 | | 23 | − 15 | − 0.1 | | 24 | − 2 | − 1.2 |
| | 25 | + 2 | + 1.6 | | 25 | − 16 | + 0.7 | | 26 | − 10 | − 0.7 |
| | 27 | + 9 | + 1.1 | | 27 | − 11 | + 1.4 | | 28 | − 14 | 0.0 |
| | 29 | + 14 | + 0.3 | | 29 | − 4 | + 1.7 | | 30 | − 14 | + 0.7 |
| | 31 | + 13 | − 0.6 | | 31 | + 4 | + 1.6 | Dec. | 2 | − 10 | + 1.2 |
| Apr. | 2 | + 7 | − 1.3 | Aug. | 2 | + 11 | + 1.0 | | 4 | − 4 | + 1.5 |
| | 4 | − 3 | − 1.3 | | 4 | + 14 | + 0.2 | | 6 | + 3 | + 1.3 |
| | 6 | − 11 | − 0.8 | | 6 | + 13 | − 0.7 | | 8 | + 9 | + 0.8 |
| | 8 | − 16 | + 0.1 | | 8 | + 5 | − 1.3 | | 10 | + 12 | 0.0 |
| | 10 | − 15 | + 0.9 | | 10 | − 5 | − 1.2 | | 12 | + 10 | − 0.8 |
| | 12 | − 11 | + 1.5 | | 12 | − 12 | − 0.6 | | 14 | + 3 | − 1.2 |
| | 14 | − 3 | + 1.7 | | 14 | − 16 | + 0.2 | | 16 | − 5 | − 1.1 |
| | 16 | + 5 | + 1.5 | | 16 | − 14 | + 1.0 | | 18 | − 11 | − 0.5 |
| | 18 | + 12 | + 0.9 | | 18 | − 9 | + 1.5 | | 20 | − 14 | + 0.2 |
| | 20 | + 15 | 0.0 | | 20 | − 1 | + 1.6 | | 22 | − 13 | + 0.9 |
| | 22 | + 12 | − 0.9 | | 22 | + 6 | + 1.4 | | 24 | − 8 | + 1.4 |
| | 24 | + 4 | − 1.4 | | 24 | + 12 | + 0.7 | | 26 | − 2 | + 1.5 |
| | 26 | − 6 | − 1.2 | | 26 | + 14 | − 0.2 | | 28 | + 5 | + 1.2 |
| | 28 | − 14 | − 0.5 | | 28 | + 10 | − 1.0 | | 30 | + 11 | + 0.6 |
| | 30 | − 17 | + 0.4 | | 30 | + 2 | − 1.3 | | 32 | + 12 | − 0.3 |

Differential coordinates are given in the sense "satellite minus planet."

## DIFFERENTIAL COORDINATES OF VIII IAPETUS FOR  0ʰ UNIVERSAL TIME

| Date | | $\Delta\alpha$ (s) | $\Delta\delta$ (′) | Date | | $\Delta\alpha$ (s) | $\Delta\delta$ (′) | Date | | $\Delta\alpha$ (s) | $\Delta\delta$ (′) |
|---|---|---|---|---|---|---|---|---|---|---|---|
| Jan. | −1 | − 11 | − 1.1 | Apr. | 30 | + 15 | + 1.2 | Sept. | 1 | − 29 | + 0.5 |
| | 1 | − 16 | − 0.8 | May | 2 | + 20 | + 0.7 | | 3 | − 32 | + 1.0 |
| | 3 | − 20 | − 0.4 | | 4 | + 25 | + 0.2 | | 5 | − 33 | + 1.4 |
| | 5 | − 23 | 0.0 | | 6 | + 29 | − 0.2 | | 7 | − 34 | + 1.7 |
| | 7 | − 27 | + 0.4 | | 8 | + 32 | − 0.7 | | 9 | − 34 | + 2.1 |
| | 9 | − 29 | + 0.8 | | 10 | + 35 | − 1.2 | | 11 | − 34 | + 2.3 |
| | 11 | − 31 | + 1.2 | | 12 | + 36 | − 1.6 | | 13 | − 32 | + 2.6 |
| | 13 | − 32 | + 1.5 | | 14 | + 37 | − 2.0 | | 15 | − 30 | + 2.7 |
| | 15 | − 32 | + 1.8 | | 16 | + 36 | − 2.3 | | 17 | − 27 | + 2.8 |
| | 17 | − 32 | + 2.1 | | 18 | + 34 | − 2.6 | | 19 | − 24 | + 2.9 |
| | 19 | − 31 | + 2.3 | | 20 | + 32 | − 2.8 | | 21 | − 20 | + 2.8 |
| | 21 | − 29 | + 2.5 | | 22 | + 29 | − 2.9 | | 23 | − 15 | + 2.7 |
| | 23 | − 27 | + 2.6 | | 24 | + 24 | − 3.0 | | 25 | − 11 | + 2.6 |
| | 25 | − 24 | + 2.7 | | 26 | + 19 | − 2.9 | | 27 | − 6 | + 2.4 |
| | 27 | − 21 | + 2.7 | | 28 | + 14 | − 2.8 | | 29 | − 1 | + 2.1 |
| | 29 | − 17 | + 2.6 | | 30 | + 8 | − 2.6 | Oct. | 1 | + 4 | + 1.8 |
| | 31 | − 12 | + 2.5 | June | 1 | + 2 | − 2.3 | | 3 | + 9 | + 1.4 |
| Feb. | 2 | − 8 | + 2.3 | | 3 | − 4 | − 2.0 | | 5 | + 14 | + 1.1 |
| | 4 | − 3 | + 2.1 | | 5 | − 10 | − 1.6 | | 7 | + 18 | + 0.7 |
| | 6 | + 2 | + 1.8 | | 7 | − 16 | − 1.1 | | 9 | + 22 | + 0.3 |
| | 8 | + 7 | + 1.5 | | 9 | − 21 | − 0.7 | | 11 | + 25 | − 0.2 |
| | 10 | + 12 | + 1.2 | | 11 | − 26 | − 0.2 | | 13 | + 28 | − 0.6 |
| | 12 | + 17 | + 0.8 | | 13 | − 30 | + 0.3 | | 15 | + 29 | − 1.0 |
| | 14 | + 21 | + 0.4 | | 15 | − 34 | + 0.8 | | 17 | + 31 | − 1.3 |
| | 16 | + 24 | − 0.1 | | 17 | − 36 | + 1.3 | | 19 | + 31 | − 1.7 |
| | 18 | + 28 | − 0.5 | | 19 | − 38 | + 1.7 | | 21 | + 31 | − 1.9 |
| | 20 | + 30 | − 0.9 | | 21 | − 38 | + 2.1 | | 23 | + 30 | − 2.2 |
| | 22 | + 32 | − 1.3 | | 23 | − 38 | + 2.4 | | 25 | + 28 | − 2.4 |
| | 24 | + 33 | − 1.6 | | 25 | − 37 | + 2.7 | | 27 | + 25 | − 2.5 |
| | 26 | + 33 | − 1.9 | | 27 | − 35 | + 2.9 | | 29 | + 22 | − 2.5 |
| | 28 | + 32 | − 2.2 | | 29 | − 32 | + 3.1 | | 31 | + 18 | − 2.5 |
| Mar. | 1 | + 30 | − 2.4 | July | 1 | − 28 | + 3.2 | Nov. | 2 | + 14 | − 2.4 |
| | 3 | + 28 | − 2.6 | | 3 | − 24 | + 3.2 | | 4 | + 9 | − 2.3 |
| | 5 | + 24 | − 2.6 | | 5 | − 19 | + 3.1 | | 6 | + 4 | − 2.1 |
| | 7 | + 20 | − 2.6 | | 7 | − 14 | + 2.9 | | 8 | − 1 | − 1.8 |
| | 9 | + 16 | − 2.6 | | 9 | − 8 | + 2.7 | | 10 | − 6 | − 1.5 |
| | 11 | + 11 | − 2.4 | | 11 | − 2 | + 2.4 | | 12 | − 10 | − 1.2 |
| | 13 | + 5 | − 2.2 | | 13 | + 3 | + 2.1 | | 14 | − 15 | − 0.8 |
| | 15 | 0 | − 2.0 | | 15 | + 9 | + 1.7 | | 16 | − 19 | − 0.5 |
| | 17 | − 6 | − 1.7 | | 17 | + 14 | + 1.3 | | 18 | − 23 | − 0.1 |
| | 19 | − 11 | − 1.3 | | 19 | + 19 | + 0.8 | | 20 | − 26 | + 0.3 |
| | 21 | − 16 | − 0.9 | | 21 | + 24 | + 0.3 | | 22 | − 28 | + 0.7 |
| | 23 | − 21 | − 0.5 | | 23 | + 28 | − 0.2 | | 24 | − 30 | + 1.0 |
| | 25 | − 26 | − 0.1 | | 25 | + 31 | − 0.7 | | 26 | − 31 | + 1.4 |
| | 27 | − 29 | + 0.4 | | 27 | + 33 | − 1.1 | | 28 | − 32 | + 1.6 |
| | 29 | − 32 | + 0.8 | | 29 | + 34 | − 1.5 | | 30 | − 32 | + 1.9 |
| | 31 | − 35 | + 1.2 | | 31 | + 35 | − 1.9 | Dec. | 2 | − 31 | + 2.1 |
| Apr. | 2 | − 36 | + 1.6 | Aug. | 2 | + 34 | − 2.3 | | 4 | − 29 | + 2.3 |
| | 4 | − 37 | + 2.0 | | 4 | + 33 | − 2.5 | | 6 | − 27 | + 2.4 |
| | 6 | − 37 | + 2.3 | | 6 | + 31 | − 2.7 | | 8 | − 24 | + 2.5 |
| | 8 | − 35 | + 2.5 | | 8 | + 27 | − 2.9 | | 10 | − 21 | + 2.5 |
| | 10 | − 34 | + 2.7 | | 10 | + 24 | − 2.9 | | 12 | − 17 | + 2.4 |
| | 12 | − 31 | + 2.9 | | 12 | + 19 | − 2.9 | | 14 | − 13 | + 2.3 |
| | 14 | − 27 | + 3.0 | | 14 | + 14 | − 2.7 | | 16 | − 9 | + 2.2 |
| | 16 | − 23 | + 3.0 | | 16 | + 9 | − 2.6 | | 18 | − 4 | + 2.0 |
| | 18 | − 19 | + 2.9 | | 18 | + 3 | − 2.3 | | 20 | + 1 | + 1.8 |
| | 20 | − 13 | + 2.7 | | 20 | − 2 | − 2.0 | | 22 | + 5 | + 1.5 |
| | 22 | − 8 | + 2.5 | | 22 | − 8 | − 1.6 | | 24 | + 10 | + 1.2 |
| | 24 | − 2 | + 2.3 | | 24 | − 13 | − 1.2 | | 26 | + 14 | + 0.8 |
| | 26 | + 4 | + 2.0 | | 26 | − 18 | − 0.8 | | 28 | + 18 | + 0.5 |
| | 28 | + 9 | + 1.6 | | 28 | − 22 | − 0.3 | | 30 | + 22 | + 0.1 |
| | 30 | + 15 | + 1.2 | | 30 | − 26 | + 0.1 | | 32 | + 25 | − 0.3 |

Differential coordinates are given in the sense "satellite minus planet."

# SATELLITES OF SATURN, 2016

## DIFFERENTIAL COORDINATES OF IX PHOEBE FOR 0ʰ UNIVERSAL TIME

| Date | | $\Delta\alpha$ | $\Delta\delta$ | Date | | $\Delta\alpha$ | $\Delta\delta$ | Date | | $\Delta\alpha$ | $\Delta\delta$ |
|---|---|---|---|---|---|---|---|---|---|---|---|
| | | m s | ′ | | | m s | ′ | | | m s | ′ |
| Jan. | −1 | + 1 40 | − 6.4 | Apr. | 30 | + 0 34 | − 1.6 | Sept. | 1 | − 1 59 | + 7.7 |
| | 1 | + 1 41 | − 6.4 | May | 2 | + 0 31 | − 1.4 | | 3 | − 1 59 | + 7.7 |
| | 3 | + 1 42 | − 6.4 | | 4 | + 0 28 | − 1.2 | | 5 | − 2 00 | + 7.7 |
| | 5 | + 1 43 | − 6.4 | | 6 | + 0 25 | − 1.0 | | 7 | − 2 00 | + 7.7 |
| | 7 | + 1 44 | − 6.4 | | 8 | + 0 22 | − 0.9 | | 9 | − 2 01 | + 7.7 |
| | 9 | + 1 45 | − 6.5 | | 10 | + 0 18 | − 0.7 | | 11 | − 2 01 | + 7.7 |
| | 11 | + 1 46 | − 6.5 | | 12 | + 0 15 | − 0.5 | | 13 | − 2 02 | + 7.7 |
| | 13 | + 1 47 | − 6.4 | | 14 | + 0 12 | − 0.3 | | 15 | − 2 02 | + 7.7 |
| | 15 | + 1 48 | − 6.4 | | 16 | + 0 08 | − 0.1 | | 17 | − 2 02 | + 7.6 |
| | 17 | + 1 48 | − 6.4 | | 18 | + 0 05 | + 0.1 | | 19 | − 2 03 | + 7.6 |
| | 19 | + 1 49 | − 6.4 | | 20 | + 0 02 | + 0.3 | | 21 | − 2 03 | + 7.6 |
| | 21 | + 1 50 | − 6.4 | | 22 | − 0 01 | + 0.5 | | 23 | − 2 03 | + 7.6 |
| | 23 | + 1 50 | − 6.4 | | 24 | − 0 05 | + 0.7 | | 25 | − 2 03 | + 7.5 |
| | 25 | + 1 50 | − 6.3 | | 26 | − 0 08 | + 0.9 | | 27 | − 2 03 | + 7.5 |
| | 27 | + 1 51 | − 6.3 | | 28 | − 0 11 | + 1.0 | | 29 | − 2 02 | + 7.4 |
| | 29 | + 1 51 | − 6.3 | | 30 | − 0 15 | + 1.2 | Oct. | 1 | − 2 02 | + 7.4 |
| | 31 | + 1 51 | − 6.3 | June | 1 | − 0 18 | + 1.4 | | 3 | − 2 02 | + 7.3 |
| Feb. | 2 | + 1 51 | − 6.2 | | 3 | − 0 21 | + 1.6 | | 5 | − 2 02 | + 7.2 |
| | 4 | + 1 51 | − 6.2 | | 5 | − 0 24 | + 1.8 | | 7 | − 2 01 | + 7.2 |
| | 6 | + 1 51 | − 6.1 | | 7 | − 0 28 | + 2.0 | | 9 | − 2 01 | + 7.1 |
| | 8 | + 1 51 | − 6.1 | | 9 | − 0 31 | + 2.2 | | 11 | − 2 00 | + 7.0 |
| | 10 | + 1 51 | − 6.0 | | 11 | − 0 34 | + 2.4 | | 13 | − 2 00 | + 6.9 |
| | 12 | + 1 50 | − 6.0 | | 13 | − 0 37 | + 2.6 | | 15 | − 1 59 | + 6.8 |
| | 14 | + 1 50 | − 5.9 | | 15 | − 0 40 | + 2.8 | | 17 | − 1 58 | + 6.8 |
| | 16 | + 1 49 | − 5.9 | | 17 | − 0 43 | + 3.0 | | 19 | − 1 58 | + 6.7 |
| | 18 | + 1 49 | − 5.8 | | 19 | − 0 46 | + 3.2 | | 21 | − 1 57 | + 6.6 |
| | 20 | + 1 48 | − 5.7 | | 21 | − 0 49 | + 3.4 | | 23 | − 1 56 | + 6.5 |
| | 22 | + 1 47 | − 5.7 | | 23 | − 0 52 | + 3.6 | | 25 | − 1 55 | + 6.4 |
| | 24 | + 1 46 | − 5.6 | | 25 | − 0 55 | + 3.8 | | 27 | − 1 54 | + 6.3 |
| | 26 | + 1 45 | − 5.5 | | 27 | − 0 58 | + 4.0 | | 29 | − 1 53 | + 6.2 |
| | 28 | + 1 44 | − 5.4 | | 29 | − 1 01 | + 4.2 | | 31 | − 1 52 | + 6.1 |
| Mar. | 1 | + 1 43 | − 5.4 | July | 1 | − 1 03 | + 4.4 | Nov. | 2 | − 1 51 | + 6.0 |
| | 3 | + 1 42 | − 5.3 | | 3 | − 1 06 | + 4.5 | | 4 | − 1 49 | + 5.8 |
| | 5 | + 1 41 | − 5.2 | | 5 | − 1 09 | + 4.7 | | 6 | − 1 48 | + 5.7 |
| | 7 | + 1 39 | − 5.1 | | 7 | − 1 11 | + 4.9 | | 8 | − 1 47 | + 5.6 |
| | 9 | + 1 38 | − 5.0 | | 9 | − 1 14 | + 5.0 | | 10 | − 1 45 | + 5.5 |
| | 11 | + 1 36 | − 4.9 | | 11 | − 1 16 | + 5.2 | | 12 | − 1 44 | + 5.4 |
| | 13 | + 1 35 | − 4.8 | | 13 | − 1 19 | + 5.4 | | 14 | − 1 43 | + 5.3 |
| | 15 | + 1 33 | − 4.7 | | 15 | − 1 21 | + 5.5 | | 16 | − 1 41 | + 5.1 |
| | 17 | + 1 31 | − 4.6 | | 17 | − 1 23 | + 5.7 | | 18 | − 1 39 | + 5.0 |
| | 19 | + 1 29 | − 4.5 | | 19 | − 1 26 | + 5.8 | | 20 | − 1 38 | + 4.9 |
| | 21 | + 1 27 | − 4.4 | | 21 | − 1 28 | + 6.0 | | 22 | − 1 36 | + 4.8 |
| | 23 | + 1 25 | − 4.3 | | 23 | − 1 30 | + 6.1 | | 24 | − 1 34 | + 4.6 |
| | 25 | + 1 23 | − 4.2 | | 25 | − 1 32 | + 6.2 | | 26 | − 1 33 | + 4.5 |
| | 27 | + 1 21 | − 4.0 | | 27 | − 1 34 | + 6.4 | | 28 | − 1 31 | + 4.4 |
| | 29 | + 1 19 | − 3.9 | | 29 | − 1 36 | + 6.5 | | 30 | − 1 29 | + 4.3 |
| | 31 | + 1 16 | − 3.8 | | 31 | − 1 38 | + 6.6 | Dec. | 2 | − 1 27 | + 4.1 |
| Apr. | 2 | + 1 14 | − 3.7 | Aug. | 2 | − 1 40 | + 6.7 | | 4 | − 1 25 | + 4.0 |
| | 4 | + 1 11 | − 3.5 | | 4 | − 1 41 | + 6.8 | | 6 | − 1 23 | + 3.9 |
| | 6 | + 1 09 | − 3.4 | | 6 | − 1 43 | + 6.9 | | 8 | − 1 21 | + 3.7 |
| | 8 | + 1 06 | − 3.3 | | 8 | − 1 45 | + 7.0 | | 10 | − 1 19 | + 3.6 |
| | 10 | + 1 04 | − 3.1 | | 10 | − 1 46 | + 7.1 | | 12 | − 1 17 | + 3.5 |
| | 12 | + 1 01 | − 3.0 | | 12 | − 1 48 | + 7.2 | | 14 | − 1 15 | + 3.4 |
| | 14 | + 0 58 | − 2.8 | | 14 | − 1 49 | + 7.2 | | 16 | − 1 13 | + 3.2 |
| | 16 | + 0 55 | − 2.7 | | 16 | − 1 50 | + 7.3 | | 18 | − 1 10 | + 3.1 |
| | 18 | + 0 52 | − 2.5 | | 18 | − 1 52 | + 7.4 | | 20 | − 1 08 | + 3.0 |
| | 20 | + 0 50 | − 2.4 | | 20 | − 1 53 | + 7.4 | | 22 | − 1 06 | + 2.9 |
| | 22 | + 0 47 | − 2.2 | | 22 | − 1 54 | + 7.5 | | 24 | − 1 04 | + 2.7 |
| | 24 | + 0 44 | − 2.1 | | 24 | − 1 55 | + 7.5 | | 26 | − 1 01 | + 2.6 |
| | 26 | + 0 41 | − 1.9 | | 26 | − 1 56 | + 7.6 | | 28 | − 0 59 | + 2.5 |
| | 28 | + 0 37 | − 1.7 | | 28 | − 1 57 | + 7.6 | | 30 | − 0 56 | + 2.4 |
| | 30 | + 0 34 | − 1.6 | | 30 | − 1 58 | + 7.6 | | 32 | − 0 54 | + 2.3 |

Differential coordinates are given in the sense "satellite minus planet."

## APPARENT ORBITS OF SATELLITES I–V AT 0ʰ UNIVERSAL TIME
## ON THE DATE OF OPPOSITION, OCTOBER 15

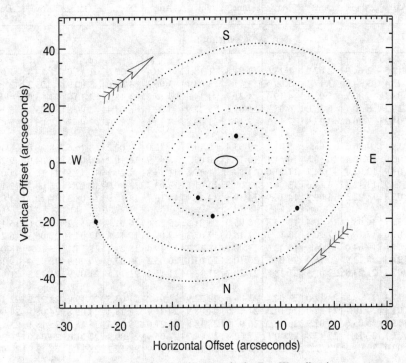

Orbits elongated in ratio of 1.9 to 1 in the East-West direction.

| | Name | Mean Sidereal Period |
|---|---|---|
| | | d |
| V | Miranda | 1.413 479 408 |
| I | Ariel | 2.520 379 052 |
| II | Umbriel | 4.144 176 46 |
| III | Titania | 8.705 866 93 |
| IV | Oberon | 13.463 234 2 |

## RINGS OF URANUS

| Ring | Semimajor Axis | Eccentricity | Azimuth of Periapse | Precession Rate |
|---|---|---|---|---|
| | km | | ° | °/d |
| 6 | 41870 | 0.0014 | 236 | 2.77 |
| 5 | 42270 | 0.0018 | 182 | 2.66 |
| 4 | 42600 | 0.0012 | 120 | 2.60 |
| $\alpha$ | 44750 | 0.0007 | 331 | 2.18 |
| $\beta$ | 45700 | 0.0005 | 231 | 2.03 |
| $\eta$ | 47210 | —— | — | — |
| $\gamma$ | 47660 | —— | — | — |
| $\delta$ | 48330 | 0.0005 | 140 | — |
| $\epsilon$ | 51180 | 0.0079 | 216 | 1.36 |

Epoch: 1977 March 10, 20ʰ UT (JD 244 3213.33)

# SATELLITES OF URANUS, 2016

## UNIVERSAL TIME OF GREATEST NORTHERN ELONGATION

### V Miranda

| Jan. | Feb. | Mar. | Apr. | May | June | July | Aug. | Sept. | Oct. | Nov. | Dec. |
|---|---|---|---|---|---|---|---|---|---|---|---|
| d h | d h | d h | d h | d h | d h | d h | d h | d h | d h | d h | d h |
| −2 14.2 | 1 12.5 | 2 04.9 | 2 07.2 | 1 23.6 | 2 01.8 | 1 18.1 | 1 20.4 | 1 22.6 | 1 15.0 | 1 17.3 | 1 09.8 |
| 0 00.2 | 2 22.4 | 3 14.8 | 3 17.1 | 3 09.5 | 3 11.7 | 3 04.1 | 3 06.3 | 3 08.6 | 3 00.9 | 3 03.3 | 2 19.7 |
| 1 10.1 | 4 08.3 | 5 00.7 | 5 03.1 | 4 19.4 | 4 21.7 | 4 14.0 | 4 16.2 | 4 18.5 | 4 10.8 | 4 13.2 | 4 05.6 |
| 2 20.0 | 5 18.2 | 6 10.7 | 6 13.0 | 6 05.3 | 6 07.6 | 5 23.9 | 6 02.1 | 6 04.4 | 5 20.8 | 5 23.1 | 5 15.5 |
| 4 05.9 | 7 04.2 | 7 20.6 | 7 22.9 | 7 15.3 | 7 17.5 | 7 09.8 | 7 12.1 | 7 14.3 | 7 06.7 | 7 09.0 | 7 01.5 |
| | | | | | | | | | | | |
| 5 15.9 | 8 14.1 | 9 06.5 | 9 08.8 | 9 01.2 | 9 03.4 | 8 19.7 | 8 22.0 | 9 00.2 | 8 16.6 | 8 19.0 | 8 11.4 |
| 7 01.8 | 10 00.0 | 10 16.4 | 10 18.8 | 10 11.1 | 10 13.3 | 10 05.7 | 10 07.9 | 10 10.2 | 10 02.5 | 10 04.9 | 9 21.3 |
| 8 11.7 | 11 09.9 | 12 02.4 | 12 04.7 | 11 21.0 | 11 23.3 | 11 15.6 | 11 17.8 | 11 20.1 | 11 12.5 | 11 14.8 | 11 07.2 |
| 9 21.7 | 12 19.9 | 13 12.3 | 13 14.6 | 13 06.9 | 13 09.2 | 13 01.5 | 13 03.7 | 13 06.0 | 12 22.4 | 13 00.7 | 12 17.2 |
| 11 07.6 | 14 05.8 | 14 22.2 | 15 00.5 | 14 16.9 | 14 19.1 | 14 11.4 | 14 13.7 | 14 15.9 | 14 08.3 | 14 10.7 | 14 03.1 |
| | | | | | | | | | | | |
| 12 17.5 | 15 15.7 | 16 08.1 | 16 10.4 | 16 02.8 | 16 05.0 | 15 21.3 | 15 23.6 | 16 01.8 | 15 18.2 | 15 20.6 | 15 13.0 |
| 14 03.4 | 17 01.6 | 17 18.1 | 17 20.4 | 17 12.7 | 17 15.0 | 17 07.3 | 17 09.5 | 17 11.8 | 17 04.2 | 17 06.5 | 16 23.0 |
| 15 13.4 | 18 11.6 | 19 04.0 | 19 06.3 | 18 22.6 | 19 00.9 | 18 17.2 | 18 19.4 | 18 21.7 | 18 14.1 | 18 16.4 | 18 08.9 |
| 16 23.3 | 19 21.5 | 20 13.9 | 20 16.2 | 20 08.5 | 20 10.8 | 20 03.1 | 20 05.3 | 20 07.6 | 20 00.0 | 20 02.4 | 19 18.8 |
| 18 09.2 | 21 07.4 | 21 23.8 | 22 02.1 | 21 18.5 | 21 20.7 | 21 13.0 | 21 15.3 | 21 17.5 | 21 09.9 | 21 12.3 | 21 04.7 |
| | | | | | | | | | | | |
| 19 19.1 | 22 17.3 | 23 09.8 | 23 12.0 | 23 04.4 | 23 06.6 | 22 22.9 | 23 01.2 | 23 03.5 | 22 19.9 | 22 22.2 | 22 14.7 |
| 21 05.1 | 24 03.3 | 24 19.7 | 24 22.0 | 24 14.3 | 24 16.5 | 24 08.9 | 24 11.1 | 24 13.4 | 24 05.8 | 24 08.1 | 24 00.6 |
| 22 15.0 | 25 13.2 | 26 05.6 | 26 07.9 | 26 00.2 | 26 02.5 | 25 18.8 | 25 21.0 | 25 23.3 | 25 15.7 | 25 18.1 | 25 10.5 |
| 24 00.9 | 26 23.1 | 27 15.5 | 27 17.8 | 27 10.1 | 27 12.4 | 27 04.7 | 27 06.9 | 27 09.2 | 27 01.6 | 27 04.0 | 26 20.4 |
| 25 10.8 | 28 09.0 | 29 01.4 | 29 03.7 | 28 20.1 | 28 22.3 | 28 14.6 | 28 16.9 | 28 19.2 | 28 11.6 | 28 13.9 | 28 06.4 |
| | | | | | | | | | | | |
| 26 20.8 | 29 19.0 | 30 11.4 | 30 13.7 | 30 06.0 | 30 08.2 | 30 00.5 | 30 02.8 | 30 05.1 | 29 21.5 | 29 23.8 | 29 16.3 |
| 28 06.7 | | 31 21.3 | | 31 15.9 | | 31 10.5 | 31 12.7 | | 31 07.4 | | 31 02.2 |
| 29 16.6 | | | | | | | | | | | 32 12.1 |
| 31 02.5 | | | | | | | | | | | |

### I Ariel

| Jan. | Feb. | Mar. | Apr. | May | June | July | Aug. | Sept. | Oct. | Nov. | Dec. |
|---|---|---|---|---|---|---|---|---|---|---|---|
| d h | d h | d h | d h | d h | d h | d h | d h | d h | d h | d h | d h |
| −1 01.7 | 3 08.6 | 2 02.0 | 1 07.9 | 1 13.7 | 3 07.9 | 1 01.2 | 2 19.5 | 2 01.3 | 2 07.2 | 1 13.1 | 1 19.1 |
| 1 14.2 | 5 21.1 | 4 14.5 | 3 20.4 | 4 02.2 | 5 20.4 | 3 13.7 | 5 08.0 | 4 13.8 | 4 19.7 | 4 01.6 | 4 07.5 |
| 4 02.7 | 8 09.6 | 7 03.0 | 6 08.8 | 6 14.6 | 8 08.9 | 6 02.2 | 7 20.5 | 7 02.3 | 7 08.2 | 6 14.1 | 6 20.0 |
| 6 15.2 | 10 22.1 | 9 15.5 | 8 21.3 | 9 03.1 | 10 21.4 | 8 14.7 | 10 09.0 | 9 14.8 | 9 20.7 | 9 02.6 | 9 08.5 |
| 9 03.7 | 13 10.6 | 12 04.0 | 11 09.8 | 11 15.6 | 13 09.9 | 11 03.2 | 12 21.5 | 12 03.3 | 12 09.2 | 11 15.1 | 11 21.0 |
| | | | | | | | | | | | |
| 11 16.2 | 15 23.1 | 14 16.5 | 13 22.3 | 14 04.1 | 15 22.4 | 13 15.7 | 15 09.9 | 14 15.8 | 14 21.7 | 14 03.6 | 14 09.5 |
| 14 04.7 | 18 11.6 | 17 04.9 | 16 10.8 | 16 16.6 | 18 10.8 | 16 04.1 | 17 22.4 | 17 04.3 | 17 10.2 | 16 16.1 | 16 22.0 |
| 16 17.2 | 21 00.1 | 19 17.4 | 18 23.3 | 19 05.1 | 20 23.3 | 18 16.6 | 20 10.9 | 19 16.8 | 19 22.7 | 19 04.6 | 19 10.5 |
| 19 05.7 | 23 12.5 | 22 05.9 | 21 11.7 | 21 17.5 | 23 11.8 | 21 05.1 | 22 23.4 | 22 05.3 | 22 11.1 | 21 17.1 | 21 23.0 |
| 21 18.2 | 26 01.0 | 24 18.4 | 24 00.2 | 24 06.0 | 26 00.3 | 23 17.6 | 25 11.9 | 24 17.7 | 24 23.6 | 24 05.6 | 24 11.5 |
| | | | | | | | | | | | |
| 24 06.7 | 28 13.5 | 27 06.9 | 26 12.7 | 26 18.5 | 28 12.8 | 26 06.1 | 28 00.4 | 27 06.2 | 27 12.1 | 26 18.1 | 27 00.0 |
| 26 19.1 | | 29 19.4 | 29 01.2 | 29 07.0 | | 28 18.5 | 30 12.9 | 29 18.7 | 30 00.6 | 29 06.6 | 29 12.5 |
| 29 07.6 | | | | 31 19.5 | | 31 07.0 | | | | | 32 01.0 |
| 31 20.1 | | | | | | | | | | | |

# SATELLITES OF URANUS, 2016

## UNIVERSAL TIME OF GREATEST NORTHERN ELONGATION

| Jan. | Feb. | Mar. | Apr. | May | June | July | Aug. | Sept. | Oct. | Nov. | Dec. |
|---|---|---|---|---|---|---|---|---|---|---|---|

### II Umbriel

| d h | d h | d h | d h | d h | d h | d h | d h | d h | d h | d h | d h |
|---|---|---|---|---|---|---|---|---|---|---|---|
| −1 01.5 | 1 05.2 | 1 05.4 | 3 09.0 | 2 09.2 | 4 12.7 | 3 12.9 | 1 13.0 | 3 16.7 | 2 16.9 | 4 20.6 | 3 20.9 |
| 3 04.9 | 5 08.6 | 5 08.9 | 7 12.5 | 6 12.6 | 8 16.2 | 7 16.3 | 5 16.5 | 7 20.1 | 6 20.4 | 9 00.1 | 8 00.4 |
| 7 08.4 | 9 12.1 | 9 12.3 | 11 15.9 | 10 16.1 | 12 19.6 | 11 19.8 | 9 19.9 | 11 23.6 | 10 23.8 | 13 03.6 | 12 03.9 |
| 11 11.9 | 13 15.6 | 13 15.8 | 15 19.4 | 14 19.5 | 16 23.1 | 15 23.2 | 13 23.4 | 16 03.0 | 15 03.3 | 17 07.1 | 16 07.3 |
| 15 15.3 | 17 19.0 | 17 19.2 | 19 22.8 | 18 23.0 | 21 02.5 | 20 02.7 | 18 02.8 | 20 06.5 | 19 06.8 | 21 10.5 | 20 10.8 |
| 19 18.8 | 21 22.5 | 21 22.7 | 24 02.3 | 23 02.4 | 25 06.0 | 24 06.1 | 22 06.3 | 24 10.0 | 23 10.2 | 25 14.0 | 24 14.3 |
| 23 22.3 | 26 02.0 | 26 02.1 | 28 05.7 | 27 05.9 | 29 09.4 | 28 09.6 | 26 09.7 | 28 13.4 | 27 13.7 | 29 17.5 | 28 17.7 |
| 28 01.7 | | 30 05.6 | | 31 09.3 | | | 30 13.2 | | 31 17.2 | | 32 21.2 |

### III Titania

| d h | d h | d h | d h | d h | d h | d h | d h | d h | d h | d h | d h |
|---|---|---|---|---|---|---|---|---|---|---|---|
| −6 15.6 | 7 04.4 | 4 07.1 | 8 02.7 | 4 05.4 | 8 01.0 | 4 03.7 | 7 23.3 | 3 02.1 | 7 22.0 | 3 00.9 | 7 20.8 |
| 3 08.6 | 15 21.3 | 13 00.0 | 16 19.6 | 12 22.3 | 16 17.8 | 12 20.6 | 16 16.3 | 11 19.1 | 16 14.9 | 11 17.9 | 16 13.8 |
| 12 01.5 | 24 14.2 | 21 17.0 | 25 12.5 | 21 15.2 | 25 10.8 | 21 13.5 | 25 09.2 | 20 12.0 | 25 07.9 | 20 10.9 | 25 06.7 |
| 20 18.5 | | 30 09.8 | | 30 08.1 | | 30 06.4 | | 29 05.0 | | 29 03.8 | 33 23.6 |
| 29 11.4 | | | | | | | | | | | |

### IV Oberon

| d h | d h | d h | d h | d h | d h | d h | d h | d h | d h | d h | d h |
|---|---|---|---|---|---|---|---|---|---|---|---|
| −10 21.3 | 13 17.8 | 11 15.8 | 7 13.9 | 4 11.9 | 13 21.0 | 10 19.1 | 6 17.2 | 2 15.5 | 13 00.9 | 8 23.3 | 5 21.6 |
| 4 08.4 | 27 04.8 | 25 02.8 | 21 00.9 | 17 22.9 | 27 08.0 | 24 06.1 | 20 04.3 | 16 02.6 | 26 12.1 | 22 10.4 | 19 08.8 |
| 17 19.6 | | | | 31 09.9 | | | | 29 13.7 | | | 32 19.9 |
| 31 06.7 | | | | | | | | | | | |

# SATELLITES OF NEPTUNE, 2016

## APPARENT ORBIT OF I TRITON AT 0ʰ UNIVERSAL TIME
## ON THE DATE OF OPPOSITION, SEPTEMBER 2

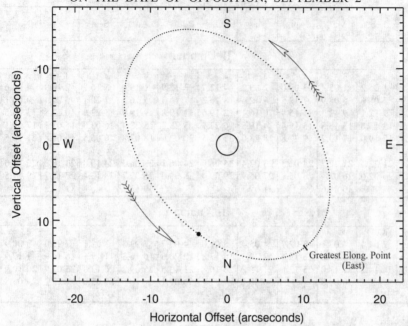

| NAME | | MEAN SIDEREAL PERIOD |
|---|---|---|
| I | Triton | 5.876 854 07 R (d) |
| II | Nereid | 360.134 |

## DIFFERENTIAL COORDINATES OF II NEREID FOR 0ʰ UNIVERSAL TIME

| Date | | $\Delta\alpha\cos\delta$ | $\Delta\delta$ | Date | | $\Delta\alpha\cos\delta$ | $\Delta\delta$ | Date | | $\Delta\alpha\cos\delta$ | $\Delta\delta$ |
|---|---|---|---|---|---|---|---|---|---|---|---|
| | | ′ ″ | ′ ″ | | | ′ ″ | ′ ″ | | | ′ ″ | ′ ″ |
| Jan. | −7 | +3 43.3 | +1 43.1 | May | 2 | +3 43.0 | +2 01.1 | Sept. | 9 | +6 45.9 | +3 22.9 |
| | 3 | +3 11.4 | +1 27.2 | | 12 | +4 14.0 | +2 16.6 | | 19 | +6 40.4 | +3 19.0 |
| | 13 | +2 36.2 | +1 09.7 | | 22 | +4 41.7 | +2 30.4 | | 29 | +6 32.0 | +3 13.7 |
| | 23 | +1 57.2 | +0 50.6 | June | 1 | +5 06.5 | +2 42.5 | Oct. | 9 | +6 20.9 | +3 07.0 |
| Feb. | 2 | +1 13.7 | +0 29.4 | | 11 | +5 28.5 | +2 53.1 | | 19 | +6 07.1 | +2 59.2 |
| | 12 | +0 25.0 | +0 06.1 | | 21 | +5 47.9 | +3 02.2 | | 29 | +5 50.6 | +2 50.1 |
| | 22 | −0 26.8 | −0 17.7 | July | 1 | +6 04.7 | +3 09.9 | Nov. | 8 | +5 31.7 | +2 39.8 |
| Mar. | 3 | −0 54.0 | −0 26.8 | | 11 | +6 18.8 | +3 16.1 | | 18 | +5 10.2 | +2 28.5 |
| | 13 | −0 07.5 | +0 00.8 | | 21 | +6 30.3 | +3 20.9 | | 28 | +4 46.3 | +2 16.0 |
| | 23 | +0 51.9 | +0 32.8 | | 31 | +6 39.1 | +3 24.3 | Dec. | 8 | +4 19.8 | +2 02.3 |
| Apr. | 2 | +1 43.9 | +1 00.0 | Aug. | 10 | +6 45.1 | +3 26.1 | | 18 | +3 50.7 | +1 47.4 |
| | 12 | +2 28.8 | +1 23.3 | | 20 | +6 48.2 | +3 26.5 | | 28 | +3 18.5 | +1 31.2 |
| | 22 | +3 08.2 | +1 43.4 | | 30 | +6 48.5 | +3 25.5 | | 38 | +2 43.1 | +1 13.3 |

## I Triton

### UNIVERSAL TIME OF GREATEST EASTERN ELONGATION

| Jan. | Feb. | Mar. | Apr. | May | June | July | Aug. | Sept. | Oct. | Nov. | Dec. |
|---|---|---|---|---|---|---|---|---|---|---|---|
| d h | d h | d h | d h | d h | d h | d h | d h | d h | d h | d h | d h |
| −6 10.3 | 4 13.1 | 4 21.9 | 3 06.6 | 2 15.5 | 1 00.4 | 6 06.7 | 4 16.1 | 3 01.6 | 2 11.2 | 6 17.8 | 6 03.0 |
| 0 07.3 | 10 10.1 | 10 18.8 | 9 03.6 | 8 12.4 | 6 21.5 | 12 03.7 | 10 13.2 | 8 22.7 | 8 08.3 | 12 14.8 | 12 00.1 |
| 6 04.3 | 16 07.0 | 16 15.8 | 15 00.5 | 14 09.4 | 12 18.5 | 18 00.8 | 16 10.3 | 14 19.8 | 14 05.4 | 18 11.9 | 17 21.1 |
| 12 01.3 | 22 04.0 | 22 12.7 | 20 21.5 | 20 06.4 | 18 15.5 | 23 21.9 | 22 07.4 | 20 17.0 | 20 02.5 | 24 09.0 | 23 18.1 |
| 17 22.2 | 28 00.9 | 28 09.7 | 26 18.5 | 26 03.4 | 24 12.6 | 29 19.0 | 28 04.5 | 26 14.1 | 25 23.6 | 30 06.0 | 29 15.1 |
| | | | | | | | | | | | |
| 23 19.2 | | | | | 30 09.6 | | | | 31 20.7 | | 35 12.1 |
| 29 16.2 | | | | | | | | | | | |

# SATELLITE OF PLUTO, 2016

## APPARENT ORBIT OF I CHARON AT 0ʰ UNIVERSAL TIME ON THE DATE OF OPPOSITION, JULY 7

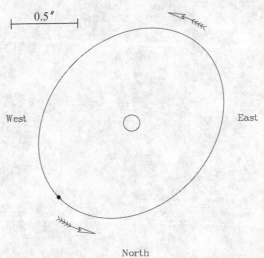

| NAME | MEAN SIDEREAL PERIOD |
|---|---|
| | d |
| I   Charon | 6.387 23 |

## I Charon

### UNIVERSAL TIME OF GREATEST NORTHERN ELONGATION

| Jan. | Feb. | Mar. | Apr. | May | June | July | Aug. | Sept. | Oct. | Nov. | Dec. |
|---|---|---|---|---|---|---|---|---|---|---|---|
| d h | d h | d h | d h | d h | d h | d h | d h | d h | d h | d h | d h |
| −3 11.3 | 4 18.5 | 1 07.3 | 2 05.5 | 4 03.9 | 5 02.5 | 7 01.2 | 1 14.6 | 2 13.3 | 4 11.8 | 5 10.2 | 7 08.4 |
| 3 20.5 | 11 03.7 | 7 16.6 | 8 14.8 | 10 13.2 | 11 11.8 | 13 10.5 | 7 23.9 | 8 22.6 | 10 21.1 | 11 19.4 | 13 17.6 |
| 10 05.7 | 17 12.9 | 14 01.8 | 15 00.0 | 16 22.5 | 17 21.1 | 19 19.9 | 14 09.3 | 15 07.9 | 17 06.4 | 18 04.7 | 20 02.8 |
| 16 14.9 | 23 22.1 | 20 11.0 | 21 09.3 | 23 07.8 | 24 06.5 | 26 05.2 | 20 18.6 | 21 17.2 | 23 15.7 | 24 13.9 | 26 12.0 |
| 23 00.1 | | 26 20.3 | 27 18.6 | 29 17.1 | 30 15.8 | | 27 04.0 | 28 02.5 | 30 00.9 | 30 23.2 | 32 21.2 |
| | | | | | | | | | | | |
| 29 09.3 | | | | | | | | | | | |

## CONTENTS OF SECTION G

 This symbol indicates that these data or auxiliary material may also be found on *The Astronomical Almanac Online* at **http://asa.usno.navy.mil** and **http://asa.hmnao.com**

## Introduction

At the XXVI General Assembly (2006) the IAU defined a new classification scheme for the solar system. This scheme includes definitions for planets, dwarf planets and small solar system bodies (i.e. solar system asteroids, trans-Neptunian objects, comets, and other small bodies). The 2006 IAU resolution B5 (2) classifies a dwarf planet as follows: A "dwarf planet" is a celestial body that (a) is in orbit around the Sun, (b) has sufficient mass for its self gravity to overcome rigid body forces so that it assumes a hydrostatic equilibrium shape, (c) has not cleared the neighbourhood around its orbit, and (d) is not a satellite. Resolution B6 confirmed the re-classification of Pluto as a dwarf planet.

This section includes tabulated data on selected dwarf planets, minor planets, and comets. Solar system bodies classified as planets are tabulated in Section E. See Section L for details about the selection of dwarf and minor planets, the sources of the various data and about the star catalogues used to plot the charts.

## Notes on dwarf planets

The current selection of dwarf planets is (1) Ceres, (134340) Pluto and (136199) Eris. Prior to the 2013 edition Pluto was included in Section E—Planets and Ceres was classified as a minor planet. Eris (discovered in 2005) is another prominent member of the dwarf planet group. When these selected dwarf planets are at opposition during the year then more data are provided. Not only is the opposition date and time (nearest hour UT) given but also when the object is stationary in right ascension. Two star charts, one showing the path of the dwarf planet during the year and the other, a more detailed 60-day view on either side of opposition, are provided in order to help with identification. A daily astrometric ephemeris (see page B29) is also tabulated around opposition, which covers the interval when the dwarf planet is within 45° of opposition. Independent of the opposition date the osculating elements and heliocentric coordinates are tabulated for three dates during the year.

A physical ephemeris is tabulated at a ten day interval for those dwarf planets for which reliable data are available; currently (1) Ceres and (134340) Pluto. Information on the use of a physical ephemeris for the planets is given in Section E (see page E3) and can be applied to a dwarf planet ephemeris with the exception that a positive pole, defined as the pole around which the object rotates in a counterclockwise direction, replaces the notion of a north pole.

All dwarf planets acknowledged by the IAU (at the time of production) are listed with their basic physical properties. Please note that for Makemake no reliable mass estimate is available as this dwarf planet has no known satellite. The topic of dwarf planets in our solar system and small solar system bodies is the subject of ongoing research and new discoveries are being made. This section makes no attempt to provide a complete or definitive list.

## Notes on bright minor planets

Pages G12–G25 contain various data on a selection of 92 of the largest and/or brightest minor planets. The first of these tabulate their heliocentric osculating orbital elements for epoch 2016 July 31·0 TT (JD 245 7600·5), with respect to the ecliptic and equinox J2000·0.

The next opposition dates of all the objects are listed in chronological order together with the visual magnitude and declination. A sub-set (printed in bold) of the 14 larger minor planets, consisting of (2) Pallas, (3) Juno, (4) Vesta, (6) Hebe, (7) Iris, (8) Flora, (9) Metis, (10) Hygiea, (15) Eunomia, (16) Psyche, (52) Europa, (65) Cybele, (511) Davida and (704) Interamnia are candidates for a daily ephemeris.

A daily geocentric astrometric ephemeris is tabulated for those of the 14 larger minor planets that have an opposition date occurring between 2016 January 1 and January 31 of the following year. The daily ephemeris of each object is centred about the opposition date, which is repeated at the bottom of the first column and at the top of the second column. The highlighted dates indicate when the object is stationary in right ascension. It is very occasionally possible for a stationary date to be outside the period tabulated.

Linear interpolation is sufficient for the magnitude and ephemeris transit, but for the right ascension and declination second differences are significant. The tabulations are similar to those for the dwarf planets, and the use of the data is similar to that for the planets.

## Notes on comets

The table of osculating elements (see last page of this section) is for use in the generation of ephemerides by numerical integration. Typically, an ephemeris may be computed from these unperturbed elements to provide positions accurate to one to two arcminutes within a year of the epoch (Osc. epoch). The innate inaccuracy of some of these elements can be more of a problem and are discussed further in that part of Section L that deals with section G.

## PHYSICAL PROPERTIES OF DWARF PLANETS

| Number | Name | Equat. Radius km | Mass kg × 10²⁰ | Minimum Geocentric Distance au | Sidereal Period of Rotation d | Maximum Angular Diameter ″ | Geometric Albedo | Year of Discovery |
|---|---|---|---|---|---|---|---|---|
| (1) | Ceres | 479·7 | 9·39 | 1·5833 | 0·3781 | 0·840 | 0·073 | 1801 |
| (134340) | Pluto | 1195 | 130·41 | 28·6031 | 6·3872 | 0·110 | 0·30 | 1930 |
| (136108) | Haumea | 1000 | 42 | 33·5620 | 0·1631 | 0·092 | 0·73 | 2004 |
| (136199) | Eris | 1200 | 166·95 | 37·5984 | 1·0800 | 0·088 | 0·86 | 2005 |
| (136472) | Makemake | 850 | — | 37·0193 | 7·7710 | 0·053 | 0·78 | 2005 |

## OSCULATING ELEMENTS FOR ECLIPTIC AND EQUINOX J2000·0

| Name | Magnitude Parameters H   G | Mean Diameter km | Julian Date | Inclination i ° | Long. of Asc. Node Ω ° | Argument of Perihelion ω ° | Semi-major Axis a au | Daily Motion n °/d | Eccentricity e | Mean Anomaly M ° |
|---|---|---|---|---|---|---|---|---|---|---|
| Ceres | 3·34   0·12 | 952 | 2457500·5 | 10·592 | 80·318 | 72·773 | 2·768 | 0·2140 | 0·075 | 202·7397871 |
|  |  |  | 2457600·5 | 10·592 | 80·314 | 72·815 | 2·768 | 0·2140 | 0·075 | 224·0952721 |
|  |  |  | 2457700·5 | 10·592 | 80·312 | 72·849 | 2·768 | 0·2140 | 0·075 | 245·4591625 |
| Pluto | −0·70   0·15 | 2390 | 2457500·5 | 17·152 | 110·291 | 113·345 | 39·487 | 0·0039 | 0·250 | 38·7111229 |
|  |  |  | 2457600·5 | 17·147 | 110·292 | 113·455 | 39·519 | 0·0039 | 0·250 | 38·9912277 |
|  |  |  | 2457700·5 | 17·143 | 110·294 | 113·576 | 39·550 | 0·0039 | 0·251 | 39·2681180 |
| Eris | −1·20   0·15 | 2400 | 2457500·5 | 44·160 | 35·898 | 151·286 | 67·638 | 0·0017 | 0·442 | 204·5427593 |
|  |  |  | 2457600·5 | 44·176 | 35·891 | 151·345 | 67·626 | 0·0017 | 0·443 | 204·6041601 |
|  |  |  | 2457700·5 | 44·186 | 35·886 | 151·398 | 67·621 | 0·0017 | 0·442 | 204·6644724 |

## USEFUL FORMULAE

Mean Longitude:    $L = M + \varpi$

Longitude of perihelion:    $\varpi = \omega + \Omega$

True anomaly in radians:    $v = M + (2e - e^3/4)\sin M + (5e^2/4)\sin 2M$
$$+ (13e^3/12)\sin 3M + \cdots$$

Planet-Sun distance:    $r = a(1 - e^2)/(1 + e\cos v)$

Heliocentric rectangular coordinates, referred to the ecliptic, may be computed from the elements using:
$$x = r\{\cos(v + \omega)\cos\Omega - \sin(v + \omega)\cos i \sin\Omega\}$$
$$y = r\{\cos(v + \omega)\sin\Omega + \sin(v + \omega)\cos i \cos\Omega\}$$
$$z = r\sin(v + \omega)\sin i$$

## HELIOCENTRIC COORDINATES AND VELOCITY COMPONENTS REFERRED TO THE MEAN EQUATOR AND EQUINOX OF J2000·0

| Name | Julian Date | x au | y au | z au | $\dot{x}$ au/d | $\dot{y}$ au/d | $\dot{z}$ au/d |
|---|---|---|---|---|---|---|---|
| Ceres | 2457500·5 | 2·8901946 | −0·1189762 | −0·6447775 | 0·0009649 | 0·0087439 | 0·0039256 |
|  | 2457600·5 | 2·8203631 | 0·7454325 | −0·2230396 | −0·0023695 | 0·0083748 | 0·0044309 |
|  | 2457700·5 | 2·4201823 | 1·5216391 | 0·2244156 | −0·0055852 | 0·0069777 | 0·0044273 |
| Pluto | 2457500·5 | 8·8777288 | −29·5640224 | −11·9020585 | 0·0030883 | 0·0005365 | −0·0007638 |
|  | 2457600·5 | 9·1862440 | −29·5091714 | −11·9779519 | 0·0030820 | 0·0005606 | −0·0007541 |
|  | 2457700·5 | 9·4941104 | −29·4519086 | −12·0528691 | 0·0030753 | 0·0005847 | −0·0007443 |
| Eris | 2457500·5 | 86·6965337 | 41·6056576 | −4·6102089 | −0·0003687 | 0·0004580 | 0·0011954 |
|  | 2457600·5 | 86·6595638 | 41·6513895 | −4·4906603 | −0·0003706 | 0·0004566 | 0·0011955 |
|  | 2457700·5 | 86·6224051 | 41·6969936 | −4·3710951 | −0·0003726 | 0·0004555 | 0·0011958 |

## CERES　AT OPPOSITION

| Date | UT | Mag. |
|------|-----|------|
| 2016 Oct. 21 | 5$^h$ | + 7.4 |

Stationary in right ascension on 2016 September 2 and December 15.

The following diagrams are provided for observers wishing to find the position of Ceres in relation to the stars. The first chart shows the path of the dwarf planet during 2016. The second chart provides a detailed view of the path over 60 days either side of opposition. The V-magnitude scale used is given on each chart.

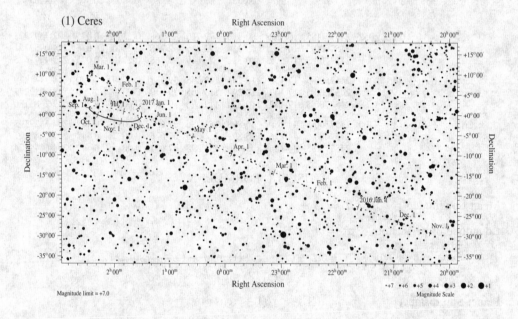

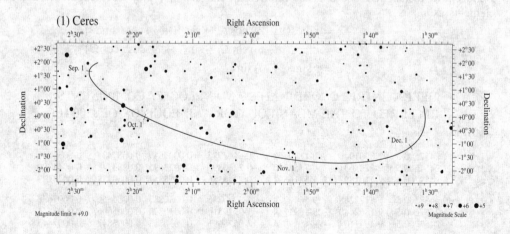

The charts are also available for download from *The Astronomical Almanac Online*.

## GEOCENTRIC POSITIONS FOR 0$^h$ TERRESTRIAL TIME

| Date | Astrometric R.A. (h m s) | Dec. (° ' ") | Vis. Mag. | Ephemeris Transit (h m) | Date | Astrometric R.A. (h m s) | Dec. (° ' ") | Vis. Mag. | Ephemeris Transit (h m) |
|---|---|---|---|---|---|---|---|---|---|
| 2016 Aug. 23 | 2 26 31·1 | + 1 57 25 | 8·5 | 4 19·8 | 2016 Oct. 21 | 2 02 24·4 | − 1 12 58 | 7·4 | 0 03·8 |
| 24 | 2 26 44·8 | + 1 55 54 | 8·5 | 4 16·1 | 22 | 2 01 31·2 | − 1 15 45 | 7·4 | 23 54·2 |
| 25 | 2 26 57·1 | + 1 54 17 | 8·5 | 4 12·4 | 23 | 2 00 37·8 | − 1 18 26 | 7·4 | 23 49·3 |
| 26 | 2 27 08·2 | + 1 52 34 | 8·4 | 4 08·7 | 24 | 1 59 44·3 | − 1 21 00 | 7·4 | 23 44·5 |
| 27 | 2 27 17·9 | + 1 50 45 | 8·4 | 4 04·9 | 25 | 1 58 50·7 | − 1 23 26 | 7·4 | 23 39·7 |
| 28 | 2 27 26·2 | + 1 48 50 | 8·4 | 4 01·1 | 26 | 1 57 57·2 | − 1 25 46 | 7·5 | 23 34·9 |
| 29 | 2 27 33·2 | + 1 46 49 | 8·4 | 3 57·3 | 27 | 1 57 03·8 | − 1 27 57 | 7·5 | 23 30·1 |
| 30 | 2 27 38·8 | + 1 44 42 | 8·4 | 3 53·4 | 28 | 1 56 10·5 | − 1 30 01 | 7·5 | 23 25·3 |
| 31 | 2 27 43·0 | + 1 42 29 | 8·4 | 3 49·6 | 29 | 1 55 17·4 | − 1 31 57 | 7·5 | 23 20·5 |
| Sept. 1 | 2 27 45·9 | + 1 40 11 | 8·3 | 3 45·7 | 30 | 1 54 24·5 | − 1 33 44 | 7·5 | 23 15·6 |
| 2 | 2 27 47·3 | + 1 37 47 | 8·3 | 3 41·8 | 31 | 1 53 32·0 | − 1 35 23 | 7·5 | 23 10·9 |
| 3 | 2 27 47·4 | + 1 35 18 | 8·3 | 3 37·8 | Nov. 1 | 1 52 39·9 | − 1 36 53 | 7·5 | 23 06·1 |
| 4 | 2 27 46·0 | + 1 32 43 | 8·3 | 3 33·9 | 2 | 1 51 48·1 | − 1 38 14 | 7·6 | 23 01·3 |
| 5 | 2 27 43·2 | + 1 30 03 | 8·3 | 3 29·9 | 3 | 1 50 56·9 | − 1 39 26 | 7·6 | 22 56·5 |
| 6 | 2 27 39·0 | + 1 27 18 | 8·3 | 3 25·9 | 4 | 1 50 06·2 | − 1 40 28 | 7·6 | 22 51·7 |
| 7 | 2 27 33·3 | + 1 24 28 | 8·2 | 3 21·8 | 5 | 1 49 16·1 | − 1 41 22 | 7·6 | 22 47·0 |
| 8 | 2 27 26·2 | + 1 21 33 | 8·2 | 3 17·8 | 6 | 1 48 26·7 | − 1 42 05 | 7·6 | 22 42·3 |
| 9 | 2 27 17·7 | + 1 18 33 | 8·2 | 3 13·7 | 7 | 1 47 37·9 | − 1 42 39 | 7·6 | 22 37·5 |
| 10 | 2 27 07·8 | + 1 15 28 | 8·2 | 3 09·6 | 8 | 1 46 49·9 | − 1 43 04 | 7·7 | 22 32·8 |
| 11 | 2 26 56·4 | + 1 12 19 | 8·2 | 3 05·5 | 9 | 1 46 02·7 | − 1 43 18 | 7·7 | 22 28·1 |
| 12 | 2 26 43·6 | + 1 09 06 | 8·1 | 3 01·4 | 10 | 1 45 16·3 | − 1 43 23 | 7·7 | 22 23·4 |
| 13 | 2 26 29·3 | + 1 05 49 | 8·1 | 2 57·2 | 11 | 1 44 30·8 | − 1 43 18 | 7·7 | 22 18·8 |
| 14 | 2 26 13·7 | + 1 02 27 | 8·1 | 2 53·0 | 12 | 1 43 46·3 | − 1 43 03 | 7·7 | 22 14·1 |
| 15 | 2 25 56·6 | + 0 59 02 | 8·1 | 2 48·8 | 13 | 1 43 02·7 | − 1 42 37 | 7·8 | 22 09·5 |
| 16 | 2 25 38·1 | + 0 55 33 | 8·1 | 2 44·5 | 14 | 1 42 20·1 | − 1 42 02 | 7·8 | 22 04·8 |
| 17 | 2 25 18·1 | + 0 52 01 | 8·0 | 2 40·3 | 15 | 1 41 38·5 | − 1 41 17 | 7·8 | 22 00·2 |
| 18 | 2 24 56·8 | + 0 48 26 | 8·0 | 2 36·0 | 16 | 1 40 58·0 | − 1 40 21 | 7·8 | 21 55·6 |
| 19 | 2 24 34·1 | + 0 44 47 | 8·0 | 2 31·7 | 17 | 1 40 18·5 | − 1 39 16 | 7·8 | 21 51·1 |
| 20 | 2 24 10·0 | + 0 41 06 | 8·0 | 2 27·3 | 18 | 1 39 40·2 | − 1 38 00 | 7·9 | 21 46·5 |
| 21 | 2 23 44·5 | + 0 37 21 | 8·0 | 2 23·0 | 19 | 1 39 03·1 | − 1 36 35 | 7·9 | 21 42·0 |
| 22 | 2 23 17·6 | + 0 33 35 | 7·9 | 2 18·6 | 20 | 1 38 27·2 | − 1 34 59 | 7·9 | 21 37·5 |
| 23 | 2 22 49·4 | + 0 29 46 | 7·9 | 2 14·2 | 21 | 1 37 52·4 | − 1 33 14 | 7·9 | 21 33·0 |
| 24 | 2 22 19·8 | + 0 25 55 | 7·9 | 2 09·8 | 22 | 1 37 18·9 | − 1 31 19 | 7·9 | 21 28·5 |
| 25 | 2 21 48·9 | + 0 22 02 | 7·9 | 2 05·3 | 23 | 1 36 46·7 | − 1 29 13 | 7·9 | 21 24·1 |
| 26 | 2 21 16·7 | + 0 18 08 | 7·9 | 2 00·9 | 24 | 1 36 15·8 | − 1 26 58 | 8·0 | 21 19·7 |
| 27 | 2 20 43·2 | + 0 14 13 | 7·8 | 1 56·4 | 25 | 1 35 46·2 | − 1 24 33 | 8·0 | 21 15·3 |
| 28 | 2 20 08·4 | + 0 10 16 | 7·8 | 1 51·9 | 26 | 1 35 17·9 | − 1 21 59 | 8·0 | 21 10·9 |
| 29 | 2 19 32·4 | + 0 06 19 | 7·8 | 1 47·3 | 27 | 1 34 51·0 | − 1 19 15 | 8·0 | 21 06·5 |
| 30 | 2 18 55·2 | + 0 02 22 | 7·8 | 1 42·8 | 28 | 1 34 25·4 | − 1 16 21 | 8·0 | 21 02·2 |
| Oct. 1 | 2 18 16·8 | − 0 01 35 | 7·8 | 1 38·2 | 29 | 1 34 01·3 | − 1 13 18 | 8·1 | 20 57·9 |
| 2 | 2 17 37·3 | − 0 05 32 | 7·7 | 1 33·6 | 30 | 1 33 38·5 | − 1 10 05 | 8·1 | 20 53·6 |
| 3 | 2 16 56·7 | − 0 09 29 | 7·7 | 1 29·0 | Dec. 1 | 1 33 17·2 | − 1 06 43 | 8·1 | 20 49·3 |
| 4 | 2 16 15·0 | − 0 13 25 | 7·7 | 1 24·4 | 2 | 1 32 57·2 | − 1 03 12 | 8·1 | 20 45·1 |
| 5 | 2 15 32·2 | − 0 17 20 | 7·7 | 1 19·8 | 3 | 1 32 38·8 | − 0 59 32 | 8·1 | 20 40·9 |
| 6 | 2 14 48·5 | − 0 21 13 | 7·6 | 1 15·1 | 4 | 1 32 21·7 | − 0 55 43 | 8·2 | 20 36·7 |
| 7 | 2 14 03·8 | − 0 25 04 | 7·6 | 1 10·4 | 5 | 1 32 06·2 | − 0 51 45 | 8·2 | 20 32·5 |
| 8 | 2 13 18·2 | − 0 28 53 | 7·6 | 1 05·7 | 6 | 1 31 52·0 | − 0 47 38 | 8·2 | 20 28·4 |
| 9 | 2 12 31·8 | − 0 32 40 | 7·6 | 1 01·0 | 7 | 1 31 39·3 | − 0 43 23 | 8·2 | 20 24·2 |
| 10 | 2 11 44·5 | − 0 36 24 | 7·6 | 0 56·3 | 8 | 1 31 28·1 | − 0 39 00 | 8·2 | 20 20·1 |
| 11 | 2 10 56·5 | − 0 40 05 | 7·6 | 0 51·6 | 9 | 1 31 18·3 | − 0 34 28 | 8·2 | 20 16·1 |
| 12 | 2 10 07·7 | − 0 43 42 | 7·5 | 0 46·8 | 10 | 1 31 10·0 | − 0 29 48 | 8·3 | 20 12·0 |
| 13 | 2 09 18·3 | − 0 47 16 | 7·5 | 0 42·1 | 11 | 1 31 03·2 | − 0 25 00 | 8·3 | 20 08·0 |
| 14 | 2 08 28·2 | − 0 50 46 | 7·5 | 0 37·3 | 12 | 1 30 57·7 | − 0 20 04 | 8·3 | 20 04·0 |
| 15 | 2 07 37·5 | − 0 54 12 | 7·5 | 0 32·6 | 13 | 1 30 53·7 | − 0 15 01 | 8·3 | 20 00·0 |
| 16 | 2 06 46·4 | − 0 57 33 | 7·5 | 0 27·8 | 14 | 1 30 51·2 | − 0 09 50 | 8·3 | 19 56·1 |
| 17 | 2 05 54·7 | − 1 00 49 | 7·5 | 0 23·0 | 15 | 1 30 50·0 | − 0 04 32 | 8·3 | 19 52·1 |
| 18 | 2 05 02·7 | − 1 03 59 | 7·5 | 0 18·2 | 16 | 1 30 50·3 | + 0 00 54 | 8·4 | 19 48·2 |
| 19 | 2 04 10·2 | − 1 07 05 | 7·4 | 0 13·4 | 17 | 1 30 52·0 | + 0 06 27 | 8·4 | 19 44·3 |
| 20 | 2 03 17·5 | − 1 10 04 | 7·4 | 0 08·6 | 18 | 1 30 55·0 | + 0 12 06 | 8·4 | 19 40·5 |
| Oct. 21 | 2 02 24·4 | − 1 12 58 | 7·4 | 0 03·8 | Dec. 19 | 1 30 59·5 | + 0 17 53 | 8·4 | 19 36·6 |

Second transit for Ceres 2016 October 21$^d$ 23$^h$ 59$^m$·0

## PLUTO AT OPPOSITION

| Date | UT | Mag. |
|---|---|---|
| 2016 July 7 | 22$^h$ | + 14.1 |

Stationary in right ascension on 2016 April 18 and September 26.

The following diagrams are provided for observers wishing to find the position of Pluto in relation to the stars. The first chart shows the path of the dwarf planet during 2016. The second chart provides a detailed view of the path over 60 days either side of opposition. The V-magnitude scale used is given on each chart.

Pluto is in Sagittarius, towards the Galactic Centre. The field of view is therefore crowded with background stars.

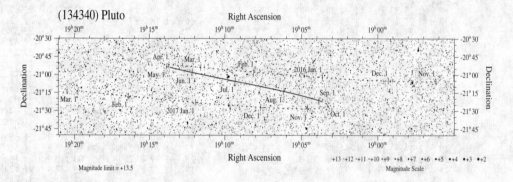

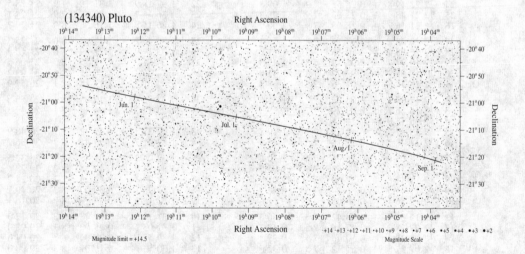

The charts are also available for download from *The Astronomical Almanac Online.*

## GEOCENTRIC POSITIONS FOR 0ʰ TERRESTRIAL TIME

| Date | Astrometric R.A. (h m s) | Dec. (° ′ ″) | Vis. Mag. | Ephemeris Transit (h m) | Date | Astrometric R.A. (h m s) | Dec. (° ′ ″) | Vis. Mag. | Ephemeris Transit (h m) |
|---|---|---|---|---|---|---|---|---|---|
| 2016 May 9 | 19 13 34.7 | −20 53 58 | 14.2 | 4 04.9 | 2016 July 7 | 19 08 42.3 | −21 06 56 | 14.1 | 0 08.1 |
| 10 | 19 13 32.1 | −20 54 06 | 14.2 | 4 00.9 | 8 | 19 08 36.0 | −21 07 13 | 14.1 | 0 04.1 |
| 11 | 19 13 29.4 | −20 54 15 | 14.2 | 3 57.0 | 9 | 19 08 29.7 | −21 07 29 | 14.1 | 0 00.0 |
| 12 | 19 13 26.6 | −20 54 23 | 14.1 | 3 53.0 | 10 | 19 08 23.4 | −21 07 45 | 14.1 | 23 52.0 |
| 13 | 19 13 23.7 | −20 54 32 | 14.1 | 3 49.0 | 11 | 19 08 17.2 | −21 08 02 | 14.1 | 23 47.9 |
| 14 | 19 13 20.7 | −20 54 41 | 14.1 | 3 45.0 | 12 | 19 08 10.9 | −21 08 18 | 14.1 | 23 43.9 |
| 15 | 19 13 17.6 | −20 54 50 | 14.1 | 3 41.0 | 13 | 19 08 04.6 | −21 08 35 | 14.1 | 23 39.9 |
| 16 | 19 13 14.4 | −20 55 00 | 14.1 | 3 37.1 | 14 | 19 07 58.4 | −21 08 51 | 14.1 | 23 35.8 |
| 17 | 19 13 11.0 | −20 55 09 | 14.1 | 3 33.1 | 15 | 19 07 52.2 | −21 09 08 | 14.1 | 23 31.8 |
| 18 | 19 13 07.6 | −20 55 19 | 14.1 | 3 29.1 | 16 | 19 07 46.0 | −21 09 24 | 14.1 | 23 27.8 |
| 19 | 19 13 04.1 | −20 55 29 | 14.1 | 3 25.1 | 17 | 19 07 39.8 | −21 09 41 | 14.1 | 23 23.7 |
| 20 | 19 13 00.4 | −20 55 40 | 14.1 | 3 21.1 | 18 | 19 07 33.6 | −21 09 57 | 14.1 | 23 19.7 |
| 21 | 19 12 56.7 | −20 55 50 | 14.1 | 3 17.1 | 19 | 19 07 27.4 | −21 10 14 | 14.1 | 23 15.7 |
| 22 | 19 12 52.9 | −20 56 01 | 14.1 | 3 13.1 | 20 | 19 07 21.3 | −21 10 30 | 14.1 | 23 11.6 |
| 23 | 19 12 48.9 | −20 56 12 | 14.1 | 3 09.1 | 21 | 19 07 15.2 | −21 10 47 | 14.1 | 23 07.6 |
| 24 | 19 12 44.9 | −20 56 23 | 14.1 | 3 05.1 | 22 | 19 07 09.2 | −21 11 03 | 14.1 | 23 03.6 |
| 25 | 19 12 40.8 | −20 56 34 | 14.1 | 3 01.1 | 23 | 19 07 03.1 | −21 11 20 | 14.1 | 22 59.5 |
| 26 | 19 12 36.6 | −20 56 46 | 14.1 | 2 57.1 | 24 | 19 06 57.1 | −21 11 36 | 14.1 | 22 55.5 |
| 27 | 19 12 32.3 | −20 56 57 | 14.1 | 2 53.1 | 25 | 19 06 51.2 | −21 11 52 | 14.1 | 22 51.5 |
| 28 | 19 12 27.9 | −20 57 09 | 14.1 | 2 49.1 | 26 | 19 06 45.3 | −21 12 09 | 14.1 | 22 47.4 |
| 29 | 19 12 23.5 | −20 57 21 | 14.1 | 2 45.1 | 27 | 19 06 39.4 | −21 12 25 | 14.1 | 22 43.4 |
| 30 | 19 12 18.9 | −20 57 34 | 14.1 | 2 41.1 | 28 | 19 06 33.5 | −21 12 41 | 14.1 | 22 39.4 |
| 31 | 19 12 14.3 | −20 57 46 | 14.1 | 2 37.1 | 29 | 19 06 27.7 | −21 12 57 | 14.1 | 22 35.4 |
| June 1 | 19 12 09.5 | −20 57 59 | 14.1 | 2 33.1 | 30 | 19 06 22.0 | −21 13 13 | 14.1 | 22 31.3 |
| 2 | 19 12 04.7 | −20 58 11 | 14.1 | 2 29.1 | 31 | 19 06 16.3 | −21 13 29 | 14.1 | 22 27.3 |
| 3 | 19 11 59.9 | −20 58 24 | 14.1 | 2 25.1 | Aug. 1 | 19 06 10.7 | −21 13 45 | 14.1 | 22 23.3 |
| 4 | 19 11 54.9 | −20 58 37 | 14.1 | 2 21.0 | 2 | 19 06 05.1 | −21 14 01 | 14.1 | 22 19.3 |
| 5 | 19 11 49.9 | −20 58 51 | 14.1 | 2 17.0 | 3 | 19 05 59.6 | −21 14 17 | 14.1 | 22 15.2 |
| 6 | 19 11 44.8 | −20 59 04 | 14.1 | 2 13.0 | 4 | 19 05 54.1 | −21 14 33 | 14.1 | 22 11.2 |
| 7 | 19 11 39.6 | −20 59 17 | 14.1 | 2 09.0 | 5 | 19 05 48.7 | −21 14 49 | 14.1 | 22 07.2 |
| 8 | 19 11 34.4 | −20 59 31 | 14.1 | 2 05.0 | 6 | 19 05 43.3 | −21 15 04 | 14.1 | 22 03.2 |
| 9 | 19 11 29.1 | −20 59 45 | 14.1 | 2 01.0 | 7 | 19 05 38.0 | −21 15 20 | 14.1 | 21 59.2 |
| 10 | 19 11 23.7 | −20 59 59 | 14.1 | 1 56.9 | 8 | 19 05 32.8 | −21 15 35 | 14.1 | 21 55.1 |
| 11 | 19 11 18.3 | −21 00 13 | 14.1 | 1 52.9 | 9 | 19 05 27.7 | −21 15 51 | 14.1 | 21 51.1 |
| 12 | 19 11 12.8 | −21 00 27 | 14.1 | 1 48.9 | 10 | 19 05 22.6 | −21 16 06 | 14.1 | 21 47.1 |
| 13 | 19 11 07.2 | −21 00 42 | 14.1 | 1 44.9 | 11 | 19 05 17.6 | −21 16 21 | 14.1 | 21 43.1 |
| 14 | 19 11 01.6 | −21 00 56 | 14.1 | 1 40.8 | 12 | 19 05 12.7 | −21 16 36 | 14.1 | 21 39.1 |
| 15 | 19 10 55.9 | −21 01 11 | 14.1 | 1 36.8 | 13 | 19 05 07.9 | −21 16 51 | 14.1 | 21 35.1 |
| 16 | 19 10 50.2 | −21 01 26 | 14.1 | 1 32.8 | 14 | 19 05 03.1 | −21 17 06 | 14.1 | 21 31.1 |
| 17 | 19 10 44.5 | −21 01 40 | 14.1 | 1 28.8 | 15 | 19 04 58.4 | −21 17 21 | 14.1 | 21 27.1 |
| 18 | 19 10 38.7 | −21 01 55 | 14.1 | 1 24.7 | 16 | 19 04 53.8 | −21 17 36 | 14.1 | 21 23.0 |
| 19 | 19 10 32.8 | −21 02 11 | 14.1 | 1 20.7 | 17 | 19 04 49.3 | −21 17 50 | 14.1 | 21 19.0 |
| 20 | 19 10 26.9 | −21 02 26 | 14.1 | 1 16.7 | 18 | 19 04 44.9 | −21 18 05 | 14.1 | 21 15.0 |
| 21 | 19 10 21.0 | −21 02 41 | 14.1 | 1 12.7 | 19 | 19 04 40.5 | −21 18 19 | 14.1 | 21 11.0 |
| 22 | 19 10 15.0 | −21 02 56 | 14.1 | 1 08.6 | 20 | 19 04 36.3 | −21 18 33 | 14.1 | 21 07.0 |
| 23 | 19 10 09.0 | −21 03 12 | 14.1 | 1 04.6 | 21 | 19 04 32.1 | −21 18 47 | 14.1 | 21 03.0 |
| 24 | 19 10 03.0 | −21 03 27 | 14.1 | 1 00.6 | 22 | 19 04 28.0 | −21 19 01 | 14.1 | 20 59.0 |
| 25 | 19 09 56.9 | −21 03 43 | 14.1 | 0 56.5 | 23 | 19 04 24.1 | −21 19 15 | 14.1 | 20 55.0 |
| 26 | 19 09 50.8 | −21 03 59 | 14.1 | 0 52.5 | 24 | 19 04 20.2 | −21 19 29 | 14.1 | 20 51.0 |
| 27 | 19 09 44.7 | −21 04 15 | 14.1 | 0 48.5 | 25 | 19 04 16.4 | −21 19 42 | 14.2 | 20 47.1 |
| 28 | 19 09 38.5 | −21 04 31 | 14.1 | 0 44.4 | 26 | 19 04 12.7 | −21 19 56 | 14.2 | 20 43.1 |
| 29 | 19 09 32.3 | −21 04 46 | 14.1 | 0 40.4 | 27 | 19 04 09.1 | −21 20 09 | 14.2 | 20 39.1 |
| 30 | 19 09 26.1 | −21 05 03 | 14.1 | 0 36.4 | 28 | 19 04 05.6 | −21 20 22 | 14.2 | 20 35.1 |
| July 1 | 19 09 19.9 | −21 05 19 | 14.1 | 0 32.3 | 29 | 19 04 02.2 | −21 20 35 | 14.2 | 20 31.1 |
| 2 | 19 09 13.7 | −21 05 35 | 14.1 | 0 28.3 | 30 | 19 03 59.0 | −21 20 48 | 14.2 | 20 27.1 |
| 3 | 19 09 07.4 | −21 05 51 | 14.1 | 0 24.3 | 31 | 19 03 55.8 | −21 21 01 | 14.2 | 20 23.1 |
| 4 | 19 09 01.1 | −21 06 07 | 14.1 | 0 20.2 | Sept. 1 | 19 03 52.7 | −21 21 14 | 14.2 | 20 19.1 |
| 5 | 19 08 54.9 | −21 06 23 | 14.1 | 0 16.2 | 2 | 19 03 49.8 | −21 21 26 | 14.2 | 20 15.2 |
| 6 | 19 08 48.6 | −21 06 40 | 14.1 | 0 12.2 | 3 | 19 03 46.9 | −21 21 38 | 14.2 | 20 11.2 |
| July 7 | 19 08 42.3 | −21 06 56 | 14.1 | 0 08.1 | Sept. 4 | 19 03 44.2 | −21 21 50 | 14.2 | 20 07.2 |

Second transit for Pluto 2016 July 9ᵈ 23ʰ 56ᵐ0

## ERIS  AT OPPOSITION

| Date | UT | Mag. |
|---|---|---|
| 2016  Oct.  16 | 1$^h$ | + 18.7 |

Stationary in right ascension on 2016 January 16 and July 23.

The following diagrams are provided for observers wishing to find the position of Eris in relation to the stars. The first chart shows the path of the dwarf planet during 2016. The second chart provides a detailed view of the path over 60 days either side of opposition. The V-magnitude scale used is given on each chart.

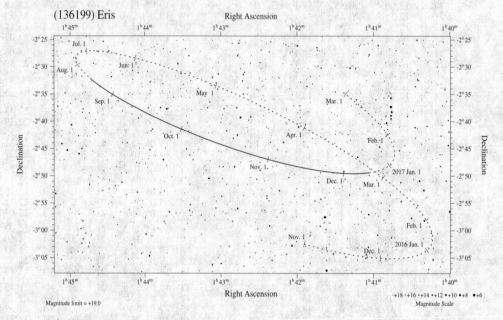

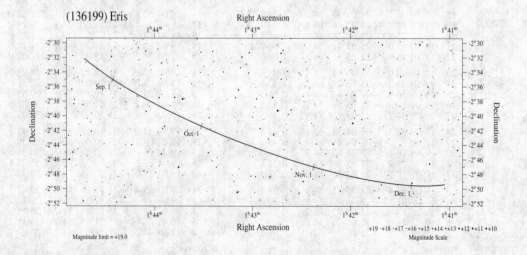

The charts are also available for download from *The Astronomical Almanac Online*.

| Date | Astrometric R.A.<br>h m s | Dec.<br>° ′ ″ | Vis. Mag. | Ephemeris Transit<br>h m | Date | Astrometric R.A.<br>h m s | Dec.<br>° ′ ″ | Vis. Mag. | Ephemeris Transit<br>h m |
|---|---|---|---|---|---|---|---|---|---|
| 2016 Aug. 18 | 1 44 42·7 | − 2 32 20 | 18·7 | 3 57·8 | 2016 Oct. 16 | 1 42 58·5 | − 2 44 22 | 18·7 | 0 04·1 |
| 19 | 1 44 41·7 | − 2 32 31 | 18·7 | 3 53·8 | 17 | 1 42 56·3 | − 2 44 33 | 18·7 | 0 00·1 |
| 20 | 1 44 40·7 | − 2 32 42 | 18·7 | 3 49·9 | 18 | 1 42 54·0 | − 2 44 44 | 18·7 | 23 52·2 |
| 21 | 1 44 39·7 | − 2 32 53 | 18·7 | 3 45·9 | 19 | 1 42 51·8 | − 2 44 54 | 18·7 | 23 48·2 |
| 22 | 1 44 38·6 | − 2 33 04 | 18·7 | 3 42·0 | 20 | 1 42 49·5 | − 2 45 05 | 18·7 | 23 44·2 |
| 23 | 1 44 37·4 | − 2 33 16 | 18·7 | 3 38·0 | 21 | 1 42 47·3 | − 2 45 15 | 18·7 | 23 40·3 |
| 24 | 1 44 36·3 | − 2 33 27 | 18·7 | 3 34·1 | 22 | 1 42 45·1 | − 2 45 25 | 18·7 | 23 36·3 |
| 25 | 1 44 35·1 | − 2 33 39 | 18·7 | 3 30·1 | 23 | 1 42 42·8 | − 2 45 35 | 18·7 | 23 32·3 |
| 26 | 1 44 33·8 | − 2 33 51 | 18·7 | 3 26·2 | 24 | 1 42 40·6 | − 2 45 45 | 18·7 | 23 28·3 |
| 27 | 1 44 32·6 | − 2 34 02 | 18·7 | 3 22·2 | 25 | 1 42 38·3 | − 2 45 55 | 18·7 | 23 24·4 |
| 28 | 1 44 31·3 | − 2 34 14 | 18·7 | 3 18·2 | 26 | 1 42 36·1 | − 2 46 05 | 18·7 | 23 20·4 |
| 29 | 1 44 29·9 | − 2 34 26 | 18·7 | 3 14·3 | 27 | 1 42 33·8 | − 2 46 14 | 18·7 | 23 16·4 |
| 30 | 1 44 28·6 | − 2 34 38 | 18·7 | 3 10·3 | 28 | 1 42 31·6 | − 2 46 23 | 18·7 | 23 12·5 |
| 31 | 1 44 27·2 | − 2 34 51 | 18·7 | 3 06·4 | 29 | 1 42 29·4 | − 2 46 33 | 18·7 | 23 08·5 |
| Sept. 1 | 1 44 25·8 | − 2 35 03 | 18·7 | 3 02·4 | 30 | 1 42 27·2 | − 2 46 41 | 18·7 | 23 04·5 |
| 2 | 1 44 24·3 | − 2 35 15 | 18·7 | 2 58·5 | 31 | 1 42 24·9 | − 2 46 50 | 18·7 | 23 00·6 |
| 3 | 1 44 22·8 | − 2 35 28 | 18·7 | 2 54·5 | Nov. 1 | 1 42 22·7 | − 2 46 59 | 18·7 | 22 56·6 |
| 4 | 1 44 21·3 | − 2 35 40 | 18·7 | 2 50·6 | 2 | 1 42 20·5 | − 2 47 07 | 18·7 | 22 52·6 |
| 5 | 1 44 19·8 | − 2 35 53 | 18·7 | 2 46·6 | 3 | 1 42 18·3 | − 2 47 15 | 18·7 | 22 48·7 |
| 6 | 1 44 18·2 | − 2 36 05 | 18·7 | 2 42·6 | 4 | 1 42 16·2 | − 2 47 23 | 18·7 | 22 44·7 |
| 7 | 1 44 16·6 | − 2 36 18 | 18·7 | 2 38·7 | 5 | 1 42 14·0 | − 2 47 31 | 18·7 | 22 40·7 |
| 8 | 1 44 15·0 | − 2 36 30 | 18·7 | 2 34·7 | 6 | 1 42 11·8 | − 2 47 38 | 18·7 | 22 36·8 |
| 9 | 1 44 13·3 | − 2 36 43 | 18·7 | 2 30·8 | 7 | 1 42 09·7 | − 2 47 46 | 18·7 | 22 32·8 |
| 10 | 1 44 11·7 | − 2 36 56 | 18·7 | 2 26·8 | 8 | 1 42 07·5 | − 2 47 53 | 18·7 | 22 28·8 |
| 11 | 1 44 10·0 | − 2 37 09 | 18·7 | 2 22·9 | 9 | 1 42 05·4 | − 2 47 59 | 18·7 | 22 24·9 |
| 12 | 1 44 08·2 | − 2 37 21 | 18·7 | 2 18·9 | 10 | 1 42 03·3 | − 2 48 06 | 18·7 | 22 20·9 |
| 13 | 1 44 06·5 | − 2 37 34 | 18·7 | 2 14·9 | 11 | 1 42 01·2 | − 2 48 13 | 18·7 | 22 16·9 |
| 14 | 1 44 04·7 | − 2 37 47 | 18·7 | 2 11·0 | 12 | 1 41 59·1 | − 2 48 19 | 18·7 | 22 13·0 |
| 15 | 1 44 02·9 | − 2 38 00 | 18·7 | 2 07·0 | 13 | 1 41 57·1 | − 2 48 25 | 18·7 | 22 09·0 |
| 16 | 1 44 01·1 | − 2 38 13 | 18·7 | 2 03·1 | 14 | 1 41 55·0 | − 2 48 31 | 18·7 | 22 05·0 |
| 17 | 1 43 59·2 | − 2 38 26 | 18·7 | 1 59·1 | 15 | 1 41 53·0 | − 2 48 36 | 18·7 | 22 01·1 |
| 18 | 1 43 57·4 | − 2 38 39 | 18·7 | 1 55·1 | 16 | 1 41 51·0 | − 2 48 41 | 18·7 | 21 57·1 |
| 19 | 1 43 55·5 | − 2 38 52 | 18·7 | 1 51·2 | 17 | 1 41 49·0 | − 2 48 46 | 18·7 | 21 53·1 |
| 20 | 1 43 53·6 | − 2 39 04 | 18·7 | 1 47·2 | 18 | 1 41 47·0 | − 2 48 51 | 18·7 | 21 49·2 |
| 21 | 1 43 51·7 | − 2 39 17 | 18·7 | 1 43·2 | 19 | 1 41 45·1 | − 2 48 56 | 18·7 | 21 45·2 |
| 22 | 1 43 49·7 | − 2 39 30 | 18·7 | 1 39·3 | 20 | 1 41 43·1 | − 2 49 00 | 18·7 | 21 41·2 |
| 23 | 1 43 47·7 | − 2 39 43 | 18·7 | 1 35·3 | 21 | 1 41 41·2 | − 2 49 04 | 18·7 | 21 37·3 |
| 24 | 1 43 45·7 | − 2 39 56 | 18·7 | 1 31·3 | 22 | 1 41 39·3 | − 2 49 08 | 18·7 | 21 33·3 |
| 25 | 1 43 43·7 | − 2 40 09 | 18·7 | 1 27·4 | 23 | 1 41 37·5 | − 2 49 12 | 18·7 | 21 29·4 |
| 26 | 1 43 41·7 | − 2 40 21 | 18·7 | 1 23·4 | 24 | 1 41 35·6 | − 2 49 15 | 18·7 | 21 25·4 |
| 27 | 1 43 39·7 | − 2 40 34 | 18·7 | 1 19·4 | 25 | 1 41 33·8 | − 2 49 18 | 18·7 | 21 21·4 |
| 28 | 1 43 37·6 | − 2 40 47 | 18·7 | 1 15·5 | 26 | 1 41 32·0 | − 2 49 21 | 18·7 | 21 17·5 |
| 29 | 1 43 35·5 | − 2 40 59 | 18·7 | 1 11·5 | 27 | 1 41 30·2 | − 2 49 23 | 18·7 | 21 13·5 |
| 30 | 1 43 33·4 | − 2 41 12 | 18·7 | 1 07·6 | 28 | 1 41 28·5 | − 2 49 26 | 18·7 | 21 09·5 |
| Oct. 1 | 1 43 31·3 | − 2 41 24 | 18·7 | 1 03·6 | 29 | 1 41 26·8 | − 2 49 28 | 18·7 | 21 05·6 |
| 2 | 1 43 29·2 | − 2 41 37 | 18·7 | 0 59·6 | 30 | 1 41 25·1 | − 2 49 29 | 18·7 | 21 01·6 |
| 3 | 1 43 27·1 | − 2 41 49 | 18·7 | 0 55·7 | Dec. 1 | 1 41 23·4 | − 2 49 31 | 18·7 | 20 57·7 |
| 4 | 1 43 25·0 | − 2 42 02 | 18·7 | 0 51·7 | 2 | 1 41 21·7 | − 2 49 32 | 18·7 | 20 53·7 |
| 5 | 1 43 22·8 | − 2 42 14 | 18·7 | 0 47·7 | 3 | 1 41 20·1 | − 2 49 33 | 18·7 | 20 49·7 |
| 6 | 1 43 20·6 | − 2 42 26 | 18·7 | 0 43·7 | 4 | 1 41 18·6 | − 2 49 34 | 18·7 | 20 45·8 |
| 7 | 1 43 18·5 | − 2 42 38 | 18·7 | 0 39·8 | 5 | 1 41 17·0 | − 2 49 34 | 18·7 | 20 41·8 |
| 8 | 1 43 16·3 | − 2 42 50 | 18·7 | 0 35·8 | 6 | 1 41 15·5 | − 2 49 34 | 18·7 | 20 37·9 |
| 9 | 1 43 14·1 | − 2 43 02 | 18·7 | 0 31·8 | 7 | 1 41 14·0 | − 2 49 34 | 18·7 | 20 34·0 |
| 10 | 1 43 11·9 | − 2 43 14 | 18·7 | 0 27·9 | 8 | 1 41 12·5 | − 2 49 34 | 18·7 | 20 30·0 |
| 11 | 1 43 09·7 | − 2 43 25 | 18·7 | 0 23·9 | 9 | 1 41 11·1 | − 2 49 33 | 18·7 | 20 26·0 |
| 12 | 1 43 07·4 | − 2 43 37 | 18·7 | 0 19·9 | 10 | 1 41 09·7 | − 2 49 32 | 18·7 | 20 22·1 |
| 13 | 1 43 05·2 | − 2 43 48 | 18·7 | 0 16·0 | 11 | 1 41 08·3 | − 2 49 31 | 18·7 | 20 18·1 |
| 14 | 1 43 03·0 | − 2 44 00 | 18·7 | 0 12·0 | 12 | 1 41 07·0 | − 2 49 29 | 18·7 | 20 14·1 |
| 15 | 1 43 00·8 | − 2 44 11 | 18·7 | 0 08·0 | 13 | 1 41 05·7 | − 2 49 28 | 18·7 | 20 10·2 |
| Oct. 16 | 1 42 58·5 | − 2 44 22 | 18·7 | 0 04·1 | Dec. 14 | 1 41 04·4 | − 2 49 25 | 18·7 | 20 06·2 |

Second transit for Eris 2016 October 17ᵈ 23ʰ 56ᵐ·1

# CERES, 2016

## EPHEMERIS FOR PHYSICAL OBSERVATIONS
## FOR 0ʰ TERRESTRIAL TIME

| Date | | Light Time | Visual Magnitude | Phase Angle | $L_s$ | Sub-Earth Point Longitude | Sub-Earth Point Latitude | Positive Pole P.A. |
|---|---|---|---|---|---|---|---|---|
| | | m | | ° | ° | ° | ° | ° |
| Jan. | −7 | 29·80 | 9·3 | 13·6 | 95·68 | 269·30 | +3·88 | 346·88 |
| | 3 | 30·58 | 9·3 | 12·0 | 97·53 | 66·89 | +3·37 | 345·67 |
| | 13 | 31·25 | 9·3 | 10·3 | 99·38 | 224·42 | +2·90 | 344·48 |
| | 23 | 31·81 | 9·2 | 8·5 | 101·22 | 21·93 | +2·47 | 343·34 |
| Feb. | 2 | 32·26 | 9·2 | 6·7 | 103·07 | 179·45 | +2·10 | 342·25 |
| | 12 | 32·59 | 9·1 | 4·9 | 104·91 | 337·00 | +1·77 | 341·24 |
| | 22 | 32·79 | 9·0 | 3·4 | 106·76 | 134·59 | +1·51 | 340·30 |
| Mar. | 3 | 32·87 | 9·0 | 2·6 | 108·61 | 292·25 | +1·30 | 339·44 |
| | 13 | 32·83 | 9·0 | 3·2 | 110·46 | 89·99 | +1·15 | 338·68 |
| | 23 | 32·67 | 9·1 | 4·7 | 112·31 | 247·82 | +1·07 | 338·01 |
| Apr. | 2 | 32·38 | 9·2 | 6·4 | 114·17 | 45·76 | +1·05 | 337·44 |
| | 12 | 31·99 | 9·2 | 8·2 | 116·03 | 203·82 | +1·10 | 336·97 |
| | 22 | 31·48 | 9·3 | 9·9 | 117·89 | 2·01 | +1·20 | 336·60 |
| May | 2 | 30·87 | 9·3 | 11·6 | 119·75 | 160·35 | +1·37 | 336·32 |
| | 12 | 30·16 | 9·3 | 13·3 | 121·62 | 318·84 | +1·60 | 336·13 |
| | 22 | 29·36 | 9·3 | 14·8 | 123·49 | 117·52 | +1·89 | 336·04 |
| June | 1 | 28·47 | 9·3 | 16·2 | 125·37 | 276·38 | +2·24 | 336·02 |
| | 11 | 27·51 | 9·2 | 17·5 | 127·25 | 75·46 | +2·64 | 336·08 |
| | 21 | 26·49 | 9·2 | 18·6 | 129·13 | 234·77 | +3·10 | 336·19 |
| July | 1 | 25·42 | 9·1 | 19·4 | 131·02 | 34·34 | +3·59 | 336·36 |
| | 11 | 24·31 | 9·0 | 20·0 | 132·92 | 194·21 | +4·13 | 336·55 |
| | 21 | 23·17 | 8·9 | 20·3 | 134·82 | 354·40 | +4·69 | 336·76 |
| | 31 | 22·03 | 8·8 | 20·2 | 136·73 | 154·97 | +5·28 | 336·96 |
| Aug. | 10 | 20·90 | 8·7 | 19·7 | 138·64 | 315·95 | +5·86 | 337·13 |
| | 20 | 19·82 | 8·5 | 18·8 | 140·56 | 117·39 | +6·43 | 337·25 |
| | 30 | 18·80 | 8·4 | 17·3 | 142·49 | 279·34 | +6·94 | 337·30 |
| Sept. | 9 | 17·87 | 8·2 | 15·3 | 144·43 | 81·81 | +7·37 | 337·27 |
| | 19 | 17·08 | 8·0 | 12·8 | 146·37 | 244·80 | +7·66 | 337·16 |
| | 29 | 16·45 | 7·8 | 9·8 | 148·32 | 48·24 | +7·78 | 336·98 |
| Oct. | 9 | 16·02 | 7·6 | 6·7 | 150·28 | 212·01 | +7·67 | 336·77 |
| | 19 | 15·82 | 7·4 | 4·5 | 152·24 | 15·92 | +7·32 | 336·56 |
| | 29 | 15·85 | 7·5 | 5·3 | 154·22 | 179·72 | +6·73 | 336·37 |
| Nov. | 8 | 16·11 | 7·7 | 8·2 | 156·20 | 343·18 | +5·94 | 336·24 |
| | 18 | 16·59 | 7·9 | 11·4 | 158·20 | 146·08 | +5·01 | 336·16 |
| | 28 | 17·25 | 8·0 | 14·3 | 160·20 | 308·30 | +4·01 | 336·12 |
| Dec. | 8 | 18·08 | 8·2 | 16·6 | 162·21 | 109·79 | +3·00 | 336·11 |
| | 18 | 19·02 | 8·4 | 18·4 | 164·24 | 270·56 | +2·03 | 336·11 |
| | 28 | 20·04 | 8·5 | 19·6 | 166·27 | 70·67 | +1·12 | 336·14 |
| | 38 | 21·11 | 8·7 | 20·2 | 168·31 | 230·19 | +0·31 | 336·19 |
| Dec. | 48 | 22·20 | 8·8 | 20·4 | 170·36 | 29·20 | −0·40 | 336·27 |

## EPHEMERIS FOR PHYSICAL OBSERVATIONS
### FOR 0$^h$ TERRESTRIAL TIME

| Date | | Light Time | Visual Magnitude | Phase Angle | $L_s$ | Sub-Earth Point Longitude | Sub-Earth Point Latitude | Positive Pole P.A. |
|---|---|---|---|---|---|---|---|---|
| | | m | | ° | ° | ° | ° | ° |
| Jan. | −7 | 282·49 | 14·2 | 0·4 | 65·17 | 21·24 | +51·75 | 227·52 |
| | 3 | 282·74 | 14·2 | 0·1 | 65·23 | 225·21 | +52·02 | 227·12 |
| | 13 | 282·74 | 14·2 | 0·2 | 65·28 | 69·19 | +52·29 | 226·70 |
| | 23 | 282·51 | 14·2 | 0·5 | 65·34 | 273·18 | +52·55 | 226·29 |
| Feb. | 2 | 282·04 | 14·2 | 0·8 | 65·39 | 117·16 | +52·80 | 225·90 |
| | 12 | 281·36 | 14·2 | 1·0 | 65·45 | 321·14 | +53·04 | 225·52 |
| | 22 | 280·47 | 14·2 | 1·2 | 65·50 | 165·09 | +53·25 | 225·18 |
| Mar. | 3 | 279·42 | 14·2 | 1·4 | 65·56 | 9·02 | +53·43 | 224·88 |
| | 13 | 278·24 | 14·2 | 1·6 | 65·61 | 212·91 | +53·58 | 224·63 |
| | 23 | 276·95 | 14·2 | 1·7 | 65·67 | 56·76 | +53·70 | 224·43 |
| Apr. | 2 | 275·60 | 14·2 | 1·7 | 65·72 | 260·56 | +53·78 | 224·29 |
| | 12 | 274·23 | 14·2 | 1·7 | 65·78 | 104·31 | +53·82 | 224·21 |
| | 22 | 272·89 | 14·2 | 1·7 | 65·83 | 308·01 | +53·82 | 224·19 |
| May | 2 | 271·60 | 14·2 | 1·6 | 65·89 | 151·65 | +53·78 | 224·23 |
| | 12 | 270·42 | 14·1 | 1·4 | 65·94 | 355·24 | +53·70 | 224·33 |
| | 22 | 269·37 | 14·1 | 1·3 | 65·99 | 198·78 | +53·59 | 224·48 |
| June | 1 | 268·50 | 14·1 | 1·0 | 66·05 | 42·28 | +53·45 | 224·67 |
| | 11 | 267·81 | 14·1 | 0·8 | 66·10 | 245·74 | +53·28 | 224·91 |
| | 21 | 267·35 | 14·1 | 0·5 | 66·16 | 89·17 | +53·10 | 225·16 |
| July | 1 | 267·11 | 14·1 | 0·2 | 66·21 | 292·58 | +52·90 | 225·43 |
| | 11 | 267·12 | 14·1 | 0·1 | 66·27 | 135·98 | +52·69 | 225·71 |
| | 21 | 267·37 | 14·1 | 0·4 | 66·32 | 339·37 | +52·49 | 225·98 |
| | 31 | 267·85 | 14·1 | 0·7 | 66·38 | 182·77 | +52·29 | 226·23 |
| Aug. | 10 | 268·56 | 14·1 | 0·9 | 66·43 | 26·19 | +52·11 | 226·45 |
| | 20 | 269·48 | 14·1 | 1·2 | 66·48 | 229·62 | +51·95 | 226·65 |
| | 30 | 270·57 | 14·2 | 1·4 | 66·54 | 73·09 | +51·82 | 226·79 |
| Sept. | 9 | 271·81 | 14·2 | 1·5 | 66·59 | 276·59 | +51·72 | 226·89 |
| | 19 | 273·17 | 14·2 | 1·6 | 66·65 | 120·13 | +51·66 | 226·94 |
| | 29 | 274·60 | 14·2 | 1·7 | 66·70 | 323·71 | +51·63 | 226·93 |
| Oct. | 9 | 276·08 | 14·2 | 1·7 | 66·76 | 167·35 | +51·65 | 226·87 |
| | 19 | 277·54 | 14·2 | 1·7 | 66·81 | 11·03 | +51·71 | 226·74 |
| | 29 | 278·96 | 14·2 | 1·6 | 66·86 | 214·76 | +51·80 | 226·56 |
| Nov. | 8 | 280·30 | 14·2 | 1·5 | 66·92 | 58·54 | +51·93 | 226·33 |
| | 18 | 281·51 | 14·2 | 1·3 | 66·97 | 262·36 | +52·10 | 226·04 |
| | 28 | 282·56 | 14·3 | 1·1 | 67·03 | 106·23 | +52·30 | 225·72 |
| Dec. | 8 | 283·42 | 14·3 | 0·8 | 67·08 | 310·14 | +52·52 | 225·35 |
| | 18 | 284·07 | 14·3 | 0·6 | 67·14 | 154·08 | +52·76 | 224·95 |
| | 28 | 284·50 | 14·3 | 0·3 | 67·19 | 358·06 | +53·01 | 224·53 |
| | 38 | 284·68 | 14·3 | 0·0 | 67·24 | 202·05 | +53·27 | 224·10 |
| Dec. | 48 | 284·62 | 14·3 | 0·3 | 67·30 | 46·06 | +53·52 | 223·66 |

## OSCULATING ELEMENTS
## FOR EPOCH 2016 JULY 31·0 TT, ECLIPTIC AND EQUINOX J2000·0

| No. | Name | Magnitude Parameters $H$ | Magnitude Parameters $G$ | Mean Diameter km | Inclination $i$ ° | Long. of Asc. Node $\Omega$ ° | Argument of Perihelion $\omega$ ° | Semi-major Axis $a$ au | Daily Motion $n$ °/d | Eccentricity $e$ | Mean Anomaly $M$ ° |
|---|---|---|---|---|---|---|---|---|---|---|---|
| (2) | Pallas | 4·13 | 0·11 | 524 | 34·841 | 173·088 | 309·999 | 2·7728 | 0·21347 | 0·2308 | 206·286 |
| (3) | Juno | 5·33 | 0·32 | 274 | 12·990 | 169·863 | 248·237 | 2·6688 | 0·22606 | 0·2566 | 168·734 |
| (4) | Vesta | 3·20 | 0·32 | 512 | 7·140 | 103·842 | 151·112 | 2·3613 | 0·27162 | 0·0891 | 183·877 |
| (5) | Astraea | 6·85 | 0·15 | 120 | 5·368 | 141·592 | 358·879 | 2·5743 | 0·23862 | 0·1916 | 43·435 |
| (6) | Hebe | 5·71 | 0·24 | 190 | 14·738 | 138·675 | 239·738 | 2·4262 | 0·26080 | 0·2022 | 185·284 |
| (7) | Iris | 5·51 | 0·15 | 211 | 5·524 | 259·570 | 145·363 | 2·3852 | 0·26755 | 0·2314 | 232·786 |
| (8) | Flora | 6·49 | 0·28 | 138 | 5·887 | 110·905 | 285·373 | 2·2011 | 0·30182 | 0·1570 | 252·987 |
| (9) | Metis | 6·28 | 0·17 | 209 | 5·574 | 68·934 | 5·924 | 2·3860 | 0·26742 | 0·1220 | 10·036 |
| (10) | Hygiea | 5·43 | 0·15 | 444 | 3·831 | 283·246 | 311·948 | 3·1419 | 0·17697 | 0·1133 | 335·407 |
| (11) | Parthenope | 6·55 | 0·15 | 153 | 4·630 | 125·566 | 195·968 | 2·4529 | 0·25656 | 0·1003 | 21·869 |
| (12) | Victoria | 7·24 | 0·22 | 113 | 8·368 | 235·458 | 69·515 | 2·3342 | 0·27638 | 0·2207 | 217·119 |
| (13) | Egeria | 6·74 | 0·15 | 208 | 16·540 | 43·239 | 80·386 | 2·5765 | 0·23832 | 0·0837 | 309·425 |
| (14) | Irene | 6·30 | 0·15 | 180 | 9·119 | 86·147 | 98·108 | 2·5857 | 0·23706 | 0·1665 | 287·647 |
| (15) | Eunomia | 5·28 | 0·23 | 320 | 11·738 | 293·180 | 97·536 | 2·6432 | 0·22935 | 0·1871 | 55·120 |
| (16) | Psyche | 5·90 | 0·20 | 239 | 3·099 | 150·276 | 227·142 | 2·9220 | 0·19733 | 0·1359 | 93·039 |
| (17) | Thetis | 7·76 | 0·15 | 90 | 5·591 | 125·566 | 136·078 | 2·4710 | 0·25374 | 0·1325 | 49·724 |
| (18) | Melpomene | 6·51 | 0·25 | 138 | 10·134 | 150·470 | 227·852 | 2·2955 | 0·28340 | 0·2190 | 343·945 |
| (19) | Fortuna | 7·13 | 0·10 | 225 | 1·574 | 211·147 | 182·157 | 2·4419 | 0·25828 | 0·1588 | 298·942 |
| (20) | Massalia | 6·50 | 0·25 | 145 | 0·708 | 206·117 | 256·598 | 2·4089 | 0·26361 | 0·1426 | 214·277 |
| (21) | Lutetia | 7·35 | 0·11 | 98 | 3·064 | 80·880 | 250·049 | 2·4345 | 0·25948 | 0·1646 | 84·783 |
| (22) | Kalliope | 6·45 | 0·21 | 181 | 13·716 | 66·066 | 354·919 | 2·9100 | 0·19854 | 0·0993 | 359·390 |
| (23) | Thalia | 6·95 | 0·15 | 108 | 10·115 | 66·856 | 60·708 | 2·6245 | 0·23181 | 0·2356 | 104·016 |
| (24) | Themis | 7·08 | 0·19 | 175 | 0·752 | 35·927 | 106·882 | 3·1367 | 0·17742 | 0·1255 | 177·944 |
| (25) | Phocaea | 7·83 | 0·15 | 75 | 21·601 | 214·141 | 90·154 | 2·4011 | 0·26491 | 0·2544 | 267·978 |
| (26) | Proserpina | 7·50 | 0·15 | 95 | 3·564 | 45·785 | 194·141 | 2·6541 | 0·22795 | 0·0907 | 237·202 |
| (27) | Euterpe | 7·00 | 0·15 | 118 | 1·584 | 94·796 | 356·662 | 2·3474 | 0·27405 | 0·1724 | 60·926 |
| (28) | Bellona | 7·09 | 0·15 | 121 | 9·431 | 144·316 | 344·437 | 2·7763 | 0·21306 | 0·1521 | 59·880 |
| (29) | Amphitrite | 5·85 | 0·20 | 212 | 6·090 | 356·420 | 62·030 | 2·5543 | 0·24143 | 0·0718 | 44·245 |
| (30) | Urania | 7·57 | 0·15 | 100 | 2·097 | 307·620 | 86·976 | 2·3664 | 0·27075 | 0·1266 | 118·581 |
| (31) | Euphrosyne | 6·74 | 0·15 | 256 | 26·304 | 31·120 | 61·443 | 3·1563 | 0·17577 | 0·2215 | 271·375 |
| (32) | Pomona | 7·56 | 0·15 | 81 | 5·524 | 220·442 | 339·166 | 2·5882 | 0·23671 | 0·0803 | 155·536 |
| (37) | Fides | 7·29 | 0·24 | 108 | 3·072 | 7·294 | 63·029 | 2·6438 | 0·22927 | 0·1745 | 111·824 |
| (39) | Laetitia | 6·10 | 0·15 | 150 | 10·381 | 157·114 | 208·200 | 2·7679 | 0·21403 | 0·1136 | 88·634 |
| (40) | Harmonia | 7·00 | 0·15 | 108 | 4·257 | 94·213 | 269·358 | 2·2680 | 0·28857 | 0·0464 | 179·200 |
| (41) | Daphne | 7·12 | 0·10 | 187 | 15·797 | 178·093 | 45·968 | 2·7596 | 0·21500 | 0·2757 | 279·342 |
| (42) | Isis | 7·53 | 0·15 | 100 | 8·514 | 84·201 | 237·342 | 2·4421 | 0·25826 | 0·2222 | 305·145 |
| (43) | Ariadne | 7·93 | 0·11 | 66 | 3·471 | 264·862 | 16·252 | 2·2028 | 0·30147 | 0·1688 | 196·565 |
| (44) | Nysa | 7·03 | 0·46 | 71 | 3·707 | 131·559 | 343·276 | 2·4232 | 0·26129 | 0·1484 | 181·501 |
| (45) | Eugenia | 7·46 | 0·07 | 215 | 6·604 | 147·676 | 88·680 | 2·7202 | 0·21968 | 0·0837 | 178·148 |
| (48) | Doris | 6·90 | 0·15 | 222 | 6·547 | 183·566 | 253·500 | 3·1111 | 0·17961 | 0·0730 | 249·353 |
| (51) | Nemausa | 7·35 | 0·08 | 158 | 9·980 | 176·019 | 2·390 | 2·3658 | 0·27086 | 0·0669 | 185·349 |
| (52) | Europa | 6·31 | 0·18 | 302 | 7·478 | 128·709 | 344·392 | 3·0982 | 0·18074 | 0·1090 | 55·256 |
| (54) | Alexandra | 7·66 | 0·15 | 166 | 11·802 | 313·330 | 345·156 | 2·7095 | 0·22099 | 0·1983 | 157·238 |
| (60) | Echo | 8·21 | 0·27 | 60 | 3·601 | 191·595 | 270·974 | 2·3931 | 0·26623 | 0·1833 | 302·437 |
| (63) | Ausonia | 7·55 | 0·25 | 103 | 5·780 | 337·769 | 295·891 | 2·3949 | 0·26593 | 0·1276 | 233·736 |
| (64) | Angelina | 7·67 | 0·48 | 56 | 1·310 | 309·151 | 178·767 | 2·6814 | 0·22447 | 0·1262 | 174·301 |
| (65) | Cybele | 6·62 | 0·01 | 230 | 3·563 | 155·635 | 102·351 | 3·4290 | 0·15522 | 0·1111 | 106·005 |

## OSCULATING ELEMENTS
### FOR EPOCH 2016 JULY 31·0 TT, ECLIPTIC AND EQUINOX J2000·0

| No. | Name | Magnitude Parameters $H$ | $G$ | Mean Diameter | Inclination $i$ | Long. of Asc. Node $\Omega$ | Argument of Perihelion $\omega$ | Semimajor Axis $a$ | Daily Motion $n$ | Eccentricity $e$ | Mean Anomaly $M$ |
|---|---|---|---|---|---|---|---|---|---|---|---|
| | | | | km | ° | ° | ° | au | °/d | | ° |
| (67) | Asia | 8·28 | 0·15 | 58 | 6·030 | 202·443 | 107·155 | 2·4218 | 0·26152 | 0·1850 | 16·809 |
| (68) | Leto | 6·78 | 0·05 | 123 | 7·972 | 44·127 | 304·826 | 2·7811 | 0·21251 | 0·1871 | 48·720 |
| (69) | Hesperia | 7·05 | 0·19 | 138 | 8·593 | 184·999 | 289·403 | 2·9752 | 0·19205 | 0·1707 | 108·814 |
| (71) | Niobe | 7·30 | 0·40 | 83 | 23·265 | 316·034 | 266·750 | 2·7560 | 0·21542 | 0·1734 | 48·948 |
| (79) | Eurynome | 7·96 | 0·25 | 66 | 4·617 | 206·619 | 200·801 | 2·4449 | 0·25782 | 0·1913 | 331·405 |
| (80) | Sappho | 7·98 | 0·15 | 79 | 8·668 | 218·719 | 139·394 | 2·2971 | 0·28310 | 0·1996 | 174·288 |
| (85) | Io | 7·61 | 0·15 | 164 | 11·961 | 203·121 | 123·148 | 2·6528 | 0·22811 | 0·1940 | 352·419 |
| (87) | Sylvia | 6·94 | 0·15 | 261 | 10·878 | 73·057 | 263·609 | 3·4798 | 0·15183 | 0·0922 | 301·058 |
| (88) | Thisbe | 7·04 | 0·14 | 232 | 5·212 | 276·662 | 35·909 | 2·7688 | 0·21393 | 0·1635 | 195·536 |
| (89) | Julia | 6·60 | 0·15 | 151 | 16·128 | 311·563 | 45·461 | 2·5502 | 0·24202 | 0·1843 | 255·367 |
| (92) | Undina | 6·61 | 0·15 | 126 | 9·929 | 101·588 | 239·494 | 3·1880 | 0·17315 | 0·1040 | 6·125 |
| (94) | Aurora | 7·57 | 0·15 | 204 | 7·973 | 2·599 | 60·826 | 3·1600 | 0·17546 | 0·0923 | 132·718 |
| (97) | Klotho | 7·63 | 0·15 | 83 | 11·783 | 159·705 | 268·687 | 2·6721 | 0·22565 | 0·2550 | 85·017 |
| (103) | Hera | 7·66 | 0·15 | 91 | 5·420 | 136·186 | 188·361 | 2·7011 | 0·22202 | 0·0812 | 133·341 |
| (107) | Camilla | 7·08 | 0·08 | 223 | 10·003 | 172·610 | 306·956 | 3·4892 | 0·15122 | 0·0662 | 175·049 |
| (115) | Thyra | 7·51 | 0·12 | 80 | 11·595 | 308·901 | 96·946 | 2·3808 | 0·26830 | 0·1919 | 108·401 |
| (121) | Hermione | 7·31 | 0·15 | 209 | 7·597 | 73·131 | 298·254 | 3·4475 | 0·15397 | 0·1336 | 64·558 |
| (128) | Nemesis | 7·49 | 0·15 | 188 | 6·245 | 76·248 | 303·860 | 2·7495 | 0·21619 | 0·1269 | 215·698 |
| (129) | Antigone | 7·07 | 0·33 | 138 | 12·262 | 135·703 | 111·076 | 2·8704 | 0·20267 | 0·2115 | 97·354 |
| (135) | Hertha | 8·23 | 0·15 | 79 | 2·306 | 343·654 | 340·260 | 2·4277 | 0·26056 | 0·2078 | 77·400 |
| (185) | Eunike | 7·62 | 0·15 | 158 | 23·238 | 153·840 | 224·009 | 2·7383 | 0·21751 | 0·1293 | 327·482 |
| (192) | Nausikaa | 7·13 | 0·03 | 95 | 6·814 | 343·249 | 30·067 | 2·4028 | 0·26462 | 0·2458 | 94·342 |
| (194) | Prokne | 7·68 | 0·15 | 169 | 18·509 | 159·316 | 163·239 | 2·6158 | 0·23297 | 0·2381 | 42·282 |
| (196) | Philomela | 6·54 | 0·15 | 136 | 7·255 | 72·383 | 195·691 | 3·1177 | 0·17904 | 0·0175 | 276·494 |
| (216) | Kleopatra | 7·30 | 0·29 | 118 | 13·113 | 215·361 | 180·164 | 2·7934 | 0·21111 | 0·2506 | 219·511 |
| (230) | Athamantis | 7·35 | 0·27 | 109 | 9·443 | 239·900 | 139·121 | 2·3823 | 0·26805 | 0·0612 | 116·194 |
| (270) | Anahita | 8·75 | 0·15 | 51 | 2·367 | 254·390 | 80·490 | 2·1991 | 0·30223 | 0·1500 | 219·256 |
| (287) | Nephthys | 8·30 | 0·22 | 68 | 10·034 | 142·381 | 121·024 | 2·3531 | 0·27306 | 0·0233 | 125·744 |
| (324) | Bamberga | 6·82 | 0·09 | 228 | 11·101 | 327·883 | 44·241 | 2·6823 | 0·22436 | 0·3400 | 225·419 |
| (346) | Hermentaria | 7·13 | 0·15 | 107 | 8·750 | 91·963 | 292·035 | 2·7969 | 0·21072 | 0·1010 | 188·671 |
| (349) | Dembowska | 5·93 | 0·37 | 140 | 8·246 | 32·351 | 346·225 | 2·9238 | 0·19714 | 0·0915 | 306·898 |
| (354) | Eleonora | 6·44 | 0·37 | 155 | 18·403 | 140·371 | 5·522 | 2·7978 | 0·21061 | 0·1147 | 123·762 |
| (372) | Palma | 7·20 | 0·15 | 189 | 23·828 | 327·371 | 115·582 | 3·1513 | 0·17619 | 0·2596 | 275·769 |
| (387) | Aquitania | 7·41 | 0·15 | 101 | 18·125 | 128·298 | 157·160 | 2·7406 | 0·21724 | 0·2359 | 244·115 |
| (389) | Industria | 7·88 | 0·15 | 79 | 8·120 | 282·343 | 265·255 | 2·6089 | 0·23390 | 0·0680 | 348·594 |
| (409) | Aspasia | 7·62 | 0·29 | 162 | 11·262 | 242·191 | 353·723 | 2·5752 | 0·23849 | 0·0733 | 260·362 |
| (423) | Diotima | 7·24 | 0·15 | 209 | 11·230 | 69·471 | 200·103 | 3·0677 | 0·18343 | 0·0383 | 237·495 |
| (433) | Eros | 11·16 | 0·46 | 16 | 10·828 | 304·330 | 178·799 | 1·4579 | 0·55988 | 0·2226 | 207·342 |
| (451) | Patientia | 6·65 | 0·19 | 225 | 15·236 | 89·252 | 337·056 | 3·0616 | 0·18398 | 0·0755 | 279·298 |
| (471) | Papagena | 6·73 | 0·37 | 134 | 14·976 | 83·999 | 314·132 | 2·8879 | 0·20083 | 0·2315 | 46·684 |
| (511) | Davida | 6·22 | 0·16 | 326 | 15·941 | 107·607 | 337·659 | 3·1627 | 0·17523 | 0·1883 | 158·590 |
| (532) | Herculina | 5·81 | 0·26 | 207 | 16·314 | 107·556 | 76·097 | 2·7733 | 0·21341 | 0·1757 | 131·039 |
| (654) | Zelinda | 8·52 | 0·15 | 127 | 18·125 | 278·460 | 214·008 | 2·2970 | 0·28311 | 0·2315 | 51·905 |
| (702) | Alauda | 7·25 | 0·15 | 195 | 20·594 | 289·909 | 349·511 | 3·1954 | 0·17255 | 0·0189 | 242·493 |
| (704) | Interamnia | 5·94 | −0·02 | 329 | 17·309 | 280·298 | 95·208 | 3·0575 | 0·18435 | 0·1543 | 276·107 |

# BRIGHT MINOR PLANETS, 2016
## NEXT OPPOSITION

| Name | | Date | Mag. | Dec. | Name | | Date | Mag. | Dec. |
|---|---|---|---|---|---|---|---|---|---|
| | | | | ° ' | | | | | ° ' |
| (423) | Diotima | 2016 Jan. 8 | 11·8 | +32 15 | (24) | Themis | 2016 Aug. 16 | 11·9 | −14 35 |
| (88) | Thisbe | 2016 Jan. 13 | 11·4 | +19 28 | **(2)** | **Pallas** | **2016 Aug. 20** | **9·2** | **+09 58** |
| (12) | Victoria | 2016 Jan. 13 | 11·2 | +10 48 | (433) | Eros | 2016 Aug. 22 | 12·0 | −01 24 |
| (30) | Urania | 2016 Jan. 14 | 10·0 | +22 17 | (532) | Herculina | 2016 Aug. 23 | 10·4 | −26 33 |
| (387) | Aquitania | 2016 Jan. 21 | 12·1 | +16 25 | (17) | Thetis | 2016 Aug. 24 | 10·4 | −15 00 |
| (115) | Thyra | 2016 Jan. 25 | 9·8 | +20 22 | (372) | Palma | 2016 Aug. 26 | 11·6 | −06 50 |
| (389) | Industria | 2016 Jan. 26 | 11·1 | +13 40 | (451) | Patientia | 2016 Sept. 5 | 11·1 | −26 27 |
| (702) | Alauda | 2016 Jan. 28 | 11·9 | +09 05 | (185) | Eunike | 2016 Sept. 8 | 10·7 | −13 30 |
| (654) | Zelinda | 2016 Feb. 2 | 10·1 | −05 25 | (31) | Euphrosyne | 2016 Sept. 11 | 11·6 | −28 06 |
| (40) | Harmonia | 2016 Feb. 5 | 9·7 | +20 42 | (67) | Asia | 2016 Sept. 13 | 10·3 | +02 07 |
| (80) | Sappho | 2016 Feb. 9 | 11·6 | +01 54 | (92) | Undina | 2016 Sept. 22 | 10·7 | −13 33 |
| (97) | Klotho | 2016 Feb. 10 | 10·4 | +08 07 | (11) | Parthenope | 2016 Sept. 29 | 9·2 | −03 57 |
| **(52)** | **Europa** | **2016 Feb. 13** | **10·0** | **+16 23** | (32) | Pomona | 2016 Oct. 5 | 11·3 | +08 40 |
| (5) | Astraea | 2016 Feb. 15 | 8·7 | +13 31 | (129) | Antigone | 2016 Oct. 11 | 11·7 | −07 22 |
| (270) | Anahita | 2016 Feb. 16 | 11·9 | +09 02 | (51) | Nemausa | 2016 Oct. 13 | 10·6 | +01 42 |
| (196) | Philomela | 2016 Feb. 23 | 11·0 | +19 33 | **(65)** | **Cybele** | **2016 Oct. 20** | **11·7** | **+06 54** |
| (25) | Phocaea | 2016 Feb. 24 | 12·2 | −16 33 | (18) | Melpomene | 2016 Oct. 23 | 8·0 | −06 24 |
| (28) | Bellona | 2016 Mar. 7 | 10·1 | +10 40 | (79) | Eurynome | 2016 Nov. 3 | 9·6 | +13 05 |
| (37) | Fides | 2016 Mar. 9 | 10·6 | +05 31 | (194) | Prokne | 2016 Nov. 19 | 11·4 | −08 45 |
| **(10)** | **Hygiea** | **2016 Mar. 16** | **9·4** | **−03 25** | (287) | Nephthys | 2016 Nov. 24 | 11·5 | +04 15 |
| **(6)** | **Hebe** | **2016 Mar. 17** | **9·8** | **+14 03** | (60) | Echo | 2016 Nov. 27 | 10·1 | +15 38 |
| (94) | Aurora | 2016 Mar. 23 | 12·0 | −01 18 | (45) | Eugenia | 2016 Dec. 11 | 11·6 | +13 54 |
| (346) | Hermentaria | 2016 Mar. 30 | 11·5 | +07 44 | (68) | Leto | 2016 Dec. 20 | 10·6 | +32 12 |
| (324) | Bamberga | 2016 Apr. 12 | 12·0 | −20 33 | (22) | Kalliope | 2016 Dec. 27 | 10·1 | +34 05 |
| (128) | Nemesis | 2016 Apr. 21 | 11·8 | −05 47 | (135) | Hertha | 2016 Dec. 31 | 11·8 | +26 17 |
| (89) | Julia | 2016 Apr. 24 | 10·9 | −35 29 | (13) | Egeria | 2017 Jan. 8 | 10·1 | +47 09 |
| (42) | Isis | 2016 Apr. 27 | 10·7 | −03 54 | (21) | Lutetia | 2017 Jan. 11 | 10·9 | +24 05 |
| **(3)** | **Juno** | **2016 Apr. 27** | **10·0** | **−00 52** | (121) | Hermione | 2017 Jan. 17 | 12·3 | +27 53 |
| (69) | Hesperia | 2016 May 5 | 11·4 | −08 33 | **(4)** | **Vesta** | **2017 Jan. 18** | **6·2** | **+23 21** |
| (216) | Kleopatra | 2016 May 9 | 12·1 | −13 16 | (54) | Alexandra | 2017 Jan. 30 | 12·0 | +18 13 |
| (23) | Thalia | 2016 May 22 | 10·4 | −19 14 | (103) | Hera | 2017 Feb. 10 | 11·5 | +14 58 |
| **(511)** | **Davida** | **2016 May 23** | **11·6** | **−05 27** | (39) | Laetitia | 2017 Feb. 14 | 10·1 | +09 58 |
| **(7)** | **Iris** | **2016 May 29** | **9·2** | **−23 23** | (14) | Irene | 2017 Feb. 18 | 9·0 | +25 05 |
| (87) | Sylvia | 2016 June 10 | 11·6 | −24 55 | (471) | Papagena | 2017 Feb. 19 | 11·1 | +29 58 |
| **(8)** | **Flora** | **2016 June 11** | **9·4** | **−18 02** | (15) | Eunomia | 2017 Feb. 20 | 9·2 | +00 11 |
| **(704)** | **Interamnia** | **2016 June 18** | **10·4** | **−29 28** | (9) | Metis | 2017 Feb. 22 | 9·0 | +19 12 |
| (354) | Eleonora | 2016 June 26 | 10·7 | −03 14 | (26) | Proserpina | 2017 Feb. 22 | 10·9 | +15 02 |
| (71) | Niobe | 2016 July 6 | 10·5 | −43 39 | (16) | Psyche | 2017 Mar. 3 | 10·3 | +07 37 |
| (44) | Nysa | 2016 July 15 | 10·6 | −19 37 | (29) | Amphitrite | 2017 Mar. 3 | 9·1 | +08 47 |
| (107) | Camilla | 2016 July 15 | 12·4 | −09 42 | (43) | Ariadne | 2017 Mar. 5 | 10·6 | +00 19 |
| (64) | Angelina | 2016 July 25 | 11·6 | −19 47 | (41) | Daphne | 2017 Mar. 8 | 9·6 | −00 06 |
| (20) | Massalia | 2016 Aug. 1 | 9·9 | −16 48 | (192) | Nausikaa | 2017 Mar. 18 | 11·1 | −01 31 |
| (19) | Fortuna | 2016 Aug. 10 | 9·6 | −12 49 | (409) | Aspasia | 2017 Mar. 29 | 10·8 | −17 26 |
| (349) | Dembowska | 2016 Aug. 11 | 9·7 | −26 43 | (63) | Ausonia | 2017 Apr. 11 | 10·1 | −15 03 |
| (85) | Io | 2016 Aug. 11 | 10·2 | +04 14 | (230) | Athamantis | 2017 Apr. 13 | 10·6 | −17 55 |
| (48) | Doris | 2016 Aug. 14 | 11·4 | −08 11 | (27) | Euterpe | 2017 May 25 | 10·4 | −19 48 |

Daily ephemerides of minor planets printed in **bold** are given in this section

# PALLAS, 2016

## GEOCENTRIC POSITIONS FOR 0$^h$ TERRESTRIAL TIME

| Date | Astrometric R.A. (h m s) | Dec. (° ′ ″) | Vis. Mag. | Ephemeris Transit (h m) | Date | Astrometric R.A. (h m s) | Dec. (° ′ ″) | Vis. Mag. | Ephemeris Transit (h m) |
|---|---|---|---|---|---|---|---|---|---|
| 2016 June 22 | 21 58 31.0 | +14 00 32 | 10.0 | 3 56.2 | 2016 Aug. 20 | 21 27 42.8 | + 9 58 49 | 9.2 | 23 28.9 |
| 23 | 21 58 26.8 | +14 02 17 | 10.0 | 3 52.2 | 21 | 21 26 57.3 | + 9 48 18 | 9.2 | 23 24.2 |
| 24 | 21 58 21.4 | +14 03 54 | 10.0 | 3 48.2 | 22 | 21 26 12.0 | + 9 37 36 | 9.2 | 23 19.5 |
| 25 | 21 58 14.9 | +14 05 21 | 10.0 | 3 44.2 | 23 | 21 25 26.9 | + 9 26 46 | 9.2 | 23 14.9 |
| 26 | 21 58 07.3 | +14 06 39 | 10.0 | 3 40.1 | 24 | 21 24 42.2 | + 9 15 45 | 9.2 | 23 10.2 |
| 27 | 21 57 58.5 | +14 07 47 | 9.9 | 3 36.0 | 25 | 21 23 57.9 | + 9 04 37 | 9.2 | 23 05.5 |
| 28 | 21 57 48.7 | +14 08 45 | 9.9 | 3 31.9 | 26 | 21 23 13.9 | + 8 53 19 | 9.2 | 23 00.9 |
| 29 | 21 57 37.7 | +14 09 33 | 9.9 | 3 27.8 | 27 | 21 22 30.4 | + 8 41 54 | 9.2 | 22 56.3 |
| 30 | 21 57 25.6 | +14 10 10 | 9.9 | 3 23.7 | 28 | 21 21 47.4 | + 8 30 21 | 9.2 | 22 51.6 |
| July 1 | 21 57 12.4 | +14 10 37 | 9.9 | 3 19.5 | 29 | 21 21 04.9 | + 8 18 41 | 9.2 | 22 47.0 |
| 2 | 21 56 58.1 | +14 10 53 | 9.9 | 3 15.4 | 30 | 21 20 23.0 | + 8 06 54 | 9.2 | 22 42.4 |
| 3 | 21 56 42.6 | +14 10 58 | 9.8 | 3 11.2 | 31 | 21 19 41.7 | + 7 55 00 | 9.2 | 22 37.8 |
| 4 | 21 56 26.0 | +14 10 52 | 9.8 | 3 07.0 | Sept. 1 | 21 19 01.0 | + 7 43 01 | 9.2 | 22 33.2 |
| 5 | 21 56 08.4 | +14 10 34 | 9.8 | 3 02.7 | 2 | 21 18 21.0 | + 7 30 56 | 9.2 | 22 28.6 |
| 6 | 21 55 49.6 | +14 10 05 | 9.8 | 2 58.5 | 3 | 21 17 41.7 | + 7 18 47 | 9.2 | 22 24.0 |
| 7 | 21 55 29.7 | +14 09 24 | 9.8 | 2 54.2 | 4 | 21 17 03.2 | + 7 06 32 | 9.3 | 22 19.5 |
| 8 | 21 55 08.8 | +14 08 30 | 9.8 | 2 49.9 | 5 | 21 16 25.4 | + 6 54 14 | 9.3 | 22 14.9 |
| 9 | 21 54 46.8 | +14 07 25 | 9.8 | 2 45.6 | 6 | 21 15 48.5 | + 6 41 52 | 9.3 | 22 10.4 |
| 10 | 21 54 23.7 | +14 06 07 | 9.7 | 2 41.3 | 7 | 21 15 12.4 | + 6 29 27 | 9.3 | 22 05.9 |
| 11 | 21 53 59.6 | +14 04 37 | 9.7 | 2 37.0 | 8 | 21 14 37.2 | + 6 16 59 | 9.3 | 22 01.4 |
| 12 | 21 53 34.4 | +14 02 54 | 9.7 | 2 32.6 | 9 | 21 14 02.9 | + 6 04 29 | 9.3 | 21 56.9 |
| 13 | 21 53 08.2 | +14 00 58 | 9.7 | 2 28.3 | 10 | 21 13 29.6 | + 5 51 57 | 9.3 | 21 52.4 |
| 14 | 21 52 41.1 | +13 58 49 | 9.7 | 2 23.9 | 11 | 21 12 57.2 | + 5 39 24 | 9.3 | 21 48.0 |
| 15 | 21 52 12.9 | +13 56 28 | 9.7 | 2 19.5 | 12 | 21 12 25.8 | + 5 26 49 | 9.4 | 21 43.5 |
| 16 | 21 51 43.7 | +13 53 53 | 9.6 | 2 15.1 | 13 | 21 11 55.4 | + 5 14 15 | 9.4 | 21 39.1 |
| 17 | 21 51 13.6 | +13 51 04 | 9.6 | 2 10.6 | 14 | 21 11 26.0 | + 5 01 40 | 9.4 | 21 34.7 |
| 18 | 21 50 42.6 | +13 48 02 | 9.6 | 2 06.2 | 15 | 21 10 57.7 | + 4 49 05 | 9.4 | 21 30.3 |
| 19 | 21 50 10.6 | +13 44 47 | 9.6 | 2 01.7 | 16 | 21 10 30.4 | + 4 36 31 | 9.4 | 21 26.0 |
| 20 | 21 49 37.7 | +13 41 17 | 9.6 | 1 57.3 | 17 | 21 10 04.3 | + 4 23 59 | 9.4 | 21 21.6 |
| 21 | 21 49 03.9 | +13 37 34 | 9.6 | 1 52.8 | 18 | 21 09 39.2 | + 4 11 27 | 9.4 | 21 17.3 |
| 22 | 21 48 29.3 | +13 33 37 | 9.6 | 1 48.3 | 19 | 21 09 15.3 | + 3 58 58 | 9.4 | 21 13.0 |
| 23 | 21 47 53.8 | +13 29 27 | 9.5 | 1 43.7 | 20 | 21 08 52.4 | + 3 46 31 | 9.5 | 21 08.7 |
| 24 | 21 47 17.5 | +13 25 02 | 9.5 | 1 39.2 | 21 | 21 08 30.8 | + 3 34 06 | 9.5 | 21 04.4 |
| 25 | 21 46 40.4 | +13 20 23 | 9.5 | 1 34.7 | 22 | 21 08 10.3 | + 3 21 44 | 9.5 | 21 00.1 |
| 26 | 21 46 02.5 | +13 15 29 | 9.5 | 1 30.1 | 23 | 21 07 50.9 | + 3 09 26 | 9.5 | 20 55.9 |
| 27 | 21 45 23.9 | +13 10 22 | 9.5 | 1 25.5 | 24 | 21 07 32.8 | + 2 57 11 | 9.5 | 20 51.7 |
| 28 | 21 44 44.6 | +13 05 00 | 9.5 | 1 20.9 | 25 | 21 07 15.8 | + 2 45 00 | 9.5 | 20 47.5 |
| 29 | 21 44 04.5 | +12 59 24 | 9.4 | 1 16.3 | 26 | 21 07 00.1 | + 2 32 54 | 9.5 | 20 43.3 |
| 30 | 21 43 23.9 | +12 53 34 | 9.4 | 1 11.7 | 27 | 21 06 45.5 | + 2 20 52 | 9.6 | 20 39.2 |
| 31 | 21 42 42.5 | +12 47 29 | 9.4 | 1 07.1 | 28 | 21 06 32.2 | + 2 08 55 | 9.6 | 20 35.0 |
| Aug. 1 | 21 42 00.6 | +12 41 11 | 9.4 | 1 02.5 | 29 | 21 06 20.2 | + 1 57 03 | 9.6 | 20 30.9 |
| 2 | 21 41 18.1 | +12 34 37 | 9.4 | 0 57.9 | 30 | 21 06 09.4 | + 1 45 16 | 9.6 | 20 26.8 |
| 3 | 21 40 35.1 | +12 27 50 | 9.4 | 0 53.2 | Oct. 1 | 21 05 59.8 | + 1 33 36 | 9.6 | 20 22.8 |
| 4 | 21 39 51.7 | +12 20 49 | 9.4 | 0 48.6 | 2 | 21 05 51.5 | + 1 22 01 | 9.6 | 20 18.7 |
| 5 | 21 39 07.7 | +12 13 34 | 9.3 | 0 43.9 | 3 | 21 05 44.5 | + 1 10 33 | 9.6 | 20 14.7 |
| 6 | 21 38 23.4 | +12 06 04 | 9.3 | 0 39.2 | 4 | 21 05 38.7 | + 0 59 11 | 9.7 | 20 10.7 |
| 7 | 21 37 38.7 | +11 58 22 | 9.3 | 0 34.6 | 5 | 21 05 34.1 | + 0 47 55 | 9.7 | 20 06.7 |
| 8 | 21 36 53.7 | +11 50 25 | 9.3 | 0 29.9 | 6 | 21 05 30.9 | + 0 36 47 | 9.7 | 20 02.7 |
| 9 | 21 36 08.4 | +11 42 15 | 9.3 | 0 25.2 | 7 | 21 05 28.9 | + 0 25 46 | 9.7 | 19 58.8 |
| 10 | 21 35 22.8 | +11 33 52 | 9.3 | 0 20.5 | Oct. 8 | 21 05 28.1 | + 0 14 52 | 9.7 | 19 54.8 |
| 11 | 21 34 37.1 | +11 25 17 | 9.3 | 0 15.8 | 9 | 21 05 28.6 | + 0 04 06 | 9.7 | 19 50.9 |
| 12 | 21 33 51.1 | +11 16 28 | 9.3 | 0 11.1 | 10 | 21 05 30.4 | - 0 06 33 | 9.7 | 19 47.0 |
| 13 | 21 33 05.1 | +11 07 27 | 9.2 | 0 06.4 | 11 | 21 05 33.4 | - 0 17 03 | 9.8 | 19 43.2 |
| 14 | 21 32 19.0 | +10 58 13 | 9.2 | 0 01.8 | 12 | 21 05 37.6 | - 0 27 26 | 9.8 | 19 39.3 |
| 15 | 21 31 32.8 | +10 48 47 | 9.2 | 23 52.4 | 13 | 21 05 43.1 | - 0 37 40 | 9.8 | 19 35.5 |
| 16 | 21 30 46.6 | +10 39 10 | 9.2 | 23 47.7 | 14 | 21 05 49.8 | - 0 47 47 | 9.8 | 19 31.7 |
| 17 | 21 30 00.5 | +10 29 21 | 9.2 | 23 43.0 | 15 | 21 05 57.7 | - 0 57 45 | 9.8 | 19 27.9 |
| 18 | 21 29 14.5 | +10 19 21 | 9.2 | 23 38.3 | 16 | 21 06 06.9 | - 1 07 34 | 9.8 | 19 24.2 |
| 19 | 21 28 28.6 | +10 09 11 | 9.2 | 23 33.6 | 17 | 21 06 17.2 | - 1 17 15 | 9.8 | 19 20.4 |
| Aug. 20 | 21 27 42.8 | + 9 58 49 | 9.2 | 23 28.9 | Oct. 18 | 21 06 28.7 | - 1 26 47 | 9.9 | 19 16.7 |

Second transit for Pallas 2016 August 14$^d$ 23$^h$ 57$^m$1

# JUNO, 2016
## GEOCENTRIC POSITIONS FOR 0ʰ TERRESTRIAL TIME

| Date | Astrometric R.A. | Dec. | Vis. Mag. | Ephemeris Transit | Date | Astrometric R.A. | Dec. | Vis. Mag. | Ephemeris Transit |
|---|---|---|---|---|---|---|---|---|---|
| | h m s | ° ′ ″ | | h m | | h m s | ° ′ ″ | | h m |
| 2016 Feb. 28 | 15 01 18·3 | − 6 57 02 | 10·7 | 4 32·4 | 2016 Apr. 27 | 14 36 47·3 | − 0 48 30 | 10·0 | 0 15·9 |
| 29 | 15 01 27·6 | − 6 52 41 | 10·7 | 4 28·6 | 28 | 14 35 59·1 | − 0 42 32 | 10·0 | 0 11·2 |
| Mar. 1 | 15 01 35·6 | − 6 48 13 | 10·7 | 4 24·8 | 29 | 14 35 10·8 | − 0 36 40 | 10·0 | 0 06·5 |
| 2 | 15 01 42·4 | − 6 43 39 | 10·7 | 4 21·0 | 30 | 14 34 22·5 | − 0 30 54 | 10·0 | 0 01·8 |
| 3 | 15 01 47·8 | − 6 38 58 | 10·7 | 4 17·2 | May 1 | 14 33 34·2 | − 0 25 15 | 10·0 | 23 52·3 |
| 4 | 15 01 52·0 | − 6 34 11 | 10·7 | 4 13·3 | 2 | 14 32 46·0 | − 0 19 43 | 10·0 | 23 47·6 |
| 5 | 15 01 54·9 | − 6 29 18 | 10·6 | 4 09·4 | 3 | 14 31 58·0 | − 0 14 18 | 10·1 | 23 42·8 |
| Mar. 6 | 15 01 56·4 | − 6 24 18 | 10·6 | 4 05·5 | 4 | 14 31 10·0 | − 0 09 01 | 10·1 | 23 38·1 |
| 7 | 15 01 56·6 | − 6 19 12 | 10·6 | 4 01·6 | 5 | 14 30 22·3 | − 0 03 51 | 10·1 | 23 33·4 |
| 8 | 15 01 55·5 | − 6 13 59 | 10·6 | 3 57·6 | 6 | 14 29 34·9 | + 0 01 11 | 10·1 | 23 28·7 |
| 9 | 15 01 53·1 | − 6 08 41 | 10·6 | 3 53·6 | 7 | 14 28 47·7 | + 0 06 05 | 10·1 | 23 24·0 |
| 10 | 15 01 49·3 | − 6 03 17 | 10·6 | 3 49·6 | 8 | 14 28 00·9 | + 0 10 51 | 10·1 | 23 19·3 |
| 11 | 15 01 44·3 | − 5 57 47 | 10·6 | 3 45·6 | 9 | 14 27 14·5 | + 0 15 28 | 10·1 | 23 14·6 |
| 12 | 15 01 37·9 | − 5 52 11 | 10·6 | 3 41·6 | 10 | 14 26 28·5 | + 0 19 57 | 10·1 | 23 09·9 |
| 13 | 15 01 30·1 | − 5 46 29 | 10·5 | 3 37·5 | 11 | 14 25 43·0 | + 0 24 17 | 10·2 | 23 05·2 |
| 14 | 15 01 21·1 | − 5 40 42 | 10·5 | 3 33·4 | 12 | 14 24 58·0 | + 0 28 28 | 10·2 | 23 00·5 |
| 15 | 15 01 10·7 | − 5 34 50 | 10·5 | 3 29·3 | 13 | 14 24 13·5 | + 0 32 30 | 10·2 | 22 55·9 |
| 16 | 15 00 59·1 | − 5 28 53 | 10·5 | 3 25·2 | 14 | 14 23 29·6 | + 0 36 23 | 10·2 | 22 51·2 |
| 17 | 15 00 46·1 | − 5 22 51 | 10·5 | 3 21·1 | 15 | 14 22 46·4 | + 0 40 06 | 10·2 | 22 46·6 |
| 18 | 15 00 31·9 | − 5 16 43 | 10·5 | 3 16·9 | 16 | 14 22 03·8 | + 0 43 41 | 10·2 | 22 42·0 |
| 19 | 15 00 16·4 | − 5 10 32 | 10·5 | 3 12·7 | 17 | 14 21 21·9 | + 0 47 05 | 10·2 | 22 37·4 |
| 20 | 14 59 59·6 | − 5 04 15 | 10·4 | 3 08·5 | 18 | 14 20 40·7 | + 0 50 21 | 10·3 | 22 32·8 |
| 21 | 14 59 41·5 | − 4 57 55 | 10·4 | 3 04·2 | 19 | 14 20 00·3 | + 0 53 27 | 10·3 | 22 28·2 |
| 22 | 14 59 22·2 | − 4 51 30 | 10·4 | 3 00·0 | 20 | 14 19 20·6 | + 0 56 23 | 10·3 | 22 23·6 |
| 23 | 14 59 01·6 | − 4 45 01 | 10·4 | 2 55·7 | 21 | 14 18 41·7 | + 0 59 09 | 10·3 | 22 19·0 |
| 24 | 14 58 39·8 | − 4 38 28 | 10·4 | 2 51·4 | 22 | 14 18 03·7 | + 1 01 46 | 10·3 | 22 14·5 |
| 25 | 14 58 16·7 | − 4 31 52 | 10·4 | 2 47·1 | 23 | 14 17 26·5 | + 1 04 13 | 10·3 | 22 09·9 |
| 26 | 14 57 52·5 | − 4 25 12 | 10·4 | 2 42·8 | 24 | 14 16 50·2 | + 1 06 31 | 10·4 | 22 05·4 |
| 27 | 14 57 27·0 | − 4 18 30 | 10·3 | 2 38·4 | 25 | 14 16 14·8 | + 1 08 39 | 10·4 | 22 00·9 |
| 28 | 14 57 00·4 | − 4 11 44 | 10·3 | 2 34·0 | 26 | 14 15 40·3 | + 1 10 37 | 10·4 | 21 56·4 |
| 29 | 14 56 32·6 | − 4 04 55 | 10·3 | 2 29·6 | 27 | 14 15 06·8 | + 1 12 25 | 10·4 | 21 52·0 |
| 30 | 14 56 03·6 | − 3 58 04 | 10·3 | 2 25·2 | 28 | 14 14 34·2 | + 1 14 04 | 10·4 | 21 47·5 |
| 31 | 14 55 33·6 | − 3 51 11 | 10·3 | 2 20·8 | 29 | 14 14 02·6 | + 1 15 33 | 10·4 | 21 43·1 |
| Apr. 1 | 14 55 02·4 | − 3 44 16 | 10·3 | 2 16·3 | 30 | 14 13 32·1 | + 1 16 52 | 10·5 | 21 38·6 |
| 2 | 14 54 30·2 | − 3 37 19 | 10·3 | 2 11·9 | 31 | 14 13 02·5 | + 1 18 02 | 10·5 | 21 34·2 |
| 3 | 14 53 56·8 | − 3 30 21 | 10·2 | 2 07·4 | June 1 | 14 12 34·0 | + 1 19 02 | 10·5 | 21 29·8 |
| 4 | 14 53 22·5 | − 3 23 21 | 10·2 | 2 02·9 | 2 | 14 12 06·5 | + 1 19 52 | 10·5 | 21 25·5 |
| 5 | 14 52 47·1 | − 3 16 20 | 10·2 | 1 58·4 | 3 | 14 11 40·1 | + 1 20 33 | 10·5 | 21 21·1 |
| 6 | 14 52 10·8 | − 3 09 19 | 10·2 | 1 53·8 | 4 | 14 11 14·8 | + 1 21 05 | 10·5 | 21 16·8 |
| 7 | 14 51 33·5 | − 3 02 18 | 10·2 | 1 49·3 | 5 | 14 10 50·6 | + 1 21 27 | 10·5 | 21 12·5 |
| 8 | 14 50 55·3 | − 2 55 16 | 10·2 | 1 44·7 | 6 | 14 10 27·5 | + 1 21 40 | 10·6 | 21 08·2 |
| 9 | 14 50 16·3 | − 2 48 15 | 10·2 | 1 40·1 | 7 | 14 10 05·5 | + 1 21 44 | 10·6 | 21 03·9 |
| 10 | 14 49 36·4 | − 2 41 14 | 10·2 | 1 35·5 | 8 | 14 09 44·7 | + 1 21 38 | 10·6 | 20 59·6 |
| 11 | 14 48 55·6 | − 2 34 15 | 10·1 | 1 30·9 | 9 | 14 09 25·0 | + 1 21 24 | 10·6 | 20 55·4 |
| 12 | 14 48 14·2 | − 2 27 16 | 10·1 | 1 26·3 | 10 | 14 09 06·4 | + 1 21 00 | 10·6 | 20 51·2 |
| 13 | 14 47 32·0 | − 2 20 19 | 10·1 | 1 21·7 | 11 | 14 08 49·0 | + 1 20 28 | 10·6 | 20 47·0 |
| 14 | 14 46 49·1 | − 2 13 24 | 10·1 | 1 17·0 | 12 | 14 08 32·8 | + 1 19 47 | 10·7 | 20 42·8 |
| 15 | 14 46 05·5 | − 2 06 31 | 10·1 | 1 12·4 | 13 | 14 08 17·7 | + 1 18 58 | 10·7 | 20 38·6 |
| 16 | 14 45 21·4 | − 1 59 40 | 10·1 | 1 07·7 | 14 | 14 08 03·7 | + 1 18 00 | 10·7 | 20 34·5 |
| 17 | 14 44 36·7 | − 1 52 52 | 10·1 | 1 03·0 | 15 | 14 07 51·0 | + 1 16 53 | 10·7 | 20 30·3 |
| 18 | 14 43 51·4 | − 1 46 08 | 10·1 | 0 58·4 | 16 | 14 07 39·3 | + 1 15 39 | 10·7 | 20 26·2 |
| 19 | 14 43 05·7 | − 1 39 26 | 10·0 | 0 53·7 | 17 | 14 07 28·9 | + 1 14 16 | 10·7 | 20 22·1 |
| 20 | 14 42 19·5 | − 1 32 48 | 10·0 | 0 49·0 | 18 | 14 07 19·5 | + 1 12 46 | 10·7 | 20 18·1 |
| 21 | 14 41 32·9 | − 1 26 15 | 10·0 | 0 44·3 | 19 | 14 07 11·4 | + 1 11 07 | 10·8 | 20 14·0 |
| 22 | 14 40 46·0 | − 1 19 45 | 10·0 | 0 39·6 | 20 | 14 07 04·3 | + 1 09 21 | 10·8 | 20 10·0 |
| 23 | 14 39 58·7 | − 1 13 20 | 10·0 | 0 34·8 | 21 | 14 06 58·5 | + 1 07 27 | 10·8 | 20 06·0 |
| 24 | 14 39 11·2 | − 1 07 00 | 10·0 | 0 30·1 | 22 | 14 06 53·7 | + 1 05 26 | 10·8 | 20 02·0 |
| 25 | 14 38 23·4 | − 1 00 44 | 10·0 | 0 25·4 | 23 | 14 06 50·1 | + 1 03 18 | 10·8 | 19 58·0 |
| 26 | 14 37 35·4 | − 0 54 35 | 10·0 | 0 20·7 | 24 | 14 06 47·6 | + 1 01 02 | 10·8 | 19 54·0 |
| Apr. 27 | 14 36 47·3 | − 0 48 30 | 10·0 | 0 15·9 | June 25 | 14 06 46·3 | + 0 58 39 | 10·9 | 19 50·1 |

Second transit for Juno 2016 April 30ᵈ 23ʰ 57ᵐ0

### GEOCENTRIC POSITIONS FOR 0ʰ TERRESTRIAL TIME

| Date | Astrometric R.A. (h m s) | Dec. (° ′ ″) | Vis. Mag. | Ephemeris Transit (h m) | Date | Astrometric R.A. (h m s) | Dec. (° ′ ″) | Vis. Mag. | Ephemeris Transit (h m) |
|---|---|---|---|---|---|---|---|---|---|
| 2016 Nov. 20 | 8 29 22.8 | +19 02 35 | 7.5 | 4 31.9 | 2017 Jan. 18 | 8 02 17.5 | +23 23 31 | 6.2 | 0 12.9 |
| 21 | 8 29 44.4 | +19 03 38 | 7.5 | 4 28.3 | 19 | 8 01 12.1 | +23 29 33 | 6.2 | 0 07.9 |
| 22 | 8 30 04.4 | +19 04 49 | 7.5 | 4 24.7 | 20 | 8 00 06.5 | +23 35 31 | 6.3 | 0 02.9 |
| 23 | 8 30 22.8 | +19 06 07 | 7.5 | 4 21.1 | 21 | 7 59 00.9 | +23 41 26 | 6.3 | 23 52.8 |
| 24 | 8 30 39.5 | +19 07 32 | 7.5 | 4 17.4 | 22 | 7 57 55.3 | +23 47 17 | 6.3 | 23 47.8 |
| 25 | 8 30 54.6 | +19 09 05 | 7.4 | 4 13.8 | 23 | 7 56 49.9 | +23 53 02 | 6.3 | 23 42.8 |
| 26 | 8 31 07.9 | +19 10 46 | 7.4 | 4 10.0 | 24 | 7 55 44.8 | +23 58 43 | 6.4 | 23 37.8 |
| 27 | 8 31 19.6 | +19 12 35 | 7.4 | 4 06.3 | 25 | 7 54 39.9 | +24 04 19 | 6.4 | 23 32.8 |
| 28 | 8 31 29.6 | +19 14 31 | 7.4 | 4 02.5 | 26 | 7 53 35.5 | +24 09 49 | 6.4 | 23 27.8 |
| 29 | 8 31 37.8 | +19 16 36 | 7.4 | 3 58.7 | 27 | 7 52 31.6 | +24 15 13 | 6.4 | 23 22.8 |
| 30 | 8 31 44.2 | +19 18 48 | 7.4 | 3 54.9 | 28 | 7 51 28.2 | +24 20 32 | 6.5 | 23 17.9 |
| Dec. 1 | 8 31 48.9 | +19 21 09 | 7.3 | 3 51.0 | 29 | 7 50 25.5 | +24 25 44 | 6.5 | 23 12.9 |
| 2 | 8 31 51.8 | +19 23 38 | 7.3 | 3 47.2 | 30 | 7 49 23.6 | +24 30 49 | 6.5 | 23 08.0 |
| Dec. 3 | 8 31 53.0 | +19 26 15 | 7.3 | 3 43.2 | 31 | 7 48 22.6 | +24 35 48 | 6.5 | 23 03.0 |
| 4 | 8 31 52.3 | +19 29 01 | 7.3 | 3 39.3 | Feb. 1 | 7 47 22.4 | +24 40 40 | 6.5 | 22 58.1 |
| 5 | 8 31 49.8 | +19 31 55 | 7.3 | 3 35.3 | 2 | 7 46 23.3 | +24 45 25 | 6.6 | 22 53.2 |
| 6 | 8 31 45.5 | +19 34 57 | 7.2 | 3 31.3 | 3 | 7 45 25.3 | +24 50 03 | 6.6 | 22 48.4 |
| 7 | 8 31 39.3 | +19 38 07 | 7.2 | 3 27.3 | 4 | 7 44 28.4 | +24 54 34 | 6.6 | 22 43.5 |
| 8 | 8 31 31.3 | +19 41 25 | 7.2 | 3 23.2 | 5 | 7 43 32.7 | +24 58 57 | 6.6 | 22 38.7 |
| 9 | 8 31 21.5 | +19 44 52 | 7.2 | 3 19.1 | 6 | 7 42 38.3 | +25 03 13 | 6.6 | 22 33.9 |
| 10 | 8 31 09.8 | +19 48 27 | 7.1 | 3 15.0 | 7 | 7 41 45.3 | +25 07 22 | 6.7 | 22 29.1 |
| 11 | 8 30 56.3 | +19 52 10 | 7.1 | 3 10.8 | 8 | 7 40 53.6 | +25 11 22 | 6.7 | 22 24.3 |
| 12 | 8 30 40.9 | +19 56 02 | 7.1 | 3 06.6 | 9 | 7 40 03.5 | +25 15 16 | 6.7 | 22 19.6 |
| 13 | 8 30 23.7 | +20 00 01 | 7.1 | 3 02.4 | 10 | 7 39 14.8 | +25 19 01 | 6.7 | 22 14.9 |
| 14 | 8 30 04.6 | +20 04 08 | 7.1 | 2 58.2 | 11 | 7 38 27.7 | +25 22 40 | 6.7 | 22 10.2 |
| 15 | 8 29 43.7 | +20 08 23 | 7.0 | 2 53.9 | 12 | 7 37 42.2 | +25 26 10 | 6.8 | 22 05.5 |
| 16 | 8 29 20.9 | +20 12 46 | 7.0 | 2 49.6 | 13 | 7 36 58.4 | +25 29 33 | 6.8 | 22 00.9 |
| 17 | 8 28 56.3 | +20 17 17 | 7.0 | 2 45.2 | 14 | 7 36 16.2 | +25 32 48 | 6.8 | 21 56.3 |
| 18 | 8 28 29.8 | +20 21 55 | 7.0 | 2 40.8 | 15 | 7 35 35.8 | +25 35 56 | 6.8 | 21 51.7 |
| 19 | 8 28 01.5 | +20 26 40 | 6.9 | 2 36.4 | 16 | 7 34 57.1 | +25 38 56 | 6.8 | 21 47.2 |
| 20 | 8 27 31.4 | +20 31 33 | 6.9 | 2 32.0 | 17 | 7 34 20.3 | +25 41 49 | 6.9 | 21 42.7 |
| 21 | 8 26 59.4 | +20 36 33 | 6.9 | 2 27.5 | 18 | 7 33 45.3 | +25 44 34 | 6.9 | 21 38.2 |
| 22 | 8 26 25.6 | +20 41 39 | 6.9 | 2 23.1 | 19 | 7 33 12.1 | +25 47 12 | 6.9 | 21 33.7 |
| 23 | 8 25 50.1 | +20 46 52 | 6.9 | 2 18.5 | 20 | 7 32 40.9 | +25 49 43 | 6.9 | 21 29.3 |
| 24 | 8 25 12.8 | +20 52 12 | 6.8 | 2 14.0 | 21 | 7 32 11.5 | +25 52 06 | 6.9 | 21 24.9 |
| 25 | 8 24 33.8 | +20 57 37 | 6.8 | 2 09.4 | 22 | 7 31 44.1 | +25 54 22 | 7.0 | 21 20.5 |
| 26 | 8 23 53.0 | +21 03 09 | 6.8 | 2 04.8 | 23 | 7 31 18.7 | +25 56 31 | 7.0 | 21 16.2 |
| 27 | 8 23 10.6 | +21 08 46 | 6.8 | 2 00.2 | 24 | 7 30 55.2 | +25 58 33 | 7.0 | 21 11.9 |
| 28 | 8 22 26.5 | +21 14 28 | 6.7 | 1 55.5 | 25 | 7 30 33.8 | +26 00 28 | 7.0 | 21 07.7 |
| 29 | 8 21 40.9 | +21 20 15 | 6.7 | 1 50.8 | 26 | 7 30 14.3 | +26 02 16 | 7.0 | 21 03.5 |
| 30 | 8 20 53.7 | +21 26 06 | 6.7 | 1 46.1 | 27 | 7 29 56.9 | +26 03 57 | 7.1 | 20 59.3 |
| 31 | 8 20 04.9 | +21 32 02 | 6.7 | 1 41.3 | 28 | 7 29 41.5 | +26 05 31 | 7.1 | 20 55.1 |
| 2017 Jan. 1 | 8 19 14.8 | +21 38 02 | 6.7 | 1 36.6 | Mar. 1 | 7 29 28.1 | +26 06 59 | 7.1 | 20 51.0 |
| 2 | 8 18 23.1 | +21 44 05 | 6.6 | 1 31.8 | 2 | 7 29 16.7 | +26 08 21 | 7.1 | 20 46.9 |
| 3 | 8 17 30.2 | +21 50 11 | 6.6 | 1 27.0 | 3 | 7 29 07.4 | +26 09 36 | 7.1 | 20 42.8 |
| 4 | 8 16 35.9 | +21 56 20 | 6.6 | 1 22.2 | 4 | 7 29 00.1 | +26 10 45 | 7.2 | 20 38.8 |
| 5 | 8 15 40.4 | +22 02 32 | 6.6 | 1 17.3 | 5 | 7 28 54.8 | +26 11 47 | 7.2 | 20 34.8 |
| 6 | 8 14 43.8 | +22 08 45 | 6.5 | 1 12.4 | 6 | 7 28 51.5 | +26 12 44 | 7.2 | 20 30.9 |
| 7 | 8 13 46.0 | +22 15 00 | 6.5 | 1 07.6 | Mar. 7 | 7 28 50.3 | +26 13 34 | 7.2 | 20 26.9 |
| 8 | 8 12 47.2 | +22 21 16 | 6.5 | 1 02.6 | 8 | 7 28 51.0 | +26 14 18 | 7.2 | 20 23.0 |
| 9 | 8 11 47.4 | +22 27 33 | 6.5 | 0 57.7 | 9 | 7 28 53.7 | +26 14 57 | 7.2 | 20 19.2 |
| 10 | 8 10 46.7 | +22 33 50 | 6.4 | 0 52.8 | 10 | 7 28 58.3 | +26 15 30 | 7.3 | 20 15.4 |
| 11 | 8 09 45.2 | +22 40 07 | 6.4 | 0 47.8 | 11 | 7 29 04.9 | +26 15 57 | 7.3 | 20 11.6 |
| 12 | 8 08 42.9 | +22 46 24 | 6.4 | 0 42.9 | 12 | 7 29 13.4 | +26 16 18 | 7.3 | 20 07.8 |
| 13 | 8 07 40.0 | +22 52 39 | 6.4 | 0 37.9 | 13 | 7 29 23.8 | +26 16 34 | 7.3 | 20 04.1 |
| 14 | 8 06 36.4 | +22 58 54 | 6.3 | 0 32.9 | 14 | 7 29 36.1 | +26 16 45 | 7.3 | 20 00.4 |
| 15 | 8 05 32.3 | +23 05 06 | 6.3 | 0 27.9 | 15 | 7 29 50.3 | +26 16 50 | 7.3 | 19 56.7 |
| 16 | 8 04 27.7 | +23 11 17 | 6.3 | 0 22.9 | 16 | 7 30 06.3 | +26 16 49 | 7.4 | 19 53.0 |
| 17 | 8 03 22.7 | +23 17 25 | 6.2 | 0 17.9 | 17 | 7 30 24.1 | +26 16 44 | 7.4 | 19 49.4 |
| Jan. 18 | 8 02 17.5 | +23 23 31 | 6.2 | 0 12.9 | Mar. 18 | 7 30 43.8 | +26 16 33 | 7.4 | 19 45.8 |

Second transit for Vesta 2017 January 20ᵈ 23ʰ 57ᵐ9

# HEBE, 2016
## GEOCENTRIC POSITIONS FOR 0ʰ TERRESTRIAL TIME

| Date | R.A. (h m s) | Dec. (° ′ ″) | Vis. Mag. | Ephemeris Transit (h m) |
|---|---|---|---|---|
| 2016 Jan. 18 | 12 31 52.5 | + 5 44 47 | 10.6 | 4 44.6 |
| 19 | 12 32 11.4 | + 5 49 21 | 10.6 | 4 41.0 |
| 20 | 12 32 29.0 | + 5 54 07 | 10.6 | 4 37.3 |
| 21 | 12 32 45.2 | + 5 59 03 | 10.6 | 4 33.7 |
| 22 | 12 33 00.0 | + 6 04 10 | 10.6 | 4 30.0 |
| 23 | 12 33 13.5 | + 6 09 29 | 10.5 | 4 26.3 |
| 24 | 12 33 25.5 | + 6 14 58 | 10.5 | 4 22.5 |
| 25 | 12 33 36.2 | + 6 20 39 | 10.5 | 4 18.8 |
| 26 | 12 33 45.5 | + 6 26 31 | 10.5 | 4 15.0 |
| 27 | 12 33 53.3 | + 6 32 34 | 10.5 | 4 11.2 |
| 28 | 12 33 59.7 | + 6 38 47 | 10.5 | 4 07.3 |
| 29 | 12 34 04.7 | + 6 45 12 | 10.4 | 4 03.5 |
| 30 | 12 34 08.2 | + 6 51 47 | 10.4 | 3 59.6 |
| Jan. 31 | 12 34 10.3 | + 6 58 33 | 10.4 | 3 55.7 |
| Feb. 1 | 12 34 10.8 | + 7 05 30 | 10.4 | 3 51.8 |
| 2 | 12 34 09.9 | + 7 12 37 | 10.4 | 3 47.8 |
| 3 | 12 34 07.5 | + 7 19 55 | 10.4 | 3 43.9 |
| 4 | 12 34 03.6 | + 7 27 23 | 10.4 | 3 39.9 |
| 5 | 12 33 58.2 | + 7 35 01 | 10.3 | 3 35.8 |
| 6 | 12 33 51.3 | + 7 42 49 | 10.3 | 3 31.8 |
| 7 | 12 33 42.9 | + 7 50 47 | 10.3 | 3 27.7 |
| 8 | 12 33 33.0 | + 7 58 54 | 10.3 | 3 23.6 |
| 9 | 12 33 21.6 | + 8 07 11 | 10.3 | 3 19.5 |
| 10 | 12 33 08.7 | + 8 15 36 | 10.3 | 3 15.3 |
| 11 | 12 32 54.3 | + 8 24 11 | 10.2 | 3 11.2 |
| 12 | 12 32 38.4 | + 8 32 53 | 10.2 | 3 07.0 |
| 13 | 12 32 21.1 | + 8 41 45 | 10.2 | 3 02.7 |
| 14 | 12 32 02.3 | + 8 50 44 | 10.2 | 2 58.5 |
| 15 | 12 31 42.0 | + 8 59 50 | 10.2 | 2 54.2 |
| 16 | 12 31 20.3 | + 9 09 04 | 10.1 | 2 49.9 |
| 17 | 12 30 57.2 | + 9 18 24 | 10.1 | 2 45.6 |
| 18 | 12 30 32.7 | + 9 27 52 | 10.1 | 2 41.3 |
| 19 | 12 30 06.8 | + 9 37 25 | 10.1 | 2 36.9 |
| 20 | 12 29 39.5 | + 9 47 04 | 10.1 | 2 32.5 |
| 21 | 12 29 10.9 | + 9 56 48 | 10.1 | 2 28.1 |
| 22 | 12 28 40.9 | +10 06 38 | 10.0 | 2 23.7 |
| 23 | 12 28 09.6 | +10 16 32 | 10.0 | 2 19.2 |
| 24 | 12 27 37.1 | +10 26 30 | 10.0 | 2 14.8 |
| 25 | 12 27 03.3 | +10 36 31 | 10.0 | 2 10.3 |
| 26 | 12 26 28.3 | +10 46 36 | 10.0 | 2 05.8 |
| 27 | 12 25 52.0 | +10 56 43 | 10.0 | 2 01.2 |
| 28 | 12 25 14.6 | +11 06 53 | 9.9 | 1 56.7 |
| 29 | 12 24 36.1 | +11 17 05 | 9.9 | 1 52.1 |
| Mar. 1 | 12 23 56.4 | +11 27 17 | 9.9 | 1 47.5 |
| 2 | 12 23 15.7 | +11 37 30 | 9.9 | 1 42.9 |
| 3 | 12 22 34.0 | +11 47 44 | 9.9 | 1 38.3 |
| 4 | 12 21 51.2 | +11 57 57 | 9.9 | 1 33.6 |
| 5 | 12 21 07.5 | +12 08 09 | 9.8 | 1 29.0 |
| 6 | 12 20 22.9 | +12 18 20 | 9.8 | 1 24.3 |
| 7 | 12 19 37.5 | +12 28 29 | 9.8 | 1 19.6 |
| 8 | 12 18 51.2 | +12 38 35 | 9.8 | 1 14.9 |
| 9 | 12 18 04.2 | +12 48 37 | 9.8 | 1 10.2 |
| 10 | 12 17 16.5 | +12 58 36 | 9.8 | 1 05.5 |
| 11 | 12 16 28.1 | +13 08 31 | 9.8 | 1 00.8 |
| 12 | 12 15 39.2 | +13 18 21 | 9.8 | 0 56.0 |
| 13 | 12 14 49.7 | +13 28 06 | 9.8 | 0 51.3 |
| 14 | 12 13 59.7 | +13 37 44 | 9.8 | 0 46.5 |
| 15 | 12 13 09.3 | +13 47 16 | 9.8 | 0 41.7 |
| 16 | 12 12 18.6 | +13 56 41 | 9.8 | 0 37.0 |
| Mar. 17 | 12 11 27.5 | +14 05 59 | 9.8 | 0 32.2 |
| 2016 Mar. 17 | 12 11 27.5 | +14 05 59 | 9.8 | 0 32.2 |
| 18 | 12 10 36.2 | +14 15 09 | 9.8 | 0 27.4 |
| 19 | 12 09 44.7 | +14 24 10 | 9.8 | 0 22.6 |
| 20 | 12 08 53.1 | +14 33 03 | 9.8 | 0 17.8 |
| 21 | 12 08 01.4 | +14 41 46 | 9.8 | 0 13.1 |
| 22 | 12 07 09.7 | +14 50 20 | 9.8 | 0 08.3 |
| 23 | 12 06 18.0 | +14 58 43 | 9.8 | 0 03.5 |
| 24 | 12 05 26.4 | +15 06 56 | 9.8 | 23 53.9 |
| 25 | 12 04 35.0 | +15 14 59 | 9.8 | 23 49.1 |
| 26 | 12 03 43.7 | +15 22 50 | 9.8 | 23 44.4 |
| 27 | 12 02 52.7 | +15 30 29 | 9.9 | 23 39.6 |
| 28 | 12 02 02.0 | +15 37 57 | 9.9 | 23 34.8 |
| 29 | 12 01 11.7 | +15 45 13 | 9.9 | 23 30.1 |
| 30 | 12 00 21.8 | +15 52 16 | 9.9 | 23 25.3 |
| 31 | 11 59 32.4 | +15 59 07 | 9.9 | 23 20.6 |
| Apr. 1 | 11 58 43.5 | +16 05 45 | 9.9 | 23 15.8 |
| 2 | 11 57 55.2 | +16 12 09 | 10.0 | 23 11.1 |
| 3 | 11 57 07.5 | +16 18 21 | 10.0 | 23 06.4 |
| 4 | 11 56 20.4 | +16 24 19 | 10.0 | 23 01.7 |
| 5 | 11 55 34.1 | +16 30 03 | 10.0 | 22 57.0 |
| 6 | 11 54 48.6 | +16 35 33 | 10.0 | 22 52.3 |
| 7 | 11 54 03.9 | +16 40 49 | 10.0 | 22 47.7 |
| 8 | 11 53 20.0 | +16 45 52 | 10.1 | 22 43.0 |
| 9 | 11 52 37.1 | +16 50 40 | 10.1 | 22 38.4 |
| 10 | 11 51 55.1 | +16 55 13 | 10.1 | 22 33.8 |
| 11 | 11 51 14.1 | +16 59 33 | 10.1 | 22 29.2 |
| 12 | 11 50 34.1 | +17 03 38 | 10.1 | 22 24.6 |
| 13 | 11 49 55.2 | +17 07 29 | 10.2 | 22 20.1 |
| 14 | 11 49 17.4 | +17 11 06 | 10.2 | 22 15.5 |
| 15 | 11 48 40.7 | +17 14 29 | 10.2 | 22 11.0 |
| 16 | 11 48 05.2 | +17 17 37 | 10.2 | 22 06.5 |
| 17 | 11 47 30.8 | +17 20 31 | 10.2 | 22 02.0 |
| 18 | 11 46 57.7 | +17 23 12 | 10.3 | 21 57.6 |
| 19 | 11 46 25.7 | +17 25 38 | 10.3 | 21 53.1 |
| 20 | 11 45 55.0 | +17 27 51 | 10.3 | 21 48.7 |
| 21 | 11 45 25.6 | +17 29 50 | 10.3 | 21 44.3 |
| 22 | 11 44 57.4 | +17 31 35 | 10.3 | 21 39.9 |
| 23 | 11 44 30.5 | +17 33 07 | 10.4 | 21 35.6 |
| 24 | 11 44 04.9 | +17 34 26 | 10.4 | 21 31.2 |
| 25 | 11 43 40.7 | +17 35 31 | 10.4 | 21 26.9 |
| 26 | 11 43 17.7 | +17 36 24 | 10.4 | 21 22.6 |
| 27 | 11 42 56.1 | +17 37 03 | 10.4 | 21 18.3 |
| 28 | 11 42 35.8 | +17 37 30 | 10.4 | 21 14.1 |
| 29 | 11 42 16.9 | +17 37 45 | 10.5 | 21 09.9 |
| 30 | 11 41 59.3 | +17 37 46 | 10.5 | 21 05.7 |
| May 1 | 11 41 43.1 | +17 37 36 | 10.5 | 21 01.5 |
| 2 | 11 41 28.3 | +17 37 14 | 10.5 | 20 57.3 |
| 3 | 11 41 14.8 | +17 36 39 | 10.5 | 20 53.2 |
| 4 | 11 41 02.7 | +17 35 53 | 10.6 | 20 49.1 |
| 5 | 11 40 52.0 | +17 34 55 | 10.6 | 20 45.0 |
| 6 | 11 40 42.6 | +17 33 46 | 10.6 | 20 40.9 |
| 7 | 11 40 34.7 | +17 32 26 | 10.6 | 20 36.9 |
| 8 | 11 40 28.1 | +17 30 54 | 10.6 | 20 32.9 |
| 9 | 11 40 22.9 | +17 29 12 | 10.6 | 20 28.9 |
| 10 | 11 40 19.0 | +17 27 19 | 10.7 | 20 24.9 |
| 11 | 11 40 16.5 | +17 25 16 | 10.7 | 20 20.9 |
| May 12 | 11 40 15.4 | +17 23 03 | 10.7 | 20 17.0 |
| 13 | 11 40 15.6 | +17 20 39 | 10.7 | 20 13.1 |
| 14 | 11 40 17.1 | +17 18 06 | 10.7 | 20 09.2 |
| May 15 | 11 40 19.9 | +17 15 23 | 10.7 | 20 05.3 |

Second transit for Hebe 2016 March 23ᵈ 23ʰ 58ᵐ7

### GEOCENTRIC POSITIONS FOR 0ʰ TERRESTRIAL TIME

| Date | Astrometric R.A. | Astrometric Dec. | Vis. Mag. | Ephemeris Transit | Date | Astrometric R.A. | Astrometric Dec. | Vis. Mag. | Ephemeris Transit |
|---|---|---|---|---|---|---|---|---|---|
| | h m s | ° ′ ″ | | h m | | h m s | ° ′ ″ | | h m |
| 2016 Mar. 31 | 16 59 04·0 | −25 13 46 | 10·6 | 4 24·2 | 2016 May 29 | 16 26 56·0 | −23 23 49 | 9·3 | 0 00·1 |
| Apr. 1 | 16 59 14·7 | −25 13 42 | 10·6 | 4 20·4 | 30 | 16 25 53·3 | −23 19 57 | 9·2 | 23 50·2 |
| 2 | 16 59 23·8 | −25 13 35 | 10·6 | 4 16·6 | 31 | 16 24 50·6 | −23 16 02 | 9·3 | 23 45·2 |
| 3 | 16 59 31·4 | −25 13 25 | 10·6 | 4 12·8 | June 1 | 16 23 48·0 | −23 12 05 | 9·3 | 23 40·3 |
| 4 | 16 59 37·4 | −25 13 12 | 10·6 | 4 09·0 | 2 | 16 22 45·4 | −23 08 05 | 9·3 | 23 35·3 |
| 5 | 16 59 41·8 | −25 12 56 | 10·5 | 4 05·1 | 3 | 16 21 43·1 | −23 04 03 | 9·4 | 23 30·3 |
| 6 | 16 59 44·6 | −25 12 36 | 10·5 | 4 01·2 | 4 | 16 20 41·0 | −22 59 59 | 9·4 | 23 25·4 |
| Apr. 7 | 16 59 45·8 | −25 12 14 | 10·5 | 3 57·3 | 5 | 16 19 39·3 | −22 55 54 | 9·4 | 23 20·4 |
| 8 | 16 59 45·3 | −25 11 49 | 10·5 | 3 53·4 | 6 | 16 18 37·9 | −22 51 47 | 9·4 | 23 15·5 |
| 9 | 16 59 43·3 | −25 11 20 | 10·5 | 3 49·4 | 7 | 16 17 37·0 | −22 47 39 | 9·5 | 23 10·6 |
| 10 | 16 59 39·6 | −25 10 49 | 10·5 | 3 45·4 | 8 | 16 16 36·6 | −22 43 29 | 9·5 | 23 05·6 |
| 11 | 16 59 34·3 | −25 10 13 | 10·4 | 3 41·4 | 9 | 16 15 36·9 | −22 39 20 | 9·5 | 23 00·7 |
| 12 | 16 59 27·3 | −25 09 35 | 10·4 | 3 37·3 | 10 | 16 14 37·8 | −22 35 09 | 9·5 | 22 55·8 |
| 13 | 16 59 18·6 | −25 08 53 | 10·4 | 3 33·3 | 11 | 16 13 39·3 | −22 30 59 | 9·6 | 22 50·9 |
| 14 | 16 59 08·4 | −25 08 08 | 10·4 | 3 29·2 | 12 | 16 12 41·7 | −22 26 48 | 9·6 | 22 46·1 |
| 15 | 16 58 56·5 | −25 07 19 | 10·4 | 3 25·0 | 13 | 16 11 44·9 | −22 22 38 | 9·6 | 22 41·2 |
| 16 | 16 58 42·9 | −25 06 27 | 10·3 | 3 20·9 | 14 | 16 10 48·9 | −22 18 29 | 9·6 | 22 36·3 |
| 17 | 16 58 27·7 | −25 05 32 | 10·3 | 3 16·7 | 15 | 16 09 53·9 | −22 14 20 | 9·7 | 22 31·5 |
| 18 | 16 58 10·8 | −25 04 32 | 10·3 | 3 12·5 | 16 | 16 08 59·9 | −22 10 12 | 9·7 | 22 26·7 |
| 19 | 16 57 52·3 | −25 03 29 | 10·3 | 3 08·2 | 17 | 16 08 06·8 | −22 06 06 | 9·7 | 22 21·9 |
| 20 | 16 57 32·2 | −25 02 23 | 10·3 | 3 04·0 | 18 | 16 07 14·9 | −22 02 01 | 9·7 | 22 17·1 |
| 21 | 16 57 10·4 | −25 01 12 | 10·2 | 2 59·7 | 19 | 16 06 24·0 | −21 57 57 | 9·7 | 22 12·4 |
| 22 | 16 56 47·0 | −24 59 58 | 10·2 | 2 55·3 | 20 | 16 05 34·3 | −21 53 56 | 9·8 | 22 07·6 |
| 23 | 16 56 22·0 | −24 58 40 | 10·2 | 2 51·0 | 21 | 16 04 45·8 | −21 49 57 | 9·8 | 22 02·9 |
| 24 | 16 55 55·3 | −24 57 17 | 10·2 | 2 46·6 | 22 | 16 03 58·5 | −21 46 00 | 9·8 | 21 58·2 |
| 25 | 16 55 27·1 | −24 55 51 | 10·1 | 2 42·2 | 23 | 16 03 12·4 | −21 42 06 | 9·8 | 21 53·5 |
| 26 | 16 54 57·2 | −24 54 21 | 10·1 | 2 37·8 | 24 | 16 02 27·7 | −21 38 15 | 9·8 | 21 48·9 |
| 27 | 16 54 25·8 | −24 52 47 | 10·1 | 2 33·3 | 25 | 16 01 44·2 | −21 34 27 | 9·9 | 21 44·3 |
| 28 | 16 53 52·8 | −24 51 08 | 10·1 | 2 28·8 | 26 | 16 01 02·1 | −21 30 42 | 9·9 | 21 39·7 |
| 29 | 16 53 18·3 | −24 49 25 | 10·1 | 2 24·3 | 27 | 16 00 21·4 | −21 27 01 | 9·9 | 21 35·1 |
| 30 | 16 52 42·2 | −24 47 38 | 10·0 | 2 19·8 | 28 | 15 59 42·1 | −21 23 23 | 9·9 | 21 30·5 |
| May 1 | 16 52 04·6 | −24 45 47 | 10·0 | 2 15·2 | 29 | 15 59 04·2 | −21 19 49 | 9·9 | 21 26·0 |
| 2 | 16 51 25·6 | −24 43 51 | 10·0 | 2 10·7 | 30 | 15 58 27·8 | −21 16 19 | 10·0 | 21 21·5 |
| 3 | 16 50 45·0 | −24 41 51 | 10·0 | 2 06·1 | July 1 | 15 57 52·9 | −21 12 53 | 10·0 | 21 17·0 |
| 4 | 16 50 03·1 | −24 39 46 | 9·9 | 2 01·4 | 2 | 15 57 19·5 | −21 09 31 | 10·0 | 21 12·5 |
| 5 | 16 49 19·7 | −24 37 37 | 9·9 | 1 56·8 | 3 | 15 56 47·6 | −21 06 14 | 10·0 | 21 08·1 |
| 6 | 16 48 35·0 | −24 35 23 | 9·9 | 1 52·1 | 4 | 15 56 17·3 | −21 03 01 | 10·0 | 21 03·6 |
| 7 | 16 47 48·9 | −24 33 05 | 9·9 | 1 47·4 | 5 | 15 55 48·5 | −20 59 53 | 10·0 | 20 59·3 |
| 8 | 16 47 01·5 | −24 30 42 | 9·9 | 1 42·7 | 6 | 15 55 21·3 | −20 56 50 | 10·1 | 20 54·9 |
| 9 | 16 46 12·9 | −24 28 14 | 9·8 | 1 38·0 | 7 | 15 54 55·7 | −20 53 52 | 10·1 | 20 50·6 |
| 10 | 16 45 23·1 | −24 25 42 | 9·8 | 1 33·2 | 8 | 15 54 31·7 | −20 50 59 | 10·1 | 20 46·3 |
| 11 | 16 44 32·1 | −24 23 05 | 9·8 | 1 28·4 | 9 | 15 54 09·3 | −20 48 11 | 10·1 | 20 42·0 |
| 12 | 16 43 40·0 | −24 20 23 | 9·8 | 1 23·6 | 10 | 15 53 48·5 | −20 45 28 | 10·1 | 20 37·7 |
| 13 | 16 42 46·8 | −24 17 37 | 9·7 | 1 18·8 | 11 | 15 53 29·3 | −20 42 51 | 10·2 | 20 33·5 |
| 14 | 16 41 52·7 | −24 14 46 | 9·7 | 1 14·0 | 12 | 15 53 11·8 | −20 40 20 | 10·2 | 20 29·3 |
| 15 | 16 40 57·5 | −24 11 51 | 9·7 | 1 09·1 | 13 | 15 52 55·9 | −20 37 53 | 10·2 | 20 25·1 |
| 16 | 16 40 01·5 | −24 08 52 | 9·7 | 1 04·3 | 14 | 15 52 41·6 | −20 35 33 | 10·2 | 20 21·0 |
| 17 | 16 39 04·6 | −24 05 48 | 9·6 | 0 59·4 | 15 | 15 52 28·9 | −20 33 17 | 10·2 | 20 16·9 |
| 18 | 16 38 06·9 | −24 02 39 | 9·6 | 0 54·5 | 16 | 15 52 17·9 | −20 31 08 | 10·2 | 20 12·8 |
| 19 | 16 37 08·5 | −23 59 27 | 9·6 | 0 49·6 | 17 | 15 52 08·4 | −20 29 04 | 10·3 | 20 08·7 |
| 20 | 16 36 09·4 | −23 56 10 | 9·5 | 0 44·7 | 18 | 15 52 00·6 | −20 27 06 | 10·3 | 20 04·7 |
| 21 | 16 35 09·6 | −23 52 49 | 9·5 | 0 39·8 | 19 | 15 51 54·3 | −20 25 13 | 10·3 | 20 00·6 |
| 22 | 16 34 09·3 | −23 49 25 | 9·5 | 0 34·8 | 20 | 15 51 49·6 | −20 23 26 | 10·3 | 19 56·7 |
| 23 | 16 33 08·4 | −23 45 56 | 9·5 | 0 29·9 | 21 | 15 51 46·6 | −20 21 45 | 10·3 | 19 52·7 |
| 24 | 16 32 07·1 | −23 42 23 | 9·4 | 0 25·0 | July 22 | 15 51 45·1 | −20 20 09 | 10·3 | 19 48·8 |
| 25 | 16 31 05·5 | −23 38 47 | 9·4 | 0 20·0 | 23 | 15 51 45·2 | −20 18 39 | 10·4 | 19 44·9 |
| 26 | 16 30 03·4 | −23 35 08 | 9·4 | 0 15·0 | 24 | 15 51 46·8 | −20 17 14 | 10·4 | 19 41·0 |
| 27 | 16 29 01·2 | −23 31 25 | 9·3 | 0 10·1 | 25 | 15 51 50·0 | −20 15 55 | 10·4 | 19 37·1 |
| 28 | 16 27 58·7 | −23 27 39 | 9·3 | 0 05·1 | 26 | 15 51 54·7 | −20 14 42 | 10·4 | 19 33·3 |
| May 29 | 16 26 56·0 | −23 23 49 | 9·3 | 0 00·1 | July 27 | 15 52 01·0 | −20 13 34 | 10·4 | 19 29·5 |

Second transit for Iris 2016 May 29ᵈ 23ʰ 55ᵐ2

# FLORA, 2016
## GEOCENTRIC POSITIONS FOR 0ʰ TERRESTRIAL TIME

| Date | Astrometric R.A. | Dec. | Vis. Mag. | Ephemeris Transit | Date | Astrometric R.A. | Dec. | Vis. Mag. | Ephemeris Transit |
|---|---|---|---|---|---|---|---|---|---|
| | h m s | ° ′ ″ | | h m | | h m s | ° ′ ″ | | h m |
| 2016 Apr. 13 | 17 51 26·2 | −17 59 05 | 10·7 | 4 25·3 | 2016 June 11 | 17 21 49·5 | −18 00 59 | 9·4 | 0 03·7 |
| 14 | 17 51 45·7 | −17 58 25 | 10·7 | 4 21·7 | 12 | 17 20 41·6 | −18 02 01 | 9·4 | 23 53·6 |
| 15 | 17 52 03·6 | −17 57 46 | 10·7 | 4 18·0 | 13 | 17 19 33·6 | −18 03 06 | 9·4 | 23 48·6 |
| 16 | 17 52 19·8 | −17 57 07 | 10·7 | 4 14·4 | 14 | 17 18 25·5 | −18 04 12 | 9·4 | 23 43·5 |
| 17 | 17 52 34·3 | −17 56 28 | 10·6 | 4 10·7 | 15 | 17 17 17·5 | −18 05 21 | 9·4 | 23 38·4 |
| 18 | 17 52 47·1 | −17 55 50 | 10·6 | 4 06·9 | 16 | 17 16 09·6 | −18 06 31 | 9·4 | 23 33·4 |
| 19 | 17 52 58·2 | −17 55 13 | 10·6 | 4 03·2 | 17 | 17 15 01·9 | −18 07 44 | 9·4 | 23 28·3 |
| 20 | 17 53 07·6 | −17 54 36 | 10·6 | 3 59·4 | 18 | 17 13 54·6 | −18 08 59 | 9·4 | 23 23·3 |
| 21 | 17 53 15·3 | −17 54 00 | 10·6 | 3 55·6 | 19 | 17 12 47·6 | −18 10 17 | 9·5 | 23 18·3 |
| 22 | 17 53 21·2 | −17 53 25 | 10·5 | 3 51·8 | 20 | 17 11 41·1 | −18 11 36 | 9·5 | 23 13·2 |
| 23 | 17 53 25·3 | −17 52 50 | 10·5 | 3 47·9 | 21 | 17 10 35·1 | −18 12 58 | 9·5 | 23 08·2 |
| Apr. 24 | 17 53 27·6 | −17 52 17 | 10·5 | 3 44·0 | 22 | 17 09 29·7 | −18 14 22 | 9·5 | 23 03·2 |
| 25 | 17 53 28·1 | −17 51 45 | 10·5 | 3 40·1 | 23 | 17 08 25·0 | −18 15 48 | 9·5 | 22 58·2 |
| 26 | 17 53 26·8 | −17 51 14 | 10·5 | 3 36·1 | 24 | 17 07 21·0 | −18 17 17 | 9·6 | 22 53·3 |
| 27 | 17 53 23·6 | −17 50 44 | 10·4 | 3 32·1 | 25 | 17 06 17·9 | −18 18 48 | 9·6 | 22 48·3 |
| 28 | 17 53 18·6 | −17 50 15 | 10·4 | 3 28·1 | 26 | 17 05 15·6 | −18 20 21 | 9·6 | 22 43·3 |
| 29 | 17 53 11·8 | −17 49 48 | 10·4 | 3 24·1 | 27 | 17 04 14·3 | −18 21 57 | 9·6 | 22 38·4 |
| 30 | 17 53 03·1 | −17 49 23 | 10·4 | 3 20·0 | 28 | 17 03 14·1 | −18 23 35 | 9·6 | 22 33·5 |
| May 1 | 17 52 52·5 | −17 48 58 | 10·3 | 3 15·9 | 29 | 17 02 15·0 | −18 25 15 | 9·7 | 22 28·6 |
| 2 | 17 52 40·0 | −17 48 36 | 10·3 | 3 11·7 | 30 | 17 01 17·0 | −18 26 59 | 9·7 | 22 23·7 |
| 3 | 17 52 25·6 | −17 48 15 | 10·3 | 3 07·5 | July 1 | 17 00 20·3 | −18 28 44 | 9·7 | 22 18·9 |
| 4 | 17 52 09·3 | −17 47 55 | 10·3 | 3 03·3 | 2 | 16 59 24·9 | −18 30 32 | 9·7 | 22 14·1 |
| 5 | 17 51 51·2 | −17 47 38 | 10·3 | 2 59·1 | 3 | 16 58 30·8 | −18 32 23 | 9·7 | 22 09·2 |
| 6 | 17 51 31·1 | −17 47 22 | 10·2 | 2 54·8 | 4 | 16 57 38·1 | −18 34 16 | 9·8 | 22 04·5 |
| 7 | 17 51 09·1 | −17 47 08 | 10·2 | 2 50·5 | 5 | 16 56 47·0 | −18 36 12 | 9·8 | 21 59·7 |
| 8 | 17 50 45·3 | −17 46 55 | 10·2 | 2 46·2 | 6 | 16 55 57·3 | −18 38 11 | 9·8 | 21 55·0 |
| 9 | 17 50 19·6 | −17 46 45 | 10·2 | 2 41·8 | 7 | 16 55 09·3 | −18 40 13 | 9·8 | 21 50·3 |
| 10 | 17 49 52·0 | −17 46 37 | 10·1 | 2 37·5 | 8 | 16 54 22·8 | −18 42 17 | 9·8 | 21 45·6 |
| 11 | 17 49 22·5 | −17 46 31 | 10·1 | 2 33·0 | 9 | 16 53 38·1 | −18 44 24 | 9·9 | 21 41·0 |
| 12 | 17 48 51·3 | −17 46 26 | 10·1 | 2 28·6 | 10 | 16 52 55·0 | −18 46 34 | 9·9 | 21 36·3 |
| 13 | 17 48 18·2 | −17 46 24 | 10·1 | 2 24·1 | 11 | 16 52 13·7 | −18 48 46 | 9·9 | 21 31·7 |
| 14 | 17 47 43·4 | −17 46 24 | 10·0 | 2 19·6 | 12 | 16 51 34·1 | −18 51 02 | 9·9 | 21 27·2 |
| 15 | 17 47 06·7 | −17 46 26 | 10·0 | 2 15·0 | 13 | 16 50 56·4 | −18 53 20 | 9·9 | 21 22·7 |
| 16 | 17 46 28·4 | −17 46 30 | 10·0 | 2 10·5 | 14 | 16 50 20·5 | −18 55 41 | 9·9 | 21 18·2 |
| 17 | 17 45 48·3 | −17 46 37 | 10·0 | 2 05·9 | 15 | 16 49 46·4 | −18 58 05 | 10·0 | 21 13·7 |
| 18 | 17 45 06·5 | −17 46 45 | 9·9 | 2 01·3 | 16 | 16 49 14·2 | −19 00 32 | 10·0 | 21 09·2 |
| 19 | 17 44 23·0 | −17 46 56 | 9·9 | 1 56·6 | 17 | 16 48 43·9 | −19 03 02 | 10·0 | 21 04·8 |
| 20 | 17 43 38·0 | −17 47 09 | 9·9 | 1 51·9 | 18 | 16 48 15·5 | −19 05 35 | 10·0 | 21 00·5 |
| 21 | 17 42 51·3 | −17 47 24 | 9·9 | 1 47·2 | 19 | 16 47 49·0 | −19 08 10 | 10·0 | 20 56·1 |
| 22 | 17 42 03·1 | −17 47 41 | 9·8 | 1 42·5 | 20 | 16 47 24·4 | −19 10 48 | 10·1 | 20 51·8 |
| 23 | 17 41 13·3 | −17 48 00 | 9·8 | 1 37·7 | 21 | 16 47 01·8 | −19 13 29 | 10·1 | 20 47·5 |
| 24 | 17 40 22·1 | −17 48 22 | 9·8 | 1 32·9 | 22 | 16 46 41·1 | −19 16 13 | 10·1 | 20 43·3 |
| 25 | 17 39 29·4 | −17 48 46 | 9·8 | 1 28·1 | 23 | 16 46 22·4 | −19 18 59 | 10·1 | 20 39·1 |
| 26 | 17 38 35·3 | −17 49 12 | 9·7 | 1 23·3 | 24 | 16 46 05·6 | −19 21 48 | 10·1 | 20 34·9 |
| 27 | 17 37 39·9 | −17 49 40 | 9·7 | 1 18·5 | 25 | 16 45 50·8 | −19 24 40 | 10·2 | 20 30·7 |
| 28 | 17 36 43·2 | −17 50 10 | 9·7 | 1 13·6 | 26 | 16 45 37·9 | −19 27 34 | 10·2 | 20 26·6 |
| 29 | 17 35 45·3 | −17 50 43 | 9·7 | 1 08·7 | 27 | 16 45 27·0 | −19 30 31 | 10·2 | 20 22·5 |
| 30 | 17 34 46·2 | −17 51 18 | 9·6 | 1 03·8 | 28 | 16 45 18·1 | −19 33 31 | 10·2 | 20 18·5 |
| 31 | 17 33 45·9 | −17 51 54 | 9·6 | 0 58·8 | 29 | 16 45 11·1 | −19 36 33 | 10·2 | 20 14·5 |
| June 1 | 17 32 44·6 | −17 52 33 | 9·6 | 0 53·9 | 30 | 16 45 06·1 | −19 39 37 | 10·2 | 20 10·5 |
| 2 | 17 31 42·3 | −17 53 14 | 9·6 | 0 48·9 | 31 | 16 45 03·1 | −19 42 44 | 10·3 | 20 06·5 |
| 3 | 17 30 39·1 | −17 53 58 | 9·5 | 0 44·0 | Aug. 1 | 16 45 02·0 | −19 45 53 | 10·3 | 20 02·6 |
| 4 | 17 29 35·0 | −17 54 43 | 9·5 | 0 39·0 | 2 | 16 45 02·9 | −19 49 05 | 10·3 | 19 58·7 |
| 5 | 17 28 30·2 | −17 55 30 | 9·5 | 0 34·0 | 3 | 16 45 05·8 | −19 52 18 | 10·3 | 19 54·9 |
| 6 | 17 27 24·6 | −17 56 20 | 9·5 | 0 28·9 | 4 | 16 45 10·6 | −19 55 34 | 10·3 | 19 51·0 |
| 7 | 17 26 18·5 | −17 57 12 | 9·4 | 0 23·9 | 5 | 16 45 17·4 | −19 58 52 | 10·3 | 19 47·2 |
| 8 | 17 25 11·9 | −17 58 05 | 9·4 | 0 18·9 | 6 | 16 45 26·0 | −20 02 12 | 10·4 | 19 43·5 |
| 9 | 17 24 04·7 | −17 59 01 | 9·4 | 0 13·8 | 7 | 16 45 36·6 | −20 05 34 | 10·4 | 19 39·7 |
| 10 | 17 22 57·3 | −17 59 59 | 9·4 | 0 08·8 | 8 | 16 45 49·1 | −20 08 58 | 10·4 | 19 36·0 |
| June 11 | 17 21 49·5 | −18 00 59 | 9·4 | 0 03·7 | Aug. 9 | 16 46 03·5 | −20 12 24 | 10·4 | 19 32·4 |

Second transit for Flora 2016 June 11ᵈ 23ʰ 58ᵐ7

## GEOCENTRIC POSITIONS FOR 0ʰ TERRESTRIAL TIME

| Date | Astrometric R.A. (h m s) | Dec. (° ′ ″) | Vis. Mag. | Ephemeris Transit (h m) | Date | Astrometric R.A. (h m s) | Dec. (° ′ ″) | Vis. Mag. | Ephemeris Transit (h m) |
|---|---|---|---|---|---|---|---|---|---|
| 2016 Jan. 17 | 11 58 17·2 | − 4 16 11 | 10·7 | 4 15·0 | 2016 Mar. 16 | 11 35 04·2 | − 3 18 59 | 9·4 | 23 55·2 |
| 18 | 11 58 27·7 | − 4 19 16 | 10·6 | 4 11·2 | 17 | 11 34 18·2 | − 3 14 30 | 9·4 | 23 50·5 |
| 19 | 11 58 37·0 | − 4 22 13 | 10·6 | 4 07·5 | 18 | 11 33 32·2 | − 3 09 58 | 9·4 | 23 45·8 |
| 20 | 11 58 45·1 | − 4 25 03 | 10·6 | 4 03·7 | 19 | 11 32 46·4 | − 3 05 23 | 9·5 | 23 41·1 |
| 21 | 11 58 51·9 | − 4 27 44 | 10·6 | 3 59·8 | 20 | 11 32 00·8 | − 3 00 47 | 9·5 | 23 36·4 |
| 22 | 11 58 57·4 | − 4 30 18 | 10·6 | 3 56·0 | 21 | 11 31 15·4 | − 2 56 08 | 9·5 | 23 31·7 |
| 23 | 11 59 01·6 | − 4 32 44 | 10·6 | 3 52·1 | 22 | 11 30 30·3 | − 2 51 28 | 9·5 | 23 27·1 |
| 24 | 11 59 04·6 | − 4 35 01 | 10·5 | 3 48·2 | 23 | 11 29 45·5 | − 2 46 47 | 9·5 | 23 22·4 |
| Jan. 25 | 11 59 06·3 | − 4 37 11 | 10·5 | 3 44·3 | 24 | 11 29 01·2 | − 2 42 06 | 9·6 | 23 17·7 |
| 26 | 11 59 06·7 | − 4 39 12 | 10·5 | 3 40·4 | 25 | 11 28 17·3 | − 2 37 23 | 9·6 | 23 13·1 |
| 27 | 11 59 05·8 | − 4 41 05 | 10·5 | 3 36·5 | 26 | 11 27 33·8 | − 2 32 41 | 9·6 | 23 08·4 |
| 28 | 11 59 03·5 | − 4 42 49 | 10·5 | 3 32·5 | 27 | 11 26 50·9 | − 2 27 59 | 9·6 | 23 03·8 |
| 29 | 11 59 00·0 | − 4 44 25 | 10·4 | 3 28·5 | 28 | 11 26 08·6 | − 2 23 17 | 9·6 | 22 59·2 |
| 30 | 11 58 55·1 | − 4 45 52 | 10·4 | 3 24·5 | 29 | 11 25 26·9 | − 2 18 37 | 9·7 | 22 54·6 |
| 31 | 11 58 49·0 | − 4 47 10 | 10·4 | 3 20·4 | 30 | 11 24 45·9 | − 2 13 57 | 9·7 | 22 50·0 |
| Feb. 1 | 11 58 41·5 | − 4 48 20 | 10·4 | 3 16·4 | 31 | 11 24 05·6 | − 2 09 19 | 9·7 | 22 45·4 |
| 2 | 11 58 32·6 | − 4 49 21 | 10·4 | 3 12·3 | Apr. 1 | 11 23 26·0 | − 2 04 43 | 9·7 | 22 40·8 |
| 3 | 11 58 22·5 | − 4 50 13 | 10·3 | 3 08·2 | 2 | 11 22 47·2 | − 2 00 09 | 9·7 | 22 36·2 |
| 4 | 11 58 11·0 | − 4 50 56 | 10·3 | 3 04·1 | 3 | 11 22 09·3 | − 1 55 38 | 9·8 | 22 31·7 |
| 5 | 11 57 58·2 | − 4 51 30 | 10·3 | 2 59·9 | 4 | 11 21 32·2 | − 1 51 09 | 9·8 | 22 27·2 |
| 6 | 11 57 44·0 | − 4 51 55 | 10·3 | 2 55·8 | 5 | 11 20 56·1 | − 1 46 43 | 9·8 | 22 22·7 |
| 7 | 11 57 28·6 | − 4 52 10 | 10·3 | 2 51·6 | 6 | 11 20 20·9 | − 1 42 21 | 9·8 | 22 18·2 |
| 8 | 11 57 11·9 | − 4 52 17 | 10·2 | 2 47·4 | 7 | 11 19 46·7 | − 1 38 02 | 9·8 | 22 13·7 |
| 9 | 11 56 53·8 | − 4 52 15 | 10·2 | 2 43·1 | 8 | 11 19 13·5 | − 1 33 47 | 9·9 | 22 09·2 |
| 10 | 11 56 34·5 | − 4 52 03 | 10·2 | 2 38·9 | 9 | 11 18 41·4 | − 1 29 37 | 9·9 | 22 04·8 |
| 11 | 11 56 13·9 | − 4 51 42 | 10·2 | 2 34·6 | 10 | 11 18 10·4 | − 1 25 31 | 9·9 | 22 00·3 |
| 12 | 11 55 52·1 | − 4 51 12 | 10·2 | 2 30·3 | 11 | 11 17 40·5 | − 1 21 30 | 9·9 | 21 55·9 |
| 13 | 11 55 29·0 | − 4 50 33 | 10·1 | 2 26·0 | 12 | 11 17 11·7 | − 1 17 33 | 9·9 | 21 51·5 |
| 14 | 11 55 04·7 | − 4 49 44 | 10·1 | 2 21·7 | 13 | 11 16 44·1 | − 1 13 42 | 10·0 | 21 47·2 |
| 15 | 11 54 39·2 | − 4 48 47 | 10·1 | 2 17·3 | 14 | 11 16 17·8 | − 1 09 57 | 10·0 | 21 42·8 |
| 16 | 11 54 12·5 | − 4 47 41 | 10·1 | 2 12·9 | 15 | 11 15 52·6 | − 1 06 17 | 10·0 | 21 38·5 |
| 17 | 11 53 44·7 | − 4 46 25 | 10·1 | 2 08·5 | 16 | 11 15 28·7 | − 1 02 43 | 10·0 | 21 34·2 |
| 18 | 11 53 15·7 | − 4 45 01 | 10·0 | 2 04·1 | 17 | 11 15 06·0 | − 0 59 15 | 10·0 | 21 29·9 |
| 19 | 11 52 45·7 | − 4 43 28 | 10·0 | 1 59·7 | 18 | 11 14 44·6 | − 0 55 53 | 10·0 | 21 25·6 |
| 20 | 11 52 14·5 | − 4 41 46 | 10·0 | 1 55·2 | 19 | 11 14 24·4 | − 0 52 38 | 10·1 | 21 21·4 |
| 21 | 11 51 42·3 | − 4 39 56 | 10·0 | 1 50·8 | 20 | 11 14 05·6 | − 0 49 29 | 10·1 | 21 17·1 |
| 22 | 11 51 09·1 | − 4 37 57 | 9·9 | 1 46·3 | 21 | 11 13 48·0 | − 0 46 27 | 10·1 | 21 12·9 |
| 23 | 11 50 34·8 | − 4 35 49 | 9·9 | 1 41·8 | 22 | 11 13 31·8 | − 0 43 32 | 10·1 | 21 08·8 |
| 24 | 11 49 59·6 | − 4 33 33 | 9·9 | 1 37·3 | 23 | 11 13 16·8 | − 0 40 43 | 10·1 | 21 04·6 |
| 25 | 11 49 23·5 | − 4 31 09 | 9·9 | 1 32·7 | 24 | 11 13 03·2 | − 0 38 02 | 10·2 | 21 00·5 |
| 26 | 11 48 46·4 | − 4 28 37 | 9·8 | 1 28·2 | 25 | 11 12 50·9 | − 0 35 27 | 10·2 | 20 56·3 |
| 27 | 11 48 08·4 | − 4 25 57 | 9·8 | 1 23·6 | 26 | 11 12 40·0 | − 0 33 00 | 10·2 | 20 52·2 |
| 28 | 11 47 29·7 | − 4 23 09 | 9·8 | 1 19·1 | 27 | 11 12 30·4 | − 0 30 41 | 10·2 | 20 48·2 |
| 29 | 11 46 50·1 | − 4 20 13 | 9·8 | 1 14·5 | 28 | 11 12 22·1 | − 0 28 28 | 10·2 | 20 44·1 |
| Mar. 1 | 11 46 09·7 | − 4 17 10 | 9·8 | 1 09·9 | 29 | 11 12 15·2 | − 0 26 24 | 10·2 | 20 40·1 |
| 2 | 11 45 28·7 | − 4 13 59 | 9·7 | 1 05·3 | 30 | 11 12 09·6 | − 0 24 26 | 10·3 | 20 36·1 |
| 3 | 11 44 46·9 | − 4 10 41 | 9·7 | 1 00·6 | May 1 | 11 12 05·4 | − 0 22 37 | 10·3 | 20 32·1 |
| 4 | 11 44 04·5 | − 4 07 17 | 9·7 | 0 56·0 | 2 | 11 12 02·5 | − 0 20 55 | 10·3 | 20 28·1 |
| 5 | 11 43 21·5 | − 4 03 46 | 9·7 | 0 51·4 | May 3 | 11 12 01·0 | − 0 19 21 | 10·3 | 20 24·2 |
| 6 | 11 42 38·0 | − 4 00 08 | 9·6 | 0 46·7 | 4 | 11 12 00·8 | − 0 17 55 | 10·3 | 20 20·3 |
| 7 | 11 41 54·0 | − 3 56 24 | 9·6 | 0 42·0 | 5 | 11 12 02·0 | − 0 16 37 | 10·3 | 20 16·4 |
| 8 | 11 41 09·5 | − 3 52 35 | 9·6 | 0 37·4 | 6 | 11 12 04·5 | − 0 15 26 | 10·4 | 20 12·5 |
| 9 | 11 40 24·7 | − 3 48 39 | 9·6 | 0 32·7 | 7 | 11 12 08·4 | − 0 14 24 | 10·4 | 20 08·7 |
| 10 | 11 39 39·5 | − 3 44 38 | 9·5 | 0 28·0 | 8 | 11 12 13·6 | − 0 13 30 | 10·4 | 20 04·8 |
| 11 | 11 38 54·0 | − 3 40 33 | 9·5 | 0 23·3 | 9 | 11 12 20·1 | − 0 12 43 | 10·4 | 20 01·0 |
| 12 | 11 38 08·3 | − 3 36 22 | 9·5 | 0 18·6 | 10 | 11 12 28·0 | − 0 12 05 | 10·4 | 19 57·3 |
| 13 | 11 37 22·4 | − 3 32 07 | 9·5 | 0 13·9 | 11 | 11 12 37·2 | − 0 11 35 | 10·4 | 19 53·5 |
| 14 | 11 36 36·4 | − 3 27 48 | 9·5 | 0 09·3 | 12 | 11 12 47·6 | − 0 11 12 | 10·4 | 19 49·8 |
| 15 | 11 35 50·3 | − 3 23 25 | 9·4 | 0 04·6 | 13 | 11 12 59·4 | − 0 10 58 | 10·5 | 19 46·0 |
| Mar. 16 | 11 35 04·2 | − 3 18 59 | 9·4 | 23 55·2 | May 14 | 11 13 12·5 | − 0 10 52 | 10·5 | 19 42·3 |

Second transit for Hygiea 2016 March 15ᵈ 23ʰ 59ᵐ9

# EUROPA, 2016
## GEOCENTRIC POSITIONS FOR 0ʰ TERRESTRIAL TIME

| Date | Astrometric R.A. | Astrometric Dec. | Vis. Mag. | Ephemeris Transit | Date | Astrometric R.A. | Astrometric Dec. | Vis. Mag. | Ephemeris Transit |
|---|---|---|---|---|---|---|---|---|---|
| | h m s | ° ′ ″ | | h m | | h m s | ° ′ ″ | | h m |
| 2015 Dec. 16 | 10 07 07·2 | +11 55 08 | 11·2 | 4 30·0 | 2016 Feb. 13 | 9 48 16·3 | +16 26 02 | 10·0 | 0 19·2 |
| 17 | 10 07 27·0 | +11 55 47 | 11·2 | 4 26·4 | 14 | 9 47 29·4 | +16 32 43 | 10·0 | 0 14·5 |
| 18 | 10 07 45·3 | +11 56 35 | 11·2 | 4 22·8 | 15 | 9 46 42·6 | +16 39 21 | 10·0 | 0 09·8 |
| 19 | 10 08 02·3 | +11 57 32 | 11·1 | 4 19·1 | 16 | 9 45 55·8 | +16 45 56 | 10·0 | 0 05·1 |
| 20 | 10 08 17·9 | +11 58 38 | 11·1 | 4 15·5 | 17 | 9 45 09·1 | +16 52 28 | 10·1 | 0 00·4 |
| 21 | 10 08 32·1 | +11 59 53 | 11·1 | 4 11·8 | 18 | 9 44 22·5 | +16 58 56 | 10·1 | 23 51·0 |
| 22 | 10 08 44·9 | +12 01 17 | 11·1 | 4 08·0 | 19 | 9 43 36·2 | +17 05 19 | 10·1 | 23 46·3 |
| 23 | 10 08 56·3 | +12 02 51 | 11·1 | 4 04·3 | 20 | 9 42 50·2 | +17 11 37 | 10·2 | 23 41·6 |
| 24 | 10 09 06·2 | +12 04 34 | 11·1 | 4 00·5 | 21 | 9 42 04·6 | +17 17 51 | 10·2 | 23 36·9 |
| 25 | 10 09 14·8 | +12 06 26 | 11·0 | 3 56·7 | 22 | 9 41 19·3 | +17 24 00 | 10·2 | 23 32·3 |
| 26 | 10 09 21·9 | +12 08 28 | 11·0 | 3 52·9 | 23 | 9 40 34·5 | +17 30 03 | 10·2 | 23 27·6 |
| 27 | 10 09 27·5 | +12 10 40 | 11·0 | 3 49·1 | 24 | 9 39 50·1 | +17 36 00 | 10·3 | 23 22·9 |
| 28 | 10 09 31·7 | +12 13 01 | 11·0 | 3 45·2 | 25 | 9 39 06·4 | +17 41 51 | 10·3 | 23 18·3 |
| 29 | 10 09 34·4 | +12 15 31 | 11·0 | 3 41·3 | 26 | 9 38 23·2 | +17 47 35 | 10·3 | 23 13·7 |
| Dec. 30 | 10 09 35·7 | +12 18 11 | 10·9 | 3 37·4 | 27 | 9 37 40·8 | +17 53 13 | 10·3 | 23 09·0 |
| 31 | 10 09 35·5 | +12 21 00 | 10·9 | 3 33·4 | 28 | 9 36 59·0 | +17 58 44 | 10·4 | 23 04·4 |
| 2016 Jan. 1 | 10 09 33·8 | +12 24 00 | 10·9 | 3 29·5 | 29 | 9 36 18·0 | +18 04 08 | 10·4 | 22 59·8 |
| 2 | 10 09 30·6 | +12 27 08 | 10·9 | 3 25·5 | Mar. 1 | 9 35 37·8 | +18 09 25 | 10·4 | 22 55·2 |
| 3 | 10 09 25·9 | +12 30 26 | 10·9 | 3 21·5 | 2 | 9 34 58·5 | +18 14 34 | 10·4 | 22 50·7 |
| 4 | 10 09 19·8 | +12 33 54 | 10·9 | 3 17·5 | 3 | 9 34 20·1 | +18 19 35 | 10·5 | 22 46·1 |
| 5 | 10 09 12·1 | +12 37 31 | 10·8 | 3 13·4 | 4 | 9 33 42·6 | +18 24 28 | 10·5 | 22 41·6 |
| 6 | 10 09 03·0 | +12 41 17 | 10·8 | 3 09·3 | 5 | 9 33 06·2 | +18 29 14 | 10·5 | 22 37·1 |
| 7 | 10 08 52·4 | +12 45 13 | 10·8 | 3 05·2 | 6 | 9 32 30·7 | +18 33 51 | 10·5 | 22 32·6 |
| 8 | 10 08 40·3 | +12 49 17 | 10·8 | 3 01·1 | 7 | 9 31 56·4 | +18 38 19 | 10·5 | 22 28·1 |
| 9 | 10 08 26·7 | +12 53 31 | 10·8 | 2 56·9 | 8 | 9 31 23·2 | +18 42 39 | 10·6 | 22 23·6 |
| 10 | 10 08 11·7 | +12 57 54 | 10·7 | 2 52·7 | 9 | 9 30 51·1 | +18 46 50 | 10·6 | 22 19·2 |
| 11 | 10 07 55·3 | +13 02 25 | 10·7 | 2 48·5 | 10 | 9 30 20·2 | +18 50 53 | 10·6 | 22 14·7 |
| 12 | 10 07 37·4 | +13 07 05 | 10·7 | 2 44·3 | 11 | 9 29 50·6 | +18 54 46 | 10·6 | 22 10·3 |
| 13 | 10 07 18·1 | +13 11 54 | 10·7 | 2 40·0 | 12 | 9 29 22·2 | +18 58 31 | 10·7 | 22 06·0 |
| 14 | 10 06 57·4 | +13 16 50 | 10·7 | 2 35·8 | 13 | 9 28 55·2 | +19 02 07 | 10·7 | 22 01·6 |
| 15 | 10 06 35·3 | +13 21 55 | 10·6 | 2 31·5 | 14 | 9 28 29·4 | +19 05 33 | 10·7 | 21 57·3 |
| 16 | 10 06 11·8 | +13 27 08 | 10·6 | 2 27·1 | 15 | 9 28 05·0 | +19 08 51 | 10·7 | 21 52·9 |
| 17 | 10 05 47·1 | +13 32 28 | 10·6 | 2 22·8 | 16 | 9 27 41·9 | +19 11 59 | 10·7 | 21 48·7 |
| 18 | 10 05 21·0 | +13 37 56 | 10·6 | 2 18·4 | 17 | 9 27 20·3 | +19 14 58 | 10·8 | 21 44·4 |
| 19 | 10 04 53·6 | +13 43 30 | 10·6 | 2 14·0 | 18 | 9 27 00·0 | +19 17 48 | 10·8 | 21 40·1 |
| 20 | 10 04 25·0 | +13 49 12 | 10·5 | 2 09·6 | 19 | 9 26 41·1 | +19 20 29 | 10·8 | 21 35·9 |
| 21 | 10 03 55·1 | +13 55 00 | 10·5 | 2 05·2 | 20 | 9 26 23·6 | +19 23 01 | 10·8 | 21 31·7 |
| 22 | 10 03 24·1 | +14 00 55 | 10·5 | 2 00·8 | 21 | 9 26 07·6 | +19 25 24 | 10·8 | 21 27·5 |
| 23 | 10 02 51·8 | +14 06 55 | 10·5 | 1 56·3 | 22 | 9 25 53·0 | +19 27 38 | 10·9 | 21 23·4 |
| 24 | 10 02 18·5 | +14 13 01 | 10·4 | 1 51·8 | 23 | 9 25 39·9 | +19 29 43 | 10·9 | 21 19·3 |
| 25 | 10 01 44·0 | +14 19 13 | 10·4 | 1 47·3 | 24 | 9 25 28·2 | +19 31 38 | 10·9 | 21 15·2 |
| 26 | 10 01 08·5 | +14 25 30 | 10·4 | 1 42·8 | 25 | 9 25 18·0 | +19 33 25 | 10·9 | 21 11·1 |
| 27 | 10 00 31·9 | +14 31 52 | 10·4 | 1 38·2 | 26 | 9 25 09·2 | +19 35 03 | 10·9 | 21 07·0 |
| 28 | 9 59 54·3 | +14 38 18 | 10·4 | 1 33·7 | 27 | 9 25 01·9 | +19 36 32 | 11·0 | 21 03·0 |
| 29 | 9 59 15·8 | +14 44 48 | 10·3 | 1 29·1 | 28 | 9 24 56·1 | +19 37 52 | 11·0 | 20 59·0 |
| 30 | 9 58 36·4 | +14 51 21 | 10·3 | 1 24·5 | 29 | 9 24 51·7 | +19 39 04 | 11·0 | 20 55·0 |
| 31 | 9 57 56·0 | +14 57 59 | 10·3 | 1 19·9 | 30 | 9 24 48·8 | +19 40 07 | 11·0 | 20 51·0 |
| Feb. 1 | 9 57 14·9 | +15 04 39 | 10·3 | 1 15·3 | Mar. 31 | 9 24 47·3 | +19 41 01 | 11·0 | 20 47·1 |
| 2 | 9 56 33·0 | +15 11 21 | 10·2 | 1 10·7 | Apr. 1 | 9 24 47·3 | +19 41 47 | 11·1 | 20 43·2 |
| 3 | 9 55 50·3 | +15 18 06 | 10·2 | 1 06·1 | 2 | 9 24 48·8 | +19 42 24 | 11·1 | 20 39·3 |
| 4 | 9 55 07·0 | +15 24 53 | 10·2 | 1 01·4 | 3 | 9 24 51·7 | +19 42 53 | 11·1 | 20 35·4 |
| 5 | 9 54 23·1 | +15 31 41 | 10·2 | 0 56·7 | 4 | 9 24 56·1 | +19 43 13 | 11·1 | 20 31·6 |
| 6 | 9 53 38·6 | +15 38 30 | 10·1 | 0 52·1 | 5 | 9 25 01·9 | +19 43 25 | 11·1 | 20 27·8 |
| 7 | 9 52 53·6 | +15 45 19 | 10·1 | 0 47·4 | 6 | 9 25 09·1 | +19 43 29 | 11·2 | 20 24·0 |
| 8 | 9 52 08·1 | +15 52 09 | 10·1 | 0 42·7 | 7 | 9 25 17·8 | +19 43 25 | 11·2 | 20 20·2 |
| 9 | 9 51 22·3 | +15 58 58 | 10·1 | 0 38·0 | 8 | 9 25 27·9 | +19 43 12 | 11·2 | 20 16·5 |
| 10 | 9 50 36·1 | +16 05 46 | 10·0 | 0 33·3 | 9 | 9 25 39·5 | +19 42 52 | 11·2 | 20 12·8 |
| 11 | 9 49 49·7 | +16 12 33 | 10·0 | 0 28·6 | 10 | 9 25 52·4 | +19 42 23 | 11·2 | 20 09·1 |
| 12 | 9 49 03·1 | +16 19 19 | 10·0 | 0 23·9 | 11 | 9 26 06·7 | +19 41 47 | 11·2 | 20 05·4 |
| Feb. 13 | 9 48 16·3 | +16 26 02 | 10·0 | 0 19·2 | Apr. 12 | 9 26 22·4 | +19 41 03 | 11·3 | 20 01·7 |

Second transit for Europa 2016 February 17ᵈ 23ʰ 55ᵐ7

## GEOCENTRIC POSITIONS FOR 0ʰ TERRESTRIAL TIME

| Date | Astrometric R.A. (h m s) | Dec. (° ′ ″) | Vis. Mag. | Ephemeris Transit (h m) | Date | Astrometric R.A. (h m s) | Dec. (° ′ ″) | Vis. Mag. | Ephemeris Transit (h m) |
|---|---|---|---|---|---|---|---|---|---|
| 2016 Aug. 22 | 2 08 56.6 | + 9 57 37 | 12.8 | 4 06.3 | 2016 Oct. 20 | 1 45 42.3 | + 6 49 28 | 11.7 | 23 46.5 |
| 23 | 2 09 01.0 | + 9 56 44 | 12.8 | 4 02.4 | 21 | 1 45 00.9 | + 6 45 08 | 11.7 | 23 41.9 |
| 24 | 2 09 04.3 | + 9 55 46 | 12.8 | 3 58.5 | 22 | 1 44 19.6 | + 6 40 49 | 11.7 | 23 37.2 |
| 25 | 2 09 06.5 | + 9 54 41 | 12.7 | 3 54.6 | 23 | 1 43 38.3 | + 6 36 32 | 11.8 | 23 32.6 |
| Aug. 26 | 2 09 07.6 | + 9 53 31 | 12.7 | 3 50.7 | 24 | 1 42 57.1 | + 6 32 17 | 11.8 | 23 28.0 |
| 27 | 2 09 07.6 | + 9 52 15 | 12.7 | 3 46.8 | 25 | 1 42 16.1 | + 6 28 04 | 11.8 | 23 23.4 |
| 28 | 2 09 06.5 | + 9 50 53 | 12.7 | 3 42.8 | 26 | 1 41 35.3 | + 6 23 54 | 11.8 | 23 18.8 |
| 29 | 2 09 04.4 | + 9 49 26 | 12.7 | 3 38.8 | 27 | 1 40 54.8 | + 6 19 46 | 11.9 | 23 14.2 |
| 30 | 2 09 01.1 | + 9 47 52 | 12.7 | 3 34.9 | 28 | 1 40 14.4 | + 6 15 41 | 11.9 | 23 09.6 |
| 31 | 2 08 56.7 | + 9 46 13 | 12.7 | 3 30.8 | 29 | 1 39 34.4 | + 6 11 40 | 11.9 | 23 05.0 |
| Sept. 1 | 2 08 51.1 | + 9 44 28 | 12.6 | 3 26.8 | 30 | 1 38 54.7 | + 6 07 42 | 11.9 | 23 00.4 |
| 2 | 2 08 44.5 | + 9 42 37 | 12.6 | 3 22.8 | 31 | 1 38 15.5 | + 6 03 47 | 12.0 | 22 55.9 |
| 3 | 2 08 36.8 | + 9 40 40 | 12.6 | 3 18.7 | Nov. 1 | 1 37 36.6 | + 5 59 57 | 12.0 | 22 51.3 |
| 4 | 2 08 28.0 | + 9 38 38 | 12.6 | 3 14.6 | 2 | 1 36 58.2 | + 5 56 10 | 12.0 | 22 46.7 |
| 5 | 2 08 18.1 | + 9 36 30 | 12.6 | 3 10.5 | 3 | 1 36 20.2 | + 5 52 27 | 12.0 | 22 42.2 |
| 6 | 2 08 07.0 | + 9 34 16 | 12.6 | 3 06.4 | 4 | 1 35 42.8 | + 5 48 49 | 12.1 | 22 37.6 |
| 7 | 2 07 54.9 | + 9 31 57 | 12.6 | 3 02.3 | 5 | 1 35 05.9 | + 5 45 16 | 12.1 | 22 33.1 |
| 8 | 2 07 41.8 | + 9 29 32 | 12.5 | 2 58.1 | 6 | 1 34 29.6 | + 5 41 47 | 12.1 | 22 28.6 |
| 9 | 2 07 27.5 | + 9 27 02 | 12.5 | 2 54.0 | 7 | 1 33 54.0 | + 5 38 23 | 12.1 | 22 24.1 |
| 10 | 2 07 12.2 | + 9 24 27 | 12.5 | 2 49.8 | 8 | 1 33 19.0 | + 5 35 04 | 12.2 | 22 19.6 |
| 11 | 2 06 55.8 | + 9 21 46 | 12.5 | 2 45.6 | 9 | 1 32 44.6 | + 5 31 51 | 12.2 | 22 15.1 |
| 12 | 2 06 38.4 | + 9 19 00 | 12.5 | 2 41.3 | 10 | 1 32 11.0 | + 5 28 43 | 12.2 | 22 10.6 |
| 13 | 2 06 19.9 | + 9 16 09 | 12.5 | 2 37.1 | 11 | 1 31 38.1 | + 5 25 40 | 12.2 | 22 06.1 |
| 14 | 2 06 00.5 | + 9 13 13 | 12.4 | 2 32.8 | 12 | 1 31 05.9 | + 5 22 44 | 12.3 | 22 01.7 |
| 15 | 2 05 40.0 | + 9 10 11 | 12.4 | 2 28.6 | 13 | 1 30 34.5 | + 5 19 52 | 12.3 | 21 57.2 |
| 16 | 2 05 18.5 | + 9 07 05 | 12.4 | 2 24.3 | 14 | 1 30 03.9 | + 5 17 07 | 12.3 | 21 52.8 |
| 17 | 2 04 56.0 | + 9 03 54 | 12.4 | 2 20.0 | 15 | 1 29 34.2 | + 5 14 28 | 12.3 | 21 48.4 |
| 18 | 2 04 32.5 | + 9 00 39 | 12.4 | 2 15.7 | 16 | 1 29 05.2 | + 5 11 55 | 12.3 | 21 44.0 |
| 19 | 2 04 08.1 | + 8 57 19 | 12.3 | 2 11.3 | 17 | 1 28 37.1 | + 5 09 28 | 12.4 | 21 39.6 |
| 20 | 2 03 42.7 | + 8 53 54 | 12.3 | 2 07.0 | 18 | 1 28 09.9 | + 5 07 08 | 12.4 | 21 35.2 |
| 21 | 2 03 16.4 | + 8 50 25 | 12.3 | 2 02.6 | 19 | 1 27 43.6 | + 5 04 54 | 12.4 | 21 30.9 |
| 22 | 2 02 49.2 | + 8 46 51 | 12.3 | 1 58.2 | 20 | 1 27 18.2 | + 5 02 46 | 12.4 | 21 26.5 |
| 23 | 2 02 21.1 | + 8 43 14 | 12.3 | 1 53.8 | 21 | 1 26 53.7 | + 5 00 45 | 12.4 | 21 22.2 |
| 24 | 2 01 52.1 | + 8 39 32 | 12.3 | 1 49.4 | 22 | 1 26 30.2 | + 4 58 51 | 12.5 | 21 17.9 |
| 25 | 2 01 22.2 | + 8 35 47 | 12.2 | 1 45.0 | 23 | 1 26 07.6 | + 4 57 03 | 12.5 | 21 13.6 |
| 26 | 2 00 51.5 | + 8 31 57 | 12.2 | 1 40.5 | 24 | 1 25 46.0 | + 4 55 22 | 12.5 | 21 09.4 |
| 27 | 2 00 20.0 | + 8 28 05 | 12.2 | 1 36.1 | 25 | 1 25 25.4 | + 4 53 48 | 12.5 | 21 05.1 |
| 28 | 1 59 47.7 | + 8 24 08 | 12.2 | 1 31.6 | 26 | 1 25 05.8 | + 4 52 20 | 12.5 | 21 00.8 |
| 29 | 1 59 14.7 | + 8 20 09 | 12.2 | 1 27.1 | 27 | 1 24 47.3 | + 4 51 00 | 12.6 | 20 56.6 |
| 30 | 1 58 40.9 | + 8 16 06 | 12.1 | 1 22.6 | 28 | 1 24 29.7 | + 4 49 47 | 12.6 | 20 52.4 |
| Oct. 1 | 1 58 06.4 | + 8 12 00 | 12.1 | 1 18.1 | 29 | 1 24 13.2 | + 4 48 40 | 12.6 | 20 48.2 |
| 2 | 1 57 31.3 | + 8 07 52 | 12.1 | 1 13.6 | 30 | 1 23 57.7 | + 4 47 41 | 12.6 | 20 44.1 |
| 3 | 1 56 55.5 | + 8 03 41 | 12.1 | 1 09.1 | Dec. 1 | 1 23 43.3 | + 4 46 48 | 12.6 | 20 39.9 |
| 4 | 1 56 19.1 | + 7 59 27 | 12.1 | 1 04.6 | 2 | 1 23 29.9 | + 4 46 03 | 12.6 | 20 35.8 |
| 5 | 1 55 42.1 | + 7 55 12 | 12.0 | 1 00.0 | 3 | 1 23 17.7 | + 4 45 25 | 12.7 | 20 31.6 |
| 6 | 1 55 04.6 | + 7 50 55 | 12.0 | 0 55.5 | 4 | 1 23 06.4 | + 4 44 54 | 12.7 | 20 27.5 |
| 7 | 1 54 26.5 | + 7 46 35 | 12.0 | 0 50.9 | 5 | 1 22 56.3 | + 4 44 29 | 12.7 | 20 23.5 |
| 8 | 1 53 48.0 | + 7 42 15 | 12.0 | 0 46.3 | 6 | 1 22 47.2 | + 4 44 12 | 12.7 | 20 19.4 |
| 9 | 1 53 09.1 | + 7 37 53 | 12.0 | 0 41.7 | 7 | 1 22 39.2 | + 4 44 02 | 12.7 | 20 15.3 |
| 10 | 1 52 29.7 | + 7 33 30 | 11.9 | 0 37.2 | 8 | 1 22 32.3 | + 4 43 59 | 12.8 | 20 11.3 |
| 11 | 1 51 50.0 | + 7 29 06 | 11.9 | 0 32.6 | 9 | 1 22 26.5 | + 4 44 03 | 12.8 | 20 07.3 |
| 12 | 1 51 10.0 | + 7 24 41 | 11.9 | 0 28.0 | 10 | 1 22 21.8 | + 4 44 13 | 12.8 | 20 03.3 |
| 13 | 1 50 29.7 | + 7 20 16 | 11.9 | 0 23.4 | 11 | 1 22 18.1 | + 4 44 31 | 12.8 | 19 59.3 |
| 14 | 1 49 49.1 | + 7 15 51 | 11.8 | 0 18.8 | 12 | 1 22 15.5 | + 4 44 55 | 12.8 | 19 55.4 |
| 15 | 1 49 08.3 | + 7 11 26 | 11.8 | 0 14.2 | Dec. 13 | 1 22 14.0 | + 4 45 26 | 12.8 | 19 51.4 |
| 16 | 1 48 27.3 | + 7 07 01 | 11.8 | 0 09.6 | 14 | 1 22 13.5 | + 4 46 04 | 12.8 | 19 47.5 |
| 17 | 1 47 46.2 | + 7 02 37 | 11.8 | 0 04.9 | 15 | 1 22 14.1 | + 4 46 48 | 12.9 | 19 43.6 |
| 18 | 1 47 04.9 | + 6 58 13 | 11.7 | 0 00.3 | 16 | 1 22 15.8 | + 4 47 39 | 12.9 | 19 39.7 |
| 19 | 1 46 23.6 | + 6 53 50 | 11.7 | 23 51.1 | 17 | 1 22 18.5 | + 4 48 37 | 12.9 | 19 35.8 |
| Oct. 20 | 1 45 42.3 | + 6 49 28 | 11.7 | 23 46.5 | Dec. 18 | 1 22 22.2 | + 4 49 41 | 12.9 | 19 32.0 |

Second transit for Cybele 2016 October 18ᵈ 23ʰ 55ᵐ7

# DAVIDA, 2016
## GEOCENTRIC POSITIONS FOR 0ʰ TERRESTRIAL TIME

| Date | Astrometric R.A. | Dec. | Vis. Mag. | Ephemeris Transit | Date | Astrometric R.A. | Dec. | Vis. Mag. | Ephemeris Transit |
|---|---|---|---|---|---|---|---|---|---|
| | h m s | ° ′ ″ | | h m | | h m s | ° ′ ″ | | h m |
| 2016 Mar. 25 | 16 42 06·7 | − 7 10 39 | 12·3 | 4 30·7 | 2016 May 23 | 16 16 01·0 | − 5 24 53 | 11·6 | 0 12·7 |
| 26 | 16 42 10·3 | − 7 08 25 | 12·3 | 4 26·8 | 24 | 16 15 14·4 | − 5 24 46 | 11·6 | 0 08·0 |
| 27 | 16 42 12·7 | − 7 06 10 | 12·3 | 4 23·0 | 25 | 16 14 27·7 | − 5 24 44 | 11·6 | 0 03·3 |
| Mar. 28 | 16 42 14·0 | − 7 03 54 | 12·3 | 4 19·0 | 26 | 16 13 41·0 | − 5 24 48 | 11·6 | 23 53·9 |
| 29 | 16 42 14·1 | − 7 01 36 | 12·3 | 4 15·1 | 27 | 16 12 54·4 | − 5 24 57 | 11·6 | 23 49·2 |
| 30 | 16 42 13·0 | − 6 59 18 | 12·2 | 4 11·2 | 28 | 16 12 07·7 | − 5 25 12 | 11·6 | 23 44·5 |
| 31 | 16 42 10·8 | − 6 56 58 | 12·2 | 4 07·2 | 29 | 16 11 21·2 | − 5 25 32 | 11·6 | 23 39·8 |
| Apr. 1 | 16 42 07·4 | − 6 54 38 | 12·2 | 4 03·2 | 30 | 16 10 34·8 | − 5 25 58 | 11·6 | 23 35·1 |
| 2 | 16 42 02·8 | − 6 52 16 | 12·2 | 3 59·2 | 31 | 16 09 48·6 | − 5 26 30 | 11·6 | 23 30·4 |
| 3 | 16 41 57·0 | − 6 49 55 | 12·2 | 3 55·2 | June 1 | 16 09 02·6 | − 5 27 08 | 11·6 | 23 25·7 |
| 4 | 16 41 50·1 | − 6 47 32 | 12·2 | 3 51·1 | 2 | 16 08 16·8 | − 5 27 51 | 11·6 | 23 21·0 |
| 5 | 16 41 42·0 | − 6 45 10 | 12·2 | 3 47·0 | 3 | 16 07 31·3 | − 5 28 41 | 11·7 | 23 16·3 |
| 6 | 16 41 32·7 | − 6 42 47 | 12·2 | 3 42·9 | 4 | 16 06 46·1 | − 5 29 36 | 11·7 | 23 11·7 |
| 7 | 16 41 22·2 | − 6 40 24 | 12·1 | 3 38·8 | 5 | 16 06 01·3 | − 5 30 37 | 11·7 | 23 07·0 |
| 8 | 16 41 10·5 | − 6 38 01 | 12·1 | 3 34·7 | 6 | 16 05 16·9 | − 5 31 44 | 11·7 | 23 02·3 |
| 9 | 16 40 57·7 | − 6 35 38 | 12·1 | 3 30·6 | 7 | 16 04 32·9 | − 5 32 57 | 11·7 | 22 57·7 |
| 10 | 16 40 43·7 | − 6 33 15 | 12·1 | 3 26·4 | 8 | 16 03 49·3 | − 5 34 16 | 11·7 | 22 53·0 |
| 11 | 16 40 28·6 | − 6 30 52 | 12·1 | 3 22·2 | 9 | 16 03 06·3 | − 5 35 41 | 11·7 | 22 48·4 |
| 12 | 16 40 12·3 | − 6 28 30 | 12·1 | 3 18·0 | 10 | 16 02 23·8 | − 5 37 12 | 11·7 | 22 43·8 |
| 13 | 16 39 54·9 | − 6 26 09 | 12·1 | 3 13·8 | 11 | 16 01 41·9 | − 5 38 48 | 11·8 | 22 39·2 |
| 14 | 16 39 36·3 | − 6 23 48 | 12·0 | 3 09·5 | 12 | 16 01 00·5 | − 5 40 31 | 11·8 | 22 34·6 |
| 15 | 16 39 16·6 | − 6 21 28 | 12·0 | 3 05·3 | 13 | 16 00 19·8 | − 5 42 19 | 11·8 | 22 30·0 |
| 16 | 16 38 55·9 | − 6 19 10 | 12·0 | 3 01·0 | 14 | 15 59 39·7 | − 5 44 13 | 11·8 | 22 25·4 |
| 17 | 16 38 34·0 | − 6 16 52 | 12·0 | 2 56·7 | 15 | 15 59 00·3 | − 5 46 13 | 11·8 | 22 20·8 |
| 18 | 16 38 11·0 | − 6 14 36 | 12·0 | 2 52·4 | 16 | 15 58 21·6 | − 5 48 18 | 11·8 | 22 16·2 |
| 19 | 16 37 47·0 | − 6 12 21 | 12·0 | 2 48·1 | 17 | 15 57 43·6 | − 5 50 29 | 11·9 | 22 11·7 |
| 20 | 16 37 21·9 | − 6 10 07 | 12·0 | 2 43·7 | 18 | 15 57 06·4 | − 5 52 46 | 11·9 | 22 07·1 |
| 21 | 16 36 55·8 | − 6 07 55 | 11·9 | 2 39·3 | 19 | 15 56 30·0 | − 5 55 08 | 11·9 | 22 02·6 |
| 22 | 16 36 28·7 | − 6 05 45 | 11·9 | 2 35·0 | 20 | 15 55 54·3 | − 5 57 36 | 11·9 | 21 58·1 |
| 23 | 16 36 00·5 | − 6 03 37 | 11·9 | 2 30·6 | 21 | 15 55 19·5 | − 6 00 09 | 11·9 | 21 53·6 |
| 24 | 16 35 31·3 | − 6 01 30 | 11·9 | 2 26·1 | 22 | 15 54 45·5 | − 6 02 47 | 11·9 | 21 49·1 |
| 25 | 16 35 01·2 | − 5 59 26 | 11·9 | 2 21·7 | 23 | 15 54 12·3 | − 6 05 31 | 11·9 | 21 44·7 |
| 26 | 16 34 30·1 | − 5 57 25 | 11·9 | 2 17·3 | 24 | 15 53 40·0 | − 6 08 20 | 12·0 | 21 40·2 |
| 27 | 16 33 58·0 | − 5 55 25 | 11·9 | 2 12·8 | 25 | 15 53 08·6 | − 6 11 15 | 12·0 | 21 35·8 |
| 28 | 16 33 25·0 | − 5 53 28 | 11·8 | 2 08·3 | 26 | 15 52 38·1 | − 6 14 14 | 12·0 | 21 31·4 |
| 29 | 16 32 51·1 | − 5 51 34 | 11·8 | 2 03·8 | 27 | 15 52 08·6 | − 6 17 18 | 12·0 | 21 26·9 |
| 30 | 16 32 16·4 | − 5 49 43 | 11·8 | 1 59·3 | 28 | 15 51 39·9 | − 6 20 28 | 12·0 | 21 22·6 |
| May 1 | 16 31 40·7 | − 5 47 55 | 11·8 | 1 54·8 | 29 | 15 51 12·3 | − 6 23 42 | 12·0 | 21 18·2 |
| 2 | 16 31 04·3 | − 5 46 09 | 11·8 | 1 50·3 | 30 | 15 50 45·6 | − 6 27 02 | 12·1 | 21 13·8 |
| 3 | 16 30 27·0 | − 5 44 27 | 11·8 | 1 45·7 | July 1 | 15 50 19·8 | − 6 30 26 | 12·1 | 21 09·5 |
| 4 | 16 29 49·0 | − 5 42 48 | 11·8 | 1 41·1 | 2 | 15 49 55·1 | − 6 33 54 | 12·1 | 21 05·1 |
| 5 | 16 29 10·2 | − 5 41 13 | 11·8 | 1 36·6 | 3 | 15 49 31·4 | − 6 37 28 | 12·1 | 21 00·8 |
| 6 | 16 28 30·6 | − 5 39 42 | 11·7 | 1 32·0 | 4 | 15 49 08·7 | − 6 41 06 | 12·1 | 20 56·5 |
| 7 | 16 27 50·4 | − 5 38 14 | 11·7 | 1 27·4 | 5 | 15 48 47·1 | − 6 44 48 | 12·1 | 20 52·3 |
| 8 | 16 27 09·5 | − 5 36 50 | 11·7 | 1 22·8 | 6 | 15 48 26·5 | − 6 48 35 | 12·1 | 20 48·0 |
| 9 | 16 26 28·0 | − 5 35 30 | 11·7 | 1 18·1 | 7 | 15 48 06·9 | − 6 52 26 | 12·2 | 20 43·8 |
| 10 | 16 25 45·9 | − 5 34 14 | 11·7 | 1 13·5 | 8 | 15 47 48·4 | − 6 56 21 | 12·2 | 20 39·5 |
| 11 | 16 25 03·3 | − 5 33 03 | 11·7 | 1 08·9 | 9 | 15 47 31·0 | − 7 00 21 | 12·2 | 20 35·3 |
| 12 | 16 24 20·1 | − 5 31 56 | 11·7 | 1 04·2 | 10 | 15 47 14·6 | − 7 04 24 | 12·2 | 20 31·2 |
| 13 | 16 23 36·5 | − 5 30 53 | 11·7 | 0 59·6 | 11 | 15 46 59·3 | − 7 08 32 | 12·2 | 20 27·0 |
| 14 | 16 22 52·3 | − 5 29 55 | 11·6 | 0 54·9 | 12 | 15 46 45·1 | − 7 12 43 | 12·2 | 20 22·8 |
| 15 | 16 22 07·8 | − 5 29 01 | 11·6 | 0 50·2 | 13 | 15 46 31·9 | − 7 16 58 | 12·2 | 20 18·7 |
| 16 | 16 21 22·9 | − 5 28 13 | 11·6 | 0 45·6 | 14 | 15 46 19·9 | − 7 21 16 | 12·3 | 20 14·6 |
| 17 | 16 20 37·7 | − 5 27 29 | 11·6 | 0 40·9 | 15 | 15 46 08·9 | − 7 25 39 | 12·3 | 20 10·5 |
| 18 | 16 19 52·1 | − 5 26 50 | 11·6 | 0 36·2 | 16 | 15 45 59·0 | − 7 30 04 | 12·3 | 20 06·4 |
| 19 | 16 19 06·3 | − 5 26 17 | 11·6 | 0 31·5 | 17 | 15 45 50·2 | − 7 34 33 | 12·3 | 20 02·3 |
| 20 | 16 18 20·2 | − 5 25 48 | 11·6 | 0 26·8 | 18 | 15 45 42·5 | − 7 39 06 | 12·3 | 19 58·3 |
| 21 | 16 17 34·0 | − 5 25 24 | 11·6 | 0 22·1 | 19 | 15 45 35·8 | − 7 43 41 | 12·3 | 19 54·3 |
| 22 | 16 16 47·6 | − 5 25 06 | 11·6 | 0 17·4 | 20 | 15 45 30·2 | − 7 48 20 | 12·3 | 19 50·3 |
| May 23 | 16 16 01·0 | − 5 24 53 | 11·6 | 0 12·7 | July 21 | 15 45 25·7 | − 7 53 02 | 12·4 | 19 46·3 |

Second transit for Davida 2016 May 25ᵈ 23ʰ 58ᵐ·6

## GEOCENTRIC POSITIONS FOR 0ʰ TERRESTRIAL TIME

| Date | Astrometric R.A. | Astrometric Dec. | Vis. Mag. | Ephemeris Transit | Date | Astrometric R.A. | Astrometric Dec. | Vis. Mag. | Ephemeris Transit |
|---|---|---|---|---|---|---|---|---|---|
| | h m s | ° ′ ″ | | h m | | h m s | ° ′ ″ | | h m |
| 2016 Apr. 20 | 18 17 33.5 | −31 46 24 | 11.7 | 4 23.9 | 2016 June 18 | 17 46 17.7 | −29 27 42 | 10.4 | 0 00.7 |
| 21 | 18 17 41.4 | −31 45 33 | 11.7 | 4 20.1 | 19 | 17 45 19.9 | −29 23 03 | 10.4 | 23 50.9 |
| 22 | 18 17 47.9 | −31 44 41 | 11.7 | 4 16.2 | 20 | 17 44 22.1 | −29 18 19 | 10.4 | 23 46.0 |
| 23 | 18 17 52.8 | −31 43 47 | 11.6 | 4 12.4 | 21 | 17 43 24.5 | −29 13 30 | 10.4 | 23 41.2 |
| 24 | 18 17 56.3 | −31 42 51 | 11.6 | 4 08.5 | 22 | 17 42 27.0 | −29 08 37 | 10.4 | 23 36.3 |
| Apr. 25 | 18 17 58.3 | −31 41 54 | 11.6 | 4 04.6 | 23 | 17 41 29.8 | −29 03 39 | 10.4 | 23 31.4 |
| 26 | 18 17 58.8 | −31 40 55 | 11.6 | 4 00.7 | 24 | 17 40 32.8 | −28 58 37 | 10.4 | 23 26.5 |
| 27 | 18 17 57.8 | −31 39 55 | 11.6 | 3 56.7 | 25 | 17 39 36.2 | −28 53 32 | 10.4 | 23 21.7 |
| 28 | 18 17 55.3 | −31 38 52 | 11.5 | 3 52.8 | 26 | 17 38 40.0 | −28 48 23 | 10.5 | 23 16.8 |
| 29 | 18 17 51.2 | −31 37 48 | 11.5 | 3 48.8 | 27 | 17 37 44.3 | −28 43 10 | 10.5 | 23 12.0 |
| 30 | 18 17 45.6 | −31 36 42 | 11.5 | 3 44.7 | 28 | 17 36 49.0 | −28 37 53 | 10.5 | 23 07.1 |
| May 1 | 18 17 38.5 | −31 35 34 | 11.5 | 3 40.7 | 29 | 17 35 54.3 | −28 32 34 | 10.5 | 23 02.3 |
| 2 | 18 17 29.8 | −31 34 23 | 11.5 | 3 36.6 | 30 | 17 35 00.3 | −28 27 11 | 10.6 | 22 57.5 |
| 3 | 18 17 19.6 | −31 33 11 | 11.4 | 3 32.5 | July 1 | 17 34 06.9 | −28 21 46 | 10.6 | 22 52.7 |
| 4 | 18 17 07.8 | −31 31 56 | 11.4 | 3 28.4 | 2 | 17 33 14.2 | −28 16 18 | 10.6 | 22 47.9 |
| 5 | 18 16 54.5 | −31 30 38 | 11.4 | 3 24.2 | 3 | 17 32 22.2 | −28 10 47 | 10.6 | 22 43.1 |
| 6 | 18 16 39.7 | −31 29 18 | 11.4 | 3 20.0 | 4 | 17 31 31.1 | −28 05 14 | 10.6 | 22 38.3 |
| 7 | 18 16 23.3 | −31 27 56 | 11.4 | 3 15.8 | 5 | 17 30 40.9 | −27 59 40 | 10.7 | 22 33.6 |
| 8 | 18 16 05.4 | −31 26 30 | 11.3 | 3 11.6 | 6 | 17 29 51.6 | −27 54 03 | 10.7 | 22 28.8 |
| 9 | 18 15 45.9 | −31 25 02 | 11.3 | 3 07.3 | 7 | 17 29 03.3 | −27 48 25 | 10.7 | 22 24.1 |
| 10 | 18 15 24.9 | −31 23 31 | 11.3 | 3 03.0 | 8 | 17 28 16.0 | −27 42 46 | 10.7 | 22 19.4 |
| 11 | 18 15 02.5 | −31 21 56 | 11.3 | 2 58.7 | 9 | 17 27 29.7 | −27 37 05 | 10.8 | 22 14.7 |
| 12 | 18 14 38.5 | −31 20 19 | 11.3 | 2 54.4 | 10 | 17 26 44.5 | −27 31 24 | 10.8 | 22 10.1 |
| 13 | 18 14 13.1 | −31 18 38 | 11.2 | 2 50.0 | 11 | 17 26 00.4 | −27 25 42 | 10.8 | 22 05.4 |
| 14 | 18 13 46.2 | −31 16 53 | 11.2 | 2 45.7 | 12 | 17 25 17.5 | −27 20 00 | 10.8 | 22 00.8 |
| 15 | 18 13 17.8 | −31 15 05 | 11.2 | 2 41.3 | 13 | 17 24 35.8 | −27 14 18 | 10.8 | 21 56.2 |
| 16 | 18 12 48.0 | −31 13 14 | 11.2 | 2 36.8 | 14 | 17 23 55.3 | −27 08 35 | 10.9 | 21 51.6 |
| 17 | 18 12 16.8 | −31 11 18 | 11.1 | 2 32.4 | 15 | 17 23 16.1 | −27 02 53 | 10.9 | 21 47.1 |
| 18 | 18 11 44.2 | −31 09 19 | 11.1 | 2 27.9 | 16 | 17 22 38.1 | −26 57 12 | 10.9 | 21 42.5 |
| 19 | 18 11 10.3 | −31 07 16 | 11.1 | 2 23.4 | 17 | 17 22 01.4 | −26 51 31 | 10.9 | 21 38.0 |
| 20 | 18 10 35.0 | −31 05 08 | 11.1 | 2 18.9 | 18 | 17 21 26.1 | −26 45 51 | 10.9 | 21 33.5 |
| 21 | 18 09 58.3 | −31 02 57 | 11.0 | 2 14.4 | 19 | 17 20 52.1 | −26 40 12 | 11.0 | 21 29.0 |
| 22 | 18 09 20.4 | −31 00 41 | 11.0 | 2 09.8 | 20 | 17 20 19.4 | −26 34 34 | 11.0 | 21 24.6 |
| 23 | 18 08 41.1 | −30 58 20 | 11.0 | 2 05.2 | 21 | 17 19 48.2 | −26 28 58 | 11.0 | 21 20.1 |
| 24 | 18 08 00.7 | −30 55 55 | 11.0 | 2 00.6 | 22 | 17 19 18.3 | −26 23 23 | 11.0 | 21 15.7 |
| 25 | 18 07 19.0 | −30 53 26 | 10.9 | 1 56.0 | 23 | 17 18 49.8 | −26 17 50 | 11.0 | 21 11.3 |
| 26 | 18 06 36.1 | −30 50 51 | 10.9 | 1 51.3 | 24 | 17 18 22.8 | −26 12 19 | 11.1 | 21 07.0 |
| 27 | 18 05 52.0 | −30 48 12 | 10.9 | 1 46.7 | 25 | 17 17 57.2 | −26 06 50 | 11.1 | 21 02.6 |
| 28 | 18 05 06.8 | −30 45 28 | 10.9 | 1 42.0 | 26 | 17 17 33.0 | −26 01 24 | 11.1 | 20 58.3 |
| 29 | 18 04 20.6 | −30 42 39 | 10.8 | 1 37.3 | 27 | 17 17 10.4 | −25 55 59 | 11.1 | 20 54.0 |
| 30 | 18 03 33.2 | −30 39 45 | 10.8 | 1 32.6 | 28 | 17 16 49.2 | −25 50 37 | 11.1 | 20 49.8 |
| 31 | 18 02 44.9 | −30 36 46 | 10.8 | 1 27.8 | 29 | 17 16 29.4 | −25 45 18 | 11.2 | 20 45.5 |
| June 1 | 18 01 55.6 | −30 33 42 | 10.8 | 1 23.1 | 30 | 17 16 11.2 | −25 40 01 | 11.2 | 20 41.3 |
| 2 | 18 01 05.3 | −30 30 32 | 10.7 | 1 18.3 | 31 | 17 15 54.5 | −25 34 48 | 11.2 | 20 37.1 |
| 3 | 18 00 14.2 | −30 27 17 | 10.7 | 1 13.5 | Aug. 1 | 17 15 39.2 | −25 29 37 | 11.2 | 20 33.0 |
| 4 | 17 59 22.2 | −30 23 56 | 10.7 | 1 08.8 | 2 | 17 15 25.5 | −25 24 29 | 11.2 | 20 28.8 |
| 5 | 17 58 29.5 | −30 20 31 | 10.7 | 1 03.9 | 3 | 17 15 13.3 | −25 19 25 | 11.2 | 20 24.7 |
| 6 | 17 57 36.0 | −30 16 59 | 10.6 | 0 59.1 | 4 | 17 15 02.6 | −25 14 23 | 11.3 | 20 20.6 |
| 7 | 17 56 41.8 | −30 13 22 | 10.6 | 0 54.3 | 5 | 17 14 53.5 | −25 09 25 | 11.3 | 20 16.6 |
| 8 | 17 55 47.1 | −30 09 40 | 10.6 | 0 49.5 | 6 | 17 14 45.8 | −25 04 31 | 11.3 | 20 12.5 |
| 9 | 17 54 51.7 | −30 05 52 | 10.6 | 0 44.6 | 7 | 17 14 39.7 | −24 59 40 | 11.3 | 20 08.5 |
| 10 | 17 53 55.9 | −30 01 59 | 10.5 | 0 39.8 | 8 | 17 14 35.1 | −24 54 52 | 11.3 | 20 04.5 |
| 11 | 17 52 59.6 | −29 58 00 | 10.5 | 0 34.9 | 9 | 17 14 32.0 | −24 50 08 | 11.3 | 20 00.6 |
| 12 | 17 52 02.9 | −29 53 56 | 10.5 | 0 30.0 | Aug. 10 | 17 14 30.4 | −24 45 28 | 11.4 | 19 56.6 |
| 13 | 17 51 05.9 | −29 49 47 | 10.4 | 0 25.1 | 11 | 17 14 30.3 | −24 40 51 | 11.4 | 19 52.7 |
| 14 | 17 50 08.6 | −29 45 32 | 10.4 | 0 20.3 | 12 | 17 14 31.6 | −24 36 18 | 11.4 | 19 48.8 |
| 15 | 17 49 11.0 | −29 41 12 | 10.4 | 0 15.4 | 13 | 17 14 34.5 | −24 31 48 | 11.4 | 19 45.0 |
| 16 | 17 48 13.4 | −29 36 47 | 10.4 | 0 10.5 | 14 | 17 14 38.8 | −24 27 22 | 11.4 | 19 41.1 |
| 17 | 17 47 15.6 | −29 32 17 | 10.4 | 0 05.6 | 15 | 17 14 44.6 | −24 23 00 | 11.4 | 19 37.3 |
| June 18 | 17 46 17.7 | −29 27 42 | 10.4 | 0 00.7 | Aug. 16 | 17 14 51.8 | −24 18 42 | 11.5 | 19 33.5 |

Second transit for Interamnia 2016 June 18ᵈ 23ʰ 55ᵐ8

# PERIODIC COMETS, 2016

## OSCULATING ELEMENTS FOR ECLIPTIC AND EQUINOX OF J2000·0

| Designation/Name | Perihelion Time $T$ | Perihelion Distance $q$ | Eccen-tricity $e$ | Period $P$ | Arg. of Perihelion $\omega$ | Long. of Asc. Node $\Omega$ | Inclin-ation $i$ | Osc. Epoch |
|---|---|---|---|---|---|---|---|---|
| | | au | | years | ° | ° | ° | |
| 116P/Wild | Jan. 11·575 33 | 2·187 0664 | 0·372 4536 | 6·51 | 173·312 00 | 20·988 56 | 3·608 55 | Jan. 13 |
| 211P/Hill | Jan. 27·330 69 | 2·350 5103 | 0·339 4477 | 6·71 | 4·430 75 | 117·268 79 | 18·887 65 | Jan. 13 |
| 50P/Arend | Feb. 8·186 70 | 1·918 7985 | 0·530 2058 | 8·25 | 49·222 50 | 355·176 19 | 19·139 23 | Feb. 22 |
| 147P/Kushida-Muramatsu | Feb. 27·847 41 | 2·746 5223 | 0·277 2183 | 7·41 | 347·093 59 | 93·718 23 | 2·368 07 | Feb. 22 |
| 194P/LINEAR | Mar. 2·458 12 | 1·697 7249 | 0·575 4806 | 8·00 | 130·712 32 | 351·993 82 | 11·138 03 | Feb. 22 |
| P/2010 V1 (Ikeya-Murakami) | Mar. 10·310 34 | 1·572 5286 | 0·489 3604 | 5·40 | 152·402 73 | 3·778 33 | 9·387 60 | Feb. 22 |
| 252P/LINEAR | Mar. 15·262 99 | 0·996 1000 | 0·673 2865 | 5·32 | 343·317 90 | 190·952 31 | 10·423 11 | Apr. 2 |
| 127P/Holt-Olmstead | Mar. 17·797 53 | 2·205 9016 | 0·360 6396 | 6·41 | 6·702 62 | 13·649 42 | 14·302 58 | Apr. 2 |
| 104P/Kowal | Mar. 26·336 67 | 1·179 3437 | 0·638 2209 | 5·89 | 200·668 32 | 235·453 49 | 10·267 52 | Apr. 2 |
| 100P/Hartley | Apr. 2·022 42 | 2·010 5579 | 0·413 4793 | 6·35 | 181·861 44 | 37·725 05 | 25·589 17 | Apr. 2 |
| 190P/Mueller | Apr. 7·865 76 | 2·033 1943 | 0·520 7866 | 8·74 | 50·420 52 | 335·553 89 | 2·172 68 | Apr. 2 |
| 53P/Van Biesbroeck | Apr. 29·933 06 | 2·427 1101 | 0·551 6063 | 12·59 | 134·197 05 | 148·923 01 | 6·608 39 | May 12 |
| 302P/ Lemmon-PANSTARRS | Apr. 30·483 83 | 3·302 6383 | 0·228 3927 | 8·86 | 208·266 75 | 121·781 53 | 6·030 90 | May 12 |
| 77P/Longmore | May 13·645 01 | 2·337 7179 | 0·353 6683 | 6·88 | 196·727 05 | 14·803 44 | 24·345 94 | May 12 |
| 224P/LINEAR-NEAT | May 24·617 33 | 1·993 3230 | 0·415 9184 | 6·30 | 16·322 46 | 40·475 05 | 13·426 03 | May 12 |
| P/2007 R3 (Gibbs) | May 27·425 36 | 2·520 8263 | 0·413 8961 | 8·92 | 312·191 70 | 30·068 48 | 3·793 29 | May 12 |
| 216P/LINEAR | May 31·164 93 | 2·149 7454 | 0·445 4359 | 7·63 | 151·595 97 | 359·873 10 | 9·048 17 | May 12 |
| 136P/Mueller | May 31·222 67 | 2·979 1018 | 0·291 2593 | 8·62 | 225·173 03 | 137·452 46 | 9·415 81 | May 12 |
| 157P/Tritton | June 10·363 61 | 1·358 0712 | 0·601 5405 | 6·29 | 148·898 18 | 299·999 62 | 7·285 01 | June 21 |
| 202P/Scotti | June 11·009 76 | 2·518 2988 | 0·331 9990 | 7·32 | 255·740 73 | 194·526 31 | 2·188 23 | June 21 |
| P/2011 A2 (Scotti) | June 13·932 16 | 1·552 8900 | 0·499 8755 | 5·47 | 94·648 62 | 54·675 15 | 4·475 32 | June 21 |
| 118P/Shoemaker-Levy | June 16·959 76 | 1·980 0579 | 0·428 0937 | 6·44 | 302·336 88 | 151·726 65 | 8·514 30 | June 21 |
| 146P/Shoemaker-LINEAR | June 30·135 90 | 1·430 1375 | 0·646 0188 | 8·12 | 316·981 73 | 53·454 62 | 23·073 24 | June 21 |
| 207P/NEAT | July 1·284 40 | 0·937 4512 | 0·758 1803 | 7·63 | 271·283 31 | 200·546 17 | 10·160 75 | June 21 |
| 208P/McMillan | July 1·765 81 | 2·544 5828 | 0·372 1479 | 8·16 | 310·513 66 | 36·414 83 | 4·407 51 | June 21 |
| P/2010 N1 (WISE) | July 13·883 21 | 1·654 9776 | 0·496 5929 | 5·96 | 160·851 36 | 106·102 03 | 15·363 79 | July 31 |
| 279P/La Sagra | July 14·549 50 | 2·159 2103 | 0·397 0206 | 6·78 | 5·876 85 | 346·250 12 | 5·046 40 | July 31 |
| 56P/Slaughter-Burnham | July 18·439 85 | 2·508 6378 | 0·506 6473 | 11·47 | 44·220 12 | 345·984 90 | 8·147 77 | July 31 |
| 81P/Wild | July 20·315 93 | 1·592 1667 | 0·538 3889 | 6·41 | 41·697 34 | 136·125 98 | 3·239 00 | July 31 |
| P/2009 K1 (Gibbs) | July 24·374 75 | 1·339 7446 | 0·637 1141 | 7·09 | 27·432 33 | 172·770 92 | 5·743 95 | July 31 |
| 150P/LONEOS | July 24·938 04 | 1·759 7020 | 0·546 9560 | 7·66 | 245·678 29 | 272·426 72 | 18·506 14 | July 31 |
| 9P/Tempel | Aug. 2·583 20 | 1·542 5399 | 0·509 5867 | 5·58 | 179·206 23 | 68·749 50 | 10·473 99 | July 31 |
| 225P/LINEAR | Aug. 16·956 97 | 1·324 5025 | 0·637 6010 | 6·99 | 3·923 99 | 14·181 96 | 21·335 06 | July 31 |
| 43P/Wolf-Harrington | Aug. 19·682 83 | 1·357 9458 | 0·594 5329 | 6·13 | 191·597 48 | 249·833 05 | 15·965 28 | July 31 |
| 33P/Daniel | Aug. 22·470 23 | 2·160 2241 | 0·463 0256 | 8·07 | 19·071 66 | 66·490 55 | 22·394 30 | Sept. 9 |
| P/1999 V1 (Catalina) | Aug. 30·828 55 | 2·952 9969 | 0·550 6810 | 16·85 | 186·942 62 | 294·375 11 | 15·564 68 | Sept. 9 |
| 144P/Kushida | Aug. 30·971 18 | 1·431 4309 | 0·628 8491 | 7·57 | 216·150 11 | 245·489 84 | 4·114 97 | Sept. 9 |
| 226P/ Pigott-LINEAR-Kowalski | Sept. 5·179 89 | 1·776 3780 | 0·528 8989 | 7·32 | 341·127 53 | 54·006 33 | 44·003 69 | Sept. 9 |
| 212P/NEAT | Sept. 10·413 07 | 1·644 5533 | 0·580 0967 | 7·75 | 15·080 64 | 98·886 11 | 22·428 05 | Sept. 9 |
| P/1997 G1 (Montani) | Oct. 9·347 96 | 4·233 8166 | 0·416 9813 | 19·57 | 213·746 71 | 267·705 41 | 3·978 66 | Oct. 19 |
| 237P/LINEAR | Oct. 11·670 51 | 1·984 7883 | 0·434 4652 | 6·57 | 25·040 81 | 245·432 94 | 14·022 40 | Oct. 19 |
| 238P/Read | Oct. 22·556 50 | 2·366 0271 | 0·252 5072 | 5·63 | 324·937 92 | 51·654 27 | 1·264 59 | Oct. 19 |
| 94P/Russell | Oct. 27·669 80 | 2·229 9883 | 0·364 8325 | 6·58 | 92·773 55 | 70·881 67 | 6·185 53 | Oct. 19 |
| P/2005 S3 (Read) | Nov. 1·758 26 | 2·820 6576 | 0·421 9310 | 10·78 | 140·608 14 | 273·182 37 | 3·489 28 | Oct. 19 |
| 288P/2006 VW139 | Nov. 8·240 81 | 2·436 0546 | 0·201 1167 | 5·32 | 281·053 21 | 83·188 45 | 3·240 02 | Nov. 28 |
| P/2010 A2 (LINEAR) | Nov. 8·285 90 | 2·004 9857 | 0·124 4474 | 3·47 | 132·878 58 | 320·223 39 | 5·255 86 | Nov. 28 |
| P/2008 T1 (Boattini) | Nov. 18·265 26 | 3·063 0049 | 0·279 4104 | 8·76 | 35·807 74 | 291·725 41 | 2·078 33 | Nov. 28 |
| P/2008 J3 (McNaught) | Nov. 22·861 72 | 2·301 9792 | 0·410 6028 | 7·72 | 4·559 95 | 9·810 19 | 25·350 65 | Nov. 28 |
| P/2004 VR8 (LONEOS) | Dec. 7·513 04 | 2·420 5564 | 0·517 2286 | 11·23 | 67·190 90 | 69·552 93 | 17·915 46 | Nov. 28 |
| 89P/Russell | Dec. 14·689 70 | 2·220 4796 | 0·408 0245 | 7·26 | 250·150 17 | 41·445 10 | 12·076 56 | Nov. 28 |
| 45P/ Honda-Mrkos-Pajdušáková | Dec. 31·188 06 | 0·532 5612 | 0·823 9316 | 5·26 | 326·262 44 | 89·007 43 | 4·249 55 | Jan. 7 |

Up-to-date elements of the comets currently observable may be found at the web site of the IAU Minor Planet Center (see page x for web address).

---

## CONTENTS OF SECTION H

Except for the tables of ICRF radio sources, radio flux calibrators, quasars, pulsars, gamma ray sources and X-ray sources, positions tabulated in Section H are referred to the mean equator and equinox of J2016.5 = 2016 July 2.125 = JD=245 7571.625. The positions of the ICRF radio sources provide a practical realization of the ICRS. The positions of radio flux calibrators, quasars, pulsars, gamma ray sources and X-ray sources are referred to the equator and equinox of J2000.0 = JD 245 1545.0.

When present, notes associated with a table are found on the table's last page.

This symbol indicates that these data or auxiliary material may also be found on *The Astronomical Almanac Online* at **http://asa.usno.navy.mil** and **http://asa.hmnao.com**

| Designation | | | BS=HR No. | Right Ascension | Declination | Notes | V | U–B | B–V | Spectral Type |
|---|---|---|---|---|---|---|---|---|---|---|
| | | | | h m s | ° ′ ″ | | | | | |
| 28 | ω | Psc | 9072 | 00 00 09.6 | +06 57 17 | b | 4.01 | +0.06 | +0.42 | F3 V |
| | ε | Tuc | 9076 | 00 00 45.8 | −65 29 07 | | 4.50 | −0.28 | −0.08 | B9 IV |
| | θ | Oct | 9084 | 00 02 25.3 | −76 58 29 | | 4.78 | +1.41 | +1.27 | K2 III |
| 30 YY | | Psc | 9089 | 00 02 48.4 | −05 55 21 | | 4.41 | +1.83 | +1.63 | M3 III |
| 2 | | Cet | 9098 | 00 04 35.0 | −17 14 39 | | 4.55 | −0.12 | −0.05 | B9 IV |
| 33 BC | | Psc | 3 | 00 06 10.8 | −05 36 55 | b | 4.61 | +0.89 | +1.04 | K0 III–IV |
| 21 | α | And | 15 | 00 09 14.6 | +29 10 53 | dbn01 | 2.06 | −0.46 | −0.11 | B9p Hg Mn |
| 11 | β | Cas | 21 | 00 10 04.1 | +59 14 27 | svdb | 2.27 | +0.11 | +0.34 | F2 III |
| | ε | Phe | 25 | 00 10 14.6 | −45 39 23 | | 3.88 | +0.84 | +1.03 | K0 III |
| 22 | | And | 27 | 00 11 11.1 | +46 09 50 | | 5.03 | +0.25 | +0.40 | F0 II |
| | κ² | Scl | 34 | 00 12 24.6 | −27 42 29 | d | 5.41 | +1.46 | +1.34 | K5 III |
| | θ | Scl | 35 | 00 12 34.2 | −35 02 27 | | 5.25 | | +0.44 | F3/5 V |
| 88 | γ | Peg | 39 | 00 14 05.3 | +15 16 31 | svdb | 2.83 | −0.87 | −0.23 | B2 IV |
| 89 | χ | Peg | 45 | 00 15 27.5 | +20 17 54 | as | 4.80 | +1.93 | +1.57 | M2⁺ III |
| 7 AE | | Cet | 48 | 00 15 28.6 | −18 50 30 | | 4.44 | +1.99 | +1.66 | M1 III |
| 25 | σ | And | 68 | 00 19 11.7 | +36 52 36 | b | 4.52 | +0.07 | +0.05 | A2 Va |
| 8 | ι | Cet | 74 | 00 20 16.1 | −08 43 57 | d | 3.56 | +1.25 | +1.22 | K1 IIIb |
| | ζ | Tuc | 77 | 00 20 55.2 | −64 46 41 | | 4.23 | +0.02 | +0.58 | F9 V |
| 41 | | Psc | 80 | 00 21 26.9 | +08 16 54 | | 5.37 | +1.55 | +1.34 | K3⁻ III Ca 1 CN 0.5 |
| 27 | ρ | And | 82 | 00 21 59.7 | +38 03 36 | | 5.18 | +0.05 | +0.42 | F6 IV |
| | R | And | 90 | 00 24 54.5 | +38 40 06 | svd | 7.39 | +1.25 | +1.97 | S5/4.5e |
| | β | Hyi | 98 | 00 26 35.8 | −77 09 41 | | 2.80 | +0.11 | +0.62 | G1 IV |
| | κ | Phe | 100 | 00 27 00.7 | −43 35 18 | | 3.94 | +0.11 | +0.17 | A5 Vn |
| | α | Phe | 99 | 00 27 05.8 | −42 12 59 | bmn02 | 2.39 | +0.88 | +1.09 | K0 IIIb |
| | | | 118 | 00 31 12.1 | −23 41 48 | b | 5.19 | | +0.12 | A5 Vn |
| | λ¹ | Phe | 125 | 00 32 12.5 | −48 42 45 | db | 4.77 | +0.04 | +0.02 | A1 Va |
| | β¹ | Tuc | 126 | 00 32 17.6 | −62 52 03 | db | 4.37 | −0.17 | −0.07 | B9 V |
| 15 | κ | Cas | 130 | 00 33 57.0 | +63 01 22 | sb | 4.16 | −0.80 | +0.14 | B0.7 Ia |
| 29 | π | And | 154 | 00 37 46.0 | +33 48 36 | db | 4.36 | −0.55 | −0.14 | B5 V |
| 17 | ζ | Cas | 153 | 00 37 54.0 | +53 59 15 | | 3.66 | −0.87 | −0.20 | B2 IV |
| | | | 157 | 00 38 14.5 | +35 29 24 | s | 5.42 | +0.45 | +0.88 | G2 Ib–II |
| 30 | ε | And | 163 | 00 39 25.9 | +29 24 04 | | 4.37 | +0.47 | +0.87 | G6 III Fe−3 CH 1 |
| 31 | δ | And | 165 | 00 40 12.8 | +30 57 04 | sdb | 3.27 | +1.48 | +1.28 | K3 III |
| 18 | α | Cas | 168 | 00 41 27.2 | +56 37 39 | dn03 | 2.23 | +1.13 | +1.17 | K0⁻ IIIa |
| | μ | Phe | 180 | 00 42 06.1 | −45 59 41 | | 4.59 | +0.72 | +0.97 | G8 III |
| | η | Phe | 191 | 00 44 05.4 | −57 22 22 | d | 4.36 | −0.02 | 0.00 | A0.5 IV |
| 16 | β | Cet | 188 | 00 44 25.0 | −17 53 47 | n04 | 2.04 | +0.87 | +1.02 | G9 III CH−1 CN 0.5 Ca 1 |
| 22 | o | Cas | 193 | 00 45 39.1 | +48 22 28 | db | 4.54 | −0.51 | −0.07 | B5 III |
| 34 | ζ | And | 215 | 00 48 13.0 | +24 21 24 | vdb | 4.06 | +0.90 | +1.12 | K0 III |
| | λ | Hyi | 236 | 00 49 09.4 | −74 50 02 | | 5.07 | +1.68 | +1.37 | K5 III |
| 63 | δ | Psc | 224 | 00 49 32.4 | +07 40 29 | d | 4.43 | +1.86 | +1.50 | K4.5 IIIb |
| 64 | | Psc | 225 | 00 49 50.9 | +17 01 46 | db | 5.07 | 0.00 | +0.51 | F7 V |
| 24 | η | Cas | 219 | 00 50 06.8 | +57 54 08 | sdb | 3.44 | +0.01 | +0.57 | F9 V |
| 35 | ν | And | 226 | 00 50 43.8 | +41 10 07 | b | 4.53 | −0.58 | −0.15 | B5 V |
| 19 | φ² | Cet | 235 | 00 50 57.2 | −10 33 21 | | 5.19 | −0.02 | +0.50 | F8 V |
| | | | 233 | 00 51 44.6 | +64 20 13 | cdb | 5.39 | +0.14 | +0.49 | G0 III–IV + B9.5 V |
| 20 | | Cet | 248 | 00 53 51.1 | −01 03 18 | | 4.77 | +1.93 | +1.57 | M0⁻ IIIa |
| | λ² | Tuc | 270 | 00 55 37.0 | −69 26 17 | | 5.45 | +1.00 | +1.09 | K2 III |
| 37 | μ | And | 269 | 00 57 40.5 | +38 35 19 | d | 3.87 | +0.15 | +0.13 | A5 IV–V |
| 27 | γ | Cas | 264 | 00 57 43.1 | +60 48 21 | db | 2.47 | −1.08 | −0.15 | B0 IVnpe (shell) |

| Designation | | | BS=HR No. | Right Ascension | Declination | Notes | V | U–B | B–V | Spectral Type |
|---|---|---|---|---|---|---|---|---|---|---|
| | | | | h m s | ° ′ ″ | | | | | |
| 38 | $\eta$ | And | 271 | 00 58 05.5 | +23 30 23 | db | 4.42 | +0.69 | +0.94 | G8⁻ IIIb |
| 68 | | Psc | 274 | 00 58 44.0 | +29 04 52 | | 5.42 | | +1.08 | gG6 |
| | $\alpha$ | Scl | 280 | 00 59 24.0 | −29 16 07 | sb | 4.31 | −0.56 | −0.16 | B4 Vp |
| | $\sigma$ | Scl | 293 | 01 03 13.6 | −31 27 49 | | 5.50 | +0.13 | +0.08 | A2 V |
| 71 | $\epsilon$ | Psc | 294 | 01 03 48.1 | +07 58 43 | | 4.28 | +0.70 | +0.96 | G9 III Fe−2 |
| | $\beta$ | Phe | 322 | 01 06 49.0 | −46 37 49 | dm | 3.31 | +0.57 | +0.89 | G8 III |
| | $\iota$ | Tuc | 332 | 01 07 57.6 | −61 41 15 | | 5.37 | | +0.88 | G5 III |
| | $\upsilon$ | Phe | 331 | 01 08 32.9 | −41 23 57 | d | 5.21 | +0.09 | +0.16 | A3 IV/V |
| | $\zeta$ | Phe | 338 | 01 09 04.5 | −55 09 28 | vdb | 3.92 | −0.41 | −0.08 | B7 V |
| 30 | $\mu$ | Cas | 321 | 01 09 23.0 | +55 00 03 | db | 5.17 | +0.09 | +0.69 | G5 Vb |
| 31 | $\eta$ | Cet | 334 | 01 09 25.2 | −10 05 43 | d | 3.45 | +1.19 | +1.16 | K2⁻ III CN 0.5 |
| 42 | $\phi$ | And | 335 | 01 10 28.0 | +47 19 46 | dm | 4.25 | −0.34 | −0.07 | B7 III |
| 43 | $\beta$ | And | 337 | 01 10 39.7 | +35 42 27 | ad | 2.06 | +1.96 | +1.58 | M0⁺ IIIa |
| | | | 285 | 01 11 19.6 | +86 20 41 | | 4.25 | +1.33 | +1.21 | K2 III |
| 33 | $\theta$ | Cas | 343 | 01 12 07.1 | +55 14 14 | db | 4.33 | +0.12 | +0.17 | A7m |
| 84 | $\chi$ | Psc | 351 | 01 12 20.6 | +21 07 19 | | 4.66 | +0.82 | +1.03 | G8.5 III |
| 83 | $\tau$ | Psc | 352 | 01 12 34.4 | +30 10 37 | b | 4.51 | +1.01 | +1.09 | K0.5 IIIb |
| 86 | $\zeta$ | Psc | 361 | 01 14 35.7 | +07 39 44 | dbm | 5.24 | +0.09 | +0.32 | F0 Vn |
| 89 | | Psc | 378 | 01 18 39.1 | +03 42 03 | b | 5.16 | +0.08 | +0.07 | A3 V |
| 90 | $\upsilon$ | Psc | 383 | 01 20 22.7 | +27 21 01 | b | 4.76 | +0.10 | +0.03 | A2 IV |
| 34 | $\phi$ | Cas | 382 | 01 21 07.9 | +58 19 04 | sdb | 4.98 | +0.49 | +0.68 | F0 Ia |
| 46 | $\xi$ | And | 390 | 01 23 19.2 | +45 36 53 | b | 4.88 | +0.99 | +1.08 | K0⁻ IIIb |
| 45 | $\theta$ | Cet | 402 | 01 24 50.9 | −08 05 55 | d | 3.60 | +0.93 | +1.06 | K0 IIIb |
| 37 | $\delta$ | Cas | 403 | 01 26 54.6 | +60 19 14 | sdb | 2.68 | +0.12 | +0.13 | A5 IV |
| 36 | $\psi$ | Cas | 399 | 01 27 07.3 | +68 12 56 | d | 4.74 | +0.94 | +1.05 | K0 III CN 0.5 |
| 94 | | Psc | 414 | 01 27 35.3 | +19 19 32 | | 5.50 | +1.05 | +1.11 | gK1 |
| 48 | $\omega$ | And | 417 | 01 28 39.1 | +45 29 29 | d | 4.83 | 0.00 | +0.42 | F5 V |
| | $\gamma$ | Phe | 429 | 01 29 04.8 | −43 14 03 | vb | 3.41 | +1.85 | +1.57 | M0⁻ IIIa |
| 48 | | Cet | 433 | 01 30 23.6 | −21 32 40 | dm | 5.12 | +0.04 | +0.02 | A1 Va |
| | $\delta$ | Phe | 440 | 01 31 56.2 | −48 59 15 | | 3.95 | +0.70 | +0.99 | G9 III |
| 99 | $\eta$ | Psc | 437 | 01 32 22.1 | +15 25 49 | d | 3.62 | +0.75 | +0.97 | G7 IIIa |
| 50 | $\upsilon$ | And | 458 | 01 37 46.3 | +41 29 15 | db | 4.09 | +0.06 | +0.54 | F8 V |
| | $\alpha$ | Eri | 472 | 01 38 19.6 | −57 09 12 | n05 | 0.46 | −0.66 | −0.16 | B3 Vnp (shell) |
| 51 | | And | 464 | 01 39 00.8 | +48 42 40 | | 3.57 | +1.45 | +1.28 | K3⁻ III |
| 40 | | Cas | 456 | 01 39 52.0 | +73 07 24 | d | 5.28 | +0.72 | +0.96 | G7 III |
| 106 | $\nu$ | Psc | 489 | 01 42 17.5 | +05 34 14 | | 4.44 | +1.57 | +1.36 | K3 IIIb |
| | $\pi$ | Scl | 497 | 01 42 53.2 | −32 14 40 | | 5.25 | +0.79 | +1.05 | K1 II/III |
| | | | 500 | 01 43 33.6 | −03 36 28 | | 4.99 | +1.58 | +1.38 | K3 II−III |
| | $\phi$ | Per | 496 | 01 44 42.3 | +50 46 16 | b | 4.07 | −0.93 | −0.04 | B2 Vep |
| 52 | $\tau$ | Cet | 509 | 01 44 50.1 | −15 51 04 | d | 3.50 | +0.21 | +0.72 | G8 V |
| 110 | $o$ | Psc | 510 | 01 46 16.0 | +09 14 25 | s | 4.26 | +0.71 | +0.96 | G8 III |
| | $\epsilon$ | Scl | 514 | 01 46 25.1 | −24 58 15 | dm | 5.31 | +0.02 | +0.39 | F0 V |
| | | | 513 | 01 46 49.0 | −05 39 05 | s | 5.34 | +1.88 | +1.52 | K4 III |
| 53 | $\chi$ | Cet | 531 | 01 50 23.8 | −10 36 19 | d | 4.67 | +0.03 | +0.33 | F2 IV–V |
| 55 | $\zeta$ | Cet | 539 | 01 52 16.5 | −10 15 15 | db | 3.73 | +1.07 | +1.14 | K0 III |
| 2 | $\alpha$ | Tri | 544 | 01 54 01.6 | +29 39 31 | dvb | 3.41 | +0.06 | +0.49 | F6 IV |
| | $\psi$ | Phe | 555 | 01 54 18.3 | −46 13 21 | b | 4.41 | +1.70 | +1.59 | M4 III |
| 111 | $\xi$ | Psc | 549 | 01 54 24.7 | +03 16 06 | b | 4.62 | +0.72 | +0.94 | G9 IIIb Fe−0.5 |
| | $\phi$ | Phe | 558 | 01 55 03.0 | −42 24 59 | b | 5.11 | −0.15 | −0.06 | Ap Hg |
| | $\eta^2$ | Hyi | 570 | 01 55 21.3 | −67 33 59 | | 4.69 | +0.64 | +0.95 | G8.5 III |

# BRIGHT STARS, J2016.5

| Designation | BS=HR No. | Right Ascension | Declination | Notes | V | U–B | B–V | Spectral Type |
|---|---|---|---|---|---|---|---|---|
| | | h m s | ° ′ ″ | | | | | |
| 6 β Ari | 553 | 01 55 33.3 | +20 53 17 | db | 2.64 | +0.10 | +0.13 | A4 V |
| 45 ε Cas | 542 | 01 55 36.0 | +63 45 02 | | 3.38 | −0.60 | −0.15 | B3 IV:p (shell) |
| χ Eri | 566 | 01 56 35.9 | −51 31 38 | dm | 3.70 | +0.46 | +0.85 | G8 III–IV CN−0.5 Hδ 0.5 |
| α Hyi | 591 | 01 59 17.4 | −61 29 24 | | 2.86 | +0.14 | +0.28 | F0n III–IV |
| 59 υ Cet | 585 | 02 00 46.9 | −20 59 55 | | 4.00 | +1.91 | +1.57 | M0 IIIb |
| 113 α Psc | 596 | 02 02 54.1 | +02 50 34 | vdb | 4.18 | −0.05 | +0.03 | A0p Si Sr |
| 4 Per | 590 | 02 03 24.7 | +54 33 59 | b | 5.04 | −0.32 | −0.08 | B8 III |
| 50 Cas | 580 | 02 04 52.6 | +72 30 00 | b | 3.98 | +0.03 | −0.01 | A1 Va |
| 57 γ¹ And | 603 | 02 04 55.1 | +42 24 29 | db | 2.26 | +1.58 | +1.37 | K3⁻ IIb |
| ν For | 612 | 02 05 13.8 | −29 13 06 | v | 4.69 | −0.51 | −0.17 | B9.5p Si |
| 13 α Ari | 617 | 02 08 06.4 | +23 32 23 | abn06 | 2.00 | +1.12 | +1.15 | K2 IIIab |
| 4 β Tri | 622 | 02 10 31.9 | +35 03 52 | db | 3.00 | +0.10 | +0.14 | A5 IV |
| μ For | 652 | 02 13 38.0 | −30 38 49 | | 5.28 | −0.06 | −0.02 | A0 Va⁺nn |
| 65 ξ¹ Cet | 649 | 02 13 52.6 | +08 55 24 | db | 4.37 | +0.60 | +0.89 | G7 II–III Fe−1 |
| | 645 | 02 14 42.8 | +51 08 30 | db | 5.31 | +0.62 | +0.93 | G8 III CN 1 CH 0.5 Fe−1 |
| | 641 | 02 14 52.3 | +58 38 14 | s | 6.44 | +0.23 | +0.60 | A3 Iab |
| φ Eri | 674 | 02 17 05.9 | −51 26 11 | d | 3.56 | −0.39 | −0.12 | B8 V |
| 67 Cet | 666 | 02 17 48.5 | −06 20 48 | | 5.51 | +0.76 | +0.96 | G8.5 III |
| 9 γ Tri | 664 | 02 18 18.0 | +33 55 22 | | 4.01 | +0.02 | +0.02 | A0 IV–Vn |
| 68 ο Cet | 681 | 02 20 10.9 | −02 54 12 | vd | 2 – 10 | +1.09 | +1.42 | M5.5–9e III + pec |
| 62 And | 670 | 02 20 21.2 | +47 27 19 | | 5.30 | 0.00 | −0.01 | A1 V |
| δ Hyi | 705 | 02 22 02.8 | −68 35 05 | | 4.09 | +0.05 | +0.03 | A1 Va |
| κ Hyi | 715 | 02 22 59.0 | −73 34 16 | | 5.01 | +1.04 | +1.09 | K1 III |
| κ For | 695 | 02 23 17.8 | −23 44 30 | | 5.20 | +0.12 | +0.60 | G0 Va |
| λ Hor | 714 | 02 25 21.6 | −60 14 19 | | 5.35 | +0.06 | +0.39 | F2 IV–V |
| 72 ρ Cet | 708 | 02 26 44.9 | −12 13 00 | | 4.89 | −0.07 | −0.03 | A0 III–IVn |
| κ Eri | 721 | 02 27 35.4 | −47 37 49 | b | 4.25 | −0.50 | −0.14 | B5 IV |
| 73 ξ² Cet | 718 | 02 29 02.3 | +08 32 00 | b | 4.28 | −0.12 | −0.06 | A0 III⁻ |
| 12 Tri | 717 | 02 29 08.3 | +29 44 32 | | 5.30 | +0.10 | +0.30 | F0 III |
| ι Cas | 707 | 02 30 26.9 | +67 28 32 | vd | 4.52 | +0.06 | +0.12 | A5p Sr |
| μ Hyi | 776 | 02 31 22.0 | −79 02 14 | | 5.28 | +0.73 | +0.98 | G8 III |
| 76 σ Cet | 740 | 02 32 52.2 | −15 10 23 | | 4.75 | −0.02 | +0.45 | F4 IV |
| 14 Tri | 736 | 02 33 06.9 | +36 13 10 | | 5.15 | +1.78 | +1.47 | K5 III |
| 78 ν Cet | 754 | 02 36 44.5 | +05 39 52 | dbm | 4.97 | +0.56 | +0.87 | G8 III |
| | 753 | 02 36 59.3 | +06 57 53 | sdb | 5.82 | +0.81 | +0.98 | K3⁻ V |
| | 743 | 02 39 38.3 | +72 53 20 | | 5.16 | +0.58 | +0.88 | G8 III |
| 32 ν Ari | 773 | 02 39 45.4 | +22 01 55 | b | 5.46 | +0.16 | +0.16 | A7 V |
| ε Hyi | 806 | 02 39 50.9 | −68 11 47 | | 4.11 | −0.14 | −0.06 | B9 V |
| 82 δ Cet | 779 | 02 40 19.8 | +00 23 56 | vb | 4.07 | −0.87 | −0.22 | B2 IV |
| ζ Hor | 802 | 02 41 10.4 | −54 28 47 | b | 5.21 | −0.01 | +0.40 | F4 IV |
| ι Eri | 794 | 02 41 19.1 | −39 47 07 | | 4.11 | +0.74 | +1.02 | K0.5 IIIb Fe−0.5 |
| 86 γ Cet | 804 | 02 44 09.4 | +03 18 16 | dm | 3.47 | +0.07 | +0.09 | A2 Va |
| 35 Ari | 801 | 02 44 25.5 | +27 46 35 | b | 4.66 | −0.62 | −0.13 | B3 V |
| 89 π Cet | 811 | 02 44 54.5 | −13 47 22 | b | 4.25 | −0.45 | −0.14 | B7 V |
| 14 Per | 800 | 02 45 10.1 | +44 21 58 | | 5.43 | +0.65 | +0.90 | G0 Ib Ca 1 |
| 13 θ Per | 799 | 02 45 20.1 | +49 17 50 | d | 4.12 | 0.00 | +0.49 | F7 V |
| 87 μ Cet | 813 | 02 45 50.2 | +10 10 59 | db | 4.27 | +0.08 | +0.31 | F0m F2 V⁺ |
| 1 τ¹ Eri | 818 | 02 45 52.4 | −18 30 12 | b | 4.47 | 0.00 | +0.48 | F5 V |
| β For | 841 | 02 49 46.9 | −32 20 14 | d | 4.46 | +0.69 | +0.99 | G8.5 III Fe−0.5 |
| 41 Ari | 838 | 02 50 57.6 | +27 19 39 | db | 3.63 | −0.37 | −0.10 | B8 Vn |

| Designation | | BS=HR No. | Right Ascension | Declination | Notes | V | U–B | B–V | Spectral Type |
|---|---|---|---|---|---|---|---|---|---|
| | | | h m s | ° ′ ″ | | | | | |
| 16 | Per | 840 | 02 51 37.9 | +38 23 08 | d | 4.23 | +0.08 | +0.34 | F1 V+ |
| 2 | τ² Eri | 850 | 02 51 47.3 | −20 56 12 | d | 4.75 | +0.63 | +0.91 | K0 III |
| 15 | η Per | 834 | 02 51 54.7 | +55 57 46 | db | 3.76 | +1.89 | +1.68 | K3⁻ Ib–IIa |
| 1 | α UMi | 424 | 02 52 14.5 | +89 20 02 | vdbn58 | 2.02 | +0.38 | +0.60 | F5–8 Ib |
| 43 | σ Ari | 847 | 02 52 24.4 | +15 08 57 | | 5.49 | −0.43 | −0.09 | B7 V |
| | R Hor | 868 | 02 54 25.7 | −49 49 22 | v | 5 – 14 | +0.43 | +2.11 | gM6.5e: |
| 18 | τ Per | 854 | 02 55 26.3 | +52 49 44 | cdb | 3.95 | +0.46 | +0.74 | G5 III + A4 V |
| 3 | η Eri | 874 | 02 57 14.1 | −08 50 00 | | 3.89 | +1.00 | +1.11 | K1 IIIb |
| | | 875 | 02 57 27.1 | −03 38 48 | b | 5.17 | +0.05 | +0.08 | A3 Vn |
| | θ¹ Eri | 897 | 02 58 53.2 | −40 14 21 | dbn07 | 3.24 | +0.14 | +0.14 | A5 IV |
| 24 | Per | 882 | 03 00 05.3 | +35 14 54 | | 4.93 | +1.29 | +1.23 | K2 III |
| 91 | λ Cet | 896 | 03 00 36.1 | +08 58 20 | | 4.70 | −0.45 | −0.12 | B6 III |
| | θ Hyi | 939 | 03 02 18.2 | −71 50 17 | dm | 5.53 | −0.51 | −0.14 | B9 IVp |
| 11 | τ³ Eri | 919 | 03 03 07.2 | −23 33 38 | | 4.09 | +0.08 | +0.16 | A4 V |
| 92 | α Cet | 911 | 03 03 08.6 | +04 09 13 | n08 | 2.53 | +1.94 | +1.64 | M1.5 IIIa |
| | μ Hor | 934 | 03 04 00.3 | −59 40 27 | | 5.11 | −0.03 | +0.34 | F0 IV–V |
| 23 | γ Per | 915 | 03 06 00.1 | +53 34 11 | cdb | 2.93 | +0.45 | +0.70 | G5 III + A2 V |
| 25 | ρ Per | 921 | 03 06 14.4 | +38 54 11 | v | 3.39 | +1.79 | +1.65 | M4 II |
| | | 881 | 03 08 24.7 | +79 28 53 | db | 5.49 | | +1.57 | M2 IIIab |
| 26 | β Per | 936 | 03 09 14.9 | +41 01 05 | cvdb | 2.12 | −0.37 | −0.05 | B8 V + F: |
| | ι Per | 937 | 03 10 16.0 | +49 40 30 | d | 4.05 | +0.12 | +0.59 | G0 V |
| 27 | κ Per | 941 | 03 10 37.0 | +44 55 08 | db | 3.80 | +0.83 | +0.98 | K0 III |
| 57 | δ Ari | 951 | 03 12 34.6 | +19 47 17 | | 4.35 | +0.87 | +1.03 | K0 III |
| | α For | 963 | 03 12 46.7 | −28 55 25 | dm | 3.87 | +0.02 | +0.52 | F6 V |
| | TW Hor | 977 | 03 12 58.3 | −57 15 37 | s | 5.74 | +2.83 | +2.28 | C6:,2.5 Ba2 Y4 |
| 94 | Cet | 962 | 03 13 37.1 | −01 08 07 | dm | 5.06 | +0.12 | +0.57 | G0 IV |
| 58 | ζ Ari | 972 | 03 15 51.2 | +21 06 16 | | 4.89 | −0.01 | −0.01 | A0.5 Va+ |
| 13 | ζ Eri | 984 | 03 16 38.2 | −08 45 34 | b | 4.80 | +0.09 | +0.23 | A5m: |
| 29 | Per | 987 | 03 19 48.8 | +50 16 53 | sb | 5.15 | −0.06 | −0.05 | B3 V |
| 96 | κ Cet | 996 | 03 20 13.7 | +03 25 47 | dasv | 4.83 | +0.19 | +0.68 | G5 V |
| 16 | τ⁴ Eri | 1003 | 03 20 15.1 | −21 41 55 | d | 3.69 | +1.81 | +1.62 | M3+ IIIa Ca−1 |
| | | 1008 | 03 20 35.2 | −43 00 27 | | 4.27 | +0.22 | +0.71 | G8 V |
| | | 999 | 03 21 20.5 | +29 06 26 | | 4.47 | +1.79 | +1.55 | K3 IIIa Ba 0.5 |
| 61 | τ Ari | 1005 | 03 22 11.0 | +21 12 20 | dv | 5.28 | −0.52 | −0.07 | B5 IV |
| | | 961 | 03 22 29.1 | +77 47 35 | d | 5.45 | +0.11 | +0.19 | A5 III: |
| 33 | α Per | 1017 | 03 25 30.6 | +49 55 07 | dasn09 | 1.79 | +0.37 | +0.48 | F5 Ib |
| 1 | o Tau | 1030 | 03 25 42.2 | +09 05 09 | b | 3.60 | +0.61 | +0.89 | G6 IIIa Fe−1 |
| | | 1009 | 03 26 07.6 | +64 38 36 | | 5.23 | +2.06 | +2.08 | M0 II |
| | | 1029 | 03 27 08.1 | +49 10 39 | sv | 6.09 | −0.49 | −0.07 | B7 V |
| 2 | ξ Tau | 1038 | 03 28 03.9 | +09 47 21 | db | 3.74 | −0.33 | −0.09 | B9 Vn |
| | κ Ret | 1083 | 03 29 40.2 | −62 52 47 | d | 4.72 | −0.04 | +0.40 | F5 IV–V |
| | | 1035 | 03 30 25.1 | +59 59 47 | vd | 4.21 | −0.24 | +0.41 | B9 Ia |
| | | 1040 | 03 31 14.5 | +58 56 04 | asb | 4.54 | −0.11 | +0.56 | A0 Ia |
| 17 | Eri | 1070 | 03 31 26.3 | −05 01 10 | | 4.73 | −0.27 | −0.09 | B9 Vs |
| 35 | σ Per | 1052 | 03 31 44.7 | +48 03 03 | | 4.36 | +1.54 | +1.35 | K3 III |
| 5 | Tau | 1066 | 03 31 47.2 | +12 59 32 | b | 4.11 | +1.02 | +1.12 | K0⁻ II–III Fe−0.5 |
| 18 | ε Eri | 1084 | 03 33 42.6 | −09 24 12 | das | 3.73 | +0.59 | +0.88 | K2 V |
| 19 | τ⁵ Eri | 1088 | 03 34 31.0 | −21 34 42 | b | 4.27 | −0.35 | −0.11 | B8 V |
| 20 EG | Eri | 1100 | 03 37 02.6 | −17 24 48 | dv | 5.23 | −0.49 | −0.13 | B9p Si |
| 37 | ψ Per | 1087 | 03 37 40.2 | +48 14 46 | | 4.23 | −0.57 | −0.06 | B5 Ve |

| Designation | | BS=HR No. | Right Ascension | Declination | Notes | V | U–B | B–V | Spectral Type |
|---|---|---|---|---|---|---|---|---|---|
| | | | h m s | ° ′ ″ | | | | | |
| | | 1106 | 03 37 41.3 | −40 13 16 | | 4.58 | +0.77 | +1.04 | K1 III |
| 10 | Tau | 1101 | 03 37 43.0 | +00 27 11 | | 4.28 | +0.07 | +0.58 | F9 IV–V |
| δ | For | 1134 | 03 42 54.3 | −31 53 11 | b | 5.00 | −0.60 | −0.16 | B5 IV |
| BD | Cam | 1105 | 03 43 36.1 | +63 16 07 | b | 5.10 | +1.82 | +1.63 | S3.5/2 |
| 23 δ | Eri | 1136 | 03 44 02.4 | −09 42 31 | | 3.54 | +0.69 | +0.92 | K0$^+$ IV |
| 39 δ | Per | 1122 | 03 44 06.4 | +47 50 20 | db | 3.01 | −0.51 | −0.13 | B5 III |
| β | Ret | 1175 | 03 44 24.7 | −64 45 19 | db | 3.85 | +1.10 | +1.13 | K2 III |
| 24 | Eri | 1146 | 03 45 20.9 | −01 06 43 | b | 5.25 | −0.39 | −0.10 | B7 V |
| 38 o | Per | 1131 | 03 45 21.5 | +32 20 21 | vdb | 3.83 | −0.75 | +0.05 | B1 III |
| 17 | Tau | 1142 | 03 45 51.5 | +24 09 51 | b | 3.70 | −0.40 | −0.11 | B6 III |
| 19 | Tau | 1145 | 03 46 11.6 | +24 31 04 | db | 4.30 | −0.46 | −0.11 | B6 IV |
| 41 ν | Per | 1135 | 03 46 19.2 | +42 37 46 | d | 3.77 | +0.31 | +0.42 | F5 II |
| 29 | Tau | 1153 | 03 46 33.2 | +06 06 02 | db | 5.35 | −0.61 | −0.12 | B3 V |
| 20 | Tau | 1149 | 03 46 48.7 | +24 25 05 | sb | 3.87 | −0.40 | −0.07 | B7 IIIp |
| 26 π | Eri | 1162 | 03 46 55.4 | −12 03 03 | | 4.42 | +2.01 | +1.63 | M2$^-$ IIIab |
| γ | Hyi | 1208 | 03 47 00.1 | −74 11 17 | | 3.24 | +1.99 | +1.62 | M2 III |
| 23 v971 | Tau | 1156 | 03 47 18.5 | +23 59 55 | | 4.18 | −0.42 | −0.06 | B6 IV |
| 27 τ$^6$ | Eri | 1173 | 03 47 33.5 | −23 12 07 | | 4.23 | 0.00 | +0.42 | F3 III |
| 25 η | Tau | 1165 | 03 48 28.1 | +24 09 18 | d | 2.87 | −0.34 | −0.09 | B7 IIIn |
| | | 1195 | 03 50 04.3 | −36 09 04 | | 4.17 | +0.69 | +0.95 | G7 IIIa |
| 27 | Tau | 1178 | 03 50 08.8 | +24 06 10 | db | 3.63 | −0.36 | −0.09 | B8 III |
| BE | Cam | 1155 | 03 51 02.9 | +65 34 31 | | 4.47 | +2.13 | +1.88 | M2$^+$ IIab |
| γ | Cam | 1148 | 03 52 07.6 | +71 22 52 | d | 4.63 | +0.07 | +0.03 | A1 IIIn |
| 44 ζ | Per | 1203 | 03 55 10.4 | +31 55 53 | sdbm | 2.85 | −0.77 | +0.12 | B1 Ib |
| 34 γ | Eri | 1231 | 03 58 48.0 | −13 27 45 | d | 2.95 | +1.96 | +1.59 | M0.5 IIIb Ca−1 |
| 45 ε | Per | 1220 | 03 58 58.0 | +40 03 24 | sdbm | 2.89 | −0.95 | −0.20 | B0.5 IV |
| δ | Ret | 1247 | 03 59 00.6 | −61 21 14 | | 4.56 | +1.96 | +1.62 | M1 III |
| 46 ξ | Per | 1228 | 04 00 02.4 | +35 50 14 | b | 4.04 | −0.92 | +0.01 | O7.5 IIIf |
| 35 λ | Tau | 1239 | 04 01 35.8 | +12 32 09 | vb | 3.47 | −0.62 | −0.12 | B3 V |
| 35 | Eri | 1244 | 04 02 22.3 | −01 30 16 | | 5.28 | −0.55 | −0.15 | B5 V |
| 38 ν | Tau | 1251 | 04 04 02.2 | +06 02 02 | | 3.91 | +0.07 | +0.03 | A1 Va |
| 37 | Tau | 1256 | 04 05 40.4 | +22 07 33 | d | 4.36 | +0.95 | +1.07 | K0 III |
| 47 λ | Per | 1261 | 04 07 49.2 | +50 23 40 | | 4.29 | −0.04 | −0.02 | A0 IIIn |
| | | 1279 | 04 08 38.2 | +15 12 21 | sdb | 6.01 | +0.02 | +0.40 | F3 V |
| 48 MX | Per | 1273 | 04 09 51.9 | +47 45 18 | | 4.04 | −0.55 | −0.03 | B3 Ve |
| 43 | Tau | 1283 | 04 10 07.8 | +19 39 06 | | 5.50 | | +1.07 | K1 III |
| | | 1270 | 04 10 52.1 | +59 57 01 | s | 6.32 | +0.92 | +1.16 | G8 IIa |
| 44 IM | Tau | 1287 | 04 11 50.3 | +26 31 22 | v | 5.41 | +0.06 | +0.34 | F2 IV–V |
| 38 o$^1$ | Eri | 1298 | 04 12 40.3 | −06 47 44 | | 4.04 | +0.13 | +0.33 | F1 IV |
| α | Hor | 1326 | 04 14 33.0 | −42 15 16 | | 3.86 | +1.00 | +1.10 | K2 III |
| α | Ret | 1336 | 04 14 38.5 | −62 25 58 | db | 3.35 | +0.63 | +0.91 | G8 II–III |
| 40 o$^2$ | Eri | 1325 | 04 16 01.9 | −07 37 41 | d | 4.43 | +0.45 | +0.82 | K0.5 V |
| 51 μ | Per | 1303 | 04 16 06.9 | +48 26 59 | dbm | 4.14 | +0.64 | +0.95 | G0 Ib |
| 49 μ | Tau | 1320 | 04 16 25.9 | +08 55 57 | b | 4.29 | −0.53 | −0.06 | B3 IV |
| γ | Dor | 1338 | 04 16 27.6 | −51 26 44 | v | 4.25 | +0.03 | +0.30 | F1 V$^+$ |
| 48 | Tau | 1319 | 04 16 42.6 | +15 26 27 | sd | 6.32 | +0.02 | +0.40 | F3 V |
| ε | Ret | 1355 | 04 16 46.3 | −59 15 46 | d | 4.44 | +1.07 | +1.08 | K2 IV |
| 41 | Eri | 1347 | 04 18 31.2 | −33 45 32 | dbm | 3.56 | −0.37 | −0.12 | B9p Mn |
| 54 γ | Tau | 1346 | 04 20 44.1 | +15 39 59 | db | 3.63 | +0.82 | +0.99 | G9.5 IIIab CN 0.5 |
| 57 v483 | Tau | 1351 | 04 20 53.6 | +14 04 26 | sdb | 5.59 | +0.08 | +0.28 | F0 IV |

| Designation | | | BS=HR No. | Right Ascension | Declination | Notes | V | U–B | B–V | Spectral Type |
|---|---|---|---|---|---|---|---|---|---|---|
| | | | | h m s | ° ′ ″ | | | | | |
| | | | 1367 | 04 21 22.2 | −20 36 04 | | 5.38 | | −0.02 | A1 V |
| 54 | | Per | 1343 | 04 21 29.1 | +34 36 19 | d | 4.93 | +0.69 | +0.94 | G8 III Fe 0.5 |
| | η | Ret | 1395 | 04 22 04.3 | −63 20 51 | | 5.24 | +0.69 | +0.96 | G8 III |
| | | | 1327 | 04 22 14.3 | +65 10 43 | s | 5.27 | +0.47 | +0.81 | G5 IIb |
| 61 | δ | Tau | 1373 | 04 23 53.3 | +17 34 48 | db | 3.76 | +0.82 | +0.98 | G9.5 III CN 0.5 |
| 63 | | Tau | 1376 | 04 24 22.0 | +16 48 52 | csb | 5.64 | +0.13 | +0.30 | F0m |
| 42 | ξ | Eri | 1383 | 04 24 30.2 | −03 42 30 | b | 5.17 | +0.08 | +0.08 | A2 V |
| 43 | | Eri | 1393 | 04 24 39.5 | −33 58 46 | | 3.96 | +1.80 | +1.49 | K3.5⁻ IIIb |
| 65 | κ¹ | Tau | 1387 | 04 26 21.3 | +22 19 49 | db | 4.22 | +0.13 | +0.13 | A5 IV−V |
| 68 v776 | | Tau | 1389 | 04 26 26.8 | +17 57 52 | db | 4.29 | +0.08 | +0.05 | A2 IV−Vs |
| 71 v777 | | Tau | 1394 | 04 27 17.3 | +15 39 16 | db | 4.49 | +0.14 | +0.25 | F0n IV−V |
| 69 | υ | Tau | 1392 | 04 27 17.9 | +22 50 59 | db | 4.28 | +0.14 | +0.26 | A9 IV⁻n |
| 77 | θ¹ | Tau | 1411 | 04 29 31.2 | +15 59 51 | db | 3.84 | +0.73 | +0.95 | G9 III Fe−0.5 |
| 74 | ε | Tau | 1409 | 04 29 34.9 | +19 12 57 | d | 3.53 | +0.88 | +1.01 | G9.5 III CN 0.5 |
| 78 | θ² | Tau | 1412 | 04 29 36.4 | +15 54 22 | sdb | 3.40 | +0.13 | +0.18 | A7 III |
| | δ | Cae | 1443 | 04 31 20.5 | −44 55 08 | | 5.07 | −0.78 | −0.19 | B2 IV−V |
| 50 | υ¹ | Eri | 1453 | 04 34 09.4 | −29 44 02 | | 4.51 | +0.72 | +0.98 | K0⁺ III Fe−0.5 |
| | α | Dor | 1465 | 04 34 21.3 | −55 00 41 | vdm | 3.27 | −0.35 | −0.10 | A0p Si |
| 86 | ρ | Tau | 1444 | 04 34 47.2 | +14 52 40 | b | 4.65 | +0.08 | +0.25 | A9 V |
| 52 | υ² | Eri | 1464 | 04 36 11.6 | −30 31 46 | | 3.82 | +0.72 | +0.98 | G8.5 IIIa |
| 88 | | Tau | 1458 | 04 36 33.7 | +10 11 36 | db | 4.25 | +0.11 | +0.18 | A5m |
| 87 | α | Tau | 1457 | 04 36 52.2 | +16 32 28 | sdbn10 | 0.85 | +1.90 | +1.54 | K5⁺ III |
| | R | Dor | 1492 | 04 36 57.3 | −62 02 42 | vsd | 5.40 | +0.86 | +1.58 | M8e III: |
| 48 | ν | Eri | 1463 | 04 37 08.7 | −03 19 11 | vdb | 3.93 | −0.89 | −0.21 | B2 III |
| 58 | | Per | 1454 | 04 37 50.3 | +41 17 50 | cb | 4.25 | +0.82 | +1.22 | K0 II−III + B9 V |
| 53 | | Eri | 1481 | 04 38 56.2 | −14 16 22 | dbm | 3.87 | +1.01 | +1.09 | K1.5 IIIb |
| 90 | | Tau | 1473 | 04 39 04.9 | +12 32 34 | db | 4.27 | +0.13 | +0.12 | A5 IV−V |
| | α | Cae | 1502 | 04 41 05.7 | −41 49 59 | d | 4.45 | +0.01 | +0.34 | F1 V |
| 54 DM | | Eri | 1496 | 04 41 09.9 | −19 38 27 | d | 4.32 | +1.81 | +1.61 | M3 II−III |
| | β | Cae | 1503 | 04 42 38.5 | −37 06 46 | | 5.05 | +0.04 | +0.37 | F2 V |
| 94 | τ | Tau | 1497 | 04 43 14.3 | +22 59 14 | dbm | 4.28 | −0.57 | −0.13 | B3 V |
| 57 | μ | Eri | 1520 | 04 46 19.7 | −03 13 32 | b | 4.02 | −0.60 | −0.15 | B4 IV |
| 4 | | Cam | 1511 | 04 49 23.2 | +56 47 05 | d | 5.30 | +0.15 | +0.25 | Am |
| 1 | π³ | Ori | 1543 | 04 50 44.2 | +06 59 20 | adb | 3.19 | −0.01 | +0.45 | F6 V |
| | | | 1533 | 04 51 01.5 | +37 30 57 | | 4.88 | +1.70 | +1.44 | K3.5 III |
| 2 | π² | Ori | 1544 | 04 51 30.8 | +08 55 38 | b | 4.36 | 0.00 | +0.01 | A0.5 IVn |
| 3 | π⁴ | Ori | 1552 | 04 52 05.2 | +05 37 56 | sb | 3.69 | −0.81 | −0.17 | B2 III |
| 97 v480 | | Tau | 1547 | 04 52 20.5 | +18 52 00 | d | 5.10 | +0.12 | +0.21 | A9 V⁺ |
| 4 | o¹ | Ori | 1556 | 04 53 28.1 | +14 16 37 | cv | 4.74 | +2.03 | +1.84 | S3.5/1⁻ |
| 61 | ω | Eri | 1560 | 04 53 42.4 | −05 25 34 | b | 4.39 | +0.16 | +0.25 | A9 IV |
| | η | Men | 1629 | 04 54 43.5 | −74 54 39 | | 5.47 | +1.83 | +1.52 | K4 III |
| 8 | π⁵ | Ori | 1567 | 04 55 06.7 | +02 27 59 | vb | 3.72 | −0.83 | −0.18 | B2 III |
| 9 | α | Cam | 1542 | 04 55 42.1 | +66 22 06 | | 4.29 | −0.88 | +0.03 | O9.5 Ia |
| 9 | o² | Ori | 1580 | 04 57 18.0 | +13 32 21 | d | 4.07 | +1.11 | +1.15 | K2⁻ III Fe−1 |
| 3 | ι | Aur | 1577 | 04 58 04.2 | +33 11 27 | a | 2.69 | +1.78 | +1.53 | K3 II |
| 7 | | Cam | 1568 | 04 58 36.9 | +53 46 36 | dbm | 4.47 | −0.01 | −0.02 | A0m A1 III |
| 10 | π⁶ | Ori | 1601 | 04 59 24.3 | +01 44 17 | | 4.47 | +1.55 | +1.40 | K2⁻ II |
| 7 | ε | Aur | 1605 | 05 03 09.4 | +43 50 46 | vdb | 2.99 | +0.33 | +0.54 | A9 Ia |
| 8 | ζ | Aur | 1612 | 05 03 38.1 | +41 05 54 | cdvb | 3.75 | +0.38 | +1.22 | K5 II + B5 V |
| 102 | ι | Tau | 1620 | 05 04 05.0 | +21 36 44 | | 4.64 | +0.15 | +0.16 | A7 IV |

| Designation | | | BS=HR No. | Right Ascension | Declination | Notes | $V$ | $U–B$ | $B–V$ | Spectral Type |
|---|---|---|---|---|---|---|---|---|---|---|
| | | | | h m s | ° ′ ″ | | | | | |
| 10 | $\beta$ | Cam | 1603 | 05 04 53.6 | +60 27 52 | d | 4.03 | +0.63 | +0.92 | G1 Ib–IIa |
| | $\eta^2$ | Pic | 1663 | 05 05 23.7 | −49 33 22 | | 5.03 | +1.88 | +1.49 | K5 III |
| 11 v1032 | | Ori | 1638 | 05 05 30.8 | +15 25 33 | v | 4.68 | −0.09 | −0.06 | A0p Si |
| | $\zeta$ | Dor | 1674 | 05 05 47.7 | −57 27 02 | | 4.72 | −0.04 | +0.52 | F7 V |
| 2 | $\epsilon$ | Lep | 1654 | 05 06 09.6 | −22 20 59 | | 3.19 | +1.78 | +1.46 | K4 III |
| 10 | $\eta$ | Aur | 1641 | 05 07 40.5 | +41 15 19 | a | 3.17 | −0.67 | −0.18 | B3 V |
| 67 | $\beta$ | Eri | 1666 | 05 08 39.7 | −05 03 58 | d | 2.79 | +0.10 | +0.13 | A3 IVn |
| 69 | $\lambda$ | Eri | 1679 | 05 09 56.2 | −08 44 03 | | 4.27 | −0.90 | −0.19 | B2 IVn |
| 16 | | Ori | 1672 | 05 10 14.2 | +09 50 58 | db | 5.43 | +0.16 | +0.24 | A9m |
| 3 | $\iota$ | Lep | 1696 | 05 13 04.1 | −11 51 02 | d | 4.45 | −0.40 | −0.10 | B9 V: |
| 5 | $\mu$ | Lep | 1702 | 05 13 40.4 | −16 11 13 | s | 3.31 | −0.39 | −0.11 | B9p Hg Mn |
| | $\theta$ | Dor | 1744 | 05 13 44.9 | −67 10 00 | | 4.83 | +1.39 | +1.28 | K2.5 IIIa |
| 4 | $\kappa$ | Lep | 1705 | 05 13 59.6 | −12 55 22 | dm | 4.36 | −0.37 | −0.10 | B7 V |
| 17 | $\rho$ | Ori | 1698 | 05 14 09.3 | +02 52 47 | dbm | 4.46 | +1.16 | +1.19 | K1 III CN 0.5 |
| 11 | $\mu$ | Aur | 1689 | 05 14 33.6 | +38 30 09 | | 4.86 | +0.09 | +0.18 | A7m |
| 19 | $\beta$ | Ori | 1713 | 05 15 19.9 | −08 11 01 | vdasbn11 | 0.12 | −0.66 | −0.03 | B8 Ia |
| 13 | $\alpha$ | Aur | 1708 | 05 17 54.7 | +46 00 47 | cdbmn12 | 0.08 | +0.44 | +0.80 | G6 III + G2 III |
| | $o$ | Col | 1743 | 05 18 04.8 | −34 52 48 | | 4.83 | +0.80 | +1.00 | K0/1 III/IV |
| 20 | $\tau$ | Ori | 1735 | 05 18 24.5 | −06 49 40 | sdb | 3.60 | −0.47 | −0.11 | B5 III |
| | $\zeta$ | Pic | 1767 | 05 19 46.5 | −50 35 20 | | 5.45 | +0.01 | +0.51 | F7 III–IV |
| 15 | $\lambda$ | Aur | 1729 | 05 20 18.2 | +40 06 43 | d | 4.71 | +0.12 | +0.63 | G1.5 IV–V Fe−1 |
| 6 | $\lambda$ | Lep | 1756 | 05 20 20.2 | −13 09 39 | | 4.29 | −1.03 | −0.26 | B0.5 IV |
| 22 | | Ori | 1765 | 05 22 36.3 | −00 22 03 | b | 4.73 | −0.79 | −0.17 | B2 IV–V |
| 29 | | Ori | 1784 | 05 24 44.6 | −07 47 39 | | 4.14 | +0.69 | +0.96 | G8 III Fe−0.5 |
| | | | 1686 | 05 25 18.4 | +79 14 47 | d | 5.05 | −0.13 | +0.47 | F7 Vs |
| 28 | $\eta$ | Ori | 1788 | 05 25 18.4 | −02 22 59 | cdvb | 3.36 | −0.92 | −0.17 | B1 IV + B |
| 24 | $\gamma$ | Ori | 1790 | 05 26 01.0 | +06 21 48 | dbn13 | 1.64 | −0.87 | −0.22 | B2 III |
| 112 | $\beta$ | Tau | 1791 | 05 27 20.2 | +28 37 12 | sdn14 | 1.65 | −0.49 | −0.13 | B7 III |
| 115 | | Tau | 1808 | 05 28 07.9 | +17 58 30 | d | 5.42 | −0.53 | −0.10 | B5 V |
| 9 | $\beta$ | Lep | 1829 | 05 28 57.2 | −20 44 50 | d | 2.84 | +0.46 | +0.82 | G5 II |
| | | | 1856 | 05 30 36.7 | −47 03 59 | dm | 5.46 | +0.21 | +0.62 | G3 IV |
| | $\gamma$ | Men | 1953 | 05 31 14.5 | −76 19 42 | d | 5.19 | +1.19 | +1.13 | K2 III |
| 32 | | Ori | 1839 | 05 31 40.1 | +05 57 34 | dm | 4.20 | −0.55 | −0.14 | B5 V |
| 17 | | Cam | 1802 | 05 31 44.0 | +63 04 44 | | 5.42 | +2.00 | +1.71 | M1 IIIa |
| | $\epsilon$ | Col | 1862 | 05 31 47.9 | −35 27 33 | | 3.87 | +1.08 | +1.14 | K1 II/III |
| 34 | $\delta$ | Ori | 1852 | 05 32 51.0 | −00 17 17 | dvb | 2.23 | −1.05 | −0.22 | O9.5 II |
| 119 | CE | Tau | 1845 | 05 33 10.9 | +18 36 18 | | 4.38 | +2.21 | +2.07 | M2 Iab–Ib |
| 11 | $\alpha$ | Lep | 1865 | 05 33 27.5 | −17 48 41 | das | 2.58 | +0.23 | +0.21 | F0 Ib |
| | $\beta$ | Dor | 1922 | 05 33 46.2 | −62 28 45 | v | 3.76 | +0.55 | +0.82 | F7–G2 Ib |
| 25 | $\chi$ | Aur | 1843 | 05 33 48.2 | +32 12 10 | b | 4.76 | −0.46 | +0.34 | B5 Iab |
| 37 | $\phi^1$ | Ori | 1876 | 05 35 43.6 | +09 29 58 | db | 4.41 | −0.97 | −0.16 | B0.5 IV–V |
| 39 | $\lambda$ | Ori | 1879 | 05 36 02.9 | +09 56 38 | d | 3.54 | −1.03 | −0.18 | O8 IIIf |
| | v1046 | Ori | 1890 | 05 36 10.9 | −04 29 04 | sdvb | 6.55 | −0.77 | −0.13 | B2 Vh |
| | | | 1891 | 05 36 11.4 | −04 24 53 | ds | 6.24 | −0.70 | −0.15 | B2.5 V |
| 44 | $\iota$ | Ori | 1899 | 05 36 14.5 | −05 54 01 | dsb | 2.77 | −1.08 | −0.24 | O9 III |
| 46 | $\epsilon$ | Ori | 1903 | 05 37 03.1 | −01 11 33 | dasbn15 | 1.70 | −1.04 | −0.19 | B0 Ia |
| 40 | $\phi^2$ | Ori | 1907 | 05 37 48.8 | +09 17 54 | s | 4.09 | +0.64 | +0.95 | K0 IIIb Fe−2 |
| 123 | $\zeta$ | Tau | 1910 | 05 38 37.9 | +21 09 04 | sb | 3.00 | −0.67 | −0.19 | B2 IIIpe (shell) |
| 48 | $\sigma$ | Ori | 1931 | 05 39 34.5 | −02 35 30 | db | 3.81 | −1.01 | −0.24 | O9.5 V |
| | $\alpha$ | Col | 1956 | 05 40 14.8 | −34 03 58 | d | 2.64 | −0.46 | −0.12 | B7 IV |

| Designation | BS=HR No. | Right Ascension | Declination | Notes | V | U–B | B–V | Spectral Type |
|---|---|---|---|---|---|---|---|---|
| | | | h m s | ° ′ ″ | | | | | |
| 50 | ζ | Ori | 1948 | 05 41 35.5 | −01 56 06 | db | 2.03 | −1.04 | −0.21 | O9.5 Ib |
| | δ | Dor | 2015 | 05 44 48.3 | −65 43 46 | | 4.35 | +0.12 | +0.21 | A7 V⁺n |
| 13 | γ | Lep | 1983 | 05 45 09.1 | −22 26 38 | d | 3.60 | 0.00 | +0.47 | F7 V |
| 27 | o | Aur | 1971 | 05 47 10.8 | +49 49 54 | | 5.47 | +0.07 | +0.03 | A0p Cr |
| | β | Pic | 2020 | 05 47 40.6 | −51 03 40 | | 3.85 | +0.10 | +0.17 | A6 V |
| 14 | ζ | Lep | 1998 | 05 47 42.2 | −14 49 01 | b | 3.55 | +0.07 | +0.10 | A2 Van |
| 130 | | Tau | 1990 | 05 48 24.0 | +17 44 02 | | 5.49 | +0.27 | +0.30 | F0 III |
| 53 | κ | Ori | 2004 | 05 48 32.4 | −09 39 54 | | 2.06 | −1.03 | −0.17 | B0.5 Ia |
| | γ | Pic | 2042 | 05 50 07.7 | −56 09 47 | | 4.51 | +0.98 | +1.10 | K1 III |
| | | | 2049 | 05 51 15.7 | −52 06 20 | | 5.17 | +0.72 | +0.99 | G8 III |
| | β | Col | 2040 | 05 51 32.5 | −35 45 47 | | 3.12 | +1.21 | +1.16 | K1.5 III |
| 15 | δ | Lep | 2035 | 05 52 01.9 | −20 52 43 | | 3.81 | +0.68 | +0.99 | K0 III Fe−1.5 CH 0.5 |
| 32 | ν | Aur | 2012 | 05 52 38.1 | +39 09 06 | d | 3.97 | +1.09 | +1.13 | K0 III CN 0.5 |
| 136 | | Tau | 2034 | 05 54 21.9 | +27 36 53 | b | 4.58 | +0.03 | −0.02 | A0 IV |
| 54 | χ¹ | Ori | 2047 | 05 55 21.7 | +20 16 40 | b | 4.41 | +0.07 | +0.59 | G0⁻ V Ca 0.5 |
| 58 | α | Ori | 2061 | 05 56 03.9 | +07 24 32 | vadbn16 | 0.50 | +2.06 | +1.85 | M1−M2 Ia−Iab |
| 30 | ξ | Aur | 2029 | 05 56 13.8 | +55 42 32 | | 4.99 | +0.12 | +0.05 | A1 Va |
| 16 | η | Lep | 2085 | 05 57 09.4 | −14 09 57 | | 3.71 | +0.01 | +0.33 | F1 V |
| | γ | Col | 2106 | 05 58 07.3 | −35 16 57 | d | 4.36 | −0.66 | −0.18 | B2.5 IV |
| | η | Col | 2120 | 05 59 39.1 | −42 48 54 | | 3.96 | +1.08 | +1.14 | G8/K1 II |
| 60 | | Ori | 2103 | 05 59 40.5 | +00 33 12 | db | 5.22 | +0.01 | +0.01 | A1 Vs |
| 34 | β | Aur | 2088 | 06 00 44.4 | +44 56 51 | vdb | 1.90 | +0.05 | +0.03 | A1 IV |
| 37 | θ | Aur | 2095 | 06 00 50.8 | +37 12 44 | vdbm | 2.62 | −0.18 | −0.08 | A0p Si |
| 33 | δ | Aur | 2077 | 06 00 53.2 | +54 17 02 | d | 3.72 | +0.87 | +1.00 | K0⁻ III |
| 35 | π | Aur | 2091 | 06 01 09.6 | +45 56 11 | | 4.26 | +1.83 | +1.72 | M3 II |
| 61 | μ | Ori | 2124 | 06 03 17.5 | +09 38 45 | db | 4.12 | +0.11 | +0.16 | A5m: |
| 62 | χ² | Ori | 2135 | 06 04 54.0 | +20 08 12 | asv | 4.63 | −0.68 | +0.28 | B2 Ia |
| 1 | | Gem | 2134 | 06 05 07.4 | +23 15 39 | dbm | 4.16 | +0.53 | +0.84 | G5 III−IV |
| 17 SS | | Lep | 2148 | 06 05 43.3 | −16 29 12 | sb | 4.93 | +0.12 | +0.24 | Ap (shell) |
| 67 | ν | Ori | 2159 | 06 08 30.9 | +14 45 55 | db | 4.42 | −0.66 | −0.17 | B3 IV |
| | ν | Dor | 2221 | 06 08 37.9 | −68 50 48 | | 5.06 | −0.21 | −0.08 | B8 V |
| | | | 2180 | 06 09 39.5 | −22 25 53 | | 5.50 | | −0.01 | A0 V |
| | α | Men | 2261 | 06 09 44.9 | −74 45 29 | | 5.09 | +0.33 | +0.72 | G5 V |
| | δ | Pic | 2212 | 06 10 37.2 | −54 58 22 | vb | 4.81 | −1.03 | −0.23 | B0.5 IV |
| 70 | ξ | Ori | 2199 | 06 12 52.7 | +14 12 13 | db | 4.48 | −0.65 | −0.18 | B3 IV |
| 36 | | Cam | 2165 | 06 14 30.6 | +65 42 46 | b | 5.38 | +1.47 | +1.34 | K2 II−III |
| 5 | γ | Mon | 2227 | 06 15 39.6 | −06 16 52 | d | 3.98 | +1.41 | +1.32 | K1 III Ba 0.5 |
| 7 | η | Gem | 2216 | 06 15 52.4 | +22 30 02 | vdb | 3.28 | +1.66 | +1.60 | M2.5 III |
| 44 | κ | Aur | 2219 | 06 16 25.8 | +29 29 26 | | 4.35 | +0.80 | +1.02 | G9 IIIb |
| | κ | Col | 2256 | 06 17 08.4 | −35 08 49 | | 4.37 | +0.83 | +1.00 | K0.5 IIIa |
| 74 | | Ori | 2241 | 06 17 22.2 | +12 15 58 | d | 5.04 | −0.02 | +0.42 | F4 IV |
| 7 | | Mon | 2273 | 06 20 30.5 | −07 49 51 | db | 5.27 | −0.75 | −0.19 | B2.5 V |
| | | | 2209 | 06 20 39.7 | +69 18 41 | b | 4.80 | 0.00 | +0.03 | A0 IV⁺nn |
| 1 | ζ | CMa | 2282 | 06 20 56.8 | −30 04 18 | db | 3.02 | −0.72 | −0.19 | B2.5 V |
| 2 UZ | | Lyn | 2238 | 06 21 04.7 | +59 00 11 | | 4.48 | +0.03 | +0.01 | A1 Va |
| | δ | Col | 2296 | 06 22 43.0 | −33 26 44 | b | 3.85 | +0.52 | +0.88 | G7 II |
| 2 | β | CMa | 2294 | 06 23 25.6 | −17 57 55 | svdb | 1.98 | −0.98 | −0.23 | B1 II−III |
| 13 | μ | Gem | 2286 | 06 23 57.5 | +22 30 13 | sd | 2.88 | +1.85 | +1.64 | M3 IIIab |
| | α | Car | 2326 | 06 24 19.1 | −52 42 19 | n17 | −0.72 | +0.10 | +0.15 | A9 II |
| 8 | | Mon | 2298 | 06 24 38.6 | +04 35 00 | db | 4.44 | +0.13 | +0.20 | A6 IV |

| Designation | | | BS=HR No. | Right Ascension | Declination | Notes | V | U–B | B–V | Spectral Type |
|---|---|---|---|---|---|---|---|---|---|---|
| | | | | h m s | ° ′ ″ | | | | | |
| | | | 2305 | 06 24 56.5 | −11 32 24 | | 5.22 | +1.20 | +1.24 | K3 III |
| 46 | $\psi^1$ | Aur | 2289 | 06 26 10.1 | +49 16 40 | b | 4.91 | +2.29 | +1.97 | K5−M0 Iab−Ib |
| 10 | | Mon | 2344 | 06 28 46.5 | −04 46 25 | d | 5.06 | −0.76 | −0.17 | B2 V |
| | λ | CMa | 2361 | 06 28 46.9 | −32 35 29 | | 4.48 | −0.61 | −0.17 | B4 V |
| 18 | ν | Gem | 2343 | 06 29 56.6 | +20 12 01 | db | 4.15 | −0.48 | −0.13 | B6 III |
| 4 | $\xi^1$ | CMa | 2387 | 06 32 32.6 | −23 25 53 | vdb | 4.33 | −0.99 | −0.24 | B1 III |
| | | | 2392 | 06 33 33.3 | −11 10 47 | dsb | 6.24 | +0.78 | +1.11 | G9.5 III: Ba 3 |
| 13 | | Mon | 2385 | 06 33 47.8 | +07 19 11 | | 4.50 | −0.18 | 0.00 | A0 Ib−II |
| | | | 2395 | 06 34 28.2 | −01 14 02 | | 5.10 | −0.56 | −0.14 | B5 Vn |
| | | | 2435 | 06 35 20.4 | −52 59 23 | | 4.39 | −0.15 | −0.02 | A0 II |
| 5 | $\xi^2$ | CMa | 2414 | 06 35 44.9 | −22 58 44 | | 4.54 | −0.03 | −0.05 | A0 III |
| 7 | $\nu^2$ | CMa | 2429 | 06 37 24.2 | −19 16 16 | | 3.95 | +1.01 | +1.06 | K1.5 III−IV Fe 1 |
| | ν | Pup | 2451 | 06 38 16.0 | −43 12 40 | b | 3.17 | −0.41 | −0.11 | B8 IIIn |
| 8 | $\nu^3$ | CMa | 2443 | 06 38 37.0 | −18 15 10 | d | 4.43 | +1.04 | +1.15 | K0.5 III |
| 24 | γ | Gem | 2421 | 06 38 39.8 | +16 23 01 | db | 1.93 | +0.04 | 0.00 | A1 IVs |
| 15 | S | Mon | 2456 | 06 41 53.2 | +09 52 45 | dasb | 4.66 | −1.07 | −0.25 | O7 Vf |
| 30 | | Gem | 2478 | 06 44 55.1 | +13 12 36 | d | 4.49 | +1.16 | +1.16 | K0.5 III CN 0.5 |
| 27 | ε | Gem | 2473 | 06 44 56.8 | +25 06 48 | dasb | 2.98 | +1.46 | +1.40 | G8 Ib |
| | | | 2513 | 06 45 48.9 | −52 13 09 | s | 6.57 | | +1.08 | G5 Iab |
| 9 | α | CMa | 2491 | 06 45 52.8 | −16 44 20 | odbn18 | −1.46 | −0.05 | 0.00 | A0m A1 Va |
| 31 | ξ | Gem | 2484 | 06 46 12.9 | +12 52 35 | | 3.36 | +0.06 | +0.43 | F5 IV |
| | | | 2518 | 06 47 55.3 | −37 56 55 | d | 5.26 | −0.25 | −0.08 | B8/9 V |
| 56 | $\psi^5$ | Aur | 2483 | 06 47 55.6 | +43 33 34 | d | 5.25 | +0.05 | +0.56 | G0 V |
| | α | Pic | 2550 | 06 48 21.6 | −61 57 34 | | 3.27 | +0.13 | +0.21 | A6 Vn |
| 18 | | Mon | 2506 | 06 48 43.3 | +02 23 34 | b | 4.47 | +1.04 | +1.11 | K0+ IIIa |
| 57 | $\psi^6$ | Aur | 2487 | 06 48 54.9 | +48 46 13 | | 5.22 | +1.04 | +1.12 | K0 III |
| | | | 2401 | 06 49 01.3 | +79 32 35 | b | 5.45 | −0.02 | +0.50 | F8 V |
| | v415 | Car | 2554 | 06 50 12.8 | −53 38 32 | b | 4.40 | +0.61 | +0.92 | G4 II |
| | τ | Pup | 2553 | 06 50 20.7 | −50 38 05 | b | 2.93 | +1.21 | +1.20 | K1 III |
| 13 | κ | CMa | 2538 | 06 50 27.5 | −32 31 42 | | 3.96 | −0.92 | −0.23 | B1.5 IVne |
| | ι | Vol | 2602 | 06 51 15.4 | −70 59 01 | | 5.40 | −0.38 | −0.11 | B7 IV |
| | v592 | Mon | 2534 | 06 51 30.0 | −08 03 41 | sv | 6.29 | +0.02 | 0.00 | A2p Sr Cr Eu |
| 34 | θ | Gem | 2540 | 06 53 52.5 | +33 56 23 | db | 3.60 | +0.14 | +0.10 | A3 III−IV |
| 16 | $o^1$ | CMa | 2580 | 06 54 49.1 | −24 12 21 | s | 3.87 | +1.99 | +1.73 | K2 Iab |
| 14 | θ | CMa | 2574 | 06 54 57.4 | −12 03 37 | | 4.07 | +1.70 | +1.43 | K4 III |
| | NP | Pup | 2591 | 06 54 57.9 | −42 23 14 | s | 6.32 | +2.79 | +2.24 | C5,2.5 |
| 43 | | Cam | 2511 | 06 55 28.4 | +68 52 00 | | 5.12 | −0.43 | −0.13 | B7 III |
| 20 | ι | CMa | 2596 | 06 56 52.4 | −17 04 36 | | 4.37 | −0.70 | −0.07 | B3 II |
| 15 | | Lyn | 2560 | 06 58 42.1 | +58 23 57 | dm | 4.35 | +0.52 | +0.85 | G5 III−IV |
| 21 | ε | CMa | 2618 | 06 59 16.5 | −28 59 44 | dn19 | 1.50 | −0.93 | −0.21 | B2 II |
| 22 | σ | CMa | 2646 | 07 02 22.6 | −27 57 34 | d | 3.47 | +1.88 | +1.73 | K7 Ib |
| | | | 2527 | 07 02 27.0 | +76 57 11 | b | 4.55 | +1.66 | +1.36 | K4 III |
| 42 | ω | Gem | 2630 | 07 03 25.0 | +24 11 26 | s | 5.18 | +0.68 | +0.94 | G5 IIa |
| 24 | $o^2$ | CMa | 2653 | 07 03 42.8 | −23 51 30 | vasb | 3.02 | −0.80 | −0.08 | B3 Ia |
| 23 | γ | CMa | 2657 | 07 04 30.3 | −15 39 31 | | 4.12 | −0.48 | −0.12 | B8 II |
| | | | 2666 | 07 04 34.2 | −42 21 45 | db | 5.20 | +0.15 | +0.20 | A9m |
| | v386 | Car | 2683 | 07 04 36.8 | −56 46 31 | v | 5.17 | | −0.04 | Ap Si |
| 43 | ζ | Gem | 2650 | 07 05 05.2 | +20 32 41 | vdb | 3.79 | +0.62 | +0.79 | F9 Ib (var) |
| | $\gamma^2$ | Vol | 2736 | 07 08 36.2 | −70 31 32 | d | 3.78 | +0.88 | +1.04 | G9 III |
| 25 | δ | CMa | 2693 | 07 09 03.8 | −26 25 13 | dasb | 1.84 | +0.54 | +0.68 | F8 Ia |

| Designation | | | BS=HR No. | Right Ascension | Declination | Notes | $V$ | $U-B$ | $B-V$ | Spectral Type |
|---|---|---|---|---|---|---|---|---|---|---|
| | | | | h m s | ° ′ ″ | | | | | |
| 20 | | Mon | 2701 | 07 11 02.9 | −04 15 50 | d | 4.92 | +0.78 | +1.03 | K0 III |
| 46 | τ | Gem | 2697 | 07 12 11.3 | +30 13 00 | dm | 4.41 | +1.41 | +1.26 | K2 III |
| 22 | δ | Mon | 2714 | 07 12 42.4 | −00 31 16 | d | 4.15 | +0.02 | −0.01 | A1 III$^+$ |
| 63 | | Aur | 2696 | 07 12 47.3 | +39 17 32 | b | 4.90 | +1.74 | +1.45 | K3.5 III |
| | QW | Pup | 2740 | 07 13 01.9 | −46 47 15 | | 4.49 | −0.01 | +0.32 | F0 IVs |
| 48 | | Gem | 2706 | 07 13 26.5 | +24 05 59 | s | 5.85 | +0.09 | +0.36 | F5 III−IV |
| | L$_2$ | Pup | 2748 | 07 14 02.6 | −44 40 02 | vd | 5.10 | | +1.56 | M5 IIIe |
| 51 BQ | | Gem | 2717 | 07 14 19.1 | +16 07 47 | d | 5.00 | +1.82 | +1.66 | M4 IIIab |
| 27 EW | | CMa | 2745 | 07 14 55.6 | −26 22 55 | db | 4.66 | −0.71 | −0.19 | B3 IIIep |
| 28 | ω | CMa | 2749 | 07 15 28.8 | −26 48 08 | | 3.85 | −0.73 | −0.17 | B2 IV−Ve |
| | δ | Vol | 2803 | 07 16 49.1 | −67 59 14 | | 3.98 | +0.45 | +0.79 | F9 Ib |
| | π | Pup | 2773 | 07 17 43.5 | −37 07 40 | d | 2.70 | +1.24 | +1.62 | K3 Ib |
| 54 | λ | Gem | 2763 | 07 19 02.4 | +16 30 34 | dbm | 3.58 | +0.10 | +0.11 | A4 IV |
| 30 | τ | CMa | 2782 | 07 19 23.6 | −24 59 08 | vdb | 4.40 | −0.99 | −0.15 | O9 II |
| 55 | δ | Gem | 2777 | 07 21 06.4 | +21 57 02 | dbm | 3.53 | +0.04 | +0.34 | F0 V$^+$ |
| 31 | η | CMa | 2827 | 07 24 44.9 | −29 20 10 | das | 2.45 | −0.72 | −0.08 | B5 Ia |
| 66 | | Aur | 2805 | 07 25 16.9 | +40 38 21 | b | 5.23 | +1.25 | +1.25 | K1 IIIa Fe−1 |
| 60 | ι | Gem | 2821 | 07 26 45.0 | +27 45 50 | | 3.79 | +0.85 | +1.03 | G9 IIIb |
| 3 | β | CMi | 2845 | 07 28 02.7 | +08 15 18 | db | 2.90 | −0.28 | −0.09 | B8 V |
| 4 | γ | CMi | 2854 | 07 29 03.7 | +08 53 27 | db | 4.32 | +1.54 | +1.43 | K3 III Fe−1 |
| | σ | Pup | 2878 | 07 29 45.3 | −43 20 08 | vdb | 3.25 | +1.78 | +1.51 | K5 III |
| 62 | ρ | Gem | 2852 | 07 30 10.3 | +31 45 02 | db | 4.18 | −0.03 | +0.32 | F0 V$^+$ |
| 6 | | CMi | 2864 | 07 30 42.8 | +11 58 16 | | 4.54 | +1.37 | +1.28 | K1 III |
| | | | 2906 | 07 34 45.6 | −22 19 57 | | 4.45 | +0.06 | +0.51 | F6 IV |
| 66 | α$^1$ | Gem | 2891 | 07 35 38.7 | +31 51 01 | odb | 1.98 | +0.01 | +0.03 | A1m A2 Va |
| 66 | α$^2$ | Gem | 2890 | 07 35 39.1 | +31 51 04 | odb | 2.88 | +0.02 | +0.04 | A2m A5 V: |
| | | | 2934 | 07 36 04.2 | −52 34 16 | b | 4.94 | +1.63 | +1.40 | K3 III |
| 69 | υ | Gem | 2905 | 07 36 56.2 | +26 51 28 | d | 4.06 | +1.94 | +1.54 | M0 III−IIIb |
| | | | 2937 | 07 37 58.8 | −35 00 23 | dm | 4.53 | −0.31 | −0.09 | B8 V |
| 25 | | Mon | 2927 | 07 38 05.9 | −04 08 56 | d | 5.13 | +0.12 | +0.44 | F6 III |
| 10 | α | CMi | 2943 | 07 40 10.0 | +05 10 53 | osdbmn20 | 0.38 | +0.02 | +0.42 | F5 IV−V |
| | R | Pup | 2974 | 07 41 31.0 | −31 42 01 | s | 6.56 | +0.85 | +1.18 | G2 0−Ia |
| | ζ | Vol | 3024 | 07 41 36.5 | −72 38 44 | dm | 3.95 | +0.83 | +1.04 | G9 III |
| 26 | α | Mon | 2970 | 07 42 02.1 | −09 35 26 | | 3.93 | +0.88 | +1.02 | G9 III Fe−1 |
| 75 | σ | Gem | 2973 | 07 44 20.5 | +28 50 32 | db | 4.28 | +0.97 | +1.12 | K1 III |
| 24 | | Lyn | 2946 | 07 44 23.7 | +58 40 12 | d | 4.99 | +0.08 | +0.08 | A2 IVn |
| 3 | | Pup | 2996 | 07 44 28.2 | −28 59 42 | b | 3.96 | −0.09 | +0.18 | A2 Ib |
| 77 | κ | Gem | 2985 | 07 45 26.5 | +24 21 26 | adm | 3.57 | +0.69 | +0.93 | G8 III |
| | | | 3017 | 07 45 50.6 | −38 00 34 | | 3.61 | +1.72 | +1.73 | K5 IIa |
| 78 | β | Gem | 2990 | 07 46 19.4 | +27 59 06 | adn21 | 1.14 | +0.85 | +1.00 | K0 IIIb |
| 4 | | Pup | 3015 | 07 46 42.5 | −14 36 18 | | 5.04 | +0.09 | +0.33 | F2 V |
| 81 | | Gem | 3003 | 07 47 04.7 | +18 28 07 | b | 4.88 | +1.75 | +1.45 | K4 III |
| 11 | | CMi | 3008 | 07 47 10.6 | +10 43 37 | b | 5.30 | −0.02 | +0.01 | A0.5 IV$^-$nn |
| | OV | Cep | 2609 | 07 47 38.1 | +86 58 47 | | 5.07 | +1.97 | +1.63 | M2$^-$ IIIab |
| | | | 2999 | 07 47 45.2 | +37 28 34 | | 5.18 | +1.94 | +1.58 | M2$^+$ IIIb |
| | | | 3037 | 07 48 01.4 | −46 39 00 | b | 5.23 | −0.85 | −0.14 | B1.5 IV |
| 80 | π | Gem | 3013 | 07 48 34.0 | +33 22 26 | dm | 5.14 | +1.95 | +1.60 | M1$^+$ IIIa |
| | o | Pup | 3034 | 07 48 46.3 | −25 58 44 | d | 4.50 | −1.02 | −0.05 | B1 IV:nne |
| | | | 3055 | 07 49 44.5 | −46 24 55 | d | 4.11 | −1.01 | −0.18 | B0 III |
| 7 | ξ | Pup | 3045 | 07 49 59.3 | −24 54 07 | db | 3.34 | +1.16 | +1.24 | G6 Iab−Ib |

| Designation | | | BS=HR No. | Right Ascension | Declination | Notes | V | U–B | B–V | Spectral Type |
|---|---|---|---|---|---|---|---|---|---|---|
| | | | | h m s | ° ′ ″ | | | | | |
| 13 | ζ | CMi | 3059 | 07 52 33.3 | +01 43 25 | | 5.14 | −0.49 | −0.12 | B8 II |
| | | | 3080 | 07 52 47.1 | −40 37 09 | cb | 3.73 | +0.78 | +1.04 | K1/2 II + A |
| | QZ | Pup | 3084 | 07 53 13.7 | −38 54 22 | vb | 4.49 | −0.69 | −0.19 | B2.5 V |
| | | | 3090 | 07 53 47.3 | −48 08 48 | | 4.24 | −1.00 | −0.14 | B0.5 Ib |
| 83 | φ | Gem | 3067 | 07 54 30.3 | +26 43 19 | b | 4.97 | +0.10 | +0.09 | A3 IV–V |
| 26 | | Lyn | 3066 | 07 55 54.5 | +47 31 13 | | 5.45 | +1.73 | +1.46 | K3 III |
| | χ | Car | 3117 | 07 57 11.9 | −53 01 38 | | 3.47 | −0.67 | −0.18 | B3p Si |
| 11 | | Pup | 3102 | 07 57 34.1 | −22 55 30 | | 4.20 | +0.42 | +0.72 | F8 II |
| | | | 3113 | 07 58 19.6 | −30 22 47 | | 4.79 | +0.18 | +0.15 | A6 II |
| | V | Pup | 3129 | 07 58 42.9 | −49 17 25 | cvdb | 4.41 | −0.96 | −0.17 | B1 Vp + B2: |
| | | | 3153 | 07 59 54.4 | −60 37 58 | s | 5.17 | +1.91 | +1.74 | M1.5 II |
| 27 | | Mon | 3122 | 08 00 33.6 | −03 43 32 | | 4.93 | +1.21 | +1.21 | K2 III |
| | | | 3131 | 08 00 36.4 | −18 26 43 | | 4.61 | +0.08 | +0.08 | A2 IVn |
| | | | 3075 | 08 02 08.4 | +73 52 17 | | 5.41 | +1.64 | +1.42 | K3 III |
| | | | 3145 | 08 03 07.4 | +02 17 17 | d | 4.39 | +1.28 | +1.25 | K2 IIIb Fe−0.5 |
| | ζ | Pup | 3165 | 08 04 09.9 | −40 03 01 | s | 2.25 | −1.11 | −0.26 | O5 Iafn |
| | χ | Gem | 3149 | 08 04 31.7 | +27 44 49 | db | 4.94 | +1.09 | +1.12 | K1 III |
| | ε | Vol | 3223 | 08 07 58.6 | −68 39 56 | dbm | 4.35 | −0.46 | −0.11 | B6 IV |
| 15 | ρ | Pup | 3185 | 08 08 14.8 | −24 21 10 | vdb | 2.81 | +0.19 | +0.43 | F5 (Ib–II)p |
| 29 | ζ | Mon | 3188 | 08 09 25.4 | −03 01 58 | d | 4.34 | +0.69 | +0.97 | G2 Ib |
| 27 | | Lyn | 3173 | 08 09 41.5 | +51 27 27 | d | 4.84 | 0.00 | +0.05 | A1 Va |
| 16 | | Pup | 3192 | 08 09 45.9 | −19 17 39 | b | 4.40 | −0.60 | −0.15 | B5 IV |
| | γ² | Vel | 3207 | 08 10 02.5 | −47 23 09 | cdb | 1.78 | −0.99 | −0.22 | WC8 + O9I: |
| | NS | Pup | 3225 | 08 11 56.9 | −39 40 06 | b | 4.45 | +1.86 | +1.62 | K4.5 Ib |
| 20 | | Pup | 3229 | 08 14 05.5 | −15 50 20 | | 4.99 | +0.78 | +1.07 | G5 IIa |
| | | | 3182 | 08 14 26.1 | +68 25 25 | | 5.45 | +0.80 | +1.05 | G7 II |
| | | | 3243 | 08 14 38.1 | −40 23 56 | db | 4.44 | +1.09 | +1.17 | K1 II/III |
| 17 | β | Cnc | 3249 | 08 17 24.5 | +09 08 01 | d | 3.52 | +1.77 | +1.48 | K4 III Ba 0.5 |
| | α | Cha | 3318 | 08 18 04.5 | −76 58 17 | | 4.07 | −0.02 | +0.39 | F4 IV |
| | | | 3270 | 08 19 10.4 | −36 42 40 | | 4.45 | +0.11 | +0.22 | A7 IV |
| | θ | Cha | 3340 | 08 20 07.2 | −77 32 14 | d | 4.35 | +1.20 | +1.16 | K2 III CN 0.5 |
| 18 | χ | Cnc | 3262 | 08 21 03.8 | +27 09 47 | | 5.14 | −0.06 | +0.47 | F6 V |
| | | | 3282 | 08 22 02.0 | −33 06 27 | | 4.83 | +1.60 | +1.45 | K2.5 II–III |
| | ε | Car | 3307 | 08 22 51.1 | −59 33 47 | dcn22 | 1.86 | +0.19 | +1.28 | K3: III + B2: V |
| 31 | | Lyn | 3275 | 08 23 57.6 | +43 08 02 | | 4.25 | +1.90 | +1.55 | K4.5 III |
| | | | 3315 | 08 25 46.5 | −24 06 02 | db | 5.28 | +1.83 | +1.48 | K4.5 III CN 1 |
| | β | Vol | 3347 | 08 25 54.7 | −66 11 32 | | 3.77 | +1.14 | +1.13 | K2 III |
| | | | 3314 | 08 26 29.1 | −03 57 40 | | 3.90 | −0.02 | −0.02 | A0 Va |
| 1 | o | UMa | 3323 | 08 31 37.4 | +60 39 41 | sd | 3.37 | +0.52 | +0.85 | G5 III |
| 33 | η | Cnc | 3366 | 08 33 39.6 | +20 23 03 | | 5.33 | +1.39 | +1.25 | K3 III |
| | | | 3426 | 08 38 13.5 | −43 02 51 | | 4.14 | +0.16 | +0.11 | A6 II |
| 4 | δ | Hya | 3410 | 08 38 31.7 | +05 38 43 | db | 4.16 | +0.01 | 0.00 | A1 IVnn |
| 5 | σ | Hya | 3418 | 08 39 37.1 | +03 16 57 | | 4.44 | +1.28 | +1.21 | K1 III |
| | η | Cha | 3502 | 08 40 43.6 | −79 01 21 | | 5.47 | −0.35 | −0.10 | B8 V |
| | β | Pyx | 3438 | 08 40 44.9 | −35 22 03 | db | 3.97 | +0.65 | +0.94 | G4 III |
| | o | Vel | 3447 | 08 40 46.0 | −52 58 51 | vb | 3.62 | −0.64 | −0.18 | B3 IV |
| 6 | | Hya | 3431 | 08 40 48.4 | −12 32 04 | | 4.98 | +1.62 | +1.42 | K4 III |
| | v343 | Car | 3457 | 08 40 58.8 | −59 49 13 | db | 4.33 | −0.80 | −0.11 | B1.5 III |
| | | | 3445 | 08 41 10.5 | −46 42 29 | d | 3.82 | +0.33 | +0.70 | F0 Ia |
| 34 | | Lyn | 3422 | 08 42 09.1 | +45 46 30 | | 5.37 | +0.75 | +0.99 | G8 IV |

| Designation | | | BS=HR No. | Right Ascension | Declination | Notes | V | U–B | B–V | Spectral Type |
|---|---|---|---|---|---|---|---|---|---|---|
| | | | | h m s | ° ′ ″ | | | | | |
| 7 | η | Hya | 3454 | 08 44 05.2 | +03 20 19 | b | 4.30 | −0.74 | −0.20 | B4 V |
| 43 | γ | Cnc | 3449 | 08 44 14.3 | +21 24 29 | db | 4.66 | +0.01 | +0.02 | A1 Va |
| | α | Pyx | 3468 | 08 44 15.4 | −33 14 48 | | 3.68 | −0.88 | −0.18 | B1.5 III |
| | | | 3477 | 08 44 59.3 | −42 42 35 | d | 4.07 | +0.52 | +0.87 | G6 II−III |
| | δ | Vel | 3485 | 08 45 09.6 | −54 46 11 | dm | 1.96 | +0.07 | +0.04 | A1 Va |
| 47 | δ | Cnc | 3461 | 08 45 37.2 | +18 05 34 | d | 3.94 | +0.99 | +1.08 | K0 IIIb |
| | | | 3487 | 08 46 35.2 | −46 06 09 | | 3.91 | −0.05 | 0.00 | A1 II |
| | v344 | Car | 3498 | 08 47 08.1 | −56 49 51 | | 4.49 | −0.73 | −0.17 | B3 Vne |
| 12 | | Hya | 3484 | 08 47 09.3 | −13 36 32 | db | 4.32 | +0.62 | +0.90 | G8 III Fe−1 |
| 11 | ε | Hya | 3482 | 08 47 38.8 | +06 21 27 | cdbm | 3.38 | +0.36 | +0.68 | G5: III + A: |
| 48 | ι | Cnc | 3475 | 08 47 41.5 | +28 41 55 | d | 4.02 | +0.78 | +1.01 | G8 II−III |
| 13 | ρ | Hya | 3492 | 08 49 18.3 | +05 46 33 | db | 4.36 | −0.04 | −0.04 | A0 Vn |
| 14 | KX | Hya | 3500 | 08 50 11.5 | −03 30 18 | | 5.31 | −0.35 | −0.09 | B9p Hg Mn |
| | γ | Pyx | 3518 | 08 51 14.0 | −27 46 18 | | 4.01 | +1.40 | +1.27 | K2.5 III |
| | ζ | Oct | 3678 | 08 53 58.8 | −85 43 36 | | 5.42 | +0.07 | +0.31 | F0 III |
| | | | 3571 | 08 55 25.2 | −60 42 29 | d | 3.84 | −0.45 | −0.10 | B7 II−III |
| 16 | ζ | Hya | 3547 | 08 56 15.9 | +05 52 55 | | 3.11 | +0.80 | +1.00 | G9 IIIa |
| | v376 | Car | 3582 | 08 57 22.6 | −59 17 36 | d | 4.92 | −0.77 | −0.19 | B2 IV−V |
| 65 | α | Cnc | 3572 | 08 59 23.3 | +11 47 35 | db | 4.25 | +0.15 | +0.14 | A5m |
| 9 | ι | UMa | 3569 | 09 00 19.8 | +47 58 33 | db | 3.14 | +0.07 | +0.19 | A7 IVn |
| 64 | σ³ | Cnc | 3575 | 09 00 33.2 | +32 21 12 | d | 5.22 | +0.64 | +0.92 | G8 III |
| | | | 3591 | 09 00 42.4 | −41 19 06 | cb | 4.45 | +0.38 | +0.65 | G8/K1 III + A |
| | | | 3579 | 09 01 42.3 | +41 42 59 | odbm | 3.97 | +0.04 | +0.43 | F7 V |
| | α | Vol | 3615 | 09 02 42.2 | −66 27 44 | b | 4.00 | +0.13 | +0.14 | A5m |
| 8 | ρ | UMa | 3576 | 09 04 00.6 | +67 33 50 | | 4.76 | +1.88 | +1.53 | M3 IIIb Ca 1 |
| | | | 3614 | 09 04 43.5 | −47 09 50 | | 3.75 | +1.22 | +1.20 | K2 III |
| 12 | κ | UMa | 3594 | 09 04 44.7 | +47 05 25 | dm | 3.60 | +0.01 | 0.00 | A0 IIIn |
| | | | 3643 | 09 05 10.8 | −72 40 09 | | 4.48 | +0.22 | +0.61 | F8 II |
| | | | 3612 | 09 07 34.4 | +38 23 07 | | 4.56 | +0.82 | +1.04 | G7 Ib−II |
| | λ | Vel | 3634 | 09 08 36.2 | −43 29 59 | dn23 | 2.21 | +1.81 | +1.66 | K4.5 Ib |
| 76 | κ | Cnc | 3623 | 09 08 38.3 | +10 36 03 | db | 5.24 | −0.43 | −0.11 | B8p Hg Mn |
| 15 | | UMa | 3619 | 09 10 01.6 | +51 32 13 | | 4.48 | +0.12 | +0.27 | F0m |
| 77 | ξ | Cnc | 3627 | 09 10 18.3 | +21 58 40 | db | 5.14 | +0.80 | +0.97 | G9 IIIa Fe−0.5 CH−1 |
| | v357 | Car | 3659 | 09 11 24.1 | −59 02 06 | b | 3.44 | −0.70 | −0.19 | B2 IV−V |
| | | | 3663 | 09 11 39.1 | −62 23 06 | | 3.97 | −0.67 | −0.18 | B3 III |
| | β | Car | 3685 | 09 13 22.5 | −69 47 07 | n24 | 1.68 | +0.03 | 0.00 | A1 III |
| 36 | | Lyn | 3652 | 09 14 52.6 | +43 08 56 | | 5.32 | −0.48 | −0.14 | B8p Mn |
| 22 | θ | Hya | 3665 | 09 15 13.3 | +02 14 38 | db | 3.88 | −0.12 | −0.06 | B9.5 IV (C II) |
| | | | 3696 | 09 16 40.0 | −57 36 40 | | 4.34 | +1.98 | +1.63 | M0.5 III Ba 0.3 |
| | ι | Car | 3699 | 09 17 31.9 | −59 20 41 | | 2.25 | +0.16 | +0.18 | A7 Ib |
| 38 | | Lyn | 3690 | 09 19 52.0 | +36 43 55 | dbm | 3.82 | +0.06 | +0.06 | A2 IV⁻ |
| 40 | α | Lyn | 3705 | 09 22 03.3 | +34 19 19 | | 3.13 | +1.94 | +1.55 | K7 IIIab |
| | θ | Pyx | 3718 | 09 22 13.5 | −26 02 11 | | 4.72 | +2.02 | +1.63 | M0.5 III |
| | κ | Vel | 3734 | 09 22 37.5 | −55 04 54 | b | 2.50 | −0.75 | −0.18 | B2 IV−V |
| 1 | κ | Leo | 3731 | 09 25 36.7 | +26 06 38 | dm | 4.46 | +1.31 | +1.23 | K2 III |
| 30 | α | Hya | 3748 | 09 28 23.9 | −08 43 51 | dn25 | 1.98 | +1.72 | +1.44 | K3 II−III |
| | ε | Ant | 3765 | 09 29 55.7 | −36 01 27 | b | 4.51 | +1.68 | +1.44 | K3 III |
| | ψ | Vel | 3786 | 09 31 21.1 | −40 32 23 | dm | 3.60 | −0.03 | +0.36 | F0 V⁺ |
| | | | 3821 | 09 31 43.1 | −73 09 15 | | 5.47 | +1.75 | +1.56 | K4 III |
| | | | 3803 | 09 31 43.4 | −57 06 27 | | 3.13 | +1.89 | +1.55 | K5 III |

| Designation | | | BS=HR No. | Right Ascension | Declination | Notes | V | U−B | B−V | Spectral Type |
|---|---|---|---|---|---|---|---|---|---|---|
| | | | | h m s | ° ′ ″ | | | | | |
| 4 | λ | Leo | 3773 | 09 32 39.5 | +22 53 40 | | 4.31 | +1.89 | +1.54 | K4.5 IIIb |
| | R | Car | 3816 | 09 32 39.5 | −62 51 44 | vd | 4 − 10 | +0.23 | +1.43 | gM5e |
| 23 | | UMa | 3757 | 09 32 48.7 | +62 59 19 | d | 3.67 | +0.10 | +0.33 | F0 IV |
| 5 | ξ | Leo | 3782 | 09 32 50.0 | +11 13 34 | | 4.97 | +0.86 | +1.05 | G9.5 III |
| 25 | θ | UMa | 3775 | 09 33 57.1 | +51 36 04 | db | 3.17 | +0.02 | +0.46 | F6 IV |
| | | | 3808 | 09 33 58.1 | −21 11 22 | | 5.01 | +0.87 | +1.02 | K0 III |
| | | | 3825 | 09 34 55.4 | −59 18 13 | | 4.08 | −0.56 | +0.01 | B5 II |
| 10 | SU | LMi | 3800 | 09 35 13.7 | +36 19 24 | | 4.55 | +0.62 | +0.92 | G7.5 III Fe−0.5 |
| 24 | DK | UMa | 3771 | 09 35 54.8 | +69 45 24 | | 4.56 | +0.34 | +0.77 | G5 III−IV |
| 26 | | UMa | 3799 | 09 35 56.7 | +51 58 38 | | 4.50 | +0.04 | +0.01 | A1 Va |
| | | | 3836 | 09 37 25.0 | −49 25 46 | d | 4.35 | +0.13 | +0.17 | A5 IV−V |
| | | | 3834 | 09 39 18.9 | +04 34 27 | | 4.68 | +1.46 | +1.32 | K3 III |
| | | | 3751 | 09 39 19.3 | +81 15 05 | | 4.29 | +1.72 | +1.48 | K3 IIIa |
| 35 | ι | Hya | 3845 | 09 40 41.9 | −01 13 06 | | 3.91 | +1.46 | +1.32 | K2.5 III |
| 38 | κ | Hya | 3849 | 09 41 05.8 | −14 24 28 | | 5.06 | −0.57 | −0.15 | B5 V |
| 14 | o | Leo | 3852 | 09 42 01.8 | +09 49 00 | cdb | 3.52 | +0.21 | +0.49 | F5 II + A5? |
| 16 | ψ | Leo | 3866 | 09 44 37.7 | +13 56 44 | d | 5.35 | +1.95 | +1.63 | M2.4+ IIIab |
| | θ | Ant | 3871 | 09 44 56.3 | −27 50 44 | cdm | 4.79 | +0.35 | +0.51 | F7 II−III + A8 V |
| | λ | Car | 3884 | 09 45 42.0 | −62 35 04 | v | 3.69 | +0.85 | +1.22 | F9−G5 Ib |
| 17 | ε | Leo | 3873 | 09 46 47.1 | +23 41 51 | | 2.98 | +0.47 | +0.80 | G1 II |
| | υ | Car | 3890 | 09 47 30.8 | −65 08 56 | d | 3.01 | +0.13 | +0.27 | A6 II |
| | R | Leo | 3882 | 09 48 26.6 | +11 21 06 | v | 4 − 11 | −0.20 | +1.30 | gM7e |
| | | | 3881 | 09 49 38.8 | +45 56 36 | | 5.09 | +0.10 | +0.62 | G0.5 Va |
| 29 | υ | UMa | 3888 | 09 52 09.0 | +58 57 37 | vd | 3.80 | +0.18 | +0.28 | F0 IV |
| 39 | υ¹ | Hya | 3903 | 09 52 16.3 | −14 55 28 | | 4.12 | +0.65 | +0.92 | G8.5 IIIa |
| 24 | μ | Leo | 3905 | 09 53 41.9 | +25 55 43 | s | 3.88 | +1.39 | +1.22 | K2 III CN 1 Ca 1 |
| | | | 3923 | 09 55 39.0 | −19 05 17 | b | 4.94 | +1.93 | +1.57 | K5 III |
| | φ | Vel | 3940 | 09 57 26.6 | −54 38 48 | d | 3.54 | −0.62 | −0.08 | B5 Ib |
| 19 | | LMi | 3928 | 09 58 41.3 | +40 58 35 | b | 5.14 | 0.00 | +0.46 | F5 V |
| | η | Ant | 3947 | 09 59 34.9 | −35 58 14 | d | 5.23 | +0.08 | +0.31 | F1 III−IV |
| 29 | π | Leo | 3950 | 10 01 05.1 | +07 57 52 | | 4.70 | +1.93 | +1.60 | M2⁻ IIIab |
| 20 | | LMi | 3951 | 10 01 57.5 | +31 50 31 | | 5.36 | +0.27 | +0.66 | G3 Va Hδ 1 |
| 40 | υ² | Hya | 3970 | 10 05 55.7 | −13 08 43 | b | 4.60 | −0.27 | −0.09 | B8 V |
| 30 | η | Leo | 3975 | 10 08 13.8 | +16 40 54 | asd | 3.52 | −0.21 | −0.03 | A0 Ib |
| 21 | | LMi | 3974 | 10 08 23.9 | +35 09 49 | | 4.48 | +0.08 | +0.18 | A7 V |
| 31 | | Leo | 3980 | 10 08 46.7 | +09 54 58 | d | 4.37 | +1.75 | +1.45 | K3.5 IIIb Fe−1: |
| 15 | α | Sex | 3981 | 10 08 46.9 | −00 27 10 | | 4.49 | −0.07 | −0.04 | A0 III |
| 32 | α | Leo | 3982 | 10 09 14.9 | +11 53 10 | dbn26 | 1.35 | −0.36 | −0.11 | B7 Vn |
| 41 | λ | Hya | 3994 | 10 11 23.6 | −12 26 10 | db | 3.61 | +0.92 | +1.01 | K0 III CN 0.5 |
| | ω | Car | 4037 | 10 14 07.7 | −70 07 12 | | 3.32 | −0.33 | −0.08 | B8 IIIn |
| | | | 4023 | 10 15 25.8 | −42 12 15 | b | 3.85 | +0.06 | +0.05 | A2 Va |
| 36 | ζ | Leo | 4031 | 10 17 36.3 | +23 20 04 | dasb | 3.44 | +0.20 | +0.31 | F0 III |
| | v337 | Car | 4050 | 10 17 38.2 | −61 24 54 | d | 3.40 | +1.72 | +1.54 | K2.5 II |
| 33 | λ | UMa | 4033 | 10 18 05.1 | +42 49 53 | s | 3.45 | +0.06 | +0.03 | A1 IV |
| 22 | ε | Sex | 4042 | 10 18 27.0 | −08 09 07 | | 5.24 | +0.13 | +0.31 | F1 IV⁻ |
| | AG | Ant | 4049 | 10 18 53.1 | −29 04 30 | | 5.34 | | +0.24 | A0p Ib−II |
| 41 | γ¹ | Leo | 4057 | 10 20 52.8 | +19 45 27 | db | 2.61 | +1.00 | +1.15 | K1⁻ IIIb Fe−0.5 |
| | | | 4080 | 10 23 02.2 | −41 44 00 | | 4.83 | +1.08 | +1.12 | K1 III |
| 34 | μ | UMa | 4069 | 10 23 18.4 | +41 24 57 | b | 3.05 | +1.89 | +1.59 | M0 III |
| | | | 4086 | 10 24 12.8 | −38 05 38 | | 5.33 | | +0.25 | A8 V |

| Designation | | | BS=HR No. | Right Ascension | Declination | Notes | V | U−B | B−V | Spectral Type |
|---|---|---|---|---|---|---|---|---|---|---|
| | | | | h m s | ° ′ ″ | | | | | |
| | | | 4102 | 10 24 43.1 | −74 06 57 | b | 4.00 | −0.01 | +0.35 | F2 V |
| | | | 4072 | 10 25 18.1 | +65 28 56 | b | 4.97 | −0.13 | −0.06 | A0p Hg |
| 42 | μ | Hya | 4094 | 10 26 53.4 | −16 55 15 | | 3.81 | +1.82 | +1.48 | K4+ III |
| | α | Ant | 4104 | 10 27 54.5 | −31 09 08 | b | 4.25 | +1.63 | +1.45 | K4.5 III |
| | | | 4114 | 10 28 29.3 | −58 49 26 | | 3.82 | +0.24 | +0.31 | F0 Ib |
| 31 | β | LMi | 4100 | 10 28 49.9 | +36 37 19 | dbm | 4.21 | +0.64 | +0.90 | G9 IIIab |
| 29 | δ | Sex | 4116 | 10 30 19.0 | −02 49 26 | | 5.21 | −0.12 | −0.06 | B9.5 V |
| 36 | | UMa | 4112 | 10 31 40.3 | +55 53 43 | d | 4.83 | −0.01 | +0.52 | F8 V |
| | PP | Car | 4140 | 10 32 36.9 | −61 46 14 | | 3.32 | −0.72 | −0.09 | B4 Vne |
| | | | 4084 | 10 32 57.6 | +82 28 25 | | 5.26 | −0.05 | +0.37 | F4 V |
| 46 | | Leo | 4127 | 10 33 04.5 | +14 03 08 | | 5.46 | +2.04 | +1.68 | M1 IIIb |
| | | | 4143 | 10 33 38.8 | −47 05 19 | dm | 5.02 | +0.59 | +1.04 | K1/2 III |
| 47 | ρ | Leo | 4133 | 10 33 40.7 | +09 13 16 | vdb | 3.85 | −0.96 | −0.14 | B1 Iab |
| 44 | | Hya | 4145 | 10 34 48.1 | −23 49 50 | d | 5.08 | +1.82 | +1.60 | K5 III |
| | γ | Cha | 4174 | 10 35 39.1 | −78 41 36 | | 4.11 | +1.95 | +1.58 | M0 III |
| 37 | | UMa | 4141 | 10 36 12.8 | +56 59 50 | | 5.16 | −0.02 | +0.34 | F1 V |
| | | | 4159 | 10 36 13.5 | −57 38 36 | b | 4.45 | +1.79 | +1.62 | K5 II |
| | | | 4126 | 10 36 27.0 | +75 37 38 | | 4.84 | +0.72 | +0.96 | G8 III |
| | | | 4167 | 10 38 00.0 | −48 18 42 | dbm | 3.84 | +0.07 | +0.30 | F0m |
| 37 | | LMi | 4166 | 10 39 38.7 | +31 53 24 | | 4.71 | +0.54 | +0.81 | G2.5 IIa |
| | | | 4180 | 10 39 58.0 | −55 41 22 | d | 4.28 | +0.75 | +1.04 | G2 II |
| | θ | Car | 4199 | 10 43 32.9 | −64 28 52 | b | 2.76 | −1.01 | −0.22 | B0.5 Vp |
| | | | 4181 | 10 44 13.6 | +68 59 22 | | 5.00 | +1.54 | +1.38 | K3 III |
| 41 | | LMi | 4192 | 10 44 18.6 | +23 06 06 | | 5.08 | +0.05 | +0.04 | A2 IV |
| | | | 4191 | 10 44 30.7 | +46 07 00 | db | 5.18 | +0.01 | +0.33 | F5 III |
| | δ² | Cha | 4234 | 10 45 55.2 | −80 37 38 | | 4.45 | −0.70 | −0.19 | B2.5 IV |
| 42 | | LMi | 4203 | 10 46 46.7 | +30 35 42 | db | 5.24 | −0.14 | −0.06 | A1 Vn |
| 51 | | Leo | 4208 | 10 47 17.8 | +18 48 15 | | 5.50 | +1.15 | +1.13 | gK3 |
| | μ | Vel | 4216 | 10 47 29.0 | −49 30 28 | cdbm | 2.69 | +0.57 | +0.90 | G5 III + F8: V |
| 53 | | Leo | 4227 | 10 50 07.4 | +10 27 27 | b | 5.34 | +0.02 | +0.03 | A2 V |
| | ν | Hya | 4232 | 10 50 26.4 | −16 16 49 | | 3.11 | +1.30 | +1.25 | K1.5 IIIb Hδ−0.5 |
| | | | 4257 | 10 54 10.2 | −58 56 28 | db | 3.78 | +0.65 | +0.95 | K0 IIIb |
| 46 | | LMi | 4247 | 10 54 13.8 | +34 07 32 | | 3.83 | +0.91 | +1.04 | K0+ III−IV |
| 54 | | Leo | 4259 | 10 56 30.2 | +24 39 41 | cd | 4.50 | +0.01 | +0.01 | A1 IIIn + A1 IVn |
| | ι | Ant | 4273 | 10 57 29.4 | −37 13 36 | | 4.60 | +0.84 | +1.03 | K0 III |
| 47 | | UMa | 4277 | 11 00 23.1 | +40 20 30 | | 5.05 | +0.13 | +0.61 | G1− V Fe−0.5 |
| 7 | α | Crt | 4287 | 11 00 34.8 | −18 23 13 | | 4.08 | +1.00 | +1.09 | K0+ III |
| | | | 4293 | 11 00 54.9 | −42 18 53 | | 4.39 | +0.12 | +0.11 | A3 IV |
| 58 | | Leo | 4291 | 11 01 24.8 | +03 31 43 | d | 4.84 | +1.12 | +1.16 | K0.5 III Fe−0.5 |
| 48 | β | UMa | 4295 | 11 02 49.6 | +56 17 37 | b | 2.37 | +0.01 | −0.02 | A0m A1 IV−V |
| 60 | | Leo | 4300 | 11 03 12.5 | +20 05 28 | | 4.42 | +0.05 | +0.05 | A0.5m A3 V |
| 50 | α | UMa | 4301 | 11 04 44.0 | +61 39 42 | n27 | 1.80 | +0.90 | +1.07 | K0− IIIa |
| 63 | χ | Leo | 4310 | 11 05 52.0 | +07 14 48 | dm | 4.63 | +0.08 | +0.33 | F1 IV |
| | χ¹ | Hya | 4314 | 11 06 07.7 | −27 22 59 | dm | 4.94 | +0.04 | +0.36 | F3 IV |
| | v382 | Car | 4337 | 11 09 18.0 | −59 03 53 | cb | 3.91 | +0.94 | +1.23 | G4 0−Ia |
| 52 | ψ | UMa | 4335 | 11 10 35.1 | +44 24 31 | | 3.01 | +1.11 | +1.14 | K1 III |
| 11 | β | Crt | 4343 | 11 12 28.3 | −22 54 58 | b | 4.48 | +0.06 | +0.03 | A2 IV |
| | | | 4350 | 11 13 18.4 | −49 11 27 | b | 5.36 | | +0.18 | A3 IV/V |
| 68 | δ | Leo | 4357 | 11 14 59.0 | +20 25 59 | d | 2.56 | +0.12 | +0.12 | A4 IV |
| 70 | θ | Leo | 4359 | 11 15 06.3 | +15 20 21 | | 3.34 | +0.06 | −0.01 | A2 IV (Kvar) |

| Designation | | | BS=HR No. | Right Ascension | Declination | Notes | V | U–B | B–V | Spectral Type |
|---|---|---|---|---|---|---|---|---|---|---|
| | | | | h m s | ° ′ ″ | | | | | |
| 74 | φ | Leo | 4368 | 11 17 30.1 | −03 44 31 | d | 4.47 | +0.14 | +0.21 | A7 V⁺n |
| | SV | Crt | 4369 | 11 17 48.4 | −07 13 30 | sdbm | 6.14 | +0.15 | +0.20 | A8p Sr Cr |
| 54 | ν | UMa | 4377 | 11 19 22.0 | +33 00 15 | db | 3.48 | +1.55 | +1.40 | K3⁻ III |
| 55 | | UMa | 4380 | 11 20 01.6 | +38 05 41 | db | 4.78 | +0.03 | +0.12 | A1 Va |
| 12 | δ | Crt | 4382 | 11 20 10.0 | −14 52 05 | b | 3.56 | +0.97 | +1.12 | G9 IIIb CH 0.2 |
| | π | Cen | 4390 | 11 21 45.9 | −54 34 54 | dm | 3.89 | −0.59 | −0.15 | B5 Vn |
| 77 | σ | Leo | 4386 | 11 21 59.2 | +05 56 19 | b | 4.05 | −0.12 | −0.06 | A0 III⁺ |
| 78 | ι | Leo | 4399 | 11 24 47.0 | +10 26 18 | dbm | 3.94 | +0.07 | +0.41 | F2 IV |
| 15 | γ | Crt | 4405 | 11 25 42.5 | −17 46 29 | d | 4.08 | +0.11 | +0.21 | A7 V |
| 84 | τ | Leo | 4418 | 11 28 47.1 | +02 45 55 | d | 4.95 | +0.79 | +1.00 | G7.5 IIIa |
| 1 | λ | Dra | 4434 | 11 32 22.0 | +69 14 23 | | 3.84 | +1.97 | +1.62 | M0 III Ca−1 |
| | ξ | Hya | 4450 | 11 33 49.0 | −31 56 57 | d | 3.54 | +0.71 | +0.94 | G7 III |
| | λ | Cen | 4467 | 11 36 33.0 | −63 06 40 | d | 3.13 | −0.17 | −0.04 | B9.5 IIn |
| | | | 4466 | 11 36 43.9 | −47 44 00 | | 5.25 | +0.12 | +0.25 | A7m |
| 21 | θ | Crt | 4468 | 11 37 31.2 | −09 53 37 | b | 4.70 | −0.18 | −0.08 | B9.5 Vn |
| 91 | υ | Leo | 4471 | 11 37 47.6 | −00 54 54 | | 4.30 | +0.75 | +1.00 | G8⁺ IIIb |
| | o | Hya | 4494 | 11 41 02.2 | −34 50 10 | | 4.70 | −0.22 | −0.07 | B9 V |
| 61 | | UMa | 4496 | 11 41 54.9 | +34 06 30 | das | 5.33 | +0.25 | +0.72 | G8 V |
| 3 | | Dra | 4504 | 11 43 22.8 | +66 39 13 | | 5.30 | +1.24 | +1.28 | K3 III |
| | v810 | Cen | 4511 | 11 44 18.9 | −62 34 52 | s | 5.03 | +0.35 | +0.80 | G0 0−Ia Fe 1 |
| 27 | ζ | Crt | 4514 | 11 45 36.1 | −18 26 33 | d | 4.73 | +0.74 | +0.97 | G8 IIIa |
| | λ | Mus | 4520 | 11 46 23.7 | −66 49 13 | d | 3.64 | +0.15 | +0.16 | A7 IV |
| 3 | ν | Vir | 4517 | 11 46 42.4 | +06 26 13 | | 4.03 | +1.79 | +1.51 | M1 III |
| 63 | χ | UMa | 4518 | 11 46 55.0 | +47 41 16 | | 3.71 | +1.16 | +1.18 | K0.5 IIIb |
| | | | 4522 | 11 47 19.2 | −61 16 13 | d | 4.11 | +0.58 | +0.90 | G3 II |
| 93 | DQ | Leo | 4527 | 11 48 50.1 | +20 07 38 | cdb | 4.53 | +0.28 | +0.55 | G4 III−IV + A7 V |
| | II | Hya | 4532 | 11 49 35.3 | −26 50 30 | | 5.11 | +1.67 | +1.60 | M4⁺ III |
| 94 | β | Leo | 4534 | 11 49 54.0 | +14 28 47 | dn28 | 2.14 | +0.07 | +0.09 | A3 Va |
| | | | 4537 | 11 50 29.8 | −63 52 49 | | 4.32 | −0.59 | −0.15 | B3 V |
| 5 | β | Vir | 4540 | 11 51 33.3 | +01 40 18 | d | 3.61 | +0.11 | +0.55 | F9 V |
| | | | 4546 | 11 51 58.5 | −45 15 55 | | 4.46 | +1.46 | +1.30 | K3 III |
| | β | Hya | 4552 | 11 53 44.7 | −34 00 00 | vdm | 4.28 | −0.33 | −0.10 | Ap Si |
| 64 | γ | UMa | 4554 | 11 54 41.5 | +53 36 11 | ab | 2.44 | +0.02 | 0.00 | A0 Van |
| 95 | | Leo | 4564 | 11 56 31.4 | +15 33 18 | db | 5.53 | +0.12 | +0.11 | A3 V |
| 30 | η | Crt | 4567 | 11 56 51.5 | −17 14 34 | | 5.18 | 0.00 | −0.02 | A0 Va |
| 8 | π | Vir | 4589 | 12 01 43.1 | +06 31 20 | b | 4.66 | +0.11 | +0.13 | A5 IV |
| | θ¹ | Cru | 4599 | 12 03 52.5 | −63 24 17 | db | 4.33 | +0.04 | +0.27 | A8m |
| | | | 4600 | 12 04 31.2 | −42 31 35 | | 5.15 | −0.03 | +0.41 | F6 V |
| 9 | o | Vir | 4608 | 12 06 02.9 | +08 38 29 | s | 4.12 | +0.63 | +0.98 | G8 IIIa CN−1 Ba 1 CH 1 |
| | η | Cru | 4616 | 12 07 45.2 | −64 42 21 | db | 4.15 | +0.03 | +0.34 | F2 V⁺ |
| | | | 4618 | 12 08 56.9 | −50 45 11 | v | 4.47 | −0.67 | −0.15 | B2 IIIne |
| | δ | Cen | 4621 | 12 09 13.2 | −50 48 51 | d | 2.60 | −0.90 | −0.12 | B2 IVne |
| 1 | α | Crv | 4623 | 12 09 16.1 | −24 49 15 | | 4.02 | −0.02 | +0.32 | F0 IV−V |
| 2 | ε | Crv | 4630 | 12 10 58.6 | −22 42 41 | | 3.00 | +1.47 | +1.33 | K2.5 IIIa |
| | ρ | Cen | 4638 | 12 12 31.3 | −52 27 37 | | 3.96 | −0.62 | −0.15 | B3 V |
| | | | 4646 | 12 12 57.2 | +77 31 29 | vb | 5.14 | +0.10 | +0.33 | F2m |
| | δ | Cru | 4656 | 12 16 01.8 | −58 50 26 | | 2.80 | −0.91 | −0.23 | B2 IV |
| 69 | δ | UMa | 4660 | 12 16 14.2 | +56 56 28 | d | 3.31 | +0.07 | +0.08 | A2 Van |
| 4 | γ | Crv | 4662 | 12 16 39.4 | −17 38 00 | bn29 | 2.59 | −0.34 | −0.11 | B8p Hg Mn |
| | ε | Mus | 4671 | 12 18 28.6 | −68 03 09 | b | 4.11 | +1.55 | +1.58 | M5 III |

| Designation | | | BS=HR No. | Right Ascension | Declination | Notes | V | U–B | B–V | Spectral Type |
|---|---|---|---|---|---|---|---|---|---|---|
| | | | | h m s | ° ′ ″ | | | | | |
| | ζ | Cru | 4679 | 12 19 20.6 | −64 05 41 | d | 4.04 | −0.69 | −0.17 | B2.5 V |
| | β | Cha | 4674 | 12 19 21.0 | −79 24 13 | | 4.26 | −0.51 | −0.12 | B5 Vn |
| 3 | | CVn | 4690 | 12 20 37.2 | +48 53 34 | | 5.29 | +1.97 | +1.66 | M1⁺ IIIab |
| 15 | η | Vir | 4689 | 12 20 45.1 | −00 45 30 | db | 3.89 | +0.06 | +0.02 | A1 IV⁺ |
| 16 | | Vir | 4695 | 12 21 11.3 | +03 13 15 | d | 4.96 | +1.15 | +1.16 | K0.5 IIIb Fe−0.5 |
| | ε | Cru | 4700 | 12 22 15.7 | −60 29 32 | | 3.59 | +1.63 | +1.42 | K3 III |
| 12 | | Com | 4707 | 12 23 20.0 | +25 45 17 | cdb | 4.81 | +0.26 | +0.49 | G5 III + A5 |
| 6 | | CVn | 4728 | 12 26 39.5 | +38 55 38 | | 5.02 | +0.73 | +0.96 | G9 III |
| | α¹ | Cru | 4730 | 12 27 31.7 | −63 11 25 | cdbn30 | 1.33 | −1.03 | −0.24 | B0.5 IV |
| 15 | γ | Com | 4737 | 12 27 45.5 | +28 10 37 | | 4.36 | +1.15 | +1.13 | K1 III Fe 0.5 |
| | σ | Cen | 4743 | 12 28 56.4 | −50 19 19 | | 3.91 | −0.78 | −0.19 | B2 V |
| | | | 4748 | 12 29 15.4 | −39 07 57 | | 5.44 | | −0.08 | B8/9 V |
| 7 | δ | Crv | 4757 | 12 30 43.2 | −16 36 26 | dm | 2.95 | −0.08 | −0.05 | B9.5 IV⁻n |
| 74 | | UMa | 4760 | 12 30 43.2 | +58 18 54 | | 5.35 | +0.14 | +0.20 | δ Del |
| | γ | Cru | 4763 | 12 32 05.5 | −57 12 19 | dn31 | 1.63 | +1.78 | +1.59 | M3.5 III |
| 8 | η | Crv | 4775 | 12 32 55.4 | −16 17 14 | b | 4.31 | +0.01 | +0.38 | F2 V |
| | γ | Mus | 4773 | 12 33 28.4 | −72 13 26 | | 3.87 | −0.62 | −0.15 | B5 V |
| 5 | κ | Dra | 4787 | 12 34 10.7 | +69 41 51 | vb | 3.87 | −0.57 | −0.13 | B6 IIIpe |
| | | | 4783 | 12 34 27.5 | +33 09 24 | | 5.42 | +0.83 | +1.00 | K0 III CN−1 |
| 8 | β | CVn | 4785 | 12 34 31.4 | +41 16 05 | adsb | 4.26 | +0.05 | +0.59 | G0 V |
| 9 | β | Crv | 4786 | 12 35 15.4 | −23 29 16 | | 2.65 | +0.60 | +0.89 | G5 IIb |
| 23 | | Com | 4789 | 12 35 40.3 | +22 32 19 | db | 4.81 | −0.01 | 0.00 | A0m A1 IV |
| 24 | | Com | 4792 | 12 35 57.4 | +18 17 11 | d | 5.02 | +1.11 | +1.15 | K2 III |
| | α | Mus | 4798 | 12 38 11.1 | −69 13 34 | d | 2.69 | −0.83 | −0.20 | B2 IV–V |
| | τ | Cen | 4802 | 12 38 36.7 | −48 37 55 | | 3.86 | +0.03 | +0.05 | A1 IVnn |
| 26 | χ | Vir | 4813 | 12 40 06.0 | −08 05 10 | d | 4.66 | +1.39 | +1.23 | K2 III CN 1.5 |
| | γ | Cen | 4819 | 12 42 26.1 | −49 03 01 | dbm | 2.17 | −0.01 | −0.01 | A1 IV |
| 29 | γ¹ | Vir | 4825 | 12 42 29.8 | −01 32 24 | ocdb | 3.48 | −0.03 | +0.36 | F1 V |
| 29 | γ² | Vir | 4826 | 12 42 29.8 | −01 32 21 | ocd | 3.50 | −0.03 | +0.36 | F0m F2 V |
| 30 | ρ | Vir | 4828 | 12 42 43.2 | +10 08 42 | b | 4.88 | +0.03 | +0.09 | A0 Va (λ Boo) |
| | | | 4839 | 12 44 53.5 | −28 24 51 | | 5.48 | +1.50 | +1.34 | K3 III |
| | Y | CVn | 4846 | 12 45 54.2 | +45 21 01 | | 4.99 | +6.33 | +2.54 | C5,5 |
| 32 FM | | Vir | 4847 | 12 46 27.1 | +07 35 00 | b | 5.22 | +0.15 | +0.33 | F2m |
| | β | Mus | 4844 | 12 47 18.6 | −68 11 53 | cdm | 3.05 | −0.74 | −0.18 | B2 V + B2.5 V |
| | β | Cru | 4853 | 12 48 41.8 | −59 46 43 | vdb | 1.25 | −1.00 | −0.23 | B0.5 III |
| | | | 4874 | 12 51 35.2 | −34 05 20 | d | 4.91 | −0.11 | −0.04 | A0 IV |
| 31 | | Com | 4883 | 12 52 30.1 | +27 27 04 | s | 4.94 | +0.20 | +0.67 | G0 IIIp |
| | | | 4888 | 12 54 03.4 | −49 01 58 | b | 4.33 | +1.58 | +1.37 | K3/4 III |
| | | | 4889 | 12 54 21.4 | −40 16 06 | | 4.27 | +0.12 | +0.21 | A7 V |
| 77 | ε | UMa | 4905 | 12 54 45.0 | +55 52 14 | dvbn32 | 1.77 | +0.02 | −0.02 | A0p Cr |
| 40 | ψ | Vir | 4902 | 12 55 12.8 | −09 37 42 | | 4.79 | +1.53 | +1.60 | M3⁻ III Ca−1 |
| | μ¹ | Cru | 4898 | 12 55 34.5 | −57 16 02 | d | 4.03 | −0.76 | −0.17 | B2 IV–V |
| 8 | | Dra | 4916 | 12 56 07.7 | +65 20 57 | v | 5.24 | +0.02 | +0.28 | F0 IV–V |
| 43 | δ | Vir | 4910 | 12 56 26.1 | +03 18 29 | d | 3.38 | +1.78 | +1.58 | M3⁺ III |
| 12 | α² | CVn | 4915 | 12 56 47.8 | +38 13 46 | vd | 2.90 | −0.32 | −0.12 | A0p Si Eu |
| | ι | Oct | 4870 | 12 56 53.5 | −85 12 45 | d | 5.46 | +0.79 | +1.02 | K0 III |
| 78 | | UMa | 4931 | 13 01 25.9 | +56 16 40 | asdm | 4.93 | +0.01 | +0.36 | F2 V |
| 47 | ε | Vir | 4932 | 13 02 59.9 | +10 52 15 | asd | 2.83 | +0.73 | +0.94 | G8 IIIab |
| | δ | Mus | 4923 | 13 03 25.9 | −71 38 15 | b | 3.62 | +1.26 | +1.18 | K2 III |
| 14 | | CVn | 4943 | 13 06 30.6 | +35 42 39 | | 5.25 | −0.20 | −0.08 | B9 V |

| Designation | | | BS=HR No. | Right Ascension | Declination | Notes | V | U–B | B–V | Spectral Type |
|---|---|---|---|---|---|---|---|---|---|---|
| | | | | h m s | ° ′ ″ | | | | | |
| | $\xi^2$ | Cen | 4942 | 13 07 52.9 | −49 59 39 | db | 4.27 | −0.79 | −0.19 | B1.5 V |
| 51 | $\theta$ | Vir | 4963 | 13 10 48.3 | −05 37 36 | db | 4.38 | −0.01 | −0.01 | A1 IV |
| 43 | $\beta$ | Com | 4983 | 13 12 38.5 | +27 47 42 | db | 4.26 | +0.07 | +0.57 | F9.5 V |
| | $\eta$ | Mus | 4993 | 13 16 23.2 | −67 58 53 | vdb | 4.80 | −0.35 | −0.08 | B7 V |
| | | | 5006 | 13 17 48.4 | −31 35 35 | | 5.10 | +0.61 | +0.96 | K0 III |
| 20 | AO | CVn | 5017 | 13 18 16.8 | +40 29 10 | sv | 4.73 | +0.21 | +0.30 | F2 III (str. met.) |
| 60 | $\sigma$ | Vir | 5015 | 13 18 26.3 | +05 23 00 | | 4.80 | +1.95 | +1.67 | M1 III |
| 61 | | Vir | 5019 | 13 19 16.3 | −18 24 09 | d | 4.74 | +0.26 | +0.71 | G6.5 V |
| 46 | $\gamma$ | Hya | 5020 | 13 19 49.3 | −23 15 29 | d | 3.00 | +0.66 | +0.92 | G8 IIIa |
| | $\iota$ | Cen | 5028 | 13 21 31.8 | −36 47 56 | | 2.75 | +0.03 | +0.04 | A2 Va |
| | | | 5035 | 13 23 42.7 | −61 04 28 | d | 4.53 | −0.60 | −0.13 | B3 V |
| 79 | $\zeta$ | UMa | 5054 | 13 24 35.2 | +54 50 22 | db | 2.27 | +0.03 | +0.02 | A1 Va$^+$ (Si) |
| 80 | | UMa | 5062 | 13 25 53.0 | +54 54 08 | b | 4.01 | +0.08 | +0.16 | A5 Vn |
| 67 | $\alpha$ | Vir | 5056 | 13 26 03.9 | −11 14 49 | vdbn33 | 0.98 | −0.93 | −0.23 | B1 V |
| 68 | | Vir | 5064 | 13 27 35.6 | −12 47 35 | | 5.25 | +1.75 | +1.52 | M0 III |
| | | | 5085 | 13 29 03.3 | +59 51 39 | d | 5.40 | −0.02 | −0.01 | A1 Vn |
| 70 | | Vir | 5072 | 13 29 14.2 | +13 41 28 | d | 4.98 | +0.26 | +0.71 | G4 V |
| | | | 5089 | 13 32 00.4 | −39 29 31 | dbm | 3.88 | +1.03 | +1.17 | G8 III |
| 78 CW | | Vir | 5105 | 13 34 58.2 | +03 34 29 | vb | 4.94 | 0.00 | +0.03 | A1p Cr Eu |
| BH | | CVn | 5110 | 13 35 31.9 | +37 05 54 | b | 4.98 | +0.06 | +0.40 | F1 V$^+$ |
| 79 | $\zeta$ | Vir | 5107 | 13 35 32.1 | −00 40 47 | | 3.37 | +0.10 | +0.11 | A2 IV$^-$ |
| | | | 5139 | 13 37 34.9 | +71 09 31 | | 5.50 | | +1.20 | gK2 |
| | $\epsilon$ | Cen | 5132 | 13 40 56.6 | −53 32 59 | d | 2.30 | −0.92 | −0.22 | B1 III |
| v744 | | Cen | 5134 | 13 41 01.5 | −50 01 59 | s | 6.00 | +1.15 | +1.50 | M6 III |
| 82 | | Vir | 5150 | 13 42 28.9 | −08 47 08 | | 5.01 | +1.95 | +1.63 | M1.5 III |
| 1 | | Cen | 5168 | 13 46 37.8 | −33 07 36 | b | 4.23 | 0.00 | +0.38 | F2 V$^+$ |
| 4 | $\tau$ | Boo | 5185 | 13 48 02.8 | +17 22 31 | dm | 4.50 | +0.04 | +0.48 | F7 V |
| 85 | $\eta$ | UMa | 5191 | 13 48 11.4 | +49 13 53 | abn34 | 1.86 | −0.67 | −0.19 | B3 V |
| v766 | | Cen | 5171 | 13 48 20.9 | −62 40 18 | sd | 6.51 | +1.19 | +1.98 | K0 0−Ia |
| 5 | $\upsilon$ | Boo | 5200 | 13 50 16.4 | +15 43 00 | | 4.07 | +1.87 | +1.52 | K5.5 III |
| 2 v806 | | Cen | 5192 | 13 50 24.4 | −34 31 57 | | 4.19 | +1.45 | +1.50 | M4.5 III |
| | $\nu$ | Cen | 5190 | 13 50 30.1 | −41 46 09 | vb | 3.41 | −0.84 | −0.22 | B2 IV |
| | $\mu$ | Cen | 5193 | 13 50 37.0 | −42 33 19 | sdb | 3.04 | −0.72 | −0.17 | B2 IV−Vpne (shell) |
| 89 | | Vir | 5196 | 13 50 46.3 | −18 12 57 | | 4.97 | +0.92 | +1.06 | K0.5 III |
| 10 CU | | Dra | 5226 | 13 51 54.9 | +64 38 32 | d | 4.65 | +1.89 | +1.58 | M3.5 III |
| 8 | $\eta$ | Boo | 5235 | 13 55 28.2 | +18 18 56 | asdb | 2.68 | +0.20 | +0.58 | G0 IV |
| | $\zeta$ | Cen | 5231 | 13 56 34.6 | −47 22 08 | b | 2.55 | −0.92 | −0.22 | B2.5 IV |
| | | | 5241 | 13 58 51.6 | −63 46 00 | | 4.71 | +1.04 | +1.11 | K1.5 III |
| | $\phi$ | Cen | 5248 | 13 59 16.9 | −42 10 50 | | 3.83 | −0.83 | −0.21 | B2 IV |
| 47 | | Hya | 5250 | 13 59 26.9 | −25 03 08 | b | 5.15 | −0.40 | −0.10 | B8 V |
| | $\upsilon^1$ | Cen | 5249 | 13 59 42.3 | −44 53 00 | | 3.87 | −0.80 | −0.20 | B2 IV−V |
| 93 | $\tau$ | Vir | 5264 | 14 02 29.3 | +01 27 55 | db | 4.26 | +0.12 | +0.10 | A3 IV |
| | $\upsilon^2$ | Cen | 5260 | 14 02 45.7 | −45 40 57 | b | 4.34 | +0.27 | +0.60 | F6 II |
| | | | 5270 | 14 03 20.5 | +09 36 25 | s | 6.20 | +0.38 | +0.90 | G8: II: Fe−5 |
| 11 | $\alpha$ | Dra | 5291 | 14 04 50.2 | +64 17 50 | sb | 3.65 | −0.08 | −0.05 | A0 III |
| | $\beta$ | Cen | 5267 | 14 05 00.1 | −60 27 06 | dbn35 | 0.61 | −0.98 | −0.23 | B1 III |
| | $\theta$ | Aps | 5261 | 14 06 59.5 | −76 52 31 | vs | 5.50 | +1.05 | +1.55 | M6.5 III: |
| | $\chi$ | Cen | 5285 | 14 07 03.6 | −41 15 29 | | 4.36 | −0.77 | −0.19 | B2 V |
| 49 | $\pi$ | Hya | 5287 | 14 07 18.9 | −26 45 40 | | 3.27 | +1.04 | +1.12 | K2$^-$ III Fe−0.5 |
| 5 | $\theta$ | Cen | 5288 | 14 07 39.5 | −36 27 01 | dn36 | 2.06 | +0.87 | +1.01 | K0$^-$ IIIb |

| Designation | | | BS=HR No. | Right Ascension | Declination | Notes | V | U–B | B–V | Spectral Type |
|---|---|---|---|---|---|---|---|---|---|---|
| | | | | h m s | ° ′ ″ | | | | | |
| | BY | Boo | 5299 | 14 08 35.3 | +43 46 35 | | 5.27 | +1.66 | +1.59 | M4.5 III |
| 4 | | UMi | 5321 | 14 08 48.5 | +77 28 12 | db | 4.82 | +1.39 | +1.36 | K3⁻ IIIb Fe−0.5 |
| 12 | | Boo | 5304 | 14 11 09.1 | +25 00 51 | db | 4.83 | +0.07 | +0.54 | F8 IV |
| 98 | κ | Vir | 5315 | 14 13 46.7 | −10 20 59 | | 4.19 | +1.47 | +1.33 | K2.5 III Fe−0.5 |
| 16 | α | Boo | 5340 | 14 16 24.9 | +19 05 50 | dn37 | −0.04 | +1.27 | +1.23 | K1.5 III Fe−0.5 |
| 21 | ι | Boo | 5350 | 14 16 45.0 | +51 17 30 | db | 4.75 | +0.06 | +0.20 | A7 IV |
| 99 | ι | Vir | 5338 | 14 16 52.9 | −06 04 43 | | 4.08 | +0.04 | +0.52 | F7 III–IV |
| 19 | λ | Boo | 5351 | 14 17 00.6 | +46 00 47 | | 4.18 | +0.05 | +0.08 | A0 Va (λ Boo) |
| | | | 5361 | 14 18 41.6 | +35 26 02 | b | 4.81 | +0.92 | +1.06 | K0 III |
| 100 | λ | Vir | 5359 | 14 20 00.3 | −13 26 47 | b | 4.52 | +0.12 | +0.13 | A5m: |
| 18 | | Boo | 5365 | 14 20 04.2 | +12 55 44 | d | 5.41 | −0.03 | +0.38 | F3 V |
| | ι | Lup | 5354 | 14 20 28.1 | −46 08 00 | | 3.55 | −0.72 | −0.18 | B2.5 IVn |
| | | | 5358 | 14 21 29.4 | −56 27 42 | | 4.33 | −0.43 | +0.12 | B6 Ib |
| | ψ | Cen | 5367 | 14 21 34.0 | −37 57 37 | d | 4.05 | −0.11 | −0.03 | A0 III |
| | v761 | Cen | 5378 | 14 24 03.6 | −39 35 11 | v | 4.42 | −0.75 | −0.18 | B7 IIIp (var) |
| | | | 5392 | 14 25 00.7 | +05 44 46 | b | 5.10 | +0.10 | +0.12 | A5 V |
| | | | 5390 | 14 25 45.3 | −24 52 49 | | 5.32 | +0.71 | +0.96 | K0 III |
| 23 | θ | Boo | 5404 | 14 25 45.5 | +51 46 30 | d | 4.05 | +0.01 | +0.50 | F7 V |
| | τ¹ | Lup | 5395 | 14 27 12.2 | −45 17 43 | vd | 4.56 | −0.79 | −0.15 | B2 IV |
| 22 | | Boo | 5405 | 14 27 13.4 | +19 09 12 | | 5.39 | +0.23 | +0.23 | F0m |
| | τ² | Lup | 5396 | 14 27 14.9 | −45 27 11 | cdbm | 4.35 | +0.19 | +0.43 | F4 IV + A7: |
| 5 | | UMi | 5430 | 14 27 30.6 | +75 37 21 | d | 4.25 | +1.70 | +1.44 | K4⁻ III |
| 105 | φ | Vir | 5409 | 14 29 03.2 | −02 18 04 | sdbm | 4.81 | +0.21 | +0.70 | G2 IV |
| 52 | | Hya | 5407 | 14 29 08.7 | −29 33 54 | d | 4.97 | −0.41 | −0.07 | B8 IV |
| | δ | Oct | 5339 | 14 29 45.5 | −83 44 28 | | 4.32 | +1.45 | +1.31 | K2 III |
| 25 | ρ | Boo | 5429 | 14 32 32.4 | +30 17 59 | ad | 3.58 | +1.44 | +1.30 | K3 III |
| 27 | γ | Boo | 5435 | 14 32 44.5 | +38 14 12 | d | 3.03 | +0.12 | +0.19 | A7 IV⁺ |
| | σ | Lup | 5425 | 14 33 44.3 | −50 31 46 | | 4.42 | −0.84 | −0.19 | B2 III |
| 28 | σ | Boo | 5447 | 14 35 23.9 | +29 40 27 | d | 4.46 | −0.08 | +0.36 | F2 V |
| | η | Cen | 5440 | 14 36 33.7 | −42 13 46 | vm | 2.31 | −0.83 | −0.19 | B1.5 IVpne (shell) |
| | ρ | Lup | 5453 | 14 39 00.4 | −49 29 48 | | 4.05 | −0.56 | −0.15 | B5 V |
| 33 | | Boo | 5468 | 14 39 27.1 | +44 20 02 | b | 5.39 | −0.04 | 0.00 | A1 V |
| | α² | Cen | 5460 | 14 40 43.6 | −60 54 08 | od | 1.33 | +0.68 | +0.88 | K1 V |
| | α¹ | Cen | 5459 | 14 40 44.0 | −60 54 10 | odbn38 | −0.01 | +0.24 | +0.71 | G2 V |
| 30 | ζ | Boo | 5478 | 14 41 56.2 | +13 39 30 | odb | 4.52 | +0.05 | +0.05 | A2 Va |
| | | | 5471 | 14 42 59.4 | −37 51 48 | | 4.00 | −0.70 | −0.17 | B3 V |
| | α | Lup | 5469 | 14 43 02.1 | −47 27 29 | vdb | 2.30 | −0.89 | −0.20 | B1.5 III |
| | α | Cir | 5463 | 14 43 51.6 | −65 02 45 | db | 3.19 | +0.12 | +0.24 | A7p Sr Eu |
| 107 | μ | Vir | 5487 | 14 43 55.9 | −05 43 45 | b | 3.88 | −0.02 | +0.38 | F2 V |
| 34 | W | Boo | 5490 | 14 44 08.9 | +26 27 30 | v | 4.81 | +1.94 | +1.66 | M3⁻ III |
| | | | 5485 | 14 44 40.3 | −35 14 37 | | 4.05 | +1.53 | +1.35 | K3 IIIb |
| 36 | ε | Boo | 5506 | 14 45 42.5 | +27 00 19 | d | 2.70 | +0.73 | +0.97 | K0⁻ II–III |
| 109 | | Vir | 5511 | 14 47 05.1 | +01 49 27 | | 3.72 | −0.03 | −0.01 | A0 IVnn |
| | | | 5495 | 14 48 11.1 | −52 27 08 | d | 5.21 | | +0.98 | G8 III |
| 56 | | Hya | 5516 | 14 48 42.8 | −26 09 21 | | 5.24 | +0.65 | +0.94 | G8/K0 III |
| | α | Aps | 5470 | 14 49 59.2 | −79 06 46 | | 3.83 | +1.68 | +1.43 | K3 III CN 0.5 |
| 7 | β | UMi | 5563 | 14 50 40.4 | +74 05 17 | dn40 | 2.08 | +1.78 | +1.47 | K4⁻ III |
| 58 | | Hya | 5526 | 14 51 15.7 | −28 01 41 | | 4.41 | +1.49 | +1.40 | K2.5 IIIb Fe−1: |
| 8 | α¹ | Lib | 5530 | 14 51 36.1 | −16 03 54 | b | 5.15 | −0.03 | +0.41 | F3 V |
| 9 | α² | Lib | 5531 | 14 51 47.6 | −16 06 34 | dbn39 | 2.75 | +0.09 | +0.15 | A3 III–IV |

| Designation | | BS=HR No. | Right Ascension | Declination | Notes | V | U–B | B–V | Spectral Type |
|---|---|---|---|---|---|---|---|---|---|
| | | | h m s | ° ′ ″ | | | | | |
| | | 5552 | 14 51 51.7 | +59 13 38 | | 5.46 | +1.60 | +1.36 | K4 III |
| o | Lup | 5528 | 14 52 43.3 | −43 38 33 | dbm | 4.32 | −0.61 | −0.15 | B5 IV |
| | | 5558 | 14 56 45.8 | −33 55 18 | db | 5.32 | | +0.04 | A0 V |
| 15 ξ² | Lib | 5564 | 14 57 40.0 | −11 28 31 | | 5.46 | +1.70 | +1.49 | gK4 |
| RR | UMi | 5589 | 14 57 51.0 | +65 52 01 | b | 4.60 | +1.59 | +1.59 | M4.5 III |
| 16 | Lib | 5570 | 14 58 02.8 | −04 24 46 | | 4.49 | +0.05 | +0.32 | F0 IV⁻ |
| β | Lup | 5571 | 14 59 37.2 | −43 11 58 | | 2.68 | −0.87 | −0.22 | B2 IV |
| κ | Cen | 5576 | 15 00 14.5 | −42 10 10 | d | 3.13 | −0.79 | −0.20 | B2 V |
| 19 δ | Lib | 5586 | 15 01 51.4 | −08 35 01 | vdb | 4.92 | −0.10 | 0.00 | B9.5 V |
| 42 β | Boo | 5602 | 15 02 34.1 | +40 19 34 | | 3.50 | +0.72 | +0.97 | G8 IIIa Fe−0.5 |
| 110 | Vir | 5601 | 15 03 44.1 | +02 01 39 | | 4.40 | +0.88 | +1.04 | K0⁺ IIIb Fe−0.5 |
| 20 σ | Lib | 5603 | 15 05 02.4 | −25 20 45 | | 3.29 | +1.94 | +1.70 | M2.5 III |
| 43 ψ | Boo | 5616 | 15 05 09.2 | +26 53 03 | | 4.54 | +1.33 | +1.24 | K2 III |
| | | 5635 | 15 06 45.1 | +54 29 36 | | 5.25 | +0.64 | +0.96 | G8 III Fe−1 |
| 45 | Boo | 5634 | 15 08 01.6 | +24 48 21 | d | 4.93 | −0.02 | +0.43 | F5 V |
| λ | Lup | 5626 | 15 09 57.7 | −45 20 32 | dbm | 4.05 | −0.68 | −0.18 | B3 V |
| κ¹ | Lup | 5646 | 15 13 05.4 | −48 47 58 | d | 3.87 | −0.13 | −0.05 | B9.5 IVnn |
| 24 ι | Lib | 5652 | 15 13 09.9 | −19 51 11 | db | 4.54 | −0.35 | −0.08 | B9p Si |
| ζ | Lup | 5649 | 15 13 28.8 | −52 09 39 | d | 3.41 | +0.66 | +0.92 | G8 III |
| | | 5691 | 15 14 50.1 | +67 17 03 | | 5.13 | +0.08 | +0.53 | F8 V |
| 1 | Lup | 5660 | 15 15 38.2 | −31 34 47 | | 4.91 | +0.28 | +0.37 | F0 Ib−II |
| 3 | Ser | 5675 | 15 16 00.6 | +04 52 44 | d | 5.33 | +0.91 | +1.09 | gK0 |
| 49 δ | Boo | 5681 | 15 16 10.1 | +33 15 14 | db | 3.47 | +0.66 | +0.95 | G8 III Fe−1 |
| 27 β | Lib | 5685 | 15 17 53.8 | −09 26 34 | b | 2.61 | −0.36 | −0.11 | B8 IIIn |
| β | Cir | 5670 | 15 18 49.1 | −58 51 41 | | 4.07 | +0.09 | +0.09 | A3 Vb |
| 2 | Lup | 5686 | 15 18 50.3 | −30 12 30 | | 4.34 | +1.07 | +1.10 | K0⁻ IIIa CH−1 |
| μ | Lup | 5683 | 15 19 41.3 | −47 56 05 | dm | 4.27 | −0.37 | −0.08 | B8 V |
| γ | TrA | 5671 | 15 20 28.4 | −68 44 20 | | 2.89 | −0.02 | 0.00 | A1 III |
| 13 γ | UMi | 5735 | 15 20 42.9 | +71 46 31 | | 3.05 | +0.12 | +0.05 | A3 III |
| δ | Lup | 5695 | 15 22 27.6 | −40 42 22 | | 3.22 | −0.89 | −0.22 | B1.5 IVn |
| φ¹ | Lup | 5705 | 15 22 51.5 | −36 19 12 | d | 3.56 | +1.88 | +1.54 | K4 III |
| ε | Lup | 5708 | 15 23 48.5 | −44 44 52 | dbm | 3.37 | −0.75 | −0.18 | B2 IV−V |
| φ² | Lup | 5712 | 15 24 12.9 | −36 54 59 | | 4.54 | −0.63 | −0.15 | B4 V |
| γ | Cir | 5704 | 15 24 42.3 | −59 22 43 | cdm | 4.51 | −0.35 | +0.19 | B5 IV |
| 51 μ¹ | Boo | 5733 | 15 25 06.8 | +37 19 12 | db | 4.31 | +0.07 | +0.31 | F0 IV |
| 12 ι | Dra | 5744 | 15 25 17.9 | +58 54 31 | d | 3.29 | +1.22 | +1.16 | K2 III |
| 9 τ¹ | Ser | 5739 | 15 26 33.4 | +15 22 15 | | 5.17 | +1.95 | +1.66 | M1 IIIa |
| 3 β | CrB | 5747 | 15 28 30.6 | +29 02 59 | vdb | 3.68 | +0.11 | +0.28 | F0p Cr Eu |
| 52 ν¹ | Boo | 5763 | 15 31 31.4 | +40 46 39 | | 5.02 | +1.90 | +1.59 | K4.5 IIIb Ba 0.5 |
| κ¹ | Aps | 5730 | 15 33 20.8 | −73 26 41 | d | 5.49 | −0.77 | −0.12 | B1pne |
| 4 θ | CrB | 5778 | 15 33 35.7 | +31 18 15 | d | 4.14 | −0.54 | −0.13 | B6 Vnn |
| 37 | Lib | 5777 | 15 35 04.9 | −10 07 12 | | 4.62 | +0.86 | +1.01 | K1 III−IV |
| 5 α | CrB | 5793 | 15 35 23.2 | +26 39 36 | bn41 | 2.23 | −0.02 | −0.02 | A0 IV |
| 13 δ | Ser | 5789 | 15 35 35.5 | +10 29 05 | cd | 4.23 | +0.12 | +0.26 | F0 III−IV + F0 IIIb |
| γ | Lup | 5776 | 15 36 14.8 | −41 13 15 | dvbm | 2.78 | −0.82 | −0.20 | B2 IVn |
| 38 γ | Lib | 5787 | 15 36 27.1 | −14 50 37 | d | 3.91 | +0.74 | +1.01 | G8.5 III |
| | | 5784 | 15 37 20.3 | −44 27 03 | | 5.43 | +1.82 | +1.50 | K4/5 III |
| 39 υ | Lib | 5794 | 15 38 01.8 | −28 11 19 | d | 3.58 | +1.58 | +1.38 | K3.5 III |
| ε | TrA | 5771 | 15 38 14.9 | −66 22 15 | d | 4.11 | +1.16 | +1.17 | K1/2 III |
| 54 φ | Boo | 5823 | 15 38 25.2 | +40 18 01 | | 5.24 | +0.53 | +0.88 | G7 III−IV Fe−2 |

| Designation | | BS=HR No. | Right Ascension | Declination | Notes | V | U–B | B–V | Spectral Type |
|---|---|---|---|---|---|---|---|---|---|
| | | | h m s | ° ′ ″ | | | | | |
| | ω Lup | 5797 | 15 39 10.3 | −42 37 13 | db | 4.33 | +1.72 | +1.42 | K4.5 III |
| 40 | τ Lib | 5812 | 15 39 40.4 | −29 49 51 | b | 3.66 | −0.70 | −0.17 | B2.5 V |
| | | 5798 | 15 40 03.6 | −52 25 33 | d | 5.44 | 0.00 | 0.00 | B9 V |
| 43 | κ Lib | 5838 | 15 42 54.0 | −19 43 52 | db | 4.74 | +1.95 | +1.57 | M0⁻ IIIb |
| 8 | γ CrB | 5849 | 15 43 26.2 | +26 14 39 | dm | 3.84 | −0.04 | 0.00 | A0 IV comp.? |
| 16 | ζ UMi | 5903 | 15 43 30.1 | +77 44 35 | | 4.32 | +0.05 | +0.04 | A2 III–IVn |
| 24 | α Ser | 5854 | 15 45 04.9 | +06 22 29 | d | 2.65 | +1.24 | +1.17 | K2 IIIb CN 1 |
| | | 5886 | 15 46 55.3 | +62 32 56 | | 5.19 | −0.10 | +0.04 | A2 IV |
| 28 | β Ser | 5867 | 15 46 57.0 | +15 22 16 | d | 3.67 | +0.08 | +0.06 | A2 IV |
| 27 | λ Ser | 5868 | 15 47 14.7 | +07 18 08 | b | 4.43 | +0.11 | +0.60 | G0⁻ V |
| 35 | κ Ser | 5879 | 15 49 29.0 | +18 05 29 | | 4.09 | +1.95 | +1.62 | M0.5 IIIab |
| 10 | δ CrB | 5889 | 15 50 17.2 | +26 01 07 | s | 4.62 | +0.36 | +0.80 | G5 III–IV Fe−1 |
| 32 | μ Ser | 5881 | 15 50 29.0 | −03 28 47 | db | 3.53 | −0.10 | −0.04 | A0 III |
| 37 | ε Ser | 5892 | 15 51 38.4 | +04 25 45 | | 3.71 | +0.11 | +0.15 | A5m |
| 11 | κ CrB | 5901 | 15 51 51.3 | +35 36 25 | sd | 4.82 | +0.87 | +1.00 | K1 IVa |
| 5 | χ Lup | 5883 | 15 52 00.7 | −33 40 34 | b | 3.95 | −0.13 | −0.04 | B9p Hg |
| 1 | χ Her | 5914 | 15 53 14.8 | +42 24 22 | | 4.62 | 0.00 | +0.56 | F8 V Fe−2 Hδ−1 |
| 45 | λ Lib | 5902 | 15 54 17.7 | −20 12 55 | b | 5.03 | −0.56 | −0.01 | B2.5 V |
| 46 | θ Lib | 5908 | 15 54 46.1 | −16 46 36 | | 4.15 | +0.81 | +1.02 | G9 IIIb |
| | β TrA | 5897 | 15 56 36.7 | −63 28 48 | d | 2.85 | +0.05 | +0.29 | F0 IV |
| 41 | γ Ser | 5933 | 15 57 13.0 | +15 36 31 | d | 3.85 | −0.03 | +0.48 | F6 V |
| 5 | ρ Sco | 5928 | 15 57 54.4 | −29 15 40 | db | 3.88 | −0.82 | −0.20 | B2 IV–V |
| CL | Dra | 5960 | 15 58 11.0 | +54 42 13 | b | 4.95 | +0.05 | +0.26 | F0 IV |
| 13 | ε CrB | 5947 | 15 58 16.3 | +26 49 51 | sd | 4.15 | +1.28 | +1.23 | K2 IIIab |
| 48 FX | Lib | 5941 | 15 59 06.9 | −14 19 33 | b | 4.88 | −0.20 | −0.10 | B5 IIIpe (shell) |
| 6 | π Sco | 5944 | 15 59 51.2 | −26 09 37 | cvdb | 2.89 | −0.91 | −0.19 | B1 V + B2 V |
| | T CrB | 5958 | 16 00 11.6 | +25 52 27 | vdb | 2 – 11 | +0.59 | +1.40 | gM3: + Bep |
| | | 5943 | 16 00 38.0 | −41 47 25 | | 4.99 | | +1.00 | K0 II/III |
| | η Lup | 5948 | 16 01 13.2 | −38 26 33 | d | 3.41 | −0.83 | −0.22 | B2.5 IVn |
| 49 | Lib | 5954 | 16 01 15.3 | −16 34 51 | db | 5.47 | +0.03 | +0.52 | F8 V |
| 7 | δ Sco | 5953 | 16 01 18.7 | −22 40 03 | db | 2.32 | −0.91 | −0.12 | B0.3 IV |
| 13 | θ Dra | 5986 | 16 02 12.0 | +58 31 18 | b | 4.01 | +0.10 | +0.52 | F8 IV–V |
| 8 | β¹ Sco | 5984 | 16 06 23.9 | −19 50 58 | db | 2.62 | −0.87 | −0.07 | B0.5 V |
| 8 | β² Sco | 5985 | 16 06 24.2 | −19 50 45 | sd | 4.92 | −0.70 | −0.02 | B2 V |
| | δ Nor | 5980 | 16 07 39.8 | −45 12 59 | | 4.72 | +0.15 | +0.23 | A7m |
| | θ Lup | 5987 | 16 07 40.8 | −36 50 45 | | 4.23 | −0.70 | −0.17 | B2.5 Vn |
| 9 | ω¹ Sco | 5993 | 16 07 46.5 | −20 42 46 | s | 3.96 | −0.81 | −0.04 | B1 V |
| 10 | ω² Sco | 5997 | 16 08 22.5 | −20 54 44 | | 4.32 | +0.50 | +0.84 | G4 II–III |
| 7 | κ Her | 6008 | 16 08 49.3 | +17 00 14 | d | 5.00 | +0.61 | +0.95 | G5 III |
| 11 | φ Her | 6023 | 16 09 17.4 | +44 53 32 | vb | 4.26 | −0.28 | −0.07 | B9p Hg Mn |
| 16 | τ CrB | 6018 | 16 09 34.6 | +36 26 59 | db | 4.76 | +0.86 | +1.01 | K1⁻ III–IV |
| 19 | UMi | 6079 | 16 10 22.6 | +75 50 08 | | 5.48 | −0.36 | −0.11 | B8 V |
| 14 | ν Sco | 6027 | 16 12 57.4 | −19 30 08 | db | 4.01 | −0.65 | +0.04 | B2 IVp |
| | κ Nor | 6024 | 16 14 47.3 | −54 40 17 | d | 4.94 | +0.78 | +1.04 | G8 III |
| 1 | δ Oph | 6056 | 16 15 12.7 | −03 44 08 | d | 2.74 | +1.96 | +1.58 | M0.5 III |
| | δ TrA | 6030 | 16 16 57.1 | −63 43 33 | d | 3.85 | +0.86 | +1.11 | G2 Ib–IIa |
| 21 | η UMi | 6116 | 16 17 02.5 | +75 43 00 | d | 4.95 | +0.08 | +0.37 | F5 V |
| 2 | ε Oph | 6075 | 16 19 11.8 | −04 43 54 | d | 3.24 | +0.75 | +0.96 | G9.5 IIIb Fe−0.5 |
| 22 | τ Her | 6092 | 16 20 14.3 | +46 16 29 | vd | 3.89 | −0.56 | −0.15 | B5 IV |
| | | 6077 | 16 20 35.6 | −30 56 43 | db | 5.49 | −0.01 | +0.47 | F6 III |

# BRIGHT STARS, J2016.5

| Designation | | BS=HR No. | Right Ascension | Declination | Notes | V | U–B | B–V | Spectral Type |
|---|---|---|---|---|---|---|---|---|---|
| | | | h m s | ° ′ ″ | | | | | |
| $\gamma^2$ | Nor | 6072 | 16 21 04.9 | −50 11 40 | d | 4.02 | +1.16 | +1.08 | K1$^+$ III |
| 20 $\sigma$ | Sco | 6084 | 16 22 11.7 | −25 37 52 | vdb | 2.89 | −0.70 | +0.13 | B1 III |
| 20 $\gamma$ | Her | 6095 | 16 22 38.9 | +19 06 55 | db | 3.75 | +0.18 | +0.27 | A9 IIIbn |
| $\delta^1$ | Aps | 6020 | 16 22 51.9 | −78 44 03 | d | 4.68 | +1.69 | +1.69 | M4 IIIa |
| 50 $\sigma$ | Ser | 6093 | 16 22 54.6 | +00 59 29 | | 4.82 | +0.04 | +0.34 | F1 IV–V |
| 14 $\eta$ | Dra | 6132 | 16 24 13.1 | +61 28 38 | dbm | 2.74 | +0.70 | +0.91 | G8$^-$ IIIab |
| 4 $\psi$ | Oph | 6104 | 16 25 04.3 | −20 04 29 | | 4.50 | +0.82 | +1.01 | K0$^-$ II–III |
| 24 $\omega$ | Her | 6117 | 16 26 10.7 | +13 59 47 | vd | 4.57 | −0.04 | 0.00 | B9p Cr |
| 15 | Dra | 6161 | 16 27 57.5 | +68 43 57 | | 5.00 | −0.12 | −0.06 | B9.5 III |
| 7 $\chi$ | Oph | 6118 | 16 27 58.9 | −18 29 33 | b | 4.42 | −0.75 | +0.28 | B1.5 Ve |
| $\epsilon$ | Nor | 6115 | 16 28 23.9 | −47 35 27 | dbm | 4.46 | −0.53 | −0.07 | B4 V |
| $\zeta$ | TrA | 6098 | 16 30 15.7 | −70 07 09 | b | 4.91 | +0.04 | +0.55 | F9 V |
| 21 $\alpha$ | Sco | 6134 | 16 30 25.3 | −26 28 02 | vdbn42 | 0.96 | +1.34 | +1.83 | M1.5 Iab–Ib |
| 27 $\beta$ | Her | 6148 | 16 30 55.8 | +21 27 17 | db | 2.77 | +0.69 | +0.94 | G7 IIIa Fe−0.5 |
| 10 $\lambda$ | Oph | 6149 | 16 31 44.8 | +01 56 56 | dbm | 3.82 | +0.01 | +0.01 | A1 IV |
| 8 $\phi$ | Oph | 6147 | 16 32 05.2 | −16 38 51 | d | 4.28 | +0.72 | +0.92 | G8$^+$ IIIa |
| | | 6143 | 16 32 27.8 | −34 44 20 | | 4.23 | −0.80 | −0.16 | B2 III–IV |
| 9 $\omega$ | Oph | 6153 | 16 33 07.0 | −21 30 01 | | 4.45 | +0.13 | +0.13 | Ap Sr Cr |
| 35 $\sigma$ | Her | 6168 | 16 34 38.2 | +42 24 14 | db | 4.20 | −0.10 | −0.01 | A0 IIIn |
| $\gamma$ | Aps | 6102 | 16 36 01.9 | −78 55 51 | b | 3.89 | +0.62 | +0.91 | G8/K0 III |
| 23 $\tau$ | Sco | 6165 | 16 36 54.7 | −28 14 56 | s | 2.82 | −1.03 | −0.25 | B0 V |
| | | 6166 | 16 37 27.8 | −35 17 16 | b | 4.16 | +1.94 | +1.57 | K7 III |
| 13 $\zeta$ | Oph | 6175 | 16 38 04.1 | −10 35 57 | | 2.56 | −0.86 | +0.02 | O9.5 Vn |
| 42 | Her | 6200 | 16 39 11.8 | +48 53 48 | d | 4.90 | +1.76 | +1.55 | M3$^-$ IIIab |
| 40 $\zeta$ | Her | 6212 | 16 41 54.5 | +31 34 25 | dbm | 2.81 | +0.21 | +0.65 | G0 IV |
| | | 6196 | 16 42 31.8 | −17 46 22 | | 4.96 | +0.87 | +1.11 | G7.5 II–III CN 1 Ba 0.5 |
| 44 $\eta$ | Her | 6220 | 16 43 27.8 | +38 53 30 | d | 3.53 | +0.60 | +0.92 | G7 III Fe−1 |
| 22 $\epsilon$ | UMi | 6322 | 16 44 20.1 | +82 00 28 | vdb | 4.23 | +0.55 | +0.89 | G5 III |
| $\beta$ | Aps | 6163 | 16 45 28.3 | −77 32 56 | d | 4.24 | +0.95 | +1.06 | K0 III |
| | | 6237 | 16 45 36.7 | +56 45 10 | db | 4.85 | −0.06 | +0.38 | F2 V$^+$ |
| $\alpha$ | TrA | 6217 | 16 50 25.5 | −69 03 20 | n43 | 1.92 | +1.56 | +1.44 | K2 IIb–IIIa |
| 20 | Oph | 6243 | 16 50 44.9 | −10 48 39 | b | 4.65 | +0.07 | +0.47 | F7 III |
| $\eta$ | Ara | 6229 | 16 51 13.1 | −59 04 08 | d | 3.76 | +1.94 | +1.57 | K5 III |
| 26 $\epsilon$ | Sco | 6241 | 16 51 14.1 | −34 19 18 | | 2.29 | +1.27 | +1.15 | K2 III |
| 51 | Her | 6270 | 16 52 26.3 | +24 37 47 | | 5.04 | +1.29 | +1.25 | K0.5 IIIa Ca 0.5 |
| $\mu^1$ | Sco | 6247 | 16 52 59.5 | −38 04 27 | vb | 3.08 | −0.87 | −0.20 | B1.5 IVn |
| $\mu^2$ | Sco | 6252 | 16 53 27.4 | −38 02 39 | | 3.57 | −0.85 | −0.21 | B2 IV |
| 53 | Her | 6279 | 16 53 35.6 | +31 40 31 | d | 5.32 | −0.02 | +0.29 | F2 V |
| 25 $\iota$ | Oph | 6281 | 16 54 47.4 | +10 08 21 | b | 4.38 | −0.32 | −0.08 | B8 V |
| $\zeta^2$ | Sco | 6271 | 16 55 44.9 | −42 23 17 | | 3.62 | +1.65 | +1.37 | K3.5 IIIb |
| 27 $\kappa$ | Oph | 6299 | 16 58 27.0 | +09 21 02 | as | 3.20 | +1.18 | +1.15 | K2 III |
| $\zeta$ | Ara | 6285 | 16 59 59.5 | −56 00 52 | | 3.13 | +1.97 | +1.60 | K4 III |
| $\epsilon^1$ | Ara | 6295 | 17 00 54.2 | −53 11 02 | | 4.06 | +1.71 | +1.45 | K4 IIIab |
| 58 $\epsilon$ | Her | 6324 | 17 00 55.3 | +30 54 11 | db | 3.92 | −0.10 | −0.01 | A0 IV$^+$ |
| 30 | Oph | 6318 | 17 01 55.9 | −04 14 46 | d | 4.82 | +1.83 | +1.48 | K4 III |
| 59 | Her | 6332 | 17 02 12.9 | +33 32 43 | | 5.25 | +0.02 | +0.02 | A3 IV–Vs |
| 60 | Her | 6355 | 17 06 08.6 | +12 43 09 | d | 4.91 | +0.05 | +0.12 | A4 IV |
| 22 $\zeta$ | Dra | 6396 | 17 08 50.3 | +65 41 40 | d | 3.17 | −0.43 | −0.12 | B6 III |
| 35 $\eta$ | Oph | 6378 | 17 11 19.5 | −15 44 38 | dbmn44 | 2.43 | +0.09 | +0.06 | A2 Va$^+$ (Sr) |
| $\eta$ | Sco | 6380 | 17 13 20.3 | −43 15 34 | | 3.33 | +0.09 | +0.41 | F2 V:p (Cr) |

| Designation | | | BS=HR No. | Right Ascension | Declination | Notes | V | U–B | B–V | Spectral Type |
|---|---|---|---|---|---|---|---|---|---|---|
| | | | | h m s | ° ′ ″ | | | | | |
| 64 | $\alpha^1$ | Her | 6406 | 17 15 24.0 | +14 22 21 | vsd | 3.48 | +1.01 | +1.44 | M5 Ib–II |
| 67 | $\pi$ | Her | 6418 | 17 15 37.4 | +36 47 29 | | 3.16 | +1.66 | +1.44 | K3 II |
| 65 | $\delta$ | Her | 6410 | 17 15 42.6 | +24 49 15 | db | 3.14 | +0.08 | +0.08 | A1 Vann |
| | v656 | Her | 6452 | 17 21 02.5 | +18 02 28 | | 5.00 | +2.06 | +1.62 | M1$^+$ IIIab |
| 72 | | Her | 6458 | 17 21 16.7 | +32 26 51 | d | 5.39 | +0.07 | +0.62 | G0 V |
| 53 | $\nu$ | Ser | 6446 | 17 21 45.4 | –12 51 44 | dm | 4.33 | +0.05 | +0.03 | A1.5 IV |
| 40 | $\xi$ | Oph | 6445 | 17 21 59.8 | –21 07 45 | dm | 4.39 | –0.05 | +0.39 | F2 V |
| 42 | $\theta$ | Oph | 6453 | 17 23 01.4 | –25 00 53 | dvb | 3.27 | –0.86 | –0.22 | B2 IV |
| | $\iota$ | Aps | 6411 | 17 23 56.8 | –70 08 17 | dm | 5.41 | –0.23 | –0.04 | B8/9 Vn |
| | $\beta$ | Ara | 6461 | 17 26 40.5 | –55 32 37 | | 2.85 | +1.56 | +1.46 | K3 Ib–IIa |
| | $\gamma$ | Ara | 6462 | 17 26 47.2 | –56 23 29 | d | 3.34 | –0.96 | –0.13 | B1 Ib |
| 23 | $\delta$ | UMi | 6789 | 17 26 58.2 | +86 34 28 | | 4.36 | +0.03 | +0.02 | A1 Van |
| 49 | $\sigma$ | Oph | 6498 | 17 27 20.0 | +04 07 38 | s | 4.34 | +1.62 | +1.50 | K2 II |
| 44 | | Oph | 6486 | 17 27 22.7 | –24 11 21 | | 4.17 | +0.12 | +0.28 | A9m: |
| | | | 6493 | 17 27 30.5 | –05 06 00 | b | 4.54 | –0.03 | +0.39 | F2 V |
| 45 | | Oph | 6492 | 17 28 24.6 | –29 52 50 | | 4.29 | +0.09 | +0.40 | $\delta$ Del |
| 23 | $\beta$ | Dra | 6536 | 17 30 48.4 | +52 17 23 | sd | 2.79 | +0.64 | +0.98 | G2 Ib–IIa |
| 76 | $\lambda$ | Her | 6526 | 17 31 24.4 | +26 05 57 | | 4.41 | +1.68 | +1.44 | K3.5 III |
| 34 | $\upsilon$ | Sco | 6508 | 17 31 53.2 | –37 18 27 | b | 2.69 | –0.82 | –0.22 | B2 IV |
| 27 | | Dra | 6566 | 17 31 54.1 | +68 07 28 | db | 5.05 | +0.92 | +1.08 | G9 IIIb |
| 24 | $\nu^1$ | Dra | 6554 | 17 32 30.1 | +55 10 24 | b | 4.88 | +0.04 | +0.26 | A7m |
| | $\delta$ | Ara | 6500 | 17 32 35.5 | –60 41 44 | d | 3.62 | –0.31 | –0.10 | B8 Vn |
| 25 | $\nu^2$ | Dra | 6555 | 17 32 35.6 | +55 09 44 | db | 4.87 | +0.06 | +0.28 | A7m |
| | $\alpha$ | Ara | 6510 | 17 33 07.2 | –49 53 15 | db | 2.95 | –0.69 | –0.17 | B2 Vne |
| 35 | $\lambda$ | Sco | 6527 | 17 34 43.8 | –37 06 51 | vdbn45 | 1.63 | –0.89 | –0.22 | B1.5 IV |
| 55 | $\alpha$ | Oph | 6556 | 17 35 42.1 | +12 32 57 | bn46 | 2.08 | +0.10 | +0.15 | A5 Vnn |
| 28 | $\omega$ | Dra | 6596 | 17 36 51.4 | +68 45 01 | db | 4.80 | –0.01 | +0.43 | F4 V |
| | | | 6546 | 17 37 41.1 | –38 38 43 | | 4.29 | +0.90 | +1.09 | G8/K0 III/IV |
| | $\theta$ | Sco | 6553 | 17 38 30.3 | –43 00 24 | | 1.87 | +0.22 | +0.40 | F1 III |
| 55 | $\xi$ | Ser | 6561 | 17 38 31.9 | –15 24 27 | db | 3.54 | +0.14 | +0.26 | F0 IIIb |
| 85 | $\iota$ | Her | 6588 | 17 39 55.9 | +45 59 54 | svdb | 3.80 | –0.69 | –0.18 | B3 IV |
| 31 | $\psi$ | Dra | 6636 | 17 41 39.0 | +72 08 25 | d | 4.58 | +0.01 | +0.42 | F5 V |
| 56 | $o$ | Ser | 6581 | 17 42 20.6 | –12 52 58 | b | 4.26 | +0.10 | +0.08 | A2 Va |
| | $\kappa$ | Sco | 6580 | 17 43 37.8 | –39 02 13 | vb | 2.41 | –0.89 | –0.22 | B1.5 III |
| 84 | | Her | 6608 | 17 44 02.2 | +24 19 18 | s | 5.71 | +0.27 | +0.65 | G2 IIIb |
| 60 | $\beta$ | Oph | 6603 | 17 44 17.3 | +04 33 42 | | 2.77 | +1.24 | +1.16 | K2 III CN 0.5 |
| 58 | | Oph | 6595 | 17 44 25.2 | –21 41 23 | | 4.87 | –0.03 | +0.47 | F7 V: |
| | $\mu$ | Ara | 6585 | 17 45 27.4 | –51 50 28 | | 5.15 | +0.24 | +0.70 | G5 V |
| 86 | $\mu$ | Her | 6623 | 17 47 06.3 | +27 42 43 | asd | 3.42 | +0.39 | +0.75 | G5 IV |
| | $\eta$ | Pav | 6582 | 17 47 21.3 | –64 43 46 | | 3.62 | +1.17 | +1.19 | K1 IIIa CN 1 |
| 3 | X | Sgr | 6616 | 17 48 36.0 | –27 50 08 | v | 4.54 | +0.50 | +0.80 | F3 II |
| 35 | | Dra | 6701 | 17 48 42.9 | +76 57 35 | | 5.04 | +0.08 | +0.49 | F7 IV |
| 62 | $\gamma$ | Oph | 6629 | 17 48 43.2 | +02 42 08 | b | 3.75 | +0.04 | +0.04 | A0 Van |
| | $\iota^1$ | Sco | 6615 | 17 48 44.4 | –40 07 54 | sdb | 3.03 | +0.27 | +0.51 | F2 Ia |
| | | | 6630 | 17 50 58.9 | –37 02 49 | d | 3.21 | +1.19 | +1.17 | K2 III |
| 32 | $\xi$ | Dra | 6688 | 17 53 48.9 | +56 52 14 | d | 3.75 | +1.21 | +1.18 | K2 III |
| 89 | v441 | Her | 6685 | 17 56 05.2 | +26 02 54 | svb | 5.45 | +0.26 | +0.34 | F2 Ibp |
| 91 | $\theta$ | Her | 6695 | 17 56 49.2 | +37 14 57 | | 3.86 | +1.46 | +1.35 | K1 IIa CN 2 |
| 33 | $\gamma$ | Dra | 6705 | 17 56 59.4 | +51 29 15 | asdn47 | 2.23 | +1.87 | +1.52 | K5 III |
| 92 | $\xi$ | Her | 6703 | 17 58 24.4 | +29 14 49 | v | 3.70 | +0.70 | +0.94 | G8.5 III |

| Designation | | BS=HR No. | Right Ascension | Declination | Notes | V | U−B | B−V | Spectral Type |
|---|---|---|---|---|---|---|---|---|---|
| | | | h m s | ° ′ ″ | | | | | |
| 94 | ν Her | 6707 | 17 59 08.1 | +30 11 20 | d | 4.41 | +0.15 | +0.39 | F2m |
| 64 | ν Oph | 6698 | 17 59 56.1 | −09 46 28 | | 3.34 | +0.88 | +0.99 | G9 IIIa |
| 93 | Her | 6713 | 18 00 47.5 | +16 45 04 | | 4.67 | +1.22 | +1.26 | K0.5 IIb |
| 67 | Oph | 6714 | 18 01 28.3 | +02 55 55 | sd | 3.97 | −0.62 | +0.02 | B5 Ib |
| 68 | Oph | 6723 | 18 02 35.4 | +01 18 21 | dbm | 4.45 | 0.00 | +0.02 | A0.5 Van |
| | W Sgr | 6742 | 18 06 04.5 | −29 34 40 | vdb | 4.69 | +0.52 | +0.78 | G0 Ib/II |
| 70 | Oph | 6752 | 18 06 17.2 | +02 29 53 | dvbm | 4.03 | +0.54 | +0.86 | K0− V |
| 10 | γ Sgr | 6746 | 18 06 52.1 | −30 25 21 | b | 2.99 | +0.77 | +1.00 | K0+ III |
| | θ Ara | 6743 | 18 07 54.9 | −50 05 19 | | 3.66 | −0.85 | −0.08 | B2 Ib |
| | | 6791 | 18 07 58.6 | +43 27 53 | sb | 5.00 | +0.71 | +0.91 | G8 III CN−1 CH−3 |
| 72 | Oph | 6771 | 18 08 07.9 | +09 34 02 | db | 3.73 | +0.10 | +0.12 | A5 IV−V |
| 103 | o Her | 6779 | 18 08 11.2 | +28 45 56 | db | 3.83 | −0.07 | −0.03 | A0 II−III |
| 102 | Her | 6787 | 18 09 27.9 | +20 49 05 | d | 4.36 | −0.81 | −0.16 | B2 IV |
| | π Pav | 6745 | 18 10 10.1 | −63 39 57 | b | 4.35 | +0.18 | +0.22 | A7p Sr |
| | ε Tel | 6783 | 18 12 27.2 | −45 56 59 | d | 4.53 | +0.78 | +1.01 | K0 III |
| 36 | Dra | 6850 | 18 13 59.5 | +64 24 11 | d | 5.02 | −0.06 | +0.41 | F5 V |
| 13 | μ Sgr | 6812 | 18 14 45.0 | −21 03 11 | db | 3.86 | −0.49 | +0.23 | B9 Ia |
| | | 6819 | 18 18 30.9 | −56 00 59 | b | 5.33 | −0.69 | −0.05 | B3 IIIpe |
| | η Sgr | 6832 | 18 18 44.6 | −36 45 19 | dm | 3.11 | +1.71 | +1.56 | M3.5 IIIab |
| 1 | κ Lyr | 6872 | 18 20 26.4 | +36 04 22 | | 4.33 | +1.19 | +1.17 | K2− IIIab CN 0.5 |
| 43 | φ Dra | 6920 | 18 20 31.1 | +71 20 46 | vdbm | 4.22 | −0.33 | −0.10 | A0p Si |
| 44 | χ Dra | 6927 | 18 20 45.5 | +72 44 23 | db | 3.57 | −0.06 | +0.49 | F7 V |
| 74 | Oph | 6866 | 18 21 41.5 | +03 23 09 | d | 4.86 | +0.62 | +0.91 | G8 III |
| 19 | δ Sgr | 6859 | 18 22 03.0 | −29 49 11 | d | 2.70 | +1.55 | +1.38 | K2.5 IIIa CN 0.5 |
| 58 | η Ser | 6869 | 18 22 09.8 | −02 53 36 | d | 3.26 | +0.66 | +0.94 | K0 III−IV |
| 109 | Her | 6895 | 18 24 24.1 | +21 46 42 | sd | 3.84 | +1.17 | +1.18 | K2 IIIab |
| | ξ Pav | 6855 | 18 24 44.7 | −61 29 03 | dbm | 4.36 | +1.55 | +1.48 | K4 III |
| 20 | ε Sgr | 6879 | 18 25 16.0 | −34 22 31 | dn48 | 1.85 | −0.13 | −0.03 | A0 II−n (shell) |
| | α Tel | 6897 | 18 28 11.8 | −45 57 28 | | 3.51 | −0.64 | −0.17 | B3 IV |
| 22 | λ Sgr | 6913 | 18 28 59.3 | −25 24 40 | | 2.81 | +0.89 | +1.04 | K1 IIIb |
| | ζ Tel | 6905 | 18 30 06.0 | −49 03 35 | | 4.13 | +0.82 | +1.02 | G8/K0 III |
| | γ Sct | 6930 | 18 30 08.3 | −14 33 14 | | 4.70 | +0.06 | +0.06 | A2 III− |
| 60 | Ser | 6935 | 18 30 32.5 | −01 58 24 | b | 5.39 | +0.76 | +0.96 | K0 III |
| | θ Cra | 6951 | 18 34 40.8 | −42 17 56 | | 4.64 | +0.76 | +1.01 | G8 III |
| | α Sct | 6973 | 18 36 06.3 | −08 13 53 | | 3.85 | +1.54 | +1.33 | K3 III |
| | | 6985 | 18 37 15.1 | +09 08 12 | b | 5.39 | −0.02 | +0.37 | F5 IIIs |
| 3 | α Lyr | 7001 | 18 37 29.9 | +38 48 00 | asdn49 | 0.03 | −0.01 | 0.00 | A0 Va |
| | δ Sct | 7020 | 18 43 10.6 | −09 02 08 | vdb | 4.72 | +0.14 | +0.35 | F2 III (str. met.) |
| | ε Sct | 7032 | 18 44 25.2 | −08 15 28 | d | 4.90 | +0.87 | +1.12 | G8 IIb |
| | ζ Pav | 6982 | 18 44 57.3 | −71 24 41 | d | 4.01 | +1.02 | +1.14 | K0 III |
| 6 | ζ¹ Lyr | 7056 | 18 45 20.5 | +37 37 23 | db | 4.36 | +0.16 | +0.19 | A5m |
| 50 | Dra | 7124 | 18 45 49.7 | +75 27 09 | b | 5.35 | +0.04 | +0.05 | A1 Vn |
| 110 | Her | 7061 | 18 46 22.4 | +20 33 47 | d | 4.19 | +0.01 | +0.46 | F6 V |
| 27 | φ Sgr | 7039 | 18 46 41.2 | −26 58 21 | b | 3.17 | −0.36 | −0.11 | B8 III |
| | | 7064 | 18 46 44.4 | +26 40 51 | | 4.83 | +1.23 | +1.20 | K2 III |
| 111 | Her | 7069 | 18 47 45.0 | +18 12 03 | db | 4.36 | +0.07 | +0.13 | A3 Va+ |
| | β Sct | 7063 | 18 48 03.0 | −04 43 44 | b | 4.22 | +0.81 | +1.10 | G4 IIa |
| | R Sct | 7066 | 18 48 21.8 | −05 41 10 | vs | 5.20 | +1.64 | +1.47 | K0 Ib:p Ca−1 |
| | η¹ CrA | 7062 | 18 50 01.8 | −43 39 38 | | 5.49 | | +0.13 | A2 Vn |
| 10 | β Lyr | 7106 | 18 50 41.4 | +33 22 58 | cvdb | 3.45 | −0.56 | 0.00 | B7 Vpe (shell) |

| Designation | | | BS=HR No. | Right Ascension | Declination | Notes | V | U–B | B–V | Spectral Type |
|---|---|---|---|---|---|---|---|---|---|---|
| | | | | h m s | ° ′ ″ | | | | | |
| 47 | $o$ | Dra | 7125 | 18 51 26.7 | +59 24 32 | dvb | 4.66 | +1.04 | +1.19 | G9 III Fe−0.5 |
| | $\lambda$ | Pav | 7074 | 18 53 44.4 | −62 10 00 | d | 4.22 | −0.89 | −0.14 | B2 II–III |
| 52 | $\upsilon$ | Dra | 7180 | 18 54 11.4 | +71 19 08 | b | 4.82 | +1.10 | +1.15 | K0 III CN 0.5 |
| 12 | $\delta^2$ | Lyr | 7139 | 18 55 04.9 | +36 55 13 | d | 4.30 | +1.65 | +1.68 | M4 II |
| 13 | R | Lyr | 7157 | 18 55 50.2 | +43 58 07 | vsb | 4.04 | +1.41 | +1.59 | M5 III (var) |
| 34 | $\sigma$ | Sgr | 7121 | 18 56 17.2 | −26 16 29 | dn50 | 2.02 | −0.75 | −0.22 | B3 IV |
| 63 | $\theta^1$ | Ser | 7141 | 18 57 02.4 | +04 13 34 | d | 4.61 | +0.11 | +0.16 | A5 V |
| | $\kappa$ | Pav | 7107 | 18 58 38.6 | −67 12 38 | v | 4.44 | +0.71 | +0.60 | F5 I–II |
| 37 | $\xi^2$ | Sgr | 7150 | 18 58 42.8 | −21 05 01 | | 3.51 | +1.13 | +1.18 | K1 III |
| 14 | $\gamma$ | Lyr | 7178 | 18 59 33.7 | +32 42 47 | d | 3.24 | −0.09 | −0.05 | B9 II |
| | $\lambda$ | Tel | 7134 | 18 59 46.7 | −52 54 55 | b | 4.87 | | −0.05 | A0 III+ |
| 13 | $\epsilon$ | Aql | 7176 | 19 00 22.3 | +15 05 30 | db | 4.02 | +1.04 | +1.08 | K1− III CN 0.5 |
| 12 | | Aql | 7193 | 19 02 33.7 | −05 42 53 | | 4.02 | +1.04 | +1.09 | K1 III |
| 38 | $\zeta$ | Sgr | 7194 | 19 03 39.6 | −29 51 18 | dbm | 2.60 | +0.06 | +0.08 | A2 IV–V |
| | $\chi$ | Oct | 6721 | 19 04 04.2 | −87 34 58 | | 5.28 | +1.60 | +1.28 | K3 III |
| 39 | $o$ | Sgr | 7217 | 19 05 40.2 | −21 42 58 | d | 3.77 | +0.85 | +1.01 | G9 IIIb |
| 17 | $\zeta$ | Aql | 7235 | 19 06 10.1 | +13 53 21 | db | 2.99 | −0.01 | +0.01 | A0 Vann |
| 16 | $\lambda$ | Aql | 7236 | 19 07 07.5 | −04 51 24 | | 3.44 | −0.27 | −0.09 | A0 IVp (wk 4481) |
| 18 | $\iota$ | Lyr | 7262 | 19 07 53.5 | +36 07 37 | d | 5.28 | −0.51 | −0.11 | B6 IV |
| 40 | $\tau$ | Sgr | 7234 | 19 07 58.1 | −27 38 42 | b | 3.32 | +1.15 | +1.19 | K1.5 IIIb |
| | $\alpha$ | CrA | 7254 | 19 10 35.6 | −37 52 38 | | 4.11 | +0.08 | +0.04 | A2 IVn |
| 41 | $\pi$ | Sgr | 7264 | 19 10 44.6 | −20 59 46 | dm | 2.89 | +0.22 | +0.35 | F2 II–III |
| | $\beta$ | CrA | 7259 | 19 11 09.7 | −39 18 47 | | 4.11 | +1.07 | +1.20 | K0 II |
| 57 | $\delta$ | Dra | 7310 | 19 12 33.3 | +67 41 26 | d | 3.07 | +0.78 | +1.00 | G9 III |
| 20 | | Aql | 7279 | 19 13 34.4 | −07 54 39 | | 5.34 | −0.44 | +0.13 | B3 V |
| 20 | $\eta$ | Lyr | 7298 | 19 14 19.2 | +39 10 30 | db | 4.39 | −0.65 | −0.15 | B2.5 IV |
| 60 | $\tau$ | Dra | 7352 | 19 15 13.5 | +73 23 08 | b | 4.45 | +1.45 | +1.25 | K2+ IIIb CN 1 |
| 21 | $\theta$ | Lyr | 7314 | 19 16 56.5 | +38 09 50 | d | 4.36 | +1.23 | +1.26 | K0 II |
| 1 | $\kappa$ | Cyg | 7328 | 19 17 29.0 | +53 23 58 | b | 3.77 | +0.74 | +0.96 | G9 III |
| 25 | $\omega^1$ | Aql | 7315 | 19 18 35.5 | +11 37 34 | | 5.28 | +0.22 | +0.20 | F0 IV |
| 43 | | Sgr | 7304 | 19 18 35.9 | −18 55 20 | | 4.96 | +0.80 | +1.02 | G8 II–III |
| 44 | $\rho^1$ | Sgr | 7340 | 19 22 37.7 | −17 48 54 | | 3.93 | +0.13 | +0.22 | F0 III–IV |
| 46 | $\upsilon$ | Sgr | 7342 | 19 22 40.3 | −15 55 22 | b | 4.61 | −0.53 | +0.10 | Apep |
| | $\beta^1$ | Sgr | 7337 | 19 23 49.3 | −44 25 35 | d | 4.01 | −0.39 | −0.10 | B8 V |
| | $\beta^2$ | Sgr | 7343 | 19 24 24.4 | −44 46 02 | | 4.29 | +0.07 | +0.34 | F0 IV |
| | $\alpha$ | Sgr | 7348 | 19 25 01.6 | −40 35 00 | b | 3.97 | −0.33 | −0.10 | B8 V |
| 31 | | Aql | 7373 | 19 25 45.4 | +11 58 51 | d | 5.16 | +0.42 | +0.77 | G7 IV H$\delta$ 1 |
| 30 | $\delta$ | Aql | 7377 | 19 26 19.8 | +03 08 56 | db | 3.36 | +0.04 | +0.32 | F2 IV–V |
| 6 | $\alpha$ | Vul | 7405 | 19 29 23.5 | +24 41 57 | d | 4.44 | +1.81 | +1.50 | M0.5 IIIb |
| 10 | $\iota^2$ | Cyg | 7420 | 19 30 07.3 | +51 45 56 | | 3.79 | +0.11 | +0.14 | A4 V |
| 6 | $\beta$ | Cyg | 7417 | 19 31 23.2 | +27 59 43 | cd | 3.08 | +0.62 | +1.13 | K3 II + B9.5 V |
| 36 | | Aql | 7414 | 19 31 31.6 | −02 45 12 | | 5.03 | +2.05 | +1.75 | M1 IIIab |
| 61 | $\sigma$ | Dra | 7462 | 19 32 19.5 | +69 41 21 | asd | 4.68 | +0.38 | +0.79 | K0 V |
| 8 | | Cyg | 7426 | 19 32 23.1 | +34 29 20 | | 4.74 | −0.65 | −0.14 | B3 IV |
| 38 | $\mu$ | Aql | 7429 | 19 34 53.7 | +07 24 54 | d | 4.45 | +1.26 | +1.17 | K3− IIIb Fe 0.5 |
| | $\iota$ | Tel | 7424 | 19 36 26.2 | −48 03 43 | | 4.90 | | +1.09 | K0 III |
| 13 | $\theta$ | Cyg | 7469 | 19 36 53.1 | +50 15 36 | d | 4.48 | −0.03 | +0.38 | F4 V |
| 41 | $\iota$ | Aql | 7447 | 19 37 34.5 | −01 14 56 | d | 4.36 | −0.44 | −0.08 | B5 III |
| 52 | | Sgr | 7440 | 19 37 42.6 | −24 50 45 | d | 4.60 | −0.15 | −0.07 | B8/9 V |
| 39 | $\kappa$ | Aql | 7446 | 19 37 46.7 | −06 59 23 | | 4.95 | −0.87 | 0.00 | B0.5 IIIn |

| Designation | | | BS=HR No. | Right Ascension | Declination | Notes | V | U–B | B–V | Spectral Type |
|---|---|---|---|---|---|---|---|---|---|---|
| | | | | h m s | ° ′ ″ | | | | | |
| 5 | α | Sge | 7479 | 19 40 50.0 | +18 03 10 | d | 4.37 | +0.43 | +0.78 | G1 II |
| | | | 7495 | 19 41 20.7 | +45 33 53 | sd | 5.06 | +0.15 | +0.40 | F5 II–III |
| 54 | | Sgr | 7476 | 19 41 40.0 | −16 15 15 | d | 5.30 | +1.06 | +1.13 | K2 III |
| 6 | β | Sge | 7488 | 19 41 47.4 | +17 30 55 | | 4.37 | +0.89 | +1.05 | G8 IIIa CN 0.5 |
| 16 | | Cyg | 7503 | 19 42 15.3 | +50 33 50 | sd | 5.96 | +0.19 | +0.64 | G1.5 Vb |
| 16 | | Cyg | 7504 | 19 42 18.3 | +50 33 23 | s | 6.20 | +0.20 | +0.66 | G3 V |
| 55 | | Sgr | 7489 | 19 43 27.7 | −16 05 03 | b | 5.06 | +0.09 | +0.33 | F0 IVn: |
| 10 | | Vul | 7506 | 19 44 24.1 | +25 48 44 | | 5.49 | +0.67 | +0.93 | G8 III |
| 15 | | Cyg | 7517 | 19 44 52.3 | +37 23 42 | | 4.89 | +0.69 | +0.95 | G8 III |
| 18 | δ | Cyg | 7528 | 19 45 29.4 | +45 10 18 | dbm | 2.87 | −0.10 | −0.03 | B9.5 III |
| 50 | γ | Aql | 7525 | 19 47 02.6 | +10 39 16 | d | 2.72 | +1.68 | +1.52 | K3 II |
| 56 | | Sgr | 7515 | 19 47 19.4 | −19 43 13 | | 4.86 | +0.96 | +0.93 | K0+ III |
| 63 | ε | Dra | 7582 | 19 48 06.5 | +70 18 36 | dbm | 3.83 | +0.52 | +0.89 | G7 IIIb Fe−1 |
| 7 | δ | Sge | 7536 | 19 48 07.4 | +18 34 33 | cdb | 3.82 | +0.96 | +1.41 | M2 II + A0 V |
| | ν | Tel | 7510 | 19 49 21.6 | −56 19 17 | | 5.35 | | +0.20 | A9 Vn |
| | χ | Cyg | 7564 | 19 51 12.0 | +32 57 24 | vd | 4.23 | +0.96 | +1.82 | S6+/1e |
| 53 | α | Aql | 7557 | 19 51 35.3 | +08 54 47 | dvn51 | 0.77 | +0.08 | +0.22 | A7 Vnn |
| 51 | | Aql | 7553 | 19 51 41.2 | −10 43 14 | d | 5.39 | | +0.38 | F0 V |
| | | | 7589 | 19 52 28.9 | +47 04 14 | s | 5.62 | −0.97 | −0.07 | O9.5 Iab |
| | v3961 | Sgr | 7552 | 19 52 57.6 | −39 49 52 | svb | 5.33 | −0.22 | −0.06 | A0p Si Cr Eu |
| 9 | | Sge | 7574 | 19 53 05.9 | +18 42 55 | sb | 6.23 | −0.92 | +0.01 | O8 If |
| 55 | η | Aql | 7570 | 19 53 18.8 | +01 02 57 | vb | 3.90 | +0.51 | +0.89 | F6−G1 Ib |
| | v1291 | Aql | 7575 | 19 54 10.5 | −03 04 14 | s | 5.65 | +0.10 | +0.20 | A5p Sr Cr Eu |
| 60 | β | Aql | 7602 | 19 56 07.4 | +06 26 56 | ad | 3.71 | +0.48 | +0.86 | G8 IV |
| | ι | Sgr | 7581 | 19 56 23.7 | −41 49 25 | | 4.13 | +0.90 | +1.08 | G8 III |
| 21 | η | Cyg | 7615 | 19 56 55.5 | +35 07 41 | d | 3.89 | +0.89 | +1.02 | K0 III |
| 61 | | Sgr | 7614 | 19 58 53.1 | −15 26 48 | | 5.02 | +0.07 | +0.05 | A3 Va |
| 12 | γ | Sge | 7635 | 19 59 29.5 | +19 32 16 | s | 3.47 | +1.93 | +1.57 | M0− III |
| | θ¹ | Sgr | 7623 | 20 00 48.4 | −35 13 49 | db | 4.37 | −0.67 | −0.15 | B2.5 IV |
| 15 | NT | Vul | 7653 | 20 01 46.8 | +27 48 00 | b | 4.64 | +0.16 | +0.18 | A7m |
| | ε | Pav | 7590 | 20 02 28.4 | −72 51 53 | | 3.96 | −0.05 | −0.03 | A0 Va |
| 62 v3872 | | Sgr | 7650 | 20 03 40.2 | −27 39 46 | | 4.58 | +1.80 | +1.65 | M4.5 III |
| 1 | κ | Cep | 7750 | 20 08 18.3 | +77 45 37 | dm | 4.39 | −0.11 | −0.05 | B9 III |
| | ξ | Tel | 7673 | 20 08 38.5 | −52 49 55 | b | 4.94 | +1.84 | +1.62 | M1 IIab |
| 28 v1624 | | Cyg | 7708 | 20 10 02.4 | +36 53 20 | b | 4.93 | −0.77 | −0.13 | B2.5 V |
| | δ | Pav | 7665 | 20 10 19.8 | −66 08 17 | | 3.56 | +0.45 | +0.76 | G6/8 IV |
| 65 | θ | Aql | 7710 | 20 12 09.3 | −00 46 17 | db | 3.23 | −0.14 | −0.07 | B9.5 III+ |
| 33 | | Cyg | 7740 | 20 13 46.8 | +56 37 07 | b | 4.30 | +0.08 | +0.11 | A3 IVn |
| 31 | o¹ | Cyg | 7735 | 20 14 09.1 | +46 47 31 | cvdb | 3.79 | +0.42 | +1.28 | K2 II + B4 V |
| 67 | ρ | Aql | 7724 | 20 15 02.4 | +15 14 56 | b | 4.95 | +0.01 | +0.08 | A1 Va |
| 32 | o² | Cyg | 7751 | 20 15 58.9 | +47 45 56 | cvdb | 3.98 | +1.03 | +1.52 | K3 II + B9: V |
| 24 | | Vul | 7753 | 20 17 29.5 | +24 43 22 | | 5.32 | +0.67 | +0.95 | G8 III |
| 34 | P | Cyg | 7763 | 20 18 23.7 | +38 05 06 | vs | 4.81 | −0.58 | +0.42 | B1pe |
| 5 | α¹ | Cap | 7747 | 20 18 33.7 | −12 27 22 | db | 4.24 | +0.78 | +1.07 | G3 Ib |
| 6 | α² | Cap | 7754 | 20 18 58.1 | −12 29 34 | db | 3.57 | +0.69 | +0.94 | G9 III |
| 9 | β | Cap | 7776 | 20 21 56.2 | −14 43 41 | cdbm | 3.08 | +0.28 | +0.79 | K0 II: + A5n: V: |
| 37 | γ | Cyg | 7796 | 20 22 49.3 | +40 18 37 | asd | 2.20 | +0.53 | +0.68 | F8 Ib |
| | | | 7794 | 20 23 59.7 | +05 23 48 | | 5.31 | +0.77 | +0.97 | G8 III–IV |
| 39 | | Cyg | 7806 | 20 24 31.2 | +32 14 39 | s | 4.43 | +1.50 | +1.33 | K2.5 III Fe−0.5 |
| | α | Pav | 7790 | 20 26 56.6 | −56 40 51 | dbn52 | 1.94 | −0.71 | −0.20 | B2.5 V |

| Designation | | | BS=HR No. | Right Ascension | Declination | Notes | V | U−B | B−V | Spectral Type |
|---|---|---|---|---|---|---|---|---|---|---|
| | | | | h  m  s | ° ′ ″ | | | | | |
| 2 | θ | Cep | 7850 | 20 29 51.3 | +63 03 00 | b | 4.22 | +0.16 | +0.20 | A7m |
| 41 | | Cyg | 7834 | 20 30 04.2 | +30 25 28 | | 4.01 | +0.27 | +0.40 | F5 II |
| 69 | | Aql | 7831 | 20 30 30.7 | −02 49 47 | | 4.91 | +1.22 | +1.15 | K2 III |
| 73 | AF | Dra | 7879 | 20 31 16.3 | +75 00 39 | b | 5.20 | +0.11 | +0.07 | A0p Sr Cr Eu |
| 2 | ε | Del | 7852 | 20 34 00.1 | +11 21 37 | | 4.03 | −0.47 | −0.13 | B6 III |
| 6 | β | Del | 7882 | 20 38 19.4 | +14 39 12 | db | 3.63 | +0.08 | +0.44 | F5 IV |
| | α | Ind | 7869 | 20 38 43.2 | −47 13 58 | d | 3.11 | +0.79 | +1.00 | K0 III CN−1 |
| 71 | | Aql | 7884 | 20 39 11.4 | −01 02 48 | db | 4.32 | +0.69 | +0.95 | G7.5 IIIa |
| 29 | | Vul | 7891 | 20 39 15.6 | +21 15 36 | | 4.82 | −0.08 | −0.02 | A0 Va (shell) |
| 7 | κ | Del | 7896 | 20 39 55.9 | +10 08 43 | d | 5.05 | +0.21 | +0.72 | G2 IV |
| 9 | α | Del | 7906 | 20 40 24.3 | +15 58 16 | db | 3.77 | −0.21 | −0.06 | B9 IV |
| 15 | υ | Cap | 7900 | 20 40 59.2 | −18 04 46 | | 5.10 | +1.99 | +1.66 | M1 III |
| 49 | | Cyg | 7921 | 20 41 42.6 | +32 22 00 | sdb | 5.51 | | +0.88 | G8 IIb |
| 50 | α | Cyg | 7924 | 20 41 59.7 | +45 20 24 | asdbn53 | 1.25 | −0.24 | +0.09 | A2 Ia |
| 11 | δ | Del | 7928 | 20 44 13.8 | +15 08 05 | vb | 4.43 | +0.10 | +0.32 | F0m |
| | η | Ind | 7920 | 20 45 14.5 | −51 51 39 | | 4.51 | +0.09 | +0.27 | A9 IV |
| 3 | η | Cep | 7957 | 20 45 37.4 | +61 54 12 | d | 3.43 | +0.62 | +0.92 | K0 IV |
| | | | 7955 | 20 45 45.7 | +57 38 22 | db | 4.51 | +0.10 | +0.54 | F8 IV−V |
| 52 | | Cyg | 7942 | 20 46 20.7 | +30 46 50 | d | 4.22 | +0.89 | +1.05 | K0 IIIa |
| | β | Pav | 7913 | 20 46 25.5 | −66 08 33 | | 3.42 | +0.12 | +0.16 | A6 IV− |
| 53 | ε | Cyg | 7949 | 20 46 52.8 | +34 01 58 | adb | 2.46 | +0.87 | +1.03 | K0 III |
| 16 | ψ | Cap | 7936 | 20 47 04.2 | −25 12 38 | | 4.14 | +0.02 | +0.43 | F4 V |
| 12 | γ² | Del | 7948 | 20 47 25.4 | +16 11 04 | d | 4.27 | +0.97 | +1.04 | K1 IV |
| 54 | λ | Cyg | 7963 | 20 48 03.2 | +36 33 07 | dbm | 4.53 | −0.49 | −0.11 | B6 IV |
| 2 | ε | Aqr | 7950 | 20 48 34.1 | −09 26 04 | | 3.77 | +0.02 | 0.00 | A1 III− |
| 3 | EN | Aqr | 7951 | 20 48 36.4 | −04 57 59 | | 4.42 | +1.92 | +1.65 | M3 III |
| 55 v1661 | | Cyg | 7977 | 20 49 30.1 | +46 10 33 | sd | 4.84 | −0.45 | +0.41 | B2.5 Ia |
| | ι | Mic | 7943 | 20 49 35.9 | −43 55 38 | dm | 5.11 | +0.06 | +0.35 | F1 IV |
| 18 | ω | Cap | 7980 | 20 52 48.2 | −26 51 23 | | 4.11 | +1.93 | +1.64 | M0 III Ba 0.5 |
| 6 | μ | Aqr | 7990 | 20 53 32.6 | −08 55 14 | db | 4.73 | +0.11 | +0.32 | F2m |
| 32 | | Vul | 8008 | 20 55 15.9 | +28 07 16 | | 5.01 | +1.79 | +1.48 | K4 III |
| | β | Ind | 7986 | 20 56 05.2 | −58 23 26 | d | 3.65 | +1.23 | +1.25 | K1 II |
| | | | 8023 | 20 57 09.7 | +44 59 20 | sb | 5.96 | −0.85 | +0.05 | O6 V |
| 58 | υ | Cyg | 8028 | 20 57 47.4 | +41 13 53 | db | 3.94 | 0.00 | +0.02 | A0.5 IIIn |
| 33 | | Vul | 8032 | 20 59 00.6 | +22 23 26 | | 5.31 | | +1.40 | K3.5 III |
| 59 v832 | | Cyg | 8047 | 21 00 23.3 | +47 35 09 | db | 4.70 | −0.93 | −0.04 | B1.5 Vnne |
| 20 | AO | Cap | 8033 | 21 00 32.3 | −18 58 13 | sv | 6.25 | | −0.13 | B9psi |
| | γ | Mic | 8039 | 21 02 17.9 | −32 11 32 | d | 4.67 | +0.54 | +0.89 | G8 III |
| | ζ | Mic | 8048 | 21 04 00.9 | −38 33 58 | | 5.30 | | +0.41 | F3 V |
| 62 | ξ | Cyg | 8079 | 21 05 31.9 | +43 59 39 | sb | 3.72 | +1.83 | +1.65 | K4.5 Ib−II |
| | α | Oct | 8021 | 21 06 39.6 | −76 57 32 | cvb | 5.15 | +0.13 | +0.49 | G2 III + A7 III |
| 23 | θ | Cap | 8075 | 21 06 52.3 | −17 09 59 | b | 4.07 | +0.01 | −0.01 | A1 Va+ |
| 61 v1803 | | Cyg | 8085 | 21 07 38.4 | +38 49 53 | asd | 5.21 | +1.11 | +1.18 | K5 V |
| 61 | | Cyg | 8086 | 21 07 39.7 | +38 49 24 | sd | 6.03 | +1.23 | +1.37 | K7 V |
| 24 | | Cap | 8080 | 21 08 05.4 | −24 56 20 | d | 4.50 | +1.93 | +1.61 | M1− III |
| 13 | ν | Aqr | 8093 | 21 10 29.5 | −11 18 15 | | 4.51 | +0.70 | +0.94 | G8+ III |
| 5 | γ | Equ | 8097 | 21 11 08.6 | +10 11 56 | d | 4.69 | +0.10 | +0.26 | F0p Sr Eu |
| 64 | ζ | Cyg | 8115 | 21 13 38.4 | +30 17 43 | sdb | 3.20 | +0.76 | +0.99 | G8+ III−IIIa Ba 0.5 |
| | | | 8110 | 21 14 15.8 | −27 33 04 | | 5.42 | +1.69 | +1.42 | K5 III |
| | o | Pav | 8092 | 21 14 51.7 | −70 03 27 | b | 5.02 | +1.56 | +1.58 | M1/2 III |

| Designation | | | BS=HR No. | Right Ascension | Declination | Notes | V | U–B | B–V | Spectral Type |
|---|---|---|---|---|---|---|---|---|---|---|
| | | | | h m s | ° ′ ″ | | | | | |
| 7 | δ | Equ | 8123 | 21 15 17.0 | +10 04 29 | dbm | 4.49 | −0.01 | +0.50 | F8 V |
| 65 | τ | Cyg | 8130 | 21 15 27.1 | +38 06 59 | dbm | 3.72 | +0.02 | +0.39 | F2 V |
| 8 | α | Equ | 8131 | 21 16 38.9 | +05 19 00 | cdb | 3.92 | +0.29 | +0.53 | G2 II–III + A4 V |
| 67 | σ | Cyg | 8143 | 21 18 03.9 | +39 27 52 | b | 4.23 | −0.39 | +0.12 | B9 Iab |
| 66 | υ | Cyg | 8146 | 21 18 35.8 | +34 58 01 | db | 4.43 | −0.82 | −0.11 | B2 Ve |
| | ε | Mic | 8135 | 21 18 56.1 | −32 06 10 | | 4.71 | +0.02 | +0.06 | A1m A2 Va$^+$ |
| 5 | α | Cep | 8162 | 21 18 58.3 | +62 39 21 | d | 2.44 | +0.11 | +0.22 | A7 V$^+$n |
| | θ | Ind | 8140 | 21 21 02.0 | −53 22 45 | dm | 4.39 | +0.12 | +0.19 | A5 IV–V |
| | θ$^1$ | Mic | 8151 | 21 21 48.6 | −40 44 19 | dv | 4.82 | −0.07 | +0.02 | Ap Cr Eu |
| | σ | Oct | 7228 | 21 22 29.1 | −88 53 14 | vn59 | 5.47 | +0.13 | +0.27 | F0 III |
| 1 | | Peg | 8173 | 21 22 51.0 | +19 52 33 | db | 4.08 | +1.06 | +1.11 | K1 III |
| 32 | ι | Cap | 8167 | 21 23 09.8 | −16 45 48 | | 4.28 | +0.58 | +0.90 | G7 III Fe−1.5 |
| 18 | | Aqr | 8187 | 21 25 05.5 | −12 48 23 | d | 5.49 | | +0.29 | F0 V$^+$ |
| 69 | | Cyg | 8209 | 21 26 27.5 | +36 44 21 | sd | 5.94 | −0.94 | −0.08 | B0 Ib |
| 34 | ζ | Cap | 8204 | 21 27 36.4 | −22 20 21 | db | 3.74 | +0.59 | +1.00 | G4 Ib: Ba 2 |
| | γ | Pav | 8181 | 21 27 47.2 | −65 17 25 | | 4.22 | −0.12 | +0.49 | F6 Vp |
| 8 | β | Cep | 8238 | 21 28 52.0 | +70 38 00 | vdb | 3.23 | −0.95 | −0.22 | B1 III |
| 36 | | Cap | 8213 | 21 29 39.7 | −21 44 04 | | 4.51 | +0.60 | +0.91 | G7 IIIb Fe−1 |
| 71 | | Cyg | 8228 | 21 30 03.6 | +46 36 50 | | 5.24 | +0.80 | +0.97 | K0$^-$ III |
| 2 | | Peg | 8225 | 21 30 41.8 | +23 42 42 | d | 4.57 | +1.93 | +1.62 | M1$^+$ III |
| 22 | β | Aqr | 8232 | 21 32 25.6 | −05 29 52 | asd | 2.91 | +0.56 | +0.83 | G0 Ib |
| 73 | ρ | Cyg | 8252 | 21 34 36.2 | +45 39 55 | | 4.02 | +0.56 | +0.89 | G8 III Fe−0.5 |
| 74 | | Cyg | 8266 | 21 37 36.7 | +40 29 17 | | 5.01 | +0.10 | +0.18 | A5 V |
| 9 v337 | | Cep | 8279 | 21 38 21.8 | +62 09 24 | as | 4.73 | −0.53 | +0.30 | B2 Ib |
| 5 | | Peg | 8267 | 21 38 31.8 | +19 23 37 | | 5.45 | +0.14 | +0.30 | F0 V$^+$ |
| 23 | ξ | Aqr | 8264 | 21 38 37.7 | −07 46 46 | db | 4.69 | +0.13 | +0.17 | A5 Vn |
| 75 | | Cyg | 8284 | 21 40 50.1 | +43 20 57 | sd | 5.11 | +1.90 | +1.60 | M1 IIIab |
| 40 | γ | Cap | 8278 | 21 41 00.2 | −16 35 13 | b | 3.68 | +0.20 | +0.32 | A7m: |
| 11 | | Cep | 8317 | 21 42 09.5 | +71 23 15 | | 4.56 | +1.10 | +1.10 | K0.5 III |
| | ν | Oct | 8254 | 21 43 15.2 | −77 18 55 | b | 3.76 | +0.89 | +1.00 | K0 III |
| | μ | Cep | 8316 | 21 44 00.8 | +58 51 22 | vasd | 4.08 | +2.42 | +2.35 | M2$^-$ Ia |
| 8 | ε | Peg | 8308 | 21 44 59.8 | +09 57 05 | sdn54 | 2.39 | +1.70 | +1.53 | K2 Ib–II |
| 9 | | Peg | 8313 | 21 45 17.6 | +17 25 35 | as | 4.34 | +1.00 | +1.17 | G5 Ib |
| 10 | κ | Peg | 8315 | 21 45 23.6 | +25 43 17 | dbm | 4.13 | +0.03 | +0.43 | F5 IV |
| 9 | ι | PsA | 8305 | 21 45 55.5 | −32 56 59 | db | 4.34 | −0.11 | −0.05 | A0 IV |
| 10 | ν | Cep | 8334 | 21 45 55.5 | +61 11 50 | | 4.29 | +0.13 | +0.52 | A2 Ia |
| 81 | π$^2$ | Cyg | 8335 | 21 47 24.3 | +49 23 11 | db | 4.23 | −0.71 | −0.12 | B2.5 III |
| 49 | δ | Cap | 8322 | 21 47 57.0 | −16 03 06 | vdb | 2.87 | +0.09 | +0.29 | F2m |
| 14 | | Peg | 8343 | 21 50 34.6 | +30 15 06 | b | 5.04 | +0.03 | −0.03 | A1 Vs |
| | o | Ind | 8333 | 21 52 09.4 | −69 33 06 | | 5.53 | +1.63 | +1.37 | K2/3 III |
| 16 | | Peg | 8356 | 21 53 48.9 | +26 00 12 | b | 5.08 | −0.67 | −0.17 | B3 V |
| 51 | μ | Cap | 8351 | 21 54 11.6 | −13 28 24 | | 5.08 | −0.01 | +0.37 | F2 V |
| | γ | Gru | 8353 | 21 54 55.3 | −37 17 11 | | 3.01 | −0.37 | −0.12 | B8 IV–Vs |
| 13 | | Cep | 8371 | 21 55 26.5 | +56 41 23 | s | 5.80 | −0.02 | +0.73 | B8 Ib |
| | δ | Ind | 8368 | 21 59 01.8 | −54 54 48 | dm | 4.40 | +0.10 | +0.28 | F0 III–IVn |
| 17 | ξ | Cep | 8417 | 22 04 16.2 | +64 42 31 | db | 4.29 | +0.09 | +0.34 | A7m: |
| | ε | Ind | 8387 | 22 04 36.6 | −56 43 02 | | 4.69 | +0.99 | +1.06 | K4/5 V |
| 20 | | Cep | 8426 | 22 05 30.7 | +62 51 59 | | 5.27 | +1.78 | +1.41 | K4 III |
| 19 | | Cep | 8428 | 22 05 39.4 | +62 21 37 | sd | 5.11 | −0.84 | +0.08 | O9.5 Ib |
| 34 | α | Aqr | 8414 | 22 06 37.8 | −00 14 21 | sd | 2.96 | +0.74 | +0.98 | G2 Ib |

| Designation | BS=HR No. | Right Ascension | Declination | Notes | V | U–B | B–V | Spectral Type |
|---|---|---|---|---|---|---|---|---|
| | | h m s | ° ′ ″ | | | | | |
| λ Gru | 8411 | 22 07 06.2 | −39 27 47 | | 4.46 | +1.66 | +1.37 | K3 III |
| 33 ι Aqr | 8418 | 22 07 19.6 | −13 47 21 | b | 4.27 | −0.29 | −0.07 | B9 IV–V |
| 24 ι Peg | 8430 | 22 07 46.8 | +25 25 34 | db | 3.76 | −0.04 | +0.44 | F5 V |
| α Gru | 8425 | 22 09 15.9 | −46 52 49 | dn55 | 1.74 | −0.47 | −0.13 | B7 Vn |
| 14 μ PsA | 8431 | 22 09 20.5 | −32 54 26 | | 4.50 | +0.05 | +0.05 | A1 IVnn |
| 24 Cep | 8468 | 22 10 07.2 | +72 25 22 | | 4.79 | +0.61 | +0.92 | G7 II–III |
| 29 π Peg | 8454 | 22 10 43.3 | +33 15 35 | | 4.29 | +0.18 | +0.46 | F3 III |
| 26 θ Peg | 8450 | 22 11 01.9 | +06 16 47 | b | 3.53 | +0.10 | +0.08 | A2m A1 IV–V |
| 21 ζ Cep | 8465 | 22 11 25.8 | +58 16 59 | b | 3.35 | +1.71 | +1.57 | K1.5 Ib |
| | 8546 | 22 11 34.0 | +86 11 24 | b | 5.27 | −0.11 | −0.03 | B9.5 Vn |
| 22 λ Cep | 8469 | 22 12 04.3 | +59 29 46 | s | 5.04 | −0.74 | +0.25 | O6 If |
| | 8485 | 22 14 35.4 | +39 47 50 | db | 4.49 | +1.45 | +1.39 | K2.5 III |
| 16 λ PsA | 8478 | 22 15 14.7 | −27 41 04 | | 5.43 | −0.55 | −0.16 | B8 III |
| 23 ε Cep | 8494 | 22 15 38.9 | +57 07 35 | db | 4.19 | +0.04 | +0.28 | A9 IV |
| 1 Lac | 8498 | 22 16 41.5 | +37 49 53 | | 4.13 | +1.63 | +1.46 | K3⁻ II–III |
| 43 θ Aqr | 8499 | 22 17 42.2 | −07 42 02 | | 4.16 | +0.81 | +0.98 | G9 III |
| α Tuc | 8502 | 22 19 37.1 | −60 10 36 | b | 2.86 | +1.54 | +1.39 | K3 III |
| ε Oct | 8481 | 22 21 47.4 | −80 21 24 | | 5.10 | +1.09 | +1.47 | M6 III |
| 31 IN Peg | 8520 | 22 22 19.8 | +12 17 20 | | 5.01 | −0.81 | −0.13 | B2 IV–V |
| 47 Aqr | 8516 | 22 22 29.9 | −21 30 54 | | 5.13 | +0.92 | +1.07 | K0 III |
| 48 γ Aqr | 8518 | 22 22 30.5 | −01 18 13 | db | 3.84 | −0.12 | −0.05 | B9.5 III–IV |
| 3 β Lac | 8538 | 22 24 12.7 | +52 18 44 | d | 4.43 | +0.77 | +1.02 | G9 IIIb Ca 1 |
| 52 π Aqr | 8539 | 22 26 07.2 | +01 27 42 | | 4.66 | −0.98 | −0.03 | B1 Ve |
| δ Tuc | 8540 | 22 28 29.3 | −64 52 54 | dm | 4.48 | −0.07 | −0.03 | B9.5 IVn |
| ν Gru | 8552 | 22 29 36.9 | −39 02 52 | d | 5.47 | | +0.95 | G8 III |
| 55 ζ² Aqr | 8559 | 22 29 40.9 | +00 03 54 | cd | 4.49 | 0.00 | +0.37 | F2.5 IV–V |
| 27 δ Cep | 8571 | 22 29 47.2 | +58 30 00 | vdb | 3.75 | | +0.60 | F5–G2 Ib |
| 29 ρ² Cep | 8591 | 22 30 00.8 | +78 54 33 | b | 5.50 | +0.08 | +0.07 | A3 V |
| 5 Lac | 8572 | 22 30 13.3 | +47 47 30 | cdb | 4.36 | +1.11 | +1.68 | M0 II + B8 V |
| δ¹ Gru | 8556 | 22 30 15.0 | −43 24 39 | d | 3.97 | +0.80 | +1.03 | G6/8 III |
| δ² Gru | 8560 | 22 30 44.2 | −43 39 52 | d | 4.11 | +1.71 | +1.57 | M4.5 IIIa |
| 6 Lac | 8579 | 22 31 12.2 | +43 12 30 | b | 4.51 | −0.74 | −0.09 | B2 IV |
| 57 σ Aqr | 8573 | 22 31 31.1 | −10 35 35 | db | 4.82 | −0.11 | −0.06 | A0 IV |
| 7 α Lac | 8585 | 22 31 58.5 | +50 22 04 | d | 3.77 | 0.00 | +0.01 | A1 Va |
| 17 β PsA | 8576 | 22 32 26.4 | −32 15 40 | dm | 4.29 | +0.02 | +0.01 | A1 Va |
| 59 υ Aqr | 8592 | 22 35 35.6 | −20 37 24 | | 5.20 | 0.00 | +0.44 | F5 V |
| 31 Cep | 8615 | 22 36 10.6 | +73 43 45 | | 5.08 | +0.16 | +0.39 | F3 III–IV |
| 62 η Aqr | 8597 | 22 36 12.2 | −00 01 55 | | 4.02 | −0.26 | −0.09 | B9 IV–V:n |
| 63 κ Aqr | 8610 | 22 38 36.6 | −04 08 33 | d | 5.03 | +1.16 | +1.14 | K1.5 IIIb CN 0.5 |
| 30 Cep | 8627 | 22 39 14.4 | +63 40 14 | b | 5.19 | 0.00 | +0.06 | A3 IV |
| 10 Lac | 8622 | 22 40 00.3 | +39 08 11 | ad | 4.88 | −1.04 | −0.20 | O9 V |
| | 8626 | 22 40 19.3 | +37 40 45 | sd | 6.03 | | +0.86 | G3 Ib–II: CN−1 CH 2 Fe−1 |
| 11 Lac | 8632 | 22 41 14.5 | +44 21 46 | | 4.46 | +1.36 | +1.33 | K2.5 III |
| 18 ε PsA | 8628 | 22 41 33.9 | −26 57 26 | | 4.17 | −0.37 | −0.11 | B8 Ve |
| 42 ζ Peg | 8634 | 22 42 17.1 | +10 55 04 | d | 3.40 | −0.25 | −0.09 | B8.5 III |
| β Gru | 8636 | 22 43 38.7 | −46 47 52 | | 2.10 | +1.67 | +1.60 | M4.5 III |
| 44 η Peg | 8650 | 22 43 46.7 | +30 18 28 | cdb | 2.94 | +0.55 | +0.86 | G8 II + F0 V |
| 13 Lac | 8656 | 22 44 49.8 | +41 54 22 | d | 5.08 | +0.78 | +0.96 | K0 III |
| 47 λ Peg | 8667 | 22 47 19.7 | +23 39 10 | | 3.95 | +0.91 | +1.07 | G8 IIIa CN 0.5 |
| 46 ξ Peg | 8665 | 22 47 31.1 | +12 15 28 | d | 4.19 | −0.03 | +0.50 | F6 V |

| Designation | | | BS=HR No. | Right Ascension | Declination | Notes | V | U–B | B–V | Spectral Type |
|---|---|---|---|---|---|---|---|---|---|---|
| | | | | h m s | ° ′ ″ | | | | | |
| | β | Oct | 8630 | 22 47 39.2 | −81 17 40 | b | 4.15 | +0.11 | +0.20 | A7 III–IV |
| 68 | | Aqr | 8670 | 22 48 26.2 | −19 31 37 | | 5.26 | +0.59 | +0.94 | G8 III |
| | ε | Gru | 8675 | 22 49 32.6 | −51 13 47 | | 3.49 | +0.10 | +0.08 | A2 Va |
| 32 | ι | Cep | 8694 | 22 50 16.3 | +66 17 15 | s | 3.52 | +0.90 | +1.05 | K0⁻ III |
| 71 | τ | Aqr | 8679 | 22 50 27.8 | −13 30 19 | d | 4.01 | +1.95 | +1.57 | M0 III |
| 48 | μ | Peg | 8684 | 22 50 48.1 | +24 41 21 | s | 3.48 | +0.68 | +0.93 | G8⁺ III |
| | | | 8685 | 22 51 58.2 | −39 04 09 | | 5.42 | +1.69 | +1.43 | K3 III |
| 22 | γ | PsA | 8695 | 22 53 26.3 | −32 47 16 | dm | 4.46 | −0.14 | −0.04 | A0m A1 III–IV |
| 73 | λ | Aqr | 8698 | 22 53 28.5 | −07 29 29 | | 3.74 | +1.74 | +1.64 | M2.5 III Fe−0.5 |
| | | | 8748 | 22 54 13.4 | +84 26 04 | | 4.71 | +1.69 | +1.43 | K4 III |
| 76 | δ | Aqr | 8709 | 22 55 31.4 | −15 43 58 | | 3.27 | +0.08 | +0.05 | A3 IV–V |
| 23 | δ | PsA | 8720 | 22 56 51.5 | −32 27 04 | d | 4.21 | +0.69 | +0.97 | G8 III |
| | | | 8726 | 22 57 09.6 | +49 49 19 | s | 4.95 | +1.96 | +1.78 | K5 Ib |
| 24 | α | PsA | 8728 | 22 58 33.5 | −29 32 04 | an56 | 1.16 | +0.08 | +0.09 | A3 Va |
| | | | 8732 | 22 59 29.9 | −35 26 06 | s | 6.13 | | +0.58 | F8 III–IV |
| | v509 | Cas | 8752 | 23 00 47.1 | +57 02 03 | s | 5.00 | +1.16 | +1.42 | G4v 0 |
| | ζ | Gru | 8747 | 23 01 50.8 | −52 39 55 | b | 4.12 | +0.70 | +0.98 | G8/K0 III |
| 1 | o | And | 8762 | 23 02 41.0 | +42 24 54 | db | 3.62 | −0.53 | −0.09 | B6pe (shell) |
| | π | PsA | 8767 | 23 04 24.3 | −34 39 36 | b | 5.11 | +0.02 | +0.29 | F0 V: |
| 53 | β | Peg | 8775 | 23 04 34.6 | +28 10 21 | d | 2.42 | +1.96 | +1.67 | M2.5 II–III |
| 4 | β | Psc | 8773 | 23 04 43.0 | +03 54 33 | | 4.53 | −0.49 | −0.12 | B6 Ve |
| 54 | α | Peg | 8781 | 23 05 35.0 | +15 17 39 | bn57 | 2.49 | −0.05 | −0.04 | A0 III–IV |
| 86 | | Aqr | 8789 | 23 07 33.9 | −23 39 13 | d | 4.47 | +0.58 | +0.90 | G6 IIIb |
| | θ | Gru | 8787 | 23 07 48.2 | −43 25 52 | dm | 4.28 | +0.16 | +0.42 | F5 (II–III)m |
| 55 | | Peg | 8795 | 23 07 50.2 | +09 29 56 | | 4.52 | +1.90 | +1.57 | M1 IIIab |
| 33 | π | Cep | 8819 | 23 08 25.6 | +75 28 37 | dbm | 4.41 | +0.46 | +0.80 | G2 III |
| 88 | | Aqr | 8812 | 23 10 19.4 | −21 04 57 | | 3.66 | +1.24 | +1.22 | K1.5 III |
| | ι | Gru | 8820 | 23 11 17.2 | −45 09 26 | b | 3.90 | +0.86 | +1.02 | K1 III |
| 59 | | Peg | 8826 | 23 12 34.2 | +08 48 36 | | 5.16 | +0.08 | +0.13 | A3 Van |
| 90 | φ | Aqr | 8834 | 23 15 10.6 | −05 57 35 | | 4.22 | +1.90 | +1.56 | M1.5 III |
| 91 | ψ¹ | Aqr | 8841 | 23 16 45.3 | −08 59 51 | d | 4.21 | +0.99 | +1.11 | K1⁻ III Fe−0.5 |
| 6 | γ | Psc | 8852 | 23 18 01.3 | +03 22 22 | s | 3.69 | +0.58 | +0.92 | G9 III: Fe−2 |
| | γ | Tuc | 8848 | 23 18 22.9 | −58 08 42 | | 3.99 | −0.02 | +0.40 | F2 V |
| 93 | ψ² | Aqr | 8858 | 23 18 45.6 | −09 05 32 | | 4.39 | −0.56 | −0.15 | B5 Vn |
| | γ | Scl | 8863 | 23 19 42.7 | −32 26 31 | | 4.41 | +1.06 | +1.13 | K1 III |
| 95 | ψ³ | Aqr | 8865 | 23 19 49.1 | −09 31 13 | d | 4.98 | −0.02 | −0.02 | A0 Va |
| 62 | τ | Peg | 8880 | 23 21 27.4 | +23 49 51 | v | 4.60 | +0.10 | +0.17 | A5 V |
| 98 | | Aqr | 8892 | 23 23 50.1 | −20 00 37 | | 3.97 | +0.95 | +1.10 | K1 III |
| 4 | | Cas | 8904 | 23 25 34.7 | +62 22 25 | d | 4.98 | +2.07 | +1.68 | M2⁻ IIIab |
| 68 | υ | Peg | 8905 | 23 26 12.3 | +23 29 42 | s | 4.40 | +0.14 | +0.61 | F8 III |
| 99 | | Aqr | 8906 | 23 26 54.7 | −20 33 05 | | 4.39 | +1.81 | +1.47 | K4.5 III |
| 8 | κ | Psc | 8911 | 23 27 46.7 | +01 20 46 | d | 4.94 | −0.02 | +0.03 | A0p Cr Sr |
| 10 | θ | Psc | 8916 | 23 28 48.4 | +06 28 11 | | 4.28 | +1.01 | +1.07 | K0.5 III |
| 70 | | Peg | 8923 | 23 29 59.4 | +12 51 06 | | 4.55 | +0.73 | +0.94 | G8 IIIa |
| | τ | Oct | 8862 | 23 30 01.2 | −87 23 28 | | 5.49 | +1.43 | +1.27 | K2 III |
| | | | 8924 | 23 30 23.2 | −04 26 34 | s | 6.25 | +1.16 | +1.09 | K3⁻ IIIb Fe 2 |
| | β | Scl | 8937 | 23 33 51.1 | −37 43 37 | | 4.37 | −0.36 | −0.09 | B9.5p Hg Mn |
| | | | 8952 | 23 35 42.6 | +71 44 00 | s | 5.84 | +1.73 | +1.80 | G9 Ib |
| | ι | Phe | 8949 | 23 35 57.5 | −42 31 25 | d | 4.71 | +0.07 | +0.08 | Ap Sr |
| 16 | λ | And | 8961 | 23 38 22.6 | +46 32 52 | vdb | 3.82 | +0.69 | +1.01 | G8 III–IV |

| Designation | | | BS=HR No. | Right Ascension | Declination | Notes | V | U–B | B–V | Spectral Type |
|---|---|---|---|---|---|---|---|---|---|---|
| | | | | h m s | ° ′ ″ | | | | | |
| | | | 8959 | 23 38 44.0 | −45 24 03 | b | 4.74 | +0.09 | +0.08 | A1/2 V |
| 17 | ι | And | 8965 | 23 38 57.0 | +43 21 34 | b | 4.29 | −0.29 | −0.10 | B8 V |
| 35 | γ | Cep | 8974 | 23 40 02.4 | +77 43 28 | as | 3.21 | +0.94 | +1.03 | K1 III−IV CN 1 |
| 17 | ι | Psc | 8969 | 23 40 48.0 | +05 42 57 | d | 4.13 | 0.00 | +0.51 | F7 V |
| 19 | κ | And | 8976 | 23 41 13.6 | +44 25 31 | d | 4.15 | −0.21 | −0.08 | B8 IVn |
| | μ | Scl | 8975 | 23 41 29.9 | −31 58 55 | | 5.31 | +0.66 | +0.97 | K0 III |
| 18 | λ | Psc | 8984 | 23 42 53.3 | +01 52 15 | b | 4.50 | +0.08 | +0.20 | A6 IV⁻ |
| 105 | ω² | Aqr | 8988 | 23 43 34.6 | −14 27 13 | db | 4.49 | −0.12 | −0.04 | B9.5 IV |
| 106 | | Aqr | 8998 | 23 45 03.3 | −18 11 07 | | 5.24 | −0.27 | −0.08 | B9 Vn |
| 20 | ψ | And | 9003 | 23 46 51.4 | +46 30 43 | d | 4.99 | +0.81 | +1.11 | G3 Ib−II |
| | | | 9013 | 23 48 42.8 | +67 53 55 | b | 5.04 | −0.04 | −0.01 | A1 Vn |
| 20 | | Psc | 9012 | 23 48 47.4 | −02 40 11 | d | 5.49 | +0.70 | +0.94 | gG8 |
| | δ | Scl | 9016 | 23 49 47.0 | −28 02 20 | d | 4.57 | −0.03 | +0.01 | A0 Va⁺n |
| 81 | φ | Peg | 9036 | 23 53 19.8 | +19 12 43 | | 5.08 | +1.86 | +1.60 | M3⁻ IIIb |
| 82 HT | | Peg | 9039 | 23 53 27.7 | +11 02 21 | | 5.31 | +0.10 | +0.18 | A4 Vn |
| 7 | ρ | Cas | 9045 | 23 55 13.0 | +57 35 28 | | 4.54 | +1.12 | +1.22 | G2 0 (var) |
| 84 | ψ | Peg | 9064 | 23 58 36.1 | +25 13 59 | d | 4.66 | +1.68 | +1.59 | M3 III |
| 27 | | Psc | 9067 | 23 59 31.1 | −03 27 52 | db | 4.86 | +0.70 | +0.93 | G9 III |
| | π | Phe | 9069 | 23 59 46.7 | −52 39 13 | | 5.13 | +1.03 | +1.13 | K0 III |

## Notes to Table

a   anchor point for the MK system
b   spectroscopic binary
c   composite or combined spectrum
d   double star given in Washington Double Star Catalog
m   magnitude and color refer to combined light of two or more stars
n   navigational star followed by its star number in *The Nautical Almanac*
o   orbital position generated using FK5 center-of-mass position and proper motion
s   MK standard star
v   variable star

 A searchable version of this table appears on *The Astronomical Almanac Online*.

 This symbol indicates that these data or auxiliary material may also be found on *The Astronomical Almanac Online* **http://asa.usno.navy.mil** and **http://asa.hmnao.com**

| BS=HR No. | WDS No. | Right Ascension | Declination | Discoverer Designation | Epoch[1] | P.A. | Separation | V of primary[2] | $\Delta m_V$ |
|---|---|---|---|---|---|---|---|---|---|
| | | h m s | ° ′ ″ | | | ° | ″ | | |
| 126 | 00315−6257 | 00 32 17.6 | −62 52 03 | LCL 119 AC | 2009 | 168 | 27.1 | 4.28 | 0.23 |
| 154 | 00369+3343 | 00 37 46.0 | +33 48 36 | H 5 17 AB | 2013 | 174 | 35.7 | 4.36 | 2.72 |
| 361 | 01137+0735 | 01 14 35.7 | +07 39 44 | STF 100 AB | 2012 | 63 | 22.8 | 5.22 | 0.93 |
| 382 | 01201+5814 | 01 21 07.9 | +58 19 04 | H 3 23 AC | 2012 | 231 | 134.0 | 5.07 | 1.97 |
| 531 | 01496−1041 | 01 50 23.8 | −10 36 19 | ENG 8 | 2012 | 250 | 192.9 | 4.69 | 2.12 |
| 596 | 02020+0246 | 02 02 54.1 | +02 50 34 | STF 202 AB | 2016.5 | 260 | 1.7 | 4.10 | 1.07 |
| 603 | 02039+4220 | 02 04 55.1 | +42 24 29 | STF 205 A-BC | 2013 | 63 | 9.4 | 2.31 | 2.71 |
| 681 | 02193−0259 | 02 20 10.9 | −02 54 12 | H 6 1 AC | 2016.5 | 68 | 123.7 | 6.65 | 2.94 |
| 897 | 02583−4018 | 02 58 53.2 | −40 14 21 | PZ 2 | 2009 | 91 | 8.4 | 3.20 | 0.92 |
| 1279 | 04077+1510 | 04 08 38.2 | +15 12 21 | STF 495 | 2011 | 222 | 3.6 | 6.11 | 2.66 |
| 1387 | 04254+2218 | 04 26 21.3 | +22 19 49 | STF 541 AB | 2011 | 174 | 344.5 | 4.22 | 1.07 |
| 1412 | 04287+1552 | 04 29 36.4 | +15 54 22 | STFA 10 | 2011 | 347 | 341.2 | 3.41 | 0.53 |
| 1497 | 04422+2257 | 04 43 14.3 | +22 59 14 | S 455 AB | 2012 | 213 | 63.8 | 4.24 | 2.78 |
| 1856 | 05302−4705 | 05 30 36.7 | −47 03 59 | DUN 21 AD | 2009 | 272 | 198.3 | 5.52 | 1.16 |
| 1879 | 05351+0956 | 05 36 02.9 | +09 56 38 | STF 738 AB | 2012 | 44 | 4.2 | 3.51 | 1.94 |
| 1931 | 05387−0236 | 05 39 34.5 | −02 35 30 | STF 762 AB,D | 2013 | 84 | 12.9 | 3.73 | 2.83 |
| 1931 | 05387−0236 | 05 39 34.5 | −02 35 30 | STF 762 AB,E | 2013 | 62 | 41.3 | 3.73 | 2.61 |
| 1983 | 05445−2227 | 05 45 09.1 | −22 26 38 | H 6 40 AB | 2012 | 350 | 95.0 | 3.64 | 2.64 |
| 2298 | 06238+0436 | 06 24 38.6 | +04 35 00 | STF 900 AB | 2012 | 30 | 12.1 | 4.42 | 2.22 |
| 2736 | 07087−7030 | 07 08 36.2 | −70 31 32 | DUN 42 | 2002 | 296 | 14.4 | 3.86 | 1.57 |
| 2891 | 07346+3153 | 07 35 38.7 | +31 51 01 | STF1110 AB | 2016.5 | 54 | 5.2 | 1.93 | 1.04 |
| 3223 | 08079−6837 | 08 07 58.6 | −68 39 56 | RMK 7 | 2010 | 23 | 6.0 | 4.38 | 2.93 |
| 3207 | 08095−4720 | 08 10 02.5 | −47 23 09 | DUN 65 AB | 2009 | 221 | 40.3 | 1.79 | 2.35 |
| 3315 | 08252−2403 | 08 25 46.5 | −24 06 02 | S 568 | 2009 | 89 | 40.9 | 5.48 | 2.95 |
| 3475 | 08467+2846 | 08 47 41.5 | +28 41 55 | STF1268 | 2013 | 305 | 31.0 | 4.13 | 1.86 |
| 3582 | 08570−5914 | 08 57 22.6 | −59 17 36 | DUN 74 | 2000 | 76 | 40.1 | 4.87 | 1.71 |
| 3890 | 09471−6504 | 09 47 30.8 | −65 08 56 | RMK 11 | 2010 | 126 | 5.0 | 3.02 | 2.98 |
| 4031 | 10167+2325 | 10 17 36.3 | +23 20 04 | STFA 18 | 2012 | 338 | 334.8 | 3.46 | 2.57 |
| 4057 | 10200+1950 | 10 20 52.8 | +19 45 27 | STF1424 AB | 2016.5 | 126 | 4.6 | 2.37 | 1.30 |
| 4180 | 10393−5536 | 10 39 58.0 | −55 41 22 | DUN 95 AB | 2000 | 105 | 51.7 | 4.38 | 1.68 |
| 4191 | 10435+4612 | 10 44 30.7 | +46 07 00 | SMA 75 AB | 2012 | 88 | 288.4 | 5.21 | 2.14 |
| 4203 | 10459+3041 | 10 46 46.7 | +30 35 42 | S 612 AB | 2012 | 174 | 196.5 | 5.34 | 2.44 |
| 4203 | 10459+3041 | 10 46 46.7 | +30 35 42 | ARN 3 AC | 2012 | 94 | 424.6 | 5.34 | 2.97 |
| 4257 | 10535−5851 | 10 54 10.2 | −58 56 28 | DUN 102 AB | 2000 | 204 | 159.4 | 3.88 | 2.35 |
| 4259 | 10556+2445 | 10 56 30.2 | +24 39 41 | STF1487 | 2012 | 112 | 6.7 | 4.48 | 1.82 |
| 4369 | 11170−0708 | 11 17 48.4 | −07 13 30 | BU 600 AC | 2016.5 | 99 | 53.1 | 6.15 | 2.07 |
| 4418 | 11279+0251 | 11 28 47.1 | +02 45 55 | STFA 19 AB | 2016.5 | 182 | 88.7 | 5.05 | 2.42 |
| 4621 | 12084−5043 | 12 09 13.2 | −50 48 51 | JC 2 AB | 1999 | 325 | 269.1 | 2.51 | 1.91 |
| 4730 | 12266−6306 | 12 27 31.7 | −63 11 25 | DUN 252 AB | 2012 | 111 | 3.6 | 1.25 | 0.30 |
| 4792 | 12351+1823 | 12 35 57.4 | +18 17 11 | STF1657 | 2012 | 270 | 20.1 | 5.11 | 1.22 |
| 4898 | 12546−5711 | 12 55 34.5 | −57 16 02 | DUN 126 AB | 2011 | 24 | 36.6 | 3.94 | 1.01 |
| 4915 | 12560+3819 | 12 56 47.8 | +38 13 46 | STF1692 | 2013 | 229 | 19.2 | 2.85 | 2.67 |
| 4993 | 13152−6754 | 13 16 23.2 | −67 58 53 | DUN 131 AC | 2002 | 332 | 58.4 | 4.76 | 2.48 |
| 5035 | 13226−6059 | 13 23 42.7 | −61 04 28 | DUN 133 AB-C | 2010 | 345 | 60.6 | 4.51 | 1.66 |
| 5054 | 13239+5456 | 13 24 35.2 | +54 50 22 | STF1744 AB | 2013 | 153 | 14.5 | 2.23 | 1.65 |
| 5054 | 13239+5456 | 13 24 35.2 | +54 50 22 | STF1744 AC | 2008 | 70 | 706.1 | 2.23 | 1.78 |
| 5085 | 13288+5956 | 13 29 03.3 | +59 51 39 | S 649 CA | 2012 | 110 | 181.7 | 5.46 | 2.73 |
| 5171 | 13472−6235 | 13 48 20.9 | −62 40 18 | COO 157 AB | 1998 | 318 | 9.3 | 7.19 | 2.71 |
| 5350 | 14162+5122 | 14 16 45.0 | +51 17 30 | STFA 26 AB | 2013 | 32 | 38.8 | 4.76 | 2.63 |
| 5460 | 14396−6050 | 14 40 43.6 | −60 54 08 | RHD 1 AB | 2016.5 | 309 | 4.1 | −0.01* | 1.34 |

| BS=HR No. | WDS No. | Right Ascension | Declination | Discoverer Designation | Epoch[1] | P.A. | Separation | V of primary[2] | $\Delta m_V$ |
|---|---|---|---|---|---|---|---|---|---|
| | | h m s | o ′ ″ | | | o | ″ | | |
| 5459 | 14396−6050 | 14 40 44.0 | −60 54 10 | RHD 1 BA | 2016.5 | 129 | 4.1 | 1.33* | 1.34 |
| 5506 | 14450+2704 | 14 45 42.5 | +27 00 19 | STF1877 AB | 2012 | 341 | 3.4 | 2.58 | 2.23 |
| 5531 | 14509−1603 | 14 51 47.6 | −16 06 34 | SHJ 186 AB | 2012 | 314 | 231.1 | 2.74 | 2.45 |
| 5646 | 15119−4844 | 15 13 05.4 | −48 47 58 | DUN 177 | 2010 | 143 | 26.5 | 3.83 | 1.69 |
| 5683 | 15185−4753 | 15 19 41.3 | −47 56 05 | DUN 180 AC | 2010 | 128 | 23.1 | 4.99 | 1.35 |
| 5733 | 15245+3723 | 15 25 06.8 | +37 19 12 | STFA 28 AB | 2012 | 171 | 108.0 | 4.33 | 2.76 |
| 5789 | 15348+1032 | 15 35 35.5 | +10 29 05 | STF1954 AB | 2016.5 | 172 | 4.0 | 4.17 | 0.99 |
| 5984 | 16054−1948 | 16 06 23.9 | −19 50 58 | H 3 7 AC | 2013 | 20 | 13.6 | 2.59 | 1.93 |
| 5985 | 16054−1948 | 16 06 24.2 | −19 50 45 | H 3 7 CA | 2012 | 200 | 13.6 | 4.52 | 1.93 |
| 6008 | 16081+1703 | 16 08 49.3 | +17 00 14 | STF2010 AB | 2016.5 | 14 | 27.0 | 5.10 | 1.11 |
| 6027 | 16120−1928 | 16 12 57.4 | −19 30 08 | H 5 6 AC | 2012 | 336 | 41.2 | 4.21 | 2.39 |
| 6077 | 16195−3054 | 16 20 35.6 | −30 56 43 | BSO 12 | 2010 | 319 | 23.8 | 5.55 | 1.33 |
| 6020 | 16203−7842 | 16 22 51.9 | −78 44 03 | BSO 22 AB | 2000 | 10 | 103.3 | 4.90 | 0.51 |
| 6115 | 16272−4733 | 16 28 23.9 | −47 35 27 | HJ 4853 | 2010 | 334 | 22.8 | 4.51 | 1.61 |
| 6406 | 17146+1423 | 17 15 24.0 | +14 22 21 | STF2140 AB | 2016.5 | 103 | 4.6 | 3.48 | 1.92 |
| 6555 | 17322+5511 | 17 32 35.6 | +55 09 44 | STFA 35 | 2012 | 311 | 62.0 | 4.87 | 0.03 |
| 6636 | 17419+7209 | 17 41 39.0 | +72 08 25 | STF2241 AB | 2016.5 | 17 | 29.6 | 4.60 | 0.99 |
| 6752 | 18055+0230 | 18 06 17.2 | +02 29 53 | STF2272 AB | 2016.5 | 125 | 6.4 | 4.22 | 1.95 |
| 7056 | 18448+3736 | 18 45 20.5 | +37 37 23 | STFA 38 AD | 2012 | 149 | 41.1 | 4.34 | 1.28 |
| 7141 | 18562+0412 | 18 57 02.4 | +04 13 34 | STF2417 AB | 2013 | 104 | 22.3 | 4.59 | 0.34 |
| 7405 | 19287+2440 | 19 29 23.5 | +24 41 57 | STFA 42 | 2016.5 | 28 | 427.4 | 4.61 | 1.32 |
| 7417 | 19307+2758 | 19 31 23.2 | +27 59 43 | STFA 43 AB | 2012 | 55 | 34.7 | 3.19 | 1.49 |
| 7476 | 19407−1618 | 19 41 40.0 | −16 15 15 | HJ 599 AC | 2012 | 42 | 45.3 | 5.42 | 2.23 |
| 7503 | 19418+5032 | 19 42 15.3 | +50 33 50 | STFA 46 AB | 2016.5 | 133 | 39.8 | 6.00 | 0.23 |
| 7582 | 19482+7016 | 19 48 06.5 | +70 18 36 | STF2603 | 2012 | 21 | 3.1 | 4.01 | 2.86 |
| 7735 | 20136+4644 | 20 14 09.1 | +46 47 31 | STFA 50 AD | 2008 | 325 | 333.8 | 3.93 | 0.90 |
| 7754 | 20181−1233 | 20 18 58.1 | −12 29 34 | STFA 51 AE | 2012 | 290 | 381.2 | 3.67 | 0.67 |
| 7776 | 20210−1447 | 20 21 56.2 | −14 43 41 | STFA 52 AB | 2012 | 267 | 205.4 | 3.15 | 2.93 |
| 7948 | 20467+1607 | 20 47 25.4 | +16 11 04 | STF2727 | 2016.5 | 265 | 8.9 | 4.36 | 0.67 |
| 8085 | 21069+3845 | 21 07 38.4 | +38 49 53 | STF2758 AB | 2016.5 | 152 | 31.6 | 5.20 | 0.85 |
| 8086 | 21069+3845 | 21 07 39.7 | +38 49 24 | STF2758 BA | 2016.5 | 332 | 31.6 | 6.05 | 0.85 |
| 8097 | 21103+1008 | 21 11 08.6 | +10 11 56 | STFA 54 AD | 2011 | 152 | 335.8 | 4.70 | 1.36 |
| 8140 | 21199−5327 | 21 21 02.0 | −53 22 45 | HJ 5258 | 2016.5 | 269 | 7.3 | 4.50 | 2.43 |
| 8417 | 22038+6438 | 22 04 16.2 | +64 42 31 | STF2863 AB | 2016.5 | 274 | 8.4 | 4.45 | 1.95 |
| 8559 | 22288−0001 | 22 29 40.9 | +00 03 54 | STF2909 | 2016.5 | 163 | 2.3 | 4.34 | 0.15 |
| 8571 | 22292+5825 | 22 29 47.2 | +58 30 00 | STFA 58 AC | 2012 | 191 | 40.6 | 4.21 | 1.90 |
| 8576 | 22315−3221 | 22 32 26.4 | −32 15 40 | PZ 7 | 2009 | 172 | 30.6 | 4.28 | 2.84 |

## Notes to Table

[1] Epoch represents the date of position angle and separation data. Data for Epoch 2016.5 are calculated; data for all other epochs represent the most recent measurement. In the latter cases, the system configuration at 2016.5 is not expected to be significantly different.

[2] Visual magnitudes are Tycho $V$ except where indicated by *; in those cases, the magnitudes are Hipparcos $V$. Primary is not necessarily the brighter object, but is the object used as the origin of the measurements for the pair.

| Name | Right Ascension | Declination | V | B–V | U–B | V–R | R–I | V–I |
|------|------|------|------|------|------|------|------|------|
| | h m s | ° ′ ″ | | | | | | |
| TPhe I | 00 30 52.3 | −46 22 43 | 14.820 | +0.764 | +0.338 | +0.422 | +0.395 | +0.817 |
| TPhe A | 00 30 57.3 | −46 26 01 | 14.651 | +0.793 | +0.380 | +0.435 | +0.405 | +0.841 |
| TPhe H | 00 30 57.4 | −46 21 57 | 14.942 | +0.740 | +0.225 | +0.425 | +0.425 | +0.851 |
| TPhe B | 00 31 04.0 | −46 22 31 | 12.334 | +0.405 | +0.156 | +0.262 | +0.271 | +0.535 |
| TPhe C | 00 31 04.6 | −46 26 54 | 14.376 | −0.298 | −1.217 | −0.148 | −0.211 | −0.360 |
| TPhe D | 00 31 06.0 | −46 25 52 | 13.118 | +1.551 | +1.871 | +0.849 | +0.810 | +1.663 |
| TPhe E | 00 31 07.5 | −46 19 08 | 11.631 | +0.443 | −0.103 | +0.276 | +0.283 | +0.564 |
| TPhe J | 00 31 10.6 | −46 18 27 | 13.434 | +1.465 | +1.229 | +0.980 | +1.063 | +2.043 |
| TPhe F | 00 31 37.5 | −46 27 57 | 12.475 | +0.853 | +0.534 | +0.492 | +0.437 | +0.929 |
| TPhe K | 00 31 43.9 | −46 17 58 | 12.935 | +0.806 | +0.402 | +0.473 | +0.429 | +0.909 |
| TPhe G | 00 31 51.9 | −46 17 24 | 10.447 | +1.545 | +1.910 | +0.934 | +1.086 | +2.025 |
| PG0029+024 | 00 32 33.1 | +02 43 11 | 15.268 | +0.362 | −0.184 | +0.251 | +0.337 | +0.593 |
| HD 2892 | 00 33 03.0 | +01 16 45 | 9.360 | +1.322 | +1.414 | +0.692 | +0.628 | +1.321 |
| BD −15 115 | 00 39 10.0 | −14 54 28 | 10.885 | −0.199 | −0.838 | −0.095 | −0.110 | −0.204 |
| PG0039+049 | 00 42 57.2 | +05 14 48 | 12.877 | −0.019 | −0.871 | +0.067 | +0.097 | +0.164 |
| BD −11 162 | 00 53 04.8 | −10 34 25 | 11.184 | −0.082 | −1.115 | +0.051 | +0.092 | +0.145 |
| SA 92 309 | 00 54 04.9 | +00 51 24 | 13.842 | +0.513 | −0.024 | +0.326 | +0.325 | +0.652 |
| SA 92 312 | 00 54 07.3 | +00 53 50 | 10.598 | +1.636 | +1.992 | +0.898 | +0.906 | +1.806 |
| SA 92 322 | 00 54 37.8 | +00 52 56 | 12.676 | +0.528 | −0.002 | +0.302 | +0.305 | +0.608 |
| SA 92 245 | 00 55 07.0 | +00 45 16 | 13.818 | +1.418 | +1.189 | +0.929 | +0.907 | +1.836 |
| SA 92 248 | 00 55 21.6 | +00 45 38 | 15.346 | +1.128 | +1.289 | +0.690 | +0.553 | +1.245 |
| SA 92 249 | 00 55 24.4 | +00 46 26 | 14.325 | +0.699 | +0.240 | +0.399 | +0.370 | +0.770 |
| SA 92 250 | 00 55 28.0 | +00 44 19 | 13.178 | +0.814 | +0.480 | +0.446 | +0.394 | +0.840 |
| SA 92 330 | 00 55 34.2 | +00 48 47 | 15.073 | +0.568 | −0.115 | +0.331 | +0.334 | +0.666 |
| SA 92 252 | 00 55 38.1 | +00 44 45 | 14.932 | +0.517 | −0.140 | +0.326 | +0.332 | +0.666 |
| SA 92 253 | 00 55 42.2 | +00 45 40 | 14.085 | +1.131 | +0.955 | +0.719 | +0.616 | +1.337 |
| SA 92 335 | 00 55 49.1 | +00 49 21 | 12.523 | +0.672 | +0.208 | +0.380 | +0.338 | +0.719 |
| SA 92 339 | 00 55 54.1 | +00 49 32 | 15.579 | +0.449 | −0.177 | +0.306 | +0.339 | +0.645 |
| SA 92 342 | 00 56 00.7 | +00 48 34 | 11.615 | +0.435 | −0.037 | +0.265 | +0.271 | +0.537 |
| SA 92 188 | 00 56 01.2 | +00 28 30 | 14.751 | +1.050 | +0.751 | +0.679 | +0.573 | +1.254 |
| SA 92 409 | 00 56 02.6 | +01 01 16 | 10.627 | +1.138 | +1.136 | +0.734 | +0.625 | +1.361 |
| SA 92 410 | 00 56 05.1 | +01 07 12 | 14.984 | +0.398 | −0.134 | +0.239 | +0.242 | +0.484 |
| SA 92 412 | 00 56 06.5 | +01 07 15 | 15.036 | +0.457 | −0.152 | +0.285 | +0.304 | +0.589 |
| SA 92 259 | 00 56 12.4 | +00 45 52 | 14.997 | +0.642 | +0.108 | +0.370 | +0.452 | +0.821 |
| SA 92 345 | 00 56 14.6 | +00 56 28 | 15.216 | +0.745 | +0.121 | +0.465 | +0.476 | +0.941 |
| SA 92 347 | 00 56 16.9 | +00 56 10 | 15.752 | +0.543 | −0.097 | +0.339 | +0.318 | +0.658 |
| SA 92 348 | 00 56 20.3 | +00 49 53 | 12.109 | +0.598 | +0.056 | +0.345 | +0.341 | +0.688 |
| SA 92 417 | 00 56 23.0 | +00 58 28 | 15.922 | +0.477 | −0.185 | +0.351 | +0.305 | +0.657 |
| SA 92 260 | 00 56 23.7 | +00 43 44 | 15.071 | +1.162 | +1.115 | +0.719 | +0.608 | +1.328 |
| SA 92 263 | 00 56 30.2 | +00 41 40 | 11.782 | +1.046 | +0.844 | +0.562 | +0.521 | +1.083 |
| SA 92 497 | 00 56 45.2 | +01 17 03 | 13.642 | +0.729 | +0.257 | +0.404 | +0.378 | +0.783 |
| SA 92 498 | 00 56 47.4 | +01 16 02 | 14.408 | +1.010 | +0.794 | +0.648 | +0.531 | +1.181 |
| SA 92 500 | 00 56 48.8 | +01 15 46 | 15.841 | +1.003 | +0.211 | +0.738 | +0.599 | +1.338 |
| SA 92 425 | 00 56 49.0 | +00 58 19 | 13.941 | +1.191 | +1.173 | +0.755 | +0.627 | +1.384 |
| SA 92 426 | 00 56 50.4 | +00 58 15 | 14.466 | +0.729 | +0.184 | +0.412 | +0.396 | +0.809 |
| SA 92 501 | 00 56 50.9 | +01 16 12 | 12.958 | +0.610 | +0.068 | +0.345 | +0.331 | +0.677 |
| SA 92 355 | 00 56 56.5 | +00 56 07 | 14.965 | +1.164 | +1.201 | +0.759 | +0.645 | +1.406 |
| SA 92 427 | 00 56 57.5 | +01 05 41 | 14.953 | +0.809 | +0.352 | +0.462 | +2.922 | +3.275 |
| SA 92 502 | 00 56 59.0 | +01 09 46 | 11.812 | +0.486 | −0.095 | +0.284 | +0.292 | +0.576 |
| SA 92 430 | 00 57 06.0 | +00 58 39 | 14.440 | +0.567 | −0.040 | +0.338 | +0.338 | +0.676 |

| Name | Right Ascension | Declination | V | B–V | U–B | V–R | R–I | V–I |
|---|---|---|---|---|---|---|---|---|
| | h m s | ° ′ ″ | | | | | | |
| SA 92 276 | 00 57 17.4 | +00 47 11 | 12.036 | +0.629 | +0.067 | +0.368 | +0.357 | +0.726 |
| SA 92 282 | 00 57 37.6 | +00 43 50 | 12.969 | +0.318 | −0.038 | +0.201 | +0.221 | +0.422 |
| SA 92 507 | 00 57 41.6 | +01 11 20 | 11.332 | +0.932 | +0.688 | +0.507 | +0.461 | +0.969 |
| SA 92 508 | 00 57 42.0 | +01 14 54 | 11.679 | +0.529 | −0.047 | +0.318 | +0.320 | +0.639 |
| SA 92 364 | 00 57 43.1 | +00 49 12 | 11.673 | +0.607 | −0.037 | +0.356 | +0.357 | +0.714 |
| SA 92 433 | 00 57 44.6 | +01 06 01 | 11.667 | +0.655 | +0.110 | +0.367 | +0.348 | +0.716 |
| SA 92 288 | 00 58 07.8 | +00 42 09 | 11.631 | +0.858 | +0.472 | +0.491 | +0.441 | +0.932 |
| F 11 | 01 05 12.9 | +04 18 54 | 12.065 | −0.239 | −0.988 | −0.118 | −0.142 | −0.259 |
| F 11A | 01 05 19.2 | +04 17 13 | 14.475 | +0.841 | +0.454 | +0.479 | +0.426 | +0.907 |
| F 11B | 01 05 19.6 | +04 16 43 | 13.784 | +0.747 | +0.234 | +0.437 | +0.412 | +0.849 |
| F 16 | 01 55 24.1 | −06 41 10 | 12.405 | −0.008 | +0.013 | −0.007 | +0.002 | −0.004 |
| SA 93 407 | 01 55 28.1 | +00 58 37 | 11.971 | +0.852 | +0.564 | +0.487 | +0.421 | +0.908 |
| SA 93 317 | 01 55 28.6 | +00 47 50 | 11.546 | +0.488 | −0.053 | +0.293 | +0.299 | +0.592 |
| SA 93 333 | 01 55 56.1 | +00 50 32 | 12.009 | +0.833 | +0.436 | +0.469 | +0.422 | +0.892 |
| SA 93 424 | 01 56 17.3 | +01 01 32 | 11.619 | +1.083 | +0.929 | +0.553 | +0.501 | +1.056 |
| G3 33 | 02 01 05.0 | +13 07 24 | 12.298 | +1.802 | +1.306 | +1.355 | +1.752 | +3.103 |
| PG0220+132B | 02 24 27.7 | +13 32 31 | 14.216 | +0.937 | +0.319 | +0.562 | +0.496 | +1.058 |
| PG0220+132 | 02 24 32.3 | +13 32 02 | 14.760 | −0.132 | −0.922 | −0.050 | −0.120 | −0.170 |
| PG0220+132A | 02 24 33.8 | +13 31 57 | 15.771 | +0.783 | −0.339 | +0.514 | +0.481 | +0.995 |
| F 22 | 02 31 08.7 | +05 20 12 | 12.798 | −0.052 | −0.809 | −0.103 | −0.105 | −0.206 |
| PG0231+051E | 02 34 20.9 | +05 24 07 | 13.809 | +0.677 | +0.207 | +0.383 | +0.369 | +0.752 |
| PG0231+051D | 02 34 26.1 | +05 23 49 | 14.031 | +1.077 | +1.026 | +0.671 | +0.584 | +1.252 |
| PG0231+051A | 02 34 32.1 | +05 21 59 | 12.768 | +0.711 | +0.271 | +0.405 | +0.388 | +0.794 |
| PG0231+051 | 02 34 33.4 | +05 23 02 | 16.096 | −0.320 | −1.214 | −0.144 | −0.373 | −0.502 |
| PG0231+051B | 02 34 37.6 | +05 21 52 | 14.732 | +1.437 | +1.279 | +0.951 | +0.991 | +1.933 |
| PG0231+051C | 02 34 40.2 | +05 24 44 | 13.707 | +0.678 | +0.078 | +0.396 | +0.385 | +0.783 |
| F 24 | 02 35 59.3 | +03 48 14 | 12.412 | −0.203 | −1.182 | +0.087 | +0.361 | +0.444 |
| F 24A | 02 36 08.3 | +03 47 34 | 13.822 | +0.525 | +0.034 | +0.314 | +0.319 | +0.635 |
| F 24B | 02 36 10.0 | +03 46 57 | 13.546 | +0.668 | +0.188 | +0.382 | +0.367 | +0.749 |
| F 24C | 02 36 17.9 | +03 46 07 | 11.761 | +1.133 | +1.007 | +0.598 | +0.535 | +1.127 |
| SA 94 171 | 02 54 29.6 | +00 21 19 | 12.659 | +0.817 | +0.304 | +0.480 | +0.483 | +0.964 |
| SA 94 296 | 02 56 10.9 | +00 32 10 | 12.255 | +0.750 | +0.235 | +0.415 | +0.387 | +0.803 |
| SA 94 394 | 02 57 05.2 | +00 39 09 | 12.273 | +0.545 | −0.047 | +0.344 | +0.330 | +0.676 |
| SA 94 401 | 02 57 21.7 | +00 44 04 | 14.293 | +0.638 | +0.098 | +0.389 | +0.369 | +0.759 |
| SA 94 242 | 02 58 12.0 | +00 22 35 | 11.725 | +0.303 | +0.110 | +0.176 | +0.184 | +0.362 |
| BD −2 524 | 02 58 29.9 | −01 55 53 | 10.304 | −0.111 | −0.621 | −0.048 | −0.060 | −0.108 |
| SA 94 251 | 02 58 37.8 | +00 19 58 | 11.204 | +1.219 | +1.281 | +0.659 | +0.586 | +1.245 |
| SA 94 702 | 02 59 04.4 | +01 14 49 | 11.597 | +1.416 | +1.617 | +0.757 | +0.675 | +1.431 |
| GD 50 | 03 49 40.7 | −00 55 36 | 14.063 | −0.276 | −1.191 | −0.147 | −0.180 | −0.325 |
| SA 95 15 | 03 53 31.0 | −00 02 29 | 11.302 | +0.712 | +0.157 | +0.424 | +0.385 | +0.809 |
| SA 95 16 | 03 53 31.3 | −00 02 12 | 14.313 | +1.306 | +1.322 | +0.796 | +0.676 | +1.472 |
| SA 95 301 | 03 53 32.1 | +00 34 15 | 11.216 | +1.293 | +1.298 | +0.692 | +0.620 | +1.311 |
| SA 95 302 | 03 53 33.1 | +00 34 11 | 11.694 | +0.825 | +0.447 | +0.471 | +0.420 | +0.891 |
| SA 95 96 | 03 53 45.0 | +00 03 12 | 10.010 | +0.147 | +0.077 | +0.079 | +0.095 | +0.174 |
| SA 95 97 | 03 53 48.2 | +00 02 34 | 14.818 | +0.906 | +0.380 | +0.522 | +0.546 | +1.068 |
| SA 95 98 | 03 53 51.0 | +00 05 41 | 14.448 | +1.181 | +1.092 | +0.723 | +0.620 | +1.342 |
| SA 95 100 | 03 53 51.5 | +00 03 09 | 15.633 | +0.791 | +0.051 | +0.538 | +0.421 | +0.961 |
| SA 95 101 | 03 53 54.9 | +00 05 42 | 12.677 | +0.778 | +0.263 | +0.436 | +0.426 | +0.863 |
| SA 95 102 | 03 53 58.3 | +00 04 04 | 15.622 | +1.001 | +0.162 | +0.448 | +0.618 | +1.065 |
| SA 95 252 | 03 54 01.5 | +00 30 16 | 15.394 | +1.452 | +1.178 | +0.816 | +0.747 | +1.566 |

| Name | Right Ascension | Declination | V | B–V | U–B | V–R | R–I | V–I |
|---|---|---|---|---|---|---|---|---|
| | h m s | ° ′ ″ | | | | | | |
| SA 95 190 | 03 54 04.1 | +00 19 16 | 12.627 | +0.287 | +0.236 | +0.195 | +0.220 | +0.415 |
| SA 95 193 | 03 54 11.4 | +00 19 27 | 14.338 | +1.211 | +1.239 | +0.748 | +0.616 | +1.366 |
| SA 95 105 | 03 54 12.1 | +00 02 34 | 13.574 | +0.976 | +0.627 | +0.550 | +0.536 | +1.088 |
| SA 95 106 | 03 54 16.0 | +00 04 16 | 15.137 | +1.251 | +0.369 | +0.394 | +0.508 | +0.903 |
| SA 95 107 | 03 54 16.4 | +00 05 13 | 16.275 | +1.324 | +1.115 | +0.947 | +0.962 | +1.907 |
| SA 95 112 | 03 54 30.9 | +00 01 41 | 15.502 | +0.662 | +0.077 | +0.605 | +0.620 | +1.227 |
| SA 95 41 | 03 54 31.9 | +00 00 20 | 14.060 | +0.903 | +0.297 | +0.589 | +0.585 | +1.176 |
| SA 95 42 | 03 54 34.4 | −00 01 43 | 15.606 | −0.215 | −1.111 | −0.119 | −0.180 | −0.300 |
| SA 95 317 | 03 54 35.1 | +00 32 42 | 13.449 | +1.320 | +1.120 | +0.768 | +0.708 | +1.476 |
| SA 95 263 | 03 54 37.9 | +00 29 33 | 12.679 | +1.500 | +1.559 | +0.801 | +0.711 | +1.513 |
| SA 95 115 | 03 54 38.6 | +00 02 05 | 14.680 | +0.836 | +0.096 | +0.577 | +0.579 | +1.157 |
| SA 95 43 | 03 54 39.3 | −00 00 09 | 10.803 | +0.510 | −0.016 | +0.308 | +0.316 | +0.624 |
| SA 95 271 | 03 55 07.2 | +00 21 44 | 13.669 | +1.287 | +0.916 | +0.734 | +0.717 | +1.453 |
| SA 95 328 | 03 55 10.4 | +00 39 24 | 13.525 | +1.532 | +1.298 | +0.908 | +0.868 | +1.776 |
| SA 95 329 | 03 55 14.8 | +00 39 58 | 14.617 | +1.184 | +1.093 | +0.766 | +0.642 | +1.410 |
| SA 95 330 | 03 55 21.7 | +00 31 57 | 12.174 | +1.999 | +2.233 | +1.166 | +1.100 | +2.268 |
| SA 95 275 | 03 55 35.1 | +00 30 12 | 13.479 | +1.763 | +1.740 | +1.011 | +0.931 | +1.944 |
| SA 95 276 | 03 55 36.8 | +00 28 45 | 14.118 | +1.225 | +1.218 | +0.748 | +0.646 | +1.395 |
| SA 95 60 | 03 55 40.3 | −00 04 13 | 13.429 | +0.776 | +0.197 | +0.464 | +0.449 | +0.914 |
| SA 95 218 | 03 55 40.7 | +00 13 00 | 12.095 | +0.708 | +0.208 | +0.397 | +0.370 | +0.767 |
| SA 95 132 | 03 55 42.5 | +00 08 12 | 12.067 | +0.445 | +0.311 | +0.263 | +0.287 | +0.546 |
| SA 95 62 | 03 55 51.1 | −00 00 03 | 13.538 | +1.355 | +1.181 | +0.742 | +0.685 | +1.428 |
| SA 95 137 | 03 55 54.5 | +00 06 16 | 14.440 | +1.457 | +1.136 | +0.893 | +0.845 | +1.737 |
| SA 95 139 | 03 55 55.2 | +00 05 58 | 12.196 | +0.923 | +0.677 | +0.562 | +0.476 | +1.039 |
| SA 95 66 | 03 55 57.2 | −00 06 41 | 12.892 | +0.715 | +0.167 | +0.426 | +0.438 | +0.864 |
| SA 95 227 | 03 55 59.7 | +00 17 25 | 15.779 | +0.771 | +0.034 | +0.515 | +0.552 | +1.067 |
| SA 95 142 | 03 56 00.1 | +00 04 11 | 12.927 | +0.588 | +0.097 | +0.371 | +0.375 | +0.745 |
| SA 95 74 | 03 56 21.8 | −00 06 23 | 11.531 | +1.126 | +0.686 | +0.600 | +0.567 | +1.165 |
| SA 95 231 | 03 56 29.6 | +00 13 33 | 14.216 | +0.452 | +0.297 | +0.270 | +0.290 | +0.560 |
| SA 95 284 | 03 56 32.5 | +00 29 28 | 13.669 | +1.398 | +1.073 | +0.818 | +0.766 | +1.586 |
| SA 95 285 | 03 56 35.0 | +00 28 00 | 15.561 | +0.937 | +0.703 | +0.607 | +0.602 | +1.210 |
| SA 95 149 | 03 56 35.3 | +00 09 53 | 10.938 | +1.593 | +1.564 | +0.874 | +0.811 | +1.685 |
| SA 95 236 | 03 57 04.2 | +00 11 37 | 11.487 | +0.737 | +0.168 | +0.419 | +0.412 | +0.831 |
| SA 96 21 | 04 52 06.4 | −00 13 13 | 12.182 | +0.490 | −0.004 | +0.299 | +0.297 | +0.598 |
| SA 96 36 | 04 52 33.1 | −00 08 33 | 10.589 | +0.247 | +0.118 | +0.133 | +0.137 | +0.271 |
| SA 96 737 | 04 53 26.3 | +00 24 05 | 11.719 | +1.338 | +1.146 | +0.735 | +0.696 | +1.432 |
| SA 96 409 | 04 53 49.3 | +00 10 39 | 13.778 | +0.543 | +0.042 | +0.340 | +0.340 | +0.682 |
| SA 96 83 | 04 53 49.5 | −00 13 06 | 11.719 | +0.181 | +0.205 | +0.092 | +0.096 | +0.189 |
| SA 96 235 | 04 54 09.6 | −00 03 27 | 11.138 | +1.077 | +0.890 | +0.557 | +0.509 | +1.066 |
| G97 42 | 05 28 54.4 | +09 39 11 | 12.443 | +1.639 | +1.259 | +1.171 | +1.485 | +2.655 |
| G102 22 | 05 43 07.1 | +12 29 21 | 11.509 | +1.621 | +1.134 | +1.211 | +1.590 | +2.800 |
| GD 71C | 05 53 09.8 | +15 52 55 | 12.325 | +1.159 | +0.849 | +0.655 | +0.628 | +1.274 |
| GD 71E | 05 53 17.5 | +15 52 18 | 13.634 | +0.824 | +0.428 | +0.472 | +0.423 | +0.892 |
| GD 71B | 05 53 18.5 | +15 52 52 | 12.599 | +0.680 | +0.166 | +0.404 | +0.399 | +0.800 |
| GD 71D | 05 53 21.8 | +15 55 08 | 12.898 | +0.570 | +0.097 | +0.359 | +0.363 | +0.719 |
| GD 71 | 05 53 24.7 | +15 53 21 | 13.033 | −0.248 | −1.110 | −0.138 | −0.166 | −0.304 |
| GD 71A | 05 53 30.6 | +15 52 09 | 12.643 | +1.176 | +0.897 | +0.651 | +0.621 | +1.265 |
| SA 97 249 | 05 57 58.3 | +00 01 15 | 11.735 | +0.647 | +0.101 | +0.369 | +0.354 | +0.725 |
| SA 97 345 | 05 58 24.1 | +00 21 19 | 11.605 | +1.652 | +1.706 | +0.929 | +0.843 | +1.772 |
| SA 97 351 | 05 58 28.1 | +00 13 47 | 9.779 | +0.201 | +0.092 | +0.124 | +0.140 | +0.264 |

| Name | Right Ascension | Declination | V | B–V | U–B | V–R | R–I | V–I |
|---|---|---|---|---|---|---|---|---|
| | h m s | ° ′ ″ | | | | | | |
| SA 97 75 | 05 58 45.8 | −00 09 26 | 11.483 | +1.872 | +2.100 | +1.047 | +0.952 | +1.999 |
| SA 97 284 | 05 59 15.8 | +00 05 15 | 10.787 | +1.364 | +1.089 | +0.774 | +0.726 | +1.500 |
| SA 97 224 | 05 59 34.7 | −00 05 09 | 14.085 | +0.910 | +0.341 | +0.553 | +0.547 | +1.102 |
| SA 98 961 | 06 52 17.6 | −00 16 50 | 13.089 | +1.283 | +1.003 | +0.701 | +0.662 | +1.362 |
| SA 98 966 | 06 52 18.9 | −00 17 40 | 14.001 | +0.469 | +0.357 | +0.283 | +0.331 | +0.613 |
| SA 98 557 | 06 52 20.1 | −00 26 21 | 14.780 | +1.397 | +1.072 | +0.755 | +0.741 | +1.494 |
| SA 98 556 | 06 52 20.1 | −00 26 05 | 14.137 | +0.338 | +0.126 | +0.196 | +0.243 | +0.437 |
| SA 98 562 | 06 52 21.3 | −00 20 13 | 12.185 | +0.522 | −0.002 | +0.305 | +0.303 | +0.607 |
| SA 98 563 | 06 52 22.1 | −00 27 40 | 14.162 | +0.416 | −0.190 | +0.294 | +0.317 | +0.610 |
| SA 98 978 | 06 52 24.4 | −00 12 46 | 10.574 | +0.609 | +0.094 | +0.348 | +0.321 | +0.669 |
| SA 98 L1 | 06 52 29.6 | −00 27 51 | 15.672 | +1.243 | +0.776 | +0.730 | +0.712 | +1.445 |
| SA 98 580 | 06 52 30.3 | −00 27 56 | 14.728 | +0.367 | +0.303 | +0.241 | +0.305 | +0.547 |
| SA 98 581 | 06 52 30.5 | −00 26 56 | 14.556 | +0.238 | +0.161 | +0.118 | +0.244 | +0.361 |
| SA 98 L2 | 06 52 31.1 | −00 23 14 | 15.859 | +1.340 | +1.497 | +0.754 | +0.572 | +1.327 |
| SA 98 L3 | 06 52 32.9 | −00 17 10 | 14.614 | +1.936 | +1.837 | +1.091 | +1.047 | +2.142 |
| SA 98 L4 | 06 52 32.9 | −00 17 36 | 16.332 | +1.344 | +1.086 | +0.936 | +0.785 | +1.726 |
| SA 98 590 | 06 52 33.6 | −00 23 34 | 14.642 | +1.352 | +0.853 | +0.753 | +0.747 | +1.500 |
| SA 98 1002 | 06 52 33.7 | −00 17 07 | 14.568 | +0.574 | −0.027 | +0.354 | +0.379 | +0.733 |
| SA 98 614 | 06 52 39.2 | −00 21 47 | 15.674 | +1.063 | +0.399 | +0.834 | +0.645 | +1.480 |
| SA 98 618 | 06 52 40.2 | −00 22 31 | 12.723 | +2.192 | +2.144 | +1.254 | +1.151 | +2.407 |
| SA 98 624 | 06 52 42.4 | −00 21 31 | 13.811 | +0.791 | +0.394 | +0.417 | +0.404 | +0.822 |
| SA 98 626 | 06 52 43.0 | −00 21 58 | 14.758 | +1.406 | +1.067 | +0.806 | +0.816 | +1.624 |
| SA 98 627 | 06 52 43.6 | −00 23 16 | 14.900 | +0.689 | +0.078 | +0.428 | +0.387 | +0.817 |
| SA 98 634 | 06 52 46.3 | −00 22 10 | 14.608 | +0.647 | +0.123 | +0.382 | +0.372 | +0.757 |
| SA 98 642 | 06 52 49.6 | −00 22 47 | 15.290 | +0.571 | +0.318 | +0.302 | +0.393 | +0.697 |
| SA 98 185 | 06 52 52.4 | −00 28 37 | 10.537 | +0.202 | +0.114 | +0.110 | +0.122 | +0.231 |
| SA 98 646 | 06 52 52.9 | −00 22 31 | 15.839 | +1.060 | +1.426 | +0.583 | +0.504 | +1.090 |
| SA 98 193 | 06 52 53.9 | −00 28 34 | 10.026 | +1.176 | +1.152 | +0.614 | +0.536 | +1.151 |
| SA 98 650 | 06 52 55.1 | −00 20 53 | 12.271 | +0.157 | +0.110 | +0.080 | +0.086 | +0.166 |
| SA 98 652 | 06 52 55.4 | −00 23 11 | 14.817 | +0.611 | +0.126 | +0.276 | +0.339 | +0.618 |
| SA 98 653 | 06 52 55.6 | −00 19 33 | 9.538 | −0.003 | −0.102 | +0.010 | +0.009 | +0.017 |
| SA 98 666 | 06 53 00.5 | −00 24 47 | 12.732 | +0.164 | −0.004 | +0.091 | +0.108 | +0.200 |
| SA 98 670 | 06 53 02.1 | −00 20 32 | 11.930 | +1.357 | +1.325 | +0.727 | +0.654 | +1.381 |
| SA 98 671 | 06 53 02.5 | −00 19 41 | 13.385 | +0.968 | +0.719 | +0.575 | +0.494 | +1.071 |
| SA 98 675 | 06 53 03.9 | −00 20 56 | 13.398 | +1.909 | +1.936 | +1.082 | +1.002 | +2.085 |
| SA 98 676 | 06 53 04.3 | −00 20 36 | 13.068 | +1.146 | +0.666 | +0.683 | +0.673 | +1.352 |
| SA 98 L5 | 06 53 06.3 | −00 21 00 | 17.800 | +1.900 | −0.100 | +3.100 | +2.600 | +5.800 |
| SA 98 682 | 06 53 07.1 | −00 20 57 | 13.749 | +0.632 | +0.098 | +0.366 | +0.352 | +0.717 |
| SA 98 685 | 06 53 09.1 | −00 21 35 | 11.954 | +0.463 | +0.096 | +0.290 | +0.280 | +0.570 |
| SA 98 688 | 06 53 09.5 | −00 24 48 | 12.754 | +0.293 | +0.245 | +0.158 | +0.180 | +0.337 |
| SA 98 1082 | 06 53 10.8 | −00 15 29 | 15.010 | +0.835 | −0.001 | +0.485 | +0.619 | +1.102 |
| SA 98 1087 | 06 53 11.7 | −00 17 06 | 14.439 | +1.595 | +1.284 | +0.928 | +0.882 | +1.812 |
| SA 98 1102 | 06 53 18.6 | −00 14 59 | 12.113 | +0.314 | +0.089 | +0.193 | +0.195 | +0.388 |
| SA 98 1112 | 06 53 25.6 | −00 16 42 | 13.975 | +0.814 | +0.286 | +0.443 | +0.431 | +0.874 |
| SA 98 1119 | 06 53 27.3 | −00 15 48 | 11.878 | +0.551 | +0.069 | +0.312 | +0.299 | +0.611 |
| SA 98 724 | 06 53 27.8 | −00 20 36 | 11.118 | +1.104 | +0.904 | +0.575 | +0.527 | +1.103 |
| SA 98 1122 | 06 53 28.2 | −00 18 20 | 14.090 | +0.595 | −0.297 | +0.376 | +0.442 | +0.816 |
| SA 98 1124 | 06 53 28.7 | −00 17 49 | 13.707 | +0.315 | +0.258 | +0.173 | +0.201 | +0.373 |
| SA 98 733 | 06 53 30.7 | −00 18 31 | 12.238 | +1.285 | +1.087 | +0.698 | +0.650 | +1.347 |
| Ru 149G | 07 25 02.5 | −00 33 58 | 12.829 | +0.541 | +0.033 | +0.322 | +0.322 | +0.645 |

| Name | Right Ascension | Declination | V | B–V | U–B | V–R | R–I | V–I |
|------|------|------|------|------|------|------|------|------|
| | h  m   s | o   ′   ″ | | | | | | |
| Ru 149A | 07 25 03.8 | −00 34 53 | 14.495 | +0.298 | +0.118 | +0.196 | +0.196 | +0.391 |
| Ru 149F | 07 25 04.6 | −00 33 38 | 13.471 | +1.115 | +1.025 | +0.594 | +0.538 | +1.132 |
| Ru 149 | 07 25 04.9 | −00 35 04 | 13.866 | −0.129 | −0.779 | −0.040 | −0.068 | −0.108 |
| Ru 149D | 07 25 05.9 | −00 34 47 | 11.480 | −0.037 | −0.287 | +0.021 | +0.008 | +0.029 |
| Ru 149C | 07 25 07.8 | −00 34 25 | 14.425 | +0.195 | +0.141 | +0.093 | +0.127 | +0.222 |
| Ru 149B | 07 25 08.1 | −00 35 06 | 12.642 | +0.662 | +0.151 | +0.374 | +0.354 | +0.728 |
| Ru 149E | 07 25 09.0 | −00 33 18 | 13.718 | +0.522 | −0.007 | +0.321 | +0.314 | +0.637 |
| Ru 152F | 07 30 43.7 | −02 06 59 | 14.564 | +0.635 | +0.069 | +0.382 | +0.315 | +0.689 |
| Ru 152E | 07 30 44.2 | −02 07 38 | 12.362 | +0.042 | −0.086 | +0.030 | +0.034 | +0.065 |
| Ru 152 | 07 30 48.5 | −02 08 45 | 13.017 | −0.187 | −1.081 | −0.059 | −0.088 | −0.147 |
| Ru 152B | 07 30 49.2 | −02 08 05 | 15.019 | +0.500 | +0.022 | +0.290 | +0.309 | +0.600 |
| Ru 152A | 07 30 50.5 | −02 08 30 | 14.341 | +0.543 | −0.085 | +0.325 | +0.329 | +0.654 |
| Ru 152C | 07 30 52.6 | −02 07 47 | 12.222 | +0.573 | −0.013 | +0.342 | +0.340 | +0.683 |
| Ru 152D | 07 30 56.1 | −02 06 45 | 11.076 | +0.875 | +0.491 | +0.473 | +0.449 | +0.921 |
| SA 99 6 | 07 54 23.8 | −00 52 15 | 11.055 | +1.252 | +1.289 | +0.650 | +0.577 | +1.227 |
| SA 99 367 | 07 55 02.4 | −00 28 14 | 11.152 | +1.005 | +0.832 | +0.531 | +0.477 | +1.007 |
| SA 99 408 | 07 56 03.6 | −00 28 13 | 9.807 | +0.402 | +0.038 | +0.253 | +0.247 | +0.500 |
| SA 99 438 | 07 56 44.9 | −00 19 30 | 9.397 | −0.156 | −0.729 | −0.060 | −0.081 | −0.142 |
| SA 99 447 | 07 56 57.3 | −00 23 23 | 9.419 | −0.068 | −0.220 | −0.031 | −0.041 | −0.073 |
| SA 100 241 | 08 53 24.6 | −00 43 36 | 10.140 | +0.157 | +0.106 | +0.078 | +0.085 | +0.162 |
| SA 100 162 | 08 54 04.9 | −00 47 18 | 9.150 | +1.276 | +1.495 | +0.649 | +0.552 | +1.202 |
| SA 100 267 | 08 54 07.7 | −00 45 16 | 13.027 | +0.485 | −0.062 | +0.307 | +0.302 | +0.608 |
| SA 100 269 | 08 54 09.0 | −00 44 57 | 12.350 | +0.547 | −0.040 | +0.335 | +0.331 | +0.666 |
| SA 100 280 | 08 54 26.0 | −00 40 29 | 11.799 | +0.493 | −0.001 | +0.295 | +0.291 | +0.588 |
| SA 100 394 | 08 54 45.1 | −00 36 10 | 11.384 | +1.317 | +1.457 | +0.705 | +0.636 | +1.341 |
| PG0918+029D | 09 22 13.3 | +02 43 13 | 12.272 | +1.044 | +0.821 | +0.575 | +0.535 | +1.108 |
| PG0918+029 | 09 22 19.6 | +02 41 47 | 13.327 | −0.271 | −1.081 | −0.129 | −0.159 | −0.288 |
| PG0918+029B | 09 22 24.3 | +02 43 44 | 13.963 | +0.765 | +0.366 | +0.417 | +0.370 | +0.787 |
| PG0918+029A | 09 22 26.5 | +02 42 04 | 14.490 | +0.536 | −0.032 | +0.325 | +0.336 | +0.661 |
| PG0918+029C | 09 22 33.7 | +02 42 22 | 13.537 | +0.631 | +0.087 | +0.367 | +0.357 | +0.722 |
| BD −12 2918 | 09 32 07.8 | −13 33 42 | 10.067 | +1.501 | +1.166 | +1.067 | +1.318 | +2.385 |
| PG0942−029D | 09 45 58.7 | −03 10 30 | 13.683 | +0.576 | +0.064 | +0.341 | +0.329 | +0.668 |
| PG0942−029A | 09 45 59.9 | −03 14 50 | 14.738 | +0.888 | +0.552 | +0.563 | +0.474 | +1.035 |
| PG0942−029B | 09 46 01.6 | −03 11 34 | 14.105 | +0.573 | +0.014 | +0.353 | +0.341 | +0.693 |
| PG0942−029 | 09 46 01.9 | −03 13 57 | 14.012 | −0.298 | −1.177 | −0.132 | −0.165 | −0.296 |
| PG0942−029C | 09 46 04.4 | −03 11 16 | 14.950 | +0.803 | +0.338 | +0.488 | +0.395 | +0.884 |
| SA 101 315 | 09 55 41.9 | −00 32 14 | 11.249 | +1.153 | +1.056 | +0.612 | +0.559 | +1.172 |
| SA 101 316 | 09 55 42.7 | −00 23 18 | 11.552 | +0.493 | +0.032 | +0.293 | +0.291 | +0.584 |
| SA 101 L1 | 09 56 19.8 | −00 26 26 | 16.501 | +0.757 | −0.104 | +0.421 | +0.527 | +0.947 |
| SA 101 320 | 09 56 23.6 | −00 27 16 | 13.823 | +1.052 | +0.690 | +0.581 | +0.561 | +1.141 |
| SA 101 L2 | 09 56 25.3 | −00 23 34 | 15.770 | +0.602 | +0.082 | +0.321 | +0.304 | +0.625 |
| SA 101 404 | 09 56 31.4 | −00 23 05 | 13.459 | +0.996 | +0.697 | +0.530 | +0.500 | +1.029 |
| SA 101 324 | 09 56 47.3 | −00 27 59 | 9.737 | +1.161 | +1.145 | +0.591 | +0.519 | +1.109 |
| SA 101 408 | 09 56 58.7 | −00 17 25 | 14.785 | +1.200 | +1.347 | +0.718 | +0.603 | +1.321 |
| SA 101 262 | 09 56 58.7 | −00 34 34 | 14.295 | +0.784 | +0.297 | +0.440 | +0.387 | +0.827 |
| SA 101 326 | 09 56 58.7 | −00 31 55 | 14.923 | +0.729 | +0.227 | +0.406 | +0.375 | +0.780 |
| SA 101 327 | 09 56 59.5 | −00 30 38 | 13.441 | +1.155 | +1.139 | +0.717 | +0.574 | +1.290 |
| SA 101 410 | 09 56 59.8 | −00 18 46 | 13.646 | +0.546 | −0.063 | +0.298 | +0.326 | +0.623 |
| SA 101 413 | 09 57 04.7 | −00 16 39 | 12.583 | +0.983 | +0.716 | +0.529 | +0.497 | +1.025 |
| SA 101 268 | 09 57 07.7 | −00 36 41 | 14.380 | +1.531 | +1.381 | +1.040 | +1.200 | +2.237 |

| Name | Right Ascension | Declination | V | B–V | U–B | V–R | R–I | V–I |
|------|-----------------|-------------|---|-----|-----|-----|-----|-----|
| | h m s | ° ′ ″ | | | | | | |
| SA 101 330 | 09 57 11.2 | −00 32 06 | 13.723 | +0.577 | −0.026 | +0.346 | +0.338 | +0.684 |
| SA 101 415 | 09 57 13.8 | −00 21 37 | 15.259 | +0.577 | −0.008 | +0.346 | +0.350 | +0.695 |
| SA 101 270 | 09 57 17.6 | −00 40 28 | 13.711 | +0.554 | +0.055 | +0.332 | +0.306 | +0.637 |
| SA 101 278 | 09 57 45.1 | −00 34 23 | 15.494 | +1.041 | +0.737 | +0.596 | +0.548 | +1.144 |
| SA 101 L3 | 09 57 45.6 | −00 35 10 | 15.953 | +0.637 | −0.033 | +0.396 | +0.395 | +0.792 |
| SA 101 281 | 09 57 55.7 | −00 36 28 | 11.576 | +0.812 | +0.415 | +0.453 | +0.412 | +0.864 |
| SA 101 L4 | 09 57 58.4 | −00 36 09 | 16.264 | +0.793 | +0.362 | +0.578 | +0.062 | +0.644 |
| SA 101 L5 | 09 58 00.8 | −00 35 25 | 15.928 | +0.622 | +0.115 | +0.414 | +0.305 | +0.720 |
| SA 101 421 | 09 58 06.8 | −00 22 03 | 13.180 | +0.507 | −0.031 | +0.327 | +0.296 | +0.623 |
| SA 101 338 | 09 58 08.4 | −00 25 45 | 13.788 | +0.634 | +0.024 | +0.350 | +0.340 | +0.691 |
| SA 101 339 | 09 58 09.0 | −00 29 47 | 14.449 | +0.850 | +0.501 | +0.458 | +0.398 | +0.857 |
| SA 101 424 | 09 58 10.9 | −00 21 11 | 15.058 | +0.764 | +0.273 | +0.429 | +0.425 | +0.855 |
| SA 101 427 | 09 58 17.1 | −00 22 02 | 14.964 | +0.805 | +0.321 | +0.484 | +0.369 | +0.854 |
| SA 101 341 | 09 58 20.5 | −00 26 39 | 14.342 | +0.575 | +0.059 | +0.332 | +0.309 | +0.641 |
| SA 101 342 | 09 58 21.9 | −00 26 36 | 15.556 | +0.529 | −0.065 | +0.339 | +0.419 | +0.758 |
| SA 101 343 | 09 58 21.9 | −00 27 40 | 15.504 | +0.606 | +0.094 | +0.396 | +0.338 | +0.734 |
| SA 101 429 | 09 58 22.4 | −00 22 59 | 13.496 | +0.980 | +0.782 | +0.617 | +0.526 | +1.143 |
| SA 101 431 | 09 58 28.0 | −00 22 38 | 13.684 | +1.246 | +1.144 | +0.808 | +0.708 | +1.517 |
| SA 101 L6 | 09 58 30.2 | −00 22 39 | 16.497 | +0.711 | +0.183 | +0.445 | +0.583 | +1.024 |
| SA 101 207 | 09 58 43.1 | −00 52 21 | 12.421 | +0.513 | −0.080 | +0.320 | +0.323 | +0.645 |
| SA 101 363 | 09 59 09.4 | −00 30 22 | 9.874 | +0.260 | +0.132 | +0.146 | +0.151 | +0.297 |
| GD 108A | 10 01 28.8 | −07 38 12 | 13.881 | +0.789 | +0.316 | +0.458 | +0.449 | +0.909 |
| GD 108B | 10 01 31.9 | −07 35 55 | 15.056 | +0.839 | +0.364 | +0.463 | +0.466 | +0.924 |
| GD 108 | 10 01 36.5 | −07 38 18 | 13.563 | −0.214 | −0.943 | −0.099 | −0.118 | −0.218 |
| GD 108C | 10 01 44.5 | −07 35 17 | 13.819 | +0.786 | +0.345 | +0.435 | +0.393 | +0.825 |
| GD 108D | 10 01 45.2 | −07 39 39 | 14.235 | +0.641 | +0.078 | +0.372 | +0.357 | +0.731 |
| BD +1 2447 | 10 29 45.7 | +00 45 10 | 9.650 | +1.501 | +1.238 | +1.033 | +1.225 | +2.261 |
| G162 66 | 10 34 31.4 | −11 46 47 | 13.012 | −0.165 | −0.997 | −0.126 | −0.141 | −0.266 |
| G44 27 | 10 36 51.9 | +05 02 06 | 12.636 | +1.586 | +1.088 | +1.185 | +1.526 | +2.714 |
| PG1034+001 | 10 37 54.4 | −00 13 28 | 13.228 | −0.365 | −1.274 | −0.155 | −0.203 | −0.359 |
| G163 6 | 10 43 45.0 | +02 42 08 | 14.706 | +1.550 | +1.228 | +1.090 | +1.384 | +2.478 |
| PG1047+003 | 10 50 53.5 | −00 05 53 | 13.474 | −0.290 | −1.121 | −0.132 | −0.162 | −0.295 |
| PG1047+003A | 10 50 56.4 | −00 06 27 | 13.512 | +0.688 | +0.168 | +0.422 | +0.418 | +0.840 |
| PG1047+003B | 10 50 58.6 | −00 07 20 | 14.751 | +0.679 | +0.172 | +0.391 | +0.371 | +0.764 |
| PG1047+003C | 10 51 04.4 | −00 05 48 | 12.453 | +0.607 | −0.019 | +0.378 | +0.358 | +0.737 |
| G44 40 | 10 51 42.6 | +06 43 00 | 11.675 | +1.644 | +1.213 | +1.216 | +1.568 | +2.786 |
| SA 102 620 | 10 55 54.6 | −00 53 36 | 10.074 | +1.080 | +1.025 | +0.645 | +0.524 | +1.169 |
| G45 20 | 10 57 16.1 | +06 54 50 | 13.507 | +2.034 | +1.165 | +1.823 | +2.174 | +4.000 |
| SA 102 1081 | 10 57 54.8 | −00 18 32 | 9.903 | +0.664 | +0.258 | +0.366 | +0.332 | +0.697 |
| G163 27 | 10 58 24.2 | −07 36 40 | 14.338 | +0.288 | −0.548 | +0.206 | +0.210 | +0.417 |
| G163 51E | 11 08 12.6 | −05 21 36 | 14.466 | +0.611 | +0.095 | +0.381 | +0.344 | +0.725 |
| G163 51B | 11 08 23.1 | −05 17 59 | 11.292 | +0.623 | +0.119 | +0.355 | +0.336 | +0.692 |
| G163 51C | 11 08 24.0 | −05 19 42 | 12.672 | +0.431 | −0.009 | +0.267 | +0.272 | +0.540 |
| G163 51D | 11 08 25.2 | −05 20 23 | 13.862 | +0.844 | +0.202 | +0.478 | +0.466 | +0.945 |
| G163 51A | 11 08 27.4 | −05 17 46 | 12.504 | +0.666 | +0.060 | +0.382 | +0.371 | +0.753 |
| G163 50 | 11 08 50.2 | −05 14 56 | 13.057 | +0.036 | −0.696 | −0.084 | −0.072 | −0.158 |
| G163 51 | 11 08 56.8 | −05 19 17 | 12.559 | +1.499 | +1.195 | +1.080 | +1.355 | +2.434 |
| BD +5 2468 | 11 16 22.0 | +04 51 59 | 9.352 | −0.114 | −0.543 | −0.035 | −0.052 | −0.089 |
| HD 100340 | 11 33 40.9 | +05 11 08 | 10.115 | −0.234 | −0.975 | −0.104 | −0.135 | −0.238 |
| BD +5 2529 | 11 42 40.7 | +05 02 49 | 9.585 | +1.233 | +1.194 | +0.783 | +0.667 | +1.452 |

| Name | Right Ascension | Declination | V | B–V | U–B | V–R | R–I | V–I |
|---|---|---|---|---|---|---|---|---|
| | h m s | o ′ ″ | | | | | | |
| G10 50 | 11 48 35.8 | +00 42 26 | 11.153 | +1.752 | +1.318 | +1.294 | +1.673 | +2.969 |
| SA 103 302 | 11 56 56.7 | −00 53 25 | 9.859 | +0.370 | −0.057 | +0.230 | +0.236 | +0.465 |
| SA 103 626 | 11 57 36.9 | −00 28 45 | 11.836 | +0.413 | −0.057 | +0.262 | +0.274 | +0.535 |
| SA 103 526 | 11 57 44.9 | −00 35 44 | 10.890 | +1.090 | +0.936 | +0.560 | +0.501 | +1.056 |
| G12 43 | 12 34 05.7 | +08 55 52 | 12.467 | +1.846 | +1.085 | +1.530 | +1.944 | +3.479 |
| SA 104 306 | 12 41 54.4 | −00 42 40 | 9.370 | +1.592 | +1.666 | +0.832 | +0.762 | +1.591 |
| SA 104 423 | 12 42 26.7 | −00 36 36 | 15.602 | +0.630 | +0.050 | +0.262 | +0.559 | +0.818 |
| SA 104 428 | 12 42 32.0 | −00 31 51 | 12.630 | +0.985 | +0.748 | +0.534 | +0.497 | +1.032 |
| SA 104 L1 | 12 42 40.2 | −00 26 26 | 14.608 | +0.630 | +0.064 | +0.374 | +0.364 | +0.739 |
| SA 104 430 | 12 42 41.0 | −00 31 18 | 13.858 | +0.652 | +0.131 | +0.364 | +0.363 | +0.727 |
| SA 104 325 | 12 42 53.0 | −00 47 01 | 15.581 | +0.694 | +0.051 | +0.345 | +0.307 | +0.652 |
| SA 104 330 | 12 43 02.2 | −00 46 07 | 15.296 | +0.594 | −0.028 | +0.369 | +0.371 | +0.739 |
| SA 104 440 | 12 43 05.0 | −00 30 11 | 15.114 | +0.440 | −0.227 | +0.289 | +0.317 | +0.605 |
| SA 104 237 | 12 43 07.7 | −00 56 43 | 15.395 | +1.088 | +0.918 | +0.647 | +0.628 | +1.274 |
| SA 104 L2 | 12 43 10.4 | −00 39 49 | 16.048 | +0.650 | −0.172 | +0.344 | +0.323 | +0.667 |
| SA 104 443 | 12 43 10.6 | −00 30 46 | 15.372 | +1.331 | +1.280 | +0.817 | +0.778 | +1.595 |
| SA 104 444 | 12 43 10.8 | −00 37 53 | 13.477 | +0.512 | −0.070 | +0.313 | +0.331 | +0.643 |
| SA 104 334 | 12 43 11.2 | −00 45 53 | 13.484 | +0.518 | −0.067 | +0.323 | +0.331 | +0.653 |
| SA 104 335 | 12 43 11.7 | −00 38 33 | 11.665 | +0.622 | +0.145 | +0.357 | +0.334 | +0.691 |
| SA 104 239 | 12 43 13.7 | −00 52 01 | 13.936 | +1.356 | +1.291 | +0.868 | +0.805 | +1.675 |
| SA 104 336 | 12 43 15.4 | −00 45 23 | 14.404 | +0.830 | +0.495 | +0.461 | +0.403 | +0.865 |
| SA 104 338 | 12 43 20.9 | −00 43 57 | 16.059 | +0.591 | −0.082 | +0.348 | +0.372 | +0.719 |
| SA 104 339 | 12 43 24.1 | −00 47 05 | 15.459 | +0.832 | +0.709 | +0.476 | +0.374 | +0.849 |
| SA 104 244 | 12 43 25.0 | −00 51 12 | 16.011 | +0.590 | −0.152 | +0.338 | +0.489 | +0.825 |
| SA 104 455 | 12 43 42.9 | −00 29 42 | 15.105 | +0.581 | −0.024 | +0.360 | +0.357 | +0.716 |
| SA 104 456 | 12 43 44.2 | −00 37 25 | 12.362 | +0.622 | +0.135 | +0.357 | +0.337 | +0.694 |
| SA 104 457 | 12 43 45.0 | −00 34 14 | 16.048 | +0.753 | +0.522 | +0.484 | +0.490 | +0.974 |
| SA 104 460 | 12 43 53.5 | −00 33 43 | 12.895 | +1.281 | +1.246 | +0.813 | +0.695 | +1.511 |
| SA 104 461 | 12 43 56.8 | −00 37 43 | 9.705 | +0.476 | −0.035 | +0.288 | +0.289 | +0.579 |
| SA 104 350 | 12 44 05.0 | −00 38 45 | 13.634 | +0.673 | +0.165 | +0.383 | +0.353 | +0.736 |
| SA 104 470 | 12 44 13.1 | −00 35 17 | 14.310 | +0.732 | +0.101 | +0.295 | +0.356 | +0.649 |
| SA 104 364 | 12 44 36.8 | −00 39 56 | 15.799 | +0.601 | −0.131 | +0.314 | +0.397 | +0.712 |
| SA 104 366 | 12 44 43.9 | −00 40 09 | 12.908 | +0.870 | +0.424 | +0.517 | +0.464 | +0.982 |
| SA 104 479 | 12 44 46.0 | −00 38 14 | 16.087 | +1.271 | +0.673 | +0.657 | +0.607 | +1.264 |
| SA 104 367 | 12 44 49.2 | −00 38 58 | 15.844 | +0.639 | −0.126 | +0.382 | +0.296 | +0.679 |
| SA 104 484 | 12 45 11.3 | −00 36 19 | 14.406 | +1.024 | +0.732 | +0.514 | +0.486 | +1.000 |
| SA 104 485 | 12 45 14.6 | −00 35 41 | 15.017 | +0.838 | +0.493 | +0.478 | +0.488 | +0.967 |
| SA 104 490 | 12 45 24.2 | −00 31 16 | 12.572 | +0.535 | +0.048 | +0.318 | +0.312 | +0.630 |
| SA 104 598 | 12 46 07.4 | −00 22 06 | 11.478 | +1.108 | +1.051 | +0.667 | +0.545 | +1.214 |
| PG1323-086 | 13 26 31.5 | −08 54 27 | 13.481 | −0.140 | −0.681 | −0.048 | −0.078 | −0.127 |
| PG1323-086A | 13 26 41.7 | −08 55 31 | 13.591 | +0.393 | −0.019 | +0.252 | +0.252 | +0.506 |
| PG1323-086C | 13 26 42.2 | −08 53 47 | 14.003 | +0.707 | +0.245 | +0.395 | +0.363 | +0.759 |
| PG1323-086B | 13 26 42.7 | −08 56 03 | 13.406 | +0.761 | +0.265 | +0.426 | +0.407 | +0.833 |
| PG1323-086D | 13 26 57.2 | −08 55 44 | 12.080 | +0.587 | +0.005 | +0.346 | +0.335 | +0.684 |
| G14 55 | 13 29 12.3 | −02 26 51 | 11.336 | +1.491 | +1.157 | +1.078 | +1.388 | +2.462 |
| SA 105 505 | 13 36 15.6 | −00 28 20 | 10.270 | +1.422 | +1.218 | +0.910 | +0.861 | +1.771 |
| SA 105 437 | 13 38 07.6 | −00 42 58 | 12.535 | +0.248 | +0.067 | +0.136 | +0.143 | +0.279 |
| SA 105 815 | 13 40 53.0 | −00 07 19 | 11.451 | +0.381 | −0.247 | +0.267 | +0.292 | +0.559 |
| BD +2 2711 | 13 43 09.5 | +01 25 21 | 10.369 | −0.163 | −0.699 | −0.072 | −0.095 | −0.168 |
| 32376437 | 13 43 13.7 | +01 25 28 | 10.584 | +0.499 | +0.005 | +0.304 | +0.301 | +0.606 |

| Name | Right Ascension | Declination | V | B–V | U–B | V–R | R–I | V–I |
|---|---|---|---|---|---|---|---|---|
| | h m s | ° ′ ″ | | | | | | |
| HD 121968 | 13 59 42.5 | −02 59 39 | 10.256 | −0.185 | −0.915 | −0.074 | −0.100 | −0.173 |
| PG1407-013B | 14 11 15.2 | −01 31 55 | 12.471 | +0.970 | +0.665 | +0.537 | +0.505 | +1.037 |
| PG1407-013 | 14 11 17.0 | −01 34 55 | 13.758 | −0.259 | −1.133 | −0.119 | −0.151 | −0.272 |
| PG1407-013C | 14 11 19.1 | −01 29 42 | 12.462 | +0.805 | +0.298 | +0.464 | +0.448 | +0.914 |
| PG1407-013A | 14 11 20.6 | −01 33 48 | 14.661 | +1.151 | +1.049 | +0.617 | +0.569 | +1.178 |
| PG1407-013D | 14 11 25.1 | −01 31 52 | 14.872 | +0.891 | +0.420 | +0.496 | +0.472 | +0.967 |
| PG1407-013E | 14 11 26.7 | −01 31 09 | 15.182 | +0.883 | +0.600 | +0.496 | +0.417 | +0.915 |
| SA 106 1024 | 14 40 57.7 | −00 02 28 | 11.599 | +0.332 | +0.085 | +0.196 | +0.195 | +0.390 |
| SA 106 700 | 14 41 41.8 | −00 27 49 | 9.786 | +1.364 | +1.580 | +0.730 | +0.643 | +1.374 |
| SA 106 575 | 14 42 29.3 | −00 30 13 | 9.341 | +1.306 | +1.485 | +0.676 | +0.587 | +1.268 |
| SA 106 485 | 14 45 05.0 | −00 41 15 | 9.477 | +0.378 | −0.052 | +0.233 | +0.236 | +0.468 |
| PG1514+034 | 15 18 04.1 | +03 06 53 | 13.997 | −0.009 | −0.955 | +0.087 | +0.126 | +0.212 |
| PG1525-071 | 15 29 04.5 | −07 19 56 | 15.046 | −0.211 | −1.177 | −0.068 | +0.012 | −0.151 |
| PG1525-071D | 15 29 05.0 | −07 20 02 | 16.300 | +0.393 | +0.224 | +0.405 | +0.343 | +0.756 |
| PG1525-071A | 15 29 06.4 | −07 19 24 | 13.506 | +0.773 | +0.282 | +0.437 | +0.421 | +0.862 |
| PG1525-071B | 15 29 07.3 | −07 19 36 | 16.392 | +0.729 | +0.141 | +0.450 | +0.387 | +0.906 |
| PG1525-071C | 15 29 09.4 | −07 17 53 | 13.519 | +1.116 | +1.073 | +0.593 | +0.509 | +1.096 |
| PG1528+062B | 15 31 28.4 | +05 57 53 | 11.989 | +0.593 | +0.005 | +0.364 | +0.344 | +0.711 |
| PG1528+062A | 15 31 38.0 | +05 58 04 | 15.553 | +0.830 | +0.356 | +0.433 | +0.389 | +0.824 |
| PG1528+062 | 15 31 38.8 | +05 57 36 | 14.767 | −0.252 | −1.091 | −0.111 | −0.182 | −0.296 |
| PG1528+062C | 15 31 44.5 | +05 56 50 | 13.477 | +0.644 | +0.074 | +0.357 | +0.340 | +0.699 |
| PG1530+057A | 15 33 59.2 | +05 30 26 | 13.711 | +0.829 | +0.414 | +0.473 | +0.412 | +0.886 |
| PG1530+057 | 15 33 59.7 | +05 29 10 | 14.211 | +0.151 | −0.789 | +0.162 | +0.036 | +0.199 |
| PG1530+057B | 15 34 06.5 | +05 30 29 | 12.842 | +0.745 | +0.325 | +0.423 | +0.376 | +0.799 |
| SA 107 544 | 15 37 38.9 | −00 18 20 | 9.036 | +0.399 | +0.156 | +0.232 | +0.227 | +0.458 |
| SA 107 970 | 15 38 16.5 | +00 15 22 | 10.939 | +1.596 | +1.750 | +1.142 | +1.435 | +2.574 |
| SA 107 568 | 15 38 43.5 | −00 20 29 | 13.054 | +1.149 | +0.862 | +0.625 | +0.595 | +1.217 |
| SA 107 1006 | 15 39 24.0 | +00 11 08 | 11.713 | +0.766 | +0.278 | +0.442 | +0.420 | +0.863 |
| SA 107 347 | 15 39 26.7 | −00 39 09 | 9.446 | +1.294 | +1.302 | +0.712 | +0.652 | +1.365 |
| SA 107 720 | 15 39 27.7 | −00 05 36 | 13.121 | +0.599 | +0.088 | +0.374 | +0.355 | +0.731 |
| SA 107 456 | 15 39 33.5 | −00 22 58 | 12.919 | +0.921 | +0.589 | +0.537 | +0.478 | +1.015 |
| SA 107 351 | 15 39 36.7 | −00 35 17 | 12.342 | +0.562 | −0.005 | +0.351 | +0.358 | +0.708 |
| SA 107 457 | 15 39 37.6 | −00 23 26 | 14.910 | +0.792 | +0.350 | +0.494 | +0.469 | +0.964 |
| SA 107 458 | 15 39 41.1 | −00 27 37 | 11.676 | +1.214 | +1.189 | +0.667 | +0.602 | +1.274 |
| SA 107 592 | 15 39 41.2 | −00 20 20 | 11.847 | +1.318 | +1.380 | +0.709 | +0.647 | +1.357 |
| SA 107 459 | 15 39 41.7 | −00 25 45 | 12.284 | +0.900 | +0.427 | +0.525 | +0.517 | +1.045 |
| SA 107 212 | 15 39 47.0 | −00 48 42 | 13.383 | +0.683 | +0.135 | +0.404 | +0.411 | +0.818 |
| SA 107 215 | 15 39 48.6 | −00 46 17 | 16.046 | +0.115 | −0.082 | −0.032 | −0.475 | −0.511 |
| SA 107 213 | 15 39 48.7 | −00 47 26 | 14.262 | +0.802 | +0.261 | +0.531 | +0.509 | +1.038 |
| SA 107 357 | 15 39 56.4 | −00 42 22 | 14.418 | +0.675 | +0.025 | +0.416 | +0.421 | +0.840 |
| SA 107 359 | 15 39 59.9 | −00 38 50 | 12.797 | +0.580 | −0.124 | +0.379 | +0.381 | +0.759 |
| SA 107 599 | 15 40 00.3 | −00 17 39 | 14.675 | +0.698 | +0.243 | +0.433 | +0.438 | +0.869 |
| SA 107 600 | 15 40 00.9 | −00 19 01 | 14.884 | +0.503 | +0.049 | +0.339 | +0.361 | +0.700 |
| SA 107 601 | 15 40 04.7 | −00 16 38 | 14.646 | +1.412 | +1.265 | +0.923 | +0.835 | +1.761 |
| SA 107 602 | 15 40 09.7 | −00 18 40 | 12.116 | +0.991 | +0.585 | +0.545 | +0.531 | +1.074 |
| SA 107 611 | 15 40 25.9 | −00 15 45 | 14.329 | +0.890 | +0.455 | +0.520 | +0.447 | +0.968 |
| SA 107 612 | 15 40 26.2 | −00 18 17 | 14.256 | +0.896 | +0.296 | +0.551 | +0.530 | +1.081 |
| SA 107 614 | 15 40 31.9 | −00 16 20 | 13.926 | +0.622 | +0.033 | +0.361 | +0.370 | +0.732 |
| SA 107 626 | 15 40 56.2 | −00 20 38 | 13.468 | +1.000 | +0.728 | +0.600 | +0.527 | +1.126 |
| SA 107 627 | 15 40 58.3 | −00 20 32 | 13.349 | +0.779 | +0.226 | +0.465 | +0.454 | +0.918 |

| Name | Right Ascension | Declination | V | B–V | U–B | V–R | R–I | V–I |
|---|---|---|---|---|---|---|---|---|
| | h  m  s | ° ′ ″ | | | | | | |
| SA 107 484 | 15 41 07.7 | −00 24 24 | 11.311 | +1.240 | +1.298 | +0.664 | +0.577 | +1.240 |
| SA 107 636 | 15 41 31.3 | −00 18 02 | 14.873 | +0.751 | +0.121 | +0.432 | +0.465 | +0.896 |
| SA 107 639 | 15 41 35.6 | −00 20 19 | 14.197 | +0.640 | −0.026 | +0.399 | +0.404 | +0.803 |
| SA 107 640 | 15 41 40.0 | −00 19 56 | 15.050 | +0.755 | +0.092 | +0.511 | +0.506 | +1.017 |
| G153 41 | 16 18 51.3 | −15 38 17 | 13.425 | −0.210 | −1.129 | −0.133 | −0.158 | −0.289 |
| G138 25 | 16 25 59.2 | +15 38 22 | 13.513 | +1.419 | +1.265 | +0.883 | +0.796 | +1.685 |
| BD −12 4523 | 16 31 13.3 | −12 42 10 | 10.072 | +1.566 | +1.195 | +1.155 | +1.499 | +2.651 |
| HD 149382 | 16 35 15.5 | −04 02 52 | 8.943 | −0.282 | −1.143 | −0.127 | −0.135 | −0.262 |
| PG1633+099 | 16 36 11.2 | +09 45 51 | 14.396 | −0.191 | −0.990 | −0.085 | −0.114 | −0.208 |
| SA 108 1332 | 16 36 12.2 | −00 06 04 | 9.208 | +0.380 | +0.083 | +0.225 | +0.225 | +0.449 |
| PG1633+099A | 16 36 13.2 | +09 45 54 | 15.259 | +0.871 | +0.305 | +0.506 | +0.506 | +1.011 |
| PG1633+099G | 16 36 19.5 | +09 48 32 | 13.749 | +0.693 | +0.079 | +0.412 | +0.389 | +0.804 |
| PG1633+099B | 16 36 20.5 | +09 44 22 | 12.968 | +1.081 | +1.017 | +0.589 | +0.503 | +1.090 |
| PG1633+099F | 16 36 23.9 | +09 47 42 | 13.768 | +0.878 | +0.254 | +0.523 | +0.522 | +1.035 |
| PG1633+099C | 16 36 24.5 | +09 44 17 | 13.224 | +1.144 | +1.146 | +0.612 | +0.524 | +1.133 |
| PG1633+099D | 16 36 27.3 | +09 44 43 | 13.689 | +0.535 | −0.021 | +0.324 | +0.323 | +0.649 |
| PG1633+099E | 16 36 32.3 | +09 47 26 | 13.113 | +0.841 | +0.337 | +0.484 | +0.471 | +0.953 |
| SA 108 719 | 16 37 01.9 | −00 27 27 | 12.690 | +1.031 | +0.648 | +0.553 | +0.533 | +1.087 |
| SA 108 1848 | 16 37 49.2 | +00 03 59 | 11.738 | +0.559 | +0.073 | +0.331 | +0.325 | +0.657 |
| SA 108 475 | 16 37 51.5 | −00 36 36 | 11.307 | +1.380 | +1.463 | +0.743 | +0.664 | +1.408 |
| SA 108 1863 | 16 38 03.2 | +00 00 34 | 12.244 | +0.803 | +0.378 | +0.446 | +0.398 | +0.844 |
| SA 108 1491 | 16 38 04.7 | −00 04 38 | 9.059 | +0.964 | +0.616 | +0.522 | +0.498 | +1.020 |
| SA 108 551 | 16 38 38.7 | −00 35 01 | 10.702 | +0.180 | +0.182 | +0.100 | +0.109 | +0.209 |
| SA 108 1918 | 16 38 40.9 | −00 02 32 | 11.384 | +1.432 | +1.839 | +0.773 | +0.661 | +1.434 |
| SA 108 981 | 16 40 07.5 | −00 27 00 | 12.071 | +0.494 | +0.237 | +0.310 | +0.312 | +0.622 |
| PG1647+056 | 16 51 07.2 | +05 31 17 | 14.773 | −0.173 | −1.064 | −0.058 | −0.022 | −0.082 |
| Wolf 629 | 16 56 18.2 | −08 21 07 | 11.759 | +1.676 | +1.256 | +1.185 | +1.525 | +2.715 |
| PG1657+078E | 17 00 15.1 | +07 42 36 | 14.486 | +0.787 | +0.284 | +0.436 | +0.413 | +0.851 |
| PG1657+078D | 17 00 15.7 | +07 41 34 | 16.156 | +0.986 | +0.599 | +0.635 | +0.592 | +1.227 |
| PG1657+078B | 17 00 19.8 | +07 40 42 | 14.724 | +0.697 | +0.039 | +0.417 | +0.420 | +0.838 |
| PG1657+078 | 17 00 20.1 | +07 42 05 | 15.019 | −0.142 | −0.958 | −0.079 | −0.058 | −0.128 |
| PG1657+078A | 17 00 21.1 | +07 40 54 | 14.032 | +1.068 | +0.735 | +0.569 | +0.538 | +1.105 |
| PG1657+078C | 17 00 23.1 | +07 41 01 | 15.225 | +0.837 | +0.382 | +0.504 | +0.442 | +0.965 |
| BD −4 4226 | 17 06 05.4 | −05 07 16 | 10.071 | +1.415 | +1.085 | +0.970 | +1.141 | +2.113 |
| SA 109 71 | 17 44 57.7 | −00 25 20 | 11.490 | +0.326 | +0.154 | +0.187 | +0.223 | +0.409 |
| SA 109 381 | 17 45 03.1 | −00 20 55 | 11.731 | +0.704 | +0.222 | +0.427 | +0.435 | +0.862 |
| SA 109 949 | 17 45 04.4 | −00 02 50 | 12.828 | +0.806 | +0.363 | +0.500 | +0.517 | +1.020 |
| SA 109 956 | 17 45 05.3 | −00 02 30 | 14.639 | +1.283 | +0.858 | +0.779 | +0.743 | +1.525 |
| SA 109 954 | 17 45 06.6 | −00 02 38 | 12.436 | +1.296 | +0.956 | +0.764 | +0.731 | +1.496 |
| SA 109 199 | 17 45 53.6 | −00 29 50 | 10.990 | +1.739 | +1.967 | +1.006 | +0.900 | +1.904 |
| SA 109 231 | 17 46 10.9 | −00 26 12 | 9.333 | +1.465 | +1.591 | +0.787 | +0.705 | +1.494 |
| SA 109 537 | 17 46 33.3 | −00 21 55 | 10.353 | +0.609 | +0.226 | +0.376 | +0.393 | +0.769 |
| G21 15 | 18 28 02.0 | +04 04 22 | 13.889 | +0.092 | −0.598 | −0.039 | −0.030 | −0.069 |
| SA 110 229 | 18 41 36.4 | +00 02 49 | 13.649 | +1.910 | +1.391 | +1.198 | +1.155 | +2.356 |
| SA 110 230 | 18 41 42.2 | +00 03 23 | 14.281 | +1.084 | +0.728 | +0.624 | +0.596 | +1.218 |
| SA 110 232 | 18 41 43.1 | +00 02 54 | 12.516 | +0.729 | +0.147 | +0.439 | +0.450 | +0.889 |
| SA 110 233 | 18 41 43.4 | +00 01 50 | 12.771 | +1.281 | +0.812 | +0.773 | +0.818 | +1.593 |
| SA 110 239 | 18 42 10.5 | +00 01 13 | 13.858 | +0.899 | +0.584 | +0.541 | +0.517 | +1.060 |
| SA 110 339 | 18 42 17.1 | +00 09 25 | 13.607 | +0.988 | +0.776 | +0.563 | +0.468 | +1.036 |
| SA 110 340 | 18 42 19.1 | +00 16 23 | 10.025 | +0.308 | +0.124 | +0.171 | +0.183 | +0.354 |

| Name | Right Ascension | Declination | V | B–V | U–B | V–R | R–I | V–I |
|---|---|---|---|---|---|---|---|---|
| | h m s | o ′ ″ | | | | | | |
| SA 110 477 | 18 42 33.8 | +00 27 43 | 13.988 | +1.345 | +0.715 | +0.850 | +0.857 | +1.707 |
| SA 110 246 | 18 42 41.4 | +00 06 02 | 12.706 | +0.586 | −0.129 | +0.381 | +0.410 | +0.790 |
| SA 110 346 | 18 42 45.9 | +00 10 59 | 14.757 | +0.999 | +0.752 | +0.697 | +0.646 | +1.345 |
| SA 110 349 | 18 43 04.1 | +00 11 16 | 15.095 | +1.088 | +0.668 | +0.503 | −0.059 | +0.477 |
| SA 110 355 | 18 43 09.6 | +00 09 25 | 11.944 | +1.023 | +0.504 | +0.652 | +0.727 | +1.378 |
| SA 110 358 | 18 43 26.1 | +00 16 03 | 14.430 | +1.039 | +0.418 | +0.603 | +0.543 | +1.150 |
| SA 110 360 | 18 43 31.2 | +00 10 12 | 14.618 | +1.197 | +0.539 | +0.715 | +0.717 | +1.432 |
| SA 110 361 | 18 43 35.7 | +00 09 07 | 12.425 | +0.632 | +0.035 | +0.361 | +0.348 | +0.709 |
| SA 110 362 | 18 43 39.0 | +00 07 29 | 15.693 | +1.333 | +3.919 | +0.918 | +0.885 | +1.803 |
| SA 110 266 | 18 43 39.5 | +00 06 09 | 12.018 | +0.889 | +0.411 | +0.538 | +0.577 | +1.111 |
| SA 110 L1 | 18 43 40.9 | +00 08 15 | 16.252 | +1.752 | +2.953 | +1.066 | +0.992 | +2.058 |
| SA 110 364 | 18 43 43.5 | +00 08 57 | 13.615 | +1.133 | +1.095 | +0.697 | +0.585 | +1.281 |
| SA 110 157 | 18 43 47.3 | −00 07 56 | 13.491 | +2.123 | +1.679 | +1.257 | +1.139 | +2.395 |
| SA 110 365 | 18 43 48.1 | +00 08 25 | 13.470 | +2.261 | +1.895 | +1.360 | +1.270 | +2.631 |
| SA 110 496 | 18 43 49.8 | +00 32 11 | 13.004 | +1.040 | +0.737 | +0.607 | +0.681 | +1.287 |
| SA 110 273 | 18 43 50.3 | +00 03 26 | 14.686 | +2.527 | +1.000 | +1.509 | +1.345 | +2.856 |
| SA 110 497 | 18 43 53.0 | +00 31 59 | 14.196 | +1.052 | +0.380 | +0.606 | +0.597 | +1.203 |
| SA 110 280 | 18 43 57.7 | −00 02 39 | 12.996 | +2.151 | +2.133 | +1.235 | +1.148 | +2.384 |
| SA 110 499 | 18 43 58.2 | +00 29 04 | 11.737 | +0.987 | +0.639 | +0.600 | +0.674 | +1.273 |
| SA 110 502 | 18 44 00.7 | +00 28 45 | 12.330 | +2.326 | +2.326 | +1.373 | +1.250 | +2.625 |
| SA 110 503 | 18 44 02.2 | +00 30 45 | 11.773 | +0.671 | +0.506 | +0.373 | +0.436 | +0.808 |
| SA 110 504 | 18 44 02.3 | +00 31 06 | 14.022 | +1.248 | +1.323 | +0.797 | +0.683 | +1.482 |
| SA 110 506 | 18 44 09.5 | +00 31 30 | 11.312 | +0.568 | +0.059 | +0.335 | +0.312 | +0.652 |
| SA 110 507 | 18 44 09.7 | +00 30 28 | 12.440 | +1.141 | +0.830 | +0.633 | +0.579 | +1.206 |
| SA 110 290 | 18 44 12.9 | −00 00 13 | 11.898 | +0.708 | +0.196 | +0.418 | +0.418 | +0.836 |
| SA 110 441 | 18 44 24.2 | +00 20 44 | 11.122 | +0.556 | +0.108 | +0.325 | +0.335 | +0.660 |
| SA 110 311 | 18 44 38.3 | +00 00 43 | 15.505 | +1.796 | +1.179 | +1.010 | +0.864 | +1.874 |
| SA 110 312 | 18 44 39.7 | +00 01 09 | 16.093 | +1.319 | −0.788 | +1.137 | +1.154 | +2.293 |
| SA 110 450 | 18 44 42.1 | +00 24 02 | 11.583 | +0.946 | +0.683 | +0.549 | +0.626 | +1.175 |
| SA 110 315 | 18 44 42.8 | +00 01 53 | 13.637 | +2.069 | +2.256 | +1.206 | +1.133 | +2.338 |
| SA 110 316 | 18 44 43.1 | +00 02 08 | 14.821 | +1.731 | +4.355 | +0.858 | +0.910 | +1.769 |
| SA 110 319 | 18 44 46.1 | +00 03 04 | 11.861 | +1.309 | +1.076 | +0.742 | +0.700 | +1.443 |
| SA 111 773 | 19 38 06.5 | +00 13 15 | 8.965 | +0.209 | −0.209 | +0.121 | +0.145 | +0.265 |
| SA 111 775 | 19 38 07.0 | +00 14 22 | 10.748 | +1.741 | +2.017 | +0.965 | +0.897 | +1.863 |
| SA 111 1925 | 19 38 19.2 | +00 27 20 | 12.387 | +0.396 | +0.264 | +0.226 | +0.256 | +0.483 |
| SA 111 1965 | 19 38 32.1 | +00 29 08 | 11.419 | +1.710 | +1.865 | +0.951 | +0.877 | +1.830 |
| SA 111 1969 | 19 38 33.9 | +00 28 06 | 10.382 | +1.959 | +2.306 | +1.177 | +1.222 | +2.400 |
| SA 111 2039 | 19 38 55.1 | +00 34 30 | 12.395 | +1.369 | +1.237 | +0.739 | +0.689 | +1.430 |
| SA 111 2088 | 19 39 11.8 | +00 33 18 | 13.193 | +1.610 | +1.678 | +0.888 | +0.818 | +1.708 |
| SA 111 2093 | 19 39 14.0 | +00 33 44 | 12.538 | +0.637 | +0.283 | +0.370 | +0.397 | +0.766 |
| SA 112 595 | 20 42 09.1 | +00 20 02 | 11.352 | +1.601 | +1.991 | +0.898 | +0.903 | +1.801 |
| SA 112 704 | 20 42 52.7 | +00 22 43 | 11.452 | +1.536 | +1.742 | +0.822 | +0.746 | +1.570 |
| SA 112 223 | 20 43 05.3 | +00 12 35 | 11.424 | +0.454 | +0.016 | +0.273 | +0.274 | +0.547 |
| SA 112 250 | 20 43 17.1 | +00 11 18 | 12.095 | +0.532 | −0.025 | +0.317 | +0.323 | +0.639 |
| SA 112 275 | 20 43 26.1 | +00 10 56 | 9.905 | +1.210 | +1.294 | +0.648 | +0.569 | +1.217 |
| SA 112 805 | 20 43 37.4 | +00 19 44 | 12.086 | +0.151 | +0.158 | +0.064 | +0.075 | +0.139 |
| SA 112 822 | 20 43 45.6 | +00 18 38 | 11.548 | +1.030 | +0.883 | +0.558 | +0.502 | +1.060 |
| Mark A4 | 20 44 47.4 | −10 41 28 | 14.767 | +0.795 | +0.176 | +0.471 | +0.475 | +0.952 |
| Mark A2 | 20 44 48.9 | −10 41 54 | 14.540 | +0.666 | +0.096 | +0.379 | +0.371 | +0.751 |
| Mark A1 | 20 44 52.3 | −10 43 35 | 15.911 | +0.609 | −0.014 | +0.367 | +0.373 | +0.740 |

| Name | Right Ascension | Declination | V | B–V | U–B | V–R | R–I | V–I |
|---|---|---|---|---|---|---|---|---|
| | h m s | ° ′ ″ | | | | | | |
| Mark A | 20 44 53.2 | −10 44 04 | 13.256 | −0.246 | −1.159 | −0.114 | −0.124 | −0.238 |
| Mark A3 | 20 44 57.7 | −10 42 01 | 14.818 | +0.938 | +0.651 | +0.587 | +0.510 | +1.098 |
| Wolf 918 | 21 10 12.5 | −13 14 38 | 10.869 | +1.493 | +1.139 | +0.978 | +1.083 | +2.064 |
| G26 7A | 21 31 59.8 | −09 42 12 | 13.047 | +0.725 | +0.279 | +0.405 | +0.371 | +0.776 |
| G26 7 | 21 32 13.0 | −09 43 04 | 12.006 | +1.664 | +1.231 | +1.298 | +1.669 | +2.968 |
| G26 7C | 21 32 16.4 | −09 46 23 | 12.468 | +0.624 | +0.093 | +0.354 | +0.340 | +0.695 |
| G26 7B | 21 32 19.5 | −09 43 00 | 13.454 | +0.562 | +0.027 | +0.323 | +0.327 | +0.652 |
| SA 113 440 | 21 41 25.0 | +00 46 18 | 11.796 | +0.637 | +0.167 | +0.363 | +0.350 | +0.715 |
| SA 113 221 | 21 41 27.2 | +00 25 35 | 12.071 | +1.031 | +0.874 | +0.550 | +0.490 | +1.041 |
| SA 113 L1 | 21 41 38.0 | +00 33 07 | 15.530 | +1.343 | +1.180 | +0.867 | +0.723 | +1.594 |
| SA 113 337 | 21 41 40.1 | +00 32 30 | 14.225 | +0.519 | −0.025 | +0.351 | +0.331 | +0.682 |
| SA 113 339 | 21 41 46.3 | +00 32 30 | 12.250 | +0.568 | −0.034 | +0.340 | +0.347 | +0.687 |
| SA 113 233 | 21 41 49.9 | +00 26 34 | 12.398 | +0.549 | +0.096 | +0.338 | +0.322 | +0.661 |
| SA 113 342 | 21 41 50.5 | +00 32 09 | 10.878 | +1.015 | +0.696 | +0.537 | +0.513 | +1.050 |
| SA 113 239 | 21 41 57.5 | +00 27 06 | 13.038 | +0.516 | +0.051 | +0.318 | +0.327 | +0.647 |
| SA 113 241 | 21 41 59.8 | +00 30 20 | 14.352 | +1.344 | +1.452 | +0.897 | +0.797 | +1.683 |
| SA 113 245 | 21 42 04.0 | +00 26 25 | 15.665 | +0.628 | +0.112 | +0.396 | +0.318 | +0.716 |
| SA 113 459 | 21 42 05.6 | +00 47 37 | 12.125 | +0.535 | −0.018 | +0.307 | +0.313 | +0.623 |
| SA 113 250 | 21 42 15.2 | +00 25 13 | 13.160 | +0.505 | −0.003 | +0.309 | +0.316 | +0.626 |
| SA 113 466 | 21 42 18.0 | +00 44 48 | 10.003 | +0.453 | +0.003 | +0.279 | +0.283 | +0.564 |
| SA 113 259 | 21 42 35.5 | +00 22 13 | 11.744 | +1.199 | +1.220 | +0.621 | +0.544 | +1.167 |
| SA 113 260 | 21 42 38.7 | +00 28 25 | 12.406 | +0.514 | +0.069 | +0.308 | +0.298 | +0.606 |
| SA 113 475 | 21 42 41.9 | +00 43 53 | 10.304 | +1.058 | +0.841 | +0.568 | +0.528 | +1.097 |
| SA 113 263 | 21 42 43.5 | +00 30 10 | 15.481 | +0.280 | +0.074 | +0.194 | +0.207 | +0.401 |
| SA 113 366 | 21 42 44.2 | +00 33 56 | 13.537 | +1.096 | +0.896 | +0.623 | +0.588 | +1.211 |
| SA 113 265 | 21 42 44.4 | +00 22 37 | 14.934 | +0.639 | +0.101 | +0.411 | +0.395 | +0.807 |
| SA 113 268 | 21 42 47.8 | +00 24 29 | 15.281 | +0.589 | −0.018 | +0.379 | +0.407 | +0.786 |
| SA 113 34 | 21 42 49.5 | +00 05 40 | 15.173 | +0.484 | −0.054 | +0.306 | +0.346 | +0.652 |
| SA 113 372 | 21 42 52.7 | +00 33 12 | 13.681 | +0.670 | +0.080 | +0.395 | +0.370 | +0.766 |
| SA 113 149 | 21 42 56.2 | +00 13 58 | 13.469 | +0.621 | +0.043 | +0.379 | +0.386 | +0.765 |
| SA 113 153 | 21 42 59.5 | +00 19 38 | 14.476 | +0.745 | +0.285 | +0.462 | +0.441 | +0.902 |
| SA 113 272 | 21 43 11.0 | +00 25 31 | 13.904 | +0.633 | +0.067 | +0.370 | +0.340 | +0.710 |
| SA 113 156 | 21 43 12.4 | +00 16 43 | 11.224 | +0.526 | −0.057 | +0.303 | +0.314 | +0.618 |
| SA 113 158 | 21 43 12.4 | +00 18 43 | 13.116 | +0.723 | +0.247 | +0.407 | +0.374 | +0.782 |
| SA 113 491 | 21 43 15.1 | +00 48 28 | 14.373 | +0.764 | +0.306 | +0.434 | +0.420 | +0.854 |
| SA 113 492 | 21 43 18.4 | +00 42 55 | 12.174 | +0.553 | +0.005 | +0.342 | +0.341 | +0.684 |
| SA 113 493 | 21 43 19.2 | +00 42 45 | 11.767 | +0.786 | +0.392 | +0.430 | +0.393 | +0.824 |
| SA 113 495 | 21 43 20.3 | +00 42 41 | 12.437 | +0.947 | +0.530 | +0.512 | +0.497 | +1.010 |
| SA 113 163 | 21 43 26.1 | +00 21 19 | 14.540 | +0.658 | +0.106 | +0.380 | +0.355 | +0.735 |
| SA 113 165 | 21 43 28.7 | +00 20 06 | 15.639 | +0.601 | +0.003 | +0.354 | +0.392 | +0.746 |
| SA 113 281 | 21 43 29.4 | +00 23 30 | 15.247 | +0.529 | −0.026 | +0.347 | +0.359 | +0.706 |
| SA 113 167 | 21 43 31.6 | +00 20 42 | 14.841 | +0.597 | −0.034 | +0.351 | +0.376 | +0.728 |
| SA 113 177 | 21 43 47.2 | +00 19 17 | 13.560 | +0.789 | +0.318 | +0.456 | +0.436 | +0.890 |
| SA 113 182 | 21 43 59.0 | +00 19 24 | 14.370 | +0.659 | +0.065 | +0.402 | +0.422 | +0.824 |
| SA 113 187 | 21 44 11.3 | +00 21 28 | 15.080 | +1.063 | +0.969 | +0.638 | +0.535 | +1.174 |
| SA 113 189 | 21 44 18.1 | +00 21 54 | 15.421 | +1.118 | +0.958 | +0.713 | +0.605 | +1.319 |
| SA 113 307 | 21 44 21.1 | +00 22 38 | 14.214 | +1.128 | +0.911 | +0.630 | +0.614 | +1.245 |
| SA 113 191 | 21 44 24.2 | +00 20 28 | 12.337 | +0.799 | +0.223 | +0.471 | +0.466 | +0.937 |
| SA 113 195 | 21 44 31.5 | +00 21 56 | 13.692 | +0.730 | +0.201 | +0.418 | +0.413 | +0.832 |
| G93 48D | 21 53 00.4 | +02 26 06 | 13.664 | +0.636 | +0.120 | +0.368 | +0.362 | +0.724 |

| Name | Right Ascension | Declination | V | B–V | U–B | V–R | R–I | V–I |
|------|-----------------|-------------|---|-----|-----|-----|-----|-----|
| | h m s | ° ′ ″ | | | | | | |
| G93 48C | 21 53 04.2 | +02 26 33 | 12.664 | +1.320 | +1.260 | +0.852 | +0.759 | +1.610 |
| G93 48A | 21 53 07.7 | +02 27 55 | 12.856 | +0.715 | +0.278 | +0.403 | +0.365 | +0.772 |
| G93 48B | 21 53 08.6 | +02 27 51 | 12.416 | +0.719 | +0.194 | +0.405 | +0.383 | +0.791 |
| G93 48 | 21 53 15.6 | +02 27 56 | 12.743 | −0.011 | −0.790 | −0.096 | −0.099 | −0.195 |
| PG2213-006F | 22 17 03.7 | −00 12 58 | 12.644 | +0.678 | +0.171 | +0.395 | +0.384 | +0.781 |
| PG2213-006C | 22 17 08.5 | −00 17 17 | 15.108 | +0.726 | +0.175 | +0.425 | +0.432 | +0.853 |
| PG2213-006E | 22 17 12.1 | −00 12 42 | 13.776 | +0.661 | +0.087 | +0.397 | +0.373 | +0.778 |
| PG2213-006B | 22 17 12.6 | −00 16 51 | 12.710 | +0.753 | +0.291 | +0.427 | +0.404 | +0.831 |
| PG2213-006D | 22 17 13.3 | −00 12 44 | 13.987 | +0.787 | +0.128 | +0.486 | +0.479 | +0.967 |
| PG2213-006A | 22 17 14.0 | −00 16 29 | 14.180 | +0.665 | +0.094 | +0.407 | +0.408 | +0.817 |
| PG2213-006 | 22 17 19.2 | −00 16 16 | 14.137 | −0.214 | −1.176 | −0.072 | −0.132 | −0.211 |
| G156 31 | 22 39 29.0 | −15 12 11 | 12.361 | +1.993 | +1.408 | +1.648 | +2.042 | +3.684 |
| SA 114 531 | 22 41 27.3 | +00 57 06 | 12.095 | +0.733 | +0.175 | +0.421 | +0.404 | +0.824 |
| SA 114 637 | 22 41 33.2 | +01 08 22 | 12.070 | +0.801 | +0.307 | +0.456 | +0.415 | +0.872 |
| SA 114 446 | 22 41 54.5 | +00 51 13 | 12.064 | +0.737 | +0.237 | +0.397 | +0.369 | +0.769 |
| SA 114 654 | 22 42 16.8 | +01 15 22 | 11.833 | +0.656 | +0.178 | +0.368 | +0.341 | +0.711 |
| SA 114 656 | 22 42 25.7 | +01 16 21 | 12.644 | +0.965 | +0.698 | +0.547 | +0.506 | +1.051 |
| SA 114 548 | 22 42 27.4 | +01 04 17 | 11.599 | +1.362 | +1.568 | +0.738 | +0.651 | +1.387 |
| SA 114 750 | 22 42 35.3 | +01 17 48 | 11.916 | −0.037 | −0.367 | +0.027 | −0.016 | +0.010 |
| SA 114 755 | 22 42 58.1 | +01 22 00 | 10.909 | +0.570 | −0.063 | +0.313 | +0.310 | +0.622 |
| SA 114 670 | 22 42 59.9 | +01 15 29 | 11.101 | +1.206 | +1.223 | +0.645 | +0.561 | +1.208 |
| SA 114 176 | 22 44 00.9 | +00 26 28 | 9.239 | +1.485 | +1.853 | +0.800 | +0.717 | +1.521 |
| HD 216135 | 22 51 20.5 | −13 13 29 | 10.111 | −0.119 | −0.618 | −0.052 | −0.065 | −0.119 |
| G156 57 | 22 54 10.1 | −14 10 44 | 10.192 | +1.557 | +1.179 | +1.179 | +1.543 | +2.730 |
| GD 246A | 23 13 07.3 | +10 51 36 | 12.962 | +0.463 | −0.047 | +0.288 | +0.296 | +0.584 |
| GD 246 | 23 13 11.7 | +10 52 28 | 13.090 | −0.318 | −1.194 | −0.148 | −0.181 | −0.328 |
| GD 246B | 23 13 18.9 | +10 52 35 | 14.368 | +0.919 | +0.693 | +0.512 | +0.431 | +0.944 |
| GD 246C | 23 13 20.8 | +10 54 38 | 13.637 | +0.879 | +0.540 | +0.484 | +0.448 | +0.933 |
| F 108 | 23 17 03.3 | −01 45 11 | 12.973 | −0.237 | −1.050 | −0.106 | −0.140 | −0.245 |
| PG2317+046 | 23 20 45.8 | +04 58 00 | 12.876 | −0.246 | −1.137 | −0.074 | −0.035 | −0.118 |
| PG2331+055 | 23 34 35.0 | +05 52 08 | 15.182 | −0.066 | −0.487 | −0.012 | −0.031 | −0.044 |
| PG2331+055A | 23 34 39.9 | +05 52 21 | 13.051 | +0.741 | +0.257 | +0.419 | +0.401 | +0.821 |
| PG2331+055B | 23 34 41.6 | +05 50 37 | 14.744 | +0.819 | +0.429 | +0.481 | +0.454 | +0.935 |
| PG2336+004B | 23 39 29.0 | +00 48 16 | 12.429 | +0.517 | −0.048 | +0.313 | +0.317 | +0.627 |
| PG2336+004A | 23 39 33.4 | +00 47 58 | 11.274 | +0.686 | +0.129 | +0.394 | +0.382 | +0.769 |
| PG2336+004 | 23 39 34.3 | +00 48 28 | 15.885 | −0.160 | −0.781 | −0.056 | −0.048 | −0.109 |
| SA 115 554 | 23 42 21.6 | +01 31 55 | 11.812 | +1.005 | +0.548 | +0.586 | +0.538 | +1.127 |
| SA 115 486 | 23 42 23.7 | +01 22 14 | 12.482 | +0.493 | −0.049 | +0.298 | +0.308 | +0.607 |
| SA 115 412 | 23 42 51.7 | +01 14 31 | 12.209 | +0.573 | −0.040 | +0.327 | +0.335 | +0.665 |
| SA 115 268 | 23 43 21.4 | +00 57 41 | 12.494 | +0.634 | +0.077 | +0.366 | +0.348 | +0.714 |
| SA 115 420 | 23 43 27.2 | +01 11 28 | 11.160 | +0.467 | −0.019 | +0.288 | +0.293 | +0.581 |
| SA 115 271 | 23 43 32.6 | +00 50 43 | 9.693 | +0.612 | +0.109 | +0.354 | +0.349 | +0.702 |
| SA 115 516 | 23 45 06.1 | +01 19 42 | 10.431 | +1.028 | +0.760 | +0.564 | +0.534 | +1.099 |
| BD +1 4774 | 23 50 04.3 | +02 29 19 | 8.993 | +1.434 | +1.105 | +0.964 | +1.081 | +2.047 |
| PG2349+002 | 23 52 43.9 | +00 33 48 | 13.277 | −0.191 | −0.921 | −0.103 | −0.116 | −0.219 |

 A searchable version of this table appears on *The Astronomical Almanac Online*.
The table of bright Johnson *UBVRI* standards listed in editions prior to 2003 is available online as well.

 This symbol indicates that these data or auxiliary material may also be found on *The Astronomical Almanac Online* **http://asa.usno.navy.mil** and **http://asa.hmnao.com**

| Name | BS=HR No. | Right Ascension | Declination | V | Spectral Type | Note[1] |
|---|---|---|---|---|---|---|
| | | h  m    s | °   ′   ″ | | | |
| HD 224926 | 9087 | 00 02 40.20 | −02 56 08.5 | 5.12 | B7III | |
| G 158−100 | | 00 34 44.66 | −12 02 35.2 | 14.89 | dG−K | |
| HD 3360 | 153 | 00 37 53.98 | +53 59 15.0 | 3.66 | B2IV | |
| CD−34 239 | | 00 42 18.09 | −33 32 11.1 | 11.23 | F | |
| BPM 16274 | | 00 50 48.43 | −52 02 52.1 | 14.20 | DA2 | Model |
| | | | | | | |
| LTT 1020 | | 01 55 35.88 | −27 23 49.8 | 11.52 | G | |
| HD 15318 | 718 | 02 29 02.31 | +08 31 59.5 | 4.28 | B9III | |
| EG 21 | | 03 10 40.37 | −68 32 22.4 | 11.38 | DA | |
| LTT 1788 | | 03 48 58.58 | −39 05 41.4 | 13.16 | F | |
| GD 50 | | 03 49 40.74 | −00 55 36.4 | 14.06 | DA2 | |
| | | | | | | |
| SA 95−42 | | 03 54 34.37 | −00 01 42.7 | 15.61 | DA | |
| HZ 4 | | 03 56 16.17 | +09 50 08.8 | 14.52 | DA4 | |
| LB 227 | | 04 10 25.78 | +17 10 26.9 | 15.34 | DA4 | |
| HZ 2 | | 04 13 38.47 | +11 54 16.3 | 13.86 | DA3 | |
| HD 30739 | 1544 | 04 51 30.76 | +08 55 38.0 | 4.36 | A1V | |
| | | | | | | |
| G 191−B2B | | 05 06 49.65 | +52 51 07.3 | 11.78 | DA1 | |
| HD 38666 | 1996 | 05 46 36.73 | −32 18 03.8 | 5.17 | O9V | Model |
| GD 71 | | 05 53 24.72 | +15 53 20.6 | 13.03 | DA1 | |
| LTT 2415 | | 05 57 04.12 | −27 51 30.2 | 12.21 | | |
| HILT 600 | | 06 46 04.91 | +02 07 09.2 | 10.44 | B1 | |
| | | | | | | |
| HD 49798 | | 06 48 34.38 | −44 20 07.5 | 8.30 | O6 | Model |
| HD 60753 | | 07 33 53.42 | −50 37 14.6 | 6.70 | B3IV | Model |
| G 193−74 | | 07 54 43.04 | +52 26 49.6 | 15.70 | DA0 | |
| BD+75 325 | | 08 12 49.01 | +74 54 58.2 | 9.54 | O5p | |
| LTT 3218 | | 08 42 10.79 | −32 59 45.4 | 11.86 | DA | |
| | | | | | | |
| HD 74280 | 3454 | 08 44 05.18 | +03 20 18.6 | 4.30 | B3V | |
| AGK+81°266 | | 09 23 45.55 | +81 39 11.1 | 11.92 | sdO | |
| GD 108 | | 10 01 36.49 | −07 38 18.1 | 13.56 | sdB | |
| LTT 3864 | | 10 32 58.09 | −35 42 48.8 | 12.17 | F | |
| Feige 34 | | 10 40 34.54 | +43 00 58.1 | 11.18 | DO | |
| | | | | | | |
| HD 93521 | | 10 49 19.42 | +37 28 58.3 | 7.04 | O9Vp | |
| HD 100889 | 4468 | 11 37 31.20 | −09 53 37.1 | 4.70 | B9.5V | |
| LTT 4364 | | 11 46 37.73 | −64 55 54.7 | 11.50 | C2 | |
| HD 103287 | 4554 | 11 54 41.54 | +53 36 10.7 | 2.44 | A0V | Model |
| Feige 56 | | 12 07 37.82 | +11 34 42.0 | 11.06 | B5p | |
| | | | | | | |
| HZ 21 | | 12 14 46.00 | +32 51 02.3 | 14.68 | DO2 | |
| Feige 66 | | 12 38 12.57 | +24 58 33.3 | 10.50 | sdO | |
| LTT 4816 | | 12 39 44.90 | −49 53 17.5 | 13.79 | DA | |
| Feige 67 | | 12 42 41.25 | +17 25 54.1 | 11.81 | sdO | |
| GD 153 | | 12 57 50.83 | +21 56 29.4 | 13.35 | DA1 | |
| | | | | | | |
| G 60−54 | | 13 00 58.99 | +03 23 07.9 | 15.81 | DC | |
| HD 114330 | 4963 | 13 10 48.34 | −05 37 36.1 | 4.38 | A1IV | |
| HZ 43 | | 13 17 08.36 | +29 00 41.4 | 12.91 | DA1 | |
| HZ 44 | | 13 24 20.15 | +36 02 50.9 | 11.66 | sdO | |
| GRW+70°5824 | | 13 39 14.19 | +70 12 06.9 | 12.77 | DA3 | |

| Name | BS=HR No. | Right Ascension | Declination | V | Spectral Type | Note[1] |
|------|-----------|-----------------|-------------|---|---------------|---------|
| | | h m s | ° ′ ″ | | | |
| HD 120315 | 5191 | 13 48 11.36 | +49 13 52.8 | 1.86 | B3V | Model |
| CD−32 9927 | | 14 12 44.90 | −33 07 51.3 | 10.42 | A0 | |
| HD 129956 | 5501 | 14 46 20.73 | +00 38 54.4 | 5.68 | B9.5V | |
| LTT 6248 | | 15 39 59.94 | −28 38 50.0 | 11.80 | A | |
| BD+33 2642 | | 15 52 38.49 | +32 53 59.5 | 10.81 | B2IV | |
| | | | | | | |
| EG 274 | | 16 24 41.14 | −39 16 00.5 | 11.03 | DA | |
| G 138−31 | | 16 28 40.89 | +09 09 59.9 | 16.14 | DC | |
| HD 172167 | 7001 | 18 37 29.87 | +38 47 59.5 | 0.00 | A0V | |
| LTT 7379 | | 18 37 37.66 | −44 17 46.4 | 10.23 | G0 | |
| HD 188350 | 7596 | 19 55 35.48 | +00 19 04.2 | 5.62 | A0III | |
| | | | | | | |
| LTT 7987 | | 20 11 57.92 | −30 10 11.3 | 12.23 | DA | |
| G 24−9 | | 20 14 44.35 | +06 45 44.9 | 15.72 | DC | |
| HD 198001 | 7950 | 20 48 34.05 | −09 26 04.0 | 3.78 | A1V | |
| LDS 749B | | 21 33 07.37 | +00 19 39.9 | 14.67 | DB4 | |
| BD+28 4211 | | 21 51 55.25 | +28 56 29.5 | 10.51 | Op | |
| | | | | | | |
| G 93−48 | | 21 53 15.65 | +02 27 55.7 | 12.74 | DA3 | |
| BD+25 4655 | | 22 00 27.18 | +26 30 43.1 | 9.76 | O | |
| NGC 7293 | | 22 30 32.53 | −20 45 08.2 | 13.51 | V.Hot | |
| HD 214923 | 8634 | 22 42 17.13 | +10 55 04.4 | 3.40 | B8V | |
| LTT 9239 | | 22 53 34.24 | −20 30 21.3 | 12.07 | F | |
| | | | | | | |
| LTT 9491 | | 23 20 27.56 | −17 00 02.6 | 14.11 | DC | |
| Feige 110 | | 23 20 49.46 | −05 04 30.5 | 11.82 | DOp | |
| GD 248 | | 23 26 56.35 | +16 05 44.9 | 15.09 | DC | |

## Notes to Table

[1] Model data for the optical range; only suitable as a standard in the ultraviolet range.

| Name | | | HD No. | BS=HR No. | Right Ascension | Declination | V | $v_r$ | Spectral Type |
|---|---|---|---|---|---|---|---|---|---|
| | | | | | h m s | ° ′ ″ | | km/s | |
| 6 | | Cet | 693 | 33 | 00 12 06.2 | −15 22 39 | 4.89 | + 14.7 ± 0.2 | F5 V |
| 18 | $\alpha$ | Cas | 3712 | 168 | 00 41 27.2 | +56 37 39 | 2.23 | − 3.9    0.1 | K0⁻IIIa |
| | | | 3765 | | 00 41 43.9 | +40 16 28 | 7.36 | − 63.0    0.2 | K2 V |
| 16 | $\beta$ | Cet | 4128 | 188 | 00 44 25.0 | −17 53 47 | 2.04 | + 13.1    0.1 | G9 III CH−1 CN 0.5 Ca 1 |
| | | | 4388 | | 00 47 20.4 | +31 02 29 | 7.34 | − 28.3    0.6 | K3 III |
| | | | 6655 | | 01 05 49.4 | −72 27 59 | 8.06 | + 15.5 ± 0.5 | F8 V |
| | | | 8779 | 416 | 01 27 18.1 | −00 18 50 | 6.41 | − 5.0    0.6 | K0 IV |
| 98 | $\mu$ | Psc | 9138 | 434 | 01 31 03.1 | +06 13 42 | 4.84 | + 35.4    0.5 | K4 III |
| | | | 12029 | | 01 59 38.8 | +29 27 35 | 7.44 | + 38.6    0.5 | K2 III |
| 13 | $\alpha$ | Ari | 12929 | 617 | 02 08 06.4 | +23 32 23 | 2.00 | − 14.3    0.2 | K2 IIIab |
| 92 | $\alpha$ | Cet | 18884 | 911 | 03 03 08.6 | +04 09 13 | 2.53 | − 25.8 ± 0.1 | M1.5 IIIa |
| 10 | | Tau | 22484 | 1101 | 03 37 43.0 | +00 27 11 | 4.28 | + 27.9    0.1 | F9 IV−V |
| | | | 23169 | | 03 44 52.8 | +25 46 34 | 8.50 | + 13.3    0.2 | G2 V |
| | | | 24331 | | 03 51 09.4 | −42 30 49 | 8.61 | + 22.4    0.5 | K2 V |
| 43 | | Tau | 26162 | 1283 | 04 10 07.8 | +19 39 06 | 5.50 | + 23.9    0.6 | K1 III |
| 87 | $\alpha$ | Tau | 29139 | 1457 | 04 36 52.2 | +16 32 28 | 0.85 | + 54.1 ± 0.1 | K5⁺III |
| | | | 32963 | | 05 08 57.1 | +26 20 53 | 7.60 | − 63.1    0.4 | G5 IV |
| 9 | $\beta$ | Lep | 36079 | 1829 | 05 28 57.2 | −20 44 50 | 2.84 | − 13.5    0.1 | G5 II |
| | | | 39194 | | 05 44 20.8 | −70 07 54 | 8.09 | + 14.2    0.4 | K0 V |
| CD | -43 | 2527 | | | 06 32 45.2 | −43 32 01 | 8.65 | + 13.1    0.5 | K1 III |
| | | | 48381 | | 06 42 19.4 | −33 29 11 | 8.49 | + 39.5 ± 0.5 | K0 IV |
| 18 | $\mu$ | CMa | 51250 | 2593 | 06 56 52.0 | −14 03 57 | 5.00 | + 19.6    0.5 | K2 III +B9 V: |
| 78 | $\beta$ | Gem | 62509 | 2990 | 07 46 19.4 | +27 59 06 | 1.14 | + 3.3    0.1 | K0 IIIb |
| | | | 65583 | | 08 01 33.3 | +29 09 39 | 6.97 | + 12.5    0.4 | G8 V |
| | | | 66141 | 3145 | 08 03 07.4 | +02 17 18 | 4.39 | + 70.9    0.3 | K2 IIIb Fe−0.5 |
| | | | 65934 | | 08 03 11.3 | +26 35 27 | 7.70 | + 35.0 ± 0.3 | G8 III |
| | | | 75935 | | 08 54 48.8 | +26 51 00 | 8.46 | − 18.9    0.3 | G8 V |
| | | | 80170 | 3694 | 09 17 36.0 | −39 28 17 | 5.33 | 0.0    0.2 | K5 III−IV |
| 30 | $\alpha$ | Hya | 81797 | 3748 | 09 28 23.9 | −08 43 51 | 1.98 | − 4.4    0.2 | K3 II−III |
| | | | 83443 | | 09 37 50.5 | −43 20 51 | 8.23 | + 27.6    0.5 | K0 V |
| | | | 83516 | | 09 38 44.2 | −35 09 06 | 8.63 | + 42.0 ± 0.5 | G8 IV |
| 17 | $\epsilon$ | Leo | 84441 | 3873 | 09 46 47.1 | +23 41 51 | 2.98 | + 4.8    0.1 | G1 II |
| | | | 90861 | | 10 30 49.0 | +28 29 47 | 6.88 | + 36.3    0.4 | K2 III |
| 33 | | Sex | 92588 | 4182 | 10 42 14.5 | −01 49 43 | 6.26 | + 42.8    0.1 | K1 IV |
| | | | 101266 | | 11 39 39.4 | −45 27 16 | 9.30 | + 20.6    0.5 | G5 IV |
| | | | 102494 | | 11 48 47.6 | +27 14 56 | 7.48 | − 22.9 ± 0.3 | G9 IVw... |
| 5 | $\beta$ | Vir | 102870 | 4540 | 11 51 33.3 | +01 40 18 | 3.61 | + 5.0    0.2 | F9 V |
| | | | 103095 | 4550 | 11 53 55.6 | +37 36 01 | 6.45 | − 99.1    0.3 | G8 Vp |
| 16 | | Vir | 107328 | 4695 | 12 21 11.3 | +03 13 15 | 4.96 | + 35.7    0.3 | K0.5 IIIb Fe−0.5 |
| 9 | $\beta$ | Crv | 109379 | 4786 | 12 35 15.4 | −23 29 16 | 2.65 | − 7.0    0.0 | G5 IIb |
| | | | 111417 | | 12 50 27.4 | −45 54 56 | 8.30 | − 16.0 ± 0.5 | K3 IV |
| | | | 112299 | | 12 56 16.5 | +25 38 54 | 8.39 | + 3.4    0.5 | F8 V |
| | | | 120223 | | 13 50 07.0 | −43 48 54 | 8.96 | − 24.1    0.6 | G8 IV−V |
| | | | 122693 | | 14 03 37.6 | +24 28 55 | 8.11 | − 6.3    0.2 | F8 V |
| 16 | $\alpha$ | Boo | 124897 | 5340 | 14 16 24.9 | +19 05 50 | −0.04 | − 5.3    0.1 | K1.5 III Fe−0.5 |

| Name | | | HD No. | BS=HR No. | Right Ascension | Declination | V | $v_r$ | | Spectral Type |
|---|---|---|---|---|---|---|---|---|---|---|
| | | | | | h m s | ° ′ ″ | | km/s | | |
| | | | 126053 | 5384 | 14 24 06.0 | +01 09 54 | 6.27 | − 18.5 | ± 0.4 | G1 V |
| | | | 132737 | | 15 00 35.1 | +27 05 44 | 7.64 | − 24.1 | 0.3 | K0 III |
| 5 | | Ser | 136202 | 5694 | 15 20 09.4 | +01 42 14 | 5.06 | + 53.5 | 0.2 | F8 III−IV |
| | | | 144579 | | 16 05 31.0 | +39 06 46 | 6.66 | − 60.0 | 0.3 | G8 IV |
| 7 | κ | Her | 145001 | 6008 | 16 08 49.3 | +17 00 14 | 5.00 | − 9.5 | 0.2 | G5 III |
| 1 | δ | Oph | 146051 | 6056 | 16 15 12.7 | −03 44 08 | 2.74 | − 19.8 | ± 0.0 | M0.5 III |
| | α | TrA | 150798 | 6217 | 16 50 25.5 | −69 03 20 | 1.92 | − 3.7 | 0.2 | K2 IIb−IIIa |
| | | | 154417 | 6349 | 17 06 07.3 | +00 40 46 | 6.01 | − 17.4 | 0.3 | F8.5 IV−V |
| | κ | Ara | 157457 | 6468 | 17 27 17.4 | −50 38 48 | 5.23 | + 17.4 | 0.2 | G8 III |
| 60 | β | Oph | 161096 | 6603 | 17 44 17.3 | +04 33 42 | 2.77 | − 12.0 | 0.1 | K2 III CN 0.5 |
| 19 | δ | Sgr | 168454 | 6859 | 18 22 03.0 | −29 49 11 | 2.70 | − 20.0 | ± 0.0 | K2.5 IIIa CN 0.5 |
| | | | 171391 | 6970 | 18 35 57.4 | −10 57 47 | 5.14 | + 6.9 | 0.2 | G8 III |
| | | | 176047 | | 19 00 50.0 | −34 26 51 | 8.10 | − 40.7 | 0.5 | K1 III |
| 31 | | Aql | 182572 | 7373 | 19 25 45.4 | +11 58 51 | 5.16 | − 100.5 | 0.4 | G7 IV Hδ 1 |
| BD | +28 | 3402 | | | 19 35 39.9 | +29 07 28 | 8.88 | − 36.6 | 0.5 | F7 V |
| 54 | o | Aql | 187691 | 7560 | 19 51 49.1 | +10 27 29 | 5.11 | + 0.1 | ± 0.3 | F8 V |
| | | | 193231 | | 20 22 54.1 | −54 45 36 | 8.39 | − 29.1 | 0.6 | G5 V |
| | | | 194071 | | 20 23 18.7 | +28 18 00 | 7.80 | − 9.8 | 0.1 | G8 III |
| | | | 196983 | | 20 42 52.5 | −33 49 42 | 9.08 | − 8.0 | 0.6 | K2 III |
| 33 | | Cap | 203638 | 8183 | 21 25 05.6 | −20 46 51 | 5.41 | + 21.9 | 0.1 | K0 III |
| 22 | β | Aqr | 204867 | 8232 | 21 32 25.6 | −05 29 52 | 2.91 | + 6.7 | ± 0.1 | G0 Ib |
| 35 | | Peg | 212943 | 8551 | 22 28 41.6 | +04 46 44 | 4.79 | + 54.3 | 0.3 | K0 III |
| | | | 213014 | | 22 28 59.6 | +17 20 52 | 7.45 | − 39.7 | 0.0 | G9 III |
| | | | 213947 | | 22 35 23.3 | +26 41 02 | 6.88 | + 16.7 | 0.3 | K2 |
| | | | 219509 | | 23 18 22.0 | −66 49 51 | 8.71 | + 62.3 | 0.5 | K5 V |
| 17 | ι | Psc | 222368 | 8969 | 23 40 48.0 | +05 42 57 | 4.13 | + 5.3 | ± 0.2 | F7 V |
| | | | 223311 | 9014 | 23 49 23.3 | −06 17 20 | 6.07 | − 20.4 | 0.1 | K4 III |

| Name | HD No. | R.A. | Dec. | Type | Magnitude Min. | Magnitude Max. | | Epoch 2400000+ | Period | Spectral Type |
|------|--------|------|------|------|---------------|---------------|---|---------------|--------|---------------|
| | | h m s | ° ′ ″ | | | | | | d | |
| WW Cet | | 00 12 15.3 | −11 23 13 | UGz | 10.4 | 15.8 | v | | 31.2: | pec(UG) + M2.5V |
| S Scl | 1115 | 00 16 12.1 | −31 57 13 | M | 5.5 | 13.6 | v | 42345 | 367 | M3e–M9e(Tc) |
| T Cet | 1760 | 00 22 36.3 | −19 58 00 | SRc | 4.96 | 6.90 | V | 54286.0 | 159.3 | M5–6SIIe |
| R And | 1967 | 00 24 54.5 | +38 40 06 | M | 5.8 | 15.2 | v | 53820.0 | 409.2 | S3,5e–S8,8e(M7e) |
| TV Psc | 2411 | 00 28 54.7 | +17 59 04 | SR | 4.65 | 5.42 | V | 31387 | 49.1 | M3III |
| EG And | 4174 | 00 45 31.6 | +40 46 10 | Z And+E | 6.97 | 7.8 | V | 50683.20 | 482.57 | M2IIIep |
| U Cep | 5679 | 01 03 51.6 | +81 57 50 | EA | 6.75 | 9.24 | V | 51492.323 | 2.493 | B7Ve + G8III–IV |
| RX And | | 01 05 31.7 | +41 23 15 | UGz | 10.3 | 15.4 | v | | 14: | pec(UG) |
| ζ Phe | 6882 | 01 09 04.5 | −55 09 28 | EA | 3.91 | 4.42 | V | 41957.6058 | 1.670 | B6V + B9V |
| WX Hyi | | 02 10 18.1 | −63 14 01 | UGsu | 9.6 | 14.85 | V | | 13.7: | pec(UG) |
| KK Per | 13136 | 02 11 24.6 | +56 38 11 | Lc | 7.49 | 7.99 | V | | | M1.0Iab–M3.5Iab |
| o Cet | 14386 | 02 20 10.9 | −02 54 12 | M | 2 | 10.1 | v | 44839 | 331.96 | M5e–M9e |
| VW Ari | 15165 | 02 27 38.9 | +10 38 20 | δ Sct | 6.64 | 6.76 | V | | 0.161 | F0IV |
| U Cet | 15971 | 02 34 31.2 | −13 04 36 | M | 6.7 | 13.8 | v | 42137 | 234.76 | M2e–M6e |
| R Tri | 16210 | 02 38 02.7 | +34 20 07 | M | 5.4 | 12.6 | v | 45215 | 266.9 | M4IIIe–M8e |
| RZ Cas | 17138 | 02 50 26.4 | +69 42 08 | EA | 6.18 | 7.72 | V | 43200.3063 | 1.195 | A2.8V |
| R Hor | 18242 | 02 54 25.7 | −49 49 22 | M | 4.7 | 14.3 | v | 41494 | 407.6 | M5e–M8eII–III |
| ρ Per | 19058 | 03 06 14.4 | +38 54 11 | SRb | 3.3 | 4.0 | V | | 50: | M4IIb–IIIa |
| β Per | 19356 | 03 09 14.9 | +41 01 05 | EA | 2.09 | 3.30 | V | 56181.84 | 2.867 | B8V+G8III |
| λ Tau | 25204 | 04 01 35.8 | +12 32 09 | EA | 3.37 | 3.91 | V | 47185.265 | 3.953 | B3V + A4IV |
| VW Hyi | | 04 09 04.7 | −71 15 08 | UGsu | 8.4 | 14.4 | v | | 27.3: | pec(UG) |
| R Dor | 29712 | 04 36 57.3 | −62 02 42 | SRb | 4.78 | 6.32 | V | 55335 | 172 | M7–M8IIIe |
| HU Tau | 29365 | 04 39 14.4 | +20 43 00 | EA | 5.85 | 6.68 | V | 42412.456 | 2.056 | B8V |
| R Cae | 29844 | 04 41 04.5 | −38 12 15 | M | 6.7 | 14.6 | v | 40645 | 390.95 | M6e |
| R Pic | 30551 | 04 46 36.1 | −49 13 00 | SR | 6.35 | 10.1 | V | 54410 | 168 | M1IIe–M4IIe |
| R Lep | 31996 | 05 00 21.5 | −14 46 57 | M | 5.5 | 11.7 | v | 54344 | 445 | C7,6e(N6e) |
| ε Aur | 31964 | 05 03 09.4 | +43 50 46 | EA | 2.92 | 3.83 | V | 35629 | 9892 | A8Ia–F2epIa + BV |
| RX Lep | 33664 | 05 12 09.1 | −11 49 47 | SRb | 5.12 | 6.65 | V | 48562.0 | 79.54 | M6III |
| AR Aur | 34364 | 05 19 24.2 | +33 47 01 | EA | 6.15 | 6.82 | V | 49706.3615 | 4.135 | Ap(Hg−Mn) + B9V |
| TZ Men | 39780 | 05 27 05.6 | −84 46 21 | EA | 6.19 | 6.87 | V | 39190.34 | 8.569 | A1III + B9V: |
| β Dor | 37350 | 05 33 46.2 | −62 28 45 | δ Cep | 3.41 | 4.08 | V | 40905.3 | 9.843 | F4–G4Ia–II |
| SU Tau | 247925 | 05 50 03.2 | +19 04 11 | RCB | 9.1 | 18.0 | V | 54862.0 | 44.68 | G0−1Iep(C1,0HD) |
| α Ori | 39801 | 05 56 03.9 | +07 24 32 | SRc | 0.0 | 1.3 | v | | 2335 | M1–M2Ia–Ibe |
| U Ori | 39816 | 05 56 48.0 | +20 10 36 | M | 4.8 | 13.0 | v | 54520 | 377 | M6e–M9.5e |
| SS Aur | | 06 14 37.4 | +47 44 05 | UGss | 10.3 | 16.8 | V | | 55.5: | M3–5Ve |
| η Gem | 42995 | 06 15 52.4 | +22 30 02 | SRa+EA | 3.15 | 3.9 | V | 37725 | 232.9 | M3IIIab |
| T Mon | 44990 | 06 26 06.5 | +07 04 32 | δ Cep | 5.58 | 6.62 | V | 43784.615 | 27.025 | F7Iab–K1Iab +... |
| RT Aur | 45412 | 06 29 37.7 | +30 28 53 | δ Cep | 5.00 | 5.82 | V | 42361.155 | 3.728 | F4Ib–G1Ib |
| WW Aur | 46052 | 06 33 31.8 | +32 26 30 | EA | 5.79 | 6.54 | V | 41399.305 | 2.525 | A3m: + A3m: |
| IR Gem | | 06 48 41.9 | +28 03 35 | UGsu | 11.2 | 18.7: | V | | 75: | pec(UG) |
| IS Gem | 49380 | 06 50 45.8 | +32 35 12 | SRc | 6.6 | 7.3 | p | | 47: | K3II |
| ζ Gem | 52973 | 07 05 05.2 | +20 32 41 | δ Cep | 3.62 | 4.18 | V | 43805.927 | 10.151 | F7Ib–G3Ib |
| L₂ Pup | 56096 | 07 14 02.6 | −44 40 02 | SRb | 2.6 | 7.54 | V | | 140.6 | M5IIIe–M6IIIe |
| R CMa | 57167 | 07 20 13.0 | −16 25 38 | EA | 5.7 | 6.34 | V | 50015.6841 | 1.136 | F1V |
| U Mon | 59693 | 07 31 34.7 | −09 48 45 | RVb | 5.45 | 7.67 | V | 38496 | 91.32 | F8eVIb–K0pIb(M2) |
| U Gem | 64511 | 07 56 03.7 | +21 57 25 | UGss+E | 8.2 | 14.9 | v | | 105.2: | pec(UG) + M4.5V |
| V Pup | 65818 | 07 58 42.9 | −49 17 25 | EB | 4.35 | 4.92 | V | 45367.6063 | 1.454 | B1Vp + B3: |
| AR Pup | | 08 03 38.3 | −36 38 37 | RVb | 8.85 | 10.15 | V | 54900.0 | 76.32 | F0I–II–F8I–II |
| AI Vel | 69213 | 08 14 37.8 | −44 37 35 | δ Sct | 6.15 | 6.76 | V | | 0.116 | A2p–F2pIV/V |
| Z Cam | | 08 27 02.1 | +73 03 22 | UGz | 10.0 | 14.5 | v | | 22: | pec(UG) + K7V |

| Name | HD No. | R.A. | Dec. | Type | Magnitude Min. | Magnitude Max. | | Epoch 2400000+ | Period | Spectral Type |
|---|---|---|---|---|---|---|---|---|---|---|
| | | h m s | ° ′ ″ | | | | | | d | |
| SW UMa | | 08 37 56.4 | +53 25 09 | UGsu | 9.7 | 16.5 | V | | 460: | pec(UG) |
| AK Hya | 73844 | 08 40 39.0 | −17 21 46 | SRb | 6.33 | 6.91 | V | | 75 | M4III |
| VZ Cnc | 73857 | 08 41 45.7 | +09 45 53 | δ Sct | 7.18 | 7.91 | V | 50071.282 | 0.178 | A7III−F2III |
| BZ UMa | | 08 55 00.3 | +57 44 52 | UGsu | 10.5 | 17.5 | v | | 97: | pec(UG) |
| CU Vel | | 08 59 09.8 | −41 51 45 | UGsu | 10.5 | 17.0 | V | | 164.7: | M5V |
| TY Pyx | 77137 | 09 00 25.2 | −27 52 53 | EA/RS | 6.85 | 7.5 | V | 43187.2304 | 3.199 | G5 + G5 |
| CV Vel | 77464 | 09 01 09.1 | −51 37 15 | EA | 6.69 | 7.19 | V | 42048.6689 | 6.889 | B2.5V + B2.5V |
| SY Cnc | | 09 01 59.0 | +17 50 00 | UGz | 10.5 | 14.1 | V | | 27: | pec(UG) + G |
| T Pyx | | 09 05 22.6 | −32 26 47 | Nr | 6.2 | 15.5 | V | 51651.6526 | 7000: | pec(NOVA) |
| WY Vel | 81137 | 09 22 31.6 | −52 38 07 | Z And | 7.50 | 9.1 | V | | | −M5epIb:+B2III: |
| IW Car | 82085 | 09 27 16.5 | −63 42 09 | RVb | 7.77 | 9.10 | V | 53866.0 | 143.6 | F7/8+A3/5Ib/II: |
| R Car | 82901 | 09 32 39.5 | −62 51 44 | M | 3.9 | 10.5 | v | 54597 | 307.0 | M4e−M8e |
| S Ant | 82610 | 09 33 01.8 | −28 42 04 | EW | 6.27 | 6.83 | V | 52627.7968 | 0.648 | F3V |
| W UMa | 83950 | 09 44 54.4 | +55 52 34 | EW | 7.75 | 8.48 | V | 51276.3967 | 0.334 | F8Vp + F8Vp |
| R Leo | 84748 | 09 48 26.6 | +11 21 06 | M | 4.4 | 11.3 | v | 44164 | 309.95 | M6e−M8IIIe−... |
| CH UMa | | 10 08 16.5 | +67 27 56 | UG | 10.7 | 15.3 | v | | 204: | pec(UG) + K4−M0V |
| S Car | 88366 | 10 09 53.5 | −61 37 48 | M | 4.5 | 9.9 | v | 42112 | 149.49 | K5e−M6e |
| η Car | 93309 | 10 45 42.2 | −59 46 17 | S Dor | −0.8 | 7.9 | v | | | pec(E) |
| VY UMa | 92839 | 10 46 11.6 | +67 19 28 | SRb | 5.73 | 6.32 | V | 49838.0 | 120.4 | C6,3(N0) |
| U Car | 95109 | 10 58 28.8 | −59 49 15 | δ Cep | 5.74 | 6.96 | V | 53075.3 | 38.829 | F6−G7Iab |
| VW UMa | 94902 | 11 00 08.3 | +69 54 01 | SRb | 6.69 | 7.71 | V | 52764 | 615 | M4−M5III |
| QZ Vir | | 11 39 17.6 | +03 16 37 | UGsu | 9.6 | 16.2 | v | | | pec(UG) |
| BC UMa | | 11 53 07.3 | +49 09 12 | UGwz | 10.9 | 19.37 | v | | | |
| RU Cen | 105578 | 12 10 15.5 | −45 31 05 | RVa | 8.48 | 9.93 | V | 52718 | 64.727 | A7Ib−G2pe |
| S Mus | 106111 | 12 13 41.3 | −70 14 37 | δ Cep | 5.89 | 6.49 | V | 40299.42 | 9.660 | F6Ib−G0 |
| RY UMa | 107397 | 12 21 14.4 | +61 13 05 | SRa | 6.49 | 7.94 | V | | 310 | M2−M3IIIe |
| SS Vir | 108105 | 12 26 05.1 | +00 40 42 | SRa | 6.0 | 9.6 | v | 54296 | 361 | C6,3e(Ne) |
| BO Mus | 109372 | 12 35 53.5 | −67 50 52 | SRb | 5.3 | 6.56 | V | 52028 | 132.4 | M6II−III |
| R Vir | 109914 | 12 39 20.2 | +06 53 53 | M | 6.1 | 12.1 | v | 45872 | 145.63 | M3.5IIIe−M8.5e |
| R Mus | 110311 | 12 43 06.6 | −69 29 52 | δ Cep | 5.93 | 6.73 | V | 26496.288 | 7.510 | F7Ib−G2 |
| UW Cen | | 12 44 13.8 | −54 37 06 | RCB | 9.1 | 17.8 | V | 54573 | 71.4 | K |
| TX CVn | | 12 45 29.6 | +36 40 26 | Z And+EL | 9.34 | 10.28 | V | | 199.75 | B1−B9Veq +... |
| SW Vir | 114961 | 13 14 55.4 | −02 53 39 | SRb | 6.2 | 8.0 | V | 54883 | 146 | M7III |
| FH Vir | 115322 | 13 17 13.8 | +06 25 03 | SRb | 6.92 | 7.4 | V | 40740 | 70: | M6III |
| V CVn | 115898 | 13 20 10.8 | +45 26 27 | SRa | 6.52 | 8.56 | V | 43929 | 191.89 | M4e−M6eIIIa: |
| R Hya | 117287 | 13 30 37.1 | −23 21 58 | M | 3.5 | 10.9 | v | 52863 | 380 | M6e−M9eS(TC) |
| BV Cen | | 13 32 22.5 | −55 03 38 | UGss | 10.7 | 13.6 | v | 40264.78 | | pec(UG) |
| T Cen | 119090 | 13 42 42.6 | −33 40 49 | RVa | 5.56 | 8.44 | V | 53530 | 181.4 | K0:e−M4II:e |
| V412 Cen | 121518 | 13 58 36.0 | −57 47 28 | SRc | 7.0 | 7.6 | V | 53541 | 89.44 | M3Iab/b−M7 |
| θ Aps | 122250 | 14 06 59.5 | −76 52 31 | SRb | 4.65 | 6.20 | V | 53846 | 111.0 | M7III |
| Z Aps | | 14 08 20.2 | −71 26 58 | RVa | 10.7 | 12.7 | v | | 37.89 | |
| R Cen | 124601 | 14 17 46.5 | −59 59 23 | M | 5.3 | 11.8 | v | 53079 | 502 | M4e−M8IIe |
| δ Lib | 132742 | 15 01 51.4 | −08 35 01 | EA | 4.91 | 5.9 | V | 48788.426 | 2.327 | A0IV−V |
| i Boo | 133640 | 15 04 19.9 | +47 35 25 | EW | 5.8 | 6.4 | V | 50945.4898 | 0.268 | G2V + G2V |
| S Aps | | 15 11 05.6 | −72 07 28 | RCB | 9.54 | 17.0 | V | 53149 | 66.03 | C(R3) |
| GG Lup | 135876 | 15 20 01.6 | −40 50 51 | EB | 5.49 | 6.0 | B | 52501.301 | 1.85 | B7V |
| τ⁴ Ser | 139216 | 15 37 14.1 | +15 02 52 | SRb | 5.89 | 7.07 | V | 54192 | 86.7 | M5IIb−IIIa |
| R CrB | 141527 | 15 49 15.2 | +28 06 25 | RCB | 5.71 | 15.2 | V | | | C0,0(F8pep) |
| R Ser | 141850 | 15 51 27.4 | +15 05 04 | M | 5.16 | 14.4 | V | 45521 | 356.41 | M5IIIe−M9e |
| T CrB | 143454 | 16 00 11.6 | +25 52 27 | Nr+EL | 2.0 | 10.8 | v | 47919 | 227.6 | M3III + pec(NOVA) |

| Name | | HD No. | R.A. | Dec. | Type | Magnitude Min. | Max. | | Epoch 2400000+ | Period | Spectral Type |
|---|---|---|---|---|---|---|---|---|---|---|---|
| | | | h m s | ° ' " | | | | | | d | |
| AG | Dra | | 16 01 47.0 | +66 45 27 | Z And | 7.9 | 10.3 | v | 50775.34 | 548.65 | K3IIIep |
| AT | Dra | 147232 | 16 17 32.0 | +59 42 55 | SRb | 5.18 | 5.54 | V | 49856 | 35.57 | M4IIIa |
| U | Sco | | 16 23 28.0 | -17 54 59 | Nr+E | 7.5 | 19.3 | v | 47717.6145 | | pec(E) |
| g | Her | 148783 | 16 29 11.1 | +41 50 46 | SRb | 4.3 | 5.5 | v | | 89.2 | M6III |
| α | Sco | 148478 | 16 30 25.3 | -26 28 02 | SRc | 0.75 | 1.21 | V | 55056 | 2180 | M1.5Iab-Ib |
| R | Ara | 149730 | 16 41 07.4 | -57 01 33 | EA | 6.17 | 7.32 | V | 47386.12 | 4.425 | B9Vp |
| AH | Her | | 16 44 50.9 | +25 13 15 | UGz | 10.9 | 14.7 | v | | 19.8: | pec(UG)+ K7V |
| V1010 | Oph | 151676 | 16 50 24.3 | -15 41 44 | EB | 6.1 | 7.00 | V | 50963.757 | 0.661 | A5V |
| ζ¹ | Sco | 152236 | 16 55 09.8 | -42 23 16 | S Dor: | 4.66 | 4.86 | V | | | B1Iape |
| RS | Sco | 152476 | 16 56 49.9 | -45 07 42 | M | 5.96 | 13.0 | V | 53637 | 319 | M5e-M9 |
| V861 | Sco | 152667 | 16 57 45.1 | -40 50 54 | EB | 6.07 | 6.4 | V | 43704.21 | 7.848 | B0.5Iae |
| α¹ | Her | 156014 | 17 15 24.0 | +14 22 21 | SRb | 2.73 | 3.60 | V | 50960 | 125.6 | M3-M5Ib/III |
| U | Oph | 156247 | 17 17 22.0 | +01 11 36 | EA | 5.84 | 6.56 | V | 52066.758 | 1.677 | B5V + B5V |
| u | Her | 156633 | 17 17 56.2 | +33 04 59 | EA | 4.69 | 5.37 | V | 48852.367 | 2.051 | B1.5Vp + B5III |
| RY | Ara | | 17 22 22.3 | -51 08 09 | RVa: | 8.71 | 11.51 | V | 30220 | 145: | G5-K0 |
| BM | Sco | 160371 | 17 42 03.1 | -32 13 19 | L | 5.25 | 6.46 | V | | | K2.5Ib |
| V703 | Sco | 160589 | 17 43 21.6 | -32 31 48 | δ Sct | 7.58 | 8.04 | V | 42979.3923 | 0.115 | A9-G0 |
| X | Sgr | 161592 | 17 48 36.0 | -27 50 08 | δ Cep | 4.2 | 4.9 | V | 40741.7 | 7.013 | F5-G2II |
| RS | Oph | 162214 | 17 51 06.5 | -06 42 42 | Nr+Lb | 4.3 | 12.5 | v | 51848 | 453.6 | OB + K4-M4III |
| V539 | Ara | 161783 | 17 51 49.0 | -53 36 58 | EA+SPB | 5.71 | 6.24 | V | 48753.44 | 3.169 | B2V + B3V |
| OP | Her | 163990 | 17 57 17.0 | +45 20 58 | SRb | 5.85 | 6.73 | V | 41196 | 120.5 | M5IIb-IIIa(S) |
| W | Sgr | 164975 | 18 06 04.5 | -29 34 40 | δ Cep | 4.29 | 5.14 | V | 43374.77 | 7.595 | F4-G2Ib |
| VX | Sgr | 165674 | 18 09 03.8 | -22 13 14 | SRc | 6.52 | 14.0 | V | 36493 | 732 | M4eIa-M10eIa |
| RS | Sgr | 167647 | 18 18 41.9 | -34 06 00 | EA | 6.01 | 6.97 | V | 20586.387 | 2.416 | B3IV-V + A |
| RS | Tel | | 18 20 05.1 | -46 32 25 | RCB | 9.6 | <16.5 | v | 51980 | 48.6 | C(R4) |
| Y | Sgr | 168608 | 18 22 21.2 | -18 51 05 | δ Cep | 5.25 | 6.24 | V | 40762.38 | 5.773 | F5-G0Ib-II |
| AC | Her | 170756 | 18 30 58.2 | +21 52 45 | RVa | 6.85 | 9.0 | V | 53831.8 | 75.29 | F2pIb-K4e(C0.0) |
| T | Lyr | | 18 32 54.4 | +37 00 43 | Lb | 7.5 | 9.2 | V | | | C6,5(R6) |
| XY | Lyr | 172380 | 18 38 39.2 | +39 41 01 | SRc | 5.6 | 6.6 | V | | 120 | M4-5Ib-II |
| X | Oph | 172171 | 18 39 08.5 | +08 50 59 | M | 5.9 | 8.6 | v | 53477 | 338 | M5e-M9e |
| R | Sct | 173819 | 18 48 21.8 | -05 41 10 | RVa | 4.2 | 8.6 | v | 44872 | 146.5 | G0Iae-K2p(M3)Ibe |
| V | CrA | 173539 | 18 48 40.0 | -38 08 24 | RCB | 9.4 | 17.9 | V | | | C(R0) |
| β | Lyr | 174638 | 18 50 41.4 | +33 22 58 | EB | 3.30 | 4.35 | V | 55434.8702 | 12.941 | B8II-IIIep |
| FN | Sgr | | 18 54 52.9 | -18 58 23 | Z And | 9.0 | 13.9 | p | 50270 | 568.3 | pec(E) |
| R | Lyr | 175865 | 18 55 50.2 | +43 58 07 | SRb | 3.81 | 4.44 | V | | 46: | M5III |
| κ | Pav | 174694 | 18 58 38.6 | -67 12 38 | CW | 3.91 | 4.78 | V | 40140.167 | 9.083 | F5-G5I-II |
| FF | Aql | 176155 | 18 58 58.8 | +17 23 03 | δ Cep | 5.18 | 5.68 | V | 41576.428 | 4.471 | F5Ia-F8Ia |
| MT | Tel | 176387 | 19 03 25.3 | -46 37 44 | RRc | 8.70 | 9.25 | V | 54602.797 | 0.317 | A0W |
| R | Aql | 177940 | 19 07 09.9 | +08 15 22 | M | 5.5 | 12.0 | v | 43458 | 270.5 | M5e-M9e |
| RY | Sgr | 180093 | 19 17 37.3 | -33 29 31 | RCB | 5.8 | 14.0 | v | 54305 | 37.67 | G0Iaep(C1,0) |
| RS | Vul | 180939 | 19 18 22.1 | +22 28 19 | EA | 6.79 | 7.83 | V | 32808.257 | 4.478 | B4V + A2IV |
| U | Sge | 181182 | 19 19 31.7 | +19 38 30 | EA | 6.45 | 9.28 | V | 17130.4114 | 3.381 | B8V + G2III-IV |
| UX | Dra | 183556 | 19 20 59.6 | +76 35 29 | SRb: | 5.94 | 7.1 | V | | 175 | C7,3(N0) |
| BF | Cyg | | 19 24 32.5 | +29 42 28 | Z And | 9.3 | 13.4 | p | | | Bep + M5III |
| CH | Cyg | 182917 | 19 24 59.1 | +50 16 28 | Z And+SR | 5.6 | 10.1 | v | | | M7IIIab + Be |
| RR | Lyr | 182989 | 19 25 59.5 | +42 49 01 | RRab | 7.06 | 8.12 | V | 55751.4711 | 0.567 | A5.0-F7.0 |
| CI | Cyg | | 19 50 48.5 | +35 43 36 | Z And+E | 9.0 | 12.3 | V | 41838.8 | 852.98 | Bep + M5III |
| χ | Cyg | 187796 | 19 51 12.0 | +32 57 24 | M | 3.3 | 14.2 | v | 42140 | 408.05 | S6,2e-S10,4e(MSe) |
| η | Aql | 187929 | 19 53 18.8 | +01 02 57 | δ Cep | 3.48 | 4.39 | V | 36084.656 | 7.177 | F6Ib-G4Ib |
| V449 | Cyg | 188344 | 19 53 58.6 | +33 59 39 | Lb | 7.2 | 7.77 | V | | | M1-M5 |

| Name | HD No. | R.A. | Dec. | Type | Magnitude Min. | Magnitude Max. | | Epoch 2400000+ | Period | Spectral Type |
|------|--------|------|------|------|------|------|------|------|------|------|
| | | h m s | ° ′ ″ | | | | | | d | |
| V505 Sgr | 187949 | 19 54 02.2 | −14 33 35 | EA | 6.46 | 7.51 | V | 50999.3118 | 1.183 | A2V + F6: |
| S Sge | 188727 | 19 56 46.2 | +16 40 46 | δ Cep | 5.24 | 6.04 | V | 42678.792 | 8.382 | F6Ib–G5Ib |
| RR Sgr | 188378 | 19 56 57.9 | −29 08 43 | M | 5.4 | 14.0 | v | 40809 | 336.33 | M4e–M9e |
| RR Tel | | 20 05 36.9 | −55 40 42 | Nc | 6.5 | 16.5 | p | | | pec |
| WZ Sge | | 20 08 20.4 | +17 45 12 | UGwz+E +ZZ | 7 | 15.53 | B | | 11900: | DAep(UG) |
| P Cyg | 193237 | 20 18 23.7 | +38 05 06 | S Dor | 3 | 6 | v | | | B1Iapeq |
| V Sge | | 20 20 57.9 | +21 09 20 | CBS/V+E | 8.6 | 13.9 | v | 37889.9154 | 0.514 | pec(CONT + e) |
| EU Del | 196610 | 20 38 39.9 | +18 19 39 | SRb | 5.41 | 6.72 | V | 53145 | 58.63 | M6III |
| AE Aqr | | 20 41 00.2 | −00 48 42 | DQ+EL | 10.18 | 12.12 | V | | 0.412 | WD+K3Ve |
| X Cyg | 197572 | 20 44 03.0 | +35 38 53 | δ Cep | 5.85 | 6.91 | V | 43830.387 | 16.386 | F7Ib–G8Ib |
| T Vul | 198726 | 20 52 10.3 | +28 18 47 | δ Cep | 5.41 | 6.09 | V | 41705.121 | 4.435 | F5Ib–G0Ib |
| T Cep | 202012 | 21 09 44.5 | +68 33 30 | M | 5.2 | 11.3 | v | 44177 | 388.14 | M5.5e–M8.8e |
| VY Aqr | | 21 13 02.3 | −08 45 31 | UGsu | 10.0 | 17.52 | V | 17796 | | pec(UG) |
| W Cyg | 205730 | 21 36 40.2 | +45 26 56 | SRb | 5.10 | 6.83 | V | 48945 | 131.7 | M4e–M6e(TC:)III |
| EE Peg | 206155 | 21 40 50.6 | +09 15 37 | EA | 6.93 | 7.51 | V | 45563.8916 | 2.628 | A3mV + F5 |
| V460 Cyg | 206570 | 21 42 42.9 | +35 35 10 | SRb | 5.57 | 6.5 | V | | 180: | C6,4(N1) |
| SS Cyg | 206697 | 21 43 21.9 | +43 39 44 | UGss | 7.7 | 12.4 | v | | | K5V + pec(UG) |
| μ Cep | 206936 | 21 44 00.8 | +58 51 22 | SRc | 3.43 | 5.1 | V | 49518 | 835 | M2eIa |
| RS Gru | 206379 | 21 44 08.6 | −48 06 49 | δ Sct | 7.94 | 8.48 | V | 54734.729 | 0.147 | A6–A9IV–F0 |
| AG Peg | 207757 | 21 51 50.1 | +12 42 12 | Z And+EL | 6.0 | 9.4 | v | 31667.5 | 816.5 | WN6 + M3III |
| VV Cep | 208816 | 21 57 07.1 | +63 42 16 | EA+SRc | 4.8 | 5.36 | V | 43360 | 7430 | M2epIa−... |
| AR Lac | 210334 | 22 09 20.9 | +45 49 26 | EA/RS | 6.08 | 6.77 | V | 49292.3444 | 1.983 | G2IV–V + K0IV |
| RU Peg | | 22 14 51.2 | +12 47 12 | UGss+ZZ: | 9.5 | 13.0 | v | | 74.3: | pec(UG) + K0/5V |
| π¹ Gru | 212087 | 22 23 44.3 | −45 51 51 | SRb | 5.31 | 7.1 | V | 54229 | 195.5 | S5 |
| δ Cep | 213306 | 22 29 47.2 | +58 30 00 | δ Cep | 3.49 | 4.36 | V | 36075.445 | 5.366 | F5Ib–G1Ib |
| ER Aqr | 218074 | 23 06 18.5 | −22 23 51 | Lb | 7.14 | 7.81 | V | | | M3III |
| Z And | 221650 | 23 34 27.8 | +48 54 34 | Z And | 7.7 | 11.3 | V | | | M2III + B1eq |
| R Aqr | 222800 | 23 44 40.6 | −15 11 35 | M+Z And | 5.2 | 12.4 | v | 53650 | 387 | M5e–M8.5e + pec |
| TX Psc | 223075 | 23 47 14.1 | +03 34 42 | Lb | 4.79 | 5.2 | V | | | C7,2(N0)(Tc) |
| SX Phe | 223065 | 23 47 25.1 | −41 29 39 | SX Phe(B) | 6.76 | 7.53 | V | 38636.617 | 0.055 | A5–F4 |

## Notes to Table

| | | | |
|---|---|---|---|
| E | eclipsing | δ Sct | δ Scuti type |
| EA | eclipsing, Algol type | SR | semi-regular, long period variable |
| EB | eclipsing, β Lyrae type | SRa | semi-regular, late spectral class, strong periodicities |
| EL | rotating ellipsoidal close binary | ZZ | ZZ Ceti variable |
| EW | eclipsing, W Ursae Maj type | SRb | semi-regular, late spectral class, weak periodicities |
| δ Cep | cepheid, classical type | SRc | semi-regular supergiant of late spectral class |
| CBS | close binary supersoft x-ray source | SPD | slowly pulsating B star |
| CWa | cepheid, W Vir type (period > 8 days) | SRd | semi-regular giant or supergiant, spectrum F, G, or K |
| DQ | DQ Herculis type | UG | U Gem type dwarf nova |
| Lb | slow irregular variable | UGss | U Gem type dwarf nova (SS Cygni subtype) |
| Lc | irregular supergiant (late spectral type) | UGsu | U Gem type dwarf nova (SU Ursae Majoris subtype) |
| M | Mira type long period variable | UGwz | U Gem type dwarf nova (WZ Sagittae subtype) |
| Nc | very slow nova | UGz | U Gem type dwarf nova (Z Camelopardalis subtype) |
| NL | nova-like variable | Z And | Z And type symbiotic star |
| Nr | recurrent nova | RRab | RR Lyrae variable (asymmetric light curves) |
| RS | RS Canum Venaticorum type | RRc | RR Lyrae variable (symmetric sinusoidal light curves) |
| RV | RV Tauri type | RCB | R Coronae Borealis variable |
| RVa | RV Tauri type (constant mean brightness) | SX Phe | SX Phoenicis variable |
| RVb | RV Tauri type (varying mean brightness) | | |
| p | photographic magnitude | V | photoelectric magnitude, visual filter |
| v | visual magnitude | B | photoelectric magnitude, blue filter |
| : | uncertainty in period or spectral type | < | fainter than the magnitude indicated |
| ... | full spectral type given in Section L | | |

| HD No. | Star Name | R.A. | Dec. | V | B−V | [Fe/H] | Exoplanet | Period[1] | e[2] | Epoch[3] P 2440000+ |
|---|---|---|---|---|---|---|---|---|---|---|
| | | h m s | ° ′ ″ | | | | | d | | |
| | WASP-8 | 00 00 27.0 | −34 56 22 | 9.79 | 0.73 | +0.1700 | WASP-8 b | 8.158715 | 0.310 | 14675.429 |
| 142 | | 00 07 10.1 | −48 59 01 | 5.70 | 0.52 | +0.0998 | HD 142 b | 350.3 | 0.260 | 11963 |
| 1237 | GJ3021 | 00 16 57.2 | −79 45 35 | 6.59 | 0.75 | +0.1200 | HD 1237 b | 133.71001 | 0.511 | 11545.86 |
| 1461 | | 00 19 32.8 | −07 57 44 | 6.60 | 0.67 | +0.1800 | HD 1461 b | 5.7727 | 0.140 | 10366.519 |
| 3651 | 54 Psc | 00 40 13.5 | +21 20 21 | 5.88 | 0.85 | +0.1645 | HD 3651 b | 62.218 | 0.596 | 13932.6 |
| 4208 | | 00 45 15.6 | −26 25 30 | 7.78 | 0.66 | −0.2842 | HD 4208 b | 828 | 0.052 | 11040 |
| 4308 | | 00 45 20.9 | −65 33 46 | 6.55 | 0.65 | −0.3100 | HD 4308 b | 15.56 | 0 | 13314.7 |
| 5388 | | 00 55 56.7 | −47 19 03 | 6.84 | 0.50 | −0.2700 | HD 5388 b | 777 | 0.400 | 14570 |
| 6434 | | 01 05 25.6 | −39 24 09 | 7.72 | 0.61 | −0.5200 | HD 6434 b | 21.997999 | 0.170 | 11490.8 |
| 7449 | | 01 15 19.3 | −04 57 40 | 7.50 | 0.57 | −0.1100 | HD 7449 b | 1275 | 0.820 | 15298 |
| 7924 | | 01 23 22.7 | +76 47 46 | 7.18 | 0.83 | −0.1500 | HD 7924 b | 5.3978 | 0.170 | 14727.27 |
| 8535 | | 01 24 21.1 | −41 11 04 | 7.72 | 0.55 | +0.0600 | HD 8535 b | 1313 | 0.150 | 14537 |
| 8574 | | 01 26 08.0 | +28 39 05 | 7.12 | 0.58 | −0.0089 | HD 8574 b | 227 | 0.297 | 13981 |
| 9826 | υ And | 01 37 46.3 | +41 29 15 | 4.10 | 0.54 | +0.1530 | υ And b | 4.6171363 | 0.013 | 14425.017 |
| 9826 | υ And | 01 37 46.3 | +41 29 15 | 4.10 | 0.54 | +0.1530 | υ And c | 241.33335 | 0.224 | 14265.567 |
| 9826 | υ And | 01 37 46.3 | +41 29 15 | 4.10 | 0.54 | +0.1530 | υ And d | 1278.1218 | 0.267 | 13937.728 |
| 10069 | WASP-18 | 01 38 06.5 | −45 35 39 | 9.39 | 0.49 | | WASP-18 b | 0.9414529 | 0.009 | 14664.429 |
| 10180 | | 01 38 28.1 | −60 25 41 | 7.33 | 0.63 | +0.0800 | HD 10180 b | 1.17768 | 0.065 | 13999.513 |
| 10180 | | 01 38 28.1 | −60 25 41 | 7.33 | 0.63 | +0.0800 | HD 10180 c | 5.75962 | 0.077 | 14001.496 |
| 10180 | | 01 38 28.1 | −60 25 41 | 7.33 | 0.63 | +0.0800 | HD 10180 d | 16.3567 | 0.143 | 14005.38 |
| 10180 | | 01 38 28.1 | −60 25 41 | 7.33 | 0.63 | +0.0800 | HD 10180 e | 49.747 | 0.065 | 14008.788 |
| 10180 | | 01 38 28.1 | −60 25 41 | 7.33 | 0.63 | +0.0800 | HD 10180 f | 122.72 | 0.133 | 14027.553 |
| 10180 | | 01 38 28.1 | −60 25 41 | 7.33 | 0.63 | +0.0800 | HD 10180 g | 602 | 0 | 14042.585 |
| 10180 | | 01 38 28.1 | −60 25 41 | 7.33 | 0.63 | +0.0800 | HD 10180 h | 2248 | 0.151 | 13619.174 |
| 10647 | | 01 43 07.3 | −53 39 31 | 5.52 | 0.55 | −0.0776 | HD 10647 b | 1003 | 0.160 | 10960 |
| 10697 | 109 Psc | 01 43 07.3 | −53 39 31 | 6.27 | 0.72 | +0.1940 | HD 10697 b | 1075.2 | 0.099 | 11480 |
| 11977 | | 01 55 21.3 | −67 33 59 | 4.70 | 0.93 | −0.2100 | HD 11977 b | 711 | 0.400 | 11420 |
| 11964 | | 01 57 58.0 | −10 09 49 | 6.42 | 0.82 | +0.1216 | HD 11964 b | 1944.5898 | 0.041 | 14170.722 |
| 11964 | | 01 57 58.0 | −10 09 49 | 6.42 | 0.82 | +0.1216 | HD 11964 c | 37.910254 | 0.302 | 14366.648 |
| 12661 | | 02 05 30.3 | +25 29 31 | 7.43 | 0.71 | +0.3623 | HD 12661 b | 262.70861 | 0.377 | 14152.755 |
| 12661 | | 02 05 30.3 | +25 29 31 | 7.43 | 0.71 | +0.3623 | HD 12661 c | 1707.8812 | 0.031 | 16153.417 |
| 12929 | α Ari | 02 08 06.4 | +23 32 23 | 2.00 | 1.16 | −0.0900 | α Ari b | 380 | 0.250 | 11213.52 |
| 13189 | | 02 10 38.4 | +32 23 38 | 7.56 | 1.48 | −0.5800 | HD 13189 b | 471.6 | 0.270 | 12327.9 |
| 13445 | GJ 86 | 02 11 05.7 | −50 44 36 | 6.12 | 0.81 | −0.2679 | GJ 86 b | 15.76491 | 0.042 | 11903.36 |
| 13931 | | 02 17 50.2 | +43 50 53 | 7.61 | 0.64 | +0.0300 | HD 13931 b | 4218 | 0.020 | 14494 |
| 15082 | WASP-33 | 02 27 52.0 | +37 37 26 | 8.30 | 0.09 | +0.1000 | WASP-33 b | 1.219870 | 0 | 14590.179 |
| 16141 | 79 Cet | 02 36 09.6 | −03 29 28 | 6.83 | 0.67 | +0.1703 | HD 16141 b | 75.523 | 0.252 | 10338 |
| 16417 | | 02 37 39.7 | −34 30 29 | 5.78 | 0.67 | +0.0700 | HD 16417 b | 17.24 | 0.200 | 10099.74 |
| 16232 | 30 Ari B | 02 37 55.1 | +24 43 08 | 7.09 | 0.51 | +0.1500 | 30 Ari B b | 335.1 | 0.289 | 14538 |
| 16175 | | 02 38 05.2 | +42 08 00 | 7.29 | 0.63 | +0.3900 | HD 16175 b | 990 | 0.600 | 13810 |
| 16400 | 81 Cet | 02 38 31.8 | −03 19 32 | 5.65 | 1.02 | −0.0600 | 81 Cet b | 952.7 | 0.206 | 12486 |
| 17051 | ι Hor | 02 43 07.2 | −50 43 47 | 5.40 | 0.56 | +0.1113 | ι Hor b | 302.8 | 0.140 | 11227 |
| 17092 | | 02 47 30.2 | +49 43 18 | 7.74 | 1.26 | +0.1800 | HD 17092 b | 359.89999 | 0.166 | 12969.5 |
| 17156 | | 02 51 20.9 | +71 49 14 | 8.17 | 0.64 | +0.2400 | HD 17156 b | 21.21663 | 0.682 | 14757.008 |
| 19994 | | 03 13 37.1 | −01 08 07 | 5.07 | 0.57 | +0.1865 | HD 19994 b | 466.2 | 0.266 | 13757 |
| 20794 | | 03 20 35.2 | −43 00 27 | 4.26 | 0.71 | −0.4000 | HD 20794 b | 18.315 | 0 | 14774.806 |
| 20794 | | 03 20 35.2 | −43 00 27 | 4.26 | 0.71 | −0.4000 | HD 20794 c | 40.114 | 0 | 14766.756 |
| 20794 | | 03 20 35.2 | −43 00 27 | 4.26 | 0.71 | −0.4000 | HD 20794 d | 90.309 | 0 | 14779.34 |
| 20782 | | 03 20 45.4 | −28 47 44 | 7.36 | 0.63 | −0.0510 | HD 20782 b | 585.85999 | 0.925 | 11687.1 |
| 22049 | ε Eri | 03 33 42.6 | −09 24 12 | 3.72 | 0.88 | −0.0309 | ε Eri b | 2500 | 0.250 | 8940 |

| HD No. | Star Name | R.A. | Dec. | V | B−V | [Fe/H] | Exoplanet | Period[1] | $e^2$ | Epoch[3]$_P$ 2440000+ |
|---|---|---|---|---|---|---|---|---|---|---|
| | | h m s | ° ′ ″ | | | | | d | | |
| 23079 | | 03 40 09.6 | −52 51 49 | 7.12 | 0.58 | −0.1497 | HD 23079 b | 730.6 | 0.102 | 10492 |
| 23596 | | 03 49 07.0 | +40 34 50 | 7.25 | 0.63 | +0.2179 | HD 23596 b | 1561 | 0.266 | 13162 |
| 24040 | | 03 51 19.7 | +17 31 27 | 7.50 | 0.65 | +0.2063 | HD 24040 b | 3403.6224 | 0.068 | 10733.323 |
| 25171 | | 03 55 59.7 | −65 08 20 | 7.79 | 0.55 | −0.1100 | HD 25171 b | 1845 | 0.080 | 15301 |
| 27442 | ε Ret | 04 16 46.3 | −59 15 46 | 4.44 | 1.08 | +0.4198 | ε Ret b | 428.1 | 0.060 | 10836 |
| | XO-3 | 04 23 15.4 | +57 51 18 | 9.91 | 0.40 | −0.1770 | XO-3 b | 3.1915426 | 0.288 | 14024.728 |
| 28254 | | 04 25 16.8 | −50 35 09 | 7.71 | 0.77 | +0.3600 | HD 28254 b | 1116 | 0.810 | 14049 |
| 28305 | ε Tau | 04 29 34.9 | +19 12 57 | 3.53 | 1.01 | +0.1700 | ε Tau b | 594.90002 | 0.151 | 12879 |
| 30562 | | 04 49 25.4 | −05 38 50 | 5.77 | 0.63 | +0.2600 | HD 30562 b | 1157 | 0.760 | 10131.5 |
| 31253 | | 04 55 39.1 | +12 22 40 | 7.13 | 0.58 | +0.1600 | HD 31253 b | 466 | 0.300 | 10660 |
| 32518 | | 05 11 25.7 | +69 39 32 | 6.44 | 1.11 | −0.1500 | HD 32518 b | 157.54 | 0.010 | 12950.29 |
| 33636 | | 05 12 39.0 | +04 25 19 | 7.00 | 0.59 | −0.1256 | HD 33636 b | 2127.7 | 0.481 | 11205.8 |
| 34445 | | 05 18 34.5 | +07 22 10 | 7.31 | 0.62 | +0.1400 | HD 34445 b | 1049 | 0.270 | 13781 |
| 33564 | | 05 25 18.4 | +79 14 47 | 5.08 | 0.51 | −0.1200 | HD 33564 b | 388 | 0.340 | 12603 |
| 39091 | π Men | 05 35 52.2 | −80 27 18 | 5.65 | 0.60 | +0.0483 | HD 39091 b | 2151 | 0.641 | 7820 |
| 38283 | | 05 36 38.3 | −73 41 26 | 6.70 | 0.56 | −0.1200 | HD 38283 b | 363.2 | 0.410 | 10802.6 |
| 37124 | | 05 38 01.4 | +20 44 16 | 7.68 | 0.67 | −0.4416 | HD 37124 b | 154.378 | 0.054 | 10305 |
| 37124 | | 05 38 01.4 | +20 44 16 | 7.68 | 0.67 | −0.4416 | HD 37124 c | 885.5 | 0.125 | 9534 |
| 37124 | | 05 38 01.4 | +20 44 16 | 7.68 | 0.67 | −0.4416 | HD 37124 d | 1862 | 0.160 | 8858 |
| 38529 | | 05 47 26.0 | +01 10 22 | 5.95 | 0.77 | +0.4451 | HD 38529 b | 14.310195 | 0.244 | 14384.815 |
| 38529 | | 05 47 26.0 | +01 10 22 | 5.95 | 0.77 | +0.4451 | HD 38529 c | 2146.0503 | 0.355 | 12255.921 |
| 40307 | | 05 54 16.7 | −60 01 17 | 7.17 | 0.92 | −0.3100 | HD 40307 b | 4.3115 | 0 | 14562.77 |
| 40307 | | 05 54 16.7 | −60 01 17 | 7.17 | 0.92 | −0.3100 | HD 40307 c | 9.62 | 0 | 14551.53 |
| 40307 | | 05 54 16.7 | −60 01 17 | 7.17 | 0.92 | −0.3100 | HD 40307 d | 20.46 | 0 | 14532.42 |
| 40979 | | 06 05 42.3 | +44 15 28 | 6.74 | 0.57 | +0.1683 | HD 40979 b | 264.15 | 0.252 | 13919 |
| 44219 | | 06 21 01.0 | −10 44 00 | 7.69 | 0.69 | +0.0300 | HD 44219 b | 472.3 | 0.610 | 14585.6 |
| 45410 | 6 Lyn | 06 32 12.9 | +58 08 55 | 5.86 | 0.93 | −0.1300 | 6 Lyn b | 874.774 | 0.059 | 14024.5 |
| 47186 | | 06 36 48.2 | −27 38 17 | 7.60 | 0.71 | +0.2300 | HD 47186 b | 4.0845 | 0.038 | 14566.95 |
| 47186 | | 06 36 48.2 | −27 38 17 | 7.60 | 0.71 | +0.2300 | HD 47186 c | 1353.6 | 0.249 | 12010 |
| 47205 | | 06 37 24.2 | −19 16 16 | 3.95 | 1.06 | +0.2100 | 7 CMa b | 763 | 0.140 | 15520 |
| 50499 | | 06 52 38.2 | −33 56 10 | 7.21 | 0.61 | +0.3352 | HD 50499 b | 2457.8717 | 0.254 | 11220.052 |
| 50554 | | 06 55 43.2 | +24 13 24 | 6.84 | 0.58 | −0.0658 | HD 50554 b | 1224 | 0.444 | 10646 |
| 52265 | | 07 01 06.6 | −05 23 27 | 6.29 | 0.57 | +0.1933 | HD 52265 b | 119.29 | 0.325 | 10833.7 |
| 60532 | | 07 34 45.6 | −22 19 57 | 4.45 | 0.52 | −0.2600 | HD 60532 b | 201.3 | 0.280 | 13987 |
| 60532 | | 07 34 45.6 | −22 19 57 | 4.45 | 0.52 | −0.2600 | HD 60532 c | 604 | 0.020 | 13732 |
| 62509 | Pollux | 07 46 19.4 | +27 59 06 | 1.15 | 1.00 | +0.1900 | β Gem b | 589.64001 | 0.020 | 7739.02 |
| 69830 | | 08 19 10.9 | −12 41 20 | 5.95 | 0.79 | −0.0604 | HD 69830 b | 197 | 0.100 | 13496.8 |
| 69830 | | 08 19 10.9 | −12 41 20 | 5.95 | 0.79 | −0.0604 | HD 69830 c | 31.559999 | 0.130 | 13469.6 |
| 69830 | | 08 19 10.9 | −12 41 20 | 5.95 | 0.79 | −0.0604 | HD 69830 d | 8.6669998 | 0.070 | 13358 |
| 70642 | | 08 22 03.7 | −39 45 27 | 7.17 | 0.69 | +0.1642 | HD 70642 b | 2068 | 0.034 | 11350 |
| 72659 | | 08 34 53.3 | −01 37 34 | 7.46 | 0.61 | −0.0045 | HD 72659 b | 3658 | 0.220 | 15351 |
| 73108 | 4 UMa | 08 41 38.4 | +64 16 07 | 5.79 | 1.20 | −0.2500 | 4 UMa b | 269.29999 | 0.432 | 12987.394 |
| 74156 | | 08 43 17.2 | +04 31 02 | 7.61 | 0.58 | +0.1308 | HD 74156 b | 51.638 | 0.630 | 10793 |
| 74156 | | 08 43 17.2 | +04 31 02 | 7.61 | 0.58 | +0.1308 | HD 74156 c | 2520 | 0.380 | 8416 |
| 75289 | | 08 48 16.5 | −41 47 57 | 6.35 | 0.58 | +0.2166 | HD 75289 b | 3.509267 | 0.034 | 10830.34 |
| 75732 | 55 Cnc | 08 53 34.6 | +28 16 00 | 5.96 | 0.87 | +0.3145 | 55 Cnc b | 14.651262 | 0.016 | 7572.031 |
| 75732 | 55 Cnc | 08 53 34.6 | +28 16 00 | 5.96 | 0.87 | +0.3145 | 55 Cnc c | 44.37871 | 0.053 | 7547.525 |
| 75732 | 55 Cnc | 08 53 34.6 | +28 16 00 | 5.96 | 0.87 | +0.3145 | 55 Cnc d | 5371.8207 | 0.063 | 6862.308 |
| 75732 | 55 Cnc | 08 53 34.6 | +28 16 00 | 5.96 | 0.87 | +0.3145 | 55 Cnc e | 0.736543 | 0.057 | 15568.156 |
| 75732 | 55 Cnc | 08 53 34.6 | +28 16 00 | 5.96 | 0.87 | +0.3145 | 55 Cnc f | 260.6694 | 0 | 7488.015 |

| HD No. | Star Name | R.A. | Dec. | V | B–V | [Fe/H] | Exoplanet | Period[1] | $e^2$ | Epoch[3]$_P$ 2440000+ |
|---|---|---|---|---|---|---|---|---|---|---|
| | | h m s | ° ′ ″ | | | | | d | | |
| 80606 | | 09 23 45.3 | +50 31 57 | 9.06 | 0.76 | +0.3425 | HD 80606 b | 111.4367 | 0.934 | 14424.857 |
| 81040 | | 09 24 42.8 | +20 17 35 | 7.72 | 0.68 | −0.1600 | HD 81040 b | 1001.7 | 0.526 | 12504 |
| 81688 | | 09 29 44.5 | +45 31 42 | 5.40 | 0.99 | −0.3590 | HD 81688 b | 184.02 | 0 | 12335.4 |
| 82943 | | 09 35 38.7 | −12 12 16 | 6.54 | 0.62 | +0.2654 | HD 82943 b | 441.2 | 0.219 | 10931.41 |
| 82943 | | 09 35 38.7 | −12 12 16 | 6.54 | 0.62 | +0.2654 | HD 82943 c | 219.5 | 0.359 | 10969.868 |
| 82886 | | 09 36 44.9 | +34 42 22 | 7.78 | 0.86 | −0.3100 | HD 82886 b | 705 | 0 | 15200 |
| 85512 | | 09 51 47.3 | −43 34 58 | 7.67 | 1.16 | −0.3300 | HD 85512 b | 58.43 | 0.110 | 15250.015 |
| 86264 | | 09 57 45.4 | −15 58 28 | 7.42 | 0.46 | +0.2560 | HD 86264 b | 1475 | 0.700 | 15172 |
| 87883 | | 10 09 40.8 | +34 09 38 | 7.57 | 0.96 | +0.0700 | HD 87883 b | 2754 | 0.530 | 11139 |
| 89307 | | 10 19 13.8 | +12 32 16 | 7.02 | 0.59 | −0.1592 | HD 89307 b | 2166 | 0.200 | 12346.4 |
| 89484 | γ Leo A | 10 20 52.9 | +19 45 26 | 2.12 | 1.08 | −0.4900 | γ Leo A b | 428.5 | 0.144 | 11236 |
| 89744 | | 10 23 09.1 | +41 08 43 | 5.73 | 0.53 | +0.2648 | HD 89744 b | 256.78 | 0.673 | 11505.5 |
| 233731 | | 10 23 45.1 | +50 02 42 | 9.73 | 0.86 | +0.2400 | HAT-P-22 b | 3.21222 | 0.016 | 14930.794 |
| 90043 | 24 Sex | 10 24 19.0 | −00 59 11 | 6.61 | 0.92 | −0.0300 | 24 Sex b | 455.2 | 0.184 | 14758 |
| 90043 | 24 Sex | 10 24 19.0 | −00 59 11 | 6.61 | 0.92 | −0.0300 | 24 Sex c | 910 | 0.412 | 14941 |
| 90156 | | 10 24 40.9 | −29 43 45 | 6.92 | 0.66 | −0.2400 | HD 90156 b | 49.77 | 0.310 | 14775.1 |
| 92788 | | 10 43 39.0 | −02 16 17 | 7.31 | 0.69 | +0.3179 | HD 92788 b | 325.81 | 0.334 | 10759.2 |
| 95128 | 47 UMa | 11 00 23.1 | +40 20 30 | 5.03 | 0.62 | +0.0431 | 47 UMa b | 1078 | 0.032 | 11917 |
| 95128 | 47 UMa | 11 00 23.1 | +40 20 30 | 5.03 | 0.62 | +0.0431 | 47 UMa c | 2391 | 0.098 | 12441 |
| 96127 | | 11 06 41.7 | +44 12 44 | 7.43 | 1.50 | −0.2400 | HD 96127 b | 647.3 | 0.300 | 13969.4 |
| 97685 | | 11 15 25.8 | +25 37 14 | 7.76 | 0.84 | −0.2300 | HD 97658 b | 9.494 | 0 | 15375.01 |
| 99492 | 83 Leo B | 11 27 36.4 | +02 54 59 | 7.58 | 1.00 | +0.3623 | HD 99492 b | 17.0431 | 0.254 | 10468.7 |
| 100655 | | 11 35 55.3 | +20 21 01 | 6.45 | 1.01 | +0.1500 | HD 100655 b | 157.57 | 0.085 | 13072.4 |
| 102117 | | 11 45 38.7 | −58 47 44 | 7.47 | 0.72 | +0.2952 | HD 102117 b | 20.8133 | 0.121 | 10942.2 |
| 102365 | | 11 47 18.5 | −40 35 25 | 4.89 | 0.68 | −0.2600 | HD 102365 b | 122.1 | 0.340 | 10129 |
| 104985 | | 12 06 04.2 | +76 48 49 | 5.78 | 1.03 | −0.3500 | HD 104985 b | 199.505 | 0.090 | 11927.5 |
| 106252 | | 12 14 20.0 | +09 56 55 | 7.41 | 0.63 | −0.0763 | HD 106252 b | 1531 | 0.482 | 13397.5 |
| 106270 | | 12 14 28.1 | −09 36 19 | 7.73 | 0.74 | +0.0800 | HD 106270 b | 2890 | 0.402 | 14830 |
| 107383 | 11 Com | 12 21 33.0 | +17 42 07 | 4.78 | 0.99 | −0.3500 | 11 Com b | 326.03 | 0.231 | 12899.6 |
| 108147 | | 12 26 41.7 | −64 06 49 | 6.99 | 0.54 | +0.0868 | HD 108147 b | 10.8985 | 0.530 | 10828.86 |
| 111232 | | 12 49 54.5 | −68 30 52 | 7.59 | 0.70 | −0.3600 | HD 111232 b | 1143 | 0.200 | 11230 |
| 114762 | | 13 13 07.6 | +17 25 47 | 7.30 | 0.52 | −0.6531 | HD 114762 b | 83.9151 | 0.335 | 9889.106 |
| 114783 | | 13 13 34.7 | −02 21 08 | 7.56 | 0.93 | +0.1165 | HD 114783 b | 493.7 | 0.144 | 13806 |
| 114729 | | 13 13 39.0 | −31 57 43 | 6.68 | 0.59 | −0.2617 | HD 114729 b | 1114 | 0.167 | 10520 |
| 115617 | 61 Vir | 13 19 16.3 | −18 24 09 | 4.87 | 0.71 | +0.0500 | 61 Vir b | 4.215 | 0.120 | 13367.222 |
| 115617 | 61 Vir | 13 19 16.3 | −18 24 09 | 4.87 | 0.71 | +0.0500 | 61 Vir c | 38.021 | 0.140 | 13350.472 |
| 115617 | 61 Vir | 13 19 16.3 | −18 24 09 | 4.87 | 0.71 | +0.0500 | 61 Vir d | 123.01 | 0.350 | 13350.031 |
| 117176 | 70 Vir | 13 29 14.2 | +13 41 28 | 4.97 | 0.71 | −0.0123 | 70 Vir b | 116.6884 | 0.401 | 7239.82 |
| 117207 | | 13 30 17.6 | −35 39 22 | 7.26 | 0.72 | +0.2661 | HD 117207 b | 2597 | 0.144 | 10630 |
| 117618 | | 13 33 25.8 | −47 21 23 | 7.17 | 0.60 | +0.0027 | HD 117618 b | 25.827 | 0.420 | 10832.2 |
| 120136 | τ Boo | 13 48 02.8 | +17 22 31 | 4.50 | 0.51 | +0.2336 | τ Boo b | 3.312433 | 0 | 1562.108 |
| 121504 | | 13 58 23.6 | −56 07 13 | 7.54 | 0.59 | +0.1600 | HD 121504 b | 63.330002 | 0.030 | 11450 |
| | WASP-14 | 14 33 51.6 | +21 49 22 | 9.75 | 0.46 | 0.0000 | WASP-14 b | 2.243752 | 0.091 | 14462.33 |
| 128311 | | 14 36 49.1 | +09 40 27 | 7.48 | 0.97 | +0.2048 | HD 128311 b | 454.2 | 0.345 | 13835 |
| 128311 | | 14 36 49.1 | +09 40 27 | 7.48 | 0.97 | +0.2048 | HD 128311 c | 923.8 | 0.230 | 16987 |
| 134987 | | 15 14 26.7 | −25 22 14 | 6.47 | 0.69 | +0.2792 | HD 134987 b | 258.18 | 0.233 | 10071 |
| 134987 | | 15 14 26.7 | −25 22 14 | 6.47 | 0.69 | +0.2792 | HD 134987 c | 5000 | 0.120 | 11100 |
| 136726 | 11 UMi | 15 17 05.8 | +71 45 50 | 5.02 | 1.39 | +0.0400 | 11 UMi b | 516.22 | 0.080 | 12861.04 |
| 136118 | | 15 19 46.5 | −01 39 05 | 6.93 | 0.55 | −0.0502 | HD 136118 b | 1187.3 | 0.338 | 12999.5 |
| 137759 | ι Dra | 15 25 17.9 | +58 54 31 | 3.29 | 1.17 | 0.0000 | ι Dra b | 511.098 | 0.712 | 12014.59 |

| HD No. | Star Name | R.A. | Dec. | V | B–V | [Fe/H] | Exoplanet | Period[1] | e[2] | Epoch[3]$_p$ 2440000+ |
|---|---|---|---|---|---|---|---|---|---|---|
| | | h m s | ° ′ ″ | | | | | d | | |
| 137510 | | 15 26 37.8 | +19 25 25 | 6.26 | 0.62 | +0.3729 | HD 137510 b | 801.3 | 0.399 | 14187.8 |
| 139357 | | 15 35 42.5 | +53 52 05 | 5.98 | 1.19 | −0.1300 | HD 139357 b | 1125.7 | 0.100 | 12466.7 |
| 142091 | κ CrB | 15 51 51.3 | +35 36 25 | 4.79 | 1.00 | +0.1500 | κ CrB b | 1261.94 | 0.044 | 13909.2 |
| 141937 | | 15 53 14.7 | −18 29 04 | 7.25 | 0.63 | +0.1286 | HD 141937 b | 653.21997 | 0.410 | 11847.38 |
| 142245 | | 15 53 41.8 | +15 22 57 | 7.63 | 1.04 | +0.2300 | HD 142245 b | 1299 | 0 | 14760 |
| 142415 | | 15 59 04.5 | −60 14 50 | 7.33 | 0.62 | +0.0880 | HD 142415 b | 386.29999 | 0.500 | 11519 |
| 143761 | ρ CrB | 16 01 40.6 | +33 15 16 | 5.39 | 0.61 | −0.1990 | ρ CrB b | 39.8449 | 0.057 | 10563.2 |
| 145457 | | 16 10 44.8 | +26 42 02 | 6.57 | 1.04 | −0.1400 | HD 145457 b | 176.3 | 0.112 | 13518 |
| 145675 | 14 Her | 16 10 56.5 | +43 46 27 | 6.61 | 0.88 | +0.4599 | 14 Her b | 1773.4 | 0.369 | 11372.7 |
| 142022 | | 16 14 17.3 | −84 16 24 | 7.70 | 0.79 | +0.1900 | HD 142022 b | 1928 | 0.530 | 10941 |
| 146389 | WASP-38 | 16 16 37.6 | +09 59 32 | 9.48 | 0.48 | −0.1200 | WASP-38 b | 6.871814 | 0.031 | 15333.964 |
| 147506 | HAT-P-2 | 16 21 09.7 | +41 00 34 | 8.71 | 0.41 | +0.1400 | HAT-P-2 b | 5.6334729 | 0.517 | 14388.077 |
| 147513 | | 16 25 08.6 | −39 13 48 | 5.37 | 0.63 | +0.0892 | HD 147513 b | 528.40002 | 0.260 | 11123 |
| 148427 | | 16 29 23.7 | −13 26 07 | 6.89 | 0.93 | +0.1700 | HD 148427 b | 331.5 | 0.160 | 13991 |
| 148156 | | 16 29 29.4 | −46 21 11 | 7.69 | 0.56 | +0.2900 | HD 148156 b | 1027 | 0.520 | 14707 |
| 150706 | | 16 30 15.9 | +79 45 16 | 7.03 | 0.57 | −0.0100 | HD 150706 b | 5894 | 0.308 | 18179 |
| 149026 | | 16 31 04.1 | +38 18 46 | 8.16 | 0.61 | +0.3600 | HD 149026 b | 2.8758911 | 0 | 13317.838 |
| 154345 | | 17 03 04.4 | +47 03 47 | 6.76 | 0.73 | −0.1049 | HD 154345 b | 3341.5588 | 0.044 | 12831.223 |
| 153950 | | 17 05 42.0 | −43 19 56 | 7.39 | 0.56 | −0.0100 | HD 153950 b | 499.4 | 0.340 | 14502 |
| 155358 | | 17 10 10.9 | +33 20 06 | 7.28 | 0.55 | −0.6800 | HD 155358 b | 194.3 | 0.170 | 11224.8 |
| 155358 | | 17 10 10.9 | +33 20 06 | 7.28 | 0.55 | −0.6800 | HD 155358 c | 391.9 | 0.160 | 15345.4 |
| 154857 | | 17 12 39.4 | −56 42 01 | 7.24 | 0.65 | −0.2200 | HD 154857 b | 409 | 0.470 | 10346 |
| | HAT-P-14 | 17 21 01.5 | +38 13 35 | 9.98 | 0.42 | +0.1100 | HAT-P-14 b | 4.627669 | 0.107 | 14875.331 |
| 156411 | | 17 21 06.7 | −48 33 58 | 6.67 | 0.61 | −0.1200 | HD 156411 b | 842.2 | 0.220 | 14356 |
| 156846 | | 17 21 32.5 | −19 21 00 | 6.50 | 0.58 | +0.2200 | HD 156846 b | 359.51001 | 0.847 | 13998.09 |
| 158038 | | 17 26 25.0 | +27 17 22 | 7.64 | 1.04 | +0.2800 | HD 158038 b | 521 | 0.291 | 15491 |
| 159868 | | 17 40 10.5 | −43 09 16 | 7.24 | 0.72 | 0.0000 | HD 159868 b | 1178.4 | 0.010 | 13435 |
| 159868 | | 17 40 10.5 | −43 09 16 | 7.24 | 0.72 | 0.0000 | HD 159868 c | 352.3 | 0.150 | 13239 |
| 160691 | μ Ara | 17 45 27.4 | −51 50 28 | 5.12 | 0.69 | +0.2929 | μ Ara b | 643.25 | 0.128 | 12365.6 |
| 160691 | μ Ara | 17 45 27.4 | −51 50 28 | 5.12 | 0.69 | +0.2929 | μ Ara c | 9.6386 | 0.172 | 12991.1 |
| 160691 | μ Ara | 17 45 27.4 | −51 50 28 | 5.12 | 0.69 | +0.2929 | μ Ara d | 310.54999 | 0.067 | 12708.7 |
| 160691 | μ Ara | 17 45 27.4 | −51 50 28 | 5.12 | 0.69 | +0.2929 | μ Ara e | 4205.8 | 0.099 | 12955.2 |
| 164922 | | 18 03 11.2 | +26 18 41 | 7.01 | 0.80 | +0.1701 | HD 164922 b | 1155 | 0.050 | 11100 |
| 167042 | | 18 10 51.9 | +54 17 31 | 5.97 | 0.94 | +0.0500 | HD 167042 b | 420.77 | 0.089 | 14230.1 |
| 168443 | | 18 20 58.3 | −09 35 19 | 6.92 | 0.72 | +0.0400 | HD 168443 b | 58.11247 | 0.529 | 15626.199 |
| 168443 | | 18 20 58.3 | −09 35 19 | 6.92 | 0.72 | +0.0400 | HD 168443 c | 1749.83 | 0.211 | 15599.9 |
| 170693 | 42 Dra | 18 26 01.9 | +65 34 26 | 4.83 | 1.19 | −0.4600 | 42 Dra b | 479.1 | 0.380 | 12757.4 |
| 169830 | | 18 28 52.8 | −29 48 20 | 5.90 | 0.52 | +0.1530 | HD 169830 b | 225.62 | 0.310 | 11923 |
| 169830 | | 18 28 52.8 | −29 48 20 | 5.90 | 0.52 | +0.1530 | HD 169830 c | 2102 | 0.330 | 12516 |
| 173416 | | 18 44 10.8 | +36 34 28 | 6.06 | 1.03 | −0.2200 | HD 173416 b | 323.6 | 0.210 | 13465.8 |
| 177830 | | 19 06 01.2 | +25 56 47 | 7.18 | 1.09 | +0.5453 | HD 177830 b | 410.1 | 0.096 | 10254 |
| | | 19 08 21.3 | +46 53 43 | 9.95 | 0.21 | 0.0000 | KOI-13 b | 1.7637 | 0 | 15138.744 |
| 179070 | | 19 10 00.7 | +38 44 30 | 8.25 | 0.52 | −0.1500 | Kepler-21 b | 2.785755 | 0 | 15093.8 |
| 180314 | | 19 15 28.0 | +31 53 24 | 6.61 | 1.00 | +0.2000 | HD 180314 b | 396.03 | 0.257 | 13565.9 |
| 179949 | | 19 16 33.5 | −24 09 00 | 6.25 | 0.55 | +0.1369 | HD 179949 b | 3.092514 | 0.022 | 11002.36 |
| 180902 | | 19 20 17.5 | −23 31 37 | 7.78 | 0.94 | +0.0400 | HD 180902 b | 479 | 0.091 | 14858.291 |
| 185269 | | 19 37 51.5 | +28 32 15 | 6.67 | 0.61 | −0.0250 | HD 185269 b | 6.8378503 | 0.296 | 13154.089 |
| 186427 | 16 Cyg B | 19 42 18.3 | +50 33 23 | 6.25 | 0.66 | +0.0375 | 16 Cyg B b | 798.5 | 0.681 | 6549.1 |
| 187085 | | 19 50 39.9 | −37 44 19 | 7.22 | 0.57 | +0.0882 | HD 187085 b | 986 | 0.470 | 10912 |
| | HAT-P-11 | 19 51 19.5 | +48 07 29 | 9.58 | 1.02 | +0.3100 | HAT-P-11 b | 4.8878162 | 0.198 | 14609.801 |

| HD No. | Star Name | R.A. | Dec. | $V$ | $B-V$ | [Fe/H] | Exoplanet | Period[1] | $e^2$ | Epoch$_P$[3] 2440000+ |
|---|---|---|---|---|---|---|---|---|---|---|
| | | h m s | ° ′ ″ | | | | | d | | |
| 188310 | ξ Aql | 19 55 02.8 | +08 30 18 | 4.71 | 1.02 | −0.2050 | ξ Aql b | 136.75 | 0 | 13001.7 |
| 189733 | | 20 01 26.5 | +22 45 22 | 7.67 | 0.93 | −0.0300 | HD 189733 b | 2.2185757 | 0 | 14279.437 |
| 190228 | | 20 03 41.4 | +28 21 13 | 7.30 | 0.79 | −0.1803 | HD 190228 b | 1136.1 | 0.531 | 13522 |
| 190360 | GJ 777 A | 20 04 18.1 | +29 56 30 | 5.73 | 0.75 | +0.2128 | HD 190360 b | 2915.0369 | 0.313 | 13541.662 |
| 190360 | GJ 777 A | 20 04 18.1 | +29 56 30 | 5.73 | 0.75 | +0.2128 | HD 190360 c | 17:111027 | 0.238 | 14389.63 |
| 190647 | | 20 08 23.7 | −35 29 27 | 7.78 | 0.74 | +0.2400 | HD 190647 b | 1038.1 | 0.180 | 13868 |
| 192263 | | 20 14 50.8 | −00 48 53 | 7.79 | 0.94 | +0.0543 | HD 192263 b | 24.3556 | 0.055 | 10994.3 |
| 192310 | GJ 785 | 20 16 19.0 | −26 58 57 | 5.73 | 0.88 | −0.0400 | HD 192310 b | 74.39 | 0.130 | 15116.2 |
| 192310 | GJ 785 | 20 16 19.0 | −26 58 57 | 5.73 | 0.88 | −0.0400 | HD 192310 c | 525.8 | 0.320 | 15312 |
| 192699 | | 20 16 55.2 | +04 37 56 | 6.44 | 0.87 | −0.1500 | HD 192699 b | 345.53 | 0.129 | 14036.6 |
| 195019 | | 20 29 03.8 | +18 49 29 | 6.87 | 0.66 | +0.0680 | HD 195019 b | 18.20132 | 0.014 | 11015.5 |
| 196050 | | 20 39 12.2 | −60 34 34 | 7.50 | 0.67 | +0.2291 | HD 196050 b | 1378 | 0.228 | 10843 |
| 197037 | | 20 40 08.2 | +42 18 24 | 6.87 | 0.45 | −0.2000 | HD 197037 b | 1035.7 | 0.220 | 11353.1 |
| 196885 | | 20 40 39.3 | +11 18 33 | 6.39 | 0.51 | +0.2200 | HD 196885 b | 1333 | 0.480 | 12554 |
| 197286 | WASP-7 | 20 45 14.5 | −39 09 54 | 9.54 | 0.42 | 0.0000 | WASP-7 b | 4.954658 | 0 | 13985.015 |
| 199665 | 18 Del | 20 59 13.6 | +10 54 13 | 5.51 | 0.93 | −0.0520 | 18 Del b | 993.3 | 0.080 | 11672 |
| 200964 | | 21 07 29.7 | +03 52 13 | 6.64 | 0.88 | −0.1500 | HD 200964 b | 613.8 | 0.040 | 14900 |
| 200964 | | 21 07 29.7 | +03 52 13 | 6.64 | 0.88 | −0.1500 | HD 200964 c | 825 | 0.181 | 15000 |
| 208487 | | 21 58 19.4 | −37 41 06 | 7.47 | 0.57 | +0.0223 | HD 208487 b | 130.08 | 0.240 | 10999 |
| 209458 | | 22 03 57.9 | +18 57 52 | 7.65 | 0.59 | 0.0000 | HD 209458 b | 3.5247486 | 0 | 12826.629 |
| 210277 | | 22 10 22.0 | −07 28 09 | 6.54 | 0.77 | +0.2143 | HD 210277 b | 442.19 | 0.476 | 10104.3 |
| 210702 | | 22 12 39.2 | +16 07 20 | 5.93 | 0.95 | +0.1200 | HD 210702 b | 354.29 | 0.036 | 14142.6 |
| 212771 | | 22 27 56.4 | −17 10 47 | 7.75 | 0.88 | −0.2100 | HD 212771 b | 373.3 | 0.111 | 14947 |
| 212301 | | 22 29 01.4 | −77 38 01 | 7.76 | 0.56 | −0.1800 | HD 212301 b | 2.245715 | 0 | 13549.195 |
| 213240 | | 22 32 00.6 | −49 20 57 | 6.81 | 0.60 | +0.1387 | HD 213240 b | 882.7 | 0.421 | 11499 |
| 216435 | τ Gru | 22 54 36.1 | −48 30 38 | 6.03 | 0.62 | +0.2439 | τ Gru b | 1311 | 0.070 | 10870 |
| 216437 | ρ Ind | 22 55 47.0 | −69 59 07 | 6.04 | 0.66 | +0.2250 | HD 216437 b | 1353 | 0.320 | 10605 |
| 217014 | 51 Peg | 22 58 16.7 | +20 51 27 | 5.45 | 0.67 | +0.1999 | 51 Peg b | 4.230785 | 0.013 | 10001.51 |
| 217107 | | 22 59 06.5 | −02 18 25 | 6.17 | 0.74 | +0.3893 | HD 217107 b | 7.1268163 | 0.127 | 14395.787 |
| 217107 | | 22 59 06.5 | −02 18 25 | 6.17 | 0.74 | +0.3893 | HD 217107 c | 4270 | 0.517 | 11106.321 |
| 220773 | | 23 27 17.7 | +08 44 01 | 7.06 | 0.66 | +0.0900 | HD 220773 b | 3724.7 | 0.510 | 13866.4 |
| 221345 | 14 And | 23 32 06.3 | +39 19 37 | 5.22 | 1.03 | −0.2400 | 14 And b | 185.84 | 0 | 12861.4 |
| 222155 | | 23 38 49.0 | +49 05 15 | 7.12 | 0.64 | −0.1100 | HD 222155 b | 3999 | 0.160 | 16319 |
| 222404 | γ Cep | 23 40 02.4 | +77 43 28 | 3.21 | 1.03 | +0.1800 | γ Cep b | 905.574 | 0.120 | 13121.925 |
| 222582 | | 23 42 42.3 | −05 53 41 | 7.68 | 0.65 | −0.0285 | HD 222582 b | 572.38 | 0.725 | 10706.7 |

Notes to Table

[1] Period of exoplanet in days.
[2] Eccentricity of exoplanet orbit.
[3] Julian date of periastron.

| Name | Right Ascension | Declination | Type | L | Log $(D_{25})$ | Log $(R_{25})$ | P.A. | $B_T^w$ | $B-V$ | $U-B$ | $v_r$ |
|------|------|------|------|------|------|------|------|------|------|------|------|
| | h m s | ° ′ ″ | | | | | ° | | | | km/s |
| WLM | 00 02 48 | −15 21.6 | IB(s)m | 9.0 | 2.06 | 0.46 | 4 | 11.03 | 0.44 | −0.21 | − 118 |
| NGC 0045 | 00 14 53.7 | −23 05 22 | SA(s)dm | 7.3 | 1.93 | 0.16 | 142 | 11.32 | 0.71 | −0.05 | + 468 |
| NGC 0055 | 00 15 44 | −39 06.4 | SB(s)m: sp | 5.6 | 2.51 | 0.76 | 108 | 8.42 | 0.55 | +0.12 | + 124 |
| NGC 0134 | 00 31 10.8 | −33 09 11 | SAB(s)bc | 3.7 | 1.93 | 0.62 | 50 | 11.23 | 0.84 | +0.23 | +1579 |
| NGC 0147 | 00 34 06.5 | +48 35 58 | dE5 pec | | 2.12 | 0.23 | 25 | 10.47 | 0.95 | | − 160 |
| NGC 0185 | 00 39 52.7 | +48 25 39 | dE3 pec | | 2.07 | 0.07 | 35 | 10.10 | 0.92 | +0.39 | − 251 |
| NGC 0205 | 00 41 16.2 | +41 46 32 | dE5 pec | | 2.34 | 0.30 | 170 | 8.92 | 0.85 | +0.22 | − 239 |
| NGC 0221 | 00 43 36.1 | +40 57 19 | cE2 | | 1.94 | 0.13 | 170 | 9.03 | 0.95 | +0.48 | − 205 |
| NGC 0224 | 00 43 38.67 | +41 21 33.1 | SA(s)b | 2.2 | 3.28 | 0.49 | 35 | 4.36 | 0.92 | +0.50 | − 298 |
| NGC 0247 | 00 47 57.4 | −20 40 12 | SAB(s)d | 6.8 | 2.33 | 0.49 | 174 | 9.67 | 0.56 | −0.09 | + 159 |
| NGC 0253 | 00 48 21.73 | −25 11 54.0 | SAB(s)c | 3.3 | 2.44 | 0.61 | 52 | 8.04 | 0.85 | +0.38 | + 250 |
| SMC | 00 53 12 | −72 42.6 | SB(s)m pec | 7.0 | 3.50 | 0.23 | 45 | 2.70 | 0.45 | −0.20 | + 175 |
| NGC 0300 | 00 55 40.2 | −37 35 42 | SA(s)d | 6.2 | 2.34 | 0.15 | 111 | 8.72 | 0.59 | +0.11 | + 141 |
| Sculptor | 01 00 56 | −33 37.2 | dSph | | 2.06: | 0.17 | 99 | 9.5: | 0.7 | | + 107 |
| IC 1613 | 01 05 39 | +02 12.5 | IB(s)m | 9.5 | 2.21 | 0.05 | 50 | 9.88 | 0.67 | | − 230 |
| NGC 0488 | 01 22 38.3 | +05 20 35 | SA(r)b | 1.1 | 1.72 | 0.13 | 15 | 11.15 | 0.87 | +0.35 | +2267 |
| NGC 0598 | 01 34 46.85 | +30 44 39.5 | SA(s)cd | 4.3 | 2.85 | 0.23 | 23 | 6.27 | 0.55 | −0.10 | − 179 |
| NGC 0613 | 01 35 03.93 | −29 20 04.2 | SB(rs)bc | 3.0 | 1.74 | 0.12 | 120 | 10.73 | 0.68 | +0.06 | +1478 |
| NGC 0628 | 01 37 35.1 | +15 52 02 | SA(s)c | 1.1 | 2.02 | 0.04 | 25 | 9.95 | 0.56 | | + 655 |
| NGC 0672 | 01 48 50.2 | +27 30 52 | SB(s)cd | 5.4 | 1.86 | 0.45 | 65 | 11.47 | 0.58 | −0.10 | + 420 |
| NGC 0772 | 02 00 14.1 | +19 05 15 | SA(s)b | 1.2 | 1.86 | 0.23 | 130 | 11.09 | 0.78 | +0.26 | +2457 |
| NGC 0891 | 02 23 35.7 | +42 25 25 | SA(s)b? sp | 4.5 | 2.13 | 0.73 | 22 | 10.81 | 0.88 | +0.27 | + 528 |
| NGC 0908 | 02 23 50.3 | −21 09 34 | SA(s)c | 1.5 | 1.78 | 0.36 | 75 | 10.83 | 0.65 | 0.00 | +1499 |
| NGC 0925 | 02 28 16.4 | +33 39 08 | SAB(s)d | 4.3 | 2.02 | 0.25 | 102 | 10.69 | 0.57 | | + 553 |
| Fornax | 02 40 40 | −34 22.8 | dSph | | 2.26: | 0.18 | 82 | 8.4: | 0.62 | +0.04 | + 53 |
| NGC 1023 | 02 41 26.3 | +39 07 59 | SB(rs)0⁻ | | 1.94 | 0.47 | 87 | 10.35 | 1.00 | +0.56 | + 632 |
| NGC 1055 | 02 42 36.1 | +00 30 47 | SBb: sp | 3.9 | 1.88 | 0.45 | 105 | 11.40 | 0.81 | +0.19 | + 995 |
| NGC 1068 | 02 43 31.46 | +00 03 22.9 | (R)SA(rs)b | 2.3 | 1.85 | 0.07 | 70 | 9.61 | 0.74 | +0.09 | +1135 |
| NGC 1097 | 02 47 01.17 | −30 12 22.0 | SB(s)b | 2.2 | 1.97 | 0.17 | 130 | 10.23 | 0.75 | +0.23 | +1274 |
| NGC 1187 | 03 03 21.7 | −22 48 11 | SB(r)c | 2.1 | 1.74 | 0.13 | 130 | 11.34 | 0.56 | −0.05 | +1397 |
| NGC 1232 | 03 10 30.0 | −20 31 02 | SAB(rs)c | 2.0 | 1.87 | 0.06 | 108 | 10.52 | 0.63 | 0.00 | +1683 |
| NGC 1291 | 03 17 54.6 | −41 02 53 | (R)SB(s)0/a | | 1.99 | 0.08 | | 9.39 | 0.93 | +0.46 | + 836 |
| NGC 1313 | 03 18 28.1 | −66 26 20 | SB(s)d | 7.0 | 1.96 | 0.12 | | 9.2 | 0.49 | −0.24 | + 456 |
| NGC 1300 | 03 20 25.9 | −19 21 08 | SB(rs)bc | 1.1 | 1.79 | 0.18 | 106 | 11.11 | 0.68 | +0.11 | +1568 |
| NGC 1316 | 03 23 19.51 | −37 08 59.8 | SAB(s)0⁰ pec | | 2.08 | 0.15 | 50 | 9.42 | 0.89 | +0.39 | +1793 |
| NGC 1344 | 03 29 00.0 | −31 00 42 | E5 | | 1.78 | 0.24 | 165 | 11.27 | 0.88 | +0.44 | +1169 |
| NGC 1350 | 03 31 47.2 | −33 34 22 | (R')SB(r)ab | 3.0 | 1.72 | 0.27 | 0 | 11.16 | 0.87 | +0.34 | +1883 |
| NGC 1365 | 03 34 14.2 | −36 05 08 | SB(s)b | 1.3 | 2.05 | 0.26 | 32 | 10.32 | 0.69 | +0.16 | +1663 |
| NGC 1399 | 03 39 07.0 | −35 23 52 | E1 pec | | 1.84 | 0.03 | | 10.55 | 0.96 | +0.50 | +1447 |
| NGC 1395 | 03 39 12.8 | −22 58 28 | E2 | | 1.77 | 0.12 | | 10.55 | 0.96 | +0.58 | +1699 |
| NGC 1398 | 03 39 33.9 | −26 17 05 | (R')SB(r)ab | 1.1 | 1.85 | 0.12 | 100 | 10.57 | 0.90 | +0.43 | +1407 |
| NGC 1433 | 03 42 32.6 | −47 10 12 | (R')SB(r)ab | 2.7 | 1.81 | 0.04 | | 10.70 | 0.79 | +0.21 | +1067 |
| NGC 1425 | 03 42 51.8 | −29 50 29 | SA(s)b | 3.2 | 1.76 | 0.35 | 129 | 11.29 | 0.68 | +0.11 | +1508 |
| NGC 1448 | 03 45 04.6 | −44 35 37 | SAcd: sp | 4.4 | 1.88 | 0.65 | 41 | 11.40 | 0.72 | +0.01 | +1165 |
| IC 342 | 03 48 25.1 | +68 08 48 | SAB(rs)cd | 2.0 | 2.33 | 0.01 | | 9.10 | | | + 32 |

| Name | Right Ascension | Declination | Type | L | Log $(D_{25})$ | Log $(R_{25})$ | P.A. | $B_T^w$ | $B-V$ | $U-B$ | $v_r$ |
|---|---|---|---|---|---|---|---|---|---|---|---|
| | h m s | ° ′ ″ | | | | | ° | | | | km/s |
| NGC 1512 | 04 04 26.7 | −43 18 16 | SB(r)a | 1.1 | 1.95 | 0.20 | 90 | 11.13 | 0.81 | +0.17 | + 889 |
| IC 356 | 04 09 30.6 | +69 51 19 | SA(s)ab pec | | 1.72 | 0.13 | 90 | 11.39 | 1.32 | +0.76 | + 888 |
| NGC 1532 | 04 12 42.3 | −32 49 57 | SB(s)b pec sp | 1.9 | 2.10 | 0.58 | 33 | 10.65 | 0.80 | +0.15 | +1187 |
| NGC 1566 | 04 20 22.8 | −54 53 58 | SAB(s)bc | 1.7 | 1.92 | 0.10 | 60 | 10.33 | 0.60 | −0.04 | +1492 |
| NGC 1672 | 04 45 58.4 | −59 13 06 | SB(s)b | 3.1 | 1.82 | 0.08 | 170 | 10.28 | 0.60 | +0.01 | +1339 |
| NGC 1792 | 05 05 48.4 | −37 57 32 | SA(rs)bc | 4.0 | 1.72 | 0.30 | 137 | 10.87 | 0.68 | +0.08 | +1224 |
| NGC 1808 | 05 08 16.58 | −37 29 31.8 | (R)SAB(s)a | | 1.81 | 0.22 | 133 | 10.76 | 0.82 | +0.29 | +1006 |
| LMC | 05 23.5 | −69 44 | SB(s)m | 5.8 | 3.81 | 0.07 | 170 | 0.91 | 0.51 | 0.00 | + 313 |
| NGC 2146 | 06 21 15.3 | +78 20 55 | SB(s)ab pec | 3.4 | 1.78 | 0.25 | 56 | 11.38 | 0.79 | +0.29 | + 890 |
| Carina | 06 42 01 | −50 59.0 | dSph | | 2.25: | 0.17 | 65 | 11.5: | 0.7: | | + 223 |
| NGC 2280 | 06 45 28.5 | −27 39 24 | SA(s)cd | 2.2 | 1.80 | 0.31 | 163 | 10.9 | 0.60 | +0.15 | +1906 |
| NGC 2336 | 07 29 52.3 | +80 08 36 | SAB(r)bc | 1.1 | 1.85 | 0.26 | 178 | 11.05 | 0.62 | +0.06 | +2200 |
| NGC 2366 | 07 30 39.7 | +69 10 55 | IB(s)m | 8.7 | 1.91 | 0.39 | 25 | 11.43 | 0.58 | | + 99 |
| NGC 2442 | 07 36 20.6 | −69 34 05 | SAB(s)bc pec | 2.5 | 1.74 | 0.05 | | 11.24 | 0.82 | +0.23 | +1448 |
| NGC 2403 | 07 38 25.5 | +65 33 48 | SAB(s)cd | 5.4 | 2.34 | 0.25 | 127 | 8.93 | 0.47 | | + 130 |
| Holmberg II | 08 20 48 | +70 39.7 | Im | 8.0 | 1.90 | 0.10 | 15 | 11.10 | 0.44 | | + 157 |
| NGC 2613 | 08 34 06.2 | −23 01 50 | SA(s)b | 3.0 | 1.86 | 0.61 | 113 | 11.16 | 0.91 | +0.38 | +1677 |
| NGC 2683 | 08 53 42.7 | +33 21 29 | SA(rs)b | 4.0 | 1.97 | 0.63 | 44 | 10.64 | 0.89 | +0.27 | + 405 |
| NGC 2768 | 09 12 53.8 | +59 58 09 | E6: | | 1.91 | 0.28 | 95 | 10.84 | 0.97 | +0.46 | +1335 |
| NGC 2784 | 09 13 03.5 | −24 14 26 | SA(s)0⁰: | | 1.74 | 0.39 | 73 | 11.30 | 1.14 | +0.72 | + 691 |
| NGC 2835 | 09 18 37.7 | −22 25 29 | SB(rs)c | 1.8 | 1.82 | 0.18 | 8 | 11.01 | 0.49 | −0.12 | + 887 |
| NGC 2841 | 09 23 10.64 | +50 54 20.0 | SA(r)b: | 0.5 | 1.91 | 0.36 | 147 | 10.09 | 0.87 | +0.34 | + 637 |
| NGC 2903 | 09 33 06.0 | +21 25 39 | SAB(rs)bc | 2.3 | 2.10 | 0.32 | 17 | 9.68 | 0.67 | +0.06 | + 556 |
| NGC 2997 | 09 46 22.1 | −31 16 03 | SAB(rs)c | 1.6 | 1.95 | 0.12 | 110 | 10.06 | 0.7 | +0.3 | +1087 |
| NGC 2976 | 09 48 35.6 | +67 50 22 | SAc pec | 6.8 | 1.77 | 0.34 | 143 | 10.82 | 0.66 | 0.00 | + 3 |
| NGC 3031 | 09 56 53.478 | +68 59 11.46 | SA(s)ab | 2.2 | 2.43 | 0.28 | 157 | 7.89 | 0.95 | +0.48 | − 36 |
| NGC 3034 | 09 57 13.7 | +69 36 03 | I0 | | 2.05 | 0.42 | 65 | 9.30 | 0.89 | +0.31 | + 216 |
| NGC 3109 | 10 03 57.7 | −26 14 18 | SB(s)m | 8.2 | 2.28 | 0.71 | 93 | 10.39 | | | + 404 |
| NGC 3077 | 10 04 37.2 | +68 39 13 | I0 pec | | 1.73 | 0.08 | 45 | 10.61 | 0.76 | +0.14 | + 13 |
| NGC 3115 | 10 06 03.3 | −07 47 57 | S0⁻ | | 1.86 | 0.47 | 43 | 9.87 | 0.97 | +0.54 | + 661 |
| Leo I | 10 09 20.5 | +12 13 34 | dSph | | 1.82: | 0.10 | 79 | 10.7 | 0.6 | +0.1: | + 285 |
| Sextans | 10 13.8 | −01 42 | dSph | | 2.52: | 0.91 | 56 | 11.0: | | | + 224 |
| NGC 3184 | 10 19 15.9 | +41 20 28 | SAB(rs)cd | 3.5 | 1.87 | 0.03 | 135 | 10.36 | 0.58 | −0.03 | + 591 |
| NGC 3198 | 10 20 55.2 | +45 28 00 | SB(rs)c | 2.6 | 1.93 | 0.41 | 35 | 10.87 | 0.54 | −0.04 | + 663 |
| NGC 3227 | 10 24 24.55 | +19 46 52.1 | SAB(s)a pec | 3.5 | 1.73 | 0.17 | 155 | 11.1 | 0.82 | +0.27 | +1156 |
| IC 2574 | 10 29 33.6 | +68 19 38 | SAB(s)m | 8.0 | 2.12 | 0.39 | 50 | 10.80 | 0.44 | | + 46 |
| NGC 3319 | 10 40 07.0 | +41 36 01 | SB(rs)cd | 3.8 | 1.79 | 0.26 | 37 | 11.48 | 0.41 | | + 746 |
| NGC 3344 | 10 44 25.2 | +24 50 07 | (R)SAB(r)bc | 1.9 | 1.85 | 0.04 | | 10.45 | 0.59 | −0.07 | + 585 |
| NGC 3351 | 10 44 49.9 | +11 37 00 | SB(r)b | 3.3 | 1.87 | 0.17 | 13 | 10.53 | 0.80 | +0.18 | + 777 |
| NGC 3368 | 10 47 37.87 | +11 43 58.0 | SAB(rs)ab | 3.4 | 1.88 | 0.16 | 5 | 10.11 | 0.86 | +0.31 | + 897 |
| NGC 3359 | 10 47 41.2 | +63 08 13 | SB(rs)c | 3.0 | 1.86 | 0.22 | 170 | 11.03 | 0.46 | −0.20 | +1012 |
| NGC 3377 | 10 48 34.7 | +13 53 53 | E5−6 | | 1.72 | 0.24 | 35 | 11.24 | 0.86 | +0.31 | + 692 |
| NGC 3379 | 10 48 41.8 | +12 29 39 | E1 | | 1.73 | 0.05 | | 10.24 | 0.96 | +0.53 | + 889 |
| NGC 3384 | 10 49 09.1 | +12 32 30 | SB(s)0⁻: | | 1.74 | 0.34 | 53 | 10.85 | 0.93 | +0.44 | + 735 |
| NGC 3486 | 11 01 17.7 | +28 53 10 | SAB(r)c | 2.6 | 1.85 | 0.13 | 80 | 11.05 | 0.52 | −0.16 | + 681 |

| Name | Right Ascension | Declination | Type | L | Log (D$_{25}$) | Log (R$_{25}$) | P.A. | $B_T^w$ | B–V | U–B | $v_r$ |
|------|-----------------|-------------|------|---|----------------|----------------|------|---------|-----|-----|-------|
| | h m s | ° ′ ″ | | | | | ° | | | | km/s |
| NGC 3521 | 11 06 39.31 | −00 07 30.7 | SAB(rs)bc | 3.6 | 2.04 | 0.33 | 163 | 9.83 | 0.81 | +0.23 | + 804 |
| NGC 3556 | 11 12 28.3 | +55 35 05 | SB(s)cd | 5.7 | 1.94 | 0.59 | 80 | 10.69 | 0.66 | +0.07 | + 694 |
| NGC 3621 | 11 19 04.7 | −32 54 15 | SA(s)d | 5.8 | 2.09 | 0.24 | 159 | 10.28 | 0.62 | −0.08 | + 725 |
| NGC 3623 | 11 19 47.5 | +13 00 07 | SAB(rs)a | 3.3 | 1.99 | 0.53 | 174 | 10.25 | 0.92 | +0.45 | + 806 |
| NGC 3627 | 11 21 06.60 | +12 54 03.6 | SAB(s)b | 3.0 | 1.96 | 0.34 | 173 | 9.65 | 0.73 | +0.20 | + 726 |
| NGC 3628 | 11 21 08.6 | +13 29 54 | Sb pec sp | 4.5 | 2.17 | 0.70 | 104 | 10.28 | 0.80 | | + 846 |
| NGC 3631 | 11 21 58.5 | +53 04 44 | SA(s)c | 1.8 | 1.70 | 0.02 | | 11.01 | 0.58 | | +1157 |
| NGC 3675 | 11 27 02.3 | +43 29 41 | SA(s)b | 3.3 | 1.77 | 0.28 | 178 | 11.00 | | | + 766 |
| NGC 3726 | 11 34 14.5 | +46 56 16 | SAB(r)c | 2.2 | 1.79 | 0.16 | 10 | 10.91 | 0.49 | | + 849 |
| NGC 3923 | 11 51 52.1 | −28 53 52 | E4−5 | | 1.77 | 0.18 | 50 | 10.8 | 1.00 | +0.61 | +1668 |
| NGC 3938 | 11 53 40.8 | +44 01 44 | SA(s)c | 1.1 | 1.73 | 0.04 | | 10.90 | 0.52 | −0.10 | + 808 |
| NGC 3953 | 11 54 40.4 | +52 14 05 | SB(r)bc | 1.8 | 1.84 | 0.30 | 13 | 10.84 | 0.77 | +0.20 | +1053 |
| NGC 3992 | 11 58 27.0 | +53 16 58 | SB(rs)bc | 1.1 | 1.88 | 0.21 | 68 | 10.60 | 0.77 | +0.20 | +1048 |
| NGC 4038 | 12 02 43.7 | −18 57 38 | SB(s)m pec | 4.2 | 1.72 | 0.23 | 80 | 10.91 | 0.65 | −0.19 | +1626 |
| NGC 4039 | 12 02 44.4 | −18 58 41 | SB(s)m pec | 5.3 | 1.72 | 0.29 | 171 | 11.10 | | | +1655 |
| NGC 4051 | 12 04 00.02 | +44 26 22.1 | SAB(rs)bc | 3.3 | 1.72 | 0.13 | 135 | 10.83 | 0.65 | −0.04 | + 720 |
| NGC 4088 | 12 06 24.2 | +50 26 51 | SAB(rs)bc | 3.9 | 1.76 | 0.41 | 43 | 11.15 | 0.59 | −0.05 | + 758 |
| NGC 4096 | 12 06 51.2 | +47 23 10 | SAB(rs)c | 4.2 | 1.82 | 0.57 | 20 | 11.48 | 0.63 | +0.01 | + 564 |
| NGC 4125 | 12 08 55.0 | +65 04 57 | E6 pec | | 1.76 | 0.26 | 95 | 10.65 | 0.93 | +0.49 | +1356 |
| NGC 4151 | 12 11 22.45 | +39 18 50.5 | (R′)SAB(rs)ab: | | 1.80 | 0.15 | 50 | 11.28 | 0.73 | −0.17 | + 992 |
| NGC 4192 | 12 14 38.7 | +14 48 32 | SAB(s)ab | 2.9 | 1.99 | 0.55 | 155 | 10.95 | 0.81 | +0.30 | − 141 |
| NGC 4214 | 12 16 29.0 | +36 14 06 | IAB(s)m | 5.8 | 1.93 | 0.11 | | 10.24 | 0.46 | −0.31 | + 291 |
| NGC 4216 | 12 16 44.8 | +13 03 28 | SAB(s)b: | 3.0 | 1.91 | 0.66 | 19 | 10.99 | 0.98 | +0.52 | + 129 |
| NGC 4236 | 12 17 30 | +69 22.0 | SB(s)dm | 7.6 | 2.34 | 0.48 | 162 | 10.05 | 0.42 | | 0 |
| NGC 4244 | 12 18 19.1 | +37 42 57 | SA(s)cd: sp | 7.0 | 2.22 | 0.94 | 48 | 10.88 | 0.50 | | + 242 |
| NGC 4242 | 12 18 19.1 | +45 31 39 | SAB(s)dm | 6.2 | 1.70 | 0.12 | 25 | 11.37 | 0.54 | | + 517 |
| NGC 4254 | 12 19 39.9 | +14 19 31 | SA(s)c | 1.5 | 1.73 | 0.06 | | 10.44 | 0.57 | +0.01 | +2407 |
| NGC 4258 | 12 19 46.24 | +47 12 44.7 | SAB(s)bc | 3.5 | 2.27 | 0.41 | 150 | 9.10 | 0.69 | | + 449 |
| NGC 4274 | 12 20 40.24 | +29 31 23.1 | (R)SB(r)ab | 4.0 | 1.83 | 0.43 | 102 | 11.34 | 0.93 | +0.44 | + 929 |
| NGC 4293 | 12 22 02.86 | +18 17 28.3 | (R)SB(s)0/a | | 1.75 | 0.34 | 72 | 11.26 | 0.90 | | + 943 |
| NGC 4303 | 12 22 45.47 | +04 22 56.0 | SAB(rs)bc | 2.0 | 1.81 | 0.05 | | 10.18 | 0.53 | −0.11 | +1569 |
| NGC 4321 | 12 23 45.0 | +15 43 51 | SAB(s)bc | 1.1 | 1.87 | 0.07 | 30 | 10.05 | 0.70 | −0.01 | +1585 |
| NGC 4365 | 12 25 18.7 | +07 13 35 | E3 | | 1.84 | 0.14 | 40 | 10.52 | 0.96 | +0.50 | +1227 |
| NGC 4374 | 12 25 53.923 | +12 47 44.52 | E1 | | 1.81 | 0.06 | 135 | 10.09 | 0.98 | +0.53 | + 951 |
| NGC 4382 | 12 26 14.0 | +18 05 59 | SA(s)0$^+$ pec | | 1.85 | 0.11 | | 10.00 | 0.89 | +0.42 | + 722 |
| NGC 4395 | 12 26 38.0 | +33 27 21 | SA(s)m: | 7.3 | 2.12 | 0.08 | 147 | 10.64 | 0.46 | | + 319 |
| NGC 4406 | 12 27 01.92 | +12 51 17.9 | E3 | | 1.95 | 0.19 | 130 | 9.83 | 0.93 | +0.49 | − 248 |
| NGC 4429 | 12 28 16.8 | +11 00 59 | SA(r)0$^+$ | | 1.75 | 0.34 | 99 | 11.02 | 0.98 | +0.55 | +1137 |
| NGC 4438 | 12 28 35.68 | +12 55 04.1 | SA(s)0/a pec: | | 1.93 | 0.43 | 27 | 11.02 | 0.85 | +0.35 | + 64 |
| NGC 4449 | 12 28 59.2 | +44 00 09 | IBm | 6.7 | 1.79 | 0.15 | 45 | 9.99 | 0.41 | −0.35 | + 202 |
| NGC 4450 | 12 29 19.47 | +16 59 38.1 | SA(s)ab | 1.5 | 1.72 | 0.13 | 175 | 10.90 | 0.82 | | +1956 |
| NGC 4472 | 12 30 37.08 | +07 54 33.6 | E2 | | 2.01 | 0.09 | 155 | 9.37 | 0.96 | +0.55 | + 912 |
| NGC 4490 | 12 31 24.3 | +41 33 07 | SB(s)d pec | 5.4 | 1.80 | 0.31 | 125 | 10.22 | 0.43 | −0.19 | + 578 |
| NGC 4486 | 12 31 39.504 | +12 18 00.45 | E+0−1 pec | | 1.92 | 0.10 | | 9.59 | 0.96 | +0.57 | +1282 |
| NGC 4501 | 12 32 49.09 | +14 19 46.1 | SA(rs)b | 2.4 | 1.84 | 0.27 | 140 | 10.36 | 0.73 | +0.24 | +2279 |

| Name | Right Ascension | Declination | Type | L | Log (D$_{25}$) | Log (R$_{25}$) | P.A. | $B_T^w$ | $B-V$ | $U-B$ | $v_r$ |
|---|---|---|---|---|---|---|---|---|---|---|---|
| | h  m  s | °  ′  ″ | | | | | ° | | | | km/s |
| NGC 4517 | 12 33 36.3 | +00 01 26 | SA(s)cd: sp | 5.6 | 2.02 | 0.83 | 83 | 11.10 | 0.71 | | +1121 |
| NGC 4526 | 12 34 53.29 | +07 36 30.7 | SAB(s)0⁰: | | 1.86 | 0.48 | 113 | 10.66 | 0.96 | +0.53 | + 460 |
| NGC 4527 | 12 34 59.04 | +02 33 47.4 | SAB(s)bc | 3.3 | 1.79 | 0.47 | 67 | 11.38 | 0.86 | +0.21 | +1733 |
| NGC 4535 | 12 35 10.55 | +08 06 25.1 | SAB(s)c | 1.6 | 1.85 | 0.15 | 0 | 10.59 | 0.63 | −0.01 | +1957 |
| NGC 4536 | 12 35 17.7 | +02 05 49 | SAB(rs)bc | 2.0 | 1.88 | 0.37 | 130 | 11.16 | 0.61 | −0.02 | +1804 |
| NGC 4548 | 12 36 16.3 | +14 24 20 | SB(rs)b | 2.3 | 1.73 | 0.10 | 150 | 10.96 | 0.81 | +0.29 | + 486 |
| NGC 4552 | 12 36 29.9 | +12 27 55 | E0−1 | | 1.71 | 0.04 | | 10.73 | 0.98 | +0.56 | + 311 |
| NGC 4559 | 12 36 46.6 | +27 52 09 | SAB(rs)cd | 4.3 | 2.03 | 0.39 | 150 | 10.46 | 0.45 | | + 814 |
| NGC 4565 | 12 37 09.81 | +25 53 49.1 | SA(s)b? sp | 1.0 | 2.20 | 0.87 | 136 | 10.42 | 0.84 | | +1225 |
| NGC 4569 | 12 37 39.70 | +13 04 20.3 | SAB(rs)ab | 2.4 | 1.98 | 0.34 | 23 | 10.26 | 0.72 | +0.30 | − 236 |
| NGC 4579 | 12 38 33.51 | +11 43 39.6 | SAB(rs)b | 3.1 | 1.77 | 0.10 | 95 | 10.48 | 0.82 | +0.32 | +1521 |
| NGC 4605 | 12 40 42.9 | +61 31 07 | SB(s)c pec | 5.7 | 1.76 | 0.42 | 125 | 10.89 | 0.56 | −0.08 | + 143 |
| NGC 4594 | 12 40 50.966 | −11 42 48.51 | SA(s)a | | 1.94 | 0.39 | 89 | 8.98 | 0.98 | +0.53 | +1089 |
| NGC 4621 | 12 42 52.2 | +11 33 24 | E5 | | 1.73 | 0.16 | 165 | 10.57 | 0.94 | +0.48 | + 430 |
| NGC 4631 | 12 42 56.1 | +32 27 04 | SB(s)d | 5.0 | 2.19 | 0.76 | 86 | 9.75 | 0.56 | | + 608 |
| NGC 4636 | 12 43 40.3 | +02 35 51 | E0−1 | | 1.78 | 0.11 | 150 | 10.43 | 0.94 | +0.44 | +1017 |
| NGC 4649 | 12 44 29.9 | +11 27 44 | E2 | | 1.87 | 0.09 | 105 | 9.81 | 0.97 | +0.60 | +1114 |
| NGC 4656 | 12 44 46.6 | +32 04 55 | SB(s)m pec | 7.0 | 2.18 | 0.71 | 33 | 10.96 | 0.44 | | + 640 |
| NGC 4697 | 12 49 27.0 | −05 53 25 | E6 | | 1.86 | 0.19 | 70 | 10.14 | 0.91 | +0.39 | +1236 |
| NGC 4725 | 12 51 15.0 | +25 24 41 | SAB(r)ab pec | 2.4 | 2.03 | 0.15 | 35 | 10.11 | 0.72 | +0.34 | +1205 |
| NGC 4736 | 12 51 39.52 | +41 01 50.6 | (R)SA(r)ab | 3.0 | 2.05 | 0.09 | 105 | 8.99 | 0.75 | +0.16 | + 308 |
| NGC 4753 | 12 53 12.9 | −01 17 20 | I0 | | 1.78 | 0.33 | 80 | 10.85 | 0.90 | +0.41 | +1237 |
| NGC 4762 | 12 53 45.7 | +11 08 28 | SB(r)0⁰? sp | | 1.94 | 0.72 | 32 | 11.12 | 0.86 | +0.40 | + 979 |
| NGC 4826 | 12 57 32.2 | +21 35 39 | (R)SA(rs)ab | 3.5 | 2.00 | 0.27 | 115 | 9.36 | 0.84 | +0.32 | + 411 |
| NGC 4945 | 13 06 25.6 | −49 33 23 | SB(s)cd: sp | 6.7 | 2.30 | 0.72 | 43 | 9.3 | | | + 560 |
| NGC 4976 | 13 09 35.9 | −49 35 37 | E4 pec: | | 1.75 | 0.28 | 161 | 11.04 | 1.01 | +0.44 | +1453 |
| NGC 5005 | 13 11 41.90 | +36 58 17.9 | SAB(rs)bc | 3.3 | 1.76 | 0.32 | 65 | 10.61 | 0.80 | +0.31 | + 948 |
| NGC 5033 | 13 14 13.05 | +36 30 24.4 | SA(s)c | 2.2 | 2.03 | 0.33 | 170 | 10.75 | 0.55 | | + 877 |
| NGC 5055 | 13 16 33.6 | +41 56 33 | SA(rs)bc | 3.9 | 2.10 | 0.24 | 105 | 9.31 | 0.72 | | + 504 |
| NGC 5068 | 13 19 48.3 | −21 07 31 | SAB(rs)cd | 4.7 | 1.86 | 0.06 | 110 | 10.7 | 0.67 | | + 671 |
| NGC 5102 | 13 22 54.1 | −36 42 59 | SA0⁻ | | 1.94 | 0.49 | 48 | 10.35 | 0.72 | +0.23 | + 468 |
| NGC 5128 | 13 26 25.899 | −43 06 16.49 | E1/S0 + S pec | | 2.41 | 0.11 | 35 | 7.84 | 1.00 | | + 559 |
| NGC 5194 | 13 30 34.34 | +47 06 37.2 | SA(s)bc pec | 1.8 | 2.05 | 0.21 | 163 | 8.96 | 0.60 | −0.06 | + 463 |
| NGC 5195 | 13 30 41.2 | +47 10 53 | I0 pec | | 1.76 | 0.10 | 79 | 10.45 | 0.90 | +0.31 | + 484 |
| NGC 5236 | 13 37 56.4 | −29 56 54 | SAB(s)c | 2.8 | 2.11 | 0.05 | | 8.20 | 0.66 | +0.03 | + 514 |
| NGC 5248 | 13 38 21.36 | +08 48 07.0 | SAB(rs)bc | 1.8 | 1.79 | 0.14 | 110 | 10.97 | 0.65 | +0.05 | +1153 |
| NGC 5247 | 13 38 56.76 | −17 58 02.8 | SA(s)bc | 1.8 | 1.75 | 0.06 | 20 | 10.5 | 0.54 | −0.11 | +1357 |
| NGC 5253 | 13 40 52.48 | −31 43 23.9 | Pec | | 1.70 | 0.41 | 45 | 10.87 | 0.43 | −0.24 | + 404 |
| NGC 5322 | 13 49 48.32 | +60 06 32.2 | E3−4 | | 1.77 | 0.18 | 95 | 11.14 | 0.91 | +0.47 | +1915 |
| NGC 5364 | 13 57 01.8 | +04 56 04 | SA(rs)bc pec | 1.1 | 1.83 | 0.19 | 30 | 11.17 | 0.64 | +0.07 | +1241 |
| NGC 5457 | 14 03 47.5 | +54 16 11 | SAB(rs)cd | 1.1 | 2.46 | 0.03 | | 8.31 | 0.45 | | + 240 |
| NGC 5585 | 14 20 19.6 | +56 39 14 | SAB(s)d | 7.6 | 1.76 | 0.19 | 30 | 11.20 | 0.46 | −0.22 | + 304 |
| NGC 5566 | 14 21 09.9 | +03 51 32 | SB(r)ab | 3.6 | 1.82 | 0.48 | 35 | 11.46 | 0.91 | +0.45 | +1505 |
| NGC 5746 | 14 45 46.1 | +01 53 09 | SAB(rs)b? sp | 4.5 | 1.87 | 0.75 | 170 | 11.29 | 0.97 | +0.42 | +1722 |
| Ursa Minor | 15 09 12 | +67 09.9 | dSph | | 2.50: | 0.35 | 53 | 11.5: | 0.9: | | − 250 |

| Name | Right Ascension | Declination | Type | L | Log $(D_{25})$ | Log $(R_{25})$ | P.A. | $B_T^w$ | $B-V$ | $U-B$ | $v_r$ |
|---|---|---|---|---|---|---|---|---|---|---|---|
| | h m s | ° ′ ″ | | | | | ° | | | | km/s |
| NGC 5907 | 15 16 19.4 | +56 16 07 | SA(s)c: sp | 3.0 | 2.10 | 0.96 | 155 | 11.12 | 0.78 | +0.15 | + 666 |
| NGC 6384 | 17 33 12.3 | +07 02 58 | SAB(r)bc | 1.1 | 1.79 | 0.18 | 30 | 11.14 | 0.72 | +0.23 | +1667 |
| NGC 6503 | 17 49 16.2 | +70 08 25 | SA(s)cd | 5.2 | 1.85 | 0.47 | 123 | 10.91 | 0.68 | +0.03 | + 43 |
| Sgr Dw Sph | 18 56.3 | −30 29 | dSph | | 4.26: | 0.42 | 104 | 4.3: | 0.7: | | + 140 |
| NGC 6744 | 19 11 19.6 | −63 49 46 | SAB(r)bc | 3.3 | 2.30 | 0.19 | 15 | 9.14 | | | + 838 |
| NGC 6822 | 19 45 53 | −14 45.9 | IB(s)m | 8.5 | 2.19 | 0.06 | 5 | 9.0 | 0.79 | +0.04: | − 54 |
| NGC 6946 | 20 35 13.08 | +60 12 41.3 | SAB(rs)cd | 2.3 | 2.06 | 0.07 | | 9.61 | 0.80 | | + 50 |
| NGC 7090 | 21 37 37.4 | −54 28 56 | SBc? sp | | 1.87 | 0.77 | 127 | 11.33 | 0.61 | −0.02 | + 854 |
| IC 5152 | 22 03 45.7 | −51 12 56 | IA(s)m | 8.4 | 1.72 | 0.21 | 100 | 11.06 | | | + 120 |
| IC 5201 | 22 21 57.6 | −45 57 07 | SB(rs)cd | 5.1 | 1.93 | 0.34 | 33 | 11.3 | | | + 914 |
| NGC 7331 | 22 37 49.48 | +34 30 06.1 | SA(s)b | 2.2 | 2.02 | 0.45 | 171 | 10.35 | 0.87 | +0.30 | + 821 |
| NGC 7410 | 22 55 56.7 | −39 34 23 | SB(s)a | | 1.72 | 0.51 | 45 | 11.24 | 0.93 | +0.45 | +1751 |
| IC 1459 | 22 58 05.70 | −36 22 25.5 | E3−4 | | 1.72 | 0.14 | 40 | 10.97 | 0.98 | +0.51 | +1691 |
| IC 5267 | 22 58 09.8 | −43 18 27 | SA(rs)0/a | | 1.72 | 0.13 | 140 | 11.43 | 0.89 | +0.37 | +1713 |
| NGC 7424 | 22 58 14.3 | −40 58 55 | SAB(rs)cd | 4.0 | 1.98 | 0.07 | | 10.96 | 0.48 | −0.15 | + 941 |
| NGC 7582 | 23 19 18.0 | −42 16 50 | (R′)SB(s)ab | | 1.70 | 0.38 | 157 | 11.37 | 0.75 | +0.25 | +1573 |
| IC 5332 | 23 35 19.9 | −36 00 35 | SA(s)d | 3.9 | 1.89 | 0.10 | | 11.09 | | | + 706 |
| NGC 7793 | 23 58 40.6 | −32 29 57 | SA(s)d | 6.9 | 1.97 | 0.17 | 98 | 9.63 | 0.54 | −0.09 | + 228 |

## Notes to Table

:   Indicates uncertainity or larger than normal standard deviation.

## Alternate Names for Some Galaxies

| | |
|---|---|
| Leo I | Regulus Dwarf |
| LMC | Large Magellanic Cloud |
| NGC 224 | Andromeda Galaxy, M31 |
| NGC 598 | Triangulum Galaxy, M33 |
| NGC 1068 | M77, 3C 71 |
| NGC 1316 | Fornax A |
| NGC 3034 | M82, 3C 231 |
| NGC 4038/9 | The Antennae |
| NGC 4374 | M84, 3C 272.1 |
| NGC 4486 | Virgo A, M87, 3C 274 |
| NGC 4594 | Sombrero Galaxy, M104 |
| NGC 4826 | Black Eye Galaxy, M64 |
| NGC 5055 | Sunflower Galaxy, M63 |
| NGC 5128 | Centaurus A |
| NGC 5194 | Whirlpool Galaxy, M51 |
| NGC 5457 | Pinwheel Galaxy, M101/2 |
| NGC 6822 | Barnard's Galaxy |
| Sgr Dw Sph | Sagittarius Dwarf Spheroidal Galaxy |
| SMC | Small Magellanic Cloud, NGC 292 |
| WLM | Wolf-Lundmark-Melotte Galaxy |

# SELECTED OPEN CLUSTERS, J2016.5

| IAU Designation | Name | RA | Dec. | Appt. Diam. | Dist. | Log (age) | Mag. Mem.[1] | E(B−V) | Metal-licity | Trumpler Class |
|---|---|---|---|---|---|---|---|---|---|---|
| | | h m s | ° ′ ″ | ′ | pc | yr | | | | |
| C0001−302 | Blanco 1 | 00 04 58 | −29 44 29 | 70.0 | 269 | 7.796 | 8 | 0.010 | +0.04 | IV 3 m |
| C0022+610 | NGC 103 | 00 26 11 | +61 24 53 | 4.0 | 3026 | 8.126 | 11 | 0.406 | | II 1 m |
| C0027+599 | NGC 129 | 00 30 56 | +60 18 34 | 19.0 | 1625 | 7.886 | 11 | 0.548 | | III 2 m |
| C0029+628 | King 14 | 00 33 00 | +63 14 47 | 8.0 | 2960 | 7.9 | 10 | 0.34 | | III 1 p |
| C0030+630 | NGC 146 | 00 33 55 | +63 25 30 | 5.5 | 3470 | 7.11 | | 0.55 | | II 2 p |
| C0036+608 | NGC 189 | 00 40 33 | +61 11 08 | 5.0 | 752 | 7.00 | | 0.42 | | III 1 p |
| C0040+615 | NGC 225 | 00 44 38 | +61 51 55 | 12.0 | 657 | 8.114 | | 0.274 | | III 1 pn |
| C0039+850 | NGC 188 | 00 49 15 | +85 20 41 | 17.0 | 2047 | 9.632 | 10 | 0.082 | −0.03 | I 2 r |
| C0048+579 | King 2 | 00 51 59 | +58 16 22 | 5.0 | 5750 | 9.78 | 17 | 0.31 | −0.42 | II 2 m |
| | IC 1590 | 00 53 47 | +56 43 04 | 4.0 | 2940 | 6.54 | | 0.32 | | |
| C0112+598 | NGC 433 | 01 16 14 | +60 12 49 | 2.0 | 2323 | 7.50 | 9 | 0.86 | | III 2 p |
| C0112+585 | NGC 436 | 01 17 01 | +58 53 54 | 5.0 | 3014 | 7.926 | 10 | 0.460 | | I 2 m |
| C0115+580 | NGC 457 | 01 20 38 | +58 22 23 | 20.0 | 2429 | 7.324 | 6 | 0.472 | | II 3 r |
| C0126+630 | NGC 559 | 01 30 40 | +63 23 19 | 9.1 | 2430 | 8.35 | 9 | 0.82 | | I 1 m |
| C0129+604 | NGC 581 | 01 34 29 | +60 44 03 | 5.0 | 2194 | 7.336 | 9 | 0.382 | | II 2 m |
| C0132+610 | Trumpler 1 | 01 36 49 | +61 22 02 | 3.0 | 2469 | 7.30 | 10 | 0.68 | | II 2 p |
| C0139+637 | NGC 637 | 01 44 15 | +64 07 21 | 3.0 | 2500 | 7.0 | 8 | 0.64 | | I 2 m |
| C0140+616 | NGC 654 | 01 45 09 | +61 58 03 | 5.0 | 2410 | 7.0 | 10 | 0.82 | | II 2 r |
| C0140+604 | NGC 659 | 01 45 32 | +60 45 21 | 5.0 | 1938 | 7.548 | 10 | 0.652 | | I 2 m |
| C0144+717 | Collinder 463 | 01 47 06 | +71 53 32 | 57.0 | 702 | 8.373 | | 0.259 | | III 2 m |
| C0142+610 | NGC 663 | 01 47 18 | +61 19 01 | 14.0 | 2420 | 7.4 | 9 | 0.80 | | II 3 r |
| C0149+615 | IC 166 | 01 53 40 | +61 54 51 | 7.0 | 4800 | 9.0 | 17 | 0.80 | −0.178 | II 1 r |
| C0154+374 | NGC 752 | 01 58 40 | +37 51 53 | 75.0 | 457 | 9.050 | 8 | 0.034 | +0.01 | II 2 r |
| C0155+552 | NGC 744 | 01 59 40 | +55 33 11 | 5.0 | 1207 | 8.248 | 10 | 0.384 | | III 1 p |
| C0211+590 | Stock 2 | 02 15 55 | +59 33 40 | 60.0 | 303 | 8.23 | | 0.38 | −0.14 | I 2 m |
| C0215+569 | NGC 869 | 02 20 10 | +57 12 13 | 18.0 | 2079 | 7.069 | 7 | 0.575 | −0.3 | I 3 r |
| C0218+568 | NGC 884 | 02 23 34 | +57 12 01 | 18.2 | 2940 | 7.1 | 7 | 0.56 | −0.3 | I 3 r |
| C0225+604 | Markarian 6 | 02 30 55 | +60 46 46 | 6.0 | 698 | 7.214 | 8 | 0.606 | | III 1 P |
| C0228+612 | IC 1805 | 02 33 58 | +61 31 19 | 20.0 | 2344 | 6.48 | 9 | 0.87 | | II 3 mn |
| C0233+557 | Trumpler 2 | 02 38 04 | +55 59 10 | 17.0 | 725 | 7.95 | | 0.40 | | II 2 p |
| C0238+425 | NGC 1039 | 02 43 09 | +42 49 53 | 35.0 | 499 | 8.249 | 9 | 0.070 | +0.07 | II 3 r |
| C0238+613 | NGC 1027 | 02 44 00 | +61 42 11 | 6.2 | 1030 | 8.4 | 9 | 0.41 | | II 3 mn |
| C0247+602 | IC 1848 | 02 52 29 | +60 30 02 | 18.0 | 2200 | 6.70 | | 0.660 | | I 3 pn |
| C0302+441 | NGC 1193 | 03 07 02 | +44 26 47 | 3.0 | 4571 | 9.7 | 14 | 0.19 | −0.293 | I 2 m |
| | NGC 1252 | 03 11 14 | −57 42 18 | 8.0 | 790 | 9.45 | | 0.00 | | |
| C0311+470 | NGC 1245 | 03 15 51 | +47 17 50 | 40.0 | 2818 | 9.03 | 12 | 0.24 | −0.04 | II 2 r |
| C0318+484 | Melotte 20 | 03 25 30 | +49 55 09 | 300.0 | 185 | 7.854 | 3 | 0.090 | +0.04 | III 3 m |
| C0328+371 | NGC 1342 | 03 32 42 | +37 25 55 | 15.0 | 665 | 8.655 | 8 | 0.319 | −0.16 | III 2 m |
| C0341+321 | IC 348 | 03 45 36 | +32 12 51 | 8.0 | 385 | 7.641 | | 0.929 | | |
| C0344+239 | Melotte 22 | 03 47 59 | +24 10 00 | 120.0 | 133 | 8.131 | 3 | 0.030 | −0.03 | I 3 rn |
| C0400+524 | NGC 1496 | 04 05 48 | +52 42 21 | 4.0 | 1230 | 8.80 | 12 | 0.45 | | III 2 p |
| C0403+622 | NGC 1502 | 04 09 18 | +62 22 28 | 8.0 | 1000 | 7.00 | 7 | 0.70 | | I 3 m |
| C0406+493 | NGC 1513 | 04 11 11 | +49 33 26 | 10.0 | 1320 | 8.11 | 11 | 0.67 | | II 1 m |
| C0411+511 | NGC 1528 | 04 16 38 | +51 15 19 | 16.0 | 1090 | 8.6 | 10 | 0.26 | | II 2 m |
| C0417+448 | Berkeley 11 | 04 21 47 | +44 57 18 | 5.0 | 2200 | 8.041 | 15 | 0.95 | +0.01 | II 2 m |
| C0417+501 | NGC 1545 | 04 22 12 | +50 17 30 | 18.0 | 711 | 8.448 | 9 | 0.303 | −0.13 | IV 2 p |
| C0424+157 | Melotte 25 | 04 27 51 | +15 54 10 | 330.0 | 45 | 8.896 | 4 | 0.010 | +0.13 | |
| C0443+189 | NGC 1647 | 04 46 53 | +19 08 38 | 40.0 | 540 | 8.158 | 9 | 0.370 | | II 2 r |
| C0445+108 | NGC 1662 | 04 49 22 | +10 57 53 | 20.0 | 437 | 8.625 | 9 | 0.304 | −0.095 | II 3 m |
| C0447+436 | NGC 1664 | 04 52 17 | +43 42 07 | 9.0 | 1199 | 8.465 | 10 | 0.254 | | |

| IAU Designation | Name | RA | Dec. | Appt. Diam. | Dist. | Log (age) | Mag. Mem.[1] | E(B−V) | Metal-licity | Trumpler Class |
|---|---|---|---|---|---|---|---|---|---|---|
| | | h m s | ° ′ ″ | ′ | pc | yr | | | | |
| C0504+369 | NGC 1778 | 05 09 11 | +37 02 37 | 8.0 | 1469 | 8.155 | | 0.336 | | III 2 p |
| C0509+166 | NGC 1817 | 05 13 12 | +16 42 32 | 16.0 | 1972 | 8.612 | 9 | 0.334 | −0.16 | IV 2 r |
| C0518−685 | NGC 1901 | 05 18 07 | −68 26 00 | 10.0 | 460 | 8.78 | | 0.03 | −0.018 | III 3 m |
| C0519+333 | NGC 1893 | 05 23 49 | +33 25 35 | 25.0 | 6000 | 6.48 | | 0.45 | | II 3 rn |
| C0520+295 | Berkeley 19 | 05 25 09 | +29 36 51 | 4.0 | 7870 | 9.40 | 15 | 0.32 | −0.50 | II 1 m |
| C0524+352 | NGC 1907 | 05 29 11 | +35 20 15 | 7.0 | 1800 | 8.5 | 11 | 0.52 | | I 1 mn |
| C0524+343 | Stock 8 | 05 29 13 | +34 26 09 | 12.0 | 2005 | 6.30 | | 0.40 | | |
| C0525+358 | NGC 1912 | 05 29 47 | +35 51 38 | 20.0 | 1400 | 8.5 | 8 | 0.25 | −0.38 | II 2 r |
| C0532+099 | Collinder 69 | 05 36 01 | +09 56 35 | 70.0 | 400 | 6.70 | | 0.12 | | |
| C0532−059 | NGC 1980 | 05 36 12 | −05 54 19 | 20.0 | 550 | 6.67 | | 0.05 | | III 3 mn |
| C0532+341 | NGC 1960 | 05 37 24 | +34 08 57 | 10.0 | 1330 | 7.4 | 9 | 0.22 | | I 3 r |
| C0536−026 | Sigma Orionis | 05 39 32 | −02 35 30 | 10.0 | 399 | 7.11 | | 0.05 | | III 1 p |
| C0535+379 | Stock 10 | 05 40 08 | +37 56 29 | 25.0 | 380 | 7.90 | | 0.07 | | IV 2 p |
| C0546+336 | King 8 | 05 50 29 | +33 38 14 | 4.0 | 6403 | 8.618 | 15 | 0.580 | −0.460 | II 2 m |
| C0548+217 | Berkeley 21 | 05 52 42 | +21 47 11 | 5.0 | 5000 | 9.34 | 6 | 0.76 | −0.835 | I 2 |
| C0549+325 | NGC 2099 | 05 53 23 | +32 33 22 | 14.0 | 1383 | 8.540 | 11 | 0.302 | +0.089 | I 2 r |
| C0600+104 | NGC 2141 | 06 03 50 | +10 26 43 | 10.0 | 4033 | 9.231 | 15 | 0.250 | −0.18 | I 2 r |
| C0601+240 | IC 2157 | 06 05 51 | +24 03 13 | 5.0 | 2040 | 7.800 | 12 | 0.548 | | II 1 p |
| C0604+241 | NGC 2158 | 06 08 26 | +24 05 37 | 5.0 | 5071 | 9.023 | 15 | 0.360 | −0.28 | |
| C0605+139 | NGC 2169 | 06 09 20 | +13 57 41 | 5.0 | 1052 | 7.067 | | 0.199 | | III 3 m |
| C0605+243 | NGC 2168 | 06 09 55 | +24 19 46 | 40.0 | 912 | 8.25 | 8 | 0.20 | −0.160 | III 3 r |
| C0606+203 | NGC 2175 | 06 10 38 | +20 28 57 | 22.0 | 1627 | 6.953 | 8 | 0.598 | | III 3 rn |
| C0609+054 | NGC 2186 | 06 13 01 | +05 26 55 | 8.1 | 2700 | 8.3 | 12 | 0.27 | | II 2 m |
| C0611+128 | NGC 2194 | 06 14 41 | +12 48 03 | 9.0 | 3781 | 8.515 | 13 | 0.383 | −0.08 | II 2 r |
| C0613−186 | NGC 2204 | 06 16 16 | −18 40 17 | 10.0 | 2629 | 8.896 | 13 | 0.085 | −0.23 | II 2 r |
| C0618−072 | NGC 2215 | 06 21 37 | −07 17 31 | 7.0 | 1293 | 8.369 | 11 | 0.300 | | II 2 m |
| C0624−047 | NGC 2232 | 06 28 04 | −04 46 10 | 53.0 | 359 | 7.727 | | 0.030 | +0.32 | III 2 p |
| C0627−312 | NGC 2243 | 06 30 11 | −31 17 43 | 5.0 | 4458 | 9.032 | | 0.051 | −0.42 | I 2 r |
| C0629+049 | NGC 2244 | 06 32 48 | +04 55 43 | 29.0 | 1660 | 6.28 | 7 | 0.47 | | II 3 rn |
| C0632+084 | NGC 2251 | 06 35 32 | +08 21 10 | 10.0 | 1329 | 8.427 | | 0.186 | −0.10 | III 2 m |
| C0634+094 | Trumpler 5 | 06 37 36 | +09 25 07 | 15.4 | 2400 | 9.70 | 17 | 0.60 | −0.30 | III 1 rn |
| C0635+020 | Collinder 110 | 06 39 16 | +02 00 04 | 18.0 | 1950 | 9.15 | | 0.50 | | |
| C0638+099 | NGC 2264 | 06 41 53 | +09 52 42 | 39.0 | 667 | 6.954 | 5 | 0.051 | −0.15 | III 3 mn |
| C0640+270 | NGC 2266 | 06 44 21 | +26 57 09 | 5.0 | 3000 | 8.80 | 11 | 0.20 | −0.38 | II 2 m |
| C0644−206 | NGC 2287 | 06 46 44 | −20 46 30 | 39.0 | 710 | 8.4 | 8 | 0.01 | −0.23 | I 3 r |
| C0645+411 | NGC 2281 | 06 49 27 | +41 03 32 | 25.0 | 558 | 8.554 | 8 | 0.063 | +0.13 | I 3 m |
| C0649+005 | NGC 2301 | 06 52 36 | +00 26 21 | 14.0 | 870 | 8.2 | 8 | 0.03 | +0.060 | I 3 r |
| C0649−070 | NGC 2302 | 06 52 43 | −07 06 15 | 5.0 | 1500 | 7.08 | 12 | 0.23 | | III 2 m |
| C0649+030 | Berkeley 28 | 06 53 04 | +02 54 45 | 3.0 | 2557 | 7.846 | 15 | 0.761 | | I 1 p |
| C0655+065 | Berkeley 32 | 06 58 59 | +06 24 36 | 6.0 | 3078 | 9.70 | 14 | 0.15 | −0.29 | II 2 r |
| C0700−082 | NGC 2323 | 07 03 30 | −08 24 30 | 14.0 | 950 | 8.0 | 9 | 0.20 | | II 3 r |
| C0701+011 | NGC 2324 | 07 04 58 | +01 01 10 | 10.6 | 3800 | 8.65 | 12 | 0.25 | −0.17 | II 2 r |
| C0704−100 | NGC 2335 | 07 07 36 | −10 03 18 | 6.0 | 1417 | 8.210 | 10 | 0.393 | −0.18 | III 2 mn |
| C0705−105 | NGC 2343 | 07 08 53 | −10 38 37 | 5.0 | 1056 | 7.104 | 8 | 0.118 | −0.30 | II 2 pn |
| C0706−130 | NGC 2345 | 07 09 04 | −13 13 14 | 12.0 | 2251 | 7.853 | 9 | 0.616 | | II 3 r |
| C0712−256 | NGC 2354 | 07 14 51 | −25 43 10 | 18.0 | 4085 | 8.126 | | 0.307 | −0.30 | III 2 r |
| C0712−102 | NGC 2353 | 07 15 17 | −10 17 46 | 18.0 | 1170 | 8.10 | 9 | 0.10 | | III 3 p |
| C0712−310 | Collinder 132 | 07 15 58 | −30 42 47 | 80.0 | 472 | 7.080 | | 0.037 | | III 3 p |
| C0715−367 | Collinder 135 | 07 17 52 | −36 50 50 | 50.0 | 316 | 7.407 | | 0.032 | −0.219 | |
| C0714+138 | NGC 2355 | 07 17 55 | +13 43 10 | 7.0 | 1949 | 8.90 | 13 | 0.22 | −0.08 | II 2 m |

| IAU Designation | Name | RA | Dec. | Appt. Diam. | Dist. | Log (age) | Mag. Mem.[1] | $E_{(B-V)}$ | Metal-licity | Trumpler Class |
|---|---|---|---|---|---|---|---|---|---|---|
| | | h m s | ° ′ ″ | ′ | pc | yr | | | | |
| C0715−155 | NGC 2360 | 07 18 28 | −15 40 20 | 13.0 | 1887 | 8.749 | | 0.111 | −0.03 | I 3 r |
| C0716−248 | NGC 2362 | 07 19 22 | −24 59 10 | 5.0 | 1480 | 6.70 | 8 | 0.10 | | I 3 r |
| C0717−130 | Haffner 6 | 07 20 52 | −13 09 54 | 6.0 | 3054 | 8.826 | 16 | 0.450 | | IV 2 rn |
| C0721−131 | NGC 2374 | 07 24 42 | −13 17 47 | 12.0 | 1468 | 8.463 | | 0.090 | | IV 2 p |
| C0722−321 | Collinder 140 | 07 25 05 | −31 52 59 | 60.0 | 405 | 7.548 | | 0.030 | −0.10 | III 3 m |
| C0722−261 | Ruprecht 18 | 07 25 20 | −26 15 00 | 7.0 | 1056 | 7.648 | | 0.700 | −0.010 | |
| C0722−209 | NGC 2384 | 07 25 53 | −21 03 19 | 5.0 | 3070 | 7.15 | | 0.31 | | IV 3 p |
| C0724−476 | Melotte 66 | 07 26 51 | −47 42 02 | 14.0 | 4313 | 9.445 | | 0.143 | −0.33 | II 1 r |
| C0731−153 | NGC 2414 | 07 33 57 | −15 29 23 | 5.0 | 3455 | 6.976 | | 0.508 | | I 3 m |
| C0734−205 | NGC 2421 | 07 36 56 | −20 38 57 | 6.0 | 2200 | 7.90 | 11 | 0.42 | | I 2 r |
| C0734−143 | NGC 2422 | 07 37 21 | −14 31 16 | 25.0 | 490 | 7.861 | 5 | 0.070 | +0.11 | I 3 m |
| C0734−137 | NGC 2423 | 07 37 52 | −13 54 34 | 12.0 | 766 | 8.867 | | 0.097 | +0.14 | II 2 m |
| C0735−119 | Melotte 71 | 07 38 16 | −12 06 17 | 7.0 | 3154 | 8.371 | | 0.113 | −0.32 | II 2 r |
| C0735+216 | NGC 2420 | 07 39 22 | +21 32 06 | 5.0 | 2480 | 9.3 | 11 | 0.04 | −0.38 | I 1 r |
| C0738−334 | Bochum 15 | 07 40 43 | −33 34 20 | 3.0 | 2806 | 6.742 | | 0.576 | | IV 2 pn |
| C0738−315 | NGC 2439 | 07 41 23 | −31 43 57 | 9.0 | 1300 | 7.00 | 9 | 0.37 | | II 3 r |
| C0739−147 | NGC 2437 | 07 42 31 | −14 50 59 | 20.0 | 1510 | 8.4 | 10 | 0.10 | +0.059 | II 2 r |
| C0742−237 | NGC 2447 | 07 45 12 | −23 53 50 | 10.0 | 1037 | 8.588 | 9 | 0.046 | −0.10 | I 3 r |
| C0744−044 | Berkeley 39 | 07 47 31 | −04 38 29 | 7.0 | 4780 | 9.90 | 16 | 0.12 | −0.20 | II 2 r |
| C0745−271 | NGC 2453 | 07 48 16 | −27 14 12 | 4.0 | 2150 | 7.187 | | 0.446 | | I 3 m |
| C0746−261 | Ruprecht 36 | 07 49 04 | −26 20 31 | 5.0 | 1681 | 7.606 | 12 | 0.166 | | IV 1 m |
| C0750−384 | NGC 2477 | 07 52 45 | −38 34 24 | 15.0 | 1341 | 8.85 | 12 | 0.31 | +0.07 | I 2 r |
| C0752−241 | NGC 2482 | 07 55 54 | −24 18 10 | 10.0 | 1343 | 8.604 | | 0.093 | −0.07 | IV 1 m |
| C0754−299 | NGC 2489 | 07 56 55 | −30 06 29 | 6.0 | 3957 | 7.264 | 11 | 0.374 | +0.080 | I 2 m |
| C0757−607 | NGC 2516 | 07 58 20 | −60 47 55 | 30.0 | 409 | 8.052 | 7 | 0.101 | +0.060 | I 3 r |
| C0757−284 | Ruprecht 44 | 07 59 31 | −28 37 44 | 10.0 | 4730 | 6.941 | 12 | 0.619 | | IV 2 m |
| C0757−106 | NGC 2506 | 08 00 48 | −10 48 58 | 12.0 | 3750 | 9.00 | 11 | 0.10 | −0.20 | I 2 r |
| C0803−280 | NGC 2527 | 08 05 39 | −28 11 40 | 10.0 | 601 | 8.649 | | 0.038 | −0.10 | II 2 m |
| C0805−297 | NGC 2533 | 08 07 44 | −29 55 54 | 5.0 | 1700 | 8.84 | | 0.14 | | II 2 r |
| C0809−491 | NGC 2547 | 08 10 38 | −49 15 52 | 25.0 | 361 | 7.585 | 7 | 0.186 | −0.160 | I 3 rn |
| C0808−126 | NGC 2539 | 08 11 24 | −12 52 05 | 9.0 | 1363 | 8.570 | 9 | 0.082 | +0.13 | III 2 m |
| C0810−374 | NGC 2546 | 08 12 52 | −37 38 43 | 70.0 | 919 | 7.874 | 7 | 0.134 | +0.120 | III 2 m |
| C0811−056 | NGC 2548 | 08 14 32 | −05 48 03 | 30.0 | 770 | 8.6 | 8 | 0.03 | +0.080 | I 3 r |
| C0816−304 | NGC 2567 | 08 19 12 | −30 41 32 | 7.0 | 1677 | 8.469 | 11 | 0.128 | 0.00 | II 2 m |
| C0816−295 | NGC 2571 | 08 19 36 | −29 48 09 | 8.0 | 1342 | 7.488 | | 0.137 | +0.05 | II 3 m |
| C0835−394 | Pismis 5 | 08 38 15 | −39 38 30 | 12.0 | 869 | 7.197 | | 0.421 | | |
| C0837−460 | NGC 2645 | 08 39 36 | −46 17 32 | 3.0 | 1668 | 7.283 | 9 | 0.380 | | II 3 p |
| C0838−528 | IC 2391 | 08 41 00 | −53 05 33 | 60.0 | 175 | 7.661 | 4 | 0.008 | −0.01 | II 3 m |
| C0837+201 | NGC 2632 | 08 41 21 | +19 36 26 | 70.0 | 187 | 8.863 | 6 | 0.009 | +0.27 | II 3 m |
| | Mamajek 1 | 08 41 30 | −79 05 12 | 40.0 | 97 | 6.9 | | 0.00 | | |
| C0839−461 | Pismis 8 | 08 42 09 | −46 19 34 | 3.0 | 1312 | 7.427 | 10 | 0.706 | | II 2 p |
| C0839−480 | IC 2395 | 08 43 02 | −48 10 24 | 18.6 | 800 | 6.80 | | 0.09 | 0.00 | II 3 m |
| C0840−469 | NGC 2660 | 08 43 11 | −47 15 36 | 3.5 | 2826 | 9.033 | 13 | 0.313 | +0.04 | I 1 r |
| C0843−486 | NGC 2670 | 08 46 02 | −48 51 39 | 7.0 | 1188 | 7.690 | 13 | 0.430 | | III 2 m |
| C0843−527 | NGC 2669 | 08 46 51 | −53 00 34 | 20.0 | 1046 | 7.927 | | 0.180 | | III 3 m |
| C0846−423 | Trumpler 10 | 08 48 30 | −42 30 41 | 29.0 | 424 | 7.542 | | 0.034 | −0.13 | II 3 m |
| C0847+120 | NGC 2682 | 08 52 12 | +11 44 15 | 25.0 | 808 | 9.45 | 9 | 0.03 | +0.03 | II 3 r |
| C0914−364 | NGC 2818 | 09 16 41 | −36 41 40 | 9.0 | 1855 | 8.626 | | 0.121 | −0.17 | III 1 m |
| | NGC 2866 | 09 22 40 | −51 10 15 | 2.0 | 2600 | 8.30 | | 0.66 | | |
| C0922−515 | Ruprecht 76 | 09 24 46 | −51 44 17 | 5.0 | 1262 | 7.734 | 13 | 0.376 | | IV 2 p |

| IAU Designation | Name | RA | Dec. | Appt. Diam. | Dist. | Log (age) | Mag. Mem.[1] | $E_{(B-V)}$ | Metal-licity | Trumpler Class |
|---|---|---|---|---|---|---|---|---|---|---|
| | | h m s | ° ′ ″ | ′ | pc | yr | | | | |
| C0925−549 | Ruprecht 77 | 09 27 35 | −55 11 20 | 5.0 | 4129 | 7.501 | 14 | 0.622 | | II 1 m |
| C0926−567 | IC 2488 | 09 28 08 | −57 04 20 | 18.0 | 1134 | 8.113 | 10 | 0.231 | +0.10 | II 3 r |
| C0927−534 | Ruprecht 78 | 09 29 42 | −53 46 22 | 3.0 | 1641 | 7.987 | 15 | 0.350 | | II 2 m |
| C0939−536 | Ruprecht 79 | 09 41 33 | −53 55 32 | 5.0 | 1979 | 7.093 | 11 | 0.717 | | III 2 p |
| C1001−598 | NGC 3114 | 10 03 08 | −60 12 00 | 35.0 | 911 | 8.093 | 9 | 0.069 | +0.02 | |
| C1019−514 | NGC 3228 | 10 22 01 | −51 48 43 | 5.0 | 544 | 7.932 | | 0.028 | +0.03 | |
| C1022−575 | Westerlund 2 | 10 24 39 | −57 51 02 | 2.0 | 2850 | 6.30 | | 1.65 | | IV 1 pn |
| C1025−573 | IC 2581 | 10 28 06 | −57 42 04 | 5.0 | 2446 | 7.142 | | 0.415 | −0.34 | II 2 pn |
| C1028−595 | Collinder 223 | 10 32 52 | −60 06 19 | 18.0 | 2820 | 8.0 | | 0.25 | −0.217 | II 2 m |
| C1033−579 | NGC 3293 | 10 36 29 | −58 18 57 | 6.0 | 2327 | 7.014 | 8 | 0.263 | | |
| C1035−583 | NGC 3324 | 10 37 58 | −58 43 39 | 12.0 | 2317 | 6.754 | | 0.438 | −0.474 | |
| C1036−538 | NGC 3330 | 10 39 26 | −54 12 34 | 4.0 | 894 | 8.229 | | 0.050 | | III 2 m |
| C1040−588 | Bochum 10 | 10 42 50 | −59 13 12 | 20.0 | 2027 | 6.857 | | 0.306 | | II 3 mn |
| C1041−641 | IC 2602 | 10 43 34 | −64 29 12 | 100.0 | 161 | 7.507 | 3 | 0.024 | 0.00 | I 3 r |
| C1041−593 | Trumpler 14 | 10 44 35 | −59 38 13 | 8.4 | 2900 | 6.00 | | 0.36 | | |
| C1041−597 | Collinder 228 | 10 44 38 | −60 10 25 | 14.0 | 2201 | 6.830 | | 0.342 | | |
| C1042−591 | Trumpler 15 | 10 45 22 | −59 27 13 | 14.0 | 1853 | 6.926 | | 0.434 | | III 2 pn |
| C1043−594 | Trumpler 16 | 10 45 49 | −59 48 13 | 12.0 | 2900 | 6.00 | | 0.36 | | |
| C1045−598 | Bochum 11 | 10 47 54 | −60 10 14 | 21.0 | 2412 | 6.764 | | 0.576 | | IV 3 pn |
| C1054−589 | Trumpler 17 | 10 57 05 | −59 17 18 | 5.0 | 2189 | 7.706 | | 0.605 | | |
| C1055−614 | Bochum 12 | 10 58 04 | −61 48 19 | 10.0 | 2218 | 7.61 | | 0.24 | | III 3 p |
| C1057−600 | NGC 3496 | 11 00 17 | −60 25 31 | 8.0 | 990 | 8.471 | | 0.469 | | II 1 r |
| | Sher 1 | 11 01 45 | −60 19 20 | 1.0 | 5875 | 6.713 | | 1.374 | | |
| C1059−595 | Pismis 17 | 11 01 47 | −59 54 20 | 6.0 | 3504 | 7.023 | 9 | 0.471 | −0.145 | |
| C1104−584 | NGC 3532 | 11 06 21 | −58 50 33 | 50.0 | 492 | 8.477 | 8 | 0.028 | +0.02 | II 3 r |
| C1108−599 | NGC 3572 | 11 11 05 | −60 20 17 | 5.0 | 1995 | 6.891 | 7 | 0.389 | | II 3 mn |
| C1108−601 | Hogg 10 | 11 11 24 | −60 29 23 | 3.0 | 1776 | 6.784 | | 0.460 | | |
| C1109−604 | Trumpler 18 | 11 12 11 | −60 45 23 | 5.0 | 1358 | 7.194 | | 0.315 | | II 3 m |
| C1109−600 | Collinder 240 | 11 12 23 | −60 23 58 | 32.0 | 1577 | 7.160 | | 0.310 | | III 2 mn |
| C1110−605 | NGC 3590 | 11 13 42 | −60 52 42 | 3.0 | 1651 | 7.231 | | 0.449 | | I 2 p |
| C1110−586 | Stock 13 | 11 13 48 | −58 58 24 | 5.0 | 1577 | 7.222 | 10 | 0.218 | | I 3 pn |
| C1112−609 | NGC 3603 | 11 15 50 | −61 21 00 | 4.0 | 6900 | 6.00 | | 1.338 | | II 3 mn |
| C1115−624 | IC 2714 | 11 18 10 | −62 49 25 | 14.0 | 1238 | 8.542 | 10 | 0.341 | +0.01 | II 2 r |
| C1117−632 | Melotte 105 | 11 20 25 | −63 34 26 | 5.0 | 1715 | 8.55 | | 0.83 | +0.08 | I 2 r |
| C1123−429 | NGC 3680 | 11 26 26 | −43 20 03 | 5.0 | 938 | 9.077 | 10 | 0.066 | −0.19 | I 2 m |
| C1133−613 | NGC 3766 | 11 37 01 | −61 41 59 | 9.3 | 2218 | 7.32 | 8 | 0.20 | | I 3 r |
| C1134−627 | IC 2944 | 11 39 07 | −63 27 51 | 65.0 | 1794 | 6.818 | | 0.320 | | III 3 mn |
| C1141−622 | Stock 14 | 11 44 36 | −62 36 30 | 6.0 | 2399 | 7.30 | 10 | 0.21 | | III 3 p |
| C1148−554 | NGC 3960 | 11 51 22 | −55 45 54 | 5.0 | 1850 | 9.1 | | 0.29 | +0.02 | I 2 m |
| C1154−623 | Ruprecht 97 | 11 58 18 | −62 48 31 | 5.0 | 1357 | 8.343 | 12 | 0.229 | −0.03 | IV 1 p |
| C1204−609 | NGC 4103 | 12 07 32 | −61 20 31 | 6.0 | 1632 | 7.393 | 10 | 0.294 | | I 2 m |
| C1221−616 | NGC 4349 | 12 25 03 | −61 57 47 | 5.0 | 2176 | 8.315 | 11 | 0.384 | −0.12 | II 2 m |
| C1222+263 | Melotte 111 | 12 25 56 | +26 00 31 | 120.0 | 96 | 8.652 | 5 | 0.013 | +0.07 | III 3 r |
| C1226−604 | Harvard 5 | 12 28 11 | −60 52 12 | 5.0 | 1184 | 8.032 | | 0.160 | +0.07 | |
| C1225−598 | NGC 4439 | 12 29 23 | −60 11 46 | 4.0 | 1785 | 7.909 | | 0.348 | | |
| C1239−627 | NGC 4609 | 12 43 17 | −63 05 07 | 13.0 | 1320 | 7.7 | 10 | 0.37 | +0.05 | II 2 m |
| C1250−600 | NGC 4755 | 12 54 39 | −60 27 03 | 10.0 | 1976 | 7.216 | 7 | 0.388 | | |
| C1315−623 | Stock 16 | 13 20 34 | −62 43 11 | 3.0 | 1810 | 6.90 | 10 | 0.52 | | III 3 pn |
| C1317−646 | Ruprecht 107 | 13 20 53 | −65 02 11 | 3.0 | 1442 | 7.478 | 12 | 0.458 | | III 2 p |
| C1324−587 | NGC 5138 | 13 28 20 | −59 07 07 | 7.0 | 1986 | 7.986 | | 0.262 | +0.120 | II 2 m |

| IAU Designation | Name | RA | Dec. | Appt. Diam. | Dist. | Log (age) | Mag. Mem.[1] | $E_{(B-V)}$ | Metal-licity | Trumpler Class |
|---|---|---|---|---|---|---|---|---|---|---|
| | | h m s | ° ′ ″ | ′ | pc | yr | | | | |
| C1326−609 | Hogg 16 | 13 30 24 | −61 17 06 | 6.0 | 1585 | 7.047 | | 0.411 | | II 2 p |
| C1327−606 | NGC 5168 | 13 32 12 | −61 01 29 | 4.0 | 1777 | 8.001 | | 0.431 | | I 2 m |
| C1328−625 | Trumpler 21 | 13 33 22 | −62 53 04 | 5.0 | 1263 | 7.696 | | 0.197 | | I 2 p |
| C1343−626 | NGC 5281 | 13 47 45 | −62 59 55 | 7.0 | 1108 | 7.146 | 10 | 0.225 | | I 3 m |
| C1350−616 | NGC 5316 | 13 55 08 | −61 56 56 | 14.0 | 1215 | 8.202 | 11 | 0.267 | −0.02 | II 2 r |
| C1356−619 | Lynga 1 | 14 01 14 | −62 13 46 | 3.0 | 1900 | 8.00 | | 0.45 | +0.040 | II 2 p |
| C1404−480 | NGC 5460 | 14 08 31 | −48 25 16 | 35.0 | 700 | 8.2 | 9 | 0.092 | −0.06 | I 3 m |
| C1420−611 | Lynga 2 | 14 25 50 | −61 24 17 | 13.0 | 900 | 7.95 | | 0.22 | | II 3 m |
| C1424−594 | NGC 5606 | 14 29 00 | −59 42 18 | 3.0 | 1805 | 7.075 | | 0.474 | | I 3 p |
| C1426−605 | NGC 5617 | 14 30 59 | −60 47 04 | 10.0 | 2000 | 7.90 | 10 | 0.48 | +0.31 | I 3 r |
| C1427−609 | Trumpler 22 | 14 32 17 | −61 14 21 | 10.0 | 1516 | 7.950 | 12 | 0.521 | | III 2 m |
| C1431−563 | NGC 5662 | 14 36 49 | −56 41 23 | 29.0 | 666 | 7.968 | 10 | 0.311 | −0.03 | II 3 r |
| C1440+697 | Collinder 285 | 14 41 19 | +69 29 48 | 1400.0 | 25 | 8.30 | 2 | 0.00 | | |
| C1445−543 | NGC 5749 | 14 50 05 | −54 33 58 | 10.0 | 1031 | 7.728 | | 0.376 | | II 2 m |
| C1501−541 | NGC 5822 | 15 05 34 | −54 27 37 | 35.0 | 933 | 8.95 | 10 | 0.103 | +0.05 | II 2 r |
| C1502−554 | NGC 5823 | 15 06 44 | −55 39 59 | 12.0 | 1192 | 8.900 | 13 | 0.090 | | II 2 r |
| C1511−588 | Pismis 20 | 15 16 42 | −59 07 37 | 4.0 | 3272 | 6.864 | | 1.28 | | |
| C1559−603 | NGC 6025 | 16 04 42 | −60 28 34 | 14.0 | 756 | 7.889 | 7 | 0.159 | +0.19 | II 3 r |
| C1601−517 | Lynga 6 | 16 06 07 | −51 58 38 | 5.0 | 1600 | 7.430 | | 1.250 | | |
| C1603−539 | NGC 6031 | 16 08 53 | −54 03 29 | 3.0 | 1823 | 8.069 | | 0.371 | +0.02 | I 3 p |
| C1609−540 | NGC 6067 | 16 14 29 | −54 15 34 | 14.0 | 1417 | 8.076 | 10 | 0.380 | +0.138 | I 3 r |
| C1614−577 | NGC 6087 | 16 20 13 | −57 58 26 | 14.0 | 891 | 7.976 | 8 | 0.175 | −0.01 | II 2 m |
| C1622−405 | NGC 6124 | 16 26 28 | −40 41 24 | 39.0 | 512 | 8.147 | 9 | 0.750 | | I 3 r |
| C1623−261 | Collinder 302 | 16 27 09 | −26 17 11 | 500.0 | | | | | | III 3 p |
| C1624−490 | NGC 6134 | 16 29 00 | −49 11 15 | 6.0 | 1260 | 8.95 | 11 | 0.35 | +0.15 | |
| C1632−455 | NGC 6178 | 16 36 59 | −45 40 34 | 5.0 | 1014 | 7.248 | | 0.219 | | III 3 p |
| C1637−486 | NGC 6193 | 16 42 34 | −48 47 39 | 14.0 | 1155 | 6.775 | | 0.475 | | |
| C1642−469 | NGC 6204 | 16 47 22 | −47 02 44 | 5.0 | 1200 | 7.90 | | 0.46 | −1.053 | I 3 m |
| C1645−537 | NGC 6208 | 16 50 47 | −53 45 21 | 18.0 | 939 | 9.069 | | 0.210 | −0.03 | III 2 r |
| C1650−417 | NGC 6231 | 16 55 20 | −41 51 03 | 14.0 | 1243 | 6.843 | 6 | 0.439 | | |
| C1652−394 | NGC 6242 | 16 56 41 | −39 29 13 | 9.0 | 1131 | 7.608 | | 0.377 | | |
| C1653−405 | Trumpler 24 | 16 58 09 | −40 41 29 | 60.0 | 1138 | 6.919 | | 0.418 | | |
| C1654−447 | NGC 6249 | 16 58 53 | −44 50 10 | 5.0 | 981 | 7.386 | | 0.443 | | II 2 m |
| C1654−457 | NGC 6250 | 16 59 09 | −45 57 40 | 10.0 | 865 | 7.415 | | 0.350 | | II 3 r |
| C1657−446 | NGC 6259 | 17 01 57 | −44 40 42 | 14.0 | 1031 | 8.336 | 11 | 0.498 | +0.020 | II 2 r |
| C1714−355 | Bochum 13 | 17 18 30 | −35 34 00 | 14.0 | 1077 | 6.823 | | 0.854 | | III 3 m |
| C1714−429 | NGC 6322 | 17 19 36 | −42 56 59 | 5.0 | 996 | 7.058 | | 0.590 | | I 3 m |
| C1720−499 | IC 4651 | 17 26 06 | −49 56 50 | 10.0 | 888 | 9.057 | 10 | 0.116 | +0.15 | II 2 r |
| C1731−325 | NGC 6383 | 17 35 53 | −32 34 36 | 20.0 | 985 | 6.962 | | 0.298 | | II 3 mn |
| C1732−334 | Trumpler 27 | 17 37 25 | −33 31 33 | 6.0 | 1211 | 7.063 | | 1.194 | −0.193 | III 3 m |
| C1733−324 | Trumpler 28 | 17 38 05 | −32 29 32 | 5.0 | 1343 | 7.290 | | 0.733 | +0.326 | III 2 mn |
| C1734−362 | Ruprecht 127 | 17 38 58 | −36 18 31 | 5.0 | 1466 | 7.351 | 11 | 0.990 | | II 2 p |
| C1736−321 | NGC 6405 | 17 41 25 | −32 15 40 | 20.0 | 487 | 7.974 | 7 | 0.144 | +0.06 | II 3 r |
| C1741−323 | NGC 6416 | 17 45 24 | −32 22 04 | 14.0 | 741 | 8.087 | | 0.251 | −0.613 | III 2 m |
| C1743+057 | IC 4665 | 17 47 07 | +05 42 41 | 70.0 | 352 | 7.634 | 6 | 0.174 | −0.03 | III 2 m |
| C1747−302 | NGC 6451 | 17 51 45 | −30 12 49 | 7.0 | 2080 | 8.134 | 12 | 0.672 | −0.34 | I 2 rn |
| C1750−348 | NGC 6475 | 17 54 57 | −34 47 44 | 80.0 | 301 | 8.475 | 7 | 0.103 | +0.14 | I 3 r |
| C1753−190 | NGC 6494 | 17 58 02 | −18 59 10 | 29.0 | 628 | 8.477 | 10 | 0.356 | +0.04 | II 2 r |
| C1758−237 | Bochum 14 | 18 03 00 | −23 40 56 | 2.0 | 578 | 6.996 | | 1.508 | | III 1 pn |
| C1800−279 | NGC 6520 | 18 04 26 | −27 53 12 | 2.0 | 1900 | 8.18 | 9 | 0.42 | | I 2 rn |

| IAU Designation | Name | RA | Dec. | Appt. Diam. | Dist. | Log (age) | Mag. Mem.[1] | $E_{(B-V)}$ | Metallicity | Trumpler Class |
|---|---|---|---|---|---|---|---|---|---|---|
| | | h m s | ° ′ ″ | ′ | pc | yr | | | | |
| C1801−225 | NGC 6531 | 18 05 13 | −22 29 17 | 14.0 | 1205 | 7.070 | 8 | 0.281 | | I 3 r |
| C1801−243 | NGC 6530 | 18 05 32 | −24 21 23 | 14.0 | 1330 | 6.867 | 6 | 0.333 | | |
| C1804−233 | NGC 6546 | 18 08 22 | −23 17 37 | 14.0 | 938 | 7.849 | | 0.491 | −0.334 | II 1 r |
| C1815−122 | NGC 6604 | 18 18 59 | −12 14 03 | 5.0 | 1696 | 6.810 | | 0.970 | | I 3 mn |
| C1816−138 | NGC 6611 | 18 19 44 | −13 47 56 | 6.0 | 1800 | 6.11 | 11 | 0.80 | | |
| C1817−171 | NGC 6613 | 18 20 55 | −17 05 37 | 5.0 | 1296 | 7.223 | | 0.450 | | II 3 pn |
| C1825+065 | NGC 6633 | 18 28 03 | +06 31 10 | 20.0 | 376 | 8.629 | 8 | 0.182 | +0.06 | III 2 m |
| C1828−192 | IC 4725 | 18 32 45 | −19 06 14 | 29.0 | 620 | 7.965 | 8 | 0.476 | +0.17 | I 3 m |
| C1830−104 | NGC 6649 | 18 34 22 | −10 23 23 | 5.0 | 1369 | 7.566 | 13 | 1.201 | | I 3 m |
| C1834−082 | NGC 6664 | 18 37 31 | −07 47 55 | 12.0 | 1164 | 7.162 | 9 | 0.709 | | III 2 m |
| C1836+054 | IC 4756 | 18 39 49 | +05 27 57 | 39.0 | 484 | 8.699 | 8 | 0.192 | −0.01 | II 3 r |
| C1840−041 | Trumpler 35 | 18 43 46 | −04 06 58 | 5.0 | 1206 | 7.862 | | 1.218 | | I 2 m |
| C1842−094 | NGC 6694 | 18 46 12 | −09 21 54 | 7.0 | 1600 | 7.931 | 11 | 0.589 | | II 3 m |
| C1848−052 | NGC 6704 | 18 51 38 | −05 11 05 | 5.0 | 2974 | 7.863 | 12 | 0.717 | | I 2 m |
| C1848−063 | NGC 6705 | 18 51 58 | −06 14 58 | 32.0 | 1877 | 8.4 | 11 | 0.428 | +0.23 | |
| C1850−204 | Collinder 394 | 18 53 15 | −20 10 57 | 22.0 | 690 | 7.803 | | 0.235 | | |
| C1851+368 | Stephenson 1 | 18 54 05 | +36 56 17 | 20.0 | 390 | 7.731 | | 0.040 | | IV 3 p |
| C1851−199 | NGC 6716 | 18 55 32 | −19 52 47 | 10.0 | 789 | 7.961 | | 0.220 | −0.31 | IV 1 p |
| C1905+041 | NGC 6755 | 19 08 38 | +04 17 37 | 14.0 | 1421 | 7.719 | 11 | 0.826 | | II 2 r |
| C1906+046 | NGC 6756 | 19 09 31 | +04 43 56 | 4.0 | 1507 | 7.79 | 13 | 1.18 | +0.10 | I 1 m |
| C1919+377 | NGC 6791 | 19 21 28 | +37 48 13 | 10.0 | 5035 | 9.92 | 15 | 0.160 | +0.42 | I 2 r |
| C1936+464 | NGC 6811 | 19 37 47 | +46 25 34 | 14.0 | 1215 | 8.799 | 11 | 0.160 | −0.02 | III 1 r |
| C1939+400 | NGC 6819 | 19 41 50 | +40 14 11 | 13.0 | 2511 | 9.38 | 11 | 0.12 | +0.09 | |
| C1941+231 | NGC 6823 | 19 43 51 | +23 20 24 | 6.0 | 3176 | 6.5 | | 0.854 | | I 3 mn |
| C1948+229 | NGC 6830 | 19 51 41 | +23 08 34 | 5.0 | 1639 | 7.572 | 10 | 0.501 | +0.24 | II 2 p |
| C1950+292 | NGC 6834 | 19 52 52 | +29 27 06 | 5.0 | 2067 | 7.883 | 11 | 0.708 | | II 2 m |
| C1950+182 | Harvard 20 | 19 53 50 | +18 22 37 | 7.0 | 1540 | 7.476 | | 0.247 | | IV 2 p |
| C2002+438 | NGC 6866 | 20 04 27 | +44 12 20 | 14.0 | 1470 | 8.8 | 10 | 0.10 | | II 2 r |
| C2002+290 | Roslund 4 | 20 05 34 | +29 15 52 | 5.0 | 2000 | 6.6 | | 0.91 | | II 3 mn |
| C2004+356 | NGC 6871 | 20 06 36 | +35 49 29 | 29.0 | 1574 | 6.958 | | 0.443 | | II 2 pn |
| C2007+353 | Biurakan 2 | 20 09 49 | +35 31 57 | 20.0 | 1106 | 7.011 | 16 | 0.360 | | III 2 p |
| C2008+410 | IC 1311 | 20 10 52 | +41 15 58 | 5.0 | 6026 | 9.20 | | 0.28 | −0.30 | I 1 r |
| C2009+263 | NGC 6885 | 20 12 43 | +26 31 42 | 20.0 | 597 | 9.16 | 6 | 0.08 | | III 2 m |
| C2014+374 | IC 4996 | 20 17 08 | +37 42 25 | 2.2 | 2398 | 6.87 | 8 | 0.71 | | II 3 pn |
| C2018+385 | Berkeley 86 | 20 21 00 | +38 45 10 | 6.0 | 1112 | 7.116 | 13 | 0.898 | | IV 2 mn |
| C2019+372 | Berkeley 87 | 20 22 19 | +37 25 12 | 10.0 | 633 | 7.152 | 13 | 1.369 | | III 2 m |
| C2021+406 | NGC 6910 | 20 23 47 | +40 49 56 | 10.0 | 1139 | 7.127 | | 0.971 | | I 3 mn |
| C2022+383 | NGC 6913 | 20 24 34 | +38 33 45 | 10.0 | 1148 | 7.111 | 9 | 0.744 | | II 3 mn |
| C2030+604 | NGC 6939 | 20 31 50 | +60 43 05 | 10.0 | 1800 | 9.20 | | 0.33 | 0.00 | II 1 r |
| C2032+281 | NGC 6940 | 20 35 07 | +28 20 27 | 25.0 | 770 | 8.858 | 11 | 0.214 | +0.013 | III 2 r |
| C2054+444 | NGC 6996 | 20 57 05 | +44 41 50 | 14.0 | 760 | 8.54 | | 0.52 | | III 2 m |
| C2109+454 | NGC 7039 | 21 11 24 | +45 41 05 | 14.0 | 951 | 7.820 | | 0.131 | | IV 2 m |
| C2121+461 | NGC 7062 | 21 24 03 | +46 26 59 | 5.0 | 1480 | 8.465 | | 0.452 | +0.08 | II 2 m |
| C2122+478 | NGC 7067 | 21 24 58 | +48 04 54 | 6.0 | 3600 | 8.00 | | 0.75 | | II 1 p |
| C2122+362 | NGC 7063 | 21 25 02 | +36 33 30 | 9.0 | 689 | 7.977 | | 0.091 | | III 1 p |
| C2127+468 | NGC 7082 | 21 29 53 | +47 11 58 | 25.0 | 1442 | 8.233 | | 0.237 | −0.01 | |
| C2130+482 | NGC 7092 | 21 32 24 | +48 30 24 | 29.0 | 326 | 8.445 | 7 | 0.013 | +0.01 | III 2 m |
| C2137+572 | Trumpler 37 | 21 39 37 | +57 34 30 | 89.0 | 835 | 7.054 | | 0.470 | | IV 3 m |
| C2144+655 | NGC 7142 | 21 45 33 | +65 51 05 | 12.0 | 2300 | 9.48 | 11 | 0.35 | +0.08 | I 2 r |
| C2151+470 | IC 5146 | 21 54 02 | +47 20 42 | 20.0 | 852 | 6.00 | | 0.593 | | III 2 pn |

| IAU Designation | Name | RA | Dec. | Appt. Diam. | Dist. | Log (age) | Mag. Mem.[1] | $E_{(B-V)}$ | Metallicity | Trumpler Class |
|---|---|---|---|---|---|---|---|---|---|---|
| | | h m s | ° ′ ″ | ′ | pc | yr | | | | |
| C2152+623 | NGC 7160 | 21 54 08 | +62 40 54 | 5.0 | 789 | 7.278 | | 0.375 | +0.16 | I 3 p |
| C2203+462 | NGC 7209 | 22 05 47 | +46 33 50 | 14.0 | 1168 | 8.617 | 9 | 0.168 | −0.12 | III 1 m |
| C2208+551 | NGC 7226 | 22 11 02 | +55 28 48 | 2.0 | 2616 | 8.436 | | 0.536 | | I 2 m |
| C2210+570 | NGC 7235 | 22 13 00 | +57 21 07 | 5.0 | 3330 | 6.90 | | 0.90 | | II 3 m |
| C2213+496 | NGC 7243 | 22 15 47 | +49 58 51 | 29.0 | 808 | 8.058 | 8 | 0.220 | +0.06 | II 2 m |
| C2213+540 | NGC 7245 | 22 15 48 | +54 25 33 | 7.0 | 3467 | 8.65 | | 0.45 | | II 2 m |
| C2218+578 | NGC 7261 | 22 20 43 | +58 12 41 | 7.0 | 2830 | 8.20 | | 0.88 | | II 3 m |
| C2227+551 | Berkeley 96 | 22 30 28 | +55 28 53 | 3.0 | 3180 | 7.60 | 13 | 0.54 | | I 2 p |
| C2245+578 | NGC 7380 | 22 48 01 | +58 13 08 | 20.0 | 2222 | 7.077 | 10 | 0.602 | | III 2 mn |
| C2306+602 | King 19 | 23 09 00 | +60 36 22 | 5.0 | 1967 | 8.557 | 12 | 0.547 | | III 2 p |
| C2309+603 | NGC 7510 | 23 11 45 | +60 39 35 | 6.0 | 3480 | 7.35 | 10 | 0.90 | | II 3 rn |
| C2313+602 | Markarian 50 | 23 16 01 | +60 33 24 | 2.0 | 2114 | 7.095 | | 0.810 | | III 1 pn |
| C2322+613 | NGC 7654 | 23 25 33 | +61 41 03 | 15.0 | 1400 | 8.2 | 11 | 0.57 | | II 2 r |
| C2345+683 | King 11 | 23 48 36 | +68 43 30 | 5.0 | 2892 | 9.048 | 17 | 1.270 | −0.27 | I 2 m |
| C2350+616 | King 12 | 23 53 51 | +62 02 16 | 5.0 | 2490 | 7.85 | 10 | 0.51 | | II 1 p |
| C2354+611 | NGC 7788 | 23 57 28 | +61 29 33 | 4.0 | 2750 | 8.20 | | 0.49 | | I 2 p |
| C2354+564 | NGC 7789 | 23 58 14 | +56 48 01 | 25.0 | 1795 | 9.15 | 10 | 0.28 | +0.02 | II 2 r |
| C2355+609 | NGC 7790 | 23 59 15 | +61 18 01 | 5.0 | 2944 | 7.749 | 10 | 0.531 | | II 2 m |

## Notes to Table

[1] The Mag. Mem. column gives the visual magnitude of the brightest cluster member.

## Alternate Names for Some Clusters

| | | | |
|---|---|---|---|
| C0001−302 | ζ Scl Cluster | C0838−528 | o Vel Cluster |
| C0129+604 | M103 | C0847+120 | M67 |
| C0215+569 | h Per | C1041−641 | θ Car Cluster |
| C0218+568 | χ Per | C1043−594 | η Car Cluster |
| C0238+425 | M34 | C1239−627 | Coal-Sack Cluster |
| C0344+239 | M45 | C1250−600 | Jewel Box Cluster |
| C0525+358 | M38 | C1440+697 | Ursa Major Moving Group |
| C0532+341 | M36 | C1736−321 | M6 |
| C0549+325 | M37 | C1750−348 | M7 |
| C0605+243 | M35 | C1753−190 | M23 |
| C0629+049 | Rosette Cluster | C1801−225 | M21 |
| C0638+099 | S Mon Cluster | C1816−138 | M16 |
| C0644−206 | M41 | C1817−171 | M18 |
| C0700−082 | M50 | C1828−192 | M25 |
| C0716−248 | τ CMa Cluster | C1842−094 | M26 |
| C0734−143 | M47 | C1848−063 | M11 |
| C0739−147 | M46 | C2022+383 | M29 |
| C0742−237 | M93 | C2130+482 | M39 |
| C0811−056 | M48 | C2322+613 | M52 |
| C0837+201 | M44 | | |

| Name | RA | Dec. | $V_t$ | $B-V$ | $E_{(B-V)}$ | $(m-M)_V$ | [Fe/H] | $v_r$ | $c^1$ | $r_h^2$ | Alternate Name |
|---|---|---|---|---|---|---|---|---|---|---|---|
| | h  m  s | ° ′ ″ | | | | | | km/s | | ′ | |
| NGC 104 | 00 24 49.1 | −71 59 24 | 3.95 | 0.88 | 0.04 | 13.37 | −0.72 | − 18.0 | 2.07 | 3.17 | 47 Tuc |
| NGC 288 | 00 53 33.4 | −26 29 36 | 8.09 | 0.65 | 0.03 | 14.84 | −1.32 | − 45.4 | 0.99 | 2.23 | |
| NGC 362 | 01 03 47.6 | −70 45 38 | 6.40 | 0.77 | 0.05 | 14.83 | −1.26 | +223.5 | 1.76c: | 0.82 | |
| Whiting 1 | 02 03 47.1 | −03 10 26 | 15.03 | | 0.03 | 17.49 | −0.70 | −130.6 | 0.55 | 0.22 | |
| NGC 1261 | 03 12 43.3 | −55 09 18 | 8.29 | 0.72 | 0.01 | 16.09 | −1.27 | + 68.2 | 1.16 | 0.68 | |
| Pal 1 | 03 35 47.5 | +79 38 08 | 13.18 | 0.96 | 0.15 | 15.70 | −0.65 | − 82.8 | 2.57 | 0.46 | |
| AM 1 | 03 55 30.9 | −49 34 04 | 15.72 | 0.72 | 0.00 | 20.45 | −1.70 | +116.0 | 1.36 | 0.41 | E 1 |
| Eridanus | 04 25 27.4 | −21 09 00 | 14.70 | 0.79 | 0.02 | 19.83 | −1.43 | − 23.6 | 1.10 | 0.46 | |
| Pal 2 | 04 47 09.4 | +31 24 37 | 13.04 | 2.08 | 1.24 | 21.01 | −1.42 | −133.0 | 1.53 | 0.50 | |
| NGC 1851 | 05 14 39.3 | −40 01 42 | 7.14 | 0.76 | 0.02 | 15.47 | −1.18 | +320.5 | 1.86 | 0.51 | |
| NGC 1904 | 05 24 51.8 | −24 30 38 | 7.73 | 0.65 | 0.01 | 15.59 | −1.60 | +205.8 | 1.70c: | 0.65 | M 79 |
| NGC 2298 | 06 49 34.5 | −36 01 30 | 9.29 | 0.75 | 0.14 | 15.60 | −1.92 | +148.9 | 1.38 | 0.98 | |
| NGC 2419 | 07 39 15.3 | +38 50 39 | 10.41 | 0.66 | 0.08 | 19.83 | −2.15 | − 20.2 | 1.37 | 0.89 | |
| Ko 2 | 07 59 17.2 | +26 12 34 | 17.60 | | 0.08 | 17.95 | | | 0.50 | 0.21 | |
| Pyxis | 09 08 37.1 | −37 17 19 | 12.90 | | 0.21 | 18.63 | −1.20 | + 34.3 | | | |
| NGC 2808 | 09 12 22.4 | −64 55 55 | 6.20 | 0.92 | 0.22 | 15.59 | −1.14 | +101.6 | 1.56 | 0.80 | |
| E 3 | 09 20 45.0 | −77 21 09 | 11.35 | | 0.30 | 15.47 | −0.83 | | 0.75 | 2.10 | |
| Pal 3 | 10 06 22.6 | −00 00 33 | 14.26 | | 0.04 | 19.95 | −1.63 | + 83.4 | 0.99 | 0.65 | |
| NGC 3201 | 10 18 17.5 | −46 29 43 | 6.75 | 0.96 | 0.24 | 14.20 | −1.59 | +494.0 | 1.29 | 3.10 | |
| Pal 4 | 11 30 09.1 | +28 52 57 | 14.20 | | 0.01 | 20.21 | −1.41 | + 74.5 | 0.93 | 0.51 | |
| Ko 1 | 12 00 09.2 | +12 10 05 | 17.10 | | 0.01 | 18.45 | | | 0.50 | 0.26 | |
| NGC 4147 | 12 10 56.7 | +18 27 03 | 10.32 | 0.59 | 0.02 | 16.49 | −1.80 | +183.2 | 1.83 | 0.48 | |
| NGC 4372 | 12 26 44.2 | −72 45 01 | 7.24 | 1.10 | 0.39 | 15.03 | −2.17 | + 72.3 | 1.30 | 3.91 | |
| Rup 106 | 12 39 35.6 | −51 14 27 | 10.90 | | 0.20 | 17.25 | −1.68 | − 44.0 | 0.70 | 1.05 | |
| NGC 4590 | 12 40 20.6 | −26 50 04 | 7.84 | 0.63 | 0.05 | 15.21 | −2.23 | − 94.7 | 1.41 | 1.51 | M 68 |
| NGC 4833 | 13 00 41.2 | −70 57 55 | 6.91 | 0.93 | 0.32 | 15.08 | −1.85 | +200.2 | 1.25 | 2.41 | |
| NGC 5024 | 13 13 43.7 | +18 04 52 | 7.61 | 0.64 | 0.02 | 16.32 | −2.10 | − 62.9 | 1.72 | 1.31 | M 53 |
| NGC 5053 | 13 17 15.4 | +17 36 49 | 9.47 | 0.65 | 0.01 | 16.23 | −2.27 | + 44.0 | 0.74 | 2.61 | |
| NGC 5139 | 13 27 46.9 | −47 33 53 | 3.68 | 0.78 | 0.12 | 13.94 | −1.53 | +232.1 | 1.31 | 5.00 | ω Cen |
| NGC 5272 | 13 42 57.2 | +28 17 40 | 6.19 | 0.69 | 0.01 | 15.07 | −1.50 | −147.6 | 1.89 | 2.31 | M 3 |
| NGC 5286 | 13 47 30.0 | −51 27 23 | 7.34 | 0.88 | 0.24 | 16.08 | −1.69 | + 57.4 | 1.41 | 0.73 | |
| AM 4 | 13 57 18.0 | −27 14 52 | 15.88 | | 0.05 | 17.69 | −1.30 | | 0.70 | 0.43 | |
| NGC 5466 | 14 06 11.7 | +28 27 22 | 9.04 | 0.67 | 0.00 | 16.02 | −1.98 | +110.7 | 1.04 | 2.30 | |
| NGC 5634 | 14 30 29.4 | −06 02 57 | 9.47 | 0.67 | 0.05 | 17.16 | −1.88 | − 45.1 | 2.07 | 0.86 | |
| NGC 5694 | 14 40 34.0 | −26 36 33 | 10.17 | 0.69 | 0.09 | 18.00 | −1.98 | −140.3 | 1.89 | 0.40 | |
| IC 4499 | 15 03 04.5 | −82 16 41 | 9.76 | 0.91 | 0.23 | 17.08 | −1.53 | + 31.5 | 1.21 | 1.71 | |
| NGC 5824 | 15 04 59.7 | −33 07 55 | 9.09 | 0.75 | 0.13 | 17.94 | −1.91 | − 27.5 | 1.98 | 0.45 | |
| Pal 5 | 15 16 56.0 | −00 10 18 | 11.75 | | 0.03 | 16.92 | −1.41 | − 58.7 | 0.52 | 2.73 | |
| NGC 5897 | 15 18 21.7 | −21 04 12 | 8.53 | 0.74 | 0.09 | 15.76 | −1.90 | +101.5 | 0.86 | 2.06 | |
| NGC 5904 | 15 19 23.3 | +02 01 18 | 5.65 | 0.72 | 0.03 | 14.46 | −1.29 | + 53.2 | 1.73 | 1.77 | M 5 |
| NGC 5927 | 15 29 12.6 | −50 43 46 | 8.01 | 1.31 | 0.45 | 15.82 | −0.49 | −107.5 | 1.60 | 1.10 | |
| NGC 5946 | 15 36 41.0 | −50 42 49 | 9.61 | 1.29 | 0.54 | 16.79 | −1.29 | +128.4 | 2.50c | 0.89 | |
| BH 176 | 15 40 19.7 | −50 06 20 | 14.00 | | 0.54 | 18.06 | 0.00 | | 0.85 | 0.90 | |
| NGC 5986 | 15 47 08.0 | −37 50 13 | 7.52 | 0.90 | 0.28 | 15.96 | −1.59 | + 88.9 | 1.23 | 0.98 | |
| Pal 14 | 16 11 46.1 | +14 54 57 | 14.74 | | 0.04 | 19.54 | −1.62 | + 72.3 | 0.80 | 1.22 | AvdB |
| Lynga 7 | 16 12 22.7 | −55 21 34 | 10.18 | | 0.73 | 16.78 | −1.01 | + 8.0 | 0.95 | 1.20 | BH184 |
| NGC 6093 | 16 18 01.6 | −23 00 57 | 7.33 | 0.84 | 0.18 | 15.56 | −1.75 | + 8.1 | 1.68 | 0.61 | M 80 |
| NGC 6121 | 16 24 36.0 | −26 33 47 | 5.63 | 1.03 | 0.35 | 12.82 | −1.16 | + 70.7 | 1.65 | 4.33 | M 4 |
| NGC 6101 | 16 27 42.0 | −72 14 19 | 9.16 | 0.68 | 0.05 | 16.10 | −1.98 | +361.4 | 0.80 | 1.05 | |
| NGC 6144 | 16 28 14.4 | −26 03 34 | 9.01 | 0.96 | 0.36 | 15.86 | −1.76 | +193.8 | 1.55 | 1.63 | |

| Name | RA | Dec. | $V_t$ | $B-V$ | $E_{(B-V)}$ | $(m-M)_V$ | [Fe/H] | $v_r$ | $c^1$ | $r_h^2$ | Alternate Name |
|---|---|---|---|---|---|---|---|---|---|---|---|
| | h  m  s | °  ′  ″ | | | | | | km/s | | ′ | |
| NGC 6139 | 16 28 47.4 | −38 53 04 | 8.99 | 1.40 | 0.75 | 17.35 | −1.65 | +   6.7 | 1.86 | 0.85 | |
| Terzan 3 | 16 29 45.2 | −35 23 20 | 12.00 | | 0.73 | 16.82 | −0.74 | −136.3 | 0.70 | 1.25 | |
| NGC 6171 | 16 33 27.3 | −13 05 16 | 7.93 | 1.10 | 0.33 | 15.05 | −1.02 | − 34.1 | 1.53 | 1.73 | M 107 |
| 1636-283 | 16 40 27.3 | −28 25 48 | 12.00 | | 0.46 | 16.02 | −1.50 | | 1.00 | 0.50 | ESO452−SC11 |
| NGC 6205 | 16 42 16.6 | +36 25 45 | 5.78 | 0.68 | 0.02 | 14.33 | −1.53 | −244.2 | 1.53 | 1.69 | M 13 |
| NGC 6229 | 16 47 26.6 | +47 29 57 | 9.39 | 0.70 | 0.01 | 17.45 | −1.47 | −154.2 | 1.50 | 0.36 | |
| NGC 6218 | 16 48 05.6 | −01 58 37 | 6.70 | 0.83 | 0.19 | 14.01 | −1.37 | − 41.4 | 1.34 | 1.77 | M 12 |
| FSR 1735 | 16 53 24.0 | −47 05 05 | 12.90 | | 1.42 | 19.35 | | | 0.56 | 0.34 | |
| NGC 6235 | 16 54 24.7 | −22 12 13 | 9.97 | 1.05 | 0.31 | 16.26 | −1.28 | + 87.3 | 1.53 | 1.00 | |
| NGC 6254 | 16 58 01.3 | −04 07 30 | 6.60 | 0.90 | 0.28 | 14.08 | −1.56 | + 75.2 | 1.38 | 1.95 | M 10 |
| NGC 6256 | 17 00 39.5 | −37 08 42 | 11.29 | 1.69 | 1.09 | 18.44 | −1.02 | −101.4 | 2.50c | 0.86 | |
| Pal 15 | 17 00 41.9 | −00 33 45 | 14.00 | | 0.40 | 19.51 | −2.07 | + 68.9 | 0.60 | 1.10 | |
| NGC 6266 | 17 02 15.9 | −30 08 13 | 6.45 | 1.19 | 0.47 | 15.63 | −1.18 | − 70.1 | 1.71c: | 0.92 | M 62 |
| NGC 6273 | 17 03 39.1 | −26 17 26 | 6.77 | 1.03 | 0.38 | 15.90 | −1.74 | +135.0 | 1.53 | 1.32 | M 19 |
| NGC 6284 | 17 05 29.1 | −24 47 12 | 8.83 | 0.99 | 0.28 | 16.79 | −1.26 | + 27.5 | 2.50c | 0.66 | |
| NGC 6287 | 17 06 08.8 | −22 43 48 | 9.35 | 1.20 | 0.60 | 16.72 | −2.10 | −288.7 | 1.38 | 0.74 | |
| NGC 6293 | 17 11 11.7 | −26 36 06 | 8.22 | 0.96 | 0.36 | 16.00 | −1.99 | −146.2 | 2.50c | 0.89 | |
| NGC 6304 | 17 15 35.2 | −29 28 48 | 8.22 | 1.31 | 0.54 | 15.52 | −0.45 | −107.3 | 1.80 | 1.42 | |
| NGC 6341 | 17 17 37.7 | +43 07 08 | 6.44 | 0.63 | 0.02 | 14.65 | −2.31 | −120.0 | 1.68 | 1.02 | M 92 |
| NGC 6316 | 17 17 39.6 | −28 09 26 | 8.43 | 1.39 | 0.54 | 16.77 | −0.45 | + 71.4 | 1.65 | 0.65 | |
| NGC 6325 | 17 18 59.5 | −23 46 57 | 10.33 | 1.66 | 0.91 | 17.29 | −1.25 | + 29.8 | 2.50c | 0.63 | |
| NGC 6333 | 17 20 09.2 | −18 31 55 | 7.72 | 0.97 | 0.38 | 15.67 | −1.77 | +229.1 | 1.25 | 0.96 | M 9 |
| NGC 6342 | 17 22 08.5 | −19 36 10 | 9.66 | 1.26 | 0.46 | 16.08 | −0.55 | +115.7 | 2.50c | 0.73 | |
| NGC 6356 | 17 24 32.6 | −17 49 39 | 8.25 | 1.13 | 0.28 | 16.76 | −0.40 | + 27.0 | 1.59 | 0.81 | |
| NGC 6355 | 17 25 00.0 | −26 22 03 | 9.14 | 1.48 | 0.77 | 17.21 | −1.37 | −176.9 | 2.50c | 0.88 | |
| NGC 6352 | 17 26 44.4 | −48 26 09 | 7.96 | 1.06 | 0.22 | 14.43 | −0.64 | −137.0 | 1.10 | 2.05 | |
| IC 1257 | 17 28 02.0 | −07 06 22 | 13.10 | 1.38 | 0.73 | 19.25 | −1.70 | −140.2 | 1.55 | 1.40 | |
| Terzan 2 | 17 28 36.9 | −30 48 54 | 14.29 | | 1.87 | 20.17 | −0.69 | +109.0 | 2.50c | 1.52 | HP 3 |
| NGC 6366 | 17 28 36.9 | −05 05 33 | 9.20 | 1.44 | 0.71 | 14.94 | −0.59 | −122.2 | 0.74 | 2.92 | |
| Terzan 4 | 17 31 43.2 | −31 36 25 | 16.00 | | 2.00 | 20.48 | −1.41 | − 50.0 | 0.90 | 1.85 | HP 4 |
| HP 1 | 17 32 08.6 | −29 59 35 | 11.59 | | 1.12 | 18.05 | −1.00 | + 45.8 | 2.50c | 3.10 | BH 229 |
| NGC 6362 | 17 33 37.3 | −67 03 33 | 7.73 | 0.85 | 0.09 | 14.68 | −0.99 | − 13.1 | 1.09 | 2.05 | |
| Liller 1 | 17 34 29.7 | −33 23 58 | 16.77 | | 3.07 | 24.09 | −0.33 | + 52.0 | 2.30 | | |
| NGC 6380 | 17 35 36.5 | −39 04 45 | 11.31 | 2.01 | 1.17 | 18.81 | −0.75 | −   3.6 | 1.55c: | 0.74 | Ton 1 |
| Terzan 1 | 17 36 51.4 | −30 28 45 | 15.90 | | 1.99 | 20.31 | −1.03 | +114.0 | 2.50c | 3.82 | HP 2 |
| Ton 2 | 17 37 18.7 | −38 33 45 | 12.24 | | 1.24 | 18.41 | −0.70 | −184.4 | 1.30 | 1.30 | Pismis 26 |
| NGC 6388 | 17 37 29.7 | −44 44 41 | 6.72 | 1.17 | 0.37 | 16.13 | −0.55 | + 80.1 | 1.75 | 0.52 | |
| NGC 6402 | 17 38 28.1 | −03 15 17 | 7.59 | 1.25 | 0.60 | 16.69 | −1.28 | − 66.1 | 0.99 | 1.30 | M 14 |
| NGC 6401 | 17 39 37.1 | −23 55 04 | 9.45 | 1.58 | 0.72 | 17.35 | −1.02 | − 65.0 | 1.69 | 1.91 | |
| NGC 6397 | 17 42 02.6 | −53 40 54 | 5.73 | 0.73 | 0.18 | 12.37 | −2.02 | + 18.8 | 2.50c | 2.90 | |
| Pal 6 | 17 44 43.8 | −26 13 44 | 11.55 | 2.83 | 1.46 | 18.34 | −0.91 | +181.0 | 1.10 | 1.20 | |
| NGC 6426 | 17 45 44.1 | +03 09 51 | 11.01 | 1.02 | 0.36 | 17.68 | −2.15 | −162.0 | 1.70 | 0.92 | |
| Djorg 1 | 17 48 33.4 | −33 04 13 | 13.60 | | 1.58 | 20.58 | −1.51 | −362.4 | 1.50 | 1.59 | |
| Terzan 5 | 17 49 05.7 | −24 47 01 | 13.85 | 2.77 | 2.28 | 21.27 | −0.23 | − 93.0 | 1.62 | 0.72 | Terzan 11 |
| NGC 6440 | 17 49 51.6 | −20 21 52 | 9.20 | 1.97 | 1.07 | 17.95 | −0.36 | − 76.6 | 1.62 | 0.48 | |
| NGC 6441 | 17 51 20.4 | −37 03 18 | 7.15 | 1.27 | 0.47 | 16.78 | −0.46 | + 16.5 | 1.74 | 0.57 | |
| Terzan 6 | 17 51 50.4 | −31 16 44 | 13.85 | | 2.35 | 21.44 | −0.56 | +126.0 | 2.50c | 0.44 | HP 5 |
| NGC 6453 | 17 51 57.6 | −34 36 09 | 10.08 | 1.31 | 0.64 | 17.30 | −1.50 | − 83.7 | 2.50c | 0.44 | |
| UKS 1 | 17 55 27.8 | −24 08 50 | 17.29 | | 3.14 | 24.20 | −0.64 | + 57.0 | 2.10 | | |
| NGC 6496 | 18 00 15.8 | −44 15 58 | 8.54 | 0.98 | 0.15 | 15.74 | −0.46 | −112.7 | 0.70 | 1.02 | |

| Name | RA | Dec. | $V_t$ | $B-V$ | $E_{(B-V)}$ | $(m-M)_V$ | [Fe/H] | $v_r$ | $c^1$ | $r_h^2$ | Alternate Name |
|---|---|---|---|---|---|---|---|---|---|---|---|
| | h  m  s | °  ′  ″ | | | | | | km/s | | ′ | |
| Terzan 9 | 18 02 40.7 | −26 50 20 | 16.00 | | 1.76 | 19.71 | −1.05 | + 59.0 | 2.50c | 0.78 | |
| NGC 6517 | 18 02 44.7 | −08 57 28 | 10.23 | 1.75 | 1.08 | 18.48 | −1.23 | − 39.6 | 1.82 | 0.50 | |
| Djorg 2 | 18 02 51.5 | −27 49 30 | 9.90 | | 0.94 | 16.90 | −0.65 | | 1.50 | 1.05 | ESO456−SC38 |
| NGC 6522 | 18 04 37.5 | −30 01 56 | 8.27 | 1.21 | 0.48 | 15.92 | −1.34 | − 21.1 | 2.50c | 1.00 | |
| Terzan 10 | 18 04 37.9 | −26 04 15 | 14.90 | | 2.40 | 21.25 | −1.00 | | 0.75 | 1.55 | |
| | | | | | | | | | | | |
| NGC 6535 | 18 04 41.4 | −00 17 45 | 10.47 | 0.94 | 0.34 | 15.22 | −1.79 | −215.1 | 1.33 | 0.85 | |
| NGC 6539 | 18 05 43.3 | −07 35 01 | 9.33 | 1.83 | 1.02 | 17.62 | −0.63 | + 31.0 | 1.74 | 1.70 | |
| NGC 6528 | 18 05 53.1 | −30 03 15 | 9.60 | 1.53 | 0.54 | 16.17 | −0.11 | +206.6 | 1.50 | 0.38 | |
| NGC 6540 | 18 07 10.9 | −27 45 45 | 9.30 | | 0.66 | 15.65 | −1.35 | − 17.7 | 2.50 | | Djorg 3 |
| NGC 6544 | 18 08 21.5 | −24 59 39 | 7.77 | 1.46 | 0.76 | 14.71 | −1.40 | − 27.3 | 1.63c: | 1.21 | |
| | | | | | | | | | | | |
| NGC 6541 | 18 09 14.1 | −43 42 41 | 6.30 | 0.76 | 0.14 | 14.82 | −1.81 | −158.7 | 1.86c: | 1.06 | |
| 2MS-GC01 | 18 09 20.5 | −19 49 34 | 27.74 | | 6.80 | 33.85 | | | 0.85 | 1.65 | 2MASS−GC01 |
| NGC 6553 | 18 10 19.0 | −25 54 17 | 8.06 | 1.73 | 0.63 | 15.83 | −0.18 | − 3.2 | 1.16 | 1.03 | |
| ESO-SC06 | 18 10 19.9 | −46 25 09 | 12.00 | | 0.07 | 16.87 | −1.80 | | 0.90 | 1.05 | ESO280−SC06 |
| 2MS-GC02 | 18 10 35.6 | −20 46 29 | 24.60 | | 5.16 | 29.46 | −1.08 | −238.0 | 0.95 | 0.55 | 2MASS−GC02 |
| | | | | | | | | | | | |
| NGC 6558 | 18 11 22.0 | −31 45 34 | 9.26 | 1.11 | 0.44 | 15.70 | −1.32 | −197.2 | 2.50c | 2.15 | |
| IC 1276 | 18 11 37.7 | −07 12 11 | 10.34 | 1.76 | 1.08 | 17.01 | −0.75 | +155.7 | 1.33 | 2.38 | Pal 7 |
| Terzan 12 | 18 13 15.8 | −22 44 13 | 15.63 | | 2.06 | 19.77 | −0.50 | + 94.1 | 0.57 | 0.75 | |
| NGC 6569 | 18 14 43.2 | −31 49 16 | 8.55 | 1.34 | 0.53 | 16.83 | −0.76 | − 28.1 | 1.31 | 0.80 | |
| BH 261 | 18 15 09.3 | −28 37 45 | 11.00 | | 0.36 | 15.19 | −1.30 | | 1.00 | 0.55 | AL 3 |
| | | | | | | | | | | | |
| GLIMPSE02 | 18 19 27.9 | −16 58 11 | | | 7.85 | 38.05 | −0.33 | | 1.33 | 1.75 | |
| NGC 6584 | 18 19 56.7 | −52 12 29 | 8.27 | 0.76 | 0.10 | 15.96 | −1.50 | +222.9 | 1.47 | 0.73 | |
| NGC 6624 | 18 24 44.1 | −30 21 05 | 7.87 | 1.11 | 0.28 | 15.36 | −0.44 | + 53.9 | 2.50c | 0.82 | |
| NGC 6626 | 18 25 33.7 | −24 51 35 | 6.79 | 1.08 | 0.40 | 14.95 | −1.32 | + 17.0 | 1.67 | 1.97 | M 28 |
| NGC 6638 | 18 31 57.2 | −25 29 06 | 9.02 | 1.15 | 0.41 | 16.14 | −0.95 | + 18.1 | 1.33 | 0.51 | |
| | | | | | | | | | | | |
| NGC 6637 | 18 32 27.7 | −32 20 07 | 7.64 | 1.01 | 0.18 | 15.28 | −0.64 | + 39.9 | 1.38 | 0.84 | M 69 |
| NGC 6642 | 18 32 54.3 | −23 27 44 | 9.13 | 1.11 | 0.40 | 15.79 | −1.26 | − 57.2 | 1.99c: | 0.73 | |
| NGC 6652 | 18 36 50.5 | −32 58 34 | 8.62 | 0.94 | 0.09 | 15.28 | −0.81 | −111.7 | 1.80 | 0.48 | |
| NGC 6656 | 18 37 24.3 | −23 53 24 | 5.10 | 0.98 | 0.34 | 13.60 | −1.70 | −146.3 | 1.38 | 3.36 | M 22 |
| Pal 8 | 18 42 28.4 | −19 48 33 | 11.02 | 1.22 | 0.32 | 16.53 | −0.37 | − 43.0 | 1.53 | 0.58 | |
| | | | | | | | | | | | |
| NGC 6681 | 18 44 17.1 | −32 16 29 | 7.87 | 0.72 | 0.07 | 14.99 | −1.62 | +220.3 | 2.50c | 0.71 | M 70 |
| GLIMPSE01 | 18 49 41.0 | −01 28 39 | 22.24 | | 4.85 | 28.15 | | | 1.37 | 0.65 | |
| NGC 6712 | 18 53 58.3 | −08 41 05 | 8.10 | 1.17 | 0.45 | 15.60 | −1.02 | −107.6 | 1.05 | 1.33 | |
| NGC 6717 | 18 56 05.7 | −22 40 46 | 9.28 | 1.00 | 0.22 | 14.94 | −1.26 | + 22.8 | 2.07 | 0.68 | Pal 9 |
| NGC 6715 | 18 56 06.6 | −30 27 28 | 7.60 | 0.85 | 0.15 | 17.58 | −1.49 | +141.3 | 2.04 | 0.82 | M 54 |
| | | | | | | | | | | | |
| NGC 6723 | 19 00 39.7 | −36 36 30 | 7.01 | 0.75 | 0.05 | 14.84 | −1.10 | − 94.5 | 1.11c: | 1.53 | |
| NGC 6749 | 19 06 05.3 | +01 55 36 | 12.44 | 2.14 | 1.50 | 19.14 | −1.60 | − 61.7 | 0.79 | 1.10 | |
| NGC 6760 | 19 12 02.4 | +01 03 31 | 8.88 | 1.66 | 0.77 | 16.72 | −0.40 | − 27.5 | 1.65 | 1.27 | |
| NGC 6752 | 19 12 19.1 | −59 57 23 | 5.40 | 0.66 | 0.04 | 13.13 | −1.54 | − 26.7 | 2.50c | 1.91 | |
| NGC 6779 | 19 17 14.1 | +30 12 49 | 8.27 | 0.86 | 0.26 | 15.68 | −1.98 | −135.6 | 1.38 | 1.10 | M 56 |
| | | | | | | | | | | | |
| Pal 10 | 19 18 45.9 | +18 36 09 | 13.22 | | 1.66 | 19.01 | −0.10 | − 31.7 | 0.58 | 0.99 | |
| Terzan 7 | 19 18 49.0 | −34 37 37 | 12.00 | | 0.07 | 17.01 | −0.32 | +166.0 | 0.93 | 0.77 | |
| Arp 2 | 19 29 46.8 | −30 19 15 | 12.30 | 0.86 | 0.10 | 17.59 | −1.75 | +115.0 | 0.88 | 1.77 | |
| NGC 6809 | 19 41 02.4 | −30 55 33 | 6.32 | 0.72 | 0.08 | 13.89 | −1.94 | +174.7 | 0.93 | 2.83 | M 55 |
| Terzan 8 | 19 42 48.5 | −33 57 35 | 12.40 | | 0.12 | 17.47 | −2.16 | +130.0 | 0.60 | 0.95 | |
| | | | | | | | | | | | |
| Pal 11 | 19 46 07.9 | −07 57 59 | 9.80 | 1.27 | 0.35 | 16.72 | −0.40 | − 68.0 | 0.57 | 1.46 | |
| NGC 6838 | 19 54 30.5 | +18 49 23 | 8.19 | 1.09 | 0.25 | 13.80 | −0.78 | − 22.8 | 1.15 | 1.67 | M 71 |
| NGC 6864 | 20 07 02.9 | −21 52 23 | 8.52 | 0.87 | 0.16 | 17.09 | −1.29 | −189.3 | 1.80 | 0.46 | M 75 |
| NGC 6934 | 20 34 59.8 | +07 27 43 | 8.83 | 0.77 | 0.10 | 16.28 | −1.47 | −411.4 | 1.53 | 0.69 | |
| NGC 6981 | 20 54 22.0 | −12 28 27 | 9.27 | 0.72 | 0.05 | 16.31 | −1.42 | −345.0 | 1.21 | 0.93 | M 72 |

SELECTED GLOBULAR CLUSTERS, J2016.5

| Name | RA | Dec. | $V_t$ | $B-V$ | $E_{(B-V)}$ | $(m-M)_V$ | [Fe/H] | $v_r$ | $c^1$ | $r_h^2$ | Alternate Name |
|------|-----|------|-------|-------|-------------|-----------|--------|-------|-------|---------|----------------|
| | h m s | ° ′ ″ | | | | | | km/s | | ′ | |
| NGC 7006 | 21 02 15.5 | +16 15 10 | 10.56 | 0.75 | 0.05 | 18.23 | −1.52 | −384.1 | 1.41 | 0.44 | |
| NGC 7078 | 21 30 46.1 | +12 14 24 | 6.20 | 0.68 | 0.10 | 15.39 | −2.37 | −107.0 | 2.29c | 1.00 | M 15 |
| NGC 7089 | 21 34 17.9 | −00 44 58 | 6.47 | 0.66 | 0.06 | 15.50 | −1.65 | − 5.3 | 1.59 | 1.06 | M 2 |
| NGC 7099 | 21 41 18.2 | −23 06 16 | 7.19 | 0.60 | 0.03 | 14.64 | −2.27 | −184.2 | 2.50c | 1.03 | M 30 |
| Pal 12 | 21 47 34.2 | −21 10 33 | 11.99 | 1.07 | 0.02 | 16.46 | −0.85 | + 27.8 | 2.98 | 1.72 | |
| Pal 13 | 23 07 34.0 | +12 51 41 | 13.47 | 0.76 | 0.05 | 17.23 | −1.88 | + 25.2 | 0.66 | 0.36 | |
| NGC 7492 | 23 09 18.7 | −15 31 19 | 11.29 | 0.42 | 0.00 | 17.10 | −1.78 | −177.5 | 0.72 | 1.15 | |

## Notes to Table

[1] central concentration index: c = core collapsed; c: = possibly core collapsed
[2] half-light radius

| IERS Designation | Right Ascension | Declination | Type | $z$ | Flux 8.4 GHz | 2.3 GHz | $\alpha^1$ | $V$ | Notes |
|---|---|---|---|---|---|---|---|---|---|
| | h m s | ° ′ ″ | | | Jy | Jy | | | |
| 0002−478 | 00 04 35.6555 0384 | −47 36 19.6037 899 | A | | | | | 19.0 | |
| 0007+106 | 00 10 31.0059 0186 | +10 58 29.5043 827 | G | 0.089 | 0.38 | 0.18 | +0.50 | 14.2 | S1.2, var. |
| 0008−264 | 00 11 01.2467 3846 | −26 12 33.3770 171 | Q | 1.096 | 0.44 | 0.30 | +0.50 | 19.0 | |
| 0010+405 | 00 13 31.1302 0334 | +40 51 37.1441 040 | G | 0.256 | 0.56 | 0.48 | −0.62 | 18.2 | S1.9 |
| 0013−005 | 00 16 11.0885 5479 | −00 15 12.4453 413 | Q | 1.574 | 0.35 | 0.88 | −0.24 | 20.8 | |
| 0016+731 | 00 19 45.7864 1940 | +73 27 30.0174 396 | Q | 1.781 | 0.77 | 1.56 | +0.07 | 18.0 | |
| 0019+058 | 00 22 32.4412 0914 | +06 08 04.2690 807 | L | | 0.17 | 0.25 | +0.03 | 19.2 | |
| 0035+413 | 00 38 24.8435 9231 | +41 37 06.0003 032 | Q | 1.353 | 0.35 | 0.65 | +0.20 | 19.9 | |
| 0048−097 | 00 50 41.3173 8756 | −09 29 05.2102 688 | L | 0.537 | 1.24 | 0.84 | +0.20 | 16.3 | HP, var. |
| 0048−427 | 00 51 09.5018 2012 | −42 26 33.2932 480 | Q | 1.749 | 0.39 | 0.85 | | 18.8 | |
| 0059+581 | 01 02 45.7623 8248 | +58 24 11.1366 009 | A | 0.644 | 1.68 | 1.38 | | 16.1 | |
| 0104−408 | 01 06 45.1079 6851 | −40 34 19.9602 291 | Q | 0.584 | 3.34 | 1.16 | | 19.0 | |
| 0107−610 | 01 09 15.4752 0598 | −60 49 48.4599 686 | G | | | | | 21.4 | |
| 0109+224 | 01 12 05.8247 1754 | +22 44 38.7863 909 | L | | 0.67 | 0.42 | +0.12 | 16.4 | HP |
| 0110+495 | 01 13 27.0068 0344 | +49 48 24.0431 742 | G | 0.389 | 0.60 | 0.53 | −0.14 | 19.3 | S1.2 |
| 0116−219 | 01 18 57.2621 6666 | −21 41 30.1399 986 | Q | 1.161 | 0.50 | 0.59 | +0.09 | 19.0 | |
| 0119+115 | 01 21 41.5950 4339 | +11 49 50.4131 012 | Q | 0.570 | 0.18 | 0.10 | +0.33* | 19.0 | HP |
| 0131−522 | 01 33 05.7625 5607 | −52 00 03.9457 209 | G | 0.020 | | | | 20.3 | S1 |
| 0133+476 | 01 36 58.5948 0585 | +47 51 29.1000 445 | Q | 0.859 | 2.00 | 1.86 | +0.19 | 17.7 | HP |
| 0134+311 | 01 37 08.7336 2970 | +31 22 35.8553 611 | V | | 0.34 | 0.59 | +0.03 | 21.6 | |
| 0138−097 | 01 41 25.8321 5547 | −09 28 43.6741 894 | L | 0.733 | 0.53 | 0.62 | −0.12 | 17.5 | HP |
| 0151+474 | 01 54 56.2898 8783 | +47 43 26.5395 732 | Q | 1.026 | 0.61 | 0.38 | +0.50 | 19.0 | red |
| 0159+723 | 02 03 33.3849 6841 | +72 32 53.6672 938 | L | | 0.22 | 0.22 | +0.09 | 19.2 | |
| 0202+319 | 02 05 04.9253 6007 | +32 12 30.0954 538 | Q | 1.466 | 0.89 | 0.49 | +0.07 | 18.2 | |
| 0215+015 | 02 17 48.9547 5182 | +01 44 49.6990 704 | Q | 1.715 | 1.06 | 0.69 | | 18.3 | HP |
| 0221+067 | 02 24 28.4281 9659 | +06 59 23.3415 393 | G | 0.511 | 0.41 | 0.32 | +0.04 | 19.0 | HP |
| 0230−790 | 02 29 34.9465 9358 | −78 47 45.6017 972 | Q | 1.070 | | | | 18.6 | |
| 0229+131 | 02 31 45.8940 5431 | +13 22 54.7162 668 | Q | 2.060 | 1.04 | 1.34 | +0.06 | 17.7 | |
| 0234−301 | 02 36 31.1694 2057 | −29 53 55.5402 759 | Q | 2.103 | 0.48 | 0.20 | | 18.0 | |
| 0235−618 | 02 36 53.2457 4589 | −61 36 15.1834 250 | A | | | | | 17.8 | |
| 0234+285 | 02 37 52.4056 7732 | +28 48 08.9900 231 | Q | 1.210 | 1.18 | 1.90 | +0.13 | 17.1 | HP |
| 0237−027 | 02 39 45.4722 6775 | −02 34 40.9144 020 | Q | 1.116 | 0.51 | 0.37 | +0.49 | 21.0 | |
| 0300+470 | 03 03 35.2422 2254 | +47 16 16.2754 406 | L | | 0.78 | 1.22 | | 17.2 | |
| 0302−623 | 03 03 50.6313 4799 | −62 11 25.5498 711 | A | | | | | 19.1 | |
| 0302+625 | 03 06 42.6595 4796 | +62 43 02.0241 642 | R | | 0.25 | 0.38 | | | |
| 0306+102 | 03 09 03.6235 0016 | +10 29 16.3409 599 | Q | 0.862 | 0.57 | 0.62 | +0.44 | 17.0 | |
| 0308−611 | 03 09 56.0991 5397 | −60 58 39.0561 502 | A | | | | | 18.6 | |
| 0307+380 | 03 10 49.8799 2951 | +38 14 53.8378 720 | Q | 0.816 | 0.66 | 0.48 | +0.36 | 17.6 | |
| 0309+411 | 03 13 01.9621 2305 | +41 20 01.1835 585 | G | 0.134 | 0.44 | 0.29 | +0.33 | 16.5 | S1 |
| 0322+222 | 03 25 36.8143 5154 | +22 24 00.3655 873 | Q | 2.060 | 1.69 | 0.99 | −0.01 | 19.1 | |
| 0332−403 | 03 34 13.6545 1358 | −40 08 25.3978 415 | L | 1.445 | 2.15 | 0.57 | −0.04 | 18.5 | HP |
| 0334−546 | 03 35 53.9248 4162 | −54 30 25.1146 727 | A | | | | | 20.4 | |
| 0342+147 | 03 45 06.4165 4424 | +14 53 49.5582 021 | A | 1.556 | 0.28 | 0.44 | +0.42 | 20.0 | red |
| 0346−279 | 03 48 38.1445 7723 | −27 49 13.5655 526 | Q | 0.990 | 1.21 | 1.11 | | 19.4 | |
| 0358+210 | 04 01 45.1660 7260 | +21 10 28.5870 359 | A | 0.834 | 0.41 | 0.61 | | 17.9 | |
| 0402−362 | 04 03 53.7498 9835 | −36 05 01.9131 085 | Q | 1.417 | 1.50 | 1.15 | +0.43 | 17.2 | |
| 0403−132 | 04 05 34.0033 8957 | −13 08 13.6907 083 | Q | 0.571 | 0.72 | 0.38 | −0.37 | 17.2 | HP |
| 0405−385 | 04 06 59.0353 3560 | −38 26 28.0423 567 | Q | 1.285 | 1.26 | 1.00 | +0.19 | 17.5 | |
| 0414−189 | 04 16 36.5444 5140 | −18 51 08.3400 284 | Q | 1.536 | 0.77 | 1.12 | −0.09 | 18.5 | |
| 0420−014 | 04 23 15.8007 2776 | −01 20 33.0654 034 | Q | 0.915 | 2.67 | 2.68 | −0.08 | 17.8 | HP |
| 0422+004 | 04 24 46.8420 6092 | +00 36 06.3293 676 | L | 0.310 | 0.41 | 0.43 | −0.33 | 16.1 | HP, var. |
| 0426+273 | 04 29 52.9607 6804 | +27 24 37.8762 939 | V | | 0.40 | 0.49 | −0.42 | 18.6 | |

| IERS Designation | Right Ascension | Declination | Type | $z$ | Flux 8.4 GHz | Flux 2.3 GHz | $\alpha^1$ | $V$ | Notes |
|---|---|---|---|---|---|---|---|---|---|
| | h m s | ° ′ ″ | | | Jy | Jy | | | |
| 0430+289 | 04 33 37.8298 5993 | +29 05 55.4770 346 | L | | 0.42 | 0.48 | +0.02 | 18.8 | |
| 0437−454 | 04 39 00.8546 6883 | −45 22 22.5628 657 | V | | 1.00 | | | 20.5 | |
| 0440+345 | 04 43 31.6352 0255 | +34 41 06.6640 222 | R | | 0.58 | 0.98 | | | |
| 0446+112 | 04 49 07.6711 0088 | +11 21 28.5964 577 | L? | 1.207 | 0.55 | 0.76 | +0.38 | 20.0 | |
| 0454−810 | 04 50 05.4402 0132 | −81 01 02.2313 228 | G | 0.444 | | | +0.29* | 19.6 | S1.5 |
| 0454−234 | 04 57 03.1792 2863 | −23 24 52.0201 418 | Q | 1.003 | 1.62 | 1.43 | −0.07 | 16.6 | HP |
| 0458−020 | 05 01 12.8098 8366 | −01 59 14.2562 534 | Q | 2.286 | 1.47 | 1.84 | −0.09 | 18.5 | HP |
| 0458+138 | 05 01 45.2708 2031 | +13 56 07.2204 176 | R | | 0.38 | 0.60 | +0.16 | 22.2 | red |
| 0506−612 | 05 06 43.9887 2791 | −61 09 40.9937 940 | Q | 1.093 | | | | 16.9 | |
| 0454+844 | 05 08 42.3634 5199 | +84 32 04.5440 155 | L | | 0.23 | 0.33 | +0.24 | 16.5 | HP |
| 0506+101 | 05 09 27.4570 6864 | +10 11 44.6000 396 | A | | 0.54 | 0.41 | −0.30 | 17.8 | |
| 0507+179 | 05 10 02.3691 2982 | +18 00 41.5816 534 | G | 0.416 | 0.65 | 0.75 | 0.00 | 20.0 | |
| 0516−621 | 05 16 44.9261 6793 | −62 07 05.3892 036 | A | | | | | 21.0 | |
| 0515+208 | 05 18 03.8245 0329 | +20 54 52.4974 899 | A | 2.579 | 0.32 | 0.43 | | 20.4 | red |
| 0522−611 | 05 22 34.4254 7880 | −61 07 57.1335 242 | Q | 1.400 | | | −0.18 | 18.1 | |
| 0524−460 | 05 25 31.4001 5013 | −45 57 54.6848 636 | Q | 1.479 | | | +0.14* | 17.3 | |
| 0524−485 | 05 26 16.6713 1064 | −48 30 36.7915 470 | V | | 0.10 | 0.10 | | 20.0 | blue |
| 0524+034 | 05 27 32.7054 4796 | +03 31 31.5166 429 | L | | 0.39 | 0.46 | | 18.6 | |
| 0529+483 | 05 33 15.8657 8266 | +48 22 52.8076 620 | Q | 1.162 | 0.53 | 0.64 | | 18.8 | |
| 0534−611 | 05 34 35.7724 8961 | −61 06 07.0730 607 | A | | | | | 18.8 | |
| 0534−340 | 05 36 28.4323 7520 | −34 01 11.4684 150 | - | 0.683 | 0.33 | 0.49 | | 18.3 | |
| 0537−441 | 05 38 50.3615 5219 | −44 05 08.9389 165 | Q | 0.894 | 4.79 | 4.03 | | 15.5 | HP |
| 0536+145 | 05 39 42.3659 9103 | +14 33 45.5616 993 | A | 2.690 | 0.47 | 0.54 | | 18.4 | red |
| 0537−286 | 05 39 54.2814 7645 | −28 39 55.9478 122 | Q | 3.100 | 0.53 | 0.65 | +0.24 | 20.0 | |
| 0544+273 | 05 47 34.1489 2109 | +27 21 56.8425 667 | R | | 0.51 | 0.36 | | | |
| 0549−575 | 05 50 09.5801 8296 | −57 32 24.3965 304 | A | | | | | 19.5 | |
| 0552+398 | 05 55 30.8056 1150 | +39 48 49.1649 664 | Q | 2.365 | 5.28 | 3.99 | | 18.0 | |
| 0556+238 | 05 59 32.0331 3165 | +23 53 53.9267 683 | R | | 0.49 | 0.64 | | | |
| 0600+177 | 06 03 09.1302 6176 | +17 42 16.8105 604 | A | 1.738 | 0.42 | 0.58 | | 19.3 | red |
| 0642+449 | 06 46 32.0259 9463 | +44 51 16.5901 237 | Q | 3.400 | 3.86 | 1.07 | +0.88 | 18.4 | |
| 0646−306 | 06 48 14.0964 7071 | −30 44 19.6596 827 | Q | 1.153 | 0.95 | 0.90 | +0.06 | 18.6 | |
| 0648−165 | 06 50 24.5818 5521 | −16 37 39.7251 917 | R | | 0.95 | 1.37 | | 22.1 | blue |
| 0656+082 | 06 59 17.9960 3428 | +08 13 30.9533 022 | V | | 0.51 | 0.68 | | 16.1 | red |
| 0657+172 | 07 00 01.5255 3646 | +17 09 21.7014 901 | V | | 0.83 | 0.75 | | 16.0 | red |
| 0707+476 | 07 10 46.1048 7679 | +47 32 11.1427 167 | Q | 1.292 | 0.49 | 0.88 | −0.28 | 18.2 | |
| 0716+714 | 07 21 53.4484 6336 | +71 20 36.3634 253 | L | 0.300 | 0.41 | 0.26 | −0.13 | 15.5 | HP |
| 0722+145 | 07 25 16.8077 6128 | +14 25 13.7466 902 | A | | 0.45 | 0.93 | +0.03 | 17.8 | |
| 0718+792 | 07 26 11.7352 4096 | +79 11 31.0162 085 | R | | 0.62 | 0.77 | +0.19 | 23.2 | red |
| 0727−115 | 07 30 19.1124 7420 | −11 41 12.6005 110 | Q | 1.591 | 2.02 | 2.90 | | 22.5 | |
| 0736+017 | 07 39 18.0338 9693 | +01 37 04.6178 588 | Q | 0.191 | 1.20 | 2.00 | −0.09 | 16.1 | HP, var. |
| 0738+491 | 07 42 02.7489 4651 | +49 00 15.6089 340 | A | 2.318 | 0.45 | 0.47 | +0.11 | 21.8 | |
| 0743−006 | 07 45 54.0823 2111 | −00 44 17.5398 546 | Q | 0.994 | 1.53 | 1.24 | +0.67 | 17.1 | |
| 0743+259 | 07 46 25.8741 7871 | +25 49 02.1347 553 | Q | 2.979 | 0.15 | 0.49 | | 19.1 | |
| 0745+241 | 07 48 36.1092 7469 | +24 00 24.1100 315 | G | 0.409 | 0.54 | 0.74 | +0.25 | 19.0 | HP |
| 0748+126 | 07 50 52.0457 3519 | +12 31 04.8281 766 | Q | 0.889 | 1.80 | 1.35 | +0.15 | 17.8 | |
| 0759+183 | 08 02 48.0319 6182 | +18 09 49.2493 958 | A | | 0.47 | 0.57 | +0.12 | 18.5 | |
| 0800+618 | 08 05 18.1795 6846 | +61 44 23.7002 968 | A | 3.033 | 1.00 | 1.07 | −0.08 | 19.6 | red |
| 0805+046 | 08 07 57.5385 7015 | +04 32 34.5310 021 | Q | 2.880 | 0.20 | 0.34 | −0.38 | 18.4 | |
| 0804+499 | 08 08 39.6662 8353 | +49 50 36.5304 035 | Q | 1.436 | 0.81 | 1.08 | −0.14 | 17.5 | HP |
| 0805+410 | 08 08 56.6520 3923 | +40 52 44.8888 616 | Q | 1.418 | 0.93 | 0.77 | +0.38 | 19.0 | |
| 0808+019 | 08 11 26.7073 1189 | +01 46 52.2202 616 | L | 1.148 | 0.58 | 0.57 | +0.43 | 17.5 | |
| 0812+367 | 08 15 25.9448 5739 | +36 35 15.1488 917 | Q | 1.028 | 0.75 | 0.75 | −0.08 | 18.0 | |

| IERS Designation | Right Ascension | Declination | Type | $z$ | Flux 8.4 GHz | 2.3 GHz | $\alpha^1$ | $V$ | Notes |
|---|---|---|---|---|---|---|---|---|---|
|  | h m s | ° ′ ″ |  |  | Jy | Jy |  |  |  |
| 0814+425 | 08 18 15.9996 0470 | +42 22 45.4149 140 | L |  | 1.05 | 1.08 | −0.04 | 18.5 | HP, z? |
| 0823+033 | 08 25 50.3383 5429 | +03 09 24.5200 730 | L | 0.506 | 1.13 | 1.45 | +0.14 | 18.0 | HP |
| 0827+243 | 08 30 52.0861 9070 | +24 10 59.8204 032 | Q | 0.940 | 0.85 | 0.89 | +0.03 | 17.3 |  |
| 0834−201 | 08 36 39.2152 5294 | −20 16 59.5040 953 | Q | 2.752 | 3.40 | 2.46 |  | 19.4 |  |
| 0851+202 | 08 54 48.8749 2702 | +20 06 30.6408 861 | L | 0.306 | 1.31 | 1.24 | +0.11* | 14.0 | HP |
| 0854−108 | 08 56 41.8041 4812 | −11 05 14.4301 901 | R |  | 1.10 | 0.63 | +0.04 |  |  |
| 0912+029 | 09 14 37.9134 3166 | +02 45 59.2469 393 | G | 0.427 | 0.48 | 0.58 |  | 18.0 | S1 |
| 0920−397 | 09 22 46.4182 6064 | −39 59 35.0683 561 | Q | 0.591 | 1.39 | 1.19 |  | 18.8 |  |
| 0920+390 | 09 23 14.4529 3105 | +38 49 39.9101 375 | V |  | 0.37 | 0.36 | −0.01 | 21.7 |  |
| 0925−203 | 09 27 51.8243 1596 | −20 34 51.2324 031 | Q | 0.348 | 0.45 | 0.31 | −0.20 | 16.4 | S1.0 |
| 0949+354 | 09 52 32.0261 6656 | +35 12 52.4030 592 | Q | 1.876 | 0.34 | 0.29 | −0.04 | 19.0 |  |
| 0955+476 | 09 58 19.6716 3931 | +47 25 07.8424 347 | Q | 1.882 | 1.89 | 1.30 | +0.20 | 18.0 |  |
| 0955+326 | 09 58 20.9496 3113 | +32 24 02.2095 353 | Q | 0.530 | 0.68 | 0.43 | −0.33 | 15.8 | S1.8 |
| 0954+658 | 09 58 47.2451 0127 | +65 33 54.8180 587 | L | 0.368 | 0.56 | 0.67 | +0.29 | 15.4 | HP |
| 1004−500 | 10 06 14.0093 1618 | −50 18 13.4706 757 | R |  |  |  |  | 20.8 | blue |
| 1012+232 | 10 14 47.0654 5658 | +23 01 16.5708 649 | Q | 0.565 | 0.77 | 0.69 | −0.05 | 17.5 | S1.5 |
| 1013+054 | 10 16 03.1364 6769 | +05 13 02.3414 482 | Q | 1.713 | 0.52 | 0.54 | −0.18 | 19.9 |  |
| 1014+615 | 10 17 25.8875 7718 | +61 16 27.4966 664 | Q | 2.805 | 0.50 | 0.58 | +0.19 | 18.3 |  |
| 1015+359 | 10 18 10.9880 9086 | +35 42 39.4408 279 | Q | 1.228 | 0.63 | 0.61 | 0.00 | 19.0 |  |
| 1022−665 | 10 23 43.5331 9996 | −66 46 48.7177 526 | R |  |  |  |  | 18.8 | blue |
| 1022+194 | 10 24 44.8095 9508 | +19 12 20.4156 249 | Q | 0.828 | 0.47 | 0.39 | −0.05 | 17.5 |  |
| 1030+415 | 10 33 03.7078 6817 | +41 16 06.2329 177 | Q | 1.117 | 0.37 | 0.19 | −0.14 | 18.2 | HP |
| 1030+074 | 10 33 34.0242 9130 | +07 11 26.1477 035 | A | 1.535 | 0.19 | 0.20 | +0.18 | 19.0 |  |
| 1034−374 | 10 36 53.4396 0199 | −37 44 15.0656 721 | Q | 1.821 | 0.50 | 0.22 | +0.29 | 19.5 | HP |
| 1034−293 | 10 37 16.0797 3476 | −29 34 02.8133 345 | Q | 0.312 | 1.49 | 1.21 | +0.14 | 16.5 | HP |
| 1038+528 | 10 41 46.7816 3764 | +52 33 28.2313 168 | Q | 0.678 | 0.53 | 0.44 | −0.10 | 17.4 |  |
| 1039+811 | 10 44 23.0625 4789 | +80 54 39.4430 277 | Q | 1.260 | 0.76 | 0.71 | +0.10 | 16.5 |  |
| 1042+071 | 10 44 55.9112 4593 | +06 55 38.2626 553 | Q | 0.690 | 0.24 | 0.35 | −0.25 | 20.5 |  |
| 1045−188 | 10 48 06.6206 0701 | −19 09 35.7266 240 | Q | 0.595 | 1.19 | 0.85 | −0.11 | 18.8 | S1.8 |
| 1049+215 | 10 51 48.7890 7490 | +21 19 52.3138 145 | Q | 1.300 | 0.91 | 1.27 | −0.06 | 17.9 | var. |
| 1053+815 | 10 58 11.5353 7962 | +81 14 32.6751 819 | Q | 0.706 | 0.78 | 0.54 | +0.47 | 18.5 |  |
| 1055+018 | 10 58 29.6052 0747 | +01 33 58.8237 691 | Q | 0.890 | 3.75 |  |  | 18.3 | HP |
| 1101−536 | 11 03 52.2216 7171 | −53 57 00.6966 293 | A |  |  |  |  | 16.2 |  |
| 1101+384 | 11 04 27.3139 4136 | +38 12 31.7990 644 | L | 0.030 | 0.32 | 0.36 | −0.11 | 13.8 | HP |
| 1111+149 | 11 13 58.6950 8359 | +14 42 26.9525 965 | Q | 0.866 | 0.23 | 0.55 |  | 18.0 |  |
| 1123+264 | 11 25 53.7119 2285 | +26 10 19.9786 840 | Q | 2.341 | 0.76 | 1.17 | +0.04 | 17.5 |  |
| 1124−186 | 11 27 04.3924 4958 | −18 57 17.4416 582 | Q | 1.050 | 1.51 | 0.97 | +0.53 | 19.0 |  |
| 1128+385 | 11 30 53.2826 1193 | +38 15 18.5469 933 | Q | 1.741 | 1.15 | 0.80 | +0.14 | 19.1 |  |
| 1130+009 | 11 33 20.0557 9171 | +00 40 52.8372 903 | Q | 1.640 | 0.22 | 0.29 | −0.09 | 19.0 |  |
| 1133−032 | 11 36 24.5769 3290 | −03 30 29.4964 694 | Q | 1.648 | 0.53 | 0.36 |  | 19.5 |  |
| 1143−696 | 11 45 53.6241 7065 | −69 54 01.7977 922 | A |  |  |  |  | 17.7 |  |
| 1144+402 | 11 46 58.2979 1629 | +39 58 34.3045 026 | Q | 1.088 | 0.73 | 0.48 | +0.30 | 18.1 |  |
| 1144−379 | 11 47 01.3707 0177 | −38 12 11.0234 199 | Q | 1.048 | 2.72 | 1.08 | +0.22 | 16.2 | HP |
| 1145−071 | 11 47 51.5540 2876 | −07 24 41.1410 887 | Q | 1.342 | 0.53 | 0.78 | +0.08 | 17.5 |  |
| 1147+245 | 11 50 19.2121 7405 | +24 17 53.8353 207 | L | 0.200 | 0.50 | 0.52 | −0.05 | 16.7 | HP, var. |
| 1149−084 | 11 52 17.2095 1537 | −08 41 03.3138 824 | Q | 2.370 | 1.05 | 0.97 |  | 18.5 |  |
| 1156−663 | 11 59 18.3054 4873 | −66 35 39.4272 186 | R |  |  |  |  |  |  |
| 1156+295 | 11 59 31.8339 0975 | +29 14 43.8268 741 | Q | 0.730 | 1.28 | 1.52 | −0.29 | 17.0 | HP |
| 1213−172 | 12 15 46.7517 6110 | −17 31 45.4029 502 | G |  | 1.62 | 1.23 | −0.16 | 21.4 |  |
| 1215+303 | 12 17 52.0819 6139 | +30 07 00.6359 190 | L | 0.130 | 0.25 | 0.28 | −0.30 | 15.7 | HP, var. |
| 1219+044 | 12 22 22.5496 2080 | +04 13 15.7761 797 | Q | 0.965 | 0.67 | 0.54 | +0.12 | 18.0 |  |
| 1221+809 | 12 23 40.4937 3854 | +80 40 04.3404 390 | L |  | 0.47 | 0.36 | −0.28 | 18.0 |  |

| IERS Designation | Right Ascension | Declination | Type | $z$ | Flux 8.4 GHz | Flux 2.3 GHz | $\alpha^1$ | $V$ | Notes |
|---|---|---|---|---|---|---|---|---|---|
| | h m s | ° ′ ″ | | | Jy | Jy | | | |
| 1226+373 | 12 28 47.4236 7744 | +37 06 12.0958 631 | Q | 1.510 | 0.25 | 0.46 | +0.44 | 18.2 | |
| 1236+077 | 12 39 24.5883 2517 | +07 30 17.1892 686 | G | 0.400 | 0.70 | 0.70 | +0.11 | 20.1 | |
| 1240+381 | 12 42 51.3690 7635 | +37 51 00.0252 447 | Q | 1.318 | 0.51 | 0.68 | +0.05 | 19.0 | |
| 1243−072 | 12 46 04.2321 0358 | −07 30 46.5745 473 | Q | 1.286 | 0.78 | 0.69 | | 18.0 | |
| 1244−255 | 12 46 46.8020 3492 | −25 47 49.2887 900 | Q | 0.630 | 1.52 | 0.73 | +0.25 | 17.4 | HP |
| 1252+119 | 12 54 38.2556 1161 | +11 41 05.8951 798 | Q | 0.873 | 0.40 | 0.70 | −0.14 | 16.2 | |
| 1251−713 | 12 54 59.9214 4870 | −71 38 18.4366 697 | A | | | | | 20.5 | |
| 1300+580 | 13 02 52.4652 7568 | +57 48 37.6093 180 | V | | 0.28 | 0.25 | +0.54 | 18.9 | |
| 1308+328 | 13 10 59.4027 2936 | +32 33 34.4496 333 | Q | 1.650 | 0.45 | 0.49 | +0.26 | 19.1 | |
| 1313−333 | 13 16 07.9859 3995 | −33 38 59.1725 057 | Q | 1.210 | 0.87 | 0.77 | −0.07 | 20.0 | |
| 1324+224 | 13 27 00.8613 1377 | +22 10 50.1629 729 | Q | 1.400 | 1.79 | 1.98 | +0.07 | 18.2 | |
| 1325−558 | 13 29 01.1449 2878 | −56 08 02.6657 428 | R | | | | | | |
| 1334−127 | 13 37 39.7827 7768 | −12 57 24.6932 620 | Q | 0.540 | 4.88 | 3.21 | +0.34 | 17.2 | HP |
| 1342+662 | 13 43 45.9595 7134 | +66 02 25.7451 011 | Q | 0.766 | 0.23 | 0.26 | +0.55 | 20.0 | |
| 1342+663 | 13 44 08.6796 6687 | +66 06 11.6438 846 | Q | 1.350 | 0.51 | | −0.16 | 20.0 | |
| 1349−439 | 13 52 56.5349 4294 | −44 12 40.3875 227 | L | 0.050 | 0.06 | 0.06 | | 18.0 | HP |
| 1351−018 | 13 54 06.8953 2213 | −02 06 03.1904 447 | Q | 3.710 | 0.77 | 0.80 | | 20.9 | |
| 1354−152 | 13 57 11.2449 7976 | −15 27 28.7867 232 | Q | 1.890 | 1.34 | 0.69 | | 19.0 | |
| 1357+769 | 13 57 55.3715 3147 | +76 43 21.0510 512 | A | | 0.80 | 0.68 | +0.05 | 19.0 | |
| 1406−076 | 14 08 56.4812 0036 | −07 52 26.6664 200 | Q | 1.494 | 0.73 | 0.63 | | 18.4 | |
| 1418+546 | 14 19 46.5974 0212 | +54 23 14.7871 875 | L | 0.153 | 0.50 | 0.60 | +0.57 | 15.9 | HP |
| 1417+385 | 14 19 46.6137 6070 | +38 21 48.4750 925 | Q | 1.831 | 0.59 | 0.50 | | 19.3 | |
| 1420−679 | 14 24 55.5573 9563 | −68 07 58.0945 205 | A | | | | | 22.2 | |
| 1423+146 | 14 25 49.0180 1632 | +14 24 56.9019 040 | Q | 0.780 | 0.35 | 0.45 | +0.09 | 19.0 | |
| 1424−418 | 14 27 56.2975 6536 | −42 06 19.4375 991 | Q | 1.522 | 1.33 | 1.49 | +0.28* | 17.7 | HP |
| 1432+200 | 14 34 39.7933 5525 | +19 52 00.7358 213 | A | 1.382 | 0.40 | 0.50 | | 18.3 | |
| 1443−162 | 14 45 53.3762 8643 | −16 29 01.6189 137 | A | | 0.28 | 0.45 | | 19.5 | |
| 1448−648 | 14 52 39.6792 4989 | −65 02 03.4333 591 | G | | | | | 22.0 | |
| 1451−400 | 14 54 32.9123 5921 | −40 12 32.5142 375 | Q | 1.810 | 0.33 | 0.70 | | 18.5 | |
| 1456+044 | 14 58 59.3562 1201 | +04 16 13.8206 019 | G | 0.391 | 0.53 | 0.44 | −0.33 | 18.3 | |
| 1459+480 | 15 00 48.6542 2191 | +47 51 15.5381 838 | A | | 0.61 | 0.40 | +0.24 | 19.4 | |
| 1502+106 | 15 04 24.9797 8142 | +10 29 39.1986 151 | Q | 1.839 | 1.00 | 1.50 | −0.03 | 18.6 | HP |
| 1502+036 | 15 05 06.4771 5917 | +03 26 30.8126 616 | G | 0.409 | 0.98 | 0.83 | +0.41 | 18.1 | |
| 1504+377 | 15 06 09.5299 6778 | +37 30 51.1325 044 | G | 0.672 | 0.86 | 0.66 | −0.01 | 21.2 | S2 |
| 1508+572 | 15 10 02.9223 6464 | +57 02 43.3759 071 | Q | 4.309 | 0.38 | 0.22 | −0.18 | 21.4 | |
| 1510−089 | 15 12 50.5329 2491 | −09 05 59.8295 878 | Q | 0.361 | 1.23 | 2.20 | | 16.7 | HP, var. |
| 1511−100 | 15 13 44.8934 1390 | −10 12 00.2644 930 | Q | 1.513 | 0.82 | 0.80 | +0.03 | 14.7 | |
| 1514+197 | 15 16 56.7961 6342 | +19 32 12.9920 178 | L | 1.070 | 0.48 | 0.60 | +0.14 | 18.5 | |
| 1520+437 | 15 21 49.6138 7985 | +43 36 39.2681 562 | Q | 2.171 | 0.50 | 0.38 | +0.48 | 18.9 | |
| 1519−273 | 15 22 37.6759 8872 | −27 30 10.7854 174 | L | 1.294 | 1.68 | 1.34 | +0.17 | 18.5 | HP |
| 1546+027 | 15 49 29.4368 4301 | +02 37 01.1634 197 | Q | 0.414 | 1.23 | 1.25 | +0.05 | 16.8 | HP |
| 1548+056 | 15 50 35.2692 4162 | +05 27 10.4484 262 | Q | 1.422 | 2.10 | 2.35 | −0.21 | 17.7 | HP |
| 1555+001 | 15 57 51.4339 7128 | −00 01 50.4137 075 | Q | 1.770 | 0.96 | 0.78 | | 19.3 | |
| 1554−643 | 15 58 50.2843 6339 | −64 32 29.6374 071 | G | 0.080 | | | | 17.0 | |
| 1557+032 | 15 59 30.9726 1545 | +03 04 48.2568 829 | Q | 3.891 | 0.35 | 0.35 | | 19.8 | |
| 1604−333 | 16 07 34.7623 4480 | −33 31 08.9133 114 | V | | 0.17 | 0.26 | | 20.5 | blue |
| 1606+106 | 16 08 46.2031 8554 | +10 29 07.7758 300 | Q | 1.226 | 1.20 | 1.69 | +0.12 | 18.2 | |
| 1611−710 | 16 16 30.6415 5980 | −71 08 31.4545 422 | A | | | | | 20.7 | |
| 1614+051 | 16 16 37.5568 1502 | +04 59 32.7367 495 | Q | 3.210 | 0.55 | 0.67 | +0.39 | 19.5 | |
| 1617+229 | 16 19 14.8246 1057 | +22 47 47.8510 784 | A | 1.987 | 0.68 | 0.57 | | 20.9 | |
| 1619−680 | 16 24 18.4370 0573 | −68 09 12.4965 314 | Q | 1.354 | | | | 18.0 | |
| 1622−253 | 16 25 46.8916 4010 | −25 27 38.3267 989 | Q | 0.786 | 2.24 | 2.18 | −0.04 | 21.9 | |

| IERS Designation | Right Ascension | Declination | Type | $z$ | Flux 8.4 GHz | Flux 2.3 GHz | $\alpha^1$ | $V$ | Notes |
|---|---|---|---|---|---|---|---|---|---|
| | h m s | ° ′ ″ | | | Jy | Jy | | | |
| 1624−617 | 16 28 54.6898 2354 | −61 52 36.3978 862 | R | | | | | | |
| 1637+574 | 16 38 13.4562 9705 | +57 20 23.9790 727 | Q | 0.751 | 0.91 | 1.28 | +0.05 | 16.7 | S1.2 |
| 1638+398 | 16 40 29.6327 7180 | +39 46 46.0285 033 | Q | 1.700 | 0.86 | 0.98 | +0.28 | 18.5 | HP |
| 1639+230 | 16 41 25.2275 6501 | +22 57 04.0327 611 | Q | 2.063 | 0.42 | 0.37 | +0.12 | 19.3 | |
| 1642+690 | 16 42 07.8485 0549 | +68 56 39.7564 973 | Q | 0.751 | 1.10 | 1.48 | −0.22 | 19.2 | HP |
| 1633−810 | 16 42 57.3456 5318 | −81 08 35.0701 687 | A | | | | | 18.0 | |
| 1657−261 | 17 00 53.1540 6129 | −26 10 51.7253 457 | R | | 0.45 | 0.23 | | 16.5 | blue |
| 1657−562 | 17 01 44.8581 1384 | −56 21 55.9019 532 | R | | | | | | |
| 1659−621 | 17 03 36.5412 4564 | −62 12 40.0081 704 | V | | | | | 18.7 | blue |
| 1705+018 | 17 07 34.4152 7100 | +01 48 45.6992 837 | Q | 2.570 | 0.51 | 0.76 | | 18.9 | |
| 1706−174 | 17 09 34.3453 9327 | −17 28 53.3649 724 | R | | 0.33 | 0.52 | | 17.5 | |
| 1717+178 | 17 19 13.0484 8160 | +17 45 06.4373 011 | L | 0.137 | 0.54 | 0.68 | +0.03 | 18.5 | HP |
| 1726+455 | 17 27 27.6508 0470 | +45 30 39.7313 444 | Q | 0.710 | 1.02 | 1.14 | +0.21 | 17.8 | S1.2 |
| 1730−130 | 17 33 02.7057 8476 | −13 04 49.5481 484 | Q | 0.902 | 8.31 | 4.67 | −0.08 | 18.5 | |
| 1725−795 | 17 33 40.7002 7819 | −79 35 55.7166 934 | A | | | | | 19.7 | |
| 1732+389 | 17 34 20.5785 3662 | +38 57 51.4430 746 | Q | 0.970 | 1.12 | 1.25 | +0.19 | 19.0 | HP |
| 1738+499 | 17 39 27.3904 9252 | +49 55 03.3684 410 | Q | 1.545 | 0.35 | 0.43 | | 19.0 | |
| 1738+476 | 17 39 57.1290 7360 | +47 37 58.3615 566 | L | | 0.60 | 1.01 | +0.04 | 18.5 | |
| 1741−038 | 17 43 58.8561 3396 | −03 50 04.6166 450 | Q | 1.054 | 3.59 | 2.18 | +0.78 | 18.6 | HP |
| 1743+173 | 17 45 35.2081 7083 | +17 20 01.4236 878 | Q | 1.702 | 0.70 | 1.20 | −0.14 | 18.7 | |
| 1745+624 | 17 46 14.0341 3721 | +62 26 54.7383 903 | Q | 3.900 | 0.48 | 0.35 | −0.29 | 19.5 | |
| 1749+096 | 17 51 32.8185 7318 | +09 39 00.7284 829 | Q | 0.322 | 4.30 | 1.59 | +0.64 | 17.9 | HP, var. |
| 1751+288 | 17 53 42.4736 4429 | +28 48 04.9388 841 | V | | 0.33 | 0.41 | | 19.6 | blue |
| 1754+155 | 17 56 53.1021 3624 | +15 35 20.8265 328 | V | | 0.45 | 0.31 | | 17.1 | |
| 1758+388 | 18 00 24.7653 6125 | +38 48 30.6975 330 | Q | 2.092 | 1.07 | 0.42 | +0.72 | 18.0 | |
| 1803+784 | 18 00 45.6839 1641 | +78 28 04.0184 502 | Q | 0.680 | 2.07 | 2.23 | +0.13 | 17.0 | HP |
| 1800+440 | 18 01 32.3148 2108 | +44 04 21.9003 219 | Q | 0.663 | 0.95 | 0.37 | −0.20 | 17.5 | |
| 1758−651 | 18 03 23.4966 6700 | −65 07 36.7612 094 | V | | | | | 20.6 | |
| 1806−458 | 18 09 57.8717 5020 | −45 52 41.0139 197 | G | 0.070 | | | | 15.7 | |
| 1815−553 | 18 19 45.3995 1849 | −55 21 20.7453 785 | A | | | | | 18.9 | |
| 1823+689 | 18 23 32.8539 0304 | +68 57 52.6125 919 | R | | 0.20 | 0.35 | −0.04 | | |
| 1823+568 | 18 24 07.0683 7771 | +56 51 01.4908 371 | Q | 0.664 | 0.98 | 0.95 | −0.11 | 18.4 | HP |
| 1824−582 | 18 29 12.4023 7320 | −58 13 55.1616 899 | R | | | | | 19.3 | blue |
| 1831−711 | 18 37 28.7149 3799 | −71 08 43.5545 891 | Q | 1.356 | | | +0.14 | 17.5 | |
| 1842+681 | 18 42 33.6416 8915 | +68 09 25.2277 840 | Q | 0.470 | 0.80 | 0.65 | +0.02 | 17.9 | |
| 1846+322 | 18 48 22.0885 8135 | +32 19 02.6037 429 | A | 0.798 | 0.52 | 0.55 | | 19.4 | blue |
| 1849+670 | 18 49 16.0722 8978 | +67 05 41.6802 978 | Q | 0.657 | 0.85 | 0.67 | −0.06 | 18.7 | S1.2 |
| 1908−201 | 19 11 09.6528 9198 | −20 06 55.1089 891 | Q | 1.119 | 1.78 | 1.84 | +0.06 | 18.4 | blue |
| 1920−211 | 19 23 32.1898 1466 | −21 04 33.3330 547 | Q | 0.874 | 2.60 | 2.30 | −0.09 | 17.5 | |
| 1921−293 | 19 24 51.0559 5514 | −29 14 30.1210 524 | Q | 0.352 | 12.03 | 13.93 | +0.05 | 16.8 | HP, var. |
| 1925−610 | 19 30 06.1600 9446 | −60 56 09.1841 517 | A | | | | | 20.3 | |
| 1929+226 | 19 31 24.9167 8444 | +22 43 31.2586 209 | R | | 0.60 | 0.59 | | | |
| 1933−400 | 19 37 16.2173 5166 | −39 58 01.5529 907 | Q | 0.965 | 0.96 | | −0.10 | 18.0 | |
| 1936−155 | 19 39 26.6577 4750 | −15 25 43.0584 183 | Q | 1.657 | 0.75 | 0.67 | +0.53 | 19.4 | HP |
| 1935−692 | 19 40 25.5282 0104 | −69 07 56.9714 945 | Q | 3.100 | | | | 17.3 | |
| 1954+513 | 19 55 42.7382 6837 | +51 31 48.5461 210 | Q | 1.220 | 1.29 | 1.21 | | 18.5 | |
| 1954−388 | 19 57 59.8192 7470 | −38 45 06.3557 585 | Q | 0.630 | 3.15 | 2.45 | +0.35 | 17.1 | HP |
| 1958−179 | 20 00 57.0904 4485 | −17 48 57.6725 440 | Q | 0.650 | 1.06 | 0.70 | +0.75 | 17.5 | HP |
| 2000+472 | 20 02 10.4182 5568 | +47 25 28.7737 223 | V | | 1.12 | 1.07 | | 19.6 | red |
| 2002−375 | 20 05 55.0709 0025 | −37 23 41.4778 536 | R | | 0.32 | 0.45 | +0.41 | 21.6 | red |
| 2008−159 | 20 11 15.7109 3257 | −15 46 40.2536 652 | Q | 1.180 | 1.10 | 0.93 | +0.59 | 17.2 | |
| 2029+121 | 20 31 54.9942 7114 | +12 19 41.3403 129 | Q | 1.215 | 0.82 | 1.00 | +0.74* | 18.5 | |

| IERS Designation | Right Ascension | Declination | Type | $z$ | Flux 8.4 GHz | Flux 2.3 GHz | $\alpha^1$ | $V$ | Notes |
|---|---|---|---|---|---|---|---|---|---|
| | h m s | ° ′ ″ | | | Jy | Jy | | | |
| 2052−474 | 20 56 16.3598 1874 | −47 14 47.6276 461 | Q | 1.489 | 0.10 | 0.10 | | 19.1 | |
| 2059+034 | 21 01 38.8341 6420 | +03 41 31.3209 577 | Q | 1.013 | 0.94 | 0.87 | | 18.1 | |
| 2106+143 | 21 08 41.0321 5158 | +14 30 27.0123 177 | A | 2.017 | 0.39 | 0.46 | −0.06 | 20.0 | |
| 2106−413 | 21 09 33.1885 9195 | −41 10 20.6053 191 | Q | 1.060 | 1.59 | 1.50 | | 21.0 | |
| 2113+293 | 21 15 29.4134 5556 | +29 33 38.3669 657 | Q | 1.514 | 0.66 | 0.48 | +0.62* | 18.5 | |
| 2123−463 | 21 26 30.7042 6484 | −46 05 47.8920 231 | Q | 1.670 | 0.10 | 0.10 | | 18.0 | |
| 2126−158 | 21 29 12.1758 9777 | −15 38 41.0413 097 | Q | 3.270 | 0.84 | 1.06 | +0.38 | 17.3 | |
| 2131−021 | 21 34 10.3095 9643 | −01 53 17.2387 909 | Q | | 1.26 | 1.54 | +0.01 | 18.7 | HP, z? |
| 2136+141 | 21 39 01.3092 6937 | +14 23 35.9922 096 | Q | 2.427 | 2.84 | 1.50 | +0.38 | 18.5 | |
| 2142−758 | 21 47 12.7306 2415 | −75 36 13.2248 179 | Q | 1.139 | | | | 17.3 | |
| 2150+173 | 21 52 24.8193 9953 | +17 34 37.7950 583 | L | | 0.55 | 0.50 | −0.06 | 21.0 | HP |
| 2204−540 | 22 07 43.7333 0411 | −53 46 33.8197 226 | Q | 1.206 | | | | 18.0 | |
| 2209+236 | 22 12 05.9663 1138 | +23 55 40.5438 272 | Q | 1.125 | 0.93 | 0.82 | +0.13 | 19.0 | |
| 2220−351 | 22 23 05.9305 7815 | −34 55 47.1774 281 | G | 0.298 | 0.32 | 0.27 | −0.51 | 17.5 | S1 |
| 2223−052 | 22 25 47.2592 9302 | −04 57 01.3907 581 | Q | 1.404 | 2.37 | 1.67 | −0.31 | 17.2 | HP |
| 2227−088 | 22 29 40.0843 4003 | −08 32 54.4353 948 | Q | 1.560 | 2.76 | 1.25 | +0.13 | 17.5 | HP |
| 2229+695 | 22 30 36.4697 0494 | +69 46 28.0768 954 | G | | 0.24 | 0.52 | +0.24 | 19.6 | |
| 2232−488 | 22 35 13.2365 7712 | −48 35 58.7945 006 | Q | 0.510 | 0.10 | 0.10 | −0.15 | 17.2 | |
| 2236−572 | 22 39 12.0759 2367 | −57 01 00.8393 966 | V | | | | | 18.5 | |
| 2244−372 | 22 47 03.9173 2284 | −36 57 46.3039 624 | Q | 2.252 | 0.62 | 0.57 | −0.33 | 19.0 | |
| 2245−328 | 22 48 38.6857 3771 | −32 35 52.1879 540 | Q | 2.268 | 0.35 | 0.34 | −0.12 | 18.6 | |
| 2250+190 | 22 53 07.3691 7339 | +19 42 34.6287 472 | Q | 0.284 | 0.32 | 0.34 | +0.17 | 16.7 | S1 |
| 2254+074 | 22 57 17.3031 2249 | +07 43 12.3024 770 | L | 0.190 | 0.51 | 0.36 | | 17.0 | HP, var. |
| 2255−282 | 22 58 05.9628 8481 | −27 58 21.2567 425 | Q | 0.926 | 3.83 | 1.38 | +0.57 | 16.8 | S1 |
| 2300−683 | 23 03 43.5646 2053 | −68 07 37.4429 706 | Q | 0.510 | | | | 16.4 | S1.5 |
| 2318+049 | 23 20 44.8565 9790 | +05 13 49.9525 567 | Q | 0.622 | 0.65 | 0.70 | | 19.0 | |
| 2326−477 | 23 29 17.7043 5026 | −47 30 19.1148 404 | Q | 1.299 | 0.10 | 0.10 | | 16.8 | |
| 2333−415 | 23 36 33.9850 9655 | −41 15 21.9839 279 | A | 1.406 | 0.10 | 0.10 | −0.05 | 20.0 | |
| 2344−514 | 23 47 19.8640 9462 | −51 10 36.0654 829 | A | 2.670 | | | | 20.1 | |
| 2351−154 | 23 54 30.1951 8762 | −15 13 11.2130 207 | Q | | 0.58 | 0.98 | | 17.0 | |
| 2353−686 | 23 56 00.6814 0587 | −68 20 03.4717 084 | A | 1.716 | | | | 17.0 | |
| 2355−534 | 23 57 53.2660 8808 | −53 11 13.6893 562 | Q | 1.006 | | | | 17.8 | |
| 2355−106 | 23 58 10.8824 0761 | −10 20 08.6113 211 | Q | 1.639 | 0.55 | 0.61 | −0.07 | 17.7 | |
| 2356+385 | 23 59 33.1807 9739 | +38 50 42.3182 943 | Q | 2.704 | 0.51 | 0.37 | −0.29 | 19.0 | |
| 2357−318 | 23 59 35.4915 4293 | −31 33 43.8242 510 | Q | 0.990 | 0.76 | 0.54 | | 17.6 | |

## Notes to Table

| | |
|---|---|
| [1] | Spectral index from Healey *et al.* 2007; otherwise * indicates from Stickel *et al.* 1989, 1994 |
| A | Active galactic nuclei or quasar |
| blue | Magnitude given in V is for B filter |
| G | Galaxy |
| HP | High optical polarization (> 3%) |
| L | BL Lac object |
| L? | BL Lac candidate |
| Q | Quasar |
| R | Radio source |
| red | Magnitude given in V is for R filter |
| S1 | Seyfert 1 spectrum |
| S1.0 - S1.9 | Intermediate Seyfert galaxies |
| V | Optical source |
| var. | Variable in optical |
| z? | Questionable redshift |

| Name | Right Ascension | Declination | $S_{400}$ | $S_{750}$ | $S_{1400}$ | $S_{1665}$ | $S_{2700}$ | $S_{5000}$ | $S_{8000}$ |
|---|---|---|---|---|---|---|---|---|---|
| | h  m  s | °  ′  ″ | Jy | Jy | Jy | Jy | Jy | Jy | Jy |
| 3C 48[e,h] | 01 37 41.299 | +33 09 35.13 | 42.3 | 26.7 | 16.30 | 14.12 | 9.33 | 5.33 | 3.39 |
| 3C 123 | 04 37 04.4 | +29 40 15 | 119.2 | 77.7 | 48.70 | 42.40 | 28.50 | 16.5 | 10.60 |
| 3C 147[e,g,h] | 05 42 36.138 | +49 51 07.23 | 48.2 | 33.9 | 22.42 | 19.43 | 12.96 | 7.66 | 5.10 |
| 3C 161[h] | 06 27 10.0 | −05 53 07 | 40.5 | 28.4 | 18.64 | 16.38 | 11.13 | 6.42 | 4.03 |
| 3C 218 | 09 18 06.0 | −12 05 45 | 134.6 | 76.0 | 43.10 | 36.80 | 23.70 | 13.5 | 8.81 |
| 3C 227 | 09 47 46.4 | +07 25 12 | 20.3 | 12.1 | 7.21 | 6.25 | 4.19 | 2.52 | 1.71 |
| 3C 249.1 | 11 04 11.5 | +76 59 01 | 6.1 | 4.0 | 2.48 | 2.14 | 1.40 | 0.77 | 0.47 |
| 3C 274[e,f] | 12 30 49.423 | +12 23 28.04 | 625.0 | 365.0 | 214.00 | 184.00 | 122.00 | 71.9 | 48.10 |
| 3C 286[e,h] | 13 31 08.288 | +30 30 32.96 | 23.8 | 19.2 | 14.71 | 13.55 | 10.55 | 7.34 | 5.39 |
| 3C 295[h] | 14 11 20.7 | +52 12 09 | 55.7 | 36.8 | 22.40 | 19.24 | 12.19 | 6.35 | 3.66 |
| 3C 348 | 16 51 08.3 | +04 59 26 | 168.1 | 86.8 | 45.00 | 37.50 | 22.60 | 11.8 | 7.19 |
| 3C 353 | 17 20 29.5 | −00 58 52 | 131.1 | 88.2 | 57.30 | 50.50 | 35.00 | 21.2 | 14.20 |
| DR 21 | 20 39 01.2 | +42 19 45 | | | | | | | 21.60 |
| NGC 7027[d,h] | 21 07 01.6 | +42 14 10 | | | 1.43 | 1.93 | 3.69 | 5.43 | 5.90 |

| Name | $S_{10700}$ | $S_{15000}$ | $S_{22235}$ | $S_{32000}$ | $S_{43200}$ | Spec. | Type | Angular Size (at 1.4 GHz) |
|---|---|---|---|---|---|---|---|---|
| | Jy | Jy | Jy | Jy | Jy | | | ″ |
| 3C 48[e,h] | 2.54 | 1.80 | 1.18 | 0.80 | 0.57 | C⁻ | QSS | <1 |
| 3C 123 | 7.94 | 5.63 | 3.71 | | | C⁻ | GAL | 20 |
| 3C 147[e,g,h] | 3.95 | 2.92 | 2.05 | 1.47 | 1.12 | C⁻ | QSS | <1 |
| 3C 161[h] | 2.97 | 2.04 | 1.29 | 0.82 | 0.56 | C⁻ | GAL | <3 |
| 3C 218 | 6.77 | | | | | S | GAL | core 25, halo 220 |
| 3C 227 | 1.34 | 1.02 | 0.73 | | | S | GAL | 180 |
| 3C 249.1 | 0.34 | 0.23 | | | | S | QSS | 15 |
| 3C 274[e,f] | 37.50 | 28.10 | | | | S | GAL | halo 400[a] |
| 3C 286[e,h] | 4.38 | 3.40 | 2.49 | 1.83 | 1.40 | C⁻ | QSS | <5 |
| 3C 295[h] | 2.54 | 1.63 | 0.94 | 0.55 | 0.35 | C⁻ | GAL | 4 |
| 3C 348 | 5.30 | | | | | S | GAL | 115[b] |
| 3C 353 | 10.90 | | | | | C⁻ | GAL | 150 |
| DR 21 | 20.80 | 20.00 | 19.00 | | | Th | HII | 20[c] |
| NGC 7027[d,h] | 5.93 | 5.84 | 5.65 | 5.43 | 5.23 | Th | PN | 10 |

## Notes to Table

| | |
|---|---|
| a | Halo has steep spectral index, so for $\lambda \leq 6$ cm, more than 90% of the flux is in the core. The slope of the spectrum is positive above 20 GHz. |
| b | Angular distance between the two components |
| c | Angular size at 2 cm, but consists of 5 smaller components |
| d | All data are calculated from a fit to the thermal spectrum. Mean epoch is 1995.5. |
| e | Suitable for calibration of interferometers and synthesis telescopes. |
| f | Virgo A |
| g | Indications of time variability above 5 GHz. |
| h | Suitable for polarization calibrator; see following page. |
| GAL | Galaxy |
| HII | HII region |
| PN | Planetary Nebula |
| QSS | Quasar |
| C− | Concave parabola has been fitted to spectrum data. |
| S | Straight line has been fitted to spectrum data. |
| Th | Thermal spectrum |

# RADIO POLARIZATION CALIBRATORS, J2000.0

| Name | 1.40 GHz | | 1.66 GHz | | 2.65 GHz | | 4.85 GHz | | 8.35 GHz | | 10.45 GHz | | 14.60 GHz | | 32.00 GHz | |
|------|---|---|---|---|---|---|---|---|---|---|---|---|---|---|---|---|
| | m | χ | m | χ | m | χ | m | χ | m | χ | m | χ | m | χ | m | χ |
| | % | ° | % | ° | % | ° | % | ° | % | ° | % | ° | % | ° | % | ° |
| 3C 48 | 0.6 | 147.6 | 0.7 | 178.7 | 1.6 | 70.5 | 4.2 | 106.6 | 5.4 | 114.4 | 5.9 | 115.9 | 5.9 | 114.0 | 8.0 | 106.1 |
| 3C 147 | <0.3 | | <0.3 | | <0.3 | | <0.3 | | 0.9 | 151.3 | 1.1 | 14.7 | 2.7 | 57.7 | | |
| 3C 161 | 5.8 | 30.3 | 9.8 | 125.9 | 10.2 | 175.6 | 4.8 | 122.5 | 2.6 | 99.9 | 2.4 | 93.8 | | | 2.7 | 52.4 |
| 3C 286[a] | 9.5 | 33.0 | 9.8 | 33.0 | 10.1 | 33.0 | 11.0 | 33.0 | 11.2 | 33.0 | 11.7 | 33.0 | 11.8 | 33.0 | 12.0 | 33.0 |
| 3C 295 | <0.3 | | <0.3 | | <0.3 | | <0.3 | | 0.9 | 28.7 | 1.7 | 155.2 | 1.9 | 95.4 | | |

## Notes to Table

Positions of these radio sources are found on the previous page.

m  Degree of polarization

χ  Polarization angle

a  Serves as main reference source, besides NGC 7027 which can be considered unpolarized at all frequencies.

| Name | Right Ascension | Declination | Flux[1] | Mag.[2] | Identified Counterpart | Type of Source |
|---|---|---|---|---|---|---|
| | h m s | ° ′ ″ | mCrab | | | |
| Tycho's SNR | 00 25 20.0 | +64 08 18 | 9.4 | | Tycho's SNR | SNR |
| 4U 0037−10 | 00 41 34.7 | −09 21 00 | 3.1 | 12.8 | Abell 85 | C |
| 4U 0053+60 | 00 56 42.5 | +60 43 00 | 4.8 − 10.6 | 2.5 | Gamma Cas | Be Star |
| SMC X−1 | 01 17 05.1 | −73 26 36 | 0.5 − 54.7 | 13.3 | Sanduleak 160 | HMXB |
| 2S 0114+650 | 01 18 02.7 | +65 17 30 | 3.8 | 11.0 | LSI+65 010 | HMXB |
| 4U 0115+634 | 01 18 31.9 | +63 44 33 | 1.9 − 336.0 | 15.2 | V 635 Cas | HMXB |
| 4U 0316+41 | 03 19 48.0 | +41 30 44 | 50.1 | 12.5* | Abell 426 | C |
| 4U 0352+309 | 03 55 23.1 | +31 02 45 | 8.6 − 35.5 | 6.1 | X Per | HMXB |
| 4U 0431−12 | 04 33 36.1 | −13 14 43 | 2.7 | 15.3* | Abell 496 | C |
| 4U 0513−40 | 05 14 06.6 | −40 02 36 | 5.8 | 8.1 | NGC 1851 | LMXB |
| LMC X−2 | 05 20 28.7 | −71 57 37 | 8.6 − 42.2 | 18.5*X | | BHC |
| LMC X−4 | 05 32 49.6 | −66 22 13 | 2.9 − 57.6 | 14.0 | O7 IV Star | HMXB |
| Crab Nebula | 05 34 31.3 | +22 00 53 | 1000.0 | | Crab Nebula | SNR+P |
| A 0538−66 | 05 35 44.8 | −66 50 25 | 0.01 − 172.8 | 13.8 | Be star | HMXB |
| A 0535+262 | 05 38 54.6 | +26 18 57 | 2.9 − 2687.9 | 9.2 | HD 245770 | HMXB |
| LMC X−3 | 05 38 56.7 | −64 05 03 | 1.6 − 42.2 | 17.2 | B3 V Star | BHC |
| LMC X−1 | 05 39 40.1 | −69 44 34 | 2.9 − 24.0 | 14.5 | O8 III Star | BHC |
| 4U 0614+091 | 06 17 08.0 | +09 08 37 | 48.0 | 18.8* | V 1055 Ori | BHC |
| IC 443 | 06 18 01.4 | +22 33 48 | 3.6 | | IC 443 | SNR |
| A 0620−00 | 06 22 44.5 | −00 20 44 | 0.02 − 47998.5 | 18.2 | V 616 Mon | BHC |
| 4U 0726−260 | 07 28 53.6 | −26 06 29 | 1.2 − 4.5 | 11.6 | LS 437 | HMXB |
| EXO 0748−676 | 07 48 33.7 | −67 45 08 | 0.1 − 57.6 | 16.9 | UY Vol | B |
| Pup A | 08 24 07.1 | −42 59 55 | 7.9 | | Pup A | SNR |
| Vela SNR | 08 34 11.4 | −45 45 10 | 9.6 | | Vela SNR | SNR |
| GRS 0834−430 | 08 36 51.4 | −43 15 00 | 28.8 − 288.0 | 20.4X | | HMXB |
| Vela X−1 | 09 02 06.9 | −40 33 17 | 1.9 − 1056.0 | 6.9 | GP Vel | HMXB |
| 3A 1102+385 | 11 04 27.3 | +38 12 31 | 4.4 | 13.0 | MRK 421 | Q |
| Cen X−3 | 11 21 15.2 | −60 37 27 | 9.6 − 299.5 | 13.3V | V 779 Cen | HMXB |
| 4U 1145−619 | 11 48 00.0 | −62 12 25 | 3.8 − 960.0 | 8.9 | V 801 Cen | HMXB |
| 4U 1206+39 | 12 10 32.6 | +39 24 21 | 4.5 | 11.9 | NGC 4151 | AGN |
| GX 301−2 | 12 26 37.6 | −62 46 13 | 8.6 − 960.0 | 10.8V | Wray 977 | HMXB |
| 3C 273 | 12 29 06.7 | +02 03 09 | 2.8 | 12.5 | 3C 273 | Q |
| 4U 1228+12 | 12 30 49.4 | +12 23 27 | 22.9 | 8.6 | M 87 | AGN |
| 4U 1246−41 | 12 48 49.3 | −41 18 39 | 5.4 | | Centaurus Cluster | C |
| 4U 1254−690 | 12 57 37.7 | −69 17 15 | 24.0 | 18V | GR Mus | B |
| 4U 1257+28 | 12 59 35.8 | +27 57 44 | 15.6 | 10.7 | Coma Cluster | C |
| GX 304−1 | 13 01 17.1 | −61 36 07 | 0.3 − 192.0 | 13.4V | V 850 Cen | HMXB |
| Cen A | 13 25 27.6 | −43 01 09 | 8.9 | 6.8 | NGC 5128 | Q |
| Cen X−4 | 14 58 22.4 | −32 01 06 | 0.1 − 19199.4 | 18.2* | V 822 Cen | B |
| SN 1006 | 15 02 22.2 | −41 53 47 | 2.5 | | SN 1006 | SNR |
| Cir X−1 | 15 20 40.9 | −57 09 59 | 4.8 − 2879.9 | 21.4* | BR Cir | LMXB |
| 4U 1538−522 | 15 42 23.4 | −52 23 10 | 2.9 − 28.8 | 16.3 | QV Nor | HMXB |
| 4U 1556−605 | 16 01 01.5 | −60 44 26 | 15.4 | 18.6V | LU TrA | LMXB |
| 4U 1608−522 | 16 12 42.8 | −52 25 20 | 1.0 − 105.6 | | QX Nor | LMXB |
| Sco X−1 | 16 19 55.1 | −15 38 25 | 13439.6 | 11.1 | V 818 Sco | LMXB |
| 4U 1627+39 | 16 28 38.3 | +39 33 05 | 4.1 | 12.6 | Abell 2199 | C |
| 4U 1627−673 | 16 32 16.7 | −67 27 40 | 24.0 | 18.2V | KZ TrA | LMXB |
| 4U 1636−536 | 16 40 55.6 | −53 45 05 | 211.2 | 16.9V | V 801 Ara | B |
| GX 340+0 | 16 45 47.9 | −45 36 42 | 480.0 | | | LMXB |
| GRO J1655−40 | 16 54 00.2 | −39 50 45 | 3132.0 | 14.0V | V 1033 Sco | BHC |

| Name | Right Ascension | Declination | Flux[1] | Mag.[2] | Identified Counterpart | Type of Source |
|---|---|---|---|---|---|---|
| | h  m  s | °  ′  ″ | mCrab | | | |
| Her X−1 | 16 57 49.8 | +35 20 33 | 14.4 − 48.0 | 13.8 | HZ Her | LMXB |
| 4U 1704−30 | 17 02 06.3 | −29 56 45 | 3.3 | 13.0*V | V 2134 Oph | B |
| GX 339−4 | 17 02 49.4 | −48 47 23 | 1.4 − 864.0 | 15.4 | V 821 Ara | BHC |
| 4U 1700−377 | 17 03 56.8 | −37 50 39 | 10.6 − 105.6 | 6.5 | V 884 Sco | HMXB |
| GX 349+2 | 17 05 44.5 | −36 25 23 | 792.0 | 18.3V | V 1101 Sco | LMXB |
| 4U 1722−30 | 17 27 33.2 | −30 48 06 | 7.3 | | Terzan 2 | LMXB |
| Kepler's SNR | 17 30 35.9 | −21 28 55 | 4.4 | 19 | Kepler's SNR | SNR |
| GX 9+9 | 17 31 43.9 | −16 57 43 | 288.0 | 17.1* | V 2216 Oph | LMXB |
| GX 354−0 | 17 31 57.3 | −33 49 58 | 144.0 | | | B |
| GX 1+4 | 17 32 02.2 | −24 44 44 | 96.0 | 18.7V | V 2116 Oph | LMXB |
| Rapid Burster | 17 33 23.6 | −33 23 26 | 0.1 − 192.0 | | Liller 1 | B |
| 4U 1735−444 | 17 38 58.2 | −44 27 00 | 153.6 | 17.4V | V 926 Sco | LMXB |
| 1E 1740.7−2942 | 17 44 02.7 | −29 43 25 | 3.8 − 28.8 | | | BHC |
| GX 3+1 | 17 47 56.5 | −26 33 50 | 384.0 | 14.0V | V 3893 Sgr | B |
| 4U 1746−37 | 17 50 12.7 | −37 03 08 | 30.7 | 8.0 | NGC 6441 | LMXB |
| 4U 1755−338 | 17 58 40.2 | −33 48 25 | 96.0 | 18.3V | V 4134 Sgr | BHC |
| GX 5−1 | 18 01 07.9 | −25 04 54 | 1200.0 | | | LMXB |
| GX 9+1 | 18 01 31.1 | −20 31 39 | 672.0 | | | LMXB |
| GX 13+1 | 18 14 30.3 | −17 09 28 | 336.0 | | V 5512 Sgr | LMXB |
| GX 17+2 | 18 16 01.4 | −14 02 12 | 1440.0 | 17.5V | NP Ser | LMXB |
| 4U 1820−30 | 18 23 40.5 | −30 21 42 | 403.2 | 9.1 | NGC 6624 | LMXB |
| 4U 1822−37 | 18 25 46.9 | −37 06 19 | 9.6 − 24.0 | 15.8* | V 691 CrA | B |
| Ser X−1 | 18 39 57.6 | +05 02 11 | 216.0 | 19.2* | MM Ser | B |
| 4U 1850−08 | 18 53 05.1 | −08 42 23 | 9.6 | 8.7 | NGC 6712 | LMXB |
| Aql X−1 | 19 11 15.6 | +00 35 14 | 0.1 − 1248.0 | 14.8V | V 1333 Aql | LMXB |
| SS 433 | 19 11 49.6 | +04 58 58 | 2.5 − 9.9 | 13.0 | V 1343 Aql | BHC |
| GRS 1915+105 | 19 15 11.7 | +10 56 46 | 288.0 | | V 1487 Aql | BHC |
| 4U 1916−053 | 19 18 48.0 | −05 14 10 | 24.0 | 21.4* | V 1405 Aql | B |
| Cyg X−1 | 19 58 21.7 | +35 12 06 | 225.6 − 1267.2 | 8.9 | V 1357 Cyg | BHC |
| 4U 1957+11 | 19 59 24.0 | +11 42 30 | 28.8 | 18.7V | V 1408 Aql | LMXB |
| Cyg X−3 | 20 32 26.1 | +40 57 20 | 86.4 − 412.8 | | V 1521 Cyg | BHC |
| 4U 2129+12 | 21 29 58.3 | +12 10 03 | 5.8 | 6.2 | AC 211 | LMXB |
| 4U 2129+47 | 21 31 26.2 | +47 17 25 | 8.6 | 15.6V | V1727 Cyg | B |
| SS Cyg | 21 42 42.8 | +43 35 10 | 3.5 − 19.9 | 12.1 | SS Cyg | T |
| Cyg X−2 | 21 44 41.2 | +38 19 17 | 432.0 | 14.4* | V 1341 Cyg | LMXB |
| Cas A | 23 23 21.4 | +58 48 45 | 56.4 | | Cassiopeia A | SNR |

## Notes to Table

[1]  (2-10) keV flux of X-ray source

[2]  *V* magnitude of optical counterpart
   * indicates *B* magnitude given instead of *V*
   V indicates variable magnitude
   X indicates magnitude is for X-ray source and not optical counterpart

| | | | |
|---|---|---|---|
| AGN | active galactic nuclei | LMXB | low mass X-ray binary |
| B | X-ray burster | P | pulsar |
| BHC | black hole candidate | Q | quasar |
| C | cluster of galaxies | SNR | supernova remnant |
| HMXB | high mass X-ray binary | T | transient (nova-like optically) |

| LQAC–2 ID | Right Ascension | Declination | $V$ | $B-V$ | Flux 20 cm | 13 cm | $z$ | $M_B$ | Criteria |
|---|---|---|---|---|---|---|---|---|---|
| | h m s | ° ′ ″ | | | Jy | Jy | | | |
| 009−002_001 | 00 38 20.53 | −02 07 40.55 | +18.02 | +0.28 | 5.33 | 0.34 | 0.220 | −21.8 | F |
| 017+013_002 | 01 08 52.87 | +13 20 14.27 | +13.93 | −1.28 | 12.82 | | 0.060 | −24.5 | F |
| 017+014_010 | 01 09 34.33 | +14 23 00.84 | +18.33 | −1.68 | | | 3.990 | −31.6 | M |
| 024+033_002 | 01 37 41.30 | +33 09 35.13 | +16.46 | +0.19 | 16.50 | 0.59 | 0.367 | −25.3 | F |
| 030+001_015 | 02 03 41.42 | +01 11 51.33 | +18.00 | −2.86 | | | 3.808 | −32.6 | M |
| 037+072_001 | 02 31 06.07 | +72 01 17.63 | +10.14 | +1.70 | | | 1.808 | | V |
| 040−023_001 | 02 40 08.17 | −23 09 15.73 | +16.63 | +0.15 | 6.30 | 5.79 | 2.225 | −28.7 | F |
| 040+072_001 | 02 43 25.00 | +72 21 25.80 | +11.98 | +1.51 | | | 1.808 | | V |
| 047+004_007 | 03 11 21.52 | +04 53 16.74 | +19.04 | +1.56 | | | 6.833 | | Z |
| 049+041_007 | 03 19 48.16 | +41 30 42.10 | +12.48 | −3.90 | 23.90 | 26.61 | 0.017 | | F |
| 072+011_002 | 04 48 45.84 | +11 21 23.13 | +18.90 | +1.66 | | | 6.836 | | Z |
| 080+016_001 | 05 21 09.89 | +16 38 22.05 | +18.84 | +0.53 | 8.47 | 1.94 | 0.759 | | F |
| 083+019_001 | 05 34 44.51 | +19 27 21.49 | +17.57 | −0.34 | 6.80 | 0.05 | 0.000 | | F |
| 085+049_001 | 05 42 36.14 | +49 51 07.23 | +17.80 | +0.65 | 22.50 | 2.78 | 0.545 | | F |
| 114+027_009 | 07 38 20.10 | +27 50 45.34 | +21.82 | | | | 6.725 | | Z |
| 118+019_005 | 07 53 01.57 | +19 52 27.46 | +15.71 | +0.63 | | | 4.316 | −32.5 | M |
| 120+037_001 | 08 00 10.50 | +37 10 13.80 | +15.77 | −0.17 | | | 3.885 | −32.4 | M |
| 120+055_004 | 08 02 48.19 | +55 13 28.94 | +18.65 | +0.55 | | | 6.787 | | Z |
| 123+048_012 | 08 13 36.05 | +48 13 02.26 | +17.79 | +0.57 | 13.90 | | 0.871 | −25.2 | F |
| 124+043_014 | 08 19 40.24 | +43 15 29.44 | +14.22 | −1.35 | | | 1.317 | −31.5 | M |
| 125+038_008 | 08 23 37.16 | +38 38 16.51 | +19.18 | +0.29 | | | 6.517 | | Z |
| 128+055_003 | 08 34 54.90 | +55 34 21.07 | +17.21 | +0.88 | 8.80 | 7.07 | 0.242 | −22.3 | F |
| 132+031_012 | 08 49 32.22 | +31 42 38.39 | +16.12 | −1.06 | | | 3.187 | −31.7 | M |
| 135+030_010 | 09 02 47.57 | +30 41 20.81 | +17.26 | +0.16 | | | 4.760 | −32.7 | M |
| 138+024_010 | 09 15 01.72 | +24 18 12.13 | +20.38 | +0.54 | | | 6.515 | | Z |
| 140+045_005 | 09 21 08.62 | +45 38 57.40 | +16.01 | +0.26 | 8.75 | | 0.175 | −23.3 | F |
| 143+007_010 | 09 34 42.30 | +07 03 39.33 | +17.56 | −0.70 | | | 4.269 | −31.9 | M |
| 146+007_008 | 09 47 45.15 | +07 25 20.58 | +15.82 | −0.66 | 6.94 | | 0.086 | −22.8 | F |
| 147+003_011 | 09 49 13.32 | +03 58 49.25 | +17.65 | −0.72 | | | 4.193 | −31.7 | M |
| 150+028_009 | 10 01 49.52 | +28 47 08.97 | +16.23 | +0.57 | 5.47 | | 0.185 | −22.9 | F |
| 152+056_004 | 10 08 43.16 | +56 20 44.93 | +18.87 | +0.91 | | | 6.918 | | Z |
| 153+059_004 | 10 12 44.20 | +59 35 31.15 | +18.85 | +0.26 | | | 6.889 | | Z |
| 154+023_002 | 10 16 39.81 | +23 56 31.39 | +23.32 | | | | 6.677 | | Z |
| 156+060_013 | 10 27 38.54 | +60 50 16.52 | +17.67 | +0.95 | 0.01 | | 6.640 | | Z |
| 165+040_002 | 11 00 48.55 | +40 42 10.58 | +10.13 | +1.28 | | | 1.794 | | V |
| 170+003_005 | 11 21 06.93 | +03 28 07.82 | +19.09 | −2.76 | | | 4.048 | −32.0 | M |
| 172−014_001 | 11 30 07.05 | −14 49 27.39 | +16.74 | +0.27 | 5.33 | 5.16 | 1.187 | −26.9 | F |
| 173+032_006 | 11 34 24.64 | +32 38 02.45 | +17.97 | +2.40 | | | 6.983 | | Z |
| 174+063_003 | 11 36 27.34 | +63 36 29.08 | +17.61 | −0.04 | | | 4.342 | −31.3 | M |
| 175+004_001 | 11 40 54.92 | +04 13 09.59 | +17.02 | −1.96 | | | 4.318 | −33.7 | M |
| 176+019_004 | 11 45 05.01 | +19 36 22.74 | + 8.73 | +0.33 | 5.59 | 0.17 | 0.021 | −25.8 | F |
| 176+004_013 | 11 47 49.59 | +04 11 36.79 | +17.51 | −0.30 | | | 4.281 | −31.5 | M |
| 178+023_001 | 11 52 18.13 | +23 03 01.08 | +17.78 | +0.63 | | | 4.624 | −31.3 | M |
| 179+019_007 | 11 57 27.69 | +19 55 06.45 | +18.90 | −1.95 | | | 4.017 | −31.3 | M |
| 184+005_012 | 12 19 23.22 | +05 49 29.70 | +12.87 | −0.74 | 19.43 | 0.26 | 0.007 | | F |
| 185−000_004 | 12 20 12.15 | +00 03 06.78 | +19.33 | +1.31 | 0.01 | | 6.687 | | Z |
| 186+012_005 | 12 25 03.74 | +12 53 13.14 | +12.31 | −0.65 | 6.50 | 0.15 | 0.003 | | F |
| 186+046_006 | 12 27 28.70 | +46 18 25.86 | +17.74 | +0.17 | | | 4.585 | −31.6 | M |
| 187+011_003 | 12 28 23.97 | +11 25 13.58 | +18.16 | −2.16 | | | 3.838 | −31.8 | M |
| 187+012_009 | 12 30 49.42 | +12 23 28.04 | +12.86 | −1.83 | 22.37 | 2.32 | 0.004 | | F |

| LQAC–2 ID | Right Ascension | Declination | $V$ | $B-V$ | Flux 20 cm | Flux 13 cm | $z$ | $M_B$ | Criteria |
|---|---|---|---|---|---|---|---|---|---|
| | h m s | ° ′ ″ | | | Jy | Jy | | | |
| 194+020_002 | 12 56 37.30 | +20 51 05.90 | +18.40 | +2.15 | | | 6.691 | | Z |
| 194+027_021 | 12 59 01.63 | +27 32 12.95 | +16.17 | −2.06 | | | 3.117 | −32.5 | M |
| 199+027_012 | 13 19 35.27 | +27 25 02.25 | +19.07 | +0.94 | | | 6.501 | | Z |
| 200+062_005 | 13 23 10.99 | +62 06 57.05 | +17.63 | −0.59 | | | 6.517 | | Z |
| 202+025_008 | 13 30 37.69 | +25 09 10.88 | +17.67 | +0.56 | 6.80 | 0.13 | 1.055 | −26.0 | F |
| 202+029_007 | 13 30 42.12 | +29 47 33.62 | +18.70 | −4.11 | | | 3.570 | −32.9 | M |
| 202+030_007 | 13 31 08.29 | +30 30 32.96 | +17.25 | +0.13 | 15.00 | 5.33 | 0.849 | −25.7 | F |
| 204+054_005 | 13 36 19.95 | +54 07 38.43 | +13.02 | +0.72 | | | 1.858 | −31.1 | M |
| 206+012_011 | 13 47 33.36 | +12 17 24.24 | +18.44 | | 5.20 | 5.13 | 0.120 | | F |
| 214+006_009 | 14 19 08.18 | +06 28 34.80 | +16.79 | +0.33 | 5.80 | 0.40 | 1.436 | −27.3 | F |
| 217+045_007 | 14 29 36.58 | +45 57 40.40 | +16.29 | +0.33 | | | 4.898 | −33.8 | M |
| 219+014_011 | 14 39 59.94 | +14 37 11.02 | +17.93 | −1.37 | | | 4.412 | −32.4 | M |
| 222+046_014 | 14 50 45.56 | +46 15 04.23 | +19.18 | +1.67 | | | 6.908 | | Z |
| 224+054_007 | 14 57 05.31 | +54 30 13.28 | +15.34 | −1.19 | | | 4.883 | −36.2 | M |
| 224+071_001 | 14 59 07.58 | +71 40 19.87 | +16.78 | +0.46 | 7.60 | 2.25 | 0.905 | −26.3 | F |
| 226+017_006 | 15 05 31.71 | +17 59 04.78 | +14.42 | −0.73 | | | 2.910 | −32.7 | M |
| 228+058_002 | 15 12 25.69 | +58 57 52.23 | +18.95 | +1.94 | | | 6.903 | | Z |
| 229+047_008 | 15 17 12.69 | +47 03 33.41 | +18.02 | −0.51 | | | 4.730 | −32.5 | M |
| 234+014_007 | 15 37 53.45 | +14 01 47.41 | +18.85 | −1.18 | | | 4.269 | −31.1 | M |
| 240+026_003 | 16 00 31.70 | +26 52 28.77 | +10.88 | +0.98 | | | 1.272 | | V |
| 240+027_006 | 16 00 36.87 | +27 26 23.66 | +10.95 | +1.21 | | | 1.272 | | V |
| 240+028_007 | 16 01 41.67 | +28 03 15.04 | +11.02 | +0.94 | | | 1.272 | | V |
| 240+027_011 | 16 01 43.52 | +27 05 48.07 | +11.78 | +1.36 | | | 1.271 | | V |
| 240+015_005 | 16 01 43.76 | +15 02 37.74 | +17.15 | +0.53 | | | 6.699 | | Z |
| 240+026_012 | 16 02 10.34 | +26 49 23.13 | +11.74 | +1.09 | | | 1.271 | −31.4 | V, M |
| 240+027_017 | 16 02 38.01 | +27 22 44.72 | +11.79 | +1.56 | | | 1.271 | | V |
| 240+027_019 | 16 02 40.98 | +27 12 26.18 | +12.99 | +0.08 | | | 1.343 | −31.3 | M |
| 240+027_020 | 16 02 46.87 | +27 19 05.65 | +10.64 | +1.23 | | | 1.272 | | V |
| 240+027_022 | 16 02 53.07 | +27 03 47.78 | +12.03 | +1.11 | | | 1.272 | −31.1 | M |
| 240+026_017 | 16 02 59.24 | +26 53 21.10 | +11.92 | +0.94 | | | 1.270 | | V |
| 241+027_007 | 16 04 45.01 | +27 54 56.42 | +11.80 | +1.57 | | | 1.271 | | V |
| 241+026_005 | 16 04 48.90 | +26 49 45.82 | +11.54 | +1.67 | | | 1.272 | | V |
| 244+032_009 | 16 17 42.54 | +32 22 34.32 | +16.29 | +0.29 | | | 4.011 | −31.6 | M |
| 246+017_003 | 16 24 15.13 | +17 01 05.53 | +16.62 | −2.71 | | | 2.601 | −32.0 | M |
| 250+039_021 | 16 42 58.81 | +39 48 36.99 | +15.96 | +0.23 | 8.00 | 7.12 | 0.595 | −24.8 | F |
| 257+062_003 | 17 09 08.38 | +62 43 19.67 | +18.16 | −0.08 | | | 6.519 | | Z |
| 257+021_007 | 17 09 27.19 | +21 12 48.53 | +18.89 | −0.21 | | | 6.991 | | Z |
| 263−013_001 | 17 33 02.71 | −13 04 49.55 | +18.50 | −0.59 | 5.20 | 4.61 | 0.902 | | F |
| 277+048_002 | 18 29 31.78 | +48 44 46.16 | +16.81 | +0.24 | 14.20 | 2.13 | 0.692 | −26.3 | F |
| 277+022_001 | 18 30 32.64 | +22 14 39.60 | +17.17 | +0.81 | | | 6.533 | | Z |
| 278+032_001 | 18 35 03.39 | +32 41 46.86 | +12.36 | +0.21 | 5.12 | 0.20 | 0.058 | −24.7 | F |
| 291−029_001 | 19 24 51.06 | −29 14 30.12 | +16.82 | +1.83 | 6.00 | 9.82 | 0.352 | −22.9 | F |
| 309+051_001 | 20 38 37.03 | +51 19 12.66 | +20.00 | +1.00 | 5.80 | 2.52 | 1.686 | | F |
| 330+042_001 | 22 02 43.29 | +42 16 39.98 | +15.14 | +0.97 | 6.07 | 2.88 | 0.069 | | F |
| 331−018_016 | 22 06 10.42 | −18 35 38.75 | +18.50 | +0.43 | 6.44 | 0.78 | 0.619 | −23.7 | F |
| 332+011_004 | 22 10 11.26 | +11 54 28.90 | +18.88 | −2.20 | | | 4.370 | −32.5 | M |
| 336−004_001 | 22 25 47.26 | −04 57 01.39 | +17.19 | +0.45 | 5.70 | 3.04 | 1.404 | −27.9 | F |
| 338+011_001 | 22 32 36.41 | +11 43 50.90 | +17.66 | +0.42 | 6.50 | 5.46 | 1.037 | −27.1 | F |
| 343+016_001 | 22 53 57.75 | +16 08 53.56 | +16.10 | +0.47 | 10.00 | 11.03 | 0.859 | −27.5 | F |

| Name | Right Ascension | Declination | Period | $\dot{P}$ | Epoch | DM | $S_{400}$ | $S_{1400}$ | Type |
|---|---|---|---|---|---|---|---|---|---|
| | h m s | ° ′ ″ | s | $10^{-13}$ ss$^{-1}$ | MJD | cm$^{-3}$pc | mJy | mJy | |
| B0021−72C | 00 23 50.4 | −72 04 31.5 | 0.005 756 780 | 0.00000 | 51600 | 24.6 | 1.53 | 0.6 | |
| J0024−7204R | 00 24 05.7 | −72 04 52.6 | 0.003 480 463 | | 51000 | 24.4 | | | b |
| J0030+0451 | 00 30 27.4 | +04 51 39.7 | 0.004 865 453 | 0.00000 | 50984 | 4.3 | 7.9 | 0.6 | gx |
| B0031−07 | 00 34 08.9 | −07 21 53.4 | 0.942 950 995 | 0.00408 | 46635 | 11.4 | 52 | 11 | |
| J0034−0534 | 00 34 21.8 | −05 34 36.6 | 0.001 877 182 | 0.00000 | 50690 | 13.8 | 17 | 0.61 | b |
| J0045−7319 | 00 45 35.2 | −73 19 03.0 | 0.926 275 905 | 0.04463 | 49144 | 105.4 | 1 | 0.3 | b |
| J0218+4232 | 02 18 06.4 | +42 32 17.4 | 0.002 323 090 | 0.00000 | 50864 | 61.3 | 35 | 0.9 | bxg |
| B0329+54 | 03 32 59.4 | +54 34 43.6 | 0.714 519 700 | 0.02048 | 46473 | 26.8 | 1500 | 203 | |
| J0437−4715 | 04 37 15.9 | −47 15 09.0 | 0.005 757 452 | 0.00000 | 52005 | 2.6 | 550 | 149 | bxg |
| B0450−18 | 04 52 34.1 | −17 59 23.4 | 0.548 939 223 | 0.05753 | 49289 | 39.9 | 82 | 5.3 | |
| B0456−69 | 04 55 47.6 | −69 51 34.3 | 0.320 422 712 | 0.10212 | 48757 | 94.9 | 0.6 | | ox |
| B0525+21 | 05 28 52.3 | +22 00 04.0 | 3.745 539 250 | 0.40053 | 54200 | 50.9 | 57 | 9 | oxg |
| B0531+21 | 05 34 32.0 | +22 00 52.1 | 0.033 084 716 | 4.22765 | 40000 | 56.8 | 550 | 14 | |
| J0537−6910 | 05 37 47.4 | −69 10 19.9 | 0.016 122 222 | 0.51784 | 52061 | | | 0.00 | x |
| B0540−69 | 05 40 11.2 | −69 19 54.2 | 0.050 498 818 | 4.78925 | 51197 | 146.5 | 0.0 | 0.024 | |
| J0613−0200 | 06 13 44.0 | −02 00 47.2 | 0.003 061 844 | 0.00000 | 53114 | 38.8 | 21 | 2.3 | gb |
| B0628−28 | 06 30 49.4 | −28 34 42.8 | 1.244 418 596 | 0.07123 | 46603 | 34.5 | 206 | 23 | x |
| J0633+1746 | 06 33 54.2 | +17 46 12.9 | 0.237 099 442 | 0.10971 | 50498 | | | | g |
| B0656+14 | 06 59 48.1 | +14 14 21.5 | 0.384 891 195 | 0.55003 | 49721 | 14.0 | 6.5 | 3.7 | oxg |
| B0655+64 | 07 00 37.8 | +64 18 11.2 | 0.195 670 945 | 0.00001 | 48806 | 8.8 | 5 | 0.3 | b |
| J0737−3039A | 07 37 51.2 | −30 39 40.7 | 0.022 699 379 | 0.00002 | 53156 | 48.9 | | 1.6 | bx |
| J0737−3039B | 07 37 51.2 | −30 39 40.7 | 2.773 460 770 | 0.00892 | 53156 | 48.9 | | 1.3 | b |
| B0736−40 | 07 38 32.3 | −40 42 40.9 | 0.374 919 985 | 0.01616 | 51700 | 160.8 | 190 | 80 | |
| B0740−28 | 07 42 49.1 | −28 22 43.8 | 0.166 762 292 | 0.16821 | 49326 | 73.8 | 296 | 15.0 | |
| J0751+1807 | 07 51 09.2 | +18 07 38.6 | 0.003 478 771 | 0.00000 | 51800 | 30.2 | 10 | 3.2 | bg |
| J0806−4123 | 08 06 23.4 | −41 22 30.9 | 11.370 385 930 | 0.56000 | 54771 | | | | o |
| B0818−13 | 08 20 26.4 | −13 50 55.9 | 1.238 129 544 | 0.02105 | 48904 | 40.9 | 102 | 7 | |
| B0820+02 | 08 23 09.8 | +01 59 12.4 | 0.864 872 805 | 0.00105 | 49281 | 23.7 | 30 | 1.5 | b |
| B0826−34 | 08 28 16.6 | −34 17 07.0 | 1.848 918 804 | 0.00996 | 48132 | 52.2 | 16 | 0.25 | |
| B0833−45 | 08 35 20.6 | −45 10 34.9 | 0.089 328 385 | 1.25008 | 51559 | 68.0 | 5000 | 1100 | oxg |
| B0834+06 | 08 37 05.6 | +06 10 14.6 | 1.273 768 292 | 0.06799 | 48721 | 12.9 | 89 | 4 | |
| B0835−41 | 08 37 21.2 | −41 35 14.4 | 0.751 623 618 | 0.03539 | 51700 | 147.3 | 197 | 16.0 | |
| B0950+08 | 09 53 09.3 | +07 55 35.8 | 0.253 065 165 | 0.00230 | 46375 | 3.0 | 400 | 84 | x |
| B0959−54 | 10 01 38.0 | −55 07 06.7 | 1.436 582 629 | 0.51396 | 46800 | 130.3 | 80 | 6.3 | |
| J1012+5307 | 10 12 33.4 | +53 07 02.6 | 0.005 255 749 | 0.00000 | 50700 | 9.0 | 30 | 3 | b |
| J1022+1001 | 10 22 58.0 | +10 01 52.8 | 0.016 452 930 | 0.00000 | 53589 | 10.3 | 20 | 6.1 | b |
| J1024−0719 | 10 24 38.7 | −07 19 19.2 | 0.005 162 205 | 0.00000 | 53000 | 6.5 | 4.6 | 1.5 | x |
| J1028−5819 | 10 28 28.0 | −58 19 05.2 | 0.091 403 231 | 0.16100 | 54562 | 96.5 | | 0.36 | g |
| J1045−4509 | 10 45 50.2 | −45 09 54.1 | 0.007 474 224 | 0.00000 | 53050 | 58.2 | 15 | 2.7 | b |
| B1055−52 | 10 57 59.0 | −52 26 56.3 | 0.197 107 608 | 0.05834 | 43556 | 30.1 | 80 | | xg |
| B1133+16 | 11 36 03.2 | +15 51 04.5 | 1.187 913 066 | 0.03734 | 46407 | 4.8 | 257 | 32 | |
| J1141−6545 | 11 41 07.0 | −65 45 19.1 | 0.393 898 815 | 0.04307 | 54637 | 116.1 | | 3.3 | b |
| J1157−5112 | 11 57 08.2 | −51 12 56.1 | 0.043 589 227 | 0.00000 | 51400 | 39.7 | | | b |
| B1154−62 | 11 57 15.2 | −62 24 50.9 | 0.400 522 048 | 0.03931 | 46800 | 325.2 | 145 | 5.9 | |
| B1237+25 | 12 39 40.5 | +24 53 49.3 | 1.382 449 103 | 0.00960 | 46531 | 9.2 | 110 | 10 | |

| Name | Right Ascension | Declination | Period | $\dot{P}$ | Epoch | DM | $S_{400}$ | $S_{1400}$ | Type |
|---|---|---|---|---|---|---|---|---|---|
| | h m s | ° ′ ″ | s | $10^{-13}$ ss$^{-1}$ | MJD | cm$^{-3}$pc | mJy | mJy | |
| B1240−64 | 12 43 17.2 | −64 23 23.9 | 0.388 480 921 | 0.04501 | 46800 | 297.3 | 110 | 13.0 | |
| B1257+12 | 13 00 03.6 | +12 40 56.5 | 0.006 218 532 | 0.00000 | 49750 | 10.2 | 20 | 2 | b |
| B1259−63 | 13 02 47.6 | −63 50 08.7 | 0.047 762 508 | 0.02279 | 50357 | 146.7 | | 1.70 | b |
| B1323−58 | 13 26 58.3 | −58 59 29.1 | 0.477 990 867 | 0.03238 | 47782 | 287.3 | 120 | 9.9 | |
| B1323−62 | 13 27 17.4 | −62 22 44.6 | 0.529 913 192 | 0.18879 | 47782 | 318.8 | 135 | 16.0 | |
| B1356−60 | 13 59 58.2 | −60 38 08.0 | 0.127 500 777 | 0.06339 | 43556 | 293.7 | 105 | 7.6 | |
| B1426−66 | 14 30 40.9 | −66 23 05.0 | 0.785 440 757 | 0.02770 | 46800 | 65.3 | 130 | 8.0 | |
| B1449−64 | 14 53 32.7 | −64 13 15.6 | 0.179 484 754 | 0.02746 | 46800 | 71.1 | 230 | 14.0 | |
| J1453+1902 | 14 53 45.7 | +19 02 12.2 | 0.005 792 303 | 0.00000 | 53337 | 14.0 | 2.2 | | |
| J1455−3330 | 14 55 48.0 | −33 30 46.4 | 0.007 987 205 | 0.00000 | 50598 | 13.6 | 9 | 1.2 | b |
| B1451−68 | 14 56 00.2 | −68 43 39.3 | 0.263 376 815 | 0.00098 | 46800 | 8.6 | 350 | 80 | |
| B1508+55 | 15 09 25.6 | +55 31 32.4 | 0.739 681 923 | 0.04998 | 49904 | 19.6 | 114 | 8 | |
| B1509−58 | 15 13 55.6 | −59 08 09.0 | 0.151 251 258 | 15.31468 | 52835 | 252.5 | 1.5 | 0.94 | xg |
| J1518+4904 | 15 18 16.8 | +49 04 34.3 | 0.040 934 989 | 0.00000 | 52000 | 11.6 | 8 | 4 | b |
| B1534+12 | 15 37 10.0 | +11 55 55.6 | 0.037 904 441 | 0.00002 | 50300 | 11.6 | 36 | 0.6 | b |
| B1556−44 | 15 59 41.5 | −44 38 45.9 | 0.257 056 098 | 0.01019 | 46800 | 56.1 | 110 | 40 | |
| B1620−26 | 16 23 38.2 | −26 31 53.8 | 0.011 075 751 | 0.00001 | 48725 | 62.9 | 15 | 1.6 | b |
| J1643−1224 | 16 43 38.2 | −12 24 58.7 | 0.004 621 642 | 0.00000 | 49524 | 62.4 | 75 | 4.8 | b |
| B1641−45 | 16 44 49.3 | −45 59 09.5 | 0.455 059 775 | 0.20090 | 46800 | 478.8 | 375 | 310 | |
| B1642−03 | 16 45 02.0 | −03 17 58.3 | 0.387 689 698 | 0.01780 | 46515 | 35.7 | 393 | 21 | |
| B1648−42 | 16 51 48.8 | −42 46 11.0 | 0.844 080 666 | 0.04812 | 46800 | 482.0 | 100 | 16.0 | |
| B1706−44 | 17 09 42.7 | −44 29 08.2 | 0.102 459 246 | 0.92985 | 50042 | 75.7 | 25 | 7.3 | xg |
| J1713+0747 | 17 13 49.5 | +07 47 37.5 | 0.004 570 137 | 0.00000 | 52000 | 16.0 | 36 | 10.2 | b |
| J1719−1438 | 17 19 10.1 | −14 38 00.9 | 0.005 790 152 | 0.00000 | 55236 | 36.9 | | 0.42 | b |
| J1730−2304 | 17 30 21.7 | −23 04 31.3 | 0.008 122 798 | 0.00000 | 53300 | 9.6 | 43 | 3.9 | |
| B1727−47 | 17 31 42.1 | −47 44 34.6 | 0.829 828 785 | 1.63626 | 50939 | 123.3 | 190 | 12 | |
| B1737−30 | 17 40 33.8 | −30 15 43.5 | 0.606 886 624 | 4.66124 | 54780 | 152.2 | 24.6 | 6.4 | |
| J1744−1134 | 17 44 29.4 | −11 34 54.7 | 0.004 074 546 | 0.00000 | 53742 | 3.1 | 18 | 3.1 | g |
| B1744−24A | 17 48 02.3 | −24 46 36.9 | 0.011 563 148 | 0.00000 | 48270 | 242.2 | | 0.61 | b |
| J1748−2446ad | 17 48 04.8 | −24 46 45.0 | 0.001 395 955 | 0.00000 | 53500 | 235.6 | | | b |
| B1749−28 | 17 52 58.7 | −28 06 37.3 | 0.562 557 636 | 0.08129 | 46483 | 50.4 | 1100 | 18.0 | |
| B1800−27 | 18 03 31.7 | −27 12 06.0 | 0.334 415 427 | 0.00017 | 50261 | 165.5 | 3.4 | 1.00 | b |
| J1804−2717 | 18 04 21.1 | −27 17 31.2 | 0.009 343 031 | 0.00000 | 51041 | 24.7 | 15 | 0.4 | b |
| B1802−07 | 18 04 49.9 | −07 35 24.7 | 0.023 100 855 | 0.00000 | 50337 | 186.3 | 3.1 | 1.0 | b |
| J1808−2024 | 18 08 39.3 | −20 24 39.9 | 7.555 920 000 | 5490.0 | 53254 | | | | |
| J1819−1458 | 18 19 34.2 | −14 58 03.6 | 4.263 164 033 | 5.75171 | 54451 | 196.0 | | | |
| B1818−04 | 18 20 52.6 | −04 27 38.1 | 0.598 075 930 | 0.06331 | 46634 | 84.4 | 157 | 6.1 | |
| B1820−11 | 18 23 40.3 | −11 15 11.0 | 0.279 828 697 | 0.01379 | 49465 | 428.6 | 11 | 3.2 | b |
| B1820−30A | 18 23 40.5 | −30 21 40.1 | 0.005 440 004 | 0.00003 | 55049 | 86.9 | 16 | 0.72 | |
| B1830−08 | 18 33 40.3 | −08 27 31.3 | 0.085 284 251 | 0.09171 | 50483 | 411.0 | | 3.6 | |
| B1831−03 | 18 33 41.9 | −03 39 04.3 | 0.686 704 444 | 0.41565 | 49698 | 234.5 | 89 | 2.8 | |
| B1831−00 | 18 34 17.3 | −00 10 53.3 | 0.520 954 311 | 0.00011 | 49123 | 88.7 | 5.1 | 0.29 | b |
| J1841−0456 | 18 41 19.3 | −04 56 11.2 | 11.788 978 400 | 409.2 | 55585 | | | | |
| J1846−0258 | 18 46 24.9 | −02 58 30.1 | 0.326 571 288 | 71.07450 | 54834 | | | | |
| B1855+09 | 18 57 36.4 | +09 43 17.3 | 0.005 362 000 | 0.00000 | 50481 | 13.3 | 31 | 5.0 | b |

| Name | Right Ascension | Declination | Period | $\dot{P}$ | Epoch | DM | $S_{400}$ | $S_{1400}$ | Type |
|---|---|---|---|---|---|---|---|---|---|
| | h m s | ° ′ ″ | s | $10^{-13}$ ss$^{-1}$ | MJD | cm$^{-3}$pc | mJy | mJy | |
| B1857−26 | 19 00 47.6 | −26 00 43.8 | 0.612 209 204 | 0.00205 | 48891 | 38.0 | 131 | 13 | |
| B1859+03 | 19 01 31.8 | +03 31 05.9 | 0.655 450 239 | 0.07459 | 50027 | 402.1 | 165 | 4.2 | |
| J1903+0327 | 19 03 05.8 | +03 27 19.2 | 0.002 149 912 | 0.00000 | 55000 | 297.5 | | 1.3 | b |
| J1906+0746 | 19 06 48.7 | +07 46 28.6 | 0.144 071 930 | 0.20280 | 53590 | 217.8 | 0.9 | 0.55 | b |
| J1909−3744 | 19 09 47.4 | −37 44 14.4 | 0.002 947 108 | 0.00000 | 53631 | 10.4 | | 2.1 | b |
| J1911−1114 | 19 11 49.3 | −11 14 22.3 | 0.003 625 746 | 0.00000 | 50458 | 31.0 | 31 | 0.5 | b |
| B1911−04 | 19 13 54.2 | −04 40 47.7 | 0.825 935 803 | 0.04068 | 46634 | 89.4 | 118 | 4.4 | |
| B1913+16 | 19 15 28.0 | +16 06 27.4 | 0.059 030 003 | 0.00009 | 52984 | 168.8 | 4 | 0.9 | b |
| B1919+21 | 19 21 44.8 | +21 53 02.3 | 1.337 302 160 | 0.01348 | 48999 | 12.4 | 57 | 6 | |
| B1929+10 | 19 32 13.9 | +10 59 32.4 | 0.226 517 635 | 0.01157 | 46523 | 3.2 | 303 | 36 | x |
| B1931+24 | 19 33 37.8 | +24 36 39.6 | 0.813 690 303 | 0.08110 | 50629 | 106.0 | 7.5 | | |
| B1933+16 | 19 35 47.8 | +16 16 40.0 | 0.358 738 411 | 0.06003 | 46434 | 158.5 | 242 | 42 | |
| B1937+21 | 19 39 38.6 | +21 34 59.1 | 0.001 557 806 | 0.00000 | 47900 | 71.0 | 240 | 13.2 | x |
| B1946+35 | 19 48 25.0 | +35 40 11.1 | 0.717 311 174 | 0.07061 | 49449 | 129.1 | 145 | 8.3 | |
| B1951+32 | 19 52 58.2 | +32 52 40.5 | 0.039 531 193 | 0.05845 | 49845 | 45.0 | 7 | 1.0 | xg |
| B1953+29 | 19 55 27.9 | +29 08 43.5 | 0.006 133 167 | 0.00000 | 54500 | 104.5 | 15 | 1.1 | b |
| B1957+20 | 19 59 36.8 | +20 48 15.1 | 0.001 607 402 | 0.00000 | 48196 | 29.1 | 20 | 0.4 | bx |
| B2016+28 | 20 18 03.8 | +28 39 54.2 | 0.557 953 480 | 0.00148 | 46384 | 14.2 | 314 | 30 | |
| J2019+2425 | 20 19 31.9 | +24 25 15.3 | 0.003 934 524 | 0.00000 | 50000 | 17.2 | | | b |
| J2021+3651 | 20 21 05.5 | +36 51 04.8 | 0.103 740 952 | 0.95721 | 54710 | 367.5 | | 0.1 | g |
| J2043+2740 | 20 43 43.5 | +27 40 56.0 | 0.096 130 563 | 0.01270 | 49773 | 21.0 | 15 | | g |
| B2045−16 | 20 48 35.6 | −16 16 44.6 | 1.961 572 304 | 0.10958 | 46423 | 11.5 | 116 | 13 | |
| J2051−0827 | 20 51 07.5 | −08 27 37.8 | 0.004 508 642 | 0.00000 | 51000 | 20.7 | 22 | 2.8 | b |
| B2111+46 | 21 13 24.3 | +46 44 08.7 | 1.014 684 793 | 0.00715 | 46614 | 141.3 | 230 | 19 | |
| J2124−3358 | 21 24 43.9 | −33 58 44.7 | 0.004 931 115 | 0.00000 | 53174 | 4.6 | 17 | 3.6 | gx |
| B2127+11B | 21 29 58.6 | +12 10 00.3 | 0.056 133 036 | 0.00010 | 50000 | 67.7 | 1.0 | | |
| J2144−3933 | 21 44 12.1 | −39 33 56.9 | 8.509 827 491 | 0.00496 | 49016 | 3.4 | 16 | 0.8 | |
| J2145−0750 | 21 45 50.5 | −07 50 18.4 | 0.016 052 424 | 0.00000 | 53040 | 9.0 | 100 | 8.9 | b |
| B2154+40 | 21 57 01.8 | +40 17 46.0 | 1.525 265 634 | 0.03433 | 49277 | 70.9 | 105 | 17 | |
| B2217+47 | 22 19 48.1 | +47 54 53.9 | 0.538 468 822 | 0.02765 | 46599 | 43.5 | 111 | 3 | |
| J2229+2643 | 22 29 50.9 | +26 43 57.8 | 0.002 977 819 | 0.00000 | 49718 | 23.0 | 13 | 0.9 | b |
| J2235+1506 | 22 35 43.7 | +15 06 49.1 | 0.059 767 358 | 0.00000 | 49250 | 18.1 | 3 | | |
| B2303+46 | 23 05 55.8 | +47 07 45.3 | 1.066 371 072 | 0.00569 | 46107 | 62.1 | 1.9 | | b |
| B2310+42 | 23 13 08.6 | +42 53 13.0 | 0.349 433 682 | 0.00112 | 48241 | 17.3 | 89 | 15 | |
| J2317+1439 | 23 17 09.2 | +14 39 31.2 | 0.003 445 251 | 0.00000 | 49300 | 21.9 | 19 | 4 | b |
| J2322+2057 | 23 22 22.4 | +20 57 02.9 | 0.004 808 428 | 0.00000 | 48900 | 13.4 | | | |

## Notes to Table

b   Pulsar is a member of a binary system.

g   Pulsar has been observed in the gamma ray.

o   Pulsar has been observed in the optical.

x   Pulsar has been observed in the X-ray.

# SELECTED GAMMA RAY SOURCES, J2000.0

| Name | Alternate Name | RA | Dec. | Flux[1] | | $E_{low}$[2] | $E_{high}$ | Type |
|---|---|---|---|---|---|---|---|---|
| | | h m s | ° ′ ″ | photons $cm^{-2}s^{-1}$ | | MeV | MeV | |
| PSR J0007+7303 | 2FGL J0007.0+7303 | 00 07 06 | +73 03 16 | 6.6E−8 | ±8.6E−10 | 1000 | 100000 | P |
| 3C66A | 2FGL J0222.6+4302 | 02 22 38 | +43 02 09 | 2.6E−8 | 6.1E−10 | 1000 | 100000 | Q |
| AO 0235+164 | 2FGL J0238.7+1637 | 02 38 42 | +16 37 27 | 1.9E−8 | 5.1E−10 | 1000 | 100000 | Q |
| LSI +61 303 | 2FGL J0240.5+6113 | 02 40 31 | +61 13 30 | 4.8E−8 | 7.7E−10 | 1000 | 100000 | B |
| LSI +61 303 | | 02 40 31 | +61 13 30 | 2.2E−11 | 7.0E−12 | >200000 | | B |
| NGC 1275 | 2FGL J0319.8+4130 | 03 19 52 | +41 30 45 | 1.9E−8 | ±5.3E−10 | 1000 | 100000 | Q |
| EXO 0331+530 | | 03 34 58 | +53 10 06 | 2.9E−3 | 4.8E−5 | 0.04 | 0.1 | B |
| X Per | 4U 0352+30 | 03 55 23 | +31 02 45 | 2.9E−3 | 8.7E−5 | 0.04 | 0.1 | B |
| GRO J0422+32 | Nova Per 1992 | 04 21 43 | +32 54 35 | 9.0E−4 | 3.1E−4 | 0.75 | 2 | P |
| PKS 0426−380 | 2FGL J0428.6−3756 | 04 28 41 | −37 56 00 | 3.1E−8 | 6.8E−10 | 1000 | 100000 | Q |
| 1FGL J0433.5+2905 | CGRaBS J0433+2905 | 04 33 33 | +29 05 21 | 4.5E−9 | ±5.5E−10 | 1000 | 100000 | Q |
| PKS 0454−234 | 2FGL J0457.0−2325 | 04 57 04 | −23 25 38 | 2.3E−8 | 5.4E−10 | 1000 | 100000 | Q |
| LMC | 2FGL J0526.6−6825e | 05 26 36 | −68 25 12 | 2.0E−8 | 6.1E−10 | 1000 | 100000 | G |
| PKS 0528+134 | 1FGL J0531.0+1331 | 05 31 00 | +13 31 22 | 4.0E−9 | 5.3E−10 | 1000 | 100000 | Q |
| Crab | | 05 34 32 | +22 00 52 | 9.7E−2 | 2.9E−5 | 0.04 | 0.1 | P,N |
| Crab | 2FGL J0534.5+2201 | 05 34 32 | +22 00 52 | 1.8E−7 | ±1.5E−9 | 1000 | 100000 | P,N |
| Crab | | 05 34 32 | +22 00 52 | 2.0E−10 | 5.0E−12 | >200000 | | P,N |
| SN 1987A | | 05 35 28 | −69 16 11 | 6.5E−3 | 1.4E−3 | 0.85 | line[3] | R |
| QSO 0537−441 | 2FGL J0538.8−4405 | 05 38 52 | −44 04 51 | 3.7E−8 | 6.8E−10 | 1000 | 100000 | Q |
| PSR J0614−3330 | 2FGL J0614.1−3329 | 06 14 10 | −33 29 01 | 1.8E−8 | 5.4E−10 | 1000 | 100000 | P |
| SNR G189.1−03.0 | 2FGL J0617.2+2234e | 06 17 14 | +22 34 48 | 6.5E−8 | ±1.0E−9 | 1000 | 100000 | R |
| PSR J0633+0632 | 2FGL J0633.7+0633 | 06 33 44 | +06 33 23 | 1.5E−8 | 6.9E−10 | 1000 | 100000 | P |
| Geminga | 2FGL J0633.9+1746 | 06 33 54 | +17 46 13 | 7.3E−7 | 3.0E−9 | 1000 | 100000 | P |
| S5 0716+71 | 2FGL J0721.9+7120 | 07 21 54 | +71 20 58 | 1.8E−8 | 4.3E−10 | 1000 | 100000 | Q |
| PKS 0727−11 | 2FGL J0730.2−1141 | 07 30 17 | −11 41 44 | 2.2E−8 | 5.8E−10 | 1000 | 100000 | Q |
| PKS 0805−07 | 2FGL J0808.2−0750 | 08 08 14 | −07 50 59 | 1.5E−8 | ±4.8E−10 | 1000 | 100000 | Q |
| Vela−X | 2FGL J0833.1−4511e | 08 33 09 | −45 11 24 | 1.8E−8 | | 1000 | 100000 | N |
| Vela−X | HESS J0835−455 | 08 35 00 | −45 36 00 | 1.3E−11 | 0.4E−11 | >1000000 | | N |
| Vela Pulsar | 2FGL J0835.3−4510 | 08 35 20 | −45 10 35 | 1.4E−6 | 4.1E−9 | 1000 | 100000 | P |
| RX J0852.0−4622 | HESS J0852−463 | 08 52 00 | −46 22 00 | 1.9E−11 | 0.6E−11 | >1000000 | | N |
| Vela X−1 | 4U 0900−40 | 09 02 06 | −40 33 16 | 5.3E−3 | ±1.9E−5 | 0.04 | 0.1 | B |
| 1FGL J1018.6−5856 | 2FGL J1019.0−5856 | 10 19 02 | −58 56 30 | 2.6E−8 | 9.8E−10 | 1000 | 100000 | B |
| PSR J1023−5746 | 2FGL J1022.7−5741 | 10 22 42 | −57 41 57 | 1.9E−8 | 1.3E−9 | 1000 | 100000 | P |
| PSR J1028−5819 | 2FGL J1028.5−5819 | 10 28 30 | −58 19 55 | 3.3E−8 | 9.5E−10 | 1000 | 100000 | P |
| PSR J1044−5737 | 2FGL J1044.5−5737 | 10 44 33 | −57 37 34 | 1.7E−8 | 6.5E−10 | 1000 | 100000 | P |
| Eta Carinae | 2FGL J1045.0−5941 | 10 45 00 | −59 41 31 | 2.4E−8 | ±8.6E−10 | 1000 | 100000 | B |
| PSR J1048−5832 | 2FGL J1048.2−5831 | 10 48 17 | −58 31 48 | 2.8E−8 | 8.2E−10 | 1000 | 100000 | P |
| PSR J1057−5226 | 2FGL J1057.9−5226 | 10 57 59 | −52 26 54 | 5.0E−8 | 8.7E−10 | 1000 | 100000 | P |
| MRK 421 | 2FGL J1104.4+3812 | 11 04 30 | +38 12 39 | 3.0E−8 | 6.1E−10 | 1000 | 100000 | Q |
| MRK 421 | | 11 04 30 | +38 12 39 | 1.5E−10 | 3.0E−12 | >250000 | | Q |
| NGC 4151 | H 1208+396 | 12 10 33 | +39 24 35 | 2.3E−6 | ±3.5E−8 | 0.07 | 0.3 | Q |
| 4C +21.35 | 2FGL J1224.9+2122 | 12 24 54 | +21 22 48 | 3.5E−8 | 6.4E−10 | 1000 | 100000 | Q |
| 4C +21.35 | | 12 24 54 | +21 22 48 | 4.6E−10 | 5.0E−11 | >100000 | | Q |
| NGC 4388 | | 12 25 47 | +12 39 00 | 6.4E−4 | 5.8E−5 | 0.05 | 0.15 | Q |
| 3C 273 | 2FGL J1229.1+0202 | 12 29 06 | +02 03 09 | 1.5E−8 | 4.5E−10 | 1000 | 100000 | Q |

| Name | Alternate Name | RA | Dec. | Flux[1] | $E_{low}$[2] | $E_{high}$ | Type |
|---|---|---|---|---|---|---|---|
| | | h m s | ° ′ ″ | photons cm$^{-2}$s$^{-1}$ | MeV | MeV | |
| PSR J1231–1411 | 2FGL J1231.2–1411 | 12 31 16 | –14 11 13 | 1.8 E–8 ±5.4E–10 | 1000 | 100000 | P |
| 3C 279 | 2FGL J1256.1–0547 | 12 56 13 | –05 47 28 | 2.6 E–8 5.7E–10 | 1000 | 100000 | Q |
| HESS J1303–631 | | 13 03 00 | –63 11 55 | 1.2 E–11 0.2E–11 | >380000 | | N |
| Cen A | | 13 25 39 | –43 00 40 | 3.9 E–3 2.9E–5 | 0.04 | 0.1 | Q |
| 1FGL J1410.3–6128c | 3EG J1410–6147 | 14 10 23 | –61 28 09 | 1.4 E–8 1.7E–9 | 1000 | 100000 | U |
| PSR J1413–6205 | 2FGL J1413.4–6204 | 14 13 26 | –62 04 30 | 2.6 E–8 ±9.8E–10 | 1000 | 100000 | P |
| NGC 5548 | H 1415+253 | 14 18 00 | +25 07 47 | 3.8 E–4 7.4E–5 | 0.05 | 0.15 | Q |
| PSR J1418–6058 | 2FGL J1418.7–6058 | 14 18 46 | –60 58 40 | 4.3 E–8 2.0E–9 | 1000 | 100000 | P |
| PSR J1420–6048 | 2FGL J1420.1–6047 | 14 20 07 | –60 47 49 | 1.9 E–8 1.8E–9 | 1000 | 100000 | P |
| H 1426+428 | RGB J1428+426 | 14 28 33 | +42 40 25 | 2.0 E–11 3.5E–12 | >280000 | | Q |
| PKS 1502+106 | 2FGL J1504.3+1029 | 15 04 25 | +10 29 34 | 4.0 E–8 ±7.3E–10 | 1000 | 100000 | Q |
| PKS 1510–08 | 2FGL J1512.8–0906 | 15 12 50 | –09 06 09 | 4.1 E–8 7.2E–10 | 1000 | 100000 | Q |
| PSR B1509–58 | | 15 13 55 | –59 08 24 | 9.4 E–4 4.8E–5 | 0.05 | 5 | P |
| MSH 15–52 | HESS J1514–591 | 15 14 07 | –59 09 27 | 2.3 E–11 0.6E–11 | >280000 | | N |
| B2 1520+31 | 2FGL J1522.1+3144 | 15 22 10 | +31 44 37 | 1.8 E–8 4.5E–10 | 1000 | 100000 | Q |
| XTE J1550–564 | V381 Nor | 15 50 58 | –56 28 36 | 3.2 E–3 ±1.9E–5 | 0.04 | 0.1 | B |
| HESS J1614–518 | | 16 14 19 | –51 49 12 | 5.8 E–11 7.7E–12 | >200000 | | U |
| HESS J1616–508 | | 16 16 24 | –50 54 00 | 4.3 E–11 2.0E–12 | >200000 | | N |
| 2FGL J1620.8–4928 | | 16 20 50 | –49 28 52 | 2.5 E–8 1.1E–9 | 1000 | 100000 | U |
| 4U 1630–47 | | 16 34 00 | –47 23 39 | 2.0 E–3 9.7E–6 | 0.04 | 0.1 | T |
| 2FGL J1636.3–4740c | | 16 36 21 | –47 40 58 | 1.6 E–8 ±1.3E–9 | 1000 | 100000 | U |
| MRK 501 | | 16 53 52 | +39 45 37 | 2.8 E–11 5.0E–12 | >300000 | | Q |
| OAO 1657–415 | H 1657–415 | 17 00 47 | –41 40 23 | 3.7 E–3 9.7E–6 | 0.04 | 0.1 | B |
| GX 339–4 | 1H 1659–487 | 17 02 50 | –48 47 23 | 4.2 E–3 1.9E–5 | 0.04 | 0.1 | B |
| 4U 1700–377 | V884 Sco | 17 03 56 | –37 50 38 | 1.2 E–2 9.7E–6 | 0.04 | 0.1 | B |
| HESS J1708–443 | | 17 08 11 | –44 20 00 | 3.8 E–12±8.0E–13 | >1000000 | | U |
| PSR J1709–4429 | 2FGL J1709.7–4429 | 17 09 43 | –44 29 08 | 1.9 E–7 1.7E–9 | 1000 | 100000 | P |
| RX J1713.7–3946 | G 347.3–0.5 | 17 13 33 | –39 45 44 | 5.3 E–12 9 E–13 | >1800000 | | R |
| GX 1+4 | 4U 1728–24 | 17 32 02 | –24 44 44 | 4.0 E–3 9.7E–6 | 0.04 | 0.1 | B |
| PSR J1732–3131 | 2FGL J1732.5–3131 | 17 32 32 | –31 31 08 | 3.7 E–8 1.1E–9 | 1000 | 100000 | P |
| PSR J1741–2054 | 2FGL J1741.9–2054 | 17 41 54 | –20 54 27 | 1.6 E–8 ±6.3E–10 | 1000 | 100000 | P |
| 1E 1740.7–2942 | | 17 44 02 | –29 43 26 | 3.5 E–3 9.7E–6 | 0.04 | 0.1 | T |
| IGR J17464–3213 | H 1743–32 | 17 45 02 | –32 13 36 | 6.9 E–3 3.4E–5 | 0.04 | 0.1 | B |
| Galactic Center | HESS J1745–290 | 17 45 40 | –29 00 22 | 2.0 E–12 1.0E–13 | >1000000 | | U |
| 2FGL J1745.6–2858 | 3EG J1746–2851 | 17 45 42 | –28 58 43 | 7.7 E–8 2.0E–9 | 1000 | 100000 | U |
| PSR J1747–2958 | 2FGL J1747.1–3000 | 17 47 09 | –30 00 50 | 2.5 E–8 ±1.1E–9 | 1000 | 100000 | P |
| GRO J1753+57 | | 17 51 40 | +57 10 47 | 5.8 E–4 1.0E–4 | 0.75 | 8 | U |
| Swift J1753.5–0127 | | 17 53 29 | –01 27 24 | 6.6 E–3 1.9E–5 | 0.04 | 0.1 | B |
| GRS 1758–258 | INTEGRAL1 79 | 18 01 12 | –25 44 36 | 7.2 E–3 9.7E–6 | 0.04 | 0.1 | B |
| W28 | 2FGL J1801.3–2326e | 18 01 22 | –23 26 24 | 5.9 E–8 1.5E–9 | 1000 | 100000 | N |
| PMN J1802–3940 | 2FGL J1802.6–3940 | 18 02 39 | –39 40 45 | 1.7 E–8 ±5.4E–10 | 1000 | 100000 | Q |
| 2FGL J1803.3–2148 | | 18 03 20 | –21 48 14 | 1.5 E–8 1.1E–9 | 1000 | 100000 | U |
| HESS J1804–216 | | 18 04 31 | –21 42 00 | 5.32E–11 2.0E–12 | >200000 | | U |
| W30 | 2FGL J1805.6–2136e | 18 05 38 | –21 36 42 | 2.9 E–8 1.4E–9 | 1000 | 100000 | N |
| PSR J1809–2332 | 2FGL J1809.8–2332 | 18 09 52 | –23 32 46 | 6.9 E–8 1.2E–9 | 1000 | 100000 | P |

| Name | Alternate Name | RA | Dec. | Flux[1] | | $E_{low}$[2] | $E_{high}$ | Type |
|---|---|---|---|---|---|---|---|---|
| | | h m s | ° ′ ″ | photons cm$^{-2}$s$^{-1}$ | | MeV | MeV | |
| PSR J1813−1246 | 2FGL J1813.4−1246 | 18 13 26 | −12 46 17 | 2.7E−8 | ±8.3 E−10 | 1000 | 100000 | P |
| M 1812−12 | 4U 1812−12 | 18 15 12 | −12 05 00 | 2.5E−3 | 1.9 E−5 | 0.04 | 0.1 | B |
| HESS J1825−137 | | 18 26 02 | −13 45 36 | 3.9E−11 | 2.2 E−12 | >200000 | | N |
| PSR J1826−1256 | 2FGL J1826.1−1256 | 18 26 08 | −12 56 52 | 5.3E−8 | 1.4 E−9 | 1000 | 100000 | P |
| LS 5039 | 2FGL J1826.3−1450 | 18 26 21 | −14 50 13 | 2.1E−8 | 1.1 E−9 | 1000 | 100000 | B |
| GS 1826−24 | | 18 29 28 | −24 48 | 6.4E−3 | ±9.7 E−6 | 0.04 | 0.1 | B |
| PSR J1836+5926 | 2FGL J1836.2+5926 | 18 36 16 | +59 26 02 | 1.0E−7 | 1.0 E−9 | 1000 | 100000 | P |
| 2FGL J1839.0−0539 | | 18 39 04 | −05 39 21 | 2.9E−8 | 1.5 E−9 | 1000 | 100000 | U |
| W44 | 2FGL J1855.9+0121e | 18 55 58 | +01 21 18 | 8.0E−8 | 1.8 E−9 | 1000 | 100000 | R |
| MGRO J1908+06 | HESS J1908+063 | 19 07 54 | +06 16 07 | 3.8E−12 | 8.0 E−13 | >1000000 | | U |
| PSR J1907+0602 | 2FGL J1907.9+0602 | 19 07 57 | +06 02 03 | 3.8E−8 | ±1.0 E−9 | 1000 | 100000 | P |
| SNR G043.3−00.2 | 2FGL J1911.0+0905 | 19 11 03 | +09 05 39 | 2.2E−8 | 9.1 E−10 | 1000 | 100000 | N |
| GRS 1915+105 | Nova Aql 1992 | 19 15 11 | +10 56 45 | 1.2E−2 | 9.7 E−6 | 0.04 | 0.1 | B |
| W51C | 2FGL J1923.2+1408e | 19 23 16 | +14 08 42 | 3.9E−8 | 1.1 E−9 | 1000 | 100000 | N |
| NGC 6814 | QSO 1939−104 | 19 42 40 | −10 19 12 | 3.2E−4 | 8.3 E−5 | 0.05 | 0.15 | Q |
| J1952+3252 | 2FGL J1953.0+3253 | 19 53 00 | +32 53 12 | 2.1E−8 | ±6.5 E−10 | 1000 | 100000 | P |
| PSR J1954+2836 | 2FGL J1954.3+2836 | 19 54 19 | +28 36 33 | 1.7E−8 | 7.0 E−10 | 1000 | 100000 | P |
| Cyg X−1 | 4U 1956+35 | 19 58 21 | +35 12 00 | 6.6E−4 | 7.4 E−5 | 0.75 | 2 | B |
| 1ES 1959+650 | QSO B1959+650 | 20 00 00 | +65 08 55 | 4.7E−11 | 1.6 E−11 | >180000 | | Q |
| MAGIC J2001+435 | 1FGL J2001.1+4351 | 20 01 13 | +43 52 53 | 6.8E−10 | 7.0 E−11 | >100000 | | Q |
| PSR J2021+3651 | 2FGL J2021.0+3651 | 20 21 05 | +36 51 48 | 6.8E−8 | ±1.2 E−9 | 1000 | 100000 | P |
| PSR J2021+4026 | 2FGL J2021.5+4026 | 20 21 34 | +40 26 26 | 1.2E−7 | 1.5 E−9 | 1000 | 100000 | P |
| EXO 2030+375 | | 20 32 13 | +37 37 48 | 3.3E−3 | 1.9 E−5 | 0.04 | 0.1 | B |
| PSR J2032+4127 | 2FGL J2032.2+4126 | 20 32 15 | +41 26 13 | 2.2E−8 | 8.8 E−10 | 1000 | 100000 | P |
| Cyg X−3 | | 20 32 26 | +40 57 28 | 6.8E−3 | 1.9 E−5 | 0.04 | 0.1 | B |
| J2124.6+5057 | IGR J21247+5058 | 21 24 39 | +50 58 26 | 6.5E−4 | ±2.9 E−5 | 0.04 | 0.1 | Q |
| PKS 2155−304 | HESS J2158−302 | 21 58 52 | −30 13 32 | 1.3E−11 | 0.1 E−11 | >300000 | | Q |
| PKS 2155−304 | 2FGL J2158.8−3013 | 21 58 52 | −30 13 32 | 2.4E−8 | 5.7 E−10 | 1000 | 100000 | Q |
| PSR J2229+6114 | 2FGL J2229.0+6114 | 22 29 04 | +61 14 46 | 3.1E−8 | 6.8 E−10 | 1000 | 100000 | P |
| 3C 454.3 | 2FGL J2253.9+1609 | 22 53 59 | +16 08 58 | 9.7E−8 | 1.0 E−9 | 1000 | 100000 | Q |
| Cas A | 1H 2321+585 | 23 23 12 | +58 48 36 | 2.8E−4 | ±6.60E−5 | 0.04 | 0.25 | R |

## Notes to Table

[1]  Integrated flux over the low (< 100 KeV), high (100 MeV to 100 GeV), or very high (> 100 GeV) energy range; some sources are bright in multiple energy ranges.

[2]  > indicates a lower limit energy value; flux is the integral observed flux.

[3]  For SN1987A, flux is only for single observed spectral line.

B  Binary system
G  Galaxy
N  Nebula/diffuse
P  Pulsar
Q  Quasar
R  Supernova remnant
T  Transient
U  Unknown

## CONTENTS OF SECTION J

## NOTES

Beginning with the 1997 edition of *The Astronomical Almanac*, observatories in the general list are alphabetical first by country and then by observatory name within the country. If the country in which an observatory is located is unknown, it may be found in the index list. Taking Ebro Observatory as an example, the index list refers the reader to Spain, under which Ebro is listed in the general list.

Observatories in England, Northern Ireland, Scotland and Wales will be found under United Kingdom. Observatories in the United States will be found under the appropriate state, under United States of America (USA). Thus, the W.M. Keck Observatory is under USA, Hawaii. In the index list it is listed under Keck, W.M. and W.M. Keck, with referrals to Hawaii (USA) in the general list.

The "Location" column in the general list gives the city or town associated with the observatory, sometimes with the name of the mountain on which the observatory is actually located. Since some institutions have observatories located outside of their native countries, the "Location" column indicates the locale of the observatory, but not necessarily the ownership by that country. In the "Observatory Name" column of the general list, observatories with radio instruments, infrared instruments, or laser instruments are designated with an 'R', 'I', or 'L', respectively. The height of the observatory is given, in the final column, in meters (m) above mean sea level (m.s.l.); observatories for which the height is unknown at the time of publication have a "——" in the "Height" column.

Beginning with the 2012 edition of *The Astronomical Almanac*, the general list includes observatory codes as designated by the IAU Minor Planet Center (MPC), for some observatories; these codes are given in the "MPC Code" column.

Finally, readers interested in only a subset of the observatories—for example, those from a certain country (or few countries) or those with radio (or infrared or laser) instruments—may wish to use the observatory search feature on *The Astronomical Almanac Online* (see below).

## INDEX LIST

## INDEX LIST

## INDEX LIST

INDEX LIST

## INDEX LIST

| Observatory Name | MPC Code | Location | East Longitude | Latitude | Height (m.s.l.) |
|---|---|---|---|---|---|
| | | | ° ′ | ° ′ | m |
| **Algeria** | | | | | |
| Algiers Obs. | 008 | Bouzaréa | + 3 02.1 | + 36 48.1 | 345 |
| **Argentina** | | | | | |
| Argentine Radio Ast. Inst. | R | Villa Elisa | − 58 08.2 | − 34 52.1 | 11 |
| Córdoba Ast. Obs. | 822 | Córdoba | − 64 11.8 | − 31 25.3 | 434 |
| Córdoba Obs. Astrophys. Sta. | 821 | Bosque Alegre | − 64 32.8 | − 31 35.9 | 1250 |
| Dr. Carlos U. Cesco Sta. | | San Juan/El Leoncito | − 69 19.8 | − 31 48.1 | 2348 |
| El Leoncito Ast. Complex | 808 | San Juan/El Leoncito | − 69 18.0 | − 31 48.0 | 2552 |
| Félix Aguilar Obs. | | San Juan | − 68 37.2 | − 31 30.6 | 700 |
| La Plata Ast. Obs. | 839 | La Plata | − 57 55.9 | − 34 54.5 | 17 |
| National Obs. of Cosmic Physics | | San Miguel | − 58 43.9 | − 34 33.4 | 37 |
| Naval Obs. | | Buenos Aires | − 58 21.3 | − 34 37.3 | 6 |
| **Armenia** | | | | | |
| Byurakan Astrophysical Obs. | R 123 | Yerevan/Mt. Aragatz | + 44 17.5 | + 40 20.1 | 1500 |
| **Australia** | | | | | |
| Anglo–Australian Obs. | I | Coonabarabran/Siding Spg., NSW | + 149 04.0 | − 31 16.6 | 1164 |
| Australian Natl. Radio Ast. Obs. | R | Parkes, NSW | + 148 15.7 | − 33 00.0 | 392 |
| CSIRO Ast. and Space Sci. (CASS) | R | Culgoora, NSW | + 149 33.7 | − 30 18.9 | 217 |
| Deep Space Sta. | R | Tidbinbilla, ACT | + 148 58.8 | − 35 24.1 | 656 |
| Fleurs Radio Obs. | R | Kemps Creek, NSW | + 150 46.5 | − 33 51.8 | 45 |
| Molonglo Radio Obs. | R | Hoskinstown, NSW | + 149 25.4 | − 35 22.3 | 732 |
| Mopra Radio Obs. | R | Coonabarabran, NSW | + 149 06.0 | − 31 16.1 | 866 |
| Mount Pleasant Radio Ast. Obs. | R | Hobart, Tasmania | + 147 26.4 | − 42 48.3 | 43 |
| Mount Stromlo Obs. | 414 | Canberra/Mt. Stromlo, ACT | + 149 00.5 | − 35 19.2 | 767 |
| Perth Obs. | 323 | Bickley, Western Australia | + 116 08.1 | − 32 00.5 | 391 |
| Riverview College Obs. | | Lane Cove, NSW | + 151 09.5 | − 33 49.8 | 25 |
| Siding Spring Obs. | 413 | Coonabarabran/Siding Spg., NSW | + 149 03.7 | − 31 16.4 | 1149 |
| **Austria** | | | | | |
| Kanzelhöhe Solar Obs. | | Klagenfurt/Kanzelhöhe | + 13 54.4 | + 46 40.7 | 1526 |
| Kuffner Obs. | | Vienna | + 16 17.8 | + 48 12.8 | 302 |
| L. Figl Astrophysical Obs. | 562 | St. Corona at Schöpfl | + 15 55.4 | + 48 05.0 | 890 |
| Lustbühel Obs. | 580 | Graz | + 15 29.7 | + 47 03.9 | 480 |
| Purgathofer Obs. | A96 | Klosterneuburg | + 16 17.2 | + 48 17.8 | 399 |
| Univ. of Graz Obs. | | Graz | + 15 27.1 | + 47 04.7 | 375 |
| Urania Obs. | 602 | Vienna | + 16 23.1 | + 48 12.7 | 193 |
| Vienna Univ. Obs. | 045 | Vienna | + 16 20.2 | + 48 13.9 | 241 |
| **Belgium** | | | | | |
| Ast. and Astrophys. Inst. | | Brussels | + 4 23.0 | + 50 48.8 | 147 |
| Cointe Obs. | 623 | Liège | + 5 33.9 | + 50 37.1 | 127 |
| Royal Obs. Radio Ast. Sta. | R | Humain | + 5 15.3 | + 50 11.5 | 293 |
| Royal Obs. of Belgium | R 012 | Uccle | + 4 21.5 | + 50 47.9 | 105 |
| **Brazil** | | | | | |
| Abrahão de Moraes Obs. | R 860 | Valinhos | − 46 58.0 | − 23 00.1 | 850 |
| Antares Ast. Obs. | | Feira de Santana | − 38 57.9 | − 12 15.4 | 256 |
| Itapetinga Radio Obs. | R | Atibaia | − 46 33.5 | − 23 11.1 | 806 |
| Morro Santana Obs. | | Porto Alegre | − 51 07.6 | − 30 03.2 | 300 |
| National Obs. | 880 | Rio de Janeiro | − 43 13.4 | − 22 53.7 | 33 |
| Pico dos Dias Obs. | 874 | Itajubá/Pico dos Dias | − 45 35.0 | − 22 32.1 | 1870 |
| Piedade Obs. | | Belo Horizonte | − 43 30.7 | − 19 49.3 | 1746 |
| Valongo Obs. | | Rio de Janeiro/Mt. Valongo | − 43 11.2 | − 22 53.9 | 52 |

| Observatory Name | MPC Code | Location | East Longitude | Latitude | Height (m.s.l.) |
|---|---|---|---|---|---|
| | | | ° ′ | ° ′ | m |
| **Bulgaria** | | | | | |
| Belogradchik Ast. Obs. | | Belogradchik | + 22 40.5 | + 43 37.4 | 650 |
| Rozhen National Ast. Obs. | 071 | Rozhen | + 24 44.6 | + 41 41.6 | 1759 |
| **Canada** | | | | | |
| Algonquin Radio Obs. | R | Lake Traverse, Ontario | − 78 04.4 | + 45 57.3 | 260 |
| Climenhaga Obs. | 657 | Victoria, British Columbia | − 123 18.5 | + 48 27.8 | 74 |
| Devon Ast. Obs. | | Devon, Alberta | − 113 45.5 | + 53 23.4 | 708 |
| Dominion Astrophysical Obs. | | Victoria, British Columbia | − 123 25.0 | + 48 31.2 | 238 |
| Dominion Radio Astrophys. Obs. | R | Penticton, British Columbia | − 119 37.2 | + 49 19.2 | 545 |
| Elginfield Obs. | 440 | London, Ontario | − 81 18.9 | + 43 11.5 | 323 |
| Mont Mégantic Ast. Obs. | 301 | Mégantic/Mont Mégantic, Quebec | − 71 09.2 | + 45 27.3 | 1114 |
| Rothney Astrophysical Obs. | I   661 | Priddis, Alberta | − 114 17.3 | + 50 52.1 | 1272 |
| **Chile** | | | | | |
| Cerro Calán National Ast. Obs. | 806 | Santiago/Cerro Calán | − 70 32.8 | − 33 23.8 | 860 |
| Cerro El Roble Ast. Obs. | 805 | Santiago/Cerro El Roble | − 71 01.2 | − 32 58.9 | 2220 |
| Cerro Tololo Inter–Amer. Obs. | R,I   807 | La Serena/Cerro Tololo | − 70 48.9 | − 30 09.9 | 2215 |
| European Southern Obs. | R   809 | La Serena/Cerro La Silla | − 70 43.8 | − 29 15.4 | 2347 |
| Gemini South Obs. | I11 | La Serena/Cerro Pachón | − 70 44.2 | − 30 14.4 | 2748 |
| Las Campanas Obs. | 304 | Vallenar/Cerro Las Campanas | − 70 42.0 | − 29 00.5 | 2282 |
| Maipu Radio Ast. Obs. | R | Maipu | − 70 51.5 | − 33 30.1 | 446 |
| Manuel Foster Astrophys. Obs. | | Santiago/Cerro San Cristobal | − 70 37.8 | − 33 25.1 | 840 |
| Paranal Obs. | 309 | Antofagasta/Cerro Paranal | − 70 24.2 | − 24 37.5 | 2635 |
| **China, People's Republic of** | | | | | |
| Beijing Normal Univ. Obs. | R | Beijing | + 116 21.6 | + 39 57.4 | 70 |
| Beijing Obs. Sta. | R | Miyun | + 116 45.9 | + 40 33.4 | 160 |
| Beijing Obs. Sta. | R,L   324 | Shahe | + 116 19.7 | + 40 06.1 | 40 |
| Beijing Obs. Sta. | | Tianjing | + 117 03.5 | + 39 08.0 | 5 |
| Beijing Obs. Sta. | I   327 | Xinglong | + 117 34.5 | + 40 23.7 | 870 |
| Purple Mountain Obs. | R   330 | Nanjing/Purple Mtn. | + 118 49.3 | + 32 04.0 | 267 |
| Shaanxi Ast. Obs. | R | Lintong | + 109 33.1 | + 34 56.7 | 468 |
| Shanghai Obs. Sta. | R,L | Sheshan | + 121 11.2 | + 31 05.8 | 100 |
| Shanghai Obs. Sta. | R | Urumqui | + 87 10.7 | + 43 28.3 | 2080 |
| Shanghai Obs. Sta. | R | Xujiahui | + 121 25.6 | + 31 11.4 | 5 |
| Wuchang Time Obs. | L | Wuhan | + 114 20.7 | + 30 32.5 | 28 |
| Yunnan Obs. | R   286 | Kunming | + 102 47.3 | + 25 01.5 | 1940 |
| **Colombia** | | | | | |
| National Ast. Obs. | | Bogotá | − 74 04.9 | + 4 35.9 | 2640 |
| **Croatia, Republic of** | | | | | |
| Geodetical Faculty Obs. | | Zagreb | + 16 01.3 | + 45 49.5 | 146 |
| Hvar Obs. | | Hvar | + 16 26.9 | + 43 10.7 | 238 |
| **Czech Republic** | | | | | |
| Charles Univ. Ast. Inst. | 541 | Prague | + 14 23.7 | + 50 04.6 | 267 |
| Nicholas Copernicus Obs. | 616 | Brno | + 16 35.0 | + 49 12.2 | 304 |
| Ondřejov Obs. | R   557 | Ondřejov | + 14 47.0 | + 49 54.6 | 533 |
| Prostějov Obs. | | Prostějov | + 17 09.8 | + 49 29.2 | 225 |
| Valašské Meziříčí Obs. | | Valašské Meziříčí | + 17 58.5 | + 49 27.8 | 338 |

| Observatory Name | | MPC Code | Location | East Longitude | Latitude | Height (m.s.l.) |
|---|---|---|---|---|---|---|
| | | | | ° ′ | ° ′ | m |
| **Denmark** | | | | | | |
| Copenhagen Univ. Obs. | | 054 | Brorfelde | + 11 40.0 | + 55 37.5 | 90 |
| Copenhagen Univ. Obs. | | 035 | Copenhagen | + 12 34.6 | + 55 41.2 | —— |
| Ole Rømer Obs. | | 155 | Aarhus | + 10 11.8 | + 56 07.7 | 50 |
| **Ecuador** | | | | | | |
| Quito Ast. Obs. | | 781 | Quito | − 78 29.9 | − 0 13.0 | 2818 |
| **Egypt** | | | | | | |
| Helwân Obs. | | 087 | Helwân | + 31 22.8 | + 29 51.5 | 116 |
| Kottamia Obs. | | 088 | Kottamia | + 31 49.5 | + 29 55.9 | 476 |
| **Estonia** | | | | | | |
| Wilhelm Struve Astrophys. Obs. | | | Tartu | + 26 28.0 | + 58 16.0 | —— |
| **Finland** | | | | | | |
| European Incoh. Scatter Facility | R | | Sodankylä | + 26 37.6 | + 67 21.8 | 197 |
| Metsähovi Obs. | | | Kirkkonummi | + 24 23.8 | + 60 13.2 | 60 |
| Metsähovi Obs. Radio Rsch. Sta. | R | | Kirkkonummi | + 24 23.6 | + 60 13.1 | 61 |
| Tuorla Obs. | | 063 | Piikkiö | + 22 26.8 | + 60 25.0 | 40 |
| Univ. of Helsinki Obs. | | 569 | Helsinki | + 24 57.3 | + 60 09.7 | 33 |
| **France** | | | | | | |
| Besançon Obs. | | 016 | Besançon | + 5 59.2 | + 47 15.0 | 312 |
| Bordeaux Univ. Obs. | R | 999 | Floirac | − 0 31.7 | + 44 50.1 | 73 |
| Côte d'Azur Obs. | | 020 | Nice/Mont Gros | + 7 18.1 | + 43 43.4 | 372 |
| Côte d'Azur Obs. Calern Sta. | I,L | | St. Vallier–de–Thiey | + 6 55.6 | + 43 44.9 | 1270 |
| Grenoble Obs. | R | | Gap/Plateau de Bure | + 5 54.5 | + 44 38.0 | 2552 |
| Lyon Univ. Obs. | | 513 | St. Genis Laval | + 4 47.1 | + 45 41.7 | 299 |
| Meudon Obs. | | 005 | Meudon | + 2 13.9 | + 48 48.3 | 162 |
| Millimeter Radio Ast. Inst. | R | | Gap/Plateau de Bure | + 5 54.4 | + 44 38.0 | 2552 |
| Obs. of Haute–Provence | | 511 | Forcalquier/St. Michel | + 5 42.8 | + 43 55.9 | 665 |
| Paris Obs. | | 007 | Paris | + 2 20.2 | + 48 50.2 | 67 |
| Paris Obs. Radio Ast. Sta. | R | | Nançay | + 2 11.8 | + 47 22.8 | 150 |
| Pic du Midi Obs. | | 586 | Bagnères–de–Bigorre | + 0 08.7 | + 42 56.2 | 2861 |
| Strasbourg Obs. | | 522 | Strasbourg | + 7 46.2 | + 48 35.0 | 142 |
| Toulouse Univ. Obs. | | 004 | Toulouse | + 1 27.8 | + 43 36.7 | 195 |
| **Georgia** | | | | | | |
| Abastumani Astrophysical Obs. | R | 119 | Abastumani/Mt. Kanobili | + 42 49.3 | + 41 45.3 | 1583 |
| **Germany** | | | | | | |
| Archenhold Obs. | | 604 | Berlin | + 13 28.7 | + 52 29.2 | 41 |
| Bochum Obs. | | | Bochum | + 7 13.4 | + 51 27.9 | 132 |
| Central Inst. for Earth Physics | | | Potsdam | + 13 04.0 | + 52 22.9 | 91 |
| Einstein Tower Solar Obs. | R | | Potsdam | + 13 03.9 | + 52 22.8 | 100 |
| Friedrich Schiller Univ. Obs. | | 032 | Jena | + 11 29.2 | + 50 55.8 | 356 |
| Göttingen Univ. Obs. | | 528 | Göttingen | + 9 56.6 | + 51 31.8 | 159 |
| Hamburg Obs. | | 029 | Bergedorf | + 10 14.5 | + 53 28.9 | 45 |
| Hoher List Obs. | | 017 | Daun/Hoher List | + 6 51.0 | + 50 09.8 | 533 |
| Inst. of Geodesy Ast. Obs. | | | Hannover | + 9 42.8 | + 52 23.3 | 71 |
| Karl Schwarzschild Obs. | | 033 | Tautenburg | + 11 42.8 | + 50 58.9 | 331 |
| Lohrmann Obs. | | 040 | Dresden | + 13 52.3 | + 51 03.0 | 324 |
| Max Planck Inst. for Radio Ast. | R | | Effelsberg | + 6 53.1 | + 50 31.6 | 369 |
| Munich Univ. Obs. | | 532 | Munich | + 11 36.5 | + 48 08.7 | 529 |
| Potsdam Astrophysical Obs. | | 042 | Potsdam | + 13 04.0 | + 52 22.9 | 107 |

| Observatory Name | | MPC Code | Location | East Longitude | | Latitude | | Height (m.s.l.) |
|---|---|---|---|---|---|---|---|---|
| | | | | ° | ′ | ° | ′ | m |
| **Germany, cont.** | | | | | | | | |
| Remeis Obs. | | 521 | Bamberg | + | 10 53.4 | + 49 | 53.1 | 288 |
| Schauinsland Obs. | | | Freiburg/Schauinsland Mtn. | + | 7 54.4 | + 47 | 54.9 | 1240 |
| Sonneberg Obs. | | 031 | Sonneberg | + | 11 11.5 | + 50 | 22.7 | 640 |
| State Obs. | | 024 | Heidelberg/Königstuhl | + | 8 43.3 | + 49 | 23.9 | 570 |
| Stockert Radio Obs. | R | | Eschweiler | + | 6 43.4 | + 50 | 34.2 | 435 |
| Stuttgart Obs. | | | Welzheim | + | 9 35.8 | + 48 | 52.5 | 547 |
| Swabian Obs. | | 025 | Stuttgart | + | 9 11.8 | + 48 | 47.0 | 354 |
| Tremsdorf Radio Ast. Obs. | R | | Tremsdorf | + | 13 08.2 | + 52 | 17.1 | 35 |
| Tübingen Univ. Ast. Obs. | | | Tübingen | + | 9 03.5 | + 48 | 32.3 | 470 |
| Wendelstein Solar Obs. | | 230 | Brannenburg | + | 12 00.8 | + 47 | 42.5 | 1838 |
| Wilhelm Foerster Obs. | | 544 | Berlin | + | 13 21.2 | + 52 | 27.5 | 78 |
| **Greece** | | | | | | | | |
| Kryonerion Ast. Obs. | | | Kiáton/Mt. Killini | + | 22 37.3 | + 37 | 58.4 | 905 |
| National Obs. Sta. | R | | Pentele | + | 23 51.8 | + 38 | 02.9 | 509 |
| National Obs. of Athens | | 066 | Athens | + | 23 43.2 | + 37 | 58.4 | 110 |
| Stephanion Obs. | | | Stephanion | + | 22 49.7 | + 37 | 45.3 | 800 |
| Univ. of Thessaloníki Obs. | | | Thessaloníki | + | 22 57.5 | + 40 | 37.0 | 28 |
| **Greenland** | | | | | | | | |
| Incoherent Scatter Facility | R | | Søndre Strømfjord | − | 50 57.0 | + 66 | 59.2 | 180 |
| **Hungary** | | | | | | | | |
| Heliophysical Obs. | | | Debrecen | + | 21 37.4 | + 47 | 33.6 | 132 |
| Heliophysical Obs. Sta. | | | Gyula | + | 21 16.2 | + 46 | 39.2 | 135 |
| Konkoly Obs. | | 053 | Budapest | + | 18 57.9 | + 47 | 30.0 | 474 |
| Konkoly Obs. Sta. | | 561 | Piszkéstetö | + | 19 53.7 | + 47 | 55.1 | 958 |
| Urania Obs. | | | Budapest | + | 19 03.9 | + 47 | 29.1 | 166 |
| **India** | | | | | | | | |
| Aryabhatta Res. Inst. of Obs. Sci. | | | Naini Tal/Manora Peak | + | 79 27.4 | + 29 | 21.7 | 1927 |
| Gauribidanur Radio Obs. | R | | Gauribidanur | + | 77 26.1 | + 13 | 36.2 | 686 |
| Gurushikhar Infrared Obs. | I | | Abu | + | 72 46.8 | + 24 | 39.1 | 1700 |
| Indian Ast. Obs. | | | Hanle/Mt. Saraswati | + | 78 57.9 | + 32 | 46.8 | 4467 |
| Japal–Rangapur Obs. | R | 219 | Japal | + | 78 43.7 | + 17 | 05.9 | 695 |
| Kodaikanal Solar Obs. | | | Kodaikanal | + | 77 28.1 | + 10 | 13.8 | 2343 |
| National Centre for Radio Aph. | | | Khodad | + | 74 03.0 | + 19 | 06.0 | 650 |
| Nizamiah Obs. | | | Hyderabad | + | 78 27.2 | + 17 | 25.9 | 554 |
| Radio Ast. Center | R | | Udhagamandalam (Ooty) | + | 76 40.0 | + 11 | 22.9 | 2150 |
| Vainu Bappu Obs. | | 220 | Kavalur | + | 78 49.6 | + 12 | 34.6 | 725 |
| **Indonesia** | | | | | | | | |
| Bosscha Obs. | | 299 | Lembang (Java) | +107 | 37.0 | − 6 | 49.5 | 1300 |
| **Ireland** | | | | | | | | |
| Dunsink Obs. | | 982 | Castleknock | − | 6 20.2 | + 53 | 23.3 | 85 |
| **Israel** | | | | | | | | |
| Florence and George Wise Obs. | | 097 | Mitzpe Ramon/Mt. Zin | + | 34 45.8 | + 30 | 35.8 | 874 |
| **Italy** | | | | | | | | |
| Arcetri Astrophysical Obs. | | 030 | Arcetri | + | 11 15.3 | + 43 | 45.2 | 184 |
| Asiago Astrophysical Obs. | | 043 | Asiago | + | 11 31.7 | + 45 | 51.7 | 1045 |
| Bologna Univ. Obs. | | 598 | Loiano | + | 11 20.2 | + 44 | 15.5 | 785 |
| Brera–Milan Ast. Obs. | | 096 | Merate | + | 9 25.7 | + 45 | 42.0 | 340 |

| Observatory Name | MPC Code | Location | East Longitude | Latitude | Height (m.s.l.) |
|---|---|---|---|---|---|
| | | | ° ′ | ° ′ | m |
| **Italy, cont.** | | | | | |
| Brera–Milan Ast. Obs. | 027 | Milan | + 9 11.5 | + 45 28.0 | 146 |
| Cagliari Ast. Obs. | L | Capoterra | + 8 58.6 | + 39 08.2 | 205 |
| Capodimonte Ast. Obs. | 044 | Naples | + 14 15.3 | + 40 51.8 | 150 |
| Catania Astrophysical Obs. | 156 | Catania | + 15 05.2 | + 37 30.2 | 47 |
| Catania Obs. Stellar Sta. | | Catania/Serra la Nave | + 14 58.4 | + 37 41.5 | 1735 |
| Chaonis Obs. | 567 | Chions | + 12 42.7 | + 45 50.6 | 15 |
| Collurania Ast. Obs. | 037 | Teramo | + 13 44.0 | + 42 39.5 | 388 |
| Damecuta Obs. | | Anacapri | + 14 11.8 | + 40 33.5 | 137 |
| International Latitude Obs. | | Carloforte | + 8 18.7 | + 39 08.2 | 22 |
| Medicina Radio Ast. Sta. | R | Medicina | + 11 38.7 | + 44 31.2 | 44 |
| Mount Ekar Obs. | 098 | Asiago/Mt. Ekar | + 11 34.3 | + 45 50.6 | 1350 |
| Padua Ast. Obs. | 533 | Padua | + 11 52.3 | + 45 24.0 | 38 |
| Palermo Univ. Ast. Obs. | 535 | Palermo | + 13 21.5 | + 38 06.7 | 72 |
| Rome Obs. | 034 | Rome/Monte Mario | + 12 27.1 | + 41 55.3 | 152 |
| San Vittore Obs. | 552 | Bologna | + 11 20.5 | + 44 28.1 | 280 |
| Trieste Ast. Obs. | R A82 | Trieste | + 13 52.5 | + 45 38.5 | 400 |
| Turin Ast. Obs. | 022 | Pino Torinese | + 7 46.5 | + 45 02.3 | 622 |
| **Japan** | | | | | |
| Dodaira Obs. | L 387 | Tokyo/Mt. Dodaira | + 139 11.8 | + 36 00.2 | 879 |
| Hida Obs. | | Kamitakara | + 137 18.5 | + 36 14.9 | 1276 |
| Hiraiso Solar Terr. Rsch. Center | R | Nakaminato | + 140 37.5 | + 36 22.0 | 27 |
| Kagoshima Space Center | R | Uchinoura | + 131 04.0 | + 31 13.7 | 228 |
| Kashima Space Research Center | R | Kashima | + 140 39.8 | + 35 57.3 | 32 |
| Kiso Obs. | 381 | Kiso | + 137 37.7 | + 35 47.6 | 1130 |
| Kwasan Obs. | 377 | Kyoto | + 135 47.6 | + 34 59.7 | 221 |
| Kyoto Univ. Ast. Dept. Obs. | | Kyoto | + 135 47.2 | + 35 01.7 | 86 |
| Kyoto Univ. Physics Dept. Obs. | | Kyoto | + 135 47.2 | + 35 01.7 | 80 |
| Mizusawa Astrogeodynamics Obs. | | Mizusawa | + 141 07.9 | + 39 08.1 | 61 |
| Nagoya Univ. Fujigane Sta. | R | Kamiku Isshiki | + 138 36.7 | + 35 25.6 | 1015 |
| Nagoya Univ. Radio Ast. Lab. | R | Nagoya | + 136 58.4 | + 35 08.9 | 75 |
| Nagoya Univ. Sugadaira Sta. | R | Toyokawa | + 138 19.3 | + 36 31.2 | 1280 |
| Nagoya Univ. Toyokawa Sta. | R | Toyokawa | + 137 22.2 | + 34 50.1 | 25 |
| National Ast. Obs. | R 388 | Mitaka | + 139 32.5 | + 35 40.3 | 58 |
| Nobeyama Cosmic Radio Obs. | R | Nobeyama | + 138 29.0 | + 35 56.0 | 1350 |
| Nobeyama Solar Radio Obs. | R | Nobeyama | + 138 28.8 | + 35 56.3 | 1350 |
| Norikura Solar Obs. | I 382 | Matsumoto/Mt. Norikura | + 137 33.3 | + 36 06.8 | 2876 |
| Okayama Astrophysical Obs. | 371 | Kurashiki/Mt. Chikurin | + 133 35.8 | + 34 34.4 | 372 |
| Sendai Ast. Obs. | D93 | Sendai | + 140 51.9 | + 38 15.4 | 45 |
| Simosato Hydrographic Obs. | R,L | Simosato | + 135 56.4 | + 33 34.5 | 63 |
| Sirahama Hydrographic Obs. | | Sirahama | + 138 59.3 | + 34 42.8 | 172 |
| Tohoku Univ. Obs. | | Sendai | + 140 50.6 | + 38 15.4 | 153 |
| Tokyo Hydrographic Obs. | | Tokyo | + 139 46.2 | + 35 39.7 | 41 |
| Toyokawa Obs. | R | Toyokawa | + 137 22.3 | + 34 50.2 | 18 |
| **Kazakhstan** | | | | | |
| Mountain Obs. | 210 | Alma–Ata | + 76 57.4 | + 43 11.3 | 1450 |
| **Korea, Republic of** | | | | | |
| Bohyunsan Optical Ast. Obs. | 344 | Youngchun/Mt. Bohyun | + 128 58.6 | + 36 10.0 | 1127 |
| Daeduk Radio Ast. Obs. | R | Taejeon | + 127 22.3 | + 36 23.9 | 120 |
| Korea Ast. Obs. | | Taejeon | + 127 22.3 | + 36 23.9 | 120 |
| Sobaeksan Ast. Obs. | 245 | Danyang | + 128 27.4 | + 36 56.0 | 1390 |

| Observatory Name | MPC Code | Location | East Longitude | Latitude | Height (m.s.l.) |
|---|---|---|---|---|---|
|  |  |  | ° ′ | ° ′ | m |
| **Latvia** |  |  |  |  |  |
| Latvian State Univ. Ast. Obs. | L | Riga | + 24 07.0 | + 56 57.1 | 39 |
| Riga Radio–Astrophysical Obs. | R | Riga | + 24 24.0 | + 56 47.0 | 75 |
| **Lithuania** |  |  |  |  |  |
| Moletai Ast. Obs. | 152 | Moletai | + 25 33.8 | + 55 19.0 | 220 |
| Vilnius Ast. Obs. | 570 | Vilnius | + 25 17.2 | + 54 41.0 | 122 |
| **Mexico** |  |  |  |  |  |
| Guillermo Haro Astrophys. Obs. |  | Cananea/La Mariquita Mtn. | − 110 23.0 | + 31 03.2 | 2480 |
| Large Millimeter Telescope (LMT) | R | Sierra Negra | − 97 18.9 | + 18 59.1 | 4600 |
| National Ast. Obs. |  | San Felipe (Baja California) | − 115 27.8 | + 31 02.6 | 2830 |
| National Ast. Obs. | R | Tonantzintla | − 98 18.8 | + 19 02.0 | 2150 |
| Univ. Guanajuato Obs. |  | Mineral de La Luz (Guanajuato) | − 101 19.5 | + 21 03.2 | 2420 |
| **Netherlands** |  |  |  |  |  |
| Catholic Univ. Ast. Inst. |  | Nijmegen | + 5 52.1 | + 51 49.5 | 62 |
| Dwingeloo Radio Obs. | R | Dwingeloo | + 6 23.8 | + 52 48.8 | 25 |
| Kapteyn Obs. |  | Roden | + 6 26.6 | + 53 07.7 | 12 |
| Leiden Obs. | 013 | Leiden | + 4 29.1 | + 52 09.3 | 12 |
| Simon Stevin Obs. | R 505 | Hoeven | + 4 33.8 | + 51 34.0 | 9 |
| Sonnenborgh Obs. | 015 | Utrecht | + 5 07.8 | + 52 05.2 | 14 |
| Westerbork Radio Ast. Obs. | R | Westerbork | + 6 36.3 | + 52 55.0 | 16 |
| **New Zealand** |  |  |  |  |  |
| Auckland Obs. | 467 | Auckland | + 174 46.7 | − 36 54.4 | 80 |
| Carter Obs. | 485 | Wellington | + 174 46.0 | − 41 17.2 | 129 |
| Carter Obs. Sta. | 483 | Blenheim/Black Birch | + 173 48.2 | − 41 44.9 | 1396 |
| Mount John Univ. Obs. | 474 | Lake Tekapo/Mt. John | + 170 27.9 | − 43 59.2 | 1027 |
| **Norway** |  |  |  |  |  |
| European Incoh. Scatter Facility | R | Tromsø | + 19 31.2 | + 69 35.2 | 85 |
| Skibotn Ast. Obs. | 093 | Skibotn | + 20 21.9 | + 69 20.9 | 157 |
| **Philippine Islands** |  |  |  |  |  |
| Manila Obs. | R | Quezon City | + 121 04.6 | + 14 38.2 | 58 |
| Pagasa Ast. Obs. |  | Quezon City | + 121 04.3 | + 14 39.2 | 70 |
| **Poland** |  |  |  |  |  |
| Astronomical Latitude Obs. | L 187 | Borowiec | + 17 04.5 | + 52 16.6 | 80 |
| Jagellonian Obs. Ft. Skala Sta. | R | Cracow | + 19 49.6 | + 50 03.3 | 314 |
| Jagellonian Univ. Ast. Obs. | 055 | Cracow | + 19 57.6 | + 50 03.9 | 225 |
| Mount Suhora Obs. |  | Koninki/Mt. Suhora | + 20 04.0 | + 49 34.2 | 1000 |
| Piwnice Ast. Obs. | R 092 | Piwnice | + 18 33.4 | + 53 05.7 | 100 |
| Poznań Univ. Ast. Obs. | L 047 | Poznań | + 16 52.7 | + 52 23.8 | 85 |
| Warsaw Univ. Ast. Obs. | 060 | Ostrowik | + 21 25.2 | + 52 05.4 | 138 |
| Wroclaw Univ. Ast. Obs. |  | Wroclaw | + 17 05.3 | + 51 06.7 | 115 |
| Wroclaw Univ. Bialkow Sta. |  | Wasosz | + 16 39.6 | + 51 28.5 | 140 |
| **Portugal** |  |  |  |  |  |
| Coimbra Ast. Obs. |  | Coimbra | − 8 25.8 | + 40 12.4 | 99 |
| Lisbon Ast. Obs. | 971 | Lisbon | − 9 11.2 | + 38 42.7 | 111 |
| Prof. Manuel de Barros Obs. | R | Vila Nova de Gaia | − 8 35.3 | + 41 06.5 | 232 |

| Observatory Name | | MPC Code | Location | East Longitude | Latitude | Height (m.s.l.) |
|---|---|---|---|---|---|---|
| | | | | ° ′ | ° ′ | m |
| **Puerto Rico** | | | | | | |
| Arecibo Obs. | R | 251 | Arecibo | − 66 45.2 | + 18 20.6 | 496 |
| **Romania** | | | | | | |
| Bucharest Ast. Obs. | | 073 | Bucharest | + 26 05.8 | + 44 24.8 | 81 |
| Cluj–Napoca Ast. Obs. | | | Cluj–Napoca | + 23 35.9 | + 46 42.8 | 750 |
| **Russia** | | | | | | |
| Engelhardt Ast. Obs. | | 136 | Kazan | + 48 48.9 | + 55 50.3 | 98 |
| Irkutsk Ast. Obs. | | | Irkutsk | + 104 20.7 | + 52 16.7 | 468 |
| Kaliningrad Univ. Obs. | | 058 | Kaliningrad | + 20 29.7 | + 54 42.8 | 24 |
| Kazan Univ. Obs. | | 135 | Kazan | + 49 07.3 | + 55 47.4 | 79 |
| Pulkovo Obs. | R | 084 | Pulkovo | + 30 19.6 | + 59 46.4 | 75 |
| Pulkovo Obs. Sta. | | | Kislovodsk/Shat Jat Mass Mtn. | + 42 31.8 | + 43 44.0 | 2130 |
| Sayan Mtns. Radiophys. Obs. | | | Sayan Mountains | + 102 12.5 | + 51 45.5 | 832 |
| Special Astrophysical Obs. | R | 115 | Zelenchukskaya/Pasterkhov Mtn. | + 41 26.5 | + 43 39.2 | 2100 |
| St. Petersburg Univ. Obs. | | | St. Petersburg | + 30 17.7 | + 59 56.5 | 3 |
| Sternberg State Ast. Inst. | | 105 | Moscow | + 37 32.7 | + 55 42.0 | 195 |
| Tomsk Univ. Obs. | | 236 | Tomsk | + 84 56.8 | + 56 28.1 | 130 |
| **Serbia** | | | | | | |
| Belgrade Ast. Obs. | | 057 | Belgrade | + 20 30.8 | + 44 48.2 | 253 |
| **Slovakia** | | | | | | |
| Lomnický Štít Coronal Obs. | | 059 | Poprad/Mt. Lomnický Štít | + 20 13.2 | + 49 11.8 | 2632 |
| Skalnaté Pleso Obs. | | 056 | Poprad | + 20 14.7 | + 49 11.3 | 1783 |
| Slovak Technical Univ. Obs. | | | Bratislava | + 17 07.2 | + 48 09.3 | 171 |
| **South Africa, Republic of** | | | | | | |
| Boyden Obs. | | 074 | Mazelspoort | + 26 24.3 | − 29 02.3 | 1387 |
| Hartebeeshoek Radio Ast. Obs. | R | | Hartebeeshoek | + 27 41.1 | − 25 53.4 | 1391 |
| Leiden Obs. Southern Sta. | | 081 | Hartebeespoort | + 27 52.6 | − 25 46.4 | 1220 |
| South African Ast. Obs. | | 051 | Cape Town | + 18 28.7 | − 33 56.1 | 18 |
| South African Ast. Obs. Sta. | | | Sutherland | + 20 48.7 | − 32 22.7 | 1771 |
| Southern African Large Telescope | | B31 | Sutherland | + 20 48.6 | − 32 22.8 | 1798 |
| **Spain** | | | | | | |
| Deep Space Sta. | R | | Cebreros | − 4 22.0 | + 40 27.3 | 789 |
| Deep Space Sta. | R | | Robledo | − 4 14.9 | + 40 25.8 | 774 |
| Ebro Obs. | R | | Roquetas | + 0 29.6 | + 40 49.2 | 50 |
| German Spanish Ast. Center | | | Gérgal/Calar Alto Mtn. | − 2 32.2 | + 37 13.8 | 2168 |
| Millimeter Radio Ast. Inst. | R | | Granada/Pico Veleta | − 3 24.0 | + 37 04.1 | 2870 |
| National Ast. Obs. | | 990 | Madrid | − 3 41.1 | + 40 24.6 | 670 |
| National Obs. Ast. Center | R | 491 | Yebes | − 3 06.0 | + 40 31.5 | 914 |
| Naval Obs. | L | | San Fernando | − 6 12.2 | + 36 28.0 | 27 |
| Ramon Maria Aller Obs. | | | Santiago de Compostela | − 8 33.6 | + 42 52.5 | 240 |
| Roque de los Muchachos Obs. | | | La Palma Island (Canaries) | − 17 52.9 | + 28 45.6 | 2326 |
| Teide Obs. | R,I | | Tenerife Island (Canaries) | − 16 29.8 | + 28 17.5 | 2395 |
| **Sweden** | | | | | | |
| European Incoh. Scatter Facility | R | | Kiruna | + 20 26.1 | + 67 51.6 | 418 |
| Kvistaberg Obs. | | 049 | Bro | + 17 36.4 | + 59 30.1 | 33 |
| Lund Obs. | | 039 | Lund | + 13 11.2 | + 55 41.9 | 34 |
| Lund Obs. Jävan Sta. | | | Björnstorp | + 13 26.0 | + 55 37.4 | 145 |
| Onsala Space Obs. | R | | Onsala | + 11 55.1 | + 57 23.6 | 24 |
| Stockholm Obs. | | 052 | Saltsjöbaden | + 18 18.5 | + 59 16.3 | 60 |

| Observatory Name | MPC Code | Location | East Longitude | Latitude | Height (m.s.l.) |
|---|---|---|---|---|---|
| | | | ° ′ | ° ′ | m |
| **Switzerland** | | | | | |
| Arosa Astrophysical Obs. | | Arosa | + 9 40.1 | + 46 47.0 | 2050 |
| Basle Univ. Ast. Inst. | | Binningen | + 7 35.0 | + 47 32.5 | 318 |
| Cantonal Obs. | 019 | Neuchâtel | + 6 57.5 | + 46 59.9 | 488 |
| Geneva Obs. | 517 | Sauverny | + 6 08.2 | + 46 18.4 | 465 |
| Gornergrat North & South Obs. | R,I | Zermatt/Gornergrat | + 7 47.1 | + 45 59.1 | 3135 |
| High Alpine Research Obs. | | Mürren/Jungfraujoch | + 7 59.1 | + 46 32.9 | 3576 |
| Inst. of Solar Research (IRSOL) | | Locarno | + 8 47.4 | + 46 10.7 | 500 |
| Specola Solar Obs. | | Locarno | + 8 47.4 | + 46 10.4 | 365 |
| Swiss Federal Obs. | | Zürich | + 8 33.1 | + 47 22.6 | 469 |
| Univ. of Lausanne Obs. | | Chavannes–des–Bois | + 6 08.2 | + 46 18.4 | 465 |
| Zimmerwald Obs. | 026 | Zimmerwald | + 7 27.9 | + 46 52.6 | 929 |
| **Tadzhikistan** | | | | | |
| Inst. of Astrophysics | 191 | Dushanbe | + 68 46.9 | + 38 33.7 | 820 |
| **Taiwan (Republic of China)** | | | | | |
| National Central Univ. Obs. | | Chung–li | + 121 11.2 | + 24 58.2 | 152 |
| Taipei Obs. | | Taipei | + 121 31.6 | + 25 04.7 | 31 |
| **Turkey** | | | | | |
| Ege Univ. Obs. | | Bornova | + 27 16.5 | + 38 23.9 | 795 |
| Istanbul Univ. Obs. | 080 | Istanbul | + 28 57.9 | + 41 00.7 | 65 |
| Kandilli Obs. | | Istanbul | + 29 03.7 | + 41 03.8 | 120 |
| Tübitak National Obs. | A84 | Antalya/Mt. Bakirlitepe | + 30 20.1 | + 36 49.5 | 2515 |
| Univ. of Ankara Obs. | R | Ankara | + 32 46.8 | + 39 50.6 | 1266 |
| Çanakkale Univ. Obs. | | Ulupinar/Çanakkale | + 26 28.5 | + 40 06.0 | 410 |
| **Ukraine** | | | | | |
| Crimean Astrophysical Obs. | | Partizanskoye | + 34 01.0 | + 44 43.7 | 550 |
| Crimean Astrophysical Obs. | R 094 | Simeis | + 34 01.0 | + 44 32.1 | 676 |
| Inst. of Radio Ast. | R | Kharkov | + 36 56.0 | + 49 38.0 | 150 |
| Kharkov Univ. Ast. Obs. | 101 | Kharkov | + 36 13.9 | + 50 00.2 | 138 |
| Kiev Univ. Obs. | 085 | Kiev | + 30 29.9 | + 50 27.2 | 184 |
| Lvov Univ. Obs. | 067 | Lvov | + 24 01.8 | + 49 50.0 | 330 |
| Main Ast. Obs. | | Kiev | + 30 30.4 | + 50 21.9 | 188 |
| Nikolaev Ast. Obs. | 089 | Nikolaev | + 31 58.5 | + 46 58.3 | 54 |
| Odessa Obs. | 086 | Odessa | + 30 45.5 | + 46 28.6 | 60 |
| **United Kingdom** | | | | | |
| Armagh Obs. | 981 | Armagh, Northern Ireland | − 6 38.9 | + 54 21.2 | 64 |
| Cambridge Univ. Obs. | 503 | Cambridge, England | + 0 05.7 | + 52 12.8 | 30 |
| Chilbolton Obs. | R | Chilbolton, England | − 1 26.2 | + 51 08.7 | 92 |
| City Obs. | 961 | Edinburgh, Scotland | − 3 10.8 | + 55 57.4 | 107 |
| Godlee Obs. | | Manchester, England | − 2 14.0 | + 53 28.6 | 77 |
| Jodrell Bank Obs. | R | Macclesfield, England | − 2 18.4 | + 53 14.2 | 78 |
| Mills Obs. | | Dundee, Scotland | − 3 00.7 | + 56 27.9 | 152 |
| Mullard Radio Ast. Obs. | R | Cambridge, England | + 0 02.6 | + 52 10.2 | 17 |
| Royal Obs. Edinburgh | | Edinburgh, Scotland | − 3 11.0 | + 55 55.5 | 146 |
| Satellite Laser Ranger Group | L 501 | Herstmonceux, England | + 0 20.3 | + 50 52.0 | 31 |
| Univ. of Glasgow Obs. | | Glasgow, Scotland | − 4 18.3 | + 55 54.1 | 53 |
| Univ. of London Obs. | 998 | Mill Hill, England | − 0 14.4 | + 51 36.8 | 81 |
| Univ. of St. Andrews Obs. | | St. Andrews, Scotland | − 2 48.9 | + 56 20.2 | 30 |

| Observatory Name | MPC Code | Location | East Longitude | Latitude | Height (m.s.l.) |
|---|---|---|---|---|---|
| | | | ° ′ | ° ′ | m |
| **United States of America** | | | | | |
| **Alabama** | | | | | |
| Univ. of Alabama Obs. | | Tuscaloosa | − 87 32.5 | + 33 12.6 | 87 |
| **Arizona** | | | | | |
| Fred L. Whipple Obs. | 696 | Amado/Mt. Hopkins | − 110 52.6 | + 31 40.9 | 2344 |
| Kitt Peak National Obs. | 695 | Tucson/Kitt Peak | − 111 36.0 | + 31 57.8 | 2120 |
| Lowell Obs. | 690 | Flagstaff | − 111 39.9 | + 35 12.2 | 2219 |
| Lowell Obs. Sta. | 688 | Flagstaff/Anderson Mesa | − 111 32.2 | + 35 05.8 | 2200 |
| MMT Obs. | | Amado/Mt. Hopkins | − 110 53.1 | + 31 41.3 | 2608 |
| McGraw–Hill Obs. | 697 | Tucson/Kitt Peak | − 111 37.0 | + 31 57.0 | 1925 |
| Mount Lemmon Infrared Obs. I | 686 | Tucson/Mt. Lemmon | − 110 47.5 | + 32 26.5 | 2776 |
| National Radio Ast. Obs. R | | Tucson/Kitt Peak | − 111 36.9 | + 31 57.2 | 1939 |
| Northern Arizona Univ. Obs. | 687 | Flagstaff | − 111 39.2 | + 35 11.1 | 2110 |
| Steward Obs. | 692 | Tucson | − 110 56.9 | + 32 14.0 | 757 |
| Steward Obs. Catalina Sta. | | Tucson/Mt. Bigelow | − 110 43.9 | + 32 25.0 | 2510 |
| Steward Obs. Catalina Sta. | | Tucson/Mt. Lemmon | − 110 47.3 | + 32 26.6 | 2790 |
| Steward Obs. Catalina Sta. | | Tucson/Tumamoc Hill | − 111 00.3 | + 32 12.8 | 950 |
| Steward Obs. Sta. | 691 | Tucson/Kitt Peak | − 111 36.0 | + 31 57.8 | 2071 |
| Submillimeter Telescope Obs. R | | Safford/Mt. Graham | − 109 53.5 | + 32 42.1 | 3190 |
| U.S. Naval Obs. Sta. | 689 | Flagstaff | − 111 44.4 | + 35 11.0 | 2316 |
| Vatican Obs. Research Group I | 290 | Safford/Mt. Graham | − 109 53.5 | + 32 42.1 | 3181 |
| Warner and Swasey Obs. Sta. | | Tucson/Kitt Peak | − 111 35.9 | + 31 57.6 | 2084 |
| **California** | | | | | |
| Big Bear Solar Obs. | | Big Bear City | − 116 54.9 | + 34 15.2 | 2067 |
| Chabot Space & Science Center | G58 | Oakland | − 122 10.9 | + 37 49.1 | 476 |
| Goldstone Complex R | 252 | Fort Irwin | − 116 50.9 | + 35 23.4 | 1036 |
| Griffith Obs. | | Los Angeles | − 118 17.9 | + 34 07.1 | 357 |
| Hat Creek Radio Ast. Obs. R | | Cassel | − 121 28.4 | + 40 49.1 | 1043 |
| Leuschner Obs. | 660 | Lafayette | − 122 09.4 | + 37 55.1 | 304 |
| Lick Obs. | 662 | San Jose/Mt. Hamilton | − 121 38.2 | + 37 20.6 | 1290 |
| MIRA Oliver Observing Sta. | | Monterey/Chews Ridge | − 121 34.2 | + 36 18.3 | 1525 |
| Mount Laguna Obs. L | | Mount Laguna | − 116 25.6 | + 32 50.4 | 1859 |
| Mount Wilson Obs. R | 672 | Pasadena/Mt. Wilson | − 118 03.6 | + 34 13.0 | 1742 |
| Owens Valley Radio Obs. R | | Big Pine | − 118 16.9 | + 37 13.9 | 1236 |
| Palomar Obs. | 675 | Palomar Mtn. | − 116 51.8 | + 33 21.4 | 1706 |
| Radio Ast. Inst. R | | Stanford | − 122 11.3 | + 37 23.9 | 80 |
| SRI Radio Ast. Obs. R | | Stanford | − 122 10.6 | + 37 24.3 | 168 |
| San Fernando Obs. R | | San Fernando | − 118 29.5 | + 34 18.5 | 371 |
| Stanford Center for Radar Ast. R | | Palo Alto | − 122 10.7 | + 37 27.5 | 172 |
| Table Mountain Obs. | 673 | Wrightwood | − 117 40.9 | + 34 22.9 | 2285 |
| **Colorado** | | | | | |
| Chamberlin Obs. | 708 | Denver | − 104 57.2 | + 39 40.6 | 1644 |
| Chamberlin Obs. Sta. | 707 | Bailey/Dick Mtn. | − 105 26.2 | + 39 25.6 | 2675 |
| Meyer–Womble Obs. | | Georgetown/Mt. Evans | − 105 38.4 | + 39 35.2 | 4305 |
| Sommers–Bausch Obs. | 463 | Boulder | − 105 15.8 | + 40 00.2 | 1653 |
| Tiara Obs. | | South Park | − 105 31.0 | + 38 58.2 | 2679 |
| U.S. Air Force Academy Obs. | 712 | Colorado Springs | − 104 52.5 | + 39 00.4 | 2187 |
| **Connecticut** | | | | | |
| John J. McCarthy Obs. | 932 | New Milford | − 73 25.6 | + 41 31.6 | 79 |
| Van Vleck Obs. | 298 | Middletown | − 72 39.6 | + 41 33.3 | 65 |
| Western Conn. State Univ. Obs. | | Danbury | − 73 26.7 | + 41 24.0 | 128 |
| **Delaware** | | | | | |
| Mount Cuba Ast. Obs. | 788 | Greenville | − 75 38.0 | + 39 47.1 | 92 |
| **District of Columbia** | | | | | |
| Naval Rsch. Lab. Radio Ast. Obs. R | | Washington | − 77 01.6 | + 38 49.3 | 30 |
| U.S. Naval Obs. | 786 | Washington | − 77 04.0 | + 38 55.3 | 92 |

| Observatory Name | MPC Code | Location | East Longitude | Latitude | Height (m.s.l.) |
|---|---|---|---|---|---|
| | | | ° ′ | ° ′ | m |
| **USA, cont.** | | | | | |
| **Florida** | | | | | |
| Brevard Community College Obs. | 758 | Cocoa | − 80 45.7 | + 28 23.1 | 17 |
| Rosemary Hill Obs. | 831 | Bronson | − 82 35.2 | + 29 24.0 | 44 |
| Univ. of Florida Radio Obs. | R | Old Town | − 83 02.1 | + 29 31.7 | 8 |
| **Georgia** | | | | | |
| Bradley Obs. | | Decatur | − 84 17.6 | + 33 45.9 | 316 |
| Emory Univ. Obs. | | Atlanta | − 84 19.6 | + 33 47.4 | 310 |
| Fernbank Obs. | | Atlanta | − 84 19.1 | + 33 46.7 | 320 |
| Hard Labor Creek Obs. | | Rutledge | − 83 35.6 | + 33 40.2 | 223 |
| **Hawaii** | | | | | |
| C.E.K. Mees Solar Obs. | | Kahului/Haleakala, Maui | − 156 15.4 | + 20 42.4 | 3054 |
| Caltech Submillimeter Obs. | R | Hilo/Mauna Kea, Hawaii | − 155 28.5 | + 19 49.3 | 4072 |
| Canada–France–Hawaii Tel. Corp. | I | Hilo/Mauna Kea, Hawaii | − 155 28.1 | + 19 49.5 | 4204 |
| Gemini North Obs. | | Hilo/Mauna Kea, Hawaii | − 155 28.1 | + 19 49.4 | 4213 |
| Joint Astronomy Centre | R,I | Hilo/Mauna Kea, Hawaii | − 155 28.2 | + 19 49.3 | 4198 |
| LURE Obs. | L | Kahului/Haleakala, Maui | − 156 15.5 | + 20 42.6 | 3049 |
| Mauna Kea Obs. | I | 568 | Hilo/Mauna Kea, Hawaii | − 155 28.2 | + 19 49.4 | 4214 |
| Mauna Loa Solar Obs. | | Hilo/Mauna Loa, Hawaii | − 155 34.6 | + 19 32.1 | 3440 |
| Subaru Tel. | | Hilo/Mauna Kea, Hawaii | − 155 28.6 | + 19 49.5 | 4163 |
| Submillimeter Array (SMA) | R | Hilo/Mauna Kea, Hawaii | − 155 28.7 | + 19 49.5 | 4080 |
| W.M. Keck Obs. | 917 | Hilo/Mauna Kea, Hawaii | − 155 28.5 | + 19 49.6 | 4160 |
| **Illinois** | | | | | |
| Dearborn Obs. | 756 | Evanston | − 87 40.5 | + 42 03.4 | 195 |
| **Indiana** | | | | | |
| Goethe Link Obs. | 760 | Brooklyn | − 86 23.7 | + 39 33.0 | 300 |
| **Iowa** | | | | | |
| Erwin W. Fick Obs. | | Boone | − 93 56.5 | + 42 00.3 | 332 |
| Grant O. Gale Obs. | | Grinnell | − 92 43.2 | + 41 45.4 | 318 |
| North Liberty Radio Obs. | R | North Liberty | − 91 34.5 | + 41 46.3 | 241 |
| Univ. of Iowa Obs. | | Riverside | − 91 33.6 | + 41 30.9 | 221 |
| **Kansas** | | | | | |
| Clyde W. Tombaugh Obs. | | Lawrence | − 95 15.0 | + 38 57.6 | 323 |
| Zenas Crane Obs. | | Topeka | − 95 41.8 | + 39 02.2 | 306 |
| **Kentucky** | | | | | |
| Moore Obs. | | Brownsboro | − 85 31.8 | + 38 20.1 | 216 |
| **Maryland** | | | | | |
| GSFC Optical Test Site | | Greenbelt | − 76 49.6 | + 39 01.3 | 53 |
| Maryland Point Obs. | R | Riverside | − 77 13.9 | + 38 22.4 | 20 |
| Univ. of Maryland Obs. | R | College Park | − 76 57.4 | + 39 00.1 | 53 |
| **Massachusetts** | | | | | |
| Clay Center | I01 | Brookline | − 71 08.0 | + 42 20.0 | 47 |
| Five College Radio Ast. Obs. | R | New Salem | − 72 20.7 | + 42 23.5 | 314 |
| George R. Wallace Jr. Aph. Obs. | 810 | Westford | − 71 29.1 | + 42 36.6 | 107 |
| Harvard–Smithsonian Ctr. for Aph. | R | 802 | Cambridge | − 71 07.8 | + 42 22.8 | 24 |
| Haystack Obs. | R | 254 | Westford | − 71 29.3 | + 42 37.4 | 146 |
| Hopkins Obs. | R | Williamstown | − 73 12.1 | + 42 42.7 | 215 |
| Judson B. Coit Obs. | | Boston | − 71 06.3 | + 42 21.0 | —— |
| Maria Mitchell Obs. | 811 | Nantucket | − 70 06.3 | + 41 16.8 | 20 |
| Millstone Hill Atm. Sci. Fac. | R | Westford | − 71 29.7 | + 42 36.6 | 146 |
| Millstone Hill Radar Obs. | R | Westford | − 71 29.5 | + 42 37.0 | 156 |
| Oak Ridge Obs. | R | Harvard | − 71 33.5 | + 42 30.3 | 185 |
| Sagamore Hill Radio Obs. | R | Hamilton | − 70 49.3 | + 42 37.9 | 53 |
| Westford Antenna Facility | R | Westford | − 71 29.7 | + 42 36.8 | 115 |
| Whitin Obs. | | Wellesley | − 71 18.2 | + 42 17.7 | 32 |

| Observatory Name | MPC Code | Location | East Longitude | Latitude | Height (m.s.l.) |
|---|---|---|---|---|---|
| | | | ° ′ | ° ′ | m |
| **USA, cont.** | | | | | |
| **Michigan** | | | | | |
| Brooks Obs. | 746 | Mount Pleasant | − 84 46.5 | + 43 35.3 | 258 |
| Michigan State Univ. Obs. | 766 | East Lansing | − 84 29.0 | + 42 42.4 | 274 |
| Univ. of Mich. Radio Ast. Obs.   R | | Dexter | − 83 56.2 | + 42 23.9 | 345 |
| **Minnesota** | | | | | |
| O'Brien Obs. | | Marine–on–St. Croix | − 92 46.6 | + 45 10.9 | 308 |
| **Missouri** | | | | | |
| Morrison Obs. | | Fayette | − 92 41.8 | + 39 09.1 | 228 |
| **Nebraska** | | | | | |
| Behlen Obs. | | Mead | − 96 26.8 | + 41 10.3 | 362 |
| **Nevada** | | | | | |
| MacLean Obs. | | Incline Village | − 119 55.7 | + 39 17.7 | 2546 |
| **New Hampshire** | | | | | |
| Grainger Obs. | | Exeter | − 70 56.5 | + 42 58.8 | 10 |
| Shattuck Obs. | | Hanover | − 72 17.0 | + 43 42.3 | 183 |
| **New Jersey** | | | | | |
| Crawford Hill Obs.   R | | Holmdel | − 74 11.2 | + 40 23.5 | 114 |
| FitzRandolph Obs. | 785 | Princeton | − 74 38.8 | + 40 20.7 | 43 |
| **New Mexico** | | | | | |
| Apache Point Obs. | 705 | Sunspot | − 105 49.2 | + 32 46.8 | 2781 |
| Capilla Peak Obs. | | Albuquerque/Capilla Peak | − 106 24.3 | + 34 41.8 | 2842 |
| Magdalena Ridge Obs. | H01 | Socorro/South Baldy Peak | − 107 11.4 | + 33 59.1 | 3244 |
| National Radio Ast. Obs.   R | | Socorro | − 107 37.1 | + 34 04.7 | 2124 |
| National Solar Obs. | | Sunspot | − 105 49.2 | + 32 47.2 | 2811 |
| New Mexico State Univ. Obs. Sta. | | Las Cruces/Blue Mesa | − 107 09.9 | + 32 29.5 | 2025 |
| New Mexico State Univ. Obs. Sta. | | Las Cruces/Tortugas Mtn. | − 106 41.8 | + 32 17.6 | 1505 |
| **New York** | | | | | |
| C.E. Kenneth Mees Obs. | | Bristol Springs | − 77 24.5 | + 42 42.0 | 701 |
| Hartung–Boothroyd Obs. | H81 | Ithaca | − 76 23.1 | + 42 27.5 | 534 |
| Reynolds Obs. | H91 | Potsdam | − 74 57.1 | + 44 40.7 | 140 |
| Rutherfurd Obs. | 795 | New York | − 73 57.5 | + 40 48.6 | 25 |
| Syracuse Univ. Obs. | | Syracuse | − 76 08.3 | + 43 02.2 | 160 |
| **North Carolina** | | | | | |
| Dark Sky Obs. | | Boone | − 81 24.7 | + 36 15.1 | 926 |
| Morehead Obs. | | Chapel Hill | − 79 03.0 | + 35 54.8 | 161 |
| Pisgah Ast. Rsch. Inst. (PARI) | | Rosman | − 82 52.3 | + 35 12.0 | 892 |
| Three College Obs. | | Saxapahaw | − 79 24.4 | + 35 56.7 | 183 |
| **Ohio** | | | | | |
| Cincinnati Obs. | 765 | Cincinnati | − 84 25.4 | + 39 08.3 | 247 |
| Nassau Ast. Obs. | 774 | Montville | − 81 04.5 | + 41 35.5 | 390 |
| Perkins Obs. | H69 | Delaware | − 83 03.3 | + 40 15.1 | 280 |
| Ritter Obs. | | Toledo | − 83 36.8 | + 41 39.7 | 201 |
| **Pennsylvania** | | | | | |
| Allegheny Obs. | 778 | Pittsburgh | − 80 01.3 | + 40 29.0 | 380 |
| Bucknell Univ. Obs. | | Lewisburg | − 76 52.9 | + 40 57.1 | 170 |
| Kutztown Univ. Obs. | | Kutztown | − 75 47.1 | + 40 30.9 | 158 |
| Sproul Obs. | | Swarthmore | − 75 21.4 | + 39 54.3 | 63 |
| Strawbridge Obs.   R | 437 | Haverford | − 75 18.2 | + 40 00.7 | 116 |
| The Franklin Inst. Obs. | | Philadelphia | − 75 10.4 | + 39 57.5 | 30 |
| Villanova Univ. Obs.   R | | Villanova | − 75 20.5 | + 40 02.4 | —— |
| **Rhode Island** | | | | | |
| Ladd Obs. | | Providence | − 71 24.0 | + 41 50.3 | 69 |
| **South Carolina** | | | | | |
| Melton Memorial Obs. | | Columbia | − 81 01.6 | + 33 59.8 | 98 |
| Univ. of S.C. Radio Obs.   R | | Columbia | − 81 01.9 | + 33 59.8 | 127 |

| Observatory Name | MPC Code | Location | East Longitude | Latitude | Height (m.s.l.) |
|---|---|---|---|---|---|
| | | | ° ′ | ° ′ | m |
| **USA, cont.** | | | | | |
| **Tennessee** | | | | | |
| Arthur J. Dyer Obs. | 759 | Nashville | − 86 48.3 | + 36 03.1 | 345 |
| Montgomery Bell Academy Obs. | | McMinville/Long Mountain | − 85 36.6 | + 35 40.8 | 538 |
| **Texas** | | | | | |
| George R. Agassiz Sta.    R | | Fort Davis | − 103 56.8 | + 30 38.1 | 1603 |
| McDonald Obs.    L | 711 | Fort Davis/Mt. Locke | − 104 01.3 | + 30 40.3 | 2075 |
| Millimeter Wave Obs.    R | | Fort Davis/Mt. Locke | − 104 01.7 | + 30 40.3 | 2031 |
| **Virginia** | | | | | |
| Leander McCormick Obs. | 780 | Charlottesville | − 78 31.4 | + 38 02.0 | 264 |
| Leander McCormick Obs. Sta. | | Charlottesville/Fan Mtn. | − 78 41.6 | + 37 52.7 | 566 |
| **Washington** | | | | | |
| Manastash Ridge Obs. | 664 | Ellensburg/Manastash Ridge | − 120 43.4 | + 46 57.1 | 1198 |
| **West Virginia** | | | | | |
| National Radio Ast. Obs.    R | 256 | Green Bank | − 79 50.5 | + 38 25.8 | 836 |
| Naval Research Lab. Radio Sta.    R | | Sugar Grove | − 79 16.4 | + 38 31.2 | 705 |
| **Wisconsin** | | | | | |
| Pine Bluff Obs. | | Pine Bluff | − 89 41.1 | + 43 04.7 | 366 |
| Thompson Obs. | | Beloit | − 89 01.9 | + 42 30.3 | 255 |
| Washburn Obs. | 753 | Madison | − 89 24.5 | + 43 04.6 | 292 |
| Yerkes Obs. | 754 | Williams Bay | − 88 33.4 | + 42 34.2 | 334 |
| **Wyoming** | | | | | |
| Wyoming Infrared Obs.    I | | Jelm/Jelm Mtn. | − 105 58.6 | + 41 05.9 | 2943 |
| **Uruguay** | | | | | |
| Los Molinos Ast. Obs. | 844 | Montevideo | − 56 11.4 | − 34 45.3 | 110 |
| Montevideo Obs. | | Montevideo | − 56 12.8 | − 34 54.6 | 24 |
| **Uzbekistan** | | | | | |
| Maidanak Ast. Obs. | | Kitab/Mt. Maidanak | + 66 54.0 | + 38 41.1 | 2500 |
| Tashkent Obs. | 192 | Tashkent | + 69 17.6 | + 41 19.5 | 477 |
| Uluk–Bek Latitude Sta. | 186 | Kitab | + 66 52.9 | + 39 08.0 | 658 |
| **Vatican City State** | | | | | |
| Vatican Obs. | 036 | Castel Gandolfo | + 12 39.1 | + 41 44.8 | 450 |
| **Venezuela** | | | | | |
| Cagigal Obs. | | Caracas | − 66 55.7 | + 10 30.4 | 1026 |
| Llano del Hato Obs. | 303 | Mérida | − 70 52.0 | + 8 47.4 | 3610 |

## CONTENTS OF SECTION K

## CONVERSION FOR PRE–JANUARY AND POST–DECEMBER DATES

| Tabulated Date | Equivalent Date in Previous Year | Tabulated Date | Equivalent Date in Previous Year | Tabulated Date | Equivalent Date in Subsequent Year | Tabulated Date | Equivalent Date in Subsequent Year |
|---|---|---|---|---|---|---|---|
| Jan. − 39 | Nov. 22 | Jan. − 19 | Dec. 12 | Dec. 32 | Jan. 1 | Dec. 52 | Jan. 21 |
| − 38 | 23 | − 18 | 13 | 33 | 2 | 53 | 22 |
| − 37 | 24 | − 17 | 14 | 34 | 3 | 54 | 23 |
| − 36 | 25 | − 16 | 15 | 35 | 4 | 55 | 24 |
| − 35 | 26 | − 15 | 16 | 36 | 5 | 56 | 25 |
| Jan. − 34 | Nov. 27 | Jan. − 14 | Dec. 17 | Dec. 37 | Jan. 6 | Dec. 57 | Jan. 26 |
| − 33 | 28 | − 13 | 18 | 38 | 7 | 58 | 27 |
| − 32 | 29 | − 12 | 19 | 39 | 8 | 59 | 28 |
| − 31 | 30 | − 11 | 20 | 40 | 9 | 60 | 29 |
| − 30 | 1 | − 10 | 21 | 41 | 10 | 61 | 30 |
| Jan. − 29 | Dec. 2 | Jan. − 9 | Dec. 22 | Dec. 42 | Jan. 11 | Dec. 62 | Jan. 31 |
| − 28 | 3 | − 8 | 23 | 43 | 12 | 63 | Feb. 1 |
| − 27 | 4 | − 7 | 24 | 44 | 13 | 64 | 2 |
| − 26 | 5 | − 6 | 25 | 45 | 14 | 65 | 3 |
| − 25 | 6 | − 5 | 26 | 46 | 15 | 66 | 4 |
| Jan. − 24 | Dec. 7 | Jan. − 4 | Dec. 27 | Dec. 47 | Jan. 16 | Dec. 67 | Feb. 5 |
| − 23 | 8 | − 3 | 28 | 48 | 17 | 68 | 6 |
| − 22 | 9 | − 2 | 29 | 49 | 18 | 69 | 7 |
| − 21 | 10 | − 1 | 30 | 50 | 19 | 70 | 8 |
| − 20 | 11 | Jan. 0 | Dec. 31 | 51 | 20 | 71 | 9 |

# JULIAN DAY NUMBER, 1950–2000

## OF DAY COMMENCING AT GREENWICH NOON ON:

| Year | Jan. 0 | Feb. 0 | Mar. 0 | Apr. 0 | May 0 | June 0 | July 0 | Aug. 0 | Sept. 0 | Oct. 0 | Nov. 0 | Dec. 0 |
|------|--------|--------|--------|--------|-------|--------|--------|--------|---------|--------|--------|--------|
| 1950 | 243 3282 | 3313 | 3341 | 3372 | 3402 | 3433 | 3463 | 3494 | 3525 | 3555 | 3586 | 3616 |
| 1951 | 3647 | 3678 | 3706 | 3737 | 3767 | 3798 | 3828 | 3859 | 3890 | 3920 | 3951 | 3981 |
| 1952 | 4012 | 4043 | 4072 | 4103 | 4133 | 4164 | 4194 | 4225 | 4256 | 4286 | 4317 | 4347 |
| 1953 | 4378 | 4409 | 4437 | 4468 | 4498 | 4529 | 4559 | 4590 | 4621 | 4651 | 4682 | 4712 |
| 1954 | 4743 | 4774 | 4802 | 4833 | 4863 | 4894 | 4924 | 4955 | 4986 | 5016 | 5047 | 5077 |
| 1955 | 243 5108 | 5139 | 5167 | 5198 | 5228 | 5259 | 5289 | 5320 | 5351 | 5381 | 5412 | 5442 |
| 1956 | 5473 | 5504 | 5533 | 5564 | 5594 | 5625 | 5655 | 5686 | 5717 | 5747 | 5778 | 5808 |
| 1957 | 5839 | 5870 | 5898 | 5929 | 5959 | 5990 | 6020 | 6051 | 6082 | 6112 | 6143 | 6173 |
| 1958 | 6204 | 6235 | 6263 | 6294 | 6324 | 6355 | 6385 | 6416 | 6447 | 6477 | 6508 | 6538 |
| 1959 | 6569 | 6600 | 6628 | 6659 | 6689 | 6720 | 6750 | 6781 | 6812 | 6842 | 6873 | 6903 |
| 1960 | 243 6934 | 6965 | 6994 | 7025 | 7055 | 7086 | 7116 | 7147 | 7178 | 7208 | 7239 | 7269 |
| 1961 | 7300 | 7331 | 7359 | 7390 | 7420 | 7451 | 7481 | 7512 | 7543 | 7573 | 7604 | 7634 |
| 1962 | 7665 | 7696 | 7724 | 7755 | 7785 | 7816 | 7846 | 7877 | 7908 | 7938 | 7969 | 7999 |
| 1963 | 8030 | 8061 | 8089 | 8120 | 8150 | 8181 | 8211 | 8242 | 8273 | 8303 | 8334 | 8364 |
| 1964 | 8395 | 8426 | 8455 | 8486 | 8516 | 8547 | 8577 | 8608 | 8639 | 8669 | 8700 | 8730 |
| 1965 | 243 8761 | 8792 | 8820 | 8851 | 8881 | 8912 | 8942 | 8973 | 9004 | 9034 | 9065 | 9095 |
| 1966 | 9126 | 9157 | 9185 | 9216 | 9246 | 9277 | 9307 | 9338 | 9369 | 9399 | 9430 | 9460 |
| 1967 | 9491 | 9522 | 9550 | 9581 | 9611 | 9642 | 9672 | 9703 | 9734 | 9764 | 9795 | 9825 |
| 1968 | 243 9856 | 9887 | 9916 | 9947 | 9977 | *0008 | *0038 | *0069 | *0100 | *0130 | *0161 | *0191 |
| 1969 | 244 0222 | 0253 | 0281 | 0312 | 0342 | 0373 | 0403 | 0434 | 0465 | 0495 | 0526 | 0556 |
| 1970 | 244 0587 | 0618 | 0646 | 0677 | 0707 | 0738 | 0768 | 0799 | 0830 | 0860 | 0891 | 0921 |
| 1971 | 0952 | 0983 | 1011 | 1042 | 1072 | 1103 | 1133 | 1164 | 1195 | 1225 | 1256 | 1286 |
| 1972 | 1317 | 1348 | 1377 | 1408 | 1438 | 1469 | 1499 | 1530 | 1561 | 1591 | 1622 | 1652 |
| 1973 | 1683 | 1714 | 1742 | 1773 | 1803 | 1834 | 1864 | 1895 | 1926 | 1956 | 1987 | 2017 |
| 1974 | 2048 | 2079 | 2107 | 2138 | 2168 | 2199 | 2229 | 2260 | 2291 | 2321 | 2352 | 2382 |
| 1975 | 244 2413 | 2444 | 2472 | 2503 | 2533 | 2564 | 2594 | 2625 | 2656 | 2686 | 2717 | 2747 |
| 1976 | 2778 | 2809 | 2838 | 2869 | 2899 | 2930 | 2960 | 2991 | 3022 | 3052 | 3083 | 3113 |
| 1977 | 3144 | 3175 | 3203 | 3234 | 3264 | 3295 | 3325 | 3356 | 3387 | 3417 | 3448 | 3478 |
| 1978 | 3509 | 3540 | 3568 | 3599 | 3629 | 3660 | 3690 | 3721 | 3752 | 3782 | 3813 | 3843 |
| 1979 | 3874 | 3905 | 3933 | 3964 | 3994 | 4025 | 4055 | 4086 | 4117 | 4147 | 4178 | 4208 |
| 1980 | 244 4239 | 4270 | 4299 | 4330 | 4360 | 4391 | 4421 | 4452 | 4483 | 4513 | 4544 | 4574 |
| 1981 | 4605 | 4636 | 4664 | 4695 | 4725 | 4756 | 4786 | 4817 | 4848 | 4878 | 4909 | 4939 |
| 1982 | 4970 | 5001 | 5029 | 5060 | 5090 | 5121 | 5151 | 5182 | 5213 | 5243 | 5274 | 5304 |
| 1983 | 5335 | 5366 | 5394 | 5425 | 5455 | 5486 | 5516 | 5547 | 5578 | 5608 | 5639 | 5669 |
| 1984 | 5700 | 5731 | 5760 | 5791 | 5821 | 5852 | 5882 | 5913 | 5944 | 5974 | 6005 | 6035 |
| 1985 | 244 6066 | 6097 | 6125 | 6156 | 6186 | 6217 | 6247 | 6278 | 6309 | 6339 | 6370 | 6400 |
| 1986 | 6431 | 6462 | 6490 | 6521 | 6551 | 6582 | 6612 | 6643 | 6674 | 6704 | 6735 | 6765 |
| 1987 | 6796 | 6827 | 6855 | 6886 | 6916 | 6947 | 6977 | 7008 | 7039 | 7069 | 7100 | 7130 |
| 1988 | 7161 | 7192 | 7221 | 7252 | 7282 | 7313 | 7343 | 7374 | 7405 | 7435 | 7466 | 7496 |
| 1989 | 7527 | 7558 | 7586 | 7617 | 7647 | 7678 | 7708 | 7739 | 7770 | 7800 | 7831 | 7861 |
| 1990 | 244 7892 | 7923 | 7951 | 7982 | 8012 | 8043 | 8073 | 8104 | 8135 | 8165 | 8196 | 8226 |
| 1991 | 8257 | 8288 | 8316 | 8347 | 8377 | 8408 | 8438 | 8469 | 8500 | 8530 | 8561 | 8591 |
| 1992 | 8622 | 8653 | 8682 | 8713 | 8743 | 8774 | 8804 | 8835 | 8866 | 8896 | 8927 | 8957 |
| 1993 | 8988 | 9019 | 9047 | 9078 | 9108 | 9139 | 9169 | 9200 | 9231 | 9261 | 9292 | 9322 |
| 1994 | 9353 | 9384 | 9412 | 9443 | 9473 | 9504 | 9534 | 9565 | 9596 | 9626 | 9657 | 9687 |
| 1995 | 244 9718 | 9749 | 9777 | 9808 | 9838 | 9869 | 9899 | 9930 | 9961 | 9991 | *0022 | *0052 |
| 1996 | 245 0083 | 0114 | 0143 | 0174 | 0204 | 0235 | 0265 | 0296 | 0327 | 0357 | 0388 | 0418 |
| 1997 | 0449 | 0480 | 0508 | 0539 | 0569 | 0600 | 0630 | 0661 | 0692 | 0722 | 0753 | 0783 |
| 1998 | 0814 | 0845 | 0873 | 0904 | 0934 | 0965 | 0995 | 1026 | 1057 | 1087 | 1118 | 1148 |
| 1999 | 1179 | 1210 | 1238 | 1269 | 1299 | 1330 | 1360 | 1391 | 1422 | 1452 | 1483 | 1513 |
| 2000 | 245 1544 | 1575 | 1604 | 1635 | 1665 | 1696 | 1726 | 1757 | 1788 | 1818 | 1849 | 1879 |

## OF DAY COMMENCING AT GREENWICH NOON ON:

| Year | Jan. 0 | Feb. 0 | Mar. 0 | Apr. 0 | May 0 | June 0 | July 0 | Aug. 0 | Sept. 0 | Oct. 0 | Nov. 0 | Dec. 0 |
|---|---|---|---|---|---|---|---|---|---|---|---|---|
| 2000 | 245 1544 | 1575 | 1604 | 1635 | 1665 | 1696 | 1726 | 1757 | 1788 | 1818 | 1849 | 1879 |
| 2001 | 1910 | 1941 | 1969 | 2000 | 2030 | 2061 | 2091 | 2122 | 2153 | 2183 | 2214 | 2244 |
| 2002 | 2275 | 2306 | 2334 | 2365 | 2395 | 2426 | 2456 | 2487 | 2518 | 2548 | 2579 | 2609 |
| 2003 | 2640 | 2671 | 2699 | 2730 | 2760 | 2791 | 2821 | 2852 | 2883 | 2913 | 2944 | 2974 |
| 2004 | 3005 | 3036 | 3065 | 3096 | 3126 | 3157 | 3187 | 3218 | 3249 | 3279 | 3310 | 3340 |
| 2005 | 245 3371 | 3402 | 3430 | 3461 | 3491 | 3522 | 3552 | 3583 | 3614 | 3644 | 3675 | 3705 |
| 2006 | 3736 | 3767 | 3795 | 3826 | 3856 | 3887 | 3917 | 3948 | 3979 | 4009 | 4040 | 4070 |
| 2007 | 4101 | 4132 | 4160 | 4191 | 4221 | 4252 | 4282 | 4313 | 4344 | 4374 | 4405 | 4435 |
| 2008 | 4466 | 4497 | 4526 | 4557 | 4587 | 4618 | 4648 | 4679 | 4710 | 4740 | 4771 | 4801 |
| 2009 | 4832 | 4863 | 4891 | 4922 | 4952 | 4983 | 5013 | 5044 | 5075 | 5105 | 5136 | 5166 |
| 2010 | 245 5197 | 5228 | 5256 | 5287 | 5317 | 5348 | 5378 | 5409 | 5440 | 5470 | 5501 | 5531 |
| 2011 | 5562 | 5593 | 5621 | 5652 | 5682 | 5713 | 5743 | 5774 | 5805 | 5835 | 5866 | 5896 |
| 2012 | 5927 | 5958 | 5987 | 6018 | 6048 | 6079 | 6109 | 6140 | 6171 | 6201 | 6232 | 6262 |
| 2013 | 6293 | 6324 | 6352 | 6383 | 6413 | 6444 | 6474 | 6505 | 6536 | 6566 | 6597 | 6627 |
| 2014 | 6658 | 6689 | 6717 | 6748 | 6778 | 6809 | 6839 | 6870 | 6901 | 6931 | 6962 | 6992 |
| 2015 | 245 7023 | 7054 | 7082 | 7113 | 7143 | 7174 | 7204 | 7235 | 7266 | 7296 | 7327 | 7357 |
| 2016 | 7388 | 7419 | 7448 | 7479 | 7509 | 7540 | 7570 | 7601 | 7632 | 7662 | 7693 | 7723 |
| 2017 | 7754 | 7785 | 7813 | 7844 | 7874 | 7905 | 7935 | 7966 | 7997 | 8027 | 8058 | 8088 |
| 2018 | 8119 | 8150 | 8178 | 8209 | 8239 | 8270 | 8300 | 8331 | 8362 | 8392 | 8423 | 8453 |
| 2019 | 8484 | 8515 | 8543 | 8574 | 8604 | 8635 | 8665 | 8696 | 8727 | 8757 | 8788 | 8818 |
| 2020 | 245 8849 | 8880 | 8909 | 8940 | 8970 | 9001 | 9031 | 9062 | 9093 | 9123 | 9154 | 9184 |
| 2021 | 9215 | 9246 | 9274 | 9305 | 9335 | 9366 | 9396 | 9427 | 9458 | 9488 | 9519 | 9549 |
| 2022 | 9580 | 9611 | 9639 | 9670 | 9700 | 9731 | 9761 | 9792 | 9823 | 9853 | 9884 | 9914 |
| 2023 | 245 9945 | 9976 | *0004 | *0035 | *0065 | *0096 | *0126 | *0157 | *0188 | *0218 | *0249 | *0279 |
| 2024 | 246 0310 | 0341 | 0370 | 0401 | 0431 | 0462 | 0492 | 0523 | 0554 | 0584 | 0615 | 0645 |
| 2025 | 246 0676 | 0707 | 0735 | 0766 | 0796 | 0827 | 0857 | 0888 | 0919 | 0949 | 0980 | 1010 |
| 2026 | 1041 | 1072 | 1100 | 1131 | 1161 | 1192 | 1222 | 1253 | 1284 | 1314 | 1345 | 1375 |
| 2027 | 1406 | 1437 | 1465 | 1496 | 1526 | 1557 | 1587 | 1618 | 1649 | 1679 | 1710 | 1740 |
| 2028 | 1771 | 1802 | 1831 | 1862 | 1892 | 1923 | 1953 | 1984 | 2015 | 2045 | 2076 | 2106 |
| 2029 | 2137 | 2168 | 2196 | 2227 | 2257 | 2288 | 2318 | 2349 | 2380 | 2410 | 2441 | 2471 |
| 2030 | 246 2502 | 2533 | 2561 | 2592 | 2622 | 2653 | 2683 | 2714 | 2745 | 2775 | 2806 | 2836 |
| 2031 | 2867 | 2898 | 2926 | 2957 | 2987 | 3018 | 3048 | 3079 | 3110 | 3140 | 3171 | 3201 |
| 2032 | 3232 | 3263 | 3292 | 3323 | 3353 | 3384 | 3414 | 3445 | 3476 | 3506 | 3537 | 3567 |
| 2033 | 3598 | 3629 | 3657 | 3688 | 3718 | 3749 | 3779 | 3810 | 3841 | 3871 | 3902 | 3932 |
| 2034 | 3963 | 3994 | 4022 | 4053 | 4083 | 4114 | 4144 | 4175 | 4206 | 4236 | 4267 | 4297 |
| 2035 | 246 4328 | 4359 | 4387 | 4418 | 4448 | 4479 | 4509 | 4540 | 4571 | 4601 | 4632 | 4662 |
| 2036 | 4693 | 4724 | 4753 | 4784 | 4814 | 4845 | 4875 | 4906 | 4937 | 4967 | 4998 | 5028 |
| 2037 | 5059 | 5090 | 5118 | 5149 | 5179 | 5210 | 5240 | 5271 | 5302 | 5332 | 5363 | 5393 |
| 2038 | 5424 | 5455 | 5483 | 5514 | 5544 | 5575 | 5605 | 5636 | 5667 | 5697 | 5728 | 5758 |
| 2039 | 5789 | 5820 | 5848 | 5879 | 5909 | 5940 | 5970 | 6001 | 6032 | 6062 | 6093 | 6123 |
| 2040 | 246 6154 | 6185 | 6214 | 6245 | 6275 | 6306 | 6336 | 6367 | 6398 | 6428 | 6459 | 6489 |
| 2041 | 6520 | 6551 | 6579 | 6610 | 6640 | 6671 | 6701 | 6732 | 6763 | 6793 | 6824 | 6854 |
| 2042 | 6885 | 6916 | 6944 | 6975 | 7005 | 7036 | 7066 | 7097 | 7128 | 7158 | 7189 | 7219 |
| 2043 | 7250 | 7281 | 7309 | 7340 | 7370 | 7401 | 7431 | 7462 | 7493 | 7523 | 7554 | 7584 |
| 2044 | 7615 | 7646 | 7675 | 7706 | 7736 | 7767 | 7797 | 7828 | 7859 | 7889 | 7920 | 7950 |
| 2045 | 246 7981 | 8012 | 8040 | 8071 | 8101 | 8132 | 8162 | 8193 | 8224 | 8254 | 8285 | 8315 |
| 2046 | 8346 | 8377 | 8405 | 8436 | 8466 | 8497 | 8527 | 8558 | 8589 | 8619 | 8650 | 8680 |
| 2047 | 8711 | 8742 | 8770 | 8801 | 8831 | 8862 | 8892 | 8923 | 8954 | 8984 | 9015 | 9045 |
| 2048 | 9076 | 9107 | 9136 | 9167 | 9197 | 9228 | 9258 | 9289 | 9320 | 9350 | 9381 | 9411 |
| 2049 | 9442 | 9473 | 9501 | 9532 | 9562 | 9593 | 9623 | 9654 | 9685 | 9715 | 9746 | 9776 |
| 2050 | 246 9807 | 9838 | 9866 | 9897 | 9927 | 9958 | 9988 | *0019 | *0050 | *0080 | *0111 | *0141 |

# JULIAN DAY NUMBER, 2050–2100

## OF DAY COMMENCING AT GREENWICH NOON ON:

| Year | Jan. 0 | Feb. 0 | Mar. 0 | Apr. 0 | May 0 | June 0 | July 0 | Aug. 0 | Sept. 0 | Oct. 0 | Nov. 0 | Dec. 0 |
|---|---|---|---|---|---|---|---|---|---|---|---|---|
| 2050 | 246 9807 | 9838 | 9866 | 9897 | 9927 | 9958 | 9988 | *0019 | *0050 | *0080 | *0111 | *0141 |
| 2051 | 247 0172 | 0203 | 0231 | 0262 | 0292 | 0323 | 0353 | 0384 | 0415 | 0445 | 0476 | 0506 |
| 2052 | 0537 | 0568 | 0597 | 0628 | 0658 | 0689 | 0719 | 0750 | 0781 | 0811 | 0842 | 0872 |
| 2053 | 0903 | 0934 | 0962 | 0993 | 1023 | 1054 | 1084 | 1115 | 1146 | 1176 | 1207 | 1237 |
| 2054 | 1268 | 1299 | 1327 | 1358 | 1388 | 1419 | 1449 | 1480 | 1511 | 1541 | 1572 | 1602 |
| 2055 | 247 1633 | 1664 | 1692 | 1723 | 1753 | 1784 | 1814 | 1845 | 1876 | 1906 | 1937 | 1967 |
| 2056 | 1998 | 2029 | 2058 | 2089 | 2119 | 2150 | 2180 | 2211 | 2242 | 2272 | 2303 | 2333 |
| 2057 | 2364 | 2395 | 2423 | 2454 | 2484 | 2515 | 2545 | 2576 | 2607 | 2637 | 2668 | 2698 |
| 2058 | 2729 | 2760 | 2788 | 2819 | 2849 | 2880 | 2910 | 2941 | 2972 | 3002 | 3033 | 3063 |
| 2059 | 3094 | 3125 | 3153 | 3184 | 3214 | 3245 | 3275 | 3306 | 3337 | 3367 | 3398 | 3428 |
| 2060 | 247 3459 | 3490 | 3519 | 3550 | 3580 | 3611 | 3641 | 3672 | 3703 | 3733 | 3764 | 3794 |
| 2061 | 3825 | 3856 | 3884 | 3915 | 3945 | 3976 | 4006 | 4037 | 4068 | 4098 | 4129 | 4159 |
| 2062 | 4190 | 4221 | 4249 | 4280 | 4310 | 4341 | 4371 | 4402 | 4433 | 4463 | 4494 | 4524 |
| 2063 | 4555 | 4586 | 4614 | 4645 | 4675 | 4706 | 4736 | 4767 | 4798 | 4828 | 4859 | 4889 |
| 2064 | 4920 | 4951 | 4980 | 5011 | 5041 | 5072 | 5102 | 5133 | 5164 | 5194 | 5225 | 5255 |
| 2065 | 247 5286 | 5317 | 5345 | 5376 | 5406 | 5437 | 5467 | 5498 | 5529 | 5559 | 5590 | 5620 |
| 2066 | 5651 | 5682 | 5710 | 5741 | 5771 | 5802 | 5832 | 5863 | 5894 | 5924 | 5955 | 5985 |
| 2067 | 6016 | 6047 | 6075 | 6106 | 6136 | 6167 | 6197 | 6228 | 6259 | 6289 | 6320 | 6350 |
| 2068 | 6381 | 6412 | 6441 | 6472 | 6502 | 6533 | 6563 | 6594 | 6625 | 6655 | 6686 | 6716 |
| 2069 | 6747 | 6778 | 6806 | 6837 | 6867 | 6898 | 6928 | 6959 | 6990 | 7020 | 7051 | 7081 |
| 2070 | 247 7112 | 7143 | 7171 | 7202 | 7232 | 7263 | 7293 | 7324 | 7355 | 7385 | 7416 | 7446 |
| 2071 | 7477 | 7508 | 7536 | 7567 | 7597 | 7628 | 7658 | 7689 | 7720 | 7750 | 7781 | 7811 |
| 2072 | 7842 | 7873 | 7902 | 7933 | 7963 | 7994 | 8024 | 8055 | 8086 | 8116 | 8147 | 8177 |
| 2073 | 8208 | 8239 | 8267 | 8298 | 8328 | 8359 | 8389 | 8420 | 8451 | 8481 | 8512 | 8542 |
| 2074 | 8573 | 8604 | 8632 | 8663 | 8693 | 8724 | 8754 | 8785 | 8816 | 8846 | 8877 | 8907 |
| 2075 | 247 8938 | 8969 | 8997 | 9028 | 9058 | 9089 | 9119 | 9150 | 9181 | 9211 | 9242 | 9272 |
| 2076 | 9303 | 9334 | 9363 | 9394 | 9424 | 9455 | 9485 | 9516 | 9547 | 9577 | 9608 | 9638 |
| 2077 | 247 9669 | 9700 | 9728 | 9759 | 9789 | 9820 | 9850 | 9881 | 9912 | 9942 | 9973 | *0003 |
| 2078 | 248 0034 | 0065 | 0093 | 0124 | 0154 | 0185 | 0215 | 0246 | 0277 | 0307 | 0338 | 0368 |
| 2079 | 0399 | 0430 | 0458 | 0489 | 0519 | 0550 | 0580 | 0611 | 0642 | 0672 | 0703 | 0733 |
| 2080 | 248 0764 | 0795 | 0824 | 0855 | 0885 | 0916 | 0946 | 0977 | 1008 | 1038 | 1069 | 1099 |
| 2081 | 1130 | 1161 | 1189 | 1220 | 1250 | 1281 | 1311 | 1342 | 1373 | 1403 | 1434 | 1464 |
| 2082 | 1495 | 1526 | 1554 | 1585 | 1615 | 1646 | 1676 | 1707 | 1738 | 1768 | 1799 | 1829 |
| 2083 | 1860 | 1891 | 1919 | 1950 | 1980 | 2011 | 2041 | 2072 | 2103 | 2133 | 2164 | 2194 |
| 2084 | 2225 | 2256 | 2285 | 2316 | 2346 | 2377 | 2407 | 2438 | 2469 | 2499 | 2530 | 2560 |
| 2085 | 248 2591 | 2622 | 2650 | 2681 | 2711 | 2742 | 2772 | 2803 | 2834 | 2864 | 2895 | 2925 |
| 2086 | 2956 | 2987 | 3015 | 3046 | 3076 | 3107 | 3137 | 3168 | 3199 | 3229 | 3260 | 3290 |
| 2087 | 3321 | 3352 | 3380 | 3411 | 3441 | 3472 | 3502 | 3533 | 3564 | 3594 | 3625 | 3655 |
| 2088 | 3686 | 3717 | 3746 | 3777 | 3807 | 3838 | 3868 | 3899 | 3930 | 3960 | 3991 | 4021 |
| 2089 | 4052 | 4083 | 4111 | 4142 | 4172 | 4203 | 4233 | 4264 | 4295 | 4325 | 4356 | 4386 |
| 2090 | 248 4417 | 4448 | 4476 | 4507 | 4537 | 4568 | 4598 | 4629 | 4660 | 4690 | 4721 | 4751 |
| 2091 | 4782 | 4813 | 4841 | 4872 | 4902 | 4933 | 4963 | 4994 | 5025 | 5055 | 5086 | 5116 |
| 2092 | 5147 | 5178 | 5207 | 5238 | 5268 | 5299 | 5329 | 5360 | 5391 | 5421 | 5452 | 5482 |
| 2093 | 5513 | 5544 | 5572 | 5603 | 5633 | 5664 | 5694 | 5725 | 5756 | 5786 | 5817 | 5847 |
| 2094 | 5878 | 5909 | 5937 | 5968 | 5998 | 6029 | 6059 | 6090 | 6121 | 6151 | 6182 | 6212 |
| 2095 | 248 6243 | 6274 | 6302 | 6333 | 6363 | 6394 | 6424 | 6455 | 6486 | 6516 | 6547 | 6577 |
| 2096 | 6608 | 6639 | 6668 | 6699 | 6729 | 6760 | 6790 | 6821 | 6852 | 6882 | 6913 | 6943 |
| 2097 | 6974 | 7005 | 7033 | 7064 | 7094 | 7125 | 7155 | 7186 | 7217 | 7247 | 7278 | 7308 |
| 2098 | 7339 | 7370 | 7398 | 7429 | 7459 | 7490 | 7520 | 7551 | 7582 | 7612 | 7643 | 7673 |
| 2099 | 7704 | 7735 | 7763 | 7794 | 7824 | 7855 | 7885 | 7916 | 7947 | 7977 | 8008 | 8038 |
| 2100 | 248 8069 | 8100 | 8128 | 8159 | 8189 | 8220 | 8250 | 8281 | 8312 | 8342 | 8373 | 8403 |

The Julian date (JD) corresponding to any instant is the interval in mean solar days elapsed since 4713 BC January 1 at Greenwich mean noon ($12^h$ UT). To determine the JD at $0^h$ UT for a given Gregorian calendar date, sum the values from Table A for century, Table B for year and Table C for month; then add the day of the month. Julian dates for the current year are given on page B3.

## A. Julian date at January $0^d$ $0^h$ UT of centurial year

| Year | 1600† | 1700 | 1800 | 1900 | 2000† | 2100 |
|---|---|---|---|---|---|---|
| Julian date | 230 5447·5 | 234 1971·5 | 237 8495·5 | 241 5019·5 | 245 1544·5 | 248 8068·5 |

† Centurial years that are exactly divisible by 400 are leap years in the Gregorian calendar. To determine the JD for any date in such a year, subtract 1 from the JD in Table A and use the leap year portion of Table C. (For 1600 and 2000 the JDs tabulated in Table A are actually for January $1^d$ $0^h$.)

## B. Addition to give Julian date for January $0^d$ $0^h$ UT of year

| Year | Add | Year | Add | Year | Add | Year | Add |
|---|---|---|---|---|---|---|---|
| 0 | 0 | 25 | 9131 | 50 | 18262 | 75 | 27393 |
| 1 | 365 | 26 | 9496 | 51 | 18627 | 76* | 27758 |
| 2 | 730 | 27 | 9861 | 52* | 18992 | 77 | 28124 |
| 3 | 1095 | 28* | 10226 | 53 | 19358 | 78 | 28489 |
| 4* | 1460 | 29 | 10592 | 54 | 19723 | 79 | 28854 |
| 5 | 1826 | 30 | 10957 | 55 | 20088 | 80* | 29219 |
| 6 | 2191 | 31 | 11322 | 56* | 20453 | 81 | 29585 |
| 7 | 2556 | 32* | 11687 | 57 | 20819 | 82 | 29950 |
| 8* | 2921 | 33 | 12053 | 58 | 21184 | 83 | 30315 |
| 9 | 3287 | 34 | 12418 | 59 | 21549 | 84* | 30680 |
| 10 | 3652 | 35 | 12783 | 60* | 21914 | 85 | 31046 |
| 11 | 4017 | 36* | 13148 | 61 | 22280 | 86 | 31411 |
| 12* | 4382 | 37 | 13514 | 62 | 22645 | 87 | 31776 |
| 13 | 4748 | 38 | 13879 | 63 | 23010 | 88* | 32141 |
| 14 | 5113 | 39 | 14244 | 64* | 23375 | 89 | 32507 |
| 15 | 5478 | 40* | 14609 | 65 | 23741 | 90 | 32872 |
| 16* | 5843 | 41 | 14975 | 66 | 24106 | 91 | 33237 |
| 17 | 6209 | 42 | 15340 | 67 | 24471 | 92* | 33602 |
| 18 | 6574 | 43 | 15705 | 68* | 24836 | 93 | 33968 |
| 19 | 6939 | 44* | 16070 | 69 | 25202 | 94 | 34333 |
| 20* | 7304 | 45 | 16436 | 70 | 25567 | 95 | 34698 |
| 21 | 7670 | 46 | 16801 | 71 | 25932 | 96* | 35063 |
| 22 | 8035 | 47 | 17166 | 72* | 26297 | 97 | 35429 |
| 23 | 8400 | 48* | 17531 | 73 | 26663 | 98 | 35794 |
| 24* | 8765 | 49 | 17897 | 74 | 27028 | 99 | 36159 |

* Leap years

### Examples

a. 1981 November 14

Table A
| 1900 Jan. 0 | 241 5019·5 |
|---|---|
| + Table B | + 2 9585 |
| 1981 Jan. 0 | 244 4604·5 |
| + Table C (n.y.) | + 304 |
| 1981 Nov. 0 | 244 4908·5 |
| + Day of Month | + 14 |
| 1981 Nov. 14 | 244 4922·5 |

b. 2000 September 24

Table A
| 2000 Jan. 1 | 245 1544·5 |
|---|---|
| − 1 (for 2000) | − 1 |
| 2000 Jan. 0 | 245 1543·5 |
| + Table B | + 0 |
| 2000 Jan. 0 | 245 1543·5 |
| + Table C (l.y.) | + 244 |
| 2000 Sept. 0 | 245 1787·5 |
| + Day of Month | + 24 |
| 2000 Sept. 24 | 245 1811·5 |

c. 2006 June 21

Table A
| 2000 Jan. 1 | 245 1544·5 |
|---|---|
| + Table B | + 2191 |
| 2006 Jan. 0 | 245 3735·5 |
| + Table C (n.y.) | + 151 |
| 2006 June 0 | 245 3886·5 |
| + Day of Month | + 21 |
| 2006 June 21 | 245 3907·5 |

## C. Addition to give Julian date for beginning of month ($0^d$ $0^h$ UT)

| | Jan. | Feb. | Mar. | Apr. | May | June | July | Aug. | Sept. | Oct. | Nov. | Dec. |
|---|---|---|---|---|---|---|---|---|---|---|---|---|
| Normal year | 0 | 31 | 59 | 90 | 120 | 151 | 181 | 212 | 243 | 273 | 304 | 334 |
| Leap year | 0 | 31 | 60 | 91 | 121 | 152 | 182 | 213 | 244 | 274 | 305 | 335 |

WARNING: prior to 1925 Greenwich mean noon (i.e. $12^h$ UT) was usually denoted by $0^h$ GMT in astronomical publications.

Conversions between Calendar dates and Julian dates may be performed using the USNO utility which is located under "Data Services" on the Astronomical Applications web pages (see page x).

## Selected Astronomical Constants

The IAU 2009 System of Astronomical Constants (1) as published in the Report of the IAU Working Group on Numerical Standards for Fundamental Astronomy (NSFA, 2011) and updated by resolution B2 of the IAU XXVIII General Assembly (2012), (2) planetary equatorial radii, taken from the report of the IAU WG on Cartographic Coordinates and Rotational Elements: 2009 (2011), and lastly (3) other useful constants. For each quantity the list tabulates its description, symbol and value, and to the right, as appropriate, its uncertainty in units that the quantity is given in. Further information is given at foot of the table on the next page.

## 1   IAU 2009/2012 System of Astronomical Constants

### 1.1 Natural Defining Constant:

Speed of light $\qquad c = 299\ 792\ 458\ \text{m s}^{-1}$

### 1.2 Auxiliary Defining Constants:

Astronomical unit[†] $\qquad au = 149\ 597\ 870\ 700\ \text{m}$
$1 - \text{d(TT)}/\text{d(TCG)}$ $\qquad L_\text{G} = 6{\cdot}969\ 290\ 134 \times 10^{-10}$
$1 - \text{d(TDB)}/\text{d(TCB)}$ $\qquad L_\text{B} = 1{\cdot}550\ 519\ 768 \times 10^{-8}$
TDB $-$ TCB at $T_0 = 244\ 3144{\cdot}5003\ 725$(TCB) $\qquad \text{TDB}_0 = -6{\cdot}55 \times 10^{-5}\ \text{s}$
Earth rotation angle (ERA) at J2000·0 UT1 $\qquad \theta_0 = 0{\cdot}779\ 057\ 273\ 2640$ revolutions
Rate of advance of ERA $\qquad \dot{\theta} = 1{\cdot}002\ 737\ 811\ 911\ 354\ 48$ revolutions UT1-day$^{-1}$

### 1.3 Natural Measurable Constant:

Constant of gravitation $\qquad G = 6{\cdot}674\ 28 \times 10^{-11}\ \text{m}^3\ \text{kg}^{-1}\ \text{s}^{-2}$ $\qquad \pm 6{\cdot}7 \times 10^{-15}$

### 1.4 Other Constants:

Average value of $1 - \text{d(TCG)}/\text{d(TCB)}$ $\qquad L_\text{C} = 1{\cdot}480\ 826\ 867\ 41 \times 10^{-8}$ $\qquad \pm 2 \times 10^{-17}$

### 1.5 Body Constants:

Solar mass parameter[†] $\qquad GM_\text{S} = 1{\cdot}327\ 124\ 420\ 99 \times 10^{20}\ \text{m}^3\ \text{s}^{-2}$ (TCB) $\pm 1 \times 10^{10}$
$\qquad\qquad\qquad\qquad\qquad\quad = 1{\cdot}327\ 124\ 400\ 41 \times 10^{20}\ \text{m}^3\ \text{s}^{-2}$ (TDB) $\pm 1 \times 10^{10}$
Equatorial radius for Earth $\qquad a_\text{E} = a_e = 6\ 378\ 136{\cdot}6\ \text{m}$ (TT) $\qquad \pm 0{\cdot}1$
Dynamical form-factor for the Earth $\qquad J_2 = 0{\cdot}001\ 082\ 635\ 9$ $\qquad \pm 1 \times 10^{-10}$
Time rate of change in $J_2$ $\qquad \dot{J}_2 = -3{\cdot}0 \times 10^{-9}\ \text{cy}^{-1}$ $\qquad \pm 6 \times 10^{-10}$
Geocentric gravitational constant $\qquad GM_\text{E} = 3{\cdot}986\ 004\ 418 \times 10^{14}\ \text{m}^3\ \text{s}^{-2}$ (TCB) $\pm 8 \times 10^5$
$\qquad\qquad\qquad\qquad\qquad\qquad\quad = 3{\cdot}986\ 004\ 415 \times 10^{14}\ \text{m}^3\ \text{s}^{-2}$ (TT) $\pm 8 \times 10^5$
$\qquad\qquad\qquad\qquad\qquad\qquad\quad = 3{\cdot}986\ 004\ 356 \times 10^{14}\ \text{m}^3\ \text{s}^{-2}$ (TDB) $\pm 8 \times 10^5$
Potential of the geoid $\qquad W_0 = 6{\cdot}263\ 685\ 60 \times 10^7\ \text{m}^2\ \text{s}^{-2}$ $\qquad \pm 0{\cdot}5$
Nominal mean angular velocity of the Earth $\qquad \omega = 7{\cdot}292\ 115 \times 10^{-5}\ \text{rad s}^{-1}$ (TT)
Mass Ratio: Moon to Earth $\qquad M_\text{M}/M_\text{E} = 1{\cdot}230\ 003\ 71 \times 10^{-2}$ $\qquad \pm 4 \times 10^{-10}$

Ratio of the mass of the Sun to the mass of the Body

| Mass Ratio: Sun to Mercury | $M_\text{S}/M_\text{Me} = 6{\cdot}023\ 6 \times 10^6$ | $\pm 3 \times 10^2$ |
|---|---|---|
| Mass Ratio: Sun to Venus | $M_\text{S}/M_\text{Ve} = 4{\cdot}085\ 237\ 19 \times 10^5$ | $\pm 8 \times 10^{-3}$ |
| Mass Ratio: Sun to Mars | $M_\text{S}/M_\text{Ma} = 3{\cdot}098\ 703\ 59 \times 10^6$ | $\pm 2 \times 10^{-2}$ |
| Mass Ratio: Sun to Jupiter | $M_\text{S}/M_\text{J} = 1{\cdot}047\ 348\ 644 \times 10^3$ | $\pm 1{\cdot}7 \times 10^{-5}$ |
| Mass Ratio: Sun to Saturn | $M_\text{S}/M_\text{Sa} = 3{\cdot}497\ 9018 \times 10^3$ | $\pm 1 \times 10^{-4}$ |
| Mass Ratio: Sun to Uranus | $M_\text{S}/M_\text{U} = 2{\cdot}290\ 298 \times 10^4$ | $\pm 3 \times 10^{-2}$ |
| Mass Ratio: Sun to Neptune | $M_\text{S}/M_\text{N} = 1{\cdot}941\ 226 \times 10^4$ | $\pm 3 \times 10^{-2}$ |
| Mass Ratio: Sun to (134340) Pluto | $M_\text{S}/M_\text{P} = 1{\cdot}365\ 66 \times 10^8$ | $\pm 2{\cdot}8 \times 10^4$ |
| Mass Ratio: Sun to (136199) Eris | $M_\text{S}/M_\text{Eris} = 1{\cdot}191 \times 10^8$ | $\pm 1{\cdot}4 \times 10^6$ |

Ratio of the mass of the Body to the mass of the Sun

| Mass Ratio: (1) Ceres to Sun | $M_\text{Ceres}/M_\text{S} = 4{\cdot}72 \times 10^{-10}$ | $\pm 3 \times 10^{-12}$ |
|---|---|---|
| Mass Ratio: (2) Pallas to Sun | $M_\text{Pallas}/M_\text{S} = 1{\cdot}03 \times 10^{-10}$ | $\pm 3 \times 10^{-12}$ |
| Mass Ratio: (4) Vesta to Sun | $M_\text{Vesta}/M_\text{S} = 1{\cdot}35 \times 10^{-10}$ | $\pm 3 \times 10^{-12}$ |

All values of the masses from Mars to Eris are the sum of the masses of the celestial body and its satellites.

*continued* ...

**Selected Astronomical Constants (continued)**

**1.6 Initial Values at J2000·0:**

Mean obliquity of the ecliptic  $\epsilon_{J2000·0} = \epsilon_0 = 23°\ 26'\ 21''\!\cdot\!406\ = 84\ 381''\!\cdot\!406$    $\pm 0''\!\cdot\!001$

## 2  Constants from IAU WG on Cartographic Coordinates and Rotational Elements 2009

Equatorial radii in km:

| | | | | | | | | |
|---|---|---|---|---|---|---|---|---|
| Mercury | 2 439·7 | ±1·0 | Jupiter | 71 492 ± 4 | (134340) Pluto | 1 195 | ±5 |
| Venus | 6 051·8 | ±1·0 | Saturn | 60 268 ± 4 | | | |
| Earth | 6 378·1366 | ±0·0001 | Uranus | 25 559 ± 4 | Moon (mean) | 1 737·4 | ±1 |
| Mars | 3 396·19 | ±0·1 | Neptune | 24 764 ±15 | Sun | 696 000 | |

## 3  Other Constants

Light-time for unit distance[†]    $\tau_A = au/c = 499\!\!\overset{s}{\cdot}\!004\ 783\ 84$
    $1/\tau_A = 173\cdot144\ 632\ 674\ au/d$

Mass Ratio: Earth to Moon    $M_E/M_M = 1/\mu = 81\cdot300\ 568$    $\pm 3 \times 10^{-6}$

Mass Ratio: Sun to Earth    $GM_S/GM_E = 332\ 946\cdot0487$    $\pm 0\cdot0007$

Mass of the Sun    $M_S = S = GM_S/G = 1\cdot9884 \times 10^{30}$ kg    $\pm 2 \times 10^{26}$

Mass of the Earth    $M_E = E = GM_E/G = 5\cdot9722 \times 10^{24}$ kg    $\pm 6 \times 10^{20}$

Mass Ratio: Sun to Earth + Moon    $(S/E)/(1+\mu) = 328\ 900\cdot5596$    $\pm 7 \times 10^{-4}$

Earth, reciprocal of flattening (IERS 2010)    $1/f = 298\cdot256\ 42$    $\pm 1 \times 10^{-5}$

Rates of precession at J2000·0 (IAU 2006)

  General precession in longitude    $p_A = 5028''\!\cdot\!796\ 195$ per Julian century (TDB)

  Rate of change in obliquity    $\dot{\epsilon} = -46''\!\cdot\!836\ 769$ per Julian century (TDB)

  Precession of the equator in longitude    $\dot{\psi} = 5038''\!\cdot\!481\ 507$ per Julian century (TDB)

  Precession of the equator in obliquity    $\dot{\omega} = -0''\!\cdot\!025\ 754$ per Julian century (TDB)

Constant of nutation at epoch J2000·0    $N = 9''\!\cdot\!2052\ 331$

Solar parallax    $\pi_{\odot} = \sin^{-1}(a_e/A) = 8''\!\cdot\!794\ 143$

Constant of aberration at epoch J2000·0    $\kappa = 20''\!\cdot\!495\ 51$

Masses of the larger natural satellites: mass satellite/mass of the planet (see pages F3, F5)

| | | | | | | |
|---|---|---|---|---|---|---|
| **Jupiter** | Io | $4\cdot704 \times 10^{-5}$ | **Saturn** | Titan | $2\cdot366 \times 10^{-4}$ |
| | Europa | $2\cdot528 \times 10^{-5}$ | **Uranus** | Titania | $4\cdot06\ \times 10^{-5}$ |
| | Ganymede | $7\cdot805 \times 10^{-5}$ | | Oberon | $3\cdot47\ \times 10^{-5}$ |
| | Callisto | $5\cdot667 \times 10^{-5}$ | **Neptune** | Triton | $2\cdot089 \times 10^{-4}$ |

Users are advised to check the NSFA's website at at http://maia.usno.navy.mil/NSFA for the latest list of 'Current Best Estimates'. This website also has detailed information about the constants, and all the relevant references.

This almanac, in certain circumstances, may not use constants from this list. The reasons and those constants used will be given at the end of Section L *Notes and References*.

*Units*
The units meter (m), kilogram (kg), and SI second (s) are the units of length, mass and time in the International System of Units (SI).

The astronomical unit of time is a time interval of one day ($D$) of 86400 seconds. An interval of 36525 days is one Julian century. Some constants that involve time, either directly or indirectly need to be compatible with the underlying time-scales. In order to specify this (TDB) or (TCB) or (TT), as appropriate, is included after the unit to indicate that the value of the constant is compatible with the specified time-scale, for example, TDB-compatible.

[†] The astronomical unit of length (the au) in metres is re-defined (resolution B2, IAU XXVIII GA 2012) to be a conventional unit of length in agreement with the value adopted in the IAU 2009 Resolution B2; it is to be used with all time scales such as TCB, TDB, TCG, TT, etc. Also the heliocentric gravitational constant $GM_S$ is renamed the solar mass parameter. Further information is given at the end of Section L *Notes and References*.

REDUCTION OF TIME-SCALES, 1620–1889

$$\Delta T = \text{ET} - \text{UT}$$

| Year | $\Delta T$ | Year | $\Delta T$ | Year | $\Delta T$ | Year | $\Delta T$ | Year | $\Delta T$ | Year | $\Delta T$ |
|------|------|------|------|------|------|------|------|------|------|------|------|
| | s | | s | | s | | s | | s | | s |
| 1620·0 | +124 | 1665·0 | +32 | 1710·0 | +10 | 1755·0 | +14 | 1800·0 | +13·7 | 1845·0 | +6·3 |
| 1621 | +119 | 1666 | +31 | 1711 | +10 | 1756 | +14 | 1801 | +13·4 | 1846 | +6·5 |
| 1622 | +115 | 1667 | +30 | 1712 | +10 | 1757 | +14 | 1802 | +13·1 | 1847 | +6·6 |
| 1623 | +110 | 1668 | +28 | 1713 | +10 | 1758 | +15 | 1803 | +12·9 | 1848 | +6·8 |
| 1624 | +106 | 1669 | +27 | 1714 | +10 | 1759 | +15 | 1804 | +12·7 | 1849 | +6·9 |
| 1625·0 | +102 | 1670·0 | +26 | 1715·0 | +10 | 1760·0 | +15 | 1805·0 | +12·6 | 1850·0 | +7·1 |
| 1626 | + 98 | 1671 | +25 | 1716 | +10 | 1761 | +15 | 1806 | +12·5 | 1851 | +7·2 |
| 1627 | + 95 | 1672 | +24 | 1717 | +11 | 1762 | +15 | 1807 | +12·5 | 1852 | +7·3 |
| 1628 | + 91 | 1673 | +23 | 1718 | +11 | 1763 | +15 | 1808 | +12·5 | 1853 | +7·4 |
| 1629 | + 88 | 1674 | +22 | 1719 | +11 | 1764 | +15 | 1809 | +12·5 | 1854 | +7·5 |
| 1630·0 | + 85 | 1675·0 | +21 | 1720·0 | +11 | 1765·0 | +16 | 1810·0 | +12·5 | 1855·0 | +7·6 |
| 1631 | + 82 | 1676 | +20 | 1721 | +11 | 1766 | +16 | 1811 | +12·5 | 1856 | +7·7 |
| 1632 | + 79 | 1677 | +19 | 1722 | +11 | 1767 | +16 | 1812 | +12·5 | 1857 | +7·7 |
| 1633 | + 77 | 1678 | +18 | 1723 | +11 | 1768 | +16 | 1813 | +12·5 | 1858 | +7·8 |
| 1634 | + 74 | 1679 | +17 | 1724 | +11 | 1769 | +16 | 1814 | +12·5 | 1859 | +7·8 |
| 1635·0 | + 72 | 1680·0 | +16 | 1725·0 | +11 | 1770·0 | +16 | 1815·0 | +12·5 | 1860·0 | +7·88 |
| 1636 | + 70 | 1681 | +15 | 1726 | +11 | 1771 | +16 | 1816 | +12·5 | 1861 | +7·82 |
| 1637 | + 67 | 1682 | +14 | 1727 | +11 | 1772 | +16 | 1817 | +12·4 | 1862 | +7·54 |
| 1638 | + 65 | 1683 | +14 | 1728 | +11 | 1773 | +16 | 1818 | +12·3 | 1863 | +6·97 |
| 1639 | + 63 | 1684 | +13 | 1729 | +11 | 1774 | +16 | 1819 | +12·2 | 1864 | +6·40 |
| 1640·0 | + 62 | 1685·0 | +12 | 1730·0 | +11 | 1775·0 | +17 | 1820·0 | +12·0 | 1865·0 | +6·02 |
| 1641 | + 60 | 1686 | +12 | 1731 | +11 | 1776 | +17 | 1821 | +11·7 | 1866 | +5·41 |
| 1642 | + 58 | 1687 | +11 | 1732 | +11 | 1777 | +17 | 1822 | +11·4 | 1867 | +4·10 |
| 1643 | + 57 | 1688 | +11 | 1733 | +11 | 1778 | +17 | 1823 | +11·1 | 1868 | +2·92 |
| 1644 | + 55 | 1689 | +10 | 1734 | +12 | 1779 | +17 | 1824 | +10·6 | 1869 | +1·82 |
| 1645·0 | + 54 | 1690·0 | +10 | 1735·0 | +12 | 1780·0 | +17 | 1825·0 | +10·2 | 1870·0 | +1·61 |
| 1646 | + 53 | 1691 | +10 | 1736 | +12 | 1781 | +17 | 1826 | + 9·6 | 1871 | +0·10 |
| 1647 | + 51 | 1692 | + 9 | 1737 | +12 | 1782 | +17 | 1827 | + 9·1 | 1872 | −1·02 |
| 1648 | + 50 | 1693 | + 9 | 1738 | +12 | 1783 | +17 | 1828 | + 8·6 | 1873 | −1·28 |
| 1649 | + 49 | 1694 | + 9 | 1739 | +12 | 1784 | +17 | 1829 | + 8·0 | 1874 | −2·69 |
| 1650·0 | + 48 | 1695·0 | + 9 | 1740·0 | +12 | 1785·0 | +17 | 1830·0 | + 7·5 | 1875·0 | −3·24 |
| 1651 | + 47 | 1696 | + 9 | 1741 | +12 | 1786 | +17 | 1831 | + 7·0 | 1876 | −3·64 |
| 1652 | + 46 | 1697 | + 9 | 1742 | +12 | 1787 | +17 | 1832 | + 6·6 | 1877 | −4·54 |
| 1653 | + 45 | 1698 | + 9 | 1743 | +12 | 1788 | +17 | 1833 | + 6·3 | 1878 | −4·71 |
| 1654 | + 44 | 1699 | + 9 | 1744 | +13 | 1789 | +17 | 1834 | + 6·0 | 1879 | −5·11 |
| 1655·0 | + 43 | 1700·0 | + 9 | 1745·0 | +13 | 1790·0 | +17 | 1835·0 | + 5·8 | 1880·0 | −5·40 |
| 1656 | + 42 | 1701 | + 9 | 1746 | +13 | 1791 | +17 | 1836 | + 5·7 | 1881 | −5·42 |
| 1657 | + 41 | 1702 | + 9 | 1747 | +13 | 1792 | +16 | 1837 | + 5·6 | 1882 | −5·20 |
| 1658 | + 40 | 1703 | + 9 | 1748 | +13 | 1793 | +16 | 1838 | + 5·6 | 1883 | −5·46 |
| 1659 | + 38 | 1704 | + 9 | 1749 | +13 | 1794 | +16 | 1839 | + 5·6 | 1884 | −5·46 |
| 1660·0 | + 37 | 1705·0 | + 9 | 1750·0 | +13 | 1795·0 | +16 | 1840·0 | + 5·7 | 1885·0 | −5·79 |
| 1661 | + 36 | 1706 | + 9 | 1751 | +14 | 1796 | +15 | 1841 | + 5·8 | 1886 | −5·63 |
| 1662 | + 35 | 1707 | + 9 | 1752 | +14 | 1797 | +15 | 1842 | + 5·9 | 1887 | −5·64 |
| 1663 | + 34 | 1708 | +10 | 1753 | +14 | 1798 | +14 | 1843 | + 6·1 | 1888 | −5·80 |
| 1664·0 | + 33 | 1709·0 | +10 | 1754·0 | +14 | 1799·0 | +14 | 1844·0 | + 6·2 | 1889·0 | −5·66 |

For years 1620 to 1955 the table is based on an adopted value of $-26''/\text{cy}^2$ for the tidal term ($\dot{n}$) in the mean motion of the Moon from the results of analyses of observations of lunar occultations of stars, eclipses of the Sun, and transits of Mercury (see F. R. Stephenson and L. V. Morrison, *Phil. Trans. R. Soc. London*, 1984, A **313**, 47-70).

To calculate the values of $\Delta T$ for a different value of the tidal term ($\dot{n}'$), add to the tabulated value of $\Delta T$

$$-0.000\,091\,(\dot{n}' + 26)\,(\text{year} - 1955)^2 \text{ seconds}$$

For 1956 through 1997 the table is derived from the direct comparison between TAI and UT1 taken from the Annual Reports of the BIH and from the IERS Bulletin B for 1988 onwards.

1890–1983, $\Delta T = \text{ET} - \text{UT}$
1984–2000, $\Delta T = \text{TDT} - \text{UT}$
From 2001, $\Delta T = \text{TT} - \text{UT}$

| Year | ΔT (s) | Year | ΔT (s) | Year | ΔT (s) |
|---|---|---|---|---|---|
| 1890·0 | − 5·87 | 1935·0 | +23·93 | 1980·0 | +50·54 |
| 1891 | − 6·01 | 1936 | +23·73 | 1981 | +51·38 |
| 1892 | − 6·19 | 1937 | +23·92 | 1982 | +52·17 |
| 1893 | − 6·64 | 1938 | +23·96 | 1983 | +52·96 |
| 1894 | − 6·44 | 1939 | +24·02 | 1984 | +53·79 |
| 1895·0 | − 6·47 | 1940·0 | +24·33 | 1985·0 | +54·34 |
| 1896 | − 6·09 | 1941 | +24·83 | 1986 | +54·87 |
| 1897 | − 5·76 | 1942 | +25·30 | 1987 | +55·32 |
| 1898 | − 4·66 | 1943 | +25·70 | 1988 | +55·82 |
| 1899 | − 3·74 | 1944 | +26·24 | 1989 | +56·30 |
| 1900·0 | − 2·72 | 1945·0 | +26·77 | 1990·0 | +56·86 |
| 1901 | − 1·54 | 1946 | +27·28 | 1991 | +57·57 |
| 1902 | − 0·02 | 1947 | +27·78 | 1992 | +58·31 |
| 1903 | + 1·24 | 1948 | +28·25 | 1993 | +59·12 |
| 1904 | + 2·64 | 1949 | +28·71 | 1994 | +59·98 |
| 1905·0 | + 3·86 | 1950·0 | +29·15 | 1995·0 | +60·78 |
| 1906 | + 5·37 | 1951 | +29·57 | 1996 | +61·63 |
| 1907 | + 6·14 | 1952 | +29·97 | 1997 | +62·29 |
| 1908 | + 7·75 | 1953 | +30·36 | 1998 | +62·97 |
| 1909 | + 9·13 | 1954 | +30·72 | 1999 | +63·47 |
| 1910·0 | +10·46 | 1955·0 | +31·07 | 2000·0 | +63·83 |
| 1911 | +11·53 | 1956 | +31·35 | 2001 | +64·09 |
| 1912 | +13·36 | 1957 | +31·68 | 2002 | +64·30 |
| 1913 | +14·65 | 1958 | +32·18 | 2003 | +64·47 |
| 1914 | +16·01 | 1959 | +32·68 | 2004 | +64·57 |
| 1915·0 | +17·20 | 1960·0 | +33·15 | 2005·0 | +64·69 |
| 1916 | +18·24 | 1961 | +33·59 | 2006 | +64·85 |
| 1917 | +19·06 | 1962 | +34·00 | 2007 | +65·15 |
| 1918 | +20·25 | 1963 | +34·47 | 2008 | +65·46 |
| 1919 | +20·95 | 1964 | +35·03 | 2009 | +65·78 |
| 1920·0 | +21·16 | 1965·0 | +35·73 | 2010·0 | +66·07 |
| 1921 | +22·25 | 1966 | +36·54 | 2011 | +66·32 |
| 1922 | +22·41 | 1967 | +37·43 | 2012 | +66·60 |
| 1923 | +23·03 | 1968 | +38·29 | 2013 | +66·91 |
| 1924 | +23·49 | 1969 | +39·20 | 2014 | +67·28 |
| 1925·0 | +23·62 | 1970·0 | +40·18 | | |
| 1926 | +23·86 | 1971 | +41·17 | | |
| 1927 | +24·49 | 1972 | +42·23 | | |
| 1928 | +24·34 | 1973 | +43·37 | | |
| 1929 | +24·08 | 1974 | +44·49 | | |
| 1930·0 | +24·02 | 1975·0 | +45·48 | | |
| 1931 | +24·00 | 1976 | +46·46 | | |
| 1932 | +23·87 | 1977 | +47·52 | | |
| 1933 | +23·95 | 1978 | +48·53 | | |
| 1934·0 | +23·86 | 1979·0 | +49·59 | | |

**Extrapolated Values**

| Year | ΔT (s) |
|---|---|
| 2015 | +67·6 |
| 2016 | +68 |
| 2017 | +68 |
| 2018 | +69 |
| 2019 | +69 |

**TAI − UTC**

| Date | ΔAT (s) |
|---|---|
| 1972 Jan. 1 | +10·00 |
| 1972 July 1 | +11·00 |
| 1973 Jan. 1 | +12·00 |
| 1974 Jan. 1 | +13·00 |
| 1975 Jan. 1 | +14·00 |
| 1976 Jan. 1 | +15·00 |
| 1977 Jan. 1 | +16·00 |
| 1978 Jan. 1 | +17·00 |
| 1979 Jan. 1 | +18·00 |
| 1980 Jan. 1 | +19·00 |
| 1981 July 1 | +20·00 |
| 1982 July 1 | +21·00 |
| 1983 July 1 | +22·00 |
| 1985 July 1 | +23·00 |
| 1988 Jan. 1 | +24·00 |
| 1990 Jan. 1 | +25·00 |
| 1991 Jan. 1 | +26·00 |
| 1992 July 1 | +27·00 |
| 1993 July 1 | +28·00 |
| 1994 July 1 | +29·00 |
| 1996 Jan. 1 | +30·00 |
| 1997 July 1 | +31·00 |
| 1999 Jan. 1 | +32·00 |
| 2006 Jan. 1 | +33·00 |
| 2009 Jan. 1 | +34·00 |
| 2012 July 1 | +35·00 |

In critical cases descend

$$\left.\begin{array}{l}\Delta\text{ET}\\ \Delta\text{TT}\end{array}\right\} = \Delta\text{AT} + 32^{s}\!\cdot\!184$$

From 1990 onwards, $\Delta T$ is for January 1 $0^{\text{h}}$ UTC.

Page B6 gives a summary of the notation for time-scales. See *The Astronomical Almanac Online* WWW for plots showing "Delta T Past, Present and Future".

## WITH RESPECT TO THE INTERNATIONAL TERRESTRIAL REFERENCE SYSTEM (ITRS)

| Date | 1970 x | 1970 y | 1980 x | 1980 y | 1990 x | 1990 y | 2000 x | 2000 y | 2010 x | 2010 y |
|---|---|---|---|---|---|---|---|---|---|---|
| Jan. 1 | −0·140 | +0·144 | +0·129 | +0·251 | −0·132 | +0·165 | +0·043 | +0·378 | +0·099 | +0·193 |
| Apr. 1 | −0·097 | +0·397 | +0·014 | +0·189 | −0·154 | +0·469 | +0·075 | +0·346 | −0·061 | +0·319 |
| July 1 | +0·139 | +0·405 | −0·044 | +0·280 | +0·161 | +0·542 | +0·110 | +0·280 | +0·061 | +0·483 |
| Oct. 1 | +0·174 | +0·125 | −0·006 | +0·338 | +0·297 | +0·243 | −0·006 | +0·247 | +0·234 | +0·366 |

| Date | 1971 x | 1971 y | 1981 x | 1981 y | 1991 x | 1991 y | 2001 x | 2001 y | 2011 x | 2011 y |
|---|---|---|---|---|---|---|---|---|---|---|
| Jan. 1 | −0·081 | +0·026 | +0·056 | +0·361 | +0·023 | +0·069 | −0·073 | +0·400 | +0·131 | +0·203 |
| Apr. 1 | −0·199 | +0·313 | +0·088 | +0·285 | −0·217 | +0·281 | +0·091 | +0·490 | −0·033 | +0·279 |
| July 1 | +0·050 | +0·523 | +0·075 | +0·209 | −0·033 | +0·560 | +0·254 | +0·308 | +0·044 | +0·436 |
| Oct. 1 | +0·249 | +0·263 | −0·045 | +0·210 | +0·250 | +0·436 | +0·065 | +0·118 | +0·180 | +0·377 |

| Date | 1972 x | 1972 y | 1982 x | 1982 y | 1992 x | 1992 y | 2002 x | 2002 y | 2012 x | 2012 y |
|---|---|---|---|---|---|---|---|---|---|---|
| Jan. 1 | +0·045 | +0·050 | −0·091 | +0·378 | +0·182 | +0·168 | −0·177 | +0·294 | +0·119 | +0·263 |
| Apr. 1 | −0·180 | +0·174 | +0·093 | +0·431 | −0·083 | +0·162 | −0·031 | +0·541 | −0·010 | +0·313 |
| July 1 | −0·031 | +0·409 | +0·231 | +0·239 | −0·142 | +0·378 | +0·228 | +0·462 | +0·094 | +0·409 |
| Oct. 1 | +0·142 | +0·344 | +0·036 | +0·060 | +0·055 | +0·503 | +0·199 | +0·200 | +0·169 | +0·334 |

| Date | 1973 x | 1973 y | 1983 x | 1983 y | 1993 x | 1993 y | 2003 x | 2003 y | 2013 x | 2013 y |
|---|---|---|---|---|---|---|---|---|---|---|
| Jan. 1 | +0·129 | +0·139 | −0·211 | +0·249 | +0·208 | +0·359 | −0·088 | +0·188 | +0·075 | +0·290 |
| Apr. 1 | −0·035 | +0·129 | −0·069 | +0·538 | +0·115 | +0·170 | −0·133 | +0·436 | +0·051 | +0·375 |
| July 1 | −0·075 | +0·286 | +0·269 | +0·436 | −0·062 | +0·209 | +0·131 | +0·539 | +0·143 | +0·391 |
| Oct. 1 | +0·035 | +0·347 | +0·235 | +0·069 | −0·095 | +0·370 | +0·259 | +0·304 | +0·133 | +0·294 |

| Date | 1974 x | 1974 y | 1984 x | 1984 y | 1994 x | 1994 y | 2004 x | 2004 y | 2014 x | 2014 y |
|---|---|---|---|---|---|---|---|---|---|---|
| Jan. 1 | +0·115 | +0·252 | −0·125 | +0·089 | +0·010 | +0·476 | +0·031 | +0·154 | +0·039 | +0·319 |
| Apr. 1 | +0·037 | +0·185 | −0·211 | +0·410 | +0·174 | +0·391 | −0·140 | +0·321 | +0·044 | +0·421 |
| July 1 | +0·014 | +0·216 | +0·119 | +0·543 | +0·137 | +0·212 | −0·008 | +0·510 | +0·171 | +0·415 |
| Oct. 1 | +0·002 | +0·225 | +0·313 | +0·246 | −0·066 | +0·199 | +0·199 | +0·432 | | |

| Date | 1975 x | 1975 y | 1985 x | 1985 y | 1995 x | 1995 y | 2005 x | 2005 y |
|---|---|---|---|---|---|---|---|---|
| Jan. 1 | −0·055 | +0·281 | +0·051 | +0·025 | −0·154 | +0·418 | +0·149 | +0·238 |
| Apr. 1 | +0·027 | +0·344 | −0·196 | +0·220 | +0·032 | +0·558 | −0·029 | +0·243 |
| July 1 | +0·151 | +0·249 | −0·044 | +0·482 | +0·280 | +0·384 | −0·040 | +0·397 |
| Oct. 1 | +0·063 | +0·115 | +0·214 | +0·404 | +0·138 | +0·106 | +0·059 | +0·417 |

| Date | 1976 x | 1976 y | 1986 x | 1986 y | 1996 x | 1996 y | 2006 x | 2006 y |
|---|---|---|---|---|---|---|---|---|
| Jan. 1 | −0·145 | +0·204 | +0·187 | +0·072 | −0·176 | +0·191 | +0·053 | +0·383 |
| Apr. 1 | −0·091 | +0·399 | −0·041 | +0·139 | −0·152 | +0·506 | +0·103 | +0·374 |
| July 1 | +0·159 | +0·390 | −0·075 | +0·324 | +0·179 | +0·546 | +0·128 | +0·300 |
| Oct. 1 | +0·227 | +0·158 | +0·062 | +0·395 | +0·267 | +0·227 | +0·033 | +0·252 |

| Date | 1977 x | 1977 y | 1987 x | 1987 y | 1997 x | 1997 y | 2007 x | 2007 y |
|---|---|---|---|---|---|---|---|---|
| Jan. 1 | −0·065 | +0·076 | +0·146 | +0·315 | −0·023 | +0·095 | −0·049 | +0·347 |
| Apr. 1 | −0·226 | +0·362 | +0·096 | +0·212 | −0·191 | +0·329 | +0·023 | +0·479 |
| July 1 | +0·085 | +0·500 | −0·003 | +0·208 | +0·019 | +0·536 | +0·209 | +0·412 |
| Oct. 1 | +0·281 | +0·230 | −0·053 | +0·295 | +0·221 | +0·379 | +0·134 | +0·206 |

| Date | 1978 x | 1978 y | 1988 x | 1988 y | 1998 x | 1998 y | 2008 x | 2008 y |
|---|---|---|---|---|---|---|---|---|
| Jan. 1 | +0·007 | +0·015 | −0·023 | +0·414 | +0·103 | +0·175 | −0·081 | +0·258 |
| Apr. 1 | −0·231 | +0·240 | +0·134 | +0·407 | −0·110 | +0·252 | −0·064 | +0·490 |
| July 1 | −0·042 | +0·483 | +0·171 | +0·253 | −0·068 | +0·439 | +0·211 | +0·498 |
| Oct. 1 | +0·236 | +0·353 | +0·011 | +0·132 | +0·125 | +0·445 | +0·265 | +0·220 |

| Date | 1979 x | 1979 y | 1989 x | 1989 y | 1999 x | 1999 y | 2009 x | 2009 y |
|---|---|---|---|---|---|---|---|---|
| Jan. 1 | +0·140 | +0·076 | −0·159 | +0·316 | +0·139 | +0·296 | −0·017 | +0·146 |
| Apr. 1 | −0·107 | +0·133 | +0·028 | +0·482 | +0·026 | +0·241 | −0·119 | +0·406 |
| July 1 | −0·117 | +0·351 | +0·238 | +0·369 | −0·032 | +0·310 | +0·130 | +0·534 |
| Oct. 1 | +0·092 | +0·408 | +0·167 | +0·106 | +0·006 | +0·379 | +0·266 | +0·331 |

The orientation of the ITRS is consistent with the former BIH system (and the previous IPMS and ILS systems). The angles, $x$ $y$, are defined on page B84. From 1988 their values have been taken from the IERS Bulletin B, published by the IERS Central Bureau, Bundesamt für Kartographie und Geodäsie, Richard-Strauss-Allee 11, 60598 Frankfurt am Main, Germany. Further information about IERS products may be found via *The Astronomical Almanac Online*.

## Introduction

In the reduction of astrometric observations of high precision, it is necessary to distinguish between several different systems of terrestrial coordinates that are used to specify the positions of points on or near the surface of the Earth. The formulae on page B84 for the reduction for polar motion give the relationships between the representations of a geocentric vector referred to either the equinox-based celestial reference system of the true equator and equinox of date, or the Celestial Intermediate Reference System, and the current terrestrial reference system, which is realized by the International Terrestrial Reference Frame, ITRF2008 (Altamimi, Z., et al., "ITRF2008: an improved solution of the international terrestrial reference frame"). Realizations of the ITRF have been published at intervals since 1989 in the form of the geocentric rectangular coordinates and velocities of observing sites around the world.

ITRF2008 is a rigorous combination of space geodesy solutions from the techniques of VLBI, SLR, LLR, GPS and DORIS from 934 stations located at 580 sites with better global distribution compared to previous ITRF versions. The ITRF2008 origin is defined by the Earth-system centre of mass sensed by SLR and its scale by the mean scale of the VLBI and SLR solutions. The ITRF axes are consistent with the axes of the former BIH Terrestrial System (BTS) to within $\pm 0\rlap{.}''005$, and the BTS was consistent with the earlier Conventional International Origin to within $\pm 0\rlap{.}''03$. The use of rectangular coordinates is precise and unambiguous, but for some purposes it is more convenient to represent the position by its longitude, latitude and height referred to a reference spheroid (the term "spheroid" is used here in the sense of an ellipsoid whose equatorial section is a circle and for which each meridional section is an ellipse).

The precise transformation between these coordinate systems is given below. The spheroid is defined by two parameters, its equatorial radius and flattening (usually the reciprocal of the flattening is given). The values used should always be stated with any tabulation of spheroidal positions, but in case they should be omitted a list of the parameters of some commonly used spheroids is given in the table on page K13. For work such as mapping gravity anomalies, it is convenient that the reference spheroid should also be an equipotential surface of a reference body that is in hydrostatic equilibrium, and has the equatorial radius, gravitational constant, dynamical form factor and angular velocity of the Earth. This is referred to as a Geodetic Reference System (rather than just a reference spheroid). It provides a suitable approximation to mean sea level (i.e. to the geoid), but may differ from it by up to 100m in some regions.

## Reduction from geodetic to geocentric coordinates

The position of a point relative to a terrestrial reference frame may be expressed in three ways:

    (i) geocentric equatorial rectangular coordinates, $x$, $y$, $z$;

    (ii) geocentric longitude, latitude and radius, $\lambda$, $\phi'$, $\rho$;

    (iii) geodetic longitude, latitude and height, $\lambda$, $\phi$, $h$.

The geodetic and geocentric longitudes of a point are the same, while the relationship between the geodetic and geocentric latitudes of a point is illustrated in the figure on page K12, which represents a meridional section through the reference spheroid. The geocentric radius $\rho$ is usually expressed in units of the equatorial radius of the reference spheroid. The following relationships hold between the geocentric and geodetic coordinates:

$$x = a\,\rho\,\cos\phi'\cos\lambda = (aC + h)\,\cos\phi\,\cos\lambda$$
$$y = a\,\rho\,\cos\phi'\sin\lambda = (aC + h)\,\cos\phi\,\sin\lambda$$
$$z = a\,\rho\,\sin\phi' \qquad = (aS + h)\,\sin\phi$$

where $a$ is the equatorial radius of the spheroid and $C$ and $S$ are auxiliary functions that depend on the geodetic latitude and on the flattening $f$ of the reference spheroid. The polar radius $b$ and the eccentricity $e$ of the ellipse are given by:

$$b = a\,(1 - f) \qquad e^2 = 2f - f^2 \qquad \text{or} \qquad 1 - e^2 = (1 - f)^2$$

It follows from the geometrical properties of the ellipse that:

$$C = \{\cos^2\phi + (1 - f)^2\sin^2\phi\}^{-1/2} \qquad S = (1 - f)^2 C$$

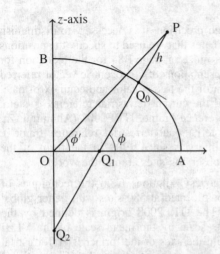

O is centre of Earth

OA = equatorial radius, $a$

OB = polar radius, $b$
   $= a(1 - f)$

OP = geocentric radius, $ap$

$PQ_0$ is normal to the reference spheroid

$Q_0Q_1 = aS$

$Q_0Q_2 = aC$

$\phi$ = geodetic latitude

$\phi'$ = geocentric latitude

Geocentric coordinates may be calculated directly from geodetic coordinates. The reverse calculation of geodetic coordinates from geocentric coordinates can be done in closed form (see for example, Borkowski, *Bull. Geod.* **63**, 50-56, 1989), but it is usually done using an iterative procedure.

An iterative procedure for calculating $\lambda$, $\phi$, $h$ from $x$, $y$, $z$ is as follows:

Calculate:     $\lambda = \tan^{-1}(y/x)$     $r = (x^2 + y^2)^{1/2}$     $e^2 = 2f - f^2$

Calculate the first approximation to $\phi$ from:                    $\phi = \tan^{-1}(z/r)$

Then perform the following iteration until $\phi$ is unchanged to the required precision:

$\phi_1 = \phi$     $C = (1 - e^2 \sin^2 \phi_1)^{-1/2}$     $\phi = \tan^{-1}((z + aCe^2 \sin \phi_1)/r)$

Then:

$$h = r/\cos \phi - aC$$

Series expressions and tables are available for certain values of $f$ for the calculation of $C$ and $S$ and also of $\rho$ and $\phi - \phi'$ for points on the spheroid ($h = 0$). The quantity $\phi - \phi'$ is sometimes known as the "reduction of the latitude" or the "angle of the vertical", and it is of the order of $10'$ in mid-latitudes. To a first approximation when $h$ is small the geocentric radius is increased by $h/a$ and the angle of the vertical is unchanged. The height $h$ refers to a height above the reference spheroid and differs from the height above mean sea level (i.e. above the geoid) by the "undulation of the geoid" at the point.

## Other geodetic reference systems

In practice, most geodetic positions are referred either (a) to a regional geodetic datum that is represented by a spheroid that approximates to the geoid in the region considered or (b) to a global reference system, ideally the ITRF2008 or earlier versions. Data for the reduction of regional geodetic coordinates or those in earlier versions of the ITRF to ITRF2008 are available in the relevant geodetic publications, but it is hoped that the following notes and formulae and data will be useful.

(a) Each regional geodetic datum is specified by the size and shape of an adopted spheroid and by the coordinates of an "origin point". The principal axis of the spheroid is generally close to the mean axis of rotation of the Earth, but the centre of the spheroid may not coincide with the centre of mass of the Earth, The offset is usually represented by the geocentric rectangular coordinates $(x_0, y_0, z_0)$ of the centre of the regional spheroid. The reduction from the regional geodetic coordinates $(\lambda, \phi, h)$ to the geocentric rectangular coordinates referred to the ITRF (and hence to the geodetic coordinates relative to a reference spheroid) may then be made by using the expressions:

$$x = x_0 + (aC + h)\cos\phi\cos\lambda$$
$$y = y_0 + (aC + h)\cos\phi\sin\lambda$$
$$z = z_0 + (aS + h)\sin\phi$$

(b) The global reference systems defined by the various versions of ITRF differ slightly due to an evolution in the multi-technique combination and constraints philosophy as well as through observational and modelling improvements, although all versions give good approximations to the latest reference frame. The transformations from the latest to previous ITRF solutions involve coordinate and velocity translations, rotations and scaling (i.e. 14 parameters in all) and all of these are given online (see http://www.iers.org) for the ITRF2008 frame in the IERS Conventions (2010, *IERS Technical Note 36*). For example, translation parameters $T_1$, $T_2$ and $T_3$ from ITRF2008 to ITRF2005 are $(-2\cdot0, -0\cdot9, -4\cdot7)$ millimetres, with scale difference $0\cdot94$ parts per billion.

The space technique GPS is now widely used for position determination. Since January 1987 the broadcast orbits of the GPS satellites have been referred to the WGS84 terrestrial frame, and so positions determined directly using these orbits will also be referred to this frame, which at the level of a few centimetres is close to the ITRF. The parameters of the spheroid used are listed below, and the frame is defined to agree with the BIH frame. However, with the ready availability of data from a large number of geodetic sites whose coordinates and velocities are rigorously defined within ITRF2008, and with GPS orbital solutions also being referred by the International Global Navigation Satellite Systems Service (IGS) analysis centres to the same frame, it is straightforward to determine directly new sites' coordinates within ITRF2008.

## GEODETIC REFERENCE SPHEROIDS

| Name and Date | Equatorial Radius, $a$ <br> m | Reciprocal of Flattening, $1/f$ | Gravitational Constant, $GM$ <br> $10^{14}\mathrm{m}^3\mathrm{s}^{-2}$ | Dynamical Form Factor, $J_2$ | Ang. Velocity of earth, $\omega$ <br> $10^{-5}\mathrm{rad\ s}^{-1}$ |
|---|---|---|---|---|---|
| WGS 84 | 637 8137 | 298·257 223 563 | 3·986 005 | 0·001 082 63 | 7·292 115 |
| GRS 80 (IUGG, 1980)[†] | 8137 | 298·257 222 | 3·986 005 | 0·001 082 63 | 7·292 115 |
| IAU 1976 | 8140 | 298·257 | 3·986 005 | 0·001 082 63 | — |
| GRS 67 (IUGG, 1967) | 8160 | 298·247 167 | 3·986 03 | 0·001 082 7 | 7·292 115 146 7 |
| IAU 1964 | 8160 | 298·25 | 3·986 03 | 0·001 082 7 | 7·292 1 |
| International 1924 (Hayford) | 8388 | 297 | — | — | — |
| Clarke 1866 | 8206·4 | 294·978 698 | — | — | — |
| Airy 1830 | 637 7563·396 | 299·324 964 | — | — | — |

[†]H. Moritz, Geodetic Reference System 1980, *Bull. Géodésique*, **58**(3), 388-398, 1984.

## Astronomical coordinates

Many astrometric observations that historically were used in the determination of the terrestrial coordinates of the point of observation used the local vertical, which defines the zenith, as a principal reference axis; the coordinates so obtained are called "astronomical coordinates". The local vertical is in the direction of the vector sum of the acceleration due to the gravitational field of the Earth and of the apparent acceleration due to the rotation of the Earth on its axis. The vertical is normal to the equipotential (or level) surface at the point, but it is inclined to the normal to the geodetic reference spheroid; the angle of inclination is known as the "deflection of the vertical".

The astronomical coordinates of an observatory may differ significantly (e.g. by as much as $1'$) from its geodetic coordinates, which are required for the determination of the geocentric coordinates of the observatory for use in computing, for example, parallax corrections for solar system observations. The size and direction of the deflection may be estimated by studying the gravity field in the region concerned. The deflection may affect both the latitude and longitude, and hence local time. Astronomical coordinates also vary with time because they are affected by polar motion (see page B84).

## Introduction and notation

The interpolation methods described in this section, together with the accompanying tables, are usually sufficient to interpolate to full precision the ephemerides in this volume. Additional notes, formulae and tables are given in the booklets *Interpolation and Allied Tables* and *Subtabulation* and in many textbooks on numerical analysis. It is recommended that interpolated values of the Moon's right ascension, declination and horizontal parallax are derived from the daily polynomial coefficients that are provided for this purpose on *The Astronomical Almanac Online* (see page D1).

$f_p$ denotes the value of the function $f(t)$ at the time $t = t_0 + ph$, where $h$ is the interval of tabulation, $t_0$ is a tabular argument, and $p = (t - t_0)/h$ is known as the interpolating factor. The notation for the differences of the tabular values is shown in the following table; it is derived from the use of the central-difference operator $\delta$, which is defined by:

$$\delta f_p = f_{p+1/2} - f_{p-1/2}$$

The symbol for the function is usually omitted in the notation for the differences. Tables are given for use with Bessel's interpolation formula for $p$ in the range 0 to +1. The differences may be expressed in terms of function values for convenience in the use of programmable calculators or computers.

| Arg. | Function | Differences | | | | Differences in terms of Function Values |
|------|----------|-----|-----|-----|-----|------|
| | | 1st | 2nd | 3rd | 4th | |
| $t_{-2}$ | $f_{-2}$ | | $\delta^2_{-2}$ | | | $\delta_{1/2} = f_1 - f_0$ |
| | | $\delta_{-3/2}$ | | $\delta^3_{-3/2}$ | | $\delta^2_0 = \delta_{1/2} - \delta_{-1/2}$ |
| $t_{-1}$ | $f_{-1}$ | | $\delta^2_{-1}$ | | $\delta^4_{-1}$ | $= f_1 - 2f_0 + f_{-1}$ |
| | | $\delta_{-1/2}$ | | $\delta^3_{-1/2}$ | | $\delta^2_0 + \delta^2_1 = f_2 - f_1 - f_0 + f_{-1}$ |
| $t_0$ | $f_0$ | | $\delta^2_0$ | | $\delta^4_0$ | $\delta^3_{1/2} = \delta^2_1 - \delta^2_0$ |
| | | $\delta_{1/2}$ | | $\delta^3_{1/2}$ | | $= f_2 - 3f_1 + 3f_0 - f_{-1}$ |
| $t_{+1}$ | $f_{+1}$ | | $\delta^2_1$ | | $\delta^4_1$ | $\delta^4_0 = \delta^3_{1/2} - \delta^3_{-1/2}$ |
| | | $\delta_{3/2}$ | | $\delta^3_{3/2}$ | | $= f_2 - 4f_1 + 6f_0 - 4f_{-1} + f_{-2}$ |
| $t_{+2}$ | $f_{+2}$ | | $\delta^2_2$ | | | $\delta^4_0 + \delta^4_1 = f_3 - 3f_2 + 2f_1 + 2f_0 - 3f_{-1} + f_{-2}$ |

$$p \equiv \text{the interpolating factor} = (t - t_0)/(t_1 - t_0) = (t - t_0)/h$$

## Bessel's interpolation formula

In this notation, Bessel's interpolation formula is:

$$f_p = f_0 + p\,\delta_{1/2} + B_2\,(\delta^2_0 + \delta^2_1) + B_3\,\delta^3_{1/2} + B_4\,(\delta^4_0 + \delta^4_1) + \cdots$$

where      $B_2 = p\,(p-1)/4$      $B_3 = p\,(p-1)\,(p-\frac{1}{2})/6$

$B_4 = (p+1)\,p\,(p-1)\,(p-2)/48$

The maximum contribution to the truncation error of $f_p$, for $0 < p < 1$, from neglecting each order of difference is less than 0·5 in the unit of the end figure of the tabular function if

$$\delta^2 < 4 \qquad \delta^3 < 60 \qquad \delta^4 < 20 \qquad \delta^5 < 500.$$

The critical table of $B_2$ opposite provides a rapid means of interpolating when $\delta^2$ is less than 500 and higher-order differences are negligible or when full precision is not required. The interpolating factor $p$ should be rounded to 4 decimals, and the required value of $B_2$ is then the tabular value opposite the interval in which $p$ lies, or it is the value above and to the right of $p$ if $p$ exactly equals a tabular argument. $B_2$ is always negative. The effects of the third and fourth differences can be estimated from the values of $B_3$ and $B_4$, given in the last column.

## Inverse interpolation

Inverse interpolation to derive the interpolating factor $p$, and hence the time, for which the function takes a specified value $f_p$ is carried out by successive approximations. The first estimate $p_1$ is obtained from:

$$p_1 = (f_p - f_0)/\delta_{1/2}$$

This value of $p$ is used to obtain an estimate of $B_2$, from the critical table or otherwise, and hence an improved estimate of $p$ from:

$$p = p_1 - B_2 (\delta_0^2 + \delta_1^2)/\delta_{1/2}$$

This last step is repeated until there is no further change in $B_2$ or $p$; the effects of higher-order differences may be taken into account in this step.

### CRITICAL TABLE FOR BESSEL'S INTERPOLATION FORMULA COEFFICIENTS

| $p$ | $B_2$ | $p$ | $B_2$ | $p$ | $B_2$ | $p$ | $B_2$ | $p$ | $B_2$ | $p$ | $B_3$ |
|---|---|---|---|---|---|---|---|---|---|---|---|
| 0.0000 | — | 0.1101 | — | 0.2719 | — | 0.7280 | — | 0.8898 | — | 0.0 | 0.000 |
| 0.0020 | .000 | 0.1152 | .025 | 0.2809 | .050 | 0.7366 | .049 | 0.8949 | .024 | 0.1 | +0.006 |
| 0.0060 | .001 | 0.1205 | .026 | 0.2902 | .051 | 0.7449 | .048 | 0.9000 | .023 | 0.2 | +0.008 |
| 0.0101 | .002 | 0.1258 | .027 | 0.3000 | .052 | 0.7529 | .047 | 0.9049 | .022 | 0.3 | +0.007 |
| 0.0142 | .003 | 0.1312 | .028 | 0.3102 | .053 | 0.7607 | .046 | 0.9098 | .021 | 0.4 | +0.004 |
| 0.0183 | .004 | 0.1366 | .029 | 0.3211 | .054 | 0.7683 | .045 | 0.9147 | .020 | | |
| 0.0225 | .005 | 0.1422 | .030 | 0.3326 | .055 | 0.7756 | .044 | 0.9195 | .019 | 0.5 | 0.000 |
| 0.0267 | .006 | 0.1478 | .031 | 0.3450 | .056 | 0.7828 | .043 | 0.9242 | .018 | | |
| 0.0309 | .007 | 0.1535 | .032 | 0.3585 | .057 | 0.7898 | .042 | 0.9289 | .017 | 0.6 | −0.004 |
| 0.0352 | .008 | 0.1594 | .033 | 0.3735 | .058 | 0.7966 | .041 | 0.9335 | .016 | 0.7 | −0.007 |
| 0.0395 | .009 | 0.1653 | .034 | 0.3904 | .059 | 0.8033 | .040 | 0.9381 | .015 | 0.8 | −0.008 |
| 0.0439 | .010 | 0.1713 | .035 | 0.4105 | .060 | 0.8098 | .039 | 0.9427 | .014 | 0.9 | −0.006 |
| 0.0483 | .011 | 0.1775 | .036 | 0.4367 | .061 | 0.8162 | .038 | 0.9472 | .013 | 1.0 | 0.000 |
| 0.0527 | .012 | 0.1837 | .037 | 0.5632 | .062 | 0.8224 | .037 | 0.9516 | .012 | | |
| 0.0572 | .013 | 0.1901 | .038 | 0.5894 | .061 | 0.8286 | .036 | 0.9560 | .011 | $p$ | $B_4$ |
| 0.0618 | .014 | 0.1966 | .039 | 0.6095 | .060 | 0.8346 | .035 | 0.9604 | .010 | 0.0 | 0.000 |
| 0.0664 | .015 | 0.2033 | .040 | 0.6264 | .059 | 0.8405 | .034 | 0.9647 | .009 | 0.1 | +0.004 |
| 0.0710 | .016 | 0.2101 | .041 | 0.6414 | .058 | 0.8464 | .033 | 0.9690 | .008 | 0.2 | +0.007 |
| 0.0757 | .017 | 0.2171 | .042 | 0.6549 | .057 | 0.8521 | .032 | 0.9732 | .007 | 0.3 | +0.010 |
| 0.0804 | .018 | 0.2243 | .043 | 0.6673 | .056 | 0.8577 | .031 | 0.9774 | .006 | 0.4 | +0.011 |
| 0.0852 | .019 | 0.2316 | .044 | 0.6788 | .055 | 0.8633 | .030 | 0.9816 | .005 | | |
| 0.0901 | .020 | 0.2392 | .045 | 0.6897 | .054 | 0.8687 | .029 | 0.9857 | .004 | 0.5 | +0.012 |
| 0.0950 | .021 | 0.2470 | .046 | 0.7000 | .053 | 0.8741 | .028 | 0.9898 | .003 | | |
| 0.1000 | .022 | 0.2550 | .047 | 0.7097 | .052 | 0.8794 | .027 | 0.9939 | .002 | 0.6 | +0.011 |
| 0.1050 | .023 | 0.2633 | .048 | 0.7190 | .051 | 0.8847 | .026 | 0.9979 | .001 | 0.7 | +0.010 |
| 0.1101 | .024 | 0.2719 | .049 | 0.7280 | .050 | 0.8898 | .025 | 1.0000 | .000 | 0.8 | +0.007 |
| | | | | | | | | | | 0.9 | +0.004 |
| | | | | | | | | | | 1.0 | 0.000 |

*In critical cases ascend. $B_2$ is always negative.*

## Polynomial representations

It is sometimes convenient to construct a simple polynomial representation of the form

$$f_p = a_0 + a_1 p + a_2 p^2 + a_3 p^3 + a_4 p^4 + \cdots$$

which may be evaluated in the nested form

$$f_p = (((a_4 p + a_3) p + a_2) p + a_1) p + a_0$$

Expressions for the coefficients $a_0$, $a_1$, ... may be obtained from Stirling's interpolation formula, neglecting fifth-order differences:

$$a_4 = \delta_0^4/24 \qquad a_2 = \delta_0^2/2 - a_4 \qquad a_0 = f_0$$
$$a_3 = (\delta_{1/2}^3 + \delta_{-1/2}^3)/12 \qquad a_1 = (\delta_{1/2} + \delta_{-1/2})/2 - a_3$$

This is suitable for use in the range $-\frac{1}{2} \le p \le +\frac{1}{2}$, and it may be adequate in the range $-2 \le p \le 2$, but it should not normally be used outside this range. Techniques are available in the literature for obtaining polynomial representations which give smaller errors over similar or larger intervals. The coefficients may be expressed in terms of function values rather than differences.

## Examples

To find (a) the declination of the Sun at $16^h 23^m 14\overset{s}{.}8$ TT on 1984 January 19, (b) the right ascension of Mercury at $17^h 21^m 16\overset{s}{.}8$ TT on 1984 January 8, and (c) the time on 1984 January 8 when Mercury's right ascension is exactly $18^h 04^m$.

Difference tables for the Sun and Mercury are constructed as shown below, where the differences are in units of the end figures of the function. Second-order differences are sufficient for the Sun, but fourth-order differences are required for Mercury.

| Jan. | Dec. | $\delta$ | $\delta^2$ |
|------|------|----------|-----------|
| 18 | $-20\ 44\ 48\cdot3$ | | |
| | | $+7212$ | |
| 19 | $-20\ 32\ 47\cdot1$ | | $+233$ |
| | | $+7445$ | |
| 20 | $-20\ 20\ 22\cdot6$ | | $+230$ |
| | | $+7675$ | |
| 21 | $-20\ 07\ 35\cdot1$ | | |

Sun; units ° ′ ″

| Jan. | R.A. | $\delta$ | $\delta^2$ | $\delta^3$ | $\delta^4$ |
|------|------|----------|-----------|-----------|-----------|
| 6 | 18 10 10·12 | | | | |
| | | $-18709$ | | | |
| 7 | 18 07 03·03 | | $+4299$ | | |
| | | $-14410$ | | $-16$ | |
| 8 | 18 04 38·93 | | $+4283$ | | $-104$ |
| | | $-10127$ | | $-120$ | |
| 9 | 18 02 57·66 | | $+4163$ | | $-76$ |
| | | $-5964$ | | $-196$ | |
| 10 | 18 01 58·02 | | $+3967$ | | |
| | | $-1997$ | | | |
| 11 | 18 01 38·05 | | | | |

Mercury; units h m s

(a) *Use of Bessel's formula*

The tabular interval is one day, hence the interpolating factor is 0·68281. From the critical table, $B_2 = -0\cdot054$, and

$$f_p = -20° 32' 47''\cdot1 + 0\cdot68281\,(+744''\cdot5) - 0\cdot054\,(+23''\cdot3 + 23''\cdot0)$$
$$= -20° 24' 21''\cdot2$$

(b) *Use of polynomial formula*

Using the polynomial method, the coefficients are:

$a_4 = -1\overset{s}{.}04/24 = -0\overset{s}{.}043$     $a_1 = (-101\overset{s}{.}27 - 144\overset{s}{.}10)/2 + 0\overset{s}{.}113 = -122\overset{s}{.}572$

$a_3 = (-1\overset{s}{.}20 - 0\overset{s}{.}16)/12 = -0\overset{s}{.}113$     $a_0 = 18^h + 278\overset{s}{.}93$

$a_2 = +42\overset{s}{.}83/2 + 0\overset{s}{.}043 = +21\overset{s}{.}458$

where an extra decimal place has been kept as a guarding figure. Then with interpolating factor $p = 0\cdot72311$

$$f_p = 18^h + 278\overset{s}{.}93 - 122\overset{s}{.}572\,p + 21\overset{s}{.}458\,p^2 - 0\overset{s}{.}113\,p^3 - 0\overset{s}{.}043\,p^4$$
$$= 18^h 03^m 21\overset{s}{.}46$$

(c) *Inverse interpolation*

Since $f_p = 18^h 04^m$ the first estimate for $p$ is:

$$p_1 = (18^h 04^m - 18^h 04^m 38\overset{s}{.}93)/(-101\overset{s}{.}27) = 0\cdot38442$$

From the critical table, with $p = 0\cdot3844$, $B_2 = -0\cdot059$. Also

$$(\delta_0^2 + \delta_1^2)/\delta_{1/2} = (+42\cdot83 + 41\cdot63)/(-101\cdot27) = -0\cdot834$$

The second approximation to $p$ is:

$$p = 0\cdot38442 + 0\cdot059\,(-0\cdot834) = 0\cdot33521 \quad \text{which gives } t = 8^h 02^m 42^s;$$

as a check, using the polynomial found in (b) with $p = 0\cdot33521$ gives

$$f_p = 18^h 04^m 00\overset{s}{.}25.$$

The next approximation is $B_2 = -0\cdot056$ and $p = 0\cdot38442 + 0\cdot056(-0\cdot834) = 0\cdot33772$ which gives $t = 8^h 06^m 19^s$: using the polynomial in (b) with $p = 0\cdot33772$ gives

$$f_p = 18^h 03^m 59\overset{s}{.}98.$$

## Subtabulation

Coefficients for use in the systematic interpolation of an ephemeris to a smaller interval are given in the following table for certain values of the ratio of the two intervals. The table is entered for each of the appropriate multiples of this ratio to give the corresponding decimal value of the interpolating factor $p$ and the Bessel coefficients. The values of $p$ are exact or recurring decimal numbers. The values of the coefficients may be rounded to suit the maximum number of figures in the differences.

### BESSEL COEFFICIENTS FOR SUBTABULATION

| Ratio of intervals | | | | | | | | | | | Bessel Coefficients | | | |
|---|---|---|---|---|---|---|---|---|---|---|---|---|---|---|
| $\frac{1}{2}$ | $\frac{1}{3}$ | $\frac{1}{4}$ | $\frac{1}{5}$ | $\frac{1}{6}$ | $\frac{1}{8}$ | $\frac{1}{10}$ | $\frac{1}{12}$ | $\frac{1}{20}$ | $\frac{1}{24}$ | $\frac{1}{40}$ | $p$ | $B_2$ | $B_3$ | $B_4$ |
| | | | | | | | | | | 1 | 0·025 | −0·006094 | 0·00193 | 0·0010 |
| | | | | | | | | | 1 | | 0·0416 | −0·009983 | 0·00305 | 0·0017 |
| | | | | | | | | 1 | | 2 | 0·050 | −0·011875 | 0·00356 | 0·0020 |
| | | | | | | | | | | 3 | 0·075 | −0·017344 | 0·00491 | 0·0030 |
| | | | | | | | 1 | | 2 | | 0·0833 | −0·019097 | 0·00530 | 0·0033 |
| | | | | | | 1 | | 2 | | 4 | 0·100 | −0·022500 | 0·00600 | 0·0039 |
| | | | | | 1 | | | | 3 | 5 | 0·125 | −0·027344 | 0·00684 | 0·0048 |
| | | | | | | | | 3 | | 6 | 0·150 | −0·031875 | 0·00744 | 0·0057 |
| | | | | 1 | | | 2 | | 4 | | 0·1666 | −0·034722 | 0·00772 | 0·0062 |
| | | | | | | | | | | 7 | 0·175 | −0·036094 | 0·00782 | 0·0064 |
| | | | 1 | | | 2 | | 4 | | 8 | 0·200 | −0·040000 | 0·00800 | 0·0072 |
| | | | | | | | | | 5 | | 0·2083 | −0·041233 | 0·00802 | 0·0074 |
| | | | | | | | | | | 9 | 0·225 | −0·043594 | 0·00799 | 0·0079 |
| | | 1 | | | 2 | | 3 | 5 | 6 | 10 | 0·250 | −0·046875 | 0·00781 | 0·0085 |
| | | | | | | | | | | 11 | 0·275 | −0·049844 | 0·00748 | 0·0091 |
| | | | | | | | | | 7 | | 0·2916 | −0·051649 | 0·00717 | 0·0095 |
| | | | | | | 3 | | 6 | | 12 | 0·300 | −0·052500 | 0·00700 | 0·0097 |
| | | | | | | | | | | 13 | 0·325 | −0·054844 | 0·00640 | 0·0101 |
| | 1 | | | 2 | | | 4 | | 8 | | 0·3333 | −0·055556 | 0·00617 | 0·0103 |
| | | | | | | | | 7 | | 14 | 0·350 | −0·056875 | 0·00569 | 0·0106 |
| | | | | | 3 | | | | 9 | 15 | 0·375 | −0·058594 | 0·00488 | 0·0109 |
| | | | 2 | | | 4 | | 8 | | 16 | 0·400 | −0·060000 | 0·00400 | 0·0112 |
| | | | | | | | 5 | | 10 | | 0·4166 | −0·060764 | 0·00338 | 0·0114 |
| | | | | | | | | | | 17 | 0·425 | −0·061094 | 0·00305 | 0·0114 |
| | | | | | | | | 9 | | 18 | 0·450 | −0·061875 | 0·00206 | 0·0116 |
| | | | | | | | | | 11 | | 0·4583 | −0·062066 | 0·00172 | 0·0116 |
| | | | | | | | | | | 19 | 0·475 | −0·062344 | 0·00104 | 0·0117 |
| 1 | | 2 | | 3 | 4 | 5 | 6 | 10 | 12 | 20 | 0·500 | −0·062500 | 0·00000 | 0·0117 |
| | | | | | | | | | | 21 | 0·525 | −0·062344 | −0·00104 | 0·0117 |
| | | | | | | | | | 13 | | 0·5416 | −0·062066 | −0·00172 | 0·0116 |
| | | | | | | | | 11 | | 22 | 0·550 | −0·061875 | −0·00206 | 0·0116 |
| | | | | | | | | | | 23 | 0·575 | −0·061094 | −0·00305 | 0·0114 |
| | | | | | | | 7 | | 14 | | 0·5833 | −0·060764 | −0·00338 | 0·0114 |
| | | | 3 | | | 6 | | 12 | | 24 | 0·600 | −0·060000 | −0·00400 | 0·0112 |
| | | | | | 5 | | | | 15 | 25 | 0·625 | −0·058594 | −0·00488 | 0·0109 |
| | | | | | | | | 13 | | 26 | 0·650 | −0·056875 | −0·00569 | 0·0106 |
| | 2 | | | 4 | | | 8 | | 16 | | 0·6666 | −0·055556 | −0·00617 | 0·0103 |
| | | | | | | | | | | 27 | 0·675 | −0·054844 | −0·00640 | 0·0101 |
| | | | | | | 7 | | 14 | | 28 | 0·700 | −0·052500 | −0·00700 | 0·0097 |
| | | | | | | | | | 17 | | 0·7083 | −0·051649 | −0·00717 | 0·0095 |
| | | | | | | | | | | 29 | 0·725 | −0·049844 | −0·00748 | 0·0091 |
| | | 3 | | | 6 | | 9 | 15 | 18 | 30 | 0·750 | −0·046875 | −0·00781 | 0·0085 |
| | | | | | | | | | | 31 | 0·775 | −0·043594 | −0·00799 | 0·0079 |
| | | | | | | | | | 19 | | 0·7916 | −0·041233 | −0·00802 | 0·0074 |
| | | | 4 | | | 8 | | 16 | | 32 | 0·800 | −0·040000 | −0·00800 | 0·0072 |
| | | | | | | | | | | 33 | 0·825 | −0·036094 | −0·00782 | 0·0064 |
| | | | | 5 | | | 10 | | 20 | | 0·8333 | −0·034722 | −0·00772 | 0·0062 |
| | | | | | | | | 17 | | 34 | 0·850 | −0·031875 | −0·00744 | 0·0057 |
| | | | | | 7 | | | | 21 | 35 | 0·875 | −0·027344 | −0·00684 | 0·0048 |
| | | | | | | 9 | | 18 | | 36 | 0·900 | −0·022500 | −0·00600 | 0·0039 |
| | | | | | | | 11 | | 22 | | 0·9166 | −0·019097 | −0·00530 | 0·0033 |
| | | | | | | | | | | 37 | 0·925 | −0·017344 | −0·00491 | 0·0030 |
| | | | | | | | | 19 | | 38 | 0·950 | −0·011875 | −0·00356 | 0·0020 |
| | | | | | | | | | 23 | | 0·9583 | −0·009983 | −0·00305 | 0·0017 |
| | | | | | | | | | | 39 | 0·975 | −0·006094 | −0·00193 | 0·0010 |

The following are some useful formulae involving vectors and matrices.

## Position vectors

Positions or directions on the sky can be represented as column vectors in a specific celestial coordinate system with components that are Cartesian (rectangular) coordinates. The relationship between a position vector $\mathbf{r}$ its three components $r_x$, $r_y$, $r_z$, and its right ascension ($\alpha$), declination ($\delta$) and distance ($d$) from the specified origin have the general form

$$\mathbf{r} = \begin{bmatrix} r_x \\ r_y \\ r_z \end{bmatrix} = \begin{bmatrix} d \cos\alpha \cos\delta \\ d \sin\alpha \cos\delta \\ d \sin\delta \end{bmatrix} \quad \text{and} \quad \begin{aligned} \alpha &= \tan^{-1}\left(r_y/r_x\right) \\ \delta &= \tan^{-1} r_z/\sqrt{(r_x^2 + r_y^2)} \\ d &= |\mathbf{r}| = \sqrt{(r_x^2 + r_y^2 + r_z^2)} \end{aligned}$$

where $\alpha$ is measured counterclockwise as viewed from the positive side of the $z$-axis. A two-argument arctangent function (e.g., atan2) will return the correct quadrant for $\alpha$ if $r_y$ and $r_x$ are provided separately. The above is written in terms of equatorial coordinates ($\alpha$, $\delta$), however they are also valid, for example, for ecliptic longitude and latitude ($\lambda$, $\beta$) and geocentric (not geodetic) longitude and latitude ($\lambda$, $\phi$).

Unit vectors are often used; the unit vector $\hat{\mathbf{r}}$ is a vector with distance (magnitude) equal to one, and may be calculated thus;

$$\hat{\mathbf{r}} = \frac{\mathbf{r}}{|\mathbf{r}|}$$

For stars and other objects "at infinity" (beyond the solar system), $d$ is often set to 1.

## Vector dot and cross products

The dot or scalar product ($\mathbf{r}_1 \cdot \mathbf{r}_2$) of two vectors $\mathbf{r}_1$ and $\mathbf{r}_2$ is the sum of the products of their corresponding components in the same reference frame, thus

$$\mathbf{r}_1 \cdot \mathbf{r}_2 = x_1 x_2 + y_1 y_2 + z_1 z_2$$

The angle ($\theta$) between two unit vectors $\hat{\mathbf{r}}_1$ and $\hat{\mathbf{r}}_2$ is given by

$$\hat{\mathbf{r}}_1 \cdot \hat{\mathbf{r}}_2 = \cos\theta$$

Note, also, that the magnitude ($d$) of $\mathbf{r}$ is given by

$$d = |\mathbf{r}| = \sqrt{(\mathbf{r} \cdot \mathbf{r})} = \sqrt{r_x^2 + r_y^2 + r_z^2}$$

The cross or vector product ($\mathbf{r}_1 \times \mathbf{r}_2$) of two vectors $\mathbf{r}_1$ and $\mathbf{r}_2$ is a vector that is perpendicular to plane containing both $\mathbf{r}_1$ and $\mathbf{r}_2$ in the direction given by a right-handed screw, and

$$\mathbf{r}_1 \times \mathbf{r}_2 = \begin{bmatrix} y_1 z_2 - y_2 z_1 \\ x_2 z_1 - x_1 z_2 \\ x_1 y_2 - x_2 y_1 \end{bmatrix}$$

where $\mathbf{r}_1$ and $\mathbf{r}_2$ have column vectors ($x_1$, $y_1$, $z_1$) and ($x_2$, $y_2$, $z_2$), respectively. A cross product is not commutative since

$$\mathbf{r}_1 \times \mathbf{r}_2 = -\mathbf{r}_2 \times \mathbf{r}_1$$

The magnitude of the cross product of two unit vectors is the sine of the angle between them

$$|\hat{\mathbf{r}}_1 \times \hat{\mathbf{r}}_2| = \sin\theta \quad \text{and} \quad 0 \leq \theta \leq \pi$$

The vector triple product

$$(\mathbf{r}_1 \times \mathbf{r}_2) \times \mathbf{r}_3 = (\mathbf{r}_1 \cdot \mathbf{r}_3)\,\mathbf{r}_2 - (\mathbf{r}_2 \cdot \mathbf{r}_3)\,\mathbf{r}_1$$

is a vector in the same plane as $\mathbf{r}_1$ and $\mathbf{r}_2$. Note the position of the brackets. The latter is used on page B67 in step 3 where $\mathbf{r}_1 = \mathbf{q}$, $\mathbf{r}_2 = \mathbf{e}$ and $\mathbf{r}_3 = \mathbf{p}$.

## Matrices and matrix multiplication

The general form of a $3 \times 3$ matrix $\mathbf{M}$ used with 3-vectors is usually specified

$$\mathbf{M} = \begin{bmatrix} m_{11} & m_{12} & m_{13} \\ m_{21} & m_{22} & m_{23} \\ m_{31} & m_{32} & m_{33} \end{bmatrix}$$

If each element of $\mathbf{M}$ ($m_{ij}$) is the result of multiplying matrices $\mathbf{A}$ and $\mathbf{B}$, i.e. $\mathbf{M} = \mathbf{A}\,\mathbf{B}$, then $\mathbf{M}$ is calculated from

$$m_{ij} = \sum_{k=1}^{3} a_{ik}\,b_{kj} \quad \text{thus} \quad \mathbf{M} = \begin{bmatrix} \sum a_{1k}\,b_{k1} & \sum a_{1k}\,b_{k2} & \sum a_{1k}\,b_{k3} \\ \sum a_{2k}\,b_{k1} & \sum a_{2k}\,b_{k2} & \sum a_{2k}\,b_{k3} \\ \sum a_{3k}\,b_{k1} & \sum a_{3k}\,b_{k2} & \sum a_{3k}\,b_{k3} \end{bmatrix}$$

where $i = 1, 2, 3$, $j = 1, 2, 3$ and $k$ is summed from 1 to 3. Note that matrix multiplication is associative, i.e. $\mathbf{A}\,(\mathbf{B}\,\mathbf{C}) = (\mathbf{A}\,\mathbf{B})\,\mathbf{C}$, but it is **not** commutative i.e. $\mathbf{A}\,\mathbf{B} \neq \mathbf{B}\,\mathbf{A}$.

## Rotation matrices

The rotation matrix $\mathbf{R}_n(\phi)$, for $n = 1, 2$ and $3$ transforms column 3-vectors from one Cartesian coordinate system to another. The final system is formed by rotating the original system about its own $n^{\text{th}}$-axis (i.e. the $x$, $y$, or $z$-axis) by the angle $\phi$, counterclockwise as viewed from the $+x$, $+y$ or $+z$ direction, respectively.

The two columns below give $\mathbf{R}_n(\phi)$ and its inverse $\mathbf{R}_n^{-1}(\phi)$ (see below), respectively,

$$\mathbf{R}_1(\phi) = \begin{bmatrix} 1 & 0 & 0 \\ 0 & \cos\phi & \sin\phi \\ 0 & -\sin\phi & \cos\phi \end{bmatrix} \qquad \mathbf{R}_1^{-1}(\phi) = \begin{bmatrix} 1 & 0 & 0 \\ 0 & \cos\phi & -\sin\phi \\ 0 & \sin\phi & \cos\phi \end{bmatrix}$$

$$\mathbf{R}_2(\phi) = \begin{bmatrix} \cos\phi & 0 & -\sin\phi \\ 0 & 1 & 0 \\ \sin\phi & 0 & \cos\phi \end{bmatrix} \qquad \mathbf{R}_2^{-1}(\phi) = \begin{bmatrix} \cos\phi & 0 & \sin\phi \\ 0 & 1 & 0 \\ -\sin\phi & 0 & \cos\phi \end{bmatrix}$$

$$\mathbf{R}_3(\phi) = \begin{bmatrix} \cos\phi & \sin\phi & 0 \\ -\sin\phi & \cos\phi & 0 \\ 0 & 0 & 1 \end{bmatrix} \qquad \mathbf{R}_3^{-1}(\phi) = \begin{bmatrix} \cos\phi & -\sin\phi & 0 \\ \sin\phi & \cos\phi & 0 \\ 0 & 0 & 1 \end{bmatrix}$$

Generally, a rotation matrix $\mathbf{R}$ is a matrix formed from products of the above rotational matrices $\mathbf{R}_n(\phi)$ that implements a transformation from one Cartesian coordinate system to another, the two systems sharing a common origin. Any such matrix is orthogonal; that is, the transpose $\mathbf{R}^T$ (where rows are replaced by columns) equals the inverse, $\mathbf{R}^{-1}$. Therefore

$$\mathbf{R}^T \mathbf{R} = \mathbf{R}^{-1} \mathbf{R} = \mathbf{I}$$

where $\mathbf{I}$ is the unit (identity) matrix. Sometimes $\mathbf{R}^T$ is denoted $\mathbf{R}'$. It is also worth noting the following relationships

$$\mathbf{R}_n^{-1}(\theta) = \mathbf{R}_n^T(\theta) = \mathbf{R}_n(-\theta)$$

which is shown in the right-hand column above. The initial and final Cartesian coordinate systems are right handed ($\hat{\mathbf{e}}_x \times \hat{\mathbf{e}}_y = \hat{\mathbf{e}}_z$), where $\hat{\mathbf{e}}_n$ are the unit vectors along the axes. Matrices interconnecting such systems have their determinant equal to $+1$ and are called *proper orthogonal matrices* or *proper rotation matrices*. Such a matrix can always be represented as a product of three matrices of the types $\mathbf{R}_n(\phi)$.

*Example*: The transformation between a geocentric position with respect to the Geocentric Celestial Reference System $\mathbf{r}_{\text{GCRS}}$ and a position with respect to the true equator and equinox of date $\mathbf{r}_t$, and vice versa, is given by:

$$\mathbf{r}_t = \mathbf{N}\mathbf{P}\mathbf{B}\,\mathbf{r}_{\text{GCRS}}$$

$$\mathbf{B}^{-1}\mathbf{P}^{-1}\mathbf{N}^{-1}\mathbf{r}_t = \mathbf{B}^{-1}\,[\mathbf{P}^{-1}\,(\mathbf{N}^{-1}\mathbf{N})\,\mathbf{P}]\,\mathbf{B}\,\mathbf{r}_{\text{GCRS}}$$

Rearranging gives

$$\mathbf{r}_{\text{GCRS}} = \mathbf{B}^{-1}\,\mathbf{P}^{-1}\,\mathbf{N}^{-1}\,\mathbf{r}_t = \mathbf{B}^T\,\mathbf{P}^T\,\mathbf{N}^T\,\mathbf{r}_t$$

where $\mathbf{B}$, $\mathbf{P}$ and $\mathbf{N}$ are the frame bias, precession and nutation matrices, respectively, and are all proper rotation matrices. Note that the order the transformations are applied is crucial.

## CONTENTS OF SECTION L

WWW This symbol indicates that these data or auxiliary material may also be found on *The Astronomical Almanac Online* at http://asa.usno.navy.mil and http://asa.hmnao.com

This section specifies the sources for the theories and data used to construct the ephemerides in this volume, explains the basic concepts required to use the ephemerides, and where appropriate states the precise meaning of tabulated quantities. Definitions of individual terms appear in the Glossary (Section M). The *Explanatory Supplement to the Astronomical Almanac* (Urban and Seidelmann, 2012) contains additional information about the theories and data used.

The companion website *The Astronomical Almanac Online* provides, in machine-readable form, some of the information printed in this volume as well as closely related data. Two mirrored sites are maintained. The URL [1] for the website in the United States is http://asa.usno.navy.mil and in the United Kingdom is http://asa.hmnao.com. The symbol $^{WWW}$ is used throughout this edition to indicate that additional material can be found on *The Astronomical Almanac Online*.

To the greatest extent possible, *The Astronomical Almanac* is prepared using standard data sources and models recommended by the International Astronomical Union (IAU). The data prepared in the United States rely heavily on the US Naval Observatory's NOVAS software package [2]. Data prepared in the United Kingdom utilize the IAU Standards of Fundamental Astronomy (SOFA) library [3]. Although NOVAS and SOFA were written independently, the underlying scientific bases are the same. Resulting computations typically are in agreement at the microarcsecond level.

### Fundamental Reference System

The fundamental reference system for astronomical applications is the International Celestial Reference System (ICRS), as adopted by the IAU General Assembly (GA) in 1997 (Resolution B2, IAU, 1999). At the same time, the IAU specified that the practical realization of the ICRS in the radio regime is the International Celestial Reference Frame (ICRF), a space-fixed frame based on high accuracy radio positions of extragalactic sources measured by Very Long Baseline Interferometry (VLBI); see Ma et al. (1998). Beginning in 2010, the ICRS is realized in the radio by the ICRF2 catalog (IERS, 2009); also available at [4]. The ICRS is realized in the optical regime by the Hipparcos Celestial Reference Frame (HCRF), consisting of the *Hipparcos Catalogue* (ESA, 1997) with certain exclusions (Resolution B1.2, IAU, 2001). Although the directions of the ICRS coordinate axes are not defined by the kinematics of the Earth, the ICRS axes (as implemented by the ICRF and HCRF) closely approximate the axes that would be defined by the mean Earth equator and equinox of J2000.0 (to within 0.1 arcsecond).

In 2000, the IAU defined a system of space-time coordinates for the solar system, and the Earth, within the framework of General Relativity, by specifying the form of the metric tensors for each and the 4-dimensional space-time transformation between them. The former is called the Barycentric Celestial Reference System (BCRS), and the latter, the Geocentric Celestial Reference System (GCRS) (Resolution B1.3, *op.cit.*). The ICRS can be considered a specific implementation of the BCRS; the ICRS defines the spatial axis directions of the BCRS. The GCRS axis directions are derived from those of the BCRS (ICRS); the GCRS can be considered to be the "geocentric ICRS," and the coordinates of stars and planets in the GCRS are obtained from basic ICRS reference data by applying the algorithms for proper place (*e.g.*, for stars, correcting the ICRS-based catalog position for proper motion, parallax, gravitational deflection of light, and aberration).

### Precession and Nutation Models

The IAU Resolution B1 adopts the IAU 2006 precession theory (Capitaine et al., 2003) recommended by the Working Group on Precession and the Ecliptic (Hilton et al., 2006) and the IAU 2000A nutation theory (IAU 2000 Resolution B1.6) based on the transfer functions of Matthews et al. (2002), MHB2000. However, at the highest precision ($\mu$as), implementing these precession and nutation theories will not agree with the combined precession-nutation approach using the X,Y of the CIP as implemented by the IERS Conventions (IERS, 2010, Chapter 5, and the updates at [7]). This is due to some very small adjustments that are needed in a few of the IAU 2000A nutation amplitudes in order to ensure compatibility with the IAU 2006 values for $\epsilon_0$ and the $J_2$ rate (see IERS (2010), 5.6.3).

Sections C, E, F use IAU 2000A nutation without the adjustments (see USNO Circular 179, Kaplan (2005) available at [8]) and Sections A, B, D and G use IAU SOFA software, which includes the adjustments. Note that these adjustments are well below the precision printed. These IAU recommendations have been implemented into this almanac since the 2009 edition.

Section B describes the transformation (rotations for precession and nutation) from the GCRS to the of date system. This includes the offsets of the ICRS axes from the axes of the dynamical system (mean equator and equinox of J2000.0, termed frame bias). Users are reminded that both variants of formulation, with and without frame bias, are often given, and the difference matters.

*Timescales*

Two fundamentally different types of timescales are used in astronomy: coordinate timescales such as International Atomic Time (TAI), Terrestrial Time (TT), and Barycentric Dynamical Time (TDB), and those based on the rotation of the Earth such as Universal Time (UT) and sidereal time.

A coordinate timescale is one associated with a coordinate system. To be of use, a coordinate timescale must be related to the proper time of an actual clock. This connection is made from the proper times of an ensemble of atomic clocks on the geoid, through a relativistic transformation, to define the TAI coordinate timescale. The realization of TAI is the responsibility of the Bureau International de Poids et Mesures (BIPM).

The Earth is subject to external torques and changes to its internal structure. Thus, the Earth's rotation rate varies with time. And those timescales, such as UT, that are based on the Earth's rotation do not have a fixed relationship to coordinate timescales.

The fundamental unit of time in a coordinate time scale is the SI second defined as 9 192 631 770 cycles of the radiation corresponding to the ground state hyperfine transition of Cesium 133. As a simple count of cycles of an observable phenomenon, the SI second can be implemented, at least in principle, by an observer anywhere. According to relativity theory, clocks advancing by SI seconds according to a co-moving observer (*i.e.*, an observer moving with the clock) may not, in general, appear to advance by SI seconds to an observer on a different space-time trajectory from that of the clock. Thus, a coordinate time scale defined for use in a particular reference system is related to the coordinate time scale defined for a second reference system by a rather complex formula that depends on the relative space-time trajectories of the two reference systems. Simply stated, different astronomical reference systems use different timescales. However, the universal use of SI units allows the values of fundamental physical constants determined in one reference system to be used in another reference system without scaling.

The IAU has recommended relativistic coordinate timescales based on the SI second for theoretical developments using the Barycentric Celestial Reference System or the Geocentric Celestial Reference System. These timescales are, respectively, Barycentric Coordinate Time (TCB) and Geocentric Coordinate Time (TCG). Neither TCB nor TCG appear explicitly in this volume (except here and in the Glossary), but may underlie the physical theories that contribute to the data, and are likely to be more widely used in the future.

International Atomic Time (TAI) is a commonly used time scale with a mean rate equal, to a high level of accuracy, to the mean rate of the proper time of an observer situated on the Earth's surface (the rotating geoid). TAI is the most precisely determined time scale that is now available for astronomical use. This scale results from analyses, by the BIPM in Sèvres, France, of data from atomic time standards of many countries. Although TAI was not officially introduced until 1972, atomic timescales have been available since 1956, and TAI may be extrapolated backwards to the period 1956–1971 (for a history of TAI, see Nelson et al. (2001)). TAI is readily available as an integral number of seconds offset from UTC, which is extensively disseminated.

UTC is discussed at the end of this section.

The astronomical time scale called Terrestrial Time (TT), used widely in this volume, is an idealized form of TAI with an epoch offset. In practice it is TT = TAI + $32^s.184$. TT was so defined to preserve continuity with previously used (now obsolete) "dynamical" timescales, Terrestrial Dynamical Time (TDT) and Ephemeris Time (ET).

Barycentric Dynamical Time (TDB, defined by the IAU in 1976 and 1979 and modified in 2006 by Resolution B3) is defined such that it is linearly related to TCB and, at the geocenter, remains close to TT. Barycentric and heliocentric data are therefore often tabulated with TDB shown as the time argument. Values of parameters involving TDB (see pages K6–K7) which are not based on the SI second, will, in general, require scaling to convert them to SI-based values (dimensionless quantities such as mass ratios are unaffected).

The coordinate time scale TDB is used as the independent argument of various fundamental solar system ephemerides. In particular, it is the coordinate time scale of the Jet Propulsion Laboratory (JPL) ephemerides DE430/LE430. Previous JPL ephemerides, e.g. DE405/LE405 used the coordinate time scale $T_{eph}$ (see Glossary). The DE430/LE430 ephemerides are the basis for many of the tabulations in this volume (see the Ephemerides Section on page L5). They were computed in the barycentric reference system. The linear drift between TDB and TCB (by about $10^{-8}$) is such that the rates of TDB and TT are as close as possible for the time span covered by the particular ephemeris (Resolution B3, IAU, 2006).

The second group of timescales, which are also used in this volume, are based on the (variable) rotation of the Earth. In 2000, the IAU (Resolution B1.8, IAU, 2001) defined UT1 (Universal Time) to be linearly proportional to the Earth rotation angle (ERA, see page B8) which is the geocentric angle between two directions in the equatorial plane called, respectively, the celestial intermediate origin (CIO) and the terrestrial intermediate origin (TIO). The TIO rotates with the Earth, while the motion of the CIO has no component of instantaneous motion along the celestial equator, thus ERA is a direct measure of the Earth's rotation.

Greenwich sidereal time is the hour angle of the equinox measured with respect to the Greenwich meridian. Local sidereal time is the local hour angle of the equinox, or the Greenwich sidereal time plus the longitude (east positive) of the observer, expressed in time units. Sidereal time appears in two forms, apparent and mean, the difference being the *equation of the equinoxes*; apparent sidereal time includes the effect of nutation on the location of the equinox. Greenwich (or local) sidereal time can be observationally obtained from the equinox-based right ascensions of celestial objects transiting the Greenwich (or local) meridian. The current form of the expression for Greenwich mean sidereal time (GMST) in terms of ERA (which is a function of UT1) and the accumulated precession in right ascension (which are functions of TDB or TT), was first adopted for the 2006 edition of the almanac. The current expression for GMST is given on page B8.

Universal Time (formerly Greenwich Mean Time) is widely used in astronomy, and in this volume always means UT1. Historically, prior to the 2006 edition of *The Astronomical Almanac*, which implemented the IAU resolutions adopted in 2000, UT1 as a function of GMST was specified by IAU Resolution C5 (IAU, 1983) adopted from Aoki et al. (1982). For the 2006-2008 editions of the almanac, consistent with IAU 2000A precession-nutation, the expression is given by Capitaine, Wallace, and McCarthy (2003). Beginning with the 2009 edition, which implemented the IAU resolutions from 2006, the expression for UT1 in terms of GMST (consistent with the IAU 2006 precession) is given in Capitaine et al. (2005). No discontinuities in any time scale resulted from any of the changes in the definition of UT1.

UT1 and sidereal time are affected by variations in the Earth's rate of rotation (length of day), which are unpredictable. The lengths of the sidereal and UT1 seconds are therefore not constant when expressed in a uniform time scale such as TT. The accumulated difference in time measured by a clock keeping SI seconds on the geoid from that measured by the rotation of the Earth is $\Delta T = TT - UT1$. In preparing this volume, an assumption had to be made about the value(s) of $\Delta T$ during the tabular year; a table of observed and extrapolated values of $\Delta T$ is given on page K9. Calculations of topocentric data, such as precise transit times and hour angles, are often referred to the *ephemeris meridian*, which is 1.002 738 $\Delta T$ east of the Greenwich meridian, and thus independent of the Earth's actual rotation. Only when $\Delta T$ is specified can such predictions be referred to the Greenwich meridian. Essentially, the ephemeris meridian rotates at a uniform rate corresponding to the SI second on the geoid, rather than at the variable (and generally slower) rate of the real Earth.

The worldwide system of civil time is based on Coordinated Universal Time (UTC), which is now ubiquitous and tightly synchronized. UTC is a hybrid time scale, using the SI second on the geoid as its fundamental unit, but subject to occasional 1-second adjustments to keep it within $0\overset{s}{.}9$ of UT1. Such adjustments, called "leap seconds," are normally introduced at the end of June or December, when necessary, by international agreement. Tables of the differences UT1–UTC, called $\Delta$UT, for various dates are published by the International Earth Rotation and Reference System Service, at [5]. DUT, an approximation to UT1–UTC, is transmitted in code with some radio time signals, such as those from WWV. As previously noted, UTC and TAI differ by an integral number of seconds, which increases by 1 whenever a positive leap second is introduced into UTC. Only positive leap seconds have ever been introduced. The TAI–UTC difference is referred to as $\Delta$AT, tabulated on page K9. Therefore TAI = UTC + $\Delta$AT and TT= UTC + $\Delta$AT + $32\overset{s}{.}184$.

In many astronomical applications multiple timescales must be used. In the astronomical system of units, the unit of time is the day of 86400 seconds. For long periods, however, the Julian century of 36525 days is used. With the increasing precision of various quantities it is now often necessary not only to specify the date but also the time scale. Thus the standard epoch for astrometric reference data designated J2000.0 is 2000 January 1, $12^h$TT (JD 245 1545.0 TT). The use of timescales based on the tropical year and Besselian epochs was discontinued in 1984. Other information on timescales and the relationships between them may be found on pages B6–B12.

## *Ephemerides*

The fundamental ephemerides of the Sun, Moon, and major planets were calculated by numerical integration at the Jet Propulsion Laboratory (JPL). These ephemerides, designated DE430/LE430, provide barycentric equatorial rectangular coordinates for the period JD2287184.5 (1549 Dec. 21.0) through JD2688976.5 (2650 Jan. 25.0) (Folkner et al., 2014). *The Astronomical Almanac* for 2015 was the first edition that used the DE430/LE430 ephemerides; the volumes for 2003 through 2014 used the ephemerides designated DE405/LE405 (Standish, 1998a). Optical, radar, laser, and space-craft observations were analyzed to determine starting conditions for the numerical integration and values of fundamental constants such as the planetary masses and the length of the astronomical unit in meters. The reference frame for the basic ephemerides is the ICRF; the alignment onto this frame has an estimated accuracy of 1–2 milliarcseconds. As described above, the JPL DE430/LE430 ephemerides have been developed in a barycentric reference system using a barycentric coordinate time scale TDB.

The geocentric ephemerides of the Sun, Moon, and planets tabulated in this volume have been computed from the basic JPL ephemerides in a manner consistent with the rigorous reduction methods presented in Section B. For each planet, the ephemerides represent the position of the center of mass, which includes any satellites, not the center of figure or center of light. The precession-nutation model used in the computation of geocentric positions follows the IAU resolutions adopted in 2000 and 2006; see the Precession and Nutation Models section above.

## Section A: Summary of Principal Phenomena

In 2006, the IAU agreed on resolution 5B, which provides the definition for "planet" and also introduces the new class of "dwarf planets". Following those resolutions, only eight solar system objects – Mercury, Venus, Earth, Mars, Jupiter, Saturn, Uranus and Neptune – classify as planets. Along with Pluto, Ceres is now in the new class of dwarf planets.

The lunations given on page A1 are numbered in continuation of E.W. Brown's series, of which No. 1 commenced on 1923 January 16 (Brown, 1933).

The list of occultations of planets and bright stars by the Moon starting on page A2 gives the approximate times and areas of visibility for the planets, the dwarf planets Ceres and Pluto, the minor planets Pallas, Juno and Vesta, and the five bright stars *Aldebaran, Antares, Regulus, Pollux* and *Spica*. However, due primarily to precession, it is known that *Pollux* has not, nor will be, occulted by the Moon for hundreds of years. Maps of the area of visibility of these occultations and for the minor planets published in Section G are available on *The Astronomical Almanac Online*. IOTA, the International Occultation Timing Association [6], is responsible for the predictions and reductions of timings of lunar occultations of stars by the Moon.

Times tabulated on page A3 for the stationary points of the planets are the instants at which the planet is stationary in apparent geocentric right ascension; but for elongations of the planets from the Sun, the tabular times are for the geometric configurations. From inferior conjunction to superior conjunction for Mercury or Venus, or from conjunction to opposition for a superior planet, the elongation from the Sun is west; from superior to inferior conjunction, or from opposition to conjunction, the elongation is east. Because planetary orbits do not lie exactly in the ecliptic plane, elongation passages from west to east or from east to west do not in general coincide with oppositions and conjunctions. For the selected dwarf planets Pluto and Ceres and minor planets Pallas, Juno and Vesta conjunctions, oppositions and stationary points are tabulated at the bottom of page A4 while their magnitudes, every 40 days, are given on page A5.

Dates of heliocentric phenomena are given on page A3. Since they are determined from the actual perturbed motion, these dates generally differ from dates obtained by using the elements of the mean orbit. The date on which the radius vector is a minimum may differ considerably from the date on which the heliocentric longitude of a planet is equal to the longitude of perihelion of the mean orbit. Similarly, when the heliocentric latitude of a planet is zero, the heliocentric longitude may not equal the longitude of the mean node.

The magnitudes and elongations of the planets are tabulated on pages A4–A5. For Mercury and Venus (page A4) they are tabulated every 5 days and the expressions for the magnitudes are given by Hilton (2005a) with amendments from Hilton (2005b). Magnitudes are not tabulated for a few dates around inferior and superior conjunction. In terms of the phase angle ($\phi$) magnitudes are given for Mercury when $2°.1 < \phi < 169°.5$, and for Venus when $2°.2 < \phi < 170°.2$. For the other planets (page A5), the elongations and magnitudes are given every 10 days. These magnitude expressions are due to Harris (1961) and Irvine et al. (1968). Daily tabulations are given in Section E.

Configurations of the Sun, Moon and planets (pages A9–A11) are a chronological listing, with times to the nearest hour, of geocentric phenomena. Included are eclipses; lunar perigees, apogees and phases; phenomena in apparent geocentric longitude of the planets, dwarf planets Ceres and Pluto and the minor planets Pallas, Juno and Vesta; times when these planets are stationary in right ascension and when the geocentric distance to Mars is a minimum; and geocentric conjunctions in apparent right ascension of the planets with the Moon, with each other, and with the five bright stars *Aldebaran, Regulus, Spica, Pollux* and *Antares*, provided these conjunctions are considered to occur sufficiently far from the Sun to permit observation. Thus conjunctions in right ascension are excluded if they occur within 20° of the Sun for Uranus and Neptune; 15° for the Moon, Mars and Saturn; within 10° for Venus and Jupiter; and within approximately 10° for Mercury, depending on Mercury's brightness. For Venus the occasion of its greatest illuminated extent is included.

The occurrence of occultations of planets and bright stars is indicated by "Occn."; the areas of visibility are given in the list on page A2 while the maps are available on *The Astronomical Almanac Online*. Geocentric phenomena differ from the actually observed configurations by the effects of the geocentric parallax at the place of observation, which for configurations with the Moon may be quite large.

The explanation for the tables of sunrise and sunset, twilight, moonrise and moonset is given on page A12; examples are given on page A13.

### Eclipses

The elements and circumstances are computed according to Bessel's method from apparent right ascensions and declinations of the Sun and Moon based, for the eclipses only, on the JPL ephemerides DE405/LE405. Semidiameters of the Sun and Moon used in the calculation of eclipses do not include irradiation. The adopted semidiameter of the Sun at unit distance is $15'59''.64$ from the IAU (1976) Astronomical Constants (IAU, 1976). The apparent semidiameter of the Moon is equal to $\arcsin(k \sin \pi)$, where $\pi$ is the Moon's horizontal parallax and $k$ is an adopted constant. In 1982, the IAU adopted $k = 0.272\,5076$, corresponding to the mean radius of the Watts' datum (Watts, 1963) as determined by observations of occultations and to the adopted radius of the Earth. Corrections to the ephemerides, if any, are noted in the beginning of the eclipse section.

In calculating lunar eclipses the radius of the geocentric shadow of the Earth is increased by one-fiftieth part to allow for the effect of the atmosphere. Refraction is neglected in calculating solar and lunar eclipses. Because the circumstances of eclipses are calculated for the surface of the ellipsoid, refraction is not included in Besselian elements. For local predictions, corrections for refraction are unnecessary; they are required only in precise comparisons of theory with observation in which many other refinements are also necessary.

Descriptions of the maps and use of Besselian elements are given on pages A78–A83, while maps of the areas of visibility are available on *The Astronomical Almanac Online*.

### Section B: Timescales and Coordinate Systems

### Calendar

Over extended intervals civil time is ordinarily reckoned according to conventional calendar years and adopted historical eras; in constructing and regulating civil calendars and fixing ecclesiastical calendars, a number of auxiliary cycles and periods are used. In particular the Islamic calendar printed is determined from an algorithm that approximates the lunar cycle and is independent of location. In practice the dates of Islamic fasts and festivals are determined by an actual sighting of the appropriate new crescent moon.

To facilitate chronological reckoning, the system of Julian day (JD) numbers maintains a continuous count of astronomical days, beginning with JD 0 on 1 January 4713 B.C., Julian proleptic calendar. Julian day numbers for the current year are given on page B3 and in the Universal and Sidereal Times pages, B13–B20, and the Universal Time and Earth rotation angle table on pages B21–B24. To determine JD numbers for other years on the Gregorian calendar, consult the Julian Day Number tables on pages K2–K5.

Note that the Julian day begins at noon, whereas the calendar day begins at the preceding midnight. Thus the Julian day system is consistent with astronomical practice before 1925, with the astronomical day being reckoned from noon. The Julian date should include a specification as to the time scale being used, *e.g.*, JD 245 1545.0 TT or JD 245 1545.5 UT1.

At the bottom of pages B4–B5, dates are given for various chronological cycles, eras, and religious calendars. Note that the beginning of a cycle or era is an instant in time; the date given is the Gregorian day on which the period begins. Religious holidays, unlike the beginning of eras, are not instants in time but typically run an entire day. The tabulated date of a religious festival is the Gregorian day on which it is celebrated. When converting to other calendars whose days begin at different times of day (*e.g.*, sunset rather than midnight), the convention utilized is to tabulate the day that contains noon in both calendars.

For a discussion on timescales see page L3 of this section.

## IAU XXIV General Assembly, 2006

The resolutions of the IAU 2006 GA that impacted on this section were a result of the IAU Division I Working Groups on Nomenclature for Fundamental Astronomy (WGNFA) and the Working Group on Precession and the Ecliptic (WGPE).

The 2006 edition of this almanac introduced the recommendations of the WGNFA which were adopted at the 2006 GA (Resolution B2, IAU, 2006). This included replacing the terms Celestial Ephemeris Origin and Terrestrial Ephemeris Origin, the "non-rotating" origins of the Celestial and Terrestrial Intermediate Reference Systems of the IAU 2000 resolution B1.8 (IAU, 2001), with the terms Celestial Intermediate Origin (CIO), and the Terrestrial Intermediate Origin (TIO), respectively.

Beginning with the 2009 edition, resolution B1, which relates to the report of the WGPE (Hilton et al., 2006) has been implemented. Table 1 of this report gives a useful list of "The polynomial coefficients for the precession angles". The WGPE adopted the precession theory designated P03 (Capitaine, Wallace, and Chapront, 2003). The two papers of Capitaine and Wallace (2006) and Wallace and Capitaine (2006), have also been used. The updated Chapter 5 of the IERS (2010), which replaces IERS (2004), is available from their website [7] which describes the ITRS to GCRS conversion. In addition to updated precession angles the WGPE report includes updates to Greenwich mean sidereal time and other related quantities.

The IAU SOFA library has been used in the software that has generated the data in this section. The code is available from the IAU Standards Of Fundamental Astronomy (SOFA) website [3] and contains code for all the fundamental quantities related to various systems

A detailed explanation and implementation of "The IAU Resolutions on Astronomical Reference Systems, Timescales, and Earth Rotation Models" is published in *USNO Circular 179* (Kaplan, 2005).

## Universal and Sidereal Times and Earth Rotation Angle

The tabulations of Greenwich mean sidereal time (GMST) at $0^h$ UT1 are calculated from the defining relation between the Earth rotation angle (ERA), which is a function of UT1, and the accumulated precession (P03, see reference above) in right ascension, which is a function of TDB or TT (see pages B8 and L3).

The tabulations of Greenwich apparent sidereal time (GAST, or GST as it is designated in the papers above), is calculated from ERA and the equation of the origins. The latter is a function of the CIO locator $s$ and precession and nutation (see Capitaine and Wallace (2006) and Wallace and Capitaine (2006)). This formulation ensures that whichever paradigm is used, equinox or CIO based, the resulting hour angles will be identical. Greenwich mean and apparent sidereal times and the equation of the equinoxes are tabulated on pages B13–B20, while ERA and equation of the origins are tabulated on pages B21–B24.

## Bias, Precession and Nutation

The WGPE stated that the choice of the precession parameters should be left to the user. It should be noted that the effect of the frame bias (see page B50), the offset of the ICRS from the J2000.0 system, is not related to precession. However, the Fukushima-Williams angles (see page B56), which are used by SOFA, and the series method (see page B46) of calculating the ICRS-to-date matrix, have the frame bias offset included.

The approximate formulae (see page B54) using the precessional constants $M$, $N$, $a$, $b$, $c$ and $c'$ for the reduction of precession that transform positions and orbital elements from and to J2000.0 are accurate to $0\overset{''}{.}5$ within half a century of J2000.0 and to $1''$ within one century of J2000.0 for the position formulae ($\alpha$, $\delta$, $\lambda$, $\beta$) and accurate to $0\overset{''}{.}5$ within half a century of J2000.0 and to $1\overset{''}{.}5$ within one century of J2000.0 for the orbital element formulae. These differences were found, in the case of transforming positions, by comparing values of right ascension such that $0° \le \alpha \le 360°$ in steps of $30°$ and declination such that $-75° \le \delta \le +75°$ in steps of $5°$ every 10 days. In the case of transforming orbital elements the differences were found by comparing values for each of the planets every 10 days.

The formulae given at the bottom of the page B54 which are for the approximate reduction from the mean equinox and equator or ecliptic of the middle of the year (*e.g.* mean places of stars) to a date within the year (*i.e.* $-0.5 \le \tau \le +0.5$) were compared daily with a similar range of positions as above. These formulae use the annual rates $m$, $n$, $p$, $\pi$ for the middle of the year, which are given at the top of the following page. The years analyzed were 1950 to 2050 and the formulae are accurate to $0\overset{''}{.}002$ for right ascension and declination and accurate to $0\overset{''}{.}006$ for ecliptic longitude and latitude. All these traditional approximate formulae break down near the poles.

## Reduction of Astronomical Coordinates

Formulae and methods are given showing the various stages of the reduction from an International Celestial Reference System (ICRS) position to an "of date" position consistent with the IAU 2012 resolution B2 (IAU, 2012). This reduction may be achieved either by using the long-standing equinox approach or the CIO-based method, thus generating apparent or intermediate places, respectively. The examples also show the calculation of Greenwich hour angle using GAST or ERA as appropriate. The matrices for the transformation from the GCRS to the "of date" position for each method are tabulated on pages B30–B45. The Earth's position and velocity components (tabulated on pages B76-B83) are extracted from the JPL ephemeris DE430/LE430, which is described on page L5.

The determination of latitude using the position of Polaris or $\sigma$ Octantis may be performed using the methods and tables on pages B87-B92.

## Section C: The Sun

The formulas for the Sun's orbital elements found on page C1—specifically the geometric mean longitude ($\lambda$), the mean longitude of perigee ($\varpi$), the mean anomaly ($l'$) and the eccentricity ($e$)— are computed using the values from Simon et al. (1994): $\lambda$, the expression $\lambda = F + \Omega - D$ is used where $F$ and $D$ are the Delaunay arguments found in § 3.5b and $\Omega$ is the longitude of the Moon's node found in § 3.4 3.b; the expression $\varpi = \lambda - l'$ is used, where $l'$ is taken from § 3.5b; $e$ is taken directly from § 5.8.3. Mean obliquity, $\varepsilon$, is from Capitaine, Wallace, and Chapront (2003), Eq. 39 with $\varepsilon_0$ from Eq. 37. Rates for all of the mean orbital elements are the time derivatives of the above expressions.

The lengths of the principal years are computed using the rates of the orbital elements. Tropical year is $360°/\dot\lambda$. Sidereal year is $360°/(\dot\lambda - \dot P)$ where $\dot P$ is the precession rate found in Simon et al. (1994), Eq. 5. The anomalistic year is $360°/\dot l'$ and the eclipse year is $360°/(\dot\lambda - \dot\Omega)$.

The coefficients for the equation of time formula are computed using Smart (1956), § 90; in that formula the value for $L$ is the same as $\lambda$ (explained above) but corrected for aberration and rounded for ease of computation.

The rotation elements listed on page C3 are due to Carrington (1863). The synodic rotation numbers tabulated on page C4 are in continuation of Carrington's Greenwich photoheliographic series of which Number 1 commenced on November 9, 1853.

The JPL DE430/LE430 ephemeris, which is described on page L5, is the basis of the various tabular data for the Sun on pages C6–C25.

Daily geocentric coordinates of the Sun are given on the even pages of C6–C20; the tabular argument is Terrestrial Time (TT). The ecliptic longitudes and latitudes are referred to the mean equinox and ecliptic of date. These values are geometric, that is they are not antedated for light-time, aberration, etc. The apparent equatorial coordinates, right ascension and declination, are referred to the true equator and equinox of date and are antedated for light-time and have aberration applied. The true geocentric distance is given in astronomical units and is the value at the tabular time; that is, the values are not antedated.

Daily physical ephemeris data are found on the odd pages of C7–C21 and are computed using the techniques outlined in *The Explanatory Supplement to the Astronomical Almanac* (Urban and Seidelmann, 2012); the tabular argument is TT. The solar rotation parameters are from *Report of the IAU/IAG Group on Cartographic Coordinates and Rotational Elements: 2009* (Archinal et al., 2011a); the data are based on Carrington (1863). Prior to *The Astronomical Almanac* for 2009, neither light-time correction nor aberration were applied to the solar rotation because they were presumably already in Carrington's meridian. Since the Earth-Sun distance is relatively constant, this is possible only for the Sun. At the 2006 IAU General Assembly, the Working Group on Cartographic Coordinates and Rotational Elements decided to make the physical ephemeris computations for the Sun consistent with the other major solar system bodies. The $W_0$ value for the Sun was "foredated" by about 499s; using the new value, the computation must take into account the light travel time. To further unify the process with other solar system objects, aberration is now explicitly corrected. Differences between the pre-2009 technique and the current recommendation are negligible at the Earth; for *The Astronomical Almanac*, differences of one in the least significant digit are occasionally seen in $P$, $B_0$ and $L_0$ with no other values being affected. Further explanation is found on the *The Astronomical Almanac Online* in the Notes and References area.

The Sun's daily ephemeris transit times are given on the odd pages of C7–C21. An ephemeris transit is the passage of the Sun across the *ephemeris meridian*, defined as a fictitious meridian that rotates independently of the Earth at the uniform rate. The ephemeris meridian is $1.002738 \times \Delta T$ east of the Greenwich meridian.

Geocentric rectangular coordinates, in au, are given on pages C22–C25. These are referred to the ICRS axes, which are within a few tens of milliarcseconds of the mean equator and equinox of J2000.0. The time argument is TT and the coordinates are geometric, that is there is no correction for light-time, aberration, etc.

### Section D: The Moon

The geocentric ephemerides of the Moon are based on the JPL DE430/LE430 numerical integration described on page L5, with the tabular argument being TT. Additional formulae and data pertaining to the Moon are given on pages D1–D5 and D22.

For high precision calculations a polynomial ephemeris (ASCII or PDF) is available at *The Astronomical Almanac Online* along with the necessary procedures for its evaluation. Daily apparent ecliptic latitude and longitude (to nearest second of arc) and apparent geocentric right ascension and declination (to $0''.1$) are given on the even numbered pages D6–D20. Although the tabular apparent right ascension and declination are antedated for light-time, the true distance and the horizontal parallax are the geometric values for the tabular time. The horizontal parallax is derived from $\arcsin(a_E/r)$, where $r$ is the true distance and $a_E = 6378.1366\,\text{km}$ is the Earth's equatorial radius (see page K6).

The semidiameter $s$ is computed from $s = \arcsin(R_M/r)$, where $r$ is the true distance and $R_M = 1737.4\,\text{km}$ is the mean radius of the Moon (see page K7). From the 2013 edition, the semidiameter is tabulated on odd pages D7–D21.

The values for the librations of the Moon are calculated using rigorous formulae. The optical librations are based on the mean lunar elements of Simon et al. (1994) while the total librations are computed from the LE430 rotation angles (LE 403 was used for 2011 through 2014). The rotation angles have been transformed from the Principal Moment of Inertia system used in the JPL ephemeris to librations that are defined in the mean-Earth direction, mean pole of rotation system given in Section D, by means of specific rotations provided by Folkner et al. (2014) and Williams et al. (2013). The rotation ephemeris and hence the derived librations are more accurate than those of Eckhardt (1981) which have been used in the editions from 1985 to 2010, inclusive; (see also, Calame, 1982). The value of $1°32'32''.6$ for the inclination of the mean lunar equator to the ecliptic (also given on page D2) has been taken from Newhall and Williams (1996). Since apparent coordinates of the Sun and Moon are used in the calculations, aberration is fully included, except for the inappreciable difference between the light-time from the Sun to the Moon and from the Sun to the Earth. A detailed description of this process can found in *NAO Technical Note*, No. 74 (Taylor et al., 2010). From the 2013 edition the physical librations, the difference between the total and optical librations, are no longer tabulated.

The selenographic coordinates of the Earth and Sun specify the points on the lunar surface where the Earth and Sun, respectively, are in the selenographic zenith. The selenographic longitude and latitude of the Earth are the total geocentric (optical and physical) librations with respect to the coordinate system in which the $x$-axis is the mean direction towards the geocentre and the $z$-axis is the mean pole of lunar rotation. When the longitude is positive, the mean central point is displaced eastward on the celestial sphere, exposing to view a region on the west limb. When the latitude is positive, the mean central point is displaced toward the south, exposing to view the north limb.

The tabulated selenographic colongitude of the Sun is the east selenographic longitude of the morning terminator. It is calculated by subtracting the selenographic longitude of the Sun from $90°$ or $450°$. Colongitudes of $270°$, $0°$, $90°$ and $180°$ approximately correspond to New Moon, First Quarter, Full Moon and Last Quarter, respectively.

The position angles of the axis of rotation and the midpoint of the bright limb are measured counterclockwise around the disk from the north point. The position angle of the terminator may be obtained by adding $90°$ to the position angle of the bright limb before Full Moon and by subtracting $90°$ after Full Moon.

For precise reductions of observations, the tabular librations and position angle of the axis should be reduced to topocentric values. Formulae for this purpose by Atkinson (1951) are given on page D5.

## Section E: Planets

The heliocentric and geocentric ephemerides of the planets are based on the numerical integration DE430/LE430 described on page L5. These data are given in TDB, which is the timescale used for the fundamental solar system ephemerides (DE430). The longitude of perihelion for both Venus and Neptune is given to a lower degree of precision due to the fact that they have nearly circular orbits and the point of perihelion is nearly undefined.

Although the apparent right ascension and declination are antedated for light-time, the true geocentric distance in astronomical units is the geometric distance for the tabular time.

The physical ephemerides of the planets depend upon the fundamental solar system ephemerides DE430/LE430 described on page L5. Physical data are based on the *Report of the IAU/IAG Working Group on Cartographic Coordinates and Rotational Elements: 2009* (Archinal et al. (2011a), hereafter the WGCCRE Report) and its erratum (Archinal et al., 2011b). This report contains tables giving the dimensions, directions of the north poles of rotation and the prime meridians of the planets, Pluto, some of the satellites, and asteroids.

The orientation of the pole of a planet is specified by the right ascension $\alpha_0$ and declination $\delta_0$ of the north pole, with respect to the ICRS. According to the IAU definition, the north pole is the pole that lies on the north side of the invariable plane of the solar system. Because of precession of a planet's axis, $\alpha_0$ and $\delta_0$ may vary slowly with time; values for the current year are given on page E5.

For the four gas giant planets, the outer layers rotate at different rates, depending on latitude, and differently from their interior layers. The rotation rate is therefore defined by the periodicity of radio emissions, which are presumably modulated by the planet's internal magnetic field; this is referred to as "System III" rotation. For Jupiter, "System I" and "System II" rotations have also been defined, which correspond to the apparent rotations of the equatorial and mid-latitude cloud tops, respectively, in the visual band. It should be noted that recent observations by the Cassini spacecraft have cast doubt on the reliability of the current methods to predict Saturn's rotation parameters (Gurnett et al., 2007) and that the influence of Saturn's moon Enceladus may be affecting the results.

The masses of the planets are calculated using the values for $GM_S$ and the masses of the planet-satellite systems, found on K6, and the planet-satellite mass ratios found on pages F3 and F5.

All tabulated quantities in the physical ephemeris tables are corrected for light-time, so the given values apply to the disk that is visible at the tabular time. Except for planetographic longitudes, all tabulated quantities vary so slowly that they remain unchanged if the time argument is considered to be UT rather than TT. Conversion from TT to UT affects the tabulated planetographic longitudes by several tenths of a degree for all but Mercury and Venus.

Expressions for the visual magnitudes of the planets are due to Harris (1961), with the exception of Mercury and Venus which are derived using constants given by Hilton (2005a,b) and Jupiter which uses those of Irvine et al. (1968). The apparent magnitudes of the planets do not include variations from albedo markings or atmospheric disturbances. For example, the albedo markings on Mars may cause variations of approximately 0.05 magnitudes. If there is a major dust storm, the apparent magnitude can be highly variable and be as much as 0.2 magnitudes brighter than the predicted value.

The apparent disk of an oblate planet is always an ellipse, with an oblateness less than or equal to the oblateness of the planet itself, depending on the apparent tilt of the planet's axis. For planets with significant oblateness, the apparent equatorial and polar diameters are separately tabulated. The WGCCRE Report gives two values for the polar radii of Mars because there is a location difference between the center of figure and the center of mass for the planet. For the purposes of the physical ephemerides, the calculations use the mean value of the polar radii for Mars which produces the same result as using either radii at the precision of the printed table.

More information as well as useful data and formulae are given on pages E3–E6.

### Section F: Natural Satellites

The ephemerides of the satellites are intended only for search and identification, not for the exact comparison of theory with observation; they are calculated only to an accuracy sufficient for the purpose of facilitating observations. These ephemerides are based on the numerical integration DE430/LE430 described on page L5, and corrected for light-time. The value of $\Delta T$ used in preparing the ephemerides is given on page F1. Reference planes for the satellite orbits are defined by the individual theories, cited below, used to compute their ephemerides.

Beginning with the 2013 edition of *The Astronomical Almanac*, the orbital data given for the planetary satellites of Mars, Jupiter (satellites I - XVI), Saturn (satellites I - IX), and Neptune (satellites I - VIII) in the table on pages F2 and F4 are given with respect to the local Laplace Plane. The

Laplace Plane is an auxiliary concept convenient for describing the orbital plane evolution of a satellite in a nearly circular orbit within the "star - oblate planet - weightless satellite" setting, provided the orbit is not too close to polar. In an ideal situation where a planet is perfectly spherical and its satellite feels no influence from the Sun, the orbital plane of that satellite would be coplanar with the planet's equatorial plane with its normal vector parallel to the spin axis of the planet. In a real situation, however, planets are oblate and the gravitational influence of the Sun cannot be ignored. The oblateness of the planet and the gravitational influence of the Sun causes the satellite's orbital normal vector to precess in an elliptical pattern about another vector which serves as the normal vector to the Laplace Plane. For satellite orbits close to the planet, the Laplace Plane lies close to the planet's equatorial plane; for satellite orbits high above the planet, the Laplace Plane lies close to the planet's orbital plane.

Beginning with the 2006 edition of *The Astronomical Almanac*, a set of selection criteria has been instituted to determine which satellites are included in the table; those criteria appear on page F5. As a result, many newer satellites of Jupiter, Saturn, and Uranus have been included. However, some satellites that were included in previous editions have now been excluded. A more complete table containing all of the data from this edition as well as many of the previously included satellites is available on *The Astronomical Almanac Online*. The following sources were used to update the data presented in this table: Jacobson et al. (1989); the The Giant Planet Satellite and Moon Page at [11]; the JPL Planetary Satellite Mean Orbital Parameters at [9], and references therein; Nicholson (2008); Jacobson (2000); Owen, Jr. et al. (1991).

Ephemerides, elongation times, and phenomena for planetary satellites are computed using data from a mixed function solution for twenty short-period planetary satellite orbits presented in Taylor (1995). The printed apparent satellite orbits are projections of their true orbits in three dimensions onto the two dimensional plane of the sky. The time of greatest eastern (or northern) elongation of an orbit is when the separation between satellite and planet is at a maximum on the eastern (or northern) side of the orbit. Starting with the 2007 edition, the offset data generated are used to produce satellite diagrams for Mars, Jupiter, Uranus, and Neptune. Beginning with the 2010 edition the paths of the satellites are computed at six minute intervals for Mars, eighty minute intervals for Jupiter, eighty-one minute intervals for Uranus, and thirty-five minute intervals for Neptune. As a consequence of these choices, the paths of the satellites for these planets appear as dotted lines in the satellite diagrams. The new diagrams give a scale (in arcseconds) of the orbit of the satellites as seen from Earth. Approximate formulae for calculating differential coordinates of satellites are given with the relevant tables.

The tables of apparent distance and position angle have been discontinued in *The Astronomical Almanac* starting with the 2005 edition. These tables are available on *The Astronomical Almanac Online* along with the offsets of the satellites from the planets.

### *Satellites of Mars*

The ephemerides of the satellites of Mars are computed from the orbital elements given in Sinclair (1989).

### *Satellites of Jupiter*

The ephemerides of Satellites I–IV are based on the theory given in Lieske (1977), with constants from (Arlot, 1982).

Elongations of Satellite V are computed from circular orbital elements determined in Sudbury (1969). The differential coordinates of Satellites VI–XIII are computed from numerical integrations, using starting coordinates and velocities calculated at the U.S. Naval Observatory (Rohde and Sinclair, 1992).

The use of ".. .. .." for the Terrestrial Time of Superior Geocentric Conjunction data for satellites I–IV indicate times of the year when Jupiter is too close to the Sun for any conjunctions to be observed which occurs when the angular separation between Jupiter and the Sun is less than 20 degrees.

The actual geocentric phenomena of Satellites I–IV are not instantaneous. Since the tabulated times are for the middle of the phenomena, a satellite is usually observable after the tabulated time of eclipse disappearance (Ec D) and before the time of eclipse reappearance (Ec R). In the case of Satellite IV the difference is sometimes quite large. Light curves of eclipse phenomena are discussed in Harris (1961).

To facilitate identification, approximate configurations of Satellites I–IV are shown in graphical form on pages facing the tabular ephemerides of the geocentric phenomena. Time is shown by the vertical scale, with horizontal lines denoting $0^h$ UT. For any time the curves specify the relative positions of the satellites in the equatorial plane of Jupiter. The width of the central band, which represents the disk of Jupiter, is scaled to the planet's equatorial diameter.

For eclipses the points $d$ of immersion into the shadow and points $r$ of emersion from the shadow are shown pictorially at the foot of the right-hand pages for the superior conjunctions nearest the middle of each month. At the foot of the left-hand pages, rectangular coordinates of these points are given in units of the equatorial radius of Jupiter. The $x$-axis lies in Jupiter's equatorial plane, positive toward the east; the $y$-axis is positive toward the north pole of Jupiter. The subscript 1 refers to the beginning of an eclipse, subscript 2 to the end of an eclipse.

### Satellites and Rings of Saturn

The apparent dimensions of the outer ring and factors for computing relative dimensions of the rings are from Esposito et al. (1984). The appearance of the rings depends upon the Saturnicentric positions of the Earth and Sun. The ephemeris of the rings is corrected for light-time.

The positions of Mimas, Enceladus, Tethys and Dione are based upon orbital theories presented in Kozai (1957), elements from Taylor and Shen (1988), with mean motions and secular rates from Kozai (1957) and Garcia (1972). The positions of Rhea and Titan are based upon orbital theories given in Sinclair (1977) with elements from Taylor and Shen (1988), mean motions and secular rates by Garcia (1972). The theory and elements for Hyperion are from Taylor (1984). The theory for Iapetus is from Sinclair (1974) with additional terms from Harper et al. (1988) and elements from Taylor and Shen (1988). The orbital elements used for Phoebe are from Zadunaisky (1954).

For Satellites I–V times of eastern elongation are tabulated; for Satellites VI–VIII times of all elongations and conjunctions are tabulated. On the diagram of the orbits of Satellites I–VII, points of eastern elongation are marked "$0^d$". From the tabular times of these elongations the apparent position of a satellite at any other time can be marked on the diagram by setting off on the orbit the elapsed interval since last eastern elongation. For Hyperion, Iapetus, and Phoebe, ephemerides of differential coordinates are also included.

Solar perturbations are not included in calculating the tables of elongations and conjunctions, distances and position angles for Satellites I–VIII. For Satellites I–IV, the orbital eccentricity $e$ is neglected.

### Satellites and Rings of Uranus

Data for the Uranian rings are from the analysis presented in Elliot et al. (1981). Ephemerides of the satellites are calculated from orbital elements determined in Laskar and Jacobson (1987).

*Satellites of Neptune*

The ephemerides of Triton and Nereid are calculated from elements given in Jacobson (1990). The differential coordinates of Nereid are apparent positions with respect to the true equator and equinox of date.

*Satellites of Pluto*

The ephemeris of Charon is calculated from the elements given in Tholen (1985). The remaining satellites' mean opposition magnitudes (> 23.0) are deemed too faint for inclusion.

### Section G: Dwarf Planets and Small Solar System Bodies

This section contains data on a selection of 5 dwarf planets, 92 minor planets and short period comets.

Astrometric positions for selected dwarf planets and minor planets are given daily at $0^h$ TT for 60 days on either side of an opposition occurring between January 1 of the current year and January 31 of the following year. Also given are the apparent visual magnitude and the time of ephemeris transit over the ephemeris meridian. The dates when the object is stationary in apparent right ascension are indicated by shading. It is occasionally possible for a stationary date to be outside the period tabulated. Linear interpolation is sufficient for the magnitude and ephemeris transit, but for the astrometric right ascension and declination second differences may be significant.

Astrometric ephemerides (right ascension and declination) are tabulated since they are comparable with observations (corrected for geocentric parallax) and referred to catalogue places of comparison stars, when the catalogue places are referred to the ICRS (or the mean equator and equinox of J2000.0) and the star positions are corrected for proper motion and annual parallax, if significant, to the epoch of observation.

*Dwarf Planets*

The dwarf planets are those acknowledged by the IAU in the year of production (see [10]). For the edition for 2016, these are the following objects: (1) Ceres, (134340) Pluto, (136108) Haumea, (136199) Eris and (136472) Makemake.

From those five, we currently provide more detailed information for Ceres, Pluto and Eris. Ceres and Pluto have been chosen due to their long observational history and the availability of high quality positions, which make the published ephemeris reliable. While Eris may be seen as the object which (historically) had a major influence on the process of reclassification within the solar system, it can also be targeted by amateur astronomers. In addition to these three objects, Makemake and Haumea are included in this list of dwarf planets and their physical properties are tabulated.

Osculating elements are tabulated for ecliptic and equinox J2000.0 for Ceres, Pluto and Eris for three dates per year (100 day dates). For any of these three objects that are at opposition during the year, like the minor planets, an astrometric ephemeris is tabulated daily for a 120-day window centered on the opposition date, 60 days on either side of opposition. Two star charts are also provided, one showing the astrometric positions around opposition and the other the path during the year. The stars plotted with Ceres and any dwarf planet brighter than magnitude $V = 10.0$ are from a hybrid catalogue (Urban, 2010 private communication) that was generated from the *Tycho-2 Catalogue* (Høg et al., 2000) and *Hipparcos Catalogue* (ESA, 1997). For other fainter dwarf planets (*i.e.* trans-Neptunian objects) the stars that are plotted are taken from the NOMAD database [17]. This selection of stars is related to the opposition magnitude of the particular dwarf planet and includes all those stars whose magnitudes are at least brighter than the opposition magnitude.

Depending on the density of the stars other selection criteria may be used. The magnitude range has thus been chosen to fit with each object and is given at the bottom of each chart. All of the charts show astrometric J2000.0 positions.

The astrometric positions of Pluto are based on the JPL DE430 ephemeris while those of Ceres and Eris are based on data from JPL Horizons [18], converted into Chebychev polynomials following the same methods used to calculate coordinates with the USNO/AE 98 ephemerides of Hilton (1999). A physical ephemeris is also included for those dwarf planets for which reliable data are available; currently (1) Ceres and (134340) Pluto where data are taken from the 2009 IAU Working Group on Cartographic Coordinates and Rotational Elements report of Archinal (2011a, 2011b). Basic physical properties are listed for all five dwarf planets. Due to the recent discovery of Eris, Makemake and Haumea data have been collected from several sources:

- Ceres: values as published in earlier editions of *The Astronomical Almanac*; mass as given in Pitjeva and Standish (2009).
- Pluto: values as published previously in Section E of the 2013 edition of *The Astronomical Almanac*; the minimum Earth distance has been taken from the JPL Small Body Database at [12].
- Eris: values as given in Brown et al. (2005); Brown (2008).
- Makemake: period of rotation from Heinze and de Lahunta (2009); see the JPL Small Body Database [12] and the IAU Minor Planet Center [13] for other parameters
- Haumea: period of rotation from Lacerda et al. (2008); see JPL Small Body Database [12] and the IAU Minor Planet Center [13] for other parameters

The absolute visual magnitude at zero phase angle H, and the slope parameter for magnitude G are taken from the Minor Planet Center database. For Ceres, the values are the same as used previously, and were taken from the Minor Planet Ephemerides produced by the Institute of Applied Astronomy, St. Petersburg.

Much of this information and more details are available from M. E. Brown's website [14] and links therein.

*Minor Planets*

The 92 minor planets are divided into two sets. The main set of the fourteen largest asteroids are (2) Pallas, (3) Juno, (4) Vesta, (6) Hebe, (7) Iris, (8) Flora, (9) Metis, (10) Hygiea, (15) Eunomia, (16) Psyche, (52) Europa, (65) Cybele, (511) Davida, and (704) Interamnia. Their astrometric ephemerides are based on data from JPL Horizons [18]. These particular asteroids were chosen because they are large (> 300 km in diameter), have well observed histories, and/or are the largest member of their taxonomic class. The remaining 78 minor planets constitute the set with opposition magnitudes < 11, or < 12 if the diameter ≥ 200 km. Their positions are also based on data from JPL Horizons [18]. A table of the JPL Horizons solution reference numbers for each of the dwarf and minor planets is available on *The Astronomical Almanac Online*. The absolute visual magnitude at zero phase angle ($H$) and the slope parameter ($G$), which depends on the albedo, are from the Minor Planet Ephemerides produced by the Institute of Applied Astronomy, St. Petersburg. The purpose of the selection of objects is to encourage observation of the most massive, largest and brightest of the minor planets.

A chronological list of the opposition dates of all the objects is given together with their visual magnitude and apparent declination. Those oppositions printed in bold also have a sixty-day ephemeris around opposition. All phenomena (dates of opposition and dates of stationary points) are calculated to the nearest hour (UT1). It must be noted, as with phenomena for all objects, that opposition dates are determined from the apparent longitude of the Sun and the object, with respect to the mean ecliptic of date. Stationary points, on the other hand, are defined to occur when the rate of change of the apparent right ascension is zero.

Osculating orbital elements for all the minor planets are tabulated with respect to the ecliptic and equinox J2000.0 for, usually, a 400-day epoch. Also tabulated are the $H$ and $G$ parameters for magnitude and the diameters. The masses of most of the objects have been set to an arbitrary value of $1 \times 10^{-12}$ $M_\odot$. The masses of 13 minor planets tabulated by Hilton (2002) have been used. However, the masses of Pallas and Vesta have been updated with the adopted IAU 2009 Best Estimates [31] which are taken from Pitjeva and Standish (2009). The values for the diameters of the minor planets were taken from a number of sources which are referenced on *The Astronomical Almanac Online*.

## *Periodic Comets*

The osculating elements for periodic comets returning to perihelion in the year have been supplied by Daniel W. E. Green, Department of Earth and Planetary Sciences, Harvard University with collaboration from S. Nakano, Sumoto, Japan.

The innate inaccuracy of some of the elements of the Periodic Comets tabulated on the last page of section G can be more of a problem, particularly for those comets that have been observed for no more than a few months in the past (*i.e.* those without a number in front of the P). It is important to note that elements for numbered comets may be prone to uncertainty due to non-gravitational forces that affect their orbits. In some cases these forces have a degree of predictability. However, calculations of these non-gravitational effects can never be absolute and their effects in common with short-arc uncertainties mainly affect the perihelion time.

Up-to-date elements of the comets currently observable may be found at the website of the IAU Minor Planet Center [13].

## Section H: Stars and Stellar Systems

The positional data in Section H are mean places, *i.e.*, barycentric. Except for the tables of ICRF radio sources, radio flux calibrators, pulsars, gamma ray sources and X-ray sources, positions tabulated in Section H are referred to the mean equator and equinox of J2016.5 = 2016 July 2.125 = JD=245 7571.625. The positions of the ICRF radio sources provide a practical realization of the ICRS. The positions of radio flux calibrators, pulsars, quasars, gamma ray sources and X-rays are referred to the mean equator and equinox of J2000.0 = JD 245 1545.0.

## *Bright Stars*

Included in the list of bright stars are 1469 stars chosen according to the following criteria:

**a.** all stars of visual magnitude 4.5 or brighter, as listed in the fifth revised edition of the *Yale Bright Star Catalogue* (BSC: Hoffleit and Warren, 1991);

**b.** all stars brighter than 5.5 listed in the *Basic Fifth Fundamental Catalogue* (FK5) (Fricke et al., 1988);

**c.** all MK atlas standards in the BSC (Morgan et al., 1978; Keenan and McNeil, 1976);

**d.** all stars selected according to the criteria in a, b, or c above and also listed in the *Hipparcos Catalogue* (ESA, 1997).

Flamsteed and Bayer designations are given with the constellation name and the BSC number.

Positions and proper motions are taken from the *Hipparcos Catalogue* and converted to epoch, equator, and equinox of the middle of the current year; radial velocities are included in the calculation where available. However, FK5 positions and proper motions are used for a few wide binary stars given the requirement for center of mass positions to generate their orbital positions. Orbital elements for these stars are taken from the *Sixth Catalog of Orbits of Visual Binary Stars* at [15]. See also the *Fifth Catalog of Orbits of Visual Binary Stars* (Hartkopf et al., 2001).

The *V* magnitudes and color indices $U-B$ and $B-V$ are homogenized magnitudes taken from the BSC. Spectral types were provided by W.P. Bidelman and updated by R.F. Garrison. Codes in the Notes column are explained at the end of the table (page H31). Stars marked as MK Standards are from either of the two spectral atlases listed above. Stars marked as anchor points to the MK System are a subset of standard stars that represent the most stable points in the system (Garrison, 1994). Further details about the stars marked as double stars may be found at [16].

Tables of bright star data for several years are available in both PDF and ASCII formats on *The Astronomical Almanac Online* as is a searchable database from current epochs.

## Double Stars

The table of Selected Double Stars contains recent orbital data for 87 double star systems in the Bright Star table where the pair contains the primary star and the components have a separation $> 3''.0$ and differential visual magnitude $< 3$ magnitudes. A few other systems of interest are present. Data given are the most recent measures except for 21 systems, where predicted positions are given based on orbit or rectilinear motion calculations. The list was provided by B. Mason and taken from the *Washington Double Star Catalog* (WDS) (Mason et al., 2001); also available at [16].

The positions are for those of the primary stars and taken directly from the list of bright stars. The Discoverer Designation contains the reference for the measurement from the WDS and the Epoch column gives the year of the measurement. The column headed $\Delta m_v$ gives the relative magnitude difference in the visual band between the two components.

The term "primary" used in this section is not necessarily the brighter object, but designates which object is the origin of measurements.

Tables of double star data for several years are available in both PDF and ASCII formats on *The Astronomical Almanac Online*.

## Photometric Standards

The table of *UBVRI* Photometric Standards are selected from Table 2 in Landolt (2009). Finding charts for stars are given in the paper. These data are an update of and additions to Landolt (1992). They provide internally consistent homogeneous broadband standards for the Johnson-Kron-Cousins photometric system for telescopes of intermediate and large size in both hemispheres. The filter bands have the following effective wavelengths: *U*, 3600Å; *B*, 4400Å; *V*, 5500Å; *R*, 6400Å; *I*, 7900Å.

The positions are taken from the Naval Observatory Merged Astronomical Database (NOMAD, [17], Zacharias et al. (2004)) which provides the optimum ICRS positions and proper motions for stars taken from the following catalogs in the order given: *Hipparcos*, *Tycho-2*, *UCAC2*, or *USNO-B*. Positions are converted to the epoch, equator, and equinox of the middle of the current year; radial velocities are included in the calculation where available.

The list of bright Johnson standards which appeared in editions prior to 2003 is given for J2000 on *The Astronomical Almanac Online*. Also available is a searchable database of Landolt Standards for current epochs.

The selection and photometric data for standards on the Strömgren four-color and H$\beta$ from Perry et al. (1987) have been discontinued in *The Astronomical Almanac* starting with the 2016 edition. These tables are available on *The Astronomical Almanac Online*.

The spectrophotometric standard stars are suitable for the reduction of astronomical spectroscopic observations in the optical and ultraviolet wavelengths. As recommended by the IAU Standard

Stars Working Group, data for the spectrophotometric standard stars listed here are taken from the European Southern Observatory's (ESO) site at [19] except for the positions which are taken from the NOMAD database as described above. Finding charts for the sources and explanation are found on the website.

The standards on the ESO list are from four sources. The ultraviolet standards are from the Hubble Space Telescope (HST) ultraviolet spectrophotometric standards which are based on International Ultraviolet Explorer (IUE) and optical spectra and calibrated by the primary white dwarf standards (Turnshek et al., 1990; Bohlin et al., 1990). The optical standards are based on Hale 5m observations in the 7 to 16 magnitude range (Oke, 1990) and CTIO observations of southern hemisphere secondary and tertiary standard stars (Hamuy et al., 1992, 1994). Some of the Hamuy standards were misidentified in the original reference and have since been corrected. Data for four white dwarf primary spectrophotometric standards in the 11–13 magnitude range based on model atmospheres and HST Faint Object Spectrograph (FOS) observations in 10Å to 3 microns are also included (Bohlin et al., 1995).

### Radial Velocity Standards

The selection of radial velocity standard stars is based on a list of bright standards taken from the report of IAU Commission 30 Working Group on Radial Velocity Standard Stars (IAU, 1957) and a list of faint standards (IAU, 1973). The combined list represents the IAU radial velocity standard stars with late spectral types. Also included in the table at the recommendation of IAU Commission 30 are 14 faint stars with reliable radial velocity data useful for observers in the Southern Hemisphere (IAU, 1968). Variable stars (orbital and intrinsic) in the lists of standards have been removed; see Udry et al. (1999). The resulting table of stars is sufficient to serve as a group of moderate-precision radial velocity standards.

These stars have been extensively observed for more than a decade at the Center for Astrophysics, Geneva Observatory, and the Dominion Astrophysical Observatory. A discussion of velocity standards and the mean velocities from these three monitoring programs can be found in the report of IAU Commission 30, Reports on Astronomy (IAU, 1992).

Positions are taken from the *Hipparcos Catalogue* processed by the procedures used for the table of bright stars. *V* magnitudes are taken from the BSC, the *Hipparcos Catalogue* or SIMBAD. The spectral types are taken primarily from the list of bright stars. Otherwise, the spectral types originate from the BSC, the *Hipparcos Catalogue*, or the original IAU list.

### Variable Stars

The list of variable stars was compiled by J.A. Mattei using as reference the fourth edition of the *General Catalogue of Variable Stars* (Kholopov et al., 1996), the *Sky Catalog 2000.0, Volume 2* (Hirshfeld and Sinnott, 1997), *A Catalog and Atlas of Cataclysmic Variables, 2nd Edition* (Downes et al., 1997), and the data files of the American Association of Variable Star Observers (AAVSO) International Database (AID at [20]). It was revised in 2014 by E.O. Waagen using as reference the AAVSO International Variable Star Index (VSX, at [20]) and the AID.

The brightest stars for each class with amplitude of 0.5 magnitude or more have been selected.

The following magnitude criteria at maximum brightness are used:

**a.** eclipsing variables brighter than magnitude 7.0;
**b.** pulsating variables:

    RR Lyrae stars brighter than magnitude 9.0;

    Cepheids brighter than 6.0;

Mira variables brighter than 7.0;

Semiregular variables brighter than 7.0;

Irregular variables brighter than 8.0;

**c.** eruptive variables:

U Geminorum, Z Camelopardalis, SS Cygni, SU Ursae Majoris,

WZ Sagittae, recurrent novae, very slow novae, nova-like and

DQ Herculis variables brighter than magnitude 11.0;

**d.** other types:

RV Tauri variables brighter than magnitude 9.0;

R Coronae Borealis variables brighter than 10.0;

Symbiotic stars (Z Andromedae) brighter than 10.0;

$\delta$ Scuti variables brighter than 9.0;

S Doradus variables brighter than 6.0;

SX Phoenicis variables brighter than 7.0.

The epoch for eclipsing variables is for time of minimum. The epoch for pulsating, eruptive, and other types of variables is for time of maximum.

Positions and proper motions are taken from NOMAD as described in the photometric standards section.

Several spectral types were too long to be listed in the table and are given here:

T Mon: F7Iab-K1Iab + A0V
R Leo: M6e–M8IIIe–M9.5e
TX CVn: B1–B9Veq + K0III–M4
VV Cep: M2epIa–Iab + B8:eV

### Exoplanets and Host Stars

The table of exoplanets and their host stars draws from the Exoplanet Orbit Database and the Exoplanet Data Explorer at [21] where data for host star characteristics are also available. A subset from this growing online data set is represented in the table by using a host star magnitude limit of V < 7.8. Also incorporated into the table are all transiting exoplanets, which takes the table to about V = 10. As suggested by P. Butler, useful properties of the exoplanets such as orbital period, eccentricity, and time of periastron are included in the table to calculate data such as time of transit for the transiting planets. Stellar properties such $B - V$, parallax, and metallicity are also included for those interested in the study of the host stars.

The data are assembled by S.G. Stewart and taken from the 2012 version of the online catalog with the exception of the coordinates of the host stars. Positions, proper motions and parallax (where available) were taken independently from NOMAD as described on page L18.

### Bright Galaxies

This is a list of 198 galaxies brighter than $B_T^w = 11.50$ and larger than $D_{25} = 5'$, drawn primarily from *The Third Reference Catalogue of Bright Galaxies* (de Vaucouleurs et al., 1991), hereafter referred to as RC3. The data have been reviewed and corrected where necessary, or supplemented by H.G. Corwin, R.J. Buta, and G. de Vaucouleurs.

Two recently recognized dwarf spheroidal galaxies (in Sextans and Sagittarius) that are not included in RC3 are added to the list (Irwin and Hatzidimitriou, 1995; Ibata et al., 1997).

Catalog designations are from the *New General Catalog* (NGC) or from the *Index Catalog* (IC). A few galaxies with no NGC or IC number are identified by common names. The Small Magellanic Cloud is designated "SMC" rather than NGC 292. Cross-identifications for these common names are given in Appendix 8 of RC3 or at the end of the table.

In most cases, the RC3 position is replaced with a more accurate weighted mean position based on measurements from many different sources, some unpublished. Where positions for unresolved nuclear radio sources from high-resolution interferometry (usually at 6- or 20-cm) are known to coincide with the position of the optical nucleus, the radio positions are adopted. Similarly, positions have been adopted from the Two Micron All-Sky Survey (2MASS, Jarrett et al., 2000) where these coincide with the optical nucleus. Positions for Magellanic irregular galaxies without nuclei (*i.e.*, LMC, NGC 6822, IC 1613) are for the centers of the bars in these galaxies. Positions for the dwarf spheroidal galaxies (*i.e.*, Fornax, Sculptor, Carina) refer to the peaks of the luminosity distributions. The precision with which the position is listed reflects the accuracy with which it is known. The mean errors in the listed positions are 2–3 digits in the last place given.

Morphological types are based on the revised Hubble system (see de Vaucouleurs, 1959, 1963).

The mean numerical van den Bergh luminosity classification, L, refers to the numerical scale adopted in RC3 corresponding to van den Bergh classes as follows:

| L     | 1 | 2    | 3  | 4     | 5   | 6      | 7  | 8    | 9 | (10)   | (11) |
|-------|---|------|----|-------|-----|--------|----|------|---|--------|------|
| class | I | I–II | II | II–III| III | III–IV | IV | IV–V | V | (V–VI) | (VI) |

Classes V–VI and VI (10 and 11 in the numerical scale) are an extension of van den Bergh's original system, which stopped at class V.

The column headed Log ($D_{25}$) gives the logarithm to base 10 of the diameter in tenths of arcminute of the major axis at the 25.0 blue mag/arcsec$^2$ isophote. Diameters with larger than usual standard deviations are noted with a colon. With the exception of the Fornax and Sagittarius Systems, the diameters for the highly resolved Local Group dwarf spheroidal galaxies are core diameters from fitting of King models to radial profiles derived from star counts (Irwin and Hatzidimitriou, *op.cit.*). The relationship of these core diameters to the 25.0 blue mag/arcsec$^2$ isophote is unknown. The diameter for the Fornax System is a mean of measured values given by de Vaucouleurs and Ables (1968) and Hodge and Smith (1974), while that of Sagittarius is taken from Ibata *et al.* (*op.cit.*) and references therein.

The heading Log ($R_{25}$) gives the logarithm to base 10 of the ratio of the major to the minor axes (D/d) at the 25.0 blue mag/arcsec$^2$ isophote. For the dwarf spheroidal galaxies, the ratio is a mean value derived from isopleths.

The position angle of the major axis is for the equinox 1950.0, measured from north through east.

The heading $B_T^w$ gives the total blue magnitude derived from surface or aperture photometry, or from photographic photometry reduced to the system of surface and aperture photometry, uncorrected for extinction or redshift. Because of very low surface brightnesses, the magnitudes for the dwarf spheroidal galaxies (see Irwin and Hatzidimitriou, *op.cit.*) are very uncertain. The total magnitude for NGC 6822 is from Hodge (1977). A colon indicates a larger than normal standard deviation associated with the magnitude.

The total colors, $B-V$ and $U-B$, are uncorrected for extinction or redshift. RC3 gives total colors only when there are aperture photometry data at apertures larger than the effective (half-light) aperture. However, a few of these galaxies have a considerable amount of data at smaller apertures, and also have small color gradients with aperture. Thus, total colors for these objects have been determined by further extrapolation along standard color curves. The colors for the Fornax System are taken from de Vaucouleurs and Ables (*op.cit.*), while those for the other dwarf spheroidal systems are from the recent literature, or from unpublished aperture photometry. The colors for NGC 6822 are from Hodge (*op.cit.*). A colon indicates a larger than normal standard deviation associated with the color.

### Star Clusters

The list of open clusters comprises a selection of open clusters which have been studied in some detail so that a reasonable set of data is available for each. With the exception of the magnitude and Trumpler class data, all data are taken from the *New Catalog of Optically Visible Open Clusters and Candidates* (Dias et al., 2002) supplied by W. Dias and updated current to 2014 (version 3.4 of the catalog). The catalog is available at [22]. The "Trumpler Class" and "Mag. Mem." columns are taken from fifth (1987) edition of the Lund-Strasbourg catalog (original edition described by Lyngå (1981)), with updates and corrections to the data current to 1992.

For each cluster, two identifications are given. First is the designation adopted by the IAU, while the second is the traditional name. Alternate names for some clusters are given in the notes at the end of the table.

Positions are for the central coordinates of the clusters, referred to the mean equator and equinox of the middle of the Julian year. Cluster mean absolute proper motion and radial velocity are used in the calculation when available.

Apparent angular diameters of the clusters are given in arcminutes and distances between the clusters and the Sun are given in parsecs. The logarithm to the base 10 of the cluster age in years is determined from the turnoff point on the main sequence. Under the heading "Mag. Mem." is the visual magnitude of the brightest cluster member. $E_{(B-V)}$ is the color excess. Metallicity is mostly determined from photometric narrow band or intermediate band studies. Trumpler classification is defined by R.S. Trumpler (Trumpler, 1930).

The list of Milky Way globular clusters is compiled from the December 2010 revision of a *Catalog of Parameters for Milky Way Globular Clusters* supplied by W. E. Harris. The complete catalog containing basic parameters on distances, velocities, metallicities, luminosities, colors, and dynamical parameters, a list of source references, an explanation of the quantities, and calibration information is accessible at [23]. The catalog is also briefly described in Harris (1996).

The present catalog contains objects adopted as certain or highly probable Milky Way globular clusters. Objects with virtually no data entries in the catalog still have somewhat uncertain identities. The adoption of a final candidate list continues to be a matter of some arbitrary judgment for certain objects. The bibliographic references should be consulted for excellent discussions of these individually troublesome objects, as well as lists of other less likely candidates.

The adopted integrated $V$ magnitudes of clusters, $V_t$, are the straight averages of the data from all sources. The integrated $B-V$ colors of clusters are on the standard Johnson system.

Measurements of the foreground reddening, $E_{(B-V)}$, are the averages of the given sources (up to 4 per cluster), with double weight given to the reddening from well calibrated (120 clusters) color-magnitude diagrams. The typical uncertainty in the reddening for any cluster is on the order of 10 percent, *i.e.*, $\Delta[E_{(B-V)}] = 0.1\, E_{(B-V)}$.

The primary distance indicator used in the calculation of the apparent visual distance modulus, $(m - M)_V$, is the mean $V$ magnitude of the horizontal branch (or RR Lyrae stars), $V_{HB}$. The absolute calibration of $V_{HB}$ adopted here uses a modest dependence of absolute $V$ magnitude on metallicity, $M_V(HB) = 0.15\,[Fe/H] + 0.80$. The $V(HB)$ here denotes the mean magnitude of the HB stars, without further adjustments to any predicted zero age HB level. Wherever possible, it denotes the mean magnitude of the RR Lyrae stars directly. No adjustments are made to the mean $V$ magnitude of the horizontal branch before using it to estimate the distance of the cluster. For a few clusters (mostly ones in the Galactic bulge region with very heavy reddening), no good [Fe/H] estimate is currently available; for these cases, a value $[Fe/H] = -1$ is assumed.

The heavy-element abundance scale, [Fe/H], adopted here is the one established by Zinn and West (1984). This scale has recently been reinvestigated as being nonlinear when calibrated against the best modern measurements of [Fe/H] from high-dispersion spectra (see Carretta and Gratton, 1997; Rutledge et al., 1997). In particular, these authors suggest that the Zinn-West scale overestimates the metallicities of the most metal-rich clusters. However, the present catalog maintains the older (Zinn-West) scale until a new consensus is reached in the primary literature.

The adopted heliocentric radial velocity, $v_r$, for each cluster is the average of the available measurements, each one weighted inversely as the published uncertainty.

A 'c' following the value for the central concentration index denotes a core-collapsed cluster. Trager et al. (1993) arbitrarily adopt $c = 2.50$ for such clusters, and these have been carried over to the present catalog. The 'c:' symbol denotes an uncertain identification of the cluster as being core-collapsed.

The central concentration $c = \log(r_t/r_c)$, where $r_t$ is the tidal radius and $r_c$ is the core radius, are taken primarily from the comprehensive discussion of Trager et al. (1995). The half light radius, $r_h$, is an observationally "secure" measured quantity and gives an idea of how big a cluster actually looks on the sky.

*Radio Sources*

Beginning in 2010, the fundamental reference system in astronomy, ICRS, is actualized by the second realization of the International Celestial Reference Frame, ICRF2 (see Fundamental Reference System section on L1; IAU (2010), Res. B3; IERS (2009)). The ICRF2 contains precise positions of 3414 compact radio sources. Maintenance of ICRF2 will be made using a set of 295 new defining sources selected on the basis of positional stability, lack of extensive intrinsic source structure, and spatial distribution. These 295 defining sources are presented in the table. Positions of all ICRF2 sources are available at [4].

Information on the known physical characteristics of the ICRF2 radio sources includes, where known, the object type, 8.4 Ghz and 2.3 Ghz flux, spectral index, $V$ magnitude, redshift, a classification of spectrum and comments for each ICRF2 defining sources.

This table was compiled by A.-M. Gontier by sequentially assembling the data from the following primary sources:

a. *Large Quasar Astrometric Catalog (LQAC)*, a compilation of 12 largest quasar catalogues contains 113666 quasars, providing information when available on photometry, redshift, and radio fluxes (Souchay et al. (2009), available at [24] as catalogue J/A+A/494/799). This source was used to provide information on fluxes at 8.4 GHz and 2.3 GHz and initial information for the redshift and the magnitude.

b. *Optical Characteristics of Astrometric Radio Sources* which includes 4261 radio sources with J2000.0 coordinates, redshift, V magnitude, object type and comments (Malkin and Titov (2008), [25]).

c. *Catalogue of Quasars and Active Galactic Nuclei, 12th Edition)* which includes 85221 quasars, 1122 BL Lac objects and 21737 active galaxies together with known lensed quasars and double quasars (Véron-Cetty and Véron (2006), available at [24] as catalogue VII/248).

d. *An all-sky survey of flat-spectrum radio sources* providing precise positions, subarcsecond structures, and spectral indices for some 11000 sources (Healey et al. (2007), available at [24] as catalogue J/ApJS/171/61).

e. *The Optical spectroscopy of 1Jy, S4 and S5 radio source identifications* which gives position, magnitude, type of the optical identification, flux at 5GHz and two-point spectral index between 2.7 GHz and 5 GHz (Stickel and Kuehr (1994); Stickel et al. (1989), available at at [24] as catalogue III/175).

Data for the list of radio flux standards are due to Baars et al. (1977), as updated by Kraus, Krichbaum, Pauliny-Toth, and Witzel (private communication, current to 2009). Flux densities $S$, measured in Janskys, are given for twelve frequencies ranging from 400 to 43200 MHz. Positions are referred to the mean equinox and equator of J2000.0. Positions of 3C 48, 3C 147, 3C 274 and 3C 286 are taken from the ICRF database [4]. Positions of the other sources are due to Baars et al. (1977).

A table with polarization data for the most prominent sources is provided by A. Kraus, current to 2012. This table gives the polarization degree and angle for a number of frequencies.

### X-Ray Sources

The primary criterion for the selection of X-ray sources is having an identified optical counterpart. However, well-studied sources lacking optical counterparts are also included. Positions are for those of the optical counterparts, except when none is listed in the column headed Identified Counterpart. Positions and proper motions are taken from NOMAD described on page L18. The X-ray flux in the 2–10 keV energy range is given in micro-Janskys ($\mu$Jy) in the column headed Flux. In some cases, a range of flux values is presented, representing the variability of these sources. The identified optical counterpart (or companion in the case of an X-ray binary system) is listed in the column headed Identified Counterpart. The type of X-ray source is listed in the column headed Type. Neutron stars in binary systems that are known to exhibit many X-ray bursts are designated "B" for "Burster." X-ray sources that are suspected of being black holes have the "BHC" designation for "Black Hole Candidate." Supernova remnants have the "SNR" designation. Other neutron stars in binaries which do not burst and are not known as X-ray pulsars have been given the "NS" designation. All codes in the Type column are explained at the end of the table.

The data in this table are assembled by M. Stollberg. For the X-ray binary sources, the catalogs of van Paradijs (1995), Liu et al. (2000, 2001) are used. Other sources are selected from the *Fourth Uhuru Catalog* (Forman et al., 1978), hereafter referred to as 4U. Fluxes in $\mu$Jy in the 2–10 keV range for X-ray binary sources were readily given by van Paradijs (1995) and Liu et al. (2000, 2001). These fluxes were converted back to Uhuru count rates using the conversion factor found in Bradt and McClintock (1983). For some sources Uhuru count rates were taken directly from the 4U catalog. Count rates for all the sources were divided by the 4U count rate for the Crab Nebula and then multiplied by 1000 to obtain the 2-10 keV flux in mCrabs.

The tabulated magnitudes are the optical magnitude of the counterpart in the $V$ filter, unless marked by an asterisk, in which case the $B$ magnitude is given. Variable magnitude objects are denoted by "V"; for these objects the tabulated magnitude pertains to maximum brightness. For a few cases where the optical counterpart of the X-ray source remains unidentified, the magnitude given is that for the X-ray source itself. An "X" indicates these magnitudes

Tables of X-Ray source data for several years are available in both PDF and ASCII formats on *The Astronomical Almanac Online.*

### Quasars

A set of quasars is selected from the second release of the *Large Quasar Astrometric Catalog (LQAC-2)* (Souchay et al., 2012) which offers a complete set of sources and associated data while maintaining precision and accuracy of coordinates with respect to the ICRF-2.

The data are compiled by S.G. Stewart based on the selection criteria suggested by J. Souchay. As noted by the code contained in the column headed "Criteria" in the data table, the following selection criteria that are not mutually exclusive, are used:

V = $V < 12.0$ and $z > 1.0$ (13 quasars);
M = $M$(B) $< -31.0$ (32 quasars);

Z = $z$ (redshift) > 6.5 (21 quasars);
F = 20 cm flux density > 5.0 Jy (34 quasars).

The redshift criterion is used in the visual magnitude selection of the quasars in order to avoid very extended galaxies in the sample.

Since they originate from different photometric systems, the apparent magnitudes are not measured in a homogeneous bandwith. The photometric magnitude in optical B-band is between 400 and 500nm and the photometric magnitude in the optical V-band is between 500 and 600nm.

## Pulsars

Data for the pulsars presented in this table are compiled by S.G. Stewart. Data are taken from the *ATNF Pulsar Catalogue* described by Manchester et al. (2005), available at [26].

Pulsars chosen are either bright, with $S_{400}$, the mean flux density at 400 MHz, greater than 80 milli-Janskys; fast, with spin period less than 100 milli-seconds; or have binary companions. Pulsars without measured spin-down rates and very weak pulsars (with measured 400 MHz flux density below 0.9 milli-Jansky) are excluded. A few other interesting systems suggested by D. Manchester are also included.

Positions are referred to the equator and equinox of J2000.0. For each pulsar the period $P$ in seconds and the time rate of change $\dot{P}$ in $10^{-13}$ s s$^{-1}$ are given for the specified epoch. The group velocity of radio waves is reduced from the speed of light in a vacuum by the dispersive effect of the interstellar medium. The dispersion measure DM is the integrated column density of free electrons along the line of sight to the pulsar; it is expressed in units cm$^{-3}$ pc. The epoch of the period is in Modified Julian Date (MJD), where MJD = JD − 2400000.5.

## Gamma Ray Sources

The table of gamma ray sources is compiled by David J. Thompson (David.J.Thompson@nasa.gov) and contains a selection of historically important sources, well known sources, and bright sources. Because the gamma ray band covers such a broad energy range, the sources come primarily from three different catalogs:

**a.** Low-energy gamma rays (photon energies < 100 keV): *The Fourth IBIS/ISGRI Soft Gamma-Ray Survey Catalog* (Bird et al., 2010) available online at [27];

**b.** High-energy gamma rays (photon energies between 100 MeV and 100 GeV): *Fermi Large Area Telescope Second Source Catalog* (The Fermi-LAT Collaboration 2012) available at [28];

**c.** Very-high-energy gamma rays (photon energies above 100 GeV): *TeVCat Online Catalog for TeV Astronomy* available at [29].

Some sources are bright in two or all three energy ranges.

The observed flux of the source is given with the upper and lower limits on the energy range (in MeV) over which it has been observed. The flux, in photons cm$^{-2}$s$^{-1}$ is an integrated flux over this energy range. In many cases, no upper limit energy is given. For those cases, the flux is the integral observed flux. Many gamma ray sources, particularly quasars, are highly variable. The flux values given are taken from the literature and may not represent the state at any given time. Gamma ray telescopes typically measure source locations with uncertainties of 1−10 arcmin. The positions in the table often refer to the counterparts seen at longer wavelengths.

Tables of gamma ray source data for several years are available in both PDF and ASCII formats on *The Astronomical Almanac Online*.

## Section J: Observatories

The list of observatories is intended to serve as a finder list for planning observations or other purposes not requiring precise coordinates. Members of the list are chosen on the basis of instrumentation, and being active in astronomical research, the results of which are published in the current scientific literature. Most of the observatories provided their own information, and the coordinates listed are for one of the instruments on their grounds. Thus the coordinates may be astronomical, geodetic, or other, and should not be used for rigorous reduction of observations. A searchable list of observatories is available on *The Astronomical Almanac Online*.

Beginning in 2012, the list of observatories includes observatory codes from the IAU's Minor Planet Center website [30]. Codes are given for observatories where a reasonable match between *The Astronomical Almanac* and Minor Planet Center lists could be made based on coordinates and name.

## Section K: Tables and Data

Astronomical constants are a topic that is in the purview of the IAU Working Group on Numerical Standards for Fundamental Astronomy [31]. At the 2009 XXVII GA, Resolution B2 on "Current Best Estimates of Astronomical Constants," was adopted, and this list of constants (modified by the re-definition of the astronomical unit) is tabulated in items 1 and 2 of pages K6–K7. Resolution B2 passed at the IAU XXVIII General Assembly (2012), recommends:

1.  that the astronomical unit be re-defined to be a conventional unit of length equal to 149 597 870 700 m exactly, in agreement with the value adopted in the IAU 2009 Resolution B2,

2. that this definition of the astronomical unit be used with all timescales such as TCB, TDB, TCG, TT, etc.,

3. that the Gaussian gravitational constant $k$ be deleted from the system of astronomical constants,

4. that the value of the solar mass parameter, [previously known as the heliocentric gravitational constant] $GM_S$, be determined observationally in SI units, and

5. that the unique symbol "au" be used for the astronomical unit.

The NSFA, via their website at [31], will be keeping the list of "Current Best Estimates" up-to-date, together with detailed notes and references.

Both ASCII and PDF versions of pages K6–K7 may be downloaded from *The Astronomical Almanac Online*; the IAU 1976 and IAU 2009 constants are also available.

The $\Delta T$ values provided on pages K8–K9 are not necessarily those used in the production of *The Astronomical Almanac* or its predecessors. They are tabulated primarily for those involved in historical research. Estimates of $\Delta T$ are derived from data published in Bulletins B and C of the International Earth Rotation and Reference Systems Service (IERS) [5].

From 2003 the pole is the Celestial Intermediate Pole. However, the coordinates of the celestial pole tabulated on page K10 are with respect to the celestial pole definition for the relevant year. The orientation of the ITRS is consistent with the former BIH system, and the previous IPMS and ILS systems (1974-1987). Prior to 1988, values were taken from Circular D of the BIH and from 1988 the values have been taken from the IERS Bulletin B.

Pages K11–K13, on "Reduction of Terrestrial Coordinates", which includes information on the International Terrestrial Reference Frame (Altamimi et al., 2011), has been updated by G. Appleby, Head of the UK Space Geodesy Facility at Herstmonceux.

### Section M: Glossary

The definitions provided in the glossary have been composed by staff members of Her Majesty's Nautical Almanac Office and the US Naval Observatory's Astronomical Applications Department. Various astronomical dictionaries and encyclopedia are used to ensure correctness and to develop particular phrasing. E. M. Standish (Jet Propulsion Laboratory, California Institute of Technology) and S. Klioner (Technischen Universität Dresden) were also consulted in updating the content of the definitions in recent editions.

Definitions of some glossary entries contain terms that are defined elsewhere in the section. These are given in italics.

The glossary is not intended to be a complete astronomical reference, but instead clarify terms used within *The Astronomical Almanac* and *The Astronomical Almanac Online*. A PDF version and an HTML version are found on *The Astronomical Almanac Online*.

# References

[1]. The Astronomical Almanac Online
http://asa.usno.navy.mil or http://asa.hmnao.com.

[2]. USNO Vector Astrometry Software (NOVAS)
http://aa.usno.navy.mil/software/novas/novas_info.php.

[3]. IAU Standards of Fundamental Astronomy (SOFA)
http://www.iausofa.org.

[4]. ICRS Product Center
http://hpiers.obspm.fr/icrs-pc/.

[5]. IERS Earth Orientation Data
http://www.iers.org/IERS/EN/DataProducts/EarthOrientationData/eop.html.

[6]. The International Occultation Timing Association (IOTA)
http://lunar-occultations.com/iota.

[7]. IERS Conventions
http://tai.bipm.org/iers/convupdt/convupdt.html.

[8]. USNO Publications
http://aa.usno.navy.mil/publications/.

[9]. JPL Planetary Satellite Mean Orbital Parameters
http://ssd.jpl.nasa.gov/?sat_elem.

[10]. IAU, Pluto and the Developing Landscape of Our Solar System
http://www.iau.org/public/pluto/.

[11]. Scott Sheppard's Jupiter Satellite Page
http://www.dtm.ciw.edu/users/sheppard/satellites.

[12]. JPL Small-Body Database
http://ssd.jpl.nasa.gov/sbdb.cgi.

[13]. IAU Minor Planet Center
`http://www.minorplanetcenter.net.`

[14]. Mike Brown, California Institute of Technology
`http://www.gps.caltech.edu/~mbrown/.`

[15]. USNO Sixth Catalog of Orbits of Visual Binary Stars
`http://www.usno.navy.mil/USNO/astrometry/optical-IR-prod/wds/orb6/.`

[16]. USNO Washington Double Star Catalog
`http://www.usno.navy.mil/USNO/astrometry/optical-IR-prod/wds/WDS.`

[17]. NOMAD Database
`http://www.nofs.navy.mil/nomad.`

[18]. JPL Horizons
`http://ssd.jpl.nasa.gov/horizons.cgi.`

[19]. ESO Optical and UV Spectrophotometric Standard Stars
`http://www.eso.org/sci/observing/tools/standards/spectra/.`

[20]. American Association of Variable Star Observers (AAVSO)
`http://www.aavso.org/.`

[21]. Exoplanet Data Explorer
`http://exoplanets.org/index.html.`

[22]. Wilton Dias' Open Clusters Database
`http://www.astro.iag.usp.br/~wilton.`

[23]. William Harris' Globular Clusters Database
`http://physwww.physics.mcmaster.ca/%7Eharris/mwgc.dat.`

[24]. Centre de Données Astronomiques de Strasbourg (CDS)
`http://cdsweb.u-strasbg.fr/.`

[25]. Optical Characteristics of Astrometric Radio Sources
`http://www.gao.spb.ru/english/as/ac_vlbi/ocars.txt.`

[26]. ATNF Pulsar Catalog
`http://www.atnf.csiro.au/research/pulsar/psrcat.`

[27]. The Fourth IBIS/ISGRI Soft Gamma-ray Survey Catalog
`http://heasarc.gsfc.nasa.gov/W3Browse/integral/ibiscat4.html.`

[28]. Fermi Large Area Telescope Second Source Catalog
`http://heasarc.gsfc.nasa.gov/W3Browse/fermi/fermilpsc.html.`

[29]. TeVCat online catalog for TeV Astronomy
`http://tevcat.uchicago.edu/.`

[30]. IAU Minor Planet Center List of Observatory Codes
`http://www.minorplanetcenter.org/iau/lists/ObsCodesF.html.`

[31]. IAU Numerical Standards for Fundamental Astronomy (NSFA)
`http://maia.usno.navy.mil/NSFA.html.`

Altamimi, Z., X. Collilieux, and L. Métivier (2011). ITRF2008: an improved solution of the international terrestrial reference frame. *Journal of Geodesy* **85**, 457–473.

Aoki, S., H. Kinoshita, B. Guinot, G. H. Kaplan, D. D. McCarthy, and P. K. Seidelmann (1982). The new definition of universal time. *Astronomy and Astrophysics* **105**, 359–361.

Archinal, B. A., M. F. A'Hearn, E. Bowell, A. Conrad, G. J. Consolmagno, R. Courtin, T. Fukushima, D. Hestroffer, J. L. Hilton, G. A. Krasinsky, G. Neumann, J. Oberst, P. K. Seidelmann, P. Stooke, D. J. Tholen, P. C. Thomas, and I. P. Williams (2011a). Report of the IAU/IAG Working Group on Cartographic Coordinates and Rotational Elements: 2009. *Celestial Mechanics and Dynamical Astronomy* **109**, 101–135.

Archinal, B. A., M. F. A'Hearn, E. Bowell, A. Conrad, G. J. Consolmagno, R. Courtin, T. Fukushima, D. Hestroffer, J. L. Hilton, G. A. Krasinsky, G. Neumann, J. Oberst, P. K. Seidelmann, P. Stooke, D. J. Tholen, P. C. Thomas, and I. P. Williams (2011b). Erratum to: Report of the IAU/IAG Working Group on Cartographic Coordinates and Rotational Elements: 2006 & 2009. *Celestial Mechanics and Dynamical Astronomy* **110**, 401–403.

Arlot, J.-E. (1982). New Constants for Sampson-Lieske Theory of the Galilean Satellites of Jupiter. *Astronomy and Astrophysics* **107**, 305–310.

Atkinson, R. d. (1951). The Computation of Topocentric Librations. *Monthly Notices of the Royal Astronomical Society* **111**, 448.

Baars, J. W. M., R. Genzel, I. I. K. Pauliny-Toth, and A. Witzel (1977). The Absolute Spectrum of CAS A - an Accurate Flux Density Scale and a Set of Secondary Calibrators. *Astronomy and Astrophysics* **61**, 99–106.

Bird, A. J., A. Bazzano, L. Bassani, F. Capitanio, M. Fiocchi, A. B. Hill, A. Malizia, V. A. McBride, S. Scaringi, V. Sguera, J. B. Stephen, P. Ubertini, A. J. Dean, F. Lebrun, R. Terrier, M. Renaud, F. Mattana, D. Götz, J. Rodriguez, G. Belanger, R. Walter, and C. Winkler (2010). The Fourth IBIS/ISGRI Soft Gamma-ray Survey Catalog. *The Astrophysical Journal Supplement Series* **186**, 1–9.

Bohlin, R. C., L. Colina, and D. S. Finley (1995). White Dwarf Standard Stars: G191-B2B, GD 71, GD 153, HZ 43. *Astronomical Journal* **110**, 1316.

Bohlin, R. C., A. W. Harris, A. V. Holm, and C. Gry (1990). The Ultraviolet Calibration of the Hubble Space Telescope. IV - Absolute IUE Fluxes of Hubble Space Telescope Standard Stars. *Astrophysical Journal Supplement Series* **73**, 413–439.

Bradt, H. V. D. and J. E. McClintock (1983). The Optical Counterparts of Compact Galactic X-ray Sources. *Annual Review of Astronomy and Astrophysics* **21**, 13–66.

Brown, E. W. (1933). Theory and Tables of the Moon: The Motion of the Moon, 1923-31. *Monthly Notices of the Royal Astronomical Society* **93**, 603–619.

Brown, M. (2008). The Largest Kuiper Belt Objects. In M. A. Barucci, H. Boehnhardt, D. P. Cruikshank, A. Morbidelli, and R. Dotson (Eds.), *The Solar System Beyond Neptune*, pp. 335–344.

Brown, M. E., C. A. Trujillo, and D. L. Rabinowitz (2005). Discovery of a Planetary-sized Object in the Scattered Kuiper Belt. *The Astrophysical Journal* **635**, L97–L100.

Calame, O. (Ed.) (1982). *Proceedings of the 63rd Colloquium of the International Astronomical Union*, Volume 94 of *IAU Colloquia*.

Capitaine, N. and P. T. Wallace (2006). High Precision Methods for Locating the Celestial Intermediate Pole and Origin. *Astronomy and Astrophysics* **450**, 855–872.

Capitaine, N., P. T. Wallace, and J. Chapront (2003). Expressions for IAU 2000 Precession Quantities. *Astronomy and Astrophysics* **412**, 567–586.

Capitaine, N., P. T. Wallace, and J. Chapront (2005). Improvement of the IAU 2000 Precession Model. *Astronomy and Astrophysics* **432**, 355–367.

Capitaine, N., P. T. Wallace, and D. D. McCarthy (2003). Expressions to Implement the IAU 2000 Definition of UT1. *Astronomy and Astrophysics* **406**, 1135–1149.

Carretta, E. and R. G. Gratton (1997). Abundances for Globular Cluster Giants. I. Homogeneous Metallicities for 24 Clusters. *Astronomy and Astrophysics Supplement Series* **121**, 95–112.

Carrington, R. C. (1863). *Observations of the Spots on the Sun: From November 9, 1853, to March 24, 1861, Made at Redhill*. London: Williams and Norgate.

de Vaucouleurs, G. (1959). Classification and Morphology of External Galaxies. *Handbuch der Physik* **53**, 275.

de Vaucouleurs, G. (1963). Revised Classification of 1500 Bright Galaxies. *Astrophysical Journal Supplement* **8**, 31.

de Vaucouleurs, G. and H. D. Ables (1968). Integrated Magnitudes and Color Indices of the Fornax Dwarf Galaxy. *Astrophysical Journal* **151**, 105.

de Vaucouleurs, G., A. de Vaucouleurs, H. Corwin, R. J. Buta, G. Paturel, and P. Fouque (1991). *Third Reference Catalogue of Bright Galaxies (RC3)*. New York: Springer-Verlag.

Dias, W. S., B. S. Alessi, A. Moitinho, and J. R. D. Lepine (2002). New Catalog of Optically Visible Open Clusters and Candidates. *Astronomy and Astrophysics* **389**, 871–873.

Downes, R., R. F. Webbink, and M. M. Shara (1997). A Catalog and Atlas of Cataclysmic Variables-Second Edition. *Publications of the Astronomical Society of the Pacific* **109**, 345–440.

Eckhardt, D. H. (1981). Theory of the Libration of the Moon. *Moon and Planets* **25**, 3–49.

Elliot, J. L., R. G. French, J. A. Frogel, J. H. Elias, D. J. Mink, and W. Liller (1981). Orbits of Nine Uranian Rings. *Astronomical Journal* **86**, 444–455.

ESA (1997). *The Hipparcos and Tycho Catalogues*. Noordwijk, Netherlands: European Space Agency. SP-1200 (17 volumes).

Esposito, L. W., J. N. Cuzzi, J. H. Holberg, E. A. Marouf, G. L. Tyler, and C. C. Porco (1984). *Saturn's Rings: Structure, Dynamics, and Particle Properties*. University of Arizona Press.

Folkner, W., J. Williams, D. Boggs, R. Park, and P. Kuchynka (2014). *Interplanetary Network Progress Report* **196**, 1.

Forman, W., C. Jones, L. Cominsky, P. Julien, S. Murray, G. Peters, H. Tananbaum, and R. Giacconi (1978). The Fourth Uhuru Catalog of X-ray Sources. *Astrophysical Journal Supplement Series* **38**, 357–412.

Fricke, W., H. Schwan, T. Lederle, U. Bastian, R. Bien, G. Burkhardt, B. Du Mont, R. Hering, R. Jährling, H. Jahreiß, S. Röser, H. Schwerdtfeger, and H. G. Walter (1988). *Fifth Fundamental Catalogue Part I*. Heidelberg: Veroeff. Astron. Rechen-Institut.

Garcia, H. A. (1972). The Mass and Figure of Saturn by Photographic Astrometry of Its Satellites. *Astronomical Journal* **77**, 684–691.

Garrison, R. F. (1994). A Hierarchy of Standards for the MK Process. *Astronomical Society of the Pacific Conference Series* **60**, 3–14.

Groten, E. (2000). Report of Special Commission 3 of IAG. In Johnston, K. J. and McCarthy, D. D. and Luzum, B. J. and Kaplan, G. H. (Ed.), *IAU Colloq. 180: Towards Models and Constants for Sub-Microarcsecond Astrometry*, pp. 337.

Gurnett, D. A., A. M. Persoon, W. S. Kurth, J. B. Groene, T. F. Averkamp, M. K. Dougherty, and D. J. Southwood (2007). The Variable Rotation Period of the Inner Region of Saturn's Plasma Disk. *Science* **316**, 442.

Hamuy, M., N. B. Suntzeff, S. R. Heathcote, A. R. Walker, P. Gigoux, and M. M. Phillips (1994). Southern Spectrophotometric Standards, 2. *Publications of the Astronomical Society of the Pacific* **106**, 566–589.

Hamuy, M., A. R. Walker, N. B. Suntzeff, P. Gigoux, S. R. Heathcote, and M. M. Phillips (1992). Southern Spectrophotometric Standards. *Publications of the Astronomical Society of the Pacific* **104**, 533–552.

Harper, D., D. B. Taylor, A. T. Sinclair, and K. X. Shen (1988). The Theory of the Motion of Iapetus. *Astronomy and Astrophysics* **191**, 381–384.

Harris, D. L. (1961). *Photometry and Colorimetry of Planets and Satellites*. Chicago, IL.

Harris, W. E. (1996). A Catalog of Parameters for Globular Clusters in the Milky Way. *Astronomical Journal* **112**, 1487.

Hartkopf, W., B. Mason, and C. Worley (2001). The 2001 US Naval Observatory Double Star CD-ROM. II. The Fifth Catalog of Orbits of Visual Binary Stars. *Astronomical Journal* **122**, 3472–3479.

Healey, S. E., R. W. Romani, G. B. Taylor, E. M. Sadler, R. Ricci, T. Murphy, J. S. Ulvestad, and J. N. Winn (2007). CRATES: An All-Sky Survey of Flat-Spectrum Radio Sources. *The Astrophysical Journal Supplement Series* **171**, 61–71.

Heinze, A. N. and D. de Lahunta (2009). The Rotation Period and Light-Curve Amplitude of Kuiper Belt Dwarf Planet 136472 Makemake (2005 FY9). *Astronomical Journal* **138**, 428–438.

Hilton, J. L. (1999). US Naval Observatory Ephemerides of the Largest Asteroids. *Astronomical Journal* **117**, 1077–1086.

Hilton, J. L. (2002). Asteroid Masses and Densities. *Asteroids III*, 103–112.

Hilton, J. L. (2005a). Improving the Visual Magnitudes of the Planets in The Astronomical Almanac. I. Mercury and Venus. *Astronomical Journal* **129**, 2902–2906.

Hilton, J. L. (2005b). Erratum: "Improving the Visual Magnitudes of the Planets in The Astronomical Almanac. I. Mercury and Venus". *Astronomical Journal* **130**, 2928.

Hilton, J. L., N. Capitaine, J. Chapront, J. M. Ferrandiz, A. Fienga, T. Fukushima, J. Getino, P. Mathews, J.-L. Simon, M. Soffel, J. Vondrak, P. T. Wallace, and J. Williams (2006). Report of the International Astronomical Union Division I Working Group on Precession and the Ecliptic. *Celestial Mechanics and Dynamical Astronomy* **94**, 351–367.

Hirshfeld, A. and R. W. Sinnott (1997). *Sky catalogue 2000.0. Volume 2: Double Stars, Variable Stars and Nonstellar Objects.*

Hodge, P. W. (1977). The Structure and Content of NGC 6822. *Astrophysical Journal Supplement* **33**, 69–82.

Hodge, P. W. and D. W. Smith (1974). The Structure of the Fornax Dwarf Galaxy. *Astrophysical Journal* **188**, 19–26.

Hoffleit, E. D. and W. Warren (1991). *The Bright Star Catalogue (5th edition).* New Haven: Yale University Observatory.

Høg, E., C. Fabricius, V. V. Makarov, S. Urban, T. Corbin, G. Wycoff, U. Bastian, P. Schwekendiek, and A. Wicenec (2000). The Tycho-2 Catalog of the 2.5 Million Brightest Stars. *Astronomy and Astrophysics* **355**, L27–L30.

IAU (1957). In P. T. Oosterhoff (Ed.), *Transactions of the International Astronomical Union*, Volume IX, Cambridge, pp. 442. Cambridge University Press. Proc. 9th General Assembly, Dublin, 1955.

IAU (1968). In L. Perek (Ed.), *Transactions of the International Astronomical Union*, Volume XIII B, Dordrecht, pp. 170. Reidel. Proc. 13th General Assembly, Prague, 1967.

IAU (1973). In C. de Jager (Ed.), *Transactions of the International Astronomical Union*, Volume XV A, Dordrecht, Holland, pp. 409. Reidel. Reports on Astronomy.

IAU (1976). Report of joint meetings of commissions 4, 8 and 31 on the new system of astronomical constants. In *Transactions of the International Astronomical Union*, Volume XVI B, Dordrecht, Holland. Reidel.

IAU (1983). In R. M. West (Ed.), *Transactions of the International Astronomical Union*, Volume XVIII B, Dordrecht, Holland. Reidel. Proc. 18th General Assembly, Patras, 1982.

IAU (1992). In J. Bergeron (Ed.), *Transactions of the International Astronomical Union*, Volume XXI B, Dordrecht. Kluwer. Proc. 21st General Assembly, Beunos Aires, 1991.

IAU (1999). In J. Andersen (Ed.), *Transactions of the International Astronomical Union*, Volume XXIII B, Dordrecht. Kluwer. Proc. 23rd General Assembly, Kyoto, 1997.

IAU (2001). In H. Rickman (Ed.), *Transactions of the International Astronomical Union*, Volume XXIV B, San Francisco. Astronomical Society of the Pacific. Proc. 24th General Assembly, Manchester, 2000.

IAU (2006). In K. van der Hucht (Ed.), *Transactions of the International Astronomical Union*, Volume XXVI B, San Francisco. Astronomical Society of the Pacific. Proc. 26th General Assembly, Prague, 2006.

IAU (2010). In I. F. Corbett (Ed.), *Transactions of the International Astronomical Union*, Volume XXVII B. Proc. 27th General Assembly, Rio de Janeiro, 2009.

IAU (2012). In *Transactions of the International Astronomical Union*. Proc. 28th General Assembly, Beijing, China, 2012.

Ibata, R. A., R. F. G. Wyse, G. Gilmore, M. J. Irwin, and N. B. Suntzeff (1997). The Kinematics, Orbit, and Survival of the Sagittarius Dwarf Spheroidal Galaxy. *Astrophysical Journal* **113**, 634.

IERS (2004). Conventions (2003). Technical Note 32, International Earth Rotation Service, Frankfurt am Main. Verlag des Bundesamts für Kartographie und Geodäsie, D. D. McCarthy and G. Petit (Eds.).

IERS (2009). The second realization of the international celestial reference frame by very long baseline interferometry. Technical Note 35, International Earth Rotation Service. A. L. Fey, D. Gordon, and C. S. Jacobs (Eds.).

IERS (2010). Conventions (2010). Technical Note 36, International Earth Rotation Service, Frankfurt am Main. Verlag des Bundesamts für Kartographie und Geodäsie, G. Petit and B. Luzum (Eds.).

Irvine, W. M., T. Simon, D. H. Menzel, C. Pikoos, and A. T. Young (1968). Multicolor Photoelectric Photometry of the Brighter Planets. III. Observations from Boyden Observatory. *Astronomical Journal* **73**, 807.

Irwin, M. and D. Hatzidimitriou (1995). Structural parameters for the Galactic dwarf spheroidals. *Monthly Notices of the Royal Astronomical Society* **277**, 1354.

Jacobson, R. A. (1990). The Orbits of the Satellites of Neptune. *Astronomy and Astrophysics* **231**, 241–250.

Jacobson, R. A. (2000). The Orbits of the Outer Jovian Satellites. *Astronomical Journal* **120**, 2679–2686.

Jacobson, R. A., S. P. Synnott, and J. K. Campbell (1989). The Orbits of the Satellites of Mars from Spacecraft and Earthbased Observations. *Astronomy and Astrophysics* **225**, 548–554.

Jarrett, T. H., T. Chester, R. Cutri, S. Schneider, M. Skrutskie, and J. P. Huchra (2000). 2MASS Extended Source Catalog: Overview and Algorithms. *Astronomical Journal* **119**, 2498–2531.

Kaplan, G. H. (2005). The IAU Resolutions on Astronomical Reference Systems, Time Scales, and Earth Rotation Models : Explanation and Implementation. *U.S. Naval Observatory Circulars* **179**.

Keenan, P. C. and R. C. McNeil (1976). *Atlas of Spectra of the Cooler Stars: Types G, K, M, S, and C*. Ohio: Ohio State University Press.

Kholopov, P. N., N. N. Samus, M. S. Frolov, V. P. Goranskij, N. A. Gorynya, N. N. Kireeva, N. P. Kukarkina, N. E. Kurochkin, G. I. Medvedeva, and N. B. Perova (1996). *General Catalogue of Variable Stars, 4th edition*. Moscow: Nauka Publishing House.

Kozai, Y. (1957). On the Astronomical Constants of Saturnian Satellites System. *Annals of the Tokyo Observatory, Series 2* **5**, 73–106.

Lacerda, P., D. Jewitt, and N. Peixinho (2008). High-Precision Photometry of Extreme KBO 2003 EL$_{61}$. *Astronomical Journal* **135**, 1749–1756.

Landolt, A. U. (1992). UBVRI Photometric Standard Stars in the Magnitude Range 11.5-16.0 Around the Celestial Equator. *Astronomical Journal* **104**, 340–371.

Landolt, A. U. (2009). UBVRI Photometric Standard Stars Around the Celestial Equator: Updates and Additions. *Astronomical Journal* **137**, 4186–4269.

Laskar, J. and R. A. Jacobson (1987). GUST 86. An Analytical Ephemeris of the Uranian Satellites. *Astronomy and Astrophysics* **188**, 212–224.

Lieske, J. H. (1977). Theory of Motion of Jupiter's Galilean Satellites. *Astronomy and Astrophysics* **56**, 333–352.

Liu, Q. Z., J. van Paradijs, and E. P. J. van den Heuvel (2000). A Catalogue of High-Mass X-ray Binaries. *Astronomy and Astrophysics Supplement* **147**, 25–49.

Liu, Q. Z., J. van Paradijs, and E. P. J. van den Heuvel (2001). A catalog of Low-Mass X-ray Binaries. *Astronomy and Astrophysics* **368**, 1021–1054.

Lyngå, G. (1981). Astronomical Data Center Bulletin. Circular 2, NASA/GSFC, Greenbelt, MD.

Ma, C., E. F. Arias, T. M. Eubanks, A. L. Fey, A. M. Gontier, C. S. Jacobs, O. J. Sovers, B. A. Archinal, and P. Charlot (1998). The International Celestial Reference Frame as Realized by Very Long Baseline Interferometry. *Astronomical Journal* **116**, 516–546.

Malkin, Z. and O. Titov (2008). Optical Characteristics of Astrometric Radio Sources. In *Measuring the Future, Proc. Fifth IVS General Meeting, A. Finkelstein, D. Behrend (Eds.), 2008, p. 183-187,* pp. 183–187.

Manchester, R. N., G. B. Hobbs, A. Teoh, and M. Hobbs (2005). The Australia Telescope National Facility Pulsar Catalogue. *Astronomical Journal* **129**, 1993–2006.

Mason, B. D., G. L. Wycoff, W. I. Hartkopf, G. Douglass, and C. E. Worley (2001). The Washington Double Star Catalog. *Astronomical Journal* **122**, 3466–3471.

Matthews, P. M., T. A. Herring, and B. Buffett (2002). Modeling of nutation and precession: New nutation series for nonrigid Earth and insights into the Earth's interior. *Journal of Geophysical Research* **107(B4)**, 2068.

Morgan, W. W., H. A. Abt, and J. W. Tapschott (1978). *Revised MK Spectral Atlas for Stars Earlier than the Sun.* Williams Bay, WI and Tucson, AZ: Yerkes Obs. and Kitt Peak Nat. Obs.

Nelson, R. A., D. D. McCarthy, S. Malys, J. Levine, B. Guinot, H. F. Fliegel, R. L. Beard, and T. R. Bartholomew (2001). The Leap Second: its History and Possible Future. *Metrologia* **38**, 509–529.

Newhall, X. X. and J. G. Williams (1996). Estimation of the Lunar Physical Librations. *Celestial Mechanics and Dynamical Astronomy* **66**, 21–30.

Nicholson, P. D. (2008). *Natural Satellites of the Planets.* Toronto, Ontario, Canada: University of Toronto Press.

Oke, J. B. (1990). Faint Spectrophotometric Standard Stars. *Astronomical Journal* **99**, 1621–1631.

Owen, Jr., W. M., R. M. Vaughan, and S. P. Synnott (1991). Orbits of the Six New Satellites of Neptune. *Astronomical Journal* **101**, 1511–1515.

Perry, C. L., E. H. Olsen, and D. L. Crawford (1987). A Catalog of Bright UVBY Beta Standard Stars. *Publications of the Astronomy Society of the Pacific* **99**, 1184–1200.

Pitjeva, E. V. and E. M. Standish (2009). Proposals for the Masses of the Three Largest Asteroids, the Moon-Earth Mass Ratio and the Astronomical Unit. *Celestial Mechanics and Dynamical Astronomy* **103**, 365–372.

Rohde, J. R. and A. T. Sinclair (1992). Orbital Ephemerides and Rings of Satellites. In P. K. Seidelmann (Ed.), *Explanatory Supplement to The Astronomical Almanac,* pp. 353. Mill Valley, CA: University Science Books.

Rutledge, G. A., J. E. Hesser, and P. B. Stetson (1997). Galactic Globular Cluster Metallicity Scale from the Ca II Triplet II. Rankings, Comparisons, and Puzzles. *Publications of the Astronomical Society of the Pacific* **109**, 907–919.

Simon, J. L., P. Bretagnon, J. Chapront, M. Chapront-Touzé, G. Francou, and J. Laskar (1994). Numerical Expressions for Precession Formulae and Mean Elements for the Moon and the Planets. *Astronomy and Astrophysics* **282**, 663–683.

Sinclair, A. T. (1974). A Theory of the Motion of Iapetus. *Monthly Notices of the Royal Astronomical Society* **169**, 591–605.

Sinclair, A. T. (1977). The Orbits of Tethys, Dione, Rhea, Titan and Iapetus. *Monthly Notices of the Royal Astronomical Society* **180**, 447–459.

Sinclair, A. T. (1989). The Orbits of the Satellites of Mars Determined from Earth-based and Spacecraft Observations. *Astronomy and Astrophysics* **220**, 321–328.

Smart, W. M. (1956). *Text-Book on Spherical Astronomy*. Cambridge: Cambridge University Press.

Souchay, J., A. H. Andrei, C. Barache, S. Bouquillon, A.-M. Gontier, S. B. Lambert, C. Le Poncin-Lafitte, F. Taris, E. F. Arias, D. Suchet, and M. Baudin (2009). Large Quasar Astrometric Catalog. *Astronomy and Astrophysics* **494**, 799.

Souchay, J., A. H. Andrei, C. Barache, S. Bouquillon, D. Suchet, F. Taris, and R. Peralta (2012, January). The second release of the Large Quasar Astrometric Catalog (LQAC-2). *Astronomy and Astrophysics* **537**, A99.

Standish, E. M. (1998a). JPL Planetary and Lunar Ephemerides, DE405/LE405. *JPL IOM 312.F-98-048*.

Standish, E. M. (1998b). Time Scales in the JPL and CfA Ephemerides. *Astronomy and Astrophysics* **336**, 381–384.

Stickel, M., J. W. Fried, and H. Kuehr (1989). Optical Spectroscopy of 1 Jy BL Lacertae Objects and Flat Spectrum Radio Sources. *Astronomy and Astrophysics Supplement Series* **80**, 103–114.

Stickel, M. and H. Kuehr (1994). An Update of the Optical Identification Status of the S4 Radio Source Catalogue. *Astronomy and Astrophysics Supplement Series* **103**, 349–363.

Sudbury, P. V. (1969). The Motion of Jupiter's Fifth Satellite. *Icarus* **10**, 116–143.

Taylor, D. B. (1984). A Comparison of the Theory of the Motion of Hyperion with Observations Made During 1967-1982. *Astronomy and Astrophysics* **141**, 151–158.

Taylor, D. B. (1995). Compact Ephemerides for Differential Tangent Plane Coordinates of Planetary Satellites. *NAO Technical Note* **No. 68**.

Taylor, D. B., S. A. Bell, J. L. Hilton, and A. T. Sinclair (2010). Computation of the Quantities Describing the Lunar Librations in The Astronomical Almanac. *NAO Technical Note* **No. 74**.

Taylor, D. B. and K. X. Shen (1988). Analysis of Astrometric Observations from 1967 to 1983 of the Major Satellites of Saturn. *Astronomy and Astrophysics* **200**, 269–278.

The Fermi-LAT Collaboration (2012 submitted). Fermi Large Area Telescope First Source Catalog. *Astrophysical Journal Supplement Series*. arXiv:1108.1435 [astro-ph.HE].

Tholen, D. J. (1985). The Orbit of Pluto's Satellite. *Astronomical Journal* **90**, 2353–2359.

Trager, S. C., S. Djorgovski, and I. R. King (1993). Structural Parameters of Galactic Globular Clusters. In Djorgovski, S. G. and Meylan, G. (Ed.), *Structure and Dynamics of Globular Clusters*, Volume 50 of *Astronomical Society of the Pacific Conference Series*, pp. 347.

Trager, S. C., I. R. King, and S. Djorgovski (1995). Catalogue of Galactic Globular-Cluster Surface-Brightness Profiles. *Astronomical Journal* **109**, 218–241.

Trumpler, R. J. (1930). Preliminary Results on the Distances, Dimensions and Space Distribution of Open Star Clusters. *Lick Observatory Bulletin* **XIV**, 154.

Turnshek, D. A., R. C. Bohlin, R. L. Williamson, O. L. Lupie, J. Koornneef, and D. H. Morgan (1990). An Atlas of Hubble Space Telescope Photometric, Spectrophotometric, and Polarimetric Calibration Objects. *Astronomical Journal* **99**, 1243–1261.

Udry, S. Mayor, M., E. Maurice, J. Andersen, M. Imbert, H. Lindgren, J. C. Mermilliod, B. Nordström, and L. Prévot (1999). 20 years of CORAVEL Monitoring of Radial-Velocity Standard Stars. In J. Hearnshaw and C. Scarfe (Eds.), *Precise Stellar Radial Velocities, Victoria, IAU Coll. 170*, pp. 383.

Urban, S. and P. K. Seidelmann (Eds.) (2012). *Explanatory Supplement to The Astronomical Almanac*. Mill Valley, CA: University Science Books.

van Paradijs, J. (1995). A Catalogue of X-Ray Binaries. In W. H. G. Lewin, J. van Paradijs, and E. P. J. van den Heuvel (Eds.), *X-ray Binaries*, pp. 536. University of Chicago Press. Volume IX of Stars and Stellar Systems.

Véron-Cetty, M. P. and P. Véron (2006). A Catalogue of Quasars and Active Nuclei: 12th edition. *Astronomy and Astrophysics* **455**, 773–777.

Wallace, P. T. and N. Capitaine (2006). Precession-Nutation Procedures Consistent with IAU 2006 Resolutions. *Astronomy and Astrophysics* **459**, 981–985.

Watts, C. B. (1963). The Marginal Zone of the Moon. In *Astronomical Papers of the American Ephemeris and Nautical Almanac*, Volume 17. Washington, DC: U.S. Government Printing Office.

Williams, J. G., D. H. Boggs, and W. M. Folkner (2013). DE430 Lunar Orbot, Physical Librations, and Surface Coordinates. *JPL IOM 335-JW,DB,WF-20080314-001*.

Zacharias, N., D. G. Monet, S. E. Levine, S. E. Urban, R. Gaume, and G. L. Wycoff (2004). The Naval Observatory Merged Astrometric Dataset (NOMAD). In *American Astronomical Society Meeting Abstracts*, Volume 36 of *Bulletin of the American Astronomical Society*, pp. 1418.

Zadunaisky, P. E. (1954). A Determination of New Elements of the Orbit of Phoebe, Ninth Satellite of Saturn. *Astronomical Journal* **59**, 1–6.

Zinn, R. and M. J. West (1984). The Globular Cluster System of the Galaxy. III - Measurements of Radial Velocity and Metallicity for 60 Clusters and a Compilation of Metallicities for 121 Clusters. *Astrophysical Journal Supplement Series* **55**, 45–66.

**ΔT:** the difference between *Terrestrial Time (TT)* and *Universal Time (UT)*: $\Delta T = TT - UT1$.

**ΔUT1 (or ΔUT):** the value of the difference between *Universal Time (UT)* and *Coordinated Universal Time (UTC)*: $\Delta UT1 = UT1 - UTC$.

**aberration (of light):** the relativistic apparent angular displacement of the observed position of a celestial object from its *geometric position*, caused by the motion of the observer in the reference system in which the trajectories of the observed object and the observer are described. (See *aberration, planetary.*)

    **aberration, annual:** the component of *stellar aberration* resulting from the motion of the Earth about the Sun. (See *aberration, stellar.*)

    **aberration, diurnal:** the component of *stellar aberration* resulting from the observer's *diurnal motion* about the center of the Earth due to Earth's rotation. (See *aberration, stellar.*)

    **aberration, E-terms of:** the terms of *annual aberration* which depend on the *eccentricity* and longitude of *perihelion* of the Earth. (See *aberration, annual; perihelion.*)

    **aberration, elliptic:** see *aberration, E-terms of.*

    **aberration, planetary:** the apparent angular displacement of the observed position of a solar system body from its instantaneous geometric direction as would be seen by an observer at the geocenter. This displacement is produced by the combination of *aberration of light* and *light-time displacement*.

    **aberration, secular:** the component of *stellar aberration* resulting from the essentially uniform and almost rectilinear motion of the entire solar system in space. Secular *aberration* is usually disregarded. (See *aberration, stellar.*)

    **aberration, stellar:** the apparent angular displacement of the observed position of a celestial body resulting from the motion of the observer. Stellar *aberration* is divided into diurnal, annual, and secular components. (See *aberration, annual; aberration, diurnal; aberration, secular.*)

**altitude:** the angular distance of a celestial body above or below the *horizon*, measured along the great circle passing through the body and the *zenith*. Altitude is 90° minus the *zenith distance*.

**annual parallax:** see *parallax, heliocentric.*

**anomaly:** the angular separation of a body in its *orbit* from its *pericenter*.

    **anomaly, eccentric:** in undisturbed elliptic motion, the angle measured at the center of the *orbit* ellipse from *pericenter* to the point on the circumscribing auxiliary circle from which a perpendicular to the major axis would intersect the orbiting body. (See *anomaly, mean; anomaly, true.*)

    **anomaly, mean:** the product of the *mean motion* of an orbiting body and the interval of time since the body passed the *pericenter*. Thus, the mean *anomaly* is the angle from the pericenter of a hypothetical body moving with a constant angular speed that is equal to the mean motion. In realistic computations, with disturbances taken into account, the mean anomaly is equal to its initial value at an *epoch* plus an integral of the mean motion over the time elapsed since the epoch. (See *anomaly, eccentric; anomaly, mean at epoch; anomaly, true.*)

    **anomaly, mean at epoch:** the value of the *mean anomaly* at a specific *epoch*, i.e., at some fiducial moment of time. It is one of the six *Keplerian elements* that specify an *orbit*. (See *Keplerian elements; orbital elements.*)

    **anomaly, true:** the angle, measured at the focus nearest the *pericenter* of an *elliptical orbit*, between the pericenter and the *radius vector* from the focus to the orbiting body; one of the standard *orbital elements*. (See *anomaly, eccentric; anomaly, mean; orbital elements.*)

**aphelion:** the point in an *orbit* that is the most distant from the Sun.

**apocenter:** the point in an *orbit* that is farthest from the origin of the reference system. (See *aphelion; apogee.*)

**apogee:** the point in an *orbit* that is the most distant from the Earth. Apogee is sometimes used with reference to the apparent orbit of the Sun around the Earth.

**apparent place (or position):** the *proper place* of an object expressed with respect to the *true (intermediate) equator and equinox* of date.

**apparent solar time:** see *solar time, apparent.*

**appulse:** the least apparent distance between one celestial object and another, as viewed from a third body. For objects moving along the *ecliptic* and viewed from the Earth, the time of appulse is close to that of *conjunction* in *ecliptic longitude.*

**Aries, First point of:** another name for the *vernal equinox.*

**aspect:** the position of any of the *planets* or the Moon relative to the Sun, as seen from the Earth.

**asteroid:** a loosely defined term generally meaning a small solar system body that is orbiting the Sun, does not show a comet-like appearance, and is not massive enough to be a *dwarf planet.* The term is usually restricted to bodies with *orbits* interior or similar to Jupiter's. "Asteroid" is often used interchangeably with *"minor planet"*, although there is no implicit contraint that a minor *planet* be interior to Jupiter's orbit.

**astrometric ephemeris:** an *ephemeris* of a solar system body in which the tabulated positions are *astrometric places.* Values in an astrometric ephemeris are essentially comparable to catalog *mean places* of stars after the star positions have been updated for *proper motion* and *parallax.*

**astrometric place (or position):** direction of a solar system body formed by applying the correction for *light-time displacement* to the *geometric position.* Such a position is directly comparable with the catalog positions of background stars in the same area of the sky, after the star positions have been updated for *proper motion* and *parallax.* There is no correction for *aberration* or *deflection of light* since it is assumed that these are almost identical for the solar system body and background stars. An astrometric place is expressed in the reference system of a star catalog; in *The Astronomical Almanac*, the reference system is the *International Celestial Reference System (ICRS).*

**astronomical coordinates:** the longitude and latitude of the point on Earth relative to the *geoid.* These coordinates are influenced by local gravity anomalies. (See *latitude, terrestrial; longitude, terrestrial; zenith.*)

**astronomical refraction:** see *refraction, astronomical.*

**astronomical unit (au):** a conventional unit of length equal to 149 597 870 700 m exactly. Prior to 2012, it was defined as the radius of a circular *orbit* in which a body of negligible mass, and free of *perturbations*, would revolve around the Sun in $2\pi/k$ *days*, k being the *Gaussian gravitational constant.* This is slightly less than the *semimajor axis* of the Earth's orbit.

**astronomical zenith:** see *zenith, astronomical.*

**atomic second:** see *second, Système International (SI).*

**augmentation:** the amount by which the apparent *semidiameter* of a celestial body, as observed from the surface of the Earth, is greater than the semidiameter that would be observed from the center of the Earth.

**autumnal equinox:** see *equinox, autumnal.*

**azimuth:** the angular distance measured eastward along the *horizon* from a specified reference point (usually north). Azimuth is measured to the point where the great circle determining the *altitude* of an object meets the horizon.

**barycenter:** the center of mass of a system of bodies; *e.g.*, the center of mass of the solar system or the Earth-Moon system.

**barycentric:** with reference to, or pertaining to, the *barycenter* (usually of the solar system).

**Barycentric Celestial Reference System (BCRS):** a system of *barycentric* space-time coordinates for the solar system within the framework of General Relativity. The metric tensor to be used in the system is specified by the *IAU* 2000 resolution B1.3. For all practical applications, unless otherwise stated, the BCRS is assumed to be oriented according to the *ICRS* axes. (See *Barycentric Coordinate Time (TCB)*.)

**Barycentric Coordinate Time (TCB):** the coordinate time of the *Barycentric Celestial Reference System (BCRS)*, which advances by *SI seconds* within that system. TCB is related to *Geocentric Coordinate Time (TCG)* and *Terrestrial Time (TT)* by relativistic transformations that include a secular term. (See *second, Système International (SI)*.)

**Barycentric Dynamical Time (TDB):** A time scale defined by the *IAU* (originally in 1976; named in 1979; revised in 2006) for use as an independent argument of *barycentric ephemerides* and equations of motion. TDB is a linear function of *Barycentric Coordinate Time (TCB)* that on average tracks *TT* over long *periods* of time; differences between TDB and TT evaluated at the Earth's surface remain under 2 ms for several thousand *years* around the current *epoch*. TDB is functionally equivalent to $T_{eph}$, the independent argument of the JPL planetary and lunar ephemerides DE405/LE405. (See *second, Système International (SI)*.)

**Besselian elements:** quantities tabulated for the calculation of accurate predictions of an *eclipse* or *occultation* for any point on or above the surface of the Earth.

**calendar:** a system of reckoning time in units of solar *days*. The days are enumerated according to their position in cyclic patterns usually involving the motions of the Sun and/or the Moon.

  **calendar, Gregorian:** The *calendar* introduced by Pope Gregory XIII in 1582 to replace the *Julian calendar*. This calendar is now used as the civil calendar in most countries. In the Gregorian calendar, every *year* that is exactly divisible by four is a leap year, except for centurial years, which must be exactly divisible by 400 to be leap years. Thus 2000 was a leap year, but 1900 and 2100 are not leap years.

  **calendar, Julian:** the *calendar* introduced by Julius Caesar in 46 B.C. to replace the Roman calendar. In the Julian calendar a common *year* is defined to comprise 365 *days*, and every fourth year is a leap year comprising 366 days. The Julian calendar was superseded by the *Gregorian calendar*.

  **calendar, proleptic:** the extrapolation of a *calendar* prior to its date of introduction.

**catalog equinox:** see *equinox, catalog*.

**Celestial Ephemeris Origin (CEO):** the original name for the *Celestial Intermediate Origin (CIO)* given in the *IAU* 2000 resolutions. Obsolete.

**celestial equator:** the plane perpendicular to the *Celestial Intermediate Pole (CIP)*. Colloquially, the projection onto the *celestial sphere* of the Earth's *equator*. (See *mean equator and equinox; true equator and equinox*.)

**Celestial Intermediate Origin (CIO):** the non-rotating origin of the *Celestial Intermediate Reference System*. Formerly referred to as the *Celestial Ephemeris Origin (CEO)*.

**Celestial Intermediate Origin Locator (CIO Locator):** denoted by *s*, is the difference between the *Geocentric Celestial Reference System (GCRS) right ascension* and the intermediate right ascension of the intersection of the GCRS and intermediate *equators*.

**Celestial Intermediate Pole (CIP):** the reference pole of the *IAU* 2000A *precession nutation* model. The motions of the CIP are those of the Tisserand mean axis of the Earth with *periods* greater than two *days*. (See *nutation; precession*.)

**Celestial Intermediate Reference System:** a *geocentric* reference system related to the *Geocentric Celestial Reference System (GCRS)* by a time-dependent rotation taking into account *precession-nutation*. It is defined by the intermediate *equator* of the *Celestial Intermediate Pole (CIP)* and the *Celestial Intermediate Origin (CIO)* on a specific date.

**celestial pole:** see *pole, celestial.*

**celestial sphere:** an imaginary sphere of arbitrary radius upon which celestial bodies may be considered to be located. As circumstances require, the celestial sphere may be centered at the observer, at the Earth's center, or at any other location.

**center of figure:** that point so situated relative to the apparent figure of a body that any line drawn through it divides the figure into two parts having equal apparent areas. If the body is oddly shaped, the center of figure may lie outside the figure itself.

**center of light:** same as *center of figure* except referring only to the illuminated portion.

**conjunction:** the phenomenon in which two bodies have the same apparent *ecliptic longitude* or *right ascension* as viewed from a third body. Conjunctions are usually tabulated as *geocentric* phenomena. For Mercury and Venus, geocentric inferior conjunctions occur when the *planet* is between the Earth and Sun, and superior conjunctions occur when the Sun is between the planet and Earth. (See *longitude, ecliptic.*)

**constellation: 1.** A grouping of stars, usually with pictorial or mythical associations, that serves to identify an area of the *celestial sphere*. **2.** One of the precisely defined areas of the celestial sphere, associated with a grouping of stars, that the *International Astronomical Union (IAU)* has designated as a constellation.

**Coordinated Universal Time (UTC):** the time scale available from broadcast time signals. UTC differs from *International Atomic Time (TAI)* by an integral number of *seconds*; it is maintained within $\pm0^{s}9$ seconds of *UT1* by the introduction of *leap seconds*. (See *International Atomic Time (TAI); leap second; Universal Time (UT).*)

**culmination:** the passage of a celestial object across the observer's *meridian*; also called "meridian passage".

> **culmination, lower:** (also called *"culmination* below pole" for circumpolar stars and the Moon) is the crossing farther from the observer's *zenith*.

> **culmination, upper:** (also called *"culmination* above pole" for circumpolar stars and the Moon) or *transit* is the crossing closer to the observer's *zenith*.

**day:** an interval of 86 400 *SI seconds*, unless otherwise indicated. (See *second, Système International (SI).*)

**declination:** angular distance on the *celestial sphere* north or south of the *celestial equator*. It is measured along the *hour circle* passing through the celestial object. Declination is usually given in combination with *right ascension* or *hour angle.*

**defect of illumination:** (sometimes, greatest defect of illumination): the maximum angular width of the unilluminated portion of the apparent disk of a solar system body measured along a radius.

**deflection of light:** the angle by which the direction of a light ray is altered from a straight line by the gravitational field of the Sun or other massive object. As seen from the Earth, objects appear to be deflected radially away from the Sun by up to $1''.75$ at the Sun's *limb*. Correction for this effect, which is independent of wavelength, is included in the transformation from *mean place* to *apparent place.*

**deflection of the vertical:** the angle between the astronomical *vertical* and the geodetic vertical. (See *astronomical coordinates; geodetic coordinates; zenith.*)

**delta T:** see $\Delta$T.

**delta UT1:** see $\Delta$UT1 *(or* $\Delta$UT).

**direct motion:** for orbital motion in the solar system, motion that is counterclockwise in the *orbit* as seen from the north pole of the *ecliptic*; for an object observed on the *celestial sphere*, motion that is from west to east, resulting from the relative motion of the object and the Earth.

**diurnal motion:** the apparent daily motion, caused by the Earth's rotation, of celestial bodies across the sky from east to west.

**diurnal parallax:** see *parallax, geocentric.*

**dwarf planet:** a celestial body that is in *orbit* around the Sun, has sufficient mass for its self-gravity to overcome rigid body forces so that it assumes a hydrostatic equilibrium (nearly round) shape, has not cleared the neighbourhood around its orbit, and is not a satellite. (See *planet.*)

**dynamical equinox:** the ascending *node* of the Earth's mean *orbit* on the Earth's *true equator*; i.e., the intersection of the *ecliptic* with the *celestial equator* at which the Sun's *declination* changes from south to north. (See *catalog equinox; equinox; true equator and equinox.*)

**dynamical time:** the family of time scales introduced in 1984 to replace *ephemeris time (ET)* as the independent argument of dynamical theories and *ephemerides.* (See *Barycentric Dynamical Time (TDB); Terrestrial Time (TT).*)

**Earth Rotation Angle (ERA):** the angle, $\theta$, measured along the *equator* of the *Celestial Intermediate Pole (CIP)* between the direction of the *Celestial Intermediate Origin (CIO)* and the *Terrestrial Intermediate Origin (TIO).* It is a linear function of *UT1*; its time derivative is the Earth's angular velocity.

**eccentricity: 1.** A parameter that specifies the shape of a conic secton. **2.** One of the standard *elements* used to describe an elliptic or *hyperbolic orbit.* For an *elliptical orbit*, the quantity $e = \sqrt{1 - (b^2/a^2)}$, where $a$ and $b$ are the lengths of the *semimajor* and semiminor axes, respectively; for a hyperbolic *orbit*, the quantity $e = \sqrt{1 + (b^2/a^2)}$. (See *orbital elements.*)

**eclipse:** the obscuration of a celestial body caused by its passage through the shadow cast by another body.

　　**eclipse, annular:** a *solar eclipse* in which the solar disk is not completely covered but is seen as an annulus or ring at maximum *eclipse.* An annular eclipse occurs when the apparent disk of the Moon is smaller than that of the Sun. (See *eclipse, solar.*)

　　**eclipse, lunar:** an *eclipse* in which the Moon passes through the shadow cast by the Earth. The eclipse may be total (the Moon passing completely through the Earth's *umbra*), partial (the Moon passing partially through the Earth's umbra at maximum eclipse), or penumbral (the Moon passing only through the Earth's *penumbra*).

　　**eclipse, solar:** actually an *occultation* of the Sun by the Moon in which the Earth passes through the shadow cast by the Moon. It may be total (observer in the Moon's *umbra*), partial (observer in the Moon's *penumbra*), annular, or annular-total. (See *eclipse, annular.*)

**ecliptic: 1.** The mean plane of the *orbit* of the Earth-Moon *barycenter* around the solar system barycenter. **2.** The apparent path of the Sun around the *celestial sphere.*

**ecliptic latitude:** see *latitude, ecliptic.*

**ecliptic longitude:** see *longitude, ecliptic.*

**elements:** a set of parameters used to describe the position and/or motion of an astronomical object.

　　**elements, Besselian:** see *Besselian elements.*

　　**elements, Keplerian:** see *Keplerian elements.*

　　**elements, mean:** see *mean elements.*

　　**elements, orbital:** see *orbital elements.*

　　**elements, osculating:** see *osculating elements.*

**elements, rotational:** see *rotational elements*.

**elongation:** the *geocentric* angle between two celestial objects.

> **elongation, greatest:** the maximum value of a *planetary elongation* for a solar system body that remains interior to the Earth's *orbit*, or the maximum value of a *satellite elongation*.

> **elongation, planetary:** the *geocentric* angle between a *planet* and the Sun. Planetary *elongations* are measured from 0° to 180°, east or west of the Sun.

> **elongation, satellite:** the *geocentric* angle between a satellite and its primary. Satellite *elongations* are measured from 0° east or west of the *planet*.

**epact: 1.** The age of the Moon. **2.** The number of *days* since new moon, diminished by one day, on January 1 in the Gregorian ecclesiastical lunar cycle. (See *calendar, Gregorian; lunar phases*.)

**ephemeris:** a tabulation of the positions of a celestial object in an orderly sequence for a number of dates.

**ephemeris hour angle:** an *hour angle* referred to the *ephemeris meridian*.

**ephemeris longitude:** longitude measured eastward from the *ephemeris meridian*. (See *longitude, terrestrial*.)

**ephemeris meridian:** see *meridian, ephemeris*.

**ephemeris time (ET):** the time scale used prior to 1984 as the independent variable in gravitational theories of the solar system. In 1984, ET was replaced by *dynamical time*.

**ephemeris transit:** the passage of a celestial body or point across the *ephemeris meridian*.

**epoch:** an arbitrary fixed instant of time or date used as a chronological reference datum for *calendars*, celestial reference systems, star catalogs, or orbital motions. (See *calendar; orbit*.)

**equation of the equinoxes:** the difference apparent *sidereal time* minus mean sidereal time, due to the effect of *nutation* in longitude on the location of the *equinox*. Equivalently, the difference between the *right ascensions* of the true and *mean equinoxes*, expressed in time units. (See *sidereal time*.)

**equation of the origins:** the arc length, measured positively eastward, from the *Celestial Intermediate Origin (CIO)* to the *equinox* along the intermediate *equator*; alternatively the difference between the *Earth Rotation Angle (ERA)* and *Greenwich Apparent Sidereal Time (GAST)*, namely, (*ERA* - GAST).

**equation of time:** the difference *apparent solar time* minus *mean solar time*.

**equator:** the great circle on the surface of a body formed by the intersection of the surface with the plane passing through the center of the body perpendicular to the axis of rotation. (See *celestial equator*.)

**equinox: 1.** Either of the two points on the *celestial sphere* at which the *ecliptic* intersects the *celestial equator*. **2.** The time at which the Sun passes through either of these intersection points; i.e., when the apparent *ecliptic longitude* of the Sun is 0° or 180°. **3.** The *vernal equinox*. (See *mean equator and equinox; true equator and equinox*.)

> **equinox, autumnal: 1.** The decending *node* of the *ecliptic* on the *celestial sphere*. **2.** The time which the apparent *ecliptic longitude* of the Sun is 180°.

> **equinox, catalog:** the intersection of the *hour angle* of zero *right ascension* of a star catalog with the *celestial equator*. Obsolete.

> **equinox, dynamical:** the ascending *node* of the *ecliptic* on the Earth's *true equator*.

> **equinox, vernal: 1.** The ascending *node* of the *ecliptic* on the *celestial equator*. **2.** The time at which the apparent *ecliptic longitude* of the Sun is 0°.

**era:** a system of chronological notation reckoned from a specific event.

**ERA:** see *Earth Rotation Angle (ERA)*.

**flattening:** a parameter that specifies the degree by which a *planet*'s figure differs from that of a sphere; the ratio $f = (a - b)/a$, where $a$ is the equatorial radius and $b$ is the polar radius.

**frame bias:** the orientation of the *mean equator and equinox* of J2000.0 with respect to the *Geocentric Celestial Reference System (GCRS)*. It is defined by three small and constant angles, two of which describe the offset of the mean pole at J2000.0 and the other is the GCRS *right ascension* of the mean inertial *equinox* of J2000.0.

**frequency:** the number of *periods* of a regular, cyclic phenomenon in a given measure of time, such as a *second* or a *year*. (See *period; second, Système International (SI); year.*)

**frequency standard:** a generator whose output is used as a precise *frequency* reference; a primary frequency standard is one whose frequency corresponds to the adopted definition of the *second*, with its specified accuracy achieved without calibration of the device. (See *second, Système International (SI).*)

**GAST:** see *Greenwich Apparent Sidereal Time (GAST).*

**Gaussian gravitational constant:** (k = 0.017 202 098 95). The constant defining the astronomical system of units of length (*astronomical unit (au)*), mass (solar mass) and time (*day*), by means of Kepler's third law. The dimensions of $k^2$ are those of Newton's constant of gravitation: $L^3 M^{-1} T^{-2}$.

**geocentric:** with reference to, or pertaining to, the center of the Earth.

**Geocentric Celestial Reference System (GCRS):** a system of *geocentric* space-time coordinates within the framework of General Relativity. The metric tensor used in the system is specified by the *IAU* 2000 resolutions. The GCRS is defined such that its spatial coordinates are kinematically non-rotating with respect to those of the *Barycentric Celestial Reference System (BCRS)*. (See *Geocentric Coordinate Time (TCG).*)

**Geocentric Coordinate Time (TCG):** the coordinate time of the *Geocentric Celestial Reference System (GCRS)*, which advances by *SI seconds* within that system. TCG is related to *Barycentric Coordinate Time (TCB)* and *Terrestrial Time (TT)*, by relativistic transformations that include a secular term. (See *second, Système International (SI).*)

**geocentric coordinates: 1.** The latitude and longitude of a point on the Earth's surface relative to the center of the Earth. **2.** Celestial coordinates given with respect to the center of the Earth. (See *latitude, terrestrial; longitude, terrestrial; zenith.*)

**geocentric zenith:** see *zenith, geocentric.*

**geodetic coordinates:** the latitude and longitude of a point on the Earth's surface determined from the geodetic *vertical* (normal to the reference ellipsoid). (See *latitude, terrestrial; longitude, terrestrial; zenith.*)

**geodetic zenith:** see *zenith, geodetic.*

**geoid:** an equipotential surface that coincides with mean sea level in the open ocean. On land it is the level surface that would be assumed by water in an imaginary network of frictionless channels connected to the ocean.

**geometric position:** the position of an object defined by a straight line (vector) between the center of the Earth (or the observer) and the object at a given time, without any corrections for *light-time, aberration*, etc.

**GHA:** see *Greenwich Hour Angle (GHA).*

**GMST:** see *Greenwich Mean Sidereal Time (GMST).*

**greatest defect of illumination:** see *defect of illumination.*

**Greenwich Apparent Sidereal Time (GAST):** the *Greenwich hour angle* of the *true equinox* of date.

**Greenwich Hour Angle (GHA):** angular distance on the *celestial sphere* measured westward along the *celestial equator* from the *Greenwich meridian* to the *hour circle* that passes through a celestial object or point.

**Greenwich Mean Sidereal Time (GMST):** the *Greenwich hour angle* of the *mean equinox* of date.

**Greenwich meridian:** see *meridian, Greenwich*.

**Greenwich sidereal date (GSD):** the number of *sidereal days* elapsed at Greenwich since the beginning of the Greenwich sidereal *day* that was in progress at the *Julian date (JD)* 0.0.

**Greenwich sidereal day number:** the integral part of the *Greenwich sidereal date (GSD)*.

**Gregorian calendar:** see *calendar, Gregorian*.

**height:** the distance above or below a reference surface such as mean sea level on the Earth or a planetographic reference surface on another solar system *planet*.

**heliocentric:** with reference to, or pertaining to, the center of the Sun.

**heliocentric parallax:** see *parallax, heliocentric*.

**horizon:** **1.** A plane perpendicular to the line from an observer through the *zenith*. **2.** The observed border between Earth and the sky.

> **horizon, astronomical:** the plane perpendicular to the line from an observer to the *astronomical zenith* that passes through the point of observation.

> **horizon, geocentric:** the plane perpendicular to the line from an observer to the *geocentric zenith* that passes through the center of the Earth.

> **horizon, natural:** the border between the sky and the Earth as seen from an observation point.

**horizontal parallax:** see *parallax, horizontal*.

**horizontal refraction:** see *refraction, horizontal*.

**hour angle:** angular distance on the *celestial sphere* measured westward along the *celestial equator* from the *meridian* to the *hour circle* that passes through a celestial object.

**hour circle:** a great circle on the *celestial sphere* that passes through the *celestial poles* and is therefore perpendicular to the *celestial equator*.

**IAU:** see *International Astronomical Union (IAU)*.

**illuminated extent:** the illuminated area of an apparent planetary disk, expressed as a solid angle.

**inclination:** **1.** The angle between two planes or their poles. **2.** Usually, the angle between an orbital plane and a reference plane. **3.** One of the standard *orbital elements* that specifies the orientation of the *orbit*. (See *orbital elements*.)

**instantaneous orbit:** see *orbit, instantaneous*.

**intercalate:** to insert an interval of time (e.g., a *day* or a *month*) within a *calendar*, usually so that it is synchronized with some natural phenomenon such as the seasons or *lunar phases*.

**intermediate place (or position):** the *proper place* of an object expressed with respect to the true (intermediate) *equator* and *CIO* of date.

**International Astronomical Union (IAU):** an international non-governmental organization that promotes the science of astronomy. The IAU is composed of both national and individual members. In the field of positional astronomy, the IAU, among other activities, recommends standards for data analysis and modeling, usually in the form of resolutions passed at General Assemblies held every three *years*.

**International Atomic Time (TAI):** the continuous time scale resulting from analysis by the Bureau International des Poids et Mesures of atomic time standards in many countries. The fundamental unit of TAI is the *SI second* on the *geoid*, and the *epoch* is 1958 January 1. (See *second, Système International (SI)*.)

**International Celestial Reference Frame (ICRF):** **1.** A set of extragalactic objects whose adopted positions and uncertainties realize the *International Celestial Reference System (ICRS)* axes and give the uncertainties of those axes. **2.** The name of the radio catalog whose defining sources serve as fiducial points to fix the axes of the ICRS, recommended by the *International Astronomical Union (IAU)*. The first such catalog was adopted for use beginning in 1997. The second catalog, termed ICRF2, was adopted for use beginning in 2010.

**International Celestial Reference System (ICRS):** a time-independent, kinematically non-rotating *barycentric* reference system recommended by the *International Astronomical Union (IAU)* in 1997. Its axes are those of the *International Celestial Reference Frame (ICRF)*.

**international meridian:** see *meridian, Greenwich*.

**International Terrestrial Reference Frame (ITRF):** a set of reference points on the surface of the Earth whose adopted positions and velocities fix the rotating axes of the *International Terrestrial Reference System (ITRS)*.

**International Terrestrial Reference System (ITRS):** a time-dependent, non-inertial reference system co-moving with the geocenter and rotating with the Earth. The ITRS is the recommended system in which to express positions on the Earth.

**invariable plane:** the plane through the center of mass of the solar system perpendicular to the angular momentum vector of the solar system.

**irradiation:** an optical effect of contrast that makes bright objects viewed against a dark background appear to be larger than they really are.

**Julian calendar:** see *calendar, Julian*.

**Julian date (JD):** the interval of time in *days* and fractions of a day, since 4713 B.C. January 1, Greenwich noon, Julian *proleptic calendar*. In precise work, the timescale, e.g., *Terrestrial Time (TT)* or *Universal Time (UT)*, should be specified.

**Julian date, modified (MJD):** the *Julian date (JD)* minus 2400000.5.

**Julian day number:** the integral part of the *Julian date (JD)*.

**Julian year:** see *year, Julian*.

**Keplerian elements:** a certain set of six *orbital elements*, sometimes referred to as the Keplerian set. Historically, this set included the *mean anomaly* at the *epoch*, the *semimajor axis*, the *eccentricity* and three Euler angles: the *longitude of the ascending node*, the *inclination*, and the *argument of pericenter*. The time of *pericenter* passage is often used as part of the Keplerian set instead of the mean *anomaly* at the epoch. Sometimes the longitude of pericenter (which is the sum of the longitude of the ascending *node* and the argument of pericenter) is used instead of either the longitude of the ascending node or the argument of pericenter.

**Laplacian plane:** **1.** For *planets* see *invariable plane*. **2.** For a system of satellites, the fixed plane relative to which the vector sum of the disturbing forces has no orthogonal component.

**latitude, celestial:** see *latitude, ecliptic*.

**latitude, ecliptic:** angular distance on the *celestial sphere* measured north or south of the *ecliptic* along the great circle passing through the poles of the ecliptic and the celestial object. Also referred to as *celestial latitude*.

**latitude, terrestrial:** angular distance on the Earth measured north or south of the *equator* along the *meridian* of a geographic location.

**leap second:** a *second* inserted as the $61^{st}$ second of a minute at announced times to keep *UTC* within $0.^{s}9$ of *UT1*. Generally, leap seconds are added at the end of June or December as necessary, but may be inserted at the end of any *month*. Although it has never been utilized, it is possible to have a negative leap second in which case the $60^{th}$ second of a minute would be removed. (See *Coordinated Universal Time (UTC); second, Système International (SI); Universal Time (UT)*.)

**librations:** the real or apparent oscillations of a body around a reference point. When referring to the Moon, librations are variations in the orientation of the Moon's surface with respect to an observer on the Earth. Physical librations are due to variations in the orientation of the Moon's rotational axis in inertial space. The much larger optical librations are due to variations in the rate of the Moon's orbital motion, the *obliquity* of the Moon's *equator* to its orbital plane, and the diurnal changes of geometric perspective of an observer on the Earth's surface.

**light, deflection of:** see *deflection of light*.

**light-time:** the interval of time required for light to travel from a celestial body to the Earth.

**light-time displacement:** the difference between the geometric and *astrometric place* of a solar system body. It is caused by the motion of the body during the interval it takes light to travel from the body to Earth.

**light-year:** the distance that light traverses in a vacuum during one *year*. Since there are various ways to define a year, there is an ambiguity in the exact distance; the *IAU* recommends using the *Julian year* as the time basis. A light-year is approximately $9.46 \times 10^{12}$ km, $5.88 \times 10^{12}$ statute miles, $6.32 \times 10^4$ *au*, and $3.07 \times 10^{-1}$ *parsecs*. Often distances beyond the solar system are given in parsecs. (See *parsec (pc)*.)

**limb:** the apparent edge of the Sun, Moon, or a *planet* or any other celestial body with a detectable disk.

**limb correction:** generally, a small angle (positive or negative) that is added to the tabulated apparent *semidiameter* of a body to compensate for local topography at a specific point along the *limb*. Specifically for the Moon, the angle taken from the Watts lunar limb data (Watts, C. B., APAE XVII, 1963) that is used to correct the semidiameter of the Watts mean limb. The correction is a function of position along the limb and the apparent *librations*. The Watts mean limb is a circle whose center is offset by about $0\rlap{.}''6$ from the direction of the Moon's center of mass and whose radius is about $0\rlap{.}''4$ greater than the semidiameter of the Moon that is computed based on its *IAU* adopted radius in kilometers.

**local place:** a *topocentric place* of an object expressed with respect to the *Geocentric Celestial Reference System (GCRS)* axes.

**local sidereal time:** the *hour angle* of the *vernal equinox* with respect to the local *meridian*.

**longitude of the ascending node:** given an *orbit* and a reference plane through the primary body (or center of mass): the angle, $\Omega$, at the primary, between a fiducial direction in the reference plane and the point at which the orbit crosses the reference plane from south to north. Equivalently, $\Omega$ is one of the angles in the reference plane between the fiducial direction and the line of *nodes*. It is one of the six *Keplerian elements* that specify an orbit. For planetary orbits, the primary is the Sun, the reference plane is usually the *ecliptic*, and the fiducial direction is usually toward the *equinox*. (See *node; orbital elements*.)

**longitude, celestial:** see *longitude, ecliptic*.

**longitude, ecliptic:** angular distance on the *celestial sphere* measured eastward along the *ecliptic* from the *dynamical equinox* to the great circle passing through the poles of the ecliptic and the celestial object. Also referred to as *celestial longitude*.

**longitude, terrestrial:** angular distance measured along the Earth's *equator* from the *Greenwich meridian* to the *meridian* of a geographic location.

**luminosity class:** distinctions in intrinsic brightness among stars of the same *spectral type*, typically given as a Roman numeral. It denotes if a star is a supergiant (Ia or Ib), giant (II or III), subgiant (IV), or main sequence — also called dwarf (V). Sometimes subdwarfs (VI) and white dwarfs (VII) are regarded as luminosity classes. (See *spectral types or classes*.)

**lunar phases:** cyclically recurring apparent forms of the Moon. New moon, first quarter, full moon and last quarter are defined as the times at which the excess of the apparent *ecliptic longitude* of the Moon over that of the Sun is 0°, 90°, 180° and 270°, respectively. (See *longitude, ecliptic*.)

**lunation:** the *period* of time between two consecutive new moons.

**magnitude of a lunar eclipse:** the fraction of the lunar diameter obscured by the shadow of the Earth at the greatest *phase* of a *lunar eclipse*, measured along the common diameter. (See *eclipse, lunar.*)

**magnitude of a solar eclipse:** the fraction of the solar diameter obscured by the Moon at the greatest *phase* of a *solar eclipse*, measured along the common diameter. (See *eclipse, solar.*)

**magnitude, stellar:** a measure on a logarithmic scale of the brightness of a celestial object. Since brightness varies with wavelength, often a wavelength band is specified. A factor of 100 in brightness is equivalent to a change of 5 in stellar magnitude, and brighter sources have lower magnitudes. For example, the bright star Sirius has a visual-band magnitude of $-1.46$ whereas the faintest stars detectable with an unaided eye under ideal conditions have visual-band magnitudes of about 6.0.

**mean distance:** an average distance between the primary and the secondary gravitating body. The meaning of the mean distance depends upon the chosen method of averaging (i.e., averaging over the time, or over the *true anomaly*, or the *mean anomaly*. It is also important what power of the distance is subject to averaging.) In this volume the mean distance is defined as the inverse of the time-averaged reciprocal distance: $(\int r^{-1}\, dt)^{-1}$. In the two body setting, when the disturbances are neglected and the *orbit* is elliptic, this formula yields the *semimajor axis*, $a$, which plays the role of mean distance.

**mean elements:** average values of the *orbital elements* over some section of the *orbit* or over some interval of time. They are interpreted as the *elements* of some reference (mean) orbit that approximates the actual one and, thus, may serve as the basis for calculating orbit *perturbations*. The values of mean elements depend upon the chosen method of averaging and upon the length of time over which the averaging is made.

**mean equator and equinox:** the celestial coordinate system defined by the orientation of the Earth's equatorial plane on some specified date together with the direction of the *dynamical equinox* on that date, neglecting *nutation*. Thus, the mean *equator* and *equinox* moves in response only to *precession*. Positions in a star catalog have traditionally been referred to a catalog *equator* and equinox that approximate the mean equator and equinox of a *standard epoch*. (See *catalog equinox; true equator and equinox.*)

**mean motion:** defined for bound *orbits* only. **1.** The rate of change of the *mean anomaly*. **2.** The value $\sqrt{Gm/a^3}$, where $G$ is Newton's gravitational constant, $m$ is the sum of the masses of the primary and secondary bodies, and $a$ is the *semimajor axis* of the relative orbit. For unperturbed elliptic or circular orbits, these definitions are equivalent; the mean motion is related to the *period* through $nT = 2\pi$ where $n$ is the mean motion and $T$ is the period. For perturbed bound orbits, the two definitions yield, in general, different values of $n$, both of which are time dependent.

**mean place:** coordinates of a star or other celestial object (outside the solar system) at a specific date, in the *Barycentric Celestial Reference System (BCRS)*. Conceptually, the coordinates represent the direction of the object as it would hypothetically be observed from the solar system *barycenter* at the specified date, with respect to a fixed coordinate system (e.g., the axes of the *International Celestial Reference Frame (ICRF)*), if the masses of the Sun and other solar system bodies were negligible.

**mean solar time:** see *solar time, mean.*

**meridian:** a great circle passing through the *celestial poles* and through the *zenith* of any location on Earth. For planetary observations a meridian is half the great circle passing through the *planet*'s poles and through any location on the planet.

  **meridian, ephemeris:** a fictitious *meridian* that rotates independently of the Earth at the uniform rate implicitly defined by *Terrestrial Time (TT)*. The *ephemeris* meridian is 1.002 738 $\Delta$T east of the *Greenwich meridian*, where $\Delta T = TT - UT1$.

**meridian, Greenwich:** (also called international or *prime meridian*) is a generic reference to one of several origins of the Earth's longitude coordinate (zero-longitude). In *The Astronomical Almanac*, it is the plane defining the astronomical zero *meridian*; it contains the geocenter, the *Celestial Intermediate Pole* and the *Terrestrial Intermediate Origin*. Other definitions are: the x-z plane of the *International Terrestrial Reference System (ITRS)*; the zero-longitude meridian of the World Geodetic System 1984 (WGS-84); and the meridian that passes through the *transit* circle at the Royal Observatory, Greenwich. Note that the latter meridian is about 100 m west of the others.

**meridian, international:** see *meridian, Greenwich.*

**meridian, prime:** on Earth, same as *Greenwich meridian*. On other solar system objects, the zero-longitude *meridian*, typically defined via international convention by an observable surface feature or *rotational elements*.

**minor planet:** a loosely defined term generally meaning a small solar system body that is orbiting the Sun, does not show a comet-like appearance, and is not massive enough to be a *dwarf planet*. The term is often used interchangeably with *"asteroid"*, although there is no implicit constraint that a minor *planet* be interior to Jupiter's *orbit*.

**month:** a calendrical unit that approximates the *period* of revolution of the Moon. Also, the period of time between the same dates in successive *calendar* months.

**month, sidereal:** the *period* of revolution of the Moon about the Earth (or Earth-Moon *barycenter*) in a fixed reference frame. It is the mean period of revolution with respect to the background stars. The mean length of the sidereal *month* is approximately 27.322 *days*.

**month, synodic:** the *period* between successive new moons (as seen from the geocenter). The mean length of the synodic *month* is approximately 29.531 *days*.

**moonrise, moonset:** the times at which the apparent upper *limb* of the Moon is on the *astronomical horizon*. In *The Astronomical Almanac*, they are computed as the times when the true *zenith distance*, referred to the center of the Earth, of the central point of the Moon's disk is $90° 34' + s - \pi$, where $s$ is the Moon's *semidiameter*, $\pi$ is the *horizontal parallax*, and $34'$ is the adopted value of *horizontal refraction*.

**nadir:** the point on the *celestial sphere* diametrically opposite to the *zenith*.

**node:** either of the points on the *celestial sphere* at which the plane of an *orbit* intersects a reference plane. The position of one of the nodes (the *longitude of the ascending node*) is traditionally used as one of the standard *orbital elements*.

**nutation:** oscillations in the motion of the rotation pole of a freely rotating body that is undergoing torque from external gravitational forces. Nutation of the Earth's pole is specified in terms of components in *obliquity* and longitude.

**obliquity:** in general, the angle between the equatorial and orbital planes of a body or, equivalently, between the rotational and orbital poles. For the Earth the obliquity of the *ecliptic* is the angle between the planes of the *equator* and the ecliptic; its value is approximately $23°.44$.

**occultation:** the obscuration of one celestial body by another of greater apparent diameter; especially the passage of the Moon in front of a star or *planet*, or the disappearance of a satellite behind the disk of its primary. If the primary source of illumination of a reflecting body is cut off by the occultation, the phenomenon is also called an *eclipse*. The occultation of the Sun by the Moon is a *solar eclipse*. (See *eclipse, solar.*)

**opposition:** the phenomenon whereby two bodies have apparent *ecliptic longitudes* or *right ascensions* that differ by 180° as viewed by a third body. Oppositions are usually tabulated as *geocentric* phenomena.

**orbit:** the path in space followed by a celestial body as a function of time. (See *orbital elements.*)

    **orbit, elliptical:** a closed *orbit* with an *eccentricity* less than 1.

    **orbit, hyperbolic:** an open *orbit* with an *eccentricity* greater than 1.

    **orbit, instantaneous:** the unperturbed two-body *orbit* that a body would follow if *perturbations* were to cease instantaneously. Each orbit in the solar system (and, more generally, in any perturbed two-body setting) can be represented as a sequence of instantaneous ellipses or hyperbolae whose parameters are called *orbital elements*. If these *elements* are chosen to be osculating, each instantaneous orbit is tangential to the physical orbit. (See *orbital elements; osculating elements.*)

    **orbit, parabolic:** an open *orbit* with an *eccentricity* of 1.

**orbital elements:** a set of six independent parameters that specifies an *instantaneous orbit*. Every real *orbit* can be represented as a sequence of instantaneous ellipses or hyperbolae sharing one of their foci. At each instant of time, the position and velocity of the body is characterised by its place on one such instantaneous curve. The evolution of this representation is mathematically described by evolution of the values of orbital *elements*. Different sets of geometric parameters may be chosen to play the role of orbital elements. The set of *Keplerian elements* is one of many such sets. When the Lagrange constraint (the requirement that the instantaneous orbit is tangential to the actual orbit) is imposed upon the orbital elements, they are called *osculating elements*.

**osculating elements:** a set of parameters that specifies the instantaneous position and velocity of a celestial body in its perturbed *orbit*. Osculating *elements* describe the unperturbed (two-body) orbit that the body would follow if *perturbations* were to cease instantaneously. (See *orbit, instantaneous; orbital elements.*)

**parallax:** the difference in apparent direction of an object as seen from two different locations; conversely, the angle at the object that is subtended by the line joining two designated points.

    **parallax, annual:** see *parallax, heliocentric.*

    **parallax, diurnal:** see *parallax, geocentric.*

    **parallax, geocentric:** the angular difference between the *topocentric* and *geocentric* directions toward an object. Also called *diurnal parallax*.

    **parallax, heliocentric:** the angular difference between the *geocentric* and *heliocentric* directions toward an object; it is the angle subtended at the observed object. Also called *annual parallax*.

    **parallax, horizontal:** the angular difference between the *topocentric* and a *geocentric* direction toward an object when the object is on the *astronomical horizon*.

    **parallax, solar:** the angular width subtended by the Earth's equatorial radius when the Earth is at a distance of 1 *astronomical unit (au)*. The value for the solar *parallax* is 8.794143 arcseconds.

**parallax in altitude:** the angular difference between the *topocentric* and *geocentric* direction toward an object when the object is at a given *altitude*.

**parsec (pc):** the distance at which one *astronomical unit (au)* subtends an angle of one arcsecond; equivalently the distance to an object having an *annual parallax* of one arcsecond. One parsec is $1/\sin(1'') = 206264.806$ au, or about 3.26 *light-years*.

**penumbra: 1.** The portion of a shadow in which light from an extended source is partially but not completely cut off by an intervening body. **2.** The area of partial shadow surrounding the *umbra*.

**pericenter:** the point in an *orbit* that is nearest to the origin of the reference system. (See *perigee; perihelion.*)

**pericenter, argument of:** one of the *Keplerian elements*. It is the angle measured in the *orbit* plane from the ascending *node* of a reference plane (usually the *ecliptic*) to the *pericenter*.

**perigee:** the point in an *orbit* that is nearest to the Earth. Perigee is sometimes used with reference to the apparent orbit of the Sun around the Earth.

**perihelion:** the point in an *orbit* that is nearest to the Sun.

**period:** the interval of time required to complete one revolution in an *orbit* or one cycle of a periodic phenomenon, such as a cycle of *phases*. (See *phase*.)

**perturbations:** **1.** Deviations between the actual *orbit* of a celestial body and an assumed reference orbit. **2.** The forces that cause deviations between the actual and reference orbits. Perturbations, according to the first meaning, are usually calculated as quantities to be added to the coordinates of the reference orbit to obtain the precise coordinates.

**phase:** **1.** The name applied to the apparent degree of illumination of the disk of the Moon or a *planet* as seen from Earth (crescent, gibbous, full, etc.). **2.** The ratio of the illuminated area of the apparent disk of a celestial body to the entire area of the apparent disk; i.e., the fraction illuminated. **3.** Used loosely to refer to one *aspect* of an *eclipse* (partial phase, annular phase, etc.). (See *lunar phases*.)

**phase angle:** the angle measured at the center of an illuminated body between the light source and the observer.

**photometry:** a measurement of the intensity of light, usually specified for a specific wavelength range.

**planet:** a celestial body that is in *orbit* around the Sun, has sufficient mass for its self-gravity to overcome rigid body forces so that it assumes a hydrostatic equilibrium (nearly round) shape, and has cleared the neighbourhood around its orbit. (See *dwarf planet*.)

**planetocentric coordinates:** coordinates for general use, where the $z$-axis is the mean axis of rotation, the $x$-axis is the intersection of the planetary *equator* (normal to the $z$-axis through the center of mass) and an arbitrary *prime meridian*, and the $y$-axis completes a right-hand coordinate system. Longitude of a point is measured positive to the prime *meridian* as defined by *rotational elements*. Latitude of a point is the angle between the planetary equator and a line to the center of mass. The radius is measured from the center of mass to the surface point.

**planetographic coordinates:** coordinates for cartographic purposes dependent on an equipotential surface as a reference surface. Longitude of a point is measured in the direction opposite to the rotation (positive to the west for direct rotation) from the cartographic position of the *prime meridian* defined by a clearly observable surface feature. Latitude of a point is the angle between the planetary *equator* (normal to the $z$-axis and through the center of mass) and normal to the reference surface at the point. The *height* of a point is specified as the distance above a point with the same longitude and latitude on the reference surface.

**polar motion:** the quasi-periodic motion of the Earth's pole of rotation with respect to the Earth's solid body. More precisely, the angular excursion of the *CIP* from the *ITRS* $z$-axis. (See *Celestial Intermediate Pole (CIP); International Terrestrial Reference System (ITRS)*.)

**polar wobble:** see *wobble, polar*.

**pole, celestial:** either of the two points projected onto the *celestial sphere* by the Earth's axis. Usually, this is the axis of the *Celestial Intermediate Pole (CIP)*, but it may also refer to the instantaneous axis of rotation, or the angular momentum vector. All of these axes are within $0\rlap{.}''1$ of each other. If greater accuracy is desired, the specific axis should be designated.

**pole, Tisserand mean:** the angular momentum pole for the Earth about which the total internal angular momentum of the Earth is zero. The motions of the *Celestial Intermediate Pole (CIP)* (described by the conventional theories of *precession* and *nutation*) are those of the Tisserand mean pole with *periods* greater than two *days* in a celestial reference system (specifically, the

*Geocentric Celestial Reference System (GCRS)).*

**precession:** the smoothly changing orientation (secular motion) of an orbital plane or the *equator* of a rotating body. Applied to rotational dynamics, precession may be excited by a singular event, such as a collision, a progenitor's disruption, or a tidal interaction at a close approach (free precession); or caused by continuous torques from other solar system bodies, or jetting, in the case of comets (forced precession). For the Earth's rotation, the main sources of forced precession are the torques caused by the attraction of the Sun and Moon on the Earth's equatorial bulge, called precession of the equator (formerly known as lunisolar precession). The slow change in the orientation of the Earth's orbital plane is called precession of the *ecliptic* (formerly known as planetary precession). The combination of both motions — that is, the motion of the equator with respect to the ecliptic — is called general precession.

**prime meridian:** see *meridian, prime.*

**proleptic calendar:** see *calendar, proleptic.*

**proper motion:** the projection onto the *celestial sphere* of the space motion of a star relative to the solar system; thus the transverse component of the space motion of a star with respect to the solar system. Proper motion is usually tabulated in star catalogs as changes in *right ascension* and *declination* per *year* or century.

**proper place:** direction of an object in the *Geocentric Celestial Reference System (GCRS)* that takes into account orbital or space motion and *light-time* (as applicable), light deflection, and *annual aberration.* Thus, the position (*geocentric right ascension* and *declination*) at which the object would actually be seen from the center of the Earth if the Earth were transparent, non-refracting, and massless. Unless otherwise stated, the coordinates are expressed with respect to the GCRS axes, which are derived from those of the *ICRS.*

**quadrature:** a configuration in which two celestial bodies have apparent longitudes that differ by 90° as viewed from a third body. Quadratures are usually tabulated with respect to the Sun as viewed from the center of the Earth. (See *longitude, ecliptic.*)

**radial velocity:** the rate of change of the distance to an object, usually corrected for the Earth's motion with respect to the solar system *barycenter.*

**radius vector:** an imaginary line from the center of one body to another, often from the heliocenter. Sometimes only the length of the vector is given.

**refraction:** the change in direction of travel (bending) of a light ray as it passes obliquely from a medium of lesser/greater density to a medium of greater/lesser density.

    **refraction, astronomical:** the change in direction of travel (bending) of a light ray as it passes obliquely through the atmosphere. As a result of *refraction* the observed *altitude* of a celestial object is greater than its geometric altitude. The amount of refraction depends on the altitude of the object and on atmospheric conditions.

    **refraction, horizontal:** the *astronomical refraction* at the *astronomical horizon*; often, an adopted value of 34′ is used in computations for sea level observations.

**retrograde motion:** for orbital motion in the solar system, motion that is clockwise in the *orbit* as seen from the north pole of the *ecliptic*; for an object observed on the *celestial sphere*, motion that is from east to west, resulting from the relative motion of the object and the Earth. (See *direct motion.*)

**right ascension:** angular distance on the *celestial sphere* measured eastward along the *celestial equator* from the *equinox* to the *hour circle* passing through the celestial object. Right ascension is usually given in combination with *declination.*

**rotational elements:** typically, a set of six time-dependent parameters used to describe the instantaneous orientation (attitude) and the instantaneous spin (angular velocity) of a celestial body. When the orientation and spin are described in inertial space, the set of rotational *elements* is often chosen to comprise the two angular coordinates of the direction of the north (or positive) pole and the location of the *prime meridian* at a *standard epoch*, and the time derivatives of each of those three angles. Additional parameters may be required when the object is a non-rigid body.

**second, Système International (SI):** the duration of 9 192 631 770 cycles of radiation corresponding to the transition between two hyperfine levels of the ground state of cesium 133.

**selenocentric:** with reference to, or pertaining to, the center of the Moon.

**semidiameter:** the angle at the observer subtended by the equatorial radius of the Sun, Moon or a *planet*.

**semimajor axis: 1.** Half the length of the major axis of an ellipse. **2.** A standard element used to describe an *elliptical orbit* or a *hyperbolic orbit*. (For a hyperbolic *orbit*, the semimajor axis is negative). (See *orbital elements*.)

**SI second:** see *second, Système International (SI)*.

**sidereal day:** the *period* between successive *transits* of the *equinox*. The mean sidereal *day* is approximately 23 hours, 56 minutes, 4 *seconds*. (See *sidereal time*.)

**sidereal hour angle:** angular distance on the *celestial sphere* measured westward along the *celestial equator* from the *equinox* to the *hour circle* passing through the celestial object. It is equal to 360° minus *right ascension* in degrees.

**sidereal month:** see *month, sidereal*.

**sidereal time:** the *hour angle* of the *equinox*. If the *mean equinox* is used, the result is mean sidereal time; if the *true equinox* is used, the result is apparent sidereal time. The hour angle can be measured with respect to the local *meridian* or the *Greenwich meridian*, yielding, respectively, local or Greenwich (mean or apparent) sidereal times.

**solar parallax:** see *parallax, solar*.

**solar time:** the measure of time based on the *diurnal motion* of the Sun.

 **solar time, apparent:** the measure of time based on the *diurnal motion* of the true Sun. The rate of diurnal motion undergoes seasonal variation caused by the *obliquity* of the *ecliptic* and by the *eccentricity* of the Earth's *orbit*. Additional small variations result from irregularities in the rotation of the Earth on its axis.

 **solar time, mean:** a measure of time based conceptually on the *diurnal motion* of a fiducial point, called the fictitious mean Sun, with uniform motion along the *celestial equator*.

**solstice:** either of the two points on the *ecliptic* at which the apparent longitude of the Sun is 90° or 270°; also the time at which the Sun is at either point. (See *longitude, ecliptic*.)

**spectral types or classes:** categorization of stars according to their spectra, primarily due to differing temperatures of the stellar atmosphere. From hottest to coolest, the commonly used Morgan-Keenan spectral types are O, B, A, F, G, K and M. Some other extended spectral types include W, L, T, S, D and C.

**standard epoch:** a date and time that specifies the reference system to which celestial coordinates are referred. (See *mean equator and equinox*.)

**stationary point:** the time or position at which the rate of change of the apparent *right ascension* of a *planet* is momentarily zero. (See *apparent place (or position)*.)

**sunrise, sunset:** the times at which the apparent upper *limb* of the Sun is on the *astronomical horizon*. In *The Astronomical Almanac* they are computed as the times when the true *zenith distance*, referred to the center of the Earth, of the central point of the disk is 90°50′, based on adopted values of 34′ for *horizontal refraction* and 16′ for the Sun's *semidiameter*.

**surface brightness:** the visual *magnitude* of an average square arcsecond area of the illuminated portion of the apparent disk of the Moon or a *planet*.

**synodic month:** see *month, synodic*.

**synodic period:** the mean interval of time between successive *conjunctions* of a pair of *planets*, as observed from the Sun; or the mean interval between successive conjunctions of a satellite with the Sun, as observed from the satellite's primary.

**synodic time:** pertaining to successive *conjunctions*; successive returns of a *planet* to the same *aspect* as determined by Earth.

**syzygy:** **1.** A configuration where three or more celestial bodies are positioned approximately in a straight line in space. Often the bodies involved are the Earth, Sun and either the Moon or a *planet*. **2.** The times of the new moon and full moon.

**T$_{eph}$:** the independent argument of the JPL planetary and lunar *ephemerides* DE405/LE405; in the terminology of General Relativity, a *barycentric* coordinate time scale. T$_{eph}$ is a linear function of *Barycentric Coordinate Time (TCB)* and has the same rate as *Terrestrial Time (TT)* over the time span of the ephemeris. T$_{eph}$ is regarded as functionally equivalent to *Barycentric Dynamical Time (TDB)*. (See *Barycentric Coordinate Time (TCB); Barycentric Dynamical Time (TDB); Terrestrial Time (TT)*.)

**TAI:** see *International Atomic Time (TAI)*.

**TCB:** see *Barycentric Coordinate Time (TCB)*.

**TCG:** see *Geocentric Coordinate Time (TCG)*.

**TDB:** see *Barycentric Dynamical Time (TDB)*.

**TDT:** see *Terrestrial Dynamical Time (TDT)*.

**terminator:** the boundary between the illuminated and dark areas of a celestial body.

**Terrestrial Dynamical Time (TDT):** the time scale for apparent *geocentric ephemerides* defined by a 1979 *IAU* resolution. In 1991, it was replaced by *Terrestrial Time (TT)*. Obsolete.

**Terrestrial Ephemeris Origin (TEO):** the original name for the *Terrestrial Intermediate Origin (TIO)*. Obsolete.

**Terrestrial Intermediate Origin (TIO):** the non-rotating origin of the *Terrestrial Intermediate Reference System (TIRS)*, established by the *International Astronomical Union (IAU)* in 2000. The TIO was originally set at the *International Terrestrial Reference Frame (ITRF)* origin of longitude and throughout 1900-2100 stays within 0.1 mas of the ITRF zero-*meridian*. Formerly referred to as the *Terrestrial Ephemeris Origin (TEO)*.

**Terrestrial Intermediate Reference System (TIRS):** a *geocentric* reference system defined by the intermediate *equator* of the *Celestial Intermediate Pole (CIP)* and the *Terrestrial Intermediate Origin (TIO)* on a specific date. It is related to the *Celestial Intermediate Reference System* by a rotation of the *Earth Rotation Angle*, $\theta$, around the Celestial Intermediate Pole.

**Terrestrial Time (TT):** an idealized form of *International Atomic Time (TAI)* with an *epoch* offset; in practice TT = TAI + 32$^s$.184. TT thus advances by *SI seconds* on the *geoid*. Used as an independent argument for apparent *geocentric ephemerides*. (See *second, Système International (SI)*.)

**topocentric:** with reference to, or pertaining to, a point on the surface of the Earth.

**topocentric place (or position):** the *proper place* of an object computed for a specific location on or near the surface of the Earth (ignoring atmospheric *refraction*) and expressed with respect to either the *true (intermediate) equator and equinox* of date or the true *equator* and *CIO* of date. In other words, it is similar to an apparent or *intermediate place*, but with corrections for *geocentric parallax* and *diurnal aberration*. (See *aberration, diurnal; parallax, geocentric*.)

**transit:** **1.** The passage of the apparent center of the disk of a celestial object across a *meridian*. **2.** The passage of one celestial body in front of another of greater apparent diameter (e.g., the passage of Mercury or Venus across the Sun or Jupiter's satellites across its disk); however, the passage of the Moon in front of the larger apparent Sun is called an *annular eclipse*. (See *eclipse, annular; eclipse, solar.*)

**transit, shadow:** The passage of a body's shadow across another body; however, the passage of the Moon's shadow across the Earth is called a *solar eclipse*.

**true equator and equinox:** the celestial coordinate system defined by the orientation of the Earth's equatorial plane on some specified date together with the direction of the *dynamical equinox* on that date. The true *equator* and *equinox* are affected by both *precession* and *nutation*. (See *mean equator and equinox; nutation; precession.*)

**TT:** see *Terrestrial Time (TT)*.

**twilight:** the interval before *sunrise* and after sunset during which the scattering of sunlight by the Earth's atmosphere provides significant illumination. The qualitative descriptions of astronomical, civil and *nautical twilight* will match the computed beginning and ending times for an observer near sea level, with good weather conditions, and a level *horizon*. (See *sunrise, sunset.*)

**twilight, astronomical:** the illumination level at which scattered light from the Sun exceeds that from starlight and other natural sources before *sunrise* and after sunset. Astronomical *twilight* is defined to begin or end when the geometric *zenith distance* of the central point of the Sun, referred to the center of the Earth, is 108°.

**twilight, civil:** the illumination level sufficient that most ordinary outdoor activities can be done without artificial lighting before *sunrise* or after sunset. Civil *twilight* is defined to begin or end when the geometric *zenith distance* of the central point of the Sun, referred to the center of the Earth, is 96°.

**twilight, nautical:** the illumination level at which the *horizon* is still visible even on a moonless night allowing mariners to take reliable star sights for navigational purposes before *sunrise* or after sunset. Nautical *twilight* is defined to begin or end when the geometric *zenith distance* of the central point of the Sun, referred to the center of the Earth, is 102°.

**umbra:** the portion of a shadow cone in which none of the light from an extended light source (ignoring *refraction*) can be observed.

**Universal Time (UT):** a generic reference to one of several time scales that approximate the mean *diurnal motion* of the Sun; loosely, *mean solar time* on the *Greenwich meridian* (previously referred to as Greenwich Mean Time). In current usage, UT refers either to a time scale called UT1 or to *Coordinated Universal Time (UTC)*; in this volume, UT always refers to UT1. UT1 is formally defined by a mathematical expression that relates it to *sidereal time*. Thus, UT1 is observationally determined by the apparent diurnal motions of celestial bodies, and is affected by irregularities in the Earth's rate of rotation. UTC is an atomic time scale but is maintained within 0.9 of UT1 by the introduction of 1-*second* steps when necessary. (See *leap second.*)

**UT1:** see *Universal Time (UT)*.

**UTC:** see *Coordinated Universal Time (UTC)*.

**vernal equinox:** see *equinox, vernal*.

**vertical:** the apparent direction of gravity at the point of observation (normal to the plane of a free level surface).

**week:** an arbitrary *period* of *days*, usually seven days; approximately equal to the number of days counted between the four *phases of the Moon*. (See *lunar phases.*)

**wobble, polar:** **1.** In current practice including the phraseology used in *The Astronomical Almanac*, it is identical to *polar motion*. **2.** In certain contexts it can refer to specific components of polar motion, *e.g.* Chandler wobble or annual wobble. (See *polar motion.*)

**year:** a *period* of time based on the revolution of the Earth around the Sun, or the period of the Sun's apparent motion around the *celestial sphere*. The length of a given year depends on the choice of the reference point used to measure this motion.

    **year, anomalistic:** the *period* between successive passages of the Earth through *perihelion*. The anomalistic *year* is approximately 25 minutes longer than the *tropical year*.

    **year, Besselian:** the *period* of one complete revolution in *right ascension* of the fictitious mean Sun, as defined by Newcomb. Its length is shorter than a *tropical year* by $0.148 \times T$ *seconds*, where T is centuries since 1900.0. The beginning of the Besselian *year* occurs when the fictitious mean Sun is at *ecliptic longitude* 280°. Now obsolete.

    **year, calendar:** the *period* between two dates with the same name in a *calendar*, either 365 or 366 *days*. The *Gregorian calendar*, now universally used for civil purposes, is based on the *tropical year*.

    **year, eclipse:** the *period* between successive passages of the Sun (as seen from the geocenter) through the same lunar *node* (one of two points where the Moon's *orbit* intersects the *ecliptic*). It is approximately 346.62 *days*.

    **year, Julian:** a *period* of 365.25 *days*. It served as the basis for the *Julian calendar*.

    **year, sidereal:** the *period* of revolution of the Earth around the Sun in a fixed reference frame. It is the mean period of the Earth's revolution with respect to the background stars. The sidereal *year* is approximately 20 minutes longer than the *tropical year*.

    **year, tropical:** the *period* of time for the *ecliptic longitude* of the Sun to increase 360 degrees. Since the Sun's *ecliptic* longitude is measured with respect to the *equinox*, the tropical *year* comprises a complete cycle of seasons, and its length is approximated in the long term by the civil *(Gregorian) calendar*. The mean tropical year is approximately 365 *days*, 5 hours, 48 minutes, 45 *seconds*.

**zenith:** in general, the point directly overhead on the *celestial sphere*.

    **zenith, astronomical:** the extension to infinity of a plumb line from an observer's location.

    **zenith, geocentric:** The point projected onto the *celestial sphere* by a line that passes through the geocenter and an observer.

    **zenith, geodetic:** the point projected onto the *celestial sphere* by the line normal to the Earth's geodetic ellipsoid at an observer's location.

**zenith distance:** angular distance on the *celestial sphere* measured along the great circle from the *zenith* to the celestial object. Zenith distance is 90° minus *altitude*.

Users may be interested to know that a hypertext linked version of the glossary is available on *The Astronomical Almanac Online* (see below).

Definitions of astronomical terms are provided in the Glossary, Section M. Entries in the Glossary are not cited in the Index.

Definitions of astronomical terms are provided in the Glossary, Section M. Entries in the Glossary are not cited in the Index.

Definitions of astronomical terms are provided in the Glossary, Section M. Entries in the Glossary are not cited in the Index.

Definitions of astronomical terms are provided in the Glossary, Section M. Entries in the Glossary are not cited in the Index.

Definitions of astronomical terms are provided in the Glossary, Section M. Entries in the Glossary are not cited in the Index.

Definitions of astronomical terms are provided in the Glossary, Section M. Entries in the Glossary are not cited in the Index.

Definitions of astronomical terms are provided in the Glossary, Section M. Entries in the Glossary are not cited in the Index.

Definitions of astronomical terms are provided in the Glossary, Section M. Entries in the Glossary are not cited in the Index.

Definitions of astronomical terms are provided in the Glossary, Section M. Entries in the Glossary are not cited in the Index.

Definitions of astronomical terms are provided in the Glossary, Section M. Entries in the Glossary are not cited in the Index.

Definitions of astronomical terms are provided in the Glossary, Section M. Entries in the Glossary are not cited in the Index.

Definitions of astronomical terms are provided in the Glossary, Section M. Entries in the Glossary are not cited in the Index.

Definitions of astronomical terms are provided in the Glossary, Section M. Entries in the Glossary are not cited in the Index.

Definitions of astronomical terms are provided in the Glossary, Section M. Entries in the Glossary are not cited in the Index.

Definitions of astronomical terms are provided in the Glossary, Section M. Entries in the Glossary are
not cited in the Index.

Definitions of astronomical terms are provided in the Glossary, Section M. Entries in the Glossary are not cited in the Index.

Definitions of astronomical terms are provided in the Glossary, Section M. Entries in the Glossary are not cited in the Index.

Definitions of astronomical terms are provided in the Glossary, Section M. Entries in the Glossary are not cited in the Index.